DIETER KÜHN

DAS MAGISCHE AUGE

Mein Lebensbuch

S. FISCHER

Erschienen bei S. FISCHER

© S. Fischer Verlag GmbH, Frankfurt am Main 2013
Satz: Pinkuin Satz und Datentechnik, Berlin
Druck und Bindung: GGP Media GmbH, Pößneck
Printed in Germany
ISBN 978-3-10-041513-4

VORSPIEL

Geheimnisvolle Szene: Die Lampe im Wohnzimmer ausgeschaltet, meine Mutter sitzt ganz nah am Radio, ihr markantes Profil schwach betont von grünem Licht, das von münzkleiner Fläche ausgeht, in der Schauseite des Radios – das Magische Auge, die Signalstärke, die Genauigkeit des Empfangs anzeigend mit grünem Doppelfächer. Ihr Kopf zusätzlich betont von der Skalenbeleuchtung.

Kleines Aufschrecken, Geste der Abwehr, als ich auf dem Weg zum Klo durchs Wohnzimmer gehe – sicherlich im Nachthemd, im weißen, wie damals üblich, auch bei Buben.

Meine Erinnerung behauptet, ich hätte gleich gewusst, sogleich erfasst, worum es ging: Mutter Helene hört einen ausländischen Sender, einen ›Feindsender‹. Im Süden des damaligen »Reichs«, in Bayern, in Herrsching am Ammersee, dürfte es Radio Beromünster gewesen sein. Oder konnte dort auch das deutschsprachige Programm der BBC empfangen werden? Wie auch immer: Zu hören war eine Männerstimme, und die sprach deutsch. Nähertretend sah ich auf dem Radio eine zusammengefaltete Decke (das Plaid, wie meine Mutter noch sagte, in der Sprache ihrer Generation und Herkunft); die Abdeckung sollte den Klang dämpfen – der Hausherr, der Vermieter, galt als Nazi, einer der beiden Söhne war Fähnleinführer der Hitlerjugend. Konnte man damals schon Basstöne durch Regler ausfiltern? Über einen Drehkondensator? Auch so ein Wort, das mit der Erinnerung an die Szene auftaucht: der Drehkondensator im Röhrenradio.

Nächtliche Szene in beinah magischer Beleuchtung. Und ich mit dabei im Nachthemd, mattgrün angeleuchtet. Wie weit ich eingeweiht wurde, weiß ich nicht mehr; bewahrt blieb das

Erinnerungsbild: Meine Mutter dicht vor dem Radio sitzend, das auf einer Kommode stand … Die Männerstimme im rauschenden, leicht knackenden Hör-Raum … Das schwache, in der Erinnerung jedoch intensiv nachleuchtende grüne Licht …

Ich durfte mithören, bevor ich schließlich zum Klo ging. Was wir aufnahmen: zwei verschiedene Informationen. Für meine Mutter waren es Nachrichten aus einem anderen Land, aus einer anderen Welt, für mich war es die Erfahrung, dass sie Verbotenes, ja Strafbares tat, mitten in der Nacht, das Ohr nah am Lautsprecher hinter der Stofffläche, ihr Profil betont vom grünen Licht des Magischen Auges.

FAMILIENGESCHICHTE, GESPRENGT

DEZEMBERHIMMEL im Wintermärz 1987, dem kältesten seit mehreren Jahren, Jahrzehnten. Nach elf Tagen Frost wieder Schneefall: Aus gleichförmigem Grau wird unablässig Schnee herangeblasen, fast waagrecht wirbeln Flocken durch das Waldgrundstück am Hang, weißen Baum um Baum an der Südwestborke ein. Niemand könnte nun ans Eifelhaus heranfahren, ich werde eingeschneit.

Schnee, Wind, Schnee und Wind. Die beiden Militärhubschrauber, die noch am Vortag das Gebiet akustisch weitflächig besetzten, sie werden nicht starten. Die Kampfjets, »Tornados« vor allem, werden nicht in Steinwurfhöhe über das Dach hinwegtosen, in der Tiefflugschneise. Es wird still bleiben, fast totenstill.

Aber dann, die Schnee-Isolierung durchbrechend, ein Anruf aus Köln: Auflösung des Haushalts von Tante M., bitte kommen, die Bilder, das Silberbesteck abholen. Jähe Konfrontation mit Familiengeschichte. Jedoch mit einer Vorgeschichte.

Anfang der achtziger Jahre fuhr ich mit meinem Vater nach Rheydt (heute eingemeindet von Mönchengladbach), und wir gingen zum Haus seiner Eltern. Eine früher repräsentative Villa der Gründerzeit, das Fassadendekor halb Klassizismus, halb Jugendstil. Dieses Haus war mittlerweile grüngrau und blind geworden, umgeben von Schutt und Müll. In den Tür- und Fensteröffnungen Bretterverschläge, die aufklafften nach langer Einwirkung von Sonne und Regen; so war Einblick möglich ins Treppenhaus.

Eine braungetönte Fotografie hatte mir ersten Einblick

vermittelt: Es war einmal ein riesiger, zum Teil holzgetäfelter Zentralraum gewesen, unten hatte auf einem Orientteppich ein Tisch mit Gästebuch gestanden; im ersten Stock ein Glaserker mit Gardinchen und Blumen – hatte von dieser Glaskanzel die Großmutter heruntergeschaut, sobald jemand das Haus betrat?

Dieses Treppenhaus schien nun vollgesogen mit Schwarz – Assoziationen an eine riesige Räucherkammer, in der allerdings keine Schinken aufgehängt waren. Türen, Türrahmen, Geländer hatte man verheizt in offnen Feuern – so erfuhr ich im Haus nebenan, früher Residenz des Bürgermeisters, dann Verwaltungsstelle des Roten Kreuzes. In der Kühn'schen Villa waren zuletzt Penner untergeschlüpft, hatten leere Bierflaschen, Weinflaschen, Konservendosen aus den Fenstern geworfen. Schließlich wurde das Haus geräumt, wurden alle Öffnungen im Erdgeschoss mit Brettern verschlossen. Was mit dem Haus künftig geschehen würde, wusste man nicht in der auskunftsbereiten Dienststelle: Vielleicht würde es abgerissen, vielleicht würde es ein Lager von Rote-Kreuz-Hilfsgütern, vielleicht würde es verkauft. Das Haus als Ensemble von Höhlen, verrottend.

Das Wichtigste, ins Abstrakte gemildert, berichtete ich dem Vater, der im schmalen Areal des ehemaligen Gartens umherging. Dieser Garten war, im Verhältnis zur Größe des Hauses, recht klein gewesen, war aber optisch erweitert worden durch Blumenrabatten und eine künstliche Grotte. Durch ein Hintertürchen war Großvater zur Loge hinübergegangen: Freimaurer Oscar Kühn.

Verpflichtende Werte waren denn auch für den Logenbruder: Toleranz, Würde des Menschen, Hilfsbereitschaft, Vertrauen, waren Brüderlichkeit und Menschenliebe. Mit schwarzem Schurz und weißen Handschuhen mauerte er rituell mit am sinnbildlichen Bauwerk einer Welt, in der alles zum Wohle des Menschen geschieht.

Der Mann und die Frau, die 1903 in dieses Haus einzogen, sie blieben schemenhaft für mich. Die Großeltern begannen erst Konturen anzunehmen, als ich in Köln die Gemälde, die Fotografien, die Dokumente abholte: Erinnerungsstücke, an denen die Haupterben von Tante M. (Witwe des Bruders meines Vaters) nicht interessiert waren. Die hatten andere Probleme. Wem bieten wir die kleinen Pelzmäntel an? Was tun mit den Büchern im Eichenholzregal? Wohin mit dem brokatbezogenen Sofa, das zwei Meter lang, einen Meter tief, einen Meter hoch ist? Die Verstorbene gab Transportprobleme auf, der Zollstock machte sie bewusst, auch probeweises Anheben. Seither sehe ich auch eigenen Besitz zuweilen mit den Augen eines Testamentsvollstreckers.

Auf der Rückfahrt brachte ich Gisela nach Düren; Schneeschauer unterwegs, weitere Schneefälle angekündigt, da wollte sie am nächsten Morgen lieber zu Fuß zur Schule. Ich fuhr weiter nach Abenden, trug Bilder und Fotoalben ins Holzhaus, in den »Starenkasten«.

Vollmondlicht auf der Schneedecke, riesige Wolken verdeckten minutenlang den Mond, rückten auseinander, bildeten Wolkentheaterkulissen. Ich stellte die Bilder vor den Schranksockel, richtete ein Spotlight auf sie. Zwei Ölbilder im selben Format, nicht signiert, wahrscheinlich Ölskizzen. Auf einem Bild, in großbürgerlichem Ambiente, die Großmutter, auf dem anderen der Großvater.

Oscar Kühn starb bereits 1915, zwanzig Jahre vor meiner Geburt; Großmutter Klara Friederike verschied 1945, da war ich zehn. Mit Bewusstsein habe ich die Großmutter nie gesehen, auch nicht die Eltern meiner Mutter, ich bin großelternlos aufgewachsen.

Der Mann in Schwarz, der vor einem Schreibtisch mit bombastischem Aufbau sitzt, die Frau in Schwarz und Weiß, zeitunglesend in einem Salon: ich schaue sie desinteressiert und interessiert zugleich an. Nur andeutungsweise sind ihre Züge zu erkennen. Aber ich habe in Köln ein großformatiges Porträtgemälde der Großmutter mitgeerbt: sitzt auf einem Kanapee, in schwarzem, mit einigen weißen Spitzen besetztem, dezent ausgeschnittenem Kleid; auf heller Haut ein goldenes Kettenschmuckstück. Diese Frau betrachtend schaue ich in meine grünen Augen, sehe meine Augenbrauen vorgezeichnet in ihren Augenbrauen, und ihre Nase gleicht der Nase meines Vaters.

Diese Frau sehe ich auch, in der lautlosen Totenfeier, auf braun-violetten Fotografien im Album mit Ledereinband: Prägemuster auf der Vorderseite und die verschlungenen Initialen OK. Während Großvater auf mich monolithisch unzugänglich wirkt, im schwarzen Anzug, mit wilhelminischem Schnauzbart, hinter dem Zwicker, mit seiner hohen, durch zurückweichendes Haar betonten Stirn, gewinne ich zur nie gesehenen Großmutter rasch Zutrauen: sie wirkt lebendig, offen, auch verletzlich. Dem Großvater halte ich zugute, dass sein Gesicht mitgeprägt wurde von der Epoche, in der bereits Oberstufenschüler wie gesetzte Herren aussahen, zumindest auf Fotografien – junge Würdenträger.

Was den Unterschied zwischen Großmutter und Großvater betonte: sie wirkt erheblich jünger. Weil ich die »Heiraths-Bescheinigung« mitgeerbt habe, muss ich nicht recherchieren: Als Kaufmann Oscar Kühn 1898 heiratete, war der gebürtige Kölner 39 Jahre alt und katholisch, während Klara Friederike, in Elberfeld geboren, 22 war und evangelisch. Sie war das sechste Kind des Kaufmanns Gustav Schöneberg, wiederum Sohn des Pfarrers Johannes Schöneberg, Jahrgang 1802. Der »Pastur« war von Sprockhövel aus in die Dörfer und zu den Höfen seines Sprengels geritten.

Auf Familienfesten wurde diese Anekdote über ihn erzählt: Bei einem Einbruch im Keller des Pfarrhauses war auch Wein gestohlen worden; als der Herr Pfarrer zu einem Konfirmationsschmaus eingeladen war und den Wein lobte, hieß es hinter vorgehaltenen Händen: Der Pastur süppt seinen eijenen Win.

Auch über Vorväter von Großvater Carl Oscar einige Zeilen. Dessen Vater, so lese ich in ererbten Urkunden, hieß Wilhelm Theodor Kühn, in Düsseldorf geboren, Kürschnermeister. Dessen Vater hieß Wilhelm Gottlieb Kühn, in Königsee geboren, Kürschner. Er war der Erste, der die lokale Familientradition durchbrach und von Thüringen ins Rheinland zog. Dort liierte er sich mit einer jüngeren Frau; Mai 1827 heirateten sie in Düsseldorf, und bereits Ende Juni brachte sie den ersten gemeinsamen Sohn zur Welt, Wilhelm Theodor.

Dessen Großvater war Christoph Nicolaus Kühn, in Königsee geboren, einer (gleichfalls) kleinen und alten Stadt, ein gutes Dutzend Kilometer Luftlinie südlich von Stadtilm, in einer weiten Talmulde des Thüringer Waldes; auch er war Kürschnermeister. Dessen Vater war Johann Balthasar Kühn, in Stadtilm geboren, später wohnhaft in Königsee: Kürschnermeister und Ratskämmerer. Dessen Vater hieß Valentin Kühn, geboren in Stadtilm, ebenfalls Kürschnermeister.

Der Einzige unter den Vorfahren, über den ich ein paar Details weitergeben kann, ist der Kürschner und Ratskämmerer Johann Balthasar. Als ich ein dreiviertel Jahr alt war, erhielt mein Vater ein Schreiben des Evangelisch-Lutherischen Pfarramts zu Königsee. Demnach war im Kirchenbuch zum Sterbeeintrag des Johann Balthasar notiert: »Ein ansehnlicher, geschickter Mann, lebte in uneiniger Ehe«. Also ein Mann von Reputation.

Über die Frau, von der er getrennt lebte, erfahre ich nur: sie starb mit 42 Jahren nach einem »17-wöchigen harten Lager an einem hektischen Fieber«. So der Sterbeeintrag.

Schemenhaft werden Konturen einer Familie erkennbar. Und welche Berufe hatten der Großvater, der Urgroßvater, die Vorfahren des Johann Balthasar Kühn? Sehr wahrscheinlich waren sie auch schon Kürschner. Ich werde hier freilich nicht weiter recherchieren, dieses Kapitel soll sich nicht ausweiten zur Kühn-Saga, ich vermerke nur noch: Die Familiengeschichte reicht über Johann Balthasar und Valentin Kühn um weitere Jahrhunderte hinweg. März 1540 setzte der Römische König (und spätere Kaiser) Ferdinand (Bruder und Nachfolger des berühmten Karl V.) einen Akzent in der Familiengeschichte, verlieh Antonius Kühn ein Wappen. War er Hoflieferant, wurde ausgezeichnet für gute Waren? Hatte er, wie viele andere, mitkämpfen müssen gegen die Türken und sich dabei hervorgetan?

Unter den Erbstücken auch ein Halbrelief-Wappen; auf der Rückseite des ovalen Rahmens ist ein Gutachten des Dresdner Heraldischen Instituts aufgeklebt, ausgestellt im Dezember 1909, also wohl angefordert vom Großvater zu Rheydt: Dominierend ein »aus goldnen Flammen wachsendes silbernes Pferd«. Und auf dem weithin üblichen Wappenhelm zwei Büffelhörner. Das Pferd als heraldisches Sinnbild der Freiheit, die Büffelhörner als Zeichen der Streitbarkeit.

Das Familienwappen: hier zeige ich Interesse für etwas, für das sich mein Großvater interessiert haben dürfte; ich trete, wenigstens in dieser Hinsicht, in dessen Fußstapfen. Seine Motivation lag sicherlich im Bürgerstolz – und bei mir? Die Nachbildung des Wappens hänge ich nicht auf, ich sehe darin nur eine Bewusstseins-Markierung: Die Skizze der Familie Kühn erhält zeitliche Tiefendimension, über viereinhalb Jahrhunderte hinweg. Antonius Kühn: Zeitgenosse des Dr. Martin Luther. Meister Antonius, liegt irgendwo ein Bündel Briefe von dir? Ich würde sie gern lesen!

Für Valentin Kühn, Kürschnermeister in Stadtilm am Nordosthang des Thüringer Waldes, waren Wörter selbstverständlich, die sein Nachkomme, der (sporadisch) am Nordhang der Eifel lebt, erst einmal zusammen-lesen muss, Wörter wie Flaumhaar und Leithaar, Grannenhaar und freie Spitze, wie Haarschlag und Haarstrich, wie Haarstrom und Haarwirbel.

Und Valentin gab Wörter der damaligen Fachsprache weiter an seinen Sohn Johann Balthasar, der wie sein Vater Winterfelle kaufte, Sommerfelle als Ausschuss ablehnte, unreife Felle der Übergangszeiten scheel ansah, denn: unreife Felle sind beim Fuchs grünledrig, beim Maulwurf schwarzledrig, beim Hamster blauledrig.

Und Johann Balthasar gab Wörter der Kürschnersprache weiter an seinen Sohn Christoph Nicolaus, der unreife Felle auch nicht gern verarbeitete, der musige und musrige Felle nicht in seiner Werkstatt haben wollte, nur Felle, die griffig waren.

Und Christoph Nicolaus gab diese und andere Wörter weiter an seinen Sohn Wilhelm Gottlieb, der musrige Felle ebenso ablehnte wie bockige Felle, wie flache oder flattrige Felle, wie hohle Felle, der gar nicht gern hörte, wenn ein Fell knackte, wenn es schnattig war, und Kahlgänger kamen nicht in sein Haus.

Und Wilhelm Gottlieb, nun in Düsseldorf, gab Wörter der Kürschnersprache weiter an seinen Sohn Wilhelm Theodor, der wie seine Vorfahren den Rauch oder die Textur eines Fells mit dem Fingerspitzengefühl des erfahrenen Kürschners ertastete, und er reckte und rupfte Felle, löste Focken aus den Fellen, achtete auf den Grotzen, den Aalstrich der Felle, hielt Nahtverluste möglichst klein.

Keiner der Vorväter in Thüringen hat eine Autobiographie hinterlassen – zumindest liegt mir keine Autobiographie eines der Kürschnermeister vor. Doch es gibt Vorlagen, nach denen sich solch eine Lebensbeschreibung entwerfend rekonstruieren ließe, denn: Es wurden im 18., im 17. Jahrhundert Autobiographien geschrieben nach Mustern, die sich reproduzierten.

So hätte auch ein Valentin Kühn seine Lebensgeschichte eingeleitet mit einem frommen Zitat: Dass denen, die Gott lieben, alles zum Besten gedeihe. Sein gnädiger Gott habe dies wahrgemacht vom Zeitpunkt an, an dem Er ihn, Valentin, aus dem Mutterleib gezogen, bis zum Zeitpunkt, da er anno 1723 in seinem Hause zu Stadtilm unter großen Mühen die Lebensgeschichte niederschreibe. Bei allem Rauben und Morden seiner Zeit, bei allen Pestilenzen und Kriegszügen, bei allen Hochwassern und Feuerbränden das Alter von 58 Jahren erreicht zu haben, dies allein schon bezeuge Gottes Güte. Die Frist, die ihm noch gütig gewährt werde, sie wolle er nutzen, um seinen Kindern zu zeigen, wie ihn der gnädige Gott vor allen Gefahren bewahrt und aus allem Unglück errettet habe; zuweilen stand bereits ein neues Unglück vor der Tür, als das vorherige Unglück soeben das Haus verlassen hatte. Doch wie der Psalmist schrieb: Die Engel des Herrn lagern sich um den, der Ihn fürchtet, und sie helfen ihm. Valentin Kühn könnte betont haben: Dass er trotz aller widrigen Umstände, trotz aller Krankheiten, trotz unmittelbarer Gefahren für Leib und Leben zu Wohlstand und Ansehen gekommen sei, dies verpflichte ihn zur Danksagung. So habe er vor Beginn seiner Lebenshistorie in der Stadtkirche ein dankbares Jubilate angestimmt. Und er bittet seine Kinder, die Niederschrift auch als Ermahnung zu lesen, die christlichen Tugenden zu wahren, item die der wahrhaften Zuversicht im Glauben, item die der langmütigen Geduld. Amen. Ende der Vorrede.

Und Ende des Entwurfs. Nach einer solchen Intrada würde sich der Bericht folgerichtig entwickeln zur Sinnfigur des Lebens im Namen des Gottes, der über allem schwebte, mit lenkender Hand.

Auf dem Rückweg von einer (mittlerweile dritten) Polenreise, diesmal im Jahre 1988 (Wrocław/Breslau, Strzegom/Striegau, Karpacz/Krummhübel) mache ich mit Gisela einen Abstecher nach Stadtilm. Da stellt sich die Frage, was ich in dieser Region der Vorväter erwarte, und ich sage: Grabsteine, Grabplatten.

Kleine Stadt in einer Talsenke: Hügel mit vorwiegend grünen Flanken. Ein Parkplatz am Rathaus, dem früheren Schloss: Renaissance-Elemente. Wir schlendern zur Ilm: enttäuschend schmal. Zudem: Städtchen und Flüsschen sind nicht aufeinanderbezogen, die Ilm fließt unauffällig (wohl auch kaum beachtet) hinter der Stadt vorbei. Als deren Mittelpunkt die alte Kirche, doppeltürmig, mit romanischem Portal: In dieser Stadtkirche werden meine Vorfahren in Gottesdienste gegangen sein, hier wurden sie wohl auch getauft, hier wurden ihre Ehen gesegnet.

Die Kirche ist abgeschlossen. Rundherum nicht ein einziger Grabstein. Ich frage einen alten Mann: Ja, der Friedhof ist abgeräumt worden, vor einigen Jahren, auch der Friedhof in der Nähe des ehemaligen Schlosses, es gibt nur noch den neuen Friedhof an der Einfahrt in die Stadt. Keine Steinzeugen also für Wilhelm Gottlieb Kühn, hier geboren, für Johann

Balthasar Kühn, hier geboren, für Valentin Kühn, hier geboren. Abgeräumte Vergangenheit, eine stumme Grünfläche mit Kieswegen, die meine langsamen Schritte hörbar machen, Schritte eines Enttäuschten.

In einem Schreibwarenladen in der Nähe der Kirche kaufe ich eine Postkarte, auf der vier Fotos zusammengerückt sind, schwarzweiß. Lieber wäre mir eine Stadtgeschichte gewesen, um das soziale Ambiente der Kürschner kennenzulernen. Zwar habe ich ein Hinweisschild zum Stadtarchiv gesehen, die Bürozeit aber ist abgelaufen, für diesen Tag.

Wir fahren nicht weiter nach Königsee, sind an die Transitroute gebunden. Dennoch haben wir die Autobahn bei Weimar verlassen zu diesem Abstecher. Das könnte schon, wie man zuweilen hört, von Volkspolizei und DDR-Justiz als »Grenzverletzung« geahndet werden. Also Rückkehr zur Autobahn.

Immerhin: Ich war in Stadtilm. Doch vor leergeräumten Flächen sah ich deutlicher nur mich selbst: Jemand, der Beziehungen herzustellen versucht, Verbindungslinien zieht ... Nun hat er das zage Rauschen der Ilm gehört, die auch an Goethes Gartenhaus vorbeimäandert.

Über Generationen hinweg hatte sich der Wohnsitz der Familie Kühn wohl kaum verändert, in Stadtilm so wenig wie im nahen Königsee: Mal ein Haus um einen Anbau erweitert, mal im Haus eine Zwischenwand herausgenommen oder eingesetzt, mal ein Dach neu gedeckt, mal Fenster erneuert, doch was man durch die Fenster sah, es war für Vorvater, Großvater, Vater stets das Gleiche.

Auch die Zahl der Häuser hat sich, zumindest in Friedenszeiten, in Stadtilm wie in Königsee über lange Zeit hinweg nicht geändert: Mal sind ein paar Häuser baufällig geworden oder abgebrannt, mal sind ein paar Häuser neu erbaut worden, doch ihre Zahl ist letztlich gleich geblieben über Generationen hinweg.

Auch der Verlauf der Gassen und Straßen änderte sich nicht in Stadtilm oder Königsee: Generationen von Kühn-Kindern sind durch die selben Gassen und Straßen gegangen, gelaufen; wahrscheinlich hatten Generationen von Kühn-Kindern dieselben Plätze, an denen sie spielten – an der Ilm hier, an der Rinne dort. Bis denn mit Wilhelm aus dem Flüsschen »Ilm« oder dem Bach »Rinne« der Strom wurde, auf dem Schiffe nordwärts glitten oder südwärts kreuzten, südwärts getreidelt wurden – der Rhein als die größte, auch für Kürschner bedeutsame Wasserstraße des Handels.

Dieser Wilhelm Gottlieb Kühn: ihn darf ich nicht bloß erwähnen, ihn muss ich hervorheben. Denn er suchte das Weite – in doppeltem Wortsinn. In der Senke zwischen den Waldhängen komme ich auf keinen grünen Zweig, könnte er sich gesagt haben, hier laufen die Geschäfte immer schlechter, immer weniger Kürschner im Ort, ich werde ihn verlassen. Vielleicht war da auch eine Frau, die ihn von Thüringen ins Rheinland lockte. Jedenfalls, er koppelte sich ab vom Familienverband, der jahrhundertelang im Ort verblieben war, weiterhin ortsgebunden blieb, zog von der Rinne an den Rhein. Gründete dort eine neue Kürschnerei, einen neuen Haushalt, eine neue Familie: Kühns am Rhein.

Und ich wende mich wieder Großmutter Klara Friederike zu – mit grünen Augen schaue ich auf ihre grünen Augen. Scheinbar unbefangen lächelt sie neben dem gestreng blickenden Mann, der ihr fünf Kinder machte – sie sieht fast aus wie seine älteste Tochter.
Während ich (1987) erste Notizen mache über die Großmutter, lehnen die Ölskizzen an der Holzwand, und ich brauche den Kopf nur ein wenig nach rechts zu drehen, um Friederike zu sehen, die, in Seitenansicht gemalt, mitten im Salon sitzt, mit knöchellangem, weitem schwarzen Rock, unter dem sie das linke Bein über das rechte geschlagen hat; hochgeschlossen eine weiße Bluse; sie blickt auf eine zusammengefaltete Zeitung. Im Bildvordergrund grüne Portieren, im Türdurchblick gerafft von breiten Bändern. Die gleiche Raffung an roten Portieren des Fensters hinter Friederike; die Gardine,

selbstverständlich geschlossen, ist gesättigt mit honiggelbem Licht – vielleicht ist es auch diese warme Tönung, die freundliche Empfindungen weckt für die schöne Großmutter. Vor der gelben Gardine, auf dreibeinigem Abstelltischchen, eine hochragende Stehlampe mit Troddel-Lampenschirm, den zwei Federbüsche überragen wie ein Paradehelm.

Auch Großvater hat, im Komplementärbild, das linke Bein über das rechte geschlagen. Sein Zimmer wirkt wie ein naturalistisches Bühnenbild eines wilhelminischen Salons; auch hier wird dieser Eindruck betont durch grüne Portieren, jeweils gerafft von einem Band mit Quaste. Oscar sitzt vor einem großen Fenster, in der geschlossenen Gardine kaltweißes Vormittagslicht. Betont weiß die Papierfläche, die Großvater in der Linken hält, während die Rechte entspannt von der Seitenlehne herabhängt. Schaut er durch den Zwicker auf einen zufriedenstellenden Geschäftsbericht? Hinter Oscar eine Podestsäule mit dickbauchigem Pflanzenkübel, in dem eine Zimmerpalme wächst.

Über dem Schreibtisch mit Kasten- und Säulchenaufbau ein großformatiges Bild in goldenem Rahmen: Vollmond über bräunlicher Wolkenbank, unter ihr weißgrau Flächiges. Dieses Bild des Malers Johann Jungblut sehe ich wieder auf einer Fotografie der fünfziger Jahre, in unserer damaligen Dürener Wohnung; dieses Bild hing später im Zimmer meines Vaters in Herrsching: Eine Eisfläche, Frauen heben und schleppen Eisblöcke, über ihnen Wolken und Mond.

Von der Schneefläche vor dem Fenster auf den Tisch blickend, sehe ich ein ebenfalls neu geerbtes, für diesen Textabschnitt bereitgelegtes kleines Winterbild in Öl, mit der Signatur: Osc. Kühn 1891.

Eine schneebedeckte Dorfkirche mit kurzem Turm vor weißgelbem Abendhimmel; ein großer, kahler Baum am rechten Bildrand; ein Mann mit langem Stock im Schnee, neben ihm, eingemummelt, ein Kind, vor ihm ein fast mannshohes Schneegebüsch und auf der anderen Seite ein Pfarrer mit breit- und flachkrempigem Hut, in schwarzem Talar. Man scheint

19

sich über die optisch betonte Barriere hinweg zu unterhalten an diesem späten Winternachmittag, in der Schneestille. 1891: damals war Oscar Kühn zweiunddreißig. 1891: zu diesem Jahr finde ich in der kleinen Erbschaft ein Dokument. Demnach war Oscar Kühn zum Premier-Lieutenant der Landwehr-Infanterie befördert worden, im Landwehr-Bezirk Coeln. Diese Beförderung hatte formell »Unser allergnädigster König und Herr resolviert, Seine königliche Majestät von Preußen«.

Ein Offizier der Landwehr also hatte dieses Winterbild gemalt, in einem Stil, der mich an Naive Malerei erinnert. Von diesem Landwehroffizier besitze ich ein weiteres Winterbild, vielleicht aus derselben Zeit: Ein zugefrorener Teich, auf dem sich Abendrot spiegelt; fünf hochragende Schilfbüschel; die Bildfläche beherrschende Winterbäume; hinter ihnen Wald; vor gelbem Winterabendhimmel schwarze Vögel. Ein bisschen kitschig in den Augen des Enkels.

Ein drittes (ebenfalls kleinformatiges) Ölgemälde des Großvaters: Fjordlandschaft. Berge rechts, Berge links, in der Bildmitte die völlig glatte Wasserfläche; in den Fjord hereinfahrend ein Dampfer mit Rauchfahne – aber noch fern, entsprechend klein.

Ebenfalls seit den neunziger Jahren besitze ich (vor dem Sperrmüll gerettet) ein Fjordgemälde im Querformat, in Postergröße. Ein Bergmassiv mit Gletscher rechts; am Sockel, an der Küste, ein paar Holzhäuser; die auch diesmal glatte Wasserfläche; ein Fischkutter vor Anker, das Hauptsegel hängt schlaff herab; ein Fischer rudert im Vordergrund zwei Männer; Berge mit Schneeresten auch am linken Bildrand. Zwei Beschädigungen der Leinwand hat der Enkel, seinerzeit Germanistikstudent, zum Vorwand genommen, dem Bild mit aufgeklebten Collage-Elementen einen Hauch Surrealismus zu verleihen: Eine Balletteuse in weißem Tutu fällt mit angezogenen Beinen aus allen Wolken auf den Schiffsmast herab; im Gletscher ein riesiges Auge – Gletscherauge, Gottesauge; eine junge Taucherin mit Harpune steigt durch das braune Seegras im Bildvordergrund; ein paar Schritt weiter radelt ein

Mann mit Schwung aus dem Wasser, Sweatshirt und Krone, in einem Gitterkorb Tang.

Auch dieses Bild ist datiert: 1893. Hatte Großvater eine Mal-Reise unternommen? Im folgenden Jahr (so lese ich in einer kleinen Firmen-Festschrift mit dem Titel *Starker Faden vom Niederrhein*) »trat der Kaufmann Oscar Kühn in die Firma ein, die von nun an Kommandit-Gesellschaft wurde und den Namen Kühn, Vierhaus & Cie. erhielt. Komplementäre und Geschäftsführer wurden Ernst Vierhaus und Oscar Kühn.«

Auf dem Leseweg zurück zum Großvater, nun als Teilhaber und Geschäftsführer, kommen mir Wörter in die Quere, die für mich exotisch sind und exotisch bleiben werden: Mule ... Schneller ... Watermaschine ... Für die Reinigung und Auflockerung von Baumwolle wurden spezielle Geräte eingesetzt unter der Bezeichnung »Wolf und Teufel«. Und für Großvater war bald schon Basiswissen, was ich mir anlese in einer Fachschrift des 19. Jahrhunderts, vorab zu den Eigenschaften von Baumwollfasern. Hier waren relevant: »Farbe, Glanz, Länge, Feinheit, Weichheit, Drehung, Festigkeit, Elastizität, spezifisches Gewicht, Verhalten gegen Wasserdämpfe, chemische Zusammensetzung, Selbstentzündung«.

Der »versierte Kaufmann« gab das Malen nicht auf. Überraschende Konfrontation: Das Kölner Auktionshaus Van Ham präsentierte 2006 ein Gemälde (Öl auf Leinwand, 50 mal 61) mit dem (wohl postumen) Titel: »Geschäftiges Treiben am Ufer des Rheins«. Allzu geschäftig wirkt das Treiben allerdings nicht auf diesem Gemälde, das mir der Bildschirm vermittelt, es herrscht, in akademischer Malweise, eher Geruhsamkeit mit Ruderboot hier, Segelschiff dort.

Wichtig ist mir vor allem die Angabe: »Datiert unten links: Osc. Kühn 1903.« Der Schätzpreis lag bei bescheidenen 400 Euro, der Zuschlag erfolgte bei € 440. Da hätte ich gern mehr geboten, doch zu jenem Zeitpunkt kannte ich dieses Auktionshaus noch nicht, wusste noch nichts vom Angebot, das ich gern ersteigert hätte, aus Pietät.

Kühn, Vierhaus & Cie: Zuerst hatte die Firma Garne hergestellt für Buckskins: die groben Baumwollhosen wurden in Textilfabriken von Rheydt und Gladbach produziert, vor allem für den Export nach Südamerika. Die Firma leistete sich 1899 eine Dampfmaschine, die für rasche und gleichmäßige Rotation der vielen Tausend Spindeln sorgte, über werweißwieviele Transmissionsriemen aus handbreitem Leder, die von zentralen Wellen herabschlackerten. Und sich schon mal, weiträumig herumpeitschend, von Antriebsrädern lösten.

Die Umsätze gingen bald zurück, Konkurrenten lieferten billigere Produkte, KVC suchte neue Abnehmer, stellte Garne her zur Produktion von Dochten für Petroleumlampen. Als Großvater in die Firma eintrat, musste man erneut Abnehmer suchen – Gasleuchten verdrängten die Petroleumlampen, bald darauf begann das große Elektrifizieren. So rasch man sich von der Produktion der Garne für Dochtwebereien verabschiedete, so frühzeitig wird man die Produktion von Garnen aufnehmen für Textilgewebe in Autoreifen (Reifencord). Dies bereits im Jahre 1907!

Die Hauptprodukte der Firma waren allerdings Häkel- und vor allem Stickgarne, »das sogenannte Mouliné, ein [mehrfarbig gezwirntes] Flächenstickgarn, das ein vielbegehrter Artikel wurde«. Hier war Kühn, Vierhaus & Cie. bald marktbeherrschend: Die Firma stellte 80 Prozent des deutschen Bedarfs her, exportierte weltweit.

Besonders erfolgreich war ein Stickgarn mit dem Markenzeichen »Extrissima«, das (nach dem Bericht des Deutschen Wirtschafts-Archivs) »an Güte und Glanz alle bisher hergestellten Garne übertraf«. Vor dem Ersten Weltkrieg, als die Firma ihre größten Umsätze machte, wurden jährlich 6000 Ballen ägyptischer Baumwolle von 9000 Zwirnspindeln und 23000 Spinnspindeln zu Garn verarbeitet; 550 Arbeiter waren damit beschäftigt. Vor allem, als die Maschinenstickerei aufkam.

Als wir uns beim Ortstermin Rheydt einem Prokuristen von Kühn, Vierhaus & Cie. vorstellten, wurde sofort eine Führung vermittelt – nicht mehr in den Hallen, durch die auch Oscar Kühn geschritten war, inspizierend: Die Firma wurde 1943 zerbombt, nach dem Krieg musste alles neu erbaut werden, dies immer noch unter dem alten Firmennamen KVC AG.

Und nun: viele neue Wörter: Baumwollmischraum … Kardensaal … Kalanderwalzen … Kehrstrecken … Vorspinn-maschinen, Ringspinnmaschinen, Ringzwirnmaschinen … In technisch-militärischer Ordnung drehten sich Tausende von Spindeln; das Fauchen mächtiger Exhaustoren, die Baumwoll-flusen absaugten, flusenbedeckt dennoch die Frauen an den Maschinen, flusenbedeckt die Meister. An Spinnmaschinen glitten auf Doppelschienen gartenzwergkleine Roboter hin und her, Sensoren lenkten sie dorthin, wo weißes Garn ver-knüpft werden musste: Aus den Automaten schoben sich kleine Greifer heraus, wie Messerchen von Nagelscheren, die machten flink den Knoten, zogen sich zurück, die Maschin-chen glitten weiter.

Diese Arbeit hatten vor wenigen Jahrzehnten noch Frauen gemacht, unter ihnen eine Buchhändlerin zu Mönchenglad-bach, die nach meiner Lesung erzählte, viele Kriegswochen lang sei sie an Spinnmaschinen entlanggependelt, Fäden knüp-fend.

Jahre später, 1987, war der rote Faden gerissen, die AG wurde im Handelsregister gelöscht. Doch das Haus des vormaligen Teilhabers und Geschäftsführers Kühn ist wiedererstanden.

Nach dem Tod meiner Mutter fuhr ich mit Vater Helmuth noch einmal nach Rheydt, wir gingen auf seinem Schulweg zum Haus, sahen das Ockergelb der Fassade, weiß abgesetzt. Unten ein Notariat, oben Wohnungen; am Seiteneingang mehrere Klingeln. Fahrräder abgestellt, zwei Kinderräder. Aufatmen, obwohl wir keinen Stein des Hauses besitzen. Es blieb bei der Außenansicht.

Während ich dies schreibe, liegt auf der Tischfläche eine alte Fotografie: Sechs riesige Säulen (als Halbreliefs, mit korin-thischen Kapitellen) gliedern die symmetrische Fassade; ein runder Erker mit aufgesetztem Balkon links, ein runder Erker mit aufgesetztem Balkon rechts, zwei Aufgänge zur Haustür genau in der Mitte; als Zierelemente der Fassade Schmuckbänder, Girlandenmuster, und auf dem Gesims klassizistische Steinkrüge, Amphoren.

In diesem Haus hatte alles soliden Bestand signalisiert, besonders die schweren und dunklen Möbel, die ich gleichfalls auf Fotografien sehe: Eiche mit Schnitzwerk, Füße als Pranken und Tatzen ... Als dieses Haus gebaut und eingerichtet wurde, als es fertig war, muss Großvater das stolze Gefühl gehabt haben: Dieses Haus wird Stammsitz kommender Generationen! Oder: Was ich, Sohn eines Kürschnermeisters, geschaffen habe, das wird uns keiner mehr nehmen können! Elf Jahre später begann der Weltkrieg.

Mitte 1909 konnte gefeiert werden. Eine Postkarte mit verschiedenen Rheinmotiven wurde produziert »Zur Erinnerung an die Rheinfahrt aus Anlass des 25-jährigen Bestehens der Firma Kühn, Vierhaus & Co.«.

Fünf Jahre später, mit Beginn des Weltkriegs, ging die Produktion drastisch zurück. Ägyptische Baumwolle konnte nicht mehr importiert werden, die Herstellung von Stick- und Häkelgarn war nicht mehr vordringlich, es wurde vor allem Uniformtuch gebraucht.

Dem Großvater riss der Lebensfaden Anfang Januar 1915, »nach schwerem Leiden«, »langem Leiden«. Diese Formulierung deutet (heute) zumeist die Todesursache an: Krebs. Ein Wort, das ich viel zu oft zu hören kriege in engeren und weiteren Kreisen. War es bei Großvater Oscar Hirntumor? Sein Sohn berichtete, zusammenhanglos, von einer Merkwürdigkeit: Oscar mit einer Haube aus Gummischläuchen auf dem Kopf, kaltes Wasser in den Schläuchen. Versuchte er, den schwindelerregenden Ödem-Druck im Kopf zu lindern durch spezielle Kühlung? Zum Tod durch Hirntumor könnte denn auch, falls nicht bloß floskelhaft gemeint, die Formulierung passen, die von der »Gesellschaft Harmonie« für die Todesanzeige übernommen wurde: »dem Herrn entschlafen«.

Drei Jahrzehnte später, schon erwähnt, starb in Iserlohn meine Großmutter, Ende des Zweiten Weltkriegs. Mir liegt keine Todesanzeige vor – die war in jenem Jahr des großen Sterbens wohl auch kaum erschienen.

Ich weiß von Klara Friederike nur, dass sie zum Königin-Luise-Bund gehörte, einer Vereinigung von Damen königstreuer Gesinnung. Höhepunkt des Vereinslebens war die Reise einer Delegation zum exilierten Kaiser Wilhelm in Doorn. Hat er den Damen vorgeführt, wie er einen von etlichen tausend Baumstämmen zersägte im Park der Residenz, auch wie schwungvoll er Holz hackte? Sicherlich wird sie nicht vom »Ex-Kaiser« gesprochen haben, Wilhelm II. blieb für sie Kaiser.

Weiter hörte ich, sie sei zu ihren Kindern sehr »lieb« gewesen, ja, wie mein Vater sagte, »herzensgut«. Könnte auch etwas naiv gewesen sein. Mehr erfahre ich nicht über sie, dafür aber sehe ich sie auf dem Porträtgemälde.

1987: Nach dem winterlichen Transport der Erbstücke von Köln nach Abenden hänge ich das Bild noch nicht auf, trage es umher, lehne es hierhin, stelle es dorthin, lasse Licht in verschiedenen Winkeln auf das Bild einwirken, stehe vor ihm, sitze vor ihm, gehe vor ihm umher, auch im Musiktakt: mit versteckter Kamera gefilmt könnte es so aussehen, als würde ich Friederike zum Tanz auffordern. Siebenundzwanzig war sie damals – das Gemälde ist auf 1903 datiert. Zwei Jahre später brachte sie meinen Vater zur Welt, Karl Otto Helmuth, drittes von fünf Kindern.

In einer der Zeitphasen, in denen ich wieder einmal Notizen, Entwürfe schreibe für dieses Buch, erreicht meinen Vater in Herrsching ein Brief der Evangelischen Gemeinde Rheydt, Friedhofsverwaltung. Drohgebärde in Amtssprache. Ich fasse zusammen: Wird das Grab nicht endlich gepflegt, wird es eingeebnet und abgeräumt, fällt gemäß § 15 der Friedhofsordnung an die Kirchengemeinde zurück.

Der Brief wird umgehend aus Herrsching an mich weitergeleitet: »Grundsätzlich neige ich zur Aufgabe des Grabes. Mit herzlichen Grüßen, Paps.«

Ich fahre nach Rheydt, parke am Friedhof, in der Nord-straße. Große Friedhofskirche aus graugrünen Steinquadern, davor ein Toiletten- und Bürotrakt; geöffnet wird mir nicht. Erster Erkundungsgang: Wo ist Abteilung VII, Feld B, Nr. 7? Wen auch immer ich frage: Ein Koordinatensystem mit rö-mischen und arabischen Ziffern, mit Buchstaben ist nicht bekannt. Aber auf alten Emailleschildchen an Mauersockeln, an Mauerstirnseiten entdecke ich eine römische Eins, eine rö-mische Sechs; Logik hilft freilich nicht weiter, die heilige Sie-ben will sich nicht aufspüren lassen.

Zweiter Gang zum Friedhofsbüro, auch diesmal wird nicht geöffnet während der Dienstzeit, doch ein Arbeiter skizziert den Friedhofsverwalter: Der sei noch ein Stück größer als ich, den würde ich leicht finden ... Ich streife umher auf dem Friedhof, befrage Gärtner und Erdarbeiter; gern lässt man sich bei der Arbeit unterbrechen, um zu rätseln oder mit Hin-weisen zu helfen. Beim Rundgang komme ich an einem Grab vorbei, das beinah völlig zugewachsen ist, ich verharre kurz: Grabplatte, doch ohne Buchstaben, hinter einer Pinie, vor zwei riesigen Thujen ... Und gehe weiter. Endlich, nach einer Stunde, ist der Friedhofsverwalter im Büro; gleich marschiert er, tatsächlich noch größer als ich, mit mir los, schräg hinter uns her ein Friedhofsgärtner, der symbolisch eine Harke trägt. Abteilung VII, Feld B, Nr. 7: Gewiss, so lauten die exakten Koordinaten, aber die sind nur auf der Friedhofskarte angege-ben, die der Verwalter im Kopf hat. Und er schreitet – ich habe es fast geahnt! – auf das Grab zu, vor dem ich gezögert habe. An der breit gewordenen Kiefer drücken wir uns vorbei, ste-hen auf dem Vierergrab mit nur einer Grabplatte, horizontal. Ich wische einige rostbraune Thuja-Ästchen weg, sehe eine Geisterschrift: Zu entziffern ist nur der Vorname, alle Buch-staben sind abmontiert, allein die beiden Umlautpunkte des Familiennamens sind geblieben – Bronzeplättchen von eini-gen Millimetern Durchmesser.

Der Verwalter: »Der Pinus« muss weg – kappen, Kette um den Stumpf, und die Wurzel mit einem Bagger rausreißen ... Und die Thujen sind zu groß geworden, müssen ebenfalls raus, »wegen meiner«. (Soll wohl heißen: Wenn es nach mir geht ...) Und die kleine Hecke muss geschnitten werden. Und die Gräberfläche mit Torf bestreut, »wegen meiner«, nachdem man die Birkenschösslinge rausgerissen hat – die Gräber rechts und links sind schließlich gepflegt, deshalb wiederholte Beschwerden, deshalb das Schild in den Boden gesteckt, neben der Grabplatte: Angehörige sollen sich melden. Das Schild wird aus dem Boden gezogen, ein Angehöriger hat sich gemeldet.

Erneut vom Gärtner gefolgt, kehren wir zurück zum Büro: erst mal die Rechtslage klären ... Müssen Thujen, Pinus, Birken wirklich weg?! Es erfolgt eine Rechtsbelehrung durch Verlesen eines (anschließend auch abgelichteten) Paragraphs der (offenbar etwas älteren) Friedhofsordnung: »Die Grabplätze selbst dürfen mit Blumen, Pflanzen und künstlerisch wertvollen Platten geschmückt werden. Verwendung von Schlacken, gekalkten Steinen und dergleichen ist verboten. Auf Zeit- und Erbgräbern ist außerdem das Pflanzen von Bäumen im Einverständnis mit dem Friedhofsausschuss (Friedhofsverwalter) erlaubt; wenn jedoch durch die Bäume Nachteile für die Nachbarplätze entstehen, sind die Besitzer gehalten, auf Aufforderung des Friedhofsverwalters für Abhilfe zu sorgen.« Na schön.

Und sonst? Die Karteikarte zeigt: Das Grab wurde 1954 vom ältesten Sohn des Verstorbenen nachgekauft, die »Nutzungsberechtigung« läuft bis 1995. AZ 10 – 2 – VII B. Mit Bleistift notiert: Pflegeauff. 10. 10. 88. Ich höre Wörter, die ich noch nie geschrieben habe: Die Nutzungsberechtigung auch als Nutzungspflicht (sprich: als Verpflichtung zur Pflege), die Laufzeit und die Verwesungsfrist. Bei diesem Begriff frage ich nach, lasse der ersten Frage weitere Fragen folgen, und die Antwort komplettiert sich: Die Verwesungsfrist beträgt auf diesem Friedhof 25 Jahre, bei anderen Friedhöfen, je nach geologischer Situation, 20 Jahre; die verkürzte Verwesungsfrist setzt beispielsweise sandhaltigen Boden voraus, der für Durchlüftung sorgt, während im Lehmboden die Verwesung sehr viel langsamer verläuft – manchmal, wenn eine Grabstätte eingeebnet, ein Grab ausgehoben wird, sieht die Leiche noch so aus, als wäre sie einige Tage zuvor beerdigt worden.

Am Schluss des Exkurses konstatiere ich: Da werde er, als Friedhofsverwalter, ja schon so einiges gesehen haben ...

Kollerndes Lachgeräusch, herausplatzend: »Das kann man wohl sagen, hoho!« Um auf die Verwesungsfrist zurückzukommen: Die ist gesetzlich vorgeschrieben, und er findet es unmöglich, einfach uuunmöglich, wenn Verwandte bereits fünf Jahre nach einer Beerdigung anrücken und ihn fragen, ob sich das Zeitgrab, ja womöglich das Erbgrab nicht wieder verkaufen ließe – schon nach fünf Jahren ...! Und das bei diesem stark lehmhaltigen Boden ...! Die Leute wissen ja überhaupt nicht, wovon sie reden ...!

Ich mache noch einige Notizen zum »Sachstand«, verabschiede mich, in der Tasche eine Liste zugelassener Gärtnereien, gehe noch mal zum Grab, schiebe Pinienzweige beiseite, kaure auf der Grabplatte, die nicht ganz mannslang ist, versuche, ein paar weitere Buchstaben der Geisterschrift zu lesen, helle Schatten von Bronzebuchstaben, bestimmt schon in der Nachkriegszeit gestohlen, es blieben wirklich nur die beiden Umlautpunkte. Die löse ich ab, es geht ohne Werkzeug: Krumme Nägel unter den Metallnoppen, ich ziehe sie aus dem leicht brüchigen Stein, schließe sie ein im Portemonnaie. In die beiden Stiftlöcher stecke ich rostbraune Thujazweiglein, teile dem wilhelminischen Großvater mit, dass ich dafür plädieren werde, die beiden Thujen zu retten, und die Pinie würde ich am liebsten ausgraben und in die Eifel mitnehmen, im Waldgrundstück einpflanzen, aber ich habe keine Vorstellung von der Wurzelform einer Pinie: geht sie in die Breite, bohrt sie sich tief ein, ist sie so breit wie tief und passt nicht ins Auto? Und den Torf, sage ich ihm, diesen obligatorischen Friedhofstorf, den der Verwalter vorgeschlagen hatte, »wegen meiner«, den lasse ich nicht neben die Grabplatte streuen, auf dem Vierergrab, in dem kein Familienmitglied neben Großvater liegen wollte, nicht mal sein ältester Sohn, der ein Jahr vor meinem Abitur das Grab nachkaufte. Auch Großvaters Frau, Friederike, wollte nicht neben ihm liegen – oder ergab sich das nicht im Jahre 1945: zu viel Transportkapazität benötigt für Leichen? Der zweite Sohn, mein Vater, wusste schon gar nicht mehr, dass es dieses Grab überhaupt noch gab. Asymmetrisch liegt die schlichte Grabplatte auf der Fläche des Familiengrabes: keiner ist nachgerückt. Sieben Jahre später wird die Fläche »einplaniert«.

Mit den vom Buntmetalldieb verschmähten Umlautpunkten aus Bronze im Portemonnaie, entschließe ich mich zu einem Stadtbummel, in Großvaters Namen. Eigentlich, sage ich mir, das Friedhofsgelände verlassend, eigentlich müsste ich die beiden Metallknöppe im Hemdtäschchen links tragen, über dem Herzen, aber da würde ich sie zu deutlich spüren mit ihren nagelähnlichen Fortsätzen. Könnte sie auch, bei unbedachtem Vorbeugen, zu leicht verlieren, will sie schließlich für alle (meine) Zukunft behalten, sie haben immateriellen Wert, diese beiden Restzeichen.

(Zwei Jahrzehnte später die Befürchtung, die kleinen Reliquien könnten sich nach diversen Umzügen verflüchtigt haben, doch aufatmend finde ich sie wieder in separatem Umschlag; mittlerweile sind sie ganz schwarz geworden.)

Noch einmal (ein paar Jahre nach dem Friedhofstermin) gehe ich zum Haus des Großvaters in der früheren Charlottenstraße, der heutigen Oskar-Graemer-Straße. Durch einen verbretterten Torbogen sehe ich das cremefarbene Haus, erreiche es, weil der direkte Straßenzugang gesperrt ist, auf Umwegen.

In der Notariatskanzlei des Erdgeschosses Licht hinter den Fenstern. Ich schelle, schreite zur Eichenholz-Rezeption, stelle mich der Empfangsdame vor, sage, ich würde mir gern den Vorraum anschauen. Zwei Herren im Gespräch, einer kommt auf mich zu: Was er soeben gehört hat, das freut ihn, er ist der Hausherr. Er führt mich in sein Büro, die Wände holzgetäfelt in Kassetten; in Großvaters Erker stehen Ledersessel. Mit raschem Griff hat der Notar einen kleinen Ordner zur Hand mit abfotografierten Fotos des früheren Hauses. Er hat auch die »Baugeschichte« (für ihn: die Geschichte des

Umbaus) dokumentiert, diesen Ordner hat er allerdings nicht im Büro. Er möchte Genaueres wissen über den Erbauer des Hauses, also erzähle ich ein wenig, und er macht Notizen, als nehme er einen Auftrag entgegen. Und berichtet, dass er dieses Haus erworben hat mit bereits vorliegender Abrissgenehmigung, all seine Bekannten setzten voraus, er würde die Ruine auch abbrechen lassen, stattdessen hat er sie ausgebaut, hat sogar Parkettstäbe zuschneiden lassen nach der Vorlage der wenigen Parkettstäbe, die erhalten waren; die Kassetten der Wandtäfelung hat er ebenfalls originalgetreu anfertigen lassen. Die frühere Aufteilung der Räume hat er im Kopf, als wäre er im Haus aufgewachsen, in dem er »sehr schöne« Wohnungen vermietet hat; er selbst wohnt freilich woanders. Er führt mich durch Büroräume des Erdgeschosses, auch in das Beurkundungszimmer: mächtiger Tisch, Ledersessel mit senkrechten Lehnen, großer Glaserker zum schmalen Garten.

So bin ich – sitzend, stehend, gehend – für eine Viertelstunde umgeben vom soliden Gemäuer, das auch Großmutter Friederike umgeben hat und ihre fünf Kinder. Sogar in das frühere »Damenzimmer« werde ich geführt, als Kindeskind – nun ein Büroraum mit sanft geschwungenem Erker.

Kurzes Gastspiel im Haus der Großeltern, im Elternhaus meines Vaters. Mit einem inzwischen erworbenen Buch über Rheydt in der Tüte, mit den beiden Umlautpunkten im Portemonnaie gehe ich zum Marktplatz mit dem Neo-Renaissancebau des Rathauses, mit der Hauptkirche im Stil der Berliner Kaiser-Wilhelm-Gedächtniskirche. In der Nähe des Hauptportals plaudern drei Türken.

Als Zehnjähriger kam mein Vater auf die Königlich-Preußische Kadettenanstalt Oranienstein (bei Limburg): Schulung künftiger Offiziere. Schon als Dreizehnjähriger führte er eine Kompanie des Kadettenkorps. 1918 war mit dem Krieg die militärische Erziehung und Ausbildung beendet: ein Schul-Intermezzo in Bad Godesberg. Dann wurde er nach Groß-Lichterfelde geschickt, in die damalige Hauptkadettenanstalt.

Die Sieger hatten die Einrichtung selbstverständlich verboten; in einer Übergangszeit unterrichteten dort Offizierswitwen, unter der Leitung eines jüdischen Direktors. Das Experiment misslang, Helmuth kehrte zurück ins Rheinland, ging auf das Gymnasium in Bonn, machte das Einjährige.

Drei Zeugnisse auf der Fläche des Arbeitstischs differenzieren die kargen biographischen Angaben. Die Zeugnisse sind jeweils bezeichnet als »Urteil der Kompanie«. Dokumente einer militärischen oder vormilitärischen Sozialisation, die nachwirkt bis in den Umgang zwischen Vater Helmuth und Sohn Dieter.

Das Raster, in das sich der marineblau gekleidete Junge damals einfügen, einordnen musste, es hatte folgende Koordinaten: Nummer der Kompanie; Bezeichnung der Schulklasse; Nummer der Sittenklasse. Was bedeutet es, in Sittenklasse römisch Drei gewesen zu sein?

Es könnte eine Auszeichnung gewesen sein. Denn es heißt in der Gesamtbeurteilung: »Kühn besitzt einen offenen, schätzenswerten Charakter, ist bescheiden und wohlerzogen in seinem Verhalten. Anzuerkennen ist seine ausgeprägte Pflichttreue. Sein kindlich fröhliches Wesen und sein kameradschaftlicher Sinn machen ihn bei Vorgesetzten und Kameraden gleich beliebt.«

Unterzeichnet ist das Zeugnis unleserlich von einem »Hauptmann und Kompagnie-Chef«. Links davon hat die Witwe unterschrieben, mit violetter Tinte: Frau Oscar Kühn. »Dieses Zeugnis ist unterschrieben an die Kompagnie zurückzusenden«: Das hat Klara Friederike Kühn denn auch getan, Faltspuren wohl von ihrer Hand.

Und gleich auch noch die Beurteilung des Obertertianers in Uniform: »Kühn ist ein ruhiger, wohlerzogener und aufrichtiger Kadett, der es mit seinen Stubenältestenpflichten gewissenhaft und ernst nimmt. Sein kameradschaftliches Wesen ist besonders zu loben. In Ordnung, Sauberkeit und Pünktlichkeit ist er ein Vorbild seiner Abteilung.«

Später, als er selbst Kompaniechef war, in Holland und Dänemark, dürfte man in den Personalpapieren die gleichen »Eigenschaften« hervorgehoben haben. Damit auch die *Pünktlichkeit*: Hier vor allem pralle ich auf Nachwirkungen des Erziehungssystems einer preußischen Kadettenschule.

Auch ich bin zur Pünktlichkeit erzogen worden, auch ich bin – generell – pünktlich. Jemanden warten zu lassen, ist für mich Demonstration von Macht, aber solche Art von Macht ist für mich bedeutungslos. So versuche ich, pünktlich zu sein, mag es aber nicht, wenn Unpünktlichkeit das Stichwort liefert zu Vorwürfen.

Die verschiedenen Koordinatensysteme stießen beispielsweise zusammen bei der Abstimmung eines Besuchs: Ich gab eine ungefähre Ankunftszeit an – bei längeren Autofahrten lässt sich nichts genau planen. Für meinen Vater jedoch war die Schätzziffer eine präzise Angabe; jede Minute, mit der die »korrekte« Zeitangabe überschritten wurde, verminderte die Aussichten auf ein entspanntes Gespräch. Erst recht als Vater erwachsener Söhne mochte ich nicht wie ein verspäteter Kadett behandelt werden, das betonte ich mit Entschiedenheit. Jedoch: »Ordnung, Sauberkeit und Pünkt-lich-keit« wurden verbal und im Drill vermittelt, im letzten Jahr des Ersten Weltkriegs, und diese »in Fleisch und Blut« übergegangenen Eigenschaften behielten ihre Gültigkeit ein halbes Jahrhundert, ja noch weitere Jahrzehnte später. So erschien mir Kommunikation mit ihm zuweilen gespenstisch: Ich musste zu Beginn der neunziger Jahre auf Erziehungsmuster reagieren, die zwischen 1916 und 1918 in einem Ort an der Lahn aufoktroyiert worden waren.

Noch einmal das Stichwort: Auflösung des Haushalts von Tante M. In ihrer Kölner Wohnung wurde ich von Angehörigen der Verstorbenen gebeten, die Bücher zu sichten, die Oscar, Bruder meines Vaters, hinterlassen hatte. Zwischen meist dickleibigen Romanen und Memoiren auch einige meiner Bücher – zum ersten Mal entdeckt in einer Hinterlassenschaft. Ich ließ sie stehn, las weitere Namen und Titel ab, entdeckte eine Gesamtausgabe. Alte Lederrücken mit goldenen Prägemustern, goldener Prägeschrift: »Shakespeare's dramatische

Werke«, übersetzt von Schlegel und Tieck, Berlin 1853, neun Bände. Jeder Band auf dem Vorsatzblatt signiert und datiert: Helmuth Kühn 12/Januar 1933.

Demnach: mit achtundzwanzig hatte er antiquarisch diese Ausgabe gekauft. Und dann, auf Nimmerwiedersehn, an den älteren Bruder verliehen? (Später wurde sie durch eine andere Ausgabe ersetzt.)

Was soll aus all den Büchern nun werden? Achselzucken.

Und wo ist das Ölbild von Hann Trier geblieben, das mir hoch und heilig versprochen wurde? Achselzucken.

NACH DER KÖLNER ERBSCHAFT von Dokumenten und Bildern ein weiterer Impuls, mich mit Familiengeschichte zu befassen, soweit sie einwirkte auf meine Lebensgeschichte: Gespräche mit Friedrich von der Leyen, damals Senior-Honorarprofessor in München.

Der Ort: Erdgeschosszimmer einer Pension in Schwabing. Die Zeit: Winter 1955/56. Ich studierte, im zweiten Semester, Germanistik und Anglistik, und es war sicherlich ein Rat, ein Vorschlag meiner Mutter: Besuch doch mal Deinen alten Onkel Fritz, der wird sich bestimmt freuen.

Helene hatte, als junge Frau – neben der Tätigkeit in einer Bank – gelegentlich für den Onkel gearbeitet, hatte nach Diktat oder handschriftlicher Vorlage Reinschriften getippt von Reden, Schriften, Büchern, hatte eventuell Korrekturen gelesen.

Sie war damals auch gemalt worden, Öl auf Holz: Friedrich von der Leyen war verheiratet mit einer weiteren Helene der Familie Asher. Helene (geb.) Asher die Erste malte Helene Asher die Zweite. Irgendwann einmal war Lady Helene durch mein Blickfeld geschritten, hoheitsvoll, in wallendem Weiß. Muss vor 1950 gewesen sein, ihrem Todesjahr.

Großtante Helene: es wurde gern von ihr erzählt. Der Hamburger Bürgermeister Mönckeberg 1898 in einem Brief: »Wir haben in den letzten Tagen allerhand Besuch gehabt: einmal aß Helene Asher, die junge, hübsche Malerin, bei uns.« Die hatte sich, ein Jahr zuvor, in Worpswede aufgehalten und mit Paula Becker angefreundet (später auch: Modersohn). Paula zeichnete für ein Album »Das fidele Trio«. Drei junge Frauen, in Rückansicht, eine wie die andre in Malkitteln, mit Paletten und Pinseln, zu einem Berg blickend, hinter dem die Sonne aufgeht, mit Lorbeer bekränzt. Als Staffage: eine Staffelei, eine Palette, Farbtuben. Und drei Namen: Paula Becker, Paula Ritter, Helene Asher.

Die rothaarige Schönheit hatte sich offenbar schon in jungen Jahren auf Porträts konzentriert, zumeist in Öl, arbeitete aber auch mit Pastellkreiden, mit Kohlestiften auf Papier – sie liebte die Tönung von Packpapier. Gesichter malte sie in beinah altmeisterlicher Manier, mit feinen und feinsten Pinseln, die Hüte von Damen und ihre Kleider jedoch mit vielfach keckem, frechem Strich, der zwar nicht ganz die Rigorosität einiger Zeitgenossen erreichte, immerhin aber war hier Freiheit der Entfaltung.

Lady Helene von der Leyen porträtierte in späteren Jahren Eminenzen der Kölner Universität, porträtierte Oberbürgermeister Konrad Adenauer, auch »Frau Oberbürgermeister Adenauer, Köln«. So sehe ich das dokumentiert in einem Illustriertenausschnitt. Auch weitere Bilder von ihr wurden im Druck wiedergegeben.

Friedrich von der Leyen war Trauzeuge meiner Eltern, 1934. Ist denn auch, als würdevolle Erscheinung, auf einem der obligaten Fotos zu sehen. Es war also naheliegend, dass der junge Student beim alten Herrn vorstellig wurde. Wobei ich gleich festhalten muss: Dass er ein berühmter Germanist war, in den zwanziger Jahren wiederholt zu Gastvorlesungen in die USA eingeladen, dies hatte keinen Einfluss auf meine Entscheidung, Germanistik zu studieren. Als ich in Freiburg mit dem Studium begann, war der Großonkel für mich nur ein Name. Nun, in München, war der Antrittsbesuch fällig. Er wurde zum Beginn einer Reihe weiterer Besuche, und in einem der Gespräche –

Doch erst ein paar Abschnitte über Friedrich von der Leyen, wie ich ihn damals sah, nur sehen konnte, noch nicht eingelesen in das umfangreiche Werk (bin es heute noch nicht) des Altgermanisten. Unbefangen klingelte ich an, nach telefonischer Voranmeldung. Empfangen wurde ich von einem großen, hageren Herrn mit weißem Spitzbart, weißer Mähne; er hatte einen kleinen Abendimbiss vorbereiten lassen; hier traf das heute fast historisch gewordene Wort zu vom »Abendbrot«. Ich dürfte von ersten Studienerfahrungen berichtet haben, als Germanisten-Greenhorn vor einem Germanisten-Guru. Der hielt noch Vorlesungen, obwohl über achtzig – zu viele Germanisten waren dem Nationalsozialismus verfallen, waren im Krieg gefallen, emeritierte Herren mussten einspringen.

Erinnerung, erst einmal, an ein eher belangloses Detail, doch es prägte sich ein: Die ruhige rechte Hand mit vergilbten Fingernagelkuppen, auffallend verdickt: eingedunkelte Hornschaufeln. Die statuarisch ruhige Raucherhand hielt eine Zigarette, hob sie zuweilen an die Lippen über dem Spitzbart, sog langsam, geruhsam Rauch ein, senkte Hand und Zigarette herab auf Tischkante oder Oberschenkel, die Asche wuchs auf einen Zentimeter, auf zwei Zentimeter an, das Aschestäbchen begann sich ein wenig zu krümmen, doch bevor es abbrach, senkte er die Zigarette zum Aschenbecher, streifte die Asche ab, rauchte weiter. Nur selten löste sich Asche bereits vor dem Aschenbecher, dann wurde sie mit lässigen Handkantenbewegungen vom Anzugsstoff gewischt. Ansonsten aber schien er an der Grenze der Wahrnehmung zu registrieren, wann es Zeit wurde, das eingekrümmte Aschestäbchen abzustreifen. Beim ersten Besuch schon gar nicht, auch nicht bei späteren Visiten erlaubte ich mir mit Blick auf den wachsenden, leicht eingekrümmten Aschefortsatz einen Hinweis, weder in einem Nebensatz, noch mit behutsamem Fingerzeig. Ich nahm sowieso die Rolle des vorwiegend Lauschenden ein: der Nimbus früherer Bekanntheit, ja Berühmtheit, zumindest in der Fachwelt.

Da uns fachlich noch wenig verband, lag nah: ein Gespräch über Familie. Eins der Stichworte, sicherlich noch nicht bei der ersten Audienz: Der Selbstmord eines der beiden Brüder meiner Mutter. Die Geschichte, die sie mir vermittelt hatte, ging so: Der Veterinärarzt fuhr zu einem nächtlichen Einsatz in seinem Ford über Land, die Straße feucht oder nass, in einer Kurve Rübenblätter, wohl von einem Traktoranhänger gefallen, der Wagen geriet ins Schleudern, prallte gegen einen Baum, Theo war sofort tot. Irgendwer in der Familie hatte mir zusätzlich erzählt: Die Lenksäule hatte sich ihm beim Aufprall in die Brust gebohrt: Vernichtung des Organs, an dem er gelitten hatte: Tuberkulose.

Die Geschichte schien mir plausibel, Fragen erschienen überflüssig: Das Detail der Rübenblätter auf nasser, nächtlicher Straße konnte nicht erfunden sein. Doch der Großonkel: »Was erzählst du denn da?! Er hat Selbstmord begangen!« Überdosis Veronal. Schwere Depressionen zuvor, verstärkt durch die sehr schwierige Ehe mit der Schwester meines Vaters. Drohende Trennung, zu wem kommt das Kind? Und weitere Spannungen zwischen den Partnern: ihre nationalkonservative Herkunft, seine jüdische Abstammung.

Jüdische Abstammung …?! Traf also auch zu bei Theos Schwester Helene …?!

Gleich die Gegenfrage, die sich nicht nur eingeprägt, sich in die Erinnerungssubstanz gleichsam eingraviert hat: »Wie, das weißt du nicht?!«

Nein, davon wusste ich überhaupt nichts! Nicht die kleinste Andeutung von Eltern oder Verwandten! Und nun, ganz plötzlich, war ich ›eingeweiht‹.

Naheliegend, diesen Moment zu stilisieren: Etwas sprang über, zündete … Starke Einwirkung, erhebliche Nachwirkung … Aber ich habe nicht getan, was im Rückblick am nächstliegenden scheint: Bin nicht zu meiner Mutter nach Düren gefahren, habe sie nicht befragt. Ich kann dafür eine Erklärung anbieten: Es war die Zeit entschiedener Emanzipierung und Distanzierung auch von ihr, ich wollte mich nicht eingebunden fühlen in die Geschichte einer Familie, der ich meine eigene Lebensgeschichte entgegensetzen wollte.

So formuliere ich das jetzt. Damals dominierte eher das vage Gefühl einer Unlust, ja Aversion: Ich wollte mich nicht auf die

Geschichte einer Familie einlassen, von der ich abrückte in Lebensgefühl und Lebensform; das wäre mir paradox erschienen. Was mir nun mitgeteilt wurde, war hochinteressant, hatte aber (erst einmal) nichts weiter mit mir, mit meinem Leben zu tun. Ganz anderes war im Vordergrund: Die neue Universität ... Einleben in das Ambiente der Hohenzollernstraße ... Die Liebesgeschichte mit Gisela im (nun fernen) Düren ... Frühe Schreibversuche, Gedichte und kleine Prosatexte – da hatte die überraschende Mitteilung keinen Stellenwert.

Also keine emotionale Regung? Doch, ich fühlte mich beschämt. Stand mit meiner Ahnungslosigkeit tumb da wie der junge Parzival. Beigemischt zur Beschämung: ich fühlte mich beleidigt. Meine Mutter schien der Devise zu folgen: Wahrheit über Familienmitglieder ist Familienmitgliedern nicht zumutbar. Grob gesagt, grob niedergeschrieben: Verheimlichen, vertuschen, lügen. Dies als Kleister, in doppelter Bedeutung: Es wurde verkleistert, es wurde zusammengekleistert. Aber die Kleisterschicht, der Bindekleister bekam nun einen mächtigen Riss, und es zeigte sich: Die (historisch ferne) jüdische Herkunft war verdrängt, verschwiegen, kaschiert worden. Und selbstverständlich, ja erst recht verdrängt, verschwiegen, kaschiert die Fehden zwischen den Familien mit hanseatischem und Thüringer Hintergrund.

Möglicherweise, ja wahrscheinlich wurden bei den Münchner Audienzen schon weitere Namen genannt aus der längst evangelisch assimilierten, dennoch als jüdisch bezeichneten Familie Asher, Namen, die mir noch nichts sagten, die für mich erst relevant wurden, nun relevant sind mit Blick auf die eigene Lebensgeschichte. Ja, der Gelehrte, der auf seine Weise auch Weltliteratur vermittelte (seien es Sagen, Märchen oder andere »Textsorten«), er hatte vielleicht schon angedeutet, dass die Familie Asher eine altehrwürdige Tradition besaß. In einer englischen Bibel-Enzyklopädie lese ich jedenfalls unter dem Stichwort »conquest« des Heiligen Landes durch jüdische Familienverbände, dass die Ashers eine der vier Stämme waren, die das Gebiet von Galiläa besiedelten: »The Galilean tribes: Asher, Naftali, Zebulun and Issachar.«

Eigentlich war beim entscheidenden Gespräch zu München (frei nach dem Text einer Bach-Kantate) ein »Donnerwort« gefallen, doch es verhallte erst einmal. Bei weiteren Besuchen war Judentum kein Thema mehr, es dominierte Germanistik, es fielen eher Namen von Professoren als von Vorfahren. Was mir über die Familie der Mutter in den Kopf gesetzt worden war, das verstaute ich im Hinterkopf. Ja, es wurde vergessen, wenn auch ohne Vorsatz: es fand noch keinen Kontext in mir. War und blieb vorerst Ferment, das erst langsam und langwierig zu wirken begann.

So hole ich erst nach der Jahrtausendwende Informationen ein über die biblischen Ashers. Und lerne das Staunen. Denn der Stamm leitet sich ab vom Urvater Aser (auch Asser oder Asher geschrieben). Dessen Vater war Jakob. Asher als einer seiner zwölf Söhne, den Begründern der späteren zwölf Stämme Israels.

Und die Mutter? Ich konsultiere Flavius Josephus (*Jüdische Altertümer*): »Von der Zelpha wurde Gad geboren, das heißt ›zufällig‹, später Aser, das heißt ›glückbringend‹.«

So ganz beglückt mich dieser Hinweis noch nicht, ich ziehe, wohl zum ersten Mal nach der Konfirmation, die Bibel heran. Der Zugriff wird mir leichter gemacht durch den Titel: »Die Merian-Bibel«. Der Text in der Übertragung von Luther, die Illustrationen von Maria Sibylla Merians berühmtem Vater Matthäus.

Im ersten Buch Mose lese ich: »Als nun Lea sah, dass sie aufgehört hatte zu gebären, nahm sie ihre Leibmagd Silpa und gab sie Jakob zur Frau. Und Silpa, Leas Leibmagd, gebar Jakob einen Sohn. Da sprach Lea: Glück zu! Und nannte ihn Gad. Danach gebar Silpa, Leas Leibmagd, Jakob ihren zweiten Sohn. Da sprach Lea: Wohl mir, denn mich werden selig preisen die Töchter. Und nannte ihn Asser.«

Die Magd als so etwas wie eine Leihmutter. Das war für den Ruf des Stammes Asher nicht immer förderlich, man sah hier eher Nebenlinien, der Status wurde geringer angesetzt. Doch Moses sah das anders. Vor seinem Tod segnete er »die Kinder

Israel«. »Und über Asser sprach er: Asser ist gesegnet unter den Söhnen. Er sei der Liebling seiner Brüder und tauche seinen Fuß in Öl. Von Eisen und Erz sei der Riegel deiner Tore, dein Alter sei wie deine Jugend!«

Bibelkreis CH-Forum: »Der Name Aser bedeutet Glückseligkeit, Glück. Eigentlich müsste der Name als Ascher ausgesprochen werden, wie im Hebräischen. Das zugrunde liegende hebräische Verb *asher* bedeutet: vorwärtsgehen, vorankommen. Dieses Vorwärtsgehen bzw. Vorankommen macht glücklich. Die hebräischen Ableitungen esher, ashar bedeuten ebenfalls Glück oder Glückseligkeit.«

Bei Informationen aus dem Net soll man bekanntlich verifizieren durch ›Gegenlesen‹! Hier geschieht das gleichsam analog: Uta Asher holt bei der Heidelberger »Hochschule für Jüdische Studien« (HfJS) Informationen ein über die Herkunft des Familiennamens Asher, leitet sie an mich weiter. Aufatmend registriere ich: Übereinstimmung mit den bisherigen Informationen. So kann ich den Bericht getrost fortsetzen.

Galiläa wurde im Jahrtausend vor der neuen Zeitrechnung von den Stämmen Asher, Isaschar, Naftali, Sebulon besiedelt – auch hier eine etwas andere Schreibweise als in der englischen Enzyklopädie. Varianten in der Schreibweise von Namen blieben allerdings bis in Goethes Ära weithin üblich, fast normal.

Das Gebiet, das der Stamm Asher in Galiläa besiedelte und zeitweilig beherrschte, es wird im Alten Testament genau umrissen. Hier genügt die Angabe im »Lexikon für Theologie und Kirche«: Das Gebiet dieses Stammes »hatte stark gemischte Bevölkerung und erstreckte sich längs der Küste vom Karmel[-Gebirge] an nordwärts«. Zwei Städtenamen in dieser Region: Nazareth und Sidon.

1922 wurde Galiläa im Rahmen der territorialen Neuordnungen nach dem Weltkrieg aufgeteilt: Im Süden das britische Mandatsland Palästina, im Norden das französische Mandatsgebiet Libanon. Der Litani-Fluss in etwa als Grenze.

Im historischen Galiläa war der Stamm Asher vor allem im Handel tätig und erfolgreich: Export von Oliven, Import von Eisen. Die Ashers bauten Handelsbeziehungen aus, verzichteten aber auf militärische Expansion. In der Bibel (Buch Richter) wird das hübsch umschrieben: »Asser saß am Ufer des Meeres und blieb ruhig in seinen Buchten.«

Mehr bringe, mehr beziehe ich nicht ein, weitere Informationen brauche ich hier nicht, ich schreibe ja nicht die Geschichte des Zwölf-Stämme-Landes Israel unter besonderem Augenmerk auf den Stamm Asher. Mir wird sowieso ein bisschen schwindlig bei diesen Zeitdimensionen.

Als der Großonkel in wahrhaft biblischem Alter die Lehrtätigkeit doch mal beendete, zog er in das Haus, das Adoptivtochter Gerda mit seiner finanziellen Unterstützung gebaut hatte, in Kirchseeon. Er schrieb mir: »Von der Höhe dort sieht man weit über die Wiesen und die Felder bis zu den Bergen hin. Es ist eine wunderbare stille Abgeschiedenheit.«

In seinem Zimmer war jeder Quadratdezimeter Wand von Büchern verdeckt. Erstaunlicherweise war dort kein Platz für eins der Gemälde seiner längst verstorbenen Gemahlin.

Ein- oder zweimal spazierte ich mit ihm vom Haus in den angrenzenden Wald. Groß, hager, mit seiner schlohweißen Mähne, seinem trotzki-ähnlichem Spitzbart, stakste er neben mir her, und es hatten Dichter und Professoren mehr Präsenz als Büsche und Bäume. So langsam konnte ich mithalten, hatte ein erstes seiner Bücher gelesen, seinen Versuch über *Das Märchen*. Mein Exemplar mit einer handschriftlichen Dedikation des »o. ä. Prof. a. d. Universität Köln«, von der ich nur ablesen kann: »lieben … Asher«. Wer damit gemeint war: keine Ahnung. Jedenfalls Familienbesitz.

Es blieb, bis auf weiteres, bei der Lektüre des kleinen Bandes. Später ein Zufallsfund in einem Antiquariat: *Volkstum und Dichtung,* »Studien zum Ursprung und zum Leben der Dichtung«, Jena 1933. Ich war eher irritiert als enthusiasmiert. Eins der Ausrufezeichen am Textrand: »Man vergleiche im Geist den Arbeitsrhythmus des Dorfes mit dem ungeheuren, endlosen, verzerrten und grinsenden Lärm unserer größten Städte mit seinem unaufhörlichen Rasseln, Knattern, Schlagen und Brüllen, mit seinen tollen und schrillen, hämmernden und schreienden Dissonanzen.« Das Klischee also von heiler ländlicher Welt versus städtischem Chaos. Davon abgeleitet: bodenständige Dichtung versus schollenferne Literatur.

Nach den Irritationen der Schock! Karl Otto Conrady schenkte einem Freund eine seiner Schriften: *Völkisch-nationale Germanistik in Köln*. (»Eine unfestliche Erinnerung«, 1990.) Die Gabe wurde sogleich an mich weitergereicht, denn: Es handelt sich um eine Untersuchung zur Rechtslastigkeit zweier Kölner Professoren (und Schriftsteller): Ernst Bertram und Friedrich von der Leyen. Bertram ließ ich als Leser links liegen, also gleich der zweite Teil der Schrift.

Ich kann mich davor nicht drücken, muss wenigstens drei der Schreckenszitate aufgreifen, abtippen. Bereits im Jahre 1922 erwies sich Von der Leyen mit der Schrift *Deutsche Dichtung in neuer Zeit* als Repräsentant einer völkisch-nationalen Bewegung, die konsequent hinführte zum Nationalsozialismus.

Zitat Nummer eins: »Der Humanismus und die Bildung des Menschen um der Bildung willen können unser ganzes Ideal nicht sein, wir bedürfen zuerst des deutschen, im Feuer seiner Geschichte geläuterten und gehärteten Menschen. Eine weichmütige Liebe zur ganzen Menschheit und eine Entseelung unsres Selbst, das hat uns noch nie geholfen und hilft uns heute weniger denn je. […] Ein Mann muss für Tausende sein, und Tausende müssen sich in ihm wiedererkennen, ihm als Führer und Vollender folgen wollen. Dann stellt sich auch bei uns das Gleichgewicht zwischen Masse und Mann, zwischen Geführten und Führenden wieder her, das in letzter Zeit für immer gestört schien.«

Zitat Nummer zwei, aus der gleichen Schrift: »Die eine der Mächte, die das neue deutsche Reich zersetzten, haben wir schon oft anklagen müssen: das Judentum.« Weiter in diesem Tenor: Es sei »nicht abzustreiten, dass die deutsche Literatur, die sich im letzten Jahrzehnt in den Vordergrund drängte, weniger deutsche Literatur ist als jüdische Literatur auf deutschem Boden. Und welche Literatur war es! Ein Wortschwall ohnegleichen, eine Flut sich verdrängender Programme, eine

Zersetzung und Auflösung und Unterhöhlung großer Werte.« So beteiligte sich Von der Leyen an der Verbreitung des völkisch-nationalen Klischees vom zersetzenden, letztlich unkreativen Judentum. Eins der Objekte seiner Verachtung: ausgerechnet Döblins *Berlin Alexanderplatz.*

Zitat Nummer drei, aus einem Aufsatz zu rheinischer Dichtung, in den »Süddeutschen Monatsheften« veröffentlicht 1934: »Wer die Geschichte deutscher Dichtung am Rhein während des Mittelalters verfolgt, der fühlt in jedem Jahrhundert wieder beglückt und stolz: Hier ist Deutschland! An diesem deutschesten Strom blüht die reichste und lebendigste Dichtung. Hier steigt demütig und ehrfurchtgebietend der mächtigste und zugleich der innigste deutsche Glaube auf. Vom Rhein aus fließt das edelste Blut des Westens in die deutsche Dichtung und das deutsche Wesen.«

Nach dem Schock besorge ich mir über die UB (doch mal wieder) die Erinnerungen des »alten Onkel Fritz«. Ich kann mich freilich nicht dazu überreden, das Buch vollständig zu lesen, ich überfliege, setze hier und dort an. Denn dies ist eine Form der Autobiographie, die mich als Leser und Autor kaum interessiert: ein sanfter Nieselregen von Fakten und Namen. Nach dem Index überschlägig berechnet, sind es fast 900 (doch gefühlte tausend!) Namen, überwiegend von Zeitgenossen, vorwiegend aus akademischen Kreisen. Ziehe ich Namen der (Literatur-)Geschichte ab, so bleibt immer noch (gefühlt!) ein Dreivierteltausend. Auch das erschwert den Zugang. Vor allem aber: Das Buch erweckt den Anschein, als wäre es locker dahindiktiert und nicht weiter redigiert worden. Nichts kann mich dazu verlocken, mich ausführlicher in das Buch einzulesen, es bleibt mir fremd mit seiner Deutschtümelei. Auch sprachlich.

Also nur so etwas wie eine Inspektion. Die rechtfertige ich damit, dass Friedrich von der Leyen für mich zu einer Schlüsselfigur wurde: Er eröffnete mir, was mir sonst wohl verschlossen geblieben wäre im symptomatischen Verschweigen der Familie.

Eigentlich führte erst anhaltende Beschäftigung mit überwiegend desaströsen Ereignissen und Entwicklungen der NS-Ära zur vermittelten Erfahrung. Erst über die Historie kam ich zu diesem Kapitel meiner Lebensgeschichte.

Die *Erinnerungen* warten auf mit einer bösen Überraschung: »Damals, 1920, kam meine Frau begeistert von einem Abend zurück, auf dem Hitler gesprochen, er habe durch sein Temperament und durch die rücksichtslose Verhöhnung unserer Jämmerlichkeiten alle hingerissen.«

Diese Begeisterung geriet nach einem runden Jahrdutzend unter Druck. »Kurz nach der Machtergreifung hatte ein Kollege im Sprechzimmer geäußert, meine Frau sei jüdisch: nun begann ein Kesseltreiben. Ich musste mühsam nach ihren Vorfahren suchen, unter ihren vier Großvätern war der eine Jude, und zwar der gescheiteste. Nach den Überlieferungen der Familie war er schon vor 1800 getauft – dann wäre er, der damaligen Anschauung entsprechend, jenseits der jüdischen Grenze geblieben. Das war ein Irrtum, die Taufe wurde erst 1810 vollzogen: Mitglieder der angesehensten Hamburger Familien waren Taufpaten, darunter Matthias Claudius. Das kümmerte die Herren um Hitler wenig: wussten sie überhaupt, wer Matthias Claudius war? Es wurde nun behauptet, ich hätte die Wahrheit verschwiegen.«

Was bedeutete die »jüdische Grenze«? Sicherlich ist gemeint: Die Abstammung musste nachgewiesen werden bis zu den »Ahnen, die im Jahre 1800 gelebt haben«.

Diese Zeitgrenze macht die Zuweisung einfach: Es geht um Dr. Carl Wilhelm Asher, Senatssekretär, geboren am 30.11.1798 in Hamburg. Dieses Datum hat meine Mutter in der »Ahnen-Tafel« eingetragen, das Taufdatum hat sie allerdings offengelassen. Weil sie es nicht gekannt hat? Weil sie es nicht eintragen wollte?

Ein Täufling, der zwölf Jahre alt war: auffällig! Meist wurde wenige Tage nach der Geburt getauft, zuweilen schon mal ein, zwei Monate später – aber zwölf Jahre?! Wurde die Taufe nachgeholt aus Not, aus Berechnung? Zwölf Jahre Aufschub oder Verzögerung – sie werden in den zwölf Jahren des »Tausendjährigen Reichs« zum Problem. Eine abstruse Zeitgrenze war überschritten worden.

Das Ehepaar bekam dies rasch zu spüren. Helene wurde aus dem Berufsverband ausgeschlossen. Die »arisierte« Galerie nahm keine Gemälde mehr in Kommission. Bei ihrem Mann wurde in Frage gestellt, ob er als Hochschullehrer noch »tragbar« sei.

Was der Großonkel nur andeutete, hat Conrady präzisiert. Professor Von der Leyen geriet 1935 in die Verdachtzone, nach Diffamierungen durch NS-Studenten. In einem kurzen, handschriftlichen Schreiben an »Eure Spektabilität«, den Dekan der Philosophischen Fakultät, gab er zur Kenntnis: »Die Einladung zum heutigen Abend ist von Herrn stud. [Name des Denunzianten] unterzeichnet. Ich werde aus diesem Grunde nicht kommen; denn Herr [siehe oben] trägt die Verantwortung für die unqualifizierbaren Angriffe des ›Vortrupps‹ auf die Professoren unserer Hochschule. Heil Hitler, v. der Leyen.«

Pauschale Attacken brauner Studenten spitzten sich zu. Anfang Februar 1936 erhielt der »Staatskommissar bei der Universität in Köln« ein Schreiben (»Eilt!«) vom »Reichs- und Preußischen Minister für Wissenschaft, Erziehung und Volkskunde«.

»Ich ersuche, den ordentlichen Professor der philosophischen Fakultät, Dr. phil. V. d. Leyen, durch den Rechtsrat der Universität zu einer verantwortlichen Äußerung darüber zu veranlassen, ob er in letzter Zeit vor Studenten folgendes gesagt hat:

›Es ist Einbildung, dass die heutige Zeit groß ist. Sie wird noch einmal vor der Geschichte ganz klein erscheinen.‹

Im Falle des Bestreitens ersuche ich dazu den Studierenden der Universität cand. phil. [Name des Denunzianten] sowie von diesem angegebene weitere Ohrenzeugen als Zeugen zu vernehmen.

Ich ersuche um möglichst sofortige Erledigung und anschließende Übersendung der Protokolle an mich.«

Die etwas gewundene Stellungnahme des Großonkels

erfolgte nach dem Motto: Es war nicht so gemeint ... Dies erübrigte sich rasch, denn schon Ende Juli jenes Jahres sah sich Von der Leyen gezwungen, sein Entlassungsgesuch einzureichen.

In den Lebenserinnerungen entdecke ich dazu einen höchst befremdlichen Satz: »Ich meinte, das Dritte Reich würde mich gewähren lassen, meine Anschauungen über das Deutschtum erschienen mir den neuen Herren gegenüber haltbar.« Aber den neuen Herren schien der deutschvölkische Gelehrte nicht haltbar.

Ich muss hier weiterhin aus Conradys Schrift zitieren; er hat Dokumente der Akte Von der Leyen im Universitätsarchiv Köln erstmals veröffentlicht, so kann ich mir wenigstens *diese* Arbeit ersparen.

Den ersten Absatz des Schreibens an den »Hochgeehrten Herrn Reichsminister« überspringend, komme ich zum entscheidenden Punkt.

»Ich hatte am 6. Mai, in Erwiderung auf ein Schreiben des Ministeriums vom 24. April, ausgeführt, dass ich mich in Bezug auf den Zeitpunkt der Taufe des Großvaters väterlicherseits meiner Frau zu meinem Bedauern allerdings geirrt hatte, dass die Taufe nicht gleich, sondern erst zwölf Jahre nach der Geburt (1810) geschah. Das war ein durch Familienüberlieferungen begründeter und wohl auch verzeihlicher Irrtum. Es war mir dann nach längeren Bemühungen geglückt, den Taufschein beizubringen und dadurch den Vorwurf des Ministeriums zu entkräften, ich hätte den Taufschein trotz meines gegenteiligen Versprechens nicht eingesandt.

Ferner hielt mir das Ministerium vor, mir hätte bekannt sein müssen, dass meine Frau arisch sei, wäre ihr Großvater gleich nach der Geburt getauft worden. Doch das war mir nicht bekannt; ich hatte vielmehr 1935 auf meine Anfrage beim Rasseamt die Auskunft erhalten, dass meine Frau nach den maßgebenden Bestimmungen nicht als arisch zu gelten habe. Diese Auskunft bestätigte mir das Ministerium, indem es seine Rechtsbelehrung selbst berichtigte, in einem Schreiben, dessen Abschrift mir am 14. Juli zuging. Dadurch wird zu meiner Freude die Meinung, ich habe mir durch meine unrichtige Angabe des Taufdatums das Ariertum meiner Frau gewissermaßen erschleichen wollen, noch einmal und für immer hinfällig.«

Das Jahr 1800 gleichsam als Wasserscheide. Ein Kind der Familie Asher wurde später als üblich getauft, aus welchen Gründen auch immer; damit wurde ein Zeichen gesetzt, das zehn Dutzend Jahre später relevant, ja brisant wurde. Pointiert: Zu Beginn des 19. Jahrhunderts wurde gleichsam eine Weiche gestellt zu einem Gleis, das ein Jahrhundert und drei Jahrzehnte später zur Rampe eines Konzentrationslagers hätte führen können.

Es wurde festgeschrieben, ich paraphrasiere: Taufen ändern nichts am »Blut«, das für die Nationalsozialisten wahrhaftig ein »besondrer Saft« war; es konnte durch Taufwasser und Taufsegen nicht purgiert werden. Im Wahnsystem der NS-Propagandisten konnte »Blut« von Juden im Verlauf von Generationen nur verdünnt werden, indem (getaufte) Juden Nichtjuden heirateten. Die Leitbegriffe »Rasse« und »Blut« verhinderten jede Form der Differenzierung. So konnte die letztlich lebensgefährliche Formulierung entstehen: *Jüdisch, wenn auch getauft.* Ich werde später berichten, mit welcher Chuzpe Mutter Helene fälschte und trickste, um auch uns Kinder aus der Gefahrenzone herauszuhalten.

Eine der Schutzmaßnahmen nehme ich schon mal vorweg: Mir, als dem Ältestem der drei Söhne, wurde eingeschärft, ich sollte auf Befragen erklären, Asher sei ein *englischer* Name. Dies müsse ich unbedingt so aussprechen. Der schützende Umlaut wurde eingeübt.

Und wieder Friedrich von der Leyen. Er sah voraus, dass alle Erklärungen zu seiner inkriminierten Äußerung vor Studenten wie zur Vorgeschichte seiner Frau nichts einbringen, nichts ändern würden, und so schloss er das Schreiben »gehorsamst« ab mit dem »Antrag, mich von meinen Verpflichtungen als o.ö. Professor der Universität Köln zu befreien und mich in den Stand der Emeritierten zu versetzen.

Bestärkt wurde ich in meinem Entschluss durch die Entscheidung des Ministeriums vom 1. April, die mich als Mitglied der Prüfungskommission für das Höhere Schulwesen nicht bestätigte. Aus dieser Entscheidung muss ich ersehen, dass ich nicht mehr das ganze Vertrauen der mir vorgesetzten Behörde besitze, und damit wird nicht nur meine Lehrtätigkeit, sondern der Lehrbetrieb einer Fakultät gelähmt, in der die Hälfte der Studierenden der geisteswissenschaftlichen Abteilung Studierende des Deutschtums sind. Im Interesse meiner Hochschule möchte ich diese Lähmung vermeiden. Heil Hitler!«

In einer Book Review der Lebenserinnerungen, »published by University of Illinois Press«, hieß es zur erzwungenen Kündigung: »So unverdient es ihm damals erschien: es war ein Ruhmesblatt.« Ich sehe hier eher die Reaktion eines Mannes, der plötzlich mit dem Rücken an der Wand zu stehen kam und das Einzige tat, was ihm übrigblieb.

Dies wurde besiegelt mit einem Formschreiben vom Januar 1937: »Der Führer und Reichskanzler hat Sie auf Ihren Antrag vom 28. Juli 1936 durch beiliegende Urkunde von den amtlichen Verpflichtungen im preußischen Landesdienst entbunden.« Der Professor wurde zum Privatier.

Und das Geschick seiner Frau? Sicherlich wurden ihre Porträts von Zelebritäten der Kölner Universität abgehängt, wahrscheinlich wurde auch ihr Adenauer-Porträt von der Wand genommen; öffentliche Aufträge blieben aus. Das Ehepaar verließ Köln, zog nach München. Gemalt aber hat sie weiterhin.

AUCH EIN MALER UNTER DEN VORFAHREN. Von einem Louis Asher hatte ich freilich nie etwas gehört bei Gesprächen in der Familie, obwohl ein Porträtgemälde in einem der »Blauen Bücher« reproduziert war, die damals bürgerliches Bildungsgut (re)präsentierten, auch bei uns.

Doch 1988 wies mich ein (entfernt) Verwandter auf den Hamburger Maler hin. Erste Angaben zu Louis im handschriftlichen Brief: In Hamburg geboren, 1804, in Hamburg gestorben, 1878 ... War unverheiratet ... war ein Freund des Malers Kaulbach ... war jahrelang mit ihm in Italien ...

Ich las, ich lese weiter: »Er war offensichtlich mit dem schwedischen Konsul in Hamburg befreundet, in dessen Haus an der Elbchaussee er verkehrte und dort wohl die berühmte Sopranistin Jenny Lind kennengelernt und am Klavier porträtiert hat.

Im Beck-Haus in Lübeck – öffentlich zugängliches Patrizierhaus – ist ein großformatiges Bild der Familie des Hamburger Bürgermeisters Petersen. Das entdeckten wir dort völlig ahnungslos. Er hat also eine gute Klientel gehabt.

Ich besitze ein Genre-Bild ›Der Sommernachtstraum‹ und ›Bildnis eines jungen Hamburgers‹. Darüber hinaus konfiszierte ich kürzlich bei meiner Schwester ca. 30 Bleistiftzeichnungen, überwiegend die Familie betreffend. Gekonnt gemacht und z. T. recht witzig!

In der Hamburger Kunsthalle befindet sich etliches von ihm – der Öffentlichkeit nicht zugänglich, aber auf Anfrage. Wie wäre es also mit einem Besuch hier in Hamburg, um gemeinsam die Kunsthalle zu stürmen?«

Das fand dann aber im Alleingang statt. Sicherlich verband ich den Ortstermin mit einer Lesereise, und Franz-Matthias war nicht in Hamburg.

Und gleich der Zeitsprung in einen Büroraum: Mir werden Ablichtungen vorgelegt aus dem Hauskatalog der Meister des 19. Jahrhunderts. Nun wird der Name gleichsam offiziell: Julius Louis Asher. In Klammern hinzugefügt: »Eigentlich Hirsch (Ludwig) Asher«.

Ich werde in die ständige Ausstellung geführt, dort hängt ein Bild, an dem ich bei früheren Museumsbesuchen vorbeigelaufen war, ahnungslos: Der Maler Erwin Speckter auf dem Totenbett. Gemalt 1835; damals war Louis 31; Erwin war nur drei Jahre älter, als er starb. Fünf Jahre zuvor war er mit Louis über München und Venedig nach Rom gereist, zu jahrelangem Aufenthalt in der Kunststadt. Auch er wird, wie Asher, in einer Schrift der Hamburger Kunsthalle gewürdigt: »Hamburger Malerei im Biedermeier«.

Die schwarzweiße Abbildung des toten Freundes Speckter

im Hauskatalog ist nun ergänzt, ersetzt durch das Original, Öl auf Leinwand, 30 mal 25. Leichenfahl das Gesicht; Schnurrbart; kleiner Kinnbart; Lorbeerblätter, die aus der Kranzform herauszuwuchern scheinen; morbides Violett des Samtkissens; morbides Grauweiß des Leichenhemdes.

Wir gehen in eins der Magazine. Raumhohe Metallgitterflächen, vollgehängt mit Bildern. Arbeitstische, Werkzeug, Kaffeetassen. Auf einem der Tische sind drei Gemälde bereitgelegt.

Das erste, das der junge Kunsthistoriker auf eine Staffelei stellt: Der Maler Louis Asher in seinem Atelier. Was der schwarzhaarige, schwarz gekleidete junge Mann von 24 Jahren gemalt hat, beschreibt der Hauskatalog so: »Vor einem Bücherbord sitzt der Künstler nach links an der Staffelei, rechts von ihm der Maler H. H. Porth vor dem Fenster, ihn korrigierend. Rechts ein junges Mädchen modellsitzend, links ein anderes lesend.«

Ich ergänze: Hohes Zimmer mit schmaler Flügeltür, die ist freilich dunkel verhängt; der Raum aufgehellt durch ein Oberlicht; das Bücherregal klein, daneben eine fast ebenso hohe Topfpflanze; ein Spiegel; auf einer Konsole etwas klassisch Antikes, als Gipsabguss; brav auf dem Stuhl sitzend, Rücken zum Betrachter, das Mädchenmodell, züchtig gekleidet, nur die Schultern sind frei; der Maler schaut es nicht an, blickt vielmehr, Pinsel an der Palette, auf zu Freund Hans Heinrich, der neben dem sitzenden Maler steht und etwas zeigt, mit der linken Hand; welches Detail das ist, lässt sich nicht erkennen, man sieht nur die Seitenkante des Keilrahmens. Porth, Sohn eines Gutspächters, begann, nach einer kaufmännischen Lehre, zu malen, lernte Asher auf der Akademie in Dresden kennen.

Das Gemälde hängt (als Kunsthandels-Kopie auf Leinwand und Keilrahmen) in meinem Arbeitszimmer. Beim Blick hinauf bestätigt sich, was ich so ähnlich auf einem Bild von Caspar David Friedrich gesehen habe: Ateliers in heutigem Sinne gab es offenbar nur selten, man malte in einem Zimmer, vermied dabei direkte Lichteinstrahlung.

Zwei Kinderbildnisse sodann, nicht abgebildet im Katalog des Hauses. Mit dem kleineren bin ich rasch fertig: Puppenhaftes Kindergesicht, großäugig, fehlen nur noch Kunststoff-Klapplider über den Kulleraugen. Amalia Asher, auf Pappe gemalt. Beim Weiß des Kleides riskierte Louis beinah expressiven Strich, trug die Farbe dicker auf als sonst, dennoch ist das Bild mit Recht im Magazin gelandet.

Überraschend aber das zweite Kinderbildnis, gemalt 1836. (Der Kunsthandel offeriert auch von diesem Gemälde eine fototechnische Kopie in Originalgröße auf Leinwand und Keilrahmen; selbstverständlich hängt ebenfalls ein Exemplar hier in Brühl.)

Louis Asher hat (in Öl) mit zwei Techniken gearbeitet. Das dunkle Kleid des Kindes, auch der Hintergrund: glatte Farboberfläche in akademischer Malweise. Das Gesicht aber und die Hände mit dem Apfel: eine Art Rastertechnik. Louis Asher hat grob strukturierte Leinwand gewählt, hat diese Oberflächenstruktur einwirken lassen auf die Wiedergabe von Gesichtshaut und Apfelschale – die Farben sind so dünn aufgetragen, dass die Leinwandstruktur nicht überdeckt wurde.

Das hat Asher nicht erfunden, so der Kunsthistoriker, hat es jedoch geschickt umgesetzt, im Kontrast zu anderen Malflächen des Gemäldes. Eine Detailaufnahme der gerasterten Händchen mit gerastertem Apfel, sie könnte fast modern wirken, sage ich. Der Experte stellt anheim.

Es geht ein Stockwerk tiefer, hinab in den Keller, in das Magazin mit Büsten, Statuen, großformatigen Gemälden. Auf Regalflächen reihen sich Porträtbüsten mit Pappschildchen an Schnüren. Ein paar Goethes und Beethovens; Statuetten nackter Mädchen und Männer; in einer Ecke ein paar Bronzefiguren aus der NS-Zeit.

Im nächsten Raum, freigestellt, ein Historiengemälde im Format zwosechzig mal einsneunzig, Hochformat: König Lear mit Cordelias Leiche. Der Katalog: »König Lear steht im Kellergefängnis, in den Armen seine ermordete Tochter Cordelia in ihrem kostbaren, edelsteingeschmückten Kleid. Rechts ein vergittertes Fenster, links im Türrahmen der Narr, der entsetzt die Hände vor der Brust kreuzt.« Den hätte ich ohne diesen Hinweis im flau gemalten Hintergrund des imaginären Gefängnisses kaum entdeckt. Der alte Lear ist gemalt, wie der kleine Moritz sich das so vorstellt: Dramatisch gestyltes Haupt- und Barthaar, in seinen Armen die Leiche der Tochter in malerischer Körperwölbung. Solche Bilder mag ich nicht, schon gar nicht, wenn ein Vorfahre sie gemalt hat.

Zwei weitere Gemälde werden mir präsentiert, beide mehr als einen Meter hoch: L. Asher fec. »Am Ufer eines Gewässers kniet eine junge Frau in Volkstracht, in ihren Armen ein nacktes Kind. Im Wasser ein Junge, der [auf] das Kind zu spritzen versucht.«

Dieses Bübchen fehlt in der zweiten Version des Bildes. Produktion als Reproduktion. Der Italienerin wende ich den Rücken zu.

Heinrich Asher, ein Hamburger Kaufmann (den Louis ebenfalls zeichnete), er sammelte Gemälde, alte und kostbare. Deren Wert wurde betont durch opulente, wenn auch geschmackvolle Rahmen: ohne Goldverkrustungen. Auf den jeweiligen Rahmen war, unten mittig, eine schmale Metallleiste festgeschraubt mit dem Namen des Malers, eingraviert und eingeschwärzt. Hier schienen klangvollste Namen selbstverständlich: Ruisdael oder Altdorfer. Eine der alten Damen der Verwandtschaft hatte so einen Ruisdael geerbt, der, nach einer Expertise, »selbstverständlich« nicht von diesem Maler stammte, eher aus seiner Werkstatt oder Schule.

Ich habe den ›Altdorfer‹ geerbt. Es lohnt sich, das Gemälde zu skizzieren. Öl auf Lindenholz, etwa fünfzehn mal fünfzehn, Mariä Heimsuchung. Maria in wallendem Grün vor Elisabeth in wallendem Rot, so stehen sie voreinander, Marias Gewandstoff noch von der Bewegung gebauscht, während im Hintergrund alles reglos scheint und ruhig, Landschaft mit Felsen und Bäumen in pastellfarbenem, sehr nuanciert gemaltem Abendlicht.

Ich legte es Hans Zehnder vor, dem Leiter für Alte Kunst im Kölner Wallraf-Richartz-Museum. Er sagte erst mal gar nichts, musterte das Bild ausführlich mit breiter Lupe. »Das ist in der Tat ein sehr, sehr schönes Gemälde, aber es ist selbstverständlich nicht von Altdorfer.« Immerhin aber ein Bild der Donauschule, also ebenfalls 16. Jahrhundert. Und gleich eine assoziative Verbindung zu Antonius Kühn, der 1540 das Familienwappen erhielt: Wohl zu seinen Lebzeiten roch das Bild frisch nach Farbe und Firnis. Antonius Kühn, König Ferdinand und der leider namenlose Maler als Zeitgenossen. Zugleich ein Bild aus der Zeit Shakespeares und Marlowes.

Hat sich Heinrich Asher, obwohl Kaufmann, von einem Galeristen über den Tisch ziehen lassen? Oder zeigte er Ansätze zur Hochstapelei? Alles eine Nummer größer haben wollen? Zwei Verwandte setzten auf diese Interpretation.

Ich habe das Schildchen mit dem großen Namen nicht abgelöst, mit einem Brillenschraubdreher – wenn ich es entferne, werden zwei Löchlein und eine helle Holzfläche sichtbar, da bleibt das Schildchen weniger auffällig, scheint bereits vom Holz integriert. Und überhaupt: Warum das Stück Metall entfernen, auf das jener Vorfahre mit Zufriedenheit geblickt hat?

Ich sehe es nicht nur als Kunstwerk, sehe es als Markierung, die das Vergehen, Verfließen von Zeit bewusst macht. Jeweils ein Aufstrahlen im Begrüßungsblick des neuen Besitzers – und das Erlöschen des Blicks … Jeweils erneute Aufteilung des Erbes und ein Aufstrahlen im Begrüßungsblick des neuen Besitzers – und das Erlöschen des Blicks …

Erfahrungen von Gegenwart und Vergangenheit zugleich, wenn ich mit einem der silbernen Löffel und Gabeln esse, mit denen die Eltern gegessen haben, mit denen Großeltern gegessen hatten und vielleicht schon Urgroßeltern … Löffel und Gabeln von Tisch zu Tisch zu Tisch weitergereicht, neben Teller gelegt, die meist längst zerscherbt sind …

Die Frau und der Mann, deren Besteck wir benutzen, nicht nur an Feiertagen – auch von ihnen möchte ich eine wenigstens ungefähre Vorstellung gewinnen. Aber auch hier: über den Duisburger Großvater lässt sich erheblich mehr erzählen als über die Großmutter. Maria Emilie Wilhelmine starb im Jahr vor meiner Geburt, Theodor Heinrich Asher drei Jahre nach Maria, 1937. Damals war ich zwei. Ich weiß von ihnen nur, was über sie erzählt wurde. Und was ich auf Fotografien sehe.

Großmutter Maria, Jahrgang 1877, Tochter eines Kaufmanns, Enkelin eines Kaufmanns, Urenkelin eines Kaufmanns. Auf den wenigen Fotografien wirkt sie klein, schmal, gebrechlich, fast hilflos.

Eine Frau, von der mir erzählt wurde: Sie hatte Angst vor Bakterien, Bazillen, zog Handschuhe an, wenn sie das Haus verließ. Im Sommer waren es weiße Baumwollhandschuhe, die nach Berührungen fremder Klinken gewaschen oder ausgekocht wurden. (Ihre Tochter, meine Mutter, drückte Klinken von Geschäften und öffentlichen Gebäuden meist mit dem Ellbogen herunter.) Weiter höre ich: Großmutter Maria zog sich wiederholt in ihr Zimmer zurück, musste dort in Ruhe gelassen werden. Erst nach einem längeren Gespräch mit einem ihrer Söhne erfahre ich: Depressionen.

Theodor Asher, Helenes Vater, wurde 1868 in Hamburg geboren, als Sohn eines Notars, Enkel eines Senatssekretärs. Familienfotos mit ihm hatte ich bereits vor vielen Jahren gesehen, doch die Konturen hatten sich wieder aufgelöst: ein fast anonymer Repräsentant der Institution Großvater.

Fotos, wie ich sie unbeteiligt in einem der Fotoalben mit der weißen Fraktur-Kalligraphie meiner Mutter gesehen (und vergessen) hatte, sie wurden mir wieder von ihrem Bruder vorgelegt, und ich erschrak: ein Mann mit Schmissen! Ja, er hatte einer der beiden damals angesehensten Schlagenden Verbindungen angehört.

Ich mache mir bewusst, dass für den jungen Theodor Asher Wörter von zentraler Bedeutung waren, die für mich nicht einmal marginal sind, die ich im Deutschen Universalwörterbuch der Firma Duden nachlesen muss: Der Paukant (als Teilnehmer einer Mensur), der Paukboden (als Ort, an dem Mensuren geschlagen werden), die Paukbrille (als Schutzbrille) und schließlich der Paukarzt. An einem Pauktag, dessen Datum mein Großvater gewiss behalten hat, auch noch als Alter Herr mit Bierzipfel, Schärpe, Käppi, an einem privathistorisch bedeutsamen Pauktag also wurde ihm von einem anderen Paukanten ein »Durchzieher« verpasst: Die linke Wange wurde so weit und tief aufgeschnitten, dass Paukant Asher die Zunge zur Seite hinausstrecken konnte, wenn auch gekrümmt. Zumindest wird berichtet, er hätte das getan. Theoretisch ist das vielleicht möglich, aber bei der starken Blutung wird das wohl kaum geschehen sein. Oder war auch dies eine Leistung, die erwartet wurde im Kreis der Kommilitonen, die sich um ihn drängten? Siegeszeichen des Blessierten, bevor der Paukarzt zu nähen begann?

Sicher war Theodor Asher, als die Mensur erst mal verheilt war, stolz auf die Markierung. Für mich ein Paradox: Blessuren erlitt eigentlich nur der weniger Geschickte, der Schwächere im Zweikampf. Dennoch: bewundert wurde in der wilhelminischen Ära das Gesicht mit vielen Mensuren, Blessuren, die martialische Maske. Der Mann hat viel abgekriegt, hat sich demnach vorbildlich in Gefahr begeben, so wird man gedacht haben, Schmisse als Beweis bestandener Mutproben. Denen hatte sich Theodor Asher offensichtlich mehrfach unterzogen, die Wange zeigt es.

Theodor Asher: Musste er sich besonders auszeichnen, weil der Verdacht bestehen konnte in jener vorwiegend nationalistisch-antisemitischen bürgerlichen Gesellschaft, er sei jüdischer Herkunft?

Lesung in Duisburg; schon am Nachmittag bin ich in der Stadt. Vom Bruder meiner Mutter hatte ich gehört: Kindheitshaus ist verschwunden, Marienstraße gibt es nicht mehr. Ich wollte sehen, auf welche Weise die Spuren gelöscht worden sind.

Auf dem Weg vom Parkplatz zur früheren Marienstraße sehe ich einige Gebäude, die Helene als Kind wahrgenommen hat, beispielsweise das Theater, in der Gründerzeit erbaut. Sie hat es in den dreißiger Jahren fotografiert: Ein Mann radelt an den sechs klassizistischen Säulen vorbei, Propyläen eines ›Musentempels‹ … Die wenigen Häuser und Gebäude, die von Bomben nicht zertrümmert worden sind, sie stehen nun in neuem Ambiente, wahrhaftig als Fremdkörper: Einkaufsstadt Duisburg.

In der Nähe des Stadttheaters frage ich zwei alte Frauen nach der vormaligen Marienstraße; eine von ihnen kann genauere Hinweise geben, sie hatte früher ganz in der Nähe gewohnt, nennt den Namen eines Bäckers, den auch mein Onkel erwähnt hat. Die Marienstraße heißt nun Averdunkstraße, und die führt in das Averdunk-Centrum hinein. In einer Beschreibung lese ich später: »Ein umfangreicher Baukomplex, der ein Großkaufhaus, zahlreiche Läden, Hotel und Restaurant, Büroflächen sowie Wohnungen« enthält. In diese Baumasse führt eine vierbahnige Straße, überbaut: die Averdunkstraße; an ihrem Ende (oder Ansatz) drei riesige blaue Hinweisschilder auf Parkabschnitte.

Radikaler könnte die Veränderung nicht sein, totaler können Spuren nicht gelöscht werden: die Straße vom Baukomplex geschluckt. Das Haus, in dem Helene aufgewachsen war, es hat Konturen nur noch auf einer Fotografie, die sie zur Zeit ihrer Verlobung gemacht hat: Marienstraße 14. Drei Fenster breit, drei Geschosse hoch: Stadthaus gehobenen Mittelstandes.

Später, als Helene das Elternhaus bereits verlassen hatte, zogen die Ashers in die Mülheimer Straße, damit an die Peripherie der Stadt, fast schon ins Grüne. Heute eine langgestreckte Ausfallstraße, die Hausnummer ist mir nicht bekannt, also verfolge ich die Spur nicht weiter, spaziere lieber zum Rheinhafen, zum Burgplatz, schaue mich um in der Salvatorkirche. Im Angebot kirchlicher Drucksachen eine kleine Schrift mit dem Titel »Blievv en min Näh«.

Großvater Theodor war Chemiker. Seine Dissertation ist magaziniert (auch) in der Kölner Universitätsbibliothek. Ein Heft von 36 Seiten – nicht ungewöhnlich dieses schlanke Format, naturwissenschaftliche Dissertationen waren (und sind) meist recht knapp, ich kann das bezeugen als privater, mitwirkungsberechtigter Lektor einer medizinischen Dissertation, die wegen privater Probleme der befreundeten Studentin ins Trudeln, ins Schleudern geraten war.

Titel der Doktorarbeit: »Über 1-Phenyl- und 1-para-Tolyl-3,5-pyrazolidon«. Einen so knallhart sachlichen Titel einer wissenschaftlichen Arbeit hatte ich noch nie vor Augen! Auf der Titelseite ist weiter zu lesen: »Inaugural-Dissertation der hohen philosophischen Fakultät der Universität Rostock zur Erlangung der Doktorwürde vorgelegt von Theodor Asher aus Hamburg« (Rostock 1894). Gewidmet ist die Schrift den lieben Eltern. Zum Schluss ist vermerkt: »Die vorliegende Arbeit wurde im chemischen Laboratorium der Universität Rostock auf Veranlassung des Herrn Prof. Dr. A. Michaelis ausgeführt.« Folgen die üblichen Danksagungen.

Da schließen sich Fragen an: Wieso Rostock? Wieso philosophische Fakultät? Ein Chemiker als Dr. phil. – wie denn das?

Eine kurzgefasste Geschichte der Uni Rostock gibt Auskunft: »1817 wurde der Lehrstuhl für Chemie und Pharmazie, der eigenständigen Entwicklung der Chemie Rechnung tragend, wieder der Philosophischen Fakultät zugeordnet.«

Weiter lese ich: »Bezüglich des internationalen Rufes der Universität war das chemische Laboratorium der Schwerpunkt geworden.« Was erklären dürfte, weshalb der junge Mann aus Hamburg in Rostock studierte und promovierte.

In den Berichten der Deutschen Chemischen Gesellschaft hat Großvater in Band 30 (1897) eine ausführliche »Mitteilung« über sein Arbeitsgebiet gemacht, die »ringförmige« chemische Verbindung erneut benennend. »Ich habe einige Derivate dieser schönen Verbindung untersucht und das entsprechende p-Tolylpyrazolidon dargestellt.«

So weit geht mein Interesse an seiner Arbeit allerdings nicht, dass ich mich näher über die chemischen Substanzen informiere, die er untersucht und »dargestellt« hat. Ich will nur drei Sätze aus dem Forschungsbericht zitieren, angelockt vom *Brei roter Nadeln*: »Das Pyrazolidon löst sich mit roter Farbe klar auf, und beim Erkalten erstarrt das Ganze zu einem Brei roter Nadeln. Diese werden abgesogen, mit kaltem Alkohol gewaschen und aus heißem Alkohol umkristallisiert. Die Verbindung bildet gelbrote Nadeln, die bei 246° schmelzen und in Wasser nicht, in kaltem Alkohol schwer, in heißem Alkohol und in Eisessig leicht löslich sind.« Neues, faszinierendes Wort: *Eisessig!*

Im Jahr nach der Promotion gönnte sich Theodor ein luxuriöses Intermezzo. In Wengen, Schweiz, wurde ein neues Hotel der Spitzenklasse eröffnet. »Im hoteleigenen Fremdenbuch findet sich am 27. Juli 1895 der erste Eintrag: Dr. Theodor Asher bezog damals Zimmer 21 im neu erstellten Haus.«

Typisches Nebenergebnis einer Internet-Recherche! Die Oral History der Familie soll schließlich dokumentierend begleitet (oder: unterfüttert) werden. In diesem Sinne gleich ein weiterer Satz der Homepage: »Das Hotel Falken war im aufstrebenden Fremdenort von weither sichtbar und offerierte seinen Gästen durch seine vorzügliche Lage auf einem natürlichen Hügel eine bevorzugte Aussicht auf das Massiv der Jungfrau.«

Da hatte es Großvater, damals 27, offenbar gut getroffen. Ich war nah dran, eine E-Mail an das Swiss Historic Hotel zu schicken mit der Anfrage, ob Großvater den Eintrag eventuell ein wenig erweitert hat, mit situationsgerecht höflichen Worten, aber das erschien mir denn doch zu peripher.

Schließlich lässt sich Relevanteres zitieren. In der »Zeitschrift für Chemie und Industrie der Kolloide«, Jahrgang 1909, finden wir (im Net) den Hinweis auf ein Patent des »Dr. Theodor Asher, Duisburg, Marienstr. 14«. Es geht um ein »Verfahren zur Darstellung von wasserlöslichem Terpineol«. Was das ist, und was Kolloide sein könnten, auch das erkunde ich nicht weiter, halte nur fest, ungeniert laienhaft: Kolloide sind Minitropfen in Lösungen.

Aufregender wiederum: Eine Arbeit des Großvaters »Über den Säuregehalt der Großstadtluft«. Eine Bestellung über Fernleihe wird fällig: »Zeitschrift für angewandte Chemie«, Band 37, Jahrgang 1924.

Schon die Zeile unter dem Titel bestätigt Familienberichte vom Labor im Elternhaus meiner Mutter: »Mitteilung aus dem Chemischen Laboratorium Dr. Th. Asher, Duisburg.«

»Es sei mir gestattet, im Nachstehenden über einige Untersuchungen zu berichten, die in den Jahren 1920 und 1923 hier in Duisburg von mir angestellt wurden, um den Gehalt der Duisburger Luft an Säure, Ruß und Staub zu bestimmen.« Extrem dicke Luft! Einige der belastenden Faktoren: Zinkhütte ... Krupp'sche Friedrich-Alfred-Hütte ... Niederrheinische Hütte ... Kupferhütte ... Vulkan ... Im Winter kam hinzu die »Heizung der Wohnungen«.

Die »Prüfung auf Säure« war für Großvater offenbar primär. So wurde er womöglich zum Pionier der Erforschung Sauren Regens – der damals noch nicht Saurer Regen hieß. In seinem »Regenmesser« wird nicht nur die Säure registriert, »die mit dem Regen herabgerissen wird, sondern auch bei trocknem Wetter ›regnet‹ es Säure, wenn auch in geringerem Maße. Diese ›trockne‹ Säure, vielleicht im Verein mit Luftfeuchtigkeit, ist der Verderb der Zinkgefäße, wie man nach einem Regenguss, dem trockne Tage vorausgingen, deutlich sehen kann.«

Das ganze Jahr 1920 (da war Tochter Helene fünfzehn) führte Asher Messungen durch: Wie viel Regenmenge in Millimetern, wie viel Niederschlag pro Quadratmeter, welche Windrichtung. Dazu hat er eine ausführliche Tabelle aufgestellt. Es dürfte genügen, einige Werte hervorzuheben, Werte, denen die Duisburger Familie ausgesetzt war, besonders belastend in der Innenstadt. Januar 1920 fielen im Zentrum von Duisburg mehr als 15 Gramm Schwefelsäure auf den Quadratmeter, im Dezember waren es 26 Gramm.

Weiter im Bericht des Großvaters: »Gleichzeitig mit der Feststellung des Säuregehalts wurde auch die Ruß- und Staubmenge festgestellt, die auf den Boden herabfiel, sowie der Anteil an Kohle, der darin enthalten war. Zu diesem Zwecke wurde eine mit Glycerin oder Fett bestrichene Glasplatte auf ein Stück Millimeterpapier gelegt, und diese wurden zusammen in einen Kopierrahmen gespannt. Die gefundenen Zahlen, bei denen auch die kleinsten Punkte eingerechnet sind, sind erstaunlich hoch.« Demnach fielen im Spätherbst 1920 pro Stunde etwa 25 000 Partikel auf jeden Quadratmeter!

Dr. phil. Theodor Asher arbeitete selbständig, das Labor im Hause. Wohnen und Arbeiten: damals noch nicht räumlich streng getrennt. So hatten selbst renommierte Rechtsanwälte und Notare ihr Büro vielfach in der Wohnung, dies sogar in Berlin-Mitte. Ein chemisches Laboratorium im Hause war also kein Ausnahmefall.

Auftraggeber war vor allem die Duisburger Kupferhütte. Für Firma und Kunden untersuchte Asher Produkte des Konzerns, erstellte Gutachten. Einige der Fachwörter, die für ihn keine Fremdwörter waren: Muffelofen, Trockenschrank; Ausfällung, Reduktion; Kupferkies, Kupferlasur, Kupferlegierung; Kupferoxide, Kupferchloride, Kupfercarbide.

Die Umsätze des Labors Asher gingen im Lauf der Jahre zurück. Grund war nicht eine Abschwächung der Konjunktur – die Metallbranche erhielt vielmehr erheblichen Auftrieb in den Jahren des Aufrüstens nach 1933. Großvater entwickelte sich vom Freiberufler zum Privatier. Er ging zwar jeden Werktag in sein Labor, doch am Labortisch arbeitete er immer weniger. So was konnte er sich offenbar leisten, schließlich hatte er eine Frau mit Vermögen geheiratet.

Die Arbeitsfläche im Labor hatte in der Erinnerung seiner Kinder anekdotische Bedeutung: Einmal riss sich eine Zentrifuge los aus der Halterung, räumte oder »graste« die Fläche ab mit allem zerbrechlichen Glas. Das wiederholte die Zentrifuge in Erinnerungen und Berichten mehrfach: Zersplittern von Glas, breite Scherbenspur. Ich weiß nicht, wie damals die Zentrifuge eines Chemikers aussah, ich sehe einen rotierenden Körper vor mir, der unseren Brummkreiseln ähnelte: wenn die aus der Vertikalen kippten, eierten sie los. Doch Scherbenspuren hinterließen sie nicht.

Großvater Theodor hatte im Labor einen zweiten Tisch, und der wurde ihm wichtiger, so schließe ich aus Erzählungen. Hier erstellte er die Tabellen seiner Messergebnisse. Außerdem wollte er Beziehungen nachweisen zwischen Sonnenflecken und Wetterentwicklungen. Im Dachzimmer des Hauses stand, auf Stativ, ein Fernrohr; es muss erstaunlich groß gewesen sein für einen Amateur-Astronomen. Er beobachtete, mit Filtern, Gruppierungen von Sonnenflecken, und wieder Aufzeichnungen mit System. Sonnenflecken also im Bewusstsein des Großvaters: wachsende, schrumpfende Sonnenflecken ... der Kern als umbra, der Halbschatten als penumbra ... Fleckenhäufigkeit ... der Sonnenfleckenzyklus mit Minimum, Maximum ... zu den Flecken: Protuberanzen, Eruptionen, chronosphärische Fackeln ... Zu welchen Ergebnissen Großvater hier kam, ist in der Familie nicht überliefert. Seine Aufzeichnungen gingen verloren.

Am Nebentisch, der für ihn wohl zum Haupttisch wurde, malte er auch Initialen. Saß vorgebeugt über Papier oder womöglich über Pergament, ließ pflanzenhafte Arabesken hochwachsen an Vertikalen, füllte Buchstabenrundungen aus mit Ornamenten, Figurationen? Sicherlich waren es Initialen nach Vorbildern mittelalterlicher Handschriften: ikonographische Traditionen. Schade, dass ich kein Exemplar seiner Initialen-Malerei besitze. Selbst bei neogotischen Stilisierungen in der Manier des 19. Jahrhunderts: ich hätte solch eine Initiale im Arbeitszimmer gern an die Wand gehängt, hinter Glas, im Rahmen – vor allem in den Jahren der Arbeit am »Mittelalter-Quartett«.

Woran der selbständige, offenbar jedoch zunehmend lustlose Chemiker in seinem Labor auch noch arbeitete: er lernte Persisch. Diese Sprache muss ihn (der offenbar mehrere Sprachen beherrschte) besonders fasziniert oder herausgefordert haben. Er lernte es autodidaktisch, schrieb längere Texte in arabischer Schrift ab. Bestimmt waren es keine persischen Übersetzungen naturwissenschaftlicher Werke, eher geschichtliche, vielleicht sogar literarische Texte. Aus dem Königsbuch? Erzählende Gedichte, Manawis? Ghaseln von Hafes oder Saadi? Herder – vielleicht hat Großvater das gelesen – bezeichnete die Poesie der Perser als wollüstig, sanft, fröhlich, als »eine Tochter des irdischen Paradieses«. Und

Goethe, nach einer Lobeshymne auf die persische Dichtung, fragte Zelter rhetorisch: »Was will der Großvater weiter?« Ein Goethe-Zitat, das ich mit Vergnügen übernehme.

Wenn Großvater nicht im Labor war, saß er am Flügel. Was seine Kinder besonders staunen ließ: er spielte meist ohne Noten. Stundenlang improvisierte er, oder, wie es damals hieß: er phantasierte. In Wagner'scher Harmonik? Oder mit Echos von Kompositionen der klassischen Zeit? Ich hätte ihm gern mal zugehört. Vielleicht hätte ich nach wenigen Minuten genug gehabt: Klangwabern? Zu registrieren bleibt: der Chemiker saß oft und lang am Flügel. Musik, die sich in ihm entwickelte während des Spielens? Klangwelten, in denen er sich über Stunden hinweg bewegte?

Er soll sich oft auch ins Dachzimmer zurückgezogen haben, zum astronomischen Fernrohr. Das stelle ich mir etwa so vor wie das japanische Teleskop, das sich mein Vater zu Weihnachten hatte schenken lassen, vor vielen Jahren, als er noch in der Westfalenbank Bochum tätig war, zuletzt als Generalbevollmächtigter, als Börsenchef. Auch der Himmel über Bochum war stark verschmutzt im vorigen Jahrhundert, oft roch es in der Stadt wie in einem der überkuppten Bahnhöfe zur Zeit der Dampflokomotiven – was Helmuth am Firmament sah, muss arg enttäuscht haben. Der Duisburger Himmel in den zwanziger und dreißiger Jahren mindestens so stark eingetrübt. Dennoch, Großvater muss ausdauernd den Sternenhimmel betrachtet haben, bis tief in die Nächte.

Was ihm dabei wichtig war, ich weiß es nicht. Als Kontrast zur ständig veränderten Sonnenoberfläche die erstarrte Mondoberfläche? Die Alpen, der Apennin, der Kaukasus und die Pyrenäen auf dem Mond, die dunklen Flecken von Meeren und Meerbusen? Die Ringgebirge, Wallebenen, die Krater, die Rillen, die Spalten, die Klüfte? Oder war seine Aufmerksamkeit eher fixiert auf Planeten? Auf Fixsterne und deren Figurationen? Auf den Andromedanebel, zweikommazwei Millionen Lichtjahre von ihm und von mir entfernt?

Wichtig für mich: Großvater Theodor reagierte auf Nazis allergisch. Häufig fanden Sammlungen statt, nicht nur für das Winterhilfswerk. Klingelte ein Uniformierter mit Sammelbüchse, so durfte das der Hausherr nicht merken, nicht erfahren, er kam sonst hervorgeschossen und artikulierte zornige Ablehnung.

Zuweilen hieß es in Familiengesprächen lapidar, er wäre manchmal »furchtbar« gewesen. Konkretes erfahre ich nicht, und doch schmerzt mich solch ein Adjektiv, ich habe das Bild liebgewonnen, das ich mir von diesem Großvater mache. Gelegentliche Urteile seiner Tochter Helene, seines Sohnes Fritz weisen in die Richtung, in der ich hätte weiterfragen müssen. (Die etwas krumme Formulierung signalisiert Verlegenheit.) Es lassen sich, unter Vorbehalt, freilich noch Schlüsse ziehen aus Indizien. Vor allem: dass Helene, erzogen nach strengen, tradierten Maßstäben, dennoch die Kraft, den Mut besaß, das Elternhaus, den Geburtsort zu verlassen. Zwar hat sie abgewartet, bis sie volljährig war (zu jener Zeit mit einundzwanzig), aber dann zog sie sofort nach Köln.

AUF EINER BRAUNGETÖNTEN FOTOGRAFIE sehe ich sie Ende der zwanziger oder Anfang der dreißiger Jahre dahinschreiten neben einer Parkanlage. Schmale, hochhackige Schuhe, die ihre schönen Beine betonen; dunkler Mantel, der knapp die Knie bedeckt; voluminöser Pelzkragen – beinah ein Pelzwulst um ihren Nacken; Topfhut, die angedeutete Krempe dicht über den Brauen der großen, dunklen Augen, die den Fotografen aufmerksam betrachten; kein Lächeln.

Mein Vater hat gern aus früheren Zeiten erzählt, ohne Scheu vor Wiederholungen; meine Mutter hingegen blieb weithin verschlossen; Wiederholungen, anekdotenselige, fanden nicht statt. Wenn sich doch mal ein Rückblick ergab, so blieb das eine Ausnahme.

So hat sie über ihr Leben im Elternhaus zu Duisburg nur Andeutungen gemacht: Das erste Kind war ein Sohn, das zweite und dritte Kind waren Töchter; Helene wurde (1905) als viertes Kind geboren, hätte endlich wieder ein Sohn werden sollen, als drittes Mädchen aber war sie eine Enttäuschung, das ließen die Eltern sie spüren, vor allem ihre Mutter – Helene fühlte sich als »Niete«. Das fünfte und letzte Kind war »hurra, ein Junge!«, aber für Antonia Ella Helene änderte sich damit nichts: einmal Niete, immer Niete … Also wohl Erleichterung als sie das Elternhaus verlassen und nach Köln ziehen konnte.

Dort suchte sie nicht eine eigene Wohnung, das war in den zwanziger Jahren noch längst nicht selbstverständlich für eine junge Frau, sie zog ins Oelbermann-Stift am Hohenstaufenring, hatte hier ein Zimmer mit Sofa, Tisch, Bett, Waschbecken.

Die Stiftung der frommen Kaufmannswitwe Laura Oelbermann war betont karitativ. Laura beteiligte sich an der Gründung der Evangelischen Frauenhilfe in Köln. Man widmete sich vorrangig Kindern, Dienstmädchen und Pastorenwitwen. Die große Villa mit Garten aber auch »als Wohn- und Aufenthaltsort für evangelische erwerbstätige Mädchen«.

Mutter Helene und ihre Familie, in der Nazis offenbar abgelehnt wurden, zumindest vom Vater: Musste im frühen Verhältnis meiner Eltern nicht auch eine Rolle spielen, wie Helmuth zu den Nazis stand? Da schien grundsätzlich erst mal Skepsis angesagt bei einem früheren Kompanieführer einer preußischen Kadettenanstalt.

Dann stellte sich auch die Frage, warum er – als einer der beiden Söhne eines Rheydter Firmenchefs – in Köln als (erst mal kleiner) Bankangestellter arbeitete.

Kurz nach dem Tod von Großvater Kühn wurde, wie bereits erwähnt, die KVC in eine Aktiengesellschaft umgewandelt; aus den Anteilen des Kommanditisten Kühn wurden Aktien. Ein paar Jahre später, so die Oral History, wurden mein Vater, etwa sechzehnjährig, und sein Bruder Oscar, einundzwanzigjährig, in den Wartesaal des Kölner Hauptbahnhofs bestellt; dort kauften ihnen die älteren Brüder Vierhaus sämtliche Familienaktien ab. Gezahlt wurde in Bar, bei anlaufender Inflation.

Ein Studium konnte beim galoppierenden Verfall des Geldes nicht mehr finanziert werden, Helmuth kam als Lehrling ins Bankgewerbe. Er musste Briefe zur Post bringen, Essen holen, Salden addieren, fand schließlich die Aufmerksamkeit eines der Bankiers, wurde mit wichtigeren Aufgaben betraut, es begann sein langsamer Aufstieg zum Rentenhändler. Für mich, für uns entschieden wichtiger: In der »Renten-Abteilung« der Deutschen Bank lernte er Mitarbeiterin Helene Asher kennen.

Bei aller Achtung für den Aufsteiger – in der Familie Asher wäre Helmuth wohl kaum akzeptiert worden, hätte er sich mit den Nazis identifiziert. Nun hatte sich mein Vater aber schon 1931 als Parteimitglied eintragen lassen. Doch bereits 1932 trat er unter wütendem Protest aus, Stichwort: Potempa.

Wieder einmal wirkte Zeitgeschichte ein in die Familiengeschichte. Der bestialische Mord von Potempa auch als Vorzeichen, als Menetekel für die Zeit, in die ich hineingeboren wurde. So wird ein Exkurs notwendig. Ich folge der Dokumentation von Paul Kluke in den »Vierteljahresheften für Zeitgeschichte«, Jahrgang 5.

Potempa: Bergarbeiterdorf in Oberschlesien. Hier lebte, in kleinem Haus, die Witwe Marie Pietczuch mit ihren Söhnen Konrad und Alfons. Auch Konrad war Bergarbeiter, und: er war Kommunist, trat in Gaststätten auch schon mal energisch auf, wenn SA-Männer laut zu räsonieren begannen. Der Pole wurde vorgemerkt.

August 1932, eine Zeit, in der fast Bürgerkrieg herrschte zwischen Nationalsozialisten und Kommunisten. Am 1. August die von Nazis inszenierten Krawalle in Königsberg: Brandlegungen, Übergriffe, Gewalttakte, ein linker Abgeordneter wurde ermordet. Im Reichsgebiet weitere politisch motivierte Gewalttaten der Nazis, fast jeden Tag, jede Nacht. Auch Kommunisten schlugen zu, es wurde zuweilen geschossen. Die Regierung sah sich zu verschärfter Gesetzgebung gezwungen: Die Verordnung des Reichspräsidenten gegen politischen Terror.

Insgesamt neun SA-Männer waren direkt und indirekt beteiligt am nächtlichen Überfall auf die Brüder Pietczuch. Der Trupp wurde in einer Gaststätte »reichlich mit Bier, Schnaps und Zigaretten bewirtet«. Man nahm sich vor, Kommunisten zu verprügeln. Als Parole wurde ausgegeben: »Halbe Arbeit ist keine ganze Arbeit.« Ein Uhr morgens zog man los, erschien gegen halb zwei vor dem Bergarbeiterhäuschen. Die Haustür war nicht verschlossen, einige SA-Männer drangen ein, andere standen Schmiere. Konrad Pietczuch wurde ermordet. Mit welch ungeheurer Brutalität das geschah, bezeugt ein Abschnitt aus der späteren Anklageschrift des Sondergerichts Beuthen:

»Der Sachverständige Gerichtsarzt Medizinalrat Dr. Weimann hat bei der Leichenöffnung des Konrad Pietczuch im ganzen 29 Verletzungen bei dem Getöteten festgestellt. Die Verletzungen befanden sich fast ausschließlich am Oberkörper, nur 2 am rechten Bein. Alle Verletzungen sind durch große Gewalt verursacht worden. An der rechten und linken Halsseite fanden sich Würgspuren. Insbesondere waren am Halse auch ausgedehnte Hautabschürfungen, Blutungen in den Halsweichteilen und ein völliger Durchriss der rechten großen Halsschlagader festzustellen. Des Weiteren hat der Sachverständige einen Durchschuss des rechten Arms mit Zertrümmerung des Oberarmknochens festgestellt. Die Todesursache war nach dem Gutachten des Sachverständigen das Eindringen von Blut in die Luftäste, so dass auf diese Weise eine Blutatmung eingetreten ist. Der Sachverständige nimmt als sicher an, dass Konrad Pietczuch auf dem Boden liegend mit voller Wucht getreten wurde, so dass der Hacken des Schuhes hierbei in den Hals hineingepresst wurde. Der Tritt in den Hals habe also den Tod herbeigeführt.«

Ein besonders grausamer Fall, aber keine Ausnahme. Politische Morde durch Nazibanden wurden von der Öffentlichkeit fast schon mit Resignation zur Kenntnis genommen: mittlerweile an die hundert Todesfälle, mehr als tausend Gewaltdelikte. Der Mord von Potempa führte zu oft vehementen Reaktionen erst durch die öffentliche Solidarisierung der NS-Führung mit den Tätern nach dem Urteilsspruch des rasch anberaumten Sondergerichts: »Es werden bestraft wegen Totschlags als Angreifer aus politischen Beweggründen sowie wegen gefährlicher Körperverletzung aus politischen Beweggründen die Angeklagten Kottisch, Wolnitza, Gräupner und Müller mit der Todesstrafe.«

Hitler schickte ein Telegramm an die Täter, es wurde veröffentlicht. »Meine Kameraden! Angesichts dieses ungeheuerlichen Bluturteils fühle ich mich mit euch in unbegrenzter Treue verbunden. Eure Freiheit ist von diesem Augenblick an eine Frage unserer Ehre. Der Kampf gegen eine Regierung, unter der dies möglich war, unsere Pflicht!«

Auch Hermann Göring telegraphierte: Die Verurteilten seien keine Mörder, sie hätten vielmehr das Leben und die Ehre der Kameraden verteidigt. Ihren Familien würden jeweils tausend Reichsmark überwiesen. (Das entspräche heute im Kaufwert etwa zehntausend Euro.)

Der Stabschef der SA, Röhm, besuchte die Verurteilten im Gefängnis und erklärte öffentlich, dass er »lieber als Stabschef seinen Posten hingebe, als dass einem der Verurteilten etwas geschehe«.

Als Hitlers Solidarisierung, als diese Stellungnahmen publik wurden, zerriss mein Vater (wie er mir glaubhaft berichtete, und das wiederholt) seinen Parteiausweis, schrieb auf einen Zettel: »Mit dieser Mörderbande will ich nichts zu tun haben«, schickte beides per Einschreiben an die Geschäftsstelle der Ortsgruppe.

Damit fand er wohl kaum Zustimmung in seiner Familie, schon gar nicht bei der Mutter. Denn auch ihr Königin-Luise-Bund richtete ein Gnadengesuch an Reichspräsident Hindenburg. Die Vereinigten Verbände heimattreuer Oberschlesier, die Organisation Stahlhelm meldeten sich ebenfalls mit Gnadengesuchen zu Wort.

Möglicherweise hat es Auseinandersetzungen gegeben zwischen Sohn Helmuth und Mutter Friederike, die mit der öffentlichen Erklärung ihres Bundes sicherlich einverstanden war. Ihre Einstellung war mehr als deutschnational.

Und die Reaktion der Partei auf den vehementen Protest,

den Austritt von PG Kühn? Es passierte nichts, auch nicht nach der Machtergreifung! Die Erklärung dafür könnte simpel sein: In der Kölner Parteidienststelle wollte man vor übergeordneten Chargen nicht eingestehen, dass ein derart unzuverlässiger Parteigenosse zum Trupp gehört hatte, man wird die Angelegenheit unter den Teppich gekehrt haben. Kein neues Parteibuch. Auch der Marine-Leutnant, später: Kein Parteigenosse.

So dürfte er in seiner politischen Einstellung und Haltung der Familie Asher doch akzeptabel erschienen sein. Familie Asher hingegen wurde von Klara Friederike Kühn keineswegs akzeptiert: sie wird demonstrativ ihre Teilnahme versagen bei der Hochzeit ihres Sohnes Helmuth mit jener Helene Asher – obwohl das Fest in Bad Godesberg stattfindet, wo sie mittlerweile wohnt.

Ich versuche mir vorzustellen, was im Kopf der Unternehmerswitwe vorgegangen sein mag. Falls man versuchte, ihr klarzumachen, dass es zwar jüdische Vorfahren gegeben hat in der Familie Asher, dass dies aber schon lange, sehr lange her sei, so war das womöglich Gemauschel für sie. Taufen, Taufscheine werden nichts daran geändert haben, dass die Ashers jüdisch waren. Man höre sich nur diesen Namen an ...! Man schaue sich nur diese Nasen an ...!

Vier Jahre nach der Hochzeit meiner Eltern kam es zu der zweiten Verbindung zwischen den Familien Kühn und Asher: Ein Bruder meiner Mutter heiratete eine Schwester meines Vaters. Der hat mir ein postkartengroßes Foto der Hochzeitsgesellschaft geschenkt: Vor dem Eingang des Godesberger Hofs die Aufreihung von Damen in festlichen Kleidern, von Herren in Fracks; alle Gäste konnte mein Vater benennen, jedoch fehlte mal wieder seine Mutter. Obwohl sie weiterhin in Bad Godesberg wohnte, wo die Hochzeit auch diesmal gefeiert wurde.

Was war los mit der Frau? Das schöne Bild, das ich mir bei erstem Anblick der jungen Ehefrau auf Fotos und einem Gemälde gemacht hatte, es war offenbar ein Wunschbild gewesen. Auf späteren Fotos, die ich nun näher betrachte, sehe ich eine Frau mit verhärteten Gesichtszügen und scheinbar breiterer Körperstatur, beinah massig. Sie muss emotional recht unterkühlt gewesen sein. Unter den von ihr verachteten Juden in der erweiterten Familie amüsierte man sich mit einem Bonmot: Wenn Friederike sich mal bereit erwies, mit ihrem Mann zu schlafen, hat sie dabei einen Apfel gegessen.

Gravierender aber war die Unbelehrbarkeit des weiterhin kaisertreuen Mitglieds des Luise-Bundes. Das Bild, das ich mir von der vormals anmutig wirkenden Frau gemacht hatte, ich werde es nicht rückwirkend retuschieren, nicht übermalen: Der Prozess von Einschätzung und Fehleinschätzung soll nicht kaschiert werden.

So stelle ich neben die aparte junge Frau die verhärtet wirkende, breit und schwer gewordene Witwe. Uneinsichtig, unversöhnlich. So eine Frau hätte man früher als »Drachen« bezeichnet. Der Drache spie eine antisemitische Feuerlohe. Und Helene, geborene Asher, kriegte einige Brandflecken ab, psychisch, da bin ich sicher.

Ihre Erfahrung: Für die Schwiegermutter war sie Jüdin, punktum. Das dürfte zur Schlüsselerfahrung geworden sein: Wie rasch man zur Jüdin deklariert werden kann. Und: wenn das erst einmal geschehen ist, so bleibt es dabei.

Damit öffnete sich der sprichwörtliche Graben in der Familie, die Kluft, die Spaltung. Erst Jahrzehnte später, und nachdem er einige Glas Rotwein gepichelt hatte, nannte mein Vater das familiensprengende Schimpfwort, mit dem sie seine Söhne, mit dem sie uns Enkel bedacht hatte: »Judenbrut«!

ZEIT UND ZEICHEN

Auch ich habe (freilich erst in den Nachkriegsjahren) den *Münchhausen*-Farbfilm gesehen, 1942 gedreht mit größtem Aufwand und opulenter Besetzung.

Natürlich hat mächtigen Eindruck gemacht der auf einer Kanonenkugel reitende (und dabei mal wieder singende?) Hans Albers; ebenso hat mich die Mondpflanze mit Frauenkopf fasziniert; den stärksten und nachhaltigsten Eindruck aber hat auf mich der Uhrenmann gemacht.

Stand reglos da in orientalischem Kostüm, ließ regelmäßig ein Pendel schwingen. Reglos das Gesicht, oder zählten stumme Lippen mit? Blieb jedenfalls in meiner Erinnerung statuarisch, schwang, schwang, schwang ein Pendel, hatte sonst keine dramaturgische Aufgabe zu erfüllen im Film, dessen Drehbuch Erich Kästner geschrieben hatte trotz Berufsverbot unter den Nazis, er wurde unter Pseudonym geführt. Kästner dürfte es auch gewesen sein, der den ›Zeitnehmer‹ als Erster vor Augen hatte.

Den Uhrenmann zitiere ich heran in diesem Zwischenspiel. Das Wort kann ich der konsequent stummen Figur nicht erteilen, so behalte ich mir das Wort vor.

Und erzähle ihm, dass ich bei einem Schulausflug (oder war es bei einer der obligaten Bergwanderungen mit den Eltern?) eine Gletschermühle zu sehen bekam. In der Erinnerung ein brunnenweites Loch in einer Felsplatte, die Gesteinsbohrung zehn oder fünfzehn Meter tief. Von einer Plattform aus konnte man in den Grund der Gletschermühle hinabschauen, sah dort, was ich heute noch vor Augen habe: Eine regelmäßige, glattwandige (zumindest sehr regelmäßig und glattwandig erscheinende) Bohrung, an ihrem Grund ein Felsbrocken, Steinblock, der durch ständig einschießendes (nun freilich nicht mehr einströmendes, höchstens noch einsickerndes) Wasser in kreiselnde Bewegung versetzt worden war; sich rotierend einschleifend wurde er rundgeschliffen in fortgesetzter Drehbewegung über Zehntausende, Hunderttausende, womöglich Millionen von Jahren hinweg. Diese gletscherwassergetriebene Mühle hatte immer nur Steinmehl gemahlen unter dem Steinbrocken, Felsbrocken im Strudel, das Steinmehl ausgeschwemmt vom gletschergrauen, eiskalten Wasser.

Ich kann nicht mehr rekonstruieren, wo ich die Gletschermühle gesehen hatte, in Bayern oder Österreich, das Bild aber ist geblieben, wie eingeschliffen: brunnentiefe Gletschermühle, senkrechter Schacht im Urgestein.

Pendelschwingen, Pendelschwingen … Und ich berichte dem Uhrenmann von einem Zeitgespinst, das ich irgendwann, irgendwo gesehen habe – »nähere Angaben« wären hier kaum relevant.

Eingemuldete Stufen. Das Kellergewölbe dunkelbraun, schwarzbraun. In einem Regal leere Flaschen, eingefasst von zähfester Staubschicht. Leere Kisten, auch Kartons, weich geworden in Konturen, Kanten. Im Gewölbeeinschnitt vor dem offenbar seit Jahrzehnten verschlossenen, halbblinden Kellerfenster ein tiefgestaffeltes System von Spinnweben, die Flächen gegeneinander verkantet; zwischen ihnen verschieden große ›Hauptstränge‹, an denen mehrere Spinnengenerationen gearbeitet haben mussten. Oder: die sich aus der Arbeit etlicher Spinnengenerationen unkoordiniert entwickelt hatten.

In dieser Zeitkulisse tote Spinnen; die Spinnenleichen sind dem Spinnwebmaterial ähnlich geworden, hängen dort mit todessteifen Beinchen: Sammlung von ausgetrockneten, wie ausgesogenen Spinnenleibern. Vielleicht gibt es so was wie Spinnenvampirismus, eine Spinne saugt einer schwächeren oder sterbenden Spinne die Säfte ab, die das Spinnenopfer wiederum aus Kellerfliegen gesogen hat. Kein Windstoß ist in dieses Verzwirbelungssystem hineingefahren, der Fensterflügel wohl seit dem Krieg nicht mehr bewegt, womöglich nicht einmal Jahre, Jahrzehnte davor. Zwingend die Vorstellung, dass es hier ein gleiches Spinnwebsystem schon in der Zeit zwischen den Weltkriegen, ja in der Zeit vor dem Ersten Weltkrieg, womöglich sogar vor Beginn des 20. Jahrhunderts gegeben haben könnte, bestückt mit kartoffelkeimbleichen Spinnenleichen. Spinnengeisterstadt, tiefgestaffelt.

Pendelschwingen, Pendelschwingen, Pendelschwingen … Und ich berichte dem Uhrenmann: Im Jahr des Abiturs, 1955, fuhr ich nach Norwegen, auf einem Motorroller mit sehr kleinem Hubraum. Die Straßen vielfach noch Sandpisten, ein heißer Sommer; wenn mir auf einer Hochebene ein Auto entgegenkam, zeigte das schon auf größere Entfernung eine Staubfahne an, ich stieg ab, stellte den Motorroller an den Pistenrand, kletterte ein Stück hoch im Felsgewirr, wartete droben ab, bis sich der Staub des vorbeigefahrenen PKW wieder senkte, trullerte weiter Richtung Sognefjord, nicht nur meinem Großvater zuliebe, der 1893 diese weithin geschätzte Landschaft gemalt hatte. Noch keine touristische Infrastruktur in meinem Norwegen, so war ich auch Gast in Bauernhäusern. Essen, Trinken, Schlafen in Blockhausräumen. Unter der Decke eines Wohnraums ein Balken, an dem mit Lederriemen Wiegen aufgehängt worden waren, Generation nach Generation. Sobald sich Lederriemen zu tief ins Holz eingeschliffen hatten, wurde die Wiege eine Spanne weiter aufgehängt; damit war eine Reihe von Kerben entstanden, in unregelmäßigen Abständen: Zeitmarkierungen, gereiht, gestaffelt.

Pendelschwingen, Pendelschwingen, Pendelschwingen, Pendelschwingen … Und ich berichte dem Uhrenmann von einer weiteren Entdeckung in einem norwegischen Blockhaus der fünfziger Jahre des 20. Jahrhunderts: Neben der Haustür ein Loch in einem der mächtigen Stämme, das Loch schüsselweit und schüsseltief, es blieben höchstens zwei, drei Zentimeter zwischen innen und außen. Generationen von Bauern hatten hier ihre Arbeitsmesser aufbewahrt, in den Balken hineingerammt an immer gleicher Stelle: ein Napf Vergangenheit, eine Zeitmulde.

SCHAU ES DIR GENAU AN!

EINS DER KLEINFORMATIGEN FOTOS der dreißiger Jahre habe ich vor langer Zeit mal abfotografieren und vergrößern lassen: In einer Stadt, wahrscheinlich Köln, kommen meine Eltern auf den Fotografen zu. Im Bildhintergrund kreuzt eine Straßenbahn, über der Fensterreihe zweifach die Aufschrift »Persil«. Helene, etwa dreißig, in hellem Kostüm, ein Täschchen zwischen Oberkörper und Oberarm, Hände aufeinandergelegt, die untere Hand umschließt weiße Handschuhe. Lässig souveräne Eleganz. Helmuth in dunklem Anzug; ein Sommermantel über dem linken Unterarm, in dieser Hand ein großer, weicher Hut mit breitem Hutband, weiter Krempe; eine zusammengefaltete Zeitung.

Diese Zeitung würde ich gern aus dem Bild herausnehmen, um als Erstes das Datum abzulesen. War ich zu jenem Zeitpunkt noch schiere Potentialität oder schon kleine Realität?

Zuweilen lese oder höre ich eine Frage, die mir wortwörtlich »zu denken« gibt: Wenn uns das Nichtmehrsein nach dem Tode beschäftigt, warum nicht auch, und zwar in gleicher Intensität, das Nochnichtsein vor der Geburt, vor der Zeugung?

Beschäftigt mich die Frage, was vor meinem Leben war? Schiere Nichtexistenz? Könnte mich solch eine Antwort ruhigstellen? Glaube ich, um vor dem Gedanken der schieren Nichtexistenz auszuweichen, beispielsweise an Seelenwanderung, an Wiederverkörperung?

Von einem jungen, kurzgeschorenen Mann in Orangerot wurde mir kurz nach der Wende auf der Straße in Halle ein Buch angeboten über Seelenwanderung, Wiederverkörperung, und ich sagte ihm: Das brauche ich nicht, ich *bin* bereits wiederverkörpert. Mit dem Verstummen kurzes Erstarren, dann wandte er sich ab: Für eine Religion der Seelenwanderung missionierend, hatte er nicht damit gerechnet, dass ihn jemand beim Wort nehmen könnte.

Zuweilen spiele ich mit dem Gedanken der Seelenwanderung – in meiner Sozialisation bin ich auf das Denken in solchen Kategorien nicht vorbereitet, nicht einmal eingestimmt worden. Also muss meine Antwort auf so eine Frage spielerisch bleiben: Wenn mein Ich, in anderer Erscheinungsform, schon einmal auf dieser Welt war, dann verkörpert in einem Araber. Denn anders kann ich mir die starke, die unmittelbare Resonanz auf arabische, auf orientalische Musik nicht erklären. Musik aus der Türkei, aus Persien, aus Indien findet Resonanz in mir, die sich nicht aus intensiver Beschäftigung mit solcher Musik ergibt, diese Resonanz ist einfach vorhanden, ist vorgegeben. Deshalb meine Spiel-Antwort. Damit setze ich, gewöhnlich, hinter solche Überlegungen einen Schlusspunkt; das geschieht auch hier.

Aber, weitergefragt: Ein Nochnichtsein vor der Geburt, vor der Zeugung – beunruhigt mich dieser Gedanke? Verstört mich? Auch mich beschäftigt eher die Frage, was nach dem Tode sein wird. Jedoch, der Rückblick erscheint mir leichter als dieser Ausblick. Schließlich war vor meinem Leben bereits die Szenerie da, in die ich mich einlebte, waren Personen da, die für meine künftige Existenz bürgten: die Eltern. Ich kann die Welt, in die das Baby meines Namens hineingeboren wurde, annähernd rekonstruieren. Auch die Zeit, in der ich noch nicht gezeugt war, in der es nicht einmal einen vorwegnehmenden Gedanken an mich gab, diese Zeit könnte ich um weitere Generationen rückläufig rekonstruieren, einigermaßen zuverlässig, denke ich, hoffe ich.

Zum 1. Februar 1935: Stichworte für die Welt, in die ich hinausgepresst wurde, in einer Klinik in Köln-Lindenthal, frühmorgens, zu einer nicht genau notierten Stunde und Minute. Mein Doktorvater fand dies höchst bedauerlich, er hätte mir sonst gern ein präzises Horoskop erstellt, nun muss ich ohne diese Zusatzinformationen leben. Dafür ein Blick in das Zeitambiente, das später, fortwirkend, auf mich einwirkte: Zeichen, die Vorzeichen wurden für die Ära und die Welt, in die ich hineingeboren wurde. Hier fällt mir, ohne längeres Recherchieren, ein, was ich zuweilen in Gesprächen mit fast wütender Betonung hervorgehoben hatte: Dass Hermann Göring, zweiter Mann des Dritten Reichs, Oberbefehlshaber der Luftwaffe, bereits 1935 den ersten Luftschutzbunker in Berlin erbauen ließ, unter dem Neubau des Reichsluftfahrtministeriums. Einige hundert Mitarbeiter des protzig angelegten Gebäudes (heute Finanzministerium) sollten in diesem Luftschutzraum vor Bombenwirkung sicher sein.

Im selben Jahr, meinem Geburtsjahr, wurde, in Erweiterung der alten Reichskanzlei, mit dem Bau eines neuen Festsaals begonnen; als Keller ein Luftschutzbunker. Der wurde später zum Vorbunker des noch tiefer angelegten, weitaus massiveren Führerbunkers. Doch der Vorbunker war immerhin an die fünfzehn Meter lang, achtzehn breit. Diese Tiefbauten angelegt in einer Zeit, in der propagandistisch der Friedenswille beschworen wurde in fortgesetztem Meineid.

Dass von Anfang an jedoch Hitler und seine Paladine Krieg planten, wurde schon ein Vierteljahr nach der Machtergreifung dokumentiert mit Görings Aufruf zum Luftschutz: »Jede deutsche Stadt ist für Bombenflieger erreichbar. Unsere wichtigsten Industrien liegen im nahen Wirkungsbereich fremder Fliegerkampfkräfte. Der Luftschutz ist daher zu einer Lebensfrage für unser Volk geworden. Er verlangt einen jahrelangen zielbewussten Aufbau unter fachmännischer Leitung und straffer Führung.«

Der Aufruf zur Gründung des Reichsluftschutzbundes wurde Ende April 33 veröffentlicht: »Luftschutz tut not!« Juni 1935 wurde im Reichsgesetzblatt das Luftschutzgesetz erlassen: Unter allen Neubauten mussten von da an LS-Räume angelegt werden. Krieg war also eingeplant, gehörte gleichsam zur Präambel der neuen Reichsgründung, wenn auch – selbstverständlich – nicht offen proklamiert. Damit war bereits in meinem Geburtsjahr festgelegt, was auf meinen Lebenslauf einwirken sollte: Kontext zur Lebensgeschichte.

Im selben Jahr 1935, so lese ich in einer Baugeschichte der Glyptothek am Königsplatz zu München, wurden zwischen dem neu errichteten Verwaltungsbau der NSDAP und dem symmetrisch angelegten Führerbau zwei »Ehrentempel« errichtet für die dreizehn Parteigenossen (»Blutzeugen«), die beim Putsch-Aufmarsch vor der Feldherrnhalle 1923 erschossen worden waren. Ein Doppel-Tempelbau für die Bronzesarkophage, in ihrer Bedeutung akzentuiert durch permanente SS-Ehrenwache.

Die beiden Tiefbauten der ersten Bunker, die Hochbauten der beiden Ehrentempel meines Geburtsjahres: die einen geheimgehalten, die anderen gefeiert als Bauten, die Bestand haben sollten für die nächsten tausend Jahre. Ein Hundertstel dieser proklamierten Ära zwischen meinem ersten und zehnten Jahr. Also ein Kapitel meiner Lebensgeschichte, die sich unausweichlich mit Zeitgeschichte verbindet.

EINE SPRACHFLOSKEL bietet sich an: »Ich erblickte das Licht der Welt«. Weil die Formel häufig benutzt wird, ironisiert man sie zuweilen: Das Licht der Welt erblickt in Form einer Glühbirne von 40 oder 60 Watt.

Das *Licht der Welt*: habe *ich* das wirklich mit meiner Geburt *erblickt*? Hier ist das Personalpronomen doch wohl noch fiktiv – oder entschieden vorweggenommen. Das mehrpfündige Baby, das meinen Namen erhielt, es war in die zeitweise helle Welt hineingeboren, verharrte jedoch im Dämmerzustand unter der Schädeldecke, der noch weichen Fontanelle. Allererste Vernetzungen bildeten sich, neurologisch, die Zahl der aktiven Synapsen war aber noch gering. Erst mit zunehmender Vernetzung – so zeigten mir Computersimulationen in einem lehrreichen Fernsehbeitrag – wird sich ein Kleinkind seiner selbst bewusst. Der entscheidende Moment, in dem unser Kopf aus der Scheide herausgepresst wird, der entscheidende Moment, in dem wir zum ersten Mal, plinkernd, die Augen öffnen, dieser Moment bleibt im Dunkel, für uns selbst.

Die ungeheure Wahrnehmung: Erstes Licht nach den Monaten in der Fruchtblase, sie hinterlässt nicht die geringste, die schwächste Erinnerungsspur … Wie ein Blitz aber müsste das *Licht der Welt* (und sei es noch so schwach) in die freigewischten, reingewaschenen Augen hereinschießen, und dieser erste Lichtmoment müsste sich wie mit Laserstrahlen einzeichnen in die noch leere Erinnerungssubstanz. Das Licht dieser Welt erblickt, ja, aber noch ohne Ich.

Dies war meine erste Adresse: Köln-Deutz, Von-Sandt-Platz 5. Zusätzlich eine römische Eins, das Stockwerk bezeichnend. So lese ich in einem Schreiben des Evangelisch-Lutherischen Pfarramts zu Königsee in Thüringen: Auskünfte zu Vorfahren, eingeholt vom Vater, Stichwort »Abstammungsnachweis«.

Zwei Jahre hat das Baby, hat das Kleinkind meines Namens an diesem Platz gewohnt; 1937 zogen die Eltern nach Köln-Bayenthal, auf der anderen, der ›besseren‹ Seite des Rheins.

Ab 1989 wohnte ich, siebzehn Jahre lang, wieder in Köln, nun wieder rechtsrheinisch, »ob dr schääl Sick«, der weniger respektablen Seite Kölns. Im dritten Jahr meiner Kölner Ära fuhr ich zu ›meinem‹ Platz in Deutz: Straßenbahn Linie 4, vom Wiener Platz zum Vorplatz des Deutzer Bahnhofs. Auf dem Stadtplan hatte ich mich orientiert: Von der Haltestelle Richtung Rhein gehen, in der ersten Straße nach links abbiegen, schon ist das Ziel erreicht.

Noch während ich das kurze Stück gehe, frage ich mich, ob ich nicht abschwenken soll Richtung Antiquariat, das mir schon seit längerem Kataloge zuschickt. Warum, so frage ich mich, warum willst du ein Häuser-Ambiente bewusst wahrnehmen, das du als Baby, als Kleinkind nicht bewusst wahrgenommen hast, an das du dich überhaupt nicht erinnerst, gar nicht erinnern *kannst* – die Zeit vor der Erinnerungsschwelle mit bekanntlich etwa drei Jahren? Doch schon biege ich ein in die Straße, die sich nach etwa hundert Metern erweitert zu einem schmalen Platz mit kleiner Grünanlage in der Mitte: Von-Sandt-Platz. Ich suche die Nummer 5. Dabei warne ich mich: Die Hausnummern können sich in den Jahrzehnten verändert haben – auch hier wohl Bombenschäden, Neubauten im Stil oder Unstil der sechziger Jahre.

Ich stehe vor einem Doppelhaus mit gemeinsamem Eingang für die Nummern 5 und 7. Da hätten die jungen Eltern mit erstem Kind also in der linken Hälfte gewohnt. Aber: ist es dieses Hauses? Ich erkenne ein Detail wieder, das ich auf einem der Fotos jener Zeit gesehen habe, im Album, das Mutter Helene angelegt hatte: Ich auf dem Schoß einer Kinderfrau; eine weit geöffnete Balkontür, der Balkon schätzungsweise nur einen Fuß tief – eher ein Gitter mit Blumenkästen. Und nun: die Scheinbalkons sind noch da, nicht auf übliches Maß erweitert. Demnach stehe ich vor dem linken Flügel des vierstöckigen Hauses, in dem ich auf dem Schoß einer berufsständisch weiß gekleideten Kinderfrau gelegen habe, halb aufgerichtet. Ja, eine Kinderfrau, nicht die Mutter. Die hat ja fotografiert, wird das auch in Zukunft tun.

Ich schlendre durch den Miniaturpark. Ein sechs- oder siebenjähriges Mädchen mit dem Kopftuch einer Muslima spielt mit einem gleichaltrigen Kind ohne Kopftuch; beide zwitschern in kölschem Singsang. Auf einer der hell gestrichenen Bänke ein Mann im Rentenalter, eine Boulevardzeitung ausgebreitet. Ich blicke zur Hausfassade, der schon lange nicht mehr aufgehellten, der Mann mit Zeitung späht nach mir. Ich umschreite die Grünanlage und rede mir gut zu: Wenn du im Namen eines Oswald von Wolkenstein nach Südtirol reist, um dir Burgen und Burgruinen anzuschauen, deren Namen mit seinem Lebenslauf verbunden sind, warum da nicht auch dieser Abstecher zu einem Platz deiner Stadt, selbst wenn du von vornherein sicher bist, dass damit keine Erinnerungen wachgerufen werden?

Kleiner Ortstermin Köln-Deutz. Rheinisch ausgesprochen: Dütz. Isch kumm us Dütz. Isch bin ene Dützer Jung. Mein Vater hatte die damalige Anschrift vergessen. Meine Mutter hat sie (in ihrer kalligraphischen Schrift, weiß auf meist dunklem Karton) nicht vermerkt im frühen Fotoalbum. Die Anschrift habe ich im Brief des Thüringer Pfarrers gefunden, der mit Deutschem Gruß unterzeichnete, nach einigen Angaben zu Kürschnern, Kürschnermeistern von Königsee. Und so stehe ich wieder vor der Fassade des Doppelhauses, fixiert auf das linke Balkongitter des ersten Stocks, mit Seitenblicken auf die Haustür. Wurde die Kinderfrau (oder Kinderschwester) bei schönem Wetter (und solange die Sonne nicht zur offenen Balkontür hereinschien) mit dem Baby, dem Kleinkind hinaus- und hinuntergeschickt zum Platz? Frische Luft …? Gesundes Grün …? Mein erster Sommer war ein Sommer in Deutz. Auch mein zweiter.

Kleine Zufriedenheit, dass es dieses Haus noch gibt – eindeutig kein Nachkriegsbau. Auf der gehämmerten Metallfläche, auf der Namensschildchen neben Klingelknöpfen festgeschraubt sind, war also wohl mal ein Schildchen mit dem Namen Kühn verschraubt. Sichtbarer Blickkontakt mit einer Kontinuität in einer Stadt, in der Kontinuitäten des bewohnten und gewohnten Ambientes flächendeckend zerstört wurden, im Krieg. Und dem Krieg, den Bombern folgten die Abrissbagger. Hier also, »in Dütz«, auf dem Platz mit dem Namen einer Person, von der ich nichts weiß, nach der ich auch nicht fragen werde, hier ist eng fokussierte Sichtverbindung hergestellt. Der Zuschnitt des Platzes kann sich nicht verändert haben, der Zuschnitt des Hauses wurde anscheinend nicht verändert, vielleicht sind sogar die Klingelknöpfe identisch mit damaligen Klingelknöpfen. Allerdings, ich klingle nicht.

Im Jahr meiner Geburt legte Mutter Helene eine Fotosammlung an in einem Album: Querformat, der Umschlag in Rohleinen, Verschluss mit schmalem, rotem Lederband.

Das allererste Foto dieser chronologischen Dokumentation: Das Baby mit dichtem schwarzen Haar auf dem Schoß der Kinderschwester in Weiß mit weißem Häubchen. Erst als zweites ein Foto, auf dem mich Helene, ebenfalls in Weiß, festhält. Als drittes Foto der Eröffnungsreihe: Mein Vater, in dunklem Anzug, trägt das weiß gekleidete Baby; diesmal hat es ein weißes Wollmützchen auf, und von der Brust abwärts ist es zusätzlich mit weißem Tuch umhüllt, das über die Füßchen herabhängt. Auf späteren Fotos sehe ich von der Kinderschwester, Säuglingsschwester nur die Arme, den weißen Kittel, das Baby wird in einer Zinkwanne gebadet, auf einen Tisch gestellt, den ein weißes Spritztuch schützt. Erfahrener Griff um die Babybrust, unter den linken Arm, und die linke Hand der Schwester seift den Babypo ein. Dem Baby muss nicht zugeredet werden, begütigend, beschwörend: gelassen schaut es sich um.

Auf einem der späteren Fotos ist die Kinderschwester frontal zu sehen, diesmal mit weißer Schürze über dunklem, hell gepünkteltem Kleid, sie sitzt auf einem Stuhl an der offenen Tür des Zierbalkons. Blumen in Kästen … Sonnenlicht … Fassaden von Häusern auf der Gegenseite des schmalen Platzes … Die junge Kinderfrau schaut, entspannt lächelnd, auf das Baby herab, das laut Schönschrift in Fraktur sechs Monate alt ist; im Babyhöschen sitzt es auf dem Schürzenschoß, den Kopf an den Arm gelehnt.

Ein wenig informiert über Beziehungen zwischen Babys und Müttern in den ersten Stunden, den ersten Tagen, Wochen, Monaten, Jahren stelle ich fest: Arbeitsteilung. Das Waschen des Babys, das Wickeln wurde einer jungen Frau überlassen, zu Säuberung und Pflege eingestellt; das Nähren übernahm die Mutter, auch das gelegentliche Spielen mit dem sauber vorgelegten Baby. Das Säubern und Baden eines Babys durch die Mutter aber ist mehr als nur Säubern und Baden: da ist Berührung zwischen Mutterhaut und Babyhaut … da ist Streicheln und Klopfen … da ist Plitschen und Platschen … da ist reger Austausch von Lauten: die gurrenden, kosenden Laute einer Mutter, die Echolalie eines Babys, die weitere Mutterlaute hervorlockt, und diese Wechsellautfolge so dicht, dass der Begriff »Lauthülle« geprägt wurde – Laute, die das Baby wie eine zärtliche Hülle umgeben. Solch eine Lauthülle entwickelte sich vielleicht zwischen der Kinderschwester und dem Baby, beim Sauberwischen und Baden, beim Salben und Pudern; solch eine Lauthülle bildete sich vielleicht auch, wenn das Baby, gesäubert, auf einem Tuch (»Moltontuch«) lag, auf einer fotografierten Wiese, im ersten Sommer, und die

Mutter beugte sich kniend hinab; diese Lauthülle bildete sich kaum, wenn die Mutter, im Liegestuhl sitzend, zum Baby herabschaute, das bäuchlings auf dem Moltontuch lag, mit blankem Po – also wohl kurz nach der Säuberung durch die Schwester.

Das Baby auf dem Moltontuch, das Baby im ausgepolsterten Wäschekorb, das Baby im Kinderbett, das Baby im Kinderwagen: Es schaut nicht drein, als würde ihm etwas fehlen bei der Arbeitsteilung zwischen Kinderschwester und Mutter, es zeigt in kurzen Zeitabständen recht unterschiedliche Mimik: schaut aufmerksam, schaut fipsig, schaut clownhaft drein, mit sechs und sieben und acht Monaten, und manchmal scheint es zu singen, zu krähen – Baby mit vielen »Gesichtern«. Und wenn ein Besuchsbaby zu ihm in den Kinderwagen gesetzt wurde, ging das offenbar ohne Abwehrkämpfchen ab – gelassen wurde das andere Baby akzeptiert.

Weiter in der Entwicklung: Das Kleinkind von sechzehn Monaten mit kurzärmeligem weißem Hemd, mit weißen Söckchen, mit Stiefelchen, es hält sich, lässig, an einem Laternenmast fest, einmal beobachtend, einmal singend.

Und, einen Monat älter, geht es zwischen zwei Frauen, jede hält es an der Hand; rechts die Kinderschwester, nun aber nicht in Dienstkleidung, sondern in einem Sommerkostüm, mit offenbar grauem Rock und grauer Jacke, und links die Mutter in einem Sommerkostüm mit ebenfalls grauem Rock, aber einer Jacke mit kleinem Würfelmuster: symmetrische Konstellation. Zur symmetrischen Aufteilung der Arbeit, die das Baby, das Kleinkind einforderte, auch eine Symmetrie von Zuneigung? Ich halte mich an die Auskünfte, die ich vom Gesicht des Babys, des Kleinkindes ablese, und das signalisiert: vorwiegend heiter. Zu Belastungen kam es erst später.

Aus der Familie meiner Mutter ist ein Gemälde eines Hamburger Malers zu mir gelangt, es hängt hinter mir im (Brühler) Arbeitszimmer: sicherlich ein Auftrag der reichen Familie an den damals angesehenen Landschaftsmaler Georg Haeselich (Zeitgenosse und Kollege von Louis Asher). Etwa ein Dutzend Gemälde von Haeselich ist in der Hamburger Kunsthalle archiviert.

Souverän und detailfreudig hat er einen noblen Sommersitz gemalt: Eine weite Wiese im Vordergrund, flankiert von hochgewachsenen Bäumen; in der Bildmitte, hinten, das Haus, fünf (hohe) Fenster breit, Assoziationen weckend an eine Datscha der reichen Petersburger Klientel. Auf der Wiese eine Frau mit Schürze und Haube, ein weiß gekleidetes Kleinkind auf dem Arm, ein zweites Kind an der Hand, ein drittes freilaufend, nach einem Schaf greifend.

In der Tür zur frontalen Terrasse des Hauses schemenhaft eine Dame, wahrscheinlich zur bukolischen Szene blickend – gewiss die Mutter. Auf einem Randweg, beschattet, schreitet ein Gärtner zur Arbeit, die Harke geschultert.

In jener (Hamburger) Konstellation dürfte die Kinderschwester, Kinderfrau eine Selbstverständlichkeit, vielleicht auch Statussymbol gewesen sein. Das wurde (in Köln) also übernommen – schon zu einer Zeit, als wir Söhne noch längst nicht zu dritt waren.

ERST VORARBEITEN zum Lebensbuch gaben mir das Stichwort für eine Exkursion zum Haus, in dem ich zum Bewusstsein meiner selbst kam, in dem ich gefördert und beengt wurde in meiner Entwicklung, in dem nächtlicher Bombenangriff Realität für mich wurde.

An einem warmen Herbstnachmittag radle ich von Mülheim nach Bayenthal. Ich überquere den Rhein auf der Südbrücke. Sie ist, zumindest auf Fotos, Dominante der Kindheitsregion. Nun aber erscheint sie mir wie eine bescheidene Nachahmung der Hohenzollernbrücke. Sie wird auch nur von Güterzügen befahren, dies in größeren Zeitabständen. Rechts wie links ein Segment für Radfahrer und Fußgänger.

Weil ich vom Auto aus, bei Fahrten zum Südkreuz und weiter zur Eifel, die kleine Stichstraße nie gesehen hatte, weil ich die »Privatstraße« weder auf dem Stadtplan noch im Straßenverzeichnis gefunden habe, weil ich also damit rechnen muss, dass sie ebenso verschwunden ist wie die Marienstraße in Duis-

burg, radle ich von der Brücke aus mit Skepsis auf der Rheinuferstraße weiter südwärts. Doch nach etwa hundert Metern:
die Kindheitsstraße! Auf einem Steinsockel vorn am Gustav-
Heinemann-Ufer, gleich an der Einfahrt in die Stichstraße, ist
schwarz auf weiß eine große 112 gemalt. (Auf einem Ausweis
über Diphtherie-Schutzimpfung des Impflings Kühn Dieter,
ausgestellt vom Gesundheitsamt der Hansestadt Köln, sehe
ich die exakte Anschrift: Oberländer Ufer 112 Privatweg 7.)

Ich überquere Straßenbahngleise und Ausfallstraße, schiebe
das Rad in die Stichstraße, die schmaler ist, als ich das in Erinnerung habe, und die Häuser sind entschieden niedriger.
Bekannter Effekt: Kindheits-Topographien erscheinen geschrumpft, die in sehr direktem Sinne veränderten Größenverhältnisse.

Das Sträßchen ist mit Kopfstein gepflastert – noch identisch, wenigstens teilweise, mit dem Kopfsteinpflaster, über
das ich als Kind gelaufen war? Mit dem »Holländer« (Kinderfahrzeug, das mit doppelgriffigem Mittelhebel bewegt wurde)
bin ich sicher nur auf dem plattierten Gehsteig gefahren. Was
ich als Vorgarten in Erinnerung habe, wird auch damals nur
Blumenrabatte gewesen sein. In den Garten kann ich nicht
schauen: eine Garage schirmt ihn ab. Soll ich klingeln, wie am
Haus meines Großvaters in Rheydt, und ich bitte, mich kurz
mal umschauen zu dürfen?

Ich informiere mich erst einmal, lesend und telefonierend.
Die Grundstücke wurden 1934 vermessen, die Häuser 1935
gebaut. Alfred Oppenheimer war der Bauherr, ein Kaufmann
jüdischer Herkunft. So dürfte die Finanzierung schon vor der
Machtergreifung gesichert worden sein. Architekt war der
weithin tätige und vielfach gefeierte Wilhelm Riphahn. Also
ein Haus mit Geschichte.

DIE FAMILIE war 1937 von der Deutzer Wohnung in dieses
Haus umgezogen: deutliche Änderung des Lebensstils! Was
vor allem damit zusammenhängen dürfte: Im selben Jahr war
mein Duisburger Großvater gestorben, und es wurde ein ansehnliches Erbe frei für die Geschwister Asher.

Es war Großmutter Maria, die das Vermögen in die Familie eingebracht hatte. Ihr Mädchenname war: Fett. Der Name klingt nicht sehr schön. Unter diesem Namen wurde aber gutes Geld gemacht, und zwar mit Rauchfleisch. Heinrich (Hinrich) Fett, Marias Vater, vermehrte in der Branche den Reichtum der Familie. Auch der Großvater meiner Mutter: Rauchfleischhändler. Dessen Vater, Johann Heinrich Fett, Hopfenmarkt No. 14: Rauchfleischhändler. Dessen Vater Johann Michael Fett (et Comp.): Rauchfleischhandlung, Hopfenmarkt No. 14.

Das gepökelte oder geräucherte Rind- und Schweinefleisch war höchst geeignet als Schiffsproviant. Hier schien der Clan so etwas wie ein Monopol zu besitzen in Hamburg: man versorgte diverse Reedereien mit Proviant für lange Schiffsreisen der Handelsflotte.

An Land galt das Rauchfleisch (nun weniger auf Haltbarkeit präpariert) als Delikatesse: saftiges Fleisch holsteinischer Marschochsen. Heinrich Heine, zeitweilig in Hamburg lebend, wohl Rauchfleisch der Großfirma Fett konsumierend, er bezeichnete es als »eine gute, für den Menschen heilsame Erfindung«. Auch Lessing wusste das Rauchfleisch der marktbeherrschenden Firma zu schätzen, betonte allerdings, dass der Mensch auch »von einem guten Gespräche« lebe. Was durch dünngeschnittnes Rauchfleisch mit etwas Meerrettich durchaus gefördert werden kann.

Der Rauchfleisch-Clan gehörte zu den Honoratioren der Hansestadt, der Gilde der »Ehrbaren Kaufleute«. Das wurde, selbstbewusst, auch sichtbar gemacht. Für Johann Michael Fett (& Cie) wurde ein fünfgeschossiges, breit ausladendes Domizil erbaut, das die Händlerfamilie eindrucksvoll repräsentiert, auch heute noch, in der Schanzenstraße. Und Helenes Schwiegervater kaufte, gemeinsam mit einem Bruder, den Hof No. 7 in Niendorf. Ein weiterer Hof kam hinzu. Den Namen Niendorf habe ich noch, echohaft schwach, im Ohr: Helenes Besuche in Niendorf. Dort hat die Familie ihrer Mutter deutliche Spuren hinterlassen. Es gibt eine Fettstraße mit Wohnbauten gehobenen Stils. Und die Fett'sche Villa, im Stil einer großdimensionierten Datscha, heute eine öffentliche

Einrichtung. Ich zitiere aus der Website: »Die Fett'sche Villa im Nordwesten Hamburgs steht auf einem großen, parkähnlichen Gelände, das öffentlich zugänglich ist. Das alte, attraktive Herrenhaus bietet Platz für 10 Personen.«

Vergangenes, das indirekt einwirkte auf meine Biographie: Der Anteil am Erbe der Maria Emilie Wilhelmine Asher, geb. Fett, prägte auch den Lebensstil meiner Eltern, prägte damit wiederum das Ambiente, in dem ich aufwuchs.

In Griffnähe ein Verzeichnis über den »Bestand des Nachlasses« des Rauchfleischhändlers Heinrich, verstorben 1933: Großvater meiner Mutter. Hier ist spezifiziert, was er an Immobilien, Kapitalien, Objekten als Erbe hinterließ. Was aber, anteilmäßig, wohl erst fällig wurde, als seine Tochter in Duisburg, als die Großeltern dort gestorben waren.

Die Zahlen, die sich im sechsstelligen Bereich damaliger Renten- oder Reichsmark bewegten, müssten erst einmal in ihrer Kaufkraft umgerechnet werden auf heutige Währung. Das heißt, sie müssten mindestens verzehnfacht werden. Für sich genommen sagen die Zahlen schon längst nichts mehr aus.

Direkt aussagekräftig jedoch: die beiden Söhne erbten jeweils eine Hamburger Top-Immobilie in erstklassiger Lage: Abteistraße ... Hansastraße ...

Ein gewichtiger Posten in der Gesamtmasse waren Wertpapiere und Bargelder. Es zeigt sich in der Aufstellung, dass im vordigitalen Zeitalter vieles sehr viel konkreter war, auch im Geschäftsleben. Denn es wird aufgelistet: In Zürich deponierte Wertpapiere ... In Amsterdam deponierte Wertpapiere ... Man hätte also zur Bank in Amsterdam fahren und darauf bestehen können, dass beispielsweise die »Bataatschen Petrol. Obl.« auf den Tisch gelegt werden. Besäße ich heute noch Aktien und käme mit einer ähnlichen Bitte zur Bank, ich würde als digitaler Hinterwäldler eingestuft. Aber auch in Bank oder Sparkasse: Niemand bekommt die Aktien, die Wertpapiere zu Gesicht, die an Kunden verkauft werden.

Ob und wie weit Wertpapiere an die drei Töchter verteilt

wurden, weiß ich nicht. Auf jeden Fall erhielten sie Schmuck –
zusätzlich? Ist damit schon erklärt, wie meine Mutter an das
Geld kam, das sie in die Familie einbrachte?

Ein Schreiben aus dem Handelskontor der Firma Joh. Mich.
Fett & Co. Hamburg eröffnet eine überraschende Perspektive: »Was nun Deine 3 Hypotheken anbetrifft, so handelt es
sich bei allen 3 beliehenen Grundstücken um verhältnismäßig
neue Häuser in guter Lage & guter baulicher Beschaffenheit.
Es sind sämtlich Miethäuser mit kleineren Wohnungen.«

Offenbar hat die Dynastie nicht allein mit Rauchfleisch
horrende Umsätze gemacht, womöglich im Monopol, sie war
auch aktiv auf dem Immobilienmarkt. So hatte die Firma in
Wohnblocks (heute würde man eher sagen: in Wohnanlagen)
investiert, Objekte jeweils von zehn, zwölf, fünfzehn Wohnungen, zum Teil auch mit Gewerberäumen. Drei der Objekte
(in Winterhude, Harvestehude, Eimsbüttel) wurden offenbar
meiner Mutter zugewiesen, nicht als Besitzerin, damit hätte
sie ihre Brüder weit überflügelt, sondern mit der Berechtigung
auf Renditen. Also der Mieteinnahmen? Doch wohl kaum.

Ich habe das Schreiben Henning vorgelegt, dem befreundeten Rechtsanwalt, und der hat den Eindruck: Jener Herr Fett
wirft einiges durcheinander. Zuverlässige Aussagen lassen
sich vom maschinenschriftlichen Brief kaum ablesen. Falls
ich Genaueres in Erfahrung bringen wollte, müsste ich einen Hamburger Notar beauftragen, unter den vermittelten
Grundbucheintragungen zu recherchieren. So weit geht mein
Interesse aber nicht, ich zitiere nur noch, schmunzelnd, einen
Satz aus dem Schreiben des Verwandten: »Sämtliche Hypotheken sind m. E. erstklassig. Wenn Du dieselben abgeben
willst, so wird mein Vater, wenn er verfügbares Geld hat, dieselben gern übernehmen.«

Trotz aller Warnungen, ich entwickle ein Erklärungsmodell
(damit, wie bei jedem Modell, auf möglichen Widerruf). Ich
knüpfe an: Die Hamburger Firma strebte wahrscheinlich an,
was heute als Diversifikation bezeichnet wird. Also mischte man auch mit auf dem Immobilienmarkt, beteiligte sich
an der Finanzierung von Wohnblöcken. Drei der Darlehen

sind spezifiziert im Brief von Carl an Helene. Mit allen drei beliehenen Objekten, so rechne ich zusammen, kommt man auf rund 51 250 Reichsmark. Dafür wurden Renditen, wurden Zinsen fällig, Jahr um Jahr.

Es war noch längst nicht die Ära heutiger Schrumpfzinsen bei Spareinlagen. Man rechnete, bis in meine Lebenszeit herein, mit erheblich höheren Zinserträgen – eine oft realisierte Wunschzahl, fast ein Richtwert waren zehn Prozent. So gab es zeitweilig dieses kommode Lebensmodell: Man erbt ein Vermögen und lebt davon. Und zwar ausschließlich über die Zinsen. Das Kapital sollte nach Möglichkeit nicht »angetastet« werden.

Ich riskiere eine Schlussfolgerung. Bei (abgerundet) 50 000 Reichsmark Darlehen der Rauchfleischdynastie an Bauherren konnte Helene mit einer Jahresrendite (heute: Hypothekenzinsen) von rund 5000 Reichsmark rechnen. Diesem Betrag, ich wiederhole es, würde in der *Kaufkraft* mindestens das Zehnfache in Euro entsprechen. In den dreißiger und ersten vierziger Jahren jedenfalls hatte oder hätte meine Mutter demnach einen soliden Sockelbetrag einziehen können. Ich nehme an, ein guter Teil des Geldes wurde in Blue Chips angelegt (von den Eltern gern erwähnt), also in hochkarätigen Aktien großer ausländischer Gesellschaften.

Und damit: zurück in meine (finanziell abgesicherte) Kindheit.

DIE ESSECKE im Wohnzimmer, das sich, im Erdgeschoss, zum Garten öffnete: ich sitze am Tisch, allein, ich löffle. Und es nähert sich eine Hand mit einem Flötenkessel, unter dem Tellerrand wird ein Verschluss herausgezogen, dampfendes Wasser wird durch die Kesseltülle in den Hochglanzkessel mit Klapphenkeln gegossen, den mir eine Fotografie zeigt; der Teller ist, wie ein Deckel, genau eingepasst. Der Verschluss wird zugemacht. »Nun iss schon, das Essen wird kalt …!« Aber es wurde ja warm gehalten oder nachgewärmt vom heißen Wasser … Doch das wurde wieder lauwarm, und ich war noch immer nicht fertig mit der »elenden Mümmelei«, sah den Flötenkessel erneut auf mich zukommen, das wieder mal laue Wässerchen wurde ausgetauscht gegen heißes Wasser. Sicherlich verbunden mit der wiederholten Aufforderung, endlich voranzumachen! Nützte aber nicht viel, dieser Appell, ich war immer schon ein langsamer Esser, blieb es auch. Sehe aber heute noch den zum Vorwurf verdichteten Flötenkessel vor mir, sehe dampfend heißes Wasser in die Tülle gegossen, und ich war wieder allein mit dem tellerbodendeckenden parzellierten Rahmspinat.

Ja, ich war ein langsames Kind – nicht nur langsam beim Essen, auch langsam in der Entwicklung. Einigermaßen verlässlich ist überliefert, dass ich spät das Sprechen lernte, erst ab drei – dann aber strömten die Wörter aus mir heraus.

Das Kinderzimmer: es lag im ersten Stock des Hauses. Und über den Flur, am Treppenaufgang vorbei, ging es zum Klo. Aber dies ist keine konkrete Erinnerung, die Raumaufteilung wurde reproduziert in einem Albtraum, der sich eingeprägt hat: Ich steige aus dem Bett, tapse im Nachthemd durch den halbdunklen Flur, mach die Klotür auf, bin im kleinen Raum, die Tür wird hinter mir zugeschoben, es stehen drei Hexen im Raum, der nun *sehr* klein ist, großnasige Runzelweiber mit Kleidern aus Flicken, sie stehen reglos, lauernd, ich will fliehen, doch schon hat sich eine der Hexen vor die Tür gestellt. Ich setze mich aufs Klo; aus dem dunklen Wasser greift eine Hexenhand nach mir, mit Krallennägeln, ich springe auf: Cut, Erinnerungsschnitt!

Was für Kinder, die ich kenne, selbstverständlich ist: Wenn sie nachts Bauchweh haben oder aus einem schlimmen Traum erwachen oder wenn ein Gewitter heranrumpelt, dass sie dann aufstehen, zu Vater oder Mutter ins Bett kriechen, das konnte ich mir als Kind nicht einmal vorstellen, so etwas kam nicht in Frage, prinzipiell nicht.

Diese Erfahrung beeinflusst Erinnerung. Vom Grundriss der beiden Stockwerke des Kölner Hauses habe ich eine ungefähre Vorstellung, aber wo dort das Elternschlafzimmer lag: keine Ahnung. Als ich mit meinem Bruder in Herrsching sprach, über die Wohnung in Herrsching, in die ich als Sechsjähriger einzog, da verblüffte ich mich selbst mit der Frage: Wo war eigentlich Muttis Zimmer? Auch in diesem Fall: den Grundriss könnte ich aufzeichnen, ungefähr, aber wo war ihr Zimmer? Selbst bei der Wohnung in Düren, in die ich als Vierzehnjähriger einzog: der Grundriss ist noch deutlich, aber ich muss überlegen, wenn ich das Elternschlafzimmer einordnen will.

Das Schlafzimmer der Mutter, der Eltern als beinah ausgegrenzter Bereich, in den ich nicht flüchten konnte: dies ist Rekonstruktion. Ihr könnten sich Erörterungen, Deutungen anschließen. Aber müsste das Stichwort dafür nicht gegeben werden durch unmittelbare Erinnerung? Beispielsweise: Ich wache aus einem Albtraum auf, ich habe Angst, ich tapse zum Elternschlafzimmer und werde zurückgeschickt? War doch nur ein Traum ... Mach keine Menkenke ... Oder: ich werde mit freundlichen Ermahnungen, nun »schön« zu schlafen, ins Kinderzimmer zurückbegleitet, sie wartet, bis ich im Bett bin, strubbelt kurz mein Haar, geht gleich wieder? Erfahrung von Verlassenheit, bedrängende Erinnerung an diese Erfahrung? Und erst durch solch eine Erinnerung würden Fragen legitimiert? Getragen von Erinnerung? Ausgelöst von Erinnerung? Aber wiederum: wie viel habe ich vergessen? Und wo ist die genaue Grenze zwischen Vergessen und Verdrängen?

Es gibt Untersuchungen, in welchem Zeitraum Erinnerung sich bilden, fixieren kann, ich habe mich hier nicht weiter sachkundig gemacht, ich glaube zu wissen: ab drei Jahren, ungefähr, kann Erinnerung einsetzen.

Ich versuche, aus hell beleuchteter Gegenwart zurückzukehren in immer spärlicher beleuchtete oder: sich selbst illuminierende Vergangenheit. Die Selbstillumination ist fleckenhaft: Momentaufnahmen, fixiert in der Erinnerungssubstanz, ohne Koordinaten von Zeit und Raum. Erste Erinnerungen sind gleichrangig, in ihrer Reihenfolge austauschbar, es gibt noch keine chrono-*logischen* Verbindungslinien. Dennoch gebe ich ihnen eine Reihenfolge, simuliere damit Zusammenhang – auf Widerruf.

Erste der sommerhellen Erinnerungen (vielleicht ist es der hohe Lichtwert, der sie zusammenführte, zusammenhält): Ich stehe in einer hohen Bahnhofshalle, in der Nähe der weiten Öffnung der Metall-und-Glas-Kuppel, Sonnenschein in dieser halbkreisförmigen Öffnung, durch die langsam eine Dampflokomotive heranfährt, und ich schiebe mit Rücken und ausgebreiteten Armen die Mutter ein Stück weiter von der Bahnsteigkante weg. Diese Erinnerung war auch eine ihrer Erinnerungen: das fürsorgliche Kind. Von wie vielen Jahren? Das müsste ich herausfinden, aber eigentlich ist mir gleichgültig, ob ich damals drei oder vier war.

Zweite, sehr frühe Erinnerung: Ich liege im Bett, habe offenbar Fieber (es gab kaum eine Kinderkrankheit ohne Fieber); ein helles Zimmer mit Holzdielen, das Fenster steht offen, die weiße Gardine ist zugezogen, sie bläht sich in sanftem Wind, wird gebauscht, in den Raum herein: weiße, mit Sonnenlicht gesättigte Gardine. Besonders geschärfte Wahrnehmung des kranken Kindes allein im Zimmer, in fremder Umgebung? (Ich kann nicht zwingend begründen, weshalb ich diese Erinnerung mit dem Inselnamen Juist verbinde. Assoziiere ich: die Familie ist am Strand?) In dieses Erinnerungsbild schwingt sich nicht Wehleidigkeit ein, weil ich allein bin; da sind nur die Dielenbretter, da ist nur die weiße Gardine mit Licht und Wind.

Drittes Erinnerungsbild, ebenfalls eine Momentaufnahme: Ich bewege mich, leichtfüßig, auf weiter Ebene: eine Sandfläche, nähere mich einer noch weiteren Fläche, dem Meer, und Sandfläche wie Meerfläche sind hell beleuchtet. Ich gehe oder laufe in die Zone, in der sich Sandfläche und Meerfläche gleißend überlagern oder vermischen, raschere Bewegung auf der weiten, sich in der Bewegung noch weitenden Fläche, doch ich werde eingeholt, zurückgeholt. Hier reißt die Erinnerung ab.

Juist? Wirklich Juist? Wiederholten sich Juist-Reisen, waren sie Familienbrauch? Könnten dies Erinnerungen sein an zwei Aufenthalte auf Juist? Ich kann den Erinnerungen nachhelfen durch Koordinaten, aber nur flüchtig schaue ich mir in einem der ererbten Fotoalben die Bilder unter der Überschrift Juist an. Da ist ein Kind, dessen Gesicht hat Ähnlichkeiten mit dem Kind meines Namens; es wirkt klein und kompakt beim Buddeln; da ist eine Sandburg, die »eigene«; da ist, mit Muscheln auf dem Sand konturiert, der Doppelturm des Kölner Doms; da ist, weiter entfernt, eine fremde Sandburg mit aufgestecktem Hakenkreuzwimpel.

Die drei sehr kurzen Erzählsequenzen haben, als Kern, jeweils ein einziges Bild: Bahnsteig in hohem Bahnhof ... Krankenbett in hellem Raum ... Sandfläche-Meerfläche ...

Dies also wären meine ersten Erinnerungen. Das besitzanzeigende, besitzergreifende Pronomen möchte ich betonen: *meine* ersten Erinnerungen, diesseits der Schwelle zwischen ichlosem Dämmern und langsamem Aufhellen. Das Possessivpronomen wird bei einem italienischen Abendessen mit Freund Thomas allerdings in Frage gestellt, behutsam.

Beispielsweise könnte denkbar sein, dass die altruistische Gebärde (Kind stellt sich mit ausgebreiteten Armen schützend vor Mutter) mitgeformt wurde von der Erinnerung meiner Mutter. In der Tat, sie fand das »rührend«, sah hier einen Beweis für die Liebe des Kindes zur Mutter, erzählte diese Episode gern – habe ich also, beeinflusst vom Erfolg der kleinen Geschichte, Helenes Deutung übernommen?

Denkbar wäre auch diese Interpretation: Die Dampflokomotive des Fernzugs, Schnellzugs, dieses schwarze, rauchpuffende, dampfausstoßende, vielrädrige Ungeheuer dringt allzu raumfordernd ein in den Bahnhof, ich weiche aus, schiebe dabei meine Mutter zurück. Ja, scheint mir denkbar: als Reflex, ausgelöst von der massigen Erscheinung, das Zurückweichen, und dabei das Ausbreiten der Arme. Als Konstante das Bild; als Variable die Interpretation.

Und das Kind (allein, aber nicht unglücklich) in einem Zimmer, wahrscheinlich in einer Familienpension, einem kleinen Hotel: schönes Bild, ja, mit dieser weißen, lichtgesättigten, von einer Brise sanft bewegten Gardine, aber: »Kennst du das Gardinenbild von Adolf Menzel?« Nein, habe ich nicht vor Augen. Thomas Kaminsky beginnt zu suchen, findet eine kleine, schwarzweiße Abbildung in einem DDR-Kunstband:

Menschenleeres Zimmer, eine Flügeltür (Balkontür?) rechts, weiße Gardine bis auf den Boden herab, leicht in den Raum hineingebauscht; daneben ein großer, dunkel umrahmter Spiegel. Könnte eine Reproduktion dieses Gemäldes mein Erinnerungsbild mitgestaltet haben …?

Ich sage, mein Erinnerungsraum ist anders aufgebaut: Ich liege dort, wo – ungefähr – der große Spiegel an der Wand lehnt, und dort – nach links –, wo bei Menzel die leere Wand ist, dort war das Fenster; es gab eine Flügeltür zu einem Balkon hinaus oder auf eine Terrasse; vom Bett aus schaute ich – wohl ohne den Kopf zu heben oder zu drehen – auf die weiße Gardine; weil meine Mutter notorisch gelüftet hat, stand das Fenster bestimmt in weitem Spalt offen, also war da Luftbewegung, war die Gardine gebauscht.

Gut, aber könnte dieses Bild der weißen, windbewegten Gardine nicht mitgeprägt sein von einer Gemälde-Reproduktion, und sei es – wie damals üblich – in Schwarzweiß?

Dies, sage ich, würde voraussetzen, dass ich diese Bildreproduktion so früh gesehen hätte, dass sie mitwirken konnte bei der Ausgestaltung des Erinnerungsbildes. Meine Eltern aber besaßen bestimmt keinen Bildband, keine Monographie über Adolph Menzel, und ich hätte hier, in erstaunlich frühem Alter, blättern können. Das wäre ja eine prickelnde autobiographische Entdeckung: Das früh schon an Kunst interessierte Kind …! Es gab im Haushalt meiner Eltern statt Kunstmonographien aber nur einige der erwähnten »Blauen Bücher«.

Ja, und weil Menzels Gemälde populär war, könnte es in einem dieser Kunstbücher reproduziert worden sein, meint Thomas, und ich habe als Kind geblättert, beiläufig oder neugierig, das Bild hat auf mich eingewirkt, hat die Erinnerung mitgeprägt. Überhaupt ist der wehende, weiße Vorhang ein Bild-Topos, vielfach abgewandelt, bis hin zu Bühnenbildern, denk an Noeltes berühmte Tschechow-Inszenierungen, denk an Filmszenen.

Demnach: ein Erinnerungsbild, das einen optischen Eindruck und ein Gemäldedetail verschmolz? Und, um das gleich mit hereinzunehmen: Fotografien, die ich als Kind schon gesehen hatte, gestalteten auch das Erinnerungsbild »sehr helle Sandfläche-Meerfläche« mit? Auch hier ein Bild, in dem zwei Schichten miteinander verschmolzen? Konfrontation mit der Möglichkeit, dass erste Erinnerungsbilder sich nicht »originalgetreu« einprägten, dass übernommene Bildelemente sie eventuell mitgestalteten.

Meine ersten Erinnerungsbilder lösen sich, obwohl so kritisch betrachtet, mit diesen Erwägungen nicht auf, ich sehe sie nur etwas distanzierter: Es könnten Erinnerungsbilder sein, die sich angereichert haben mit späterer Ausdeutung oder mit übernommenen, integrierten Details.

Das Kind in einem Zimmer, wie von Menzel gemalt: Könnte sein, dass Erinnerung auch Trugbilder hervorbringt? Die wir denn kritisch prüfen müssen, abgleichend mit anderen Überlieferungen?

Solche Selbstbefragung war bereits angelegt in einem frühen autobiographischen Bericht, den ich an Freunde verteilte – ich werde noch davon berichten. Hier deute ich schon mal an: Das kritische Befragen von Erinnerungen (ich schränke ein: *mancher* Erinnerungen) als Prozess, der sich übertragen kann, auch mit der Lektüre solch eines Lebensbuchs. Resonanz … Respons …

Ein Eifelnachbar, früher Chefdramaturg im Düsseldorfer Schauspielhaus während der Intendanz von Stroux, er schrieb mir nach der Lektüre des *Selbstportraits mit Großvätern* einen ausführlichen Brief, berichtete, wie durch die Lektüre ein korrespondierender Prozess der Selbstbefragung ausgelöst wurde. Und schuf damit so etwas wie ein Modell für die mögliche Rezeption dieses Buchs: Dass sich etwas überträgt, dass etwas ausgelöst wird beim Lesen, hier und dort, dann und wann.

Hier nun: Kann immer so ganz stimmen, was Erinnerung uns vermittelt? Freund und Nachbar Klose: »Ich hatte immer die Vorstellung, dass mein Vater mich als Kleinstkind einmal fast erschossen hätte. Und das war so: An den Silvesterabenden holte mein Vater eine alte, aus dem Weltkrieg mitgebrachte Armeepistole hervor, die, zusammen mit dem Dynamit zum

92

Baumwurzelsprengen, auf dem Kleiderschrank in der ›guten Stube‹ lag, für Kinder unerreichbar. Er ging mit uns vor die Haustür, in die kalte, schneeknirschende Nacht, und schoss dreimal in den diamantenglitzernden Himmel. So begrüßte er das neue Jahr, und für uns Kinder war das ein Erlebnis. Dann kam er zurück in die warme Wohnstube, wo ein Kind in einem dieser hohen, alten Kinderwagen lag. Und er, August, der seine Kinder sehr liebte, und den wir mit ›August, deine Haare, wo sind deine Jahre‹ necken durften, trat an diesen Kinderwagen und spielte mit diesem kleinen, neuen Menschengeschöpf, richtete dabei zum Scherz wie ein Spielzeug die Pistole auf das erstaunt zu ihm aufblickende Wesen, und drückte ab. Dann zog er den Lauf zurück, aus dem eine Kugel sprang. [??] Auch heute noch höre ich den schreckerfüllten Ausruf meiner Mutter: ›Mann … du hättest ins Zuchthaus kommen können.‹

Nun glaubte ich all die Jahre, dass ich dieses Kind im Kinderwagen war und noch nicht sterben sollte. So dachte ich jahrzehntelang. Bis ich daran zu zweifeln begann. Konnte ich denn dieses Ereignis schon so wach aufnehmen und im Gedächtnis behalten? Ich sehe die ganze Szene vor mir, als hätte sich alles erst gestern ereignet. Aber dieser Silvesterritus wiederholte sich schließlich über Jahre. Wer war dieses Kind, das vor dem Tode bewahrt wurde? War ich es nicht doch?? Ich kann niemand mehr fragen, der darüber Bescheid wüsste.«

AUCH ICH WAR DAUMENLUTSCHER. Freilich noch zu einer Zeit, in der Kinder längst nicht mehr Daumen lutschen sollten – jedenfalls war meine Mutter entschieden dieser Meinung. Wenn ich so weiterlutsche, wurde mir angedroht, stehen bald meine Vorderzähne schief, wird der Oberkiefer verformt. Weil Drohungen und Verbote nicht fruchteten, wurde nachgeholfen: Bitteres wurde auf den bösen Daumen geträufelt oder aufgestrichen (später erfuhr ich, es war ein Chininpräparat, damals häufiger für solche Nebenzwecke benutzt), auch wurden Pflaster kreuzweise über die Daumenkuppe geklebt oder sie wurde mit Mull umwickelt. Zudem wurde mir angedroht, ich müsste, auch im Hochsommer, Handschuhe tragen – die Drohung hat sich eingeprägt.

Durchgeführt wurde eine andere Maßnahme: Zwei Papp-röhren aufgebrauchter Klopapierrollen wurden über die Hände geschoben, die sich klein machen mussten, und, weiter hinauf, über die Ellbogen. So konnte ich die Arme nicht mehr einkrümmen, kam nicht mehr an den Mund heran, konn-te mich auch nicht selbst befreien, musste – wie lange? – die Arme steif halten.

Einschränkungen von Bewegungsfreiheit. Auch Einschrän-kungen, zuweilen, von »Redefreiheit«. Das Kind meines Namens teilte sich gerne mit – so gern, dass es der Mutter gelegentlich zu viel wurde. Es war damals noch längst nicht üblich, so intensiv und extensiv auf kleine Kinder einzugehen, wie das heute vielfach selbstverständlich ist, es hatte ja auch von Anfang an die Kinderfrau gegeben. Ich werde also auch mit Schwester Betty gebubbelt haben – wie nahm sie das auf? Wie verhielt sie sich überhaupt mir gegenüber, wenn die Frau des Hauses nicht im Zimmer, im Hause war?

Trotz der Kinderfrau, die sich wohl den größeren Teil des Tages um mich kümmerte – das »Bubbeln« wurde meiner Mutter zu viel. Die sanfteste Form des Vorwurfs: Ich hätte wohl Bubbelwasser getrunken ... Der gröbste Anwurf, und diesen Satz hat sie so oft wiederholt, dass ich ihn wörtlich zitieren kann: »Wenn du mal tot bist, muss man dein Maul extra totschlagen.« Ich stellte mir das als Kind so vor: Mein Mund, nein eher: meine Lippen auf einem Küchenholzbrett, und mit einem Kartoffelstampfer wird draufgehauen, bis sich nichts mehr rührt.

Aber auch hier: Drohungen führten nicht zum Erfolg, ich blieb mitteilsam. Konnte meine Mutter das nicht mehr mit anhören, wurde mir der Mund zugeklebt, mit Heftpflaster, kreuzweise. Sie ließ nicht zu, dass ich dann im Haus, im Zim-mer blieb, ich musste raus: in den Garten, sogar auf die Stra-ße, damit Nachbarskinder, auch Erwachsene das sahen. Der Widerstand, den ich leistete, an den erinnert sich mein Körper noch immer. Rausgeschoben, bloßgestellt ...

Ich habe einen Zeugen gefunden für eine der Zwangsmaß-
nahmen: Ein Onkel hatte damals bei einem Familienbesuch
meine Arme in solchen Pappröhren gesehen. Seine Erzählung
löste nachträglich Empörung aus: Ich musste diese Pappröhren demnach vor anderen tragen?! War angeprangert – wie mit
den Heftpflastern auf den Lippen?!

Wurde Druck auf mich weitergegeben, den Helene als Kind
erlitten hatte? Oder war es demonstrative Anpassung an Verhaltensmuster, propagiert und umgesetzt in der NS-Brutalpä-
dagogik? Nach der Devise: Gelobt sei, was hart macht? Sollte
auch ich gehärtet werden für den weiteren Lebensweg oder
wollte Helene der Nachbarschaft demonstrieren, dass (auch)
sie mit Entschiedenheit und Entschlossenheit für Zucht und
Ordnung sorgte, sich damit als zugehörig erwies zur »Volks-
gemeinschaft«? Gab es in der Nachbarschaft einen Zellenwart,
Blockwart, dem ihre Nase nicht gefiel? Gab es Gerüchte, womöglich Drohungen? Und sie wollte sich schützen durch Zustimmung, ja Beifall in der näheren Umgebung? Ja, so gehört
sich das … goldrichtig … nichts durchgehn lassen … scharf
durchgreifen … Jawoll!
Nachträglich gestellte Fragen, womöglich entlastend. Für
mich als Kind aber: Bloßstellung. Mit einem späteren Vergleich: an den Pranger gestellt. Mit Röllchen über den Ellbogen, mit Pflastern über den Lippen wäre ich lieber im Haus
geblieben, aber das Schlimmste war, dass ich vor die Tür geschickt wurde – »mach keine Menkenke!« Die Frage, warum
hat sie das gemacht, die habe ich nie gestellt, mit der mühe ich
mich nachträglich ab.

Die vermaledeiten Pappröhren: ich weiß nicht, und der Onkel
wusste es auch nicht, wie lange ich sie tragen musste. Vielleicht
war es nur eine einmalige Maßnahme – und zufällig war an
diesem Tag der Besucher gekommen, der mir Jahrzehnte später davon erzählte, unter der Rubrik: Kurioses. Vielleicht war
die Anwendung der Pappröhren eine Notlösung, in raschem,
einmaligem Entschluss.

Oder war es doch eine Maßnahme, die sich wiederholte? Hat meine Mutter nicht vor allem dies betont: Dass sie konsequent sei, unbeirrbar? Dann dürfte wahrscheinlich sein, dass ich die Röhren mehr als nur einmal trug. Musste dies nicht Wirkung zeitigen? Die Erfahrung als psychischer Universalschlüssel? Vielleicht aber würde sich bei einer Analyse herausstellen, dass dies eine Episode war, die keine Auswirkung hatte auf meine weitere Entwicklung. Dies wiederum kann ich, mag ich mir nicht vorstellen: Ich als unsensibles Kleinkind?! Wiederum: will ich mich auszeichnen durch Verletzlichkeit?

Die Pappröhren, die dem Kleinkind über die Ellbogen geschoben wurden: ich habe versucht, das zu simulieren mit steifen Armen, um mich einzufühlen in das Kind, das auf meinen Namen hörte. Mussten dem Kind die Arme nicht als etwas Fremdes erscheinen? Körperteile, die fremdem Willen unterworfen waren? Lief das Kind in motorischer Unruhe umher, alle Bewegungsenergie nun in den Beinen? Mit den Pappröhren über den Ellbogen konnte das Kind nichts an sich heranziehen – keinen Gegenstand, keinen Körper.

War mit der damaligen Zwangsmaßnahme mein späterer Drang geweckt oder verstärkt worden, mich frei zu bewegen? Mich nicht einengen, nicht lenken zu lassen? Und: andere Körper an mich heranzuziehen? Aus der Pappröhren-Anekdote kann leicht eine Pappröhren-Legende werden: sich klammern an eine schlüssige, womöglich kurzschlüssige Interpretation. Entwicklungen, die von diesem einen Vorgang abgeleitet werden? Wiederum: Solche Behinderung der Bewegungsfreiheit, auch der Artikulationsfreiheit eines Kleinkindes – muss das nicht Auswirkungen haben und Nachwirkungen?

Monokausale Verbindungslinien lassen sich hier wohl kaum ziehen. Wie auch immer das geschah: Die scheinbar endgültig abgesunkene Erinnerung an diese frühe Kölner Zeit tauchte in der späteren Kölner Zeitphase wieder auf. Und ich sah mich aus dem Haus auf die Straße gehen, fühlte die Pflaster über den Lippen, sah dies zugleich von außen. Eine Erinnerung so kurz, als würde ich aus dem Dunkel heraus einen Lichtstrahl durchqueren, eine Lichtschranke, und mit dem nächsten Schritt bin ich bereits wieder im Dunkel des Vergessens.

Das Bild, jahrzehntelang vergessen, blieb also in mir »gespeichert«. Auch dieses Bild: Ich sitze, in hell ausgeleuchtetem Raum, an einem runden Tisch, habe die versteiften Arme auf der Holzplatte ausgestreckt, halte (so ergänze ich auf Widerruf) ein Bilderbuch, halte es auf erzwungene Distanz.

Gehegt, gehätschelt wird gern ein Wunschbild: die Sinnfigur. Ein Leben, in der jeweiligen Gegenwart unberechenbar, ein Leben, erfahren als dynamischer Prozess, es sollte, in Vergangenheit transformiert, zu einer Sinnfigur werden. Parallel formuliert: Erzählen von einem Leben in der Vergangenheitsform als »sinnstiftender« Prozess. Zugespitzt: Das Erzählen einer Autobiographie im Modus des Präteritums oder Perfekts als Konstruktion einer Maschinerie zur Erzeugung einer Sinnfigur. Hier könnte ausgesprochene oder unausgesprochene Erwartung mitspielen: Wenn schon von einem Leben erzählt wird, so muss sich eine überzeugende Sinnfigur herauskristallisieren. Zum Beispiel: Liebesentzug in der Kindheit und später der begleitende, der leitende Wunsch nach Zärtlichkeit, Wärme, Liebe.

Oder: Die Einengung des Spielraums, ja Spiel-Raums von Kind Dieter durch Klopapierrollen über den Ellbogen als Schlüsselerlebnis, und es lässt sich davon ableiten mein Drang nach Bewegung, nach Bewegungsfreiheit …

Könnte sein, dass ich hier konstruiere, zumindest stilisiere? Weil ich mich selbst gern überzeugen, womöglich beeindrucken möchte durch ein stimmiges Erklärungsmodell? Dies verbunden mit der Erwartung, Leserinnen und Leser zu überzeugen, womöglich zu beeindrucken? Das würde voraussetzen, in der Erfahrung, in der Vermittlung der Erfahrung, dass ich sie als nachwirkend quälend empfinde. Ist das der Fall? Ist es Bagatellisierung, wenn ich hier einen interessanten, etwas von mir abgerückten Casus sehe? Wenn ich mich distanzierend frage, wie Mutter Helene die Papprollen über die (wenn auch noch kleinen) Hände geschoben kriegte? Oder wurden die Rollen der Länge nach aufgeschnitten, um die Ellbogen gelegt, dann straff verschnürt?

Quälend ist eher die Erinnerung, schemenhaft, dass ich mit Papprollen um die Ellbogen vor dem Haus erscheinen musste, Verwunderung, Hohn oder Spott auslösend unter Nachbarskindern, Nachbarn. Dies als nachhaltig prägende Erfahrung? Sich auswirkend etwa in der Gruselfaszination des Höllenbildes einer arabischen Erzähltradition, eingebracht in einen meiner Erzähltexte?

Die Hölle: Verdammte sitzen rundum an einem Tisch, in der Mitte ein Topf mit Speise, die Löffel haben einen Stiel, der gut einen Meter lang ist, mit diesen überlangen Löffeln, vorschriftsmäßig am Griff gepackt, kann man die Speise nur am Kopf vorbeischwenken, erreicht nicht den Mund. Das Paradies hingegen: Gleicher Tisch, gleich lange Löffel, aber man füttert sich gegenseitig, schräg über die Tischplatte hinweg.

Schlichtes Bild mit starker Wirkung. Als ich den Text zum ersten Mal las, schossen mir Tränen in die Augen. Auch Jahre später: Erzähle ich die Fabel, wird mein Blick wässrig.

Ich würde mogeln, würde ich suggerieren, ich hätte gleich an die versteiften Kinderarme gedacht. Aber spielte hier das Körpergedächtnis mit?

Ein Chininpräparat auf die Daumen geschmiert, Pflaster draufgeklebt, Mull drumgewickelt, Ellbogengelenke in Pappröhrchen: War das Daumenlutschen wirklich so exzessiv bei mir? Was hat es überhaupt auf sich mit dem Daumenlutschen?

Jahrzehnte später versuche ich, mich kundig zu machen. Ziehe Fachliteratur heran zu Erziehung und Psychologie. Muss zur Kenntnis nehmen, dass Daumenlutschen als weitgehend normal bezeichnet wird, es kommt auch in der Tierwelt vor, unter Schimpansen beispielsweise. Beim »Menschenkind« aber wird hervorgehoben, »dass ein übertrieben langes und ausgedehntes Daumenlutschen häufig mit Mangelerscheinungen im Bereich der Zärtlichkeitsbedürfnisse zusammenhängt«. Klingt fast wie Behördensprache: Im Bereich der Zärtlichkeitsbedürfnisse ... Doch ich las weiter in einem Buch, dessen Verfasser und Titel ich nicht notiert (oder verschlampt) habe, für die Authentizität der Zitate jedoch kann ich mich verbürgen, sie wurden mir wichtig: Exzessives Daumenlutschen als Symptom bei »eingeengten Kindern«. Es wird definiert als »Erregungsabfuhr«.

Ich im Kindergarten. Die (einzige!) Erinnerung daran macht sich fest an einer Bestrafung: Wegen einer Ungebührlichkeit, die ich vergessen habe, wurde ich in eine Besenkammer eingesperrt – eng, völlig finster. In meiner Erinnerung aber keine Panik, kein Aufbegehren, vielmehr die Assoziation: Zwar ist die Luft muffig, doch ich bin von warmer Finsternis umhüllt. Ich kann den engen Raum austasten, also kann mich nichts mehr überraschen: Da sind die Wände … da sind Regalbretter … da sind Besenstiele … da ist ein Eimer … Kein Weinen, kein Betteln – es bleibt, auch bei genauem Hineinhorchen in jene Situation, die Stille in der staubig-muffigen Finsternis, in der sich eine kleine Öffnung in der Tür zu umranden beginnt: das Schlüsselloch? Jedenfalls ein Lichtpunkt. (Ergänze ich diesen Lichtpunkt zu einem eng fokussierten Lichtstrahl, der durch das Loch in den finsteren, den schwarzen Raum fällt?)
Diese Erinnerung lässt sich nicht umdeuten, um-schreiben in die Erfahrung von Ausgeschlossensein oder Ausgeliefertsein, es bleibt trockene, staubige Wärme, mit Finsternis gleichmäßig durchmischt. Und keine heftigen Bewegungen, kein Faustschlagen an die Tür …
Wie lange es dauerte, bis ich aus der Kammer herausgeholt wurde, ich kann es nicht mehr abschätzen. Beinah schmerzhaft dann dieses Bild: Ich gehe, in gestrenger Begleitung, durch einen Flur oder Vorraum zu einem Zimmer mit großen, hellen Fenstern, hier sind Kinder versammelt, doch die bleiben schemenhaft – wie vor allzu hellem Hintergrund. Vor den Kinderschemen musste ich etwas versprechen oder geloben.

Einige Tage nach dieser Niederschrift: Es rumort in mir das Gefühl, dass ich mir in dieser Form der Darstellung etwas schuldig geblieben bin. Dass ich es mir in der erinnernden, vergegenwärtigenden Niederschrift etwas leicht, womöglich bequem gemacht habe.

Es ist an der Zeit, einen flottierenden Begriff heranzuziehen: *Le pacte autobiographique*. So der Titel einer Schrift von Philipp Lejeune, bereits 1975 erschienen, und noch immer nicht von mir gelesen, in der deutschen Übersetzung. Ich habe mich davor gedrückt, wollte mir nicht dreinreden lassen bei der Entwicklung einer literarischen Form der Autobiographie, die meinen Erfahrungen, meinem Lebensgefühl entspricht, symbiotisch. Am autobiographischen Pakt aber führt grundsätzlich nichts vorbei: Der Versicherung an die Leserschaft, Wahres zu vermitteln und nicht bloß Wahrscheinliches, Fakten und nicht Fiktionen, Authentisches und nicht Amalgamiertes. Also, beschlossen und verkündet!

Unter diesem Vorzeichen setze ich erneut an: Kind Dieter in der Dunkelzelle. Ich bin einigermaßen sicher: Da war auch, zumindest fürs Erste, ein Gefühl der Erleichterung. Der Strafmaßnahme waren sicherlich Zurechtweisungen vorausgegangen, die Ankündigung, dass ich nun eingesperrt werde, Ankündigung vor (den) anderen Kindern. Also erst einmal Aufatmen, als die Tür zu war und mir keiner mehr Unfreundliches sagen konnte.

Zum stillschweigenden Pakt mit der Leserschaft gehört nun auch, folgerichtig, dass ich nicht dramatisieren will, was nicht als dramatisch empfunden wurde, im Zeitpunkt des Erlebens, der Erfahrung. Hier wäre durchaus ein Stichwort gegeben für nachträgliche Dramatisierung. Schließlich handelte es sich um eine drakonische Strafmaßnahme.

Erkundung des Umfelds, Erhellung des Hintergrunds: ich informiere mich lesend. Und nehme zur Kenntnis: Schon im 19., ja im 18. Jahrhundert wurden Kinder in dunklen Räumen eingesperrt, in Besenkammern. Dunkelhaft über Stunden, zuweilen über Tage hinweg. Als Grund genügte schon: Das Kind schrie, etwa aus Protest, also sollte der Impuls gebrochen werden. Im Dritten Reich griff man gern, ja programmatisch solche Maßnahmen auf, setzte sie radikal um.

Zwei Situationen deuten an, dass der Aufenthalt in der Besenkammer nicht ganz ohne Einwirkung, Nachwirkung geblieben ist. Besichtigung, wenige Jahre nach der Wende, der Stasi-Haftanstalt Hohenschönhausen, und hier das sogenannte U-Boot im Keller: die Folge von Dunkelzellen. Sehr eng, dazu rigoroser Entzug von Licht. Mir stand leichter Schweiß auf der Stirn. Ich habe mich in eine Dunkelzelle gestellt, habe gebeten, die Tür für einen Moment zu schließen. Finsternis, Finsternis, nur ein paar Atemzüge lang, und schon die Angst, aus der Vorführung könnte Ausführung werden, man geht weiter, lässt mich in der Dunkelzelle, vergisst mich, da kann ich schreien, so laut ich kann, auch hilft es nicht, wenn ich mit den Fäusten an die massive, wohl auch schallschluckende Tür trommle.

Zweite Situation, und die ist in Köln nicht selten: Betriebsstörungen der KVB, der Kölner Verkehrsbetriebe, werden vorzugsweise im Tunnelsystem absolviert. Da bleibt die Straßenbahn, nun als U-Strab, fünf, zehn, fünfzehn oder zwanzig Minuten im Tunnel stehen, keine Durchsage vom Fahrer, die Luft in der Bahn ohnehin stickig, man stiert und schwitzt vor sich hin. Nach dieser Erfahrung steigt, schon bei kurzem »außerplanmäßigem Halt«, von der Bauchgrube die Angst hoch vor Ausfluchtlosigkeit im Engen und Finstern. Andere gucken gelassen auf ihr Smartphone-Display, lesen weiter in Zeitung oder Taschenbuch, ich aber siede vor mich hin: eingeengt, eingesperrt, finster draußen, Tunnelmauer nah am Fenster, nichts rührt sich. Fühle mich wie eingebacken in Tunnelfinsternis.

Manchmal, auf der Fahrt von Brühl nach Köln, steige ich schon am Barbarossaplatz aus, schaue zu, wie die Straßenbahn schräg hinabfährt in den Tunnel, gehe zum Neumarkt, zur Haltestelle Dom / Hauptbahnhof, aufatmend, tief durchatmend. Ob da nicht doch, gleichsam subkutan, Kindheitserfahrung Langzeitwirkung entfaltet?

ALS WIR IN PRIVATWEG 7 einzogen, hatte ich bereits einen Bruder: zwei Jahre nach mir geboren, gleichfalls an einem 1. Februar. Höchst bedauerlich, so gab es einen Geburtstagskuchen weniger pro Jahr. Wiederum zwei Jahre später, aber nicht schon wieder an einem 1. Februar, wurde ein zweiter Bruder geboren: Jahr des Kriegsbeginns.

Herbert und Peter wurden im Haus getauft. Auf einigen Fotos der »Hausaltar« für den jüngsten Bruder. Die Schreibplatte des Sekretärs unsrer Mutter ist heruntergeklappt, weiß ausgelegt, die Öffnung ist mit Weiß umhängt, dazu Blumenschmuck. Auf der Schreibplatte, auf dem festlichen Weiß, ein dickes Buch: kann nur die Bibel sein, der Mutter geschenkt von der Evangelischen Gemeinde Duisburg. (Ich kenne die Dedikation, diese Bibel wurde an mich weitergeschenkt bei der Konfirmation.) Auf dem Sekretär zwei Kerzenleuchter, Silber; zwischen ihnen eine gerahmte Fotografie der Duisburger Großeltern.

Eine Haustaufe 1939, sechs Jahre nach der Übernahme der Regierung durch die Nationalsozialisten. Nie hat meine Mutter mit mir, mit den Brüdern über Haustaufen gesprochen, wir sahen auch keinen Anlass, danach zu fragen: Eine Haustaufe – bisschen elitär vielleicht, aber bitte schön … Doch Gisela, ihrer ersten Schwiegertochter, hat Helene, spontan, von der Haustaufe berichtet: So etwas sei von Nazis nicht gern gesehen worden, sei aber das kleinere Übel gewesen, entscheidend sei es gewesen zu demonstrieren, dass wir, entgegen manchen Gerüchten, eine christliche, eine evangelische Familie seien …

Warum erzählte sie das keinem ihrer Söhne? Nachträglich nehme ich wahr, wie mir Vertrauen vorenthalten wurde. Aber die Mitteilung ist da, zuverlässig überliefert.

Damals war ich vier Jahre alt, damit diesseits der Erinnerungsschwelle, an eine Haustaufe aber erinnere ich mich nicht. Es schwebt nur festliches Weiß und feierliches Schwarz durch die Erinnerung, doch das verbindet sich mit keinem konkreten Detail, es könnte also auch zu einem anderen Familienfest passen.

Zu diesem häuslichen Festakt waren wohl auch Gäste der Familie eingeladen: hat Helene ihnen die wahren Gründe der Haustaufe genannt? Hat dabei den Namen eines lokalen Repräsentanten der Nazipartei genannt, der durch die Haustaufe

beschwichtigt werden sollte? Wenn Helene solch ein Ablen-
kungsmanöver inszenierte (kirchlich aktiv waren die Eltern
nie): Wie viel Angst hatte sie um uns Kinder, wie viel Angst um
sich selbst? Wie viel Angst vielleicht auch um den Mann, der
aus der Partei ausgetreten war, unter cholerisch-vehementem
Protest? Hätte sie den kleinen Hausaltar am liebsten vor dem
Haus aufgestellt – wie für eine Fronleichnamsprozession?
Und Anwohner hätten das gesehen? Vor allem: man hätte den
Altar gesehen aus der Villa jenseits der Trennmauer zwischen
der kurzen Stichstraße und dem großen Nachbargrundstück?
In dieser Villa, so erfuhr ich später, war eine SA-Dienststelle
untergebracht oder ein SA-Sturm einquartiert. Ein Foto zeigt
mir: aus zwei Stockwerken und natürlich aus dem Dachgeschoss der (wohl »arisierten«, also beschlagnahmten) Villa
hatte man Einblick in die Straße. Das Gebäude steht nicht
mehr, aber die Baumasse hat sich eingeprägt.

Der Brief des »evang.-luth. Pfarramts zu Königsee/Thür.«
vom 21. November 1935 zeigt mir, womit die Eltern seither
beschäftigt wurden: mit dem »Abstammungsnachweis«.
    Auf meiner Arbeitstischplatte liegt, ausgefaltet, in halber
Plakatgröße, die »Ahnen-Tafel«, in der linken Hälfte vom
Vater, in der rechten Hälfte von der Mutter ausgefüllt. Und
es liegt der *Ahnenpass* meines Vaters neben dem *Ahnenspiegel*
(»Ahnen-Kurzpass«) meiner Mutter: Der »Ahnenpass« als
grau kartoniertes Heft von 32 Druckseiten, der »Ahnenspiegel« als braun kartoniertes Heft von 24 Seiten, beide aus dem
Verlag für Standesamtswesen Berlin, Text und Druckanord-
nung urheberrechtlich geschützt, Nachahmung wird verfolgt.
    Ich lese den Erläuterungstext. Einleitend der »Rassegrund-
satz«, nach dem »die in den Volkskörper eingedrungenen
fremden Blutseinschläge wieder auszumerzen« seien. Aus-
merzen: schon 1935 ein selbstverständliches Wort. Ich schlage
nach im Deutschen Universalwörterbuch der Firma Duden.
Zur Etymologie ein hypothetischer Hinweis auf den »März,
weil um diese Zeit schwache u. zur Zucht nicht taugliche
Schafe aus den Herden ausgesondert wurden«. Zwei Synony-

me sind angegeben: ausrotten, vertilgen. Als Beispiel: »Ungeziefer ausrotten«. In einer abstrusen syntaktischen Konstruktion sollten nun »Blutseinschläge« ausgemerzt werden, und hier ging es speziell um die »Blutseinschläge« von Juden und Zigeunern, auch von afrikanischen und asiatischen Rassen.

Nach dem Rassegrundsatz konnte man den Ariernachweis nicht erbringen, wenn ein einziges »Elternteil« oder »Großelternteil« nicht »arisch« war. Dabei waren Taufen nicht immer entscheidend: »jüdisch, wenn auch getauft«. Diese Formulierung wird meine Mutter mehr als nur einmal gelesen haben: »jüdisch, wenn auch getauft«. Weiter hieß es: Man solle im »Abstammungsnachweis« zurückgehen bis zu den Ahnen, die im Jahre 1800 gelebt haben.

Es folgten Ratschläge und Hinweise zur »Ahnenaufstellung«: meine Eltern als »Nachweispflichtige«. Die Eintragungen haben mit Tinte zu erfolgen; sie müssen, zusammen mit den vorgeschriebenen Dokumenten (Geburtsscheinen, Taufscheinen, Heiratsurkunden) beim zuständigen Standesamt vorgelegt werden; dort werden die Angaben zu jeder Person »unter Beidrückung des Dienstsiegels« und durch Unterschrift des Standesbeamten bestätigt: »Die Richtigkeit der Eintragung wird auf Grund vorgelegter Urkunden bescheinigt.«

Die Suche nach Geburtsorten, Geburtsdaten, nach Taufdaten, Taufkirchen mehrerer Generationen ließ Briefverbindungen zwischen Verwandten aufleben, wahre Brieflawinen wurden losgetreten. Wer im Familienverband nicht mit konkreten Angaben dienen konnte, half zumindest aus mit Tipps.

So auch Bruder Theo (zu jener Zeit im Sanatorium in Davos) an seine »liebe Lene«: »Wenn Du Carl Fett einmal nett schreibst – er weiß ja nun, dass man die Scheine heute braucht –, sucht er die Urkunden vielleicht für Dich heraus.«

Was auch geschah mit mehreren Schreiben aus dem Hause Joh. Mich. Fett & Co., Schanzenstraße 56–62, einem stattlichen Gebäude, das sich heute noch bestaunen lässt, freilich nach gründlicher Renovierung; längere Zeit war es umkämpftes

Objekt in der Szene der Hausbesetzer. Auch von den Schreiben aus jenem Hamburger Kontor lässt sich ablesen, welche Mühen man auf sich nehmen musste, mit welchen Problemen man konfrontiert wurde bei Vorarbeiten zum Ausfüllen der Vordrucke von »Ahnenspiegel, Ahnenpass«: »Ich halte es z. B. für ausgeschlossen, ein Duplikat des Taufscheines Deiner Großmutter aus St. Petersburg (Leningrad) zu erhalten.« (Es geht um die Gemahlin eines Kaufmanns, der »Kaffee, Zucker, Reis, Südfrüchte & ähnliche Artikel nach Russland« importierte. Auch er gehörte zur Deutsch-Reformierten Gemeinde St. Petersburg, die im Stadtbild mit doppeltürmiger Kirche einen mächtigen Akzent setzte.) Und weiter: »Wenn Du alle Kinder Deiner Ururgroßeltern genannt haben willst, so ist das eine Arbeit, die sehr lange Zeit erfordern dürfte & am besten von Dir hier an Ort & Stelle vorgenommen werden müsste. Dein Ururgroßvater hat nicht weniger als 12 Kinder gehabt. Ich denke, dass Du an den einliegenden Angaben voraussichtlich Beschäftigung für längere Zeit haben wirst.«

In der dicht getippten Anlage zahlreiche Auskünfte, aber auch die Markierung von Leerstellen: »Über die Picard'schen Vorfahren wissen wir nichts, außer dass dieselben irgendwoher aus Frankreich stammen. Nachforschungen nach ihnen sind daher unmöglich.« (Auch die Picards: eine Familie mit jüdischem Hintergrund.)

Eine Begleiterscheinung der ermüdenden, zermürbenden Bemühungen: »Was nun die hiesigen Kosten der Anfertigung von Photokopien anbetrifft, so belaufen sich dieselben auf 70 Pf. pro Seite, einerlei, ob es sich um das Negativ oder die Abzüge handelt. Ich habe für die beiden Seiten des Taufscheines Deiner Großmutter in 3facher Ausfertigung M 4.20 bezahlt. Du siehst also, dass die Anfertigung von Photokopien auch einiges Geld kostet.«

In der Tat. In heutige Kaufkraft umgerechnet hätte eine Fotokopie mindestens sieben Euro gekostet, wahrscheinlich mehr. Dies in Relation zu damaligen Einkommen: Mein Vater soll als gehobener Bankangestellter ein Monatsgehalt von ungefähr 450 Reichsmark gehabt haben (ein Facharbeiter verdiente etwa die Hälfte). Die NS-Regierung hat den »Volksgenossen« in jeder Hinsicht viel abverlangt.

Auch Helmuth Kühn wurde mit Familiengeschichte konfrontiert. Sicherlich längst vergessene Dokumente, Urkunden, Fotografien wurden hervorgekramt, Auskünfte wurden erbeten und eingefordert. Beim Sichten dürfte ihm (erneut?) bewusst geworden sein, was sein Sohn aus sicherer Distanz vermerken kann: Die Eltern repräsentierten fast modellhaft die wilhelminische Gesellschaft in ihrer gehobenen Mittelschicht.

Ich besitze noch ein zerfallendes Exemplar der *Rheydter Zeitung* vom 11. Januar 1915 mit diversen Todesanzeigen für meinen Großvater. Fünfmal wird sein Name mit dem Dienstgrad der Landwehr verbunden. Präzisiert: Großvater als Veteran des Landwehr-Infanterie-Regiments Nr. 65, abgekürzt LIR 65: Was sagt mir das? War die Landwehr eine paramilitärische Organisation? Ich muss mich kundig machen.

Ergebnis, kurzgefasst: Wehrpflichtige Männer zwischen 17 und 40, die nicht zu regulären Einheiten eingezogen waren im Stehenden Heer, sie wurden der Landwehr zugewiesen. Dies nach drei Jahren Dienstzeit im Heer und nach zwei Jahren Reserve. Grundsätzlich waren Heer und Landwehr gleichgestellt. So kam auch Landwehr im Ersten Weltkrieg zum Einsatz an der Front: sehr hoher »Blutzoll«.

In der Friedenszeit mussten Landwehrmänner in der Regel an Herbstmanövern teilnehmen. Dazu wurde gereimt: »Zum Herbstmanöver rücken an / der Landwehr- und Reservemann. / Es drückt der Helm, es schmerzt das Bein / o welche Lust, Soldat zu sein.« Musste Oscar Kühn noch marschieren und schanzen? Oder gehörte er bereits zu den Uniformierten, die Anweisungen entgegennahmen und Befehle erteilten?

Mir liegen vor zwei graphisch reich verschnörkelte Beförderungsurkunden. Demnach erhielt der dreißigjährige Vize-Feldwebel das Patent als Second-Lieutenant der Reserve, zwei Jahre später wurde er Premier-Lieutenant. Klingt eindrucksvoll, bedeutete aber nur: er wurde Oberleutnant. Immerhin, er lag wohl nicht mehr im Herbstschlamm oder Herbststaub, Karabiner in den Händen.

Gänzlich zuwider dürfte ihm die Dienstzeit nicht gewesen sein, denn er wurde Ehrenvorsitzender des »Vereins ehemaliger 65er Rheydt«. War »Kamerad« auch im »Verein ehemaliger 68er Rheydt«. War »Kamerad« im »Landwehr-Verein-Rheydt«. Gehörte als »Königlicher Hauptmann d.L.a.D.« zum Offizierskorps des Landwehrbezirks Rheydt. War außerdem »Schatzmeister der Abteilung Rheydt des Deutschen Flottenvereins«. Und hier wird es heikel.

Stichworte zur Entstehung und flächendeckenden Verbreitung des Flottenvereins hatte, wie nicht anders zu erwarten, Kaiser Wilhelm II. gegeben, der als »Flottenkaiser« geschichtsrelevant werden wollte. Seine ständig zitierte Parole: »Unsere Zukunft liegt auf dem Wasser.« Dies als Antwort auf: »Britannia rules the waves!« Nur mit einer Flotte neuer Kriegsschiffe, Schlachtschiffe sei »Entfaltung und Stärkung unserer deutschen Seemacht« möglich, könne man sich »Weltgeltung« verschaffen. So wurde dazu aufgerufen, »Kaiser und Reich in den Bestrebungen für die Stärkung der deutschen Wehrmacht zur See zu unterstützen«. Es müsse alles getan werden, »was zur Hebung der Machtstellung des Reiches und zur Entwicklung seiner wirtschaftlichen Verhältnisse dienlich« sei. Dabei gehe es auch um den Schutz deutscher Kolonien in Afrika. Generell: »Der Ozean ist unentbehrlich für Deutschlands Größe. Aber der Ozean beweist auch, dass auf ihm in der Ferne [...] ohne den deutschen Kaiser keine große Entscheidung fallen darf.« So Wilhelm in einer seiner bramarbasierenden Reden.

Die massive Aufrüstung der Flotte war ganz im Sinne von Militär- und Rüstungslobby, von Schwerindustrie und Marine. Werften und Banken frohlockten über gewaltige Aufträge und Umsätze. Das Parlament sollte möglichst wenig informiert und möglichst stark motiviert werden. Akzeptanz musste durch Propaganda kreiert und konserviert werden. So wurde 1898 der Deutsche Flottenverein gegründet »zur Wahrung unserer internationalen Stellung«, zur »Vermehrung unserer nationalen Wehrkraft«. Denn: »Ohne eine starke Kriegsflotte ist kein Welthandel möglich.« Ian Kershaw: »Die Botschaft des Flottenvereins zählte zur dominierenden politischen Tendenz.«

Zwei Zeitschriften wurden gegründet. Eine von ihnen mit charakteristisch anmaßendem Titel: ÜBERALL. Zu diesem Monatsblatt noch ein Jahrbuch, ein Kalender und reichlich Flugblätter mit Aufrufen. Zwischen See und Alpen wurden Ortsverbände, Ortsausschüsse gebildet. Zu Großvaters Zeit zählte der Verein mehr als eine Million Mitglieder, von denen fast eine Million korporativ (körperschaflich) waren – patriotische Vereine, die geschlossen eintraten. Leitbild waren »mitten im Leben stehende Männer«, waren »wohlsituierte Herren«, die jedem Spendenaufruf gern und großzügig folgten. Und möglichst lautstark einstimmten in Propaganda-Suaden: »Streitbar und streitgerüstet zu Lande stehen wir da wie kein Volk der Erde, streitbar und streitgerüstet zur See wollen wir werden. Lieb Vaterland magst ruhig sein, fest steht und treu die Wacht an See und Rhein.« Auch Kinder sollten für die Aufrüstung der Flotte begeistert werden: beliebtestes Kleidungsstück für Knaben war lange Zeit der Kieler Matrosenanzug, massenhaft produziert von der Firma Bleyle.

Nun könnte ich als Enkel achselzuckend registrieren, reagieren: Großvater hat im Ortsverband des Flottenvereins halt mitgemacht – gemeinsam mit einigen hundert betuchten Herren von Rheydt. Dass der »versierte« Geschäftsmann die ehrenamtliche Aufgabe des Schatzmeisters übernahm, es könnte signalisieren: rein zweckgebundene, gleichsam neutrale Tätigkeit.

Doch hier lässt sich kein Schlusspunkt setzen. Der israelische Historiker Jacob Toury: »Die jüdische Mehrheit verhielt sich zurückhaltend, sofern sie nicht überhaupt […] die deutsche Flotten- und Kolonialpolitik ablehnte.« Weiter: »Selbst wenn gewisse jüdische Kreise der Kolonial- und Flottenpolitik nicht von vornherein ablehnend gegenüberstanden, so konnten sie sich schwerlich den expansionistischen Organisationen von der Art des Flottenvereins und des Alldeutschen Verbandes anschließen, die nicht gerade judenfreundlich waren, später sogar ausgesprochen antisemitische Tendenzen entwickelten.«

So besteht einige Wahrscheinlichkeit, dass die Mentalität der Witwe Klara Friederike weithin vorprogrammiert war. Dies verstärkt durch ihre Mitgliedschaft im monarchistischen, erzkonservativen Königin-Luise-Bund (offiziell: Bund Königin Luise). Nahm auch Großmutter im uniformen Kleide teil an fahnenreichen Tagungen des Bundes, in bejubelter Anwesenheit eines der Hohenzollern? Der BKL galt als Frauenorganisation des »Stahlhelm-Bundes der Frontsoldaten«.

Hier blieb man kaisertreu und kriegsbegeistert. Jüdische Frontsoldaten wurden nicht zugelassen (das führte zur Gründung des »Reichsbunds jüdischer Frontsoldaten«). Charakteristische Formulierungen von Stahlhelm-Propagandisten: »Wir hassen mit ganzer Seele den augenblicklichen Staatsaufbau [der Weimarer Republik], seine Form und seinen Inhalt ... geknechtetes Vaterland befreien ... notwendigen Lebensraum im Osten gewinnen ... das deutsche Volk wieder wehrhaft machen ...« Man war für ein »völkisch großdeutsches Reich«, für »starkes deutsches Volkstum«, war gegen den »Händlergeist des Judentums«, gegen »die seit der Revolution immer verhängnisvoller hervortretende Vorherrschaft der Juden in Regierung und Öffentlichkeit«.

Der Stahlhelm als paramilitärische Organisation, die auch Saalschutz stellte bei Veranstaltungen der Deutschnationalen Volkspartei. Auch hier: Antisemitismus. Auf einer Fotografie sehe ich an der Seitenwand eines mit mehreren Halbuniformierten dicht besetzten Pritschenwagens ein Transparent mit einer der weithin üblichen Judenkarikaturen (Mann im Profil, mit karikierender Übernase) und dem Slogan: »Wir bekämpfen die Auslieferung Deutschlands an das internationale Judenkapital«.

Stahlhelm und DNVP Schulter an Schulter – wie man damals gern sagte. Ian Kershaw: »Im Juli [1931] hatten Hugenberg, der Führer der DNVP, und Franz Seldte, der Chef des größten Veteranenverbandes, des Stahlhelm, ihr Bündnis mit Hitler erneuert.« 1933 schließlich die politisch entscheidende

Koalition mit der NSDAP. Nun erst recht machte man Front gegen Juden.

Kein Wunder, dass bei derartigen Vernetzungen, Partnerschaften, Allianzen der »Luisenbund« mit dem Nationalsozialismus mehr als nur sympathisierte, ja, für den Machtwechsel warb und die »Machtergreifung« feierte. Auch der »Luisenbund« war in der Grundhaltung völkisch und antisemitisch. So war es wohl nur ein Schritt, ein Sprung zu Friederikes familiensprengendem Judenhass.

Wie Formen der Sozialisation, der »Ausrichtung« über die wilhelminische Ära hinaus konserviert wurden und die Akzeptanz des Militärstaats unter Hitler förderten, dies lässt sich an einem Brief ablesen, der an meinen Vater gerichtet war. Ein Beitrag zur Familiengeschichte wie zur deutschen Mentalitätsgeschichte. Somit ein Zeitdokument.

Februar 1935 antwortete ein »getreuer Onkel« (Großvaters Bruder) dem »lieben Helmi« auf eine der Anfragen zur Familiengeschichte. Den Brief einleitend ein indirekter autobiographischer Bezug: »Zur Geburt des Stammhalters innigen Glückwunsch.« Na, ich bedank mich ...

Folgten ein paar Angaben (des von mir nie wahrgenommenen Großonkels Robert) zu Geburten und Taufen. Sodann wurde hervorgehoben, dass Helmis Vater im Landwehrdienst zu Koblenz Freundschaft schloss mit drei Offizieren. Und nun kommt es:

»War das ein Jubel, als am 18. die Allgemeine Wehrpflicht verkündet wurde, gerade bei uns alten Soldaten. Ich war gerade bei den 65ern, Vaters altem Regiment [»Verein ehemaliger 65er«, dem in Rheydt auch mein Großvater angehört hatte], um dort im Auftrage des Unterverbandes einen Vortrag über Wehrfragen zu halten. Seit dem vorigen Jahre führe ich die Fahnen-Kompanie des Unterverbandes, 94 Vereine. Als Fahnen-Offizier meldete ich mich voriges Jahr bei Seiner Durchlaucht Prinz Franz-Josef v. Hohenzollern-Sigmaringen, gelegentlich des Festes der hiesigen Hohenzollern-Füsiliere. Seine Durchlaucht zogen mich in ein längeres Gespräch über das

110

Kriegervereins-Wesen in hiesiger Stadt [Mönchengladbach]. Letzten Helden-Gedenktag hatte ich die Fahnen zunächst zur hiesigen Münsterkirche zu führen, wo ich hernach dem Herrn Oberpfarrer Koenen, Mitschüler des Prinzen von der Ritter-Akademie Bedburg her, den Dank des Verbandes aussprach. An der evangelischen Kirche nahm ich die restlichen 12 Fahnen in Empfang und rückte zum Löwendenkmal, wo der Festakt stattfand. Alsdann zur Kaiser-Friedrich-Halle zur Aufstellung mit den 8 ältesten Kyffhäuser-Fahnen vor der Bühne. Mit gezogenem Degen eine Stunde stillstehen zu müssen, sieht ja bildschön aus, ist aber eine Qual, das weißt Du ja noch aus Deiner Kadetten-Zeit.«

Der Brief setzt Einverständnis voraus, gleiche »Gesinnung«. Hier kommt zur Sprache, welche Tonlage zumindest in einem Teil der Familie dominierte. Ironische Frage von Marianne, beim Skypen mit Tel Aviv: Aus was für einer Mischpoke stammst du eigentlich? Zugleich mit Blick auf Familie Asher: Da würde mir Einbürgerung in Israel leicht gemacht. Und ich sehe wieder, gespiegelt: In scharfen Kontrasten wurde die politische Konstellation und Konfrontation jener Zeit auch zwischen den Familien Kühn und Asher ausgetragen. Zeitgeschichte in nuce in der Familiengeschichte. Noch deutlicher wird mir mit diesem Brief bewusst, aus welcher Form der Konditionierung sich mein Vater herausgearbeitet, herausgelöst hat.

Auf einem Foto sehe ich »Helmi« als Vierjährigen im Garten des Elternhauses (seitlich im Bild eine Säule des Eingangs zur Loge!): Der Bub ist uniformiert, hat eine viel zu groß wirkende militärische Kopfbedeckung auf (etwa in der Form, wie sie auch bei russischem Militär üblich ist, in zivilem Ambiente). So war es sicherlich der gemeinsame Wunsch von Oscar und Friederike, dass Sohn Helmuth unterrichtet und ausgerichtet wurde in einer der zugleich bewunderten und gefürchteten Königlich Preußischen Kadettenanstalten. Sie galten seit dem 18. Jahrhundert als »Pflanzschulen« des preußischen Offizierskorps, als militärische Eliteschmieden. Hier herrschte, mit dem Titel einer Untersuchung, »Spartanische Pädagogik

111

deutscher Art«. Lang ist die Namensliste von Kadetten, die später zu bekannten, zu berühmten Generälen wurden.

Wie schon erwähnt: Zehnjährig kam Helmi in das Internat, das »Kadettenhaus« Oranienstein. Ich muss hier ein wenig präzisieren. Es war ein weitgefächerter, von den Besitzern aufgegebener, mit Kasernentrakten erweiterter Schlossbau an einem Hang über der Lahn. Die Gartenanlagen vor der weiträumigen Schlossfassade wird der Bub kaum gesehen, die festlich ausgestalteten und ausgestatteten (durchweg renovierungsbedürftigen) Räume kaum betreten haben, sein Ambiente war ein weiträumiger Komplex, in dem ständig umgebaut und angebaut wurde. Eine fast autarke Welt mit Backhaus und Schlachthaus, Krankenhaus und Leichenkammer, mit »Kompagniegebäuden« und Schwimmbad. (Das Wasser der nahen Lahn war verseucht, Baden verboten.) In dieser Domäne von hoher gesellschaftlicher Akzeptanz wurde gepaukt und gedrillt, wurde instruiert, indoktriniert, exerziert.

Waffenkunde: Karabiner 98 AZ, Lauflänge, Gesamtlänge ... Verschlusssystem mit zwei Verriegelungswarzen am Verschlusskopf, einer Reservewarze am Ende des Verschlusszylinders ... Mündungsfeuer, Mündungsknall, starker Rückstoß ...

Vaterländisches Gedankengut: »Es waren Männer germanischen Blutes, die Normannen, die fast hundert Jahre lang ganz Europa, insbesondere aber das ehemalige Reich Karls des Großen heimsuchten, da hier keine Kriegsflotte gebildet worden war, die ihnen hätte widerstehen können ...«

Exerzier-Reglement: Präsentieren des Säbels. Der Griff der gezogenen Blankwaffe wird zur Brust geführt (»zum Herzen«), anschließend wird der Säbel mit gestrecktem Arm gesenkt.

Das Pauken und das Drillen, das Instruieren, Indoktrinieren, Exerzieren erst recht in der Preußischen Hauptkadettenanstalt Groß-Lichterfelde (damals) vor Berlin. Eine noch größere Anlage mit ihren Dienst- und Unterrichtsgebäuden, mit Pferdeställen, Turnhallen, zwei Kirchen (herausragend der »Kadettendom«), einem Lazarett. Fotos zeigen einen desolat ausgedehnten Exerzierplatz, auf dem Hunderte von uniformierten Kadetten postiert sind, schnurgerade aufgereiht, parallel gestaffelt, flankiert von Ausbildern mit präsentierten Degen, beäugt von einem Offizier hoch zu Ross. Kein Wunder, dass mein Vater im Zweiten Weltkrieg erst mal Exerziergefreiter wurde – gedrillte, eingeschliffene Verhaltensmuster werden auch ihm »in Fleisch und Blut« übergegangen sein. Kein Wunder auch, dass in Oranienstein das Formen und Deformieren junger Männer später fortgesetzt wurde in einer der »Napolas«, dass in der Hauptkadettenanstalt Lichterfelde die Leibstandarte Adolf Hitler kaserniert wurde.

Aber das wahre Wunder ist für mich: Dass mein Vater durch militante, militärische Konditionierungen von Elternhaus und Kadettenanstalten nicht verformt wurde. Er hat, salopp formuliert, der Nazipartei den Krempel vor die Füße geworfen. Hat das nie rückgängig gemacht. Hat sich liiert mit einer Frau, die aus einer weitverzweigten jüdischen Familie stammte. War als Ausbilder eher rheinisch lässig als preußisch rigide. Seine Lektüre war dem Kanon völkischer Literatur absolut fern und fremd.

Die mir vorliegende »Ahnen-Tafel« war sichtlich das Arbeitsexemplar der Eltern. Unten, in der Mitte, ein Kästchen für den »Inhaber der Ahnentafel«: Dieter Kühn, geboren am 1.II.1935 in Köln, getauft am 10.II.1935. Links vom Namenskästchen das Kästchen für den Vater, über diesem Kästchen die beiden Kästchen seiner Eltern, darüber die vier Kästchen seiner Großeltern; so staffelt sich das hoch über Urgroßvater, Ur-Urgroßvater, Ur-Ur-Urgroßvater. Ja, ich zähle die Silben richtig: Ur-Ur-Urgroßvater. Dasselbe Schema auf der Seite der Mutter.

Und ich sehe die Eltern beschäftigt, vor allem Briefe schreibend. Ist Heinrich Ludwig Wilhelm Asher in St. Petri zu Hamburg »beurkundet« oder in St. Georg oder St. Nikolai? Sicherlich Aufatmen, jeweils, wenn man einen der angeforderten Nachweise erbringen konnte. Abgehakt, »erl.«.

Aber da sind Problemfälle. Stichwort Picard: Unter diesem

Namen legte Helene mit großer, klarer Schrift ein Merkblatt an: »Taufschein Octavie Picard geb 21.2.1827 nicht zu bekommen, Geburtsort unbekannt.« Ich nehme an, sie hat das eher mit Erleichterung notiert, hier wurde wieder mal Aufschub notwendig, eine Verlängerung der heiklen Frist bis zum Ausfüllen aller geforderten Angaben im »Ahnenspiegel«.

Oder: Peter August Milberg, in London geboren – wie soll man dort bitteschön an einen Taufschein kommen?! Gerade in solch einem Fall aber könnte das Standesamt nachhaken: Womöglich nicht nur Jude, sondern englischer Jude?! Doch London schien nicht bereit zur Kooperation mit dem Standesamt Köln. Auf einem weiteren Merkzettel (gleichfalls erhalten) notierte Helene mit Kopierstift: »Taufschein Peter August Milberg geb. 16.12.1812 nicht zu bekommen, da in London geboren.«

Milberg: soll hier nicht bloß Name bleiben. Eine der beiden Großmütter von Helene: eine geborene Milberg. Deren Vater: jener Peter August Milberg, dessen Taufschein ausstand. Dessen Vater wiederum, Jahrgang 1785, hieß ebenfalls Peter August. Vater und Sohn wären interessante Figuren einer Familiensaga, eines weit ausgreifenden Familienromans.

Biographische Notizen über den Vater des von Helene avisierten Milberg, den Großkaufmann Milberg sen., finde ich ausgerechnet im »Lexikon der Hamburgischen Schriftsteller bis zur Gegenwart« (1870).

Folgt die bibliographische Angabe, die ihm die Ehre verschaffte, ins Autorenlexikon aufgenommen zu werden: »Correspondence relating to an adventure made in the year 1816 – from Hamburg to Buenos Aires per the Carolina under the management of Mr. Charles Delegal, who went out with the vessel in the quality of supercargo.«

Keine Reisebeschreibung, leider nicht, vielmehr ein Pamphlet, eine Kampfschrift gegen Delegal, erstaunlicherweise aber erst 1828 (sprich: zwölf Jahre nach der erwähnten Fahrt!) als Privatdruck veröffentlicht.

Ich muss mir erst mal erklären, welche Position und Aufgabe ein Supercargo hatte. Die Bezeichnung als Verkürzung von »supervision cargo«. Ein Supercargo war (ist es auch heute noch) Fachmann für das Verladen und Verstauen von Frachtgut auf Handelsschiffen. Sein Auftraggeber und Geldgeber ist weder der jeweilige Reeder noch Kapitän, er wird vom Fernhändler engagiert. Gehört also nicht zur Schiffsbesatzung, ist externer Berater, begleitet so die Fracht. Auf hoher See verbringt er viel Zeit in tiefem Schlaf. Jedenfalls kursierte mal die Floskel: Er schläft wie ein Supercargo. Doch nach der Landung im Hafen musste, muss er hellwach sein: Aufsicht beim »Ladungsumschlag«. Löschen der Ladung … Verkauf, Einkauf nach Weisungen gemäß Instruktionen des Fernhändlers … erneut Stauen unter seiner fachmännischen Anleitung …

Milberg nun hatte Supercargo Delegal einiges vorzuwerfen: Ungebührliches Verhalten, unflätige Redensweise; vor allem jedoch: Unterschlagung, Veruntreuung. Die Waren, die auf der *Carolina* in Milbergs Auftrag nach Buenos Aires exportiert wurden, sie waren offenbar nicht wohlbehalten und vollständig »umgeschlagen« worden: Fehlbeträge. Ein Streitfall, der auch in Argentinien sein Echo fand, mit assimiliertem Namen: Don Alejandro S. Milberg en su trabajo titulado …

Wiederum sieben Jahre später wehrte sich Delegal, inzwischen wohl im Ruhestand, mit einer Gegenschrift als Antwort auf das »böswillige und verleumderische Pamphlet, konspirativ in Umlauf gebracht von Mr. Peter August Milberg«. Dies, mittlerweile, fast zwei Jahrzehnte nach der »abenteuerlichen« Fahrt! Was ruhte oder rumorte da in den Herren? Gingen sie mit dem Casus lässig um: Eilt nicht so sehr …? Oder wurmte dies den Kaufmann wie den Supercargo über all die Jahre hinweg? Grenzwertige Fixierungen?

Nun zu einem der drei Söhne des Richters am »Wohllöblichen Handels-Gericht der freien Hanse-Stadt«, des »Hochgelahrten und Wohlgebohrnen Herren« der High Society.

Peter August Milberg (jun.), zu unserem Glück in London geboren, war Gründungs-Aktionär der Hamburg Amerika

115

Linie und übernahm die Geschäftsführung der HAL. Gründete ein Jahrzehnt später mit einem schwedischen Compagnon die Schiffsmaklerfirma Milberg & Engström. Nach Trennung der Partner (wie der Vater so der Sohn) stieg Milberg ein in das See-Assekuranz-Geschäft.

In der Website der heutigen Daniel Milberg GmbH, Schiffsmakler, lese ich:»In den Gründungsjahren hat das Unternehmen Waren von und nach Skandinavien transportiert. Später erweiterte die Firma ihre bisherige Geschäftstätigkeit um den Schiffsan- und -verkauf, Abfertigung von Auswandererschiffen und auch schon der ersten Kreuzfahrtschiffe, die den Hamburger Hafen anliefen.«

Dies also war jener P. A. Milberg, der uns indirekt Schutz bot vor der Komplettierung eines Nachweises, der uns mit dem ein paar Jahre zu spät getauften Carl Wilhelm Asher in Kontakt gebracht und damit womöglich in eine Problemzone versetzt hätte. Ein Taufschein, unerreichbar in London, verschaffte Helene (einen offenbar hartnäckig genutzten und verteidigten) Spielraum gegenüber dem zeichnungs- und stempelberechtigten Beamten des NS-Standesamtes Köln. Auf Befragen wird sie, dürfte sie etwa so argumentiert haben: Solange ich nicht an die Papiere in London komme, kann ich den Ariernachweis nicht vollständig erbringen, ich habe mir aber schon einen großen Merkzettel bereitgelegt, ich werde nachhaken.

Erste Rückschlüsse hier schon auf den Umfang, das Ausmaß, ja Übermaß an Arbeit, die auch meine Eltern leisten mussten, vor allem die Mutter. Wie viele Stunden wird sie an der Schreibplatte ihres Sekretärs gesessen haben, mit Blick auf das Foto ihrer Eltern? Eine Diktatur fordert als Erstes Zeit, Zeit, Zeit. So wurden Anschreiben, Anschreiben, Anschreiben gefertigt und zum nächsten Briefkasten getragen, Formblätter, Formschreiben trafen ein, Namen und Daten wurden eingetragen. Neben viele Kästchen schrieb Helene mit Bleistift: »erl.« Das wiederholt sich allerdings nicht mehr in den beiden obersten Kästchenreihen auf ihrer Seite. Lücken.

Der Vater wiederum trug – provisorisch – mehr ein als angefordert, vor allem notierte er zuständige Pfarrämter, etwa das »Pfarramt d. reform. Kirchengemeinde Schlangen i/Lippe«. Und zweimal zusätzlich Todesursachen: »Wochenbett«, »Lungenverdichtung«.

Die definitiven Daten übertrug er in den Ahnenpass: Füllfederhalter, Schönschrift. Das erste Namensfeld für mich; mein Name beurkundet beim Standes-/Pfarramt Köln-Lindenthal (die Klinik, in der ich geboren wurde) und die Register-Nr. 343 des Jahres 1935 der Evangelischen Gemeinde Köln. Und die vollständig ausgeschriebenen Namen Karl Otto Hellmut (frühere Schreibweise!) Kühn und Antonie Ella Helene Kühn, geborene Asher. Sämtliche Namensfelder zwischen den Seiten 16 und 31 ausgefüllt, allerdings am Rand nicht der Reihe nach von der Behörde bestätigt. War es nicht mehr so weit gekommen? Gab es ein zweites Exemplar des »Ahnenpasses«, mit Unterschriften eines Standesbeamten, mit »beigedrückten« Dienstsiegeln?

Im »Ahnenspiegel« (Ahnen-Kurzpass) meiner Mutter reihen sich vorschriftsmäßig Dienstsiegel und Unterschriften des Standesbeamten. Die »Richtigkeit der Angaben wurde auf Grund vorgelegter Urkunden« freilich nur bescheinigt für Eltern und Großeltern; keine Eintragung mehr auf der Faltseite »Die Urgroßeltern«. Hier aber musste sich – nach damaligen Richtlinien und Durchführungsbestimmungen – zeigen, ob Großeltern und Eltern »jüdisch, wenn auch getauft« waren. Die Seiten 13 und 14 aber, auf denen Nachweise für insgesamt acht Vorfahren angefordert wurden, sie blieben Vordruck, und der blieb leer. Offenbar hat meine Mutter den ersten Arbeitsabschnitt im Standesamt Köln schon mal bestätigen lassen – Rest später.

Zwischenfrage: Wieso haben damals die Kirchen mitgemacht im Wahnsystem der Abstammungsnachweise? Worum es dabei ging, was dabei auf dem Spiel stehen konnte, das muss man doch gewusst, zumindest geahnt haben! »Nur gültig für den Nachweis der arischen Abstammung« lautet ein Stempeltext, in Frakturschrift. Diesen Stempelabdruck sehe ich auf einem Kirchenbuchauszug des Staatsarchivs der Freien und Hansestadt Hamburg, vielfach aber wurden solche Auszüge von Kirchenbuchführern ausgestellt. Was dieser Kirchenbeamte handschriftlich oder maschinenschriftlich eintrug auf den Formblättern, das konnte für den jeweiligen Adressaten bedeuten: Verfemung in der militant formierten Gesellschaft. Aus der Verfemung konnten sich härtere, letztlich sogar tödliche Konsequenzen ergeben.

Wieso haben beide Kirchen nicht pauschal jede Auskunft verweigert? Dann hätte sich jenes Nachweis- und Verfolgungssystem kaum etablieren können. Jedoch: Kirchenbuchführer und Pastoren (»mit Deutschem Gruß«) als Vollzugshelfer, auch als Vollstreckungsgehilfen des Dritten Reichs.

Ich muss den Friedrich-und-Helene-von-der-Leyen-Faden erneut aufgreifen, muss präzisieren mit Blick auf den (Grenzwert setzenden) Jahrgang 1810 der Kirchenbücher. Die Taufe des Carl Wilhelm Asher fand statt am 3. Juni 1810. Ausgeschrieben: »Ein Tausend acht hundert zehn«, und zwar in Wandsbek. »Als Taufpaten waren gegenwärtig« – folgte eine Liste von neun Namen, angeführt von Mathias Claudius, gefolgt von »Madam (!) Rebecka Claudius«. Übrigens: einer der drei Brüder (und zwei Schwestern) des Ur-Ur-Großvaters Carl Wilhelm war der Maler Louis Asher.

Der Geburts- und Taufschein, der »Auszug aus dem Kirchenbuch der evang.-lutherischen Kirchengemeinde Wandsbek« (Gebühr an die Kirchenkasse 1 RM) als das heikelste Dokument für den »Abstammungsnachweis«! Denn hier wird Salomon Friedemann Asher benannt als Großvater des Täuflings. Und es kommen, angeheiratet, weitere jüdische Namen hinzu wie die Picards. Besonders heikel für Helene Asher: die Mutter des spätgetauften Kindes war Anna Marianne Hedwig Asher, geborene Philipson. Erst recht ein jüdischer Name: Die Endsilbe »son« entspricht dem hebräischen »ben«.

Diesen Namen buchstabengetreu lesend auf dem kirchlichen Dokument, entdecke ich (mit simultanem Adrenalin-

118

schub!): An der letzten Silbe hat jemand herumkorrigiert, sie sollte durch ein »pi« ersetzt werden; diese Manipulation wurde zwar wieder ausradiert, Spuren sind jedoch geblieben, deutlich genug. Ich falte die »Ahnen-Tafel« auseinander und lese in Helenes klarer Handschrift: Philippi. So, da hätten wir's! Jetzt weiß ich endlich, im Detail, wie von ihr versucht wurde, den »Abstammungsnachweis« zu manipulieren. Auch das brisante Taufdatum hat sie nicht eingetragen, die Lücke im Formblatt blieb leer.

Fast kriminologische Spurensuche, und ich bin fündig geworden! Wahrscheinlich hätte meine Mutter mir nichts Genaueres erzählen können, dieses kleine, heikle Detail hat sie höchstwahrscheinlich vergessen. Doch der Taufschein erzählt genug. Und teilt auch noch dies mit: Das Dokument wurde bereits am 4. Mai 1933 ausgefertigt. So früh also war der Familie Asher bekannt, wo der springende, der heikle, der womöglich entscheidende Punkt war. Der Versuch, die Urkunde zu fälschen, signalisiert Verzweiflung. Schließlich mussten sämtliche vorgeschriebenen Urkunden dem zuständigen Beamten vorgelegt werden; die Angaben zu jedem Namen mussten durch Stempel, Unterschrift, zusätzliche Paraphe bestätigt werden. Ich vermute, nach dieser misslungenen, letztlich aussichtslosen Fälschung wurde das Dokument so lange wie möglich unter Verschluss gehalten. Dass es Vorfahren aus St. Petersburg, aus London gab, dies konnte nun günstige Nebenwirkungen haben: Es boten sich plausible Erklärungen dafür an, dass der vollständige Nachweis noch auf sich warten ließ. Erst recht bot P. A. Milberg, seinerzeit London, Schutz vor lästigen, vor bedrängenden Nachfragen.

Der Aberwitz, der Irrsinn des Nachweissystems wird besonders deutlich, wenn die zeitliche Distanz (erneut) betont wird: Es geht um eine nachträgliche Taufe im Jahre »Ein Tausend acht hundert zehn«! So steht es auf dem Taufschein, teils vorgedruckt, teils getippt. 1810: damals war Mathias Claudius fünfzig Jahre alt. Und Beethoven war noch zehn Jahre jünger! Und Goethe hatte noch mehr als zwei Jahrzehnte vor sich! In jener fernen, fernen Zeit der literarischen und musikalischen

Klassik wurde der jüdische Knabe getauft. Aber die weite, scheinbar sichere Distanz konnte zusammengeschoben werden wie ein nautisches Teleskoprohr: gefährliche Verkürzung durch die Formel »jüdisch, wenn auch getauft«. Für Parteigenossen, ob uniformiert oder nicht, reichte vielfach der Hinweis, dass ein Vorfahre, irgendein Vorfahre, jüdisch war, schon konnte ein »Kesseltreiben« beginnen.

Hier wurde (in brutal direktem Sinn) Vergangenheit zur »dritten Dimension der Gegenwart« – nach einer Formulierung von Philippe Ariès. Die Formulierung begleitet mich: Vergangenheit des beginnenden 19. Jahrhunderts konnte in jene Gegenwart der Vergangenheit der späten dreißiger, frühen vierziger Jahre meines Jahrhunderts einwirken, die wiederum in unsere gleitende, entgleitende Gegenwart zu Beginn des 21. Jahrhunderts einwirkt – dies zumindest im Bewusstsein, im Gefühl von Gegenwart.

Helene Kühn, geborene Asher: sie war noch eine weitere Generation entfernt von den jüdischen Vorfahren der Helene v. d. Leyen, geb. Asher, und doch: spätere Äußerungen, damaliges Verhalten zeigten: sie fühlte sich bedroht. Es war eine gesellschaftliche Situation geschaffen worden, in der man mit ferner, sehr ferner jüdischer Familientradition plötzlich hautnah konfrontiert werden konnte. Die Verkürzungsformel, übertragen in Nazijargon: Nützt (ändert) nichts, all diese Tauferei, Jud bleibt Jud. Weil das biologistische Wahnsystem zur Staatsdoktrin wurde, konnten leichtfertig Wörter aufgegriffen und in Umlauf gesetzt werden wie »infiziert« oder »verseucht«. Eine zwar in weiter zeitlicher Ferne »infizierte«, dennoch »verseuchte« Familie ... Auf der »Ahnen-Tafel« vertikal und horizontal gereihte Namens- und Datenkästchen mit Verbindungslinien; eine von ihnen als Lunte, die von Nazis angezündet werden konnte, und das glimmende Feuer fraß sich vor zur Ur-Ur-Enkelin Helene. Was für Helene und Friedrich von der Leyen bereits direkte Folgen hatte, Verfemung und Entlassung, das wurde für Mutter Helene zur lastenden Bedrohung, zur latenten Gefahr. Für Helene Asher noch auf dem Städtischen Lyzeum zu Duisburg, für Helene

Asher noch im Oelbermannhaus zu Köln wird es kaum eine Rolle gespielt haben, dass ein Ur-Ur-Ur-Großvater als jüdisch gegolten hatte – im Dritten Reich wurde ihr das aufgedrängt, erst von da an wird sie sich irgendwie »jüdisch« gefühlt haben. Für ihre Schwiegermutter war sie das schon längst, ja von vornherein: Weitverzweigte jüdische Sippschaft …! Da klingt doch fast jeder Name jüdisch …! In diesem Stil könnte sie agitiert haben. Und die Familienkonflikte verschärften sich.

Wie sind, wie waren eigentlich Helenes Brüder und Schwestern mit dem aufgedrängten Problem umgegangen?

Ein Foto der jugendlichen Geschwister suggeriert: die Ashers sahen aus wie Juden aus dem Bilderbuch. Bruder Fritz wurde (family oral history!) in einem Restaurant von durchaus freundlichen Tischnachbarn nach diskreter Musterung darauf angesprochen: »Darf man sich mal erkundigen, ob Sie jüdisch sind?« Seine Antwort, militärisch knapp: Meine Großeltern sind arisch. Mit so einer Antwort hätte sich ein NS-Beamter nicht zufriedengegeben, der Nachweis musste ja nun bis 1800 erfolgen. Als Offiziersanwärter wurde der Onkel mit dem Problem offenbar nicht weiter konfrontiert, in jener Zeit wurde jeder Mann gebraucht. Und Fritz, in Uniform, vermittelte eher den Eindruck eines ›schneidigen‹ Soldaten.

Und sein Bruder Theo, der lungenkranke Veterinärarzt? Er hatte sich freiwillig bei der Reiter-SA gemeldet. Als ich das per Telefon erfuhr, erschrak ich erst mal: mein Onkel bei der SA?! Sofort googeln!

Es gab etwa hundert SA-Reitergruppen oder Reiterstandarten, bei denen Kavallerie-Einheiten der Wehrmacht wie der Waffen-SS vielfach Rekruten abwarben oder anforderten. Die Reiter-SS übernahm ab August 34 denn auch alle wesentlichen Aufgaben der Reiter-SA. Zu deren Programm gehörte fortan primär die Pferdezucht. Zusätzlich, weil obligatorisch, die militärische Vor-Ausbildung der Mitglieder (vielfach vom Lande). Die Reiter-SA galt als weithin unpolitisch.

So stelle ich mir vor, dass mein Onkel, der Tierarzt, bei der Reiter-SA Schutz suchen, bei ihr gleichsam untertauchen wollte. Die Rolle der Reiter-SA wurde auch vor dem Alliierten Militärtribunal in Nürnberg erörtert. Stellungnahme des Verteidigers: »Nach dem eindeutigen Ergebnis der Beweisaufnahme besaß die Reiter-SA während der ganzen Zeit ihres Bestehens eine weitgehende organisatorische Selbständigkeit. Die Ziele, Aufgaben und Tätigkeiten waren nicht politisch, sondern beschränkten sich auf Pferdesport, Pferdezucht und Pferdehaltung. In der eingehenden Beweisaufnahme vor der Gerichtskommission ist es der Staatsanwaltschaft nicht gelungen, der Reiter-SA irgendeine Beteiligung an irgendwelchen Verbrechen gegen den Frieden oder gegen die Menschlichkeit nachzuweisen. [...] Angehörigen der Reiter-SA wurde die Aufnahme in die NSDAP verweigert, weil die Tätigkeit in der Reiter-SA nicht den Nachweis der politischen Zuverlässigkeit bedeutete.« Diesem Votum wurde Folge geleistet: Die Reiter-SA wurde nicht als verbrecherische Organisation eingestuft, ihre Mitglieder waren pauschal freigesprochen.

Es dürfte dem Onkel also relativ leichtgefallen sein, die Entscheidung für seinen eher formellen Beitritt zumindest vor der Familie zu rechtfertigen: Die SA-Reiterei braucht halt einen Tierarzt.

Wohl nach einer Denunziation des jüdisch aussehenden Mannes wurde Theo 1936 von der Gestapo vorgeladen und aus Deutschland ausgewiesen. Über Verbindungen gelang ihm die Rückkehr. Der lungenkranke, hagere Mann wurde nicht von der Wehrmacht eingezogen – offiziell uk gestellt? Ein Tierarzt hatte im Verlauf des (Bomben-)Krieges reichlich zu tun.

Was Mutter Helene nach solchen Nachrichten sicherlich in Panik versetzte, das hat sie uns Kindern gegenüber verschwiegen. Das kann ich gut verstehen. Doch warum hat sie nach dem Krieg nie über ihre Erfahrungen in der Nazizeit gesprochen? Warum nicht einmal in Andeutungen? Warum blieb sie, letztlich, bei der Version, Asher sei ein englischer Name? Was im Dritten Reich in sehr direktem Sinne eine Schutzbehauptung war, wurde das zum Selbstschutz?

Ich versuche mich einzudenken, einzufühlen. Helene sah sich gezwungen, über Jahre hinweg, nachzuweisen, dass sie mit Juden nichts zu tun, nichts gemein hatte, nicht im Entferntesten. Sie musste Spuren verwischen, unterlassend, unterschlagend, retuschierend, auch fälschend. Ein entfernter Vorfahre, dessen Namen man wahrscheinlich gar nicht mehr kannte in der Oral History der Familie, ein Name, der über mehr als ein Jahrhundert hinweg vergessen war, der wurde plötzlich zur Belastung, zum Problem, zur Gefahr. Was habe ich damit zu tun?! könnte, wird sie sich gefragt haben. Aber das Problem wurde ihr auferlegt, aufoktroyiert. Vielleicht stellte sie insgeheim die verzweifelte Frage an den zeitlich so weit, weit entfernten Vorfahren Friedemann Salomon Asher: Musstest du mir unbedingt diese Probleme machen?!

Ich trage nach: Zwischen Jakobs Sohn Asher und Friedemann Salomon Asher eine lange Ära ohne Verbindungslinien. Hier nur: Salomon zog von Friedland nach Lübben im Spreewald, erhielt dort formell die Erlaubnis zum Aufenthalt, auch erfolgte in Lübben eine »Regelung der Geldgeschäfte des Juden Salomon Asher«.

Dessen Sohn Ludwig Mathias wurde noch in Lübben geboren, zog aber nach Hamburg. Der Kaufmann und Bankier heiratete Anna Philipson aus Altona – die Frau, deren jüdische Endsilbe meine Mutter zum verwegenen, verzweifelten Versuch zwang, im Vordruck des kirchlichen Taufscheins (mit Schreibmaschine ausgefüllt) die Endsilbe wegzukratzen, um Philipson in Philippi umzutaufen – was bei mehreren jüdischen Namen in ihrer, in meiner Familiengeschichte von vornherein sinnlos war, aussichtslos.

Während sie, immer wieder, die Arbeit am Abstammungsnachweis weiterführte: Nachrichten über Maßnahmen gegen Juden ... Berichte von Übergriffen, Verhaftungen ... »Schutzhaft« in Lagern, die offiziell als Konzentrationslager ausgewiesen wurden ... Boykott von Geschäften, »Arisierung« von Betrieben ... Pogrom der »Reichskristallnacht« ... Und sie fühlte sich gezwungen zur Identifikation mit einer Bevölkerungsgruppe, die ständig beleidigt, beschimpft, gedemütigt, besudelt, gequält wurde. Wohin sollte man das alles »stecken«?

Selbst dort, wo Identifikation mit dem Judentum selbstverständlich war, in der Familie, im gesellschaftlichen Ambiente, selbst dort: Verdrängen. Eine indirekte Erfahrung für mich. Der israelische Lyriker Asher Reich, den ich bei einer Veranstaltung traf und sprach, er berichtete und bestätigte, dass man in jüdischen Familien nicht einmal aussprach, ein Familienmitglied sei in ein KL oder KZ verschleppt worden, da hieß es vielfach nur: er oder sie kam »nach dort«. Fast so, als wäre es ein Makel, eine Schande, dass jemand aus der Familie in ein Lager kam, dort starb oder ermordet wurde. Wenn dies – weithin – selbstverständlich (auch verständlich) war, sogar bei jüdischen Familien in Israel, so lässt sich das Verschweigen auch bei Helene Asher verstehen. Fast.

ALS HELMUTH UND HELENE, beide Jahrgang 1905, etwa dreizehn waren, nahm der Erste Weltkrieg sein schlimmes Ende. Nur (rund) zwanzig Jahre später begann der nächste Krieg, der sich rasch ausweitete zum Zweiten Weltkrieg (dem, noch keine zwanzig Jahre später, beinah der dritte Weltkrieg gefolgt wäre, mit der Kuba-Krise).

Ende August, Anfang September 1939 hatten die Eltern nicht mal die Mitte dreißig erreicht. Dass auch bei ihnen keine Begeisterung aufkam, als der Krieg sich ankündigte, es lässt sich leicht nachvollziehen. Schon begann ringsum das große Hamstern – in banger Erwartung einer verschärften Bezugsscheinpflicht im Rahmen erneuter Kriegswirtschaft. Am 29. August lag sie prompt auch vor: die Lebensmittelkarte. Zugleich die Mobilisierung. Am 1. September der Überfall der Wehrmacht auf Polen.

Erster Luftangriff auf die Innenstadt: Überschrift in der *Chronik Kölns*. Datum: 13. Mai 1940. Ich zitiere: »In der Nacht wird Köln erstmals Ziel eines britischen Luftangriffs. Vier Sprengbomben detonieren und richten großen Schaden an. Die ersten Menschenopfer sind nach einem neuerlichen

Angriff aus der Luft am 18. Juni zu beklagen: Sechs Personen sterben bei den Detonationen. Am 2. August werden weite Teile der Randbezirke von den Fliegerbomben zerstört. Bis Ende 1941 sind bereits 100 Luftangriffe auf Köln registriert. Bei einem der schwersten Angriffe kommen in der Nacht zum 2. März 1941 einundzwanzig Menschen ums Leben, 900 werden obdachlos. Fieberhaft werden neue Schutzräume gebaut, da in den vorhandenen Bunkern nur Platz für 15 000 Personen ist. In den Kellern der Privathäuser legen die Bürger Durchbrüche zu den Nachbargebäuden an, um Fluchtmöglichkeiten für den Ernstfall zu schaffen. In Erwartung neuer Luftangriffe ist das Leben der Kölner von dauernder Angst erfüllt.«

Ja, mit der Nacht vom 1. auf den 2. März 1941: neue Dimension der Luftkriegsführung! Etwa 96 Sprengbomben und 1518 Brandbomben wurden von britischen Flugzeugen abgeworfen. Das geschah freilich noch ohne Leitgeräte, nur nach Sicht und weithin wahllos: Brandbomben auf nördliche Randbezirke … Sprengbomben auf südliche Randbezirke … Brandbomben auf Köln-Bayenthal, verstreut Brände … Flächenbrand in Köln-Kalk …

Das war massiv, verglichen mit früheren Angriffen, doch die Maßstäbe verändern sich rasch: Noch in jenem März 41 erfolgt der erste richtfunkgeleitete Bombenangriff auf Köln: gezielter die Abwürfe, konzentrierter die Schäden.

Fliegeralarm, das Aufheulen der Sirenen, mal wieder. Im Nachthemd und mit Pantoffeln in den Keller –? »Kommt nicht in die Tüte!« Ich musste mich rasch anziehn, Schuhe waren besonders wichtig, »falls Glasscherben rumliegen!«.

Zweckmäßig angezogen saßen wir im Keller: Mein Bruder Herbert, vier, mein Bruder Peter, zwei, meine Mutter, fünfunddreißig. Grundierendes Motorbrummen im nächtlichen Luftraum, massiv das Dröhnen der Flak. Die Vorstellung, Riesenhaftes würde hoch droben zurechtgeschmiedet. Jäh das Geräusch, das spezielle Geräusch im Lärmraum: dumpfer Einschlag – ein feindliches Objekt hatte das Dach durchschlagen, ein Objekt, das uns das Haus über den Köpfen anzünden wollte. Unsre Mutter, in braunem Trainingsanzug – ich sehe das noch vor mir, obwohl die Szenerie schwach ausgeleuchtet war –, sie packte die Kohlenschaufel, rief uns eine Anweisung zu, ja ein Kommando: »Ihr bleibt hier!«, rannte die Kellerstiege hinauf und, mit anderer Schrittresonanz, die Treppe weiter hoch, schrie etwas vor sich hin, dann Geräusche, die keine Rückschlüsse zuließen. Kam endlich wieder herunter, rasch atmend. Brandbombe eingeschlagen … Mansardenzimmer … Ecke gelöscht.

Stichwort »löschen«: schon stehn sie da in meiner Erinnerung, die Wassereimer, Sandeimer auf dem Treppenabsatz zum ersten Stock, dem Treppenabsatz zum Dachgeschoss.

Kein zweiter Einschlag im Haus, das Dröhnen zog ab. Helene ging wieder hinauf, erkundete die Lage. Dann führte sie mich, als Ältesten, ins Mansardenzimmer, in dem die Brandbombe eingeschlagen war, in der Ecke gleich links; die Pupillen, sicherlich geweitet, ließen das Bild in den Kopf, und der ließ und lässt es nicht mehr heraus: Loch in der Decke … Sand in der Ecke … geschwärzte Wand … Wasserlachen, Feuerpatsche …

Helene schob einen Stuhl ans Mansardenfenster, half dem verwirrten Kind hoch, und es sah Feuer, Feuer ganz in der Nähe. Jenseits der Mauer die Villa der SA: dort brannte der Dachstuhl, es brannte auch im obersten Stockwerk, aus Fenstern wurden Möbel geworfen, brennende Matratzen. Die Flugbögen brennender Matratzen haben sich eingeprägt wie das Bild eines Meteors mit Funkenschleppe. Es brannte auch weiter entfernt – Glosen, Lohen. Und nun ein Satz, der wie mit Feuerstift fixiert wurde in der Erinnerungssubstanz: »Schau es dir genau an; das alles wird noch viel schlimmer, aber wir ziehen hier weg.«

Dies wäre eher zu erwarten gewesen: Dem Kind wird der Anblick des Schrecklichen erspart. Etwa mit solch einem Satz: Kind, schau da nicht hin, das ist zu furchtbar. Nicht so bei Helene: Holt den Sechsjährigen in das Zimmer, in dem sie den Brand gelöscht hatte, stellt einen Stuhl ans Fenster in der Dachgaube, er soll da raufsteigen, und dann der Satz, der sich wahrhaftig eingebrannt hat. Nicht: Schau dir das mal an, sondern: Schau es dir *genau* an, das alles wird noch viel schlimmer, aber –. Kein Beruhigen, etwa: Ist zwar schlimm, wird sich aber sicherlich nicht (so rasch) wiederholen.

Ja, es hätte Ansätze genug gegeben zum Beschwichtigen: Gerade dieser Angriff kann dazu führen, dass die Luftverteidigung von Köln weiter ausgebaut wird, neue Flakbatterien in Stellung gebracht westlich und nördlich von Köln, verstärkt sollen Nachtjäger zum Einsatz gelangen, vielleicht war damals schon die Rede von der Kammhuber-Linie der Reichsverteidigung West, ein weiterer Grund, nicht schwarz zu sehen, außerdem gibt es ja nun zahlreiche Ziele im Ruhrgebiet, das ist von englischen Bombern ebenfalls leicht zu erreichen, also könnte es auch unter diesem Gesichtspunkt ratsam sein, in Köln erst mal die weitere Entwicklung abzuwarten, das machen andere, machen die meisten, machen eigentlich alle so.

Nichts davon, der Junge soll sich alles genau einprägen, denn: »Das alles wird noch viel schlimmer.« Im Jahr zuvor war von der Luftwaffe am Beispiel Coventry vorgeführt worden, was Bombardierung von Städten letztlich bedeuten kann: coventrieren, auslöschen. Die NS-Propaganda hatte das hinlänglich gefeiert. Im Rückschlag war so etwas nun auch in Köln zu erwarten. Also: »Wir ziehen hier weg.« Noch im selben Monat März!

Wir Kinder freilich sorgten uns nicht um die Zukunft, wir fanden es spannend am nächsten Tag: Brandbomben begucken! Und da war es auch schon, in der kleinen Rabatte vor dem Haus: Verglühtes Weißmetall, deformiert, Segment des Bombenkörpers. Hatte Helene die Brandbombe auf die Schippe genommen und raus mit ihr durch das Fenster? Allerdings: Nach dem Einschlag, so berichtete Helene, hatte die Bombe gesprüht wie eine Magnesiumfackel.

Eine zweite Brandbombe wurde gefunden im kleinen Garten, in die Erde gebohrt, ein Stück des weißgrauen Metallkörpers ragte noch heraus. Durften wir die Bombe ausgraben? Wahrscheinlich nicht. Und steckte da nicht, im gestuften Steingarten, eine dritte Bombe? Bisher nur ein Wort, nun ein Gegenstand, vom Himmel gefallen in die Privatstraße in Bayenthal.

Für das Kind wurde dies zur Erfahrung: Das Haus, bisher geschützt durch Wände und Dach, durch Fenster und Türen, es konnte aufgeknackt, könnte womöglich von innen her zerstört werden durch rasche Ausbreitung von Feuer. Und auch: die gewohnte Umgebung dem Feuer ausgesetzt, dem Feuer preisgegeben.

Wie tief sich Kriegserfahrungen einprägen, wie lange sie konditionieren können, das wurde mir bewusst nach dem Erdbeben 1992 im Rheinland, mit einer Stärke von 5,6 auf der Richterskala. Ich erlebte das Erdbeben dort, wo man Erdbeben lieber nicht erleben möchte: in einem Hochhaus, im 16. Obergeschoss. Ich wurde, in der Stunde des Tiefschlafs, geweckt vom Schwingen des Betts, und das war weder ein Schwingen in der Vertikalen noch ein Schwingen in der Horizontalen, ich hatte den Eindruck: es wogt. Und dumpf grollende Klanggrundierung, böses Knirschen in den Wänden.

Sofort lief ein Doppelprogramm ab: erst ein Reflexprogramm, dann ein angelerntes Programm. Ich sprang aus dem Bett, stieg rasch, rasch in die Cordhose, schlüpfte in die Schuhe. Bei einem Erdbeben – und mir war gleich klar, dass es ein Erdbeben sein musste – kann es Trümmer und Scherben geben, da willst du nicht barfuß laufen, wenn es schlimmer kommt …!

Angezogen, und zwar so rasch, als wären plötzlich Bomber aufgetaucht über Köln-Mülheim, ergänzte ich das Reflexprogramm durch Instruktionen, die ich in Japan in Hotelzimmern gelesen hatte, auf roten Metalltafeln: Papiere einstecken, sich unter den nächsten Türsturz stellen. Auch dieses Japan-Programm lief so rasch ab, als hätte ich es eingeübt.

Als ich Luftangriffs-Programm und Erdbeben-Programm durchgeführt hatte, in Cordhose, Schuhen unter dem Türsturz stand, Manuskriptmappe im Griff, da hatte das Erdbeben auch schon aufgehört. Sechzehn Sekunden lang das Beben – nachträgliches Staunen darüber, wie rasch man, bei heftiger Adrenalinausschüttung, handeln kann, in einem zum Reflex gewordenen Programm. Plötzlich, 1992, war für mich wieder selbstverständlich, was 1941 für das Kind meines Namens selbstverständlich gewesen war: Alarm, rasch in die Schuhe!

Aufbruch: Unser Auto schwer bepackt, auch auf dem Dachgestell; auf dem Rücksitz wir drei Söhne, auf dem Beifahrersitz die Kinderfrau, Helene am »Volant«. Fahrt, erst einmal, ins Siebengebirge.

Nachwirkender Schock: Der Krieg war zu uns ins Haus gekommen, das Haus hatte, im genauen Wortsinn, einen Dachschaden, die Mansarde war zum Teil ausgebrannt, der Holzboden zumindest beschädigt. An Hilfe war kaum zu denken: Handwerker waren meist an der Front, auch Handwerksbetriebe wurden zerstört. Außerdem: öffentliche Einrichtungen mussten vorrangig repariert, wieder aufgebaut werden. Überhaupt waren Baumaterialien knapp, Holz (für das Dach) gab es nur mit besonderer Lizenz. Wir waren zwar nicht »ausgebombt«, aber zumindest brandgeschädigt. Da war es an der Zeit, ein ›sicheres Dach über dem Kopf‹ zu suchen.

Ein paar Tage Siebengebirge: Zeit des Planens, damit wohl auch des Telefonierens, Telegraphierens. Dann der große Aufbruch nach Bayern. Hier assoziiere ich: Aufbruch im Bahnhof. Wahrscheinlich war mit der Abmeldung aus Köln unser Wagen beschlagnahmt worden, für Partei oder Wehrmacht.

Mit dem zweiten Aufbruch koordiniere ich eine winzige Sequenz aus einem fast vollständig gelöschten Erinnerungsfilm: Ein Abend oder eine Nacht, ich in einer belebten Unterführung – wie sie im Kölner Hauptbahnhof die Bahnsteige verbindet.

Ich lasse das Bild nachwirken: keine Erinnerung gespeichert an längere Bewegung in dieser Unterführung, es bleibt bei ein paar Schritten hin zu einer der Treppen. Dort führt Erinnerung keinen einzigen Schritt hinauf ... Also eher ein Bildsignal als eine Bildfolge.

Was ich damals empfunden habe, ich weiß es nicht, also kann ich die Momentaufnahme, die minimale Filmsequenz der Erinnerung nicht festlegen in der Bedeutung für das Kind, das meinen Namen trug. Eine Aussage aber dürfte sich ableiten lassen vom Erinnerungsbild: Dass es sich so eingeprägt hat, es signalisiert, dass die Situation als ungewöhnlich empfunden wurde. Hellwache Wahrnehmung eines Kindes, das aus gewohnten Lebensverhältnissen – ja, was denn nun: herausgelöst oder herausgerissen oder befreit wird?

BERCHTESGADEN-SCHÖNAU, Landhaus Schulten: dort wohnte die Familie, während Mutter Helene über Zeitungsannoncen eine Wohnung suchte, speziell in Bayern. Der Vater war zu jener Zeit bei der Kriegsmarine, stationiert in Zuidlaeren.

Der (sehr rasche) Ortswechsel wurde auch in einem neu angelegten Fotoalbum dokumentiert. Auf der ersten Seite eine Postkarte, schwarzweiß: Die Pension – großes, ländliches Haus zwischen Bäumen, vor Bergen. Und Helenes kalligraphische Frakturschrift: »Unser Aufenthalt März–September im 2. Kriegsjahr 1941«.

Jeder Monat des Zwischenaufenthaltes ist fotografisch festgehalten: Erst stehen zwei Kühn-Kinder und ein Kinderwagen tief im Schnee, dann wird die Kleidung leichter, Seite um Seite. Zwischendurch posiere ich in schwarzer Kinder-Bergmannskleidung, Bruder Herbert an der Hand, auch er in Bergmannskleidung im Kindformat: Salzbergwerk von Bad Reichenhall! Daran muss ich freilich nicht durch Fotos erinnert werden, das ist präsent geblieben – vor allem die Rutschpartie eine Holzrinne hinab, auf einem festgezurrten Lederlappen sitzend, dem »Arschleder«.

Im Autoatlas suche ich Berchtesgaden-Schönau und sehe: Schönau ist von Berchtesgaden ein Stück entfernt, südwestlich.

Wie kam Helene auf Schönau? Wahrscheinlich hat ihre Münchner Schwester vermittelt. Aber nach München wollte

Helene offenbar nicht, obwohl – damals – die Stadt noch relativ sicher schien vor Bombenangriffen. Zu viele NS-Behörden in der »Hauptstadt der Bewegung«, zu viele Uniformierte? Entschied sie sich aus taktischen Gründen für Schönau? Der südöstlichste Winkel Deutschlands, und wir dort weit genug entfernt von Kölner Behörden und Parteiorganisationen, in denen womöglich Daten gesammelt waren über die Familie? Kontrolle der Bürger durch Behörden war in der NS-Zeit wirkungsvoll organisiert, dennoch: Es war die Manufaktur-Epoche der Datenverarbeitung, man dachte noch nicht in Kategorien der Vernetzung. Und so konnte – trotz Abmeldung, Anmeldung – der Faden erst einmal reißen, konnte zumindest dünn werden zwischen Rheinland und Bayern. Damit war zumindest Zeit gewonnen.

Wir waren den Fluchtbewegungen der Bombenopfer (»Ausgebombte«) zeitlich so weit voraus, dass es nicht eilte beim Suchen einer Wohnung. Andererseits, der Zeitraum war nicht unbegrenzt: vorgegeben war das Datum meiner Einschulung. Spätestens dann musste die Familie einen festen Wohnsitz in Bayern gefunden haben.

Dieter, sechs, in Schönau: Landschaftsambiente »besonnter Kindheit«? März/April noch mit Tiefschnee, wir Kinder vermummelt. Juli/August, wir Kinder in Spielhöschen. Dass Winter damals schneereich und kalt, dass Sommer trocken und heiß waren: nicht bloß subjektive Erinnerung, es lässt sich nachweisen – die Phase der vierziger Jahre als besonderer Abschnitt (auch) in der Geschichte der Meteorologie. Exemplarischer Kindheitssommer, in der Tat.

Berchtesgadener Land im Sommer: der fand vor allem auf einer Wiese statt, die hinter der Pension schräg anstieg. Auf dieser Fläche spielte ich mit dem vierjährigen Bruder »Kohlroulade«: Wir legten uns dicht aneinander, wickelten uns in eine alte Decke (wohl eine Bügeldecke), hielten sie von innen her zusammen. War die Kohlroulade perfekt gewickelt, so blieb bei der Drehbewegung auf holprigem Hang der Kopf im Halbdunkeln, und es roch stärker nach Decke als nach

Wiese. Nach einigen der raschen Drehungen fiel die Kohlroulade meist auseinander, und es ging gleich wieder hinauf, die Decke wurde ausgebreitet, am oberen Ende legten wir uns aneinander, drehten uns, Brust an Brust, in die Decke ein, schon ging es die Wiesenschräge hinunter, nach einigen der raschen Drehungen fiel die Kohlroulade auseinander. Und gleich ging es wieder hinauf, die Decke ausgebreitet, am oberen Ende legten wir uns aneinander, drehten uns, Brust an Brust, in die Decke ein, schon ging es die Wiesenschräge hinunter, und nach einigen der raschen Drehungen – und so weiter, bis zur Erschöpfung.

Berchtesgadener Land im Sommer: es war auch die Zeit für Geschichten. Und da prägte sich vor allem die Geschichte ein, die sich mit der Gipfelkette des Watzmannmassivs verbindet. Diese Geschichte blieb wichtiger als der Watzmann selbst. Oder: der Watzmann als steinerner Zeuge einer nachwirkenden Geschichte.

Es war einmal ein böser, böser König, der hieß Watzmann. Seine Frau unterstützte jede Bosheit ihres Mannes, und die Kinder, alle sieben, waren mit dabei, wenn der König Böses tat. Den Bauern im Berchtesgadener Land, das von seiner Burg am Königssee beherrscht wurde, presste er immer höhere Steuern ab, und nicht nur das: Zuweilen mussten Bauern die Ochsen ausspannen und selber die Pflüge ziehen, Knechte des Königs trieben sie an mit Knütteln und Peitschen, Hunde wurden auf sie angesetzt, bellend und beißend, da zogen die Bauern ihre Pflüge im Eilschritt. Wenn die Hunde einen der Bauern zerfleischt hatten, kehrte der König mit Familie und Gefolge zufrieden zurück in die Trutzburg, Zwingburg; nachts hörte man weithin das Jaulen der Hunde.

Immer wieder ritt er los, um Bauern zu schinden, immer wieder ritt er zur Jagd, gefolgt von böser Frau und bösen Kindern, gefolgt von Knechten und Hunden. An einem brütend schwülen Tag aber konnte König Watzmann kein Wild erlegen, also war er besonders übler Laune, als er seinen Heimweg über eine Alm nahm. Auf schmalem Pfad spazierte ihm eine alte Frau mit kleinem Kind entgegen: Mutter und Kind des

Almhirten. König Watzmann preschte auf sie los, ritt sie nieder. Die alte Frau versuchte, sich wieder aufzurichten, die Frau des Königs aber ritt sie gleichfalls nieder; die sieben Kinder folgten ihrem Beispiel. Die Frau des Sennhirten hörte die Todesschreie der Schwiegermutter, hörte die kleinen Todesrufe ihres Kindes, sie lief aus der Almhütte, um zu helfen, schon wurde sie von König Watzmann gepackt, einer der Hunde sprang bellend und beißend an ihr hoch, und der Almhirte, herangeeilt, wollte den Hund wegreißen von seiner Frau, da befahl der König den Hunden, den großen und sicherlich schwarzen Hunden: Fasst! Und er schrie den Knechten zu: Tötet sie! Und die Knechte erschlugen, die Hunde zerfleischten die Familie des Hirten. Der verfluchte, sterbend, den bösen König Watzmann. Und ein Unwetter brach los nach dem brütendheißen Tag, die Hunde stürzten sich auf ihren eigenen Herrn, stürzten sich auf die Frau, auf die sieben Kinder, die Hunde bissen allen die Kehlen durch, zerrten die Leiche des Königs Watzmann und die Leiche seiner Frau und die Leichen der Watzmannkinder zu einem Abgrund, stießen sie mit ihren Schnauzen hinab.

Und am nächsten Morgen – klarer Himmel nach dem Unwetter – staunte man im Berchtesgadener Land: Ein neues Gebirge war in der Nacht entstanden, ein Gebirgsmassiv mit einem hohen Gipfel, mit einem nicht ganz so hohen Gipfel, mit sieben kleineren Gipfeln zwischen ihnen.

Und die Geschichte ist aus, geht alle nach Haus. Nein, Moment, sie hat noch ein kleines Nachspiel! Wenn Sturm im Watzmannmassiv heult, raunt man im Berchtesgadener Land: Hört ihr, wie die Hunde jaulen? Wie des Königs Hunde jaulen? Hört ihr, wie des Königs Hunde, hört ihr, wie sie jaulen, jaulen? Hört ihr, hört ihr, wie die Hunde, wie des Königs Hunde jaulen?

Erinnerung, die sich mit Berchtesgaden verbindet: Ich liege auf einer Decke, hinter einem aufgebockten Maschinengewehr, Kolben an der Schulter, ein Offizier redet auf mich ein, ungeduldig, herrscht mich schließlich an, endlich krümme ich den Finger am Abzug, die Waffe rüttelt, der Kolben boxt rasend schnell an meine Schulter, die Schüsse schmerzhaft laut.

Ich vermute: Ein Tag der offenen Tür, eine Präsentation des Heeres (Gebirgsjäger?). Ich vermute weiter: Meine Mutter bezahlte die Patronen des Feuerstoßes, bestimmt mit Aufpreis. Ich vermute ebenfalls, sie war dazu überredet, verpflichtet worden: Der Junge muss wissen, wie das ist … Aber im Jungen wurde keine Begeisterung geweckt mit den Probeschüssen: Ich fühlte mich eingeschüchtert, kam mir noch kleiner vor, als ich es war, sechsjährig.

Begeisterung wurde schon gar nicht geweckt durch diesen Anblick: Auf dem Kasernengelände robben Rekruten, Gewehre in den Fäusten; nasser Boden; einer der Soldaten will um eine Pfütze herumkriechen; ein Offizier brüllt ihn an, tritt mit dem Schaftstiefel in die Pfütze, Wasser- und Dreckspritzer ins Gesicht des Soldaten. Das erschien mir weder lustig noch ertüchtigend, das gefiel mir überhaupt nicht.

Helene nahm mich (nur mich?) mit auf ihre (erste?) Fahrt nach Herrsching am Ammersee. Dort hatte ein Hausbesitzer auf eins ihrer Inserate geantwortet mit verlockendem Angebot. Herrsching also!

Die Wohnung in der Fischergasse konnten wir zu diesem Zeitpunkt noch nicht beziehen, wir wohnten im Hotel Steinberger (längst abgerissen und ausgetauscht gegen einen modernen Hotelbau, der wiederum abgerissen und durch einen noch moderneren Hotelbau ersetzt wurde). Vage Erinnerung an das Frühstück in einem Raum mit bemalter Holztäfelung.

Dann Wechsel in die neue Wohnung. Helene brachte mich mit dem Rad zur Schule, ich auf dem Gepäckständer, hielt mich fest an beiden Sattelfederspiralen.

Am Eingang zur Schule musste mir zugeredet werden, nachdrücklich. So kurz zuvor waren wir im Ort angekommen, kaum eingelebt und nun sofort zur Schule: das Neue auch noch im Fremden! Tränen? Festklammern? »Mach keine Menkenke!« – Standardsatz der Mutter, wahrscheinlich auch in dieser Situation wiederholt.

Die Wahrnehmung für das neue Ambiente wuchs nach. Fischergasse 10: ein Haus, so breit, so lang (beinah) wie ein bayrischer Bauernhof. An der Sonnenseite, im ersten Stock, ein Balkon; unter dem vorspringenden Dach ein Balkönchen; riesiger Ahorn vor großem und kleinem Balkon; an der Rückseite des Hauses ein Brennholzschuppen, eine Waschküche mit fest installiertem Kessel und – etwas tiefer im Garten – ein zweiter Schuppen; gereihte Johannisbeerbüsche, ein Gemüsegarten (ein Karree auch für uns); Rosenpergola; hinter den Nutzflächen eine Wiese mit Obstbäumen, einem Rondellbau auf sanfter Erhebung; eine kurze Allee führte zur Parallelstraße.

In einem der Bildbände über Herrsching entdecke ich, ganzseitig, ein Foto des Hauses, in dem wir von 1941 bis 1949 gewohnt haben, sehe es nach einer Renovierung, bei der vor allem Fenster ausgetauscht wurden: heute übliche Glasflächen gegen früher übliche Sprossenfenster. Und die schmiedeeisernen Fenstergitter im Erdgeschoss sind entfernt. Die Lattensprossen auf der Gartenseite wieder angebracht auf neu verputzter Wand; auf dem Foto ist der wilde Wein noch nicht so hoch gewachsen, wie wir das nicht anders kannten, damals: ockerfarbene Wand mit dem reichen Weinlaub. Assoziation: Eine Hornisse hier, auf die einer der Söhne des Hausbesitzers mit dem Luftgewehr zielte, aus wenigen Schritt Entfernung. Die Erinnerung hat nicht mehr gespeichert, ob die Hornisse auch getroffen wurde.

Einige angelesene Informationen, den Erinnerungen zusätzliche Tiefendimension verleihend. Das Haus war einst nach dem ersten Besitzer benannt, der es wohl auch erbaut hatte: »Beim Naheiß«. Ein »Anwesen mit Fischereirecht«. Als Kind konnte ich mir nie erklären, weshalb unsere Gasse, die bestimmt drei- oder vierhundert Meter Luftlinie vom Seeufer entfernt lag, Fischergasse hieß, aber nun wird eine Erklärung sichtbar im Buch: Weil ein Fischer das Haus zuerst bewohnt hatte.

Fotos des Orts an der Wende vom 19. zum 20. Jahrhundert:

Felder und Wiesen in weiten Flächen zwischen dem noch unbebauten Seeufer und dem Dorf, das sich um die Kirche scharte, die auf ihrem Hügel zum Wahrzeichen wurde: St. Martin. Ein Landschaftsmaler war der Erste, der zu jener Jahrhundertwende am Seeufer baute: spätromantisches Künstlerschlösschen mit Fachwerk, Erkern, rundem Aussichtsturm. Nun war das Seeufer entdeckt, nun wurde es attraktiv, bald bauten auch andere am See. Selbstverständlich liegen heute die teuersten der teuren Grundstücke an der Promenade, dennoch bleibt die alte Silhouette gewahrt, noch.

Das Haus des Naheiß also aus der Zeit, in der man sich vom See fernhielt – solange man am See, auf dem See nicht beschäftigt war, vorzugsweise Renken fangend. Im See wird man sich höchstens mal gewaschen haben, das Baden, erst recht das Schwimmen war in jener Ära noch längst nicht üblich.

Ja, und nach dem Naheiß wohnte im Haus ein Mann namens Wunderl, der ebenfalls Fischfang betrieb und zusätzlich Landwirtschaft. Einer, der das Haus später großzügig erweitert und ausgebaut hatte, war ein Major mit Adelsnamen. Und der Hausbesitzer, der uns die Einliegerwohnung vermietete, er war für mich, für uns immer nur der »Herr Feuerherdt«. Im kurzen Begleittext des Fotos erhält er einen Vornamen: Reinhold. Er war Vorsitzender eines Arbeitsgerichts gewesen, vor seiner Zeit in Herrsching. Die hatte offenbar erst kurz vor unserer Zeit begonnen: 1941 ging das »Anwesen« in seinen Besitz über. Neuer Hausherr also mit neuen Mietern.

Ein kompakter, weißhaariger Mann, in der Etage über uns residierend. Und zwei Söhne, die mir, als Kind, erheblich älter erschienen, obwohl sie noch nicht im »wehrfähigen Alter« waren. Und die Frau, die zwischen den dreien sehr leise wirkte. Ja, und nun taucht beim Schreiben ein weiterer Hausbewohner auf, bisher vergessen: Unter dem Dach, in einem Zimmer mit Balkon Richtung Ahorn, wohnte ein Mann namens Arthur, und der war krank, hatte es offenbar auf der Lunge, saß viel herum, bewegte sich langsam und mit weichen Schritten, sprach leise, war oft tagelang nicht zu sehen, musste sich demnach unter dem Dach aufhalten, in einem Raum mit geschrägter Decke. Und tauchte wieder auf; zwischen den Männern, die poltrig auftraten, bewegte er sich auf Sohlen, die seine Trittgeräusche zusätzlich dämpften – hätte es in jenen Kriegsjahren Kreppsohlen gegeben, es wäre die Erklärung gewesen. Die gelegentlichen, fast geräuschlosen Auftritte des Mannes mit hellem, etwas schütterem Haar, mit immer nur leiser Stimme: ihn habe ich als Kind offenbar im Auge behalten. Mann mit rätselhafter Krankheit, überhaupt eine rätselhafte Erscheinung. Ich kann keine Geschichte über ihn erzählen, leider.

Fischergasse 10: Unser Spielbereich war der schmale Vorgarten, mit einem Lattenzaun entlang der (noch längst nicht asphaltierten) Gasse; ein Gartentor an der Einfahrt in den Schuppenbereich; ein Dreiviertelrund von Jasminbüschen: weiß gestrichener Tisch, weiß gestrichene Stühle. Unsere Wohnung: gut die Hälfte des Erdgeschosses; Seiteneingang. Die Wohnung flankiert von einer Werkstatt (mit großem, oben gerundetem Holztor) und dem Vestibül der Hausbesitzer.

DREI JAHRE (ein Jahr durfte ich überspringen) in der Volksschule Herrsching. Nur schwache Erinnerungen an das Klassenzimmer, aus dem ich am liebsten hinausschaute, nur vage Erinnerungen an den Herrn Hauptlehrer. Mein Gedächtnis gibt wohl auch deshalb so wenig Erinnerungen an die Schulzeit her, weil ich nicht zu den Menschen gehöre, die Schulerinnerungen kultivieren. So nehme ich auch nicht teil am Austausch von Erinnerungen an die Gymnasialzeit; Klassentreffen bin ich bisher ferngeblieben, nur einmal habe ich an einer Eifelwanderung ehemaliger Klassenkameraden teilgenommen, bei schönem Wetter, bei guter Laune im Grüppchen. Auch wenn bei einem der Senioren Gelenkprobleme spürbar wurden, ein anderer kurz mal zurückblieb: Ich muss schnell meinen Blutzucker messen. Und gleich die Notfallbanane verputzt!

Wiederum die Herrschinger Schulzeit: In Erinnerung geblieben sind vor allem Geschichten, die im Fach Heimatkunde erzählt wurden, Geschichten aus dem Umland: Brand von

Kloster Andechs ... Pest in Erling ... ein Geheimgang ... Graf von Seefeld ...

»Heimatkunde«, das konnte bedeuten, dass die Klasse während des Vormittags die Schule verließ zu einer Dorfexkursion, etwa zum alten Gasthof mitten im Ort. Im Flur hing ein Ölbild, auf das man im fernen Dreißigjährigen Krieg mit Säbeln eingeschlagen hatte, die Kerben im bemalten Holz registrierten wir auch bei der schwachen Beleuchtung. Was auf dem Bild gemalt war, weiß ich nicht mehr, ich sehe nur noch Buntes mit Kerben. Die blieben in meine Erinnerungssubstanz gleichsam eingeschnitten.

Eine heimatkundliche Wanderung auch zu einem kleinen Landschloss am Rand des Nachbardorfs Seefeld. Wir setzten uns an einen Hang, blickten hinüber zum graubraunen Schloss, kriegten die Geschichte zu hören über den Grafen von Seefeld, der in früherer Epoche gelebt hatte. Jener Graf war ebenso reich wie geizig; er hasste Bettler, sein Reichtum aber zog Bettler an in karger Zeit. Eines Tages befahl er seinen Leuten, die Bettler in eine Scheune zu treiben; sie wurde verrammelt und an den Ecken angesteckt. Und an den Ecken angesteckt. Feuer, Feuer, hohe Schreie. Da fragte der Graf die Männer: »Hört ihr, wie die Mäuse pfeifen? Hört ihr, wie die Ratten fiepen?« Mäuse und Ratten der näheren Umgebung nahmen das wörtlich, huschten zum Schloss, immer zahlreicher, bald zogen auch aus der Ferne Mäuse und Ratten heran, zu Tausenden drangen sie ins Schloss ein. Mäusepfeifen, Rattenfiepen – und das Echo heute noch ... Aß der Graf, so sprangen Mäuse, Ratten auf den Tisch und – nein, das darf nicht nur wiedergegeben werden, das muss die Balladenform finden, die in der Geschichte angelegt ist: Aß der Graf, so sprangen Mäuse, / Ratten auf den Tisch und fraßen. / Schlief der Graf, so nagten sie / seine Ohren an, er schrie. / Seine Ohren an, er schrie –

KINDHEIT, HITLERZEIT. Mein Gruß war nicht: Guten Tag oder: Grüß Gott, auch mein Gruß lautete: Heil Hitler. Auch ich habe den rechten Arm gestreckt, habe ihn angehoben in einem Winkel von etwa dreißig Grad, habe dabei die Hand flach gehalten. Angst, nachträglich, als ich den Bürgermeister mit gestrecktem linken Arm gegrüßt hatte, aber das blieb ohne Folgen.

In München wollte Helene sich selbst und mir den Deutschen Gruß ersparen vor der SS-Ehrenwache an der Feldherrnhalle, wir wichen aus in die Gasse, den Durchschlupf hinter dem Ehrenmal: die »Drückebergergasse«. Dabei hätte ich sie gern aus der Nähe beschaut, die beiden reglosen Männer in schwarzen Uniformen, mit schimmernden Helmen, glänzenden Stiefeln, geschulterten Gewehren. Und hingen oder lagen da nicht auch Kränze?

Zufall liefert mir ein Stichwort: Schulfibeln. Als Stadtschreiber von Mainz wurden mir, unter dem Dach des Gutenberg-Museums wohnend, Kataloge früherer Ausstellungen des Hauses geschenkt, ich blätterte mit höflichem Interesse, bei einem Katalog aber merkte ich auf: Eine »Ausstellung zur Geschichte der Fibeln in Deutschland«, dabei das Kapitel: »Nationalsozialistische Fibeln«. Zwei Abbildungen aus Fibeln jener Zeit, reproduziert.

Die erste: Jungvolk in Uniform, hinter einer Trommel, einem Wimpel mit Siegesrune marschierend: »dom … dom … diri, diri, dom …« Erste Zeile eines Textpäckchens in Sütterlinschrift, in der auch ich das Schreiben lernte; später mussten wir uns umstellen auf lateinische Buchstaben. Ich kann Sütterlinschrift aber noch mühelos lesen: »dom … dom … diri, diri, dom, / so marschieren sie los, / alle schön ausgerichtet, / alle sauber alle gerade.«

So etwas werde ich, mit hoher Wahrscheinlichkeit, damals gesehen und gelesen haben, zumindest in dieser Machart. Komme ich damit dem Erstklässler näher, der meinen Namen trug? Die Fibel, die ich mit sechs und sieben Jahren benutzte, die hatte ich mit anderen Augen gesehen. In keiner Weise konnte das Kind mit meinem Namen so etwas wie kritische Distanz entwickeln – die heute vorgegeben ist.

Das macht mir auch Exponat 103 bewusst, eine Bildreproduktion aus der Publikation »Von Drinnen und Draußen.

Heimatfibel für die Deutsche Jugend«. Ein mit tödlicher Symmetrie angelegtes Bildchen: In der Zentralachse führt eine Dorfstraße auf den Platz einer Kleinstadt; rechts und links im Vordergrund hängen große Hakenkreuzfahnen an Häusern; man schaut auf zwei Fachwerkhäuser gleicher Größe, die, in der Bildachse, ein altes Haus mit leicht geschwungenem Giebel in die Mitte nehmen; zwischen den drei Giebelfronten ragen zwei Kirchtürme hoch; an allen Häusern Hakenkreuzfahnen; im Hintergrund marschiert eine SA-Einheit von links nach rechts, im Vordergrund marschiert von rechts nach links ein Trüppchen Jungvolk, voran ein Junge mit Wimpel, hinter ihm der Trommler, im Gleichschritt die erste Reihe; Mann und Frau und Hund und Kinder schauen zu.

Das Dutzend Hakenkreuzfahnen auf diesem Bild, es ist (oder wäre) Kind Dieter kaum übertrieben erschienen – »festliche Beflaggung« wird es auch in Herrsching gesehen haben. Und vorstellen konnte sich wohl nicht einmal meine skeptische Mutter, dass all die Staats- und Machtembleme schon nach wenigen Jahren Müll werden könnten: weggeworfen, verbrannt, zertrampelt, an Soldaten der Siegermächte verhökert.

Weiter: Ich konnte damals noch nicht erkennen, wie miserabel eine Buchillustration eines Herrn Gutgesell (!) war. Die »Pimpfe«, die – dom … dom … diri, diri, dom – hinter dem Anführer, hinter der Trommel, hinter dem Wimpel hermarschierten, sie sind wie mit der Schablone konturiert: gleiche Größe, gleiche Gesichter, gleiche Frisuren, die weißen Händchen an der »Hosennaht«. Als würden sie mit einem Schlüssel am Rücken aufgedreht, und sie marschieren – dom … dom … diri, diri, dom – so weit die Federspannung reicht.

Und die Texte solcher Fibeln? Dom … dom … diri, diri, dom …, sie sind total vergessen. Da konnte ein Fibel-Heini noch so oft im Leselerntext »Heil! Heil!« rufen – keine Resonanz mehr. Und ein Wikingerschiff, beladen mit Kindern, Hakenkreuzfahne am Mast – untergegangen im Vergessen. Und ein Brautpaar, unter dem Stichwort »Die Hochzeitsfeier« aus einer Kirche (!) heraustretend, er in SA-Uniform, vor ihnen ein Spalier von SA-Männern – alles aufgelöst …

Aber dies, überhaupt nicht spektakulär, ist in Erinnerung geblieben: Abziehbilder. Damals waren Abziehbilder sehr beliebt, auch bei mir. Ein etwa handtellergroßes, handtellerkleines Abziehbild, wohl als Geschenk, und es wurde eine Papierfläche befeuchtet oder die Rückseite des Abziehbildes – mit der Zunge, wie bei einer Riesenbriefmarke, oder wurde es kurz durch Wasser gezogen? Das feuchte Abziehbild sodann auf einen Papierbogen gepresst, ja, mit dem Handballen, mit der Handkante wurde es angepresst, und dann der entscheidende Vorgang des Ablösens, es wurde so etwas wie eine hauchdünne Bildhaut abgelöst, hurra, und die Figur war, in wasserfrischen Farben, auf dem Papier. Vollständig? Das war die Frage, nun sehe ich wieder das kleine Problem: Beim Abziehen konnten sich Flächen der Bildhaut vom Papier lösen, wurden mit abgezogen, da war denn eine störende weiße Papierfläche, unregelmäßig gezackt, im Bild. Ja, die aufgehauchte Bildhaut, so dünn wie Blattgold, sie konnte sich lösen … konnte Falten werfen … konnte winzige Wellen bilden … da würde das Bild sich nicht lange halten auf dem Papier …

Deutlicher als ein Abziehbild selbst blieb in Erinnerung der Vorgang des Ablösens – fast so spannend wie, später, das Entwickeln eines Fotos in improvisierter Dunkelkammer, und in der Plastikschale, unter Rotlicht, wachsen Konturen, erst laff und vage, aus der Fotopapierfläche heraus, verdichten sich bis hin zum Schwarz. Abziehbilder, gibt es die überhaupt noch? Bildchen, die man rubbeln kann, meist bei Werbeaktionen, das ja. Aufkleber, selbstverständlich. Aber Abziehbilder? Egal. Wichtig bleibt nur: Das Wort »Abziehbilder«, sonst nie benutzt, wahrscheinlich bisher noch nie von mir niedergeschrieben, es macht sich nun beinah selbständig.

Macht sich in der Erinnerung selbständig wie die japanische Wunderblume, die sich im Wasser entfaltete. Intensiv nachwirkendes Bild: In einen mit Wasser gefüllten Kochtopf legte ich das ungefähr streichholzlange, schwarze Stäbchen, es schwamm, und bald schon begann es in diesem Stäbchen zu rucken, zu zucken, es entfaltete sich ein Blütenblatt, zögerlich, als müsse es sich aus sanfter Verleimung lösen, schon begann es auf der Gegenseite des Stäbchens zu rucken, zu zucken, im Schwarzen bildeten sich sehr schmale, gelbe und rote Risslinien, aus denen wurden klaffende Linien, nun erst schien das Wasser so richtig einzuwirken, und flach auf dem Wasserspiegel entfaltete sich die Blüte mit ruckenden Bewegungen, als wären jeweils kleine Widerstände zu überwinden. Die Blüte, die sich aus dem schwarzen Stäbchen befreit hatte, sie zeigte vor allem Gelb und Rot. Dieses Aufklaffen der Farbflächen hat sich eingeprägt; die Form, in die schließlich die Blüte hineinfand, sie habe ich vergessen.

Weshalb dieses kleine Wunder für das Kind meines Namens ein so großes Wunder war, dafür kann ich Erklärungen heranziehen. Es gab wenig Farbenbuntes zu sehen in den Kriegsjahren. Vermutlich war das schwarze Wunderstäbchen aus Japan nach Bayern gekommen – die militärische und politische Achse Berlin–Tokio. Kleiner Spielraum für scheinbar Überflüssiges, nahm nicht viel Transportraum in Anspruch – auch wenn die Stäbchen eher zigarettengroß als streichholzklein gewesen sein dürften. Aber schwarz waren sie auf jeden Fall.

JEDE WOCHE holte ich drei Kriegsillustrierte ab in der kleinen Buchhandlung am Kriegerdenkmal: eine Illustrierte der Marine, eine Illustrierte des Heeres, eine Illustrierte der Luftwaffe. Erinnerungsbilder mit unscharfen Rändern: Männer sonnen sich auf dem Vorschiff eines U-Boots, nackt auf den Bäuchen liegend … Ein Schlauchboot mit Infanteristen setzt über einen Fluss, zwischen Wasserfontänen … Bomben werden eingeklinkt unter den hochgeknickten Flügeln eines Sturzkampfbombers … Auf einer Witzzeichnung hängt ein englischer Pilot mit schlaffem Fallschirm am Wetterhahn eines hohen und spitzen Kirchturms, betont hilflos, und als Bildlegende das Zitat: »Horch, was wimmerts hoch vom Turm …?«

Warum habe ich ausgerechnet diese Zeichnung behalten? Wegen des Kontrastes zum klassischen Text? Den haben wir in der Volksschule Herrsching bestimmt nicht kennengelernt. Keine schlüssige Erklärung. Vielleicht blieb in der Erinnerung nur zufällig der gezeichnete Engländer an der gezeichneten

Kirchturmspitze hängen. Die anderen Bilder jener Serie frei nach Schillers *Glocke* habe ich vergessen. Nachblättern kann ich nicht, denn: Als der Feind hörbar wurde erst mit Kanonen, dann mit Schnellfeuerwaffen in kurzen Salven, da habe ich flugs die Illustrierten vergraben, in dicken Packen: möglicherweise verdächtiges, damit gefährliches Material. In den Erdboden damit!

Obligatorische Identifikationen im Kindesalter. Mein Vorbild wurde vermittelt durch Propaganda, durch aufschönende Kriegsberichterstattung: Ich wäre am liebsten Offizier der Luftwaffe geworden, Pilot einer Me 109. Weil sich das in einem bayrischen Dorf schwer simulieren ließ, wollte ich wenigstens Luftwaffenoffizier im Erdkampf sein. Aus Sperrholz sägte ich ein Ritterkreuz, bemalte es mit schwarzer Wasserfarbe, hob die Konturen hervor mit Ofenrohrsilber, trug diese Ordensimitation an breitem Band, das unzulässig bunt war, doch entscheidend war nicht, was mir um den Nacken, entscheidend war, was vor dem Hals hing.

Mit pendelndem Ritterkreuz, den Kolben einer Spielzeugpistole fest in der Kinderfaust, lief ich durchs Dorf, da hatten Gegner keine Chance, ich ließ die Waffe sprechen.

Sperrholz-Ritterkreuz, Spielpistole: Surrogate, die aufgeladen werden mussten mit Bedeutung. Bis ich eine Kriegstrophäe erhielt, die *mich* auflud mit Bedeutung: Ein Bekannter der Eltern schenkte, nein: überreichte mir einen halben (oder womöglich dreiviertel!) Meter langen Patronengurt eines Maschinengewehrs, erzählte mir, diesen Gurt hätte er in einem Luftkampf leergeschossen. Da fühlte ich mich fast wie ein Knappe, dem König Artus die Hand auflegt.

Dieser MG-Gurt machte das Sperrholz-Ritterkreuz überflüssig. Aber nie erhielt ich, was ich mir am allermeisten wünschte, was ich dem Piloten am liebsten abgeguckt hätte: Die lammfellgefütterten Pilotenstiefel, mit Reißverschlüssen außen rechts und außen links, für Fliegerzubehör. In solchen Stiefeln wäre ich eine Spanne hoch über den Dorfstraßen geschwebt und womöglich über der Seefläche.

Das Kind, das ein Kämpfer sein wollte, es musste sich nass kämmen: Mehrfach musste der Kamm unter Wasser gehalten werden, bis die schwarzen Haare schließlich parallel lagen wie Pflugfurchen. Weil die nass gekämmten Haare rasch wieder trocken wurden, sich dann über der Stirn leicht eine Strähne löste, musste ich eine Haarklammer tragen. Die machte die Stirn wieder frei, zwang die Strähne zusammen mit dem ordentlich gekämmten Haupthaar. Ich trug diese nur etwa zwei Millimeter breite Haarklammer höchst ungern, hätte sie mir am liebsten aus dem Haar gerissen, aber strikten Anweisungen der Mutter war unbedingt Folge zu leisten.

Als selbst Mutter Helene den Eindruck hatte, die Haarklammer könnte nicht mehr zu einem Jungen passen, wurde der Pomadestift eingeführt: ungefähr so dick wie ein Rasierpinselgriff, und es schob sich eine süßlich riechende Hartpaste heraus, die auf dem gekämmten Haar gleichförmig abgestreift wurde; nun lag es so dicht und fest auf dem Schädel, als hätte man eine Badekappe auf.

Es wurde nicht nur Wert gelegt auf korrekt gekämmtes, durch Wasser oder Pomade in Form gehaltenes Haar, auch auf gleiche Kleidung der Kinder: Die verhassten »Lufthosen, Spielhosen«, die im Hochsommer alle drei Söhne trugen, bunt gemustertes Textil mit angenähten Hosenträgern aus gleichem Material, ein leichter Gummizug in den Beinöffnungen. Ich hasste diese Spielhöschen, vor allem, wenn wir in diesen (innerfamiliär uniformen) Lufthosen fotografiert oder mit der Schmalfilmkamera gefilmt wurden, wie die »Orgelpfeifen« der Größe nach gereiht auf dem Landungssteg der Ammersee-Schifffahrt, vor einem Ruderboot am Strand, auf einer Waldlichtung. Solche Fotos gibt es noch, doch die Schmalfilmspulen sind verschollen. Umso besser.

Leitwert der Erziehung der vierziger Jahre war »Reinheit«, und die wurde sichtbar gemacht durch Reinlichkeit.

In einer kleinen Fotosequenz der fünfziger Jahre, unter dem Titel »Das wohlerzogene Kind«, sehe auch ich mich abgebildet: Ein Bübchen in Sandalen (mit Söckchen!), in einer bayrischen Lederhose (hatte ich auch!), mit weißem Hemd (Ärmel nicht aufgekrempelt, höchstens aufgerollt in dünnen Wülsten!), mit nass gescheiteltem Haar, dieses Vorbild öffnet einer Dame die Tür, eilt, auf einem anderen Foto, einer Frau mit Einkaufstasche hilfsbereit entgegen. »Schon von klein an müssen Kinder zur Hilfsbereitschaft und Ritterlichkeit angehalten werden.« Ja, ja Ritterlichkeit, man muss ritterlich sein, ein kleiner Ritter – eins der Begleitwörter, zu Hause und in der Schule. (In meinen Übertragungen aus dem Mittelhochdeutschen zog ich später das Wort »Panzerreiter« vor, damit war klar und nüchtern ein Berufsstand bezeichnet, ohne falsche Assoziationen, unerwünschte Konnotationen.)

Das ritterliche, hilfsbereite, ordentliche, saubere, pünktliche Kind, es »springt«! Eine damals selbstverständliche Erwartung, die Kindern Beine machte. Auch mir. »Pünktlichkeit! Sauberkeit! Ordnung!« – nicht nur Leitwerte von Helene Kühn, das entsprach erzieherischen Richtlinien der vierziger, auch noch der fünfziger Jahre.

Das reinliche und so weiter Kind durfte keine Gefühle zeigen. Auch zu Hause wurde nicht gern gesehen, wenn ich weich wurde, das wurde ironisch kommentiert: »Hast wohl heute den Anhänglichen … hast wohl heute den Melancholischen …« Mit solchen Floskeln wurden scheu signalisierte Wünsche abgetan, abgewiesen: »Mach keine Menkenke!« Zuteilung ja, das klappte, da konnte ich mich nicht beklagen, aber Zuwendung …? Vorherrschend war Reglementierung.

»Halt dich grade!« Eine ihrer Standard-Anweisungen. Mit zurückgeschrägten Armen musste ich zuweilen einen Stock waagrecht hinter dem Rücken halten, die Schultern zurückgezogen, die Brust stärker vorgewölbt. So musste ich mich allerdings nicht auf der Fischergasse zeigen, das blieb eine Übung im Flur, hin und zurück zwischen Haustür und Wohnzimmertür.

Auf einem Foto sehe ich Helene nun mit geschärftem Blick: im Badeanzug sitzt sie auf einem Steg, Seitenansicht, »kerzengerade« ihr Rücken. Das sollte offenbar übertragen werden.

Das Kind musste spuren. Wenn es nicht spurte, gab es ein paar hinter die Löffel, setzte es Hiebe. Damit das Stichwort Kochlöffel. Wiederholt eingesetztes Mittel der Zurechtweisung. An die Schläge selbst, an Schmerzen durch Schläge mit dem großen Kochlöffel kann ich mich nicht erinnern. Allzu leicht ließe sich hier dramatisieren, aber ich wurde nicht windelweich geschlagen, nicht durchgewalkt, in der Erinnerung ist nur aufgezeichnet, wie ich dem wild geschwungenen Kochlöffel auswich im Angstreflex, wie mich Zufall vor einem wuchtigen Schlag auf den Schädel bewahrte.

Ich im Bett, weiß das Nachthemd, wohl auch weiß das Gesicht. Am Kopfende eine recht hohe Holzfläche, am Fußende war sie niedriger. Und die Mutter über dem Bett vorgebeugt, mit dem Holzlöffel ausholend, mit dem sonst in großen Pötten Marmelade umgerührt wurde, ovales Loch in der Mitte. Ich also im Winkel zwischen Holzfläche und Wandfläche, Knie hochgezogen, Unterarme über dem Kopf, die Augen nicht zugekniffen, ich musste ja noch reagieren, ausweichen können, schon das Aufknallen, das harte Aufknallen des Holzlöffels an der Oberkante der Holzfläche, mit dem Aufknallen ein etwa handtellergroßer Lichtfleck in der Erinnerung, vom Holzlöffel sprang ein Splitter ab, ich verfolgte nicht die Flugbahn, hielt beide Unterarme über den Kopf, machte nun doch die Augen zu. Wartete auf den zweiten Schlag, der mich getroffen, hart getroffen hätte, doch der blieb aus. Bange Erleichterung.

Der Lichtfleck in der Erinnerung, die kleine, weiße Explosion – herausnehmen aus dieser Erinnerungsskizze? Explosionsartige Lichtzacken – wie in einem Cartoon? Bang!?! Wo kommt der Lichtfleck her, diese kleine, weiße Explosion? Eine Assoziation, integriert? Der Lichteffekt kann in der Erinnerung nicht gespeichert sein ›wie gesehen‹. War das, hoho, ein synästhetischer Vorgang: der Knall, zugleich ein Lichteffekt, nicht auf dem Holz, doch im Kopf? Ich sah den Knall? Ein so hartes Geräusch *muss* einen Lichteffekt hervorbringen, oder etwa nicht?

Noch einmal vor Augen geführt: Die hohe Holzfläche des Kopfendes, ja, ich in die Ecke gerückt, gedrückt, ja, meine

Mutter mit weit ausgeholtem Kochlöffel über das Bett gebeugt, nach raschem Anlauf aus vergessenem Grund, ich, die
Knie hochgezogen, im Reflex, Unterarme über dem Kopf,
sicherlich, Augen nicht zugekniffen, musste ja noch reagieren
können, alles wahrgenommen wie in Zeitlupe, schon das harte
Aufknallen des Holzlöffels an der hohen Kante der Holzfläche, schon sprang ein großer Splitter, ein Stück vom Holz
ab. Den Lichtblitz, da nicht authentisch, eliminiere ich, bringe
ausgleichend aber wenigstens einen Vergleich ein: Der Holzlöffel, schnell zurückgezogen, sah aus, als hätte da einer, grrrrr,
ein Stück rausgebissen.

MIT ACHT ODER NEUN habe ich miterlebt, wie ein Junge
ertrank, einer, der ungefähr in meinem Alter war. Spielte am
Fischbach, dort, wo er in den See mündet, stieg in das fließende
Wasser, machte oder suchte irgendwas zu seinen Füßen, geriet
dabei tiefer in das Strömen, wurde plötzlich mitgerissen. Ich
habe ihn noch planschen sehn, plötzlich war er weg, als hätte
ihn ein Seeungeheuer am Bein gepackt und runtergerissen.

Zwei Angler, ältere Männer, sie waren näher dran, sie liefen
los, rufend, schreiend, planschten ins Wasser, kriegten ihn so
schnell nicht zu packen. Als das endlich gelang, sie ihn auf den
Kiesstrand zerrten, war es offenbar zu spät. Sie packten ihn an
den Fesseln, den Unterschenkeln, hoben ihn hoch, klopften,
nein, schlugen ihm auf den Rücken – der Junge hatte bestimmt
ein paar Liter Wasser geschluckt, das musste erst mal raus.
Dann legten sie den Körper, ungefähr so klein und dünn wie
mein Körper, auf den Kies, einer der beiden doch eher alten
Männer kniete hin, packte die Unterarme, die sahen jetzt besonders dünn und hilflos aus, presste sie auf die Bauchdecke
oder eher an die Rippenspitzen, hob die Arme weg vom Oberkörper, presste sie wieder herab, das Pumpen bald sehr gleichmäßig, begleitet von Rufen, die den Jungen erwecken sollten.

Die beiden Männer wechselten sich ab. An Mund-zu-
Mund-Beatmung wurde wahrscheinlich nicht gedacht. Damals noch nicht üblich? Oder wollten sie nicht, weil der Junge
schon blaue Lippen kriegte? Nach einiger Zeit merkten die

Angler, dass kein Leben mehr reinzupumpen war, sie machten Pausen beim Pumpen. Wortwechsel mit anderen, die herbeieilten. Die beiden Männer lösten sich ab, setzten die Versuche fort. Es bildete sich ein Grüppchen. Ich, erst wie erstarrt, ging nun doch hinüber, sah zwischen lebenden Körpern hindurch den kleinen toten Körper, und ich bin sicher, die Lippen waren wirklich verfärbt, tödlich blaue Lippen eines Ertrunkenen, einer Wasserleiche. Ja, ungefähr in meinem Alter. Sein Körper nicht größer, auch nicht breiter als mein Körper. Und ich stand da, reglos, und er lag da, reglos.

Nun kam auch Dorfpolizist Niedermeyer angeradelt, sicherlich vom nahen Seglerheim telefonisch alarmiert. Der scheuchte mich erst mal weg, auch andere Kinder. Doch das Bild im Kopf, das konnte er nicht verscheuchen, das Bild des definitiv reglosen Körpers auf dem Kiesstrand. Es war Krieg, noch immer, aber dies war die erste Leiche, die ich sehen musste.

VIEL ZEIT hatte ich, nahm ich mir zum Lesen. Hatte meine Lese-Insel zwischen Haus und Gasse: das kleine, von Jasmin umwucherte Rondell mit rundem Gartentisch und einigen Stühlen. Hier konnte ich im Sommer lesen, ohne von der Gasse aus bemerkt zu werden: dicht die Abschirmung durch das Blütengebüsch. Lesen, lesen, lesen. Aber was habe ich gelesen?

Selbstverständlich Karl May. Und da waren mir die Bücher am wichtigsten, Effendi, die mich in den Orient führten. *Der Schut … Durchs wilde Kurdistan …* Sehr wichtig aber auch: *Die Sklavenkarawane.* Vages Erinnerungsbild von Sklavenkolonnen in heißen und heißesten afrikanischen Landschaften, die Sklaven mit Seilen oder Holzzargen gekoppelt – ein Ergänzungsbild, oder erzählte das Karl May auch so?

Dass ich die Romane mit Winnetou, Old Shatterhand, Old Surehand gelesen habe, dass ich zuweilen gekichert habe wie Sam Hawkins, das muss nicht weiter betont werden. Aber der größere Reiz, die größere Verlockung ging aus von den seltenen Büchern. Während des Krieges und in den ersten Nachkriegsjahren war es oft schwierig, an einen weniger populären Karl-May-Band heranzukommen, die Lektüre von Karl May wurde durch Nazis nicht gefördert, war nicht erwünscht, doch die Bücher zirkulierten. Wiederholt schaute ich auf das Gesamtverzeichnis der Romane des Autors aus Radebeul, abgedruckt im Anhang eines der Bände, wiederholt stieß ich auf Titel, die wirklich nur Titel für mich waren, für mich blieben, da konnten auch Freunde nicht aushelfen. Am verlockendsten, weil völlig unerreichbar: Karl May, *Ich über mich*. Klingt etwas pointiert, diese Dokumentation frühen Interesses an einer Autobiographie in dieser Autobiographie, aber es ging damals nur um den höchsten Grad an Rarität. Bei seltenen Romanen blieb immer noch die Hoffnung, sie irgendwann mal irgendwo bei irgendwem ausleihen zu können, dieses eine Buch jedoch war völlig unerreichbar. Also setzte sich der Wunsch fest.

Ja, Karl May führte das Wort. Es kamen aber auch andere Autoren zur Sprache. Ein Titel, der sich sofort einfindet: Friedrich Gerstäcker, *Die Flusspiraten des Mississippi*. Keine Erinnerung an das Geschehen, nur ein vages Stimmungsbild: Flusslandschaft, heiß, dunstig.

Hingegen Steubens Jugendroman über den Indianerhäuptling Tecumseh! All seine Ritte und Kämpfe habe ich vergessen, dieses Detail jedoch hat sich eingeprägt: Der junge Tecumseh trug eine Hose aus weichem Leder, seitlich mit den wohl üblichen Lederfransen besetzt, diese Hose aber ließ oder gab den Hintern frei. Der Häuptling mit dem blanken Arsch, das sah ich als Bub nicht karikierend, das imponierte mir, das hätte ich am liebsten nachvollzogen, mitvollzogen. Wollte ebenfalls so eine Halbhose aus weichem Leder tragen, wollte ebenfalls so dahinreiten auf der Prärie, auf der Indianer die größte Geschwindigkeit entwickelten, schnell wie dahingaloppierende Bisons, die es noch in Überzahl gab. Als ich statt des geisterhaft weißen Nachthemds zuweilen schon mal eine Schlafanzugshose tragen durfte, habe ich im Bett den Gummibund heruntergestreift, und mein kleiner Hintern war freigelegt, angenehm zu spüren unter der Bettdecke. Und wenn ich im Wald umherstreifte, von keinem beobachtet werden konnte, zeigte ich dem Wind schon mal den blanken Hintern. Nur stellte sich auch bei Wiederholungen kein Pferd ein, nicht mal ein Pony, auf dem ich, ohne Sattel, mit blankem Hintern reiten, reiten, reiten konnte wie Tecumseh. So zog ich die Hose wieder hoch.

Es gab auch andere Attraktionen! Die (leider nicht regelmäßige) Weihnachtssensation war ein Jahrbuch in rotem Leinenumschlag mit goldenem Titel im Prägedruck: *Das neue Universum.* »Leider«: das Wörtchen bezieht sich auf kriegsbedingte Einbrüche in den Fortsetzungen. Dennoch, fast regelmäßig lag so ein (etwa drei Kinderdaumen dicker) Band auf dem Gabentisch. Dabei war auch schon mal, gleichsam ersatzweise, ein Band aus der Reihe: *Der gute Kamerad* oder: *Durch die weite Welt*, aber *Das neue Universum* war die Krönung.

Einige dieser Bände habe ich aufbewahrt, kann sie, könnte sie heranziehen, aufklappen, durchblättern, anlesen. Doch, stellvertretend, liegt nur ein einzelner Band auf dem Arbeitstisch. Wieder einmal fehlt im Impressum die Jahresangabe, angegeben wird nur der Jahrgang, und das ist Nummer 49. Dies dürfte, wie etliche Fotos rückschließen lassen, etwa 1929 gewesen sein. Da war ich noch nicht auf der Welt. Wahrscheinlich hat Mutter Helene solch einen Band antiquarisch erworben. Der Untertitel lautete: »Die interessantesten Erfindungen und Entdeckungen auf allen Gebieten, sowie Reiseschilderungen, Erzählungen, Jagden und Abenteuer. Mit einem Anhang zur Selbstbeschäftigung ›Häusliche Werkstatt‹.«

Stolz setzte ich meinen Kinderstempel auf die Titelseite, ein kleines »Dieter Kühn« ohne nähere Angaben. Auch dieser Band wurde, etwa vier Jahrzehnte nach Erscheinen, von Sohn Thomas übernommen, der sofort meinen Vornamen im Stempelbild unleserlich machte; mit seiner noch ungelenken Frühschrift setzte er seinen Vornamen daneben. Mit dieser ›Überschreibung‹ offensichtlich noch nicht zufrieden, schrieb er den Vornamen noch mal über den tintenschrift-verdeckten Vaternamen, dominierend: Nun bin ich dran!

Was ich damals gelesen habe, vorzugsweise, und was ihm

wichtig war oder gewesen sein mochte, das lässt sich nicht mehr rekonstruieren: Wir hinterließen damals noch keine Markierungen am Textrand, keine Unterstreichungen, so bleibt der Band, auch dieser Band stumm. Ich verzichte auf Erörterungen unter dem Vorzeichen: Dieses könnte, dürfte, müsste mich, könnte, dürfte, müsste ihn interessiert haben. Die Angebote waren zu groß unter den Sparten: Erzählungen, Jagden, Abenteuer … Länder- und Völkerkunde, Reiseschilderungen … Verkehrswesen … Industrie … Technik, neue Apparate, Maschinen, Bauwerke … Militärwesen, Marine, Flugwesen … Elektrotechnik, Physik und Chemie … Geologie, Astronomie und Witterungskunde … Allerhand Merkwürdigkeiten …

Und wie viele Illustrationen! Kannibalen beim Tanz … Ein waghalsiger Kletterer auf der Kreuzblume des Georgturms zu Basel. Ein Zigarettchen hat der total schwindelfreie Mann hoch droben auch noch geraucht … Reiterregiment der Reichswehr: jeder der behelmten Reiter mit einer meterlangen, schräg gehaltenen Lanze: »Eine sterbende Waffe« … Fahrbarer Brieftaubenschlag: damalige Kommunikationsmittel der Reichswehr … Blick in den Führerraum des Dornier-Superwals … Der Denkerhelm im Gebrauch – nanu?!

Aufgestülpte, riesige, glockenförmige Kopfüberformung, auf den Schultern aufsetzend, ein schalldämpfendes, ja schallschluckendes Monstrum aus Filz (außen), aus Holz und Kork (darunter), einer Luftschicht, einer Stoffschicht, und wieder Kork. Vorn ein Ventil für Sauerstoffzuführung. Brillenglasgroße Augenlöcher.

Freilich, was den geräuschempfindlichen Schriftsteller gruselig fasziniert am »Denkerhelm«, das wird den Bub mit Namensstempelchen, wird den vaternamenlöschenden Sohn nicht weiter interessiert haben, es wurde sicherlich überblättert. Also schlage ich das voluminöse Buchdokument zu, blättre lieber noch mal im Buch, das ich zu jener Zeit von vorn bis hinten gelesen, sodann getreulich aufbewahrt habe: William Beebe, *923 Meter unter dem Meeresspiegel.*

Und schon taucht die mehr als zwei Tonnen schwere Tiefsee-Tauchkugel aus Siemens-Martin-Stahl aus dem Atlantik auf, bei den Bermudas, durchbricht die Meeresoberfläche, wird zum Schiff geschwenkt mit hölzernem Ladebaum, die Stahlkugel nun mit der aufgemalten Bezeichnung Bathyscaph, mit der Aufschrift New York Zoological Society. Kugel mit Fensterstutzen, Kabelstopfbuchse, hölzernem Sockel, runder Tür, die mit zehn Bolzen, zehn Messingmuttern verschlossen wird. Auf etlichen Fotos auch William Beebe, ein sportlich hagerer Mann, braungebrannt, und (etwas konsistenter, kräftiger) der Kollege Barton, der sich mit Beebe in die Stahlkugel zwängte, innerhalb der drei oder vier Zentimeter starken Stahlwände, und sie mussten sich den engen Raum auch noch mit allerlei Gerät teilen, vor allem für die Sauerstoffversorgung. Und bei eingeschaltetem Scheinwerfer sahen sie, in 350 Metern Tiefe, eine Ohrenqualle, sahen bei ausgeschaltetem Scheinwerfer einen Fisch, der nur wie ein Lichtblitz erschien, sahen drei Fische mit blaugrünen Kopflichtern, sahen, bei wieder eingeschaltetem Scheinwerfer, einen Fisch mit beleuchteten Zähnen und eine Röhrenqualle, eine Garnele, im Wasser zerplatzt.

Und da ist auch gleich wieder der Cartoon, der mich als Kind so schön gegruselt hat: Ein Taucher steht auf dem Meeresboden mit Bleisohlen, mit Bleigewichten am Gürtel, mit schwerem Taucherhelm, zu seinen Füßen der Luftschlauch, geringelt, er hält das Endstück des abgeschnittenen Versorgungsschlauchs in der Hand, kurz unter der Schnittstelle ist ein Zettel angebunden: You're fired. Und es wird wieder aktiviert, was ich mir damals vorgestellt, ausgemalt hatte, was in Tagträumen, sicherlich auch in Nachtträumen fixiert wurde in der Erinnerungssubstanz: William Beebe und Mitarbeiter Barton in der Stahlhohlkugel, in der sie sich nur gekrümmt kauernd aufhalten konnten, diese Kugel wird in Dreißigmetersequenzen abgesenkt: die zuverlässige Stahltrosse, der gediegene Ladebaum, die hinreichend getestete Seilwinde. Und von Beebe werden Beobachtungen am Quarzfensterchen telefonisch durchgegeben an eine junge Frau an Deck, Gloria Gallister Hollister (jung, gebräunt, Kopfhörer übergestülpt, Sprechmuschel vor dem Kinn, ärmellose weiße Bluse, Bermudashorts), und es reihen sich Stichworte wie: Pfeilwürmer, Flossenfüßer, Glasaale, Tintenfische, Schule leuchtender Fische, blitzende Punkte im Finstern. Und begleitende, nicht aufgezeichnete Wörter wie: Strahlenkegel, Voltmesser, Kurbelkasten, Stromerzeuger, Fernsprechschlauch, alles wie gehabt.

Doch nun das menetekelhafte Faszinosum scheiternder Technik, ausgemalt vom Leser, der noch keine zehn war: Ein Ruck in der Aufhängung der Stahlhohlkugel, aufgeregte, zum Schrei gesteigerte Mitteilung der Hollister, erneut ein Ruck, die Fernsprechverbindung unterbrochen, die Stahltrosse reißt oder hat sich von der Seilwinde losgerissen, leer dreht sie durch, Barton und Beebe schreien in der kalten Hohlkugel, die absinkt im völlig Finsteren, durch die Stopfbuchse wird Telefonschlauch hereingepresst und schon erste Wassertropfen, oder gleich ein dünner, sehr dünner Wasserstrahl, nicht stärker, erst einmal, als eine Injektionsnadel, aber, unter höchstem Druck, schneidend hart, der wachsende Außendruck auf die Stahlhohlkugel, umgerechnet fünftausend Tonnen, sechstausend Tonnen, siebentausend, bald achttausend, die Kugel fällt, fällt, die beiden Männer schreien an gegen den Wasserstrahl, der nun schon so dick erscheint wie der Stiel eines Schraubenziehers, das Telefon schweigt, schweigt, der Wasserstrahl immer härter, schärfer, das Wasser in der Hohlkugel steigt an, sie schlägt auf dem Meeresboden auf, der ist abschüssig, ein Abhang, die Kugel rollt, springt, rollt, bleibt liegen, übermäßig scharf und hart der Wasserstrahl durch die Stopfbuchse, und ist da nicht schon ein Riss, ein Sprung im Quarzfenster? Die beiden Männer schreien, one mile down, two miles down, three miles down, they never come back.

DEM SYSTEM HITLERJUGEND bin ich nicht mehr unterworfen worden. Ich wurde nicht einmal »Pimpf«: Mutter Helene, entschieden gegen die Nazis, hielt mich mit Tricks und Finten aus der Organisation heraus. Ich aber wollte mit dabei sein, so früh wie möglich! Der ältere Sohn des Hausbesitzers war Fähnleinführer, und weil ich ihm zuweilen beim Schreinern zuschaute, in seiner Werkstatt im Hause, durfte ich mit hinausziehen zu Geländespielen des Fähnleins, das von der Fischergasse in Zweierreihe Richtung Waldhang marschierte; ich als Nicht-Uniformierter mit einigen Schritt Abstand.

Hinterher marschierend im gemeinsamen Takt, wollte ich möglichst bald in die Doppelreihe aufgenommen werden, dem Wimpel folgend, schwarz wie eine Piratenflagge: »knorke«! Ein Wort, das eher nach Berlin als nach Bayern klang, ein Wort, das mir Jugendbücher anboten. Knorke, ein Wort der vierziger Jahre, es muss bereits übersetzt werden, in die Sprache heutiger Kids: knorke ist »heiß« und »cool« zugleich (beides unterscheidet sich ohnehin kaum); knorke ist »geil«, und das Wort hat seine frühere Bedeutung fast völlig verloren; knorke ist »bärenstark, affenscharf, intergalaktisch«; knorke ist, weniger pathetisch: »echt gut, echt supergut«. (Und wann wird man wiederum diese modischen Wörter übersetzen müssen …?) Knorke: exotisch gewordenes Geräuschwort höchster Zustimmung. Die Trommel: knorke … knorke vor allem das Halstuch, das durch eine Schlaufe gezogen wurde in Form eines Lederbandknotens … knorke die kurze schwarze Hose … knorke der Gürtel … der schräge Schulterriemen: knorke!

Mit einem Slogan, in der DDR lange Zeit in Umlauf: »Ich bin dabei.« Ja, freiwillig – und das betone ich: freiwillig war ich achtjährig, neunjährig bei Geländespielen des Jungvolks mit dabei. Eingesetzt wurde ich als zusätzlicher Horch- und Spähposten, in Wäldern, die voll verdächtiger Geräusche waren, nichts als Knistern und Knacken … Hellhörig meldete ich Annäherungen von Hitlerjungen eines anderen Fähnleins. Einmal freilich wurde ich von hinten überfallen, mir wurde ein Taschentuch in den Mund gestopft, eine Decke über Kopf und Oberkörper geworfen, dabei wurde hart zugepackt, ich wehrte mich, musste schließlich meinen Trupp warnen, die dumpfen Laute aber trugen nicht weit. Um die Decke wurde ein Strick geschlungen, verzurrt.

Als ich nach dem Geländespiel von Strick, Decke, Knebel befreit wurde, durfte ich keine Reaktion zeigen, als Besiegter, als Gefangener. Ein Schimpfwort, heute kaum noch in Gebrauch: Memme. Auch ich wollte keine Memme sein, konnte mir das als kleiner Saupreuß in Bayern schon gar nicht leisten, als Nicht-Uniformierter unter Hitlerjungen. Bloß nicht »flennen«, wenn man hart rangenommen, wenn man »gezwiebelt« wird. Und das wurde mir angekündigt für meine offizielle Mitgliedschaft: »Wir werden dich zwiebeln!« Dann hilft kein Flennen.

Ja, das wurde mir eingebläut im Dritten Reich: Keine Gefühle zeigen, schon gar nicht als Junge! Gefühle, die in Quarantäne gehörten: Bedürfnis nach Anlehnung, Zärtlichkeit, Wärme. Ich wurde gefühlsmäßig quasi versiegelt. In den Augen eines Fähnleinführers, in der Einschätzung auch meiner Mutter: letztlich ein Gütesiegel.

Kindheitserinnerungen lassen in mir kaum Behaglichkeit entstehen, die verleiten könnte zu genüsslichem Ausbreiten von Kindheitsanekdoten, die bei Leserinnen, Lesern wiederum Behaglichkeit stimulieren könnten, im sanften Sog des Anekdotenflusses. Dabei gab es in der Umgebung des Dorfs zwischen Waldhang und See viel zu erleben, das sich fixieren ließe in einer Kindheitsanekdote. Es ließe sich erzählen von der Entdeckung der kleinen Einhöhlung in einem erratischen Felsblock im Wald, und wie ich, mit Freunden, die Einhöhlung tarnte mit Ästen, Moos und Laub … Es ließe sich erzählen vom Bau einer Holzbude am Rand des Kienbachs und wie die Schlupftür gesichert wurde mit einem ausgeklügelten Verschluss, der das Eindringen anderer Kinder verhindern sollte … Es ließe sich erzählen von einer nächtlichen Wanderung der evangelischen Familie durch das verschneite Kienbachtal zur Christmette im Kloster Andechs … Es ließe sich erzählen von Laubsägearbeiten, die das Kind meines Namens herstellte im weiten Spektrum zwischen Krippenfiguren und Jagdflugzeugen … Es ließe sich erzählen von Erkundungsgängen im weiten Schilfbereich zwischen Ammersee und Pilsensee …
Aber: solche Erinnerungen drängen sich nicht vor. Als ich vier war, begannen Hitler und das »Deutsche Reich« den

Krieg, als ich zehn war, gingen die Reste der Wehrmacht in Gefangenschaft.

Für das Kind eine indirekte Erfahrung: Dass der Staat eine geheimnisvolle Einrichtung war, die es sich leisten konnte, an die Familie immer neue Anforderungen zu stellen. Als Erstes war das Auto eingezogen worden; die Zeit in Bayern jedenfalls verbindet sich nicht mit Erinnerungen an den »Wanderer«.

Jener Staat war gierig auch auf Kleidungsstücke aus Pelz und Wolle. Eingezogen wurden zudem die Skier, auf denen mein Vater mal einen ersten, meine Mutter mal einen dritten Preis gemacht hatte bei einem Gästerennen in der Schweiz. Wurden auch die Skistiefel eingezogen, mit ihrer engen Verschnürung und den verstärkten Seitenkanten der Sohlen, dort, wo die Metallbacken der Bindung anlagen? Eingezogen auch die dunkelblaue »Überfall«-Skihose? In Erinnerung nur: Mutter Helene ging mit den Skiern weg, kam ohne Skier zurück. Auch die wurden für das Heer gebraucht, vor allem in Russland. Ferngläser mussten ebenfalls abgeliefert werden. Wahrscheinlich gab es Quittungen für all das Abgelieferte, doch es war ein Verschwinden auf Nimmerwiedersehn. Hingebracht, fortgebracht, dargebracht. Der Staat als übergroße Sammelbüchse, in die Wollpullover und Pelzjacken, Ferngläser, Skier, ja ganze Autos hineingeworfen wurden. All dies begleitet vom beinah unablässigen Rasseln kleiner Sammelbüchsen, die vor Frauen und Alte, vor Kinder und Fronturlauber gehalten wurden.

DER SCHÜLER MEINES NAMENS war von früh an (und dies unangefochten in der Familie) zuständig für den Plattenspieler, damit für das fachgerechte Abspielen von Platten.

Dieser Plattenspieler, eine meiner ersten Wirkungsstätten, ist längst in seine Einzelteile zerfallen, hat sich aufgelöst, nicht aber in der Erinnerung. Eine Konsole, hüfthoch. Geöffnet wurde der »Plattenspielerschrank«, vor dem ich oft gekniet habe, mit zwei vertikalen Holzjalousien aus Echtholz, Edelholz, von der Mitte aus gleichzeitig nach rechts und links geschoben, und die etwa daumenbreiten Holzlamellen glitten

in Führungsschienen Richtung Rückwand – kurzes Holz-
rasseln. Auf der Bodenplatte der Plattenständer: Holzgestell
mit senkrechten Drahtbögen (sehr harter, nicht verformbarer
Draht mit schwarzer Stoffumhüllung, plattenschonend). Hier
standen freilich nur wenige Platten senkrecht. Unter ihnen das
Air aus der dritten Orchestersuite von Bach und die beiden
Violinromanzen von Beethoven – relativ kurze Stücke dies,
also nur wenig Plattenwechsel: Die Spieldauer einer Schellackplatte lag bei etwa drei Minuten. Genug für Air oder Tango.
Schon bei Schuberts »Unvollendeter« wurde es schwierig, erst
recht bei Tschaikowsky, da war ich auf der Lauer wie ein Ball-
junge beim Tennisturnier, sprungbereit.

Über dem Plattendepot der Plattenspieler. Eine gewölbte,
sorgfältig furnierte Klappe wurde geöffnet, auf hölzernen
Gleitschienen (die ich nicht sah, die ich mir nun hineinden-
ke) konnte die Trägerfläche mit dem Tonsystem ein Stück
herausgezogen werden. Dieses Chassis mit weinrotem Samt
überzogen, der Plattenteller beinah daumendick, Tonarm
und Tonabnehmer aus Metall und verchromt. Zwei Metall-
mulden im Durchmesser etwa eines Eierbechers, eingesenkte
Halbkugeln; eine für gebrauchte Nadeln, eine für gebrauchs-
fertige. Die gebrauchten wurden eingeworfen durch einen
Deckelverschluss, so waren Verwechslungen nicht möglich.
Alle paar Plattenseiten musste die Nadel gewechselt werden.
Sie war dicker, aber kürzer als eine Stecknadel, dünner als ein
Nägelchen. Sie musste in den Tonkopf hochgeschoben (oder
in den seitwärts gedrehten Tonkopf hineingeschoben?) und
mit einer Rändelschraube fixiert werden. Diese Nadeln waren
in den Kriegsjahren absolute Mangelware, und so war es eine
meiner Aufgaben, gebrauchte Nadeln mit feiner Feile nach-
zuschleifen. Dazu ging ich, nebenan, in die Werkstatt des älteren Sohns des Hausbesitzers, konnte die Nadel im Schraub-
stock einspannen und bearbeiten. Das Auflagengewicht des
Tonabnehmers dürfte – gefühlte – hundert Gramm betragen
haben. Mit leisem Krachen setzte der Tonabnehmer auf, und
schon Musik aus dem Radiolautsprecher. Eine öfter gehörte
Platte wurde vom schweren Tonkopf und den nie perfekt

nachgeschliffenen Nadeln wie nachgraviert, und so war Musik bald bedeckt, überdeckt von einer Klangschicht: Knistern, Knacken, Krachen.

Auf der Plattenkonsole, fast ebenso breit, das Radio. Auch hier: Holzgehäuse im Mahagoniton. Helle Rupfenleinwand vor dem Lautsprecher, dessen Öffnung sich erfühlen ließ mit streifender Fingerspitze. Darunter die Skala mit wiederholt abgestuften Sendermarkierungen, jede von ihnen beschriftet, einige Namen so exotisch wie: Hilversum. Doch die Skala bot ein Hörmenu an, das nicht abgerufen werden konnte – es dominierte der Reichsfunk. Und, nach dem Krieg, der AFN, American Forces Network, der weitaus interessantere Sender. Empfang nur auf Mittelwelle; Senden und Empfangen im UKW-Bereich war noch nicht möglich. Ein Reich von Klangabenteuern aber öffnete die Langwelle und erst recht die Kurzwelle, auf der oft rasend schnell verschlüsselte Nachrichten (an Geheimdienstler?) durchgegeben wurden.

Die Feineinstellung des gewünschten und aufgespürten Senders konnte auch optisch kontrolliert werden: durch das *Magische Auge*. Das Magische Auge des Radios mit Röhren. Die Faszination einer Radioröhre mit ihrer Kleinwelt von Stäbchen, Gittern, Plättchen, Spiralen kann ein Transistor nicht vermitteln! Und wie viel Gewicht hatte allein schon ein Kondensator, erst recht ein Drehkondensator der Sendersuche. Doch am faszinierendsten: das Magische Auge!

Es saß, etwa jackenknopfgroß, in der hellen Textilfläche, oben, und fächerförmig das fluoreszierende Grün. Je mehr Grün das Magische Auge zeigte, desto besser der Empfang. Bei meinem Braun-Tuner muss ich mich begnügen mit grünen Ziffern und kleinen Hilfspfeilen, die mir zeigen, in welche Richtung der Tunerknopf weitergedreht werden muss, millimeterweise. Wie bannend hingegen das Magische Auge! Mit geweiteten Pupillen meiner grünen Augen schaute ich in das leuchtstarke Grün des Magischen Auges: die große, doch blinde Pupille in der Mitte, unter ihr ausgefächert, aufgefächert das Leuchtgrün. Der Doppelsektor von Nichtgrün musste so schmal wie möglich werden – eigentlich nie war das Magische

Auge spaltlos grün. Schrumpfte das Grün, so wuchsen atmosphärische Störungen, im Knistern wurde elektromagnetisch durchpulster Luftraum hörbar. Zeigte das Magische Auge nur kleine grüne Streifen, symmetrisch paarig, so herrschte im Lautsprecher das große, fast das Weiße Rauschen. Je genauer wiederum der Sender eingestellt war, desto mehr Belohnungsgrün, Bestätigungsgrün. Wuchsen hingegen die beiden horizontalen Streifen Nichtgrün, musste nachjustiert werden, und mit fluoreszierendem Grün blühte der Klang wieder auf. Wenn ich ausnahmsweise allein war im Wohnzimmer, und das womöglich abends, so wurde die ohnehin schwache Deckenleuchte mit dem Drehschalter gelöscht, auch die Leselampe mit dem Stoffschirm wurde ausgeknipst, und der Raum war nur noch erhellt von der kleinen Glühbirne hinter der Sendeskala und, vor allem, vom grünen Licht des nun mächtig strahlenden Magischen Auges.

Seit Jahrzehnten habe ich das Grün des Magischen Auges nicht mehr gesehen, doch die Intensität des fluoreszierenden Grüns hat in der Erinnerung nicht nachgelassen. In der langjährigen Vorbereitung auf dieses Buch, Material sammelnd, Notizen häufend, habe ich eine Kathodenstrahlröhre »Magisches Auge« irgendwo ausgebaut, habe es nun (Valvo EM 34) mit zwei der gekappten Kabel an der Arbeitslampe hängen: Klarglas vorn, goldfarbig der Zylinder, schwarz der Sockel mit zwei angeklammerten kleinen Widerständen in Dunkelrot: Talisman, daumenlang, leuchtet mir zwar nicht heim, aber zurück. Will ab und zu mit einem Blick beschenkt werden, antwortet leider nicht mehr mit aufleuchtendem Grün.

Das Radio – der Plattenspieler – der Plattenschrank. Klassik rechts, U-Musik links. Frühe Begegnungen mit langen Nachwirkungen. Der erste Kompositionstitel, den ich zuverlässig bezeugen kann: *Olé Guapa*, der Tango. Eine Schellackplatte. (Eine Sendereihe des Rundfunks hieß später »Schellackschätzchen«.)

Olé Guapa: mein privates Gedächtnis korrespondiert mit einem Teil des kollektiven Gedächtnisses: Der Titel ist zum

Evergreen geworden. Bei der Produktion einer meiner Musiksendungen (eher: über Rezeptionsmuster von Musik) ein Abstecher, ich informierte mich im Schallarchiv, fand einunddreißig verschiedene Einspielungen verzeichnet. In einer Abhörkabine (noch nicht der Evaluation zum Opfer gefallen) hörte ich damals auch eine Aufnahme von 1938, dargeboten von Akkordeon, Klavier, Klarinette – gleichsam eine Holzschnittversion, kantig. Mein Tango.

Wiederum im Besitz der Eltern: »Das kann doch einen Seemann nicht erschüttern«, garantiert (mit)gesungen von Heinz Rühmann, dies recht oft in Wunschsendungen des Reichsfunks. Wie lange mag das, aufmunternd, gesendet worden sein, wie oft noch, obwohl immer mehr U-Boote auf Feindfahrt ausliefern und nie mehr zurückkehrten und alle größeren Schiffseinheiten der Kriegsmarine längst versenkt waren?

Und immer wieder der Trommelwirbel, dann die Blechbläser: Das, so würden wir heute sagen, Jingle der Sondermeldungen. Es wurde wiederholt mit der Ankündigung, dass bald eine Sondermeldung erfolge. Ich stellte das Radio lauter, rannte in die Küche oder in den Garten, rief, schrie: Sondermeldung, es kommt eine Sondermeldung!

Nach den Voraus-Fanfaren die dick instrumentierten Takte frei nach Liszt. Eins der Wörter, die sich mit dem Wort »Sondermeldung« verbinden: Bruttoregistertonnen. Immer wieder wurden viele, sehr viele Bruttoregistertonnen auf den Meeresboden geschickt ... Dunkle Schiffsinnenräume absinkend in finstere Ozeantiefen, in das definitive Schwarz ... Das Wort Bruttoregistertonne assoziiert bei mir eigentlich nur Laderaum, nicht: Mannschaftsräume, nicht Räume mit Kojen, mit Hängematten. Ich dachte an: Schiffsbauch, an ein von Torpedo oder Bombe hineingesprengtes Loch, und der Schiffsraum füllte sich mit Wasser ...

Manchmal kamen zwei oder drei Sondermeldungen an einem Tag, der galt dann als Großkampftag. An so einem Tag wurde das Versinken von sehr viel Schiffsraum in den Weltmeeren verkündet, wurden zahlreiche, ja unzählige Gefangene zusammengetrieben, wurden Schläge ausgeführt (nicht ausgeteilt) am Kaukasus oder sonst wo. Mehrere Sondermeldungen an einem Tag suggerierten Weltweite des Kriegsgeschehens. In jener Weltweite vor allem die Wasserwüsten, in denen Schiffstonnage versank. Immer mehr Schiffe am Meeresgrund.

Vom Kindheitshimmel fielen metallene Folien, in Streifen, die hingen an Sträuchern und Bäumen, blinkten in Gras und Getreide … Und es fiel vom Himmel ein Flugzeug: braun verpuffend Granaten, Schmierstrich im Blau, Flammen am Rumpf, ein Flügel brach ab … Und es fiel vom Himmel ein Ami: lautlos schwebend der Fallschirm über den Bäumen, pendelnd ein Körper: leibhaftiger Feind … Und es fiel vom Himmel ein Treibstofftank mit dem Querschnitt einer Tragfläche.

Ich zog das Messer: reinstechen, rumsäbeln! Dreifache Gummischicht. Die erste schwarz, die mittlere kautschukrot, die dritte schwarz. Die Schichten verzogen sich wohl gegenläufig bei kleinerem Einschlag, hielten den Tank dicht. Abhäuten der Gummischicht, Elefantenhaut: Material für Gummisohlen, Gummisandalen, die Verschnürung aus Feldkabel, als Rest gefunden. Ein Loch ins Metall meißeln, Zacken umbiegen, Ränder glätten, Sitzprobe, das Loch erweitern für die angezogenen spitzen Knie, ein Paddel basteln, das Boot zum See schaffen, aber der Treibstofftank hat keinen Kiel, dreht sich bei jedem Paddelschlag: Schlag rechts, Drehung nach links, Schlag links, Drehung nach rechts, so wiederholt sich das.

Ein Sommer im Krieg: mit Brüdern und Mutter auf einem Schaufelraddampfer der Ammersee-Schifffahrt. Die *Stegen*, die *Dießen*, damals: richtige Dampfer! Auf beiden Seiten platschten breite Schaufelräder, wassertriefend, schaumschlagend; vom Schornstein stieg dunkler Rauch auf; im Maschinenraum, in den man, von einem Geländer geschützt, hinunterschauen konnte, rotierten gleichmäßig-wuchtig zwei Pleuel an mächtigen, waagrechten Kolben; auf den Pleueln jeweils, wie ein Krönchen, ein kleiner Ölbehälter. Diese gleichmäßig wuchtigen Schwingbewegungen der Pleuel, dieses gleichmäßige Hin und Her der Kolben saugte Aufmerksamkeit an im Dunst von heißem Maschinenöl, vermischt mit Dampf. Ich wurde zuweilen dort weggeholt: »Nun komm doch endlich an die frische Luft!« Dann saß ich, muffig, auf einer der in gleichmäßigem Abstand auf Deck festgeschraubten Bänke.

Diesigheller Nachmittag, die Seefläche reglos. Kinder, Mütter, ein paar ältere Leute. Über dem See flog ein deutsches Militärflugzeug heran, einmotoriges Modell, dessen Typenbezeichnung ich noch nicht kannte, das ich vielleicht sogar zum ersten Mal sah, und ich rief: »Die Maschine kommt bestimmt aus Weichselbaum!« Denn an der Bahnstrecke Herrsching–München lag, an der Station Weichselbaum, für Zugreisende sichtbar, das Flughafenareal der Firma Dornier, die neue Modelle entwickelte. Staunen, als meine Mutter mich anzischte: »Nicht so laut, kann doch der Feind hören …!« Wollte sie mit der Zurechtweisung die Familienehre retten vor anderen Frauen an Deck? Ich schwieg, fühlte mich schuldig, hatte ein militärisches Geheimnis verraten. Schaute mich, während der weiteren Fahrt, unauffällig um: Wer an Deck könnte das Geheimnis an den Feind weitergeben …? Ich hatte nicht die Warnung beachtet, die an zahlreichen Hauswänden aufgepinselt war, in Schablonenschrift: *Feind hört mit …* Dieser Feind auch als schwarzer Schatten (mit Hut) gemalt auf viele Wände, in genormter Kontur. Dieser schwarze Schatten war nun auf mich gefallen, auf dem Schaufelraddampfer, auf dem sonnenhellen See.

Jede Nacht Verdunklungsschwarz vor den Fenstern. Hoch über dem Dorf Motorgeräusch: der Feind! Ohren, die in die Nacht hochzuwachsen scheinen: Wie lang es dauert, bis man ein Flugzeug nicht mehr hört!

Dröhnen am Nachthimmel, das lässt den Magen vibrieren. An der Hauswand stehen, Rücken am Verputz: viele Explosionspunkte, aber wann stürzt endlich ein »Terrorbomber« ab?

Bei Tage besehn: Ein Trupp Soldaten wie in der Wochenschau schräg hinter dem Spähwagen mit Sperrholzaufbau auf ein Waldstück zu, aus dem es knallt, vor dem ein Offizier mit

Deutschem Kreuz in Gold steht, reglos, als wäre er kugelfest: Platzpatronen.

Auf der Landstraße Lastwagen, Soldaten dicht gedrängt im Führerstand, auch auf jedem Kotflügel einer, Scheinwerfer zwischen den Oberschenkeln, MP vor der Brust.

Die Teekiste mit Silber und Porzellan, von Wachstuch umhüllt. Ich lasse die Dynamolampe zwischen Fingern und Handballen schnurren, leuchte meiner Mutter den Weg zum ausgeguckten Johannisbeerstrauch; hier wird, im Schutz der Nacht, die Kiste verbuddelt.

Ein Bekannter erlaubte mir, im Waldbereich seines weitläufigen Grundstücks einen Stollen zu treiben in eine Hügelflanke; die Freunde Peter und Ingo waren mit zugelassen. Es sollte ein rechter Bergwerksstollen werden – als Schutz auch vor Bomben. Der Boden war allerdings lehmig schwer; als wir uns etwa eine Armlänge vorangearbeitet hatten, erschien der Herr des Hauses, inspizierte die bisherige Arbeit, erteilte uns den Rat, schon mal Stützhölzer zurechtzusägen für den Stollen – dicke Äste, gestürzte Bäume lagen genug umher. Die Stützhölzer (»Stempel«) mussten allesamt die gleiche Länge haben – einen Meter. Wir unterbrachen das mühsame Hacken und Graben, sägten Stützhölzer zurecht, stapelten sie. Als wir – nach einigen Tagen Holzarbeit – zurückkamen, um den Stollen tiefer in den Hang zu treiben, war das Meterholz verschwunden, und ich war sicher (oder soufflierte das meine Mutter?), dass die Stützbalken zu Brennholz verarbeitet waren. Weitere Stützhölzer wollten wir nicht sägen; der Stollenbau wurde eingestellt.

Der Mann, der uns so reingelegt hatte, war identisch mit dem Uniformierten, der mir den MG-Gurt überreicht hatte – Enttäuschung. Und ich begann zu zweifeln, ob dieser Mann stets die Wahrheit sagte. Zum Beispiel fuhr er, in der blaugrauen Uniform der Luftwaffe, mit einem offenen Kübelwagen (knorke!) durch das Dorf, überholte mich, hielt an, ich durfte einsteigen (knorke!), mit einem Fluch rammte er den ersten Gang rein, die Gangschaltung hakte, der Wagen ruckte, er zeigte mir eine Delle am Schalthebel: hier war ein Geschoss eines (wie üblich von hinten angreifenden) Tieffliegers eingeschlagen. Das schien mir aufregend: Das Geschoss musste demnach sehr, sehr dicht an ihm vorbeigeflogen sein! Zugleich Skepsis, weil beim Tieffliegerangriff nur ein einziges Geschoss den Wagen getroffen haben soll, den Schalthebel anknackend, und diese Kugel hatte, weiterfliegend, nirgendwo ein Loch ins Blech gefetzt. Zweifel. Und ich glaubte mich zu entsinnen, dass Helene sich zuweilen kritisch über diesen Mann geäußert hatte.

Was wohl zusammenhing mit Besuchen von dessen Frau in der Fischergasse: lange, halblaute Gespräche, registriert im Kinderzimmer nebenan oder auf dem Flur. Immer schien es um ihren Mann zu gehen. Der war Jugendschriftsteller. Die einzige seiner Publikationen, an die ich mich erinnere, pauschal, war ein Aufsatz in einem der Jugendjahrbücher. Irgendwas mit Lokomotiven? Den Namen des Verfassers habe ich behalten, nenne ihn hier aber nicht, es geht ums Exempel.

Der Schriftsteller und seine Frau: sie wohnten in einem bajuwarischen Haus am Hang, oberhalb der staubhellen Piste, die in Serpentinen hinaufführte zur Hochebene mit den Dörfern Frieding und Widdersberg. Ein, in meiner Erinnerung, sommerhell beleuchtetes Haus, dessen Räume durch Schlagläden halb verdunkelt waren. Im gedämpften Licht die geheimnisvolle Tätigkeit des Mannes. Zuweilen erlaubte mir seine Frau, in der Bibliothek zu stöbern, zu blättern, zu lesen. Dort hörte ich schon mal die Anschläge der Schreibmaschine. Die signalisierten: Ruhe, äußerste Ruhe im Haus! Nur im Wohnzimmer durfte halblaut gesprochen werden. Angedeutet wurde, dass dieser Mann sehr laut werden konnte. Seine Frau aber schien ihm manches nachzusehn, immerhin war er Schriftsteller.

Der erste Schriftsteller, den ich kennengelernt hatte. Aber ich würde mogeln, wollte ich behaupten, dies hätte in mir den Wunsch erweckt, ebenfalls Schriftsteller zu werden. Was der Pilot eines Jagdflugzeugs tat, das konnte ich mir so ungefähr vorstellen; das »Tätigkeitsbild« (heutiger Behördenbegriff) dieses Mannes hingegen blieb (auch für mich Vielleser) recht

vage. Mit der Schreibmaschine klappern und MG-Gurte leer-
schießen? Ich frage mich heute, ob er nicht PK-Mann gewesen
sein könnte, Mitglied einer Propaganda-Kompanie. So könnte
es sich ergeben haben, dass er – womöglich vom nahen Werk-
flughafen Weichselbaum aus – gelegentlich in einer Militärmaschine mitflog, um Eindrücke zu sammeln für mitreißende
Berichte.

Ich habe in mein zweites Erzählbuch (*Ausflüge im Fesselballon*) einige Erinnerungen an die Kriegsjahre eingebracht, weiß
freilich nicht mehr, welche. Ich blättre im Buch, will vergleichen, registrieren, mache eine Erfahrung, die ich einbeziehen
muss in dieses autobiographische Projekt.

Eine Sequenz von Erinnerungs-Momentaufnahmen, in jeweils wenigen Zeilen notiert. Zuerst scheint sich Kontinuität
von Erinnerung zu bestätigen: Ja, die Laubsägearbeiten ... Ja,
der Lauf durchs Dorf mit Sperrholz-Ritterkreuz und Spiel-
zeugpistole ... Ja, das Dröhnen von Bombermotoren, auch
nachts, über dem Dorf am See. Aber vergessen, mittlerweile,
das Bild der Truppeneinheit am Güterbahnhof: »Gewehre
aneinandergelehnt wie auf Zeichnungen, aus dampfendem
Kessel Suppe in Blechgeschirre geschöpft wie auf Kriegs-
gemälden, Helme am Koppel wie auf Fotos.« Nickreflex: die
Beschreibung zitiert die Erinnerung heran.

Ja, und anschließend taucht der Jugendschriftsteller auf mit
dem MG-Gurt und den »Kombi-Stiefeln«. Doch schon die
nächste Sequenz ist wieder (wie) neu für mich: Beschreibung
eines der Bomberpulks, der von Flak beschossen wird, »und
endlich ein Punkt, der aus dem Pulk ausscherte, und Feuer
plötzlich, eine abbrechende Tragfläche und schnell aufgereihte Punkte: Fallschirmspringer«. Wieder ist das Staunen des
Neunjährigen präsent: Die Fallschirme öffneten sich so rasch
nacheinander, dass ich kaum mitzählen konnte von eins bis
sechs oder sieben. Erinnerungsbild im Zeitraffer? Konnte man,
in case of emergency, durch zwei Rumpftüren hinaushechten?
Die Fallschirmpunkte wurden von sanfter Drift erfasst, die
sie unaufhaltsam wegzog von der Bomberroute – die Bomber

mussten bereits im Anflug auf München gewesen sein, sonst wären die Fallschirmpunkte nicht mit bloßen Augen zu sehen gewesen. Eine Sensation, auch für das Kind: eine Fliegende Festung, Flying Fortress, wird tatsächlich mal getroffen …! (Heute weiß ich, dass die Flak im statistischen Schnitt bis zu 8000 Granaten verschoss, ehe ein Flugzeug »runtergeholt« wurde.) Meine Erinnerung hat dieses Bild aufbewahrt, die Beschreibung hat es wieder präsent gemacht, aber: die Erinnerung hat dieses Bild nicht spontan reproduziert in den Jahren nach der Arbeit an jenem Roman. Dabei bin ich in der gegenwärtigen Zeitphase eingestellt auf das Wahrnehmen von Erinnerungsbildern, Erinnerungssequenzen!

Nächstes Stichwort: Kartoffelkäfer. Spaziergang vom Eifelhaus zur Hügelkuppe des sogenannten Eisenwegs, und ich sah im Sommer 92, was ich seit Jahrzehnten nicht mehr gesehen hatte: einen Kartoffelacker mit Käfern. Jahrzehntelang schienen Kartoffelkäfer chemisch ausgerottet, nun aber war das Feld nicht bloß von einzelnen der gestreiften Käfer befallen, es saßen und krabbelten meist mehrere Käfer auf einer Staude herum. Ja, so war es, in der Schulzeit: Wir zogen hinaus zu Feldern vor dem Dorf, vom Lehrer geführt oder begleitet, wir wurden aufgeteilt, wir schwärmten aus, wir stapften, wie eine Schützenreihe, langsam durch die Ackerfurchen, es war hell und heiß, die Zeit der mächtigen Sommer; gebückt gehen, gebückt gehen, gebückt gehen, und Durst, vor allem Durst, und Käfer an den Rümpfen gepackt und ins Glas geworfen, ein Gurkenglas, und das wurde am Feldrand ausgeschüttet, die Käfer mit einem Stein zerstampft, zermanscht, Kartoffelkäferbrei mit zerbrochenen Flügeln.

Dieser Einsatz wiederholte sich, konnte sich also, schon durch die Wiederholungen, einprägen. Hat sich auch eingeprägt, wurde für den Roman Anfang der siebziger Jahre niedergeschrieben, doch dann blieb es vergessen. Warum?

Selbsterkundung beim Weiterlesen der Erinnerungssequenz: Ich versuche, mir auf die Spur zu kommen. Der »Übungs-Panzerspähwagen mit Sperrholzaufbau« – ja, ist präsent geblieben. Aber nicht präsent geblieben ist dies, erstaunlicherweise: »Über dem Kellerfenster ein Notausstieg aus Beton, davor eine Schwelle gemauert.« Jetzt, wo ich das lese, sehe ich die Trümmerschleuse wieder vor mir, an der Längswand des Hauses, nah am Gassentörchen: grob gegossener Beton mit »Nestern«, kleinen Einhöhlungen. Und die Schwelle gegen fließenden Phosphor.

In der Erinnerung jedoch: die Schleuse schien abgetragen. Dabei wurde der Erinnerung ein Zeichen vermittelt, zwischenzeitlich. Durch das Stadtambiente Mainz flanierend, sah ich an einem Haus etwa zwei Meter lange weiße Pfeile, auf Klinker gemalt: erst senkrecht abwärts, dann einknickend wiesen sie hin auf die Kelleröffnung, die freigeräumt werden musste, falls das Haus eingestürzt war. Zwei Pfeile für eine Kellerfenster-Schleuse – auch am Herrschinger Haus muss es solche Pfeile gegeben haben. Die Jahrzehnte alten, etwas verblassten Pfeile in Mainz hatten aber keine assoziative Verbindung evoziert. Und keine Erinnerung an einen zum »Luftschutzraum« ausgebauten Keller, obwohl mir in Mainz, in üblicher Abkürzung, dieses Stichwort zugespielt wurde: »L.S.R. im Hof« stand (steht?) noch immer an einer Tordurchfahrt. Gingen wir jemals in den Keller, in Herrsching? Nur Erinnerungen, wie wir draußen standen, hinaufschauten, hinaufhorchten in den sehr weiten Nachtraum, durch den vereinzelte Scheinwerferstrahlen schwenkten. Auch bei Tageseinflügen standen wir an der Hauswand, unter dem vorkragenden bajuwarischen Dach. Und wieder ein Erinnerungsbild, das sich aufgelöst hat: Helle Punkte am Mittagshimmel – Fallschirme?! Absprung feindlicher Luftlandetruppen?!? »Der kompakte Hausbesitzer dröhnt die Holztreppe hoch, keucht mit einem Fernglas zurück, die Söhne laden die beiden Luftgewehre, Fahrtenmesser an den Gürteln.« Und ich stand dabei, starrte hinauf, bis die »Fallschirme« sich auflösten in herabschwebende Bündel von Stanniolpapier, von Alufolienstreifen: hingen bald, als Sommerlametta, an Bäumen, Büschen. Von der Störung unseres Radars durch solche Folienbüschel wussten wir noch nichts: warum diese Dekoration unserer Gegend?

Was in der Erinnerungssequenz des Romans fehlt, was mir

jetzt beim Schreiben einfällt: Wiederholt wurden Flugblätter abgeworfen. Klassenweise schwärmten wir aus, um Flugblätter zu sammeln, unter strenger Aufsicht. Denn lesen durften wir sie nicht, durften nicht mal draufschauen – als könnten wir mit einem einzigen Blick infiziert werden … Weil wir oft weit ausschwärmen mussten auf Feldern, Wiesen, in Waldgebieten der Dorfumgebung, schaute ich mir ein Flugblatt doch mal an: Der Text betont von gedrucktem Rahmen, eine Landkarte mit Pfeilen, die Abwehrlinien durchbrachen, diese Pfeile vom Westen her und vom Osten heran und vom Süden herauf, mächtige Pfeile, die nichts aufzuhalten schien. Habe ich ein Flugblatt eingesteckt? Ich glaube noch ein Knistern in der Hosentasche zu vernehmen – ein Flugblatt, das ich zufällig fand, allein, beim Streunen? Nachrichten des Feindes.

Und gleich eine weitere Assoziation, bereits im Vorspiel skizziert, hier im zeitlichen Kontext rekapituliert: Ich kam aus dem Kinderzimmer, im Nachthemd, und das wurde matt erhellt von der Skalenbeleuchtung, wurde grün getönt vom Magischen Auge des Radios, vor dem meine Mutter saß, Kopf nah am Lautsprecher, ihr Profil skalengelb und grün betont; sehr leis eingestellte Sprecherstimme. Erst reagierte sie schroff: »Du hast mal wieder sooo große Ohren …!« Aber ich durfte kurz bleiben. Die Vorhänge waren sowieso zugezogen: strikt durchgesetzte Verdunklung, auch auf dem Lande. Und lag nicht eine dick zusammengefaltete Wolldecke auf dem Radio, dämpfend? Dazu hatte sie allen Grund: »absichtliches Abhören« von »Feindsendern« war verboten. Doch Radio Beromünster und der »Deutsche Dienst« von BBC (»Hier spricht London«) ließen sich auf Mittelwelle fast problemlos empfangen, vor allem abends – falls nicht ein Störsender überlagerte mit Knacken, Krachen, Rauschen.

»Rundfunkverbrechen«: Schon 1939 wurde im Reichsgesetzblatt das Abhören ausländischer Sender unter Strafe gestellt. Es wurde aber auch akustisch gewarnt, etwa in einem Sketch: »Ich weiß zwar nicht, wie du London bekommst, aber was du bekommst, wenn du London bekommst, das weiß ich: … Kittchen!! … sogar Zuchthaus!!!«

Hier war die Gefahr besonders groß, wenn man BBC hörte. Deutschsprachige Nachrichten zur Kriegslage wurden angekündigt mit vier dumpfen Paukenschlägen, im Rhythmus des Ta-ta-ta-taaa der fünften, der ›Schicksalssinfonie‹ von Beethoven. Dieses ebenso prägnante und fatale Signal konnte gar nicht stark genug abgedämpft werden, es durchdrang, durchschwang Fenster, Türen, auch Mauern. So was hatte man im fernen London nicht bedacht. Darüber wird sich Mutter Helene aber klar gewesen sein. Auch dies ein Grund anzunehmen, dass sie eher Radio Beromünster gehört hat im MW-Bereich. Und ich, im Nachthemd, wurde fast so etwas wie ein Komplize, schwach angeleuchtet.

Wie aber soll ich diese Erinnerung kombinieren mit folgender Erinnerung? Sie nahm mich mit in eine der Ausstellungen im Haus der Deutschen Kunst zu München. Geblieben sind einige Erinnerungen: Hohe, sehr helle Räume mit großformatigen Gemälden und ziemlich großen Statuen. Von den Bildern haben mich offenbar die Kriegsgemälde am stärksten beeindruckt. Ein Stoßtrupp von drei, vier Mann in einem Schlauchboot, geduckt paddelnd, Wasserfontänen rechts und links. Und wieder ein Stoßtrupp von drei, vier Mann, einer von ihnen mit einem dekorativen Kopfverband, nicht breiter als Verbandsmull, geziert mit einem münzgroßen Blutfleck – kann also nur ein harmloser Streifschuss gewesen sein, ein Miniatursplitter, der Soldat schien ja noch kraftvoll, schleuderte jedenfalls eine Handgranate.

Warum der gemeinsame Museumsbesuch? Entsprachen die Exponate Helenes Kunstgeschmack? Wohl kaum. Warum also die Besichtigung damals repräsentativer Malereien? Ein Alibi vor der Dorfgemeinschaft, vor der Hausbesitzersfamilie? Kind Dieter erzählt, und das wohl ziemlich stolz, dass man in München war, im Haus der Deutschen Kunst, und dort –? Aha … Das doch … Immerhin … Waren solche Reaktionen eingeplant?

Wiederum: Wir beachteten nicht Vorschriften des Luftschutzes – die von der Familie des Vermieters befolgt wurden? Ich höre es heute noch: Das Tacken des Drahtfunks, bevor

Luftlagemeldungen durchgegeben wurden. Tacken wie aus einem altertümlichen, hart laufenden Uhrwerk (heute weiß ich, es war ein Metronom).

Dann die Durchsage, etwa in dem Stil: »Wir unterbrechen unsere Frontberichtsendung zur Durchgabe einer Luftlagemeldung. Achtung, Achtung. Schwacher Verband schneller Kampfflugzeuge im Anflug auf Westdeutschland. Wir wiederholen: Schwacher Verband schneller Kampfflugzeuge im Anflug auf Westdeutschland. Ende der Durchsage.«

Im weiteren Verlauf folgten nähere Angaben zum Anflug. Die jeweiligen Positionen konnte man auf Drahtfunkkarten markieren in Kreisen und nummerierten Sektoren. Vage Erinnerung, dass solche Karten auf dem Esstisch lagen, aber erfolgten hier Eintragungen? Hätte ich diese Aufgabe womöglich übernommen? Wir konnten die Luftlagemeldungen mit Gelassenheit registrieren; meist hörten wir die Bomberpulks überhaupt nicht, manchmal wummerten sie in der Ferne, nur selten dröhnten sie über das Dorf hinweg, nachts. Aber auch dann: Es ging nicht hinab in den Keller, der nun LS-Raum war. Keine Erinnerung an ein Zusammenhocken mit dem Hausbesitzer und dessen Familie, nicht mal ein Erinnerungsbild an eine Inspektion des ausgebauten Kellers. Helene hielt sich, hielt uns da raus.

Doch es schlug diese Nachricht ein, wahrhaftig wie eine Bombe: Im Nachbardorf war, in der Nacht, ein Haus durch eine Bombe schwer beschädigt worden. Offenbar eine übriggebliebene Brandbombe, auf dem Rückflug irgendwo abgeworfen, und sie schlug nicht auf einem Feld ein oder im Wald, sie schlug blindlings im Nachbardorf ein, ausgerechnet in einem Wohnhaus. Auch wir machten einen Ausflug zum Dorf – ich weiß nicht mehr, war es Frieding oder Widdersberg? Unwichtig. Entscheidend: die Nachricht stimmte, das Haus war getroffen. Und wir sahen: »Nasse Möbel, Bettzeug auf einer Kommode, ein Bild an einen Stuhl gelehnt, eine liegende Standuhr; über den Fenstern schwarze Brandspuren.«

Die Notiz aktiviert das Erinnerungsbild, ich sehe uns dastehn, vor dem dreidimensionalen Kriegsbild, und wir lassen das so lang auf uns einwirken, bis wir uns an den Anblick gewöhnt haben. Warum ist dieses Bild nicht spontan präsent geblieben? War überlagert von Bildsedimenten, musste erst wieder freigelegt werden durch die Erinnerungssequenz des Romans.

Was sinkt ab, was taucht auf? Bewusstes Sortieren, Akzentuieren findet nicht statt. Erinnerung hat offenbar keine Bewertungskategorien im weiten Spektrum zwischen gewichtig und beiläufig. Nur über einen Teil der Erinnerungen kann ich jeweils frei verfügen. Auch in einer Zeit, in der ich auf den Empfang von Erinnerungssignalen eingestellt bin, das Magische Auge fluoreszierend grün aufleuchtend! Manche Bilder stellen sich spontan ein, manche Bilder müssen, wortwörtlich, heranzitiert werden. So erscheint Erinnerung wie eine Galerie, in der sich Bilder selbst von den Wänden nehmen, Bilder selbst aufhängen, auch wechselt der Bestand in der Zahl, die Galerie expandiert mal, dann kontrahiert sie wieder – eine gleichsam pulsierende Galerie, und die Bilder, die jeweils in ihr zu sehen sind, sie verändern sich: dort schrumpft ein, hier wächst hinzu.

Nun also: der Einschlag einer Bombe im Nachbardorf – Ereignis in unserer Landwelt! Dieser Bombenschaden war so bedeutsam, dass wir die Familienexkursion unternahmen, bestimmt eine Stunde zu Fuß dorthin, eine Stunde zurück. In ›unser‹ Haus aber schlug keine Bombe ein, dafür aber ein Blitz. Ich stand an der Wohnzimmertür im Flur, grelles Licht, Knallen im Sicherungskasten schräg über mir, ein schlängelndes (?), zuckendes (?) Weiß zur Haustür hinaus, oder, genauer: zum Schlitz unter der Haustür hinaus, die wird während des Gewitters wohl kaum offen gestanden hat. Hat Erinnerung dieses weiße Hinauszucken ergänzt, war da nicht bloß jähe Helligkeit und ein massives Geräusch, das ich nicht näher präzisieren kann durch Vergleichsgeräusche? Mit Sicherheit aber wahrgenommen: jäh veränderter Geruch in der Wohnung. Schwefelgestank? Es dürfte eher Ozon gewesen sein.

Einschlag über den Blitzableiter des Hauses. Und gleich noch eine Blitz-Erscheinung, jäh den Erinnerungsraum auf-

hellend. Schulferien, die Familie macht Urlaub im Schwarzwald, wir Söhne wieder in den grauenhaften Lufthosen mit
Stoffhosenträgerchen, gemustert, leider auch noch gemustert;
in dieser Erscheinungsform wurde ich abkommandiert zur
Mitarbeit beim Verladen von Heu auf einen ochsengezogenen
Leiterwagen. Dann im Zimmer mit Balkon. Blick eine Hangschräge hinab. Gewitter, alles unter dem Dach. Und grell und
rund und zischend (?) zog horizontal ein Kugelblitz vorbei.
Balkontür zu! Denn ein Kugelblitz, das wussten wir, kann
durch eine Tür, durch ein Fenster ins Haus eindringen, kann
im Zimmer umherschweben oder herumrollen, bis er an einen
Widerstand stößt, beispielsweise ein Stuhlbein, und er zerplatzt. Dann wird's aber heikel!

Frei assoziierte Erinnerung. Und wieder eine aufgezeichnete Erinnerung, als Momentaufnahme: »Lautlos über den
Baumwipfeln ein Fallschirm mit pendelndem Körper; ein
Feind, fast greifbar, Anglo-Amerikaner, Bomberpilot, der
mit den Beinen rudert.« Ja, ist präsent geblieben! Der Fallschirm wurde vom See Richtung Hochebene getrieben, über
dem Hang, an dem ich stand, vor dem Haus des Jugendschriftstellers – ruderte der Pilot mit den Beinen, weil er nicht im
Wald der Leitenhöhe landen wollte, erst auf der freien Fläche
der Hannawies? Das Wort »lautlos« bereits im Textzitat, aber
diese Lautlosigkeit gewinnt an Raum in der präzisierten Erinnerung. Und ich stehe nicht allein vor dem Haus: neben mir
die Frau des Schriftstellers. Ich war gekommen zu gemeinsamem Schwammerlsuchen. Dabei blieb es, doch sie nahm die
Pistole ihres Mannes mit, steckte sie in die Windjacke, und
wir gingen weiter den Hang hinauf, über den der US-Pilot
vielleicht doch nicht hinweggeschwebt war. Also: Ausschau
halten nach Pilzen und nach einem Bomberpiloten, der eventuell von einer Baumkrone herabkletterte. Viele verdächtige
Geräusche, in meinen Ohren, die Pistole aber musste nicht
entsichert werden.

Pilze sammeln …! Das gehörte zum Standardprogramm der
Notzeit. Aufbesserung des Eiweißhaushalts. Steinpilz, selten,
entsprechend hoch geachtet. Parasol: der Schirmpilz mit Vor-

172

sicht abgehoben und transportiert. Butterpilz (Röhrling) gehäuft im Waschkorb. Hallimasch, mit Vorsicht und Vorbehalt
zu genießen. Ein Teil der Pilzernte wurde in Scheiben geschnitten, die wurden auf eine Schnur gezogen, zum Trocknen
aufgehängt. Vorratswirtschaft. Als ich, viele Jahre später, in
der Eifel spazierte und durch einen kleinen Hohlweg kam, da
blieb ich stehn, plötzlich, wusste sofort: Pilze! Sauerfeuchter
Lehmgeruch. Unter einem abgestorbenen Ast standen denn
auch graubraune Pilze in dichter Kolonie. Sichtlich nicht genießbar, also weitergehn.

Angekoppelt noch ein Erinnerungsfragment: Beeren suchen. Da mussten wir frühmorgens aus den Betten, könnte
schon gegen vier gewesen sein, und ein langer Fußmarsch zum
Terrain, in dem es Brombeeren gab, eigentlich reichlich, aber
meist schon abgeerntet von Dorfbewohnern, die noch früher
aufgestanden waren oder einen kürzeren Anmarschweg hatten. Ein Beereninselchen fanden wir schließlich aber doch,
denn es blieb die Erinnerung an Beerensuche in trockener
Hitze unter wolkenlos blauem Himmel, also schon zu fortgeschrittener Tageszeit. Endlich Beeren im Korb. Endlich der
Rückmarsch, durstig, durstig.

Erneut werde ich, wieder im Druckbild, konfrontiert mit
einer Erinnerung, die abgesunken oder überlagert war: In
der Schule wurden wir eindringlich gewarnt vor Konservendosen, die abgeworfen wurden von hinterfotzigen Alliierten;
öffnet man solch eine Konserve, so explodiert sie, fetzt einen
Arm ab. Das beschäftigte die Phantasie; der Blick für einige
Wochen beinah fixiert auf Konservendosen im Gelände. Und
ich war sicher: Wenn überhaupt, so war solch ein Fund nur im
abgesenkten Bett des Kienbachs möglich – das lag, streckenweise, etwa zwei Meter tiefer im Dorfbereich, der benachbarte Bauernhof Höllriegl hatte die Grundstücksgrenze sogar
mit einer Betonmauer abwärts gesichert. In den verwilderten
Böschungen des Bachlaufs gab es hervorragende Verstecke;
streckenweise konnte man auch ungesehen durch den überschatteten Bach tapsen – das Wasser meist nur knöcheltief,
und gelegentlich kleine Kaskaden, an quergelegten Stämmen.

Nur in diesem Bachbett konnte eine explosive Konservendose liegen. Also stapfte ich mit Gleichaltrigen suchend unter
der Brücke hindurch und am Biergarten entlang mit der langgestreckten Kegelhütte und wieder unter schmaler Brücke
hindurch und ins Kiental hinein, aber wir fanden keine Dose.
   Was hatte man uns in die Köpfe gesetzt? Wären wirklich
Konserven von Flugzeugen abgeworfen worden, sie wären
beim Aufschlag zerplatzt. Wahrscheinlich war hier ein Gerücht lanciert worden: Die Heimtücke des Gegners … In
meinem Kopf aber, und, ich bin sicher, auch in den Köpfen
der Freunde (der Peter … der Ingo …) hatte sich festgesetzt:
Es gibt Konserven, die können explodieren.
   (Dezennien später lese ich, dass zur Versorgung amerikanischer Truppen auch Suppendosen gehörten mit einem
Brennsatz am Boden; so konnte die Suppe auch im Schützen-
graben, womöglich unter Beschuss, erwärmt werden. War es
so weit, wurde der Dosendeckel automatisch abgesprengt.
Wow!)

KOCHLÖFFELSTORY ZWO. Helene rannte hinter mir her,
durch das Wohnzimmer, durch den Flur, den ramponierten
Kochlöffel in der Faust, Begleitschreie, ich witschte zur Haustür hinaus, und sie so schnell, so dicht hinter mir her, vorgebeugt, dass sie sich mit dem kurzen Puffärmel des dirndl-
ähnlichen Kleids an der Türklinke verfing, die fuhr hinein in
die Ärmelöffnung, und die Verfolgerin kam einige Zeitlupen-
sekunden nicht los, Schreie, die mich zurückbefahlen in die
Prügelzone, ich lief ein Stück weiter, bis zum Gartentörchen,
schaute mich um, sah sie, wieder aufgerichtet, am Ärmel zup-
fen, mein kurzes Auflachen machte sie noch wütender, ich
rannte zur Gasse hinaus, rannte durch das Dorf, blieb stundenlang weg, Gefühl der Befreiung.
   Ja, kann denn das überhaupt so stimmen? Ging die Haustür
nach draußen auf? Nur dann konnte die Klinke so gerichtet
sein, dass sie in den Ärmel fuhr. Aber wie tief hätte sie dann
vorgebeugt sein müssen im Lauf? Wie eine Figur aus einem
Cartoon? Speedy Helene?

174

Ich stehe auf, gehe zur Zwischentür, mache sie auf, schaue zur Klinke hinab: die befanden sich auch in der Nazizeit auf gleicher Höhe. Natürlich war sie damals nicht alufarben, es war eher dunkel lackiertes Eisen, vielleicht ornamental verarbeitet. Wenn sich so ein Eisenstück horizontal in den Puffärmel schob, zwischen Haut und Stoff, dann wäre der Ärmel doch, beim Schwung ihrer Bewegung, aufgerissen, da hätte sie wohl kaum zeitlupensekundenlang gezappelt. Ich stehe vor der Tür, lass sie aufschwingen, zuschwingen und kann mir nicht mehr vorstellen, wie das, ja, gelaufen sein soll.

Also zweiter Rekonstruktionsversuch: Ich mache mich etwas kleiner an der Zwischentür, versuche die Bewegung zu imitieren, zu kopieren. Helene war keine großgewachsene Frau, und doch: Selbst bei kleinerer Statur hätte sie schon sehr scharf in die Kurve gehen müssen, um sich in Klinkenhöhe zu verfangen. Ich mach die Tür zu, ich zieh sie auf, es geht mir nicht in den Kopf. Aber selbst, wenn ich die Erinnerung diesem Materialtest unterwerfe, das Bild bleibt. Wann und wie und warum hat sich dieses Erinnerungsbild zurechtgemodelt? Solch eine Szene, sage ich mir, würde ich für einen Erzähltext, selbst für einen grotesken, nicht erfinden, das käme mir unwahrscheinlich vor. Stimmt vorn und hinten nicht, sage ich mir, vorbildlich selbstkritisch.

Doch die Erinnerung beharrt, trotz des gescheiterten Rekonstruktionsversuchs: So, bitteschön, war es, so und nicht anders, ich sehe es noch vor mir, als wär es gestern geschehn, zumindest vorgestern: Rannte hinter mir her, durch das Wohnzimmer, durch den Flur, ich zur Haustür hinaus, und sie so schnell, so dicht hinter mir her, Kochlöffel in der Faust, vorgebeugt, dass sie sich mit dem kurzen Puffärmel ihres dirndlähnlichen Kleids – und so weiter.

Wie denn weiter? Ich rannte weg zum Wald zwischen Dorf und der Hochebene, der Hannawies, stieg im Hang rauf zu meiner Fluchtburg: der erratische, irgendwie in den Wald geratene Felsblock mit der kleinen Einhöhlung und der Mulde davor. Gemeinsam mit Freund Ingo hatte ich ja nun über Mulde und Einhöhlung so etwas wie einen Vorbau geschaffen mit schräg an den Felsblock gelehnten Ästen, mit Moosstücken abgedeckt, zusätzlich mit Laub bestreut. Aber ich kannte die leicht ablösbaren Moosstücke, schob Äste beiseite, kauerte mich in die Mulde, Rücken in die kleine Einwölbung gedrückt, und wartete ab. Das Kind, das ich war, es kalkulierte – fast möchte ich sagen – eiskalt: Wenn ich lang genug wegbleibe, wird sie mürbe, der angeschlagene Kochlöffel bleibt abgelegt.

So war es denn auch. Als ich nach schätzungsweise zwei Stunden zurückkehrte, war die Wut verraucht.

Wo hast du denn die ganze Zeit gesteckt?

War nur was spazieren …

Dabei blieb es. Ich frage mich, wie das eher eingeschüchterte, in sich gekehrte Kind so blindwütigen Zorn wecken konnte. Aber die Erinnerung bietet dazu kein Stichwort an.

Und meine Brüder? Über meine Erfahrungen kann ich verfügen, schreibend, nicht jedoch über Erfahrungen der Brüder.

Dies zumindest lässt sich jedoch motivieren: Vergleichende Erfahrungen mit der Mutter. Der Bruder, von dem ich mich am meisten entfernt glaubte, er berichtete von Erfahrungen, die meinen Erfahrungen gleichen: Reglementierungen (»law and order« sagte er), die er gleichfalls erfahren, erlitten hat – und dies nicht nur als Varianten der damals (»zu unserer Zeit«!) sowieso strengeren, rigideren Erziehungsmethoden. Zwei Stichworte, die sich wiederholten: »Kühlschrank« und »Gusseisen«. Wenn er in ihre Nähe kam, das Gefühl, ein Kühlschrank öffne sich. Wenn er sie aus der Ferne betrachtete, das Gefühl, sie bestünde aus Gusseisen.

Und konkrete Erfahrungen? In seinen Erinnerungen an Kindheit und erste Jugend dominiert Durstgefühl. Denn: beim Abendessen (Butterbrot) gab es jeweils nur eine einzige Tasse Tee. (Der weithin übliche Pfefferminztee oder sehr dünner schwarzer Tee – »Pleur« nannte Helene allzu dünnen Tee, allzu dünnen Kaffee …) War die Tasse »Pleur« ausgetrunken, durfte man nicht nachschütten, wurde nicht nachgegossen: »Wenn ihr mehr trinkt, müsst ihr nachts dauernd raus zum

Bieseln …« So blieb der Abendtee streng rationiert. Und weil wir von Kindergarten und Schule, weil wir in der Familie auf strikten Gehorsam eingeschworen waren (heute: konditioniert, programmiert), kam auch nicht in Frage, Leitungswasser in sich reinzuschlabbern, vor oder nach dem Zähneputzen. So litt mein Bruder vor dem Einschlafen und mehr noch, wenn er nachts mal aufwachte, unter Durst. Ja, der Durst weckte ihn, so erinnert er sich, und es war quälender Durst. Doch die Bitte um ein bisschen mehr Tee, sie wurde abgelehnt, meist mit einem Satz, der in der Erinnerung des Bruders charakteristisch ist, fixiert in vielen Wiederholungen: »Stell dir vor, du wärst in russischer Gefangenschaft – dann würdest du das auch nicht kriegen …« (Hat sie hier umformuliert, transponiert, was näher lag: Stell dir vor, du wärst in einem Lager – in einem KZ – dann würdest du das auch nicht kriegen …?)

Ja, und die stummen Schreie des jüngsten Bruders. Setzte an zu einem Schrei, aber nur der Ansatz, der Beginn des Schreis brach aus ihm heraus, der Schrei blieb in der Kehle stecken, er kriegte keine Luft mehr, wurde starr: Abkippen von der Schreihöhe in plötzliche Lautlosigkeit. Später versuchte ich ein paarmal, mich in ihn zu versetzen, die Luft anhaltend bei prall gefüllter Lunge: Der Schrei, der verstummende, schien den Kopf aufzublähen, Pressluft in den Schädel, in die Ohren, von innen her auf die Trommelfelle. Mund aufgerissen, Augen weit geöffnet, Arme starr. Nun halt mal die Luft an …? Da blieb ihm die Luft weg …?

Wir, die beiden älteren Brüder, waren darauf konditioniert, ja trainiert: Sobald er schreit und der Schrei plötzlich stockt, sofort losrennen und auf den Rücken schlagen. Eine dieser Situationen hat sich eingeprägt: Ein Sonnentag im Garten, der ansetzende Schrei, der abbrechende Schrei, die fast als tödlich empfundene Stille, alles stehn und liegen lassen, losrennen, wo steht er, dort stand er, starr, starr, schien blau anzulaufen (oder ergänzt das die Erinnerung?), und schnell die Schläge mit flacher Hand auf den Rücken, und Zurufe, panische Zurufe. War außer sich, für schlimme Sekunden, musste in sich zurückgetrieben werden, damit er wieder zu sich kam, bei sich

177

ankam. In der Familie geläufige Formulierung: Er schreit sich hinter Atem. Formulierung des Arztfreundes, den ich Jahrzehnte später befragte: Er schrie sich weg.

Ja, so wiederholte sich das: Der Schreiansatz, die alarmierende Stille, er stand da, und wenn man nicht sofort kam, lief er blau an, war kurz vor dem Selbstersticken, und mit raschen, starken Schlägen auf den Rücken platzte die Luft gleichsam in ihn herein.

Jahre, Jahrzehnte später versuche ich zu verstehen, wie es zum unterkühlten Binnenklima der (jahrelang vaterlosen) Familie gekommen sein konnte. Ein Defizit an Wärme, die Mutter Helene in ihren frühen Jahren entzogen worden war, in Duisburg, in der Marienstraße? Gefühle, die ihr vorenthalten, ihr verweigert worden waren, sie dämpften eigene Gefühle? Und die Gefühle, die nicht mehr gezeigt werden durften, sie bildeten sich zurück? Und so wuchs sie hinein in eine Zeit, in der Gefühlsäußerungen ohnehin unerwünscht, ja verpönt waren, weil sie als weich galten, wo doch gehärtet werden musste für den ersehnten Krieg? Und was in der weithin militanten Gesellschaft der Kaiserzeit konditioniert worden war, erhielt schließlich das Gütesiegel des Hakenkreuzes? Zwei Sätze aus der Zeit des Dritten Reichs: »Das Überschütten des Kindes mit Zärtlichkeiten kann verderblich sein und muss auf Dauer verweichlichen. Eine gewisse Sparsamkeit in diesen Dingen ist dem deutschen Menschen und dem deutschen Kinde sicherlich angemessener.«

Es wurde später konstatiert, etwa von Bettina Albert, dass »kollektive emotionale Unerreichbarkeit« der Eltern nationalsozialistische Erziehungsprinzipien verinnerlichte; physische und emotionale Distanz zwischen Eltern und Kindern wurde »installiert«.

Ja, stimmt: Ich wurde nie in den Arm genommen. Fühlte mich zumindest nie in den Arm genommen. Noch einmal: Da war Zuteilung (von Nahrung, von Kleidung), aber kaum Zuwendung.

Zuweilen schossen Wutprotuberanzen aus mir heraus über alle Reglementierungen hinweg. In wahren Wutanfällen steigerte sich Zorn in eine Intensität, die kein Ausweichen mehr zuließ.

Deutliche Erinnerung: Wie ich auf Bruder Herbert losging. Blick verengt wie durch ein Rohr, ich warf mich auf ihn, presste ihn zu Boden, setzte die Knie auf seine Schultern, schlug in sein Gesicht, Kopierstift in der Faust, und mit Schweiß und Tränen entstanden violettblaue Wischspuren in seinem Gesicht, ich war, wortwörtlich, außer mir. Doch schon griff die Mutter ein, vehement.

Zweite Erinnerung: Ich wurde eine Zeitlang fast jeden Morgen auf dem Weg zur Schule von einem Schusterssohn abgefangen, wurde gehänselt, geknufft, gerempelt, getreten, zuweilen auch geschlagen, mein Gesicht in Sand oder Schnee gepresst. Den Namen dieses Klassenkameraden habe ich nicht vergessen, den prangere ich aber nicht an. Für ihn war ich ein »Saupreuß« – was er tat, fand Resonanz. So war der Schustersjunge mit dabei, als mir ein Grüppchen am Treppenaufgang der Schule den Ranzen von den Schultern riss, und er wurde auf einer der oberen Stufen ausgeschüttet. Da rannte ich treppauf wie hineinkatapultiert in das johlende Grüppchen, wieder war mein Sehfeld verengt, als schaute ich durch ein Rohr – in dieser Optik auch meine Erinnerung. Blindwütig schlug ich um mich, spürte andere Fäuste nicht, auch nicht Fußtritte, ich prügelte schreiend das Grüppchen auseinander. Von da an, so sagt mir die befragte Erinnerung, ließ man mich in Ruhe.

Aber noch im folgenden Sommer trug ich, zur Sicherheit, ein kurzes Küchenmesser in der seitlichen Stecktasche der Lederhose; ich musste es nie zücken. Später, im Spielgerempel, wurde es mir aus der Messerltasche gezogen, ich sah es nie wieder, brauchte es auch nicht mehr.

Wie ich mich als Kind bei Anfällen von Jähzorn fühlte, das konnte ich erfahren bei späteren Anfällen: da reproduzierte sich ein Vorgang, der kaum Varianten zulässt. So war ich (beispielsweise zweiundfünfzigjährig) sekundenkurz identisch mit dem (beispielsweise achtjährigen) Kind, gleichsam miteinander verschweißt in der Intensität dieser Erfahrung: Eine sehr rasche »Beschleunigungsphase«, in der Alarm- und Aggressionsstoffe ausgeschüttet wurden, und wieder verengte sich der Blick, wie beim Zoom, ich bestand vom Scheitel bis zu den Fußsohlen aus nichts als Heftigkeit.

Diese Erfahrungen haben so etwas wie Brandflecken hinterlassen in der Erinnerungssubstanz.

ES HERRSCHTE KRIEG. Der setzte Zeichen. Etwa so: Mehrere Scheinwerfer suchen den Nacht-Raum ab, in dem Motoren dröhnen, und in einem der hin und her schwenkenden Lichtstäbe glimmt etwas auf, schon kippen weitere Scheinwerfer-Lichtstrahlen heran zum weißen Punkt, sogleich an ihn herangereiht Aufzuckpunkte von Granatexplosionen, das Flugzeug will nach rechts, nach links ausbrechen, die Suchscheinwerfer folgen ihm, der Flugzeugpunkt löst sich im Sturzflug aus den Scheinwerferstrahlen, schon fällt das Lichtmuster auseinander, die Scheinwerferstrahlen schwenken voneinander weg, gleiten umher im Nacht-Raum.

Dies hätte ich nicht in Köln sehen können, dort waren wir im Keller während des Angriffs, dies kann ich nur in Herrsching beobachtet haben. Dabei standen wir unter dem vorkragenden Dach, an die Hauswand gelehnt, waren dort geschützt vor gelegentlich auf das Dach klackernden oder dumpf in den Boden schlagenden Flaksplittern.

Als mein Buch mit dem Wort *Schutzengel* im Titel erschienen war, wurde ich zuweilen gefragt: Hast du (haben Sie) schon mal das Gefühl gehabt, es gäbe einen Schutzengel an deiner (an Ihrer) Seite? Beim ersten Mal habe ich gestutzt, aber nur kurz, habe gesagt: Ja, es hat einen Schutzengel gegeben, meine Mutter. Sie hat mich, hat meine Brüder mit ihrer raschen Entscheidung vor weiteren hundert, hundertfünfzig, zweihundert Bombenangriffen auf Köln bewahrt, mit Folgen von hoher statistischer Wahrscheinlichkeit.

So liegt es nah, mich zu informieren über den ersten Groß-Luftangriff auf meine Stadt (zugleich der erste Groß-Luftangriff der Kriegsgeschichte): *Operation Millenium Cologne*,

31. Mai 1942. Mehr als 1000 Bomber starteten von 53 englischen Feldflughäfen, wurden zu Angriffswellen eines insgesamt neunzigminütigen Angriffs formiert. Neue Dimension
der Zerstörung: Zu jenem Zeitpunkt das größte Stadtfeuer seit
Rom und Moskau (1812): zweieinhalb Millionen Quadratmeter bebauter Fläche zerstört und –

Hier stocke ich. Durch beinah kontinuierliche Wahrnehmung sind wir darauf fixiert, Zahlen und Fakten zu registrieren. Jeder Dokumentarfilm, jeder gedruckte Bericht
über den Großangriff bringt, selbstverständlich, Zahlen über
eingesetzte Flugzeuge, die Zahlen abgeworfener Brandbomben, Sprengbomben, Phosphorkanister, Luftminen, bringt
die Zahlen der Toten, der Verwundeten, der Obdachlosen,
die Zahlen der leicht und der schwer beschädigten, der zerstörten Häuser und öffentlichen Gebäude. Zahlen aber, die
ich in Büchern nachlese, sie vergesse ich meist wieder; diese
Eigenart soll einwirken auf mein Buch, hier soll nicht überpinselt werden oder wegretuschiert.

Mit starker Nachwirkung aber eine Fotografie, die ich in
Eric Taylors Bericht über den Tausendbomber-Angriff finde:
Mein Stadtviertel damals, Bayenthal, aus großer Höhe fotografiert, schemenhaft zu erkennen im Feuerschein die Südbrücke (»die als wichtiges Bindeglied zwischen den deutschen
Truppen in Holland und ihren Heimatstandorten galt«), die
Flusskonturen, die unbebauten Rheinwiesen des Ostufers
am oberen Bildrand; das Gebiet, in dem ›unser‹ Haus stand,
überdeckt von Rauch; unter dieser von Bildrand zu Bildrand
reichenden Rauchdecke zahlreiche Feuerpunkte, Feuerflächen. Diese Rauchdecke hätte sich auch über mir verdichten
können.

Was ich nicht erleben musste, hat Gisela in Düren erlitten:
Angst vor Bomben, Todesangst.

Ihr Vater, der Techniker, Ingenieur, hatte den häuslichen
Keller vorbildlich zum LS-Raum ausgebaut. Vor allem hatte
er die Kellerdecke mit Holzstämmen abgestützt. Vor dem
Kellerfenster zum Garten der weithin übliche Betonvorbau,

der vor herabstürzenden Haustrümmern schützen, damit den rettenden Ausschlupf sichern sollte. Eine Stahltür mit Gummidichtung vor dem Rettungsweg ins Freie.

Gisela führt auf meine Bitte weiter aus: »Als die Fliegeralarme zunahmen, auch tagsüber, baute der Vater ein Etagenbett im Luftschutzkeller, für Ingrid und mich. Es spielte sich schnell ein Ritual ein: Wenn ich nachts geweckt wurde, weil Vollalarm gegeben wurde, raffte ich meine Kleider, die in genauer Reihenfolge auf dem Stuhl vor dem Bett lagen, fuhr in Hausschuhe oder Sandalen und rannte vom ersten Stock in den Keller. Dort erst zog ich mich an und legte mich in die obere Etage des Bettes – Privileg der Älteren. Soweit wir nachts von Angriffen verschont blieben, wachte ich morgens meist erst im Hellen auf – die Stahltür war mittlerweile geöffnet. Die Eltern hatten mich schlafen lassen, ich hätte sonst wieder Angst entwickelt beim Gewummer der uns überfliegenden Verbände und dem Dröhnen der Flak – eine Batterie stand am Sturmsberg, ein paar Gehminuten vom Haus entfernt.

Der befestigte Keller, das Etagenbett wurden mit zunehmenden Alarmen immer öfter und immer länger zum Aufenthalt, zumindest für uns Kinder. Wir hatten einen kleinen Tisch für Spiele, und das Etagenbett diente zu Höhlenbauten.«

Dieses Gefühl der Sicherheit ging allerdings verloren, als Vater Edmund seinen ausgebombten Bruder in Essen besuchte und nach der Rückkehr berichtete, »dass während des Angriffs die dicken Holzstämme, die zur Stützung der Kellerdecke im Luftschutzkeller installiert waren, wie Streichhölzer durcheinanderflogen und viele Schutzsuchende verletzten, einige sogar schwer. Beim nächsten Alarm weigere ich mich, in unseren Keller zu gehen, denn dort befinden sich genau solche Stämme. Noch am selben Tag verbindet der Vater die Stützbalken mit starken Latten, die das Umkippen verhindern sollen. Ich bin beruhigt. Doch das Gefühl von Sicherheit, von Schutz geht verloren, als die Angriffe auf Düren häufiger werden, wenn auch zunächst nur Vororte betroffen waren, aber das Geräusch der Explosionen, das (noch) leise Vibrieren des Bodens lässt wieder Angst aufkommen, Angst, die sich steigert. Ich sehe mich auf meinen Kissen sitzen, die Puppen im Arm, die Explosionen der Bomben mal näher, mal weiter weg – ›Ich habe euch nichts getan, ihr kennt mich doch gar nicht‹, wiederhole ich beschwörend. Ich fühle, dass ich nicht weglaufen kann, die Eltern, Großeltern pressen die Hände an die Ohren, die schwere Eisentür mit den Gummidichtungen gegen Phosphor ist fest geschlossen, ich kann nicht weg … Die Zähne beißen aufeinander, die Lippen sind auseinandergezogen, die Hände in Schulterhöhe verkrampft, es schüttelt mich, ich atme stoßweise, keuchend und fühle nur noch Angst davor, dass ich von den Bomben gefunden werde in meinem Keller.«

Auch im Luftschutzkeller der Schule: kein Gefühl der Sicherheit. Schon gar nicht, »nachdem ich gehört hatte, dass in einer Stadt während eines Luftangriffs die Wasser- und Heizungsrohre geplatzt waren, wobei die Schüler verbrüht wurden. Da stand für mich fest, dass ich bei Alarm nach Hause laufen würde. Das war aber nur Kindern gestattet, die fünf Minuten brauchten. Das behauptete ich einfach, obwohl ich morgens für die Strecke knapp fünfzehn Minuten brauchte. Also stürzte ich beim ersten Sirenen-Heulton aus meiner Bank, aus der Klasse, aus dem Gebäude (mit den wenigen anderen Fünf-Minuten-Kindern), rannte los – und hatte bald den ersten qualvollen Hustenanfall. [Sie hatte Keuchhusten, der aber noch nicht diagnostiziert war.] Die Straßen waren leer, die Sirenen still. Ich rannte, nach Luft ringend, die leicht ansteigende Straße, die steilere Bergstraße hoch und wartete im eigenen Keller auf die Entwarnung. Dann musste ich die Strecke in den vorgeschriebenen fünf Minuten wieder schaffen, immer begleitet von heftigen Hustenattacken.

Einmal jedoch – ich rannte wieder nach Hause – hatte ich einen so starken Anfall, dass ich keine Luft mehr bekam. Die Straßen waren wie ausgestorben, alle Haustüren verrammelt, ich konnte nicht weiter und duckte mich unter einen Briefkasten, der einzige verfügbare Schutz. Über mir wummerten, dröhnten die Bomberverbände – wer würde mich sehen und seine Last abwerfen …? Zu der Angst kam der weiterhin quälende Husten. Als ich wieder etwas Luft bekam, konnte ich nur langsam nach Haus gehen. Meine Mutter hatte den Mut, mir ein Schreiben mitzugeben, nach dem ich bei weiteren Alarmen zu Hause bleiben durfte. Die Diagnose Keuchhusten und ein entsprechendes Attest rettete mich und sie vor unangenehmen Kontrollen.«

Als, von der Eifelhöhe her, die ersten Flakgranaten in Düren einschlugen, wurde auch ihre Familie evakuiert, in den Westerwald. Und hier die Erfahrung unmittelbarer Bedrohung. »Ich rieche das trockene Kartoffellaub und die aufgehackte Erde unter mir, vor mir weiden die Kühe auf einem schmalen Stück Wiese. Ich stehe zwischen den Rübenreihen, halte einen langen biegsamen Stock (Haselnuss), mit dem ich die Kühe von den Rüben fernhalten muss. Ich sehe, dass die Sonne schon etwas tief steht. Dann höre ich mehrfach meinen Namen und drehe mich zu den Bauersleuten um, die nicht mehr Kartoffeln aushacken, sondern hinter bereits vollen Säcken kauern und mir Zeichen geben, mich hinzuwerfen. Sie zeigen gegen die Sonne. Und ich sehe, wie zwei Jabos auf uns zufliegen. Ich liege zwischen den Rüben und halte Blätter fest, damit der Flieger mich nicht entdeckt. Sie heulen über uns weg, haben uns nicht gesehen. Die Kühe sind aufgestört, ich höre sie ganz nah schnaufen. Aber wie kann ich sie wegscheuchen? Die Jabos heulen in Abständen über uns weg, nachdem sie – wie wir später erfuhren – den Bahnhof von Altenkirchen angegriffen haben. Aber die Kühe: sie können auf mich treten, auf den Bauch, den Kopf. Ich kann mich nicht aufrichten, dann sehen mich die Jabos. Aber ich riskiere es doch, als ich sicher bin, dass sie wieder auf den Bahnhof runterstoßen. Ich richte mich in der Furche auf und schlage mit dem Stock um mich. Die Kühe springen nach allen Seiten weg. Jetzt ist es egal, dass sie an die Rüben gehn. Die Jabos kommen zurück.«

Kind Dieter blätterte schon mal heimlich in Büchern der Mutter. Und ich fand hier, versteckt, einige Fotografien: Zerstörungen in Köln. Dass es Köln war, zeigte die Silhouette des Doms in der Blickperspektive einer Trümmerstraße mit herabhängenden Oberleitungen einer Straßenbahn.

Es dürften die gleichen Fotos sein, die ich, viel später, in einem der Alben (wieder)entdecke. Sechs Fotos der zerstörten Innenstadt von Köln. Es war verboten, war zumindest unerwünscht, dass privat solche Aufnahmen gemacht wurden, aber davon ließ sich Helene nicht einschüchtern. (Zudem musste sie Vertrauen haben zum Fotolabor, das derart heikle Aufnahmen entwickelte – Denunziation war zum Volkssport geworden.) In ihrer kalligraphischen Schrift (nun aber nicht mehr mit Silberstift, sondern mit Bleistift) lese ich: Terrorangriff 4. Juli 1943.

Ein besonderes Datum in der Geschichte der etwa zweihundert Angriffe auf Köln? Ich konsultiere Martin Rüther: *Köln im Zweiten Weltkrieg.* Und sehe schon beim Blättern: Helene war in die schlimmste Phase der Vernichtung der Stadt Köln geraten.

Ob sie am 4. Juli Schäden des Peter-und Paul-Angriffs vom 29. Juni aufgenommen oder Bombenschäden (auch) des 4. Juli fotografisch festgehalten hat, das lässt sich nicht mehr klären – höchstwahrscheinlich aber hat sie zumindest einen der drei dicht aufeinanderfolgenden Großangriffe miterlebt, etwa den vom 9. Juli. Hier eine kurze Chronik.

In der Nacht vom 28. auf den 29. Juni (Namenstag von Peter und Paul) war der schwerste Angriff auf Köln erfolgt. Der Grad der Vernichtung war noch höher als Mai 1942. Ein Massaker: 4377 Tote! Etwa 10000 Verwundete! 230000 Obdachlose, die evakuiert werden mussten! Rund 35000 Wohnungen zerstört. Schwere Schäden auch am Dom.

Bei diesen Angaben darf es nicht bleiben, ich muss Zitate einrücken, damit ablesbar wird, was auf Helene eingewirkt hat. Und erneut: Was uns Kindern erspart blieb, ahnungslos im fernen Herrsching am Ammersee.

Das erste Zitat von Gebhard Aders, mit etlichen Beiträge in Rüthers fundiertem Werk vertreten. »Am Abend des 28. Juni starteten 612 Bomber, deren Bombenlast jene vom 31. Mai 1942 weit übertraf. Fast jede Maschine hatte eine

Luftmine an Bord, darunter auch die neuen mit einem Gewicht von 8000 Pfund. Bei den Sprengbomben dominierten die 500-Pfund-MC-Bomben mit erhöhtem Sprengstoffanteil. An Brandbomben führte der Verband vorwiegend vierpfündige Thermit-Stabbrandbomben mit sich, von denen etwa 5 Prozent mit Sprengkopf versehen waren, der ein rechtzeitiges Löschen verhindern sollte. Auch die 30 Pfund schweren Flüssigkeitsbrandbomben sollten zu Tausenden abgeworfen werden.

519 der Bomber erreichten schließlich Köln – 20 waren beim Einflug abgeschossen worden, 27 hatten wegen technischer Defekte oder mit Beschussschäden abgedreht, 30 das Ziel Köln nicht gefunden. Zunächst schien es, als ob auch dieser Angriff ein taktischer Fehlschlag werden würde. Bei den ersten fünf der insgesamt zwölf ›Mosquitos‹ fiel der ›Oboe‹-Empfänger aus [ein akustisches Leitsystem], die nächsten trafen erst zu einem Zeitpunkt ein, als die ersten schweren Bomber schon über Köln kreisten und mit Hilfe der H2S-Geräte ihre Bomben nach grober Schätzung über dem Stadtzentrum abwarfen. Wie schon am 16./17. Juni drohte der Angriff zu zersplittern. Die schließlich doch noch eintreffenden ›Mosquitos‹ markierten das Zielgebiet dann aber recht genau, die schweren ›Pfadfinder‹ warfen Brandbomben ins Stadtzentrum, und den folgenden Wellen der Bomber gelang ein Angriff von einer bis dahin im Luftkrieg noch nie erreichten Konzentration der Vernichtungskraft.«

Die Folgen beschreibt der SS-Sicherheitsdienst in einem internen Bericht, Äußerungen aus der Bevölkerung zusammenfassend. »Die Notwendigkeit, infolge des Ausfalls der öffentlichen Verkehrsmittel über Schutthalden und durch Staubwolken zu den Arbeitsstätten zu gehen, die Unmöglichkeit, sich richtig zu waschen oder zu Hause zu kochen, weil Wasser, Gas und Strom fehlen, der Wert, den auf einmal ein geretteter Löffel oder Teller bedeute, die Schwierigkeiten, Lebensmittel einzukaufen, weil die meisten Geschäfte zerstört sind oder von sich aus geschlossen haben, die dauernden Explosionen von Zeitzündern bzw. Blindgängern, oder Sprengungen ein-

186

sturzgefährdeter Gebäudeteile bzw. von selbst einstürzenden Mauern, die verspätete Zustellung von Post, der Ausfall von Zeitungen, die Unmöglichkeit, Rundfunk zu hören, der Wegfall jeder Entspannungsmöglichkeit wie Kino, Theater, Konzert usw. – dies seien Momente eines frontkriegsähnlichen Lebens, von dem man im übrigen Reich keine Ahnung habe.«

Kaum waren im Stadtzentrum wenigstens die Hauptstraßen wieder freigeräumt, waren erste Hilfsmaßnahmen organisiert worden, erfolgte der nächste, massive Bombenangriff auf die eigentlich längst zerstörte Stadt. 653 Flugzeuge, so lese ich bei Aders, starteten erneut zum Großangriff, 32 gingen verloren. »Erstmals bei einem Angriff auf Köln wurde ein ›Masterbomber‹ eingesetzt, in dem ein erfahrener Offizier von einem sehr hoch über dem Zielpunkt kreisenden Flugzeug aus die ›Pfadfinder‹ einwies.

Da beim Bombenabwurf nach einigen Sekunden eine gewaltige Blitzlichtbombe zündete, die weite Gebiete erhellte, konnte präzise festgestellt werden, ob die Bomben im Ziel gelandet waren. Am 4. Juli konnte auf diese Weise wieder einmal festgestellt werden, dass die Bombenschützen ›zurückgekrochen‹ waren, weshalb auch in Porz, Rodenkirchen und Bayenthal Bomben einschlugen.«

Wohl bei diesem Angriff wurde vom Explosionsdruck einer nah eingeschlagenen Sprengbombe unser Haus beschädigt. Ich glaube mich zu erinnern, dass Mutter Helene von einer Behörde darüber informiert worden war. Sie musste offenbar den Baubestand der Ruine sichern, und zwar umgehend.

Zu erwarten wäre eigentlich, dass Helene Aufnahmen gemacht hätte vom türlosen, fensterlosen, dachlosen Haus, merkwürdigerweise aber habe ich nie solch ein Foto zu sehen bekommen – und habe ja nun alles gesammelt, was für die Geschichte der Familie von möglicher Bedeutung ist oder sein könnte. Darunter, immerhin, die Fotos der zerstörten Innenstadt.

Wo mag sie Unterschlupf gefunden haben in den Tagen, an denen sie offenbar das Dach abdeckte, provisorisch, wohl auch Haustür und Fenster schloss, improvisierend? Wahrscheinlich hat sie in einem der wenigen verbliebenen Hotels übernachtet.

Seltsam: ein völlig zentral gelegenes Hotel war teilweise verschont geblieben, das »Excelsior« – nur einen (weiten) Steinwurf vom Dom entfernt. Gäste erschienen hier nicht mehr, es wurden Bombenopfer eingewiesen, und so dürfte oder könnte es auch Helene gelungen sein, vielleicht mit kleiner Bestechung, dort Unterschlupf zu finden. Mit Sicherheit hatte sie kein Zimmer für sich allein. Immerhin aber konnte sie bei Alarm (oder Fehlalarm) in den Luftschutzraum des Hotels flüchten; der galt (und erwies sich) als besonders sicher. Nach Bayenthal musste sie tagsüber dann wohl hinauswandern, und wieder zurück. Dies sicherlich mehr als nur einmal – es war extrem umständlich und vor allem zeitraubend, an Werkzeug und Baumaterialien zur Sicherung des nicht mehr bewohnbaren Hauses zu kommen. Erlebte, erlitt sie also den dritten Angriff am 9. Juli? Zweihundertachtundachtzig Bomber griffen die waidwunde Stadt an. Rüthers: »Der fürchterliche Dreiklang des 29. Juni, 4. und 9. Juli – allein schon während dieser drei Angriffe wurde mehr an Bombenlast auf die Stadt abgeworfen als in der gesamten Zeit zuvor.«

Helene hat nie von den Tagen und Nächten in Köln gesprochen. Auch als ich zum ersten Mal jene Fotos sah – wie der junge Parzival habe ich es versäumt, zum rechten Zeitpunkt die richtige(n) Frage(n) zu stellen. Nun ist da so etwas wie Phantomschmerz. Wie zum Ausgleich der Versuch, die Situation, in die sie geraten war, wenigstens näherungsweise zu vergegenwärtigen. Zugleich die Situation, in die wir Kinder geraten wären, hätte sie nicht frühzeitig, rechtzeitig ihre Entscheidung getroffen.

Mit kursorischem Bericht ist es auch hier nicht getan, also soll, von Rüthers vermittelt, eine Frau sprechen, stellvertretend: eine Stimme aus der Hölle von Köln.

»Tausende von Menschen sind bei lebendigem Leibe verbrannt. Köln ist nicht mehr. Es ist immer wieder furchtbar, durch die Stadt zu gehen und nichts wie Trümmer oder leer stehende Fassaden zu sehen. Von der Innenstadt steht kein Haus mehr. Ich glaube, wenn da noch in der ganzen Innenstadt 50 Häuser stehen, so ist das sogar übertrieben. Einzig das Excelsior – in dem ich augenblicklich wohne – steht noch zum Teil. Wir waten nur durch Schmutz und Dreck. An Kleidern besitze ich kaum noch etwas, da bei dem letzten Angriff beide Kleiderschränke ineinandergefallen sind. Alles zerfetzt. Ich weiß nicht, was ich machen soll. Vom Kriegsschädenamt erhalte ich ein Kleid. Darum habe ich mich heute ans Organisieren begeben. Aber viel ist auch nicht dabei herausgekommen. Ja, so ist das. Die Nerven sind natürlich restlos kaputt. Bei dem kleinsten Geräusch zuckt man zusammen. Es ist verdammt kein angenehmes Gefühl, wenn einem der Dreck auf das Haupt fällt. […] Ich lebe dauernd in der Gefahr des völligen Einsturzes. Darum bin ich auch in das Excelsior-Hotel gezogen. Es wird ja vom Kriegsschädenamt bezahlt. […] Was das Vernichten von Köln anbelangt, so ist da nicht mehr viel zu tun. Wir hier stehen auf dem Standpunkt, dass es wohl kaum einen Ort in Deutschland gibt, der so todsicher ist wie Köln. Allerdings wandern wir abends in den Bunker. D. h., man wird schon wieder leichtsinniger und geht erst, wenn Alarm kommt. Auf die Dauer hält man das nämlich sonst nicht aus. Wir sind davon überzeugt, dass der Krieg noch in diesem Jahr zu Ende sein wird. Hier ist eine den Angriffen entsprechende Stimmung. Am besten sagt man hier nicht mehr Heil Hitler!, sonst kannst Du unter Umständen damit rechnen, eine Ohrfeige zu bekommen.«

Noch einmal Rüthers: »Das gesamte Gemeinwesen befand sich in einem Zustand der Auflösung, zählte man doch insgesamt 350 000 bis 400 000 Obdachlose, die nicht selten ziellos umherirrten.«

Und wieder die Stimme einer Frau, nun an der Peripherie der Stadt, am 5. Juli: »Man sah Bilder gestern, wie die Leute kamen, verstört, verletzt, schmutzig, nur fort. Im Wald haben sie übernachtet.« Und nach dem Angriff vom 9. Juli: »Du glaubst nicht, was hier los ist abends. Die reine Völkerwanderung, alles flüchtet aus Köln. Sie kommen mit vollgepackten Rädern, mit

Handwagen, mit Fuhrwerk, mit Autos. Alles Koffer, Möbel und Hausrat. Köln wird eine tote Stadt werden.«

Eine dritte Frauenstimme: »Alles, was nur weg kann, zieht aus Köln heraus. Das ist ein Wandern und Ziehen, unvorstellbar. Leider dürfen nur die meisten nicht heraus, sonst wäre auch kein Mensch mehr hier, ich bestimmt nicht. Aber man wird ja von der Polizei zurückgeholt. Also zwecklos!«

Die Entscheidung, zwei Jahre zuvor: verpasst, und wir wären (später) zu den »Ruinenkindern« gezählt worden. Wahrscheinlich hätten wir, bis auf weiteres, im Keller des ramponierten Hauses dahinvegetiert, verängstigt, frierend, hungrig.

DOCH WIR WAREN IN BAYERN. Und der Vater war in Dänemark. Fernes Land, in dem Helmuth zeitweilig stationiert war, fernes Land, aus dem (zur Kontrolle durchnummerierte) Pakete kamen. In diesen Paketen fast immer: Trockengemüse. Ja auch Erbsen in Tüten, zuweilen sogar Süßigkeiten, und manchmal Konserven, aber eigentlich jedes Mal: Trockengemüse. Auf dem Tisch breiteten sich Tafeln mit Trockengemüse aus, wenn ein Paket (zuweilen schon durchsucht, selten aber beraubt) in feierlichem Akt ausgepackt wurde. Die flachgepressten Tafeln (ungefähr so groß wie Schokoladetafeln, nur dicker) konnten nominell aus jeweils verschiedenen Gemüsesorten bestehen, schmeckten aber alle ähnlich, womöglich gleich, sobald sie Wasser gesogen hatten und zu Gemüsesuppe, zu Gemüsebrei verarbeitet waren.

»Da kann man ja gleich die Zunge zum Fenster raushängen«, hörte ich Helene sagen, wiederholt. Ja, es schmeckte wie angereichertes Stroh. Mühsames Mampfen. Doch die Belohnung wartete rechts neben dem Teller: auch irgendwas Gepresstes, aber süß, immerhin süß.

Dänemark: kein Land, in dem Milch und Honig flossen, ein Land, in dem Trockengemüse hergestellt und gnadenlos verschickt wurde. Dies zur »Ernährungslage«.

Mein Vater, nein: Helmuth hat durchweg Glück (»unwahrscheinliches Glück«) gehabt, das zeigte sich vor allem im Krieg.

Von seinen Jahren bei der Kriegsmarine habe ich nur vage Vorstellungen. Da fielen zuweilen Namen, vor allem von Hafenstädten, von Schiffen, von Personen, aber es fehlten Zeitkoordinaten. Glücklicherweise habe ich (auch) ein kleines Album sicherstellen können, das Mutter Helene über seine Militärzeit angelegt hat. Fotos, die wohl jeweils beim Urlaub mitgebracht wurden, und die sie dann chronologisch eingeheftet, eingeklebt, kalligraphisch beschriftet hat, wenn auch sehr knapp.

Helmuth als Rekrut in Emden, 1940 – immerhin war er bereits 35 Jahre alt, wohl auch deshalb der späte Start. Nächste Station, zumindest im Fotoalbum: Groningen. Dort war er, ab November 40, Exerziergefreiter, ließ sich mit straff und zugleich locker aufgereihtem Trupp von zwei Dutzend Mann fotografieren, er in Feldgrau, die Mannschaft in Weiß (!). Als Exerziergefreiter war er 1941 wiederum tätig in Zuidlaren: kleinformatige Fotos des baumreichen Orts; in der Freizeit wurde gesegelt. Und noch immer keine »Feindberührung«, kein Kampfeinsatz. Vielmehr ging die Ausbildung weiter; im ersten Quartal 42 wurde er in Glückstadt an der Unterelbe, in der Marineunteroffiziersschule, zum Oberfeldwebel ausgebildet, marschierte dort auf plattgetrampeltem Schnee herum, von zwei Offizieren kritisch beäugt. Erst ab April 42 kam er zum Einsatz, als Flakeinsatzleiter auf dem Frachter *Trautenfels.* Hier bietet mir Mutters Fotoalbum zwar etliche Fotos an: der Vater, sichtlich entspannt, in schöner Uniform, mittlerweile wohl als Leutnant oder Oberleutnant, aber auch hier fehlen mir Koordinaten.

Die finde ich im Internet. Und staune wieder mal darüber, was dort alles dokumentiert wird. So finde ich eine Serie von postkartengroßen Fotos des Frachtschiffs, das beinah sein Schicksal geworden wäre.

Die *Trautenfels*: ein »Schwergutschiff« von sechseinhalbtausend Bruttoregistertonnen. Ein ansehnlicher Frachter mit Ladebäumen verschiedener Ausführung, aber auch mit Kajüten für vier Passagiere. Der Frachter wurde eingesetzt als Blockadebrecher auf der Nordroute – dies auch als Truppentransporter. Im September 41 konnte das Schiff, mit sieben-hundert, achthundert Mann der 6. Gebirgsdivision an Bord, bei schlechter Sicht englischem Beschuss entkommen durch Flucht in einen Fjord. Ein halbes Jahr später war Helmuth Kühn an Bord, wie notiert, als Flakeinsatzleiter. Das Inter-net bietet Präzisierungen an: Marine-Bordflak-Abteilung Nord ... Marine-Flak-Abteilung ...

Ich löse die Abkürzung auf: Flak ist gleich Flugabwehr-kanone. Normalerweise war das ein 2-cm-Vierling, üblich waren auch die schweren Kaliber 8,8 und 10,5. Das Kanonen-rohr, das ich auf verschiedenen Fotos ausmache, sieht aber völlig anders aus – auffällig lang und als Öffnung so etwas wie eine Tülle. Damit ist die Kanone leicht zu identifizieren: eine 3,7-cm-Flak. Die konnte, so finde ich heraus, etwa 150 Schuss in der Minute abfeuern, die Patronen, kleine Granaten, wurden gleich in Rahmen mit sechs, acht Stück reingeschoben, theo-retisch waren plusminus 200 Schuss in der Minute möglich.

Unser Flakeinsatzleiter sicherte mehrere Frachtfahrten (Nachschub) oder Truppentransporte auf der *Trautenfels*. Ende 1942 wollte er, letztlich freiwillig, an einer weiteren Fahrt teilnehmen, um sich das Blockadebrecherabzeichen zu verdienen. In Narvik aber wurde er von Bord gerufen: Aus dienstlichen Gründen sollte er sofort nach Bergen zurück-kehren. Er fuhr mit dem nächsten Schiff. In Bergen meldete er sich beim Hafenkapitän, und der wollte nicht glauben, dass er von der *Trautenfels* kam: Das Schiff war, wieder auf Südkurs, am 11. Dezember vor der Insel Terschelling auf eine Mine ge-laufen und sofort untergegangen. In der eisigen Nordsee hatte es offenbar kaum Überlebende gegeben.

Nach der knapp verpassten Fahrt in den wohl sicheren Tod war der bald 38-Jährige mehr an Land als an Bord: Stettin und Aalborg. Hier der Dienstsitz einer Kompanie der Marine-Bordflak-Abteilung Nord. Die Marinedienststelle in einem schönen, alten Bürgerhaus, die Unterkunft offenbar im Hotel Ludvigslyst.

In der dänischen Etappe war Vater Helmuth offenbar wieder als Ausbilder tätig, beim Flugzeugerkennungsdienst und bei Übungen an der 3,7-cm-Flak, eine offenbar bewährte Waffe. August 44 empfing er, in militärisch strammer Haltung Meldung erstattend, den Admiral Lohmann, zeigte ihm eine 2-cm-Vierlingsflak neuster Bauart, eine Hightech-Todesmaschine, die in der Minute 1800 Schuss abfeuern konnte auf tief anfliegende Feindflugzeuge.

Damit lässt sich das kleine Album schließen. Und es wird die Frage nachgeholt: Was habe ich als Kind, als »Heranwachsender«, von all dem mitgekriegt, was hat (durch Urlaubsberichte vermittelt und nach dem Krieg rekapituliert) auf mich eingewirkt, eventuell?

Was mir erzählt wurde, habe ich zuweilen weitererzählt. Und dabei wieder eine Erfahrung mit mir gemacht. Ich erzählte vom Vater, der, mit seinem »unwahrscheinlichen Glück«, dem Tod mehr als einmal von der Schippe gesprungen war.

Eine Anekdote aber musste ich komplett zurücknehmen. Ich deute sie trotzdem an, der Vorgang hat mich irritiert. Die Erinnerung, die sich als Schein-Erinnerung herausstellte: Helmuth fliegt in einem Marineflugzeug vom norwegischen Zielhafen zurück nach Bergen, seinem zeitweiligen Dienstsitz; er steht während des Fluges kurz mal auf, geht nach hinten, das Flugzeug wird von einem englischen Schiff beschossen, kleines Kaliber; als Helmuth zu seinem Sitz zurückkehrt, ist der von einem Geschoss durchschlagen. Ich habe das ein paarmal nacherzählt als Anekdote meines Vaters, wollte schließlich aber doch mal Genaueres wissen: Wo gestartet, wohin geflogen? Doch Helmuth war dieser Zwischenfall unbekannt. Auch beim Nachhaken: Fehlanzeige. Bleibt die Frage offen: Von ihm vergessen oder von mir eingebracht?

Eine Anekdote womöglich, die ich ihm untergeschoben habe? Wie hätte es zu diesem Transfer kommen können? Bewusster oder unbewusster Vorgang? Es muss ohne Vorsatz geschehen sein, sonst wäre ich nicht so überrascht gewesen. Woher nun habe ich diese Anekdote? Hat sie mir ein anderer erzählt, habe ich sie gelesen? Jedenfalls muss ich die Vorstellung gehabt haben, sie sei ihm (wie) auf den Leib geschrieben.

193

Die *Trautenfels*-Story hatte er ja gern erzählt. Und so, in einem jähen oder langsamen Prozess, kam es zur Übertragung auf die Flugzeug-Story? Heute noch finde ich, sie passt zu Helmuth. Kritisch betrachtet ist sie ziemlich pointiert, die Kriegsrealität hat ähnliche Pointen freilich oft genug geliefert. Die Anekdote ist austauschbar, die Verteilung solcher Vorfälle war vom Zufall bestimmt.

Das alles macht den Vorgang der Übertragung plausibel. Erstaunt bleibe ich dennoch über mich selbst. Das Erfinden von Geschichten ist meine Passion, zumindest zeitweilig, aber ich konnte bisher genau auseinanderhalten, welche Geschichte erfunden, welche »authentisch« ist. Hier jedoch: habe ich eine authentische Geschichte erfunden? Wie konnte sich mein Erinnerungsvermögen diese Anekdote so komplett aneignen? Adoptierte oder adaptierte Erinnerung?

Auch hier: so etwas wie eine Grauzone von Erinnerungen, von Lebensgeschichten. Auch hier wieder: frühe Resonanz, früher Respons. Und damit ein weiteres Beispiel, vermittelt vom (mittlerweile längst verstorbenen) Eifelnachbarn in seiner Klause mit Bücherwänden. Trägt stets der Boden, auf dem wir uns zurückbewegen, gleichsam auf Zehenspitzen, zurück in Vergangenheit, die eventuell gar nicht immer unsere eigene Vergangenheit ist?

Klose: »Eine andere, mir nicht immer erklärliche Geschichte ist die, dass ich als Russlandurlauber erzählt haben soll, in den Weiten des Ostens dem Durra, einem Juden, dem Besitzer des größten Modegeschäfts in unserer Kleinstadt, begegnet zu sein und mit ihm gesprochen zu haben. Durra war Träger des Eisernen Kreuzes I. Klasse aus Weltkrieg eins, wir kauften bei ihm alle Textilien, Kinderkleidung. Wiederum verkaufte Mutter an die Durras Butter und Eier und die Weihnachtsgans. Ich müsste Durra also wohl in Bessarabien begegnet sein, in Botoszani, einem Judenstädtchen, in dem ich zu einem Vortrupp von vier Luftwaffen-Nachrichten-Soldaten gehörte, wo ich viele Abende mit Juden, die aus Österreich und Deutschland geflohen waren, zusammensaß. Wenn meine Mutter mir das erzählte, muss es stimmen. Aber ich erinnere mich nicht mehr daran, es ist wie ausgelöscht. Und warum gerade diese Erinnerung? Habe ich sie verdrängt?«

Realität der Etappe in Deutschland, in den Niederlanden, in Dänemark, in Norwegen: erscheint mir umrissen von klaren, harten Konturen. Und: beinah monolithisch kompakt. Helmuth aber hatte es zuweilen mit Personen zu tun, denen sich diese Realität anders darstellte: etwa als Fuchsbau. Oder als Maulwurfsystem von Gängen, die zu lukrativen Möglichkeiten führten.

Eine Figur tauchte in Anekdoten des Vaters wiederholt auf: Ein Kölner, der vor dem Krieg Schlafwagenschaffner gewesen war, im Krieg den Rang eines Unteroffiziers erreichte, also, in die Marinesprache übersetzt: ein Maat. Einer von denen, die in ungewohnten, in ungewöhnlichen Situationen ihre wahren Fähigkeiten entwickeln.

Die ihn begleitende Hauptgeschichte: Auf dem Schiff, also wohl der *Trautenfels*, schlug eine Bombe ein, durchbrach das Deck, explodierte aber nicht – bis zu dreißig Prozent der Feindbomben sollen Blindgänger gewesen sein. Es konnte allerdings auch ein Zeitzünder sein. Alle Mann an Deck gingen in Deckung. Der Maat jedoch stieg runter ins Zwischendeck, nahm die Bombe auf die gewiss nicht leichte Schulter, arbeitete sich die Treppe hoch, taumelte unter der Last über Deck, warf die Bombe ab über die Reling.

Dieser Mann konnte sich Offenheit leisten. Nach einer Besprechung im Dienstzimmer zu Bergen merkte er an: »Herr Oberleutnant, so jeht dat aber nit weiter mit Ihrem Zimmer hier.« Die Rückfrage, die sich in solch einer Situation von selbst formuliert. Ja, das Dienstzimmer müsste dringend mal gestrichen werden. Helmuth wies hin auf die angespannte Versorgungslage, keine Farben für Innenanstrich. Der Maat war da anderer Meinung; er werde am nächsten Tag seinen Freund vorbeischicken, ebenfalls Kölner, der könnte ein unverbindliches Angebot machen. Am nächsten Morgen fuhr ein Gefreiter in einem Militärfahrzeug vor; er hatte 52 (in

Worten: zweiundfünfzig) verschiedene Farben dabei, Farb-mischungen; Oberleutnant Kühn hatte freie Wahl, bestimmte die Farbe. Eigentlich, streng nach Dienstvorschrift, hätte er Anzeige erstatten müssen – er hat es nicht getan, hat mit Ziga-retten bezahlt.

Nicht nur Farbe war erhältlich im scheinbar lückenlosen Organisationssystem, das den Mangel verwaltete. Wohl auf der *Trautenfels* passierte, was als Möglichkeit nicht vorgese-hen war: Bei Wartung und Reinigung der Flak fiel der »Ver-schluss« über Bord in tiefes Wasser. Auf dem Dienstweg war es völlig unmöglich, in solch einem Fall Ersatz zu beschaffen. Taucher einsetzen? Das Wasser (ein Fjord?) war zu tief. Da war passiert, was nie und nimmer passieren durfte! Mein Vater hielt Rat mit dem furchtlosen Bombenträger, der sah einen Ausweg: »Lassen Se uns dat mal machen.« Angefordert wur-den eine Flasche Schnaps und mehrere Päckchen Zigaretten. Notwendig wurden ein paar Tage Urlaub für den vormaligen Schlafwagenschaffner. Dann wurde Meldung erstattet: »Der Verschluss ist wieder da.« Kann doch nicht wahr sein! »Herr Oberleutnant, wir können Ihnen jederzeit auch ein Jeschütz besorjen.«

Der Schlafwagenschaffner wurde zum Rapport bestellt und berichtete vertraulich: Für Zigaretten und Schnaps kön-ne er fast jedes gewünschte Gerät beschaffen. Wie bitte?! Im Kieler (?) Waffenlager wurde nach jedem Luftangriff auf das Marinezentrum ein Teil der Bestände abgeschrieben und bei-seitegeschafft – aus diesem Fundus hatte er das Verschlussteil »organisiert«. Mein Vater nahm zur Kenntnis; als Rheinländer deckte er, in diesem Fall, das Kunkele und Maggele …

Ich gebe diese Anekdoten, diese Dönkes wieder, weil sie, kurzfristig, so etwas wie mentale Lockerungsübungen waren, teilweise aber, langfristig, ein Grundgefühl beeinflusst haben: Realität ist nicht immer (luftdicht) kompakt, sondern zuweilen porös (atmungsaktiv). Etwas schlichter: Fast jedes System hat Lücken. Das wiederum weckt meinen Sinn (meinen ›Riecher‹) für Randerscheinungen. Einwirkungen mit Auswirkungen.

So habe ich im Roman über den Kölner König von Grönland die wahre (mir auf Tonband gesprochene) Geschichte zweier Freunde (ziemlich frei) nacherzählt, die sich als »Kriegsmaler« hinter den Fronten (auch der russischen), mit Geschick und Bravour jahrelang durchgemogelt haben, in ihrem Lastwagen mit aufgehuckter, beheizbarer Bude. Einer der beiden wurde mein Kunstlehrer (und hat auch mir im Dürener Museum die Augen geöffnet für Klassiker der Moderne), der andere schuf Metallplastiken (eine von ihnen, sonnengleich, im Wohnzimmer). Beide bezeugten: Ausnahmen bleiben möglich auch in strikt reglementierten, streng regulierten Systemen. Zwei Zeugen für partielle Porosität von Realität, sogar im Krieg.

NORWEGEN: mittlerweile dreifache Assoziationen! Der Großvater reiste 1893 nach Norwegen und malte.

Sein Sohn fuhr vierzig Jahre später in die Fjorde hinein, aus Fjorden heraus, an der Küste entlang auf (mindestens) einem Frachter mit Flak-Kanzel: Dachte er zuweilen an seinen Vater, der in diesem Land seine Staffelei aufgestellt hatte?

1956 meine Fahrt nach Norwegen, mit dem DKW-Motorroller, 60 Kubikzentimeter; in einer wochenlangen Periode trockenen Hochsommers schnurrte ich auf staubigen Wegpisten nach Bergen, hielt mich einige Tage auch in Balestrand auf, schwamm im Sognefjord, sonnte mich, las. Vielleicht war auch Großvater dort gewesen, Balestrand war durch kaiserlichen Besuch ausgezeichnet worden, das könnte den malenden Landwehroffizier (auch) in diese Fjordlandschaft gelockt haben.

Ich war auf der wochenlangen Norwegenfahrt einundzwanzig – damals war der Großvater für mich nicht existent, und in Bergen dachte ich wohl kaum an die Militärzeit meines Vaters. Sollte ich noch einmal nach Norwegen reisen, so sähe ich Wasserflächen und Berghänge vielleicht auch mit den Augen des Großvaters und mit den Augen des Vaters. Zugleich würde ich versuchen, Erinnerungsbilder aus dem 1956 noch touristenleeren Norwegen mit Impressionen aus dem heutigen Reiseland Norwegen zu vergleichen.

Die Fronten verkürzten sich, Helmuths Dienststelle wurde von Bergen nach Odense verlegt: Hafenstadt im Odensefjord auf Fünen. Schauplatz einer Episode, die gleichfalls zur Anekdote wurde. Um sicher zu sein, dass ich den Begriff Anekdote richtig anwende, schlage ich im Duden nach: »Kurze, meist witzige Geschichte, die eine Persönlichkeit, eine soziale Schicht, eine Epoche u. ä. treffend charakterisiert.«

In Dänemark wurde gegen Ende des Krieges die gesamte Polizei verhaftet, von Gestapo oder SS; der Kompanie meines Vaters wurden 30 oder 40 der Verhafteten für kurze Zeit zur Bewachung zugewiesen. Das dienstliche und private Quartier von Oberleutnant Kühn befand sich in einer großen Schule – die Gefangenen kamen in die Turnhalle.

Helmuth stand zufällig am Fenster seines Dienstzimmers, als es zu einem inszenierten Auftritt kam: Aus einem noblen Hotel schräg gegenüber traten mehrere Kellner, schritten hintereinander über die Straße zum Schulhof, trugen Platten mit Hauben aus Hotelsilber, trugen Geschirr, Gläser, Besteck, Servietten. Dies hat sich als Vorstellungsbild eingeprägt: Wie Kellner in schwarzen Anzügen, vielleicht sogar in Fräcken, vom Hotel-Restaurant zum Schulgebäude schritten, in den Hof, zur Turnhalle, womöglich im (beschwingten?) Gleichschritt; staunend, vielleicht sogar applaudierend blieben Passanten stehen. Helmuth musste rasch eine Entscheidung treffen. Ließ er zu, dass in der Turnhalle von Hotelkellnern ein Menü serviert wurde, so hätte er das vor höheren Dienststellen kaum rechtfertigen können, schon gar nicht vor der Gestapo – und die Wahrscheinlichkeit war groß, dass über diesen demonstrativen Akt Bericht erstattet wurde. Also befahl er: »Kehrt marsch!« Und die Kellner gingen hintereinander zum Hotel zurück, mit den Platten unter den Hauben, mit Geschirr, Gläsern, Besteck, Servietten. Helmuth ließ als weitere Anweisung folgen: Das Essen wird, in Begleitung eines Soldaten, von zwei Gefangenen im Hotel abgeholt, und zwar in normalen Behältern. Auch ohne Wein im Eiskübel.

Ich gebe diese Anekdote wieder, weil sie bestätigt, dass Konturen von Realität changierend, irisierend sein können.

Oder: dass auch grimmige, finstere Realität ihre Löcher, Lücken, Nischen haben kann.

Noch einige Zeilen zur allgemeinen Beliebtheit von Anekdoten und zur Neigung speziell meines Vaters, diverse Anekdoten zu erzählen, vor allem bei Wein.

Mehrfach registrierte ich im Ambiente, wie Lebensläufe einschnurrten zu Sequenzen bewährter Anekdoten. Die illuminieren jeweils (bengalisch) einen winzigen Abschnitt eines Lebensweges. Und sie stabilisieren: lassen absehen von Ereignissen einer finster bedrängenden, schmerzhaft eindringenden Realität.

Zum Beispiel der Bruder meiner Mutter: Jahre in sowjetischer Gefangenschaft, im Steinbruch, im Bergwerk; er musste Loren (»Hunde«) schieben, gebückt in Stollen, im Nassen, wäre fast auf der Strecke geblieben, eine jüdische Ärztin rettete ihn, schrieb den Schwerkranken frei. Schinderei und Magengeschwür wurden in Gesprächen höchstens erwähnt, ausführlich aber wurde erzählt, wie man sich Wodka beschafft oder sonst wie mit einem russischen Posten gekunkelt hat. Solch erheiternde Anekdoten sind wie Spanische Wände: Was hinter ihnen geschah, kommt nicht mehr zur Sprache. Dafür setzt es sich möglicherweise um in Albträume.

Bei Helmuth schien es anders zu sein: Anekdoten verbargen bei ihm nicht Erlebnisse, die er nicht verkraften, verarbeiten konnte, sie entsprachen weithin seinen Erfahrungen – Realität nicht nur gesehen, sondern erlebt im Medium rheinischer Mentalität. Das war möglich, weil ihm das »unwahrscheinliche Glück« treu blieb. Keine Vorladung zur Gestapo, keine Verwundung, kein Schiffsuntergang.

IMMER ZAHLREICHER die Signaturen des Krieges am Kindheitshimmel: Wiederholt sah ich am hellen Tag (amerikanische) Bomberpulks Richtung München fliegen: mächtige Klanggrundierung für das provozierend geordnete Bild der Formationen in der Höhe kondensierender Abgase. Und ich hörte Explosionen von Granaten, sah Puffwölkchen (»Wattebäusche«) neben und zwischen den unbeirrbar weiterfliegenden viermotorigen Bombern (Flying Fortresses).

Signale des Bodenkriegs: Als erstes schweres Gerät in der Umgebung des Dorfs erschien, war ich enttäuscht. Da fuhren Panzer-Chimären umher aus Stahl und aus Holz – das Chassis echt mit Raupenketten und dröhnendem Motor, die Aufbauten aber aus dickem Sperrholz, und ein Dach gab es nicht. Ich schaffte es, in einem der Übungspanzer mitgenommen zu werden – stehend konnte ich über den Rand der Holzummantelung hinwegblicken, konnte den zweiten Übungspanzer beobachten, einen Wiesenhang hinauffahrend mit mäßiger Geschwindigkeit. Hat sich einer der Soldaten abfällig über die stahlsparenden Panzer geäußert? Denkbar, dass Kritik zumindest angedeutet wurde, offenbar ließ die Disziplin nach, sonst hätte ich kaum mitfahren dürfen. Selbst das Sprechen mit dem Fahrer war während der Fahrt erlaubt ...

Ob meine Erinnerung im folgenden Punkt genau ist, weiß ich nicht, aber ich meine, es hätte zuletzt zwei Ausführungen jenes Übungspanzers gegeben: Die zweite Version überragt vom Kessel des Holzvergasers – ein Wort, das nicht mehr im Duden steht. Solche »Holzgeneratoren« sahen wir ebenfalls auf Lastwagen, hochragend zwischen Führerhaus und Ladefläche – ein Stück höher und erheblich dicker als der weiß emaillierte Kessel, der auch bei uns am Kopf der Badewanne stand, und vor dem Familienbad (alle Kinder nacheinander im selben Wasser) musste tüchtig gestocht werden ...

Der grauschwarze, dicke, hohe Holzvergaserkessel war dem Übungspanzer aufgehuckt; viel Schwung brachte dieses Gefährt nicht auf, wiederholt musste nachgeheizt werden. An solch eine Szene würde ich mich gern erinnern: Wie einer der Soldaten Holzscheite in die Feueröffnung werfen musste, damit das Panzerfahrzeug wieder flottkam.

Der Krieg wurde sichtbar als Sequenz von Mangelerscheinungen. Zuweilen standen im Biergarten vom »Gasthof zur Post« tagelang, ja wochenlang zwei, drei Panzer; unter den hohen, dichten Kastanienkronen für feindliche Flugzeuge unsichtbar. Zwischen Biergarten und Kienbach der langgestreckte Holzbau der Kegelbahn – hier verdiente ich erste Groschen, aus einem Kabäuschen zuschauend, wie Kegel fielen, die ich wieder aufstellte; Sommergeruch einer Badehütte.

Die Mannschaften der Panzer (oder des Panzers und eines Panzerspähwagens oder Schützenpanzers) durften sich die Zeit nicht mit Kegeln vertreiben, sie saßen herum auf Biergartenstühlen oder an die Holzwand der Kegelbahn gelehnt: kein Sprit. Enorm wichtiges Wort, es wiederholte sich oft. Dachte ich als Kind über das Dorf hinaus? An den schrumpfenden Grenzen Deutschlands die »Abwehrschlacht«, hier aber standen gepanzerte Fahrzeuge herum, authentisches schweres Kriegsmaterial …

Ich durfte in einen der vorübergehend nutzlosen Panzer oder Panzerspähwagen hineinklettern. In *Luftkrieg als Abenteuer* habe ich berichtet, wie ich eine Frau jenseits des Biergartens ins Fadenkreuz nahm, mit dem Zielgerät der schemenhaften Erscheinung folgend, ihr Oberkörper im Schnittpunkt der horizontalen und der vertikalen Linie, umgeben von konzentrischen Kreisen; ahnungslos ging die Frau dahin mit der Milchkanne, und da schoss die Vorstellung in den Kopf: Jetzt abdrücken …! Nur als Umriss hinter der Hecke, durch das Zielgerät gesehen, war die Frau nicht mehr Bewohnerin meines Dorfs, sie war bewegliches Ziel.

Um den Feind vom Dornier-Werkflughafen Oberpfaffenhofen abzulenken, wurde auf der Hannawies, der Hochebene östlich von Herrsching, ein Scheinflugplatz angelegt, mit Hangars aus Holz und Sacktuch, mit Flugzeugattrappen. Gegen alle Verbote streifte ich mit anderen Kindern umher in der Scheinanlage, die Fliegenden Festungen einige Bomben abluchsen sollte, aber die Holzimitationen von Flugzeughallen und Jagdflugzeugen waren den Amerikanern keine einzige Bombe wert, wir konnten dort weiter umherstreunen: Tragflächen mit Holzstützen, Leerformen von Flugzeughallen, und selbstverständlich die Andeutung einer Piste – hier musste man nicht viel Aufwand treiben, gestartet und gelandet wurde vielfach auf dem Gras von Feldflugplätzen. Nah an den Flugzeugattrappen stehend, malten wir uns aus: so ähnlich könnte es auf einem echten Flugplatz sein. Aber: die Kulissen, die Attrappen waren zu leicht gebaut, waren durchschaubar: Sonne leuchtete durch Ritzen.

MIT HALB GEFÜLLTER BLECHKANNE kam ich aus dem Milchgeschäft, ging zur Brücke über dem Kienbach, auf Höhe des Biergartens vom Gasthof zur Post. Helene kam mir, aus der Fischergasse heraus, entgegen; wir trafen uns, als werde Regie geführt, auf der Brücke. Heißer, heller Sommertag. Helene in dirndlähnlichem Kleid mit weißen Puffärmelchen; sie berichtete, was sie soeben im Radio gehört hatte: Attentat auf Hitler, doch er hat überlebt! Da stand ich mit der Milchkanne: ein Attentat auf den Führer ...! Dieter, neun Jahre alt, Volksschüler: das ging ihm nicht in den Kopf.

Und die Szene erlischt, verstummt. Habe ich keine Fragen gestellt? Hat Helene die Nachricht ergänzt, erläutert? Oder haben wir beide geschwiegen, auf der Brücke wie auf dem Heimweg, weil wir wussten: Alles, was wir sagen, kann aufgeschnappt, kann weitergemeldet, kann gefährlich werden? Fragen und Antworten also aufgespart bis zur Wohnung? Hat Helene das Fenster zum Garten geschlossen? So sehr ich auch zurücklausche in die Stunde nach ihrer Mitteilung: nicht das schwächste Echo ergänzender Äußerungen. Doch ich will nicht durch Fiktion ergänzen, wo Erinnerung abbricht. Will mich schon gar nicht stilisieren zum frühwach-kritischen Kind, das zu ahnen begann: Die Herrschaft des »Führers« könnte zu Ende gehn. Dass neben dem NS-System auch andere Regierungsformen möglich waren, dies lernten wir nicht in der Volksschule Herrsching, darüber wurden wir erst informiert in der Zeit des Military Government: »reeducation«.

Auf Fotos in Kriegsillustrierten hatte ich mehrfach oder vielfach Verwundete gesehen. Im Rückblick zeigen sich drei Varianten der vorwiegend dekorativen Verwundung. Als Erste der Schädelstreifschuss. Dicker Verband um Stirn, Schläfen, Hinterkopf; rot markiert die Wunde, meist auf der Stirn, in der Nähe einer der Schläfen: rote Fläche, kaum größer als eine

Münze. Ein Verwundeter dieses Typs wurde vielfach gemalt oder fotografiert als Soldat, der dennoch weiterkämpft, etwa als Stoßtruppführer. So hatte ich das ja auch im Haus der deutschen Kunst zu sehn bekommen.

Zweite Variante: Unterarm-Streifschuss. Der vorbildlich verbundene Unterarm liegt zwischen Handgelenk und Ellbogen waagrecht in einer Schlinge, die bei Soldaten breit und weiß, bei Offizieren meist schmal und schwarz ist.

Dritte Variante: Unterschenkel-Streifschuss: Da trägt der Soldat am getroffenen Bein nicht mehr den Knobelbecher, die Hose ist dekorativ aufgefetzt oder aufgeschnitten; die Fleischwunde ist allerdings nicht so tief, dass der Verwundete nicht weiterhumpeln könnte mit einer Krücke oder von einem Kameraden gestützt.

Mit diesen drei Mustern im Kopf sah ich einen Lazarettzug in der Nähe der Güterhalle des Herrschinger Bahnhofs. Die ›Güterhalle‹ war ein großer Schuppen mit braunschwarzer Bretterwand, mit einem Tor an der Verladerampe (Rolltor, aufgehängt an einer Eisenschiene) und einem Tor zur Straße, die noch Piste war. Der Zug war allerdings nicht an die Rampe herangeschoben, er stand ein Gleis weiter. Vom Kopfsteinpflaster aus konnten wir in die Fenster der D-Zug-Wagen hineinschauen, die in Lazarettwagen umgebaut waren, mit doppelstöckigen Betten. Die Fenster waren meist heruntergezogen, ein warmer Sonnentag. Verwundete wurden auf Bahren aus den Waggons herausbugsiert und zu einem Lastwagen getragen, der in Höhe der ›Güterhalle‹ stand; die Bahren wurden, eine nach der anderen, auf die Ladefläche gehoben, dort nebeneinandergestellt. Wohin die Verwundeten kamen, das war uns Kindern klar: Außerhalb des Dorfs das langgestreckte, von einem klotzigen Wohnturm akzentuierte Gebäude der Reichsfinanzschule (im Jahr meiner Geburt erbaut, heute noch Beamtenschule), damals freilich Lazarett, offiziell: Reservelazarett; auf dem Dach ein riesiges rotes Kreuz in weißer Scheibenfläche.

Natürlich sollten wir Kinder die Rampe verlassen: »Ihr habt hier nichts zu suchen! Verschwindet!« Wir verschwanden nicht, gingen nur ein paar Schritt beiseite, wir drei oder vier Kinder, schauten weiter zu. Die Sanitäter (»Sanis«) waren zu beschäftigt oder zu erschöpft, um sich weiter um die Kinder (»Steppkes«) zu kümmern, und ich sah: erstaunlich unterschiedliche Formen der Verwundung!

»Schau es dir genau an!« Ich würde mogeln mit der Behauptung, ich hätte diese Satzsequenz aus Köln mitgenommen, hätte sie womöglich als Leitsatz, Richtsatz übernommen, zur Maxime gemacht, im kindlichen Alter: das wäre Stilisierung. Aber eine Grundhaltung, gleichsam von der Satzsequenz abgekoppelt, die habe ich vom Mansardenfenster in Köln mit Blick auf die Brände doch wohl übernommen. Schaute mir jedenfalls genau an, wie die Schwerverwundeten vom Zug auf Lastwagen verladen wurden. Immer war die Fläche Verbandsweiß (oder Gipsweiß) sehr viel größer als auf Gemälden oder Fotos. Ein Kopf mit Verband: nur noch Löcher für Augen, Nase, Mund. Und von Verband umwickelt: ein Oberkörper (»Brustkasten«), ein Unterleib. War ein Arm in Verbandsweiß, Gipsweiß, so war der meist hochgezurrt in einem Traggestell. Erkennbar auch die Amputationen: da hörte das Verbandsweiß einfach auf – unterhalb, oberhalb eines Knies, über einem Ellbogen. Längst schon umwickelte Realität: erste Versorgung in einem Feldlazarett, weitere Versorgung im Lazarettzug.

Und alle waren ziemlich still, das fiel mir auf, so habe ich das in Erinnerung: Die Verwundeten stumm, Sanitäter schrien nicht herum, die Abläufe offenbar Routine. Ein Lastwagen fuhr los Richtung Lochschwab zum Lazarett, ein zweiter Lastwagen wurde mit Bahren beladen. Auch jetzt: kein Stöhnen der Liegenden, kein Geschrei der Helfer. Weiterhin das vorsichtige Herausbugsieren von Bahren aus den Waggons, besonders achtsam die Stufen hinab, besonders behutsam die Ladefläche hinauf. Alle Verwundeten waren zwischen Kopf und Fuß so schwer verwundet, dass sie bestimmt nie mehr mit Stielhandgranaten oder Maschinenpistolen voranstürmen oder mitstürmen konnten.

Warmer Sonnentag, hell beleuchtet die weißumhüllten Köpfe, Oberkörper, Unterleiber, Beine, Stümpfe. Verwundete auf

Bahren über die Schienen getragen, zuweilen auf dem Schotter abgestellt, wenn es nicht recht weiterging am Lastwagen.

Eine öffentliche Veranstaltung im Lazarett der Reichsfinanzschule. Lange Tische, lange Bänke im Festsaal; viel Uniformgrün, viel Verbands- und Gipsweiß, viel weißes Textil: Krankenschwestern. Vom bunten Programm auf der Bühne blieb nur in Erinnerung eine Gesangsnummer, vorgetragen von einem uniformierten Männerchor in dichtem Karree – ein Lied, das lustig war oder lustig sein sollte, ein Teil des Refrains hat sich festgesetzt: Dampfnudelnudel … Dampfnudelnudel … Das erschien mir damals schon deppert oder damisch: Dampfnudelnudel … Nicht immer wählt Erinnerung nach Kriterien aus, die mich nachträglich überzeugen: Dampfnudelnudeldampfnudelnudel.

Ein Motorrad (damals: Krad) mit Beiwagen fuhr ins Dorf, hielt vor der Spedition Bader: der Fahrer mit Stahlhelm, Regenmantel, Gewehr; ein Soldat im Beiwagen; hinter ihm, aufgehuckt, zwei Tornister. Der Kradfahrer stellte den Motor ab. Da war ich auch schon zur Stelle. Er schob die Schutzbrille hoch über den Helmrand: rund um die Augen hellere Haut, die Umrisse der Schutzbrille von Dreckspritzern nachkonturiert. Besprizt auch der Mantel, vor allem der Mantelaufschlag über den Stiefeln. Ja, er ließ sich von mir den Weg erklären. Der Soldat im Beiwagen stumm, reglos, als wäre er weichgeklopft. Eine Frau brachte ein Glas Wasser, der Fahrer trank. Der Beifahrer wollte nicht trinken: sehr langsames Kopfschütteln. Das Motorrad wurde mit dem Kickhebel wieder gestartet, das tiefliegende Gespann fuhr an der Kreuzung nach links. Was geschah eigentlich jenseits des Horizonts?

Zwei, drei Lastwagen voller Soldaten, plötzlich im Dorf; Zwischenhalt. Dies hat sich eingeprägt: Selbst auf den Kotflügeln, vorn, saßen Soldaten, und Soldaten gedrängt auf der Ladefläche; einige von ihnen mit Kleinkalibergewehren. Ein Kleinkalibergewehr: etwas zwischen einem Luftgewehr und einem Karabiner; Kleinkalibergewehre bei Soldaten, das

»galt nicht«, ein Kleinkalibergewehr war nur gut zum Spatzenschießen … Mein »nur« wollte einer der Soldaten auf der Ladefläche nicht gehört haben; mit diesen Waffen hatten sie, so rief er mir zu, während der Fahrt Porzellan-Isolatoren an Masten zerschossen.

Darauf eingeschworen, »Volkseigentum« zu schützen, war ich erst recht erstaunt: Im eigenen Land, hier in Bayern, Isolatoren an Masten zerschießen?! Der Dialog wurde nicht fortgesetzt, die Soldaten fragten nach Zigaretten – als liefen wir Kinder mit Zigarettenschachteln herum! Die Lastwagen starteten wieder, fuhren los. Rückzug oder Einsatzbefehl?

Ich packte Angesammeltes in einen Karton, den ich auf einer eventuellen Flucht vor dem heranrückenden Feind mitnehmen wollte. Dieser Karton enthielt: Eine ausnahmsweise schöne, besonders große Muschel unter den meist unansehnlichen Muscheln des Ammersees … ein kurios gewachsenes Holzstück, im Wald gefunden: es glich einer kleinen Echse, der ein Auge vorquoll … ein Kompass, eher Spielzeug als geländetaugliches Hilfsmittel … ein Taschenmesser, aus dem sich freilich nur zwei Klingen in verschiedenen Größen herausklappen ließen … eine Lupe mit bernsteinfarbener Einfassung der Linse … ein paar Fotos, deren Motive sich nicht eingeprägt haben … vor allem aber Briefmarken, geschenkt oder eingetauscht und nun, in einer Auswahl, in kleinem Einsteckalbum: Herzog Luitpold von Bayern … überdruckte Germania: »Freistaat Bayern« … Briefmarken, mit Zahlen überdruckt: die Inflation … Burgen und Schlösser … Pflanzen und Tiere … Hindenburg und Hitler … Motorräder und Panzer … Aufmärsche, Kampfszenen … Und Briefmarken aus einer fernen Welt: Deutsch-Südwestafrika … Die eine oder andere Briefmarke aus Übersee: Einzelexemplare, wie aus der Fremde zugeflogen … Eine Brise Weltweite … Miniaturisierte Bildergalerie mit Zähnung … Diese Auswahl obenauf im Karton, der fest verschnürt wurde. Im Schnittpunkt der Perspektivlinien ein Bub in Lederhose mit einem Karton unter dem Arm, fluchtbereit.

In der letzten Kriegsphase tauchte bei uns eine Tante auf mit kleinem Kind, fand Zuflucht für die nächsten Monate. Woher sie kam, weshalb sie bei uns blieb, das wusste ich nicht. Ich hole nach: Utas Mann, Offizier an der ständig zurückweichenden Ostfront, hatte seine Schwester Helene gebeten, in einem Feldpostbrief, seine Frau, sein Töchterchen in Obhut zu nehmen – der Vormarsch der Sowjetarmee auch Richtung Isergebirge, Riesengebirge war nicht aufzuhalten.

In einem Buch mit autobiographischen Skizzen hat Uta Asher auch über die Reise nach Herrsching berichtet: »Flucht und Zuflucht«. Mit der fast neunzigjährigen, überaus kreglen Tante in Heidelberg habe ich telefonisch abgesprochen, dass ich ihren Bericht übernehme, mit einigen Kürzungen. Die Perspektive des Kriegskapitels muss erweitert werden.

Aufbruch in Polaun, dem böhmisch-tschechischen Grenzbahnhof (Grünthal), Fahrt mit der Zahnradbahn, »Zackenbahn« (der höchstgelegenen preußischen Bahn) Richtung Schreiberhau, Hirschberg. (Bald darauf wurde ein Viadukt der Bergbahn von Pionieren der Wehrmacht gesprengt.) Weiter mit der Reichsbahn, freilich mit längst üblichen, kriegsbedingten Aufenthalten auf freier Strecke.

Erneuter Ansatz: »Die Eltern reichen mir das Kind. An meinen Schultern hängt an einem Riemen nach hinten der Koffer, zur Seite die Tasche mit allem, was ich für das Kind brauche, und ein Lederbeutel mit Papieren und Geld um den Hals. Der Zug kommt das Tal herunter, aus den Fenstern quellen Menschen, auf den Plattformen drängen sie sich. Ich finde Platz auf dem Trittbrett, halte mich an dem eisernen Griff fest.

Es ist der 15. Februar 1945, zwei Tage nach Dresden, die Zeit der nähergerückten Front, der endlosen Flüchtlingszüge durch unser Tal, das wie ein Nadelöhr von Schlesien nach Böhmen und weiter nach Westen durchfahren werden muss von vielen. Heute Abend werde ich mit der Kleinen in Eger sein, bei einer entfernten Cousine übernachten und sehen, wie ich von dort nach Bayern weiterkomme.

Der Zug fährt gleich nach der Station in den Tunnel. Ich brauche alle Kraft, Beate festzuhalten und mich gleichzeitig

an die Eisenstange zu pressen. Ein sicherndes Geländer zu den
vorbeigleitenden Tunnelwänden gibt es nicht. Es wird wieder
hell, rechts eine kleine Gruftkapelle, sonst nähere Umgebung
von daheim, jetzt ganz fern gerückt, der nächste kurze Tunnel
kommt, die nächste Haltestelle. An der übernächsten muss
alles aussteigen, dies war die steile Zahnradstrecke, nur mit
einer Sonderlok zu befahren.

In den dort wartenden, schon besetzten Zug drängt alles
aus dem angekommenen. Menschen mit ihrer letzten geretteten Habe, mit Rucksäcken, Koffern, Kartons, manche mit
Kisten, Säcken, schieben sich eng hintereinander die Trittbretter hoch, durch die bis zur Decke mit aufgestapeltem Gepäck vollgestellten Gänge, Kinder weinen, Mütter rufen. In
einem Abteil sieht es so aus, als könnte ich mich noch hineinquetschen. Ich sehe dann auch weshalb, aber da ist es zu spät
und keine Möglichkeit mehr wieder hinauszukommen, weil
die Menschenmassen nachdrängen. Es war einmal ein Erster-
Klasse-Abteil, doch die Auflagen der Sitze sind nicht mehr
da, alle hocken mehr als sie sitzen auf dem viel zu niedrigen
hölzernen Unterbau, jeder versucht so gut es geht mit Gepäck
oder Mänteln auszugleichen. Es sind Mütter mit Kindern und
ganz alte Menschen, die Männer sind im Krieg.

Irgendwie verschwindet mein Koffer zwischen den anderen, jemand hält mein Kind, ich schäle sie aus dem Mantel, sie
ruderte schon ganz erschöpft, um freizukommen aus der festen Umklammerung. Eine kleine Erleichterung, als auch ich
den Mantel aushabe, mich darauf setze, soweit man das Hocken auf dem zu niedrigen, zu engen Sitz so nennen kann, und
das Kind auf meinem Schoß stehen lasse. Sie bewegt ihre Beinchen, endlich, brabbelt, tappt mir mit den Händen ins Gesicht.
Ich spüre, dass der Zug anruckt und sich in Bewegung setzt.
Gottlob, wir fahren, die paar Stunden werden vorbeigehen.«

(Bei einem unserer Telefonate berichtet Uta ergänzend: Viele Frauen im Zug, die dem Bombeninferno von Dresden kurz
zuvor entkommen waren – sie alle waren verstummt. Das fiel
ihr auf, das wirkte nach: Diesen Frauen hatte es, wortwörtlich,
die Sprache verschlagen.)

»Nach zwei oder drei Tagen und Nächten sind wir, in die Abteile eingeklemmt, höchstens die Hälfte der Strecke bis Eger vorangekommen. Der Zug schleicht, steht, rangiert, steht. Andere kommen schnell entgegen, mit Soldaten und Kriegsmaterial, sie fahren an die Front, Güterzüge klappern vorbei. Als wir auf freier Strecke stundenlang stehen, hören wir Sirenen, Fliegeralarm, abgrundtiefe Angst in manchen Augen, sie kommen aus Dresden. Den Zug zu verlassen ist unmöglich, nur ein paar Menschen, die in der Nähe des Ausgangs ihren Platz hatten, klettern hastig die Trittbretter hinunter, springen auf den Schotter und sehen sich nach einer Deckung um, kommen wieder gerannt, als die Lokomotive pfeift und anfährt. Manche hatten weiter weg einen Verband Bomber gesehen, doch sie hatten ein anderes Ziel als uns.

Mein Kind hat sich seit dem Aufbruch daheim von einem blühenden, vergnügten Baby in ein apathisch wimmerndes, wundgelegenes, von dauerndem Durchfall geschwächtes, sich immer wieder übergebendes Häufchen Elend verwandelt. Die Windeln sind längst verbraucht, Papierwindeln eine Erfindung der Zukunft. Die Bereitung von Babynahrung auf einem mitgenommenen Esbitkocher für Bergtouren war für den vorgesehenen Tag möglich, doch wie das Fläschchen sauber machen, wo es nicht einmal abgekochtes Wasser für die Trockenmilch gibt. Ich lasse sie Kekse und Zwieback kauen, sie hat Durst, die Fläschchen mit Tee sind aufgebraucht, sie weint, sie schreit, solange sie Kraft dazu hat, dann wimmert sie nur noch. Ein kleiner Junge in unserem Gefängnis wimmert mit, an seine Mutter gelehnt. ›Das kleine Kind soll nicht weinen, das kleine Kind soll ruhig sein.‹

Ein Kindernachttopf wird bei Bedarf herumgereicht, im Sitzen benützt, dann zum Fenster hinausgekippt. Zum Klo kommt man nicht, außerdem ist es mit Gepäckstücken vollgestopft und wird als Abteil benützt. Hie und da gibt es irgendwo einen Schlag stark gesalzener Suppe, die Gefäße werden zum Fenster hinausgehalten. Niemand vom Roten Kreuz zu sehen, den man hätte um Hilfe bitten können, um Nahrung für Kleinkinder, um Tee.

Das Kind liegt mit geschlossenen Augen auf dem schmalen Stück Sitz. Ich habe mich ans Fenster gestellt und es einen Spalt geöffnet. Es ist kalter Winter, aber die Luft im Abteil ist zum Ersticken. Wir stehen zwischen verschneiten Feldern, dazwischen läuft ein Fahrweg, irgendwohin, weiter weg sieht man einen Ort, Schornsteine von entfernten Fabriken. Aus dem Nachbarfenster schaut eine junge Frau, neben ihr drängen sich drei Kinderköpfe. Wir sehen uns an. ›Halten Sie es noch aus?‹ ›Ich muss hier raus, mein Kind ist krank.‹ Mein Entschluss ist gefasst. Alles ist besser, als hier gottergeben zu warten, dass es irgendwann einmal weitergeht.

Ich packe meine Sachen zusammen, ziehe erst mich an, dann das Kind, das alles mit sich geschehen lässt, lasse die Gepäckstücke aus dem offenen Fenster auf den Schotter hinuntergleiten, klettere in dem dicken Mantel aus dem Fenster, halte mich an dem Rahmen fest und springe. Wenn der Zug jetzt anfährt, würde ich auf das Trittbrett aufspringen und mich zum Abteil zurückkämpfen, schießt es mir durch den Kopf, doch er steht wie seit Stunden. Ich nehme mit hochgestreckten Armen vorsichtig das Kind entgegen. Die junge Frau vom Nachbarabteil hat ihre drei schon neben sich stehen, verteilt die Gepäckstücke. Aus den Fenstern lehnen Menschen, schauen uns unbeteiligt zu, wie wir uns in Marsch setzen, auf den Fahrweg zu, der zu dem Ort führen muss. Alle paar Schritte stehenbleiben, Gepäck wechseln. Trotz meiner schrecklichen Angst bin ich dankbar, dass Beate ruhighält und sich nicht sträubt. – Ein paar Worte mit der jungen Frau gewechselt, sie kommen aus Schlesien, die Russen schon ganz nah, sie mussten Hals über Kopf weg, nur nach Westen, ein festes Ziel hat sie nicht.

Ein Mann überholt uns, ein Bergmann nach der Frühschicht auf dem Heimweg, wir sind im böhmischen Braunkohlenrevier. Er bleibt verblüfft stehen und fragt, wo wir hinwollen. Eine kurze Erklärung, ein Blick zu dem immer noch stehenden Flüchtlingszug. Dann sagt er entschlossen: ›Ihr kommt zu uns mit, alle‹, nimmt den schwersten Koffer und an die andere Hand eines der Kinder. Er und seine Frau sind im Ruhrgebiet ausgebombt, er weiß Bescheid. Er wurde hierher versetzt, wo noch Kohle gefördert werden kann.«

In einem winzigen Haus werden sie alle aufgenommen, versorgt, verpflegt. Nach kurzer Erholung geht es weiter; der Bergarbeiter bringt Mutter und Tochter zum Bahnhof. »Ein kalter Morgen, es ist kälter als minus zehn Grad, der Schnee auf den Feldern rosig in der Wintersonne. Als der Zug einläuft, wieder Menschen, Menschen, aus den Fenstern, auf den Trittbrettern, aber ein paar leere, offene Güterwagen. Alles drängt hinauf. Ich komme zwischen anderen zu stehen, umfallen kann man nicht, es ist zu eng. Ich ziehe meinen Pelzmantel aus, umhülle das Kind, lass nur ein Guckloch, damit ich mit ihr reden kann, doch sie liegt still in meinem Arm, ist gar nicht richtig wach geworden.

Wie lang ist die Strecke aus der Nähe von Dux bis Eger? Wie übersteht man sie eingekeilt auf offenem Güterwagen bei Eiseskälte? Wie kalt es ist, spüre ich nicht, die Angst um mein Kind ist stärker. Irgendwann hält der Zug in Eger, auf dem kurzen Weg zwei Straßen weiter versagen meine Beine fast. Auf mein Klingeln kommt meine Cousine die Treppe heruntergerannt, ein Aufschrei ›Da bist du ja‹, sie nimmt mir das Kind aus dem Arm, fragt nicht weiter, als sie das schmale, fiebergerötete Gesicht sieht, und trägt sie behutsam in die Wohnung. Ich habe gar nicht wahrgenommen, dass sie ihre Ärztin benachrichtigt hat, auf einmal steht die alte Frau da, der man die Überanstrengung ansieht, und schaut verzagt auf das arme Körperchen hinunter, das sie aus der Kleidung geschält hatte. Nach eingehender Untersuchung schüttelt sie den Kopf. Dann fragt sie, ob ich das Kind gestillt hätte. Als ich das bejahen kann, atmet sie auf und sagt: ›Dann ist es möglich, dass wir es durchbringen‹. Ich muss mich am Tisch festhalten.«

Drei Wochen bei der Cousine, bis das Kind wieder gesund ist. Die Fahrt wird fortgesetzt bis Regensburg. »Fliegeralarm, der Zug fährt nicht weiter, alle müssen aussteigen. Ich will in den Luftschutzkeller und nach der Entwarnung zur Bahnhofsmission. Irgendwann wird eine Gelegenheit zum Weiterfahren sein. Da kommt die junge Nachrichtenhelferin aus meinem Abteil, die zu einem Kurzurlaub nach Hause in Regensburg unterwegs war, hinter uns her, nimmt meine Tasche und sagt ganz selbstverständlich: ›Sie kommen mit heim.‹ Mir laufen die Tränen übers Gesicht, als ich ihr in völliger Verdunkelung durch die finsteren Gassen der Altstadt folge. Einmal sehe ich die riesige Silhouette des Doms vor dem etwas helleren Nachthimmel. [...] Morgens werde ich nach köstlichem Frühstück zum Bahnhof gebracht, und es geht weiter. Der Münchner Hauptbahnhof ist durch mehrere Luftangriffe schwer beschädigt, um an den Ammersee zu kommen, muss ich im Halbkreis um die Stadt herumfahren mit mehrmaligem Umsteigen, meistens außerhalb der jeweiligen Bahnhöfe, von viel zu hohen Trittbrettern auf Schotterböschungen springen, über Gleise steigen, durch Schneewehen stolpern, doch das Kind ist ruhig und wehrt sich nicht, und das Wetter ist kalt, aber freundlich. Und immer, jedes Mal, helfen mir rührende Menschen.

Fast ist es wieder Abend, als wir in Herrsching ankommen und ich die schmale Straße entlanggehe, erschöpft, das jetzt wieder leise wimmernde Kind auf dem Arm. Meine Schwägerin hat die winzige Stimme gehört und kommt aus dem Haus entgegengelaufen. Wir sind am Ziel.«

PS. Aus Kind Beate wird später einmal Bürgermeisterin von Heidelberg. Und, zuvor: Abgeordnete, die ich auf einer Fahrt nach Brüssel begleite, zu einer Sitzung ihres Umweltausschusses im Europaparlament.

ES MUSS ANFANG 45 GEWESEN SEIN: Ich hörte mit, was ich nicht hören sollte. Die Frau des Jugendschriftstellers berichtete, erregt, im Wohnzimmer: Eine Kolonne von Häftlingen (war die Rede von KZ-Häftlingen?) von SS durch das Dorf eskortiert, und die bewaffneten SS-Männer riefen, auf beiden Seiten neben der Kolonne hergehend, den Häftlingen zu, unablässig: Wer nicht pariert, wird umgelegt ... Wer nicht pariert, wird umgelegt ... Ja, das wurde im Marschrhythmus skandiert: Wer nícht paríert, wird úmgelégt ...!

Zusammenhänge, Hintergründe blieben verschleiert, diesen drohend skandierten Satz aber habe ich genau gehört beim halbblauen Gespräch im Nebenzimmer. Dieser Satz hat ein Echo in mir gefunden, das Jahrzehnte später nicht verklungen ist, und das Bild, das sich aus diesem Satz entwickelte, es ist gleichfalls präsent geblieben, beinah, als hätte ich das Berichtete selbst gesehen: SS-Männer mit Gewehren in den Armbeugen, zwischen ihnen eine Kolonne von KZ-Häftlingen, mitten durch unser Dorf hindurch, an der katholischen Kirche vorbei, am Rathaus vorbei, an der Post vorbei, dann, nach rechts oder links schwenkend, an der Güterhalle oder am Bahnhof vorbei, und maschinenhaft wiederholt: Wer nicht pariert, wird umgelegt … Wer nicht pariert, wird umgelegt … Wer nicht pariert, wird umgelegt …!

Erst viel später kombinierte ich diese Parole mit Fotos von KZ-Häftlingen auf einem der Todesmärsche. Da wurde ein Trupp offenbar auch durch Herrsching, durch unser Herrsching geführt – was in Heimatgeschichten wohl kaum vermerkt, nicht weiter ausgeführt wird. Die nur indirekt vernommenen Drohrufe, die nur medial wahrgenommenen Fotos haben sich unauflöslich miteinander verbunden.

Von SS und Häftlingen berichtete, viele Jahre später, Giselas Onkel. Er war lange Zeit Mitglied der Kommunistischen Partei gewesen, vor dem Krieg, hatte dem Zentralkomitee angehört, war bereits 1934 in das Konzentrationslager Sonnenburg eingewiesen worden, für ein Jahr etwa. Was er dort erlebt hatte, das konnte er erst in den siebziger Jahren erzählen, in einer Stunde, in der sich das ohne Vorsatz ergab – vor dem Mikrophon meines Tonbandgeräts wollte er nicht erzählen …

Am abgeräumten Mittagstisch aber nun: Die Häftlinge mussten, wiederholt, auf dem Appellplatz stehen, besonders lang im Winter, und sie wurden angebrüllt, geschlagen. Und immer wieder das Kinderspiel »Schubkarre schieben«: Ein Häftling musste jeweils den Nebenmann an den Fußgelenken packen, mit gestrecktem Körper tapste der auf den Handflächen voran, das musste schnell gehn, schnell, schnell, der Platz war mit Splitt bestreut, die Handflächen nach der ersten Überquerung blutig. Und mit blutigen Händen die Fußgelenke des anderen gepackt, und der musste, schnell, schnell, schnell, über den Appellplatz zurück »geschoben« werden, auch seine Handflächen bald blutig. Der Mann, der Onkel Eduard vor sich herschob und den Onkel Edi vor sich herschob, der hieß Carl von Ossietzky.

Ja, und man nahm Rache! Häftlinge mussten Brot von einem Lastwagen abladen, in einem Lagerraum stapeln, gutes Brot für die Wachmannschaften, und in einem Moment, in dem die Bewacher nicht aufpassten, hat er, mit Leidensgenossen, das Brot bepisst.

Von diesem Racheakt hat Eduard bestimmt zehnmal erzählt, erst dann konnte er berichten, wie eine große Konservendose (in der ein paar Pfund Marmelade gewesen waren) einem Mitgefangenen auf den Schädel gestülpt wurde, und mit Knüppeln musste die (etwas zu kleine) Dose zu den Ohren herabgetrieben werden, das Gesicht des Gefangenen blutüberlaufen, blutüberströmt, und wer da nicht weitergeschlagen hätte, angeschrien von Bewaffneten, dem wäre gleich auch eine Konservendose auf den Schädel gestülpt worden, also schlugen sie mit Knüppeln auf das Blech, das sich verformte, und die Kante tiefer und tiefer herabgepresst.

Ja, ja, und ein anderer Häftling musste eine Rasierklinge in den Mund nehmen, bei vorgehaltener Waffe, musste sie zerbeißen, kleinkauen, die Zunge, die Gaumenhöhle zerschnitten, Blut quoll aus dem Mund, und er wurde angebrüllt: »Schlucken! Du sollst das schlucken, du Schwein!«

Ja, und wieder, immer wieder: wie sie das Brot der Bewacher bepissten. Ja, und pissgelb, rotgelb die Eiszapfen an den Pferdemäulern im harten russischen Winter: man hatte Edi in eine Bewährungseinheit gesteckt, und durch halb Russland ostwärts auf dem Pferd und durch halb Russland westwärts auf dem Pferd den Arsch wundgeritten. Und natürlich Erfrierungen.

WENIGE TAGE vor Kriegsende: Geheimnisvolle Aktionen in der Wohnung, sobald wir Kinder in den Betten waren – hörbar wurde gearbeitet. Kurz bevor die ersten Amerikaner ins Dorf einrückten, war Tante Uta verschwunden. War freilich nicht abgereist, die kleine Beate war noch da. Ich glaubte bald zu wissen, wo die schöne Tante versteckt war: Zwischen einer Doppeltür, gemeinsam mit Eingemachtem – der Feind, so hieß es, zerschießt, zerdeppert vor allem Einmachgläser. Vor die Doppeltür (die ich im Erinnerungsgrundriss der Wohnung freilich nicht recht einordnen kann, vielleicht war es auch nur die Tür zu einem Spind), vor die Verstecktür jedenfalls wurde ein Regal geschoben.

An einem Tag, nach dessen Datum ich nicht suche (wird Ende April gewesen sein), sprach sich im Dorf herum, die Amerikaner (oder sagten wir damals schon: »Amis«?) seien bereits im benachbarten Dorf Erling. Wir hörten allerdings keine Artillerie, keine MG-Salven, keine Gewehrschüsse. Ich riss zu Hause aus, ging auf völlig leerer Straße Richtung Erling, Kloster Andechs.

Moment! Ich riss aus? War wohl eher entschlüpft, eine Lücke im innerhäuslichen Kontrollsystem nutzend. Verdrückte mich. Hätte auch zu Haus bleiben können, im sicheren Kinderzimmer, aber ich zog los, ich wollte oder musste sehen, wie der Feind einmarschierte. Wollte das, salopp gesagt: mitkriegen. Und kann hier nur beteuern, dass ich nicht stilisiere, fingiere.

Ich blieb stehen am Platz des Kriegerdenkmals, schaute in die Straße südwärts, sah ein fremdartiges Fahrzeug herankommen – kein Panzer, eher ein Panzerspähwagen, obendrauf saßen fünf oder sechs Soldaten, Schusswaffen im Anschlag: Amerikaner, Americans! Und ich sah, was die noch nicht sehen konnten: vom See her kam ein Krad mit Beiwagen; zwei deutsche Soldaten, der im Beiwagen hielt die Maschinenpistole schräg nach oben. Und ich sah die Deutschen und die Amerikaner aufeinander zufahren, noch voreinander verborgen durch Häuser und Gärten. Ich am Rand des Geschehens, zugleich im Schussfeld, ich als möglicher Kollateralschaden, aber kein Gedanke an Flucht, ich ließ, wortwörtlich, auf mich zukommen, ging nicht in Deckung, das hätte die Soldaten eines der beiden Fahrzeuge warnen, hätte damit Unberechenbares auslösen können, ich blieb ganz einfach stehen, dort, wo später das Kino gebaut wurde, das noch später Tengelmann-Filiale wurde. Ich sah etwas voraus, was die potentiell Beteiligten nicht voraussehen konnten. Fast kam es mir so vor, als würde ich die beiden Fahrzeuge aufeinanderzudirigieren, und das gelang mir so gut, dass sie gleichzeitig den kleinen Platz erreichten: Da richtete der Soldat im Beiwagen die Maschinenpistole auf das amerikanische Fahrzeug, da richteten die Amerikaner ihre Waffen auf das Motorrad, beide Fahrzeuge drehten eine Runde auf dem Platz, und der war gefährlich klein. Die Fahrzeuge wie um einen gemeinsamen Gravitationspunkt bewegt, doch die Schwerkraft schien jäh nachzulassen, das Motorrad fuhr (»brauste«) in eine Seitengasse, hangwärts, der Panzerspähwagen zuckelte weiter ins Dorf hinein.

Ein Foto, reproduziert in einem der Bildbände über Herrsching: Der kleine Platz am Kriegerdenkmal, das längst weggeräumt wurde, um Platz zu schaffen für den wachsenden Verkehr. Das Foto betrachtend frage ich mich, ob meine Erinnerung sich nicht selbständig gemacht hat. War dieser Platz überhaupt groß genug für solch eine Choreographie des stummen Umkreisens, nein: des stummen Umkreisens eines Platzmittelpunktes? Habe ich das in der Erinnerung nicht ausgestaltet oder: Hat meine Erinnerung hier nicht selbständig umgestaltet? Hätten die Vorderräder des amerikanischen Fahrzeugs, hätte das Vorderrad des Motorradgespanns nicht aufs Äußerste eingeschlagen werden müssen bei solch einer Kreisfahrt auf engstem Raum, hätte der Abstand zwischen den Mündungen der deutschen Maschinenpistole und der amerikanischen Sturmgewehre nicht sehr knapp sein müssen, nur wenige Meter? Und der Kampf hätte eine Form angenommen, die Soldaten nicht suchen: den Nahkampf? Vielleicht war es doch eher so: Das Motorradgespann fuhr auf den Platz am Kriegerdenkmal, als das amerikanische Fahrzeug den Platz bereits zu verlassen begann. Und man sah sich noch, reagierte mit dem Anheben der Waffen, das Motorrad »brauste« fort, die Amerikaner fuhren langsam weiter, mit der Gelassenheit der Sieger. Nur in einem Segment des gedachten Kreises war Konfrontation möglich. Die Umkreisung hätte vorausgesetzt: Beide Fahrer setzten spontan, setzten simultan an zur Kreisfahrt, das Motorrad dabei die Geschwindigkeit drosselnd, die Amis vielleicht noch langsamer als zuvor.

Immer wieder dieses Überprüfen, immer wieder muss ich Abstriche machen! Es ist doch letztlich völlig egal, ob sich die Landser und die GIs für die Dauer eines Viertelkreises oder einer Kreisbewegung belauert (aber nicht beschossen) haben. Was spielt das für eine Rolle bei den Millionen von taktischen und strategischen Bewegungen auch noch in jener Schlussphase des Krieges? Gewiss, aber für mich ist das nicht unwichtig: Zu prüfen, wie weit ich mich auf Bildangebote meiner Erinnerung verlassen kann. Wie weit sich Gesehenes, Erlebtes in der Erinnerung womöglich weiter ausgestaltet hat. Vielleicht war es doch eher so: Die beiden Fahrzeuge haben sich eigentlich nur, mit Verzögerung, in ihren Fahrtrichtungen gekreuzt. Hatte ich damals gedacht: Nun müssten sie eigentlich einschwenken? Und dieser Impuls setzte sich um in ein Bild?

Und nun? Die Erinnerung beharrt auf ihrer Sequenz. Das Foto jedoch zeigt: Der Spielraum war sehr eng. Es dürfte also eher so gewesen sein: Gemeinsames Überqueren des Platzes am Kriegerdenkmal, und in kurzer Phase eines gedachten Kreissegmentes war Schusswechsel möglich. Fand aber nicht statt. Und das weiß ich genau.

Die zweite (mögliche) Konfrontation erlebte ich wenig später am Biergarten, in dem keine Panzer mehr standen – sie hatten offenbar Fluchtsprit erhalten. Ein zweites US-Fahrzeug kam ins Dorf gefahren; diesmal stand ich, wohl zufällig, hinter der Schank-Holzhütte des Biergartens. Neben mir zwei Infanteristen, sie nahmen die Gewehre von den Schultern. Langsam fuhren die Amerikaner vorbei auf der anderen Seite des Biergartens, jenseits der Hecke – sie konnten uns nicht sehen.

Etwa auf unserer Höhe überholten sie den Dorfpolizisten, der in dieselbe Richtung radelte. Als er die Feinde neben sich sah, fiel er vom Rad – oder ließ er sich fallen? Er rollte sich ab zum Fuß der Hecke. Gelächter auf dem amerikanischen Fahrzeug. Ja, das Erste, was ich vom Feind hörte, war gutturales Gelächter. Hatte der Polizist das Fahrzeug nicht gehört? Und »a Neegaa« plötzlich in Kopfhöhe neben ihm, und die Mündung einer Waffe? Die Amerikaner kümmerten sich nicht weiter um ihn, setzten die Fahrt fort. Die Soldaten neben mir hielten die Gewehre halbhoch, die Kolben noch nicht an den Schultern. Der ältere Soldat sagte etwas, halblaut, sie schwangen die Karabiner auf die Rücken, gingen weg Richtung Kienbach. Der Junge als willkommener Vorwand, sich kampflos abzusetzen? Zwei Zeigefinger, die sich nicht gekrümmt haben, also auch kein massiver Beschuss der Schankhütte, so wurde mir schmerzhafte, womöglich verstümmelnde Einwirkung von Krieg erspart.

Dass ich allein durch das Dorf streifte, vor dem »Einmarsch« der Amerikaner – könnte nicht sein, dass sich im Lauf der Jahrzehnte auch dieses Erinnerungsbild verändert hat? Dass ein Bruder oder Freund wegretuschiert wurde in der Erinnerung, und es blieb übrig der einsam streifende Junge, der sehen, der »mitkriegen« wollte? (»Haste mal wieder was mitgekriegt?!«, fragte Helene zuweilen, und das klang vorwurfsvoll, nicht anerkennend.) Ich konzentriere mich auf die Ränder des Erinnerungsbildes, aber hier deuten sich Konturen eines anderen Jungen nicht einmal an. Würde mich auch enttäuschen, ein wenig, denn so sehe ich mich gern, als zehnjährigen Jungen, der umherstreift, was mitkriegen will ... Der Schriftsteller in mir konstatiert: Aha, Wachheit, Neugier, früh dokumentiert.

Ja: ich, allein, in einem »wie ausgestorbenen« Dorf; spähend, horchend ging ich den Amerikanern entgegen auf der Hauptstraße, auf der sie, von Erling her, kommen mussten. Fast am Ortsrand, damals, der kleine Platz mit dem Kriegerdenkmal. Hier blieb ich stehen, wartete. Suchte keine Deckung, die hätte ich leicht finden können, Bäume waren damals noch erheblich zahlreicher im Ort.

Während ich dies schreibe, frage ich mich, weshalb Helene zugelassen hat, dass ich durchs Dorf streifte, um den Feind, womöglich als Erster, zu sehen. Mit einem Satz, mit einem Wort hätte sie das verbieten können, und ich hätte gehorcht, dazu hatte sie mich erzogen (»keine Widerworte!«). Die Schule hat mich ebenfalls auf Gehorchen konditioniert, zu konditionieren versucht.

Ich lege mir zurecht: Als sich im Dorf herumsprach, die Amerikaner seien bereits in Erling, da war es an der Zeit, die Tante im vorbereiteten Versteck unterzubringen. Weil die Amerikaner am Tag einrückten, hätte ich »mitkriegen« können, wie das Regal mit Gerumpel vor die Tür geschoben wurde. Ich vermute: ich wurde, vorübergehend, aus der Wohnung geschickt – kein Zeuge ...! Zwar wurde mir schon längst nicht mehr der Mund mit Pflastern zugepappt, aber ich redete, in Helenes Ohren, zu viel, immer noch. Hätte womöglich das Geheimnis preisgeben können, in Anwesenheit feindlicher Soldaten. Man wird mir wohl aufgetragen haben, in der Nähe des Hauses zu bleiben, zumindest in der Fischergasse, und ich habe das zwar nicht versprochen, aber zugesagt. Doch als ich erst mal in Bewegung war, setzte ein Sog ein, wie ich ihn als Erwachsener noch spüre in fremden Städten: Bis zur nächsten Ecke, mich dort umschauen, dann bis zur übernächsten Ecke, mich dort umschauen, dann noch eine Ecke weiter, mich dort umschauen ... So kam ich zum Platz mit dem Kriegerdenkmal. Und ich sah die (beinah) choreographische Konfrontation auf dem kleinen Platz, ging auf Umwegen zurück, kam zum Biergarten, zur Schankhütte, sah den »Einmarsch« wiederholt – dass die Amerikaner »angetröpfelt« kamen, zeigte, dass sie keinen Widerstand erwarteten in Herrsching am »lake Ammersee« (wie es später auf Schildern der Army hieß).

Ich kann also, nach kritischer Überprüfung, dieses Erinnerungsbild festschreiben: Ich streifte allein durchs Dorf, in dem wohl Fenster geschlossen, Gardinen zugezogen waren, ging den Amerikanern entgegen, sah zweimal, in Kammerspielbesetzung, die Konfrontation, die mögliche, deutscher und amerikanischer Soldaten. Und hatte Glück dabei.

In der folgenden Nacht wirkte alles bedrohlicher. Den ersten Versuch eines kleinen Trupps, in die Wohnung einzudringen, wehrte Helene gleich an der Haustür ab. In ihrem Schulenglisch rief sie, es seien nur Kinder in der Wohnung; es gelang ihr, die Tür wieder zu schließen, vor den Soldaten.

Die Familie des Hausbesitzers hingegen wurde aus den Betten gejagt, in den Keller getrieben. Von jeder der beiden Wohnungen aus führte eine Tür zu einem kleinen Zwischenraum, in dem die Kellertreppe ansetzte. Von unten herauf hörten wir den Hausherrn rufen, Frau Kühn solle endlich die Zwischentür aufschließen: »Gleiches Recht für alle!« Das sah Helene überhaupt nicht ein: »Wieso haben Sie sich aus den Betten werfen lassen?!« Fortgesetztes Rufen, Rumoren im Keller, ich höre es noch, Langzeitecho.

Unruhe im Dorf, Stimmen und einige Schüsse, auch in der Ferne, aber die wurden wohl auf Phantome abgegeben. Schließlich Soldaten, die sich von Helene nicht mehr abweisen ließen; mit einem Gewehrlauf wurde sie, so erzählte sie später, auf Seite geschoben, schon stand ein US-Soldat im Kinderzimmer, mit fremdartiger Schusswaffe. Stummer Auftritt, sehr lange Sekunden. Mit der Taschenlampe leuchtete er die aufgeschreckten Kinder ab, bückte sich kurz, leuchtete unter die Betten, ging raus. Dabei fiel etwas hin, klein, metallen. Winziger Sprengkörper, speziell für den Einsatz in Kinderzimmern?! Ich schaltete die Deckenlampe an (damals meist Milchglaskugeln mit 40-Watt-Birnen), und wir sahen etwas Federförmiges, Spiralförmiges. Teil der Schusswaffe? Winziger Detonationskörper? Mit starkem Herzpochen unter weißem Nachthemd tapste ich an den *Fremdkörper* heran, inspizierte ihn, konnte entwarnen: Nur irgendson Ding ...

Am Morgen: Ein Jeep stand im Vorgarten! Das Zauntor einfach aufgedrückt, aufgestoßen, gleich bis zum Holzschuppen vorgefahren, da stand er denn, dreckbespritzt, mit weißem Stern auf der Kühlerhaube, mit hochgeschweißter Dreikantstange vor dem Kühler, mit langer, dünner Antenne. Und in der Fischergasse eine Kolonne von kleinen Lastwagen, erstaunlich breit, erstaunlich niedrig. Für Kinder schienen sich die Männer in den Schnürkampfschuhen, in den bequemen, olivbraunen Uniformen nicht weiter zu interessieren, sie fuhren bald schon wieder ab.

Ausgedehnter Erkundungsgang, diesmal nicht allein: Wir drei Freunde trafen nicht mehr auf US-Soldaten. Dafür fanden wir im Kienbachtal und im Kienbach einige Gewehre und Maschinenpistolen deutscher Bauart, konnten endlich echte Schusswaffen in den Händen halten.

Als ich zurückkam, war die Tante wieder da.

VERKÜRZTE DE GAULLE DEN KRIEG?

RÜCKBLICK unter dem Stichwort Kriegsgeschichte – die meine Lebensgeschichte für die nächsten Jahre begleiten, sich mit ihr verbinden wird, einwirkend, nachwirkend. Doch auf welche Weise?

Am 1. September der Überfall der Wehrmacht auf Polen. Gleich am nächsten Tag Allgemeine Mobilmachung in Frankreich – schließlich hatten bereits im April der französische Generalstabschef Maurice Gamelin und der polnische Oberbefehlshaber Tadeusz Kasprzycki Verhandlungen zu einem Militärabkommen erfolgreich abgeschlossen, hatte zudem das französische Parlament eine Garantieerklärung für Polen abgegeben, nun musste Frankreich eigentlich umgehend zur Entlastungsoffensive ansetzen. In Köln, wie überall im Reich: Verdunklung. Zwei französische Flugzeuge wurden abgeschossen. Und es wurde die Frage laut: Wird auch England den Beistandspakt mit Polen in die Tat umsetzen?

Wie schätzten meine Eltern die Lage ein? Da lebte man in Köln, linksrheinisch – wie schnell konnten französische Truppen die kleine Distanz zwischen Maginotlinie und Rhein überwinden mit einer Armee, die als die stärkste des Kontinents galt? Mit wahren Monstren von Panzern, mit einem fast unabsehbaren Arsenal von Artillerie? Dagegen die Wehrmacht? Alle kampffähigen Truppen schon seit Wochen nach Osten transportiert, fast alle schweren Waffen – in den Bunkern und Laufgräben der Siegfriedlinie, deren Bauarbeiten noch längst nicht abgeschlossen waren, fast nur ältere Jahrgänge der Truppe, und die war nur leicht, ja unzureichend bewaffnet. War nicht zu erwarten, ja damit zu rechnen, dass Frankreich die Lage umgehend nutzte, die einmalige historische Chance?

Hätten die Eltern den Einmarsch der französischen Armee als Befreiung empfunden von bedrückender Naziherrschaft? Warteten, hofften sie?

Sie konnten nichts wissen vom dominierenden Defensivdenken, ja von der weithin vorherrschenden Lethargie französischer Truppen. Man hatte genug vom Krieg, dachte weithin in Kategorien der Verteidigung, primär war der Schutz des eigenen Landes – und nicht Polens, trotz Beistandspakt. »Mourir pour Danzig?«, hatte Monate zuvor die große Schlagzeile von *L'Œuvre* gelautet; das war rasch aufgegriffen, war zur Parole geworden. Wozu auch hatte man die letztlich unbesiegbaren Festungsanlagen der Maginotlinie erbaut? Bunker mit meterdicken Stahlbetonwänden, von Panzerkuppeln geschützte Kanonen, die sich zum Abschuss heben, zum Nachladen senken ließen, Munitionszüge unterirdisch – nein, keine Angriffsdoktrin, keine Offensivplanung.

Churchill griff später die damals kursierende Frage auf: »Warum verharrten die Alliierten in Untätigkeit, bis Polen vernichtet war?« Er konstatierte: »Diese Schlacht hatten wir schon einige Jahre zuvor verloren. 1938, als die Tschechoslowakei noch existierte, besaßen wir gute Aussichten, den Sieg zu erringen. Im Jahr 1936 wäre kein wirksamer deutscher Widerstand möglich gewesen. Im Jahr 1933 hätte ein Ordnungsruf aus Genf ein Einlenken ohne Blutvergießen bewirkt.«

Eigentlich war man längst vorbereitet auf einen Krieg mit der expansiven Nation. Die Besetzung des Rheinlands … die Annektierung Österreichs … die Niederschlagung der Tschechoslowakei … Jedes Mal hatte Krieg gedroht, man hatte sich also hinreichend vorbereiten können, alle Munitionslager waren gefüllt, alle Panzer betankt und startbereit. Hätte also Frankreich, gemeinsam mit England, nicht sofort ansetzen können zur Gegenoffensive? Und es hätte sich alles ganz anders entwickeln können, auch für mich?

Zurückprojiziertes politisches Wunschdenken? Pure Möglichkeit? Nicht mal ein Ansatz von Wahrscheinlichkeit? Völlig aus der Luft gegriffen? Blaues vom Himmel?

Nürnberger Prozess. Anfang Juni 1946, der Angeklagte Jodl im Zeugenstand; als Generaloberst hatte er zum Stab im Führerhauptquartier gehört. »Wir traten in diesen Weltkrieg ein mit etwa 75 Divisionen. 60 Prozent unserer gesamten wehrfähigen Bevölkerung waren unausgebildet, das Friedensheer war etwa 400 000 Mann stark gegenüber fast 800 000 Mann im Jahre 1914. Die Vorräte an Munition und an Bomben waren geradezu lächerlich.«

Eine Tagebuchnotiz Jodls wurde verlesen: »Generalfeldmarschall [Göring] trägt den Stand des Kriegspotentials der Wehrmacht vor, dessen größter Engpass in der schlechten Munitionsbevorratung des Heeres (10 bis 15 Kampftage) liegt.«

Jodl bestätigte: »Also 10 bis 15 Kampftage hatten wir Munition.« Schlussfolgerung: »Ja, ich muss sagen, dass uns etwa so unheimlich zumute war wie einem Spieler, der sein ganzes Vermögen im Roulette auf Rot oder Schwarz setzt. [...] Niemand von den Soldaten, die ich gesprochen habe, rechnete damals mit einem Krieg gegen die Weststaaten. Es war nichts vorbereitet als eine Angriffsoperation gegen Polen. Es gab nur einen Defensivaufmarsch im Westwall. Die Kräfte, die dort eingesetzt waren, waren so schwach, dass wir nicht einmal alle Bunker besetzen konnten. [...] England brachte laufend weitere Divisionen nach Frankreich und ebenso die Franzosen aus ihrem Kolonialreich.«

Am 4. Juni 46 gab Generaloberst Jodl folgende Erklärung ab: »Wir waren bis zum Jahre 1939 zwar in der Lage, Polen allein zu zerschlagen, aber wir waren niemals – weder 1938 noch 1939 – eigentlich in der Lage, einem konzentrischen Angriff dieser Staaten gemeinsam standzuhalten. Und wenn wir nicht schon im Jahre 1939 zusammenbrachen, so kommt das nur daher, dass die rund 110 französischen und englischen Divisionen im Westen sich während des Polenfeldzuges gegenüber den 23 deutschen Divisionen völlig untätig verhielten.«

Noch einmal und noch deutlicher: »Ich kann nur sagen, in dieser Lage hätte uns allein die französische Armée de couverture hinweggeblasen.«

IN DIESER LAGE HÄTTE ... Hier setze ich an zum Entwurf, zum Szenario einer alternativen Entwicklung der Kriegsgeschichte, damit meiner Lebensgeschichte. Das muss ich begründen.

Eine Schullesung: Gymnasium in Hamm. Mit dem Studienrat (Fach Geschichte), der mich »betreute«, kam ich rasch ins Gespräch, vor und nach der Lesung. Es ging um kontrafaktische (alternative, virtuelle, parallele) Formen der Geschichtsschreibung. Ich wurde hingewiesen auf eine neuere Publikation: *Virtuelle Geschichte* (Darmstadt 2000).

Hier lese ich, dass mein (gelegentliches) Verfahren, alternative Verläufe historischen Geschehens erzählend zu vergegenwärtigen, eine ehrwürdige Tradition hat. Das fängt an mit dem griechischen Historiker Herodot, also bereits im 5. Jahrhunderts vor unserer Zeitrechnung.

Ein richtungsweisendes Herodot-Zitat, das ich nicht abtippen muss, es genügt, wenn ich die Grundstruktur andeute mit Leitwörtern in der vorgegebenen Reihenfolge: Wären ... hätten ... hätte ... hätte ... wäre ... hätten ... So setzt sich das fort. Mit diesen Konjunktiven wird Determinismus in Frage gestellt. Auch werden Entscheidungspunkte herausgearbeitet, damit wiederum Faktoren, die wirksam wurden – oder wirkungslos blieben. Fazit: »Dabei sind die von Herodot ausgeführten Möglichkeiten nicht aus der Luft gegriffen, sondern gründen sich auf Erfahrungen.«

Hauptstück des Buchs (herausgegeben von Kai Brodersen) ist ein rund sechzig Seiten langes Szenario des britischen Historikers Arnold Toynbee: Der früh verstorbene, legendäre Eroberer Alexander (der Große) wird in diesem überraschenden Essay nun doch alt – mit welchen Folgen, eventuell oder sogar wahrscheinlich? Auch hier, abschließend, das Herodot-Schema: »*Hätte* ... wäre unsere Welt wohl recht verschieden von der, die sie heute ist.«

Als Gegenexempel das Szenario von Holger Sonnabend (und hier betone ich gleich: Professor für Alte Geschichte): Wie *hätte* es sich ausgewirkt auf die Organisationsform der römischen Gesellschaft, wenn Kaiser Augustus, der immerhin

76 Jahre alt wurde, bereits mit 40 an der nachweislich lebensbedrohlichen Krankheit gestorben wäre?

Retrospektiv (doch nicht wegweisend) sehe ich, in diesem
Band lesend, so etwas wie Zeitgeist über meinem Haupte
schweben. Mentale und intellektuelle Symbiose, auch wenn
die erst gar nicht bewusst wahrgenommen wurde, von mir
wahrgenommen werden konnte. Doch im Rückblick zeichnet
sie sich ab, mehr oder weniger deutlich. Damit stellen sich
Rückwirkungen ein auf meine Selbstwahrnehmung als Autor
alternativer Historien. Eine Formulierung, die ich mir ausleihe: »eventualhistorische Entwürfe«.

So entwerfe ich eine Brandrede mit zündender Wirkung, mit
der Charles de Gaulle auch mein Leben hätte verändern können.

Paris, 5. September: Krisensitzung im Ministerium für Nationale Verteidigung; es tagt der Oberste Rat in Anwesenheit
von Staatspräsident Edouard Daladier. Den Vorsitz führt General Maurice Gamelin, Oberster Kriegsrat. Ihm zur Seite
Bertrand, Chef der Armee, siebzig Jahre alt. Geladen sind die
Armeeführer Giraud und Blanchard.

Vor allem auf eigene Initiative und über Fürsprecher zusätzlich eingeladen: Oberst Charles de Gaulle, Kommandeur des
507. Panzerregiments in Metz. Er hat sich ausgewiesen durch
eine Studie über modernen Bewegungskrieg: *Vers l'Armée
de Métier*, erschienen Ende der zwanziger Jahre. Hier wurde
entworfen, was die Wehrmacht in Polen ausführt: rasche, geballte Vorstöße von Panzereinheiten. Dem jungen Offizier
steht indes der mentale Widerstand diverser Generalstäbler
entgegen, allen voran Bertrand und Gamelin, die sich auf Verteidigung eingeschworen haben. Die Grundstimmung vor Beginn der Tagung: Die französische Nation will keinen neuen
Krieg; falls unbedingt gekämpft werden muss, so nur in der
Defensive; dabei ist absoluter Verlass auf die Festungsanlagen
der Maginotlinie.

Der entscheidende Stimmungswechsel hätte ausgelöst werden können durch eine »Brandrede« des Panzerkommandeurs

de Gaulle, eher emotional betont als logisch aufgebaut. Sein Partner, ihn auch in der Sitzordnung flankierend: General André-Gaston Prételat, Befehlshaber der 2. Heeresgruppe.

De Gaulle, »eventualhistorisch«: Messieurs, es geht um die Ehre unserer ruhmreichen Nation. Wir haben mit Polen einen Beistandspakt geschlossen, nicht als Geheimvertrag, sondern in aller Öffentlichkeit, und wir haben uns dafür feiern lassen. Nun ist der Fall eingetreten, dass wir für unser Wort einstehen müssen. Wir müssen zeigen, dass wir Verträge einhalten, vor allem Polen gegenüber, das mit unserer Geschichte so innig verbunden ist – wie lange war unsere Sprache führend in Polen! Und nun: Unser Waffenbruder ist ruchlos überfallen worden, unter verbrecherischen Vorwänden, die systematisch geschaffen wurden, wie das unser Geheimdienst intern dokumentiert hat.

Demnach sind die sogenannten Provokationen in Polen von deutscher Seite aus provoziert und inszeniert worden, um Vorwände zu schaffen. Daraufhin hat Hitler sein Nachbarland im Osten überfallen, schlichtweg überfallen. Wenn wir das hinnehmen, passiv verharrend, so werden wir als Nächste überfallen. Dreimal sind die Hunnen in unser Land eingedrungen, alle dreißig Jahre glauben die Deutschen bei uns einmarschieren zu dürfen, sie werden sich verrechnen, wenn sie glauben, sie könnten demnächst eine vierte Invasion starten, diesmal wird, diesmal muss die große Korrektur erfolgen, die historische Korrektur, wir müssen sie schlagen, bevor wir geschlagen werden. Der Krieg mit Nazi-Deutschland ist unvermeidlich, nach Polen kommt unweigerlich Frankreich an die Reihe.

Das dürfen wir nicht einfach abwarten, unsere Poilus in den Bunkern hockend und Karten spielend, unsere Offiziere der mittleren Führungsschicht uneinsichtig auf veralteten Taktiken beharrend, blindlings auf unsere Unüberwindlichkeit vertrauend im Namen von Maginot, wir wollen, wir dürfen vor der Geschichte nicht als Nation dastehen, die, drohende Gefahren erkennend, ins Verderben lief, ja das Verderben auf sich zukommen ließ. Wir wollen uns nicht nachsagen lassen, wir hätten, kleinmütig, nicht auf unsere Schlagkraft vertraut, hätten unbegreifliche Schwäche gezeigt, unsere glorreiche Armee hätte die große, die einmalige Chance vertan; erst, als man bei uns einmarschierte, hätten wir uns missmutig dazu aufgerafft, das Vaterland zu verteidigen. Wir dürfen in unseren Taten nicht hinter unserer Rhetorik zurückbleiben. Wir haben Hitler schließlich den Krieg erklärt, das darf nicht bloß Deklaration oder Deklamation bleiben, da würde sich die Grande Nation mit der größten Landmacht des Kontinents dem Gespött und Gelächter der Mitwelt und erst recht der Nachwelt aussetzen; der Kriegserklärung muss die Kriegsführung folgen, wir sind seit Mai durch das Abkommen vertraglich verpflichtet, im Falle eines Angriffs auf Polen sofort eine Entlastungsoffensive durchzuführen.

Betonung: Offensive! Alles ist vorbereitet: Marschall Rydz-Smigly hat bereits den Plan ausgearbeitet, in Zusammenwirken mit unserem Generalstab, wie wir Richtung Berlin vorstoßen. Das muss umgehend in die Tat umgesetzt werden! Wenn wir jetzt den Krieg nicht beenden, wird er sehr lange dauern. Wenn wir jetzt losschlagen, kann Weihnachten schon wieder Friede herrschen in Europa. Wir dürfen nicht sagen: Wir haben die Maginotlinie, krallen wir uns da fest in der sicheren, allzu sicheren Erwartung, dass die Boches gegen unsere Stahlbetonbunker nicht ankommen, sich hier die Schädel einrennen. Das wissen die selber. Also werden die einen anderen Weg suchen, und da ist es den Hunnen, ist es allen voran diesem Hitler zuzutrauen, dass die unsere Befestigungen im Norden einfach umgehen und, die Neutralität unseres Nachbarn missachtend, über Belgien bei uns einmarschieren.

Letztlich steht auch uns diese Möglichkeit offen, unter guten Nachbarn, damit öffnet sich uns der Weg ins Reich, der Weg nach Berlin. Der Widerstand, der uns geleistet wird, der wird gering sein, kann nur äußerst gering sein.

Um mir den Rücken zu stärken für die weitere Entwicklung des biographisch virtuell relevanten, ja brisanten de Gaulle-Szenarios, drei Zitate des (in der Sammelschrift zur Virtuellen Antike) wiederholt zitierten Guru der alternativen Geschichtsschreibung. Aussagekräftig ist allein schon der Titel einer der Schriften von Alexander Demandt: *Ungeschehene Geschichte.* »Ein Traktat über die Frage: Was wäre geschehen, wenn ...?«

Zitat eins: »Die Besinnung auf ungeschehene Geschichte ist trotz begreiflicher Bedenken notwendig, trotz beträchtlicher Schwierigkeiten möglich und findet ihren Lehrwert in der Erkenntnis *geschehener* Geschichte. Die durch die Regeln der Wahrscheinlichkeit gezügelte historische Phantasie könnte ein Novum Organon der Wissenschaft werden.«

Zitat zwei: »Unhistorische Möglichkeiten lassen sich aus der Kenntnis der Vergangenheit ableiten und mithilfe von Erfahrungsregeln auf ihre Wahrscheinlichkeit hin prüfen. Wir benötigen dasselbe Regelwerk von Phantasie und Kritik, wie wir es in der historischen Werkstatt bereits vorfinden.«

Zitat drei: »Je höhere Wahrscheinlichkeit wir anstreben, desto enger müssen wir uns an den wirklichen Gang der Geschichte klammern.«

»Desto enger müssen wir uns an den wirklichen Gang der Geschichte klammern«: Hier einige Fakten, die meinen eventualhistorischen Entwurf motivieren. Die Wehrmacht ist mit 57 Divisionen in Polen bis auf weiteres gebunden, dies mit sämtlichen Panzereinheiten und motorisierten Divisionen. Doch nur ein Zehntel der deutschen Armee ist motorisiert, zwei Millionen bewegen sich zu Fuß und auf Hufen – Reiter und Gespanne.

Dagegen Frankreich: Fünf Millionen Mann sind mobilisiert. Insgesamt 108 Divisionen stehen bereit, wenn auch zum Teil an Festungen gebunden, aber das sind ohnehin nicht die schlagkräftigsten Einheiten. Entscheidend hingegen: 40 Bataillone Panzer, 56 Artillerieregimenter, zum Teil mit modernster Flak. Die Überlegenheit der französischen Panzerwaffe ist eklatant.

Auch hierzu einige Angaben, die bewusst machen, wie unter Hitler Vabanque gespielt wurde. Der nur fünf Tonnen schwere (dennoch mit seinen 57 PS »untermotorisierte«) Panzerkampfwagen I, von der Wehrmacht in Polen zahlreich eingesetzt, war eigentlich bloß ein Ausbildungsfahrzeug mit 13 Millimeter Panzerung und einem Doppel-MG. Der »Pz. Kpfw. II« war eigentlich auch nicht fronttauglich: 14 Millimeter Panzerung, ein MG, ein Kanönchen, Kaliber 2 cm; trotz seiner siebeneinhalb Tonnen bei 130 PS eher geeignet zur Aufklärung. Dagegen der französische Char de Bataille B1 mit 32 Tonnen, mit bis zu 60 Millimetern Panzerung, mit einer 75-mm-Haubitze im Rumpfbug, in der Wanne, mit seiner 47-mm-Kanone, mit einen MG im Turm, mit einer Motorleistung von 300 PS – gegen diese Kolosse blieb die deutsche Panzerabwehr wirkungslos.

Insgesamt: Frankreich, erst recht im Bund mit England, war an Truppenzahl und Kriegsmaterial der Wehrmacht haushoch überlegen. Für die »Grenzsicherung West« waren nur acht Divisionen bereitgestellt, und die zählten nicht gerade zu den kampfstarken Truppenverbänden – wer zum Einsatz nicht tauglich war, wurde im Westen gleichsam abgestellt. Hinzu kam ein entscheidender Faktor: Die Munitionsvorräte der deutschen Grenzsicherung reichten lediglich für drei Kampftage. Es hätte Wochen gedauert, ehe aus Polen zusätzliches Kriegsmaterial, ehe sich Divisionen in den Westen verlagern ließen – Deutschland konnte sich einen Zweifrontenkrieg zu jener Zeit in keiner Weise leisten, war, wie Jodl klarstellte, auch nicht im Geringsten darauf vorbereitet.

Und so – gleichsam akkreditiert und legitimiert – setze ich das Szenario fort, mit Blick auf mögliche Veränderungen meines Lebenslaufs. Damit wieder mal die Frage: Wovon hänge ich ab? Was wirkt auf mich ein?

Noch einmal also de Gaulle, in seiner fiktiven, jedoch faktennah konzipierten Rede in möglicherweise entscheidender Sitzung des Nationalrats.

Der Panzerkommandeur, »eventualhistorisch«: Die Nazis sind nicht, wie ihre Propaganda glauben machen will, bis an die Zähne bewaffnet, sondern nur bis zum einen oder anderen

Zahn. Und der bröckelt. In Polen verbrauchen die Boches aller Voraussicht nach sämtliche Spritreserven, sie verschießen ihre Munition, sie werfen all ihre Bomben ab, sie werden in kurzer Zeit extrem verwundbar sein.

Also, Messieurs, kehren wir den Spieß um, nutzen wir die Gunst der Stunde, sie wird sich als Sternstunde erweisen, wenn wir zeigen, dass wir jung geblieben sind, so jung und so mutig wie la France, zeigen wir, dass wir flexibel geblieben sind, dass wir etwas riskieren statt zu resignieren, schlagen wir los, und wir werden sie schlagen! Eine derartige Offerte wird uns die Geschichte so rasch nicht noch einmal bieten: Ehe die Deutschen sich in Polen auch nur umdrehen können, sitzen wir ihnen im Nacken. Siegfried ist auf mehr als einer Lindenblattfläche verwundbar, der gesamte Rücken ist ungeschützt! Selbst wenn sich Widerstand regen sollte, wir werden ihn brechen, wir werden sie überrollen, werden sie niederwalzen.

Ja, niederwalzen! Unseren Panzern haben die Boches nichts entgegenzusetzen, schon gar nicht mit den Spielzeugpanzerchen, mit denen Hitler blufft, wieder mal blufft, mit denen kann man höchstens Kavallerie und Infanterie gegenüber auftrumpfen, dagegen sind unsere Panzer veritable Kolosse, die lassen sich nicht aufhalten, schon gar nicht, wenn sich die Panzerbataillone unserer acht Heeresgruppen konzentriert und massiert in Marsch setzen – dreitausend Panzer, eine Lawine aus Stahl! Ihr wird sich nichts in den Weg zu stellen wagen. Wir machen es den Deutschen nach: Überraschung, Schnelligkeit, Härte. Wir setzen auf die Panzerwaffe.

Als Kommandeur kann ich Ihnen versichern, Monsieur le Président, und das hoch und heilig: Wir sind in kurzer Frist kampfbereit! Befehle, die wir leider noch nicht über Funk weitergeben können, sie werden durch unsere schnellen Kradmelder überbracht. Also, stoßen wir durch Belgien vor, durchstoßen wir die schwache »Grenzsicherung West«, und Deutschland wird fast wehrlos vor uns liegen. In Gewaltmärschen wird die Infanterie nachgezogen. Hundert Divisionen gegen zehn! Eine hinreichend munitionierte Armee in zahlenmäßiger Überlegenheit gegen eine Wehrmacht, die ihr Pulver verschossen hat. Unsere Lawine aus Stahl werden sie nicht aufhalten können. Ehe deutsche Truppen aus Warschau zurück sind, das sie momentan noch nicht erreicht haben, sitzen wir in Berlin. Wir müssen diese historisch einmalige Chance ergreifen, und das sofort! Vorstoßen, vorpreschen! Coup de force! Coup de force! Coup de force!

Charles de Gaulle holt einen Panzerhelm hervor, unter dem Tisch bereitgelegt, stülpt ihn über, richtet sich auf in seiner vollen Größe, weist nach Osten: Dort wartet auf uns der Sieg! Aber wir dürfen ihn nicht warten lassen, keine drei Tage dürfen wir ihn warten lassen. Messieurs, camarades, combattants, starten wir die Motore unserer Chars de Bataille!

Mitreißende Darstellung, zwingende Motivation! Und dies hätte die Wirkung sein können: Bei den jüngeren Offizieren des Obersten Rates der Nationalen Verteidigung begeisterte, bei den Älteren eine eher zögerliche, letztlich aber doch klare Entscheidung für die Berlin-Offensive. Formelle Zustimmung auch durch Staatspräsident Daladier. Appelle, Aufrufe, der Funke springt über auf die Armee: Vitesse ... victoire ... grandeur ...

Und so *hätte* es, beschleunigt, weitergehn können, aufgezeichnet im Lagebuch des Oberkommandos der Wehrmacht – geführt bis zur virtuell frühen Kapitulation der Wehrmacht. (Auch eine Gelegenheit hier, die über Jahre hinweg dominierende Kriegssprache einzubeziehen, gleichsam stellvertretend.)

Überraschender Vorstoß starker französischer Kampfverbände über Belgien und die südlichen Niederlande ... Rasches Vordringen franz. Panzerspitzen ... Munitionsmangel verhindert rechtzeitige Hilfeleistung durch Eingreifreserve ... Ein »Strecken« der ohne Tiefe nur dünn besetzten Verteidigungsabschnitte ist nicht zu erreichen ... Feindeinbruch in das Ruhrgebiet ... Die täglichen Durchschnittsverluste im Gesamtbereich West höher als die tägliche Ersatzzuführung ... Die Verschiebung von Reserven geht nicht so schnell vor sich wie feindl. Schwerpunktbildung ... Infolge der unzureichenden Munitionslage fehlt die für den Abwehrerfolg entscheidende starke Artl.-Unterstützung. Die Aussichten für ein erfolgreiches Durchstehen der Abwehrschlacht im Ruhrgebiet haben sich infolgedessen verschlechtert … Anforderung des OB West um schnelle Zuführung von Ersatz-Vermehrung des Betriebsstoff- und Mun.-Nachschubs … Am 9. September erstattet OB West dringliche Meldung über die Munitionslage und ihre voraussichtliche Auswirkung auf den Abwehrkampf der Gesamtwestfront. Meldung gipfelt in der Feststellung, dass auf dem Gebiet der leichten F.H.- und schweren F.H.-Mun. eine Abwehrschlacht von länger als einer Woche nicht durchgestanden werden kann … OB West bittet um baldige Entscheidung darüber, mit welcher Mehrzuweisung er im Laufe des Monats September rechnen könne … Am 12. 9. übermittelt OB West erneute Beurteilung der Lage der Heeresgruppe B, Hinweis auf die Möglichkeit eines nah bevorstehenden weiteren Durchbruchs der franz. Panzerverbände, falls nicht baldigst ausreichende Reserven an Betriebsstoff und Munition zugeführt würden … Im Großraum Dortmund außergewöhnlich starke Massierung franz. Pz.-Verbände. Die dortige Lage wird mit größter Sorge betrachtet … Frontzurücknahmen, um wertvolle Kampfteile der Vernichtung zu entziehen … Immer schnelleres Zurückfallen Richtung Hannover … Weiterhin schleppende Ersatzzuführung vor allem von Munition … Infolge erneuter tiefer Feindeinbrüche: kämpfendes Zurückweichen … OB West am 14. September in einem an den Führer persönlich gerichteten Fernschreiben: »Ich melde erneut, dass es mein ganzes Bestreben ist, ein Zurückklappen der Front bei Hannover nach Kräften zu verhindern.« Voraussetzung sei zügige Ersatzzuführung von Munition … Abgesunkene Kampfstärken … Franz. Panzerspitzen durchbrechen die eigenen Linien und erreichen den Westrand von Hannover … Der Gegner erweitert den Durchbruchsraum und zieht Kräfte nach … Das bei Hannover geschlagene Loch zieht operative Ausweitung nach sich, dadurch hat sich für die Führung eine unbefriedigende Lage ergeben … Die Munitionslage hat sich weiter verschärft … In Hannover Fortgang des Großkampfes. Der Gegner dringt in die Stadt ein … Eigene Stöße erfolglos infolge Munitionsmangel … Bedrohliches Absinken der Ersatzzuführung … Die neue HKL wird zum Teil eingedrückt … Der Gegner erzielt Durchbruch auch durch den Thüringer Wald … Auf der Autobahn rückt er südlich von Gotha vor auf Erfurt … Notmaßnahmen für die Zufuhr von Munition … Erfurt und Weimar gehen verloren. Druck in Richtung Naumburg … Freisetzung von Truppen und Reserven in Polen vorerst nicht möglich, dort unerwartet hoher Mun.-Verbrauch … Feindliche Bataillone mit schweren B-1-Panzern im Raume Naumburg zusammengezogen, voraussichtlich zu Angriffsstoß Richtung Berlin …

Die letzte große Abwehrschlacht östlich von Naumburg: Einheiten der Wehrmacht, rasch zusammengezogen, formierten sich zu einem Abwehrriegel. Schwere Waffen waren fast ausnahmslos in Polen im Einsatz, so verfügten die Truppen nur über leicht gepanzerte Fahrzeuge (Panzerspähwagen), sowie über die Pak 3,7. Die Panzerabwehrwaffe erwies sich als nicht mobil genug. Auch blieb die Beschießung der schweren französischen B-1-Panzer fast wirkungslos. Der Feuerkraft dieser Kampffahrzeuge war die rasch zusammengestellte Truppe nicht gewachsen: hoher Blutzoll.

Der Zusammenbruch der Wehrmacht hätte überraschend schnell erfolgen können. Ohne auf nennenswerten Widerstand zu stoßen, dringt, »eventualhistorisch«, eine Panzerdivision unter Charles de Gaulle über die Heerstraße in Berlin ein, Panzer besetzen die wichtigsten Kreuzungen und Brücken, das Schloss wird geräumt und beschlagnahmt. De Gaulle, inzwischen zum General befördert, bezieht hier sogleich Quartier.

Und so *hätte* es weitergehn können: De Gaulle lässt Generaloberst Ludwig Beck zu sich kommen, der sich – wegen seiner Kritik an Hitlers Kriegsplänen vom Dienst suspendiert – ins Privatleben zurückgezogen hat. Ihm wird das Amt des »Reichsverwesers«, des zumindest vorläufigen Staatspräsidenten, übertragen. Beck ruft über den Reichsfunk sogleich dazu auf, die Waffen niederzulegen. Version für die Presse: Der Führer und sein Großsprecher haben sich der Verantwortung durch Flucht entzogen.

De Gaulle bleibt im »Château prusse«, Beck zieht, widerstrebend, in der Reichskanzlei ein – Hitlers Arbeitsraum wird vorerst versiegelt. Es beginnen Verhandlungen über die nähere Zukunft Deutschlands, symbolisch in der Mitte zwischen Schloss und Reichskanzlei: in der Französischen Botschaft am Pariser Platz. Vorrangig nun die Besetzung des Postens des Regierungschefs, des Kanzlers. Auf Vorschlag von Beck einigt man sich rasch auf Carl Friedrich Goerdeler, den vormaligen Bürgermeister von Leipzig, der sein Amt niedergelegt hatte, als man das Mendelssohn-Denkmal entfernte, und der entschieden mitwirkte bei der Entwicklung von Konzeptionen für ein Reich nach Hitler. Schon zur nächsten Konferenz wird er herangezogen: Bildung eines Kabinetts, das allerdings der Militärregierung gegenüber weisungsgebunden bleibt.

Deutschland nicht mehr unter dem Zeichen des Hakenkreuzes, sondern des Lothringer Kreuzes. Erst französische Militärregierung, anschließend französische Mandatsverwaltung, schließlich französisch-deutsche Kooperation, im Staatsvertrag.

Was hier faktennah, aber nicht faktengetreu suggeriert wurde, war für kritische deutsche »Volksgenossen« nicht nur bedrohliche, sondern fast schon unmittelbar drohende Realität. Dass »wir« den Krieg rasch verlieren würden, dies, so Friedrich von der Leyen, wäre doch nun evident gewesen. Die damalige NS-Riege hätte mal wieder alles auf eine Karte gesetzt, sei aber diesmal rasch ausgespielt worden.

Und damit war in der Kölner Universität ganz klar gerechnet worden! Wie er gleich nach seiner Rückkehr erfahren habe, hatte schon drei Tage vor dem Überfall der Wehrmacht auf Polen, ja bereits am 28. August, die Leitung der Universitäts- und Stadtbibliothek kostbare Druckwerke des 15. Jahrhunderts (Wiegendrucke, Inkunabeln) einpacken und am

2. September im Tresor der Universitätsquästur einlagern lassen. Man ging in Universitätskreisen davon aus, dass die Westmächte den Beistandspakt mit Polen nicht stillschweigend aufkündigen, vielmehr einhalten, demnach bei Kriegsbeginn sofort offensiv würden. Ja, vielgescholtene akademische Institutionen sahen sich, entgegen aller Propaganda und allen internen Weisungen, unmittelbar gefährdet angesichts der bekanntlich völlig unzureichenden Grenzsicherung. Hitler hätte sich mit seiner Prognose, der Westen würde ja doch nichts unternehmen, gründlich geirrt. Hätte damit dem deutschen Volk viele weitere Irrtümer mit immensen Auswirkungen erspart.

Seine Frau Helene ergänzend: Auch Museumsleiter hätten ernstgenommen, was propagandistisch völlig heruntergespielt worden war. Aus der Münchner Glyptothek habe sie erfahren, dass dieses Museum der Antike Anfang September 39 umgehend geschlossen wurde; von der Öffentlichkeit unbemerkt sollten Bestände, Exponate sichergestellt werden. Nicht die einzige Museumsleitung übrigens, die klar vorausgesehen hatte, dass die Franzosen sofort »loslegen« werden – dagegen hätte sich der Ex-Führer ja als völlig realitätsfern, ja als realitätsblind erwiesen.

Bei solch alternativer Entwicklung *wären* wir Kühns in Köln geblieben. Kein Loch im Dach, kein Brand im Haus. Helene *hätte* die Merkzettel mit den Namen Picard und Milberg zerreißen können. Schönau im Berchtesgadner Land *wäre* mir kein Begriff. Herrsching *wäre* nur ein Punkt auf einer Landkarte, wenn auch am Ufer eines der bayrischen Seen. Nach Düren *wären* wir nie gekommen. Vieles *wäre* anders, völlig anders verlaufen. [Fortsetzung folgt.]

DIE AMIS SIND DA!

ANEKDOTE AUS DEM SOMMER 45. An einem Nachmittag fuhr ein Jeep bei uns vor, drei oder vier Amis holten den Hausbesitzer, der als Nazi galt, aus seiner Wohnung, führten ihn zum Fahrzeug.

Vor dem Kühler auch dieses Jeeps war die Eisenkantstange hochgeschweißt, höher als die Windschutzscheibe; die Kantstange sollte Kabel oder Seile durchfetzen, so hieß es, die zwischen Bäumen gespannt sein konnten, um heranfahrende Amerikaner zu enthaupten. Die Amis zwangen den verstummten Hausherrn, auf die massive Stoßstange zu steigen, banden ihn fest an der Eisenstange, fuhren mit Grölen und Hupen los, der dicke Mann als Galionsfigur.

Was wir erst lange nach der Rückkehr erfuhren, in portionierten Andeutungen des leisen, sonst weithin stummen Hausbewohners Arthur: Die Amis machten mit dem Hausherrn eine Spritztour am See entlang, fesselten ihn irgendwo an einen Telefonmast, spielten ihm vor, sie würden ihm die Ohren abschneiden (nur die Ohren?), fuhren ihn zurück, diesmal *im* Jeep, setzten ihn vor dem Gartentörchen ab – Service. Die Drohbildkonturen der Sieger lösten sich auf.

Alltag in der amerikanischen Besatzungszone: Wir gingen wieder baden, im Ammersee. Und da blieb diese Situation konturgenau präsent: Mutter und Tante auf dem Kieselstrand, in der Nähe der Einmündung des Fischbachs, wir Kinder am Wasser und im Wasser; Helene schaute uns sitzend zu, Tante Uta lag, im Badeanzug, auf dem Rücken und schlief, blonde Haarsträhnen auf Kieseln. Und es teilten sich Büsche, mehrere Soldaten traten hervor, Schwarze. Ein Ruck im Körper der

Mutter. Sie gingen, in ihren Kampfanzügen, auf die schlafende Tante zu, bildeten einen Halbkreis; Tante Uta wachte nicht auf. Ich beobachtete die Szene, im Wasser kauernd. Die Soldaten kamen dichter an die junge Frau heran; sie schlief immer noch. Einer der Schwarzen ging in die Hocke, berührte das lange blonde Haar auf den Kieselsteinen. Ich werde das mit weit aufgerissenen Augen beobachtet haben, ich ahnte, etwas konnte geschehen. Der Soldat richtete sich auf. Kurz noch blieb der kleine Trupp stehen, blickte hinab auf die schlafende Frau, zog weiter. Erleichterung auch bei mir, obwohl ich keine genauen Vorstellungen hatte von der Gefahr.

Zwölf Jahre später erzählte ich amerikanischen Gastgebern von dieser Konstellation, und sie meinten: Es müssen Schwarze aus den Südstaaten gewesen sein; Soldaten aus einer der nördlichen Großstädte hätten sich in dieser Situation anders verhalten, da hätte leicht was passieren können. Helene hätte bestimmt zu intervenieren versucht, in ihrem Schulenglisch, wie aber ankommen gegen mehrere Soldaten, die plötzlich entschlossen sind – ein spontaner Griff, der eine Serie von Aktionen auslöst? Es wäre eine traumatisierende Erfahrung geworden – mit Spätwirkungen bis in die Gegenwart?

Die neuen Herren, nanu, stellten Forderungen: Alle Radios mussten abgeliefert werden. Auch Helene hob unser Radio von der Plattenspielertruhe, schleppte es, von uns begleitet, zum Sportplatz zwischen Haus und Andechser Hof, andere kamen mit großen und kleinen, meist eher kleinen Radios hinzu, viele Volksempfänger in Bakelit, wenige Radios mit Gehäusen im Mahagoniton, und bei hellem Sonnenschein wurden die Radios ordnungslos auf der Grasfläche abgestellt. Keine Quittungen, keine Auflistungen, die Radios blieben erst mal sich selbst überlassen auf der weiten Fläche. Das schaute ich mir an. Als sich nichts weiter regte, ging auch ich. Die Radios waren sich selbst überlassen. Am nächsten Morgen war die Fläche leer.

Auf einer Wiese an der Lagerhalle mit Gleisanschluss wurde in den ersten Wochen nach Kriegsende Gerät aus Lastwagen, »trucks« geschaufelt, geschoben, geworfen: Horizontalmesser mit Flugzeugsilhouette, Kreiselkompasse mit heller Brühe hinter der Scheibe, Elektromotoren, Röhren. Aber leider standen da Posten mit Gewehren, und es wurden armlange Magnesiumfackeln in die Metallhalde geschoben, das flammte, zischte, qualmte, stank. Ranhuschen, sobald die Wachen wegschauen, Geräte in die Büsche zerren, Kreiselkompasse, Horizontalmesser, Sendeanlagen, Kondensatoren, Röhren, vor allem Röhren. Die Büsche wurden bald zu unsicher, wurden beklaut, also nach Hause rennen, das Material sicherstellen, Rausch, Bastlerekstase, hechelnd zurück, jedoch: Elektromotoren unerreichbar im verbackenden Material, eingeschwärzte Röhren bersten.

Und wieder Lastwagen an der ›Güterhalle‹, nun mit großem Gerät, das wurde abgestellt. Hier faszinierte mich am stärksten ein Horchgerät. Es war ungefähr so breit, war mindestens so hoch wie die beiden Flakscheinwerfer, die dort ebenfalls abgestellt wurden, mit bereits zerschlagenem Glas und leider auch zerschlagenem Spiegel innen drin. Diese Geräte waren mir nur eine kurze Inspektion wert, auf Fotos hatte ich so was oft genug gesehn, Abbildungen von Horchgeräten hingegen waren so selten wie die Geräte selbst.

Ich kletterte auf einen der beiden Metall-Schalensitze, von denen aus sich das Gerät, mit zwei Kurbeln, um die Achse drehen und in der Höheneinstellung justieren ließ. Kurbelte ich schnell genug, drehte sich das Gerät mit mir wie ein Karussell. Zu hören war mit den Riesenohren des Geräts freilich nichts mehr. Zwar führten aus den Metallmuscheln zwei Hörkanäle in die Nähe meiner Ohren, aber da fehlten offenbar Verbindungsstücke und Kopfhörer. So versuchte ich, mir wenigstens vorzustellen, wie man mit den dinosauriergroßen Ohren (bayrisch: Ohrwaschln) ferne und fernste Motorgeräusche in der Luft hörte, die bei angestrengtestem Lauschen sonst höchstens halluziniert werden konnten. Auf wie viele Kilometer hinaus und hinauf konnte man Flugzeugmotoren hören? Konnte man nach fernen und schwachen Motorgeräuschen bereits unterscheiden, welche Flugzeugtypen sich im Anflug auf heimische Ziele befanden? Das mächtige Grundierungsgeräusch von viermotorigen Bombern, die weitaus höhere Drehzahl von Jagdflugzeugen? Ja, bestimmt gab es Abstufungen in den Klangfrequenzen von Flugzeugmotoren. Und wann wurde es zu laut für den Soldaten, die Soldaten am Horchgerät? Granatexplosionen hoch droben im Luftraum als Klangexplosionen, Geräuschexplosionen im Kopf des Horchers auf dem Sitz, den ich eingenommen hatte? Mich viele Runden herumkurbelnd, versuchte ich, in Gedanken, die Räume auszumessen, in die sich jener Soldat hinausgehorcht hatte?

Um die »Ohren«, die »Horcher« (deren Formen ich vergessen habe, ich sehe da nur noch dunkelgrün Metallisches in weiter Entfaltung, eingemuldet) genauer zu inspizieren, kletterte ich auf dem Gerät nach oben, balancierte mich aus auf dem exotischen, nach Herrsching am Ammersee geschafften, damit abgeschafften Gerät – und wurde beschossen. Kurz nach dem Krieg zum ersten Mal diese Erfahrung: ein Geschoss zirpte an mir vorbei. Ich war so überrascht, dass ich mich nicht kleinmachte und rasch hinunterkletterte, ich bezog das erst mal nicht auf mich, hielt das für ein Zufallsgeräusch, blieb oben stehen, lauschte dem Geräusch nach, das ein langes Echo in mir fand, obwohl es längst nicht mehr zu hören war, versteht sich. Vergegenwärtigen: beinah zwitscherhelles Vorbeizirpen einer Pistolen- oder Gewehrkugel, als würde die sich beim Flug um sich selbst drehen, dabei eine Zirpspirale erzeugen. So etwas wie eine Klang-Leuchtspur im hellen Nachmittagsluftraum. Wie weit mochte die Kugel hinauszirpen? Am ganzen Dorf vorbei, über das ganze Dorf hinweg? Fiel dann irgendwo herab? Hatte ich je gelesen, dass vor einem Soldaten eine Gewehrkugel matt herabfällt? Einfach aus der Luft herabfällt? Lässt sich mit einem Kolbenhieb, einem Fußtritt aus der Fallkurve ablenken? Ist so etwas in einem Film je simuliert worden: ermattet herabfallende Gewehrkugel?

Ein zweiter Schuss und das Zirpen, das potentiell tödliche

Zwitschern nun erheblich näher: Das gilt doch mir! Nichts wie runter vom Gerät! Und weiter, im Laufschritt, hinter einen der Scheinwerfer. Irgendwo bei der Güterhalle musste der Schütze stehn. Ich hörte, weiterkeuchend, einen dritten Schuss, doch ohne Zirpgeräusch. Erst, als ich jenseits des Bahnhofs war, in die Fischergasse einbog, fühlte ich mich wieder sicher. Ich kannte damals noch nicht den Satz: Die Kugel, die dich trifft, hörst du nicht.

AM SEEHOF wurden Zusatzrationen an GIs ausgegeben, die lässig eine Reihe, eine Schlange bildeten. Ich bezog Posten direkt neben dem Ausgabeschalter, und zuweilen fiel etwas für mich ab: ein gut verpackter Schokoriegel, ein Kaugummi, womöglich im Fünferpack, Wrigley. Und (auch) ich erlernte den sorgsamen Umgang mit chewing gum. Ständig die Sorge, der fremdartig gewürzte Kauteig könnte sich auflösen, denn unablässig verlor er an Substanz. Schließlich blieb warmer Gummiteig übrig, ohne Geschmack, haselnussgroß, und wenn man den verschluckte, war das ein Unglückstag: da stand ich reglos, fühlte den Knoten nach unten rutschen, konnte ihn durch keine Gegenschluckbewegung aufhalten, musste ihn schließlich im fühllosen Magen verloren geben.

Überlebte jedoch der Kaugummi den ersten Tag, so klebte ich ihn abends unter die Marmorplatte des Nachtschränkchens, pflückte ihn da morgens nach Zähneputzen und Frühstück wieder ab, wärmte den kühl und härter gewordenen Knubbel wieder auf, führte ihn kauend mit, klebte ihn mir zwischendurch mal hinter das rechte Ohr, löste ihn dort wieder ab nach der Schonfrist, bekaute ihn weiter, musste beim Mittagessen neuen Platz für ihn suchen; es war zu riskant, ihn beispielsweise rechts in der Backentasche aufzubewahren, während ich links und in der Mitte kaute, da konnte er versehentlich mit abgehn.

Schließlich war selbst der zäheste chewing gum ausgekaut, da half es nichts mehr, wenn ich den nun langgezogenen Gummiwurm durch braunen Zucker zog, heimlich, und ihn knirschend bekaute – einmal musste er doch ausgewechselt

werden. Aber da war er immer noch zu schade zum Ausspu-
cken, ich drückte ihn auf einen gleichaltrigen oder jüngeren
Kopf, das klebte die Haare zusammen, ließ sich nicht rausreißen, ließ sich nur mit einem Haarbüschel rausschneiden, und
das sah man dem Kopf an.

Eine Formulierung, die halb mitleidig, halb vorwurfsvoll
klang: »Du ewig Hungriger ...« Weil der Zustand Hunger
sich wiederholte, bekam ich auch wiederholt zu hören: »Na,
du ewig Hungriger?« Ich war lang und ich war dünn, die Knie
übermäßig betont, wenn ich kurze Hosen trug. Bei Reihen-
untersuchungen gehörte ich zu den Kindern, deren Gewicht
knapp unterhalb der Norm lag. Dabei war Helene ebenso
energisch wie erfolgreich, wenn es ums Hamstern ging. Vielfach fuhr sie, am Bahnhofsvorplatz, mit dem Postbus los,
beispielsweise Richtung Pähl, einem Weiler am Südende des
Sees, und bei der Ankunft des Abendbusses standen wir drei
Kühns bereit mit dem Leiterwägelchen. Eingeprägt hat sich
das Triumphlächeln, mit dem Helene aus dem Bus stieg, vorn,
einen Sack Kartoffeln die Trittstufen herunterwuchtend, dann
seitwärts schwenkend: Beute, die wir heimfuhren, und Mutter Helene als große, erfolgreiche Beutemacherin. Sie ließ sich
gern feiern; bei so vielen Kartoffeln geschah das spontan.

Ein Zeitsprung zurück und zugleich ein Zeitsprung voraus.
Eine Lesung in Duisburg. Als Naturalgabe für die geringen
Fahrtkosten erhalte ich vom Buchhändler ein stattliches Buch
mit bescheidenem Titel: *Kleine Geschichte der Stadt Duisburg*.
Blieb jahrelang auf der wahrhaftig hohen Kante liegen, wird
nun erst herangezogen, ich suche das Stichwort »Steckrüben«.
Denn in den ersten Nachkriegsjahren erwähnte Helene schon
mal, dass (auch) sie in der zweiten Hälfte des Ersten Weltkriegs gehungert hat, dabei fiel das Wort »Steckrüben« – eigentlich Futterrüben für Vieh.
Und nun lese ich: Bereits 1915 wurde in Duisburg die Versorgungslage schwierig – Auswirkungen auch der britischen
Seeblockade. Brot wurde als Erstes rationiert: ab März 1915

gab es Brotkarten. Es folgten Fleischkarten, Fettkarten, Eier-karten, Milchkarten (aber nur für Kleinkinder und Schwer-kranke). Kartoffeln und Kohle nur noch gegen Bezugschei-ne – oder für horrende Aufpreise auf dem rasch etablierten Schwarzen Markt.

Wie in Kriegs- und Nachkriegszeiten beinah üblich: ein außerordentlich strenger Winter, 1916 auf 17. Steckrüben wur-den zum »Hauptnahrungsmittel«. Und noch ein Wort, das in der zweiten Kriegsphase an Bedeutung gewann: Bucheckern. Wurden gesammelt, um Speiseöl aus ihnen herauszupressen.

Beide Wörter gewannen denn auch für mich an Bedeutung: Bucheckern gesammelt, Steckrüben geschleppt. Ich gebe das Suchwort im PC ein, klicke an, und siehe da, die ungeliebte Rübe hatte viele Namen: Kohlrübe, auch Erdkohlrabi, Unter-kohlrabi. Aber das sind Wörter, die ich noch nie gehört habe, auch Ramanken und Wruken sind mir fremd.

Naheliegend aber die Verbindung der Wörter Steckrübe und Notzeit. Der überaus strenge Kriegswinter auch als »Steck-rübenwinter«. Die Kartoffelernte Herbst 1916 war miserabel, war katastrophal, Steckrüben mussten die Ausfälle ersetzen, galten aber traditionell als Schweinefutter, Schweinefraß. Die bis zu drei Pfund schweren Wurzelknollen wurden geschält, gewürfelt, gedünstet, gekocht, doch eher mit Widerwillen, den linderten auch nicht Bezeichnungen wie Ostpreußische oder Mecklenburgische Ananas. Und doch: Ende des Schreckens-winters waren rund 80 Millionen Zentner Steckrüben nicht zu Suppe oder Eintopf, zu Ersatzmarmelade oder Ersatzkaffee verarbeitet worden. Kollektiver Widerwille. (Damals gab es noch nicht die veredelnden, geradezu nobilitierenden Rezepte für Steckrüben.)

Steckrübe: dominierendes Wort 1916, wiederum dominie-rendes Wort 1946. Helene wird aufgestöhnt haben: Schon wieder diese verdammten Steckrüben!

Ich lernte gleichfalls das Stöhnen. Bei etlichen Hamstertou-ren musste ich Helene begleiten – Verpflichtung des Ältes-ten. Meist ging es zu Fuß los, Richtung Frieding vor allem, mit dem Leiterwägelchen. Die Bauern waren Leute, die sehr fremdartig redeten, stark nach Landwirtschaft rochen und vor allem: zu denen man unbedingt freundlich sein musste. In Räumen, in die ich keinen Einblick gewann, hatten die Bauern Schätze gelagert, und die wurden, in meist knappen Portionen, freigegeben im Tausch. An den Verhandlungen nahm ich nicht teil, ich musste am Bollerwagen warten, als Wache. Meist wurde ein Sack auf den Leiterwagen gewuchtet, und es begann der mühsame Weg zurück. Frieding liegt zwar auf einer Hochebene, aber die ist gewellt, und das hieß: Die Wegpiste führte hügelan, hügelab, hügelan. Meist lange, sanfte, dennoch kräftezehrende Steigungen, die schlimmste von ihnen an der Kuppe markiert von einem einsamen Baum in sonst leerer Landschaft. Und ich zog den Leiterwagen, gemeinsam mit ihr, oder schob den Leiterwagen, wenn sie zog, oder zog den Leiterwagen, wenn sie schob. In den Ohren meiner Mutter wurde die Anstrengung übertrieben laut: »Du püffst wie eine alte Lok! Stell dich nicht so an!« Offenbar machte sich auch der angeborene Herzklappenfehler bemerkbar, der jeden Arzt aufhorchen lässt. Ich versuchte, leiser zu schnaufen, leiser zu keuchen.

In der ersten Phase des 21. Jahrhunderts, in einer Zeit auch der Dampflokomotiven-Nostalgie, könnte der Vergleich mit einer püffenden Lok fast betulich klingen, damals war es Spott, der ins Höhnische umschlug, sie wollte mir Beine machen. Ich habe jene Steigung gehasst, bin später nie mehr diesen Weg gegangen. (Er ist inzwischen planiert, asphaltiert – mit dem Auto gleite ich über alle damaligen Geländeschwierigkeiten hinweg.) Solche Hamsterexkursionen hatten für mich nicht den geringsten Anhauch von Abenteuer, sie waren nichts als Plackerei. Mein Körper, in die Länge »schießend« (zuletzt die 188 erreichend), brauchte übermäßig viel Kraft bei diesen Bollerwagentouren.

Hamstern, tauschen … Einmal hatte ich in Händen, womit die Kartoffeln und später die Rüben, mit denen die Milch und manchmal der Speck für die »hungrigen Mäuler« bezahlt wurden. Zum Einsatz kam ich auch als Bote: Von den Eltern meines Freundes Peter im »Lärchenhäusl« nah am Pilsensee holte ich ein Päckchen ab, eher: ein kleines Bündel. Und ich verließ die Landstraße, stapfte zur Schilfzone zwischen Pilsensee und Ammersee, öffnete auf einem Baumstumpf das Bündel, sah kleine Silberlöffel mit schnörkelreicher Umfassung der Grifffläche. Am liebsten hätte ich einen der Löffel für mich behalten, in ihrer edlen Ausführung erschienen mir die Silberlöffel viel zu kostbar, um weggegeben zu werden, dieses Geschäft schien mir nicht reell. Ich befühlte das Silber, betastete die Schnörkel, packte die Löffel wieder ein, es dürften drei oder vier gewesen sein, und mit erhöhtem Herzschlag ging ich am Haus, am Hof vorbei, aus dem schon wieder einer mit dem Hammer in der Faust auf mich loslief, mich wild beschimpfend, rau bedrohend. Der eigentlich als unauffällig eingestufte Bote musste rennen, Löffelbündel fest im Griff.

Bedrückende Mission. Und die belastende Erfahrung des Versagens, der Niederlage. Eine Zugfahrt zur benachbarten Bahnstation Seefeld-Hechendorf. Weil der Schnee besonders hoch lag, konnte der Leiterwagen nicht mitgenommen werden, und für den Schlitten war in der Bahn offenbar kein Platz. So musste ich den Rucksack schleppen, in dem Rüben sich dicke machten, spürbar im Rücken, Futterrüben oder Zuckerrüben. Die Futterrüben wurden zu Suppe oder Gemüsepampe verarbeitet, die dem wahrlich nicht verwöhnten Kind überhaupt nicht schmecken wollten; die Zuckerrüben wurden zerschnetzelt und zu Sirup verkocht (im Rheinland: Rübenkraut), da roch es süßsämig in der Wohnung. In den Einmachgläsern, Weckgläsern bildete der Sirup rasch einen braunen Zuckerrand.

Also: ein Rucksack voller Rüben, aufgehängt am langen, dünnen Kind, der Oberkörper pendelnd mit dem Rucksack, der Schnee mal dumpf knurschend, mal hell knirschend unter den beschwerten Schuhen, ich musste rasch gehen, rasch, »der Zug wartet nicht!«. Ich sah schon den Zug, als wir durch den kleinen Bahnhofsbau geeilt waren, der Zug stand leider auf dem zweiten Gleis, ich, blindlings hinter der Mutter her, suchte nicht den sanft eingemuldeten Übergang, ich sprang von der Kante des ersten Bahnsteigs zwischen die Gleise, der Zug abfahrbereit, doch beim Sprung riss mich der Rucksack mit Rüben nach vorn, riss mich in den Schnee zwischen den Gleisen, presste, mit hochgerutschtem Gewicht, meinen Kopf in den Schnee, als hätte sich einer, blitzschnell, auf die Schultern gesetzt. Ich hatte die Vorstellung, habe sie heute noch, ich hätte mich mit dem Kopf tief in den Schnee gebohrt. Ich spürte ihren Blick im Nacken, glaubte ihn zu spüren: Der Junge, der versagt hat, kurz vor dem Ziel. Ich war so erschöpft nach dem Eilmarsch mit dem schweren Rübenrucksack, dass ich allein nicht mehr hochkam. Sie löste den Rucksack, ich rappelte mich auf, der Zug fuhr bereits. Was sie mir sagte, habe ich vergessen oder verdrängt. Wir mussten »endlos« warten auf den nächsten und letzten Zug an diesem, an jenem Winterabend; die beiden Rucksäcke waren vor dem Bahnhof abgelegt, die Füße wurden immer kälter, wir gingen auf und ab im knirschenden, knurschenden Schnee – im Warteraum war nicht geheizt, kalter Mief. Wir pendelten auf dem Bahnhofsvorplatz hin und her unter dem bestirnten Himmel, die Sterne schienen mir gnadenlos kalt.

(Nachtrag, bestätigend, in einem Brief der Mutter: »Ich vergesse nie, wie wir beiden mit Rucksäcken voller Zuckerrüben zum Bahnhof hechteten und Du mit dem Rucksack den Zaun [?] nicht mehr geschafft hast. So mussten wir bei Schneefall, Dunkelheit und Kälte 1½ Stunden in Hechendorf auf den nächsten Zug warten. Das ist nun 30 Jahre her! Ihr habt es jetzt doch besser. So manches bleibt einem doch in Erinnerung. Ob Ihr noch einen Krieg erlebt? Das wäre furchtbar.

Hast Du heute Morgen im Fernsehen die Sendung über Mussolini gesehen? Unwahrscheinlich, welche Menschenmassen ihm zujubelten; gleich ob er für Krieg oder Frieden sprach, immer Jubelgeschrei. Diese Leute mussten einfach größenwahnsinnig werden; dabei brachte er in seinen Reden nur Schlagworte.«)

Nachwirkungen, Konditionierungen jener Zeit der Mangelwirtschaft: Ich kann Essensreste nicht wegwerfen. Beim Kauf
von Brot sind meine Augen nicht größer als der Magen, ich
komme fast immer genau aus zwischen dem Endknuz des einen
und dem Anfangsknuz des nächsten Brots. Und staunend sehe
ich, in der zweiten Kölner Ära, welche Mengen, Unmengen
Brot allein im kleinen Teich des Mülheimer Stadtgartens den
Enten und ›Möwen‹ zugeworfen werden. Im Sommer wird
der kleine Teich, entengrützengrün, zu einer blasentreibenden
Brotsuppe. Übersättigt schwimmen die Enten und ›Möwen‹
umher zwischen halben Brötchen, Reststücken von Baguetten,
Mischbrotscheiben, Mischbrotkanten. Ich denke dann nicht,
pflichtschuldigst, an die hungernden Kinder in der Sahelzone,
ich denke dann – ungebührlich direkt – an mich in früherer
Erscheinungsform, hoch aufgeschossen mit großen Knien.

Und noch eine Nachwirkung: Was ich mir als Kind in den
letzten Kriegsjahren, den ersten Nachkriegsjahren immer
wieder ausmalte, war nicht mehr und nicht weniger als dies:
Ein frisches Brötchen, gut mit Butter beschmiert und darauf
Honig. Es gab keine Anregung, sich Eisbecher auszumalen
oder gar Mousse au chocolat, das Höchste, das ich mir ausdenken konnte, war solch ein Honig-und-Butter-Brötchen.
Manchmal fiel mir das, etwa beim Spazierengehen, wieder
ein, und ich eilte, in Köln, zur Bäckerei, in der Brötchen noch
nicht aufgeschäumtem, täuschend umkrustetem, luftblasenreichem Styropor glichen, ließ mir zwei Stück in die Tüte
stecken, und beinah rituell halbierte ich ein erstes Brötchen,
bestrich es, nicht zimperlich, mit Butter und Honig, gab es
dem Kind in mir zu essen, und es nickte zufrieden, ein halbes
Jahrhundert später.

Das Dienstmädchen (ja, wir hatten 1945 ein Dienstmädchen!),
es fraternisierte, konnte uns Kindern also schon mal exotisch
Süßes mitbringen in kleiner Dosierung (»butterfinger«?).
Und Miele erfuhr, rechtzeitig, dass der lokale US-Trupp verlegt werden sollte. Helene handelte unverzüglich, marschierte zum Büro des Ortskommandanten, der also wohl unser

ansehnliches Radio eingestellt hatte, sie klopfte an, ging, mit kurzem Gruß auf Englisch, auf das Radio zu, zog den Stecker aus der Wand, erklärte dem Offizier am Schreibtisch, sie würden ja verlegt, da brauche er das Radio wohl nicht mehr, es sei ihr property. Sprachs und marschierte hinaus, das große Radio mit beiden Händen gepackt. Dem überrumpelten Offizier blieb keine Möglichkeit mehr, angemessen zu reagieren, sie trug das Radio in die Fischergasse, stellte es auf ›meinen‹ Plattenschrank: »Da ist es wieder!«

Heute ist auch dieses Gerät von Müllsedimenten überdeckt, das Magische Auge ist für immer geschlossen, und doch: Es leuchtet, leuchtet nach, grünintensiv, vor allem, wenn Erinnerung auf den Empfang solch eines Sendeimpulses justiert ist.

ENDLICH kehrte der Vater zurück aus dem Krieg. Helmuth Kühn war 9, als der Erste Weltkrieg begann, war 13, als er endete, war 34, als der Zweite Weltkrieg begann, war 41, als er aus der Gefangenschaft zurückkehrte – und das war noch relativ früh mit Blick auf damalige Statistik.

Auch die Heimkehr war von Formalitäten begleitet. Bescheinigungen wurden ausgestellt, wurden unterschrieben Ende Juli 45 von einem Verwaltungsoffizier mit dem Dienstgrad Hauptmann – immer noch! Vom Dienststempel der Kriegsmarine hatte man das Hakenkreuz im Kranz der Adlerklauen allerdings weggekratzt. Von jenem Hauptmann, Ordnung musste auch jetzt sein, wurde ihm sogar eine Bescheinigung »über verliehene Auszeichnungen« auf den Heimweg, den Rückmarsch mitgegeben: Eisernes Kreuz 2. Klasse, Kriegsverdienstkreuz 2. Klasse mit Schwertern, Kriegsverdienstkreuz 1. Klasse mit Schwertern. Wofür er als Ob.Ltn. der Bordflakabt. die Orden erhalten hatte, weiß ich nicht. Als fernes Echo vernehme ich so etwas wie: erfolgreicher Abschuss eines Feindflugzeugs. Und sonst?

Es kamen Amerikaner an die Reihe: Certificate of Discharge, Entlassungsschein. Der Tauglichkeitsgrad (Medical Category) wurde angegeben: k.v. (kriegsverwendungsfähig). Sicherheitshalber hinzugefügt die Bemerkung: FIT.

Und er konnte den Heimweg (auf dem Fahrrad und zu Fuß) fortsetzen, »discharged by the Authority of 12. U.S. Army Group«.

Er kam vom Bahnhof zum Haus in der Fischergasse, aber nun nicht mehr im langen, blauen Mantel, an der Seite der Ehrendolch, weiß und mit Goldglanz (fast waagrecht hing die symbolische Waffe an zwei Litzen vom Gürtel herab) – er kam, Seesack geschultert, in einer hellgrauen, glänzenden, bis zu den Oberschenkeln herabreichenden Lederjacke, die er bei schlechtem Wetter auf Schiffsdeck getragen hatte; ich habe sie, einige Jahre später, als Student zuweilen getragen, bis sie mir zu eng wurde. Sie hängt, während ich dies schreibe, im Wandschrank des Eifelhauses, noch immer.

Wir Buben waren auf seinen Empfang vorbereitet: hatten Kippen gesammelt. Manchmal war ich neben einem Jeep hergelaufen, give me a cigarette, give me a cigarette, zuweilen wurde mir eine original amerikanische Zigarette zugeworfen, Chesterfield oder Lucky Strike. Und Kippen wurden gesammelt zu Füßen amerikanischer Wachsoldaten vor der Kantine im »Seehof«. Die Zigaretten und Kippen wurden mit scharfer Klinge aufgeschnitten, der Länge nach, jeder Krümel Tabak war wichtig, also wurde die Brandfläche vorsichtig weggeschnitten und (auf Weisung der Mutter) ein dünnes Segment am Mundende – es wurde noch nicht mit Filtern geraucht. Der Tabak wurde in einem Blechdöschen gesammelt, und das wurde vor ihm aufgeklappt. Er musste sich vor uns Zuschauern die Pfeife stopfen, musste genüsslich rauchen – da hatten sich alle Mühen gelohnt.

Erst später lernte ich, dass seine Rückkehr, erst recht: eine so frühe Rückkehr ein Glücksfall war. Fotos zeigen mir, wie Leben hingemäht wurde, über Jahre hinweg. Körper umhergeworfen, aufeinandergeworfen, durcheinandergeworfen, aufgereiht. Körper, im Wüstensand ausgetrocknet, Körper im Wasser aufgeschwemmt, Körper in Schnee und Eis, in grotesken Bewegungen erstarrt, Arm gereckt, Bein hochgestreckt. Hunderttausende, Millionen von meist jungen Körpern: verstümmelt, aufgerissen, verkürzt, zerfetzt.

Er aber: ohne Verstümmelung, sogar ohne Narben kehrte er heim. Kugeln, Granatsplitter hatten ihn nicht getroffen. Auch später: keine Blessuren, innerlich. Keine berufliche Niederlage, keine Trennung, womöglich Scheidung. Erst nach sieben Jahrzehnten eine Operation: Hüftgelenk erneuert, komplikationslos, eine Niere herausgeschnitten mit malignem Gewebe, komplikationslos, acht oder zehn Tage später ging der 82-Jährige mit seiner Gefährtin am Starnberger See spazieren, nach einem guten Essen. Bei ihm schien es möglich: Fortsetzungsbezug eines Glücksbonus. Oder: das Bewusstsein, immer Glück gehabt zu haben (auch er sagte eher: Schwein gehabt!), es scheint bei einigen Menschen ein beinah magischer Schutz vor Unglück zu sein.

Zwar überließ der Vater das Erziehungsmonopol weiterhin der Mutter, schließlich hatte sie es sechs Jahre lang ausgeübt, aber seine Gegenwart ließ Freiräume zu, milderte Druck – mehr Gelassenheit, mehr Duldung, mehr Gewährenlassen.

Um Lebensmittelkarten zu erhalten (Berechtigungsnachweis …), musste sich Helmuth an Aufräumungsarbeiten beteiligen. Zu enttrümmern gab es nichts in Herrsching, aber der Splittergraben in der Wiese vor dem Bahnhof musste beseitigt werden. Der bildete, von oben gesehen, so etwas wie ein langgestrecktes Z, war bestimmt zwei Meter breit, Seitenwände mit Planken und Brettern gesichert, abgedeckt mit Holzbohlen, die wiederum, auch zur Tarnung, mit einer Schicht Erde bedeckt waren. Kein Schutz vor einer nah oder direkt einschlagenden Sprengbombe, Schutz aber zumindest vor womöglich kiloschweren Brocken einer Sprengbombe oder vor einer Splitterbombe, die zerfetztes Metall um sich schleuderte. Jeden Werktag zog er morgens zum Bahnhof; mit anderen »Normalverbrauchern« barg er das Holz, schippte er den Graben zu.

Obwohl ich (wie Helene wiederholt betonte, zugleich beklagte) »sooo große Ohren« hatte – das Wort *Entnazifizierung* hat in mir kein Echo gefunden. Es dürfte auch kein Thema gewesen sein in Herrsching. Ich kann auch das dokumentieren – nicht nur mit Blick auf die Leserschaft, es ist auch wichtig für mich selbst: Bestätigungen von Tradiertem.

Helene Kühn, geb. Asher, erhielt eine »portopflichtige Dienstsache« im Postkartenformat. Ein Vordruck. Der öffentliche Kläger bei der Spruchkammer Starnberg: »Auf Grund der Angaben in Ihrem Meldebogen sind Sie von dem Gesetz zur Befreiung von Nationalsozialismus und Militarismus vom 5. 3. 1946 *nicht betroffen*.«

Helmuth Kühn, Bankangestellter, erhielt von der Spruchkammer Starnberg einen »Sühnebescheid«. Aufgelistet waren hier Zugehörigkeiten zur Nationalsozialistischen Deutschen Arbeiterpartei und zu untergeordneten Organisationen.

Das sieht so aus: NSDAP v. 1931–1932.

DAF (Deutsche Arbeitsfront, gegründet nach dem Gesetz zur Ordnung der inneren Arbeit; 22 Millionen Mitglieder) v. 1935–1945.

NSRL (Nationalsozialistischer Reichsbund für Leibesübungen; 3 bis 4 Millionen aktive Mitglieder) v. 1938–1945.

NSV (Nationalsozialistische Volkswohlfahrt) v. 1936–1945.

Das wars schon. Der Spruch: »Sie werden in die Gruppe der *Mitläufer* eingereiht. Als *Beitrag zu dem Wiedergutmachungsfonds* wird gegen Sie eine *Geldsühne* von achtzig Reichsmark festgesetzt.« Ein dicker Stempel: Rechtskräftig!

Damit auch für mich: ein (ausnahmsweise durchaus) erledigtes Kapitel von (Familien-)Vergangenheit.

Kurz vor der ›Deadline‹ dieses Buchs tauchte bei einem Familienfest in Heidelberg ein entschieden interessanteres Dokument auf: Erfahrungen des Mutterbruders Theo, vermittelt durch Einträge im (flächendeckend verteilten) Fragebogen. Nicht nur ein Familien-, auch ein Zeitdokument!

Ich habe nicht den Fragebogen selbst vor mir, sondern die Fotokopie einer Typoskript-Anlage zum Fragebogen »Dr. Theodor Asher«. Was mein Onkel zu den Fragen 45, 48 und 115 schrieb, das ging offenbar über den vorgegebenen Raum des Vordrucks hinaus, wurde im Anhang ausführlicher wiedergegeben. Ich beziehe diese Zusätze komplett ein – den dritten vor allem mit Blick auf meine Mutter, die in ihren früheren Befürchtungen nur bestärkt werden konnte.

»Im Herbst 1933 übernahm ich eine Volontärstelle im Institut für Schiffs- und Tropenkrankheiten in Hamburg. Im Zuge der dortigen Aktionen wurde mir nahegelegt, mich zu einem Reitersturm der SA zu melden. In diesem Reitersturm sollte ich als Tierarzt Dienst tun. Nach einem Anwärterverhältnis von *zwei Monaten* erkrankte ich an einer Lungenentzündung und musste im März 1934 ein Sanatorium in der Schweiz aufsuchen. Ich blieb in der Schweiz bis zum Mai 1936. Im Anschluss daran kam ich zu einer Nachbehandlung in den Schwarzwald. Bis zum Jahre 1937 habe ich von meiner Anwärterschaft in der SA keinerlei Gebrauch gemacht. Im Sommer 1937 wurde das Anwärterverhältnis zur SA auf eigenen Antrag wieder gelöst.«

Vor der Antwort auf die nächste Frage ein kurzer Einschub. Mein Onkel war nicht wegen einer Lungenentzündung im Schweizer Sanatorium, sondern wegen Tuberkulose. Ein maschinenschriftlicher Brief an meine Mutter (»Liebe Lene«) wurde im Mai 35 auf »Schatzalp« getippt: das legendäre Curhaus des *Zauberbergs* von Thomas Mann, einem meiner Lieblingsromane, auch in der grandiosen Hörbuchfassung mit Gert Westphal: ironisch lustvoll herausgearbeitete Präzision der Details!

Onkel Theo war also mehr als zwei Jahre auf dem »Zauberberg« von Davos. Die Nachbehandlung im Schwarzwald konnte nur im Sanatorium St. Blasien erfolgt sein. Dass der lungenkranke Veterinärarzt nicht zu den ›strammen‹ SA-Leuten zählen konnte, dürfte mehr als einleuchtend sein. Er dürfte sich wahrlich aus gesundheitlichen Gründen von der Reiter-SA abgemeldet haben. Er arbeitete hin auf eine akademische Position.

»Als Voraussetzung für die Dozentenlaufbahn wurde im Jahre 1938 auf Veranlassung der Tierärztlichen Hochschule Hannover meine Aufnahme in den NSD-Dozentenbund vollzogen; hier war ich bis 1945 nominelles Mitglied. Ich habe keinerlei Funktionen ausgeübt.« Also die übliche Form der Zwangsmitgliedschaft, hier als Formalität.

Und nun die in der Anlage erweiterte Antwort auf Frage 115 – schon diese Zahl lässt auf den Umfang der Fragebögen schließen. Das Wort Fragebogen wurde in den ersten Nachkriegsjahren groß geschrieben. Hier ein besonders wichtiger Eintrag.

»Im Sommer 1936 wurde ich von der *Geheimen Staatspolizei* verhaftet. Die Verhaftung erfolgte auf Grund des Verdachts, dass ich jüdischer Abstammung sei. Unter Androhung des Konzentrationslagers wurde ich aus Deutschland ausgewiesen und kam in die Schweiz. Nach vielen Bemühungen gelang es mir, mit Hilfe des deutschen Generalkonsulates wieder nach Deutschland einzureisen. Tatsache ist, dass ich väterlicherseits sowie mütterlicherseits jüdische Vorfahren habe.

Das deutsche Generalkonsulat in Zürich sowie das Oberfinanzpräsidium in Hamburg sind im Besitze von Dokumenten, die meine Ausweisung aus Deutschland im Jahre 1936 betreffen.«

Die Nachkommen des Salomon Friedemann Asher waren mit jüdischen Familien (wie den Picards, den Philipsons) durch Heiraten verbunden. Ich war nie ganz sicher, ob die Fett-Dynastie der Rauchfleisch-Großhändler ebenfalls jüdischer Herkunft war; das wird hier bestätigt.

Dass die Ashers auf die Nazis nicht gut zu sprechen waren, das wurde in der Oral History der Familie wiederholt festgehalten. Es lässt sich aber auch dokumentieren, für Theodor Asher, Sohn des Nazihassers Theodor Asher in Duisburg. Mir liegt einer der »Persilscheine« vor, die damals geradezu inflationär produziert wurden zur Vorlage bei Spruchkammern der Entnazifizierung. Hier nun eine Erklärung, die mir glaubwürdig erscheint. Verfasst wurde sie 1946 von einem Ingenieur H. Schlimm, Industrie- und Bergwerksbedarf in Hannover – wo Theodor ja an der Tierärztlichen Hochschule doziert hatte.

»Mit Herrn Dr. Theodor Asher bin ich seit Jahren eng befreundet. Ich kann bekunden, dass er den Nationalsozialismus aufs schärfste ablehnte und in keiner Form mit ihm verbunden war. Meine Freundschaft mit Dr. Asher würde nicht genügen, ihm solch eine Bescheinigung zu geben, wenn ich nicht hundertprozentig von seinem Hass gegen die Nazis überzeugt wäre.

Ich bin Mitglied des Entnazifizierungs-Hauptausschusses der Stadt Hannover und gebe in dieser Eigenschaft prinzipiell keine Unbedenklichkeitsbescheinigungen, wenn ich die Person nicht genauestens kenne.«

Ich kenne diese Person überhaupt nicht, leider. Dabei hätte es eine Zeitlang nahgelegen, schon rein topographisch, dem Onkel zu begegnen.

Zeitsprung ein paar Jahre voraus: 1949 werden wir nach Düren ziehen, ein Stündchen von Bonn entfernt, wo Prof. Dr. med. vet. Asher mittlerweile Direktor des Tierärztlichen Instituts der Universität Bonn war. Er hatte die noble Villa in der Hamburger Abteistraße verkauft und einen Wohnsitz in der respektablen Bonner Argelanderstraße erworben (in der ich, nichtsahnend, mal für ein Semester eingemietet war, Jahre später).

Ich kann mich an zwei, drei Besuche von Verwandten in Düren erinnern, doch ein Besuch von Theodor bei seiner Schwester oder von seiner Schwester bei Theodor fand nicht statt, jedenfalls habe ich hier nicht die geringste Erinnerung. Die von Großmutter Klara Friederike angefachte Familienfehde wurde offenbar fortgesetzt: eine Schwester meines Vaters, um daran zu erinnern, war mit Theodor verheiratet. Diese Frau galt als schwierig, auch in ihrer rigiden Ablehnung einer Familie jüdischer Herkunft – trotz ihrer Ehe! Diverse Probleme, die hier nicht aufgeführt werden müssen, führten Anfang 1951 zum Selbstmord des 41-Jährigen.

Selbstverständlich wurde das in Todesanzeigen kaschiert: »… starb plötzlich und unerwartet … wir werden des Verstorbenen allzeit in Dankbarkeit gedenken …«. Und mir wurde als Bub jene Story aufgetischt vom Wagen, der auf Rübenblättern ins Schleudern geraten und gegen einen Baum geprallt war. Es war aber eine Überdosis Veronal.

Auch hier wieder meine Begleitformulierung von der Gegenwart als dritter Dimension der Vergangenheit.

VON DER AMERIKANISCHEN AIRBASE Oberpfaffenhofen-Weichselbaum wurden Arbeitskräfte angefordert: Nach den Aufräumungsarbeiten im Ort wurde »Paps« freigestellt für unbezahlte Arbeit in Weichselbaum.

Auch dort musste erst mal ein Formular ausgefüllt werden: Personal Data Sheet, mit den Vermerken Navy, Bordflakkomp, Komp-Chef. Es wurden »the most severe penalties« für falsche Angaben angedroht. Er aber wurde offenbar durchgewinkt.

Auch im Flugplatzareal Aufräumungsarbeiten: »mussten vor allem Balken schleppen«. Weil sich zeigte, dass »Helmet« recht gut Englisch sprach, wurde er Kassierer im PX-Laden, in dem GIs einkauften.

»Ich denke, du warst Dolmetscher ...!«

Nein, er war Kassierer, cashier. Ich bin sicher, immer noch, dass Helene uns Kindern damals und später und allen anderen ebenfalls erzählt hatte, Helmuth sei Dolmetscher, offiziell. Sie hatte ihn also befördert. Dass er nur an einer Kasse saß, passte ihr offenbar nicht.

Der Hauptbonus: deutsche Mitarbeiter wurden in der Airbase verpflegt, und dies reichlich. So wurde er bei jeder Rückkehr gefragt, was es diesmal zu essen gab. Und die Antwort lautete, stereotyp: »Eine sehr gute Suppe ...« Was sich der Suppe anschloss, erfuhren wir nicht. Dennoch, ja nun erst recht empfingen wir ihn stets mit der Frage: Und was gab es heute zu essen? Eine sehr gute Suppe ...

Mehr, etwas mehr erfuhren wir über kleine Tricks der Bereicherung. Alle Mitarbeiter wurden beim Betreten der Airbase kontrolliert und beim Verlassen visitiert – es konnte ja geschmuggelt werden! Ein exemplarischer Trick: Einer erschien am Checkpoint mit einem prall gefüllten Seesack auf der Schulter. Na hallo! Der Seesack musste zwecks Prüfung des Inhalts sofort ausgeschüttet werden – nichts als Grünfutter für häusliche Karnickel. Der Verdacht war entkräftet, der

Mann wurde durchgewinkt mit dem nun leeren Seesack, einer Kostbarkeit.

Am täglichen kleinen Schmuggel vor allem von Nägeln beteiligte sich auch Helmet Kjuhn. Man zeigte den Ausweis vor auch beim Verlassen der Base; in der eingekrümmt geschlossenen Hand unter dem Ausweis: Nägel. Beinah handbreit die Nägel, und die wurden dringend gebraucht, auch von Bauern, ein sehr begehrter Tauschartikel, dafür konnte man schon was verlangen. Fast jeden Abend sichteten wir die Ausbeute: Nägel auf den Tisch! Fast eine Währungseinheit.

Die Hauptwährungseinheit: amerikanische Zigaretten. Hier wurde ein wahrer Hort akquiriert! Helene war bereit, notgedrungen, ihre 8-Millimeter-Schmalfilmkamera umzusetzen, ein Gerät der Firma Leica. Damit hatte sie ja vor allem Familienszenen aufgenommen, und wir mussten uns Kinder gleichsam formieren, gereiht etwa auf dem Landungssteg, abgestuft nach Körpergröße (»wie die Orgelpfeifen«), einer wie der andere womöglich in der uniformen Luft- oder Spielhose. Erleichterung, wenigstens bei mir, als diese Kamera endlich weggegeben wurde.

Helmuth hatte einen GI aufgespürt, der sie gegen Zigaretten eintauschen wollte. Das Tauschgeschäft aber nicht Zug um Zug, sondern: Die Kamera sollte nach Oberpfaffenhofen gebracht werden; dort dürfte die Übergabe wohl außerhalb der Airbase erfolgt sein, wahrscheinlich an der Haltestation Weichselbaum, in Sichtnähe des umzäunten, zusätzlich gesicherten Areals. Der Soldat versprach, die Zigaretten am nächsten Tag nach Herrsching zu bringen. Heftige Auseinandersetzungen in anhaltender Krisensitzung: Helene traute dem Braten nicht, sah die Kamera kassiert ohne Gegengabe, Helmuth hatte sich reinlegen lassen, wo blieb denn da seine Menschenkenntnis?!

Doch gerade auf Menschenkenntnis setzte er: A coloured man from Hawaii würde eine Abmachung am ehesten einhalten.

Helene: »Dein Wort in Gottes Ohr!«

Aber dann, wir Kinder als Späher gestaffelt, die Eilmeldung: Der Ami kommt! Fast verklärte Erscheinung im Licht des späten Sommernachmittags, ja, die Abendsonne ging in der Generalperspektive der Fischergasse unter, verlieh dem GI fast eine Gloriole. Er trug einen richtig großen Karton demonstrativ auf der Schulter, und in diesem Karton befanden sich 15 (ja, ich bin einigermaßen sicher: fünfzehn) Stangen Zigaretten, Chesterfield oder Lucky Strike, und als Zugabe für die kiddies noch Schokolade. Der Soldat im angemessen bunten Hawaiihemd wurde begrüßt, bewirtet. Fühlte sich wohl auch »great«. Eine der raren, verbliebenen Flaschen Rheinwein wurde geöffnet: Cheers!

Nun hatten wir erst einmal ausgesorgt, hatten fast so etwas wie ein Fort Knox in der Wohnung. Eine amerikanische Zigarette war auf dem Schwarzen Markt sechs Reichsmark wert, so lese ich Jahrzehnte später, während eine deutsche Zigarette nur die Hälfte einbrachte. Für sechs US-Zigaretten erhielt man ein Pfund Mehl, vier bis fünf cigarettes entsprach ein Schwarzmarkt-Gegenwert von drei Pfund Brot, für rund fünfzehn cigarettes gab es ein Pfund Zucker, bei Speck und Butter musste man schon tiefer in den Karton greifen, musste anderthalb bis zwei Packungen rüberreichen. Doch bei insgesamt dreitausend Zigaretten konnten die Eltern relativ entspannt disponieren, für Erste. In Schwarzmarkt-Valuta hatte die Kamera rund 18 000 RM eingebracht, dazu den Schoko-Bonus. Der war für den Ami eher eine Geste, denn er hatte ein blendendes Geschäft gemacht: Für rund 20 Dollar konnte er im PX-Laden rund 5000 Zigaretten kaufen, demnach hatte er die Kamera made in Germany für etwa ein Dutzend Dollar erworben. Zeit der wundersamen, zum Teil verwunderlichen, andrerseits wundertätigen Umrechnungen.

(Wohl auch in Erinnerung an die nach Hawaii transferierte Filmkamera ließ ich mir in den späten fünfziger Jahren eine 8-Millimeter-Schmalfilmkamera schenken, eine Nizo F A 3, noch mit Kurbel und Federwerk, und ich drehte kleine, experimentelle Filme, etwa von gestaffelt hin und her fahrenden Planierraupen in der weiten Baugrube eines Ford-Nebenwerks, tüftelte rasante Schnittfolgen aus, die jeweils manuell geklebt werden mussten. Die Klebestellen erwiesen sich als anfällig, beim ratternden Projizieren kam es schon mal zu einer schnittbedingten Unterbrechung, das kleine Gerät mit der Klebeschiene musste – Moment, dauert nicht lang – hervorgeholt, das Leimfläschchen tüllengenau aufgesetzt werden.

Leider, all die Mühen waren letztlich umsonst, die Filmchen sind verschollen, nur die Kamera, immerhin, blieb erhalten, liegt nun auf dem Tisch, ein Relikt. Nach 8-Millimeter kam Super-8, dann die ersten, kiloschweren Digitalrecorder mit filmähnlichen Bändern, dann, in sehr viel leichterer Bauart, mit Chips, jetzt geht es auch mit Smartphones, und das erstaunlich brillant. Und meine Nizo ruht für immer. Was sie aufgenommen hat, ist von der Bildfläche verschwunden wie die Filmchen, die Helene gemacht hatte. Unwiederbringlich ...)

OBWOHL Helene streng auf Ordnung und Sauberkeit hielt, mit Unterstützung des fraternisierenden Dienstmädchens – gegen Übertragungen und Ansteckungen waren wir nicht gefeit. Am häufigsten machten sich Läuse bemerkbar.

Noch einmal, beteuernd: Es war keine Folge mangelnder Körperpflege, fehlender Sauberkeit. Selbst heute, in der Ära der Shampoos und Aroma-Duschen: Die Läuse kehren zurück. So wird das jedenfalls aus Kindergärten gemeldet, auch aus Schulen. Und das Hotelgewerbe muss, selbst unter den Zeichen von vier oder fünf Sternen, den längst vergessenen Kampf wiederaufnehmen mit Wanzen. Neue Resistenzen ...!

Läuse also, Nachkriegsläuse: nisteten sich in meinen Haaren ein. Seit Jahrtausenden bewährtes Mittel: der Läusekamm. Bei uns hießen Kämme ohnehin schon »Läuse-Rechen« – nun kam ein Kamm mit sinnvoll engem Abstand seiner Zähne in Gebrauch. Doch Helene war für die radikalste Lösung: den Schädel kahlscheren lassen! Um die Glatze zu kaschieren, durfte ich, immerhin, eine Baskenmütze tragen. Doch ausgerechnet auf dem Bahnhofsvorplatz geschah es: Von einem Grüppchen wurde mir die Kaschierung vom Kopf gerissen, sie flog, rotierend, von einem zum andren, diesmal half kein

Anfall von Jähzorn, ich war bloßgestellt, wurde ausgelacht, gefoppt, gehänselt, wiederholt wurde mir zugerufen: Fang sie doch! Und ich rannte und rannte hinter der Baskenmütze her; im kleinen Luftzug, der damit entstand, spürte ich die Glatze noch deutlicher.

Und dann auch noch Furunkel! Ein besonders großer im Nackenbereich, dort, wo der Hemdkragen scheuerte. Der Knoten, gerötet, mit dem »Eiterauge«. Anstechen durfte man so einen Furunkel, auch einen Prachtfurunkel auf keinen Fall, böse Stoffe konnten sich im Körper verbreiten. Es empfahlen sich Umschläge, Kompressen – mit Heilpflanzen der Saison.

Es kam noch schlimmer: Kinderkrankheiten, die heute in Zentraleuropa selten geworden sind. Zum Beispiel Mundfäule. Ja, als würde die Mundhöhle in Fäulnis übergehen, auf der gesamten Schleimhaut. Wird rot, schwillt an; die Mundhöhle, als Domizil von Zähnen und Zunge, wird zu einer fremdartigen Einhöhlung, die nichts in sich hereinlassen will, Essbares schon gar nicht, auch nicht Getränke; Fäulnis und Fieber machen das Kind schlapp, ganz schlapp; es ist, es bleibt konzentriert auf diesen fremd gewordenen Mund, dessen Höhle scheint größer, weiter als sonst, eine rote Höhle, und zugleich scheint sie kleiner als sonst, nichts mehr will hineinpassen. Nichts mehr schmeckt, man kann, man will auch nicht mehr reden, wird stumm mit rotem Maul. Und wenn man die Hände einhöhlt vor den Lippen, hineinhaucht: riecht es nicht jauchig, jauchemäßig?

Veränderungen auch im Bereich der anderen Körperöffnung (wenn auch zu anderem Zeitpunkt): Jucken im Hintern, anhaltendes Jucken, und die Vorstellung, fast zwingend, einer der zur Sprache gebrachten Schmarotzer im Darm schiebt sein Wurmende durch den Schließmuskel, und man braucht ihn nur zu packen, zieht ihn aus dem Darm, aus dem eigenen Körper heraus. Ich musste genau das Häufchen beobachten, jede Besonderheit sofort melden: Manchmal ging ein Spulwurm mit ab, ringelte sich wie ein verkürzter, etwas gebleichter Regenwurm.

Ich wurde ins Nachbardorf mitgenommen, zum kleinen

Landeskrankenhaus, und dort zog man mir einen (den?) Wurm nicht aus der Nase, aber aus dem Darm, weiß nicht, wie – vielleicht war er schon griffbereit vorwitzig; endoskopische Verfahren dürfte es zu jener Zeit noch nicht gegeben haben, ein ferngelenktes Zänglein im ausgeleuchteten Darmsektor. Der Parasit, noch längst nicht einen halben Meter lang, wurde in eine leere Streichholzschachtel gesperrt, ich durfte das Geringel als Souvenir mitnehmen, und so fuhr der Spulwurm mit in der Bahn von Seefeld-Hechendorf zurück nach Herrsching; ich passte auf, dass sich die Streichholzdose nicht spaltweit öffnete und der Spulwurm in die Hosentasche kroch, sich in ihr ringelte.

Zu einem Wurm können weitere Würmer kommen, also Wurmkur: grauweißes Pulver, davon musste ich regelmäßig einen gehäuften Löffel zu mir nehmen, aufgelöst, und das mehrfach täglich. Schmeckte grauslich, sollte aber weitere Würmer aus meinem Körper vertreiben, hinausekeln. Und die begleitende, fast zwanghaft genaue Vorstellung: In meinem Körper, tief drinnen, leben Tiere, die im Körper nicht leben dürfen, die einen, wenn man sie leben lässt, aussaugen, man wird bleich und schlapp, so viel saugen die aus einem heraus, und die kitzeln einen, wenn man nur schon daran denkt, im Hintern. Wie viele von den größeren oder kleineren, leicht verblassten Regenwürmern können in einem umherkriechen, herumschmarotzen?

Befreit von Läusen, Furunkeln, Mundfäule, Spulwürmern musste ich wieder in die Schule. Züge nach München fuhren nur selten, waren ständig überfüllt, und so wurde im zweiten Halbjahr 1945 eine Privatschule gegründet im Ort, in einem Wohnhaus neben der Post: ein Garten, Weihnachtskugeln auf Pfählen, Pergola-Zugang, ein Balkonnest unter dem vorgezogenen Dach des Giebels. Im Wohnzimmer wurden wir von Mann und Frau unterrichtet: Sextaner auf dem Land.

Ein frühes Erfolgserlebnis: Die Lehrerin meines Grüppchens gab Aufsätze zurück, dabei wurde meine Arbeit lobend erwähnt. Ein »Erlebnisaufsatz«, in dem ich beschrieben hatte, wie ich in einen Birnbaum kletterte, mich auf einen starken Querast setzte, wie ich eine reife Birne pflückte und verzehrte, und der Birnensaft lief mir über Kinn und Hand. Im Rückblick eine kleine Befriedigung: Aha, ich war also aufgefallen durch sinnliches Erzählen!

Fiel aber auch auf durch fortgesetztes Rempeln, Knuffen, Boxen. Und es intervenierte die resolute Lehrerin, packte die beiden »Streithammel« an den Haarschöpfen, schlug unsre Köpfe so hart gegeneinander, dass sich auf den Stirnflächen Beulen bildeten. Dieses Wort assoziiert sogleich: kühlende Messerklinge oder feuchtes, ebenfalls kühlendes Tuch, zusammengefaltet. Beulenreiche Zeit.

Prügeln im Haus war verboten, wurde geahndet, doch Rempeleien, Schlägereien setzten sich fort. Der sandhelle Vorplatz einer Schmiede (zugleich Werkstatt für landwirtschaftliche Geräte) lag gleich nebenan: unser Pausenplatz. Und wieder mal wurde eine Schlägerei notwendig. Griffe, die sich bei meinem Bruder bewährt hatten, setzte ich auch hier an: Den Gegner möglichst rasch auf den Rücken werfen und gleich die Knie auf die Schultern, doch nun der Schrei, der wie ein Stich ins Hirn fuhr: Auf einem der Steine, die auf dem Platz herumlagen, war der Oberarm geknickt. Das sah ich, entsetzensgelähmt, wie durch Zoom. Etwas wurde spitz unter dem dünnen Oberarmfleisch des Verlierers, unter der hellen Haut. Dieses Bild wirkte so direkt auf mich ein, als wäre mir der Knochen mit seiner Knickkante ins Hirn gefahren.

Und ein zweiter, noch stärker nachwirkender Schock: das Schulspeisungsdebakel. Die Schulspeise für die Privatschule musste aus der Volksschule abgeholt werden, das ging reihum. Was mitgebracht und verteilt wurde, war immer dies: Erbswurstsuppe und Biskuitsuppe, alternierend. Die Biskuitsuppe: zerriebener, süßer Zwieback in Wasser. Oder doch in Magermilch? Später erst gab es gelegentlich auch Nudelsuppe, süß, in Milch.

Da war auch ich mal wieder dran. Trug den Topf für die sechzehn Sextaner mit ausgewinkeltem Ellbogen durch Geschiebe, Gedränge, Gequirle, platzierte den Kochtopf in einer alten Einkaufstasche, zog los. Es war kalt in jener Phase des Winters 45/46, der Schnee lag knöchelhoch, ich kriegte trotz der Handschuhe (Wollfäustlinge) kalte Finger, blieb stehen, griff um, und in diesem Moment wurde eine Schutzhaut vom Hirn gerissen, ich musste, musste sehen, überdeutlich, wie einer der beiden Henkel der Tasche aus dem Fäustling rutschte, wie der Deckel vom Topf glitt, wie Milchnudelsuppe auf die Straße schwappte. Kurzer, lähmungsähnlicher Zustand: Suppe für die Privatschule, ein Teil dieser Suppe im Schnee, und auf diesen Schnee war Asche gestreut. Ich setzte die Tasche ab, zog die Handschuhe aus, sammelte Nudeln ein, schwenkte, pustete sie ab, warf sie in den Topf zurück, aber ein Teil der Milch war versickert im verdreckten Fahrschnee der Dorfstraße. Ich hatte das *Nach*sehen, und dieser Moment ist gegenwärtig geblieben: Blick, der ohnmächtig der rasch versickernden, schon versickerten Milch folgte, Blick, der die Milch gleichsam herauszusaugen, zurückzusaugen versuchte, und der Eindruck: unwiederbringlich weg, un-wie-der-bringlich. Ja, was da geschehen ist, das kann der stärkste Wunsch nicht umkehren, nicht rückgängig machen. Sekundenkurze Zeitphase: ein unvorsichtiger Griffwechsel mit kältestumpfer Hand in ungefügem Fausthandschuh – nicht einmal ein so kurzer Moment lässt sich wiederholen, lässt sich *wieder*holen. Was ich im Schnee versickern sah, das war nicht nur Milch, das war auch Zeit, eine kurze, ganz kurze Zeitphase.

In einer Ära, in der nicht nur Restaurants Essensreste wegwerfen, in der selbst kritische (oder sonst kritische) Freunde und Bekannte Reste eines Abendessens in den Mülleimer kippen, weil es bekanntlich am nächsten Tag nicht mehr schmecken soll, ja und überhaupt, die Salmonellen – in dieser Zeit muss ich die Situation rekonstruieren, in der eine scheinbare Lappalie zu niederschmetternder Erfahrung wurde. Wir haben damals nicht direkt Hunger gelitten, aber Essen war knapp, und da hatte für uns die (von Amerikanern organisierte und geförderte) Schulspeisung sehr große Bedeutung, sie war eine Zäsur: Zeit vor der Suppe, Zeit nach der Suppe. Und eine unserer Leib-und-Magen-Speisen war nun mal die

Milchsuppe mit Bandnudeln. Ausgerechnet von dieser Lieb-
lings-Schulspeise war ein Schwall im Schneeboden versickert.
Und wie sah nun dieser Rest aus mit den teilweise dreckigen
Nudeln. Und wie glitschig das Tascheninnere!

Ich ging zur Schule zurück, bettelte um einen Rest Suppe, aber die war mittlerweile verteilt, ich durfte in den leeren
Kessel gucken, der noch ein wenig nach süßer Milch roch. Im
Eilschritt ging ich nach Hause, fragte die Mutter, ob sie etwas Milch dahätte, zum Nachfüllen. Ja, sie hatte Milch in der
Kanne, ein Rest, der wurde mit Wasser gelängt, Ascheparticel
wurden von Nudeln gestreift, ich marschierte, noch immer
mit Tränen in den Augen, zum Hause Krieger, und auch hier
wurde ich nicht beschimpft, nicht angeschrien, die robuste
Lehrerin strich mir sogar mit flacher Hand über den Kopf –
ich muss sehr unglücklich dreingeschaut haben.

Großes Ereignis in kleiner Kinderwelt, lang nachwirkende
Erfahrung: Wie auch Zeit versickern kann, sich nicht einmal in
kürzester Frist zurückholen lässt, zur Korrektur eines Miss-
griffs. Und: Wie schmerzhaft genau Erlebnisse sich einprägen
können, wenn sie als Schock erfahren werden.

ORION: Stichwort, das mich die nächsten Jahre begleiten
wird. Eine neu gegründete Zeitschrift, die erste Nummer
erschien bereits April 1946. Ich habe die Hefte des Abonnements gesammelt, die Jahrgänge blieben erhalten.

So liegt Heft 1 vor mir, die Umschlagillustration schwarzweiß, sehr holzhaltiges, entsprechend vergilbtes Papier. Zweimal wurde ein erstes Heft einer neu gegründeten Zeitschrift
besonders wichtig für mich: das erste Heft von *Orion*, das
erste Heft der Zeitschrift *Akzente*, 1954.

Wie erfuhr ich, pünktlich, von der neuen naturwissenschaft-
lichen Zeitschrift, die »für Jedermann« verständlich sein wollte? Ein Angebot der Buch- und Schreibwarenhandlung hinter
dem Kriegerdenkmal? Und nach der Probenummer gleich das
Abonnement? Oder das Abonnement gleich vom Start weg?
Was wirkte hier auslösend: eigener Entschluss? Anregung der
Mutter? Sie wird das Rechtliche geregelt haben, nicht aber die

Finanzierung. Ich bezahlte das monatlich erscheinende Periodikum mit (beinah) einem Drittel meines Taschengeldes in Höhe von 5 RM – die Einzelausgabe kostete 1,50. Der Preis hielt sich über lange Zeit, die Ausstattung wurde besser. Schon in der zweiten Ausgabe eine Kunstdruckeinlage mit Pflanzenfotos, schwarzweiß. Von der dritten Ausgabe an wurden die Titelbilder in Farbe gedruckt. Sukzessiv auch die Verbesserungen der Papierqualität. Zugleich wuchs die Zahl der Anzeigen, für die in der ersten Ausgabe sogleich geworben wurde: Werbung in einer langen Phase der Mangelwirtschaft.

Ich gehe davon aus, kann mich aber nicht daran erinnern: Schon die erste Ausgabe, ja erst recht die erste Ausgabe werde ich besonders genau und ausführlich gelesen haben. Das schuf eine Resonanz, die mich über Jahre hinweg zum Abonnenten machte, der jeden Monatsanfang die neue Ausgabe abholte, mit Bleistift diskret für »Kühn 10« zurückgelegt.

Nun werde ich den Stapel von Zeitschriften nicht mustern, in chronologischer Folge, ich hebe nur in einigen Punkten, unter einigen Stichworten hervor, was mich damals offenbar interessiert hat, auch wenn ich erst später Bleistiftmarkierungen an den Rand der wiedergelesenen Zeitschrift setzte. Ich schlage auf, ich blättre durch: Initiationen?

Gleich auf den ersten Seiten wurde die Dimension des Lichtjahres angedeutet: »Die Strecke, die ein Lichtstrahl in einem Jahr zurücklegt«. Weiter: Astronomen haben mit »neuesten, größten Fernrohren ungeheure Sternhaufen jenseits des Milchstraßenringes festgestellt«.

Vom Makrokosmos, Gigakosmos wurde ich im selben Heft, gleich auf den nächsten Seiten, hinübergeführt in den Mikrokosmos der Atome; hier wurde ein Modell vorgestellt, das, für mich, lange Halbwertzeit gewinnen sollte: Das Atom wurde mit dem Planetensystem verglichen. »Die Atomsonne bezeichnen wir als Atomkern, die Atomplaneten nennen wir Elektronen, und das ganze Mikrosonnensystem ist nichts anderes als das Atom selbst.«

So wurden mir Leseaugen eröffnet für Unsichtbares in Makrokosmos, Mikrokosmos. Auch, immer noch im selben

Heft, über die sichtbare Entwicklung vom Keim zur Frucht, Stichwort Salbeiblüte.

Mit diesem Heft von vierzig Seiten wurden Akzente gesetzt, zu denen sich Wörter und Texte erst noch entwickeln mussten. Langzeitwirkungen, gleichsam subkutan: Die Wunschvorstellung, später, Kernphysiker zu werden ... Faszination für das astronomische Fernrohr, das mein Vater im Speicher der Wohnung in Bochum aufstellte ... Kontakt und Kommunikation mit Botanikern, zumindest während der Arbeit an der Biographie über die Merian ...

Jedoch: fange ich hier an, Kontinuitäten zu entwerfen, Sinnfiguren? Abbrechen!

SCHON das Beziehen, das Abholen des zweiten Hefts dieser Zeitschrift hätte verhindert werden können durch eine Deportation im Mai 1946.

Im Roman *Ausflüge im Fesselballon* hatte ich auszugsweise zwei Dokumente zur geplanten Zwangsaussiedelung veröffentlicht, wortgetreu, nur in den Konjunktiv übertragen – ich hole sie nun zurück in die Autobiographie, ordne sie ein in den überwiegend chronologischen Verlauf. Hier erst gewinnt das Dokument seinen Stellenwert – in der potentiellen Auswirkung für uns Brüder, in der Einschätzung unserer Mutter.

Und zum zweiten Mal kann ich die Frage aufgreifen, ob ich einen Schutzengel gehabt hätte. Ich wiederhole die Antwort: Ja, Mutter Helene, sie hat uns vor einer Entwicklung bewahrt, die möglicherweise in eine Katastrophe, zumindest in ein Desaster geführt hätte.

Kurzum, auch wir Kühns sollten Bayern wieder verlassen, und zwar so schnell wie möglich: ein weniger bekanntes Kapitel der Geschichte unseres Landes. Dies belegt durch eins der wichtigsten Dokumente in meiner kleinen Sammlung von Familiendokumenten, die ich, mit Zustimmung der Brüder, gleichsam monopolisiert habe. Ein Dokument auf dünnem, fast hauchdünnem Durchschlagspapier, die Maschinenschrift blauschwarz.

Datum: 2. Mai 1946. Betr. Rückführung. Links oben, in Fraktur, ein Stempel: »Der Bürgermeister der Gemeinde Herrsching am Ammersee«. Der Schriftgrad zeigt: Der Stempel ist schon in der Nazizeit benutzt worden. Zweieinhalb Zusatzzeilen im Original der Maschinenschrift; hier sind die Buchstaben so blass, dass ich vermute: Es gab noch keine neuen Farbbänder; damit der Ausweisungstext deutlich genug zu lesen war, verschickte man Durchschläge.

Ein Schreckenstext: Nach dem vom Obersten Alliierten Kontrollrat und den hierzu vom zuständigen Flüchtlingskommissar ergangenen Anweisungen kämen wir zur Rückführung in die englische Zone in Betracht. Der Transport werde noch diesen Monat stattfinden, doch stehe ein genauer Zeitpunkt noch nicht fest. Möbel könnten nicht mitgenommen werden, »aber alle anderen Sachen«. Wir würden hiermit verständigt und vor die Möglichkeit gestellt, die entsprechenden Vorkehrungen zu treffen. Einwendungen allgemeiner Art seien zwecklos, wenn nicht ausdrücklich vorgesehene Gründe vorlägen.

Ausnahmeregelungen wurden nur akzeptiert, wenn man transportunfähig war (laut amtsärztlicher Bescheinigung) oder chronisch krank (laut amtsärztlicher Bescheinigung) oder schwanger ab dem achten Monat (laut amtsärztlicher Bescheinigung), wenn man über 65 war oder Schwerkriegsbeschädigter der Versehrtenstufe IV, 100 % Erwerbsbeschränkter, Blinder oder Doppelamputierter.

Da keiner der genannten Gründe für uns zutraf, fragte mein Vater in einem Telegramm bei den Behörden der britischen Besatzungszone an, ob von der angeordneten »Rückführung« etwas bekannt, ob die Aufnahme gesichert sei, gegebenenfalls werde Intervention der amerikanischen Militärregierung erbeten.

Daraufhin erhielt er ein Schreiben vom Oberstadtdirektor zu Köln: Die Rückführung der Umquartierten aus Bayern in die britische Zone erfolge in Ausführung eines mit genauen Terminen und Transportrichtlinien versehenen Beschlusses des Alliierten Kontrollrats. Diese Anordnung müsse befolgt werden, der Staatskommissar für das Flüchtlingswesen im Bayerischen Staatsministerium des Inneren habe jedoch zugesagt, dass er alles tun werde, um diese Rückführung in der humansten und in einer das Eigentum der Evakuierten schützenden Weise durchzuführen.

Darunter konnten sich meine Eltern nichts vorstellen. Vor allem: Wo und wie sollten wir Unterkunft finden in einer Stadt, deren Wohnungen zu mehr als siebzig Prozent zerstört waren? Nun erwies es sich als günstig, dass Helmuth sich auf Englisch verständigen konnte, er rief in Köln an. Da klang gleich alles ganz anders als im vorgefertigten Telegramm: Gewiss, eine Entscheidung des Alliierten Kontrollrats, auf eine derartige Rückführungsaktion sei man organisatorisch jedoch in keiner Weise vorbereitet, Unterkunft könne uns mit Sicherheit nicht zur Verfügung gestellt werden in Anbetracht der völligen Zerstörung weitester Bereiche der Stadt, des fast völligen Zusammenbruchs der Versorgung mit Wasser, Strom und Gas, der völlig unzureichenden Versorgung der Restbevölkerung mit Nahrungsmitteln.

In einer der Untersuchungen zum Thema Rückführung lese ich, dass es um »Evakuierte« ging – wir waren aber schon einige Jahre vor den organisierten Evakuierungen aus der Stadt Köln nach Bayern gezogen, galten eigentlich als »Zugereiste«. Aber so feine Unterschiede interessierten die bayrische Administration nicht weiter, Preuße ist Preuße, und die müssen raus.

Auch im Kreis Starnberg: Nicht der geringste Versuch, um Verständnis zu werben für die rigide Maßnahme in einer Zeit millionenfacher Wanderungen von Flüchtlingen bei extrem reduzierter Kapazität der Transportmittel: 90 Prozent der Bahnstrecken lagen still, in der britischen Besatzungszone gab es vorerst nur achtzehn einsatzfähige Züge. In vielen Städten, wie Hamburg, herrschte Zuzugssperre. In Hessen galt die Rückführung denn auch als freiwillig, in Bayern beharrte die Verwaltung auf dem alten Kommandoton. Auf den 14. Mai datiert ist ein zweites Schreiben »Betr.: Rückführung in die *engl.* Zone«. Diesen Schriftsatz, grußlos an meinen Vater gerichtet, muss ich in voller Länge zitieren, um die rüden Umgangsformen ablesbar zu machen: Einschüchterung pur! (Unterstrichenes gebe ich *kursiv* wieder.)

»Sie werden hiermit davon verständigt, dass die am 2. ds. angekündigte Rückführung in die englische Zone am *Mittwoch, den 22. Mai 1946* vom Bahnhofe Starnberg aus mittels Reichsbahn erfolgt. An diesem Tage *morgens 7 Uhr* werden Sie und Ihre Sachen mit Lastauto nach Starnberg transportiert, wozu Sie und Ihre Angehörigen sich mit den mitzunehmenden Sachen vor dem *Rathausplatz* einzufinden haben. Spätestens am 20. Mai vormittags wollen Sie zuverlässig im Rathaus (Zimmer 3) Ihre polizeiliche und Lebensmittel-Abmeldung vornehmen; Sie erhalten dann noch für drei Tage Lebensmittelkarten behändigt. Sie haben Veranlassung, sich für mehrere Tage mit dauerhaften Lebensmitteln zu versehen. Auf dem polizeilichen Abmeldeschein haben Sie von einem *Arzt* den mit Stempel und Unterschrift bescheinigten Vermerk anbringen zu lassen: ›Frei von ansteckenden Krankheiten, transportfähig‹.

Mitgenommen kann alles werden bis auf das Mobiliar. Über dieses ist doppelt Aufschreibung zu machen, die vom Wohnungsbeauftragten Braun (Zi. 4) nach Einsichtnahme an Ort und Stelle bestätigt (!) und in einer Ausfertigung zurückgegeben wird (bis *18. Mai* mittags einzureichen). In der vom Wohnungsbeauftragten anzuordnenden Weise ist das Mobiliar zusammenzustellen. Sollen diese Sachen oder einzelne Möbelstücke dem Verkauf gegen bar unterstellt werden, ist dies dem Wohnungsbeauftragten mitzuteilen, worauf fachmännische Abschätzung und Bezahlung erfolgt.

Gesuche um Zurückstellung außer *anderen* als den bereits mitgeteilten gesetzlichen Gründen (schwerwiegender Art) sind über die Gemeinde an den Flüchtlingskommissar Starnberg zu richten und müssen dort spätestens am Samstag, den 18. Mai vormittags eingelaufen sein.

Ausdrücklich werden Sie darauf aufmerksam gemacht, dass eine *Weigerung* nach sich ziehen würde: Verlust des Wohnrechts, Entzug der Lebensmittelkarten, Rückreise auf eigene

268

Kosten und selbst zu besorgende Weise. Schwere Erkrankungen in der Familie müssen *ärztlich bestätigt* werden, mit dem Vermerk, dass völlige Transportunfähigkeit vorliegt.«

Kein Gruß zum Schluss, nicht mal ein formelles »Hochachtungsvoll«. Dem Schreiben (als Durchschlag auf dünnem Kopierpapier) war noch hinzugefügt: »Von Ihrem behaupteten Telegrammwechsel ist hier bis jetzt nichts bekannt geworden. Im Gegenteil kam nunmehr die vorbezeichnete Anordnung aus Starnberg.«

Die Eltern werden der Gemeinde mitgeteilt haben, die Familie Kühn werde sich nicht »rückführen« lassen. Wurde dabei betont, wir seien bereits vor Jahren zugereist, seien also keineswegs evakuiert worden? Fruchtete nicht, verfing nicht, es erschien der Wohnungsbeauftragte mit Begleiter, um die Möbel abzuschätzen, aber Helene wies die Angestellten oder Beamten gleich an der Haustür ab, mit derselben Entschiedenheit, mit der sie ein Jahr zuvor dem ersten amerikanischen Trupp den Zutritt verweigert hatte. Kurze, heftige Auseinandersetzung, und die beendete sie mit einem Satz, der starkes, nachhaltiges Echo gefunden hat im lauschenden Kind: »Wenn Sie noch einmal hier erscheinen, steh ich mit dem Messer hinter der Türe!« Und die wurde mit mächtigem Dröhnen zugeworfen. Das Echo dieses Dröhnens ist geblieben.

Die beiden trollten sich, kamen nie wieder, auch nicht mit Verstärkung durch den Dorfpolizisten. Kleiner Triumph, so etwas wie Familienstolz weckend, auch ein neues Gefühl von Familiensolidarität: Wir lassen uns so was nicht gefallen, wir wehren uns!

Dazu gehörte Mut, Entschlossenheit! Uns war mit dem Äußersten gedroht worden im Behördenjargon: Entzug der Existenzgrundlagen! Kein Wohnrecht mehr, also: Kein Dach mehr über dem Kopf in jener Zeit überwiegend zerstörter Dächer! Keine Lebensmittelkarten mehr, also: Nichts mehr zu essen, in jener Zeit äußersten Mangels. Ausschließlich vom Hamstern, vom Schwarzen Markt hätte eine fünfköpfige Familie auf Dauer nicht leben können. Bei Gesprächen mit Behördenvertretern in Herrsching, in der Kreisstadt Starnberg, in München, der vormaligen »Hauptstadt der Bewegung«, hätten sich die »ergangenen« Anordnungen mit weiteren Drohungen verbinden können. Es bleibt Ihnen nichts anderes übrig ... Sie haben keine andere Wahl ... Sie haben kein Recht, Ansprüche irgendwelcher Art geltend zu machen, pfüa Gott!

Mittwoch, 22. Mai 1946, morgens vor sieben Uhr (so exakt kann ich das nur notieren mit Seitenblicken auf das Dokument), ging Helene auf einem schmalen, von dichter und hoher Hecke beidseitig gesäumten Pfad zu einem Punkt, an dem sie, ungesehen, beobachten konnte, was sich auf der Wiese neben dem Rathaus abspielte: Es fanden sich tatsächlich Dorfbewohner mit Gepäck ein, und ein Lastwagen war auch schon da. Sie kehrte zurück, berichtete: Die Schafe lassen sich einfach abtransportieren ...!

Ich vermute, wir mussten vorerst in der Wohnung bleiben, um nicht als Geiseln aufgegriffen zu werden. Der Lastwagen fuhr ab nach Starnberg, ohne Familie Kühn auf der Ladefläche, ohne »mitzunehmende Sachen«, ohne Proviant für (mindestens!) drei Reisetage.

Es folgte eine Phase des Wartens, wie in einem belagerten Haus, doch es fuhr nicht die Polizei vor im alten DKW.

Dies also ist die Geschichte der verhinderten Deportation, in einer Version, an die ich mich gewöhnt hatte, die mir nach wiederholtem Erzählen plausibel schien. Und doch hakte ich nach, fragte den 88-jährigen Vater, was eigentlich ausschlaggebend gewesen war für die erfolgreiche Weigerung, mit Proviant und Gepäck anzutreten zum Abtransport.

Hier seine Version. Dass wir uns nicht abschieben ließen, sei Amerikanern der Airbase zu verdanken gewesen. Als er einem der Offiziere sagte, er könne nicht mehr lange bleiben, da fragte der nach den Gründen, und die konnte er nicht akzeptieren, versprach, sich in dieser Angelegenheit einzuschalten. Tatsächlich erfolgten ein paar Telefonate, mein Vater wurde gleichsam für unabkömmlich erklärt, die Familie konnte bleiben; gegen eine Forderung der Amis waren Herrsching und Starnberg machtlos.

Ganz neue Geschichte! Sehr glaubwürdig erscheint mir die Version allerdings nicht. Warum hätten sich amerikanische Offiziere für einen Mitarbeiter im PX-Laden verwenden, sich womöglich mit dem British Military Government in Verbindung setzen sollen? Bei einem offiziellen Dolmetscher, ständig in Kontakt mit Offizieren der Airbase, wäre solch eine Intervention vorstellbar, aber bei einem cashier? Für »Helmet« blieb diese Version jedoch wahr: Amerikaner in Oberpfaffenhofen-Weichselbaum wollten ihn nicht freigeben für den Abtransport in die englische Besatzungszone.

Mein Bruder Herbert hat allerdings eine völlig andere Version – die erstaunlichste! Dass Anfragen, Erkundigungen in der britischen Besatzungszone stattfanden trifft zu, dass unsere Mutter allein die Verhandlungen mit den Behördenvertretern führte, trifft ebenfalls zu, während der Öffnungszeiten des Rathauses war »Paps«, ein paar Bahnstationen weiter, in der Airbase beschäftigt. Vom Rauswurf der beiden Gemeindebeamten hat er auch mal gehört, hat hier allerdings keine direkten Erinnerungen. Was er aber mit Sicherheit weiß: In einer Auseinandersetzung mit dem Bürgermeister erklärte unsere Mutter schließlich, sie sei ja nun Jüdin, und mit Maßnahmen gegen Juden müsse endlich mal Schluss sein! »Sie wollen uns doch nicht schon wieder abtransportieren lassen!«

Nachträglich könnte der eine oder andere im Rathaus behauptet haben, die Frau Kühn hätte eigentlich immer schon auffällig jüdisch ausgesehn – allein schon die Nase, diese klassisch-jüdische Nase … Und jetzt die Erklärung, die einschlug.

Groteske Konsequenz: Unser Hausbesitzer, der offenbar Schwierigkeiten hatte beim Entnazifizierungsverfahren, er soll in der Verhandlung angeführt haben, er hätte während der Kriegsjahre einer »jüdischen Familie« Unterschlupf gewährt.

Diese Version war ein Schock für mich, ein doppelter. Zuerst und vor allem: Dass unsere Mutter (falls die Version stimmt!) vor dem Herrschinger Bürgermeister die jüdische

Herkunft ausgespielt und mit uns in den folgenden vier Jahrzehnten nie, nie, nie über jüdische Vorfahren gesprochen hat.

Aber auch ungefragt: Irgendwann zwischen 1946 und 1984 hätte sie von sich aus darüber sprechen können, sprechen sollen. Doch das schwierige, emotional unterkühlte Verhältnis wirkte sich auch hier aus. Mit Schwiegertöchtern (wie Gisela) sprach sie eher über solche Fragen – sofern die sich zum Stillschweigen verpflichteten. Als Echo aus fernen Räumen: »Nach dem Krieg hätte ich mit dem jüdischen Mädchennamen eigentlich viel mehr machen können ...«

Erst diesseits der Jahrtausendwende sehe ich, im Rückblick, was auch mir erspart blieb durch die entschiedene Intervention der Mutter, assistiert vom Vater.

In einer Fernsehsendung (Titel und Sendetermin habe ich nicht mehr präsent) eine Dokumentation über das Nachkriegselend vor allem in Dortmund: Hausen in Kellerhöhlen, Ofenrohre aus Fensteröffnungen, Trümmerstraßen, Wasser aus Pumpen, Warteschlangen vor demolierten Geschäften, kaum Kohle im Schreckenswinter 1946/47, zahlreiche Tote: verhungert, erfroren.

In diesem Doku-Film eine Sequenz, die meine Pupillen weitete, den Atem stocken ließ: Wie Familien in Bayern im Rahmen der Rückführungsaktion, in Güterwagen verladen, nach überlanger Fahrt fast ohne jede Versorgung auf ein Abstellgleis geschoben wurden, dort bis auf weiteres sich selbst überlassen blieben, wochenlang, monatelang, Frauen, alte Männer, kleine Kinder. Alles auf engstem Raum in den Waggons, keine sanitären Einrichtungen, bis auf weiteres auch keinerlei Versorgung. Nichts, nichts, gar nichts war für sie vorgesehen, Hilfsmaßnahmen mussten sich erst einspielen, doch es fehlte an allem in der zerstörten Stadt, Wohnungen standen nicht zur Verfügung, wo hätten die auch sein sollen in der Trümmerwüste. Ähnlich, ja genauso wäre es uns bei der Rückführung nach Köln ergangen, auf einem Abstellgleis irgendwo an der Peripherie.

Dies etwa auf einem (nicht zerstörten Gleis) der weitgefächerten Rangieranlage bei Köln-Kalk. Da hätte Mutter Helene aber sicherlich rasch entschieden: Hier im Güterwagen, im Viehwaggon bleiben wir nicht. Hätte sich umgeschaut, umgetan, hätte vielleicht, im Gelände, einen kleinen, ramponierten Lagerschuppen entdeckt, hätte den Ausbau organisiert.

Aber dann hätte uns drohen können: Der Bescheid, amtlich, dass wir im übermäßig zerstörten Köln nicht bleiben können: »Zuzugssperre«. Auch kein Unterkommen, Unterschlüpfen in einem Lager, beispielsweise im Messegelände Deutz – alles belegt, überbelegt. Wir Ausgewiesenen des Evakuierungszugs wären denn wohl in kleinere Städte verteilt worden: Auf private Wünsche und Berufsvorstellungen kann keine Rücksicht genommen werden, man kann sich später ja immer noch um Versetzung nach Köln bemühen, aber jetzt erst mal, mitsamt Gepäck, Weitertransport Richtung Heinsberg, beispielsweise. Dort erst gibt es Lebensmittelkarten. Dort ließe sich vielleicht eine erst mal provisorische Unterkunft finden. Dort könnte Herr Kühn eventuell Aufbauarbeit leisten in der Zweigstelle einer Lokalbank. Nach ersten Wochen oder Monaten einer »Notunterbringung« im teilweise zerstörten, gleichfalls überbelegten Heinsberg könnte er, etwa über einen anderen Mitarbeiter, eine (erst mal sehr kleine) Wohnung für uns finden. So hätte ich Einwohner jener rheinischen Kreisstadt werden können, ganz im Westen des Landes, in der Nähe der holländischen Grenze.

Meine Biographie hätte, von diesem Zeitpunkt an, nur noch Ähnlichkeiten, womöglich nur entfernte Ähnlichkeiten mit der Biographie, die in diesem Buch ihre angemessene literarische Form sucht. Eine andere Schule, andere Freunde, später eine andere Frau, noch später andere Kinder. Ich hätte wahrscheinlich auch in Heinsberg zu schreiben begonnen, aber in der Koordination, Konfiguration veränderter Faktoren hätte ich andere Texte geschrieben. Ich wäre mir vielleicht ähnlich, wäre aber nicht mit mir identisch geblieben.

Alternative zur Alternative: Wir hätten doch in Köln bleiben können, dann wohl am ehesten im Keller des stark beschädigten Hauses.

Hier muss ich noch mal ansetzen, muss noch präziser vergegenwärtigen, was uns Kühns damals erspart blieb. Zitate und Materialien finde ich im Buch von Alexander Häusser und Gordian Maugg: *Hungerwinter. Deutschlands humanitäre Katastrophe 1946/47* (Berlin 2009).

Erst einmal zum Bahntransport, der in der »humansten Weise« durchgeführt werden sollte: Erfahrungsbericht einer Frau, die damals neun Jahre alt war.

»Jede Zone wollte die Leute wieder loswerden, die von außerhalb hinzugekommen waren, während oder nach dem Krieg. Die wollten nur ihre eigenen Landeskinder durchfüttern müssen, und alle anderen Esser mussten weg, an einem ganz bestimmten Stichtag. Dieser Stichtag galt für alle Leute – man muss sich das mal vorstellen: die reinste Völkerwanderung. Die Leute kamen aus allen Himmelsrichtungen nach Hamburg zurück – aus dem Osten, aus Bayern, wohin viele evakuiert worden waren – aber die Bayern nannten die Hamburger Frauen abfällig nur ›die Bombenweiber‹. Wir kamen mit dem Viehwaggon, und dort hat meine Mutter sogar gekocht, da wurde der Herd aufgestellt, ein Rohr führte hinaus. Wir mussten durch die französische Zone, dann kam die amerikanische und dann die englische. Für alle musste man Genehmigungen haben. Und ich weiß noch, wie meine Mutter zum Wasserholen an einem Bahnhof ausstieg und zu den großen Tanks für die Lokomotiven lief. Wir Kinder haben gezittert vor Angst, dass der Zug abfährt. Wenn der Zug weitergefahren wäre, hätten wir unsere Mutter verloren. Schließlich erreichten wir Hamburg und standen drei Wochen mit dem Waggon oder länger in Altona am Bahnhof, im wörtlichen Sinne auf dem Abstellgleis. Wir wussten ja nicht, wo wir hinsollten, hatten ja keine Wohnung mehr.«

Die beiden Autoren: »Den Wunsch nach einem gerade in diesen chaotischen Zeiten so notwendigen privaten Bereich konnten sich die allerwenigsten erfüllen. Besonders schwierig gestaltete sich das Zusammenleben in den Sammelunterkünften, in ehemaligen Bunkern, Sporthallen, auf Kegelbahnen. Mancherorts lebten hundert Menschen in einem einzigen Raum, ohne Betten und Kochgelegenheiten. Häufig bereiteten die Frauen das Essen im Freien auf Feuerstellen zu.

Vielerorts wurden primitive Holzbaracken und auch sogenannte Nissenhütten aufgestellt. Den Namen verdanken diese halbrunden Notunterkünfte aus Wellblech nicht den Läusen, die gerade in diesen Massenquartieren zur Plage wurden, sondern dem britischen General Peter Norman Nissen, der solche Unterkünfte erstmals im Ersten Weltkrieg für das Militär aufstellen ließ. Im Sommer heizten sich diese Hütten gleich einem Backofen auf, und im Winter vereisten die Außen- und die Innenwände.«

Ob in einem Sammellager, in einer Baracke oder Nissenhütte, vielleicht sogar im Winkel eines halb demolierten Hauses: Wir wären extrem ausgesetzt gewesen – dem Hunger und der Kälte.

Einige Wettermeldungen. Oktober 46: »Andauernde Kaltluftzufuhr aus Nordosten ... arktische Kaltluftmassen« ... November 46 »hat ein neuer Schwall festländischer Kaltluft aus Inner-Russland Deutschland überflutet« ... Dezember 46: »Temperaturen meist unter 10 Grad, im Gebiet Hannover-Braunschweig sogar bis auf minus 18 Grad abgesunken ... In Bodennähe erhält sich eine zähe Kaltluftschicht, die aus kälteren Gebieten laufend ergänzt wird« ... Januar 47: »Bei anhaltender Kaltluftzufuhr aus Nordosteuropa sind über der frischen Schneedecke in Aufklarungsgebieten strenge Nachtfröste zu erwarten« ... 28. Februar 47: »Gestern Nachmittag wurde zum ersten Mal seit dem 20. Januar, also nach 38 Tagen, der Nullpunkt wieder erreicht.«

»Den Kartoffelvorrat vor Frost zu schützen war das A und O! Die Kiste stand ja in der ungeheizten Diele, die zudem noch ein Loch im Fußboden hatte, durch das die Kälte zog. Jeden Abend haben wir die Kartoffeln kontrolliert, ob sie einen Hau weghaben. Und eines Abends war es dann wirklich so weit: eine Frostkartoffel! Mein Vater und ich haben die ganze

Kiste kontrolliert, jede Kartoffel in die Hand genommen, gedreht und gewendet. Meine Mutter hat geweint, konnte es gar nicht mit ansehen. Acht Pfund mussten wir aussortieren! Die haben wir am selben Abend noch ›notgeschlachtet‹, also in kochendes Wasser gerieben. Mein Vater und ich haben uns an der Suppe zur Belohnung zuerst satt gegessen!«

Ein weiterer, ein anderer Bericht: »Das Ofenrohr wurde in eine Klappe des Schornsteins eingeführt, und die Brennhexe stand in der Mitte des Zimmers in Augenhöhe auf einem Gestell. Geheizt wurde mit allem, was brennbar war. Man sammelte Zweige auf und jeden Fetzen Papier und Pappe. Damit konnten wir in diesem strengen Winter wenigstens kochen und etwas heizen. Strom und Gas wurde ja nur stundenweise geliefert. Aber wir hatten doch mal acht Grad minus im Zimmer.«

Also »Kohlenklau«! Auch in Köln, erst recht in Köln. Was die Brüder Kammeyer erlebten, hätten auch die älteren Kühn-Brüder erleben können, erst 11 und 9, dann 12 und 10, der Winter war lang, viel zu lang. »Wir hörten auf der Straße: ›Pass auf, Kohlenzüge, Ohlsdorf ...‹ Und so schlossen wir uns einer Truppe an, die in Richtung Ohlsdorfer Bahnhof, einem Verschiebebahnhof, losziehen wollte. Sie sprachen von Kohlenklau, wir konnten uns darunter nicht recht was vorstellen. Auf jeden Fall hieß es, Rucksack und Eimer mitnehmen. Zusammen gingen wir etwa zehn Kilometer in Richtung Ohlsdorf. Wir dachten, wir sind vielleicht fünf, sechs Leutchen, die da aufkreuzen werden. Aber beim Dunkelwerden lungerten regelrechte Menschenmassen auf den Gleisen und Bahndämmen herum und warteten auf den Kohlenzug. Und unsere Herzen schlugen bis zum Hals, weil wir uns nicht recht vorstellen konnten, dass die Waggons erreichbar sein würden, dass das überhaupt funktionierte. Aber dann ging plötzlich alles blitzschnell. Wir sahen einen dunklen Schatten auf uns zukommen, Männer sprangen auf die Waggons, hangelten sich über die Puffer nach oben und schmissen von oben Säcke, mit Kohlen gefüllt, herunter. Einige andere versuchten, die Seitentore an den Waggons irgendwie mit Stangen aufzubrechen, denn der

Zug fuhr ziemlich langsam; man hatte die Gleise mit grüner Seife eingeschmiert, die Räder drehten durch. Und plötzlich kamen die Kohlen von oben runtergeflogen, brachen aus den Waggons raus – ich sehe das noch vor mir, wie sie in diesem Schnee lagen, alles war sofort schwarz. Und wir haben, was wir kriegen konnten, mit bloßen Händen reingepackt in unsere Säcke.«

Trotz aller Bedenken und Befürchtungen hatten sich, immerhin, an die dreißigtausend Evakuierte von Bayern in die britische Besatzungszone abtransportieren lassen, unter durchweg desolaten Bedingungen. Manche Züge erreichten nicht einmal ihren Bestimmungsort, die Familien in den Güterwagen, den »Viehwaggons«, sie wurden irgendwo abgestellt oder zum Aussteigen gezwungen. Ständig Rückmeldungen von Desastern, von Katastrophen, und so wurde November 1946 sogar in Bayern die Rückführung eingestellt – wie es hieß: auf Widerruf. Doch der erfolgte nicht mehr.

Noch einmal vergegenwärtigt: Zwei Entscheidungen der Mutter von eminent biographischer Bedeutung! Zur rechten Zeit, und dies entschieden *früher* als andere, Köln zu verlassen. Und nun: sich nicht ausweisen, nicht deportieren zu lassen. Erst Jahre *später* werden wir Herrsching verlassen, freiwillig.

Noch einmal die bedrängende Frage: Wie hätte mein Leben sich weiter entwickeln können, wäre ich Mai 46 mit der Familie nach Köln abgeschoben worden? Mit Sicherheit säße ich dann nicht hier in Brühl, mit Blick vom Arbeitstisch auf den exotischen Baum, die »Kaukasische Flügelnuss«, alles wäre auf einem anderen Gleis verlaufen, in direktem und übertragenem Sinn.

Kein Wunder, dass mich das Thema fast verfolgt: Wie sich Alternativen entwickeln können an Entscheidungspunkten. Das bestimmte die Struktur der ersten beiden Erzählbücher, einmal realisiert am Beispiel Bonaparte, das andere Mal am Beispiel eines fiktiven Zeitgenossen, der mir nah war.

In ein Bild übertragen: Ein Zug fährt nach einer Weichenstellung geradeaus. Dann setzt er zurück, die Weiche wird anders gestellt, der Zug fährt in die zweite Richtung. Auch diese nicht realisierte, jedoch mögliche, realitätsnahe Streckenführung beschreibe ich. Erzähle das Mögliche so, als wäre es Wirklichkeit geworden. Beides gleichrangig wiedergegeben, das Faktische wie das Fiktive, das beinah faktisch geworden wäre.

Wieder die Hauptstrecke, noch einmal setzt der Zug zurück, an einer weiteren Weichenstellung wird erneut abgebogen. So wird die scheinbar unausweichliche Hauptroute, Lebensroute begleitet von alternativen Routen.

Nicht bloß ein Gedankenspiel, sondern in Form umgesetzte Erfahrung (die über die Form wiederum deutlicher wird).

Kurzgeschlossen: In einer anderen Lebenskonstellation hätte dieses Buch völlig anders geschrieben werden müssen – oder ich wäre gar nicht auf die Idee gekommen, es zu schreiben.

SOMMER 1946: So viel Zeit wie möglich wurde im Seewasser verbracht. Eher tauchend als schwimmend. Und da lockte vor allem ein Lastkahn, vor Lochschwab. Vielleicht einmal beladen mit bearbeiteten Stämmen, mit Bohlen und Brettern für Bau oder Reparatur eines Stegs. Vielleicht auch mit Fässern voll Andechser Bier, von Wartaweil aus über den See transportiert nach Dießen. Ein Nutzschiff, für Schatzsucher kaum verlockend. Aber vielleicht war doch, gegen alle Wahrscheinlichkeit, etwas im Wrack liegengeblieben, womöglich Diebesgut.

Damals noch ohne Tauchbrillen konnten wir im Trüben drunten zwar die Hände vor den Augen sehen, aber nicht viel mehr. Rasches Betasten von Holz, das glitschig geworden war mit Algenbewuchs. Auch hatten sich leicht wiegende Wassermoosbärte angesetzt. Und wir tauchten wieder auf, ohne Fund – höchstens eine Miesmuschel, höchstens ein Metallstück, herausgerissen aus verrottendem Holz. Bei Licht besehen gleich weggeschlenkert …

Wir begannen, nach mehreren Tauchversuchen, zu bibbern. Bibberten am Ufer, von dem wir losgeschwommen waren.

Das Seewasser war nur im oberen Meter warm, in der Kühle drunten beim Wrack entzog das Wasser den schmalen, meist fleischarmen Körpern Wärme, und so bibberten wir. Saßen da, machten die Körperfläche klein, zogen die Oberschenkel an die Oberkörper, Knie ans Kinn, legten die Unterarme um die Unterschenkel, saßen so in der Sonne, Lippen bläulich, bibberten vor uns hin. Bibberten, bis wieder lösende Wärme entstand zwischen der Haut und dem Gewebe und den Knochen, bis die Gänsehautpusteln sich auflösten, die blauen Lippen wieder blassrot wurden.

Dieses Bibbern nicht nur nach Tauchversuchen, Bibbern auch zu Beginn der Badesaison, Bibbern nach zu langen Schwimmstrecken, Bibbern am herbstkühlen See. Ich bibbere, du bibberst, er bibbert, wir bibberten, ich bibberte. Gegen Bibbern half nur Rubbeln mit schmalem Handtuch, das nicht viel Wasser aufsog, das bald schon vergebliche Rubbeln, also fortgesetztes Bibbern. Im Bibbern waren wir nicht gesprächig, denn wer bibberte, der sprach auch bibbernd, Bibbern zwang sich der Stimme auf, Zähneklappern konnte hinzukommen, synchron mit dem Bibbern vor allem im Oberkörper. Bibbern und Zähneklappern: Begleiterscheinungen am See, der uns Wärme entzog. Also Rubbeln, dennoch Bibbern: ich bibberte, du bibbertest. Oder: du hast gebibbert, er hat gebibbert, wir haben gebibbert. Ingo wie Dieter bibberte, hat gebibbert, Ingo wie Peter bibberte, hat gebibbert, die gemeinsame, die verbindende Reaktion des Bibberns, Rubbelns, Bibberns, Bibibibibberns.

Selbstverständlich, und schon einmal konstatiert, waren die Winter der Kindheitszeit kälter, härter als heutzutage. Das scheint ein besonders gern reproduziertes Klischee zu sein, doch wie sich zeigte: Es ist meteorologisch dokumentiert. Kriegs- und Nachkriegswinter waren schneereich und sehr kalt. Besonders hart war der Winter 46/47 – ausgerechnet die Zeit, in der es nicht genug Kohle und Kartoffeln gab. Das ist in meiner Erinnerung aber nicht weiter registriert, Hunger und Kälte haben uns offenbar kaum zugesetzt, geblieben sind vor allem Erinnerungen an die zugefrorene Herrschinger Bucht, schließlich des gesamten Ammersees. Und ich lief Schlittschuh: kilometerweit geradeaus in beinah schwebeleichter Bewegung. Zuweilen dumpfe Spaltgeräusche, helle Reißgeräusche in der Eisdecke, jäh wie ein riesiger Peitschenhieb unter dem Eis, ich aber glitt weiter, hoppelte über Eisrisse hinweg mit den vernickelten Schlittschuhen, an den Stiefeln befestigt mit Klammerbacken. Auf schneefreien Eisflächen ließen vermummte Männer Eisstöcke dahingleiten, dahinschießen. Angler hackten Löcher ins Eis, markierten sie mit einem Tannenzweig. Ein Jeep fuhr, mit mehreren Amis, schnurstracks hinüber nach Dießen, kam nie an, kehrte nie zurück.

Womit wurde eigentlich geheizt? Brennholz im Schuppen, der uns zur Verfügung stand, aber anhaltende Wärme brachten nur Kohlen oder Briketts. Hatte Helene auch Brennmaterial »organisieren« können? Wir blieben hauptsächlich wohl auf Holz angewiesen, und das konnte (illegal) gesammelt, gehackt, gesägt werden zwischen Herrsching und Erling. Reichte aber auch nicht: Eisblumen an den Fenstern. Und Wasser fror ein in einem Leitungsrohr. Doch weitere Erinnerungen an jene Eiszeit: gelöscht.

Nicht so ein Intermezzo: Airbase Weichselbaum richtete ein Weihnachtsfest aus für uns Kinder der Angestellten, da wurde es warm und hell. An langen Tischen Teller und Tassen, und die blieben nicht leer. Cookies! Cakes! Chocolate! Milch – oder sogar Kakao? Auch konnte man was mitnehmen: Chewing gums. Und wieder raus in den klirrend kalten Winter, auf Dauerschnee dahinknurschen, auf Dauereis dahinknirschen, auf den Zug warten mit rauchschleudernder Lokomotive und eiskalten Waggons.

Dem extrem kalten Winter folgte ein extrem heißer Sommer – Wörter wie »Gottesstrafe, Gottesgeißel« wurden laut. Trockenheit, entsprechend gering die Ernteerträge. Wiederholt mussten wir sehr früh aufstehen, gegen drei oder vier, um rechtzeitig, also vor anderen, die Reviere für Beeren oder Pilze zu erreichen. Habe ich schon erzählt, aber was sich wiederholte, soll sich hier auch mal, mit leichten Variationen, im Text wiederholen, da diktiert Leben die Form.

Wohin wir auch kamen, andere waren uns zuvorgekommen, Beeren waren abgeerntet, wir mussten weiterziehen, wurden fündig. Meist Brombeeren, manchmal Himbeeren. Immer aber dorniges Gestrüpp, durch das wir uns arbeiten mussten bei steigender Hitze. Noch in der Erinnerung flimmert die Luft. Rückmarsch mit schweren Beinen, schweren Köpfen, leider nicht schweren Eimern.

Immer neue Wörter tauchten auf. Sauerampfer: machte dünne Suppen schmackhaft, angenehm säuerlich. Löwenzahn und Taubnesseln wurden zu Salat. Und womit wurde der angemacht? Mit hauseigener Ölproduktion: wir mussten auch die schon erwähnten Bucheckern sammeln, denen wurde Öl entpresst, ein wenig jedenfalls. Enttäuschend klein, diese leicht konischen Bucheckern, viel Bücken für wenig Erträge. Aber die Zuteilungen von Fett auf den Lebensmittelkarten nahmen selbst in der amerikanischen Besatzungszone kontinuierlich ab, so lese ich nachträglich: Erst 300 Gramm Fett monatlich pro Kopf und Nase, danach 250, schließlich 200. Also weiter in die Wälder, gebückt dahingehn unter Buchen, die kleinen, braunen Bucheckern auflesen, vielfach zwischen offenliegendem Wurzelwerk.

War ein Kartoffelfeld abgeerntet, zogen wir in Scharen los zur Kartoffel-Nachlese; zuweilen Gerempel beim Klauben. Auf Stoppelfeldern schwärmten wir aus zur Ährenlese. Die Ähren mussten dann leergeklopft werden, die Körner plattgemacht und eingeweicht. Oder in der Kaffeemühle zerschrotet.

Und Graupen kamen auf die kargen Speisezettel – hatten irgendwas mit Gerste zu tun, mochten wir nicht. Im Brot Mais, immer mehr Mais, mochten wir auch nicht. Publizierter Kommentar eines Arztes: »Ursache für das Maisbrot war ein Übersetzungsfehler unserer ›gebildeten‹ Politiker. Sie hatten bei den Amis Korn bestellen wollen und hatten tatsächlich ›corn‹ bestellt. ›Corn‹ aber bedeutete im amerikanischen

Sprachgebrauch ›Mais‹. Für Getreide gab es die Bezeichnung ›grain‹. Das Maisbrot verursachte Verdauungsbeschwerden. Gefährliche Stoffwechselkrankheiten, besonders bei Kindern, waren die Folge.« Zum Generalausgleich, straflöffelweise verabreicht: Lebertran, so weit der kleine Vorrat reichte.

Trotz Graupen und Mais, Taubnesseln und Bucheckern im Leib: ganz neue Gefühle erwachten!

Ein Gebäudekomplex, ein Strandabschnitt: markiert von Erinnerungszeichen an allererste Verliebtheit. Ich war noch Kind, vor allem in der damals erheblich langsameren (auch biologisch langsameren) Entwicklung, und sie war erst recht noch Kind: Gerti. Es dürfte im zweiten Jahr nach dem Krieg gewesen sein, da war ich zwölf. Ja, sie war, selbst in meiner Kinderperspektive, ein richtiges Kind, viel kleiner als ich schlaksiges Jüngelchen, war vielleicht neun oder acht. Ich fragte mich wieder und wieder, trug diese Frage mit mir herum, warum dieses Mädchenkind so viel kleiner und jünger war. Ich genierte mich, ein wenig, mit diesem viel kleineren und jüngeren Mädchen zum Strand zu gehen, am Strand zu sitzen, ins Wasser zu gehen, aus dem See zu staksen auf den Kieseln, die auch den Strand bildeten. Jeder dort musste sehen, dass Gerti, Gertilein kleiner und jünger war. Später, viel später wird das eher ein Grund sein zum Stolz: Eine Frau an der Seite, die ein, zwei, zweieinhalb Jahrzehnte jünger ist – damals aber beschämte mich der Altersunterschied. Doch nur zwischendurch.

Denn stärker als die Bedenken war der Impuls: Ich wollte sie sehen, wollte in ihrer Nähe sein, wollte mit ihr beisammen sein. Ihr Gesicht: zur Beschreibung fällt mir die Floskel »fein gezeichnet« ein. Helle Augen, schmale Nase, schmale Lippen, der Kopf eher charakteristisch eckig als sanftrund, auf schöne, auf schönste Weise »eckig«, und doch mit feinen Zügen. Ich schöne nicht auf, idealisiere nicht, kann mein Erinnerungsbild vergleichen mit einem Foto, das Helene gemacht hat: Gerti vor einem riesigen Strandball mit einer Markenaufschrift: Sonnenschutzmittel der Vorkriegszeit.

Viele Fotos hat Helene datiert mit weißen, kalligraphischen Zahlen und begleitenden Buchstaben auf dunklem, bräunlichem Karton oder mit Füllfederhalter auf weißem Karton, und so könnte meine Altersangabe präzisiert werden. Aber ich weiß im Voraus, dass mir die genaue Zahl nicht sonderlich wichtig sein wird. Der zeitliche Spielraum ist ohnehin begrenzt: zwischen Kriegsende und Rückkehr ins Rheinland. An der Erinnerungsgegenwart der Gefühle, der zum ersten Mal aufgebrochenen Gefühle wird das damalige Alter nichts ändern, vor allem ist entscheidend: Dass mir die oft nur recht kurzen Begegnungen so viel bedeuteten, dass jene Regungen und Gefühle im Erwachsenen bewahrt, behütet bleiben, wie selbstverständlich.

Das Gebäude, das mit der Erinnerung an Gerti markiert ist: Die früheren Keramischen Werkstätten, ein Komplex von Wohnungen und Werkräumen. Hier wurde, nach der Wende vom 19. zum 20. Jahrhundert, erst einmal kunstvolle Keramik hergestellt, schließlich aber waren es nur noch Porzellan-Isolatoren für Stromleitungen. Ein Bau, der von einem Mann mit Kunstsinn errichtet worden war, vielgestaltig gestaffelt, heute sicherlich unter Denkmalschutz.

In einer der Wohnungen dieses Baukomplexes wohnte die Familie, deren Namen ich vergessen habe, wohnte Gerti, deren Name präsent geblieben ist. Wenn ich, Jahrzehnte später, vom Kurpark her über das kleine Brückchen zu diesem Gebäude gehe und durch die Passage, die torweite Durchfahrt, so sind da gleich wieder Erinnerungen an das Kind meines Namens, das durch dieselbe Passage ging und sich nur wünschte, dass Gerti aus der Wohnung, der ebenerdigen, heraustrat und neben mir her zum Strand ging. Offenbar wartete sie darauf, dass ich herankam, denn zuweilen huschte sie tatsächlich heraus, und wir gingen zum Kiesstrand. Die Familien, nein: die Mütter kannten sich, somit war alles akzeptiert, wir waren ja Kinder. In Kind Dieter aber war, Jahre vorweggenommen, der Schmerz und das Glück. Der Schmerz, wenn sie nicht zu sehen war, auch nicht am Strand, das Glück, wenn sie herankam, ›zufällig‹ abgepasst, und neben mir herging. Oder wenn ich sie am Strand traf, ganz in der Nähe: Nach der Passage gleich links, an einem Zaun entlang, einem Lattenzaun mit einem Haus dahinter, das in Jahrzehnten danach nicht wesentlich verändert wurde, dafür war ich dankbar bei späteren Aufenthalten in Herrsching, dankbar im Namen der Kindheitsliebe. An der Eckkante des Grundstücks bogen wir nach rechts ab, und dort war Strand genug zwischen dem See und den mächtigen Weiden, die damals den Pfad begleiteten, Richtung Fischbach, Seglerheim, Lochschwab – aber das war schon nicht mehr unsere Welt. Fünfzig Meter Kieselstrand: der Abschnitt, in dem wir uns begegneten, in dem sich auch die Mütter trafen, und sie ließen Kind Gerti und Kind Dieter spielen, murmeln, schwimmen – und Gerti schwamm eifrig. Ja, da war sichtlich Eifer, neben mir mitzuhalten, eine Strecke hinaus, aber noch in Rufnähe der Mütter, die aber auch schon mal weggingen und uns zurückließen: Ihr kommt ja bald. Da war denn so etwas wie eine kleine Insel von Licht und Wärme, für eine weitere Frist.

Nie mehr habe ich dieses Kind getroffen, als Frau, nie mehr werde ich erfahren, ob meine ›Gefühle erwidert‹ wurden, aber solche Fragen stellten sich damals nicht, da war das Glücksgefühl, ein wenn auch zaghaftes, noch kleines Glücksgefühl, wenn wir uns sahen, und da war Enttäuschung, zumindest eine kleine Enttäuschung, wenn wir uns nicht trafen in diesem, in jenem Sommer, der sehr hell und warm war, also ging man so oft wie möglich schwimmen. Erinnerungsbilder, die gleichsam imprägniert sind mit Licht. In diesem Licht der kleine, braune, ebenfalls schmale Körper des Kindes. Das saß oft vorgebeugt neben mir, Oberkörper an den Oberschenkeln, Kopf an den hochgezogenen Knien, Hände an den Füßen, so nahm die kleine Erscheinung noch weniger Raum ein. Aber ihr, ja, feingezeichnetes Gesicht mir zugewendet und in den Augen ein ständiger Abglanz des sehr hellen Sommerlichts.

Und manchmal, beim Spielen, Balgen berührten sich Armhaut, Beinhaut. Da war Haut plötzlich etwas, das nicht nur mit Wasser und Seife bearbeitet werden musste, Haut wollte andere Haut, und sei es nur bei kurzem Gerangel am Strand unter irgendeinem Vorwand: Gib mir das … nein, kriegst du nicht … doch, will das haben … nein, kriegst das nicht … Kein Küsschen, das doch nicht, und die meisten dieser Hautberührungen eher zufällig, dennoch erwünscht. Da war es ganz bedeutungslos, dass sie, auch für mich, noch ein richtiges Kind war, nicht mal zehn Jahre alt – es war etwas zwischen uns übergesprungen. Und bedeutungslos der Altersunterschied, Größenunterschied.

Erst, wenn ich wieder allein war, wiederholte sich die Frage, warum sie, leiderleider, kleiner und jünger war, eigentlich ein richtiges Kind, mit dem man in meinem Alter normalerweise nicht spielte, höchstens, wenn es ein Bruder war, aber sonst spielte ich nur mit Buben in meinem Alter, und, noch lieber, wenn sie etwas älter waren. Nun aber, wieso eigentlich, war ein Kind, noch dazu ein Mädchen, ja noch dazu ein kleineres, deutlich jüngeres Mädchen wichtig geworden, nun wollte ich unbedingt dieses kleine Mädchen sehen, wieder sehen, wiedersehen – wieso eigentlich? Ja, da ist noch ein Reflex der Gefühle, die sich dagegen wehrten: Sah doch komisch aus, für andere Kinder, wenn ich mit einem so kleinen Mädchen beisammen war, möglichst oft, im Sommer, auf den sich die Erinnerungen begrenzen. Aber ich wollte, musste sie sehen. Der ganze Gebäudekomplex, ockergelb und chamoisweiß gestrichen, mit ungewöhnlichen Dachformen, dieses ganze Ensemble schien mich schon anzulocken, wenn ich vom Bahnhofsvorplatz durch die enge, düstere Bahnunterführung ging und am Kienbach entlang durch den Kurpark und dort nach rechts über das Brückchen: Das Gebäude, das wichtiger war als alle anderen Gebäude in Herrsching, zu jener Zeit, denn sie, Gerti, wohnte dort, eine kleine, ziemlich kleine Person von großer Bedeutung. Der Erwachsene ging öfter noch diesen Weg: durch den Kurpark, über das Brückchen, durch die Passage der »Keramischen«, dann links einbiegen, am Lattenzaun entlang und gleich wieder nach rechts zu »unserem Strand«, zu unserem Abschnitt Kieselstrand, der sichelförmig fortgesetzt wurde, und immer, fast immer begleitete den Erwachsenen die Erinnerung, die sich mit diesem kleinen Areal verband.

Da muss etwas gewesen sein, in Gertis hellen Augen, das mir geantwortet hat, vielleicht war da schon ein erster, allererster Ansatz des Flimmerns, das ich manchmal in Frauenaugen gesehen habe, dieses Irisieren in der Nähe der Pupillen. Fast alle Regungen kann man simulieren, nur nicht diesen Glanz, diesen Schimmer in den Augen, der kann nur von selbst entstehen, entzieht sich jeder Einwirkung, entfaltet sich nur in Momenten glücklicher Zuwendung.

Etwas von diesem Schimmer, diesem Glanz habe ich bei ihr gesehen – glaube ich bei ihr gesehen zu haben, aber vielleicht ist hier schon ein Punkt, an dem ich beginne zu ergänzen, auszuschmücken, um der Kinderliebe noch mehr Dimension zu geben, mehr Gefühlsrang. Dafür aber kann ich mich verbürgen, hier sind die Gefühlserinnerungen authentisch: Die unruhige Erwartung, wenn ich auf »die Keramische« zuging, ob ich sie wohl zu sehen bekomme, und das Glück, aufflackernd, wenn sie heraushuschte aus der Wohnungstür im Erdgeschoss, ja und Glück, kleines Glück, wenn wir nebeneinander zum Kieselstrand gingen. Und die Enttäuschung, ja beinah der Schmerz, wenn sie ausblieb, vielleicht, weil sie Schulaufgaben machen musste oder irgendwo in einer Warteschlange stand, mit der Milchkanne in der Hand. Diese Regungen zwischen Glück und kleinem Unglück signalisieren mir, dass es damals einen Anflug, einen Anhauch, einen ersten Anhauch von Liebe gab in diesem ungleichen, auffallend ungleichen Kinderpaar. Eigentlich dürfte das alles nicht möglich sein, werde ich mir damals gesagt haben, glücklicherweise aber war es doch möglich, war wirklich möglich.

DIE EINZIGEN TRÄUME aus Kindheit, erster Jugend, die ich behalten habe: Sequenzen der Bedrohung, der Gefahr. Der Traum im Kölner Haus: Das Klo, die Bilderbuchhexen, die Krallenhand in der Kloschüssel …

Der andere Traum, im zweiten Buch schon mal skizziert, gleichsam von mir abgerückt im Referenzrahmen der Fiktion, dieser Traum wird nun wieder zu mir herangeholt, von mir wieder angeeignet: Staubhell der Weg der Fischergasse, ich

sitze im kleinen Seitengarten des Café Flora, trinke Durst-
löschendes, ein Lastwagen fährt vor, ein Militärlastwagen,
auf der Ladefläche stehen, sitzen mehrere Personen, die hin-
tere Klappe wird herabgeschwenkt, man holt mich weg vom
Tisch, zwei Männer zerren mich zum Lastwagen, heben mich
hoch zur Ladefläche, und nun sehe ich, dass alle Verhafteten an durchlaufender Kette gefesselt sind, Hände auf den
Rücken; es ist noch ein Kettenstück frei, ich werde, obwohl
Kind, ebenfalls an den Handgelenken gefesselt und an der
langen Kette festgemacht. Die Heckklappe wird hochgeschla-
gen, die Männer in Uniform steigen vorne ein, der Lastwagen
fährt am Haus vorbei, in dem wir wohnen, und ich weiß, im
Traum, auf der Ladefläche: Was jetzt geschieht, das wird lange
dauern.

Später kamen nur wenige Träume hinzu, die sich so nachhaltig eingeprägt haben – nicht einmal in all den Jahrzehnten
danach verwischte sich dieses Bild. Der Traum von der Verhaftung als Albtraum – aber mit Sichtverbindung zur Realität,
die ich direkt und indirekt wahrgenommen hatte.

Wichtig wäre, diesen Traum zeitlich einzuordnen. Habe ich
das in der Schlussphase des Krieges geträumt, womöglich, als
ich vom Marsch der Häftlinge durch das Dorf hörte, oder in
den ersten Nachkriegsjahren? Café Flora – war es auch während der Kriegsjahre geöffnet? Aber wie wäre ich damals auf
die Idee gekommen, und sei es im Traum, mich an einen der
kleinen Tische zu setzen und eine »Brause« zu trinken? So
ein Traumbild konnte eher nach dem Krieg stimuliert werden.
Da wurde das Café allerdings Treffpunkt von Schwarzhänd-
lern, es galt als verrufen, niemals hätte ich mich in den kleinen,
angrenzenden Garten gesetzt, auch nicht »in Begleitung Erwachsener«. Erinnerung an eine Verhaftung dort, der Mann
musste von zwei Polizisten zum DKW geführt, geschoben,
geschubst, gezerrt, gestoßen und in den PKW reingedrückt,
auf dem Rücksitz niedergepresst werden, und weil er sich
immer noch wehrte, setzte sich ihm einer der Polizisten auf
Bauch oder Rücken. Hat sich die Verhaftung umgesetzt in den
Traum meiner Verhaftung, ebenfalls bei diesem Café? Aber

woher, wieso das Bild vom Lastwagen mit der Ladefläche voller Gefangener an durchlaufender Kette?

NACH DER PRIVATSCHULE im Dorf das Gymnasium in München-Pasing: ich wurde Fahrschüler. Dies in der Zeit der Dampfrösser von Lokomotiven, die heute, aufpoliert, vor Nostalgiezügen einherqualmen, einherpfeifen. Damals zogen sie Waggons, die sich in jedem Abteil nach außen öffnen ließen, und so lief ein abgestuftes Trittbrett jeweils den gesamten Waggon entlang, dort konnten sich Reisende aufreihen, wenn die Abteile wieder mal überfüllt waren. Das war im Sommer, bei trockner Witterung, eine Lust, das war im Winter eine Last. Aber warm wurde es auch in den Wagen nicht, die Fenster waren vielfach durch Sperrholzplatten oder Pappflächen ersetzt, und morgens musste ich schon mal hereingestäubten Schnee von der lackierten Holzbank wischen. Fahrschüler Kühn, in verkleinerter Landseruniform, mit einer Gebirgsjägerkappe (von der allerdings das Edelweiß-Emblem entfernt war, leider). Wenn es sehr kalt war, trug ich einen US-Soldatenmantel, der schwarz eingefärbt war für DPs, Displaced Persons: meist Polen oder Russen, die von deutschen Uniformierten verschleppt worden waren und nun durch Europa streiften. Über Landserjacke und DP-Mantel trug ich den Schulranzen, der ließ mir beide Hände frei, so konnte ich mich besser reindrängen in die Wagen, vor allem bei der Rückfahrt. Auf Kinder wurde da keine Rücksicht genommen, Männer schoben, stießen uns beiseite, rempelten sich selbst. »Storno, zerquetscht mir mein Zwiebeln nicht!« Im Gedrängel wurde mir schon mal der Po massiert, ich konnte mich dem Zugriff nicht entziehen, war umgeben von Körpern und Koffern, Körpern und Rucksäcken, Körpern und Taschen – eine Zeit, in der unablässig transportiert wurde.

Erste Station nach der Abfahrt vom Kopfbahnhof Herrsching: Seefeld-Hechendorf. Das Schleppen von Futterrüben im Rucksack, der Sturz, vornüber, in den Schnee zwischen Schienen … Das sogenannte Schloss von Hechendorf mit der Legende vom Grafen und den Mäusen, den Ratten … Die Straße von Hechendorf nach Herrsching, drüben auf der anderen Seite des Pilsensees, der früher, früher, einmal eine Ausbuchtung des Ammersees gewesen war … Ein wenig oberhalb der Landstraße, im Wald, das »Lärchenhäusl«, in dem eine sehr steile Stiege (ein Strick als Geländer!) hinaufführte ins Dachgeschoss, in dem mein Freund seine Kammer hatte, ein erster Peter. Der sank ab ins Vergessen, als wir Herrsching verließen, der tauchte Jahrzehnte später wieder auf bei einer meiner Lesungen in München: inzwischen Rechtsanwalt, in modischem Janker. Freundliche Fortsetzung des Gesprächs, das abgerissen war, wechselseitige Auskünfte zum jeweiligen Familienstatus.

Nächste Station: Steinebach. Dorf am kleinen Wörthsee. Aber wichtiger war ein Mädchen, das an diesem Bahnhof einstieg, ausstieg, dem ich entgegenschaute, dem ich so lang wie möglich nachschaute, mit dem ich nie sprach, also trug es alle (noch undeutlichen) Wünsche mit sich fort. Traumfigur in doppelter Hinsicht.

Und weiter fuhr der Zug, mit rußschleudernder Lok. Station Wesseling. Dorf mit Weiher. Ein Haus an diesem Weiher, ein Wohnzimmer in diesem Haus, niedrig, holzgetäfelt – was mich in dieses Zimmer führte, mehr als einmal, ich weiß es nicht mehr. Könnte sein, dass mir Bücher gezeigt wurden, Kunstbände? Nur der mögliche Ansatz zu einer Erinnerung.

Nächste Station: Weichselbaum, Oberpfaffenhofen. Im Krieg starteten von hier aus, zu Probeflügen, Neuentwicklungen der Dornierwerke. Ein Flugzeug, zum Beispiel, hatte einen Propeller vorn, wo er hingehört, und einen Propeller hinten am Rumpf, wo er eigentlich nichts zu suchen hatte. Und einmal toste (in Weichselbaum gestartet?) der erste Düsenjäger über das Haus hinweg, toste heran ohne Propeller, unvergleichlich schnell, und dieses Wunderflugzeug schoss aus einem der heranfliegenden Bomberpulks eine Fliegende Festung heraus, schwenkte ab, erschien nie wieder. Nach dem Krieg die Airbase, in der mein Vater arbeitete, zuweilen brachte er lockend fremdartige Nahrungs- und Genussmittel nach Hause. An dieser Haltestation ohne Bahnhofsgebäude die erste Ohrfeige, an die ich mich erinnere: Durfte meinen Vater besuchen, er wartete auf mich, ich sprang ab vom fahrenden Zug, fiel ihm, hart an der Bahnsteigkante, vor die Füße, rappelte mich auf, kriegte eine Watsche mit Seltenheitswert.

München-Pasing, nach einer Stunde Fahrt. Kontraste, Kontraste! Am Bahnhof wurde Eis angeboten, rosarote Ballen auf Papier, eine Reichsmark pro Stück, das lief schnell auseinander. Plakate, auf denen Täter gesucht wurden, Raubmord, Sexualmord; Plakate, auf denen vor Geschlechtskrankheiten gewarnt wurde, auf schwarzem Grund lief es mehrfarbig aus. Gruppen, die sich im Schwarzmarktareal zusammenschließen und wieder auflösen, etwas unter einem Mantel getragen, etwas in einer Mappe gezeigt, plötzlich Bewegung, der Sprungfederrahmen eines Betts hochgeschwungen, niedersausend, Unterarme über einen Kopf gehoben. Weiter, schulwärts. »Friedenseis« wird im Flur eines Hauses angeboten hinter halboffener Tür.

München-Pasing: Bahnstation, an der ich später dutzendfach mit der S-Bahn, mit dem Schnellzug, mit dem Intercity anhielt, kleiner Eisenbahnknotenpunkt. Und jeweils der Blick hinüber zur Kirche, die Pasing markiert, Kirche, die für mich keinen Namen hat, wohl nie einen Namen hatte: ganz in ihrer Nähe meine Schule, damals. Alter Plan, schließlich realisiert: Während der Phase der Münchner Poetik-Vorlesungen aus Entwürfen zu diesem Buch fahre ich (1994) mit der S-Bahn nach Pasing. Koordinaten sollen bestimmt oder: nachjustiert werden.

Langer, breiter Tunnelgang des erweiterten, etwas verschobenen Bahnhofs, doch der Gang endet, nach sanfter Rampe, am alten Bahnhofsgebäude. Ich verharre zwischen gusseisernen Säulen, ehemals mit weißer Ölfarbe gestrichen. In den Winkeln zwischen Säulen und Dachträgern gusseiserne Schmuckelemente mit normierten Engelchen. Bretterdecke; blasentreibende, abblätternde Ölfarbe, chamois. Noch der Farbbelag der vierziger Jahre? Zwischen diesen schlanken Gusseisensäulen ging ich damals hindurch, unter diesen Bretterflächen. Assoziationen an einen Bau im Seebad der Jahrhundertwende, an eine der Seebrücken mit Aufbauten.

Es ist also im systematisch neu angelegten Bahnhofsareal ein kleiner Ausschnitt damaligen Ambientes geblieben: dieselben Säulen, dieselben Engel, dieselben Bretter. Der Backsteinbau des Bahnhofsgebäudes: fast völlig von einem Baugerüst mit Planen verdeckt. Die stark eingedunkelten Backsteinflächen werden aufgehellt?

Bestimmung der Koordinaten des Schulbaus: Ich will erkunden, ob ich noch von selbst, ohne Nachfrage, die Schule finde, gehe vom Bahnhofsvorplatz ein Stück nach links, dann die erste Straße geradeaus. Bäckerstraße – hieß sie damals schon so? Auf Straßennamen habe ich wohl kaum geachtet. Der Pasinger Viktualienmarkt, kleines Geviert, geschlossenes Bauensemble: damals Schwarzmarkt? Eine Nebenbühne des Schwarzmarkts, der auf dem Bahnhofsplatz seine Hauptbühne hatte?

Schwenk nach links, in eine Seitenstraße, denn: zwischen Bäumen, Baumkronen hindurch erkenne ich die Silhouette der Schule wieder. Gehe auf den Schulhof: eine Pause ist zu Ende, Kinder rennen ins Gebäude zurück, überlassen den Schulhof mir. Ja, der Eingang im Winkel zwischen Hauptgebäude und kurzem Seitenflügel, der die Turnhalle »anbindet«. Rechts von der Turnhalle das Rosettenfenster des Seitenschiffs der Kirche, die kaum älter sein dürfte als das 20. Jahrhundert. Der Kirchturm, das Schulgebäude überragend. Glockenschläge: markierten sie damals Schulzeit?

Der Eingang, das Treppenhaus, von Geschrei erfüllt. Eine Klasse wird in Zweierreihen formiert, die Treppe heruntergeführt. Geschrei hallend verstärkt; grüne Kacheln an den Wänden, fast bis zur Schulterhöhe: Lärmverstärker. Grüne Kacheln auch damals. Vielleicht wurden sie mittlerweile durch Kacheln von hellerem Grün und von belebterer Oberfläche ersetzt, die dominierende Farbe blieb: Grün. Aber das Treppenhaus scheint aufgehellt: war damals, zum Teil, noch Pappe in den Fenstern?

Ich gehe nur hinauf zum ersten Stock, blicke mich kurz um, gehe wieder hinunter, wende mich zum Haupteingang. Mit weißen Steckbuchstaben auf schwarzer Fläche: Grundschule Schererplatz 3. Und Namen von Amtsträgern, Amtsträgerinnen, von Lehrern, Lehrerinnen; Zimmernummern. Ich registriere nur dieses Buchstaben-Ensemble, lese keine Einzelheiten ab. Trete vor das Gebäude. Halbreliefs mit Anschauungsmaterial an Säulen: Käfer ... Spinnen ... Und darüber, fünffach, das immer gleiche Halbrelief: ein Junge auf einer Schulbank, frontal gesehen, ein Junge, der eine Schulbank »drückt«. Ja, Sitz (Bank) und leicht geschrägte Schreibfläche, dies war damals, knarrend, eine Bau-Einheit, und die Holzfläche von Messerspitzen, Füllfederspitzen, Bleistiftspitzen, dann Kugelschreibern markiert, aber nicht mehr von Filzstiften – zur Zeit ihrer Einführung waren Schulbänke längst ersetzt von Tischen mit Stühlen.

Koordinaten bestimmt, ich habe eine genaue Anschrift, weiß, dass das Gymnasium nun Grundschule ist. Der Begriff »Koordinaten« erscheint mir gleich wieder übertrieben: Hier ist eigentlich nur ein Bau-Ensemble (anscheinend kaum verändert) in einer weitflächigen Vorstadt, die ich sonst nicht kenne. Sie bestand damals für mich nur aus der Straße zwischen Bahnhofsvorplatz und Schule. Also mache ich keine Erkundungsgänge in Pasing, gehe durch die Bäckerstraße zurück zum Bahnhof. Ortstermin beendet. Gusseisensäulchen, Gusseisenengelchen warten auf mich.

Erscheinungen tauchen wieder auf, die damals Anekdotenreife entwickelten. Ein Mathematiklehrer mit ausladendem Hintern, ruckhaft zog er ein Bein nach: »Heckmotor«.

Ein Biologielehrer: lange, hagere, vorgebeugte Erscheinung, spitz zulaufender Kinnbart, er betrat den Klassenraum mit dem Hut in der Hand, legte ihn ab auf dem Lehrerkatheder; wenn er mal wieder geärgert wurde, rief er: Ich setze meinen Hut auf und gehe. Kein Wunder, dass er Unruhe auslöste, denn immer wieder flocht er spiritistische Geschichten ein mit dem Grundmuster: Seele löst sich aus faulem oder müdem Körper, schaut draußen irgendwas nach, kehrt mit dem Ergebnis in den Körper zurück, dabei kann es allerdings schon mal Schwierigkeiten geben: »Luzibart«.

Ein kleiner, älterer Mann, der nur gebrochen Deutsch sprach, ein Ungar, kam in grauem Anzug und mit Rucksack in das Klassenzimmer, sah seine Mission darin, dieser Horde von verwilderten Nachkriegskindern Zucht und Ordnung beizubringen, einzubläuen. Er strafte gern mit dem Lineal: Wir mussten die Hände flach halten, mit den Handrücken nach oben oder nach unten, je nach Anweisung, und mit der scharfen Linealkante oder der gnädigen Breitseite schlug er zu, abzählend.

Ich war eins seiner liebsten Opfer, wenigstens sehe ich Abläufe auf mich konzentriert. Das Lehrerpult auf gemauertem Sockel, wie damals üblich, etwa die Höhe einer Treppenstufe; die Sockelkante stabilisiert von einem durchlaufenden Winkeleisen, scharfkantig. Mit dem Rücken zur Klasse musste ich mich so hinknien, dass dieses Winkeleisen genau unterhalb der Kniescheiben einschnitt, das wurde überprüft. Und ich musste mich lotrecht halten, vorbildlich gestreckt der Oberkörper, durfte mich nicht bewegen, durfte nicht zittern. Ich starrte auf einen Fixpunkt an der Wand, das Winkeleisen schnitt immer schmerzhafter ein, das Gewicht meines Oberkörpers auf den wenigen Millimetern zwischen Kniescheiben und Gelenk; wenn ich nach längerer Zeit ins Zittern kam, wurde ich angebrüllt, kriegte das Lineal im Rücken zu spüren. Hinter mir die Klasse, und keine Vorstellung, heute erst recht nicht mehr, wie man sich da verhielt. Fand man das knorke, fand man das deppert? Wahrscheinlich zog ich erst wieder Aufmerksamkeit auf mich, wenn ich am Ende einer Schulstunde ins Zittern geriet und angebrüllt wurde, wenn mit dem Lineal meine Körperhaltung erneut korrigiert wurde. Ich habe in Herrsching nichts von diesen Prozeduren erzählt, es war mir peinlich, schien mir beschämend. Aber ich bin sicher: Helene wäre vehement aktiv geworden, der Mann hätte allerlei zu hören gekriegt, Unrecht konnte sie nicht dulden. Aber ich schwieg, schwieg in einer Zeit, in der so viel verschwiegen wurde.

Auch Gewalt in unserer Klasse, die keine Gemeinschaft war. Fiel eine Stunde aus, und das geschah recht häufig, übernahm das Duo T&E (beide etwas älter) die Aufsicht; sie zogen selbstgefertigte Gummiknüppel aus Lederhose und Tuchhose (mit Metallgranulat gefüllte Gartenschlauchsegmente), patrouillierten zwischen den Bankreihen, bestraften jeden Mucks mit einem Fausthieb, fürs Erste, schlugen im Wiederholungsfall mit dem gehärteten Gartenschlauch auf Oberarm oder Schulter.

Manchmal waren die Burschen auch leutselig, und E. entblößte den Bizeps, ließ sein Klappmesser mit blanker Spitze auf den Oberarm fallen, und mit jäher Muskelkontraktion wurde die aufsetzende Klinge hochgeschnellt. Da staunten wir schmalen Kerlchen mit den dünnen Oberarmen. Und nur einen wie T. konnte ich fragen, was eigentlich ein Sexualmord ist. »Das ist ein Mord mit was dabei«, sagte er und kickte mit der Hüfte.

Erst in dieser, in jener Zeit habe ich gesehen, wie ein Körper verstümmelt, ja zerstückelt werden kann. Stand auf dem Bahnsteig von München-Pasing, auf unseren Zug wartend, auf der Gegenseite des Bahnsteigs fuhr ein D-Zug durch, ich sah etwas Sackförmiges hochgewirbelt, um sich selbst gedreht, sah es runterfallen, unterhalb der Bahnsteigkante, bei schrillem Bremsgeräusch. Ich registrierte: Zwei amerikanische Soldaten steckten sich Zigaretten an, saugten intensiv, sahen bleich aus. Wieso waren diese Männer in Uniform deutlicher schockiert als wir? Ich ging hinüber zur raschen Ansammlung von Personen, sah das Sackförmige zwischen Bahnsteigkante, Gleis und Rädern des stillstehenden Schnellzugs, das Sackförmige schien aufgerissen oder es war etwas abgerissen, ich konnte es nicht genauer sehen, wurde weggeschubst von Erwachsenen, die sich vordrängten. Ich ging am Zug entlang, nach vorn; an der Lokomotive glaubte ich weißrot Schaumiges zu sehen: Hirn?

Rückfahrt nach Herrsching. Zuweilen martialischer Empfang: US-Soldaten, Sturmgewehre mit den Kolben auf Hüftknochen aufgesetzt in lässig imponierender Gebärde, sie umstellten den Zug; sogar in offenen Güterwagen auf dem Parallelgleis standen zwei GIs. Razzia. Go on, nicht gaffen, nicht stehnbleiben, go on, kids! Sie schauen sich nur die Ausweise von Erwachsenen an, tasten nur deren Jacken und Hosen ab, lassen sich nur von ihnen den Inhalt von Taschen zeigen, führen Erwachsene mit Körben, Rucksäcken, Koffern in die Gepäckabfertigung. Hamstern und Schwarzhandel: streng verboten. Vor dem Bahnhof ein Jeep mit schwerem MG, montiert auf einem Metallpfosten hinter den Vordersitzen. Und ich sah ganz klar: Wer sich im Bahnhof über das Holzgitter schwingt, eine Tasche zwischen Oberarm und Oberkörper gepresst, der kann hier draußen in schweres Feuer laufen, der lässt die Tasche los, wird von Einschlägen gebeutelt, knickt in die Knie, krümmt sich vornüber, Blut aus der Bauchhöhle, Blut frisch und rot aus den Lungen, Blut schaumig vor dem Maul, ein Schwapp mit jedem Herzschlag, eine wachsende Blutlache.

Mit einem Gerry, mit einem Larry, mit einem Jack, einem Joe, mit einem Dick oder Bill auf und ab gehen vor dem Hotel: Off limits. Gerry oder Larry, Jack oder Joe zeichnet mit einem Stöckchen Gebirgszacken in den Sand, Rocky Mountains, natürlich, verstehe, ritzt ein Häuschen dazu, eine Hütte, Jagdhütte, klar, kapiert, er beugt den Oberkörper vor, tritt leise auf, Gewehr im Anschlag, auch klar: anpirschen, Jagd, das Wort grizzly kennen wir längst, Mister! Mit einem Gerry, einem Larry im Lastwagen fahren, Dreiachser, Truck, hoch oben sitzen und hoffen, dass man gesehen wird. Im Schilfgelände vom Truck heruntersteigen, ein Bootssteg, Gerrylarry zieht aus der aufgenähten, ausgebeulten Tasche einen gänseeigroßen, olivgrünen, gerippten Gegenstand, der Zeigefinger zeigt auf den Boden: hinlegen, Deckung! Schon reißt er was mit den Zähnen ab, aha, Eierhandgranate, wirft das Ding raus, gleich rumst es im Wasser. Auf den Bootssteg laufen: da treiben sie hoch, Bäuche silbern, fünf, sechs Stück, treiben später wieder hoch beim Wort »Handgranate«, sechs, sieben Stück, treiben erst recht hoch beim Wort »Eierhandgranate«, Bäuche silbern, acht, neun Stück, treiben manchmal schon hoch beim Wort »Bauch« oder »See«, Bäuche silbern: ein Wort genügt.

ZU DEN VORARBEITEN, Begleitarbeiten an diesem Projekt gehört: Aufräumen, Sichten, Sortieren von Materialien in Papierform, in Jahrzehnten angesammelt, aufgehäuft, zuerst im Wandschrank des Arbeitszimmers in Düren: Chronologie nur in sukzessiven Anhäufungen, die ich auf sich beruhen ließ.

Dass meiner Erinnerung nachgeholfen werden muss, zuweilen, zeigen Fundstücke, die mich total überraschen. So habe ich immer wieder erklärt, erzählt, erwähnt, »im Brustton der Überzeugung«, ich hätte nie Tagebuch geführt. Und dann finde ich ein quadratisches Leerbuch, längst aus dem Leim gegangen, rotbraun der Pappumschlag, und als Titelblatt die Inschrift, in ordentlichen Buchstaben mit Füllfederhalter und roten Unterstreichungen: »Tagebuch. Dieter Kühn. Begonnen am 22. Dez. 1947.« Erstes, eher verlegenes Anblättern, stirnrunzelnd, brauenhebend, und rasch die kleine Erleichterung: Meine Erinnerung hatte das Tagebuch leicht aussortieren können, es waren nur etwa zwanzig Seiten. Dann brach ich, brach jenes Kind ab, das mit zwölf noch verdammt kindlich war, nicht nur in der akkuraten Schrift.

Unterschlagen kann ich den Fund jetzt nicht mehr, ihn vor mir selbst verstecken, ihn vorsätzlich vergessen: Immerhin hatte ich ein paar Seiten lang die Vorstellung, ich würde die Aufzeichnungen später wohl mal lesen, und das geschieht nun. Jedoch mit dem Vorsatz, nur ein paar – möglichst kurze – Zitate einzubringen: Der Junge meines Namens soll größere Präsenz gewinnen.

Gleich Anfang 48 ein wichtiges Bubenereignis: »Als ich heute beim Rangieren zuschaute rief mich der Lok-führer in den Führerstand. (Es war die E 7567) Während er noch eine halbe Std. rangierte, erklärte er mir alle Apparate des Führerstandes. Nach dem Rangieren führte er mich durch den Maschinenraum der Elok und zeigte mir alles: Die beiden riesigen Motoren, den Luftdruckkompressor, den Trafo, die Lichtmaschine usw. Es war ein sehr netter Lokführer.« Finde ich auch, im Rückblick.

Fahrt nach München, eine Vorstellung im Zirkus Krone.

Rohrbruch im Haus. Und ein Schockdacapo: »Heute habe ich zum ersten Mal eine Leiche gesehen das war so: Ich war auf dem Bahnsteig und zwei Gleise weiter kam der Orient-Express laut pfeifend in den Bahnhof herein und bremste auf einmal sehr stark ab, denn sonst fährt er immer durch. Da dies auffällig war, wie stark er abbremste liefen wir sofort nach vorne und sahen dort zwischen Schienen und Bahnsteig eine Leiche einer Frau liegen, die beim Überschreiten der Geleise überfahren worden war. Ein Klassenkamerad hatte dies gesehen und er sagte dass sie auf den Puffer genommen wurde und dann unter die Räder fiel, wo ihr dann der Kopf abgefahren wurde. Überall lag Gehirn verspritzt und etwa 10 m vor der Leiche lag ihr Kopf. Erkennen konnte man davon nicht viel. Bald darauf wurde sie weggetragen. Mit meinem Appetit war es heute schlecht bestellt.«

Und wieder Erfreuliches. In der Nachbarschaft wird eine Kellergrube ausgehoben. »Nachdem der Bagger fertig war, durften wir Drei uns in die Schaufel des Baggers setzen, die dann hochgezogen wurde und der Bagger drehte sich vielleicht achtmal mit uns herum. Als der Bagger zu dem Verladeort fuhr, saßen Herbert und ich wieder oben in der Baggerschaufel, in der wir die halbe Strecke herumgeschwenkt und geschaukelt wurden. Es war sehr schön.«

Assoziation: Zum traditionellen Fischerfest kam ein echtes Karussell ins Dorf, wurde aufgestellt im kleinen Park des spätromantischen Künstlerschlösschens. Schwäne oder Pferdchen auf dem Karussell? Das interessierte uns nicht, viel wichtiger schien uns der Antrieb, wahrgenommen durch eine Lücke in der Zeltplane, die den Sockel des Karussells umschloss: Zwei Männer trieben, geduckt, an einem Balken das Karussell an im Laufschritt. Die Grasfläche in Kreislinie zertrampelt. Wie groß mochte die Hitze gewesen sein unter der Holzfläche? Die Männer hatten es bestimmt nicht gern, dass sie bei der Galeerenarbeit beobachtet wurden, wir hielten die Lücke, den Spalt in der Zeltplane klein. Wir hatten ein Geheimnis enthüllt, behielten das für uns. So gewann es an Wert und Bedeutung.

12. Juni: Ein Klassenausflug von der Schule in München-

Pasing in die Münchner Innenstadt, Besuch einer Presseaus-
stellung, und ich registriere: frühe Faszination für das Printmedium, aha. »Gleich am Eingang des riesigen Saales stand ein
großer Globus auf dem Birnen angebracht waren. Passierte
nun etwas in Jerusalem so leuchtete es dort auf. Man sah die
Entwicklung der Presse von Anfang bis jetzt. Am interessan-
testen war die Druckerei der Tageszeitung mit einer Rotati-
onsmaschine, die unheimlich schnell lief.«

Von Pasing aus fuhr ich nach Schulschluss offenbar nicht
immer gleich nach Herrsching zurück, wir gingen auch schon
mal ins Kino. Und hier sehe ich mit Vergnügen den Filmtitel vermerkt, den ich bereits erwähnt habe, Stichwort Uhrenmann: »Der Farbfilm hieß ›Münchhausen‹ und war ausgezeichnet.« Den hatte ich also mit 14 gesehen.

Streng genommen: nicht alles sonderlich relevant, was ich
hier abgetippt habe. Aber was mir als Kind wichtig war, darüber will ich nicht einfach hinweggehen, hier spreche ich ja zu
mir selbst, über eine sehr große Zeitdistanz hinweg. Also hat
es doch seinen Stellenwert.

DAS HÄTTE ICH mir nie zugetraut: Dass ich zwei Jahres-
zeugnisse des Humanistischen Gymnasiums München-Pasing
aufbewahrt habe. Doch beim Abtragen und Sichten der Wand-
schrank-Endmoräne finde ich auch diese Blätter im Format
DIN-A5. Die Tatsache des Aufbewahrens überrascht mich.
Bei all den Vorarbeiten lerne ich mich erst so richtig kennen,
zumindest in frühen Phasen. Auch hier eine gravierende Er-
innerungstäuschung:

Ich wäre jederzeit zur Aussage bereit gewesen, dass ich ein
guter, ein ordentlicher Schüler war. Nun aber lese ich zum
Schuljahr 1947 / 48: »Der Fleiß war nicht immer befriedigend,
so dass er in einigen Fächern den Anforderungen nicht gewachsen war.« Uih! Gemeint waren die Fächer Latein, Mathematik und Turnen. Ja, Turnen! Ich habe Barren, Pferd und
Reck gehasst. Doch die schlimmste Herausforderung war für
mich und meine dünnen Nachkriegsarme das Hinaufhangeln
an einem Knotenseil bis zur Decke der Turnhalle.

Ein Jahr später wieder eine überraschende Notiz: »Im Unterricht lässt er es manchmal am nötigen Ernst fehlen.« Weiß nur noch, dass ich möglichst weit hinten und in Fensternähe sitzen wollte. Aber sonst: herumgeflachst? Keine Erinnerung, also kann ich dieses Schulkapitel knapp halten, aufatmend.

ALS WUCHTIGE MARKIERUNG des Beginns der Fischergasse: der »Andechser Hof« mit kleinem Biergarten unter Kastanienkronen, mit dem Vorbau des Festsaals: Die üblichen Vereinsfeste und Vorstellungen von Bauerntheater-Ensembles. In diesem Festsaal aber zwei Veranstaltungen, die sich einprägten. Vielleicht auch, weil ich nicht mitgenommen wurde, zu denen ich vielleicht sogar heimlich gegangen war, nachmittags.

Die erste Veranstaltung: Boxkämpfe in verschiedenen Gewichtsklassen. Als Mittel- und Höhepunkt ein Boxkampf, bei dem ein Geselle aus einer der Metzgereien des Dorfs antrat gegen einen erfahrenen Amateur oder gar Berufsboxer.

Ich sehe den Boxring mitten im Saal, unter gewölbter, verbretterter Decke, sehe helles Licht in den Fenstern, sehe viel Rauch, höre viel Geschrei – noch nie hatte ich so viel Geschrei unter einem einzigen Dach vernommen. Der Metzgergeselle kletterte schwergewichtig in den Ring: Staunen des schmalen, leichtgewichtigen Schulbuben (ein Krischperl), das dem Schularzt noch immer die deutlich hervorgehobenen Rippen des Brustkorbs zeigen konnte, und nun dieser junge Mann, fest im Fleisch, mit Fleisch gleichsam bepackt, doch ich hatte den Eindruck: wenig durchmodelliertes Fleisch. Eher: gewichtige Pfunde. Alle Zuschauer unterstützten den Herrschinger Boxer (seine Premiere?) mit Geschrei, er wurde gleichsam zum Gegner hingeschrien, an den Gegner herangeschrien, wurde in dessen präzise Schläge hineingeschrien. Der Metzgergeselle, von Anfeuerungsschreien umtost, umtobt, versuchte die Deckung des Gegners mit schierer Wucht zu durchbrechen, doch die Punkte machte der andere. Auf Angriff konditioniert, war der Metzgergeselle schwach im Decken, das konnte auch ich als Laie sehen, er musste immer härtere Schläge einstecken, der wohlgenährte Kraftkerl begann zu taumeln, auch die massierten Schreie konnten ihn nicht ausreichend stützen, konnten ihn schon gar nicht schützen, er ging zu Boden, wurde, bevor er ausgezählt werden konnte, vom Geschrei wieder mit so viel Auftrieb versehen, dass er tapsig aufstand, den Kampf weiterführte, ein Hieb ließ eine seiner Brauen aufklaffen, Blut lief übers Auge, der Kampf wurde abgebrochen, und ich lernte den Ausdruck: Technisches k. o.

Geschrei im verräucherten Saal fing den Metzgergesellen auf, als er aus dem Ring stieg, taumelig: er hatte sich für das Dorf geschlagen, hatte sich für das Dorf schlagen lassen, der Kampf hatte länger gedauert, als manch einer erwartet hätte, ich fühlte mich wie eingebettet in die Vibriermasse von Schreien, ja, das Schreien schien körperliche Dichte anzunehmen. Nur langsam sank der Schreipegel im Saal ab. Kraft, ungestalte, rohe Kraft gegen Geschick, Erfahrung; die schiere Kraft war ausgepunktet, ausgeknockt worden.

Der Festsaal konnte auch verdunkelt werden, und es wurden – bevor 1948 die Ammersee-Lichtspiele gebaut wurden – Spielfilme vorgeführt, die Leinwand in der Bühne aufgehängt, der Projektor im Saal aufgestellt, Biertischstühle gereiht. Der erste Spielfilm, den ich dort gesehen habe (oder der erste Spielfilm, an den ich mich erinnere), er hatte den Titel: *Hundert Mann und ein Mädchen*. Es war die Hundertschaft eines Sinfonieorchesters, das Mädchen war Sängerin, eine zuerst wohl erfolglose, schließlich aber triumphal erfolgreiche Sängerin, ihr Geschick mit dem des Orchesters verbunden. Zuerst schien sie so etwas wie ein Maskottchen zu sein, doch sie entwickelte sich: ihr Aufstieg begleitet von Orchestermusik. Die erste klassische Orchestermusik, die ich nicht vom Plattenspieler und aus dem Mahagoniradio mit dem Magischen Auge hörte, die erste klassische Musik über Lautsprecher eines Unternehmers, der die Anlage regelmäßig im Andechser Hof aufbaute. *Hundert Mann und ein Mädchen*: ein Film, der offenbar Resonanz für klassische Musik verstärkte oder erst weckte – zuletzt, in der Triumphphase sang das Mädchen, begleitet vom gesamten Orchester, eine Jubelarie, und ich bin fast sicher, es war der Anfang von Mozarts »Exultate, jubilate« … Ich war gerührt, hatte womöglich Tränen in den Augen – wie immer, wenn mir vorgeführt wird, wie etwas gelingt, wie sich Zuwendung zeigt, Wärme des Gefühls.

Ich würde diesen Film gern noch mal sehen, um in genauen Konturen zu erkennen, was mich damals, in den allerersten Nachkriegsjahren, so begeistert, so gerührt hat. Dieser Film fast als eine Initiation, eine doppelte: Für das Kino, für klassische Musik.

ZUM WORT KINDHEIT gesellt sich allzu leicht das Adjektiv »glücklich«. Feste Wortpaarung, als wäre dies eine feststehende Tatsache: Glückliche Kindheit. Die Formulierung stellt mich vor die Frage: Hatte ich, trotz Krieg, eine glückliche Kindheit? Ist Kindheit gleichsam dazu prädestiniert, eine glückliche Lebensphase zu sein? Wenn, im Einzelfall, eine Kindheit als glücklich bezeichnet werden kann: War es Glück im damaligen Lebensgefühl oder ist es Glück im späteren Bewusstsein?

Erinnerungen nur an Glücksmomente, jeweils separiert, aus dem Kindheits-Kontinuum wie herausgelöst. Die Überraschung, als wenige Jahre nach dem Krieg mein erstes Fahrrad neben dem Weihnachtsbaum stand, sogar ein Fahrrad mit »Strahlenkopf«, einer Zierlackierung am Ansatz der »Längsstange« (offiziell: Oberrohr): da habe ich vor Glück geweint.

Glücksgefühl auch, als ich auf Schlittschuhen die Herrschinger Bucht hinausschwebte, kilometerweit vor mir nur Eisfläche, Eisfläche, nichts konnte die Bewegung, die frei schwingende Bewegung aufhalten.

Glücksgefühl, als ich, nach langer, heißer Fahrt auf dem Trittbrett, von der Lokomotive berußt, zum See lief und ins aufspritzende Wasser rannte.

Wenn ich in mich hineinhorche, werden sich wahrscheinlich weitere Glücksmomente finden, aber ergeben die – aneinandergereiht, womöglich miteinander verschmolzen – das Gesamtgefühl »glückliche Kindheit«? Aber das gab es damals wohl kaum: Das kindliche Bewusstsein, in einer glücklichen, weil frühen Lebensphase zu sein. Solch ein Gefühl findet sich, stellt sich erst später ein, etwa in Phasen intensiver Verliebtheit. Innere Thermik! Oder in Phasen des Gelingens, das zugleich beflügelt! Glück wird erst richtig zum Glück, wenn es bewusst als Glück erfahren wird. Diese Erfahrung ist während der Kindheit wohl kaum möglich, jeder Zustand wird als gegeben erlebt. Erst bewusst erlebte Kontraste machen bewusst erlebtes Glück zur Erfahrung. (Klingt fast schon pathetisch!)

Also, ich kann für mich nur resümieren: Ich habe meine Kindheit nicht als glückliche Kindheit erlebt. Aber auch nicht als exemplarisch unglückliche Kindheit. Ich wusste ganz einfach noch nicht, was Glück bedeutet. Glück muss als Glück wahrgenommen, bewusst erfahren werden, dann erst kann sich das beschwingende Gefühl einstellen, in einer womöglich glücklichen Lebensphase zu leben.

So gesehen habe ich wahres Glück erst nach der Kindheit erlebt, weil bewusst. Gleichsam ein Quantensprung im Grundgefühl: in eine höhere Stufe der Intensität, in eine lebensenergie-reichere Umlaufbahn um einen unbestimmbaren Kern herum. So viel, und kein Wort mehr, zum Wortpaar: Glückliche Kindheit.

RADIOHÖREN war für mich in den ersten Nachkriegsjahren etwas Geheimgehaltenes, Heimliches. Ich bastelte mir ein eigenes Radio, ein Detektorgerät. Das wurde notwendig, weil die Musik, die ich hören wollte, von Mutter Helene nicht ausgesucht wurde auf der Skala, die reich an Städtenamen, doch arm an hörbaren Sendern war.

In akustischer Notzeit also werde ich das Detektorradio gebaut haben. Das wurde ermöglicht durch meinen (wenn auch geringen) Beuteanteil an jener Konkursmasse der Deutschen Luftwaffe, von Trucks in der Nähe der kleinen Güterhalle abgekippt, freigegeben zur Vernichtung mit Magnesiumfackeln. Doch in raschem Vorpreschen aus deckendem Buschwerk heraus hatten wir einige Geräte bergen können. Endlich Geräte, die man öffnen durfte! Und wir sahen Radioröhren! Radioröhren und Radiohören – nicht nur im Sprachklang assoziativ verbunden. Radioröhren brauchten einige Sekunden, ehe sie Betriebstemperatur erreichten. Und es begannen Abläufe, die zwar nicht zu sehen waren, deren technische Voraussetzungen aber sichtbar waren in Glasgehäusen, soweit nicht beschichtet. Diese Röhren waren etwa so hoch wie Glühbirnen, nur erheblich schlanker. So wurden Radioröhren in der frühen Phase des »Dampfradios« auch Lampen genannt: Radios mit drei Lampen … In den Glaszylindern waren kleine, »abstrakte« Metallplastiken, die ich bestaunte.

Die Luftwaffengeräte ließen sich allerdings nicht für unsere zivilen Zwecke umrüsten, ich lernte auch nicht, ein Radio zu bauen mit Röhren, Widerständen, Kondensatoren, Drehkondensatoren, aber ich hatte hier Material für Tauschgeschäfte. Vor allem brauchte ich Kopfhörer, Kupferkabel, einen Kristalldetektor.

Das kleine Gerät, das ich damals baute (nach einer gedruckten Anleitung? mit einem Freund, der »was davon verstand«?): ich kriege es nicht mehr rekonstruiert. Ich sehe nur Details. Beispielsweise die Holzplatte von etwa 20 oder 25 Zentimetern Kantenlänge. Was für Holz war es? Erinnerung will mir eine Pressspanplatte vorlegen, aber deren Annahme verweigere ich, es gab – zur Not – Sperrholzplatten. Wahrscheinlich war die Grundplatte meines Geräts aus »Echtholz«. Auf diesem Holz-»Chassis« die Drosselspule. Ich sehe mit diesem Wort wieder, wie ich einen handbreiten Pappstreifen zurechtformte, um eine Flasche herum oder um eine amerikanische Konservendose. Auch mir fehlte nach dem Krieg der Leim, also wurden Anfang und Ende des Pappstreifens übereinandergelegt, die Überlappung wurde perforiert, durch die Löchlein wurde Draht gezogen – die Rolle wurde gleichsam zusammengenäht. Vielleicht wurde auch Schnur benutzt.

Zu dieser Drosselspule der kleine Kristall, den eine Drahtspitze berührte. Wurde auf diese Weise der Sender aufgespürt? Ja, so hat es sich Erinnerung zurechtgemodelt: Mit der feinen Drahtspitze suchte ich im Kristall den Sender, den ich unbedingt hören wollte: AFN, American Forces Network. Und wenn ich das Gerät unvorsichtig wegstellte – verrutschte die mit sanftem Federdruck angepresste Metallspitze, und der Sender verschwand?

Detektor: ein Gerät zum Auffinden, zum Aufspüren ... Nun bräuchte ich einen Detektor, um dieses Gerät aufzuspüren – ist es in meiner Erinnerung für immer zerfallen oder kann dem Gedächtnis mit ein paar Stichworten nachgeholfen werden?

Allein komme ich nicht weiter, ich rufe einen ehemaligen Klassenkameraden an, der eine Zeitlang Amateurfunker war – der wird sich wohl genauer erinnern. Aber er weiß auch nicht mehr, wie er solch ein Gerät gebaut hat, auch ihm sind nur vage Erinnerungen geblieben: Spule und Kristall, Antenne und Kopfhörer. Richtig, die Antenne: Draht, der irgendwo festgemacht wurde, am besten an einem Wandnagel. Ja, und der Kondensator. Ein schlichter Kondensator oder eher ein Drehkondensator, von uns damals abgekürzt zu: Drehko? Nur schemenhaft wird das kleine Gerät sichtbar. Der Sender wurde allerdings nicht über den Kristall gesucht, erfahre ich nun, der gehörte zum Resonanzkreis, Schwingkreis, es ging nur darum, in Probierbewegungen mit der feinen Metallspitze den Kristallpunkt zu finden, an dem Impulse weitergeleitet werden konnten: der Kristall als Röhrenersatz. Welchen Sender man hören konnte, das hing allein ab von der Drosselspule: die Zahl der Wicklungen musste der Senderfrequenz entsprechen. Da gab es also Informationen, die unter Gleichaltrigen weitergegeben wurden: Soundso viele Windungen von Kupferdraht auf der Pappspule, und du kriegst den AFN rein.

Radiohören als kleines Abenteuer im Zimmer, das ich mit den Brüdern teilen musste; ich zog die Bettdecke über Gerät und Schädel, stülpte die Kopfhörer über, und ich hörte, was die (hoffentlich) neidischen jüngeren Brüder nicht hören konnten: American Forces Network. Verschiedene Gattungen von Musik im Programm, auch Hillbilly, aber das alles ist gelöscht in der Erinnerung, sie besteht darauf, dass ich auf Musik scharf war, die längst zum akustischen Erinnerungs- und Identifizierungszeichen jener Zeit wurde: In the mood ...

I got rhythm ... American Patrol ... Moonlight Serenade ... Und solche Hits gespielt von der Bigband eines Tommy Dorsey oder (noch besser!) eines Glenn Miller. Die Aufnahmen gibt es heute noch auf Tonträgern – auf diesem musikalischen Leitstrahl kann ich mich leichter in jene Zeit zurückversetzen, in der ich, im Bett-Iglu, die Musik hörte, die ich hören wollte – oder die ich nachträglich gehört haben möchte. Resonanzkreis, Schwingkreis, und dieser Schwingkreis als Swing-Kreis, in dem die immer gleichen Titel kreisen, das Kristallkonglomerat in der Erinnerung lässt nur solche Titel durch ... Wunschmusik, im genauesten Sinn?

Die Erinnerung an die Hörsituation ist gespeichert, aber ich bin nicht ganz sicher, ob die berühmten Hit-Titel »wie gerufen« kamen oder ob Erinnerung hier nachgearbeitet hat, um dem bescheidenen Gerät akustische Glanzlichter aufzusetzen: In the mood ... American Patrol ... Perdido ... Take the »A« Train ...

OB MAN ÜBER DIE HOCHEBENE östlich von Herrsching wandert oder fährt, ob man im See schwimmt oder auf dem See fährt: Immer ist, als landmark, der schlanke, spitze Turm der Klosterkirche Andechs zu sehen, mal über Waldhänge hinausragend, mal, von der Hochebene aus gesehen, auf dem Klosterhügel thronend, der Heilige Berg.

Von Herrsching gibt es zwei Hauptwege, die zum Kloster führen: durch das Kiental und über die Leitenhöhe. Ein Weg dies an langgestreckter Mittelgebirgsflanke, die ins Kiental steil abbricht. So ist das Kiental im oberen Abschnitt »wildromantisch«: Steilhänge, sehr hohe Bäume, die sich ins Licht hochstrecken an Punkten, an die Sägetrupps nur schwer oder gar nicht herankommen. Dazu kleine Sandsteinhöhlen, höchst verlockend für das Kind, auch wenn es, in Wegnähe, nur Einhöhlungen waren, in die man sich kurz mal hineinschmiegte: »Nun komm schon!«

Viele Sonntagswanderungen von Herrsching nach Andechs. Auf Hochglanz polierte Schuhe, wollene Kniestrümpfe, Lederhose, helles Hemd.

Die Sonntagswanderungen wurden von uns Kindern nur unter stillem oder halblautem Protest absolviert. Auf Diskussionen ließ sich unsere Mutter nicht ein, es war die Ära unangefochtener Elternautorität, vom Staat geschützt, dem Kind wurden noch keine Entscheidungen überlassen: »Mach keine Menkenke, du kommst mit.« Mürrisches Latschen, bis zur ersten Einhöhlung im Hang am Weg.

Erinnerungen an Sommerwanderungen überlagern und neutralisieren sich; eingeprägt hat sich nur der obere Talabschnitt, der sich zur Schlucht verengt, eingeprägt hat sich der kleine Wasserfall, hinabstürzend in ein weites, tiefes Becken, in das man von eisernem Steg hinunterschauen konnte. Dieser Steg blieb erhalten, die Blickperspektive des Kindes lässt sich vergegenwärtigen.

Als etwas ganz Besonderes erlebt (und eingeprägt) haben sich Winternacht-Wanderungen zum Kloster, in der Christnacht. Die drei evangelischen Kinder mussten sich winterfest anziehen, die evangelische Mutter jüdischer Herkunft zog Skistiefel an (mit denen man damals noch wandern konnte, da aus Leder und nicht aus »Beton«), die blauschwarze Überfallhose, die langhaarige Jacke. So zogen wir los, zur späten Mette, womöglich Mitternachtsmette. Da waren die Einhöhlungen rechts und links vom Weg bedeutungslos, waren vom Schnee gleichsam verschüttet, da war nur der Weg, war Schnee im Nachtlicht, vielleicht Mondlicht, ein Blauweiß, und am Ende der Wanderung, wenn man all die Stufen vom Tal hinaufgestiegen war zur Kuppe des Heiligen Bergs: der schimmernde, leuchtende, funkelnde Innenraum der Klosterkirche.

Eine gotische Hallenkirche, im Zeitalter des Rokoko stilrein umgestaltet, ausgebaut, ausgeschmückt. Gotik und Rokoko waren damals noch keine Begriffe für mich, beherrschend, ja: beherrschend war die festliche Selbstdarstellung eines weiten und hohen Raums, für den das Kind keine Vergleiche hatte.

Gingen wir überhaupt in die Kirche? Erstens als Evangelische unter Katholiken, zweitens als Preußen unter Bayern, drittens als Zugereiste unter Einheimischen? Gottesdienste im Gemeindesaal, in dem ich teilnahm an religiösen Unterweisungen? Die bestanden vorwiegend im Erzählen von Geschichten, die biblisch, dennoch bunt und spannend waren: Ein Dornbusch, der brennt und spricht ... »eine Heuschreckenplage« ... ein Meer, das sich für einen Durchmarsch teilt ... Später wird das Haus, in dem Bibelstunden stattfanden, im Erdgeschoss umgewandelt zur Eulenspiegel-Bar.

Selbst, wenn für die Evangelischen damals schon Gottesdienste möglich waren in der nahen Martinskirche, optisch dominierend auf einem Hügel am Rande des Orts: keine Erinnerungen, alles gelöscht. Der Eindruck festlicher Raumentfaltung in der Klosterkirche hingegen ist geblieben, wenn auch vage: braungoldene, weiträumige Lichtwabe in einer Winternacht, Weihnachtsnacht. Was dort ablief während der Mette, es war mir fremd. Wann muss man aufstehen, wann muss man murmeln?

Christmette im Kloster Andechs: Konfrontation mit einer fremden, aber farbenreichen, goldreichen Welt. Da wurde noch nichts durch Vergleiche relativiert. Festlich ausgestaltete Räume konnten wir sonst nicht betreten, als Kinder, auch nicht im nahen Schloss Seefeld, und so bereitete uns nichts vor auf die Raumwirkung der Klosterkirche. Stuckatur, vergoldet, Bilder golden umschnörkelt, das Gnadenbild des Hauptaltars von weiten Goldflächen betont, Gemälde in gedämpften Farben, Statuen in Weiß, und all dies, zumindest in der Christnacht, erhellt von zahlreichen Kerzen. Wahrscheinlich war das Weiß der Wandflächen damals noch eingedunkelt, war das Gold noch stumpf, waren die Bilder von dunklem Firnis überzogen – erst sehr viel später, als die Bundesrepublik reich wurde, fand Restaurierung auch dieser Kirche statt, wurde Weiß ganz weiß, wurde Gold blattgolden, wurde Firnis von Bildern abgelöst, wurden Fresken aufgefrischt. Aber auch in den Kriegsjahren: viel Farbe, viel Gold, viel Glanz für das Kind. Den Eindruck von Vielfalt und Reichtum eines so festlich gestalteten Raums kann mein Text nicht suggerieren. Ich müsste ein Buch heranziehen über die Rokoko-Klosterkirche, ein Buch eventuell auch über Barockkirchen, und ich lese mir Fachwörter an für die Ausgestaltung des Kirchenraums, er-

zeuge mit den Wortfolgen, mit einem Wortwirbel andeutungsweise eine Vorstellung vom Reichtum der Raumgestaltung,
aber einfacher wäre hier die Vorlage eines Farbfotos.

Die Klosterkirche von Andechs: erster Kunsteindruck für
Kind Dieter. Ich hebe hervor: erster Kunsteindruck, der nicht
durch Reproduktionen vermittelt wurde, schwarzweiß, in
den Blauen Büchern. Dies wird mir erst bewusst, während ich
diesen Text schreibe: Das Kind sah im Original nur Gemälde
frommer Sujets, sah Gemälde mit propagandistisch stilisierten
Motiven, im Haus der Deutschen Kunst zu München.

In der Christnacht aber hatte ich wohl kaum ein Auge frei
für Gemälde, da war die Liturgie, da war der Gesang, da war
das Orgelspiel. Der Erinnerungsraum Andechs: gleichsam
leergeräumt von Details, ein braungoldener Grundton mit
zahlreichen Lichtern, der Raum selbst als Kunsteindruck.

Details erhellte der Sommer. Die zwei- und die dreidimensionalen Heiligenfiguren interessierten mich damals nur wenig. Aber gaffend und buchstabierend werde ich die Gemälde
auf der weiß stuckierten Galerie beschaut haben, von unten,
diese fortlaufende Bildergeschichte von Kloster Andechs,
bis ins 18. Jahrhundert. Unter jedem Bild ein Zweizeiler in
goldener Schrift, dieser Zweizeiler gereimt auf Biegen und
Brechen. Die ganze Bilderhistorie, diesen Rokoko-Cartoon
werde ich wohl kaum je gelesen haben, fortlaufend, höchstens habe ich mitgekriegt, was uns vorgelesen wurde, bei einer
Schulführung. Nur Einzelheiten blieben präsent: Eine blinde Frau aus dem nahgelegenen Dorf Widdersberg (ebenfalls
Ziel von Sonntagswanderungen), sie wurde plötzlich wieder
sehend, o Wunder. Und vor allem: der Klosterschatz war in
Kriegsangst mal vergraben worden, wurde mehr als ein Jahrhundert lang nicht wiedergefunden, bis schließlich während
einer Messe eine Maus erschien, zwischen den Zähnchen ein
Zettel mit exakter Positionsangabe für den Klosterschatz, Re-
liquienschatz. O zweites Wunder!

Ein Seitenraum, lockend, jedoch stets verschlossen von barock verschnörkeltem Eisengitter: die Kerzenkammer. Hunderte von Devotionskerzen, auf Wallfahrtsprozessionen zum

Kloster getragen, oft über weite Entfernungen hinweg. Auf diesen Kerzen, oft mit dem Durchmesser von zehn oder zwölf Zentimetern, durchweg ein wappenähnliches Bild mit Jahreszahl, und diese Jahreszahlen reihten sich, reihen sich weit zurück, von angestrengten Blicken durchs Gitter entdeckt, von angestrengten Blicken durch Fensterchen, deren Glas kunstvoll verschliert ist. Es staffelte sich zurück von einem Neunzehnhundertsoundsoviel zu einem Achtzehnhundertsoundsoviel und einem Siebzehnhundertsoundsoviel und womöglich zu einem Sechzehnhundertsoundsoviel. Immer ältere und dunklere Kerzen; angedunkelt auch die Kerzenbilder, oft in Konturen eines Wappens. Wie oft habe ich mich, den Blick fokussierend, in die Kerzenkammer hineinversetzt. Betreten habe ich sie nie, es fehlte ein Sesam-öffne-dich.

Noch wichtiger als die Kerzenkammer war der Krippenraum. Steinstufen führen hinauf. Durch eine Türöffnung kann man auf die Galerie hinaustreten, aber nur in den Abmessungen einer Sichtkanzel; nach links die Absperrung vor der Orgelempore, nach rechts geht es auch nicht weiter. Aber man sieht, gegenüber, einige der Bilder der Klostergeschichte auf gleicher Höhe, ist den Deckenfresken näher und den Orgelpfeifen. Und eine Tür, schmal, dunkel, führt vom Krippenraum den Turm hinauf. Eine Holztreppe, spiralig, die bei fast jedem Schritt knarrte; der Geruch von altem und sehr trockenem Holz; kräftige Zimmermannsarbeit. Schließlich die Glockenkammer und fast immer Windfauchen, am Turm, im Turm. Und Blick südwärts hinunter zum Dorf Erling mit dem Zwiebelturm der Dorfkirche und weiter auf Wiesenhänge, Waldhänge, und, bei Rückfrontwetter oder Föhn: Blick auf ein langes Segment der Alpenkette.

Das Kind aber hatte andere Prioritäten. Wichtiger als die Landschaft südlich vom Kloster war das Stadtmodell im Krippenraum: Modell der Stadt Jerusalem zu Beginn unserer Zeitrechnung. Wer einen Groschen in ein Kästchen warf, dem wurde das Modell beleuchtet, schwach und für vorgezählte Minuten. Viel gab es dort zu sehen! Eine Mauer mit Zinnen umgürtete die gesamte Stadt. Außerhalb der Stadtmauer Ansätze von Landschaft, zum Beispiel am Hügel Golgatha. In der Stadt viele Türme mit Zinnen, viele Tempel, und dicht aneinandergereihte Häuser; bedeutsame, für die Heilsgeschichte bedeutsame Straßen und Plätze.

Eine alte Stadt, auf einen Blick. Ich schaute mich in die Stadt hinein, setzte das fort, auch wenn die schwache Lampe wieder ausgeschaltet war, abgelaufene Lichtzeit. Alle wichtigen Gebäude, alle wichtigen topographischen Punkte mit Ziffern markiert, die Zahlen entschlüsselt auf einer Tafel außerhalb des kleinen Schaufensters in die Vergangenheit. Diese Tafel, diese Ziffern heute noch, ich könnte also leicht »spicken«, könnte so dem Gedächtnis nachhelfen, aber ich lasse das Stadtbild in der Beschreibung so vage, wie es in der Erinnerung geblieben ist. Wichtig waren mir auch damals nicht Details, so vermute ich, wichtig war der Gesamteindruck.

Und wichtig ist mir heute das Interesse des Jungen am Stadtmodell. Faszination damals, und diese Faszination spüre ich wieder, sobald ich erneut an der Scheibe stehe. Das Modell etwa drei Meter lang, anderthalb Meter tief, auf geschrägter Fläche präsentiert. Hineinschauen in das Modell einer Stadt in vergangener Welt: wurde Neugier geweckt, die sich verkapselte, erst viele Jahre später wieder aufbrach? In Stadtmuseen interessieren mich vor allem die Modelle, zum Beispiel von Nürnberg, da schaue ich mich hinein, und manchmal versetze ich mich hinein.

Später löste sich der Modellgedanke von Bastelarbeiten aus Holz und Farbe: Entwicklung von literarischen Modellen in Versuchen, mich Realitäten anzunähern.

ATOME UND QUANTEN

Zuerst war mir alles plausibel erschienen. In der Zeitschrift *Orion,* dann in einem Buch der Reihe »Kosmos« war mir als Schüler das märchenhaft schlüssige Atommodell von Rutherford vermittelt worden.

Da capo: Das Atom hat einen Kern, der besteht aus Neutronen und Protonen, dicht zusammengeklumpt; dieser Kern wird in verschiedenen Abständen umkreist von Elektronen. Also das Planetensystem im Kleinen. Das ließ aufatmen: Wie wunderbar passen das Innen und Außen zusammen, Mikrokosmos und Makrokosmos (soweit vertreten durch unser Planetensystem).

Und es kam, später, die irritierende Erkenntnis hinzu: Elektronen umkreisen zwar unablässig den Atomkern, aber sie wechseln schon mal, unvorhergesehen, die Umlaufbahn, die kreisförmige oder elliptische. Springt ein Elektron auf eine weiter außen gelegene Umlaufbahn, so gibt es ein Quant Energie ab; springt es auf eine Bahn, die dem Atomkern näher ist, muss es ein Quant Energie aufnehmen: die berühmten Quantensprünge.

Ein immer noch wunderschön schlüssiges, haarsträubend vereinfachtes Modell. Ich musste verfolgen, wie es mehr und mehr in Frage gestellt, schließlich abgewrackt wurde bei konsequent präzisierter Erforschung vor allem in Zyklotronen (Teilchenbeschleunigern, die Atomkerne unter Beschuss nehmen). Heraus kamen immer mehr Binnenteilchen im Atomkern. Heute sieht man dort ein Gewimmel von etwa zweihundert verschiedenen Teilchen in diversesten Wechselbeziehungen. Der berühmte, der berüchtigte »Teilchenzoo«, der manchen Forscher, sogar einen Albert Einstein, resignieren ließ: Ich werde doch nicht zum Erbsenzähler ...! Wobei Teilchen nicht einmal mehr Teilchen sind in ihrer Dualität von Welle und Korpuskel, sie sollen jeweils fadenförmig beschaffen sein, die berühmten »strings« der entsprechenden Theorie, also sehe ich nun im Atomkern eher eine Art Fadenknäuel, in der undurchsichtigen Struktur eines Gordischen Knotens, den kein Schwert durchhaut.

Ich mogle nicht: Nachdem ich diese Textsequenz auf der Festplatte abgespeichert hatte, las ich in einer überregionalen Zeitung: »Cern-Physiker finden neues Elementarteilchen – ist es das lange gesuchte Higgs-Boson?« Erneuter Zuwachs also im Teilchenzoo, Partikel No. zweihundertsoundsoviel?

Die rund fünftausend Mitarbeiter des siebenundzwanzig Kilometer langen Ringtunnels der Beschleunigung hundert Meter unter der Erde dürften intensiv gearbeitet haben, bis das Ergebnis gefeiert werden konnte; zwei »kirchenschiffgroße, unterirdische Detektoren« haben nach Milliarden von gesteuerten Partikelkollisionen dieses Signal herausgefiltert. Höchste Komplexität, und die wird offensichtlich noch gesteigert, denn es scheint »durchaus möglich, dass die Natur ein noch komplexeres Gefüge aus Bausteinen und Kraftfeldern errichtet hat, als es die heutige Physik für möglich hält. Zum Beispiel könnte es eine zusätzliche Kategorie sogenannter supersymmetrischer Partikel geben, die wie eine Schattenwelt das bisher bekannte Universum ergänzen.«

So zeigt sich erneut, dass Erklärungsmodelle eine meist nur begrenzte Halbwertzeit haben, langfristig oder kurzfristig: Immer neue Informationen lassen sich zuletzt nicht mehr in das Modell einfügen, einbauen, es kollabiert, muss durch ein neues Modell ersetzt werden. Ich lebe, wir leben in einer Welt zerfallender Modelle, im Zeichen einer immer größeren Komplexität. Was auch einwirkt auf mein Grundgefühl.

Im Gedankensprung wieder zur Quantenmechanik. Ein Bild vom Wechsel der Umlaufbahn eines Elektrons lässt sich nicht mehr ausmachen im Teilchengewusel, Teilchengedrängel, im

Partikelcluster. So sehe ich mich gezwungen, allgemein zu bleiben, leider.

Und ich schreibe: Ein Quantensprung lässt sich nicht voraussehen, nicht berechnen, er findet statt nach dem Zufallsprinzip, ist nur statistisch erfassbar als Unschärferelation. Der alte Spruch »Natura non fecit saltus«, die Natur macht keine Sprünge, diese Aussage musste um ein entscheidendes Wort gekürzt werden, liest sich nun so: *Natura fecit saltus*. Was Einstein allerdings nicht akzeptieren wollte! Sein berühmtes Diktum: »Gott würfelt nicht.« Doch mittlerweile hat sich die Fachwelt daran gewöhnt: Aleatorische Quantensprünge finden statt. Sie lassen sich nicht kausal, schon gar nicht monokausal begründen. Das Geschehen ist *nichtlinear*: keine Verbindungslinie zwischen Ursache und Wirkung. Wirkung ja, aber die Ursache lässt sich nicht bestimmen, nicht berechnen – höchstens statistisch.

Indem ich das Leitwort *nichtlinear* übernehme, mir zu eigen mache, es adaptiere, modifiziere: Will ich mich damit, per Schulterschluss, bei den Experten anbiedern, die mir weit, ja uneinholbar voraus sind?

In einem Antiquariat entdeckte ich eine Ausgabe der Lebenserinnerungen von Max Born, der für seine Arbeiten auf dem Gebiet der Quantenforschung mit dem Nobelpreis ausgezeichnet wurde. Sogleich die Hoffnung, ja Erwartung, dass er mich nebenbei auch einführen könnte in die Welt der Quanten, die ja nun millionen- oder milliardenfache Sprünge auch in mir vollziehen. Und auch noch: Dass er für sein Buch eine Struktur entwickelt hatte, die seinem Erkenntnisstand entsprach.

Doch ich machte eine enttäuschende Lese-Erfahrung! Der Großmeister der Quantenforschung schreibt über sein Leben mit onkelhafter Betulichkeit. Offenbar ist das Buch, zumindest im zweiten Teil, diktiert worden; zumindest scheint es darauf angelegt, der Familie vorgelesen zu werden, immer wieder fallen die Wörtchen »ihr« und »euch«. Und es wird unbeirrbar linear berichtet. Paradox: Born dachte als Forscher in nichtlinearen Kategorien und schrieb Erinnerungen linear nieder. Einer der großen Erneuerer, der in alter, ja altmodischer Form artikulierte, sobald er sein Leben rekapitulierte.

Zur Enttäuschung eine Überraschung: Auch Max Born, Vater der Quantenmechanik, forschend in Göttingen (am »Born der Quantenweisheit«: so ein Kollege ironisch bewundernd), selbst Born musste gelegentlich zugeben, dass er mit seinem Verständnis an Grenzen stieß. 1921 bezeichnete er die Quanten als »eine hoffnungslose Schweinerei«, 1930 gestand er einem Kollegen, er könne der neuen Forschung kaum noch folgen. Auch Kollegen resignierten, auf höchstem Niveau. Richard Feynman: »Ich glaube, mit Sicherheit behaupten zu können, dass heutzutage niemand die Quantenmechanik versteht.« Ein Göttinger Kollege artikulierte den Erkenntnis-Notstand in einem Song (nach der Melodie des Mäcki-Messer-Lieds) beim Hausfest zu Borns fünfzigstem Geburtstag:

Und die Matrix hat 'nen Index
Und der Index hat nun Strich
Und man liest und liest es wieder
Doch verstehen tut mans nicht.

Bin ich damit freigesprochen, muss nicht den vergeblichen Versuch unternehmen, mir ein Erklärungsmodell der Quantenwelt zurechtzubasteln? Und ich übernehme nur, was ich als Autobiograph brauchen kann? Das wäre denn, neben dem Prinzip *Zufall*, der zentrale Begriff *Nichtlinearität*.

DIE DRITTE DIMENSION
DER GEGENWART

DER NEUE LEBENSABSCHNITT Düren wird eingeleitet von der einzigen (und letzten!) Eintragung im Tagebuch unter der Jahreszahl 1950: »Der große Eilbrief mit Briefmarken bepflastert. In ihm stand in Stichworten dass es jetzt nach Düren gehen sollte. Innerhalb von 14 Tagen war es geschafft. 2 Möbelwagen wurden am 10. XI. 49 vollgepackt und wir fuhren 15.36 von Herrsching ab. Wir übernachteten in einer Pension und fuhren am nächsten Morgen 10.27 mit dem FD in München ab. Die Fahrt die sehr schön war (Main, Jura, Spessart, Rhein!!) endete 20.05 in Köln. Papi erwartete uns freudig und wir wurden ›abgeladen‹. Am nächsten Samstag ging es nach Düren.«

Wieso eigentlich Düren, zwischen Köln und Aachen? Helmuth setzte seine frühere Tätigkeit fort, freilich nicht mehr in der Kölner Bank, die war vollständig zerstört. Offensichtlich gab es aber noch ein paar alte Verbindungen, zumindest aus der Zeit vor dem Krieg, und so ergab sich der neue Ansatz: Mitarbeit bei der Wiederbelebung der Dürener Bank. Die hatte provisorische Unterkunft gefunden in einer Villa der einzigen Straße in Düren, die nicht vollständig zerstört worden war, der Holzstraße. Wie schon der historische Name andeutet: nicht ganz im Zentrum, also nicht völlig planiert.

Der neue Mitarbeiter wohnte noch weiter draußen, als Untermieter (möbliertes Zimmer) an einer Straße eifelwärts. Von dort marschierte er zur Arbeitsstätte. Es dürfte, nach Andeutungen des Tagebuchs, 1948 gewesen sein, als er wieder Fuß fasste im Rheinland; Ende 1949 war es so weit: er hatte, wohl gemeinsam mit Helene, eine Bleibe für die Familie gefunden, ebenfalls in einem Haus an der Peripherie, eins der dreizehn Häuser, die nicht zerstört worden waren.

Vom fahl beleuchteten Bahnhof aus marschierte die wieder komplettierte Familie auf einer Straße fast ohne Lichter. Nur schemenhaft erkennbar: Brandmauern, Reste von Fassaden, Trümmerhaufen, aber auch erste Neubauten, durchweg ebenerdig. Wir näherten uns einer Insel der Aufhellung: Der Neubau des Kaufhofs wurde in einer Spätschicht verputzt, Männer auf Gerüsten, Feinputz wurde glattgestrichen, Arbeitsbeleuchtung durch Birnen, die an Kabeln hingen.

Mein erster Eindruck: Alles zerstört, alles düster – und hier die Lichtinsel der Betriebsamkeit. Außerhalb ihres Streulichts wurde es wieder düster, eine nun noch längere Strecke mit sehr schwacher Beleuchtung. Ein Stück ging es entlang an Gleisen einer Feldlorenbahn. Und weiterhin: Trümmerhaufen, von Schwarz gesättigt, hochragende Mauerreste, einige neue Häuser, auch sie nur wenig Licht spendend – noch die Zeit der kriegsmäßig schwachen Glühbirnen von 25 Watt. Schließlich, an einer sanft ansteigenden Straße, das freistehende Reihenhaus, in dem wir für das nächste halbe Jahrzehnt wohnen sollten. Klo auf halber Treppe, Wohnung im ersten Stock, Kinderzimmer, Wohnzimmer, Elternzimmer, Bad, Küche. Also für jenes Düren luxuriös.

Bei Erkundungsgängen am ersten Tag: freigeräumte Straßen, zahlreich jedoch Trampelpfade: zwischen Trümmerhaufen mit Birkenbäumchen, in verwilderten Gärten, einem demolierten Park. Im Zentrum: Loren auf krummen Schmalspurschienen; von kleinen Lokomotiven wurden die Züge hinausgezogen zur Stadtgrenze, zu einem anwachsenden Trümmerhügel.

Sich einleben in der fast vollständig zerstörten Stadt, die langsam enttrümmert, noch langsamer wieder aufgebaut wurde: Folgen der Kriegsereignisse, die ein Ambiente hinterließen, das mein Lebensgefühl erheblich beeinflusste. So gehört die Geschichte der Zerstörung dieser Stadt zu meiner Lebensgeschichte.

Zwischen Mai 1940 und September 1944: eintausendsechshundertdreiundachtzigmal Alarm. Vom 27. September an wurden »die Alarme nicht mehr gezählt, weil in Düren fast ununterbrochen Daueralarm herrschte«. So lese ich in einer städtischen Dokumentation. Und weiter:

Der lange verhinderte, der hinausgezögerte Durchbruch der Alliierten zum Rhein sollte endlich »durch eine Groß-offensive erreicht werden, die unter dem Decknamen Operation QUEEN vorbereitet wurde. Um den Erfolg der Offensive zu gewährleisten, wurde der größte Luftangriff des Zweiten Weltkrieges zur unmittelbaren Unterstützung der Bodentruppen vorbereitet. Die Planung sah vor, an einem einzigen Tage mehr als 4500 amerikanische und englische Flugzeuge einzusetzen. [...] Mehr als 1200 schwere Bomber der Royal Air Force sollten Düren, Jülich und Heinsberg angreifen. Die drei Städte sollten möglichst vollständig zerstört werden, weil man hoffte, auf diese Weise die Straßenverbindungen und die Nachschubwege für die deutsche Front zu unterbrechen. [...] 1122 Bomber des Royal Air Force Bomber Command belegten die Städte mit 5736 Tonnen Bomben, davon fiel etwa die Hälfte auf Düren, nämlich 95 Zielmarkierer, 5477 Sprengbomben und 148 980 Brandbomben. Der Luft-angriff auf Düren am 16. November 1944 dauerte 21 Minuten, von 15.23 bis 15.44. Die Stadt wurde fast vollständig zerstört. Wahrscheinlich 3126 Menschen wurden sofort getötet oder starben in den folgenden Stunden und Tagen an den erlittenen Verletzungen.«

Ergänzende Sätze aus einer hektographierten Schrift, die mir später überreicht wurde: »Bis zur Eroberung Dürens durch amerikanische Truppen am 25. Februar 1945 setzten die Waffen des Erdkampfes das Zerstörungswerk fort. Nur dreizehn unbeschädigte Häuser (Bestand vor der Zerstörung: 6500 Wohnhäuser) und vier Bewohner innerhalb des Stadt-bereiches verzeichnet die Überlieferung für den Tag null, als in Düren der Kriegslärm verstummte.«

So wurde Vergangenheit schmerzhaft deutlich zur dritten Dimension der Gegenwart. Leben in einer Stadt, der das Gesicht genommen wurde: In der Bombenkriegs-Statistik lag Düren mit 97,7 Prozent Zerstörung an der Spitze. Tabula rasa.

Belastend kommt hinzu: Die Zerstörung war militärisch sinnlos. Bereits kurz nach dem Angriff, so berichtete mir der uk-gestellte Schwiegervater, legten Pioniere zwei Trassen frei: Einbahnstraßen um den ehemaligen Stadtkern herum, und die Versorgung der Eifeltruppen, die Vorbereitungen zur Ardennenoffensive liefen rasch wieder an.

Vom 17. Dezember 1944 bis zum 25. Februar 1945 lag Düren zudem in der HKL, der Hauptkampflinie. Das heißt: die Stadt wurde von der Eifelhöhe herab von schwerer Artillerie beschossen. Allein im Areal der rüstungsrelevanten Firma, in der Edmund, der Ingenieur, arbeitete, schlugen etwa achtzig Granaten ein. Die Trümmer der Stadt wurden sukzessiv zerkleinert. Als die Amerikaner einrückten, gab es im Trümmerareal Düren nur noch die (erwähnten) vier Einheimischen und (noch nicht erwähnte) vierundzwanzig Zwangsarbeiter. Einen der vier Deutschen, einen Installateur, ernannten die Amerikaner zum Bürgermeister. Er hatte ein Zimmer in einem beschädigten Haus mit der Anschrift Paradiesplatz: Teil der erkalteten Hölle.

Manche Zeilen dieser Intrada lesen sich wie Beiträge zu einer Geschichte des Luftkriegs. Damit die Gefahr unzulässiger Abstraktion. Es war aber alles blutig konkret. Gisela hat noch mit ansehen müssen, wie Leichen und vor allem: wie aus verschütteten Kellern Teile von Leichen geborgen wurden, in Eimer gesteckt, in Säcke gestopft. Erlebtes, Miterlebtes, das sich symbiotisch übertrug, gleichfalls das Lebensgefühl formend, mitformend. Ich lebte, ich richtete mich ein in den Resten einer Totenstadt.

Auch bei diesem Pauschalwort darf es nicht bleiben, die Geschichte der Stadt auch als Geschichte des Leides, kulminierend in jenen Kriegsmonaten, die uns erspart geblieben wären, hätte Henning von Treskow mit der Sprengung der Führermaschine, hätte von Stauffenberg mit der günstigeren Platzierung seiner Bombe Hitler beseitigen können.

Leid, Schmerz, Tod in Düren – wenigstens ein einziger Hinweis. Der Chirurg des Städtischen Krankenhauses: »Es wurden uns zwei tote Kinder, ein weiteres Kind mit völlig abgerissener vorderer Bauchdecke und freiliegenden Eingeweiden noch lebend hereingebracht. Mit ihm zusammen seine schwer verletzte Mutter mit einem schwer verletzten Töchterchen, dessen Beine mehr oder weniger zerfetzt waren und amputiert werden mussten.«

Düren, an der Spitze der Vernichtungsskala. Ausgelöschte Stadt. Das muss noch präzisiert werden. Die Vernichtung des Stadtambientes, in dem auch ich mich einleben musste, und dies mit Rückwirkungen, mental.

Eine Formulierung, später, die bald zirkulierte: In die Steinzeit zurückbomben. Das war in Düren geschehen. In einer umfassenden Dokumentation unter dem Titel *Düren 1940–1947* wird das bestätigt von vielen Stimmen.

Ein evangelischer Pfarrer, vier Tage nach dem Angriff: »Ich glaube kaum, dass zu unseren Lebzeiten die so völlig ausgetilgte Stadt wieder erstehen wird.«

Ein amerikanischer Offizier, nach der Eroberung Dürens in *The Stars and Stripes*: »I suppose if the Germans still want a town called Duren after the war they will pick a good spot a few miles north and start building one.« In einer Fußnote, übersetzt: »Falls die Deutschen nach dem Kriege wieder eine Stadt namens Düren haben möchten, werden sie sich vermutlich ein paar Meilen nördlich ein nettes Plätzchen aussuchen und da was Neues bauen.«

Mit der Auslöschung der Stadtstruktur auch die völlige Vernichtung von Infrastruktur, kurzum: Chaos. Eine Lehrerin, zuvor evakuiert: »Von Norden kamen wir in die Stadt hinein. Tote Pferde und Kühe lagen hässlich am Wege. Da waren wir an den ersten Häusern der Stadt. Wie sah es dort aus. Möbel, Herde, Öfen, Hausrat, Wäsche, Bettzeug, alles lag vor den Häusern. Der Regen der letzten Tage hatte schon großen Schaden angerichtet. Schwarze Soldaten kamen uns entgegen, machten mit uns kehrt und fuhren vor uns, hinter uns, neben uns.«

Zur Situation März 45: »Nun hatte Düren einen Bürger-

meister, der mit einer Schreiberin auf dem Paradiesplatz die
ganze Verwaltung Dürens leitete und der sich freute, dass die
Stadt um einige Bürger reicher wurde. Die Versorgung der
Leute war denkbar einfach. Auf dem Paradiesplatz wurde für
die ganze Stadt gekocht, Essensausgabe während der Mittagsstunden. Die Lebensmittel lieferten meist die leerstehenden
Dürener Keller, Gemüse die brachliegenden Gärten, ein Schaf,
das vor Ostern auf eine Mine gelaufen war, reichte aus, um
ganz Düren mit Fleisch und Fett zu versorgen. Auf dem Paradiesplatz hingen die wichtigsten Bekanntmachungen aus:
Ausgang bis 6 Uhr abends, Ansteckungsgefahr durch ungekochtes Wasser, Verbot für Benutzung der Klosetts, weil das
Kanalsystem zerstört war. [...] Schwer, sehr schwer mussten
wir arbeiten, denn Männer waren nur wenige in Düren, und
wenn wir gerne unsere Dächer gedeckt und unsere Fenster geschlossen haben wollten, so mussten wir Frauen selbst Hand
anlegen, und mehr als einmal waren wir fest entschlossen, das
armselige Düren wieder zu verlassen.«

Eine weitere Stimme (Vater eines Mitschülers, der zu sarkastischen Äußerungen neigte): »Die Wiederbesiedlung Dürens
ging nicht nach einem aufgestellten Plan vor sich. Etwa so,
dass sich der Rückkehrwillige an die Behörde wandte und um
Zuweisung einer Wohnung oder eines Obdachs ersuchte. Im
Gegenteil ging es vollständig planlos vor sich. Wer kam, war
eben da. Dem Wohntriebe, einer Abart des Selbsterhaltungstriebes, blind gehorchend, suchte sich jeder Ankömmling zuerst eine Wohnung oder etwas, was einmal eine Wohnung war
und zu einer solchen durch eigene Kraft oder mit Hilfe des
lieben Nächsten und auch der Behörden vermutlich wieder
hergerichtet werden konnte. Zunächst wurden die vorhandenen Löcher, also die Stellen, wo einmal Türen, Fenster, Dach
waren, mehr oder minder sachgemäß zugestopft. Dazu dienten dann Bretter in jeder Form, Bleche, Dachpappe, Dachziegel (sie waren auf leerstehenden Gebäuden zu ergattern),
Glas (sehr oft aus Treibhäusern und Gemüsebeeten) und sonst
alles, was sich irgendwie dazu eignete. [...] Wer seine frühere
Wohnung noch vorfand, zog natürlich in diese. Und wer sie

nicht mehr vorfand, zog in eine der leerstehenden Wohnungen. Auf den früheren Bewohner nahm man keine Rücksicht. ›Wer zuerst kam, mahlte zuerst.‹ Wer in seiner Wohnung noch Möbel vorfand, war vom Glück verfolgt. Und wer nichts mehr hatte, musste ›organisieren‹. Das wurde gemacht, indem man aus noch unbewohnten Wohnungen die Möbelstücke, die man brauchte (der Begriff des ›Brauchens‹ war sehr weit gefasst) herausholte.«

Vier Jahre später trafen wir in Düren ein. Und das lag, weithin, noch immer »in Schutt und Asche«. Wir lebten uns ein in einer langsam rekultivierten Trümmerwüste.

Später sagte ich mir: Diese Trümmerwüste war wenigstens nicht auch noch radioaktiv verseucht. Da hätte man sie wirklich nicht wieder besiedeln können, höchstens nach etlichen Jahrzehnten.

Weitere Schadensmeldungen: »Bis Ende 1947 konnten in der Innenstadt lediglich die Hauptverkehrsstraßen behelfsmäßig befahrbar gemacht werden.« Noch lange die Trampelpfade quer über Trümmerstätten. Ein zu Ostern 1949 veröffentlichter Plan der Innenstadt weist noch ein Dutzend nicht passierbarer Straßen auf.

»Bis Ende November 1947 waren von der Gesamtschuttmenge der geschätzten 1,63 Millionen cbm erst circa 55 000 cbm entfernt. Bis zum Ende der großflächigen Trümmerbeseitigung am 30. April 1958 wurden durch die Stadt 1 444 097 cbm Schutt und durch Private 105 138 cbm Schutt abgeräumt.« So weit die Statistik der »Entschuttung«.

Wenn ich Fotos und Filmsequenzen sehe von Trümmerfrauen, die Ziegelstein um Ziegelstein um Ziegelstein aus Trümmerhalden heben, lösen, brechen, dann den Mörtel von den Bausteinen abklopfen, so scheint es mir unvorstellbar, dass aus solch einer Trümmermasse in anderthalb bis zwei Jahrzehnten erneut eine Stadt werden konnte. Eigentlich hätte man nach dem psychischen und physischen Energieverbrauch der allzu langen Kriegsjahre so etwas wie flächendeckende Resignation und Lethargie erwarten können, kollektive Erschöpfung. Woher aber diese ungeheure Kraftentfaltung eines ausgepowerten Volkes? Nach kurzer Verwirrung packte man zu, begann mit größtem Schwung aufzuräumen, aufzubauen – und das in Jahren fast permanenter Angst vor einem Krieg zwischen Russen und Amerikanern. Schon Oktober 1945 wurde in einem Brühler Tagebuch vermerkt: »Man spricht jetzt so viel vom Krieg mit Russland, und tollste Gerüchte über neue Einberufungen gehen rund.«

Es ist leicht, sehr leicht, für den erneuten Aufbruch Pauschalwörter einzusetzen wie »Überlebenswille« – sie erklären nicht die Explosion kollektiver Energie nach langen Jahren äußerster Anstrengungen, ja von Exzessen. Ich habe miterlebt, wie aus der Trümmerhalde wieder eine Kreisstadt wurde, mir steht ein Begriff zur Verfügung wie »Aufbauwunder«, aber dies bleibt ein Vorgang, den ich nicht begreife, so viele Wörter ich auch zur Erklärung heranziehen mag. Die solch eine Stadt aufzubauen begannen, sie waren angeschlagen, waren krank oder siech oder lädiert, hatten zu wenig zu essen. Und: sie konnten Baustoffe nicht einfach irgendwo bestellen, alles musste aus Schutt geklaubt, musste organisiert werden, dies auch gegen Widerstände einer Bürokratie, die rasch wieder die alten einschüchternden Posen einnahm.

Das Bild des neuen Düren ist für mich wie ein Palimpsest: Unter dem heutigen Stadtbild wird zeichenhaft das Erinnerungsbild der alten Stadt sichtbar, die zuvor an dieser Stelle gestanden hat und der gegenwärtigen Stadt so fremd und so fern ist, als hätte sie fünfhundert Kilometer weiter südlich oder östlich gestanden. Jede der kahlen Hausfronten (auch hier: »Architekturen, die auf Zweckmäßigkeit hin gebaut waren«) verweist auf die vielgestaltigen Fassaden einer historisch gewachsenen Stadt. Die Uniformität, die sich schon aus der Simultaneität des Aufbaus ergab, bildet einen extremen Kontrast zum Facettenreichtum jener versunkenen Stadt mit ihren öffentlichen Gebäuden, ihren Häusern und Häuschen aus verschiedenen Jahrhunderten. In einem Bildband mit etwa 300 Aufnahmen des alten Düren blätternd, möchte ich einen vielstrophigen Klagegesang anstimmen auf eine Stadt, die unterging in Feuer und Rauch. Hemingway in einer der Reportagen: »Eine zu Staub zermahlene Stadt.« Ich verlerne nicht das Staunen darüber (und überwinde nie meine Angst davor), wie Militärs auf einen Schlag den Tod Tausender von Zivilisten einplanen können und die völlige Vernichtung einer Stadt.

Das Beispiel Düren zeigt, dass es auch ohne die Entwicklung von Kernwaffen möglich war (und heute erst recht möglich ist), eine Stadt, an der jahrhundertelang gebaut worden war, in wenigen Minuten auszulöschen. Knapp die Hälfte der Einwohner war zu jenem Zeitpunkt evakuiert – Düren war bereits mehrfach bombardiert worden, wenn auch längst nicht so systematisch. Von den verbliebenen rund 20 000 Einwohnern starben, wie schon erwähnt, mehr als dreitausend an jenem Nachmittag. Man müsste eine Ausstellung machen mit mehr als dreitausend Fotos von Bombenopfern, dann würde wenigstens ansatzweise sichtbar, wie viel Leben allein hier vernichtet wurde.

Was an Gebäuden zerstört wurde, das lässt sich leichter vergegenwärtigen – der Bildband zeigt es in einer Fülle, fast Überfülle von Details. Etwa: die sechs klassizistischen Säulen und der Architrav des Vorbaus der Auferstehungskirche … Villen mit Erkern, Türmchen, festlichen Einfahrten … kleine alte Häuser (»Krüffesje«), das Fachwerk zum Teil von Verputz überdeckt, dennoch: jedes Haus hatte individuellen Zuschnitt … das hohe, helle Hauptschiff der Annakirche, an einer Säule der Vierung die Barockkanzel … die klassizistische Fassade des Hauses mit dem Restaurant »Zum Altdeutschen« … der mächtige Giebel (in einer Höhe von vier Stockwerken) des Kornhauses, das im 16. Jahrhundert erbaut worden war, Backsteinfassade mit kleinteilig gerasterten Fenstern, mit Schlagläden in den oberen Stockwerken … das Gewandhaus, ebenfalls aus dem 16. Jahrhundert, mit einem berühmten Buntsandsteinerker in reichem Steinmetz-Zierwerk …

Dieser Abgesang ließe sich noch lange fortführen, aber: Stichworte ersetzen nicht optische Eindrücke, sie können nur andeuten, was mir in der Stadt der heutigen Zweckbauten fehlte: belebendes, weil von Generationen vielgestaltig angereichertes Ambiente. Doch Beschwörungen vermitteln noch kein Bild, keinen Gesamteindruck. Letztlich könnte nur eine Auswahl von Fotos deutlich machen, was ich meine, das Lebensbuch kann aber nicht zugleich Bildband werden. Dabei sind es Bildbände oder bebilderte Bücher, die mir den Kontrast deutlich machen mit immer weiteren Details. Der Blick auf das vormalige Rathaus mit der klassizistischen Fassade, daneben die Renaissancefassade eines reichen Bürgerhauses und hochragend der Turm der Annakirche, an der seit dem 14. Jahrhundert gebaut worden war, und eine gotisch überspitzte Mariensäule – alles auf einen Blick! Und der kopfsteingepflasterte Annaplatz mit dem Wochenmarkt, bei dem die Stände noch nicht auf Linie gebracht waren; mit im Bild ein halbes Dutzend Giebelhäuser der verschiedensten, durchweg historischen Bauformen. Und das Stadttheater von 1907, drei Eingänge, fünf große Frontfenster mit Balkons, ein Fries hoch oben und Figurengruppen in Stein; der Blick von der Bühne in den Innenraum mit Parkett, zwei hufeisenförmigen Rängen, einer hohen Deckenkuppel, und es soll, unter der Intendantin, herausragendes Theater geboten worden sein. Die Fassade und weithin die Umfassungsmauern hatten den Angriff überstanden, aber was die Bomben nicht schafften, vollstreckte die Abrissbirne.

Auch dieses Theater, wie das gegenüberliegende, glücklicherweise noch weithin erhaltene Museum: Stiftungen reicher Bürger. Ein Promille der Bürgerschaft waren Millionäre – und wer in den ersten Jahrzehnten des 20. Jahrhunderts mehr als eine Million Reichsmark im Rücken hatte, der hätte heute, in der Kaufkraft, durchaus eine Null hinzufügen können. Auch dieser Reichtum prägte das Stadtbild: opulente Villen mit gepflegten Gartenanlagen – nicht vor der Stadt, sondern *in* der Stadt. Und das alles plattgeschlagen, zertrümmert, pulverisiert.

In den Jahrzehnten nach der Auslöschung: ich bewege mich nur im Eilschritt durch die Stadt, gleichsam blindlings, zuweilen mit leichtem Schweißfirnis des Entsetzens auf der Stirn. Kein Baudetail hält meinen Blick fest, lässt mich langsamer gehen, stehenbleiben, keine Konstellation von Baukörpern – wie etwa in der Altstadt von Mainz, dies auch nach dem Wiederaufbau. Düren als Koordination von Stellen, an denen man etwas zu erledigen oder einzukaufen hat. Dieses Stadtsystem von Verwaltung und Verkauf lässt sich nur unter einem Aspekt preisen: Dass man von hier aus leicht Aachen und Köln und verhältnismäßig rasch Bonn oder Düsseldorf erreicht. Und natürlich die Eifel.

Gefühle konnten, können sich für diese auf altem Raster neu erbaute Stadt kaum entwickeln. Schon gar nicht Amplituden von Hochgefühl. Mit dieser Stadt war auch, nachwirkend, Lebensgefühl eingeebnet worden.

Geläufiger Ausdruck: Trümmerwüste. Aus dieser Wüste ragten Brandmauern, Brandmauerfragmente, Kamine, ragten Fassaden, Fassadenfragmente, ragten Denkmäler. Wüste mit vertikalen Zeichen, die Zerstörung akzentuierend. Eine Stadt wie zertrümmert mit himmelhohem Hammer. Oder als hätten Dämonen getobt mit Abrissbirnen, sie wie Hammerwerfer schwingend, in rasend schnellen Körperdrehungen alles plattmachend.

In der zerstörten Stadt wurden erst einmal Straßen freigeräumt, wurden Gleise von Feldbahnen verlegt, so weit das Material reichte. Werktag um Werktag fuhren auf wackligen Gleisen trümmergefüllte Feldloren dahin, von kleinen Diesellokomotiven gezogen. Es rumpelten die voll beladenen Loren hinaus, es rappelten die leeren Loren zurück. Und mit Gepolter und enormer Staubentwicklung wurden sie von Baggern wieder gefüllt, von vielen Schaufeln unterstützt.

Funktionierende Bagger waren rar. Sie waren oder schienen größer als heutige Bagger, waren meist noch von Dampfaggregaten angetrieben, fraßen sich langsam vor durch die Trümmermassen. Ich behielt das im Blick: Ein riesiger blauer Bagger, dampfend, qualmend, musste sich vielfach erst die Arbeitsfläche schaffen im durchweg unterkellerten Areal,

Kellermulden wurden mit Schutt aufgefüllt, so konnte sich das Ungetüm wieder ein paar Meter voranarbeiten. Wie viele Bagger waren gleichzeitig im Einsatz in der Stadtwüste? Es dürften kaum mehr als zwei oder drei gewesen sein, doch in der Erinnerung ist es nur der Einzige, der blaue. Auch Jülich brauchte Bagger, erst recht brauchte Köln viele Bagger, ebenso Aachen; zahlreiche Bagger aber waren zerstört worden, auch fehlten Ersatzteile. Die solitären Bagger hätten eigentlich so groß sein müssen wie die Gigantenbagger des Braunkohletagebaus. Aber so viel hätten die Feldloren wiederum nicht wegschaffen können, an deren Gleisen wir entlanggingen, deren Gleise wir überquerten – die Pfiffe der kleinen Lokomotiven waren hell und spitz.

In späteren Jahren habe ich einen der größten Trümmerberge des früheren Reichsgebiets bestiegen, den Teufelsberg in Berlin-West, aber da war über den Trümmern wortwörtlich Gras gewachsen. Auch vor Düren wuchs der Trümmerberg am Weyerhof heran – die Loren der Kleinbahn transportierten den Schutt freilich erst mal zu einer Sortieranlage, hier wurden noch verwendbare Ziegelsteine auf Seite gelegt, wurde kleinteiliger Baustahl gesammelt. Der überwiegende Rest kam auf die Halde am Rand des Burgauer Waldes, in Sichtnähe einer Ausfallstraße eifelwärts. Die lange Zeit der »Entschuttung« machte anschaulich, dass Düren eine bis zu den Fundamenten, bis in die Keller zertrümmerte Stadt war.

(Später wurde am Fuß der Schuttdeponie eine Schießsportanlage errichtet – die Trümmer der bombardierten Stadt als Kugelfang für verirrte Geschosse.)

Staunend registrierte ich, wie neue Häuser, immer weitere neue Häuser entstanden. Die ersten Fotos, die ich machte, mit der Box: Fotos von Häusern, die in der Innenstadt gebaut wurden. Ein neuer Dachstuhl mit Richtkranz: ein Foto wert! Der Betonguss einer neuen Brücke über die Rur, ebenfalls fotografiert: »Das wird die neue Johannisbrücke.« Ich war Zeuge eines Neubeginns: die Fotos, die ich damals machte (sparsam!), sie dokumentierten nachträglich, nachwirkend, welches Ausmaß, welchen Umfang die Zerstörung erreicht hatte.

Eine völlig zerstörte Stadt: so etwas musste ich mir nicht ausmalen, Feldlorenzug nach Feldlorenzug nach Feldlorenzug machte anschaulich, in wie viele Trümmer-Kubikmeter eine Stadt zerschlagen werden kann. Diese Trümmer abgefahren auf Gleisen, die aussahen, als könnten sie jederzeit zerbrechen: übermäßige Materialbelastung. In Dutzenden von Städten solche Gleisstrecken – als hätte sich die Kriegswirtschaft, Rüstungswirtschaft in der Phase des Untergangs rasch noch auf die Massenproduktion von Schienen und Kipploren konzentriert.

Die von kleinen, kompakten Diesellokomotiven gezogenen Lorenzüge: ständige Präsenz in den ersten Jahren. Denn vom Haus in der Frankenstraße musste ich durch das ehemalige und künftige Stadtzentrum gehen, zur Schule am Kriegerdenkmal (längst weggeräumt). Schulweg durch ein Areal der Verwüstung, in dem sich einzelne Neubauten noch nicht zu Ensembles verbanden. Wird nicht gesagt, geschrieben, dass leere Räume »gähnen«? Dann waren die Neubauten im Stadtkern noch umgeben von weitmäuligem, unablässigem Gähnen. Aber dieses Gähnmaul wurde gestopft, Neubau um Neubau, und weil das rasch gehen musste und weil kein Aufwand getrieben werden konnte, entstand Auswechselbares.

Erweiterung der Ortserkundung: Mit meinem Vater bin ich, im ersten Jahr nach der Ankunft, zuweilen in die Nordeifel geradelt, und wir sahen kahlgeschossene Bäume, sahen Stämme ohne Äste, sahen Panzerwracks, noch immer, vor allem in der Region des Hürtgenwalds.

Und später: Ich kann den steilen Hangweg von der Mestrenger Mühle im Kalltal hinauf nach Vossenack nicht gehen, ohne mir zu vergegenwärtigen, wie hier, auf schmalem Weg, Sherman-Panzer herunterfuhren – nein, wie sie herunterkrochen, und sie rutschten vom Weg ab, der völlig verschlammt war, fuhren auf Minen, verloren Raupen oder gingen kaputt, andere Panzer mussten an besonders steilen Wegstücken mit Abschleppseilen und Winden gesichert werden; trotz hoher Verluste erreichten die ersten das Kalltal, fuhren über die kleine Steinbrücke, und dann ging es auf dem Zick-Zack-Steilweg hinauf nach Froitscheid; große Mühen, die schweren Fahrzeuge in den Spitzkehren jeweils in die andere Fahrtrichtung zu manövrieren, und weithin das Gelände vermint und weiterhin Beschuss, und Regen, Schnee, Kälte: Krieg als blutige Schinderei im Dreck – von diesen Assoziationen komme ich nicht los bei manchen Eifelspaziergängen.

UND KRIEG IN KOREA! Nach vier Leerzeilen im Tagebuch erneut Notizen: ein Kriegstagebuch. Die erste Aufzeichnung datiert auf den 15. Juni 1950. Fünf Jahre nach Kriegsende! Im ersten Jahr in Düren, dem man Krieg und Kriegsfolgen noch flächendeckend ansah! Helene stöhnte: Schon wieder Krieg! Der Kriegsschauplatz zwar weit entfernt, aber ein erster Stellvertreterkrieg zwischen den Machtblöcken Ost und West, die auch in Zentraleuropa gefährlich dicht aneinander herangerückt waren.

Auf meine Weise zog ich das »Kriegsgeschehen« an mich heran. Die Schrift, noch immer mit Füllfederhalter, sie hat sich deutlich verändert, ist kleiner, klarer, entschiedener geworden. Ende der Kindheit, der ersten Jugendjahre, auch graphologisch ablesbar, erkennbar.

Auf die linke Seite klebte ich jeweils einen Zeitungsausschnitt mit der vereinfachten Landkarte von Korea, die Grenzlinie des 38. Breitengrades gestrichelt, Angriffskeile – erst einmal von Nordkorea herab südwärts – in fetten, schwarzen Pfeilen. Später dann Pfeile nordwärts.

Weitaus mehr Text in diesem Kriegstagebuch als in den Aufzeichnungen von Herrsching. Ich überfliege, lese an. Etwa zur Lage am 30. Juni: »Über Korea rast der Monsun, daher kann die [amerikanische] Luftwaffe kaum eingreifen. Sie bombardiert Kimpo und die Spitzen der [nordkoreanischen] Panzerkeile. Aufbau einer Abwehrfront immer schwieriger; daher überstürzte Brückensprengungen mit zahlreichen eigenen Verlusten der Südkoreaner. Nordk. haben russische T-34-Panzer. Die amer. Düsenjäger starten von Flugplätzen, die 600 km entfernt sind, so dass ihnen für die reine Kampfzeit nur 15 Min. übrig bleiben.«

Lage am 19. Juli: »Am Mittwoch landete um 7 Uhr die 1. amer. Kavallerie-Division (eine Panzerdivision) mit Amphibienfahrzeugen im Hafen Pokang. Die Amer. stießen mit Panzern und motorisierten Truppen sofort ohne Widerstand in das Land vor und bildeten einen Brückenkopf. Zahlreiche Maschinen bildeten einen Luftschirm und alliierte Kriegsschiffe eine Feuerglocke.«

Die Zitate dürften reichen. Ich stehe vor der Frage, was mich zu den Aufzeichnungen (mehr oder weniger frei nach Presseberichten) motiviert haben könnte. Lust an präzisen Benennungen, Bezeichnungen, Beschreibungen? Panzerkeil … Abwehrfront … Kavallerie-Division … Brückenkopf … Feuerglocke … Faszination am ›Kriegstheater‹? Wohl kaum. Schließlich lebten wir in Düren, das zu mehr als zwei Dritteln noch immer in Trümmern lag: permanente Belehrung über Krieg! Und nun wieder Krieg – also wieder Zerstörung, auch von Städten? Und das in unserer Zeit mit den stärksten Massenvernichtungsmitteln der Historie? Und damit: keine Trennung mehr, nun erst recht nicht mehr, zwischen Soldaten und Zivilisten? Nach der Atombombe war bereits die Wasserstoffbombe in Planung, eine Bombe also, in der eine Atombombe nur als Zünder diente für unvorstellbar verstärkte Sprengkraft. Das wurde sicherlich auch in der Frankenstraße erörtert. Die Eltern Mitte vierzig, und ein Krieg, der leicht zum dritten Weltkrieg eskalieren konnte. Und das doppelte Deutschland als Kriegsschauplatz? Die beiden Macht- und Militärblöcke in Berlin und bei Berlin unmittelbar konfrontiert – wie leicht konnte ein Funke überspringen!

So weit werde ich, mit 15, wohl kaum gedacht haben, aber Besorgnis, Angstgefühle werden sich übertragen haben, atmosphärisch. Aber warum meine Aufzeichnungen? Doch wohl mit dem Bewusstsein, dass etwas Besonderes geschah, dass bedrohliche Auswirkungen zumindest denkbar waren – dies sicherlich artikuliert von den Eltern, wenn auch kaum am gemeinsamen Esstisch.

Offenbar spielte bei der Führung des kleinen Kriegstagebuchs mit, dass ich Vertrauen hatte in die Berichterstattung,
und so schrieb ich mit dem Füllfederhalter wörtlich ab,
was gedruckt vorlag, in einer überregionalen Zeitung, die,
von den Eltern gelesen, für mich bereitgelegt wurde zum
Schnibbeln. Nun musste nicht mehr ein Magisches Auge aufleuchten, möglichst hell im grünen Doppelfächer der Feinabstimmung, um Klarsicht anzuzeigen, nun konnten, durften
wir den schematischen Darstellungen großer Truppenbewegungen trauen, den begleitenden Texten. Vorbei die Zeit, in
der wir nicht (mehr) wussten, wo die Markierungsstecknadeln
in Landkarten zu platzieren waren – wer die schon etwas zu
nah bei den Reichsgrenzen feststeckte, der konnte sich verdächtig machen, der konnte (auch als Kind, erst recht bei fraglicher, bei fragwürdiger Herkunft) einen riskanten Beitrag zur
›Wehrkraftzersetzung‹ leisten, konnte zumindest die Eltern in
die Verdachtzone rücken. Das aber war nun vorbei, also zu
Leimtube und Füllfederhalter gegriffen!

DIE SCHULE: grauschwarzes Gebäude mit »vernarbtem«
Verputz: Einschüsse, Einschläge von Bombensplittern. Und
die Fensterflächen stark reduziert: Glasstreifen zwischen
Papp- und Sperrholzflächen. Diese Glasstreifen fielen des Öfteren in den Raum oder hinaus – eher, als sie ersetzt werden
konnten, also Zugluft, kalt, vorwiegend kalt. Wir saßen auf
eigentlich zu kleinen Bänken (vorgesehen für »I-Dötze«, also
Erstklässler); und so wurden sie für uns Größere auf Ziegelsteine gesetzt.
    In diesem ehemaligen Lyzeum waren drei Gymnasien und
eine Hilfsschule (Sonderschule) im Schichtbetrieb untergebracht – die Bankhöhe musste also variiert werden können
für die Großen und die Kleinen und die Behinderten. Wenn
wir nur ein wenig wackelten, vorsätzlich oder versehentlich,
so rutschte, rumste die Bank von den Ziegeln.
    Ablenkungsgeräusche auch durch den Bollerofen, dessen
Rohr zum Fenster hinausführte: wiederholt musste am Rost
gerüttelt (»gerackelt«) werden. Und Briketts, von feuchtem

Zeitungspapier umwickelt, wurden nachgelegt. Weiter: Holz der Tür war geraubt und irgendwann irgendwo verheizt worden, die Leerflächen mit Blech abgedeckt, so gab es einen kleinen Theaterdonner, wenn die Tür zuschlug. Die Tafel war keine Tafel, sondern ein großes, an den Rändern ausgefranstes Stück Pappe, auf eine Kiste gesetzt, die zugleich Papierkorb war. Viel Papier wurde aber nicht reingeworfen, es war immer noch schwer genug, an Schulhefte zu kommen – die Schrift lief breit aus wie auf Löschpapier. Und bei Schulbüchern blieb manches erst mal beim Alten.

Raue Rahmenbedingungen, Arbeitskonditionen. Eine Zeit, weiterhin, öffentlicher Rohheit, Gewalttätigkeit – im halben Jahrzehnt nach dem Krieg noch immer nicht neutralisiert, noch immer nicht abgebaut. Selbst im angesehenen, traditionsreichen Gymnasium blieb Gewalt mehr als latent, wurde wiederholt zur Erfahrung. Ein erstes Exempel.

Auf dem Pausenhof der Tivolischule wieder mal eine Schlägerei, Fäuste wurden mit voller Wucht in Gesichter (»in die Fressen«) gerammt; der Sportlehrer, Pausenaufsicht führend, eilte herbei, und seine Anweisung an uns Gaffer lautete: Macht den Kreis weiter! So konnte für die Schläge weiter ausgeholt werden. Nun erst recht keine Intervention, nur anfeuernde Rufe, bis Pausenende.

Immerhin konnte schon 1952 das Stiftische Gymnasium von der im »Schichtdienst« vierfach belegten Behelfsschule umziehen in einen großzügig angelegten Neubau (»am Altenteich«). Der Hauptbau fast parallel zum Sockel der früheren, weder von Bomben noch von Spitzhacken niedergelegten Stadtmauer des Mittelalters, zwischen dem immer noch massiven Rudiment des »dicken Turms«, der früher die Südwestecke der Stadtfestung geschützt hatte, und einem kleineren Turm der Stadtmauer. Dieses größte Fragment der früheren Stadtbefestigung wurde begleitet von gärtnerisch gestalteten Flächen.

Eigentlich wäre hier ein optimaler Ansatzpunkt zur Stilisierung: Der »dicke Turm«, das schulterhohe Rudiment der Stadtmauer hinüber zum kleineren Turm, dies als gemauerte

Aufforderung, mich intensiv auf das Mittelalter einzulassen, angeführt von Dichtern. Ich könnte diese Monument-Dokumente vorzeigen, vor allem: die Mauermasse des dicken Turms, der weithin die Jahrhunderte überstand und nicht einmal beim Auslöschungsangriff kleinzukriegen war, wenn auch gleichsam enthauptet und seitwärts aufgerissen. Nichts mehr vom Turmraum im ersten Stock, der früher noch genutzt, ja bewohnt werden konnte mit seinem Fenster, seinem Kamin, und obendrauf einer Plattform, die sich freilich in ein dicht und hoch bewachsenes Rondell verwandelt hatte. Alles weggesprengt, kahlgeschlagen, aufgerissen, aber noch immer ein massives Zeichen.

Dieser dicke Turm (wegen seines Alters auch als Römerturm bezeichnet, ebenso als Verckensturm, demnach, im Grundgeschoss, zeitweilig als Stallung von Ferkeln (Ferkes) genutzt), dieses Monument-Rudiment verbindet sich für mich nur mit Erinnerungen an Dauerlaufrunden mit den Turmmarkierungen als Brennpunkten der Ellipse, zugleich als Sichtschutz gegenüber dem Sportlehrer, der nicht bei jeder Runde die Gruppe durchzählte und mich (»ferner liefen«) schon gar nicht im Blick behielt, also konnte ich, an die Mauermasse gelehnt, schon mal eine Runde aussparen, gemeinsam mit dem widerborstigen Spitzensportler der Klasse, der auch nicht so recht einsehen wollte, weshalb die immer gleiche Runde derart oft wiederholt werden musste, warum man sich nicht, zwischendurch mal, an das womöglich sonnengewärmte Gemäuer lehnen sollte zu kurzem Plausch, um sich der trabenden Gruppe dann wieder anzuschließen.

Nein, dieses optische Angebot kann nicht umgewidmet werden zum Impulsgeber späterer Beschäftigung. Eher kann ich vor mir bestehen mit der Erklärung, dass die Jahre in der abgeräumten, ja wie leergefegten Stadt, dass dieses Leben in einer mit Zweckbauten bestückten Tabula rasa eingewirkt hat auf mich, und ich suchte Ausgleich, wollte kompensieren. Es geht im »Quartett des Mittelalters« ja nicht nur um vier Dichter, ich habe jeweils versucht, Ambiente, auch städtisches, des hohen und späten Mittelalters verbal zu rekonstruieren, etwa mit einem Brixen, mit einem Straßburg. Diese, solche Städte in Ambientes, die sich von unseren Lebensräumen fundamental unterschieden.

Auf der Tabula rasa schließlich eine Tavola longa, an der meine Dichter Platz nahmen mit Begleitpersonen, und aus Wörtern wurden soufflierte Bilder. Dies im Kontrast zu Bildern, die mich umgaben, damit Konturen deutlicher hervorhebend. Ja, Beschäftigung mit Vergangenheit lässt mich Gegenwart genauer sehen. Ich gehe von mir aus und kehre zu mir zurück mit anderer Wahrnehmung meiner selbst.

Gewaltanwendung auch im Neubau, dem lichten, des Gymnasiums. Beim Lateinlehrer musste man sich neben den Tisch stellen, wenn er individuell Vokabeln abfragte; konnte eine Vokabel nicht richtig oder gar nicht benannt werden, setzte es, beinah rituell, einen mehr oder weniger heftigen Fausthieb genau auf das Brustbein. Die Vokabelliste konnte an schlechten Tagen ziemlich lang sein, da schmerzte mit dem Brustbein der Brustkorb. Bei einem lang aufgeschossenen Schüler, den der gedrungene, »schlagfertige« Lateinlehrer überhaupt nicht verknusen konnte, wurde mal so hart zugeschlagen, dass er rücklings über den Tisch des Hintermanns geschleudert wurde.

Ein Sport- und Englischlehrer, der mich nicht ausstehen konnte, vor allem, weil mein »th« undeutlich blieb infolge Zahnregulierung, er sprang in einem Wutanfall mit kurzem Anlauf hoch auf den Tisch vor mir, schrie und schlug auf mich herab. Da konnte ich nur den Kopf einziehen.

Aufgewachsen noch in jener Zeit öffentlicher Rohheit, hat Gewalt für mich überhaupt keinen »thrill«, keinen Kitzel; in Filme mit betonten Gewaltszenen gehe ich gar nicht erst rein: Lust an Gewalt, falls ich sie je gehabt hätte, sie ist mir ausgetrieben worden.

Der Schulneubau am »Römerturm«: Was lasen wir eigentlich im Lateinunterricht? Caesar, *De Bello Gallico*. Multis de causis Caesar statuit sibi Rhenum esse transeundum. Überwiegend Kampfhandlungen, portionsweise übersetzt, zuweilen von Faustschlägen punktiert. Multum cum in omnibus rebus, tum in re militari potest Fortuna. Überall entscheidet sehr viel der Zufall, am meisten aber im Krieg ...

Im Namen Caesars wurde mir wenig Wegzehrung mitgegeben auf den weiteren Lebensweg. Eingeprägt hat sich eher die *Aeneis*. Nein, das ist schon zu umfassend: eingeprägt haben sich ein paar Details, Sequenzen. Natürlich Aeneas, der seinen Vater auf dem Rücken aus dem brennenden Rom trägt. Da flackerte, gloste, flammte Feuer, wie ich es in Bayenthal gesehen hatte mit sicherlich geweiteten Pupillen: In dieser Doppelbelichtung brannte sich das Bild ein in die Erinnerungssubstanz.

Weiter zum Curriculum: ich habe auch Griechisch gelernt auf dem Altsprachlichen Gymnasium. Auch hier wurde kaum Begeisterung geweckt, schon gar nicht nachhaltige.

Wieder der Text eines Militärhistorikers: Xenophons *Anabasis.* »Erblickte er den König und das Gefolge, das ihn umgab, und so hielt er nicht länger an sich, sondern sprengte mit den Worten auf ihn los: ›Da seh ich den Mann!‹, schleuderte den Speer nach seiner Brust und verwundete ihn durch den Panzer ...« Die Texte wurden von Griechischstunde zu Griechischstunde segmentiert in Sequenzen von zehn oder zwölf Zeilen, als Hausaufgabe zu erarbeiten, im Unterricht zu präsentieren und zu kommentieren.

Naheliegende Assoziation: Der verhasste Rahmspinat, den ich mit der Gabel glattstrich, dann in Segmente aufteilte etwa in der Größe von Sonderbriefmarken, sodann Abschnitt um Abschnitt abarbeitete. Das blieb auch so bei der *Odyssee.* Zehn Zeilen Hexameter und wieder zehn Zeilen Hexameter und wieder und wieder zehn Zeilen Hexameter, an denen arbeiteten wir uns ab, Zusammenhänge wollten sich nicht einstellen. Kein Ausblick, kein Rundblick, nur immer Textsegmente, punktuell entschlüsselt und abgehakt. Erst nach dem Abitur verschaffte ich mir Überblick, las die *Odyssee* in der Übertragung von Rudolf Alexander Schröder, gedruckt auf extrem holzhaltigem (mittlerweile stark eingebräuntem) Papier der Nachkriegsausgabe.

Und griechische Dramen? Gewannen auch erst nach dem Abitur an Präsenz, auf Bühnen. Fremd klingend noch bei Kathina Paxinou im Odeontheater am Fuße der Akropolis, sie röhrte sich antiken Seelenschmerz aus dem Leibe, das Amphitheater und den Luftraum füllend bis zur Abgrenzungsmauer hoch droben, an der (auch) ich stand.

Stichwort Deutschunterricht. Hier herrschte die Restauration der Adenauer-Ära. Was sich exemplarisch festmachen lässt an Werken von Autoren, die damals Maßstäbe setzten.

Andres, Stefan. Wir lasen die damals berühmte Novelle *Wir sind Utopia*. Verfasst von einem der Dichter, die wir auch in einer Schullesung miterleben konnten: Stämmiger Mann mit rollendem Bass, der aus einem ungeheuer bedeutsam allegorischen Text über allgemeine Zeitläufte rezitierte, sodann in kleiner Runde mit weiterhin dröhnendem Bass sein hochgelegenes Haus in Unkel am Rhein pries und selbstverständlich den Wein, der auch in der Umgebung jenes Dorfes heranreift.

Bergengruen, Werner. Sein Roman *Der Großtyrann und das Gericht* wurde uns angepriesen als eins der ganz großen Werke deutschsprachiger Literatur. Gekauft habe ich mir das Buch erst später, antiquarisch. Habe es aber nur mal aufgeklappt, mein Blick fiel ausgerechnet auf solch einen Satz: »Denn in ihrem Gedächtnis hatte sich eine Verschiebung ereignet, derzufolge ihr nicht mehr bewusst blieb, wie Pandolfos Sterben plötzlich geschehen war, nicht sehr lange, nachdem er das Haus verlassen hatte.« Ohjeohje. Was uns von Bergengruen im Gedächtnis blieb, was wir freiwillig immer wieder zitierten, was als Zitat Flügel bekam: »Es roch so warm nach den Schafen, /Da sind sie eingeschlafen ...«

Carossa, Hans. Der Arzt, der so aussehn wollte wie Goethe (darin mit Gerhart Hauptmann wetteiferte), der auch schreiben wollte wie Goethe (was der späte Hauptmann ebenfalls versuchte, und das Fiasko folgte auf dem Versfuß). Was wir bei Carossa wohl lernen sollten: betuliche Art, mit Realitäten umzugehen. Assoziation, vielleicht irreführend: Ein Brunnen plätschert in einer Vollmondnacht.

Weinheber, Josef: gefeierter Repräsentant von Dichtkunst im Dritten Reich, nach 1945 weitergefeiert als Großmeister der Formgebung, des Formwillens, der Formvollendung und so weiter. Brachte sich beim Einmarsch der Amerikaner form- los um.

Hermann Hesse und Thomas Mann mussten, als Emigran- ten, ihre Position erst noch zurückerobern, Vorbehalt blieb festgeschrieben bis auf weiteres; durchgelassen wurde am ehesten *Tonio Kröger*, weil er auf so exemplarische Weise – nein, keine Rekapitulation der Interpretation, wie sie damals geläufig war.

Ein Buch im Format eines kleinen Taschenbuchs, ein Buch von großer Bedeutung damals für mich: Karl Jaspers, *Zur geistigen Situation der Zeit.* Ausgabe aus dem Jahr 1947, also (ebenfalls) mit sehr holzhaltigem, entsprechend vergilbtem Papier, zer- lesen, mit Bleistiftmarkierungen unter Schlüsselwörtern, zu- weilen (mit dem Lineal gezogen!) Unterstreichungen ganzer Sätze. Dies von Seite 5 bis Seite 191. Soll ich erneut hervor- heben, was ich damals hervorgehoben hatte? Welche Zitate passen am ehesten zu mir? Ich gebe die Suche bald schon auf im Text, der mir fremd geworden ist.

Und weiter das Stichwort Lektüre: Helene las Romane. Der erste Titel, der sich einprägte, schon in Herrsching: *Und ewig singen die Wälder.* Ihr Handexemplar ist verlorengegangen; ich habe an einem Stand auf dem Brühler Trödelmarkt ein Exemplar wiedergefunden.

Was sie in Düren las: ziegelsteindicke Romane. Zwei Titel, die mir spontan einfallen: *Uhuru, Kalifornische Sinfonie.* Ihr Favorit unter den Romanautoren war Ernst Wiechert, und hier assoziiere ich gleich die Titel: *Das einfache Leben, Missa sine nomine.* Sie signalisieren: tiefgründige Bedeutung … ho- hes Niveau … großer Autor. Für den Oberstufenschüler – bei kurzem Anlesen, aus Neugierde – war das eher verquastes, verblasenes Zeug.

Hat Helene auch Wiecherts Bericht über die Monate im

Konzentrationslager Buchenwald zur Kenntnis genommen: *Im Totenwald*? Das einzige Buch des Autors, das ich gelesen habe, mit Bewunderung, und die setzte sich um in eine Sequenz in einem meiner Bücher. Der konservative, womöglich nationalkonservative Autor nahm ein hohes Risiko auf sich: Als Pfarrer Niemöller in ein KZ eingewiesen wurde, als sogenannter Schutzhäftling, da weigerte sich der Schriftsteller, für das Winterhilfswerk zu spenden, dies mit der Erklärung, er lasse den Betrag lieber der Familie des Inhaftierten zukommen. Dokumentierter Vorgang. Wiechert wurde, auf Weisung von Goebbels, in das KZ eingewiesen; nach der Entlassung schrieb er den Bericht, umhüllte das Manuskript oder Typoskript mit Wachstuch, vergrub es in seinem Garten, legte es nach dem Krieg wieder frei, publizierte das Buch. Unter diesem Aspekt fällt es mir relativ leicht zu schreiben, dass Helene besonders gern Wiechert las.

Aber erst nach ihrem Tod registrierte und realisierte ich, Hinterlassenschaft sichtend, dass sie frühe Romane von Böll in Erstausgaben (oder frühen Auflagen) erworben hatte. Diese Bücher, in Leinen gebunden, stehen nun gruppiert in einem Regal des Eifelhauses. Damit in topographischer Nähe zum Nachbarn Böll, der auch schon mal, mit Annemarie, nach Abenden kam oder ich fuhr, wir fuhren zu ihm nach Langenbroich. Wir sahen, sprachen uns in größeren Zeitabständen, dies aber mit einer gewissen Regelmäßigkeit. So haben die frühen Romane, von Helene gekauft und gelesen, ihren besonderen Stellenwert.

Romane las Helmuth eigentlich nie. Wichtig waren ihm Memoiren, von Churchill oder von Charles de Gaulle. Und, erstaunlich für einen Banker: Theaterstücke. Seit den dreißiger Jahren begleitete ihn vor allem Shakespeare, in der Tempel-Ausgabe, die ich sichergestellt habe. Er las nicht nur die Übersetzung, er las, vor sich hin wispernd, mit Seitenblicken auf die Übertragung, auch den Originaltext. Shakespeare war über Jahrzehnte hinweg einer seiner literarischen Fixsterne. Freilich verschoben sich im Gesamtwerk die Akzente: näher

337

als *Hamlet* war ihm in späten Jahren *König Lear*. Der begleitete ihn durch alle Querelen und Niederungen eines familien-
internen Erbschaftsstreits.

Der zweite Fixstern: Shaw. Vor allem die Vorworte zu Thea-
terstücken schärften seine zuweilen ironische Wahrnehmung
von Dummheit in Wirtschaft und Politik. Selbstverständlich
las er auch Theatertexte von Shaw, am liebsten *Die heilige
Johanna*. »Vor langer Zeit hab ich mal Schillers ›Jungfrau
von Orleans‹, Shaws ›Heilige Johanna‹ und Voltaires ›Jungfrau‹ miteinander verglichen – das gibt überraschende Ergebnisse.«

Der dritte Fixstern: Brecht. Er hat die erste große Ausgabe
der fünfziger Jahre in Fortsetzung bezogen. »Mit Brecht hab
ich mich viel beschäftigt. Sehr gefallen hat mir ›Das Leben des
Galilei‹ und ›Der gute Mensch von Sezuan‹. An seine Sprache
muss man sich gewöhnen, oft erinnert sie an Shakespeare,
mal gibt es Szenen, die an Goethe anklingen, mal könnte es
Shaw sein. Politisch bemerkenswert finde ich den ›Aufhalt-
samen Aufstieg des Arturo Ui‹, ›Rundköpfe und Spitzköpfe‹.
Und damit bin ich beim Thema Deines Briefes angekommen –
Strauss und die Demokratie.«

Standard-Erinnerungsbild vor allem der Jahre in Düren:
Vater Helmuth rauchte Pfeife und las. Sehr wichtig: Philosophie. Hier war sein Hauptautor Karl Jaspers. Das wurde
von meinen Freunden, von Klassenkameraden, zu Besuch in
der Frankenstraße, bestaunt: Ein Vater, der pfeiferauchend
dasitzt, die Ruhe selbst, und ein auffällig dickes Buch studiert
mit dem anspruchsvollen Titel *Von der Wahrheit*.

Dabei arbeitete dieser Vater in einer *Bank*! So las er auch,
regelmäßig, die *Financial Times*, den Wirtschafts- und Finanz-
teil der *Neuen Zürcher Zeitung*. Und wunderte sich immer
wieder über Mitglieder des Vorstands, des Aufsichtsrates, die
das eigentlich nie taten, sich vom Chauffeur lieber mal die
BILD-Zeitung ausliehen, ansonsten auf gute Beziehungen
setzten, auf den Eindruck, den ein Geschäftspartner machte;
sie vertrauten auf ihr »Näschen«, trafen Entscheidungen aus
dem »Bauch« heraus – was im Verlauf späterer Jahrzehnte zu

338

den bekannten Ereignissen führte, die vielen Personen Bauchgrimmen bereiteten.

In den fünfziger, sechziger Jahren wurden Banker noch längst nicht als »Bankster« bezeichnet. In jener Zeit wurde noch solide berechnet und nicht größenwahnsinnig gezockt. Wer in einer Bank arbeitete, auch in führender Position, der vertrat noch mit mehr oder weniger betontem Stolz das ehrbare Gewerbe des Kaufmanns. Ein Aktienkurs basierte weithin auf Berechnungen der Immobilien, der Rücklagen, der Auftragslage eines Unternehmens, es wurde noch nicht auf eine unberechenbare Zukunft spekuliert.

Fast ein kleines Ritual (oder macht es Erinnerung zum Ritual?): Die jährliche Fahrt von Düren nach Bonn, zur Anlegestelle am Rhein: Vater Helmuth wurde dort abgeholt bei einem Zwischenstopp des Passagierschiffs, von der Düsseldorfer Börse oder einer Kölner Bank zum Betriebsausflug gechartert. Mutter Helene war fest davon überzeugt, dass ihr Mann speziell auf dem letzten Fahrtabschnitt Bonn–Köln zu viel trinken würde, er musste vor dem Verderb gerettet werden.

Das Schiff legte an, mein Vater wurde über Bordlautsprecher ausgerufen oder kam halbwegs freiwillig den Steg herabgeschritten, beschwingt, eine Rose im Knopfloch des Jackenrevers, einer Mitarbeiterin zuwinkend, und im Verlauf der Heimfahrt meist Englisch sprechend. So wurde er dem letzten Taumel entrissen, und wir Kinder auf dem Rücksitz waren Zeugen, hatten Zeugen zu sein von der absoluten Berechtigung der mütterlichen Intervention.

Als Schüler hat es mich freilich weniger bedrückt als erheitert: der locker den Steg herabschreitende Vater, Englisch sprechend, Rose am Jackenrevers.

ZUM STICHWORT SCHÜLER das Stichwort Schüleraustausch. Ich fand mich wieder in Northampton. Durfte bei einem älteren Ehepaar wohnen, in der Naseby Street mit ihren lückenlos gereihten kleinen Häusern, hintenraus mit Gärtlein. Keine Schulerinnerungen, doch präsent geblieben ist die eine und andere Nachhilfestunde in der Schule des Lebens. Die überrumpelnde Erfahrung, wie viel freizügiger, ja ungenierter englische Mädchen waren, wie viel Initiative von denen ausging.

Einladungen zu Partys. Beliebt war die »Reise nach Jerusalem«: eine Doppelstuhlreihe, doch jeweils ein Stuhl zu wenig für die Runde. Musik, man läuft um die verdoppelte Stuhlreihe herum, die Musik stoppt, man setzt sich auf den nächsten Schoß. Dabei ist Eile angesagt, weil immer einer oder eine übrigbleibt, der oder die keinen Stuhl findet. Mal landete ich auf dem Schoß eines Mädchens, das ein paar Jahre älter war, mal landete sie bei mir auf dem Schoß, dabei wurde offenbar ein bisschen gemogelt, lustvoll. Den Vornamen habe ich vergessen, weiß nur noch: sie war Verkäuferin in einem Schuhgeschäft. Nach der Party ein Nachtspaziergang, und sie führte mich ein in die hohe Schule des Zungenkusses: Zungenspitze an die Zähne, zwischen die Zähne, an die andere Zungenspitze, mit der Zunge züngeln, die andere Zunge hereinlassen, zwischen die Zähne, an die Zungenspitze, Zungen züngelnd, Zungenflanke an Zungenflanke, klopfend, Zungenkuss, der bekannte Zungenkuss, als eigentlicher Kuss der Zungenkuss.

Erfahrung, die sich leicht weitergeben ließ. Manchmal saßen zwei, drei Mädchen auf der Schwelle des Reihenhäuschens, warteten auf mein Erscheinen. Doch es gab eine Fluchtmöglichkeit: die Hintertür zum handtuchschmalen Gärtlein; ein Törchen dort, es öffnete sich zu einem Pfad, der die Gartenparzellen begrenzte. Am Ende des Pfades: Roger (»Name von der Redaktion geändert«). Ein junger Lehrer, Freund der Gastgeber, somit eingeführt; er nahm mich unter seinen persönlichen Schutz, zeigte mir einige Schönheiten der näheren Umgebung der Industriestadt, bot schließlich an, ich könnte bei ihm übernachten. Ich war ahnungslos, hatte noch nicht die rechte Witterung aufgenommen. In der kleinen Wohnung nur ein Bett, er nahm mich, weiterhin beschützend, in die Arme, legte beruhigend die Hand an meinen Rücken, zog mich eng an sich heran, streichelte ausführlich meinen Hintern, ich wurde steif, aber nur stocksteif, und weil er keine Gegenregung verspürte, drang er nicht weiter in mich, ich fühlte mich auch nicht bedrängt, schlief mit einiger Verzögerung ein neben Roger. Gemeinsam das Frühstück, entspannt: cereals, porridge, parlando.

Plötzlich einsetzende Kontrolle! Mit diesem Ruf drang Mutter Helene wiederholt ins Kinderzimmer ein, schaute nach, ob wir vernünftig spielten oder sinnvoll Schulaufgaben machten. Bei diesen Kontrollen fand sie zuweilen auch vor, was sie erwartet, befürchtet hatte als diplomierte Realistin: »Helene hatte das vorausgesehn!« Es folgten erneute Reglementierungen, auch fanden Bestrafungen statt.

Als ich pubertierte, kam sie auch abends, nachts: »Plötzlich einsetzende Kontrolle!« Ich sehe noch die jähe Lichtfläche und sie als schwarze Silhouette, rasch näherkommend: »Hände auf die Bettdecke!« Und zwar außen an den Oberschenkeln.

Wie eine Parole wiederholte sich der Ruf: »Plötzlich einsetzende Kontrolle!«

Und das Thema Mädchen. (In den fünfziger Jahren noch nicht wieder »Mädels« genannt; diese in der NS-Zeit gängige Wortform tauchte, schätzungsweise, erst wieder in den neunziger Jahren auf.) Was jetzt folgt, ist schon gedruckt worden in meinem zweiten Erzählbuch, aber ich hole es mir zurück, nun in der ersten Person, wahrheitsgemäß. Ein Ausgleich, eine Ergänzung, eine Erweiterung, eine Fortführung.

Versteck spielen im Keller. Lattenverschläge, Zeitungsstapel, Einmachgläser, Flaschen. Heizungsraum mit Koks. Waschküche mit installiertem Kessel, Steinbecken an den Wänden, Wäscheleinen parallel gespannt. Ein Raum schließlich, den niemand benutzt: noch kreuz und quer vernagelte Stützen vom Luftschutz, in der Wand zwei Nischen, da hatten früher Weinflaschen gelagert: würde hier nicht ein kleiner, römischer Toter reinpassen? In die Katakombe gehen, hieß: sich vortasten von Balken zu Balken, möglichst tief in den Raum, stehnbleiben. Atem, vor mir Atem, sie, ihr Name geflüstert, ah, du bists, ihr Atem nah, ich will mich weitertasten, an ihr vorbei, berühre den Oberarm, das Sommerkleid, bleibe dicht neben ihr stehn: Schritte von draußen. Es muss im Dunkeln gesucht werden, ohne Taschenlampe, sonst ist es nicht spannend genug. Die Schritte näher, Inge will noch tiefer in den Raum, ich halte sie am Handgelenk fest, lasse nicht sofort los, wenn die Schritte sich wieder entfernen.

Öfter Versteck spielen! Aufhorchen, wenn ich in den Raum tapse: »Ah, du bists.« Psst! Luft anhalten, wenn die anderen Schritte näherkommen, ich lege den Arm um sie, schützend, solang die Suchschritte in der Nähe sind; sie löst sich aus meinem Arm, sobald es still wird. Löst sich langsamer das nächste Mal.

Inge bringt eine Trillerpfeife mit; ich habe keinen guten Punktstand bei der Versteckserie, sie haucht probeweise in die Pfeife: »Wenn sie dich finden, hast du wieder einen Punkt verloren, soll ich pfeifen?« Dann finden sie dich ja auch! »Macht mir nichts, ich hab mehr Punkte, soll ich mal pfeifen?« Gib das Ding her! »Kriegst es nicht!« Sie streckt den Arm mit der Trillerpfeife zurück, ich will das Handgelenk einfangen, muss mich an sie pressen, am Balken, Atem am Hals, Brüste elastisch, der Knochenbogen unten hart. Gib her! »Nein!« Weiterrangeln.

Für die anderen gehören wir bald zusammen; oft genug werden wir gemeinsam ertastet, erlauscht, entdeckt: Hab ich mir doch gleich gedacht! Augenkniepen, sie soll das nicht sehen, sieht es trotzdem. Und wenn einer fragt, ob man wieder Versteck spielen soll, dann schauen sie alle zu mir und fragen: Ja, sollen wir wieder Versteck spielen, hä? Wird keineswegs abgelehnt.

Weniger Spaß macht es, wenn Inge und ich gemeinsam suchen müssen: im Gang stehen, warten, bis es ringsum ruhig wird, da ergibt sich kein Ansatz zu Übergriffen, so mitten im Raum. Lieber gesucht werden. Sie tastet sich vor, weil sie den Keller besser kennt, ich will sie festhalten, weil ich Schritte höre, »du spinnst ja, ich hör nichts«, doch, da kommt einer, ich fasse von hinten herum, Hand auf der Wölbung, sie dreht sich los, seitlich, ich fasse nach, kommt einer, »kommt keiner, spinnst ja«, spinn gar nicht, rangeln.

Zeitweise wird das Verstecken im Keller verboten: im Waschkessel Schuhabdrücke, ein Brennholzstapel umgekracht. Ich bin mit ihrem Bruder befreundet, also darf ich mit in die Wohnung. Das Aquarium, Wasserpflanzen. Das ist eine Sumpfschraube, das ist das schwimmende Pfeilkraut, Pfennigkraut, aber ich schaue nicht genau hin, ist alles grünes Gewurschtel für mich. Das Technische interessiert mich schon eher, da reinige ich gleich mal die Entlüftungsdüse. »Lass mich das machen.« Ich mach das schon. Ich schaue nach dem Kohlefilter, prüfe die Wärme: Zu große Wärme macht Fische kaputt. Hab ich, glaube ich, im *Orion* gelesen, da steht auch viel Praktisches drin. Das Wasser darf jedenfalls nicht trüb werden. Ist das Wasser trüb? Wenn das Wasser ohne technischen Grund trüb wird, ist vielleicht eine Schnecke kaputtgegangen, sie löst sich auf, da muss man die Grundsteine absuchen, mit einem Stab. Ich habe den Stab, sie will den Stab haben, »lass mich das machen«, nein, ich mach das, »gib schon her«, nein, ich such das, Inge reißt den Stab an sich, »ich such die Schnecke«, nein, ich such die Schnecke, rangeln, keiner außer dem Bruder in der Wohnung, der schaut kurz von der Zeitschrift auf: Ihr seid zwei Blöde, ihr! Sie gibt den Stab nicht her, hält ihn hinter den Rücken, ich fasse herum mit beiden Armen, ihr Gesicht nah, ihr Atem, gib her, »nein«, gib schon her, »nein«; unten wirds härter.

Gemeinsamer Einkauf von Fischfutter: ich fahre sie auf dem Rad zum Geschäft, ein Topf im Netz. Auf einer Bank manchmal von blauen Algen sprechen, von Wasserpest, Guppys. Die Aquarianersprache, die gemeinsame Aquarianersprache. Ihr mit euren Fischen, Mensch!

Wärmere Außentemperaturen, endlich zum Baggersee. Zu dritt nebeneinander die Kopfsteinallee rausradeln. Ihr Rock rutscht hoch, ich schaue hin, sie zieht den Rock wieder an die Knie, kann den Rock nicht dauernd an die Knie ziehen. Ein ausgefahrener Feldweg als Abkürzung. Der Baggersee, mulmiges Wasser. Die Räder aneinandergelehnt, verkettet. Die Baggerterrassen hinunter, an der letzten Terrasse ausziehn, Wäschehäufchen zurücklassen, runterlaufen, gleich ins Wasser, auf dem Rücken schwimmen. Im Bogen wieder ans Ufer, ich will Tauchversuche machen: Inge muss sich aufstellen, breitbeinig, ich hole Luft, pumpe mich voll, tauche sie an, schwimme zwischen den Beinen hindurch, mein Rücken an ihrer Beinhaut. Noch zwei, drei Stöße, ich keuche durch die Wasseroberfläche, werfe die Haare zurück, japse mich mit Luft voll. Sie soll so stehnbleiben, ich tauche gleich noch mal, von hinten her, tauche vor ihr auf, prustend, schlenkre die Haare zurück.

Flach liegen auf Kies, Schattensekunden rasch vorbei, Geschrei im Kiestrichter, oben am Vegetationsrand die Fahrräder. Dann Steine werfen: Das ist mein Stein, nein, den hab ich gefunden, gib her, nein das ist mein Stein, pass auf du, pass selber auf, den Arm wegstrecken, ich greife nach, Beinhaut an Beinhaut, der Stein unter ihren Rücken geschoben, ich muss rumgreifen, liege fast auf ihr, unten verändert sich was, streckt sich, schon werfen die anderen eine Decke drüber: so! Die Decke ausbeulen, heiße Deckenluft, mein Gesicht auf ihrem Gesicht: Man soll die Lippen öffnen, den Mund, die Zungenspitze hinüberschieben – und dann, was dann?

Tango: Eine Zeitlang (vor der Boogie-Woogie-Ära, der Rock-'n'-Roll-Ära) tanzte ich auf Partys gern Tango, wenn auch in vereinfachter Ausführung. Dabei entscheidend: Mit der rhythmischen Schlussfigur beugte ich mich weit vor über der zurückgebeugten Partnerin, Hüfte presste sich an Hüfte – einige Mädchen waren besonders begabt oder disponiert zum Tangotanzen.

Ein Wort damaliger Sprache, ehemaliger Sprach-Aktualität: Tangojüngling. Das assoziierte eine spezielle Form der Bekleidung: Das Hosenbein lag nicht auf den Schuhen auf, es blieb etwa eine Handbreit Luft zwischen Leder und Textil; diese Distanz betont von Ringelsöckchen.

Weitere Assoziation: Pomade. Wieder, und nun mit meiner Zustimmung, wurde Pomade gekauft. Stift, etwa im Durchmesser eines Rasierpinselgriffs; vorn herausschieben ließ sich eine weißlich-gelbliche, halbfeste Substanz, die direkt auf das sorgfältig gekämmte Haar aufgestrichen wurde, dünn, damit die Kammordnung wahrend. Diese Substanz roch, als wäre für sie auch Honig verwendet worden, was aber bestimmt nicht der Fall war, in jener Zeit war Honig rar, üblich war immer noch Kunsthonig, eine zuckrige Masse, ziemlich hart, vor allem bei Kälte, da musste Kunsthonig mit einer Messerspitze abgespänt werden. Und Span neben Span nach Span aufs Brot gelegt.

Während ich das notiere, fühle ich das pomadisierte, parfümiert riechende Haar wieder eng anliegen wie ein Mausefell. Ich bin freilich sicher, dass ich nicht viele Pomadestifte verbraucht habe – in der bald anbrechenden Kurzepoche des Boogie Woogie mussten Haare, Hemden, Hosenbeine flattern.

Gegenläufig regulierend: die Tanzstunden! Ein Tanzlehrer, der sich beinah maschinenhaft ruckend bewegte in der Corsage, die ihm nachgesagt wurde, das weiße Hemd, die Jacke mit den deutlich gepolsterten Schultern wie drübergehängt, und die Beine schienen ein Eigenleben zu führen unter dem hinfälligen, aufgeschönten Körper: Geräte zur Vorführung exakter Tanzschritte. Frau Elly, mit der er seine vorbildlichen Tanzschritte zumindest andeutete, sie brauchte ebenfalls eine Corsage, und zwar eine stramme. Sie spielte Klavier oder legte Schellackplatten auf, die schon bei so manchem Kurs der »Tanzschule Kapellen« die gewünschten Taktarten vorgegeben hatten.

Der Kurs im dritten Stock eines stattlichen Reihenhauses der Gründerzeit, der schwarzgraue, von Bombensplittern zernarbte Verputz noch nicht aufgehellt. Besonders hell war es im Hauptraum der Tanzschule auch nicht, im Rückblick erscheint er fast düster, aber damals, in der ersten Hälfte der fünfziger Jahre, war man noch gewöhnt an Deckenleuchten mit geringer Wattzahl. Genug Licht aber, um *sie* auf der Stuhlreihe der Gegenseite zu erkennen, sie von Tanzstunde zu Tanzstunde deutlicher zu sehen: Hannelore, die Hanne. Meine erste Liebe, nun nicht mehr als Kind.

Wie wir miteinander gesprochen, was wir füreinander empfunden haben, wie wir uns näherkamen, diese Entwicklung,
diese Entfaltung der Beziehung hing nicht nur ab von unseren
Fähigkeiten, aufeinander einzugehen, von ihrem und meinem
Temperament, diese Geschichte einer Schülerliebe der Jahre
1953 und 54 kann nur erzählt werden im Kontext damaliger
Mentalitätsgeschichte.

Das Verhalten von Jungen und Mädchen, von Männern
und Frauen in der Öffentlichkeit der fünfziger Jahre war
erstaunlich keusch. Küssen in der Öffentlichkeit war nicht
unter Strafe gestellt wie (zumindest zeitweise) in China, es
war ganz einfach nicht üblich. Und die Körper von Mädchen,
von Frauen wurden von der Kleidung weniger betont als
verborgen – nicht ganz so streng wie bei einer orthodoxen
Muslima in Köln-Mülheim oder Berlin-Kreuzberg. Die Liebesgeschichte entwickelte sich in einer Zeit ohne öffentliche
erotische Stimulationen, in einer Zeit der Prüderie, der völlig
anderen Mentalität. Das erotisch unterkühlte Ambiente muss
wenigstens skizziert werden, als Kontext zum Text der Liebesgeschichte.

Frauen, die in den fünfziger Jahren für das Miederwaren-
gewerbe Modell standen, sie schienen umgeben wie von Kaiser Wilhelms »schimmernder Wehr«: fast metallischer Satin-
glanz von Büstenhaltern, Hüftformern und Corseletts »mit
und ohne Stäbchen«, in bester »Passform«. Und starken, also
etwas molligen Frauen (damals herrschte noch die sogenannte Fresswelle) wurden beispielsweise Thalysia-Edelformer
»von Fachberaterinnen angemessen«. Ergänzend noch ein
Zitat aus dem Bildband *Die Pubertät der Republik*: »Die
komplizierten Corseletts, Halb- und Vollmieder, Büsten- und
Hüfthalter, Sportgürtel und hochtaillierten Gummischlüpfer
gab es mit Rückenverschnürung, verstellbarem Seitenver-
schluss, doppeltem veloursgefüttertem Hakenband, samtun-
terlegtem Hakenleistenverschluss sowie mit Schaumstoffein-
lage, Drahtbügelversteifung und sogar mit Stahleinlage in der
Magenpartie.«

Solche Panzerungen (nicht nur) von vollschlanken Frauen

hatten Auswirkungen, Rückwirkungen auch für schlanke Mädchen: ihre Brüste waren in den festen Körbchen der Büstenhalter verborgen, damit erst einmal geschützt. Und die Schlüpfer, die damals meist bis zum Nabel hinaufreichten, und deren Material sich nur als gestreng bezeichnen lässt, sie hießen damals, inoffiziell, »Liebestöter«. Sehr attraktiv war die Unterwäsche von Jungen und Männern allerdings auch nicht: Das vielfach gerippte Textil war klinikweiß, reichte ebenfalls bis zum Nabel, verdeckte auch noch die Beinansätze. Auch unsere Badehosen führten hinauf bis zum Nabel, wurden oft noch von (hellen) Gürteln abgesichert. Die Badeanzüge von Mädchen und Frauen waren durchweg einteilig; die ersten zweiteiligen Sets (Bikinis) hatten großflächige Oberteile und weitflächige Hosen. Selbst Ansätze von Busen und Gesäß waren verhüllt. Den Begriff »oben ohne« gab es noch längst nicht.

Dennoch, immerhin: »weibliche Formen« wurden betont: Beliebt waren eng anliegende Pullover über starren Büstenhaltern – das war schon enorm »sexy«, erst recht beim sogenannten Atombusen, eine wirklich abscheuliche Bezeichnung. Die eigentlich erogene Zone aber war das Frauenbein. Ich zitiere: »Das wohlgeformte, bestrumpfte Frauenbein mit der dunklen Mittelnaht war Inbegriff der Erotik der 50er Jahre. Die männliche Phantasie konzentrierte sich dabei auf den unbekleideten Teil des Beines zwischen Strumpfansatz und Schlüpfer, der von raschelnden Petticoats und seiner Unterwäsche verhüllt wurde.« Um die Schönheit der Beine, die Schlankheit der Formen zu betonen, wurden sie meist voreinander geschrägt oder übereinander geschlagen: Fessel hinter Fessel …

Dies vor allem in der Werbung, in der allerdings der Trickfilm, Zeichenfilm dominierte: die schönsten Frauenbeine waren meist gezeichnet. Und Werbetexte wurden gesungen, etwa nach der Melodie des Schlagers: »Das machen nur die Beine von Dolores, dass die Señores nicht schlafen gehn …« Statt »Beine von Dolores« hieß es in den zeitlich oft erstaunlich ausgedehnten Werbespots dann beispielsweise »Strümpfe von Elvira«.

Geringe öffentliche Stimulantien im öffentlichen Leben der

fünfziger Jahre. Neben einem Mädchen herradeln, einem radelnden Mädchen entgegenschauen, nachblicken: Erregungsmoment, wenn der damals fast knöchellange, weitgestaffelte Rock sich höherschob, womöglich ein Stück Oberschenkel freigab. Da waren die Chancen nicht schlecht, denn Röcke waren auch beim Radfahren üblich. In der historischen Ära, aus der ich hier berichte, war es öffentlich noch unerwünscht, ja verpönt, dass Frauen Hosen trugen, womöglich den Po betonend. Es wiederholten sich Auseinandersetzungen zum Thema: Schülerin und Hose. In einer von Nonnen geleiteten Mädchenschule, dem sogenannten Nonnenbunker, blieben Hosen lange Zeit nicht nur verpönt, sondern direkt verboten. Wagten es mutige Mädchen dennoch, eine Hose zu tragen, so wurde vielfach der obligatorische Rock über der Hose getragen – wie das später bei Töchtern von Moslems weithin typisch wurde.

Dem Auge, dem gierigen, eines Schülers wurde damals in der Öffentlichkeit also sehr wenig geboten. »Oben ohne« in einer Badeanstalt, das wäre Anlass für einen Polizeieinsatz gewesen. Eine der Erinnerungen, die ein Spotlight auf jene Zeit richten: In der Jahn-Kampfbahn, dem DJK zu Düren, war eine junge Frau vom Dreimeterbrett gesprungen, im Kopfsprung (rheinisch: Köpper), sie stieg das Metall-Leiterchen hoch aus dem Wasser, ging am Beckenrand zurück zum Sprungbrett, merkte nicht, dass beim Sprung eine Schale, ein Körbchen des Oberteils verrutscht, dass eine ihrer Brüste unbedeckt war. Dutzende von Jungen, Dutzende von Männern starrten auf die eine weiße Brust. Erregungsfluidum rund um das Schwimmbecken. Als sie das merkte, korrigierte sie hastig den Sitz des Oberteils, stieg nicht wieder auf den Sprungturm, schwenkte ab, ward nicht mehr gesehn. Kollektive Enttäuschung.

Dieser Zeitlupenmoment hat sich der Erinnerung deutlich eingeprägt, sogar die Wetterlage wurde mitgespeichert: bedeckter Himmel. Unter dem weiten, bewölkten Himmel ein Busen. Dass sich diese Situation einprägen konnte, es zeigt, wie knapp wir gehalten wurden, in der Öffentlichkeit. Zwar gab es bereits FKK-Strände, aber die waren genau abgegrenzt, waren beinah Sperrzonen für Personen in »Textil«. Auch heute noch gibt es auf Nordseeinseln diese Aufteilung, die Grenze ist aber nicht mehr scharf gezogen. Auch im Textilbereich wird beim Sonnenbaden von vielen Frauen das Oberteil, das ohnehin knappe, abgelegt. Es sind hier Gelassenheiten, Selbstverständlichkeiten entstanden, die uns damals utopisch erschienen wären. Die schöne Tochter eines Bekannten steht plaudernd vor mir am Ufer des Stausees, reibt mit dem Handtuch gelassen die Brüste trocken, lässt sie von Wind und Sonne nachtrocknen, streift dann erst das Shirt über: In den fünfziger Jahren wäre das wie eine Sequenz aus einem wilden, einem verwegenen schwedischen Film erschienen! Damals wäre solch eine Sequenz allerdings geschnitten worden: Freiwillige Selbstkontrolle!

Und damit das Stichwort Film. Zur Geschichte der Mentalität der fünfziger Jahre gehört auch das Kapitel Film und Kino. Ein Hinweis, ein Vergleich kann die Konstellation deutlich machen: Hier die starke körperliche Präsenz, die sinnliche Aura einer Maria Schneider im »Letzten Tango von Paris«, dort das adrette Erscheinungsbild einer Sonja Ziemann. Das Land, in dem solch eine Frau zum Star werden konnte, muss mit genannt werden: Bundesrepublik Deutschland.

Eine der Leitformulierungen der Zeit, in der ich aufwuchs: »Saubere Leinwand«. Diese Saubere Leinwand machten eine Sonja Ziemann, eine Ruth Leuwerik, eine Liselotte Pulver nicht ›schmutzig‹. Sie mochten zwar auch mal Rollen spielen, in denen Frauen in Versuchung gerieten, ihr sogar nachgaben, doch die grundsolide Ordnung wurde zuletzt wiederhergestellt. Es wurden keine Ausbrüche dargestellt, die in neue Bereiche der Erfahrung führten, etwa der Obsession, vielmehr: Seitensprung aus der fixierten Ordnung heraus und zuletzt wieder die Entscheidung für die gewohnte Ordnung. Dies übrigens auch als Muster der damals beliebten Boulevardkomödie. Nach den Kriegsjahren, in denen sehr viele Ehen zerstört, sehr viele Ehepartner getötet worden waren, wurde die Institution Ehe nachdrücklich restauriert – auch in Leitbildern der Werbung. Die Paare, die sich in gepflegter Kleidung Geschenke überreichten (Weinbrand oder Sekt, Ringe oder Hemden, Kameras oder Pelze), sie waren vielfach mit Eheringen dezent markiert. Wieder ein Zitat: »Die eheliche Zweierbeziehung war die einzige anerkannte und zugelassene Form des Zusammenlebens. Entsprechend enthusiastisch und variationsreich wurde dieser Idealform des gesitteten und normalen Lebens im Kino, in der Werbung, in den Illustrierten gehuldigt.« (Jungwirth / Kromschröder) Es sollte noch lange dauern, ehe der Status der Lebensgefährtin, des Lebensgefährten gesellschaftlich akzeptiert wurde. In Hotels musste man sich als Ehepaar ausweisen können, um ein Zimmer zu erhalten. Ansonsten waren lange Wege angesagt.

Keine Sorge: ich werde weiterschreiben von der (gesellschaftlich gebremsten) Entwicklung von Liebesgefühlen, doch jetzt geht es erst einmal um die Entwicklung von Heimatgefühlen – beides fusioniert im Medium Film.

Zur Eröffnung der Germania-Lichtspiele Düren wurde die neue Filmproduktion *Schwarzwaldmädel* präsentiert. (Mit 15 hatte ich noch Ohren für Operettenmusik – meine erste Operette, noch in München-Pasing gemeinsam mit der Mutter besucht, war der *Zigeunerbaron*; da prägte sich vor allem ein: »Mein idealer Lebenszweck sind Borstenvieh und Schweinespeck«.) Und nun: Ich kam, heute würde man sagen: happy aus dem Germania-Kino – beschwingende Musikechos.

Und wie hatte ich damals die Hauptdarsteller gesehen, die 25-jährige Ziemann und den 48-jährigen Prack, das beliebteste deutsche Leinwandpaar jener Jahre? Reize, die sich stimulierend übertrugen? »Malvine, ach Malvine, du bist wie eine Biene« – solcher Nonsens setzte sich in der Erinnerung fest, klettenhaft, optische Eindrücke hingegen haben sich kaum erhalten.

In einem Buch über den deutschen Spielfilm der fünfziger Jahre schaue ich mir ein Standfoto des Filmliebespaares Ziemann–Prack an, damals verkürzt zum Markenzeichen »Zieprack« (klingt wie Zwieback!). Beim Schwarzwaldmädel nicht mal ein Halsausschnitt, das Kleid beinah so hoch geschlossen wie ein Rollkragenpullover, die weißen Ärmel reichen über die Ellbogen. Nein, erotische Signale, Impulse konnten von dieser Rollenfigur nicht ausgehen, alles äußerst bieder und keusch. Und doch erfolgreich, und das seit Jahren, in diversen Filmen. Schon 1951 der Riesenerfolg des Heimatfilms *Grün ist die Heide*. Ein »Dauerbrenner« mit zuletzt 19 Millionen Besuchern. Folgte *Der Förster vom Silberwald*, noch erfolgreicher: 22 Millionen! Und das bei (damals) 47 Millionen Bürgern der Bonner Republik! Der Operettenfilm lockte immerhin noch 14 Millionen in die Kinos. Um das gleich zu ergänzen: Insgesamt wurden in jener Ära an die zweihundert Heimatfilme produziert, meist erfolgreich.

Überprüfbare Angaben – und wo bleibt hier die autobiographische Aussage? Hier ist sie: Mein Schritt war beinah schwebeleicht, als ich das Kino verließ, Melodien echoten nach. Woraus sich schließen lässt: Ich gehörte nicht zu den Frühreifen, die im damaligen Alter bereits Hochkarätiges von Bach und Beethoven hörten, von Tolstoi oder gar Proust lasen – meine Initiation ließ noch etwas auf sich warten.

Was also hatte mich so nachhaltig fasziniert an diesem Film? War auch ich in Bann geschlagen von den Bildern eines nicht zerstörten Ambientes? Schöne Schwarzwald-Landschaft, schöne Schwarzwald-Häuser und die Menschen, zumindest die Frauen, in schönen Schwarzwald-Kostümen. Traumbilder von Heimat? Traumbilder damit auch von Geborgenheit? Wunschbilder damit auch für mich?

Herausgerissen aus Köln, herausgerissen aus Herrsching, hineingeschmissen in die Ruinenstadt Düren – in diesem Trümmerareal konnten sich Heimatgefühle wirklich nicht entwickeln. Auch nicht in der nahen Nordeifel, deren erster, langgestreckter Hang von Düren aus zu sehen ist: Damals war dieses Gebiet noch immer weithin brandgeschwärzt, vor allem in der Region der Schlacht im Hürtgenwald, und noch immer verminte Gebiete, noch immer Panzerwracks – nein, dort konnten Heimatgefühle nicht Wurzeln (zumindest Würzelchen) schlagen. In diesem kriegsgeschundenen Ambiente fühlte man sich eher »unbehaust«, ausgesetzt.

Und nun die bildstarke, musikunterfütterte Einwirkung im Germania-Lichtspieltheater, für anderthalb Stunden ein Gefühl von Geborgenheit. Dieses Gefühl offenbar millionenfach im Lande. Acht, neun oder zehn Millionen Flüchtlinge aus östlichen Provinzen, anderthalb Millionen Flüchtlinge aus der »Soffjettzone« (wie Adenauer zu intonieren pflegte), willkommen waren sie nicht, neue Heimatgefühle konnten sich bei Heimatvertriebenen so rasch nicht wieder bilden. Und wer im angestammten Heimatgebiet wohnte, dem überwiegend städtischen: Mehr als einhundertsiebzig Städte und Kleinstädte waren bombardiert, ja wiederholt mit »Bombenteppichen belegt« worden, vielfach waren sie für Bewohner, die aus der Evakuierung zurückkehrten, kaum noch zu erkennen.

In diesen Trümmerregionen im Sommer, im Hochsommer der Trümmerstaub und im Herbst, im Frühwinter die verschlammten Straßen, eher Pisten, rechts und links gesäumt von Ruinen, in denen sich Kriminelle versteckt hielten, hervorbrechend zu Raubüberfällen und wieder spurlos verschwindend. Von diesem abstoßenden Ambiente für anderthalb Stunden beurlaubt mit einer Kinokarte: kurzfristige Lösung, aber keine Erlösung. Waldhänge ohne verkohlte Flächen, Häuser, deren Dachziegel noch auf den Latten gereiht waren, Fenster, deren Glas nicht von Explosionsdruck aus den Rahmen gefetzt war, Glas, das nicht in übergroßer Hitze angeschmolzen war. Und vor allem: Menschen, die unbeschwert wirkten. Solche Bilder aufgesogen von Menschen, die ihre Heimat aufgeben mussten, deren Heimat zerstört worden war. Millionenfacher Verlust jener Bindung.

Ich konnte mich früh schon identifizieren mit Personen, die ihre Heimat total verloren hatten. Später die Freundschaft mit Peter Beier, dem Schlesier, und die Bekanntschaft mit Martin Meylahn, dem Pommer. Den Roman *Ausflüge im Fesselballon* habe ich begonnen mit der Erzählung einer Vertreibung; hier fand Echo, was mir Peter und Martin erzählt hatten. Ich konnte mich leicht in sie hineinversetzen, nach der barschen, scheinbar unausweichlichen Aufforderung des Herrschinger

352

Bürgermeisters, mit Handgepäck und Reiseproviant umgehend zu verschwinden.

Noch einmal, und etwas genauer: das Stichwort Heimatgefühl oder Heimatgefühle. Wie sieht es in der Beziehung bei mir aus? Entwickelte oder entwickle ich Heimatgefühle? Falls ja: Wo sind die angesiedelt?

Heimatgefühl ist meist verbunden mit der Kindheitsregion, in der man Welt zum ersten Mal wahrgenommen und erkundet hat. Das wäre bei mir Köln-Bayenthal, in der kleinen Stichstraße mit den drei Doppelhäusern, ganz in der Nähe der Südbrücke. Erste Erinnerungen: allerdings noch nicht auf den großmächtigen Rhein fokussiert, eher auf die kleine Welt vor dem Haus, auf deren Gehsteig ich mit dem »Holländer« umherfuhr. Vorgarten-Assoziationen, Garten-Assoziationen, freilich durchmischt mit Erinnerungen an Schmalfilmsequenzen, von der Mutter mit der Leica aufgenommen.

Dennoch, so recht will sich Heimatgefühl nicht an dieses Ambiente binden: eine Feuerschneise zwischen mir (jetzt und hier) und dem Kind (damals und dort). Einem autobiographischen Einübungstext habe ich, für eine literarische Zeitschrift, diesen Titel gegeben: »Kindheitsbild mit angesengtem Rahmen«.

Schnitt. Wir in Bayern. Hier könnte sich Heimatgefühl am ehesten ansiedeln. Alles bestens arrangiert: Hügel, Wälder, See … Ich bin wohl nicht zufällig unter dem Zeichen des Wassermanns geboren, hier fand ich mein Element: schwimmen, schwimmen, schwimmen … Heimat-Erinnerungssubstanz ist bei mir also gut bewässert. Allerdings: ein (anderer) See im Sommer, und ich werfe mich sofort hinein, fühle mich heimisch.

So gern ich schwimme, so gern gehe ich an großen Wasserflächen entlang – besonders gern am Ammersee, mit Blick auf ein Segment der Alpenkette. Also doch: Heimatgefühle gebunden an Herrsching? Dieses Heimatgefühl ist mir verwässert worden durch Familienquerelen, die dort ihr Zentrum fanden. Also sind meine Gefühle, sobald ich doch mal wieder

nach Herrsching komme: gemischt. Aber gemischte Heimatgefühle – gibt es das? Darf es so was geben? Doch wohl besser
nicht. Ich muss aber darauf beharren: Es sind gemischte Heimatgefühle.

Schnitt. Wir in Düren, jener Trümmerwüste mit Abenteuer-
pfaden. In dieser Kreisstadt habe ich lang genug gelebt, um –
theoretisch – neues Heimatgefühl entwickeln zu können, aber,
wie schon angedeutet: Das ist nicht geschehen. Konnte nicht
geschehen. Eine Ruinenstadt weckt bei einem Heranwachsenden keine Heimatgefühle. Außerdem: Die Stadt wurde derart
einfallslos wieder aufgebaut, dass man ihr nur den Rücken
kehren kann. Was ich nach langen Jahren schließlich tat: rückte ab vom Familienverband, zog nach Köln. Und damit: in die
Heimat? Ich als einer der wenigen Stadtbürger, die in Köln
sogar geboren waren?

So einlinig entwickelte sich das alles nicht! Es gab und gibt
ja noch den Rursee, größter Stausee unseres Landes, in reich
gegliederter Tal-Landschaft. Trinkwasser, also: wohlduftend,
und beim Schwimmen fühlt es sich fast seidig an. Hier findet,
Schwimmzug um Schwimmzug, ein Übertragen statt: vom
Ammersee auf den Rursee.

Wieder das Stichwort Kino. Das Schwarzwaldmädelchen war
erotisch nicht eben prickelnd, da lockte weitaus mehr ein
Film, der unter uns Schülern als heißer Tipp galt: *Die Dritte von rechts,* ebenfalls aus dem Jahre 1950. Ein Musik- und
Revuefilm.

Solche Filme waren im Dritten Reich mit erheblichem Aufwand produziert worden, als Sedative – auch hier eine der
vielen Kontinuitäten über die sogenannte Stunde null hinaus.
Die Dritte von rechts: Tänzerin in einer Revueformation (der
Begriff »Chorus line« war damals noch nicht en vogue). Ich
habe den Film seit den Fünfzigern nicht mehr gesehen, kann
mich aber dafür verbürgen: Da war nicht der kleinste Ansatz
zu einer Vorform des Dirty Dancing, alles blieb proper. Beine
wurden gezeigt wie bei den Ziegfeldgirls der dreißiger Jahre – Unterschenkel, Oberschenkel und kein Millimeter mehr.

Sollte ein Busen ins Bild gekommen sein, so waren die Brustspitzen mit der damals üblichen Tülle in metallic look überklebt, weitflächig.

Obwohl die erotischen Reiz- und Lockbilder, die wir
damals suchten, äußerst dezent waren (gleichsam homöopathisch verdünnt), ich ging bei jeder Gelegenheit in Mu-
sik- und Revuefilme, auch mit dem Schwimmstar Esther
Williams, der sportiven amerikanischen Sauberfrau, und es
spielte vielfach die Gruppe von Xavier Cugat, es blies der
Startrompeter Harry James. Musik, die meine Schritte nachwirkend beschwingte, wenn ich vom Kino in Norddüren den
Fußmarsch antrat zur Frankenstraße, Musik, die mich fast
trug – Musik, für die ich heute kein Ohr mehr habe, ich bin
in Geschmack und Erwartungen entschiedener geworden.
Zuweilen wurde in Musikfilmen auch ein Nümmerchen gejazzt, dies von gepflegten jungen Männern, entsprechend die
Musik, sie hatte nichts von der berstenden Intensität eines
Charly Parker, der sich fast die Seele aus dem Leib blies auf
dem Altsaxophon.

Eine Geschichte des deutschen (oder des in der Bundesrepublik vertriebenen) Films der fünfziger Jahre als Verifikations-Modell jener Ära. Unbedingt genannt werden muss hier
ein dritter (damals hochexplosiver) Titel: *Die Sünderin*, aus
dem Jahre 1951. Ich hatte diesen Film freilich nicht gesehen,
er war nicht jugendfrei – die magische Altersgrenze von 18,
hier wurde aufgepasst. Möglicherweise gelangte der Film auch
gar nicht in die Provinzstadt Düren. So habe ich auch nichts
miterlebt von den Auseinandersetzungen, Demonstrationen,
Krawallen. Kein autobiographischer Bezug, also bleibt es bei
der Erwähnung.

Und erotische, erotisierende Lektüre? Solche Bücher standen
nicht in Bücherregalen und Bücherschränken der Elternhäuser, der Familienwohnungen – falls »anstößige« Publikationen
überhaupt vorhanden waren, wurden sie unter Verschluss
gehalten. In der Stadtbücherei kam man schon gar nicht an
Bücher heran mit »gewissen Stellen«. Damals war es noch

nicht üblich, dass man zwischen Regalen einer öffentlichen Bücherei umhergehen, jedes Buch herausziehen, durchblättern, anlesen, ausleihen kann, damals stand ich vor einem festungsschweren Tresen, nannte meinen Wunsch oder überreichte meinen Bestellzettel, und es wurde, in Zweifelsfällen, vom Bibliotheksleiter persönlich entschieden, ob man das Buch erhielt oder nicht.

Dieser Bibliothekar – ein Sonderling, groß, hager, krumm, wie eine Figur aus einem Stummfilm von Frank Murnau – wachte streng darüber, dass der Jugend kein Buch unter die Augen kam, das auch nur im Geringsten den strengen moralischen Maßstäben seiner Zeit und seiner Person widersprochen hätte. Selbst, wenn es in der Hinsicht an einem Buch nichts zu beanstanden gab – kritische Bemerkungen, moralische Vorbehalte waren dennoch zu erwarten. Zum Beispiel: Dieses Buch ist aber nicht so, wie es der Schutzumschlag vermuten lässt … Bei manchen Büchern musste man erklären – auch noch als Student mit Ausweis –, zu welchem Zweck man es auslieh. Der uneinnehmbare Tresen der Stadtbücherei im Seitentrakt des Museums der Gründerzeit, und die Vorstellung: Jenseits der streng bewachten Barriere muss es Bücher geben, in denen bengalisches Feuer flackert oder die von Elmsfeuern umhuscht werden.

Auf der Suche nach erotischen Stellen durchblätterte ich sogar die dickleibigen Unterhaltungsromane, die meine Mutter las, aber nur in einem dieser Bücher wurde ich fündig, in glücklicher Konstellation: Die Eltern eingeladen, die jüngeren Brüder in den Betten, endlich ungestörte Lektüre. Sonst gab es hier Probleme: Selbst, wenn man ein erotisch stimulierendes Buch aufgestöbert hätte, wo hätte man darin lesen können? Zu Hause war das kaum möglich. In der Schule, unter der Bank, unter dem Tisch, erst recht nicht. Schwierigkeiten überall! Doch endlich ein Abend, an dem mich niemand stören konnte, und ich hatte die richtige Stelle gefunden!

Ich kann sogar noch, ohne zu wühlen, zu stöbern, zu klicken, den Titel nennen: *Sinuhe, der Ägypter*. Name des Autors und überflogener Inhalt: vergessen. Wichtig war und blieb ohnehin nur dies: In einem Teich, wohl mit Lotosblättern, Lotosblüten, schwamm eine schöne, nackte Frau auf dem Rücken, und im Rhythmus der Schwimmzüge tauchten Brustspitzen, Brüste aus dem Wasser auf, tauchten wieder ab, tauchten wieder auf, glänzend, über der (mondbeschienenen?) Wasserfläche. Dieses Bild machte mich eine Zeitlang kirre. Ich habe das Buch nie wieder gesehen, bin aber sicher, dass die ägyptische Schönheit nicht auf dem Bauch schwamm, zwischendurch, und über dem Wasserspiegel betonte sich ein schöner Hintern – damit hätte ein Verleger vielleicht schon ein Verbot riskiert. Denn dies war damals üblich: Polizei-Einsätze gegen erotische Bücher.

So wuchs ich auf in der Ära einer rigiden Freiwilligen Selbstkontrolle der Filmindustrie, in einer Ära, in der Bücher auf dem Index standen, auf den Index kamen, in einer Ära der schwarzen Schambalken. Erschien ein fotografiertes Dekolleté so tief, dass es durch Retusche nicht hinreichend verkleinert werden konnte für die Zeitung oder Illustrierte, so wurde ein schwarzer Balken über die Brustansätze gedruckt; besonders breit war der Schambalken bei unbedeckten Brüsten. Vollends inkriminiert waren Schamhaare: Schambalken auf Schamhaaren! Erst langsam verschoben sich die Textilgrenzen. Dafür sorgten, fürs Erste, Regisseure und Darstellerinnen schwedischer Filme, die damals Furore machten, Filme, die heute aber, in vergleichendem Rückblick, recht harmlos, ja bieder wirken: *Sie tanzte nur einen Sommer*.

Aus den fünfziger Jahren unvermittelt in eine Straße der achtziger oder neunziger Jahre des vorigen Jahrhunderts versetzt, zum Aushang eines Kinos geleitet, zu einem Kiosk geführt, hinter dessen Seitenfenstern sich Fotos von Frauenhintern, von Brüsten reihen, vor eine Plakatwand mit der Abbildung eines fast völlig nackten Mannes gestellt, hätten wir wahrscheinlich reagiert wie junge Russlanddeutsche kurz nach ihrer Ankunft aus Omsk.

IRRITIERENDE ERFAHRUNG. Als Vorspiel: Ich stehe im Foyer der Germania-Lichtspiele, schaue mir Schwarzweißfotos im Aushang an: *Vater der Braut*. Ein Film mit Liz Taylor, schlank und vollbusig, in eng anliegendem, dekolletiertem Weiß: aha, die Braut. Nähere Angaben lassen sich leicht anklicken: Produktionsjahr 1952, USA.

Ich beschließe, mir den Film anzusehn, doch erst am nächsten Tag. In der Zwischennacht ein Traum, schwarzweiß – hier bin ich sicher, sonst träume ich bunt. Irgendein Filmgeschehen, im Traum, an das ich mich nicht mehr erinnere, nur: Liz Taylor spielt auch hier die Hauptrolle, plötzlich wird es schwarz, ich sehe nur Schwarz, Blackout, das Filmgeschehen setzt sich wieder fort, aber nun verstehe ich den Zusammenhang nicht mehr, im Traum, die Gestalten sind zwar geblieben, doch was nun geschieht, im Traum, auf der Leinwand, es ist ohne Zusammenhang.

Am nächsten Tag, wie geplant, gehe ich ins Kino. Der Traum ist vergessen. Die Spielfilmhandlung mit der Taylor als Hauptfigur, bestimmt eine Dreiviertelstunde lang läuft alles wie am Schnürchen, plötzlich Schwarz auf der Leinwand, ich sehe nur Schwarz, bildlöschendes Schwarz, Blackout. Der Film läuft nach der Schwarzpause wieder an, doch der Zusammenhang ist gestört, der Handlungsfaden gerissen, es passt nichts mehr zusammen. Ich schaue mich um im schwach besetzten Kino der Nachmittagsvorstellung, keiner scheint zu reagieren, sie starren auf die Leinwand, als wäre nichts geschehen. Der Traum ist sofort wieder präsent. Ich fühle mich wie ertappt, im Halbdunkeln. Dünner Schweiß auf der Stirn, der Mund trocken. Ich versuche, möglichst konzentriert auf die Leinwand zu schauen, die beiden durch das Blackout getrennten Teile zu verknüpfen, das gelingt mir nicht. Nein, da passt nichts mehr zusammen.

Ich stehe auf, gehe raus, zur Kasse, frage, was los war. Ja, höre ich, offenbar sei ich der Einzige, dem das aufgefallen ist, der Vorführer hatte versehentlich einen »Akt«, also eine Filmrolle nicht eingelegt in die wechselweise abfahrenden Projektoren. Das Eintrittsgeld wird anstandslos zurückerstattet. Die Bestätigung in bar, dass mein Traum diese Unterbrechung vorweggenommen hatte.

Ich ging nach Hause. Für die Bewegungsweise des Schülers fällt mir jetzt nur das Verb »trotten« ein. Ich fühlte mich noch immer wie ertappt. Wobei denn ertappt? Bei einer Erfahrung, die ich nicht erwartet habe, einer Erfahrung, von der ich vorher nie etwas gehört habe, einer Erfahrung, für die ich keine Erklärung hatte. Gehobener Spuk. Ich versuchte, mir das alles aus dem Kopf zu schlagen. Denn: diese Erfahrung ernst zu nehmen, als Zeichen, Vorzeichen, hieß das letztlich nicht: zu glauben, dass manches vorgesteuert, ja vorbestimmt sei? Würde ich mir da nicht wie ein ferngesteuerter Roboter vorkommen? Schon deshalb musste ich versuchen, das aus dem Kopf rauszuhalten. Aber das gelang mir nicht. Immer mal wieder, meist zur Unzeit, tauchte die Erinnerung auf an das doppelte Blackout.

Später, beim Studium in Freiburg, als ich eine lange Seminararbeit über Georg Trakl schrieb, über die Wechselwirkung von Opium und Metaphorik, nahm ich Kontakt auf mit dem Institut für Parapsychologie unter Bender, sprach mit einem der Assistenten, zuerst natürlich über Trakl, der mich düster beeindruckte, rückte schließlich aber doch mit der Erfahrung des Oberstufenschülers heraus und erhielt eine offizielle Bezeichnung nachgeliefert: klassischer Fall von Präkognition. Und mir wurden mehrere, höchst wundersame Geschichten erzählt von Vorwegnahmen des Künftigen. Ich habe die Fallbeispiele aus der Erinnerung gleichsam aussortiert: mulmige Nähe. Eine Geschichte aber hat sich eingeprägt.

Ein Soldat träumt, in einer frühen Phase des Krieges, von seiner Heimatstadt Freiburg im Breisgau, er erkennt sie wieder und erkennt sie doch nicht wieder, sehr vieles ist zerstört, vernichtet, nur einige Erinnerungszeichen sind geblieben. Irritierender Traum, bis auf weiteres weggesteckt. Jahre später kehrt der Mann, nach Kapitulation und Kriegsgefangenschaft, zurück nach Freiburg, kommt mit dem Zug an, geht in die Innenstadt, erkennt sie wieder und erkennt sie doch nicht wieder, sehr vieles ist zerstört, vernichtet, nur einige Erinnerungszeichen sind geblieben. Die von Bomben weithin zerstörte Altstadt, doch die unverwechselbare Markierung durch das Münster.

Mit dieser Geschichte tauchen weitere Geschichten auf – ich war mehr als einmal im Institut für Parapsychologie. Ein Soldat an der Ostfront, im Grabensystem, eine Nacht ohne Artilleriefeuer, er kann schlafen im Erdbunker, fährt plötzlich hoch und weiß, ist sicher: Es ist was passiert. Es muss was passiert sein! Etwas Einschneidendes! Ein Blick auf die Armbanduhr mit den Phosphormarkierungen, die Uhrzeit prägt sich ein, natürlich auch das Datum.

Ein, zwei Wochen später eine Benachrichtigung aus Freiburg: Seine Frau ist bei einem der »Terrorangriffe« ums Leben gekommen. Übermittelt werden auch Angaben zum Datum, zur Uhrzeit des Angriffs: Genau das Datum, genau die Uhrzeit, in der jener Soldat aus dem Schlaf hochgefahren war. So etwas wie ein telepathischer Impuls über Tausende von Kilometern hinweg: die Todessekunde. Lang anhaltende Nachwirkung.

Wo solche Geschichten erst einmal auftauchen, ziehen sie weitere Geschichten der Art nach sich. Das Phänomen der Telepathie. Weniger spektakuläre, wiederum eigene Erfahrungen: Ich denke an eine Frau, intensiv, das Telefon klingelt, und ich weiß, mit völliger Sicherheit: Das kann nur *sie* sein, obwohl kein Anruftermin ausgemacht ist – und sie ist es tatsächlich. Sie findet das überhaupt nicht verwunderlich, hat Ähnliches auch schon erlebt: Wollte einen Bekannten anrufen, wählte die Nummer auswendig, prallte auf die Stimme eines Freundes, den sie gar nicht hatte anrufen wollen, und er hatte an diesem, an jenem Nachmittag eigentlich zwei Termine, beide Termine aber waren kurz zuvor »geplatzt«, und jetzt wartete er auf sie.

Mich intensiver mit solchen Vorgängen befassend, hätte ich meine Sensibilität für solche Erfahrungen vielleicht steigern und ähnliche Erfahrungen womöglich wiederholt machen können. Da war etwas geschehen, womit ich mich selbst überrascht hatte, aber ich wollte, will mit solchen Überraschungen nicht leben, habe die Erfahrung eingekapselt, diese Verkapselung hat sich nun für einen kurzen Zeitspalt geöffnet.

Bleibt nachzutragen, dass ich mich damals, freilich nicht allzu lang und allzu intensiv, mit Traumdeutung befasst habe, nach populären Büchern, meist in Taschenbuchausgaben, statusgemäß. Während dieser Zeit habe ich geradezu vorbildlich von Archetypen geträumt: Schwarze Schlangen … eine horizontweite Ebene voll zerdepperter Eier, zwischen denen ich herumstakste, vogelbeinig.

Als ich mich mit Traumdeutung nicht weiter befasste, hatte ich keinen Zugang mehr zu Eier-Ebenen mit schwarzen Schlangen, da träumte ich wieder und weiterhin verquirlten Alltag. Und die offenbar weithin üblichen Verhinderungsträume: Man hat einen Termin, und andauernd kommt etwas dazwischen, man findet sich nicht mehr zurecht, sucht angestrengt nach dem Weg, nach der Lösung, aber man kommt nicht weiter, kommt nicht weiter. Als wäre man in eine zähe, gallertartige Masse geraten, die freie Bewegung verhindert. Lebensregungen in Aspik.

ICH REKONSTRUIERE (skizzenhaft) das Ambiente des Heranwachsenden, soweit es einwirkte auf meine »éducation sentimentale«. Für diesen Titel eines meiner Lieblingsromane gibt es verschiedene Übersetzungen: Lehrjahre des Gefühls, Lehrjahre der Empfindsamkeit, Erziehung des Herzens … Ich entscheide mich für das Wort: Gefühl. In der konservativen, restaurativen, restriktiven Ära Adenauer wurde die Entfaltung erotischer Gefühle nicht stimuliert, sondern sediert. Wir wuchsen auf in kühlem Binnenklima, waren ständig konfrontiert mit sozialer Kontrolle. Da brauchten Gefühle mehr Zeit, um sich zu entfalten. Und dann war es auch keine freie Entfaltung.

Nicht einmal beim Erzählen einer Liebesgeschichte also kann man sich auf das Private, auf das Intime beschränken, selbst hier spielen öffentliche Vorgänge mit herein. Nicht einmal im Themenbereich Gefühl kann man sich ohne Übersetzungsprobleme über wenige Jahrzehnte hinweg verständigen, andauernd muss das Wechselspiel zwischen dem Einzelnen und der Gesellschaft mitvollzogen, nachvollzogen werden. Es gibt nicht das eine, unvermischte, reine Gefühl, immer sind da Zeit-Einfärbungen, Zeit-Valeurs, immer sind da spezifische Zeit-Aromata, Zeit-Komponenten, Zeit-Fermente. Selbst Bettgeschichten sind eingebettet in ihre Zeit.

Nein, das ist zu sehr pointiert: Was im Bett geschieht, das wird in der Ära Adenauer ähnlich abgelaufen sein wie in der Legislaturperiode von Kanzler Schmidt. Also, modifiziert: Selbst die Vorgeschichte einer Bettgeschichte ist eingebettet in ihre Zeit. Abstrakter, gleichsam abgehoben formuliert: Die Rekapitulation einer Liebesgeschichte verbindet sich mit der Rekonstruktion einer Zeit, wenigstens in den relevanten Abschnitten des breiten Spektrums. Und für die Zeit, in der Schüler D. und Schülerin H. sich ineinander verliebten, ist der alte Indianerschädel des Konrad Adenauer zum Emblem geworden: Er repräsentiert eine Gesellschaftsform, die spätestens mit den Revolten des Jahres 1968 verändert wurde, wenn auch eher atmosphärisch als strukturell. Der Protest gegen restriktive, vielfach noch postfaschistische Gesellschaftsmuster war gekoppelt mit einer betonten Befreiung von Sexualität – das wurde der neidisch schockierten Öffentlichkeit vor allem von Kommunen vor Augen geführt.

Eine Liebesgeschichte zwischen einer Schülerin und einem Schüler *vor* dieser Zäsur und eine Liebesgeschichte zwischen einer Schülerin und einem Schüler *nach* dieser Zäsur: Unterschiede bis in den Bereich der Affekte. Ein Schülerpaar der »fifties« kann, aus der Distanz von einigen Jahrzehnten betrachtet, beinah exotisch fremd erscheinen. Jene Töchter und Söhne der bürgerlichen Schicht der Nachkriegsära: Wie langsam, wie sehr langsam gingen die aus sich heraus, wie lange dauerte es oft, bis sie »zur Sache« kamen.

Es zeigt sich: Kommentar ist notwendig im Kontext auch einer Liebesgeschichte. Nur in der Abstraktion ist so etwas wie das »allgemein Menschliche« denkbar; erzählerische Genauigkeit dagegen arbeitet das jeweils Besondere, das Zeitgebundene heraus (das habe ich auch in Biographien versucht!). Eine Schülerin und ein Schüler, eine Frau und ein Mann – auch in ihren Gefühlen, in ihrem intimen Verhalten gibt es symbiotische Beziehungen mit der Zeit, in der sie leben.

Eine Liebesbeziehung zwischen einem Schüler und einer Schülerin (auf Gymnasien) zu Beginn der fünfziger Jahre musste geheim gehalten werden, musste sich verstecken – dies in einer Zeit, in der es nur wenige Verstecke gab. Damit eine Liebesbeziehung sich entwickeln kann, braucht sie Räume zur Entfaltung. Die gesellschaftlichen Spielregeln des Bürgertums der Adenauer-Ära ließen zwar Partys zu in Elternhäusern, Elternwohnungen, vielfach als »Saftpartys«, und man konnte schon mal eng tanzen, aber die Räume blieben hell ausgeleuchtet, Eltern schauten wiederholt herein.

Besuchte man die Freundin im Hause, so wurde man nur selten allein gelassen im Zimmer. Noch als Student, als teaching assistant in den USA, musste ich strenge Spielregeln einhalten: Nach dem gemeinsamen koscheren Abendessen mit der Mutter konnte ich mich mit der Tochter zwar in ihr Zimmer zurückziehen, die Treppe hoch, aber die Tür musste offen bleiben; unten im Wohnzimmer verharrte die Mutter, sie konnte uns hören, und das hieß: Petting ohne die Scheinplauderei zu unterbrechen. Auch wenn es atemberaubend wurde – der Redefluss durfte nicht unterbrochen werden.

Private Räume für ein Schülerpaar, die gab es nicht. In jenen Zeiten waren Wochenendhäuser äußerst selten – wir wären aber sowieso nicht an die Schlüssel gekommen, und wie hätten wir längere Abwesenheit motivieren sollen? Und völlig unvorstellbar war damals, dass eine Schülerin, ein Schüler das Elterndomizil verließ, ein Apartment oder Zimmer mietete – Wohnraum war in den weithin noch zerstörten Städten extrem knapp, und Geld war rar. »Minderjährige« waren noch keine relevante Konsumentenschicht, es gab Taschengeld und gelegentlich ein bisschen Selbstverdientes.

Wir suchten unser Glück im Freien. Trotzdem fielen wir auf. Ein Lateinlehrer (eher konziliant uns gegenüber, nicht mehr die Erscheinung, die nach Faust-Regeln unterrichtete!) pflaumte mich vor der Klasse an, nachdem er mich auf einem Seitenweg des Dürener Stadtwalds (»Wibbelrusch« – sprich: Wipfelrauschen) mit meiner »Cousine« gesehen hatte. Andere erspähten uns. Der Religionslehrer bestellte Mutter Helene ins

Pfarrbüro und machte ihr mit Nachdruck klar, welch eminente Gefahren mich umlauerten. Womit einiges Feedback ausgelöst wurde, innerfamiliär – allerdings vergeblich einschüchternd.

Wir mussten also noch vorsichtiger sein. Unsere Verabredungen waren beinah konspirativ. Dabei konnten wir das Telefon nicht nutzen. Hätte sie mich angerufen, so hätte mit Sicherheit meine Mutter abgehoben. Ich hätte zur Post gehen, die Hanne aus einer Fernsprechzelle anrufen können, aber da hätte wohl *ihre* Mutter abgehoben. Telefonieren war noch Privileg der Erwachsenen, an dem Kinder und Jugendliche letztlich nur unter Aufsicht teilhaben konnten – die sich bei der Enge der damaligen Wohnungen fast von selbst ergab. Das Telefon spielte in unserer Kommunikation also kaum eine Rolle. Und Briefchen konnten mitgelesen werden.

Aber wir trafen uns, schoben unsere Fahrräder auf schmalen Pfaden tiefer in den »Wibbelrusch«, verließen die Pfade, stellten die Räder zusammen, betteten uns im Mischwald mit Niederholz. Aber der Stadtwald war relativ klein, und so tauchten zuweilen, ästeknackend, Spanner auf.

Bei schlechtem Wetter gingen wir ins Kino. Einer der Filmtitel in der Schauburg: *Ali Baba und die vierzig Räuber*. Irgendwas mit Mongolen, irgendwas mit Kalif oder Khan, und Reiterscharen galoppieren, eine schöne Frau badet in einem Teich (Brustspitzen sind aber nicht zu sehen), ein Felstor aus Pappmaché öffnet sich auf ein Schlüsselwort, ein Junge will für immer ein Mädchen lieben, ja, ja, dreimal ja, und wieder Galoppieren, wildes Singen dabei, Ali Baba wächst auf unter Schätzen der Felsenhöhle, und immer wieder: Galoppaden in trockener Landschaft, in Felsschluchten, und Schwerterschwingen, Schwerterschwingen – ein kleiner Wirbelsturm an Bildern, der an uns vorbeirotierte, wir hatten für das dramatische Geschehen nur dann Seitenblicke übrig, wenn uns in der letzten Reihe starke Hörsignale erreichten.

Und jäh wie ein Messerschnitt die erzwungene Trennung: Hannes Eltern zogen um, nach Hannover. Es war ganz selbstverständlich, dass die Fünfzehnjährige mitkam. Für einen vielreisenden Autor ist die Entfernung Köln–Hannover ein Klacks, für mich als Sechzehnjährigen war sie unüberwindlich.

Auch das muss heute, in einer Zeit der Mobilität, rekonstruiert werden. Nach Autobahnkilometern, Autobahnstunden konnten wir noch nicht rechnen, nicht einmal die Strecke Düren–Köln war damals komplett ausgebaut. Und: einen eigenen »fahrbaren Untersatz« zu besitzen, war auch für einen älteren Schüler unerreichbar wie eine Fata morgana. Es wurden zwar Autos gebaut in immer größeren Stückzahlen, der VW-Käfer, der Ford-Taunus, der Borgward, die kleine Isetta von BMW, der Kabinenroller des ehemaligen Jagdflugzeug-Produzenten Messerschmitt (genannt Schneewittchensarg), aber der finanzielle Aufwand war riesig – bei der damaligen Kaufkraft der noch jungen D-Mark. Einen Gebrauchtwagenmarkt, auf dem sich heute führerscheinreife Schüler bedienen, gab es noch längst nicht. Auch Motorräder, selbst mit kleinem Hubraum, sie waren nur im Bereich des Denkbaren, nicht aber des Erreichbaren. Ob Zündapp oder Puch oder NSU-Prinz mit Schwinggabel – das fuhr an uns vorbei, wir hatten das Nachsehn.

Aber ich hätte mit der Bahn fahren können. Das wäre – Jahrzehnte vor der Einführung von IC-, erst recht von ICE-Zügen – ein Unternehmen von einem halben, einem dreiviertel Tag gewesen, für eine Fahrt. Zwei Tage also hätten es insgesamt sein müssen – wie hätte ich eine so lange Abwesenheit zu Hause begründen sollen? Alles, was ich vorgetäuscht, vorgegaukelt hätte, es wäre entlarvt worden. Der Stadtname Hannover, sowieso schon viel zu oft auf der Rückseite von Briefen und in Poststempeln – dieser Name durfte schon gar nicht genannt werden. Hätte ich etwa behaupten sollen, ich würde zu einer der (ersten) Messen in Hannover fahren? Nichts da! Kommt nicht in die Tüte! Doch angenommen, es wäre eine Zeitlücke entstanden in der Dauerpräsenz der Eltern (etwa mit der Fahrt zu einer Beerdigung): was hätte meine Ankunft in Hannover ausgelöst? Wo hätten wir uns treffen können, in der Stadt oder im Grünen vor der Stadt?

Fast in jedem Detail muss rückübersetzt werden; heutige Verhältnisse sind weder zeitlich noch räumlich übertragbar. Völlig veränderte Spielregeln und Rahmenbedingungen! Was zu allen technischen Schwierigkeiten, aller Logistik hinzukam: Damals konnten autoritäre Verhaltensmuster noch ungeniert reproduziert werden. Damals wäre ihr und mir ein Treffen ganz einfach verboten worden. »Keine Widerworte!«

Dass wir uns nicht wiedersahen, war also kein Zeichen für allzu moderates Gefühl, für geringe Sehnsucht, für schwaches Verlangen, hier wirkten vielfältige, damals relevante, heute zum Teil eher marginale Faktoren zusammen – und gegen uns. Erst wenn ich diese Faktoren mit einbeziehe in die Geschichte der Schülerliebe, erzähle ich annähernd zutreffend.

Eine der Folgen prägender Einflüsse von Elternhaus und Gesellschaft: Gefühle (ich muss dieses Wort noch mal aufgreifen!), Gefühle zeigten sich nur zögernd. Das kam zu allen äußeren Erschwernissen und Hindernissen ja noch hinzu. Ich war als Kind der NS-Ära darauf konditioniert worden, keine Gefühle zu zeigen, wieder im Schmerz noch im Glück. Im emotional unterkühlten, frostigen Binnenklima der Familie fand dieses Erziehungsprogramm seine Entsprechung. Überschwang, spontane Regung: verpönt. Das bedeutete, ganz konkret: Man hielt sich andere Mitglieder der Familie vom Leibe, hielt sie auf Distanz – eine Umarmung vielleicht bei einem Abschied, aber kaum zur Begrüßung und schon gar nicht (»einfach mal so!«) zwischendurch. Körperliche Berührungen der Eltern, kleine Zärtlichkeiten: das bekamen wir Kinder nie zu sehen. Kam es doch mal zu einem unbedachten ›Übergriff‹ des Vaters, so wurde gleich gewarnt: »Lass doch … die Kinder …!«

Die gängigen Verhaltensmuster betonten eher den sportlich-freundlichen jungen Menschen, der Gefühlsregungen, gar leidenschaftlichen Regungen nicht so leicht, nicht so rasch nachgab. Die Gefühle eines Jungen für ein Mädchen, eines Mädchens für einen Jungen entfalteten sich damals langsamer, dies gegen innere und äußere Widerstände. Eine heute geläufige Formulierung, auch als Aufforderung: Seine Gefühle zeigen! Wir gaben Gefühle zu erkennen, scheu, aber seine Gefühle zu

366

zeigen, womöglich demonstrativ, das wäre uns damals forciert erschienen. Die Umgangssprache bietet eine plastische Formulierung an: Mit seinen Gefühlen hinter dem Berg halten. Diesen Berg hatten Generationen aufgeschüttet, diesen Berg erhöhten wir selbst, mit Materialien, die bereitgelegt waren, ja, die uns aufgezwungen wurden. Ich habe erst lernen müssen, mit meinen Gefühlen hinter dem Berg hervorzukommen. Ich weiß noch, bis in den Bereich der Emotionen, was es bedeutet, in einer restaurativen, restriktiven Gesellschaft aufgewachsen zu sein. Wahrscheinlich hatte Vater Staat damals noch mehr (abkühlenden) Einfluss auf mich als Mutter Kühn. Das alles hätte sich fatal auswirken können. Aber nicht einmal in dieser Allianz entstanden bleibende Schäden: Gefühle, die mir in der Kindheit, der ersten Jugendzeit vorenthalten wurden, sie wurden mir dann später, ja, geschenkt. Da brauchte es freilich Geduld, bis ich mich öffnete, bis ich – schlicht gesagt – warm wurde. Dann wurde Glück nicht nur körperliches Glück, es war jeweils Befreiung von einem kalten Nesselhemd.

Das klang wie ein Schlusssatz, aber ich bin hier noch nicht durch! Befangenheit des Gefühls: dies war nur *eins* der zeitgebundenen Verhaltensmuster, die uns beeinflussten, prägten. Ein anderes Verhaltensmuster lag im Rollenverhalten, in dem sich gleichfalls die restaurative Struktur jener Gesellschaft ausprägte, auswirkte: Die Initiative geht vom Jungen, geht vom Mann aus in einer Liebesbeziehung; das Mädchen, die Frau müssen verführt, müssen »erobert« werden. So erwarteten wir von uns, erwarteten Mädchen von uns, dass *wir* die Initiative ergriffen, dass *wir* uns langsam und geduldig vorarbeiteten in einem gestaffelten Verteidigungssystem von kleineren und größeren Widerständen. Das muss betont werden in einer Zeit, in der vielfach eher Mädchen und Frauen aktiv werden.

Natürlich gab es damals schon Mädchen, die der allgemein retardierten Entwicklung voraus waren: auf Partys beliebte Mädchen, die sich in Nebenzimmern oder in Gärten oder auf Speichern ohne langes Vorspiel küssen ließen, womöglich selbst den Anfang machten. Als Intrada, als Vorspiel: mit ihnen konnte man »intim tanzen«, womöglich mit dem Handrücken am Geschlecht. Aber dies waren nicht die Mädchen, wie sie – unter uns Freunden – zu Freundinnen wurden. Bei denen vollzog sich erotische Annäherung eher in Zeitlupe. Ich betone noch mal: Dies in der bürgerlichen Schicht, die noch Erstarrungsformen des 19. Jahrhunderts zeigte. Die Langsamkeit, die uns *natürlich* erschien, sie muss betont werden in einer Zeit, in der man, so im Vorbeigehn, Sätze wie diesen zu hören bekommt: »Ich geh nur mit dir, wenn ich dich bumsen darf.« Oder, etwas höflicher: Jetzt schlafen wir erst mal miteinander, dann schauen wir weiter.

Wir dachten eher in Entwicklungsphasen. Die erste Phase der Annäherung erfüllte sich im Kuss. Hier war schon viel erreicht. In dieser Phase konnte man eine Zeitlang verweilen, hier konnte differenziert und intensiviert werden (für mich: frei nach der Unterweisung auf englische Art ...)

Die zweite Phase der Annäherung konzentrierte sich meist auf die Mädchenbeine. Ich hatte ja schon erwähnt: Das Frauenbein war damals, in der Öffentlichkeit, stärker erotisiert als heute. Noch immer war der Rock üblich, und ein Rocksaum lässt sich langsam, langsam verschieben. Bei Jeans dagegen gibt es keine Abstufungen, keine Varianten: die bleiben an oder werden ausgezogen. Beim Rock hingegen kann sich die Gluтzone so langsam vorschieben wie bei Zigaretten. Ehe der Rocksaum die Oberschenkel erreichte, vergingen freilich oft viele Zigarettenlängen.

Die nächste, die dritte Phase des Petting: die »Eroberung des Busens«. Hier konnte die Verteidigung besonders stark sein. Auch bei jungen Mädchen waren Büstenhalter damals selbstverständlich. Und die waren nicht so aufgehaucht leicht und stretchy, die damaligen Produkte der Miederwarenindustrie waren, wie schon angedeutet: wehrhaft. Kleine Fortifikationen streng und fest verzurrter, krankenhausweißer Schalen oder Körbchen aus garantiert undurchsichtigen Materialien, verstärkt und versteift durch Elemente, die heute wahrscheinlich gar nicht mehr recycelt werden könnten. Thema spaßhaft ernsthafter Erörterungen unter uns Gymnasiasten waren die oft gestrengen Verschlüsse der BHs. Zwei Grundausführungen: Büstenhalter, die sich am Rücken öffnen ließen, waren die Regel. Praktischer aber war die Version, die sich zwischen den Schalen oder Körbchen öffnen ließ. Wenn schließlich zum ersten Mal die Brüste berührt wurden, konnte aus dem (ähnlich sozialisierten) Mädchen ein Laut herauskommen, der nicht eindeutig war: kleines Erschrecken oder zaghafte Beglückung? Kurzes Verharren also, bis geklärt war, ob das sanfte Zurechtweisung oder seufzende Erleichterung war.

War es seufzende Erleichterung, so stand man dicht vor dem Glück, das unauflöslich mit Angst verbunden war in jener Ära oft fragwürdiger Empfängnisverhütung. Das wurde für uns aber meist erst nach Schulabschluss relevant. Klassenkameraden der Oberstufe mit erster sexueller Erfahrung waren selten. Gebannt hörten wir zu, in enger Runde, als einer vom Besuch in einem Kölner Puff berichtete: Das Wachstuch am Fußende des Betts, der Freier durfte sich nicht mal die Schuhe oder Stiefel ausziehen … Und abgespritzt und abkassiert.

Es war die Zeit vor der Entwicklung und Einführung des Ovulationshemmers, der Pille. Auch vor der Einführung der Spirale. Freilich gab es Kondome, damals meist Präservative genannt, was zu Abkürzungen herausforderte. Ein Produkt, das damals nicht angeboten, sondern versteckt wurde. Noch längst nicht hingen in Toilettenanlagen Kondomautomaten, aus denen sich, in entsprechender Preisstaffelung, verschiedene Ausführungen ziehen lassen – man musste noch in eine Drogerie oder Apotheke gehen. Aber wer sprach da schon, vor allem bei größerer Fluktuation, laut und deutlich den Wunsch aus? Dass ein Mann in einer Münchner Apotheke unüberhörbar fragte: Homs Männaschutz?, das war es bereits wert, weitererzählt zu werden. Gelächter, das Distanz markierte. Es gab allerdings Zettelchen, die Präserpackungen beigelegt waren, die konnte man stumm hinüberreichen, und dann wurde das Produkt auch nicht auf den Verkaufstresen gelegt, sondern neutral verpackt zugeschoben.

»Empfängnisverhütung« war vielfach tabuisiert, vor allem im Machtbereich der katholischen Kirche. »Empfängnisverhütung« war in der Ausführung auch erheblich erschwert. Zum einen war es die Methode von Knauss-Ogino, heute weithin vergessen: Man plante parallel zu Messungsergebnissen der weiblichen Temperaturen, bis hin zum Eisprung: vielfach reines Lotteriespiel.

Zweite Methode: Coitus interruptus. Ein psychisch und physisch brutales Verfahren: kurz vor dem Orgasmus unterwarf man sich dem Gebot der verhütenden Vernunft. Als sicher galt diese Methode auch nicht. Ein Freund, der mit einem »Onkel Ficki« gefachsimpelt hatte, brachte als warnende Nachricht mit: Schon ein Tropfen, ein Tröpfchen beim Rausziehen kann genügen, wenn die Frau heiß ist ... Der Rückzieher im rechten Moment war im Hinterkopf oder Hirnstamm möglicherweise einprogrammiert, der Beischlaf war nicht nur lustbetont, er war auch angstbesetzt: Pass auf ... pass auf ... pass auf!

Auch die Mädchen, die Frauen konnten sich bei dieser Methode nicht so rückhaltlos entfalten, wie das Jahrzehnte später selbstverständlich schien, auch bei ihnen mischte sich Sorge ein ins Liebesspiel: Hoffentlich macht der rechtzeitig wieder halblang. Unfreiwillige Selbstkontrolle in der Sexualität – welche Mischungen von »Eis und heiß«! Welche Turbulenzen!

Dies vor dem dräuenden Hintergrund der sehr berechtigten Angst vor Folgen. Das soziale Muster der alleinerziehenden Mutter war, in der Öffentlichkeit, noch nicht entwickelt, noch nicht ausgereift. Durch unzeitige Schwangerschaft konnte eine geheime Liebesbeziehung unerwünscht öffentlich werden, gleichsam ans Licht gezerrt. Da war die Angst vor einer fast alttestamentarischen Verdammnis, vor allem in kleineren Ortschaften, die von der Kirche beherrscht wurden. Die bangste aller Fragen, damals: »Hast du deine Tage gekriegt ...?«

Die allgegenwärtige Furie der Beschleunigung könnte allzu leicht konstatieren, abschätzig: Die damals machten jede Menge Schnörkel ... die machten sich ja unwahrscheinliche Probleme ... die gingen ja erstaunlich langsam aus sich heraus ... Aber: heutige Kategorien der Beurteilung, der Bewertung konnten wir nicht antizipieren. Es kann auch nicht darum gehen, so etwas wie Mitleid einzufordern, nachträglich (oder Selbstmitleid zu generieren). Wie wir lebten, wie wir uns verhielten, das erschien uns selbstverständlich, fast: natürlich. Sogar die Verbindung, weithin, von Lust und Angst schien uns »natürlich«, erschien uns »naturgegeben«. Erst in den späten sechziger Jahren lernten wir durchschauen, wie viel von dem, was natürlich oder naturgegeben erscheint, von Geschichte und Gesellschaft geformt, zumindest mitgeformt ist. Wir hatten damals, in den fünfziger Jahren, (noch) keine Vergleiche. Wir sahen uns nicht als Opfer allgemeiner Konstellationen, die unsere Entfaltung erschwerten, die unseren Spielraum einengten. Wir waren halt langsamer. Na und?

Ich habe sie noch einmal gesehen, gut zwei Jahrzehnte später, vor der Premiere eines meiner Theaterstücke. Eine Frau stand neben mir an der Garderobe, gab einen Pelzmantel ab, ich steckte mein Metallmärkchen ein, spürte, dass ich von der Seite gemustert wurde, schaute sie an, aber da war kein Reflex bei mir, ich sah in ihr eine Frau in der Rolle einer Chefsekretärin, doch dann sagte sie: »Ich bin die Hannelore.« Und sie kam mir vor wie die Mutter der damaligen Hannelore.

Wechselseitiges Bestaunen, doch alles Gefühl war erloschen, obwohl Gefühle eine erstaunliche Resistenz entwickeln können, da kann ein Jahrzehnt, in dem man sich nicht gesehen, in dem man nicht einmal voneinander gehört hat, ein Nichts sein, ein Hauch, und die Kapsel, die sich um die Gefühle gebildet hat, sie springt auf, was Vergangenheit schien, wird freigesetzt, eine Umarmung vor Jahren wird fortgesetzt … Nein, solch ein Weiterwirken von Gefühl, das längst vergessen, längst aufgelöst schien, das gab es hier nicht, aber wichtig ist, wichtig bleibt: Die Liebesgeschichte mit dem Mädchen, aus dem nun diese Frau geworden war, die langsam neben mir herging, und die – in hastigem, halblautem Zwischengespräch raffend – schlimme Erfahrungen gemacht hatte, meanwhile, diese Liebesgeschichte hat Erfahrungen geprägt und mit den Erfahrungen Muster des Verhaltens. Hat damit denn doch wieder Gegenwart.

Hervorgeholt: ein Schuhkarton mit Briefen auch von Hanne-lore. Soll ich den Karton öffnen, die Briefe lesen? Würde die Beziehung dann wieder präsent? Oder formulierte bei diesen Briefen die Angst mit, sie könnten entdeckt und mitgelesen werden?

Nun mache ich mich selber neugierig, ich werde die Ver-schnürung doch wohl lösen, in den nächsten Tagen, und den Packen Briefe lesen. Anschließend werde ich sie wahrschein-lich vernichten. Ich werde allerdings nicht herauszufinden versuchen, wo, unter welchem Namen, die Frau mit dem Vor-namen Hannelore wohnt, werde sie nicht um meine Briefe bitten, das erschiene mir albern.

Ich habe es viele Wochen hinausgeschoben, den Schuhkar-ton aufzuschnüren. Mehrfach sagte ich mir: Lass ihn zu und streiche den Satz, in dem du das ankündigst. Aber in plötz-licher Aktion, mich beinah selbst überraschend, öffnete ich den Karton, suchte den Briefpacken. Die Erinnerung hat ge-täuscht: ich besitze nur noch ein paar Briefe aus jener Zeit. Unzureichende Dokumentation! Riss der Briefwechsel recht bald schon ab, oder sind Briefe verlorengegangen oder sind von mir womöglich Briefe vernichtet worden? Hier ist Er-innerung gelöscht.

Als ich die ersten, auf Spielkartenformat zurechtgefalteten Briefe glättete, hatte ich das Gefühl, ich beginge eine Indis-kretion: Ich schaue in Briefe, die eine Person geschrieben hat, die ich nicht mehr kenne, und die an eine Person gerichtet waren, mit der ich nur noch in bürokratisch erfassbaren Daten identisch bin.

Der Sammelumschlag frankiert mit einer Zwanzig-Pfennig-Marke, daneben die kleine blaue Steuermarke »Notopfer Ber-lin«; zwei Pfennig. Die Stadt Hannover gehörte damals zum Postleitzahlgebiet 20a. Eine andere Topographie, in der diese Briefe geschrieben wurden, ab November 51. Was geschah in diesem Monat, in diesem Jahr? Und was im Jahr danach? Was nahm ich, was nahm sie wahr?

Wichtig war Sport. Zum Beispiel sah sie »ein ganz tolles Tennisturnier! Das Spiel des Tages: Hard – Fry. Dir großen

Kenner werden das ja keine fremden Namen sein. Und als ich dann den schweren, langen Buchholz mit seinem unerhörten Aufschlag sah ...« Ein Biograph, der solch eine Briefstelle zitieren könnte, er müsste eine Fußnote oder Anmerkung schreiben: Wer waren die Herren Buchholz, Fry und Hard? Ich könnte, befragt, nur die Schulter heben. Aber die Briefstelle aktiviert Erinnerung: Ich war in der Jugendmannschaft von Düren 99, spielte Tennis auf Turnieren.

Wichtig, so lese ich weiter, war auch Hockey. Sie schrieb, sie hätte sich ein »tolles Hockeyspiel angesehen. Das wäre was für Dich gewesen. Hannover – Braunschweig. Was machen Deine Fortschritte?« Ja richtig, ich war auch in einer Hockeymannschaft. Und ich sehe mich, in einer Erinnerungsmomentaufnahme, herumlaufen auf einem staubigen Platz, mit dem Hockeyschläger, unter greller und heißer Sonne.

Und noch eine Facetten-Spiegelung: »Ob Dich die Atomphysik so beschäftigt, dass Du keine Zeit mehr hast, mir zu schreiben?« Ja stimmt, als Schüler interessierte ich mich überhaupt nicht für Literatur, ich las Bücher (etwa der Reihe Kosmos) über Atomphysik, war damals entschlossen, Kernphysiker zu werden – erst im letzten Schuljahr rückte ich von dieser Entscheidung ab.

Um Atomphysik, Hockey, Tennis aber ging es nur nebenbei: es waren Liebesbriefe. Ich bin erleichtert, dass ich nicht meine eigenen Briefe lesen muss. Wie habe ich die Freundin angeredet, angeschrieben? Wie lauteten meine Schlussformeln? »Mein lieber Schatz« schrieb sie, regelmäßig. Die Anrede »Schatz« erscheint mir ein wenig patiniert, aber ich habe dieses Wort Jahrzehnte später von einer sehr selbstbewussten, souveränen Frau gehört. Also: die Peinlichkeit ist etwas reduziert.

Und wie waren ihre Briefschlüsse? In einem der Briefe ein Kürzel, das typisch sein könnte für jene Zeit, für ihre Situation: »Sei recht herzlich gegrüßt und ge – – – von Deiner Hanne.« In anderen Briefen dagegen schrieb sie von »sehnsuchtsvollen Küssen«.

Ja, es gab damals Restriktionen. Aber sie relativierten sich zum Teil. Von Hannover aus gesehen war die Vorsicht, die wir in Düren entwickeln mussten, provinziell. Hanne über Schülerinnen ihrer Klasse: »Wenn die Schule aus ist, warten unten schon die Freunde auf sie. Kein Lehrer sagt was dazu. In einer Großstadt ist eben alles viel großzügiger.« Das sehe ich nun deutlicher: Meine Lebensformen, Verhaltensweisen wurden auch von Lebensformen, Verhaltensweisen einer katholischen Kleinstadt geprägt.

Aber auch in Hannover war es verdächtig, wenn eine Fünfzehnjährige einem Sechzehnjährigen schrieb, und das regelmäßig; es drohte Kontrolle, damit Zensur. »Wir fahren mit der Klasse für 14 Tage in ein Landheim der Schule. Schreibe in dieser Zeit bitte nicht, denn ich weiß nicht, ob die Briefe, wenn ich nicht zu Hause bin, doch aufgemacht werden. Am 8. Dezember kommen wir zurück. Dann erwarte ich aber wieder so einen langen Brief wie den letzten.« In einem späteren Brief lese ich freilich: »Ich schrieb Dir zuletzt, Du möchtest mir während meiner Abwesenheit nicht schreiben. Aber ich kann es so lange nicht ohne die Post meines Liebsten aushalten. Ich habe mit meiner Mutti verhandelt und sie will mir die Post, ohne sie zu öffnen, nachschicken. Also warte ich voll Sehnsucht auf Deinen nächsten Brief.«

Dieses schöne Mädchen hat offenbar allen Mut zusammengenommen, um ihren Privatbereich abzugrenzen. Damit stimulierte sie freilich gesteigertes Interesse an diesen Briefen: Wenn es so ist, was mag dann alles drinstehen?! Sie hat mit Erfolg verhandelt: »Deinen letzten Brief schickte Mutti mir, natürlich ungeöffnet, ins Landheim.«

So war die Entwicklung in 20a Hannover. Und in 22b Düren? War das Briefgeheimnis gewahrt in der Frankenstraße 55? Wurde jede Briefübergabe kommentiert, kritisch? Wollte meine Mutter wissen, was in den Briefen stand? Die Briefe sind so klein gefaltet, dass ich vermute: ich habe sie versteckt. Aber ich teilte mit meinen zwei jüngeren Brüdern ein Zimmer – wo ließen sich da Briefe verstecken? Liebesbriefe saugen Interesse an – wie konnte ich sie, nach offizieller Übergabe, aufbewahren und zugleich verschwinden lassen? Wie konnte meiner Mutter beim Putzen das Versteck entgehen? Respektierte sie es?

Kleinigkeiten hatten damals große Bedeutung – auch wenn sie sich spurlos verflüchtigt haben. Zum Beispiel berichtete die Schülerin, wie nachts im Landheim, im Schlafsaal, Gruselgeschichten erzählt wurden, und sie graulte sich, fürchtete sich, aber: »Ich hatte das Kettchen gestreift und hatte das Gefühl: dein Dieter legt seinen Arm um deine Schultern.« Was war das für ein Kettchen? Hatte ich es ihr geschenkt? Also gekauft? Oder verbanden sich mit diesem Kettchen besondere Erinnerungen? Das Kettchen hat sich in der Erinnerung aufgelöst.

Überhaupt: die Lektüre dieser Briefe macht mir bewusst, wie viel Hegels »Furie des Verschwindens« mit sich gerissen hat. Wie viel damit auch in einem Leben vergeudet, verschleudert wird. Ich staune darüber, bin traurig darüber, dass sich Liebesgeschichten auflösen können mit ihren Einzelheiten, die charakteristisch waren, dass sie zunichte werden. Sicher, »alte« Gefühle werden belebt in neuer Liebe, aber müssten die alten Geschichten nicht so etwas wie Bodensatz bleiben im Glas? Aus guten Weinen kristallisiert sich ein »dépot« ... Von dieser Liebesgeschichte ist noch etwas »dépot« zurückgeblieben, aber andere Liebesgeschichten haben kaum Spurenelemente hinterlassen.

Aber ich habe nicht nur Anlass zu melancholischer Klage: Es kommen aus meiner Vergangenheit Impulse in meine Gegenwart – Vorgänge, die meine Phantasie wieder beschäftigen, meine Erinnerung aktivieren, echohaft sogar Gefühle wiederbeleben. Und ich stimme ein Loblied an auf das Briefeschreiben – so bleiben Spuren erhalten.

Diese Spuren lassen sich nicht »sichern«, und schon gar nicht vollständig, aber zwei Zitate will ich noch bringen, ich fühle mich von ihnen angerührt – eine beinah körperliche Berührung. Die Fünfzehnjährige schrieb auf einem herausgelösten Tagebuchblatt in krakeliger Schrift »den ersten Gruß aus Hannover. Wir schliefen die erste Nacht im Hotel. Ich blieb morgens im Bett liegen, während meine Eltern zur Wohnung gingen. Man hat es mir wohl zu gut angemerkt, dass ich

Hannover feindlich gegenüberstand, denn Vati war sehr besorgt um mich, ließ mir das Frühstück ans Bett bringen. Ich hatte Radio und Telephon am Bett, aber das Radio konnte und wollte ich nicht andrehen, mir stand der Sinn nicht danach. Im Laufe des Vormittags wurde ich von den Eltern noch mehrmals angerufen, denn mir ging es nicht gut. Ich lag so im Bett und träumte mit offenen Augen. Ich war mit meinen Gedanken bei Dir. Ich hätte auf alles verzichtet, wenn ich jetzt mit Dir noch einmal in Burgau wäre. Ich konnte es aber nicht aushalten so alleine im Bett zu liegen und setzte mich im Nachthemd an den Tisch und schrieb Dir einen langen Sehnsuchts- und Liebesbrief, den ich aber nicht abschickte, dann erlangte ich meine innere Ruhe so allmählich wieder. Und dann schlief ich ein und träumte, aber furchtbar. Ich ging durch eine große Stadt und Du kamst mir entgegen, aber Du gingst ohne einen Gruß und ohne mich wiederzuerkennen an mir vorbei. Dann wurde ich wach. Hoffentlich wird dieser Traum nicht in Erfüllung gehen.«

Er ging nicht in Erfüllung. Aber: Wie lange ließ sich diese Trennung aushalten? Sie versuchte mir Freiheit zurückzugeben. »Ich möchte Dir nicht im Wege stehen, obwohl ich, während ich dies schreibe, denn ich sehe es als meine Pflicht an, stöhne.« Dieses Aufstöhnen, vor Jahrzehnten im fernen Hannover, ich glaube es zu hören, während ich dies abschreibe.

Es erscheint mir jetzt unvorstellbar, dass ich die Briefe verbrenne. Das wäre vorsätzliche Vernichtung von Vergangenheit – selbst, wenn ich diese Briefe nie wieder lesen sollte.

Mutter Helene zwang den 16-Jährigen, ein Foto vorzulegen, das einem ihrer Briefe beigelegt war. Ich sehe es noch vor mir, so genau wie die Fotografie einer Fotografie, schwarzweiß, chamois halbmatt, gezackter Rand: Hannelore im Garten, Seitenansicht, zweiteiliger Badeanzug, sie steht etwas linkisch, weil verlegen, scheint eine Rose zu betrachten. Sie wurde nun doppelt bloßgestellt: ein Mädchen, das sich anbot, ja feilbot …! Heftigste moralische Vorwürfe an den Adressaten! Meine Mutter reagierte hier in aller Heftigkeit nicht nur als

Person, die (auch) von den Eltern geprägt worden war, hier zeigte sich zeittypisches Verhalten. So erscheint mir die grausige Szene in doppelter Hinsicht antiquiert.

Solche innere Distanz hatte ich damals nicht – ich schämte mich, auch für das Mädchen, das ich liebte. Ob ich das Foto ausliefern musste oder zurückerhielt – vergessen.

UND ICH BEGANN ZU SCHREIBEN. Erst einmal, wie konnte es anders sein: Gedichte. Die habe ich weder Hanne noch Freunden gezeigt, schon gar nicht meinen Brüdern, den Eltern: Lyrik, unter fast konspirativen Bedingungen im Stadtwald, im »Wibbelrusch«, geschrieben, auf einem Baumstumpf sitzend, auf den Knien Bierdeckel oder andere Pappstücke, Schreibfläche und Schreibunterlage zugleich. War ich im Zimmer (das ich nach wie vor mit den Brüdern teilen musste) endlich mal allein, wurden von diesen krakeligen Notaten Reinschriften angefertigt und versteckt.

Keins dieser frühen Gedichte habe ich aufbewahrt, und das finde ich nach wie vor richtig. In Erinnerung sind nur vier Zeilen geblieben, und die will ich nun doch zitieren: Heraus mit der Sprache, der von damals!

Blüten, die so schwer gewesen,
sinken nun ganz leicht herab,
Flieder neigt sich ins Verwesen,
satte Dolden welken ab …

Ich schrieb auch Prosa: Studien. Sind ebenfalls verschollen. Was wohl eher heißt: Ich habe sie vorsätzlich verschwinden lassen. Vage Erinnerung nur noch an eine Studie von Kastanienknospen. Ich hatte eine Knospe auf ein Stück Papier gelegt, beschrieb sie möglichst genau: Naturstudie. Ich sehe die leicht klebrige, honigbraune Knospe noch vor mir, betont von der weißen Unterlage.

MEIN KOPF, MEIN HIRN phasenweise auch als Durchlauferhitzer: Nachrichten, Informationen fließen, strudeln hindurch, kühlen meist rasch wieder ab, versickern.

Gleich eine erste »Durchflussmenge«: Nachrichten aus dem Jahre 1953. Zu jener Zeit dürfte meine Wahrnehmung für Vorgänge außerhalb der Ichzone eingesetzt haben, vorausgesetzt, der Nachrichtendruck war stark genug. Probedurchlauf von kurzer Dauer, chronologisch.

Erstes Stichwort: Hohe Kommission. Die US-Organisation führt eine Befragung durch in der Bundesrepublik, demnach sind 44 Prozent der Bevölkerung nach wie vor davon überzeugt, der Nationalsozialismus hätte mehr Vorteile als Nachteile gehabt.

Auf der Deutschen Bischofskonferenz tut man sich schwer mit der Gleichberechtigung von Mann und Frau – gewisse Vorrechte des Mannes entsprächen der »natürlichen Ordnung«.

In Frankreich findet der Prozess statt gegen SS-Männer, die das Massaker von Oradour durchgeführt hatten. 45 Todesurteile, 43 in Abwesenheit der Angeklagten.

Im März stirbt, mit 73, Josef Stalin nach einem Schlaganfall. Sehr verschiedene Reaktionen. Malenkow wird Ministerpräsident.

Eine UN-Resolution zur Gleichberechtigung von Mann und Frau.

Edward P. Hillary, Bienenzüchter aus Neuseeland, bezwingt mit Sherpa Tensing den Mount Everest. Ja, die beiden Namen sind präsent geblieben! Auf dieses Unternehmen war auch ich eingestimmt, besaß immerhin ein Buch über die Erstbesteigung des Nanga Parbat durch – wie hieß der noch? Ein Deutscher, steht fest, hatte einen Hakenkreuzwimpel mitgeführt auf den Gipfel, aber wie hieß noch der Mann?

Andere Nachrichten drängen sich vor. Krönung von Elisabeth der Zweiten.

Aufstand der Bauarbeiter in Ost-Berlin, Protest gegen die Erhöhung der Arbeitsnormen, mehr als zehntausend schließen sich zusammen, Streiks auch in 167 Städten und Landkreisen der DDR. Russische Panzer fahren auf in Berlin, Volkspolizei schießt scharf, Massenverhaftungen. Prozesse. 29 Todesurteile werden durch Sowjets vollstreckt. – Die Härte der Reaktion habe ich in der Erinnerung unterschätzt.

Endlich mal Positives: Der Waffenstillstand zwischen Nordkorea und den USA wird unterzeichnet.

Doch die Sowjetunion zündet die erste Wasserstoffbombe.

Nikita S. Chruschtschow wird Erster Sekretär des Zentralkomitees der KPdSU.

Das Komitee für unamerikanische Umtriebe unter McCarthy zitiert sogar den früheren Präsidenten Truman heran.

Berija, allmächtiger Innenminister, bereits entmachtet, wird zum Tode verurteilt und sofort hingerichtet. Erfuhren wir damals schon, dass der Geheimdienstchef vom Geheimdienst gefoltert wurde?

Ein Ansatz zur Rekonstruktion von Nachrichten-Input in mein Hirn. Die Verfallszeit der Informationen ist freilich meist sehr kurz. Einige Punkte aber haben sich eingeprägt. Solch einen Informationsdurchlauf fortsetzen? Zumindest im Abstand von jeweils einigen Jahren? Oder soll ich darauf beharren: Nur Nachrichten zum Weltgeschehen, die Spuren, zumindest Spurenelemente hinterließen in mir?

ACHTZEHNTES LEBENSJAHR, also Fahrschule, Fahrstunden, ich wollte mir, pünktlich zur Führerscheinreife, einen Motorroller kaufen. Die Fahrstunden auf einer 350er NSU, der Fahrlehrer im Beiwagen, und wenn ich entschiedener als sonst den Gasgriff drehte, entstand kurz das rauschhafte Gefühl einer mir fast raketenschnell erscheinenden Beschleunigung, der Fahrlehrer musste verbal drosseln. Noch lieber hätte ich eine BMW 500 (mit Boxermotor!) unter mir gehabt, oder eine Horex 500 – Wunderwerke jener Zeit! Solcher »thrill« war auf einem Motorroller nicht zu erwarten. Ich musste ihn natürlich selbst finanzieren, wenigstens zum größeren Teil, und so ging (auch) ich in den Ferienwochen »auf den Bau«.

Früh aufstehen, noch früher als zur Schulzeit, zum Stadtrand radeln, Neuanlage von Reihenhäusern. Wiesen, tief ausgefahren, ich muss das Rad die letzten Meter schieben. Die Fensterläden der Baubude noch nicht geöffnet; Blechgefäße (»Mitchen«, Behälter also, in denen man etwas mitnimmt),

Bierflaschen (mit Schnappverschlüssen), Butterbrotpäckchen (in Fettpapier). Die Arbeiter rauchen, steigen in die Monturen. Ich muss rüber zur Bude mit den gestapelten Zementsäcken, alles grau bestäubt. Der Arbeiter kneift ein Auge zu, schwingt einen Zementsack auf meine Schultern, rumms, nicht wackeln, nicht blamieren, zurückgrinsen, um einen plötzlichen Zentner schwerer, rausstaken, über die tief ausgefahrene Wiese zur Mischmaschine, den Sack abwerfen, zurückgehen, den nächsten Sack ausbalancieren, rüberschleppen zur Mischmaschine, abwerfen, zurückgehen, wieder flach und schwer der nächste Sack, diesmal auf der anderen, ebenso schmalen Schulter. Der Arbeiter an der Mischmaschine hebt einen Sack auf die Kipplade, reißt ihn mit der Schaufelkante an, Zementpuder in die Kippe geschüttet, der staubende Papiersack wird zur Seite geschlenkert. Weiterhin Zementsäcke zur Mischmaschine schleppen. Dann Kies holen: die Schubkarre vollschaufeln, durch den Matsch drücken, durch den verschütteten Kies vor der Maschine, und hau-ruck hochstemmen, der Kies rasselt in die Kipplade, rutscht zum Teil daneben, der Arbeiter schüttelt den Kopf. Wieder zurück, die Schubkarre vollschaufeln, wieder zur Mischmaschine, die Kipplade hebt sich, die Trommel dreht sich, drei, vier Hammerschläge gegen die Lade, sie poltert runter, ein Sack auf die Kante gelegt, mit der Schaufelkante aufgerissen, die nächsten Schubkarren ranfahren, der Matsch tiefer, ich lege Bretter hintereinander, muss die Schubkarre nun genauer lenken, die Griffe hochstemmen, den Kies in die Lade kippen, zurück zur Kieshalde, die Schubkarre vollschaufeln, ausbalancieren, hochstemmen, den Kies in die Lade kippen, zurück zur Kieshalde, die Schubkarre vollschaufeln, ausbalancieren, hochstemmen, den Kies in die Lade kippen, zurück zur Kieshalde, die Schubkarre vollschaufeln, ausbalancieren, hochstemmen, den Kies in die Lade kippen, zurück, vollschaufeln, hochstemmen, kippen, zurück, vollschaufeln, hochstemmen, kippen, zurück –

Lohn der Knochenarbeit: die DKW-Hobby, Motorroller mit 67 Kubikzentimetern Hubraum, mit 3 (drei!) PS, mit einer

»Spitzengeschwindigkeit« von 60 km/h. Technische Angaben, die ich finde, ohne lange zu suchen (auswendig behalten habe ich sie nicht): In einem »Jahresquerschnitt« von 1954, von den Eltern übernommen, sehe ich den Motorroller ganzseitig abgebildet als eins der charakteristischen Industrieprodukte jenes Jahres, verbunden mit Angaben, die ich übernehme: »Ein Motorroller für jedermann mit vollautomatischem stufenlosem Getriebe (System Uher). Hier gibt es kein Schalten – nur fahren, und man kann sogar im ›Fußgängertempo‹ bummeln. Der Preis dieses modernen Rollers liegt unter 1000 Mark.«

Nach den Fahrstunden auf der 350er NSU waren die Leistungen des kleinen Rollers nicht eben delirierend, aber, immerhin, es war mein erstes, eigenes Fahrzeug, ich konnte damit am Haus vorfahren, in dem Gisela wohnte, sie konnte hinter mir Platz nehmen, an mich geschmiegt, und mit einer hellblauen Start-Auspuffwolke schnurrten wir los durch ein Düren im Wiederaufbau. Immer weniger Feldloren mit Trümmern, immer mehr Autos mit Chromleisten. Und Motorräder mit wachsendem Hubraum! Unter Gisela und mir, im hellgrauen Blechgehäuse, mühten sich die drei Pferdestärken ab, aber immerhin, es öffneten sich Räume, wir konnten wählen: Schwimmbad? Reitplatz? Zu einem Freund oder in den Wald?

Ich hatte erst wenig geschrieben in jener Zeit, sah aber kommen, dass ich mehr schreiben würde, und so traf ich eine Vorentscheidung, belegte einen Schreibmaschinenkurs in einer Berufsschule. Abendtermine. Der Tipprhythmus der Gruppe bestimmt von einer Lehrschallplatte: Wir-fan-gen-an: W-e-r-t. Zehnfingerblind. Typenhebelmaschine, noch nicht mit Elektroantrieb. Wir-fah-ren-fort. Typenhebelmaschine, elektrisch. Wir-fah-ren-fort. Typenradmaschine.

Einziger Autor, der im Gespräch auch Fragen der Schreibmaschinenmechanik erörterte: Uwe Johnson. Er setzte auf Kugelkopf, ich auf Typenrad. Und wie strapaziert anhaltendes Tippen die Unterarme, die Schultern, den Rücken? Hier stellte Johnson fürsorgliche Fragen, eigene Erfahrungen einbringend. Das tippe ich auf angekoppeltem Keyboard des Laptop:

Die Arbeitsphase der Texterfassung übernehmen nun auch wir Autoren, liefern Datensätze, digital.

Auf der Festplatte gespeichert wird auch diese Erfahrung: Ich kann, kurzfristig, beim Tippen eines Satzes schon mal zum Fenster rausschauen, sehe dabei – jetzt zum Beispiel, in dieser Gegenwart, die gleich schon wieder Vergangenheit sein wird – sehe fortgesetztes Schneetreiben, Schnee gelagert auf breiten Ästen des Baums mit dem exotischen Namen »Kaukasische Flügelnuss«. Vertippe mich, komme aus dem Takt, suche das »g«. Und der Buchstabe, der sich sonst unkontrolliert einfindet, den muss ich nun suchen, die drei Reihen mit Buchstabentasten sichtend, ah, und ziemlich in der Mitte, da ist es ja.

Zwei sehr verschiedene Formen der Wahrnehmung, der Umsetzung: Mich der Bewegung des Sprachflusses überlassend, stellen sich die rechten Buchstabenpositionen von selbst ein; aus der Bewegung herausgerissen, nun bewusst suchend, tue ich mich schwer. Mit offenen Augen geht es nicht mehr blindlings zügig voran, ich stocke, ich suche.

ZU BEGINN MEINES LETZTEN SCHULJAHRS zogen die Eltern mit den jüngeren Brüdern nach Bochum: die neue Tätigkeit des Vaters in der Westfalenbank. Probeweise nahm ich teil am Unterricht eines Bochumer Gymnasiums, aber ein Dreivierteljahr vor dem Abitur die Schule zu wechseln, das war nicht sinnvoll, zu groß die Unterschiede in einigen Fächern. Gespräche mit Freund Bernd, er wiederum sprach mit seinen Eltern, und die erklärten sich bereit, mich in die Familie aufzunehmen bis zum Abitur. Befreiender, erlösender Sprung in eine andere Lebensform. Hochgefühl neuer Freiheit, als ich ›mein‹ Bett im Hause Schoeller vorfand, mit Bernd in einem Zimmer.

Kontrastprogramm des Zusammenlebens! Völlig andere Familienkonstellation! Die Mutter nicht dominierend, eher begleitend. Statt entschiedener Instruktionen eine eher fragende Haltung. Mehr Hinhören als Dreinreden. Versuchte sie, eine Vorstellung durchzusetzen gegenüber meinem Freund (der seine Freiräume maximal ausnutzte), so konnte sie das wie folgt formulieren: Bernd, glaubst du nicht auch, du solltest dich nun doch mal etwas besser anziehen? Damit war das Geplänkel vorgegeben, denn Bernd griff das sofort auf: Nein, ich bin überhaupt nicht der Meinung, dass ich mich jetzt umziehen sollte. In solchen Situationen wurde erwünschtes Verhalten nicht erzwungen durch Geschrei (»Mach keine Menkenke!«) oder durch Nötigung (»Wenn du so weitermachst, krieg ich wieder meine Migräne!«). Mutter Helene wich keiner Konfrontation aus, hielt Konflikte aber nicht durch. Wenn ich nicht bereit war, mich auf ihre Spielregeln einzulassen, ihren Direktiven zu folgen, gab es letztlich nur zwei Reaktionen: sich mit Migräne ins Bett zu legen, demonstrativ, oder zu einer Freundin zu fliehen, alternativ zu ihrem Bruder. Solche Erpressungsspielchen fanden in meiner neuen Familie nicht statt. Mein gleichnamiger Pflegevater ließ gewähren, nachsichtig – zuweilen in einem Ausmaß, das mir, eher ungeduldig, fast als Schwäche erschien. Rotierten beim Mittagessen mal wieder einige Nudeln hoch zur Zimmerdecke, so hielt er sich die Serviette an Mund und Nase, und es deutete sich so etwas wie verlegenes Kichern an hinter dem Serviettenweiß. Es wurde nicht harsch interveniert, eher wurde abgemildert. Das reichte meist, und die Nudeln mussten nicht weiterhin das Fliegen lernen. Gelegentlich aber hätte ich mir den Pflegevater dennoch etwas resoluter gewünscht, aber ich habe ihn, ganz einfach, bewundert, habe ihn, ganz einfach, gemocht. Damit war alles aufgefangen.

Dieter Schoeller war Chef der Textilfabrik Leopold Schoeller und Cie. Mit Eleganz repräsentierte er seine Firma, die Stoffe für Herrenanzüge produzierte. Die Vielfalt der Stoffprodukte wurde sichtbar auch in seinen maßgeschneiderten Anzügen. Er war, was Engländer »a well looking man« genannt hätten, aber diese elegante Erscheinung dämpfte ihre Aura durch Bescheidenheit, die nicht aufgesetzt wirkte. Sie ergab sich aus seinen sehr persönlichen Akzentuierungen dessen, was ihm wichtig war. Er war ein Tennisspieler von bewundernswerter Eleganz. Während Bernd mit sichtlicher Anstrengung spielte und dabei die Tennisschuhe an Stellen durchwetzte, die von den üblichen Bewegungsabläufen her gar nicht erreichbar schienen, etwa an der Schuhspitze. (Wir spielten gemeinsam in der Jugendmannschaft des Tennisvereins, da konnte ich so etwas registrieren.) Mein Pflegevater war zudem ein guter Schwimmer, ein passionierter Bergwanderer (nicht Bergsteiger).

Während Helene Kühn das Steuer auch im Auto (schon gar nicht im Auto!) um keinen Preis aus der Hand gab, meinen Vater wiederholt davon überzeugte, dass es absolut nicht nötig sei, die Fahrprüfung nachzuholen, den Führerschein zu erwerben, war Dieter Schoeller ein ebenso gelassener wie souveräner Autofahrer. Er ließ sich ohne Protestrufe überholen (Helene: »Der ist ja wohl verrückt geworden, den schnapp ich mir jetzt«), er beharrte nicht darauf, bei Fahrten auf der Autobahn ausschließlich die linke Fahrspur zu benutzen (und ich, auf dem »Todessitz«, voller Sorge, ob ihr die Einfädelung in die Engführung in eine Baustelle noch ohne Rempeln gelingen wird). Ich war entspannt und unbesorgt, wenn Dieter den blaugrauen Mercedes chauffierte, ein Cabriolet mit leicht knarzenden Lederbezügen der Sitze, mit Mahagoni in der Armatur. Ganz neues Fahrgefühl für mich auf dem Rücksitz: Fahrtwind, starker, möglichst starker Fahrtwind, auf dem damaligen Autobahnstutzen Richtung Aachen – 140 Stundenkilometer im Cabrio, jeu!

Ganz selbstverständlich war für ihn auch soziales Engagement: er war Presbyter der evangelischen Kirchengemeinde, lange Zeit auch Kirchmeister. Und schritt, im maßgeschneiderten Anzug, in der Kirche von Reihe zu Reihe mit dem Klingelbeutel. Was auch immer er tat, es wirkte ebenso souverän wie gelassen.

Er war mein Pflegevater, so habe ich ihn liebevoll und ironisch genannt, und seine Frau war meine Pflegemutter – auch diese Bezeichnung wurde übernommen. »Darf ich als deine Pflegemutter dazu mal was sagen?« Die Erfahrung einer völlig anderen Form des Familienlebens, mit deutlich weniger Reglementierung, mit entschieden mehr Freiraum: das wurde zur prägenden Erfahrung. Natürlich sorgte Ruth Schoeller für geregelte Abläufe im Haushalt, natürlich teilte sie auch klipp und klar ihre Ansichten mit, natürlich konnte sie intervenieren und insistieren, aber alles war in dieser Familie »abgefedert«. Dazu trug auch die Haushälterin bei; als Nachsicht in Person lieferte sie den unpünktlichen Burschen schon mal das Essen nach, das wir eigentlich nicht mehr verdient hatten. Von ihr lernte ich auch die andere Akzentsetzung des Rheinischen: Gummiábsatz, Hauptbáhnhof ...

Die Familie lebte in einem großen, stilvoll ausgebauten und eingerichteten Barackenbau, in der ersten Nachkriegszeit am Rande des Firmengeländes aufgestellt. Mit jedem Schritt das Knarren des Holzbodens. Allenthalben Ausblicke in den Garten.

Bernd hatte mich ja gleich in sein Zimmer aufgenommen, unsere Betten in den Raumwinkeln schräg gegenüber. Gemeinsamer Arbeitstisch. Gemeinsamer Gang zum Gymnasium, gemeinsame Rückkehr. Gemeinsam gingen wir Tennis spielen, gemeinsam gingen wir auf Feste. Und manchmal interessierten wir uns für dasselbe Mädchen, es fand auch schon mal eine Übernahme statt. Und ich wurde, gemeinsam mit Bernd, mitgenommen in Konzerte in der Turnhalle des neu erbauten Gymnasiums, im großen Schauburg-Kino, auch in Köln, vor allem in der Aula der Universität. Die erste Oper, die ich dort gesehen hatte, sie wurde für mich zum Urmuster aller Opern: *Die Zauberflöte* – alles ziemlich unwirklich, aber wunderschön. Auch wurde ich mitgenommen zu Ausstellungen: »Werdendes Abendland«, in der Villa Hügel vor Essen. Oder: Bilder aus São Paulo, in Düsseldorf. Da lernte ich auch von Dieter (den ich beim Vornamen nannte, während ich die Pflegemutter gesiezt habe) das geduldige Sich-einblicken in ein Gemälde, und nur gelegentlich fiel dabei ein kommentierender Satz ab, der sich gleichsam in der Schwebe der Vorläufigkeit hielt.

Die stärksten Eindrücke und Nachwirkungen aber mit den Hauskonzerten, die in einem Raum des Verwaltungsgebäudes der Firma gegeben wurden, fast immer von einem Duo, das Violine und Klavier spielte, das Ehepaar Szigmondi. Der ungarische Geiger, damals bekannt, wenn auch nicht so berühmt wie beispielsweise Schneiderhahn, er favorisierte einen ungarischen Komponisten, von dem ich bis dahin noch nichts gehört hatte: Béla Bartók. Soweit das möglich war, nahm ich mit Bernd an Proben teil – so höre ich Musik fast am liebsten: in einer Workshop-Atmosphäre.

Aufgeführt wurden von den Szigmondis selbstverständlich die beiden Sonaten für Violine und Klavier, und die erschienen mir damals erst recht als sehr modern. Besonders eingeprägt hat sich vor allem Bartóks Sonate für Violine solo. Szigmondi stellte vor der Aufführung das Werk erst einmal kommentierend vor, und das fand ich besonders spannend: Seit jenem Jahr 1954 habe ich das Attacca-Thema der Fuge im Ohr.

Gespräche auch nach den Konzerten. Das Musiker-Ehepaar war zu Gast im Hause, und wichtig war dann (sonntags) das gemeinsame Frühstück. Da gab es für mich viel zu hören über Komponisten, über Interpreten, über Podien, über Veranstalter, über das Einstudieren und Einspielen. Ich fühlte mich privilegiert, dass ich so unmittelbar teilnehmen konnte, habe dieses Privileg auch genutzt, es wurden Resonanzen geschaffen, die Jahrzehnte nachwirkten. Höre ich Kammermusik von Bartók, so stellt sich beinah unausweichlich die Assoziation ein: Konzert im Backsteinbau der Firmenverwaltung.

Und immer wieder: Einsaugen von Freiheitsgefühlen. Klingt metaphorisch, war aber konkrete Erfahrung. Teilnehmen an Festen, tanzen, poussieren und keine Sorge im Nacken, das könnte Anwürfe, Vorwürfe geben nach der Rückkehr. Die fand zuweilen erst in der Morgendämmerung statt, und ich blieb, meist mit Bernd, am Haus stehen, hörte, aufatmend, das gleichmäßige Morgenrauschen der hohen Pappelreihe, die das Grundstück südwärts abschloss, dieses Rauschen punktiert von Vogelsignalen, gleichsam durchflochten von gereihten Klangfiguren.

So wurde Morgenrückkehr zum Ritual: stehen bleiben im noch völlig stillen Gelände von Haus und Firma, hineinhorchen in das Pappelrauschen, Grundierungsgeräusch einer

Freiheit, die nicht selbstverständlich war, sondern als Geschenk angenommen wurde, und dies sehr bewusst. Seither eine feste assoziative Verbindung: Das Rauschen von Pappeln als Rauschen im Morgenwind ... Kühle, klare Luft ... Das Vogelkonzert ... Aufrauschen, Verebben, Aufrauschen ... Die hohe Pappelwand, licht- und winddurchlässig ...

In einer zweiten Phase bekam ich ein eigenes Zimmer: winzig, aber mein erstes eigenes Zimmer! Das Bett in einem Alkoven, vor dem Fenster ein kleiner Tisch. In diesem Zimmer konnte ich, gelegentlich, mit Gisela schmusen, in diesem Zimmer konnte ich schreiben – Gedichte, in denen Pappeln aufrauschten?

UND ES FAND eine fast kopernikanische Lesewende statt! Ich nahm teil an einer Arbeitsgemeinschaft Deutsch. Und Studienrat Fischer, von uns ohnehin geschätzt, geliebt, brachte in einer der Doppelstunden ein erstes Heft einer neuen Literaturzeitschrift mit. Selten ist es möglich, die Koordinaten eines Zündpunkts genau anzugeben, hier kann ich sie benennen: *Akzente.* 1/54.

Wilhelm (»Bubi«) Fischer schlug diese Ausgabe vor zur gemeinsamen Lektüre, jeder kaufte sich ein Exemplar, zur Überraschung des Dürener Buchhändlers, mein Exemplar ist erhalten geblieben, ich brauche die Texte also nicht (verkleinert) im Reprint nachzulesen. Außerdem: Bleistiftmarkierungen und -notizen zeigen mir, welche Texte ich mir (wir uns) genauer angesehen habe(n). Die Notizen appellierten an einen späteren Dieter, sich diese Ausgabe der Zeitschrift noch mal anzuschauen.

Die Namen der beiden Schläger unter den Lehrern der frühen Jahre habe ich nicht genannt, werde das auch weiter unterlassen, die Namen der beiden Lehrer, denen ich vieles zu verdanken habe, sie werden hervorgehoben. Hier, noch einmal: Deutschlehrer Fischer (neben Kunstlehrer Recker). Gelegentliche Kontakte über die Schulzeit hinaus: Fischer tauchte zuweilen bei Lesungen von mir auf, und es wurden, anschließend, kurze, aber herzliche Gespräche geführt.

Und dies war die literarische Welt, in die er uns einführte: Auf der ersten Seite des Hefts der Nachdruck eines Gedichts von Oskar Loerke, »Ans Meer«, eine Hommage anlässlich seines siebzigsten Geburtstags – dreizehn Jahre zuvor war er gestorben, Kreislaufversagen, wie ich am Rand notierte. Ein klang- und assoziationsreiches Gedicht in vier kurzen Strophen, die Doppelzeile »Mit ihrer Wäsche fährt ans Meer / Nausikaa« wird refrainhaft wiederholt, prägte sich ein.

Auszüge sodann aus dem Hörspiel *Das Jahr Lazertis* von Günter Eich, aber das beachtete ich offenbar nicht weiter. Im Hefttext wurden die Auszüge auch eher als Erzählung und Dialog kaschiert, schon damals offenbar der Vorbehalt des Printmediums gegenüber dem Funkmedium. Nur im Klein-gedruckten wurde die Herkunft der Texte benannt, das werde ich aber kaum wahrgenommen haben. Ich kann also nicht behaupten, hier sei ein erster Impuls gewesen zum Schreiben von Hörspielen. Mein erstes Hörspiel wurde erst fünf Jahre später geschrieben, sechs Jahre später gesendet. In der Zwischenzeit nahm ich Hörspiele so wahr, wie es sein sollte: allein akustisch. Hörspiele von Eich, damals meist gesendet im Mittelwellenprogramm des NWDR, habe ich mit großer innerer Spannung gehört. Und wiederum viele Jahre später ergab sich ein wenigstens kurzes Gespräch, eher Geplauder mit Eich in einer Hörspielredaktion (Köln? Hamburg?).

Aufregend, wegweisend dann: drei Aufsätze über Robert Musils Roman *Der Mann ohne Eigenschaften*. Eine dieser Arbeiten von Ingeborg Bachmann. Habe ich damals, 1954, in diese Texte zumindest mal reingeschaut? Textmarkierungen und Randnotizen, aber aus späterer Zeit: da arbeitete ich bereits über Musil und griff auf diese Ausgabe der Zeitschrift zurück. Immerhin aber: der Name Musil, der Romantitel könnten sich festgesetzt haben. Drei Jahre später, in den USA, begann ich den großen Roman zu lesen, schrieb ein »paper«. Ich habe darüber in einer Publikation berichtet, verweise auf den Sammelband »Portraitstudien schwarz auf weiß«.

Im selben Heft noch ein Aufsatz von Martin Heidegger, ein Hölderlin-Zitat als Titel. Reichlich Randnotizen. Ich habe später kleinere Schriften von Heidegger gelesen, habe in Todt-nauberg mal im Bauernhauszimmer übernachtet, in dem er an *Sein und Zeit* gearbeitet hatte. Wie es zu dieser Übernachtung kam, weiß ich nicht mehr, kann es auch nicht mehr rekon-struieren, aber beinah rieche ich noch das Holz des Bauern-hauses, das offenbar in Blockhausweise errichtet war; vom Fenster aus hatte ich freien Blick auf einen Wiesenhang. In diesem, in jenem Zimmer sprang allerdings nichts über, kein Impuls, das umraunte Hauptwerk zu lesen. Darüber tröstete ich mich hinweg mit der Information, dass sich Heidegger mit den Nazis auf fatale Weise eingelassen habe, ich las eine aus-führliche Schrift über seinen Fall, prägte mir ein Foto ein, das Heidegger am Rednerpult zeigt, und hinter ihm SA-Männer mit Standarten. Damit sprach ich mich frei von weiterer Hei-degger-Lektüre.

Diese erste Ausgabe der neuen Zeitschrift hätte ich ohne Fi-schers Vermittlung kaum wahrgenommen. So wären wichtige Impulse ausgeblieben. Meine Rezeption, vielleicht auch die Produktion von Texten hätte etwas anders verlaufen können. Umgesetzt wurden die Impulse freilich erst später. Ich habe mich, nach der Lektüre (nicht nur Schullektüre!) einiger Bei-träge dieses Heftes, nicht sogleich Texten von Robert Musil, Ingeborg Bachmann, Günter Eich gewidmet, dahin musste ich mich erst mal entwickeln.

Der erste der Autoren, die mich auf dem neuen Weg beglei-teten, war Albert Camus. Ich fand mit meiner Begeisterung Resonanz unter Freunden, wir bezogen ihn häufig ein in un-sere oft stundenlangen Diskussionen. Im Mittelpunkt stand vor allem *Der Mythos von Sisyphos*.

Ich blättre noch einmal in der Ausgabe von 1950 mit all den Textmarkierungen, Bleistiftnotizen des Schülers. Doppelt markiert ist beispielsweise die These: »Entweder sind wir nicht frei, und der allmächtige Gott ist für das Böse verant-wortlich. Oder wir sind frei und verantwortlich, aber Gott ist nicht allmächtig.« Das heizte ein!

Unter den literarischen Werken beschäftigte uns besonders

Die Pest. Das zerlesene Exemplar hat sich offenbar aufgelöst. Sehr wichtig auch: *Der Fremde.* Ich habe *Die Pest* nicht noch einmal gelesen, das Buch erscheint mir im Rückblick recht allegorisch; die Erzählung *Der Fremde* jedoch habe ich beim Wiederlesen bestaunt, zumindest im ersten Teil – hier setzt sich Faszination fort.

Als ich, Jahre später, in der Zeitung las, Camus sei tödlich verunglückt, saß ich schluchzend vor Kaffee, Brötchen, Marmelade. Ein wahrhaft absurder Tod! Er hatte mit der Bahn von seinem Landsitz in Lourmarin nach Paris fahren wollen, hatte bereits die Rückfahrkarte in der Tasche, es bot sich jedoch eine Gelegenheit, früher und schneller nach Paris zu kommen, Michael Gallimard steuerte den Sportwagen, bei überhöhter Geschwindigkeit platzte ein Reifen, der Wagen prallte gegen einen ersten, einen zweiten Stamm einer Platanenallee, wurde in zwei Teile zerfetzt, Camus war sofort tot.

Ich bin Gisela dankbar dafür, dass sie, vor Jahren, das etwas vernachlässigte Grab von Camus wieder ein wenig hergerichtet und bei der lokalen Munizipalverwaltung die weitere Pflege angemahnt hat.

Die Geschichte der Befreiung aus der Falle der literarischen Restauration durch das erste Heft der *Akzente* habe ich Freunden, Bekannten schon mal erzählt, habe dabei vielleicht das Heft geschwenkt, aufgeblättert: Hier, seht ihr, hier hat es angefangen!

Einige Wochen, nachdem ich die *Akzente*-Story niedergeschrieben habe, räume ich mal wieder auf, suche weitere Unterlagen für dieses Buchprojekt. Ich gehöre nicht zu den Autoren, die sich selbst verwalten, ein geordnetes Archiv anlegend, womöglich in Aktenordnern, bei mir sieht es eher so aus: Materialien in Weinkartons, Materialien in Stapeln. In einem Stapel von Halbjahrs-Programmbroschüren der Hörspielabteilung vor allem des Westdeutschen Rundfunks entdecke ich (wie kommt *das* denn hierher?!) eine im Umschlagkarton schon leicht stockfleckige Ausgabe der Zeitschrift *Die Neue Rundschau*, Drittes Heft 1950. Auf dem graubraunen

Umschlag die Bleistiftnotiz: »Zahlreiche Notizen, mit 15«. Im Heft reichlich Bleistift-Lesespuren: meine Schülerschrift!

Aber: mit 15 habe ich die Vierteljahresschrift bestimmt noch nicht gekauft, es muss etwas später gewesen sein; der Kaufimpuls (in einem Antiquariat?) wurde wahrscheinlich, ja sicherlich ausgelöst durch den Abdruck des Gedichtzyklus *Das wüste Land,* in der Übertragung durch Ernst Robert Curtius. Oder war es der einleitende Essay von Aldous Huxley, »Die zweifache Krise«? Oder der Aufsatz von Karl Jaspers »Zu Nietzsche's Bedeutung in der Geschichte der Philosophie«? Alle drei Arbeiten wurden exzessiv vom Bleistift begleitet.

Erst einmal blättern! Welch kurze Halbwertzeit Prognosen haben, nicht nur bei Huxley, das zeigt gleich der einleitende Essay. Staunend nehme ich wahr: In der Mitte des 20. Jahrhunderts ernährte »unser Planet etwas weniger als zweieinviertel Milliarden [...] Die Steigerung beträgt gegenwärtig etwa zweihundert Millionen alle zehn Jahre.« Dieses Rechenmodell wurde von der Entwicklung im Galopp überholt: Zur Jahrtausendwende muss der Planet rund sieben Milliarden Menschen ernähren.

Am Ende des Aufsatzes eine Bleistiftnotiz, und die hatte ich, dankenswerterweise, mit der Jahreszahl 1954 gekoppelt. Die Zahl wird ihre Bestätigung finden.

Im Zentrum meiner Lektüre nun stand, unübersehbar, das große Gedicht von T. S. Eliot: Seiten, in denen fast der gesamte Freiraum des Druckspiegels vollgeschrieben ist. Mit herangezogenen Begleittexten und vorliegenden Interpretationen versuchte ich den Text zu entschlüsseln, den Ezra Pound mit energischen Kürzungen gleichsam geschreddert hatte. Ich fange gar nicht erst an zu lesen und zu zitieren, was ich alles an den Rand geschrieben hatte, nur ein Zitat hebe ich hervor: Nach einer kurzen Gedichtsequenz in fünf, sechs verschiedenen Sprachen notierte ich eine Anmerkung, die ich Gottfried Benn zuordnete: »Je unverständlicher, desto besser.« Aber ich wollte verstehen, wollte entschlüsseln, unbedingt.

Nun geht es nicht um philologische Erörterung, ich sehe

hier eine Sequenz der »Selberlebensbeschreibung« (nach Jean Paul). Erst einmal: Die Ausgabe des Periodikums, die mir als Schüler so besonders wichtig gewesen war, sie hatte ich vollständig vergessen. Ich überrasche mich selbst mit der Wiederentdeckung. Mir wird erneut bewusst, dass die Arbeit am Lebensbuch eher Prozess ist als abgesicherter Rückblick. Eine Herausforderung, mir selbst auf die Schliche zu kommen.

Muss ich nun das Kapitel mit dem Stichwort *Akzente* revidieren? Muss ich vor allem das Leitwort *Initiation* zurücknehmen? Oder ist hier der zweite Brennpunkt einer Ellipse?

Ich muss betonen, dass ich das große Poem nicht schon als 15-Jähriger, immerhin aber noch als Oberstufenschüler beackert habe. Mit dem Fund der Ausgabe der *Neuen Rundschau* stellt sich Erinnerung ein an einen Briefwechsel mit Hans Egon Holthusen. Mit einer Frage zur Interpretation des Gedichtzyklus hatte ich mich an den Schriftsteller gewendet, der mir wichtig wurde mit dem Essayband *Der unbehauste Mensch*. In diesem Buch, unter anderem, der Essay über T. S. Eliot, der meinen ersten Fragebrief initiiert hatte.

Zufällig punktgenau datiert auf meinen zwanzigsten Geburtstag kam aus München der erste Brief, adressiert an mich im Haus der Pflegeeltern: »Aachener Landstraße 11, bei Schoeller«. Sechs Seiten, freilich in wahrhaft raumgreifender Schrift mit großzügigem Zeilenabstand. Ich musste mich erst mal einüben in die Kunst des Entzifferns; mit Bleistift schrieb ich dechiffrierte Wörter über die dahineilenden, dahingeeilten Schriftzüge. Nun gleich die Intrada einer mehrjährigen Korrespondenz (mit langen Zwischenpausen).

»Lieber Herr Kühn, zu Ihrem Brief vom 29. Januar: Kein Mensch versteht das ›Wüste Land‹ ohne Kommentar. Aber Dantes ›Göttliche Komödie‹ und Goethes Zweiten Faust können Sie ohne Erläuterungen auch nicht lesen. Eliot ist ein poeta doctus eines alexandrinischen Zeitalters, seine Poesie ist gespickt mit Zitaten, Anspielungen, symbolischen Bezüglichkeiten, und an vielen Stellen findet man mehrere mögliche Bedeutungen ineinandergeschachtelt und übereinandergeschichtet. Man kann diese Art von Poesie natürlich ablehnen und sich mit aller Entschiedenheit für das einfache, jedermann zugängliche Lied erklären, aber wenn man sich, wie Sie, von ihr angezogen fühlt, dann muss man sie wohl, mit einer geradezu wissenschaftlichen Gründlichkeit, studieren.

Ein paar Hinweise. Madame Sosotris: der Name ist griechisch-ägyptisch, Madame ist eine moderne Parodie auf die alten ägyptischen Priester und Magier, deren Aufgabe es war, die Fruchtbarkeit des Nils zu beschwören.«

Dies nur als Textprobe – es folgten weitere Hinweise, Erläuterungen, Interpretationen. Holthusen soll mit wahrer Besessenheit korrespondiert haben; wiederholt beklagte er in späteren Briefen die Fülle und Überfülle noch nicht beantworteter Briefe und dass er mit seiner Zeit wirtschaftlich disponieren müsse, primär seien nun mal eigene Texte, aber dann holte er doch weit aus – dem ersten Brief folgte bereits am 6. Februar ein zweites Schreiben, diesmal mit Überporto. Die acht Seiten erneut entziffernd bin ich erstaunt, mit welcher Selbstverständlichkeit sich der Schüler (kurz vor dem Abitur!) an den Autor wandte. Autobiographische Aussage: Ich insistierte. Ich wollte es genau wissen. Biographische Aussage: Holthusen ging darauf ein, geduldig. Auch wenn ich offenbar dazu überging, leider, ihn mit allgemeineren Fragen (à la: Der Einzelne und die Masse) zu löchern.

»Lieber Herr Kühn, Sie haben einen ganzen Haufen Fragen auf einmal, und es ist gar nicht so einfach, das Knäuel von Problemen, das Sie beschäftigt, zu entwirren und die einzelnen Themen voneinander zu trennen. In einer mündlichen Unterhaltung würde man sich wahrscheinlich bald verständigt haben; im Brief muss leider alles Stückwerk und Andeutung bleiben, zumal da ich, wie Sie richtig vermuten, meine Zeit außerordentlich streng bewirtschaften muss. Berge von ungelesenen Büchern und Massen an unbeantworteter Post liegen bei mir herum, und der Termin, den mir mein Verleger für das ›Schiff‹ gesetzt hat, ist schrecklich nah bevorstehend.« [Habe ich das richtig gelesen?]

Angespielt wird auf einen Roman, aus dem mir Holthusen

später ein oder zwei Kapitel vorlesen wird, in seiner Dachwohnung in der Münchner Agnesstraße. Eins der Bücher, die ich verliehen und nie zurückbekommen habe.

Immerhin aber ist die Erstausgabe des Sammelbands *Der unbehauste Mensch* in meinen Beständen verblieben. Stichproben im angebräunten Buch machen mir freilich wenig Lust, das eine oder andere Kapitel erneut zu lesen, selbst wenn es der Oberstufenschüler mit Unterstreichungen und Randbemerkungen garniert hat. Ziemlich pathetisches Idiom – da kommt bei mir, unpathetisch gesagt, kaum noch was rüber. Dankbar aber bin ich noch immer für die enthusiastischen Hinweise auf Eugen Gottlob Winkler als Essayisten und Felix Hartlaub als Erzähler. Winkler habe ich als Leser bewundert, und über Hartlaub hätte ich fast mal eine Biographie geschrieben – erste Materialsammlungen, erster Einblick in das Marbacher Archiv, aber zur ›kritischen Masse‹ reicherte sich das nicht an, es blieb bei Notizen und Skizzen.

DIESES DREIVIERTEL JAHR in der Familie Schoeller, es war die sanfteste Form der Einübung in Selbstbefreiung. Die neue, die andere Lebensform, sie war ganz einfach da, war selbstverständlich. Die Ablösung von meiner Familie, und das hieß fast ausschließlich: die Ablösung von Mutter Helene, sie vollzog sich – im Blick auf damalige Lebensverhältnisse, Lebensmuster – sehr früh, und das konfliktlos. Die bedrohlich einengende Lebenssituation driftete weg, löste sich auf. Indem ich mich in die Familie des Freundes einlebte, löste ich mich aus der restriktiven Lebensform, die mir bis dahin selbstverständlich erschienen war.

Meine neue Lebenswelt, intensiv wahrgenommen: Das Haus am Rande des Fabrikgeländes, der Garten, in dem Ruth und Dieter arbeiteten, der Verwaltungsbau mit rotem Klinker, die Fabrikhallen, das Kopfsteinpflaster, die Pförtnerloge, der Mann, der im ersten Stock dieses Gebäudes wohnte und den Bernd und ich zuweilen besuchten (er stellte uns aus seiner wachsenden Sammlung neue LPs vor, speziell von Bach) – das alles schien ein Ambiente von Dauer zu sein.

Und ich habe wieder den Pflegevater vor Augen, seine streichenden Bewegungen auf Anzugsstoffen nach englischen Mustern, der leichte Fall des Tuchs wurde betont. Ich hielt meine Nase dran, roch Olivenöl heraus: die Appretur, die Schlussbearbeitung. Manchmal spazierte ich von der Wohnbaracke hinüber in eine der Fabrikationshallen, und wo es besonders intensiv nach Olivenöl roch, dort blieb ich fürs Erste, ließ mich vom Meister einweisen im wertenden Befühlen von noblen Geweben. Auch die Farben haben gut gerochen, aber diese Gerüche sind in der Erinnerung überlagert vom Geruch erhitzten Olivenöls. Produkte für den Geruchssinn, Produkte für den Tastsinn, Produkte für die Augen. Alles dezent aufeinander abgestimmt.

Gegen Ende meiner »Verweildauer«, kurz vor dem Abitur, deuteten sich Wechsel an, und rasch folgten Zäsuren. Die komfortable Baracke sollte abgerissen und durch einen Atriumbau ersetzt werden, der auf ausgebreiteten Plänen erste Präsenz gewann.

Dieter vertraute uns aber auch an, diskret, dass dieses generationenalte Familienunternehmen in die Problemzone geriet. Die Palette an Tuchen war zu groß, zeitweilig bis zu neunzig verschiedene Muster – entsprechend gering jeweils die produzierten Meterzahlen, zu leicht die Stoffballen. Strukturelle Probleme. Das Wort Übernahme tauchte auf.

Vor dem Aufbruch ins Studium eine Zwischenphase bei den Eltern in Bochum. Zugleich ein Ferienjob in einer Maschinenbau-AG. Laut Bescheinigung habe ich dort anderthalb Monate lang »als Praktikant in der Abteilung Buchhaltung allgemeine kaufmännische Arbeiten verrichtet«:

Und da kommt die Postscheckzahl rein, hier das Postscheckamt, dort das Konto, das Buchungsdatum. Sie können doch tippen, oder, aber lieber was langsam, Radieren gibts hier nicht, gucken Sie mal, wie weit Sie mit dem Stapel kommen, kaputtmachen muss sich hier keiner.

Schreibmaschine mit Tabulatoraufsatz, grüne Unterlage, Filz. Der Zimmerchef, »Willi« am größten Schreibtisch. Zwei

Schreibtische mit den Stirnseiten aneinandergeschoben. Mein Katzentisch.

Achtung, Willi spitzt sein kleines Ohr, Zeitung weg, jetzt wolln wir mal richtig schuften! Willi hat tatsächlich ein kleines Ohr, scheint angenagt, von Ratten behaupten sie, er kann jedenfalls nicht mehr gut hören; ein Vorteil.

Da kommt die Postscheckzahl rein, hier das Postscheckamt, dort das Konto, das Buchungsdatum.

Vorgebeugt stehen, auf die Zehenspitzen heben, wieder auf die Fersen senken, mit geschlossenen Füßen wippen, die Partie zwischen Brustbein und Armen muss bei der Entspannungsübung ganz locker wackeln, die Arschbacken und alles, was schlackern kann: mit schlenkernden Armen auf der Stelle springen, um die Achse drehen, den Mund auf- und zuklappen lassen, auch die Gesichtsmuskeln entspannen, rhythmisch krächzen mit hellen Kopfstimmen wie Kulturfilmpinguine am Nordpol.

Hört euch das mal an: Unsere Mannschaft konnte ihre spielerische Überlegenheit und selbst die Glanzleistungen ihres Rechtsaußen Seibold nicht in Tore umsetzen. »Unseren jungen Leuten fehlt halt noch die Cleverness«, entschuldigte Trainer Braydl die drucklosen Aktionen seiner Stürmer.

Willi spitzt sein kleines Ohr, komm, wir müssen was tun, er rutscht schon hin und her, jetzt wird gearbeitet, dass es nur so kracht.

Da kommt die Postscheckzahl rein, hier das Postscheckamt, dort das Konto, das Buchungsdatum.

Es wird erzählt: Der Onkel mit Kanüle, klappt nicht mehr mit dem Wasserlassen, vorn ein Stopfen drauf – wenn der Drang kommt, nimmt er den Stopfen ab, lässt den Urin raus. Er hält das ganze Haus in Betrieb, schreit, weil sich dauernd sein Pimmel entzündet, trinkt gegen alle Vorschrift Bier, das schwemmt, da muss die Kanüle neu gesetzt werden, so wird er noch mehr gereizt. Lachst dich kaputt.

Revanche, nullstarke Vergangenheit, Titelverteidiger, Angstgegner, Heimsiegbänke, Grundtendenz, Heimbilanz.

Auf die Zehenspitzen heben, auf die Fersen senken, mit

geschlossenen Füßen wippen, die Partie zwischen Brustbein und Armen ganz locker lassen, die Arschbacken und alles, was schlackern kann: mit schlenkernden Armen auf der Stelle hüpfen, um die Achse drehen, den Mund auf- und zuklappen lassen, rhythmisch krächzen mit hohen Kopfstimmen.

Da kommt die Postscheckzahl rein, hier das Postscheckamt, dort das Konto, das Buchungsdatum, Radieren gibts hier nicht, also lieber was langsam.

Das glaubst du nicht, dass dem Willi die Ratten am Ohr genagt haben? Das glaubt der nicht! Glaubt der Kühn einfach nicht. Aber wenn ich dirs sage: Dem haben die Ratten das Ohr angenagt. Achtung, er spitzt sein kleines Rattenohr – Mann, jetzt wird geschuftet, dass es nur so kracht!

Mit Geld in der Tasche (damals noch in bar ausgezahlt, von schmalen Lohn- und Gehaltsstreifen begleitet) zurück zu den Pflegeeltern, zu Bernd. Denn gemeinsam wollten wir aufbrechen nach Freiburg, ins erste Semester. Es wurde ein recht theatralischer Aufbruch: Als ritten Söhne eines Burgherrn zum ersten Mal hinaus ins Abenteuer!

Unsere Motorroller waren bepackt, kleine Koffer hinten festgeschnallt und regenfeste Mäntel. Bernd und ich fuhren vor dem Familiengrüppchen Ehrenrunden auf dem Kopfsteinpflaster des Firmengeländes, auf der Fläche vor dem Pförtnerhaus, machten – schreiend, gasgebend, hupend – beträchtlichen Aufbruchslärm, fuhren hinaus durch das weit geöffnete Fabriktor, fuhren Richtung Bonn, fuhren auf der Uferstraße durch das Rheintal, rollten, rollten dahin.

Als wir in milden Regen gerieten, wurde unsere Aufbruchstimmung nicht gedämpft, und als ich bei einer Ortsdurchfahrt auf grobem Kopfsteinpflaster – nass und ölig – abrutschte, hinschlug, gab das ein paar Schrammen, doch unseren Enthusiasmus konnte auch das nicht dämpfen.

Schließlich fuhren wir ein in Freiburg, tuckerten zu den Häusern mit unseren Studentenzimmern, meins in der Lambertusstraße, seins in der Richard-Wagner-Straße; so wohnten wir nur ein paar hundert Meter voneinander entfernt.

ZWISCHENSPIEL

Das Magische Auge: präsent in der Erinnerung, doch ich will das grüne Licht breit aufgefächert vor Augen haben, schaue mich um im Kellerraum eines holländischen Antiquitätenladens mit mindestens einem Dutzend »Dampfradios«, einige von ihnen noch mit Magischem Auge. Der Inhaber lässt mich gewähren, ich schließe Geräte an, fixiert auf das Magische Auge.

Bei einigen der alten Radios ist das Magische Auge erloschen; nach dem Aufheizen der Röhren nur ein Summen, ein Brummen, auch mal Musik, mit Krachen untermischt. Bei einem der Geräte aber leuchtet das Magische Auge noch auf: fluoreszierend grünes Licht freilich nur in schmalen Streifen. Ich suche, im Kellerraum ohne Antenne, einen stärkeren Sender, der grüne Doppelkeil verbreitert sich nur geringfügig, erreicht noch längst nicht den Spielraum eines grünen Doppelfächers. Das Radio kaufen, an eine Antenne koppeln, die volle Entfaltung der symmetrischen Leuchtfächer beobachten?

Probeweise drücke ich auf Tasten: rasten noch immer satt ein. Tasten jeweils für Kurzwelle, Mittelwelle, Langwelle – UKW gab es in den fünfziger Jahren noch nicht. Und zwei Zusatztasten: Sprache, Jazz. Klassische Musik konnte nachgeregelt werden durch einen Drehknopf für Höhen, einen Drehknopf für Tiefen: hinauf- und hinabgereihte Notenköpfe füllten sich weiß.

Wie ist das nun, willst du das Radio kaufen? Es ist preiswert, aber will ich es haben? Mit grünen Augen ins Magische Auge starren: sind da, im Reflex, meine Augen noch grüner? Gewinnt der Blick magische Intensität?

NEW YORK IS NOW!

DIE ERSTE VORLESUNG! Auch hier: bewusst wahrgenommener Neubeginn! Kleiner Hörsaal, mit starr gereihten Holzbänken historischer Bauart, etwa dreißig Studentinnen, Studenten; es ging um die Geschichte des Märchens oder um die Geschichte der Erforschung von Märchen. Keine Details behalten, nur ein Name, und der wurde für mich zum Urlaut des Beginns: Anti Aarne. Der Dozent sprach den Namen des dänischen Forschers vorbildlich aus mit offenem O: Anti Oorne. Dies mit lang nachwirkender Resonanz. Obwohl ich nie eine Untersuchung von Anti Aarne gelesen, nie ein Referat über ihn geschrieben habe, dieser Name ist Klang geblieben, Klangkörper. Zugleich Zeitsignal: erste Vorlesung, Sommersemester 55, Universität Freiburg. Eine Assoziation, sonst nichts, und die zeigt mir, wie in der Erinnerung Wichtiges (erste Vorlesung) gekoppelt wird mit Beiläufigem (ein Name nur als Klang, doch ohne Bedeutung): Anti Aarne ... Beides unauflösbar miteinander verbunden: das Erinnerungsbild des kleinen Hörsaals und der Klang des Namens; der kleine Hörsaal gleichsam als Resonanzkörper, Resonanzraum des Namensklanges.

Mit diesem Klang wird nicht ein langer Gesang eingeleitet über die Studienjahre. Meine Lust, davon zu erzählen, konsequent und kontinuierlich, ist gering. So gering wie meine Lust, über die drei Jahre in der Volksschule Herrsching zu berichten, über das Zwischenjahr in der Privatschule, über die Jahre im Gymnasium von München-Pasing und im »Stiftischen« zu Düren. Was für viele Lebensläufe, handgeschrieben, das Wesentliche ist, das Entscheidende: Stationen des Ausbildungsweges, das ist für mich beinah belanglos. Die

Erinnerungen liegen quer zu den vorgeschriebenen Entwicklungswegen, zur »akademischen Laufbahn«. Ich habe weder die Lust noch sehe ich einen Anlass, mich hier umzustilisieren. Also werden in diesem autobiographischen Text nur wenige Namen von Dozenten genannt. Und ich werde nicht rekonstruieren, worüber ich jeweils gearbeitet habe – es sei denn, das verbindet sich mit spezifischen Erinnerungen (etwa das Referat über Trakl, das mich ins Parapsychologische Institut in Freiburg führte, in einem späteren Semester …)

Die Themen, mit denen ich mich beschäftigte, sie waren jeweils vorgegeben in Vorlesungsverzeichnissen, charakteristisch ist vielleicht meine Auswahl, doch von welchen Faktoren wurde die mitbestimmt? Selbstverständlich habe ich keine der Arbeiten aufbewahrt, das fehlte ja noch, also muss ich mich nicht mit akademischen Materialien herumschlagen. Das sähe anders aus, wäre ich Dozent geworden: der ganz andere Referenzrahmen! Doch hier, doch nun: Was ich aus dem Kopf herausgeräumt habe, um mich frei bewegen zu können, das will ich nicht wieder hineinstopfen, hineinrammen, auf Widerruf. Was da versank, was sich auflöste – es bleibt konturlos im Rückblick ohne Bedauern. Und rasch, wie zum Abgesang, wiederholt: Anti Aarne, Anti Oorne …

Aufbruch, Aufbruchsgefühle auch in den Semesterferien: ich startete zu einer Nordlandreise, über Dänemark, Schweden nach Norwegen. Keine Reisebeschreibung jetzt, die Fahrt mit dem kleinen Motorroller soll nur das Stichwort geben zu einer Erfahrung, in der ich konkret lernte, was das ist: Körpergedächtnis.

Bekannten, die sich beruflich und privat mit Psychologie, speziell mit Körpersprache befassten, ihnen erzählte ich von meiner zweiten Griechenlandreise, Ende der fünfziger, Anfang der sechziger Jahre. Damals noch in einem viermotorigen Propellerflugzeug der Olympic Airways. Der Abflug verzögerte sich um Stunden, offenbar ein technisches Problem. In jener Frühphase des Luftverkehrs saßen Passagiere und Crew noch gemeinsam in einem Restaurant; ich sah, wie vom

Tisch der blau Uniformierten einer aufstand, hinausging, sah, wie der Kopilot oder Navigator zum Tisch zurückkehrte, vorgebeugt dem Flugkapitän Bericht erstattete, und wie der langsam und ausdrucksstark die Hände vors Gesicht hob. Da bat ich einen jungen Mitreisenden (von der TH Aachen), sich draußen mal umzuhören. Was er herausfand, war nicht eben beruhigend: Störungen in einem Zündverteiler. Irgendwann nachts, so erzählte ich den Bekannten, war der Schaden behoben, schien behoben zu sein. Ich fand einen Fensterplatz, hinter der linken Tragfläche, und während des Nachtflugs hörte ich, wie einer der beiden Motoren auf meiner Seite ausfiel, wie er, mit Gedröhn, erneut gestartet wurde, da flogen, da stoben die Funken aus den Auspuffrohren. Und wieder das gleichmäßige Dröhnen, wieder das stockende, absackende Motorgeräusch, wieder das Zünden, das Hochziehen der Umdrehungszahl.

Während ich von diesem wiederholten Durchstarten während des Fluges erzählte, schauten mich die beiden erstaunt, ja irritiert an: »Haben Sie einen Motor-Rasenmäher?« Wieso das denn? Nun, jedes Mal beim Wort »starten« zuckte meine rechte Hand hinunter, schlenkerte hoch. Und Rasenmäher werden nun mal gestartet mit dem Griff, der hochgerissen wird, am dünnen Drahtseil, das den Motor in erste Drehbewegungen versetzt.

Nein, kein Rasenmäher, aber mein erster Motorroller, der wurde nach dem gleichen Prinzip gestartet: Unten am Blechgehäuse ein waagrechter Griff, den riss ich, sitzend, hoch, etwa einen halben Meter, dann knatterte der Zweitakter los. Und weil ich das im Lauf der Jahre hundertfach gemacht hatte, rissen Hand und Arm beim Stichwort »starten« jeweils den Griff hoch, simulierend. Das Wort »starten« und die Körperbewegung des Hochreißens hatten sich so direkt verbunden, dass ich dies sogar, unbewusst, auf den Flugzeugmotor übertrug. Nun wurde mir das bewusst gemacht, und ich musste mich an einen neuen Aspekt meiner selbst gewöhnen.

Es stellen sich Entsprechungen ein. Wenn ich mir die Fingernägel schneide, vor allem mit der linken Hand rechts, fällt mir

Bernd ein; er bat mich in Freiburg zuweilen, ihm die Fingernägel rechts zu schneiden, der Griff linkerhand an die Schere wollte ihm nicht so recht gelingen, schon gar nicht das exakte Führen der Schere. Noch Jahre nach seinem Tod: schneide ich mit der Schere in der Linken die Nägel rechts, ist Bernd wieder präsent mit seiner Bitte, damals, damals, in Freiburg.

Weiter: Wenn ich mich am Kopf kratze, am Hinterkopf, was in Phasen angestrengter Konzentration vorkommen kann, kleine Unregelmäßigkeiten ertastend, die sich begradigen lassen, und sei es blutig, so ist in mir wieder das Kind präsent mit den Läusen, dem Grind auf dem kahlgeschorenen Schädel, von dem die kaschierende Baskenmütze weggerissen wurde auf dem Bahnhofsvorplatz von Herrsching, und ein Plagegeist warf sie dem nächsten zu, ich vergeblich hinterher, nicht nur bloßen Haupts, sondern bloßgestellt.

Und: Wenn ich mir bei einem längeren Spaziergang, womöglich auf einer Wanderung bei steigender Außentemperatur, den Schlag der Hosenbeine etwas hochklappe, zweimal, dreimal, zur besseren Belüftung, womöglich Kühlung der Knöchelregion, so sehe ich mich wieder, stilgerecht, die Hosenbeine höherkrempeln, bevor ich mit Nachbarstochter Jutta das Training beginne für den Rock-'n'-Roll-Schautanz auf einem Fest.

Gedächtnis, auch Körpergedächtnis stuft nicht wertend ab, da wird Wichtiges oder wichtig Erscheinendes ebenso gespeichert wie Nebensächliches, Peripheres, Punktuelles.

Auch hier ein Beispiel. Wenn mir bei längerem Spaziergang in freundlicher Jahreszeit zu warm wird, ziehe ich das Unterhemd aus, schiebe es zwischen Gürtel und Hose, lasse es beim Gehen baumeln, pendeln. Und unausweichlich fällt mir Drobny ein, tschechischer Tennisstar der fünfziger Jahre. Um auch ihn zu sehen, waren wir Tennisfreaks nach Köln gefahren, dort trat sogar Gottfried von Cramm auf, noch gentlemanlike in weißer, langer, auf Falte gebügelter Hose, während Drobny schon etwas legerer erschien: er hatte ein kleines, weißes Handtuch über der (damals selbstverständlich weißen) Hose hängen, hinter dem Gürtel festgesteckt. Dort wischte er schon mal die Schweißhand ab, meist vor dem Aufschlag. (Damals sprach man noch mit Recht von »Service«: man serviert dem Gegner den Ball. Auch ein Drobny wäre von heutigen Tennisstars mit peitschenden Aufschlägen, wahren Donnerschlägen mit [bis zu] 190 Stundenkilometern vom Platz gefegt worden, hätte nicht mal gegen eine Spielerin in Position 119 der Weltrangliste mit »Spiel, Satz und Sieg« punkten können.)

Körpergedächtnis sogar für ein historisches Phänomen, nie direkt wahrgenommen. Selten kommt es vor, dass ich ein Jackett trage, noch seltener geschieht es, dass ich beide Hände um die Revers schließe, aber dann ist er sofort wieder präsent: Wilhelm Leuschner vor dem Volksgerichtshof. Ich habe mich nie speziell mit diesem Gewerkschaftler im Widerstand beschäftigt, merkwürdigerweise aber hat sich das Foto von Leuschner, vor Freisler stehend, eingeprägt, eingebrannt – die einerseits selbstbewusste, andererseits Halt suchende Geste. Leuschner zählt nicht zu meinen mentalen Begleitfiguren, er gewinnt nur an Präsenz bei gelegentlichem Doppelgriff an die Jackenrevers. Dies aber nicht in isolierter Episode, sondern über Jahrzehnte hinweg.

Die »Halbbrüder« Bernd und Dieter, sie reisten nicht gemeinsam, kommunizierten aber während ihrer Reisen. Das bezeugen Briefumschläge (meist knisterdünn für Luftpost) mit farbigen Kombinationen von Briefmarken. Die Briefe waren oft lange unterwegs, machten Umwege, kamen trotzdem an. So schrieb mir, noch während des vorletzten Schuljahres, Bernd von Neuhaus am Schliersee nach Cannes-La Bocca, Camps volants de la jeunesse française, war aber nicht sicher, ob ich noch im Zeltlager war, fügte die Dürener Adresse hinzu; der Umschlag erhielt vier verschiedene Stempel, erreichte mich nach mehrtägigem Umweg. Da war das Jugendlager schon Erinnerung: Zelte unter Pinien ... Essen an langen Brettertischen ... ein Mädchen, das darüber staunte, wie langsam ich aß – eher Bewunderung als Verwunderung ... der Strand ein paar Sprünge entfernt, Abschmecken fortgesetzt nach Einbruch der Dunkelheit ... kleines Lagerfeuer, warmer Sand ...

Weiteres Ambiente hat sich verflüchtigt, als hätte ich es damals nicht weiter wahrgenommen.

Ein anderer Umschlag, aufbewahrt: von Bernd in Athen an mich in Oslo, poste restante. Na und?, würden Enkel fragen. Und ich sage, schreibe: Die Welt war noch nicht zum global village eingeschrumpft, Kommunikation musste organisiert werden unter Einschluss von Alternativen, Kommunikation war auch leicht haptisch, mit knisternden Briefumschlägen und Briefbögen für Luftpost.

Und was schrieben wir uns, wie formulierten wir das – Ende September 1955? Der Absender im Hôtel Lido, Paleon Faliron (auf Einladung eines Repräsentanten der väterlichen Firma): »Gestern ging ich zum erstenmal in Athen auf die Hauptpost und fand zu meiner sehr großen Freude einen Brief von Dir vor. Die Zeilen des Briefs sind sehr schön trotz der flüchtigen Abendstunde in Lillehammer – wahrscheinlich in der wundervollen Jugendherberge? Ich kenne sie und blieb auch dort eine Nacht. Doch noch schöner ist Dein Gedicht, es ist gut, wirklich gut, für mein Empfinden im Klang ganz verblüffend gut und auch meinen Norwegengefühlen höchst gemäß getroffen. ›Drachenschweres Nordlandboot‹: ist für meinen Sinn ein in nur zwei Worte gefasster Kern, von dem aus sich Norwegen weitgehend erschließen lässt. Für diese Zeilen bin ich Dir besonders dankbar.

So ist also tatsächlich unsere Verbindung weit über Deutschland hinweg gelungen. Mein Brief an Dich ist nach Oslo adressiert, weil ich einer Karte von Dir an meine Eltern entnahm, dass alle Deine Termine durch die Dampferfahrt auf dem Hinweg etwas nach vorne gerutscht sind. Mit meinen ging es eher umgekehrt. […] Die 1300 km lange Fahrt hinunter in den Süden bis Brindisi schien ohne Ende. Ein sonniger Landschaftsfilm voll reinsten Südlichts, gedämpfter, doch strahlender Farben an roten Steinlandhäusern, weiten grünen Ebenen voller Fruchtbarkeit und dem ewig matt blauen, grellen Himmel. Alles scheint hier unten in Sonne verwandelt zu sein: Die schneeweißen Südstädte, deren Häuser wie Modelle in Gips gegossen auf einer kleinen Höhe über dem Meer stehen und sich in ihrer Farbe unglaublich abheben gegen das tiefe, tiefe Blau des Wassers.«

Briefe als Freundschaftsbezeugungen, Freundschaftsgaben begeisterungsfähiger Jünglinge. Und – als Neuigkeit für mich, nun wieder – ich bereicherte Briefe schon mal mit Gedichten, machte hier ein drachenschweres Nordlandboot flott, weiß allerdings nicht mehr, wo ich damit gelandet bin.

Reiseeindrücke noch nicht zu SMS geschreddert, wir bewegten uns verbal mit Faltenwurf, vermittelten Begeisterung, womöglich mitreißend, zumindest aber stimulierend, motivierend, aktivierend.

Semesterferien; ein Konzert; Garderobenraum. Bernd erzählte begeistert von einem ganz neuen, ganz großen Sänger, einem Fischer-Dieskau. Dies auf einer LP mit der Bach-Kantate: »Ich will den Kreuzstab gerne tragen«. Das sei das Größte! Möglichst bald wollte er mir das vorspielen.

Das geschah bald schon im Mansardenzimmer einer Villa mit Blick auf den kleinen Fluss Rur. Die luxuriöse Wohnbaracke, in der ich ein Dreivierteljahr bei Familie Schoeller gelebt hatte, sie wurde 1956 durch einen Neubau ersetzt. Die Villa als Zwischendomizil in einseitig bebauter Straße, die wenige hundert Meter parallel am Flüsschen entlangführt; eine Kastanienallee zwischen Häuserreihe und schmaler Rurwiese. Ein heller Nachmittag, Bernd spielte mir die neu erworbene Platte vor.

Selbstverständlich habe ich mir die LP sogleich gekauft. Und landete damit am Ufer des Kontinents Johann Sebastian Bach. Wichtig wurden Namen von Interpreten und Ensembles: Neumeyer, Cembalo … Schola Cantorum Basiliensis … Wanda Landowska, Cembalo … Antonio Janigro, Cello … Helmut Winschermann, Oboe … Heute vielfach vergessene Interpreten, Interpretationen, damals gewichtig.

Dies auch im wörtlichen Sinne: LPs der fünfziger Jahre waren ziemlich dick, relativ schwer und wurden noch als »unzerbrechlich« bezeichnet. Beinah kollektive Erfahrung: Dass einem mal eine Schellackplatte zerbrach, und man hatte

verzweifelt versucht, die beiden Bruchstücke zusammen-
zukleben. Selbst wenn das gutging, es blieb der harte Nadel-
sprung, der sich allzu rasch wiederholte bei 78 Umdrehungen
in der Minute.

Das Zimmer unter dem Dach, der Blick auf Kastanienbäume, Rurwiese, Wasserlauf, auf das gewerbemäßig bebaute
Gegenufer. Zweite Initiation – auch deshalb ist die Situation
präsent, die Erinnerung frisch geblieben. Bernd spielte mir eine
weitere Neuentdeckung vor: Beethovens Violinkonzert. Schon
eine Aufnahme mit Wolfgang Schneiderhahn? Oder mit David
Oistrach? Jedenfalls: starke Einwirkung, lange Nachwirkung.

Natürlich habe ich heute die beiden Werke griffbereit, wenn
auch in ADD-Produktionen auf CD. Bei Fischer-Dieskau
nicht die geringsten Abstriche in der enthusiastischen Beurteilung, die Aufnahme mit Schneiderhahn erscheint mir beim
Abhören zu breit angelegt, das geht man heute anders an,
schon im Tempo und in der Akzentuierung der Pauken-In-
trada: zügiger das Tempo, härter die Schlägel.

DAS ZWEITE SEMESTER in München! Ein Zimmer in der
Hohenzollernstraße, mit Blick hinab auf einen Milchladen.
Straßenbahnen. Im Zimmer dominierend ein Kachelofen,
den – frühmorgens leise das Zimmer des langschlafenden Studenten betretend – Anton Plöchl bestückte, und sich dann –
im Halbschlaf wahrgenommen – wieder hinausschlich. Für
einen Kachelofen muss man ein besonderes Händchen haben,
erklärte er mir, stark bayrisch intoniert – was für mich als
ehemaligen Herrschinger kein Problem war. Fürsorgend auch
seine Frau in der kleinen Küche hofwärts, dort wurde mir
schon mal ein Suppenteller gefüllt.

Nah der Fußweg zur Pension, in der mein »alter Onkel
Fritz« wohnte. Hier wurde nicht nur der Aufklärungsunter-
richt über jüdische Vorfahren fortgesetzt, punktuell, hier wurde auch Fachliches besprochen, und natürlich sprach er über
sich selbst. Das konnte zurückführen bis in die Kindheit.

So wurde der Sechsjährige von der Mutter mitgenommen
in »das« Berliner Museum, zu den antiken griechischen Fi-

guren, den griechischen Götterbildern: Wie wirkt die große Kunst auf das kleine Kind? Schockierend: Das Kind begann zu schreien, zu heulen, es kriegte sich nicht mehr ein, so hätte man damals gesagt, nein, das Kind kriegte sich nicht mehr ein: Da fehlte einer der Figuren, der meist lebensgroßen, ein Bein, eine andere Figur hatte überhaupt keine Beine mehr, Arme waren auch meist weg, und dann auch noch ein Torso ohne Kopf – diese grauenhaften Verstümmelungen waren mehr, als das Kind verkraften konnte, es wurde aus dem Saal geführt, und damit war der Museumsbesuch beendet.

Und Prominenz des 20. Jahrhunderts tauchte auf. Schon mal ein Gespräch mit Thomas Mann … Der Professor machte in Schloss Doorn der Kaiserin Hermine seine Aufwartung … Der junge Lion Feuchtwanger in einem seiner Seminare … Ein Besuch bei Adenauer in Rhöndorf … Und, von Karl Wolfs-kehl vermittelt, zu Gast bei einem Auftritt des Stefan George. Man wurde in ein dunkles Zimmer geführt, andächtige Ein-stimmung unter den erwählten Zuhörern, leises Murmeln; man blickte, durch ein schwach beleuchtetes Zimmer hin-durch, in einen hell beleuchteten Raum, dort trat der Dichter auf, feierlich. Stichworte des Großonkels, später schriftlich fixiert: »Gottesdienstliche Huldigung der Kunst. Je länger man zuhörte, umso stärker wurde die Wirkung dieses doch etwas monotonen Psalmodierens.«

Was ich dem hageren, hochgewachsenen, spitzbärtigen alten Herrn im Rückblick nicht zugetraut hätte: er war mal sport-lich aktiv, ebenso die später so hoheitsvolle Lady Helene. Die beiden unternahmen, um die Jahrhundertwende, ausgedehnte Fahrradtouren, auch in den Tiroler und Schweizer Alpen, Päs-se inklusive, sogar das Stilfser Joch mit all seinen Haarnadel-kurven wurde bezwungen. Da konnte ich mich revanchieren mit einem kurzgefassten Bericht über eine Fahrradtour, die ich mit zwei Schulkameraden ebenfalls in Tirol unternommen hatte, und bei der langen Abfahrt nach St. Anton stanken die Bremsen. Außerdem haben wir einen Dreitausender bestie-gen. Et cetera.

Dass ich weiterhin schrieb, vor allem Gedichte, das thematisierte ich lieber doch nicht. Erwähnte also auch nicht, dass ich Anschluss gefunden hatte an einen literarischen Club mit eigener Zeitschrift: *Komma*. Das Blatt wurde eher hektographiert als gedruckt, so glaube ich mich zu erinnern, kann kein Belegexemplar mehr heranziehen, glücklicherweise; ich fürchte, ich habe da ein- oder zweimal Gedichte veröffentlicht, die möchte ich aber nicht mehr sehen. Wichtiger waren die Gespräche in der kleinen Runde.

Ich besuchte nicht nur Großonkel von der Leyen, ich sprach auch vor bei Holthusen. Dass er sich im Dritten Reich heimisch eingerichtet hatte, von Anfang an, dass er irritierend früh in die Waffen-SS eingetreten war, dass er den Polenfeldzug überhöhend verherrlicht hatte, davon wusste ich als Zweitsemestler nichts, konnte ich nichts wissen, das kam erst nach und nach an die Öffentlichkeit.

Aber dass da »etwas gewesen war«, das sickerte so langsam durch. Machte ich das selbst mal zum Stichwort? Ende 1961 äußerte er sich in einem Brief aus New York dazu, wenn auch in extrem verharmlosender Weise: »Was meine ›Vergangenheit‹ angeht, so ist das jungen Leuten immer sehr schwer plausibel zu machen, dass ich wirklich mal in der SS war (so wie man in einem Tennisclub Mitglied wird), so drei oder vier Jahre lang, als enfant terrible und ohne den ganzen Mist eigentlich ernst zu nehmen, gleichzeitig Vorträge für die Bekennende Kirche gehalten.« Den lächerlichen Vergleich mit der Mitgliedschaft in einem Tennisclub fügte er nachträglich zwischen Zeilen des maschinenschriftlichen Briefes ein. Das macht es aber auch nicht besser.

Auch nach diesem chronologisch vorgreifenden Zitat muss ich noch einmal betonen: Bei meinen ersten Besuchen war dies alles noch kein Thema, das Stichwort war noch nicht gefallen. Also sehe ich keinen Grund, Besuche und Briefe zu verheimlichen. Was ja recht leicht wäre: einfach weglassen …

Es empfing mich ein Riese in nicht sehr großer Dachwohnung, die er mit seiner Frau teilte. Auch sie vermittelte das Gefühl, willkommen zu sein, so wiederholten sich die Visiten. Was uns rasch verband: besondere Vorliebe für englische Lyrik jenes Jahrhunderts, das Doppelgestirn Thomas Stearns Eliot und Wystan Hugh Auden. Meine Begeisterung verleitete mich sogar zu Übersetzungsversuchen; ich begann mit *Marina* von Eliot und Audens grandioser Ode auf den Tod von Yeats: And snow disfigured the public statues ... Solche Zeilen verfolgten mich: Wie lässt sich das genauso knapp übersetzen? Und Schnee deformierte jedes Denkmal ...?

Neue Essaybände, auch Gedichtbände aus Holthusens Produktion erhielt ich jeweils als Geschenk. Er liebte weiten Faltenwurf in seinen Gedichten. Eingeprägt hat sich diese Formulierung: Origines säbelte sich das Gemächte ab »und warf es schreiend in das Ofenloch«.

Mit feuerlöschender Wirkung, auch abkühlend hingegen die *Botschaften des Regens* von Günter Eich.

DAS STUDIUM: damals noch in breitem Spektrum – bis hin zum Studium generale. Viele Entscheidungsmöglichkeiten, damit unterschiedliche Begegnungen, Erfahrungen.

Nun lasse ich aber nicht jenen sanften Nieselregen von Namen herniedergehn, ich bleibe bei wenigen, ausgewählten Beispielen. Der berühmte Nestor der Anglistik, Schirmer. Der gefeierte Senior der Philosophie, Stepun, zuweilen mit langer, russischer Bluse und stets mit rollendem R. Sedlmayer, der wieder über den Verlust der Mitte sprach. Der überaus luzide Guardini, die Aula füllend mit theologisch-philosophischen Vorträgen. Grassi, elegant, mit Spazierstock, seine weltweit kunsthistorischen Ausführungen italienisch intonierend.

(Hier klingt herein die Stimme meines Vaters: »Am Freitag Abend habe ich im Nachtprogramm Ernesto Grassi über das Thema ›Die humanistische Überlieferung und der Beginn des modernen Denkens‹ gehört. Es war ganz ausgezeichnet. Nett ist sein Deutsch, das teilweise falsch, und seine Aussprache, die amüsant ist. Das Wort Quelle war bei ihm Kuhelle. Man merkte ihm sofort die Freude an, wenn er ein Wort in seiner Muttersprache sagen konnte. Der Klangunterschied zwischen den Worten ›Erfahrung‹ und ›esperienza‹ ist ja auch enorm.«)

Mit biographischer Einwirkung, Nachwirkung: Der Anglist Wolfgang Clemen. Er führte uns ein in Shakespeares Welt und: eröffnete mir den Weg in die Neue Welt. Nach einer Seminarsitzung rief er mich in sein Büro, berichtete von einem angesehenen College in Haverford, Pennsylvania, dort sei eine Stelle vakant für einen Teaching assistant. Er war davon überzeugt, dass dies etwas für mich wäre, wollte das Angebot gar nicht erst am Schwarzen Brett aushängen, die Auswahl wäre, mit Blick auf meine Referate, ohnehin auf mich gefallen, warum also Umwege. Mit einem zusätzlichen Fulbright-Stipendium wären auch die Reisekosten abgedeckt. Ich sagte sofort zu.

Und begegnete erst einmal amerikanischer Bürokratie: Wann geboren, wo geboren, Name Vater, Name Mutter, Beruf Vater, Beruf Mutter, Geburtsdatum Vater, Geburtsdatum Mutter, Geburtsort Vater, Geburtsort Mutter, Name und Zahl der Geschwister, Schulausbildung wann und wo, Abschluss wie und wann, Zugehörigkeit zu politischen Organisationen, venerische Krankheiten?

Stars and Stripes in der Ecke, schräg an brauner Stange, das Zimmer kühl, Klimaanlage. Zwei Herren und eine Endfünfzigerin, frisch inkarniert aus einem *Life*-Bildbericht über die Aktivität amerikanischer Frauen nach dem Klimakterium. Sie hebt eine mit Schnörkeln verkrustete Brille am Kettchen vor die blauen Augen: Ändwotäbautbörtbrächt? Geheimer Sozialist, dieser Student, verkappter Kommunist? Oder jemand, dessen Gedanken feierabends westwardho gehen, der vorzugsweise von Lincoln, Jefferson, Washington träumt, und wenn er etwas pfeift, so pfeift er den Sternbannermarsch, sonst ist er unmusikalisch?

Nach der Befragung: Die Brust durchleuchten lassen, Blut abzapfen lassen, das Herz abhorchen lassen, das Bauchfell betasten lassen, die Vorhaut lupfen lassen. Und es kann losgehn!

Die Schlepper pusten Angeberqualm hoch, quirlen Hafenwasser auf, zerren am Schiff, Taschentücher drüben, an der Reling neben mir wird ebenfalls gewinkt. Tränen wie in einem

Film, in dem ein Schiff von qualmenden, wasserquirlenden Schleppern vom Quai weggezerrt wird, auf dem ebenso gewinkt wird, Schnitt, wie auf dem Schiff. Immerhin ist der Vorgang diesmal dreidimensional, ich berühre die Reling, das Metall ist kühl, das Wasser riecht nach Tang und Öl. Einsetzende Vibration des Schiffskörpers, die kleinen Schiffe nabeln sich ab. Das Land wird ausgedünnt zu einem schmalen Streifen, zu einem Trennstrich zwischen Wassergrau und Himmelsgrau, der Strich wird gelöscht, nur noch Wasser, kreisrund eingefasst vom Horizont, weit schwingend in atlantischer Dünung.

In dieses Blau gaffen. Zu schafsfarbenen Wolken hochgaffen. In kristallreinen Zirrus gaffen. Zwischen weiß gestrichene Relingstangen auf geriffeltes Meer gaffen. Auf grau gewelltes Wasser gaffen. Auf blaues Wasser mit Schaumkronen gaffen. Auf Hüte gaffen. Auf braune Schenkel gaffen. Auf Fotografien in Illustrierten gaffen. Auf Buchstaben in Büchern gaffen. Sich Bewegung verschaffen: gleich morgens nüchtern runter ins Bad, das Wasser schwappt im Becken, Seegang, Wellengang, durch das Wasser kobolzen, vom Wasser schaukeln lassen, weiterkobolzen, auf einem Fahrrad ohne Räder ein paar Kilometer fahren, 30 Stundenkilometer im Stand, ein bisschen gegen den Punchingball boxen, der hin und her pendelt, Schweiß raustreiben, ins Wasser hopsen, Rechtecke schwimmen, Ovale schwimmen: das Frühstück verdienen! Das Schiff legt währenddes ein paar Meilen zurück. Morgen- und Abendpositionen werden auf der Seekarte neben dem Geldschalter durch Wimpel an Stecknadeln markiert: Die Zukunft zwischen dem jeweils gegenwärtigen Fähnchen und der Küste Nordamerikas ist von Einstichen früherer Stecknadeln vorgezeichnet.

Die Luft wärmer, feuchter, höhlt die Nacht aus, Windkanal. Vor der Reling werden Seile gespannt. Am nächsten Morgen ziehe ich mich mit unkoordinierten Bewegungen an, gehe mutig zum Frühstück. In den Gängen leider Pappbecher, zum Teil schon benutzt: das macht keinen rechten Appetit. Trotzdem hinunter: der Saal ziemlich leer. An den

Tischrändern Bretter hochgeklappt, klirrendes Geschirr. Die Stewards stumm. Leichtes Frühstück: Obstsaft, Cornflakes, etwas Toast. Trotzdem habe ich Sorge um mein Frühstück, als ich die Treppe hochtapse: noch mehr Pappbecher, viereckig gefaltet, der Rand nach innen geknickt, damit man nicht sofort den gelblichen Schleim, den grünlichen Schleim, den schaumigen Schleim sieht. In der Toilette wird mehrstimmig gekotzt, deshalb Laufschritt.

Über das leere Deck auf die straff gespannten Seile loswackeln, zur Treppe, Magenballon dicht unterm Zwerchfell. Der Wind lässt die Hosenbeine flattern, pumpt den Mantel prall auf. An Rettungsbooten entlang. Durch eine knallende Tür ein Passagier, Windwasser in den Augen. Ein Foyer, an Seilen entlang eine Treppe hochstaksen, Türe, Verbotsschild, ein Offizier nickt. Das Steuerrad, ein Matrose im Pullover davor, zwei Offiziere neben ihm; Stille. Ich stemme die Seitentür auf, luge über Glasplatten aufs Vorschiff, es hebt sich wassertriefend, dreht seitwärts, rammt eine breit anlaufende Welle: die wenigen Passagiere und der Offizier ducken sich, das mache ich nach, Gischt gegen die Scheibe geflatscht. Wir heben die Köpfe, nicken uns zu, das Vorschiff durchschlägt den nächsten Wellenzug, Wasser explodiert beidseitig hoch, wir ducken uns wieder, kennen das schon, lassen es gegen die Scheiben klatschen, richten uns wieder auf.

New York! Ein Schwarzer stellt sich mir in den Weg, wankend, fordert einen Dollar, eher kann ich nicht weiter. Wofür, weshalb? Hand vor meinem Bauch: gimmie a buck! Wieso? Muss was zu trinken haben, doch wohl klar, trinken, fed up, Arbeit schlecht bezahlt, die Farbigen bei der Arbeit immer schlecht bezahlt, aber eines Tages, da wird sich das ändern, rächen, Maschinenpistole im Schrank, andere auch, wird sich mal rächen, Maschinenpistole im Schrank, schon mal rächen, werden sehen, Maschinenpistole im Schrank. Ein Schwarzer vor mir, Hand an meiner Jacke: nicht bloß Interviewfigur in einem Fernsehfilm über die Rassenfrage in den USA. Maschinenpistole im Schrank, das ändern, sich rächen, gimmie a buck. Ich schaue mich um: ein paar Chinesen auf dem Gehsteig, würden sie notfalls helfen? Sich rächen, Maschinenpistole im Schrank, rächen, Handgranaten, eines Tages ändern, rächen, come on, gimmie a buck. Ich gebe ihm den Dollar: You're my friend, yeah, you can take my daughter, come on, she's only sixteen, come on, you can take her, come on, they're all pink inside, come on, you can take her.

»New York is now!« Auf galoppierendem Pferd ein Polizist aus einer Seitenstraße, Trillerpfeife, Holzknüppel in der Luft rotierend, Autos bremsen, schon saust es heran, rot lackiert, chromfunkelnd, Feuerwehrauto, Oldtimer, Feuerwehrmänner auf Trittbrettern, einer schwingt den Glockenklöppel, hängt halb über den Wagen hinaus, Filmkopie, und gleich ein zweiter Wagen hinterher, Modell dreißiger Jahre, lebensgroß, lebensecht, Spielzeug, geputzt, verchromt.

Ein Lokal am Broadway, in der Nähe des Times Square, ich trinke am Tresen ein Bier, Michelob, neben mir ein Mann in leichtem blauen Mantel, mit weißem Hemd, dunkler Krawatte, er hat einen Reklameschirm aufgespannt und lallt, schwankend auf dem Barhocker. Der Wirt, Pakistani möglicherweise, fordert ihn auf, betont ruhig, den Schirm zusammenzuklappen, das geschieht plötzlich auch, damit offenbar auch der Entschluss zu gehen, doch er stellt fest, lallend, er könne nicht zahlen, in diesem Schuppen hier wolle er sowieso nicht zahlen; der Wirt aber, ganz ruhig, besteht darauf, dass er an der Kasse zahlt; der schwarze Barkeeper schaut zu, der Koch, ein junger Mann, der nun aus der Küche kommt, bleibt wie beiläufig in der Nähe der Schwenktür stehen, am Ausgang; neben dem Betrunkenen ein riesiger Mann, ebenfalls in blauem Mantel und mit Krawatte, steht da, schweigend, zeigt keine Reaktion, auch nicht, als der Besoffene vom Wirt fordert, er solle ihm mal seinen Namen aufschreiben, wenn er hier schon bezahlen müsse, dann wolle er auch wissen an wen, und der braunhäutige Wirt schreibt seinen Namen auf einen Zettel, schiebt ihn dem Betrunkenen zu, der starrt den Zettel an, schiebt ihn zurück, er müsse auch den Vornamen hinschreiben, der Pakistani schreibt noch ein Wort dazu, schiebt den Zettel zurück, und der Besoffene erklärt, er werde jetzt trotzdem nicht zahlen, er könne überhaupt nicht zahlen, habe kein Geld mehr bei sich, und der sehr große und breite Mann neben ihm schweigt, der Wirt sagt ruhig, er müsste aber für die Drinks zahlen, schiebt ihm die Rechnung zu, der Besoffene schimpft auf den Sauladen oder Saftladen oder Scheißladen, stakst zur glasumfassten Kasse mit dem Sprechloch und dem Zahlschlitz, schiebt die Rechnung der jungen Frau zu, er könne nicht zahlen, höchstens, vielleicht, mit American Express, aber da müsse er erst mal den Manager anrufen, ob das in dem Fall überhaupt noch ginge, er hätte einfach kein Bargeld mehr, und der große, schwere Mann steht schweigsam neben ihm, Bulldoggengesicht, reglos, und nun, das beobachte ich an der Theke, ruft der Wirt die Polizei an, halblaut, abgewendet, während an der Kasse verhandelt wird, der Barkeeper schaut dem Wirt kopfschüttelnd zu, der Besoffene geht nun einfach raus mit dem zusammengeklappten Regenschirm, ohne zu zahlen, der junge Koch hält ihn nicht auf, auch nicht der ältere Koch, auch er schaut nur aufmerksam zu, als müsse er sich auf eine zuverlässige Zeugenaussage vorbereiten; der Besoffene spannt draußen im Nieselregen den Schirm auf, steht da, schwankend, redet auf den reglosen Riesen ein, kommt, den Schirm in der Türe verkantend, in das Lokal zurück, so einen Sauladen wie hier hätte er noch nie erlebt, er würde allen draußen sagen und überhaupt allen, was für ein verfickter Scheißladen das sei, und er geht wieder raus, den Schirm verkantend, geht nun vielleicht zu einem der Girls!-Girls!-Unternehmen, zu einer Burlesk-Show. Und ich frage den schwarzen Barkeeper, ob der Mann schon lang hier gewesen sei, aber der hat hier nur zwei Drinks zu sich genommen, sei zuerst »like a pie« gewesen, die beiden Drinks hätten ihn dann völlig umgehauen. Wahrscheinlich, so sage ich, wäre schon vorher eine kritische Masse erreicht gewesen. Ja, nach diesen Drinks wurde der Mann ausfällig, man sei wirklich vor keiner Überraschung sicher, sagt der Barkeeper und wiederholt mehrfach: »I've no patience, I've no patience«, aber leider sei da dieser »huge guy« gewesen, der die ganze Zeit nichts gesagt hätte, hätte ausgesehen wie ein Bulle, in Zivil, wenn man bei dem

Besoffenen zugelangt hätte, das hätte Probleme gegeben, und er sagt dem Wirt, es hätte überhaupt keinen Zweck, die Polizei anzurufen; wenn so ein Kerl nicht zahlen wolle, könne die Polizei auch nichts dran ändern. Der Koch noch immer an der Tür, der Wirt auf der Theke aufgestützt, stumm, »I've no patience«, sagt der Barkeeper, Gläser spülend, abtrocknend, aufreihend, mir eine der kleinen Bierflaschen nachreichend. Ich frage ihn, ob so was öfter vorkomme. Alle sechzig Sekunden, sagt der Barkeeper, das geht dann so: Wenn einer zum Zahlen gezwungen wird, weil man die Polizei geholt hat, gut, dann zahlt er, aber am nächsten Abend kommt er mit ein paar Kumpels zurück und lässt den Laden hochgehn.

Das wird noch ein bisschen nachgekaut, durchgehechelt, und dann kommt die Polizei, ohne Blaulicht, der Wagen an der Ecke abgestellt, die cops schlendern herein, die Jacken offen, Knüppel unter die Achseln geklemmt, mehr als gummiknüppellange Holzprügel, kommen, Hände in den Hosentaschen, zum Tresen. You called the police? Der Wirt berichtet kurz, der vordere Polizist greift in ein Körbchen auf der Theke, nimmt ein paar kleine Salzbrezeln heraus, »pretzels«, fragt kauend, ob der Mann besoffen gewesen sei, nickt, greift noch mal ins Körbchen, schiebt sich den Mund voll mit kleinen Salzbrezeln, dann gehen sie raus, der Wirt fragt noch, ob er was für sie tun könne, aber da schüttelt der größere Polizist nur den Kopf, und mit den Holzknüppeln unter den Armen latschen sie zum Wagen zurück, fahren weg.

Ich als inkommensurables Objekt der Begierde. Im Bad des YMCA-Hostels New York wurde ich zu einem Musical eingeladen, spontan … Im Metropolitan Museum of Arts stellte sich bei der Betrachtung eines farbenfrohen Gemäldes von Renoir ein Kunsthistoriker des Hauses diskret und dezent neben mich, schärfte meinen Blick durch behutsame, sachkundige Anmerkungen, nicht ohne Hinweis auf die in den Vereinigten Staaten weithin vorherrschende Prüderie, die in manchen Bildern des Hauses freilich kein Pendant finde. So schloss sich eine Separatführung an, die sich erweiterte zu gemeinsamem Dinner in einem kleinen Restaurant in China Town ...

Ein anderer Kunsthistoriker, Landsmann, intervenierte telefonisch; im Museumscafé des Guggenheim-Spiralbaus hatte er am Tag zuvor mir gegenüber gesessen, nur trinkend, nichts essend, es genügte ihm, mir beim Essen zuzuschauen, mit Blicken jeder Gabel folgend, die ich mir in den Mund schob.

Nun in China Town musste ich ihn am Telefon vertrösten mit der Zusicherung, ich würde ihn am nächsten Tag besuchen, was der amerikanische Kunsthistoriker gar nicht gern hörte und frühe Distanzierung einleitete. Die stellte sich am nächsten Tag auch ein in der hochgelegenen Wohnung mit Blick tatsächlich auf den Hudson. Schönster Ausblick, dies allerdings nicht so sehr für den Kunstgeschichtler ...

(Inkommensurabel blieb ich ein Jahr später, back from the States, auch für den Theaterinspizienten in München, es ging um irgendeine Vermittlung, er schlug vor, das Gespräch in der Kantine fortzusetzen in der Privatwohnung; dort saß er denn strickend vor mir, berichtete, manche Masche fallen lassend, als Warm-up von einem irre aufregenden Abenteuer: zwei Schwarze, US-Army, irgendwo aufgespürt und gleich mitgenommen in die Wohnung, die waren so wild, so wild, so wild, er klopfte mit dem Fuß an mein Stuhlbein, dann sogar an ein Tischbein, schon sah ich schwarze Stuhlbeine, Tischbeine durch den Raum schweben und zog, mental, den Kopf ein, bereitete meinen Abgang vor, ohne das eigentliche Stichwort eingelöst zu haben.)

Klein unter mir Autos in den Modefarben der Saison. Dazu gelbe, violette, grüne Taxis: Lockfarben. Schmaler Durchblick zum Hudson: ein Streifen Wasserbraun.

Hitze, Staub, Krach, grüne, gelbe, violette Taxis hupend. Omnibusse mit Dieselschwaden, Polizeimotorräder aufgezäumt wie Cowboypferde am Sonntag.

Unterirdischer Bahnsteig, Stille, kein Staub, künstliches Klima eines aluminiumhellen Pullmanwagens. Ich hebe die Arme an, lasse Kühle in meine Achselhöhlen schlüpfen, öffne den Hemdknopf über dem Gürtel, den Nabel kühlen, mache den Mund auf, Kühle auf der Zunge, ich ziehe die Hosenbeine etwas höher, Kühle an die Waden.

Die Lampen draußen gleiten zurück, der Zug schlägt Takt im Hudsontunnel, saust ins Helle. Ich presse die Nase ans Fenster, New York schräg hinter mir, Hochhäuser eng gruppiert, Wolkenkratzer an der Südspitze, Wallstreet, die Mittelgruppe, Empire State Building. Ein Autofriedhof, Wracks hochgekrant, sechs, acht, zehn Wagenschichten. Reklametafeln, Mädchen waagrecht und senkrecht, Supertitten.

Flache Landschaft am Fenster vorbei: tagelang könnte es in diesem Tempo weitergehn, durch Prärien und Wüsten und Gebirge und Städte und Weizenfelder, eine massige dieselelektrische Lokomotive voran, Bauchgurt, Santa Fé, das bolzt durch den Kontinent, über Felder, durch Wüsten, über Berge – aber ich werde nur etwa zwei Stunden fahren.

Ein Steward schiebt ein Wägelchen mit Obst, Keksen, Getränken durch den Mittelgang, ich kaufe eisgekühlten Orangensaft. Kühles schlürfen im Kühlen, Kühles, das in die Zähne beißt, Kühles, das kühl den Mund ausfüllt, dann warm runterläuft. Draußen helle, heiße Landschaft vorbeigefilmt.

Erinnerung hat den ersten Abend am Rande des Campus so zurechtgemodelt: Begrüßungsdinner im Haus von Harry Pfund, dem Leiter des German Department, mit von der Partie seine Frau und Assistent Cary. Artige Plauderei zu viert am Tisch mit Kerzen, dann gingen wir hinaus zur Lodge; der Frau des Hauses war es zu kühl, außerdem musste ein dringendes Telefonat geführt werden mit einer Freundin in Bryn Mawr. Wir nahmen Platz auf drei Schaukelstühlen der Lodge mit ihren drei weißen Säulen, die das Dach des Vorbaus zu tragen schienen. Bei der Annäherung vom Campus sah es aus wie ein säulenreduziertes, leicht geschreddertes Herrenhaus der Südstaaten.

Es verdichtete sich das verbindende Gefühl, man werde die nächsten zwei Trimester miteinander klarkommen. Eine Pfeife wurde gestopft, die fast so aussah wie eine Maiskolbenpfeife, eher ein Unding als ein Ding. Und Cary zündete sich eine Zigarette an. Über mein bisheriges Leben hatte ich schon am Esstisch geplaudert, in adäquater Kurzfassung, nun ging es um Hobbys, um Lieblingslektüre, Lieblingskomponisten, Lieblingsmaler.

Es wurde dann nicht säuberlich getrennt zwischen Privat und Dienstlich – Harry Pfund umriss meine activities in den kommenden Trimestern. Ich schaute durch die grenzbetonende Baumreihe hinüber zum Campus: der Sportplatz, die kleine Kuppel des Observatoriums; teilweise verdeckt von üppiger Vegetation die Founders Hall, mit Sitz der Verwaltung. Also, wie in München bereits vermittelt: Unterricht in Elementary German. Grammar, conversation and reading of simple texts (hier, ausgerechnet, Zuckmayers *Hauptmann von Köpenick*, mit dem reichen Anteil an Berliner Idiom!). Man wird mich nur in den ersten Stunden begleiten; sobald man das Gefühl hat, es läuft gut zwischen mir und der Gruppe, bleibe ich mir selbst überlassen, muss nur regelmäßig Bericht erstatten, auch wollen die Herren bei den ersten Benotungen konsultiert werden, zur Abstimmung. Mein Unterricht als so etwas wie eine Gegengabe an das College. Erwartet wird ja auch, dass ich mein Studium fortsetze, dass ich, im Status eines Seniors, auch papers schreibe. Ob ich schon eine Vorstellung, womöglich einen Vorschlag hätte? Und ich, spontan: Robert Musil, *Der Mann ohne Eigenschaften*. Wie kam ich ausgerechnet darauf?!

Ich rekapituliere, ergänze: Die Fahrt von Cuxhaven nach New York auf dem alten, nicht sehr großen Dampfer, der *Italia* – sie wurde kurz nach dieser Atlantiküberquerung aus dem Liniendienst abgezogen und eingesetzt in der südamerikanischen Küstenschifffahrt. Dieser Dampfer brauchte elf Tage für die Überfahrt, aber diese elf Tage wurden uns, einer Gruppe von Studenten und Studentinnen der Fulbright Foundation, nicht lang: viel Sonne, Liebelei mit einer Rahel, das übliche Sport-, Spiel-, Vergnügungsangebot, das wir nutzten. Bis auf einen sportlich aussehenden Chemiestudenten, den wir fast nur beim Essen sahen. Was treibt er denn die übrige Zeit? Saß in der fensterlosen Innenkabine und las. Und was?

Einen sehr dicken Roman eines österreichischen Schriftstellers. Verfasser und Titel? Siehe oben. Von diesem Buch hatte ich, obwohl im vierten Semester, nur mal zu hören bekommen (dafür umso mehr von Stifter oder Mörike). Was musste das für ein Roman sein, der einen Chemiestudenten so lange in der Schiffskabine festhielt?

Bei der ersten Besichtigung der im neogotischen Stil erbauten Bibliothek fällt mir wieder das Buch ein, das ich auf der Lodge so spontan genannt habe. Ich finde rasch den dicken, hellgelben Leinenband – appetitmachendes Gelb. Ich ziehe das gewichtige Buch aus dem Regal, nehme es mit: im traditionsreichen College der »Friends«, der Quakers, sind Eintragungen nicht notwendig – ein Sonderkodex.

Wie es sich für ein Erlebnis gehört, sind Details noch gegenwärtig: Ein sehr klarer Tag, indian summer, mit dem dicken Buch gehe ich am Sportfeld vorbei, auf dem die Football-Mannschaft trainiert (Parole für das nächste Spiel: Squish 'em in the mud!), dann ein Pfad in einem Waldstreifen am Rande des Campus. Eine Wiese, ein Baum mitten auf der Wiese, unter diesen Baum setze ich mich, blättre, lese das erste Kapitel mit der Überschrift »Woraus bemerkenswerter Weise nichts hervorgeht« – woraus aber Etliches für mich hervorging. Denn bald darauf schrieb ich, nach einem ausführlichen Gespräch mit Harry Pfund, ein »essay« von vierzig oder fünfzig Seiten, geschrieben in fast amerikanisch-›pionierhafter‹ Einstellung. Es gab damals kaum Sekundärliteratur über Musil, ich war auf den Roman selbst angewiesen, musste mich dem Text stellen.

Zustimmung, Lob. Und erhielt den Rat, den »essay« später mal auszuführen, eventuell als Dissertation. Die schrieb ich denn auch, einige Jahre später, in Bonn.

Zweite Langzeitwirkung: ich hatte freien Zugang auch zum Treasure Room (rare books and special collections), stöberte wie in einem Antiquariat, machte eine Zufallsentdeckung: Ein altes Buch von oder über Ramón Llull (latinisiert: Raimundus Lullus) und sein Großes Kombinatorisches System.

419

Ich habe eine Zeitlang überlegt, ob ich eine Mail schicken soll nach Haverford, mit der Bitte um nähere Angaben zu diesem rare book: Eine englische Übersetzung des lateinischen Textes? Womöglich der lateinische Text der *Ars brevis*? Aber nun sage ich mir: Entscheidend ist in diesem Kontext nicht eine exakte bibliograpische Angabe, vielmehr die Erinnerung an einen Impuls, der sich rasch umsetzte. Ich habe nicht wissenschaftlich verifiziert, sondern mir subjektiv zu eigen gemacht von Anfang an.

Mit dem Buch des (oder über den) mir zuvor völlig unbekannten Raimundus Lullus zog ich mich zurück in das Rufus M. Jones Study, einer Replik des Studienraums des gleichnamigen Forschers und Sponsors. (Ich habe nachgeschaut im »Haverford College Bulletin« von 1957, zur Dokumentation aufbewahrt.) Der Raum selbst ist schemenhaft präsent geblieben: ich war dort meist allein mit dem Buch am Schreibtisch jenes Gelehrten, bequem sitzend auf gepolstertem, lederbezogenem Stuhl. Und rasch, auch durch schematische Darstellungen gefördert, gewann das lullische System an Präsenz: Scheiben mit verschiedenen Durchmessern auf eine Achse gesteckt, jede Scheibe am Rand mit Chiffren versehen, und die werden durch Scheibendrehungen immer neu kombiniert.

Ich werde das später genauer beschreiben, auch anhand des Modells, das ich nachbauen ließ und mit dem ich drei Sequenzen dieses Buchs gestalten werde.

IN DEN TRIMESTERFERIEN flog ich mit dem französischen Zimmernachbarn von New York nach Puerto Rico, und wir durchstreiften, ziemlich planlos, die Insel: Ein Lastwagen nahm uns mit ins Inselinnere, setzte uns ab an einem feuchtigkeitstriefenden Hotelbau im subtropischen Regenwald, und wir lernten den enormen Geräuschpegel des nächtlichen ›Urwalds‹ kennen, eine gewaltige Geräuschmühle, ein Perpetuum mobile von Schreien …

Erkundungsgänge im Regenwald, »a shower each hour« … Eine Romanze wie im Kino: Spaziergang am leeren, weiten Strand, links gelinde Brandung, rechts das frisch erkorene

Mädchen, noch weiter rechts Palmen, schräg über uns Vollmond. Glücksstunde.

Und eine Stunde der Bedrohung, der nackten Angst: Weite Strandabschnitte, noch längst nicht dem Tourismus dienstbar gemacht, und einer dieser Strandabschnitte mit verlockend interessanter Topographie: Wie eine Sichel schwingt sich der beinah weiße Strand hinaus in Richtung auf einen riesigen Felsblock zwei- oder dreihundert Meter weiter draußen. Diese Sichel findet ihre spiegelbildliche Entsprechung in einer zweiten Sichel, die sich mit ›meiner‹ Sichel verbindet, hinaus zum Felsblock: wie die Spiegelung der Sichel. Als ich losschwimme, bekomme ich rasch zu spüren, warum die hinausgeschweifte, zum Felsblock hinausweisende Strandform entstanden ist: eine mächtige Strömung. Die spüre ich als Strudeln am ganzen Körper, und das Strudeln zieht mich hinaus Richtung Felsblock. Erfahrung, auf die ich nicht vorbereitet bin, aber da gibt es nur eins: flach schwimmen und versuchen, seitwärts aus dem Strudeln herauszukommen. Anstrengung, äußerste Anstrengung, und beinah Panik, als am Strand Einheimische auftauchen und mit heftigen Schreien und wildem Winken fordern, dass ich zurückkehre. Aber ich muss mich aus dem Strudelsog Richtung Felsblock erst mal herausarbeiten, seitwärts, seitwärts, zwinge mich, geübter Schwimmer, zu gleichmäßigen Bewegungen, komme aus dem Strudeln heraus, schwimme in weitem Bogen zum Strand zurück und bin so erschöpft, dass ich nur noch kriechen kann, mich fallen lasse, japse. Und muss hören, dass dies nicht nur eine äußerst gefährliche Strömung sei, sondern dass es dort Haie gibt. Da knicke ich nachträglich ein, lasse mir Zeit, mich zu »bekrabbeln«, dabei hilft mir der Zuspruch der Puertoricaner, die sich über meine Errettung freuen. Und mir bleibt, fürs Erste, nur ein Wort: Davongekommen …

DAS HAVERFORD COLLEGE ist, neben Stanford und Bryn Mawr, eins der berühmten Quäker-Colleges. (In Bryn Mawr, dem benachbarten, kooperierenden Mädchencollege, erlebte ich den großen Wystan Hugh Auden: sonor die Stimme, verwittert das Aussehn, Assoziationen an Odysseus nach all seinen Reisejahren ...)

Ich war befreundet mit Roloff, der eine hochkarätige literarische Zeitschrift herausgab in unserem College: stimulierende Texte. Und zuweilen saß ich im Studio des college-internen Senders, des WHRC. Mit dem Moderator entwickelte sich ebenfalls eine freundschaftliche Beziehung, und die brachte Früchte: Plattenbestände wurden durchforstet, ältere Aufnahmen durch »new releases« ersetzt, schließlich lag ein gewichtiger Packen von LPs bei mir im Zimmer (und später im Koffer): LPs vor allem mit Beethovens späten Streichquartetten, gespielt vom Budapest String Quartet, einem Ensemble von überaus soigniert, ja nobel aussehenden Emigranten aus Ungarn. Hier begann es: ich versuchte, mich einzuhören in diese Spätwerke, stimuliert von den grandiosen (für die vierziger Jahre wegweisend modernen) Aufnahmen, die mir auch heute noch, »digitally remastered from original sources«, bewundernswert erscheinen. Leider habe ich Josef Roisman, Alexander Schneider, Boris Kroyt und Mischa Schneider nie in einem Konzertauftritt erlebt, dafür aber das junge Juillard-Quartett, auf dem Bühnenpodium von Bryn Mawr. Langzeitwirkungen auch hier: Resonanzen geweckt, gestärkt.

EIN PÄCKCHEN hellblauer Luftpostbriefumschläge liegt vor mir, bunt frankiert, Briefe, die von der Familie in Bochum geschrieben wurden, nach einem von Mutter Helene organisierten Stafettensystem.

Nicht immer ›weltbewegende‹ Nachrichten, doch es vermittelte sich Atmosphärisches. Auch Zeittypisches, Stichwort: technische Entwicklungen. »Weißt Du eigentlich, dass wir im Badezimmer eine vollautomatische Waschmaschine haben? Das ist eine ganz tolle Erleichterung. Ich stecke die Wäsche trocken rein, schalte ein, schütte Waschmittel hinein und hole nach 75 Minuten die Wäsche zum Aufhängen raus, sagenhaft. Wenn ich an die Schinderei in der Waschküche denke, wo ich mich mit den schweren Eimern und der ewigen

Bückerei bei meiner Bandscheibe halb tot gearbeitet habe, kommt mir diese Art des Waschens ohne jede Anstrengung, ohne Dampf und heiße Laugen, die man vom Kessel in die Maschine schütten musste, noch wie ein Wunder vor. Papi und Peter saßen vorigen Sonntag lange Zeit andächtig vor der Maschine und beobachteten den Waschvorgang durch das große Fenster, das vorn an der Maschine angebracht ist. Es lebe die Technik!«

Man saß nicht nur vor der Waschmaschine, man saß auch im Konzert. Peter: »Erst leierte da ein sonatenförmiger Brahms über die Bühne (seit der Zeit weiß ich übrigens, dass unsere Contrabassisten alle Brillen tragen). In der Pause konnte man sich erholen und etwas die aufkommende Müdigkeit vertreiben. Aber dann spielte Odnoposoff ganz toll Tschaikowskys Violinkonzert, was eine leicht kitsch-anrüchige Sache ist (Cantilene im 2. Satz mit Dämpfer!). Man konnte nur staunen, was dieser Mann mit seiner Geige machte. Selbst in Fortissimo-Stellen war er noch herauszuhören. Dann hörten wir Hindemiths Metamorphosen, eigentlich mehr Karikaturen Weber'scher Themen.«

Dass so genau hingehört wurde, war in der Erinnerung nur ungenau gespeichert. Auch in solchen Details: ständig muss ich korrigieren, nachbessern.

Etwa nach der häuslichen Plattensammlung befragt, hätte ich, aus der Erinnerung heraus, nur ein überaus schlichtes Bild vom Stand der musikalischen Rezeption vermittelt: Bisschen Beethoven, bisschen Schubert, bisschen Tschaikowsky … Doch als ich in Haverford begann, LPs zu sammeln, wollte ich die heimische Sammlung differenzierter sehen – damit auch, in kleiner Facette, das Bild der Familie.

Peter schrieb: »Du verlangtest ein Register über unsere Plattensammlung, das Herbert Dir schon gab. Ich fand aber, dass er einige Platten unerwähnt gelassen hat. Von Bach: 4 Cembalo-Duetten, Violindoppelkonzert, Brandenburgische Konzerte 4 und 5, 2 und 3, Partita für Violine solo d-Moll. Von Beethoven: Klavierkonzert Nr. 4 G-Dur, Violinromanzen G- und

F-Dur, Leonoren-Ouvertüre, Mozart A-Dur Violinkonzert, Schubert Unvollendete.«

Das Thema Musik auch in einem der Briefe von Herbert: »Ich habe mich vor wenigen Tagen entschlossen, doch noch ein Musikinstrument zu erlernen. Es ist zwar sehr spät dafür, aber noch nicht zu spät. Ich lerne weder Klavier noch Geige [wie sein jüngerer Bruder], sondern etwas Ausgefalleneres: Flöte. Nicht etwa Blockflöte, sondern Konzertflöte. Ich habe meine Lippen bereits untersuchen lassen, denn nicht jeder kann Flöte spielen, und morgen werde ich die erste Unterrichtsstunde bekommen. Was, da staunst Du! (Oder auch nicht.) Mein Flötenlehrer ist übrigens Flötist im Städtischen Orchester [Bochum].

Hier waren kürzlich zwei tolle Konzerte. Ein Mozartabend mit Li Stadelmann aus München (Wenn Du sie nicht kennen solltest, schalte mal das Radio an!) und ein Konzert mit Hoelscher. Er spielte das Cello-Konzert von Dvorak.

Neulich las Heinrich Böll hier aus eigenen Werken. Ich habe mir den Mann ganz anders vorgestellt. Du kennst ihn ja. Er las erst zwei Kurzgeschichten und anschließend daran kam es zu einer Diskussion, die eigentlich mehr eine Fragestunde wurde: Wie, warum, weshalb er schreibt usw.«

Briefe auch vom Vater. Weiterhin Berichte aus dem Geschäftsleben, weiterhin Berichte über Lektüre, verbunden zuweilen mit Empfehlungen. Etwa zu Hannah Arendt (»eine Schülerin von Jaspers«): *Elemente und Ursprünge totalitärer Herrschaft*. Eine tausendseitige Monographie über »Antisemitismus, Imperialismus, Totalitarismus«.

Oder Anmerkungen zu Exkursionen und Reisen: mal Sauerland, mal Schwarzwald, mal Österreich. Und erhellende Statements: »Mutti sorgt für Ordnung und Tempo und ich bemühe mich um Ruhe und Ausgeglichenheit.« Gelegentlich auch eine Bemerkung, die das Gefühl von Nähe vermittelte: »Obwohl es noch nicht sehr spät ist, will ich aber schließen, denn es steht ›drohend‹ vor mir noch die so oft gelöste Aufgabe, eine volle Flasche Wein zu leeren.« Darauf kann es nur eine Antwort geben: das Plopp! eines hochgehebelten Korkens.

Umfangreicher und erheblich gewichtiger ist das Packerl von Briefen, die mir Gisela aus München schickte – sie studierte dort Romanistik und Germanistik. Briefe auf nun erst recht knisterndem Papier, mit Liebesanreden in schönsten Varianten.

Dokumente zugleich aus der Manufaktur-Ära der Fernkommunikation, heute würde man sich E-Mails schicken, im Sprung über den Atlantik hinweg, zum Glück aber waren wir technisch noch nicht so weit in den fünfziger Jahren, ich kann Briefe noch aus Umschlägen zupfen, kann hauchdünne Bögen auseinanderfalten, und es entfaltet sich oszillierender Inhalt. Doch wie weit lässt der sich offenlegen?

Ich mache es mir leicht und gebe erst mal Sequenzen wieder, die eher neutral getönt sind. So registriere ich, ablesend, was mir nicht mehr bewusst war: Dass ich von Haverford Manuskripte oder handschriftlich bearbeitete Typoskripte nach München schickte, und Gisela fertigte, maschinenschriftlich, die Reinschrift an, wachsam kritisch.

»Vor einer halben Stunde habe ich den letzten Buchstaben des Jasonkapitels getippt und melde somit den Abschluss der ersten Fuhre. Über den Schluss habe ich sehr geflucht, denn ich konnte nur immer bis zu drei Wörtern in mind keepen. Dass er zu lang ist, schrieb ich Dir schon. Beim Lesen seufzt man und beim Tippen … ja. Aber das werde ich mit Dir in person austragen, wenn Du wieder hier bist. […] Weißt Du, ich freu mich, wenn ich Dir tippender Weise beistehen und Dir so über alle weiten und blauen Fernen hinweg nahe sein kann. Mein einziger Wunsch ist, Dir Liebes zu tun, und so bin ich Dir für jede Gelegenheit dankbar.«

Es blieb aber nicht bei einer neuen Version der Argonautensage, es taucht auch das Stichwort Wagner auf – war womöglich Richard gemeint?! Nicht die geringsten Erinnerungen! Also ein weiteres Zitat.

»Da hab ich eben wieder im AFN gehört, dass der Zustand betr. Wetter in PA noch immer ›critical‹ ist. Jetzt reicht mir's aber, kann man da nichts unternehmen? Ich sehe Dich schon bittere Not leiden, eingeschneit in eiskaltem Zimmer sitzen, nichts zu essen haben, und ich kann Dir nicht helfen. Möglicherweise kriegst Du auch keine Post, das finde ich dreist. Ich warte sehnlichst auf einen Brief, der mir sagt, dass es nicht ganz so schlimm ist, wie es da in meiner Phantasie ersteht.

Gestern nachmittag habe ich von 2 Uhr bis 8 Uhr getippt, aber es ist mir nicht gelungen, Wagnern fertigzustellen. Das wird ja ein Mordskapitel, aber Du wirst auch einiges streichen müssen, pass auf.«

Doch schriftlicher Wortwechsel zu Manuskripten war selten, Zustandsberichte überwogen, leiblich-seelische Befindlichkeiten. Im selben Brief: »Weißt Du, wenn ich die sich Liebenden da um mich erblicke, könnte ich neidisch werden, aber dann sage ich mir: Wenn mein Didier erst mal wieder hier ist, dann können alle auf uns neidisch sein … Wir werden uns mit allen in einem Jahr aufgesparten Kräften lieben.«

Damit könnte ich die Auswahl beenden, aber das fällt mir schwer, noch ist hier nicht genug Präsenz im Präteritum.

»Ich habe noch mal in Deinen Griechenlandaufzeichnungen geblättert. Ich ließ sie mir von R. aus der Schublade geben, weil ich plötzlich wissen wollte, wo Mykene liegt, denn in der Zeit zwischen Fieberschlaf und ›Wieder-da-Sein‹ habe ich Deine Griechenlandkarte betrachtet, die zu meinen Füßen ihr gelbes Gesprenkel auf blauem Grund ausbreitet. Ich kenne ihre Konturen jetzt auswendig und besonders während der letzten Tage, die ich in Beschäftigung mit den Argonauten verbrachte, habe ich sie öfter bewusst betrachtet. Tausendmal habe ich die Reise Athen-Rhodos-Kreta mit den Augen vollzogen, und im Unterbewusstsein vermischte sich die südliche Landschaft, die ich ja nur von Dias kenne, mit den Erlebnissen der Sonnentage in Herrsching oder Kehrsiten. Und immer geisterst Du in diesen Wachträumen herum, still und einfach ›da‹. Und dann bin ich wieder bis zum Hals voll Sehnsucht gestopft und liebe Dich sehr heftig. Ja, Geliebter, und dann habe ich gelesen, Eleusis, Delphi, Mykene, Iraklion, Hydra und dann, bei Agios Nicolaos, schwenkte das Bild plötzlich um: Du denkst an einen Abend im Englischen Garten und was liegt näher, als dass ich Deinen Gedanken dahin folge?«

Englischer Garten … Isar … Stichworte, die sich wiederholen. »Erster November. Es war so warm, dass ich noch stundenlang mit Manns ›Josefchen‹ (den ich schon angefangen hatte bevor Deine Aufmunterung dazu kam) lesender Weise am Isarufer auf einer Bank verbrachte. Ich habe Wiedersehen mit all den Plätzen gefeiert, die wir zusammen aufsuchten. Was mich in Düren bedrückte, nämlich die Erinnerung an all die Gemeinsamkeiten, das traf nicht zu. Im Gegenteil! Ich bin fast beschwingt durch das kupferne Buchenlaub geschlurft.« Denn es setzten erotische Assoziationen ein, und ich breche ab. Aber wenigstens noch ein Schlusszitat, zum Vergehen der trennenden Zwischenzeit.

»Jetzt freut es mich, wenn ich einen Blick auf den Kalender werfe und sehe, dass der Monat sich wieder seinem Ende zuneigt. Jetzt können wir die Zeit, die noch vor uns liegt, schon mit einem Blick überschauen – auf dem Kalender, und die Zahlenpäckchen sehen nicht mehr gar so drohend aus wie noch im November.«

Die wiedergelesenen Knisterbriefe glattstreichend, erleichtert über die telefonisch erteilte Druckgenehmigung, frage ich mich: Und nun?

Angenommen, ich würde die Autobiographie nicht schreiben und es würde sich (später, irgendwann mal später) ein Biograph finden, der sich für meine Bücher, damit für meine Person interessiert (und der dieses Interesse mit anderen teilen kann), und weiter angenommen, ich würde all die Hinterlassenschaften einem Archiv übergeben oder würde es darauf ankommen lassen, dass sie nach meinem Tod von einem Archiv übernommen werden – wie lange, wie weit bliebe eigentlich das Briefgeheimnis gewahrt? Ein Biograph, ein Wissenschaftler würde oder dürfte nicht davor zurückscheuen, auch Liebesbriefe zu öffnen, ja, sie auszuwerten. Für solch einen Fall Vorsorge treffen, und ich sortiere aus oder vernichte pauschal? Ich schiebe die Entscheidung noch etwas auf, aber dem Problem kann ich damit nicht ausweichen.

Kurzer Bericht aus der Praxis. 1995 wurde mir die Heidelberger Poetik-Dozentur angeboten. In jener Zeit arbeitete ich noch an der Biographie über Clara Schumann. Stand damit wiederholt vor der Frage: Was übernehme ich an dokumentierten Intimitäten? Wie gehe ich vor allem mit den Zeichen um, die Robert Schumann ins Tagebuch setzte, wenn er mit Clara geschlafen hatte? Auch noch im achten Monat?

Im Rahmen des Gesamtprogramms der Dozentur setzte ich eine Podiumsdiskussion an, zu der ich Ulla Hahn und Vertreter der Fachbereiche Jura und Literaturwissenschaft einlud. Thema: »Biographie und Indiskretion«. Es wurde einerseits konstatiert: Überliefertes Material muss, da es nun mal vorliegt, ausgewertet werden; Persönlichkeitsrechte sind nach Ablauf der Schonfrist von drei Jahrzehnten ohnehin erloschen; es kann nicht nachträglich Zensur geübt werden.

Andererseits: Als Biograph kann man aufdecken, was bedeckt gehalten wurde, kann in geschützte Bereiche eindringen. Wie weit? Eigentlich blieb nur eine einzige Kategorie von Relevanz: Takt. Eine in unserer Gesellschaft nicht hoch angesetzte Form der Zurückhaltung. Und überhaupt: Wer könnte in unserer (schon mal als übersexualisiert bezeichneten) Gesellschaft verlockenden Angeboten widerstehn? Liebesbriefe? Gleich mal reinschauen, und sei es ›unverbindlich‹. Und womöglich Nacktfotos einer Geliebten? Juhu, was haben wir denn da?!

Ich verliere mich hier nicht aus dem Blick, sehe mich im Keller des Marbacher Literaturarchivs vor dem Regal mit Archivkästen des Nachlasses von Felix Hartlaub; an der Stirnseite eines der Kästen eine etwa münzgroße rote Markierung: Gesperrt. Ich muss zugeben: Es hätte mich verlockt, in einem unbeachteten Moment rasch mal in den Kasten zu lugen – man wird sich doch wohl mal einen Eindruck verschaffen dürfen … Dienstlich motivierter Zugang und Zugriff ist ohnehin selbstverständlich, schließlich musste sortiert und separiert werden, das ging nicht mit verbundenen Augen. Was andere sehen konnten, das kann mir doch nicht grundsätzlich versagt bleiben, oder? Überhaupt: Soll ich mir etwa Begrenzungen, Beschränkungen auferlegen, die bei einer späteren Inspektion aufgehoben werden, aus gewandelter Überzeugung, bei verändertem Zeitgeist? Wer will sich schon falsche Rücksichtnahme unterstellen lassen, womöglich Verharmlosung, Beschönigung, wo wir doch so etwas wie ein Grundrecht haben auf Einblick in archiviertes Material, und sei es intimer Natur? Wiederum: hat ein Wissenschaftler das Recht, wie ein Geheimdienstler Schreiben zu öffnen ohne Zustimmung von Verfasser oder Adressat? Auch Briefe, die geradezu knistern, aufgeladen von erotischen Kriechströmen? Also wunderschöne Briefe, und doch –

Nein, ich kann hier noch keinen Schlusspunkt setzen! Die Briefe, und nicht nur diese Briefe liegen noch da. Warum schreite ich nicht zur Tat und ziehe sie endgültig aus dem Verkehr? Es muss ja nicht irgendein Archiv sein, in dem sie mal wieder geöffnet werden könnten, es genügen auch diverse Formen der Nachlassverwaltung. Wenn ich davon ausgehe, dass solche Briefe nur vom Adressaten gelesen werden sollen, gelesen werden dürfen, so bleibt letztlich nur diese Option: sie zu vernichten, und zwar rechtzeitig. Aber wann tritt dieses »rechzeitig« in Kraft? Indem ich zögere, hinauszögre, gehe ich doch davon aus: Mir bleibt noch genügend Zeit, über mich und über solchen Nachlass frei disponieren zu können.

Das kann sich als tollkühn erweisen. Ein Unfall, ein Schlaganfall, eine schwere Krankheit – dafür gibt es, ringsum, genug einschüchternde Beispiele. Die Bedrohungen rücken immer näher heran, schon rein statistisch. Und doch mein Zögern? Mein Ausreden oder Schönreden? Immerhin, ein Testament habe ich gemacht, aber diese Briefe, wohin mit den Briefen? In einen großen Umschlag stecken, fest verklebt und mit entschiedener Aufschrift? Kann ich Verpflichtungen formulieren, die bedingungslos akzeptiert werden? Oder wird eine rote Markierung schließlich doch mal grün?

REMEMBERING HAVERFORD: kollektive Depression auf dem Campus: Alles ging langsamer, fast schleichend, dahinschleichend; keine Gespräche, keine Zurufe; in der Mensa nur das Klappern von Tellern, das Klirren von Besteck, das Rücken von Stühlen, alle Begleitgeräusche sich selbst betonend, und in den Zeitungen groß das Stichwort SPUTNIK. War es den Russen, ausgerechnet den Russen doch tatsächlich gelungen, ein erstes Objekt in den Orbit zu katapultieren, den fußballkleinen, mit einem Piepsender ausgestatteten Satelliten Nummer eins. Da wurde, für einen Tag, alles kleinlaut, ja es verschlug vielen die Sprache. Dominierend das medial wiedergegebene Piepsignal des Objekts, das den Erdball umkreiste auf bald erkundeter Umlaufbahn. Die Trauer übertrug sich nicht, ich ging spazieren.

Schnee auf dem Campus, Neuschnee über Nacht, Schneefall weiterhin, Schnee weiß und dick. Rasch anziehen, raus in den Schnee, Schnee weht ins Gesicht, zum Teich stapfen, Schneetreiben, außer Sichtweite der dormitories laufe ich einen Kreis im Schnee, stapfe eine Ellipse in den Schnee, lege mich mit dem Rücken in den Schnee, klopfe mit ausgestreckten Armen Adlerflügel in den Schnee. Und hoch, ein paar Schritte weiter, hinwerfen, Adlerflügel in den Schnee klopfen, Adler neben Adler. Schneefall weiterhin, ich trete mit Anlauf gegen einen Baumstamm: Schnee, Schnee dicht und pladdernd herunter, Schneeflecken, Schneelöcher im Schnee. Ich kriege Hunger, Schneehunger; die Schneeschräge hoch; unauffällig bewegen, sobald ich in Sichtweite der dormitories bin, schon auffällig genug, dass ich durch den Schnee stapfe: He's queer, Kjuhn is queer.

Die students haben die Hände tief in die Taschen gesteckt, Schneefall, anhaltender Schneefall, sie haben die Kragen hochgestellt, die Hälse verkürzt. The news: Katastrophale Schneefälle im Osten der Vereinigten Staaten! Aber ich bin hier, sehe das mit eigenen Augen: fünfzehn Zentimeter Schnee, vorerst nur fünfzehn Zentimeter, was kann da katastrophal sein? Den räumt man weg auf den Straßen. Aber keine beschlagenen Milchkannen auf dem Frühstückstisch, weil Schnee fällt, die Bettwäsche, sonst an diesem Wochentag gewechselt, die wird nicht gewechselt, weil Schnee fällt, und es gibt mittags kein

Fleisch, weil Schnee fällt: von mir aus fällt das ganze Mittagessen aus, ich kann auf eine Mahlzeit verzichten, solang nur Schnee fällt, hoffentlich noch höher fällt als fünfzehn, sechzehn Zentimeter: Schnee deckt zu, dämpft, polstert ab.

Ich muss trotz Schneefall Unterricht geben, schaue aus dem Fenster, Schnee, Schnee fällt, Schnee fällt, Schnee fällt. Mr. Kjuhn, why don't you say: Ich habe das nicht tun gekonnt? Richtig, da gibt es eine Regel, wie lautet die noch? Aber die führt zum fatalen Umlaut, I have to spell: … tun können … Schneefälltschneefälltschnee: da ist es klar, dass ich gleich nach dem Unterricht wieder einen Schneespaziergang mache.

Schnee auf den Autos am Straßenrand, Schnee in den Gärten, Schnee auf den Häusern, zu denen keine Spur führt, weder Wagenspur noch Fußspur, weißer, unbetretener Schnee, ich stapfe die erste Spur. Rauch aus Kaminen: man hat sich eingeigelt, weil Schnee fällt, lebt von Konserven, sieht fern: die großen Neufundländer, die sonst über die Hecke springen und mich mit tiefem Gebell begleiten, weil ich keinen Wagen habe, weil ich also verdächtig bin, die rumoren nun im Haus. Schnee weich, weich, locker, ich geh im Schnee, da gefalle ich mir, Einzelgänger im Schnee, da bin ich mit mir einverstanden: wie oft schon haben Wagen neben mir angehalten an schneefreien Tagen, und Studenten öffneten das Fenster oder gleich die Tür, selbst arme Schwarze in Klapperkisten boten dem langen, hageren »guy« zu Fuß ihre Hilfe an, und immer habe ich »thanks« gesagt. Bei diesem Deutschen kann es wirklich nicht ganz stimmen – läuft da durch die Gegend, einfach so durch den Schnee, Schnee fällt, durch Schnee läuft er, Schnee fällt, Schneeläufer.

HAVERFORD COLLEGE, »Founded by the Society of Friends in 1833« (also ein Jahr nach Goethes Tod), »situated in Haverford Township, Delaware County, and in Lower Merion Township, Mountgomery County«.

Hier begann ich konzentriert und kontinuierlich zu schreiben, erzählend. In der langgestrecken, zweigeschossigen Lloyd Hall hatte ich ein eigenes Zimmer(chen), sparsamst eingerichtet mit Bett, Tisch und Stuhl, die Wände schulterhoch grün lackiert, doch immerhin ein Raum für mich allein, während sonst die Zimmer doppelt belegt waren. Es entstanden erste Versionen eines Zyklus von Erzähltexten, die ein verbindendes Thema variierten: »Vergebliche Bewegungen«. Ein Buch ist daraus nie geworden, ein, zwei Texte aber wurden in einer Zeitschrift veröffentlicht, etwas später.

Nichts mehr, keine Zeile, blieb aufbewahrt von meinem ersten Romanprojekt, an dem ich nach der Rückkehr aus den Vereinigten Staaten zu schreiben begann, vielleicht auch – gleichsam subkutan – inspiriert durch die Präsenz zahlreicher Juden im College, mit denen ich vor allem über Fragen des Theaters ins Gespräch kam: Während sie *Waiting for Godot* erarbeiteten, studierte ich mit Studenten *Leonce und Lena* ein (»an opportunity to work on the problems of directing and producing plays«), übernahm dabei die Rolle des Leonce (und machte die Erfahrung, dass sich Sprechtext und Bewegungen auf der Bühne verbinden – schwenke ich an diesem Punkt nach links ab, stellt sich folgende Wortfolge ein ... Aktiviertes Körpergedächtnis!).

Hauptfigur des Romanentwurfs war, es kann nicht weiter überraschen, ein Jude. Ich erinnere mich nur noch an den Familiennamen: Weigert. Erinnere mich an den Namen seiner rheinischen Kreisstadt, Kleinstadt: Buirburg. Ein synthetischer Name. Buir heißt ein Dorf in der Nähe von Düren, dieses Dorf als Geburtsort von Sohn Thomas: eine kleine Klinik dort, grasende Kühe vor den Fenstern. (Der Ortsname wird ausgesprochen wie »Bühr«.) Und auf »-burg« enden viele Ortsnamen im Rheinland: Bedburg, Siegburg ... Schreibend versuchte ich (geführt und begleitet von Literatur zum Dritten Reich) zu vergegenwärtigen, was ein Jude in den frühen Jahren der NS-Diktatur erleben, erfahren musste, bevor er in die USA emigrierte. Weil ich auch Philadelphia (Konzerte mit Eugene Ormandy!) und einige Regionen von Pennsylvania näher kennenlernte, siedelte ich Weigert dort an, wiederum und weiterhin tätig als Bibliothekar.

Über den auch in meinem Hirn verschollenen Roman erfahre ich – höchst überraschend – Genaueres in einem der Briefe von Holthusen. Mitteilung an mich selbst: Mit 24 hatte ich den Roman (auch) ihm vorgelegt, das Buch war zu dem Zeitpunkt demnach ausformuliert, wie auch immer. Noch eine Schlussfolgerung: Der literarische Ehrgeiz stand damals schon in Blüte. Erste Ansätze und Anläufe bereits im (Freiburger) Semester. Da hatte ich Gedichte und einen Erzähltext (in der Erinnerung total gelöscht!) an die Redaktion der Zeitschrift *Akzente* geschickt; Hans Bender hatte höflich reagiert, zu Geduld und Zuversicht ratend. Beides brauchte ich.

Nun also auch noch Holthusen – mein »Schutzpatron«, wie Bernd anmerkte. Kleines Aufatmen: der Brief ist getippt! Also kann ich ihn wiedergeben ohne Fragezeichen zu Lesarten. Der Anfang zeigt, dass Holthusen sofort geantwortet hat – das muss beim Briefvielschreiber hervorgehoben werden. Weil ich hier einiges über mich selbst erfahre, zitiere ich fast den gesamten Brief.

»Mein lieber Kühn, eben Ihr Brief vom 25. VII. [1959]. Ja, ich bin wieder im Lande, bin seit dem 17. Juni aus Amerika zurück, musste aber Anfang dieses Monats noch einmal für vierzehn Tage verreisen – nach Südfrankreich zu einem Autorenkongress, dann ein wenig an die Küste zum Baden (Nizza), dann nach Zürich … Seitdem kämpfe ich mit einer Art gelinder Verzweiflung darum, in der Arbeit wieder Fuß zu fassen, was mir verflucht schwer fällt, das heißt, den so lange verwaisten Schreibtisch wieder ein bisschen fruchtbar zu machen. Die Post – na Sie wissen schon – liegt bergeweise herum, und so viel ich auch davon abgetragen habe, es bleibt immer wieder was liegen. Darunter Ihr Manuskript, Ihre beiden Briefe vom März und April. Ich bin ja leider kein literarischer Großpapa, der aus der Fülle seiner Güte und liebevollen Überlegenheit jungen Leuten seinen Segen spenden könnte, sondern ein charakterlich schwieriger (und zur Zeit ziemlich verbitterter) Außenseiter, der Tag für Tag angestrengt um sein Brot kämpfen muss und von der lieben deutschen Öffentlichkeit konsequent schlecht behandelt wird. Seien Sie also bitte nicht allzu enttäuscht, wenn ich Ihre Erwartungen nur zögernd oder überhaupt nicht beantworten kann.

Trotz dieser Einschränkungen möchte ich Sie energisch einladen, mir das neue Manuskript ›Jason‹ zu schicken; ich will versuchen, die Zeit zu erübrigen, es ganz oder doch zum größten Teil zu lesen und Ihnen dann meine Eindrücke mitzuteilen. Von dem Kristallnacht-Ms. habe ich einen Teil gelesen. Die Technik ist imitatorisch, aber nicht ungeschickt gehandhabt, man wird neugierig, wie es weitergehen wird – mit dem Autor, meine ich. Aktion und Personen noch etwas verschwommen, blässlich, die zertrümmerte Brille am Anfang erinnert an beliebte Filmklischees (ein photographischer Effekt!), das Politische zu zeitungsmäßig, zu sehr Bericht aus zweiter Hand: Sie haben das offenbar nicht selbst erlebt. (Man *muss* natürlich nicht selbst erleben, aber in diesem Falle wäre es gut gewesen. Das N.S.Regime war unendlich viel ›unheimlicher‹.) Dabei möchte man Sie umarmen wegen Ihres guten Willens, wegen dieser überaus anständigen und – ich möchte sagen ›gerechten‹ Motivwahl … Vielleicht sollten Sie versuchen, auch dieses Ms. – Kristallnacht – schon mal an einen Verlag zu schicken. Bertelsmann (der äußerst manuskripthungrig ist)? Hanser? Piper? Direkten ›Einfluss‹ habe ich nirgends, außer vielleicht bei Piper, wo ich ein befürwortendes Wort einlegen könnte. Aber zunächst schicken Sie mir einmal den ›Jason‹, es soll bestimmt nicht wieder so lange dauern.«

Jason …? Muss der (von Gisela getippte) Erzähltext aus dem Zyklus *Vergebliche Bewegungen* gewesen sein. Gemeint war wohl die vergebliche Bewegung auf der Suche nach dem Goldenen Vlies – frei nach dem Versepos der Argonautensage. Ähnlich bleibt auch ein Aufbruch zu einem Kreuzzug vergeblich und die letzte große Fahrt des Columbus. (Vergeblich auch die Bemühungen des Autors, die Erzählungen zu publizieren. Nur der Doppeltext Kreuzzug / Columbus wurde in einer Zeitschrift *[neues rheinland]* gedruckt und entging damit dem Autodafé im Dürener Nutzgarten – aufschwebende Papierplacken wurden von einem schräggestellten Erdsieb aufgefangen.)

RÜCKFAHRT, wieder elf Tage lang, auf dem altgedienten Dampfer der griechischen Reederei. Eine auf wenige Tage verdichtete Liebesgeschichte an Bord, Tränen am Tag vor der Ankunft in Cuxhaven. Meine Mutter holt mich ab, weiß mit der jungen Frau an meiner Seite nichts Rechtes anzufangen, aber auch sie wird von Familienmitgliedern erwartet, das reißt uns auseinander.

Doch wie zum Trost: Helene hat Karten für das Hamburger Schauspielhaus gekauft, lädt mich ein zu Faust II, mit Gründgens und Quadflieg, mit dem dicken Schomberg, an dessen sonorer Stimme ich mich nicht satthören kann. Vor allem: Bilder, Szenenbilder, die sich einprägen.

ERNEUT ALS STUDENT zur Untermiete. Das Bonner Zimmer: ein früher halboffener Ausstellungsraum für Grabkreuze und Steindenkmäler, im Krieg ausgebaut. Im Winter muss ein Läufer aufgerollt und vor die Tür geschoben werden, sonst bleiben die Zehen kalt. Der Ofen ist morgens meist ausgeglüht, auch wenn ich abends feuchte Zeitungen um die Briketts schlage. Da dauert es lang, eh ich das Bett verlasse: Den Rost leerruckeln, eine zerknüllte Zeitung reinstopfen, Holzspäne drauflegen, das Streichholz reinhalten, vorsichtig einige Kohlen auf die glimmenden Holzspäne legen, wieder ins Bett kriechen, warten, bis es bullert. Husch raus, Kohlen nachschütten, zurück ins Bett. Aufstehen, wenn sich Wärme ans Gesicht legt, Mantel anziehen, Blechkanne mitnehmen, runter ins Klo der unverheirateten Steinmetzschwestern. Die Wände hüfthoch angegrünt und angeschimmelt, der Atem kondensiert. Im Becken die Kanne vollpladdern lassen. Das saukalte Wasser in die Porzellanschüssel jutschen, die Hände reinstecken, reiben, schlenkern, die Zähne putzen, Wasser in den Tauchsieder schütten.

Das Frühstück: Päckchen Brot, Würfel Butter, Glas Marmelade, Käse im Papier, Wurst im Papier, am Rand mit Bleistift die Preise notiert. Über Buchprospekten mümmeln. Zur Frage der Periodengrenze zwischen Altertum und Mittelalter ... Wirtschaftliche und soziale Grundlagen der europäischen Kulturentwicklung aus der Zeit von Caesar bis auf Karl den Großen ... Verbreitung und Bedeutung des Hägerrechts ... Universalstaat oder Nationalstaat ... Keine Kugelschreibermarkierung.

Kauend in den Raum glotzen: der dunkelgebeizte Schrank, die rechte Tür mit einem Zeitungskeil zugeklemmt. Eine italienische Tomatenkiste für Briketts. Das Bett, darüber ein bunter Golf: blaues Meer, grauer Vesuv, weiße Segel, rote Kopftücher, weiße Häuser, grüne Palmen, gelbe Sonne. Der Waschtisch mit ovalem Spiegel, dunklem Holz, drei Schubladen, Seifenbecher, Waschschüssel, Kanne, Zahnputzglas, Kachel für Tauchsieder. Der Ofen, die Türe, der Schrank, die Kiste, das Bett, das Fenster, der Waschtisch, der Ofen, die Türe, der Schrank, die Kiste, das Bett, das Fenster, der Waschtisch, der Ofen.

Den Mantel abgeben, die Seminarkarte vorzeigen, Bücher heraussuchen, einen leeren Stuhl besetzen im Seminarraum IV, an das Thema heranblättern. »Die Annahme eines formal, stilistisch und thematisch homogenen Werkes stellt folgendes nicht in Rechnung: die Wandlungsfähigkeit eines Autors, die Möglichkeit authentischer Umarbeitungen, die Fähigkeit gerade eines originellen Autors, neue Formen und Themen zu entwickeln. Für Neidhart wären hier etwa –«
Die Tür geht auf, wird wieder geschlossen, quietschend.
»Die evtl. realbiographische Umsiedlung des Autors von Bayern nach Österreich wird in die fiktionale Spielwelt aufgenommen, der reale Ortswechsel zum Anlass eines Szenenwechsels in der Dichtung – die auch sonst vexierend eine –«
Die Tür geht auf, wird wieder geschlossen, quietschend.
Bücher hoch an die Decke; Lederbraun, Leinenbraun, Holzbraun: wie viele Bücherreihen, die ich nie berühren werde? Tischreihen vor mir, hinter mir, Bücherstapel an jedem Arbeitsplatz, beschriebene Blätter, Karteikarten, gefüllt und eingereiht, alphabetisch natürlich, Sachkatalog, Namenskatalog: Ordnung gleich von Anfang an, und nicht Zettel und Aufzeichnungen, die ich später suchen werde, fluchend.

Auf Schweikles Text konzentrieren! »Schließlich ist bei vielen Wendungen der Umfang möglicherweise sexueller Konnotationen offen, so schon bei spezifischen Erwähnungen von –«
　Schon geht wieder die Tür auf, quietschend.

Mit meinem Deutschunterricht und dem Lektürekurs war das German Department des College zufrieden, das wurde schriftlich bestätigt to whom it may concern, aber ich war ja auch verpflichtet gewesen, mein zweites Sprachstudium fortzusetzen wie andere students in Haverford, und dabei fiel ich zurück – das Schreiben von Erzähltexten wurde mir wichtiger. So kam es zu einer administrativen Groteske. Ich erhielt ein Schreiben des Chairman of the Committee on Academic Standing: Meine Leistungen waren unzureichend, ich muss nacharbeiten. Auch wenn das kein Ruhmesblatt für mich ist, hier die Kernsätze:
　»Your grade of 35 in English was considered too low for the Committee to accept your semester's work as complete. It will, therefore, be necessary for you to make up this credit, and you should contact the Dean at your early convenience regarding your plans for doing so.«
　Wie ich darauf reagiert habe, in einigen tausend See- oder Luftmeilen Entfernung, es lässt sich denken: Wie wollen die mir noch etwas abverlangen? Wie wollen die mich belangen? Was fange ich überhaupt mit einer erhöhten amerikanischen Punktzahl an beim fortgesetzten Anglistikstudium in Deutschland? Eine fast kindliche Reaktion: Haha, ihr kriegt mich nicht!
　Ich schrieb keine Antwort, nicht mal eine ausweichende. Es folgte kein weiteres Forderungsschreiben, man hatte mich offenbar abgeschrieben im Verwaltungstrakt des College. I'm so sorry.

EINE SPANIENREISE. Zu der brachen wir zu zweit auf, kehrten, wie sich bald zeigte, zu dritt zurück. Gerieten damit erst mal in die Problemzone.
　Auch hier muss ich daran erinnern, dass wir in einer restaurativen, ja restriktiven Gesellschaftsform lebten, in der

»vorehelicher Geschlechtsverkehr« fast tabu war, zumindest im öffentlichen Diskurs. Also waren die Familien überrascht, überrumpelt. Mein jäh avisierter Schwiegervater: »Steht der junge Mann zu seiner Tat?« Ja, steht dazu. Damit wurden Gisela und ich in die Ehe gleichsam durchgewinkt.

Bei Mutter Helene war das längst nicht so leicht: »Ist Sex denn soooo wichtig?!« (Ob sie von »Sex« sprach, damals, oder eher das komplett ausgeschriebene Wort benutzte, weiß ich nicht mehr; dieses Detail ist in der Erinnerung ohnehin überlagert von langen Auseinandersetzungen, in denen Helene wortführend war, während mein Vater sich ebenso zurückhielt wie meine künftige Schwiegermutter. Sie behandelten sich auch später wechselseitig mit Respekt.)

Kirchliche Trauung war damals »ein Muss«. Aber dies, oh Menetekel, in einer »Mischehe«?! Was wird dann, konfessionell, aus dem (damals noch nicht per Ultraschall inspizierten) Kind, später womöglich den Kindern?

Giselas Mutter war eine treue, aber nicht dogmatische oder fanatische Kirchgängerin – Teilnahme an Gottesdiensten als gleiche Selbstverständlichkeit wie Teilnahme an Wanderungen des Eifelvereins. Auch bot sie uns an, im neu und großzügig ausgebauten Gartenhaus im Dachgeschoss einzuziehen, immerhin drei Zimmer und Bad.

Legalisierung des Verhältnisses musste nicht eingefordert werden, das war damals selbstverständlich. Also ein Beratungsgespräch mit dem zuständigen Pfarrer. Das wurde mir erleichtert durch einen sympathischen, überhaupt nicht missionierenden, schon gar nicht eifernden Priester, der bei aller Freundlichkeit jedoch auf Einhaltung der Spielregeln, der Vorschriften bestand: Die Ehe einer Katholikin mit einem Protestanten kann nur geschlossen werden, wenn Letzterer sich schriftlich dazu verpflichtet, das Kind, die Kinder katholisch erziehen zu lassen, inclusive Kommunion. Habe ich unterschrieben. Kirche, in jeder Form, war weit, weit von mir entfernt. Eine Alternative zum Religionsunterricht gab es damals noch längst nicht, Teilnahme war Pflicht, wurde benotet, und ob das (erst noch heranreifende) Kind evangelisch getauft oder »durch die heilige Taufe in die Gemeinschaft der Gotteskinder aufgenommen« würde, das war mir ziemlich gleichgültig, es standen ganz andere Probleme im Vordergrund: Abschluss des Studiums, Beginn als »Freiberufler« (vom Finanzamt formell und formgerecht eingeordnet unter »freie Unternehmer«!).

NACH DEN STUDIENJAHREN in Freiburg, München, Haverford pendelte ich erst als werdender, dann als faktischer Vater mit der Bummelbahn zwischen Düren und Bonn. Dennoch ein Zimmer in der Argelanderstraße, nah am Poppelsdorfer Schloss. Vorlesungen und Seminare des Musikwissenschaftlers Schmidt-Görg, der Anglisten Walter F. Schirmer und Arno Esch, der Germanisten Richard Alewyn und Benno von Wiese.

Wie ein Chefarzt von Assistenten gefolgt, zog B. v. W. in den Hörsaal ein. Spitzname: Hippopotamus maximus germanicus. Jovialer Konservatismus – später erst erfuhr ich, dass er in jüngeren Jahren (wie Heidegger) ein Verhältnis mit Hannah Arendt hatte, was nun gar nicht zum Bild passte, das wir uns vom »dicken Benno« machten.

Neben dem Studium weiterhin Schreibversuche, die sich vor meiner Familie nicht immer geheimhalten ließen, die mein Vater akzeptierte, die meine Mutter irritierten: Er wird doch wohl nicht ernsthaft vorhaben, sich als Schriftsteller selbständig zu machen?! Wie stellt er sich das eigentlich vor?! Unverantwortlich, du als Vater eines Kindes, und womöglich kommt noch ein zweites dazu, schau zu, dass du eine feste Anstellung kriegst, im Staatsdienst. Dann kannst du ja immer noch schreiben. Aber erst mal eine feste Stelle! Auf jeden Fall erst mal eine feste Stelle!

September 1960: mein erstes Hörspiel wird gesendet, *Das Transparent*. Doch ich erlebte die Ursendung nicht mit, war mit Gisela in Griechenland (Thomas von der Oma versorgt), wir saßen an jenem Abend auf dem Lykabettos, mit Blick auf die Akropolis, auf die Stadt, auf kahle Berge und gleißendes

Meer. Wiederholt schaute ich auf die Uhr, die Zeitverschiebung einkalkulierend, sagte: Jetzt wird der Titel des Hörspiels angesagt, jetzt, jetzt wird mein Name genannt, und jetzt, jetzt, jetzt beginnt es. Doch ich war bei der Produktion nicht anwesend, konnte vor der Reise das Band nicht abhören, konnte mir nicht vorstellen, fern in Griechenland, wie sich mein Text anhören würde, ich vernahm nur Phantomstimmen.

Verzeihung, der Herr –

Ja?

Könnten Sie eben mal die Stange hier halten? Nur einen Augenblick.

Wieso?

Täten mir einen großen Gefallen damit. Stehn schon den halben Tag hier mit dem Transparent, und das bei der Hitze. Ich hab so einen Durst, ich muss unbedingt was trinken. Bitte, nur eine Minute –

SCHLAF, SCHLAF, Thomas schläft. Backe auf dem Kissen plattgedrückt, Hand, die lässig am Kinn ruht, zuweilen bewegt sich der Mund mit dem Saugbläschen an der Oberlippe, imitiert Saugbewegungen, entspannt sich. Ein Seufzen, ein Knurren, jähe Handbewegung am Gesicht, kleine Kratzspur. Und wieder reglos liegen, sanft atmend, die Lippen bewegend. Vollgesogen mit Milch. Schlaf, Schlaf, Schlaf, Schlaf. Beim Saugen schläft er ein, muss leicht geschüttelt, muss besungen, angeredet, besungen werden, aber er lässt die Backen hängen, grämlich faltiges Gesicht, will schlafen, schlafen, nur schlafen. Bleibt liegen, wie er hingelegt wurde, nur die Arme, die Beine bewegen sich, aber der Kopf nicht mal zur Seite gedreht. Schlaf, Schlaf, Schlaf, Schlaf. Rudert mit den Armen, den Beinen, packt die Decke, zerrt am Tuch, dreht sich von der Seite auf den Rücken, stößt sich immer energischer mit den Beinchen ab, versucht, mit rot anlaufendem Kopf eine Brücke zu bilden, sieht aus wie eine zornige Orange, verliert den Kampf mit der Schwerkraft sehr bald, die Beine bewegen unsichtbare Pedale, er fuchtelt mit den Armen, zerrt mit Fingern und Zehen am Bettzeug. Schlaf, Schlaf, Schlaf, Schlaf.

Vom Vater auf dem »Balkon« herumgetragen werden: beide Arme auf eine Schulter gelegt, nach hinten Ausschau halten, und ringsum Licht, Schatten, Bewegung. Die Wiese, die Bäume, die glänzenden Lackkörper: karussellartige, hell-dunkle Welt, die sich mit dem Vater dreht, und Zurufe und Zeigefinger und Lippen, die schmatzen, schnalzen, zwitschern, flöten, fistelstimmen, zischen, pfeifen, singen, rufen, lachen.

Schlaf, Schlaf, Schlaf, Schlaf. Unter dem Baum liegen, das Rascheln und Flirren, das Vibrieren von Licht und Schatten, die unaufhörliche Verwandlung. Den Ärmelaufschlag in den Mund stecken, den Bettuchzipfel, die Rassel, die er mit fahrigen Handbewegungen immer wieder ins verdutzte Gesicht schlägt. Beim Nuckeln sind die Augen starr: Reglosigkeit der Konzentration. Und bald wird der Blick wieder lässig – er liegt willenlos, wunschlos, niest, summt, nässt die Windel.

Schlaf, Schlaf, Schlaf, Schlaf. Das erste Lächeln, rasch verflüchtigt, unvermittelt wieder da. Schlaf, Schlaf, Schlaf, Schlaf. Einen Finger in den Mund stecken. Zwei Finger in den Mund stecken, schließlich drei, den Daumen. Lutschen, schreien, bis jemand an den Bettkorbhorizont kommt: die immer gleichen Namen, Verkleinerungsformen, Beschwörungen, Koselaute; das immer gleiche Streicheln und Schaukeln. Einmal hochgestemmt, geschaukelt, geschwenkt werden, heißt gar nichts; zweimal das Gleiche weckt höchstens Appetit; zehnmal ist Anfang und dreißigmal längst nicht zu viel. Rhythmisch wiegen und schaukeln, rhythmisch anreden und besingen, rhythmisch heben, stemmen. Und rhythmisch wiegen und schaukeln.

Schlaf, Schlaf, Schlaf. Auf die rechte Seite rollen, auf den Rücken drehen, eine Brücke machen, den Gummibär nehmen, dem Bär ins Ohr blasen, am Bär lutschen, den Bär beiseitelegen, sich auf die linke Seite drehen, in der Luft herumschlagen, wieder auf den Rücken rollen, die Beine heben, den Ring aus dem Bett werfen, sich mit bereits gekonntem Schwung auf den Bauch drehen, an den Stäben liegen, sabbeln, den Kopf sinken lassen, an einem der Stäbe rütteln, sich wieder auf den Rücken drehen, schnell ein halbes Dutzend Brücken machen, mit den Armen fuchteln; krähen, brabbeln, rufen, quietschen;

Füße gegen die Stäbe stemmen, sich abdrücken, wieder auf der Seite liegen, an einem Stab nagen, am Kissen zerren, jammern, weil er auf dem Bauch liegt und diesmal nicht den Rückschwung schafft, endlich herumgedreht werden, das lustig finden, das muss wiederholt werden, überhaupt möchte er etwas mehr unterhalten werden, plustert sich drohend auf, weil das nicht gleich geschieht, brüllt, dass man den vibrierenden Rachenzapfen hinter der flachen Zunge sieht, aus den Augen presst der Überdruck Tränen, schluchzend aufhören, lächeln, herumgetragen werden, alles haben wollen, was er sieht: die Nase, das Regal, die Pflanzen, die Türe, die Haare, die Bäume draußen, gaffen, staunen, mit den Armen rudern, krähen, sabbeln, struddeln, lallen, sich am Hemdkragen hochziehen, über die Vaterschulter schauen, sich vorbeugen über die Sessellehne, über dem Abgrund hängen, hinunterwollen, sich plötzlich für die Armbanduhr interessieren, für einen Lichtschalter, ein Bild haben wollen, recken, mit leicht hochgewinkeltem Zeigefinger in alle Richtungen zeigen, struddeln, quietschen, krähen, krächzen, singen, lallen, auf die Spielmatte gelegt werden, sich mit den Füßen abschieben, den Po anheben, um die Achse rollen und noch mal und noch mal, an die Grenze des Spielfelds kriechen, unter einen Sessel, unter dem Sessel hervorgezogen werden, am Teppich nagen, rückwärts robbend einen Stuhl ziehen, bis er an der Teppichkante hängenbleibt, stöhnend und quietschend vor dem Stuhl auf dem Bauch liegen, sich plötzlich in eine andere Richtung drehen, zur Steckdose strecken, zum Bärchen, zum Ring, an einem Brötchen knabbern, es aufweichen, Krümel streuen, die im Haar kleben bleiben, hinter den Ohren, sich ein Auge reiben, gähnen, müdwohliger Nasallaut, sich für die Zehen interessieren, die sich so komisch bewegen, krabbeln, sabbeln, hampeln, strampeln, Brücken machen, auf dem Bauch liegen, auf dem Rücken, auf der Seite, nagen, rutschen, rollen, kriechen. Der Vater legt eine LP auf, da lässt er die Backen hängen, glotzt, gibt der Müdigkeit nach.

Prustend, sabbernd, ächzend, jauchzend herumkriechen, Gegenstände suchen, an denen er sich hochziehen kann, der

Klavierschemel, der Zeitungskorb, Stuhlbeine, Tischbeine, Hosenbeine, Röcke, hochwollen, hoch, unbedingt und um jeden Preis hoch, auch im Bett: sich zusammenkrümmen, zum Knäuel machen, um die Gravitation zu überlisten, an einem der Bettstäbe hochziehen mit verbissener Anstrengung, sich wieder plumpsen lassen, die ausgestreckten Hände annehmen, aufgeregt, eifrig, den schweren Kopf anheben, den Rücken anheben, nun muss er nur noch ein bisschen gelupft werden und sitzt. Aber rücksichtslos nutzt die Schwerkraft auch kleinste Schwankungen aus, er kippt nach vorn, nach hinten, zur Seite. So gesetzt werden; dass er sich an den Bettstäben festhalten kann, die Querstange des gesenkten Bettgitters in Mundhöhe, er nagt mit viel Spucke und Eichhörnchengeräusch. Zurückkippen. Die Hände strecken sich zur Querstange, der Oberkörper wird hochgezogen, er kniet, ein Bein streckt sich, das andere folgt: er steht. Großer Applaus.

Und er geht seitlich an den Bettstangen entlang, setzt sich wieder hin oder fällt, aber bald steht er wieder, schaut zum Fenster hinaus: Menschen, Autos, Lastwagen, Düsenjäger, und er zeigt auf alles mit dicht ans Auge gehobenem Zeigefinger. An den Schultern hochgehoben werden, mit den Fußspitzen den Boden berühren in halb pantomimischen Schritten, berauschender Vorgeschmack künftiger Bewegung. Und je näher er zur Türe kommt, desto spitzer die Schreie.

Zurückplumpsen auf den windelgepolsterten Po und im Raum umherkriechen, bis er sich wieder irgendwo hochziehen kann – die ganze Welt müsste aus Griffen und Henkeln bestehen. Einige Griffe und Henkel am Bücherregal, er will sich an Stangen und Brettern hochziehen, das gelingt nicht, er knatscht, wird hochgehoben, der erste Griff zu »seinem« Buch unter hunderten, er streckt sofort die Hand danach aus, es ist leicht, steht genau in Griffhöhe, man darf es schlenkern, blättern, drehen, schütteln, der Vater staunt.

Auf den Oberschenkel gesetzt werden, Wohlbehagen zeigen beim Wipprhythmus, und beim Stichwort Plumps legt er den Kopf ins Genick, lässt sich fallen, muss festgehalten werden; und beim Stichwort Plumps legt er den Kopf ins Genick, lässt sich fallen, muss festgehalten werden; und beim Stichwort Plumps legt er den Kopf ins Genick, lässt sich fallen, muss festgehalten werden.

Zwischen zwei Händen voranstolpern. An einer Hand wackeln, sich langsam mit den Gleichgewichtsorganen verständigen. Sich von der einen Hand lösen, weil in drei, vier Schritten Giselas Arme sind, die winkend zum Wagnis auffordern, zugleich Sicherheit bieten: wanken, starten, breitbeinig torkeln, mit erhobenen Armen rudernd – und aufgefangen werden, das große Hurra. Gleich noch mal. Spitze Schreie.

Schlaf, Schlaf. Von einem sichernden Gegenstand zum nächsten tapsen: vom Laufstall zum Sessel, vom Sessel zum Tisch. Schmerzhafte Rückfälle. Am Stuhl, am Sessel, am Tisch hochziehen, einen aufmunternden Ruf ausstoßen, die Arme über den Kopf strecken, loswackeln. Plötzlich ein Abgrund: der Teppich hat ein Ende. Parkett. Er steht, streckt probeweise den Po aus. Aber es ist nichts in Reichweite, an dem er sich wieder hochhieven kann. Und jenseits des Abgrunds der Papa, lockend: Nun komm doch, was ist denn, nun komm doch. Die Hände hochheben, jammern, sich doch in Bewegung setzen, auf halbem Weg spüren, dass die Gefahr überstanden ist, die ausgestreckten Arme immer näher, ein Rausch, wie es scheint, der Geschwindigkeit, Jauchzer, und aufgefangen werden. Von nun an ist der Abgrund kein Abgrund mehr, er übergeht ihn.

Und Schlaf, Schlaf. Die Arme nicht mehr allein zum Aussteuern des Gleichgewichts brauchen, sich hochstrecken, die Türklinke herunterziehen. Hinaus in den Garten. Eine Wiese, auf der man torkeln kann. Blumen, die sich zausen lassen. Schön erdiges Salatbeet, in dem man wühlen kann. Bäumchen zum Wackeln. Am Fahrradständer den Finger ins Loch stecken.

Der erste Ausflug im Park: mit einem Schrei in Bewegung setzen, im Laufschritt, der zur normalen Bewegungsart wird. Ein Gebüsch, in dem sich Kinder verstecken? Delirierend weite Wiesenfläche! Unebenheiten des Bodens mit verkürzten, verlängerten Schritten ausgleichen.

Ein kniehohes Mäuerchen an der Parkgrenze, an dem der

Vater hundertmal vorbeiging, ohne es genau zu sehen: sofort muss man hinaufgehoben werden; die stolpernden Schritte zeigen das Relief der Natursteinplatten an; rote Backen, Rotz unter der Nase. Und es beginnt die Zeit der Kinderanekdoten.

DAS STUDIUM wird fortgesetzt, simultan das Schreiben von Hörspielen. Benno von Wiese verfolgt das mit Wohlwollen: Einer der Studenten seines Hauptseminars schreibt nicht nur Referate, auch literarische Texte. Mein Hörspiel des Sendejahres 1962 sogar mit achtbarer Provenienz: als Auslöser des Großonkels Schrift über *Das Märchen*. Ein Satz aus dem Vorwort: »Möge das Werkchen auch in dieser [dritten] Auflage der Märchenforschung brauchbare Dienste leisten und sie zu weiterer Arbeit ermutigen.«

Ob das generell geschehen ist, weiß ich nicht, mich jedenfalls hat die Schrift zu einer neuen Arbeit ermutigt. »Wie original, wie derb und tief zugleich die Chinesen weltbekannte Motive wie die vom Fischer und seiner Frau gestalten, das mache uns ein Beispiel anschaulich.« Folgt die Zusammenfassung, in wenigen kleingedruckten Zeilen

»Ein Mann findet ein Fass, seine Frau bürstet es aus, da vervielfältigen sich die Bürsten. Ihr Verbrauch bringt ein hübsches Stück Geld. Nun fällt ein Goldstück in das Fass: da vervielfältigen sich die Goldstücke und machen die Familie reich. Der alte Großvater muss sie schaufeln, wird überanstrengt, fällt erschöpft in das Fass hinein und stirbt. Da vervielfältigen sich im Fass die toten Großväter. Der Mann muss sie alle herausziehen und begraben, verbraucht dabei sein ganzes gewonnenes Geld, und als er fertig ist, zerbricht das Fass, und er ist arm wie vorher.«

Die Anregung zum dritten der Hörspiele, die ich während des Studiums schrieb: *Das goldene Fass*. Dabei setzte ich die Inhaltsangabe frei um. So ließ ich gleich zu Beginn den Fischer anschreien gegen Wellenschlag und Sturmgebraus: »Hört, ihr Fische. Hört mich, ihr Alben und Alsen, Salme und Welse. Kommt näher, ihr Fische, kommt in mein Netz. Kommt doch, Barbe und Renke, Heilbutt und Kabeljau, Kaulbarsch und

Klumpfisch. Ich allein fahre in diesem Sturm zu euch. Alle andren Fischer sitzen grogschlürfend zu Hause. Sie können es sich leisten. Ihnen seid ihr immer brav ins Netz geschwommen. Heute aber kommt zu mir. Ich riskiere Boot und Kragen, ihr Fische, belohnt mich dafür.

Nun kommt doch endlich, ihr Fische! Das Meer ist heute sehr ungemütlich, kalt und wild. Kommt ins Netz, ihr werdet gut und höflich behandelt. Säuberlich werde ich euch in Körbe verteilen, ich werde euch genau wiegen und keinen unter Preis verkaufen. Ihr kommt in heiße Bratpfannen, da werdet ihr hüpfen vor Vergnügen und man sich intensiv mit euch befassen. Warum schlagt ihr dieses Angebot aus? – Nun hört mich doch! Hört mich denn keiner?«

Ein Text, der viel später eine neue Fassung fand, rasant realisiert im SDR, und noch später wurde daraus eins meiner (vier) Kinderbücher.

Herbst 1964 erscheint in der Zeitschrift *neues rheinland* ein »Rheinisches Autoren-ABC«. Hier lieferte jede Autorin, jeder Autor ein kleines Selbstporträt, samt Foto.

Vorlaufender Vermerk: »befindet sich im Endstadium des Studiums«. Und benannt die paar Hörspiele. Noch nicht viel zu vermelden also, dennoch zitiere ich mich hier, denn ich werde auf überrumpelnde Weise mit mir selbst konfrontiert, Stichwort Buirburg und damit: Kristallnacht-Projekt.

Kühn also über Kühn: »In Köln wurde er geboren, in Köln wurde er, in schöner Ergänzung seines ersten Hervortretens, auch literarisch entdeckt: Der Kölner Sender strahlt seit einigen Jahren seine Hörspiele aus, ein Kölner Verlag [Kiepenheuer & Witsch] druckte zwei von ihnen. Durch Hartnäckigkeit in der Produktion erreichte er, dass man ihn auch jenseits rheinischer Landesgrenzen registrierte; auch im Ausland erwacht zaghaftes Interesse [an dem einen oder anderen Hörspiel]. Er ist also eine der so zahlreichen Begabungen, Talente und Hoffnungen des Landes – nur dass er sich ausnahmsweise nicht auf Kurzgeschichten, sondern auf Hörspiele konzentriert. Bei wachsendem Glauben an Möglichkeiten und Bedeutung dieser jungen Kunstform – er möchte sich nicht lebenslang auf diese Gattung festlegen. So hat er ein Theaterstück geschrieben, ein kompliziertes Spiel auf und mit drei Zeitebenen, das dennoch ›Keine Wahrheit über Jericho‹ erkennen lässt, da zu viele politische Faktoren zur Verhüllung klarer Tatbestände beitragen. Ein Bühnenvertrieb schickt es an die Bühnen, der Autor hofft auf einen Dramaturgen, der Zeit zur Lektüre findet. Und sonst? Kleinere kritische Arbeiten und Bemühungen um ein größeres Opus, das Ereignisse in einer erfundenen, sehr rheinischen Stadt namens Buirburg schildert.«

Dreimal schaue ich nach, in welchem Jahr diese Vignette erschienen ist, es führt nichts daran vorbei, es war 1964. Also ein halbes Jahrzehnt nach Holthusens Votum. Bin ich denn total kritikresistent?! Seine Einwände waren freundlich verpackt, im Kern aber trafen sie zu – so hätte ich das auch wahrnehmen müssen. Führe ich weiter, gleichsam verbohrt, was ich mal in Angriff genommen habe? Will mir nichts sagen lassen?

Das eine stimmt: Ich gebe in der Tat nicht so schnell auf; wenn es sein muss, überarbeite ich einen Text auch nach Jahren – die technische Möglichkeit (neue Texterfassung) vorausgesetzt.

Das andere stimmt durchaus nicht: bin nicht kritikresistent. Kritik ist mir willkommen, solange sie produktiv ist: Kritik von Hörspieldramaturgen, Kritik von Verlagslektoren. Lieber Einwände, die etwas zu weit gehen, als Einwände, die zu kurz greifen. Was rechtzeitig geändert werden kann, wird auch geändert: primär der Text, sekundär die vielleicht eingetrübte Eitelkeit. Vor der Publikation setze ich nicht auf das Votum wohlmeinender Freunde, sondern auf präzise Wahrnehmung eines professionellen Lesers!

Dürfte schlüssig klingen, doch bleibt ein ungeklärter Rest: Wieso hatte ich das Kristallnacht-Projekt noch immer nicht aufgegeben? Sturheit? Besessenheit? Kam nicht los vom Thema eines Juden im Dritten Reich? Obwohl ich … wo ich doch gar nicht … wo mir doch nun wirklich alle Voraussetzungen zur anschaulichen …

Irgendwann in diesem Zeitraum gab ich mir einen Ruck und trennte ich mich doch mal vom Romanprojekt, definitiv. Auch in angestrengter Erinnerung: nur noch der Titel »Kristallnacht«, nur noch der Ort »Buirburg«, nur noch der Name »Weigert«. Und jene kaputte Brille.

FAMILIENLEBEN. Gisela in der Küche des Viergenerationen-Haushalts zwischen Ober-Opa und Kleinkind. Sie öffnet Erbsenschoten: mit dem Daumennagel drückt sie in die Nahtstelle der Schote, bricht sie auf, schiebt mit dem rechten Daumen die aufgereihten Erbsen heraus, lässt sie in eine Emailleschüssel fallen, schlenkert die leere Schote auf leere Schoten. Thomas kniet auf einem Stuhl, der an den Tisch herangerückt ist, leert geöffnete, ihm zugeschobene Schoten. Ich führe Protokoll: »Da war ne Erbse, ne verwelkte Erbse drin. Hab ich da rausgeschmissen. Hab ich da dringelassen. Nich da reingeschmissen.« Er dreht eine Erbse zwischen Zeigefinger und Daumen, steckt sie in den Mund.

Du hast jetzt aber sicher viele Erbsen im Bauch, sagt Gisela.

»Nein, so viele, guck mal, so viele, so viele hab ich gegessen.« Das Kind krümmt und streckt zählende Finger, hebt die Hand. »So viele. Könnt ich noch mehr essen.« Das Kind beißt in eine Schote: »Kommt Saft, guck mal, wenn man da so reinbeißt, so, guck mal, so, wenn man da so reinbeißt, dann kommt da der Saft, da kann man auch die Schale nicht mit in den Mund kriegen, nein, kann man nicht, guck mal, so kann man das, so, hab sie im Mund.«

Jajaa, sagt Gisela. Mit den Daumennägeln drückt sie in die Nahtstelle der Schote, bricht sie auf, schiebt mit dem rechten Daumen die aufgereihten Erbsen heraus, lässt sie in die Emailleschüssel fallen, schlenkert die leere Schote auf die leeren Schoten.

Das Kind hält eine Schote über den Abfalleimer, dessen Deckel sich durch ein Pedal öffnen lässt. »Da kommen die Schalen rein, ne? Da kommen die Schale – wie viele ham wir? Da ein groß, eine große, von mir, neh, eine große von dir! Guck mal, wie weit ich die Schale, guck mal, wie weit ich die

Schale werfen kann, guck mal da, so weit hab ich die Schale geworfen.«

Ich hebe die Schote wieder auf. Thomas interessiert sich nicht mehr für die Erbsen, kramt in der Werkzeugschublade, zieht einen Zollstock heraus: »Ich hab einen Schtollschtock.« Und ich: Zollstock, mein Herr. »Schtollschtock.« Zoll, sag mal: zoll! Ts-ts-ts-zet! »Zet?« Ja, Zollstock! »Och, ich kenn ich doch nich.«

UND ICH LERNTE, sukzessiv, ein kleines Alphabet des Jazz – fast ausschließlich amerikanische Namen.

Es begann, selbstverständlich, mit A wie Armstrong, setzte sich fort mit B wie Bechet – der vibratoreiche Sound seines Sopransaxophons hatte fast schon Signalcharakter für die fünfziger Jahre. Den Buchstaben C spare ich vorerst aus, da liegt mir ein Name auf der Zunge, aber der will sich nicht lösen.

So folgt gleich D wie Davison, Wild Bill Davison, Cornet. Viel, viel später habe ich ihn mal live gehört, in einem New Yorker Jazzclub, dies zu einer Zeit, in der mich Dixieland-Musik (und ähnliches) kaum noch interessierte, also ging ich eher aus Höflichkeit hin, weil ich dem Dürener Jazzfan Kühn melden wollte, dass ich einen seiner Plattenstars (auf Blue Note) live gehört habe: Davison nicht mehr »wild«, er wirkte eher wie ein Bankangestellter im Ruhestand, der das Hobby Trompetenspiel pflegte.

Nein, ich werde mein vormaliges Jazz-Alphabet nicht komplett nachbuchstabieren, von Armstrong bis Zutty Zingleton, den Schlagzeuger, und, in der Mitte, M wie Milton Mezz Mezzrow mit seinem aufregend heiseren Klarinettensound. Wie hieß eigentlich noch der Gitarrist, der schon mal mit ihm spielte, der auch verschiedene Musiker begleitete, deren Platten ich besaß? Wie hieß der noch?! Namen, die mir damals, vormals wichtig waren, sie müssen doch im Gedächtnis geblieben sein! Barney Kessel? Der auch, aber mir war ein anderer Gitarrist wichtiger. Verdammt, wie hieß der noch? Na klar, wir alle vergessen Namen, hat schon Max Frisch eingestanden: Kommt man in jüngeren Jahren nicht auf einen

Namen, so registriert man das achselzuckend, geschieht das in späteren Jahren, stimmt das schon mal bedenklich: Sollte bei mir schon –? Also, wie hieß nur dieser Musiker?! Jetzt will ich das aber wissen! Aber mein Gedächtnis lässt sich nicht kommandieren, mir fällt, beim Stöbern, eine ganze Reihe anderer Namen ein, Roy Eldridge, zum Beispiel, und wie tief setzte er mit der Trompete an bei *Fish Market*, oder Illinois Jacquet, vor allem in den brandheißen Mitschnitten von Jazz at the Philharmonic – alles noch präsent, in Umrissen, aber wie hieß bloß dieser Musiker mit C?

Coltrane, John, meine ich natürlich nicht, der hat mit seinem intensiven Spiel große Resonanz in mir gefunden und anhaltende Präsenz.

Ein Zufall als Initiator: Ein Plattenkasten vor einem Elektrogeschäft, Sonderangebote, Restposten, die schaute ich beiläufig durch, entdeckte eine LP mit dem Titel *The Great Coltrane*. Den Namen hatte ich schon mal gehört in jazzferner Zeit der Musikrezeption, ich wollte in die Platte dennoch mal reinhören, wollte es überhaupt noch mal mit Jazz versuchen, und dann, bei erstem Hören, packte es mich, ließ mich nicht mehr los: Neuer Sound des Tenorsaxophons – selbst in frühen Aufnahmen. Es war um mich geschehn, ich kaufte weitere Coltrane-LPs, ständig wurden weitere Aufnahmen »released« von diesem großen Musiker, der lange schon tot ist, mit 41 draufgegangen, von Intensität ausgebrannt.

MÖGLICHER ENDPUNKT: Fahrt auf dem Motorroller zum Rursee, Hitze schiebt sich ins Hemd, bläht es am Rücken auf, die Füße über das Schutzblech rausgeschoben, die Tasche mit Badehose und Handtuch pendelt vor den Knien. Steigung, lange, blaue Abgasspur: gut, dass ich nicht hinter mir herfahren muss! Auf der Kuppe raste ich den dritten Gang ein. Links kurze Schneisenblicke ins Tal. Fahrtwind, der mich umschließt; den weit geschwungenen Kurven nachgeben; bremsen vor einer Rechtskurve, unübersichtlich, Sandsteinfels: dunkle Fläche meterweit, schon ist das unter mir, ich höre eine Stimme, meine Stimme, seitlich rutscht es unter mir weg, sehr deutlicher Vorgang, Zeit gedehnt, schon öfter von gehört, stimmt also. Der Roller kreischt vor mir her, ich schliddre über die Straße, Kopf hochgerissen, schleife immer noch, und endlich, das hat aber lange gedauert, liege ich.

Liege, der Roller zwei, drei Meter vor mir, durchgezogener Mittelstreifen. Hoch, schnell, Rechtskurven sind unübersichtlich, einundzwanzig, zum Roller laufen, zweiundzwanzig, wieso humpelst du, dreiundzwanzig, den Roller zum Straßenrand zerren, vierundzwanzig, da kommt was, beeil dich, fünfundzwanzig, schon Motorgeräusch, ein Wagen, hinten geht er zuerst weg, Motorhaube auf mich gerichtet, dann schleudernde Gegenbewegung und dicht mit dem Heck an mir vorbei, ich zieh die Füße ein, vorerst noch ohne Kommentar, schon ist er weg. Nun leck mich aber! Fährt mich fast über den Haufen, ich muss schon die Haxen einziehn, und saust einfach weiter! Muss doch gesehn haben, was mit mir los ist.

Ich schiebe den blockierenden Roller weiter, nur weg von der Kurve, lehne ihn an die Erdschräge, beschaue mich: Hose und Hemd schwarz verschmiert, aufgefetzt. Auftreten: die Hüfte, oje. Aber nichts gebrochen? Der Fuß aufgeschrammt, die Hand, der Unterarm. Am Hüftknochen wächst etwas, rot durchädert, bläulich. Und der Roller? Eine Zierleiste ab, Blech gedellt, die Lenkstange um dreißig Grad verdreht. Ich humple zur Kurve zurück, jetzt kommt natürlich kein Auto mehr, ich beschau den schwarzen Schmier: dickflüssiges Öl?

Marmor und Schiefer, Taxus und Thuja, Kiefern und Fichten, Blumen und Blumen. Frauen mit Gießkannen und Rechen. Dauerpflanzen. Familiengräber, Einzelgräber. Ein Grabfeld, umgeben von alten Bäumen, hohem Taxus, es ist neu planiert: frisches Gras, Pflöcke in gleichmäßigem Abstand. Acht Gräber bisher ausgehoben, Blumen, Kränze, Namen auf Holztäfelchen. Ich bleibe am neunten Pflock stehen: das junge Gras noch nicht aufgestochen. Ich spähe nach rechts, nach links, keine Frau mit Zubehör zur Grabpflege, kein Friedhofsarbeiter, ich stecke den rechten Zeigefinger ins linke Nasenloch, löse Popel ab von gebündelten Nasenhaaren, frischen Schleim, senke die linke Hand in die Hosentasche, ja, alles noch dran, ich spitze die Lippen, pfeife, niemand in der Nähe, gehe straff, wenn auch humpelnd, sechs Schritt vor, sechs zurück, stampfe an den Wendepunkten auf wie ein englischer Gardesoldat, stampfe freilich nur linksseitig, bleibe stehen vor dem Pflock, den mein Namensschild nicht ersetzt, schaue mich um, leichter Pendelschritt, one-two, two-one, auf den Fersen gedreht, das Spielbein schlenkernd am Standbein vorbei, one-two, steifhüftig, two-one, eine Hand auf den linken Beckenknochen gesetzt, one-two, two-one, Melodie gepfiffen zwischen den Zähnen, mein Atem, one, meine Bewegung, two, mein Körper, one, Schleifschritt, Pendelschritt, one-two, two-one, in die Hände geklatscht, nicht zu laut, one-two.

ARCHIPOW SCHÜTZT (AUCH)
MEIN LEBEN

OKTOBER 1962: die Kuba-Krise! Fast genau ein Jahr nach
der Berlin-Krise! Siebzehn Jahre nach dem Zweiten Weltkrieg
schon ein dritter Weltkrieg? Ausgetragen mit Nuklearwaffen?
Krieg um den Preis beiderseitiger Selbstvernichtung? Und wir
mittendrin?

Jeden der dreizehn Krisentage saßen wir nicht nur abends
vor dem Fernsehgerät: Die Luftaufnahmen, aus sehr großer
Höhe, der Raketenbasen, die von Sowjets auf Kuba errichtet wurden ... Die Kriegsschiffe der Amerikaner, die sich
nach dieser Entdeckung zum Blockade-Halbkreis vor Kuba
formierten ... Sowjetische Frachter, an Deck die von Planen
umhüllten Raketensegmente überdeutlich auf Luftaufnahmen
von US-Aufklärern, die ständig die Schiffe umkreisten, überflogen ... Diese Frachter schwenkten ab, offenbar auf Weisung aus Moskau, andere Schiffe jedoch hielten Kurs auf den
Blockade-Halbkreis der Navy, die Entfernung verkürzte sich
unaufhaltsam, die Gefahr wuchs, höchste Alarmstufe, Def-
con 2, Showdown in der Sargassosee ...

Das Bewusstsein wurde von den täglichen Nachrichten,
Schockberichten, Horrormeldungen fast aufgesogen. Die
Konfrontation übte fast hypnotische Wirkung aus. Andere
Nachrichten konnten nicht bestehen neben diesen Meldun-
gen, wurden gleichsam annulliert. Ich sehe mich noch im
Zimmer stehen (sitzen konnte ich in der Aufregung nicht)
und auf den Bildschirm starren: amerikanische Kriegsschiffe,
in Einzelaufnahmen, in schematischen Darstellungen ihrer
Staffelungen, und immer wieder der sowjetische oder von
Sowjets gecharterte Frachter, wenn auch ohne Raketenseg-
mente an Deck; diesem Öltanker (?) sollten offenbar wei-

tere Frachter folgen – schon avisiert oder von Befürchtungen antizipiert? Ich weiß nicht mehr, wie der Tanker hieß, der, scheinbar unbeirrbar, Kurs hielt auf Kuba und damit auf amerikanische Kriegsschiffe. Die Angst, Frachter mit womöglich versteckten Waffen könnten, Befehlen aus Moskau folgend, Kurs halten, amerikanische Kriegsschiffe würden nicht weichen, weder Kennedy noch Chruschtschow wollen nachgeben, wollen nicht ihr Gesicht verlieren, ranghohe Militärs erst recht nicht, Zünder werden scharfgemacht, auch in Nuklear-und Thermonuklearwaffen, Kurzstreckenraketen, Mittelstreckenraketen, Langstreckenraketen werden startklar aufgerichtet, und es realisiert sich, was als Eskalationsschema längt ausformuliert war, aufgegliedert nach bezifferten Stufen potenzierter beiderseitiger Vernichtung.

Ich schlug im Familienrat vor, einen Notfundus an haltbaren Nahrungsmitteln anzulegen, fuhr mit der Schwiegermutter zu einem Supermarkt. Wir kauften vor allem Reis in Tüten, Diverses in Konserven. Mehr als ein Gitterwagen war es freilich nicht, von diesen Vorräten hätten die vier Generationen im Haus etwa eine Woche leben können, mehr zu kaufen schien uns unvernünftig: Was tun mit den Reserven, falls es doch nicht zum Krieg kommt? Ich glaube, wir kauften sogar zwei Kästen Mineralwasserflaschen – wie rasch konnte Trinkwasser radioaktiv kontaminiert werden …
Der Vorgang, der Ablauf des Hamsterkaufs ist präsent geblieben: Ein heller, relativ warmer Tag, und meine Verwunderung, dass die Regale nicht gelichtet waren, dass nicht ›geplündert‹ wurde in panikartigem Ausverkauf, dass es offenbar nur wenige oder: nicht allzu viele Mitbürger gab, die jene politisch-militärische Situation so ernst nahmen, dass sie Vorsorge trafen – dabei war gelegentlich empfohlen worden, generell einen Fundus an Grundnahrungsmitteln anzulegen, ihn sukzessiv aufzubrauchen und ebenso sukzessiv zu ergänzen.
Das Gefühl einer, wenn auch geringen, Befriedigung, als ich den Gitterwagen zum Auto schob – etwas, wenigstens etwas

454

getan, nicht bloß passiv zur Kenntnis genommen! Als Beleg: Reis in braunen Packungen mit aufgeklebten Etiketten.

Dieser Reis wurde verzehrt in einer Zeit, die sich nicht mehr als Krisenzeit verstand, nicht mehr als Phase vor einem unmittelbar drohenden Nuklearkrieg, und doch –

Drei Jahre später stellte ich als Begleittext zu einem Hörspiel eine Collage zusammen von authentischen Zitaten zum Stichwort Nuklearkrieg. Ich greife vor, zitierend, um noch deutlicher zu machen, in welcher Situation wir lebten, eher: schwebten.

»Die Doktrin, den Westen mit Atomwaffen verteidigen zu wollen, käme der Vernichtung dessen gleich, was wir verteidigen wollen.

Wer den Atomkrieg vorbereitet, muss mit dem Einsatz von Atomwaffen rechnen.

Den strategischen Waffen, die über die Reichweite taktischer und operativer Waffen hinausreichen, fällt eine viel wichtigere Aufgabe zu als den Truppen, die unmittelbare Feindberührung haben.«

Hier muss ich die Zitatenreihe durchbrechen. Der Einsatz von Nuklear- und Thermonuklearwaffen – eine H-Bombe auf Hamburg ... ein Atom-Minen-Sperrgürtel auf eigenem Gebiet – könnte nur bedeuten: Vernichtung von ziviler Bevölkerung mit Kollateralschäden für das Militär, das sich besser zu schützen weiß. Und weiter in der Zitatlitanei.

»Was die Waffen angeht, so wird ein dritter Weltkrieg ein Raketen- und Kernwaffenkrieg sein. Der massive Einsatz von nuklearen und zumal thermonuklearen Waffen wird dem Krieg einen beispiellos zerstörenden und verwüstenden Charakter verleihen. Ganze Staaten würden ausgelöscht werden.

Unglücklicherweise sind die Bomben zu groß und ist der Planet zu klein.

Unter diesen Verhältnissen wird sich der Schwerpunkt des gesamten bewaffneten Konflikts aus dem Bereich der Feindberührung, wo er früher lag, weit ins feindliche Hinterland verlagern, und zwar bis in die abgelegensten Orte. Dadurch wird der Krieg eine beispiellose geographische Ausdehnung erlangen.

Gleichzeitig nimmt die Wahrscheinlichkeit, dass ein allgemeiner Krieg infolge von Fehlern und Fehleinschätzungen ausbrechen könnte, ständig zu. Die Zahl der atomaren Waffen und Sprengköpfe in den Händen sich einander gegenüberstehender Machtblöcke nimmt alljährlich zu, so dass sich dadurch die mathematische Wahrscheinlichkeit zerstörerischer ›Unfälle‹ erhöht, die als feindselige Handlungen falsch ausgelegt werden könnten.

Ich bin also dafür, die paradoxe These zu verwerfen, dass wir uns nur am Leben erhalten können, indem wir uns darauf vorbereiten, einander umzubringen.

Der Fallout aus den großen Bomben erstreckt sich wirklich über die ganze Welt. Der troposphärische Fallout nimmt etwa einen Monat in Anspruch. Der stratosphärische dauert 5 bis 10 Jahre.

Der Krieg mit der Atomwaffe ist Völkermord.«

Stimme aus Hiroshima: »Im Fluss schwammen die Verbrannten wie Holzstämme; wir fanden Fleischklumpen, denen man nicht mehr ansah, ob sie ein Gesicht oder ein Stück vom Rücken waren. Ein eigenartiger Gestank hing in der Luft.«

Ich kann, ich will, ich werde keine kurzgefasste Geschichte des Kalten Krieges einrücken, zumindest aber müssen ein paar Stichworte und Formulierungen eingebracht werden für ein düsteres Phänomen, das uns über Jahre, sogar Jahrzehnte begleitete, zumindest zeitweilig Einfluss ausübend auf unser Lebensgefühl – natürlich mit langen Phasen (scheinbarer) Befreiung. Ich saß nicht dauernd mit gesenktem Kopf am Schreibtisch, gegen den Overkill anschreibend, damit Wörter in mir tötend, Sätze lähmend.

Durch Pressemeldungen war uns aber wiederholt bewusstgemacht worden, an welchem Abgrund wir entlangbalancierten. Oktober 1961. Headline, Aufmacher: »Moskau soll seine Superbombe nicht zünden«. Unterzeile, kleiner gedruckt:

»Ein Appell Kennedys / Amerika kann schon seit vier Jahren Hundert-Megatonnen-Waffen herstellen«.

Das heißt: Wasserstoffbomben können eine Explosivkraft entwickeln, die hundert Millionen Tonnen hochbrisantem TNT entsprächen. Hundert Millionen Tonnen TNT auf einem Fleck! »Amerikanische Atomwissenschaftler erklären, dass die Sowjetunion die 50-Megatonnen-Bombe nur in Höhen oberhalb 170 Kilometer mit einiger Sicherheit zünden könne, ohne ihr Staatsgebiet ernsthaft durch radioaktivem Ausfall zu gefährden. Eine derartige Waffe würde, über der Arktis in Erdbodennähe gezündet, das gesamte Eis zum Schmelzen bringen. Treffe sie ein Erdziel, wie etwa Washington, so werde sie einen Krater von 150 Metern Tiefe und 800 Metern Durchmesser aufreißen, alles Leben im Umkreis von 5,7 Kilometern auslöschen.«

Proteste weltweit, jedoch: »Chruschtschows Superbombe explodiert«. Und ich lese: Der Sprecher des Seismologischen Instituts von Uppsala »nannte die Explosion zwei- bis dreimal so stark wie die der 30-Megatonnen-Bombe am Montag vor einer Woche«.

Die Druckwelle erreichte auch das seismographisch reagierende Gemüt des jungen Familienvaters und Hörfunkautors.

Stimme aus Hiroshima: »Einer sah wie der andere aus, man konnte sie kaum unterscheiden. Sie waren verbrannt, von den Fingerspitzen und vom Kinn hing ihnen lose die Haut herunter. Die Gesichter waren rot und angeschwollen. Augen und Mund waren fast nicht zu erkennen.«

Für das Langzeitprojekt dieses Lebensbuchs sammelte ich Begleitliteratur, über die Jahre hinweg zwischengelagert in Kellerkartons. Also auch Bücher über die Kuba-Krise. Die Bände lege ich nebeneinander und frage mich, was ich mit diesen Materialien anfangen, wie ich sie umsetzen soll. Etwa, indem ich die Technik jenes Korea-Kriegstagebuchs aufgreife, zumindest für die dreizehn Tage, in denen alles auf einen weiteren Weltkrieg hinauszulaufen drohte?

Erneut muss ich betonen: Ich schreibe eine Autobiographie, und damit stelle ich mir die Frage, stellt sich mir die Frage: Was hat die Kuba-Krise für dich bedeutet? Hier kann ich nur, ein Resümee vorwegnehmend, konstatieren: Es war die zweite Initiation eines zweieinhalb Jahrzehnte (also ein Vierteljahrhundert!) lauernden, dauernden Grundgefühls der Bedrohtheit. Ja, wir waren umgeben von »Drohkulissen«. Wir mussten »mit der Bombe leben« oder: »im Schatten der Bombe«. Dies noch keine zwei Jahrzehnte nach dem Zweiten Weltkrieg, der mit mehr als fünfzig Millionen Toten eigentlich das Ende aller Kriege hätte bedeuten müssen, doch das »Jahrhundert der Kriege« blieb seiner Bezeichnung treu, Dutzende von heißen (Stellvertreter-)Kriegen im Kalten Krieg. Und über den regional begrenzten (*scheinbar* regional begrenzten) Kriegen die Drohung des »doomsday«, mit immer neuen Kernwaffentests wachgehalten. In einem der bereitgelegten Bücher habe ich markiert, dass die Vereinigten Staaten über dreißigtausend, die Sowjetunion über vierzigtausend nukleare und thermonukleare Waffen angesammelt hatten, offenbar in der Vorstellung, dass selbst Dörfer mit jeweils einer Atomwaffe ausgelöscht werden müssten. Der oft erwähnte, viel zitierte Overkill, das technische Potential also, alles Leben auf der Welt zu vernichten – unter Mitwirkung, Nachwirkung des Fallout, von Winden, von Luftströmungen unberechenbar verteilt.

Als spätestens 1989 die Bedrohung zum Spuk wurde, war die lange, allzu lange Phase der Besorgnis, der Angst rasch vergessen – wie ein Schmerz, der verschwindet. Vorbei das Grundgefühl der Bedrohung. Aber in diesem Buch des Erinnerns, des Vergegenwärtigens kann es, darf es nicht ausgeklammert werden. Ich kann, ich will, ich werde nun aber nicht militärhistorisch relevantes Textmaterial vermitteln, kann nur versuchen, mein immer wieder durch bedrohliche oder schockierende Nachrichten lädiertes Grundgefühl zu artikulieren.

Also: Was nahmen wir wahr, was konnten wir wissen? Was wurde uns vermittelt, welche Bilder wirkten auf uns ein?

Was setzte sich fest, was verflüchtigte sich? Was löste sich auf, was verdichtete sich? Wie weit muss ich das Kapitel Zeitgeschichte erarbeiten, das beinah zerstörerisch, womöglich vernichtend eingewirkt hätte auf meine, auf unsere private Geschichte? Das zumindest Spuren hinterließ im Bewusstsein, im Lebensgefühl?

Im Rückblick über die Jahrzehnte hinweg erscheint vieles noch bedrohlicher als damals wahrgenommen; andererseits muss zurückgenommen, muss relativiert werden.

Das Bedrohliche: Ich könnte nach Vorlagen auflisten, wie viele Regimenter und Raketen, auch Atomsprengköpfe von der Sowjetunion nach Kuba verfrachtet worden waren, auf zahlreichen Frachtern.

Die Konfrontation der beiden Supermächte zugleich als Duell zweier Protagonisten, begleitet von rüden Sprüchen. Chruschtschow, vor Beginn der »Operation Anadyr«: »Wie wäre es, wenn wir Uncle Sam einen Igel in die Hosen stecken würden?« Kennedy, als Luftaufklärung die brisanten Fotos der Aufrüstung auf Kuba dokumentierte: »Hat er [Nikita] mir also in die Eier getreten – wieder mal.« Als die Raketenstellungen abgebaut, Waffen und Kernwaffen zurückgeführt wurden: »Ich habe ihm die Eier abgeschnitten.« Die Krisensprache von Staatsmännern hätte ich mir anders vorgestellt.

Auch hatte ich keine Vorstellung von der Megalomanie führender Militärs, die Kennedy allen Ernstes und mit vollem Nachdruck vorschlugen, endlich mal loszuschlagen, und das gleich richtig! Vor allem Luftwaffenchef Curtis LeMay, ein mit Orden bepflasterter, martialisch aussehender Kotzbrocken (Spitzname: Eisenarsch) plädierte mit Vehemenz dafür, in einem atomaren Erstschlag 3500 Atomwaffen gegen 1077 Ziele in der Sowjetunion (und gleich auch noch in China!) einzusetzen, wohl unter der Devise: Machen wir keine halben Sachen, was sein muss, muss sein! Und Mao (eine Zeitlang epidemisch gefeiert mit geschwenkten kleinen, roten Bibeln) erklärte in der Ostwestkrise von 1961, kurz vor dem potentiellen Atomkrieg: »Wir verlieren vielleicht dreihundert Millionen Menschen. Na und? Krieg ist Krieg.« Offenbar hat ein LeMay, hat ein Mao niemals Fotos oder Filmsequenzen von Opfern in Hiroshima und Nagasaki gesehen, hat sie zumindest nicht näher betrachtet, sie auf sich einwirken lassen.

Stimme aus Hiroshima: »Das Kürbisfeld vor dem Haus war kahlgeblasen. Von der ganzen dicken Ernte war nichts mehr da, außer dass dort anstelle der Kürbisse ein Frauenkopf lag. Ich sah nach, ob mir das Gesicht bekannt war. Sie war eine Frau von ungefähr 40 und musste aus einem anderen Stadtteil stammen. Ein Goldzahn schimmerte aus ihrem weit offenen Mund. Eine Handvoll versengtes Haar hing von ihrer linken Schläfe über die Wange herab in den Mund. Die Augenlider waren hochgezogen über schwarzen Löchern, aus denen die Augen ausgebrannt waren.«

Ich ertappe mich beim Ansatz, ein Kapitel Zeitgeschichte zu rekapitulieren. Dabei kann es nur darum gehen zu vergegenwärtigen, was wir *damals* erfuhren, was für uns *damals* Realität war. Wobei ich gleich noch mal Kennedy zitieren muss (der in neueren Untersuchungen längst nicht so gut wegkommt wie wir ihn damals, propagandistisch stilisiert, sehen mussten): »Der Schein ist Teil der Realität.«

Was uns als Showdown in der Karibik von Medien vermittelt wurde, war hochstilisiert: Signalzeichen drohender Konfrontation, kurz bevorstehenden Zusammenpralls. Die bereits abgeschwenkten Frachter mit hochbrisanter Fracht wurden nicht weiter präsentiert, filmisch verfolgt wurden Frachter mit scheinbar unverfänglichem Frachtgut, jedoch mit Kurs auf amerikanische Kriegsschiffe. Wie würde man dort reagieren? Das Tankschiff, das passieren würde, konnte erste Entspannung signalisieren.

Doch allzu schnell zeigte sich, wie Kontrolle führender Militärs durch Politiker versagen konnte. Weder Chruschtschow noch Kennedy wollten den Krieg, auf den ranghohe Militärs drängten, jede Kampfhandlung wurde untersagt. Doch dann wurde ein U-2-Aufklärer elf Kilometer über Kuba abgeschossen von einer sowjetischen SAM-Rakete (Surface to air missile). Ein sowjetischer Offizier hatte das Flugzeug auf dem Radarschirm ausgemacht, hatte nur ein, zwei Minuten Zeit zur Entscheidung, konnte oder wollte nicht rückfragen, hatte eigentlich klare Instruktionen, gab dennoch den Abschuss frei. Und das erste Todesopfer des Konflikts.

Kennedy: Eskalation! Die Militärs: Jetzt muss sofort zugeschlagen werden! Die Ereignisse liefen – hier mit passender Floskel – weithin aus dem Ruder. Chruschtschow wie Kennedy mussten die Hitzköpfe unter den führenden Militärs in die Schranken verweisen, den Primat der Politik betonend, dies auch mit vehementen Wutausbrüchen, vor allem im Kreml. Auch JFK und sein Bruder Robert konnten sich durchsetzen: Primat der Politik, nicht Primat des Militärs! Eigentlich hätte ein LeMay sofort abgesetzt werden müssen. So wie seinerzeit MacArthur durch Präsident Truman abgesetzt worden war, als er den Einsatz von Nuklearwaffen auch gegen China gefordert hatte, im Korea-Krieg.

Stimme aus Hiroshima: »Vom Eingang her kam jetzt etwas Licht. Als ich hinblickte, krochen langsam zwei Wesen heran, die wie große, dicke, hässliche Eidechsen aussahen und krächzende, stöhnende Laute von sich gaben. Andere folgten ihnen nach. Minutenlang war ich wie gelähmt von Entsetzen. Dann wurde das Licht etwas heller, so dass ich sehen konnte, es waren menschliche Wesen! Bei lebendigem Leibe durch Feuer oder Hitze enthäutet und die Körper ganz zerquetscht an den Stellen, wo sie gegen etwas Hartes geschleudert worden waren.«

Eine mehr als naheliegende Assoziation: Dantes Inferno. Aber von der Realität weithin übertroffen. Das hat man also realisiert: Hölle auf Erden.

Zum Risikofaktor wurden nicht Frachter mit Kurs auf Kuba, sondern russische Konvoi-U-Boote, die von der Navy aufgespürt, bedrängt, gejagt wurden: kollektives Jagdfieber, das Fehlreaktionen auslösen konnte, Fehlreaktionen bis hin zu apokalyptischen Dimensionen des »doomsday«.

Also ein Nachtrag: Vorgänge, die erneut zeigen, von welchen Unwägbarkeiten, Unberechenbarkeiten, knapp vermiedenen Fehlhandlungen unser Geschick abhängen kann.

Vier Flugzeugträger, zweiunddreißig Zerstörer, Dutzende von Flugzeugen setzten an zur U-Boot-Jagd, kommandiert von letztlich eigenmächtig handelnden Offizieren.

Alexej Dubivko, Kapitän des U-Boots B-36, hat einen Bericht von achtzehn Druckseiten veröffentlicht. Diesem Report folgend leite ich über zum U-Boot B-59, das beinah den großen Krieg ausgelöst hätte, wäre nicht ein Erster Offizier namens Archipow an Bord gewesen.

So begann es. Vier sowjetische U-Boote der Nordmeerflotte mit Kurs auf Kuba, mit geheimem Auftrag in vorerst versiegelten Umschlägen. Statt der üblichen fünf oder sechs Knoten Marschgeschwindigkeit wurden 12 Knoten befohlen – Kursberechnungen, Positionsbestimmungen sollten den Amerikanern erschwert werden.

Allerdings waren, wie Dubivko anmerkt, die U-Boote erst im Sommer in Dienst genommen worden, waren noch nicht genügend erprobt, waren unzureichend ausgestattet und ausgerüstet für das Unternehmen in der Sargassosee mit den hohen Temperaturen des Wassers (30 Grad) und seinem hohen Salzgehalt (damit auch des Kühlwassers). Die Kampfbereitschaft war allerdings hoch: Jedes der diesel-elektrischen U-Boote war mit zehn Torpedorohren ausgestattet, zwölf Torpedos in Reserve. Und: ein Torpedo mit Nuklearsprengkopf von 15 Kilotonnen, also ungefähr der Sprengkraft der Hiroshimabombe. Sollte der Torpedo ein Kriegsschiff zu einem Stahlklumpen einschmelzen?

Bei einem der U-Boote fielen sämtliche Dieselaggregate aus, es musste abgeschleppt werden. Das erfuhr man in den anderen U-Booten aber nicht, die Kommunikation war extrem eingeschränkt, die Offiziere waren über die lokale und generelle Situation höchst unzureichend informiert, der Kontakt mit der Marineleitung, mit Moskau, riss immer wieder ab – auf eine Lagemeldung erfolgte erst nach der 48. Wiederholung eine Antwort.

Die Lage an Bord wurde nach einem Monat Fahrt kritisch. Die Boote der Eismeerflotte waren auf die hohen Wassertemperaturen nicht eingestellt, an Bord wurde es im günstigen Bereich etwa 45, in Maschinennähe 60 Grad heiß. Trinkwasser wurde knapp, für jeden der 70 Mann Besatzung nur ein halber Liter täglich. Oft schon zwanzig Minuten nach Schichtwechsel kollabierten Matrosen, viele traf der Hitzschlag. Bis zu zwölf Stunden mussten die U-Boote unter Wasser bleiben, der Sauerstoff wurde verbraucht. Die Bedrohung (oder das Gefühl der Bedrohung) wuchs: Die Navy hatte etwa 85 Prozent ihrer »anti-submarine forces« in der Sargassosee zusammengezogen, die U-Boote wurden durch Sonarortung aufgespürt.

(Ein entfernt Verwandter, der eine Zeitlang in einem U-Boot der Kriegsmarine gedient hatte, erzählte mir ein paar Jahre nach dem Krieg: der Schrecken aller an Bord war das Geräusch, mit dem man im gesamten U-Boot hörte, dass man von Verfolgern geortet war: wiederholtes Bing-bing-bing der Echolotung.)

Bisher war üblich gewesen: Ein feindliches U-Boot wird durch Sonarsignale angewiesen aufzutauchen. Die Navy aber wollte es lauter haben, und so waren Miniaturwasserbomben entwickelt worden mit der Explosivkraft etwa einer Handgranate. Doch davon erfuhren die Kommandanten der U-Boote der Foxtrot(!)-Klasse nichts. Über die Neuentwicklung der »practice depth charges« war die Sowjetunion zwar kurz zuvor informiert worden, die Weitergabe der Information an die U-Boot-Kommandanten wurde allerdings versäumt oder verschlampt.

An Bord der im Bermudadreieck georteten U-Boote entstand mehr als Irritation. Einer der Kapitäne: »Die explodierten unmittelbar neben dem Boot. Es fühlte sich an, als säßen wir in einem Fass aus Metall, auf das ständig jemand mit einem Vorschlaghammer eindrischt. Wir dachten: Das wars. Das ist das Ende.«

Ein Kollege: »Diese Nacht hätte leicht zu einer Katastrophe für uns werden können. Als sie diese Granaten zündeten, dachte ich, sie würden uns bombardieren.« Auf eins der U-Boote wurde sogar ein Torpedo abgeschossen, der allerdings nur die Hauptantenne wegriss.

Auch das U-Boot unter Dubivko hatte erhebliche technische Probleme: Sauerstoff wurde knapp, die Batterien mussten aufgeladen, ein Schaden musste repariert werden, also war es gezwungen aufzutauchen, wurde von da an durch einen Zerstörer begleitet, im Abstand zwischen 150 und 50 Metern – in diesem Bereich lassen sich Torpedos nicht einsetzen.

Vor allem auf B-59 war eine der »killer groups« der Navy angesetzt. Es konnte nicht auftauchen, wurde mit »practice depth charges« eingedeckt – und die hörten sich an wie Wasserbomben, die in einiger Entfernung explodierten. Extreme Hitze auch an Bord dieses U-Boots, die dehydrierte Mannschaft hatte kaum was zu essen, ständige Nervosität, permanente Anspannung, das Dröhnen von Schiffsmaschinen, wenn einer der Verfolger über das U-Boot hinwegfuhr, die wasserbombenähnlichen Explosionen – Kommandant Valentin Savitzky verlor die Nerven, drehte durch, befahl, den Nukleartopedo auf einen der bedrängenden Zerstörer abzuschießen. Ihm zugeschriebene Äußerungen: »Wir werden sterben, aber wir nehmen sie mit! Lass uns die Amerikaner in die Luft jagen! Wir werden die Rote Marine nicht entehren!« Masslenkow, Politoffizier an Bord, unterstützte den Kapitän: ohne Rückmeldungen glaubten beide, der Krieg sei ausgebrochen, also müssten sie sich verteidigen, dies gleich nuklear. Der Abschuss des Torpedos mit Atomsprengkopf konnte allerdings nur erfolgen, wenn alle drei Führungsoffiziere dies einstimmig beschlossen, doch der Erste Offizier war strikt dagegen. Wilde Schreierei, heftigste Auseinandersetzungen, Archipow blieb bei seinem Njet. (Der 36-Jährige war gezeichnet: Bei einem schweren Reaktorunglück im Atom-U-Boot K-19 war er ein Jahr zuvor kontaminiert worden.)

Der Nukleartorpedo wurde nicht abgeschossen. Die Versenkung des Zerstörers (und mit ihm weiterer Kriegsschiffe) durch eine Nuklearwaffe wäre von den Vereinigten Staaten nicht hingenommen worden, mit Sicherheit wären daraufhin die Raketenstellungen auf Kuba angegriffen worden, wahrscheinlich mit Bomben in der Stärke atomarer »Gefechtsfeldwaffen«; daraufhin hätten die Sowjets beinah zwangsläufig mit dem Einsatz nuklearer Waffen geantwortet – so hätte sich das schnell hochgeschaukelt, alles war vorbereitet, die nukleare Apokalypse hätte Europa, hätte Deutschland am allerwenigsten verschont, dutzendweise waren Atomwaffen programmiert auf jedes Bundesland, die Folgen müssen hier nicht entworfen werden. Brisante Situation, die beinah zum Megakrieg, zum Mega-Massenmord geführt hätte.

Dass Vassilij Archipow »in the situation close to combat« einen kühlen, klaren Kopf bewahrt hatte, sich nicht niederschreien, nicht nötigen ließ, das wurde zum Schutz auch für uns.

Bleibt nachzutragen, dass an Bord von B-59 Matrosen und Maschinen den Sauerstoff aufgebraucht hatten, dass die Batterien des elektrischen Alternativantriebs erschöpft waren; also wurde durch Sonarzeichen signalisiert, dass man auftauchen musste – dies inmitten amerikanischer Kriegsschiffe.

Scheinwerfer wurden auf das U-Boot gerichtet, ein Feuerwerk von Leuchtmunition wurde entfacht, einer der Zerstörer, USS Cony, ging längsseits – und was geschah? Zigarettenschachteln und Coladosen wurden rübergeworfen, eine Dixieland-Band spielte auf – inzwischen hatte sich die Gesamtlage entspannt.

Die rückkehrenden U-Boote wurden im Heimathafen äußerst kühl empfangen. Den Offizieren wurden Disziplinarmaßnahmen angedroht wegen Befehlsverweigerung. Es war ihnen der strikte Befehl erteilt worden, in Anwesenheit des Feindes nicht aufzutauchen – dem Ehrenkodex der sowjetischen Marine hätte entsprochen, lieber unterzugehen. Die gravierenden technischen Probleme an Bord, der Mangel an Sauerstoff und Treibstoff, die extremen Belastungen wurden von einigen der richtenden Offiziere mehr oder weniger ignoriert, wichtig waren allein Befehlslage und Ehrenkodex. Vor allem Archipow wurde gerügt, wurde fast geächtet: Feigheit vor dem Feinde ... Missachtung klarer Vorschriften ... Schande für die Marine ...

Später soll er aber doch zum Vizeadmiral befördert worden sein. Freilich, ein Denkmal wurde für Archipow noch nicht errichtet.

WIR SIND NOCH EINMAL
DAVONGEKOMMEN

SO DER TITEL (zumindest in der deutschsprachigen Fassung) eines (hochsymbolischen) Bühnenstücks von Thornton Wilder, das bereits während des Krieges in den Vereinigten Staaten zur Uraufführung gelangte: *The Skin of Our Teeth.* Assoziativ übersetzt: »Wir gehen auf dem Zahnfleisch«. Deutschsprachige Erstaufführung März 44 im Schauspielhaus Zürich. In den Nachkriegsjahren wurde es von zahlreichen deutschen Bühnen übernommen – dazu trug sicherlich auch der geschickt gewählte, die Zeitstimmung treffende Titel bei.

Ich löse ihn vom Schauspiel ab, isoliere ihn als Zitat, das auch unsere Grundstimmung nach der Kuba-Krise artikulierte, das weltweite Aufatmen. Von nun an konnte, fürs Erste, öffentliches Geschehen in der Wahrnehmung wieder zurückgefahren, konnten private Aspekte und Tätigkeiten erneut (bis auf weiteres) in den Vordergrund gerückt werden.

In der Textfolge unter diesem Titel geht es denn auch primär um das Schreiben, belletristisch und wissenschaftlich.

HERBST 1964 lernte ich Heinrich Böll kennen, bei einem Treffen von Autoren des Verlages Kiepenheuer & Witsch. Wie schon erwähnt, waren hier zwei meiner Hörspiele in Jahresbänden des Westdeutschen Rundfunks erschienen, ich war eingeladen als potentieller Autor des Hauses.

Die Verlagsvilla in der Rondorfer Straße. Begrüßung durch Dr. Witsch. Häppchen, Schlückchen … Der Aufbruch mit mehreren Autos in die Eifel, nach Kronenburg. Böll nahm mich mit im futuristischen Citroën, es entwickelte sich ein Gespräch über lokale, ja innerstädtische Unterschiede der rheinischen Mundart. Böll erklärte, er könne Unterschiede zwischen den Idiomen verschiedener »Veedels« heraushören, ich konnte Beispiele aus der Eifel beisteuern, in der die Gabel in einem Dorf »Jaffel«, im nächsten Dorf »Jauffel« heißt – interne Lautverschiebung. Die Fahrt dauerte mindestens eine Stunde, also dürfte sich das Gespräch aufgefächert haben. In welche Themenbereiche?

Es lasen vor allem Autoren, die von Wellershoff als Lektor betreut wurden, Mitglieder der »Kölner Schule«, ich war nur Zuhörer, sollte wohl so etwas wie Stallgeruch aufnehmen.

Ein Morgenspaziergang mit dem jungen Brinkmann (noch im Schuldienst?) und mit Born (als Autor erst an Kontur gewinnend). Wahrscheinlich sprachen wir über die gemeinsame Nährmutter, den Rundfunk mit seinen Hörspielredaktionen. Wo sind noch bessere Konditionen? Die waren in den sechziger, siebziger Jahren ohnehin sehr gut, ja »blendend«. (Bei einem Gesprächstermin, Jahre später, im Südwestfunk, wechselten wir von Baden-Baden hinüber zum Elsass, in ein Restaurant der Spitzenklasse, es wurde gespeist, getrunken, geplaudert ohne Blick auf die Uhr. Tempi passati ...)

Heinrich Böll las beim Meeting aus den Druckfahnen (Bürstenabzüge) der *Entfernung von der Truppe*. Die Diskussion darüber: respektvoll zögerlich.

Mehrere Jahre später: Gisela und ich begegneten Böll und seiner Frau im »Wibbelrusch«, dem Dürener Stadtwald. Während ich noch überlegte, wie ich mich wieder vorstellen sollte, rief er: »Da kommt ja der Kühn!« Sein als phänomenal gepriesenes Personen- und Namensgedächtnis. Seither hatten wir uns in größeren Zeitabständen gesehen, jedes halbe oder dreiviertel Jahr, mal in Langenbroich, mal in unserem Eifelhaus, mal in Paris, mal in Düren. Dort zuletzt beim Fest meines 50. Geburtstags: Er schenkte mir eine sehr alte kolumbianische Tonmaske und hörte mit Vergnügen die irische Musik im Hauskonzert. Als ich im Sommer den Eindruck hatte, der Höflichkeitsabstand wäre wieder groß genug, rief ich an: er war bereits im Krankenhaus.

Ich setzte so große Zeitabstände, weil ich die Vorstellung hatte, Böll würde von Besuchern überlaufen; so wollte wenigstens ich ihm etwas Ruhe gönnen, nach der Arbeit, nach seinen deprimierenden Erfahrungen. Die Hinweise seiner Frau, auch seiner Sekretärin, ihn doch öfter zu besuchen, habe ich als Höflichkeit missverstanden. Das wurde mir klar, als ich bei der Beerdigung sah, wie wenige Autoren zu seinen Freunden zählten.

Und ich sah, sehe Böll nun auch so: Als Mann, dem der Ruhm viele Kontakte zuspielte, während die Zahl der Freunde gering blieb. Dieser Böll nahm mit wachem Interesse (auch) an meiner Arbeit teil; dieser Böll war von einer beschämenden Pünktlichkeit; dieser Böll wirkte zuweilen wie der Hausmeister des gleichnamigen Nobelpreisträgers; dieser Böll legte nach dem Tod des Sohnes Raimund die Stirn an meine Schulter, im winzigen Wohnzimmer von Langenbroich. Ich besuchte ihn in der Aggertalklinik, die spezialisiert war auf Gefäßchirurgie. Öffnete die Balkontür, wenn er eine halbe Zigarette rauchte (»Kühn, ich bin süchtig«), die Asche abstippte in einem leeren Gläschen für Medikamente. Ich ließ die Asche verschwinden.

ICH INTENSIVIERTE die Arbeit an der Dissertation: *Analogie und Variation*. »Zur Analyse von Robert Musils Roman ›Der Mann ohne Eigenschaften‹.«

Ich setzte damit einen Entschluss um, der bei einem Zwischensemester in München gefallen war: Im Prüfungsamt erkundigte ich mich nach dem weiteren Verlauf des Curriculums, und das hätte so ausgesehen: Das Staatsexamen als Voraussetzung des Staatsdienstes in höherer Schule; nach Abschluss des Studiums sogleich die beiden Referendariatsjahre, danach der Assessor. Damit wäre ich fest angestellt worden, als Studienrat für Deutsch und Englisch.

Zwei Korrekturfächer! Ich hatte damals noch keine rechte Vorstellung davon, welches Arbeitsvolumen da auf mich gewartet hätte. Im Lauf der nächsten Jahre werde ich das miterleben bei Gisela, die Deutsch und Französisch unterrichtet, permanent konfrontiert mit Stapeln von Heften, die auch an Wochenenden gesichtet, markiert, bewertet werden müssen.

Auch ohne Bedrohung durch ein verdoppeltes Hauptfach,

ich traf die Entscheidung: Kein Staatsexamen, das mich in Zugzwang bringen würde; das Studium abschließen durch eine
Dissertation. Ich sagte mir, und das lag damals im Spielraum
der Wahrscheinlichkeit: Wenn es auf Dauer mit dem freelance-writing nicht klappt, kann ich immer noch, als Dr. phil.,
versuchen, eine feste Stellung zu finden, vorrangig im Universitätsbereich. Ich betone: Das war damals noch keine Utopie,
es war möglich, denkbar, realisierbar.

So griff ich den Vorschlag von Harry Pfund in Haverford
auf, schaute mir noch mal das »paper« an, entwickelte ein
Exposé, legte es in einer Sprechstunde Benno von Wiese vor,
und der war huldvoll einverstanden. Mittlerweile war ich aufgerückt in sein Oberseminar (eher eine Runde von Doktoranden). Was mir die Zustimmung einbrachte: Referate und
die Tatsache, dass ich weiterhin als Autor in Erscheinung trat,
wenn auch vorerst noch im Massenmedium des öffentlich-
rechtlichen Rundfunks.

Ich wurde sogar mal, mit Gisela, eingeladen nach Bonn-Ippendorf, zu einem Abendessen in kleinem Kreis. Es entsprach
einer der Gepflogenheiten des Hauses, dass sich Gastgeber und
Gäste riesige Lätzchen umbanden, brustbreit und nabeltief,
in sanftem Rotbraun. Relativ kurz wurde über Studium und
Studiengänge gesprochen, ich sollte mich bei der Gelegenheit
wohl näher vorstellen, es dürfte ein kleines Namedropping
stattgefunden haben, wenn auch eher von Assoziationen als
von einem Konzept geleitet, und schon gar nicht nach dem
Alphabet: Arthur Kutscher, Theaterwissenschaft, der seinen
Ibsen höchst ausdrucksvoll rezitierte: »Sonne …!« Martin
Heidegger, dem der Hausmeister den Weg zum Katheder
freipflügen musste, und den ich, beinah nachbarlich, zuweilen in seinem Garten sah … Karl Jaspers in Basel: Klarheit in
Person … Hugo Friedrich, der Romanist, den auch Germanisten bestaunten, bewunderten … Und in Bonn, natürlich,
Heinrich Lützeler, klein, bucklig, eloquent, von Frauen um-
schwärmt, wie es hieß.

Diese Rekonstruktion der damaligen Auflistung dürfte reichen. Hauptthema der Runde war, unter »Bennos« Wortfüh-

rung: Astrologie. Er machte meiner Mutter dezent Vorwürfe: sie hätte die Minute meines Austritts, meines Erscheinens erfragen und genau festhalten müssen. Vor allem unter dem verwunderlichen Aspekt, dass mein mittlerer Bruder ebenfalls an einem 1. Februar geboren wurde. Gerade meine Betonung der äußerlichen und generellen Unterschiede zwischen uns Brüdern bekräftigte den Hausherrn darin, man hätte jeweils den genauen Zeitpunkt der Geburt festhalten sollen; nur so hätte er mir ein präzises Horoskop erstellen können. Und es wurde berichtet von wundersamen Fällen der Übereinstimmung zwischen Horoskop-Prognose und Lebenslauf. Exemplarisch: der vorausgesagte, gleichzeitige Tod von Zwillingsbrüdern; beide waren Piloten, wenn auch auf verschiedenen Kontinenten im Einsatz, dennoch stürzten sie am selben Tag, ja zur selben Stunde ab.

Hatte mein Doktorvater erwartet, dass mein Horoskop deutlich auf eine Zukunft vorauswies, in der ich ihn, den Sonnenkönig der Germanistik, als weiterer Himmelskörper umkreiste? Von dieser Potentialität erfuhr ich erst sehr viel später: Einen seiner Assistenten (die allesamt Professoren mit Lehrstuhl wurden) entdeckte ich im Publikum einer Lesung; anschließend ergab sich ein angeregtes Gespräch mit Oellers und ich erfuhr: Intern war die Rede davon gewesen, dass ich in Bennos Kreis aufgenommen werden sollte (oder aufgenommen werden könnte).

Wie hätte da Helene aufgeatmet, ja womöglich gejubelt! Eine feste Stelle in Aussicht, und das in einer Universität, besser hätte ich es gar nicht treffen können! Vor allem, da ich bereits ein zweites Kind »auf Kiel gelegt« hatte – damit war ich quasi verpflichtet, eine feste Stelle anzunehmen, statt frei herumzuschreiben, wie es meine feste Absicht war, indanthren gegenüber ihren Einwänden, Vorhaltungen, Belehrungen, Weisungen.

Glücklicherweise war meine mögliche Eingliederung in den Universitätsbetrieb nur so etwas wie ein Geheimplan, der nie realisiert wurde; für mich stand fest, wenn auch auf vorerst tönernen Füßen: Ich werde mein Glück in freier Tätigkeit su-

471

chen. (Davon konnte mich 1980 auch nicht eine wohlwollende Anfrage der Hochschule für Gestaltung in Offenbach abbringen – so etwas wie eine Probe aufs Exempel meiner wiederholten Selbstaussagen.)

Die Dissertation wurde 1964 angenommen, es folgte der formelle Abschluss des Rigorosums – letztlich ein lockeres Fachgespräch im Büro des Doktorvaters. Er nahm meine Arbeit auf in seine Schriftenreihe: »Bonner Arbeiten zur Deutschen Literatur«. Das hieß für mich: Keine Druckkosten, vielmehr wurde ein regulärer Vertrag geschlossen mit dem Verlag Bouvier u. Co. Es wurden 600 Exemplare gedruckt, für die ich Tantiemen erhielt; nach und nach wurde der Bestand »abverkauft«. Bei einer Musil-Ausstellung sah ich später das graublaue Buch in einer Vitrine: Vergangenheit abgerückt, unter Glas.

Kein Zitat aus dem Buch der Schriftenreihe, aber ein wenig mehr Präsenz sollte Musil doch gewinnen, schließlich hat er mich einige Jahre begleitet. Als ich noch Rezensionen schrieb (was ich bald aufgab, grundsätzlich, ich bin hier für Arbeitsteilung in der Branche), besprach ich in einer Zeitschrift eine dreibändige Werkausgabe, von Adolf Frisé herausgegeben; ich zitiere aus der ersten von acht Textspalten.

»Wer war dieser Robert Musil, der zwei unserer bedeutendsten Romane geschrieben hat, Novellen, Erzählungen, Theaterstücke, Aufsätze, Essays, Reden, Feuilletons, Glossen und das inzwischen gleichfalls berühmte Tagebuch?

Um beim Äußeren zu beginnen: Ein breiter, durchtrainierter Mann mit schwerem Schädel, die Stimme metallisch, die Kleidung äußerst korrekt, ja penibel, ein Offizier, so mochte es scheinen, in Zivil (und er war natürlich auch Soldat, Offizier gewesen) – zugleich aber galt er als zurückhaltend, war vielfach gehemmt, war von depressiven Zuständen, von Schlaflosigkeit, von Arbeitsstörungen belastet. Eine reservierte, kühle Erscheinung und doch immer wieder zu aggressiven, ja vernichtenden Äußerungen fähig. Ein Mann, der Distanz zu Mitmenschen schuf und an dieser Distanz litt. Ein Mann, der in der Öffentlichkeit Anerkennung wünschte, ja forderte und doch Einladungen zu Reden und Vorlesungen nur widerwillig annahm. Ein Naturwissenschaftler und ein Schriftsteller, ein Psychologe und Philosoph, ihn zogen die Mathematik und die Mystik an. Ein Mann also, dessen Bild nicht klar umrissen ist, in dem sich Eigenschaften überlagern: hier sind mehr als bloße Widersprüche und Ambivalenzen, hier sind Grundzüge, die sich auf vielfältig variierte Weise im Werk dieses Mannes abzeichnen.«

SPHÄREN UND GALAXIEN

VIER DICHTER unseres Sprachraums im hohen und späten Mittelalter haben mich über Jahre hinweg begleitet: Wolfram von Eschenbach, Neidhart »von Reuental«, Gottfried von Straßburg, Oswald von Wolkenstein.

Gleichsam als Hommage an dieses Quartett würde ich gern eine Figur einführen, die uns den Blick in einen Kosmos eröffnet, der für Menschen des Mittelalters Realität war, für uns hingegen nur noch Fiktion sein darf – eine sehr menschenfreundliche Fiktion, wie sich zeigen wird. Ich hätte da einen möglichen Anwärter für die Vermittlung: Hermann von Reichenau, eher bekannt als »Hermann der Lahme« (in der Gelehrtensprache dieses Mannes und jener Zeit: »Hermannus contractus«). Der geistert mir schon lang durch den Kopf.

Hermann war eins von 15 (ich schreibe aus: fünfzehn!) Kindern eines schwäbischen Adligen und seiner Gemahlin. Geboren wurde Hermann vor genau tausend Jahren in der Stammburg Altshausen. Das Kind war, wie sich bald herausstellte, in der körperlichen Entwicklung entschieden behindert: Lähmung, für die es, über die Zeitdistanz hinweg, keine eindeutige Diagnose gibt. Vielleicht so etwas wie die »chronisch juvenile ALS« beim Astrophysiker Stephen Hawking. Jedenfalls: Hermannus konnte nicht gehen, war auch manuell eingeschränkt und sprach sehr undeutlich – im Verlauf seines Lebens wurde das immer problematischer. Er blieb auf einen Tragstuhl und auf (mehrere) Diener angewiesen.

Häusliche Pflege des schwer Behinderten war damals kaum denkbar. Kein Fall von Hartherzigkeit. Zwei Jahre vor seinem Tod feiert der 39-Jährige seine Mutter in einem Nachrufgedicht, bittet die Leser um betende Vermittlung bei Gott (pro qua quaeso, precor, peto, postulo, flagite, lector ...): Gott möge die fromme Frau unter die Seligen aufnehmen und ihr die ewige Ruhe schenken.

Mit sieben wurde Hermann aufgenommen im Kloster Reichenau, auf der Insel im Untersee/Bodensee, eine Insel, auf der die Zahl von Kirchen und Kapellen im Mittelalter stetig zunahm. Dass er sein Leben lang als Pflegefall im Kloster bleiben konnte, war nicht nur Erweis der Mildtätigkeit der Benediktiner, der Graf hatte die Ordensgemeinschaft gleichsam dazu verpflichtet durch (mindestens) eine Schenkung (von Ländereien).

Unter der überaus segensreichen Amtstätigkeit von Abt Berno entwickelte sich Hermann zu einem damals (und erst recht später) berühmten Gelehrten, vor allem als Mathematiker, als Astronom sowie als Musiker – er entwickelte ein neues Verfahren der Notation (das sich aber nicht bewährte), soll sogar das berühmte *Salve Regina* komponiert haben, war auf der Höhe des lateinischen Diskurses jener Zeit. Hermann der Lahme wird vor allem seinem Schüler Berthold diktiert haben, zumeist aus seiner Chronik über die ersten tausend Jahre der Christenheit, sowie aus diversen Traktaten. Berthold von Reichenau wird seinen Lehrer später in einer Gedenkschrift feiern, auf Latein.

Ich hatte mir schon ausgemalt, wie Klosterbrüder oder Diener den verkrüppelten Gelehrten auf seinem Tragstuhl ins Freie bringen, innerhalb oder außerhalb der Klostermauern, wie er uns dort draußen, unter damals völlig klarem Himmel, den Blick eröffnet in jene Sternenwelt, zumindest Planetenwelt. Jedoch: in der ersten Hälfte des 11. Jahrhunderts war man (im Gegensatz zur arabischen Welt) noch früh dran in der allgemeinen Entwicklung der Astronomie. Hermannus beschäftigte sich auch eher mit möglichst präziser Zeitbestimmung für die christlichen Feste, vermittelte Kenntnisse für den Astrolab, dessen Konstruktion durch seine Darstellung erleichtert wurde. Mit diesem Gerät (das für uns eher wie eine Taschenuhr aussieht) konnte man auf der einen Seite Winkel messen, auf der anderen Seite mit zwei gegenläufig drehbaren Scheiben (für Erde und Firmament) Gestirnzeiten bestimmen.

Ein eher spezielles, nicht raumgreifendes Interesse. Also muss ich mich von Hermann doch wieder verabschieden. Könnte ihn höchstens, ins 13. Jahrhundert zeitversetzt, als Modell nehmen: Hermannus contractus redivivus. In seiner Personalunion von Astronom und Musiker wäre er, bliebe er ein idealer Vermittler, denn es geht auch um Sphärenmusik. Weitere Präsenz also wenigstens unter der Chiffre »Hcr«?

Für den zeitversetzten Hermann blieb beim Blick hinauf und hinaus in die Sternenwelt ein Grundgefühl von Geborgenheit erhalten (wie für Wolfram, Neidhart, Gottfried, Oswald): Jahrhunderte lang war die Erde – ob als Scheibe gefühlt, als Kugel erkannt – fraglos der Mittelpunkt des Kosmos. Dieses zentrale Gestirn war (für viele Menschen jener Zeit) von Kristallschalen überwölbt, war (für wenige Menschen des Mittelalters) von Kristallhohlkugeln umschlossen. An jeder der Schalen oder Hohlkugeln war ein Planet fixiert. An der äußersten Schale oder Hohlkugel die Fixsterne. Darüber: Gott. Durch die Kristallschalen schaut Er hinab, herab auf die Welt, die auch für ihn Mittelpunkt ist – schließlich Seine Schöpfung.

Auch mit Blick in den Kosmos leben wir in sehr verschiedenen Welten, ich und Hcr (auch Wolfram und Neidhart und Gottfried und Oswald). Das macht mir eine der jährlich fälligen Weihnachts- und Neujahrs-Wunschkarten deutlich: Schwarz, Schwarz, Schwarz mit Hunderten kleiner Sternpunkte, und einer der schwächsten Lichtpunkte des Weltraumfotos ist mit einem Pfeil betont: »You are here«. Schwindelgefühl …

Hingegen Hermannus contractus redivivus! Die gelehrte Welt des hohen wie des späten Mittelalters war sich weithin einig: Es herrscht übersichtliche Ordnung im Raum von Sonne und Planeten. Gott als großer Musiker (»archimusicus«), der auf der Leierharfe mit sieben Saiten Planetenmusik spielt, in der Harmonie der Kristallsphären.

Das Universum hingegen, in dem ich für bemessenen Zeitraum lebe: Erweiterungen, Expansionen …! Das zuvor zen-

trale Planetensystem driftete ab in einen Winkel der Milch-
straßen-Galaxie. Diese Milchstraße, von unvorstellbarer Weite
mit Milliarden von Sternen, sie galt eine längere Zeitspanne
wiederum als Kosmos schlechthin. Doch mit entschieden
leistungsfähigeren Teleskopen erkannte Hubble, dass selbst
schwache Sternpunkte bei näherem, immer näherem Hinsehen Sternhaufen waren, Galaxien. Mittlerweile muss ich zur
Kenntnis nehmen, dass es Milliarden von Galaxien gibt, dies
jeweils mit, schätzungsweise, Milliarden von Sternen. Und das
im Weltraum, der sich, vom Punkt des Urknalls weg, ständig
erweitert mit rasenden Geschwindigkeiten. Fast so etwas wie
eine Massenfluchterscheinung von Himmelskörpern, hinaus
ins Leere, mit wachsenden Abständen zwischen den Galaxien.

Wo bleibt da Gott? Wird mit hinausgerissen von den zen-
trifugalen Kräften? Ein *Deus fugitivus*, den keine Gebete
heranlocken können an die Schöpfung, die sich überlassen
bleibt, damit: ihrer kontinuierlichen Selbstzerstörung? Doch
Ausgleich ist mehr als denkbar! Astrophysiker gehen davon aus, dass unter den Milliarden von Galaxien mit jeweils
Milliarden von Gestirnen statistisch durchaus zehn- bis fünfundzwanzigtausend Gestirne differenzierte Lebensformen ermöglichen dürften. Bei einer derartigen Fülle von hoffentlich
ausgleichenden Angeboten könnte Er unsere Erde getrost
abschreiben, diese Erde, die überreich mit Naturwundern
ausgestattet, ja beschenkt wurde, die von Menschen jedoch
ständig reduziert werden, diese Erde, die leergepumpt, aus-
gebeutet wird für Stoffe, die wir vergeuden, diese Erde, auf
der Luft versaut, Wasser verschwendet und verdorben, auf der
rückhaltlos Müll produziert wird, der noch in Zehntausenden
von Jahren gefährlich sein kann für eventuelle Nachkommen,
diese Erde, auf der fast ständig Krieg geführt wird, diese Erde,
auf der in purem Hass ganze Völkerschaften hingemetzelt
werden – könnte Er sich von dieser Ausbeutungswelt, Metzel-
welt nicht abwenden? Oder lässt Er sich eventuell umstimmen
durch die Schöpfungen, die auf dieser verdüsterten Welt her-
vorgebracht wurden, die fulminanten Bauwerke, die meister-
haften Gemälde, die grandiosen Kompositionen? Oder wird

all das mit hinabgesogen in den apokalyptischen Orkus, in ein Schwarzes Megaloch? Und Er wendet sich schließlich doch den vielen, nicht bloß statistisch möglichen Welten zu, auf denen Angebote nicht ausgeschlagen werden im Bewusstsein dessen, dass ringsum nur Gestirne zu sehen sind mit tausendfachen Hitzegraden, und dies in ständig wachsenden todeskalten Räumen?

Nein, Gefühl von Geborgenheit kann sich nicht entwickeln auf dem Balkon des Hauses am Eifelhang, auf der Dachterrasse der Stadtwohnung zu Brühl: Außerhalb unserer Galaxie die Große und die Kleine Magellan'sche Wolke ... der Tarantelnebel ... die Andromeda-Galaxie ... die Feuerrad-Galaxie ... die Spindel-Galaxie ... die Sombrero-Galaxie ...! Und Gaswolken driften dahin, Gestirne verglühen, Supernovae blähen sich auf ...! Früher hat man vom »Sternenzelt« gesprochen, das hat aber mächtig Löcher bekommen, ist aufgerissen, aufgefetzt, immer mehr Galaxien werden entdeckt mit dem im Orbit schwebenden Hubble-Teleskop, immer stärker der Sog hinaus. Ich fühle mich äußerst exponiert, kann nicht einmal mehr unterscheiden zwischen oben und unten, vielleicht hänge ich, auf Balkon oder Dachterrasse, mit dem Kopf nach unten, obwohl ich ihn hochhalte, in konserviertem Lebensgefühl. Doch das wird abgesaugt, sobald ich versuche, mich in einen Kosmos zu versetzen, vor dem sich Hermannus zu Tode gefürchtet hätte. Stephen Hawking: »Wir sind so unbedeutende Kreaturen auf einem kleinen Planeten eines sehr gewöhnlichen Sterns im Randbereich einer von hunderttausend Millionen Galaxien. Es ist schwer, an einen Gott zu glauben, der uns behütet oder auch nur unsere Existenz zur Kenntnis nimmt.«

Doch für einen Hermannus/cr war es nicht schwer, an einen Gott zu glauben, der die äußerste, die achte der Kristallhohlkugeln, die der Fixsterne, in Bewegung setzt, und diese Kraft, Sphären bewegend, es war die der *Liebe*. Aus Liebe zu Seiner geordneten, harmonisch abgestimmten Schöpfung hielt Er die äußerste der Sphären in gleichförmiger Bewegung, die sich wiederum auf die inneren Kristallsphären übertrug, dies in verschiedenen, jeweils gleichmäßigen Geschwindigkeiten. Damit entstanden Sphärenklänge, von Gott aufeinander abgestimmt. Hier musste nicht nachgestimmt werden, die Planeten änderten sich so wenig wie die Kristallsphären, alles schien von ewigem Bestand, verlässlich bergend.

Was ich hingegen zur Kenntnis nehmen muss: Sterne blähen sich auf, Sterne explodieren, Sterne schrumpfen, Sterne verdämmern, lösen sich auf, Materie-Gaswolken ziehen umher, verdichten sich unter bestimmten Gravitations-Konstellationen wiederum zu Sternen, die erreichen ihren Glühpunkt, die größte Leuchtkraft. So gibt es junge Sterne, alte Sterne, vielfach so alt wie das All nach dem Urknall, aber viele von denen machen es nicht mehr lang, sie bersten, zerfallen, das diffundierende Material wird eingesogen von Schwarzen Löchern.

Ein Schwarzes Loch: Wie viel Realität hat es? So eine Frage hätte man zur Zeit eines Hermannus contractus redivivus gar nicht erst gestellt, es wurde nicht ständig sortiert nach dem jeweils spezifischen Anteil von Wahrheitsgranulat im Kontinuum, das heute als Realität bezeichnet wird. Fast übersättigt mit Informationen und Modellen, die mir zuweilen märchenhaft erscheinen, üben sich viele Zeitgenossen wieder ein in den spielerischen Umgang mit virtuellen Realitäten, im Alphabet beginnend mit A wie Aliens und endend mit Z wie Zombies.

Doch für einen Hcr wäre dies keine Fiktion gewesen: Gott ließ die Kristallsphären, Planetensphären unablässig erklingen – die große, astrale Musik. Weil sich die Fixsternsphäre mit ihrem größten Durchmesser, ihrem weitesten Umfang am langsamsten bewegte, waren ihre Schwingungen am tiefsten: Orgelton, Bordun-Grundklang der Sphärenleier, Weltraumharfe. Außerhalb, oberhalb der Fixsternsphäre der Gesang der Engel, in Chören preisend und jubelnd. Unablässig, ja ewig gab es Grund zum Frohlocken in der vorgegebenen Harmonie der Gesamtschöpfung.

Eine Weltraumwelt, die jahrhundertelang (mit Modifikationen) selbstverständlich schien für Erdbewohner. In jener

Fiktion ließ sich gut leben, soweit nicht – als Teufelswerk – Kriege, Pestilenzen, Hungersnöte das Leben beschwerten, beendeten. Streng geordneter Kosmos rund um eine Welt, in der es meist unordentlich zuging. Von uns aus gesehen war jener Kosmos ein Produkt von Wunschdenken. Alles längst verabschiedet und doch: Jene Bilder können einwirken auf unser Lebensgefühl.

Mein Kontrastmittel-Theorem: Wenn wir erfahren, wie Menschen des Mittelalters gedacht und gefühlt haben, so wird uns deutlicher, wie wir heute denken, wie wir fühlen. Auch wenn wir uns einem Hermannus zuwenden – es geht um *uns*!

Mit Blick (auch) auf einen Hcr, der Planeten an Kristallschalen fixiert sah, müssen wir uns damit abfinden, dass es auch Veränderliche Sterne gibt, »Bedeckungs-Veränderliche … Eruptions-Veränderliche … periodisch pulsierende Veränderliche … variable Riesensterne, ja Überriesen«. Da komme ich nicht mit, die kleine Wissensprotuberanz sinkt in sich zusammen.

Doch Gott ließ auf der Harfe mit ihren sieben Saiten nicht nur die Harmonie der Sphären erklingen, Er selbst war Harmonie. Eine Harmonie freilich, die sich von Menschen nicht erkunden, schon gar nicht erforschen ließ. So wie die Schöpfung auch in den Augen eines gelähmten Gelehrten des Mittelalters durch und durch geordnet war, so waren Weltenklänge harmonisch aufeinander abgestimmt: Resonanz der Harmonie in Gott. Die Harmonie der Gestirnsphären konnte freilich auch Resonanz finden in Seelen von Menschen.

Mit Seitenblicken in die Schalenwelt, die im Mittelalter von festem Bestand war, eine klar zentrierte Welt, in der man sich umschlossen fühlte, gefühlt haben dürfte, starre ich auf die grandiosen Fotos des Bandes *Galaxien* von Timothy Ferris. Ich habe schon äußerste Mühe, mir vorzustellen, wie die Spiralgalaxie aussieht, die ich nur – von innen oder vom Rand her – in irischen oder bretonischen Nächten als Milchstraße wahrnehmen konnte. Allein schon ›unser‹ System hat einen Durchmesser von rund hunderttausend Lichtjahren, und es soll zirka hundert Milliarden Sterne einschließen. Das müsste eigentlich genügen, insgesamt, für ein Weltall, denke ich zuweilen, kleinmütig.

Doch die Erde, meine Erde, unsere Erde kreist um die Sonne, die wiederum, am Rand des Orion-Spiralarms, mit dem gesamten Planetensystem den Zentralbereich der Galaxie umkreist, die sich ihrerseits um den »Gravitationsmittelpunkt der Lokalen Gruppe« dreht, dies im »Lokalen Superhaufen«, der seinerseits der allgemeinen Ausdehnungsbewegung folgt.

Welch ungeheure Relativierungen finden da statt! Die Sonne wird von Astronomen respektlos als Zwergstern bezeichnet. Unsere Erde hat im Sonnen-Planetensystem nur die Masse eines Hundertstels von einem Prozent. Eigentlich so gut wie gar nichts. Wie unvorstellbar riesig und wie sehr fremd allein schon ›unser‹ galaktisches Spiralsystem ist, markieren ein paar innergalaktische Bezeichnungen: Offener Sternhaufen M 16 … Dunkelnebel M 17 … Sternwolke im Schild … Kohlensack … Kreuz des Südens … Gamma Crucis, Delta Crucis … Nebel im Kiel des Schiffes … Und dazu auch noch – neu ins Gespräch gebracht – der integrierte Parallelkosmos der Dunklen Materie …

Mit Blick hinaus in diese menschenfeindliche Welt von minus 273 Grad sollten wir doch eher – aber jetzt erspare ich uns eine ökologische Predigt, setze erneut an zu einem Gedankensprung: unser Hcr schaute nicht nur hinauf in die Sternenwelt, er horchte auch hinein, virtuell, in die abgestimmte Harmonie der heiligen Siebenzahl der Vollendung.

Sang- und klanglos werden wir hingegen konfrontiert (auch) mit Schwarzen Löchern, die keine Klänge von sich geben, kein Licht, das sowieso nicht. Allerdings muss ich gleich zugeben: Hier ist nicht nur Grusel, hier entwickelt sich auch Faszination. Wenigstens dem Phänomen des Schwarzen Lochs will ich näherkommen, auch auf die Gefahr hin, dass es mich erkenntnismäßig verschlingt.

Ich moniere erst einmal, sprachfixiert, die Bezeichnung Loch. Unter einem Loch stelle ich mir nicht bloß eine eierbecherförmige Einmuldung vor, eher eine zylindrisch geformte Vertiefung – wie ein Loch, das auf einem Golfplatz einen Ball schluckt. Das Bild von einem im Weltraum dahinschwebenden Zylinderloch, in dem gasförmige Materie, in dem Licht verschwindet, ja das ganze Sterne an sich heransaugt, gravitationsmäßig, dieses Bild muss ich aufgeben: Ein Schwarzes Loch ist eher eine Schwarze Kugel. Entstanden aus einem sonnenähnlichen Stern, der alt wurde, seine Leuchtkraft verlor, damit den Sieg der Gravitation einleitete: Die Schwerkraft nicht mehr ausgeglichen durch Wärmestrahlung, allseitige Thermik, der ausglühende Stern wird nur noch von Schwerkraft beherrscht, die Sternmasse wird unaufhaltsam komprimiert, die Gravitation wächst, es wird vagierende Materie eingesaugt, nicht nur in Form von Gaswolken, selbst Lichtquanten, Photonen verschwinden hier spurlos, die Schwarze Kugel reflektiert kein Licht mehr, wird unsichtbar. Repräsentanten der theoretischen Astrophysik sprechen und schreiben hier vom Ereignishorizont, hinter dem sie verschwindet.

Wieder stelle ich einen Begriff in Frage. Ein Horizont ist doch eine horizontale, wenn auch leicht eingekrümmte Grenzlinie des Sehbereichs; hinter dem Horizont ereignet sich, was vom Beobachter nicht mehr wahrgenommen werden kann, was astrophysikalisch von Mathematikern jedoch schlüssig errechnet wird. Das Horizontbild möchte ich variieren: Eine flimmernde Hohlkugel umschließt die Schwarze Kugel, sie abschirmend gegen jegliche Beobachtung von außen. Auch Weltraumsonden würden hier verschwinden, selbst Raumschiffe mit Astronauten würden geschluckt. Sobald ein virtuelles Raumschiff in den Gravitationssog der Schwarzen Kugel gerät, werden die Astronauten – laut Hawking – langgezogen zwischen Kopf und Fuß, werden spaghettiförmig, bevor sie, samt Raumschiff, auf Nimmerwiedersehn verschwinden.

Auch ohne geschluckte Raumschiffe – selbst eine bescheiden dimensionierte Ausführung der Schwarzen Kugel, ein Mikro-Quasar, weist etwas mehr als ein Dutzend Sonnenmassen auf. Trotz seiner Masse bleibt ein Quasar nicht in fixer

Weltraumposition. Zum Beispiel der Quasar im Doppelsternsystem GRO J1655-40, sechs- bis neuntausend Lichtjahre von uns entfernt, entstanden durch die Implosion einer Supernova, dieser Quasar fliegt dahin mit 400000 Stundenkilometern, begleitet vom »alternden Begleitstern«, der in etwa zweieinhalb Tagen die Schwarze Kugel umkreist, ihr dabei immer näher kommt und »nach und nach aufgezehrt« wird.

Weiter wird mir die Vorstellung zugemutet, ein Schwarzes Löchlein mit dem Durchmesser eines Zentimeters wiege mehr als die gesamte Erde, und ein Schwarzes Riesenloch könne die Masse von einigen hundert Millionen Sternen haben. Außer dem Schwarzen Loch V 861 Scorpii gibt es als Kandidaten noch Cygnus X-1, Circinus X-L, GX 339-4.

Das Bild, das ich mir von einer Schwarzen Kugel mache, es ist immer noch zu simpel, verglichen mit dem mathematischen Modell; handelt es sich hier doch, wie Jean-Pierre Luminet vermerkt, um eine Deformation, die man sich als Gravitationssenke vorzustellen hat, »die ein Objekt in die Raum-Zeit-Struktur gräbt«.

Das kommt ja noch erschwerend hinzu: Die Zeitdimension! Blicken wir hinaus in den Weltraum, so blicken wir zurück in vergangene Zeiten.

Ein offenbar berühmter Astronom (den Namen habe ich vergessen) hat einmal erklärt, er hätte noch nie einen Stern gesehen, immer nur Licht, das irgendwann von einem Stern ausgesandt wurde und nach Lichtjahren die Teleskope, die Bildschirme, die Fotoemulsionen erreicht.

Das souffliere ich mir, gelegentlich, auf dem Balkon des Eifelhauses, auf der Dachterrasse der Wohnung in Brühl: Gewöhne dich an den Gedanken, dass du nicht in einen Weltraum hinaufblickst, hinausblickst, hineinblickst, sondern in einen Zeitraum. Dabei nicht mal in einen Raum simultaner Zeit, sondern in einen Raum tiefgestaffelter Vergangenheiten. Zwei Sternlichtpunkte von ähnlicher, womöglich gleicher Intensität, sie können ihr Licht im Zeitabstand von Jahrmillionen ausgeschickt haben. Theoretisch also kann ein Stern, den ich ›sehe‹, zu sehen wähne, längst implodiert, erloschen sein. Oder: der Stern, den ich zu sehen glaube, ist das kontrahierte Licht einer Galaxie, die womöglich wieder einen Durchmesser von hunderttausend Lichtjahren hat oder hatte, in der mittlerweile mächtige Supernovae aufglühten, deren Lichtmarkierung mich nie erreichen wird in meinem begrenzten Zeitdeputat. Ich lerne hier ein neues Wort: *Rückblickzeit*. Standardbegriff der Astronomie, kommt mir wie gerufen! Alles, was ich dort draußen, da oben sehe, ist Vergangenheit. Und was dort draußen (hic et nunc) geschieht, es wird erst in Millionen Jahren auf der Erde wahrgenommen, falls es dann überhaupt noch Astronomen und Teleskope gibt. Optisch wahrgenommen werden mittlerweile sogar Galaxien, die Milliarden von Lichtjahren entfernt sind und sich in der Zwischenzeit wiederum Milliarden von Lichtjahren von der Position entfernt haben, die heute registriert wird.

Registriert …? Direktheit der Wahrnehmung – dieses Gefühl ist in der Astronomie längst obsolet geworden. Selbst vermittelnde Geräte lösen sich von der Wahrnehmung ab: Das Weltraumteleskop Hubble schwebt im Orbit, sendet Bilder aus der Region im südlichen Sternbild Tukan, im »Hubble Deep Field South« mit Galaxien, die mehrere tausend Millionen, sprich: Milliarden Lichtjahre entfernt sind. Diese Objekte erscheinen auf Bildschirmen, in kombinierten, gestaffelten Schaltungen. Diese Objekte sehen wir, eventuell, ebenfalls auf Bildschirmen, digital in gleicher Präzision, analog in fast gleicher Genauigkeit auf gedruckten Fotos, besonders zahlreich etwa in der deutschsprachigen Fassung des *Grand Atlas de l'Astronomie,* den ich zuweilen mit mir herumschleppe und an markierten Seiten aufklappe. Da sitze ich im überstirnten Eifelhaus, starre auf großformatige Fotoreproduktionen, die gruselmärchenhafte Anblicke vermitteln zum Beispiel von einem Coma-Galaxienhaufen, »der etwa 1300 Hauptgalaxien beherbergt und selbst anscheinend zu einem Superhaufen gehört, dessen galaktische Bevölkerung auf über 2500 geschätzt wird«.

Und jetzt auch noch Einstein mit dem vierdimensionalen Weltraum, in dem selbst Lichtstrahlen von starken Gravitationsfeldern gekrümmt werden, in dem sich Flugkörper verkürzen, die sich der Lichtgeschwindigkeit annähern, und Borduhren gehen langsamer als Vergleichsuhren auf Erden.

Das wurde mir in den Kopf gesetzt in den fünfziger Jahren, mit einem Buch, das auf dem Arbeitstisch liegt, der Schutzumschlag eingerissen, ja wie zerfleddert: Albert Einstein, *Die Evolution der Physik*; »Verständlich für jedermann; Gemeinsam verfasst mit Leopold Infeld«; Wien 1950. Da las ich erstmals vom fliegendem Metallstab, der sich bei Annäherung an die Lichtgeschwindigkeit verkürzt, und von der Uhr, die immer langsamer geht.

Ja, und der berühmte Fahrstuhl im Weltraum! Gehäuse ohne Schacht, ohne Seilzug, ohne Notbremse. Dieses ziemlich langsame Fortbewegungsmittel wurde von Einstein und Infeld als Erklärungsmodell mobil gemacht im Weltraum: Je mehr sich das virtuelle Vehikel der Lichtgeschwindigkeit annäherte, desto langsamer wurde, im Vergleich zu ortsfesten Uhren, eine mitgeführte Uhr, ja der metaphorische Fahrstuhl verkürzte sich, verglichen mit einem Fahrstuhl gleicher Serie. Als besonderes Moment: Ein Lichtstrahl, durch ein Seitenlöchlein einfallend von einem der gravitationsstarken Gestirne draußen im Irgendwo, dieser Lichtstrahl zeigt eine leichte Krümmung. Ein Bild, das in der Erinnerung immer wieder auftauchte. Und das ich in einen Limerick umsetzte:

Fast lichtschnell ein Fahrstuhl im Weltraum
wie Einstein das vorgab im Tagtraum;
der Kasten war dicht,
es kam nur was Licht
durch ein Löchlein: gekrümmt in den Schwarzraum.

Ja, spielerischer Umgang, ausnahmsweise, mit jenen außerirdischen Phänomenen … Wissenschaftliche Erläuterung hingegen, selbst wenn sie vorgibt, allgemeinverständlich zu sein, sie bleibt meist stecken in einer Massierung von Formeln. Das zeigt sich überdeutlich im dreihundert Seiten starken Buch, in dem Nobelpreisträger Max Born versuchte, eine allgemein verständliche Einführung in die Relativitätstheorie zu vermitteln, ein Buch, das dennoch mit Formeln gespickt ist, ja ganze Seiten bestehen nur aus Formeln, von kurzen Überleitungssätzen getrennt. Ich habe das Buch während der Arbeit an diesem Kapitel noch mal durchblättert und rasch wieder weggestellt: ich stoße an eine meiner Grenzen.

Nur *meiner* Grenzen? Eine Anekdote, in Fachkreisen erzählt: Ein Relativitätsexperte trifft einen berühmten Relativitätsexperten: Sie sind also der Zweite von uns dreien, die Einsteins Relativitätstheorie verstehen? Die zögerliche Antwort: Ich überlege gerade, wer der Dritte sein könnte …

Hingegen in den mentalen Ohren eines Hcr, sicherlich auch in den spirituellen Ohren von Wolfram, Neidhart, Gottfried, Oswald: Konsens …! Transparenz …! Gott lässt unablässig die Sinfonie der Planetensphären erklingen, in ihrer Harmonie bestätigt durch die heilige Siebenzahl der siebensaitigen Weltraumharfe. Die Klänge in den Intervallen harmonisch abgestuft; das Intervall entsprach zumeist einem Ganzton, zuweilen auch einem Halbton: Mars (in g) und Sonne (in a) im Ganzton-Intervall, die Sonne (in a) von Merkur (in b) durch ein Intervall getrennt, das einem Halbton entspricht. Sieben Himmelskörper, zwischen ihnen zweimal der Halbton, viermal der Ganzton.

Ich hingegen frage, tonlos, wie viele »Sternlein«, wie viele Himmelskörper es insgesamt wohl sein mögen, die »am Himmel stehn«. Und lese: zehn hoch einundzwanzig. Nicht im kleinsten Ansatz vorstellbar! Selbst der Ausschnitt Sternenraum, den mir die Hochglanzkarte zeigt: ein verschwindend geringer Teil des Ganzen, eigentlich müsste der Hinweis-Sternpunkt »You are here« mit einer Lupe gesucht werden, einem Mikroskop, einem Elektronen-Rastermikroskop.

Diese unermessliche Raumtiefe muss ich mir, zum Kleinen oder Großen Wagen hinauf- oder hinaus- oder hinunterblickend, hinzudenken. Muss ich hinausprojizieren in den Raum, in dem es kein Oben, kein Unten gibt, keinen organisierenden Mittelpunkt. Heimisch fühle ich mich in diesem Weltraum nicht, eher: wie ausgesetzt. Meine zwei Quadratmeter Haut: ja, noch immer; die Pfirsichhaut der Atmosphäre (mit Ozonlöchern): ja, noch immer, doch weiter draußen, rundherum: Todeskälte.

WAS DER ZUFALL MANCHMAL FÜR
EINE ROLLE SPIELT

ZUFÄLLIG stieß ich beim Blättern in einem antiquarisch erworbenen Band der Rhöndorfer Ausgabe der Werke Adenauers auf das Stichwort *Zufall*. Nähere Angabe: *Teegespräche 1950–1954.*

Die Teegespräche hatten Tradition während der Kanzlerschaft Adenauers: handverlesene Journalisten führender Zeitungen wurden zum Tee eingeladen, meist ins Palais Schaumburg, wurden dort jeweils eingestimmt auf die politische Haltung des Hausherrn, auf seine Pläne, seine Entscheidungen. Von Bitten und Vorschlägen gesteuerte Sprachregelung. »Ich flehe Sie an, bringen Sie das nicht. Also wirklich, ich bitte Sie herzlich dringend darum, und wenn noch einmal so etwas kommt, drucken Sie das nicht ab. [...] Bringen Sie das dosiert und so, dass ein guter Europäer es verträgt, ohne dass er Magenschmerzen bekommt.«

Ausgerechnet in diesem Zusammenhang finde ich, wahrhaftig nur blätternd, diese Bemerkung: »Nun fragen Sie, wie kommt das? Das war ein besonderer Glücksfall. Vielleicht schreiben Sie mal eine kleine Geschichte darüber, was der Zufall manchmal für eine Rolle spielt.« Und: »Wie der Zufall einem manchmal doch hilft.«

Solch eine (freilich private) Geschichte folgt sogleich. Bei einem Kassensturz zeigt sich: Von Einnahmen durch Funkarbeiten kann die neue Familie noch nicht leben. Gisela, als Lehrerin für Deutsch und Französisch an einem Mädchengymnasium (angestellt, nicht beamtet), sie steht vorerst auf der untersten Gehaltsstufe. Und zu Thomas hat sich Christoph gesellt. Regelmäßige Einkünfte, zumindest als »Sockelbetrag«, waren erforderlich.

Dieser Wunsch erfüllt sich gleichsam unversehens. Zum Freundeskreis gehört auch Fritz B., in führender Position in der Bank-Verlag GmbH des Bundesverbandes der deutschen Privatbanken. Auch diese Organisation oder Institution gab, wie damals weithin üblich, eine Kundenzeitschrift heraus, die an Bankschaltern ausgelegt wurde: *Die Kassette*.

Eine kleine Agentur hatte die Redaktion übernommen, und mit deren Chefin war der Bank-Verlag nicht zufrieden. Zufällig am Tag vor seinem Besuch bei uns hatte Fritz eine telefonische Auseinandersetzung mit Frau NN; nachwirkender Ärger. Den wollte, musste er loswerden am Kaffeetisch. Folgten Interna. Schloss sich die Frage an: Was nun? Plötzlich war der Vorschlag »im Raum«: Wollt ihr das nicht übernehmen? Frei nach amerikanischer Methode: Nicht erst diverse Befähigungsnachweise vorlegen, einfach mal probieren, auf jederzeitigen Widerruf. Hier gab es kein langes Überlegen, dies war mehr als der metaphorische Strohhalm, wir sagten zu.

Kleine Dokumentation erwünscht? Hier ist sie: »Sehr geehrter Herr Dr. Kühn! Mit der Arbeit an Heft 4/1965 der ›Kassette‹ haben Sie nunmehr die gesamte Redaktion der Zeitschrift übernommen. Der guten Ordnung halber möchten wir daher die vor Übernahme der Redaktion mit Ihnen getroffenen Vereinbarungen wiederholen:

Als Redaktionspauschale zahlen wir Ihnen für jede Nummer mit einem Umfang von 12 Seiten 1000.- DM. In dieser Pauschale sind enthalten die redaktionelle Gestaltung des gesamten Heftes, die Kosten für die zu führenden Verhandlungen (Reisekosten), Korrespondenz, Telefonate usw. mit dem Verleger, die Materialbeschaffung im direkten Verkehr mit freiberuflichen Journalisten, Bildagenturen usw., der Direktverkehr mit der Druckerei einschließlich Drucküberwachung, dem graphischen Atelier und die Erstellung der Honorarabrechnung nach dem Druck jeder Nummer. [...]

Die Gestaltung jeder Ausgabe bitten wir mit uns abzustimmen. Auf unseren Wunsch können Textierungen, Bilder usw. ausgetauscht werden.

Damit ein reibungsloses Erscheinen bereits geplanter Nummern gewährleistet wird, ist es erforderlich, dass Sie stets erreichbar sind. Bei einer Abwesenheit von mehr als zwei Wochen bitten wir Sie, uns vorher rechtzeitig zu benachrichtigen.«

Dass Kaiser Scheng-wung schon 3000 Jahre vor unserer Zeitrechnung ein Kräuterbuch schrieb, in dem er ein ganzes Kapitel dem Zimt widmete, dass man bei den Bauarbeiten der Cheops-Pyramide viele Millionen allein für Zwiebeln, Rettich und Knoblauch ausgab, dass Alexander auf seinen Feldzügen in Indien den Pfeffer kennenlernte und nach Europa brachte, dass die römischen Liebestränke aus Anis, Knoblauch und Koriander gemischt waren, dass Plinius vor der Pfeffersucht der Römer warnte, die Finanzkraft des Reichs würde durch allzu hohe Ausgaben für Gewürze geschwächt, dass Nero sich ein Kissen mit Safran ausstopfen und den Nacken mit Zimtöl einreiben ließ, dass Rom sich vom Gotenkönig Alarich unter anderem mit 1500 Kilo Pfeffer freikaufte, dass Karl der Große genaue Vorschriften für den häuslichen Gewürzanbau veröffentlichte: *Kleine Geschichte der Gewürze* für die Kundenzeitschrift.

Sodann ein Probeaufsatz über Orchideenjagd früherer Jahrhunderte und heutige Methoden der Orchideenzucht. Ich finde in einem Orchideenbuch die Fotografie einer tiefroten Blüte: Der Verband schreibt dem Verlag, der Verlag vermittelt die Anschrift des Fotografen, der schickt Farbdias im Format sechs mal sechs, die halten wir bei der nächsten Besprechung vor das Fenster und entscheiden uns für das leuchtendste Rot.

Eine Bildagentur anschreiben, zu einer Bildagentur fahren, an einer Bildagentur klingeln: Ich habe noch nie eine Bildagentur betreten: ein großes Zimmer einer Wohnung in einem Hochhaus. Begrüßung, Formalitäten. Ich schaue mich kaum um, will nicht zeigen, dass ich zum ersten Mal in einer Bildagentur bin, setze mich auf den Stuhl, den mir die Sekretärin zuschiebt, sie klappt aus dem Wandschrank vor mir eine Arbeitsfläche herab; vor mir nun eine Glasscheibe, hinter der Neonlicht aufflackert, und gleich werden Dias vor mir abgesetzt,

Format sechs mal sechs, eingefasst in schwarze Passepartouts, die auf meinen Fingern schwarze Fusseln hinterlassen. Bildkästen mit Aufschriften: Tiere Kunst Pflanzen Kinder Meer Karneval Südamerika Badeszenen Paris Herbst Mosel Winter Abendkleid Bademoden Filmstars.

Ich lege einige Bilder beiseite, erste Vorauswahl: Dünen mit Seegras und Meer dahinter und sommerlich bewölktem Himmel darüber für den Sommer; Enten mit Eis und Sonnenreflexen auf dem Eis und Raureif in den Ästen für den Winter; ein eisschleckender Junge vor schön bunter Kirmesorgel mit vielen Glühbirnen für den Herbst; für die gleiche Saison blätterbestreute Autos von einem hohen Stockwerk aus fotografiert. Und noch einige Bilder schwarzweiß für Erziehungsfragen, für Basteltipps.

Ich lege meine Funde dem Pressemann des Bundesverbandes vor. Leider ist dieses Bild im Vordergrund nicht ganz scharf, wie soll das in der Vergrößerung aussehen? Leider interessieren sich unsere Leser kaum für fernöstliche Motive, auch wenn diese Fischdrachen aus bemaltem Papier fotografisch reizvoll sein mögen. Leider ist der Schlagschatten hier an der Kirche zu groß, das wird im Druck soßig, das versäuft uns. Leider ist dieses Winterbild ein bisschen blaustichig. Leider sind auch weitere Bilder nicht zu verwerten. Also: erneuter Termin!

Im Bildarchiv der Fotofirma öffne ich bereits selbständig die Schrankklappe, knipse das Neonlicht an. Diesmal ziehe ich große Bildrahmen vor die Lichtscheibe und sehe jetzt fünfzig, sechzig Dias auf einen Blick: Ruderboote, von oben fotografiert, blau und rot, ein Kruzifix vor azurblauem Himmel, der Corpus vergoldet, ein Herbstbild des Berliner Schlossparks, Berliner Motive sprechen immer an, Porzellanpferdchen mit bemalten Reitern und Jägersleuten, spielende Kinder in Seesand, Petroleumlampen und der Hamburger Hafen und Reiterinnen in roten Jacken und bayrische Seen mit Alpenkulisse und Mädchen im Meer und Kinder mit Bällen und eine bunte Hauswand im Süden und Sonnenuntergänge und Karnevalsfarben und Flugzeuge auf einer Piste und Dampfer auf Wasser und Herbstlaub und ein dicker Posaunist von hinten und der Eiffelturm waagrecht und die Towerbridge und Kork an Fischernetzen und aufgeschichtete Fässer und ein mittelmeerisches Fischergesicht und Weihnachtsbäume und Blumen und Fische in Aquarien – schließlich sind es immerhin achtzehn Bilder, die auf dem Lieferschein eingetragen und in einen Karton verpackt werden, mit Zwischenpapier wegen der Verglasung.

Und weiter gehts! Vom Archiv einer bekannten Uhrenfirma lasse ich mir Bildmaterial und Textunterlagen für einen Aufsatz über alte Uhren schicken, zu freiem und kostenlosem Gebrauch, wenn dafür die Herkunft der Bilder vermerkt wird. Man wählt Modefotos aus, vierundzwanzig mal dreißig, lässt sich dabei nicht von den Gesichtern der Mannequins beeinflussen, achtet vielmehr darauf, dass die Auswahl von Kleidern, Kostümen, Mänteln ungefähr den Erwartungen der Leserinnen entspricht. Man wählt Rätsel aus, die von Rätselagenturen verschickt werden, Kreuzworträtsel, Silbenrätsel, Bildrätsel; Längen- und Breitenmaße angegeben; vorgedruckte Lösungen; Preis pro Mater. Man sucht eine Kurzgeschichte aus, bestimmt die beiden farbigen Reproduktionsvorlagen für den Umschlag. Man fährt mit dem gesammelten Material zum Graphiker, der das Layout macht, redet erst mal ein bisschen über Politik, Sport, Wetter: Human Relations, spricht dann möglichst fachgerecht, um nicht als Greenhorn durchschaut zu werden, sagt Humorzeichnungen statt Witze, sagt nicht: Dieses Foto sollte unter dem Text schattenhaft sichtbar werden, sondern: Das wird im Viertelton unterlegt, und hier ein Überdecker, weil die Auflage in zwei Nutzen gedruckt wird, Bildleisten, Versalien.

Dann gemeinsamer, einführender Termin bei der Druckerei: Reihen von Tischen, die Arbeitsflächen von unten beleuchtet, Männer und Frauen in Weiß, sie schnibbeln mit Scheren, schwärzen mit Pinseln; ein Gerät, das Farbauszüge aus Repro-Vorlagen herstellt, ein Negativ für Gelb, eins für Rot, eins für Blau ... blaustichige Bilder werden durch eine Blau- oder Zyanmaske korrigiert ... Yellow, Magenta, Zyan ... auf Kupferwalzen jeweils ein Farbauszug … aus dem Keller herauf das Papierband über die Kupferwalze mit der gelben Farbwanne und dröhnend über Zwischenwalzen zur Rotwalze und über Zwischenwalzen zur Blauwalze und weiter über Zwischenwalzen zur letzten Walze mit Druckerschwärze und raus und zerschnitten und gefaltet und auf Wagen in den nächsten Saal und gespreizt über Laufbänder durch die Heftmaschine und in den Lagersaal mit stockwerkhohen Stapeln: zwischen den Katalog- und Zeitschriftenstapeln auch unsere Zeitschrift, etwa ein Quadratmeter Fläche, sechs bis sieben Meter Höhe, eine Säule aus Papier, die ich umkreisen, zu der ich hochschauen kann, auf die ich aber nicht raufsteigen, mich draufsetzen kann.

Per Eilbote das Layout unserer ersten Ausgabe: Pappheft im Format der Zeitschrift, Titelbild in Wasserfarben skizziert, Überschriften und Bildkonturen in Tusche, Textflächen aus alten Nummern geschnitten. Ich räume den Schreibtisch frei, reihe die Seiten, inspiziere sie, entdecke stolz einen Schreibfehler in einer der elegant hingeschwungenen Überschriften, pfeile ihn an, finde sonst leider nichts. Den sorgsam verklebten Umschlag bringe ich zur Post, Eilbote und Einschreiben.
    Und Vorarbeiten für die nächste Nummer! Text- und Bildmaterial von Agenturen trifft ein, Weihnachten schon im Herbst, sofort aussortieren, sonst wachsen Moränen in der Wohnung! Keine Engelsfrätzchen, keine offenen Singbubenmäulchen auf dem Weihnachtsumschlag, ich schlage vor: Polarisationsaufnahme einer Kristallfläche, farbig und sinnfrei; ich hoffe auf Zustimmung, meine Herren Geschäftsführer!
    Per Eilbote Klebespiegel und Korrekturabzüge: großformatige Blätter, aufgedruckt der Bogenumfang, eingeklebt die Korrekturfahnen. Da muss die verkürzte Kriminalstory noch um zwei Absätze schrumpfen, aber die Agentur hat freie Hand gelassen, so wird das Überhängende eingebracht. Die Position der eingeklebten Bilder prüfen: eins reiß ich raus und kleb es neu ein – die Spielregeln klarmachen! Beim letzten Durchblättern entdecken, dass die Angabe der Bildagentur

fehlt, der Name des Humorzeichners mit Druckfehler; ich lese alles noch mal durch, aber die restlichen zwei Druckfehler entdecke ich erst, als die Ozalidkopie vorliegt: Textkolumnen, Fotografien, Zeichnungen, alles in sanftem Blau.

Und Besuche, angemeldet. Schwarzer Lederkoffer, Kartons mit Fotografien, 24 mal 36, Kostüme, Mäntel, Kleider, Hüte, alles sortiert. Gemeinsamer Termin mit Gisela: Aufteilung der Zuständigkeiten. Der Agent lässt sich einen Schnaps eingießen. Aufgeklebte Textstreifen auf den Rückseiten der Hochglanzbilder: Ensemble a cyclamfar Wolle, Kld m schwingendem Rock, Kurze Jacke m Chinchilla-Manschetten. Dieses Mannequin verdient fünfhundert pro Aufnahmetag, kommt aus Island, und hier eine Französin, mit einem Nachtlokalbesitzer verheiratet, sie hat erstaunlicherweise ein Kind, zweijährig: »Aber Ihr Mann kommt doch erst nach Hause, wenn Sie es verlassen!« »Pendant les dimanches ...« Kollerndes Lachen: Sonntags immer ...

Obstler nachfüllen. Der Beruf lässt dem Agenten vier Monate Freizeit im Jahr, da streift er mit einem Fotoapparat umher, nimmt mit Tele Menschen auf, in der Stadt, in Parks, auf dem Land. Human Relations ... Künstliche Perlen als Unzuchtsperlen, zeugende Ohren ... Die Übernahme kostenloser Bilder ist durchaus erwünscht, PR: Wenn wir im Begleittext nur einen Hinweis auf das Material bringen, die Faser nennen, so ist der Abdruck kostenfrei. Auch Hutbilder sind kostenfrei, zur Zeit sind die Damen zu wenig an Hüten interessiert, so hat sich eine Arbeitsgemeinschaft Hut gebildet, die das Image der Frauen verändern will. PR: Public Relations ... »Können Sie mir sagen, warum man beim Vergrößern immer das obere Stück Frisur abschneidet? Bringen Sie die Weiber mal in eine unmanierierte Haltung!« Das fabelhafte Layout einer neuen Frauenzeitschrift. Wenn er in kleineren Städten zu tun hat, geht er nach Möglichkeit auf den Friedhof, Namen studieren: »Lautkombinationen finden Sie da, die Leute haben überhaupt keinen Klangsinn: Nikolaus Lausberg!« Kollerndes Lachen. Weitere Schnäpse. Er schreibt den Lieferschein

494

aus, hakt die kostenlosen PR-Bilder an, stempelt, Gisela unterschreibt.

Fuddeliges Abzugspapier, zu alsbaldigem Verbrauch bestimmt, Themen für Frauen; die Agenturen glauben, unsere Bedürfnisse zu kennen. Was Männer am Make-up der Frauen nicht lieben, sind allzu dünne Brauen und glänzende Nasen und Rouge-Bäckchen und verklebte Wimpern. Und 1914 waren die Strandanzüge vorwiegend schwarz und blau und bestanden aus schwerem Taft oder Seidenserge, das Beinkleid war separat anzulegen. Und wie orientieren sich Pinguine an Land? Der gesellige Meeresvogel mit spindelförmigem Körper besitzt, wie ungenannte Forscher vermuten, eine Art Radarmesseinrichtung. Pro Jahr werden in den USA nicht weniger als sechskommasechs Millionen »Seelenstärkungs-Schallplatten« verkauft, zwei Drittel von Frauen erworben, der suggestive Inhalt vorgetragen von klangvollen Männerstimmen: Du bist jung, du bist schön. Zwinkern Frauen seltener mit den Augen als Männer? Aber Männer sind bessere Miederkunden. Und die Eskimos sterben nicht aus. Auch Schweine leiden an Herzinfarkten.

Per Eilbote soll der Andruck der farbigen Umschlagseiten kommen, morgen früh, bitte gleich zurückrufen! Ich stehe zwanzig nach sieben auf, Eilpost kommt gewöhnlich gegen halb acht; kein Klingelzeichen, der Briefkasten bleibt leer. Anruf bei der Druckerei: der Brief am Vorabend abgeschickt. Anruf bei der Post: Reklamationen sind nur vom Absender aus möglich. Rückruf zur Druckerei; der Brief sei abgeschickt, höre ich, es eilt. Zur Post fahren, mit dem Dienststellenleiter sprechen, der gerade Gastarbeiter darüber belehrt, dass man da unten in Spanien wahrscheinlich die falsche Adresse draufgeschrieben hat, verstehst du? Ja, und der Eilbrief? Wenn der angekommen wäre, so hätte man ihn sofort ausgetragen, es sei denn, er wäre bei der Verteilung eingelaufen, dann hätte ihn möglicherweise der Briefträger mitgenommen. Aber der Briefträger bringt nur einen Katalog für Studienbücher, den ramme ich sofort in den Papierkorb. Anruf von der Druckerei: Ist der Eilbrief noch immer nicht da? Es werden Andrucke nachgeschickt. Gegen Mittag bringt die Paketpost den Brief, verweist auf das Großformat: Da können wir nichts machen, wir kriegen das zugeteilt, bei Beschwerden an den Stellenvorsteher wenden. Ich halte zum Farbvergleich die beiden Dias vors Fenster, bei einem ist das Glas geplatzt, ich löse die Scherben ab, eine dünne Spur in der Emulsion, sehr ärgerlich. Sind die Reproduktionen nicht etwas zu bräunlich ausgefallen, Hellrot ist Dunkelrot? Anruf: Könnt ihr da nicht was Rot rausnehmen? Na gut, man will es schnell noch versuchen.

Tausend Mark pro Ausgabe der Zeitschrift: Mitte der sechziger Jahre war die Kaufkraft der D-Mark recht hoch, und doch war es wenig Geld – für mein erstes Hörspiel hatte ich dreitausend erhalten. Und ich schrieb weiter für den Funk. Die Arbeit an der Zeitschrift sicherte einen Sockelbetrag, aber auch das Finanzamt erwartete mehr. Der Schwung ließ nach, oder eher: Der Schwung übertrug sich eher auf Texte für den Funk. Ziemlich bald schon handelte ich mir einen Rüffel ein vom Links- und vom Rechtsunterzeichnenden des Bank-Verlages. So was zitiere ich nicht gern, muss hier aber sein.

»Die Unterzeichner haben heute Ihre Manuskripte für die Nummern 6 und 7/65 der ›Kassette‹ durchgesehen. Hierbei stellte sich heraus, dass mehrere Beiträge einer nochmaligen Überarbeitung bedürfen, wenn sie nicht sogar gegen neue Entwürfe ausgetauscht werden müssen. Grundsätzlich möchten wir bemerken, dass fast alle Ausarbeitungen nicht die Sorgfalt zeigen, auf die wir allergrößten Wert legen müssen. Wiederholungen, Ungenauigkeiten und logische Fehler können wir uns bei dieser von den Bankleitungen sehr kritisch betrachteten Illustrierten keinesfalls leisten. Wir erlauben uns, Ihnen daher das zu überarbeitende bzw. auszutauschende Material zurückzureichen. Der Rechtsunterzeichner wird Sie über Einzelheiten unserer Kritik noch telefonisch informieren.«

Wuff! Drei Nummern erschienen noch, aber nicht nur das Interesse des Redaktionsduos nahm ab, auch das Interesse der Abnehmer, die Bestellungen waren rückläufig, die Gesamtauflage der Zeitschrift, in Packen an Bankschaltern ausgelegt, sie ging zurück. Banken begannen, ihre Werbeetats zu kürzen, das bekam auch der Bank-Verlag zu spüren. Die Illustrierte fiel, kurz vor Weihnachten, dem Rotstift zum Opfer.

Soweit mir die Erinnerung hier nichts vortäuscht, habe ich das Aus kaum bedauert. Die einzige Festanstellung, wenn auch linkerhand, war damit beendet. Gisela wandte sich, beruflich, wieder ausschließlich dem Gymnasium zu, und ich blieb von da an freier Schriftsteller, englisch: free-lance.

Außerdem: ich hatte Erfahrungen gesammelt, die mir wichtig waren. Ich artikulierte sie im Roman *Ausflüge im Fesselballon*. Übertrug sie dabei, gleichsam eins zu eins, auf die fiktive Romanfigur, hole sie hier aber nun zurück: sie sind schließlich Teil meiner Lebensgeschichte. Gehören damit ins Lebensbuch, erhalten hier erst den rechten Stellenwert.

UND WORAN ARBEITETE ICH, während es mit der Kundenzeitschrift bergab ging? Es war ein weiteres Feature im Zyklus der *Grenzen des Widerstands*, exemplarisch vergegenwärtigt an historischen Personen, die gegen die Monokratie, die Diktatur Napoleons opponierten.

Dies ist jetzt aber nicht die Intrada einer Auflistung (womöglich chronologisch) meiner Publikationen. Ich habe mir etwas anderes ausgedacht, dafür ist das Stichwort aber noch nicht gegeben oder gefallen. Generell jetzt nur: Es wird, weithin, bei gelegentlichen Markierungen der ständig fortgesetzten Schreibtätigkeit bleiben. Das Lebensbuch soll aber nicht auch zum Lesebuch von Kühn-Texten werden, und sei es in homöopathischen Dosierungen, in literarischen Globuli.

So merke ich nur noch an: Zehn Jahre lang habe ich fast ausschließlich im Funk publiziert: Features und Hörspiele. Damit war ich im damaligen »Massenmedium« Hörfunk wiederholt präsent, war in der Literaturbranche hingegen nicht existent.

ES BEGANN die Zeit der Kinderanekdoten. Hier muss Erinnerung nicht rekonstruieren, ich habe Zeichnungen und Aufzeichnungen zwar nicht gesammelt, womöglich systematisch, habe einzelne Berichte jedoch in eine Mappe gesteckt, die kann ich aufschlagen, kann sichten, sortieren, zitieren. Zudem hatte ich Tonbandaufzeichnungen gemacht, um zu dokumentieren, wie früh sich Thomas, schon vor der Schule, das Lesen angeeignet hatte. Auch diese Tonbänder: verstummt, die Tonbandgeräte vom Malstrom rapider Entwicklungen erfasst. Doch es blieb in Erinnerung, was nicht mehr dokumentiert ist. So legte ich dem Frühleser zuweilen Zeitungen vor, er las das Datum ab, tastete sich lesend vor durch Aktualitäten. Dabei ein wunderschöner Versprecher. Die Schlagzeile »Oben ohne erregt nur noch Gelächter« wurde zu: »Oben ohne erregt nur noch Geschlechter«.

Ein Teil der Kommunikation erfolgte über die Hauspost, die sich mit Thomas einspielte: Formulare von Kindertelegrammen, diverse Zettel und Blättchen wurden unter Türen durchgeschoben. Krakelige Handschrift und früh schon die Faszination Schreibmaschine. Was der Vierjährige tippte, sah allerdings erst mal so aus: Hrzlichnglükwunchzumgborztak.

Sprung in das Beispielsjahr 1966. Damals setzte Thomas, Jahrgang 59, ein deutliches Zeichen für eine früh einsetzende Entwicklung: Zum Geburtstag stellte er eine präzise Wunschliste auf zu seinem Märklin-Baukasten, jeweils mit Katalognummern. »10-125 Winkelträger 25 Loch, 32 cm, 10-325 Schnurlaufrad mit Stellschrauben 25 mm, 11-718 Kupplungsmuffe mit 6 Stellschrauben, 3 Stellringe mit Stellschraube. Dein Thomas.«

Aber auch organisierte Spiele. »Wo sollen wir denn die Käfige für die Tiger, Löwen, Leoparden, Panther und Geparden hernehmen? Ganz einfach! Man nimmt sich 3 Stühle und setzt sie so zusammen: – – – und Decken darüber: fertig.«

Und nun Christoph, Jahrgang 1963. Die erste Zeit verbrachte er, soweit das Wetter es erlaubte, im Kinderwagen draußen unter dem Kirschbaum.

Christoph, mit drei: war nicht so früh fasziniert von Schreiben und Tippen wie sein Bruder, also tippte der Vater, begeistert von unvermuteten Wendungen der Äußerungen. Ich folge den Aufzeichnungen, nicht der Chronologie, da greife ich vor, will bündeln.

Die große Eröffnungsfrage: »Gibt es eigentlich ein Mittel gegen ständig wachsende Füße?«

Zwischenfrage: »Du, Mama, wenn man ein Kind kriegt, hat man dann auch Zähne im Bauch?«

Und ein früher Dialog. »Ich schneid mir meinen Apfel immer mundgerecht.«

Ich: Schneid dich nur nicht in den Finger.

»Nein, ich schneid mir meinen Finger schon nicht mundgerecht.«

Überhaupt, diese Mini-Dialoge: Christoph, du bist jetzt bestimmt hungrig wie ein Löwe.

»Nein, ich bin hungrig wie ein hungriger Schakal.«

Und: »Wenn ich noch mal im Schwimmbad bin, dann schrei ich so laut, dass die ganze Welt siebenmal um sich selbst durch die Luft fliegt.«

Und, als Geständnis einer mitspielenden Besucherin gegenüber: »Anja, wir haben dich lieb, so lieb, dass uns die Tränen aus den Augen springen.«

Und immer mal wieder ein Satz, auf den ich nicht gekommen wäre. »Ich bin so stark, ich kann eine Ameise auf dem Finger balancieren.«

Zur Abrundung noch ein Bericht: »Heute hab ich im Kindergarten ein Männchen gemacht, aus Knete. Aber das konnte nicht laufen und nicht reden. Das konnte auch nicht weinen. Männchen aus Knete können ja nicht laufen. Die können auch keine Bäume umsägen. Und kein Laub kehren. Männchen aus Knete, die können gar nichts machen. Aber so ein Männchen zum Aufziehen, weißt du, wie der Clown mit der Geige, die können auch laufen. Aber die können nicht reden. Aber die können laufen und sägen und so.«

Lockerung von Denkmustern … Spielerischer Umgang mit Realität – belebend … Unangestrengt Originelles – erfrischend …

Zuweilen aber auch Überraschungen, die nicht freisetzten. Plötzlich, unvorbereitet das Stichwort Juden. »Die bösen Juden kommen in die Hölle.«

Warum denn das? Wie kommste denn darauf?!

»Juden sind immer bös, die haben den Gott ans Kreuz getan. Aber er ist dann wieder runtergefallen.«

Wo hat er das denn her?! Wie kommt er nur darauf?! Wird so was im Kommunionsunterricht vermittelt?

EIN DUTZEND LUFTKILOMETER von Düren entfernt: der Fliegerhorst Nörvenich. Die Einflugschneise für Touch-down oder Landung fast genau über dem Haus in Düren; es fand aber auch vielfach Tiefflug statt über uns, zuweilen sogar in Vierer-Formation. Um 1960 schreckte Kleinkind Thomas, vier Jahre später schreckte Kleinkind Christoph wiederholt aus dem Schlaf hoch, im Kinderwagen unter dem Kirschbaum – das massive, schneidende Geräusch vor allem von Starfightern der frühen Kampfjet-Serie.

Das wurde so arg, dass ich einen Brief schrieb. Mit einem Vorspann: »Dieser Brief ist nicht für den Papierkorb bestimmt, sondern für den befehlshabenden Offizier. Man gebe ihn also weiter.«

In der Anrede blieb ich zivilistisch: »Sehr geehrter Herr«. Doch dann legte ich los: »Selbstverständlich sind Sie Beschwerden gewöhnt und reagieren darauf mit Achselzucken. Da das Verhalten Ihrer Piloten aber immer wieder Grund gibt zur Beschwerde, so werde auch ich mich meinen unbekannten Vorgängern anschließen.

Ich frage Sie: Ist es notwendig, dass, wie heute gegen 11.30, ein F 84 dreimal über der Stadt kreist und dabei jedes Mal in geringer Flughöhe über die Häuser unserer Anhöhe hinweg-zieht? Ist es notwendig, dass, wie um 14.10, zwei Starfighter in geringer Flughöhe von Osten nach Westen über die Stadt fliegen? Ist es notwendig, dass auf solche Weise nicht nur unsere Kinder immer wieder auf brutale Weise aus dem Schlaf gerissen werden und man selbst bei der Arbeit gestört wird? Ist das alles notwendig?

Vermutlich wird Ihnen das Düsengeräusch Musik in den Ohren sein – es haben aber nicht alle Sinn für solche Art von Belästigung.

Ich hoffe und erwarte, dass Sie nicht nur den zweifelhaften ›Mut‹ haben, Ihren Piloten solche Tiefflüge über Stadtgebiet anzuordnen, sondern so viel Zivilcourage aufbringen, sich nicht hinter Rang und Anonymität zu verstecken und mir eine Erklärung geben für diese Belästigungen. Falls es keine stichhaltigen Erklärungen für diese Tiefflüge gibt, so sorgen Sie dafür, dass die Flugzeuge Ihres Horstes höher fliegen – der Luftraum über der Stadt ist ja nicht nur hundert Meter hoch.«

Das überraschte mich denn doch: Das Schreiben wurde beantwortet mit der Einladung zu einem Gespräch mit dem Kommodore des Fliegerhorsts. Ich fuhr am Haupttor mit dem Motorroller vor, ließ mich zum Amtsraum des ranghöchsten Offiziers eskortieren, wurde freundlich empfangen, staunte: Die Wand hinter dem Schreibtisch als riesige Karte von Europa und Russland, und es war eine rote Schnur gespannt zwischen Nörvenich und Moskau. Das wurde in keiner Weise kaschiert vor dem Besucher, der schließlich freier Mitarbeiter diverser Funkanstalten war, das wurde nicht mal ansatzweise kommentiert. Zum Thema Tiefflüge, auch über dem Stadtgebiet: Begütigungen im Gespräch, dessen Verlauf mir nicht mehr gegenwärtig ist, nicht einmal rudimentär.

Weiterhin, aber zeitlich doch etwas eingeschränkt in den Abendstunden, das schrille Kreischen der stummelflügligen Starfighter, die einer nach dem anderen abstürzten – nicht nur nach riskanten Flügen. Ein Pilot erzählte mir von einer beliebten Mutprobe: zwischen zwei Schornsteinen des Braunkohlekraftwerks Knapsack durchfliegen. Und was ich schon mal zu sehen bekam: Düsenjäger drehten sich dicht über Eifelkuppen um die Achse, die Kanzel kurz nach unten.

DIESE VORSTELLUNG erfüllt geläufige Erwartungen: Gelebtes Leben wirkt ein auf Literatur. Oder: Leben hat ablesbare Rückwirkungen auf literarische Texte. Doch es folgt ein Gegenmodell: Ein literarischer Text, der Einwirkungen auf das Leben, sogar mehrjährige Nachwirkungen hatte im Leben des Verfassers.

501

Zwischen Promotion und erstem belletristischem Buch: Ein halbes Dutzend Jahre, in denen ich weiterhin im Hörfunk veröffentlichte. Um 1963 begann ich mit der Arbeit an einem Hörspiel, das mein größter Erfolg werden sollte, im deutschen Sprachraum: *Das Ärgernis*.

Es ging um einen jungen Wehrdienstverweigerer, der die Unterstützung durch die evangelische Kirche suchte und fand, um einen Pfarrer, den sein Engagement in eine Problemzone brachte. Eine Konstellation, die damals im Spielraum des Wahrscheinlichen lag. Mittlerweile haben sich die gesellschaftlichen Rahmenbedingungen völlig verändert, und so ist dieses Hörspiel längst vergessen. Ein Stück INSTANT-Literatur: leicht löslich und entsprechend rasch vergessen. Freilich nicht in den Auswirkungen auf mein Leben, zumindest eine Zeitlang.

Die Konfirmation hatte mich nicht zum Kirchgänger, zum »Gottesdienstbesucher« gemacht. Also brauchte ich Beratung – der »plot« der Geschichte musste stimmig sein, zu den Fakten musste Atmosphärisches kommen, Details, die ich mir nicht einfach »ausdenken« wollte. Wir luden einen der drei jungen Pfarrer der Gemeinde Düren ein: Antrittsbesuch und Konsultation zugleich.

Es erschien ein mittelgroßer, südländisch dunkelhäutig wirkender, schwarzhaariger Mann mit scharfem Profil: Peter Beier. Ausführliches, intensives Gespräch: kirchliche Konstellationen wurden deutlicher, wie erhofft wurde auch Atmosphärisches vermittelt. Ob es bei dem einen Beratungsgespräch blieb, weiß ich nicht mehr, aber in diesem Punkt bin ich sicher: Es war der Beginn einer Freundschaft über viele Jahre hinweg bis zu Peters viel zu frühem Tod.

Aber erst einmal: fortgesetzte Arbeit am neuen (dritten oder vierten) Hörspiel. Personenreich, szenenreich, es musste aufgefächert werden. Eine aufwendige Gemeinschaftsproduktion des Saarländischen Rundfunks mit dem Hessischen Rundfunk. Der erste literarische Text zum Thema Wehrdienstverweigerung, damit zum umstrittenen Engagement evangelischer Pfarrer.

Das Hörspiel fand größte Resonanz. Zwei Tage nach der Ursendung ein Telefonanruf aus Frankfurt, morgens Viertel nach acht: Lauterbach, der Hörspielchef, war ungewöhnlich früh in die Redaktion gefahren, um sich, nach einem Anruf der Poststelle, selbst davon zu überzeugen, wie stark die Hörerresonanz war: Die Waschkörbe, rief er, die berühmten Waschkörbe voller Post, hier sind sie, hier sind sie tatsächlich! Die meisten Briefe als Bitten um das Sendeskript, auch schickten junge Männer Briefe, die an mich weitergeleitet wurden: ihre Problematik war angesprochen worden, sie hofften auf weitere Unterstützung, zumindest als Bestätigung.

Zum ersten Mal beschlossen die beiden Dramaturgien, ein Hörspiel zu drucken. Kurze Begründung in einer Vornotiz: »Die Handlung spiegelt Probleme des deutschen Alltags und konfrontiert die Haltung einer Minderheit mit dem Druck einer mächtigen, meinungsbildenden Gruppe. Angesichts dieses aktuellen Vorgangs verwundert es nicht, dass das Hörspiel ein ungewöhnlich starkes Echo hatte. Zahlreiche Hörer und Hörergruppen baten um das Manuskript. Die Drucklegung will diesen Wünschen nachkommen.«

Die 2000 Exemplare wurden hergestellt von der Saar-Zeitung: 67 Druckseiten in gelbem Karton – meine erste eigenständige literarische Publikation! Die kleinen Broschüren waren bald vergriffen. Eine evangelische Zeitschrift, *Stimme der Gemeinde*, druckte den Text vollständig nach, zusätzlich eine Sonderauflage. Ich habe die Zahl 12 000 in Erinnerung. Das Hörspiel wurde von fast allen Sendern der Bundesrepublik übernommen, und das hieß: Übernahmehonorare, Sendehonorare. Manna für den Autor, der sich selbständig gemacht hatte, Manna für den jungen Familienvater. Noch einmal: Ein Text kaum von literarischer, dafür aber, ganz entschieden, von biographischer Relevanz.

Dies in zweifacher Hinsicht. Auch in der Evangelischen Gemeinde Düren war die Reaktion enthusiastisch, und so stellte mir Peter Beier (zu einem Zeitpunkt, den ich nicht mehr präzisieren kann) die Frage, ob ich nicht in der Gemeinde aktiv werden, mich als Presbyter zur Wahl stellen wollte. Ich hatte im Hörspiel einen Pfarrer, einen Kirchmeister, zwei Presbyter zum Sprechen gebracht, und nun die Anfrage, die mich in Arbeitskontakt mit Pfarrern und Presbytern bringen sollte.

Ich sprach Dank aus für die freundliche Anfrage, hatte aber einen gravierenden Einwand: Ich gehe nie zur Kirche, freiwillig, bin nicht, was man als gläubigen Christen bezeichnet, so einer passt nicht in das Gremium.

Aber hier dachten die drei jungen, miteinander befreundeten Pfarrer ganz anders, damals, Mitte der sechziger Jahre: Kirche auch als soziales Forum! Damit reichlich Ansatzpunkte für ehrenamtliche Tätigkeiten. Zudem: es war eine Zeit heftiger Diskussionen auch in der evangelischen Kirche. Vereinfacht, höchst vereinfacht: Reformer gegen Konservative, auch im Presbyterium zu Düren. So sollte ich das Grüppchen der Erneuerer unterstützen.

Gut, das sah ich ein, bestand aber darauf, dass ich nicht regelmäßig am Gottesdienst teilnehmen, schließlich mit dem Kollektenkörbchen am Ausgang stehen müsste.

In jener Zeit der Umbrüche war das, schien das akzeptabel.

Beginn der neuen, »ehrenamtlichen« Tätigkeit. Erstes Stichwort »Gemeindebrief«, monatlich erscheinend. Ich wurde der Mini-Redaktion hinzugesellt: ein Gynäkologe, der sich gern auch als Organist präsentierte, und ein Kinderarzt, bald einer der Hauptfreunde: Lorenz Peter Johannsen.

Für Inhalte war ich weniger zuständig als für technische Abläufe. Also erschien ich wiederholt in der Offset-Druckerei, prüfte das Layout des auf gelbem oder blauem Papier gedruckten Blatts. Einmal oder zweimal lieferte ich auch einen redaktionellen Beitrag. Verschollene Texte, ich erinnere mich vage an Ausführungen zur Kirchenmusik, die musikalisch völlig abgekoppelt war von der Entwicklung zeitgenössischer E-Musik.

Eher eine Nebentätigkeit. Aufwendiger war die Teilnahme an Diskussionen, innerhalb wie außerhalb des Presbyteriums, zum Kirchenkampf jener Jahre. Ich kann und will hier nicht ausführlich dokumentieren, das ist wahrhaftig ein Kapitel für sich, aber ein wenig Atmosphärisches lässt sich doch einbringen.

Das Binnenklima der Bundesrepublik war aufgeheizt, das wirkte auch ein auf Auseinandersetzungen innerhalb der Gemeinde. Mit herausgerissenen Predigtzitaten wurde Freund Beier vorgeworfen, vorgehalten, er sei ein »Schwärmer«, der die »Deutschen zu Anarchisten umerziehen wollte«. Oder: er hätte sich für ein DKP-Mitglied eingesetzt, das sich ungerecht behandelt fühlte. Hier musste klargestellt werden: keine politischen, allein theologische Gründe! Dann wurden die jungen Pastoren, wurden die »leitendenden Amtsbrüder unseres Kirchenkreises« mit den »Klerikalfaschisten des Dritten Reiches« gleichgesetzt. Ja, es herrschte ein scharfer Ton, ein rauer Wind, es wurde vorgeworfen und zurückgeworfen, und ich mischte mit, ein wenig.

BEDROHLICHES. Termin beim TÜV, Mitte der sechziger Jahre. Im Hof herumschlendernd registrierte ich, nebenbei, wie das Auto hydraulisch hochgestemmt; ausgiebig von unten beleuchtet wurde. Ein zweiter Mann im Overall wurde herangewinkt, beide starrten auf den selben Fleck, kontrollierend, konferierend. Dann wurde ich hinzugerufen: »Haben Sie besondere Feinde?«

Ich? Wieso?

»Na, schauen Sie sich das mal an. So was haben wir noch nie gesehn!« Ich wurde hingewiesen auf einen Rasiermesserschnitt in einem Bremsschlauch, der Länge nach, genau mittig, zwei, drei Zentimeter lang. Bei starkem Bremsen wäre der Schlauch aufgeplatzt, keine Bremswirkung mehr.

Kann das nicht durch einen hochgeschleuderten, sehr spitzen Stein oder so was geschehen sein?

»Nein, das sieht dann anders aus, ganz anders. Das ist ein sauber geführter Schnitt, sieht aus nach Rasierklinge.« Ein Schraubendreher betont die gerade Linie. »So was haben wir wirklich noch nie gehabt. Keine Ahnung, wer dahinterstecken könnte?«

Nein, überhaupt nicht. Tapse ich denn ahnungslos durch

diese Welt, frage ich mich. Einer aus dem Büro wird hinzugerufen, nun wird der Schnitt von sechs Augen gemustert: Kein Aufpraller kann eine so feine, exakte Linie ziehen, das ist Vorsatz.

Also hätte mir der TÜV womöglich das Leben gerettet?!

Langsam, ganz langsam, mit Warnlicht, fuhr ich zur Vertragswerkstatt. Meine Fehlermeldung wollte man erst nicht glauben: Die vom TÜV, die spinnen manchmal. Hebebühne, Inspektion. »Das sieht aber sehr merkwürdig aus! Tatsächlich wie ein Schnitt. Richtiger Schnitt. Da hätten Sie aber Probleme gekriegt, mit Sicherheit.«

Austausch des Bremsschlauchs, erneute Vorführung des Wagens beim TÜV. Ich brachte drei Flaschen Wein mit, eine für jeden der Prüfer. Und zur Nachbesichtigung noch mal das Stück Bremsschlauch mit dem Längsschnitt, den ich zu Hause mit Lesebrille und Lupe inspiziert hatte. Nein, Schotter oder Splitt kann es in keinem Fall gewesen sein.

Rätseln half nicht weiter. Ich musste es auf sich beruhen lassen. Warf das Schlauchstück in die Mülltonne. Erledigt. Jedenfalls formell.

Noch einmal: »Haben Sie besondere Feinde?« Ja, offensichtlich, aber im Verborgenen. Bei einem starken Ruck der Gesellschaft nach rechts kämen die jedoch rasch zum Vorschein. Das Potential ist jedenfalls da und rumort vor sich hin.

Ein gedrucktes Formblatt, auf dem diverse Formen der Beleidigung jeweils angekreuzt werden können. Dies jedoch mit handschriftlichen Begleitzeilen in akkurater Schrift: »Geben Sie zu Ihrem Doktortitel immer den Zusatz und den Ort an, damit die Leser erfahren, wo und in welchem degenerierten Bereich geistig minderbemittelte Jounalisten promovieren. Sie machen ohne Zusatz einen ganzen Stand unmöglich!«

Angekreuzt wurde dann, mich solle der »Marx / Mao / Teufel holen«. Ich solle meinen »Müll woanders abladen«. Ich hätte eine völlig falsche Wellenlänge, solle endlich in mich gehen. Weil das noch nicht reichte, wurde handschriftlich hinzugefügt: »Sie sind unfähig!«

Von entschieden härterem Kaliber war ein Original-Typo-skript mit »Stellungsbefehl« des »Staatlichen Krematoriums Köln, Städtischer Friedhof«. Ein Geburtstagsschreiben der besonderen Art.

»Da wir durch genaue Informationen erfahren haben, dass aus Ihrem Weiterleben keine sozialen Vorteile mehr zu erwarten sind, und Sie mit Ihrer erbärmlichen Erscheinung nur zum scheußlichen Schrecken der Menschheit herumlaufen und Ihren Mitmenschen zur Last fallen, haben wir Ihre Beerdigung beschlossen. Sie werden hiermit aufgefordert, sich am 1. Februar im hiesigen Krematorium zwecks Verbrennung Ihrer schlaksigen Figur zu stellen, mit Gesangbuch und Leichenhemd. 11. Stock – Ofen 199 – Klappe III. Mitzubringen sind 1 Bündel Stroh, 1 Ztr. Koks, Papier und Feuerzeug. Ferner ist ein Sack für Ihre Asche zu stellen. Ihre Asche wird im Winter zur Streuung vereister Straßen benutzt.« Und so weiter.

Die neue Tätigkeit verpflichtete mich in regelmäßigen Wiederholungen zum Umgang mit Sprachmaterial etwa dieser Art: Inanspruchnahme der Bauunterhaltungsrücklage ... Antrag auf Anerkennung der Beihilfefähigkeit einer Heilkur ... Antrag auf Höhergruppierung ... Zur Annahme empfohlener Entwurf mit der Nummer 8617 ... Nachträgliche Genehmigung der außer- und überplanmäßigen Einnahmen und Ausgaben ... Beschluss der Aufhebung des Beschlusses des Hauptausschusses ...

Das war nicht gerade inspirierend, lag weit außerhalb der Wortfelder, auf denen ich mich sonst bewegte. Sprachzuwachs, gewiss, aber der ließ sich nicht umsetzen. Kurz, hier sammelte ich kein Material, das ich literarisch »umsetzen« wollte. Es wird ja vielfach vorausgesetzt, dass man alles, was man als Autor sieht, hört, erlebt, irgendwann irgendwie verwerten will. »Darüber wollen Sie doch sicher mal was schreiben.« Und ich musste, muss mich wiederholen mit der Erklärung, ich sei keine Verwertungsmaschine, vieles nehme ich zur Kenntnis, ohne es aufzugreifen, es muss nicht alles einen literarischen »Niederschlag« finden. (Zweischneidiges Wort ...)

Oder ist ein Vorgang wie folgt etwa Stoff für eine Story? Ein Angestellter der Gemeinde (auch nach den vielen Jahren will ich die Anonymität wahren) muss von einem Presbyter mit erheblichem Nachdruck zur Teilnahme an einer öffentlichen Aktivität der Gemeinde motiviert werden. In der Diskussion, in der »von verschiedenen Seiten Kritik an der Arbeit des Herrn NN geübt wird«, kristallisierte sich das Wort Faulheit heraus. Und der einstimmige Beschluss, Pfarrer Beier und Presbyter Dr. Kühn sollten in einem (von den Presbytern NN und NN zu unterzeichnenden) Schreiben den Adressaten »im Einzelnen auf seine Dienstverpflichtungen hinweisen und auffordern, sich innerhalb von 14 Tagen nach Absendung des Schreibens schriftlich zu äußern, ob er diesen Pflichten nachzukommen gewillt ist«. Was aber nur rhetorisch bekundet, nicht jedoch faktisch eingelöst wurde, und damit: es erfolgte eine Neubesetzung der Dienststelle – zwei, drei Jahre später ...

Ja, viel Administratives, selten Brisantes. Wiederholt brisant war damals die Situation im Jugendheim. Umbrüche, Aufbrüche der Gesellschaft wirkten auch hier ein: es machten sich junge Leute breit, die Jugendarbeit eher boykottierten als stimulierten. Der wiederholt auftauchende Vorwurf, im Jugendheim würde gesoffen, gekifft, gedealt. Es fänden Schlägereien statt. Bei einer der Sitzungen platzte eine Mitarbeiterin herein: Der Leiter des Jugendheims ist in die Ecke gedrängt, einer der Neuen hält ihm ein Messer vor den Bauch. Da sprang sofort Freund Peter ein, ließ klerikales Idiom zurück, brüllte den Ausgeflippten an: Sofort das Messer weg, sonst liegst du flach! Gütliches Zureden hätte nicht gewirkt, hier war der rechte Ton getroffen, die kritische Situation wurde erst mal entschärft, später konnte nachgearbeitet werden.

Mein Akzent war gesetzt auf soziale Arbeit, nicht auf Kirchenleben. In der Christus-Kirche machte ich mich weiterhin rar, tauchte dafür, beispielsweise, auf im »Kontaktkreis der Evangelischen Gemeinde Düren zur JVA Düren«. So kam ich ins Gefängnis, besuchsweise, nach Absprachen mit der Anstaltsleitung der Justizvollzugsanstalt: Gespräche mit Häftlingen, Gespräche mit Beamten. Sitzungen des Kontaktkreises.

Mein soziales Engagement wurde in der Gemeinde anerkannt, immer öfter aber wurden Stimmen laut (eher halblaut), die meinen Status in Frage stellten: Was ist das eigentlich für ein Presbyter, den man fast nie oder höchstens notgedrungen in der Kirche sieht?

Ein »Dienstgespräch« mit Peter Beier: Ich kann, ich will mich nicht zu regelmäßiger Teilnahme an Gottesdiensten verpflichten, nur weil ich mich im sozialen Umfeld der Gemeinde engagiere. Also werde ich mich nicht der Wiederwahl stellen. Aber wenn ihr mich braucht, bin ich zur Stelle.

Was denn auch geschah, Stichwort: Drogenberatungsstelle.

ZWISCHENFRAGE. Wie sollen wir das verstehen, Herr Kühn: Jemand, der nicht freiwillig in die Kirche geht, wieso wurde der Mitglied eines Presbyteriums, eines Pfarrgemeinderats? Glauben Sie überhaupt an Gott?

Ich wünsche mir, ich könnte an einen Gott glauben. Das wäre aber ein eher alttestamentarischer Gott. Und der als Schöpfer. Wobei ich mich sofort und entschieden von Dummbeuteln absetzen muss, die, vor allem in den USA, als »creationists« alles wortwörtlich nehmen, was in der Bibel steht. Für die infolgedessen die Welt sechstausend Jahre alt ist, da können Wissenschaftler publizieren, was sie wollen. Von diesem Humbug rücke ich ab, selbstverständlich. Monotheismus hat eine sehr viel ältere Tradition, der schließe ich mich an mit Vorbehalten und einem Bündel von Fragen.

Also doch, wie im Glaubensbekenntnis: Gott als »Schöpfer des Himmels und der Erde«? Mit welchen Vorstellungen verbinden Sie das? Gott als Wesen, das in unermesslichem Leerraum eine unvorstellbar dichte Masse formloser Materie zusammengeballt hat, sie zur Explosion brachte im Urknall, danach zuschaute, was sich nach den entscheidenden ersten trillionstel Sekunden entwickelte mit rasenden Geschwindigkeiten? Und der große Initiator richtete sein besonderes Augenmerk auf die auskühlende Erdkugel, dieses Sternlein im Winkel eines der in Jahrmilliarden entwickelten Galaxie-systeme, schuf die für jegliches Leben notwendigen Voraus-setzungen wie Wasser, Luft und angemessene Temperaturen, begann schließlich, Leben überhaupt, dann diverse Lebens-formen zu entwerfen? Wie soll das vor sich gegangen sein, trotz dominierender Evolutionsthese?

Das frage ich mich auch. Gott müsste molekularkleine Baupläne entwickelt haben, Gene. Wer Mikrokosmisches wie Atome, liiert mit Quanten, erschaffen kann und Makroskopi-sches wie dieses fortgesetzt auseinanderdriftende Weltall, wird gewiss auch mit den vier codierenden Bestandteilen der Gene zurechtkommen, als Allerhöchster Molekularbiologe, Allerhöchster Molekularmechaniker, als Konzeptor der Bio-diversität.

Klingt verdächtig anthropomorph. Also doch ein Gott-vater, zeitgemäß reloaded?

Nein, eher so was wie ein omnipotenter, omnipräsenter Mega-Cluster. Wie eine Cloud, eine Hybrid Cloud. Analog und virtuell, faktisch und kontrafaktisch zugleich. So, wie Ma-terie von Antimaterie begleitet wird, so könnte hier / dort die höchste Stufe der Komplementarität bestehen von Existenz und Nichtexistenz, umgesetzt in Nähe und zugleich Ferne, weltnah, präsent aber auch für andere belebte Welten – dort ohne Sohn?

Als Charakteristika des Gottes vielleicht: Keine feste Grö-ße, sich vielmehr erweiternd oder verkleinernd, auch in dieser Hinsicht wolkenähnlich? Eine Supercloud, Supracloud mit n Dimensionen? Und wir, mit unseren beschränkten drei, vier Dimensionen, wir sind weder a priori noch a posteriori in der Lage, die suprakomplexe, polydimensionale Cloud zu erfas-sen? Nicht einmal als selbstreduzierte Lichterscheinung in purifiziertem Ultraviolett? Dennoch – hier und dort, ab und zu – für Erleuchtung sorgend, Flämmchen verteilend auf di-verse Köpfe, sogleich wieder abhebend, sich verflüchtigend?

Weichen Sie doch bitte nicht aus ins Ironische. Haben Sie sich noch nie gefragt, ernsthaft, ob es ein Leben nach dem Tode geben kann? Und wenn ja, in welcher Form?

Das kann ich noch auswendig, habe das, vor allem als Jugendlicher, auf dem Weg zur Konfirmation, oft genug nachgesprochen, mitgemurmelt, mitgeleiert: »… Auferstehung der Toten und das ewige Leben. Amen.« Auferstehung der Toten und das ewige Leben. Amen. Formulierungen als Selbstläufer, die liefen mir davon, die versuche ich jetzt erst einzuholen: Was habe ich da eigentlich mitgesprochen, bekräftigt, beglaubigt, mir scheinbar zu eigen gemacht? George Bernard Shaw, den mein Vater so sehr schätzte, fast ein Hausheiliger, er schrieb und publizierte diesen von mir fußnotenmäßig aufgeschnappten Satz: »Trotz unserer störrischen, verrückten Annahme, Hans Jedermann werde einmal tausend Millionen Äonen und darüber hinaus leben, sterben wir gern: wir wissen, unsere Zeit ist um.« Gleich noch ein Satz von GBS, vermittelt von John Updike: »Welcher Mensch wäre übrigens des wahnwitzigen Dünkels fähig zu glauben, dass er eine Ewigkeit seines Ichs ertragen könnte?«

Shaw, vermittelt von Updike: höchst ehrenwert. Nur würde ich gern erfahren, wie *Sie* darüber denken. Ist schließlich eine Kernfrage, existentiell!

Ich gebe nur ausweichend Antwort, fühle mich hier eigentlich überfordert. Verweise auf die vor etlichen Jahrhunderten noch topographisch vereinfachte Gesamtlage. Die Erde umgeben von schwingenden Kristallschalen, und droben, über der Schale mit dem größten Durchmesser, der Himmel; in dieser jenseitigen Region der Thron; auf diesem Thron Gott. Oder, wie Juden eher schreiben würden: G'tt. In dieses Himmelsreich konnte man nach dem Jüngsten Gericht »auffahren« – sofern zugelassen. Nur: wohin? Immer leistungsfähigere Teleskope weiteten den Blick in schließlich »unermessliche Fernen«. Dort herrscht entweder Hitze von mehreren tausend Grad Celsius oder Weltraumkälte von konstant minus 273 Grad. »Da möchte ich nicht abgemalt sein«, hätte Helene in einer ihrer Da-capo-Formulierungen gesagt.

»Da« – wo denn da? Auf der Rückseite von Planeten oder sonstigen Gestirnen? Oder eher in Schwarzen Kugellöchern? Und es werden, es würden per Allerhöchstem Richtspruch bestimmte Skelette – im Hawking-Effekt – bei der Annäherung wie Spaghettis langgezogen, bevor sie definitiv unsichtbar werden hinter oder unter dem Ereignishorizont? Dort womöglich wegen der Massenhaftigkeit, der extrem starken Gravitation unvorstellbar dicht zusammengepresst: Verpackungsgrad wenigstens 5000? Das wäre aber eher die Hölle, das Inferno. In derartiger Verdichtung auf Freunde, Verwandte, sonst Nahstehende zu treffen, dürfte äußerst unwahrscheinlich sein.

Einer möglichen Lösung des Problems könnten uns höchstens die neu entdeckten (oder errechneten) supersymmetrischen Partikel näherbringen, »die wie eine Schattenwelt das bisher bekannte Universum ergänzen« sollen. Dort ließen sich die Auferstandenen am ehesten ansiedeln: im Schattenkosmos, der den Kosmos um uns herum gleichsam durchdringt, durchwächst. Hier also das oft zitierte, auch von mir als Jugendlicher ahnungslos ausgesprochene, hingemurmelte »ewige Leben«? Ewig, das heißt ja nun: zeitlich unbegrenzt. Also nicht bloß eine Spielverlängerung nach dem Abpfiff, nach dem Totenglöcklein, nicht bloß ein Nachspiel von zehn oder hundert Jahren, sondern Tausende, Zehntausende, Hunderttausende, Millionen, Abermillionen, Milliarden von Jahren – und damit noch längst nicht »ewig«? Da müsste Zeitgefühl radikal aufgehoben sein, Zeit nur noch wahrgenommen wie von einem Stein.

Aber es wird von den Kirchen glücklicherweise auch die »ewige Ruhe« angeboten, unausgesprochen alternativ, und da würde ich mich denn sofort für »requiem aeternam« entscheiden, dies schon mal vorweg.

Wäre eigentlich schön: ein Gefühl religiöser Geborgenheit. Die kleine Seitenkapelle (wo war das noch?) mit der schmucklosen Wandnische für die etwa dreißig Zentimeter hohe Pietà aus bemaltem Stein, ein Blumenstrauß vor ihr abgelegt. Mussten künstliche Blumen sein, sonst wären sie rasch verwelkt, ja angebräunt worden in der Kerzenwärme: Hunderte von Leuchten in der Kapelle, die meisten auf schmiedeeisernem Gestell mit langen Tragarmen; an den Seitenwänden kleinere

Gerüste aus Schmiedeeisen, mit jeweils etwa dreißig Kerzen. Es dürften zweihundert, gar dreihundert Kerzenleuchten sein, in Glasschälchen. Die Kirche hinter mir halbdunkel, und vor allem: leer. So bin ich allein in der Kapelle, angelockt vom Waberlicht, nun eingetaucht in Wärme. Erste Assoziation: Backstube. Aber kein Brotgeruch, Brotkrustenduft, sondern Kerzengeruch.

Reglos bleibe ich stehn, fühle mich umhüllt von Kerzenwärme. In der Kuppel der Kapelle eine tellergroße Öffnung, und irgendwo, weiter droben, ist ein Ventilator eingebaut: feines, sehr gleichmäßiges Summen, das mich ebenfalls sanft stimmt, müde macht. Die Leuchten auf den kleinen Metallgerüsten seitwärts brennen fast völlig ruhig; auf dem ausladenden Gerüst vor mir flackern die Kerzen ein wenig, zumindest von der zweiten Reihe an.

Ich lasse den Blick unscharf werden, und bald die Assoziation: Lichtreflexe auf einer Wasserfläche. An einem See, am Mittelmeer hatte ich öfter hineingeschaut in die Lichtflächen vor der Sonne jenseits des Zenits, wollte gesetzmäßige Abläufe entdecken im Aufblinken, Aufzucken von Lichtimpulsen, wollte wellenförmige Lichtbewegungen entdecken, doch es blieb bei der Zufallsverteilung von Aufblitzen und Erlöschen der Lichtreflexe.

Auch nun wieder, während ich, in der Backofenwärme, in das Lichtflimmern, Lichtzucken, Lichtschwanken der Kerzenleuchten hineinblicke, das Gefühl, mein Hirn würde leergesogen. Um dem nicht völlig nachzugeben, schaue ich zuweilen, den Blick schärfend, auf einzelne Leuchter. Und mein Blick wird wieder unscharf. Erneut, das Bild überlagernd oder durch das Bild hindurchblinkend: Wasserfläche mit Lichtreflexen.

Zuweilen horche ich in den immer dunkleren Kirchenraum, aber weder vom Vorplatz noch von der Sakristei kommt jemand in die große Lichtwabe, in der sich Dutzende, Hunderte von Bitten konzentriert haben werden, allein an diesem Tag. Gebete wie hinaufgesogen, hinaufflimmernd hochgesogen durch die schwarze Öffnung in der dunkel getönten Decke, und es flimmerte, unsichtbar, immer höher: Gebetsthermik.

Ein Geräusch in der Kirche, vom Eingang her, ich schrecke auf, bleibe jedoch stehen, die reglose Haltung eines Beters annehmend, den man lieber nicht stört. Wärmemeditation, Lichtmeditation, und in jedem Nervenknoten, jeder Ganglie meines Hirns solch eine Kerzenleuchte, gleichmäßig warmhell ausgeleuchtet die Hirnkuppel, nur noch die Lichter, die Wärme, die Lichter – das wäre mehr als genug.

Nachts auf der B-Ebene: ein Mann steht auf dem Bahnsteig mit einem Köfferchen älterer Ausführung; weiß aufgepinselt: Frag mich nach JESUS. Ein Grüppchen junger Männer in hellblauen, eng anliegenden Jeans, mit weiten Bomberblousons in Leder, US-AIR-FORCE-Embleme auf breiten Rücken: historisierende Zitate der Konsumgüterindustrie. Der Mann mit dem Trödelmarktköfferchen: kurzgehaltener Bart, auf grauem Haar eine Baskenmütze, er strahlt mildes Lächeln ab, einladend. Eine Gruppe in schwarzblauen, weiten Jeans, in hellgrauen Kapuzenpullis, zwei auch noch mit einer Basecap unter der Kapuze: the hood. Der Mann mit dem Köfferchen lächelt, lächelt mild. Zwei Männer, offenbar Inder, in hellen Anzügen mit Krawatten, sie haben die Hände lässig vor dem Geschlecht verschränkt. Als auf der Gegenseite eine U-Bahn abgefahren ist, ohne dass jemand in Bomberblouson, Kapuzenpulli und Konfektionsanzug nach Jesus gefragt hat, wechselt der Mann die Bahnsteigseite, kommt in meine Nähe. Eine Streife der Security, drei Männer, eine Frau, ein Schäferhund mit Maulkorb. Der Mann strahlt Lächeln ab. Ich lächle im Reflex, schaue weg: es soll kein einladendes Lächeln sein. Er fährt mit in der Bahn, steht sanft lächelnd im Gang, das Köfferli zu seinen Füßen abgestellt, doch keiner fragt nach Jesus.
Und ich? Könnte ihn höchstens fragen: Wenn es Tausende von belebten Welten geben soll, wie Astrophysiker schon rein statistisch voraussetzen bei Milliarden von Galaxien mit jeweils Milliarden von Gestirnen – herrscht über all jene nicht nur wahrscheinlichen, sondern höchstwahrscheinlichen Welten ein Gott ohne Sohn?

ABMELDUNG vom Presbyterium, Fortsetzung der Freundschaft mit Peter. Bei einem der Gespräche brachte er die Rede auf die Drogenberatungsstelle, abgekürzt: Drobs. Die war wieder mal ins Gerede gekommen – Querelen im Team und der Verdacht, einer der hauptamtlichen Mitarbeiter würde dealen. Ich wurde vom Presbyterium zum Mitglied des »Drogenausschusses« gewählt, war damit der Fünfte in kleiner Runde.

Und wurde konfrontiert mit »papers«, von Mitarbeitern der Beratungsstelle in fast regelmäßiger Folge erarbeitet und verteilt. »Konzeption der Drogenberatungsstelle Düren ... Drogensituation in Düren ... Bericht über Teestubenarbeit ... Monatsbericht ... Ergebnisse der täglichen Mitarbeiterbesprechungen ... Schreiben an den Präses des Ev. Kirchengemeinde« ...

Dann geht es um eine Rechnung des Instituts für Training und Gruppendynamik Düsseldorf. Sie zeigt, dass »entgegen früherer Abmachung teilweise Außenstehende an dem Seminar teilnahmen«. Die hauptamtlichen Mitarbeiter hatten drei Personen mitgenommen, die dafür nicht vorgesehen waren, die Gesamtrechnung wurde entsprechend hoch, das konnten wir nicht hinnehmen, es mussten jeweils anderthalb Tage Urlaub abgezogen werden.

Und Teilnahme an der Teestubenarbeit. »Den jugendlichen Besuchern stehen in der Drogenberatungsstelle als sog. Teestube drei Räume in der dritten Etage zur Verfügung. Die durchschnittlich 50 jugendlichen Besucher, die täglich die Drogenberatungsstelle aufsuchen, zeigen in der Mehrzahl ein Verhalten, das sich auszeichnet durch Passivität, Kontaktarmut bzw. völlige Isolation, besonders gegenüber Erwachsenen, aber auch gegenüber Gleichaltrigen.«

Immer wieder wurden mir Ablichtungen von papers mitgegeben, und es verstärkte sich der Eindruck, das Team sei sehr stark, sei immer mehr mit sich selbst beschäftigt, die papers konnten den Umfang von zehn, zwölf dicht (mit Schreibmaschine) beschriebenen Seiten annehmen. Die Mitarbeitertreffen waren hauptsächlich der Selbstfindung, der

515

Selbstdefinition gewidmet. Das führte schließlich zu offenen Konflikten, die auch ich durch Gespräche »herunterfahren« musste, damit die eigentliche Arbeit nicht zu kurz kam. Aber diese Interventionen blieben wirkungslos.

Irritierend, zwischendurch, ein Szenebericht: »Auf dem Dürener Drogenmarkt ist verhältnismäßig viel Pervitin vorzufinden; dieses Amphetamin als meistgefragter Fixerstoff.« Es wurde wieder mal versucht, einen Fixermarkt aufzubauen, die Beteiligten, zumindest die des harten Kerns, waren der Drobs bekannt, und so »waren wir in der Lage, dieses Vorhaben zu durchkreuzen«.

Weiter: Prostitution in der Dürener Szene: »Die verhältnismäßig jungen Mädchen haben sich von der Scene vollkommen entfernt und sind jetzt vorwiegend in Türkenkneipen aufzufinden.«

Ich führte Gespräche, doch es blieb Distanz. War ich eingestuft als Beobachter, womöglich als Aufseher, vorgeschickt von der misstrauischen Gemeindeleitung, die der Drobs die Räume stellte? War ich in meiner Rolle festgeschrieben als Freund von Pfarrer, von Präses Beier? Zuweilen hatte ich das Gefühl, ausgetrickst zu werden. Besonders schwer war es, an den hauptamtlichen Mitarbeiter heranzukommen, von dem immer öfter zu hören war, er würde dealen. Mein Misstrauen wuchs.

Ja, und wieder mal: Erörterung der Teestubenarbeit. Die meisten Drogenabhängigen, die in der Drobs erscheinen, verhalten sich weiterhin passiv. »Die Jugendlichen sitzen bzw. hocken in der Mehrzahl still und teilnahmslos da und hören der Musik zu. Nur selten nehmen sie untereinander Kontakt auf.«

Einer der Klienten »ist 18 Jahre alt. Er spricht verwaschen, schwer verständlich, lacht manchmal unmotiviert auf, kann sich kaum klar ausdrücken. Vieles ist ihm gleichgültig. Aus seinen Worten spricht Passivität. Wenn er sich etwas vornimmt, dann nimmt er sich das ›instinktiv‹ vor, d. h., er lässt sich treiben. Er ist unfrei in seinen Entschlüssen. Er hat ›Trips geworfen‹ (d. h. LSD genommen) und gekifft (Haschisch geraucht). Vom Kiffen will er loskommen, will es dann aber auch wieder nicht – ›das mit dem Kiffen ist nichts Schlimmes‹.«

Also, mal wieder: Was ist zu tun? Klienten aktivieren, versteht sich ... Eigenverantwortung, Solidarität und Toleranz fördern, versteht sich ... Die Besucher sollen Verantwortung für Räume übernehmen, sollen sich beteiligen am gemeinsamen Besorgen von Einrichtungsgegenständen, sollen Interessengruppen bilden, sollen öffentliche Veranstaltungen besuchen ... Und: Filmvorführungen ... Vorführen eigener Dias ... Auslegen von Zeitschriften und Büchern ... Spiele, die das Gemeinschaftsgefühl fördern ... Sport ... Mal- und Tonarbeiten ... Fahrt in die Eifel mit einigen Teestubenbesuchern ...

Also, generalisierend: Prophylaktische, motivationsfördernde, therapeutische und posttherapeutische Angebote; Unterstützung bei der Arbeits- und Wohnungssuche; Vermittlung von Entziehungskuren; nachgehende Betreuung ehemals Drogenabhängiger und Haftentlassener ... Und wer soll das alles realisieren?

Immer ausführlicher die papers, immer weiter die Auffächerung der Zuständigkeiten, immer größer das Spektrum der Probleme. Diskussionen im Team mit dem Stichwort Alkohol: Ist Alkoholkonsum innerhalb der Drogenberatungsstelle tragbar? »Auch unter den Mitarbeitern gab es Spannungen wegen der Alkoholproblematik, da einerseits die Ansicht bestand, man solle ebenfalls Rotwein trinken, um von den Jugendlichen eher akzeptiert und als Vertrauensperson betrachtet zu werden, andererseits jedoch die Auffassung vertreten wurde, dass das Mittrinken von den Jugendlichen als Bestärkung betrachtet werden könnte. Eine Einigung unter den Mitarbeitern und mit den Klienten konnte vorläufig dahingehend erreicht werden, dass Alkohol in der Drogenberatungsstelle als Rauschdroge anerkannt und nicht mehr konsumiert wurde.«

Und wieder und weiter Detailfragen. In der Teestube soll ein Schild angebracht werden: »Wer kifft oder dealt, bekommt Hausverbot.« Doch wer besorgt die Bohrmaschine, um das Schild anzubringen …? Weil die Telefonkosten unkontrollierbar wachsen, soll ein Gebührenzähler bei der Post beantragt werden … Es ist mal wieder Mobiliar mutwillig zerstört worden – genügt bei den Akteuren eine Woche Hausverbot …? Räume müssen desinfiziert und gesäubert werden, trotz wiederholter Aufrufe beteiligen sich Teestubenbesucher nicht dabei, es muss ein Kammerjäger angefordert werden … Soll NN, eine Ex-Userin, ehrenamtlich mitarbeiten? »Sie hat große eigene Erfahrungen auf dem Gebiet der Sucht und der Drogen«, will Näh-, Strick- und Bastelmöglichkeiten anbieten, will auch beim Fotografieren mitwirken. Gibt es Gründe, an der Aufrichtigkeit ihrer Aussagen zu zweifeln?

Auch im Team: wachsende Probleme. In der Kneipenszene wiederholt sich der Vorwurf, einer der Hauptakteure deale ja selbst. Mein Spaziergang mit dem alerten jungen Mann führt nicht weiter. Es verstärkt sich mein Grundgefühl, ich würde die Vorgänge nicht durchschauen, könnte also letztlich nicht mitwirken bei gemeinsamen Beschlüssen.

Gruppensitzungen der Drobs mit Klienten! Auch hier läuft etliches schief. Die Gruppenmitglieder (»im folgenden g.m.«) legen sich sternförmig auf die Rücken, Köpfe zueinander. Der Raum wird verdunkelt. Entspannung soll erfolgen. Es fällt das Stichwort »Bananenplantage«. Bananenstauden werden beschrieben, die Wärme des Urwalds, ein Paradies … Weiteres Ausspielen: ein Schwimmbecken wird angelegt in diesem Urwald, keins der gefährlichen Tiere macht sich im Wasser breit … Einfaches Leben … Entsprechend einfache Kleidung … Die »g.m.« ziehen sich aus, drapieren sich mit Bananenschalen, Kokosnusshälften … Man findet sich komisch, lacht darüber … Ein g.m. »beginnt, über Sexuelles zu phantasieren«: die Gruppe versetzt sich in einen Verbindungstunnel zwischen einem Nonnen- und einem Mönchskloster … Dort finden Sexorgien statt: »Massenbumsen«. Nonnen werden schwanger, »doch alle Kinder, die sie zur Welt brachten, werden sofort umgebracht und in diesem Tunnel verscharrt«. Der das Stichwort gab für diese Gruppenphantasie, er beginnt auszuflippen, die Sitzung muss abgebrochen werden.

Es erscheint unserem Ausschuss schließlich notwendig, der Drobs eine neue Leitung zu vermitteln; eine Diplom-Psychologin wird eingestellt. Aufregung, Empörung in der Drobs: »Sie ließ vom ersten Arbeitstag an keinen Zweifel daran, dass sie die bisherige Arbeit und Arbeitsform (Team) nicht akzeptieren würde.« Sie konstatierte: »Mehr und mehr abflachende Arbeit der Drobs.« Das Team musste sich »mit einem sich ständig vergrößernden Machtfaktor, personifiziert in Fr. NN, auseinandersetzen. Da wir uns als Gruppe gegen die von der Leiterin angestrebte Arbeitsform (Hierarchie) wehrten, entstanden starke Spannungen. Diskussionen blieben fruchtlos, da Frau NN kein Interesse an einer solchen Auseinandersetzung zeigte. Ergo ließ sich ein deutlicher Rückgang der Arbeitsaktivitäten feststellen, verursacht durch die starken Spannungen, der wachsenden Unlust der Mitarbeiter und dem stärker werdenden Misstrauen der Klienten, die das Umfunktionieren der Drobs in eine ›Arztpraxis‹ sehr stark registrierten.«

Indirekte Teilnahme an fortgesetzten Querelen: Zustellung von Gesprächsnotizen. Die neue Leiterin will einen eigenen Arbeitsraum haben, obwohl die Drobs nur über wenige Zimmer verfügt ... Die neue Leiterin will sich »erneut in langwierigen Gruppensitzungen über einmal von uns bereits definierte Ziele neu auseinandersetzen«.

So ging es nicht weiter, erneut mussten wir verhandeln, mussten handeln. In einer Sitzung des Ausschusses mussten Entschlüsse gefasst werden für einen Neubeginn in der allseits verfahrenen Situation: Der neuen Leiterin »ist die Kündigung zum ... nahezulegen (noch Probezeit) ... Herrn NN ist die Kündigung zum ... nahezulegen, da die Vertrauensbasis nicht mehr vorhanden ist.«

Für uns aber ging die überwiegend administrative Arbeit weiter. Noch in derselben Sitzung: Spesen (Aufwandsentschädigung) für street-work ... Einstellung einer Putzhilfe ... Pauschalgenehmigung für Dienstfahrten zu Sitzungen des Diakonischen Werks ... Zurückzahlung eines quittierten Betrags ... Bewilligung von Dienstfahrten ...

Und damit Ende des Berichts. Auch um meine Sprachwelt abzuschirmen, habe ich mich vom Drogenausschuss »form- und fristgerecht« abgemeldet.

REISEN! Die führen meist in den Süden. Reisen ohne Recherchen, Reisen in Regionen, in denen Licht dominiert und Photonen schwingen ins Hirn. Reisebilder also aus der Mediterranné, der Erinnerung eingeprägt mit intensiver Belichtung. Bilder, die für sich stehen, Bilder, die nicht umgesetzt werden wollen, Bilder, die ich nicht mit Begriffen begleite, Bilder, die ich schon gar nicht symbolisch deute, Bilder, die mich begleiten.

Ägina! Den Wechsel von der Nacht zum Tag beobachten, fröstelnd auf dem Balkon des kleinen Hotels am Inselhafen. Vollmond über dem Peloponnes. Morgenlicht taucht Bergzüge in Blau, lässt Bäume aufgrünen, künstliches Grün. Quallen berühren rhythmisch die Oberfläche, ziehen konzentrische Kreise. Vom Peloponnes herüber krähen Hähne. Und nun Schritte: ein Mann, gähnend, Schultern hochgezogen, Hände tief in den Taschen, ausgebeulte Hose, verschossenes Leinenhemd, er stellt sich ans Ufermäuerchen, glotzt ins Wasser. Ein alter Mann kommt hinzu. Er stellt sich neben den Reglosen, nickt ihm zu, glotzt ins Wasser. Der Himmel hellt kontinuierlich auf, ändert die Farben: Blau wird Grün, das Grün wird gläsern. Der Mann, der zuerst gekommen war, schiebt die Hand tief in die Tasche, zieht etwas heraus, lässt es ins Wasser herab, zerrt einen Oktopus hoch, wirbelt ihn über die Schulter, klatscht ihn aufs Pflaster, bildet eine Zange aus rechtem Daumen, Ring- und Mittelfinger, greift in das Grau, die Saugwarzen lösen sich schmatzend, er schleudert das Bündel auf den Asphalt, löst es ab, flotsch, schleudert das Bündel auf den Asphalt, löst es mit der Fingerzange ab, flotsch, tunkt das Bündel ins Wasser, reibt es auf dem Asphalt wie ein Wäschestück, lässt es wieder aufklatschen, löst es ab, flotsch, schleudert es auf den Asphalt, klatsch, löst es ab, flotsch, schleudert es auf den Asphalt, klatsch, löst es ab, flotsch.

Santorin! In einer Felsbucht wird Schaum geschlagen: ver-

dichteter Gichtschaum, nach einem mehrtägigen Sturm. Gichtschaum herabtriefend von den Wänden eines Felseinschnitts,
herabsickernd, immer wieder erneuert, an den Fels geflatscht.
Glibberschaum auf Felsplatten, Luftschaummasse im rupfigen
Wind gleichsam bibbernd. Was in den weiten Felsspalt von
Brandungswelle um Brandungswelle hereingeschoben wird,
scheint eine Art Kondensmilch zu sein, freilich nicht in makel-
losem Meerschaumweiß, vielmehr leicht eingebräunt. Sand mit
hochgewirbelt? So schmiert es die Felswände des Einschnittes
ein, sämig halbsteif geschlagener Schmand. Im spitzen End-
winkel des Felseinschnitts: Blibbermasse in dutzendfachen
Blumenkohlvariationen. Ich konnte mich nicht dran sattsehn.

DEZEMBER 1966: Große Koalition von CDU und SPD unter
Bundeskanzler Kiesinger! Eine politische Entscheidung, die
zu einer persönlichen Entscheidung führte, also muss hier
kurz mal Politik zur Sprache kommen.
   Die Große Koalition bildete sich in einer Situation, die als
Krise empfunden wurde. Bundeskanzler Erhard, vom alten
»Leitwolf« Adenauer argwöhnisch beäugt als einer von denen, die ihm im Weg standen zur Endlosverlängerung der eigenen Amtszeit (wollte »Häuptling Adi Nau-Nau« der erste
hundertjährige Regierungschef der Geschichte werden?), dieser Nachfolger Erhard konnte sich nicht halten, Barzel und
Strauß wollten nachrücken. Und: die SPD wollte sich endlich
mal als regierungsfähig erweisen: dies vor allem nach dem
Willen des Drahtziehers Wehner, der vielleicht nicht einmal
beim Schlafen die Pfeife aus dem Mund nahm. So entstand,
was Grass, auch in seiner Rolle als Praeceptor Germaniae, als
»miese Ehe« bezeichnete.
   Ich fragte mich: Und wo bleibt hier die Opposition?! Die
Grünen gab es noch nicht als Alternative, wir hatten ein
etabliertes, akkreditiertes, (scheinbar) fixiertes Dreiparteien-
system. So gab es nur *eine* Partei im Bundestag, die zur Opposition aufgerufen und verpflichtet war: die FDP. Ich sagte
mir: Klagen, Jammern hilft nicht weiter, tu etwas, um die sehr
kleine Opposition ein wenig zu stärken, das ist notwendig bei

einem Altnazi wie Kiesinger. Immerhin, Willy Brandt wurde Außenminister und Heinemann Bundespräsident, aber diese beiden Lichtpunkte wurden überschattet durch die massige, düstere Kontur des Franz Josef Strauß, jenes machthungrigen Brachialpolitikers, der trotz verdienter Rückschläge (die Spiegel-Affäre vier Jahre zuvor!) seinen Kurs Richtung Kanzlerschaft beibehielt, ein Mann, der Atombomben favorisierte, der mit seiner Entscheidung für den labilen Starfighter bereits Dutzende von Piloten in den Tod geschickt hatte. Es musste alles getan werden, um diesem Mann den Weg zur Kanzlerschaft zu versperren, ergo musste die Opposition gestärkt werden. Das durfte, für mich jedenfalls, nicht bloß Statement bleiben, schriftlich festgehaltenes Desiderat, ich wurde – es lässt sich nicht kaschieren – Mitglied der FDP.

»FDP! Das klingt heute ja fast schon verrückt, wenn man die FDP erwähnt! Aber wir wollen die alte westdeutsche FDP mal nicht vergessen, die ganze Rechtsstaatsreform war im Wesentlichen bei der FDP zu Hause, nicht bei der Sozialdemokratie.« So der ehemalige Außenminister Joschka Fischer in einem publizierten Gespräch mit dem Historiker Fritz Stern.

Ich kann nur ergänzend versichern: Jene Partei in jener Zeit war noch nicht »Gralshüterin einer unregulierten Marktwirtschaft«, war noch nicht dem rücksichtslosen, gnadenlosen Neoliberalismus verpflichtet, der uns bald schon ruinieren kann. Damals lauerte eine andere Gefahr: wachsende Rechtslastigkeit der Partei, obsoleter Nationalismus. Doch den Nationalliberalen standen die Altliberalen (vor allem mit Theodor Heuss) gegenüber, es war eine Phase, in der sich die Partei neu zu orientieren, zu formieren versuchte, animiert und stimuliert vor allem durch Ralf Dahrendorf, der suggestive Parolen entwickelte: »Vision großer liberaler Zukunft … Wagnis des Wandels …« Und Scheel, der spätere Bundespräsident: »Wir wollen eine neue Politik.«

Bei Vision und Wunsch blieb es allerdings weithin, die Auseinandersetzungen, die Flügelkämpfe in der Partei setzten sich fort, und das verschärft.

Doch dies war die Situation: Den rund dreihundert Abgeordneten von CDU und SPD standen gerade mal 49 FDP-Abgeordnete gegenüber, freilich (indirekt) unterstützt von etwa zwei Dutzend Sozialdemokraten, die nicht für die Große Koalition gestimmt hatten. Die Grundsatzentscheidung innerhalb der SPD war ohnehin numerisch knapp ausgefallen.

Ein Dahrendorf konnte die Große Koalition schon gar nicht akzeptieren, er sah nur die *eine* Alternative: sich zu engagieren oder zu emigrieren. Also engagieren!

Die Entscheidung, mich zur Mini-Opposition zu gesellen, sah ich indirekt abgesegnet durch den ›Hausheiligen‹ Karl Jaspers – der nicht, wie Heidegger, permanent gründelte, sondern sich umschaute und umtat, dem die Atombombe das Stichwort gab zu einem seiner Bücher, der sich und uns öffentlich die Frage stellte: *Wohin treibt die Bundesrepublik?* Eine Streitschrift, kurz zuvor erschienen. Einer ihrer Kernsätze, flottierend: »Wir stehen in dem Zerfall einer Demokratie, die bei uns eigentlich noch gar nicht da war.« Und er sah »die Opposition, die schon im Schwinden war«, aufs Äußerste bedroht. So etwas verstand ich als Aufruf.

Und gleich so etwas wie ein Nachruf auf die Große Koalition, die sich als »Bündnis auf Zeit« verstanden hatte, und die, letztlich, die SPD an die Regierung führte. Zahlreich geäußerte Bedenken erfüllten sich nicht. Erstaunlich gut funktionierte die stabilisierende Zusammenarbeit zwischen Finanzminister Strauß und Wirtschaftsminister Schiller. Da wurden sogar »Plisch und Plum« (von Wilhelm Busch) heranzitiert, obwohl Strauß weder Plisch noch Plum war, sondern kantig, ruppig, ehrgeizig. Und, ja doch, mit einer gewissen, wenn auch brachialen Ausstrahlung.

Ein Anekdötchen. Etliche Jahre später habe ich, zufällig, mit Strauß an einem Tisch gesessen, kauend, schluckend, sprechend. Ein schlichtes Dreisterne-Hotel in der Nähe von Taormina, bei der Anfahrt fielen uns gleich zwei schwarze Limousinen auf, Mercedes, obere Preisklasse. Im Speisesaal eine größere Tafel mit der bulligen Erscheinung, die ich

bisher nur auf dem Bildschirm und im Printmedium wahrgenommen hatte. Der Oberkellner bestätigte mir vertraulich:
»Il Ministerpresidente con la sua Freindin.« Die Ärztin an
unserem Tisch registrierte, dass sich Diabetiker Strauß ein erhebliches Quantum an süßer Nachspeise servieren ließ, und
übermittelte durch einen Kellner ein warnendes Zettelchen.
Sogleich wurden wir vier an die rasch vergrößerte Tafel gerufen und Strauß, durchaus jovial, brillierte, dominierte in der
erweiterten Runde. Es wurde mehr über Sizilien als über Politik gesprochen, Details lassen sich nicht mehr in Erinnerung
rufen.

Wie locker, wie lässig damals noch Personenschutz durchgeführt wurde, das nahm ich staunend wahr. In einer der beiden Begleitlimousinen lag auf der Hutablage vor der Heckscheibe eine Straßenkarte, auf der mit schwarzem Filzstift
die Route eingetragen war. Das hätte Planungen erheblich
erleichtern können. Das Zimmer des Ministerpräsidenten
und seiner »Freindin« in unserem Flur, es war markiert durch
einen riesigen Blumenstrauß, nachts vor die Tür gestellt. Und
die Begleitmannschaft noch im Tiefschlaf, als längst gefrühstückt wurde. Bei einer der Limousinen jaulte versehentlich
die Alarmanlage los, aber selbst der anhaltende, nervtötende
Wiederholungslärm weckte erst nach längerer Zeit einen der
italienischen Begleiter.

Fürs Erste nahm ich mit einiger Regelmäßigkeit an Sitzungen
des Ortsverbandes teil, im kleinen Büro in der Pletzergasse,
gleichsam im Schatten eines der rudimentären Türme der vormaligen Stadtmauer. Häufig ging es um Fragen der Geschäftsordnung, der Organisation. Oder es wurden Vorbereitungen
besprochen und getroffen für öffentliche Veranstaltungen.
Weitaus wichtiger waren mir aber Stellungnahmen und Aktionen mit konkreten Zielen. Ein Beispiel, und dabei wird es
bleiben.

Ein Soldat der Bundeswehr hat sich an den Vorsitzenden des
Ortsverbandes gewendet mit der Bitte um Beratung, vor allem
um Unterstützung. Er gehörte keiner der beiden Kirchen an,

wurde trotzdem zur »Lebenskunde« abkommandiert. Zwar klingt die Bezeichnung Lebenskunde neutral, doch wurde dieser Unterricht wechselweise vom evangelischen und vom katholischen Militärgeistlichen des Standorts erteilt, eine Darstellung von Lebensproblemen aus christlicher Sicht war als selbstverständlich vorauszusetzen: Musste der dissidente Soldat an den Unterrichtsstunden teilnehmen, deren Sinn übrigens auch von christlich gesinnten Soldaten in Frage gestellt wurde? Eine entsprechende Anfrage des Soldaten bei seinem Vorgesetzten löste Verwirrung aus. Dem Offizier wäre bestimmt lieber gewesen, sagt der Vorsitzende, wenn der Soldat dezidiert einen Rabbi oder Hindupriester angefordert hätte, das ließe sich als Antrag weiterleiten von Instanz zu Instanz. Was aber tun mit einem areligiösen Mann in einem Staat, der zu weit über 95 Prozent nominell aus Christen besteht? Der Offizier versuchte es mit gütlicher Einigung, sagte dem Rekruten, auf die wenigen Stunden im Monat käme es doch wohl nicht an, und schaden würde es bestimmt nicht. Der Soldat bestand auf seinem Recht, ohne freilich zu wissen, auf welche Gesetze er sich berufen konnte.

Warum wird der Mann nicht Parteimitglied, wird gefragt, wenn er schon Unterstützung erwartet? Der Vorsitzende erklärt, über eine eventuelle Mitgliedschaft könne immer noch verhandelt werden, jetzt sei erst einmal die Frage zu stellen, was geschehen müsse: Soll man seiner vorgesetzten Dienststelle ein Schreiben schicken, etwa in Form eines Offenen Briefes? In diesem Fall, so erklärt mein Nebenmann, müssten wir uns aber erst mal mit der Düsseldorfer Geschäftsstelle absprechen; man könne bei der Gelegenheit gleich auch weiteres Informationsmaterial zu dieser Frage erbitten.

ZWISCHENDURCH PRIVATER ÄRGER. Ein Autofahrer nimmt Sohn Thomas die Vorfahrt, er stürzt mit dem Rad auf die Motorhaube, der Lenker schrammt den Lack, der schuldige Autofahrer fordert Schadenersatz. Auf einer Lesereise wurde mir das telefonisch mitgeteilt. Meine Reaktion, wie zu erwarten: Das kann doch nicht wahr sein!

Von Gisela erfahre ich sukzessiv: Der Typ hat schon dreimal angerufen, will unbedingt unsere Versicherungsnummer haben. Die hat sie ihm selbstverständlich nicht genannt – wenn einer zahlen muss, dann der Schuldige. Zumindest Schmerzensgeld. Thomas ist schließlich gestürzt, hat sich am Knie weh getan. »Ja, der hat mich geschnitten, der Saftarsch!«

Und dann auch noch schimpfen und Schadenersatz fordern! War denn ein Blötsch in der Haube?

Nöh, bloß ein Ritzer. So lang wie der Bleistift. Aber der hat gesagt, das müsste bald in Ordnung gebracht werden, weil das sonst rostet.

Was ist denn das für ein Typ?

Och, der ist so Mitte zwanzig.

Und der regt sich so auf, wegen der kleinen Schramme? Die Leut haben Sorgen! Sollen froh sein, dass sie überhaupt noch Lack am Auto haben!

Gisela: Ich hab ihm gesagt, er soll die kleine Schramme zupinseln, dann ist der Fall erledigt. Lack gibt es überall. Wir werden aber keinen Pfennig dafür ausgeben. Daraufhin hat er verkündet, er nimmt sich einen Anwalt.

Heißt das, wir kriegen einen Prozess an den Hals?

Wahrscheinlich. Er wird uns über einen Anwalt seine Geldforderung zustellen, und wenn wir nicht zahlen, geht er vor Gericht.

Und das alles wegen zwanzig, dreißig Mark?

Hastegedacht. Er hat einen Kostenvoranschlag machen lassen, und da sind die auf 460 Mark gekommen, plus Mehrwertsteuer.

Einen halben Tausender für einen Kratzer?! Wo sind wir denn hier?! Und jäh der Drang, der Zwang, mal undifferenziert zu schimpfen: Autofetischisten …! Prozesshansln, womöglich mit Rechtsschutz …!

Die Kostenaufstellung kam per Einschreiben. Unsere Antwort war klar: Dem Jungen ist die Vorfahrt genommen worden, dafür gibt es Zeugen, wir zahlen nicht, fordern eher Schmerzensgeld.

Auch dieser Fall: Wie eine Sonde, eingeführt in das Gesellschaftsgewebe. Doch der erwartete Befund war nicht so eindeutig wie erwartet.

Wir mussten einen Anwalt nehmen – die üblichen Spielregeln. Der Prozesstermin. Ich erklärte dem RA, ich würde auf jeden Fall Präsenz zeigen.

Das hielt er für überflüssig, er würde das für uns erledigen.

Aber ich hatte noch nie an einer Gerichtssitzung teilgenommen, stellte mir das Prozedere so ähnlich vor wie in TV-Filmen: Richter mit Beisitzern am Tisch in der Mitte; Anwalt und Gegenanwalt symmetrisch seitwärts; das Publikum. Und ich ganz vorn.

Erste Zweifel, ob sich meine Erwartungen erfüllen würden, als ich zwanzig vor neun den Verhandlungsraum betrat. Die Tür offen. Ein paar Männer mit Aktenköfferchen, mit Schnellheftern in Blassgrün und Blassrot. Einige noch in Wintermänteln, Roben über den Unterarmen. Der Richtertisch, vorn abgedeckt. Rechts und links Stehpulte. An den Seitenwänden je ein Tisch mit zwei Stühlen. An der Rückwand, neben dem Eingang, eine Bank.

Ich wollte im wohnzimmerkleinen Gerichtssaal nicht stehenbleiben, mit meinem Warten signalisierend, dass der Mini-Termin für mich besondere Bedeutung hatte, ich ging wieder raus. Vor dem Eingang ebenfalls eine Bank, auf der saß ein etwa fünfzigjähriger Mann in schwarzer Lederjacke – das konnte der Kläger nicht sein, der sollte ja »um die zwanzig« sein. Ich schaute durch die Glasfläche auf den Terminplan. Ja, die angekündigte Raumnummer, das angegebene Datum, die angegebene Uhrzeit, Verzeichnis der anstehenden Termine. Und das waren 28, achtundzwanzig! Auf 9.30 war bereits eine Beweiserhebung angesetzt und auf 10.30 die nächste, so ging das im Stundentakt bis Mittag. Also alle achtundzwanzig Fälle in einer Stunde?! Burkhardt / Kühn auf Position 21. Das gab einen Ruck im Hirn: Demnach konnten nicht mehr als zwei Minuten pro Fall aufgewendet werden! In dieser Zeit ließe sich nicht mal eine Anklageschrift verlesen. Und dann die Stellungnahmen der beiden Rechtsanwälte, die mit unserem

Fall befasst waren. Alle zwei Minuten Austausch von Rechtsanwälten, raus und rein und raus? Und wir als Nummer einundzwanzig?

Auf und ab im Flur. Der für ein Amtsgebäude offenbar spezifische Geruch von Reinigungsmitteln – Geruchsassoziation an Bohnerwachs. Gibt es eine speziell für Behörden arbeitende Firma von Bodenreinigungsmitteln? Woher sonst der letztlich immer gleiche Flurgeruch? Ein Beihauch von Kloreinigungsmitteln. Ein winziger Chlorophyllhauch – die Zimmerpflanzen. Ich ging die Treppe langsam runter und noch langsamer wieder rauf.

Im Verhandlungsraum stand nun mindestens ein Dutzend von Rechtsanwälten. Einige in lockerem Kreis in der Mitte, zwei Grüppchen an den Seitentischen. Dort saßen ältere Anwälte, blätterten in Akten, einer las Zeitung. Ein Wägelchen wurde herangeschoben: zwei Ablegeflächen, vollgestapelt mit Schnellheftern, die Gesamtschicht an die dreißig Zentimeter dick, obendrauf eine elektrische Schreibmaschine mit eingerolltem Kabel. Am Richtertisch wurde nur ein kleiner Teil der Akten abgeladen. Unser Anwalt sah mich nun in der Türöffnung, löste sich aus der Plaudergruppe, kam zu mir: »Sie sind also doch gekommen?«

Ich wollte, ich will mir das nur mal anschaun.

»Also, direkt nötig ist das ja nicht.«

Ja, und alle achtundzwanzig Fälle werden in dieser einen Stunde durchgezogen?

»Falls der Richter pünktlich kommt. Sonst geht's halt ein bisschen fixer. Aber nehmen Sie ruhig schon mal Platz.«

Aber ich tigerte noch umher. Hatte mir vorgenommen, dem jungen Mann nach der Verhandlung, natürlich erst *nach* der Verhandlung, ein paar nette Worte zu sagen, im Flur, im Treppenhaus: Nimmt meinen Sohn auf den Kühler, die Vorfahrt missachtend, will dennoch den kleinen Lackschaden bezahlt kriegen, hat wohl einen Dachschaden …! Etwa in dem Tenor.

Ich setzte mich neben den Mann mit der schwarzen Lederjacke. Neben ihm ein Herr im Kamelhaarmantel. Und wer unter den – ich zählte rasch mal durch – unter den siebzehn Anwälten könnte den Burkhart vertreten? Standen alle beisammen wie vor einem Empfang. Ob die auch miteinander kegeln gingen?

Der Richter kam herein im Gespräch mit einem Anwalt. Die Plaudereien wurden nicht unterbrochen, die Anwälte traten nicht auf Seite. Der Richter setzte sich, nun im Gespräch mit einem anderen Anwalt. »Ja, wann ist das denn nun eigentlich aufgehängt worden?« Der Anwalt sagte etwas, das ich nicht verstehen konnte, zu viele Stimmen. »Ja, hängt die nun ein Jahr oder zwei Jahre?« Und ich hörte, durch das Stimmengewirr hindurch, das Wort »Leuchtröhren«. Jemand lachte.

Die Tür zum Flur blieb offen. Nun waren alle Anwälte in ihren schwarzglänzenden, wie schwarzgewetzten Roben. Viele mit weißen Krawatten, aber auch einer, bärtig, mit kariertem Hemd unter der Robe. Immer noch kein junger Mann im Raum. Neben dem Richter ein Mädchen, weiße Spitzenbluse und schwarze Robe – die Protokollführerin? Aber sie schrieb noch nichts mit. »Die Leuchtschrift ist aber doch abgenommen worden, oder?« Abgenommen im Sinne von: heruntergenommen oder von technisch geprüft? »Aber hören Sie mal!«, rief der Richter, »ich bitte Sie!« Der Anwalt blätterte hastig in einem Schnellhefter, meist Durchschlagpapier. »Sollte man sich da nicht vergleichen können?«

Und der Richter rief zwei Namen auf. Immer noch das zwanglose Herumstehen der Anwälte. Ich vernahm etwas von Anklageerhörung. Oder so ähnlich. Wieder war der unmittelbar vor dem Richter stehende Anwalt nicht zu verstehen. »Aber das können Sie doch nicht einfach im Nachtrag bringen.« Ein neuer Termin angesetzt, das Mädchen notierte. Der Anwalt steckte einen Kugelschreiber in die Innentasche der Jacke, zog hinausgehend die Robe aus, blieb in der Türöffnung vor einem neu hinzugekommenen Anwalt stehen, die beiden lachten. Zwei weitere Namen aufgerufen, ein Anwalt ging zur Tür, nickte dem Neuankömmling zu, rief an ihm vorbei in den Flur hinaus, drehte sich um: »Nicht da!«

Jetzt erst fiel mir auf, dass der Richter nicht einmal gesagt hatte: Ich eröffne die Sitzung – oder etwas Ähnliches, die Verhandlungen hatten sich herausgelöst aus der allgemeinen Unterhaltung. Der Richter sagte: »Klagabweisung«, rief die nächsten Namen auf, die Protokollantin schrieb. Für den nächsten Fall nur *ein* Anwalt; er sprach von einem der Stehpulte aus, aber offenbar nur, weil er dort sowieso stand, zum Aufstützen der Ellbogen, zum Ablegen von Akten. »Ja, aber der Streitwert ist doch nun wirklich mehr als gering! Könnte man sich da nicht vergleichen?« Offenbar war nun doch ein zweiter Anwalt einbezogen, doppeltes Zeichen der Zustimmung, schon die nächsten beiden Namen. »Hören Sie mal, Ihr Herr Tönnes, der ist aber rabiat!« Und der Richter lachte auf, der angesprochene ältere Anwalt nickte. »Also wirklich, der kann sich doch nicht einfach über die Gegebenheiten hinwegsetzen!«

Fortgesetzte Plaudereien, Hinaus und Herein, Roben abgelegt, Mäntel von Haken genommen, Zeitungslektüre, Aktenblättern. »Ja, ich hab da gestern noch schnell mal reingeschaut.« Ich kam mir mittlerweile recht überflüssig vor im lockeren Juristenmeeting. Was wollten eigentlich die beiden Männer neben mir auf dem Bänkchen? Der Anwalt des rabiaten Herrn Tönnes lachte, der Richter lachte, der Anwalt ging hinaus, nahm im Vorbeigehn den Mantel vom Haken; fliegender Übergang. Ein Firmenname und ein Familienname wurden ausgerufen. Und ich hörte zum ersten Mal in meinem Leben das Wort »bösgläubig«. Na schön, wenn es das Wort gutgläubig gibt, warum nicht auch bösgläubig? Ein Beweistermin wurde angesetzt.

Die nächste Namenskopplung. »Die Wohnung ist zwar ausgebrannt, aber die Möbel stehen noch da«, sagte ein Anwalt, und rasch breitete sich Gelächter aus im reduzierten Bestand von Anwälten. Der Richter lehnte sich zurück, um freier hinauslachen zu können. Auf meiner Bank lachte keiner, die beiden Männer starrten vor sich hin. Auch jetzt wieder eine schnelle Einigung: der Richter musste nach dem Aktenstudium seine Urteile schon vorgefasst haben.

Beim nächsten Aufruf stand der Mann mit der schwarzen

Lederjacke auf, stellte sich vor den Richtertisch. »Ja, hören Sie mal, Sie müssen da schon schriftlich niederlegen, worauf Sie eigentlich hinauswollen. Das hier kann ich nicht als Anklageschrift werten. Das ist entschieden zu mager.« Der Mann verwies, in rheinischer Intonation, auf Unterlagen, die er seinerzeit eingereicht hätte. »Unterlagen, Unterlagen … Was liegt denn hier faktisch vor? Das sind doch nichts als ein paar Belege und so. Und die paar Zeilen auf Ihrem Begleitschreiben. Also da müssen Sie sich schon ein bisschen ausführlicher äußern, so kann ich damit nicht viel anfangen. Das reicht vorn und hinten nicht.« Der Mann öffnete eine kleine, ebenfalls schwarze Ledertasche, faltete zittrig ein Blatt auseinander. Er hätte da noch ein Gutachten. Aber darauf schaute der Richter nur für einen Sekundenbruchteil. »Das ist kein Gutachten, im juristischen Sinne, das ist eine Stellungnahme. Also nein, nein, nein, auf dieser Basis können Sie keine Ansprüche geltend machen. Also ich würd Ihnen da schon raten, nehmen Sie sich einen Rechtsanwalt. Ich meine, so geht das ja nun wirklich nicht hier. Das ist einfach zu dünn, verstehen Sie, das trägt nicht.« Zwischen den sichtlich desinteressierten Anwälten erklärte der Mann nun, das würde ihm ja doch nichts nützen, wenn er einen Rechtsanwalt nähme, das würde ihn nur noch mehr Geld kosten. »Das stelle ich Ihrer Beurteilung anheim. Ich kann Ihnen nur sagen, das Mietrecht ist eine ziemlich komplizierte Sache. Da werden Sie so allein wahrscheinlich nicht ganz durchsteigen.« Und es wurde ein neuer Termin angesetzt. »Schreiben Sie sich den auf!« Der Mann notierte auf dem kleinen Tisch, nickte dem Richter zu und ging hinaus.

Und gleich, wie hinter ihm hergerufen, der nächste Streitfall. Offenbar hatte eine Frau eine Wohnungseinrichtung demoliert, die Gründe wurden aber nicht weiter erörtert. »Tja, dann müssen wir die Zeugin dazu eben aussagen lassen. Da nützt ja nun alles nichts, da müssen wir einen Erörterungstermin ansetzen.« Ein Datum wurde diktiert. Und ohne Überleitung: Burkhart gegen Kühn. Kein Blick des Richters in meine Richtung, nur eine kleine Umgruppierung der Rechtsanwälte, beide stellten sich an die Pulte – weil sie ausnahmsweise einen interessierten Zuschauer hatten? »Aber hören Sie mal, der Junge hatte doch die Vorfahrt.« Ins Hirn zuckender Satz: alles entschieden? Der Gegenanwalt erhob einen Einwand, halblaut. »Ja, aber trotzdem.« Mein Anwalt gab eine Erklärung ab, die nicht länger als ein Satz war. Fast der Keim einer Gerichtsverhandlung. Und schon wurde ein Beweistermin angesetzt. Klagabweisung, das war das Wort, auf das ich gewartet, gelauert hatte, vergeblich. Der Anwalt kam auf mich zu: »Da hätten Sie ja frei.«

Ja, haben wir denn gewonnen?

Da musste ich mir erst mal erklären lassen, auf dem Flur, dass tatsächlich noch kein Urteil gefällt worden war, das solle erst zehn Tage später verkündet werden.

Aber es sieht doch gut aus, für uns, oder?

»Im Moment ja, da kann aber schriftlich genau das Gegenteil herauskommen. Ein Vergleich wäre schon eher wahrscheinlich. Bloß, in die Revision können wir in dem Fall nicht gehn, weil der Streitwert unter 500 Mark liegt.« Und er verabschiedete sich, er hätte gleich noch einen Termin.

Langsam ging ich zur Treppe, der Kopf vollgerammt mit Formulierungen, mit Sätzen, die alle nicht in ein Muster passten. Und überhaupt: ich hatte die Erfahrung gemacht, was heißt, wenn man unter »ferner liefen« eingestuft, eingruppiert wird. Und: wie ein Vorgang versandet, versickert.

THEMENWECHSEL! Ein, zwei Jahre nach dem Tod des Friedrich von der Leyen erkundigte ich mich bei seiner Adoptivtochter, ob es noch irgendwo Arbeiten der Malerin Helene gäbe, und erfuhr: Ja, doch, auf dem Speicher liegt eins ihrer Bilder.

Ich fuhr nach Kirchseeon, fand in der Tat das Gemälde, waagrecht liegend unter einer undichten Stelle im Dach. Die Familie trennte sich leicht vom mittlerweile unansehnlichen Stück. Ich ließ es professionell reinigen, und nun ist eine namenlose Urtante präsent im Eifelhaus, beinah gestreng dreinblickend, die Schultern betont durch aufgepuffte Ärmel eines düsteren Kleides, und doch: Sympathie erweckende Ausstrahlung. Ein brillant gemaltes Porträt. Und die längst verstorbene Großtante gewann postume Präsenz: ein zweites Bild der Malerin neben dem Porträt meiner Mutter.

Viele Jahre später: Olga spürte, fast zufällig, ein ›Selbstporträt‹ der Helene von der Leyen auf im Online-Katalog eines norddeutschen Auktionshauses – einen Tag nach dem Versteigerungstermin. Doch es hatte keinen Bieter gefunden, trotz einer (für mich, in meiner Befangenheit) beleidigend niedrigen Taxe. Sofort wurde eine E-Mail losgeschickt; einige Tage später überbrachte eine Spedition das ovale, kunstvoll gerahmte Porträt einer langhalsig schönen, jungen Frau. Wiederholt ein Foto der älteren, eher herbschönen Malerin neben das signierte und datierte Gemälde haltend, konnten wir jedoch keine Ähnlichkeiten mehr entdecken, und es blieb beim Porträt einer nun namenlosen Schönheit.

Durch ein Forschungsprojekt (auch) des Münchner Zentralinstituts für Kunstgeschichte wurde ich aufmerksam auf die Galerie Heinemann in München. Helenes Galerie! Aufschlussreiche Lektüre für den Besitzer von mittlerweile drei ihrer Gemälde.

David Heinemann hatte das Unternehmen 1872 gegründet; zu Beginn des 20. Jahrhunderts war die Galerie ebenso renommiert wie erfolgreich: Dependancen in Frankfurt, Nizza, New York. Schwerpunkt des Programms: deutsche Malerei des 19. und beginnenden 20. Jahrhunderts. Es wurden aber auch Kunstwerke aus England, Frankreich, Spanien vermittelt.

Die Galerie wurde (nach dem Pogrom 1938) »arisiert«. Details der juristisch heiklen Übertragung auf einen »arischen« Mitarbeiter spare ich aus. Hebe stattdessen hervor: Die Geschäftsunterlagen blieben erhalten. Sie wurden gescannt und transkribiert für eine Internet-Datenbank, online gestellt zur »gezielten Suche nach Provenienzinformationen« (vor allem für Bilder aus ursprünglich jüdischem Besitz).

In dieser Datenbank erscheint mehrfach der Name »Leyen, Helene von der«, wohnhaft in Schwabing, erst in der Kaulbachstraße, dann in der Georgenstraße – beste Adressen!

In den Listen und Karteien der Galerie ist jeweils das Eingangs- und Ausgangsdatum auch ihrer Bilder verzeichnet, im Zeitraum zwischen 1905 und 1920. Dies jeweils mit dem Vermerk »Commission-retour«. Das hieß: Unverkaufte Gemälde wurden nach einem Vierteljahr, einem halben Jahr, spätestens einem runden Jahr remittiert an den »Besitzer«.

Bei Helene von der Leyen ging allerdings kaum etwas retour; mit ihren Bildern ließen sich hohe Preise erzielen. Um ihre Marktposition zu skizzieren, sind Vergleiche angebracht. Die handschriftlich geführten Verkaufslisten der Galerie zeigen, online, dass die Preise für Gemälde vor dem Ersten Weltkrieg überwiegend im dreistelligen Bereich verblieben. Wobei gleich betont werden muss: Es war, in den Jahren bis zur großen Inflation, die Ära der Goldmark; in der Kaufkraft lässt sich heute *mindestens* der zehnfache, wenn nicht zwanzigfache Betrag in Euro ansetzen.

Bevor ich die Zahlen einbringe, eine halbfeierliche Erklärung: Ich will nicht großtun mit der Großtante – sie war eine exzellente, aber keine stilbildende Porträtmalerin. Wenn ich hervorhebe, wie hoch ihre Bilder dotiert waren, zumindest in den ersten zwei Jahrzehnten des 20. Jahrhunderts, so ist das eher ein Hinweis auf die allgemeine Entwicklung von Wertschätzung und Preisgestaltung – und wie sehr, wie weit beides, zeitbedingt, auseinandergehen kann. Die folgenden Vergleichszahlen sind also eher Beiträge, wenn auch marginale, zur Rezeptionsgeschichte und weniger zur Familiengeschichte (zu der die malende Lady aber nun mal gehört, vor allem über ihren Herrn Gemahl).

Also, mit angemessenen Vorzeichen, ein paar der übermittelten Zahlen. Eine Beethoven-Darstellung des Franz Stuck kostete 600 RM, ein Schiffsbild des John Constable 816, ein Gemälde des Ferdinand Hodler kam auf 1000 Reichsmark, ein Bauernbild des Franz Lenbach erzielte 1200 RM.

In gleicher Höhe (anno 1905) ein anonymer »Weiblicher Kopf« der Helene von der Leyen, ebenso ihr Porträt der Marianne Ballin, Gemahlin des Großreeders. Gemalte Herren brachten im Schnitt mehr ein. Beim Porträt eines Schriftstel-

lers namens Josef Ruederer (auch von Corinth porträtiert) lag
der Preis bei 2500 Reichsmark; in gleicher Höhe das Porträt
eines Mathematikprofessors (Ferdinand von Lindemann) sowie von Albert Ballin, Generaldirektor der Hamburg-Amerikanischen Packetfahrt-Actien-Gesellschaft, der HAPAG.

An den Vergleichspreisen lässt sich ablesen: Helene von der
Leyen war eine angesehene, hochdotierte Malerin. Da haben
sich heute die Relationen von Preis und Rang erheblich verschoben.

BESTALLUNG: neue Wortdominante! Ich wurde zum Vor-
mund ernannt für den wegen Geistesschwäche entmündigten
A. S. ... »Nach Beendigung des Amtes ist die Bestallung dem
Vormundschaftsgericht zurückzugeben ... 2. April 1968«.

»*Beschluss.* In der Entmündigungssache des Leitenden
Oberstaatsanwalts bei dem Landgericht Aachen ... fachärztliches Gutachten hat ergeben, dass bei dem Antragsgegner
eine Geistesschwäche vorliegt. Der Antragsgegner hat im
Jahre 1943 bei einem Selbstmordversuch eine pen[e]trierende
Schädelhirnverletzung erlitten. Bald danach war er psychisch
auffällig geworden. 1948 musste er zum ersten Male im Landeskrankenhaus Wiesloch aufgenommen werden. Er zeigte
eine gewisse Antriebsarmut. Episodisch bot er emotionelle
Ausbrüche. Daneben war er misstrauisch und paranoid. Er saß
träge und stumpf herum. Bei seiner Untersuchung im Landeskrankenhaus Bonn war das Kritik- und Urteilsvermögen des
Antragsgegners herabgesetzt. Er war ausgesprochen oberflächlich, wirkte unausgeglichen und in seinem Gedankengang
verflacht.«

Und so weiter. Ausreichende Gründe für eine Sicherungsverwahrung, das heißt: für so etwas wie Inhaftierung in einem
Sonderbau des Landeskrankenhauses? Da musste ich mir erst
mal einen Eindruck verschaffen. Mehrfach suchte ich mein
(zwanzig Jahre älteres!) Mündel auf im Gebäude »Männer
V«: trister Backsteinbau mit Vergitterungen und einer Wache
am Eingang.

Im großen Aufenthaltsraum, in dem etliche Männer herumhockten, umhertigerten, zogen wir uns in einen Winkel zurück, und ich ließ mir Bericht erstatten. A. S. hatte, als Soldat in Italien, eine Frau vergewaltigt, sollte vor das Militärgericht gestellt werden, versuchte vor dem Termin, Selbstmord zu begehen, setzte sich die Pistole an die rechte Schläfe, die Kugel drang ein, glitt innen an der Hirnschale stirnseitig vorbei, trat an der Gegenschläfe wieder aus. Das bestätigte Augenschein.

Natürlich machte ich mich anschließend, wenigstens kursorisch, kundig über Hirnstrukturen und gewann den Eindruck, dass die Zentren bei diesem wunderlichen Kugelverlauf nicht berührt, schon gar nicht verletzt worden waren.

Wechselnde Tätigkeiten des A. S. nach dem Krieg. Schließlich arbeitete er im Büro einer Firma, stahl dort einige elektrische Geräte, kam vor Gericht. Das versuchte, eine Beziehung herzustellen zwischen dem Selbstmordversuch und dem Diebstahl, konnte nicht ausschließen, dass sich aus dem Hirntrauma weitere Eigentumsdelikte ergeben könnten, und so kam er in Sicherungsverwahrung, die eigentlich nur angemessen ist bei Straftätern, etwa Sexualverbrechern, psychopathischen Mördern, vor denen die Gesellschaft sich schützen muss.

Das konnte ich mir in diesem Fall nicht vorstellen, ich ließ mir die Gerichtsunterlagen vorlegen. Und tatsächlich: Es lag nur ein Eigentumsdelikt vor. Wie üblich wurde S. jedes Jahr untersucht, jedes Mal wurde die Formel repetiert: »Der Zweck der Unterbringung ist nicht erreicht.« Man argumentierte stets wie folgt: Das Hirntrauma besteht, so ist nicht auszuschließen, dass er rückfällig wird, somit fortgesetzte Sicherungsverwahrung.

Da war mir schnell klar: Ich musste mein Mündel aus »Männer V« herausholen. Als Beruf des Dr. Kühn war im Bestallungausweis »Arzt« eingetragen. (Nebenbei lief ich auch schon mal unter »Sozialbetreuer« der evangelischen Gemeinde.) Ich machte es mir zur Aufgabe, das Mündel aus der Sicherungsverwahrung, der womöglich lebenslänglichen, so bald wie möglich zu befreien.

Wiederholte Gespräche mit S., bis zum Zeitpunkt, an dem, früh am Abend, ein Pfleger mit rundem Tablett herumging, auf dem eierbecherähnliche Gefäße standen, und jeder der Männer musste schlucken. Sedierendes? Wahrscheinlich.

Ab und zu gab mir der gedrungene Mann mit dem schwarzen, glatt zurückgekämmten Haar einen Schriftsatz mit. »Es ist bedauerlich, dass ich nicht all meine wertvollen Gedanken niederschreiben darf, d. h. die Kontrolle ist derart scharf u. vielseitig, dass aus einer Wahrheit eine glatte Lüge gezaubert wird. [...] Nach den Jahren, die ich hier verbringen musste, zu urteilen, müssten sich meine auferlegten Fesseln eigentlich lösen, aber das Gegenteil ist der Fall. All' meine Briefe, die ich schreibe, gehen mehrfach durch die Zensur; das beeinflusst das wirkliche Tun. Es ist bedauerlich, dass es so ist, d. h. man wird mit der untersten Stufe gleichgestellt; warum hier nicht differenziert wird, das entzieht sich meiner Kenntnis – – –!«

Ich übernahm die Vermittlung eines Schreibens an den Petitionsausschuss des Landes Nordrhein-Westfalen. »In Anbetracht des hermetischen Abschlusses, dem ich hier leider restlos ausgeliefert bin, kann ich nicht so ohne weiteres frei korrespondieren, wie das sehr oft angebracht wäre, um die Öffentlichkeit auf gewisse Entgleisungen seitens des Personals, den Patienten gegenüber, aufmerksam zu machen. Deshalb muss ich den Zeitpunkt abwarten, wo ich einen Brief sicher herausschmuggeln kann – – –!!!«

Ich wandte mich an den Petitionsausschuss. Ein Vierteljahr später erhielt ich ein Schreiben: »Der Regierungspräsident«. Betr. Geisteskrankenfürsorge. Ich hebe dies und das hervor aus der hier übernommenen Stellungnahme des Rheinischen Landeskrankenhauses.

»Herr St. ist in einer Einzelzelle des hiesigen Bewahrungshauses untergebracht. Hier hat er – seinem Wunsche entsprechend – die Möglichkeit, ungestört von Mitpatienten allerlei autodidaktische schriftstellerische Beschäftigungen zu betreiben. Hierzu verwendet er u. a. Artikelserien aus Illustrierten, Zeitschriften und Zeitungen etc. – In seiner Zelle hat er ferner zwei Radios. Zur Aufbewahrung seiner Bücher, Aktenordner und Schnellhefter stehen ihm eine Kommode, ein Nachtschränkchen und ein kleiner Hängeschrank zur Verfügung. Im Zimmer befinden sich außerdem ein Tisch, ein Stuhl sowie das Bett. –

Herr St. neigt – nicht zuletzt auf Grund seiner hirnorganisch bedingten Antriebsstörung – dazu, verderbliche Lebensmittel – u. a. Obst, vor allem jedoch Käse – allzulange aufzubewahren. (Den Käse legt er gern auf die Heizung, weswegen immer wieder ärztlicherseits Ermahnungen und Hinweise erforderlich sind.) Außerdem trennt er sich nur ungern von alten Zeitungen, Zetteln und Papier jeder Art. In gewissen Abständen ist es daher erforderlich, dass die Zelle seitens des Pflegepersonals kontrolliert, revidiert und gesäubert werden muss. –«

Und so weiter, und so weiter. Ich sah mich nur bestärkt in der Überzeugung, dass ein paar Eigentumsdelikte, Ansammeln von Altpapier, unsachgemäßer Umgang mit Schmelzkäse nicht ausreichen, um einen Mann weitere Jahre in Sicherungsverwahrung zu halten. Ich drängte auf Gespräche mit der Anstaltsleitung – vom Vorzimmer nun schon als Rechtsanwalt Dr. Kühn telefonisch angemeldet.

Ich musste nicht nur überzeugende Argumente einbringen, ich musste Strukturen, Denk- und Verhaltensmuster aufbrechen. Theoretisch wurde eingestanden, dass jemand, der nur Diebstahl begangen hatte, dennoch jahrelang einsaß im Zellenbau des »Bewahrungshauses«, zugleich aber wollte man nicht eingestehen, dass man aus völlig unzureichenden, rechtlich überhaupt nicht relevanten Gründen diesen Mann schon seit Jahren eingesperrt hatte. Und das auch noch auf unbestimmte Zeit fortsetzen wollte unter der Leitfloskel, der Zweck der Unterbringung sei nicht erreicht. Ich stellte die Diagnose »Geistesschwäche« in Frage. Gewiss, da sind Irritationen, ja Störungen, aber wenn alle Mitbürger mit ähnlichen Symptomen in Sicherungsverwahrung genommen würden, müsste man kasernenähnliche Bauten errichten.

Na schön, aber es geht ja nicht nur um den Geisteszustand,

es geht auch um Verhaltensweisen. Und es wurde ihm »Inquietismus« attestiert.

Hören Sie, ich war auf dem altsprachlichen Gymnasium, der Mann ist also unruhig, das wäre ich auch, wenn ich hier wegen Diebereien jahrelang sistiert würde.

Folgte der Hinweis, S. hätte versucht, über ein Baugerüst auszubrechen.

Wenn ich hier wegen ein paar geklauter Büroobjekte eingesperrt wäre, würde ich auch versuchen auszubrechen.

Worauf gleich relativiert wurde: Na ja, so sehr ernst nehmen wir das letztlich auch nicht, insgesamt ein Drittel der Inhaftierten hat so was versucht, vor allem in der Zeit, in der das Baugerüst hochgezogen war.

So sank ein Scheinmotiv nach dem anderen in sich zusammen, und ich bestand immer energischer darauf, dass mein Mündel so bald wie möglich entlassen würde. Das wurde denn auch zum Beschluss.

Als ich ihn, zum vereinbarten Zeitpunkt, an der Pforte des Landeskrankenhauses abholen wollte, war S. nicht da. Auf Fragen, direkt und telefonisch, erhielt ich nur Antworten, die mir ausweichend erschienen, bis ich erfuhr, S. sei am Tag zuvor nach Langenfeld verlegt worden, im Rahmen irgendeiner Maßnahme. Ich marschierte, zorngeladen, zum Bürotrakt, verlangte von der erstaunten Sekretärin einen Termin beim Chef, und zwar auf der Stelle, ließ mich nicht abwimmeln, wiederholte nur mein »sofort, auf der Stelle«. Als ich vor dem Schreibtisch stand, kehrte ich den ›Rechtsanwalt‹ heraus, betonte, ich würde mir das nicht bieten lassen, ich sei gekommen, um S. vereinbarungsgemäß abzuholen, von einem Missverständnis wolle ich nichts hören, man wolle mich austricksen, gegen die Wand laufen lassen, da müssen Sie sich aber einen anderen suchen, mir können Sie nicht mit ein paar lateinischen Ausdrücken kommen, um mich verstummen zu lassen, mit mir funktioniert das nicht, S. hat lange genug in Sicherheitsverwahrung verbracht auf völlig dubioser Rechtsgrundlage, also, die Sache ist klar, S. wird bis spätestens morgen früh aus Langenfeld zurückgeführt, ist das nicht der Fall, werde ich eine Dienstaufsichtsbeschwerde einleiten, werde zusätzlich einen angemessenen Beitrag zum Kritischen Tagebuch des WDR schreiben. Und marschierte ab.

Am nächsten Morgen, Punkt zehn, war ich wieder beim Pförtnerhaus, und siehe da, S. stand bereit, Koffer bei Fuß, im Ausgehanzug, das schwarze Haar glatt zurückgekämmt. Ich unterzeichnete ein Formular, wir gingen zum Auto. Die Spielregeln wurden noch einmal geklärt: Ich habe ihn herausgeholt, damit ist der Fall für mich erledigt, nun ist er selbst für sich verantwortlich, er soll, wie geplant, zu den Verwandten nach Karlsruhe reisen. Die Fahrkarte hatte ich bereits gekauft, ich überreichte sie ihm auf dem Bahnsteig. Und steckte ihm Geld zu. Ich werde ihn wohl gebeten haben, sich an unsere Abmachungen zu halten, mir keine Probleme zu machen; das versprach er »hoch und heilig«, bekundete, formell, seinen Dank. Endlich kam der Zug. Händedruck, kurzes Winken, er verschwand aus meinem Blickfeld. Juni 68.

Nachspiel. Etwa ein Jahr später wurde ich aus Karlsruhe angerufen von einem Sozialarbeiter: Ich sei doch, laut Unterlagen, der Vormund von A. S.

Ach, ist er straffällig geworden?!

Nein, aber er ist ohne festen Wohnsitz, schläft auf Parkbänken, zumindest in dieser Jahreszeit, ansonsten wendet er sich an karitative Einrichtungen.

Er ist also mittlerweile ein Penner?

Ja, so ähnlich.

Na, solange er nicht straffällig wird, soll er halt draußen pennen, im Sommer.

Der Meinung war man in Karlsruhe letztlich auch. Man hatte ja auch nur mal Kontakt mit mir aufnehmen, mich über den Verbleib des Mündels unterrichten wollen.

Sobald etwas gegen ihn vorliegt, möchte ich umgehend informiert werden.

Geht in Ordnung.

Ich habe nie mehr was aus Karlsruhe gehört.

ES IST JA NICHT SO, als hätte ich ein klar und deutlich ko[n]turiertes, lebensecht koloriertes Bild parat von mir selbst, d[a]ich nun ins Buchmedium übertrage, Satz um Satz, vielmeh[r], da capo: Die Arbeit an diesem Buch als Prozess, der wiederholt zu Überraschungen, zu plötzlichen Wendungen führt, ausgelöst vielfach von Funden in der Endmoräne planlos angehäufter Materialien. Da war, da ist nicht zurechtgelegt, womöglich chronologisch geordnet, was das Gedächtnis abstützen soll, ich gehe Erinnerungen nach, und bei dieser Annäherung von mir selbst zu mir selbst greife ich auf, was mir in den Weg kommt, und stelle fest, wiederholt: Mein Gedächtnis hat offenbar die Tendenz zu vereinfachter Linienführung, Erinnerung ebnet ein. Eingeschliffene Arrangements von Lebensdaten werden festgeschrieben durch Darstellungen, die von Wiederholung zu Wiederholung höhere Authentizität zu gewinnen scheinen. Solche voreiligen Fixierungen müssen aufgebrochen werden, da nehme ich Überraschungen nicht nur in Kauf, ich setze mich ihnen aus im fortlaufenden Prozess einer Selbstdarstellung als Selbsterkundung.

So war ich sicher, völlig sicher, dass auch ich das Kriegsgeschehen in Vietnam verfolgt habe, soweit vermittelt, dass ich mich in Printmedium oder Hörfunk jedoch nie zu dem Desaster geäußert habe. Und wieder einmal wühle ich, von Aufstöhnen phasenweise begleitet, in der so langsam doch schrumpfenden Endmoräne zunehmend vergilbender Papiere, und was fällt mir in die Hände? Ein total vergessener Artikel zum Vietnam-Krieg. Das Druckbild lässt schließen auf Publikation im Gemeindebrief. Na, wenigstens das.

Ich tippe drei Abschnitte aus den vier (eng gesetzten) Spalten ab. Titel des Beitrags: *Wo ist Vietnam?*

»In einem Land, das du nie gesehen hast, einem synthetischen Land aus Fotografien, Filmsequenzen, Zeitungsberichten, in diesem Land findet seit einigen Jahren ein Krieg statt, der sich immer mehr ausbreitet und verstärkt.

Fragst du nach den Gründen, so hörst du einerseits [...]

Du hörst andererseits, die Bevölkerung Vietnams [...]

Und du lernst neue Namen und Bezeichnungen: Operation

Attleboro. Mekong-Delta. Friedensoffensive. Loa Dong. Pazifizierung. Golf von Tonking. Ho-Chi-Minh-Pfad. Dschungelentlaubung. FNL. Freie Zone. Eisernes Dreieck. VC. Operation Masher. Napalm.

Und du hörst Nachrichten, liest Berichte, siehst Bilder. Strategische B-52-Bomber fliegen aus dem 4000 Kilometer entfernten Guam an, Kampfhubschrauber aus frontnahen Basen greifen ein. Vor einer Hütte ein kleiner Vietnamese, die Handgelenke an die Fußgelenke gefesselt, von einem Bajonett bedroht. Luftwaffengeneral Ky und seine Frau, ehemalige Stewardess der Air Vietnam, fliehen vor einem nächtlichen Feuerüberfall auf den Flughafen von Saigon in einem Helikopter, der vor dem Palast bereitsteht. Eine Methode der Folterung besteht darin, dass man einen Nagel in den Daumen schlägt, mit jedem Schlag weitergetrieben bis zum ersten, dann bis zum zweiten Gelenk. Die Leichen amerikanischer Soldaten werden in riesigen blauen Kühlschränken bis zum Rücktransport in die Vereinigten Staaten aufbewahrt. Ein Körper mit zwei Seilen an einen Schützenpanzer angehängt und durch den Sand geschleift. Der härteste Gegner seit den Indianerkriegen, sagt ein General. Kinderrücken mit aufgeplatzter, schwärender Haut: Napalm frisst sich fest. Fahrräder werden von Partisanen mit etwa 300 Kilogramm beladen; greifen Düsenbomber den Pfad an, wird das Rad an den nächsten Baum gelehnt. Festlegung von Zonen für unbegrenzte Bombardements, Vernichtung von Reisfeldern mit chemischen Giftstoffen vom Flugzeug aus. Verbrennen von Versorgungsgütern und Häusern in roten Regionen. Lager mit Verdächtigen: für Amerikaner sehen alle Vietnamesen gleich verdächtig aus. Brunnen vergiftet, Wasserbüffel getötet, brennender Reis. Soldaten springen von Hubschraubern ins Gras. Bodycount: parallel gereihte Körper in schwarzen Turnhosen, die Sieger stehen herum, schauen hin oder schauen nicht mehr hin.«

GENÜGTE ES, wenn ich weiter im kleinen Kreis der Parteistelle zu Düren erschien und mitdiskutierte über lokale Missstände? Genügte es, wenn ich ein Parteipöstchen übernahm?

Gespräche über das Thema Engagement auch mit Rolf Schroers im romantisch erscheinenden Burghaus mit Blick hinab auf das städtische Eifeldorf Blankenheim. Schroers, vielseitiger Schriftsteller, zweimal Kandidat für den Bundestag: agil, aktiv, eloquent. Wie ich ihn kennengelernt hatte, weiß ich nicht mehr, dies aber blieb präsent: Intensive Gespräche in entspannter Atmosphäre. Er war Chefredakteur der monatlich erscheinenden Zeitschrift *liberal*, »Beiträge zur Entwicklung einer freiheitlichen Ordnung«. Er lud mich ein zur Mitarbeit. Damit fand ich – bis dahin ja ausschließlich im Hörfunk publizierend – eine Möglichkeit, im Printmedium zu veröffentlichen.

Juli 1968 erschien mein Bericht über eine Wahlveranstaltung der NPD. Sie wurde zum Urfeind der Linken, aber auch ein Dahrendorf sah in der extremen Rechten eine Gefahr. »Die Epoche der faschistischen Bedrohung liegt nicht hinter uns, sondern in wesentlichen Teilen noch vor uns.« Das scheint überspitzt, machte aber Wachsamkeit zur Pflicht. Vor allem, weil nach Bildung der Großen Koalition der Rechtsradikalismus zum Problem wurde.

NPD im Seelensumpf: auch dies ein Text, den ich vollständig vergessen hatte, eine der Fundsachen beim Wühlen in der kleinen Printdeponie. Ich rücke den Text ein mit minimalen Änderungen und Kürzungen. Kleiner Beitrag zum Zeitbild.

»Marschmusik, natürlich. Der Saal randvoll. An der Stirnseite eine weiße Fahne, schwarzes Eichenlauboval, die Buchstaben NPD. Die Marschmusik aus einem Lautsprecher.

Vor dem Saaleingang ein Tisch mit Literatur. ›Wahrheit für Deutschland … Europa in Flammen … Nitschewo.‹ Markiger Männerkopf vor schwarzem Himmel mit Stern, kurze, blonde Haare, massiges Kinn, am Hals der Büste Stacheldraht kreuz und quer gespannt – diesen Kopf habe ich schon oft gesehen: Bildende Künste im Dritten Reich. In jenem Buch will der Autor ein literarisches Denkmal setzen, will eine Verpflichtung seiner Kameraden erfüllen. Ich klappe einen anderen Waschzettel auf, ein teures Buch; es will Aufklärung verschaffen zum

Beispiel über Kriegslügen, gefälschte Dokumente, Gleiwitzer Senderaffäre, Lebensborn u. anderes.

Ich muss mir einen Platz sichern. Ich versuche, an der Kasse vorbeizuschlendern, es soll nämlich Eintritt gezahlt werden – kannst du eine Partei mit Eintrittsgeld unterstützen, die du ablehnen musst? Bei anderen Parteiveranstaltungen wird sogar kostenlose Unterhaltung geboten: Tanzmusik, die zum Jazz hinüberswingt bei der konservativen CDU, konservative Blasmusik bei der SPD. Mir folgt jemand mit weißem Armstreifen, ein Ordner: Hat der Herr schon Eintritt gezahlt? Ich zahle. Aber ich zahle nicht zur Unterstützung der Partei, sage ich mir, nicht zur Finanzierung des Redners, bestätige ich mir, ich zahle zu meiner Information. Und erhalte eine postkartengroße Eintrittskarte. Für einen Sitzplatz kann ich leider nicht garantieren, sagt der Mann am Kartentisch, lächelnd. Ich drängle mich an Tischen, Stühlen, Rücken vorbei, finde noch einen Stuhl.

Der Tisch unter der Fahne ist noch nicht besetzt: Tischtuch, Rednerpültchen und tatsächlich ein Strauß Blumen. Seitwärts ein Tisch mit dem Schild: PRESSE. Aber da sitzt niemand. Auf der anderen Seite des Quertischs ein zweiter Einzeltisch mit ebenfalls weißem Tischtuch und dem Schild: POLIZEI. Dort sitzt auch jemand in Uniform, Sterne auf den Schulterklappen, Krawatte, keine Kopfbedeckung: Ehrengast oder Ordnungshüter? Momentan raucht er, silberne Zigarettenspitze.

Weiterhin Marschmusik. Und wie sehen die Saalordner aus? Ein Mittzwanziger, blond; graugrüner Janker mit Armbinde; Hände auf dem Rücken verschränkt. Ein dicker junger Mann in hellbraunem Anzug neben ihm, ohne Armbinde – es wäre lächerlich, aus seinem Braun Rückschlüsse zu ziehen, Deutsche tragen gern braune Hosen, das zeigt sich in Konfektionsabteilungen. Er trägt einen Vollbart: betont männlich oder indirekt anarchisch? Beide im Blick behalten …!

Nun löst man sich aus Gruppen, die vorn diskutieren, geht um den leeren Pressetisch herum, reiht sich auf am weißen Tischtuch, nimmt Platz bis auf den Vorsitzenden, der am Mikrophon die Begrüßung ausspricht, Freude über das zahlreiche Erscheinen kundtut, den Redner vorstellt. Wie sieht ein

NPD-Gesicht aus? Die Männer, die am Vorstandstisch sitzen und die ich mit Kopfrecken beschaue, einen nach dem anderen, sie würden mir auf der Straße nicht weiter auffallen. Allerdings ist da der junge Mann mit locker zurückgekämmtem Haar, die schmalen Hände hält er reglos gefaltet; auffallend korrekter Konfektionsanzug, er sieht aus wie ein aufwärtsstrebender Angestellter einer Firma mit Zukunft.

Der Redner: ein Vierziger, schätzungsweise. Drei Fingerbreit über den Ohren beginnt die Frisur, grau-blonde Haartolle. Dankt dem Vorredner, begrüßt ebenfalls die Anwesenden, auch die Herren von der Stadtverwaltung. Erste Zwischenrufe: Namen nennen! Und: Hahaha! Der Redner lässt sich nicht irritieren, er konstatiert, dass auch in dieser Stadt das Interesse an der NPD erfreulich groß sei. Erneut Protest. Jemand ruft: Drei Bier! Gelächter; der Zwischenruf wird sich bestimmt wiederholen. Ich verspüre Munterkeit um mich her, Bereitschaft, laut zu werden, dafür oder dagegen, man will was erleben.

Der Redner spricht frei. ›Die geschichtliche Besinnung und die objektive Erforschung der Fakten müssen zu dem Ergebnis führen, dass wir uns nicht weiter unterwürfig verhalten und lakaienhaft behandeln lassen.‹ Ich erwarte rasche Überleitung zur Gegenwart, Formulierung des oft erwähnten Unbehagens an Bonn, doch der Redner verharrt bei der Kriegsschuldfrage, bei der Umerziehung der Deutschen durch die Alliierten, bei der Kriegsschuldfrage, bei der Umerziehung, bei der Kriegsschuldfrage.

Und wo stehen die Ordner? Der junge Mann mit dem kahlen Gesicht steht am Podium mit einem verlassenen Schlagzeug, schaut in die dichte Verschränkung von Tischen und Stühlen; Kellner schieben sich hindurch. Der Bärtige redet mit einem Besucher an dessen Tisch: War von daher ein Zwischenruf gekommen? Bewegung am Ausgang, an der Lokustür – ein Ordner steht auch dort.

›Nürnberg: ein großer Teil der sogenannten Schlüsselprotokolle war gefälscht … Deutsche Historiker schreiben kritiklos alles ab, was die Amerikaner an sogenannten Dokumenten vorlegen, außerordentlich mysteriöse Dokumente oft, wo es sich nicht, wie gesagt, um klare Fälschungen handelt. Der amerikanische Historiker Hoggan erklärt, die Deutschen wollen doch die Kriegsschuld! Sie wollen sie! Und ein Professor Hofer – auch er schreibt die vorgelegten Dokumente in Anführungsstrichen sklavisch ab ...‹

Amerikanische Gängelung bis hin zur Gestaltung deutscher Schulbücher, etwa des Geschichtsbuchs im Klett-Verlag. Oberstufenschüler(?) an den Tischen vor mir lachen laut. Der junge Mann mit Bart und Cordjacke schaut strafend. Der Wirt hinter der Theke trägt einen grauen, ärmellosen Pullover, das weiße Nylonhemd hat er bis zu den Ellbogen aufgekrempelt, er stülpt Biergläser im Spülbecken über die senkrecht fixierten Bürsten, stellt die Gläser abschlenkernd auf die Metallplatte mit Abtropflöchern. Mit welchem NPD-Mitglied trinke ich heute Abend aus *einem* Glas?

›Internationale Absprache in Braunschweig über deutsche Schulbücher ... Umerziehungsgeschichtsbild ... Es ist eine Partei nötig, die hier endlich eine objektive Darstellung durchsetzt ...‹

Es wird wieder laut. Jawohl! Drei Bier! Dä Mann, dä spinnt ja! Ruhe! Schnauze da drüben! Der Wirt schaut sich um. Der Ordner im Blickfeld hält die Hände auf dem Rücken verschränkt, bleibt ans Podium gelehnt, hat wohl Anweisung, sich zurückzuhalten. Jemand steht am Vorstandstisch auf, schiebt sich durch die Reihen, legt seine Hand auf Schultern, nickt dankend, berührt auch meine Schulter, sagt: Freie Bahn, lächelt, nickt. Was heißt das? Freie Bahn für wen, für was? Für ihn? Er bleibt neben dem Ordner stehn, spricht mit ihm, sie schauen in den Saal, er kommt zurück – wieder Stühle verschieben, Beine einziehn. Ich weiche freiwillig aus, will seine Hand nicht wieder auf meiner Schulter, sie legt sich an meinen Oberarm. Er zieht eine Ölspur durch das unruhig werdende Wasser: Wir sind solche Unruhe gewöhnt, wir haben das erwartet, aber wir sind doch so freundlich, zivil, danke schön, Hand auf Schultern.

›Alliierte Umerziehung ... lakaienhaftes Denken ... objektive Geschichtsschreibung ... durchsetzen ... mündig werden ... Haltung ...‹ Enervierende Wiederholungen. Im Saal wird es laut. Ein Polizeibeamter drängt sich ohne Kopfbedeckung zum Chef am Ehrentisch, beugt sich herab, horcht, richtet sich auf, geht hinaus. Einige der Oberstufenschüler (?) stehen mit Betonung auf, schieben sich vor zu den Mänteln an der Wand. Der Mann, der drei Bier ausgerufen hat, scheint inzwischen mindestens drei Bier getrunken zu haben, er grölt ein langgezogenes ›Nejn, nejn!‹ Irgendwo fällt ein Bierglas hin, Gelächter. Und der Endspurt des Redners in Beifall und Buhgeschrei.

Ich schaue meine Notizen durch: Wo in diesem Wust, bei diesem Irrsinn ansetzen? Hossbach-Protokoll, Jungborn, Kriegsschuldfrage? Am Nebentisch redet blauroter Kopf ein auf einen Mann mit gelbem Posthorn am Jackenärmel: ›Wenn misch dat einer widerlejen kann, wat dä jesaht hät, wenn misch dat einer Punk für Punk widerlejen kann, dann dohn isch dat akzeptiere. Evver esulang misch dat keiner widerlejen kann, da steht für misch fes, dat dä rescht hat.‹ Und der Mann mit dem Posthorn nickt. Nie mit Geschichte befasst, höchstens die BILD-Zeitung gelesen; wenn ich euch Hofer zitiere, sagt ihr: Dat is doch der, welcher von den Alliierten abschreibt. Wo ansetzen, wo den ersten Kopf abhauen von dieser Hydra?

Erst mal raus aus dem Zigarettenqualm, Bierdunst, Stimmengequirl. Ich drängle mich noch mal vor zum Büchertisch. Ich blättere in einem Bildband, in dem Fotos als ›Fälschungen entlarvt‹ werden: Die Unterhose einer der Jüdinnen, die sich vor der Gaskammer ausziehen müssen, zeigt Falten und Lichtschatten, die Unterhose der Frau neben ihr nicht, also eine Fälschung.

Fortsetzung der Veranstaltung. Zettel für Wortmeldungen werden abgegeben, Namen werden aufgerufen. Ein erster Namensträger schreitet zum Rednerpult, beschaut das Mikrophon, biegt es auf Mundhöhe herab, stützt die Hände an den Pultkanten auf: einer, der das Reden gewöhnt ist? Er ist es gewöhnt. Es wäre von der Politik als der Kunst des Möglichen gesprochen worden, aber von Kunst hätte er nichts bemerkt, und vom Möglichen schon gar nicht! Ein Zitat? Gleichgültig, es war gut gekontert, Beifallsgeschrei ermuntert ihn. Er zieht das Mikrophon näher an sich heran: Es wäre da von objektiver Geschichtsforschung geredet worden, aber die würde das genaue Gegenteil von dem ergeben, was an diesem Abend gesagt wurde. Der blaurote Kopf am Nachbartisch, der eine Widerlegung Punkt für Punkt gefordert hatte, zeigt sich schon von dieser allgemeinen Bemerkung beeindruckt. Der Mann mit Cordjacke sieht den demonstrativen Beifall gar nicht gern. Das sind aber Breitseiten, der geht aber in die Vollen, höre ich am Nebentisch. Der Redner macht Notizen.

Ein älterer Herr greift zurück auf die Frage der deutschen Kriegsschuld – die könne heute nur noch von Blinden in Frage gestellt werden. Er hatte auf seinem Panzer russische Verwundete zurückgefahren, zum Verbandsplatz, da fragte ihn der Arzt: Was soll ich damit? Er sagte ihm: Das werden Sie als Arzt ja wohl wissen. Darauf erklärte der, Behandlung hätte hier keinen Sinn, hundert Kilometer zurück würden die Gefangenen doch gleich von der SS umgelegt.

Geschrei: Sie verunglimpfen den deutschen Soldatenstand! Jang doch heem! Hau ab da vorne!

Er hätte nicht gesagt, die Wehrmacht werde die Gefangenen erschießen, sondern die SS.

Dat sin doch all Gräuelmärchen! Wir lassen uns dat nich bieten! Dat sind doch auch Deutsche gewesen!

Für ihn seien solche SS-Leute allerdings keine Deutschen, sagt er am Rednerpult.

Un du bis ooch kene Deutsche, du! Jang no Huus, Jung! Der Mann vom Lande schreit sich immer näher an das Podium heran: Jang no Huus, Jung, hau av!

Echogeschrei im Saal, das sich am Beifall für den Redner steigert.«

Eine Fundsache, zum dritten: Auch ich hatte bei einer Rundfrage das obligatorische Statement eingebracht gegen Neonazis, dies auf einer Doppelseite der *Mainzer Rhein-Zeitung*, allerdings erst Weihnachten 1992 – meine Stimme in einem seit langem schon angestimmten Chor.

»Auch Schriftsteller können bei Rechtsradikalen keine Besinnung, kein Schamgefühl, keine Reue auslösen. Die Täter verweigern den Dialog in der Gesellschaft, mit der Gesellschaft, sie setzen an die Stelle des Disputs die Untat. Nicht mit den eindringlichsten Worten werden sie sich davon abbringen lassen, sie verstehen unsere Sprache nicht. Aber dies lässt sich vielleicht doch erreichen: Dass die Zahl der laut oder heimlich applaudierenden Mitbürger nicht wächst, sondern schrumpft. Die Resonanz für das Geschrei von rechts muss geringer werden. Möglicherweise wird damit auch die Lust am Schreien geringer.«

INNENPOLITISCHER KLIMAWECHSEL in der Bonner Republik! Vom brisanten, vom dramatischen Geschehen vor allem des Jahres 1968 war in der Klein- und Kreisstadt des katholischen Rheinlands nicht viel zu spüren, hier vermittelten Medien. Von der Teilnahme an Demonstrationen, an Aktionen habe ich nichts zu vermelden, nur von einer Vermittlung, für die ich mit donnerndem Applaus belohnt wurde.

Es wurde von der demonstrierenden Linken, vor allem unter Studenten, immer wieder die Solidargemeinschaft mit Arbeitern betont – nur blieben die Studenten meist unter sich. Und doch gelang es mir (dies, gleichsam undercover, als Mitglied der FDP, insofern mit nützlichen Kontakten), einen authentischen Arbeiter aufzuspüren, der bereit war, sich bei einer KP-Versammlung vorzustellen. Ich holte ihn ab, fuhr mit ihm nach Köln, eingeladen (ich weiß nicht mehr, warum und wieso) zu einer Veranstaltung in der Aula der Uni. Auf Stichwort trat ich ans Katheder, rief: Ich stelle euch hier einen Arbeiter vor! Und der trat an meine Seite. Da brach eine Lawine von Beifall auf uns herab. Mein Mann aus Mariaweiler, dort tätig in der Filztuchfabrik, konnte sich nicht verständlich äußern, das war auch nicht so wichtig, es zählte allein schon seine Präsenz, seine stumme Solidarisierung. Im weiteren Verlauf der Vollversammlung stießen rechts und links von mei-

nem Kopf, knapp oberhalb, immer wieder Solidarisierungs-
fäuste vor – auch dies ein bleibender Eindruck. Und echostark
der hohe Geräuschpegel von Beifall und Gesang.

Wenn ich auch nicht teilnahm an Demonstrationen, Aktionen der Außerparlamentarischen Opposition – ich beteiligte
mich medial am dominierenden Diskurs mit dem Wortma-
gnet-Doppelpol der *Herrschenden* dort, der *Revolution* hier.
Schrieb einen Funkessay mit dem Titel *Musik und Revolution*.
Eine der Arbeiten mit längst abgelaufenem Verfallsdatum, nur
einmal gedruckt und dann nie wieder, hier indes erwähnt als
Markierung einer virtuellen Solidarisierung.

So wollte ich die längst überfällige Veränderung des restaurativen Binnenklimas unseres Landes fördern durch ein Funk-
gespräch mit dem Komponisten Hans Werner Henze, schrieb
ihn an unter passender Verwendung kursierender Leitbegriffe.

Und erhielt Antwort, handschriftlich: La Leprara, Via del
Fontanile, Marino (Roma), Mai 1969. »Ich war gerade in
Cuba, um zu sehen, wie dort Musik in der Revolution sich
verhält, und es hat sich bestätigt, was ich schon dachte: Es ist
unzulässig (wenn Sie wollen, konterrevolutionär und repres-
siv), avantgardistische Musik als ›revolutionär‹ im Sinne der
Marxistisch-Leninistischen Revolution zu betrachten. Was
sollte auch eine Musik, die von den Herrschenden gewünscht
und gefördert wird, eine Musik des Spätkapitalismus, mit der
Revolution und den Bedürfnissen der Menschen in der Revolution zu tun haben?«

Da hakte, arbeitete ich nach, stellte die »Frage nach der
möglichen Relevanz von Musik. So schwer erträglich die ideo-
logische Verhärtung ist: Die Frage nach der Verständlichkeit
von Musik ist hier wohl nicht überflüssig. Nur besteht da die
Gefahr, dass die Verständlichkeit ein Mittel zur größeren und
weiteren ideologischen Beeinflussung der hörenden Massen
wird. Soweit ich sehe, sind Sie fast der Einzige, der sich ›bei
uns‹ die Frage stellt: Wie mache ich mich verständlich, und das
nicht nur in Kreisen von Spezialisten?

Aber: auch Sie wollen, wenn ich Sie recht verstehe, Veränderungen der Gesellschaft. Sehen Sie in der Musik ein Mittel, das diesen Prozess begleiten, ja fördern kann? [...] Müssen musikalische Ausdrucksmittel vereinfacht, muss die Entwicklung verlangsamt, retardiert werden, wenn Musik gesellschaftlicher Faktor werden will?

Andererseits geht gesellschaftlicher Veränderung eine Veränderung des Bewusstseins voraus. Veränderung des Bewusstseins wird auch erzeugt durch Neue Musik: sie zerschlägt alte Ausdrucksformen, zerschlägt Hörgewohnheiten und damit Bewusstseinsformen. Das ist freilich, politisch gesehen, ziellos.« Und so weiter.

Erneut ein Brief von Henze, und dies unübersehbar: Über der gedruckten Anschrift auf der Rückseite des Briefumschlags hatte er in Kapitälchen seinen Nachnamen geschrieben und mit einem Ausrufezeichen zusätzlich hervorgehoben. Sonst aber wirkte das Schreiben moderat. Ich zitiere erneut einige Zeilen, um den damaligen Sprach- und Bewusstseinsstand zu markieren im Diskurs, an dem ich mich beteiligte, zu beteiligen versuchte, der Zeitgeist (längst nicht so sexy wie die drallbusige *Phoebe Zeitgeist* amerikanischer Cartoons) dicht über meinem Haupte schwebend, soufflierend, suggerierend: Runter vom ›Elfenbeinturm‹, rein ins Getümmel! Zumindest via Funkfeature.

Ein Auszug. »Es wäre darüber nachzudenken: Warum wird die avantgardistische Musik so sehr gefördert, bezahlt, propagiert, von den ›Herrschenden‹, den marktbestimmenden Managern der Rundfunkanstalten, den Mandarinen der Festivals? Alibi? Organisation eines Ventils? (Die Revolution findet im Saale statt?) Die Herrschenden, die ich meinte, müssen nicht Kiesinger, Benda und Strauß heißen, aber es könnten sehr leicht ihre Agenten sein. Die Alibi-These liegt nah.

Veränderung des Bewusstseins wird auch erzeugt durch Neue Musik, meinen Sie. Da habe ich schon meine Zweifel. Das könnte höchstens eine Schein-Veränderung sein. Eine durchaus nicht revolutionäre Veränderung. Eine Liberalisierung, nichts weiter. Wir müssen uns darüber klar sein, dass Musik nicht so wichtig ist. Höchstens da, wo sie agitiert. Aber die Avantgarde agitiert nicht, sie assimiliert, sie affirmiert, und sie schläfert das Bewusstsein ein. Tut so, als ob Probleme gelöst, sie nicht befreit sei. Tut es mehr, als andere Künste es sich erlauben können. Da ist sie schon ein Politikum.«

Spätkapitalismus … die Herrschenden … affirmiert … Revolution, Revolution: flottierende Wörter im Bewusstsein, aber die neu aufgewerteten, entschieden akzentuierten Termini beherrschten mich nicht.

Auch der Briefwechsel endete im virtuell Privaten: Der Einladung, zu Henze nach Rom zu kommen, sobald er die sechste Sinfonie vollendet hätte. (Die muss ich mir, in seiner Aufnahme mit dem London Symphony Orchestra, doch mal wieder anhören …)

Bleibt noch zu berichten, dass sich die jäh veränderte Zeitstimmung, Zeittendenz auf mich übertrug, telepathisch subkutan. Ich schrieb einen großen Funkessay, einen Monolog, in dem Trotzki seinen Widerstand gegen die stalinistische Parteidiktatur artikulierte. Schrieb einen Funkessay über Willy Münzenberg, der ein linkes Presse-Imperium leitete. Stellte George Orwell als Anarchisten heraus mit seiner Beteiligung am Kampf der spanischen Republikaner gegen Franco und die seinen. Ließ dialogisch die APO zu Wort kommen, die Außerparlamentarische Opposition. Bereitete im »Internationaal Instituut voor Sociale Geschiedenis« (Amsterdam, mit Blick vom Tisch auf die Herengracht!) eine Publikation der Autobiographie des bajuwarischen Sozialisten Johann Most vor – was er in vier Heften in New York veröffentlicht hatte, als Emigrant, das fasste ich zusammen zu einem Text, den ich durch ein ausführliches Nachwort ergänzte. Das Buch erschien (unter dem Titel: »Ein Sozialist in Deutschland«) in einem Forum, das es heute nicht mehr gibt: »Gelbe Reihe« bei Hanser.

Und ich machte eine erfreuliche Erfahrung, beinah charakteristisch für die damals etwas spontaneren Umgangsformen unter Autoren, Jahrzehnte vor der einsetzenden Neo-Eiszeit der Gesellschaft. Ich werde nun allerdings nicht damit anfangen, immer mal wieder ein Poststück aus dem Kollegenkreis reinzuschmuggeln, die folgenden Zeilen stehen stellvertretend für weitere, andere Zeilen. Hier, das möchte ich noch mal betonen, die Rückmeldung eines Autors, mit dem ich noch kein Bierchen gezischt, keinen Wein getrunken, keinen Schnaps gekippt habe, dem ich nicht einmal offiziell begegnet war. Eine Postkarte mit witziger Charakterisierung des zuweilen schrullig kantigen Sozialisten.

»Lieber Herr Kollege Kühn, dass Sie den Johann Most ausgegraben haben, der zum Beispiel mir völlig unbekannt war, ist ein großer Gewinn. Mit Lachen und Rührung las ich die Biographie dieses eifrigen, rechthaberischen, krummen Vogels, der nicht aufgab. Ich verehre solche schiefen Helden, die die wahren sind. – Ihr Nachwort rückt alles zurecht und macht trotzdem Mut. Herzlichen Dank von einem erbauten Leser, Ihr Günter Herburger.«

Zu einem Dankschreiben für ein paralleles Projekt kam es allerdings nicht mehr, es versandete. Ich wollte einen kleinen Auswahlband mit Texten des Anarcho-Syndikalisten Rudolf Rocker herausgeben, ebenfalls bei Hanser. Vorgespräche mit seinem Sohn Fermin, aber die Resonanz auf meine Initiative war gering. Immerhin aber entstand, über London, ein Kontakt mit Augustin Souchy, der mit Rocker eng kooperiert hatte.

Der Rentner-Anarchist hauste in einem Apartment eines Wohnblocks in der Leonrodstraße. Was mir auffiel, was ich noch vor Augen habe: Der hagere Mann hatte am Gürtel ein metallenes Brillenetui befestigt wie eine Patronentasche, waagrecht. Meist lag er auf dem Sofa – gesundheitliche, von ihm nicht näher beschriebene Probleme –, doch immer wieder stand er, sprang er auf, holte aus dem Schrank ein Plakat oder eine alte Schrift oder Fotos oder Briefe von Rudolf Rocker, las vor, legte vor, sprach mit Feuer.

UND NUN LASSEN WIR DIE FÜSSE SPRECHEN!, hören wir aus dem Lautsprecher. Und so lassen wir die Füße sprechen: Frieden, Frieden, Frieden, dies vom Münster in Aachen hinaus nach Kornelimünster, zweieinhalb Stunden lang. Und wer hört, was unsere Füße sprechen, ungefähr zweitausend, einige Füße allerdings noch in Kinderwagen? Wer liest die Aufschriften der Transparente, der Schilder? Ein Freitagnachmittag, um 18 Uhr der Aufbruch am Münster, die erste Etappe eines mehrtägigen Friedensmarschs nach Bitburg, zur Airbase der amerikanischen Luftwaffe, hier sollen neue Raketen stationiert werden, Instrumente der Massenvernichtung.

18 Uhr – also noch viel Verkehr, der muss aufgehalten werden an jeder Kreuzung, an jeder Seitenstraße unserer Route; in zwei Streifenwagen, auf zwei Motorrädern begleitet uns ein halbes Dutzend Verkehrspolizisten – kurzärmlige Hemden an diesem heißen Augusttag, keine Helme. Die Autofahrer, das können wir durch Windschutzscheiben oder offene Seitenfenster sehen, sind vielfach böse, weil sie halten müssen: ein etwa zweihundert oder zweihundertfünfzig Meter langes Verkehrshindernis, mit Blechtonnentrommeln vorn, die mit Kochlöffeln geschlagen werden.

Das Geschäftszentrum ist bald verlassen: bürgerliche Wohngebiete, und hier scheint man besonders ängstlich – steht hinter Gardinen, schemenhaft, öffnet Vorhänge nur spaltweit, zeigt Köpfe und Schultern über Blumenkästen. Kaum jemand, der uns zuwinkt oder auch nur zulächelt, eher wirken die Menschen verdattert: Was man sonst auf dem Bildschirm sieht, marschiert nun, einen viertel Kilometer lang, am Haus vorbei. Keiner, der vor die Tür tritt, uns etwas zuruft, freundlich oder unfreundlich – sichtbare Zurückhaltung, Distanzierung. Als würden in diesem bunten Zug meist junger Menschen Käfige mitgeführt, die jederzeit geöffnet werden können, und Raubtiere würden freigelassen, die sogar Fassaden hochklettern können, mit Saugwarzenpranken.

Nein, da wird keine Wirkung sichtbar unserer Fußsprache, der Transparente, Schilder – ängstliches oder gleichgültiges Hinblicken. Die »gutbürgerliche« Wohngegend schließlich hinter uns, Häuser nun, in denen auch Türken wohnen – ganze Familie auf den Balkonen. Und hier zeigen auch Landsleute weniger Scheu: sie stehen an offenen Fenstern, auf Balkonen, an Haustüren, aber das sind nur wenige, auch hier. Wären da nicht die Trommeln, wir würden kaum Aufmerksamkeit auf uns ziehen: wir singen nicht, wir rufen nichts, wir unterhalten uns, das verkürzt den Weg. Unsere Füße, in Turnschuhen, Sandalen, Halbschuhen, zuweilen auch in Wanderstiefeln, sie sprechen weiterhin: Frieden, Frieden, Frieden, und doch: Eine Mutter auf einem Balkon im Erdgeschoss winkt drei halb-wüchsige Mädchen vom Spielplatz heran, Kinder mit Brüsten, sie müssen am Balkon stehnbleiben, bis wir vorbei sind. Aus Kneipen treten Männer heraus, stehen gedrängt im Eingang, einige mit Biergläsern, man kommentiert uns. Ich schere mit einem Bekannten aus, wir laufen zu einer Kneipe, trinken am Tresen ein Alt, der Augustnachmittag macht durstig. »Seid ihr schon lange unterwegs?« Wir kommen vom Münster. Männer am Tresen, an Spielautomaten. »Wo kommen die her?« »Aus Münster.« »Das sind aber viele!« Kleiner Stolz – wenigstens diese Anerkennung: wir stellen insgesamt etwas dar, auch wenn die Veranstaltung vorher, mit Reden und Musikstücken, nicht gerade imposant wirkte auf dem Münsterplatz, aber es kamen aus Seitenstraßen andere Demonstranten dazu, nicht spontan, bestimmt nicht spontan, rasch anwachsende Demonstrations-züge kenne ich nur aus dem Kino. Zwar rufen wir schon mal jungen Leuten zu, sie sollten mitkommen, aber da hören wir nur: »Isch bin doch nit bekloppt.« Und die jungen Männer in den Autos, mit lässig zurückgelehnten Freundinnen, sie hätten den Zug bestimmt schon mehrfach durchbrochen, hupend, wären da nicht die Polizisten, die ihre Streifenwagen und Motorräder querstellen in Kurven, an Kreuzungen, und sie halten Ungeduld, Aggression zurück mit abwinkenden Händen. An einer Tankstelle steht man an den Zapfsäulen und lacht uns aus. Sonst: sichtbare Berührungsangst, Ver-wirrung, Gleichgültigkeit. Wir bewegen unsere Beine, aber in Bewegung setzen wir nichts. Da ist für uns eigentlich nur das Erlebnis, nicht allein zu sein mit dem Wunsch, der Forderung nach Abrüstung, Frieden. Vor allem auf der entmutigend schnurgeraden, ansteigenden Ausfallstraße südwärts blicken wir uns um und staunen, wie lang unsere Kolonne ist: Und schau mal, hinter dem gelben Schlusstransparent – immer

noch welche! Und dahinter aufgestaute Autos, zum Schritttempo gezwungen, und sie werden an uns vorbeigewinkt, auf
der zweiten Fahrspur der vierbahnigen Piste – wie wird man
die Friedensbewegung kommentieren in diesen Wagen, vor allem, wenn sie mit Zierfolien beklebt, mit Extras bestückt, mit
Blech beschürzt sind? Eine Frau fängt rasch an, ein Fenster
zu putzen, nur, um uns zu beobachten, ohne sich damit verdächtig zu machen in der Nachbarschaft. Die Straßen wirken,
obwohl es ein früher Freitagabend ist, in manchen Abschnitten wie ausgestorben. Unsere Füße sprechen weiterhin für den
Frieden. Und wir unterhalten uns, in wechselnden Gruppierungen, das verkürzt den Weg, der zuweilen lang wird, vor
der Autobahn. Aber jenseits von Aachen-Brand (wo ein Teil
der Bevölkerung Dürens nach dem Bombenangriff in einer
Kaserne untergebracht war), jenseits von Brand wird es grün,
die Sonne schwillt an, sattrot. Auf der Gegenfahrbahn Autos, Motorräder, in beiden Richtungen durchgewinkt. Gras,
Bäume, Kühe und schließlich Kornelimünster. Auf einer
Mauer sitzen mit baumelnden Beinen etwa zwanzig Teenager,
meist Jungen, einige Mädchen, hinter ihnen stehen Mopeds,
Mokicks, Mofas; die Jungen pfeifen auf den Fingern, johlen,
schreien. Von einem Jungkonsumenten neben mir auf dem
Gehsteig höre ich: »Und wann fliegen die Pflastersteine?« Alle
Aufklärung hat nichts genützt, die große Friedensbewegung
wird (zum Teil gezielt) mit Grüppchen von Krawallmachern,
Gewalttätern gleichgesetzt, und nun kommen wir nach Kornelimünster, ausgerechnet nach Kornelimünster. Nein, wir
haben keine Denkanstöße vermittelt auf dem Weg vom Aachener Zentrum zu dieser Kleinstadt, haben erst recht keine
spontane Solidarisierung ausgelöst – wir sind schon froh, dass
wir Kornelimünster erreicht haben ohne Zwischenfälle, dass
es ein warmer, wolkenloser Augustabend ist, dass wir uns setzen können, dass Bier für uns gezapft wird. Nun können die
Füße schweigen, erst einmal.

Und dann? Ich nahm teil an Sitzungen der lokalen Partei in
Düren. Nahm teil an größeren Veranstaltungen der Partei.

Nahm teil an Richtungskämpfen. Markierte innerhalb des Parteispektrums früh schon meine Position, in Briefen und Anträgen. Schrieb Protokolle. Beispielsweise beim ordentlichen Kreisparteitag am Freitag, dem 31. Januar 1969 im Stadtpark-Restaurant Düren. Es erweist sich nun als hilfreich, dass ich damals einen Durchschlag machte vom Typoskript (das damals noch geläufige Wort »Kohlepapier«).

Ich hebe hervor, was der bisherige Vorsitzende im Geschäftsbericht eingestand. »Der Vorstand sei in der letzten Zeit nur eingeschränkt aktionsfähig gewesen, was besonders auf starke berufliche Inanspruchnahme der Vorstandsmitglieder zurückzuführen sei.« Da dürfte man froh, dürfte zumindest erleichtert gewesen sein, dass sich der gerade noch 34-jährige Kühn zur Verfügung stellte. Das hatte Folgen, biographisch.

Punkt 8 der TO: Wahlen. »Es waren 30 stimmberechtigte Mitglieder anwesend.« Geheime Wahl. Regierungsrat Manfred S. wurde Erster Vorsitzender des Kreisverbandes Düren, ich Erster Stellvertreter. Und wurde gewählt als einer der beiden Delegierten zum Landesparteitag, zugleich als Stellvertreter des Delegierten zum Landeshauptausschuss.

Punkt 10 der Tagesordnung: Nachwahlen der Großgemeinde Nörvenich am 23. März 69. »Die Notwendigkeit aktiver Unterstützung des Wahlkampfes wurde festgestellt.«

Und ich wurde, offenbar außerhalb der Sitzung, gleich auch noch zum Vorsitzenden des Wahlkampfausschusses gekürt. Der berühmte Sprung ins Wasser.

Ja, der Vorsitzende des Wahlkampfausschusses muss aus dem Stand heraus bei den Kommunal-Nachwahlen in Nörvenich aktiv werden und hat keine Ahnung, wie so was geht.

Ich fahre nach Hochkirchen, von Nörvenich eingemeindet. Nieselregen, die Dorfstraße leer, fast alle Plastikjalousien runter, finis terrae – ungefähr wie in Franken, im Zonengrenzbereich zur DDR. Eine uralte Dorfwirtschaft, im halb beleuchteten Raum ein kleiner Kreis: Tag die Herren, guten Schluck!

Ja, sie haben sich schon mal ein bisschen eingestimmt. Aber wir ziehen jetzt um. Und sitzen bald darauf in einem Wohnzimmer. Die Tapete seit schätzungsweise vierzig Jahren nicht mehr erneuert. Ein uralter Schreibtisch, die Topfblumen darauf in Press-Kunststoffhüllen. Eine gewundene Kerze. Ein Kreuz. Ein Jubiläumsfoto zur fünfzigjährigen Mitgliedschaft im Schützenverein. Wir sitzen zu fünft am Tisch.

Gut, dass es einen Außengeschäftsführer gibt, der hat bereits einen Redner besorgt, hat schon das Lokal bestimmt, alles schon geregelt. Und S. hat schon Einladungen zur Wahlversammlung drucken lassen, die werden verschickt. Ein Schlaumeier hat Adressen beschafft von 180 Bundeswehrangehörigen im Fliegerhorst. Beim Adressieren will man die militärischen Titel weglassen, damit das nicht so auffällt. Außerdem wird ein Obergefreiter vielleicht nicht so gern als Obergefreiter angeschrieben, schon gar nicht, wenn er zwischenzeitlich befördert wurde. Wir müssen uns hier in gegebenem Maße anpassen.

O. k., von mir aus, geht so in Ordnung.

Ja, und die weiteren dreihundert Einladungen werden durch die Kandidaten verteilt, Adressen aus dem Telefonbuch. Außerdem werden 700 Hektogramme hergestellt, ist auch schon veranlasst. Jetzt kommt die Plakatierung – wir haben doch Eindruckplakate?

Ja, sage ich, aber alte. Noch mit Gelb auf Blau. Jetzt soll ja alles schwarzweiß sein. Und mit den Punkten: Fpunkt, Dpunkt, Ppunkt … Ich werde aus Düsseldorf gleich morgen früh neue Eindruckplakate anfordern, die werden dann umgehend an die Druckerei weitergeleitet. Nur noch zehn Tage, o Schreck, o Graus, bis zur Wahlveranstaltung. Wo kommen die Plakate überhaupt hin? An Toreinfahrten?

Müssen wir die Bauern fragen.

Ja, und wie viele Jungdemokraten sollen uns zur Seite stehn? Ich habe keine Lust, das alles wie bei der Bürgerversammlung selbst zu kleben. Und wie sieht es mit Plakatständern aus?

Schlecht. Mindestens die Hälfte kaputt.

Dann bringen wir wenigstens den schäbigen Rest zum Einsatz. Und sonst?

Also ein Informationsstand würde sich bei uns nicht lohnen. So was kann man nur in der Stadt einsetzen. Natürlich mit ein paar Minirock-Mädchen. Kann man hier vergessen.

Kommen wir zum nächsten Stichwort, sage ich: die Korsofahrt. Soll ja am Samstag vor der Wahl stattfinden. Wie wird hier so was aufgezogen?

Hauptsache der Lautsprecher. Bei A. liegt schon einer.

Hoffentlich funktioniert der auch.

Na ja, nicht vom allerneusten Stand, haut aber hin. Jedenfalls brauchen wir flotte Musik. Gibts keinen Wahlschlager?

Nee, noch nicht.

Und wie wärs mit Marschmusik?

Die hier im Fliegerhorst haben es nicht so mit Marschmusik. So was hören die höchstens im Fernsehn, bei irgendeinem Bericht über die Bundeswehr. Aber ein Bundeswehrmann hier im Ort, der könnte ein Band zusammenstellen. Flotte Schlager.

Na, da wär ich um diesen Job ja schon mal herumgekommen. Aber der Samstag wird draufgehn mit der Kandidatenliste. Zum Korso müssen rechtzeitig die Ständer auf die Dächer, schön beklebt. Und dann jeweils den Kandidaten vorstellen. Bloß – ich kenn keinen von denen. Das heißt, abgesehn von euch beiden hier. Fehlen mir noch acht. Die werd ich der Reihe nach aufsuchen und jedem eine Grundsatzschrift auf den Tisch legen. Und sonst – was machen wir sonst noch so?

Als Diskussionsteilnehmer eindringen in andere Wahlveranstaltungen?

Schön. Sagt mir nur rechtzeitig Bescheid, wir verteilen uns dann. Und, weiter?

Na, eben der Korso. Möglichst viele Autos!

Ich werde einen Treffpunkt vorschlagen und mir die Route überlegen. Ab sofort aber müssen wir Leute suchen, die plakatieren.

Ich breche auf, obwohl ich das Verlangen spüre, noch was beisammenzuhocken und ein paar Bierflaschen zu zischen. Hundert Meter durch das Dorf, zum Auto. So was an Stille! Ein junger Mann pisst an eine Hauswand. Sonst ist es wirklich still, totenstill.

BEVOR DAS HIER SO WEITERGEHT, ein notwendiger Einschub. Ich war auch zu dieser Zeitphase (und später, als Stadtrat) nicht ›voll engagiert‹ als Kommunalpolitiker, der nebenbei auch schrieb, es war umgekehrt: Die ehrenamtlichen Tätigkeiten füllten mich nicht aus, sie liefen nebenher. Also müssten eigentlich die Notizen zur literarischen Arbeit umfangreicher sein als der fortlaufende Report des Engagements. Nur so würde die Form der Textsequenzen der Lebensform entsprechen. Also doch keine literarischen Globuli, eher Broteinheiten?

Es wäre allerdings nicht gerade prickelnd für mich, von hier an fortlaufend meine Bücher vorzustellen, mit Inhaltsangabe und womöglich ›authentischer‹, weil vom Autor lizensierter Interpretation. Auch für die Leserschaft wäre das nicht sonderlich attraktiv, ich schreibe ja nicht nur für Kühn-Leser. Andererseits kann ich schreibend nicht davon absehen, dass ich geschrieben habe, weiterhin schreiben will. Das muss im Lebensbuch Textentsprechungen finden, muss fortlaufend markiert werden. Aber wie?

Ich habe verschiedene Lösungen erwogen und ausprobiert. Autobiographische Textphasen doch begleiten mit charakteristischen Auszügen aus meinen Büchern? Aber wie ließe sich das koordinieren? Ich habe kein Werktagebuch geführt, kann nicht parallel schalten. Erschwerend käme hinzu: Was wähle ich aus? Rücke ich erfolgreichere Bücher in den Vordergrund oder lasse ich ausgleichende Gerechtigkeit walten für Bücher, die mir wichtig sind, deren Rezeption (und Distribution) aber dürftig ausfiel?

Lösung auf Widerruf: In begleitenden Textmarkierungen wollte ich das Spektrum meiner Texte zumindest andeuten. Die Kontinuität des Schreibens war (und ist) für mich eins mit Diskontinuität der »Textsorten«. Wenn ich ein Buch auf der Grundlage von Recherchen geschrieben habe, musste ich mich erst wieder freischreiben, in erzählender Prosa – und warum nicht auch in einem Roman für Kinder? Außerdem: bei Projekten, die viel Zeit forderten, ergaben sich meist Kontraste und Sprünge im Arbeitsablauf – etwa wenn ich zwischendurch ein Hörspiel schrieb. Nur durch Wechsel wurde Kontinuität möglich.

Die nichtlineare Entwicklung hat freilich die Rezeption erschwert. Ein Kritiker hat das im Gespräch mal explizit beklagt: Jedes Mal muss man neu ansetzen, kann nicht einfach fortschreiben, was zuvor über mich geschrieben wurde, und das macht Arbeit. Am liebsten verhält man sich denn wie Politiker: man delegiert. So bespricht am besten ein Mediävist eins meiner Mittelalter-Bücher, bespricht ein Musikredakteur (pardon, eine Musikredakteurin) meine Biographie über Clara Schumann, bespricht ein Botaniker (oder, noch besser, eine Lepidopterologin) meine Biographie über Maria Sibylla Merian. Konsequent weitergedacht, wäre ein Irokese der optimale Rezensent des »Festspiels für Rothäute«, ein Transvestit wäre am ehesten zuständig für die Erzählung »Ein Mann namens Lia«, ein Vampir für meinen Vampirroman …

So suchte ich charakteristische Textproben der verschiedenen Tonlagen aus, Material für wiederholte Einschübe. Tauschte aus, verkürzte, fragmentierte, doch im Hinterkopf blieb das Gefühl: So geht das nicht. Zwar rede ich mir schon mal gut zu: Passt doch eigentlich wunderbar … aber es bleibt, was als ungutes Gefühl bezeichnet wird. Also lieber doch kein fortlaufend begleitendes Angebot von charakteristischen Textausschnitten. Was aber dann? Miniaturisierte Globuli, pure Hinweise?

DER WAHLKAMPF ging weiter. Und es wurde zur Erfahrung, was der Partei gelegentlich vorgehalten wurde: »Gering entwickelter organisatorischer Unterbau«. Dies eklatant auf dem in jeder Hinsicht platten Land. Als Stichwort nun: Aufstellung der Kandidaten für ›meinen‹ Wahlkreis.

Am günstigsten dafür erscheint der Samstagnachmittag. Ich fahre los mit dem Zettel von Namen und Anschriften. Die erste Klingel. Eine dicke Oma in buntem Haushaltskittel lugt aus dem Klofenster neben der Haustür: Ja bitte?

Ich bin hier der Wahlleiter. Ich würde gern den Hausherrn sprechen.

Ein Haus am Ende einer Neubausiedlung; Wendehammer, Feldflächen; diesiger Himmel. Es rumort im Hause. Dann öffnet er die Tür, kauend. Nur eine Wollweste auf dem Oberkörper, halboffen; graue Brusthaare. Kinder vor dem Fernsehgerät, sie werden verscheucht. »Bitte nicht hinschaun.« Noch ein Geburtstagstisch – hier ist vor einer Woche gefeiert worden. Plastikpanzer auf dem Boden. Ein paar Bücher mit Halbleder-Imitat-Rücken. Etwas Kupfer im Raum, etwas Grün. Preiswerte Einrichtung.

Nein, er kommt nicht zur Wahlversammlung, er hatte mit einem Hauptmann vom Fliegerhorst dienstlich zu tun, der hat ihn mal angeschwärzt, in seiner Abwesenheit, der taucht bestimmt da auf, also geht man sich besser aus dem Weg.

Sie verschicken aber die Einladungen?

Nein, die verteilt er lieber so in der Siedlung.

Ich kann mich drauf verlassen?

Ein Mann, ein Wort.

Kommen Sie wenigstens zur Vorstandssitzung? Wegen der Gesamtplanung?

Kann ich nicht kommen, da feiern wir nämlich. Der Geburtstag ist vorher, aber er feiert ihn doppelt, dann, beim zweiten Mal, mit Freunden. Sind alle schon eingeladen. Überhaupt viele Geburtstagstermine – jeden Monat ist ein Familienmitglied an der Reihe. Zwischen Februar und Juni, dann ist alles erledigt. Und die Wahl mittendrin.

Wieder zum Wagen, zum nächsten Kandidaten. Durchfragen zum Ende des Dorfs: unverputzter Anbau eines alten Bauernhofs. Ich fahre bis vor die Tür, der Schlamm ist knöcheltief. Ein Kabel aus einem Fenster, zwei Mann schweißen an einem Ackergerät. Die fusse (hochdeutsch: rothaarige) Tochter schaut dabei zu. Hühner tapsen durch die Sod (hochdeutsch: die Schlammbrühe). Vatter is nich da, sie wird ihm alles erklären und überreichen. Ob das klappen wird?

Weiter. Rumpeliges Kopfsteinpflaster, seitwärts aufgerissen für Arbeiten an der Kanalisation, Flickasphalt, kein Gehsteig, keine Bäume.

Der Assessor. Nun also wohnt er hier draußen, wohnte

früher in Köln, aber diese horrenden Mieten, und Kinder sind unerwünscht. Da fragte er schon mal: Sie sind wohl mit 18 auf die Welt gekommen? So eine Frage kapiert ein gewöhnlicher Vermieter überhaupt nicht. Hier draußen zahlt er weniger, die Kinder haben Auslauf, es ist ruhig. Doch gespart muss werden. Hat jetzt einen alten DKW gekauft, preiswert, kostengünstig – der Verkäufer hatte versehentlich die Versicherung vorausgezahlt. Er repariert den Wagen selber, der fährt dann bestimmt noch hunderttausend. Stellt den Vergaser ein, prüft die Ventile, geht alles genau durch. Ach so ja, Kandidatur, ja, ihr könnt mich aufstellen, ich fahr dann rum, verteil den Kram.

Und weiter. Irritation durch Nummerierung: suche die 25, sehe nur eine 23, danach gleich 41. Wie soll denn das gehn? Ich stell den Wagen ab, frage einen Eckensteher. Ja, dort drüben, wo das Auto steht. Es empfängt mich ein schnurrbärtiger Sechziger mit schütterem Haar. Ursprünglich war das hier mal ein großer Raum, aber er hat ein Stück abgeteilt, für die Werkstatt, der Sohn arbeitet grade dadrin.

Das Wohnzimmer, das Fernsehgerät, Sitzbankwinkel am Tisch mit gewürfeltem Tischtuch: verblasste Inspiration durch einen Herrgottswinkel? Fehlt nur das Kreuz.

Die Materialien, die ich auf den Tisch lege, interessieren ihn nicht so richtig. Sein Problem, ich wüsste ja, er war früher bei der CDU, acht Jahre Bürgermeister, sie haben ihn rausbugsiert, aber die FDP-Kandidatur, die werfen sie ihm vor: Du bis ene Wellepper. Seine Frau hätte am liebsten, wir würden ihn von der Liste wieder streichen. Ein böser Anruf: Mir koofe bei dir kene Stuhl mie, du solls vrecke! Und der Sohn, der noch in der CDU ist, der wurde gestern einfach nicht mehr zur Versammlung eingeladen.

Ja, und wie verfahren wir jetzt?

Also, er stellt sich die Wahlwerbung so vor. Links oben steht: Wählt den Kandidaten, und dann groß und quer über das halbe Blatt: sein Name, und dann rechts drunter, aber kleiner: FDP. Das schreibt er so auf einen Bogen, setzt sogar die neu eingeführten Punkte, mit denen die FDP sich auch optisch von den beiden Volksparteien unterscheiden will: F.D.P. Und da drunter seine persönliche Erklärung: Der Mann, der acht Jahre für seine Gemeinde als Bürgermeister gearbeitet hat und den seine eigene Partei dann kaltgestellt hat.

Ich sage, dem müssen wir aber eine positivere Wendung geben.

Er zählt also Positiva auf. Hat Friedhofsboden günstig bekommen, durch einen Bekannten. Mit einer Flasche Korn. Die Pacht war nur gering angesetzt. Trotzdem, die Gemeinde hat ihn warten, in der Luft hängen lassen. Er musste sich schon beim Notar entschuldigen, ich bin jetzt hier, aber ich warte noch auf Unterlagen. Kurz darauf war der Betreffende gestorben, mit 90, also mit Blick auf das Alter hätte man doch voranmachen können! Oder die Sache mit der neuen Schule. Wohin mit den Fäkalien? Da wurden zu geringe Beträge eingesetzt für den Straßenbau, so bleibt alles provisorisch. Und bei Gewitter steht alles bis zur Straßenkrone unter Wasser. Er hat das mal fotografisch festgehalten, »indem dadurch dass es da schon mal einen Unfall gegeben hat«, witterungsbedingt.

Und wie halten wir es mit den Plakaten?

Die will er selber drucken lassen, für die Kandidatur, und zwar auf Transparentpapier. Unbedingt auf Transparentpapier. Er hält auch nichts vom vorgeschriebenen Parteikopf und von den sonstigen Regelungen, er will seinen Namen schräg gedruckt haben. Und zwar so: er malt das auf, unterstreicht den Namen, und die Partei wird rechts drunter genannt.

In der nächsten Wohnung läuft auch wieder der Fernseher: Gottesdienst von Reichenau mit Swing. Die Frau strickt, sitzt senkrecht auf dem Stuhl am Tisch, die Füße berühren gerade mal den Boden. Der Hausherr hat ein grünes Polohemd an, dazu eine braune Baskenmütze. Die nimmt er nach einiger Zeit ab, der Mützenrand hat sich der Stirnhaut eingeprägt. Ich folge ihm auf den Speicher: Lagerung fürs Geschäft, ein kleiner Werktisch mit Bohrer und Hobel, ein Karton Werbematerial der Partei, schon etwas älter, aber das kann jetzt ja noch verbraten werden.

Die SPD bereitet aber längst schon einen Kandidatenbrief vor.

Na schön, er wird Einladungen verschicken. Übrigens, das Bild hier: Nörvenich früher. Hier übernachtete mal Karl der Fünfte. Wegen der Burg ist Nörvenich nicht bombardiert worden. Die Kirche im Nachbardorf besteht teilweise aus römischem Ziegelmaterial. Die Römerstraße im Neffelbachtal.

Ob er die Einladungen nicht lieber verteilen als verschicken will?

Nein, verschicken. Vor der letzten Kommunalwahl hatte er 74 Einladungen verteilt, hatte dafür viereinhalb Stunden gebraucht – mal hier ein Wort sagen, mal dort eine Frage beantworten.

Und wie viele sind daraufhin gekommen?

Vielleicht einer. Wenn überhaupt einer. So eine Wahlversammlung hängt auch vom Fernsehprogramm ab. Ein Fußballspiel kann jede Veranstaltung lahmlegen.

Die Sendetermine sind doch nun bekannt. Und es spielt sich alles in den nächsten paar Wochen ab. Wie wärs, bei geeignetem Termin, mit einer kleinen Rede, im hiesigen Gaststättengewerbe? Politischer Frühschoppen oder so?

Wenn ich da eine Runde geschmissen hab, muss ich keine Rede mehr halten.

Ich setze die Rundfahrt fort, in Nörvenich, in den Dörfern des Wahlkreises; noch immer ist die Kandidatenliste nicht vollständig.

Ein junger Offizier, bleicher Brillenträger in weißem Pullover aus den USA. Holztäfelung, Clubsessel, zwischen zwei großen Lautsprechern ein Aquarium, blau beleuchtete Neonfische schweben umher. Er konstruiert gerade eine Fütterungsanlage für das Aquarium. Die Grundzüge: bei bestimmten Zeigerstellungen wird ein Kontakt geschlossen, eine Relaisschaltung wird ausgelöst für kurze Zeit, Futter fällt ins Wasser. Er hat derzeit einen Dauerversuch laufen, muss aber eine Woche weg.

Und ich muss weiter, Wahlunterlagen hinterlassend. Ich muss meine zehn Kandidaten für die Großgemeinde Nörvenich noch zusammenkriegen! Der Wahlkreis ist schließlich in zehn Wahldistrikte aufgeteilt, hätten eigentlich auch ein paar weniger sein können, jetzt strampel ich mich ab!

Der alte Bahnhof. Kleine Rampe der vormaligen Güterabfertigung. Ein winziges Nebengebäude nun als Hundehütte, sogar mit Schild: Besso. Im Raum des Fahrdienstleiters dicke Blumenpötte, Blumenkästen. Es geht die Stiege hoch, dann durch ein Schlafzimmer in ein Wohnzimmer. Er ist Busfahrer, hat eine halbe Stunde Pause, der Bus auf dem Bahnhofsvorplatz, er muss also gleich wieder weg, obwohl, samstags ist es gemütlich, Dienst erst ab halb drei, bis Viertel vor acht. Alle paar Wochen Spätdienst im Depot, damit die Beziehung zum Technischen nicht verlorengeht, die einlaufenden Busse inspizieren, den Ölstand prüfen, auftanken und so weiter. Anstrengender Beruf! Einem vierzigjährigen Kollegen wurden neulich beim Aussteigen die Knie weich: Nervenschwäche, seit 8 Wochen ist er in Kur. Verdammt anstrengender Beruf! Fahren, kassieren, aussteigen, Kinderwagen mit reinheben, fahren, kassieren, immer hinter der Zeit her, immer das Gefühl, du bist zu spät, zu kommst zu spät, das zerrt an den Nerven. Ein harter Beruf. Das Verkehrsaufkommen macht ihm nicht so zu schaffen, aber die Zeit, die Hetze, immer hinterher, immer hinterher, und jetzt, so langsam muss er runter. Doch ich lasse Unterlagen zurück, nehme die verbindliche Zusage mit.

Und wieder eine Frau hinter dem Klofenster neben der Eingangstür, sie muss Diverses hochziehen, spricht dabei: Ihr Mann ist nicht da. Ihr kümmert euch auch nur vor der Wahl um ihn, wie? Sonst lasst ihr ihn im Regen stehn.

Das können Sie mir nicht vorwerfen. Ich bin neu im Verein. Aber nach dem, was man so hört: Es soll auch einige Herren geben, die nur bei Sitzungen erscheinen, wenn Stellen für die Kreistagswahl interessant werden. Alle vier Jahre wieder. Sonst kriegt man die nicht zu Gesicht.

Wie soll ich das jetzt verstehn?

War nur eine allgemeine Anmerkung. Ihr Mann bleibt ja bei der Stange.

Das Klofenster wird zugeklappt, die Haustür wird geöffnet,

das Gespräch wirkt bald entspannt, sie lehnt sich an den Türrahmen. Sie kommt »ursprünglich« aus Westpreußen, großer
Bauernhof, seinerzeit, sie hat Landwirtschaft studiert, arbeitet
heute als Vertreterin für Seife, hat einen festen Kundenkreis.

Und zum Stichwort Kandidatur?

Mein armer Mann, mein armer Mann, was hat er da auf
sich genommen! Muss morgens, auch bei Glatteis, früh raus,
kommt spät zurück. Und jetzt auch das noch!

Wieder ein Bauernhof, wieder, der Witterungslage angemessen, Schlammsoße zwischen zwei Traktoren. Schweinemistgestank. Das Wohnzimmer ist winzig, ein Tisch, ein Sofa,
die Stühle werden aus dem Esszimmer hereingeholt. Neben
dem Fernsehgerät ein Stapel Wäsche: graue Unterhosen,
blaue Hemden, Olivfarbenes. Der Bauer in Reithose mit Gebrauchsspuren; dicke Socken, weiter Pullover. Die Schreibtischschublade herausgezogen: alte Papiere, Erinnerungskram, leere Packungen. Bei dem schlechten Wetter arbeitet er
hier. Hatte angefangen mit 3000 Mark. Keine Unterstützung,
kein Kredit. War nicht Flüchtling, war nicht ausgebombt –
»dann helfe Ihnen Gott«. Hintenherum hat er dann doch ein
Darlehen für die Einrichtung bekommen. Rüben, Getreide,
Schweine. Ja, Ferkelzucht, mit 30 Kilo vom Mäster übernommen. Rüber in den Stall, Besichtigung: pro Sau etwa zehn Ferkel, man hilft mit Spritzen nach, damit die Richtzahl erreicht
wird, bei einer Sau mit zwölf Ferkeln nimmt er zwei weg, tut
sie zu einer Sau, die nur sieben hat. Wichtig ist auch gleichmäßige Ernährung. Wieder ins Wohnzimmer. Ja, er ist schon
länger tätig im gemeindlichen Leben. Kommt ja aus Südwestdeutschland, da ist man liberaler. Und dennoch: bei strittigen
Punkten hat der Bürgermeister einfach die Sitzung beendet.
Und nun die Stichworte Siedlungsvorhaben, Umgehungsstraße. Andere Dörfer haben sich Firmen rangeholt, hier will man
rein ländlich bleiben. Mal sehn, wie weit das führt. Was haben
Sie denn da alles mitgebracht?

Es kommt, was ich befürchtet habe: ich muss nun doch einen
Wahlbrief für alle zehn Wahlbezirke schreiben.

»Liebe Wähler!« Damals war es noch nicht üblich, liebe Wählerinnen und Wähler, liebe Bürgerinnen und Bürger, liebe Leserinnen und Leser zu sagen, zu schreiben, da hielt man noch am alten Zopf fest. Wir hören ... Undsoweiter, undsoweiter. Sind Sie nicht auch der Meinung, wenn man ... undsoweiter, undsoweiter. Sie wissen ... undsoweiter, undsoweiter. Heute haben Sie die Möglichkeit ... undsoweiter. Zehn Kandidaten aus allen Schichten der Bevölkerung bereitgestellt. Wir möchten sie Ihnen vorstellen. Folgt die Liste der Kandidaten für Nörvenich 1 bis 4, für Eggersheim und Irresheim, für Eschweiler über Feld, für Frauwüllesheim undsoweiter, undsoweiter. Unsere Kandidaten werden sich ... soll man nicht an ihren Worten ... Ihr Vertrauen, Ihre Stimme ... Mit freundlichen Grüßen – unsere beiden Namen vom FDP-Kreisvorstand (noch stehen unsere Namen nebeneinander, noch ...)

Und weiter die »Ochsentour« vor der Wahl. Also auch Auftritte in Räumen ländlicher Gaststätten: Vorstellung von Kandidaten. Keine Ahnung mehr, was ich gesagt habe, ich weiß nur, dass ich die Reden nie abgelesen, sondern, nach Stichworten, stets improvisiert habe – so konnte ich die paar Zuhörer »bei der Stange halten«.

Eine Kontrasterfahrung, die sich eingeprägt hat: Der blau verräucherte Wirtshaussaal in einem der Dörfer des Wahlkreises, und als ich nach der Veranstaltung das Gebäude verließ – klar ausgestirnt der Himmel! Tief, tief durchatmen. Und die dringliche Frage: Willst du so was noch öfter machen? Siehst du hier etwa Zukunft, Wahljahr für Wahljahr?

Tja, na ja, und das Wahlergebnis ... Ist halt auf dem platten Land ... Was soll man da schon groß sagen ...

Kaum ist Mai, schon wird der Wahlkampf für die Bundestagswahlen im September und gleich auch für die Kommunalwahlen im November thematisiert! Ist das nicht ein bisschen früh, verschießen wir unser Pulver nicht allzu rasch?

Also, im Bundesvorstand hat man sich lange mit dieser Frage auseinandergesetzt, auch unter Teilnahme wissenschaftlicher

Experten, Soziologen, Politologen oder so, und da ist man zur Ansicht gelangt, dass die stimmentscheidende Meinung jetzt schon gebildet wird.

Oder jetzt schon gebildet ist?

Nein, muss taufrisch, die Meinung, die Entscheidung muss eher taufrisch – wer zuerst argumentiert, behält eher recht. Wir können nicht erst ansetzen oder einsetzen, wenn die anderen Parteien die Bevölkerung schon mit Material überschwemmt haben.

Aber da stellt sich die Frage: Ist dann bis September nicht alles schon vergessen? Immerhin sind die Sommerferien dazwischen. Wir müssen die allgemeine Kurzfristigkeit der durchschnittlichen Gedächtnisleistungen berücksichtigen.

Aber andere haben im Wahlkreis schon angefangen, die legen schon los, da müssen wir mitziehen. Der Wahlkampf muss schon frühzeitig einsetzen. Aber wie? Beispielsweise die ländliche Bevölkerung, die Bauernschaft: jetzt schon mit Material eindecken?

Und wie soll es dann weitergehn? Immer neues, immer gleiches Material? Und das jeden Monat neu? Wir haben ja jetzt schon Probleme mit der Verteilung, hat sich in und um Nörvenich erschreckend deutlich gezeigt. Jetzt ranklotzen und kurz vor der Wahl nur noch Erinnerungswerbung?

Erst mal ein Konzept, und nicht gleich technische Fragen! Arbeit im vorpolitischen Raum. Also ran an die Handwerkskammern, Bauernverbände, Schulen. Und das mit jeweils speziellem Material. Für die Handwerker: Lohnfortzahlung im Krankheitsfall ... Für die Juristen: Strafrechtsreform ... Für die Bundeswehr: Umrüstung ... Und für die Jungwähler –

Zwischenfrage: Was ist wirksamer – schön gedruckte oder illegal wirkende Wahlbriefe?

Illegale! Allerdings mit Unterschrift, das auf keinen Fall vergessen, ansonsten können die ruhig hektographiert werden.

Andrerseits – vorgedruckte Kandidatenbriefe, die nur im Leerraum ausgefüllt werden müssen –

Tja, da sieht man mal wieder: In unsrer Partei sind die besten Theoretiker, aber schlechter siehts bei den Praktikern aus.

Bezirksverbands-Vorstandssitzung. Hauptpunkt der TO: Die Wahlen zum sechsten Bundestag. Die große Koalition als auslaufendes Modell, darüber sind wir uns ja wohl alle im Klaren. Die FDP muss wieder Regierungsverantwortung übernehmen. Das sind Parolen, die helfen dem Opa auf das Fahrrad. Selbst unser schlapper Bundestagskandidat 17, sonst immer müde, wirkt energiegeladen. Andrerseits der Parteiapparat, mangelnde Organisation, zeigte sich bei der letzten Bundestagswahl. Adressen von Gymnasien sollten besorgt werden, kamen zu spät. Ungenaue Ziellisten von Handwerkern, bei einer Wahlveranstaltung kam denn auch nur ein Einziger. Wir müssen die Organisation selbst in die Hand nehmen.

Jetzt aber: die Liste für den Bundestag. Auf der Landesvorstandssitzung in Düsseldorf wurden die Positionen hart umkämpft. Ich bin da gegen eine eiserne Wand gestoßen, meine Parteifreunde. Und Mende, wenn der hier wäre, ich würde es ihm sagen, dass er kein Wort gesagt hat zur Unterstützung unserer Leute.

Dem wollen wir jetzt nicht weiter nachgehn, es stellt sich die Frage, ob wir an der Liste wackeln sollen. Ein Husarenritt gegen die Kandidatenliste?

Wir sind der drittschwächste Bezirksverband. Besser wir rühren gar nicht erst dran, sonst kracht alles zusammen. Voriges Mal haben wir einen Mann sechsmal reinzuboxen versucht auf der Wahlversammlung, da war er für immer abgesackt. Wir sollten uns absprechen mit anderen Bezirksverbänden. Einer muss da immer das Ohr offen halten. Hören, was vor sich geht und was geplant wird.

Da muss ich doch das Ruder herumwerfen. Einer muss hier der Tischkommandant sein, ich muss das mal so hart sagen. Wir brauchen ein klares Votum. Sonst kommen wir auch für die Zukunft als Verhandlungspartner mit anderen Bezirksverbänden nicht mehr in Frage. Da muss endlich der Grundstein gelegt werden, wir dürfen nicht immer nur als gespalten und unzurechnungsfähig dastehen. Eine geschlossene Mannschaft, sonst haben wir keine Chance! Vater muss sprechen und kungeln gehn!

Wir dürfen uns aber nicht durch falsche Unterstützung Feinde einhandeln!

Ist ja gut, schon gut … Willi, verrat uns mal lieber, ob du deine 22 Mann an Bord hast.

Ich hab sie an Bord, alle Mann! Häuste mir minge net kapott, häu isch dir dinge net kapott.

Hört, hört, dass jetzt ausgerechnet du –

Moment, Moment, wer führt hier den Vorsitz? Wo war hier die Wortmeldung?

War doch nur ein Zwischenruf!

Na hoffentlich, nachher heißt es, der Robert kann keine Verhandlung führen, bei dem redet alles durcheinander. Leute, die Uhr rast.

Noch zwei Sätze –

Damit bescheißte mich immer, mit deinen »zwei Sätzen«, das kenn ich.

Ich melde mich ganz vorschriftsmäßig zu Wort!

Aber kurz, ja. Kriegst 30 Sekunden, dann ist es vorbei.

(Noch keine Wortmeldung von mir. Sitze da und staune. Basisarbeit? Die Sitzung wirbelt weiter dahin:)

Klatschnasser und grasgrüner politischer Instinkt in der Frage Anerkennung der DDR.

Eine Frage: Was wollen Sie damit einhandeln, ganz klar, was wollen Sie dafür kriegen?

Nichts, sorry, tut mir leid, njet, da mach ich nicht mit. Ich lass mich durch die Anerkennungspartei nicht kaputtmachen. Ich lauf rum wie ein Verrückter, ich opfre meine Freizeit, mein Familienleben, und dann braucht es bloß zu heißen, wir sind die Anerkennungspartei, und alles is kapott. Das sollten wir bis nach der Wahl zurückstellen. Das muss doch nicht jetzt sein. Da muss man schon mal ein bisschen opportunistisch denken. Das ist jedenfalls meine Überzeugung.

Wat heißt hier Überzeugung? Ich han ooch oft jenoch gegen minge Überzeugung jehandelt. Willste Stimmengewinn oder nicht? Na also. Bist doch lang genug bei der Musik.

Also, ich bringe doch keine Textproben ein, und seien sie noch so knapp, um Markierungen zu setzen für die auch in jener Zeit fortgesetzte Arbeit am Schreibtisch. Ich thematisiere nur mit kurzen Einschüben das Schreiben, bleibe dabei formelhaft. Etwa so:

Ich schreibe ... ich schrieb ... ich habe geschrieben ... ich hatte geschrieben ... ich werde schreiben ... ich werde geschrieben haben ...

Vorstandssitzung Kreisverband. Hauptpunkt: Wahl zum sechsten Bundestag. Und damit: Die große Koalition als, hoffentlich, auslaufendes Modell. Die FDP, pardon, die Fpunkt Dpunkt Ppunkt übernimmt wieder, hoffentlich, Regierungsverantwortung. Das Maß und das Muss der Anstrengung leitet sich ab von der Erkenntnis der Lage: Hier hat der Vorsitzende eine sehr interessante Analyse verfolgt, in Fernsehen oder Hörfunk, eine sozialpsychologische Studie, nach der öffentliches Bewusstsein immer nur zwei Spitzenprodukte verkraften kann, um das leger auszudrücken. Coca-Cola war seit jeher in Führung, Pepsi Cola rückt an die Spitzenposition heran, wird Coca aber nicht ablösen können. Es gibt weitere Cola-Produkte, genannt sei nur Afri-Cola, aber die gewinnen keine entscheidenden Marktanteile. So ist es auch mit den Parteien. Die SPD wird sich an die Position der CDU/CSU immer näher heranarbeiten, wird sie aber nie ablösen können.

Ich frage: Wer ist denn hier Coca und wer ist Pepsi? Der Vergleich ist nur im ersten Moment bestechend, hält einer Befragung aber nicht stand. Die Sozis sind doch nun, historisch, erheblich älter als die Schwarzen, sind, um auf der Vergleichsebene zu bleiben, die Ersten in der Cola-Branche, und die Christdemokraten sind Pepsi. Um den schiefen Vergleich mal zu erweitern: wie sieht es denn auf dem Automarkt aus? Mercedes neben Ford, Opel neben VW, kommt noch Audi hinzu und was sonst noch? Durchaus keine Polarisierung auf zwei Spitzenreiter ...!

Man kann es auch *so* sehen, ja. Das Spitzenduo erweitert zum Spitzentrio. Und eben darauf müssen wir hinarbeiten.

Der erste Ansatzpunkt: die große Wahlveranstaltung in der Stadthalle, Parteifreund Ollesch vom Bundestag als Wahlredner. Der Vorsitzende hat mit dem Landrat telefoniert, demnach ist von links angekündigt, es wird ein heißer Sommer. Da stellt sich die Frage nach dem Polizeischutz. Die sollen für uns eine Hundertschaft bereitstellen. Können ja ruhig mal bei uns zuhören ...

Mein scharfer Protest: Keine Polizei im Saal! Nicht mal in weißen Hemden.

Die müssen sich ja nicht unbedingt im Saal aufhalten. Können in einer der Straßen bei der Stadthalle in Warteposition gehen, und notfalls werden die über Walkie-Talkie angefordert. Wir müssen jedenfalls gewappnet sein. Die APO kann mit dem Bus von Aachen kommen und die Versammlung sprengen. Bisher ist zwar nichts dergleichen passiert, aber bei denen ist alles denkbar.

Die Gefahr kann aber auch aus einer anderen Richtung kommen, sagt ein Beisitzer. Ich arbeite ja ab und zu für die Presse, ich habe dementsprechend direkten Kontakt, und da habe ich gehört, die DKP will in die Diskussion eingreifen, da bereitet sich was vor, da wird es heiß hergehn.

Ich darauf: Diese harmlosen, spießbürgerlichen Altstalinisten werden sich bestimmt ordentlich aufführen, die wollen sich ja bewusst von den APO-Methoden absetzen.

Mag ja alles sein, aber wenn was passiert, sind wir dran, wir als Veranstalter. Falls wir keinen Polizeischutz kriegen, müssen wir genügend Saalordner stellen. Nach Andeutungen der Polizei müssten das mindestens zehn sein, alle mit Armbinden gekennzeichnet. Die können wir uns übrigens von Sportsfreunden ausleihen.

So, und jetzt kann mal unser Wahlleiter von und zu Nörvenich seine gesammelten Erfahrungen einbringen. Wie siehts aus mit Plakaten, wie siehts aus mit Handzetteln?

Also, ich darf daran erinnern, dass ich ja selber für den Stadtrat kandidiere. Ich muss meinen eignen Wahlkampf führen. Ich habe nicht vor, jetzt für den gesamten Wahlkreis den Wahlleiter zu spielen.

Verlangt ja auch keiner. Um die Drucklegungen werden Sie sich aber schon noch kümmern müssen, ist ja halbwegs Ihr Metier. Und beim Plakatieren mitzumachen ist doch wohl Ehrensache. Also?

Also: Den Druck von Plakaten für die Wahlveranstaltung in Auftrag geben. Wieder unter Verwendung von Eindruckplakaten. Der Eindruckstreifen ist aber viel zu schmal, der Parteislogan zu groß, aber ich muss die Lieferung annehmen, weiterleiten. Und die Handzettel? Die Mater vorlegen, muss ausgegossen werden, ich zeige das Hochformat an, nur so passt die Mater, ich bestehe auf einem Probeabzug und habe leider wieder recht mit meinem Misstrauen: es wurde Querformat gewählt, dafür ist die Mater zu kurz, alles noch mal.

Dreieckständer bereitstellen. Ich ziehe los mit einem Jungdemokraten. Die Ständer sind in einem Keller gelagert, reichlich Spinnwebe mittlerweile, die Spinnen dick und fett. Löcher in den Platten, Scharniere verbogen, hier und dort sind Beinchen weg. Draußen wollen wir den alten Mist runterkratzen, geht nicht zufriedenstellend, also werden wir die Flächen mit DIN-A0 überkleben, Rückseiten nach vorn.

Rausfahren, die Dreieckständer zusammensetzen, aufstellen, da muss immer wieder mit Draht verzurrt werden, damit sie nicht auseinanderfallen. Drei Stunden sind wir damit beschäftigt. Dem letzten Plakatständer versetze ich ein paar Tritte. Und jetzt gehn wir erst mal ein Kölsch trinken, eine Bulette mampfen.

Die Handzettel sind fertig, also müssen sie verteilt werden. Lutz, der Jungdemokrat, will auch hier mitmachen. Andre tun sich da schwerer. Einer muss unbedingt erst mal in der Geschäftsstelle aufräumen. Einer klebt zerrissene Blätter zusammen. Einer sagt klipp und klar: Nein. Also zu zweit in die Fußgängerzone, in die Wirtelstraße. Auf Passanten zugehen, rasch, nach rechts und links verteilen. Wenn nämlich einer ablehnt, winkt der Nächste hinter ihm gleich ab, da muss man sofort abschwenken und es bei einem versuchen, der die

Zurückweisung nicht registriert hat. Ältere Frauen nehmen eher an als jüngere Frauen. Etliche Handzettel werden in Einkaufstaschen gepackt oder gestopft und zu Hause sicherlich mit dem Verpackungsmaterial weggeworfen.

Rumfahren und ›meinen‹ Kandidaten im Landkreis das Material packenweise überreichen. Ich ahne schon, dass vieles auf Schränken liegenbleibt. Und Plakate landen im Hühnerstall. Plakate sind das Hauptproblem. Es stehen Tafeln zur Verfügung, Presspappe, mit Kohlestift sind die diversen Distrikte markiert, alles vorbereitet, aber nur ungern umgesetzt. Ich kriege zu hören, dass der eine schließlich einen Beruf auszuüben hat. Der andre legt jede Diensthandlung als Wahlaktion für uns aus. Einer wird grundsätzlich: Werbung ist nicht so wichtig, dafür aber Sympathiewerbung, und die betreibt er vor Ort.

Und überhaupt: sobald die Plakate hängen, wird das FDP überklebt von ADF oder NPD. Oder es wird weggerissen: beschämende Leerstellen …

Und nun eine (reduzierte, miniaturisierte, minimalisierte) Markierung für die Kontinuität des Schreibens: Ich entwerfe einen Erzähltext … ich entwarf einen Erzähltext … ich habe einen Erzähltext entworfen … ich hatte einen Erzähltext entworfen … ich werde einen Erzähltext entwerfen … ich werde einen Erzähltext entworfen haben …

Der Auftritt des Bundestagsabgeordneten als Wahlredner rückt immer näher. Zwar kriege ich zu hören, dass auch Versammlungen nicht so wichtig sind, die erreichen nur Gleichgesinnte. Dennoch, die Wahlkampfmaschinerie muss laufen, ein Lautsprecherwagen wird zur Verfügung gestellt, und wer setzt sich da rein? Wer wohl?

Stundenlang Musikdröhnen über mir. Hinausbrüllen mit vergrößerter Stimme: Achtung, Achtung, hier ist die FDP. Heute Abend spricht in der Stadthalle der Bundestagsabgeordnete Alfred O. Der Bundestagsabgeordnete Alfred O. spricht heute in der Stadthalle, Bismarckstraße. Sein Thema:

FDP, die treibende Kraft. Zwischendurch Improvisationen. Vor einem Werbestand des ADAC: Die große Koalition braucht neue Bremsbeläge, sonst sausen wir in die Inflation.

Die Fahrt fortgesetzt im Kreisgebiet. Nur zwischen den Dörfern kann ich den Mund halten. Der Fahrer besteht aber darauf, dass die Musik weiter abgespielt wird – Autofahrer sollen aufmerken, schließlich ist der Wagen seitwärts und rückwärts reich beklebt, da lässt sich was ablesen. Wenn nur die Abstände zwischen den Dörfern nicht so verdammt kurz wären! Und zwischendurch wollen wir unser Unternehmen auch ein wenig würzen. Fahren langsam an einem Bauern auf einem Trecker vorbei: Denken Sie an die miese Landwirtschaftspolitik, mit der FDP kommen Sie gut voran. Zu einem anderen Bauern: Pflügen Sie die große Koalition mit unter!

Ein Päuschen in Frauwüllesheim. Verstärker abgeschaltet, Motor abgestellt, Bier bestellt. Über die Tische hinweg ein kurzer Disput mit einem angesäuselten Schützenbruder. Oder wirkt der auch nüchtern so, als wäre er besoffen? Er mustert mich erst mal kritisch, dann seine Frage an den Fahrer: Hät der jet ze sage?

Wahrscheinlich stört ihn meine Cordjacke – so wirke ich nicht ganz dorfgemäß. Der Fahrer bestätigt, dass ich durchaus was zu sagen habe, hier auf der Tour.

Dä do, dä, hät der wirklich jet ze sage?

Das scheint ihn zu beschäftigen. Doch rasch scheint er das Interesse an mir zu verlieren, er wendet sich der Wirtin zu, die dahockt als Obermutti, strickend. Und wat sät man he bezüglich Pflaumenkuchen?

Sie, probeweise: Prummentart?

Wat es dat dann: Prummentart! Dat heeß: Prummetaat. Prummetaat!

Auch ein Wähler … Wir brechen auf. Der beklebte Lautsprecherwagen draußen wird von Dorfjugend kritisch inspiziert. Und schon der berüchtigte Vorführeffekt: der alte Opel Blitz springt nicht an. Der Fahrer schiebt bei offner Tür, ich hinten. Hähäha, die FDP muss däue! Ja, rufe ich kurzatmig anschiebend: FDP, die treibende Kraft!

Unterwegs versuche ich, den etwas vergrätzten Fahrer auf-
zuheitern mit einer Parallelanekdote zur Sprachgestaltung.
Ein Abteil im D-Zug auf der Rheinstrecke, ein Bub steht am
Fenster, kommentiert fortlaufend, auch das Auftauchen einer
Boje. Kiek ens, Oma, do es en Boj! Und die Oma: Dat heeßt
net Boj, dat heeß Buj.

AUCH HIER wird eine Ergänzung notwendig. Da war ja
nicht bloß die duale Lebens- und Arbeitsform von Schriftsteller und Zoon politikon, da waren auch Reisen, abgelöst
von der Arbeit. Und es wirkten Bilder auf mich ein, die nicht
gedeutet, nicht eingeordnet, Impressionen, die einfach nur
wahrgenommen werden und sich einprägen.

Einzelbild mit Selbstauslöser: ich als Flaneur. Dicht an der
Domfassade entlangschlendern, weil sie Wärme abstrahlt ...
Hinter verschlossenen Portalen spielt ein Organist das Pro-
gramm durch, das er am nächsten Abend präsentieren wird,
mit möglichst vielen Registern ... An einem alten Haus vor-
beigehend höre ich eine Medien-Plauderstimme: »Wie Sie
wissen, ist der Reißverschluss« ... Auf der Terrasse eines
Restaurants, mit Blick auf die Donau, die Burganlage am
Südufer, höre ich griechische Musik am mediterran warmen
Sommerabend ... Der Inn fließt breit, doch beinah lautlos an
mir vorbei – das Hochwasser ist gesunken, auf der plattierten
Uferpromenade feuchter Sand mit Fahrradspuren, Schwäne
tapsen umher: ein Hauch Meer, in Passau, an diesem, an jenem
Sommerabend ...

ENDLICH MEIN EIGENER WAHLKAMPF: Kandidat für
den Stimmbezirk XXI. Zeit für einen Wahlbrief in eigener
Sache. Muss ich natürlich selbst bezahlen, drum wird die Ausführung schlicht: Vervielfältigung in der heute historischen
Methode des Hektographierens. Das Papier ist zwischenzeitlich leicht eingebräunt, in den beiden Exemplaren, die ich
aufbewahrt habe.

Den Text des DIN-A4-Blatts rücke ich jetzt nicht ein, das
geht nun doch gegen mein Schamgefühl. Aber Textproben,

Textpröbchen. Ich wandte mich an »verehrte Nachbarn«, bat um Verständnis für die schlichte Ausführung des Rundbriefs, betonte, darauf komme es wohl auch nicht so an. Fuhr einige Zeilen weiter fort: »An Wunschlisten fehlt es bei keiner der Parteien: sie wollen alle für die Stadt Düren das Beste. Es kommt nun darauf an, dass man wenigstens das Gute durchsetzt.«

Ich deutete Erfahrungen an: »Bürgerinitiativen unterstützt, und das nicht ganz ohne Erfolg.« Stichwort Gemeinschafts-Grundschule. Auch meine, unsere Kinder wollte ich lieber auf einer Gemeinschaftsschule als auf einer religiös gebundenen Schule sehen, und die musste erst mal geschaffen werden im Düren der überwiegend katholischen Schulen der überwiegend katholischen Bevölkerung.

Beim Sichten und Sortieren von Mappen und DIN-A4-Umschlägen entdecke ich mit Erstaunen und einiger Rührung den vom zehnjährigen Thomas getippten Entwurf eines Wahlbriefs, Ergebnis eines Engagements für ein Engagement des Vaters. Der Entwurf war nicht in Auftrag gegeben, da bin ich sicher, es war ein freiwilliger, ein spontaner Beitrag des selbsternannten Wahlhelfers.

Auch dieser Wahlbrief tippfehlerfreundlich, ich korrigiere stillschweigend, der Duktus aber bleibt erhalten, der Inhalt wird wortgetreu wiedergegeben.

»Ihr Kandidat für den Stadtrat im Wahlkreis XXI: Dieter Kühn, F.D.P.« (Und ein angekreuzter Kreis) »Zur Person: D. Kühn, 35 Jahre alt, verheiratet, 2 Kinder. Von Beruf Schriftsteller, wohnt in Düren. Er gehört seit 1962 der F.D.P. an und ist seit 1965 Stellvertretender Kreisvorsitzender.

Ihr Kandidat will sich darum bemühen, dass für Düren mehr Erholungszentren bleiben. Da er selbst ein begeisterter Wanderer ist, wird Sie das sicher nicht wundern. Er hat sich – mit Erfolg – dagegen ausgesprochen, dass die L 641 durch den Burgauer Wald gelegt wird. Also besitzt Düren jetzt ein Erholungsgebiet mehr. Ein Freibad hat Düren auch nicht. Schon manch einer hat schon sicher gesagt: ›Zum Freibaden muss man nicht immer nach Kreuzau fahren.‹ Es gibt noch vieles, was Düren nicht hat.

Deshalb: Wählen Sie ihn – es nützt uns allen!«

Es dürfte selten sein, dass sich ein Sohn für seinen Vater in aller Öffentlichkeit einsetzt, dies auch noch dokumentierbar. Auch wenn es nur ein kurzes Gastspiel in der Stadtverordnetenversammlung wurde, dem kleinen Wahlhelfer des Jahres 1970 bin ich, nach langem Vergessen, nun wieder dankbar.

Thomas gibt mir das Stichwort für diesen Einschub. Ich beteiligte mich beim Lostreten einer Leserbriefaktion gegen den Bau einer Straße, die der Länge nach mitten durch ein schmales »Handtuch« von Stadtwald, dem »Burgauer Wald«, führen sollte, dicht vorbei an der Ruine einer Wasserburg aus der Renaissancezeit. Das Projekt L 641.

»Bei der schmalen, langen Form des Waldes wird durch die Straße eine erhebliche Lärmzone entstehen, das Gebiet wird akustisch und natürlich auch optisch entstellt. [...] Nun soll das idyllische Gebiet rund um die Burgruine durch eine lebhaft befahrene Umgehungsstraße einer bereits bestehenden Umgehungsstraße unwiderruflich zerstört werden? Das erscheint unvorstellbar. [...] Diese Entscheidung darf nicht gegen die Vernunft und gegen unsere Zukunft gerichtet sein.«

Unterschrieben wurde mein Brief von Freund Beier und zwei seiner Kollegen, vom Vorstand eines Altersheim, das zwischen Umgehungsstraße alt und Umgehungsstraße neu eingeklemmt werden sollte, von einem Papierfabrikanten, von einem Schulrektor, von meinem Schwiegervater, dem Ingenieur.

Eine Juliwoche nach der Veröffentlichung in der lokalen Presse glaubten wir fast schon, das bereits seit fünf Jahren erörterte und verhandelte Projekt wäre endlich vom Tisch, würde vom (noch) amtierenden Stadtrat nicht beschlossen. Jedoch: »Die Fraktionen waren sich einig, die Entscheidung auch diesmal zu vertagen. Man hat immer noch die Hoffnung, die Führung durch den Burgauer Wald verhindern zu können.«

579

Vor diesem (vorsätzlich nicht weiter ausgeführten) Hintergrund meine optimistisch vorgreifende Erklärung im Wahlbrief, der Stadtrat habe »nach unseren Leserbriefen beschlossen, die Zerstörung dieses einzigen Erholungsgebietes an unserer Stadtgrenze zu verhindern«. Zweckoptimismus? Die eigentlichen Erfahrungen mit dem Bauamt standen mir erst noch bevor!

Abschließend stellte ich mich kurz vor als freien Mitarbeiter diverser Funkanstalten, nannte den Familienstand, sei Zweiter Vorsitzender des FDP-Kreisverbandes Düren. Schlusssatz: »Ich würde mich freuen, wenn Sie mir am Sonntag mit Ihrer Stimme Ihr Vertrauen aussprechen würden.« Nett gesagt, wie?

Und auf in den Endspurt der großen Wahl, die auch für mich eine Entscheidung bringen sollte!

Material verteilen, Material zum Verteilen verteilen. Weil ich ›meinen‹ Wahlkreis ja schon ›kenne‹, fahre ich wieder nach Nörvenich samt eingemeindete Dörfer. Ein Samstagnachmittag: bewährte Zeit, gewohnte Probleme. Auch von einer Ehefrau akzentuiert: Nein, geht nicht, verschonen Sie meinen Mann damit, der ist vorige Woche noch mit dem Krankenwagen hergefahren worden, sein Herz, sein Herz, er kann das nicht mehr, er hat *soo* viel für die Partei getan, jetzt sollen mal die Jungen ran. Tränen in den Augen. Also nehm ich das Päckli wieder mit. Fahre weiter, ein Schwätzchen hier, ein Schwätzchen da. Mehr als die Hälfte des Werbematerials nehme ich wieder zurück nach Düren, will versuchen, es bei der Sitzung des Kreishauptausschusses loszuwerden.

Und selber Wahlreklame verteilen. Die Söhnchen wollen unbedingt mit von der Partie sein: Nicht bloß Papierträger, sondern Geheimnisträger … Ist doch spannend … Ich überlege mit Gisela, ob ich Thomas und Christoph instrumentalisieren darf. Doch wir sehen auch positive Aspekte. Thomas ist sonst fast immer über den Lötkolben gebeugt, stets steigt ihm ein blaues Rauchwölkchen in die Nase, er bastelt mal wieder ein eigenes Radio zusammen wie weiland der Vater, da ist es gut, wenn er mal raus muss an die sogenannte frische Luft. Mit Spaziergängen, ihm eingeredet, komme ich nicht weit, da taumelt der Sohn schon nach hundert Metern hinter mir her. Ja, und der Christoph könnte ruhig mal die Waffen ins Depot legen, mit denen er auf der kleinen Wiese große Kämpfe ausführt, mit Schild und Lanze und Schwert und Plastikpistole.

Also, Teilnahme auch pädagogisch abgesegnet. Sofort werden Freunde, Mitspieler eingeweiht, die wollen auch mitmachen bei der Mission, ich werde von einem kleinen Rudel begleitet, auf beiden Seiten der jeweils in Angriff genommenen Straße. Kein Ansatz zu erschöpftem Taumeln bei Thomas nach den ersten hundert Metern, Lötkolben vergessen, Waffenarsenal geschlossen, sie stieben davon, Zurufe hin und her, Christoph reicht dem älteren Bruder den »Nachschub«.

Und wir machen Erfahrungen mit unterschiedlichen Formen von Briefkästen. Ist mir nie bewusst geworden, wie verschieden hier die Erscheinungsformen sein können und die Methoden der Beschickung. Manchmal ein Kasten mit vier Namen, also vier Blätter rein. In lohnenden Wohnblöcken sind die Briefkästen im Flur aufgereiht, also schellen, bis irgendwer aufmacht. Da gehen an die 30 Stück schon mal weg, vier Reihen übereinander, acht Stück nebeneinander, auf, zu, auf, zu, auf, zu. Dann enge Briefkästen, die sich schwer öffnen lassen, das gefaltete Blatt muss noch mal gefaltet werden, dann reinwürgen. Manchmal auch ganz olle Briefkästen, rostig, sogar Spinnweben, da kommt wohl nur alle paar Monate etwas rein, wenn überhaupt: Wahlwerbung für Tote?

Die Kinder quirlen, huschen, fetzen, fegen, hecheln – hoffentlich kommt keins unter die Räder. Wiederholte Mahnung, eingeschärft. Aber da werde ich mehrstimmig übertönt: Keine Sorge, wir passen auf!

Zwischenstärkung mit Eis und Limonade, weiter geht die Kampagne. Hoffentlich krieg ich die (folgt ein altes Wort:) Rasselbande wieder zusammen. Keine Zeichen der Ermüdung, außer bei mir.

Christoph, früh-eloquent: »Das war ein sehr langer, sehr

schöner und hoffentlich auch nützlicher Spaziergang ...« Doch für mich bleibt ein Grundgefühl der Vergeblichkeit.

Wer einmal Wahlleiter war, bleibt so was Ähnliches: Also werde ich wieder eingesetzt bei Fahrten mit dem Lautsprecherwagen, gemeinsam mit dem ersten Vorsitzenden, dem Regierungsrat. Der Fahrer, Parteifreund aus einem Nachbardorf, ist noch nie mit einem Opel Blitz gefahren, kommt mit der Schaltung nur schwer zurecht, fährt, auf Schaltprobleme fixiert, schräg weg über eine Vorfahrtstraße. »Meine Herztropfen!«, ruft der Begleiter, muss ohnehin schon an einem günstig gelegenen Punkt aussteigen, eine wichtige Besprechung, na ja. Und ich mit dem Mikrophon in der Hand, meine Stimme droben übergroß, aufpassen, dass keine Zischlaute entstehen, auch die werden übergroß. Ich wiederhole mein Sprüchlein, rasch hat sich ein Muster gebildet mit demagogischen Wiederholungen: Entscheiden Sie sich für ... entscheiden Sie sich für ... entscheiden Sie sich für ...

Fahrt auch zum Parkplatz des Ford-Hinterachsen-Werks. Vier Uhr ist Schichtwechsel, hat man mir telefonisch mitgeteilt, war aber ein Trick, Schichtwechsel bereits halb vier, also sind die meisten schon weg. Na, dann wenigstens Wahlzettel verteilen bei den noch abgestellten Wagen: hinter Scheibenwischer klemmen, wie »Knöllchen«. Stramme italienische Scheibenwischer, erstaunlich dünne bei älteren Volkswagen, die strammen wie die dünnen müssen jeweils abgehoben werden, bevor das Blatt druntergeschoben wird, hält alles auf. Ein kleiner Trupp erscheint auf dem Parkplatz, da will ich die Faltblätter gleich »persönlich« überreichen: Nee, ich bin SPD-Mitglied. Na schön. Ich wähl NPD. Wie, was, warum denn das?! Kann ich Ihnen sagen, frisch von der Leber weg: Wegen dem Konjunkturboom dauern Materiallieferungen manchmal zu lang, die NPD wird da Ordnung schaffen.

Auf manche Argumente bin ich einfach nicht vorbereitet. Ich kann darüber nicht weiter nachdenken, eine Person tritt an mich heran und belehrt mich: »Sie sind sich ja wohl im

Klaren darüber, dass Sie sich hier auf einem Werksgelände befinden. Also bitte, verfügen Sie sich umgehend hinaus!«

Der Fahrer legt, nein: haut den Gang rein, der Wagen ruckt an, wir fahren erst mal kleinlaut weiter. Rheinisch gesagt: bedröppelt.

Auch ich bin von der Stadtverwaltung verpflichtet worden zur Wahlaufsicht. Finde mich am frühen Sonntagmorgen ein im zugewiesenen Klassenzimmer der angegebenen Schule. Fast alle, die sich an den zusammengeschobenen Schultischen aufreihen, sind Beamte. Manche sind mit einem Bein noch im Bett. Zwischengespräche müssen noch auf Touren kommen, jetzt lassen wir erst mal den Frühstückskaffee nachwirken.

Der Wahlleiter schart uns um sich: wichtige Instruktion! Es sind Aktionen der Linken angekündigt! Auf jeden Fall einprägen: Wo steht das nächste Telefon? Und falls Nachhelfen angesagt ist, etwa bei älteren Personen, den Briefumschlag jeweils diskret abtasten, es könnte zersetzendes Pulver enthalten sein, das in der Urne sein Unwesen treibt. Und überhaupt: Wir brauchen für die Wahlurne nicht unser Leben einzusetzen. Sollten die also mit vorgehaltenen Pistolen hier eindringen – nicht groß verteidigen, gleich die Urne rausrücken.

Na klar, für die zehn Mark Aufwandsentschädigung werfen wir nicht unser Leben in die Bresche.

Erst tröpfelt, dann tropft die Wählerschar heran, herein, hinaus, hinweg. Viel Arbeit?, fragt eine Frau den Chef unseres Trüppchens. »Ja, gnädige Frau, ich habe heute schon dreimal das Hemd wechseln müssen.« Ich habe mir ein Taschenbuch mitgenommen, für Zwischenlektüre, aber zum Lesen komme ich nicht. Gemeinsames Lechzen nach Kaffee. Und sich zwischendurch mal abmelden zum Austreten. Kleine Wohltat.

Wahlschluss. Stimmenzählen. Da zeigen sich die Routiniers, einer macht das schon seit 27 Jahren: unfasslich rasches Öffnen von Briefumschlägen, ich komme mir vor wie ein doppelter Linkshänder. Die Umschläge werden abgezählt und mit der Liste der Haken neben den Namen verglichen, numerisch. Das geht da wie der Sausewind, das wispert und raschelt, einer meint zwischendurch, er komme sich vor wie im Klingelpütz (muss ich für Nicht-Kölner übersetzen: Name eines alten Kölner Gefängnisses, mitten in der Stadt).

Na, und dann – was haben wir denn hier?! Roter Umschlag zwischen all den weißen. Wie kommt der denn hier rein, ist doch für die Briefwahl! Abtasten. Keine Verdickung. Trotzdem, das können wir so nicht lassen, also: Wahlzettel rausnehmen, möglichst mit abgewandtem Gesicht, in einen weißen Umschlag stecken, zu den andren werfen, dann wieder öffnen. Keiner darf zugucken, es könnte ja einer, am Rande, doch bemerkt haben, welcher Wähler einen roten Umschlag in die Urne steckte, tatsächlich unbeobachtet, jedenfalls unbemerkt, wurde wohl grade wieder mal ein Witz erzählt, zur Auffrischung des gereihten Grüppchens. Also, unter Zeugen, aber nicht hingucken, Wahlschein kommt von rotem in weißen Umschlag, den roten legen wir beiseite, alles wieder in Ordnung. Weiter öffnen, weiter aufeinanderlegen, weiter abzählen. Der Leiter mit der Zählgrumme in der Hand, die Pfeife im Mund. Stimmzettel kommen wieder in die Urne; versiegeln. Zahlenvergleich, in der Zählliste die abgehakten Namen unterstreichen. Telefonischer Schnellbericht zum Rathaus, dann den Schlüssel in die Urne. Wird gleich zum Rathaus gefahren: dort präsidiert der Oberstadtdirektor als Wahlleiter.

Nach der Bundestagswahl: Krisenstimmung in der Partei. Also Krisensitzung im Vorstand: Wir verlieren Stimmen. Der Außengeschäftsführer wirft uns einen Linksruck vor, Richtung SPD, und viele mögen den Willy Brandt nicht. So einfach ist das. Es sind also Stammwähler abgebröckelt, wollten auch die leichte Bewegung nach links nicht mitmachen.

Lag es an der Wahltaktik? Die CDU appellierte an den Pappi- und Muttistaat. Die SPD bot weithin Zigarettenreklame von der schönen, neuen Welt, die ›wir‹ erschaffen – Mannesmannröhren vor Abendlicht … ein Mädchen im Gras wie für Reno-Zigaretten … Frau im Supermarkt, von Waren umgeben … sonstige Wohlstandsleitbilder. Das Schwarzweiß unserer Wahlmaterialien war kostensparend, wurde aber wohl vergeblich zum Prinzip erhoben. Vielleicht auch war das Info-Material zu vielfältig: Die »Plattform« abgedruckt im Zeitungsformat, die Zusammenfassung als Doppelblatt; die Faltblätter mit verschiedenen Titeln und Zeichnungen; diverse Flugblätter: Kambodscha, Lohnfortzahlung, Verteidigungskonzept. Sodann die Kandidatenbriefe und die damit verbundenen, nun offen eingestandenen Probleme der Verteilung. Einfach zu wenig aktive Parteifreunde, und nun werden es noch weniger, der eine oder die andre wird in der Versenkung verschwinden …

Beim Auszählen der Stimmen der zusätzlichen Kommunalwahl (im Wahlbezirk 41) das Gefühl: Au, das wird aber knapp! Es bestätigt sich: Das lokale Wahlergebnis ist für die Freien Demokraten ebenso enttäuschend wie bei der Bundestagswahl, es wird grade mal reichen für den Einzug der FDP in die Stadtverordnetenversammlung.

GEGEN ZUSTELLUNG erhalte ich einen Vordruck: »Benachrichtigung über die Wahl. In seiner öffentlichen Sitzung am 12. November 1969 hat der Wahlausschuss das Wahlergebnis der Kommunalwahl vom 9. November festgestellt. Danach sind Sie in die Vertretung (Körperschaft) der Stadt Düren gewählt worden.

Ich fordere Sie gem. § 35 des Kommunalwahlgesetzes und § 58 der Kommunalwahlordnung auf, binnen einer Woche nach Zustellung dieser Mitteilung schriftlich zu erklären, ob Sie die Wahl annehmen.« Folgen Hinweise von a) bis g). Mit vorzüglicher Hochachtung.

Der Vorsitzende des Kreisverbandes und ich, als Stellvertreter, wir schafften also (mit Ach und Krach, mit Müh und Not) den Einzug in den Stadtrat. Bilden zwei Stadtverordnete überhaupt eine Fraktion, können wir als Fraktion anerkannt werden?

Es setzt ein der Kampf um die Fraktions-Qualifikation. Die sich sogleich verbindet mit der Frage nach der Aufwandsentschädigung. Das gilt auch für Fraktionsvorsitzende, sofern die Fraktion – ja, wie viele Mitglieder umfasst?

Es stellt sich heraus: Hier gibt es keine Norm. Die CDU will sich, unter bestimmten Vorbedingungen, als konziliant erweisen, die SPD ist, in alter Verbitterung, gegen unsere Anerkennung als Fraktion. Argumente hin und her bei Vorbesprechungen: In keinem Gesetz, bitteschön, ist die Mindestgrenze der Fraktionsbildung festgelegt. Wenn die Zahl 3 genannt wird, so ist das Rechtsmeinung, nicht Gesetz.

Der Oberstadtdirektor siedelt das Problem an im »Prüfungsbereich«. Wenn man bei uns von einem Vorsitzenden sprechen kann, so muss gleich gefragt werden: Wovon? Wem sitzt er vor? Nur mir, Kühn, allein? Also, der Rat muss sich zur Mindestgröße der Fraktion äußern.

Die SPD bleibt dabei: Wir sind ein kleines Kollegium, bilden aber keine Fraktion. Man könne hier nicht mal von einer Gruppe sprechen. Eher ein Grüppchen? Jedenfalls, der Sockelbetrag muss in unserem Fall gestrichen werden. Aufwandsentschädigung ist nur berechtigt bei einem Fraktionsvorsitzenden einer größeren Partei – mehr Arbeit, mehr Aufwand – allein schon die Telefonkosten …!

Ich wende ein: Der Vorsitzende und sein Stellvertreter als Fraktion, die können nichts delegieren, müssen alle Arbeit allein erledigen. Durchaus erhöhter Aufwand! Also: Aufwandsentschädigung!

Der Stadtdirektor rät dringend davon ab, diesen Punkt in der öffentlichen Sitzung des Stadtrats zu erörtern, es würde gleich am nächsten Tage garantiert Krach geschlagen in der Bevölkerung: Kaum konstituiert, und schon ran an die Buletten …

Konstituiert …?! Die SPD will sich an der Konstituierung der Ausschüsse gar nicht erst beteiligen. Das ist bitteschön keine Obstruktion, vielmehr eine Frage der Selbstachtung. Wir haben fast 40 Prozent der Stimmen, also wollen wir entsprechend vertreten sein. So wie es derzeit aussieht, sollen aber nur geringer eingestufte Ausschüsse von SPD-Abgeordneten geleitet werden. Ihr wollt uns wohl unter dem Tisch halten, da sollen wir herumjaulen.

Genau!

Interfraktionelles Gelächter. Danach lässt sich neu anknüpfen: Die SPD will zumindest den Stellvertreter im Haupt- und
Finanzausschuss.

Und sonst? Da sitzt ihr zu sechst und könnt keine klaren
Forderungen vorbringen.

Die Besetzung des HuF-Ausschusses als Testfall, dann sehen wir weiter! Kommt uns jetzt bloß nicht wieder mit dem
Werk-, Schul- und Verkehrsausschuss!

Die CDU will immerhin den SPD-Vorsitz im Personalausschuss anbieten. Oder ist der vielleicht auch unter minderwertig eingestuft?

Wie, was, minderwertig?! Gereizte Reaktion nun in der
CDU-Riege. Besänftigende Erklärung des Fraktionssprechers:
Auch in einer anständigen Familie gibt es schon mal Streit.

SPD-Zwischenruf: Ja, in einer *anständigen* Familie!

Unerhört! Gerade die SPD sollte mit derartigen Unterstellungen äußerst vorsichtig sein und sich nicht als Sachwalter
der Demokratie aufführen. Bei Ausschusssitzungen haben im
Konferenzraum gewisse Genossen die Bilder vom Heuss und
vom Lübke abgehängt …!

Mein Vorsitzender fährt hoch: Was?! Ihr habt den Heuss
abgehängt?!

Zwei Tage später: Fortsetzung der Kungelei. Der CDU-
Fraktionsvorsitzende: Wir sollten uns, aus optischen Gründen, mit dafür einsetzen, dass auch der Stellvertretende Bürgermeister aus den Reihen der CDU kommt. Dann wird uns
in 12er-Ausschüssen ein Sitz abgetreten.

Aber wäre das nicht schon eine Form der Koalition? Die
bessere Lösung wäre doch wohl: Die wichtigsten Ausschüsse
werden mit 13 statt 12 Mitgliedern besetzt, und wir kriegen
den Zusatzsitz.

Der Vorschlag erfordert eine Denkpause – wie auch immer
man dieses Wort versteht. Ich telefoniere, ich höre: Die CDU
fürchtet, dass wir uns der SPD in die Arme werfen. Selbst,
wenn unser Duo sich bei nächster Gelegenheit auflöst – womit ja wohl zu rechnen ist, es hat sich bereits so einiges herumgesprochen über Diskrepanzen zwischen dem Vorsitzenden

und mir – also, man will die verbleibenden Stimmen nicht der SPD in die Arme treiben.

Internes Gespräch wiederum mit einer kleinen SPD-Delegation: Warum meldet ihr euch eigentlich nicht?

Ihr habt uns wahrscheinlich Stimmen gekostet mit der Erklärung der CDU in der Presse, vor der Wahl, sie wolle gegebenenfalls mit den Stimmen der FDP auch den Stellvertretenden Bürgermeister stellen.

Das ist geschehen, bitteschön, ohne dass mit dem Vorstand Rücksprache genommen wurde!

Mag ja sein, aber ihr habt uns nicht unterstützt, von vornherein: Wenn der OB von der CDU ist, muss sein erster Stellvertreter ein SPD-Mann sein. Das ist gutes, altes Recht. Ihr habt das nicht unterstützt, also unterstützen wir auch nicht euren Antrag bezüglich 13er-Ausschüsse.

Nun macht doch keinen Grabenkrieg hier!

Schön, reden wir Klartext. Der altneue Kandidat für den OB ist ein todkranker Mann. Seine Fraktion konnte sich trotzdem auf keinen andren einigen. Als der OB im Krankenhaus erfuhr, er hätte in seinem Wahlbezirk gut abgeschnitten, da sagte er, vor Zeugen: Jetzt kann ich ohne Spritze schlafen. Solang der noch auf allen vieren kriechen kann, tritt der nicht freiwillig vom Amt zurück. Die ganze Zeit über, wo der im Krankenhaus lag, hat ihn unser Genosse vertreten. Das muss so bleiben, auch wenn die CDU jetzt die Majorität besitzt.

Und, mal wieder: Denkpause. Wie auch immer man das Wort verstehen mag.

WIR SIND EINGELADEN IN DIE DDR, in das Dorf in der Nähe des Kyffhäuser. Als Gastgeber die Familie, der wir regelmäßig Pakete schicken. Anlass der (erneuten) Einladung: Das (legalisierte) Hausschwein muss dran glauben, wir können beim Wurstmachen helfen.

Die Schlachtung am Wintermorgen, noch vor Einsetzen der Dämmerung. Kein Schnee, aber kalter Wind. Das Schwein wird aus dem Koben geholt, der Metzger hat ein Seil an einen Hinterlauf gebunden, reißt das Schwein in die Richtung, in

588

die es nicht will, ein Helfer flankiert mit waagrecht gehaltener Leiter, das Schwein kann, trotz seiner vier Zentner, nicht ausbrechen. Schrilles Quieken: hörbare Todesangst? Es geht ihm an die Schwarte? Kein Beruhigungsmittel wurde ihm eingegeben, wie das in der BRD üblich sein soll, auch, damit das Fleisch zarter wird, ist in der DDR aber nicht der Brauch. Das Bolzengerät wird am Schädel angesetzt, ein Floppgeräusch, das Schwein kippt um. Der Metzger und sein Helfer knien sich auf die Flanke des noch zuckenden Schweins, ich muss die Lampe halten, komme mir vor wie der Beleuchter dieser Szene, die Frau des Hauses kauert nieder mit einer Emailleschüssel, der Metzger durchsticht dem Schwein die Halsschlagader, Blut schwappt aus der Schnitt- oder Stichstelle, die Schüssel ist rasch randvoll, wird in einen Eimer ausgekippt, wieder vor die Schnittstelle gehalten, ich muss, Lampe in der einen Hand, ebenfalls Druck ausüben, das Schwein hilft nicht genügend nach durch fortgesetztes Zucken, das Blut schießt, jutscht wieder hinaus, dem Metzger fällt die Schirmkappe in die Blutschüssel, in den Blutstrahl, er stößt einen Fluch aus, wirft die Kappe hinter sich, sie klatscht an die Hauswand, fällt herunter, an der Wand wilde Blutspritzer, und ich stehe wieder aufrecht, beleuchte die Szene, nach barscher Anweisung – sollte ich an der falschen Stelle auf die Schwarte gedrückt haben? Schon das Echo einer rheinischen Formulierung: Zu dumm für mit der Sau zu tanzen …

Der junge Metzger ist für die nächste Stunde nicht ansprechbar, offenbar hat der Kappensturz seine Berufsehre verletzt, und das auch noch vor einem Ortsfremden, ja Landesfremden. Dieser Westler schaut immer wieder zum Blutfleck an der Wand, hält dazu die Lampe höher, das ist ein Fehler, er soll runterleuchten, nicht rüberleuchten. Denn es wird weiterhin Blut aus dem Schwein herausgepresst, herausgeschaukelt, wird sogleich im Eimer verquirlt, bis der Metzger die Frau anschreit, sie solle endlich damit aufhören, der Quirl dampft ja schon!

Das alles auf nüchternen Magen, ich hatte nur eine Tasse frisch aufgebrühten Kaffee unseres Deputats getrunken, belauerte meine Reaktionen, sah ja alles genau, die Lampe dicht an die Eingriffsstellen heranhaltend, registrierte aber nur eine Folge rascher, zweckdienlicher Bewegungen, mein leerer Magen blieb ruhig. Als Kuriosum verbucht der Wurf der blutigen Schirmkappe an die Hauswand – darüber wird an diesem Tag noch ein paarmal gesprochen; nach zwei, drei Gläschen Nordhäuser Korn lacht der Metzger selber darüber. Da sind Blutspritzer und Blutfleck aber schon von der Wand gewaschen.

Und nun das Zerteilen. Bisher hatte ich Fleisch immer nur portioniert oder zubereitet gesehen, was würde, was könnte nun auf mich einwirken? Das Schwein wird auf ein Holzgestell gewuchtet, mit heißem Wasser übergossen, an den Läufen. Ich hole Wasser aus der dampfenden Waschküche, es siedet im großen Kessel, Holz und Braunkohlebriketts liegen bereit zum Nachheizen. Überhaupt ist alles exakt vorbereitet: routinierte Abläufe. Die Waschküche, auch der Flur im Haus, mit Pappflächen zerlegter Kartons ausgelegt; Fleischtröge an die Wand gelehnt; auf dem Fensterbrett der Waschküche ein Fleischwolf mit Elektromotor; das Gerät zum Wurstmachen; die Fleischermesser, das große Beil, der Hackklotz.

Mit kleinen, glockenähnlichen Instrumenten werden Borsten abgeschrappt, da helfe ich mit, halte schon mal einen Lauf hoch, der ist noch lebenswarm. An den Flanken und über den Rücken hinweg wird ein großes Stück Schwarte freigeschnitten und vom Speck abgezogen: Schweinsleder, zu Verkauf und Tausch.

Das Schwein wird auf eine Leiter gehievt, auf der eine alte Tischdecke in Blau und Weiß fest verschnürt ist; ein Holzjoch wird durch die freigelegten Sehnen der Hinterläufe geschoben, wird an einer der obersten Sprossen mit einem Seil festgezurrt, mit viel Geschrei und vereinten Kräften wird die Leiter angehoben und an die Hauswand gelehnt, die Schweineschnauze eine Spanne über dem Kopfsteinpflaster. Und nun der Moment, vor dem Fragen stehen: Wie wirst du reagieren, wenn die Bauchseite des Schweins aufgeschlitzt wird? Ich stellte, stelle mir vor: Eine finstere Höhle tut sich auf, der Metzger bis zu den Ellbogen blutig, es stinkt nach Innereien, nach

Scheiße. Und bin überrascht, aufatmend: In der Körperhöhle erscheinen die Organe sauber voneinander abgetrennt, leicht voneinander lösbar – als wären sie, sauber gewaschen, dort hineingelegt worden. Da müsste man beim Ausnehmen schon stümpern, um sich zu besudeln. Der weiße Speck, wabbelig, wird aus der aufklaffenden Bauchhöhle geschnitten, Magen, Niere, Leber, Blase, Därme werden herausgeholt. Und kein Blut, kein Gestank. Die Därme in einer Wanne, die Nieren, die Leber vom Fleischbeschauer geprüft, der pünktlich hinzugekommen ist, ein Stempel gesetzt auf eine der Rippen. Formulierungsassoziation, wenn auch nicht punktgenau: »Veterinärhygienischer Verkehrsüberwachungsdienst«.

Der Kopf abgeschnitten, das Schwein geviertelt, in erstaunlich kurzer Zeit lehnt die Leiter leer an der Wand, mit dem nassen, blauweißen Tischtuch. Inzwischen ist es hell geworden: gemeinsames Frühstück, da schmecken sogar die VEB-Brötchen.

Dann das Aufteilen der großen Fleischstücke in kleinere Portionen. Der wabbelige Speck wird gewürfelt, auch das Fleisch, das für den Fleischwolf bestimmt ist, Knochen werden gehackt, der Darm heiß gewaschen und ausgedrückt. Der Wessi muss da auch mal ran, und es geht ganz leicht: Kot wird aus dem Darm herausmassiert, platscht in den Eimer. Und auf dem Klotz wird weiterhin gehackt, zielgenau, Koteletts werden in eine Wanne geschlenkert. »Der Klotz, der macht schon den Arsch auf«: tiefe Spalten im nassen, aber nicht blutnassen Holz. Blutwurst kocht im Kessel, Fettaugen rücken zusammen. Wurst wird hergestellt, der Fleisch- und Speckbrei durchknetet, aus einem Einmachglas gewürzt, mehrfach wird abgeschmeckt, zwei Finger in die Pampe, in den Matsch und abgeleckt. Die Füllung in ausgespülte Därme gekurbelt, regelmäßig abgeteilt: Rostbratwurst. Mein Staunen darüber, wie dünn die Darmwand ist, dass sie nicht reißt, sogar peristaltisch Kot weiterbefördern konnte.

Der einzige Vorgang, der in die Nähe eines Rituals führt: das Aufpusten der Schweinsblase. Der Metzger will das dem jüngeren Helfer aufreden, der aber lehnt ab, andere ebenfalls, ich erst recht, da hält sich der Metzer die entleerte, kurz mal durch Wasser geschwenkte Blase an den Mund, bläst sie auf zu einem hellen Ballon. Der Fleischbeschauer meint, da hätte man früher aber größere geschafft. Die Schweinsblase wird abgebunden, der Metzger spuckt aus, wischt sich die Lippen. Ende der Vorstellung. Nun wird die Schlachtplatte vorbereitet für das Schlachtfest; Nordhäuser Korn steht bereit.

DER REGIERUNGSWECHSEL nach den Bundestagswahlen 1969. Willy Brandt als Bundeskanzler, Walter Scheel als Außenminister, Gustav Heinemann als Bundespräsident, Egon Bahr, der Ostvermittler, als weiterer Sympathieträger.

Meine (ehrenamtliche) Tätigkeit als Stadtverordneter war zeitlich von vornherein begrenzt: eine kurze Legislaturperiode, die Kommunalwahl vom November 1972 stand bevor, und das hieß: Mit der kommunalen Neugliederung ergab sich eine Neuwahl des Stadtrats, eine erneute Konstituierung der Ausschüsse.

Als so etwas wie ein Motto des anschließenden Berichts übernehme ich ein Zitat von Franz Fühmann, dem ich im Verlagshaus in der Lindenstraße begegnete, zu einer Zeit, als er in der DDR unter Druck stand, dem er auszuweichen versuchte in seine Datscha, sehr einsam gelegen, dennoch oder erst recht beobachtet von merkwürdigen Spaziergängern, doch er fand dort die Ruhe, die äußere Ruhe, wie er sie für die Arbeit an Texten brauchte. Ein Mann eindrucksvollen Ernstes, dem ich gern zuhörte, auch beim Stichwort Kali, Kalibergbau; die literarische Umsetzung seiner Erfahrungen dort als »Modell für jeden Prozess des Eindringens in unbekannte Bezirke«. (Später angelesenes, aufgelesenes Zitat.)

Als Modell des Eindringens in einen (mir zuvor, anderen weiterhin) unbekannten Bezirk die Skizze einiger Erfahrungen in Sitzungen des Stadtrats, in Ausschüssen. Erfahrungen nicht nur in Gremien, Erfahrungen mit mir selbst – sonst hätte dieses Kapitel auch keinen Platz im Lebensbuch. Allerdings ist schon die Lust des Erkundens fremder »Bezirke« ein Pinselstrich im Selbstporträt.

592

Vor mir, bereits leicht angegilbt, die Niederschrift über die erste Sitzung der neu gewählten Stadtverordnetenversammlung am 27. November 1969 im Sitzungssaal des Rathauses. Zuerst die Wiederwahl des Oberbürgermeisters.

Man sieht, man merkt ihm die lange, schwere Krankheit an, der schwarze Anzug schlottert. Er kann die Verpflichtungsformel nicht ohne Rückfrage nachsprechen, stolpert bei »gewissenhaft«. Hängt sich verfrüht die goldene Amtskette um, zieht sie wieder über den Kopf, glattgekämmte Haare richten sich auf. »Streifen Sie sich mal über die Haare«, sagt der Oberstadtdirektor neben ihm, halblaut.

Nach seiner Amtseinführung werden die neu gewählten Stadtverordneten, laut Protokoll, herzlich willkommen geheißen und zur gesetzmäßigen und gewissenhaften Wahrnehmung ihrer Aufgaben verpflichtet. (Kleine Verneigung hier, postum, in Richtung Vorfahren Kühn, von denen einer mal Ratskämmerer, ein anderer Bürgermeister war. Ehrenwerte Entsprechungen: tätig sein für das Gemeinwesen, ehrenamtlich. Das soufflière ich mir nachträglich, zwecks Dekoration der Rechtfertigung.)

Unmittelbar anschließend an Einführung und Verpflichtung sogleich wieder Gerangel, nun öffentlich: Wer wird Erster Stellvertreter des Oberbürgermeisters? Auf diesen Posten erhob die SPD erneut Anspruch, mit Hinweis auf das Wahlergebnis; die CDU wollte nur den Zweiten Stellvertreter konzedieren, worauf sich der Sprecher der SPD nicht einlassen wollte. Ausführlich protokolliert: längerer Austausch von Erklärungen und Gegenerklärungen.

Anschließend auch gleich wieder die Frage, ob die beiden FDP-Abgeordneten (wir saßen an einer Art Katzentisch, der Regierungsrat rechts von mir), ob die überhaupt in Ausschüssen vertreten sein sollten. Was nur möglich war, wenn die Zahl der Mitglieder jeweils von 12 auf 13 erhöht wurde.

Debatte. Unterbrechung der Sitzung für Beratungen der Fraktionen. Ergebnis: »Mit 26 Stimmen bei 18 Gegenstimmen wurde beschlossen, die Zahl der Sitze im Haupt- und Finanzausschuss und im Bauausschuss auf 13 festzulegen.« Damit wurde der junge Regierungsrat Ordentliches Mitglied des Haupt- und Finanzausschusses, ich sein Stellvertreter. Im Gegenzug wurde ich Ordentliches Mitglied des Bauausschusses, der Kollege Stellvertretendes Mitglied.

Stadtverordneter Kühn als Mitglied des Bauausschusses – fühlte ich mich dazu vergattert, womöglich verdonnert? Wäre nicht eher zu erwarten gewesen, dass der junge Autor die Hand gehoben und vermeldet hätte: Ich möchte lieber in den Kulturausschuss? Nein, kein inneres Widerstreben, kein Widerstand, eher die Aussicht auf neue Erfahrungen – würden sie meinen Erwartungen oder Vorurteilen entsprechen?

Was nicht mitspielte: Ich hatte keineswegs vor, im Ausschuss Materialien zu sammeln, um sie irgendwann irgendwie literarisch zu verwerten. Vielmehr: ich wollte mich auch mit diesem Mandat davor schützen, mit der »Heimarbeit« des Schreibens sozial isoliert zu werden; ich wollte teilnehmen, mitmachen, mitgestalten; wollte es (auch) mit Menschen zu tun haben, die mit Literatur nichts im Sinn hatten. Ich wurde ohnehin kaum als Literat gesehen: zwar war ich vielfach im Hörfunkmedium hervorgetreten, doch war mein erstes belletristisches Buch noch nicht erschienen. So galt ich erst mal als »unbeschriebenes Blatt« – mir wurde kein Rabatt gewährt.

So liefen zwei Entwicklungslinien parallel: Meine Arbeit am Schreibtisch, meine Tätigkeit am Verhandlungstisch. Ich sprang hin und her zwischen zwei Sprachwelten: schrieb an der Erzählung »N« (wie: Napoleon), beackerte Sitzungsvorlagen in ihrer Behördensprache, notierte Stichworte zu Wortmeldungen – wiederum unter Verwendung von Wörtern der Amtssprache.

Als Archivar in eigener Sache bin ich eher fehlbesetzt; ich habe eventuell Wichtiges, so wie es kam, ungeordnet, unregistriert in Schubladen verstaut. Nun bin ich mir dankbar, dass ich einen Packen von Protokollen der Ausschusssitzungen und von Sitzungen des Stadtrats aufbewahrt habe, denn meine Erinnerungen an jene Phase sind ausgedünnt, vieles ist gelöscht – nur gravierende Auseinandersetzungen sind in Erinnerung geblieben.

Beim Sichten der hektographierten Niederschriften sehe ich meinen Namen zwar häufig auf Anwesenheitslisten, kaum aber in den Protokollen selbst. Offensichtlich habe ich mich nicht oft zu Wort gemeldet oder es wurde nicht weiter beachtet. Ich ziehe den Schluss, dass ich in nicht aufbewahrten Protokollen gar nicht erst auftauchte.

Ohnehin will ich keinen umfassenden Bericht vorlegen, es wird bei der Vermittlung einiger Eindrücke, einiger Erfahrungen bleiben, die nicht bloß für mich relevant sein dürften: Details zum Wechselspiel von Bürger und Verwaltung. Zugleich: Selbstporträt im Zeitbild.

Bauausschuss, Raum 221. Sitzungsdauer: 17.00 bis 20.20. Ich führe auch dies an, denn Sitzungen dauerten immer (zu) lang.

Seitens der Verwaltung nahmen teil: Der Stadtbaudirektor, der Städt. Oberbaurat, ein Städt. Baurat, ein Stadtoberamtmann, ein Stadtbauassessor, eine Angestellte als Schriftführerin.

Tagesordnung: Protokollgenehmigung … Mitteilungen … Bauvoranfrage … Bauantrag … Bauvoranfrage … Bebauungsplan-Entwurf … Bauvoranfrage … Baulasten … Bauvoranfrage … Beschlussentwurf …

Die Bauvoranfrage über die Errichtung eines Einfamilienhauses auf dem an die X-Straße angrenzenden Teil des Grundstücks Y-Weg 10 ist aufgrund § 34 BBauG abzulehnen. Begründung: Die Bauvoranfrage muss nach § 34 BBauG beurteilt werden, da städtebauliche Festsetzungen, die für das Gebiet zwischen Y-Weg und X-Straße aufgestellt wurden, ohne Rechtskraft geblieben sind.

Schon hier eröffnet sich ein Sprachraum, der manchen (fußballkundigen) Lesern als Strafraum erscheinen mag. Ein Sprachraum, in den ich hineinhorchte bei vorbereitender Lektüre von Sitzungsvorlagen, ein Sprachraum, der mich zumindest während der Sitzungen umgab, und es stellten sich Echos ein, wenn ich die mit Markierungen, mit Randbemerkungen angereicherten Unterlagen noch mal sichtete, sie ablegte.

Protokolliertes protokollgerecht wiederzugeben in diesem Buch, es wäre zwar formal in Ordnung, erschiene mir aber nicht angemessen. Ich habe schließlich nicht während einer gesamten Sitzung mit angespannter Aufmerksamkeit dagesessen, um mir kein Wort entgehen zu lassen, womöglich demonstrativ mitschreibend wie ein DDR-Funktionär bei einer Rede des Genossen Staatsratsvorsitzenden, ich hörte zwischendurch nicht mehr hin, ließ meinen Gedanken freien Lauf, ließ Erinnerungen aufkommen, folgte Gedankenspielen, musste mich wiederholt zur Ordnung, zur Tagesordnung zurückrufen, vor allem vor gelegentlichen eigenen Wortmeldungen. Zwischendurch jedoch geisterten Figuren durch den Kopf, nicht gelebte, ausgelebte Möglichkeiten, als Chimären.

Indessen: Kenntnis nehmen von einem Bauvorhaben, insbesondere dem obersten Geschoss und dem Aufbau für die Aufzugsanlage, die abweichend von den genehmigten Planunterlagen erstellt worden waren. Mit Ordnungsverfügung wurde das Bauvorhaben eingestellt und der Abbruch der abweichend von der Baugenehmigung errichteten Bauteile verlangt. Ein Zwangsgeld von 1000,– DM wurde angedroht. Gleichzeitig wurde ein Bußgeldverfahren –

Ach so, die Festsetzung des angedrohten Zwangsgeldes entfiel, da der Ordnungsverfügung über den Abbruch der ungenehmigten Bauteile entsprochen wurde. (Ich notierte: Bußgeld – Ahndungsmittel, Zwangsgeld – Beugemittel ...)

Gleich ein weiteres Stichwort: Schlachthof. Betrifft: Kältetechnische Einrichtung des Seuchenschlachthauses ... Fa. Rheinkälte, Fa. Saarkälte ... (Ich notierte: Wer kann hier zwischen den Firmen entscheiden? Hochbauamt nach Vorschlag der Schlachthofleitung: Ist sie von Kältetechnikern beraten? Warum nicht erst Werkausschuss? »Entschluss vorbehaltlich Entschluss Werkausschuss« – was besagt das? Auch so eine Frage, die –)

Ach ja, die Ausschreibung der »Hofbefestigungsarbeiten« des Schlachthofs! Da hatte das Baudezernat bestimmte Normen, Maße, Qualitätsbezeichnungen eingeführt, die einem Kommunalpolitiker nicht weiter auffallen mussten, aber die Firmen, die sich für die Ausschreibung interessierten, sie merkten gleich, was hier los war, und so wurde auch ich als Mitglied des Ausschusses diskret informiert: Die Ausschreibung war so abgefasst, dass allein das »Wardenburger Verbundsteinpflaster« die Auflagen der Verwaltung erfüllte, und das konnte nur von *einer* der interessierten Firmen der Region geliefert werden; damit war durch die Verwaltung (aus welchen Gründen auch immer) der Auftrag indirekt, dennoch gezielt vergeben worden.

In solche Winkelzüge oder Taktiken von Verwaltung musste ich mich erst einmal reinfinden – ein Lernprozess. Und ich hielt für mich fest: Kontrolle ist nur möglich, wenn man die Arbeitsweise, das Vorgehen, auch die möglichen Tricks und Finten von Verwaltung kennt. Allein schon vom Zeitaufwand her haben die Amtsprofis weiten Vorsprung vor ehrenamtlichen Amateuren der Bürgerschaft. Und die sind konfrontiert mit einer weithin fremden Sprache. So meldete ich mich denn auch, laut Protokollen, nur selten zu Wort.

Erneute Markierung: Ich revidiere einen Hörspieltext ... ich revidierte einen Hörspieltext ... ich habe einen Hörspieltext revidiert ... ich hatte einen Hörspieltext revidiert ... ich werde einen Hörspieltext revidieren ... ich werde einen Hörspieltext revidiert haben ...

Stellvertretend nahm ich teil an einer Sitzung des Haupt- und Finanzausschusses, und hier sehe ich mich dreimal auf einer Protokollseite aufgeführt, in der Syntax der Verwaltung: Ich in ein wiederum anderes Sprachmedium versetzt.

»Stadtverordneter Dr. Kühn erkundigte sich, warum es nicht zu einer Anmietung des Ladenlokals NN für Zwecke der Stadtbücherei gekommen sei ...

Stadtverordneter Dr. Kühn (von jetzt an kürze ich ab: StDK) bat um Vorlage einer Zusammenstellung der in städtischem Eigentum befindlichen für Kinderspielplätze geeigneten Grundstücke im Stadtgebiet ...

StDK trug vor, dass zur Zeit bekanntlich Verhandlungen

zwischen der Rheinbraun und dem Land Nordrhein-West-falen hinsichtlich des Ankaufs des Badeseegeländes durch den Forstfiskus des Landes Nordrhein-Westfalen geführt würden. Er erkundigte sich, ob die Stadt eine Sicherheit habe, dass sie über das Gelände für Badeseezwecke verfügen könne, wenn das Land dieses Gelände erworben habe.«

Kühn als Stadtrat: fast eine fremde Person für mich, Jahrzehnte später, beim Sichten der Unterlagen. Längst Vergessenes wird reaktiviert, überraschende Selbstbegegnungen. Ohne diesen autobiographischen Schreibanlass wäre das alles wie abgestorben. Ich habe allerdings mehr Protokollmaterial aufbewahrt, als ich wahrnehmen, und erst recht, als ich einbringen will: spröde Materie. Ja, aber sie hat damals mein Bewusstsein partiell okkupiert – eine Fremdsprache, in der ich das Artikulieren lernte. Wortfelder, die freilich wieder zur Brache wurden und nun, nachwirkend, virtuell bestellt werden.

Schwer nachzuvollziehen: »Auf die Frage von StDK, wieso es möglich ist, dass 25 Planverfahren infolge eines Fehlers der Hauptsatzung rechtsunwirksam werden konnten, erläuterte Oberstadtdirektor Dr. Lentz, dass diese und auch alle anderen Satzungen rechtsunwirksam waren, die aus einer Hauptsatzung resultierten, die nicht den Vorschriften entsprechend veröffentlicht worden waren. [...] Der Bauausschuss nahm Kenntnis.«

Ich verstehe das jetzt so: Da wurde abgenickt. Offenbar habe ich mitgenickt. Wohin hätten weitere Fragen schon führen können? Das Grundproblem, nicht nur für mich: Vieles war zu abstrakt, zu unanschaulich. Und es wurden oft Entscheidungen getroffen, um das Unanschauliche loszuwerden. Größere Geldbeträge wurden durchgewinkt, vor allem gegen Ende der meist stundenlangen Sitzungen. So richtig wach wurden einige Mitglieder des Ausschusses erst unter dem Punkt Verschiedenes. Einige Beispiele aus einer einzigen Sitzung.

Es erkundigte sich ein Stadtverordneter nach dem Fortgang der Arbeiten zur Neugestaltung der Grünfläche an der X-Straße; ein anderer wies hin auf die schlechte Absperrung am

Y-Weg, die aufgestellten »Gummihüte« würden in der Dunkelheit von Autofahrern übersehen und könnten zu Unfällen führen; ergänzend stellte ein Mitglied des Ausschusses fest, die Parkstreifen am Y-Weg würden Schlaglöcher und sonstige Schäden aufweisen.

Auch hier hatte ich den Eindruck, einige Stadtverordnete würden nur mit gesenktem Blick durch die Stadt, durch ihr Viertel gehen: Straßenzustandsberichte. Schon folgte in der Beispiel-Sitzung der Hinweis, in der Z-Straße seien bei der Anschüttung von Mutterboden die Bordsteine teilweise zerstört worden, und der Berichterstatter bat, sie zu reparieren oder auszuwechseln. Es schloss sich die Bitte um Überprüfung an, ob der Bürgersteig an der Ecke N/N abgeflacht werden könne, da die Busse der Kreisbahn Schwierigkeiten bei der Umfahrung dieser Ecke hätten. Und weitere Wortmeldungen mit Schadensberichten dieser Art – da hatte ich nichts zu melden.

Und ich lege einen Text beiseite … legte einen Text beiseite … habe einen Text beiseitegelegt … hatte einen Text beiseitegelegt … werde einen Text beiseitelegen … werde einen Text beiseitegelegt haben …

Erweiterter Umgang mit Fakten und Faktoren, erneute Erfahrungen mit Mentalitäten. Der Fraktionsvorsitzende der einen Partei, der stellvertretende Bürgermeister der anderen Partei, sie waren einer wie der andre: Hausmeister in Dürener Schulen. Auch dies wirkte ein auf meine Verhaltensmuster. Nach einer meiner Wortmeldungen am Katzentisch rief mir der Fraktionsvorsitzende zu: »Also, wenn Sie dat meinen, un Sie bleiben dabei, dann kriejen Sie aber ein Tänzchen mit mir!« Ich sprang auf, ging auf ihn zu, nahm Tanzhaltung ein: Kommen Sie, kommen Sie, fangen wir gleich an mit dem Tänzchen! Durchschlagender Erfolg; die formelle Rüge durch den Oberstadtdirektor blieb von fraktionsübergreifendem Gelächter grundiert. Auf das Tänzchen mit dem dicken Hausmeister wurde ich noch mehrfach angesprochen.

Das klingt nach lustiger Zeit, war es aber nicht. Ich registriere mit nachträglichem Staunen, wie schnell ich lernte, mich als sachkundiger Bürger zu gerieren. Ratssitzung im Mai 1970: »StDK vertrat die Auffassung, dass die Grundsatzentscheidung über den Beitritt zum Zweckverband ›Abfallbeseitigung‹ zurückgestellt werden müsse, bis alle Fragen des Grundwasserschutzes und der Lufthygiene geklärt seien und das Gutachten von Dr. Pierau vorliege. Er bezog sich hierbei auf die der Vorlage beiliegende Niederschrift über die Besprechung mit Vertretern des Instituts für Wasser-, Boden- und Lufthygiene des Bundesgesundheitsamtes Berlin von 18. März 1970.«

Mein Einspruch blieb wirkungslos. Wenig Resonanz auch erst auf den Antrag: »Die Verwaltung wird gebeten, die erforderlichen Maßnahmen zur Einrichtung eines Amtes für Umweltschutz in sachlicher und personeller Hinsicht zu treffen.«

Ich stieß wiederholt, direkt und indirekt, auf Widerstand. So regte ich »die Prüfung der Frage an, inwieweit es rechtlich möglich sei, zu den Ausschusssitzungen die Öffentlichkeit zuzulassen. In anderen Städten habe man damit bereits gute Erfahrungen gemacht«.

Der Oberstadtdirektor übergab den Vorschlag dem Haupt- und Finanzausschuss, der gab ihn weiter an das Hauptamt, das gab ihn weiter an das Rechtsamt und das gab folgende Erklärung ab, sinngemäß: Laut Paragraphen soundso viel GO seien Ausschusssitzungen in der Regel nicht öffentlich; bei dieser Vorschrift handle es sich um zwingendes Recht; es sei allerdings möglich, in einzelnen Fällen die Zuziehung der Öffentlichkeit zuzulassen; die mögliche Zulassung der Öffentlichkeit dürfe jedoch nicht zur Regel werden.

Ich habe allerdings nie erlebt, auch nie gehört, dass Dürener Mitbürger wenigstens ausnahmsweise bei Ausschusssitzungen anwesend sein durften.

In anderen Fällen ließ man mich ins Leere laufen. Als Kindsvater stellte ich wiederholt fest, dass Kinderspielplätze rar waren. Auch waren die Einrichtungen vielfach lückenhaft und schadhaft – aufgeschütteter Sand wurde nachts als Bausand abgekarrt, Schaukeln wurden abmontiert. StDK »sprach über die Bedeutung von Kinderspielplätzen und zitierte zu diesem Thema aus einem Werk von Mitscherlich. [...] Er bat abschließend darum, das Liegenschaftsamt möge den Fraktionen eine Aufstellung über den städtischen Grundbesitz zur Verfügung stellen, damit nach diesen Unterlagen Überlegungen angestellt werden können, in welchen Gebieten noch Kinderspiel- und Bolzplätze anzulegen sind.«

Keine Reaktion. Ein Vierteljahr später meldete ich mich erneut zu Wort zu diesem Thema. Keine Reaktion.

Insgesamt ein Jahr verging. Mai 1971: StDK »kam zurück auf einen in der Ratssitzung am 26. Juni 1970 gestellten Antrag. Er bat erneut um eine Aufstellung a) der vorhandenen Kinderspielplätze und b) über die im städt. Eigentum befindlichen Grundstücke, die eventuell für den Ausbau als Kinderspielplatz geeignet seien.« Auch das war nicht meine letzte Anfrage zu diesem Thema.

Bei einem Beitrag zu einem anderen (mittlerweile vergessenen) Thema mein (bisher) einziger öffentlicher Wutausbruch. Am ›Katzentisch‹ stehend, von den großen Fraktionen rechts und links flankiert, die meisten Abgeordneten aufgereiht hinter mir, wurden meine Ausführungen durch Gemurmel, Gemurre, Gemaule begleitet, und wieder die Erfahrung eines unkontrolliert, eines unkontrollierbar ausbrechenden Zorns, jäh schoss Wut in mir hoch, eine Wut, die mich vom Schädel bis zu den Sohlen erfüllte, wie der Strahl einer artesischen Quelle in mir hochschießend, eine schwarze Wutfontäne, ich brüllte die Fraktion zusammen: Unerhört ... verbitte mir das ... lasse ich mir so was nicht bieten!

Ja, ein Zustand, der all meine sechs Milliarden Körperzellen zu erfassen scheint, ihre Zellkerne ausrichtend auf den Wut-Pol. Was da aus mir herausplatzte, es beschämt mich, vor allem im Rückblick, zugleich ist hier so etwas wie Zufriedenheit: eine neue Erfahrung, die ich mit mir gemacht habe, eine starke Erfahrung. Ich hab mir Luft verschafft ...! Denen hab ichs aber gezeigt ...! Das lassen die sich gefallen ...?! Gehen in Deckung ...?!

Ich setzte mich. Und war sicher: Jetzt geht es los, jetzt hagelt es Beschwerden. Nichts aber rührte sich. Nicht mal eine Wortmeldung des Sprechers der beschimpften Fraktion. Es war der Oberstadtdirektor, der sich, nach einigen Schrecksekunden, in gemessener Form diesen Ton verbat. Das war alles. Auch später, beim gemeinsamen Verlassen des Sitzungssaals – keiner hat sich bei mir beschwert. Eine Erfahrung, die ich auch mit Freunden besprach: Wieso hatten die gekuscht? Was laufen da für Mechanismen ab?! Ist es so leicht, Macht zu gewinnen über andere?!

Und ich greife einen Text auf … griff einen Text auf … habe einen Text aufgegriffen … hatte einen Text aufgegriffen … werde einen Text aufgreifen … werde einen Text aufgegriffen haben …

Schreiben vom 2. September 71 an den Dienststellenleiter des Fernsprechamtes Düren.

»Ich habe Ihnen von einem äußerst unangenehmen Vorfall zu berichten. Ich führte gestern zwischen 18.10 und 18.35 ein Ortsgespräch mit meinem Fraktionskollegen Schlegel, bei dem interne kommunale Vorgänge besprochen wurden. Als nach etwa 20 Minuten ein für eine unserer Ortsparteien unerfreulicher Tatbestand besprochen wurde, der (noch) nicht an die Öffentlichkeit dringen darf, wurden wir von einem offenbar emotional reagierenden Unbekannten unterbrochen mit folgenden Worten: ›Das sind ja auch die Richtigen! Wir haben alles mitgehört. Danke!‹ Daraufhin hörbarer Kontaktschluss.

Ich habe gelegentlich schon erlebt, dass man während eines Ferngesprächs fern und recht undeutlich zwei andere Fernsprechteilnehmer hört. Diesmal aber war die Stimme so nah wie der Gesprächspartner – das wurde von uns beiden festgestellt.

Ich bitte um baldige schriftliche Stellungnahme, wie es zu diesem skandalösen Vorfall kommen konnte. Haben (etwa kommunale) Dienststellen Zugriff auf die Relais? Könnte sich ein Mitarbeiter des Fernsprechamts eingeschaltet haben?

Als Stadtrat wie als Bürger muss ich mich auf die Kommunikationsmöglichkeit Telefon unbedingt verlassen können. Was telefonisch besprochen wird, darf von Dritten nicht mitgehört werden. Sie werden verstehen, dass mich dieser Vorfall entrüstet, dass ich hier das Recht habe auf eine schriftliche Stellungnahme mit der Zusicherung, dass von Seiten der Post alles getan wird, um Telefongespräche nicht Dritten zugänglich zu machen.«

Ich übersetze ... ich übersetzte ... ich habe übersetzt ... ich hatte übersetzt ... ich werde übersetzen ... ich werde übersetzt haben ...

Sechste ordentliche Stadtverordnetenversammlung am 3. September 1971. Ich verlas folgenden Antrag. »Die Verwaltung wird gebeten, unverzüglich bei den für das Jagdbombergeschwader 31 ›Boelcke‹ zuständigen Dienststellen zur Vermeidung einer unzumutbaren und gesundheitsschädigenden Lärmbelästigung auf ein Tiefflug-Verbot über dem Stadtgebiet Düren hinzuwirken.«

Weiter im Protokoll: »Er führte aus, dass in letzter Zeit der Anflug zur Landung in Nörvenich nicht mehr über eine bestimmte Schneise erfolge, sondern inzwischen das gesamte Stadtgebiet erfasst habe. Er wies auf die erhebliche Lärmbelästigung und die Gefährdung der Bevölkerung hin und bat die Verwaltung, mit der Leitung des Fliegerhorstes Nörvenich über die Verlegung der Einflugschneise in Richtung Wibbelrusch zu verhandeln. [Wibbelrusch = »Wipfelrauschen« des Dürener Stadtwäldchens.]

Stadtverordneter A. entgegnete, dass der Fluglärm häufig von belgischen, englischen und amerikanischen Maschinen verursacht werde, die nicht in Nörvenich stationiert seien. Im Übrigen lasse sich eine gewisse Lärmeinwirkung bei Düsenmaschinen nicht vermeiden.

Stadtverordneter B. war der Meinung, dass Tiefflüge über dicht besiedeltem Gebiet durchaus vermeidbar seien und diese Frage einmal mit der Flugleitung erörtert werden sollte.

Im Verlauf der weiteren Diskussion einigte man sich darauf, im Antrag der FDP den Passus ›Jagdbombergeschwader 31 Boelcke‹ zu streichen und nicht generell von einem Tiefflug-Verbot zu sprechen.

Die Stadtverordnetenversammlung beschloss bei 6 Stimmenthaltungen: Die Verwaltung wird gebeten, unverzüglich bei den zuständigen zivilen und militärischen Dienststellen zur Vermeidung einer unzumutbaren und gesundheitsschädigenden Lärmbelästigung durch den Flugbetrieb über dem Stadtgebiet Düren vorstellig zu werden.«

ALS DIE BEIDEN SÖHNE in einem Alter waren, in dem sie Geschichten für Kinder hören oder gar lesen wollten, erweiterte ich mein heimisches Publikum (speziell von Gutenachtgeschichten in improvisierten Fortsetzungen) und schrieb ein Kinderbuch.

Dies aus beinah kindhafter Lust an Geschichten. Für Kinder schreiben, setzt voraus: eine klare Story, chronologisch verlaufend und möglichst spannend. Die Syntax nicht allzu kompliziert; in der Wortwahl aber kaum Einschränkungen – Kinder schnappen alles auf, haben auch Lust am Fremdartigen, selbst wenn sie das erst mal nicht so ganz verstehen.

Und nun: ein Werkbericht? In einem Buch dezidiert für Erwachsene? Eine Erfahrung macht mir Mut: Auf einer längeren Lesereise, auf der mich Wiederholungen nah ans Stottern brachten, entschied ich mich an einem der Abende, spontan, aus einem Kinderroman vorzulesen. Programmänderung. Und das in einer Literarischen Gesellschaft! Ich befürchtete Protest, doch was geschah: Das Publikum folgte lustvoll, manche schienen sogar rote Ohren zu kriegen. Auch hinterher keine Einwände, keine nachgetragenen Bedenken, eher Dank für die überraschende Abwechslung.

Ich werte den Werkbericht nun nicht auf mit Ausführungen theoretischer Art, etwa über pädagogische Subtexte. Herausforderungen dazu sind angewachsen, und zwar entschieden. Die Kinder, die ich im Auge behielt, während ich das Buch für Kinder schrieb, sie haben längst schon eigene Kinder, und in dieser einen Generation sind die Medien explodiert! So saß ich, es sind auch schon wieder etliche Jahre her, mit Enkel Fabian vor dem Bildschirm, er spielte mir seine damalige Lieblings-DVD vor: »König der Löwen«. Du lieber Himmel, was wird da an optischen Eindrücken auf die Kinderhirne losgelassen! Dem konnte ich mich auch nicht ganz entziehen, schon gar nicht, wenn das Erdmännchen zu sehen war, das Rockgitarre spielte – seither sind Erdmännchen meine Tierfavoriten, vor allem in ihrer stupenden Fähigkeit, bei Müdigkeit glatt umzukippen.

Keine weiteren Ausführungen zum Dauerthema: Kinder und Medien. Fortsetzung des Berichts. Die Feststellung, dass ich, damals, ganz einfach von meinen Erfahrungen mit Abendgeschichten ausging: Wo spitzen Kinder die Ohren, wo hören sie nicht weiter hin? Es ist freilich ein radikales Publikum. Erwachsene halten sich, etwa bei Lesungen, höflich zurück, auch wenn ihnen ein Text langweilig erscheint, Kinder aber signalisieren rasch, wenn sie nicht mitziehen. Lesungen vor Kindern sind mindestens doppelt so anstrengend wie Lesungen vor Erwachsenen. Immer wieder muss man improvisieren, zwischendurch, sich direkt an das Publikum wenden. Zwei Eckpunkte des Verhaltensspektrums: Kinder gehen in kleinen Grüppchen aufs Klo, oder Kinder rücken, in kleinen Grüppchen, dicht an einen heran, wollen mit ins Buch schauen.

Kinder haben übrigens weithin Schwierigkeiten, sich vorzustellen, sich bewusst zu machen, dass der Typ, der da vorn eine Geschichte vorliest, die auch geschrieben hat; sie sind an Vermittler gewöhnt. Wenn sich im Klassenraum oder in der kleinen Turnhalle durchgesetzt hat, der Vorleser hat die Geschichte persönlich geschrieben, so muss ich dem Publikum anschließend erst mal die Vorstellung ausreden, man verdiene unermessliches Geld: Schriftsteller gleich Bestsellerautor. Was fährst du denn für ein Auto? Oh, das hängt von meiner Tageslust ab. Ich lasse vom Chefchauffeur alle meine Wagen aus der Garage auf den Hof setzen, den Mercedes mit den Flügeltüren, den Maserati, den Rolls-Royce, den Porsche, den Ferrari Testo rosso und entscheide je nach der Wetterlage …

SCHON EIN HALBES JAHR nach dem Einstieg in die Kommunalpolitik wurden Bruchstellen erkennbar zwischen dem Kreisverband der FDP und dem Stellvertretenden Vorsitzenden Kühn.

Ende Juni 70 wurde vom Vorstand des Kreisverbandes ein Grundlagenpapier formuliert und akzeptiert. Es wurde, protokollähnlich, an die Mitglieder verschickt. Dies mit einem »Nachtrag: Dr. Dieter Kühn und [NN] namens der Jungdemokraten legen Wert auf die ausdrückliche Feststellung, dass sie gegen die vorstehende Entschließung des Kreisvorstandes gestimmt haben.«

Ein kurzes Zitat aus meiner parteiinternen Stellungnahme: »Es wird Zeit, neue Modelle zu entwerfen. Der neue Kurs fordert eine Gesellschaftspolitik, die sich nicht bloß damit zufriedengibt, Freiheit und Eigentum gleichzusetzen und zu glauben, je größer das Eigentum sei, desto größer werde die Freiheit.«

Vierzehn Tage nach der Erklärung und Distanzierung kam eine Drucksache ins Haus. Als Absender: National-Liberale Aktion w. V. Kreisgruppe Düren.

»Aus echter Sorge, den Fortbestand einer national-konservativen Politik in Deutschland zu erhalten, haben namhafte Politiker aus den Reihen der F.D.P. am 11.7.70 die National-Liberale Aktion auf der Hohensyburg gegründet.«

In Düren hatten der Ehrenvorsitzende, der Vorsitzende und der Geschäftsführer des FDP-Kreisverbandes die neue, sezessionistische Kreisgruppe gegründet, die sofort versuchte, auch mich anzuwerben – ein Aufnahmeantrag steckte im Briefumschlag.

Zwar sank die Neugründung NLA erfreulich rasch wieder in sich zusammen, die geplante Neugründung der Partei »Deutsche Union« fand nicht statt, aber Mentalität hatte sich dokumentiert. Dies am deutlichsten bei meinem Katzentisch-Nachbarn zur Rechten. Ich musste abrücken. Das wollte, das musste ich schriftlich dokumentieren, sonst hätte Rede nur üble Nachrede ausgelöst.

Nicht reumütig, eher kleinmütig kehrte das Trio des Kreisverbands von der Exkursion zur NLA zurück. Da hatte sich was zerschlagen, da war etwas im Sande verlaufen, Einzelheiten sind hier gleichgültig; der Fall aber war für mich nicht erledigt.

Am 1. Dezember 70 schrieb ich meinem Kontrahenten, die Sollbruchstelle vertiefend: »Ich hatte bereits in der gestrigen Vorstandssitzung sehr deutliche Bedenken dagegen geäußert, dass nun drei ›Rückläufer‹ aus der NLA den Vorstand repräsentieren, bzw. ihm als Kreisgeschäftsführer eng zugeordnet sind. Ich hatte angedeutet, dass mir die Arbeit in solch einem Gremium fragwürdig erscheine. Ich muss nun, nach genauer Überlegung, die Konsequenz ziehen und mein Amt als Zweiter Kreisvorsitzender niederlegen.

Zur Begründung kann ich nur meine gestern bereits vorgetragenen Argumente wiederholen. Der Vorstand eines Kreisverbandes ist mehr als nur ein Organisationsgremium, in dem man politisch wertfrei arbeitet, er repräsentiert die Partei im Kreisgebiet. Wenn in diesem Repräsentationsgremium allein drei ehemalige Mitglieder der NLA tätig sind, so wird hier eine rechtskonservative Richtung überrepräsentiert, die ich immer schon abgelehnt habe.

Ich kann hier nicht den gestern vorgetragenen Einwand akzeptieren, die Rückläufer der NLA hätten ihren Irrtum eingesehen: Ich bin sicher, dass sich ihre politische Einstellung in der kurzen Zeit nicht geändert hat. Was zu ihrer Rückkehr führte, war vielmehr die Einsicht, dass die NLA als Organisation rasch an Bedeutung verlor. Aus einer eventuell aufgeblühten NLA, das sagte ich gestern schon, wären wohl kaum Rückläufer gekommen. Der Schritt zur NLA war von einer rechtskonservativen Haltung bestimmt und mitmotiviert, die auch nach der Lösung von dieser Organisation bestehen bleibt.

Ich befürchte, man wird in diesem Kreis, in dem politische Haltung so gering geachtet wird, dass man in kurzer Zeit ohne Verlust des Ansehens einmal hin zur NLA und dann wieder zurück zur geduldigen FDP schwenken kann, meine Bedenken als Vorwand auslegen, nicht mehr für die Parteiorganisation arbeiten zu wollen. Ich hatte Ihnen bereits vor einigen Monaten die Möglichkeit eines Rücktritts angekündigt. [...]

Ich bitte Sie, diesen Brief in der nächsten Vorstandssitzung vollständig zu verlesen und beim nächsten Kreisparteitag meine Stelle neu besetzen zu lassen.«

Zwist ... Hader ... Grundsatzstreit ... Eine Woche später musste ich nacharbeiten, in einem noch längeren Schreiben, aus dem ich noch kürzer zitiere. Es nennt noch einmal den »Hauptgrund meines Austritts«. Der Text liegt neben mir in einer Kopie einer parteiinternen Abschrift meines Briefs.

»Man darf doch nicht nachträglich übersehen, dass die Mitgliedschaft in der NLA, die bei Ihnen ja bestand und derzeit bis zum Ablaufen der Frist noch besteht, von einer Grundsatzentscheidung getragen war. Diese Grundsatzentscheidung basiert auf einer politischen Einstellung, die nicht die meine ist.«

April 72 war es denn so weit: Nachdem ich mein Parteiamt niedergelegt hatte, trat ich aus der Partei aus. Mit diesem Entschluss gekoppelt: Ich werde nicht wieder für die Stadtverordnetenversammlung kandidieren.

Ich schrieb dem Vorsitzenden: »Als ich die Kandidatur für den Stadtrat zurückzog, hatte ich Ihnen schon gesagt, dies sei eine grundsätzliche politische Entscheidung. Um hier völlig Klarheit zu schaffen, werde ich zum 1. Mai aus der Partei austreten. Ich teile Ihnen dies jetzt schon mit, damit die Entscheidung nicht vom Wahlergebnis abhängig scheinen kann – sei es positiv oder negativ. [...] Eine ausführliche Begründung meiner politischen Absichten und Ansichten dürfte hier überflüssig sein – wir kennen mittlerweile unsere Positionen.«

Das war – und ist auch hier – ein Schlusspunkt.

RAIMUNDUS FORDERT MICH HERAUS

DER COMPUTER IST FERTIG, meldete telefonisch der Schreiner im Ort. Er hatte den wohl merkwürdigsten Auftrag seiner bisherigen Berufstätigkeit ausgeführt, hatte mir einen »mittelalterlichen Computer« gebaut. Endlich mal was Neues, Überraschendes – und nicht nur Holzarbeiten für Büroräume.

Ich hatte ihm das Gerät aufgezeichnet: Gestell ... eine Achse, horizontal ... auf die Achse gesteckt fünf Scheiben von jeweils gleichmäßig abgestuftem Durchmesser ... diese Holzscheiben drehbar. Ich werde sie, so erklärte ich dem Meister, in jeweils sechs Segmente aufteilen, werde sie beschriften, in Kürzeln. Ein kombinatorisches System des 13. Jahrhunderts, im 21. Jahrhundert wieder aktiviert. Selbstverständlich mit Veränderungen für meinen speziellen Zweck. Das lullische System der *Ars magna combinatoria*. Aber damit habe ich in der Schreinerei nicht aufgetrumpft.

Ich rekapituliere kurz: Der Zufall, der spontan Neugier weckte im Rare Book Department des Haverford College bei Philadelphia, irgendwann 1957. Erste Informationen über die »inventio«.

Ramón Llull (latinisiert: Raimundus Lullus, 1232–1316): einige biographische Stichworte. Ramón, auf Mallorca geboren; Page am Königshof; Dichter von Troubadour-Liedtexten; Höfling, junger Lebemann, entsprechende Lebensform; Bekehrungserlebnis, jähe Lebenswende: Theologische Studien, er lernt Arabisch, will missionieren. Weiterhin Liedtexte und ein Roman mit dem zentralen Thema Liebe, doch Spiritualität beginnt zu dominieren. Und findet ihre Krönung: Ramón will zur Besinnung kommen nach buntem Treiben, zieht sich, zweiundvierzigjährig, zurück auf den Berg Randa, und da »geschah es eines Tages, nachdem er gerade eine knappe Woche dort war, dass Gott plötzlich seinen Geist erleuchtete, während er aufmerksam den Himmel beobachtete«.

Als Eingebung die Grundidee eines kombinatorischen Verfahrens, mit dem sich über Begriffe und Zeichen neue Einsichten in die Ordnung der von Gott geschaffenen Welt ergeben sollten. Das setzte fraglos voraus: Gott hat Seine Schöpfung im Großen wie im Kleinen umfassend geordnet; der Mensch hat die (theologische) Aufgabe, diese Ordnung denkend nachzuvollziehen, damit Gottes Allmacht zu dokumentieren und vor allem: zu demonstrieren. Denn diese Erfindung sollte vor allem beim Missionieren helfen: Den Gott der Christen über Gottheiten und Götzen von Heiden stellen, auch durch kombinatorische Konklusionen, die selbst kluge Araber zwingend davon überzeugen, dass »Deus« über »Allah« erhaben ist.

Raimundus ging also davon aus, dass alles zusammenhängt in Gottes Schöpfung, selbst zufallsgesteuerte Kombinationen sollten das beweisen. Zugleich sollten gewohnte Denkmuster relativiert werden durch neue Denkverbindungen, die er mit dem segmentweisen Weiterdrehen von Scheiben mit ihren Zeichen und Chiffren initiierte.

Offenbar hatte er einen Stift in eine Wand geschlagen, wohl in Augenhöhe, hatte Scheiben aufgesteckt – die größte an der Wand, die kleinste dicht vor ihm. Und es begann das Kombinieren mit dem Grundgedanken: Man kann hier drehen wie man will, es kommt immer Sinnhaltiges heraus in der freien Kombination.

Hochmittelalterliches Vernetzungsdenken …! Kein Wunder, dass die *Ars magna combinatoria* bis heute Faszinosum blieb. Selbst der katalanische Maler Tapies zeigte sich fasziniert vom lullischen System. Freundin Barbara hat ihm, kurz vor seinem Tod, den Band geschenkt, in dem meine Erzählung über Lullus abgedruckt ist: *Die Große Kombinatorische Kunst.* Ich habe, con alcune licenze, das lullische System umgesetzt in eine biographische Erzählung: kombinatorisches Verfahren übertragen auf einen Kombinatoriker.

Es ging und geht mir nicht darum, ein historisches Gerät zu rekonstruieren. Was interessiert mich Vergangenes, wenn ich es nicht für mich verwenden, auf mich anwenden kann? Und sei es in notwendiger Kontrastbildung? So setze ich meine eigenen Zeichen – ohne Raimundus aus dem Blick zu verlieren.

Keine bloß mechanische Konstruktion, es stehen Erfahrungen hinter der Konzeption. Vergangenes fällt mir nie zeitlich geordnet ein, immer nur isoliert. Chronologische Ordnung von Erinnerungen ist (auch) meinem Lebensgefühl fremd, also wäre bruchlos durchgeführte Chronologie ein nachträglich produziertes Ordnungsmuster. Die meisten Eindrücke, Erlebnisse, Erfahrungen, Erkenntnisse bleiben inselhaft, bleiben punktuell, sind nicht einzuordnen in ein übergreifendes oder umfassendes System. Üblich ist es freilich weiterhin, Inselpunkte miteinander zu verbinden, zu vernetzen (was weitaus besser klingt). Vor allem Selbstzufriedenheit durch Erfolge stellt Bezüge her, die wiederum die Selbstzufriedenheit steigern.

Hier wird suggeriert, dass ein Ereignis folgerichtig aus dem anderen hervorgeht, dass es innere oder äußere Verbindungen gibt, und dies logisch konsequent: Damit wird Sinn soufliert, werden Sinnfiguren entworfen. Alles scheint früh schon vorbestimmt; Leben nach einem Masterplan, der beim Schreiben dechiffriert wird. Das adäquate Grundgefühl: Alles hängt zusammen, geht sinnvoll ineinander über.

Dieses Konzept ist meist an Vorgaben gebunden. Beispielsweise: Nach einer kompasslosen Lebensreise auf hoher See erreicht man den sicheren Hafen des christlichen Glaubens – oder einer ideologischen Konzeption. Sprünge und Brüche werden kaschiert.

Um nicht solch einem Kontinuitätsmuster zu verfallen, habe ich die Scheibenkonstruktion vor mir aufgebaut. Schließlich habe ich mir vorgenommen, eine neue Form autobiographischen Schreibens zu entwickeln – um mir damit näherzukommen. Salopp: Gewohnten Mustern zu folgen wäre wie der Versuch, sich in bequemen Hausschuhen auf die Schliche zu kommen. Wenn ich schon für das Erzählen von Lebensläufen historischer Personen neue Methoden entwickelt habe, so will ich bei diesem autobiographischen Unternehmen dahinter nicht zurückbleiben. Dies mit der Perspektive: Ich hoffe, mit der neuen Form der Selbstdarstellung meine Selbstwahrnehmung zu verändern.

Was sich übertragen lässt: Die Selbstwahrnehmung von Lesern, Leserinnen könnte sich verändern. Warum auch sollten Leserinnen und Leser an meinem Experiment teilnehmen, wenn nicht mit Blick auf sich selbst?

Freilich, verglichen mit den weitgreifenden Kombinationen, mit der überaus dichten Vernetzung von Begriffen und Chiffren des Raimundus Lullus nutze ich eine recht schlichte, auf meine Bedürfnisse (wortwörtlich:) zurechtgeschreinerte Version. Statt theologischem Kosmos ein Ich-Containment. Durch das Herstellen immer neuer Verbindungen wird Ich-Gefühl relativiert. Voraussichtlich.

Vor der ersten Kombinationspartie einige präzisierende Informationen über das lullische System. Dabei hilft mir die Einführung zur textkritischen Ausgabe der *Ars brevis* (samt Übersetzung).

Ars brevis: Eine »vom Verfasser selbst autorisierte Kürzestfassung seines weitaus umfangreicheren Hauptwerkes«, der *Ars maior, Ars generalis ultima, Ars compendiosa inveniendi veritatis*.

Der Katalane musste bei Vorträgen und Vorführungen an Universitäten registrieren, dass selbst renommierte Diskurspartner Schwierigkeiten hatten beim Nachvollziehen seiner Konzeption. So machte er sich erneut an die Arbeit: »Wir verfassen diese *Ars brevis*, damit die *Ars magna* leichter verstanden werden kann.« Dies mit höflicher Rücksichtnahme auf die »Gebrechlichkeit der menschlichen Vernunft«.

Die Kurzfassung hat nur noch (etwa) ein Zehntel des ursprünglichen Volumens. Diese Version fand in der wissenschaftlichen Welt jener Zeit wie auch späterer Jahre enorme Resonanz: sechzig Handschriften sind überliefert. Überhaupt

612

wurde das Riesenwerk des Mallorquiners weithin rezipiert. Nikolaus von Kues besaß 68 Schriften des Ramón Llull. Newton und Leibniz befassten sich mit seinem System kombinatorischen Denkens.

Ich muss durch Wiederholung betonen: Was ich als Instrument autobiographischer Erkundung vorstelle, ist eine hausgemachte Variante der Kombinatorischen Kunst des Raimundus Lullus. Die Zahl der Scheiben habe ich in der Ortsschreinerei von drei auf fünf vermehren lassen.

Ich will überraschende Konfrontationen, Konstellationen nicht vortäuschen, also muss ein Steuerungsverfahren eingeführt werden, das ich nicht beeinflussen kann. Soll ich Olga bitten, die Scheiben jeweils zu drehen, gleichsam blindlings? Ich entscheide mich für das Würfeln. Letztlich ist kombinatorische Kunst ein aleatorisches Verfahren. Wieder der Hinweis auf Erfahrung hinter der Konzeption: Erinnerungen, Szenen der Vergangenheit, sie tauchen meist ungerufen auf, verbinden sich höchstens assoziativ, lösen sich ab, lösen sich auf. Dieses Auftauchen und Verschwinden kann mit Drehungen der Scheiben simuliert werden.

Betont werden muss aber gleich, was auch in der Einführung der *Ars brevis* hervorgehoben wird: Dies ist kein sinnproduzierendes Gerät, keine Wundermaschine, hier werden Konfrontationen generiert, wird vor Fragen gestellt, wobei überraschende, sofort sinngebende Kombinationen nicht auszuschließen sind. Durch Kombinationen wird Denken, Nachdenken, Durchdenken ausgelöst, nicht ersetzt. Aus Kombinationen müssen sich erst Schlussfolgerungen ergeben.

Dominieren wird Punktualität, die unserem Lebensgefühl, unserer Ich-Erfahrung entsprechen dürfte. Die große, die dominierende Konstante der Diskontinuität. Das soll ablesbar, soll erfahrbar werden.

Bevor ich in sechs Durchläufen den Würfel entscheiden lasse, welche Scheibenzeichen miteinander verbunden, sodann mit den bereitliegenden und markierten Texten koordiniert werden sollen, nähere Angaben zur Beschriftung der Scheiben.

Das erste, das äußerste, das weiteste Ringsegment: reserviert für das Stichwort Reisen. Als Markierung jeweils ein Kürzel, das ich Raimundus zu Ehren latinisiere. Er nennt die Schreiben »circuli«, also eigentlich Kreise, gemeint aber sind hier: Rundscheiben. Ich wähle das Kürzel *Cr*. Hier verbunden mit der Codierung *Via*, Abkürzung von »viator«, Wanderer.

Zuweilen wird unter Bekannten ein Video (»aber nur ganz kurz«) einer Ferienreise vorgeführt, mit graphisch gestaltetem Vorspann, selbstverständlich betextet und vertont. Hier erhalten Ferienreisen exakte Aufbruchs- und Rückkehrdaten; auf einer Karte wird jeweils, rot markiert, die Reiseroute wiedergegeben. Besondere Stationen werden durch Farbkreise betont. Ein Medium, das exakte Informationen zu erzwingen scheint. Bei mündlicher Erzählung erscheint belanglos, ob man an einem 3. oder 7. oder 11. August aufbrach und welchen Anfahrtsweg man einschlug – falls es Alternativen gab. Bei einem Reisebericht für den Bildschirm ist ein »irgendwann« so verpönt wie ein »irgendwie« und womöglich ein »irgendwo«. Die Spielregeln sind vorgegeben.

Dies als Muster bewährter Reiseberichte in Bild und Ton. Es ist nicht übertragbar auf meine Reiseerfahrungen. Daten kann ich kaum einbringen, die meisten vergesse ich schnell. An einer Beschreibung, gar Demonstration einer Reiseroute, beispielsweise in Italien, beispielsweise in Japan, beispielsweise in China, daran liegt mir nicht, ich bringe nur vage Hinweise.

Reiseeindrücke, Reiseerlebnisse, Reiseerfahrungen werden also nicht eingeordnet in ein Zeitraster, nicht eingebunden in Koordinaten. Vielmehr: Erlebnis-Monaden, Bild-Monaden schweben durch das Bewusstsein, sinken zumeist ab ins Vergessen, nur einige bleiben in der Schwebe. Erzählt wird vom einzelnen Erlebnis, Vorgang, Vorfall, nur selten stelle ich Verbindungen her, ziehe einen roten Faden. Vielfach geben Assoziationen die Stichworte. Pointierte Situationen fixieren sich, werden Anekdoten, die sich wiederholen lassen, falls sie erwünschte Resonanz finden.

Auch schreibend will ich mir kein Raster auferlegen, vielmehr sollen Erfahrungsmuster einwirken auf die Schreibmethode. Nur so, bis in die Struktur hinein, kann (auch) die Intervention im Namen des Raimundus Lullus zum Wort-Selbstporträt werden. Punktuelle Wahrnehmungen setzen sich um in punktuelle Darstellungen. Ob ich zum dritten, vierten oder fünften Mal in Italien war, das spielt für mich, rückblickend, keine Rolle, also verbinden sich die Reisen auch nicht mit Jahreszahlen; die versagt mir weithin die Erinnerung. Doch es bleiben Bilder, von Florenz, Rom, Turin sowieso, von Siena, von Spoleto speziell.

Bei einigen Frauen hingegen habe ich den Eindruck, die Erinnerungssubstanz sei neurophysiologisch anders organisiert, da werden nicht nur Jahreszahlen mit Ereignissen kombiniert, die können auch Monatsangaben, ja Tagesangaben zugeordnet werden. Was ich zu schätzen und zu nutzen weiß: Während der Arbeit gelegentlich ein Anruf in Düren: Wann war das eigentlich …? Und es bestätigt sich wiederholt: Gisela hat offenbar eine andere Wahrnehmung von Zeit und von Ereignissen in der Zeit. Dagegen erlebe ich bei mir, auch bei Freunden, dass Reiseereignisse monadologisch schweben, sich nicht ankoppeln wollen an Zeitraster.

Ich interpretiere das so: Ein Ereignis, auch Reiseereignis kann für mich wichtig sein, bedeutsam, dies nachhaltig, es ist oder scheint mir jedoch gleichgültig oder zweitrangig, ob ein Reiseerlebnis im August 88 oder im September 89 stattgefunden hat. Es sei denn, da war eine einschneidende Erfahrung. Aber die sind selten. Nicht einmal die Jahreszahlen meiner Buchpublikationen bilden ein verlässliches Zeitraster, dem ich Eindrücke, Erlebnisse, Erfahrungen zuordnen könnte. Ungefähre Chronologie genügt mir, denn ich bin mir dessen bewusst: Ein paar veränderte Faktoren oder Parameter im Zusammenspiel, und es fände zumindest eine Verschiebung statt im Zeitraum. So docken Ereignisse nicht an feste Strukturen an, sie gleiten, sie schweben. So nehme ich das jedenfalls wahr, so gebe ich das wieder.

DAS ZWEITE RINGSEGMENT von etwas geringerem Durchmesser: reserviert für das Stichwort Malerei. Als Markierung jeweils das Kürzel *Cr/pic* – Abkürzung von pictor.

Auch hier muss flugs autobiographischer Bezug hergestellt werden, die Kombinationen finden nicht statt im Leerraum der Abstraktion.

In der Wohnung zu Brühl (wie zuvor in den Wohnungen zu Köln und Berlin), auch im Eifelhaus: Ich bin umgeben von Graphiken, von (oft großformatigen) Gemälden – das größte im Format von 1,90 mal 3,80, dreiteilig, eine Wand beherrschend im Eifelhaus. Bild eines Zeitgenossen, eines Freundes in Berlin, Hermann Rudorf. Überhaupt dominieren Bilder des 20. Jahrhunderts, meines Jahrhunderts. Eher eine Ansammlung als eine konsequent aufgebaute Sammlung – Zufälle wirkten mit bei der Entdeckung, der Auswahl. Ich will das wenigstens andeuten.

Irgendwann in den siebziger Jahren besuchte ich eine Malerin, eine gute Bekannte, in Kirchzarten, und sie vermittelte einen Atelierbesuch bei einem Maler, der in Kirchzarten ein großes Atelier führte: Ralph Fleck. Ich verließ das Atelier nicht ohne ein Bild: eine pastos gemalte, wild geformte Sonnenblume.

Ein Besuch dann beim Besitzer einer Düsseldorfer Galerie, in der Gisela ein weiteres Bild von Ralph Fleck gekauft hatte; der Altgalerist wohnte in einer riesigen Villa in Hanglage mit Blick auf den Rhein, die Fahne der Reederei Stinnes hoch am Mast, und alle Binnenschiffe dieser Reederei grüßten den Hausherrn mit ihren Schiffshörnern: für sie ein ehemaliger Manager der Firma. Für mich weiterhin der Galerist, freilich mit deutlicher Vorliebe für Schiffsmotive. Er führte mich ins Souterrain: eine Bar, ausgestaltet wie in einem Schiff älterer Bauart, Bullaugen inklusive, und reichlich Taue, hilfreich bei fortgeschrittenem Alkoholkonsum. Viele Bilder gemeinsam beschaut, zuletzt, schon oder noch in Knallfolie, ein rigoros abstrahierendes Bild einer Insel – das Meer, die Inselkontur wie zufällig aus dem Malfluss, aus der Farbgebung heraus entwickelt. Das wollte ich unbedingt haben, und so ergab sich wiederum ein Besuch beim Maler in Berlin, bei Hermann, und damit weitere Käufe, synchron mit höflicher Freundschaft.

Ein Besuch bei Sohn Thomas in Hemmingen, und eine Fahrt hinüber nach Ditzingen, nicht nur zu einem Gespräch im Reclam Verlag. Besuch auch der Galerie im kleinen Schloss, die Entdeckung eines Gemäldes aus den zwanziger Jahren, eine Frau im Hippodrom, im Profil, ein Zigarillo rauchend: musste ich haben.

Während ich diese Zeilen schreibe, steht ein Neukauf im Wohnzimmer: ich tauche fast regelmäßig auf bei Vorbesichtigungen im Kunsthaus Lempertz in Köln, habe vor längerer Zeit als Zaungast teilgenommen an einer Versteigerung zahlreicher Beuys-Objekte, da konnte ich viel lernen über den Kunstbetrieb: zwölftausend Euro für eine fabrikneue Axt (einer Serie!), auf dem Stiel von Beuys signiert … Vorbesichtigungen auch in einem weiteren Auktionshaus in Köln, viel Kitsch des 19. Jahrhunderts, mal wieder ein beseligt vor sich hin süffelnder Mönch, immer wieder Tiere und Kinder, aber dann, in spätimpressionistischer Manier, ein Radschleppdampfer, sprich: ein Schlepper mit mächtigen Schaufelrädern und ragenden Schornsteinen und mit großen Fahnen geschmückt bei einer Schiffsparade auf dem Rhein, höchstwahrscheinlich vor der Industriekulisse der Duisburger Kupferhütte, für die Großvater Theodor als Chemiker gearbeitet hatte …

Sonst sind die Motive der Gemälde meiner kleinen Sammlung ringsum kaum spektakulär, die Sonnenblume hier, ein im leeren Raum waagrecht schwebender Chinese, ein riesiges Mikadospiel, aber hier, ausnahmsweise: große Oper! Und etwas für das Rudiment vom Bubenherz: Faszination durch urtümliche Maschinen, vor allem für Dampflokomotiven – kleine Adrenalinschübe, wenn in der Eifel der Oldtimerzug, Nostalgiezug der Saison durchs Tal fährt, und statt der Pressluftsignalstöße der Triebwagen das Crescendo, Decrescendo eines langgezogenen Signals der Dampfpfeife, deren Ventil geöffnet, offengehalten, geschlossen wird. Dampflokomotiven noch vor den Zügen des Fahrschülers, eine Dampflokomotive (in den sechziger Jahren) rußschleudernd vor dem Zug nach

Spanien. Und Schaufelraddampfer auf dem Ammersee, das Pladddern der Schaufelräder als Begleitgeräusch vieler Stunden auf dem See.

Ich habe mich vielleicht etwas sehr von Assoziationen leiten lassen, also ein neuer Ansatz, mit etwas mehr System!

Vom Laptop aufblickend, sehe ich halblinks das kostbare Erbstück des kleinformatigen Ölbildes auf Lindenholz, 16. Jahrhundert ... sehe eine Arbeit von Karl Fred Dahmen, den ich in frühen Jahren in Aachen besucht hatte, eine Graphik mit dem Prägedruck einer Buchseite im Bleisatz ... sehe eine Tuscharbeit, die mir ein chinesischer Kalligraph beidhändig erstellte mit den Bildschriftzeichen: Wolke-Stein, Esche-Bach, mit begleitenden Zeichen beidseitig ... Sehe, rechts davon, geisterhaft das Porträt von Caspar David Friedrich, sehe eine linke Hand, die einen Malstock hält, sehe eine rechte Hand mit sehr dünnem Pinsel: Bild zur Entstehung eines Bildes ... Halbrechts das Gemälde, das größte im Raum, mit dem Schaufelrad-Schlepper der zwanziger Jahre, den Fahnen im Wind, der dem Qualm der beiden Schlote die Richtung weist ... Zu meiner rechten Schulter die Arbeit einer niederländischen Künstlerin, erworben auf einer der Papierbiennalen zu Düren: zwei Buchseiten in eingedunkelter Rohpapiermasse, Zeilen angedeutet mit parallel eingezogenen Fäden: antizipiert der Verfall bedruckter Buchseiten ... Über der Tür Kunstreproduktionen auf Leinwand und in Keilrahmen: ein Kinderporträt, umgeben von Schwarz, eine Arbeit von Louis Asher, daneben das Interieur seines Ateliers.

Hier halte ich ein – den türgroßen Holzschnitt, stilisiert, des (fast mal abgebrannten) Saals der Anna-Amalia-Bibliothek erwähne ich nur noch. Und die sechs meist kleinformatigen Ölgemälde hinter mir skizziere ich nicht mehr.

Aber eines will ich doch erwähnen, um noch etwas nachdrücklicher zu demonstrieren, dass der Themenzirkel der zweiten Scheibe biographisch fixiert ist. Ich hatte sogar mal eine Ausstellung eigener Collagen und Fotografien – vor al-

618

lem von verwitterten Schriftbildern auf Grabmälern, die ich zumeist in Polen aufgespürt hatte. Unter der Kuppel des Leopold-Hoesch-Museums zu Düren (ein Heimspiel, na klar!) konnte ich mit Begleitung mustern, was sonst in Mappen lag. Eine Nebenausstellung, Begleitausstellung, versteht sich, aber immerhin. Nähere Angaben: *Seitenblicke* (Fotos und Collagen), Dezember 1977.

Dabei will ich aber gleich betonen: Wenn ich auf malende Vorfahren hinwies, so führt das nicht dazu, dass ich den Finger hebe und rufe: Ich bitteschön auch! Das wäre höchst unangemessen. Unterschlagen möchte ich es aber auch nicht.

DAS DRITTE RINGSEGMENT von noch geringerem Durchmesser: reserviert für das Stichwort Komponisten. Als Markierung jeweils das Kürzel *Cr/mus*. Die Bezeichnung Komponist gab es in der römischen Antike noch längst nicht. (Wie hat sich überhaupt Musik der griechischen und römischen Antike angehört?)

Biographische Anbindung, beispielsweise: Gelegentlicher Beitrag zur Musikrezeption, gelegentliche Funkmoderation von Musiksendungen. So hatte ich (viele Jahre ists her!) fast drei Stunden lang, im Klassikforum des Westdeutschen Rundfunks, Werke eines weniger bekannten Komponisten vorgestellt: von E. T. A. Hoffmann. Das Miserere in b: ein erstrangiges Werk! Außerdem ein höchst respektables Klaviertrio! Dazu weitere bemerkenswerte Kompositionen!

Eigentlich würde ich gern mal ein weiteres Klassikforum in voller Länge nutzen, um ausschließlich Musik von Carl Philipp Emanuel Bach vorzustellen. Aber nun müsste ich mich – gemäß neuer Regelung der Behörde mit Funkantenne – erst mal einem Casting stellen, obwohl ich schon etliche Stunden, zusammengerechnet, im Funk zu hören war, aber auch hier: »Evaluation«. Dabei würde ich mit Sicherheit ausgemustert. Vielleicht würde solch eine Sendung mittlerweile auch zu »anspruchsvoll« erscheinen; das Spektrum des Hörfunks wird Segment um Segment, Format um Format eingeengt. Dieser Prozess einer scheinbaren Modernisierung wird begleitet von infamen Wortbildungen wie »Qualitätsverschlankung«, wie »Kompetenzfalle«. Die besagt: In der Moderation etwa einer Musiksendung darf nicht der Eindruck erweckt werden, man wüsste etwas mehr als ein durchschnittlicher Hörer. So grotesk das klingt, aber es wurde sogar davon gesprochen, man müsse auf Augenhöhe mit den Hörern bleiben. Dies soll sich jetzt nicht zu einer kulturpolitischen Glosse entwickeln, ich breche ab.

Und weise hin auf musikalische Vorspiele zum Kombinationsspiel mit autobiographischen Texten. Am bekanntesten ist hier (zumindest in engeren Kreisen) Mozarts »musikalisches Würfelspiel«. Hier der Titel, verkürzt: »Walzer mit zwei Würfeln zu componieren«. Hier muss gleich betont werden: Das Konzept war bereits entwickelt und der Öffentlichkeit vorgestellt, als Mozart ein Jahr alt war.

Vermittelt wurden (jeweils) Notenbeispiele, Tabellen und Gebrauchsanweisungen. Die sind kompliziert wie die meisten Gebrauchsanweisungen. Ich mache es einfacher, als es ist. Und doch wird sich nun mehr als eine Begleitnotiz entwickeln, ich möchte (auch hier) mein Verfahren ›untermauern‹. Zugleich ist dies (virtuelle) Musik für Raimundus. Zumindest: Begleitmusik zu Raimundus. (Der Faktor Unterhaltung wird von Würfelmusikern durchaus betont. Diese Betonung will ich neu akzentuieren.)

Das Regelwerk erkläre ich mir wie folgt: Ein Komponist entwickelt ein schlichtes, damit variationsfähiges Kurzthema, schreibt Variationen, etwa im Dreivierteltakt. (Bei Mozarts Würfelwalzer sind es 176 nummerierte Takte.) Als Würfelspieler (aleator) wählt man sodann eine walzergerechte Zahl von Takten aus, die jeweils für sich stehen und (wiederum durch Würfelwürfe) frei kombiniert werden können. Diese Angebote stellt man zur Disposition in Tabellen, angelegt ungefähr im Schachbrettmuster.

Sodann die Ausführung mit einem Würfel, besser mit zweien. Die jeweilige Augenzahl bestimmt Auswahl und Reihenfolge der vorgegebenen Takteinheiten – ein Würfel für die horizontalen Aufreihungen der Hinweiszahlen in der Tabelle, der zweite Würfel für die vertikalen. Theoretisch könnte man eine Aufreihung von kurzen Walzern in einem Gesamtvolumen von mehr als tausend Takten spielen, immer neu die Sechserpacks von Takten erwürfelnd.

Diese Form der Würfelmusik verbindet sich zumeist mit dem Namen Mozart, Wolfgang Amadeus. Ihm, dem besessenen Spieler (meist um Geld, das er aber meist verlor, in runden Summen), traut man so etwas durchaus zu. Allerdings greift Mozart (oder ›Mozart‹) ein Muster auf, das vor ihm entwickelt wurde.

Als Initiator wird Johann Philipp Kirnberger genannt. Einer der weniger renommierten Komponisten des 18. Jahrhunderts. Zuweilen gelangen Tonträger mit Werken von ihm auf den Phonomarkt, in kleinen Besetzungen, etwa für Flöte und Begleitung; durchaus hörenswert die Trios für zwei Violinen und Basso Continuo.

Kirnberger hat eine Schrift von etwa zwei Dutzend Seiten veröffentlicht unter dem Titel: »Der allzeit fertige Polonaisen- und Menuettenkomponist«. Das Heft erschien 1757 in Berlin. Kirnberger selbst bezeichnete ganz bewusst (»mit Fleiß«) den Titel als »altfränkisch«; er wollte damit demonstrieren: Dies ist nicht für professionelle Musiker bestimmt, sondern für Menschen, die in doppelter Hinsicht Musik machen wollen.

Ein paar Zeilen aus seiner Schrift. Im Vorbericht heißt es einleitend: »Die Noten, welche auf den nachfolgenden wenigen Blättern erscheinen, sind der Stoff zu einer unzählbaren Menge von Polonaisen, Menuetten und dazugehörigen Trios. Ein jeder, der nur Würfel und Zahlen kennt und Noten abschreiben kann, ist fähig, sich daraus so viele der genannten kleinen Stücke vermittelst eines oder zweier Würfel zu componieren, als er nur verlanget. Man verfährt damit also:«

Aber nach diesem Doppelpunkt nur einer der Sätze: »Auf diese Art wird bei jedem Wurfe ein Takt, und mit sechs oder acht Würfen der erste Theil einer Polonaise, [eines] Menuetts oder Trios fertig.« Eine in jeder Hinsicht »neue Art des Spiels«.

Die Publikation hatte Folgen, die Anregungen wurden aufgegriffen, die Hauptspielregeln akzeptiert und adaptiert. Beispielsweise von Carl Philipp Emanuel Bach: »Einfall, einen doppelten Contrapunkt in der Octave von sechs Tacten zu machen, ohne die Regeln davon zu wissen.« Auch diese Schrift erschien zu Lebzeiten des Komponisten – das ist wichtig!

Was auch zutrifft bei »Sign. Giuseppe Haidn« und seiner Anleitung »per comporre un infinito numero di minuetti e trio«, dies ohne Kenntnis des Kontrapunkts. Die Schrift erschien 1790 unter dem Titel »Gioco Filarmonico« in Neapel. Auch hier: »il modo di comporre li minuetti giocando con due dadi«.

Drei Jahre später erschien unter Mozarts Namen die »Anleitung so viel Walzer mit zwei Würfeln zu componieren so viel man will«. Diese Publikation erfolgte aber erst zwei Jahre nach seinem Tod. In das Köchelverzeichnis wurde das von Noten begleitete Konzept nicht aufgenommen, es taucht nur im Anhangverzeichnis auf als KV 294 d. Wiederum Jahre später erschien in Bonn die »Anleitung Contre-Tänze, oder Anglaises, mit 2 Würfeln zu componiren«. Die Anleitung zugleich auf Englisch, Französisch, Italienisch – somit für den europäischen Markt.

Ob authentisch, also aus seinem Nachlass, oder unter dem zugkräftigen Namen nachentwickelt, die Frage soll uns nicht weiter beschäftigen, entscheidend ist: Es gab über Jahrzehnte hinweg anhaltende Faszination für die Generierung von Würfelmusik. Dann geriet für noch längere Zeit das Konzept in Vergessenheit. Erst im 20. Jahrhundert wurde aleatorische Musik wieder präsent und relevant, punktuell in einem der Klavierstücke von Stockhausen, generell und systematisch im Werk von Cage (der mit I Ging arbeitete, einem anderen Zufallsgenerator).

Dies wiederum setzt sich fort in der kleinen Zunft der Fans von »generativer Kunst«, unter Einsatz von »generative tools«. Das wichtigste »tool« (also Hilfsmittel) ist auch hier: alea, der Würfel. (Als Assoziation das sprichwörtliche »alea jacta est«, der Würfel ist gefallen ...) Es »werden Zufallskriterien in Kompositionsprozesse einbezogen«. Damit entsteht eine »sich ständig weiterentwickelnde Form«. Dies in einem »komplexen Regelwerk«. Nur das schützt vor Beliebigkeit. Das muss betont werden.

Und damit: Fortsetzung der Vorbereitung auf die erste Würfelpartie, nun auch unter musikalischen Vorzeichen eines Kirnberger, Bach, Haydn. Musik für Raimundus, Begleitmusik zu Raimundus und seinen Zufallsgenerator zur Stimulierung von Selbsterfahrung, Selbsterkundung, Selbsterkenntnis.

DAS VIERTE RINGSEGMENT hatte ich für das Stichwort Literatur reservieren wollen. Leicht, allzuleicht hätten sich klangvolle Namen reihen lassen: Tolstoi ... Flaubert ... Rimbaud ... Musil ... Joyce ... Eliot ...

Lassen oder ließen solche Namen Rückschlüsse zu auf mich? Am ehesten könnte ich ansetzen bei Rimbaud: Stichwort für eine Herausforderung, die ich nicht einlösen kann. Gern hätte ich Gedichte von ihm übersetzt, auf meine Weise, gern hätte ich einen biographischen Text über ihn verfasst, aber ich beherrsche nicht seine Sprache. Dass ich auf dem Altsprachlichen Gymnasium Latein gelernt habe, lernen musste, das habe ich nie bereut oder in Frage gestellt. Jedoch Altgriechisch? Nachträglich gesehen hätte ich lieber Französisch gelernt, in gleichem Ausmaß, mit gleicher Intensität. Denn mehrfach bin ich in den Geschichtsraum Frankreich eingedrungen, mit Texten zu Napoleon, mit dem Roman über Marthe Hanau, *Die Präsidentin*.

Ja, ich hätte mich für den neusprachlichen Zweig des Gymnasiums entscheiden können – ich kann nicht mehr rekonstruieren, warum ich das versäumt hatte. Und wieso ich dann bloß, fakultativ, einen Ergänzungskurs in Französisch belegt hatte. Wie sich schon zeigte, neige ich auch hier zur Kompensation, etwa unter dem Stichwort Charles de Gaulle.

Nun habe ich mich schon weggeschrieben vom Literaturkanon, umso leichter fällt mir die Mitteilung: Keine Literaturscheibe – von Literatur ist ohnehin genug die Rede in diesem Buch eines Literaten.

So räume ich die vierte Scheibe Freunden ein. Als Markierung jeweils das Kürzel *Cr / soc.*

Auch hier wieder: sechs Scheibensegmente mit jeweils einem Namen. Nun muss ich gleich betonen, dass ich weder Freunde noch Komponisten noch Maler in ein Schema zwinge – das Spektrum ist breiter, es läuft nicht alles auf die Zahl 6 hinaus, Raimundus Lullus zuliebe und meinem Eigensinn, die katalanische Kombinatorik zu adaptieren, zu modifizieren.

Also, für das Spektrum der Freundschaften bräuchte ich eigentlich mehr als die vorgegebenen Scheibensegmente. Das Spektrum markiert mit Bernd am Ansatz. Nach dem Freiburger Erstsemester wuchsen die Zeitabstände der Begegnungen, als Zwischenblock vor allem mein Jahr in den USA. Zuweilen, wenn Bernd seine Mutter, die Witwe, in Düren besuchte: Wiedersehen, Weitersprechen, verbunden auch mit Spaziergängen, bei denen seine Schritte immer kürzer wurden, schließlich wurde nur noch Fuß vor Fuß gesetzt: Parkinson. Und allgemeines Retardieren. Er starb in Frankfurt, in einer Pflegestation, von seinem Tod erfuhr ich erst nachträglich. Ein Todeszeichen somit am Ansatz des Freundschaftsspektrums.

Doch seit einigen Jahren: Bernt Hahn. Kennengelernt hatte ich ihn als Sprecher im Kölner Funkhaus während der (partiellen) Hörfunk-Adaptation meiner Parzival-Übertragung. Dabei hatte ich meine schwierigste Sprecherrolle zu absolvieren: die mittelhochdeutsche Intrada. Auf die richtige, hinter der Doppelglasscheibe kontrollierte Aussprache achten und zugleich einen Spannungsbogen schaffen …

Wenige, viel zu wenige gemeinsame Auftritte mit Bernt in Buchhandlung und Literaturhaus. Die besondere Herausforderung, neben einem Profi einigermaßen bestehen zu können. Woran sich mancher offenbar weiden kann: ein Hörspielregisseur, der mich, als Erzähler, in meinem Marlowe-Dreiteiler einsetzte, er machte mir am Ende der Produktion das merkwürdige Kompliment, er hätte mich nur engagiert, um die »Fallhöhe« im Vergleich zu professionellen Sprechern hörbar zu machen. Da ist, da wäre Bernt doch höflicher. Und das nicht nur aus Freundschaft.

Eine meiner Definitionen, der Voraussetzungen von Freundschaft: Dass auch über Persönliches gesprochen werden kann, im Vertrauen. Und: dass die Beziehung ausbalanciert ist. Wie ich das verstehe, dazu ein Kontrastbericht.

Zum Schwarzteebesuch, zum Rotweinbesuch bei einem Mann, der ein Vierteljahrhundert älter war als ich. Da sehe ich mich metaphorisch, zugleich bildlich-direkt zu Füßen des Meisters sitzen, dem ich lausche: Albrecht Fabri, Schriftsteller, vor allem im Themenbereich bildender Kunst. Er wurde zu meinen Freunden gezählt, auch wenn ich dabei relativierte. Gewiss, ich besuchte ihn in der Trajanstraße, besuchte die Fabris in der Luxemburger Straße, wir speisten gemeinsam, und es war ein besonderer Ausweis seiner Freundschaft, sonst kaum jemandem gewährt, dass er mir Sequenzen früher Klavierkompositionen vorspielte – Klangassoziationen an Kompositionen von Th. W. Adorno.

Und doch: eine eher asymmetrische Form der Freundschaft. Er zeigte Interesse an meiner Arbeit, fragte nach, aber rasch fand er in meiner Antwort ein Stichwort, das er aufgreifen konnte, das ausführliche Statements auslöste. Da fand er so rasch nicht zu meinem Werkbericht zurück, hier konnte auch eine gelegentliche Zwischenbemerkung nicht weiterhelfen, der schließlich eher zaghafte Versuch, mir selbst ein Stichwort zu geben. Immer wieder fand er Stichworte zu Reflexionen, zu Ausführungen, Darstellungen, zu eigenen Erinnerungen (längere Zeit als Adjutant in einem Militärstab, der in einem kleinen französischen Schloss einquartiert war, einem Château mit ergiebigem Weinkeller und einem Ruderboot auf dem Weiher im Park), zu kritischen oder enthusiastischen Äußerungen, Beurteilungen von Gelesenem, von gegenwärtiger Lektüre. Auch dies vielfach sprunghaft. Dessen war er sich bewusst, sah hier ein Merkmal, ein Kennzeichen der Konversation (früher hätte man gesagt: der geistvollen Konversation). Nur sprang das Wort nicht über auf den Partner. Ich neige kaum zum Monologisieren, höre eher hin im Gespräch, aber wenn ich schon mal zum Sprechen komme, möchte ich nicht nach wenigen Sätzen schon herausgerissen werden, möchte mich ebenfalls einbringen. Das gelang bei Fabri nur ansatzweise – so wach, so interessiert, so zugeneigt der ältere Freund auch war. Beispielsweise begann ich zu berichten von den Mühen der Übertragung des Tristan-Romans, aber da kam ich nur wenige Sätze weit, schon sprach er von der weitaus heikleren Arbeit der Übertragungen aus dem Chinesischen, da hatte er seine Erfahrungen gemacht. Die müssen hier nur erwähnt, nicht wiedergegeben werden, es geht vielmehr darum: Ich wollte mehr einbringen als Einsprengsel, Einschübe, Einschiebsel, wollte mehr sein als Stichwortgeber, wenn auch in freundschaftlicher Sympathie, teetrinkend, rotweintrinkend. Bei aller Schlankheit seiner Äußerungen – mein älterer Freund machte sich breit. Und ich rückte mehr und mehr an den Rand. Vom Rand aus lässt sich zuweilen gut beobachten, aber ich will nicht immer beobachten, beobachte sowieso kaum vorsätzlich, als Programm, nehme oft nur an Rändern wahr, was mir wichtig ist, wichtig werden kann. Aber was sich eingeprägt hat, verliert so rasch nicht an Umriss. Also auch nicht der weithin asymmetrische Diskurs zweier Autoren in einem Zimmer. Hin und wieder wollte ich nicht nur etwas sagen, etwas einflechten, etwas bestätigen, etwas mit einem Fragezeichen oder Ausrufezeichen versehen, ich wollte auch Einfluss nehmen können auf den Verlauf des Gesprächs, aber das gelang mir kaum, das wurde impulsiv, wurde temperamentvoll vom Älteren bestimmt. Und ich nahm mir wieder einmal vor, die Struktur solch eines Selbstvernetzungsmonologs herauszuarbeiten als Grundmuster.

Mit dem Kommunikationsmodell einige Anmerkungen über die Wahrnehmung des anderen. Außerhalb des Freundeskreises sehe ich mich vielfach umgeben von freundlichen, auch von freundschaftlich artikulierenden Egoisten, Egozentrikern, Egomanen. Möglichst nur über das reden, was einen selbst betrifft. Gedankenaustausch nur über allgemeine Themen wie Umweltschutz oder Vergeudung öffentlicher Gelder. Doch sobald Privates zur Sprache kommt, entsteht vielfach

Asymmetrie. Da wird von der anderen Seite das Nehmen vielfach vergessen, und Geben erfolgt im Übermaß.

Hinreichend an mir beobachtet: Ich bin es meist, der auslösende Fragen stellt, der hinhört, auf den anderen eingeht. Keine Pose, die ich angenommen oder mir anerzogen hätte, eher so etwas wie Naturell. So bin ich – einige Versuche haben das bewiesen – denkbar ungeeignet für Podiumsdiskussionen. Bin meist zu schnell fertig mit meinen Ausführungen, komme zu rasch auf den (nicht immer springenden) Punkt.

Hinhörend, zuhörend habe ich viel erfahren, was mir wichtig war, wichtig blieb. Hin und wieder aber hätte ich doch gern, wenn mir Stichworte zugespielt würden. Abwechslung in der Rolle des Stichwortgebers: eine der Voraussetzungen zur Freundschaft. Doch es dominieren freundliche Egozentriker, die gar nicht auf die Idee kommen, zwischendurch mal nach dem anderen zu fragen, ihm zuzuhören. Zuweilen das Gefühl, ich dünne mich aus. Komme mir abhanden. Viele stecken so tief in eigenen Problemen, dass ich ihnen Stichworte zu meinen eigenen Problemen zuschreien möchte, zuschreien müsste, damit sie endlich aufgreifen, drauf eingehen.

Was sich aber nun mal einprägt, ist rhetorische Dominanz. Das wird mir wieder klar bei unerwartetem Anlass. Helmuth Heißenbüttel hatte mich (der Schriftsteller als Redakteur des SDR) eingeladen, so etwas wie ein musikalisches Selbstporträt zu vermitteln. Nach der Aufnahme nahm mich Heißenbüttel mit in seine Wohnung, zu Imbiss und Umtrunk. Und ich stand erst einmal und erstmalig vor einer Wand, die vollständig verdeckt war von LPs in raumhohem Regal. Also weiteres Sprechen über Musik.

Dieser ruhige Abend bei gutem Gespräch wurde mit Sicherheit nicht zum Thema in Gesprächen. Was sich Heißenbüttel hingegen einprägte, wovon er zwischendurch erzählte: Gelegentlich ein nächtlicher Anruf von Hubert Fichte, schlimmstenfalls nachts um drei, und es wurde von einem sexuellen Triumph berichtet oder es folgte die Fortsetzung einer Leidenslitanei – auf jeden Fall wurde ausdauernd das Wort geführt. So was macht und hinterlässt Eindruck, nicht hingegen ein ausgewogenes, freundschaftliches Gespräch mit einerseits, andrerseits. Und gerade darauf kommt es mir an, gerade hier, genau hier sehe ich ein Kriterium für Freundschaft.

So sollen denn Freunde zu Wort kommen unter der Chiffre *Cr/soc.*

DAS FÜNFTE RINGSEGMENT: reserviert für das Stichwort Werke. Als Markierung jeweils das Kürzel *Cr/op.* Chiffren nah an der Ich-Achse.

Ich kann, schreibend, nicht davon absehen, dass ich außer dem Lebensbuch auch völlig andere Bücher geschrieben habe. Ich sehe im Regelwerk frei nach Raimundus die angemessenste Form, mich auch als Autor diverser Publikationen einzubringen.

Denn: ich hatte oder habe keinesfalls vor, das Lebensbuch so zu organisieren, dass sich sukzessiv erhellt, weshalb und wie ich erzählende Texte geschrieben habe. Germanistisch formuliert: dass durch »biographische Kontextualisierung« das Verständnis meiner Bücher gefördert wird, zumindest gefördert werden kann (soweit das überhaupt nötig ist!). Das Erwartungsschema soll durch die aleatorische Form in die Schwebe gebracht werden.

Dies ist keine bloß abstrakte Entscheidung – es dürfte kaum Leserinnen und Leser geben, die bei eventueller Kühn-Lektüre der Chronologie der Erscheinungsjahre folgen, es wird wohl eher punktuell entschieden, ausgewählt.

Damit das Spiel nicht beliebig wird: für jede der Scheiben wird in der fixierten Reihenfolge des Nachbaus gewürfelt: via/pic/mus/soc/op.

Sechs Texte liegen bereit zu jeder der fünf Scheiben, die Markierungen sind jeweils auf dem Sperrholz der Cr-Scheiben eingetragen, es beginnt das Spiel, mit dem ich Erzählgewohnheiten aufs Spiel setze, aleatorisch kombinatorisch. Olga wirft den Würfel, ich drehe die Scheiben, notiere Reihenfolgen. Das Kombinationsspiel frei nach Raimundus Lullus beginnt. Die erste Sequenz!

628

Cr / via / 2

Ich setzte mich auf eine Bank in der zagen Morgensonne, schaute den Alten zu, während sie ihr »Schattenboxen« zelebrierten, langsame, sich selbst kontrollierende Abwehrbewegungen gegen unsichtbare, von allen Seiten angreifende Gegner. Einer der elastischen Senioren schwang eine Bambusstange mit dreieckigem Wimpelchen, Tai Chi Chuan, einer ließ ein Theaterschwert blinken, Tai Chi Chuan, und das alles in Lautlosigkeit, ja Stille.

Diese Stille betont von gelegentlichen Hornsignalen in einem Bahnhof ein oder zwei Kilometer weiter – es hörte sich an, als stünden dort Prärie-Lokomotiven unter Dampf, Prärie-Lokomotiven mit mächtigen Kuhfängern. Und wiederum Stille – die Männer gingen in Schuhen, die ihre Schritte fast unhörbar machten, die Vögel in den Käfigen zwitscherten nur gelegentlich, bei einem der turnenden Alten knackte zuweilen ein Gelenk, sonst: Stille.

Noch sehr viel weiträumiger: die Stille an der Großen Mauer, diesem ungeheuren, Berge hinauf und Berge hinunter kriechenden Tatzelwurm, dessen Rücken von Zinnen und Türmen gleichsam genoppt ist, diese fortlaufende Fortifikation, wie man früher gesagt hätte, das einzige Bauwerk, das Astronauten im Orbit sehen können mit bloßen Augen.

Wir gingen über die restaurierte Mauer-Meile hinaus, dorthin, wo das Gemäuer bröckelt, wo es abschnittweise sogar zusammensackt oder abgerutscht oder abgetragen war, blieben schließlich sitzen auf einem Turmsockel. Es war nichts zu hören als Wind, der zuweilen Kiefernäste rauschen ließ oder in Kiefernzweigen zum Rauschen wurde, dazu Schreie von hin und her schnellenden Dohlen, aber dieses Aufrauschen und Dohlenschreien war nur so etwas wie Klangmarkierung und Klangbetonung der Stille, dieser übermächtigen Stille am Rand des Reichs der Mitte, und zu diesem Windfauchen, Dohlenschreien kam, gelegentlich, fernes Artilleriegrummeln, wohl von einem der Truppenübungsplätze an der Grenze der Mongolei. Von Rauschen, Dohlenschreien, Grummeln betonte Stille, das Aufrauschen von Wind in Kiefernzweigen, die

Stille; die Dohlenschreie, die Stille; das Artilleriegrummeln, die Stille.

Cr/pic/3

Einer der malenden Hausheiligen: Francesco Guardi. In Museen entdecke ich Gemälde von ihm auf den ersten Blick! Wie sein Vorgänger Canaletto hat er Stadtveduten gemalt, allerdings ausschließlich von Venedig, aber wie groß sind die Unterschiede! Während Canaletto in hellem, klarem Licht (als wären kurz zuvor bei einem Gewitter alle Staubpartikel im Luftraum ausgewaschen, ausgefiltert worden) die meist berühmtem Hauptansichten malte, in optimaler Ausleuchtung, betonte Guardi mehr und mehr den Himmel über der Lagunenstadt, damit den Dunst der Seeluft, die Eintrübungen, die Wolken im vielfach dämpfigen Klima jener Region, die zuweilen lastende Atmosphäre, auch von schlaff hängenden Segeln und sichtlich müden Staffagefiguren betont, bestätigt. Topographische Korrektheit interessierte ihn nicht immer, die atmosphärischen Begleiterscheinungen forderten Raum auf seinen Gemälden, und so liegt die Vermutung nah, er sei einer der ersten Freilichtmaler gewesen, bereits im 18. Jahrhundert.

Sehe ich das richtig? Seitenblicke, etwa in den Katalog zu einer großen Ausstellung in Köln (dann in Zürich und Wien): *Das Capriccio als Kunstprinzip.* Hier sind mehrere Guardi-Gemälde abgebildet, ich greife begleitende Formulierungen auf: »Von Seeluft durchtränkte Atmosphäre ... atmosphärische aufgeladene Augenblicksbilder ... Auflösung des Gegenständlichen in farbige Lichtwerte«.

Aber, so ergänze ich: Auflösung des Gegenständlichen durch gleichsam hingehauchte Stift- und Tuschelinien seiner graphischen Arbeiten.

Zur Belohnung für zweckgebundene Tätigkeit im Berliner Kupferstichkabinett (im Namen der Merian), ließ ich mir zum Abschluss gelegentlich Originalzeichnungen von Rembrandt oder Guardi vorlegen, Blätter, die ein Rembrandt, ein Guardi berührt hatten. Und nun, Jahrhunderte später, hebe ich Passepartouts vorsichtig aus den Archivkästen, lehne sie an auf der

Miniatur-Tischstaffelei, berühre sie während der genauen Betrachtung nicht mehr, hebe sie – vorsichtig, vorsichtig – wieder in die Archivkästen.

Eingeprägt hat sich die Federzeichnung (in Braun, Lavierungen in Grau) einer brennenden Stadt am Meer. Das bildet eine bogenförmige Bucht, nah ans Wasser herangerückt die Stadt mit diversen Türmen, das Hitzeflirren der Feuersbrunst scheint Konturen aufzulösen, in deutlicher Strömungsrichtung, seewärts. Mit rascher Feder skizzierter Auflösungsprozess!

Seither mein Suchblick mit der Guardi-Perspektive. Weil mir die wenigen Originale in Museen, auch in Berlin, nicht genügen, muss eine zweibändige Monographie im Schuber erworben werden: ganzseitig die Bildwiedergaben.

Und er gewinnt mehr und mehr an Präsenz, dieser Maler, der von 1712 bis 1795 gelebt hat, fast ausschließlich in der Serenissima. Sein Vater Domenico malte, sein Bruder Giovanni Antonio malte, seine Schwester war mit Tiepolo verheiratet, auch Sohn Giacomo wird malen: eine der Familienwerkstätten auch in Venedig.

Aufträge bestimmten weithin die Sujets: Also Canal grande, also Rialtobrücke, also Markusplatz. Und die Feste, mit vielen Booten und Schiffen auf dem Wasser, mit vielen Personen in Sälen und auf Plätzen! Und die beliebten Sujets alla turca – hier brilliert auch der ausgebildete Figurenmaler.

Aber: was mich bei ihm anlockt, ihm wiederholte Präsenz verschafft: seine (wohl späteren) malerischen Exkursionen in das Venezia minore, in die Lagunenlandschaft, die einen Canaletto nicht weiter interessiert hätte. In dieser Randregion, unter weiträumigem Lagunenhimmel, sind nur verfallende Torbögen zu sehen und einzeln stehende Häuser, architektonisch nicht weiter relevant. Die charakteristische Verschiebung des Francesco Guardi, die mich mitzieht, mich hineinzieht in die Bilderwelt der Lagunenlandschaft, der Lagunen-Seebilder. Was früher offiziell erwünscht war, das weicht zurück in den Hintergrund, ja versinkt gleichsam. Und scheinbar Nebensächliches rückt in den Vordergrund.

Anhaltende Bewunderung für ein Segment eines weiten malerischen Spektrums, für Gemälde mit viel Himmel und wenigen Gebäuden, und da ist Freiheit der Pinselführung relevanter als die Wiedergabe von Konturen. In der Lockerheit der Pinselführung, der Stiftführung wirkt vieles spontan – der zuweilen frühimpressionistische Duktus. Der Katalog: »Die Zufälligkeit des gewählten Augenblicks ist gewollt.«

Cr/mus/1

Zum Abschluss des Mozart-Jahres 2006, bei dem alle Sender wohl sämtliche Kompositionen des Großmeisters präsentiert hatten, wollte ich am allerletzten Tag des Jahres Musik von Mozarts Sohn Franz Xaver vorstellen. Dies im Klassikforum des Westdeutschen Rundfunks – die drei Stunden Sendezeit vormittags. Und das nur mit Musik des Sohnes.

Dazu ließen sich reichlich Tonträger zusammenrufen aus Funkarchiven. Die beiden Klavierkonzerte lagen auf Platte vor. Meine besondere Vorliebe für die Grande Sonate für Violine (oder Cello) und Klavier: Spitzenwerk!

So, wie ich in einem der Bücher einen Enkel des großen Goethe in den Vordergrund gestellt hatte, so wollte ich Resonanz wecken für Mozart junior, der einen großen Teil seines Lebens im fernen Galizien verbracht hatte. Das Projekt, der Musikredaktion abgesprochen, wurde allerdings vom Wellenchef gekippt: zu anspruchsvoll. Stattdessen, welch genialer Einfall: »Hörer wünschen Mozart«. Dies nach einem Mozart-Tsunami das ganze Jahr über. So stand ich, mit dem Redakteur, erst mal alleine da mit dem Mozart-Sohn, der im übermächtigen Schatten des Vaters dennoch Eigenes geschaffen hat, und das mehr als nur respektabel, vielmehr absolut hörenswert. (Erwähnen sollte ich freilich noch, dass bei einem weniger auffälligen Termin die dreistündige Sendung nachgeholt werden konnte. Achselzuckend durchgewinkt?)

Bleibt noch die Frage: Höre ich, freiwillig, lieber Musik von Franz Xaver als von Wolfgang Amadeus Mozart? Natürlich nicht! Ein Werkzyklus, in den ich mich besonders intensiv und extensiv eingehört habe: die Klavierkonzerte. Die Mozart ja stets für eigene Aufführungen schrieb, da gab er sein Bestes, vor allem in langsamen Sätzen, in denen sich ein musikalisches Weltwunder an das nächste reiht.

Und die fulminanten Eröffnungen seiner Opern! Der Beginn der *Zauberflöte*: steiler Einstieg, heißer Start! »Zu Hilfe, zu Hilfe, sonst bin ich verloren!« Doch das Untier wird besiegt. Und in *Nozze* der frechste und witzigste aller Opernanfänge: Figaro vermisst ein Bett und singt Zahlen. Und bei *Don Giovanni*: sofort ein Kampf, mit dem Komtur. In der legendären Inszenierung und Aufführung zu Frankfurt, dirigiert von Gielen, ließ Neuenfels die aufgestörte Gruppe mit Servietten am Hals herbeirennen, aber den Tod des Komtur können sie nicht verhindern, er singt, haucht sein Leben aus.

Also, keine Frage, ich höre, mit wachsender LP- und CD-Sammlung, entschieden öfter und entschieden lieber W. A. M. als F. X. M. Den schätze ich dennoch, halte die Grande sonate für ein Meisterwerk.

Cr/soc/1

Thomas Kaminsky! Uraltfreund! Intensivster Austausch in unserer gemeinsamen Kölner Zeit: Er draußen in Niehl, ich drüben in Mülheim. In der alten Volksschule mit mächtigem Nussbaum im ehemaligen Schulhof wohnten vier Künstler zu reduzierter Miete im Standard einer städtischen Asylantenwohnung. Thomas unterm Dach, mit zusätzlichem Atelier in einem der früheren Klassenzimmer. Dort ergaben sich wiederholt Gespräche vor Bildern, und ich tippte, freundschaftlich in Frage stellend, an, was ich »Maximale Entropie« nannte, den völligen, damit spannungslosen Ausgleich aller Elemente. Dies ergab sich auch mit seiner Technik wiederholten Übermalens.

Unter dem Titel »Hier gibt es kein Vertuschen« habe ich für einen Sammelband über Thomas und seine Arbeit einen Beitrag geschrieben, ich zitiere einen Ausschnitt. Dabei spielte ich an auf ein großformatiges Gemälde, das nun auch in der Brühler Wohnung hängt, im großen, hellen Wohnraum mit weiteren, großformatigen Gemälden, die sich alle mit einer

Geschichte verbinden – außer mit Immendorf habe ich mit all den Malern gesprochen, gespeist, getrunken. Aber nun Thomas!

»Hier arbeitet einer, der sich Zeit lässt. Zeitabläufe setzen sich um in formbildende Prozesse, die jeweils ihre Gegenwart bewahren, zeichenhaft. Das oft gedankenlos, meist unreflektiert gebrauchte Wort ›vielschichtig‹, es gewinnt hier sichtbare Evidenz. Jede Schicht freilich wird zu einer Sequenz von Rudimenten. Diese Rudimente korrespondieren miteinander, formbildend. Es dominiert schließlich die letzte, die aktuellste Bildschicht, frühere Schichten gleichsam versiegelnd.

Die letzte Bildschicht: sie kann verschieden inszeniert werden. Beispielsweise so: ein zwei Daumen breites Band wird auf ein scheinbar fertiges, mehrschichtiges Bild geklebt, rhythmisch in der Binnenspannung, die ganze Fläche wird übermalt, etwa grauschwarz, die Streifen werden abgelöst. Farbstäbe werden sichtbar, die jeweils die Geschichte ihrer Entstehung zeigen, Assoziation, die eine optische Vorstellung vermitteln könnte: ein Riesen-Mikado. Kaum aber sieht der Atelierbesucher in diesem Verfahren eine Methode, die sich erfolgreich reproduzieren ließe, schon werden solche Farbstäbe gleichsam vorsätzlich gemalt: ihre Geschichte wird erfunden. Umkehrung des Spiels, denn Thomas legt sich nicht gern fest.«

Cr / op / 6
Beethoven und der schwarze Geiger. Auf Begleitzetteln des Buchhandels auch mal als »Beethoven und der schwarze Geier« betitelt, oder (vom amüsierten Kempowski vermittelt) als »Beethoven und der schwangere Geiger«.

Ich war noch nie in Dakar, im Senegal, dorthin lockt mich auch nichts, also keine Lokalinspiration für die Erzählung von Beethovens Reise, begleitet und geleitet vom farbigen Geiger Bridgetower, mit dem Beethoven nachweislich die Kreutzersonate zur Uraufführung gebracht hatte. Solche Informationen allein setzen noch keinen Roman in Gang, wie also könnte biographische Begleitmusik zum Musikerroman intoniert werden?

634

Höchstens so: Als ich in die neue Wohnung in Köln einzog, mit Blick weit hinaus zum Siebengebirge, da entwickelte
sich ein Gefühl der Befreiung, der inneren Thermik, ich sah, in
einem Tagtraum, Beethoven und Bridgetower an Deck eines
Frachtseglers mit Kurs auf Westafrika – und die Geschichte
kam in Gang. Aber warum sie sich so entwickelte, wie es im
Druck dokumentiert ist, das kann »biographische Kontextualisierung« nicht erhellen, nicht erklären. Auf solche Erklärungen ist auch dieser Roman nicht angewiesen. Man muss nicht
über biographische Hintergründe informiert werden, um ihn
zu ›verstehen‹. Man muss nur der Geschichte folgen … Der
Weg ist das Ziel … Also: das Lebensbuch nicht als Vademecum für andere Bücher.

NACHDEM DIE CHIFFREN *via/2, pic/3, mus/1, soc/1,
op/6* – den Würfelwürfen folgend – in fünf Scheibensegmenten keilförmig untereinander angeordnet waren, eröffne ich
die nächste Kombinationspartie im Namen des Raimundus
Lullus.

Dem Würfelspiel ist und bleibt ein Rahmen gesetzt in der
thematischen Reihenfolge, die sich nicht verändert: Der weiteste räumliche Ambitus der Reisebilder markiert auf der
größten Scheibe und, am nächsten zur Ich-Achse: Hinweise
auf einige meiner Produkte. Olga wirft wieder den Holzwürfel, ich notiere die Chiffren, drehe die Scheiben: neue Kombinationen, Konstellationen.

Cr/via/3
Fahrt nach Brighton, Südengland, mit Blick auf George Augustus Polgreen Bridgetower, den »schwarzen Geiger«, den
ich mit Beethoven nach Westafrika schicken werde. Wir entscheiden uns für den Fährdienst ab Boulogne sur Mer. Kurz
vor der Hafenstadt, zwischen dem Cap Blanc und dem Cap
Gris, dem weißen und dem grauen Kap, das Dorf Wissant.
Dort übernachten Gisela und ich in einem Hotel, dessen Zimmer seit dem Krieg keinen Handwerker mehr gesehen haben
dürften.

Ein Strandspaziergang und die Konfrontation mit massigen historischen Rudimenten: Bunker des Atlantikwalls. Bei einigen der Betonklötze am Strand von Wissant habe ich zuerst die Vorstellung: man hat sie zu sprengen versucht, doch sie kippten nur in die Schräge. Hochgewuchtet, abgerutscht ... Bald aber las ich die Ursache des Schrägkippens ab von der Konstellation Bunker/Düne, Bunker/Sand. Ein Bunker am Küstensaum: wurde bei Winterstürmen unterspült, vielleicht auch von Sturmfluten, ging in die Schräge – Masse, die nicht zerbrach. Und Stürme wehten Sand vor ihnen fort, die Bunker kamen ins Gleiten. Herr Major, der Bunker rutscht! Ja, angedeutet hat sich das schon damals: Betonstützmauern.

Ich stapfe um zwei der in die Schräge gerutschten Bunkerkolosse herum. Eine Treppe, einst in Krümmung zu einer der Beobachtungsplattformen hinaufführend, sie führt nun, waagrecht, ein paar Schritt näher an das Meer heran.

Und ich sehe, wie präzis Redewendungen sein können, die wir unreflektiert verwenden; was abstrakt wurde, hatte einmal konkrete Bedeutung, gewinnt sie nun wieder: Auf Sand bauen ... Etwas in den Sand setzen ... Im Sande verlaufen ...

Ich sehe diese verrutschten, schräggekippten Bunker mit Schadenfreude: Selbstbewusst hingeklotzte Objekte militärischen Machtdenkens wurden zu Denkmälern der Hilflosigkeit, nach wenigen Jahrzehnten. Ich wuchs auf in einem Land, das sich gewaltsam ausdehnte hinauf zum Nordkap, hinab zur Sahara, ostwärts zum Kaukasus, westwärts zur Kanalküste. Dies über Monate, über Jahre hinaus. Die Männer, die an solchen Bunkern Wache standen, mit Ferngläsern hinüberschauten nach England (das ich am klaren, hellen, hohen Tag mit bloßem Auge sehe in der Region der Kreidefelsklippen) – waren jene Soldaten wirklich davon überzeugt, die Fronten nördlich und südlich, östlich und westlich ließen sich halten?

Nun stapfe ich umher zwischen Cap Blanc und Cap Gris, »zwischen den beiden Nasen«, sehe die Monumente der Vermessenheit abgerutscht in Sand, auf den sie gebaut, in den sie gesetzt wurden.

Cr/pic/4

Fast alle Gemälde in der Wohnung zu Brühl, im Haus in der Eifel: verbunden mit einer Story. Der einer Begegnung, der einer Freundschaft. Doch es gibt Ausnahmen wie Immendorf, von dem ich zwei (signierte) großformatige Graphiken besitze, oder Douglas Swan mit zwei Gemälden, die ich in einer Bonner Galerie erworben hatte. Ich habe den Maler aus Schottland, der lange schon in Bonn wohnte, nie gesehen, leider nicht, konnte und kann mir nur von ihm erzählen lassen, auch von seinem jähen Tod: Wurde spät in der Nacht von einem Taxi mit extrem überhöhter Geschwindigkeit in der Stadt erfasst. Der Fahrer verlor die Lizenz, der Maler das Leben.

Starke Affinitäten zu beiden Gemälden. Das eine: in furioser Malweise, mit pastos aufgetragenen Farben ein rot konturierter Kochtopf auf einem angedeuteten Herd älterer Bauart. Dies beherrscht die linke Seite des Gemälde. Auf der rechten Hälfte erneut das Motiv des Kochtopfs mit Henkel, diesmal in völlig anderer Technik als Alternative: in dunkelrotem Draht auf rosa und grau verwischtem Untergrund, Hintergrund. Zwei sehr verschiedene Ausführungen eines gleichen Sujets, und dies auf *einer* Leinwand: Konfrontation, Konstellation, Konfiguration.

Auf dem zweiten Gemälde werden Verfahren und Ergebnis des Malvorgangs gleicherweise präsent: In einem Kellerambiente erscheint eine Frau, angedeutet, in einer Tür, sie trägt zwei Plastiktüten. Im Lichtkegel einer Lampe wird aufgefächert, was das Bild konstituiert: die Grundfarben Schwarz, Grün, Grau werden in Proben wiedergegeben, Details werden analytisch hervorgehoben, etwa die Plastiktüten, etwa die Wäscheklammern an einer Leine, die direkt aus der Tube in Weiß durch den Raum gezogen wurde. Als Text im Bild: »Figure in a cellar with two carrier bags. + Various Forms broken into Fragments.«

Hier sehe ich eigenes Schreibverfahren in Affinitäten. Bilder, die zugleich ihre Methode sichtbar machen.

Cr / mus / 5

Vorarbeiten zu einem Workshop, den ich der Literaturredaktion des Westdeutschen Rundfunks vorgeschlagen hatte: Einige Lieder des Oswald von Wolkenstein aufnehmen, soweit hier noch keine Aufzeichnungen vorlagen. Ausprobieren, welche Unterschiede entstehen, hörbar, wenn auf die gleiche Melodie ein geistlicher und ein weltlicher Text gesungen werden.

Schon bei den ersten Arbeitsbesprechungen mit dem Sänger Wilfried Jochims lernte ich, mit welchem Kunstverstand Oswald gearbeitet hatte, etwa in musikalischen Akzentuierungen. Durch besonders hohe (und tiefe) Notenwerte wird die Aufmerksamkeit von Zuhörern intensiviert – hier kann man bei Oswald sicher sein, dass er solche Akzente jeweils auf Schlüsselwörter setzte.

Nächste Arbeitsphase: Abstimmung des Sängers mit den Instrumentalisten, mit Michael Schäffer, Laute, und mit Tom Kannmacher. Er spielte, neben anderen Instrumenten, die Drehleier: Die rechte Hand dreht die Kurbel, auf der Achse eine Holzscheibe, etwa einen Zentimeter stark, an diesem Rad liegen Saiten an, die permanent in Schwingung versetzt werden können: der Bordun (etwa eine permanent durchklingende Bassquinte, über der die Melodie gesungen wird). Mit Tasten lassen sich, zusätzlich zum konstanten Grundklang, melodische Figurationen spielen: die Chanterelle. Außerdem lässt sich mit diesem Instrument auch rhythmisieren, durch ruckhaftes Beschleunigen beim Drehen.

Bei den ersten Proben von Sänger und Instrumentalisten verschiedene Detailfragen: Soll von der Drehleier nur der Bordun gespielt werden, mit oder ohne Schnarrseite, oder sollen Figurationen den Sänger begleiten? Soll im Refrain ein Tamburin geschlagen werden oder eine größere Trommel? Wie soll die Trommel gestimmt werden, damit sie nicht klingt wie ein Instrument aus dem Orff'schen Schulwerk? Soll in der ersten Strophe nur die Laute den Sänger begleiten, in der zweiten nur die Drehleier, in der dritten beide Instrumente gemeinsam, oder soll in der ersten Strophe bereits die Drehleier hörbar werden, mit zurückhaltend gespieltem Bordun, und in der zweiten Strophe begleitet die Laute mit Bassakkorden die Drehleier? Besonders spannend wurde es für mich, wenn die Musiker einen Vorschlag von mir ausprobierten – und akzeptierten. Allzu oft geschah das nicht, aber: hier war Kommunikation.

Zuweilen, bei den Proben, dann bei der Aufnahme: Momente, in denen ich ein wenig stolz war – eine Idee, ein Impuls, nun die Realisierung. Einige der Lieder wurden nach mehr als einem halben Jahrtausend zum ersten Mal wieder zum Klingen gebracht!

Cr / soc / 2

»Er rappelte sich mühsam auf aus dem weichen Schnee. Die kurze, aber steile Abfahrt am Scheitelpunkt der Gletscherloipe im Roseggtal hatte er diesmal anders als sonst genommen: die Ski parallel, das Tempo hoch. Die Skispitzen waren unaufhaltsam auseinandergewichen, als er unten in der Linkskurve in den lockeren tiefen Schnee geraten war. Als er wieder in der Spur stand, schienen schon beim ersten Schritt die Kniegelenke keinen Halt mehr zu geben – ein hässliches, verwirrend gummiartiges Gefühl. Er stürzte wieder, ungläubig staunend. Dieses überraschende Versagen wollte er nicht wahrhaben: Er musste es sich erst noch zweimal bestätigen. Beim letzten kraftlosen Zusammensacken musste er aufschreien – mehr aus Wut als vor Schmerzen.«

Der hier im Oberengadin im tiefen Schnee lag und auf Hilfe wartete, ist mein ›dienstältester‹ Freund. Er ist bereits eingeführt, hier also nur wiederholt: er war Kinderarzt, wurde, einige Zeit nach dem Sturz im Jahre 1988, Chefarzt der Kinderklinik in Düren.

»Endlich kam Hilfe, lautstark und eindrucksvoll Schnee aufwirbelnd, die Schweizerische Bergwacht mit ihrem Helikopter. In der Klinik, in Samedan, war die Diagnose rasch gestellt: ›Abduktions-Rotationstrauma beider Kniegelenke mit Innenband- und Kreuzbandruptur und Verdacht auf Meniskusanriss‹. Im Klartext also: Zerreißung des Bandapparates der Kniegelenke, hübsch symmetrisch beiderseits – was bei den erfahrenen Klinikleuten mitleidiges Staunen auszulösen schien. Die traumatologische Bezeichnung ›unhappy triad‹ gab sowohl den objektiven Lokalbefund der Kniegelenke als auch das subjektive Befinden wieder: Wut über das selbst beigefügte Unheil. Schmerz und Verunsicherung über die nähere und ferne Zukunft bildeten ihrerseits eine unglückliche Triade. Gipsschienen gaben Halt für den Transport nach Westdeutschland. Er lernte – selbst seit langem mit der Betreuung behinderter Kinder beschäftigt –, wie es ist, im Rollstuhl gefahren, Treppen hinauf und hinunter getragen zu werden, lernte eine Behindertentoilette in der Autobahnraststätte als Wohltat zu empfinden. Er hatte noch viel zu lernen und fing erst an damit.«

Dies sind Auszüge aus den sechs Druckseiten eines Berichts von Joggern über das Laufen, ein »LaufLESEbuch«, in dem auch Kollege Herburger über die eher makabre als skurrile Teilnahme am »Marathon International de Marrakesch Grand Atlas« berichtete. Paul Wühr, der zeitweilig in München im selben Haus wie Herburger wohnte, berichtete (vor seinem Haus mit Blick hinab und hinüber zum Trasimenischen See), dass er sich jeden Morgen darüber ärgerte, wenn Herburger vor sich hin pfeifend auf Turnschuhen die Treppe hinauffederte, um droben in seinem Arbeitszimmer zu schreiben. Herburger pfiff allerdings aus dem letzten Loch, als er am Hundertkilometerlauf in der Schweiz teilnahm, bekundete zum Schluss stöhnend, das Unternehmen sei von erheblicher Absurdität.

Von erheblicher Absurdität erschien Freund Peter denn auch die Schussfahrt auf der Langlaufloipe.

»Wochenlang die Schmerzen der Mobilisierung beim Lösen der Verwachsungen und beim Aufarbeiten der Kapselschrumpfung, das mühsame Kämpfen um jeden Winkelgrad der Beugung und Streckung – alles das würde er nicht mehr vergessen. Gelegentlich machten ihn Kollegenworte, unbedacht oder auch einfach nur gefühllos geäußert, wütend. Sie verunsicherten ihn in überflüssiger Weise. Demotivieren ließ er sich dennoch nicht. ›Sportfähig werden Sie mit einer solchen

Verletzung natürlich nicht mehr werden‹, meinte ein Chirurg so nebenbei. Und ein Masseur: ›Mit diesen Streichholzbeinen werden Sie ja wohl nie mehr Marathon laufen können.‹«

Nicht nur in der langen Phase der Rehabilitation haben wir wiederholt über neue literarische Erscheinungen und über Musik gesprochen – einer meiner treuesten und genauesten Leser. Was auch unter Freunden ziemlich selten ist. Eigentlich sind Bücher Impulse zur Kommunikation, dachte ich lange Zeit, aber vielfach lösen verschenkte eigene Bücher eher Schweigen aus, trotz Dankbarkeit. Schweigen aus welchen Gründen auch immer. Aber ich frage nie nach, grundsätzlich nicht. Schaue auch nicht in Buchhandlungen nach, ob wenigstens eins meiner Bücher präsent ist, da würde ich mich vor mir selbst genieren. Die Erfolgsquote wäre ohnehin gering, also erspare ich mir das Nachgucken wie das Nachfragen. Besser so für die innere Balance.

Innere Balance: Peter fand sie, in psychisch förderlichem Ambiente, bald wieder, mit erstaunlicher Auswirkung. »Neun Monate nach den ersten vorsichtigen Laufversuchen lief er zum erstenmal ›auf Zeit‹: 5000 m in 21:59 min. Ihm war es recht so. Zwei Jahre später versuchte er sich erneut über die Marathondistanz, wieder bei der Deutschen Ärztemeisterschaft in Duisburg. Diesmal wurde er, inzwischen 55-jährig, Erster seiner Altersklasse in 3:33:23 (wobei er eigentlich die an der Schnapszahl fehlenden zehn Sekunden vorm Ziel ruhig hätte verharren dürfen!).«

Cr / op / 2
Festspiel für Rothäute. Mit diesem Titel-Stichwort verbindet sich der Hinweis, dass Vater Helmuth über Jahre hinweg die englische Zeitschrift *History today* abonniert hatte, dass ich zuweilen in die illustrierten, auf Hochglanzpapier gedruckten Ausgaben reinschaute. Dabei eine Trouvaille: *The Four Indian Kings.* Vorangesetzt, als Untertitel, so etwas wie ein Summary: »To encourage Britain's Indian allies on the frontier between New England and French Canada, four Indian chieftains were invited to London during the reign of Queen Anne.« Mit die-

sem Beitrag wurde mir der »plot« vermittelt, jedoch: Wie ich die historischen Informationen umsetzte in eine Erzählung, welche Methode, welche Form ich entwickelte, das verrät der Quellenhinweis nicht. Das kann auch nicht erhellt werden durch einen begleitenden Bericht mit dem Titel: Die Indianer und ich. Wie ich das neue erzählerische Verfahren entwickelt habe, das entzieht sich weithin biographischer Darstellung.

Noch einmal: Sechs Reisetexte (Cr/via) in einem thematischen Block, sechs Texte sodann zu Malern (Cr/pic), sechs zu Komponisten (Cr/mus), sechs zu Freunden (Cr/soc), sechs zu Texten (Cr/op).

In dieser dritten Kombinationspartie wird erneut durch Würfelwürfe bestimmt, welche dieser (bereitgestellten, bereitgelegten) Texte in der folgenden Sequenz gereiht werden.

Cr/via/5

Flug von Boston nach Maine: public lecture an der Universität in Orono. Ein »commuter«: zweimotoriges Flugzeug mit etwa zwei Dutzend Sitzplätzen, die meisten leer: ein stürmischer Tag, eine Zeitlang schien es, als würde der Flug gestrichen. Schon beim Abheben wurden die Böen sehr direkt spürbar, kippliger Flug. Weil, vom sehr schmalen Gang getrennt, nur jeweils zwei Fenstersitze nebeneinanderlagen, konnte ich zu beiden Seiten hinausschauen. Auch war der Zwischenvorhang zum Cockpit nicht zugezogen, ich konnte die beiden Piloten sehen. Beechcraft. Jede Bö veränderte die Fluglage mit hartem direktem Schlag. Auf dem Meer weiß nach Osten weggetriebene Gischt auf sehr rauer Wasserfläche. Blick nach links auf die beschäumte Küste. Bald eine doppelte Wolkenschicht, die zusammenwuchs: Blindflug. Die Fenster an den Rändern vereisend. Die kleine Maschine flog offenbar höher als sonst, suchte ruhigere Luftschichten. Über Maine riss die Wolkendecke auf: weithin leere Schneelandschaft. Hügel, Wälder, Wälder, kleine Seen, gewundene Flüsse, Wälder, Wälder und nur selten Häuser, Siedlungen. Anflug schließlich auf Bangor: über die kleine Stadt hinweg an einer

Flusskrümmung zum Flugplatz auf dem Hochplateau; riesige Piste, umgeben von Wald. Durch das Cockpitfenster konnte ich sehen, wie diese Piste seitlich wegkippte, sich heranschrägte, zurückwich. Doch dann, in einer Turbulenzlücke, die weiche Landung. Applaus der wenigen Fluggäste. Der Pilot zur Linken winkte zurück. Am Rand der Piste mehrere graugestrichene, vierstrahlige Clipper mit winzigen Fenstern und langen Schwanzdornen: Lufttanker. Gelächter nach der Landung: eine alte, gehbehinderte Frau hatte sich ins Heck geflüchtet, auf die Schlussbank, hatte nichts sehen wollen bei diesem Turbulenzflug, der Kopilot half ihr bei den paar Stufen des heruntergeklappten Treppchens, und sie: »It's nice to come out of your tail.«

Der Rückflug nach Boston bei schönstem Rückfrontenwetter. Berge am Horizont, schneegekuppt, das beinah völlig leere Land mit den Hügeln, den Wäldern, den zugefrorenen und überschneiten Seen und Flüssen, im Ebbe-Flut-Bereich der Küste Eisschollen, übereinandergeschoben, ineinander verkantet, weit ins Meer hinausgestreckte Halbinseln, vorgelagerte Inseln, die an Norwegen und Schweden zugleich erinnernde Küstenlandschaft wie ausgegossen mit Gleißlicht, und die hellbraunen und rotbraunen Einfärbungen des Meeres durch Flüsse, an ihren Mündungen Fächer, oft weit hinausgeschoben in das Grünblau. Das Gefühl, ich müsste mir das Herz herausreißen und es ein Stück in die Luft werfen, damit es wieder auskühlt, sich wieder zusammenzieht, wieder in den Brustkorb passt.

Cr/pic/5
Überlegungen zum Doppelstichwort: Werk und Name. Selbst exzellente Arbeiten verlieren deutlich, überdeutlich an Kaufwert, wenn sie nicht signiert, nicht verlässlich mit dem Namen des Künstlers verbunden sind. Ich besitze eine herausragende Skizze einer weiblichen Figur; Karton; unübersehbare Datierung: 22.1.1913. Nur leider kein Name. Der Kölner Kunsthändler: Dürfte Münchner Schule sein, vielleicht sogar Ackermann, aber das bleibt offen. Also ein sehr geringer Preis,

dezent versilberter Rahmen inklusive, »den kriegen Sie gleich noch mit, in dem hab ich schon ein paar Bilder verkauft«.

Namenlos, also fast zum Spottpreis (dies in mehrfacher Beziehung) ein Porträt oder Selbstporträt eines Malers aus dem 18. Jahrhundert. Schiefsitzende orientalische Kopfbedeckung; schwarze Jacke mit weißen, elegant gemalten Spitzen; Palette und Pinsel. Ein sympathisch wirkender Hausgenosse, nur eben namenlos. Ist denn auch in einem Kölner Auktionshaus ohne Bieter geblieben, ich konnte das Gemälde (in altem Rahmen) nachträglich zum unteren Taxwert erwerben. Teilt sich nun eine Wandfläche mit Immendorf. Wahrt anhaltende Präsenz. Lässt sich auch von Freunden feiern.

Und ich kann nur konstatieren: Ist hervorragend gemalt, bleibt aber namenlos. Das stimuliert Überlegungen zum Doppelstichwort. Wir können ein Werk offenbar nicht ganz ablösen von der Person, der wir es zu verdanken haben. Selbst wenn der Name des Urhebers überliefert ist, wir wollen auch Lebensgeschichte. Tonnen von Gehirnschmalz sind verbraten worden, vor allem in England, um herauszukriegen, ob Shakespeare wirklich Shakespeare war. Akademiker, aufgewachsen in akademischem Ambiente, wollen einfach nicht glauben, dass jemand von derart schlichter Herkunft derart herausragende Werke schaffen konnte. Da kann Shakespeare noch so oft den river Avon erwähnen, es müssen gebildete Kandidaten herangezitiert werden, um den Faktor Bildung bei der Entstehung der Werke zu untermauern – und zugleich diesen Faktor: Bildung der Textverwalter.

Cr / mus / 4

Josephine Lang, Komponistin. Ich hatte sie einbezogen in meine Clara-Schumann-Biographie. Die beiden Komponistinnen, Musikerinnen haben sich gekannt, geschätzt. Josephine Lang begleitet mich, zuweilen, auch nach Abschluss meines Buchs. Hin und wieder erscheint auf CD eine Neuaufnahme von Liedern; einige Favoriten, die ich immer wieder höre, wenn auch in größeren Zeitabständen. Vor allem: »Das Paradies«, nach einem Text von Rückert.

Und es begleitet mich die überaus bewegende Lebensgeschichte der Josephine Lang. Einer ihrer Söhne, Heinrich August Köstlin, Theologe, Kirchenmann, Oratoriendirigent, hat einen »Lebensabriss« verfasst, ein Elaborat von rund 50 Druckseiten. Im Anhang sind ihre Kompositionen aufgelistet, zumindest nach dem Stand damaliger Kenntnis.

So lässt sich einiges erzählen über den Ausbildungsweg der Josephine Lang, Jahrgang 1823, über die (kurze) Zeit, in der Felix Mendelssohn Bartholdy sie unterrichtete, damals in München, über die Zeit, in der sie vor allem Klavierunterricht gab, um das tun zu können, was für sie stets vorrangig gewesen ist: zu komponieren.

Etliches lässt sich auch berichten über die Ehe mit Christian Reinhold Köstlin, dem Kriminologen und Dichter. 1842 die Geburt des ersten Sohns – mit dem Namen seines berühmten Taufpaten Felix. Der junge Rechtsprofessor Köstlin kaufte damals außerhalb von Tübingen einen Landsitz mit großem Garten. Ein weiteres Kind wurde geboren. Der Sohn erkrankte mit neun sehr schwer, musste bald Krücken benutzen, blieb zwanzig Jahre lang Pflegefall im Hause. Und der Ehemann erkrankte am Kehlkopf, es half kein Medikament, keine Kur, er konnte bald keine Vorlesung mehr halten, musste sich ins Privatleben zurückziehen, seine Kräfte nahmen ab, mit 43 starb er – 1856, also im selben Jahr wie Robert Schumann.

Die einundvierzigjährige Witwe musste für sechs Kinder sorgen, die Rente reichte nicht aus. Sie gab Klavierunterricht, begann wieder zu komponieren, es entstanden neue Liederhefte. Doch kein Ende der übermäßigen seelischen Belastungen! Felix musste, 17-jährig, das Theologische Seminar verlassen; schwere Depressionen: »Geisteskrankheit«. Die Mutter versorgte bereits den behinderten Bruder, so konnte Felix, der Unglückliche, im Hause Köstlin nicht auch noch gepflegt werden, er wurde in eine Heilanstalt eingewiesen. Seine Mutter komponierte die »Lieder des Leids«, opus 29.

In dieser Zeit half Clara Schumann aus; sie schätzte die Kollegin sehr. Die finanzielle Hilfe war, wie sie schreibt, dringend nötig, »wenn man bedenkt, dass der älteste Sohn in der Irrenanstalt weilte, der zweite stets krank darniederlag, der dritte krank und beruflos zu Hause weilte«.

Josephine gab weiterhin Klavierunterricht. Und komponierte. 1868, bei einem Brand in der Heilanstalt Winnethal, kam Felix um, als Einziger. Vier Jahre später starb der zweite Sohn – er hatte sich nicht mehr bewegen können. Seine Mutter schrieb geistliche Lieder (»All mein Leben bist du«), und sie wurde sehr krank. Überstand die Krise, erholte sich wieder. Komponierte. Der dritte Sohn, Eugen, wurde zum Pflegefall, starb 1880. Sie wurde erneut krank. Sie komponierte wieder.

Ihre letzte Komposition mit Opus-Nummer war das Klavierstück »Danse infernal«. Noch im selben Jahr starb sie, mit 65, an einer »Ruptur des Herzens« – medizinischer Terminus für die Sprachformel, nach der es einem das Herz zerreißt?

Die Liste der Kompositionen, die Köstlin zusammenstellte, sie macht deutlich: Kaum eine Jahreszahl, die sich nicht mit einer Komposition, ja mit mehreren Liedkompositionen verbindet. Auch extreme Belastungen ließen Josephine Lang nicht verstummen. Das Komponieren war für sie lebensnotwendig. Ein großes Lebenslied, in Moll.

Cr / soc / 4

»Was heute ›Papiergeschäft‹ heißt und die Verlage bei Neuer Musik nur noch im Promillebereich ernährt, war seinerzeit deren einzige Einnahmequelle. Musik war eine Ware wie Mehl oder Bindfaden. Ein Verleger kauft dem Komponisten das Manuskript eines neuen Werks gegen einen einmaligen Betrag ab und konnte damit machen, was er wollte, ohne den Erfinder zu fragen oder ihn finanziell weiter zu beteiligen. Die Ware Musik wurde sozusagen am laufenden Meter verkauft, man rechnete nach der Zahl der Druckbogen. Nicht alle, aber die meisten Komponisten waren daran gewöhnt. Etwa der zu Lebzeiten berühmte Friedrich Kuhlau, den es aus der Lüneburger Heide nach Dänemark verschlagen hatte, schreibt kurz und bündig seinem Verleger nach Mainz: ›Hier sind sechs Bogen, jeder zu drei Dukaten.‹«

An dieser Textstelle ist im Funkskript eine Musik-Einspielung vorgesehen. Naheliegend, das Stichwort einlösend: eine Komposition von Kuhlau. Die Markierung der Textunterbrechung verschafft mir Spielraum für einen Einschub, der das Zitat legitimiert.

Werner Klüppelholz, hier als Verfasser des (fünfteiligen) SWR-Musikfeatures über »Die Musik und das Geld«, ist Musikprofessor an der Uni Siegen, hat vor allem das Schaffen von Mauricio Kagel mit Interviews, Funksendungen, Bucheditionen, Katalogen begleitet.

Auch Werner gehört zu den Uraltfreunden. Die leichteste und damit häufigste Form der Kommunikation: Ich fuhr von meiner Kölner Wohnung in Mülheim hinüber zu seiner Kölner Wohnung in Ehrenfeld, wir gingen in eine Osteria mit bunt gemusterten Tischdecken. Speisen als eine der Grundierungen unserer Gespräche, die bei Spaziergängen oder in der jeweiligen Wohnung fortgesetzt wurden. Später zog er nach Siegen, ich nach Berlin. Mit meiner Rückkehr nach Köln wurde die direkte Kommunikation wieder intensiver – das Gespräch setzt sich auch nach monatelangen Pausen spontan fort, da muss nichts mit Anlauf überbrückt werden. Und damit hat er wieder das Wort.

»Auch bei Komponisten mit hohem Bekanntheitsgrad, also Marktwert, verlief die Festsetzung des Kaufpreises nur selten harmonisch. Beethoven klagt über die Verleger: ›Sie sind Stecher, die uns arme Komponisten zu Tode stechen.‹ Albert Lortzing: ›Die Herren Verleger sind Hunde, Hunde und nochmals Hunde.‹ Und selbst dem vornehmen Chopin entfuhr: ›Das Schwein. Er hat mir nur 200 Franc für eine Sonate geboten.‹ Zufrieden sein konnte Beethoven mit dem Erlös für die ›Eroica‹, 2000 Gulden. Haydn erhielt für die Partitur der ›Jahreszeiten‹ gar 5000 Gulden, doch der Rekordinhaber ist – selbstverständlich – Richard Wagner. Einhunderttausend Mark von Schott für den ›Parsifal‹, das höchste jemals gezahlte Verlagshonorar.«

Cr / op / 1
Carl von Ossietzky, ein Funkfeature. In Pro und Contra führte ich Ossietzky mit Theodor Haubach zusammen, der 1945 hingerichtet wurde. Er hatte Freunden erzählt, dass er im KZ Esterwegen mit seinem Pritschennachbarn Ossietzky nachts lange Gespräche führte. Dabei wurde ein Ritus entwickelt: sie spielten »Kurfürstendamm«. Sie verabredeten sich, trafen sich in einem Restaurant, bestellten Speisen und Getränke und erörterten politische Fragen.

Nach diesem Modell entwarf ich einen indirekten Dialog. Ein fiktiver, direkter Dialog zwischen einer Sprechfigur »Ossietzky« und einer Sprechfigur »Haubach« schien mir nicht möglich: Wie spricht ein Mann, der seit anderthalb Jahren misshandelt wird, wie spricht man nachts auf einer Pritsche in einem Konzentrationslager? Solch ein flüsternder, immer wieder abgebrochener Dialog ließ sich nicht rekonstruieren; möglich, realisierbar schien mir allein, die Positionen der beiden Männer zu entwickeln und gegeneinander zu führen. Koordinationspunkt war dabei eine Frage, die in den nächtlichen Dialogen »am Kurfürstendamm« möglicherweise erörtert worden ist: »Möglichkeiten und Grenzen der Kritik«.

GUTEN TAG, HERR SPEER?

EINE WICHTIGE JAHRESZAHL für mich: 1970. Es erscheint mein erstes literarisches Buch mit denkbar knappem Titel: *N*. Nun war ich bereits fünfunddreißig, damit in einem Alter, in dem ein Frühstarter ungefähr gleichen Jahrgangs nach etlichen Büchern bereits einen Band »Frühe Prosa« herausbrachte. Was an Hörspielen und Features über den Rundfunk an die Öffentlichkeit gelangte, gelangt war, das wurde im Printmedium noch immer nicht wahrgenommen. Zwar gab es Besprechungen von Hörspielen vor allem im Evangelischen Pressedienst, aber wer, außerhalb kirchlicher Kreise, bezog den schon? Im Wochenblatt *Die Zeit* gab es damals noch ein Eckchen, in dem Ursendungen von Hörspielen kurz besprochen wurden; ausführlicher wurde schon mal die FAZ. Aber was Funkdramaturgen wichtig war, wurde von Verlagslektoren nicht weiter wahrgenommen. Ein Jahrzehnt Publikationen in diversen Sendern, Übersetzungen sogar in verschiedenen europäischen Ländern (was aber sukzessiv nachließ), doch in der Literaturbranche blieb ich ein Nobody.

Als Student brachte ich, während des Münchner Semesters, einen kleinen Zyklus von Erzählungen zum nah gelegenen Piper Verlag, Reinhard Baumgart empfing mich huldvoll zu einem Gespräch, machte mir aber klar, vielleicht aus eigener Erfahrung, dass man in so jungen Jahren kaum Relevantes schreiben könnte, dreißig müsste man doch schon mal werden ... Eine kleine Kollektion meiner Funkfeatures, bei S. Fischer eingereicht, fand 1969 sehr freundliche Worte, handschriftlich, die genaue und interessierte Lektüre bekundeten, mit der Weitergabe an das damalige Lektorat aber verlor sich der Impuls.

Ich schickte das Typoskript *N* einfach mal an den Suhrkamp Verlag, kannte dort niemanden, wurde auch von niemandem mit freundlichen Worten dorthin vermittelt, ich wandte mich, wie beim ersten Hörspiel, an »sehr geehrte Herren«, und es antwortete ein Herr Beckermann, Thomas. Er wollte das Buch ins nächste Programm übernehmen; es war aber üblich, dass bei einem potentiell neuen Autor des hohen Hauses der Verleger den Text gegenlas, und Siegfried Unseld gab sein Plazet.

Was beim Funk für mich längst eine Selbstverständlichkeit geworden war: Der Autor beschreibt sein neues Werk bitte selbst, für Pressemitteilungen und Programmvorschauen, das wurde nun auch im Verlagswesen weitergeführt, zumindest als Entwurf, den der Lektor eventuell akzentuierte. Weil es mein erstes Buch ist (nach der Dissertation) gebe ich wieder, was ich / wir geschrieben habe / n. Aber das wird Ausnahme bleiben. Die Schreibmethode, die ich damals entwickelt hatte, sie wirkt phasenweise ein auch auf dieses Buch, Stichwort: Charles de Gaulle.

»*N* – die Geschichte Napoleon Bonapartes, vom Tage seiner Geburt im Jahre 1769 bis zur Machtübernahme am 18. Brumaire. Jedoch nicht, wie man sie aus Geschichtsbüchern kennt.

N – eine soziale Biographie, in der alle Möglichkeiten, die ein kleiner korsischer Junge seinerzeit hatte, in die Erzählung des tatsächlichen Verlaufs eingeblendet werden, als wären sie geschichtlich geworden. Zum Beispiel: N als aufgeklärter Geistlicher, als Mathematiker, als Romanschreiber, als Landwirt, als Revolutionär für ein unabhängiges Korsika, als politischer Schriftsteller.

N – ein Modell, zusammengesetzt aus historisch verifizierbaren Details. Erdachtes und Historisches stehen in einem Spannungsverhältnis. Die Darstellung aller Möglichkeiten verdeutlicht, welche Faktoren eine Rolle spielten, und dass Geschichte veränderbar ist.

N – erzählt in der raschen Schnitttechnik des modernen Films, was alles das Wirkliche möglich macht.«

Wunderschöne Resonanz auf meinen literarischen Erstling. Reinhard Baumgart, der mit seiner Aufforderung zu Geduld und Aufschub recht behalten sollte, stellte in einem Fernsehbeitrag (den ich nicht sah!) mein Buch als eins der vier wichtigsten Bücher des Herbstes heraus, neben dem neuen Frisch, dem neuen Johnson. Nach diesem Leitsignal eines Trendsetters zog das Feuilleton vielstimmig monophon und homogen nach. Und es folgte die erste Belehrung durch Fakten: Verkauft wurden letztlich nur 1436 Exemplare der kartonierten, von Fleckhaus graphisch eindrucksvoll gestalteten Ausgabe.

Die spätere Taschenbuchausgabe erreichte das ungefähr Zehnfache. Aber damals waren Erstauflagen von Taschenbüchern ohnehin höher als Jahre später. Walter Boehlich rechnete einmal vor, öffentlich, dass man wenige Jahrzehnte nach der Jahrhundertmitte bereits drei neue Taschenbücher auf den Markt bringen musste, um den Umsatz eines einzigen neuen Taschenbuchs der sechziger Jahre zu erreichen. Eine Entwicklung, die wir Autoren, die unsere Verlage immer deutlicher zu spüren bekamen, zu spüren kriegen.

Womit bereits das Stichwort gegeben wäre zu den ökonomischen Grundlagen eines Schriftstellers. Ich kann den Rückblick auf jene Zeit verkürzen, denn 1975 erschien ein Buch unter dem Titel *Gegenwartsliteratur*. Untertitel: »Mittel und Bedingungen ihrer Produktion«. Was ich damals ausführte (zu einem von zehn Punkten eines Fragekatalogs an zahlreiche Autoren), das übernehme ich hier.

»Für die ersten Auflagen werden gewöhnlich 10 % bezahlt. Mein erstes Buch *N* hatte einen Ladenpreis von 10 DM, also erhielt ich pro verkauftes Exemplar eine Mark. Die Erstauflage betrug 2000. Sie wurde bis auf kleinere Restbestände verkauft, wird heute als ›vergriffen‹ angezeigt – das gilt für einen Erstlingstext als relativer Erfolg. Ökonomisch betrachtet, heißt das: Ich habe für dieses Buch knapp 2000 DM an Tantiemen erhalten. [Ich wollte damals nicht allzu schlecht dastehn und habe ein wenig aufgerundet; eigentlich waren es nur knapp anderthalb tausend Mark.] Wenn ein Autor sich den

Lebensstil eines Lehrers anmaßt, so dürfte er eigentlich nur einen Monat an solch einem Buch arbeiten; ich habe aber viele Monate daran gearbeitet.

Nun ist *N* auch als Taschenbuch erschienen. Da erhalte ich 7 % des Ladenpreises. Bei 3 DM sind das 21 Pfennig. Werden 1000 Stück verkauft, so verdiene ich 210 DM. Werden die gedruckten 10 000 Exemplare abgesetzt – was wieder ein schöner Erfolg wäre für einen belletristischen Autor, der noch nicht lange ›auf dem Markt‹ ist – so wären es auch erst 2100 DM.

Glücklicherweise, und dieses Glück kann gar nicht hoch genug gepriesen werden, gibt es die Funkanstalten. Ich nenne wieder eine Zahl: für einen Funkessay von 45 bis 60 Minuten Sendedauer werden durchschnittlich 2000 DM gezahlt. Das heißt, wenn ich einen Monat an solch einem Text arbeite, geht die Rechnung einigermaßen auf. Wird die Arbeit wiederholt oder von einem anderen Sender übernommen, so erhalte ich als Sendehonorar durchweg noch mal die Hälfte des Gesamthonorars. Da zahlt die Arbeit sich so ungefähr aus.

Noch günstiger ist es bei Hörspielen. Hier lässt sich mit mindestens 3000 DM rechnen, der Durchschnitt liegt bei 4000. Wird ein Hörspiel von einem guten Regisseur produziert, so besteht die Chance von Wiederholungen oder Übernahmen. Diese Hoffnung kann bei einer schlechten Regie freilich zunichte werden; ein schlecht produziertes Hörspiel wird gewöhnlich nicht neu produziert. Da muss ein Autor erhoffte Beträge wieder abschreiben.

Umgerechnet: Wenn ich durch ein Buch so viel verdiene wie mit einem Hörspiel, so habe ich ein sehr erfolgreiches Buch geschrieben. [Das war zur Abwechslung doch wohl etwas untertrieben.]

Betont werden muss bei diesen Berechnungen freilich, dass ich Hörspiele nicht aus bloß ökonomischen Erwägungen schreibe. Vor allem das heute mögliche Zusammenspiel von Text, Geräusch, Musik weckt immer neue Hörlust und damit auch Schreiblust. Besonders für einen Autor, der sich nebenhier viel mit Musik beschäftigt.«

Da ich schon mal den (immerhin vierzigjährigen) Newcomer zitiere, will ich das mit zwei Stichworten auch gleich fortsetzen: zwei weitere Pinselstriche im Selbstporträt eines Autors.

So wurde auch ich gefragt, ob ich mich in einer bestimmten Tradition sähe. »Die Antwort auf diese Frage möchte ich mit dem Satz einleiten: Ich habe Germanistik studiert und schreibe trotzdem.

Ich will das erläutern und begründen. Das Studium der Germanistik konfrontiert (überwiegend) mit literarischer Tradition. Die Kenntnis großer Literaturwerke kann einem nun den Mut (oder Hochmut) nehmen, es selbst mal zu wagen. Andererseits hat die Kenntnis großer Literaturwerke der Vergangenheit (und natürlich der Gegenwart) auch einen Vorteil: Man gewinnt kritischen Abstand zu eigenen Bemühungen. Das ist besonders wichtig, wenn man vor der Frage steht, ob man einen geschriebenen Text auch veröffentlichen soll – abschätzen kann man erst aus Distanz.

Kenntnis von Tradition kann außerdem zu einer gewissen Gelassenheit führen: Kein überschnelles oder vorschnelles Reagieren auf modische Wechsel in der Literatur. Und diese Wechsel werden immer rascher. Ohne Zweifel wirken die Massenmedien dabei mit, die Umwälzgeschwindigkeiten zu erhöhen: hier wird Neues jeweils gleich in großen Quantitäten produziert. Ein Rückblick auf ein gutes Dutzend Jahre Hörspielproduktion an westdeutschen Sendern zeigt unter anderem folgende Phasen an: Versuche, gesellschaftliche Zustände und Entwicklungen in parabelartigen Texten zu beschreiben ... poetisch-verschlüsselte Texte ... Texte im Dokumentationsstil ... Texte, in denen Sprache sich durch sich selbst in Bewegung setzt ... Original-Ton-Hörspiele ... Dazu noch Varianten. Bei solcher Abfolge kann Kenntnis und Bewusstsein von Tradition mithelfen, einen kühlen und klaren Kopf zu bewahren: Da wird man als Autor nicht so rasch dazu verleitet, statt des notwendig Neuen das erwünschte Allerneuste zu produzieren.«

Ich schreibe, obwohl ich Germanistik studiert habe: wichtiger Aussagesatz. So bleibe ich kurz noch bei diesem Stichwort. Dies wieder im Rückgriff auf einen früheren (aber nicht ganz so frühen) Text: Eine Sequenz aus meiner (angemessen kurzen) Antrittsrede vor der Mainzer Akademie der Wissenschaften und der Literatur, veröffentlicht im Jahrbuch 1990.

»Noch einmal: Das Interpretieren von fiktionalen Texten und das Schreiben von fiktionalen Texten, dies sind fundamental verschiedene Tätigkeiten – bis in die psychischen Strukturen. Was beim Interpretieren von Texten kaum notwendig ist, das ist beim Schreiben von fiktionalen Texten wichtige Voraussetzung: Spontaneität. Und: Sinnlichkeit oder Anschaulichkeit. Und sehr wichtig die Komponente des Spielerischen, bei aller konsequenten Arbeit an der literarischen Form. Germanistische Beschäftigung mit literarischen Texten treibt Spontaneität erst einmal aus, kann auf Sinnlichkeit des Textes, des interpretierenden, verzichten, ist dem Spielerischen sehr fern. Die ›Textsorte‹ diskursiver Arbeiten wird in völlig anderer psychischer Temperierung geschrieben – auch sie hat ihre biographischen Voraussetzungen.«

Damit wieder zum Fragebogen, hier unter dem Doppelstichwort Autor und Verleger. Ich gab wieder, was ich bereits berichtet habe, erweiterte jedoch die Fragestellung.

»Hier wäre auch einiges zu schreiben zum Verhältnis Autor-Lektor (und damit zugleich: Autor-Hörspieldramaturg, Theaterdramaturg). Ich denke mir zuweilen, es müsste mal eine *Intime Literaturgeschichte* geschrieben werden, die in konkreten Fällen das Zusammenwirken der Partner darstellt. Von Lektoren und Dramaturgen hängt zuerst einmal ab, ob ein Text überhaupt veröffentlicht wird. Dazu dann vielfache Einflussmöglichkeiten auf die Textgestalt: durch kritische Hinweise kann ein Lektor oder Dramaturg erreichen, dass ein Autor Abschnitte, ja Kapitel streicht; andererseits können Textphasen, ja Kapitel angeregt werden.

So etwas könnte freilich nur in einem allgemeinen Rückblick geschrieben werden – und dazu bin ich noch längst nicht aufgelegt.« So schrieb ich damals. Und kann nur bestätigen, dass mir dies wichtig geblieben ist. Und auch so realisiert wurde, bis hin zu diesem Buch. Also ein Dank, auch hier, an Jürgen Hosemann, meinen Lektor.

Zu meinem (Erstlings-)Buch der Lebens-Alternativen hatte es, vorab, eine Alternative gegeben: Das System verschiedener Weichenstellungen wollte ich realisieren an einer Figur wie Albert Speer.

Dies in Analogie zur Schreibmethode der Erzählung über den Weg des Korsen an die Macht. Mit einer gewichtigen Folgerung, beispielhaft: Ohne den Mann aus Ajaccio hätte mit Sicherheit der irrwitzige Russlandfeldzug nicht stattgefunden. Damit ließ ich mein Buch denn auch enden: der Russlandfeldzug wurde negierend vergegenwärtigt.

Bei Speer wiederum lässt sich konstatieren, was er selbst festgehalten hat: Ohne seine Macht, ohne seine Effizienz wäre der Krieg einige Monate kürzer geblieben.

Zur Alternativ-Version meiner N-Geschichte der Alternativen: hier soll nicht abstrahierend angemerkt, hier muss zumindest ansatzweise ausgeführt werden. Wobei, stärker als im Bonaparte-Szenario, auch dieser Faktor einbezogen werden muss: Das Einwirken von Zufall, oder (abgemildert) von Zufälligkeiten.

Was Speer in seinem Erinnerungs-Weltbestseller berichtet hat, es kann, es soll, es wird allerdings nicht »in extenso« eingerückt, ich deute den Ablauf eher stichwortartig an.

Ende Januar 1942. SS-General Sepp Dietrich fliegt nach Dnjepropetrowsk, nimmt Speer mit. Inspektion beim »Baustab Speer«, dort vor allem damit beschäftigt, von den Sowjets gesprengte Bahnanlagen zu reparieren, vor allem für den Nachschub. Anhaltender Schneefall, die Maschine der Führer-Flugstaffel kann nicht starten. Vergeblicher Versuch, mit einem Zug nach Westen zu kommen. Nach etwa einer Woche kann doch ein Start riskiert werden. Eigentlich muss Speer zurück nach Berlin, die Maschine fliegt aber nach Rastenburg, zum Führerhauptquartier. Dort findet eine intensive und extensive Besprechung statt zwischen Hitler und Dr. Todt, dem Minister für Bewaffnung und Munition. Am nächsten Morgen will Todt nach Berlin zurückfliegen, dabei Speer mitnehmen. Der wird ein Uhr nachts zu Hitler gerufen, Besprechung bis drei Uhr morgens – übliche Zeiten in der Führer-Zeitverschiebung. Speer will ausschlafen, bläst seinen Rückflug ab. Morgens wird er telefonisch geweckt: »Dr. Todt ist soeben mit dem Flugzeug tödlich abgestürzt.« Kurz nach dem Start eine Explosion an Bord, weithin sichtbare Stichflamme, aber was da geschehen war, konnte (oder sollte!) nicht geklärt werden. Gegen ein Uhr mittags, dem gewöhnlichen Arbeitsbeginn, wird er zu Hitler gerufen. »Herr Speer, ich ernenne Sie zum Nachfolger von Minister Dr. Todt in allen seinen Ämtern.« Gelinder Einspruch, entschiedene Bestätigung in Form eines Führerbefehls. Kaum ist das geschehen, wird die Ankunft, die überraschende, von Göring gemeldet. Der hat vom ominösen Absturz der Maschine mit (dem vielfach unbeliebten Realisten) Todt im Jagdsitz von Rominten erfahren, ist sofort mit einem seiner Sonderzüge nach Ostpreußen gefahren, in der Erwartung, seine Ämterfülle nun auch noch mit Todts Ämtern erweitern zu können. Er wird konfrontiert mit dem Fait accompli. »Es konnte kein Zweifel sein, dass Göring versucht hatte, Hitler im ersten Anlauf zu überrennen, und ich vermutete damals schon, dass Hitler dies erwartet und daher unverzüglich meine Ernennung vollzogen hatte.« Damit wurde das viel gefeierte »Rüstungswunder« möglich gemacht. Damit wiederum die Verlängerung des Krieges. Und Speer konnte später (mit Genugtuung über seine Effizienz) konstatieren: »Ich hatte ihn [den Krieg] durch meine Fähigkeiten und durch meine Energie um viele Monate verlängert.«

Das sagte er auch mir in ähnlicher Form. Wie kann man mit so einer Selbstaussage leben? Die Zerstörung von Düren, von Hildesheim, von Dresden und immer so weiter, dies alles hätte nicht mehr stattgefunden. In den letzten Monaten des Krieges fielen so viele Bomben wie in den Jahren zuvor, mussten so viele Menschen ihr Leben lassen wie in den Jahren zuvor, die Kurve der Vernichtung stieg exponentiell an.

Ich kann, ich will mich zum Stichwort Rüstungswunder nicht selbst zitieren, überlasse Joachim Fest das Wort. Nach einer gemeinsamen Podiumsveranstaltung im Konzerthaus Berlin zogen wir – Fest, Olga und ich – in ein benachbartes Restaurant. (Auch) bei diesem Gespräch war herauszuhören, dass er weithin als Ghostwriter an den *Erinnerungen* von Speer mitgewirkt hatte. (In seiner späteren Speer-Biographie betrieb er einiges Recycling, an bereits vorliegenden Sequenzen entlangschreibend.)

Zum »Rüstungswunder« also (für manche Historiker mittlerweile ein sogenanntes Rüstungswunder), schreibt Fest resümierend: »Auf dem Munitionssektor wurden 1943 die Zahlen des Vorjahres erneut mehr als verdoppelt, bei den Flugzeugen erhöhte sich die Fertigung nach rund vierzehntausend auf über fünfundzwanzigtausend Maschinen. Bei den Panzerfahrzeugen stieg die Stückzahl von einhundertvierzigtausend auf knapp dreihundertsiebzigtausend, allein bei den mittelschweren und schweren Panzern erhöhte sich die Zahl von fünfeinhalbtausend auf rund zwölftausend.« (Wo kamen eigentlich die immensen, die schier unermesslichen Ressourcen her?!)

Ein paar Tage des Februar 1942: diverse Ansätze zu alternativen, kontrafaktischen Abläufen. De Gaulle lässt grüßen! Auch diesmal, auch hier hätte vieles anders kommen können. Ansatzpunkte genug! Speer kann nicht von der verschneiten Ostfront zum entscheidenden Zeitpunkt eingeflogen werden nach Rastenburg … Speer kann zwar rechtzeitig nach Rastenburg mitgenommen werden, nutzt jedoch die Chance, gemeinsam mit Todt nach Berlin zurückzufliegen: Tod des 37-Jährigen … Göring, nominell zweiter Mann im Reich, er kommt – im sehr geringen zeitlichen Spielraum – der Ernennung Speers zum Rüstungsminister doch zuvor; unter Leitung des Morphinisten wäre die Rüstungsindustrie rechtzeitig erlahmt … Virtuelles Fazit: Etwa um Weihnachten 1944 hätte Schluss sein können mit dem allzu langen, letztlich seit 1941 schon verlorenen Krieg.

Da hier bereits das Stichwort Speer gefallen ist, gleich, chronologisch vorgreifend, ein Bericht über mein Funk-Gespräch mit Albert Speer, in seiner Heidelberger Villa am Hang, in der Veranda mit Blick in das baumreiche Grundstück.

Gleichsam als erweiterte Visitenkarte schickte ich Speer mein Erstlingsbuch. Und er reagierte (Januar 1974) mit einem Vorschlag. Jedenfalls verstand ich das so zu jener Zeit. Heute würde ich eher sagen: Er legte einen Köder aus.

»Ihre Themenstellung finde ich sehr interessant, und es reizt mich, mit Ihnen darüber vor dem Rundfunk eine Unterhaltung zu haben. Aber nicht vor dem Fernsehen, das nach meiner Meinung zuviel Spannung erzeugt. Ich weiß noch nicht, wie ich es bewerkstelligen soll. [...] Im Augenblick stehe ich unter Druck, weil ich für den Propyläen-Verlag bis zum Herbst dieses Jahres ein Manuskript fertigstellen möchte. Da Sie selbst diesen Druck kennen, können Sie sich vorstellen, dass ich mich nicht gern ablenken lasse. Rufen Sie mich etwa Ende Februar an? Vielleicht könnte ich sogar für die Aufnahme nach Köln kommen, wenn ich im Bundesarchiv in Koblenz zu tun habe. Allerdings möchte ich eine Zusage, dass ich das Rohtranskript für meine Akten erhalte und dass ein kleines Honorar ausgesetzt wird, das aber direkt an ein Kinderheim in Hamburg überwiesen wird.«

Am Kopf des Briefbogens links oben nur sein Name, darunter, in noch kleinerem Schriftgrad: *dipl.ing.* Er rückte sich zurecht. Schuf sich ein neues Image: das eines kooperativen Gentleman. Nicht kompatibel mit dem Architekten der monströsen Reichskanzlei inklusive Marmorgalerie, in der sich Diplomaten erst mal die Hacken ablaufen mussten, ehe sie durch eine sechs Meter hohe Flügeltüre das saalweite Arbeitszimmer des Führers betreten durften (der dort kaum je gearbeitet hat). Nicht kompatibel mit dem Mann der größenwahnsinnigen Architekturprojekte vor allem für die künftige Reichshauptstadt Germania, der Tausende von Juden aus ihren Berliner Wohnungen vertreiben, das heißt: deportieren ließ. Nicht kompatibel mit dem Mann, der den Ausbau von Auschwitz-Birkenau organisatorisch unterstützte, der Misshandlungen, ja den mörderischen Verschleiß von Zwangsarbeitern verschiedener Länder taktisch stillschweigend in Kauf nahm. Das war (zumindest für mich) damals noch nicht so deutlich zu erkennen, entscheidende Dokumente waren noch nicht bekannt, und so verlief das Funkgespräch sachlich, betont sachlich, fragwürdig sachlich. Es ging nicht um geschichtsphilosophische Fragen etwa nach der Rolle des Zufalls im Weltgeschehen, es ging beispielsweise um einen neu entwickelten Flugzeugmotor, »Jumo«. Charakteristischer Auszug aus dem einstündigen Gespräch, das vom Westdeutschen Rundfunk gesendet wurde.

Zwei Faktoren, so betonte Speer, seien letztlich kriegsentscheidend: Das wirtschaftliche Potential und die technologische Entwicklung. Er berichtete: Die Rohstoffbestände und die Rohstoffzulieferungen wurden gegen Kriegsende immer geringer, vor allem durch den Verlust von Gebieten, aus denen Rüstungsrohstoffe angeliefert wurden – Edelmetalle, Erdöl. Zugleich wurden die Produktionsstätten im »Reichsgebiet« von der amerikanischen und der englischen Luftwaffe immer stärker bombardiert, wenn auch nicht mit voller Konsequenz; dennoch entschiedene Produktionseinbußen. Hitler und Göring waren nicht in der Lage umzudenken: von der Offensive im Luftkampf auf eine Verteidigung der Produktionsstätten durch Jagdschutz.

Eine möglicherweise sehr wirksame Verteidigungswaffe gegen die viermotorigen Bomber, gegen die leistungsstarken Begleitjäger der Alliierten wäre die Me 262 gewesen, der erste Düsenjäger überhaupt. Speer in den *Erinnerungen*: »Ich bin noch heute der Ansicht, dass die Rakete im Verein mit den Strahljägern ab Frühjahr 1944 die Luftoffensive der westlichen Alliierten gegen unsere Industrie hätte zusammenbrechen lassen.« Diesen Satz zitierte ich und stellte die Frage, ob hier wirklich ein luftkriegsentscheidender Faktor gewesen wäre, oder war die Herstellung des Strahljägers nicht wiederum abhängig von der Aluminiumproduktion, zum Beispiel, oder von der Treibstoffhydrierung?

Speer wies darauf hin, dass mit der »Rakete« die damals entwickelte Boden-Luft-Rakete gemeint ist und nicht die V 2.

Und zur Me 262: von der Rohstoffbasis und der Produktionskapazität her wäre »schon ein Jahr früher« eine Großproduktion des Düsenjägers möglich gewesen. Auch hätte sie »uns treibstoffmäßig nicht viel Sorge gemacht, weil sie mit normalem Treibstoff flog und nicht mit dem hochoktanigen Flugtreibstoff, der in der Produktion eingeschränkt war«. Man hätte also »eine genügend große Anzahl von Me 262« herstellen und zum Einsatz bringen können, »um die Tagesangriffe gegen die deutschen Hydrierwerke abzuwehren, und zwar mit so großen Verlusten für den Gegner, dass er schon wegen der Moral der Flugzeugbesatzungen seine Fliegerangriffe hätte einstellen müssen. Hier ist ein entscheidender Punkt. Hitler und Göring aber standen immer wieder auf dem Standpunkt, dass den Fliegerangriffen gegen Deutschland nur durch entsprechende Vergeltungsangriffe auf England entgegnet werden könnte. So stand also immer wieder die Bomberfertigung im Vordergrund; die Forderungen von Generalfeldmarschall Milch (der für die Luftrüstung verantwortlich war) auf eine erhöhte Jägerproduktion wurden hintangestellt. Es wäre übrigens auch ohne Me 262 möglich gewesen, bereits im Jahre 1943, durch die erfolgreiche Nachtjagd-Organisation, die Angriffe der RAF mindestens stark einzuschränken. Dass das nicht geschehen war, war eine Fehlentscheidung von Göring und Hitler gegen den Fachmann Milch.«

Wie sehr die Rüstungsproduktion und damit der Kriegsablauf von Hitler, und mit ihm von Göring, bis ins Detail bestimmt worden war, zeigte Speer an einem »eklatanten Beispiel: Wir hatten 1941 einen sehr guten Flugmotor, den Jumo 222, der ungefähr 2000 PS geleistet hätte. Und dafür hatte ich eine große Fabrik in Wien gebaut, die so groß war wie das Volkswagenwerk, und die 1000 Motore im Monat produzieren sollte. Bei der Einweihungsfeier hat dann zu unserer Verblüffung Milch im Auftrag von Göring verkündet, dass in dieser Fabrik nicht der Jumo 222, sondern ein Daimler-Benz-Motor (605, glaube ich) produziert werden sollte, aber dieser Daimler-Benz-Motor war noch nicht konstruktiv fertig, und so blieb dieses Flugzeugmotorenwerk bis zum Ende des

Kriegs unproduktiv. Die entscheidende Folge: unsere Jagdflugzeuge waren ab 1942/43 langsamer als die des Gegners. Die Folge davon wiederum war, dass bei der Invasion keine Gegenwehr in der Luft möglich war, obwohl rund 1000 Jagdflugzeuge dorthin geschickt wurden; unsere Jagdflugzeuge waren technisch unterlegen.«

Ich wies hin auf die zahlreichen Publikationen über »Jagdfliegerasse«: Waren ihre Erfolge auch abhängig von der Leistungsfähigkeit der Jagdflugzeuge?

»Es ist bezeichnend, dass alle großen Jagdflieger wie beispielsweise Galland, deren Mut ich sehr schätze, großen Erfolg nur haben konnten, solange unsere Jagdflugzeuge technologisch führten. Ab 1942/43 war es nur noch gegen russische Flugzeuge möglich, große Erfolge zu erringen, aber nicht mehr gegen die westlichen.«

Die technische Weiterentwicklung der Jagdflugzeuge wurde demnach stark behindert durch Hitler und Göring; letztlich entscheidend aber war die Produktionskapazität. Das wurde (leider habe ich mich in solche »sachbezogenen« Erörterungen hineinziehen lassen) im Detail erörtert – hier nur eine zusammenfassende Äußerung Speers:

»In unserem Zeitalter der Technisierung sind die Kapazitäten auf beiden Seiten das allein auf die Dauer Maßgebende. Kriegsglück oder Fähigkeiten der Feldherren oder Fehler der anderen Seite können zwar zu erheblichen Verschiebungen im Zeitpunkt führen, aber letzten Endes setzt sich die größere Kapazität durch.« Und er sprach vom »technologisch-wirtschaftlichen Krieg«.

Im allgemeinen Bewusstsein, so merkte ich an, seien dennoch die Vorgänge auf Kriegsschauplätzen zentral und entscheidend; es würden also wohl die falschen »Heldenepen« geschrieben.

»Meiner Meinung nach liegt die Geschichtsschreibung, auch soweit sie ganz ernsthaft ist, immer noch falsch, weil sie die Bedeutung der Technologie im Krieg unterschätzt und nicht die Ergebnisse der Schlachten als eine Konsequenz der technologischen Voraussetzungen sieht.«

Ein Ausschnitt aus dem langen Gespräch mit Speer. Dass ich so konziliant, ja mit Fragen zu technischen Entwicklungen fast kooperativ geblieben war, das plagte mich noch Jahre später. So versuchte ich, das Defizit aufzuarbeiten, auszugleichen in einem Essay mit dem Titel *Guten Tag, Herr Speer*.

Im kleingedruckten Anhang zu dieser Arbeit habe ich berichtet, was zu einer ersten Konfrontation mit einem ganz anderen Herrn Speer führte. In nun drucktechnisch lesbarer Form hebe ich das erneut hervor.

In China, ausgerechnet in China lernte ich auf einer Reise die Witwe eines engeren Mitarbeiters von Speer kennen: Oberregierungsrat Konrad Haasemann. Sofort genutzter Zufall: Gespräche über Speer. Sie schickte mir denn die Fotokopie eines Dokuments aus dem Koblenzer Archiv, die Führer-Vorlage 5 (Hohenlychen, 29. Januar 1944). Zwölf Seiten, getippt mit Riesenlettern, die es Hitler ersparen sollten, vor Zeugen eine Lesebrille aufzusetzen. Ich habe das Dokument in längeren Auszügen erstmals veröffentlicht. Hier also nur ein paar Auszüge.

Die Eröffnung: »Mein Führer, es fällt mir schwer, Ihnen zwei Fälle von Untreue melden zu müssen, die sich in meinem Ministerium zugetragen haben.« Auf Rheinisch: Jeknaatsch im Ministerium – Unstimmigkeiten, konträre Meinungen, Reibereien, Mobbing. Worum es letztlich ging: Haasemann hatte es gewagt, einen Mann kritisch zu beurteilen, den Speer gefördert und befördert sehen wollte. Hier gleich die Schlussfolgerung:

»Damit hat ein bestimmter kleiner Kreis von ehemaligen Mitarbeitern Dr. Todt's mir einwandfrei den Beweis erbracht, dass sie mir die Treue gebrochen haben. Es ist für mich unbedingt notwendig, hier mit den schärfsten Strafen vorzugehen, wenn ich meine Autorität in meinem Ministerium aufrechterhalten will.

Ich werde deshalb gegen Min.Rat. Haasemann ein Dienststrafverfahren einleiten und halte es für erforderlich, dass er unverzüglich für einige Zeit in ein Konzentrationslager überführt wird.«

Was denn auch geschah. Doch Haasemann überlebte.

662

Ich notiere nur noch: Auch ich sah in Speer mit zeitlicher Verzögerung einen taktisch geschickten Lügner, einen konspirativ arbeitenden Geschichtsfälscher. In Sachfragen brillierte er, doch falsifizierte er in allen Punkten, die seine Beteiligung an Mega-Verbrechen betrafen. Dies ist weithin Konsens unter Historikern und Journalisten: Hätte man beim Nürnberger Prozess alles gewusst, was Jahrzehnte später durchsickerte, man hätte ihn gehängt. Er aber konnte nach der Entlassung aus dem Gefängnis mit größtem Geschick und willigen Helfern seine zweite große Karriere organisieren, ja inszenieren.

Dabei half ihm entschieden sein, ja, einnehmendes Wesen. Beispielsweise zeigte er mir nach der Aufzeichnung des Gesprächs einige Dokumente aus seiner Spandauer Zeit – er bereitete damals die Publikation der *Spandauer Tagebücher* vor. Auch konstatierte er, dass er in einer Hinsicht noch nicht so recht entdeckt worden sei: Als Person, die zwei Jahrzehnte lang nur durch Presse und Funk über sein Land informiert wurde. Welches Bild entwickelt sich da? Als seine Frau ankündigte, sie würde ihn am Tag der Entlassung in Spandau abholen, mit dem Auto, da lehnte er das erst mal heftig ab: Zwingend die Vorstellung, man würde auf der Autobahn mehrfach, ja vielfach an havarierten, an womöglich brennenden Fahrzeugen vorbeifahren. Die Befürchtungen erfüllten sich nicht, er war überrascht, »wie glatt« alles ablief. Na, und so weiter.

Mit seinem großen Bernhardiner begleitete er mich, die Höflichkeit selbst, zum Gartentörchen. Unverbindlich wurde auch eine Fortsetzung des Gesprächs in Aussicht gestellt, womöglich privat. Davon konnte die Rede aber nicht mehr sein.

CHARLES DE GAULLE UND ICH

NOCH EINMAL die »eventualhistorische«, alternative, virtuelle Entwicklung nach einem Einmarsch der französischen Armee in Deutschland, unterstützt von britischen Divisionen. Rascher Zusammenbruch der Wehrmacht, die für einen Zweifrontenkrieg nicht gerüstet, nicht (mehr) ausgerüstet war – fast das gesamte Heer in Polen im Einsatz, fast die gesamte Munition verschossen, fast alle Bomben der Luftwaffe abgeworfen.

Um die Schlussphase des kontrafaktischen Szenarios zu rekapitulieren, stichwortartig: Die französisch-britische »Lawine aus Stahl« ließ sich beim massierten Vorstoß, beim zügigen Vormarsch Richtung Berlin kaum aufhalten, eine erste Panzerdivision drang in Berlin ein. Hitler wurde in einem Kommandounternehmen festgenommen und im Gefängnis von Landsberg isoliert. De Gaulle, zum General befördert, bezog Quartier im »Château prusse«.

Und so *hätte* es weitergehn können: De Gaulle lässt Generaloberst Ludwig Beck zu sich kommen, vertraut ihm das Amt des »Reichsverwesers« an, des Staatspräsidenten. Beck erlässt über den Rundfunk den Aufruf, die Waffen niederzulegen. In der französischen Botschaft Besprechungen zur Bildung des Kabinetts. Carl Friedrich Goerdeler wird Kanzler. Die neu etablierte Regierung bleibt der Militärregierung gegenüber weisungsgebunden. Später die Umwandlung der Militärregierung in französisch-britische Mandatsverwaltung; schließlich der Staatsvertrag.

Einwirkungen der militärisch erzwungenen Veränderung der Gesellschaftsform auf meine individuelle Entwicklung. Bereits skizziert: Familie Kühn bleibt in Köln, weiterhin

664

wohnhaft im Privatweg. Kindheit ohne die Erfahrung des Bombenkriegs. Und damit: Fortsetzung des alternativen Lebenslaufs, übertragen in virtuelle Vergangenheitsform.

Als ich am 9. September 1941 eingeschult wurde, war die neue Regierungsform, waren die neuen Lebensformen längst festgeschrieben, waren in Schulbüchern die Akzente auf »La grande nation« gesetzt. Auf dem Gymnasium war Französisch wichtigste Fremdsprache.

Damit weiterwirkende Impulse: Ich studierte (Erstsemester in Köln) französische und deutsche Literatur, mit dem Fernziel: Studienrat (wenn auch mit zwei Korrekturfächern!). Meine Staatsarbeit schrieb ich über Benjamin Constant und die Formen seines literarischen und politischen Engagements.

Ich arbeitete heraus, dass Constant eine entschiedene Trennung durchgeführt hatte: Hier literarische Texte, dort publizistische Schriften, mit denen er auf gesellschaftliche Verhältnisse einzuwirken versuchte.

Und damit die Leitfrage: Was konnte er mit publizistischen Arbeiten bewirken? Konnte er die Etablierung der napoleonischen Diktatur verhindern? Konnte er die etablierte Diktatur abschwächen, sie wenigstens partiell humanisieren oder liberalisieren helfen? Oder blieb letztlich dies als Faktum: Dass Napoleon an der Macht war und Constant im Schweizer Exil?

Mein Resümee zu Constant als Publizist: Ohne Zweifel Einwirkung, kaum aber nachweisbare Auswirkung. So hatte er schon früh ein politisches Mandat angestrebt. Er ging von der Einsicht aus, dass politische Schriften allein noch keine Politik machen. So wollte er in einer der Körperschaften daran mitwirken, dass Freiheitsrechte durchgesetzt wurden und erhalten blieben. Politische Tätigkeit als folgerichtige Ergänzung der politischen Publizistik.

Unabhängig von der neuen gesellschaftlichen Konstellation: ich ging meinen Weg. Gleich nach Abschluss des Studiums: erst Referendar, dann Assessor, schließlich Studienrat in den

Fächern Französisch und Deutsch im Albertus-Magnus-Gymnasium zu Köln.

Früh schon hatte ich geheiratet: Gisela (Gisèle) hatte gleichfalls Deutsch und Französisch studiert, wir haben uns während eines Seminars kennengelernt. So früh wie die Heirat der erste Sohn: Thomas (wir betonten den Namen vorzugsweise auf der zweiten Silbe). In vier Jahren Abstand: Christoph, Christóphe. Wir hatten unser Auskommen. So konnte ich es mir leisten, Bücher zu schreiben, von deren Tantiemen wir nicht leben mussten.

Ich unterrichtete, ich schrieb. Zwei Leitbegriffe meines Lebens: Konsequenz und Kontinuität. Eines verbindet sich logisch mit dem anderen ... eines ergibt sich schlüssig aus dem anderen ... eines baut konsequent auf dem anderen auf ... der rote (Kölner) Faden der Lebenslinie ...

Es ergab sich, dass ich mit der Familie im Haus meiner Kindheit wohnen konnte, in der Stichstraße – die Brüder wurden ausgezahlt. Als Auslöser der Verteilung: Die Eltern zogen nach Hamburg. Fritz, einer der beiden Brüder von Helene, hatte ein Stockwerk einer repräsentativen Villa aus der Dynastie der Rauchfleischhändler geerbt (den anderen Anteil an der Immobilie erbte einer der Vettern aus dem Clan). Der stattliche Bau (der Gründerzeit) der noblen Hansastraße prunkte sogar mit der neuen technischen Errungenschaft eines Fahrstuhls – Statussymbol für Luxus in jener Zeit. Fritz konnte sich mit seinem Erbteil nicht recht anfreunden, Lust auf gravierende Veränderung, er folgte, nach erfolgreichem Start im Bankgewerbe, einem verlockenden Angebot einer südamerikanischen Bank. So blieb die weitläufige Wohnung für unbestimmte Zeit vakant; der Offerte von Bruder und Schwager konnten meine Eltern nicht widerstehen. Hinzu kam: Hamburger Familienverbindungen ließen sich aktivieren, mein Vater erhielt eine aussichtsreiche Position in der See-Assekuranz-Gesellschaft P. A. Milberg.

Es spielte sich ein (ziemlich) regelmäßiger Briefwechsel ein zwischen Hamburg und Köln. Auch wechselseitige Besuche, vorwiegend zu Familienfesten.

Kontinuitäten! Auch in der Zuwendung zum Französischen im Œuvre. Als folgerichtige Nachwirkung des Studiums vor allem: Meine Übertragung des *Perceval* von Chrétien de Troyes.

Selbstverständlich erhielt das Buch ein Vorwort. Allzu ausführlich konnte es nicht ausfallen, denn nur wenig, allzu wenig ist bekannt über Chrétien. Begleitende Hinweise sodann auf seine Versromane der »Matière de Bretagne«, des walisisch-keltischen Sagenkreises: *Erec et Enide ... Lancelot ... Yvain.*

Schließlich das große Fragment des Perceval-Romans: *Perceval li Gallois ou Li contes del Graal.* Jetzt darf ich mich allerdings nicht dazu verlocken lassen, weitschweifig nachzuerzählen, dabei aus der Übertragung wiederzugeben; in diesem Bericht muss eine Textprobe genügen.

Nach vergleichsweise knapper Einleitung kommt der Dichter rasch zu Percevals Kindheit und Jugend. Der Bub wird (nach dem Tod des Vaters als Söldner im fernen Bagdad) von der Mutter in einer Einöde aufgezogen, um ihn vom Ritterleben fernzuhalten (und damit vom Rittertod). Doch schon bei einer ersten Begegnung mit Rittern: Faszination, Enthusiasmus!

Weil es bei dem schönen Wetter
milde war, gab er dem Pferd
die Zügel frei und ließ es weiden
im grünen, saftig frischen Gras.
Und er, der mit so viel Geschick
die kleinen Speere werfen konnte,
er ging umher und warf herum –
mal nach hinten, mal nach vorn,
mal hinab und mal hinauf,
bis er schließlich aus dem Wald
fünf Panzerreiter kommen hörte,
die in voller Rüstung waren;
die Waffen derer, die dort kamen,
machten einen großen Lärm,
denn vielfach stießen an die Waffen

Äste von den Eichen, Buchen,
Lanzen schlugen an die Schilde,
und die Kettenhemden klirrten –
es klang das Holz, es klang Metall
von Schilden wie von Kettenhemden.
Als er nun im Offnen sah,
die bisher der Wald verborgen,
sah die Kettenhemden, klirrend,
und die Helme, hell im Glanz,
und die Lanzen und die Schilde
(alles nie zuvor erblickt!),
und sah das Grün, das Purpurrot
im Gegenlicht der Sonne leuchten
und das Gold, Azur, das Silber –
da wurde er ganz heiter, froh
und sagte: »Ah, Herr Gott, hab Dank,
das sind ja Engel, die ich seh!«

Lebensform der Kontinuität: sie schloss Fernreisen weithin aus. Was nicht für mich allein charakteristisch sein dürfte: Offenbar wurden in einer Osmose auch Mentalitätsformen der Sieger übernommen – Franzosen, die in anderen Ländern als Touristen nur selten zu sehen waren, weil sie all das im eigenen Lande hatten, was als Reiseziel verlocken konnte: Nordseeküste, Atlantikküste, Mittelmeerküste, dazu reichlich Mittelgebirge, die Alpen. Osmotisch wurde auch Deutschen bewusst: Wir haben die Ostsee, die Nordsee, wir haben reichlich Mittelgebirge und einen kleinen, jedoch charakteristischen Anteil an den Alpen. Franzosen, die mal andere Alpen sehen wollten, sie reisten nach Garmisch, Deutsche, die mal andere Alpen sehen wollten, reisten Richtung Grenoble. Wozu da noch ein Himalaja, wozu ein Pazifischer Ozean? Was gehen uns die Maya-Bauten in Mexiko an? Wir kennen nicht einmal die Mehrheit der glücklicherweise erhaltenen Baudenkmäler im eigenen Lande. Also, warum mich aus eingespielten Lebensformen herausreißen und in fremde Länder reisen? Alles, was uns wichtig ist, können wir mit dem Auto erreichen. Also packen wir Söhne und Bücher ein und fahren los – Kurs Süd-westen.

La Croix-Valmer, in der Nähe von St. Tropez. Hier waren wir Stammgäste in einem Apartmenthaus in Hanglage – mit Panoramablick aufs Mittelmeer, auf die Landzunge weit hinaus. Vor dem Haus Korkeichen (über die wir allerdings hinwegblickten).

Auch im Feriensitz bald feste Abläufe: Jeden Morgen fuhr ich hinunter zum Strand – zu dieser Tageszeit fast mein Privatstrand. Auf dem Parkplatz kein zweiter Wagen … der Pfad zwischen Maschendrahtzäunen … der erste Blick aufs Meer … die Treppe, im Zickzack die Felswand hinunterführend zu einem Bootshaus in Beton, rosa bemalt, und mit einer Dusche an der Seitenwand. »Sylva Belle«, meine Lieblingsbucht: der weite Strand im Bogensegment umrahmt von Felswänden; droben Villen der Jahrhundertwende, optimal positioniert. Hinausschwimmen, das Buchtpanorama weitet sich.

Ausführliches Frühstück mit Gisèle, Thomás, Christóphe. Anschließend ziehe ich mich in ›mein‹ Zimmer zurück. Kann mich nun auf einen neuen literarischen Text für den Funk konzentrieren – Priorität bis zur Stunde, in der Zikaden besonders laut schrillen. Während die Familie sich am Cigalle-Strand aufhält, schneide ich Kartoffeln und Zucchini in die Pfanne, Öl, Knoblauch, Rosmarin kommen hinzu; es wird dann aus der Pfanne gegabelt, keine Spülmaschine in der Ferienwohnung. Nach dem Imbiss lege ich mich hin, lasse mich von den Zikaden in die Siesta schrillen, beruhigend gleichmäßig. Dann der Spaziergang, die Straße entlang, zur Familie am Strand. Fortsetzung des Spaziergangs auf die nahe Halbinsel, gemeinsam mit Gisèle, den Söhnen. Nach der Wanderung wieder ausführliches Schwimmen, in Abendfarben hinein, dann gemeinsam ins Strandrestaurant, wo uns der Kellner schon mit Handschlag begrüßt. Endlich Wein!

Mit kurzem Anlauf machte ich den Sprung, schrieb ein Hörspiel gleich auf Französisch: *La Marquise à cinq heures.*

Der erste Satz: »La Marquise sortit à cinq heures – par une

telle phrase, disait Paul Valéry, jamais il ne saurait commencer un roman.« (»Die Marquise ging um fünf Uhr aus – mit solch einem Satz, sagte Paul Valéry, könne er niemals einen Roman beginnen.«) Damit wurde eine Reihe von Variationen entwickelt, alle mit dem Kernsatz, dass die Marquise um fünf Uhr ausging, natürlich nachmittags. Ein Beispiel.

»A cinq heures, lorsque le signal sonore indiquant l'heure à la radio fut augmenté par la stridence de l'émetteur extraterrestre qu'elle était la seule à savoir décoder, la Marquise quitta sa maison pour ce rendez-vous coordonné avec une extrême précision avec le capitaine du vaisseau extra-terrestre, dénué de cils, de sourcils et bien sûr aussi de barbe, vaisseau qui atterrissait sur une clairière tranquille en plein bois de Boulogne.«

Und gleich die Rückübersetzung: Um fünf Uhr, wenn das Zeitzeichen im Radio durch den hellen Fiepton des extraterrestrischen Senders auf eine Weise akzentuiert wurde, die nur sie dechiffrieren konnte, verließ die Marquise das Haus zur genau koordinierten Begegnung mit jenem wimpernlosen, brauenlosen und selbstverständlich auch bartlosen Kapitän des extraterrestrischen Raumschiffs, das auf einer stillen Lichtung des Bois de Boulogne landete.

Als Beispiel noch eine zweite Sequenz, hier gleich als Übersetzung des französischen Originaltextes: »Um fünf Uhr opferte der Taxifahrer bewusst und freiwillig seine Verdienstspitze der Liebe zur Marquise. Auf jenem einsam gewordenen Sportplatz am Ende der Rue Jacques Austerre drehte er das Lenkrad bis zum Anschlag, legte den ersten Gang ein und ließ so das Taxi im Kreis fahren. Dann zog er sorgfältig seine Schuhe aus und kletterte zur Marquise zurück, die – mit nichts bekleidet als einem zwar knappen, aber nassen Regenmantel – auf ihn wartete. 14,5 Liter Benzin verbrauchte der Wagen durchschnittlich bei diesen Liebesrunden.«

So sehe ich mich, so werde ich auch gesehen: Als Person mit einem Hauptberuf und einer Nebentätigkeit. Die wird allerdings mehr und mehr zum Hauptberuf. Schreiben als erweiternde biographische Sinngebung ... Nicht als Lehrer ständig stimulieren, korrigieren: mich frei entfalten! Notwendiger, überlebensnotwendiger Ausgleich zum Beruf mit Gehaltszahlungen. Die festen Bezüge verschaffen mir Freiräume.

So habe ich die mir gemäße Lebensform gefunden, meinen Anlagen entsprechend, meinen Fähigkeiten. Die konträre Lebensform eines freien Schriftstellers, dies womöglich berufslebenslang, würde letztlich nicht zu mir passen. Aus der freien Tätigkeit kehre ich gern in die gebundene Tätigkeit zurück, und wiederum: Akte der Befreiung. Mit einem vorgegebenen Begriffspaar: Pflicht und Kür. Die wahren Meister auf dem Eis beherrschen beides. Solange das Eis trägt.

Ellipse mit zwei Brennpunkten. Was diese Lebensform ausschließt: Formen von Engagement, sprich: ehrenamtlicher Tätigkeit. Eine Zeitlang hatte ich mit dem Gedanken gespielt, mich in einer Partei zu engagieren, mich für die Stadtverordnetenversammlung nominieren zu lassen. Aber das blieb Gedankenspiel, Realisierung schloss sich aus, ich konnte mich nicht als verdreifachte Person sehen. Französische Meister hatten vorgeführt, wie man Tätigkeit in der Gesellschaft und Tätigkeit in der Selbstisolierung überzeugend verbinden kann. Dem entspricht, im Grundzug, meine Berufstätigkeit in der Schule, meine Arbeit in einem Zimmer allein. Mehr Spielraum ist nicht möglich, jedenfalls für mich nicht. Für ein Engagement in einer Bürgerschaftsvertretung würde mir allein schon die Zeit fehlen. Meine Stundenzahl im Albertus-Magnus-Gymnasium ist bereits reduziert (damit auch das Gehalt), weitere Einschränkung ist nicht vertretbar, Zeit für öffentliches Engagement könnte nur von der Schreibzeit abgeknapst werden. So was ist für mich undenkbar, ich kann die komplexe Tätigkeit nicht zeitlich komprimieren. Dazu würde auch das Potential an Lebensenergie nicht ausreichen. Hier muss ich haushalten, so altbacken das klingen mag. Auf keinen Fall also eine ehrenamtliche Tätigkeit! »Das ist einfach nicht drin«, sage ich schon mal im Gespräch. Freunden erscheint das weithin plausibel.

Was stabilisierend wirkt, das Gewissen beruhigend: Gisèle schafft so etwas wie Ausgleich, ihr Arbeitsgebiet erweiternd in einer Nebentätigkeit offiziösen Charakters: Ehrenamtliche Mitarbeit in der Kölner Dépendance der »Associations franco-allemandes pour la Science et la Technologie«. Hier hat sich freilich keine Eingrenzung auf strikt Fachbezogenes etabliert, es findet sukzessive Erweiterung statt, getreu dem Richtsatz: »La coopération en sciences humaines et sociales entre nos deux pays devra être encouragée plus avant.«

Komplementarität zu meiner literarischen Arbeit! Vereinfacht dargestellt: Ich ziehe mich nach Erledigung aller Schulverpflichtungen zurück ins Mansardenzimmer, Gisèle fährt, soweit es die Schulverpflichtungen zulassen, ins Büro am Neumarkt.

Dies wird zusätzlich ermöglicht (und abgesichert) durch die Familienkonstellation: Ihre Mutter hilft aus, springt ein, kümmert sich »bei Bedarf« um Kinder und Haushalt. Günstige Zugverbindungen der Strecke Aachen–Köln erleichtern die Planungen: Flexibilität.

»Oma Erna« agiert (was ihr nicht weiter erwähnenswert erscheint) im Hause ohne Kommentare, ohne Einmischungen. Ganz im Gegensatz zu meiner Mutter versucht sie nicht, sich in die Erziehung der beiden Söhne einzumischen, deren »Erzieher« erziehend in nachgeholten Lektionen, direkt bei Besuchen, indirekt über Briefe. Auch äußert sich die Schwiegermutter nie kritisch zu meiner »Nebentätigkeit«.

So etwas wie eine Vorgeschichte: In den vierziger Jahren hatte sie als Sekretärin eines lokalen Schriftstellers gearbeitet, der eine kleine, papierverarbeitende Firma besaß (Briefumschläge etc.); so war ihre Büroarbeit aufgeteilt zwischen Firmengebäude und Privathaus. Aus jener Zeit erzählte sie gern: Angenehme Arbeitsbedingungen, freundlicher Umgangston, und zuweilen schwärmte »Fe« Pelzer von seiner Passion der Segelfliegerei, mit Höhepunkten in doppelter Hinsicht; Thermik an Alpenhängen im Engadin, *Malojawind* ... (Er hatte einen schwebeleichten Tod: glitt auf Skiern einen sanften Abhang hinab im Engadin, stahlblauer Himmel, in weitem Panorama vor ihm ein verschneites Gebirgsmassiv, er stürzte, war auf der Stelle tot. Schöner wird man kaum sterben können, sagen wir uns ...)

»Oma Erna« erschien die Kombination von Schultätigkeit und Schriftstellerei als etwas Selbstverständliches. Für meine Mutter hingegen blieb die »Doppelung« fragwürdig, damit korrekturbedürftig. Insistierendes Fragen: Ob ich meine Energie (soweit noch etwas davon übrigbleibt bei der letztlich anstrengenden Schularbeit) nicht darauf verwenden wolle, nachträglich zu promovieren? Das würde meine Aufstiegschancen doch nachhaltig verbessern, womöglich könnte ich dereinst die Leitung des Gymnasiums übernehmen: ich als Rektor, »Rex«. Alternativ: ich könnte einen Lehrauftrag anstreben an der Kölner Uni. Soufflieren dieser Art war bei »Oma Erna« nicht zu erwarten, schon gar nicht zu befürchten. Ihr verdanke ich gelassene Abschirmung meiner »Nebentätigkeit«. Und ihre Tochter konnte sich bei Bedarf in das Kölner Büro der Institution »absetzen«.

Wie hatte sich die Verbindung zu jener Organisation ergeben? Direkt und indirekt über ihren Vater. Als Ingenieur gehörte Edmund zu einer Gruppe von »Metallern«, die gelegentlich in die französische Partnerstadt eingeladen wurden. Und jeweils Gegeneinladungen. Edmund sorgte denn mit dafür, dass die französischen Kollegen angemessene Quartiere fanden, in Familien von Kollegen; er bereitete Besichtigungen von Produktionsstätten vor, lancierte Fachvorträge; ebenso wichtig waren Stadtführungen und Exkursionen (ins »Bergische«); als fester Programmpunkt jeweils eine Schiffsreise von Köln nach Koblenz. Eine Berufskrankheit erschwerte im Lauf der Jahre allerdings die Kommunikation mit Kollegen und Besuchern: unaufhaltsame Ertaubung durch die »Kesselschmiedekrankheit«. Der in den vierziger und fünfziger Jahren noch völlig unzureichende Arbeitsschutz. Edmund musste Inspektionen durchführen in Kesselanlagen, auch während dort gearbeitet, womöglich genietet wurde – es muss ein Höllenlärm gewesen sein! Gerinnsel an den Hörnerven, deren Zerstörung, sukzessiv. Er zog sich mehr und mehr zurück in den Garten, in die Werkstatt im Keller. Als wieder eine Besuchergruppe aus Frankreich angesagt war, fragte er Gisèle, ob sie nicht ein bisschen mitorganisieren, mitgestalten wolle. Ihre Zweisprachigkeit als ideale Voraussetzung.

Gisèle half mit bei der Vorbereitung von offiziellen Terminen und offiziösem Begleitprogramm. Begleitete Delegationen mit ihrer Leica. Stellte später kleine Dokumentationen zusammen: Fotos mit Anmerkungen, den Besuchern nachgeschickt. Auch lancierte sie Berichte (mit Bildern) in die Lokalpresse.

Dort las ich denn von der Unterzeichnung eines langfristigen Abkommens ... Von einer Beratung in einem Laboratorium ... Von einer Kranzniederlegung ... Von einem Fußballfreundschaftsspiel ... Und dass der Akademie-Chor Köln für die Gäste ein Konzert gegeben hat ... Dass Erinnerungsmedaillen verliehen wurden ... La coopération dans les sciences humaines a une longue tradition ...

Verbunden mit den jährlichen Fahrten nach La Croix-Valmer: Exkursionen, meist in das Landesinnere; die Söhne auf dem Rücksitz simultan stöhnend: »Besichtigungen ...!« Doch das herausgestöhnte Wort wurde vergessen auf einer Fahrt von Orange zum nahen Dorf Sérignan-du-Comtat, zum Landsitz des großen Entomologen Jean-Henri Fabre.

Das alte Haus, der weite Garten. Das Haus, äußerlich, noch so ähnlich wie auf alten Fotografien; der Garten indes als märchenschön organisierter Dschungel – dort wo vorher Ödland war, das dem Haus den Namen gab: l'Harmas. Ähnlich die Situation bei Haus und Garten von Cézanne: Das Haus noch in der Bauform, die alte Fotografien dokumentieren; der Garten als kleiner, dichter Wald – dort wo auf einem Foto der neunziger Jahre des 19. Jahrhunderts noch eine Schonung war von Kiefergewächsen, über die man leicht hinwegblicken konnte in die Talsenke mit Avignon. Im Garten von Cézanne, im Garten von Fabre: postume Sichtverbindung zu den berühmten Hauseigentümern ist eher verstellt als erleichtert, die Blickperspektive ist zugewachsen – für den Garten, den ummauerten, in Sérignan ist längst ein Gärtner zuständig.

Wichtiger jedoch als der Garten: Das Haus, die Exponate im Erdgeschoss, vor allem Zeichnungen des Insektenforschers, der auch Fachmann für Pilze wurde, hinreichend dokumentiert auf etwa 700 Pilz-Aquarellen sowie in Schriften. Auf einem der Schränke, sichtbar dominierend, dem direkten Zugriff von Besuchern entzogen, die zehnbändige Ausgabe seiner *Souvenirs Entomologiques*. Hier fiel mir gleich Victor Hugo ein, der Fabre als »Homer der Insekten« bezeichnet hat; dieser Homer erhielt schließlich den Nobelpreis. Nicht nur für die sprachmächtigen Schriften, sondern auch, so vermute ich, für die provenzalischen Gedichte, zusammengefasst im Band *Oubreto prouvencalo*.

Im Garten, im Haus von Fabre der spontane Entschluss, eine Biographie über ihn zu schreiben. Doch der Impuls schwächte sich ab. Nach und nach irritierend, zuletzt fast blockierend: ausgerechnet das Stichwort Kontinuität. Es zeichnete sich bei Vorarbeiten zum Biographie-Projekt früh schon ab: Fabres enorme Lebensleistung war nur möglich auf dem Sockel von Kontinuität – glanzvoller, vielfarbiger Überbau. Oder: weite, hohe Überwölbung.

Mich packte leichter Schwindel (oder, wie eine Freundin es formulierte: ein Daseinsschwindel): Von 1879 bis 1915 lebte und wirkte Fabre in l'Harmas. Dreieinhalb Jahrzehnte lang! Die verbrachte er zwar nicht ausschließlich, aber doch weithin im Haus, im ummauerten Garten. Selbstverständlich unternahm er Exkursionen, jedoch meist in die unmittelbare Umgebung, dabei stets den Blick auf den Boden gerichtet oder auf Phänomene in Augenhöhe: Materialien für Bilder und Bücher. Die Hundertschaften von Pilzen entdeckend, untersuchend, aquarellierend, über so viele Jahre hinweg. Tausende von Insekten entdeckend, untersuchend, beschreibend, über Jahrzehnte hinweg.

Kontinuität in Reinkultur – es packte mich in der Tat der »Daseinsschwindel«. Und es begann das Buchprojekt zu kippen – zuweilen jähe Intensivierung eines Gefühls von Abneigung: Darauf will ich mich nicht weiter einlassen, wer weiß, über wie viele Jahre hinweg würde mich das verfolgen, fixieren – und so werfe ich das metaphorische Handtuch. Krise. Und ein Sprung, ja Absprung!

Rimbaud … ja, Arthur Rimbaud! Es musste eine Biographie ausgerechnet über Rimbaud sein! Konfrontiert mit seiner Vita: Nicht die geringste innere Beziehung; keine Osmose im Lebensgefühl; fremde Figur in fremder Welt – warum dann, wieso, wozu?

Ich habe mir eine Erklärung zurechtgelegt, an die ich mich rasch gewöhnt habe: In Kontinuitäten eingebunden, versuchte ich, eine konträre Lebensform tiefer Zäsuren, fundamentaler Wechsel zu vergegenwärtigen. Dies nicht in einem Akt simpler, zugleich anmaßender Identifikation, vielmehr: Die Biographie über Rimbaud als Versuch der Erkundung einer Konträr- oder Komplementärwelt. Anders ist die Hinwendung von einem Leben der Kontinuität zu einem Leben schärfster Zäsuren, ja Rupturen, der Risse, Brüche, Sprünge, der radikalen Neuansätze kaum zu erklären. Das Erklärungsmuster »Konträr- oder Komplementärwelt« reproduziere ich in Gesprächen gern, finde damit Resonanz. Auch unter Freunden: Vielfach das Grundgefühl von Kontinuität, alles wie dahingetragen von einem Lebensstrom, aus dem man nicht herausgefordert wird. Verbindendes Lebensgefühl, das bestätigend, bestärkend auf mich zurückwirkt. Mit diesem Deutungsmuster kann ich leben – und schreiben. Doch, wiederum als Frage: Ist hier virtuelle Erweiterung des eigenen Spektrums?

Vor der Realisierung des Projekts allerdings Sprachbarrieren! Rimbaud in drei Sprachwelten: Sprache seiner Gedichte, seiner intensiven Prosatexte … Deutsch als eine der Fremdsprachen, in die er sich einarbeitete … Die Sprache, die ihn in Äthiopien umgab, in verschiedenen Ausprägungen, stammesfixiert … Zuweilen spielte ich mit einem Gedanken, der sich nicht umsetzen ließ: Der erste Teil der Biographie müsste auf Französisch, der zweite auf Deutsch, der dritte in äthiopischer Sprache verfasst werden. Für solch einen Teil müsste ich eine Textvorlage in meiner Muttersprache erarbeiten, die ich übersetzen ließe – und da wüsste ich schon, wer das realisieren könnte. Mein deutschsprachiger Text dann selbstverständlich seitengleich mit der äthiopischen Version. Das Fremde nicht nur erwähnen, es präsent werden lassen, im Sprachwiderstand.

Aber wäre solch eine Aufgliederung nicht allzu schematisch? Müsste die Schreibmethode nicht genauer abgestimmt werden mit der Sequenz von Lebensformen? Müssten Lebensturbulenzen nicht direkt einwirken, postum, auf Textsequenzen? Setzte er nicht alles aufs Spiel, und das wiederholt? Würde dieser Mentalität eine ordnende Wiedergabe entsprechen? Ein bürgerliches Ordnungsmuster der Schriftform für die Annäherung, postum, an ein Enfant terrible, zeitweilig als Outlaw?

Das Rimbaud-Projekt darf nicht bloß erwähnt werden. Dies auch als Form der Dankbarkeit: ich hätte es ohne die Intervention des Charles de Gaulle wohl kaum in Angriff genommen, unter veränderten Lebensumständen wären mit hoher Wahrscheinlichkeit auch meine literarischen Projekte anders ausgefallen. Ich raffe in der Wiedergabe.

Rimbaud hat mit der Lebensform des Dichters radikal Schluss gemacht. Wollte nichts mehr davon wissen. Wollte nicht mehr daran erinnert werden. Konnte heftig werden, wenn er darauf angesprochen wurde. Lehnte ab, wehrte ab. Wollte nicht mehr Gedichte schreiben, wollte Deutsch lernen. Aber: der Franzose, der Deutsch lernen wollte, in Stuttgart, der beschäftigte sich auch mit dem Niederländischen und dem Arabischen; Rimbaud, der in Afrika als Geschäftsmann ein gewisses Renommée besaß, er blieb zweisprachig, nein; mehrsprachig, denn zum Französischen seiner Firma kamen die oft sehr verschiedenen Sprachformen äthiopischer Handelspartner. Also Dreiteilung mit Überschneidungen, Überlappungen? Und zwischendurch oder mittendrin Sprachmodelle der Turbulenzen? Synchronisierung der Textformen mit Lebensmustern? Es kam auf den Versuch an.

Rimbaud! 1870, die Mutter macht einen Spaziergang mit Geschwistern, Arthur, 15, allein im Haus in Charleville in den Ardennen, er haut ab, fährt ohne Fahrkarte nach Paris, wird am Nord-Bahnhof als Schwarzfahrer verhaftet, eingesperrt, muss vom Lehrer und Förderer Izambard ausgelöst werden, erzwungene Rückkehr nach Charleville. *C'est un trou de verdure où chante une rivière* ... Aufbruch, Ausbruch: marschiert los Richtung Brüssel, Suchanzeige der Mutter, Rückführung durch Polizei. Gebranntes Kind, entflammt; setzte Flammenzeichen. *Un soldat jeune, bouche ouverte, tête nue* ... Februar 1871, erneuter Ausbruch, Reise nach Paris, Rückkehr. Januar 1872 Reise nach Paris, Treffen mit dem Dichterkollegen Verlaine, die Freundschaft wird intim. Zurück nach Charleville. *Les pieds dans les glaïeuls, il dort* ... Ardennen, Paris, Belgien, London, Charleville, Roche, London, Brüssel. Dort gibt Verlaine einen Pistolenschuss auf ihn ab; Verletzung, Krankenhaus. Trennung, Bruch. Gedichte, Gedichte. Roche, Paris, London, Wanderungen mit Verlaine. *Les parfums ne font pas frissonner sa narine* ... Kein geregeltes, auf Fortsetzungen abonniertes Leben: Turbulenz in Permanenz. Gedichte, Gedichte.

Erneuter Schlusspunkt, neuer Doppelpunkt: 1875, von nun an schreibt er vorsätzlich keine Gedichte mehr. Wandert nach Stuttgart, lernt Deutsch, reiht Vokabel-Listen: *antragen anbefehlen anmerken anheimstellen anschlagen aneignen anzetteln*. Seitenblicke auf das Niederländische und Arabische. Seine Annonce: »Ein Pariser, 20 J. alt, wäre geneigt, mit lernbegierigen Personen die deutsche Sprache gegen die französische zu studieren. Briefe an A. Rimbaud, Hasenbergstr. 7, Stuttgart.« *Denken dienen drohen empfehlen entbieten entrichten entziehen erhandeln erkaufen eröffnen.* Zu Fuß weiter nach Mailand, Livorno, Marseille, Paris, Charleville. Wien. Ausweisung nach Bayern, Rückwanderung nach Frankreich. Was er nicht mehr in Gedichtzeilen umsetzte, das setzte er in Meilen um, zu Fuß, rastlos, rastlos, welchem Phantom jagte er nach, gehetzt, wie gehetzt trieb er sich selbst voran, überholte, sich selbst treibend, sich selbst, war sich selbst weithin voraus, sah sich anders, erlebte sich anders, erschien vor sich selbst jeweils als anderer, hat das auch so formuliert, Ich ist ein anderer, berühmte Formulierung, prägte sich ein, brannte sich ein, Rimbaud-Siegellack, in die Haut einbrennend, die Hirnhaut.

Freiwillige Meldung zur niederländischen Fremdenlegion, Stationierung in Batavia, Indonesien. »Durchbrennen mit dem gesamten Sold, Flucht durch den Dschungel. Auf ein neues Schiff! *Wandering Chief*.« Über St. Helena nach Liverpool. Charleville. Bremen. Kopenhagen. Norwegen. Marseille. Rom. Charleville. Hamburg. Vogesen. Schweiz. Mailand. Genua. Larnaka auf Zypern. Typhus. Frankreich. Erneut Zypern. »Leitete ich die Arbeiten in einem Steinbruch, Felsen wurden gesprengt. Später habe ich dort den Sommersitz des englischen Gouverneurs erbaut.« *Sich verschleudern, sich vergeuden, vergeuden, verschleudern,* in Schleudern geraten, ins Schleudern gebracht.

Große Zäsur, Bruch mit der Vergangenheit, für immer: Rimbaud wird ein ganz anderer. Suche nach Arbeit in Häfen am Roten Meer. Aden, Hafenstadt im Jemen, britisches Protektorat. »Aden ist ein scheußlicher Fels, ohne einen einzigen Grashalm oder einen Schluck genießbaren Wassers; man trinkt destilliertes Meerwasser. Die Hitze ist exzessiv.« In der Hafenstadt wird vor allem Kaffee verschifft: die in Frankreich besonders beliebten jemenitischen und abessinischen Sorten, mokkastark. Rimbaud spricht vor bei der Exportfirma Bardey et Cie., empfiehlt sich durch einige Kenntnisse der arabischen Sprache, wird eingestellt als Aufseher in der Kaffee-Sortiererei. Hitze, Hitze, er hält das nicht aus, muss weg, weg, weiter. Seine Chance: die Firma eröffnet eine Außenstelle in Harar, Äthiopien. Dreijahreskontrakt. Über das Rote Meer; zwanzig Tage mit einer Kamelkarawane landeinwärts: Harar, 1800 Meter Höhe; entschieden besseres Klima. »Die Handelsprodukte des Landes sind Kaffee, Elfenbein, Häute etc. [...] Ich werde demnächst eine große Reise in die Wüste machen, um Kamele zu kaufen. Natürlich sind wir zu Pferd, bewaffnet und so. Das Land ist recht freundlich.« Bunaa gatin qabaa! Zurück nach Aden. Zurück nach Harar. Yäné mist qonjo näch, t'uru sét näch, kälibbé afäqratallähu, nägär gin särg mädägäs alfälägim. Ja, seine Frau ist schön, lieb, gut, aber heiraten möchte er sie nicht. Er leitet die Agentur. Rimbaud als Kaffee-Experte: Café moka, Coffea arabica. Die weißen, nach Jasmin duftenden

Blüten ... die roten Beeren ... im Fruchtfleisch die grünen Kaffeebohnen. Rimbaud als respektierter Kaufmann, scharf kalkulierend im Tauschhandel. Ab wusht'i Tigray bizuh amolä tiräkibä néyrä. »Ich habe meine Beziehungen geknüpft, hier kennt man mich, hier finde ich immer Arbeit, wie soll ich mich herauswinden, hier aus diesen Ketten, Karawanen und Waren, den Stoffen, Gold, Elfenbein, Muskat, den Waffen.« Doch nicht genug Arbeit in Harar, also fotografiert er, schreibt Aufsätze über Ostafrika: Sachprosa, lyrikfern, Beiträge für das Periodikum der Société de Géographie in Paris. Bähiwäté bizu hagär aych'alläw, bizu mängäd aych'alläw, bizu säwoch aych'alläw, ahun gin bäqtoña. Fotos mit Selbstauslöser: Rimbaud in hellem Leinen vor einem Kaffeebusch, ihn überragend: Mann mit äthiopischer Bräune. Tadjoura wist' tinnish bét näbbäräñ, lakurém qirb näbbärku. Erweiterung des Tätigkeitsfeldes: »Einige Tausend Gewehre kommen für mich aus Europa. Ich werde eine Karawane ausrüsten und diese Ware zu Menelik, dem König von Shewa, bringen.« Nigus Minilik tilliq säw näw, t'amänja yifälläqal, nägär gin birr mäkfäl aywäddim. Ein ehrgeiziger Eroberer afrikanischer Territorien, also Bedarf an Waffen. »Der Weg nach Shewa ist sehr lang; fast zwei Monate Marsch. [...] Er beschlagnahmt die ganzen Gewehre und zahlt einen Spottpreis.«

Schwere Erkrankung des 37-Jährigen, Geschwulst, Tumor am Knie. »Ich mietete 16 Negerträger, [...] ließ eine mit Stoff bezogene Trage anfertigen, und darin habe ich in 12 Tagen die Wüste durchquert. Unnötig, euch zu sagen, was für furchtbare Schmerzen ich unterwegs erdulden musste. Ich sehe furchterregend aus. Ich habe ein Linienschiff nach Frankreich genommen. Wie schrecklich unglücklich bin ich geworden!« Marseille, Krankenhaus, Diagnose Knochenkrebs, Beinamputation. Was helfen da Krücken, was hilft eine Prothese aus Holz? Verkrüppelt, er fühlt sich als Krüppel, was soll dieses Leben, wozu leben wir überhaupt? »Ich weine Tag und Nacht, ich bin ein toter Mann.«

DAS HAUS AM HANG DES HEILIGTUMS

ZÄSUR im Leben der Eltern: 1970 beendete Helmuth die Berufstätigkeit, pünktlich zum 65. Geburtstag. Für diesen Termin hatte Helene wortwörtlich: vorgebaut. In Herrsching war unter ihrer Regie ein Haus entstanden, am damaligen Ortsrand, der Schönbichlstraße. Termingerecht konnte das Haus bezogen werden.

Ein kleines Gästezimmer war eingeplant vor allem für den Besuch eines der Söhne. Solche Besuche (vor allem, wenn mehr als zwei Tage avisiert waren), sie wurden eher hingenommen als wahrgenommen. Es entwickelte sich ein kleines Ritual: Wenn Gisela und ich mit der S-Bahn eintrafen an der Endstation Herrsching, stand Helene auf dem Bahnsteig. Aber nicht zu Willkomm und Begleitung, sondern zu Empfang und Abschied. Mit der nächsten S 5, auf dem Gegengleis bereitstehend, fuhr sie nach München und von dort zu ihrem Bruder in Ratingen. Gisela wurde ermuntert, für »Paps« zu sorgen, ich trug Helenes Koffer in den nächsten Waggon, kurzes Winken, und tschüs.

Ich mag hier aber nicht beim Bild der Mutter bleiben, die nicht mal einen einzigen Fahrplantakt der S-Bahn umwidmen wollte in ein kurzes Gespräch am Bahnhof – ein Gegenakzent muss gesetzt, ein Ausgleich geschaffen werden.

Ich habe ihr auch eine Form der Sozialisation zu verdanken, die vor allem markiert wird durch ihre Leitkategorie der *Zivilcourage*. Immer wieder: Lasst euch nichts gefallen, zeigt Rückgrat! Das war nicht bloß Rhetorik, sie hatte das uns staunenden Kindern mehrfach vorgeführt: Das erfolgreiche Abwimmeln des ersten Trüppchens amerikanischer Soldaten ... Die Furchtlosigkeit, mit der sie ins Amtszimmer des Ortskommandanten marschierte, den Stecker aus der Wand zog, das Radio packte und mit kurzer Erklärung am offenbar sprachlosen Offizier vorbei hinausrauschte ... Die lautstarke Entschiedenheit, mit der sie (vor der geplanten »Rückführung«) den Wohnungsbeauftragten der Gemeinde Herrsching an der Haustür abwies mit der Drohung, das nächste Mal stehe sie mit dem Messer hinter der Tür ... So was fand Resonanz, übertrug sich. Ja, sie hat mir den Rücken gestärkt.

Gelegenheiten, das auf die Probe zu stellen, ergaben sich etwa bei Grenzkontrollen auf unseren Autofahrten in die DDR, auch beim Transit in die Volksrepublik Polen.

Der übliche Ablauf, erst einmal vergegenwärtigt. Als Grenzübergang zumeist Herleshausen/Wartha. Die Vorkontrolle; die Einweisung auf eine der nummerierten Wartespuren; die kleine Holzbaracke, in die man die angeforderten Papiere reichte, die in eine Plastikmappe gesteckt und auf ein verdecktes Förderband gelegt wurden, auf dem sie, parallel zur Wartespur, vermittelt wurden an die Prüfungsstelle (mit einer internen Bezeichnung, die ich nicht kenne). Der Ablauf der Prüfung war optisch völlig abgeschirmt von den Transitreisenden oder Einreisenden. Die Papiere wurden wieder herausgereicht durch einen Schlitz in den Holzcontainern, die in militärischer Ordnung aufgereiht waren. Dann die direkte Prüfung, sichtlich streng, durch den Zoll, das mit jeder Einreise wiederholte Ritual: Motorhaube öffnen, Kofferraum öffnen, Rücksitz hochklappen, wie auch immer. Und es wurde die Unterseite des Wagens kontrolliert mit herangerolltem Spiegel in fixiertem Winkel. Zuweilen wurde auch im Benzintank gequirlt. Recht häufig mussten Gepäckstücke geöffnet werden; es wurde nach Waffen oder Sendegeräten gefragt, wurde nach Schriftgut gesucht, das auf der Verbotsliste stand, und die war umfassend.

Weitere Begegnungen mit Staatsorganen bei der Ausfahrt aus dem Areal des Grenzübergangs: Uniformierte, die eingegriffen hätten, falls man eigenwillig die Kontrollen verkürzt hätte. Und wenige Kilometer nach Beginn der ostdeutschen Autobahn der erste versteckte Streifenwagen mit Radar, hinter dem riesigen Autobahnschild, unter dem eine Gummiplane bis zum Boden herabhing. Wer die Höchstgeschwindigkeit von 40 Stundenkilometern überschritt, wurde ein paar hundert Meter weiter abkassiert. Zahlungen in D-Mark, in der DDR als Zahlungsmittel sehr begehrt, wenn auch von der Propaganda als »Schwindelmark« bezeichnet.

Kontakt mit der Behörde dann in der Dienststelle der Volkspolizei in Artern oder in Halle. Düstere Räume, geducktes Warten von Staatsbürgern der DDR, Einschüchterung von ›vorlauten‹ Bürgern der BRD: Nun setzen Sie sich erst mal hin! In allen Amtsräumen das offizielle Foto des Genossen Staatsratsvorsitzenden Erich Honecker. Alle Unfreundlichkeit, Muffigkeit, Reglementierung: sichtlich unter seinem Patronat.

Soweit die regulären Abläufe, die freilich störungsanfällig waren. Sechs oder acht Fahrzeuge noch vor der Grenzkontrolle, es begann zu regnen, und zwar heftig, doch ein Offizier winkte, unter der Bedachung, mit gleichsam schaufelnder Armbewegung. Ich sagte Gisela, ich verstehe dieses Zeichen nicht, der Offizier soll herkommen und sagen, was er will. Vor uns und neben uns in der zweiten Wartereihe sprangen Landsleute gehorsam aus den Autos, blieben, fast in Habtachtstellung, im Regen neben den Fahrzeugen stehen, ich stellte den Scheibenwischer an, um das genauer verfolgen zu können. Und es wurden uns wütende Blicke zugeworfen, ja zugeschleudert: Dieses renitente Paar versaut die Stimmung bei den Grenzern, die werden uns besonders hart rannehmen. Früher hätte man gesagt: Es waren Blicke, die töten können. Die energische Winkbewegung des Grenzoffiziers wiederholte sich nicht, unsere Landsleute schoben ihre Fahrzeuge immer näher nach vorn, wir überließen das dem Motor. Und waren gespannt auf das Verhalten der Grenzer. Wir wurden korrekt behandelt, problemlose Abfertigung.

Die weitverzweigte Familie (im Dorf in der Nähe des Kyffhäuser), der wir von Düren aus regelmäßig Pakete schickten, und die sich mit Einladungen (etwa zum Schlachtfest) bedankte, sie hatte breitgefächerte Bücherwünsche. Wie aber Bücher über die Grenze bringen, an der speziell nach Druckerzeugnissen gesucht wurde?

Ich versuchte es mit angewandter Psychologie: Auf den völlig freigeräumten Rücksitz stellte ich, mittendrauf, einen großen Karton, oben abgedeckt mit zwei Bildbänden über Weimar. Der Grenzer steckte den Kopf in den Wagen: Was ham Sie denn da? Ich: Bücher. Keine weitere Frage, keine nähere Untersuchung. Was so offen präsentiert wurde, konnte doch wohl keine Konterbande sein, also wurden wir durchgewinkt.

Rückreise aus Polen. Schleppende Abfertigung der Grenzkontrolle. War besonders verdächtig, wer aus der Volksrepublik Polen in die Deutsche Demokratische Republik zurückkehrte, zum Transfer? Ein warmer Sonnentag, ich hatte keine Lust, die Wartezeit im Auto zu verbringen, nahm ein Hefeteilchen, stieg aus, lehnte mich an die Wagenflanke, mümmelte vor mich hin, blinzelte in die Sonne. Registrierte aber im Augenwinkel, dass sich am Kontrollpunkt mehrere Uniformierte gruppierten mit Blickrichtung auf mich. Und es setzte sich ein Offizier in Bewegung, marschierte an der Warteschlange entlang, blieb vor mir stehn: »Hörn Se mal, die Waffel, oder was Sie da zum Munde führen, das tun Sie mal schön weg, ja, hier ist kein Verpflegungsposten, hier ist Grenzkontrolle.« Ich war so baff, dass mir keine Antwort einfiel, wie ferngelenkt (von Helene ferngelenkt?) hob ich den Arm, führte das Teilchen »zum Munde« und biss ab, schaute ihn kauend an. Und wieder eine unerwartete Reaktion: Der Offizier schwenkte ab, marschierte an den aufgereihten Autos entlang zurück. Nun stieg ich doch ein und sagte Gisela: Die schrauben uns gleich das Auto auseinander. Aber es geschah nichts Außergewöhnliches, die Abfertigung war knapp und korrekt.

Das versuchte ich mir zu erklären und fand nur diese Lösung: Der Offizier wurde vom Trupp sicherlich gefragt, wie ich reagiert hätte. Nu!, wird er, dürfte er gesagt haben, er hätte mich entschieden zurechtgewiesen, soooo klein mit Hut würde der Westler hier vorfahren – der hat seinen Speck ab.

Eine der Anekdoten, die, vor der Wende, zum Repertoire gehört haben, Beiträge zur Unterhaltung einer lockeren Runde am Tisch mit Tellern und Gläsern. Als bewährter Abschluss die Story von der Grenzsperrung im »Palast der Tränen« an der Übergangsstation Friedrichstraße.

Die Grenzkontrolle dort hatten wir schon mal mit erhöhter Adrenalin-Ausschüttung überstanden: Gisela mit einem Tonband auf dem blanken Bauch, ein neuer Song, den Biermann in seiner Wohnung in der Chausseestraße eingespielt hatte, ich durfte die Aufnahme am Revox-Gerät aussteuern. Konspirative Verabredung sodann bei laut eingespielter irischer Volksmusik, Biermann flüsternah an Gisela herangerückt.

Doch dann: Keine Spitzelmeldung, die kommen vom Biermann, keine Leibesvisitation. Angemessene Erleichterung, als die S-Bahn anrollte Richtung Westberlin.

Diesmal aber keine Konterbande, Gelassenheit beim Grenzübertritt, Gisela hinter mir. Und da hakte es. Ihr Pass wurde genauestens untersucht, wiederholt wurden Passfoto und Gesicht verglichen. Ich erhielt die barsche Anweisung, mich in den nächsten Sektor der Halle zu »verfügen«, doch ich blieb am Durchlass stehen und sagte, ich würde hier stehnbleiben, bis alles geklärt sei. Daraufhin wurde vor Gisela ein Gitter geschlossen, die Grenzerkollegen zogen nach, die Grenze war zu, im Tränenpalast. Und wieder die triste Erfahrung mit bundesdeutschen Rentnern: maulten und motzten, aber nur halblaut – ich versaue die Stimmung der Grenzer, Kontrollen werden jetzt bestimmt verschärft ...

Nach einigen Minuten trat ein Offizier auf, marschierte auf mich zu: »Sie haben gehört, was der Genosse (folgte der Dienstgrad) verfügt hat, begeben Sie sich augenblicklich nach nebenan.« Ich erklärte, ich würde in Hör- und Sichtkontakt mit meiner Frau bleiben, bis der Vorgang geklärt sei. Der Offizier schwenkte ab. Auf solche Form des Widerspruchs war er offenbar nicht eingestellt, in dieser Hinsicht war er nicht geschult.

Es geschah erst mal gar nichts – ich stand allein in der Halle, die Gitter weiterhin geschlossen, hinter Giselas Rücken wurde lauter gemault. Nach einigen Minuten erschien ein Oberbeschauer, setzte sich ins verlassene Büdchen, prüfte eingehend den Pass, verglich Detail um Detail, die Grenze wurde wieder geöffnet. Nun doch Erleichterung.

Auf dem Bahnsteig droben schaute ich mir genauer das Passfoto an: Es war in der Tat ziemlich alt, die Identität war nicht augenfällig.

DÜRENER AKTIONEN! Gemeinsam mit Wolfgang Breuer (Jazzpianist, Dozent) organisierte ich (ab 1970) ein Veranstaltungsprogramm, das der Papierfabrikant Kurt Renker finanzierte, großzügig, ohne Vorgaben, Vorschriften. Gemeinsames, verbindendes Leitwort: Multimedia. Ein damals flottierender Begriff.

Geblieben sind Plakate und einige Erinnerungen. Vor allem: Dass wir das Leopold-Hoesch-Museum (der flächendeckenden Vernichtung Dürens inselhaft entgangen) komplett ausfüllten mit zeitlich überlappenden, ja mit synchronen Veranstaltungen, die Besucher in spontanen Entscheidungen aufsuchen (oder verlassen) konnten. So herrschte rege Fluktuation im Hause, salopp formuliert: es brummte. Kurzfilme … Tanz … Zeitgenössische Kammermusik … Kagel leitete das Kölner Ensemble für neue Musik bei drei seiner Kompositionen … Lesungen, Rezitationen … Theater (Becketts *Endspiel*, Handkes *Kaspar Hauser* – mit Jürgen Prochnow, der später berühmt wurde mit seiner Rolle des Kapitäns in *Das Boot*).

Ja, es war ein bunter, sehr belebender Mix! Wir gingen aus von der fast utopischen Vorstellung, die verschiedenen Sparten im Reich der Künste würden korrespondieren. Ein Bild, vom Physikunterricht übernommen: Kommunizierende Röhren. Das Wunschbild von Synchronie, von Synergie, von allseitiger, zumindest vielseitiger Offenheit. Nachträglich frage ich mich, ob, beispielsweise, Tänzer sich ins Publikum einer Lesung mischten. Ob sich literarisch Interessierte bei Kagels Musikpräsentation einfanden. Ob Fluktuation eins war mit wechselseitiger Übertragung diversester Kunstimpulse. Oder ob man nur mal reinguckte, schnupperte.

Nachwirkend bleibt aber doch das Gefühl eines höchst belebenden Fluidums aus verschiedensten Komponenten.

WIEDERHOLTE HERAUSFORDERUNGEN zu sozialem Engagement. Von einem türkischen Kellner wurde ich angesprochen auf erhebliche Probleme der Integration, auf finanzielle Ausbeutung türkischer Arbeiter in Düren.

Und er führte mich in Nord-Düren in ein Haus, in dessen Erdgeschoss ein Zimmer an insgesamt acht Arbeiter vermietet worden war: die vier Doppelstockbetten nahmen fast den gesamten Raum ein. Der Anteil jedes dieser Männer an der Miete für das Zimmer lag über hundert DM, und das war damals viel Geld. Während ich mit einigen der Männer sprach, tauchte in der Zimmertür die wuchtige Vermieterin auf, ich ließ mich aber nicht weiter auf den Disput mit ihr ein nach der kiebigen Frage: »Was haben Sie denn hier verloren?!« Ich brachte sie rasch zum Verstummen, indem ich meine bewährte Behauptung einbrachte, ich sei Rechtsanwalt.

Ich nahm teil an der Gründung eines Vereins, der die Integration fördern sollte, ein kleiner Kreis von Frauen und Männern, die sich hier engagieren wollten, gemeinsam mit einem eloquenten, völlig integrierten Türken, einem Textilhändler, der fließend Deutsch sprach und (dies auch in seiner Funktion als Sozialbetreuer türkischer Arbeitnehmer im Regierungsbezirk Aachen) die Rolle des Dolmetschers, des Übersetzers, des generellen Vermittlers übernahm.

Eine erste Zusammenkunft der »Deutsch-türkischen Kultur- und Bildungsgesellschaft« fand statt am 30. Dezember 1970 in der Dürener Stadthalle.

Und es wurde feierlich. »Durch die heutige Versammlung haben Sie uns Türken eine Hand entgegengestreckt, die wir herzlich gern ergreifen möchten – wir meinen Ihre Hand zur Freundschaft. Seien Sie versichert, dass wir uns würdig erweisen werden.« Als eins der Hauptziele wurde benannt die »Rettung aus unserer Isolation und Einsamkeit inmitten Ihrer Gesellschaft«. Es wurde die Hoffnung ausgesprochen, dass diese Versammlung »keine Seifenblasenversammlung sein möge«, an die man sich in einigen Jahren nur mal vage erinnere.

In einer Antwortrede wurde beteuert, »dass wir nicht mit Seifenblasen handeln, sondern Ernst machen mit unserer Absicht, hier grundlegend Wandel zu schaffen«.

Eine Initiatorin (Importeurin von Jeans aus der Türkei) »berichtete über die unzumutbaren Verhältnisse, in denen türkische Familien leben müssen und dafür noch horrende Mieten zu entrichten hätten. Nasse Wände, keine Fußböden, nur Estrich – usw.« Auch sie beklagte, dass weithin »die Deutschen den Ausländer bei Anfragen nach einer Wohnung ablehnen würden«.

In meiner Dokumentations-Endmoräne entdecke ich den selbstgetippten Entwurf eines Planungs- und Grundsatzpapiers. Das nimmt mir nachgeholte Erklärungen ab, ich zitiere mich selbst.

Der bisherige Arbeitstitel des Aktionskreises wurde verkürzt auf ›Deutsch-Türkische Gesellschaft‹. Nach der Annahme von Statuten soll er ins Vereinsregister eingetragen werden.

Die Erörterungen blieben freilich nicht lange im Allgemeinen, es wurde sogleich ein konkretes Ziel besprochen: Patenschaften für türkische Kinder. Deutsche Familien laden je ein türkisches Kind ein, das ungefähr dem Alter der eigenen Kinder entspricht und das möglichst in der Nähe der Patenfamilie wohnt. Einmal in der Woche nachmittags wird von den türkischen Eltern das Kind zur Patenschaftsfamilie gebracht, abends wird das Kind wieder abgeholt. Natürlich lassen sich die Kontakte ausbauen.

Die ›Deutsch-Türkische Gesellschaft‹ wird sich weiterhin sehr konkret um die Wohnungsfrage kümmern. Es hat sich schon jetzt gezeigt, dass die Öffentlichkeitsarbeit, unterstützt durch die Presse, bereits erste Erfolge hatte: Eine Vermieterin bot eine freie Wohnung ausdrücklich einer türkischen Familie an. Hier ist ein erster Schritt zu einer notwendigen Verbesserung oft unerträglicher Verhältnisse; sie wurden bereits ausführlich in der Presse geschildert. Auf der Arbeitssitzung wurde nun folgender Entschluss gefasst: Die Gesellschaft übernimmt für türkische Familien die Bürgschaft gegenüber Vermietern. Die türkischen Mieter werden von einem Dürener Mitglied der Gesellschaft und von einem Dolmetscher, soweit notwendig, mit der Familie bekannt gemacht; die Vermieter können dann frei entscheiden, ob sie die türkische Familie als Untermieter aufnehmen. Der Kontakt mit der Deutsch-Türkischen Gesellschaft wird auch über den Mietabschluss hinaus aufrechterhalten.«

In einer ersten Sitzung der Gesellschaft »wurden 7 deutsche und 6 türkische Teilnehmer als Vorstand gewählt. [...] Es wurde ferner darüber gesprochen, dass man über die Ziele und Absichten des Vereins in der Presse schreiben sollte. Herr Dr. Kühn übernahm es, einen Artikel in der Presse zu bringen.«

Nun werde ich allerdings nicht die (ziemlich kurze) Geschichte des Vereins nacherzählen, ich bringe nur einige Stichworte ein, die nicht nur für die Situation der beginnenden siebziger Jahre charakteristisch sind. Ich zitiere aus einem Protokoll, das nicht von mir geführt wurde – das wurde sukzessiv aufgeteilt.

»Ein Teil der Aufgabe des Vereins besteht darin, es den Türken immer wieder klarzumachen, dass die deutsche Sprache unbedingt erforderlich ist.« Was aber rasch auf Desinteresse stieß. Unser türkischer Mittels- und Gewährsmann »wies darauf hin, dass ein Sprachkursus mit 26 Tonfilmen [an]gelaufen sei und er Mühe hatte, von den 65 Angemeldeten am Ende noch 18 Personen festzuhalten. Dieses Problem muss von neuem angesprochen und besonders propagiert werden.

Auch würde die Zusammenkunft türkischer und deutscher Frauen einen großen Dienst leisten an den türkischen Frauen, die immer alleine sitzen müssen und keine Möglichkeit haben, irgendwo einen Kontakt – außer mit Türkinnen – zu pflegen.

Die Kindergarten-Angelegenheit wurde durchdiskutiert.«

Im April werde ich zu einem der drei Vorsitzenden des Vereins gewählt. Doch erster Enthusiasmus beginnt bereits in Resignation umzuschlagen. Aus einem Protokoll im Juni: »Wir kommen nicht nur regelmäßig zusammen, um Probleme

zu besprechen, wir versuchen auch jeweils, Ergebnisse vorzuweisen. Diese Ergebnisse sind, das geben wir zu, schwerer
zu erringen, als wir uns das im ersten Anlauf gedacht haben. Es
zeigt sich, dass nach jahrelanger Entfremdung, nach jahrelangem beziehungslosem Nebeneinanderleben nun nicht in wenigen Wochen Gleichgültigkeit, ja auch Misstrauen abgebaut
werden können. Was für uns erst eine Sammelbezeichnung
war, ›Türken‹, das löst sich nun langsam auf in verschiedene,
teilweise miteinander rivalisierende Gruppen und in Individu-
en. Wir deuten dies an, um zu zeigen: ein großer Teil unserer
Arbeit hat bisher einfach darin bestanden, Informationen
einzuholen. Dazu mussten Wohnungen türkischer Familien
und Junggesellen besucht werden, dazu mussten verschiedene
Türken genauer befragt werden, dazu mussten Erfahrungen
gemacht werden. Auf der Basis dieser Erfahrungen wollen wir
weiterarbeiten.«

Es waren dies Erfahrungen, die ich mit einbrachte. Als Mit-
Vorsitzender wurde ich von Türken angesprochen; präzise
Informationen erhielt ich durch einen türkischen Kellner. Erst
einmal: Wie konntet ihr bloß Ayhan [geänderter Name] in den
Vorstand wählen! Wie könnt ihr ausgerechnet den zu eurem
Sprecher machen! Und im weiteren Verlauf des Gesprächs:
Ayhan gehört doch zum türkischen Geheimdienst! Und es
kamen Spannungen, Spaltungen zur Sprache, vor allem zwi-
schen Junggesellen und Familien, zwischen Etablierten und
Arbeitslosen.

Zu Treffen des Vereins (nicht des Vorstandes) kamen immer
weniger Türken. Unser Kontaktmann schlug vor, wir sollten
eine renommierte türkische Persönlichkeit einladen, um Türken zu dem Treffen heranzuziehen. Das fand bei uns deutschen
Mitgliedern keine gute Resonanz: Es werde »doch von Seiten
der Türken die Klage über Kontaktarmut« geführt, warum
muss da erst mit türkischer Prominenz angelockt werden?

Ein Mitglied des Vorstands wollte Kontakt aufnehmen
mit dem Türkischen Verein, dies mit der Überlegung, beide
Vereine zusammenzuschließen. Von türkischer Seite wurde
jedoch signalisiert, die Vereine könnten nicht zusammen-

kommen. Wir bekamen zu hören, natürlich diskret, dass der Türkische Verein die Deutsch-Türkische Gesellschaft ablehne mit der Behauptung, wir würden kommunistische Propaganda betreiben. Zudem durften Frauen das Vereinslokal des Türkischen Vereins nicht betreten, also wurde dort nicht gern gesehen, dass türkische Frauen an unseren Treffen teilnehmen konnten. Das alles wurde nicht offen vorgetragen. Protokollarisches Resümee: »Niemand beschwert sich offen und wendet sich an unseren Verein direkt.«

Auch der Versuch, einen »Kulturaustausch« mit türkischen Arbeitern in der Zulieferfirma von Ford einzuleiten, schlug fehl; inoffiziell verlautete: »Der Deutsch-Türkische Verein ist vollkommen überflüssig.« Als die Arbeiterwohlfahrt ein Fest für Gastarbeiter ausrichtete, wurde unser Verein nicht eingeladen. Generell wurde beklagt, dass sich die AWO, der Türkische Verein, die Kommission Gastarbeiter und der Deutsch-Türkische Verein allesamt um dasselbe Problem »bemühen«; Koordination aber kam nicht zustande, ja wurde abgelehnt. Die Stimmung sank, auch bei mir; die Leiterin einer Kölner Kindertagesstätte erzählte mir, eine (offenbar vom Mullah vorgeschickte) Delegation türkischer Frauen hätte gefordert, das St.-Martins-Fest mit Rücksicht auf türkische Kinder abzuschaffen und durch ein allgemeines »Laternenfest« zu ersetzen. In einem Wutausbruch schleuderte die Leiterin einen Aktenordner auf den Boden: »Ja, wo sind wir denn hier?!«

Wieder eine Sequenz aus einem Protokoll unseres Vereins: »Herr Dr. Kühn fasste zusammen: Dass man a) aufgrund von politischen, b) religiösen, c) sexuellen Problemen [gemeint habe ich eher gender-mäßige Probleme], die bei Gründung des Vereins nicht vorhanden und nicht erkennbar gewesen seien, keine Zusammenarbeit gestalten kann.«

Wir konnten aber nicht einfach die Tätigkeit einstellen. Wir mussten die Angst der türkischen Mitglieder »vor der Blamage einer Auflösung des Vereins« berücksichtigen. So wurde zur Klärung eine Versammlung aller deutschen und türkischen Mitglieder einberufen. Und wir trafen eine geheime Vorbereitung, nicht ganz fair, aber notwendig. Es war uns schon bei vorherigen Treffen aufgefallen, dass unser gewandter, eleganter, eloquenter Mittels- und Gewährsmann Ayhan einige knappe Ausführungen deutscher Mitglieder erstaunlich ausführlich wiedergab, dass ausführliche Stellungnahmen unserer Seite wiederum sehr knapp wiedergegeben wurden, dass sich Beifall wiederholt an Stellen ergab, an denen wir es nicht erwarten konnten. Wir durchschauten nicht mehr, was hinter rhetorischen Kulissen geschah, und so sahen wir uns gezwungen, eine junge Turkologie-Dozentin der Kölner Universität zum Vereinstreffen einzuladen, ›undercover‹ eingeführt als Gast, interessiert unserer Arbeit.

Während Ayhan zwischen deutschen und türkischen Teilnehmern auf seine Weise vermittelte, raunte sie uns am Vorstandstisch wiederholt zu: Der entstellt … verdreht … der mogelt … der legt Sie rein … Sie wurde schließlich so wütend, dass sie, gegen alle Verabredung, auf Türkisch intervenierte. Und das auch noch als Frau! Die Seifenblase platzte. Vielstimmiges Durcheinander unter den türkischen Gästen und Freunden, der Vermittler zog grußlos ab. Und wir, resignierend aufgereiht, am Vorstandstisch.

Konfrontationen mit anderen Mentalitäten, anderen Formen der Sozialisierung. Bleiben uns die Fremden fremd? Eine indirekte Annäherung – chronologisch abgerückt, assoziativ nah.

Fahrt in der Regionalbahn. Auf der Doppelbank jenseits des Mittelgangs ein Türke; ihm gegenüber zwei kleine, schwarz gekleidete Frauen. Mir gegenüber ein gedrungener Mittvierziger; wiederholt schaut er hinüber zum Türken, zu den beiden Frauen. Er leitet das Gespräch ein mit der Frage, wo der Kollege arbeitet. Bei Ford in Köln-Niehl. Und er selber? Bundesbahn-Ausbesserungswerk. Gleich auch die Frage nach der Herkunft. Ja, Türke. Aha, Kroate. Dialog in der Sklavensprache Deutsch.

Der Kroate nennt seinen Namen, daraufhin stellt sich auch der Türke vor, nennt die Namen der beiden Frauen: beide klein, breit, erstaunlich viel Gold in den Mündern. Sie seien Schwestern.

Ah, eine Schwester zu Besuch?

Nein, Schwestern immer da. Meine Frauen.

Da geht ein Ruck durch den Kroaten: Du zwei Frauen?

Das bestätigt der Türke; souveräne Gelassenheit.

Ah Muslim. Du können noch mehr Frauen haben?

Ja, aber kosten viel Geld.

Aber du leben mit zwei Frauen? Können auch drei sein?

Das bejaht der Türke, weiterhin gelassen. Der Kroate ist alles andere gelassen: Hoho, zwei Frauen, haha, drei Frauen – wenn er das mal seiner Frau erzählen würde …! Und er schweigt, muss das erst mal verdauen. Einige Reisekilometer später will er wissen, ob es denn keinen Krach gäbe zwischen den Frauen: »Eh, da so Probleme, eh?«

Nein, keine Probleme.

Der Kroate scheint intensiv nachzudenken, dann: »Eine Blume gut, riechen gut, riechen sehr gut, aber viele Blumen, zu viele Blumen stinken.«

Der Türke, seinerseits einen Moment überlegend, antwortet, mit wiederum selbstverständlicher Gelassenheit: »Meine Blumen stinken nicht.«

Da leben nun Millionen Türken in meinem Land, da habe ich zweimal in Stadtvierteln mit hohen Anteilen von türkischen Mitbürgern gewohnt, in Köln-Mülheim und Berlin-Kreuzberg, da kommen einige (wenn auch nicht intensive) private Kontakte hinzu, aber seit der Zeit im Verein habe ich die Erfahrung machen müssen, wiederholt, dass ich Strukturen von Parallelwelten im jeweiligen lokalen Ambiente nicht durchschaue. Wie schwierig es ist, gesellschaftliche Verhältnisse und Vorgänge in unserer Republik zu verstehen (geschweige denn die von Nicaragua oder China!), das wird mir bewusst bei Gesprächen mit einer Bekannten in Brühl: Lilo ist Ethnologin. Was sie von ihrer Tätigkeit berichtet, macht mir zum erstenmal bewusst, dass in ihrem Fach mehr und mehr Feldforschung vor der eigenen Tür betrieben wird: Migrantenforschung.

In Gesprächen mit ihr wird mir noch mehr bewusst, dass

ich in der Welt, die mich sichtbar und hörbar umgibt, nur (gelegentliche) Einblicke gewinne in Segmente, in Sektoren.

Gleichsam ein Spalt, durch den ich in die fremde Welt der Nachbarschaft hineinluge: türkische Cafés und Vereinsräume in Kreuzberg wie in Mülheim, auch in Brühl. In meinen Augen meist ausnehmend kahle Räumlichkeiten, in denen Männer an quadratischen Tischen sitzen und Tee aus kleinen Gläsern trinken. Türkische Männer unter sich. Ich lerne nun, dass man sich in solchen Lokalen die meiste Zeit Glücksspielen widmet. Hier gibt es verschiedene Kategorien, die lassen sich benennen, aber das bringt hier nichts. Auch das Spektrum der Spielmotivationen ist weit: zwischen Zeitvertreib und Besessenheit. Und fast immer geht es um Geld. Dies in einem Regelwerk, einem Netzsystem, in dem jeweils ein lokaler Patron dominiert, dem »fedais« dienen, die Schulden eintreiben (wenn es sein muss, brachial), die vor allem Schutzgelder kassieren.

Es bestätigt sich wieder, auch in Köln, in Brühl, was ich, generalisierend, zuweilen lese: Etwa 85 Prozent der Gastronomen in unserem Lande müssen Schutzgelder zahlen, Italiener an Italiener, Vietnamesen an Vietnamesen, Russen an Russen, Türken an Türken, doch immer öfter muss deutsche Gastronomie an Italiener oder Vietnamesen oder Russen oder Türken zahlen. Oder an Hells Angels, an Bandidos.

Solche Einblicke also (wenn auch eingeschränkt) wirken ein auf mein Grundbefinden, mein *Lebensgefühl*. Metaphorisch: Ich fühle mich wie der Bewohner eines Hauses, errichtet über weitläufigen Katakomben, in denen geschieht, was ich direkt nicht wahrnehme und was doch – indirekt und direkt – an Präsenz gewinnt.

Und an Präsenz verliert. Ich bin ja nicht ständig damit beschäftigt, meine nähere oder fernere Umwelt zu erkunden, womöglich zu erhellen. Ich kann es mir schon mal leisten, eine ganz andere Blickperspektive zu suchen, zu finden, zu wahren.

NATÜRLICH AUCH ÄRGER über akustische Störungen bei der Arbeit. Also Briefe, über Jahre hinweg, an das Staatliche

Gewerbeaufsichtsamt Düren: anschreiben gegen fortgesetzte Lärmbelästigung.

Oktober 1964, Schreiben an das Gewerbeaufsichtsamt: »Vor einigen Wochen waren zwei Herren Ihres Amtes auf Grund meines Schreibens vom Ende vorigen Monats zu einer Phonmessung der Exhaustoren der Firma S. zu uns gekommen, freilich zu einer Zeit, da die Exhaustoren nicht mehr liefen. Die Herren teilten mir mit, sie würden in Kürze zu einer Messung wiederkommen, dies war bisher nicht der Fall. Darf ich darum bitten, diese Messung einmal nachzuholen? [...] Dass es sich nicht um geringfügige Belästigungen handelt, mag das Beispiel dieses Vormittags zeigen, an dem ich die Laufzeiten einmal notiert habe. Demnach lief die Anlage pausenlos von 8 Uhr bis 8.30, von 9.10 bis 10.15, von 10.45 bis 11.05, von 11.40 bis 12 Uhr. Mit der Bitte um baldige Unterstützung.«

Und ich setzte meine Arbeit fort, mit Wachs-Watte-Pfropfen in den Ohren, die das Pulsen hörbar und spürbar betonten. Dennoch konnte der Faden nun nicht mehr reißen.

Staatliches Gewerbeaufsichtsamt Düren. »Wie durch Messung am 26. 4. 1965 festgestellt wurde, liegt die Geräuscheinwirkung beim Betrieb der Spritzlackier- und Trockenkabine der Fa. S. nicht im Rahmen der Vorschriften des Immissionsschutzgesetzes. Gemessen wurden in Ihrem Beisein 70 bis 72 Phon 0,5 m vor dem geöffneten Fenster Ihres Arbeitszimmers. Der Firma S. wurde aufgegeben, Schallschutzmaßnahmen zu treffen.«

Und ich setzte meine Arbeit fort, freute mich auf Sonn- und Feiertage, erst recht auf (die freilich viel zu knappen) Betriebsferien.

»Sehr geehrter Herr Gewerbeoberinspektor, inzwischen wurde an einem der Exhaustoren ein Schalldämpfer angebracht, der die störende Geräuscheinwirkung ganz erheblich herabgesetzt hat. Ich darf Ihnen deshalb für Ihre freundlichen Bemühungen meinen herzlichen Dank sagen.«

Und ich setzte meine Tätigkeit fort, weiß nicht mehr, an welcher Funkarbeit ich damals gesessen habe. Weiß nur noch: Hörspiele und Features wechselten sich meist ab, das Schreiben unter dem Zeichen eines Einfalls, das Schreiben nach Recherchen.

Januar 1972, Schreiben an das Staatliche Gewerbeaufsichtsamt Düren: »Vor mehreren Jahren erhielt die Firma S. durch das Gewerbeaufsichtsamt die Auflage, einen Schalldämpfer an einem der Exhaustoren anzubringen.

Die schalldämmende Wirkung scheint im Lauf der Jahre nachgelassen zu haben. Seit einigen Wochen hat hier nun zusätzlich eine Veränderung stattgefunden, die zu einer deutlich stärkeren Geräuschbelästigung führt. Die Anlage war bisher in zwei Stufen hochgeschaltet worden – davon konnte ich mich mittlerweile tausendemale überzeugen. Seit kurzem aber ist eine dritte Stufe vorgeschaltet. Auf dem Dach wurde kein neuer Exhaustor angebracht, es scheint aber, als würde ein bisher nicht benutzter Exhaustor nun zusätzlich eingeschaltet. Dieses Doppel-Laufen führt zu einem unangenehmen, sehr durchdringenden Schwing-Geräusch, das natürlich sehr viel stärker stört als das bisherige gleichbleibende Brummen.

Sie können sich vorstellen, dass ich bei meiner konzentrierten schriftstellerischen Arbeit erheblich gestört werde, wenn allein an einem Vormittag anderthalb Stunden lang permanent dieses schwingende Grundgeräusch in meine Ohren dringt oder wenn es, wie heute Morgen, gleich 2 ½ Stunden pausenlosen Summens sind, worauf es nach kurzer Pause dann gleich weitergeht. Gerade diese langen Laufzeiten können die besten Arbeitsvorsätze vernichten. Ich bin als Anwohner des Gebiets an der B 56 ziemlich geräuschfest geworden – dieses langdauernde Gewummer aber führt nun doch zu einer erheblichen Störung meiner hauptberuflichen Arbeit.

Ich muss überhaupt feststellen, dass hier die Bestimmungen über die Bebauung von Mischgebieten stark strapaziert werden. Ich habe mich beim Stadtbauamt darüber informiert, dass für diesen Anbau mit der Brennanlage überhaupt keine Baugenehmigung vorliegt! Und ich bezweifle sehr, ob beispielsweise die Lackdunst-Emissionen in einem so dicht besiedelten Gebiet überhaupt zulässig sind. Wenn beim Lackieren Schutzmasken notwendig sind, so können die gleichen Lackdünste nicht in erheblichen Mengen in ein Wohngebiet abgeblasen werden.

Wenn zu all dem auch noch diese verstärkte Geräuschein-wirkung kommt, so ist damit die Grenze von Rücksicht und Geduld erreicht. Ich bin sicher, dass diese neue Schaltstufe nicht mit Wissen des Gewerbeaufsichtsamtes eingeführt wur-de. Es müsste zumindest möglich sein, dass diese dritte Stufe wieder zurückgenommen wird. Ich bitte Sie um rasche und entschiedene Unterstützung.«

Um Unterstützung bat ich auch Freunde: Schaut und hört euch bitte (ebenfalls) um, ob im näheren Bereich der Eifel eine Immobilie in ruhiger Lage erwähnt oder annonciert wird.

SCHRECKENSMELDUNG, Juli 72, aus Herrsching: Bei-nah wären meine Eltern entführt worden, unter aberwitzigem Aspekt.

Nächtliches Klingeln; eine junge Frau vor der Haustür; Helene macht sicherheitshalber nicht auf, öffnet ein Fenster im Obergeschoss, fragt, was los sei. Die junge Frau, sichtlich verstört: Hier in der Schönbichlstraße, da vorn, da drüben, der Wagen ist stehngeblieben, ist kaputt, sie möchte dringend telefonieren. Helene hat den Eindruck, da stimmt was nicht, beschreibt den Weg zur nächsten Telefonzelle – die es damals noch gab – schließt das Fenster, öffnet auch nicht bei zweitem und drittem Klingeln.

Und es war wieder mal das Stichwort gegeben zu einer ihrer Standardäußerungen: »Helene hatte das vorausgesehn …«

Was da nicht stimmte, nicht stimmen konnte, klärte am nächsten Tag ein Gespräch mit der Polizei. Der Fall kam in die Presse. Ich zitiere aus der *Süddeutschen Zeitung.*

»Wegen Entführung und Vergewaltigung einer 22-jährigen Krankenschwester und einer 17-jährigen Schülerin wurde der 21-jährige Peter Tusche in Haft genommen. Es konnte ihm darüber hinaus der Plan eines erpresserischen Menschen-raubes nachgewiesen werden, dessen Opfer der in Herrsching lebende Direktor einer Bank werden sollte. […]

Eine Krankenschwester, die in Starnberg als Anhalterin an

der Straße stand, war von einem Autofahrer gleichfalls nach Herrsching entführt, missbraucht und unter Bedrohung mit einer Pistole gezwungen worden, an der Haustür eines in der Ortschaft am Ammersee wohnenden Bankdirektors zu läuten. Eine Strumpfmaske über dem Gesicht, die Pistole in der Hand, wartete Tusche indessen hinter einem Gebüsch. Es öffnete jedoch niemand. Angesichts der zahlreichen Raubanschläge auf Bankbeamte in der letzten Zeit fürchtete das Ehepaar – zu Recht – eine Falle. Daraufhin ließ Tusche seine Gefangene frei und flüchtete.

Jetzt enthüllte er vor der Polizei, was er damals vorgehabt hatte: Die Krankenschwester sollte ihm als Lockvogel dienen. Er wollte den Bankdirektor und seine Frau unter Bedrohung mit der Waffe zwingen, mit ihm nach München zu fahren und den Tresorraum des Bankhauses zu öffnen. Mit dem Geld wollte er dann ins Ausland flüchten. Seine Geiseln wollte er im Tresorraum zurücklassen und einsperren.«

Helene ließ sofort im Telefonbuch den Eintrag »Bankdirektor i. R.« streichen. Der kleine Vorgarten wurde in der nächsten Zeit mit Argwohn beäugt. Gebüsch wurde gelichtet. Schlaf wurde dünner. Bis sich so langsam alles wieder einspielte.

WEITERE ERFAHRUNGEN: Als »engagierter« Bürger stand ich auf einer Auswahlliste, nach der Schöffen des Jugendgerichts ausgelost wurden, und so erging an mich der Bescheid, ich sei zur Wahrnehmung der Aufgabe bestimmt und verpflichtet.

Da sah ich mich jäh in neuer Rolle: Eine Podeststufe höher als der Saalboden saß ich rechts neben dem Richter, links von ihm eine Schöffin. Wir schauten im Verlauf der Verpflichtungsjahre hinab und hinein in fremde Konstellationen mit wechselnder Besetzung, mit Wiederholungsfiguren und Überraschungserscheinungen – bis turnusgemäß neue Auslosung erfolgte. Der fieberte ich aber nicht entgegen, ich nahm die Aufgabe ernst. Studierte die Anklageschriften, die von der Staatsanwaltschaft Aachen (Jugendstaatsanwalt) zugestellt wurden, machte Notizen zu Stellungnahmen bei der Beratung.

Der Richter, mit dem wir uns in das kleine, kahle Amtszimmer hinter dem Gerichtssaal zur Beratung zurückzogen, er ließ mit sich reden, kam mit der Welt der Angeklagten aber nicht immer klar. Sein Erstaunen darüber, dass einer der jungen Männer mit einem Mädchen geschlafen hatte, von dem er bloß den Vornamen kannte; den Familiennamen hatte er nicht einfach nur vergessen, der hatte für ihn nie existiert. Ein aus jedem Zusammenhang herausgelöster Vorgang: eine dicke Berta gebumst, das war's.

Die Mädchen, die zuweilen vor uns auftauchten, etwa sechzehnjährig, mit gleichsam aufgeschäumten Fleisch, sie ließen sich in ihren Zirkeln offenbar wahllos und willenlos ficken. Wurde das Geld knapp in der Runde der meist Arbeitslosen, auch Arbeitsunwilligen, so mussten sie »den Arsch hinhalten«, wurden vor allem an türkische Arbeiter vermittelt. Zu einer der Angeklagten wurden die im Kleinbus hingefahren – ihre Wohnung am Stadtrand. Im Nebenzimmer warteten zwei aus der Runde darauf, dass der nächste Türke oder Grieche reingelassen, draufgelassen wurde – bis zu zwanzig konnten es an einem Nachmittag sein, pro Mann etwa zwanzig DM, Sonderleistungen extra.

Welt neben meiner Welt, völlig neue Formen von Lebensläufen. Ich zitiere nun allerdings nicht aus Anklageschriften und Urteilsbegründungen (die ich in einer Mappe gesammelt habe – in Auswahl, versteht sich), ich sichte und sortiere Aufzeichnungen, die ich fortlaufend gemacht habe. Nach dem geheimen Motto: Wer weiß, wofür ich das mal brauchen kann. Nun bin ich mir für die Vorarbeit dankbar, wähle aus, greife auf, aber nicht systematisch: bleibe in der Wiedergabe punktuell wie die meisten der Vorgänge, ja, der Lebensformen.

Zwei Brüder vor uns, beide klein, einer 20, einer 18, beide schniefend, unstet guckend, nervöse Handbewegungen; der Ältere wirkt geduckt, sieht aus wie 15. Ein weiterer Bruder hat erst vor kurzem vor Gericht gestanden. Sechs Geschwister insgesamt, die Mutter im Obdachlosenheim, der Vater vor ein paar Jahren gestorben, ein Türke als ›Hausmann‹, danach ein

Kellner. Der sitzt im Saal: klein, kompakt, bestimmt zwanzig Jahre jünger als die Frau, die Mutter; sie war bei der Verhandlung gegen den dritten in der Bruderbande weinend zusammengebrochen. Der Jugendpfleger nun: Der Älteste habe mit 16 erfahren, dass er uneheliches Kind sei; die Mutter werde im Haushalt vom Partner stark bevormundet. Nachdem der Vater (der beiden jüngeren Söhne) das Elternhaus verlassen habe, rasche Arbeitsstellenwechsel.

Die Brüder sind in einen Kindergarten eingebrochen, ließen Folgendes mitgehn: eine Plastikkehrschaufel, einen Handfeger, eine Keramikvase mit Bastuntersatz, einen Kerzenleuchter, eine Tube Uhu, ein Kindermetermaß mit Tiermotiven, einen Locher, ein Taschenmesser. Kein Geld gefunden. Nach einer Woche erneuter Einbruch in den Kindergarten, als Beute diesmal nur drei Kugelschreiber. Ein Zettel war ausgelegt, wurde uns vorgelegt: »Einbrecher suchen umsonst nach Geld.« In kindlicher Schrift hinzugefügt: »War nur ein Scherz. Wir kommen nicht wieder.« Beide streiten ab, so was geschrieben zu haben. Sind ein drittes Mal da eingebrochen, auch diesmal kein Geld gefunden.

Zwischendurch mal einen Kaugummiautomaten mit einem Feuerzeug angesengt, Kunststoff wird weich, mit dem Messer reingedrückt, zehn Kaugummis rausgeholt. In einen Zigarettenautomaten eine Mark rein, mit einem Trick fünfzehn Schachteln Zigaretten rausrutschen lassen, zum Teil dann verhökert. Aus einem unverschlossenen PKW zwei Luftmatratzen entwendet. Einen Schaukasten eingeschlagen: Damenarmbanduhren, Herrenarmbanduhren, Ringe, Armreifen etc. Für drei oder vier der Uhren von einem Hehler zwanzig DM bekommen. Im Reisebüro neun DM erbeutet, in einem Friseursalon ein paar Geräte. Aus einem LKW, dessen Tür nachts nicht abgeschlossen war, den Kfz-Schein entwendet, der auf dem Sitz lag. Einer der beiden hatte ihn eingesteckt, hatte ihn bei der Verhaftung noch immer in der Tasche. Zu viert haben sie zwei Brüder überfallen, im Hinterhof eines Ladens: »Die waren da Kartons am Verbrennen. Da kam der eine rüber und stößt mich so.« Lippen aufgeschlagen, Platzwunde am Hin-

terkopf. Dann rein in den Laden: Vierzehn Packungen Zigaretten, zwei Flaschen Cola. Die waren für den Jüngsten bestimmt: der war schwer besoffen, hatte aber noch immer nicht
genug, brauchte was zum Mischen.

Nächster Fall. Wiederholter Autodiebstahl. Der Täter sieht
ein wenig aus wie Ringo, der Beatle. Zwölf Geschwister. Wie
viele von denen leben noch zu Hause? Die Mutter, als Zeugin, zählt nach: sechs. Und der wievielte sind Sie? »Mutter,
dat weeßte doch besser als wie isch.« Sie zählt an den Fingern
nach: der vierte. Sie lebt von den Kindern. Dazu Sozialhilfe.

In der Nacht vom 23. auf den 24. Dezember Einbruch in
der Werkstatt von Autohaus Münz: Scheibe eingetreten, Tür
von innen her aufgeschlossen, Schlüssel steckte. Mit dem
Audi bis Weisweiler. Achtzig Meter vor der Polizeistation
an der Aus- und Einfahrt war das Benzin alle, den Wagen
abgestellt, über Zaun und Felder nach Weisweiler rein, neues
Auto geklaut, Schwingfenster vorn eingedrückt, zurück nach
Düren.

Immer allein gefahren? Nöh, auch mit dem Spanier, kennengelernt beim Biertrinken. Er hätte Mädchen in Holland:
Verlobte, Bräute. Er wieder zum Autohaus, diesmal suchte
er unter den Fahrzeugen einen BMW 3200 aus. Holte den
Spanier ab, ein Dritter kam hinzu. Mit hoher Geschwindigkeit auf der Autobahn nach Aachen, dann Heerlen. In einer
Kneipe trafen sie Mädchen; der Spanier war »ganz schön am
schmeißen«, das brachte aber nichts, Bräute waren anderweitig vergeben. Und die Disko National war noch geschlossen.
Da haben sie erst mal was im Wagen gepennt. Wieder eine
Kneipe. Der Spanier sollte die Runden zahlen, machte sich
plötzlich rar. Sie hinter ihm her, der Spanier fing an zu laufen, schrie: Partisanen, Mörder! Warum das denn? »Weil er
so bekloppt war oder so.« Mit den Bräuten wurde es nichts.
Im Auto zog sich der Spanier die Hose runter, geilte sich
auf, weckte den Dritten, der am Eindösen war, zog ihm die
Hand an den Schwanz: Mach mir das mal. Auf dem Rückweg
von zwei Streifenwagen verfolgt, »haben mich nicht gekriegt.
War ziemlich glatt, hat aber geklappt.« In Düren kam ihm

allerdings ein Streifenwagen entgegen: anhalten, sich auf die Sitze legen. Dann aber eine Fußstreife, also nichts wie weg, zum Grüngürtel, er unter ein Auto gekrochen, im Schnee, bisschen davorgeschippt, mit der Hand, sie haben ihn nicht gefunden. Zwei Tage später einen LKW geklaut – beim Autohaus wollte er sich bis auf weiteres nicht mehr blicken lassen. Ist rumgefahren, bis der Sprit alle war, dann einen anderen LKW geklaut.

Der Verteidiger: Der Angeklagte wollte die Fahrzeuge nicht wirtschaftlich nutzen ... nicht eine besondere Strafe für jede Einzeltat auswerfen ...

Der Richter: Machen Sie endlich mal einen Führerschein. Verdienen Sie sich was, kaufen Sie sich ein Auto, mit dem Sie Ihrer Fahrleidenschaft nachgehen können.

Fahrleidenschaft? Er hatte Tabletten genommen, Aufputschmittel, rezeptfrei.

Der Richter: Nehmen Sie solche Tabletten doch lieber, bevor Sie zur Arbeit gehen.

»Ach, die nutzen uns doch bloß aus!«

Zur Sprache des Richters: Wieder auf geordnete Füße stellen ... Kommunale Wohngemeinschaften müssen unter Kontrolle stehen, bei fachgerechter Leitung ... Vernünftige Lebensführung ... Nicht absacken ... Versuchen Sie, einen guten Eindruck zu machen, das empfehle ich Ihnen jedenfalls, Sie können es sich nicht leisten, einen schlechten Eindruck zu machen ... Auf den rechten Weg bringen ... Das Vergehen lohnt sich nicht ... Es muss doch einen Menschen reizen, gutes Geld zu verdienen.

Aber es werden keine Konsequenzen gezogen, schon gar nicht werden Belehrungen befolgt, das rinnt ab, sickert weg. Alles punktuell: Hier ein Zugriff, dort ein Übergriff, irgendwas irgendwie irgendwann, fast alles geschieht planlos, aus dem Moment heraus, ohne Vorsatz, ohne Anlaufzeit, was sich ergibt, wird aufgegriffen, was sich anbietet, wird genutzt, wenn es nix wird, ists auch egal, noch mal dort einbrechen, wo nichts zu erwarten ist. Auf Risiko nicht weiter achten: Ah, ein Schaufenster, irgendwas Buntes dahinter, reinschlagen, aber dann hat man doch keine Verwendung für den Raub, schmeißt das weg. Können sich den Einbruch hinterher auch nicht so recht erklären. Wollen sich nicht weiter drüber äußern. Immer wieder reißt der Faden. Da war halt was, wieso muss groß darüber geredet werden?

Wirre Geschichten. Ein Angeklagter sieht aus wie ein Angestellter, ordentlich gekämmt. Vater Pole, Fliesenleger, hat aber irgendwas am Arm, kann nicht arbeiten, kriegt auch keine Rente. Mutter Holländerin, arbeitet in der Krankenhausküche, verdient das Geld. Der Sohn: Lehre als Metalltuchmacher, früh Schwierigkeiten, Bummelei, Diebstahl (6 Monate m. B.), Verwahrlosungserscheinungen, aus zwei Heimen wiederholt entwichen. Zeitweilig Türsteher in einem Oldtimerclub, ohne Papiere, verdiente 30 bis 40 DM am Tag, zusätzlich Freibier. Viel? »Was ich trinke, zähl ich nicht.« Auch Schnäpse?, fragt der Staatsanwalt. Höchstens mal Ouzo, Whisky. Und wie viel da? »Zwanzig, dreißig …« Bei Ihrer Statur? Das verkraften Sie doch gar nicht. »Steck ich weg.« Konnte dann bloß nicht zahlen: Rufen Sie bitte den Geschäftsführer. Erklärte ihm, man hätte ihm hier die Brieftasche mit 500 gestohlen. Haute auf den Putz, setzte sich ab.

In den Delfter Stuben hat er sich bei der Wirtin erst mal Geld geliehen für den Automat. Man kannte sich vom Gesicht her. Kam plötzlich auf die Idee: will seine Verlobung feiern, bestellte eine Flasche Sekt. Ob ich wohl die Herrschaften da einladen darf? Müssen Sie fragen. Zwei Blinde in der Umschulung. Die Wirtin: Kein Ring? Heute nicht so üblich. Keine Braut? Nix da. Nach der dritten Flasche Sekt, auch mit den Blinden, erklärte die Wirtin: Nun machen wir wohl besser die Rechnung. Da verhandelte er nicht weiter, schaltete auf stur: Hab kein Geld. War dann schneller als die Polizei das erlaubt. Zum Bahnhof, wollte mit dem Bus fahren, sah ein Taxi stehn, kam auf die Idee, mit dem Taxi zu fahren, setzte sich hinten rein, der Fahrer las Zeitung, wollte ihn nicht befördern: Bist ja total besoffen, kotzt mir den Wagen voll. Erklärte ihm, er hätte nur zwanzig, dreißig Bier getrunken, sich zwischendurch an der Frittenbude gestärkt, warf ein paar Münzen auf den Vordersitz, Rest später. So wurde er doch befördert. Unterwegs überlegte es sich der Fahrer, übrigens ein Jugo, also überlegte sich das anders, wollte ihn raussetzen. Da hat er ihn am Kragen gepackt, nach hinten gerissen, das Messer in den Nacken gesetzt: Geld raus! Der Fahrer warf seinen Geldbeutel auf den Rücksitz. Weiterfahren! Da krachte es plötzlich. Was, wie? Weiß auch nicht so genau.

Der Taxifahrer als Zeuge: »Geld raus oder ich stech dich kaputt!« Das würde ihm noch in den Ohren klingen. »Da wurde mir anders.« Er wurde gezwungen weiterzufahren, da hat er die Gaspistole gezogen, nach hinten geschlagen, die Alarmanlage angeschaltet, kriegte einen Schlag verpasst, ist gegen einen Baum gekracht, hat sich rausfallen lassen, der Angeklagte nichts wie weg. Im Krankenhaus wurde der Fahrer stationär behandelt, Prellungen. Wagen kaputt. Aber jetzt gibt's wenigstens Zeugengeld.

Der Staatsanwalt sucht einen neuen Ansatz: Und die Frankfurter Mädchen, die er für sich laufen ließ? Der Angeklagte winkt ab: »Kann gewesen sein, war ich fünfzehn.« Der Staatsanwalt ist baff: So früh schon?! Dass jemand derart früh in die kriminelle Welt absinkt, so was hat er noch nicht erlebt. Sechs Monate Jugendhaft als Minimum; in kürzerer Zeit lasse sich erzieherisch nicht einwirken.

Kaleidoskop der B-Ebene der Gesellschaft. Diebstahl … Schuldfeststellung … Diebstahl … Freizeitarrest … Körperverletzung: »Wofür weeß ich och nit. Ich war esu falsch über dem, weil der so am brüllen war.« Ein paar in den Rachen gehauen … Ein vom Elternhause Abgängiger … Vorläufige, dann endgültige Fürsorgeerziehung … »Der Mitarbeiter guckte durch uns durch, der hat uns nicht gesehn, das war unter seiner Würde, wir waren für den gar nicht vorhanden …«

Ein ehemaliger Hilfsschüler. Lesen ist ihm immer schwergefallen, hat ein bisschen Rechnen gelernt. Arbeit bei der Glashütte hat ihm nicht gefallen. Dann auf dem Bau. Musste dem Vater alles abgeben, durfte nur Taschengeld behalten.

Sieben Geschwister, da musste er mitverdienen. Der Vater als Zeuge: Arbeiter bei einer Spedition, aber immer nur als Beifahrer. »Die Mutter ist ein Teil schlimmer als ich, aber ich setze mich durch.« Was den Sohn betrifft: Immer dasselbe.

Einbrüche. Zuletzt in einer Scheune. Ein Zeuge Jehovas hatte ihm gesagt, da wären einige Wehrmachtshelme drin. Ein Zeuge Jehovas? Ja, aber ein Knilch. Verkrümmtes Rückgrat, kann einen Achtkilohammer nicht heben. Hat das mit den Wehrmachtshelmen auch nur behauptet, damit er für ihn die Scheune aufbricht. Hat dafür ein Brecheisen zur Verfügung gestellt, von seiner Großmutter geklaut. Dem war es nur um das Auto gegangen, das in der Scheune abgestellt war. Ließ sich aber nicht öffnen, Pech.

Gemeinsam mit einem Kumpel Streifzüge durch die Kaufhalle. Schuhe, Socken, Hosen. Einmal auch drei Pullover, da hatten sie sich vergriffen, sollten nur zwei sein, für jeden einer. Zigaretten, ein paar Packungen. Und ein Siphon? Wat is dat dann? Also, davon weiß er nichts.

Eine Zeitlang in einem Wohnwagen auf dem Kirmesplatz; den Besitzer, Türsteher, hatte er in einer Disko kennengelernt. Konnte sich zu der Zeit beim Vater nicht mehr sehen lassen: Anklage wegen vorsätzlicher Körperverletzung. Drei Wochen in einer Wohngemeinschaft, mit fuffzehn andren, manchmal noch mehr Mitbewohner, meist Mädchen, es ging schon mal drunter und drüber. Wollte da nicht länger bleiben, überall lagen Mao-Bibeln herum, hingen China-Plakate, kriegt man ja alles im Bahnhofskiosk. Hatte einen Wohnwagen geknackt: Cola, Apfelsaft, Würstchen. Von einer Damenlederjacke ist ihm nichts bekannt. Zog zu einer Uschi, da war grade eine Party, sie machte die 25 Würstchen warm. Angestellte in einem Reisebüro. Eine Woche bei ihr gewohnt. Von dort, besoffen, im Nebenhaus eingebrochen, durch den Keller: Tonbandgerät, Plattenspieler, Fernrohr. Alles bei Uschi abgestellt. Im Kaufhof eine Bohrmaschine geklaut, war nicht leicht, ging aber, war länger als die Jacke, guckte unten raus, hat keiner gemerkt. Ein Hehler nahm die in Kommission, Geld später. Der Typ war zugleich Subunternehmer, vermittelte Leute an

den Bau. Der Staatsanwalt: »Arbeitsrechtlicher Zuhälter!«
Drei einfache, vier schwere Diebstähle, nicht nachgewiesene
Zahl von Einbrüchen.

Der Verteidiger: Gebrauchsgegenstände, die nicht nach
Wertgewinn ausgesucht wurden. Überhaupt: Filme böten
auch hier brauchbare Rezepte. Kriminelle als Helden. Hinzu kommt Abenteuerlust. Sonst keine weitere Erklärung. Es
taucht die Formulierung auf: »Unterschiede in der Persönlichkeitsbewertung«.

Wiederholt Schwierigkeiten mit der Polizei, vom Angeklagten zur Selbstverteidigung vorgebracht. Bei Einbruch mit
Kumpel in einer Wohnung wurden sie gestellt. »Wer abhaut,
dem wird in die Hacken geschossen!«

Der Polizist, als Zeuge vernommen, deutet dies als Form der
Belehrung. Überhaupt, man kennt sich längst. Unerwartete
Begegnung im riesigen Areal der Anna-Kirmes, ein Polizist in
Zivil, einer der Jugendlichen mit Mädel, und im Vorbeigehen,
Vorbeischieben raunt der Polizist dem Jungen zu: Nächstes
Mal kriegen wir dich! Und zurückgeraunt: Leck mich! Schon
driftet man auseinander.

Trotz der Androhung, von der Dienstwaffe Gebrauch zu
machen, Fluchtversuch der beiden. Dabei war vor dem einen
Polizisten gewarnt worden: Zweizentnermann, untersetzt,
Brillenträger, hat sogar den König der Kölner Unterwelt gesickt [verpügelt], nimmt es mit zweien auf. So war es auch:
hielt mit jeder Hand einen der beiden fest. »Was ich mal gepackt habe, das behalte ich im Griff.«

Der Angeklagte: Auf der Polizeiwache wurde ihm ein Stuhl
angeboten. Jedes Mal, wenn er sich setzen wollte, wurde der
blitzschnell weggezogen. Na ja, war Karnevalszeit. Beim Verhör soll der Polizeibeamte aber ziemlich hitzig geworden sein:
»Sei endlich ruhig, sonst schlag ich dich zusammen.« Mit dem
Plastikgürtel, der bei der Festnahme kaputtging, wurde er
drei-, viermal auf den Rücken geschlagen.

Der Polizist, in Ausgehuniform, Kopfbedeckung an der
Hosennaht: Eine Vernehmung, mit Protokollführung, so was
hat ja gar nicht stattgefunden, nur eine fotografische Doku-

mentation: Der Angeklagte hat Hakenkreuze eintätowiert, am ganzen Körper.

Stimmt nicht, nur an den Unterarmen! Kann das beweisen! Die Tattoos sind jedenfalls auffällig, wurden deshalb dokumentiert. Dabei hat sich der Angeklagte unter Alkoholeinwirkung gesperrt, ist pampig geworden. Im Übrigen, so gibt einer der beiden Polizeibeamten zu erkennen, werde ein Verleumdungsprozess angestrengt wegen der Unterstellungen da.

Der Staatsanwalt hält ergänzend fest, der Angeklagte habe im Verlauf der Verhandlung zwei Festnahmedaten verwechselt, sei letztlich also wohl unglaubwürdig.

Fortgang der Beweiserhebung: Der Angeklagte war nach dem Verhör zur Ausnüchterung in eine Zelle gesteckt worden. Kletterte dort auf den Heizkörper, Nase am Fenster. Zwei Aufseher kamen rein. »Ich brauche frische Luft!« Die beiden: Sachbeschädigungsgefahr, Wandbeschmutzungsgefahr! »Und das in diesem Drecksloch!« Der Aufforderung, runterzusteigen, leistete er nicht Folge, wurde runtergerissen, geschlagen.

Und woher kamen die Blutergüsse bei dem einen vom Aufsichtspersonal?

Na, den hat er doch bloß ein paar Sekunden bisschen was gedrückt oder gepackt.

Und dabei Blutergüsse ...?!

Bei einem der Angeklagten werde ich in meinen Aufzeichnungen etwas ausführlicher: Assoziationen an einen jungen Mann, diverse Einbruchsdelikte, dem ich einen Teil der Haftzeit erspart, ihm Wohnung und Arbeit besorgt hatte, und der gleich in der allerersten Nacht in Freiheit rückfällig wurde mit Einbrüchen: Schock, Zorn, Frust! Keine direkten Parallelen hier nun, selbstverständlich nicht, aber einige Entsprechungen im Verhalten bis zur Verhaftung, bis zum Termin vor dem Schöffengericht. Dass ich mitnotierte, fiel dem Richter, der Mitschöffin nicht weiter auf, ich hatte, bei den Besprechungen im Hinterzimmer, vielfach die Notizen in der Hand. Und für die jungen Leute vor uns war ich wohl so was wie ein zweiter Protokollführer.

Der Angeklagte zur Familiensituation: Die Mutter lebte mit dem Bruder ihres Mannes zusammen, echte Onkelehe, als Kind verwirrte ihn das einigermaßen. In seinem jetzigen Alter würde er mit so was schon eher zurechtkommen. Vater war eigentlich Bäcker, kriegte das Bäckerekzem, dann gings los: Fundunterschlagung, Hehlerei, gemeinschaftlicher schwerer Diebstahl und so. War gleich nach Haftentlassung rückfällig geworden – neunzig Prozent würden rückfällig, meint der Angeklagte, die Krise meist schon im ersten halben Jahr. Bei dieser Anmerkung ließ er locker den Arm schlenkern. Die Mutter war eigentlich vorgeladen, als Erzieherin, blieb jedoch ohne Erklärung weg. Ordnungsstrafe. Der Sohn griemelt.

Aussagen zur Person: Lehre als Büromaschinenmechaniker. Kurze Zeit Arbeit im Postscheckamt, dann verlor er Lust, stieg aus, die Verdienstmöglichkeiten erschienen ihm zu gering. Büchste aus, wurde an der Luxemburger Grenze aufgegriffen, abgeschoben, dann nach Österreich, quartierte sich ein in einer Pension im Zillertal, lieh sich Geld, gab es sofort wieder aus, konnte die Pension nicht bezahlen, wurde drei Monate eingebuchtet, in Innsbruck, dann über die Grenze abgeschoben.

Kurz wieder in Düren, Arbeit in der Papierfabrik, passte ihm auch nicht, also weg und nach Berlin.

Der Staatsanwalt: Wollten Sie den Wehrdienst verweigern? Fügte gleich hinzu: Das würde bei diesem Verfahren keine Rolle spielen, aber es würde ihn interessieren, es würde bei der Motivation zu diesem Ortswechsel vielleicht doch eine Rolle spielen.

Aber er war nur aus Neugier nach Berlin, wollte das mal kennenlernen. Fand auch da wieder Arbeit, gab sie rasch wieder auf, brauchte also Geld, beantragte bei einer (bei der?) Berliner Bank ein Einrichtungsdarlehen. Dazu musste er volljährig sein, also fälschte er das Geburtsjahr im Pass. Legte sodann einen Mietvertrag vor, den er selbst ausgefüllt hatte, ein Mietverhältnis vortäuschend. Die Unterlagen wurden nicht weiter überprüft, er erhielt DM 5000. Staunen am Richtertisch: So leicht geht das?

Er kaufte eine Uhr mit goldenem Armband: so was wär sein

Hobby. Ging gut essen: auch sein Hobby. Kriegte gleich Kontakt mit einem Hotelier, könnte als Hotelkaufmann arbeiten. Kriegte schnell raus, dass dessen hübsche junge Frau Verkehr mit dem Personal hatte. Der Mann hat trotz seines Alters nichts dazugelernt. Was ihn selbst betrifft: wollte sich noch nicht festlegen, sich ein Türchen offenhalten.

Er mietete erst mal ein Kfz. Zahlte eine Woche im Voraus, behielt den Wagen aber länger. Ließ ihn dann einfach stehn, Schlüssel und Papiere auf dem Sitz. Behauptete beim Polizeiverhör, er hätte den Verleih telefonisch benachrichtigt, erklärte nun, er hätte das vergessen.

Einbrüche. Er kriegte schnell raus, wo sich das lohnt. Kaufte die neue Ausgabe von *Reader's Digest*, zeigte sie vor, bot ein günstiges Abonnement an, schaute sich in der Wohnung um – sieht es der Einrichtung sofort an, ob es sich lohnt. In so einem Fall sagte er: Ach, ich habe heute genug Abonnements verkauft, ich schenk Ihnen die Ausgabe zur Ansicht; kleine Werbemaßnahme … Aufschlussreich auch Briefkästen: Steckt abends noch Post drin, sind die Adressaten nicht zu Hause. Insgesamt: Das Leben in Berlin war Genuss ohne Reue.

Diese Formulierung ärgert den Staatsanwalt ganz besonders, er lässt sich ausführlich darüber aus.

Der Angeklagte reagiert muffig. Hellbrauner Anzug mit Weste, dicke Krawatte, Kavalierstuch in gleicher Farbe aus der oberen Jackentasche lugend. Schnallenschuhe. Die Haare gepflegt, nicht schulterlang. Lässt, wie er zugibt, alles an sich vorbeimarschieren. Lebt aber auf beim Stichwort Hotel, in München. Fand aufgrund seines gepflegten Aussehens und seiner gewinnenden Gesamterscheinung sogleich eine Anstellung als Page in einem Nobelhotel. Kriegte schnell raus, wann sich betuchten Gästen am leichtesten Geld aus der Tasche ziehen ließ. Meldete sich freiwillig zum Dienst an Weihnachten, Silvester, Neujahr, was ihm seitens der Leitung hoch angerechnet wurde und sich durchaus rechnete. Er kaufte, vorweg, Theaterkarten oder Karten für den Presseball, legte sie im passenden Moment zum Verkauf aus. Statt etwa 25 Mark stellte er 150 in Rechnung, mit der Erklärung, die seien speziell für dieses Hotel reserviert worden, gegen Aufpreis. Er machte Umsatz. Wenn ein Gast zu solch einer Veranstaltung schwarze Schuhe brauchte, machte er sich auf zu einem Geschäft, das abends auch telefonisch erreichbar war, ließ sich eine besondere Rechnung ausstellen, zehn bis fünfzehn Prozent Aufschlag für ihn, zehn für das Geschäft, kassierte in bar. Für einen Gast sollte er koschere Wurst besorgen, kriegte einen Zettel in die Hand gedrückt mit hebräischer Schrift, zog los; bei der ersten Adresse war niemand mehr, er fuhr im Taxi herum, fand schließlich einen jüdischen Metzger, wurde freundlich behandelt, man packte ihm die Wurst ein, erhöhte die Rechnung allerdings nicht. [Die Episode erschien mir unwahrscheinlich, aber Jahrzehnte später registriere ich zufällig: Es gab schon bald nach dem Krieg die koschere Metzgerei Otscheret in der Möhlstraße.] Die Taxigebühren beliefen sich mittlerweile auf fünfzig DM, er ließ sich vom Fahrer eine Quittung mit zwanzig Prozent Zuschlag ausstellen, erhielt vom erfreuten Gast noch dazu fünfzig DM Trinkgeld. Ein Amerikaner mit Gehirnschwund, der ließ in der Lobby die Fünfmarkstücke nur so unter sich fallen, dem heftete er sich an die Fersen. Der reiche Jude, der jedes Jahr zur Spielwarenmesse kam, für eigenen Bedarf einkaufte, Gäste im Lift schon mal mit einer Knallpistole erschreckte, dann aber den Hut hob; der griff tief in die Tasche. Ein Orientale, irgendwas mit Öl, der für jeden Handgriff fünf Mark rausrückte, den hatte man ebenfalls im Griff. Die Alt-Reichen übergaben schon mal dezent einen Briefumschlag. Unter den Gästen auch Hans Albers, der immer besoffen war und gleich im Lift nach dem Boy grapschte. Horst Buchholz mit Knaben rechts und links. Balletteusen, die nach der Vorstellung überhaupt nicht erschöpft waren. Frauen, auch um die fünfzig oder sechzig, die nackt im Zimmer standen, wenn sie Herein! gerufen hatten. Auftritte zuweilen auch als Plattenjockey, im Hotel. Eine junge Frau, die auf ihn wartete, im Wagen, drei Stunden bei der Kälte, die hatte Mucken, da mussten ihr erst mal ein paar verpasst werden, rechts und links um die Ohren, dass der Kopf nur so hin und her flog, dann wurde sie gefügig. Das brauchte sie einfach, wollte schließlich kein Spielverderber sein.

Was mich im Verlauf der Schöffenzeit zermürbte, waren die Wiederholungen. Alles erst einmal dargelegt in der Anklageschrift aus Aachen. Dann die Vernehmung. Danach die Beratung. Anschließend die Urteilsverkündung und die meist ausführliche Urteilsbegründung des Richters, der alles noch mal wiederholte, oft wörtlich. Schließlich die Ermahnungen, wenn eine Haftstrafe wieder mal auf Bewährung ausgesetzt wurde: »In geordnete Bahnen zurückbringen ... Festigen Sie Ihre Persönlichkeit ...« Ich registrierte, wie das an bewegungslosen Gesichtern abrieselte, es waren überhaupt keine Rezeptoren vorhanden für solche Vorhaltungen, Ermahnungen, Ermunterungen, Vorschriften. Botschaften aus der anderen Welt der drei Typen, die etwas erhöht saßen, bis in Brusthöhe abgeschirmt von Holzflächen, in Aktenordnern blätternd, mit Durchschlagpapieren raschelnd, Notizen machend (die ich zum Teil kaum noch entziffern kann).

NIDEGGEN, ORTSTEIL ABENDEN, unterhalb des ersten Höhenzugs der Nordeifel. Hier kaufte ich 1973 ein sogenanntes Wochenendhaus. Lärmgeplagt, wenn auch noch nicht lärmgeschädigt, hatte ich ja im Freundeskreis darum gebeten, Augen und Ohren offenzuhalten. So wurde denn von einer Bekannten eine Seite mit »Gelegenheitsanzeigen« in den Briefkasten geworfen. Und rot markiert: »Ferienhaus, Nähe Nideggen / Eifel, zu verkaufen. 1500 qm Waldgrundstück, ca. 70 qm Wohnfläche, ausbaufähig, leicht reparaturbedürftig.« Der VP-Preis, die Telefonnummer. Wurde sofort angewählt, schon folgte eine erste Beschreibung der Lage.

Inspektionsfahrt mit dem Schwiegervater. Das Grundstück, in Südhanglage, nicht umzäunt, so konnten wir ohne Terminabsprache das Haus schon mal von außen besichtigen. Spinnweben allenthalben. Gelockerte Bretter der Außenwände, von den Holzjalousien abbröckelnde Farbschicht. Edmund: Das kriegen wir hin!

Telefonisch verabredeter Besichtigungstermin. Im großen, hellen Wohnzimmer ein Sofa, eine Tischtennisplatte, an der Wand eine Dart-Scheibe, rundes Tischchen mit rötlicher Marmorplatte und Tischbeinen aus Echtholz, endend in geschnitzten Löwenpranken (die ich später rot anmalte).

Die Besitzerin (eine Buchhändlerin) etwas später, bei offiziellem Termin: Gebaut wurde das Haus vom Inhaber eines Betriebs für Rollladen, und so bestand alles aus Holz (auf gemauertem Souterrain und Keller im Hang). Als nächster Besitzer ein Chefarzt, und es fanden Feten statt – Stöckelschuhe hatten, mit ihren Pfennigabsätzen, Hunderte von winzigen Einmuldungen hinterlassen im Parkett, Dutzende von Sektflaschen waren vom Balkon ins Gelände geschleudert worden. Dann wurde das Haus zum Liebesnest ihres Ehemanns – sie wollte den Bau loswerden und ein Stadt-Apartment kaufen. Ein (ehekrisenbedingt) moderater Preis, den wir uns, Geld zusammenschrappend, gerade mal leisten konnten. Der Schwiegervater, Frührentner, schritt zur Tat; wiederholt sein Ruf: Ein Schnäppchen!

Das Haus atmet. Selbst, wenn wir wochenlang auf Reisen sind, und wir kehren zurück: Nicht muffig, kein Schimmel; durch Millionen von Holzporen, Holzritzen osmotischer Luftaustausch. Und Fledermäuse unter dem Dach, manchmal auch Mäuse. Und Wespennester werden gebaut, auch ein Hornissennest, aber die Einfluglöcher sind weit genug entfernt vom Balkon, so stören wir uns gegenseitig nicht. Ein Haus, in dem ich nachts um eins noch eine Sinfonie von Mahler abspielen kann, in voller Klangentfaltung, das große Wohnzimmer als hölzerner Resonanzkörper.

Überhaupt gute Schwingungen. Der Förster, von dem ich mich beraten ließ, und er markierte die Bäume, die herausgenommen werden mussten, er zog, während ich Kaffee aufbrühte, eine Wünschelrute aus einem Behälter, der wie die Hülle eines Tennisschlägers aussah, ging im Wohnzimmer umher auf knarrenden Parkettstäben, umschritt das Haus: Alles störungsfrei, sagte er, hier könnte ich gut arbeiten … Nach Störstellen des erdmagnetischen Feldes habe ich nie gefragt, ich nahm die Feststellung zur Kenntnis als zusätzliche Bestätigung einer guten Entscheidung. Ein Haus, in das ich mich zurückziehe in besonders schwierigen Phasen der Arbeit. Vom kleinen Arbeitszimmer mit großem Tisch blicke ich ins Grüne; Himmel nur in kleinen Ausschnitten zwischen Baumkronen. Im Winter ließ ich mich zuweilen (das wurde aber immer seltener …) gern mal einschneien, für ein, zwei Tage.

Ein Grundstück in dreieckigem Grundriss: die beiden Seiten des langen Dreiecks sind von Wanderwegen, Forstwegen flankiert, einer von ihnen als Hohlweg, die dritte, kürzere Seite markiert ein verfallener Zaun zu einem (riesigen) Nachbargrundstück. Im Winter der Blick hinab ins Rurtal, auf das Dorf Blens, auf Hügel hinaus bis zum Kloster Mariawald am Hang des Kermeter. Im Sommer ist das Haus von Grün fast vollständig umhüllt, von Grün auch überragt, nur winzige Durchblicke auf die Hügelreihe des Gegenhangs sind möglich. Alle paar Jahre habe ich Bäume gefällt, damit die Kronen sich entfalten können, statt zu Wedeln zu verkümmern, und Licht will ich ja auch im Hause haben. Inzwischen sind die Bäume, meist Eichen, so groß geworden, dass ich einzelne Bäume von Profis fällen lasse – zu gering der Spielraum zwischen Haus, Telefonleitung, Stromleitung; mit geschickten Seilzugmanövern über Eck »werfen« die Männer aus dem Nachbardorf die Bäume genau »ab«. Ein Jahr später schon wieder »Kronenschluss«: doch die Kronen weiten sich. Es wächst und wuchert, als müssten die alarmierenden Aussagen über den Zustand unserer Wälder sichtbar widerlegt werden. Unter den Bäumen lassen wir alles wachsen: Ginster, Rhododendron, Eibe, Ilex; den Verlauf der Wegränder bestimmen Gräser und Brombeerranken, nichts wird begradigt, der Bauch des Autos wird von Gras gekitzelt, wenn ich ins zaunlose Grundstück einfahre.

Das Telefon als einzige Verbindung nach draußen; Post lasse ich mir nicht in den Wald bringen. Verabredungen mit Freunden auf Tage voraus. Und Kino und Theater und Konzerte und Ausstellungen? Alles weit weg, im Winter besonders weit: zwischen der rheinischen Tiefebene und dem Dorf

713

im Tal liegt der Höhenrücken wie ein mächtiger Querriegel. Auf dem Sporn der Hangkuppe die mächtige Burgruine, die romanische Kirche aus der Zeit eines Wolfram von Eschenbach und Gottfried von Straßburg.

Ehemaliger Kriegsschauplatz Nordeifel: Am Haushang sind heute noch Schützengräben, Schützenlöcher, Granattrichter zu sehen, die Ränder sanft abgerundet. Auch durch das kleine Waldstück zieht sich ein Schützengraben – einen etwa zwanzig Meter langen Abschnitt sehe ich vom Arbeitstisch aus.
An einem Sommermorgen stand ein Mann im Grundstück, starrte in den Graben: Als Achtzehnjähriger hatte der Saarländer hier gelegen, in der Nähe eines MG 42, dessen Position er noch genau bestimmen konnte. Fast täglich wurde aus der Richtung, aus der wir bei Südwind Artillerie und Schnellfeuerkanonen vom NATO-Areal des Camp Vogelsang hören, eine Feuerwalze geschossen, den Hang herauf oder hinab. Und die Landser reparierten zerstörte oder beschädigte Erdbunker, hoben verschüttete Gräben und Löcher wieder aus, beobachteten das überschwemmte Rurtal. Durch den Hohlweg, der die obere Grenze des Grundstücks bildet, kam Verpflegung herab, von der ›Gulaschkanone‹ hinter dem Hang; vor der jetzigen Einfahrt fetzten Granatsplitter in den Körper eines Essenholers. Gelegentliche Funde im Grundstück: das geflügelte Endstück eines Granatwerfer-Geschosses, ein Sprengstück einer Granate: fast daumendick das rostige Metall.

Es war einmal: In den siebziger Jahren gab es in der Nordeifel noch Nachtigallen. Mindestens eine Nachtigall, die »Hausnachtigall«, in der Hangschräge unterhalb des Hauses, eine weiter halblinks, Richtung Hausen, eine andere noch weiter entfernt, Richtung Lüppenau – sie sang an einem Abend so laut im Baum am Fahrweg, dass wir sie trotz Motor und geschlossener Fenster hörten; wir hielten an und lauschten.
In jenen Jahren purrten noch Feldhühner an Wegrändern hoch, Fasane kreuzten unseren Weg. Es war einmal. Feldhühner und Fasane nur noch in seltenen, bestaunten Ausnahmen.

Das Aussterben zum Beispiel von Singvogelarten hingegen nehme ich kaum wahr, weil mein Blick, mein Gehör nicht trainiert sind auf das Unterscheiden von Merkmalen bei Vögeln, aber ein Nachbar unterhalb, Hobby-Ornithologe, wusste Schlimmes zu berichten: Von Dutzenden von Vogelarten, die er früher beobachtet hatte, waren nur wenige verblieben.

Und Bäume sterben ab, Nadelbäume vor allem an Waldrändern, der Förster hat mir Krankheitssymptome gezeigt. Auf unserem Grundstück aber sind die Bestände resistent – vor allem Eichen sind nach dem Krieg wild aufgewachsen am kahlgeschossenen Hang.

Im Eifelhaus, umgeben von Büschen und Bäumen, erlebe ich Natur. Eine Kundschafter-Hornisse sucht an der Oberkante des Hauses ein geeignetes Einflugloch, hinter dem wieder einmal ein ›mehrstöckiger‹ Hornissenbau errichtet werden kann: in der Mitte haben die Wabenböden den Durchmesser einer Familienpizza, oben den einer Minipizza. Das revierfeste Eichhörnchen, das schon mal auf der geflochtenen Stromleitung dahinschnurrt. Falter, die sich in der Einfahrt niederlassen, von mir angeschlichen werden, Lesebrille aufgesetzt, und ich mustre Formen und Farben. Auf der Wiese hangabwärts Gänse und Hühner und mehr als ein Hahn – bis zu fünf Stück, die krähend ihre Reviere markieren. Da muss ich schon mal anrufen, ein Brieflein schreiben, es wird bereits als Entgegenkommen betrachtet, wenn die Gesamtzahl um zwei oder drei reduziert wird, der Rest aber kräht um die Wette. Was ist eigentlich wichtiger: dass Hähne kräh-aktiv sind oder dass ein Autor kreativ ist? Kalauer ohne Resonanz.

Jähe Konfrontation: Ich trete vor die Tür; zwei Meter weiter liegt im Sonnenlicht eine Schlange von einem Format, wie ich sie in der Eifel nie gesehen habe. Keine der Blindschleichen oder Ringelnattern, die man meist nur plattgefahren sieht, sondern eine veritable Schlange, einen halben Meter lang, oder sind es schon sechzig, siebzig Zentimeter? In der Mitte so dick wie das Etui meiner Lesebrille. Die hole ich, will das

715

Schlangenmuster genauer sehen, wechsle zuvor, sicherheits-halber, von Sandalen über in Gummistiefel. Betrachte, einen Besen in der Hand, die geschuppte Musterung in Grau, mit leichten Brauntönen und schwarzen Markierungen an der Flanke. Unablässig spielt die schwarze, gespaltene Zunge. Kreuzotter? Ich hole eine Handvoll Kirschen aus der Küche, stehe wieder an der Haustür, behalte die Schlange im Blick, vor allem die ständig bewegte Spaltzunge, werfe Kirschkerne Richtung Schlange, aber die ist nicht leicht zu treffen, doch selbst nah am Kopf auftreffende Kerne beindrucken sie nicht weiter: liegt da und züngelt vor sich hin. Da stupse ich sie doch mal mit dem Besen, und das bedrohlich angewachsene Exemplar von Schlange macht sich davon. Doch da kann ich nur sagen: gemächlich. Schlängelt sich dahin in Vorjahrslaub. Will sie womöglich auf dem Grundstück bleiben? Auch Schlangen als ›Gewohnheitstiere‹, reviergebunden?

Ja, und eine Phobie! Die lässt sich benennen: Zeckenphobie. Das kleine Waldgrundstück rund um das Eifelhaus ist ja nicht umzäunt, wird also gern von Katzen, Hunden, zuweilen auch Rehen durchquert, sie alle als Zeckenträger, auch Vögel sollen am Transfer beteiligt sein. Wiederum ist die Tierwelt ver-lockend für Zecken an Grashalmen, an Buschästen, bereit zu blitzschnellem Überwechseln beim Vorbeistreifen.

Ein Vorfall, ein Infekt: spät erst entdeckte Rötung am Rü-cken, etwa in der Größe einer Euromünze, die nachgeholte Blutuntersuchung, reichlich Antiborrelien nachgewiesen, demnach hatte mein Immunsystem auf die Bedrohung erfolg-reich reagiert.

Und wie soll ich mir das vorstellen? Ich lese mich ein, ich schaue in mich hinein, in mich herein. Und sehe, wenn auch schematisiert: Unablässig patrouillieren Zellen und Moleküle durch meinen Körper, suchen eingedrungene Krankheitserre-ger, erkennen, stellen, vernichten sie. Und das in exakt koor-dinierten, beinah choreographischen Abläufen. Erkennungs-proteine, Gedächtniszellen können ein fast unübersehbar weites Spektrum von Krankheitserregern dingfest machen mit antennenähnlichen Proteinen auf der Oberfläche; Antigen-Moleküle markieren die Krankheitserreger als Angriffsziele für Killerzellen; die docken am Krankheitserreger an, schieben Proteinröhrchen hinüber zur Oberfläche des Krankheitserregers, porenbildendes Protein durchlöchert die Zellmembran des Angreifers, Wasser dringt ein, lässt die Zelle anschwellen, platzen; ein Makrophage frisst die zerstörte Zelle auf.

Diese integrierte Kooperation von Gedächtniszellen, aktivierten T-Helferzellen, antigen-produzierenden Zellen, von Killerzellen und Makrophagen finde ich spannend wie eine Gangsterjagd im Krimi. Mich in solche Abläufe hineindenkend staune ich, dass die Jahrzehnte über alles so gut funktioniert hat, abgesehen von Randstörungen.

Bei solchen Einblicken, molekülgenau, kann eigentlich nur konstatiert werden: Wir sind Wunderwerke. Sind uns nur selten dessen bewusst, wissen das kaum zu würdigen.

Also, die Borrelien-Attacke konnte mein Immunsystem abwehren. Aber bin ich damit immun? Acht verschiedene Formen der Borrelien-Infektion soll es geben, und langsam rückt auch, laut Zeckenatlas, die Bedrohung näher durch Hirnhautentzündung. Der Anteil an infizierten, infizierenden Zecken nimmt zu, damit die Wahrscheinlichkeit von »Borrelien-Kontakt«. Das Labor, warnend: »Kontrolle!«

So ziehe ich Gummistiefel an, auch im Hochsommer, wenn ich durch das Gras der Autoeinfahrt laufe, inspiziere mich selbst, inspiziere die Freundin, und doch, ich sehe zufällig, wie eine Zecke über das Hemd wandert, ziemlich rasch, ich kann sie noch wegschnipsen, und beim Schreiben fällt mir aus dem Haar eine Zecke aufs Papier, kann sofort zerdrückt werden. Und in einem diskreten Körperwinkel eine Zecke, die sich aufpumpt, da muss die hoffentlich richtige Gebrauchsanweisung cool befolgt werden. Und doch, sie können mich austricksen, diese Biester, die ich mir in Vergrößerungen schon gar nicht ansehen mag, diese grausam praktischen Vorrichtungen zum Blutsaugen, Blutpumpen. Und dann auch noch dieses abgefeimte Verfahren, an der Bohrstelle erst mal ein lokal wirkendes Betäubungsmittel zu injizieren, bevor das Bohrgerät mit diesen winzigen Widerhaken eingeführt wird.

Alarm bei Temperaturen über sechs Grad. Und doch, ich kann ausgetrickst werden. Auf einer Italienreise entdecke ich am Oberschenkel eine Rötung, etwa mit dem Durchmesser einer Zwanzig-Cent-Münze. Aber wächst die nicht? Beschwichtigungen setzen ein: Das ist doch eher hellbraun als rosa, oder?! Und bildet sich nach einem Zeckenbiss die Rötung nicht konzentrisch um den Einstichpunkt, Einbohrpunkt? Liegt hier die dunklere Markierung nicht eher am Rand der Rötung? Könnte es nicht eine andere Hautaffektation sein? Ein Quadratzentimeter, gerundet, saugt Aufmerksamkeit an. Während ich Kirchen von architektonischen Wunderformen bestaune, während ich Palasträume in Ravenna durchschreite, während ich durch Apenninlandschaften gefahren werde, während ich durch Urbino spaziere und am Ende abschüssiger Straßen der Ausblick in die umgebende Hügellandschaft – es bleibt der Fleck, wird der größer, nein, wird eindeutig nicht größer, könnte aber doch etwas größer geworden sein … Fast möchte ich mit Kugelschreiber ein paar Grenzpunkte der Rötung markieren. Aber wenn die überquert werden, wie soll ich mich einem italienischen Arzt verständlich machen? Was heißt überhaupt Zecke auf Italienisch? Lässt sich nachgucken. Aber ist man in Italien überhaupt auf Zecken eingestellt, gibt es ein Pendant zum deutschen Wort Zeckenalarm? Hält mich der Arzt womöglich für meschugge, weil ich ihm nur so einen kleinen Rotfleck zu bieten habe? Ich bringe den Fleck mit nach Hause, präsentiere ihn der Diabetologin, und die Sprechstundenhilfe trägt dick eine rote Salbe auf, die Abdeckung mit Mull und Pflasterstreifen ist bestimmt einen Quadratdezimeter groß, unübersehbar wird also etwas übernommen, doch auf der Rechnung lese ich dann nur etwas von einem unbestimmbaren Insektenstich, hm. Keine Borreliose. Aber der Hass auf die Biester ist gewachsen. So viele Arten sterben aus, warum nicht dieses Ungeziefer? Vorrangig diese Ungeziefer? Lauern an Halmen, an Ästen? Saugen Aufmerksamkeit an, dies zumindest? Immerhin, so sage ich mir ausgleichend, mit einer Infektion hinterlassen sie sichtbare Spuren. Hingegen Bakterien, hingegen Viren? Ein paar rasch wuchernde Zellen in diesem Organismus von beinah einsneunzig und von nicht eben schwächlicher Statur – die sollen mich zu Fall bringen?! Mich umkippen …?! Mich flachlegen …?! Das kann, das darf doch nicht wahr sein!

Naturerscheinungen … Ein Feuersalamander auf Schnee: kroch über den knöcheltief zugeschneiten Weg der Einfahrt. Sehr langsam die Bewegungen, die Salamanderläufe offenbar steif, auch der Rumpf – Winterschlafsteifheit? Winterblutverdickung? Oder hat ein Salamander überhaupt kein Blut, eher ein Serum? Wie wenig weiß ich über Salamander! Warum ist dieser Salamander aus seinem Winterschlafquartier hervorgekrochen, mitten im Winter – noch längst keine Rede von Frühjahrsschnee? Gibt es so etwas wie Winterschlafwandler? Und der Salamander von einem Winterschlaftraum über den Schnee gesteuert oder von einem falsch ablaufenden Drüsenprogramm? Die sehr langsamen, mühsamen, jedenfalls mühsam erscheinenden, halbsteifen Bewegungen auf dem Schneeweg, der wohl nirgendwohin führen wird – und kein Weg zurück in den Winterschlafwinkel? Ihn aufnehmen, in den Händen aufwärmen? Oder kann Kälte, Schneekälte einem kühlen Körper weniger anhaben? Beinah watschelnd kriechende Bewegungen des schwarzen, gelbgesprenkelten Körpers auf dem Schnee.

DEN ALTEN HOHLWEG fährt nur selten ein Auto hinauf oder herab, also blickt man schon mal auf vom Schreibtisch: ein VW-Bus, gefolgt von einem zweiten Wagen. RWE? Eine Stromleitung muss freigeschnitten werden?

Am Nachmittag Spaziergang hinauf zum Höhenweg; nach zwei- oder dreihundert Schritten verharre ich: im wildwachsenden Baumbestand wird gehackt und geschaufelt. Mit von der Partie »dat Kathrinche«, offiziell: Katharina Klaßen, Waldarbeiterin. Irgendwann, irgendwie hatte ich die robuste Frau kennengelernt – in der näheren Umgebung war sie bekannt als Hobby-Expertin lokaler Archäologie. Ich hatte sie mal besucht in ihrem Haus im Dorf; an den Wänden Fotos und Zeitungsausschnitte, die sie bei Ausgrabungsarbeiten zeigten, bei ihrer zusätzlichen, »unentgeltlichen« Tätigkeit. Höhepunkt für sie: Bei einem Erkundungsflug des Rheinischen Amts für Bodendenkmalpflege wurde sie in der Cessna mitgenommen, und tatsächlich, sie entdeckte an einem geometrischen Verfärbungsmuster auf einer Feldfläche die Mauerzüge eines römischen Gutshofs. Und nun schaufelt sie, mit drei, vier Männern, an ›meinem‹ Hang. Wir kommen sofort wieder ins Gespräch; damit bin ich für Ausgrabungsleiter Sommer gleichsam akkreditiert, ich darf erfahren, was »nicht an die große Glocke« gehängt werden soll: ein kolonial-römisches Tempelchen soll freigelegt werden, zumindest in den verbliebenen Fundamenten.

Und wie hatte man das entdeckt? Eine Frau aus Abenden hatte, Jahre zuvor, am Hang Pilze gesucht, hatte dabei ein Fragment einer Steintafel mit Buchstaben gefunden. Es war offenbar von einem Soldaten beim Schanzen mit dem Feldspaten erfasst und abgeworfen worden. Weitere Fragmente wurden im näheren Umkreis entdeckt. Kathrin wurde informiert, sie inspizierte die Fundstücke, erstattete Meldung – ich nehme an, bei der Außenstelle Nideggen des Amts für Bodendenkmalpflege. Erste Untersuchungen ergaben: es handelte sich um Altarfragmente einer römischen Matronenkultstätte. Und das nur wenige Steinwurfweiten von meinem Haus entfernt!

Von diesem Punkt an verlasse ich mich nicht allein auf mein Gedächtnis, ich ziehe die wissenschaftliche Publikation des Ausgrabungsleiters Markus Sommer heran: »Das Heiligtum der Matronae Veteranehae bei Abenden«.

Obwohl ehemaliger Schüler eines Altsprachlichen Gymnasiums: Von einem Matronenkult weiß ich nichts, muss nacharbeiten, werde fündig im Internet. Hier ein paar Stichworte: Römisch-germanisch-keltische Muttergottheiten ... vor allem verehrt im römischen Kolonialgebiet Rheinland ... etwa zwischen 80 und 240 n. Chr. zahlreiche Kultzentren und Tempelanlagen ... auf Altarsteinen durchweg Matronen selbdritt in Halbreliefs gemeißelt, auf einem Bänkchen sitzend ... rechts und links jeweils ältere, würdige Matronen mit ballonförmigen Hauben, in ihrer Mitte eine jüngere Frau mit losem Haar ... Zusätzlich: Fruchtkörbe, Weihrauchkästchen, Füllhörner, Pflanzen und Früchte ... Charakteristisch für das Matronen-Trio: die Attribute Mond, Schlange und Kranich. Was mich besonders freut, denn Abenden, mein Haus liegt genau unter einer der Nord-Süd-Routen von Kranichen – die werden in diesem Buch gebührend gefeiert.

Man bat die Matronen um Schutz, um Segen, um Hilfe. Es ging um Familie, Fruchtbarkeit, Erfolg im Beruf. Es wurde gedankt für Rettung aus Gefahr.

Damit bin ich wieder bei der Ausgrabung. Dem Bericht verdanke ich vorab eine konzise Beschreibung der Lage von Haus und Heiligtum: »Die Fundstelle befindet sich auf dem westlichen Ausläufer des Kirchberges, dem sogenannten ›Kirchbusch‹, einem schmalen Bergrücken, der vom Badewald über den Heldenberg bis in das Rurtal reicht. Sie liegt auf einem leicht nach Westen abfallenden Hang, 84 m nordwestlich eines steilen, turmartigen Sandsteinfelsens mit dem Höhenpunkt 297 m ü. NN. Der Kirchbusch ist heute mit Krüppeleichen und Fichten bewachsen; früher soll dort ein Lohewald gestanden haben. Um 1800 war der Kirchbusch Heideland.«

Eine Karte zeigt mir, wie zahlreich römische Fundstellen bei Abenden sind, vor allem entlang der Rur sowie auf der Anhöhe eines meiner ›Hauswege‹: »Eine dichte Konzentration von Villae rusticae mit angeschlossenen Metallverhüttungsbetrieben, die im 2. Jahrhundert angelegt wurden und bis ins 4. Jahrhundert fortbestanden.« Noch heute heißt der Höhenrückenweg in diesem Areal »Eisenweg«.

Der November 1983 war ziemlich kalt; ich brachte beim nächsten Gang zur Fundstelle eine Flasche Korn mit, der heizte auf, förderte die Verständigung mit dem Grüppchen, war ja auch ›Anwohner‹. Generell wurde weiterhin Stillschweigen gewahrt. Zu schnell wären sonst Dorfbewohner zur Stelle gewesen, die ›römische‹ Ziegel ins Auto laden, um sie in einem Kamin zu vermauern. Alle Fundstücke wurden sogleich im VW-Bus deponiert und abends nach Bonn mitgenommen, zur (späteren) Auswertung, zur Lagerung.

Das Geld war mal wieder knapp, so konnten nur die Grundmauern eines der Gebäude freigelegt werden sowie Markierungen einer Hofanlage. Der freigelegte Grundriss des Gebäudes »im Osten des Ausgrabungsgeländes am Steilhang zum Düstal« ließ nur Hypothesen zu: »Die schwachen Mauern, das Fehlen von Bauschutt und einige Eisennägel deuten auf einen Holz- oder Fachwerkbau mit Steinfundamenten hin. Das Dach war mit Ziegeln gedeckt. [...] Den zahlreichen Keramikfunden zufolge könnte es sich bei dem Gebäude in Abenden auch um eine Art Wirtschaftsgebäude oder Pilgerkantine gehandelt haben.« Mir die liebste Version: Pilger, die nach dem Anmarsch hier erst mal in der Gaststätte einkehrten.

Dann ging es hinüber zum eingefriedeten Hof. Fragmente einer Schuppensäule, »an die Jupiterverehrung geknüpft«, auch Standflächen für Altäre. Notiz: »Mit den Anlagen I und II wurde in Abenden nur ein kleiner Teil des Heiligtums freigelegt. Es fehlt der Tempel; auch eine Umfassungsmauer, ein Brunnen und Nebengebäude sind noch zu erwarten.«

Trotz der fiskalisch begrenzten Dauer der Ausgrabungen: es wurde viel gefunden. Achtzehn Münzen aus weitem Zeitraum: von der Ära Augustus bis zur Ära Marc Aurel. Eisennägel, ein Bratspieß. Randbruchstücke, Scherben zu Hunderten von Schüsseln, Tellern, Tassen. Vor allem aber: vierundfünfzig Fragmente von Altären, einige mit Matronenreliefs. »Die Matronen sind mit einem langen, faltenreichen Gewand bekleidet, das auf der Brust eine rechteckige Fibel zusammenfasst. Auf dem Schoß halten sie einen Früchtekorb.« Weitere Motive: ein Opferdiener ... Füllhorn ... Kelch mit Früchten ... Eichhörnchen ... Früchteschale ... Lorbeerlaub ...

Provinzialrömische Reliefplastik von nicht sehr hohem Niveau; Sandstein von nicht sehr guter Qualität. Verglichen mit anderen Anlagen der Nordeifel wurde die Kultstätte relativ früh aufgegeben. »Es hat den Anschein, dass sich mit dem Aufblühen der Wirtschaft in den Ansiedlungen südlich Berg vor Nideggen auch der kultische Mittelpunkt hierhin verlagerte.« Irgendwann später wurden vor allem Altarsteine zertrümmert, wurden gleich an Ort und Stelle grob bearbeitet: Baumaterial. Die Reste für spätere Archäologen ...

Und für mich. Als ich mit der Flasche Korn wieder mal bei der Ausgrabungsstätte erschien, wurde so etwas wie ein Säulenstück freigelegt mit einem Rautenmuster. Ich konnte es noch in situ bewundern.

Mittlerweile hatte sich ein Kühn'sches Abkürzungspfädchen gebildet zwischen Hohlweg und Grabungsstätte, die Arbeiter sahen mich da jeweils herannahen und abgehen. Als ich abends noch mal hinaufging, um die von vielen Bitt- und Dankgebeten geweihte Stätte auf mich wirken zu lassen, was sah ich da? Mitten auf dem Pfad das Fundstück, Segment einer Dreiviertelsäule, wohl von einer Altarecke; unverkennbar das Rautenmuster. Ich verstand die Botschaft, schleppte das gute Stück hinab zum Haus, kann es, verifizierend, noch immer berühren, kann, auf planer Schnittfläche, eine Kerze aufstellen für die Matronen.

Mit inoffizieller Billigung konnte ich auch eine der Stellflächen für Altäre bergen – ebenfalls im Hofareal freigelegt, das wieder mit Erde überdeckt werden sollte. Eine Steinplatte von sechzig mal dreißig, rund zehn Zentimeter dick. In zwei Hälften zerbrochen. Dennoch musste ich mit dem Wagen ein Stück hochfahren, wuchtete das Doppelstück in den Kofferraum. Auf dem Balkon rückte ich beide Teile fugengenau zusammen. Dort liegen sie noch immer.

Die Grabungsstätte ist längst wieder verborgen unter Erde, Laub, Gestrüpp. Doch in meinem Bewusstsein, in meinem Grundgefühl liegt sie offen. Mein Haus am Hang eines Heiligtums.

HINGEGEN das Haus an der Eberhardt-Hoesch-Straße, später Euskirchener Straße: B 56 mit immens anwachsendem Verkehrsaufkommen!

Eine Statistik: In den fünfziger Jahren etwa 30 Autos pro Tausend der Bevölkerung, in den sechziger Jahren 300, in den siebziger Jahren rund 400. Übermäßig repräsentiert ist die

Autowelt auf dem innerstädtischen Abschnitt der Bundesstraße: etwa 30000 Fahrzeuge in 24 Stunden, dies mit einem
hohem Anteil von Lastwagen – lange Zeit wurde der gesamte
Zulieferbetrieb des Ford-Achsenwerks an der Stadtgrenze
über LKWs abgewickelt.

Neben dem Grundstück, dem Haus der Schwiegereltern
erst eine Gärtnerei, dann eine BP-Großtankstelle. Und halblinks gegenüber, jahrelang, eine Esso-Großtankstelle. Und
halbrechts gegenüber eine Tankstelle erst einmal der Fina-
Kette. Mehrere Tote auf diesem Straßenabschnitt. Ich habe
gesehen, wie ein altes Ehepaar im Halbdunkel über die Straße
lief, in Känguruhsprüngen (so kam es mir vor), plötzlich kippten die beiden Schemen weg. Der Mann war auf der Stelle tot.

Das Haus, zum Glück, von der Straße abgerückt mit Gemü-
se- und Ziergarten, mit Busch- und Baumbestand. Am späten
Abend wird es ruhiger auf der Straße. Umso betonter ein riesiges, dumpfes Dröhnen, alarmierend. Aufspringen, rausrennen.
Ein Möbelwagen war abgestellt unter einer der Neon-Peitschenmastlampen, und ohne Bremsgeräusch, Bremsspur war
ein Personenwagen von hinten in den Möbelwagen hineingefahren, die Motorhaube hatte sich unter das Heck geschoben
bis zur zerbröselten Frontscheibe. Vergeblich versuchte ich, die
Tür auf der Fahrerseite aufzureißen, sah durch die Scheibe den
völlig reglosen Mann, Kopf auf dem schräggedrückten Lenkrad. Verständigung mit herbeigeeilten Nachbarn, gemeinsamer
Versuch, die klemmende, verbogene Tür aus dem Rahmen zu
zerren. Und ich machte eine Erfahrung mit mir, die ich später
erst reflektieren konnte: Obwohl ich solch eine Situation nie
erlebt hatte, erschien mir alles wie gewohnt – über Fotos, über
Sequenzen aus Fernsehspielen, Filmen. Die Vorstellung, dieser
stumme, schlaffe Körper im zerknüllten Blechgehäuse sei gar
nicht der Körper eines Menschen, sei eher ein Dummy aus
gefilmten Auffahr-Simulationen, zu Messzwecken. Vielleicht,
wahrscheinlich hätte sich diese Assoziation nicht eingestellt,
hätte der Mann gestöhnt oder vor Schmerz geschrien. Vielleicht wäre mir aber auch das nur wie der Soundtrack zur 3-D-
Filmszene erschienen.

Erstaunlich schnell trafen Streifenwagen, Feuerwehrwagen ein, mit Blaulicht. Mir kam das vor wie eine routiniert inszenierte Filmszene. Nun konnten wir den Experten die Rettungsarbeit überlassen, waren nur noch Zuschauer, wie im Kino. Noch bevor die Metall-Kreissäge eingeschaltet wurde, wusste ich, wie das klingen, welchen Effekt das machen würde, samt Funkensprühen beim Blechschneiden. Es war so etwas wie eine Medienbild-Isolierschicht in mir entstanden, die Realität drang kaum noch in mich ein, da wurde zur Erfahrung nur diese Brechung, diese Vorbelichtung eines Bildes.

Eine Erfahrung, die sich in besonders schlimmer Variante wiederholte. Fahrt Richtung Eifel, auf der Höhe von Stockheim sehe ich, mit Blick in eine Nebenstraße links, dass sich kurz zuvor ein schwerer Unfall ereignet haben muss; noch kein Streifenwagen, kein Notarztwagen, keine Feuerwehr. Ich bog ab. Ein alter Mercedes am Straßenrand, Fahrräder lagen herum. Am Straßenrand zwei Erwachsene, verletzt. Aber das Schlimmste, das Allerschlimmste: ein Junge, etwa achtjährig, lag da auf dem Bauch, Kopf zur Seite gedreht, Blut auf der Straße, es sah fast suppig aus. Der Junge lag völlig allein, die Mutter kniete neben dem Mann, hatte den Kopf auf seiner Brust, dumpfe Laute kamen aus ihm heraus. Ich blieb neben dem Kind stehen, weil ich mir dachte, einer muss doch bei ihm bleiben. Ich versuchte mich zu beruhigen, sagte mir, vielleicht ist es nur bewusstlos, das Blut, das beweist noch nichts. Doch der Junge war sofort tot gewesen – der alte Mann, der aus dem Mercedes ausgestiegen war, Beinprothese, wie er gleich betonte, er war in das Grüppchen von Radfahrern hineingefahren auf der sonst leeren Straße. Weiterhin das dumpfe Stöhnen, weiterhin das Schluchzen. Ich sah nun hinter dem lädierten Fahrrad des Jungen eine Tasse, eine gelbe Kindertasse, die war nicht zerbrochen, es war nur eine große Ecke raus, am Henkel, und ich dachte, wie blöd ist das, sieht ja aus wie in einem Film, da würde bestimmt auch eine kaputte Kindertasse auf der Straße liegen.

Plötzlich waren zwei Krankenwagen da, der tote Junge wurde auf eine Bahre gelegt, in einen der Wagen reingeschoben, ich hörte den Notarzt brüllen: Macht die Tür zu, verdammt nochmal, macht die Tür zu! Und der Wagen fuhr ab. Den verletzten Eltern wurde in den zweiten Wagen geholfen, auch der fuhr ab mit Blaulicht und Martinshorn. Eine zweite Frau, die ich erst jetzt wahrnahm, sie kauerte im Straßengraben, war nicht verletzt, war wie erstarrt. Ich half ihr in den Wagen, auf den Rücksitz, sie wollte nach Hause gefahren werden, nicht erst die Polizei abwarten, nur weg, weg, nichts wie weg von hier: die Tante des Jungen. Erst als ich abfuhr, brach Geheul aus ihr heraus, unterbrochen von Hinweisen zum Heimweg. Und selbst in dieser Situation, mein Blick wie vernebelt, meine Kehle wie ausgetrocknet, der Gedanke: Eigentlich hätte ich rasch noch die gelbe Tasse aufheben und der Tante mitgeben sollen. Ärgerte mich auch nachträglich über diese Fixierung auf die gelbe Tasse. Hätte vielmehr dem Rentner zurufen, zubrüllen müssen, er solle gefälligst hier bleiben, auf die Polizei warten, ich hätte mir seine Autonummer gemerkt, hätte ihm *Mörder!* zurufen sollen, aber da hätte er wahrscheinlich nur wieder gestammelt, er hätte doch eine Beinprothese.

Die B 56 als Monstrum. Das wurde nur still, für Stunden, wenn es heftig schneite. Wurde still an den »autofreien« Sonntagen während der Erdölkrise 1973.

Die Vorgeschichte, die Geschichte muss in einer Autobiographie nicht vermittelt werden. Es genügt, daran zu erinnern, dass die arabischen OPEC-Länder aus Strafe für europäische Solidarisierung mit Israel den Ölexport nach Europa stoppten. Ich habe später von der Erdölkrise erzählt, in einem Roman, den ich, wiederum später, zu einer Geschichte komprimierte, kondensierte: *Und der Sultan von Oman*.

Damals dominierte das Gefühl: Die funkelnde, rasch laufende Maschinerie unserer Industriegesellschaft kommt zum Stillstand! Von nun an wird alles anders! Wie, das zeigten vor allem Karikaturen: Ein PKW wird von einem Pferd gezogen; eine Tankstelle wuchert zu; auf einem Dachboden mit vielen Spinnweben wird ein alter Kohleofen wiederentdeckt …

Und das Monstrum B 56 war leer, war still. Sonntagsverkehr ist sonst durchweg so dicht wie Werktagsverkehr, nur ohne Lastwagen, nun aber: Ich trat vor die Gartentür, begleitet von den Kindern, ging, betont langsam, hinaus auf die Straße, schritt in Mäanderlinien auf dem Mittelstreifen. Die Söhne gurkten auf ihren Rädchen herum. Andere Kinder auf Rollschuhen. Ein Skater drehte Schleifen. Radfahrende Familien. Und, tatsächlich: Hufschlag, auf der B 56! Ein Pferd zog ein Wägelchen mit Autorädern, vorn saß stolz ein Mann, neben ihm, noch stolzer, der Sohn, hinter ihnen die Mutter, die Frau. Selbstverständlich fuhren sie nicht am Straßenrand. Besetzung einer langgezogenen Fläche. Ich spazierte, von den pedaltretenden Kindern begleitet, hinaus zur belgischen Kaserne. Zwei Reiter kamen uns entgegen. Begrüßungsrufe, Zurufe hin und her, Plaudergrüppchen auf der Bundesstraße, dann der Panzerstraße der belgischen Garnison. Ferienstimmung, fast Euphorie.

ANMELDUNG BEI DER VOLKSPOLIZEI in Artern (dem Städtchen, in dem Novalis einige Zeit gewohnt und gewirkt hatte, der Dichter als Bergwerksassessor). Walter fuhr mit uns in die Kreisstadt – er hatte sich vier Tage freigenommen. An der Hauptstraße stieg er aus, bevor ich abbog in die leicht ansteigende Seitenstraße; er wollte außerhalb Sichtweite der Dienststelle bleiben, wollte in einer Kneipe auf uns warten, an der Straße, durch die Lastwagen mit Anhängern polterten auf gewelltem Kopfsteinpflaster.

Volkspolizei. Kleines Schild an altem Wohnhaus, das bestimmt seit den dreißiger Jahren nicht mehr verputzt worden war: grüngraubraun die Fassade, Flächen abblätternd, Ziegelwerk bloßgelegt. Ein Windfang; ein Stummelflur, in dem zwei Kinder spielten; eine halboffne Glastür, Milchglas, und wir standen im Vorraum. An der Stirnseite ein Schreibtisch mit hochgezogener Vorderkante; hinter der kleinen Abschirmung ein Volkspolizist in hellgrauem Hemd mit Achselstücken. Herantretend sah ich: auf der Holzfläche eine dunkelgrüne Schreibunterlage, auf der auch nicht das kleinste Stück Papier lag; ein Transistorradio mit schräg gekipptem Antennen-

Winzling; Musik an der Grenze der Hörbarkeit. Hellhäutig, hellhaarig der junge Mann.

Wir möchten uns anmelden.

»Dann nehmen Sie erst mal Platz.«

Kleine Tische in diesem Vorraum, jeweils vier Stühle. Etwa zwanzig von ihnen waren besetzt, und doch war es fast völlig still. Vor dem schon lange nicht mehr geputzten Fenster setzten wir uns auf Stühle, deren Sitzflächen und Rücklehnen mit leicht abgepolstertem Plastikmaterial überzogen waren, mit »Plaste« – aus Schkopau? Stille im Raum. Nur die Stimmen der beiden Kinder draußen waren zu vernehmen: Hüpfspiel mit Abzählversen.

Einem älteren Paar am Nachbartisch stellte ich eine eher beiläufige Frage, da wurde ich von den Mitwartenden erstaunt, ja erschrocken angestarrt: Im Vorraum einer Polizeidienststelle reden, das kann sich nur ein Westler leisten, da sieht man mal wieder, was die sich herausnehmen, mit ihrem Geld, dieser Schwindelwährung. Auch der Volkspolizist schaute mich strafend an. Weiterhin nur das leise dudelnde und quäkende Transistorradio; nur der ohrenspitzende Beamte konnte die Musik und Wortbeiträge mitkriegen, für die Wartenden war es leise Grundierung stummen Ausharrens.

Eine Frau betritt den Raum, will ihn durchqueren, will in den anschließenden Flur.

Halt, halt, halt, halt, halt – wo wollen wir denn hin?

Ich wollte nur etwas abgeben.

Etwas Privates?

Nein, ein Formular. Da musste ich erst noch was nachschauen.

Also Dienstliches. Ja, dann setzen Sie sich erst mal hin.

Aber ich wollte das nur schnell eben abgeben.

Schnell eben, so. Sehn Sie denn nicht, dass hier noch andere warten? Die wollen heute Morgen alle noch drankommen. Da können wir niemand vorlassen.

Aber das dauert doch nur ein paar Sekunden. Ich muss das wirklich nur abgeben.

Nun setzen Sie sich erst mal hin.

Die Frau nimmt Platz, aber nur an der Vorderkante eines Stuhls, legt die Hand mit dem zusammengefalteten Papier auf die Tischkante. Der Polizist schaut von ihr weg, Richtung Flur. Kinderabzählverse, Sprungschritte. Keiner im Raum spricht, keiner liest. Man starrt vor sich hin. Über einen Lautsprecher eine Frauenstimme: »Zur Anmeldung!«

Einem Mann, der sich halb schon vom Stuhl erhebt, gibt der Polizist ein bestätigendes Handzeichen: Zimmer sieben. Nun steht der Mann ganz auf, geht zur Flurtür – Stock und steifes Bein. Der Polizist wählt eine Nummer, sagt etwas von zwei Anmeldungen, legt auf. Schweigen. Nur die Kinderstimmen, der Abzählvers. Auf einer Wandtafel wird vor Unfällen gewarnt: kleinformatige Fotos von zertrümmerten Kleinwagen, von angefahrenen Bussen und Lastwagen. Der Polizist wählt wieder eine Nummer. »Genosse, ich hätte da eine bescheidene Anfrage. Die Frau mit den beiden Kindern, ist die immer noch bei euch? ... Ja, die tanzen hier rum ... Ja ...«

Stille. Warten. Eine Frau in dunkelblauem Mantel erscheint, möchte einen Trauerfall anmelden.

Ja, dann nehmen Sie erst mal Platz.

Sie bleibt am Schreibtisch stehen, schaut in den Raum, in dem wir schweigend sitzen. »Gibt es hier irgendwelche Nummern? Geben Sie hier Wartenummern aus?«

Wir geben keine Nummern aus. Nehmen Sie Platz.

Und sie setzt sich. Ich mustre weiter die Informationsblätter. Die zertrümmerten Autos. Ein Kollektiv bewirbt sich auf einer anderen Wandtafel um den Ehrennamen Dr. Richard Sorge. Ah, der Spion! Das Foto des hochgewachsenen Mannes in Knickerbockern zwischen kleinen Japanern.

Der Polizist hebt wieder den Telefonhörer ab, wählt eine Nummer. »Ich darf eben darauf zurückkommen, Genosse – die Frau mit den zwei Kindern, steckt die immer noch bei euch? Die beiden, die tanzen die ganze Zeit hier herum, im Flur ... Ja, ich verstehe.«

Weiterhin das Abzählspiel. Wieder eine Lautsprecherdurchsage, der Polizist nickt einer Frau zu, die ihn fragend anschaut. »Wenn Sie jetzt dran sind – Zimmer 7.«

729

Kurze Bewegung im Raum, weiterhin Stille. Dr. Sorge mit seinem maskulinen Gesicht, betont von interessanten Kerben. Und die zertrümmerten Autos. Wenn ich jetzt aufstehen würde, um Lektüre aus dem Auto zu holen, würde ich dann streng befragt? Ich bleibe sitzen. Kleiner, halblauter Wortwechsel mit Gisela, Stichwort Mittagessen, kein Wort zu Walter. Der Polizist sitzt reglos und blickt in die Sichtschneise, die genau zwischen den Wartenden hindurchführt, hindurchzuführen scheint. Wären die Kinder nicht da draußen, es wäre totenstill. Dr. Richard Sorge schaut über alles hinweg. Auf einer dritten Wandtafel wird gezeigt, wie Autoscheinwerfer überprüft werden. Wie an einer Straße Geschwindigkeit gemessen wird. Ich schaue auf die Uhr, aber eher unauffällig, leider: fast schon 20 Minuten. Der Polizist fragt die Frau im dunkelblauen Mantel, ob sie das Formular schon ausgefüllt hat.

Welches Formular?

Na, Sie müssen doch ein Formular ausfüllen.

Auch bei einem Trauerfall?

Aber selbstverständlich. Haben Sie das schon ausgefüllt?

Ich hab doch gar keins.

Na, dann kommen Sie sich mal eins holen.

Er zieht eine Schublade auf, legt ein Formular auf die Holzplatte, neben die Schreibunterlage. Die Frau zögert.

Ich hab nichts zum Schreiben dabei. Können Sie mir was leihen?

Der Polizist schaut sie einen Moment an, wie erstarrt, fasst in die Brusttasche seines Hemds, zieht einen Kugelschreiber hervor, überreicht ihn stumm.

Die Frau will, vorgebeugt stehend, das Formular an der Schreibtischkante ausfüllen.

Na, nun nehmen Sie erst mal wieder Platz, ja?

Im Hintergrund geht eine andere Frau vorbei, spricht im Flur mit den Kindern, die Tür schlägt zu. Es ist nun ganz still. Eine alte Dame fragt, wie lange es ungefähr noch dauern könnte, sie hat das Essen auf dem Herd stehn.

Das geht hier der Reihe nach. Die anderen warten schließlich auch.

Und es ist wieder still im Raum. Vom Flur her Schreibmaschinenanschläge, durch zwei Türen gedämpft, langsame
Folge. Der Polizist schaut hinein in das Schweigen, hat die
Hände aufeinandergelegt auf der leeren Schreibfläche. Das
sehr leise Transistorradio. Die Frau im blauen Mantel hat das
Formular ausgefüllt, steht auf, reicht den Kugelschreiber zurück, der Polizist mustert das Formular.

Und den Kreis, den Bezirk – das wollen Sie nicht eintragen?
Oh, Verzeihung bitte.

Sie kehrt mit Blatt und Kugelschreiber zum Tisch zurück,
schreibt ein paar Buchstaben, gibt den Kugelschreiber zurück,
will noch mal das Formular vorzeigen, er winkt ab. Wieder
eine Lautsprecherdurchsage, wieder sagt der Polizist: Zimmer 7. Die Knickerbocker des Dr. Richard Sorge. Prüfen von
Autoscheinwerfern. Unfälle.

Ohne Lautsprecherdurchsage, ohne telefonische Benachrichtigung, gleichsam aus der Stille heraus sagt der Polizist zu
uns: Sie sind jetzt dran. Zimmer 10.

Ganz kurz der Impuls, nach der halben Stunde erleichtert
»danke« zu sagen, aber das unterdrücke ich denn doch. Endlich im Flur hinter der weiß gestrichnen Trenntür; das dritte
Zimmer: Nr. 10. Ein Siegel auf dem Türholz, ein Siegel auf
dem Türrahmen, in gleicher Höhe, ein Faden, durchschnitten,
hängt rechts wie links herab. Ich klopfe an, versuche am Türknopf zu drehen, aber der ist starr. Die Tür wird von innen
geöffnet, wir treten ein. Kleiner, hoher Raum mit vergittertem
Fenster. Auf einem spindähnlichen Schrank ein Packen Papier.
Ein Bild des Genossen Staatsratsvorsitzenden.

Der Volkspolizist ist sehr bleich, schwammiges Gesicht,
Haare glatt zurückgekämmt. Er setzt Stempel, trägt Daten
ein, unterschreibt im ersten Pass. Setzt Stempel, trägt Daten
ein, unterschreibt im zweiten Pass. Legt dann beide Hände auf
die Tischplatte, schaut zwischen Gisela und mir hindurch. Es
rührt sich nichts. Nicht mal das Geräusch einer Uhr im Raum.
Zahlreich die Heftklammern in der grauen Plastikschale vor
mir. Plaste und Elaste … Ja, und jetzt?

Sie sehn doch, Sie können gehen.

Gisela sagt betont: Auf Wiedersehn, der Polizist antwortet echohaft. Dä Pimock! schimpfe ich leise, während wir durch den Zwischenflur zurückgehn.

Prosochí para kaló, sagt Gisela leise – griechisches Hauszitat.

Die verstehn hier doch kein Rheinisch.

Der Vorraum, und noch immer wird geschwiegen in der Gruppe. Unfälle, Dr. Sorge, Scheinwerferprüfung.

Draußen will ich das rheinische Schimpfwort etwas lauter wiederholen, doch da steigt ein »Vopo« vom kleinen Motorrad, stellt es ab. Die Uniform wie ausgestopft. Weitergehend fällt mir die Redewendung ein: Seinem Herzen Luft machen. Und ich spüre, am Herzinnendruck, wie konkret das gemeint ist. Ich habe das Gefühl, flacher zu atmen, während ich die sanft abfallende Straße hinunterfahre, nach rechts abbiege auf die Hauptstraße, das Stück zum Lokal der Verabredung fahre, wieder abbiege und mühelos einen Parkplatz finde zwischen Trabis, Wartburgs und einem Skoda.

Nur wenig los im Lokal. Walter sitzt mit gefalteten Händen am Tisch vor einem halb geleerten Bierglas. Einer der Tische ist besetzt; ein Scherzgespräch, aber gedämpft. Ein Radio an der Theke, aber sehr leise. Also senke ich ebenfalls die Stimme, während ich von der Stimmungslage in der Vopo-Dienststelle berichte, berichten will – Walter zeigt mit dem Kinn zum Tisch mit der kleinen Runde. Sollte einer von denen ein Spitzel sein? So spare ich mir den Bericht auf, nenne nur die Eckdaten: lange Wartezeit und überraschend karges Ergebnis.

Ein heimisches Bier und ein Nordhäuser Klarer. Heimfahrt über weiterhin welligem Kopfsteinpflaster. Nun erst nimmt Walter den Dämpfer von der Stimme. Er bittet mich, auf einen Feldweg abzubiegen. Den schien er vorher ausgeguckt zu haben, hier waren von schwerem landwirtschaftlichem Gerät keine Wannen hinterlassen worden, ich musste nicht befürchten, der Wagen würde aufsitzen.

Ich lasse mich bis zu einer Baumgruppe dirigieren, die er als Wald bezeichnet. Gisela macht sich ein Weilchen selbständig. Walter lässt sich zeigen, wie man die Rücklehne schrägt, kurbelt das Seitenfenster eine Handbreit herab, ruckelt sich bequem zurecht, scheint nun entspannt. Ich steige aus, hole den Zwischenpiss nach, setze mich wieder in den Wagen, bin bereit zum Gespräch.

Walter kommt sich vor wie strafversetzt in den Kreis Artern. Die Arbeit im kleinen, heruntergewirtschafteten Verwaltungsbau der LPG Pflanzenproduktion als jahrelange Strafarbeit. Er hatte Architektur studieren wollen wie der ältere Bruder, der war noch irgendwie damit durchgekommen, vielleicht eine Quotenfrage, ihm aber blieb das versagt, als Sohn eines »Junkers«. Wurde bei der LPG eingesetzt, blieb hängen. Ich ersticke in diesem Stumpfsinn. Gefälschte Zahlen, überall gefälschte Zahlen. Unablässig die Bitten um Ersatzteile für landwirtschaftliches Gerät, aber bis das aus der SU kommt … Stundenlang gibt es nur ein einziges Wort in seinem Kopf: Raus! Nüscht wie raus! Wenn er nur schon in Ost-Berlin wäre!

So monologisiert er sich hinein in die rasch zunehmende Dämmerung, ich kann mich nur mal räuspern. Langsame Übertragung von Beengungsgefühlen – ich muss kurz mal wieder raus aus dem Wagen, mich recken. Kein Auto, das wie zufällig in unserer Nähe steht, mittlerweile. Ich setze zurück.

Die Zwangssedierung im Warteraum der Volkspolizei des Kreises Artern: Auch diese Erfahrung wirkte auf mich ein, wirkte in mir nach. Diese Geschichte lief ja nicht nur neben mir her.

Zur Einwirkung: als wäre Luftzuteilung halbiert worden … Als wäre der Raum mit schallschluckendem Dämpfstoff ausgekleidet worden … Hier stellt sich ein englisches Wort ein: muffled, gedämpft. Ja, uns wurden Dämpfer aufgesetzt.

Die Auswirkung: Die Dämpfer wurden fortgeschleudert, kaum, dass wir bei Herleshausen die DDR hinter uns gelassen hatten. Sobald von der Landstraße ein Waldweg abbog, hielt ich an, bat Gisela um Nachsicht, rannte los in die Waldweg-Perspektive, Arme werfend, Beine schlenkernd, Urlaute ausstoßend. Das waren nicht, wie bei Goethe, »Urlaute, orphisch«, das waren Urlaute, tierisch. Ja, ich brüllte unartiku-

liert vor mich hin. Zeigte ein Verhalten, auf das DDR-Staatsmacht in repressiver Form reagiert hätte. Nun aber, auf einem
beliebigen westdeutschen Weg der Forstwirtschaft, gab es
keine Augenzeugen. Ich konnte mich gehenlassen, über die
Stränge schlagen, aus der Haut fahren. Das Gehampel, Gestrampel hatte befreiende Wirkung. Dann erst mal pinkeln.
Beruhigt zurückschlendern.

Ich suche Vergleiche für den Vorgang. Was war da im Kreis
Artern mit mir passiert? Mir fällt dazu ein Wort ein aus der
Lektüre der Herrschinger Zeit: »hobble«. Sicherlich von Karl
May vermittelt. Ein Pferd, das nicht das Weite suchen soll,
etwa bei einem Biwak, es wird zwischen den Vorderläufen mit
einem Seilstück zwar nicht gefesselt, aber in der Bewegung
erheblich eingeschränkt – das etwa ein Meter lange Seilstück
lässt nur Hoppeln, Humpeln zu. Dieses hobble war jäh gekappt, und schon die Sprünge. Pathetisch zitierend: als wären
Ketten gesprengt worden. »Unchained«, so könnte einer der
vielen Filmtitel lauten, die in diesem Land kaum noch übersetzt werden. Doch lieber kein Kettenrasseln in diesem Text,
ich bleibe, weniger spektakulär, bei: hobble. Davon riss ich
mich los. Und schlug über die Stränge. Machte die verrücktesten Sprünge. Das musste einfach sein, ich wäre sonst in mir
selbst erstickt.

Aus größerer Zeitdistanz betrachtet, nach der Wende: Ich
müsste meine Lebensgeschichte neu schreiben, hätte ich meine aktivsten Jahre in der Deutschen Demokratischen Republik verbracht (verbringen müssen). Es hätte sich ein anderes
Ich-Modell konstituiert, konfiguriert im ganz anderen Gesellschaftsmodell.

Drum wurde und bleibt es mir wichtig, auch Atmosphärisches vom Leben in der vormaligen DDR zu vergegenwärtigen. Vermittlung der Erfahrung von erheblich geringeren
Entfaltungsmöglichkeiten. Dort wäre auch solch ein Buch
eher schlank als ›vollschlank‹ ausgefallen, ich hätte nicht so
viel erzählen, vermitteln können, vor allem von Aktivitäten in
verschiedenen Organisationen, Institutionen.

Ergo: Staatlich organisierte Repression (und Kompression) hätte ablesbar auf Ich und Buch eingewirkt.

EIN FALLRÜCKZIEHER, im Namen von Günter Netzer, Anno 1974. Ein exemplarischer Sturm im Wasserglas.

Einstimmend eine Pressenotiz. »Nach den harten Kritiken an seiner schwachen Leistung beim Länderspiel gegen Schweden steht Günter Netzer neuer Ärger bevor. Die Sportartikelfirma Puma, mit der Netzer einen Werbevertrag unterhält, kündigte das Vertragsverhältnis fristlos. Der Fußballstar war im Fernsehen in einem Trainingsanzug mit dem Emblem des Konkurrenzherstellers Adidas aufgetreten. Zudem zierte bei der gleichzeitigen Vorstellung des Buchs ›Netzer kam aus der Tiefe des Raumes‹ auch noch ein Adidas-Fußballschuh den Buchumschlag.«

Der Band war in der Gelben Reihe bei Hanser erschienen. Netzers Krefelder Rechtsbeistand trumpfte in einem Fernschreiben an den Verlag auf: »Bei meiner Mandantschaft werden Nachteile entstehen, die ich mit DM 500 000,– beziffern kann.« Der erst einmal hoch angesetzte Streitwert, auch mit Blick auf das zu erwartende Honorar. Der Geschäftsführer des Verlags antwortete ausführlich, nannte dabei mich als Ansprechpartner. »Dieses Buch ist von den Schriftstellern Ludwig Harig und Dieter Kühn (den Sie in der Nachbarschaft, nämlich in Düren, unter der Tel. Nr. xxxx erreichen können) in Zusammenarbeit mit dem Verlag geplant und herausgegeben worden. Es enthält, wie Sie sich jetzt an Hand des Musters vor Augen führen können, Beiträge zahlreicher Autoren.«

Auch ich verstand den Hinweis so: Soll der Kühn da doch weitermachen. Ich wurde denn auch angerufen von Rechtsbeistand Buttermann. Ein langes, verzwicktes Telefonat. Ich sei doch nun, wie aus einem Fernsehbeitrag ersichtlich, mit dem früheren Nationalspieler »Schorch« Stollenwerk im Gespräch, womöglich mit ihm befreundet, da hätte ich ja wissen können, wohin generell der Hase läuft, hätte entsprechend Einfluss ausüben können auf Graphiker Edelmann.

Da musste ich erst mal rochieren, relativieren. Dabei wurde

ein Versprecher fällig mit einem damals kursierenden Begriff: Ich apostrophierte ihn zwischendurch mal als Herrn »Butterberg«. Kleine zusätzliche Verstimmung, aber das änderte nichts an der Sinnlosigkeit des Disputs, ein Kompromiss wurde fällig: Es blieb beim Vorschlag des Verlags, für die anstehende dritte Auflage die inkriminierten Adidas-Streifen auf dem graphisch dominierenden Fußballschuh behutsam einzuschwärzen. Die proklamierte halbe Million Schadensersatz stieg mit all der heißen Luft als Blase auf und entschwand auf Nimmerwiedersehn.

Im selben Jahr wurde mein Hörspiel *Goldberg-Variationen* zum ersten Mal gesendet. Auch dies als Stichwort für ein erstes Gespräch mit Wolfgang Hildesheimer, ich glaube, bei einem Verlagsempfang in der Frankfurter Klettenbergstraße. Das Gespräch drängte auf Fortsetzung. Ich besuchte Hildesheimer in Poschiavo (Grigioni) Svizzera. Ein helles, zum Garten hin weit geöffnetes Haus.

Das ergiebige Thema Literaturbetrieb intonierte das Gespräch am gedeckten Tisch. Hier freilich über ein Seitenthema: Einsendungen von Buch-Typoskripten, und wie geht man damit um?

Ich war Neuling auf diesem Gebiet, hatte aber rasch einen Schlusspunkt gefunden. Als die ersten zwei, drei flachen Pakete mit Buchentwürfen unbekannter Absender eintrafen mit der Bitte um kritische Lektüre und freundliche Vermittlung, da war ich erst mal irritiert: Was wurde mir da abgefordert von Personen, die ich überhaupt nicht kannte? Ein Telefonat mit Peter Härtling, dem dieses Phänomen mehr als geläufig war. Er gab mir einen radikalen Rat: Wenn ich nicht fortgesetzt mit solchen Einsendungen konfrontiert werden will, gibt es nur eines: Gleich die ersten Sendungen unkommentiert zurückschicken. So trabte ich zur Post, die Pakete unterm Arm. Härtling sollte recht behalten: Weitere Pakete blieben aus. Offenbar gibt es so etwas wie eine B-Ebene der Kommunikation, in der oder auf der sich rasch verbreitet: Bei X kannst du es versuchen, bei Y lass es besser bleiben. Was offenbar auch für

Sammler gilt, die nach Originalmanuskripten gieren. (Die denn, in ungünstigstem Fall, bei eBay auftauchen.) Nicht so gut klappt die interne Kommunikation unter den allzu zahlreichen Autogrammjägern. Luckel Harig: Das sind Leute, die uns nicht lesen!

Hildesheimer fand meine Entscheidung richtig. Ihm war eine klare Zäsur nicht gelungen. Das Problem: Kaum ist die Bitte nach kritischer Lektüre erfüllt, folgt mit Sicherheit die zweite: Das Werk dem Verlag anzubieten. Viermal, so Hildesheimer, hatte er das versucht, viermal war das Lektorat seinem Vorschlag nicht gefolgt.

Die Buchpakete als zusätzliche Belastung des reichen Posteingangs bei prominenten Autoren. Einige Wochen hatte ich (lang ists her), von Marianne Frisch vermittelt, im Hause Grass in der Berliner Niedstraße gewohnt. Wenn die Sekretärin nicht rechtzeitig zum Dienst erscheinen konnte, durfte ich jeweils die Post entgegennehmen, mit vollen Armen. Post, wahrhaftig, aus aller Welt! Von einem Autor allein nicht mehr zu bewältigen: Die Sekretärin nicht bloß als Statussymbol der Prominenz, sondern als absolut notwendige Hilfe.

Was ich auch bei Böll erlebte. Bei seinen Aufenthalten in der Eifel ging Post nicht an seinen Zweitwohnsitz in Langenbroich, sondern nach Großhau bei Hürtgen, dem Haus der Sekretärin. Hier erlebte ich ein- oder zweimal mit, wie Post eintraf: jedes Mal fast ein Sack. Das zuständige Postamt war eine Stufe aufgewertet worden allein durch den Adressaten Böll. Briefe, Briefe, Briefe, dazu die obligaten Typoskripte in Paketen. Renate sortierte, Hein fuhr vor. Da machte ich erst mal einen Spaziergang im waldreichen Ambiente, bis Aufatmen im Hause einsetzte bei Kaffee und Gebäck. Nun wurde aber nicht über Post gesprochen!

So war auch in Poschiavo der Weg bald frei für Themenwechsel. Einer der (wenigen) Briefe erinnert mich daran, dass wir auch über eine ältere und eine neuere Ausgabe des *Carceri*-Zyklus von Piranesi sprachen. Und über Hildesheimers alten Plan, ebenfalls ein Goldberg-Hörspiel zu schreiben, dann aber in ständiger Klangverbindung mit einer neuen, nach

seinen Vorstellungen realisierten Einspielung des Variations-
zyklus auf dem Cembalo – worauf ich mich nicht festlegen
wollte; in einer zweiten Funkproduktion (des ORF) verband
ich meinen Text mit zeitgenössischer Musik. Hildesheimers
Goldberg-Hörspiel verblieb in der Warteschleife, erst einmal
musste die Mozart-Monographie beendet werden – dass sich
der Erscheinungstermin erneut verschieben würde, habe er
Unseld noch nicht verraten …

Von Bach über Mozart zu Brahms, frei nach dem Erfolgs-
titel *Lieben Sie Brahms?*. Ich deutete Schwierigkeiten mit einigen der Werke an: schienen mir zu kompakt. Die stets prall
gefüllten Mittelstimmen …! Die oft niederdrückende Wucht,
vor allem der Sinfonien …!

»Dann kommen Sie mal mit!« Und Hildesheimer spielte,
damals noch auf LPs, Anfänge und Sequenzen der beiden Or-
chesterserenaden an. Werke des jungen Brahms in Detmold,
noch nicht komponiert mit unabdingbarem Kunstwillen:
entspannt schwingende Musik, betörend schön die langsamen Sätze, die brillanten Scherzi. Merkwürdigerweise auf
Konzertpodien selten gespielt, was ich überhaupt nicht verstehen kann, mittlerweile im Besitz eines halben Dutzends
verschiedener Einspielungen. Wobei ich die unter Bostock
besonders gern höre: sinfonisch angelegt, wie das Brahms ja
auch – zusätzlich zu den Nonett-Fassungen – initiiert hatte
mit Parallelversionen.

Die Erinnerungskoppelung: Brahms-Serenaden / Hildes-
heimer-Poschiavo. Befreiende Musik, zum ersten Mal also
gehört im Tal jenseits des Julierpasses. Relativ enges, mir jedenfalls eng erscheinendes Tal südwärts, flankiert von hohen
Bergzügen, die in der Nacht bedrohlich zusammengerückt
schienen: Gebirgsmassen, vollgesogen mit Finsternis. Doch
beim Frühstück am See flutete reichlich Licht ins Tal. Etliche
Photonen nahm ich mit im Echoraum der Brahms-Serenaden.

Begegnung mit einer völlig anderen Musikwelt: ich führte
Regie in Zusatzszenen zu meiner TV-Dokumentation über
Josephine Baker. Ah, dieser Charme jener Revue- und Musik-

738

filme in Schwarzweiß, womöglich mit Jean Gabin! Und diese souverän ausgespielte Naivität, fast Unschuld der Tänzerin mit dem Bananenröckchen!

Doch vor der Realisierung des Dokufilms (mit meinen Intermezzi) stieß ich erst mal auf Widerstände. Einschreibbriefe kamen aus Paris und New York. »Monsieur Jo Bouillon, mari de Josephine Baker« stand hinter diversen Verdikten (oder wurde vorgeschoben). Wortführend die »Production ›Deux Amours‹« (nach einem der Hits der Baker). Im ausladenden Briefkopf zudem: »The Josephine Baker Story«.

Unter diesen Vorzeichen machte man die Spielregeln klar: Keine Lizenz für mein Projekt. »Mr. Bouillon has asked me to inform you that he has concluded a deal with our company for the exclusive rights to do a major international theatrical film based on the life of Miss Baker. His arrangements with us give us the exclusive use of all materials and possessions of Miss Baker for our production.«

Der totale Rechtsanspruch wurde relativiert, ich beharrte auf der Eigenständigkeit, Eigensinnigkeit meines Projekts, daraufhin wurden, zwecks Prüfung, Treatment und Skript angefordert. Sollte ich das Projekt weiterverfolgen, würde sich die Produktionsfirma in Rom und New York vorbehalten, meine Produktion zu kontrollieren: »We advise you if you may proceed.«

Ich reichte nichts ein, legte nichts vor, ich ignorierte. Meine Parole, auch gegenüber dem Sender (der mir bei den Verhandlungen den Vortritt ließ – Kühn, mach du mal!): Wir lassen uns nicht einschüchtern, schon gar nicht reglementieren, der Film wird gemacht! Gisela sah bereits einen schwarzen Citroën der futuristischen Serie am Haus vorfahren, sah zwei Herren in Trenchcoats und mit Stetson-Hüten aussteigen, Herren, die – ohne die Hüte abzunehmen – auf einem Gespräch bestehen. Der Auftritt fand aber nicht statt, irgendwie kamen wir schließlich doch an die notwendigen Filmausschnitte und Fotografien. Beim Dreh der nachgestellten Szenen hatte ich ohnehin freie Hand.

Als filmtechnisches Greenhorn wurde ich assistiert von

der Schwester des zeitweiligen Chefs der Berliner Filmfestspiele; Christa Donner soufflierte mir jeweils, was im Ablauf als Nächstes folgen müsse. Artikulierte denn auch erste Erfahrungen des Teams: »Du diskutierst dies und das ganz ausführlich mit uns, aber von einem bestimmten Punkt an sagst du: Das wird jetzt so und so gemacht.« Aber ich befand mich ja, der HR-Redaktion gegenüber, quasi auf einem Prüfstand: Hält der Kühn, was er versprochen hat?

Was ich mir ausgedacht und schriftlich fixiert hatte: Charakteristische Szenen aus dem Leben der Baker werden, in wörtlichem Sinne, vor laufender Kamera arrangiert. Dies zwischen »abgeklammerten« Sequenzen aus Filmen mit und Dokumentationen über Josephine. Und viel Musik!

Eine Schaufensterfigur erhielt von der »Maske« die Baker-Hauttönung und eine Baker-Gesichtsmodellierung. Die nackte Figur mit Bananenröckchen wurde auf der Frankfurter Zeil aufgestellt, und wir belauerten, aus sicherer Distanz, mit der Kamera Passanten in der Konfrontation mit der aufgesockelten Figur. Aber man lief einfach an ihr vorbei, gönnte ihr höchstens einen Seitenblick. Schließlich schlug der Kameramann vor, abzubrechen und es auf dem Wochenmarkt in Offenbach zu versuchen. Dort stellten wir die Figur auf zwischen den Ständen, und siehe da: spontane Reaktionen! Bannbrechend kam eine ältere Frau von ihrem Obststand herüber und legte der Figur ein Bananenbündel zu Füßen. Verhaltener Jubel des Teams.

Auf der Suche nach weiteren Motiven wurde ich von einer Alarmmeldung eingeholt: Einer vom Ordnungsamt, richtiger Hilfssheriff, will die Drehgenehmigung sehen! Ich zeigte mich dem Beamten oder Angestellten gegenüber verwundert: Wieso hat man ihn nicht über die Erteilung der Drehgenehmigung informiert?! Ist wieder mal typisch, irgendwas bleibt immer auf dem Dienstweg hängen oder auf einem Schreibtisch liegen. Dabei hätten *Sie* doch nun als Erster informiert werden müssen, Sie sind für die Ausführung zuständig. Immer dasselbe: Die Leute, die an der Front arbeiten, werden nicht rechtzeitig informiert.

Oh, das kam an! Ich schlug vor, er solle sogleich im Hauptamt checken, wo die Drehgenehmigung verblieben sei. Und er eilte davon. Wir konnten den Dreh auf dem Wochenmarkt in aller Ruhe abschließen und verschwinden.

Keine Drehgenehmigung brauchten wir in der US-Garnison. Anfrage genügte. Ein Offizier führte mich vor eine halboffene Fahrzeughalle mit aufgereihten Jeeps und Mannschaftswagen, ich hatte freie Wahl. Und entschied mich für einen Generalsjeep mit zwei überlangen Antennen, die parallel zur Motorhaube nach vorn gebogen waren wie zwei riesige Tentakel. Ich suchte Soldaten aus, die mit der Baker-Figur (nun in blauer Uniform) durch das Kasernengelände fahren sollten. Der Kameramann hielt den Lichtmesser an die Männer im Fahrzeug; einer der vier war ein Schwarzer, und der merkte cool an: »No light, no reflection.« Das wurde während der weiteren Dreharbeiten zum geflügelten Wort. Der Jeep fuhr umher mit wippenden Tentakelantennen; reglos aufgerichtet die Figur der Baker.

Das Spielchen mit dem Hilfssheriff: ja, zuweilen habe ich, freiwillig und spielerisch, Rollen übernommen, aus dem Stand heraus improvisierend, »als fresco«. So folgt hier – Warnung! – eine Anekdote.

Ort des Geschehens: Bristol-Hotel in Bonn. Verleger Siegfried Unseld feierte in kleinem Kreis (in separatem Konferenzraum) den Starautor Max Frisch. Obwohl ich nicht zum Inner Circle des Verlegers gehörte, war ich eingeladen – vielleicht, weil ich nach einer »Betriebsfahrt« des Verlages am Ende der Tavola longa unübersehbar mit Max Frisch und seiner Gefährtin beisammengesessen hatte. Im Bristol nun war ich, dem feierlichen Anlass entsprechend, ungewöhnlich gekleidet: Anzug mit Krawatte. Nach dem gemeinsamen Essen und Trinken, am mittlerweile frühen Nachmittag, entstand die Lust, mich etwas zu bewegen, und so schlenderte ich durch den weitläufigen Flur, kam zu einem Konferenzsaal, dessen Doppeltür weit offen stand: Viele Herren im Raum, zwei Hostessen an einem Stehtisch vorn, eine von ihnen eilte sogleich mit einem Glas Champagner auf mich zu, begrüßte mich in stark gebrochenem Französisch als den offenbar lang erwarteten Generalvertreter von Peugeot, im Namen der zahlreich versammelten Peugeot-Händler; offizielle Begrüßung folgt sogleich, erst mal der Begrüßungstrunk.

Und jetzt? Wieder einmal bedauerte ich, dass ich neben Latein auch Altgriechisch gelernt hatte und nicht, im zweiten Hauptfach, Französisch. Ich schrappte meine paar Französischbrocken zusammen, im rasch entstehenden Kreis von Peugeot-Händlern, die offenbar alle ziemlich schwach waren im Französischen, das erleichterte den Sieg meiner Frechheit, und ich gestand, ich hätte droben eine »obligation privée«, müsse schnell noch mal nach der jungen Dame schauen – o là là, da fand ich Verständnis, ein Franzose, typisch Franzose, der bekannte französische Hang zum andren Geschlecht. So erwirkte ich Aufschub für den avisierten offiziellen Auftritt, eilte davon, amüsierte Max Frisch mit meiner »brühwarmen« Story. Der Verleger war weniger davon angetan, doch Frisch sicherte mir »Geleitschutz« zu.

KAUFLEUTE sind unter meinen Vorfahren reichlich vertreten. Und die Eltern haben sich in der Bank kennengelernt. Familien-Dominanz des Kaufmännischen. Hat es mich beeinflusst?

In Funkanstalten, auch im früheren Verlag war ich ein zuweilen unbequemer Verhandlungspartner, wenn es um Honorare ging. Gottfried Honnefelder, als er noch Insel-Chef war: »Da redest du wie in einem Hollywood-B-Picture!«

Viele Jahre lang blieb mir der Honorarrahmen von Funkanstalten verschleiert; Redakteure hatten mir wiederholt erklärt, ich erhielte besonders gute Honorare, aber ich hörte mich um unter renommierten Kollegen wie Peter Handke und musste realisieren: es waren eher mäßig gute Honorare. Da setzte ich meine Forderungen höher an, exemplarisch in einer Sitzung, zu der ich alle Redakteure einer Hörspielabteilung bat, und siehe da, nach etwa zwanzig Minuten war das Honorar für einen neuen Hörspieltext um etwa dreißig

Prozent erhöht. Andererseits hatte mir Jurek Becker bei einem Verlagstreffen freundlich-kollegial erklärt, ich würde für Lesungen noch immer Nachwuchshonorare nehmen – wie ich mich eigentlich einschätzen würde? Wie ich gesehen, bewertet werden wolle?

Also, reden wir noch etwas über Geld. Das ist auch unter Autoren nicht tabu. So war es denn auch eins der Gesprächsthemen mit Hans-Jürgen Fröhlich. Jedes Ausarbeitungs- und Sendehonorar musste ausgehandelt werden. Wie viel Psychologie dabei mitspielte, das bezeugt eine Anekdote, die Jürgen mir weintrinkend erzählte; ich erzähle sie hier gern weiter, sie ist bezeichnend für das ›Betriebsklima‹, in dem wir operieren.

Jürgen hatte für das Beiheft einer LP-Kassette von Brahms-Einspielungen einen längeren Beitrag verfasst. Ein Honorar war vorher nicht ausgehandelt worden. Ein Anruf der DG, nach Lieferung des Typoskripts: Was hatten Sie sich so vorgestellt?

In solch einem Fall erwies, erweist es sich immer als günstig, wenn man der anderen Seite den Vortritt lässt. Ich habe das eine und andere Mal erlebt, dass ich ein Honorar vorschlug und dann hörte: Geht in Ordnung, selbstverständlich! Da war ich unzufrieden mit mir: Wenn die so rasch zustimmen, warst du zu bescheiden. Die legen von selbst nichts drauf. Eine Erfahrung auch von Jürgen, aber in einem Fall war er, wie er selbst betonte: ausnahmsweise gewitzt. Er fragte nach dem Honorarvorschlag, es wurden 500 D-Mark angeboten.

Nun kam Psychologie ins Spiel. Er sagte, das würde nicht seinem Honorarrahmen entsprechen, er müsse eben nachschauen. Ging ins Nebenzimmer, überlegte rasch: Soundso viel Schreibmaschinenseiten, dafür bekäme er, selbst bei den meist eingefrorenen Honoraren, etwa das Dreifache. Kehrte zum Telefon zurück, sagte: Tausendsiebenhundert.

Oh, das ist aber mehr, als wir dachten.

Das steht aber so in meiner Liste.

Der Knackpunkt! Die Sekretärin erklärte, sie könne hier nicht selbst entscheiden, müsse Rücksprache nehmen, werde bald von sich hören lassen. Eine halbe Stunde später klingelte sie wieder an und erklärte, das Honorar gehe in Ordnung.

Mit dem Sätzlein »Das steht aber so in meiner Liste«, hatte Jürgen das Anstandshonorar ausgehebelt und ein anständiges Honorar erzielt. Das Beispiel machte mir Mut für spätere Honorarverhandlungen mit Funkanstalten.

Zu den Voraussetzungen kaufmännischer Erfolge gehören auch Ordnung und Übersicht. Von der peniblen Buchführung meiner Mutter habe ich nichts gelernt, nichts übernommen. So entwickelte sich das Finanzamt zu einer mächtigen, ja übermächtigen Erziehungsinstitution, die mich durch Druck zu formen versuchte. In einer längeren finanziellen Flaute wurde mir in einem Schreiben vorgeworfen, ich hätte ein »gemindertes Erwerbsstreben«: Man ging im FA Düren davon aus, dass ich als »freier Unternehmer« jedes Jahr den Umsatz um etwa zehn Prozent steigern müsste. Weil das nicht geschah, ich das zumindest in meinen Steuererklärungen nicht nachweisen konnte, wurde ich verdächtig, wurde ins Finanzamt zitiert. Und man hielt mir eine Kontrollmitteilung aus Berlin unter die Nase. Das Honorar für eine Lesung (im Buchhändlerkeller?) war mir in bar ausgezahlt worden, in einer Zeit, in der ich mich wieder einmal für ein paar Wochen in Berlin aufhielt, in der Wohnung von Max Frisch, oder, von Marianne ebenfalls vermittelt, in der Wohnung von (Anna) Grass; in dieser Zeit hatte ich das Geld ausgegeben – und vergessen. Schon schwenkte der Sachbearbeiter eine weitere Kontrollmitteilung, und mir fiel eine Erklärung schwer. Folgte eine »Wirtschaftsprüfung, Betriebsprüfung«.

Der Steuerprüfer ließ sich seinen Arbeitsplatz »anweisen« am Esstisch. Legte Lineal, Radiergummi, Dienstpapier und Taschenrechner bereit. Sein Dienstsitz, ambulant. Also vergeblich das Angebot einer Tasse Kaffee. Ein Glas Orangensaft hingegen fiel nicht unter das Verdikt. Er setzte sich zurecht in seiner grauen Strickjacke über lindgrünem Hemd, forderte die fälligen Unterlagen an. Dass ich nur einen Schuhkarton mit Bankbelegen und Quittungen auf den Tisch stellen konnte, das kam nicht sonderlich gut an. Doch der Kommentar war erst mal knapp: einarbeiten! Mit dem Lineal, zu dem mir nur das Wort Schullineal einfiel, wurden Spalten gezogen, in denen er Daten und Geldbeträge auflistete. Staunend nahm ich wahr, mich gelegentlich in der Tür zeigend, dass ein professioneller Wirtschaftsprüfer einen halben Arbeitstag brauchte, um das System der halbjährlichen Abrechnungen des Hauses Suhrkamp / Insel zu durchschauen – ich hatte jeweils die Zahl rechts unten angegeben, gültig hingegen war die Zahl um zwei, drei Positionen weiter links. Fündig geworden, ha!

Ich: Sie sind Fachmann in Buchungsfragen, und Sie brauchen mehrere Stunden, bis Sie die Abrechnungen durchschauen, wie soll ich denn bitteschön damit klarkommen?

Nun, ich hätte mich kundig machen müssen.

Aber dazu war ein Stichwort überhaupt nicht gegeben; rechts unten steht immer die verbindliche Zahl.

Aber nicht bei diesen Abrechnungen – das hätte ich wissen müssen!

Und prompt ein Schreiben des Sachbereichsleiters. »Meine o.g. Prüfungsanordnung erweitere ich hiermit um die Jahre 1973 und 1974« … Sodann, unterstrichen: »Die Gründe für die Erweiterung der Betriebsprüfung ergeben sich aus den bisherigen Feststellungen für 1975–1977.« Ein Hochachtungsvoll, das sicherlich nicht wörtlich gemeint war.

Der zusätzliche Prüfungszeitraum, zurückgestaffelt, war im Schuhkarton fast überhaupt nicht mehr repräsentiert; so wurden Schätzzahlen eingebracht, eingesetzt. Und es wurde eine massive Nachzahlung fällig, dazu ein deftiges Bußgeld. Das suggerierte, ich hätte vorsätzlich gehandelt; das wollte ich nicht auf mir sitzen lassen, konsultierte einen Steueranwalt, es kam, im Namen des Volkes und der Staatsanwaltschaft, zu einem Gerichtstermin vor dem Amtsgericht Aachen »wegen leichtfertiger Verkürzung der Einkommensteuer«, dies unter Bezug auf den Bußgeldbescheid des Finanzamtes. Wichtig für mich war, dass dokumentiert wurde: Es geschah nicht vorsätzlich, sondern fahrlässig. Das Bußgeld wurde von immerhin 4000 DM auf 3000 reduziert. Immer noch viel Geld für mich. Den freigewordenen Tausender teilte ich mir mit dem Steueranwalt und war um eine Erfahrung reicher: Vieles ist verdammt schwer zu durchschauen, Fußangeln überall.

Nun legte ich doch einen Aktenordner an. Mein mühsam antrainiertes System aber zeigte Lücken. Und es erfolgte ein Hagelschlag von Mahnungen, Säumniszuschlägen et cetera. Wiederholt ärgerte ich mich über die finanzielle Bestrafung meiner Unordnung, aber ich machte – ungeduldig, gleichgültig – neue Fehler, überwies falsch berechnete Beträge, vergaß Fälligkeitsdaten. Wieder griff FA Düren erzieherisch ein, es erfolgte eine zweite Betriebsprüfung. Und ich konnte, durfte realisieren, in welchem Stil ein Repräsentant des Hauses arbeitete, das mir gemindertes Erwerbsstreben vorgeworfen hatte: Der sportive Mann von etwa vierzig erschien morgens gegen neun, verließ das Haus mittags um zwölf, kam gegen vierzehn Uhr zurück, falls er nicht zur Massage musste, danach kam er aber nicht wieder, gegen sechzehn Uhr war ohnehin Schluss.

Am dritten Tag wiederholte ich mein Angebot, das ich schon zwei- oder dreimal gemacht hatte, vergeblich, nun aber wurde eine Tasse Kaffee angenommen, ja bitte mit Milch und Zucker. Die dienstliche Schweigeumpanzerung wurde für eine gemächliche Kaffeetassenlänge durchbrochen. Meine Klage über die zunehmende Unübersichtlichkeit und Undurchschaubarkeit der Verwaltungswelt wurde mit einer Klage beantwortet: Immer mehr Gesetze und Durchführungsbestimmungen und Kommentare und Anordnungen; fast jeden Tag lägen neue Drucksachen in seinem Fach, zuweilen zwei, drei, vier; diese Materialien könnte er eigentlich längst nicht mehr aufarbeiten, er würde sofort aussortieren: Was er gar nicht mehr braucht, was er vielleicht mal braucht, was zu seinem Arbeitsbereich gehört. Aber selbst die Unterlagen, die er in seinen Mappen abheftet, es ist zu viel, es ist einfach zu viel. Er ist zuweilen froh, wenn er aus dem Büro raus ist, auf Außendienst. Das wäre fast ideal: Die Hälfte der Zeit im Büro, die andere bei Betriebsprüfungen. Das Wochenende gehört natürlich der Familie. Eine Tochter, die Volkswirtschaft studiert, ein Sohn in der zwölften Klasse. Und sein Haus erhält einen

Anbau, weil die kränkelnde Schwiegermutter mit einziehen will – dafür ist das Haus seinerzeit ja nicht gebaut worden. Er führt einen Teil der Maurerarbeiten selbst aus, da weiß er wenigstens, was er macht, sieht das Ergebnis seiner Arbeit.

Da öffnete sich etwas, für eine Kaffeetassenlänge, dann schloss es sich wieder. Nach der Überleitung, nun müsse er wieder was tun, war er »zugeknöpft«, ganz der Beamte im Dienst.

Und ich konnte in Ruhe vergleichen: Allein meine Arbeitszeit zwischen Frühstück und Mittagessen war so lang wie der gesamte Arbeitstag des Beamten – jedenfalls in Hör- und Sichtnähe.

Diesmal konnte ich freilich punkten, wenn auch vergeblich: Bei der zweiten Betriebsprüfung wurde festgestellt, dass ich, nach der ersten Betriebsprüfung, zu viel Umsatzsteuer hatte zahlen müssen. Aber da wurde mir sofort erklärt, dies gelte als verjährt, ich könne nichts zurückfordern. Man war also informiert, war vorgewarnt. Hm.

Und wieder wuchs der Papierwust an. Ab und zu tobte ich los, von Jazz angefeuert, sichtete, was sich auf halbhohem Schrank angesammelt hatte, aber: kurz, nachdem ich Sichtschneisen, Lichtungen geschlagen hatte, wuchs alles wieder zu. Das wirkte sich vor allem so aus: ich suchte. Suchte einen Vorauszahlungsbescheid, suchte eine Anschrift, suchte eine Telefonnummer, suchte einen Garantieschein, suchte eine Kontonummer, suchte, suchte, suchte. Die kaufmännischen Vorfahren hätten mich – zeitversetzt – wohl besorgt betrachtet. Mutter Helene sowieso.

VERDACHTMOMENTE …! Ein Anruf (nicht datiert, aber irgendwann in diesem Zeitraum) von Ulrich Gembardt, damals Leiter der (politischen) Feature-Redaktion des WDR. Für ihn hatte ich die Funkessays zu »Grenzen des Widerstands« gegen Napoleon geschrieben; schreibend aber näherte ich mich dem 20. Jahrhundert an, mit Münzenberg, Orwell, Trotzki und anderen. Plötzlich unterbrach Gembardt das Gespräch und fragte: Wieso werden Sie eigentlich abgehört?

Meine Frage, wie er denn darauf komme?

Nun, es war ein Begleitgeräusch, »sägezahnähnlich«; das auf ein bestimmtes, von ihm mit Typennummer bezeichnetes, offenbar nur noch in der Provinz benutztes Gerät schließen ließ, und zwar zuverlässig. Das blieb Episode, die ich zuweilen erzählte.

Dann, 1977, in den Wochen nach der Entführung des Arbeitgeberpräsidenten Schleyer, wurde ich einschüchternd direkt observiert: Etwa zehn Tage lang stand nachts wie tagsüber, in Arbeitsschichten wechselnd, jeweils ein Wagen mit Aachener oder Bonner Dienstnummer vor dem Gartentörchen. Immer saßen zwei Mann im Auto, hielten Zeitungen ausgebreitet oder fotografierten mit Vorsatzlinsen.

Ich setzte mich nach Abenden ab. Dort hörte ich, bei gelegentlichem Aufwachen, Schritte in Laub und auf Ästchen, fühlte mich bewacht, schlief weiter. Als ich am nächsten Tag abspülte, schaute ich ums Eck aus dem Küchenfenster, sah, im Hohlweg, einen Streifenwagen stehn mit zwei Polizisten. Schauten sie auf die Geschirrablage und zählten mit: eine Tasse für den Hausherrn, eine Tasse für den Entführten …? Ich öffnete das Fenster und rief: Is wat?! Kommentarlos fuhren sie ab.

Ich erzählte dem Verleger telefonisch von den Observierungen, Unseld war ergrimmt, wollte sofort Genscher im Innenministerium anrufen, aber ich redete ihm das aus. Ich hatte zur Kenntnis genommen, dass man allein schon durch seinen Beruf verdächtig werden konnte.

VOR ALLEM IN DEN SIEBZIGER JAHREN arbeitete mein Vater im Refugium des Hauses zu Herrsching an einem Buch über Zentralbankgeld. Helene erstellte jeweils das Typoskript der Entwürfe. Einen Durchschlag habe ich Hegels »Furie des Verschwindens« entrissen, die Blätter füllen eine Einschlagmappe in leuchtendem Gelb, das mir (rein optisch) den Zugriff, den Zugang erleichtert.

Schon auf der ersten Seite finde ich einen Satz, den ich sogleich abtippe: »Geld ist kein in der Welt vorgefundenes Wirtschaftsgut, es ist das Ergebnis menschlicher Phantasie.« Ein Satz, der seine wahre Aktualität erst Jahre nach seinem Tod (im Jahre 1999) gefunden hat.

Zu lesen bekam ich die Arbeit damals nicht, es wurde aber darüber gesprochen. Demnach endete die Erfassung von Daten und Zahlen in den ersten achtziger Jahren. Helmuth gab das Projekt damals auf – die Entwicklung lief ihm davon. So ähnlich äußerte er sich auch, gelegentlich. Der kleine Packen von Typoskripten wurde, wortwörtlich, auf Seite gelegt.

Ich zitiere ein paar Sätze, die unversehens hochaktuell geworden sind – obwohl (auch) Helmuth die gigantischen Dimensionen der Geldschöpfung und Geldvernichtung nicht voraussehen, nicht mal erahnen konnte.

Eins der Leitworte des geplanten Buchs: Kreditschöpfungspotential. Ein Satz dazu: »Da nach wie vor die Kreditgewährung der Banken an den privaten Sektor der wichtigste Faktor des Geldschöpfungsprozesses ist, verdient die Kreditpolitik der Gesamtheit der Banken besondere Aufmerksamkeit.«

Und er formulierte eine damalige Selbstverständlichkeit. »Zum Wesen jedes Kredites gehört es, dass er nach einer vereinbarten Laufzeit ›echt‹ zurückgezahlt wird. ›Echt‹ bedeutet in diesem Sinn, dass ein fälliger Kredit nicht durch Aufnahme von neuen Krediten praktisch nur umgeschuldet wird.«

Genau dies geschah zwanzig, fünfundzwanzig Jahre nach der Niederschrift weltweit in allergrößtem Maßstab: die Kreditblase wurde aufgepumpt. Helmuth stellte »Warnzeichen« auf für eine Gefahr, deren wahre Dimensionen sich noch längst nicht abzeichneten.

»Eines der wirksamsten Mittel zur Expansion des gesamten Bankgeschäfts – auf der Basis autonomer Kreditschöpfung – ist die von Banken initiierte ›Erziehung‹ weiter Kreise zu Bankschuldnern. Erreicht wird dies durch eine bemerkenswert lebhafte Propaganda, bei der Kredit-Inanspruchnahmen mit dem Slogan ›Kaufe jetzt, später wird alles teurer‹ angeregt werden. Eine Propaganda, die sich ausschließlich um neue Schuldner bemüht. Mit kaum erwähnenswerten Ausnahmen fehlt jede Werbung für Kundeneinlagen.«

Und er verwies auf »einige Beispiele aus vergangenen Jahren«. Hier zwei von ihnen.

»Machen Sie aus Ihren Träumen Wirklichkeit: von der Yacht bis zum Feriendomizil im Ausland, vom Orientteppich bis zur Reise um die Welt …

Reisen Sie jetzt, zahlen Sie in Raten bis zu 20 Jahren …«

Er konstatierte: »Eine derart reißerische Propaganda für die Kredit-Inanspruchnahme durch die private Kundschaft war schon vor 4 oder 5 Jahren in Großbritannien zu hören. Schon damals hieß es: ›Kredite verkürzen die lästige Wartezeit bis zur Erfüllung Ihrer Wünsche.‹ Oder: ›Kaufen Sie jetzt, zahlen Sie später.‹ ›Wir geben Ihnen das Geld, und zwar sofort, zur Erfüllung Ihrer Wünsche und Träume.‹ – Das Ergebnis war schon damals Inflation auf breitester Front und führte prompt zum Kurssturz des Pfundes. Diese Warnzeichen wurden von den Banken nicht zur Kenntnis genommen.«

In dieser Perspektive: zwei weitere Zitate aus Helmuths Versuch der Lageanalyse, subkutan zukunftsweisend.

»Alle Erfahrungen und Beobachtungen zeigen mit aller Deutlichkeit, dass bisher kein Staat der Welt auf die Dauer Kredite aus Haushaltsüberschüssen zurückgezahlt hat. Darüber sollte sich jede Bank, die sich an derartigen Krediten beteiligt, klar sein. Nichts ist in dieser Hinsicht gefährlicher als eine Art bloßer Mitläufermentalität bzw. Konsortialgehorsam. Bis zur Stunde besteht nicht die geringste Chance zur Reduzierung der Staatsschulden. Zur Diskussion steht trotz aller Maßhalteversprechen nur das Ausmaß weiterer künftiger Verschuldung.«

Als Folge: »Der Abschreibungsbedarf auf Forderungen an ausländische Staaten, allein durch Nichtzahlung der Zinsen, kann, bezogen auf das Eigenkapital einiger Banken, sehr hoch werden.«

Das Wort Kreditblase, zum Platzen groß, das gab es zu seiner Zeit noch nicht, es entstand mit dem Phänomen. Das Anwachsen der allgemeinen Kreditmenge verfolgte er mit regelmäßiger Lektüre der *Financial Times* und weithin der *Neuen Zürcher Zeitung*. Und fühlte sich ständig überholt von neuen Entwicklungen ins Große und immer Größere. Leitwort für ihn war noch immer: »solide«. Er hatte sich nicht vorstellen können, was sich deregulierte Investmentbanken vor allem jenseits der Jahrtausendwende leisten würden: Auf jeden Dollar, den solch eine Bank an Eigenkapital besaß, werden womöglich dreißig Dollar in Spekulationen investiert, mit aufgenommenen Geldern. Und es wird nicht bloß spekuliert, es wird gewettet: etwa auf den Verfall einer Währung, etwa auf Hausse oder Baisse von Rohstoff- oder Nahrungsmittelpreisen, etwa auf eine positive oder negative Entwicklung des DAX.

Ganz kurz mal setzte ich einen Fuß auf den heißen Boden der Finanzwetten: Telefonisch vom schnellredenden Berater dazu angestiftet, erwarb ich (in bescheidenem Umfang: »Kleinvieh macht auch Mist«) ein Papier, dessen sicherlich englische Bezeichnung ich vergessen habe. Mit vager Erinnerung rekonstruiert: Wenn zu einem bestimmten, zukünftigen Termin der DAX über der Indexzahl 6000 liegt, habe ich meine Einlage entschieden vermehrt, falls nicht, habe ich einen großen Teil des Geldes verloren. Als mir dämmerte, worauf ich mich eingelassen hatte, von jenem Telefonat eher gestört als stimuliert, habe ich dieses Wett-Derivat, dieses »Future« umgehend verkauft. Ich hatte nicht aufgepasst beim Telefonat, hatte mich von der sicherlich mehrsilbigen Bezeichnung düpieren lassen. Weiß jetzt aber, wovon ich hier rede / schreibe.

Solche Casino-Praktiken, solche Vabanque-Spiele lagen weltenweit jenseits der Vorstellungskraft meines Vaters. Für ihn war selbstverständlich, dass die Produktion von Geld »weder der Willkür von Einzelpersonen noch von Interessengruppen überlassen werden darf«. Was dann aber von Hedgefonds und Großbanken (die immer mehr Hedgefonds ähnelten) zum Geschäftsprinzip erhoben wurde – nachdem Thatcher wie Reagan diverse Regulierungen des Investmentbankings aufgekündigt hatten.

Ich werde nicht weiter rekapitulieren, was Helmuth erarbeitet, was Helene getippt hat, die Entwicklung, das registrierte er ja selbst, begann seine Analysen und Diagnosen zu überholen, zu überflügeln mit zunehmender, ja sich potenzierender Geschwindigkeit. Dass überwiegend mit öffentlichen Geldern (also letztlich der Steuerzahler) Fehlspekulationen größenwahnsinniger Banker etwa der HRE, der Hypo Real Estate, mit etwa 102 Milliarden ausgeglichen (»refinanziert«) werden mussten (sprich: mit hunderttausendundzwo Millionen), so etwas wäre ihm als fiskalische Apokalypse erschienen.

FORTSETZUNG DER ARBEIT. Viel Erfolg am Schreibtisch!, wünschte mir mal eine Nachbarin in der Eifel. Die beiden Söhne registrierten die Tätigkeit, die Ergebnisse der Tätigkeit, ihre Reaktionen pendelten zwischen Aha und Na ja. Christoph schenkte mir zu Weihnachten ein sehr buntes Bild mit einem Fesselballon, mit einem Reiter auf dem Zauberpferd, mit Siamesischem Zwillingspaar, mit einem herrisch winkenden Napoleon, mit der Präsidentin am Schreibtisch.

Thomas, eher cool, pflaumte mich schon mal an: »Dass deine Hörspiele gesendet werden, ist die reinste Stromverschwendung.« Doch bereitwillig machte er Tonaufzeichnungen von Funksendungen, die ich nicht direkt mithören konnte.

Anno 1977 erschien meine Biographie über Oswald von Wolkenstein, den Dichter, Komponisten, Vortragskünstler der Wende des 14. zum 15. Jahrhundert. Die Frage, die nach Lesungen gern gestellt wird: Wie sind Sie eigentlich auf NN gekommen? Oder: Was hat Sie zu NN geführt? Diese Standardfrage lässt sich im Fall Wolkensteiner leicht und klar beantworten. Das habe ich auch schon mal getan, etwa im kleingedruckten Anhang des Neidhart-Buchs. Also stelle ich das nun etwas größer heraus, im Schriftgrad.

Irgendwann Mitte der sechziger Jahre sah ich eine kleinformatige Reproduktion des Porträtgemäldes des Wolkensteiners mit Ehrenzeichen und Orden. Das erste authentische Bildnis eines deutschsprachigen Dichters, Komponisten, Sängers. Ein auffälliger Kopf, nicht nur, weil das rechte Auge geschlossen ist – massiger Schädel mit Energie verratenden, zumindest suggerierenden Kinnhöckern, mit deutlichen Blessuren, die auf ein »bewegtes Leben« rückschließen lassen. Über dieses, ja, Mannsbild, das ich so genau vor mir sah, wollte ich mehr erfahren.

Der zweite Impuls: eine Langspielplatte mit Wolkenstein-Liedern, in der Archiv-Produktion der Deutschen Grammophon. Einige der Liedkompositionen wurden rasch zu Ohrwürmern, vor allem dies: »Wach auf, mein Schatz! Schon leuchtet her / von Orient der lichte Tag!«

Dritter Impuls: Irgendwo las ich einen Liedtext (etwa in der Stiasny-Bücherei?), in dem Oswald stilisiert besingt, wie er in seiner Burg Hauenstein bei Seis am Schlern haust, im Winter, drangvolle Enge im einzigen Raum, der – außer der Küche, so ergänze ich – beheizt wurde. Um meine Fixierung verständlich zu machen, ein kurzer Ausschnitt, ebenfalls in meiner Übertragung.

Was mir an Ehrung ward zuteil
von Fürsten, all den Königinnen,
und was ich so an Schönem sah,
das büß ich ab in diesem Bau.
Mein Unheil hier –
es zieht sich lange hin!
Ich bräuchte sehr viel Mutterwitz:
muss täglich sorgen für das Brot!
Dazu werd ich noch oft bedroht.
Kein rotes Mündlein tröstet mich!
Die früher auf mich hörten,
sie lassen mich im Stich.
Wohin ich schau: es stößt der Blick
auf Schlacke all der Herrlichkeit.
Kein feiner Umgang mehr, stattdes:
nur Kälber, Geißen, Böcke, Rinder
und grobe Leute, hässlich, schwarz,
im Winter ganz verrotzt.
Macht froh wie Sackwein, Läuse …
Im Koller treib ich meine Kinder
oft mit Schlägen vor mir her.

Da kommt die Mutter angewetzt,
beginnt sogleich zu zetern.
Gäb sie mir eines mit der Faust,
ich müsst auch das erdulden!
Sie schreit: »Die Kinder hast du ja
fladenflach geschlagen!«
Vor ihrem Zorne graust mir sehr,
ich spür ihn wahrlich oft genug,
scharf, mit Scheiten!

Der Liedtext, dem ich diese Sequenz entnahm, das Tagelied vom Liebespaar, das von der Morgensonne überrascht wird, das Bildnis auf der Postkarte: dreifacher Auslöser!

Ich hatte ursprünglich vor, einen biographischen Essay von etwa hundert Seiten zu schreiben. Bei einem ersten, sondierenden Telefonat mit einem Mediävisten aber erfuhr ich, dass an die tausend Dokumente im Südtiroler Familienarchiv (und in anderen Archiven) erhalten blieben – die meisten durch die Alpenkette geschützt vor der Brandschneise, die der Dreißigjährige Krieg auch durch Archive zog. Zur Herausforderung kam damit ein reiches Materialangebot.

Das betonte ich im Projektvorschlag, den ich, gegen meine Gewohnheit, an den Verlag schickte. Folgte ein Gespräch mit dem Verleger: Eine Biographie gern, auch eine Biographie über eine Figur des Mittelalters, aber wieso über eine total unbekannte Person wie den Wolkensteiner? Was sollen denn, potz Wolkenbruch, die Vertreter dem Sortiment sagen? Es liegt nur eine einzige Publikation vor, die sich mit dem Namen Wolkenstein verbindet, ein Bändchen der Reclam UB mit einer Auswahl von Liedtexten, mittelhochdeutsch, begleitet von Prosaübersetzungen durch Wachinger – reine Hilfstexte, so etwas wie Textservice für Germanisten, die ihre Scheine in Mittelhochdeutsch machen müssen. Höchstens in germanistischen Seminaren, eher: Oberseminaren dürfte der Dichter einigermaßen bekannt sein, sonst aber: Fehlanzeige. Es liefe mit ziemlicher Sicherheit auf einen Misserfolg hinaus, wenn ich eine Biographie über diesen in der breiteren Öffentlichkeit völlig unbekannten Dichter schriebe. Da hätte die deutschsprachige Literatur des Mittelalters entschieden mehr zu bieten!

Ich wies darauf hin, dass, in etwa, der sechshundertste Geburtstag des Wolkensteiners bevorstünde; das könnte Redaktionen und Rezensenten zu publizistischer Begleitmusik motivieren, so etwas wie Echo schaffend für den grandiosen Dichter und großen Musiker.

Dieser Geburtstag wäre in keinem Festkalender vorgesehen, würde denn auch ganz bestimmt nicht gefeiert, erst recht nicht durch eine Sonderbriefmarke – das Reclam-Bändchen würde keine Resonanz vorbereiten für ein Geburtstagsständchen. Eine Biographie, wie gesagt, sehr gern, aber bitte nicht über eine so total unbekannte Person.

Gerade das aber würde mich reizen, mich herausfordern. Und gerade hier sei die Verlockung groß, eine, ja, geradezu pralle Vita! Wenn dieses Mannsbild in den Vordergrund gerückt würde, auch mit Übertragungen seiner oft fulminanten Liedtexte, so müsste das eigentlich Resonanz finden, öffentliches Echo.

Eine Gleichung mit mehreren Unbekannten ... Das Projekt würde hingegen kalkulierbar, wenn man das Lesepublikum dort abhole, wo es angekommen sei. Warum nicht eine Biographie über einen weithin bekannten Dichterkomponisten des hohen Mittelalters, über Walther von der Vogelweide? Ein Name mit Klang! Und damit: Resonanz für das Buch.

Die biographischen Materialien über Walther seien aber ausnehmend dürftig, wandte ich ein. Beim Wolkensteiner könnte sich eine wahre Fundgrube an Materialien öffnen, die Figur könnte genaue Konturen annehmen, die Chronologie des Lebens könnte präzis erarbeitet werden. Bei Walther weiß man nicht einmal, von welchem der diversen Vogelweidhöfe des süddeutschen Sprachgebiets er stamme – und so geht es weiter, im Vagen. Ich hätte mich bisher noch nicht weiter mit dem Vogelweider beschäftigt, aber dies sei wohl sicher: über sein Leben ist wenig, viel zu wenig bekannt. Eine Biographie nur auf der Basis von Vermutungen?

Dennoch: eine Erstauflage von 2000 bei einer Biographie über Potzwolkenbruch, eine (nicht garantierte, aber sicherlich entschieden avisierte) Erstauflage von 20 000 beim Vogelweider. Ein Aspekt, den ich als freier Schriftsteller wohl kaum ignorieren könne. Eine Vorauszahlung würde sich, notwendigerweise, in etwa nach den Erwartungen richten; entscheidend auch hier die Vormerkziffern der Vertreter, als Schwerpunkttitel könnte eine Wolkenbruch-Biographie aber mit Sicherheit nicht eingestuft werden. Also, bitte alles noch mal überlegen. Der Verlag wird, falls ich beharre, auch eine Wolkenstein-Biographie ins Programm aufnehmen, keine Frage, aber … So, und jetzt trinken wir einen Affentaler Roten … Was macht die Familie …?

Ja, richtig, ich saß als ziemlich junger Familienvater an der anderen Seite des Schreibtischs. Und stand auf mit etwas weicheren Knien.

Besonders wichtig im Kopf eines Autors: der Querkopf. Der diktierte: Auch wenn Walther mit schönen Liedtexten lockt, die Biographie über Oswald von Wolkenstein wird geschrieben! Wurde denn auch geschrieben.

Wie zu erwarten, wurde die Erstauflage in bescheidener Höhe angesetzt: 3000. Schließlich war der Wolkensteiner damals eine Randfigur der Literaturgeschichte, zwar interessant, aber weithin unbekannt, und so waren die Erwartungen im Verlag gering. Dann geschah das Unerwartete: Maria Frisé, in der Literaturredaktion der FAZ, setzte sich ein für den (gekürzten) Vorabdruck des Buchs. Da sah gleich alles anders aus! Sofort wurde vom Verleger die Erstauflage auf 20 000 erhöht. Und es wurde damit geworben, auf einem sogenannten Aushänger (einem schmalen Plakat für Buchhandlungen), dass die Biographie in der *Frankfurter Allgemeinen Zeitung* zum Vorabdruck gelangt war. Zweiundneunzigmal hieß es im Feuilleton »Ich Wolkenstein«.

Das bedeutete aber nicht, dass sofort 20 000 Exemplare ausgedruckt wurden. Ich lernte eine der Usancen des Buchmarkts kennen, auf dem gern mit hohen Auflageziffern geworben und gewirkt wird. Von einem Buch, dessen Startauflage satte

100000 betragen soll, werden längst nicht hunderttausend Exemplare ausgedruckt, gebunden, ausgeliefert (oder gelagert), man setzt etwas vorsichtiger an und stockt sukzessiv auf, falls das Buch erwartungsgemäß läuft. So wurden von der Wolkenstein-Biographie erst mal zehntausend Exemplare gedruckt, die bald abgesetzt waren, daraufhin noch mal fünftausend und wieder fünftausend – dies aber stets unter der gleichen Gesamtziffer von 20000, laut Vermerk auf der Impressumseite. Erst als weiterhin nachgedruckt werden musste, wurde diese Zahl nach oben korrigiert.

Das Buch wurde zwar kein Bestseller, entwickelte sich aber zum Longseller. Viele Besprechungen, auch einige Fernsehbeiträge – da verlockte ja allein schon die Landschaft. Die sollte sogar, Autor an Bord, mit einem Hubschrauber überflogen werden, doch am geplanten Filmtag spielte das Wetter nicht mit, der Flug fiel aus wegen rauer Böen, und ich kam um meinen ersten und einzigen Hubschraubertrip – ich spekuliere nicht darauf, dass ich mal unfreiwillig in einen Helikopter *eingeladen* werde, nun in ganz anderer Wortbedeutung.

Eingeladen, in freundlicher Wortbedeutung, wurde ich von drei Verlagen (merkwürdigerweise nicht vom eigenen Verlag) zum Verfassen einer Biographie über Martin Luther – das Vierjahrhunderte-Jubiläum von 1983 stand bevor. Die angereisten Lektoren, ob aus Wien oder Berlin, sie waren sich einig in der Leitvorstellung: Bitte für das Luther-Buch so schöne Landschaftsbilder, Stadtbilder, Reisebilder wie im Wolkenstein, bitte so viel Alltag wie im Hause Wolkenstein, bitte ein pralles, saftiges etcetera Stück Leben, und dies mit einer Figur, deren Name allein schon hohe Startauflagen garantiert.

Erst mal fühlte ich mich geschmeichelt: nach ersten Achtungserfolgen doch mal ein veritabler Erfolg! Runde Vorauszahlungen sollten mich ködern. Doch bald schon pfiff ich mich zurück: Nach einem bereits als bewährt geltenden Muster reproduzieren? Dies bei einer Figur, zu der sich keine rechte Empathie entwickeln wollte? In meiner mittlerweile fixierten Distanz zum Kirchenleben wollte ich nicht an den säkularisierten Kirchenheiligen Martin heranrücken, womöglich verpflichtet durch die evangelisch-lutherische »Religions-zugehörigkeit«.

Wenn es drauf ankommt, kann ich mich schnell entscheiden: Bevor eine mündelsichere Entwicklung einsetzen konnte, disponierte ich um und schrieb den kleinen Roman über die Erd-ölkrise von 1972. Aber das kaufte mir keiner so recht ab.

EIN BRIEF von Heinrich Böll als Auslöser für eine erneute Phase des Engagements. März 1977 schrieb er aus Langenbroich an den Oberkreisdirektor in Düren: »Beide Pläne zum Ausbau oder zur Weiterführung der K 27 über den jetzigen Stand hinaus – sowohl per Damm über das Dresbachtal wie durch das Kreuzbachtal oder über das Teufelssief – erscheinen nicht nur mir, sondern einigen (wären sie über die Pläne unterrichtet, wahrscheinlich vielen) Anwohnern absurd. Der Begriff ›Naherholungsgebiet‹ verliert seinen Sinn, wird zur Farce, wenn man eins der wenigen, noch landschaftlich geschlossenen Gebiete auf diese Weise zerstört. [...] Ich schreibe Ihnen dies kurz bevor ich für längere Zeit aus gesundheitlichen Gründen verreisen muß. Ich wäre Ihnen dankbar, wenn Sie mein Schreiben nicht einfach ad acta legten.«

Böll schickte mir eine Ablichtung des Briefs mit einem handschriftlichen Zusatz: »Lieber Dieter Kühn, *mehr* kann ich nicht tun als Sie zu bevollmächtigen, von diesem Brief Gebrauch zu machen! Ich muß *dringend* wieder weg! Herzlich Ihr Heinrich Böll.«

Ich griff auf, führte weiter. Einleitend ganz kurz, worum es ging: Ein Tal sollte gerettet werden, das bereits eingeklammert war von zwei Straßen mit demselben Ziel: dem Dorf Brandenberg auf einem Höhenzug der Nordeifel.

Etwas genauer: Das Dorf war auf westlichem Höhenzug erreichbar über eine Bundesstraße (B 399) und eine abzweigende Landstraße (L 11). Brandenberg konnte auch, in Tallage, in gleicher Richtung auf einem asphaltierten Forstweg erreicht werden, dem Kierlingsweg, auf halber Hanghöhe östlich; zur Kreisstraße aufgewertet, wurde die Straße offiziell von etwa 120 Pendlern genutzt. Nun sollte zwischen der mehr oder weniger parallel verlaufenden Hangstraße und der Höhenstraße eine dritte Straße gebaut werden, mit dem gleichen Zielort – alle drei Straßen in Luftlinie nur wenige hundert Meter voneinander entfernt. Die K 27 n[eu] sollte eine zuvor schon heftig umstrittene Schnellstraße, eben die K 27, über das Dorf Bogheim hinaus fortsetzen. Opposition formierte sich.

In der Initiativgruppe ergab sich rasch, dass ich die Korrespondenz führte. Der Kühn als Mann der Feder, also: Schreib du das doch ... So tippte, tippte, tippte ich. Alle Schriftsätze zusammengefasst, quantitativ, würden ein kleines Buch ergeben, ein Büchlein. Das allerdings nicht verfasst wurde mit großer Schreibmotivation, gar Schreiblust. Eher Pflichtübungen.

Ich habe die Durchschläge der wichtigsten Schreiben (Typoskripte) aufbewahrt. Ohne diese und weitere Materialien könnte ich das Kapitel kaum schreiben; in der Erinnerung hat sich vieles verwischt, vereinfacht, verkürzt. So aber lässt sich der Verlauf rekonstruieren, skizzenhaft. Auch dies als autobiographisches Kapitel: Meine Erfahrungen als Bürger, als »zoon politikon«, mit Behörden, mit Administration.

Als Eröffnung ein Schreiben an das Kreisbauamt. »Nach einem Vorgespräch in Langenbroich hatte mich Herr Böll bevollmächtigt, bis zu seiner Rückkehr aus der Schweiz im Sinne seines Briefes weiter aktiv zu sein. Ich hatte Verbindung aufgenommen mit der ›Kreuzauer Gruppe‹. Aus dieser Konstellation heraus hatte ich mich an Sie gewendet, da Sie für die Planung der K 27 unmittelbar zuständig sind.

Es liegt uns daran, seitens der Verwaltung möglichst umfassend informiert zu werden. Dies zu einem Zeitpunkt, an dem definitive Entscheidungen über die Trassenführung der K 27 noch nicht gefallen sind, Gespräche mit den Entscheidungsgremien also noch Zweck haben.«

Ein erstes von diversen Mahn- und Erinnerungsschreiben. Ich werde einigermaßen ausführlich zitieren, denn: Es bringt nichts, vermittelt nichts, wenn ich pauschal vermerke, es hätten viele Briefe geschrieben werden müssen. Es muss ablesbar werden, zumindest ausschnitthaft, mit welchen Formen, ja Auswüchsen des Verwaltungsdenkens wir uns herumschlagen mussten. Und damit: was uns viel Zeit wegnahm, nein: wegfraß. Also auch mir.

Zwei Typoskriptseiten an den Gemeindedirektor Hürtgenwald, zwei Seiten an die Landwirtschaftskammer Bonn, eine Seite an den Stadtdirektor von Heimbach, vier Schreibmaschinenseiten in einem Rundbrief an die drei Fraktionen im Kreistag Düren, im Namen der Bürgerinitiative.

»Zwei Vorbemerkungen. Erstens: dass Bürgerinitiativen erst recht spät reagieren können, liegt mit daran, dass Bürger meist relativ spät erfahren, was geplant wird. Dass Argumente erst spät vorgetragen werden, macht sie aber noch nicht bedeutungslos, macht eine Auseinandersetzung mit ihnen nicht überflüssig.

Zweitens: wir sind nicht gegen notwendige Straßenbauten. Unsere Überlegungen, unsere Kritik, unsere Einwände setzen dort an, wo uns die Notwendigkeit nicht einleuchtet. Bei Vorgesprächen im Kreisbauamt mussten wir feststellen, dass die für eine Planung unumgänglichen Vor-Erhebungen nicht stattgefunden haben. Weder im Falle der K 27 noch der geplanten K 48 wurden Fragebogenaktionen oder andere Erhebungen durchgeführt, auf deren Grundlage dann eine Planung stattfand. Da die Fragen nach den Gründen meist nur pauschal beantwortet wurden, sind wir von der Notwendigkeit nicht überzeugt.«

Auf weiteren Briefseiten wurden Detailfragen erörtert. Hier nur die Schlusssequenz. »Wir bitten also mit Nachdruck und Entschiedenheit, noch einmal unter den inzwischen neu gewonnenen Gesichtspunkten zu erwägen und zu prüfen, ob eine Weiterführung der K 27 über Bogheim hinaus nach Brandenberg und ins Kalltal *unabdingbar notwendig* ist. Dies wäre konkret nachzuweisen.«

Wir mussten lernen, winkelzügiges Prozedere der Verwaltungen zu durchschauen. Nur äußerst ungern gibt Verwaltung ein Projekt auf, das sie mal ausgeheckt hat. Wenn die Unterlagen in die berühmte Schublade gesteckt werden, so werden sie

760

dort mit Sicherheit wieder herausgeholt, zu einem Zeitpunkt, der als »gegeben« erscheint. Es werden »Notwendigkeiten« ins Feld geführt, massiv. Es wird mit taktischen Täuschungsmanövern gearbeitet, mit fiktiven Zahlen oder nachgebesserten Steigungswinkeln.

Es verstärkte sich das Grundgefühl: Wir sind Amateure in Verwaltungsdingen, in Verfahrensfragen, und so werden wir von hauptberuflich Tätigen vielfach ausmanövriert, ausgetrickst, ausgehebelt. Die zuständigen Beamten befassen sich »vollzeitlich« mit der spröden Materie, wir hingegen, in der Initiativgruppe, sind werktags in ganz anderen Bereichen tätig: Als Chefarzt in der Kinderabteilung eines Krankenhauses, als Musikdozent, als Kunstlehrer, als Erziehungsberater, als Angestellter im öffentlichen Dienst – und so weiter. Wir werden von der Verwaltung gern als »sachfremd« eingestuft, als »Nichtbetroffene im Sinne des Verfahrens«, wir gelten, intern, letztlich als inkompetent.

Ich wandte mich an einen Rechtsanwalt, der von einem meiner Bücher derart begeistert war, dass er mich, mit Gisela, zu einem opulenten Essen einlud; das wurde über Jahre und Jahrzehnte hinweg zur schönen Gewohnheit in zeitlich lockerer Folge: Atzung des Autors. Henning arbeitete in einer renommierten Kölner Sozietät, leitete meine schriftliche Anfrage weiter an einen seiner Kollegen, der sich auf unserem Spezialgebiet eingearbeitet hatte. Der schickte mir ein Schreiben von zwölf Typoskriptseiten über Verfahrensfragen. Ein Schreiben, das mir, das uns helfen sollte; dabei hätte ich aber erst mal Hilfe gebraucht, um die Fachsprache in meiner Muttersprache zu verstehen.

Auf dringliche und wiederholte Bitten wurde mir und zwei, drei Mitstreitern im Kreishaus ein Landschaftsmodell der geplanten Trassierung gezeigt und erläutert. Wir trauten unseren Ohren nicht, unseren Augen erst recht nicht: Eine riesige Einfräsung in eine Hanglage … Eine mehr als 100 Meter lange Brücke … Ein 22 Meter hoher Damm, die Basis der Aufschüttung 85 Meter breit …! Dass sich diese Monstrosität in die Landschaft »einfügen« würde, davon konnte ja nun wirklich nicht die Rede sein. Siebeneinhalb Meter breit sollte sie werden! Damit war das Problem aber nicht eingegrenzt. Wir machten uns kundig, erlernten Begriffe wie »Straßen- und Schadensbandfläche«. Registrierten: die Straße würde durch ein »Schadstoffband von über 200 m Breite« begleitet … Und erheblich weiter reichend die Lärmemission … Härteste Eingriffe! Konsequente Zerstörung eines Erholungsgebietes, eines wertvollen Biotops! Reich gegliederte Landschaft, hohe Biodiversität!

Wir beschlossen eine große Aktion für das folgende Frühjahr: Von Bogheim aus soll bis hinauf zum Höhenzug der geplante Straßenverlauf durch orangefarbene Ballons in jeweils etwa fünfzig Metern Höhe angezeigt werden – zugleich »landart«. Männerchöre und Bläser sollen musizieren. Von Bogheim aus sollen (möglichst viele) Wanderer auf der Ballonroute zu den verschiedenen Konzertpunkten gehen.

Und ich verfasste ein Flugblatt, mein erstes und voraussichtlich einziges. *Wald oder Asphalt?* Zweckprosa – kein literarischer Beitrag!

»In Stadt und Kreis Düren kennen wir den Waldfraß zur Genüge. Er ist unersättlich. Nun will er ein besonders schönes Stück Natur in Asphalt verwandeln: das Gebiet zwischen Bogheim und Brandenberg mit seinen Wäldern und Weiden, den Äckern und Auen, dem Rinnebachtal. Mit einem dicken Asphaltstrich will er dieses herrliche Bild durchkreuzen!

Und etwas anderes frisst er auch, unser staatlich geprüfter und geförderter Waldfraß: Geld! Davon kann er schon gar nicht genug bekommen! Wer von Düren nach Brandenberg fährt, hat dazu die gut ausgebaute, demnächst sogar noch besser ausgebaute B 399. Diese Strecke soll die neue Straße ›verkürzen‹. Nun raten Sie mal, um wie viel! Um ganze 250 (in Worten: zweihundertfünfzig) Meter. Dieser schlechte Scherz soll uns Steuerzahler Millionen kosten! Der Wald- und Geldfraß fordert wahrhaftig zu viel!

Deshalb: am 30. April, ab 15 Uhr, treffen sich alle interessierten Bürger von Stadt und Kreis in Bogheim. Von dort aus werden Ballons anzeigen, was der Wald- und Geldfraß unbedingt zerstören will. Dort werden wir die Fressschneise dieses Ungeheuers abwandern. Presse und Fernsehen werden mit dabei sein. Vielleicht kriecht der Wald- und Geldfraß dann wieder in seine Höhle zurück.« (Fortsetzung folgt)

INZWISCHEN war meine Wolkenstein-Biographie so etwas wie ein Flaggschiff für meine dahindümpelnden Bücher und Büchlein geworden. Es wurde darauf reagiert, wenn auch zuweilen mit unerwarteten Stichworten. Wie wärs mit einem Libretto für eine Wolkenstein-Oper? Unter Verwendung auch seiner Texte und Kompositionen? Wie wärs mit einem Spielfilm über den Wolkensteiner, mit dem Hauptakzent auf seinen Abenteuern und Feldzügen?

Eine noch überraschendere Anfrage kam ins Haus, verbunden mit einer Einladung: Nach dem runden, satten Wolkenstein-Buch auch mal was Rundes, Sattes, Farbiges über das Emsland … Nanu, wieso? Ja, viel Moor, viel Wald, viel Wasser und viele architektonische Kostbarkeiten!

Ich folgte der Einladung. Ich würde allerdings nicht weiter über diesen Ansatz schreiben, hätte ich nicht eine neu akzentuierte Erfahrung mit mir gemacht.

Vage Erinnerung soufliert mir: Meppen war der Anlaufpunkt. Freundlicher Empfang, schönes Wetter, also eine erste Rundfahrt mit dem Mitarbeiter einer Landschaftsbehörde. Und es gewann eine topographische Bezeichnung an Präsenz, die ich noch nie gehört oder gelesen hatte: der Hümmling. Hier, auf sanfter, waldreicher Erhöhung im weithin moorflachen Emsland: das Jagdschloss Clemenswerth. Mein virtueller Ausgangspunkt zu Emsländer Rundumfahrten, erkundend, Wörter sammelnd.

Clemenswerth: eine höchst überzeugende architektonische Konzeption des großen Schlaun, Johann Conrad. Was mir erklärt wurde, kann ich nachlesen in einer Broschüre, die mir sogleich überreicht wurde: »Das Jagdschloss des Fürsten als zweistöckiger Mittelpavillon in Kreuzform wird umkreist von acht einstöckigen, gleichförmigen Pavillons.« In einem von ihnen, bitteschön, mein Quartier während der Recherchen, der ersten Arbeitsphasen. Doch erst einmal Besichtigung der Anlage, sodann Imbiss im »Schlossrestaurant im historischen Wildkeller«, kühl am warmen Sommertag.

Das Begleitgespräch während Rundgang und Besichtigung wurde belebt durch meinen Hinweis, dass ich dem Bauherrn, Kurfürst Clemens August, nicht zum ersten Mal begegne. 1961 war ich, von Düren aus, zur großen Ausstellung im Schloss Augustusburg zu Brühl gefahren: Kurfürst Clemens August, Landesherr und Mäzen des 18. Jahrhunderts. Ich hatte den zwei Daumen dicken Katalog gekauft und sorgsam abgestellt. So, und der Herr, der in Brühl eine alte Wasserburg zu einem Rokokoschloss ausgebaut und die Parkanlage mit dem Schlösschen Falkenlust gekrönt hatte, der war als passionierter Jäger und Bauherr auch im Emsland aktiv gewesen. Hier im Hümmling, Kühn im Hümmling, Umlaut zu Umlaut, sollte auch ich aktiv werden. Nach dem Imbiss, vielleicht sogar mit einem Glas Wein, wenn auch nicht aus dem Emsland, wurde ich vom fast schon erleichtert wirkenden Begleiter (das verbindende Stichwort Clemens August!) zu einem der acht Pavillons geführt, die kreisförmig den Zentralbau umgeben: Gästepavillon. Hier wurde mir allerdings nicht der große, museal eingerichtete und ausgestattete Raum des Erdgeschosses zugewiesen, sondern, auf schmaler Seitentreppe zu erreichen, die schlicht eingerichtete Mansarde. Aber immerhin: Wald im Rücken. Und vor mir, durch eine Wegachse verbunden, das zweistöckige Hauptschloss, rotbraun die Ziegel, hellgrau die applizierten Sandsteinreliefs, mit denen ich mich noch vertraut machen sollte.

Am Fenster stehend wurde ich kurz mal mir selbst überlassen, konnte das kleine Areal unter dem Dach ausschreiten: alles vorhanden, was ich voraussichtlich brauchte. Und Fortsetzung der Begehung, auch hinüber zum Marstall, Begleitheft in der Hand, das ich aufbewahrt habe, Einblick gewährend.

In lockerem Dialog beschritten wir sodann den Kranz der acht Pavillons rund um den Schlossbau: Von jedem Pavillon führt ein befestigter Weg zu diesem zweistöckigen Bau in Rotbraun – wie Speichen eines Rades, der Fürstenbau als Radnabe, alles drehte sich um den hohen Herrn, der wahrscheinlich, von Schloss zu Schloss ziehend, nur wenige Wochen im Jahr in der Region Hümmling verbrachte, zur Parforce- oder Falkenjagd, zur Reiherbeize.

Nun sollte ich erst einmal mir selber und den Eindrücken überlassen bleiben, alles der Reihe nach verarbeiten und womöglich schon ansatzweise umsetzend. Verabredung zu einer Moorfahrt am nächsten Tag. Die Mansarde beziehen. Köfferchen auspacken. Bier im Kühlschrank, Rotwein auf dem Tisch. Und der wahrhaftig bestechende Ausblick auf den Zentralbau, auf die Pavillons im Kreis. Touristen zogen ab, Aufsichtspersonal rückte ab, die Anlage blieb sich selbst überlassen. Ich versuchte, mich einzufangen beim Spaziergang im Kreis, beim Spaziergang hinein in den Parkwald und wieder heraus aus dem Parkwald, tief durchatmen. Willst du, wirst du hier bleiben, für ein paar Emslandwochen, mit immer mehr Emslandwörtern im Kopf? Allein schon die Clemenswerthwörter, vermittelt von der präzis erarbeiteten Begleitschrift! Eine Wortlawine ging da auf mich hernieder nach Spaziergang, Telefonaten, Abendimbiss und dem Korkenplopp der Rotweinflasche, wahrscheinlich ein Dornfelder. Ha, fette Beute für den Wortvampirismus! »Das Thema Jagd klingt noch einmal an in den Sandsteinreliefs über den Fenstern. Wir sehen erlegte Hasen, gekreuzte Gewehre und Zweige, Reiher und Beizvögel mit Hauben auf den Köpfen, Eber mit gekreuzten Gabeln, Keulen, Spießen, Gewehr, Netz und Zweigen, einen Hirschkopf, von einem Hifthorn umrahmt, gekreuzte Spieße und Eichenlaubzweige, einen Wolf mit gekreuzten Gabeln und Keulen, Rebhühner, Schnepfen, eine Jagdtasche mit heraushängendem Kaninchen, Stiefel mit Sporen, Zaumzeug, Sattel usw.« Jajaja, und so weiter!

Nacht in der Mansarde. Waldluft in der Schlafkammer, Stille, die in den Ohren sirrte.

Nach dem Frühstück wieder der Cicerone. Rundfahrt. Die weiträumigen Bilder von Moorlandschaften sind für mich, diesseits der Jahrtausendwende, längst überlagert von Moorlandschaften im herben Nordwesten Irlands: Hochmoore und

abends der spezifische Duft von verheiztem Torf. Zum Wort
Moor kam allerdings das Wort Moorsoldaten, die KZ-Häftlinge, die Moore trockenlegen, urbar machen mussten unter
primitivsten Bedingungen. Und zur topographischen Bezeichnung Meppen das Wort: Testgelände für neu entwickelte
Geschütze, dies schon zu Hitlers und Kaiser Wilhelms Zeiten.
Durchwachsene Sprachsedimente ...

Am Ende der geruhsamen Rundfahrt wurde mir eine Ma-
terialsammlung überreicht, im Namen der Emsland GmbH:
Zusammengestellte Auszüge aus der Fachliteratur, dies für
»Studienzwecke«. Fotokopierte und eingeheftete, entfaltbare
Karten.

Und schon die Frage von mir selbst an mich selbst: Sollen
das für die nächsten Wochen deine Koordinaten sein? In diesen
Koordinaten mal »schwach podsolierter Boden«, was immer
das sein mag, auch »mittel podsolierter Boden, stark podsolierter Boden«? Und Flächen mit natürlicher Übersandung durch
Aufwehung? Flugsandfelder mit kuppiger Oberflächenform?

Weiterblättern: Moorkulturen ... Wurzelbett ... Moormächtigkeit ... Sackung ... Torfverzehr ... Abtorfung ...
Niedermoorsanddeckkultur ... Hochmoorartiges Anmoor ...
Bruchtorf ... Seggentorf ... Schilftorf ... Kiefernstubben ...
Mein Sprachambiente für die nächsten Wochen? Spezialwörter der Sondersprache, und immer weitere Spezialwörter
schieben sich moränenförmig an mich heran, Flugsandwörter
herangeweht? Frühere Intentionen überweht? Schließlich von
einer Emsland-Endmoräne überlagert?

Immerhin die Mansarde im Pavillon. Nachts die absolute,
in den Ohren sirrende Stille. Splendid isolation. Splendid: yes,
indeed. But: isolation? Vorwiegend allein mit dieser Arbeit?
Schwer, Besuch anzulocken zu Kühn im Hümmling. Zur Abwechslung und Auffrischung: Meppen? Lingen? Cloppenburg? Und wieder, von außen fotografiert, in beneidenswerter
Immobilie? Parklandschaft, Waldgebiet, und ich mittenmang?
Es begann, spätabends, dann in der »Stunde des Wolfs«, im
Bauch zu kribbeln, im Kopf zu vibrieren: eine Lebensform für
dich, wenn auch zeitlich begrenzt?

Nach zwei, drei Tagen brach ich das Experiment ab. Der Dank wurde gern angenommen, die Absage war weniger willkommen. Ob ein anderer Autor bei diesem Emslandprojekt eingestiegen ist, weiß ich nicht. Kümmert mich auch nicht.

Verbucht habe ich eine Erfahrung mit Langzeitwirkung: No splendid isolation furthermore! Auch bei mir, selbstverständlich, die Verlockung, sich ein Refugium zu verschaffen, vorzugsweise im rauen Nordwesten Irlands, in den counties Sligo oder Leitrim. Dort etwa in der Nähe des Lake Melvin, und eine isolierte Erfahrung kann sich wiederholen: Am selben Tag im Süßwassersee zu schwimmen und im Salzwasseratlantik. Steilküste bei Bundoran. Der Wind, der von Westen heranweht, kann Tausende von Seemeilen Anlauf nehmen, Gras und Haare streng verwirbelnd. Aber dann Regenwochen, Sturmwochen, womöglich Winterwochen, in denen man sich ducken muss? Und still vor sich hin saufen, weil sonst –?

Kurzum: die paar Tage Clemenswerth, Hümmling, Emsland haben mich davor bewahrt, mir das beinah obligatorische Domizil in Irland zu kaufen – versteht sich, in der Zeit vor dem Euro-Kredit-Boom, der Immobilien-Euphorie, vor dem Implodieren der aufgeblähten Scheinfinanzierungen. Wochenweise Irland, das ja, auch im Haus von Annemarie und Heinrich Böll, als sie noch lebten: Hochmoor im Bergsattel, wild bewegtes Wollgras, und immer mal wieder die Nase in den Wind stecken bei hochgeschobenem Fensterteil, und schreiben, weiß nicht mehr, was, an Bölls Arbeitsplatz, und die Verlockung, diesen Sonderzustand zu etablieren, Angeboten nachzugehen, nachzufahren, aber: Diese Regungen wurden gleichsam erstickt unter podsolierten Oberflächen über mehr oder weniger vergleytem Untergrund, von niedermoorartiger oder hochmoorartiger Beschaffenheit, kalkarm oder kalkreich, schwach sauer bis neutral – wurde zum Schweigen gebracht durch die absolute Nachtstille im Pavillonkreis.

Ja, die kurze Zeit auf dem Hümmling war mir eine Lehre, bewahrte mich vor einer Kaufentscheidung, die ich bestimmt bereut hätte, als Besitzer eines Häuschens im rauen Nordwesten Irlands – es hätte meinem Lebensgefühl nicht entsprochen.

Das suchte und fand seine Wohnform, Lebensform im Wechsel von Stadt und Land. Eingegrenzt, damals: im Wechsel von der Wohnung in Düren und dem Haus in der Eifel. Und dann: im Wechsel von der Wohnung in Köln und dem Haus in der Eifel. Und nun: im Wechsel zwischen der Wohnung in Brühl und dem Eifelhaus.

EINE REISE NACH POLEN, nach Schlesien, 1977, Reise unter besonderem Vorzeichen: Freund Peter wollte endlich das Städtchen, das Haus, die Umgebung seiner Kinderjahre wiedersehen. Er bat Gisela und mich um Begleitung, befürchtete Gefühlsturbulenzen, wollte uns in der Nähe haben. So fuhren wir los, in zwei Wagen: Peter und Ros, Ehepaar Kühn.

Seine Reise, also auch seine Blickperspektive. Er bereitete erzählend vor: Friedeberg, Mirsk, Kleinstadt zwischen Greiffenstein und Heufuderbaude ... Handwerker und Bauern ... der Horizont betont vom langgestreckten Höhenzug des Isergebirges ... Namen, verbunden mit Erinnerungen. Nach drei Jahrzehnten zurückkehren, ohne erwartet zu werden.

Es war eine Reise »nach Hause«. Oft hatte er die Reise durchgespielt, nun wurde sie konkret, das bewies schon der Stempel im Reisepass: Ambasada Polskiej Rzeczypospolitej Ludowej Wydział Konsularny Bonn. So schrieb er das ab, und er schämte sich, dass er diese Sprache nicht verstand, nicht beherrschte.

Die Durchquerung der Deutschen Demokratischen Republik bei ständig kontrollierter Geschwindigkeit. Für Gisela und mich alles schon vertraut.

Langer Stillstand an der polnischen Grenze, wir hatten uns in eine falsche Trasse der Abfertigung eingeordnet, vor uns wurde der Wagen eines Belgiers penibel durchsucht, Packen von Zeitschriften wurden inspiziert, es hieß, er hätte Pornohefte schmuggeln wollen. Keiner der Westdeutschen in der Wartereihe wagte es, über die weißen Trennlinien hinwegzufahren, sich in eine andere Reihe einzuordnen. Ich stieg aus, ging zu einem der polnischen Offiziere, er winkte uns durch.

Die Brücke über die Neiße, rot-weiße Grenzpfähle. Nach

Görlitz, nun Zgorzelec, doch immer noch dieselbe, die gleiche Stadt. Peter wies hin auf das grünspangrüne Dach der Ruhmeshalle: »Dort unterzeichnete Walter Ulbricht den Friedensvertrag mit der Volksrepublik Polen.« Doch wo blieb der polnische Gewerkschaftler, der uns, wie verabredet, die Hoteltickets überreichen sollte? Telefonieren, jedoch vergeblich. Warten, umschauen, warten; es begann zu dämmern.

Wir fahren los, Richtung Mirsk, wollen nicht in den Autos übernachten, an irgendeinem Waldrand. Lauban. Regen. Eine Felsformation, mächtige Blöcke. Regen. Wir fahren durch Dörfer. Die paar Lampen der Straßenbeleuchtung erscheinen Peter nachttopfähnlich. Schlaglöcher. Ein sichtlich besoffener Kutscher auf dem Bock, ein Mann auf einem Moped, in Straßenmitte Schlangenlinien fahrend, da muss ein günstiger Moment zum Überholen abgepasst werden. Massig im Halbdunkel: die Burgruine Greiffenstein. Für Peter verdichtet sich Heimatgefühl. Der Regen lässt nach. Das Gebäude einer Spinnerei, deutlich hörbar die Maschinen. Der Wagen vor uns bleibt stehen, halb auf den Bürgersteig gesetzt, Peter steigt aus, läuft zu einem Mäuerchen, zeigt über das Flüsschen Queis hinweg: »Da ist es!« Bäume, die Konturen eines Gutshauses, eines Wirtschaftsgebäudes. Uns fehlt noch der Kontext, wir müssen weiter. Kopfsteinpflaster, ein trapezförmiger Marktplatz, ein altes Rathaus mittig, eine Neugasse, Scheunen und Ställe, wieder halten wir an: Da drüben war der kleine Gemüsegarten seiner Mutter. Aussteigen. Einige Angaben zur Anlage, zur Größe des Hofes, wieder ein Zeichen: »Dort liegt mein Elternhaus.« Und wir fahren weiter, noch acht Kilometer bis zum früheren Bad Flinsberg, dem heutigen Swieradow Zdroj. Im Kurhaus soll der ausgebliebene Vermittler zwei Zimmer reserviert haben, trifft aber nicht zu, keine Buchung, dafür ein Hinweis auf ein Hotel Kwisa. Der dortige Nachtportier, zwischendurch ein Schlückchen Wodka zu sich nehmend, spricht schlesisch intoniertes Deutsch, kann aber auch nicht vermitteln; der Herr aus Breslau ist telefonisch nicht zu erreichen. Wir folgen einem weiteren Tipp, erreichen ein Haus »mit dem in dieser Gegend typischen Holzvorbau«. Und haben endlich

Glück: zwei Zimmer der Pension sind frei. Und die Wolken-
decke reißt auf: Sterne und die Kontur des Iser-Höhenzugs.
Es riecht nach nassem Heu. Juni, und doch ist im Gastraum
der Kachelofen geheizt, dort trocknen Pullover und Joppen.
Ich lasse die flache Feldflasche kreisen, mit Cognac gefüllt.
Hungrig und zermürbt ins weiß bezogene Bett.

Und früh wieder raus: Frühstück gibt es nur in einem Gewerkschaftshotel unterhalb, wir sind eingeteilt zur Siebenuhr-
Frühstücksschicht; wer zu spät kommt, kriegt nichts mehr, da
steht schon die nächste Schlange von pünktlichen »Sommer-
frischlern« vor der Durchreiche. Auch wir erhalten Mehlsuppe – gleichsam die Vorspeise zum Frühstück mit Brot und
Butter, mit zwei Sorten polnischer Wurst, mit dem obligaten
Ei. Für uns ist der letzte Tisch reserviert. Peter weiß noch, wie
Mehlsuppe zubereitet wird: Roggenmehl in Wasser anrühren,
bis sich kleine Klumpen bilden, Milch hinzugeben, früher
direkt aus dem Kuhstall, die Mischung erhitzen, aber nicht
kochen, ein wenig salzen. Kindheitssuppe, die Mutter passte
auf, dass »ausgesuppt« wurde.

Die Reise als Mitreise: Peter zeigt, erklärt, leitet über,
schlägt vor. Ich folge dem Freund auch hier, postum. Fahrt,
hinunter, nach Friedeberg / Mirsk. Das Städtchen markiert
durch drei Türme – einer von ihnen der gekappte Turm der
evangelischen Kirche. Kein Kriegsschaden, die Turmspitze ist
einfach weggebrochen, bis hinab zur Glockenstube. Auf dem
Rathausturm zeigt noch der alte preußische Adler seine Konturen. Blick hinauf, Blick hinab von der Stadtpromenade zum
Flussbett: Basaltbrocken, alte Weidenbäume, der Queis führt
nur wenig Wasser, trotz des Regens zuvor – Sandbänke mit
Grasbewuchs, Sumpfmulden. Und wieder ein Hinweis: »Dort
steht das Haus meines Großvaters.« Also folgen wir ihm zum
Hofgeviert: Wirtschaftsgebäude, das Gedingehaus, die Remi-
se, die Stallungen, der Zwinger. Das Herrenhaus, doch das
Walmdach ist zur Hälfte eingesackt, die Haushälfte darunter
ist Ruine. Die andere Hälfte blieb bewohnbar. Ja, und dort
die Hofpumpe – ob das Wasser noch immer nach Eisen und
Kresse schmeckt?

Ein alter Mann schlurft heran, Kalkspritzer auf der Arbeitskleidung, er spricht nur Polnisch, aber die einladende Hand- und Armbewegung ist zu verstehen, er geht, unablässig sprechend, vor uns her zum notdürftig renovierten Teil des Herrenhauses, wir folgen ihm in den Flur: Rippenbögen von 1737, erklärt uns Peter, zu unseren Füßen mörtellos gefugte Steinplatten. Ah, und der schmiedeeiserne Abschlussknopf des Geländers, das uns die Treppe hinaufbegleitet, an der Wohnung vorbei, zum ersten, dann zum zweiten Dachboden des schiefergedeckten Doppeldachs. Und der Blick ist freigegeben in den Ruinenteil des Doppelhauses: Reste einer blauen Stofftapete, ja, und über dem Sterbezimmer des Großvaters ist die Decke eingestürzt. Blick hinab, Blick zurück, der Weg zurück. Nun liegen Porzellankacheln im Weg, Peter erkennt die Muster: Die stammen vom Ofen aus der Herrenstube im Untergeschoss; der wurde abgebaut, die Kacheln aber wurden auf den Speicher getragen, und nun stehen wir vor ihnen. Der alte Mann hebt zwei Kacheln auf, findet ein Stück Papier, wickelt sie ein, überreicht sie Peter. Verlegenheit und Dankbarkeit.

Der Alte erweitert das Programm, führt uns in den ehemaligen Gesindeflur. Dort steht noch ein bäurischer Schrank aus dem Jahre 1774, die Zahl ist deutlich ablesbar, Farbreste sind gleichfalls erhalten: Altrosa und Blau. Vor den beiden Schranktüren ein Eisenriegel mit Vorhängeschloss. Aus den ersten Nachkriegsjahren?

Wieder die Hoffläche, wir gehen zum ehemaligen Gartentor: der Herrengarten, nun ohne Parkstrukturen, eine Wiese, und die Umfassungsmauer weist Lücken auf, in denen sich Holunderbüsche breitmachen. Ein alter Kastanienbaum, von dem sich Peter ein Ästchen abschneidet. Der Alte nickt. Beim Abschied überreicht ihm Peter einen D-Mark-Schein, wie im Namen seines Großvaters, und er zeigt auf das Haus. Der Alte hocherfreut – viele Wörter, die wir nicht verstehen.

An der Hofeinfahrt haben sich ein paar Kinder versammelt, als Zuschauer. Gisela überreicht dem Ältesten ein Päckchen Kaugummi – wird gleich verteilt.

Es geht weiter zum Hauptplatz mit Rathaus und Amtsgericht, in einem Bau zusammengefasst, den ein alter Turm akzentuiert: wirklich 13. Jahrhundert? Gestutzte Bäume, Bänke, Rosenbeete. Häuser, die renoviert wurden, abgerissene Häuser durch hässliche Betonbauten ersetzt. Peter steigt die Stufen zum Rathauseingang hinauf, posiert an der Balustrade, ich fotografiere ihn – die drei Töchter, der Sohn sollen eine ungefähre Vorstellung gewinnen vom Kindheitsort des Vaters. Kein Foto vom dunklen Ganggewölbe hinter der Flügeltür, mennigfarben, des Rathauses. Kein Foto auch vom Schaukasten mit Fotos besonders schlimm aussehender Häuser, in Schlammwüsten verwandelter Hofareale; die Namen der angeprangerten Bewohner jeweils in roter Tinte, gut lesbar.

Weitere Namen dann beim Schlender-Rundgang im Marktplatzgeviert, Namen, die uns nichts sagen, aber sie hören sich gut an: Zeiler Max ... Pfefferküchler ... Finke Gustav ... Victualien en gros und en détail ... Gasthaus zum Adler ... Das städtische Ballhaus: alte Markisen, vergilbt, verblasst, verschnürt ... Wurstmax ... Ressel-Fleischer. Keine Fleischerei mehr in diesem Haus, dafür eine kleine Bäckerei, wir kaufen Bienenstich, setzen uns auf eine der Bänke, nun in der Sonne, mampfen. Süße Vorspeise. Es gibt hier ein Lokal, das hieß früher »Zur Eisenbahn«, da gehen wir hin, durch die Greiffenberger Straße, vorbei an der evangelischen Kirche mit dem abgebrochenen Turm; die Kirchentore hängen schief, Brennnesseln wuchern vor ihnen, die Vorhängeschlösser aber wirken solide. Vor der Sakristei stapeln sich abgefahrene Reifen. Blick in den leeren Kirchenraum durch ein Bretterloch. Erinnerungen, Erinnerungen: Da waren einmal drei Emporen ... Beleuchtung durch Wachsstöcke ... Emailleschilder mit Namen an den Bänken: Stammplätze, Erbsitze ... Der letzte Gottesdienst vor der Flucht ...

Das Lokal, in zwei Abteilungen. Vorn der Tresen: Wodka und Piwo. Anschließend der kleine Saal mit kleinen Tischen. Die Serviermädchen tragen weiße Papierkrönchen. Nach der Mehlsuppe der Schweinebraten mit Kartoffelpüree. Wie hält man es eigentlich mit dem Trinkgeld in einem sozialistischen

Land? Beleidigender Gestus von Kapitalisten? Oder erwünschte Ergänzung, womöglich in Valuta? Wir lassen Wechselgeld auf dem Teller zurück, auf dem die gefaltete Rechnung vorgelegt wurde.

Nach der Intrada am Hof des Großvaters nun das Hauptkapitel: der Gang zum Kindheitshaus. Es ist zweistöckig, ein Eckhaus, noch mit dem alten, grobkörnigen Verputz. »Da oben links war mein Kinderzimmer.« Wir folgen Peter zur Hofeinfahrt, schauen über den Staketenzaun. Eine Frau mit rotem Kopftuch ist mit einem Kartoffelkorb beschäftigt; ein Mann führt einen aufgeschirrten Rappen über den Hof, sieht die Fremden aufgereiht am Zaun, lässt das Pferd stehn, kommt auf uns zu, und nun die große Überraschung: er bleibt vor Peter stehen und fragt: Beierrr? Der berühmte Moment der Sprachlosigkeit: Der Mann, der vielleicht, wie viele andere, mit 20 Kilo Gepäck aus der Gegend von Wilna hierher verschubt worden ist, dem dieses Haus zugewiesen wurde, er kennt den Familiennamen der früheren Besitzer. Dass er richtig geraten hat, scheint ihn nicht zu überraschen, er stellt gleich die nächste Frage: »Du Demokrat?« Neinnein, wir kommen nicht aus der DDR, wir kommen aus der Bundesrepublik, Cologne, Köln … Der Bauer reicht die Hand über den Zaun. Wir dürfen eintreten. Kurz wird der Bäuerin Bescheid gesagt, sie geht ins Haus, holt eine junge Frau heraus, die spricht deutsch, war fünf Jahre lang in der DDR. Sie wird von nun an übersetzen. Und da ist als Erstes die Frage des Bauern, wer von jener Familie noch lebt. Keiner. Nun begrüßt der polnische Bauer den deutschen Besucher als »vorigen Besitzer«. Und bietet ihm an, sich im Haus umzuschauen. Aber das will Peter doch lieber auf den nächsten Tag verschieben, der Besuch dann offiziell, bis dahin lassen sich auch die Gefühle besser unter Kontrolle bringen.

Von Gästen (»Werktätige«) des Gewerkschaftshotels habe ich erfahren, dass jeden Abend in der Wandelhalle des Kurhauses zum Tanz aufgespielt wird. Dort gibt es aber keine Eintrittskarten mehr, das Soll ist erfüllt, doch es bietet sich der Club Krystal an, dort macht D-Mark den Eintritt leichter, vermittelt uns einen Tisch in der Nähe der Tanzfläche, der Bühne mit dem kleinen Orchester. Plüsch, Kristall, Nierentische. Der Wein ist übersüß und kommt aus Ungarn, der Kognak aus Bulgarien. Wir tanzen. Zwischendurch werden Gisela und Ros von Polen zum Tanz aufgefordert; die bedanken sich danach mit Handkuss. Allein mit Peter am Tisch erörtern wir seine Gefühlslage. Der Gesprächsbereich erweitert sich zu Nachbartischen: diverse Sprachbrechungen. Als wir endlich aufbrechen wollen, wird uns von zwei, drei Seiten signalisiert, wir sollten unbedingt noch bleiben, große Attraktion im Programm. Und wir sehen in Polen, in Schlesien, in Mirsk, im Club Krystal einen Striptease westlicher Manier. Tusch und Beifall.

Die Bettschwere bringen wir in das Gewerkschaftshotel mit. Das notgedrungen frühe und pünktliche Frühstück. Peter erklärt: »Heute werde ich zu Hause erwartet.« Ros wird ihn begleiten. Gisela und ich, wir machen uns selbständig, wollen Richtung Isergebirge fahren, nach Schreiberhau, ich möchte die Villa sehen, die sich Gerhart Hauptmann von den Riesentantiemen gebaut hat, die ihm Samuel Fischer vor allem für die Theaterstücke überweisen ließ.

Wie zu erwarten ein weitläufiges Grundstück, die Villa größer, als ich mir das vorgestellt hatte. Es ist Mittagszeit, als wir, rufend, das offenstehende Haus betreten – alles ausgeflogen. Die Empfangshalle mit Galerie und der Bronzebüste Hauptmanns auf hohem Sockel. Und einer der ersten Räume im Erdgeschoss: etwa ein Dutzend Tische mit jeweils vier Stühlen. Im nächsten Raum, mit Kamin, etwa vier Dutzend Kinderbetten. Eher kleine Säle als große Räume – dieser Dichter mit dem betontem Goethe-Habitus lebte, wahrlich, auf großem Fuße. In den ersten Stock steigen wir denn doch nicht hinauf, fühlen uns weiterhin als Eindringlinge, allein im Haus.

Wir setzen die Fahrt fort. Von Fotos zwar darauf vorbereitet, wirkt es dennoch überraschend: eine norwegische Stabkirche in Schlesien, transferiert. Ein ausführlicher Spaziergang.

Wir fahren zurück nach Swieradow, ins Gewerkschaftshotel, treffen uns wieder mit Ros und Peter, setzen uns nach dem pünktlichen Abendessen in das Zimmer der Freunde, trinken braunen Wodka, und Peter berichtet: Das Bauernpaar im »Sonntagsstaat«, der ja nun offizielle Besuch, der Tisch gedeckt, und aufgetragen waren: rundes Brot, reichlich Butter, Räucherspeck, Hausmacherwurst. Ein silberner Samowar, summend. Der stark gezuckerte Tee. Nach dem ebenso späten wie reichen Frühstück Wodka aus Gläsern, deren Rand in Zucker getaucht war. Wir trinken aus zuckerlosen Zahnputzbechern.

Mit als Erstes zeigte der Bauer dem Nachkommen von Bauern den ehemaligen Pferdestall, nun ein Kuhstall. Die Futterraufen sind entfernt, die Stallung sauber ausgekälkt, sieben Stellplätze für Kühe, eine Kälberbox. Das Vieh weidet draußen. Die alte Melkmaschine funktioniert nicht mehr, es wird von Hand gemolken.

Peter und Ros wurden durch das Haus geführt: nur noch wenige Punkte, an denen sich Erinnerung festmachen konnte. Eine kleine, rot gestrichene Zentrifuge, im hinteren Teil des Flurs fest anmontiert; auch das Kind musste kurbeln, da lief denn links die Sahne heraus, rechts die leicht bläuliche Magermilch, schaumig. Der Herd in der Küche als Ruine, längst nicht mehr benutzt, aber noch immer die vertrauten Eisentürchen vor den vier Feuerlöchern, der Warmwasserbehälter. Sonst blieb nichts erhalten.

Nein, doch! Mieczesław hat eine Überraschung parat: einen gerahmten Druck mit einem Kreuz vor alpiner Kulisse, einem Bibelwort, das nur fragmentarisch zu lesen ist; eine Folie ist aufs Glas geklebt; der Bauer löst sie mit dem Taschenmesser ab, nun ist die Schönschrift zu lesen: ein Blatt aus der Agentur des Rauhen Hauses, eine Urkunde zur Konfirmation, vom damaligen Superintendenten unterschrieben: Erinnerungsblatt für Peters jüngeren Bruder, der, als Leutnant, in einem U-Boot verreckt war. Keiner war in den Jahrzehnten seither an diesem Bild interessiert. Doch ein Bild mit einem Kreuz, so Peter, wird von Polen nicht zerstört. Die Übergabe des Gastgeschenks: Moment, der sich nur als »bewegend« bezeichnen lässt.

Und Peter erzählt, was ihm Mieczesław erzählte, von der jungen Frau im Haus vermittelt: Ja, sie kommen aus der Gegend von Wilna. Der Vater hatte neun Jahre lang in Chicago gearbeitet; von den Dollars, die er mitbrachte, kaufte er einen Hof, und der war ansehnlich ... Als die Wehrmacht dieses Gebiet besetzte, gab es kaum Probleme mit den Deutschen, abgesehen davon, dass sie gleich das Vieh wegtrieben. Schlimm wurde es, als die Nazis kamen – die Verhaftungen, die Erschießungen, auch von Juden im Dorf, das Zusammentreiben von Arbeitskräften. Die klare Unterscheidung des Polen zwischen Deutschen und Nazis, zwischen Wehrmacht und SD ... Als die Rote Armee das Gebiet besetzt hatte, wurde der Vater hinter das Haus geführt und erschossen – als Kollaborateur, weil zwei Soldaten der Wehrmacht bei ihm einquartiert worden waren ... Den Hof mussten sie verlassen, ein Jahr lang blieben sie interniert, der Bauer, seine Frau, die drei Söhne. Karge Kost, sie hungerten. Der Abtransport so plötzlich, dass sie nicht einmal mehr Abschied nehmen konnten von den Gräbern der Familie ... Im Herbst 47 mit zwanzig Kilo Gepäck nach Mirsk; für den Hof, der ihnen zugewiesen wurde, mussten sie einen polnischen Major auszahlen, der das Gut besetzt hatte ... Alles war hier leergeräumt: keine Kuh, kein Pferd im Stall; in der Scheune nur ein paar ausgediente Geräte der Vorkriegszeit; kein Mobiliar – polnische Familien, 1946 in Mirsk eingerückt, sie kehrten bald wieder nach Zentralpolen zurück und nahmen mit, was nicht niet- und nagelfest war. Die Neusiedler mussten in der ersten Zeit auf dem Fußboden schlafen. Mussten hungern, um das Geld sammeln zu können für die erste Kuh. Der Boden schlechter als in der Wilnaer Region, in der vor allem Weizen angebaut wurde. Hier nun eher Mageräcker, ausreichend für den Anbau von Roggen und Kartoffeln. Und Mieczesław, resümierend: »Der Anfang war hier sehr schwer.« Von den Söhnen will keiner den Hof übernehmen; zwei haben studiert, der eine ist Ökonom, der zweite Ingenieur, der dritte ist Facharbeiter in einer Teppichfabrik. »Wir sind alt. Wir arbeiten hier, solange wir gesund sind.«

Zwei Jahre später werden wir nach Polen, Schlesien, Mirsk zurückkehren, alle vier, werden als zahlende Gäste in diesem

Haus wohnen, in zwei Zimmern, die in der Zwischenzeit ausgebaut, renoviert wurden. Keine Fortführung des Reiseberichts, das Kapitel wird hier zum Nachruf, auch auf die Freundschaft, die sich immer seltener realisieren konnte. Peter wurde Präses (also Bischof) der Rheinischen Landeskirche, mit Dienstsitz in Düsseldorf, mit Wohnsitz in Lank-Latum. Er kannte nun erst recht keine Schonung mehr, ließ Pfarrer der vielen Gemeinden der Landeskirche nicht (wie sein Vorgänger im Amt) nach Düsseldorf kommen, ließ sich im Dienstwagen zu den Gemeinden fahren, auf dem Rücksitz die Arbeit fortführend. Das Arbeitspensum wuchs, der Konsum von Zigaretten, Entspannung gab es kaum noch, und eines Nachts, mit 61, der tödliche Herzschlag. Doch Erinnerung wurde wachgehalten: zu den drei, vier kleinen Bänden von Predigttexten und Gedichten, die er selber noch veröffentlichen konnte, kam ein Sammelband von rund 400 Seiten: *Umwege*.

BEVOR eine längere Sequenz der Erinnerung folgt, halte ich ein und frage mich: Wie funktioniert eigentlich mein Gedächtnis? Es sind, so glaube ich mich seit Schulzeiten zu entsinnen, chemo-elektrische Vorgänge. Oder habe ich das erst später aufgeschnappt? Jedenfalls eine frühe, sehr pauschale Information. In den Jahrzehnten seither: wesentliche neue Erkenntnisse? Ich will wenigstens eine ungefähre Vorstellung gewinnen von Vorgängen, die in mir ablaufen, unaufgehellt. Hirnmoleküle also, die sich mit Hirnmolekülen beschäftigen, in komplexen Verbundschaltungen.

Auch ich wurde in die Wunderwelt des Gedächtnisses eingeführt durch Eric Kandel, den mediengerechten Charmeur unter den Nobelpreisträgern. Einleitend ein Statement des Neurobiologen: Wir wüssten gerade mal oder höchstens ein Prozent von dem, was wir über Gedächtnis wissen müssten. Verstehe ich wenigstens ein paar Promille? Ich lasse es auf einen Versuch ankommen.

Soweit ich nicht auf frühere, oft sehr detaillierte Aufzeichnungen zurückgreifen kann, wird dieses Buch gespeist aus dem Hippocampus, einem Organ, das sich bandwurmähnlich durch das Gehirn windet. Was in diesem Gedächtnisspeicher abläuft zwischen Input und Output, das, so muss ich gleich sagen, bleibt mir so rätselhaft wie das Funktionieren des Laptops, auf dessen Festplatte ich den Text speichere. Das ist für mich, in weiterem Sinne, eine Blackbox. Auch hier: wenigstens ein Löchlein bohren, damit ein wenig, ein klein wenig Licht hereinfällt?

Was man, mittlerweile, offenbar etwas genauer sieht, das sind die Schaltungen, mit denen Erinnerung fixiert wird, die Verbindungen zwischen Nervenzellen meines Hippocampus, die Synapsen.

Ich nehme zur Kenntnis: Diese Nervenzellen legen sich nicht zu Austausch und Fixierung aneinander, sie haben Zellfortsätze (Axone, aussprossende Wachstumskegel), die stellen die Übermittlung her. Ich sehe hier, schematisch, so etwas wie kleine Fühler, die miteinander in Kontakt kommen. Offensichtlich aber nicht ganz direkt, auch hier nicht, es bleibt ein minimaler Abstand, der synaptische Spalt. Der wird überwunden oder übersprungen von Transmittern, von Botenstoffen. Eine wichtige Rolle bei Vermittlung, Schaltung, Fixierung spielt Serotonin. Das sagt mir zwar nichts, aber ich kann wenigstens die Bezeichnung notieren (die ich wahrscheinlich bald wieder vergessen werde). Von Serotonin ausgelöst, kommt es zwischen Nervenzellen zu einer Kaskade molekularer Vorgänge, da springt etwas über bei den Synapsenspalten, und zwar in zahlreichen Partikeln. Dann erst sind zwei Nervenzellen kurzgeschaltet, Erinnerung kann zumindest in einem Erinnerungspartikel festgeschrieben werden.

Das ist noch alles ziemlich vage, ich fühle mich verpflichtet, es genauer zu erfahren. In der Zeitschrift *bild der wissenschaft,* Ausgabe 12/12, will mir eine schematisierende Graphik auf die Sprünge helfen, aber was ich dazu im Begleittext lese, das hilft dem Opa nicht aufs Fahrrad. Ich tippe es trotzdem ab, will und darf es mir nicht zu einfach machen, will mir zumindest einen Eindruck davon vermitteln, wie verdammt kompliziert ist, was da in uns abläuft, und wie wenig wir davon wissen.

Also, wie wird ein Reiz dauerhaft im Gedächtnis gespeichert? »Der Kern der gereizten sensorischen Zelle bildet eine Gen-Abschrift, genannt Boten-RNA oder englisch Messenger-RNA (mRNA). Sie dringt bis zu den Endigungen der Nervenzelle vor. Wirkt dort der Überträgerstoff Serotonin auf die Zelle ein, wandelt sich der Eiweißstoff CPEB aus seiner Ruheform (rezessiv) in seine aktive Form (dominant) um. Diese wirkt wie ein Prion, das heißt: sie wandelt selbst weitere rezessive Moleküle in dominante um. Dominantes CPEB aktiviert die mRNA: Nun werden Proteine gebildet, die eine neue Nervenverbindung (Synapse) zum Sprießen bringen.« Alles klar?

Was mich bei diesen Prozessen (chemischen Kaskaden) besonders interessiert, ist CREB2. Dieser Stoff versucht nämlich, die Kopierverfahren zu unterdrücken. Schlicht formuliert: Was uns wichtig ist, in der Erinnerung, muss sich gegen CREB2 durchsetzen. Damit ist vorgesorgt, dass wir nicht alles im Gedächtnis bewahren, was als Reiz auf uns einwirkt, da würden wir gleichsam überschwappen, würden womöglich durchdrehen. So verhindert CREB2 (ich kann das gar nicht oft genug abtippen), dass alle erdenklichen Synapsenschaltungen gleichsam fixiert werden, es erfolgt eine Auswahl, je nach der Bedeutung, vor allem emotional, die eine Erinnerung für uns hat, und diese Auswahl erfolgt im Schlaf, ja im Tiefschlaf. Ich hatte immer schon den Eindruck, dass es nachts in mir weiterarbeitet, dass etwas wahr sein könnte an der populären Formulierung, man müsse erst mal etwas »überschlafen«. Da wird, ohne bewusstes Mitwirken, vorsortiert, zurechtsortiert.

Jetzt habe ich eine vage Vorstellung davon, frei nach Kandel, wie Einzelschaltungen erfolgen. Und ich sage mir: Um Erinnerungen zu speichern, in Bild und Ton, werden ja wohl hochkomplexe Verbundschaltungen erfolgen müssen – und wie werden die organisiert? Wo ist da der Masterplan? Das Bild, das sich mir gleichsam eingebrannt hat: Der Blick aus dem Mansardenfenster auf die brennende Villa, auf das wabernde Feuerrot in der Luft, dazu die Tonspur: »Schau es dir genau an« – wie viele Synapsenschaltungen waren notwendig,

779

um das zu speichern, und zwar eindringlich genau? Wie wurden diese Synapsenschaltungen koordiniert? Schon im Schlaf des Buben nach dem Angriff?

Dass allein für die zuverlässige Speicherung solcher Eindrücke Tausende von Synapsenschaltungen erfolgen mussten (so denke ich mir), das zu wissen, hilft mir noch nicht weiter, ich verharre bei der Frage: Wie wird das alles organisiert, koordiniert? Schon bei dem einen Prozent von Wissen, das hier bisher erarbeitet wurde, muss ich erhebliche Abstriche machen. Und so taucht, in der Erinnerung, der antike Spruch auf, in der Schule rezipiert: Ich weiß, dass ich nichts weiß. So weit habe ich es schon mal gebracht: Viele Fragen, wenige Antworten.

ERINNERUNGEN (durch Aufzeichnungen gefördert!) an eine Rückfahrt mit Hindernissen, 1978, nach Urlaubswochen in Nordspanien.

Erstes Vorzeichen, als wir Koffer, Reisetasche, Bücherbeutel, Badenetz im Wagen verstauten: Eins der Ehepaare in der Hotelpension schaute uns zu, schien sich dabei zu beraten, dann kam der ältere Herr auf uns zu, rief schon auf halbem Weg: »Wir haben übrigens Nachrichten, die werden Sie bestimmt interessieren.« Es war fast ein Triumphieren in seiner Stimme. Er rückte mit der Nachricht heraus: Unruhen im benachbarten Baskenland, vor allem in San Sebastian, die Grenze nach Frankreich ist zu. »Sie wollten doch nach Frankreich, oder?« Gisela bestätigte das über die Schulter hinweg. Ich fragte, ob sie das in den Morgennachrichten gehört hätten. Nein, sie haben es von einem Spanier erfahren, der hat es von einem Franzosen gehört: Die Grenze ist geschlossen, keiner weiß, wie lang.

Na, vielleicht ist das inzwischen schon vorbei, sagte ich, wir versuchen es einfach mal. Wir wollten nicht länger im Familienbetriebshotel bleiben, mit der festen Sitzordnung der Dauergäste, zu denen wir nicht gezählt hatten, mit den Weinflaschen, auf deren Etiketten die Zimmernummern eingetragen sind, weil diese Vollpensionäre drei Tage brauchen für eine

Flasche Wein. Hatte man uns angesehen, dass wir uns nicht wohl fühlten?

Dass dieser Ehegatte die Nachricht weitergab, das verstand ich nicht als freundliche Warnung, sondern als beinah auftrumpfende Form von Rechthaberei und schlecht verborgener Genugtuung: Dieses Paar mit Kind, nur mal für eine Nacht hier verblieben auf der Rückfahrt, natürlich, von Santiago de Compostela, dieses Paar, das sich nicht an die gemeinsame Essenszeit gehalten, das umstandslos eine komplette Flasche Wein geleert und dann auch noch glasweise nachbestellt hat, dieses Trio hat es eigentlich nicht anders verdient, als dass pünktlich am Heimreisetag die Grenze geschlossen wird.

Ich fragte, wie es zu den Unruhen gekommen sei, dazu konnte das Ehepaar nichts sagen, aber der Rentner hatte noch Gravierenderes zu berichten: Auf Mallorca brennt der Wald. Nicht genug damit: Es ist zu einem furchtbaren Unglück in Südspanien gekommen, bei Tarragona, ein Tankwagen ist in einen Campingplatz hineingerast und explodiert, mindestens hundertfünfzig Tote und hundertachtzig Verletzte, meist schwere Verbrennungen.

Hundertfünfzig Tote?!

Ja, ein dicht belegter Campingplatz, zwischen Landstraße und Meer, der Lastzug ist von der Straße abgekommen, irgendwie, mitten im Areal die Explosion, sozusagen ein Feuerball. Das spanische Telefonnetz ist zusammengebrochen, da dürfte es schwer werden, sich über die Lage an der Grenze zu informieren.

Kurze Blickverständigung zwischen Gisela und mir. Sie bedankte sich für die Informationen. »Wir müssen aber fahren.« Auch von Christoph kein Widerspruch – kein Strand in der Nähe, die verdammte Pilgerstraße führte fast immer über die Hochebene, und die ist so langweilig, er will endlich nach Hause.

Der Start. Wir kamen an einem Lebensmittelgeschäft vorbei; Gisela schlug vor, dass wir, für den Notfall, ein wenig vorsorgen. Wir kauften zwei Weißbrote, zwei Plastikflaschen Mineralwasser, eine Literflasche Orangensaft, ein halbes Pfund geräucherten Schinken, aufgeschnitten, ein halbes Pfund rote Wurst, ein Pfund Käse. Notration und Reiseproviant, hier war es billiger als in Frankreich.

Ich verzichtete darauf, an der Kasse das pummelige Mädchen zu fragen, was in San Sebastian und an der Grenze los sei – mit den paar Spanisch-Brocken konnte ich ohnehin nichts herauskriegen. Wir waren uns einig: Wir probieren, wir riskieren es.

Fahrt zur N 634. Christoph, auf dem Rücksitz gelagert, wollte wissen, was denn nun eigentlich los sei. Nun denn, Unruhen im Baskenland fast jedes Jahr, dieses Jahr bisher noch nicht, durchaus möglich, dass es jetzt fällig wurde, und wir an der Grenze etwas warten oder einen Umweg fahren müssen. Andererseits: dass die Nachricht über mehrere Personen gelaufen sei, hätte sie bestimmt nicht präziser gemacht. Es sei ja auch nur die Rede davon, dass die Grenze vorübergehend geschlossen sei – das war vielleicht gestern Abend. Wir versuchen es einfach mal, werden schon irgendwie durchkommen!

Christoph war einsilbig einverstanden, wollte auf keinen Fall in das »blöde Hotel« zurück. Außerdem riss die Bewölkung noch immer nicht auf, kein Badestrand in der Nähe, also lieber fahren.

Viel Verkehr auf der Nationalstraße nach Bilbao, aber wir kamen gut voran. Die ersten Hinweisschilder zur Autobahn nach San Sebastian. Bald schon die Auffahrt, beschleunigt die Weiterfahrt, wir erreichten das Baskenland. Die Autobahn an Hangflanken oberhalb der Stadt Bilbao, Ausläufer der wuchernden Bebauung auch oberhalb der Autobahn. Grindige Hochhäuser, rötlicher Industriequalm.

Christoph, belebt auch durch den Fahrtwind, der durch das geöffnete Fenster hereinwummerte, er wurde nun doch wieder gesprächig: Heimfahrt ... Düren ... Der Mathe-Lehrer ... Und der erklärt immer alles viel zu schnell, redet überhaupt so unheimlich schnell, sie müssen immer wieder fragen, und das bringt ihn durcheinander, da muss er wieder von vorn anfangen, und dann redet er so schnell wie zuvor.

Gisela fragt, ob wir uns nach den Ferien an den Vorsitzenden der Klassenpflegschaft wenden sollen, aber das will Christoph nun doch nicht, sie sagen es ja selbst dem Lehrer, der ist eigentlich ein netter Typ, der sagt auch immer: Ja, dann mach ich es langsamer, aber dann geht es doch wieder los, und sie müssen ihn wieder bremsen.

Das muss ich jetzt auch, sagte ich. Und wir hielten an der Zahlstelle der Autobahn. Nur ein einziger Wagen vor uns, aus den Niederlanden. Der Mann im Kassenhäuschen redete auf den Fahrer ein, der streckte eine zusammengefaltete Straßenkarte hinaus, der Kassierer zeigte etwas an, der Wagen fuhr los. Unklarheit über die Route oder war die Grenze tatsächlich zu? Mein Mund begann auszutrocknen. »Francia?« Ich nickte. Da schüttelte der Kassierer den Kopf, ließ die Handfläche hin und herschwenken. Ich reichte den aufgeschlagenen Autoatlas hinaus. Fingerzeige, Erklärungen. Soweit wir das verstanden, sollten wir die Salida Hernani nehmen. Hernani? Ja, die klobige Zeigefingerkuppe zeigte auf gelb markierte Straßen – offenbar sollten wir versuchen, auf einem Umweg durch die Berge nach Frankreich zu kommen. Roncesvalles? Fragte ich und war überrascht, dass mir auf Anhieb der Name des Passes eingefallen war. Im Geschichtsunterricht hatte diese Passhöhe mal eine Rolle gespielt, und jetzt ist dort ein Ausschlupf? Der Mann reichte den Atlas zurück, ich zahlte die Gebühr, schaute in den Rückspiegel: ein Wagen hinter uns. Nur ein Auto oder immerhin ein Auto? Es fuhren also auch andere auf die Autobahn – alle ahnungslos?

War die Autobahn leerer als auf der Fahrt in Gegenrichtung? Offenbar doch. Je weiter wir fuhren, schneller als sonst, desto weniger Autos, daran konnte es keinen Zweifel mehr geben. Christoph erhielt den speziellen Auftrag, zu beobachten, ob auf der Gegenbahn Wagen mit ausländischen Kennzeichen fuhren – in dem Fall musste die Grenze ja offen sein, nur noch eine Fahrstunde bis Frankreich. Fast immer aber war die Leitplanke genau in Sichtlinie zwischen Wagenfenster und Nummernschildern, Christoph gab es bald auf. Gemeinsamer Beschluss: bei der Ausfahrt Hernani verlassen wir die Autobahn und suchen die Route über den Roncesvalles-Pass. Muss landschaftlich reizvoll sein.

Eine Brücke über der Autobahn, ein Streifenwagen, Blaulicht, zwei Polizisten auf der Fahrbahn, sie räumen Ziegel und Bretter von der Piste, auch Steinbrocken. Eine lange Bremsspur, Ziegelsplitter. Im Schritttempo weiterfahren. Christoph kniet auf dem Rücksitz, schaut durch das Heckfenster, setzt sich langsam wieder zurecht.

Die Autobahnausfahrt wie angekündigt, doch der Name Hernani steht nicht auf dem Schild, weiß auf blau. Der Ort war auf der Karte auch nicht genau zu lokalisieren, der Maßstab zu klein. Kommt man nach Hernani erst über die nächste Abfahrt? Weiter auf der nun auffällig leeren Autobahn. Fast überhaupt kein Gegenverkehr. Wieder ein Vorwegweiser: geradeaus San Sebastian, rechts ab: Irun, Francia. Kleines Triumphgefühl: noch immer kein Zeichen für Unruhen, für eine Grenzblockade, der Mann am Kassenschalter war wohl nicht mehr auf dem neusten Stand, die vorübergehende Sperrung wieder aufgehoben.

Die Aufgabelung der Autobahn, nach rechts wieder angezeigt: Irun, Francia. Die Abfahrt in einer Rechtskurve, durch einen Hang abgedeckt – erst kurz vor dem Abbiegen sehen wir: Stau! Wagen in zwei Reihen stehend bis unmittelbar an die Abzweigung heran, Grüppchen auf dem Mittelstreifen. Da hineinfahren, sich einreihen? Von diesem Punkt bis zur französischen Grenze, so rekapitulierten wir rasch, dürften es an die dreißig Kilometer sein – selbst, wenn die Sperrung schon aufgehoben wird, kann es noch sehr lange dauern, bis der dreißig Kilometer lange Stau sich aufgelöst hat. Ich fuhr langsamer, an der Abbiegung vorbei, stellte den Wagen ab auf dem großen, weiß markierten Dreieck der Autobahnteilung.

Christoph protestierte: He, hier darfst du doch nicht stehn bleiben!

Lass mich mal machen, ja?! Erst mal die Lage erkunden. Zurücksetzen und mich da einreihen kann ich immer noch.

Ich stieg aus, ging die paar Meter zurück, zum ersten Grüppchen. Und hörte: In der Stadt soll eine riesige Demonstration stattfinden, dreißigtausend Basken, eine Polizeiarmee! Und der junge Mann zeigte den Hang hinauf: Oben, dicht nebeneinander, Polizeilastwagen, eine ganze Kolonne.

Meine Mundhöhle trocknet noch rascher aus. Ich gehe zum Wagen zurück: In diese 30 Kilometer lange Autoschlange sollten wir uns besser nicht einreihen, zurücksetzend. In diesem Einschnitt zwischen den Hügeln, in dieser Einkerbung würde ich mich fühlen wie in einer Falle. Was, wenn auch von da oben Ziegelsteine, Steinbrocken, Bretter geworfen werden? Die Polizeitransporter scheinen alle leer zu sein. Meine Angst vor Fallen ist mächtig stimuliert: zwischen zwei Steilhängen stehen, nicht vor- und nicht zurückfahren können und womöglich von oben herab beworfen werden?

Gisela und ich, wir stecken die Köpfe zusammen, studieren die Karte. Christoph protestiert erneut: Wir stehn noch immer auf dem weiß markierten Dreieck, ist doch Scheiße!

Gisela erklärt ihm, wir hätten keine Lust, bis morgen früh hier rumzustehen, wir kehren um, fahren wieder nach Westen.

Aber hier kannst du doch nicht drehen! Die Leitplanken!

Pass auf, ich fahr jetzt gradeaus weiter, ein Stück in die Stadt rein, bis ich auf die Gegenbahn komme. Wo die hier aufhört, muss die andre anfangen, capito?

Und wenn das nicht geht?

Dann setze ich wieder zurück. Ist ja sowieso alles leer hier. Und jetzt gib mir mal die Wasserpulle.

Große, gierige Schlucke. Auch Gisela trinkt hörbar, reicht die Plastikflasche zurück. Ich fahre weiter. Christoph großäugig. Fortgesetzte Einkrümmung der Autobahn stadteinwärts, eine Brücke über uns und nun vor uns: schwarz ausgebrannt eine Straßensperre. Langsam auf sie zufahrend, entdecke ich eine Lücke: da hatten offenbar Strohballen gebrannt. Ich steure die Lücke an. Rechts und links Balken, Bretter, Kisten. Ich fahre im Schritt über schwarze Strohreste, über Bretter. Hoffentlich ist da kein Nagel drin! Dachte ich, sprach es aber nicht aus, wollte mir das auch gar nicht erst ausmalen: unter einer Brücke, von der etwas heruntergeschmissen werden kann, ein Rad wechseln?!

Weiter in der Straßenkrümmung, und nun eine zweite, ebenfalls ausgebrannte Straßensperre. Wieder eine Lücke – da wird wohl die Polizei freigeräumt haben. Ich habe noch nie Barrikaden im Original gesehen, immer nur auf dem Bildschirm, und jetzt sehe ich: Wenn da etwas angezündet wird, dann nicht die Straßensperre selber, die Balken, die Bretter, es wird ein zusätzlicher Feuergürtel gezogen, Strohballen oder Reifenstapel. Aber ich bin zu sehr auf die enge Durchfahrt konzentriert, um mir die Barrikadenkonstruktion genauer anzuschauen, registriere nur: die scheint hier von leichterer Bauart zu sein.

Wir fahren weiter, bis die Leitplanken enden, nur noch eine weiß durchgezogene Linie. Die überquere ich, nach kurzem Rundumblick. Menschenleere, Reglosigkeit, Lautlosigkeit. Christoph protestiert nicht, diesmal nicht. Gisela teilt ihm beruhigend mit: Jetzt sind wir auf der Gegenbahn, siehst du? Doch da ist wieder eine Straßensperre, ausgebrannt, mit Lücke, die langsam durchquert wird. Wir rechnen mit einer vierten Sperre, und da steht sie denn auch, im weiteren Verlauf der langgezogenen Rechtskurve. Nägel in den Brandresten? Eigentlich müssten wir aussteigen, alles wegtreten aus der Durchfahrt, aber wie schnell könnten Stadtbewohner auftauchen und Steine schmeißen, weil wir uns an die Barrikade zu schaffen machen.

Beschleunigung! Fortgesetzt der Kurvenverlauf aus der Stadtsenke heraus. Und nun sehen wir, drüben, doppelt aufgereihte Autos schon über die Abbiegung hinaus – da hätten wir also kaum noch geradeaus weiterfahren können, zu viele Autos vor der Abzweigung. Grüppchenweise stehen die Ratlosen herum. Soll ich anhalten auf diesem völlig leeren Autobahnabschnitt und über die Leitplanken hinüberrufen, dass es einen Ausschlupf gibt aus der Falle, man müsse nur vier ausgebrannte Straßensperren durchfahren, die Lücken breit genug? Ich fahre langsamer, rufe hinüber: Da hinten geht's raus, da kommt man hier rüber! Aber es sieht nicht so aus, als wolle man unserem Beispiel folgen.

Während ich einen Gang höherschalte, ein kleiner Triumph:

Gut, dass wir jetzt nicht in dieser Schlange stehn! Was meinst du, wie lang es dauert, bis es da drüben mal weitergeht. Dort sind doch bestimmt auch noch Straßensperren aufgebaut. Und jetzt gib mir noch mal die Wasserflasche.

Beinah delirierend leer die Autobahnpiste. Auf der Gegenbahn ab und zu ein Auto. Hoffentlich ist wenigstens auf dieser Seite die Salida Hernani angezeigt. Ist aber nicht der Fall. Dass die Autobahnpiste so völlig leer ist, wird uns nun doch etwas unheimlich. Bald wieder die Brücke, unter der Polizisten die Ziegelsteine, Steinbrocken, Bretter auf Seite geräumt haben, auch ein Fahrradgestell, eine Schubkarre ohne Rad. Ziegelsplitter. Vor jeder Autobahnüberführung, vor jeder Tunneleinfahrt werde ich langsamer, wir spähen nach oben: jemand, der etwas herunterschmeißen will? Wird in einem der Hänge über einer der Tunneleinfahrten eine kleine Lawine vorbereitet? Ausgelöst?

Die erste Abfahrt. Beinah lauernd fahre ich heran, langsam. Kleine Stadt mit Walmdach-Hochhäusern. Am Gegenhang eine Landstraße, und dort stehen Lastwagen, Personenwagen, Personengruppen. Auch hier also war die Falle zugeschnappt. Ich horchte gleichsam in mich hinein: wider Erwarten kein beschleunigter Herzschlag, womöglich in den Ohren pulsend, auch bleiben die Handflächen trocken, die Achselhöhlen fühlen sich nicht feucht an. Und doch, das vegetative Nervensystem reagiert, das zeigt das rasche Austrocknen der Mundschleimhäute. Ich trinke gierig, während ich langsam weiterfahre. Christoph ist verstummt. Gisela, beruhigend: Wir müssen jetzt schauen, dass wir in Richtung Pamplona rauskommen und dann über den Pass – vielleicht sind wir schon gegen drei in Frankreich. Oder gegen vier.

Die nächste Salida. Ich muss zahlen, die Zahl leuchtet in Augenhöhe rot auf – das also funktioniert noch. Gisela fragt den Kassierer auf Französisch nach der Lage, doch er versteht nicht. So versuchen wie es im stark fragmentierten Spanisch: Francia …? Roncesvalles …? Auch da keine Reaktion – sprechen wir die Namen falsch aus? Die Straßenkarte muss her, ich zeige die Grenze an. Der Mann hebt die Schultern – will nicht oder kann nicht. Versuchen wirs halt, sage ich, und Gisela nimmt, als Navigatorin, die Karte an sich.

Die Landstraße führt unter der Autobahn durch, breit, neu erbaut, mit einem Grünstreifen mittig. Und wir auf dieser Straße: in Bewegung! Und all die anderen stehen noch, werden garantiert noch lange, lange stehen! Das kleine Triumphgefühl erhält prompt einen Dämpfer: auf der nun sanft abschüssigen Straße sind am rechten Rand einige Personenwagen aufgereiht. Rauch steigt auf, dicker Qualm. Ich fahre langsam weiter, und da ist schon die Feuerstelle: eine Barrikade. Näherkommend sehen wir Bretter, Balken, Autoreifen, alles in Flammen. Beide Bahnen der neuen Umgehungsstraße sind blockiert, die Abfahrt in die kleine Stadt ebenfalls. Fetter, dunkelgrauer Qualm – offenbar von den Reifen. Ich stelle den Motor ab. Nun sind wir ganz nah an einem der Brennpunkte des Geschehens, aber nichts rührt sich. Einige Männer hinter der Sperre an der Stadteinfahrt? Ja, dort bewegt sich was. Was würde geschehen, wenn ich nah, ganz nah an die Sperre heranfahre, es mit einer Verhandlung versuche? Paar mit kleinem Sohn, will nach Hause? Aber wie viele Straßensperren möglicherweise noch zwischen diesem Städtchen und Pamplona, zwischen Pamplona und Pass? Ein alter Mann, neben einem Wagen aus Neuss, kommt auf uns zu: Stellen Sie sich vor, ein paar Minuten, bevor wir hier eintrafen, haben die da zugemacht. Bloß ein paar Minuten. Brennt ja auch ganz frisch!

Ich sage ihm, es hätte ihm wahrscheinlich nicht viel genützt, wenn er hier noch durchgekommen wäre, es wären garantiert noch weitere Straßensperren errichtet.

Junger Mann, da lässt sich nur eines sagen, obwohl das nicht gerade fein klingt: Schöne Scheiße! In seinem Wagen, einem gelben Kadett, sitzt seine Frau, sichtlich eingeschüchtert, traut sich nicht raus, während er, als ehemaliger Soldat womöglich, ausgestiegen war gegen ihren Protest, um die Lage zu erkunden.

Wieder kommt ein Wagen heran, ordnet sich rechts ein in der Warteschlange – wie diszipliniert, selbst in solch einer Ausnahmesituation, wie lachhaft ordentlich! Wollen die für besonderes Wohlverhalten belohnt werden – wer so brav wartet, dem wird eine Lücke freigeräumt? Nicht der kleinste Ansatz zu einer Lücke hier – die Barrikade ist entschieden reichlicher beschickt als die zweimal zwei vor San Sebastian. Diese Barrikade sieht struppig, borstig, stachelig aus, hier ist kein Durchkommen, auch später nicht. Hier bleib ich nicht, sage ich dem alten Mann, und fahre los, von den Wartenden eher belauert als beobachtet, überquere den Grünstreifen, hoppelnd, fahre auf die Gegenbahn. Protest vom Rücksitz: »Du fährst dir heute aber was zusammen, du machst immer ein Zeug heute!«

Hör mal, Christoph, hier ist Bürgerkrieg oder so was Ähnliches, da kommt es nicht drauf an, ob jemand über einen Grünstreifen fährt.

Ein bisschen auftrumpfend, finde ich, dass ich gleich von Bürgerkrieg geredet habe, um meine Verkehrssünden zu relativieren. Es scheint eher ein Generalstreik zu sein. »Und jetzt gib mir einen Schluck Wasser, der Rauch hat mich durstig gemacht.« Ich trinke in großen, glucksenden Schlucken, reiche die Flasche rüber zu Gisela.

»Wo willste denn jetzt wieder hin?!«

Wir fahren raus aus dem Baskenland, warten irgendwo die Entwicklung ab.

Die nun völlig leere Autobahn. Nein, kein einziger Wagen, der in unsere Richtung fährt, uns damit ein klein wenig recht geben, etwas Mut machen könnte. Auch keine Autos auf der Gegenbahn. Prüfende Blicke vor Tunneleinfahrten: bloß nicht in eine Falle geraten.

Salida Guernica. Ich bleibe auch hier erst mal auf dem weißen Trenn-Dreieck stehen zwischen Piste und Abfahrt, steige aus. Weiterhin völlige Leere auf unserer Piste. Ein Wagen auf der Gegenfahrbahn, spanisches Nummernschild, der Fahrer bremst ab, kurbelt das Seitenfenster herunter, winkt entschieden, mehrfach: Runter von der Autobahn!

Ich zeige zur Ausfahrt, hebe fragend die Schultern.

Der Spanier wiederholt, im Schritttempo fahrend, die von der Autobahn wegweisenden, fast wegschiebenden Handbewegungen. Ist demnach auch etwas los in Bilbao? Selbst im Westen ist das Baskenland zu? Auf der Stadtautobahn von Bilbao wollen wir auf keinen Fall herumstehen, zwischen grindigen Hochhäusern, vor der Senke voller Schwerindustrie, also verlassen wir endgültig die Autobahn.

Die Straße lässt nur eine Richtung zu: nach Guernica. Das war doch die Stadt, die im Spanischen Bürgerkrieg von Flugzeugen der Legion Condor bombardiert worden ist, der erste Terrorangriff. Und natürlich fällt uns Picassos Gemälde ein: das zähnefletschende Pferdemaul, die Hand mit dem Kerzenleuchter. Gisela liest aus dem Reiseführer vor: Guernica als »heilige Stadt der Basken«, eine Eiche von hoher symbolischer Bedeutung … Fahren wir demnach in das Zentrum der Unruhen? Und das auch noch mit deutschem Kennzeichen? Aber wir sind nun genug gefahren, hin und her, wir wollen jetzt an die Küste, und dort bleiben wir, bis die Grenze wieder offen ist. Hoffentlich steigt vor uns jetzt nicht auch wieder Barrikadenqualm auf.

Aber: Ruhe in Guernica, völlige Ruhe. Die Geschäfte geschlossen, fast niemand auf den Straßen. Generalsiesta. Fahrt aus der kleinen Stadt heraus Richtung Lequeitio: Küstenort, der sich von der Autobahn aus am leichtesten, am raschsten erreichen lässt.

Die vierzehn Kilometer bis zur Küste ziehen sich lange hin, noch nie sind mir vierzehn Kilometer so weit erschienen. Endlich aber, endlich der erste Blick auf die Wasserfläche des Atlantik, die Fläche, im Licht wie metallgehämmert. Kurven hinab in das Städtchen. Eine alte, offenbar gotische Kirche. Der Hafen; zwischen Häusern und Hafenbecken fahre ich hinaus zu einer Mole; ein kleiner Leuchtturm, mehrere Angler.

Langgezogen eine Steinbank; die Rücklehne zugleich als Teil der Molenmauer. Hier holen wir das Picknick nach: der Mundraum noch immer ausgetrocknet. Die Fahrt, im ersten Rückblick, für mich als so etwas wie eine Testfahrt, Selbsterprobungsfahrt: Wie reagiere ich in Situationen, die ich nicht durchschaue? Und ich konstatiere: ich reagiere rasch, um nicht in Fallen zu geraten.

Nun aber der Blick weit hinaus auf die lichtübergossene Atlantikfläche. Aufatmen, tief durchatmen. Und nach dem Pick-nick losspazieren, bei freier Wahl der Richtungen, ein Hotel suchen.

Was ich bei der Einfahrt in das Küstenstädtchen nur am Rande registriert habe, sehe ich nun genauer: An vielen der schmalen und alten Häuser sind Fahnen herausgehängt, weiß, grün, rot. Im Schnittpunkt roter Diagonallinien jeweils ein schwarzes, mit einer Stecknadel oder Sicherheitsklammer befestigtes Trauerzeichen: kleines, schwarzes Wollbündel ... schwarzes Tuchstück ... schwarze Baskenmütze ... schwarzer Socken. »Stell dir vor, bei uns würde jemand einen schwarzen Socken an die Fahne heften!«

Alle Geschäfte sind geschlossen. Wir zuckeln weiter in Richtung Kirche. Stufen, die hinaufführen zu einem Platz mit gereihten Platanen, zwischen ihnen Bänke mit verschnör-kelten Eisenlehnen. Auf einer der Treppenstufen ein junger Mann; dunkelblaues T-Shirt, Jeans, Sandalen, eine Reisetasche in Tarnfarben neben sich, eine Rotweinflasche vor sich, eine Gitarre hinter sich, an die Mauer gelehnt. Kein Einheimischer. Ich frage ihn, ob er deutsch spricht. »Leider.« Die Antwort enttäuscht mich ein wenig: eigentlich wirkt er, als könnte er frei sein von solch einem Reflex.

Wir setzen uns zu ihm auf eine der Stufen, Christoph auf dem Mauersockel, sein etwas lädiertes Vaterbild reparierend: Der bleibt stehn auf der Trennmarkierung einer Autobahntei-lung, der überquert einen Grünstreifen vor einer Barrikade, der fährt einfach durch Lücken ausgebrannter Barrikaden, aufs Geratewohl ...

Unser Landsmann hat den ersten großen »Rabatz« in Pam-plona miterlebt. Fast jedes Jahr fährt er dorthin, zur Fiesta. Die ist diesmal gestört, zerstört worden durch spanische Polizei, sie war ins Stadion einmarschiert, Grund unklar, das Stadion wurde geräumt, er war glücklicherweise nicht dabei gewesen, es ist scharf geschossen worden, viele Verletzte, ein Toter, zweiundzwanzigjährig. Der Berichterstatter hatte jedoch den Protestmarsch miterlebt, »ich habe noch nie in meinem Leben so viel geheult« – Tränengas.

Er verließ Pamplona, die Fiesta kaputt, fuhr nach San Sebastian, geriet in den nächsten »Rabatz«, ein Neunzehnjähriger erschossen, Protestaufmärsche, die Scheiben von Banken eingeschmissen, wieder Tränengas. Als »Relikt der 68er Studentenbewegung« konnte er nur staunen über die Geschlossenheit, ja, Kompaktheit der Demonstrationen, so was hat er in der BRD nie erlebt, spontan schloss sich hier alles zusammen, Alt und Jung, auch Frauen, Kinder, Studenten, Arbeiter. Selbst hier in Lequeitio war am Morgen ein Aufmarsch, auf diesem Platz, die zwei, drei Ortspolizisten haben sich nicht gezeigt, es passierte nichts, es wurden ein paar kurze Reden gehalten, man verlief sich wieder, und nun sind die meisten baden. Und warum sind die Geschäfte zu?, fragt Gisela. Generalstreik!

Der Student zieht aus seiner Segeltuchtasche ein zusammengefaltetes Blatt, reicht es Gisela. Wir dürfen es behalten, es wird zur Gedächtnisstütze. Das Blatt beinah im Zeitungsformat. Hammer und Sichel, eine geballte Faust in der Titelleiste: Zutik! Und eine Parole, ebenfalls von einem Ausrufezeichen betont: MUNDU GUZTIKO LANGILEOK ELKAR GAITEZEN! Ein Foto: Junge Männer, die linken Fäuste erhoben, tragen einen Sarg, der von Fahnentuch umhüllt ist; Fahnen im Bildhintergrund, Transparente. Und wieder eine Parole: EUSKADI CONTRA LA REPRESION. Und da reiht es sich: EMK, OIC, EIA, CRE, PTE, PCE, LAIA, HASI, ESB, ANV, POUM, ESEI, LKI, AOA, LAB, CSUT. Mühsames Buchstabieren in fremder Geschichte, nah-ferner Gegenwart. Nur Bildzeichen übertragen sich kommentarlos: Das Foto einer Demonstration in einer Geschäftsstraße, ein umgekipptes, ausgebranntes Auto. Sonst aber bleibt diese Realität kompakt fremd. Da hilft kein Ausblick aufs Meer.

Le Pays Basque c'est coupé de l'Europe … Voie ferrée dynamitée, routes barrées, grèves totales ou partielles … A la frontière espagnole : »Passez si vous y tenez …« A la sortie de Saint-Sebastien, sur l'autoroute, j'ai dû déchanter. La voie étatit coupée par des troncs d'arbres, des camions, des voitures brûlées …

Meine innere Stimme hatte mich mit Recht gewarnt: Als wir nach einem Tag am Meer doch die Rückfahrt riskierten, wurde überdeutlich, dass wir beim Stau im Hügeleinschnitt der Abfahrt Irun/Francia in eine Falle geraten wären: Die Autos waren offenbar von oben beworfen worden. An den Rand der Autobahntrasse geschoben: faustgroße Steine, Bretter, Balken, ein Stück eines Beton-Laternenmasts, ein Motorradwrack ohne Räder. Brandspuren.

Auf der Autobahn, noch ohne Leitplanken rechts, mussten wir uns an Lastwagen vorbeidrücken, die schräg in Mittelleitplanken gerammt waren. Und Reifen waren durchstochen. Basken hatten demnach Lastwagen, Lastzüge gestoppt, besetzt und in die Leitplanken gesteuert. Dann abgestochen. Auch auf der Gegenbahn – immerhin war dort schon ein Kran zu sehen, ein Lastwagenwrack anhebend. Dann, unter einer Autobahnbrücke: faustgroße Steine, Bauholz. Sogar zwei Bäume, nun an den Rand geschoben, Barrikadengerümpel. Da wirst du deinen Freunden aber allerlei erzählen können!, sage ich Christoph, finde aber keine Resonanz. Schweigen, Reglosigkeit, besorgte Blicke: »Hoffentlich sind wir bald in Frankreich.« Zusammenbruch gewohnter Ordnungen, das habe ich nach dem Krieg erlebt; für Christoph, so lange nach dem Krieg geboren, war das alles erschreckend, schockierend fremd.

Wir kamen durch. Die Mautstelle, péage, war nicht besetzt. An der Grenze wurden wir durchgewinkt. Plötzlich in Frankreich. Christoph, auf dem Rücksitz hopsend, Fäuste auf die Knie schlagend, improvisierte einen Triumphgesang. Die Mineralwasserflasche wurde rundgereicht. Jetzt erst wurde die Sommerhitze bewusst wahrgenommen.

BIN ICH MUTIG, bin ich feige? Stichworte zu Selbstaussagen, stimuliert in diesem Kontext.

Spaziergang mit Gisela im Gürzenicher Wald bei Düren. Ein Weg am Fuße eines Hangs, der neu aufgeforstet war – erst kniehoch der Bewuchs. Ein Weg weiter oberhalb, an der Hangflanke, der zu unserem Weg herabführte; auf diesem

Weg drei Männer in vollem Lauf, keine Jogger, keine beschleunigten Wanderer, drei Männer, die nicht in dieses Waldbild passten. Ich kann nicht schreiben, ich hätte das Trio zufällig gesehen, an der Grenze des Blickfelds oder bei einem gelassenen Blick zurück, ich bin sicher, da war ein optisches Alarmzeichen, rasch wurden Alarmstoffe in die Blutbahn ausgeschüttet, das Hirn meldete keine Zweifel an. Blitzschnelle Entscheidung: Nichts wie weg! Gefahr! Drei Mann auf Attacke! Und wir sprinteten los auf dem Talweg, so schnell war ich seit der Schulzeit nicht mehr gerannt, verhasste Kurzstrecke, konnte nun aber nicht lang genug sein, enorme Adrenalinausschüttung und Leistungssteigerung, keinerlei Atemprobleme, wir rannten, als müssten wir um unser Leben rennen, Gisela dicht hinter mir. Blick über die Schulter hinweg, die Männer weiter im Angriffsschwung, jetzt bloß nicht stolpern, nur ja nicht hinfallen, wir schwebten fast über Unebenheiten des Waldwegs hinweg. An einer Weggabelung wählte ich den schmaleren Pfad, an den Ginsterbüsche dicht heranwuchsen, leichtfüßig rannten wir weiter, mein Körper schien nicht mit Organen gefüllt, vielmehr mit einer womöglich gasartigen Substanz, die mir beinah Auftrieb verlieh. Wir rannten auch noch, als wir das Gefühl hatten, die Verfolger »abgeschüttelt« zu haben. Aufatmen, durchatmen. Nur halblautes Sprechen auf dem Weg zurück zum Parkplatz.

Ich-Modell: Ich bin jemand, der – – – – –

Spaziergang mit Gisela im Wald bei Kirchseeon, Oberbayern. Schmaler Wirtschaftsweg, eine Hangflanke hinab in sanftem Winkel; es überholten uns zwei junge Männer auf einem Motocross-Bike; der Mann hinten schaute sich zweimal um. Sein Gesicht, seine Kleidung – ich hätte keine zuverlässige Zeugenaussage anbieten können, noch waren wir nicht alarmiert, noch war meine Wahrnehmung nicht geschärft. Der Weg schwang sich mäandernd hinab zu einer Fichtenschonung; die etwa mannshohen Nadelbäume standen dicht, unser Weg führte durch diese Schonung hindurch, und dort hatten sich die Männer aufgebaut, rechts und links am Wegrand, leicht breitbeinig, das Motorrad zwischen ihnen quergestellt. Eine Falle. Blitzschnelles Abschätzen der Lage: Wenn wir seitwärts losrannten, konnten wir leicht eingeholt werden: der Wald licht, vor allem Buche, da wäre leichtes Durchkommen für das geländegängige Motorrad. Also: weitergehn. Ich bin sicher, hier hat nicht das Großhirn entschieden, was zu tun sei, sondern das Stammhirn. Blitzschnell wurden Fluchtreflex und Angriffsreflex gegeneinander ausgespielt, der Fluchtreflex wurde vom Angriffsreflex überlagert, ich bewegte mich wie gesteuert. Da konnten mir Bedenken nicht mehr zusetzen, konnten mich nicht vom Weg locken. Mein Bewusstsein war einsilbig, es fand nur die Optionen »weg!« und »durch!«. Die Entscheidung fiel ohne Abwägen. Ich machte eine neue Erfahrung mit mir.

Ich weiß nicht mehr wortgenau, was ich Gisela sagte, es war etwas wie: Wir gehn auf die zu. Wir wurden nicht langsamer, nicht schneller, Bewegung fortgesetzt, als wäre sie völlig selbstverständlich. Kein Szenario, kein Handlungsmodell zurechtgelegt auf dem kurzen, zugleich sehr langen Wegmäander hinunter zur Lichtung, nur das Gefühl: Gleich passiert was. Zugleich die Hoffnung: Vielleicht passiert doch nichts, die rechnen nicht damit, dass ich einfach auf die losgehe, die vermuten dann eher, ich hätte was »in der Hinterhand«. Ich fixierte die beiden: auch nicht mit dem Blick ausweichen! Geschärfte Wahrnehmung, ja, aber ich hätte auch nach dieser erzwungenen Begegnung keine zuverlässige Aussage machen können über Kleidung und Aussehen der beiden. Ich war scharfsichtig, zugleich war der Blick getrübt. Nur das hochbeinige Motorrad sehe ich noch vor mir: Boxermotor, BMW, Motocross-Version, ja. Ohne im Schritt langsamer oder schneller zu werden, ging ich auf einen der beiden Männer zu. Auch jetzt: ich habe ihn fixiert, aber nicht klar gesehen. Nicht einmal nach diesem Close-up hätte ich eine zuverlässige Beschreibung liefern können, das Gesicht wurde von meiner Erregung gleichsam verwischt. Vielleicht brauchte ich auch gar nicht solche Details zu speichern im Alarmzustand, vielleicht wäre das für Reaktionen eher störend oder belastend gewesen. Ich ging auf den Mann zur Rechten los, genauer: auf die kleine Lücke zwischen dem Hinterrad, dem hohen Schutzblech, und dem jungen Mann. Hatte ich mir bewusst oder indirekt ausgesucht, wer mir schwächer schien? Oder ging ich einfach rechts in eingeschultem Verhaltensmuster? War da weniger Motorrad im Weg, nicht dieser dicke Tank, nicht der hohe, breite Lenker, der Scheinwerfer? Ich ging genau auf den Mann zu; er machte, wie im Reflex, einen Schritt auf Seite, auf die Fichten zu, ich ging durch die Lücke. Gisela hinter mir. In dem Moment die stereotype Frage: Host a Feia? Und ich, betont ruhig: Nein, ich rauche nicht. Und hielt kurz an, sah, dass auch Gisela die Engstelle passiert hatte, wir gingen weiter, ohne uns umzudrehn. Die Maschine wurde gestartet, die beiden Männer fuhren ab in die Richtung, aus der sie gekommen waren.

Ich modelliere mein Ich neu: Für mich ist charakteristisch, dass ich – – – – –

In der Straßenbahn von der Kölner Innenstadt hinaus nach Köln-Mülheim. Gedrängel, ich stehe nah beim Einstieg. Auf der Bank vor mir ein junger Italiener, neben ihm, im Gang, ein Mann mit Vollbart und Lammfellmütze, er schreit auf den jungen Mann ein: Italiener, Scheißitaliener, Italiener kaputtmachen, Atombombe schmeißen auf Italien! Da reicht es mir, ich brüll ihn an: Hör auf mit dem Scheiß! Ein Mann rechts von mir, gleichfalls mit Vollbart: Du vorsichtig, du raushalten! Der Bärtige mit Lammfellmütze schreit weiter auf den stummen, jungen Mann ein, der den Kopf einzieht, beginnt auf ihn einzuschlagen. Schluss jetzt! Wut macht mich bedenkenlos, ich rücke, die Plastiktüte mit Büchern schwingend, auf ihn los, und das ist ein Zeichen: zwei Männer packen den Bärtigen von hinten, halten ihn fest. Und der holt zum Kampftritt aus gegen den Kopf des Italieners, über ein Paar hinweg, das sich blitzschnell duckt. Ich sag dem jungen Mann, er soll in der nächsten Station aussteigen, muss ihn am Arm fassen, er scheint benommen, endlich der Halt, endlich das Pressluftgeräusch der Tür, er steigt aus, der Bärtige bleibt; er muss nicht mehr festgehalten werden. Station um Station wird die Bahn leerer, ich sitze, nur durch den Gang getrennt, in gleicher Höhe wie der Mann mit der Lammfellmütze. Der hockt da, leicht vorgebeugt, krault sich den Kinnbart, die Bewegung macht sich selbständig. Am Wiener Platz steigen wir gemeinsam aus; er geht hinüber zum bunkerähnlichen Kurdenzentrum. Und ich zum Hochhaus, in dem ich wohne. So gingen wir auseinander.

Ich gebe meinem Ich-Modell verstärkte Kontur: Ich sehe mich als einen Menschen, der – – – – –

In der Straßenbahn, Linie 18, von Brühl zur Kölner Innenstadt. Rangelei, Rempelei zwischen angesoffenen Kids am Ende des Waggons, Mädchenstimmen, hochgetrieben: Mach ihn platt, mach ihn alle! Ich will hoch, kann vom Sitz aus nicht sehen, was los ist, schon geht alles so schnell, dass Intervenieren gar nicht möglich ist, einer Bierflasche wird an einer Haltestange der Hals abgeschlagen, ein nackter Arsch fliegt an uns vorbei, Olga geht in Deckung neben mir, ein junger Mann drischt blitzschnell auf den jungen Mann mit den runtergerutschten Jeans ein, Faustschläge voll ins Gesicht, die Bierflaschenwaffe taucht auf, und schon ist alles vorbei, die Bahn hält, die Türen öffnen sich, Luft kommt rein, die Luft ist raus, die Kids rennen weg, Polizei ist überraschend schnell da, aber unvermeidlich zu spät, das angeschlagene Opfer lehnt am Geländer der Haltestelle, wird von einer Polizistin befragt. Und ich glaube zu sehen, wie das Gesicht anschwillt.

›Manöverkritik‹: Die Situation undurchschaubar in der vollen Straßenbahn, das anfeuernde Kreischen von zwei Mädchen als Alarmsignal, der fast waagrecht vorbeifliegende junge Mann, Jeans im Getümmel runtergerutscht, Verfolger dicht hinterher, der Verfolgte fällt gegen eine dicke Frau auf einem der Sitze, in rasender Folge Schläge gegen den Kopf, schon ist alles vorbei. Dominierend der Reflex: Olga abschirmen! Keine Ansatzmöglichkeit für staatsbürgerlich vorbildliches Eingreifen, wie auf großflächigen Plakaten gefordert. Eigentlich nur Reflexe. Als Hauptreflex: Wo einer Bierflasche der Hals abgeschlagen wird, gezackte Flasche als Faustwaffe, und Olga neben mir, da spring ich nicht auf, da brüll ich nicht los.

Ich könnte es mir nun leichtmachen und streiche (»ersatzlos«) die Episoden, die mich in eher ausweichender Haltung zeigen, die meine Fluchtreflexe belegen oder den Impuls, rechtzeitig in Deckung zu gehen. So könnte ich, in sinngebender Auswahl, ein eher stimmiges, homogenes Bild von mir vermitteln, das wahrscheinlich auch besser rüberkäme, ankäme, für mich selbst auch eher schmeichelhaft wäre: Mann der mutigen Interventionen.

Hier wird eine der Verlockungen eines Autobiographen deutlich. Niemand könnte mir Gegen-Erfahrungen nachweisen. So wird auch hier das Lebensbuch zur Dokumentation von Prozessen des »Erkenne-dich-selbst«, das auch mir im Gymnasium souffliert wurde, womit ich damals aber noch nichts Rechtes anfangen konnte.

Nun sehe ich und sehe ein: Vieles hängt eher von der Situation als von mir selbst ab. Zuweilen geht alles so rasch, dass Überlegung kaum einsetzen kann, es setzt das Aggressionsprogramm ein oder das Fluchtprogramm, ich bin nicht Herr meiner selbst. Fahre das eine Mal dazwischen, ziehe das andre Mal den Kopf ein. Geh einmal drauf los, renn das andre Mal weg. Natürlich erzähl ich lieber, wie ich den Kurden angeschrien, wie ich auf den voraussichtlich schwächeren der Männer mit der Motocross-Maschine losgegangen bin. Anekdoten, die sich bewähren, zum festen Bestand gehören: Beiträge zu Gesprächen, Diskussionen über Gewalt, auch in unserer Gesellschaft jahrzehntelangen Friedens.

SÖHNE UND ENKEL

ZU DEN VORBEREITENDEN und begleitenden Tätigkeiten beim Schreiben dieses Buchs gehören weiterhin: aufräumen und sichten.

In einer vom Schwiegervater gezimmerten Bettlade entdecke ich großformatige Graphiken einer Blockschaltung,
die Thomas mit elf, zwölf Jahren entwickelt hatte, gemeinsam
mit einem Bastlerfreund. Für den »European Philips Contest
for Young Scientists and Inventors« reichten die beiden ihre
Konzeption ein: »Induktiv gesteuerte Geschwindigkeits-
begrenzung bei Eisenbahnen«.

Immerhin ein zweiter Preis. Professor Haber, damals mit
großer Medienpräsenz, reichte dem Knaben mit querbinder-
ähnlicher Schleife über weißem Hemd huldvoll die Hand und
sprach ermutigende Worte. Auch für Mutter und Vater fiel ein
Wörtchen ab: Können stolz sein – oder so ähnlich.

Zu jener Zeit war es schon mal zu Kollisionen von Zügen gekommen, weil Signale übersehen worden waren. Es gab noch
nicht die magnetischen Sicherungssysteme, die automatisch
einen Zug stoppen, falls ein Haltesignal nicht beachtet wird.
Über ein Lochkartensystem wurde vom Schüler-Duo so etwas wie ein Zugführer-Begleiter entwickelt, der über vorpro-
grammierte Abläufe einen Zug abbremste, wenn ein Warn-
oder Stoppsignal nicht beachtet wurde.

Über Einzelheiten muss ich mich hier nicht weiter auslassen,
ich will nur vermerken, was mich überraschte als frühes Zeichen einer konsequenten, geradlinigen Entwicklung: Was beim
Schüler angelegt war, es wurde und wird vom Erwachsenen
realisiert. Kontinuierliches Denken in systematischen Vernetzungen.

Die weißen Papptafeln von etwa einem Meter Breite, die ich zwischen allerlei auch sonst Vergessenem entdeckte, sie waren von einem Graphiker für die Preisverleihung und die damit verbundene kleine Ausstellung ausgeführt worden; als Vorlage die Zeichnungen der jungen Erfinder. Ein gutes Dutzend graphisch präzis gestalteter Kästchen mit Beschriftungen. Gerade Linien, in rechten Winkeln mit anderen geraden Linien verbunden, die parallel gestaffelt sind. So etwas wie ein Gittersystem der Folgerichtigkeit.

Genau das sehe ich, wenn auch potenziert, bei einem Besuch in Hemmingen auf dem Bildschirm, in einer Präsentation für den neugierigen Vater: gerade Linien, in rechten Winkeln mit anderen geraden Linien verbunden in synapsenähnlichen Knotenpunkten. Dies, bei Chips, in mehreren Schichten, die jeweils einzeln auf dem Bildschirm sichtbar gemacht werden: die vertikalen Verbindungen der Schichten im Kopf des Entwicklungsingenieurs. Und all das wird immer weiter miniaturisiert, so klein, so dicht, so komplex, dass eine Tagung anberaumt werden musste unter der Leitfrage, wie hier für Stromimpulse überhaupt noch ein Durchkommen möglich ist bei ständig reduziertem Querschnitt der Verbindungen. Wobei, kein Wunder, sehr viel Wärme entwickelt wird. Also Kühlung, ständige Kühlung. So höre ich denn auch, diese Sequenz tippend, das grundierende Gebläsegeräusch im Laptop, der schon mal eine »Leistungswarnmeldung« anzeigt, die mich beeindruckt, weil ich erst mal denke, dass dieses System beeindruckt ist von der Dichte, der Intensität meiner Texte. Ein Telefonat mit Thomas klärt aber auch hier: Es sind die zahlreich mitlaufenden Programme im Hintergrund, vor allem zum Virenschutz, die das System permanent belasten. Kaum sind diese Programme deaktiviert, bleiben sie weg, diese Leistungswarnmeldungen, die mir ein wenig geschmeichelt haben.

Und der Laptop wird (für mich) wieder zum Schreibgerät gehobener Kategorie. Hier wird nun die Frage eingegeben: Wie kam es so früh zu einer so klaren Veranlagung? Mit Schaltplänen, geschweige denn mit Blockschaltplänen wurde nicht gearbeitet im Hause. Höchstens lagen erweiterte Gebrauchsanweisungen elektrischer Geräte vor bis hin zum Schaltplan eines Radios. Optische Faszination? Präzisierung einer vorgegebenen Disposition? Was früh angelegt war, das wurde konsequent und kontinuierlich ausgeführt, umgesetzt, realisiert. Eine Generalperspektive führte von ganz frühen Schaltplänen über die noch abstraktere Blockschaltung des jungen ›Forschers‹ zu den hochkomplexen, noch abstrakteren, mehrschichtigen Vernetzungen in Chips.

Ein Gegenmodell zu meinem Lebensmuster. Kein Knick in der beruflichen Entwicklung: auch bei Verkäufen der jeweiligen Firma wurde seine Abteilung komplett weitergereicht; die hochspezialisierten Mitarbeiter waren nicht zu ersetzen, obwohl in Firmen, in Konzernen mehr und mehr Betriebswirte, Kaufleute die Entwicklungen beeinflussen – um sich mit Sparmaßnahmen zu profilieren, um Boni kassieren zu können, entlassen sie auch unersetzbare Spezialisten. Kaufleute gegen Ingenieure. Auch davon bekomme ich zu hören. Wieder wird mein Bild des gesellschaftlichen Ambientes erweitert.

Auch in diesem Aspekt: In seinen ersten Berufsjahren, so berichtet Thomas, konnte er einen Chip jeweils allein entwickeln; mit wachsender Komplexität aber kann er, in Teamarbeit, nur ein größeres Segment ausarbeiten; das Ganze kann er so wenig wie seine Kollegen durchschauen, der jeweilige Abteilungsleiter schon gar nicht, der kann bloß noch Arbeitsabläufe organisieren. Growing complexity …!

Dies auch unter dem Stichwort *Globalisierung*. Wieder eröffnen sich Perspektiven, über einen exemplarischen Vorgang, den ich (gemalten Notizen folgend) wiederzugeben versuche.

In seiner Spezialfirma melden drei Mitarbeiter seiner Abteilung, sie hätten Probleme beim Telefonieren. Es erfolgt jeweils eine Störmeldung an einen indischen Subunternehmer des amerikanischen Konzerns; die Bearbeiter melden aus Indien jeweils: »Kein Problem feststellbar.«

Das Problem taucht auch bei Telefonaten auf, die Thomas zu führen versucht. Auch ihm wird mitgeteilt: »Kein Problem

feststellbar.« Damit findet er sich nicht ab, stimmt der Schlie-
ßung des Störfalls nicht zu, beschwert sich bei indischen wie
bei amerikanischen Bearbeitern, es kommt zu wiederholtem
Streit. Der Fall wird »diversen Bearbeitern weltweit« zugewiesen, bleibt jedoch »ohne tatsächliche Bearbeitung«. Bei
Nachfragen heißt es stets: »Nicht zuständig«.

Thomas interveniert beim Escalation Desk in den USA. Von
dort aus wird beim indischen Bearbeiter nachgefragt, nachgehakt; der erklärt nun, er bearbeite derzeit noch den Fall.
Doch es vergehen fünf Monate – trotz wiederholter Anfragen
und Mahnungen. Schließlich erfährt Thomas, warum die Bearbeitung so schleppend ist: »Totalausfälle werden vorrangig
bearbeitet«, für das nur zeitweilig auftretende Problem im
Raum Stuttgart sei keine Bearbeitungskapazität vorhanden.
Auf entschiedenes Drängen und Drohen zieht der indische
Bearbeiter Spezialistengruppen aus seinem Land und aus den
USA heran, die das Problem allerdings nicht lokalisieren kön-
nen.

Schließlich fragt Thomas beim Support seiner Firma an:
Könnte das Problem an eigenen Geräten liegen? Die Infrastruktur ist auf eigenen Produkten aufgebaut, beim Support
aber ist Outsourcing erfolgt. Der firmeneigene Support-Mit-
arbeiter sitzt in Russland. Er kann sich mit dem Fall nicht befassen, ist mit Problemen höherer Priorität befasst, die müssen
bevorzugt behandelt werden.

Es findet schließlich eine gemeinsame »Session« statt
zwischen Deutschland, Russland und Indien; entlang dieser
»Strecke« werden die Geräte überprüft. Ein Gerät zwischen
Stuttgart und Amsterdam ist innerhalb dieser Strecke oder
Kette nicht zugänglich, es gehört dem Netzbetreiber, dem
Carrier. Der Inder fragt daraufhin beim Münchner Support
des amerikanischen Carriers an; die Antwort kommt aus Eng-
land in Form einer Frage: Fehleinstellung beim Carrier?

Erneuter Versuch, Kontakt aufzunehmen mit dem Sup-
port-Mitarbeiter in Russland; der ist freilich im Urlaub, die
Stellvertretung wendet sich an einen Vertreter in Quatar. Der
wiederum weist den Inder an, »beim Carrier die Korrektur

der Fehleinstellung zu veranlassen«. Die Ausführung wird verweigert, die Änderung würde den Preis erhöhen. Der Inder »schaltet daraufhin die amerikanischen IT-Controller des Carriers und der eigenen Firma ein, um das zu klären«.

Beinah acht Monate nach den ersten Störmeldungen korrigiert ein englischer Techniker in Nachtarbeit die Fehleinstellung. »Verbales Schulterklopfen zwischen Stuttgart, Moskau, Quatar, Bangalore und Virginia.«

Momentaufnahme Susanne. Ihr Name verband sich eine Zeitlang zwingend mit dem Firmennamen Yamaha. Früh schon das Interesse an Motorrädern.

Susanne kaufte sich, animiert von einem Freund, eine gebrauchte Yamaha X-J 600. Irritation, ja Besorgnis in der Familie. Eine Vierzylinder-Maschine mit einem Hubraum von beinah 600 Kubik, sechs Gänge, und ich lerne, mir solch einen Renner anschauend, dass es sogar bei einem Motorrad ein »Cockpit« gibt, mittlerweile, und einen »Endtopf« hinten, unter dem Sitz »Bordwerkzeug« und Regenschutz. Kein »Naked-Bike«, sondern eine »verkleidete Schwester«, also mit stromlinienförmigen Blechflächen. Nominell 73 PS, glücklicherweise aber (auch wegen der deutlich gesenkten Versicherungsprämie) fuhr sie eine auf 34 PS gedrosselte Version.

Dennoch, die Horex 350, auf der ich Fahrstunden absolvierte, sie wäre der Bikerin in zeitgemäßem Outfit als ziemlich lahme Ente erschienen, während ich damals, in den ersten fünfziger Jahren, beim Beschleunigen das Gefühl hatte, ich würde nach hinten vom Sitz geschoben. Auch dies wurde mittlerweile erheblich relativiert. Die Enkelin kann nur bestätigen: Auf langen Strecken mit relativ hoher Geschwindigkeit fahren, das kostet Kraft, der ganze Körper ist angespannt, und der Rücken gibt deutliche Signale.

Das ist für mich, auf dem Motorroller, der Lambretta, nie zur Erfahrung geworden – dafür aber, wie rasch man, mit den kleinen Rädern, in Schieflage geraten und stürzen kann, vor allem auf nassem Kopfstein oder in einer Kurve, in der ein

Fahrzeug Öl verloren hat. Schürfwunden, aber ich habe, wort-wörtlich, den Kopf jeweils hoch gehalten in jener Zeit ohne Helmzwang: Fahrtwind lustvoll wirbelnd im Haar, kühlend hineinfahrend in jede Hemdöffnung. Zumindest solche Lust wurde Susanne nicht gestattet: beinah luftdicht schließendes Outfit (das bei einem Sturz langes, hautschonendes Gleiten ermöglichten soll).

Ich habe es bisher versäumt, Susanne wenigstens am Tele-fon zu erzählen, dass ich als Schüler mit Vater Helmuth zum Nürburgring gefahren war, nicht nur, um Ascari auf Ferrari zu sehen, sondern Schorsch Meier auf BMW (Boxermotor!), und wie Meier in der Südkurve stehenblieb, die Rennmaschine mit dem Kickstarter wieder flottmachen musste – und dennoch den Sieg erfuhr. Solcher Schnack aus den Frühzeiten des Mo-torsports, als Ascari noch mit überschwappendem Benzintank durch die Südkurve fuhr, hätte nach Verkauf der gedrosselten Yamaha wohl nur noch gedämpftes Interesse gefunden.

Überhaupt muss ich ausgleichend hinzufügen, dass sie schon in der Biker-Zeit sozial engagiert arbeitete, speziell in der »Mobilisierung« von Behinderten, von Alten, von Rekon-valeszenten. Und dass sie ihr Studium in Schottland fortsetzt, auch mit dem neuen Fach »Outdoor education«.

Momentaufnahme Fabian: hatte zeitweilig im Eifelhaus neben mir am Arbeitstisch gesessen und Seiten des ersten Kinder-buchs mitsortiert, geduldig. Nun aber Stichworte aus dem medizinischen Bereich. Ein Pflichtjahr bei den Johannitern, Grundausbildung als Sanitäter, Teilnahme vor allem an Fahr-ten in Krankenwagen: die Fahrzeuge nur relativ selten einge-setzt bei Unfällen, es dominieren Touren zu Krankenhäusern, zu Reha-Zentren. Daran nimmt er auch nach dem Dienstjahr teil, Helfer sind gefragt.

Diese Tätigkeiten als Vorleistung für ein spezielles Studi-um: Medizintechnik. Die beginnt, streng genommen, schon bei Einlegesohlen und reicht bis zu komplizierter Prothetik – wachsender Bedarf in einer zunehmend und zusehends al-ternden Gesellschaft, die ich nun mitrepräsentiere, wenn auch noch ohne Hilfsmittel bei Bewegungsabläufen. Entscheidend, nicht wahr, ist ja das Lebensgefühl, das selbstverständlich mit dem kalendarischen Befund keineswegs – na, und so weiter.

Erfahrungszuwachs auch über Fabian: Die weithin noch voneinander distanzierten Welten der Mediziner und der Medizintechniker: wechselseitige Vorbehalte. Bei Medizinern sind es vor allem technische Vorbehalte und Defizite: Eine Uniklinik kann eine DVD mit der Datei eines radiologischen Instituts nicht einlesen, obwohl das auf jedem Laptop klappt – und so weiter. Mit wachsender Komplexität der digitalen Geräte wachsen die Beschränkungen. Das kann Fabian nicht akzeptieren.

Als ich Thomas telefonisch die Frage stelle, wie eigentlich der Text kompletter Bücher oder wie Aufzeichnungen von Kompositionen auf winzige Chips in kleinen USB-Sticks passen und wieso man derartige Datenmengen schlagartig abrufen kann, da höre ich Auflachen in Hemmingen. Auch um seine Arbeit besser zu verstehen und zugleich eins meiner längst selbstverständlich gewordenen Arbeitsmittel, bitte ich ihn, mir doch mal zu erklären, möglichst verständlich, wie ein Chip die Daten speichert. Dies schriftlich, damit ich es mehrmals lesen kann, da in seinem, in jenem Fachbereich einigermaßen begriffsstutzig.

So kommt es denn auch: Die E-Mail, die meine Frage beantwortet, beantworten will, sie stellt mich vor immer weitere Fragen.

Ich verharre nicht gern im Allgemeinen, also lade ich ein, teilzunehmen an der Erfahrung einer Konfrontation mit einer Sprache aus einer mir fremden Welt (in unserer Welt).

Ich rücke nicht einfach den Text der E-Mail ein – ursprünglich wollte ich Thomas ja im O-Ton präsent werden lassen, aber seinen Versuch der Übersetzung muss ich partiell wiederum übersetzen, begleitet von telefonischen Zwischenfragen. Vater versucht, Sohn zu verstehen. Autor versucht, eins der Objekte zu verstehen, die in kleinen, adretten Sticks verborgen sind und mühelos auch die drei Megabytes dieses

Buches wegstecken. Und mit einem Klick schlagartig wieder freigeben.

Wie also speichert ein Chip die Daten? »Kommt darauf an«, schreibt er. »Alle Datenspeicher auf Chip-Basis haben gemeinsam, dass die Speichermechanismen hauptsächlich auf gespeicherter Ladung in einer Kapazität beruhen. Im Gegensatz dazu speichern die konventionellen Festplatten magnetisch.« (Was mich in meinem Wunsch bestärkt, dass nach meinem Tod die Festplatte auch dieses Geräts magnetisch gelöscht wird, einschließlich all der Vorfassungen, die im sogenannten Briefkasten oder noch tiefer im Bauch des Geräts scheinbar verschwinden, trickreich aber wieder hervorgerufen, heranzitiert werden können.)

Ich buchstabiere mich weiter durch das Textangebot zu Datenspeichern: »Die am häufigsten verwendeten – und vom Fassungsvermögen an Datenmenge größten – speichern jedes Bit in einem winzigen Kondensator. Der Unterschied zwischen einer gespeicherten Null und einer Eins liegt allein darin, ob dieser Kondensator geladen oder entladen ist, wenn die Information abgefragt wird.

Der Vorteil dieses Verfahrens liegt darin, dass die Speicherung für ein Bit nur sehr wenige Bauelemente benötigt. Das spielt eine große Rolle, denn heutige Speicherchips haben die Milliarden-Bit-Grenze erreicht.

Die oben erwähnten Kondensatoren sind tatsächlich klein – erheblich kleiner als die Wellenlänge von sichtbarem Licht. Auch die Isolation um sie herum, die sie erst in die Lage versetzt, Ladung zu speichern, ist extrem dünn. Etwa einige millionstel Millimeter.«

Ja, und wenn ich eine Textpartie auf den Bildschirm hole, wird einer Vielzahl von Minikondensatoren die Ladung entnommen, die gespeicherte Information ist ausgelesen, aber sie wird sofort »wieder zurückgeschrieben, also aufgefrischt. Nicht nur beim Lesen, auch zwischendurch passiert diese Auffrischung: im Arbeitsspeicher eines PC etwa tausendmal pro Sekunde.«

Und das bei meinen Texten, auch dem hier. Und Bilder

werden »diskretisiert«, also in Bildpunkte, in Pixel zerlegt. Und »bei Audiodateien wird das Tonsignal zeitlich in kleine Abschnitte zerlegt – bei einer Audio-CD etwa 44000 pro Sekunde«.

Das muss ich gleich mal ausschreiben: vierundvierzigtausend pro Sekunde. Hm. Dann auch noch Datenkompression: redundante Anteile werden rausgerechnet. Die Kompression bei der Aufzeichnung kann bei der Wiedergabe jedoch wieder rückgängig gemacht werden. Und so weiter.

Je mehr sich Thomas bemüht, mir in einem ausgereiften Schriftsatz zu erklären, wie Chips auch meine Informationen speichern und freigeben, desto weniger verstehe, desto mehr staune ich über Findigkeiten, Fähigkeiten, Fertigkeiten von Superspezialisten. Und frage, ziemlich naiv: Wie stellt man Kondensatoren, Transistoren her, die nur von Mikroskopen sichtbar gemacht werden können? Wie kann man Isolierschichten produzieren, die millionstel Millimeter dünn sind? Wie montiert man diese Nano-Kondensatoren zusammen, wie stellt man Verbindungen zwischen ihnen her, wie steuert man ihre Abläufe?

Ja, hier fängt für mich das Fragen erst richtig an: Wie man Millionen, Milliarden von mikroskopisch kleinen Bauteilen planend koordinieren kann. Wie sich das Ablesen, Auslesen so steuern lässt, dass ein bestimmter Ausschnitt aus einem bestimmten Text auf dem Display ablesbar, dass eine bestimmte Sequenz einer bestimmten Komposition hörbar wird, sogar nach vierundvierzigtausendfacher Unterteilung jeder Tonsekunde? Leute, wie kriegt ihr das hin?!

Die Frage nach der Steuerung maile ich aber nicht nach Hemmingen, die behalte ich für mich, möchte nicht wieder, nicht weiter mit einer der Grenzen meiner Kapazität konfrontiert werden in dieser Welt, in der immer mehr Phänomene undurchsichtig, undurchschaubar, unverständlich werden.

(Jetzt geistern ja auch noch die Nano-Teilchen durch den öffentlichen Diskurs: unsichtbar klein sind sie beispielsweise in Socken praktiziert, um sie antibakteriell zu veredeln. Sollen allerdings, möglicherweise, die Struktur von Asbestfasern aufweisen, die sich in die Haut bohren und dort – unsichtbare Gefahren ringsum!)

Abschließend zitiere ich nur noch die Schlusszeilen des wohlmeinenden Versuchs eines Sohnes, dem Vater ein fast ständig begleitendes Objekt zu erklären.

»Die Entwicklung geht schnell: Als ich Schüler war, gab es die ersten ›Transistorradios‹, teils als Taschenradios mit der stolzen Aufschrift ›6 Transistoren‹. Heute sind wir daran gewöhnt, in den IT- und Kommunikationsgeräten in unserem Haushalt die Dienste einiger Milliarden Transistoren in Anspruch zu nehmen, wir nehmen sie nicht einmal mehr wahr. Andersrum würde kaum ein heutiger Entwickler mit 6 Transistoren noch ein Radio zustande bringen, die Maßstäbe haben sich mit den Möglichkeiten verschoben. Und die Schwerpunkte der Ausbildung mit ihnen.«

So, diesen anstrengenden Exkurs speichere ich jetzt magnetisch auf der Festplatte, dann, ebenfalls in Einsen und Nullen digitalisiert, sicherheitshalber extern im Memorystick. Und gehe erst mal essen. Dann lege ich mich hin: power-nap. Danach Kaffee, Zeitung, Spaziergang. Und höchstwahrscheinlich, zum Ausgleich, Musik. Dann sehen, dann gehen wir weiter.

SOHN CHRISTOPH: Wiederum als Gegenmodell zum Gegenmodell Thomas mit seiner fast bruchlosen Lebenslinie.

Als Kind war Christoph eingesponnen in eine Phantasiewelt mit martialischen Komponenten: Römer, Wikinger, Germanen als Spielvorlagen, dies stets mit dem Einsatz von Hieb- und Stichwaffen. Nutella mit dem Bowieknife aufs Brot gestrichen. Allein auf der kleinen Wiese vor dem Haus, durch Büsche und Bäume abgeschirmt vor der Nachbarschaft, wurden imaginäre Kämpfe mit unsichtbaren Gegnern ausgefochten. Römer in Rüstungen wurden gezeichnet. Aber auch Erweiterungen des Programms: auf dem Boden kauernd bemalte er die Rückseiten großformatiger Wahlkampfplakate, die übriggeblieben waren, und es schwebten drei Heißluftballons über wild gezackter Berglandschaft. Entschwebten aber ins Vergessen. Die Fantasy-Linie brach ab. Er wurde nicht Zeichner in Teams von Gestaltern kunterbunter Animationsfilme, er studierte Journalistik.

Da stellt sich Erinnerung ein an einen der seltenen Momente, in denen mein Vorschlag, mein Ratschlag tatsächlich aufgegriffen und erfolgreich umgesetzt wurde!

Er suchte eine Zeitungsredaktion, in der er sein Praktikum absolvieren konnte, begann Briefe zu schreiben, die aller Voraussicht nach, allen Erfahrungen nach, keine Antwort finden würden. So riet ich ihm: Lass die Briefentwürfe liegen, geh einfach mal zur Redaktion der Lokalzeitung, stell dich vor und frag, ob sie was für dich zu tun haben.

Und er war zur rechten Zeit am rechten Ort: Mensch, du kommst ja wie gerufen! Ein Kollege krank, eine Kollegin schwanger, kannst dich gleich an den Schreibtisch da drüben setzen. Und es begann eine abwechslungsreiche, auch vergnügliche Zeit: Sehr unterschiedliche Kontakte, mit denen der Mitarbeiter einer Lokalredaktion (eines regional weitgefächerten Mantelblatts) konfrontiert wird.

Mitarbeit sodann in verschiedenen Zeitungen, schließlich beim Hörfunk – mein Medium für ziemlich genau ein Jahrzehnt. Christoph wurde in der Nachrichtenredaktion mit dem reichen, dem überreichen Textmaterial von Agenturen konfrontiert, musste aussortieren, auswerten, akzentuieren. Wurde auch Nachrichtensprecher. Der durchtrainierte Jogger von der Statur eines Bodyguards hatte vor dem Mikrophon zuweilen Probleme mit gleichmäßig sinnvoller Verteilung des Atems, fand Hilfe.

Von der Phantasiewelt in die Nachrichtenwelt: als Redakteur und Sprecher von Nachrichten sieht er seine Aufgabe in der möglichst exakten Wiedergabe von Vermitteltem. Was früh angelegt war, wird später nicht umgesetzt. Deutliche Zäsur, begleitet von Zäsuren: mehrfacher Wechsel der Wohnsituation. Seine Familie in einem Erdgeschoss eines Hauses in einem südlichen Stadtteil von Mainz; Ausbau eines alten Wohnhauses mit angrenzender riesiger Scheune in einem Weindorf; Erwerb und Ausbau eines Stadthauses in Mainz-

Gonsenheim; Überlegungen zu erneutem Wechsel. Was ausgebaut ist, hält Spannung nicht mehr wach. Ungebrochen aber die Zuwendung zu seiner Familie. Gelassen freundliche Grundierung unserer Kommunikation.

Auch ihn habe ich um einen Beitrag gebeten. Er schickte mir eine kleine Auswahl von Reportagen, die er vor allem für die *Mainzer Zeitung* verfasst hatte. Vom damaligen Redaktionsmitglied wählte ich den Bericht aus über »Menschen am unteren Rand der Gesellschaft, die ›Penner‹, ›Tippelbrüder‹, Obdachlose, oder, im offiziellen Sprachgebrauch, die Menschen ohne Wohnung. Man trifft sie einzeln oder in Gruppen in der Innenstadt oder in Parks. ›Wegschauen‹ heißt die Devise. Denn sie sind anders, in alten Klamotten, schmutzig, manchmal oder eher häufig betrunken.«

Er schrieb weiter. »Vor fast genau zehn Jahren, im Februar 1979, eröffneten junge Leute aus der Pfarrei St. Bonifaz ein Kleider- und Möbellager, nannten ihr Projekt ›Pfarrer-Landvogt-Hilfe‹ (PLH). Die Idee: den Wohlstandsmüll an Bedürftige weiterzugeben. Zu den ersten Kunden gehörten die Stadtstreicher, nach erstem Erschrecken begann man sich mit den Schicksalen dieser am Rande der Gesellschaft Lebenden auseinanderzusetzen. Das Projekt weitete sich aus, zu Möbeln und Kleidern kamen Übernachtungsmöglichkeiten und eine Teestube. Inzwischen sind die winterlichen Übernachtungshilfen und die Teestube zu festen Einrichtungen geworden.

110 Wohnsitzlose kamen im vergangenen Jahr. Vielleicht besonders wichtig für alle, die keine Gelegenheit hatten, zumindest für kurze Zeit in familiäre Bindungen zurückzukehren. Auf jeden Fall ein Anlass, nach den Ursachen zu forschen. Sind diese Menschen wirklich selbst schuld?

Für Michael Büttner, Zweiter Vorsitzender der PLH, steht die Antwort fest: Nein, nur in Ausnahmefällen. Die meisten seien psychisch nicht sehr stabil, Einzelereignisse oder Ketten von Ereignissen setzten ihnen bis zur Handlungsunfähigkeit zu. Die einen kommen in Geldnöte, verlieren ihren Arbeitsplatz, familiäre Probleme werfen andere aus der Bahn, Alkohol spielt, als Folge oder Auslöser, fast immer eine Rolle. Oder die zunehmende Zahl von Jugendlichen: In der Schule schlecht, bekommen sie keinen Ausbildungsplatz oder verlieren ihn. Spielen die Eltern nicht mit, ist der Schritt zur Obdachlosigkeit oft schnell gemacht.

Überhaupt die Familie. Zerrüttet. Alkohol, auch Prostitution, eine latente Nähe zur Kriminalität. Aber in der Teestube in der Dagobertstraße sitzen auch Männer, die aus sogenannten ›geordneten‹, ja ›gutbürgerlichen‹ Verhältnissen kommen, die nicht abgerutscht, sondern abgestürzt sind, sich nun, aus anderen Städten kommend, in Mainz vergraben, verstecken.

Zwei Beispiele: Da ist der Kraftfahrer einer Spedition, der einen LKW mit Anhänger fuhr. Nach der Mittagspause in einem Restaurant startet er seinen Wagen, bemerkt die gestikulierende Frau auf der anderen Straßenseite nicht, fährt an. Ein auf der Anhängerdeichsel spielendes Kind fällt herunter, wird überrollt, stirbt. Aus dem Gefängnis entlassen, kann der Mann seine Schuldgefühle nicht überwinden, flieht in den Alkohol.

Oder der wegen Unterschlagungen in den Knast gewanderte Kaufmann, der sich zu sehr schämte, um zu seiner Familie in geordnete Verhältnisse zurückzukehren, und auf der Straße landete.

Für die vielen Männer und wenigen Frauen, die sich täglich in der Dagobertstraße zu Tee, Kaffee und Butterbroten einfinden, sind die Chancen gering, wieder Fuß zu fassen. Resignation und fehlende Konfliktbereitschaft: kein Wunder angesichts der oft harten, abweisenden Gesellschaft.«

Momentaufnahme Tilman: sofort das Stichwort Schlagzeug. Früh schon die Fixierung auf Perkussionsinstrumente. So wurde ein Schlagzeug angeschafft und im Keller des Mainzer Hauses aufgebaut. Dämpfende Auskleidung des Kellerraums nützte wenig, ein Schlagzeug mit Drums und Highhats setzt sich akustisch gnadenlos durch, vor allem bei früher üblichen Holzböden.

Bei meiner starken Resonanz auf perkussiv betonte Musik findet Tilman in mir einen wachen Zuhörer; unüberhörbar die Fortschritte bei meinen Mainz-Besuchen in wechselnden Zeitabständen. Ich wollte ihm nicht erzählen, auftrumpfend, dass ich einen der berühmtesten Drummer der Jazzszene gehört, gesehen habe, Coltranes Lieblingsperkussionisten, aber die Selbstinszenierung im Konzert gefiel mir nicht: Elvin Jones thronte auf einem leicht erhöhten Zusatzpodest mittenmang auf der Bühne, und in respektvollem Abstand rechts und links die »sidemen«, der Bassist, der Saxophonist und andere Männer der Combo, wirklich nur als Randerscheinungen, als musikalische Zuträger, Impulse übermittelnd zu langen Schlagzeug-Soli.

Tilmans Drumset wurde verkauft, ein elektronisches Pendant angeschafft. Das stumme Schlagzeug hat allerdings einen entschiedenen Nachteil: Man kann nicht im Duo drummen mit dem Lehrer. Also wird auch das elektronische Schlagzeug verkauft und der Erlös angelegt in einem akustischen Schlagzeug. Und wieder raumfordernde, ja hausfüllende Klangentfaltung.

Momentaufnahme Wiebke: furchtloses Mädchen! Kaum konnte sie schwimmen, war sie zu jedem Tauchmanöver bereit. Gewann Wettbewerbe. Erwarb Abzeichen. Ich verfolgte das freilich nicht in Schwimmhallen, sah so was nur auf Fotos. Sehe sie neuerdings auf Kurzfilmchen eines Smartphone: Wiebke auf dem Einrad. Pedal ohne Übertragung, Rad ohne Rücktritt, in jeder Situation muss die Balance gehalten werden.

Fahren und Pendeln nicht nur im kleinen Garten in Mainz, nicht nur auf der ruhigen Straße, sondern, ehrgeizig, bald schon in der Gruppe. Training in einer Sporthalle, Mädchen auf Einrädern bilden jeweils ein Tor, und auch sie fädelt sich ein in möglichst harmonischer Gruppenbewegung. Hier wachsen mit den Leistungen die Ansprüche, Anforderungen, bald schon Teilnahme an Wettbewerben, und wehe, es klappt etwas nicht auf Anhieb beim Training, sofort Tränen der Verzweiflung, verbissener Neuansatz, und plötzlich, mit ausgebreiteten Armen: alle einschränkenden Gesetze des Fahrradfahrens sind aufgehoben auf der Sattelbanane, droben auf der Stange über dem einen, dem einzigen Rad: fast schwebeleicht die Bewegungsfolgen.

Und jetzt noch ein Zitat: Auf einem bemalten und beschrifteten Blatt zu einem (relativ kurz zurückliegenden) Geburtstag ihr Wunsch: »Alles Gute für den Rest Deines Lebens«. Kam gut an. Wird umgesetzt.

Christoph, diesmal verbunden mit dem Stichwort *Selbstfahrer*. Auch der »Redakteur am Mikrophon«, seit Jahren beim SWR in Mainz, teilt mir Erfahrungen mit, die meinen Blick schärfen auf eine charakteristische Entwicklung unserer Gesellschaft: Immer weniger arbeitsfähige Personen müssen immer mehr Arbeit übernehmen.

Zu Beginn seiner Tätigkeit beim Hörfunk zog er mit frisch redigiertem Sendeskript ins Studio; hinter der Doppelglasscheibe zum Regieraum ein Spielleiter, zum Dienst vergattert, und ein Toningenieur. Es wurde die Erkennungsmelodie des Senders, der Sendung eingespielt, das Jingle, dann, auf Handzeichen des Sprechers, auch »O-Töne«: (möglichst) kurze Ausschnitte von Statements zu aktuellem Geschehen.

Mit der Entwicklung der Elektronik, der fortschreitenden Digitalisierung wurden indes verschiedene Tätigkeiten zusammengezogen, wurden jeweils Mitarbeiter »freigestellt«. Auch Christoph sitzt nun vor mehreren Bildschirmen und disponiert als »Selbstfahrer«. Klickt das Jingle an, verliest Nachrichten, spielt Interviewausschnitte oder offizielle Statements ein, ist also Spielleiter, Toningenieur, Sprecher in einer Person.

Hier gleich ein branchennahes Zitat, die Situation zusätzlich charakterisierend: »Das autarke Selbstfahrerstudio, in dem der Moderator mit Hilfe teils vollautomatisierter Technik ohne Unterstützung eines Technikers die Sendung komplett selbst fährt, gab es außerhalb von Deutschland schon lange, z. B. bei den kleinen Lokalradios in den USA. In Deutschland wurden sie zuerst von den neu gegründeten Privatsendern eingeführt und ab Ende der 1980er Jahre auch vom öffentlich-rechtlichen Rundfunk, teils gegen den heftigen Widerstand der jeweiligen Personalräte, die gegen diese ›Wegrationalisierung‹ protestierten.«

Doch auch diese Entwicklung ließ sich nicht aufhalten. Was

zu Beginn meiner freien Mitarbeit bei diversen Funkanstalten noch unvorstellbar war, für Christoph ist es längst selbstverständlich geworden. Ja, was für ihn zu Beginn seiner Tätigkeit als »Fester Freier« noch unvorstellbar war, nämlich eine noch weiterreichende Ausbreitung des Tätigkeitsfeldes, das wird sich künftig gleichfalls als selbstverständlich erweisen: die vernetzte und vernetzende Nutzung der Medien Hörfunk, Fernsehen, Internet.

HAUS AM HANG: FORTSETZUNG

ABER FORTSETZUNG war keine Selbstverständlichkeit. Anfang 1979 erhielt ich Schreiben vom Chairman der West Virginia University und damit: die Möglichkeit einer Zäsur, eines Neuanfangs. Der Ansatzpunkt zu einer letztlich doch mal festen Stelle?

Das muss eingebracht, einbezogen werden, denn längst schon wäre kritischer Leser-Einwand denkbar: Kühn stilisiert sich eventuell mit seiner gern proklamierten Entscheidung, den freien Beruf des Schriftstellers womöglich lebenslang durchzuhalten, letztlich wäre aber doch denkbar, dass er keine verlockenden Angebote erhielt, im akademischen Bereich – wozu er sich mit seiner Promotion ja letztlich gerüstet hatte ...

Hier würde mir eine überzeugende Antwort schwerfallen, denn diesen Punkt einer Entscheidung habe ich längst vergessen, den halten mir erst wiedergefundene Briefe vor Augen: Ein Jahr, bevor ich im Namen des Goethe-Instituts zwei Monate lang durch die Vereinigten Staaten tourte, von Maine bis San Diego, kamen Anfrage und Angebot von Robert J. Elkins aus Morgantown: zeitlich begrenzte Lehrtätigkeit. Das erst einmal recht umfangreiche Programm wurde, in freundlichem Eingehen auf meine Bedenken und Einwände, sogleich gemildert, aber selbst in reduzierter Version sah es so aus:

»We could offer you a position as Visiting Professor and Writer in Residence for a portion of a semester. During that time you would teach one seminar (meeting two-3-hour periods a week) on your own works and then put in guest appearances in some of the other German classes. [...] We would arrange all your classes on Monday and Wednesday so

815

that you would have Thursday and Friday for talks at other institutions.«

Finanziell wäre das nicht sehr verlockend gewesen (»I'm glad that Martin Walser was able to give you a picture of the financial situation of American Universities«), aber das Lehrprogamm hätte sich (falls ich Fuß gefasst, Lust entwickelt hätte) sicherlich wieder erweitern lassen – was auch angedeutet wurde.

Ich stellte dieses Angebot nicht zur Diskussion, schon gar nicht bei den Eltern, der Disput mit Mutter Helene wäre endlos geworden. Ich ging, wie es so heißt, in mich, fragte mich erneut nach meinen Prioritäten, meiner Grundpriorität, gab schließlich eine Antwort, die ich nicht rekonstruieren muss, die ich ablesen und abtippen kann. Ich leitete den Brief ein mit der Bitte, ihn nicht mit (verständlicher) Verärgerung, sondern mit Verständnis zu lesen.

»Zuerst einmal danke ich Ihnen für Ihr ausführliches Schreiben, vor allem für die Spezifizierung meiner geplanten Tätigkeit. Ich werde mir jetzt erst dessen voll bewusst, wie sehr ich damit wieder in die Lehrtätigkeit geraten würde, die für mich [mit Haverford] bereits abgeschlossene Vergangenheit ist. Sechs Wochenstunden, dazu informelle Aktivitäten, das setzt allerlei Vorbereitungen voraus. (Und ich würde in solch einem Fall eher über andere Autoren als über mich selbst sprechen – mit der einen Ausnahme des verbindenden Wolkensteiners.) Dazu die offensichtlich unvermeidlichen papers, deren Korrektur und Benotung ich nicht anderen überlassen könnte.

Ich habe ohnehin eine Neigung zum Diskursiven, und ich fürchte, die würde durch die Lehrtätigkeit wieder verstärkt. Ein Autor sollte sich aber auch einen unbefangenen Umgang mit Literatur bewahren. So aber geriete ich sehr stark in die Interpretation, in das Erörtern hinein.«

So blieb es beim Ansatz zu einer anderen Lebensmöglichkeit. Und es wurde fortgesetzt, was sich bereits eingespielt hatte.

WIEDER DAS DAUERTHEMA unter der Chiffre K 27! Es werden Vorbereitungen organisiert zum Fest der Verhinderung des Straßenbaus.

Die fortlaufende Markierung der geplanten Trasse mit Luftballons erwies sich bei einem ersten Versuch als heikel: Luftballons üblichen Durchmessers waren zu klein, fielen schon aus geringer Distanz kaum noch auf. Wir wollten diese Markierungen auch durch Luftaufnahmen dokumentieren – der Dürener Filmclub sollte das übernehmen. So mussten wir Ballons in Sonderausführung bestellen, mit etwa 80 Zentimetern Durchmesser. Entsprechend groß die Bestellung von Linde-Gas. Das ging ins Geld, das wir vorstreckten, doch ich suchte und fand einen Sponsor.

Bei schönstem Frühlingswetter wurde die Aktion zum Volksfest. Es kamen mehr Teilnehmer als erwartet: etwa tausend fuhren, radelten, wanderten heran – auch ein Blinder auf einem Tandem, vorn seine Tochter. Es trat auf eine Folk- und Gospelgruppe, Förster und Jäger bliesen Jagdhörner, es sang der Chor der Kernforschungsanlage Jülich (!). Gruppen und Grüppchen wanderten von Luftballon-Markierung zu Luftballon-Markierung. Kinder mit selbstgefertigten Tafeln: Rettet den Wald. Grüppchen lagerten und hörten Musikern zu: Gitarre hier, Saxophon dort. Solodarbietungen, pantomimisch. Familien machten Picknick. Freibier für Sänger und Hornisten. Heute würde man sagen: Es war ein Event.

Meine Erinnerung gaukelt mir vor: Durch Presseberichte motiviert, wäre die Kreisverwaltung eingeschwenkt, hätte den Plan aufgegeben. Eine passende Formulierung hätte sich gebrauchsfertig angeboten: Unter dem Druck der Öffentlichkeit. Doch auch hier hat sich meine Erinnerung eine vereinfachte, handliche, indirekt aufgeschönte Version zurechtgelegt, geeignet zu mündlicher Erzählung. Die Zeitungsausschnitte und Briefkopien, die ich aufgehäuft habe, sie bereiten mir eine Enttäuschung: Die Verwaltung im Kreishaus zeigte sich erst mal nicht weiter beeindruckt. Allerdings ließ uns der Regierungspräsident schriftlich mitteilen, er würde sich unseres Anliegens annehmen und prüfen, ob sich der Straßenbau vermeiden lasse.

Aufkeimende Hoffnung wurde jedoch wieder zunichte gemacht: Sieben Wochen nach unserem Siegesfest besuchte Regierungspräsident Antwerpes den Kreis Düren – offizieller Antrittsbesuch des Verwaltungschefs bei der Kreisverwaltung. Er kam, wie die Lokalpresse berichtete, »nicht mit leeren Händen«. Es waren nicht nur Komplimente der üblichen Art, es waren nicht nur finanzielle Zusagen, die Presse berichtete: »Ein klares Wort sagte der Regierungspräsident zum weiteren Ausbau der Kreisstraße 27, gegen die es in der jüngsten Zeit massive Kritik gegeben hatte. Der Weiterbau dieser Kreisstraße bedeutet nach Meinung des Regierungspräsidenten eine echte weitere Erschließung des Dürener Eifelraums. Das Allgemeininteresse an einer guten Verkehrsverbindung durch die Kreisstraße 27 muss nach Meinung des Regierungspräsidenten vorrangig sein.«

Ein Rückschlag! Und wir hatten schon frohlockt: Wir müssen es geschafft haben! Und jetzt? Resignieren: all die Mühe umsonst? Ich raffte mich auf und schrieb, im Namen der Gruppe, einen Offenen Brief an den RP.

»Sie hatten, wie in der Presse verlautet, ein ›klares Wort‹ zum weiteren Ausbau der K 27 gesagt. Die Herren im Kreishaus werden das mit Vergnügen gehört haben. Für uns stellt sich der Vorgang so dar: Die Gegeneinwände sind vom Tisch gewischt. Deshalb müssen wir uns noch einmal zu Wort melden.

Erlauben Sie mir ein paar grundsätzliche Bemerkungen – zur Sache haben wir in unseren Schreiben wie in öffentlichen Stellungnahmen alles gesagt. Eine allgemeine Entwicklung in unserem Land wird wiederholt so beschrieben: Der Behördenapparat wächst, der Bürger wird immer machtloser. Und: Behörde unterstützt Behörde, Behörde gibt Behörde recht, Behörde ist primär für Behörde da. Dass Behörden im Auftrag der Bürger arbeiten, wird dabei fast vergessen. [...]

Anfang Juli hatte ich im hiesigen Kreisbauamt eine Besprechung mit Herrn Höing. In meinem Brief vom 7. 7. hatte ich die Ergebnisse zusammengefasst – die Darstellung wurde nicht widerlegt. Ich darf also zitieren: ›Ich hatte nach vorherigen Erhebungen in den betroffenen Gemeinden gefragt, nach der Zahl der voraussichtlichen Pendler, für die solch eine Straße gebaut würde – solche Erhebungen waren aber nicht durchgeführt worden. Eine Fragebogenaktion war, nach Ihrer Auskunft, nur fragmentarisch geblieben, es habe in den Gemeinden an Kräften zur Durchführung und Bearbeitung gefehlt. Ich sehe hier ein wesentliches Manko: Es liegen keine Daten vor, auf deren Grundlage die Planung durchgeführt wurde. Es wird nur mit allgemeinen Vorstellungen operiert, diese Straße sei notwendig. Ich hatte erwähnt, dass diese Straße wohl eher ein Politikum sei.«

Es folgten konkrete Hinweise, die heute nicht mehr relevant sind. Überhaupt: Ich musste Sätze schreiben, die ich in einen literarischen Text nicht aufgenommen hätte, da würde ich Formulierungen wie »allgemeines Gut« vermeiden.

Im weiteren Verlauf des Briefs griff ich eins der Stichworte auf, die von der Verwaltung immer wieder ins Feld geführt wurden: Erschließung. Ich fragte: »Was heißt hier eigentlich Erschließung? Sind wir im Amazonas-Becken? Der Kreis Düren ist erschlossen. Jeder Ort ist leicht und bequem zu erreichen. Geringe Umwege für einige wenige sind zumutbar, damit allgemeines Gut gewahrt bleibt.

Angesichts der immer weiter führenden Planungen aber fragt man sich: Wann ist das Ziel der Straßenbaubehörden erreicht? Soll das ganze Land mit einem engen Netz von Straßen überzogen werden, die in Luftlinie nicht mehr als ein paar hundert Meter auseinanderliegen dürfen? Und dann auch noch Kreuz- und Querverbindungen?

Ist es völlig ausgeschlossen, dass Behörden Irrtümer und Fehler begehen? Wir erleben immer wieder, dass Vorausberechnungen und Voraussagen durch Entwicklungen widerlegt werden. Die ›Sieben‹ oder ›Fünf Weisen‹ geben dafür die besten Beweise ab: auch hochspezialisierte Experten irren sich. Frage nun: Ist bei untergeordneten Behörden jeder Irrtum ausgeschlossen? Wäre nicht zumindest denkbar, dass Bürger, die sich intensiv mit solchen Fragen befassen, hierzu auch Wichtiges und Begründetes zu sagen haben?

Und noch etwas Grundsätzliches: Wenn etwas geplant wird,

bedeutet das unausweichlich und automatisch, dass es auch ausgeführt wird? Ein Plan kann auch zur Einsicht führen, dass es besser ist, wenn man auf seine Ausführung verzichtet. Dies ist in der Industrie üblich, das weiß jeder Freiberufler, auch ein Schriftsteller macht diese Erfahrung. Warum sollte einzig und allein Behörde davon ausgenommen sein?«

Immerhin, der Offene Brief wurde in der lokalen Presse vollständig veröffentlicht. Und immerhin, aus Köln kam Antwort, freilich i. A. unterzeichnet.

Drei Briefseiten, doch ich fand keine klare Antwort. Der Schluss: »Ich stehe Ihnen gerne zu einem Gespräch zur Verfügung, in dem Sie mir Ausgleichsmaßnahmen des Naturschutzes und der Landschaftspflege unterbreiten sollten, die Ihrer Meinung nach notwendig sind.« Metatext: Komm als kooperativer Fachmann oder bleib zu Hause. Grußlose Unterschrift.

Wir mussten also weitermachen.

Nein, auch hier keine Textproben, und seien sie noch so knapp, um Markierungen zu setzen für die auch in jener Zeit fortgesetzte Arbeit am Schreibtisch. Ich thematisiere weiterhin nur mit kurzen Einschüben das Schreiben, bleibe dabei formelhaft:

Ich beginne einen neuen Text ... ich begann einen neuen Text ... ich habe einen neuen Text begonnen ... ich hatte einen neuen Text begonnen ... ich werde einen neuen Text beginnen ... ich werde einen neuen Text begonnen haben ...

Wiederholt Lesereisen. Dabei, als Zwischenspiel, eine kinoartige Miniaturbegegnung. Ich mit Gepäck auf einem Bahnsteig, dem Intercity entsteigen Reisende, schließlich eine Frau, und blitzartige Erhellung der eher beiläufigen Szene: ihre Augen leuchteten auf, genauer: da war Flimmern rund um die Pupille, dies im Sekundenbruchteil, während sie, für mich nun gleichsam in Zeitlupe, die zwei Trittstufen herabstieg. Keine Signale über die Kleidung, kein Abtaxieren der Figur, wirklich nur ein Augen-Blick, wechselseitig. Sie ging dicht an mir vorbei mit ihrem Rollkoffer: »So also kann man sich verpassen!« Alles einsteigen! Kein Abschwenken, mein Rollkoffer neben ihrem Rollkoffer: Trinken wir einen Kaffee? Ich war termingebunden, Fahrt mit Anschluss. Der Lichtblick ergänzt durch einen Abschiedsblick, beiderseits über die Schultern hinweg.

Nachdenken über Zufall. Ich hätte auch in einem anderen Wagen einsteigen, hätte die andere Tür desselben Waggons wählen können – genug Alternativen am langgestreckten Bahnsteig. Zufall als blitzartiges Einwirken. Jäh aufgerissene neue Lebensmöglichkeit – eine völlig ungeplante, gar nicht planbare Möglichkeit. Zufall, der die Regie übernimmt, zumindest für den einen entscheidenden Moment – die Übernahme des Angebots, die Ausgestaltung hängt dann ab von Anlage und Sozialisation und gegenwärtiger Verfassung. Hier, dort, damals, auf dem Bahnsteig, im hellen Licht eines Nachmittags: der Auftritt, der Abgang in wenigen Sekunden. Das Aufleuchten, der Flimmerblick: Hier, jetzt, hier, jetzt *könnte* es sein!

Frage, die sich anschloss: Wie ist es möglich, dass man sich fast im Bruchteil einer Sekunde für eine zuvor nie gesehene, völlig fremde Person öffnet, sich fast schon für sie entscheidet? Was läuft da ab im Zeitrafferprogramm, was ist vorgegeben?

Ebenso blitzartig das Einsetzen eines Aversionsprogramms. Eine allererste Begegnung mit einem der Akteure der Literaturbranche, Gesten der Freundlichkeit bei der Begrüßung, doch die war noch nicht ganz ausgesprochen, da wusste ich: Das wird nichts! Mit dem läuft es nicht! Was sich beim etwas mühsamen Gespräch denn auch bestätigte, indirekt. In geläufiger Formulierung: Da stimmt die Chemie nicht. Dies manifestiert in blitzartigem chemischem Prozess. Implodierendes Knallgas.

ENDE SEPTEMBER 1980 eine weitere Veranstaltung der Bürgerinitiative: »Wir erklären das Rinnebachtal zum Kunstwerk.« Eine Freiluftausstellung von Objekten, begleitet von »Performances«.

821

In 18 Stationen konnte das Kunstwerk Rinnebachtal begangen werden. Fünfte Station: Ulrich Rückriem: »einen stein in den weg legen«. Siebte Station: Beuys-Ensemble, dreiteilig. Neunte Station: Walter Dohmen, »Feldzeichen«. Zwölfte Station: Peter Reichenberger, »Mittelstreifen mit Handtellerabdrücken«. Vierzehnte Station: mein »Lesebaum«. Achtzehnte Station: Norbert Stockheim, »sechsundsechzig gelbe Stäbe«.

Anmerkung, ergänzend: Die doppelt mannshohen Stäbe wurden am alten Hexenplatz aufgestellt, einen Abschnitt der Trasse markierend, die auch diese Grasfläche zwischen alten Bäumen überwalzen sollte. Und zu Beuys: außer dem Objektensemble hatte er Metalltäfelchen herstellen lassen, auf denen er das Tal zum Kunstwerk erklärte; sie wurden an ausgewählten Bäumen befestigt – ich besitze noch eine der kupferfarbenen Platten mit grüner Filzstiftsignatur.

Nach langer Abstinenz zeigte sich bei unseren Veranstaltungen nun doch der eine und andere Kommunalpolitiker, betont als »Besucher«. Der Kreisverband der SPD stellte beim Oberkreisdirektor den Antrag, unsere Initiativgruppe mit dem Umweltschutzpreis des Kreises Düren auszuzeichnen. Die Begründung überspringe ich, nutze aber den Brief als Gedächtnisstütze in der Auflistung unserer Veranstaltungen: Die Theaterdemonstration im August 78 »mit über 1000 Besuchern« … die Fahrraddemo Mitte September 79, »mit über 1200 Teilnehmern« … die »Kunstdemonstration« Ende September 1980, »die von über 4000 Besuchern frequentiert wurde«.

Und es verging Zeit, verging Zeit … Zermürbend die Erfahrung, wie verschwenderisch Verwaltung auch mit der Ressource Zeit umgehen kann. Ich brachte uns gelegentlich in Erinnerung. Fragte schriftlich beim Oberkreisdirektor nach Stand oder Entwicklung der Planung. Erfuhr auf diese Weise, in einem Schreiben vom April 79, dass »im Augenblick« noch kein ökologisches Gutachten zum »geplanten Trassengebiet« vorlag – und das seit Jahren der Planung! Ein »landschaftlicher Begleitplan« sei jedoch in Auftrag gegeben.

Wenn ich gleich noch ein weiteres Schreiben an den OKD

erwähne, so nicht, um zu dokumentieren, wie unermüdlich ich neben meinen Texten auch Briefe verfasste, ich will eher andeuten, wie viel Zähigkeit uns abverlangt wurde. Nur ja keine »Zeichen von Müdigkeit« ... Ständig Wachsamkeit demonstrieren ... Wir alle hätten gern, allzu gern die Schnellhefter mit der Aufschrift K 27 endgültig abgelegt, mussten uns jedoch immer wieder selbst stimulieren: aktiv bleiben!

So erkundigte ich mich Oktober 1980 nach den neusten Kostenberechnungen. Die Antwort des OKD: »Die Bau- und Grunderwerbskosten für die K 27 n zwischen Bogheim und Brandenberg belaufen sich nach augenblicklicher Schätzung auf rd. 25,08 Mio. DM.« Also mittlerweile das Fünffache des Betrags, der seinerzeit angesetzt worden war!

Im selben Jahr denn die längst fällige, die überfällige »gutachterliche Stellungnahme« der Landesanstalt für Ökologie, Landschaftsentwicklung und Forstplanung NRW.

Ich zitiere einen Ausschnitt, der bewusstmacht, was es zu bewahren galt. »Im Teufelssief, einem ökologisch wertvollen, schluchtähnlichen Tal entspringt ein Bach. Der bachbegleitende, talabwärts breiter werdende, dichte Gehölzbestand mit Buche, Espe, Ginster, Brombeere, Farn u. a. stellt eine der wenigen Laubwaldflächen in dem überwiegend aus Fichten bestehenden Nadelwald dar. Für die Tier-, insbesondere die Vogelwelt, bietet dieser Biotop beste Lebensbedingungen. Den unteren, breiten, ökologisch wertvollsten Teil des Teufelssiefs würde die Trasse durchschneiden.

Der Rinnebach ist im Bereich, in dem er von der Straße gekreuzt wird, ein natürlich mäandrierender Bachlauf in einem landschaftlich reizvollen Wiesental, das von zahlreichen, auch älteren, großen und kleinen Laubwald- und Gehölzbeständen und Baumgruppen mit artenreicher Gehölzvegetation (Erle, Eiche, Weide, Birke, Buche, Espe, Holunder, Weißdorn, Brombeere u. a.) geprägt wird. Der Bachverlauf selbst wird fast durchgehend von Bäumen begleitet. Dieses sehr erholungswirksame, stille, unbedingt erhaltenswerte Wiesental, in dem ein Wanderweg verläuft, würde durch den Verkehr erheblich beeinträchtigt.«

Ich ändere einen neuen Text ... ich änderte einen neuen Text ... ich habe einen neuen Text geändert ... ich hatte einen neuen Text geändert ... ich werde einen neuen Text ändern ... ich werde einen neuen Text geändert haben ...

Nun erst, 1980, nach den Jahren der Planung, wurde an der B 399 (die ja von der K 27 entlastet werden sollte!) eine Verkehrszählung durchgeführt, wurden Prognosen der Verkehrsbelastung erstellt. Von einer Überlastung der Bundesstraße war danach nicht mehr die Rede: zwischen 4000 und 5000 Fahrzeuge pro Tag auf einer Straße, die auf 12- bis 15000 Fahrzeuge ausgerichtet war. Damit konnte von der unabdingbaren Notwendigkeit, vom unerbittlichen Muss einer Ersatz- und Entlastungsstraße nicht mehr die Rede sein.

Doch unbeirrbar, unbelehrbar setzte die Kreisverwaltung die Planung fort. Um das Kapitel dennoch abzuschließen, muss ich die (ungefähre) Chronologie meines Buchs durchbrechen mit einem Vorgriff: Juli 80 wurde das Planfeststellungsverfahren eingeleitet.

Da wurde gleich wieder ein Flugblatt fällig, wir mussten publik machen, was es mit einem Planfeststellungsverfahren auf sich hat. »Das Planfeststellungsverfahren bedeutet: Diese Straße wird gebaut, wenn keine Widersprüche gegen die zur Zeit offenliegenden Pläne erfolgen.« Dieser Satz natürlich im Fettdruck. Ebenso der folgende Satz: »Wenn Sie mit uns verhindern wollen, dass diese Straße gebaut wird, sollte jeder Bürger unter seinem eigenen Namen beim Regierungspräsidenten Einspruch erheben, und zwar bis spätestens zum 12. Oktober 1980.«

Wir bauten in der Fußgängerzone einen Info-Stand auf, an dem wir samstags Präsenz zeigten, umschichtig. Angelockten Passanten boten wir Formulierungshilfen an für schriftlichen Widerspruch – solche Briefe konnten nicht zahlreich genug abgeschickt werden!

Natürlich wurden wir auch angefeindet, wurden mit Unterstellungen konfrontiert, mussten uns gegen ungerechtfertigte Vorwürfe wehren. »Das sind doch nur ein paar Intellektuelle … Von Kommunisten verführte Idealisten, die sich da haben reinreißen lassen … Das sind Menschen, die das Ganze gar nichts angeht, die sind ja nicht direkt davon betroffen. Die sollen sich gefälligst um ihre eigenen Angelegenheiten kümmern!«

Es wurde mal wieder ein Schreiben an den RP fällig, fünf Seiten per Einschreiben.

Wieder ein Zeitsprung: Im darauffolgenden Jahr hieß es: Auf zum letzten Gefecht! Erneut ein Flugblatt, diesmal vom Freund Wolfgang Breuer formuliert, dem Musiker. »Seit fast 5 Jahren kämpfen wir, die Bürgerinitiative, gegen den unsinnigen Straßenbau von Bogheim nach Brandenberg. Der Regierungspräsident hat jeden, ›der sich durch den Straßenbau betroffen fühlt‹, zu einem Erörterungstermin eingeladen.«

Es wurde zusammengetrommelt: »Nutzt diese vermutlich letzte Chance, auf den Entscheidungsprozess im Sinne der Vernunft einzuwirken!« Das taten wir, geschlossen. Wir hatten die besseren Argumente und fanden mehr Verständnis als die Repräsentanten der Verwaltung: *Der Bau der Straße wurde untersagt!* Jubel, Umarmungen, Schulterklopfen! Wir planten sogleich ein großes Siegesfest mit der Theatertruppe und viel Musik.

Kein überhoher Damm, aufgeschüttet im Teufelssief, keine Riesenbrücke über dem kleinen Rinnebach, keine weit geschwungenen Serpentinen nur wenige hundert Meter entfernt von der längst zum Ziel führenden Landstraße und dem längst von Pendlern genutzten Kierlingsweg mit dem gleichen Ziel – zuweilen spaziere ich durch die Idylle und denke aufatmend: Das alles wäre beinah zerstört worden.

BERGEN-ENKHEIM, 1980/81. Erkundung, lesend und begehend, des Städtchens an der Peripherie der Großstadt, die auch dieses Städtchen integrieren wollte, wogegen man sich aber noch wehrte, Selbständigkeit betonend auch mit der Einführung des Stadtschreiber-Stipendiums: Autorinnen und Autoren sollten, zumindest theoretisch, für ein Jahr sesshaft werden im Städtchen, das noch nicht Stadtteil von Frankfurt war, mit schnöder Nummer versehen.

Es besteht keine Residenzpflicht, es wird nur gewünscht, dass man sich möglichst viel im Ort aufhält. Dazu musste ich nicht sonderlich gebeten werden: neue Lebensform an der Peripherie großstädtischen Ambientes. Der Berger Hang mit teils gepflegten, teils verwildernden Obstbäumen … der Blick auf die Skyline von Frankfurt und die in regelmäßigen Abständen einschwebenden Flugzeuge … Die Anbindung von Bergen an Frankfurt mit öffentlichen Verkehrsmitteln war allerdings recht umständlich, das muss nicht näher erörtert werden, nur die Folge: Die gleichsam geliehene Lebensform konzentrierte sich mehr auf das Städtchen oberhalb der Stadt.

Zwei Jahre nach meiner ›Amtszeit‹ als Stadtschreiber erschien eine Buchpublikation des Instituts für Kulturanthropologie und Europäische Ethnologie der Universität Frankfurt am Main mit dem Titel *Heimat Bergen-Enkheim*, Unterzeile »Lokale Identität am Rande der Großstadt«.

Hier wurden vom Team mehrere »Wahrnehmungsspaziergänge« mit ausgewählten Bewohnern durchgeführt und genau protokolliert. »Wohin wollen wir gehen?« »Führen Sie uns dorthin, wo Bergen-Enkheim für Sie wichtig ist.«

Das war für mich, immer wieder, der Hang mit Blick hinüber auf die Skyline von Frankfurt, damals noch bescheidener dimensioniert, mit Blick auf die im Zweiminutentakt erstaunlich langsam zur Landung einschwebenden Flugzeuge, mit Blick hinab auf Enkheim, das Partnerstädtchen mit der völlig anderen Soziostruktur, aber das muss ich nicht ausführen, kann mir überhaupt Beschreibungen des Orts ersparen, habe viel davon eingebracht, umgesetzt im Roman, den ich zu jener Zeit zu schreiben begann, ein Roman mit dem Schauplatz Bergen, ein Roman über eine fiktive Person in einer Phase einschneidend veränderter Lebensformen.

Thermisch wirkendes Lebensgefühl. Das setzte sich um: ich schrieb auch Gedichte – nicht zum ersten Mal, nun aber mit neuer, starker Motivation. Auch mit erkennbaren, ablesbaren

Impulsen aus dem neuen, gleichsam geliehenen Ambiente. Ich habe was gegen Recycling von Texten, bin darauf nicht angewiesen, also auch keine Textprobe aus dem letztlich verschollenen kleinen Gedichtband, meinem einzigen.

Bevor ich von der neuen Lebensform in Bergen erzähle, einige Gedenkzeilen für Franz Josef Schneider, der das symbolische Amt initiiert hatte. Ein kantig-kauziger Mann, liebenswert oder eher: bewundernswert widerborstig. Und zäher Schachpartner meines damaligen Verlegers Unseld, der sich des Öfteren einfand im Haus an der Marktstraße, sich der Herausforderung stellend; nur höchst ungern gab er sich geschlagen. Doch darauf nahm Franz Josef keine Rücksicht. Knorrig seine Kommentare, auch zum Literaturbetrieb. Als Schriftsteller von frühem Ehrgeiz hatte er sich ziemlich schnell aufgegeben, es blieb bei schmalen Publikationen von Erzählungen gleich nach dem Krieg, der Rest war Knurren. Was und wie er für eine Werbeagentur gearbeitet hat, ich weiß es nicht, so was war nie Thema im Hause Schneider, das war abgekoppelt, abgehakt.

Mit solch einer Erscheinung verbinden sich gern Anekdoten. Eine hat er mir selbst erzählt. Er schlief bei offenem Fenster im ersten Stock, ein Einbrecher, hochkletternd, erschien in der Fensteröffnung, Franz Josef richtete sich auf und sagte: »Wenn du was gefunden hast, du Arschloch, sag mir Bescheid.« Der Einbrecher kletterte stumm wieder hinab.

Bei einem späteren Besuch in Bergen definitiver Abschied am Moribunden-Bett. Er teilte mir lakonisch mit, er werde bald sterben. Da konnte ich ihm nur einen guten Übergang wünschen. Das fand er angemessen, über den Schlusspunkt hinaus reichen unsere Wünsche nicht.

»Ammes«, seine Frau, so schön wie elegant, sie überlebte ihn um etliche Jahre, zum Glück für Stadtschreiber, die mir folgten und, wie ich, gern gesehene Gäste waren im Haus, auch am gedeckten Tisch.

Die Zeitphasen in Bergen: fortgesetzter Akt der Befreiung, der ersten – vor dem großen Sprung von Düren nach Köln.

Es fand Einübung statt in eine Lebensform außerhalb der Familie, ich hatte plötzlich ein Haus, ein wenn auch kleines, für mich allein, aber bald nicht mehr so ganz allein.

Ein Cartoon, vor vielen Jahren aus einer Zeitungsbeilage zur Buchmesse ausgeschnitten, eventuell mal an die Wand gepinnt, mittlerweile verlegt, verkramt, verschollen, doch in Erinnerung geblieben: Bühnenfläche, ein Mann steht breitbeinig mit dem Rücken zum Betrachter im Licht eines auf ihn gerichteten Scheinwerfers, er hält den stereotypen Exhibitionistenmantel offen, dieser Mantel aber ist, von den Knien bis zu den Schultern, als Buch aufgeklappt vor dem Saal und dem – hier unsichtbaren – Publikum.

Ich fragte mich, und diese Frage ist präsent geblieben: Sollte meine Autobiographie in einigen Phasen ähnlich aussehen, ähnlich wirken? Radikale, rückhaltlose, ja rücksichtslose Offenheit? Klapp das Buch deines Lebens auf im Buch über dein Leben, wir, die Leser, wollen Einblick gewinnen bis in die Fadenheftung, bis in die Löcher, durch die der Faden gezogen ist, der womöglich rote Faden? Zeige deine Wunden? Ein flottierendes Zitat, gewiss, aber wer eine Autobiographie schreibt, ist der nicht in der Tat dazu verpflichtet, auch seine Wunden zu zeigen?

Es gibt Kapitel oder eher: Kapitelkomplexe, in denen Offenheit übergehen könnte in Rücksichtslosigkeit anderen gegenüber.

Etwa im Lebenskapitel: Verhältnis zur Mutter. Und damit: das emotional unterkühlte Klima der häuslichen Ordnung, in der ich aufwuchs. Ja, die Zuwendung, die sich vor allem als Zuteilung erwies, von Essen, von Wäsche, von Ermahnungen, Vorhaltungen – hier will ich, kann ich mich nicht durch Darstellung rächen. Schon gar nicht, wenn ich die Vorgeschichte sehe, in der ich als Kind eine Rolle spielte, wenn ich die Sozialisierung der Frau realisiere, unter deren Sozialisierung ich schon mal zu leiden hatte. Ich muss hier Details nicht wiederholen, nur Stichworte: Helene fühlte sich von ihrer Mutter nie anerkannt, ja wiederholt gedemütigt. Die Strenge ihrer Eltern in Korrespondenz zum dominierenden wilhelminischen Ordnungsdenken, auch zu jüdisch-evangelischem Erfolgsdenken – etcetera. Die Kette, an die ich mich gelegt fühlte, von der ich mich mit etwa 17 losgerissen hatte, sie ist in Generationen geschmiedet worden.

Zeige deine Wunden … In den Frankfurter Poetikvorlesungen werde ich, falls überhaupt, höchstens die Stellen angedeutet haben, an denen ich mich wundgerieben hatte. Doch weiter ging ich nicht, gehe ich nicht.

Und es ist eine weitere Grenze gezogen: die der Diskretion. Wir leben freilich in einer Ära der Indiskretion, in der Öffentlichkeit weithin Anspruch darauf zu haben glaubt, auch Intimes in Erfahrung zu bringen, dennoch lassen sich Grenzen ziehen. Auch zum Selbstschutz. Von welcher Phase an würden Sätze zu Spreng-Sätzen? Das Ambiente verwüsten, in dem ich weiter leben, weiter schreiben will? Die Mutter der beiden Söhne: sie lebt. Die Filmemacherin, die meinen Lebensfilm entschieden verändert hat, sie lebt. Es gab kurze, schöne Begegnungen, etwa auf Lesereisen, aber zu erzählen wäre eher von längeren, intensiven Beziehungen.

Ein bisschen konkreter sollte ich aber doch wohl werden, oder? Also: Lesung, fast obligatorisch, in der Buchhändlerschule des benachbarten Stadtteils Seckbach, spontane Annäherung an sie, deren Namen ich nicht preisgebe. Vom Internat-Trakt der Schule wechselte sie über ins Stadtschreiberhäuschen; die Aufenthalte wiederholten sich auch nach dem Lehrgang. Nachbarschaft behielt uns im Blick: Der Autor und seine ›Tochter‹.

Bei dieser Anmerkung bleibt es. Keine genaueren Koordinaten, die Identifizierung ermöglichen. Das könnte zerstörend einwirken auf ihr neues soziales Netz.

Andererseits: es liegt mir nicht, hier einfach auszuklammern, auszusparen, auszuschließen. Auch möchte ich die Leserschaft nicht abspeisen mit allgemein gehaltenen Bemerkungen zur Problematik. Was mir wichtig war im Leben, muss Textentsprechung finden im Lebensbuch. Also Auftritt einer Besucherin. Eine Episode – die allerdings später ihre unerwartete Fortsetzung finden wird, ebenfalls episodisch.

Astrid, Sommertag, der Hof und das Haus. Von Besichtigung mag sie nicht reden, das klänge fast wie Schlossbesichtigung, hier aber, hinter dem alten Haus, hier auf dem Kopfsteinpflaster, hier vor der Stadtmauer, hier teilen ihr die Fußsohlen mit, dass der Boden Ruhe ausströmt, die lässt sie in sich aufsteigen, sie könnte hier lange umhergehen, würde dabei immer leichter in ihrer Bewegung. Und wie viel Wärme, Wärmeenergie gespeichert in diesem Sektor der Stadtmauer, gespeichert seit Jahrhunderten. Sogar in der Wand des alten Schuppens: viel Wärme, nein Wärmeenergie, die spürt sie mit geöffneten Händen.

Senkrecht hält sie die Handflächen vor die Mauer, legt sie an die Schuppenwand, die Hände als Wahrnehmungsflächen, auf die Energiekorpuskel zu prallen scheinen. Ja, hier ist viel Sonnenenergie gespeichert, in der Mauer, in den Wänden, die Wärme beherrscht den Hof, das spürt sie mit bloßen Händen, die braucht sie nur hochzuhalten. Überhaupt offene Hände – ob mir schon mal aufgefallen sei, wie oft in anderen, frühen Kulturen offene Handflächen dargestellt wurden: Geste, Zeichen des Empfangens. Ja, sie ist ganz stark auf Empfang eingestellt vor dieser alten Mauer, in diesem kleinen Hof, Sonnenhof.

Sonnenstaat California, ihre Sonnenerlebnisse im vergangenen Jahr, ihre hirnzermürbende, hirnzertrümmernde Migräne, die hat dem Ansturm von Sonnenlicht-Energiekörperchen nicht standgehalten, alle inneren Verspannungen wurden gelöst, aber vorher steigerten sich die Kopfschmerzen noch, und das ließ sie zu, die Schmerzen wollten ihr ja etwas sagen, also hat sie die Schmerzen nicht gedämpft mit Medikamenten, das hat sie fast nie getan, sie muss doch in Erfahrung bringen, was der Schmerz von ihr will, worauf der Schmerz in ihr hinauswill, der Schmerz in ihrem Kopf wurde zu einer Schmerzladung, wie eine Stromladung, der Schmerz drehte sich rasend schnell um sich selbst, und dann – plopp, zock, poff – eine Explosion im Schmerz, der sie jahrelang begleitet hatte, phasenweise, der Schmerz löste sich auf, blieb auch in den folgenden Wochen weg in California.

Auch um die Rückkehr der Schmerzen zu verhindern, hat sie die große Reinigung vollzogen in der Wüste, die Reinigung aller sieben Körperöffnungen, aller Chakras. Sie hat einen Typ kennengelernt, mit dem flog sie nach Tempe, Arizona, von dort mit einem ollen Dodge zu einer Jagdhütte, die einem Bekannten eines Bekannten von Bob gehört, sie hatten den Schlüssel für ein paar Tage, eine Hütte nicht direkt in der Wüste, eher am Rand der Wüste, in der Bergregion, eine wüstenhaft kahle Bergregion, dort machte sie ihre Wüstenerfahrung, machte zugleich ihre wüsten Erfahrungen mit Bob, der war von einer wahnwitzigen Hitze, Vehemenz, er hatte lange Zeit versucht, durch Zen den Trieb in sich zu dämpfen, bei der allgemeinen Leerwerdung, innerlich, so hoffte er, auch eine Leerwerdung von sexuellen Vorstellungen, aber je mehr er sie austreiben wollte, desto beherrschender wurden sie, ein paar Wochen hat er mit sich gekämpft, wahrhaftig gekämpft, allerdings ohne einen Lehrmeister, der ihm den Bambusstab in den Rücken geschlagen hätte, also Bob hat sie bis zur Weißglut gevögelt, im Häuschen, das geriet glatt aus den Fugen, klingt vielleicht ein bisschen übertrieben, zu dieser Weißglut im Finstern kam es auch erst nach ein paar Tagen und Nächten in der Hütte, vorher war sie den ganzen Tag draußen, meist im Schatten eines etwas verkrüppelten Baums, an der Quelle, sie trank nur Wasser, aß nichts, die Große Reinigung, sie wurde immer leichter und zugleich lud sie sich immer stärker auf mit Sonnenenergie, und nachts war sie ebenfalls draußen, und Bob auf der Pirsch, auch um sich abzulenken, um seine Energien, seinen Energieüberschuss zu erden, nachts kommen ja viele der Wüstentiere heraus, die man tagsüber kaum mal sieht, nachts werden sie laut und streifen umher, Bob auf der Pirsch, ohne zu schießen.

Sie hatten sich kennengelernt in einem Restaurant, einem vegetarischen, er bestellte nichts bei ihr, sagte nur: Du weißt, was ich essen will, sie ließ das in der Küche für ihn zusammenstellen, und als sie den Teller vor ihm abstellte, nickte er nur und sagte: Mit dir geh ich heut Abend tanzen, und sie sagte: o. k. Er fuhr sie, nach Arbeitsschluss, zum Haus, in dem sie wohnte, im Dachjuchhe, sie duschte sich rasch, zog sich um, er wartete unten. Sie tanzten in einer alten Holzhalle, eine Disko, sie tanzte barfuß auf dem Holzboden, der war unwahrscheinlich energiegeladen, alles, was noch an Müdigkeit und vielleicht noch an Verspannung in ihr war, das löste sich auf bei diesem Dauertanz, es war wie ein Heilungstanz, ohne Supervision eines Schamanen – und sie lacht auf. Je mehr Kraft sie verbrauchte bei diesem Wahnsinnstanz, desto mehr fühlte sie sich aufgeladen mit Energie, die floss durch ihren Körper, wurde nicht hier abgeblockt oder dort falsch abgeleitet, es war ein positiver und es war ein negativer Strom, und sie fühlte sich gut geerdet, in dieser Holzhallendisko, mit ihren Füßen auf dem alten Holz.

Als sie zurückkehrte in diese Bundsreplik, Bonzreplik, da spürte sie an den Menschen, an beinah allen Menschen, sofort spürte sie es, dass die mit negativer Energie aufgeladen waren, diesen negativen Energien entsprachen keine gleich starken positiven Energien, dabei gehören die zusammen wie Sonnenlicht und Mondlicht, und geerdet, nein, geerdet waren, sind sie fast alle nicht, sie aber hat viel von ihrer kalifornischen Energie bewahren können, bis jetzt, und dieser Hof zwischen Haus und Schuppen und Mauer: wie ein Stück California, sie hat in Deutschland so etwas nicht erwartet, das Kopfsteinpflaster hier strömt Kraft und zugleich Ruhe aus, der Basalt, das Mauerwerk, alles hier hat seine gute Schwingung, alles geerdet, energiegeladen und geerdet, vor allem dieser Basaltboden: energiegeladen, das spürt sie durch ihre Fußsohlen, beinah kribbelnd, und wenn sie die Handflächen waagrecht hält, nach unten, da spürt sie das auch, so hoch, mindestens so hoch das Kraftfeld, diese Welt ist ein Kontinuum von Kraftfeldern, von Energieströmen, das hat sie bei einem healer gelernt, bei dem sie einige Zeit so was wie Unterricht genommen hat, sie hat ihn kennengelernt beim hitchhiking, sie ist fast nur per Anhalter gereist, hat auf diese Weise viele Menschen kennengelernt, die gaben ihr die Adressen, die luden sie ein, und das waren keine unverbindlichen amerikanischen Einladungen, das waren eher europäische Einladungen, und dieser healer sagte ihr, kaum, dass sie im Wagen saß, sagte ihr nach einem kurzen Seitenblick, sagte ihr das in aller Ruhe, in ganzer Ruhe auf den Kopf zu: Du verstehst was von Steinen, von der Heilkraft der Steine, und sie sagte: Vielleicht, hoffentlich vielleicht. Und er legt ihr mehrere Steine vor, in der Wohnung, sie kannte einige gar nicht, die andere Geologie, die anderen Gesteinsbildungen auf dem amerikanischen Kontinent, aber sie spürte fast immer, in welches Organ einer der Steine seine größten Energien ausstrahlen konnte, und der healer lud sie ein zu bleiben, sie übernachtete im Zimmer seiner Freundin, Gefährtin, mit der verstand sie sich auf Anhieb gut, sehr gut, alles nicht so kompliziert wie in Europa, im nördlichen Europa, man ist ganz offen, geht direkt aufeinander zu, muss nicht lang und breit Erklärungen abgeben, sich selbst erklären, also die Freundin sagte ihr auf den Kopf zu: Mit dir kann ich sprechen, und was in Amerika selten ist, das wirklich intensive Gespräch über eigene Probleme, über Probleme der Beziehung, das war für sie selbstverständlich von Anfang an, beinah drei Nächte haben sie gesprochen, und sie war am jeweils nächsten Tag überhaupt nicht müde, das war auch so in den Nächten bei der Hütte in Arizona, bei Tempe, sie hat wachgelegen, hat draußen, im Schlafsack, stundenlang wachgelegen und zu den Sternen hochgeschaut, hineingeschaut in diese unermessliche Tiefe, aber in einer Minute, in einer ganz dichten Minute kann sie den Schlaf einer Stunde nachholen, da hat sie alle Kräfte gesammelt, die sonst in einer Stunde nachwachsen, manchmal gleichen sogar schon ein paar Sekunden aus, sie muss sich nur fallenlassen, vollständig fallenlassen, überhaupt:

Dieses Loslassen, Fallenlassen, Gleitenlassen, Dahinsausenlassen, das hat sie in California gelernt, doch hier, in dieser Bunzreplik, Brunzreplik ist sie umgeben von Menschen, die überhaupt nicht loslassen können, die wollen alles im Griff haben, im Griff oder im Raff, den Garten im Griff haben, viele Gärten in Deutschland als Friedhofsgärten, auch in der Bepflanzung, und die Eltern haben ihre Kinder im Griff, zumindest in den ersten Lebensjahren, und Kinder haben andere Kinder im Griff, und wenn in dieser Welt des energischen Zugriffs, des nicht lockerlassenden Zugriffs doch mal, wie aus Versehen, etwas in ihnen aufsteigt, wenn sie etwas ein bisschen, mal ein bisschen aus sich rauslassen, dann nehmen sie das sofort wieder in den Griff, zerdrücken es, lassen es nicht weiter oder gar nicht erst aus sich heraus, aber dies, gerade dies ist für sie das Geheimnis, das eigentliche Geheimnis: Lassen, loslassen können, offen sein, ganz offen sein, das war früher schon so bei ihr, sie war so offen, da sind viele durch sie hindurchspaziert, ganz einfach durch sie hindurchspaziert.

Und sie lacht auf, spricht weiter: Sie nimmt alles, wie es kommt, wenn sie nur spürt, es wird gut sein, für sie, für den anderen, da ist eine gute Schwingung, das war auch so in Amerika, in California, sie hat dort wunderbare Männer kennengelernt, da wurde Gegenwart nicht zur Verpflichtung, da hat sie überhaupt erst richtig gelernt, hat diese Lektion erst richtig zu Ende gelernt, dass man sich nicht selbst strangulieren soll in einer Beziehung, in der man nicht mehr leben kann, so etwas nimmt ihr die Luft weg, die sie braucht, nur nicht diese verpflichtenden alten Beziehungen, diese Gefühlsverbindungen, Gefühlsverkettungen, und ständig dieses Rücksichtnehmen, das kann Leben abtöten, denn Rücksicht, das sagt ja schon das Wort, Rück-Sicht ist nach hinten, nach rückwärts gewandt in die Vergangenheit, man wird von Vergangenem bestimmt, aber wenn man – über die Zeit hinaus, die eine Beziehung hat, und das brauchen manchmal nur ein paar Minuten oder Stunden zu sein – wenn man über diesen Zeitpunkt hinaus Rücksicht nimmt, dann hindert man auch den anderen daran, sich zu entfalten, man hält sich fest an Rollen, die man sich zugeschrieben hat, zugeschanzt hat. Also, wenn es Ansätze bei ihr gab zu solchem Verhalten, dann wurde das aufgelöst in California, plopp, plopp, plopp war das weg, einfach weg, sie fand ihre eigentliche Bewegungsweise wieder, hat sich überhaupt viel bewegt in California, ist gejoggt, nicht richtig, nicht systematisch und schon gar nicht in so einem Outfit, sie hatte nur weiße Shorts an, ein Shirt, und wenn sie aus der Siedlung raus war, hat sie das Shirt ausgezogen, ein paar Wochen ging das so, morgens oder abends, bis sie abreiste, abdüste.

Sie fliegt überhaupt gern, ist mit einem Billigflug von Brüssel nach LA geflogen, viele Vegetarier an Bord, sie alle hatten Reiseverpflegung mitgebracht, zwölf Stunden nonstop, aber sie hatten viel Spaß, man tauschte aus, über Plätze hinweg, was man mitgenommen hatte, währenddes flog die Maschine mit beinah tausend Stundenkilometern durch die Luft, das ist überhaupt ein Wunder für sie, dass man beinah tausend Kilometer in einer Stunde durchfliegen kann, und dabei isst und trinkt man in aller Ruhe, das ist wirklich Spitze. Wenn ein Flugzeug abgehoben hat, fühlt sie sich völlig leicht, nicht schwerelos, das nicht, natürlich nicht, aber leicht, kinderleicht, ja kinderleicht.

Und sie dreht sich einmal um sich selbst mit ausgebreiteten Armen im sonnenheißen Hof, bleibt vor mir stehen, spricht weiter, eifrig, kleine Laienpredigerin, Verkünderin, healer and preacher, spricht, spricht, spricht, scheint viele tausend Wörter in sich aufgespart, aufgestaut zu haben, hier kann sie offenbar geerdet werden, nun fließt alles ab, steigt zugleich auf, vom energiegeladenen Boden herauf, von der wärmegesättigten Stadtmauer herüber, und mit den Energieströmen sei es ja so: Neun Öffnungen, ruft sie, die erste hier oben im Schädel, genau da, wo einmal die Fontanelle war, da dringt die kosmische Kraft ein, dann die beiden Augenöffnungen, und über der Nasenwurzel die unsichtbare Öffnung, die von indischen Frauen markiert wird, schwarz, das dritte Auge, und dann Nase und Mund, die Öffnung in Herzhöhe und die Öffnung in Höhe des Sonnengeflechts, dieser kleinen Innensonne, die in California an Glanz und Größe gewonnen hat, und zuletzt die Öffnung des Geschlechts, und sie legt die Hand in den Schritt der Jeans, mit leicht gespreizten Beinen stehend: All diese Öffnungen für den Fluss von Energien, herein und hinaus, hinaus und herein, doch bei den meisten ist der Energiefluss, der Austausch von Energien geblockt, Zonen, in denen sich der Energiefluss verlangsamt, verästelt, schließlich erstirbt, ja erstirbt, es entstehen Krankheiten, wo der Energiefluss zwischen Geist, Seele, Körper gestört ist, sie kann das, wenn sie gut drauf ist, mit den Handflächen, über die Handflächen spüren, wo die Energieblockaden sitzen, nein, die Energieblockierungen, sie spürt das nicht nur an Muskelverspannungen, spürt das ganz einfach, dieses Land ist ein Feld, ein riesiges Feld von Linien sich kreuzender negativer Energien, aber hier im Hof fühlt sie sich davor geschützt, keine Energiewirbel, Energieturbulenzen, vielleicht wirkt sich hier auch die Ruhe der Toten aus, hier vor der Mauer, dieser alten, alten Mauer auch Tote, sicherlich Tote, sie hat in Arizona zwei Tage und Nächte bei einem Sterbenden gesessen, wahrscheinlich Aids, er hatte viel gespritzt, und er wusste genau, auf den Tag genau, wann die Kraft seines Körpers erlöschen würde, sie hat ihm das geglaubt, aber da waren auch Stunden, in denen sie das ganz einfach nicht glauben wollte, sie ging ja auch mal einkaufen, aber einmal, das eine Mal wurde sie auf halbem Weg ganz kribbelig, sie spürte, es geschieht was, sie rannte zurück, kam gerade noch zurecht, konnte ihm einen guten Abflug wünschen, den hatte er auch, hob ganz sanft ab, und sie wüsste so gern, wo er nun gelandet ist.

Sie steht dicht vor mir, schweigt. Damit sie sich nicht selbst verlorengeht, nehme ich sie in die Arme, und sie macht sich klein, schmal, leicht und flüstert in mich hinein zwischen Schultergelenk und Ansatz des Schlüsselbeins, ich verstehe kein Wort. Doch sie, sich von mir lösend: »Ist das rübergekommen?« Offenbar ist sie da ganz sicher, wartet keine Antwort ab, setzt sich auf die Bank am Tisch. Jetzt muss ich erst mal abschalten. Und sie verschränkt die Arme vor der Brust, beugt sich vor, sitzt reglos. Ich schaue zu diesem vorgekrümmten, eingekrümmten, aber sichtlich entspannt eingekrümmten Körper, spüre, wie sich auch Anspannung in mir löst. Finden wir einen gemeinsamen Atemtakt? Ein kleines Aufseufzen, sie steht auf, geht ins Haus, steigt vor mir die Treppe hoch ins sonnenwarme Dachgeschoss, zieht sich aus. He, du hast ja Grübchen überm Hintern! »Ja, das haben mir bisher all die Männer gesagt.« Schon fühle ich mich eingereiht oder: einer Reihe von Männern angeschlossen. Sehe mich gleichsam in Rückansicht, aus der Perspektive eines Mannes, der sich in der Reihe hinter mir anschließen wird, noch namenlos.

PERSPEKTIVWECHSEL! KONTRASTPROGRAMM! Drei Anekdoten unter dem verbindenden Titel: Ein Autor und sein Staatsoberhaupt. Entsteht da Kommunikation?

Die erste Beinah-Begegnung mit Helmut Schmidt bei einem Kanzlerfest, zu dem wir eingeladen waren – wie es dazu kam, weiß ich nicht. Vor der Veranstaltung wurden nicht nur unsere Eintrittskarten durchleuchtet.

Unter den paar tausend Gästen sah ich zweimal den Gastgeber. Einmal saß er mit anderen Politikern im Festzelt an einem Tisch, umgeben von athletischen Männern, die beinah Schulter an Schulter standen und nach außen blickten, wachsam; sich drängelnde Zuschauergäste, auch ich, wir versuchten, über breite Schultern hinweg und an kantigen Schädeln vorbei die hohen Herren zu erspähen, die sich zwanglos gaben im Gespräch bei Kölsch hinter der Menschenmauer.

Später sah ich, wie sich der Kanzler leibhaftig durch das Gästegewusel bewegte, umgeben von Leibwächtern. Kam mir so vor, als würde sich eine Blastula-Formation bewegen, eine Zellgruppe, in ihrer Mitte der kleine, energisch wirkende Mann.

Ein anderes Mal lud er (»anlässlich der laufenden Proben für die Ruhrfestspiele 1975«) zu Mittagessen und Gespräch ein im Ruhrfestspielhaus zu Recklinghausen; er wollte sich über die Lage der Künste im Land informieren, im Kreis von jeweils drei, vier Schriftstellern, Bildenden Künstlern, Komponisten.

Auch ich meldete mich zu Wort, wies darauf hin, dass wir Schriftsteller zusätzlich zur Einkommensteuer auch noch Umsatzsteuer zahlen müssen, damit als Freiberufler doppelt besteuert werden, da konterte er: »Sie wollen also Privilegien?!« Freier Unternehmer ist freier Unternehmer, egal ob Schriftsteller, Zahnarzt oder Rechtsanwalt, freie Unternehmer zahlen Umsatzsteuer, basta. Nur können Zahnärzte oder Rechtsanwälte die Mehrwertsteuer an ihre Klientel weiterreichen, wir Autoren hingegen müssen sie uns ›aus den Rippen schneiden‹. In diesem Punkt ließ Schmidt aber nicht mit sich reden.

Ich fühlte mich, ja, abgekanzelt, hielt mich dafür schadlos am Buffet, fiel damit auf: Raddatz, in Samt und Seide an mir vorbeischreitend, warf einen abschätzigen Blick auf meinen gut gefüllten Teller und merkte herablassend an: »Na, das dürfte ja wohl reichen!« Damit war ich offenbar erst recht für ihn erledigt. Keine Chance mehr, in der »ZEIT« besprochen zu werden.

Ein drittes Mal sah ich Schmidt im Palais Schaumburg. »Der Bundeskanzler und Frau Schmidt geben sich die Ehre, zu einem Klavierabend mit Professor Andor Foldes einzuladen.« Der Kanzler begrüßte die vierzig, fünfzig Gäste, formell und unverbindlich wie bei einem Neujahrsempfang.

Auch mit Foldes kam ich nicht ins Gespräch. Als ich ihn fragte, ob er schon mal eine Komposition von Clara Schumann gespielt hätte, intervenierte seine Frau: Berufsbezogene Anfragen müssen schriftlich bei der Agentur eingereicht werden, seien eventuell kostenpflichtig. Na, dann eben nicht ...

EIN STARFIGHTER-PILOT aus dem Freundeskreis erzählte mir, von Kameraden würden die auch im Fliegerhorst Nörvenich unter amerikanischer Bewachung gelagerten Atombomben als »Eierchen« bezeichnet. Sind nicht länger als ein Bein, auch nicht dicker. Werden, wurden eingeklinkt unter dem »Witwenmacher«, der von Verteidigungsminister Strauß eingekauft worden war, als es das Flugzeug eigentlich noch gar nicht gab. Eine Rakete mit Stummelflügelchen, null Auftrieb. Wenn du beim Start nicht schnell genug das Fahrwerk einfährst und den Nachbrenner einschaltest, kriegst du schon Probleme. Fällt das Triebwerk aus, stürzt die Maschine wie ein Stein vom Himmel. Dabei kommst du derart ins Trudeln, mit dem Schleudersitz kommst du nicht mehr raus, hundertzwanzig Tote mittlerweile. Und mit dieser kippligen Kampfjet-Primadonna Atombomben fliegen?!

(Die wurden ja selbst bei Militärübungen spazierengeflogen, wie sich im Rückblick zeigt. Absturz einer B-36, über dem Pazifik Notwurf einer Atombombe ... In Böttingen [Schwäbische Alb] fiel bei Wartungsarbeiten ein Atomsprengkopf auf den Boden ... In Brüggen [NRW] fiel beim Verladen eine Atombombe von einem Lastwagen ... Bei Münster stürzte ein Hubschrauber mit Atomwaffen ab ... Es kam noch ärger: ein B-52-Bomber stürzte in North Carolina ab, verlor dabei zwei Atombomben – eine landete am Fallschirm, die andere schlug hart auf und zerschellte ... Auf dem US-Stützpunkt im britischen Lakenheath stürzte eine B-47 ausgerechnet in ein Lager mit Atomwaffen und explodierte auch noch. »Es ist möglich, dass ein Teil von Ost-England eine Wüste geworden wäre«, meinte später ein General.

Auch Pannenserien können dem Eskalationsschema folgen: Über Spanien wurde eine B-52 in der Luft betankt, fing Feuer, stürzte ab mit vier [!] Wasserstoffbomben an Bord. Eine fiel in einen Fluss, eine ins Mittelmeer, bei zweien explodierte der konventionelle Zündsatz, doch Kernspaltung und Kernfusion setzten nicht ein. So wird mit dem Feuer der Sonnenenergie gespielt, fahrlässig. Kein Wunder, dass wir uns in jener Welt bedroht fühlten. So viel Sprengkraft und so viel Dummheit! Es werden in der Grauzone ja noch viel mehr Pannen geschehen sein, die nicht pressekundig wurden, früher oder später.)

Und wieder der Starfighter-Pilot, in häuslichem Ambiente: Bei der Ausbildung in den Vereinigten Staaten soll es schon mal vorgekommen sein, dass Piloten im Sturzflug auf Zielmarkierungen die Maschinen nicht rechtzeitig abfingen, sie bohrten sich rein in die weißen, konzentrischen Zielkreise – target fixation, Zielfixierung. Seltene Ausnahmen, gewiss, doch ansatzweise scheint so mancher Pilot zu erleben, wie das Ziel Bewusstsein verengt, es ansaugt. (Ob es Kamikazefliegern so ähnlich ging: das Ziel rammen, sich darin einbohren? Gibt es hier etwas, das zur Motivation durch Ausbildung und Propaganda verstärkend hinzukommt?)

Eine weitere Wortkombination, im Gespräch vermittelt: trigger-happy. Eine Art Glücksgefühl beim Ziehen des Abzugbügels, beim Druck auf den Knopf. Auch hier vielleicht psychische Faktoren – wobei sich kaum entscheiden lässt, wie viel angeboren oder anerzogen ist. Das ist für den Soldaten in der Auslösersituation auch gleichgültig: he's just trigger-happy. Und es bleibt Erinnerung an solch ein Glücksgefühl beim Schießen, davon wird erzählt, das wird mit-geteilt.

Unterwegs zu einer Lesung. Der Ort der Veranstaltung wäre, per Bahn, nur nach mehrfachem Umsteigen zu erreichen gewesen, also Fahrt mit dem PKW. Fast programmgemäß geriet ich in heftig zunehmendes Schneetreiben, der Schnee blieb, vor allem auf der linken Spur, immer dichter und höher liegen. Und ich musste eine amerikanische Militärkolonne überholen, die äußerst langsam fuhr. Auf einem Truck drei Raketen, die Spitzen zum Heck gerichtet. Solche Objekte hatte ich, komplett, bisher nur auf Fotos gesehen oder auf dem Bildschirm. Sie waren schätzungsweise drei Meter lang und schwarzgrau. Also wohl Kurzstreckenraketen. Jede von ihnen im Kriegsfall sicherlich mit einem Atomsprengkopf versehen. Ich überholte weitere Trucks mit Tankbehältern, mit Radarschirmen unter Schutzhüllen. Und wieder ein Truck mit drei Raketen. Und Trucks mit Treibstofftanks und Funkbuden. Wieder Trucks mit Raketen, sechs oder sieben Lastwagen insgesamt – achtzehn oder einundzwanzig Raketen.

Auf den satelliten-georteten Manövrierraum dieser mobilen Raketeneinheit wurde, nach Erreichen des Fahrtziels, sicherlich eine, mindestens eine Rakete des Ostblocks, des Warschauer Pakts gerichtet, mit weitflächig wirkendem Sprengkopf oder mit multiplen Sprengköpfen. Diese Vorstellung machte mir Angst. Aber eigentlich, letztlich war diese Angst eher theoretisch. Ich fragte mich, vorsichtig durch den Schnee steuernd, ob ich in diesem Punkt oder in diesem Zeitraum zu gefühlsarm sei. Sieben mal drei Raketen, sieben mal drei Impulse, starke Impulse – und was rührte sich in mir? Eigentlich hätte ich einen Schweißausbruch kriegen müssen und Händezittern, aber das Einzige, was mich wirklich beschäftigte, war: den Wagen in der Spur zu halten. Ich bin sicher, anderen Autofahrern haben auch nicht die Hände gezittert, jedenfalls nicht wegen der Raketen, und Schweißausbrüche eher ausgelöst wegen des anhaltenden Schneefalls: Gerät alles ins Stocken? Witterungsbedingter Stau über Stunden, im Schnee?

Nach der Heimkehr: Wieder einmal das Gefühl, gefordert zu sein. Vage Pläne. Und ein neuer Impuls. Im ZEIT-Magazin las ich einen Bericht über den vormaligen Verteidigungsminister Hans Apel. Vorrangig ging es um Entzugserscheinungen: Mit dem Ende der Amtszeit plötzlich nicht mehr eine lückenlose Folge von Terminen, er blieb sich selbst überlassen. Was mich allerdings nur nebenher interessierte. Was mir hingegen die Pupillen weitete: Apel berichtete von seiner aktuellen Lektüre: Jonathan Schells *Zukunft der Menschheit*. Der ehemalige Verteidigungsminister: »Endlich habe ich Zeit für solche Bücher.« Und es hieß im Bericht: »Es schüttelt ihn angesichts der grausigen Beschreibung Schells, wie atomare Abschreckung zur Selbstvernichtung der Menschheit führen kann.«

Ich lernte mit wachsender Irritation und Besorgnis: Der Verteidigungsminister eines mächtigen Landes informiert sich während seiner Amtszeit nicht weiter über Folgen des wiederholt angedachten Einsatzes von Atomwaffen! Zur *Verteidigung*, das muss hier politisch korrekt hinzugefügt werden, aber: »Der Einsatz wird bei großen Manövern fest eingeplant. Die konventionellen Streitkräfte des Warschauer Paktes sind den konventionellen Streitkräften der Westmächte überlegen, also müssen schon früh taktische Atomwaffen eingesetzt werden in der Bundesrepublik Deutschland.« Dies nach dem Motto: »Use them or lose them«. Dennoch, ein Verteidigungsminister, der in Gesprächen, bei Planungen, bei Manövern wiederholt mit dieser Konstellation konfrontiert wird, er ist höchst unzureichend darüber informiert, was Atomkrieg im Detail bedeutet. »Als Verteidigungsminister sieht man doch alles viel zu abstrakt.« Nur als Verteidigungsminister? Apel: »Sie wissen ja nicht, wie Generäle manchmal über Atombomben sprechen. Als seien das ganz harmlose Dinger.«

Hier, genau hier sah ich den Ansatzpunkt für mich als Schriftsteller: Das Abstrahieren stören durch konkrete Darstellungen. Anders formuliert: Den Realitätsverlust in der weithin vorherrschenden Abstrahierung (damit Bagatellisierung) des Problems auszugleichen versuchen, indem ich mithelfe bewusst zu machen, was letztlich geschieht, in den

Auswirkungen auf Millionen von Menschen, wenn hier Geplantes einmal realisiert werden sollte. Nun war ich sicher: Ein großer Teil der Mitarbeiter eines Verteidigungsministeriums sieht ebenfalls »alles viel zu abstrakt«, militärische Dienstgrade unterhalb von Generälen ebenfalls. Die meisten meiner Mitbürger, so fürchtete ich, verharmlosen und abstrahieren gleichfalls. Das Reden und Schreiben über Atomkrieg bewegte sich meist hoch über den Details, die beim Erörtern belasten könnten.

Ich habe an mir selbst erlebt, gemerkt, erfahren, dass konkrete Informationen sehr viel stärker einwirken, sehr viel länger nachwirken als noch so überzeugend formulierte Statements. Ein Fernseh-Feature über Atomrüstung konzentrierte sich für mich – vor allem in der Erinnerung – auf eine nur wenige Sekunden kurze Sequenz aus einem Dokumentarfilm: Eine Halle, in der nach der Explosion der Atombombe über Hiroshima Schwerverwundete zusammengetragen wurden – Blick (von einer Galerie) hinab auf den Hallenboden voller Menschenleiber, die reglos lagen, die sich einkrümmten, die sich aufbäumten: stärkste Verbrennungen. Wie eine Echsenversammlung, so assoziierte ich nach einem der Opferberichte, denn diese sich krümmenden, sich langsam aufbäumenden Körper waren kaum noch als Menschenleiber zu erkennen: schwarzschuppige, fransige, blasige Hautflächen. Enthäutetes Fleisch.

Ich fühlte mich aufgerufen, verpflichtet, dienstverpflichtet zu einer, ja, aufrüttelnden Darstellung, nutzte die Chance eines Auftrags für die Landesbühne Niedersachsen Nord, schrieb ein Stück mit dem Titel *Im Zielgebiet*.

Im Begleittext der Wilhelmshavener Dramaturgie hieß es zum Stück: »Eine Gruppe trifft sich sonntags früh auf einer Waldlichtung: Lehrer, Handwerker, Rentner, Beamte, junge und alte Leute. Doch kein unbeschwertes Picknick ist geplant; gemeinsam wollen sie überlegen, wie sich ihr Anliegen einer größeren Öffentlichkeit deutlich darstellen lässt. Ihr Anliegen – das ist die drohende Stationierung von Raketen-Abschussrampen in ›ihrem‹ Wald, in ihrem unmittelbaren Le-

842

bensbereich. Die Gruppe sucht nach sichtbaren Ausdrucksmitteln ihrer Angst. Mit welchen Theatermitteln können sie anderen die Situation deutlich machen? Die Auseinandersetzungen über den Weg zum gemeinsamen Ziel lässt Kühn nicht in theoretische Debatten, sondern in nachdenkliche, komische, ernsthafte, leidenschaftliche Aktionen einmünden. Ein Zeitstück, das Stellung bezieht, ohne zu agitieren.«

Doch dann: Chaos auf der Bühne, ausgerechnet bei der Uraufführung in Ludwigshafen, vor versammelten Leitern diverser Landesbühnen: Gleich in den ersten Sekunden der Aufführung stürzte das Computerprogramm der Beleuchtung ab, Regisseur Immelmann musste das Spiel unterbrechen, eine Zwangspause, das Ensemble war aus dem Takt gebracht, erneuter Start mit Standardbeleuchtung, Arbeitslicht, das gutgemeinte Stück ging unter, das Publikum lief auseinander. Ich erlebte sehr direkt den auch körperlich erfahrbaren Unterschied zwischen Erfolg und Misserfolg. Bei einem Erfolg: alles schart sich um einen. Beim Misserfolg: alles flüchtet – als hätte man plötzlich eine Pestbeule auf der Stirn. Viel Platz um mich her im Foyer. Am Ausgang formeller Zuspruch: Kommt in den besten Familien vor ... Kopf hoch ... Kein Fest mit dem Ensemble. Reinfall. Verstummt zuckelte ich zum Hotel.

Wieder das Stichwort: Grundgefühl der Bedrohung. Ein Förster, den ich über die Basisarbeit meiner vormaligen Partei näher kennengelernt hatte, erzählte mir, wie er an einem sehr frühen Sommermorgen von einem Eifelhang aus in die Ebene zwischen Düren und Nideggen blickte, und wie sich in einer bewaldeten Senke Raketen aufrichteten (»wie die Spargel«) und gleich darauf wieder abgesenkt wurden; offenbar ein Funktionstest. Dies zu einem Zeitpunkt, an dem mit Beobachtern nicht zu rechnen war, von einem Eifelhang oder einer Eifelhöhe herab. Ich hatte keine Ahnung davon, dass, ein paar Kilometer Luftlinie von Düren entfernt, eine Raketenstellung versteckt sein könnte, wollte mich selbst davon überzeugen.

Ich arbeitete mich durch das weglose, unterholzreiche Waldgebiet vor bis zu einem verdoppelten NATO-Stachel-

843

drahtzaun, sah aber auch hier nur Bäume, Gebüsch, Gestrüpp. Hörte plötzlich ein Sirren, ein mechanisches Sirren, und siehe da, über Baumkronen hinweg sah ich die Spitze einer Rakete, kurz, und mit begleitendem Sirren wurde sie abgesenkt. Danke schön, sagte ich lautlos, jetzt weiß ich Bescheid, ich werde dafür sorgen, dass die Bevölkerung des Kreises Düren erfährt, welch hochrangiges Zielgebiet für eine feindliche Rakete sich hier befindet, gleichsam vor der Haustür.

Eine Vorführung wie auf Bestellung, absolut sinnvoller Zufall. Denn in jener Zeit wurde von der »Beratungsstelle für Kriegsdienstverweigerer und Zivildienstleistende der Evangelischen Gemeinde zu Düren« (gemeinsam mit vier weiteren Initiativgruppen) eine »Friedensfahrt Drover Heide – Nörvenich« vorbereitet. »Am Sonntag, den 27. September 1981, wollen wir mit einer Fahrrad-Friedensfahrt nach Nörvenich, wo schon heute atomare Sprengköpfe lagern, und in die Drover Heide, wo durch einen Truppenübungsplatz unsere Umwelt zerstört wird, unseren Widerstand deutlich machen.« Und ein Aufruf zur Mitarbeit.

Ich nahm Kontakt auf mit dem Organisator, erklärte mich bereit, beim Friedens-Meeting in der Drover Heide eine Rede zu halten.

Einer der organisierten Naturschützer im Bunde hieß das gut, bat mich nur, in vertraulichem Gespräch, in meiner Kritik an der militärischen Nutzung der friedlichen Heide nicht allzu polemisch zu werden, denn eigentlich, letztlich, letztendlich sei solch ein Gebiet mit Blick auf Fauna und Flora eher schützenswert. Zwar sind da die Trassen für schwere Kettenfahrzeuge, alles plattgewalzt und zermalmt, aber rechts und links davon gedeiht es üppig, weitflächig kein »Eintrag« von Herbiziden, Pestiziden. Und ich wurde hingewiesen auf Heidelerchen – finden sich am ehesten an Störstellen ein, selbst bei militärischer Nutzung. Bei derartigen vegetationsarmen Stellen stellt sich auch wieder der Gebirgsgrashüpfer ein. Im Gelände bleiben zwar die üblichen »Panzerwellen«, aber wenn dort eine Zeitlang nicht gefahren wird, sammelt sich in den Mulden Wasser an, und damit entstehen Biotope für Amphibien, vor allem für die bedrohte Kreuzkröte. Auch für die Plattbauchlibelle. In der Nähe von Schießbahnen findet das Birkhuhn sein Revier. Wildbienen vermehren sich. Also, wie sich an einem aufgegebenen Truppenübungsplatz zeigte, ist dort geradezu ein Rückzugsgebiet für bedrohte Tier- und Pflanzenarten. Selbst die Smaragdeidechse findet sich wieder ein, die sonst so seltene, bedrohte Smaragdeidechse!

Ich konnte ihn beruhigen: Ich habe ein anderes, ein ganz, ganz anderes Thema! Ihr werdet euch wundern! Ich nannte aber kein Stichwort, setzte auf Überraschung, damit auf Wirkung. Bei ›zündender‹ Rede war zu erwarten, dass sich die Lokalpresse als Multiplikator einschaltete: Atomraketen nebenan!

So erhielt unsere Demo einen zweiten Ellipsen-Brennpunkt: Fahrt zum Fliegerhorst, Fahrt zur Lichtung in der Nähe der Sperrzone.

Der erste Teil der Fahrrad-Demo war offiziell angemeldet, selbstverständlich. Und wir wurden, ebenso offiziell, gewarnt, ja eingeschüchtert. Einige Zitate und Stichworte; sie lassen – zusätzlich – erkennen, in welchem Binnenklima wir damals lebten.

Headline: »Nato-Fliegerhorst Nörvenich ist Sonntag im Alarmzustand«. Unterzeile: »Amerikaner sind auf dem Posten / Friedensradler sind gewarnt«. Und ich bin wieder erstaunt über den rüden Ton, mit dem wir damals konfrontiert wurden. Einschüchterungsversuche!

»Für den Nato-Fliegerhorst Nörvenich, wo Kampfbomber der Bundeswehr und der US-Streitkräfte stationiert sind, besteht am ›freiwilligen autofreien Sonntag‹ Alarmstufe 1. Hier nämlich sind in einem nur unter amerikanischem Kommando stehenden Geheimbereich atomare Waffen stationiert. Aber nicht den Angriff potentieller Kriegsgegner erwartet man, vielmehr gilt die Alarmbereitschaft der deutschen und amerikanischen Militärs einer Schar von ›Friedensradlern‹, die eine Demonstration vor den Sperrzäunen angekündigt haben. Am Sonntag wollen sie mit ihren Drahteseln aus Köln, Düren und den Städten des Erftkreises heranradeln und demonstrieren.

Der deutsche Oberst Gerd Overhoff hat die Friedensfreunde vorsorglich gewarnt: ›Die amerikanischen Soldaten, die diesen Bereich des Fliegerhorstes bewachen, haben strikten Schießbefehl.‹ Sollten Demonstranten auf die selbstmörderische Idee kommen, etwa die Absperrung stürmen zu wollen, könnte es ›brenzlig‹ werden: Die Amis würden feuern!«

Vorab schon mal dieses offenbar der Lokalpresse diktierte Sperrfeuer. In der Sprachregelung waren wir »Rüstungsgegner aus sogenannten Friedensinitiativen«. Die Demo wurde als »politisch pervers« bezeichnet. »Für ›politisch pervers‹ hält unterdessen ein Sprecher der FDP der Stadt Kerpen, in deren Gebiet hinein sich weite Teile des Fliegerhorstes Nörvenich erstrecken, den bevorstehenden Radler-Protest. Die Demonstration sei deswegen ›politisch pervers‹, begründete der Liberale seine Meinung, weil der Protest gegen Kernwaffen ›auf dem Rücken der einfachen Soldaten in Nörvenich‹ ausgetragen werden solle.«

Zu diesem Zeitpunkt war ich längst aus der FDP ausgetreten; wäre das nicht geschehen, ich hätte hier ein zusätzliches Stichwort gefunden!

Was es mit den »einfachen Soldaten« im Fliegerhorst auf sich hatte, dies in Alarmstufe 1, das wollte ich herauskriegen, bevor es weiterging zur Waldlichtung bei der Raketenstellung. Wir fanden uns ein auf einem Straßenstück zwischen Bundesstraße und der Einfahrt zum Fliegerhorst. Auf halber Strecke die alte Straße, die in das Dorf Oberbolheim führte, das man abgerissen hatte, weil es unter der Startschneise der Düsenjäger lag; nur die alte Kirche hatte man stehngelassen. Polizeifahrzeuge vor der Einfahrt in das Fliegerhorstareal, eine Polizeisperre auf der Höhe der Querstraße, die für uns freigegeben war. Von hier zur Einfahrt des Fliegerhorsts ein überschaubares Straßenstück von wenigen hundert Metern.

Mir wurde mitgeteilt, an der Einfahrt drüben sei ein MG aufgebaut. Das wollte ich gleich mal inspizieren. Dazu musste ich tricksen. Ein junger Pfarrer der evangelischen Gemeinde hatte mir das Gerücht vermittelt. Ich schlug vor: Wir marschieren jetzt lässig plaudernd durch den Polizeikordon hindurch – mal sehn, wie weit wir kommen. Wir kamen nur etwa zwanzig Meter weit, dann holte uns, per Zuruf, ein ranghoher Polizeibeamter ein: Ob wir eine Sondererlaubnis hätten.

Nein, wir wollen zum Eingang da drüben, »nur mal gucken«.

Wurde natürlich nicht akzeptiert, die Zufahrtsstraße ist für Zivilisten gesperrt.

Ich wies hin auf einen Zivilisten, der auf der Straße zum Fliegerhorst ging.

Das sei ein Angehöriger der Bundeswehr.

Und die Frau und das Kind neben ihm?!

Das sind Angehörige vom Angehörigen der Bundeswehr. Kleines, entspanntes Auflachen. Und ich sagte dem Offizier: Hier steht Polizei, drüben am Eingang steht Polizei, Sie können doch nichts dagegen haben, wenn wir von Polizei zu Polizei gehen.

Nun musste er wiederum lachen, wir konnten passieren, »aber nur ausnahmsweise«.

Auf halbem Weg geparkt zwischen Polizeikette eins und der Polizeigruppe vor der Einfahrt ein Wagen mit Dienstnummer. Zwei Männer vorn, und die hoben, wie in einem mäßigen Krimi, die Zeitungen an. Ich sagte dem Begleiter: Die nehm ich jetzt mal hoch.

Um Himmels willen, wieso das denn?

Rache! Schließlich hatte während der Entführung des Arbeitgeberpräsidenten Schleyer einige Tage und Nächte der PKW mit Dienstnummer vor dem Gartentörchen zum Dürener Haus gestanden und der Streifenwagen im Sichtbereich des Eifelhauses.

Ich ging auf den Wagen zu, blieb davor stehn, schaute auf das Nummernschild, ging langsam, betont langsam am Wagen entlang, blieb stehen, schaute auf die Zeitungsleser, stellte mich hinter den Wagen, schaute auf das Nummernschild – schon wurde der Wagen gestartet, fuhr langsam weiter.

Mein Begleiter war baff, ich auch. Mein Versuch der Erklärung: Hier sind verdeckte Mitarbeiter mehrerer Organisationen im Einsatz, BKA, MAD und was weiß ich, die Herren kennen sich nicht gegenseitig, und so setzten die beiden im Auto, ob vom BKA oder vom Militärischen Abschirmdienst, sicherlich voraus, dass ich zu einer der Organisationen gehörte, sonst hätte ich die Kontrolle nicht riskiert, wäre von der Polizei auch gar nicht erst durchgelassen worden.

Mit leicht beschwingtem Schritt ging ich, ungeachtet der ernsten Situation, zum Eingang des Fliegerhorsts. Und tatsächlich, dort waren grüne Sandsäcke geschichtet, und ein Sturmgewehr lag auf der Oberkante. Aber das war sichtlich eine Dauerinstallation. Den Polizisten nickte ich zu, mit einem der wachhabenden Soldaten kam ich ins Gespräch, kriegte zu hören: Sind alle total sauer auf die Demonstranten ... viele hätten das Wochenende eigentlich frei, mussten bleiben ... haben den ganzen Tag noch keinen Proviant gekriegt und nicht mal was zu trinken ... stehen sich die Beine in den Bauch hier in der Pampa ... wenn die Demonstranten anrücken, die kriegen es übergebraten!

Danke für die Mitteilung, wir sehen jetzt klar. Ich wandte mich an einen der Offiziere, die dort herumstanden, erwartungsvoll und zugleich gelangweilt: Tatsächlich Urlaubssperre? Aber nein, wieso komm ich denn darauf, Dienst wie üblich.

Gemächliche Rückkehr zur Sperre, die Radler hatten es sich mittlerweile bequem gemacht: Picknickstimmung. Ziel nicht erreicht, Unerfreuliches verhindert, wir können fahren. Und der rasche Aufbruch, ich blieb zurück. Schaute zu, wie die Polizeigruppe vom Tor herüberkam, wie die Kette aufgelöst wurde, Abfahrt in VW-Bussen. Die Szene leergeräumt. Und es kam ein Privatwagen nach dem anderen aus dem Fliegerhorst heraus, Wagen aus Aachen und Köln und Mönchengladbach und Neuss und Viersen, die Fahrer alle in Uniform und nun ihre Heimatorte ansteuernd.

Weiterfahrt Richtung Drover Heide. Langgezogen der Radlerpulk. Aus der Lokalpresse: »Nach einigen Friedensliedern machte sich dann die ein Kilometer lange Schlange von Radfahrern auf den Weg in Richtung Drover Heide.« Ich allerdings im Auto, mit Mikrophon, Verstärker, Lautsprecher. Die Waldlichtung am Rande des Truppenübungsplatzes. Ich hielt meine Rede an die friedlich hingelagerten Radfahrer im Sonnenschein.

Ich habe auch in diesem Fall frei gesprochen, Stichworte auf einem postkartenkleinen Blatt. Also bin ich auf den Bericht der »Dürener Nachrichten« angewiesen, mit wörtlichen Zitaten, die nicht immer wörtlich zu nehmen sind. Zwar wurde Drove als potentielles Ziel einer atomar bestückten Rakete genannt, der Hinweis aber auf die Stellung von Nike-Hercules-Raketen wurde unterschlagen. Es wurden lediglich Folgen eines Angriffs, nicht die eines Gegenschlags skizziert.

»Schriftsteller Dieter Kühn forderte in seiner Rede eine bessere Information des Bürgers in Bezug auf militärische Anlagen und einen besseren Umgang der Militärs mit der Öffentlichkeit. ›In England zum Beispiel wird die Öffentlichkeit über geplante militärische Anlagen in Form von Postwurfsendungen informiert und befragt. Es wäre gut, wenn auch die Bevölkerung des Kreises Düren über das informiert wäre, was bei uns vorgeht‹, sagte Dieter Kühn. Der Schriftsteller war überzeugt, dass sowohl auf Nörvenich als auch auf Düren (Munitionslager Gürzenich), Jülich und Drove jeweils eine sowjetische SS 20 gerichtet sei.

Kühn machte die Sinnlosigkeit eines Zivilschutzes (›Alufolien helfen uns da überhaupt nicht weiter‹) und die grausamen Wirkungen einer Bombe mittleren Kalibers deutlich: ›So würde eine auf Düren gerichtete [Atom]Bombe einen Feuerball mit einem Durchmesser von zwei Kilometern bei der Explosion ergeben. In einem Umkreis von zehn Kilometern würde alles zerstört, in einem Umkreis von 20 Kilometern die Hälfte der Bevölkerung schwer verletzt werden.‹

Nach den Worten des Dürener Schriftstellers seien nach einem atomaren Schlag gegen Düren sofort 45000 Tote zu erwarten. Daneben würden noch 39000 Verletzte und 10000 Notfallpatienten anfallen. Um die Grausamkeit eines solchen Krieges zu verdeutlichen, wählte Kühn ein makaberes Beispiel: ›Würden die Verletzten alle mit einem Meter Abstand nebeneinander gelegt, so würde sich eine Strecke von 39 Kilometern ergeben. Genauso lang wie die Strecke, die wir heute auf der Friedensfahrt abfahren.‹«

Eine kleine Gruppe radelte anschließend weiter zur Radarstation auf der Höhe von Nideggen. Eine rätselhafte Einrichtung, die irgendwas mit dem regional stationierten belgischen Militär zu tun haben sollte.

Ich war nicht mit von der Partie, ließ mir genau erzählen. Die Gruppe radelte auf der geteerten Zufahrtspiste bis zur bewachten Einfahrt des umzäunten Areals. Und es trat ein belgischer Offizier vor das Tor und rief: »Endlich!« Er sei schon lange hier oben im Dienst und habe sich immer schon darüber gewundert, dass keiner wissen wollte, wozu die Radaranlage diene. Das könne er ganz klar sagen: Dies sei die Leitstelle für die Raketenstellung dort unten. Die sei mit Nike-Hercules-Raketen bestückt. Flugabwehr. Der Auftrag bestehe im Kriegsfall aber auch darin, einen atomaren Sperrriegel zu schießen, auf bundesdeutschem Gebiet. Aufschrei einiger Demonstranten: Schreck und Wut.

Es war also kein Phantom, gegen das ich angeredet hatte. Im Jahr nach der Aktion erschien ein *Bedrohungsatlas Bundesrepublik Deutschland*. Hier war auf einer Karte der Atomwaffenstandorte in Nordrhein-Westfalen auch Drove eingetragen. Ich habe die Schrift im feldgrauen Pappumschlag aufbewahrt. Auch andere, noch spätere Bücher, die uns im Grundgefühl der Bedrohung nur bestärken konnten. Ich nenne, stellvertretend, zwei der Titel: *Das Zeitalter der Bombe.* »Die Geschichte der Bedrohung von Hiroshima bis heute« (München 1995). Und, konkretisierend: *Tausend Grad Celsius,* »Das Ulm-Szenario für einen Atomkrieg« (Darmstadt 1985). Dazu als neue Dimension der Information: Recherche im Internet.

Auch da werde ich fündig. Die »FlaRak-Stellung« Drove, erst 1990 aufgegeben, war mit 36 Nike-Hercules-Raketen bestückt gewesen, zehn mit nuklearen Gefechtsfeldköpfen – zur

Abwehr von Flugzeugen (!) und (mit anderer Programmierung) als »taktische Nuklearwaffe gegen Bodenziele«. Hier lag die Reichweite nur bei sechsundvierzig Kilometern. Auch zur Verteidigung von Belgien hätte man demnach linksrheinisch abgeschossen, was rechtsrheinisch als Atom-Sperrriegel eine weite Zone total verwüstet hätte. Dazu die landesweite Verteilung des reichlich anfallenden Fallout.

Das alles lief unter »taktische« Atomwaffen. Bewacht wurde die Anlage denn auch vom 43rd US Army Art. Det. Also Artillerie. Dies, zum Teil, mit Atomsprengköpfen der Serie W-31. Ich übernehme, gleichsam blindlings, die Bezeichnung aus dem Internet, will mit diesem Zitatdetail nicht punkten als Waffenkenner, schon gar nicht in jener Vernichtungssparte. Mir verrät die Bezeichnung nur, dass es eine offenbar breite Palette an Genozidwaffen gibt, spezifiziert für diverse Vernichtungszwecke. Was allein schon unter der Chiffre W-31 seine Bestätigung findet: drei verschiedene Ausführungen! Mit dem TNT-Äquivalent von 2000, von 20000 und von 40000 Tonnen. Zum Vergleich: die Hiroshimabombe hatte eine Sprengkraft von 13000 Tonnen TNT. Und so was wird nun verbal herabgestuft zur Artilleriegranate. Eine Wasserstoffbombe hat übrigens die etwa eintausendfünfhundertfache Sprengkraft jener Nuklearbombe. H-Bomben wiederum werden klassifiziert nach Megatonnen.

Nach der Wende wurde bekannt, dass vom Warschauer Pakt geplant war, im Kriegsfall eine H-Bombe auf Hamburg zu werfen oder zu schießen. Allein für Nordhessen waren 85 Atombomben vorgesehen. Andererseits war für jede russische Stadt mit mehr als 50000 Einwohnern ein Atomsprengsatz eingeplant. Flächendeckender Massenmord, vorbereitet von kranken Hirnen. Massenvernichtungsmittel gegen Zivilbevölkerung – mit Kollateralschäden für das Militär, das sich besser zu schützen weiß.

Megatonne: eine neue Wortprägung unter vielen, doch von großer Relevanz in jener Lebensphase. In einem Zeitungsartikel las ich, dass eine Megatonne die Sprengkraft von einer

Million, in Ziffern: von 1 000 000 Tonnen des hochbrisanten chemischen Sprengstoffs TNT entspricht, dass schwere Bomben, Luftminen, die von Alliierten auf deutsche Städte abgeworfen worden waren, etwa eine Tonne Sprengstoff enthielten, dass während des gesamten Bombenkriegs im damaligen Reichsgebiet etwa eine Million Tonnen TNT zur Explosion gebracht worden waren, und dass diese damals über Städte und Jahre verteilte Sprengkraft nun auf einen einzigen Explosionsmoment komprimiert, potenziert werden kann.

Konkreter: Die Sprengkraft von Bomben, die in mehreren Jahren über Köln und Frankfurt, über Hamburg und Hildesheim, über Darmstadt und Magdeburg, über München und Berlin abgeworfen worden waren, dies alles lässt sich zu einem einzigen Sprengkopf zusammenfassen – kleiner als Bomben, die zu jener Zeit als groß galten. Nun sind Hunderte solcher Megatonnen-Sprengköpfe produziert, eingelagert für Hochleistungskampfflugzeuge, in Raketenköpfen installiert, in Raketensilos, in atomgetriebenen Unterseebooten.

Während einer Bahnfahrt nach Stuttgart setzte ich die Lektüre in einem der alarmierenden Begleitbücher fort, übertrug, was ich rezipierte: eine Megatonnenbombe auf Stuttgart. Und rechnete um: Als würden sämtliche Bomben des vergangenen Bombenkriegs gleichzeitig auf diese eine Stadt geworfen! Güterzüge voll hochbrisantem Sprengstoff simultan gezündet!

Weiter umgerechnet: Wenn hundert Tonnen von einem Güterwaggon transportiert werden könnten, so wären es zehntausend Güterwagen TNT, die allein im Talkessel von Stuttgart hochgehen würden. Wie lang ist ein Zug mit zehntausend Güterwagen? Setze ich pro Wagen zehn Meter an, so wären das an die 100 Kilometer Gesamtlänge. Allein für die Beispielstadt Stuttgart!

Der Talkessel als ausgebrannter Vulkantrichter … Fallout vom kilometerhohen Explosionspilz mit wechselnden Windströmungen verteilt über Baden-Württemberg und weiter hinaus …

Jahre später: ich fahre, in Darmstadt, in eine Tiefgarage, runter ins zweite Deck, und mir fällt ein Warnschild auf: Vorsicht, geringere lichte Höhe. Stelle den Wagen ab, suche nach dem Ausgang, sehe mehrere blaugestrichene Türen, aber die führen weder zu einem Lift noch zu einer Treppe, sondern, laut Aufschrift, zu WC und Waschraum für Männer, zu WC und Waschraum für Frauen, zu einem Lüftungsmaschinenraum, zu einem Bunkerwart. Bunkerwart …?!

Ein Termin, ich schaue mich nicht weiter um. Am Abend ist der Keller fast völlig autofrei. Nun schaue ich mir alles genauer an. Ein Deck für ungefähr 40 Wagen, der Bunker für etwa 2000 Personen, laut Hinweis. Auf jeder der vielen Türen eine Aufschrift in Weiß. Abwasserhebeanlage. Auf einer roten Metalltür: ABC-Filterraum. Eine Drucktür, das Metall weit nach außen gewölbt, starke Verstrebungen, ein Riesenverschluss. An der Decke, zwischen Belüftungsschächten: Lautsprecher. Und wieder, weiß auf blau: »Essensausgabe hier anstellen«. Auf der anderen Seite: »Nach dort abtreten«. Und ich denke: Wenn es jetzt losgeht, ein Präventivschlag, wie offensichtlich geplant, so bin ich in der Essensschlange schon mal der Erste. Aber die Essensausgabe ist noch vergittert. Das Rollgitter kann ich anfassen, fasse es auch an, um sicher zu sein, dass dies alles Realität ist.

Trotz des Probegriffs: Das alles bleibt unwirklich. Ich fahre hinauf in ein nicht schon wieder eingeebnetes Darmstadt. Vorgeprägter Satz: Das Schlimmste ist mir, ist uns erspart geblieben. Zumindest bisher.

AUF DER HÖHE DA HABEN WIR GELEGEN, sagte ein älterer Mann beiläufig, als wir vor dem Flughafengebäude zum Bus gingen, einer Frau folgend, zuständig für die lokale Reiseorganisation. Ja, ein Jahr lang war er auf jener kleinen, langgestreckten Anhöhe in Stellung, abkommandiert zur Belagerung Leningrads; ein sehr kalter Winter.

Sein Stichwort wurde aufgegriffen: Auch ein zweiter Mann der Reisegruppe hatte zur Truppe des Belagerungshalbrings um Leningrad gehört. Er hatte die Stadt selbst allerdings nie gesehen, sie lagen in einem Erdbunker, in jenem Winter, der so grauenhaft kalt war, und eines Tages tauchten Panzer auf, T 34, und von seiner Kompanie war die Hälfte tot. Ende der Andeutungen: offenbar keine Heroisierungen des Geschehens.

Busfahrt in die Stadt. Die Frau an der Seite des Ersten der beiden Weltkriegsteilnehmer berichtete, außer Hörweite der Dolmetscherin neben dem Fahrer, dass sie schon einmal in Leningrad waren, vor zwei Jahren, und der übliche Besuch in Schloss und Park, die Gruppe marschierte pünktlich wieder zum Bus, doch der ehemalige Soldat war ausgeblieben. Sagen Sie, gräbt Ihr Mann ein neues Schützenloch? Gelächter auf der Bank vor, der Bank hinter der Frau, die offenbar mit Lizenz erzählte. Und sie zitierte: Da schwärmen wir halt alle aus und suchen ihn. Aber wie viele Hektar Park sind das? Die Gruppe erreichte den Bus, dort wartete schon »der Kommandant«, war »hinten rausmarschiert«. Die Frau, damals erleichtert: »In einem ordentlichen Haushalt findet sich alles wieder.« Einverständiges Lächeln ihrer Zuhörer. Weiter die Fahrt.

Lange Häuserreihen mit klassizistischen Fassaden und breite Kanäle und eine Kathedrale mit goldener Kuppel, der weite Platz vor dem Winterpalais: lindgrün, die Fensterumrandungen weiß abgesetzt. Brücke über die Newa, Abendlicht auf dem Wasser, rasch ließ die Prachtentfaltung nach, die Straße wurde holprig, die Fassaden immer schmutziger, schließlich das Hotel an der Ostsee. Kein Zimmer mit Blick aufs Wasser, wir schauten hinunter zur Hotelauffahrt, zum weiten Parkplatz, auf dem einige Busse standen und ein paar Personenwagen.

Hotel mit westlichem Standard, von Schweden gebaut. Mitten an der Zimmerdecke eine runde Metallplatte, mit zwei Schrauben befestigt, in der Mitte ein chromglänzender Nippel: Kaschierung des Abhörmikrophons? Und damit: Vortäuschung, hier wäre eine zweite Deckenlampe geplant gewesen, stattdessen diese Abdeckplatte mit etwa fünf Zentimetern Durchmesser? Oder war die Wanze im Fernsehgerät installiert, im Hotelradio, im Nachttischholz, hinter der Tapete? »Da oben muss es sein«, flüsterte ich Gisela zu.

Auf das Abendessen verzichteten wir, im Speisesaal war stickige Wärme gestaut, wir brauchten Bewegung, brauchten Luft! Wir gingen um den Hotelbau herum mit seinen fünfzehn Stockwerken, gingen auf der weiten Steinplattenfläche zum Meer. Es stank wie eine Kloake. Sanftes Schlippen, als wäre das kein Wasser, sondern eine Flüssigkeit von fast öliger Konsistenz. In der Dämmerung war das Wasser des Finnischen Meerbusens schwarzbraun. Wir gingen rasch wieder weg vom Wassersaum: der faulige Gestank schlug uns auf den Magen.

Auf der Steinplattenfläche zwischen Meer und Hotel redete ein Mann mit spanischer Intonation auf zwei Teenager ein, unüberhörbar: Yo come to my room, I give you my number, I open the door. Eins der beiden Mädchen, mit einer Plastiktüte des Intershops Berlioska, es wiederholte: I can't. Und es wurden, nun etwas leiser, Hindernisse oder Modalitäten erörtert. Ein Milizionär in voller Uniform vor dem Eingang umherstehend, herumschlendernd, ein Pförtner in blauer Uniform, Hotelpolizisten in Zivil, von denen wir gehört hatten, ständig wachsame Etagenfrauen – wie da ein Hürchen ins Zimmer schleusen? Offenbar durch Bestechung.

Zurück ins Hotel, hinein in den voll besetzten Lift. Dicht neben mir ein Mann mit straff und glatt zurückgekämmtem Haar. Ein Abzeichen am Revers des Nadelstreifenanzugs. Er atmete mit kleinem stockendem Schnaufen, als wäre er bis zum Hals voller Verachtung, voller Ekel für die Leute, die mit ihm in diesem Gehäuse standen. Verkniffenes, bleiches Gesicht. Einer vom Abhördienst? Und man sah seinem Gesicht die Anstrengungen an, aus all dem Gerede in Hotelzimmern Brauchbares, Verwertbares herauszuhören? Oder war da der bleiche Neid? Wie beurteilt ein Abhörspezialist die Welt? Die wenigsten Menschen reden so, wie er das bei der Ausbildung, der Instruktion gelernt hat, die nuscheln, die verschleifen, die transformieren unzulässig in Mundarten, Dialekte – was soll ein Experte für deutschsprachige Hotelgäste anfangen mit Schwyzerdütsch, mit Eifelplatt, mit Bayrisch oder Hessisch? Wie soll er da Informationen aussieben? Und sonst? Sie rülpsen, sie furzen, sie kichern, sie ficken. Oder sie öden sich an, nur ein paar Geräusche im Zimmer, ein Brummen, ein Knurren, etwas wird abgelegt, eine Flasche wird geöffnet. Eine schmale Palette von Geräuschen, die Menschen in Hotelzimmern erzeugen, es sei denn sie singen, spielen auf einem Instrument, aber das ist selten, und dann eher nachts. Viel zu wenig Alarmwörter jedenfalls wie: Nato ... Starfighter ... Fliegerhorst ... Lenkwaffen ... Die meisten Hotelgäste dürften enttäuschen.

Das oberste Stockwerk. Tanzfläche, Tische. Gedrängel an der Bar. Nach langem Warten zwei Dosen holländisches Bier, ein doppelter Wodka. Gisela hielt solange zwei Plätze reserviert. Geschiebe und Geschrei ringsum. Wir trinken das Bier aus, den Wodka, fahren hinab zu unserem Stockwerk. Am Ende des Gangs der Tisch mit der Frau, die nur mürrisch grüßte beim Einstand. Frau um die fünfzig, etwas füllig, rotblond das Haar, sie hatte ein Blumenväschen und eine Liste vor sich. Vom Tisch aus konnte sie in drei Flure schauen: taktisch günstiger Punkt. Sie saß da offensichtlich nur als Aufsicht der Gäste: längst kein Zimmerpersonal mehr, es wurden also nur verdächtige Bewegungen zwischen Zimmern vermerkt und durchgegeben.

Ein Schluck aus der Flasche Korn, die ich sicherheitshalber mitgenommen hatte. Die Luft auch im Zimmer stickig – das Fenster ließ sich nur einen Spalt weit öffnen. Gisela knipste die Belüftung an, aber die schien die Luft nur umzuwälzen.

Das Fernsehgerät anschalten. Ein junger Mann, der einen Offizier befragte: breite Schultern, massiger Schädel, schlohweißes Haar, auf der Jacke bestimmt fünf Streifen dicht an dicht gereihter Ordenszeichen. Der Interviewer saß da, ohne sich anzulehnen, Hände flach auf dem Tisch. Und Nachrichten zum Sport: der Sprecher in dunklem Anzug, Hände flach auf dem Tisch. Eine Ansagerin, Frau in reiferem Alter, hochgeschlossnes Kleid, Hornbrille, Hände flach auf der Tischfläche vor dem Mikrophon. Ein Tanzorchester begann zu spielen, Herren in Fracks.

Gluckerschlucke aus der Kornflasche. Eher zermürbende als geruhsame Nacht. Gisela wollte, zum Ausgleich, ausführlicher duschen, da machte ich, vor dem Frühstück, einen kleinen Rundgang um das Hotel, bis zur Stinkzone des Meerbusens. Wellenlos das Wasser, als würden die Schwebeteilchen, Schwebestoffe jegliche Wellenbildung verhindern.

Beim Rückweg fiel mir ein Kabelstrang auf, der vom obersten Stockwerk des Hotels zum obersten Stockwerk eines der beiden Neubauten führte, die das Hotel gleichsam flankierten: ein dünnes Drahtseil gespannt, Ösen für den Kabelstrang, der zu einem Metallpfahl auf dem Dach des Nebenbaus führte und rüber zu einem zweiten Pfahl und weiter zu einem Aufbau auf dem Dach: unverputzte Ziegel, Blenden vor den Fenstern. Ich zog die rechte Kantenlinie des Aufbaus weiter nach unten, dort war ein separater Eingang, vor dem stand ein Auto der gehobenen Mittelklasse. Dort oben also mussten sie sitzen. Und der Mann, den wir im Lift gesehen hatten am Abend zuvor, der war nicht zum Abhördienst hinaufgefahren, der war vielleicht ein Intourist-Repräsentant.

Der Kriegsteilnehmer joggte dicht an mir vorbei, nach einem Frühlauf am stinkenden Meer. »Ja, dort oben sitzen die«, meldete er halblaut, »ich würd nicht so lang da raufgucken.« Und lief weiter zum Hoteleingang, die Stufen hinauf.

Frühstück im Selbstbedienungsrestaurant. Ein Japaner mit weißem Rollkragen-Sweatshirt, auf dem Krägelchen schwarz die Aufschrift Rossignol. Ein Mädchen in einem Kleid, das wie ein knielanger, lockerer Pulli aussah; rote Socken bedeckten die halben Waden. Ein Mann aus Kanada, wie ein Anstecker verriet, bärtig und bauchig, Hosenträger über großkariertem Hemd; seine Squaw, um die sechzig, mit sehr buntem Kopftuch; schrilles Lachen. Ein sehr dicker, hakennasiger Araber in beigefarbener Zweireiherjacke und knöchellangem Männerrock, mit Kurfiya, er ließ sich von einem jüngeren, schnurrbärtigen Araber bedienen: stehend goss er Kaffee ein und schnitt vor. Zwei junge Männer ließen sich von einer jungen Frau im Kittel eine Flasche Sekt bringen. Die Tabletts vor ihnen auf dem Tisch mit jeweils zwei Tellern, und die waren bis zum Rand und fausthoch gefüllt, der eine Teller mit hartgekochten Eiern, mit kleinen Stapeln von Käsescheiben, Brotscheiben, der andere mit Butterkringeln, Krautsalat, Karottensalat, mit

Hackfleisch und gebratenem Fisch. Einer der Finnen ließ den Plastik-Sektpfropfen an die Decke knallen, schäumte zwei Weingläser voll, sie tranken sich zu, löffelten und gabelten in sich rein, mit den Messern rührten sie Tee um, soffen nacheinander und durcheinander Wasser, Tee, Sekt.

Unsere Gruppe wurde in einem ramponierten Bus in die Innenstadt gefahren. Der Schalthebel mit schwarzem, fellähnlichem Flausch umhüllt, Langhaarflausch, obendrauf ein schwarzer Holzkloben mit eingeschnitztem Grimassengesicht, das mir erst afrikanisch vorkam, aber dann las ich eher tatarische Züge heraus. Dämonisches Zähneblecken.

Fensterflächen von Bürobauten: verschliert, als wären sie seit Jahren nicht mehr geputzt worden. Gelegentlich ein Transparent mit einer Parole: römische Ziffern, kyrillische Buchstaben. An einer Straßenecke ein Tankwägelchen: Kessel mit dem Durchmesser etwa eines Jauchetransporters, aber nur ein Drittel der Länge; Eisenstütze, der Wagen nur einachsig. Die große Aufschrift KBAC, eine Nummer. Ein Bierkrug wurde mit der torfbraunen, etwas schäumenden Flüssigkeit gefüllt. Eine Frau führte eine Kindergruppe, Jungen und Mädchen. Diszipliniert schritten sie paarweise daher, hängende Arme, ordentliche Frisuren, Strickjäckchen, kleine Anzugsjacken. Keine Kleidungsstücke mit Aufdruck. Wir hatten nur mal einen Jungen gesehen mit »USA« auf dem Shirt, ein Mädchen in weißer Windjacke mit »Schlösser Alt«.

Im Museum der Stadt Leningrad: Uniformen der Revolution in Originalausführung. Mantel und Pelzmütze eines Rotgardisten, stirnwärts der rote Stern. Als Originalrequisiten ein Feldbett mit Decke, eine Feldflasche, ein Maschinengewehr auf kleinen Rädern, mit kleinem Schutzschild. Reproduktionen und Vergrößerungen von Schriftdokumenten. Nahrungsmittelproben in Reagenzgläsern. Kalorientabellen mit immer kleineren Zahlen. Fotos: Kohlköpfe gepflanzt vor der Isaak-Kathedrale. Trolleybusse aufgereiht in tiefem Schnee. Eine Sanitäterin, die mit einer Bahre zu einem Verwundeten eilt, am Kai eines der Stadtkanäle. Fotos, die ich aus Bildbänden vielfach schon kannte.

So lösten wir uns diskret von der Gruppe, die von der patriotischen Russin ausführlich belehrt wurde. Und blieben länger vor einem Modell in Glasvitrine stehen: ein zirkusbunter Zug. Hinter Lokomotive und Tender ein geschlossener Güterwagen, die Holzplanken der Wände bemalt mit Emblemen der Revolution, vorwärtsweisend, zukunftsweisend. In der Mitte ein Flachwagen, auf dem saß ein Figürchen, bunt bemalt: Akkordeonspieler. Und ein Paar tanzte auf der Ladefläche. Zwischen Gleisen, die im Vordergrund verlegt wurden, stand eine Rotte Bahnarbeiter und schaute zu. Der dritte Wagen wieder bunt bemalt, diesmal ohne das Rot der Oktoberrevolution, nur Zirkusfarben und Zirkusmuster.

Ein Saal mit Dioramen. Ein Teil der Fassade des Smolny-Mädcheninstituts, Hauptquartier der Bolschewiki. Über der Palastfassade Nachtfärbung, hinter dem Straßengitter ein Lagerfeuer; ein Trupp Rotarmisten oder Rotgardisten marschiert aus dem Garten heraus; ein Lastwagen mit Bolschewiki auf der Ladefläche, ein Motorradfahrer; einzelne Soldatenfiguren in scheinbar ziellosen Bewegungsrichtungen. Mit diesem Nachthimmel, diesem Schnee, diesem romantischen Lichtschein des Lagerfeuers sah das Ganze weniger wie die Rekonstruktion einer historischen Szene aus, mehr wie das Bühnenbild einer Operninszenierung.

Ein zweites Diorama bot Einblick in einen Raum revolutionärer Aktivität: großes Zimmer, nun etwa aquariumsklein. Eine Plattenwand trennt links ein Drittel ab, dort stehen zwei Eisengestellbetten mit einem Nachttisch zwischen ihnen. Nebenan ein Sofa mit weißem Schonbezug und zwei Sessel, ebenfalls weiß überzogen; ein Tisch mit weißem Tischtuch, ein Schrank, eine Anrichte. Giselas Kommentar, halblaut: Puppenstube des Staatsstreichs.

Ein etwas größeres Diorama zeigte eine Bastion der Peter-und-Pauls-Festung, schräg von oben zu betrachten: Winternacht, die Newa, drüben Palastfassaden, einzelne Fenster beleuchtet, Kanonen auf der Bastion, Rotarmisten schleppen Granaten. Sicherlich Munition für den zweiten Blindschuss: der erste abgegeben vom Panzerkreuzer *Aurora*, der zweite von dieser Bastion: Doppelsignal für die aufständischen Arbeiter und die intellektuellen Organisatoren des Machtwechsels – auf zum Sturm auf das Winterpalais! Auch hier wieder: Assoziationen an ein Bühnenbildmodell. Könnte auf dieser Bastion nicht die Tosca-Arie »Und es blitzen die Sterne« intoniert werden? Lautlose Statisten schichten derweil Granaten.

Dann aber: Der Newski-Prospekt im Winter der Belagerung. Ein Bus steckt fest in einer Schneewehe, aus einer Seitenstraße ragt der Bug einer Straßenbahn hervor, Hohlwege im Schnee, der Schneemoränenlandschaft der Straße, auf der früher Troikas gefahren waren – jetzt aber nur ein paar vermummte Gestalten, eingekrümmt, mit Kannen, mit Taschen, ein paar Stückchen Brennholz. Keine Kinderleiche, das nun doch nicht, auf einer Rutsche oder einem Schlitten gezogen. In der Prospektmitte eine tiefe Schneemulde, aus der ein paar Winterfiguren, Elendsgestalten offenbar Wasser holen. Vor Fenstern im Erdgeschoss schräg angelehnte Bretter oder Planken: kleiner Schutz vor Artilleriesplittern, Bombensplittern? Verfinsterung, Erstarrung. Die frühere Prachtavenue von St. Petersburg als Leningrader Todeszone.

In einem Durchgangsraum die Rekonstruktion eines Wohnzimmers, eins zu eins, in der belagerten und fast ständig beschossenen Stadt: düster, dunkel, fast fühlbar die damalige Kälte. Eine Liege, ein Schrank mit kleiner Büste und wenigen Büchern, ein runder Tisch, auf dem Essensreste von einem Glassturz geschützt sind, womöglich gegen Ratten. Ein Kanonenofen mitten im Zimmer, Handschuhe aufgehängt zum Trocknen, auf der Rücklehne eines Sesselchens eine wattierte Jacke, deren Schulternähte sich auflösten. Über dem verhängten Fenster ein großer Feuchtigkeitsfleck – mit Frostkristallen?

Beim Spaziergang, zuerst an der Moika entlang, dachte ich bei fast jedem Haus: Darin haben Hunger und Kälte geherrscht. Wir schauten in einige Hinterhöfe, da waren die Assoziationen noch stärker: Feuchtigkeitsflecke, bröckelnder Verputz, kaputte Regenrohre, aufgebrochene Hofpflasterung, wenig Licht. Wir suchten bei der Fortsetzung des Spaziergangs die Fassaden nach weiteren Zeichen des Verfalls ab, sahen sie besonders deutlich unter Erkern: die schienen meist von barocken Schnörkelstrukturen getragen oder von muskulösen Oberkörpern klassizistischer Atlanten, aus Mauerwerk herauswachsend; Schnörkelwerk bröckelte ab, Oberkörper zerfielen, Eisenträger wurden sichtbar, schamlos deutlich.

Ein Gewitterschauer. Der Regen wurde laut auf Blechdächern, Wasser begann aus den Öffnungen dicker Regenrohre auf den Gehsteig zu tropfen, dann zu rinnen, bald schon war das jeweils ein kräftiger Wasserstrahl, ausfächernd auf dem Gehsteig. Hagelkörner im Regen, da wurden die Blechdächer laut, kleiner Theaterdonner. Hagelkörner-Flohhüpfen auf dem Asphalt.

Und wir sahen, aus einer Einfahrt heraus, den Leningrader Hackengang: Die meisten Frauen mit offenen Schuhen, die Schuhe von Männern sahen eher nach Pappe oder Plastik aus als nach Leder, man ging auf den Hacken durch das Strudelwasser, Fächerwasser, schritt wieder aus, wenn man aus den Wasserflächen herausgestakst war. Immer größere, tiefere Pfützen auf der Straße, die wenigen Gullys konnten das Wasser kaum aufsaugen, vorbeifahrende Wagen ließen es bis zu den Hauswänden spritzen.

Der Regen hörte ebenso rasch auf, wie er eingesetzt hatte. Kumulustürme über der Stadt. Wir gingen weiter, um Pfützen, um Wasserlachen herum, an der Moika entlang. Ein Angler zog einen Fisch aus dem torfbraunen Wasser, steckte ihn in eine Plastiktüte, stopfte sie in eine Tasche. Aus dem obersten Fenster eines mehrstöckigen Hauses wurden Bretter geworfen; ein Arbeiter unten warnte Fußgänger. Wurde ein Brett zu kurz geworfen, dröhnte gegen ein schwarzgestrichenes Eisentor; eins der Bretter wurde von einem der speerspitzenähnlichen Aufsätze des Tores aufgespießt; trafen Bretter mit der Stirnkante direkt auf die Straße, zerbrachen sie in zwei, drei Stücke. Der Arbeiter oben schloss das Fenster, Vorstellung beendet.

Am Grigorjew-Kanal wurde ein etwas zurückgelegenes Haus abgerissen, zumindest hatte man damit begonnen. Der Bauzaun aus alten Türen in verschiedener Breite, unterschiedlicher Höhe, mal weiß, mal grün, mal braunrot oder rotbraun, Lack oder Schleiflack mit Rissen, Sprüngen. Wir blieben länger vor dieser Abschirmung stehen – es waren bestimmt dreißig Türen. Fast ein Bühnenbild.

Zur Newa. Dort ankerten Kriegsschiffe, über die Toppen beflaggt: vom Bug zur höchsten Spitze dreieckige Wimpel, zum Heck hinunter viereckige. Am Heck war jeweils Mannschaft aufgereiht, drei Reihen, weiße Matrosenblusen, weiße Schirmkappen. Offiziere neben ihnen, jeweils in Grüppchen, mit chamoisfarbenen Jacken und grauschwarzen Hosen. Auf erhöhter Plattform jeweils eine Marinekapelle. Und die Kapelle des ersten Kriegsschiffs, flussabwärts, begann zu spielen, die lässig aufgereihten Matrosen wurden mit einem Ruck streng ausgerichtet, die Kapelle auf dem zweiten Kriegsschiff begann zu spielen, zwischen Schiffen und Uferkai fuhr eine Barkasse, auf ihr standen Offiziere; der an der Spitze grüßte jeweils. Schon begann die Kapelle auf dem übernächsten Schiff zu spielen, die auf dem ersten spielten den Marsch noch zu Ende.

Rasch war die Parade beendet. Auf einem der Schiffe war man mit der Präsentation offenbar noch nicht zufrieden, die Matrosen mussten noch Grußrufe einüben, heisere Rufe, fast bellend ausgestoßen, das wirkte atavistisch auf dem Heck des Schiffs, dessen Bug vollgepackt war mit Lenkwaffen.

DIE BEDROHUNG BLIEB, unweigerlich auch im Bewusstsein, im Lebensgefühl. Wenn ich vom Haus in der Euskirchener Straße Richtung Nideggen fuhr, kam ich, nach anderthalb Kilometern, am Stadtrand an der Kaserne vorbei: Vor dem Zweiten Weltkrieg die Panzerkaserne, dann Quartier Edith Cavelle, nach Abzug der belgischen Truppen wiederum Panzerkaserne. Zweieinhalb Kilometer weiter: Eine belgische Luftwaffendienststelle. Nach weiteren sechs Kilometern durchquere ich die langgezogene, schmale Drover Heide – die Straße von drei Panzertrassen gekreuzt. Knapp vier Kilometer weiter sehe ich den rotweißen Gitterturm mit den beiden Parabolantennen: die Stellung der (zwölf Meter großen) Raketen; noch einmal drei Kilometer, und ich sehe auf der Höhe Nideggen-Berg das Radarleitsystem der »launche site«. Auf Serpentinen fahre ich hinab ins Rurtal, nach Abenden, zum Haus am Hang; gelegentlich Hubschrauber mit belgischer Kokarde, sie pladdern, bullern in Seitentälern umher. Manchmal werden von Kampfjets Sturzflüge auf die Staumauer des Rursees geübt, hinter dem Gegenhang; es kam auch schon mal vor, dass ein viermotoriger Transporter Runden flog, und Fallschirmjäger sprangen ab über den Feldflächen des Höhenrückens.

Der Luftraum ist allerdings leer, wenn es regnet oder diesig ist, stark bewölkt; es gibt sogar wolkenlose Tage, an denen kaum oder gar nicht geflogen wird. Dafür hören wir bei Südwind das Panzergrummeln, die Schnellfeuerkanonen, die schwere Artillerie von Camp Vogelsang, der früheren NS-Ordensburg, dann belgische Enklave, NATO-Manövergelände. Bei einer Nachtübung wird der ferne Hügelkamm betont vom grellweißen Licht der Mündungsfeuer, von orangefarben herabschwebenden Leuchtkörpern.

Und wieder: Tiefflieger, Tiefstflieger fegen so schnell, so tief heran über die Kuppen, dass ich sie nicht herankommen höre: In einer Lärmexplosion sind sie schattenhaft über mir, ich kann nicht einmal die Hände zu den Ohren hochreißen. Diese Lärmexplosionen machen das Trommelfell für einige Zeit wattig, pelzig. Hoheitszeichen sind nicht zu erkennen beim tiefen Überflug, ich sehe nur das schwarze, zuweilen sogar feuerspeiende Triebwerksrohr oder Triebwerksdoppelrohr eines Starfighters, einer Mirage, einer Phantom.

Ein Spaziergang auf dem nahen Höhenweg, genannt Eisenweg. Gisela und ich als einzige Personen auf dem Weg, rechts und links Felder. Zwei Mirage-Düsenjäger tosen über den Höhenrücken hinweg, ziehen hoch, fliegen eine Wende, drücken wieder herunter, tosen über uns hinweg, ziehen hoch hinter Nideggen, wir können das genau beobachten, fliegen eine Kurve, drücken wieder herab, tosen im Tiefflug über uns hinweg, ziehen hoch, fliegen eine Wende schätzungsweise über Mechernich, drücken wieder herunter, fliegen noch tiefer über uns hinweg, Gisela schreit dagegen an. Ihr sitzt es noch in den Knochen: sah sich, »in der Evakuierung«, von Jabos angeflogen zwischen Kühen, die sie hüten musste. Und wir nun auf dem langgestreckten Höhenweg, Eisenweg, kein Bauminselchen, in dem wir Sichtschutz finden können, wir werden wieder und wieder angeflogen, einer hinter dem anderen, deutlich die belgischen Kennzeichen auf dem Leitwerk, sogar Zahlen sind erkennbar, wir stellen uns auf die Scheinattacken, Übungsattacken ein, sie wiederholen sich oft genug, mehr als ein dutzendmal, es kommt uns schließlich vor wie zwanzigmal. Und Wut siedet im Bauch, der Lärm flirrt nach im Hirn.

Zurück in Düren entwerfe, tippe ich einen (wie man früher sagte: geharnischten) Brief, schicke ihn an den Presseoffizier des Fliegerhorsts Nörvenich, mit der Bitte um Weiterleitung an die zuständige Behörde, erhalte eine Antwort vom Luftwaffenamt (A 311 Flugbetrieb) in Köln, werde in einem Brief mit Composersatz dahingehend belehrt: Die Entwicklung moderner Flugabwehrsysteme habe zur Folge, dass nur noch der Flug in Bodennähe die Chance biete, sich der gegnerischen Radarerfassung zu entziehen; wegen dieser Einsatzart und ihren Schwierigkeiten bei der Navigation sowie beim Erkennen und Bekämpfen von Zielen sei ständige Übung unerlässlich; jeder Flug eines strahlgetriebenen Kampfflugzeugs unterhalb einer Höhe von 1500 Fuß (450 m) werde als Tiefflug bezeichnet; die Mindestflughöhe betrage 500 Fuß (150 m) über Grund; diese Flüge könnten ohne Bindung an besonders festgelegte Strecken oder Räume über nahezu dem gesamten Gebiet der Bundesrepublik Deutschland durchgeführt werden; dies ermögliche eine annähernd gleichmäßige Verteilung der Flüge und somit auch der unangenehmen, aber leider unvermeidbaren Begleiterscheinungen; in Zusammenarbeit mit den Länderregierungen seien besondere Gebiete – sogenannte Tieffluggebiete und Verbindungsstrecken – festgelegt, in denen die Mindestflughöhe 250 Fuß über Grund betrage; Abenden liege in einem entsprechend § 46 des Zusatzabkom-

mens zum NATO-Truppenstatut für die NATO-Luftstreit-
kräfte bereitzustellenden Tiefflugübungsraum, in dem bis zu
250 Fuß (75 m) über Grund geflogen werden dürfe; diese Gebiete hätten keine festgelegten Strecken und sollten so großflächig wie möglich und mit wechselnden Kursen beflogen
werden, um eine unnötige Konzentration zu vermeiden.

Des weiteren werde ich im Brief darüber unterrichtet, dass
im Verteidigungsfall in der Bundesrepublik Deutschland
Kampfhandlungen zu erwarten seien; die Luftfahrzeugführer
der NATO-Streitkräfte müssten gerade dieses Gebiet gut kennen und mit den Eigentümlichkeiten des Geländes vertraut
sein; Übungsflüge in geringer Höhe über häufig wechselnden
Geländeformen seien für eine sorgfältige Ausbildung und
für die Erhaltung der Einsatzbereitschaft unerlässlich. Und:
»Im Luftraum der Bundesrepublik üben Luftfahrzeuge von
acht Luftstreitkräften. Tiefflüge werden nach Sichtflugregeln
durchgeführt, nicht zentral erfasst und von den Luftverkehrskontrollstellen nicht überwacht.« Aha. Und schließlich: »Eigene Beobachtungen haben gezeigt, dass bei Flügen unterhalb
der Mindestflughöhe zumindest die Nationalitätskennzeichen
zu erkennen sind.« Genau dies war der Fall, genau dies habe
ich gemeldet: belgische Kennzeichen. Außerdem Zahlen.

Mit den allgemeinen Auskünften und Aussagen des Formschreibens gebe ich mich nicht zufrieden, ich rufe die im Briefkopf vermerkte Nummer an. Wiederhole, dass die Mindestflughöhe ständig unterschritten werde – zuweilen kurven
Kampfflugzeuge in das Tal ein, fliegen in gleicher Höhe mit
meinem Haus im Hang, ich sehe die Kontur des Piloten unter
der Cockpithaube. Was heiße denn da 75 Meter über Grund?
Über dem jeweils höchsten oder tiefsten Punkt eines Geländes?

Ich wiederhole die Beschwerde. Und erhalte eine Antwort,
die ich frei variiere, karikierend: Wenn ich das Nationalitätskennzeichen mit »unbewaffnetem« (!) Auge erkannt hätte,
auch Zahlen am Leitwerk wiedergeben könne, so sei davon
auszugehen, dass die Mindestflughöhe in der Tat unterschritten worden sei. Ich möchte aber bitte noch die Produktions-

nummern der Mirages, die Namen und Personaldaten der beiden Piloten angeben.

Es ändert sich nichts. Mirages, Starfighter, Phantoms tosen über die Kuppen hinweg, kurven – nun doch langsamer – unterhalb der Hügelkuppen durch die Täler. Ich sehe einen Phantomjäger von Untermaubach her durch das Tal herankurven, stehe auf einer leergeräumten Baufläche, lasse die Hose runter, zeige dem Piloten den Hintern. Das Zeichen wird im Sichtflug wahrgenommen, die Maschine geht über mir in Steilflug über und lässt eine wahre Lärmlawine auf mich herabdonnern. Wir haben uns also verstanden.

Jahre später erweisen sich die Tief- und Tiefstflüge als militärisch keineswegs notwendig, sie werden eingestellt, ja verboten.

In diesem Kontext wieder eine Danksagung, diesmal an Stanislaw Petrow, Oberstleutnant der Sowjetarmee, leitender Offizier in der Kommandozentrale der sowjetischen Satellitenüberwachung. Wie Archipow schützte er (auch!) mein Leben.

Der Vorgang ist im Internet in Varianten dargestellt. Ich gebe verkürzend wieder. Petrow machte am 26. September 1983 Dienst in einem Bunker etwa fünfzig Kilometer südlich von Moskau: Überwachung des Luftraums. Und Alarm! Ein sowjetischer Spähersatellit über den Vereinigten Staaten meldete als Lichtpunkt den Feuerschein einer startenden Rakete. Schon das hätte zu vorprogrammierten Reaktionen führen können, doch Petrow hielt es für unwahrscheinlich, dass der von der sowjetischen Führung fast paranoid befürchtete Präventivschlag nur mit einer einzelnen Rakete gestartet würde, und so stufte er den Vorfall ein als Fehlalarm. Kurze Zeit darauf erneut Alarm im Bunker: Der Satellit meldete das Aufleuchten von insgesamt fünf startenden Raketen. Das hätte Petrow in der Militärhierarchie sofort durchgeben müssen, doch erstens hatte man schon mehrfach registriert, dass die Software des Spionagesatelliten nicht zuverlässig arbeitete, zweitens hätte nach seiner Einschätzung auch der Start von fünf Raketen den Erstschlag nicht einleiten können (der in massivster Form sofort mit nuklearen Gegenschlägen beantwortet worden wäre). Also meldete er den Vorfall nicht gleich weiter, berichtete nur von erneutem Fehlalarm; computergesteuerte Reaktionen wurden nicht eingeleitet, die »hierarchische Kettenreaktion« fand nicht statt. Letztlich hätte von der militärischen und politischen Führung auf den roten Knopf gedrückt werden müssen. Indem Petrow auf der Meldung von Fehlalarmen bestand, verhinderte er Fehlreaktionen. Es stellte sich schließlich heraus, dass der Satellit Lichtbrechungen in Wolken falsch interpretiert hatte.

Indem er seinen Kopf und nicht den Computer beurteilen und entscheiden ließ, verstieß Petrow gegen bindende militärische Vorschriften, geriet damit, erst einmal, ins Abseits.

In der mittlerweile hinreichend recycelten Version dieser Geschichte sehe ich allerdings nicht erwähnt, was Petrow, als Rentner, in einem der aufgezeichneten Interviews gesagt hat: Dass er in jener Nacht eigentlich nicht Dienst hatte, für einen Kollegen einspringen musste, in Stellvertretung. Hier wirkte also Zufall mit. Ein wahrscheinlich weithin entscheidender Zufall. Ein anderer Offizier an seiner Stelle hätte wohl eher die rigiden Dienstvorschriften der Sowjetarmee befolgt, hätte auf vorgeschriebenem Dienstweg die Alarmmeldung weitergeleitet, hätte die erste Phase des Entscheidungs- und Aktionsprogramms ausgelöst, das durch Computerprogramme weithin vorgesteuert war. Es muss ja alles schnell, ganz schnell gehen, da misstrauen verantwortliche Personen offenbar der menschlichen Fähigkeit, in kritischer Situation rasch und richtig entscheiden zu können, also muss Software anlaufen. Die wiederum kann Fehler aufweisen, die sich als fatal, als weithin letal erweisen können. Zufällig aber war der rechte Mann zur rechten Zeit am rechten Ort: Stanislaw Petrow.

Mit Petrows Stellvertretung sehe ich wieder einmal den Stellenwert des Zufalls im privaten Bereich wie in der Historie bestätigt. Dass ich in den kombinatorischen Sequenzen dieses Buchs den Faktor Zufall einbringe, umsetze, dies ist nicht bloß ein spezieller Einfall, das wird vielmehr (so sehe ich erstaunt und erleichtert) auch in neuer Geschichtsschreibung reflektiert. Dazu der witzig prägnante Titel einer Arbeit von Reinhart Koselleck: »Der Zufall als Motivationsrest in der Geschichtsschreibung«.

Akzentuierend wird in Gregor Webers Forschungsbericht hingewiesen auf »die neu entfachte und wichtige Diskussion um die Relation von Determinismus und Zufall«, dies auch bei »militärischen Entscheidungen, übergreifenden Entwicklungen«. Und, erneut ansetzend: »Hierher gehört auch der Zufall, ohne den Veränderungen in der Geschichte nicht denkbar sind.«

Kein abgehobener Diskurs also, vielmehr Erörterung von faktisch und potentiell einwirkenden Faktoren, die auch mein Leben, die unser Leben beeinflussen können.

RAIMUNDUS SPIELT MIR MIT

MEIN LEBENSGEFÜHL kann klar Gedachtes so klar (noch?) nicht nachvollziehen, mitvollziehen – produziert es nicht unablässig Kontinuitäten? Kontinuität als Grundschwingung, und an der Oberfläche reflektive Brechungen? Zäsuren setzende Reflexion einerseits, verbindendes Grundgefühl andererseits? Diskontinuität: leicht souffliert, leicht adaptiert, jedoch kaum empfunden, kaum gefühlt – mein Ich stellt sich dumm. Offenbar wird nur bei jähen, heftigen, schmerzhaften Einschnitten Diskontinuität zur Erfahrung auch des Gefühls. Doch rasch versucht es, Kontinuität wieder erstehen zu lassen, stabilisierend.

Völlige Relativierung des Ich scheint kaum zu gelingen, Ich-Gefühl ist tief verwurzelt, generell in der Evolution, speziell in meiner Entwicklung. Gegensteuernd souffliere ich mir: Indem ich lullische Kombinatorik reaktiviere, spiele ich dem Ich-Gefühl mit. Also: auf zur zweiten Sequenz, zur vierten Spielpartie! Die Texte liegen bereit, die Chiffren sind auf den fünf Scheiben aufgetragen im bisherigen System, der Würfel fällt.

Cr / via / 6
1956 die erste von mehreren Griechenlandreisen, auf der (längst schon vor Kreta untergegangenen) *Mediterrania,* einem Schiff aus den ersten Jahren des 20. Jahrhunderts, das, aus zwei Schornsteinen mächtig rußend, von Genua bis Athen rund 48 Stunden brauchte. Aber die wurden mir nicht zu lang, ich lernte auf dem Achterdeck einen griechischen Schriftsteller kennen, der im Landwirtschaftsministerium arbeitete. Er lud mich in sein Elternhaus ein, im Piräus, dort wohnte ich vier

Wochen lang beim kleinen, untersetzten Schuster und dessen noch kleinerer, beinah kugelrunder Frau, die mich wie einen zweiten Sohn versorgte. Ein Bett für mich auf der Dachterrasse, und von einer höher gelegenen Dachterrasse herab behielt mich eine Frau im Auge, schwarzhaarig, schwarz gekleidet, und bei jeder ihrer Bewegungen rasselte metallener Schmuck. Jeden Morgen, wenn ich aufwachte: sie hockte dort oben wie ein großer, schwarzer Vogel, behielt mich im Blick. Doch an einem späten Abend war der große, schwarze Vogel hinabgeflogen in die Notará-Straße, war nicht zu sehen, schwarz im Dunkeln, war aber zu hören mit dem metallischen Rasseln, wurde von Alekos scharf zurechtgewiesen, flog wieder hoch zu ihrer Dachterrasse, wartete am nächsten Morgen darauf, droben an der Dachkante sitzend, dass ich endlich wach wurde und aufstand an einem wieder einmal heißen, sehr heißen Tag.

All die Säulen samt Kapitellen würden in meiner Wahrnehmung verschwingen im hitzevibrierenden Licht, also lieber ans Meer, südwärts, Richtung Kap Sunion, mit Jorjos, dem Rundfunksprecher, der viel Zeit hat. Schwimmen, sitzen, liegen. Wie Alekos möchte er unbedingt mal hören: Dieter rezitiert den Anfang der Odyssee, altgriechisch, damit in der für Griechen äußerst kuriosen Sprachform, es genügen schon die ersten Zeilen in meinem Repertoire, und die erwartete Wirkung stellt sich wieder ein. Und höre mir an, wie das im Neugriechischen klingt. Schwimmen, sitzen, liegen. Das Gespräch wird privat. Schwimmen, sitzen, liegen.

Cr/pic/2
Lange Zeit war ich, mit Blick auf bildende Kunst der Klassischen Moderne, fixiert auf unsere Expressionisten, vor allem, versteht sich, auf Ernst Ludwig Kirchner. Im Leopold-Hoesch-Museum zu Düren wurden wir Oberstufenschüler vom überaus engagierten Kunstlehrer auf den Kirchner der ständigen Sammlung speziell aufmerksam gemacht – das hat sich eingeprägt, nachhaltig, hat die Augen offengehalten für diesen Maler. Olga aber hat nach und nach meinen En-

thusiasmus für Expressionisten ein wenig gedämpft und Begeisterung für Impressionisten angefacht, sukzessiv, es traten die Riesen Manet und Monet in den Vordergrund, mit einem Gefolge weiterer Maler ihrer Epoche.

Ich war also vorbereitet, ja eingestimmt auf die erste große Werkschau des Gustave Caillebotte in Bremen, 2008. Was ich bisher nur – mal hier, mal dort – als Abbildung gesehen hatte, sah ich endlich im Original, und dies akkumuliert. Freilich, den Caillebotte im Kölner Museum Ludwig hatte ich schon mehrfach bewundert: Die Gesamtperspektive diagonal bestimmt von flatternder weißer Wäsche an langen Leinen zwischen Bäumen, rechts von einem Weg, links von der Seine begleitet.

Fünf Fotoabzüge, großformatig, von Gemälden der Bremer Werkschau habe ich im Eifelhaus auf dem Parkett gereiht: das weite Spektrum an Sujets erkennbar auf einen Blick.

Die Reihe eröffnet von einem der beiden berühmten Gemälde von Parkettabziehern, 1876. Von offizieller Kunstwarte als skandalös empfunden: Arbeiter, zum Teil sogar mit bloßem Oberkörper, auf einer Parkettfläche. Akademische Malweise, auf dem noch nicht abgezogenen Parkett spiegelt sich, in charakteristischen Verzerrungen, ein schmiedeeisernes Gitter vor der Fenstertür.

Sodann, erstaunlicherweise aus dem selben Jahr, die schon eher impressionistisch gemalte Ponte de l'Europe, ein Ingenieurs-Wunderwerk hoch über den Gleisbündeln der Gare Saint-Lazare. Die Stahlträger-Gitterstruktur beherrscht in machtvoller Perspektive das Bild, Häuser in der Ferne erscheinen fast als Beiwerk und eher beiläufig das Paar auf der Brücke. Es gibt da noch eine Bildversion, in der diagonal überkreuzte Stahlträger die gesamte Bildfläche beherrschen. Ebenso ein Novum, als Sujet, wie die Darstellung von Arbeitern: hier die Dominanz einer modernen Bauform.

Sodann, ein Jahr später: Paddler auf dem grünblauen Wasser der Yerres, eines Nebenflusses der Seine. Blick von schräg oben auf die Paddler in den sehr schmalen, sehr kippligen, als gefährlich geltenden Booten, die in Bildlegenden und Beschreibungen meist als Kanus bezeichnet werden, obwohl man Kanus, kniend, mit Stechpaddeln in Bewegung versetzt. Gelbe, konisch geformte Blätter der Paddel als suggestiver Bildtakt.

Und, wiederum in starkem Kontrast: Blick vom hoch gelegenen Stockwerk der Stadtwohnung des Künstlers auf das verschneite Geländer des schmiedeeisernen Balkongitters, auf den verschneiten Boulevard Haussmann, alles in violettgraufahlem Winterlicht.

Im selben Jahr 1880 gemalt: Regatta bei Villers. Die Bildfläche ist beherrscht vom Farbenspiel der Wasserfläche, vom Wolkenspiel des Himmels, nur ein Segelboot im Mittelgrund, etliche, sehr kleine Segel im Bildhintergrund, es dominieren die Farben.

Eins von etwa dreißig Gemälden mit Segelbooten auf Seine oder Atlantik! Caillebotte, der lichtvibrierende, lichtverflirrte Konturen gemalt hatte, er entwickelte auch den klaren, präzisen Strich des Konstruktionszeichners. Gemälde wurden abgestellt, mit der »Schönseite« zur Wand, Rennyachten wurden wichtiger, von ihm entworfen, von ihm in Regatten gesteuert. In der Bremer Kunsthalle ließ sich ein Nachbau einer seiner schnittigen Yachten mit großem Focksegel bestaunen.

Cr / mus / 6

Jannis Xenakis. Ein Plattencover zeigte das Gesicht des Mannes: tiefe Narben, Deformationen am linken Wangenknochen, ein Glasauge.

Die Rückseite des Covers informierte darüber, dass Xenakis 1945 in Griechenland während des Bürgerkrieges eine schwere Kopfverletzung erlitt, dass er am Polytechnikum in Paris studierte, 1947 sein Ingenieurs-Diplom machte, danach Assistent von Le Corbusier wurde, dass er mitarbeitete an den Bauplänen zum Kloster La Tourette, zu den ›Wohnmaschinen‹ in Marseille und Nantes, zum Parlamentsgebäude von Tschandigar im Pandschab, und dass der vieldiskutierte Philips-Pavillon der Brüsseler Weltausstellung 1958 nach seinen Plänen entstanden sei. Eine Reproduktion einer Skizze von Xenakis zeigt fünftausend Meter hohe »kosmische Städte in

Schalenbauweise«. Weitere Informationen: Die Wahrscheinlichkeitsrechnung habe Xenakis geholfen, aus der Sackgasse der seriellen Musik herauszukommen; zur Ausarbeitung seiner musikalischen Konstruktionspläne benutze er vielfach einen Computer.

In meiner Plattensammlung ein Packen von LPs mit Tonaufzeichnungen seiner Werke im breiten Spektrum zwischen Elektronik und großer Orchester-, Chor- und Solistenbesetzung. Auch hatte ich begleitende Texte des Komponisten zu seinen Werken gesammelt, Texte, die mir teilweise so hochstaplerisch in ihrem Anspruch erschienen wie die fünf Kilometer hohen Gebäude. Die Musikredaktion des WDR zeigte Interesse an einem kritischen Feature.

Ich traf Xenakis März 1977 in Köln. Im Elektronischen Studio des WDR arbeitete er an der Realisation einer neuen Komposition. Bei einem ersten Telefongespräch hatte ich angefragt, ob ich ihm – vor dem Interview – bei der Arbeit ein wenig zuschauen und zuhören dürfte. Kein Einwand.

Ich hatte Pech und zugleich Glück: eine Panne am Achtspurgerät, der Toningenieur und sein Mitarbeiter, ein junger amerikanischer Komponist, versuchten an jenem Samstagvormittag an ein Ersatzgerät zu kommen – das war bei all den hausinternen Regularien grundsätzlich schwierig, war im fast menschenleeren Gebäude mit all den verschlossenen Türen fast unmöglich. Dennoch, sie versuchten es.

In dieser Flaute ergab sich ein ausführliches Gespräch mit Xenakis, nicht nur über das Interview, das ich am Nachmittag mit ihm machen wollte: Erfahrungen von Komponisten und Literaten heute, Strukturfragen von Musikstücken und Prosatexten; so waren wir bald eingestimmt.

Xenakis, der als schwieriger Interviewpartner galt, er war freundlich, geduldig, in seiner Aufmerksamkeit und seinen Äußerungen intensiv. Wir führten das Gespräch auf Englisch. Ich gebe es hier nicht wieder, auch nicht in Auszügen, greife nur ein Stichwort auf: Wahrscheinlichkeitstheorie. Auch sie steuerte kompositorische Abläufe in seinem Werk. Kann ein Zuhörer das realisieren?

»Heute wird dieser Stoff sogar auf den Gymnasien unterrichtet. Man sollte eigentlich darauf vorbereitet sein, das zu verstehen. Zumindest zu verstehen, welches Material hier verwendet wurde. Freilich ist es sehr schwierig, die Verbindung zu erkennen zur Musik.«

Ich stellte die Frage nach dem hörbaren Unterschied zwischen zwei Pizzicati-Orchestercrescendi, von denen eins in graphischen Zeichen notiert ist, das andere nach der Wahrscheinlichkeitsrechnung strukturiert wurde. Wie weit lässt sich der Unterschied wahrnehmen?

»Auch in dem Fall, in dem man dies – auf der Grundlage graphischer Zeichen – durch Improvisation realisiert, wird, so denke ich, der Zuhörer unbewusst den Unterschied wahrnehmen. [...] Ich bin nicht daran interessiert, Natur nachzuahmen. Darum geht es mir nicht. Die Wahrscheinlichkeitstheorie ist ein Werkzeug und zugleich eine Denkmethode. Es ist ein fundamentales philosophisches Problem.«

Und Xenakis wies hin auf den Determinismus und seine Gegenposition bei Epikur. Nach dessen Theorie bestehe die Natur aus nicht-determinierten Vorgängen, aus Zufällen. Dies sei vor 25 Jahrhunderten geschehen; nach Heisenberg sei dies wieder aktualisiert worden, in der Quantenphysik. »Diese Frage ist heute immer noch offen. Es ist eine Frage der Existenz. Es ist letztlich ein ontologisches Problem.«

Cr / soc / 3

Und hier ist York Höller, kalendarisch und chronologisch (noch vor Bernt Hahn) der jüngste meiner Freunde – wir kennen uns höchstens ein Jahrzehnt. Am Anfang eine Einladung in sein Haus am Stadtrand von Köln. York hatte mich in einer meiner (gelegentlichen) Musiksendungen des WDR gehört und stellte sich vor, ich könnte geeignet sein als Librettist seines Opernprojekts nach Bulgakow: »Der Meister und Margarita«. Doch ich steckte zu tief in der Arbeit an einem neuen Buch.

Weil ich York nicht mit einem Werk oder Werkausschnitt vorstellen kann, wenigstens ein Auszug aus einem seiner

Texte – meist verfasst zur Begleitung eigener Kompositionen – hier aus seinem Vortrag anlässlich der Ursendung von *Horizont.*

Doch bevor ich hier zitiere, eine Anmerkung wiederum ›in eigener Sache‹: Mit der Wiedergabe des folgenden Textausschnitts kann ich mich, ganz nebenbei, auch einbringen als Leser. Eine ganz wesentliche Facette! Ausführungen zu diesem Stichwort könnten leicht ausufern, also nur die Erwähnung einer ganz wichtigen, wesentlichen ›Begleiterscheinung‹. Die wird, abgesehen von frühen Jahren, nicht weiter thematisiert in diesem Buch, wird hier aber zumindest mal avisiert. Der Passus, den ich ausgewählt habe, passt bestens ins Konzept der Raimundus-Interventionen.

Was hier nachgedruckt wird, war aber auch Gesprächsthema. Also doppelte Einbindung in den autobiographischen Text.

»›Alles, was im Weltall existiert‹, sagte Demokrit, ›ist die Frucht von *Zufall und Notwendigkeit*‹. Und der französische Molekularbiologe und Nobelpreisträger Jacques Monod kommt zu dem radikalen Schluss: ›Der reine Zufall, nichts als der Zufall, die absolute blinde Freiheit als Grundlage des wunderbaren Gebäudes der Evolution – diese zentrale Erkenntnis der modernen Biologie ist heute nicht mehr nur eine unter anderen möglichen oder wenigstens denkbaren Hypothesen; sie ist die einzig vorstellbare, da sie allein sich mit den Beobachtungs- und Erfahrungstatsachen deckt.‹

Doch der Zufall, ist er einmal aufgetreten, wird, wieder mit Monod, ›konserviert‹, er erhält einen, und zwar nur in sich selbst stimmigen, Scheinsinn. So können wir meines Erachtens weder in der Interpretation tradierter noch in der gedanklichen Konzeption heutiger Kunstwerke weiterhin von der Vorstellung des ›so und nicht anders‹ ausgehen. Man sollte nicht mehr behaupten, etwa das zweite Thema des ersten Satzes irgendeiner klassischen Sinfonie sei nur in der Form denkbar, wie wir es kennen. In Wirklichkeit hätte dieser Satz an einem solchen entscheidenden Knotenpunkt einen durchaus anderen Weg einschlagen können, der dann natürlich dem ganzen Stück eine andere Richtung gegeben hätte. Die Tatsache, dass uns das zweite Thema so, wie wir es kennen, als notwendiges Ereignis erscheint, weist auf etwas ganz anderes hin: Nämlich, dass wir offensichtlich – aus welchen Gründen auch immer – bestrebt sind, möglichst viele Zusammenhänge nachträglich herzustellen. Dabei halten wir nicht selten auch mehr oder weniger zufällige Verbindungen für notwendig.«

Hier könnte ich abbrechen und die Sätze einwirken lassen in das Textambiente, aber noch ein paar Sätze zu York: Eine körperlich robuste Erscheinung, in kleiner Runde an unserem Esstisch sprühend vor Temperament und Präsenz; ihn haben Glaukom und ärztliche Fehler erblinden lassen. Für den Komponisten auch der realisierten, in Paris uraufgeführten Oper (er hat das Libretto denn selbst geschrieben) eine Katastrophe, die ihn, erst einmal, in ein Tal der Finsternis führte. Private Katastrophen begleiteten ihn dabei: Hiobsbotschaften, mir erst einmal telefonisch vermittelt. Doch er gab und gibt so rasch nicht auf und fand Hilfe: eine amerikanische Software, die mündliche Anweisungen in Noten und sofort mitproduzierte Klänge umsetzt. Dies alles organisiert im Sound der Programmierer. Äußerst mühsames, zeitraubendes Verfahren, Note um Note. Erst schien mit diesem Verfahren allein Klaviermusik realisierbar, die auch entstand, dann weitete sich die Besetzung aus auf Cello und Klavier, danach auf ein Trio für Klarinette, Bratsche und Klavier, sodann auf ein Cellokonzert und schließlich, als Auftragsarbeit, auf eine Komposition für großes Orchester, die einen weiteren Kompositionsauftrag für großes Orchester nach sich zog: »Voyages«.

Cr/op/3
Luftkrieg als Abenteuer. Auslöser der »Kampfschrift«: mein wiederholter Ärger darüber, wie Luftkrieg nachträglich (und potentiell weiterwirkend) romantisiert, idealisiert wird. Als Protagonist der Jagdflieger, als Höhepunkt jeweils der Luftkampf des Piloten eines Jagdflugzeugs mit dem Piloten eines Jagdflugzeugs mit anderem Nationalitätskennzeichen, ein

womöglich als ›ritterlich‹ bezeichneter Zweikampf, bei dem, im schönsten Fall, die feindliche Maschine zwar abgeschossen wird, horridoh!, der Pilot jedoch abspringen kann, der Fallschirm sich öffnet, der Feind wundersamerweise in der Nähe des Fliegerhorsts des Luftkampfsiegers landet und die Gegner in der Luft sich auf der Erde mit gegenseitiger Hochachtung begegnen, na fabelhaft. Hingegen der Landser, der letztlich eher Erdarbeiter ist, sich mit seinem kleinen Feldspaten immer wieder grabgroße Löcher schaufeln muss, die in Vormarsch oder Rückzug bald wieder aufgegeben werden, und erneut muss »geschanzt« werden. Wenn er nicht buddelt, muss er marschieren, bis die Füße wund werden. So was lässt sich schwer hochstilisieren. Der Jagdflieger hingegen hebt ab, im genauen Wortsinn. Noch Jahrzehnte später, die Maschinen längst zerschellt oder verschrottet, wird Luftkrieg so dargestellt, als hätte der nichts zu tun mit der jeweiligen militärischen und vor allem: politischen Gesamtlage. Was von der Literaturkritik nicht weiter beachtet wird, das schaute ich mir in einigen Büchern und Heften genauer an und kam aus dem Staunen kaum heraus. Und ich versuchte, gleichsam kaleidoskopisch, meine Lese-Erfahrungen zu vermitteln. Dies aber nicht in der abgehobenen Position eines späteren Besserwissers, ich bezog mich ein.

(Ende der vierten Würfelsequenz)

Dissoziation des Ich (etwa unter Einwirkung eines Adjektivs wie »multiphren«) und zugleich: beinah ungebrochenes Ich-Gefühl. So verschieden die Einfärbungen des Ich-Gefühls auch sein mögen, so viele Quantensprünge sich auch vollziehen in diesem Ich, es sieht sich charakterisiert auch durch lang anhaltende Kontinuitäten.

Ja, so oft ich mir auch souffliere, ja vorbuchstabiere, was mir vermittelt wird, so sehr ich mir selbst im Namen des Raimundus Lullus mitspiele: Es bleibt hartnäckig beim Ich-*Gefühl*, Lebens*gefühl* der Kontinuität, trotz Ich-*Bewusstsein* der Diskontinuität. Verstand setzt auf Zäsuren, Gefühl auf Fortsetzung, auf Wiederholung, Kontinuität.

Also auf zur nächsten, zur vorletzten Würfelpartie! Olga hält den Würfel warm. Mentale Lockerungsübung!

Cr / via / 4

Die Tür stand offen, ich betrat den Raum. Ein Mönch, in Orangerot, saß an einem Tisch, schaute in ein schmales, hochformatiges Buch, bewegte die Lippen. Er saß vorgebeugt, hatte lässig einen Fuß auf einer Quersprosse abgesetzt, blätterte zurück. Plattiert der Boden, rot angestrichen zwei Holzsäulen. Eine Altarwand mit drei Schriftbildern und einer Uhr, unter dem Zifferblatt die Darstellung eines alten Mannes, wie eine Mischung von Weisem und Waldschrat – Produkt chinesischer Souvenir-Industrie. Räucherstäbchen in kleinen Stapeln bereitgelegt, keines glomm. Neben dem Altar ein kleiner Kanonenofen, etwa kniehoch; abgestellt ein Wasserkessel mit Schnute; Presskohle gestapelt für viele Teekannen. Ein Feldbett, Laken und Decke zusammengerollt. Der alte Mönch las weiter an seinem Tisch, an den ein Büroschreibtisch herangeschoben war. Eine Tafel, an die Wand gelehnt, von der sich Verputz großflächig abgelöst hatte: Überschriften in Rot und in Grün. Ein junger Mönch kam in den Raum, schien mich nicht wahrzunehmen in meiner Reglosigkeit, zog die orangefarbene Kutte aus, trug eine wattierte Jacke, eine graue Bügelfaltenhose. Der Alte las, die Lippen weiterhin bewegt. Der junge Mönch verließ den Raum. Wieder Reglosigkeit, Stille. Ich ging, die Füße sanft aufsetzend, tiefer hinein in den Raum. Hinter der Altarwand ein kleiner runder Tisch mit einem Telefon – kleine Kurbel an der Seite. Vier Zeitungen hingen an der Wand, übereinander. Eine davon holte sich ein dritter Mönch, setzte sich auf einen Stuhl, blätterte, gähnte. Ich stand wieder an der Wand, wurde nicht weiter wahrgenommen oder höflich ignoriert. Der Mönch mit der Zeitung gähnte wieder. Der Alte las weiter, blätterte zurück nach vorn. Das Telefon blieb stumm. Die Uhr mit den kitschigen Figuren lief lautlos. Zeit schien zu versickern in den Fugen der Bodenplatten. Die lautlos bewegten Lippen des alten Mönchs, sein linker Fuß noch immer lässig auf der Quersprosse. Kein Feuer im Kanonenöfchen. Ich kauerte mich hin – würde ich so noch weniger auffallen? Würde vom dämmrigen Raum wie verschluckt? Das Feldbett, der Ofen, der Kessel, die Presskohle, das Telefon, die Schriftbilder, die Räucherstäbchen, die Uhr, der Tisch, die Tafel. Der Mönch mit der Zeitung, in der er nicht mehr las. Der alte Mönch vor dem Buch im Hochformat, in dem er weiterhin las, noch immer lautlos bewegt die Lippen. Die waren nun das Einzige, was sich im Raum noch bewegte.

Cr / pic / 1

Zu meinen ›Hausheiligen‹ unter den Malern gehört seit langem schon Frans Hals. Im Kunstmagazin ART veröffentlichte ich einen kleinen Beitrag über mein »Lieblingsporträt«. Es ist das »Bildnis eines Herrn« in den Staatlichen Kunstsammlungen auf Schloss Wilhelmshöhe in Kassel. Der Beitrag wurde nachgedruckt in einem ART-Buch. Mehr als ein kurzer Einblick in den kleinen Beitrag ist hier weder sinnvoll noch notwendig, es soll nur ein Textzeichen gesetzt werden. Ich lasse den Vorbericht weg über meine wiederholten Begegnungen mit dem Herrn unter dem keck und kess schief aufgesetzten, riesigen schwarzen Schlapphut, ich übernehme nur eine Sequenz, die sich in ihrer Bedeutung selbst relativiert.

»Ich habe keine Bücher über Frans Hals gelesen, habe demnach ›freihändig‹ eine Haustheorie entwickelt, die bestimmt keine Pioniertat ist: ›Akademisch‹ genau malte Frans Hals mit feinen Pinseln die Auftragsporträts hochgestellter Personen und Persönlichkeiten, die angemessen zahlten; bei Personen geringeren sozialen Standes konnte Frans Hals zu breiteren Pinseln greifen, konnte malen, wie er das wollte. Das Gemälde eines Zechers mit Glas, einer Frau mit Krug und Eule sind mir entschieden wichtiger als Tafelbilder mit Herren einer Bürgergilde, so raffiniert auch die Akzentuierungen durch Schärpen und Hände sein mögen.

Der Mann, der frei von sozialen Verpflichtungen impulsiv, spontan dieses Porträt gemalt hat, er war ein Greis von etwa 80 Jahren – zu genaueren Angaben fehlen zuverlässige Daten. Ein Mann um die 80: Hier müssen wir erst einmal rückübersetzen, aus unseren Verhältnissen. Im 17. Jahrhundert lag die Lebenserwartung, die durchschnittliche, bei etwa 40. Ein Mann um die 80 war eine solitäre Figur. Auch muss das Lebensgefühl anders gewesen sein: Mit acht Jahrzehnten sah man sich wohl als steinalte Eminenz, als biblischen Patriarchen.

Dieser Frans Hals jedoch, das zeigt jeder Pinselstrich, muss sich noch jung gefühlt haben. Und so betone ich durch Wiederholung: Dieses Bild malte ein jung gebliebener Patriarch! Ein Mann, der bis ins höchste, bis in ein damals fast schon utopisches Alter seine Ausdrucksmittel weiterentwickelte, dabei Malweisen demonstrierte, die völlig neu waren.«

Cr/mus/3
Vermittlung von Musik: das eine oder andere Mal hatte ich die Möglichkeit, als Moderator im Klassikforum des Westdeutschen Rundfunks an die drei Stunden lang Musik meiner Wahl vorzustellen, im üblicherweise gemischten Programm. Da habe ich denn meine Akzente gesetzt – die könnte ich jetzt aber nicht mehr, den Sendeplan rekonstruierend, wiederholen. Ist mir auch nicht so wichtig. Eine der Sendungen jedoch ist über viele Jahre hinweg präsent geblieben in der Erinnerung: Drei Stunden lang hatte ich ausschließlich Kompositionen von E. T. A. Hoffmann vorgestellt.

Germanisten nehmen das eher am Rande wahr: Dass Hoffmann nicht nur über Musik geschrieben hat, vielfach brillant, dass er nicht nur Musiker (wie Kapellmeister Kreisler) in den Mittelpunkt von Erzähltexten gestellt hat, er hat auch zahlreiche Kompositionen in verschiedenen Formen und Besetzungen hinterlassen. In der Sendung setzte ich das in den Mittelpunkt: der Schriftsteller als Komponist.

Zündpunkte, für mich: Das Miserere in b für Solisten, Chor, Orchester. Auch die witzige Harlekinsuite. Das fulminante Klaviertrio. Doch das Echo in der Musikwelt blieb schwach, gedämpfte Resonanz.

Das Problem bei Komponisten, die nicht zur A-Liga zählen: Deren Werke werden selten von Musikern der A-Liga aufgeführt. Das wurde mir wieder einmal bewusst bei einem Konzert mit Starbesetzung in der Kölner Philharmonie: Perlman Violine, Harell Violoncello, Ashkenazy Klavier. Aufgeführt wurden nur ›Schlachtrösser‹ unter den Klaviertrios. Dabei hätten diese Topmusiker sicherlich genauso viele Zuhörer angelockt mit einem Konzert, in dem weniger bekannte Werke angekündigt waren. Man hätte einen erstklassigen Abend gestalten können etwa mit diesem meinem Wunschprogramm: Einleitend das betörend schöne Klaviertrio des sehr jungen Franz Xaver Mozart; anschließend das großartige Klaviertrio von Clara Schumann; nach der Pause, zum Abschluss, das mitreißende Klaviertrio von Hoffmann. Aber nicht alle Wünsche werden erfüllt.

Cr / soc / 6

»Bahnhof Friedrichstraße. Transit. Transeamus. Man zelebriert die Wiederholungen. Zum wievielten Male eigentlich?

Die Kontrolle wird stoisch überstanden, das Durcheinander der Zettelnummern, die selten humorigen, meist schikanösen Bemerkungen dieser grüngrauen Frauen am Zoll, hier und da Leibesvisitation, unangenehm, weil unüberbietbar in ihrer Lächerlichkeit. Sie wussten doch eh alles.

Nicht wahr, mal wieder hier, Herr Superintendent, was haben Sie denn Neues in der Auguststraße, dem Konsistorium, zu melden, Geld dabei?«

Peter Beier, den ich kennenlernte als Pfarrer in Düren, den ich begleitete als Superintendent des Kirchenkreises Düren-Jülich, mit dem ich Reisen machte, den ich aber nur seltener sah, als er Präses der Evangelischen Kirche im Rheinland wurde. Er war wiederholt in offizieller und zugleich geheimer Mission unterwegs zwischen Kirche West und Kirche Ost. Dies auch mit einem präparierten Gürtel, in dem Geld steckte. Die Kirche war in der DDR arm dran, es wurde Geld gebraucht auch für verfallende Kirchen. Selbst der Aufbau, Ausbau des Berliner Doms wurde mit Westgeldern finanziert, die auch Peter übermittelte. Er hielt denn auch die Predigt bei der festlichen Wiedereröffnung des wilhelminischen Prunkbaus, der Peters Stilempfinden nicht entsprach, meinem auch nicht, der aber nicht wegzudenken ist aus Berlin.

Verbindende Erinnerungen, verbindende Erfahrungen. Themen unserer Gespräche waren nicht nur Berufsprobleme, nicht nur Fragen des Literaturbetriebs wie des Gemeindelebens, da war auch Austausch von hoher emotionaler Dringlichkeit, beiderseits; das rückte uns wieder näher aneinander heran nach Phasen, in denen jeder vor sich hin tobte, beruflich. Wobei ich mehr auf mich achtete, Belastungen ausgleichend. Der kettenrauchende Präses der evangelischen Kirche im Amtssitz zu Düsseldorf ließ von der Sekretärin der Kantine melden, wann der gehetzte Chef zum Essen kommt; das stand denn auch bereit. Die lückenlose Dominanz der Arbeit war auf Dauer nicht durchzuhalten, eines Nachts ein japsender Aufschrei, das Herz versagte.

»Der 61-jährige Theologe, der sich vor allem wegen seines Sozialengagements einen Namen machte, stand seit 1989 als Präses an der Spitze der mit 3,2 Millionen Protestanten zweitgrößten Landeskirche in der EKD.«

Annulliert unser zuweilen ausgespieltes Szenario, wir würden als zirka hundertjährige Nöckergreise unsere Endphase auf Rollstühlen in Venedig verbringen und uns zuletzt, simultan, in einen der Kanäle kippen.

Seine sonore Stimme freilich bleibt präsent auf einer CD, viele seiner Texte, auch seiner Gedichte, liegen im Druck vor, zudem die Streitschrift »Am Morgen der Freiheit«, aus der ich einen weiteren Absatz zitiere.

»So lange noch gar nicht her, die Tage des Mauerbaus, die zufällige Anwesenheit des rheinischen Predigerseminars in Berlin, dessen Aufgabe es ist, vor Toresschluss eine theologische Bibliothek in den Osten zu schaffen, Bücherpakete in den abgenutzten Lodenmantel gewickelt, hinüber – herüber, man war froh, die Konterbande los zu sein, froh über die Schnippchen, die man schlug, froh, wenn es gelang, und ein bisschen stolz auf ziemlich kostenlose Wagnisse.«

Cr / op / 5

Stanislaw der Schweiger. Als ich diesen Vampirroman schrieb, hatte ich nicht eine Phase des Vampirismus durchlebt oder durchlitten, hatte auch nicht als Hausmeister oder Kustos in einem Karpatenschloss hospitiert, die Figur war mir einfach mal eingefallen, in einer Situation, die sich nicht eingeprägt hat, von der sich also auch nicht erzählen lässt. Plötzlich kam er mir in den Sinn: Der Vampir, der ausnahmsweise nicht vom Blut aus der Halsschlagader lebt, sondern von Sprache, Geräusch, Musik – von Ressourcen also, die in unserer Welt unerschöpflich sein dürften. So hat sich Freund Peter schon mal gewünscht, ich könnte ihm Graf Stanislaw ausleihen, damit der während einer der Endlossitzungen der Kirchenleitung rund um den Konferenztisch schreitet, dabei redundante Redebeiträge einschlürft, Stille hinterlassend. Wohltuende Stille. Belebende Stille. Fördernde Stille.

(Ende der fünften Würfelsequenz)

TOD UND JÜDISCHER ARTUSRITTER

HELENE: Vor einem Hotel fuhr sie rückwärts statt vorwärts los, Hinterräder in einer Blumenrabatte, sie konnte das nicht recht verstehn. Doch für uns bestätigte sich, was sich verschiedentlich schon angedeutet hatte: etwas stimmte nicht mit ihr. Irritierend, verstörend: sie redete kurz mal durcheinander … ließ Essen anbrennen … wusste plötzlich nicht mehr, wo sie war … saß untätig herum … fiel hin.

Vom Hausarzt wurde sie an die Münchner Uniklinik überwiesen. Computertomographie, Segmentbilder des Hirns, Bildschnittebenen wurden durch Kontrastmittel deutlich, schockierend deutlich gemacht; die Fotos, die Helmuth und mir schließlich vorgelegt wurden: Menetekel! Fast symmetrisch, wie Schmetterlingsflügel, die feinen Verästelungen und mitten im Hirn ein Ödem, Folge des Tumors. Der wurde benannt: Glioblastoma multiforme. Hirntumor, inoperabel. Höchstens möglich: operative Reduktion des rasch wachsenden Tumors, des Hirnödems, damit Reduktion des Drucks auf die Hirnsubstanz. Gegen solch einen Eingriff spricht freilich ihre Patientenverfügung, spricht auch Erfahrung: Nach einer Operation wäre sie mit großer Wahrscheinlichkeit halbseitig gelähmt. Auch Bestrahlung kann bei diesem diffusen Tumor kaum noch Wirkung zeigen, Medikamente können nur mildern, Cortison, vorrangig Cortison, das den Druck des Hirnödems ein wenig reduziert. Mehr ist nicht möglich, darauf müssen wir uns einstellen. Die Patientin soll zur Klinik in Herrsching überwiesen werden. Verstummt gehe ich mit Helmuth zum Parkplatz, stumm die Rückfahrt nach Herrsching.

Verlängerung meiner Besuchsfrist im kleinen Gästezimmer. Erste Absprache: Wie wir uns abwechseln bei Besuchen in der

Klinik, der Vater, nun die beiden Söhne im Ort. Der dritte ist in Bremen, an den Schuldienst gebunden. Als Freiberufler, als free-lance-writer kann ich am ehesten disponieren.

Doch es kam erst mal anders. Bei meinem ersten Besuch in der Klinik, kurz nach der Überführung im Krankenwagen (den sie eigentlich noch nicht brauchte) stand sie, mit verschränkten Armen, in einer Ecke des Zimmers und erklärte mir: »In dieses Bett kriegt ihr mich nicht rein, ich will nach Hause.« Das Bett noch nicht aufgedeckt, die Tasche noch nicht geöffnet. Verhandlung mit dem Arzt vom Dienst, ich brachte sie zur Schönbichlstraße. Sie streichelte den Türsturz des Hauses, das sie hatte erbauen lassen: »Da bin ich wieder.« Und setzte sich gleich aufs Sofa, ihren Stammplatz, freute sich auf das Abendessen. Sie hatte großen Appetit, auch in den nächsten Tagen, aß mehr als sonst, aber es schlug nicht an: der Tumor fraß mit. Freilich, sie selbst war mit der Diagnose verschont worden, war gleichsam abgespeist worden mit einem lateinischen Begriff.

Immer deutlichere Veränderungen: Die sonst agile und aktive Frau saß am Fenster, starrte ins Grüne: »Was soll ich noch arbeiten, ich sitz ganz einfach da und find das schön.« Und die sonst stets korrekt gekleidete Frau lief in dicken Socken herum: »Ach, die blöden Schuhe.«

Das Hirnödem mit seiner »cerebralen Raumforderung« drückte weg und legte frei. Ich erkannte Helene in mancher Hinsicht kaum wieder, sie wurde liebenswürdiger, gelassener, sogar zärtlicher – und das war die größte Veränderung. Die sehr dynamische, resolute Frau, die in langen Kinderjahren dominiert hatte, sie veränderte sich von Woche zu Woche, von Tag zu Tag. Und ich begann Notizen zu machen. So etwas wie ein Protokoll ihres Sterbens, ich musste das festhalten. Begleitende Erfahrungen auch mit mir.

Immer wieder will sie die Uhrzeit wissen, vergisst die Angabe sofort wieder, kommentiert das schon mal: »Ist ja auch egal.« Nichts mehr wird von ihr erwartet, sie erwartet kaum noch etwas: »Ich stör hier keinen und ich stör euch auch nicht.« Sie sitzt am runden Esstisch, aber mit dem Rücken zum Panoramafenster, durch das man, in schmaler Schneise, ein Segment der Ammerseefläche sehen kann, bis ans andere Ufer. Was sie bei früheren Spaziergängen, Wanderungen gepriesen hat, das ist nun bedeutungslos – mag die Sonne tagelang den See bescheinen, ihr fällt nur noch Nebel auf. Und spricht davon, dass die Menschen sterben müssen, »alle, alle müssen sie sterben«. Dann, in ihrem Zimmer, in unvermittelter Hellsicht: »Das ist das Sterbezimmer, dort steht mein Sterbebett.« Auch ohne Vermittlung der Diagnose: sie spürt, dass Tod in ihr heranwächst. Zumindest weiß sie, dass sie »etwas im Kopf« hat, sie sagt: »komisch«, sagt mehrfach hintereinander: »Was ist da mit mir los?«

Krebsgewebe und Hirnödem beginnen Druck auszuüben auf ihre Sprache, angestrengt versucht sie, zusammenhängend und klar zu reden, richtige Sätze zu bilden: »Die Menschheit – die Menschheit ist nicht mehr brauchbar. Nein, brauchbar ist nicht das richtige Wort.« Wenn sie etwas formulieren kann, und das will nicht mehr so recht gelingen, plinkert sie mir zu, und das soll wohl bedeuten: Du verstehst mich auch so?

Ja, Druck auf ihr Sprachzentrum, und sie kämpft dagegen an. So will sie mir vom Flug nach Mexiko erzählen, vor mehreren Jahren, und ein Sonnenuntergang, rot, offenbar auf der linken Seite des Flugzeugs, Passagiere an den Fenstern hatten rote Köpfe, aber das konnte sie nicht mehr sagen, stattdessen: »So rot, das war so rot – wie – wie Tomaten vor den Fenstern – lauter Tomaten vor den Fenstern.«

Der Druck des in meiner Vorstellung bald hühnereigroßen Hirnödems schiebt Wörter aus festgelegten Mustern – kleine Verschiebungen erst, die sich noch nachvollziehen lassen: »Der Sekt ist – der ist gar nicht hartherzig.« Ja, du hast recht: der ist ziemlich mild. Und sie will andere mit ihrer »komischen Krankheit« nicht behelligen: »Wir wollen denen das Leben nicht dreckig machen.« Ja, ist noch viel deutlicher als »bitter« oder »schwer«.

Und immer wieder beginnt sie zu philosophieren: »Was machen die Menschen bloß mit der Zeit? Was macht die Welt bloß mit der Zeit? Da liege ich und überlege und überlege und überlege – die Welt von Papi und mir und die Welt da – die andre, was ist mit der los? Das verändert sich alles so – das ist so anders – ich weiß nicht mehr, was los ist. Das ist so – ich komm nicht mehr mit – Wie viel Uhr ist es? – Was, schon halb fünf? Da musst du aber ins Bett gehn.«

Satz um Satz, Wort um Wort versucht sie am Tumor, am Ödem vorbeizuschmuggeln, versucht, den übermächtigen, die Welt in ihrem Kopf zerquetschenden Druck aufzuheben; jeder Satz, der ihr noch gelingt, ist ein kleiner Sieg über das Wüten wildwuchernder Zellen. Nach solcher Anstrengung jedes Mal eine kleine Erschöpfung, und dann zermalmen Tumor und Ödem für ein, zwei Minuten alle Sätze, die sie neu anfängt, zu denen sie neu ansetzt, hinter halb geschlossnen Augen hat sie Kraft gesammelt für diesen Kampf, sie starrt mich an mit ihren dunklen, wie mit einer dünnen, grauen Filmschicht überzogenen Augen. Keiner fordert sie auf, zu reden, sie will, heiter-angestrengt, sprechen, sprechen, weitersprechen, und wenn ich, den Verschiebungen von Wortfolgen und Wortbedeutungen nachlauschend, gar nicht mehr verstehe, was sie meinen könnte, und ich frage sie, so antwortet sie: »Ach, ich hab das nur so für mich gedacht.« Und sie hat der wilden Wucherung im Hirn wieder ein Schnippchen geschlagen: ein korrekter Satz.

»Wie viel Uhr ist es? – Was, schon so spät? Na, ist auch egal. Was macht man mit der Zeit? Was machen die Menschen bloß alle mit der Zeit? Was machen die nur mit der Zeit?«

Die meiste Zeit dämmert sie dahin, in überraschend schneller Rückentwicklung bettlägrig geworden, aber zu Hause, immer noch zu Hause, für Pflege ist gesorgt. Wenn ich ans Bett trete, macht sie, gleichsam probierend, die Augen auf, Freude, die belebend in sie fährt, in ihre Sätze, sie fragt, ob ich gegessen habe, ob ich schon spazieren war, aber sie weiß nicht mehr, wo ich denn spazieren gehe, fängt wieder an, auf ihre Weise zu philosophieren: »Nichts – nichts – plus null, minus null.« Das wiederholt sie mehrfach.

Aber wichtiger als gelingende Sätze wird für sie Wärme, viele Minuten lang lässt sie sich streicheln, an Schläfen und Wangen, die früher so resolute, auch verschlossene Frau lässt nun Gefühle aufkommen, gibt ihnen nach, versucht – wie zum Dank für Präsenz und Zuwendung – zu sprechen, zusammenhängend, Sätze vorbei an der Geschwulst im Kopf, vorbei am wachsenden Tod im Kopf. Dieser Kampf, Satz um Satz, gegen den übermächtigen, den zerstörenden Druck im Kopf, der macht mir zuweilen Mut, doch mit Trauer vermischt über die Vergeblichkeit: Sätze, Wörter gegen den Tod.

Und dann ein dumpfes Rumpeln, mitten in der Nacht. Ich fahre hoch, laufe ins Nebenzimmer, sie ist aus dem Bett gefallen. Auch Helmuth hat das gehört, steht da im Schlafanzug, hilflos. Ich hebe sie hoch, sie ist erstaunlich leicht geworden. Für den kurzen Moment des Anhebens liegt ihr Kopf an meiner Schulter, und sie flüstert mir zu: »Ich sterbe.« Lass dir noch was Zeit.

Aber die muss sie nun doch im Krankenhaus verbringen. Ein sturzsicheres Bett: Seitenstützen. Ein Katheder muss gelegt werden. Wachsende Probleme mit der Ernährung. Ich begleite sie am nächsten Tag – mit dem verabredeten Schichtdienst der Besuche wird es Probleme geben, Helmuth, stets umsorgt, kann Fürsorge nicht organisieren, der Bruder muss jeden Werktag nach München fahren, zu Siemens, und von Bremen kann man nicht schnell mal, so zwischendurch, nach Herrsching kommen. Und wieder gibt sie zu erkennen, dass sie sich selber nichts vormacht, da musste ihr keiner das mörderische Stichwort vom Hirnkrebs vermitteln: »Ja, das ist mein Sterbezimmer hier – da sind die – da kommen alle her mit der Nummer – das ist eine Nummer wegen der Aufsicht – da kommt jeder her, der verhaftet wird, weil er ein Verbrechen begangen hat – ja, der Kriminal – das ist –«

Und wachsende Phasen der Sprachlosigkeit, des Verstummens. Sie liegt auf dem Rücken, Augen geschlossen, eine Hand unter der Bettdecke, eine neben der Bettdecke, ich streichle den Handrücken, es bewegt sich etwas unter den Augenlidern, die Augäpfel scheinen sich, wie suchend, zu bewegen, ich umschließe ihre Hand, das Druckzeichen wird erwidert, sie öffnet die Augen, schaut erst hinauf zur Zimmerdecke, ich beuge mich vor in ihr Blickfeld, eine Andeutung von Lächeln, sie scheint mich zu registrieren, beginnt zu sprechen, aber so leise, dass ich kaum etwas verstehe, es erscheint mir eher wie ein Nachahmen von Sprechen, ein Sprachhauchen, da werden, wenn sie etwas lauter wird, Silben gereiht, scheinen sich Silben zu reihen, ich nicke ihr zu, die Nase zwischen ihrem Hals und ihrer Schulter, eine kleine Gegenbewegung ihres Kopfs, ich drücke die Nase fester in den Halswinkel, wieder das Antwortzeichen ihres Kopfs, ich richte mich auf, unablässig die Sprechbewegungen ihrer Lippen, zuweilen sind auch einzelne Wörter zu hören, ein »schön«, weil ich sie weiter streichle, dann wieder: »nach Hause« oder »kalt«. Da will ich die freiliegende Hand unter die Bettdecke schieben, aber gleich heißt es: »Lass mich«. Und sie will weitersprechen oder: es will weiter aus ihr heraus sprechen, ich sage: Ja, erzähl es mir, erzähl mir alles. Rasche Belebung nach einem Zwischenschlaf, einem Zwischenschläfchen, sie will gehört und will gestreichelt werden, aber was sie sagt, ist kaum zu hören, ich halte mein linkes Ohr dicht an ihren Mund, aber das Sprechen bleibt Sprechhauchen, ihre Augen weit geöffnet, sie scheint zufrieden mit dem, was sie sieht, ein Nicken, und als ich ihr zuplinkre, plinkert sie zurück, schiebt die Lippen etwas vor, die Zungenspitze im Mundwinkel, ein mit Klängen, eher mit Anklängen angereichertes Hauchen, sie plinkert mir wieder zu, macht mit dem Kopf eine stupsende Bewegung, das wiederholt sich: He, altes Katzerl, hast du immer noch genug? Und wieder schiebe ich die Nase zwischen Hals und Schulter; die Frau, die früher so spröde war, sie kann nun gar nicht genug Wärme, Zärtlichkeit kriegen. Ich richte mich schließlich wieder auf, den Rücken strecken, ich nicke ihr zu, sie macht eine Andeutung von Nicken, sie spricht, spricht, spricht tonlos, ihre linke Hand hebt sich von der Bettdecke, bewegt sich in der Luft. Was suchst du denn da?, frage ich sie; ihre Augen sind weit geöffnet, doch ihr Blick ist starr.

Ich unterbreche die Niederschrift, fahre ins Eifelhaus mit einem Packen Briefe, die ich seit Jahrzehnten nicht mehr geöffnet habe, sie stecken nach der Erstlektüre wieder in den Briefumschlägen.

Schon beim Anlesen bin ich überrascht, fast überrumpelt: liebevolle, warmherzige Briefe! Die fügen sich nicht in das Erinnerungsbild, das ich anscheinend festgeschrieben habe. Ich gehe auf und ab im Raum, der groß genug ist für mein Umhertigern, konfrontiere die Briefe mit den ausformulierten Erinnerungen, komme zum Schluss: Eigentlich erst nach der Zeit bei den Pflegeeltern Ruth und Dieter, beim »Halbbruder«, eigentlich erst, als ich in Freiburg mit dem Studium begann, ja, erst nach diesen Zäsuren trafen die Briefe ein, die mich nun so sehr überraschen.

Gleichsam eine halkyonische Insel der Beziehung zwischen Mutter und Sohn, so etwas wie eine Zeitinsel des Friedens, den ich auch selber, zumindest in jener Zeit, mit ihr geschlossen hatte. Diesen Schluss jedenfalls lässt ihr Dank zu auf meinen Geburtstagsbrief zu ihrem Fünfzigsten, Juni 1955.

»Mein Liebes! Ich stehe noch ganz unter dem Eindruck Deines wunderbaren Briefes zu meinem Geburtstag. Du hast mir mit Deinen lieben Worten eine ganz große Freude gemacht. Denk Dir, als der Postbote am Geburtstagsmorgen Deinen Brief brachte, saß ich ganz allein im Sessel und hörte mir unsere Langspielplatte Beethovens Violinkonzert mit J. Menuhin gerade an. So war ich in der richtigen seelischen Verfassung, um mit schwimmenden Augen in aller Ruhe Deine Worte in mich aufzunehmen.

Du hast so recht mit dem, was Du schreibst. Ich habe gerade in der ersten Zeit, die Du fort warst, viel über den Sinn des Lebens nachgedacht und über die Tatsache, dass unser ältester Vogel das Nest verlassen hat. Ich dachte an die Zeit, wie ich 21 Jahre alt wurde und mein Elternhaus verließ. Damals hatte ich das beglückende Gefühl, ein ganz freier Mensch zu sein und mein Leben selber in die Hand zu nehmen, ohne Druck von oben, der bei uns durch die Strenge meines Vaters sehr groß war. […]

Ein Sohn bleibt mein Sohn bis an mein Ende, und meine Liebe zu Euch bleibt die gleiche, auch außerhalb des Nestes und mit wachsender räumlicher und zeitlicher Entfernung. Es laufen eigentlich zwei Ansichten nebeneinander her. Das Gefühl und der Verstand. Vielleicht ist alles falsch, so wie ich es mir gedacht und zurechtgelegt habe, und trifft nicht ganz, was Du sagen wolltest, aber dann habe ich es nur ungeschickt ausgedrückt. […] Ich danke Dir von ganzem Herzen für Deinen Brief. Ich werde ihn in ruhigen Stunden noch oft zur Hand nehmen und auf mich wirken lassen. –«

Ich setze mich wieder ans Bett. Sie ist auf die Seite gedreht worden, in Mundhöhe ein kleines Sabbelkissen. Ich gehe in die Hocke, nur das obere Auge ist auf mich gerichtet, sie scheint mich zu erkennen, der Ansatz eines Lächelns, sie versucht nun auch das andere Auge zu öffnen, aber eine Falte des kleinen Zusatzkissens hält es verdeckt; ich drücke die Falte flach, da öffnet sich auch das untere Auge. Ich streichle ihre etwas gerötete, kleinkinderhaft sanfte Wange, und da ist ein kleines Nicken, ein Laut, aus dem ich kein Wort heraushören kann, da ist ein kleiner Gegendruck ihrer Hand, und die hebt sich ab von der Bettdecke, der Zeigefinger vorgestreckt, die Hand dreht sich ein wenig in der Handwurzel, nestelt dann herum am Kragen des Krankenhaushemds, kurz plinkert sie mir zu, schaut in den Raum, ihr Gesicht wirkt fast heiter, als würde sie sich sagen: Na, wo bin ich denn hier? Und: Sieht eigentlich alles gar nicht so übel aus. Ich nicke ihr zu, sie nickt zurück. Und wieder das Zuplinkern, aber da entwickelt sich kein System: Mein dreifaches Plinkern wird nur mit einem einzigen Plinkerzeichen beantwortet, ein einfaches Plinkern zweimal. Wieder hebt sich ihr Arm, ich beuge mich über das Bett, sie tastet sich vor zum Haar, fasst eine Strähne, zupft ein wenig, legt den Arm, die Hand wieder auf die Bettdecke: ein kleines Mullgeviert auf ihre Haut geklebt mit einem Plastikstreifen, ein zweites Mullgeviert am Unterarm. Ich drücke das Gesicht in den Winkel zwischen Hals und Schulter, ein kleines Nicken als Antwort, ein kleiner Stupser in den Hals-

und Schulterwinkel, sie antwortet erneut mit einem Nicken, das will sie also noch öfter haben, scheint unersättlich, möchte ganze Romane aufnehmen in der Wärmesprache, Zärtlichkeitssprache, deren Alphabet sie fast schon vergessen hatte in den vergangenen Jahren, Jahrzehnten, aber nun buchstabiert sie es unermüdlich durch, gönnt sich zwischendurch mal ein Erholungspäuschen, macht die Augen zu, macht sie wieder auf, ein kleines Nicken, Bewegung der Lippen, lautlos, zugleich ihre Blicksprache, und die sagt: Komm noch mal näher ran, und ich stecke Nase, Gesicht wieder in ihren Lieblingswinkel zwischen Hals und Schulter, diese Frau kann gar nicht genug Wärme aufnehmen vor dem großen Erkalten. Ob sie ein letztes Wort sagen wird, das ich erzählend weitergebe? Als letztes Wort »warm«, als letzte Worte vielleicht wieder »nach Hause«? Jetzt, jetzt wäre ein lautloses Stichwort gegeben, aber sie bewegt nur weiter die Lippen, unter der Bettdecke ist gleichfalls Bewegung, kleines Anziehen und Strecken der Beine. Wird sie entschlafen im Moment einer fast glücklichen Entspannung? Oder im Aufbäumen, einem Zusammenraffen letzter Lebenskräfte, in stummem Verzucken? Ein Röcheln, ein Seufzen? Eine kurze, starke, dann unvergessliche Geste?

Aber sie lässt sich keine Stichworte soufflieren. Sie schließt die Augen, atmet durch den Mund, fast ein Schnarchgeräusch. Schon möchte ich mir freigeben, will gehen, will arbeiten, andere Wörter, ganz andere Wörter gereiht, aber da ist wieder ein Handzeichen, das ich deuten muss. Langsam öffnet sie die Augen, fast so etwas wie ein Lächeln, ich bin also wieder anwesend für sie.

Zu meiner Zeit, zu jener Zeit wurde das Datum der Volljährigkeit noch gefeiert – ein Datum, das für meine Söhne überhaupt keine Rolle mehr spielte – für sie selber auch nicht. Damals aber, 1956, wurde jenes Datum noch mit einem umfangreichen Brief gewürdigt, fast gefeiert. Hier wieder einige Auszüge.

»Mein geliebter Großer! Nun wirst Du 21 Jahre alt und bist endgültig ein Erwachsener. [...] Ich habe mir in Gedanken mal Deinen Lebensfilm abrollen lassen. Wie friedlich bist Du trotz

Kriegs- und Nachkriegsgeschehen aufgewachsen. Es war ein rechtes Glück für Euch, dass wir nach Herrsching gegangen waren, keine Bomben und keine Unruhe störte Eure Entwicklung. [...]

Nun zu realeren Dingen. Was sagst Du zu der Schreibmaschine? Schade, dass ich Dein Gesicht nicht sehen kann. Dies tolle Geschenk, weil Du großjährig wirst. Diese Maschine soll Dich durchs Leben begleiten. Ich glaube, wir haben das richtige Geschenk für Dich erwischt. Bist Du aus den Latschen gekippt? Dagegen ist mein Paket mit Büchern und Fressalien nur schmückendes Beiwerk.

Ich werde am Mittwoch sehr heftig an Dich denken mit einem lachenden und einem weinenden Auge. Du fehlst mir natürlich sehr. Also, geliebtes Wesen, lass Dich in Gedanken innigst umarmen und Dir einen sehr herzhaften Geburtstagskuss geben. Alles, alles Gute auf Deinem weiteren Lebensweg.«

Und wieder, und immer wieder: Das Sprechen geht über in Murmeln, Lallen. Umso wichtiger werden Gesten: zeigen, winken, mit den Fingern trillern. Aber auch dieses Spektrum von Signalen, von Mitteilungen schrumpft rasch ein.

Und sie kriegt wieder Kleinkindernahrung: Reisbrei, Schokoladenpudding, in der Weichform des niederländischen »vla«. Wie bei einem langsam, allzu langsam essenden Kind wird der Brei, der Pudding, der vla in einer Schüssel serviert mit doppelten Plastikwänden; der Deckel, den ich abdrehe, ist ebenfalls isolierend verdickt. Mit der kleinsten Löffelform, einem Eierlöffelchen, füttre ich sie. Wie mit dem Schnuller einer Babyflasche tippe ich mit dem Löffelchen an Unterlippe, dann macht sie den Mund auf, lässt den Pudding, den vla in die Mundhöhle gleiten, hilft etwas mit der Oberlippe nach, schluckt aber nicht, ich gebe ein Löffelchen hinterher, das schluckt sie immer noch nicht, es vergehen ein, zwei Minuten, dann erst schluckt sie, und ich kann den nächsten Löffel anbieten. Den Obstsaft im kleinen Fläschchen, kleiner noch als ein Perrier-Fläschchen, gieße ich in einen Plastikbecher, drücke den Schnabeldeckel drauf, ein Löchlein vorn im Schnabel, ein zweites im Plastikdeckel, ich halte den Schnabel an die Lippen, an die Zunge, die sich ein wenig vorstreckt, sie trinkt einen Schluck, der gluckst laut hinunter, scheint auch hörbar zu sein im leeren Magen, scheinbar vergrößerte Schluckportion im anscheinend verkleinerten Körper.

Juni 1956: »Hast Du von dem großen Erfolg gelesen, den das Bochumer Theater in Paris mit der Sartre-Aufführung hatte? Ich lege die Kritik bei. Messemer ist doch ein ganz großer Schauspieler. Schade, dass er geht. Sonst ist hier kulturell im Augenblick nicht viel los. Die Saison ist ja auch fast schon zu Ende. Der Sommer fällt dieses Jahr flach. Wir sitzen wie im Winter bei Heizung zu Hause. An Wandern ist seit Wochen nicht zu denken gewesen; immer Regen, zum Auswachsen! Der halbe Sommer ist schon vorbei.

Anbei die Wäsche. Bitte wechsle das Überschlaglaken und lass das andere waschen. Du darfst überhaupt Deine Wäsche nicht so lange tragen. Nur 3 Unterhemden in 5 Wochen! Das ist zu wenig. Das trockene Sträußchen zwischen der Wäsche lege in Deinen Wäscheschrank. Das macht einen angenehm frischen Geruch. Ich habe es auch im Schrank.«

Da sind auch freie Stunden, freie Tage, und Vater oder Bruder gehen ins Krankenhaus, leisten der Sterbenden Gesellschaft. Ich setze mich wieder an den kleinen Schreibtisch des Gästezimmers, Helenes Hirnödem soll nicht auch meine Sprache erdrücken, die rechte Thermik mag sich aber nicht einstellen. Ich probiere aus, ob sich eins der Hörspiele nicht in einen Prosatext umsetzen lässt, eins der zwei, drei Science-Fiction-Hörspiele, die ich geschrieben habe, künftig aber kaum noch schreiben werde, ich habe mit Gegenwart und Vergangenheit mehr als genug zu tun. Ein Hörspiel, dessen Sprache weit, sehr weit entfernt ist von der Sprache und der Sprachlosigkeit in Zimmer 304. So etwas wie Männersprache, das muss nun sein, im Kontrast, auf den ich mich einlasse, gelingt aber nicht, dieser kleine Akt der Befreiung.

So nehme ich wenigstens eine Zeitung mit, als Gegentext, doch zwischen Haus und Krankenhaus stecke ich sie in einen Abfallbehälter. Nehme mir vor, auch in den nächsten Tagen keine Zeitung mitzunehmen, ich will nicht, zeitweilig, Gegenwart abschirmen durch Zeitungsseiten, Zeitungstexte, nur um wieder mal Zeit zu nutzen, ich nehme mir vor, mir in ihrem Privatpatienten-Zimmer keine Wahrnehmung rauben zu lassen.

Die Welt wieder als Scheibe, deren Ränder sich auflösen, ablösen, immer größere Schollen brechen ab, sinken weg ins Bodenlose. Und es bleibt zuletzt nur der kleine Park am Krankenhaus, bleiben einige Bäume, bleiben ein paar Vögel. Geräusche öffnen ihr nicht mehr die Augen. Keine Reize mehr für Zunge und Gaumen. Nur noch Reaktionen auf Handwärme. Einmal hatte ich ihre Hand mit meiner noch kühlen Hand berührt, war ohne Handschuhe gekommen, da zuckte ihre Hand zurück, schob sich unter das Kopfkissen. Meine für ihre bettwarme Hand nun beinah totenkalte Hand. Die wärmte ich auf durch Schlenkern, hielt sie an den Heizkörper, mit meiner nun wieder lebenswarmen Hand berührte ich die Hand, die noch auf der Bettdecke lag, und die entzog sich nicht. Wie wird es weitergehn? Die eigene Wärme deutlicher spüren, während ihr Körper auskühlt?

Bochum, September 1957. »Liebes! Wir danken Dir alle herzlichst für Deine zwei ausführlichen Berichte von der Überfahrt und der ersten Woche in New York. […] Wir haben gegenüber Deinen Erlebnissen natürlich nur sehr wenig zu berichten. Wir sind Provinz. Das kulturelle Leben ist aus seinem Sommerschlaf erwacht. Wir waren in der Premiere von Calderons ›Das Leben ist Traum‹. Es war in der Sprache zu sehr gedrechselt und dadurch schwer zu verstehen, vieles nur symbolhaft gedeutet. Wenn Rolf Boysen als Sigismund nicht so sehr gut gespielt hätte, wäre das Stück beim Publikum wohl gar nicht angekommen.

Dann wagte Decker im ersten Hauptkonzert das 2. Brandenburgische Konzert von Bach. Wie zu erwarten, waren weder Flöte noch Trompete und Geige dieser Forderung gewachsen. Es war beinah peinlich, und Decker musste eigentlich wissen, was er seinen Leuten schon zumuten kann. Wir haben anschließend unsere Platte laufen lassen und so richtig den großen Unterschied in der Wiedergabe erkennen können. So ein Stück darf nur vollendet gespielt werden.«

Einübungen in Geduld: ihre letzte Forderung. Zuweilen stellt sich diese Geduld aber nicht ein, da versuche ich zwar, sie zu reproduzieren, an ihrem Bett sitzend, ihre Hand haltend, aber mit diesem Nachahmen von Gesten kann ich die Gelassenheit nicht herbeiholen, es entsteht Ungeduld: Stunden, in denen mir dieses lange Sterben fast ein wenig langweilig wird, da sind Wörter, Sätze in meinem Kopf, die lasse ich nicht heraus, die laufen innen herum, immer an der Schädeldecke entlang: Könntest du nicht ein klein wenig abkürzen? Mit diesen Stunden, in denen nichts geschieht, sie schläft oder blickt mit halbgeschlossenen Lidern auf einen Fleck, einen Punkt innen oder außen, in solchen Stunden werden auch intensive Gefühle ausgelaugt, da verbraucht sich etwas, das ich behalten möchte. Nicht dieses Herumliegen in einem Niemandsland, diesem anwachsenden Niemandsland. Ein wenig Zeitraffer, und nicht dieses Versickern. Warum plagt sie sich immer wieder, stirnrunzelnd, die Augen aufreißend? Diese viel zu langen Stunden des Dahindämmerns. Sagt man nicht auch: Dahinvegetieren? Todesvegetation, Todesflora; Moose, Algen, Flechten. Warum überspringt sie nicht einige Phasen auf dem Weg zurück? Manchmal der lautlose Vorwurf, dass sie mir auf ihre alten Tage so viel Zeit nimmt. Holt sie sich die Zeit, die wir früher nicht füreinander hatten? Holt sie sich, Stunde um Stunde, Tag um Tag? Will noch all die Zärtlichkeit aus sich herauslassen, die sie früher zurückgehalten, so streng rationiert hatte, Zärtlichkeit höchstens als Belohnungshäppchen? Und nun schwelgt sie, wo sie früher geknausert hatte? Will dafür noch möglichst viel Zukunft haben, bestärkt ihr Herz darin, stark zu bleiben? Die sonst oft so ungeduldige Frau holt sich nun ein mit großer Geduld?

An einem der Nachmittage entzog ich mich den Ritualen, blieb weg, ging am See entlang, aber das waren keine Stunden, in denen ich nach meinem Rhythmus lebte, wieder zu leben versuchte, das waren Stunden, in denen ich ein schlechtes Gewissen hatte. Sofort fragte ich mich, warum und woher dieses schlechte Gewissen? Schuldgefühle, was denn sonst, aber woher, wieso? Weil ich mich wehrte, mich sperrte, mich verweigerte? Wieso auch nicht? Zwingt mich in die Rolle des liebenden Sohnes. Strubbelt mir die Haare, streichelt mich wie einen kleinen Jungen! Ich will aus diesen Kinderhosen raus, diesen luftig bunten. Wiederum: findet so etwas wie Ausgleich statt, von ihr gewaltlos eingefordert, weil ich über Jahre hinweg für sie nur der höflich interessierte Sohn war? Weil der Austausch von Informationen zwischen uns immer geringer geworden war, schließlich fast versiegte? Und nun die Erfahrung, wie sehr sie angewiesen war auf Nähe und Wärme?

Aber wiederum die Stunden der Reglosigkeit, die fast toten Stunden, in denen diese Frau mit dem kleiner werdenden Kopf schlief, ein offenbar mühsames, von kleinen Seufzern akzentuiertes Schlafen, aus dem sie sich nur sehr langsam herauslöste: erst war nur ein kleiner Sektor der Iris zu sehen, dann gaben die Lider auch die Pupillen frei, ich stellte mich in die eingeschätzte Blickrichtung, aber ich wurde nicht wahrgenommen, auch nicht, wenn ich winkte, mich vorbeugte, damit größer machte in ihrem Blickfeld, ihr Blick glitt von mir ab, ging durch mich hindurch. Und sie starrte wieder hoch zur Zimmerdecke, die Stirnfalten über der Nasenwurzel dicht gebündelt, ein fragendes oder ängstliches Hochblicken mit vergrößerten Pupillen. Immer wieder dieses Bündeln von Stirnfalten über der Nasenwurzel! Mehr als Stirnrunzeln, sichtbare Anstrengung. Fragendes Vorsichhinstarren, vielfach mit geschlossenen Augen. Als wäre da etwas, dem sie mit Zusammenfassen, Zusammenraffen ihrer restlichen Kräfte begegnen muss. Zuweilen ein Ächzen, kleines Stöhnen, so etwas wie Seufzen – Signal für körperliche Schmerzen? Und wieder starrt sie hoch zur Decke, oder, wenn sie auf die Seite gelegt wurde, zur Wand, in eine Ecke. Was sie dort sieht, scheint finster zu sein, bedrohlich. Das fragende Vorsichhinblicken, die nach innen gewandte Konzentration, offenbar auch Angst – deute ich das alles nur so? Was weiß ich von dem, was in ihr vorgeht? Ist da, ohne Bewusstheit, ein Gefühl, dass Tod in ihr heranwächst? Wächst in ihr das Gefühl, dass mit diesem Leben, ihrem Leben alles aus sein wird? Nur noch das alles verschlingende schwarze Loch? Antimaterie, dunkle Materie, Verdichtung des Nichtseins, the end? Da schaue ich in ihr Gesicht, versuche abzulesen, was auch für mich zur Erfahrung werden dürfte.

Bochum, Juli 1960. »Lieber Dieter! Damit Du nicht länger auf Post von uns zu warten brauchst und ich andererseits nicht weiß, ob Paps sein Vorhaben, Dir heute zu schreiben, auch wirklich ausführt, will ich Dir heute berichten.

Ich gebe es auf, Paps davon zu überzeugen, dass er sich mit der wilden Schufterei ruiniert, zumal ein solcher persönlicher Einsatz sich für diese Bank bestimmt nicht rentiert. Paps war dann auch die vier freien Tage vor 14 Tagen einsichtig und wütend genug, um eine Änderung herbeizuführen. Nachdem wir nun die vier Tage im Sauerland nichts anderes getan haben, als dies Problem durchzusprechen, hat Paps dann gleich am Montag und von da an jeden Tag 10–12 Stunden für die Bank bei einer wilden Hausse geschuftet. Völlig k.o. und gereizt kam er abends nie vor acht Uhr hier an. Vorigen Sonntag hat Paps, weil er immer noch wütend war, einen langen Bericht ausgearbeitet, den ich dann abends getippt habe. Wieder war ein Sonntag vertan. Am Mittwoch dieser Woche war dann endlich die Aussprache mit [dem Aufsichtsratsvorsitzenden] Ho., der am Montag erst aus dem Urlaub heimkam. Zwei Stunden hat Paps sich seinen ganzen Ärger von der Seele geredet. Ho. war zum Teil erschüttert über die massiven Angriffe und leugnete einige Bemerkungen, die er gemacht hatte. Wenn Paps nicht eine solche Nummer bei der Bank hätte, wäre diese Unterredung anders ausgefallen. So hisste Ho. die weiße Fahne und gab klein bei. Jetzt ist zur Zeit eitel Friede und Sonnenschein – wer weiß, wie lange; ich halte von mündlichen

Versprechungen ohne Zeugen nicht viel – und dem wilden Arbeitseifer von Paps sind weiter keine Schranken mehr gesetzt. Als erste Folge dieses Eifers will Paps heute von der Bank eine Rechenmaschine mitbringen und wiederum das Wochenende der Bank opfern. So viel Unverstand ist beinah unfasslich. Ich habe heute Morgen noch einen letzten Versuch unternommen, ihn davon abzubringen. Wenn ohne Erfolg, gebe ich es endgültig auf, mich sinnlos mieszumachen. Dabei hat Paps Ho. gesagt, dass es bei dem Versagen des technischen Apparates – an einem Tag hatte er 500 Abschlüsse – ihm nicht möglich sei, das Geschäft weiter auszubauen, da es im gegenwärtigen Stadium schon ein Chaos sei. Nichtsdestotrotz hat er diese Woche eine Anzeige bei der WAZ aufgegeben und Prospekte für den Allfonds angepriesen. Als ich ihn fragte, was er täte, wenn 1000 Menschen anbissen, wurde er wieder böse und sagte, ich solle ihn mal machen lassen. Wenn er eines Tages auf der Nase liegt, und ich sehe schwarz, kann man mir bestimmt keinen Vorwurf machen. Ich bin mit meinem Latein am Ende und hoffe nur, dass die erste gesundheitliche Warnung nicht gleich ein Herzinfarkt ist, der sich ja nicht vorher ankündigt.«

Ich möchte in meiner Erinnerung derjenige bleiben, der ihr den allerletzten Löffel Brei oder Pudding gegeben, den allerletzten Schluck Obstsaft eingeflößt hat mit dem Schnabelbehälter aus Plastik. Dem Obstsaft wird eine Nährlösung folgen, wohl mit aufgelösten Medikamenten in der Infusion, aber: Das kommt dann nicht mehr aus der Küche, wird nicht mehr mit dem Metallwagen vor ihr Zimmer gefahren, wird nicht mehr auf einem Tablett hereingetragen, auf dem Tisch abgestellt. Die Ernährung wird dann von oraler medizinischer Versorgung abgelöst, ist nicht mehr in meiner Hand. Aus meiner Hand der letzte, der allerletzte Löffel Pudding, den sie geschluckt haben wird, der allerletzte Löffel Pudding, den sie nicht mehr schlucken kann.

Der bleibt in ihrem Mund, zwischen Zunge und Unterkiefer, ich warte auch diesmal, dass sie den runterschluckt, das kann eine halbe, kann eine volle Minute dauern, aber diesmal dauert es mehr als eine Minute und es tut sich noch immer nichts, Zunge liegt schief in der Mundhöhle. Ich rufe ihr zu, ich muntre sie auf, ich kraule ihr Kinn, tätschle sie aufmunternd, aber sie schluckt nicht. Minutenlang schaue ich ihr auf den Hals: keine Schluckbewegung. Alle Aufmerksamkeit gewidmet der winzigen Löffelportion Pudding, immerhin Schokoladenpudding, der sich in ihrer Mundhöhle mit Speichel vermischt, mundwarmer Pudding, der aber nicht im Mund bleiben darf. Wenn sie den Pudding nicht schluckt, wird sie sich womöglich dran verschlucken, sie atmet ja meist durch den Mund, da kann Pudding in die Luftröhre einsickern oder mit einem schnarchähnlichen Geräusch in die Luftröhre eingesogen werden.

Ich rede ihr weiterhin zu, rufe ihr zu, erreiche sie nicht mehr, sie ist schon weit entfernt. Ich kitzle sie wieder ein wenig am Kinn, aber genau das kann falsch sein, und so nehme ich vorsichtig die spaltweit offenstehenden Lippen auseinander, fahre mit dem kleinen Finger in den Mund, ins Zungenbett, schaue auf den Finger: Ja, Pudding, etwas blasig, wische das ab in der Papierserviette: Pudding-Speichel-Schmier, fahre mit dem Zeigefinger in den Mund, denke dabei an das Wort »nachhaken«, auf dem ersten Glied des leicht eingekrümmten Fingers wieder eine Schmierspur Pudding, den streiche ich ebenfalls an der Serviette ab, die Schokopuddingfarbe betont auf dem Weiß. Das sieht jetzt nicht mehr aus wie Nahrungsmittel, Genussmittel, da assoziiere ich eher: Abstrich … Gewebeprobe … isoliertes Präparat …

Eine dritter Puddingabstrich. Ein Löffelchen Pudding: auf wie viele Fingerkuppen lässt sich das verteilen? Ich hake noch mal nach – vierte Schmierspur, parallel zu den anderen Schmierspuren auf dem Papierweiß. Und die fünfte, wie bei einem Rechenpäckchen in der Schule: diagonal? Und dann Schluss? Noch einmal wische ich durch das Zungenbett, aber nun ist schon mehr Speichel als Pudding an der Fingerkuppe. Ich schließe ihr sanft den Mund. Der wird sich zum Essen nicht mehr öffnen, nur noch zum Trinken, zum Luftholen. Werden die Geschmackspapillen dann verkümmern, veröden?

Die Mundhöhle von da an nur noch feucht gehalten, kein
Sprechen mehr, kein Schlucken mehr? Ausgelöffelt? Wie viele
Löffel in diesem Mund in den neunundsiebzig Jahren? Erst
kleine Löffel, dann mittelgroße Löffel, dann Suppenlöffel,
dann Teelöffel, nun Eierlöffelchen. Ich lege die Papierserviette zusammen, Diskretion gegenüber dem Personal. Sie atmet
wieder durch den Mund. Habe ihr den Atemweg von Pudding
freigehalten – sonst ein Puddingschnarcher, ein Ringen nach
Luft, eine heftige Konvulsion? Hat sie Puddinggeschmack
überhaupt noch wahrgenommen? Dann wäre doch wohl ein
Schluckreflex erfolgt: in sich aufnehmen, was man gern hat.
Die gefaltete Serviette auf dem Tisch – habe ich den letzten
Löffel zu sehr zelebriert? Ich knülle die Serviette zusammen,
lege sie aufs Tablett, stelle mich ans Fenster. Kühles Abstrahlen.

September 60. »Lieber Dieter! Nun sind wir also wieder zu
Hause. Es waren schöne Wochen mit Herbert und Peter.
Herbert ist jetzt hier. Am Montag wird er vom Internisten
untersucht, weil man die Ursache seiner Stimmbandlähmung,
die jetzt schon 2 Monate dauert, herauskriegen will. Es ist
noch gar nicht abzusehen, wann er mal wieder richtig sprechen kann. Er leidet sehr darunter, und mir macht es auch viel
Sorgen. Auch die Mandeln will man ihm herausnehmen. Der
arme Kerl. Hoffentlich wird er bald wieder gesund.

Nächste Woche startet Ihr wohl Eure große Reise. Ich finde
Dich ja äußerst schweigsam in Bezug auf Eure Fahrtroute und
Fahrt überhaupt. Wir wissen nur gerade, dass es nilaufwärts
geht, nichts über die Dauer Eurer Reise und einzelnen Etappen. Schließlich haben wir ja ›etwas‹ zu Eurer Reise beigetragen. Früher hast Du uns viel öfter mal geschrieben. Schade!«

Das Essen wird gebracht, Schonkost, auf dem Tisch vor dem
Fenster abgestellt auf dem Tablett: Reisbrei, Kompott, eine
Tasse, ein Kännchen heißes Wasser, ein Teebeutel am Schnürchen, Pfefferminz, die Miniaturflasche Obstsaft. Die Lieferung einen Tag und eine Nacht nach dem letzten Löffelchen

Schokopudding, den ich aus dem fast völlig zahnlosen Mund wieder herausgestrichen hatte. Das Tablett wird abgeholt, wenn in den Zimmern des Flurs die Näpfe leergelöffelt und die Teebeutel klatschnass sind. Erneut bestelle ich das Essen ab. »Bitte, wenn Sie so wollen«, sagt die Schwester und hebt die Schultern. »Na ja, wenn sie nicht mehr schluckt ...«

Soll ich versuchen, dem allerletzten Löffelchen doch ein allerallerletztes Löffelchen hinterherzuschieben, nun mit Kompott? Wieder den Löffel antippen lassen an die Unterlippe, vielleicht macht sie im Reflex den Mund auf, doch noch mal? Aber sie liegt flach, ich müsste sie etwas anheben – und wenn ich dabei versehentlich an eine wunde Stelle im Rücken komme? Warum ist eigentlich keine Schwester hier, die erfahren ist im Füttern Sterbender? Hat man sich schon darauf verlassen, dass ich sie füttre und tränke, wo ich sowieso schon hier bin? Wird alles wieder abgeholt. Was geschieht mit dem Brei und dem Kompott in der Küche? Kommt der Teebeutel wieder in den Teebeutelkarton? Ich werde jedenfalls keinen Löffel von dem für sie bestimmten Reisbrei essen, auch nicht vom Kompott. Das Fläschchen Saft aber stelle ich zum Fläschchen Saft vom Vorabend. Wenigstens den Löffel einstecken, der für sie mitgebracht wurde? Den Löffel beiseitelegen, bis das Tablett abgeholt ist, dann erst einstecken? Der letzte Löffel, der für Helene ins Zimmer gebracht wurde. In allen anderen Zimmern, zumindest in fast allen anderen Zimmern wird jetzt gelöffelt, geschlürft, gesabbelt, geschlabbert, auch manierlich leergemacht. Und viele Zimmer, in denen wieder Mischbrot, Fleischwurst, Weichkäse gegessen wird, die Butter in Zwanziggrammpäckchen. Reglosigkeit in diesem Zimmer, die Reglosigkeit betont durch Topf und Schälchen und Tasse auf dem Tablett, abzüglich eines Löffels. Mit diesem Löffel ihre Lippen berühren, damit dieser Löffel wirklich der letzte Löffel ist, den sie am Mund gespürt hat? Ich horche hinaus in den Gang, halte ihr das Löffelchen an die Unterlippe: kein Reflex. Aber nun sind wenigstens einige Speichelmoleküle am Löffelrand. Einschlagen in die Serviette. Beiseitelegen.

Helene Kühn. Bochum. Waldring 61. Anfang Dezember 60.
»Lieber Dieter! Du hast mir noch immer nicht Deine Wünsche gesagt. Du kannst Dir noch *viel* wünschen. Willst Du nicht mal einen richtigen Wintermantel haben? Ich finde Dein Ninoflex-Mäntelchen für den Winter etwas dürftig. Das wäre so gerade der Wunsch, den ich mir für Dich gedacht hatte. Wenn Du nun absolut dagegen bist, denke Dir bitte ganz schnell etwas stattdessen aus und schreibe es mir umgehend. Ich habe wirklich keine Lust, erst kurz vor Weihnachten einzukaufen. Die Geschäfte sind jetzt schon erbärmlich voll. [...]
Gestern war Peter hier. Er wird mächtig geschunden. Vergangene Woche hat er drei Tage in einem selbstgeschaufelten Loch geschlafen und 47 km ohne Pause mit einem MG einen Marsch gemacht. Zurück wollte sie der Leutnant 70 km laufen lassen, aber der Hauptmann war vernünftig und untersagte es. Freitag ist Gott sei Dank Besichtigung, d.h. Peter bekommt seine silberne Litze und keiner kann ihn mehr in den Dreck werfen, nur er noch andere. Ich bin froh, dass dieser Kurs zu Ende geht.«

Das beinah betont aufgeräumte Krankenzimmer: auch die beiden Saftfläschchen sind weggeholt worden. Ein Metallständer ist ans Bett herangerollt, eine Flasche kopfunter aufgehängt, Infusion ins Handgelenk: Iono-Stabil. Heißt so eine Nährlösung? Auf der anderen Seite des Betts der Urin-Plastikbeutel im kleinen Gitterwerk. Aus welcher Flüssigkeit macht sie noch Urin? Aus Iono-Stabil? Oder baut sie weiter im Gewebe ab? Im Schlaf wird Wasser abgebaut?
Ihr bis zum Kinn abgedeckter Körper. Die Füße etwas erhöht durch ein Kissen von fast quadratischem Querschnitt, unter die Gelenke geschoben. Ich hebe die Bettdecke ein wenig an: die Füße mit Mull umwickelt, nur die Fersen und Zehen sind freigeblieben. Kleine Verwunderung, dass ihre Füße noch bis ans Ende der Bettdecke reichen, die gehören ihr doch nicht mehr ganz, die sterben schon ab, schlecht durchblutet, auf denen kann sie schon nicht mehr laufen, auf denen kann sie, wie ich im Flur hörte, vor dem Schwesternzimmer,

auf denen kann sie, könnte sie, von zwei Schwestern gestützt, schon nicht mehr zum Klo tapsen.

Offene Stellen auch an ihrem Rücken? Da hebe ich die Bettdecke aber nicht an, das würde mir indiskret erscheinen, das wäre wie Inspizieren, Besichtigen. Ich kann es mir ja denken: Ein Krankenhaushemd, Schleife um den Nacken, der Rücken leicht zugänglich für Schwester oder Pfleger, Dekubitus soll vermieden werden. Ist also bloß noch der Kopf für mich da? Und vom Körper sehe ich nur die äußerst mageren Arme, die Haut in Falten, schlaff? Wie leicht muss es nun sein, ihren Puls zu fühlen: als lägen die Adern nur noch zwischen Knochen und Haut, kein Gewebe mehr. Und der Kopf scheint schmaler geworden zu sein, immer weniger Fleisch unter der Haut. Auch ihr Gaumenfleisch scheint zu schrumpfen, das Gebiss passt nicht mehr, der Mund sinkt ein wenig ein, das macht ihr Gesicht in der unteren Hälfte noch spitzer. Und sie scheint Haare zu verlieren, ich sehe immer mehr Kopfhaut.

Ihre Augen sind geschlossen, bleiben geschlossen, das Begrüßungsstreicheln scheint sie nicht wahrzunehmen, den Handdruck erwidert sie nicht einmal in kleinstem Ansatz, sie liegt völlig reglos. Gleichmäßig der Atem, zuweilen lässt sie die Lippen mitblubbern. Nach langem Streicheln von der Schläfe zur Wange, von der Wange zur Schläfe öffnet sie das linke Auge, versucht offenbar, nach oben zu blicken, aber das Lid will sich nicht weiter öffnen. Ich frage mich, ob ich das eigentlich darf: in dieses nun völlig wehrlose Gesicht zu schauen. Ich starre ja auch nicht einen Schläfer an, eine Schläferin mit den Blubberlippen, dem Aufblähen von Nasenflügeln, dem wie aufgequollenen Gesichtsfleisch, aber wenn ich über sie hinwegschaue, zum Fenster hin, wird sie das nicht merken, irgendwie? Dem Tod ins Angesicht blicken? Der immer kleiner erscheinende Kopf, die eingesunkenen Wangen, die wie eingesogene Mundpartie. Unablässig wird Fleisch entzogen – mit wie wenig Fleisch zwischen Haut und Knochen kann ein Gesicht noch ein lebendiges Gesicht bleiben? Kann es noch Mimik hervorbringen? Die Todesstunde, wenn nur noch Haut über den Schädelknochen liegt?

Ich schaue, ihr dünn gewordenes Haar streichend, in den Raum. Auf dem Abstelltischchen eine Plastikflasche Babyöl, eine Dose Penaten-Creme, eine weiße Plastikflasche mit jodbraunen Kleckerspuren, grünem Etikett, grünem Verschluss. Grün auch eine Plastikflasche mit Muskeltonic. Ein kleines Plastikgefäß mit rötlicher Flüssigkeit, einem handgeschriebenen Etikett: Mundpflege. Ich stehe auf, gehe zum Rolltisch. Ein Packen mit sterilen Untersuchungshandschuhen. Injektionskanülen. Kompressen. Brausetabletten zur Kaliumsubstitution. Fettsalbe, Glycerin. Eine größere Flasche mit vanillefarbener Flüssigkeit: Eiweißreiches Nährstoffkonzentrat. Reduzierungsprogramm.

Ich schaue meiner Hand zu, die weiterhin, wie selbstvergessen, ihr Haar streichelt. Wann ist das zuletzt gewaschen worden? Die Fingernägel habe ich ihr am Vortag geschnitten, die Fußnägel nicht. Sie scheint wieder Haare verloren zu haben: noch mehr Kopfhaut. Oder zeigt die sich so deutlich, weil die Haare zurückgekämmt wurden? Oder habe ich ihr noch nie so lange auf den Kopf, auf die Kopfhaut geschaut? Bloßstellender Blick? Blick, der ihre Hilflosigkeit, Verlorenheit betont? Oder schaute ich sie bei den Besuchen vorher auch so an, nur waren da Gegenblicke, Blickkontakte, damit ein Absehen von Details, die sich zu deutlich betonen?

Ich schaue in die Bäume vor dem Fenster. Gelegentlich ein Vogel, nun Abendvogel, vor dem Himmel, der im Westen aufglüht, aber davon sehe ich nur Reflexe im Fenster. Ich werde bleiben, bis es finster ist. Vielleicht spürt sie doch, an der Handwärme, dass ich da bin. Fühlt sich wieder ein Stück begleitet, an die Hand genommen. Nein, eigentlich bin eher ich an die Hand genommen auf ihrem letzten Weg, reglos im Bett. Bin ganz entspannt, lasse die Dämmerung auf mich zukommen, lasse sie in den Raum, in den Kopf wachsen.

Neusach. Weißensee. Kärnten. Austria. 1000 m ü. M. August 1961. »Nun sind Paps und ich mit Dir der Meinung, dass Du, falls Du wirklich nie und nimmer Lehrer werden willst, Du das Staatsexamen nicht zu machen brauchst. Den Doktor aber bestimmt!! Wir wussten ja nicht, dass Du verpflichtet bist, nach dem Staatsexamen sofort Referendar zu werden. Wir dachten, wenn Du mal das Staatsexamen in der Tasche hast, kannst Du später, wenn die Zeiten mal schlecht werden, immer noch die Laufbahn eines Studienrats ergreifen. Wir haben hier ein sehr nettes Ehepaar kennengelernt, er ist Prof. der Chemie an der T.H. in München, die Tochter baut zur Zeit ihren Doktor in Biologie, mit denen haben wir das Thema Staatsexamen lange besprochen und sind jetzt gut informiert. Du brauchst uns gegenüber also kein schlechtes Gewissen mehr zu haben, wenn Du das Staatsexamen nicht machst. Wir vertrauen natürlich auf Dein Köpfchen, dass Du es auch ohne Examen schaffst.

Uns gefällt es hier wieder sehr sehr gut, wir haben aber auch Glück mit dem Wetter. Nur an 2 Tagen war es zu kalt und unfreundlich zum Schwimmen. Herbert und Peter laufen gerade wieder Wasserski. Es gibt für eine Erholung, wie Paps sie braucht, einfach keinen besseren Platz. [...]

Was sagst Du zu Berlin? Ob das auf die Dauer gut geht? Ich glaube nicht, dass Kennedy wegen Berlin Krieg anfängt.«

Die Stelle, an der ich sonst gesessen habe, fast mein Stammplatz, ist eingenommen von einem Gerät, das lautlos Dampf absprüht, über ihr Gesicht, ihren Mund, ihre Nase hinweg. Ein Rollgestell, eine kopfunter hängende Flasche, etikettiert, ein konservendosengroßer Zylinderblock; Plastikröhrchen. Über etwa dreißig Zentimeter hinweg bleibt sichtbar, was dieses Gerät absprüht. Desinfizierende Lösung? Medikament, das sie inhalieren muss? Ich halte den Zeigefinger in den Sprühdampf, er ist kühl. Zumindest ist da kühlende Wirkung. Schnuppern: es riecht nicht chemisch. Ich halte den Kopf nach unten, schaue auf das Etikett: Steriles pyrogenfreies Aqua. Am Gerät die Aufschrift: Ultraschall-Vernebler. Kleine Erleichterung: es wird also nur steriles Wasser versprüht. Aber was soll das bedeuten: pyrogenfrei? Pyro ... pyro ... Pyrotechnik ... So etwas wie: frei von entzündlichen Stoffen? Bestandteilen? Dass keine Flamme entstehen kann, über ihr Gesicht hinweg?

Nur acht oder zehn Zentimeter höher? Sinkt Feuchtigkeit aus dem Nebelkondensat herab, in mikroskopisch kleinen Tröpfchen? Und ihre Atemwege werden befeuchtet, ihre Nase, ihr Mund, der wie ausgetrocknet sein muss nach all dem Atmen bei offnen Lippen?

Ich gehe um das Bett herum, küsse ihre Stirn. Dicht an ihrem Gesicht vorbei der Wassernebelstrahl. Sie schläft. Ihr Mund will sich nicht schließen. Ich versuche, mit dem Zeigefinger die Unterlippe an die Oberlippe zu schieben, aber der schmale, schiefe Spalt öffnet sich gleich wieder. Unerlaubte Vorwegnahme, Vorgriff auf das endgültige Schließen des Munds einer Verstorbenen? Danach das Verschließen, endgültig, der Augen. Oder schließt man, nach dem letzten Atemzug, erst die Augen, dann den Mund? Kleines Aufklaffen der Augen zwischen Oberlid, Unterlid. Kurzes Schlucken, Atemzüge durch die Nase, wieder ein kleines Schnarchgeräusch.

Ich bleibe stehn am Fußende des Betts, lege die Hände auf das weißlackierte Metall. Die verkleinerten Kinderbettklappen rechts und links, sie liegt genau in der Mitte, ihr Kopf ein wenig nach rechts gedreht, der Wasserdampfstrahl waagrecht. Müsste der nicht tiefer liegen? Oder wäre es dann wie Atmen in einem subtropischen Regenwald? Tropfen um Tropfen löst sich aus der kopfstehenden Flasche. Der Aquadampfstrahl. Querstrich über das Gesicht hinweg. Ich sehe nicht mehr, dass sich beim Einatmen die Unterlippe ein wenig absenkt. Und kaum noch zu registrieren das geringe Anheben der Bettdecke im Atemtakt. Der Vernebelungsstrahl zugleich in meinem Kopf, von Schläfe zu Schläfe.

Stille im Raum und Ruhe im Gang. Fern ein Telefon. Auch regt sich nichts in den Bäumen – kein Wind, keine Vögel. Ich stehe am Fußende. Fühle mich immer regloser werden in diesem Arrangement der Reglosigkeit.

Mit dem ersten Klingelzeichen des Telefons bin ich wach, schaue auf die Uhr: viertel nach vier. Stunde des Wolfs. Ich brauche eigentlich gar nicht erst den Hörer abzuheben, mit dem Klingelzeichen ist alles mitgeteilt. Rascher Herzschlag, während ich mich aufstütze, abhebe. Die Stimme eines Mannes: Traurige Nachricht ... Mutter entschlafen ...

Ja, sage ich, und die Frage, warum man mir nicht, wie verabredet, rechtzeitig Bescheid gegeben hat, diese Frage stelle ich nicht. Höre, dass sie sanft entschlafen ist.

Also war keiner bei ihr, als sie starb?

Der Assistenzarzt scheint nichts Genaueres zu wissen, die Nachtschwester hat ihn lediglich über das Ableben informiert.

Und was hat man als Todesursache festgestellt?

Herzversagen, natürlich. Fast seit einer Woche ein Puls von hundertzehn, das konnte sie nicht lang durchhalten bei ihrer geschwächten Konstitution.

Danke, ich weiß Bescheid, sage ich, und: Gute Nacht.

Fast erleichtert nun der Arzt: Ja, gute Nacht.

Restnacht. Ich will mir Vorwürfe machen, dass ich wegen eines Funktermins nach München gefahren, das Hotelzimmer bezogen habe, aber konnte ich wochenlang auf dem Fleck verharren? Und hatte ich nicht alles für die Todesstunde arrangiert? Kann man nicht ein paar Stunden vor dem Tod erkennen, dass die letzte Stunde naht, die letzte Minute? Ich hatte den Abschiedskuss wiederholt, auf ihre Stirn, außerhalb des Verneblungsstrahls, hatte ihr gesagt: Ich bin sofort zurück, wenn es dir schlechter geht. Wäre ja auch mit dem Taxi recht bald in Herrsching gewesen.

Doch nun ist das zum letzten Bild der noch Lebenden geworden: ihre Reglosigkeit und der Vernebelungsstrahl über ihr Gesicht hinweg. In der Todesstunde dann alleingelassen. Ich kann mir nicht vorstellen, nicht einreden, dass sie »sanft entschlafen« sei, sie wird noch einmal die restlichen Kräfte zusammengerafft haben, letztes Aufbegehren, vielleicht riss sie den Mund auf, die Augen.

Und nun das Wort »Auskühlung«. Ja, mit der Todesminute beginnt das Auskühlen des Körpers, hat bereits begonnen in dieser Stunde, in der sich das Wort Auskühlung einfindet. Ihr Körper gibt Wärme ab in den Raum, diese Wärme kann nicht mehr ergänzt, ersetzt werden durch Wärme, die ihr eingeflößt wird, durch Wärme, die ihrer Haut zugeführt wird, kein Wärmeaustausch mehr, einseitiges Abgeben von Wärme in das Krankenzimmer. Oder wird sie schon hinausgerollt, Patienten und Besucher sollen die Leiche nicht sehen, alles abgewickelt, routinemäßig, vor dem allgemeinen Wecken, dem Frühstück? Kommt sie in eine Kühlkammer? Auch noch künstlich entzogene Wärme? Aber sie hat sich den Winter ausgesucht. Und die stillste Stunde der Nacht. Die Zeit, in der die meisten Menschen sterben? Machen sich davon, wenn sich ringsum am wenigsten regt? Die Wärme, die ihr Körper abstrahlt nun in einem Raum, in dem kein Licht angeschaltet ist, die Wärme steigt durch einen Fensterspalt, eine Lüftungsklappe auf in den Nacht-Raum, Winternacht-Raum, Moleküle schwingen immer langsamer – oder wie setzt sich Körperwärme fort in der Luft? Müsste aufsteigen, über die Atmosphäre hinaus, kleine, sich rasch auflösende Wärmeschliere.

Mit dem ersten Frühzug fahre ich nach Herrsching, gehe das Stück zum Krankenhaus. Eine Schwester teilt mir mit, dass Vater und Bruder bereits Abschied von ihr genommen hätten. Ich möchte ebenfalls von ihr Abschied nehmen.

Ja, wie meinen Sie das?

Ich möchte sie sehen.

Sie möchten Ihre verstorbene Mutter sehen?

Ja, natürlich.

Auf so einen Wunsch ist sie nicht vorbereitet, sie kann und darf da nichts entscheiden, bittet mich, Platz zu nehmen, holt den diensttuenden Arzt. Der kann sich, auf dem Anmarsch, vorbereiten auf seine Stellungnahme: Eine ziemlich ungewöhnliche Bitte.

Wieso – nimmt nächste Verwandtschaft nicht Abschied von den Toten?

Anwesenheit in der Sterbestunde, selbstverständlich, jedoch Abschied von einer bereits verstorbenen Person? Sind Sie ganz sicher, dass Sie das wollen?

Deshalb bin ich gekommen.

Das steht Ihnen frei, selbstverständlich. Ich muss aber sagen, das ist ungewöhnlich, sehr ungewöhnlich.

Kann ich sie sehen oder nicht?

Ehrlich gesagt, wir sind auf solch ein Ansinnen nicht ganz vorbereitet. Sie werden sich einen Moment gedulden müssen.

Da muss nichts weiter vorbereitet werden, ich möchte sie sehen.

Trotzdem, trotzdem ... Es wird telefoniert. Ein Pfleger in Weiß holt mich ab, stumm, geht vor mir her zur Kapelle des Krankenhauses. Leerer, ungeheizter Raum, wenn auch mit Altar. In einer Ecke sind drei, vier Leichentröge auf Rädern zusammengeschoben, offenbar frisch mit Laken überdeckt.

Vornean, sagt der Pfleger und legt heuchlerisch die Hände zusammen vor dem Geschlecht.

Hüfthoch die Leichtmetallwanne – Assoziation an Tröge, in denen früher Brotteig bearbeitet wurde. Vorsichtig ziehe ich das Laken weg vom Gesicht. Der Kopf scheint noch kleiner geworden zu sein. Das wenige Wangenfleisch scheint sich in Wachs verwandelt zu haben. Das Haar noch weiter ausgedünnt, sichtlich ungewaschen – Todesschweiß zuletzt? Ich traue mich nur, das Laken bis zum Hals herabzuziehen. Aluminiumhelles Metall. Liegt sie nur im Krankenhaushemdchen oder nackt in diesem Leichentrog auf Rädern?

Nun weiß ich genau, was das Wort besagt: abgeschoben. Obwohl man wusste, ich komme in die Kapelle: die rollbaren Leichentröge blieben achtlos zusammengeschoben in der Ecke. Immerhin war der richtige Trog nach vorn gezogen – oder war sie ohnehin zuletzt herangeschoben worden? Ein Kuss auf die Stirn, hinter der Sprache zerdrückt worden war vom wachsenden Ödem. Hinter der sich Tod breitgemacht hatte in Verästelungen. Ich ziehe das Laken über ihr Gesicht, ihren Kopf. Keine Totenwache, hier nicht, nicht hier. Schweigend gehe ich am Pfleger vorbei. Der Arzt ist verschwunden. Die Schwester überreicht mir einen kleinen, blauen Plastiksack mit »Hinterlassenschaften aus dem persönlichen Besitz der Verblichenen«. Den trage ich, verstummt, durchs Dorf zum Haus, das sie erbaut hat.

910

NACHRUF: das Wort bereits in der Mehrzahl. Verbunden, meist, mit dem Wort Krebs. Und, jeweils echohaft, mit einem: Unwiederbringlich.

Der frühe Tod des Karl-Heinz Terbach. Er war der erste Maler und Graphiker, von dem ich Bilder kaufte. Zwei Graphiken hängen noch heute im Eifelhaus. Wichtig ist mir vor allem der »Babylonische Turm«. Riesiges Gerüst, chaotisch komplex, in dem, wie verloren, ein paar Strichmännchen herumwerkeln. Eine taillierte, äußerst labile Konstruktion, die jeden Augenblick in sich zusammensacken kann. Immer deutlicher für mich der Ausdruck, die Umsetzung eines Lebensgefühls.

Zugleich: rhythmisiertes Spiel mit Linien. Die Simultaneität von Gegenständlichkeit und Abstraktion hat mich damals schon überzeugt. Dabei bleibt es.

Und es bleiben Erinnerungen wach an den Kunstlehrer und Graphiker, den ich ein paarmal in Essen besucht hatte: der Beginn einer Freundschaft. Beim letzten Besuch, 1966, klagte er über eine besonders hartnäckige Grippe, die alle Kraft aus ihm saugte, wochenlang. Einige Monate später starb er: Nierenkrebs. Seine Graphiken (von denen er meist nur Probeabzüge gemacht hatte, weil sich kaum mal ein Käufer fand) lagen in Mappen und Schubern. Pläne, sie in Essen oder Düren in einer Ausstellung zu präsentieren, stießen auf Schwierigkeiten, wurden aufgegeben. Was blieb: verstreute Erinnerungszeichen.

Der Tod sodann eines Musikers, mit dem ich kurze Zeit an einem gemeinsamen Projekt gearbeitet hatte: Michael Schäffer, Laute. Die Kooperation bei der Neuaufnahme von Liedern des Oswald von Wolkenstein. Es wurde Schäffers erste LP-Einspielung; wir nahmen uns vor, später eine Neidhart-Platte folgen zu lassen.

Bald nach den Aufnahmen kam Schäffer ins Krankenhaus: Tumor in der Bauchhöhle, die aufgeschnitten wurde, zugenäht, bestrahlt; ungeheure Schmerzen; sein Fleisch wurde weicher, schwammiger, die Haare fielen aus. Tod eines Mannes, jünger als ich, der längst nicht alles verwirklicht hatte, was für ihn möglich, was in ihm angelegt war.

Angst vor einem ähnlichen Tod. Die Angst noch gesteigert durch den Krebstod des Nicolas Born, mit dem ich in Köln am Tresen gesessen hatte, und wir nahmen uns vor: Wir holen nach, was sich bisher nicht ergeben hat an gemeinsamer Gegenwart. Es folgten aber nur noch ein paar Telefonate. Als Todkranker eine Zeitlang auf ›meiner‹ Bettcouch im Berliner Arbeitszimmer von Max Frisch (damals in den USA?). Die Todesanzeige.

Und der überraschende Tod des Hans Jürgen Fröhlich. Ein Schock. Er hatte sich immer durchschlagen müssen – das änderte sich auch kaum mit seinem Verlagswechsel. Ein größerer Erfolg, buchhändlerisch, nur mit seiner Schubert-Biographie. Er hätte eigentlich resignieren oder sich auf das Verfassen von Rezensionen und Funkbeiträgen beschränken können, doch er begann, in Italien, an einem neuen Romanprojekt zu arbeiten. Diese Energie, diese Unbeirrbarkeit habe ich bewundert.

Jürgen starb in Norddeutschland. Er hatte mir eine Briefkarte geschickt nach der Lektüre des Wolfram-Buchs, Jubelsätze, und wir müssten uns bald wieder sehen. Ich rief mehrfach an im Künstlerhaus Schreyahn / Wüstrow, in dem er zwischenzeitlich als Stipendiat untergeschlüpft war; es wurde nicht mehr abgehoben im Hausanschluss. Ein Herzinfarkt, der im Krankenhaus einer Provinzstadt offenbar falsch behandelt wurde, er starb drei Wochen später im selben Spital an Herzversagen.

Während ich dies schreibe, beleben sich Erinnerungen. Wie ich mit Jürgen in einer Hamburger Straße schlenderte, und wir begegneten Hubert Fichte, standen zu dritt in der Sonne, sprachen über Redakteure, Kritiker, Arbeiten. Ich bin der Einzige der drei, für den dies Erinnerung ist. Noch.

Ich habe wieder das schwarz gerahmte Kärtchen mit der Todesanzeige von Helene vor mir liegen: »Wenige Tage vor der Goldenen Hochzeit im Alter von 78 Jahren sanft entschlafen.« Genau das Alter, in dem ich dies niederschreibe.

Ich schaue, gleichsam textleer, aus dem Fenster: Blickperspektive hinaus und hinauf zur Silhouette der Kirche auf sanfter Anhöhe, rechts von der Blickachse die weit gefächerte, die biblische Zypresse, der hochragende Lebensbaum, Mammutbaum, die Sequoia.

Sanft entschlafen: ja, stimmt ausnahmsweise, das böse Gewächs in ihrem Schädel hatte alles an sich gesogen und stumm vernichtet. Ich belaure mich in meinem Schädel: Wächst da, wächst hier auch so was heran? Angekündigt von zuweilen merkwürdigen Hirnreflexen?

Zuweilen, in guten, in glücklichen, in intensiven Momenten, mit Blick auf den anderen Körper, den anderen Körper berührend zwischen Zeh und Stirn, mit Blick in weite Landschaft, mit Blick auf glitzerndes Wasser, mit Blick auf eins der Bilder, die ich gesammelt habe oder zu denen ich mich in Museen immer wieder hinführe, oder wenn ich Musik höre, die ich mir bei wiederholtem Hören ganz zu eigen gemacht habe, dann denke ich: Schade, dass all dies ein Ende haben wird.

Und ich intoniere schon mal meinen Abgesang, den ich noch nicht anstimme: Meine Füße, sie werden mich nicht mehr tragen, lederumhüllt in Schnee, von Umhüllung befreit auf warmem Sand. Und die Beine werden mir nicht mehr die Bewegung verschaffen, die ich Tag für Tag brauchte, Bewegung in städtischem Ambiente, Bewegung in dicht bewachsenem Ambiente, Bewegung möglichst oft auch im Beinschlag beim Schwimmen, das meine zwei Quadratmeter Haut lustvoll betont. Und ich werde nicht mehr in den anderen, in meinen anderen Körper eindringen und meinen Körper von innen nach außen, von außen nach innen heftig spüren. Und meine Lungen werden sich nicht mehr mit Luft füllen, die ich etwas ausgelaugt wieder von mir gebe. Und mein Leib wird sich von den beiden chronischen Krankheiten befreien, mit denen ich gelassen umging, weil sie mich schmerzfrei begleiteten, mich nicht beherrschten. Und meine Arme werden nicht mehr den anderen Körper heranziehen, die andere, die warme, die lebenswarme Haut und das schöne Gewebe. Und meine Finger, von Arthrose weithin verschont, werden nicht mehr nützliche Tätigkeiten ausüben, werden keine Buchstabenfolgen mehr reihen. Und mein Mund wird nicht mehr Riesling-, nicht mehr Barolo-, nicht mehr Riojaweine abschmecken und die Speisen mit Fisch und Fleisch und Gemüsen. Und meine Ohren werden nicht mehr die Stimmen meiner Liebsten und meiner Lieben hören und nicht mehr die Meisterwerke, die ich mehrfach, vielfach gehört, mir fast angeeignet habe. Und ich werde nicht mehr sehen, was ich bildhungriger Mensch mit den Augen gleichsam herangesogen, in mich hereingesogen habe, der Blick wird brechen, wird gebrochen sein, gebrochen bleiben.

NOTARIELLE ERÖFFNUNG DES TESTAMENTS. Und wir wurden konfrontiert mit einem Begriff, der uns völlig neu war: *Vorerbschaft*. Eine besonders rasche Form der Vermittlung von Erbschaft? Oder wie sollte man das verstehen?

Staunend, irritiert mussten wir lernen, über Behördenbescheide, dass wir Söhne mit dieser Regelung umgangen oder übersprungen wurden. Als Vorerben hatten wir jeweils unseren Anteil am ansehnlichen Erbe zu verwalten, durften Renditen einziehen, mussten den Bestand jedoch wahren bis zu unserem Tode.

In ein Bild übertragen: Auch ich erhielt eine Kassette mit Geld, der Schlüssel aber wurde an mir vorbeigereicht – darf erst ins Schloss gesteckt werden, mit dem Segen des Vormundschaftsgerichts, wenn ich gestorben bin. Allerdings dürfen Kapitalerträge bereits zu meinen Lebzeiten genutzt werden. Das Depot aber blieb für die Nacherben bestimmt. Das heißt: für Ehefrauen und deren Kinder. Aber nur *Ehefrauen* hatten hier Anrechte! Einer der Brüder nun lebte seit langem mit einer Frau zusammen, sie hatten ein Kind, aber damit, so die Starnberger Behörde, hatte diese Frau, hatte dieses Kind keinen Anspruch auf das Nacherbe, es sollte dann nicht gedrittelt, sondern halbiert werden. Unseren Vater brachte das ins Schlingern, ins Schleudern, er sah sich verpflichtet, in ähnlicher Weise im Namen der »Verblichenen« zu plädieren. Das Testament erwies sich nicht als massive Klammer, die den Familienverband zusammenhalten sollte, es war mehr eine Mine mit langfristiger Sprengwirkung.

Wir konnten nur rätseln, weshalb die Mutter das Erbe an uns Söhnen vorbeireichte. Wie auch immer ich das auslege, es hat Rückwirkungen auf das Bild, das ich mir von ihr mache.

Das kann einmal so aussehen: Helene hat es irgendwie gut gemeint; die juristische Machination entstand aus Versehen; beim (befreundeten) Rechtsanwalt, der das Testament formulierte, hatte sich etwas selbständig gemacht, mit falsch verstandenen Stichworten.

Oder aber: Diese juristische Machination entsprach der rigiden Mentalität der Mutter; sie wollte die Söhne zwingen, lebenslänglich treue Ehemänner zu bleiben oder umgekehrt: Die Ehefrauen sollten gezwungen werden, bei ihren Männern zu verharren. Eine ihrer Standardformulierungen: »Familie hält zusammen.« Sollte sie tatsächlich versucht haben, über ihren Tod hinaus in diesem Sinne erzieherisch auf uns einzuwirken, so ist das in zwei von drei Fällen gescheitert.

Stichworte, über unsere Mutter nachzudenken, wurden ständig nachgeliefert: vom Landgericht München II, vom Vormundschaftsgericht Starnberg, von Bremer und Münchner Notaren, von Rechtsanwälten. Damit die Gefahr, dass ich Ärger über juristische Folgeerscheinungen auf meine Mutter ablud, postum.

Beispielsweise beschwerte ich mich beim Amtsgericht Starnberg über eine dubiose Entscheidung, legte Widerspruch ein, betonte: »Nacherbschaft ist nicht das Stichwort zu einem indirekten Entmündigungsverfahren.« Prompt hieß es in der Beschluss-Antwort der 6. Zivilkammer des Münchner Gerichts: »Der Beschwerdeführer ist als Vorerbe nicht beschwerdeberechtigt.« Ich hatte hier also nichts (mehr) zu sagen.

Aber ich traf eine Entscheidung, und das konnte mir juristisch nicht versagt werden: ich habe meinen Tod nicht abgewartet, sondern meinen vermaledeiten Erbanteil an Gisela und die Söhne verteilt, verzichtete damit auf Renditen. Eine Entscheidung, die mir nicht leichtfiel, als Freiberufler, aber ich musste die fatale Hinterlassenschaft loswerden, um mich wieder frei bewegen zu können, mental. Kapitel erledigt. Wenigstens formell, nicht emotional.

Erbschaft kann zu einer Art Belastungstest für den Familienverband werden. Da lernt man sein familiäres Ambiente erst so richtig kennen. Vorher ist viel wohlmeinende Rhetorik im Spiel. Zuletzt aber Klartext.

Dies war Helene völlig undenkbar erschienen: Dass Helmuth sie überlebte, obwohl *sie* doch entschieden »lebenstüchtiger« war.

Und es gab sogar eine Rosen-Replik: Der Witwer wurde auf einer Seitenstraße von Herrsching mit einer einzelnen Rose begrüßt – auch beglückt? Es war dann aber nicht die Frau mit der Rose, die ihn auf Ferienreisen (meist nach Österreich) begleitete, es war eine südamerikanische Witwe, die das Steuer übernahm, zuständig für Auto und Navigation, er zuständig für Hotels und Restaurants. Als der Achtzigjährige nebenbei mal erwähnte, sie hätten wieder ein sehr schönes Hotelzimmer gehabt, da gab es einen kleinen Klick im Hirn: Aha, soso.

Sie erzählte mir einmal, was ich als bewährte Anekdote gern weitergab, sogar hier weitergebe: Sie fuhr, in Bayern, mit überhöhter Geschwindigkeit durch ein Dorf, ein Polizist auf Motorrad überholte und stoppte sie, eine Strafzahlung wurde fällig, wäre fällig geworden, doch sie: Wenn wir jetzt in Argentinien wären, würde ich sagen: Gehn wir erst mal ein Bierchen trinken. Der Polizist: Gute Idee ... Nach Umtrunk und Geplauder war die Strafzahlung vergessen. Und für mich ergab sich ein kleiner Perspektivwechsel mit Blick auf mein Land.

CHINA, 1985. Ein korrekt chronologischer Reisebericht üblicher Bauart, etwa für eine Video-Präsentation unter Freunden, würde folgende Punkte stringent miteinander verbinden.

Samstag, 23. März: Flug nach Hongkong ... Bei der Zwischenlandung in Neu-Delhi platzt ein Reifen ... langes Warten in der schwülheißen Kabine, wir dürfen nicht aussteigen ...

endlich das Ersatzrad ... Hongkong ... Name des Hotels ... Stadtrundfahrt am nächsten Tag ... die namhaften Sehenswürdigkeiten ...

Montag, 25. März, Zugfahrt Hongkong–Kanton ... drei Stunden ... Reisfelder ... kaum landwirtschaftliches Gerät zu sehen, eher Holzgeräte ... Frauen mit breitkrempigen Strohhüten ... Wasser gescheffelt, Lasten getragen ... Holzpflug, Wasserbüffel, Schlamm ... Formulare ausfüllen im Bahnhof Kanton ... Hunderte von Radfahrern, Tausende von Radfahrern ... halbierte Schweine oder komplette Sessel auf Gepäckträgern verzurrt ... vorgesehenes Hotel ausgebucht, Fahrt nach Foshan ... Busfahrer und Reiseleiter finden das Hotel nicht ... Radfahrer ohne Licht, Autos ohne Licht, Bus ohne Licht ... Anmerkungen zum Essen ... taoistischer Ahnentempel aus der Song-Zeit ... zurück nach Kanton ... lange Suchfahrt zu einer Porzellanmalerei ... Begehung des Marktes: Dachse, Hunde, Katzen, Enten, Gänse, Eulen in Drahtkäfigen, zwei Dutzend Hühner in einem Bambuskorb, ein Dutzend Frösche gebündelt dargeboten ... fällige Notiz über das Spucken im damaligen China ...

Mittwoch, 27. März: Verspäteter Flug nach Guilin ... keine Antwort auf meine Frage, aus welcher Dynastie die Propellermaschine stammt ... sechsstündige Schiffsfahrt auf dem Li-Fluss nach Yangzhou ... kegelförmige Berge, Kormoranfischer, Lampen am Bug ... Japanerin an der Reling summt Schubert/Heine ... kleines, feuchtigkeitstriefendes Hotel, die »Tropfsteinhöhle« ...

Freitag, 29. März: Nach Engpässen in der zivilen Luftfahrt ein Trident-Jet des chinesischen Militärs ... riesiger Pilot in Bomberblouson, rasanter, steiler Start ... Gardinchen vor den Fenstern ... pünktliche Landung in Kunming ...

Details, wie auf Schnur gezogen ... Chronologie: Vorgänge, Erlebnisse, Erfahrungen mit Daten koordiniert ... Aber so stellt sich eine Reise im Rückblick nicht dar, jedenfalls bei mir nicht. Da sind nur Bilder gespeichert, Bildfolgen, Bildsequenzen, assoziativ. Also neuer Ansatz.

917

China, noch in der Zeit überall aufgestellter Spucknäpfe, himmelblau emailliert oder bunt beblümt. China noch vor der Zeit der Handys und Digitalkameras. Vor jeder Sehenswürdigkeit: Chinesen, die sich in Positur stellten, vor Verwandten, Bekannten, Freunden, die mit Box und Balgkamera, manchmal sogar mit einer rollei-ähnlichen Spiegelreflex (Marke: Great Wall) Aufnahmen machten und dabei vielfach – wohl der modische Trick der Saison – die Kamera etwas schief hielten. Die Personen vor den Objektiven so angestrengt reglos, als wäre noch immer die Zeit der Daguerreotypien mit einigen Minuten Belichtungszeit.

Vor dem Stand eines Berufsfotografen (der seinem Gehäuse die Form einer Fernsehkamera verliehen hat) waren auf einer Bodenplatte rote Fußumrisse markiert – jeweils für Einzelpersonen, für Paare, für Dreiergrüppchen. Mit beinah militärisch knappen und rauen Anweisungen dirigierte der Fotograf die Kunden zu den Fußumrissen, bestand darauf, dass die zentimetergenau eingenommen, eingehalten wurden, obwohl sein als Fernsehkamera verkleideter Fotoapparat auf ein rollbares Stativ montiert war.

An einem weiteren Fotostand sehr bunte Kostümattrappen und Szenenkulissen, die von Kunden mit ihren Gesichtern komplettiert werden können. Dazu müssen sie hinter den bunten Flächen zwei, drei Stufen hinaufsteigen, den Kopf in eine Mulde legen. Von der Seite gesehen wie die Vorbereitung zum Guillotinieren. Der Kopf muss genau in der Mulde aufliegen, also streckt schon mal ein Kunde den Hintern raus, lässt die Arme hängen, sieht aus wie ein völlig schlaffes Opfer. Zum Ausgleich welche Wunschbilder! Ein Drache fliegt durch blauen, weiß bewölkten Himmelsraum, auf ihm sitzt, in lässiger Beherrschung, eine Frau in dunkelblauem Kleid. Eine junge Frau gibt ihr Gesicht dazu, bekrönt mit einem Hut nach pseudohistorischem Muster aus dem Fundus des Fotografen. Attrappe eines Jungen, bunt gekleidet, auf einem Delphin, aus schäumendem Wasser hochschnellend. Die Attrappe eines Liebespaares, Hand in Hand, in Phantasiekostümen, die Assoziationen wecken sollen an Personen einer historischen

Oberschicht. Ein Mann, halb aufspringend, halb aufsitzend auf einem Tiger. Vor rasch anwachsendem Publikum legt ein schwergewichtiger Mann seine Brille ab, setzt einen bunten Hut auf mit zwei sehr langen, wippenden Federn, schreitet zur Attrappe eines wilden Reiters in historischem Kostüm, das Pferdebild suggeriert Galopp über Stock und Stein, mit den langen, wippenden Federn am Hut steigt der Dicke hinter der Attrappe hoch, legt, den Anweisungen des Fotografen gehorchend, das Kinn in die Kopfmulde; nun wird er offenbar aufgefordert, zum Gaudi der Zuschauer, so dreinzuschauen, wie es zum Bild des wild einhersprengenden Reiters passt, das gelingt aber erst nach mehreren Versuchen.

Nein, kein Übergang, auch kein gleitender, es bleiben Bilder, Bildsequenzen in der Schwebe, herausgelöst aus Raum- und Zeit-Koordinaten.

Auf einer der Inlandrouten mussten wir mit einer chinesischen Militärmaschine fliegen, wegen einer Lücke im Transportsystem; als wir in den Offiziers-Jet stiegen, wurde über quäkige Bordlautsprecher eine Ohrwurmnummer eingespielt, die ich im Reich der Mitte nicht erwartet hätte: Das akustische Irrlicht huschte in der Kabine umher, setzte sich hierhin, tritsch, schnellte dorthin, tratsch, schwebte zum Heck, tritsch, war schon wieder beim Cockpit, tratsch, war hier und dort zugleich, tritsch und tratsch, schwebte so durch mein Hirn mit all seinen Falten, Schrunden, tritsch und tritsch und tratsch und tratsch – eine Polka in einer chinesischen Militärmaschine! Aber schon während ich mich setzte, auf den Fensterplatz, den ich brauchte für den Blick auf die Flügelspitze, und bevor die Maschine abhob im rauen Stil des Militärpiloten, setzte sich die Tritsch-Tratsch-Polka fort mit Tritsch und Tratsch.

Diesmal freilich eine assoziative Verbindung: zweite, gleichfalls überraschende Konfrontation mit zentraleuropäischer Musik.

Wir wurden zu einer Tempelanlage gefahren, die an einem bewaldeten Mittelgebirgshang lag. Während wir den Vorhof des Tempels betraten, übte dort eine Gruppe Polizisten in grünen Schlabberuniformen Karate – für einen Film, wie wir erfuhren. Wir gingen weiter in den Haupthof, in den Bereich der (wenn auch kargen) Blumenrabatten und des (wenn auch kümmerlichen) Springbrunnens, und zahlreich die Menschen auf den Wegen. Ein, zwei Dutzend auch vor einem großen Pavillon seitwärts: erhöhte Fläche von bestimmt sechs mal zehn Metern, Eck-Holzpfeiler, das Dach mit den üblichen Dämonenfratzen. Und in diesem Pavillon wurde ein Wiener Walzer gespielt – nicht irgendein Wiener Walzer, sondern der Kaiserwalzer! Ein Kassettenrekorder auf dem Estrich und bestimmt zwei Dutzend Paare im Dreivierteltakt. Und es setzte, während wir, von allen Seiten beobachtet, spontan mittanzten, ein Prozess der Verwandlung ein, begleitet von halluzinatorischer Veränderung des Tempel-Pavillons: Die Tanzfläche begann sich in die Länge und Breite auszudehnen, Holzsäulen vergoldeten sich, an den Dachkanten reihten sich Hunderte, Tausende von Glasplättchen, die mitschwangen im Walzertakt, und es drehten sich mit uns Kaiser und Kaiserinnen der Ying-Dynastie und Kaiserinnen und Kaiser der Yang-Dynastie, drehten, drehten, drehten sich im Takt des Kaiserwalzers.

Wieder ein Sprung. Ein Bruch. Wird nicht zugekleistert, keine Spachtelmasse, kein Montageschaum, den ich in die Fuge drücke.

Mittagspause in der Porzellanmalerei. Drei Reihen von Tischen, jeweils ein halbes Dutzend, an fast allen Tischen ruhte die Arbeit. Eine Lautsprecherstimme, scharfrandig, beherrschte den Saal, andere Stimmen waren nicht zu vernehmen. Überall schliefen Arbeiterinnen, Arbeiter – reglose Körper in verschiedensten Gewohnheitsposen. Ein paar Arbeiter hatten sich auf jeweils vier gereihten Stühlen ausgestreckt, das Gesicht mit einem Handtuch bedeckt. Die meisten freilich schliefen an den Tischen, Kopf auf parallel gelegten Unterarmen. Die saalbeherrschende Lautsprecherstimme wurde abgeschaltet; kleine Transistorradios auf mehreren Tischen, und aus allen ertönte die scharfrandige, beinah krächzende Stimme. Eine der Frauen arbeitete noch, die Vase auf eine waagrechte, über dem Tisch angebrachte Stange geschoben, die Vorlage in Originalgröße vor ihr auf der Holzfläche, das Muster auf dem weißen Porzellan vorgezeichnet, und sie malte grüne Blätter aus mit feinem Pinsel. Eine junge Frau schminkte sich am Arbeitstisch, vor einem kleinen, rechteckigen Spiegel, den sie an eine Vase gelehnt hatte. Fast alle hatten Postkarten oder Souvenirs oder eingerahmte Familienfotos auf ihren Tischen. Selbst mit krächzend übersteuertem Radio dicht neben dem Kopf: es wurde geschlafen. An einem leeren Tisch vor einem der Fenster zogen, schoben zwei Arbeiter kleine Holzscheiben auf einem Spielfeld – chinesische Variante von Dame oder Mühle? Die Transistorradios schrien auf die Schläfer ein, erreichten sie nicht. Die wach waren, wurden von der Stimme offenbar auch nicht erreicht.

Aber nun Kunming: starke Präsenz durch Emotionen, die einwirkten auf die Erinnerung. Der Ort gesehen, erlebt in vorgegebener Perspektive. Auch Kernphysik lehrt: Beobachtung beeinflusst, ja verändert das beobachtete Objekt.

Es geht auf der Reise nicht weiter. Verwirrung, offenbar, bei der chinesischen Luftfahrtgesellschaft, Abflugtermin unbestimmt, wie der chinesische und der deutsche Reiseleiter berichten, eine Maschine ist ausgefallen, eine Maschine musste von Shanghai aus woanders hinfliegen: Die Auskünfte der Mitarbeiter am Schalter seien offenbar unzureichend, keiner scheine zuständig, auf einer Tafel würden mit Kreide Termine, Flugnummern, Schriftzeichen gereiht und wieder ausgewischt. Berichte kursieren über eine amerikanische Reisegruppe, die tagelang in Sian festgesessen hat, das auch noch im Flughafengebäude nach der Abfertigung, sie mussten in kaltem Raum auf Stühlen sitzen, kamen nicht an ihr Gepäck heran. Frieren und wachsende Wut. Berichte von Einzelreisenden, die auch nicht weiterkamen, schon gar nicht von Kunming aus, mehrere Tage nacheinander zog die Frau, die uns das erzählte, zum Bahnhof, um eine Fahrkarte zu erstehen, alle Züge ausverkauft, auf Tage voraus, die Zahl dieser Tage unbestimmt, keine verbindlichen Auskünfte, nur Schulterzucken, Händeheben.

Festsitzen in Kunming, im Südosten der Volksrepublik China, auf der Höhe von Nordvietnam, auf dem Breitengrad von Tibet, zumindest der südlichen Ausläufer von Tibet. In Kunming hatte die Burma-Straße begonnen. Und, vor allem: Kunming war bis 1948 Verbannungsort. Erschrak, als ich das las, Befürchtungen schienen festgeschrieben. Eine Stadt, nicht hässlicher als andere chinesische Städte, jedoch in einem allzu fernen Winkel des Landes, kaum angebunden an das Verkehrsnetz.

Festsitzen in Kunming, Stadt der Verbannung. Stimuliert die Angst, die tiefsitzende, festsitzende Angst, wohl schon mit dem Abschied von Köln seit der Kinderzeit: Nicht zurückzukommen, nicht zurückzufinden in den Ort, in dem man sesshaft ist. Weit, so weit hinaus die Reisen – könnte nicht jetzt, jetzt zum Beispiel, der Rückweg abgeschnitten sein? Mögliche Realität, beinah hautnah. Denn auf dieser Tour geschah, was der Albtraum eines jeden Reiseleiters, damit eines jeden Mitreisenden sein dürfte: er ließ vor dem Hotel einer Übernachtung die Umhängetasche liegen mit sämtlichen Pässen, Reiseunterlagen. Das fiel dem Herrn erst auf, als wir bereits eine Zeitlang unterwegs waren im Bus, der schleunigst zurückkehren musste – erst einmal flaue, ausweichende Erklärungen. Die Tasche lag noch auf einem Mauersockel der Hoteleinfahrt. Wie leicht hätte sie in der Zwischenzeit gestohlen werden können – und dann? Undurchsichtiger Verwaltungs- und Polizeiapparat … Verdächtigungen, Befragungen, Untersuchungen … Bis auf weiteres festgehalten werden … Im Bewusstsein: angelesene Erfahrungen von Verdächtigten, von Befragten, von Internierten … Von jüdischen Exilanten in China, Shanghai … Fermente meines Grundgefühls der Unsicherheit … Grundgefühl der Abhängigkeit von Vorgängen, von Abläufen, die ich nicht durchschauen, nicht berechnen kann … Sedierte Phobien werden wach …

Dünner Schlaf. Früh wache ich auf. Die Höhe von knapp zweitausend Metern bekommt mir nicht so recht, Pulsen in den Ohren, Innendruck auf die Trommelfelle – ich liege wach, höre in der Ferne eine Lokomotive pfeifen, stelle mir vor, ich wäre monatelang, jahrelang in dieser Verbannungsstadt, würde jeden Morgen, mit wachsender Sehnsucht und

Verzweiflung, die Lokomotive pfeifen hören, die mich nicht herauszieht aus dieser Stadt. Eine jähe Verwerfung der politischen Topographie, eine Krise ... Bauern erheben sich nun doch wieder ... Truppen werden mobilisiert, sämtliche Transportmittel müssen ihnen zur Verfügung gestellt werden ... Und wir bleiben hängen, hängen fest in Kunming?

Ich schlüpfe in die beigefarbenen Plastiksandalen mit goldenen Schriftzeichen, gehe zum Fenster: Der Platz leer, das große Fahrradkarussell des Vorabends abgestellt, aus einer Nebenstraße läuft ein Jogger heran, läuft zügig eine Dreiviertelrunde, verschwindet in einer der einmündenden Straßen. Jogger, vier Uhr morgens! Ein Radfahrer, wie ein Vorbote all der Radfahrer, die jetzt noch schlafen.

Ich lege mich wieder ins Bett, versuche, den gleichmäßigen Atemtakt von Gisela zu übernehmen, aber das wird nur ein kurzes Schlummern – eher Halbschlaf als Schlaf. Stunde des Wolfs. Die Angst, verlorenzugehen in einer Welt mit einer Sprache, von der ich kein Wort verstehe. Phobie, ja, sicherlich. Vielleicht noch stimuliert von der Zeit, in der fürs Erste kaum noch was funktionierte, Züge noch nicht wieder fuhren.

Gegen fünf stehe ich wieder auf, schaue hinab auf den Platz des Kreisverkehrs. Drei alte Männer auf dem Gehsteig – treffen die sich jeden Morgen? Sie bleiben nicht stehen, Tai Chi zelebrierend, sie gehen weiter, biegen gleichfalls ab in eine Seitenstraße. Zwei Radfahrer, ohne Licht wie alle chinesischen Radfahrer.

Wieder ins Bett. Ich versuche, mich zum Schlafen zu zwingen, suggerierend. Gelegentlich ein Hupsignal. Kein Hundebellen. Muss ich mir wieder bewusst machen: Hunde sind verboten in den Städten. Und auf dem Land scheinen Hunde an kollektiver Depression zu leiden: bellen keinen an, schleichen herum, als würden sie jeden Tag mehrfach geprügelt. Angst vor dem Kochtopf? Hunde, an einem Marktstand aufgehängt, das Fell abgezogen ... Hund, auf einem Tisch zerlegt ... Und die Eulen, in winzigen Drahtkäfigen: plinkern dem Tag entgegen, an dem sie getötet, gekocht, gegessen werden ... Getrocknete, zusammengerollte Schlangen ... Paarweise, mit festem Halm zusammengebundene Frösche in der Schüssel – wie gezwungen zu permanenter Begattung ... Dachse, die lebendig in kochendes Wasser getaucht werden ...

Halbschlaf. Eher Aufschrecken als Aufwachen. Woher, wieso immer wieder die Träume, Albträume, in denen Bewegung mühsam, äußerst mühsam wird, Schritte, die sich kaum von der Oberfläche lösen, von ihr angesaugt, festgesaugt werden, alles zäh, von hoher Viskosität, und immer neue Hindernisse, Umwege, wiederholt werden Züge, wichtige Züge, befreiende Züge verpasst, sind Auswege blockiert, ich finde nicht mehr den Weg nach Hause – solche Träume nun umgesetzt, realisiert? Jähe innenpolitische, außenpolitische Veränderung, Grenzen geschlossen, keine Einreisen, keine Ausreisen, auch nicht für Fremde, die Lage so wenig zu durchschauen wie bei der zeitweiligen Grenzsperrung zwischen Palästina und Israel, das Gefühl, festzusitzen, sich erst mal in der Fremde, der totalen Fremde einrichten zu müssen, aber wie und wie lange? Eine Falle, zugeschnappt? Zu weit hinausgewagt, abgeschnitten? Natürlich irrational, ist ja klar, vielleicht in der Kindheit programmiert. Lässt sich möglicherweise so erhellen, erklären. Und trotzdem –

Ablenken, rausgucken! Wieder die Füße unter die Plastiklaschen der Hotelschlappen schieben, zum Fenster gehen: Das Fahrradkarussell wird wieder in Gang gesetzt, ist aber noch nicht so figurenreich bestückt wie am Vorabend. Es beginnt aufzuhellen. Auf fast allen Häusern, Hausblocks hohe Antennenstangen, die meisten krumm – nicht einmal windschief, sondern schief von vornherein. Zum Teil sind die Rohre mit Drähten stabil gehalten. Zum Teil scheinen die Antennen aus dickem Draht gebastelt. Tasten, harken den Himmel ab, holen Bonbonfarben in kleine Wohnungen.

Verdichtung des Massenradelns. Was wird da nicht alles transportiert! Zwei Säcke senkrecht, über der Hinterachse verzurrt, zwei Säcke darüber quergelegt. Ein geschlachtetes Schwein, Blutspuren. Ein lebendiges Schwein, eingeklemmt zwischen zwei Bambusstangen, miteinander verseilt. Ein Mann schiebt sein Rad, hinten drauf zwei orangefarben gekleidete Mädchen. Lastenträger nun auch in rasch-elastischem Schritt, das lange Joch wippend, der Korb vorn und der Korb hinten mit sorgsam geschichtetem, gestapeltem Stangengemüse. Zwei Frauen, die in den Körben jeweils einen Sack Zement tragen; beide setzen gleichzeitig die überschwere Last ab, recken sich. Wieder ein Mann, der das Rad schiebt: Sohn vornedrauf, Tochter hinten. Aus einer Hofeinfahrt rückt ein Trupp aus mit einachsigen Handwagen, Räder von Velos; in der Mitte der Holzfläche jeweils ein großer Korb mit Sand, Schaufeln reingesteckt; die Männer drücken die Doppeldeichseln herab, gehen fast schwebend: genau ausbalancierte Last – ein paar Pfund Sand mehr, eine geringe Verschiebung des Korbs, und sie würden Schritte in der Luft machen oder die Doppeldeichsel zwingt sie in die Knie. Schwer beladen auch Dreiradfahrer. Auf der kleinen Ladefläche hinter dem Fahrer ein Tisch und ein Sessel. Auf einem anderen Dreirad ein alter Mann auf einem Stuhl, neben ihm eine junge Frau, kauernd – Krankentransport? Kohlen in Körben auf Lastwägelchen, die werden geschoben und gezogen, das Zugseil an der rechten Schulter, ein Polsterstreifen. Ein Mann transportiert einen fast halbmeterdicken Baumstamm von mehreren Metern Länge auf einem dieser einachsigen Wägelchen mit Velorädern; auch diese Last genau ausbalanciert, vorgebeugt zieht ein Mann das Gefährt mit einem Drahtseil über die Schulter hinweg; vorn ist eine Krampe in den Stamm geschlagen, an der wird die schwere Last gelenkt. Und durch all dieses Gedrängel schieben sich, unablässig hupend, Lastwagen und überfüllte Busse. Das alles wirkt chaotisch und doch: als glitten Fischschwärme durcheinander, aus verschiedenen Richtungen kommend.

Endlich Gewohnheitsabläufe: Morgenwäsche, Zähneputzen, Anziehen, Frühstücken. Keine erleichternde Nachricht, wir hängen fest in Kunming. Eine Morgenrunde. Vorbei an Ständen, an denen Süppchen gekocht, verkauft werden. Schüler auf fußschemelkleinen Hockern heben mit ihren Stäbchen Nudeln und Gemüsestücke aus der Brühe, lassen die zurück. Hinter Glas aufgereiht Schüsseln mit sehr weißen, fast styroporweißen Teigwaren; Töpfe mit Gemüse, Näpfe mit Gewürzen. Auf einem tragbaren Ofen, dick isoliert, wird in einem pfannenähnlichen Topf jede Suppenportion extra erhitzt; eine Handvoll Teigwaren in die Brühe geworfen, eine kleine Handvoll Grün, rasch etwas Gewürz, kurzes Aufsieden, der Suppennapf gefüllt und weitergereicht. Gisela weist hin auf eine Frau, die hinter einem Stand auf dem Boden kauert, in einer Emailleschüssel Essstäbchen reinigt: ein Bündel von drei, vier Dutzend Holzstäbchen, die sie rubbelt in einer nur etwa zwei Zentimeter tiefen Flüssigkeit, die fast braun ist, mit einigen Seifenbläschen – da werden wohl Keime gleichmäßig auf alle Stäbchen verteilt, können sich einnisten in Schrunden. Aber die Schüler, die wohl schon oft an solchen Ständen gefuttert haben, die sehen gesund aus. Weiter …!

In einem weitläufigen Hof üben zwanzig, dreißig Polizisten Kung Fu. Zwischen den Uniformierten einige Männer in Trainingsanzügen. Ein Mann, der Befehle durch ein Megaphon schreit, auch er in schlabbrigem Trainingsanzug. Mit dem Megaphon in der Hand markiert er Bewegungsabläufe. Es klappt nicht immer mit der Synchronisierung der Gruppenbewegungen, also Wiederholungen. Zwei junge Männer unter den Zuschauern; sie zeigen dem Besucherpaar aus dem fernen Europa, wie Kung Fu in der Kinowirklichkeit aussehen, ablaufen soll, führen mit aufbauschenden Mänteln Sprünge, Schläge, Finten vor, Tritte und kurze, harte Faustschläge, markieren auch, lachend, die Einwirkungen. Die Gruppe muss währenddes weiterüben, mit hart angewinkelten, rasch ausgestreckten Armen, Drehbewegungen aus der Hüfte. Jede der Bewegungen mit einem Namen, einer Bezeichnung, über Megaphon ausgerufen, für uns nur Sprachklang.

Wir schlendern weiter, bleiben stehen vor einem Schaukasten vor einem öffentlichen Gebäude in einer Straße mit großen, nummerierten Wohnblocks – eine Straße, in der sonst wohl keine Touristen auftauchen. Im Schaukasten eine Art Wandzeitung, mit Tusche geschrieben, auf die Textblätter geklebt Fotografien von einem Prozess, offenbar von Militärrichtern geführt, jedenfalls sind zwei der Männer am erhöhten Tisch der Stirnseite des Saals uniformiert und auf Stühlen mehrere

Angeklagte, sie haben jeweils ein Schild vor der Brust hängen, bestimmt dreißig Zentimeter hoch, vierzig breit, eine Schnur um den Nacken; auf jedem der Schilder nur wenige, entsprechend große Schriftzeichen. Verräter? Schmarotzer? Feind des Volkes? Faulenzer? Abweichler? Konterrevolutionär?

Wie leicht kann man hier, könnten auch wir in eine Falle geraten? Wir bräuchten uns hier nur zu umarmen, bräuchten uns nur in einem der Parks oder auf einem der Plätze zu küssen, in schöner Ausführlichkeit, und wir hätten rasch einen Uniformierten vor uns. Und wie leicht wäre es, einen Vorwand zu finden für eine Verschärfung der Befragung, die Methoden sind bekannt: Einer der weiteren, herangezogenen Uniformierten praktiziert ein kleines Päckchen mit weißem Pulver in die Jackentasche, in die Handtasche, und wir würden in eine Mühle geraten, aus der uns auch der Reiseleiter nicht herausholen könnte, womöglich nicht einmal ein herangezogener Mitarbeiter der deutschen Botschaft. Verdammt naheliegende Möglichkeit, und dann: kein Spielraum mehr, Falle zugeschnappt, der Bewegungsraum in Schritten messbar.

Aber vielleicht genügt es schon, wenn wir beobachtet werden: Zwei Fremde, die etwas zu ausführlich den Aushang im Schaukasten inspizieren, muss doch einen Grund haben. »Lass uns gehn. Vielleicht gibt es doch was Neues.«

Rückkehr, mit dem kleinen Stadtplan in der Hand. Im Hotel: Lethargie, Resignation. Beide Reiseleiter mit zwei Gesprächspartnern in leiser Unterhandlung in der Lounge. Kein Flugtermin. Warten in Kunming. Es rührt sich nichts, tut sich nichts.

Wenigstens eine kleine Ablenkung, Erheiterung, als wir zum Zimmer gehen: ein Flurfenster hinaus zum Hof des U-förmig gebauten Hotels, und als Abschluss, wenn auch etwas abgerückt, wird ein Neubau errichtet, die gesamte Hoffläche bedeckt mit Baumaterialien, alles wie abgeworfen, umhergeworfen. Doch in der Mitte des Hofs, in all dem Material und Gerümpel, eine Palme, neben ihr zwei Käfige. Zwei junge Schwarzbären werden von einem Koch in Weiß freigelassen; husch klettern sie die Palme hoch, von keinem der Zurufe verlangsamt, schon verschwinden sie in der dichten Palmen-krone. Da muss ein Jungkoch ebenfalls die Palme hochklet-tern, den ersten Schwarzbär herunterzerren, am Bauch ge-packt: gemeinsam rutschen der schwarze Bär und der weiße Koch den Stamm herunter, der Ausreißer wird eingesperrt, auch der zweite Bär muss aus der Palmkrone geholt werden, wieder rutschen ein schwarzer Bär und der weiße Koch den Stamm herunter, der Bär den Stamm, der Koch den Bär um-klammernd; alle Bauarbeiter, viele Küchenleute schauen zu, gemeinsames Lachen. Der Bär wird eingesperrt; der Jungkoch legt ein Baublech auf den Metallkäfig, beschwert es mit einem Hohlblockstein.

EINREISE IN THAILAND, zu einem Zwischenaufenthalt von zwei Tagen. In der Empfangs- und Abfertigungshalle des Flughafens fällt mir ein Polizist auf, zwei Abfertigungsschal-ter weiter, der wiederholt zu mir herüberblickt, und was ich diesem Blick ansehe, das ist der schiere Hass. Er hat mich in der Wartereihe vor der Gepäckkontrolle ausgemacht als einen Typ, der ihm nicht passt, überhaupt nicht –? Eine fatale Ähn-lichkeit mit jemandem, der ihn –? Eine schlichte Verwechs-lung –? Ich wiederum sehe in ihm einen Typ, den ich schon auf etlichen Fotos gesehen habe, meist aus Südamerika: Der untersetzte, wohlgenährte Polizist in heller, gepflegter Uni-form, Pistole am Gurt. Privilegiert, arrogant, zu jedem Über-griff bereit. Zu den Blicken, die er, weiterhin Reisende kon-trollierend, zu mir, ja, herüberschießt, fällt mir nur dieses eine Adjektiv ein: hasserfüllt. Das fällt auch Mitreisenden auf: Was starrt er Sie so an?! Ich kann nur hoffen, dass er nicht zu unse-rem Abfertigungsschalter herüberkommt, dort eben mal den Kollegen ablöst, um sich den verhassten Typ vorzuknöpfen.

Dann könnte alles sehr rasch gehen: er durchsucht auch meinen Koffer, nimmt sich speziell die gelbe Einschlagmappe vor mit meinen Aufzeichnungen, gesammelten Informations-blättern; ein kurzes Ablenkmanöver, ein Kollege stellt mir eine Zwischenfrage, ich behalte den Koffer, die Einschlagmappe nicht im Blick, schon ist das Briefchen mit Schnee hervorgezaubert, anklagend hochgehalten: Ja, ein Briefumschlag mit ein paar Gramm Heroin. Erklärungen, Beteuerungen, Anwürfe nützen nun überhaupt nichts, der Reiseleiter kann reden, was er will, die Falle ist zugeschnappt, ich werde abgeführt. Und der Flughafen, für mich bis dahin namenlos, halt der Flughafen von Bangkok, der würde sich mit einem Namen verbinden, den ich dann nicht mehr vergessen könnte: Don-Muang-Airport. Und ein zweiter Name käme hinzu: Mahatschai, Untersuchungshaftanstalt. Und erst einmal die Dunkelzelle, dort zeitweilig angekettet. Vergebliches Schreien zur Tür: Proteste, wiederholte Forderungen nach einem Rechtsanwalt, einem Vertreter der deutschen Botschaft, keine Reaktion. Und es ginge weiter, wie ich das in einer Reportage gelesen habe über deutsche Drogenschmuggler in Thailand: Ein Prozess, der nur zehn oder zwölf Minuten dauert, Verhandlungssprache Thai, kein Dolmetscher anwesend, ein zwar nominierter, aber nicht angetretener Verteidiger, das sogenannte Urteil nach der üblichen Spielregel: ein Jahr Gefängnis pro Gramm Heroin. Wie viel »Schnee« in so einem »Briefchen«?

Stadtgefängnis Klong Prem, die Zelle als Betonfläche mit einem Notdurft-Loch in der Ecke, kein Bett, kein Stuhl, man schläft auf dem Boden, so eng, dass man sich nachts nicht umdrehen kann; das Waschwasser aus dem nahen, verdreckten Fluss; als Essen vielfach faulige Fischsuppe, roter Reis, den die Thais verachten, ans Vieh verfüttern. Kein Papier, kein Kugelschreiber, also kein Schreiben an eine Appellationsinstanz. Kleine Linderungen nur durch die Hilfsgruppe der deutschen evangelischen Pfarrgemeinde von Thailand, der Betreuungsverein übermittelt auch mir schon mal Bananen, die ich verschlinge, und Zigaretten, die ich umtausche. Ich sehe mich umgeben von Fixern, egal ob in Klong Prem oder Bang Kwang, die chinesische Mafia schmuggelt Heroin ins Gefängnis, dreiviertel der Gefangenen hängen an der Spritze, Injektionsnadeln sind knapp, Kugelschreiberminen werden spitzgefeilt, die Röhrchen mit Stoff gefüllt und in die Vene gepustet. Wiederholt werden Gefangene »in der Waagrechten entlassen«.

Das Angst-Szenario abschließend ein Satz aus einem der In-formationsblätter, ausgelegt in der deutschen Botschaft an der Sathorn Road: »Der Strafvollzug in thailändischen Gefäng-nissen ist für Europäer wegen der klimatischen und örtlichen Verhältnisse hart.« Wann und wie käme ich da heraus?

Ich komme, ja schramme dran vorbei. Blickkontakt mit ei-ner Realität, die für mich nicht Wirklichkeit wurde. Die Halle verlassend, tief durchatmend, mache ich mir wieder bewusst, in welcher Ausnahmewelt, Ausnahmezeit ich lebe als Bürger der Bonner Republik. Ein Land, ein Zeitraum, in dem ich nicht Repression und Willkür ausgesetzt bin. Und womög-lich der Folter. »Amnesty International Reports« zumindest anlesend, werde ich mir der besonderen Situation bewusst: In Kontrasten wird mir deutlich, wie ich lebe. Und leben darf.

Über dem Stehpult, in Abenden, in Augenhöhe: kleines Gemälde eines Kurt Kühn. Spätimpressionistischer Stil. Ein Häuschen, eine Bude, ein Büdchen, eine Favela-Konstruk-tion unter Bäumen mit hellen Stämmen. Das Gehäuse wirkt äußerst dünnwandig, fast zeltleicht, scheint aus zusammen-gestoppelten Platten zu bestehen, Holz oder Blech; immerhin ein Fensterchen neben der Tür und ein schräges, leicht rau-chendes Ofenrohr als Kamin über dem sanft eingesunkenen Dach.

Auf der Rückseite der Leinwand als kleiner Aufkleber, in Sütterlinschrift: »Meine Hütte in Garaison. Zivilgef. Lager Mai 18«. Dort also war er interniert, dieser Maler aus (oder in) Holzhausen am Ammersee. Schönes Bild aus sicherlich belas-tender Zeit: Der Maler, mehrere Jahre in Algerien lebend und malend, wurde interniert mit Beginn des Ersten Weltkriegs. Internierung, Inhaftierung: sichtbare Potentialität im Arbeits-zimmer. Zwar attraktiv dargestellte Potentialität, nicht jeder Internierte hatte ein Häuschen, ein Büdchen für sich, dies in offenbar angenehmem Klima, das Ofenrohr rauchte wohl nur für einen Topf auf dem (improvisierten) Herd. Und doch: ein Begleitbild, ein Gegenbild zu meinem Lebensbild.

DER PARZIVAL des Wolfram von Eschenbach, 1986. Ich habe nicht nur, im vorgegebenen Versmaß, dieses Erzählgedicht übertragen, ich habe versucht, die Welt des Dichters so weit wie möglich zu vergegenwärtigen. Aber auch hier: ich gebe nicht wieder, und sei es in Kürzestform, was ich damals geschrieben und veröffentlicht habe, über Geschriebenes zu schreiben verlockt mich kaum, ich brauche Spielraum, erweitere hier das Spektrum, suche neue Ansätze, inhaltlich, methodisch, führe nun eine Begleiterscheinung ein zum Artusritter Parzival: einen Juden in der Runde.

Ich hörte von ihm zum ersten Mal nach einer Lesung, bei anschließendem Essen in einem italienischen Restaurant; Achim Jaeger vermittelte mir Forschungsergebnisse. Wirklich ein jüdischer Artusritter?! Ja, im Versepos wird ein Synagogenbesuch erwähnt, Erez Israel wird genannt.

Und der kurios klingende Name Widuwilt?

Ganz einfach: Gawain, dem berühmten Artusritter, war egal, wie sein Kind später genannt werden sollte: »Heiz ez wi du wilt«, sagte er seiner schwangeren Frau, nenn es wie du willst ...

Erste Stichworte: Ein jüdischer Auftraggeber finanzierte die jiddische Adaptation eines ›christlichen‹ Epos. Als Vorlage: *Wigalois* des Wirnt von Gravenberc, um 1215. Zeitraum der Bearbeitung: 14. oder 15. Jahrhundert. Die früh-jiddische (oder proto-jiddische) Bearbeitung erschien in energisch gekürzter Form; christliche Bezüge waren gestrichen (damit, verständlicherweise, eine Kreuzzugs-Episode); jüdische Bezüge wurden zumindest angedeutet.

Ich gehe dem Hinweis nach im Kölner Archiv (»Rara«) der Germania Judaica, konsultiere Johann Christof Wagenseils »Belehrung der Jüdisch-Teutschen Red- und Schreibart«, Königsberg 1699.

Ein Sammelsurium! Ein »Talmudisches Buch über Aussatz« – bei den hygienischen Verhältnissen Ende des 17. Jahrhunderts sicherlich ein gravierendes Problem, nicht nur unter Juden. Ein Bericht sodann über den Aufruhr des Fettmilch in Frankfurt. Drei Lieder, die von Jüdinnen vor allem zu Ostern gesungen wurden. Juristische Ausführungen. »Prob-Übungen in dem Teutsch-Hebreischen *Dialecto*.« Und, als Übungsstoff wie als Lektüre zur Erholung: der »Geschicht-Roman« über Widuwilt.

Ein Buch für christliche Juristen mit jüdischen Mandanten, kompiliert von Wagenseil, einem damals renommierten Hebräisten. Der musste konstatieren: »Es haben sich unter den Christen in Deutschland [...] sehr wenig bis anhero um der Juden Hebräisch-Deutsch bekümmert.« Das soll sich, wie die Titelseite großsprecherisch verkündet, in wenigen Stunden beheben lassen. Dabei soll den Juristen auch Ritter Widuwilt auf die Sprünge helfen, Artusritter in deutsch-hebräischem Kontext.

Ein Wunderwerk damaliger Setzerei: hebräische Schriftzeichen, der deutsche Text in Fraktur, lateinische Wörter und Wörter lateinischen Ursprungs in Antiqua. Auch das verschachtelte Satzbild des Talmud wurde übernommen – mit unvermeidlicher Fehlerquote. »Es haben aber die christlichen Setzer des Hebräischen und Juden-Deutsches, die jüdischen hingegen unseres Deutsches keine Erfahrenheit gehabt, dass es demnach nicht wohl anderst herauskommen können.«

Der Titel des jüdisch-deutschen Versromans, herausgegeben von L. Landau, Leipzig 1912: »Ein schön Máase [Geschichte] fon Kinig Artis hof«. Und im Vorwort: »Ess heisst king Artiss hof oder riter Widewilt«.

Hier muss ich gleich betonen: Dieses Epos interessiert mich vor allem wegen des Stoffs, kaum wegen der Form. Es ist, wie die ›christliche‹ Vorlage, im damals weithin üblichen Kurzzeilen-Schema verfasst, die Versform ist indes sehr locker (oder nachlässig) gehandhabt. In der mir vorliegenden Druckfassung ist auf der linken Seite jeweils die hebräische Version, auf der rechten die Frakturversion wiedergegeben, dabei wurde der Text durchlaufend gesetzt, mit einem Schrägstrich jeweils nach dem Reim. Sieht also fast aus wie ein Prosatext. Schon damit: gleitender Übergang zur Prosaversion.

Die prosanahe Verserzählung beginnt mit einem Vorspann:

Der Bearbeiter wendet sich an die Leserschaft, nein, zuerst an potentielle Käufer des Drucks. »Nun kommt geschwind gelaufen, die schöne Geschichte zu kaufen, es wurden nicht viele von ihr gedruckt, so wird sie bald vergriffen sein.« Angepriesen werden der gute Druck, das gute Papier, dennoch ist die Ausgabe preiswert. Also rasch erwerben, solang der kleine Vorrat reicht. Aber auch eine nicht-kommerzielle Kaufmotivation: Man solle dessen versichert sein, dass man nach Erez Israel komme, »dies noch in unserer Zeit«, wenn man das Buch kaufe – und lese.

Es beginnt (auch in den verschiedenen Druckversionen) mit der Vorgeschichte: Vater und Mutter des Haupthelden werden eingeführt. Der Vater, in allgemein akzeptierter Schreibweise: Gawain. Die Mutter: Florie, eine Königstochter. Auch in der jiddischen Version: das berühmte Pfingstfest am Artushof. »Auf einem schönen weiten Feld wurde manch herrliches Zelt aufgeschlagen. Auf der plaine gab es viele Vergnügungen und allerlei Saitenspiel, auch Pauken, Schalmeien, Pfeifen und Trompeten, Zinke und Posaunen und weitere Spezialitäten: von Singen und Musizieren, von Springen, Tanzen und Jubilieren, mit Turnieren und Stechen, dem Lanzenbrechen.« Am wichtigsten, begehrtesten, beliebtesten: Geschichten, die am Artushof erzählt werden. Jeden Tag muss es eine neue Geschichte sein. Fällt einem der Höflinge keine neue Geschichte ein, bringt kein Besucher eine neue Geschichte mit, so wird gehungert, nicht nur nach Lese- und Hörstoff, sondern wortwörtlich: Solange keine neue Geschichte geboten wird, muss gefastet werden – nichts zu essen, nichts zu trinken. Erzählen und Erzählenlassen als physische Notwendigkeit!

Erzählt wird hier, wie Gawain die Königstochter kennen- und lieben lernt, eine Schönheit sondergleichen. Die Gattin wird schwanger, der Gatte muss jedoch den gastlichen Hof verlassen, der Artushof ruft, er wird die Frau nie wiedersehen. Das Kind wird geboren, wird benannt in Erinnerung an die frühere Äußerung des Erzeugers.

Die Mutter widmet sich vorbildlich dem heranwachsenden Wieduwillst. In der jüdischen Version wird besonders hervorgehoben (was unter Rittern recht selten ist), dass Widuwilt lesen und schreiben lernt, ja beides beherrscht. Auch im Fach Waffenkunde ist er ein guter Schüler. Was ihm fehlt, ist der Vater. Er will ihn suchen – Mutter ist dagegen. Doch der Großvater hat dem militanten Buben vom hochberühmten Artus und der gleichfalls berühmten Tafelrunde erzählt, dort soll die Suche ansetzen. Großes Leitthema: die Vatersuche. Zuvor aber muss die »Tugendsteinprobe« bestanden werden auf einem Marmorsitz, die Makellosigkeit des Vatersuchers bestätigend. Ankunft am Artushof, dem König gefällt der Jüngling sofort, denn er erweist sich als Kenner ritterlicher Kampftechniken. So darf er Platz nehmen in der Tafelrunde, die eigentlich Vorsitz und Ehrenplatz ausschließt – dennoch, er wird besonders geehrt.

Natürlich muss sich auch dieser Ritter bewähren, auch im Kontext jüdischer Version und Rezeption. Die notorischen Bewährungsproben aber werden von Widuwilt (wie von Wigalois) nicht immer glanzvoll bestanden. Zwar besiegt er den obligatorischen Drachen, wird aber vom waidwunden Lindwurm (mit einem Schlag des gezackten Schweifs?) fortgeschleudert, bleibt ohnmächtig am Ufer eines Sees liegen. Wird dort von einem Fischerpaar entwaffnet, ausgeraubt, fast noch ermordet – die Fischersfrau kann das ihrem rabiaten Mann gerade noch ausreden. Kaum wieder im Besitz seiner Rüstung, seiner Waffen, wird W. in einem Wald, sein rotes Pferd führend, von einer wilden Frau überfallen, einem Ausbund an Hässlichkeit: platte Nase, platte Ohren, Riesenzähne, Riesenhände; sie will auch an diesem Ritter Rache üben für ihren längst schon gerächten Mann, schleppt ihn in eine Höhle, ent-rüstet ihn, wirft ihn zurecht auf einem Baumstamm, will ihm mit dem Schwert den Kopf abhacken, da wiehert das Pferd, es klingt wie ein Drachenschrei, die Waldfrau lässt von ihrem Opfer ab, flieht in die Höhle. So ist W. noch mal davongekommen. Auch bei einem nachtlangen Kampf gegen einen Roaz, Teufelsknecht, ist W. zwar Sieger, geht aber zu Boden, wird von wildgewordenen Hofdamen beinah massakriert, Rettung mal wieder in letzter Minute. Und dem ent-tauften

Ebenbild des Wigalois wird weiterhin übel mitgespielt: eine Riesin klemmt ihn in einem Baumspalt ein – was auch nicht gerade das Selbstbewusstsein eines Ritters stärken kann. Der aber kommt davon, wenn auch angekratzt.

Dennoch, die Verserzählung endet happy: Liebe auf den ersten Blick zwischen Widuwilt und Lorel. Rasche Verlobung. Hochzeit mit Siegerehrung. Zuvor wird die Genealogie des jungen Mannes geklärt – ein Punkt von besonderem Interesse bei der weithin charakteristischen Familienfixierung jüdischer Leserschaft, jüdischen Publikums.

Relative Aktualisierung der Geschichte vom jüdischen Artusritter: Patriotische Juden feierten jüdische Jagdflieger des Ersten Weltkriegs.

Beckhardt mit seiner Siemens-Schuckert-Maschine, dem seinerzeit modernsten Doppeldecker. Auf den Rumpf gemalt ein Hakenkreuz, freilich seitenverkehrt. Es galt damals noch als Sonnenzeichen, somit als Glücksbringer. Das ›Kriegsglück‹ sah Beckhardt auf seiner Seite: schoss an die zwanzig Feindflugzeuge ab.

Auf einer Postkarte jener Zeit: »Unser erfolgreichster Flieger: Leutnant Frankl«. Souverän lässige Haltung, Uniform mit drei Orden, akzentuiert der Pour-le-Mérite. Dieser Orden aller Orden noch stärker betont auf einer zweiten Postkarte, einer Porträtstudie: Haar glatt zurückgekämmt, Schnurrbart gepflegt, der hohe Kragen der Offiziersuniform, der Stern des Ordens hervorgehoben durch eine Umrahmung von flauschigem Pelz.

Einige Stichworte: Aufklärungsflieger, Artilleriebeobachter, Bomberpilot … Jagdfliegerkommando … In seiner Albatros D.III traf Frankl mit einem fünfschüssigen Selbstladekarabiner den Piloten einer Voisin, brachte damit das Flugzeug zum Absturz … Schoss an einem einzigen Tag drei feindliche Maschinen ab, in der folgenden Nacht eine vierte – Weltpremiere, nie zuvor hatte es einen nächtlichen Luftkampf gegeben. 1917 wurde allerdings auch Frankl abgeschossen, da war er 24.

FAHRT IN DIE DDR, mal wieder! Uns erwartete ein Abendessen schwersten Kalibers: Fleischbatzen, aus eigener Schlachtung selbstverständlich, Salzkartoffeln, Rote Bete. Danach ein Nordhäuser Korn, wohlverdient. Wir blieben am Tisch sitzen, Erfahrungen wurden uns vermittelt.

Der Hausherr, ausgebildeter Agronom, früher auf preußischem Mustergut tätig, damit als »Junker« eingestuft, infolgedessen zum LKW-Fahrer der LPG Pflanzenproduktion degradiert, er machte so seine Beobachtungen, vermittelte sie ironisch, sarkastisch. Die überschweren, für Böden im Kreis Artern überhaupt nicht geeigneten, landwirtschaftlichen Maschinen aus der Sowjetunion walzen den Boden immer härter; weil aber dauernd irgendwelche Plansolls erfüllt werden müssen, auch beim Pflügen, wird die Tiefe der Pflugscharen immer geringer eingestellt, damit man schnell durchkommt; irgendwann mal wird man den hartgewalzten Boden wahrscheinlich nur noch mit Eggen anritzen, und das Soll ist erfüllt. »Die machen sich da keinen Kopf.«

Immer diese geradezu hirnschelligen Termine, die unbedingt eingehalten werden müssen, auf Vollzugsmeldung wird ungeduldig gewartet: Kartoffeln fristgerecht geerntet! Dies aber nach Planungsfristen, nicht nach Erfahrung: Hätte man, im vergangenen Jahr, die Kartoffeln noch ein Weilchen auf den Feldern gelassen, wäre der Ertrag um zehn bis zwanzig Prozent gestiegen. Aber nein, die Kartoffeln mussten zu einem Zeitpunkt raus, den die Partei bestimmte, einige der Genossen wollen sich als Vorbilder in Pflicht- und Sollerfüllung profilieren, dazu werden Verluste in Kauf genommen, wo du auch hinschaust.

Ja, noch ein Beispiel. Wenn die starr arbeitenden Erntemaschinen aus der SU nicht spurgenau arbeiten, werden Zuckerrüben halbiert: Rübenvernichtungsmaschinen! Nu, dann werden halt Berichte angefertigt und nach oben weitergeleitet, die mit der Wirklichkeit nicht so ganz vereinbar sind. »Ich hab meine Probleme damit, dass zwischen Wort und Tat oft so eine riesige Lücke klafft.«

Clemens (»Name von der Redaktion geändert«): »Die DDR

ist eine Mischung von Angabe und Beschiss.« Land der ideologischen Wiederkäuer. »Es wird einem praktisch alles schon in den Mund gelegt.« Dauerindoktrination auch in Schulfächern, sogar in Biologie: Die epochemachenden Erfolge sowjetischer Weizenzüchter!

Und die ›Heimatkunde‹? Da werden in den Heften fast nur Zeitungsausschnitte (*Neues Deutschland*!) von russischen Kosmonauten eingeklebt oder von einem Maiaufmarsch in Berlin, Hauptstadt der DDR, oder von einem Aufmarsch auf dem Roten Platz vor Breschnew und anderen Senioren des ZK. Man ist ja fast schon erschrocken, wenn im Heft zwischendurch mal, mit Buntstift, ein Eichhörnchen auf einem Ast gemalt ist, mit einer Nuss zwischen den Vorderpfötchen. »Es wird Schindluder mit uns getrieben. Das stinkt mich alles an. Das schlägt zu doll auf mein Herz.«

Trude mahnt, er muss ins Bett. »Mutter hat ja recht. Jetzt ist Feierabend, Schluss.« Er muss am Morgen schon um viere raus, Fahrt Richtung Greifswald. Hoffentlich bleibt der LKW, der »Bock«, nicht auf der Strecke.

Und die ›Adoptivtante‹ teilt sich die Kanne Zinnkrauttee mit Gisela. Ich halte mich lieber an das labbrige Bier aus einem volkseigenen Brauereibetrieb. Erneut wird Dank ausgesprochen für mitgebrachte Heilkräuter. Die gibt es hier kaum – Heilkräuter in einem sozialistischen Land, das würde eher komisch klingen. Entweder man ist richtig krank oder nicht. »Wir machen keine halben Sachen.« Im Sozialismus kennt man keine Schwächen. Sie findet es zu einseitig, dass offiziell nur der gesunde und kräftige Mensch gefeiert wird; Menschen, die sich schwach fühlen, mies, marode, die können sich höchstens an die Kirchen wenden – die inzwischen aber kaum noch eine Rolle spielen. Andererseits, im Westen, wo die Kirchen ja beinah staatliche Einrichtungen sind, dort wird ja auch nur der starke Mensch gefeiert, das gefällt ihr ebenso wenig. Und all die Gewalt bei euch in Westdeutschland: Überfälle auch auf alte Frauen, denen werden die Handtäschchen mit Erspartem entrissen, manchmal werden sie sogar zusammengeschlagen, zum Beispiel in Gießen, Frauen sind im Westen überhaupt gefährdet, auch junge Männer werden auf der Straße einfach zusammengeschlagen, werden im Liegen auch noch getreten. Trude war jedenfalls ein bisschen erleichtert, als sie von ihrer Rentnerfahrt nach Gießen wieder zurück war, die Wohnungstür hinter sich abschließen konnte, im Dorf herrscht noch Ruhe, hier passiert nichts, keine direkte Gewalt. Sonst geschieht allerdings auch nichts Positives; sobald es dunkel wird, ist alles im Haus, Feierabend, Schluss, aus, man schaltet den Fernseher an.

Westfernsehen? Ja, natürlich. Obwohl, da gibt es so viele Gewaltszenen. Aber die meisten DDR-Sendungen sind langweilig. Immer nur Leistungen, die noch gesteigert werden können. Keine Missstände, jedenfalls keine groben, kaum Unfälle, selten Katastrophen. Kein Bericht über einen schweren Auffahrunfall auf der Autobahn, womöglich unter russischer Beteiligung, weil ein Panzer einfach quer über die Autobahn gerollt ist, kein ausgebranntes Interhotel, erst recht keine Berichte über Chemieunfälle oder sonst was in der Richtung. Einfach langweilig! Und sie gießt Zinnkrauttee nach.

Ich sage, dass auch die Umgebung hier ziemlich langweilig sei, die Landschaft fast völlig ausgeräumt, nur noch Agrarnutzflächen.

Findet sie ebenfalls schlimm, sehr schlimm. Am grauenhaftesten, wenn sie Rüben einzeln muss. Alle Familien im Dorf erhalten Furchen zugeteilt, zwei Furchen sind umgerechnet meist schon ein Morgen, sie hat nur eine Furche, das wird bemessen nach dem Land, das man damals abgeben musste, das man noch selbst bewirtschaftete, jetzt übernimmt das die LPG Pflanzenproduktion, man erhält Naturalien dafür, meist in Form von Kartoffeln, aber sie muss, obwohl im »Gonsum« tätig, halbtags, auch einen entsprechenden Anteil landwirtschaftlicher Arbeit leisten, immer noch, sie hat kein ärztliches Attest, an Ärzte kommt man sowieso kaum heran, höchstens schreiend vor Schmerzen oder mit dem Kopf unterm Arm. Jedenfalls, sie muss Jahr um Jahr teilnehmen am Rübeneinzeln, da geht ihre Furche kilometerlang, also bestimmt anderthalb bis zwei Kilometer lang schnurgeradeaus, und nicht mal

Alleebäume neben ihr, wer Rüben einzelt entlang einer Allee, der hat es noch gut, der sieht, wie es weitergeht, aber sie mitten im Feld, sie kommt sich völlig verloren vor, auch wenn sie mit anderen hackt, sie hat das Gefühl, sie kommt überhaupt nicht voran, sie ist schon tagelang schlecht gelaunt vor dem Rübeneinzeln, fast ein Albtraum für sie, immer nur Rübenhacken, Rübenhacken, Rübenhacken. Sie nimmt sich schon mal vor, malt sich aus, sie würde die Hacke in den Himmel hochstoßen mit einem Jubelruf, wenn die Endmarkierung erreicht ist, aber sie ist dann derart kaputt, dass sie keinen Pieps mehr machen kann, will dann nur noch ins Bett.

Das steht als Nächstes auf dem Programm. Aber vorher noch etwas Zinnkrauttee. Ich gebe mir einen Ruck und erkläre, ich müsse unbedingt einen Abendspaziergang machen nach der Autofahrt. Gisela will der Trude lieber noch was Gesellschaft leisten.

Im Treppenhaus eine sehr schwache Lampe, etwa 25 Watt, Nachkriegsbeleuchtung. Linoleum und Holz. Die Haustür ist nicht abgeschlossen. Hinaustreten in Dunkelheit, erst mal stehnbleiben. Ein Neonlicht zur Linken, etwa achtzig Meter weiter; rechts Neonstreulicht, die Lampe von einem Haus verdeckt. Das Auge gewöhnt sich an die wenigen Lux, ich gehe in Richtung verdeckter Lampe. Eine Gardine bewegt sich, ebenerdig. Ein Fahrrad ohne Licht, rappelnd auf dem Kopfsteinpflaster; der Radfahrer als schwache Kontur im Streulicht, er schwenkt ab. Keine Stimmen zu hören, nicht einmal Stimmen aus Fernsehgeräten. Schwache Zimmerbeleuchtung hier und dort; viel kompaktes Schwarz. Es riecht nach Braunkohlefeuer und Schweinezucht. Das sehr unregelmäßige Kopfsteinpflaster, Mulden und Lücken, am Rand ein Rinnsal. Kein Gehsteig. Aber es kommt auch kein Radfahrer mehr, kein Auto. Und ich sehe die Neonlampe: große Glühbirne in kleinem Glasbehälter an kurzstummligem Laternenarm. Dreieckiger Platz, in alle drei Straßen leuchtet die eine Lampe hinein. Lattenzäune, Lattenverschläge. Keine Hunde – das fällt mir erst nach einiger Zeit auf. Nutzlose Mitfresser?

Aus dem Lichtbezirk wieder in das sich abschwächende

Neonstreulicht. Vor mir Finsternis. Große Bäume am Straßenrand. Und es riecht stärker nach Landwirtschaft, weniger nach Braunkohlenrauch. Eine Dorfwirtschaft, von einer Neonlampe erhellte Fassade, abbröckelnder Verputz, alte, aufgesetzte Buchstaben: »Dorfkrug«. Zwei Kastanienbäume. Ein Mann lehnt rauchend an einem der Stämme, ein anderer steigt vom Rad. Ihm wird mitgeteilt, stark sächsisch intoniert, dass er gleich wieder aufsteigen kann, gibt heut Abend kein Bier, Lieferung nicht eingetroffen, nur noch Brause im Angebot. Aber Brause will der Kurt nicht trinken, er radelt wieder los. Kein Rücklicht.

Ich frage mich, ob ich in den Dorfkrug gehen soll, eine Brause trinken zur Bezeugung von Solidarität. Und mit einer Erinnerung an Nachkriegsgeschmack: die Limonadeabfüllung in Herrsching. Aber ich gehe weiter, schaue mir selbst nach: Wie ich von Dunkelheit fast verschluckt werde.

Der Dorfrand. Linden und Lattenzäune, kleine Schuppen. Ein Motorrad mit Beiwagen, am Lenker hängt ein Helm. Eine Brücke, hörbar aus Holz, über langsam fließendem Bach. Reglos im Schwarz des Bachrands: Gänse. Es riecht nach Gänsekot. Ich fange an zu zählen, höre bei 28 auf, habe vielleicht die Hälfte geschafft. Während des Zählens regt sich keiner der weißen Körper, die Schnäbel stecken im Gefieder. Weiße Intarsien in Schwarz, unregelmäßiges Muster.

Ich kehre um. Der trockene Lehmboden zuerst, dann wieder das Kopfsteinpflaster. Die knarrende Treppe hinauf im Nachkriegslicht. Der Zinnkrautpegel ist leicht gesunken. Das Gespräch scheint ein wenig erschöpft, ich sage, ich würde gern mal den »Schwarzen Kanal« sehen. Aber jetzt kommt erst die »Aktuelle Kamera«.

Der erste Knopfschalter am Gerät: ARD-Programm. Zweiter Knopf: Zweites Deutsches Fernsehen. Dritter Knopf: Sender Freies Berlin. Vierter Knopf: Vibrierendes Weiß und Rauschen. Fünfter Knopf: Weißes Rauschen. Sechster Knopf: Zweites Programm des DDR-Fernsehens. Und wo ist das Erste Programm der DDR? Muss irgendwo in der Rauschzone liegen, im Schneetreiben.

940

Kleine Verwunderung der Gastgeberin, aber ein Gast hat nun mal seine Rechte. Vor allem wenn die beiden schon so viele Fresspakete geschickt haben im Lauf der Jahre, da sollen die sich ruhig mal am DDR-Fernsehen laben. Eine Delegation in Libyen, im Auftrag des Staatsratsvorsitzenden Erich Honecker, der jeweils mit kompletter Titulatur genannt wird. Dann kollern Kartoffeln auf Förderbänder, und Frauen mit Kopftüchern wählen die schlechten aus, schlenkern die weg. Ein Vorsitzender äußert sich zu einem Aktionsprogramm, nennt Zahlen, die sich positiv unterscheiden von früheren Angaben. Nach weiteren Nachrichten aus landwirtschaftlichen und industriellen Produktionszweigen wieder Weltnachrichten und zum Schluss etwas Beschauliches: Hege und Pflege von Mufflonwild im Harz. Trudes Kopf ist nach vorn gesunken, hinab zur Strickarbeit auf dem Schoß.

Nach der »Aktuellen Kamera« ein Dokumentarfilm aus der Sowjetunion, deutsch untertitelt. Da wird die SU der dreißiger Jahre repräsentiert durch fröhlich schaffende Menschen in Fabriken, durch Frauen an Stanzgeräten oder Riesenpressen, durch Männer auf hohen Traktoren auf sehr großen Feldflächen, durch Bauarbeiter in Neubausilos, durch schwenkende Kräne und qualmende Lokomotiven. Das faschistische Deutschland jener Zeit wird in Gegenschnitten präsent durch Marschkolonnen, Marschkolonnen, Marschkolonnen. Und so weiter.

Als wir am nächsten Morgen vom Dachjuchhe heruntertapsen, ist es völlig still in der Wohnung. Clemens seit Stunden auf Achse, Trude im »Gonsum«. Es ist fürs Frühstück gedeckt. Eier unter gestrickten Häubchen, gelb, mit rotem Hahnenkamm obendrauf, wollschlaff; Korb mit dünngeschnittenen Graubrotscheiben; Kanne mit Milch; Porzellannapf voll Marmelade, Butter unter einem Plastikdeckel, Kaffee in einer Thermosflasche. Auf dem Sofa sind die Kissen wieder korrekt aufgereiht, alle mit zartem Handkantenschlag in der Mitte eingestaucht, und sie halten ihre Zipfelohren steif.

Zum Plumpsklo auf dem Hof nehme ich das »Bauernecho« mit. Tote Fliegen auf dem Boden; eine Fliege, klein wie die andren, liegt auf dem Rücken, zuckt. Ich hebe den Deckel ab, setze mich, ohne ins schwarze Loch zu schauen. An der Wand ist ein Blümchenmuster in schmalen Streifen aufgeklebt. Graues und raues Klopapier auf einen Nagel gespießt. Ich lasse die Tür halboffen Richtung Misthaufen. Kleiner Austausch über das Wetter mit einer Frau, die eine Schubkarre absetzt, dann weiterschiebt. Eine Rede des Genossen Staatsratsvorsitzenden im Wortlaut. Ein Bewohner der BRD wurde wegen Grenzverletzung festgenommen, sein Kraftfahrzeug eingezogen. Na, und überhaupt: Die BRD so etwas wie eine von neonazistischen Horden durchstreifte Profitdomäne.

Zage Sonne im Hühnerhof, ich setze mich auf einen Hackklotz, blättre, lese an. Wie man in Viehtränken Wasser spart. Sauen ferkeln meist zwischen 18.00 und 24.00 ab, in dieser Zeit wird Ferkelwache durchgeführt – guter Start ins Schweineleben.

Mal bei der ›Adoptivtante‹ im Konsum reinschauen ... Die Verwandtschaft wurde fingiert, sonst wären Paketaustausch und Besuch nicht möglich. Wieder der Mischgeruch von Braunkohlerauch und Viehwirtschaft. Wir gehen zum Dreiecksplatz, der Beschreibung folgend. Das kleine Geschäft ohne Schild, ohne Auslagen. Kleiner Vorbau als Windfang, Flaschenkästen sind bis an die niedrige Decke gestapelt, die meisten aus Holz, einige aus Plastik. Eine Plastiktonne mit Sauerkraut, laut Aufschrift. Auf dem Boden, zur Ladentür hin: Pappdeckel gereiht. Die ›Tante‹ hinter der Ladentheke, wir werden einer Kollegin vorgestellt als Besucher »aus dem wilden Westen«. Wir schauen uns um. Alte, geblümte Tapete, elektrische Leitungen drübergelegt. Am Fenster eine Papptafel mit graphischen Zeichen für verschiedene Sirenensignale. Kästen mit Milchflaschen. Yoghurtbecher gereiht auf dem ziemlich leeren Regal hinter der Theke, Gläser mit Sauerkirschen, mit Pflaumen, mit Apfelmus. Ein Packen Salz auf der stumpfen Glastheke, verwaschen bedrucktes Papier; die Packung fühlt sich an, als wäre das Salz zementhart verklumpt.

Ich zeige Gisela, was ich am Vorabend erkundet habe. Wieder die Linden, die Lattenzäune, nun mit Durchblick auf Hühnerhöfe und in halb verwilderte Gemüsegärten, vor allem mit Kohlköpfen. Der Bach und die Gänse im Matsch, nun watscheln sie herum. Die Holzbrücke, das Wasser unter ihr fast schwarzbraun. Viel Holzgerümpel angeschwemmt am Brückenpfeiler. Nur wenige Häuser auf der anderen Seite des Bachs. Der vormalige Herrensitz, nun Altersheim. Ein Wellplastikdach über der Freitreppe. Mülltonnen. Ein roter Wimpel. Wir gehen am Zaun entlang; die Gartenrückseite des Ziegelbaus enttäuscht noch mehr: keine Terrasse mit Steingeländer, mit einer Treppe hinab zum Garten, nur eine rostschutzfarbene Eisentreppe, die im Winkel von 45 Grad hinaufführt zum ersten Stock, ein Fenster oben erweitert zur Tür. Von Heimbewohnern sehen wir nur eine alte Frau, sie schneidet Stauden zurecht. Ein Kastanienbaum wirft Kastanienschoten. Ein neuer Zaun mit frisch eingesenkten Bahnschwellen. Auf der anderen Seite verrottendes landwirtschaftliches Gerät. Ein Heuwender, noch mit Metallgabeln. Ein Strohbinder. Zwei Betonmauern, innen geteert, zwischen ihnen häuft sich Gras, halb siliert.

Wir kehren zurück. Das Dorf nun als Gruppierung von Häusern, zu denen seit den dreißiger Jahren nur ein paar hinzugekommen sind, zum Teil noch nicht verputzt, deutlich erkennbar aus verschiedenen Baumaterialien. Die Kirche; der Turm eingerüstet, aber niemand scheint droben zu arbeiten. Kalter Wind, von keiner Hecke gebremst, gebrochen. Lautsprecher an Strommasten werden eingeschaltet. Scheppernde Musik, dann Durchsagen – zu einer Zeit, in der alle arbeitsfähigen Männer tätig sind in der LPG Pflanzenproduktion, in der LPG Mastzucht. Nur Verwaltung, Frauen und Kinder im Dorf, in jeden Winkel aber wird hineingebrüllt, dass die Herrenmannschaft am Sonnabend punkt vier Uhr abfährt. Musik. In der Eierabnahmestelle müssen die Junghennen bezahlt werden. Wieder Musik, und mitten in einer der abgespielten Nummern wird die Nadel abgehoben, rupps, Ende der Beschallung.

Mittags fahren wir nach Weimar. Clemens begleitet, führt uns – er konnte sich einen halben Tag freinehmen, hatte eine erhebliche Zahl von Überstunden schrubben müssen, die wurden ihm gutgeschrieben.

In Wiehe an der Unstrut: Beginn wachsender Irritationen. Zwei Lastwagen in der Dorfstraße, dunkelgrün, kyrillische Buchstaben aufgespritzt. Hinter dem zweiten Lastwagen liegt etwas auf dem Kopfsteinpflaster, sieht aus wie eine Achse, ein Soldat steht spreizbeinig über dem Metallstück, versucht, etwas zu lockern oder loszuhebeln mit großem Schraubenzieher oder kleinem Stemmeisen – das lässt sich im Vorbeifahren nicht näher bestimmen. Ein paar Schritt weiter drei, vier junge Männer, Dorfbewohner, sie schauen dem Sowjetsoldaten bei seinen Bemühungen zu. Nun sehe ich auch, im Rückspiegel, zwischen Lastwagen und Hausfront einige russische Soldaten, die ebenfalls dem sich abmühenden Soldaten zuschauen, rauchend.

Das Bild wird gelöscht mit einem Richtungswechsel, die Straße führt hangaufwärts. Ein Bordstein hell aufgeschrammt. Vor einem alten Haus eine Steintreppe, vier oder fünf Stufen, die Treppe leicht verschoben, verkantet. Eine Mauer mit frisch reingebrochenem Loch. Hier und dort stehen Dorfbewohner herum, zu zweit, zu dritt. Auf der Straße Schlammbelag, der wird immer dichter. Was ist denn hier los?! Clemens schweigt. Ein frisch zersplitterter Apfelbaum am Straßenrand, Stumpf mit hellem Bruchholz. Und von der Grasböschung herab eine Doppelspur von Panzerketten, die setzt sich auf der anderen Straßenseite fort, dort wurde ein großes Stück Holz von einem Stamm gefetzt. Die Schlammbrühe wird zähflüssiger. Auf einer Feldfläche im Hang drei Panzer, zwei Lastwagen, Soldaten stehen herum. Und wieder: zersplitterte Stämme von Apfelbäumen, die uns hangaufwärts begleiten, wenn auch lückenhaft. In einer Serpentinenkurve auf dem gepflügten, matschigen Feld ein Schützenpanzer; vorn kauern drei Mann auf dem verschlammten Metall, schauen in eine offene Klappe. Einer mit ein paar Abzeichen an der Uniform. Einer in einer schwarzen, overall-ähnlichen Uniform. Der dritte in hellbrauner Uniform; kurzes, struppiges Haar. Ich fahre noch langsamer: Schlammsuppe mit Schlammklößen. Ein Trabant, Trabi kommt uns entgegen, die Seiten bis zum Dach schlammbespritzt. Der Kleinwagen scheint in der Kurve abzubremsen, gerät ins Schlingern. Clemens, neben mir: »Mann, Genosse, halt bloß Spur!«

Ein weiterer Schützenpanzer auf einem Feld im Hang, zwei, drei Meter Raupe vor ihm, ein Soldat steht im Dreck und hämmert. Wieder kommt uns ein Trabi entgegen, wie in ein Schlammbad getaucht. Das gibt's doch gar nicht, Mensch, so was gibt's doch gar nicht! Eine breite Bresche in der Apfelbaumallee, demnach muss eine Panzerkolonne die Straße überquert haben. Ein Schützenpanzer im Straßengraben, dreißig Grad Schräge, rundum Erde aufgewühlt. In einem Wäldchen zur Linken ein Lastwagen, vor dem zwei Soldaten stehen, reglos, Hände in den weiten Hosen – wie ausgeleierte, ausgebeulte Reithosen. Keine Uniformjacken, eher Blousons, von Gürteln zusammengefasst.

Der Schlamm, der Dreck nun bestimmt zehn Zentimeter hoch auf der Straße. Da komm ich nie durch! Bergauf schon gar nicht! Im Schritttempo kommt uns ein Wartburg entgegen, die Scheinwerfer blind, der Kühler schlammbedeckt. Ich kurbel das Seitenfenster herunter, winke. Der Wagen bleibt auf gleicher Höhe stehen, das verschmierte Fenster wird abgesenkt, ein junger Mann. Siehts da oben auch so aus? Ja, geht bestimmt noch zwei Kilometer so. »Die Krepels haben alles niedergemacht.« Entschiedene Warnung: »In der Steigung bleiben Sie garantiert hängen. Die Krepels helfen Ihnen da nicht raus.« Er fährt weiter.

Ich wende auf dem Glitsch, fahre wieder zum Dorf. Clemens schimpft: »Menschenskinder, wie im Feindesland!« Wieder der Panzer mit der halb abgerollten Raupe, der Soldat hämmert immer noch, knöcheltief im Dreck. Und wo ist die restliche Besatzung? Pennt im Panzer? Die Beratung auf dem Schützenpanzer scheint noch keinen Entschluss ausgelöst zu haben: zweie kauern, einer steht, Hände in den Hosentaschen, und sie alle blicken in das offene Klappengeviert.

Auf der Dorfstraße fortgesetzte Reparaturarbeit. Ein Streifenwagen, doch kein Vopo ist zu sehen. Aufatmen, als wir aus Wiehe heraus sind. An einer größeren Pfütze bleibe ich stehen, steige aus: bis zum Dach ist der Käfer mit Schlamm bespritzt, die Türen mit gleichmäßigem Schlammschmier eingebräunt. Sieht ja fast schon wieder interessant aus! Ich tunke die Schwammseite des Wischers in die Pfütze, reinige die Frontscheibe, immer wieder nachtunkend. Säubere dann auch die Seitenfenster, die Scheinwerferscheiben, die Rücklichter, die Nummernschilder. Ein Mann kommt herangeradelt, kleiner Anhänger, bleibt stehen: »An der Rübenfabrik vorbeigefahren?« Nein, da oben ist eine militärische Übung oder so was Ähnliches. »Ah, Kraftverkehr Moskau ist mal wieder ausgerückt! Kann mir schon denken, was da los ist.« Und radelt weiter.

Dem offenbar bedrückt schweigenden Clemens versuche ich nun doch ein paar Äußerungen zu entlocken: Wer wird den Dreck von der Straße schaffen? »Na, der Iwan bestimmt nicht!« Wie, muss das die kommunale Straßenreinigung machen? »Gibt's doch hier nicht!« Der Dreck bleibt liegen. Wenn das alles abgetrocknet ist, verschwindet es von selbst, durch Pulverisierung. Ja, und die Schäden im Dorf? »Kommen ein paar von den Krepels, mischen mit der Hand ein bisschen Mörtel an, tragen den mit bloßen Händen auf, schmieren da was rum.« Ehrlich? »Na, wenn ichs dir sage …«

Die Fahrt fortgesetzt. Auf einer Schräge zieht ein Traktor zwei Hänger mit Rübenblättern, die Hinterräder drehen durch. Die reinste Schlammschlacht hier! »Ja, Rübenkampagne und Russenkampagne.« Die Straße wird breiter, der Schlamm dünnt aus. Im Graben ein Tankwagen, große kyrillische Buchstaben, das Führerhaus eingedrückt, mit weißem Schaum bedeckt. »Die hauen ja alles zu Klump, bevor es überhaupt losgeht. Alles Schrott!«

Clemens berät beim Navigieren, Gisela verfolgt den Kurs auf der Straßenkarte. Und wieder massiges Dunkelgrün, aufgereiht: eine Lastwagenkolonne in eine Rechtskurve hinein, kein Ende zu sehen. Und Bäume links. Ein Wartburg, vor uns, blinkt, fährt an der Kolonne entlang. »Fahr doch hinterher!« Und wenn uns einer entgegenkommt? Die stehn so dicht, da komm ich nirgendwo rein. »Wird schon gehn.« Ich fahre hinter dem Wartburg her. Lastwagen, Lastwagen, Lastwagen.

Und kurz darauf: In einer Kurve, auf eine Brücke zu und in ein Dorf hinein, stehen Panzer, mitten auf der Straße. Der Wagen vor uns kommt gerade noch durch zwischen Allee-bäumen und Panzerketten, ich hänge mich dran. Soldaten stehen in Gruppen und Grüppchen herum. Zwei bepissen einen Panzer. Einige Soldaten kommen durch hohes Gras herangelaufen, zur Kolonne, Äpfel in den Händen. Einer springt, nur am Rand des Blickfelds wahrzunehmen, schräg vor uns in den Graben, ist sofort wieder heraus, hat mit beiden Händen seinen Mantel vorn zum Beutel gerafft, und der ist voller Äpfel, huscht unmittelbar vor dem Wagen vorbei. Mann, kann der nicht aufpassen? Ein Rotarmist auf der Kühlerhaube, das hätte mir grade noch gefehlt!

Vorsichtig, vorsichtig an den Panzerärschen vorbeifahren, in der Kurve in die Straße geschwenkt. Soldaten in schwarzen, overall-ähnlichen Uniformen, Hände in den Taschen. Andere in weiten, hellblauen Hosen, mit Blousons. Ein Feuer, mit großen Ästen.

Stell dir vor, ich hätte den Russen angefahren! Clemens, lakonisch: »Warst mit einem Fuß im Knast. Da wärst du so schnell nicht rausgekommen.«

Das Bild hat sich eingeprägt, gleichsam eingebrannt: der Sowjetsoldat unmittelbar vor dem Wagen. Nur ein Stolperschritt, und ich hätte ihn angefahren, trotz mäßiger Geschwindigkeit. Erst Jahre nach der Wende wird mir »in vollem Umfang« bewusst, was mir gedroht hätte, mit einem hohen Grad an Wahrscheinlichkeit. Ich habe mich mittlerweile (allerdings nicht im Vorausblick auf das folgende Szenario) näherungsweise eingelesen in Herrschaftssprache des DDR-Regimes, entwerfe nun die Situation, in die ich mit einigem Glück doch nicht hineingeraten war: Verhör durch einen Untersuchungsrichter. Da hätte ich mir etwa Folgendes anhören müssen:

»Haben Sie sich in Ihrem neuen Heim so einigermaßen eingelebt? – – Die Verwahrraum-Ordnung scheinen Sie jedenfalls hinreichend studiert zu haben, wenigstens das. – – Sie sind uns bisher so wenig entgegengekommen, und da verlangen Sie jetzt Auskünfte? In welcher Untersuchungshaftanstalt Sie sich befinden, das kann Ihnen doch völlig gleichgültig sein. Sie können auf jeden Fall davon ausgehen, dass wir über eine ausreichende Zahl von Untersuchungshaftanstalten und Untersuchungsgefängnissen verfügen, und dass in allen Strafvollzugseinrichtungen des Ministeriums des Innern die gleichen Verfahrensregeln gelten. Dazu gehört auch, dass Sie im Vernehmungsraum eine gewisse Haltung annehmen. Lehnen Sie sich gefälligst nicht an! Und die Füße ordentlich nebeneinander. Nun machen Sie schon, sonst müssen wir den Genossen auf dem Flur hereinbemühen. – – – Ja, so sieht das schon entschieden besser aus. – – –

Also, der Reihe nach. Mir liegt eine förmliche Liste vor; die Genossin wird allerlei zu tippen haben für das Protokoll. – – – Nein, Sie brauchen hier keinen Rechtsanwalt, und Sie bekommen hier auch keinen Rechtsanwalt. Ich fungiere als Untersuchungsorgan und habe lediglich herauszufinden, ob die gegen Sie erhobenen Beschuldigungen zutreffend sind oder nicht. Sobald es zum Prozess kommt, erhalten Sie einen Pflichtverteidiger. Bis dahin haben wir noch ein bisschen Zeit. Stellen Sie sich innerlich schon mal darauf ein. Wir haben uns eingehend mit Ihnen zu befassen. Sie haben ja nun ein großes Ding angekocht. – – –

Die Aussage verweigern? Sie haben allen Anlass, sich kooperativ zu verhalten. Ich kann mir die persönliche Anmerkung nicht verkneifen, dass ich als Vernehmer im Verlauf meiner bisherigen Diensttätigkeit schon so manchen Delinquenten auf diesem Hocker gesehen habe, aber in der Reihung von kriminellen Delikten stellen Sie gewissermaßen einen Rekord auf.

Gehen wir der Reihe nach vor. Sie sind gemeldet bei der Volkspolizei des Kreises Artern. Ihre Aufenthaltsgenehmigung beschränkt sich demnach allein auf den Kreis Artern. Sie haben jedoch, und dies offenbar nicht zum ersten Mal, den Kreis Artern eigenmächtig verlassen. – – – Gehört Weimar etwa zum Kreis Artern? – – – Na also. Ein Abstecher nach Weimar war in keinster Weise angemeldet. Sie haben damit gegen den Paragraphen 213 StGB der DDR verstoßen: Ungesetzlicher Grenzübertritt. – – – Ich verlese den relevanten Passus. »Wer Bestimmungen des zeitweiligen Aufenthalts in der Deutschen Demokratischen Republik verletzt, wird mit Freiheitsstrafe bis zu zwei Jahren bestraft.« Sind Sie von Ihren sogenannten Gastgebern nicht pflichtgemäß darauf hingewiesen worden, dass Ihre Aufenthaltsgenehmigung strikt an den Kreis Artern gebunden ist? – – – Und warum sind Sie trotzdem losgefahren? – – – Der Name Goethe fällt hier nicht weiter ins Gewicht, Sie haben sich an unsere Rechtsordnung zu halten, auch als Bürger der BRD, jedenfalls solange Sie sich auf dem Boden der Deutschen Demokratischen Republik befinden. Oder haben Sie etwa das Gefühl, ihr könnt hier tun und lassen, was ihr wollt? Da schneiden Sie sich aber gewaltig in den Finger.

Ich komme zum nächsten Punkt. Die Genehmigung zum zeitweiligen Aufenthalt von Besuchern aus der BRD kann nur von Verwandten beantragt werden. Das haben die Genossen der Volkspolizei in den vergangenen Jahren gutgläubig zur Kenntnis genommen und akzeptiert. Solche Formen des Betrugs sind uns bis dato nicht bekannt geworden. Von jetzt an wird diesbezüglich erhöhte Wachsamkeit bestehen, darauf können Sie und Ihresgleichen sich verlassen.

Fakt ist: laut ersten Erhebungen sind Sie mit der Familie Herscheid nicht verwandt und nicht verschwägert. Sie haben sich demnach die Einreisebewilligung unter Vortäuschung falscher Tatsachen erschwindelt beziehungsweise erschlichen. Da würde ich doch gern mal hören, warum Sie gewisse Verwandtschaftsgrade vorgetäuscht haben. – – – Was heißt denn hier, Pakete schicken, Pakete schicken – die sollten Ihnen doch nur den Weg bahnen! Damit kommen wir zum eigentlichen Anliegen Ihrer wiederholten Einreise in die DDR: Sie sind mit der Absicht gekommen, hier zersetzend tätig zu werden, im Kreise Ihrer sogenannten Verwandtschaft. Jawohl, zersetzend! – – – Mit so flauen Erklärungen kommen Sie hier nicht durch! Sie haben sich in einem sogenannt vertraulichen Gespräch dessen gerühmt, eine größere Arbeit über Trotzki veröffentlicht zu haben, in Ihrem Reichsfunk. Ausgerechnet über Trotzki. Man könnte es auch so wenden: Natürlich über Trotzki. – – – Die historische Rolle des Leo Rabinowitsch Trotzki ist hier kein Thema. Schon gar nicht seine sogenannte Opposition gegen Stalin. Das klammern wir jetzt mal schön aus, ja? Sie erschleichen sich die Einreise in unser Land unter Vortäuschung sogenannter Verwandtschaft. Sie nutzen Ihren Aufenthalt zu zersetzender Tätigkeit. Sie bilden sich doch wohl hoffentlich nicht ein, Sie könnten hier besondere Vergünstigungen beanspruchen aufgrund Ihrer Tätigkeit. Ist jemals etwas von Ihnen bei uns veröffentlicht worden? – – – Na also. Wieso nennen Sie sich da überhaupt noch Schriftsteller? Ich kann da nur sagen, dass Sie als schwerer Fall zu betrachten sind.

Ich komme zum nächsten Punkt. Verstoß gegen die Straßenverkehrsordnung der DDR. In Tateinheit mit dem Verstoß gegen den Paragraphen 213 haben Sie das Delikt mit einem PKW begangen, der nicht verkehrstüchtig war; Scheinwerfer, Rücklichter und Nummernschilder waren von einer dichten Schmutzschicht überzogen. Was aber sehr viel schwerer wiegt: Die Reifen der Vorderräder weisen nicht das vorgeschriebene Mindestprofil auf. Das haben objektive Messungen zweifelsfrei ergeben. – – – Was heißt das schon?! TÜV hin, TÜV her – wie so was bei euch abläuft, das wissen wir ja zur Genüge: Vitamin B, Vitamin B – ohne Vitamin B wäre es letztlich auch gar nicht zu eurer Scheinblüte gekommen. – – – Da können Sie reden, was Sie wollen, die Vorderreifen hatten bei der Einreise in unsere Republik nicht das vorgeschriebene Profil. Verstoß Nummer eins gegen die hier geltende Straßenverkehrsordnung.

Verstoß Nummer zwei: Sie haben bei Ihrer Annäherung an die zum Halten gebrachte Panzerkolonne der Sowjetarmee nicht gestoppt und auf Anweisungen gewartet. Eklatanter Verstoß gegen die Straßenverkehrsordnung. Dies in zweifacher Hinsicht. Sie bewegen sich mit einem nicht verkehrstüchtigen PKW, und Sie missachten in sträflicher Weise die Sonderregelung Militärkraftverkehr. Die besagt: Bei Annäherung an eine zum Stillstand gebrachte Militärkolonne sind entsprechende Weisungen abzuwarten. – – – Ob am Ende der Kolonne ein weisungsberechtigter, wie Sie sagen, ›Rotarmist‹ gestanden hat oder nicht, das spielt hier nicht die geringste Rolle, Sie hätten abwarten müssen, bis Ihnen entweder das Umkehren befohlen oder das Passieren der Panzerkolonne erlaubt wird. Einfach aber an der Panzerkolonne der Sowjetarmee vorbeizurauschen, das lässt sich nur als Akt reinster Provokation bezeichnen! Bei uns herrschen geordnete Verhältnisse, da kann nicht jeder machen, was er will. Kommen hier in die DDR und wollen den dicken Willem markieren? – – – Dass Ihr Wagen nicht mal zur Mittelklasse zählt, spielt hier überhaupt keine Rolle. Was allein zählt, ist Ihr aggressives Verhalten. Ist die schier unfassliche Provokation der Sowjetarmee gegenüber. Wollten Sie die Wehrkraft der SU schwächen? – – – Nun halten Sie mal an sich, ja?! Aufsässiges Verhalten haben wir gar nicht gern. Nehmen Sie gefälligst wieder Ihren Platz ein.

Also, um den Faden wieder einzufädeln: Sind Sie vom begleitenden Mitglied der sogenannten Gastgeberfamilie nicht darüber informiert oder dahingehend instruiert worden, dass Sie in solch einem Falle anzuhalten und auf Anweisungen zu warten haben? – – – Und warum haben Sie dem nicht Folge geleistet? – – – Ob das so aussah oder nicht, das zu beurteilen liegt nicht allein bei Ihnen, Sie haben gegebene Vorschriften zu beachten, auch und erst recht in Ihrem Gastgeberland. Stattdessen haben Sie die Stirn, ungeachtet aller Vorhaltungen und Warnungen die Fahrt entlang der Panzerkolonne fortzusetzen, und das auf derart schmaler Landstraße. Was hätten Sie denn gemacht, wenn Ihnen ein lizensiertes Fahrzeug entgegengekommen wäre? – – – Soll das ein Witz sein?! Zwischen T-54-Panzern rückwärts einparken? Wollen Sie uns auf den Arm nehmen? – – – Nein, Sie geben nun keine Stellungnahme ab, Sie sind hier, um meine Fragen zu beantworten im Rahmen der Vernehmung.

Womit wir zum Hauptdelikt kämen: Sie begehen einen Angriff auf Leben oder Gesundheit eines Soldaten der Sowjetarmee. Dies, laut militärärztlicher Untersuchung, mit der Folge von Prellungen und einer Fraktur des Oberarms. Wollten Sie Ihrem sogenannten Vetter damit imponieren, dass deutsch-sowjetische Freundschaft ein absolutes Fremdwort für Sie ist, dass Sie es kaltblütig darauf ankommen lassen, einen Sowjetarmisten anzufahren? – – – Was heißt hier: ins Stolpern geraten! Es spielt in diesem Zusammenhang überhaupt keine Rolle, wie der Rekrut sich bewegt hat. – – – Nun kommen Sie nicht wieder an mit diesen Äpfeln im Mantel – das erklärt oder rechtfertigt in keinster Weise Ihr absolut rücksichtsloses fahrerisches Verhalten. – – – Sie haben hier nicht ungefragt Erklärungen abzugeben, Sie beantworten lediglich die Fragen, die Ihnen gestellt werden. Darüber hinaus nehmen Sie jetzt mal gefälligst zur Kenntnis, und ich bin sicher, der Haftrichter wird zu dem gleichen Schluss kommen: In Anbetracht der diversen Delikte muss der Schuldvorwurf auf Rowdytum erweitert werden, laut Paragraph 215 StGB der DDR. Damit Sie hier klarsehen, verlese ich den in Ihrem Fall relevanten Passus. »Ist die Tat ohne Beteiligung an einer Zusammenrottung begangen, kann der Täter mit Freiheitsstrafe bis zu zwei Jahren bestraft werden.«

Erneute Fahrt in die DDR, diesmal mit dem Zug nach Halle, der »grauen Diva«. Ich bin eingeladen von einem Architekten, der ebenfalls Verwandtschaft fingierte, sonst wäre dem Antrag auf Besuch aus dem Westen nicht stattgegeben worden. Ich berichte Rainer über den vorigen Besuch der DDR, an der Thüringer Pforte, im Kreis Artern, skizziere die Fahrt nach Weimar, die Konfrontationen mit vielfach schrottreifer Ausrüstung der Sowjetarmee.

Rainer zeigt auf das Telefon, deckt es ab mit einem Kissen, legt eine zusammengefaltete Decke drauf, dämpft die Stimme. Also während der Dienstzeit in der NVA, Luftwaffe, war er zeitweilig dafür zuständig, Schäden an Kampfjets zu registrieren, sie aufzulisten: die setzten ohne Kampfeinsatz oft mehr oder weniger beschädigt zur Landung an. Und der jüngere Bruder war als Soldat fast ausschließlich eingesetzt beim Straßenbau. Und was die vielbeschworene Waffenbrüderschaft mit der Sowjetarmee betrifft: Der Bruder auf einer Tanzveranstaltung, einige Russen dabei, hatten Ausgang, und er war in eine schwere Schlägerei geraten. Es ging, natürlich, um Mädchen (»Keulen«), einer der jungen Spunde der ruhmreichen Sowjetarmee, fast schon in der Enkelgeneration der Veteranen, beschimpfte den gleichjungen Bruder als »Nazischwein«, schon ging die Klopperei los. Der Vorfall kam natürlich nie an die Öffentlichkeit.

Ich erwähnte, dass ich einen jungen Sowjetsoldaten beinah angefahren hätte. Auch Rainer (»Name von der Redaktion geändert«) lakonisch: Da hätte ich fast mit beiden Beinen im Gefängnis gestanden. Nicht nur, weil ich beinah einen Soldaten der ruhmreichen Sowjetarmee auf der Stoßstange gehabt hätte, sondern auch wegen Grenzverletzung – bei der Fahrt nach Weimar hätte ich schließlich den Kreis Artern verlassen. Bei einer Kontrolle, und die sind ja nicht gerade selten, wäre dies als Grenzverletzung gedeutet und geahndet worden. Ich wäre nicht der erste und einzige Bundesbürger, der deshalb vor Gericht gekommen und zu einer Haftstrafe verurteilt worden wäre. Mein Wagen wäre wahrscheinlich eingezogen, meine Frau wäre in die Bahn gesetzt und abgeschoben worden. Schwein gehabt! Einen drauf trinken: Nordhäuser Korn, lokale Spezialität. Ich verschweige, dass es dieses Produkt längst in westdeutschen Supermärkten gibt.

Erwartet, erhofft wird nun vom Gastgeber, dass ich etwas Flair einbringe vom Leben im Westen. Also erzähle ich, dass ich in Freiburg einen Maler kennengelernt habe, nach einer Lesung, Typ Kraftlackl. Der kann gar nicht anders als täglich zu malen. Ein Kollege von ihm hatte mal erklärt: »Ich male nur montags, damit der Markt nicht zu voll wird.« Dem hätte der Kraftlackl am liebsten eine in die Fresse gehauen. Kreativ, wenn er das Wort nur schon hört: kreativ – es geht nicht darum, kreativ zu sein, es handelt sich um Zwang. »Das muss ganz einfach sein, sonst geh ich kaputt. Und mach alles kaputt. Ich hab schon genug angerichtet.« Starke Sprüche, die sich eingeprägt haben: »Wenn ich nicht im Atelier bin, richte ich nur Unfug an. Malen, fressen, ficken. Zwischendurch saufen. Das ist das ganze Programm.« Eine Änderung des Programms erscheint völlig ausgeschlossen. »Höchstens, wenn es Gott gäbe, da würde ich ihn ja anbeten – wenn er mir nur etwas Vernunft gäbe.«

Rainer wollte noch mehr von diesem Maler hören: Kraftnahrung aus dem knallbunten Westen. Also holte ich einen weiteren Kraftspruch aus der Versenkung: »Ich mag das nicht, wenn vor dem Ficken viel geredet wird. Magst du das vielleicht?« Ich konnte dem Maler nur eine ausweichende Antwort geben, bekam gleich einen weiteren Spruch zu hören: »Andere bumsen nur ihre Alte und denken dabei an andere. Bei mir ist es umgekehrt: ich bumse andere und denke dabei nur an die eine.«

Belohnungsgelächter, ich musste den Ausspruch wiederholen. Musste Zugaben liefern aus dem Sprachschatz des Malers zwischen Schamlippenbekenntnis und Verhängnisverhütung. Wie zum Lohn goss, schwappte Rainer mein Stamperl voll. »Die riskieren ja eine gewaltige Lippe bei euch. Da solltest du hier mal in dem Stil – nicht auszudenken!«

Um Rainer wieder zu erden, betonte ich noch einmal, abrundend und abschließend, dass dieser Mann von Anfang vierzig eigentlich diverse Chancen hätte, etwas anderes zu machen, etwa zu unterrichten oder in die Werbung einzusteigen, aber er sei psychisch in keiner Weise dazu disponiert, Gehaltsempfänger zu werden. »Das wäre so, als würde man mit angelegtem Sicherheitsgurt im Autokino sitzen …«

Nachrichten aus einer fremden Welt …! Eine feste Stellung abzulehnen, damit würde man sich bereits verdächtig machen, da wäre rasch der Vorwurf ›Schmarotzertum‹ zur Hand! In seiner Erregung sprach Rainer, schnapsbeschwingt, lauter als zuvor – obwohl er vorher stumm und fingerwinkend auf das Telefon gezeigt hatte: Feind hört mit …

»Mal abgesehn von diesem Kraftlackierer – kann man bei euch so ohne weiteres überwechseln, in eine andere Tätigkeit? Auch bei Architekten? Bei anderen Kreativen?«

Ich berichtete: Besuch mit Marianne Frisch in Ossi Wieners Kneipe »Exil«. Der Autor persönlich servierte, akzentuiert von leuchtend roten Hosenträgern, an unserem, eher: an Mariannes Tisch.

Um die Perspektive zu erweitern: Es gibt so etwas wie einen Kollektivtraum von Lehrern: Den Schuldienst aufgeben und eine kleine Gastwirtschaft, eine Szenekneipe eröffnen. Etwa in Stil und Größe einer Osteria, mit einem halben Dutzend Tischen, mehr nicht, und einer für Familie und Freunde, einer für den Paten im Kiez – die auch in Berlin üblichen Schutzgelder in der Gastronomie, nicht nur der italienischen. Ja, und gute französische Weißweine, gute italienische Rotweine, eine spanische Schinkenspezialität, Oliven. Ich kenne aber keinen Lehrer, sagte ich tröstend, der diesen Traum verwirklicht hätte, so leicht sei das mit dem Aussteigen, Umsteigen, dem Umsatteln auch wieder nicht: berechtigte Bedenken, Befürchtungen mit Blick auf die Verwaltung – wer eine Kneipe eröffnen will, hat es bestimmt mit sieben verschiedenen Behörden zu tun. Allein schon die Regelung der Toilettenfrage! Die Angst, auf die Nase zu fallen, eine Bauchlandung zu machen. Oder, nach kurzem Abheben: eine Bruchlandung.

»Ja, und du selbst?« Kurzes Stocken, kleine Irritation: Ja, und ich selbst?! Rechtzeitig aktivierte sich eine Erinnerung, eine Episode aus dem Jahre 1980. Ich betonte gleich, solch eine Jahresangabe sei »wie immer ohne Gewähr«; ich bin auf ein Gedächtnis angewiesen, das sich für Zahlen kaum interessiert.

Das Literaturmagazin des Dritten Fernsehprogramms des Südwestfunks wurde, nach einer Pause, in neuer Form weitergeführt; ich war der erste Autor, der hier auf Sendung ging, gemeinsam mit Siegfried Unseld und Günther Rühle, es ging um den *Sultan von Oman*. Ich habe mich in diesem Gespräch offenbar gut »geschlagen«, jedenfalls wurde mir einige Zeit später von einem Redakteur des Senders telefonisch angeboten, in einer neuen Sendereihe mit dem Titel »Wortwechsel« die Moderation zu übernehmen. Nicht bloß Befragung, Interview, sondern: Gespräch, kritische Auseinandersetzung. Ich wurde nach Baden-Baden eingeladen.

Ich überlegte animiert, welch vielfältige Möglichkeiten sich in solch einer Sendereihe bieten, ergeben könnten! Ein Gespräch führen mit einem Komponisten ... mit einem Kern-

physiker ... mit einem Jazzmusiker ... mit einem Bundestagsabgeordneten ... mit einem Dirigenten ... Mich motivierte die
Lust, mit Menschen zusammenzukommen, die ganz anderes
machen – ich hätte mich auf ein Gespräch jeweils präzis vorbereiten müssen, fünfundfünfzig Sendeminuten sind lang.
Aber, so fragte ich mich wiederum: Wäre hier mehr möglich
als das Adaptieren journalistischer Arbeiten? So viel absorbie-
ren wie gerade notwendig, damit das Gespräch ›läuft‹?

In der Nacht vor der Fahrt lag ich lange wach. Vorstellungen, die ich von mir habe, ändern sich unter äußeren Bedingungen – und jetzt? Aus der Vergangenheit übernommenes
Kühn-Bild: Der kann sich, wie sich zeigt, mit verschiedenen
Themen beschäftigen ... Aber bald schon eine körperlich
spürbare Dissoziation: Ekel davor, mich als clever zu erweisen. Als mir bewusst wurde, dass eine Entscheidung gefallen
war, schlief ich erleichtert ein.

Am nächsten Morgen rief ich beim SWF an: Es geht nicht,
kann das nicht machen, ein Identitätsproblem. Ich fand Verständnis.

Zuweilen schaute ich mir im Dritten Programm des SWF
eine der Sendungen an – etwa, als ein Gespräch mit Hans Jonas
geführt wurde. Und ich dachte mir: Auf diesem Studiosessel
könntest du sitzen oder hättest du sitzen können, zumindest
für einige Sendungen.

Ja, mögliche Veränderung im Beruf. Aber auch die Möglichkeit, auf Veränderung zu verzichten, und zwar ohne Einwirkung des Staates.

Ein, zwei Stunden später lagen wir in der Schlafkammer
dicht nebeneinander auf dem Bett. Und ich kriegte im Flüster-
ton zu hören, er halte es nicht mehr aus in Halle, im Land. »Ich
ersticke in diesem Stumpfsinn. Ich krieg keine Luft mehr. Ich
muss hier raus, raus, raus!« Es gebe nur einen Ausweg, Ausschlupf: Rumänien. Er würde, er wird, er will sich rechtzeitig
anmelden für eine Urlaubsreise nach Rumänien, das könnte
klappen, die meisten Genossen fahren lieber in die Tschechoslowakei, also, er würde Ferien machen in Rumänien, und
es wäre unheimlich gut, wenn ich ebenfalls Urlaub machen

würde in Rumänien, zur selben Zeit, nicht unbedingt im selben Hotel, »ihr Westler kriegt sowieso die besseren Hotels«, und nach ein paar Tagen solle ich ihm meinen Pass übergeben, dann zur Polizei gehen, den Verlust des Passes melden, als verloren oder gestohlen, mit irgendeinem Ersatzausweis durch die Westbotschaft käme ich bestimmt recht leicht wieder raus, und er würde sein Glück mit dem Pass versuchen, so ganz unterschiedlich sehen wir ja nicht aus, eventuell könnte man am Pass noch etwas nachbessern, dafür findet man immer Leute, und er reist nach Westdeutschland, die Finanzierung wäre sicherlich kein Problem.

Ein Schlag vor den Kopf! Horrorvorstellungen allein schon beim Herandenken an diese Möglichkeit! Leichter Schweiß auf der Stirn, Adrenalinstoß. Plötzlich trockener Mund. Er holte eine Flasche bulgarischen Weißwein, ich saß auf der Bettkante, trank das Glas langsam leer. Streckte mich wieder neben ihm aus.

Also, das wäre für Rainer doch reichlich riskant. Passfälschung muss mit krimineller Professionalität erfolgen, aber du kennst in Rumänien doch keinen, der das für dich erledigt, womöglich gerät man dabei an einen Typ von der Securitate. Technisch alles überaus heikel. Ich habe in einem älteren Familiendokument gesehen, einem Taufschein für den NS-Ahnenspiegel, wie schwer es ist, allein schon eine Silbe zu fälschen, ohne dass es auffällt – und das erst recht in einem Pass! Da wirst du auf die Schnelle keinen finden, der das hinkriegt. Und überhaupt: Rumänien, das ist doch Stalinismus pur! Ceaușescu, König der Karpaten ...! Die allgegenwärtige Securitate ...!

Und was mich betrifft – also, ich will so langsam raus aus Düren, will unbedingt raus aus Düren, aber ein rumänisches Gefängnis ist keine Alternative! Mein Freund Thomas ist bei einem Fluchtversuch verhaftet worden und in einem rumänischen Gefängnis gelandet. War von Dresden ins sozialistische Bruderland gereist, hatte sich über die Grenze stehlen wollen, auf Stricksocken, das Gesicht mit Schuhcreme eingeschmiert, dennoch wurde er gesichtet, gefasst, hat neun Monate im Gefängnis gesessen, in einer Gemeinschaftszelle, elende hygienische Verhältnisse, Hunger und Kälte, tagsüber Flechtarbeiten. Finsterste Erfahrungen, die ich mir ersparen möchte.

Schweigend verließen wir das Schlafzimmer. Programmwechsel: er führte mich in Viertel, in denen die »graue Diva« am allergrauesten war. Mich erwarteten: mit Brettern vernagelte Fenster, Regenrohre mit Löchern, schadhafte Dächer, nur noch partiell bewohnte Reihenhäuser und eine Stille wie im Ruinenexponat Pompeji.

MEINE ENTSCHEIDUNG, auf das Angebot des Südwestfunks zu verzichten: Es war eine *freie Entscheidung*, oder etwa nicht?

Über unseren freien Willen hatten wir als Gymnasiasten oft vehement diskutiert, wenn auch, zuweilen, in recht schlichter Argumentation. Einer der Freunde: »Du kannst mir eine nackte Frau auf den Bauch binden, wenn ich nicht will, dann will ich nicht. Wenn das kein freier Wille ist!« In freiem Willen diskutierten wir weiterhin über den freien Willen, vielfach in Kreisbewegungen, unfreiwillig. Doch meine Entscheidung kurz vor der Fahrt nach Baden-Baden: *frei*, nicht wahr?!

Im Jahrbuch 2011 der Mainzer Akademie der Wissenschaften und der Literatur (der ich als Karteileiche angehöre) wird hingewiesen auf einen Festvortrag, den Niels-Peter Birbaumer (vom Tübinger Institut für Medizinische Psychologie und Verhaltensneurobiologie) gehalten hatte. In der »Kurzfassung«, sicherlich von ihm selbst geschrieben, lese ich von der »Illusion« des freien Willens. Die sei allerdings notwendig, »um unsere Selbstachtung und Selbstkontrolle aufrechtzuerhalten. Die meisten Entscheidungen und Willenshandlungen erfolgen im Gehirn ohne Mitwirkung des Bewusstseins, das Bewusstsein einer Entscheidung entsteht in der Regel, nachdem im Gehirn die Entscheidung bereits gefallen ist. Die Hirnforschung hat geklärt, wo im Gehirn die Illusion der freien Entscheidung« entsteht. Durch elektrische Reizung dieses Hirnteils lässt sich das verifizieren. Ergo: Das Gefühl der Freiheit als »lebensnotwendige Illusion«.

Von mir auf mich angewendet: Eine Entscheidung fällt demnach in einer Region des Gehirns, auf die mein Bewusstsein nicht einwirken kann; das vollzieht lediglich nach.

Aber, so sage ich mir: Das alles geschieht in diesem meinem Gehirn, unter dieser meiner Schädeldecke. Das ist doch wohl keine Illusion, oder?

Wie auch immer: Ich muss noch viel über mich lernen, unter Führung von Hirnforschern und Verhaltensneurobiologen. Auf meine (chemo-elektrisch aktivierte) Erinnerung aber wirkt das nicht ein. Die dominiert nun mal in diesem Lebensbuch.

Wenn ich lange genug den Kugelschreiber in der Hand hatte, lange genug getippt habe, Schreibmaschine oder Tastatur des Laptop, so lege ich mich auf den Boden, rücklings, mache ein paar Minuten lang Übungen, die Rückgrat und Nackenwirbeln guttun: Verhinderung, zumindest Verzögerung einer charakteristischen Berufsdeformation.

Am Ende der Übung drehe ich den Kopf lockernd nach rechts, nach links, nach rechts, nach links, schon meldet das Körpergedächtnis: Kopfwackeln. Dein Kopfwackeln, damals. Vor dem Einschlafen, in Herrsching: ich warf den Kopf nach rechts, nach links, nach rechts, nach links, das konnte sich hinziehn, eine gefühlte oder geschätzte Stunde lang. Wurde schon mal durch eine Intervention gestoppt, setzte sich fort, sobald die Tür zum Kinderzimmer wieder geschlossen war. Kopfwackeln, so nannten wir das, mein Kopfwackeln, mein langes, langes Kopfwackeln. Wie ein mechanisiertes Kopfschütteln. Wiederholt wurde das verboten, das blieb wirkungslos. Und mechanische Vorrichtungen, das Kopfwackeln zu verhindern, waren nicht einmal meiner Mutter bekannt. So habe ich »kopfgewackelt« bis zur sanften Selbstbetäubung, halluzinierte dabei bunt vor mich hin. Fast so etwas wie Flucht im Kopf aus dem Kopf heraus. Und beruhigend, letztlich einschläfernd, der maschinenhaft gleichförmige Rhythmus der Bewegungen.

Wann diese Gewohnheit einsetzte, wann sie endete, ich weiß es nicht. Auf jeden Fall waren es mehrere Jahre, in denen mich nichts vom heftigen Kopfwackeln abbringen konnte. Irgendwann nach dem Krieg hörte es auf, wie von selbst. Und ich begann, dieses Symptom zu vergessen. Bis es mir, auf dem Boden des Hauses in Abenden liegend, wieder einfiel. Ich nahm mir vor, mich über dieses Phänomen zu informieren. Auch das vergaß ich wieder. Vergaß ich es?

Ein Zufall konfrontierte mich, später, mit Informationen über »Kopfwackeln«. Ich besuchte Sohn Thomas und seine Familie in Hemmingen, sah in einer Buchreihe einen Band mit leuchtend violettem Umschlag: »Psychogene Erkrankungen bei Kindern und Jugendlichen«. Ein Buch aus der Handbücherei von Schwiegertochter Ute, Kindergärtnerin. Ich blätterte erst, suchte dann Stichworte im Sachregister. Als erstes: Motorik. »Kopfwackeln« wurde hier nicht aufgeführt, ich las aber vom »Gefühl subjektiver Freiheit, das unsere aktiven motorischen Handlungen mehr oder weniger begleitet«.

Weiteres, unsystematisches Suchen nach dem Phänomen Kopfwackeln, und ich geriet in ein Kapitel mit der Überschrift »Spezielle neurotische Verhaltensweisen«. Hier als erstes Unterkapitel: »Daumenlutschen, Nägelknabbern, Haarausreißen«.

Daumenlutschen, das war bei mir als Kind offenbar exzessiv, zumindest in den Augen der Mutter, die durch aufgetragenes Chinin, durch Versteifen der Ellbogen dem Treiben Einhalt gebieten wollte. Daumenlutschen, so las ich nun aber, wird als weitgehend normal bezeichnet, es kommt selbst in der Tierwelt vor, unter Schimpansen beispielsweise. Beim »Menschenkind« aber wird hervorgehoben, »dass ein übertrieben langes und ausgedehntes Daumenlutschen häufig mit Mangelerlebnissen im Bereich der Zärtlichkeitsbedürfnisse zusammenhängt«. So liest sich das im Fachidiom: Bereich der Zärtlichkeitsbedürfnisse … Exzessives Daumenlutschen als Symptom bei »eingeengten Kindern«. Läuft unter »Erregungsabfuhr«.

Im Kapitelabschnitt »Psychische und psychosomatische Krankheitserscheinungen« fand ich schließlich Ausführungen über das Kopfwackeln, unter einem Fachausdruck, der mir bis dahin fremd war: Jactationen. Hier ist also das lateinische Verb eingeschlossen für »werfen«. Jactationen werden als »außerordentlich häufig« bezeichnet, die »Bedeutung rhythmischen Erlebens« wird hervorgehoben. Hier assoziiere ich gleich, welche Bedeutung musikalische Rhythmik für mich hat und dass ich rhythmisch akzentuierte Musik, auch klassische, nicht stillsitzend anhören kann, zu Hause, dass ich mich dabei bewegen muss – da ist das Wohnzimmer in Abenden mit seinen 38 Quadratmetern groß genug und hier in Brühl ebenfalls, ich kann ausschreiten bei Klassik, kann das Bewegungspensum ausweiten bei Jazz.

Soweit ganz schön, aber dann las ich weiter von neurotischen Entwicklungsstörungen, von »frühen Schäden« der »motorischen Expansion« – es seien »Ausdrucksbedürfnisse« gestört worden. Auch durch die Pflaster kreuz und quer über die Lippen? Ich hebe das Wort Ausdrucksbedürfnisse mit Bleistift hervor, tippe es nun ab, sage mir, einhaltend: Da habe ich später aber mächtig nachgeholt! Hole hier auch wieder nach, offensichtlich!

Im speziellen Kapitel »Jactationen« las ich in der Einleitung, dieses Symptom zeige sich vor allem bei »Waisenhaus- und Hospitalkindern«, es trete auch unter Familienkindern auf, könnte sich bis in die Pubertät hinein fortsetzen. Bei Kindern, die den Kopf »werfen«, lasse sich eine frühe »Einengung der Motorik« nachweisen, eine »vorzeitige motorische Dressur«.

Und dann ein Satz, den ich komplett abschrieb: »Dass motorische Einengung und Verarmung an Zärtlichkeit am Zustandekommen des Symptoms beteiligt sind, steht sicher außer Frage.«

Diese Lektüre als Auslöser, wenn auch mit zeitlicher Verzögerung? Das will ich nicht suggerieren, mir selbst soufflieren, ich kann nur konstatieren: Ich nahm teil an einem Wochenendseminar eines Instituts für Psychodrama. In Rollenspielen wollte ich mir selbst noch deutlicher werden über die Rolle, die meine Mutter in den Kölner und Herrschinger Jahren für mich gespielt hatte.

Ich muss hier andeutend wiederholen, was ich bereits formuliert habe: Diese Frau der Zivilcourage, diese energische Verteidigerin der Söhne gegen amerikanische Soldaten und bayrische Beamte, diese effiziente, aber nicht eben emotionsbetonte Frau, rigoros, rigide, sie war mir nah, emotional, in der ersten Phase nach dem Abitur, dann wieder in den Wochen ihres Sterbens. Selten aber waren Besuche bei den Eltern in Herrsching, als ich Vater war, eine ›eigene‹ Familie hatte. Es entwickelte sich das Ritual, das ich bereits skizziert habe: Wenn Gisela und ich, nach dem Umsteigen in München, mit der Bahn in der Endstation Herrsching eintrafen, stand sie mit Gepäck bereit, um nach kurzer Begrüßung mit dem Gegenzug wegzufahren, zu ihrem Bruder im Rheinland … Sobald wir wieder im Rheinland waren, fuhr sie zurück nach Bayern; wir bewegten uns parallel aneinander vorbei.

Ich bin Auseinandersetzungen, Krächen kaum mal ausgewichen; die fanden statt, wenn ich nur schon für zwei, drei Tage nach Herrsching kam, nach einer Lesung in München, einem Termin im Bayerischen Rundfunk. Eine Rückblende:

Vater, Mutter, Sohn bei seltenem gemeinsamem Frühstück. Der kleine Brotkorb: Weißbrot, Graubrot, Schwarzbrot, jeweils drei Scheiben. Vater greift zu einer Scheibe Schwarzbrot.

Wieso willst du plötzlich zuerst Schwarzbrot?

Er hatte gerade Appetit dadrauf …

Aber du fängst doch sonst nie mit Schwarzbrot an, immer erst Weißbrot.

Er hatte sich gedacht, heut wär erst mal eine Scheibe Schwarzbrot dran …

Was ist denn plötzlich in dich gefahren?! Was sind denn das für Neuigkeiten?! Wieso heute zuerst Schwarzbrot?! Fängst doch sonst immer mit Weißbrot an!

Na ja, wenn er sich das recht überlege – im Grunde genommen hätte er doch eher Appetit auf Weißbrot … Und er tauschte die Scheiben aus.

Da hakte ich nach: Warum soll Paps eigentlich nicht mit Schwarzbrot anfangen?

Misch dich da nicht ein. Kümmer dich um deine eigenen

Angelegenheiten. Schau zu, dass du so langsam mal eine feste Stelle findest.

Dieser Kommentar ist ja nun total überflüssig!

Was ist denn das für ein Ton, deiner Mutter gegenüber?!

Plötzlich hatte ich beide gegen mich. Vater erinnerte sich daran, dass es früher die Rolle des Kavaliers gegeben hatte, der seiner Frau, komme was da wolle, treu zur Seite steht. Überhaupt beharrte er darauf, dass Helene es gut mit ihm, ja mit uns allen meinte, »herzensgut« (ein Wort, das er aus dem Rheydter Fundus hervorkramte), sie würde sich doch geradezu »rührend« um ihn, um uns alle kümmern. So kriegte ich das aufs Graubrot, aufs Mischbrot gestrichen, das ich eher mit Würgen als mit Kauen runterkriegte.

Der ›Haussegen‹ hing schief, sehr schief. Die Auseinandersetzungen endeten damit, dass ich mich (wie in der Kinderzeit) bei meiner Mutter offiziell entschuldigen sollte. Dass ich mittlerweile Ende vierzig war, längst große Söhne hatte, das spielte keine Rolle, die alten Verhaltensmuster wurden reproduziert, auf Biegen, auf Brechen. Ich unterwarf mich dem alten Ritual nicht mehr. Daraufhin setzte sich meine Mutter zu ihrem Bruder ab, kehrte erst nach meiner Abreise zurück nach Herrsching.

Für mich ein Lehrstück, eine »Lektion fürs Leben«: Ich hatte eine Form der Symbiose erlebt, die ich auf keinen Fall, um keinen Preis übernehmen wollte.

Das Gefährliche: Es geht meist um Bagatellen (Schwarzbrot oder Weißbrot), fast nie um dramatisch zugespitzte Entscheidungen. Die Reaktion des Bedrängten kann allzu leicht sein: Was ist schon groß dabei, wenn ich mal klein beigebe …? Was vergebe ich mir dann schon …? Wenn man so lange zusammenlebt, muss man auch schon mal zurückstecken … Es sind die sogenannt vernünftigen Lösungen, gegen die ich rebellierte, rebelliere, die bereitliegenden, gebrauchsfertigen, generationenlang erprobten und bewährten Formeln der Selbstbescheidung, Selbstbegütigung. Und die oft tragischen Auswirkungen versäumter Kräche, im Namen der Abgrenzung.

Während ich dies schreibe, sind wieder Alarmstoffe ins Blut gemischt, vor allem Adrenalin. Nein, diese Vergangenheit ist nicht abgeschlossen, ich kann sie nicht auf sich beruhen lassen, heiter gelassener Rückblick ist nur phasenweise möglich.

Also Handlungsbedarf, Klärungsbedarf, also Psychodrama, mir empfohlen. Erste Informationen: Sich zurückspielen in Vergangenheit, das »emotionale Gedächtnis« aktivierend. Spontaneitätstheater ... Stanislawskij, Strasberg, Moreno ... Phantasierollen ... Surplus-Realität ... Transformationen ...

Ich meldete mich an zum Seminar: »Männer – Frauen – Gewalt«.

In der Nacht davor: kaum Schlaf. Welche der nachwirkenden Szenen einbringen, umsetzen? Mich auf Szenen mit der Mutter konzentrieren, den Vater ausgrenzen? Aber ließ sich da trennen?

Nachwirkende Szene. Ort des Geschehens: Bochum. »Paps« kam angesäuselt heim von der Besichtigung eines Bergwerks – danach wurde gewohnheitsmäßig Klarer gekippt. Zwar stand für Ehrengäste eine Badewanne bereit nach dem Aufenthalt unter Tage, doch allzu genau hatte es Helmuth nicht genommen mit der Reinigung: Kohlestaubspuren ...

Kohle *und* Korn – das war meiner Mutter zu viel, Vorwürfe wurden erhoben, und es erfolgte die Anweisung an die beiden Ältesten, den Vater ins Bad zu bringen, ihn auszuziehen, zu waschen, in den Schlafanzug zu »stecken«. So schoben wir – einer rechts, einer links – den Vater ins Bad, und das war plötzlich recht klein mit dem breitbeinig schwankenden Mann, nun ragte das Waschbecken gefährlich weit vor, nun nahm die Badewanne unzulässig viel Platz ein. In der Beengung, nicht nur körperlich, zogen wir ihm die Jacke aus, knöpften ihm das Hemd auf, und er lachte, wuschelte unsere Köpfe; wir erhielten den Befehl, durch die zugeworfene Tür gerufen, ihn gefälligst ganz auszuziehen, also zogen wir ihm die Schuhe aus und dann die Hose, Helmuth gefährlich schwankend auf jeweils einem Bein, sich am Waschbecken festhaltend. Vielleicht hätte er sich selbst helfen können, wenn man ihn alleingelassen hätte, aber nun, da er Hilfe hatte, war er völlig hilflos. Mag sein, da war gelegentlich ein Handgriff, mit dem er uns beim Helfen half, wir schafften es jedenfalls, ihn ganz auszuziehen, die helle Haut betont von schwarzen Reststriemen, die mussten wir mit dem Waschlappen entfernen, und das mit kaltem Wasser, so wurde uns das zugerufen, durch die geschlossene Tür oder durch einen Türspalt: Wascht ihn ab, aber kalt! Aber *kalt!* Mit dem Waschlappen den weißen, pendelnden Körper abwischen, ein bisschen das Gesicht, ein bisschen die Brust, das Geschlecht sparten wir aus, wuschen ihn nur bis zum Nabel, kümmerten uns nicht weiter um die Beine, die Füße. Und dann mussten wir ihm den Schlafanzug anziehen, dem Mann, den die Mutter nicht anfassen wollte, mit dem sie in der nächsten Zeit wohl nichts mehr zu tun haben wollte; auf uns, die beiden älteren Brüder, sollte das wohl ebenfalls distanzierend wirken: Vater mit Kohlestaubstriemen, aus jeder Hautpore Alkohol ausdünstend, und das im bald zellenkleinen Raum, in den die Mutter ihre Anweisungen hereinrief. Als wir ihm – du diesen Knopf, ich den nächsten Knopf – das Oberteil des Schlafanzugs anlegten, kitzelte ihn das am Bauch und er lachte auf, sich am Rand des Waschbeckens abstützend und mit der freien Hand wechselweise wieder unsere Haare »strubbelnd«. Wir mussten ihn denn auch zum Bett eskortieren – seine Frau, die ihn so nicht sehen wollte, hatte sich unsichtbar gemacht.

Abschreckende Wirkung hatte sich freilich nicht eingestellt, wir kicherten vor uns hin, während wir ihn zudeckten. Er rollte sich auf die Seite, zog die Beine an, bedankte sich auf Englisch, mehrfach, murmelte etwas vor sich hin, als wir rausgingen, schlief offenbar schon, als wir die Tür ins Schloss zogen, sanft. Auftrag erfüllt. An diesem Abend, am nächsten Tag ging ich meiner Mutter aus dem Weg.

Dies, auch dies aussprechen vor zehn, zwölf fremden Personen? Aussprechen und ausspielen? Vor allem: ausspielen! Erzählen, so hatte ich gelesen, erzählen allein genügt nicht, das emotionale Gedächtnis wird nur durch Ausspielen aktiviert, im Ausspielen werden, assoziativ, weitere Erinnerungen belebt, an die man bewusst nicht so leicht herankommt. Wahrscheinlich würde ich, aussprechend und ausspielend, wieder die Stimme der Mutter hören, draußen, vor der ins Schloss gezogenen Badezimmertür: Macht schon! Habt euch nicht so! Zieht ihn aus, aber ganz! Wascht ihn ab, mit kaltem Wasser, mit *kaltem*!

Ich nahm mir vor, den Vater aus dem Gruppendiskurs, Gruppenspiel herauszuhalten. Schließlich hatte meine Mutter die Familienkonstellationen weithin bestimmt. Das musste zur Sprache kommen, dies zumindest.

Es lief anders an, als ich mir das vorgestellt, zuvor ausgemalt hatte. Erste Begegnung mit dem Grüppchen im Vorraum: fast ausschließlich Frauen; die meisten schätzungsweise Anfang, Mitte dreißig. Sie saßen auf Stühlen, Sesseln, Treppenstufen, hielten Wassergläser, Teetassen, Lebkuchen in den Händen, sprachen angeregt miteinander, die meisten schienen sich längst zu kennen. »Bei so heißen Themen bist du ja immer dabei!«, rief eine der Frauen einer Teilnehmerin zu, als sie mit der Reisetasche eintrat. »Aber ja doch!«

Hinüberwechseln in den größeren Raum. Begrüßung durch das Therapeuten-Paar, Selbstvorstellung der Kursteilnehmer. Über die Reihenfolge entschied jeweils der Zuwurf eines leeren Brillenetuis durch die Therapeutin. Allgemeine Auskünfte zum sozialen Status. Dann das Shooting, und das fand ich zum Abschießen: umherschlendern im Raum, Zeige- und Mittelfinger pistolenlaufähnlich auf die entgegenkommende Person richten und wie aus der Pistole geschossen den Namen nennen, da ging mancher Schuss daneben. Sodann erste Versuche mit »Tele«: Aufnehmen von Sympathieschwingungen: Jeweils zu der Person gehen, zu der einen hinzog, was noch nicht definiert werden konnte. Dabei blieben die beiden anderen Männer ziemlich abseits.

Der eine von ihnen saß fast immer mit verschränkten Armen da, ließ nichts an sich rankommen, nichts aus sich rauskommen. Während andere bereit waren, Wunden zu zeigen, sich vernarbte Wunden auch wieder aufreißen zu lassen, wies er einen erstklassigen, sehr haltbaren Verband vor, wie mit

Gips verstärkt – er wurde rasch zur Projektionsfigur für den jeweiligen Mann, von dem man sich getrennt hat oder von dem man sich trennen will, aber noch nicht trennen kann. Er musste sich, dem Willen der Frauenmehrheit beugend, möglichst weit weg in die Ecke stellen, wurde nur gelegentlich angesprochen, angespielt.

Der andere, mit leichter Bauchbildung und buschigem Bart, auf mich wie ein großer Teddybär wirkend, er wurde per Frauenvotum rasch als »weich« eingestuft; dabei blieb es, obwohl er betonte, dass er im Berufsleben gar nicht weich sei. Später gestand er ein, er würde ziemlich bewusst den weichen Mann darstellen, weil er das Gefühl habe, er komme damit in der Gruppe besser an. Ich war baff, mit welcher Selbstverständlichkeit er die Kuschelkatze aus dem Sack ließ und wie selbstverständlich das so akzeptiert wurde.

Warm-up-Gespräche standen auf dem Programm. Ein Kreis innen, und hier waren alle nach außen gewendet, ein Kreis außen, hier waren alle nach innen gewendet. Einer musste angeben, was seine Lieblingszahl sei zwischen eins und sieben, die Zahl drei wurde genannt, und so rückten wir im Außenkreis drei Positionen nach rechts; mit der Person, die sich in dieser Zufallskonstellation vor einem befand, sollte man ein Gespräch beginnen, die Stichworte waren ja gegeben: Frauen – Männer – Gewalt. Die Frau vor mir, mit der ich bisher noch kein Wort gewechselt hatte, sie sagte mir, beim Kampf unter Frauen gehe es auf Leben und Tod, das sei jedenfalls ihre Erfahrung, ich hätte ja keine Vorstellung, wie hart der Kampf unter Frauen sein könnte, keine Solidarität, nein, nicht die Spur von Solidarität, sobald es um einen Mann geht, sie hat das am eigenen Leibe zu spüren bekommen, selbst unter besten Freundinnen wird mit allen Mitteln gekämpft, sie hat das so erlebt, es war grauenhaft; wenn sie noch einmal kämpfen muss, wird auch sie alle Mittel einsetzen, aber wirklich *alle* – die oder ich! Und ich schaute in ihr streng zusammengefasstes Gesicht, sprach etwas hinein, das bestimmt nicht aufgenommen wurde, der Therapeut schwang das Glöckchen, das wie ein Weihnachtsbimmelglöckchen klang, und wieder eine Zahl,

967

eine Richtungsanweisung, der innere Kreis drehte sich: Gesprächsmühle. Ein Assistent des Therapeuten stand auf einem Stuhl und machte sich seine Psycho-Reime auf das Geschehen. Der Frau, die nun vor mir stand, sagte ich, das sei aber eine ziemlich klamme Party hier, und sie wies mich streng darauf hin, dass wir nicht über Partys, sondern über Frauen / Männer / Gewalt sprechen sollten. Ich musste eingestehen, dass ich nur etwas klischeehafte Vorstellungen hätte über Kampf zwischen Frauen und Kampf zwischen Männern; mehr hingegen hätte ich mitgekriegt und miterlebt beim Kampf zwischen Männern und Frauen. Während ich das so dahinsagte, meine Rolle eher schlecht als recht spielend, da wünschte ich mir, die Gesprächsmühle würde sofort weitergedreht.

Das erste, größere Gruppenspiel: suggeriert, imaginiert wurde Urwaldszenerie. Jeder musste sagen, was man am liebsten wäre im Urwald, das musste ganz spontan erfolgen, musste sogleich ausgespielt werden, nach kurzer Inkubation, in der alle auf dem Boden lagen. Die Frau, die schon im Vorraum über kalte Hände, kalte Füße geklagt hatte, sie suchte und fand eine sonnenbeschienene Steinplatte, auf die legte sie sich als kühlblütiges, leguanähnliches Lebewesen. Die Frau, die auch im Urwald Frau bleiben und viele Kinder kriegen wollte, sie suchte einen schmalen Sandstreifen am Flussufer, um dort reglos in der Sonne zu liegen. Eine Frau bewegte sich mit schwingendem Oberkörper, sie war die Liane, die sich von Baum zu Baum schwang, »wie eine Wäscheleine, aber ganz grün, und mit lila Blüten zu Weihnachten und zu meinem Geburtstag«. Eine Frau flatterte umher als Kakadu, mit schrillen Schreien. Der Bärtige, der Weiche, hing schief herum, bananenkrumm: »Ich bin eine Banane, und die will gefressen werden.« Und ich hopste zwischen all den langsamen und raschen, den gravitätischen und zuckenden Bewegungsabläufen umher als Affe, Hände auf dem Boden, Hintern in die Höh, hinüber zum Bananenmann, biss ein kräftiges Stück ab, sprang umher mit Mümmelschreien, hüpfte zum Kakadu, ließ mir das Fell nass machen, sprang erneut zum Bananenmann, wollte die Banane nun ganz auffressen, aber da hatte er sich unversehens in ein Krokodil verwandelt, das mich mit einem Schnapp verschlang, das fand ich unfair, ich erfrischte mich am Wasser, stimmte ein kurzes Affen-Kakadu-Duett an.

Aus einem Wandschrank wurde nun Theaterplunder hervorgeholt, eine grüne, weite Seidenhose wurde vor mir hingeschlenkert, die zog ich jedoch über die Arme; die grünen Hosenbeine waren natürlich länger als meine Arme, so ergab sich weites Schlenkern jenseits der Hände, kniend schwang ich die grünen Ärmelbeine weiter, während vor mir einige Frauen ein Ritual vollzogen, das irgendwas mit Körnern zu tun hatte – dazu schwang ich meine grünen Flatterärmel. Als ich es leid war, mit den Beinärmeln herumzuschlenkern, streifte ich die Hose wieder von den Armen ab, legte sie auf den Boden, und nun war die Hose ein Stück Flussufer, ich griff ein rotes Oberteil, drapierte es hinzu auf dem Teppichboden, holte die Lammfellpantoffeln der Teilnehmerin heran, die aus Erfahrung gewusst hatte, dass Räume von Therapiegruppen meist etwas kühl sind. Ich stellte die Schuhe ans grüne Flussufer: hier war also ein schwimmfähiger Urwaldbewohner an Land gegangen. Mit diesem Landgang war die Spielphase denn auch abgeschlossen.

Männer – Frauen – Gewalt: wir drei Männer mussten gegeneinander antreten, mit großen, roten Stoffprügeln droschen wir aufeinander ein; in einer kurzen Prügelpause las ich die Aufschrift: encounter bat. Der Mann mit den bisher meist verschränkten Armen ging bei diesem Schein- und Schaugefecht mächtig aus sich heraus, er band sich, zwischendurch, ein Kopftuch um, wie ein Pirat, hängte sich ein Laken um, wie eine Toga.

Der Scheinkampf wurde ausgeweitet auf Frauen gegen Männer – eine der Frauen riss an meinem linken Knie, das blieb wirkungslos, eine andere riss an meinem rechten Knie, ich konnte mich nicht halten, fiel nach vorn, und sie, halblaut: Wenn ich zieh, dann gibst du schon von selber nach, gelt? Ziehen, Zerren, Bat-Schwingen: bald stank es im Raum wie in der Turnhalle meiner Schulzeit. Ich trat kurz mal vor das Haus, über den Hintereingang, atmete tief durch im Garten, schaute hoch zu den beiden Pappeln, in denen der Wind rauschte, pinkelte an einem Busch, kehrte ins Haus zurück, wenn auch mit leichtem Stöhnen, ich wollte nicht unsolidarisch erscheinen.

Überraschend war inzwischen der Kostümierte wieder in Aktion getreten, er tänzelte umher, drosch um sich, bis der Therapeut sagte: Du hast mir zu viel Energie, setz dich bitte wieder. Und der breitschultrige Mann von Ende zwanzig setzte sich brav, stupste den encounter bat auf den Boden, in gezähmter Ungeduld. Also musste er sich auf einen Stuhl stellen, mit seinem roten Stoffprügel: eine Herausforderung, die sofort angenommen wurde, der Bärtige trat vor ihn hin und rief: Das stinkt mir, wie du da so stehst, komm da runter. Aber der Kostümierte schlenkerte den Prügel und rief, er fühle sich wohl hier oben, hätte keinen Grund runterzukommen. Der Bärtige resignierte rasch: Wenn er nicht da runterkommt, dann rede ich auch nicht mit ihm. Der Therapeut fand das Ausweichen, das Nachgeben nicht so gut, sagte das auch, und wie auf Stichwort stellte sich eine Frau vor den Stuhl: sie hasse seine Überlegenheit, er fühle sich wohl verflucht stark, aber grade das könnte ein Zeichen von Schwäche sein, und sie setzte die verbalen Attacken fort, und es zeigte sich, dass sie ihre Mutter meinte, die griff sie an mit Tränen in den Augen: Du hast immer das Gefühl, du machst alles richtig und du überschaust alles und du fühlst dich andauernd überlegen! Und schon brach es aus einer der Frauen in der Runde heraus, Tränen und Nasenbluten gleichzeitig, sie wischte mit dem Handrücken das Blut ab, verschmierte es auf den Wangen, ein Weinkrampf. Eine Frau lief hinaus, kam mit einem Packen nassem Klopapier zurück, presste es gegen die Stirn der Schluchzenden, doch das Blut und die Tränen liefen weiter, wollten sich nicht aufhalten lassen. Als sie schließlich doch etwas ruhiger wurde, berichtete sie, den ganzen Morgen schon sei ein Druck in ihr gewesen, immer musste sie alles zurückhalten, alles einstecken, nun kommt es aus ihr heraus, ihr Blut, ihr Lebensblut, sterben wollen, nicht sterben können – eine Frau von vierundzwanzig.

Der Therapeut ließ die Vorhänge zuziehen, die Jalousien herunterlassen, gedämpfte Beleuchtung von Spotlights mit Farbfiltern. Die Frau war nun bereit, ihre Geschichte auszuspielen, da wuchs die Riesenfigur einer Mutter heran, deren Unterdrückungsmittel Gallenkoliken waren; wenn die Kinder sich nicht so verhielten, wie sie das erwartete, wie sie das anordnete, so drohte sie eine Kolik an, und wenn es dann immer noch nicht besser wurde, stellte sich auch prompt eine Kolik ein.

Sharing: gemeinsames Teilnehmen. Ich hatte hier ein Stichwort, sprach von Migräneanfällen meiner Mutter: Entsprechung zu den Erpressungsversuchen durch Koliken!

Wenn ihr nicht tut, was ich von euch verlange, dann rege ich mich so auf, dass ich Migräne kriege. Ungehorsam, Unbotmäßigkeit, Aufmüpfigkeit, und schon hatte sie zwei, drei Tage lang die Migräne, war nicht mehr ansprechbar, wollte kein Wort mehr hören, ließ nichts an sich heran, nichts in sich herein, lag wie eine Mumie im halb verdunkelten Schlafzimmer.

Für uns hieß das: Drei Tage lang Schleichschritt, nur ja keine Tür ins Schloss fallen lassen, leise reden. In der Wohnung verteilt ein dünner Geruch von Kampfer, von Kräutern, ihr Zimmer fast wie eine Totenkammer, in der sie nach drei Tagen wieder auferstand, bleich und auffällig stumm. Auch jetzt noch war zu sehen, was man der Mutter antun konnte mit Aufsässigkeit, Frechheit, Ungehorsam, mit Widerworten. »Keine Widerworte!« Wagten sich Widerworte dennoch hervor, drohte sie: »Wenn du mich ärgerst, krieg ich wieder meine Migräne!« Was wiederum hieß: Man durfte nicht laut sein, musste immer mal wieder leise, leise ins Zimmer schauen, sonst rief sie mit erstaunlich und erschreckend kläglicher Stimme, und dann musste ich ihr zu trinken bringen, zuweilen auch eine Kleinigkeit, etwas Klitzekleines zu essen. Musste einen Waschlappen mit kühlem Wasser tränken und ihr auf die Stirn breiten, die streng in Falten gelegt war. Wenn sie endlich aus dem Schlafzimmer wieder hervortrat, bedurfte sie der Schonung, fast jedes Wort war ihr zu laut, fast jede Bewegung zu heftig, sie brauchte Stille, Ruhe, Stille, sonst ging es wieder los.

Einengung, Einschränkung, Unterdrückung. Ich sprach von mir als Kind, stellte mich dar als das Kind, dem das Daumenlutschen abgewöhnt werden sollte, und es wurden die Pappröhren über die Ellbogen gestreift, die Pappzylinder wurden mit Pflastern vor dem Abrutschen auf die Unterärmchen bewahrt, da half kein Schütteln, half kein Rütteln; der Daumen geriet nicht mehr in Mundnähe, wurde am Kopf vorbeigereicht mit steifen Armen. Selbst Murmelspielen war schwierig, ich führte es der Gruppe vor mit steifem Arm, imaginäre Glaskugel gegen imaginäre Glaskugel, kein Klicken, hier erst recht nicht. Und ich führte vor, wie man mit versteiften Armen eine Schaufel packt, da kann man nur noch schrappen, nicht mehr graben, nicht mehr häufeln.

Nun wurde Rollentausch gefordert, eine der Frauen als Hilfs-Ich für das Kind, und ich, in der Rolle meiner Mutter, musste auf dieses Kind einreden, musste die Maßnahmen begründen, alles nur zu meinem Besten; wenn ich weiterhin Daumen lutsche, wird mein Kiefer verformt, stehen die Schneidezähne schräg, und überhaupt …

Besonders überzeugend fiel das nicht aus. Ich sprach wieder für mich als Kind: Reglementierungen von Kopf bis Fuß.

Mittagspause. Das Grüppchen im Vorraum, meist schweigsam. Die meisten Frauen hatten vorgesorgt, belegte Brote wurden ausgepackt, Yoghurtbecher, Früchte. Und ich? Rumgehn, betteln? Aufgeweichte Teebeutel aus einem der Gläser heben, auskauen? Ich verließ das Haus, suchte und fand einen Imbissstand. Buletten unter einer Plexiglasglocke: »Zweimal Mömmes.« (Nach Wredes Kölnischem Sprachschatz: Getrockneter Nasenschleim.) Senf auf die Buletten; ein Brötchen dazu, Dosenbier. Ha!

Einigermaßen gesättigt kehrte ich in den Vorraum zurück. Eine der Frauen erzählte mir denn, vielleicht zum Lohn für meinen Alleingang und abgelöst von den rituellen Geständnissen, sie hätte in einem Wochenendseminar mehrfach ihre Mutter umgebracht, geändert hätte sich damit aber gar nichts für sie, das war nur jeweils eine kurze, scheinbare Befreiung, die alte Konditionierung setzte wieder ein, sobald sie zu Hause war. Und jetzt – will sie es, in Tateinheit, noch mal versuchen? Lächeln, abwinken.

Ich erzählte ihr, was ich zuvor ausgespart hatte, weil es mir in der Gruppe peinlich gewesen wäre: Wie meine Mutter auch eine Eberesche zu formen versuchte, im Garten in Herrsching. Ein Ahorn, mächtig, raumfordernd, die Eberesche zwischen Ahorn und Haus, die Esche begann, dem Ahorn auszuweichen, bog den jungen Stamm weg Richtung Haus, noch keine Berührung von Ebereschen-Ästen mit Ahorn-Ästen, der kleinere Baum schien die Übermacht zu spüren, der Stamm bereits leicht geschweift, das wollte meine Mutter nicht zulassen, sie wickelte, auf einem Trittleiterchen stehend, eine Manschette um den Stamm, einen zurechtgeschnittenen Stoffstreifen, zurrte eine Seilschlinge fest um die Manschette, zog das Seil zu einem der Metallpfosten des Gartenzauns, knotete es fest. So sollte der Baum zu aufrechtem Wuchs gezwungen werden, die leichte Einkrümmung korrigierend unter Seilzug.

Und warum hast du das vorhin nicht erzählt?

Es hätte peinlich symbolisch gewirkt, fürchte ich. Wie ein zurechtgetrimmtes Beispiel. Wie eine allegorische Erfindung. Pappröhren über den Ellbogen, Manschette um den Ebereschenstamm – hätte inszeniert wirken können als ein allzu stimmiges Begleitsymbol! Aber es war real, ich habe vom Fenster aus zugeschaut beim Versuch der Begradigung.

Männer – Frauen – Gewalt. Familienkonstellationen. Irmgard erzählte, bei gedimmtem Licht, erst von ihrem Vater, dann von einem Freund. Der Vater, der abends, bei gemeinsamem Fernsehen, ständig die Mutter befummelte, unter einer Decke, unablässig regte es sich da, er machte sie heiß: Ein Vater, der einmal täglich bumsen musste, das wurde der Frau, der Mutter zu viel, sie wollte mit ihm ausmachen: Nur jeden zweiten Tag, doch da gab es immer wieder Auseinandersetzungen, du hast doch gestern schon, wieso heute schon wieder? Und dann ließ sie ihn doch wieder an sich heran, auch aus Angst, er könnte ihr laufen gehen, zu einer anderen, der das nicht zu viel wurde.

Er wollte die Frau, die Mutter bereit machen, freiwillig sollte sie jeden Tag einmal, wenigstens einmal mit ihm schlafen, also streichelte er sie unter der Decke, und das war nicht nur ein Streicheln auf Textil, da ging es zur Sache, da war manchmal ein, ja, flitschendes Geräusch, Finger im Nassen, und die Mutter bewegte sich heftiger unter der Decke, und die Tochter begann sich wieder zu ekeln, hört doch endlich damit auf, immer dieses Befummeln unter der Decke, auch wenn sie auf den Bildschirm starrte, sie musste das am Rande, im Sehwinkel doch mitkriegen, aber wenn sie etwas sagte, konnte ihr Vater grob werden, wies sie zurecht, und einmal, in seiner Wut, als sie bereits protestierte, während er die Decke ausbreiten wollte, da fiel er über sie her, auf dem Boden, er hat sie nicht vergewaltigt, das nicht, aber er hat ihr Gewalt angetan, wollte sie zum Schweigen bringen, wollte sogar ihr Einverständnis, das ist doch gut, das ist doch schön so, was willst du überhaupt, was meckerst du hier andauernd herum, ich lass mir das nicht mehr bieten! Sie spürte ihn schwer auf sich, während er sie weiter zurechtwies.

Das war denn ausgesprochen, stockend, mit raschen Wischbewegungen des Handrückens in den Augenwinkeln, das musste nun ausgespielt werden, sie in der Rolle der Mutter und ich, laut Vorschlag aus der Runde, in der Rolle des Vaters, eine Decke war im Handumdrehen da, auf dem Sofa rückten wir zusammen, die Decke ausgebreitet zwischen Knie und Nabel wie beschrieben, die Hände unter der Decke, ich musste Irmgard auf den Leib rücken, sie wehrte sich, wiederholte Wörter und Sätze der Mutter, ich wiederholte Wörter und Sätze des Vaters, ihre Abwehrbewegungen wurden heftiger, meine fordernden Bewegungen wurden synchron gleichfalls heftiger, Annäherungen an die Situation, in der ihr Vater ihre Mutter gefügig, womöglich wild machen wollte, und die Tochter musste das mit ansehen, musste das zumindest mitkriegen, am Rande, aber wie konnte so etwas am Rand bleiben, das rückte doch vor ins Zentrum, ihre Abwehrbewegungen noch heftiger, meine Eroberungsbewegungen noch zudringlicher, Frauen schrien mir zu, was mich, was den Vater, abschrecken

sollte, doch ich fühlte mich wie gepanzert gegen Zwischenrufe, diese oft groben Zwischenrufe aus der Runde im Halbdunkel, ich begann, die mir zudiktierte Rolle immer direkter
zu verkörpern, antwortete auf ihre Protestrufe insistierend,
stell dich nicht so an, du hast das doch gern, du hast das doch
gern so, du willst das doch so, ich merk das doch. Und das
alles im Flickerlicht eines Fernsehgeräts, das mit beliebigem
Programm eingeschaltet worden war, um die Situation noch
suggestiver zu gestalten; erst nach einiger Zeit registrierte ich,
beim Gerangel, dass zwei Frauen hinter uns standen und sie
imitierten gemeinsam das Glitschen und Pflitschen, aber das
registrierte ich nur an der Grenze der Wahrnehmung, denn
zugleich wurde ich von vorn angeschrien, etwa im Wortlaut
der Tochter, der das zu viel, nun aber wirklich zu viel wurde,
ich war konzentriert auf das Simulieren des Manipulierens, es
machte sich etwas selbständig im Körperprogramm, ich zog
Irmgard unter der Decke die Oberschenkel weiter auseinander, die beiden Frauen hinter uns setzten das Mundglitschen
und Mundzitscheln intensiver fort, alles gespenstisch und zugleich wirklich, scheinbar wirklich in diesem Horrorkabinett,
bei ritzendicht geschlossenen Jalousien, im kaltblauen Fla-
ckerlicht des Fernsehgeräts.

Vom Therapeuten wurde nun Rollenwechsel gefordert:
Irmgard nicht mehr in der Rolle der bedrängten Mutter, sie
sollte sich in Szene setzen als die vierzehnjährige Tochter, die
gegen dieses Treiben protestierte. Zurechtsortieren unter der
Decke, Abwerfen der Decke, wir standen voreinander, ich
weiter in der Rolle des übersteuerten Vaters, sie als heftig protestierende Tochter, die Zumutung, so eine Zumutung, kannst
du das nicht endlich mal lassen, aber da rief ich zurück, was
sich aus der Situation von selbst ergab, halt den Mund, zisch
ab, das ist schließlich meine Wohnung, hier kann ich tun und
lassen, was ich will, geh in dein Zimmer, hast ja morgen Schule,
kümmre dich um deine Hausaufgaben, ich will jetzt kein Wort
mehr hören! Und sie schrie auf mich ein, du bist so ekelhaft,
du bist so ekelhaft, warum macht ihr das hier vor mir, warum
macht ihr das bloß, aber davon ließ ich mich nicht irritieren,

wie von selbst stellten sich Wörter und Wortfolgen ein, die sich mit den Körperbewegungen ergaben, sich aus ihnen entwickelten, nun mach schon, mach schon, verschwinde, los, ab in dein Zimmer, aber sie setzte den Protest fort, ich begann, sie an den Rand des Raums zu drängen, misch dich hier nicht ein, verdammt nochmal, zieh Leine, zisch ab, aus dem Rausdrängen wurde Gerangel, der Protest noch heftiger, es kam, wie es nach ihrem Bericht kommen musste, der Vater wollte den Protest gleichsam erdrücken, ich musste den Protest niederdrücken, der heftige Widerstand forderte mich dazu heraus, das Hemd aus dem Cordhosenbund mittlerweile hochgerutscht, in meinem Körper schienen alle Bewegungen und Bewegungsfolgen angelegt, mit denen der Widerstand einer sich heftig wehrenden Frau gebrochen werden kann, und was ich dabei rief, es kam wie selbstverständlich aus mir heraus, rüde Wörter, ich verhaspelte, verschluckte mich nicht, ich umklammerte sie, keilte mit dem Knie die Beine auseinander, und ich schlug mit dem blanken Fuß immer wieder hart auf dem Boden auf – erst später registrierte ich, dass am Mittelzeh ein kleiner Bluterguss entstanden war.

Das Fernsehgerät ausgeschaltet, das Licht über den Dimmer heller gestellt, eine Pause, ich musste raus, einfach raus, steckte das Hemd hinter den Gürtel, zog Socken und Schuhe an, ging zum Auto, auf dem Rücksitz musste noch ein Apfel liegen. Und ich spürte, dass ich anders ging als sonst: lässig, mit weiten Schritten. Und mein Körpergedächtnis soufflierte mir, dass ich früher, noch in der Schulzeit, einen weiter ausgreifenden, beinah wiegenden Schritt an mir gespürt hatte, wenn ich aus den Nord-Lichtspielen kam, wo ich einen Western gesehen hatte, oder einen kürzeren, leichteren, fast tänzelnden Schritt, wenn es ein Film mit Fred Astaire war. Und nun dieser ausgreifende Schritt, fast ein Siegerschritt, das nahm ich schnell zurück, zügelte mich, sagte mir, der Gruppenleiter könnte nun hinter einem der Fenster stehen, er sieht diesen elastischen Gang, ich gebe ihm Auskunft mittels Körpersprache, also machte ich bescheidenere Schritte, das fiel mir leicht, denn die Erfahrung begann mich einzuholen:

Was war da geschehen? Ich fühlte mich anders in meinem Körper, in dem sich kein Muskelstrang verändert hatte, an dem sich nur ein Zeh verfärbte. In diesem Körper also doch ein Programm für Gewalt, wenn auch in einer Simulation, doch realitätsnah. Die arrangierte, inszenierte Situation hatte etwas an den Tag, zumindest ins Halblicht gebracht. Eine Selbsterfahrung, herausgelockt unter Versuchsbedingungen. Selbsterfahrung in einem Kreis, in dem man bereit war, etwas aus sich herauszulassen oder in sich hereinzulassen, eine Erfahrung in einem umgrenzten, genau definierten Bezirk, und doch meine Erfahrung. Ja, ich hatte – wenn auch simulierend, zugleich stimulierend – eine neue Erfahrung mit mir gemacht. Hatte sie mir, wortwörtlich, erkauft. Nun war etwas dabei herausgekommen, wirklich heraus gekommen. Es hatte mich mitgenommen, und ich nahm es mit.

Jähe Ernüchterung: Am Ende des Seminars wurden gelbe Testathefte aus Gepäckstücken geholt, dem Kursleiter vorgelegt zur Unterschrift mit Stempel: Seminare mit drei Punkten, Seminare mit acht Punkten ... Die Mehrzahl der Frauen hatte demnach am Seminar teilgenommen, um sich zu Ausbildern ausbilden zu lassen. Aus der magischen Beleuchtung wurde nun, im Rückblick: Arbeitslicht. Aus sich herausgehen als Einübung in ein Programm der hilfreichen Simulation? Zusammenbrüche in der Gruppe als Höhepunkte zielgerichteter Arbeit, von der man lernen konnte, um die Muster später selbst wieder anwenden, umsetzen zu können?

Gelbe Testathefte, und es war von Teilnehmerinnen sorgsam eingetragen: »Männer – Frauen – Gewalt«, mit Ort und Datum. Es kam hinzu die dokumentierende Unterschrift, der Stempel des Instituts für Psychodrama.

Schon auf der Rückfahrt ins Eifelhaus sah ich mich gleichsam abgedriftet: von meiner Mutter hatte ich nicht weiter reden, ich hatte sie nicht weiter zur Sprache bringen können. Da war also noch einiges aufzuarbeiten, abzuarbeiten. Ich meldete mich, Wochen später, zu einem weiteren Seminar an, Thema: »Familienkonstellationen«.

Wieder Frauen, überwiegend Frauen im Vorraum, mit Reisegepäck, mit Tagesverpflegung, in legerer Kleidung, und ich erkannte, jäh, die Frau wieder, die im Einführungsseminar zur Sprache gebracht hatte, was anderthalb Jahrzehnte zuvor geschehen war, und ich hatte, ihre Selbstdarstellung umsetzend, nicht nur die Rolle des Vaters übernehmen müssen, der die Mutter anmachte, und der sich, als sie die Rolle der empörten Vierzehnjährigen übernahm, auf sie warf, um ihren Protest zum Schweigen zu bringen – kleiner Schreck, als ich sie sah, in ihrem Gesicht aber ein Aufleuchten. Ich ging auf sie zu, beugte mich vor, zur Begrüßung, sie legte eine Hand auf meinen Nacken, zog mich etwas tiefer herab, sagte leise, sie hätte gewusst, ganz klar gewusst, dass ich komme, und nun bist du da!

Ich stellte nicht die Frage, die sich wie von selbst einstellte: Ob sie etwa angerufen, sich nach den Voranmeldungen erkundigt hätte, und es war geschehen, was nicht professionell war: Dass man direkt oder indirekt bestätigte, ich hätte mich für dieses Seminar wieder angemeldet. Ich sprach stattdessen, um das Gespräch abzukürzen, von einem Zufall, einem tollen Zufall, aber für Irmgard war das überhaupt kein Zufall, es *musste* einfach so sein, dass wir uns wiedersahen. Und sie winkte mich näher an sich heran.

Ich kauerte auf der Seitenlehne ihres Sessels. Und fragte mich, was ich als Frage nicht stellte: Wie konnte das möglich sein? Ich hatte zwei Rollen gespielt, spielen müssen, die Erfahrungen vergegenwärtigten, die sie in einen Zustand versetzt hatten, der Therapie notwendig machte – ein Testatheft hatte ich bei ihr nicht gesehen. Das Ekel von Vater, der die Mutter gefügig machen wollte für den täglich eingeforderten Fick, der über die protestierende Tochter herfiel, sie zwar nicht vergewaltigend, ihr aber Gewalt zufügend, den Protest gleichsam erdrückend – und dieser Rollenträger begrüßt mit dem Aufleuchten im Blick, und nun lag ihre Hand auf meinem linken Handrücken. Ich fragte sie, wie es ihr ergangen sei nach dem vorigen Seminar, und sie berichtete, es sei ihr zwei Tage lang wirklich gutgegangen, Erleichterung, Druck von ihr genommen, sie war etwas losgeworden, aber dann war, seelisch, bald alles wie zuvor. Das Flimmern noch immer rund um ihre Pupillen, die Hand weiterhin auf meinem Handrücken. Ihre Freude, ganz unverhohlen, dass wir uns nun wiedersahen, ein Seminar von immerhin anderthalb Tagen.

Irritierende Vorgaben, Vorzeichen. War etwas in ihr, das die Gewalt akzeptierte, unter der sie gelitten hatte, die sie ablehnte? Dies war im Nachgespräch zur Sprache gekommen: ihr erster Freund hatte sie wiederholt, auch wenn sie keine Lust dazu hatte, ins Bett gezwungen, sein Recht fordernd, hatte mit ihr »auf die harte Tour« geschlafen – diese Zusatzrolle war mir wenigstens erspart geblieben. Und nun dieses Leuchten in den Augen, die Handfläche warm auf dem Handrücken, und sie ließ auch das Schweigen sprechen, zwischendurch, mir fiel ohnehin weder eine gute Frage noch eine gute Antwort ein.

Es kam nun auch noch ein Kind von anderthalb Jahren zur Sprache, bei der Oma bestens untergebracht. Und ich fragte mich, ob mir ein Fehler unterlaufen war nach der eigentlich abschreckenden Simulation von Gewalt. Ja, als ringsum die gelben Hefte in Reisetaschen und Koffer gesteckt wurden, hatte ich sie kurz in die Arme genommen, wie zur Entschuldigung, hatte ihr alles Gute gewünscht. Aber das war eine karitative Umarmung gewesen, ohne Begehren: eine Frau, auf die ich sonst kaum geachtet hätte – ihre Frisur, ihre Kleidung, ihr Körper, alles schuf und erhielt Distanz, sie war, schlicht und grob gesagt, nicht »mein Typ«, und nun leuchtete es aus ihr heraus. Ich zog meine Hand ganz sacht unter ihrer Hand hervor.

Als Irmgard »für kleine Mädchen« ging, gab sich eine der Frauen, die ebenfalls am Männer-Frauen-Gewalt-Seminar teilgenommen hatte, ein Stichwort, sprach mich auf die Simulation an. Eigentlich hätte sie das letzthin beim Sharing mitteilen sollen, will es jetzt auch nur mal andeuten: Gleichfalls die Erfahrung von Vatergewalt, doch er hat ihr nicht, wie bei Irmgard, nur Gewalt angetan, hat sie als kleines Mädchen regelrecht vergewaltigt. Sie musste auf Anordnung ihrer Mutter die Badewanne auswischen, hing über den Badewannenrand, der Ausguss war verdreckt; ihr Vater kam ins Bad, riss ihr das Höschen runter, nahm sie mit Gewalt, ihr Körper über den Badewannenrand eingeknickt, ihr Becken hart anschlagend, der Kopf am Ausguss, heftig aufschlagend – sie muss das abarbeiten, aufarbeiten, wollte das nur schon mal signalisieren.

Und ich fragte mich: Wieso bist du Ansprechpartner für solche Storys? Töchterlein auf dem Badewannenrand hart genommen – ich konnte, wollte es nicht glauben, doch was hätte mir das geholfen? Würde ich im Verlauf dieses Seminars heranzitiert, um wieder die Rolle eines gewalttätigen Vaters zu simulieren, zu reaktivieren?

Ich stahl mich davon. Aufatmen, als ich den Zündschlüssel drehte. Rasante Anfahrt, langsame Weiterfahrt. Ein Lampion- und Fackelzug; auf einem Hügel ein Martinsfeuer; schräg darüber der Mond. Ich hielt an, stieg aus, wollte das Bild auf mich wirken lassen: Die hochschlagenden Flammen … der milchblauweiße Mond … Ja, und natürlich Blasmusik, das Lied von St. Martin, fast hätte ich eingestimmt.

Nachtrag. Es hat lang gedauert, ehe ich das Bild von Helene, gemalt von der anderen Helene, wieder aufgehängt habe, hier in Brühl – vorher hatte ich es lange Zeit deponiert, hatte es dann im Eifelhaus aufgestellt, jedoch ganz hinten auf dem obersten Brett eines Buchregals; so schaute sie nur knapp über Bücher hinweg, die ich von Helmuth übernommen habe, übernehmen konnte.

BRIEFE MEINES VATERS zu lesen, ist optisch anstrengend. Er ließ oben, unten, seitlich keinen Freiraum, die Schrift wirkt horizontal komprimiert, als würde unter großem Seitendruck geschrieben. Die Schrift meiner Mutter hingegen, die ja nun wirklich unter Druck stand, sie erschien frei, locker, gelöst, war eigentlich schön. Und vor allem: mühelos lesbar.

Merkwürdige Umkehrung, aber ich will das nicht weiter ausführen, verstehe nichts von Graphologie, kann nur konstatieren: Bei ihr die locker fließende, bei ihm die angestrengt komprimierte Schrift. Und doch, ich bin froh, dass ich einige dieser mit Füllfederhalter auf gutem Papier geschriebenen Briefe besitze: Dokumente aus dem Zeitalter analoger Schreiben in (zuweilen sogar gefütterten) Briefumschlägen und mit (zuweilen sogar dekorativen) Briefmarken (und, einige Jahre lang, mit der kleinen, blauen Zusatzmarke: Notopfer Berlin).

Bochum, Januar 1956. »Mein lieber Junge! Zu Deinem Geburtstag viele herzliche Grüße und Wünsche. Befürchte nicht, dass ich zu dem denkwürdigen Tage Deiner Großjährigkeit ein Konzept zu einer langen Rede à la Polonius zu Papier bringe, und doch möchte ich aus dem neuesten Buch von Jaspers über Schelling eine Stelle zitieren, die Dir und mir wohl aus dem Herzen geschrieben sein könnte.

›Wer philosophieren will, muss auf dem Wege gehen, auf dem er wagt zu irren. Wer aber gar nicht einmal sich auf den Weg macht, sondern völlig zu Hause sitzen bleibt, kann nicht irren. Wer sich in die See wagt, kann durch Stürme oder eigene Ungeschicklichkeit freilich vom Wege abkommen und verschlagen werden; wer aber gar nicht aus dem Hafen ausläuft, dessen ganzes Bestreben vielmehr darin besteht, nicht auszulaufen, sondern durch ein ewiges Philosophieren über Philosophie zu verhindern, dass es gar nicht zur Philosophie kommt, der hat freilich keine Gefahren zu befürchten.‹

Du hast das Glück, wenigstens in Deiner Jugend Dich mit den einzig wirklichen Problemen auseinandersetzen zu können, während unser Leben mehr oder minder in den zum Selbstzweck werdenden Ziffern von Stahlblechproduktion zu versickern droht. Die besinnlichen Stunden muss man sich heimlich stehlen.

Das zitierte Buch ist im Spiegel besprochen worden. Das Indenvordergrundstellen der Frau Schellings wird bekrittelt, m.E. wohl unberechtigt. Jaspers wird unterstellt, dass seine Kritik an Schelling nicht Schelling, sondern Heidegger treffen solle. In einem Leserbrief hat ihm ein Dr. Mayer den mageren Vorwurf gemacht, 1947 kalorienhalber sein ›Vaterland‹ verlassen zu haben. Es ist immer noch volkstümlich, von einem Philosophen neben schäbiger Kleidung auch leichtes Hungern zu verlangen.«

Helmuth Kühn, Abt.-Direktor der Westfalenbank Aktiengesellschaft Bochum, Börsen-Abteilung. Juli 1957. »Am Freitag voriger Woche hatten wir uns aufgerafft zum Besuch der Ruhrfestspiele in Recklinghausen. Karten konnten wir nur noch für ›Die drei Schwestern‹ von Tschechow bekommen – Ensemble Wiener Volkstheater. Die Darstellung war meines Erachtens etwas zu sehr in die Länge gezogen – die im Stück gezeigte Langeweile eines unerfüllten Lebens griff auf den Zuschauer über. Die Kulisse war ›echt‹: 30 Birkenstämme aus Pappe schaukelten im sanften Windgebläse eines Ventilators. Schalla [Intendant des Schauspielhauses Bochum] hätte bestimmt gerafft. Aber trotzdem war es gut. Die schauspielerischen Leistungen waren überzeugend.«

Bochum, Juli 1960. »Ich hätte Deinen lieben Brief schon früher beantwortet, wenn die entscheidende Besprechung sich nicht immer wieder verschoben hätte. Am Donnerstag hat sie – zweistündig – stattgefunden. Wie nicht anders zu erwarten, war sie ein voller Erfolg für mich. Wer in diesem feigen Jahrhundert entschlossen und gut vorbereitet eine Sache in Angriff nimmt, hat schon gewonnen. Es war ein Rückzug der Bank in breiter Front. Ho. machte zeitweise einen erschrockenen Eindruck. Das – diese Art der Aussprache – ist ihm wohl seit einem Jahrzehnt nicht mehr passiert. Wenn dieser mehr als überflüssige Druck von mir genommen ist, wird die Arbeit wohl weiter anstrengend bleiben, aber mit Lust und Liebe zur Sache wird es schon klappen. Auch bei uns wird es ein Auf und Ab geben. Es gibt keine endgültige Bewegung in einer Richtung. Ich hoffe, dass jetzt ein für allemal diese Albernheiten vermieden werden. Mit 56 gibt man so leicht wohlverdiente Pensionsansprüche nicht mehr auf. Die Alternative, entweder anders neu anzufangen oder den 2-Stundenjob [externer Beratung?] zu wählen, ist bzw. wäre auch nicht ideal. Der Wechsel würde zusätzliche Arbeit verursachen, der 2-Stundenjob ist in hohem Grad von der Konjunktur abhängig. Wenn man natürlich wüsste, dass das Verdienen an der Börse so leicht bliebe, wie es momentan der Fall zu sein scheint, wäre das Letztere eine bequeme Lösung. Die Angelegenheit hat mich innerlich zu sehr in Anspruch genommen, dieser unnötige Kampf gegen Dummheit, Ignoranz und H.s Familienpolitik ist wohl nur ein Spiegelbild der geistigen Verfassung unseres Abendlandes. Eine Nation, in der der Geldverdiener das Wort führt, ist schon eine gefährliche Sache. Wohin die blühende Dummheit führt, zeigt sich ja täglich auch in größerem Rahmen. Man ist nur immer erstaunt und fast beleidigt, wenn man mit dieser armseligen Lebensauffassung der Geldverdiener konfrontiert wird. Man kann tatsächlich an der Dummheit der anderen leiden; vielleicht ist es aber wiederum eine Dummheit, sich von dieser Realität überrollen zu lassen. Ich habe mir jedenfalls fest vorgenommen, jetzt die Politik des Zahns um Zahn oder des groben Keils auf groben Keil auszuüben. Es gibt im Leben nun einmal Krisen, die nützlich sind, wenn man sie überlebt. Man wird wach und verfällt nicht in einen Alltagstrott, man versinkt nicht in der ewigen Routine. Ich hoffe, dass der Fall auch sein Gutes gehabt hat.«

Bochum, April 1961. »Mit Giraudoux habe ich mich bis zur Stunde noch nicht beschäftigen können, ich habe noch verschiedentlich Anouilh gelesen. Augenblicklich ist im Geschäft so viel los, dass ich abends nicht immer die richtige Stimmung habe, solche Sachen zu lesen.

Dein Hinweis auf die Shaw'sche Aufführung ›Mensch und Übermensch‹ hat mich sehr interessiert, ich werde versuchen, für Mutti und mich Karten zu bekommen.

Dein Plan, Musil mit Thomas Mann zu vergleichen, scheint mir recht interessant zu sein, ich würde den Gedanken unbedingt weiterverfolgen.

Mit Deinen zum Schluss geäußerten politischen Ansichten stimme ich völlig überein. Man muss sehr wachsam sein.«

BRÜSSEL, RUE BELLIARD, der Neubau des Europaparlaments, wir fahren im Taxi vor. Bewaffnete Polizisten am Eingang. Und drei Demonstranten: zwei junge Männer, eine junge Frau, sie hat einen schwarzen Hut auf, ihr Gesicht weiß geschminkt. Jedem, der ins Gebäude geht, wird ein postkartenkleines Kartonblatt überreicht, in das eins der Schirmchen gesteckt ist, zusammengeklappt, aus Holz und Papier, wie sei sonst Eisbecher krönen, und mit Füllfeder wurde über dem Schirmchen geschrieben: »Pas op, zure neerslag« und »Attention, precipitations acides«. Ich stecke das Blatt ein, folge Beate, der Cousine.

Ein Pressekärtchen wird auf meinen Namen ausgeschrieben, ich klipse es ans Jackenrevers, gehe in den Sitzungssaal, sehe weitgeschwungene Tischflächen, sehe Rollsessel, Mikrophone, Kopfhörer, sehe Angestellte des Hauses in dunkelblauen Anzügen mit Buchstaben-Emblemen: EP PE, sehe viele Männer, einige Frauen, sehe den Vorstandstisch an der Stirnseite des Saals: man nimmt hier Platz, nun verteilen sich auch die Grüppchen. Im mittleren Sektor die Abgeordneten, dahinter eine Sitzreihe für die Presse, schließlich Mitarbeiter der Parlamentarier, in den Sitzblöcken rechts und links die Experten, und diese beiden Sektoren lückenlos gefüllt; umso zahlreicher die Lücken in den vier Sitzreihen vor mir: Auf jedem Platz ein Schildchen mit dem Namen des Abgeordneten; ich erfahre, dass nicht nur für jedes Mitglied des Umweltausschusses, sondern auch für den Stellvertreter ein Platz reserviert sei, Mitglieder und Stellvertreter können aber nicht gleichzeitig anwesend sein, der optische Eindruck täusche demnach. Aber auch so gesehen, so gerechnet: Es ist nur ungefähr die Hälfte des Umweltausschusses anwesend, und das in diesem seit einem halben Jahr vorbereiteten Hearing über Säuredeposition, acid deposition, pluies acides, bei einem Thema von größter Brisanz und Aktualität, wie der schottische Vorsitzende des Ausschusses für Umweltschutz, Volksgesundheit und Verbraucherschutz in einer kurzen Eröffnungsrede sagt, mit der das Hearing offiziell eröffnet wird, und es beginnen die Referate und Statements: Soll die Abgasreinigung durch Abgasentschwefelung, durch Schwefeldioxydabscheidung, durch Zugabe von Kalk erfolgen, oder soll das Wirbelschichtverfahren eingeführt werden, die Zweistufenverbrennung? SO_2 und Folgeprodukte, Schwermetalle, Aldehyde, Aromaten, photochemische Oxidantien, nichtdispersive Infrarotabsorption, konduktometrische Analyse, Kolometrie mit Hilfe des Saltzmann-Reagens, Absorptiometrie mit Hilfe von Kaliumiodid-Lösung …

Ein Empfang zu Beginn der Mittagspause des Hearings; ich lasse mir, ein Glas Wein in der Hand, von einem Forstexperten berichten und mit Fotos dokumentieren, wie Wälder bei Karlsbad aussehen, zum Riesengebirge hinauf: Dort sind auf vielen Quadratkilometern die Bäume kaputt, dort setzt bereits Versteppung ein, die ersten Bewohner verlassen das Gebiet. Einer der blau Livrierten füllt mein Weinglas nach. Sobald es leer ist, geht es zum Mittagessen, mit Beate, mit dem Ausschussvorsitzenden, mit einem englischen Schriftsteller, der ebenfalls im Ausschuss ist, mit einem Repräsentanten der European Foundation – ein Lokal in der Nähe der Rue Belliard, ein Geheimtipp. Ich speise Lamm, trinke Rotwein. Ja, auch die anderen fühlen sich zermürbt – das Erschrecken über die rapide beschleunigte Vernichtung der Umwelt wird beinah neutralisiert durch die sachlichen oder scheinbar sachlichen Darstellungen, Gegendarstellungen – es findet ein Zerreiben des Materials statt: Vier Stunden allein an diesem Vormittag, an dem wir von Schadstoffgehalten, säuretoleranten Gräsern, Zersetzungsorganismen, Versäuerungstendenzen, schwindenden Pufferkapazitäten des Waldbodens, überregionalen Verdriftungen, städtebaulichen und gesundheitlichen Negativfolgen, Akkumulationsphasen gehört haben – jetzt erst einmal ein Viertelstündchen nichts mehr über pluies acides, acid deposition, Säuredeposition … Was nehmen wir zum Nachtisch? Eine Crêpe mit Eis und Cognac? Und Kaffee, auf jeden Fall Kaffee.

Die Fortsetzung des Hearings läuft zäh an: Die erste Stunde wird verplempert mit der Erörterung der Synopse, der Zusammenfassung erster Expertenaussagen, damit die Parlamentarier schon mal Material auf dem Tisch haben. Sind in dieser Synopse alle Fragen und vor allem: sind hier sämtliche Antworten richtig wiedergegeben? Verschiedene Experten sind nicht zufrieden, sie sprechen von Kürzungen, sogar Entstellungen, der Vorsitzende muss wiederholen, dass die Synopse nicht die vorwegnehmende Zusammenfassung der Ergebnisse dieses Hearings sein kann, dieser Bericht wird sehr sorgfältig hergestellt, hier sollen dann alle Gesichtspunkte gebührend berücksichtigt werden. Dieser Hinweis muss zweimal kommen, beim zweiten Mal entschiedener, ehe man zur Erörterung der Sachfragen zurückkehrt.

An diesem frühen Nachmittag ist der allgemeine Stimmpegel deutlich gesenkt, einige Parlamentarier haben vom Mittagessen, Mittagswein leicht gerötete Gesichter, viele würden jetzt wohl lieber einen Mittagsschlaf oder einen Mittagsbeischlaf machen. Auch ich bin müde, die Wirkung des Weißweins, Rotweins ist stärker als die des Kaffees, ich döse vor mich hin, mache zuweilen Notizen, höre erst wieder konzentriert zu, als man zur Erörterung des eigentlichen Themas kommt, es reden Vertreter der Forstbehörde und Repräsentanten der Stromindustrie, Fachwissenschaftler verschiedener Disziplinen, vom Istituto di Microbiologia Agraria e Tecnica bis zum Norwegian Institute for Water Research. Bei Wortmeldungen werden vielfach Täfelchen mit Abkürzungen hochgehalten: Repräsentanten des IFA und des IBW, vom ECC und ECW, vom LHW, von der UNIPEDE, und der Sprecher dieser International Union of Producers and Distributors of Electricity äußert sich mehrfach: Erstens als Bewohner eines Landes, in dem atlantischer Westwind vorherrscht, zweitens als Produzent von Strom sieht er keine Gründe für übereilte Aktionen, wir können doch nicht jeweils ein chemisches Werk an ein Kraftwerk koppeln, diese Kosten sind nicht mehr kalkulierbar, außerdem besteht in der gegenwärtigen Situation zu einer Dramatisierung der Lage kein Anlass, es hat auch früher schon sauren Regen gegeben, vor allem nach größeren Vulkanausbrüchen. Mister Chairman, sagt nun einer der Wissenschaftler, darf ich meinen Herrn Vorredner kurz darauf hinweisen, dass wir derzeit dann aber permanente Vulkanausbrüche haben, hier in Europa? Beifall, Gelächter, die Stimmung gelöst.

Nach acht Stunden Hearing, um 19 Uhr, eine Vorführung von Dias in einem kleinen Sitzungsraum: Forstwissenschaftler haben die Bilder in der Mittagspause zusammengestellt, eine improvisierte Veranstaltung. Ein Berghang in Polen, zum Riesengebirge hin, vor wenigen Jahren aufgenommen, der scheinbar noch gesunde Nadelwald hoch hinauf und weit hinaus, und nun ein Foto vom Vorjahr, und da ist weitflächige Zerstörung; und abgestorbene Wälder in der CSSR; und absterbende Wälder in der DDR; und der Blick von einer Höhe im Bayerischen Wald: kilometerweit das fahle Graubraun von Fichtenstämmen, Fichtenästen.

Nach der Vorführung gehen wir zur Bar, im EP-Gebäude, trinken, was unseren fast übersäuerten Mägen wohltut; Parlamentarier, Experten stehen am Tresen, hocken in Sesseln. Ich spreche mit Beate über das Verarbeiten von Informationen: Für die Mitglieder des Umweltausschusses ist das Thema Säuredeposition nur eins unter vielen, sie haben es, in den Tagesordnungen der Sitzungen, beispielsweise auch zu tun mit der Verpackung flüssiger Nahrungsmittel, mit der Etikettierung von Nahrungsmitteln, mit der Luftverunreinigung durch Abgase von Kraftfahrzeugen, mit Fütterungsarzneimitteln der Tierhaltung, mit der Verwendung von Klärschlamm, mit der Gefährdung durch chemische, physikalische und biologische Agenzien bei der Arbeit, mit Geräuschemissionen von Haushaltsgeräten, mit Quecksilber, mit kosmetischen Mitteln, und es gibt ein Aktionsprogramm Sicherheit und Gesundheitsschutz am Arbeitsplatz – zu all dem müsste, muss man sich informieren, zu all dem müsste, muss man Stellung beziehen, zu all den Punkten müsste, muss man Initiativen entwickeln, neue Umweltrichtlinien, neue Gesetzesentwürfe – freilich die auch hier sehr unterschiedlichen, ja konträren Haltungen der Mitgliedsländer, die Prozeduren entsprechend lang, Kompromisse – aber jetzt bitte vorerst kein Wort mehr über Umweltschutz, Umweltpolitik, wir sind hungrig! Ja, trotz der bevorstehenden Miseren, bevorstehenden Katastrophen – wir wollen noch mal gut essen, gut trinken hier in Brüssel. Ich befrage mich, cognactrinkend: müsste ich jetzt nicht völlig niedergeschlagen sein, denn habe ich nicht gelernt, dass unsere Umwelt fast völlig unausweichlich zerstört wird? Aber stärker ist dieser Reflex: achteinhalb Stunden war ich mit diesen Problemen konfrontiert, nun reicht es erst mal. Das Restaurant, auf das man sich rasch einigt, ist bekannt durch Spezialitäten: überbackene Hopfensprossen, Kalbfleisch mit Trüffeln, Salm auf Speckstreifen. Ah, und französischer Rotwein!

JETZT SOLLTE ICH doch mal wieder betonen, dass ich weiterhin schrieb. Hier setzte, hier setze ich klare Prioritäten. Die sicherste Zeit zur Realisierung war der Vormittag: die Söhne erst im Kindergarten, dann in der Schule. Konditionierung, die konstant blieb. Am Vormittag sieht die biologische Energiekurve ja ganz gut aus. Jetzt könnte ich in meiner provisorischen Auflistung nachschauen, an welchen Texten ich in den achtziger Jahren gearbeitet habe, aber das schiebe ich auf, anderes will vorrangig berichtet werden.

Es ist nicht so, als hätte ich ein klar konturiertes, zutreffend koloriertes Bild parat von mir selbst, das ich nun, eins zu eins, in das Buchmedium übertrage: So sehe ich mich, so bin ich, so stelle ich mich dar, so möchte ich gefälligst auch gesehen werden. Das ginge so, wenn ich gleichsam in mir selbst einzementiert wäre. Ich wurde aber zu oft aus mir herausgerissen oder: habe mich aus mir selbst herausgezogen. Ruhe nicht in mir, gehe immer wieder aus mir heraus, sehe auch schon mal von mir ab.

Noch einmal: Die Arbeit an diesem Buch damit als Prozess, der wiederholt zu Überraschungen, zu plötzlichen Wendungen führt, ausgelöst auch von Funden in der Endmoräne planlos angehäufter Dokumentationen. Ich hole mich mit solchen Entdeckungen selbst ein, fühle mich zwar nicht bereichert, aber angereichert. Hätte mir manches, rückblickend, selbst nicht mehr zugetraut oder zugemutet. Vieles gleichsam abgekoppelt, nun wieder wahrgenommen, herangezogen, umgesetzt im fortlaufenden Prozess einer Selbstdarstellung als Selbsterkundung.

Oder, modischer: der Selbstfindung. Die hat nicht ihr optimales Bühnenbild an einem Meeresstrand oder im Hochgebirge, es sind auch vergessene Fotos, vergessene Texte, die

mein Selbstverständnis, meine Selbstdeutung, meine Selbstaussage gleichsam auf den Prüfstand bringen. Das Buch als so
etwas wie eine Expedition von mir zu mir selber, und da kann
ein Wechsel in der Bewegungsrichtung jäh zu erneuter Selbstbegegnung führen.

Selbsterfahrung, Stichwort Bamberg. Vergessen der Zeitpunkt
des ersten Besuchs der Stadt. Führte mich eine Lesung dorthin? Eine Ferienreise? Wie groß war der Zeitabstand zwischen
erstem und zweitem Besuch? Vielleicht war ich mit ungefähr
dreißig zum ersten Mal in Bamberg. Ich schlage mir vor: Ich
könnte, dürfte um die vierzig gewesen sein beim zweiten Besuch. Ein Zeitraum jedenfalls, in dem Erinnerungsfähigkeit
noch nicht thematisiert wird, schon gar nicht im Zustand
der Selbstbelauerung, später: Baut dein Gedächtnis ab? Erste
Schatten einer Bedrohung von innen heraus? Nein, noch keine Form der Befangenheit, noch kein Versuch der Selbstentschuldigung, unter dem Motto: Man wird schließlich älter ...
Also, was war in Erinnerung geblieben von dieser Stadt, die
ich ein Jahrzehnt oder Jahrdutzend zuvor besucht, mit »offenen Augen« wahrgenommen hatte? Ein Domplatz, natürlich
der Domplatz, kopfsteingepflasterte Schrägfläche, und die
graue Baumasse des zweitürmigen Doms, ein langgestreckter
Bau: wurde in der Erinnerung zu einer leeren Kulisse, keine
Details mehr, auch keine Informationen, die sich diesem Gebäude zuordnen ließen.
Ja, und ein Gebäude auf einer schiffsähnlichen Insel mitten
im Fluss, Gebäude mit festlicher Drapierung aus Stuck und
Stein, mit Freskomalereien. Ja, und kleine, alte Häuser am
Fluss – die Erinnerung an sie aufgefrischt durch ein Foto in einer Zeitung oder Zeitschrift: »Klein-Venedig«. Aber Bamberg
insgesamt? Eine Stadt, die sich in meiner Erinnerung weithin
aufgelöst hatte, nur einige Reste waren übriggeblieben, ohne
räumliche Zuordnung.
Bamberg revisited: Ich parkte den Wagen an der Schiffslände des Rhein-Main-Donau-Kanals, ging Richtung Innenstadt.
Und mir fiel auf: Die Stadt weist ein entschieden deutlicheres

Höhenprofil auf, als es sich in der Erinnerung abgezeichnet hat; die Höhen hatte ich weithin abgetragen, fast nivelliert; verblieben war eine Stadt mit einigen Schrägflächen, jedoch ohne die Hügel, ohne die Mittelgebirgshänge im Bildhintergrund. Jetzt aber steht auf einem Hügel eine große Kirche mit klosterähnlichem Gebäudekomplex, von grünen Hügelflanken hervorgehoben. Diese Kirche, dieses Kloster hatte in der Erinnerung nicht die geringsten Spuren hinterlassen. Ich versuchte, in einer Straße stehend, ein Erinnerungsbild zu aktivieren, aber es war nichts, gar nichts gespeichert im Hirn – zumindest konnte ich das nicht wieder aktivieren. Ich fragte eine Passantin, wie die Kirche dort oben bitte heiße – es war die Michaeliskirche auf dem Michaelsberg. In der Tat, den hatte ich in der Erinnerung völlig abgetragen, kein Stein war übrig geblieben, kein einziger der Bäume an der Hangflanke stadtwärts, flusswärts. Was hatte ich damals überhaupt gesehen? Warum hatte ich mir überhaupt diese, auch diese Stadt angeschaut? Ich ging durch die Stadt, um zu sehen, was ich gesehen hatte, um Erinnerungsbilder zu wecken durch Stadtbilder, aber es wurde ein Gang in eine für mich fast völlig fremde Stadt.

Diese Stadt hat einen Maxplatz mit der barocken Fassade des Neuen Rathauses, das früher ein Priesterseminar gewesen war, und das hatte Balthasar Neumann persönlich entworfen, wie ich auf einem Faltblatt las, unterwegs in einem Reisebüro gegriffen – auch dieser Bau abgetragen, ausgelöscht. Und der Grüne Markt: spurlos verschwunden, inklusive St. Martins-Kirche, dieser riesenhafte Barockbau. Verschwunden auch das barocke Bürgerhaus, das Paulino-Haus – als hätte es auf Atlantis gestanden. Unauffindbar weggestellt, weggeschafft der Neptunbrunnen. Stein um Stein abgebaut das Haus, in dem Wallenstein mal übernachtet hatte – eine historisch freilich nicht weiter relevante Nacht.

Erst als ich die Pegnitz erreichte, das Gebäude auf der schiffsförmigen Insel sah, entstand eine Beziehung zwischen dem, was ich sah, und dem, was ich gesehen hatte: umschäumtes, umrauschtes Fundament des Gebäudes. Aber ich wusste schon längst nicht mehr, dass dies das Alte Rathaus war. Am Inselbug, der in der Tat aussah wie ein mächtiger Schiffsbug, ein Fachwerkhaus, das nun, laut Faltblatt, ein Rottenmeisterhäuschen mit gotischem Fachwerk wurde. An barockes Schnörkelwerk erinnerte ich mich noch vage, vielleicht hatte gelegentlich eine Fotografie nachgeholfen, auch an Bemalung erinnerte ich mich, aber nur pauschal: Steinmetzwerk und Fresko hatten sämtliche Details verloren, sogar die optischen Täuschungen, die mir nun, über den Flussarm hinweg blickend, an der Mal- und Schauseite auffielen: eine grüne Vorhangdrapierung, über einen Fensterausschnitt gezogen, etwa ein Sechstel der Fensterfläche bedeckend in geschrägtem, grün bemaltem Mauerwerk. Und ein Engel streckte ein Bein plastisch vor über den unteren Bildrand – alles vergessen, sogar dies. Dabei hatten die barocken Handwerker und Künstler all das arrangiert, um größtmögliche Einwirkung und Nachwirkung sicherzustellen, aber ich hatte Vorhangdrapierung und Engelsbein einfach entfallen lassen.

Ich schaute mir die Drapierung genau an und noch genauer das Engelsbein, starrte es an, bis es mir ins Hirn zu ragen schien, nahm mir vor, dieses aus der gemalten Fassade ragende Bein nicht mehr zu vergessen, auch nicht den grünen, den Fensterausschnitt zum Teil überdeckenden Steinvorhang mit der Assoziation: Theatervorhang. Diese Assoziation sollte sich verfestigen: Theatervorhang, Stein- und Maldrapierung, theatralisch. Ich nahm mir vor, auf dem Rückweg zum Auto noch einmal an der Brücke stehenzubleiben, um, nach den anderen Bildern der erneuten Stadtbesichtigung, dieses Bild wieder aufzufrischen und zu bewahren – nach einem langen Seitenblick zu den Häuschen flussabwärts, dem Kleinen Venedig. Die Häuser dort waren in der Erinnerung weniger geworden, zahlenmäßig, aber sie hatten Bestand, waren vom Fluss nicht weggerissen, weggeschwemmt worden.

Doch ansonsten: wie viel Auflösungssubstanz in mir, Scheidewasser? Nicht mal das Vorhanggrün war lichtecht geblieben. Und die barocken Elemente der Schnörkelwappen, Schnörkelwerkfiguren: als hätte ein rücksichtsloses Frontbereinigungsverfahren stattgefunden, dem die meisten Details geopfert wurden für eine fast monotone Zweckfassade. Nun ließ ich die barocken Steinschnörkel, auch die Schmiedeeisenschnörkel des Balkons im Kopf nachwachsen, nichts mehr sollte von der Vielfalt verlorengehen, zumindest sollte, da ich mir nicht jeden Schnörkel detailgetreu einprägen konnte, der Eindruck großer Vielfalt bleiben. Dazu musste ich Einzelheiten dingfest machen.

Aber lässt sich Erinnerungssubstanz beeinflussen? Oder prägen sich Details, Stimmungen nicht am ehesten ein in Situationen, in denen man schutzlos ist, man überrascht wird? Und diese Details, diese Stimmung synchron mit der Situation, in der man sie wahrnahm? In einem Zustand beispielsweise der Übermüdung? In einer Phase emotionaler Turbulenz? Kann ich Erinnerung bewusst durchtränken mit konservierenden Mitteln? Mir Detail für Detail für Detail einprägend, damit wenigstens ein paar Details in der Erinnerung bleiben, sah ich das Gebäude bereits mit Abschiedsblicken, mit einem sich eintrübenden Blick, als wüchse frühzeitig Grauer Star heran, und nicht einmal die grüne Vorhangdrapierung aus Stein, nicht einmal das plastische Engelsbein im Wandgemälde können sich halten, es bleibt nur ein detailarmes Gebäude an einem Fluss, der nur gelegentlich Pegnitz heißt?

Diesen Fluss überquerte ich, die Gebäudetoröffnung passierend, stieg zum Domplatz hoch durch einige Straßen, Gassen, die zwar unverwechselbar charakteristisch waren, sich in meinem Kopf aber gleich vermischten mit Altstadtstraßen, Altstadtgassen anderer Städte, da schob sich Kulisse vor Kulisse, schon im Hinsehen. Ich blieb nicht stehen, um mir einzuprägen. Da war auch nichts, das mich ansprang, als Detail, das sich ins Hirn krallte. Ich ließ den Blick ausruhen. Ein Vorbeigleiten, Zurückgleiten, ich drehte mich nicht um.

Als ich den Domplatz betrat, gab es einen Ruck im Hirn: Dieser Platz hatte in den vergangenen Jahren nicht so hoch über dem Fluss gelegen wie nun, und die Straßenachse, die den Platz durchquerte, diagonal, sie war in der Erinnerung um etwa 90 Grad verschoben gewesen – ein völlig anders genordeter Platz. Und mein Dom hatte zwei Türme, nun waren es plötzlich vier. Die zwei hinteren hatte ich in der Erinnerung abgerissen, hatte sie verschwinden lassen, beinah auf Nimmerwiedersehn. Und die große, in der Erinnerung völlig undeutliche Fassade an diesem Platz wurde nun zur Front einer fürstbischöflichen Residenz, ebenfalls barock. Und das graue Haus mit der Prunkfassade wurde nun die Ratsstube. Und dahinter die Hofhaltung, die frühere Kaiser- und Bischofspfalz, ebenfalls vergessen, obwohl es mehrstöckige, langgestreckte Fachwerkbauten waren, um einen dreieckigen Innenhof herum, der bereits die Ausmaße eines kleinen Platzes hatte. Die zahlreichen Geranien-Blumenkästen an den Holzloggien, die hatte es schon damals gegeben, hatten meine Erinnerung aber nicht bestechen können. Ich ging durch die alte Hofhaltung hindurch, kam in eine Gasse mit alten, zum Teil von wehrhaften Mauern geschützten Häusern, den Wohnsitzen früherer Domherren – auch diese Gasse schien ich zum ersten Mal zu sehen.

Und der Dom selbst? Den hatte meine erinnerungsdefizitäre Erinnerung weitgehend ausgeräumt. Der Bamberger Reiter, selbstverständlich, den hatte ich in Erinnerung behalten, in den Zwischenjahren sicherlich ein paarmal auf Fotos, Reproduktionen vor Augen geführt, aber als ich in den überraschend weiten, überraschend hohen Kirchbau eintrat, musste ich das berühmte Bildwerk erst einmal suchen – an welcher Säule war es postiert? Ja, und die sehr vage Erinnerung an ein Hochgrab, aber dass es von Tilman Riemenschneider war, das hatte ich schon vergessen, und selbstverständlich auch, wer hier begraben lag, sogar mit Frau. Den Namen Riemenschneider hatte ich mit Holzschnitzereien, mit Holzaltären assoziiert – der große, mir sofort auffallende Holzaltar war jedoch von Veit Stoß.

Da stand ich in derselben Kirche, in der ich vor Jahren gestanden hatte, und es hatte in der Zwischenzeit fast so etwas wie eine Kulturrevolution stattgefunden, in meinem Kopf: Fast alle Plastiken, fast alle Altäre vernichtet, spurlos weggeräumt, in Remisen abgestellt, dem Vergessen anheimgegeben.

Ich führte mich mehrfach durch den Kirchbau, den Dom, dreimal hielt ich an vor dem Holzaltar des Veit Stoß, so nah, wie mich das Absperrungsseil heranließ, und ich sah, was ich schon damals hätte sehen müssen, was sich hätte einprägen müssen: Figuren in dramatischer Bewegung, nicht das übliche Aufreihen von Heiligen mit ihren Identifizierungssignets in den Händen. Dreimal führte ich mich um das Hochgrab für Kaiser Heinrich und seine Gemahlin herum, der schmale, bärtige Kopf des Kaisers auf dem Steinkissen, und an den Seiten Halbreliefs aus dem kaiserlichen Leben, eine Bilderfolge.

Die prägte ich mir ein. Wollte nicht umsonst in diese Stadt gefahren sein. Die sollte sich nicht wieder auflösen nach einigen Jahren. Ich nahm mir vor, lieber einige Städte mehrfach zu besuchen als immer mehr Städte nacheinander. Alle paar Jahre nach Bamberg, damit die Stadt ihr Profil behält? Und unverrückbar der Michaelsberg mit der Michaeliskirche? Und die barocke Fassade löst sich nicht ab, das gotische Netzwerk an der Decke löst sich nicht auf, mit all den Heilpflanzen, die droben gemalt sind? Sechshundert Heilkräuter gegen das Vergessen? Bamberger Kräutlein, in meinen Kopf hereingewachsen?

Und wie viele Städte, wie viele Stadtbilder haben sich auf ähnliche Weise aufgelöst, ja weithin verflüchtigt? Ich eröffne hier keine Liste, ich bleibe bei der Frage, weshalb Hegels oft zitierte »Furie des Verschwindens« in mir auch Bamberg ergriffen hat. Blieb die Stadt nur Erscheinung, wurde nicht Erfahrung? Habe ich sie, wie andere Städte auch, mit Interesse betrachtet, doch es entstand keine emotionale Beziehung, keine Bindung höherer Intensität? Dann erst gewinnt wohl eine Stadt volle Wirklichkeit (zumindest punktuell), dann erst wird das Bild in der Erinnerung festgeschrieben. Emotionale Bindung von Wahrnehmungen als stärkster Erinnerungskitt!

Bestätigt sich das am (Gegen)Beispiel Striegau (Strzegom) in Schlesien? Der Name der Kleinstadt verbunden mit den Namen von Vater und Sohn Günther. Den Vater des Dichters Johann Günther, den Landmediziner hatte ich, partiell, zum Modell genommen für die Hauptfigur der Erzählung *Die*

Minute eines Segelfalters. Das Interesse am Vater war freilich initiiert durch Bewunderung für den Sohn. Mit Blick auf beide wollte ich, Ende der achtziger Jahre, Ambiente wahrnehmen, auch von Schweidnitz (Swidnica). Fast eine Pilgerfahrt – Aufregung, als ich durch die Frontscheibe des Autos die charakteristische Kirche von Striegau sah, offenbar leicht erhöht auf einem Hügel.

Wie Menzel (der Zeichnungen von Striegau hinterlassen hat) bin ich durch den Ort gelaufen, rund um den zentralen, mächtigen Kirchbau. Der blieb als Wahrzeichen im Gedächtnis. Freilich eher als Baumasse denn als Bauform. Die Peter-und-Pauls-Kirche führe ich mir auf dem Bildschirm noch mal vor Augen, finde das Erinnerungsbild allzu pauschal. Immerhin ein gotischer Bau, der Turm freilich nie vollendet, der Stutzen nicht höher als der aufgestockte Renaissancegiebel. Mit reichem Steinmetzwerk repräsentativ gestaltete Eingänge. Das alles ist in der Erinnerung reduziert auf schiere Baumasse mit hohem, steilem Dach. Und nur im Gedächtnis bewahrt in Verbindung mit den Namen von Vater und Sohn Günther. Also eher ein massiger, feldsteingrauer Hinweis als eine erratische Bauform des Nonfinito. Markierung wie draußen der Zobten, jener dicht bewaldete Bergkegel mit sanft geschrägten Seitenkanten, zuweilen hochstilisiert zum Schlesischen Olymp, jetzt aber mit dem Gittermast einer Sendeantenne.

Stichwort Erinnerungspräsenz: Letztlich also kann ich ein Striegau nicht ausspielen gegen Bamberg, zum Beispiel. Für mich geblieben ist nur die wuchtige Akzentuierung der größten Stadtkirche Schlesiens, geblieben ist nur, als landmark, der Kegel des Zobten. Die eigentlichen Brennpunkte der Ellipse aber sind für mich, bleiben für mich Johann Günther, der Vater, und Johann Christian Günther, der Sohn. Beide Namen verbunden mit angelesenen Informationen über die Geschichte ihrer Zeit.

Diese Informationen hatten ihre Verfallszeit. Also keine Jahreszahlen, keine Zitate. Nur dies hat sich eingeprägt: es wurde weithin und lange Zeit gehungert. Heu wurde aufgekocht, Baumrinde bearbeitet. Zur Kontrolle noch mal in

Krämers Biographie über den Dichter lesend, begegne ich jedoch, diesseits der Jahrtausendwende, wie zum ersten Mal dem Wort »Wurmmehl«, greife es auf, bin sicher, dass ich es diesmal nicht mehr vergessen werde. Denn jetzt erst kann ich mir vorstellen, was damit gemeint war. Im Eifel-Holzhaus lernte ich unterscheiden zwischen den Sägespänen, die der Holzbock zwischen Bretterfugen herabrieseln lässt, und dem Weizenauszugsmehl, das in einer Kettensäge-Holzplastik aus immer zahlreicheren Löchern sickert und den Fuß der hüfthoch aufgerichteten Fischflosse weiß einstäubt.

Nun habe ich vor Augen, wie weit man bei Dauerhunger runterkommen muss, um schließlich auch Wurmmehl zu verarbeiten. Und mir wird wieder einmal bewusst, dass mir die Erfahrung von wahrem Hunger bisher erspart geblieben ist. Zwar habe ich noch im Ohr, wie mich Ende des Krieges, auch zu Beginn der Nachkriegszeit Helene schon mal mitfühlend fragte: »Na, du ewig Hungriger?« Ja, das schon, aber permanenten, im Körperinnern nagenden, sich ins Hirn vorfressenden Hunger habe ich nie erleben müssen. Auch Vater und Sohn Günther machen mir wieder bewusst, in welcher Ausnahmesituation, historisch und topographisch, ich die meisten Jahre meines bisherigen Lebens verbracht habe. Der Tiefkühlschrank, der Kühlschrank stets gefüllt mit Nahrungsmitteln, ich muss nur zugreifen; zeigen sich Lücken in den Beständen, füllen wir nach. Um Helligkeit im Raum zu haben, muss ich nur Schalter anknipsen. Aus der Wand des Badezimmers kommt warmes Wasser. Wenn ich, hier in Brühl, im Winter aufstehe, drehe ich nur an Heizungsthermostaten, und es wird warm. Dazu muss ich weder Holz noch Kohle lagern, es kommt Gas ins Haus aus der Nordsee oder aus Sibirien.

Auch hier: Beschäftigung mit vergangenen Epochen macht mir klar, macht mir bewusst, wie ich heute lebe – mein Kontrastmittel-Theorem.

FLUG NACH MINSK. Ich habe Wert darauf gelegt, einen Fensterplatz zu bekommen, wie schon, Jahre zuvor, bei einem

Flug nach Leningrad (ja, als St. Petersburg noch Leningrad hieß).

Ich löse die Stirn kaum einmal von der Scheibe, ich schaue und schaue: Wälder, Wälder, Wälder, wie beim Flug nach Leningrad, riesige Feldflächen, kaum Dörfer, kaum Straßen. Wieder frage ich mich: Und dieses unermessliche, weithin unbewohnte Land wollte Napoleon unbedingt durchqueren, erobern? Und dieses unermessliche, immer noch weithin unbewohnte Gebiet wollte Hitler erobern (wenn auch nicht besetzen)? Dies mit einer Armee, die nur zu etwa einem Zehntel motorisiert war, die meisten Soldaten radelten oder ritten und die allermeisten marschierten? Die Entfernungen müssen Soldaten der Napoleon-Armee und Soldaten der Hitler-Armee fast unüberwindlich erschienen sein. Freilich, die motorisierten Verbände, die Panzer durchqueren die mehr als tausend Kilometer bis Minsk in wenigen Tagen. Und schon begannen die Nachschubprobleme in einem Land, in einer Region, in der eigentlich der Krieg den Krieg ernähren sollte und Deutschland, teilweise, noch dazu.

Ich hatte mich vorbereitet, hatte ein Buch von rund 1200 Seiten gekauft: Christian Gerlach, *Kalkulierte Morde.* »Die deutsche Wirtschafts- und Vernichtungspolitik in Weißrussland 1941 bis 1944.« Eine Dissertation! So kam ich mit etwa folgenden Informationen nach Belorus: Rund 10 Millionen Einwohner zu Beginn des Krieges in Weißrussland, und es wurden mehr als 2 Millionen Zivilisten und Kriegsgefangene ermordet. Ich tippe ab, meiner Bleistiftmarkierung folgend: »Fast alle Städte des Landes waren 1944 völlig zerstört. Es gab drei Millionen Obdachlose. Die Zahl der Industriebetriebe war um 85 Prozent zurückgegangen, die Industriekapazität um 95 Prozent, die Saatfläche um 40 bis 50 Prozent und der Viehbestand um 80 Prozent.« Innerhalb eines Monats war auch Ostweißrussland besetzt, es begann das große Morden. »Die Einsatzgruppe B der Sicherheitspolizei und des SD, Polizeibataillone und Sicherungsdivisionen begannen sofort mit der Bekämpfung politischer Gegner im weitesten Sinn: sie töteten Kommunisten, Verwaltungsfunktionäre, Kommissare der Roten Armee, versprengte und flüchtige Rotarmisten, Lehrer, Anwälte, die sogenannte Intelligenz, vor allem männliche jüdische Staatsangestellte und Funktionäre. Im Herbst 1941 weiteten sie ihre Aktionen aus: praktisch alle Juden im Osten Weißrusslands wurden binnen weniger Monate erschossen, dazu psychisch Kranke, Sinti und Roma, untergetauchte Rotarmisten, angebliche Partisanen und Hungerflüchtlinge. Zur gleichen Zeit organisierten Wehrmachtsstellen ein furchtbares Massensterben durch Hunger unter den Kriegsgefangenen.«

Eine der Aktennotizen nach Sitzungen von Staatssekretären, noch *vor* dem Einmarsch:»Der Krieg ist nur weiter zu führen, wenn die gesamte Wehrmacht im 3. Kriegsjahr aus Russland ernährt wird. Hierbei werden zweifellos zig Millionen Menschen verhungern, wenn von uns das für uns Notwendige aus dem Lande herausgeholt wird.«

»Wehrwirtschaftliche Richtlinien (Barbarossa)«, niedergelegt in der »Grünen Mappe«, später abgelöst von der »Braunen Mappe«. Geplant war die »weitestgehende Ausbeutung« oder »Abschöpfung«.

Nun waren die landwirtschaftlichen Erträge in Weißrussland wie in der Ukraine nicht so üppig, wie das der Begriff »Kornkammer« suggeriert, die Erträge pro Hektar lagen nur etwa halb so hoch wie in Deutschland, also musste die Bevölkerung hungern, damit »überschüssige« Nahrungsmittel ins Reich abgeführt werden konnten. Im Verwaltungsidiom: »Da Deutschland bzw. Europa unter allen Umständen Überschüsse braucht, muss der Konsum also entsprechend herabgedrückt werden.«

Noch deutlicher: »Die Bevölkerung dieser Gebiete, insbesondere die Bevölkerung der Städte, wird größter Hungersnot entgegensehen müssen.« Eingeplante Konsequenzen für eroberte, für besetzte Gebiete der Sowjetunion: »Viele 10 Millionen von Menschen werden in diesem Gebiet überflüssig und werden sterben oder nach Sibirien auswandern müssen. Darüber muss absolute Klarheit herrschen.«

Geschundenes, gegeißeltes, ausgepowertes Land, alle Plagen der Bibel scheinen hereingebrochen zu sein: Der Erste Weltkrieg, ausgetragen auch in Weißrussland, in der Umgebung von Minsk ... die Stalinzeit ... die dreieinhalb Jahre deutscher Besetzung ... die Wirtschaftsnot nach der Auflösung der Sowjetunion ... eine Diktatur, die das Land gegen das Ausland abschottet: »schädliche Einflüsse« sollen ferngehalten werden – schädlichen Einfluss kann schon eine Jazzband ausüben! Razzien, Verhaftungen, dreitausend Personen sind verschwunden im kleinen Land. Denkmäler für Lenin und Dscherschinksy.

Und ich fragte mich: Werden Nachwirkungen zu spüren sein? Werden wir mit kritischen Stellungnahmen konfrontiert beim geplanten Podiumsgespräch mit einem weißrussischen Lyriker, zwei weißrussischen Historikern? Die vorgegebene Thematik: Beutekunst. Aber dieses Stichwort, Reizwort lässt sich nicht isolieren, lässt sich schon gar nicht abkoppeln vom damaligen Kontext, militärisch und »weltanschaulich«.

Unterkunft am Stadtrand, in einem Gebäude, einer Institution, die vom Lande Nordrhein-Westfalen finanziert wurde. Also gewohnter Luxus im Zimmer mit Ausblick auf Ödland, auf Brache.

Erkunden der Umgebung, Erleben von Fremdheit, optisch. Die Straße an der Peripherie von Minsk ist nicht mehr asphaltiert, nicht einmal rudimentär, tief ausgefahren mäandert sie dahin; Schlaglöcher zuweilen wie Wannen. Eine Restsiedlung dörflichen Charakters mit blau gestrichenen Blockhäusern, die Fensterrahmen betont durch Weiß. Dazwischen Verfallsbuden, viel Wellblech auf Dächern, die zusammengeflickt wirken. In diesem Areal zahlreiche Obstbäume, so dicht bestückt, und die Äpfel so leuchtend, dass sie künstlich wirken. Kleine Gärten, nicht allzu nachdrücklich gegen Verkrautung verteidigt. Kohlrabi, Rüben, Kohlköpfe, Salat, zahlreich Johannisbeersträucher, doch Brennnesseln in größerer Ausbreitung. Und überall scharren Hühner, kläffen Köter. Alte Frauen vor einigen der Häuser, schon bei der milden Herbsttemperatur sind die Köpfe mit dicken Tüchern umhüllt; die wattierten Jacken scheinen seit Kriegsende getragen zu werden; düstere Röcke, knöchelhohe Stiefel. Bei Frauen, die arbeiten, sind die Bewegungen gemessen, eher beiläufig. Was machen sie anschließend in den alten Häusern? Die Fenster scheinen stets geschlossen zu sein; nur das eingefügte zusätzliche Fensterluk in einer der oberen Scheiben wird schon mal nach außen oder innen aufgeklappt. Ein alter Mann im NKWD-Ledermantel, auch er arbeitet mit langsamen Bewegungen, bleibt immer mal wieder stehen. Er hat sich einen doppelten Zaun geschaffen, rostbraun. Assoziation an den Laufgang um ein Lager: Maschendraht, Stacheldraht, Flickdraht, mehr als mannshoch, und etwa einen Meter breit der Laufgang zwischen den Zäunen. Auf fast jedem Grundstück, vor allem von verlassenen Häusern: Autowracks, sämtlich ausgeschlachtet, hier und dort blieb nur die Blechhülle; eine ist schräg an einen Apfelbaum gelehnt. Alte, total abgewetzte Reifen, meist von Traktoren: vor Häusern zur Hälfte senkrecht eingegraben, die obere Hälfte vielfach weiß oder blau gestrichen. Lattenzäune, Staketenzäune – haben womöglich den Krieg überstanden. Glasbehälter, Flaschen über Zaunlatten gestülpt. Es trocknet viel rosafarbene und grüngetönte Wäsche. Auf einer Feldfläche eine Hundertschaft pickender Tauben; Elstern in Luftkämpfen; die Reviersieger lassen sich auf der Pickfläche nieder, werden von einem Hund wieder aufgescheucht. Eine Talsenke mit verschilftem Teich. Im Moddergrund ein paar Gärten, einer ummauert. Pappeln auf kleiner Anhöhe.

Und zurück. Am Rande der Vorstadt: ein Klettergerüst, verlassen. Eine Schule mit Sportanlage, braun und weiß gestrichene Metallrahmen für Fußballtore und, in der Spielrichtung quer dazu, Handballtore. Plattenbauten. Nummern von Wohnungen weiß aufgepinselt, auf dem Türsturz. Riesiger Parkplatz, hoch umzäunt, an der Einfahrt und der Ausfahrt jeweils ein Wachbau mit kleinem Rundlaufbalkon, wie bei einem Lager.

Ich erfahre: In der Plattenbausiedlung leben, vegetieren vor allem Weißrussen, die aus den radioaktiv stark kontaminierten

Gebieten evakuiert wurden, einige erst zehn Jahre nach dem GAU, der Kernschmelze von Tschernobyl. Fallout, der zwanzig Prozent der landwirtschaftlichen Fläche von Belorus kontaminierte, es musste Erde begraben werden. Das wurde im Fernsehen gezeigt und hat viele Weißrussen aus der Fassung gebracht: Erde beerdigt, wie ist so was möglich, was ist das bloß für eine Zeit?! Drei Jahre hatte es gedauert, ehe die Regierung die Bevölkerung hinreichend informierte. Insgesamt etwa 25 000 Tote in Belorus, in der Ukraine, in Russland.

In den mehrstöckigen Plattenbauten vielfach Sieche, Moribunde, die man nicht zu Gesicht bekommt, von denen ich nur zu hören kriege, vertraulich. Eine Bauersfrau, die gezwungen wurde, ihre Kleidung abzulegen und zu verbrennen, ja, die ihre Kuh waschen, sogar schrubben musste, dennoch schwollen die Gelenke an. Mittlerweile muss die Frau selber gewaschen werden, ist völlig entkräftet, Haare fallen ihr aus, ständig hat sie Kopfschmerzen, Knochenschmerzen. Wiederholt das Wort Schmerzen, die teuflischen, die höllischen Knochenschmerzen. Und vermittelt die Erfahrung, dass Schmerzen schlimmer werden, wenn man weich liegt, also Holzplatten als Unterlagen. Manche verharren auf dem Hocker die Nacht über. Radioaktivität, die sich in Knochen angelagert hat – Strahlenherde, zu denen man Distanz halten sollte, letztlich vergeblich. Hautkrebs, Darmkrebs, Schilddrüsenkrebs, Lungenkrebs, Knochenkrebs, Knochenkrebs, Knochenkrebs …

Männer mit Plaketten an vergleichsweise eleganten Anzügen, sie stehen, streifen im Gebäude, im Gelände herum, unsichtbar bewaffnet. Ich suche und finde: ein Gespräch unter vier Augen. Und höre, was der Sprecher einer Mafia-Delegation zur Eröffnung gesagt hatte: »Lassen Sie uns über Sicherheitsfragen reden.« Und: »Zweihundert Mann stehen hinter uns.«

Doch man wusste im Haus: dreißig von denen sitzen noch im Gefängnis. Auch besteht eine telefonische Direktschaltung zur Polizei; in Minutenschnelle soll bei einem Überfall das Gelände von bewaffneten Polizisten umstellt sein. Soll …

Anmerkungen zur Mafia. Typisch für russische Mafia: Gebrauch von Kalaschnikows. Tschetschenische Mafia metzelt, Leichen werden vielfach zerstückelt – they are nasty. Aserbaidschanische Mafia ist tätig vor allem im Drogenhandel. Killer werden generell nach Preisen gestaffelt: Profis erhalten 10 000 oder 15 000 Dollar pro Liquidierung, Amateure machen das für 200. Pistole dort, Messer hier.

Schutzmaßnahmen! Die muss man sinnvollerweise selbst organisieren, auf die Polizei ist letztlich kaum Verlass. Polizisten fahren meist allein in den Streifenwagen, damit sie Einkünfte nicht teilen müssen, auch damit man unter Kollegen nicht verpfiffen wird. Halten willkürlich Fahrzeuge an, verlangen den Führerschein. Am besten, man hat für solche Fälle einen 5- oder 10-Dollarschein reingesteckt, irgendeinen Grund für eine Sonderzahlung finden die immer. Ist der Führerschein präpariert, wird er kommentarlos zurückgereicht, und alles ist o. k. Wer bestraft wird, nicht aber gleich zahlen kann, dem wird der Führerschein oder gleich auch das Nummernschild abgenommen, Auslösung nur gegen bar. Grundregel: The more you say the more you pay.

Und all dies bei der vorherrschenden Armut, der wachsenden Not. In Neubaugebieten werden vielfach Hühner auf Balkons gehalten. Und Ziegen, für die Milch. Ziegen werden auch schon mal wie Hunde ausgeführt. (Habe ich allerdings nicht gesehen.) Gemüse wird bei Datschen gezogen, für die ganze Familie. Einbrecher haben sich auf Keller spezialisiert, räumen dort aus, was getrocknet oder eingekocht wurde. Viele Genossen müssen betteln. Oder stellen sich mit Korb und Grundnahrungsmitteln im Supermarkt an die Kasse, gucken jemanden aus, der mit einem größeren Geldschein bezahlt, bitten darum, den eigenen Anteil mit zu begleichen. Was auch schon mal geschieht. Und die Rente? Reicht eigentlich nur für ein paar Brote aus, im Monat. Es wird umgerechnet in Brote oder in Tassen Kaffee. Mangelerscheinungen, erhöhte Infektionsgefahr.

Und die Krankenhäuser? Nun, da ist die Behandlung kostenlos, aber wer behandelt werden will, muss dem Arzt erst mal 30 Dollar zustecken. Auch Schwestern fordern Valuta, sonst rühren die keinen Finger. Man muss schon mal Bettzeug in die Klinik mitnehmen. Vielfach müssen Familienmitglieder auch das Essen bringen. Verabreicht werden, nach Empfehlung von Experten, jedem Patienten aus der verstrahlten Zone hundert Gramm Rotwein am Tag, gegen Kontamination durch Fallout. Das eigentlich gesperrte Gebiet um das explodierte Kernkraftwerk wird von alten Leuten wieder aufgesucht, von Flüchtlingen, von Kriminellen, man lässt sich dort nieder. Die Gefahren sind unsichtbar, werden aber sichtbar an wachsender Zahl von Kranken.

Scherzhaft gemeinter Abschluss: The more I say the more you pay.

Okay, wo ist die Feierkasse?

Kurze Exkursion in die Stadtmitte. Die Trolleybusse sind zu jeder Tageszeit überfüllt, ich könnte auch kein Ziel angeben in der völlig fremden Sprache, wir werden von einem hauseigenen Minibus gefahren, haben eine Frist von zwei Stunden, werden dann wieder abgeholt. Die Kollegin geht in ein Kaufhaus, der Kollege in ein Café, ich ziehe los, will möglichst viel von der Stadt sehen, von der ich ein grau-tristes Erwartungsbild mitbrachte. Aber da ist helles Licht über der Stadt, und sie wirkt, streckenweise, beinah prächtig. Ich habe keinen Stadtplan dabei, habe auch kein Stadtraster im Kopf, richte mich nach dem Gebäude der Oper auf dem Hang, behalte sie als Fix- und Richtpunkt im Auge, beachte den Sonnenstand, verlasse mich auf meinen Orientierungssinn, finde mich rasch zurecht in der fremden Stadt, in der ich viele Säulen, aber keine Kriegsspuren mehr sehe.

Ich komme an einem Kunstmarkt aus, registriere verwundert: etliche Gemälde im Stil niederländischer Stillleben des 18. Jahrhunderts, mehrheitlich als Blumenstillleben mit Tautropfen auf Blättern, mit kleinen Schnecken, die Fühler ausgestreckt, mit Käferlein – alles wie schon gehabt, wenn auch in entschieden größerer Perfektion. Die Malerinnen, Maler sitzen in ihren Bildgruppierungen, warten auf Käufer, die sich nicht einfinden, speziell auf Käufer, die so westlich aussehen wie ich: Valuta! Aber die brauche ich eher für malende Freunde im eigenen Land.

Rückkehr zum Ausgangspunkt, zum Kleinbus. Wie, du hast dir schon die Stadt angeschaut …?! Und hast so ohne weiteres zurückgefunden …?!

Im Tagungsraum das Podiumsgespräch über Beutekunst. Kein einziger Besucher, wir Teilnehmer sitzen beisammen im Oval.

Das Stichwort »Beutekunst«, uns für die Veranstaltung mit auf den (Flug)Weg mitgegeben, es setzt voraus den Einmarsch der Wehrmacht, den Rückzug der Wehrmacht, den Einmarsch der Sowjetarmee ins »Reich« und damit: wiederholten Zugriff. Doch was geschah vorher? Um gewohnte Akzente zu verschieben, verlese ich ein seinerzeit als geheim eingestuftes Dokument: Der künftige Gouverneur von »Weißruthenien« beschwert sich bei der Heeresführung über den Vandalismus deutscher Soldaten kurz nach der Eroberung von Minsk – er sieht sein künftiges Herrschaftsgebiet in Besitz und Ansehen geschmälert. Der Russlandkrieg war gerade mal ein paar Tage alt, und schon benahmen sich Teile des Heeres wie die Rotte Korah: In Labors wurden vorzugsweise Glasgefäße zerscherbt, Geräte in Forschungseinrichtungen wurden zertrümmert, in Museen wurden Gemälde mit Bajonetten attackiert, Übergriffe auf privaten Besitz, Vergewaltigungen – die beiden belorussischen Historiker horchen auf, ihnen war dieses Dokument bislang völlig unbekannt. Einer der beiden will dafür sorgen, dass es übersetzt wird, ich überreiche ihm die Ablichtung. Den anderen Historiker scheinen die Übergriffe nicht sehr zu beeindrucken: Die wiederholten Eroberungsfeldzüge durch Großfürsten von Moskau – was dabei angerichtet wurde, war viel, viel schlimmer als jene Untaten der Wehrmacht, auch der SS, des SD. Auf solche Argumentation war auch ich nicht vorbereitet.

Kriegsgeschehen und Beutemachen – wir leiten über zum ausgedruckten Thema. Eine rege Diskussion will sich allerdings nicht entwickeln; was von der Sowjetarmee in Deutschland konfisziert wurde, ist in Weißrussland nicht weiter von Interesse, es geht den beiden Historikern allein um Objekte von nationaler, religiöser und kultureller Bedeutung, die bereits unter Stalin beiseitegeschafft, dann von Nazis lastwagenweise mitgenommen worden waren. Zentral hier das Goldene Kreuz der heiligen Euphrosyne von Polozk! Ein deutscher Offizier soll es an sich genommen haben: ging an einem Haus vorbei, sah durch ein Kellerfenster etwas aufleuchten, golden, das Kreuz offenbar auf einem Tisch, er öffnete gewaltsam die Kellertür, nahm das Kreuz mit. Diesen Mann müsste man finden, darum geht es. Und es wiederholt sich die Frage: Wo ist diese und jene Ikone verblieben? All die Gemälde, die geraubt wurden, scheinen kaum der Rede wert, aber die Ikonen und das Goldene Kreuz der heiligen Euphrosyne von Polozk …

UND WIEDER mein Sprüchlein: Ja, ich habe auch in dieser Aktivitätsphase am Schreibtisch gesessen. Auch diesmal: keine Hinweise auf die Textform, keine Inhaltsangabe, kurzschlüssig synchronisierend. Erneut eine Markierung, mehr nicht.

Also: Ich schreibe … ich schrieb … ich habe geschrieben … ich hatte geschrieben … ich werde schreiben … ich werde geschrieben haben …

UND WEITERHIN REISEN. Die führen meist wieder in den Süden. Reisen ohne Recherchen, Reisen in Regionen, in denen Licht dominiert und Photonen schwingen ins Hirn. Reisebilder also aus der Mediterranné, der Erinnerung eingeprägt mit intensiver Belichtung. Bilder, die für sich stehen, Bilder, die nicht umgesetzt werden wollen, Bilder, die ich nicht mit Begriffen kommentiere, Bilder, die ich schon gar nicht symbolisch deute, Bilder, die mich begleiten.

Mykonos! Ein halbes Dutzend Tümmler, flossenschlagend am Ufer entlang, an den Wassersaum heran. Schaumschlagen der Flossen, und meine Angst, die Delphine könnten sich mit hochschnellenden Körpern, peitschenden Flossenschlägen immer weiter heranschieben im schließlich nur noch knietiefen Wasser, kämen schließlich weder vor noch zurück. Fast ein Stoßgebet zu Neptun, aber sie kommen auch ohne Hilfe wieder flott: wie auf ein Zeichen schwenken sie ab.

Und nun: Zögern vor der Fortsetzung nach Notizen, die ich damals (wann war das noch?) formuliert habe: Das Erinnerungsbild bleibt vage, trotz vorliegender Beschreibung. Oder: die Beschreibung stimuliert keine Präsenz. Ich könnte mir dafür eine Erklärung anbieten: Es ist schon lange her. Assoziativ: das Jahr, in dem in der griechischen Inselwelt der Film mit Sophia Loren gedreht wurde: »Boy on a dolphin«. Großes Thema im Dodekanes: Draußen, dort draußen im Flirrlicht, im Flimmerlicht, die junge Italienerin, die als schönste Frau der Welt gilt. Und Alan Ladd (griechisch ausgesprochen) ist der Glückliche, der an ihrer Seite spielen darf. Keiner hat die beiden je gesehn, aber es war da so was wie Erregungsschwingen im Lichtflirren: die Loren im Inselarchipel. Und es verloren auch junge Delphine die Richtung, sahen nicht mehr klar? Und so, wie man sich verlaufen kann, so kann man sich verschwimmen?

Gisela kann sich nicht daran erinnern, dafür aber an Delphine, die sich in einen irischen Hafen verirrten, aus dem sie mit Geschrei und Ruderschlägen vertrieben werden sollten. Ich demnach allein in der Bucht von Mykonos und ein paar Tümmler immer näher an mich heranschwimmend? Ich bin nicht sicher, ob diese Erinnerung sich nicht angereichert hat, etwa mit einer Doku-Filmsequenz. Also eine Doppelbelichtung? Ich versuche, das Bild von einer zweiten Bildschicht zu befreien, doch der Versuch misslingt. Vielleicht also doch eine nicht angereicherte, eine authentische Erinnerung? Ich gebe wieder, mit Vorbehalt, auf Widerruf – das Bild macht sich selbständig.

So schwimmen weitere Tümmler zum Strand, wie blindgeleitet, erneut wird Wasser schaumig geschlagen. Tümmler, die Tümmler, schwimmen heran mit Meerschaum, schaumgeborene Tümmler, vom Kurs abgekommen, müssen unbedingt ins seichte Wasser, mir zu Füßen. Ich kann sie nicht der Reihe nach umdrehen – wie kriegt man einen Tümmler in den Griff? Auf so was ist man im Urlaub nicht eingestellt, schon gar nicht eingeübt. Die Tümmler im Wasser, in dem sie nicht mehr schwimmen können, da helfen peitschende Flossenschläge auch nichts mehr, die schieben sie nur weiter vor auf dem nassen Sand, es ist nicht zum Ansehn. Hinauswaten und die nächsten Tümmler warnen, Arme ausgebreitet: Zurück, zurück!? Sie schwimmen gradeaus, unaufhaltsam geradeaus, ins Seichte, allzu Seichte, wissen nicht weiter, kommen nicht weiter. Ich auch nicht, kann die nicht umwuchten, umstimmen, umpolen, nehme Reißaus.

Und muss mich, etliche Jahre später, wieder meinen Fragen stellen: Wie weit kannst du dich auf deine Erinnerungen verlassen? Was ist unvermischt, unverfälscht, was, möglicherweise, Erinnerungslegierung?

Das habe ich im Umgang mit mir gelernt, vor allem mit Blick auf meine Arbeit: Kontrolliere dich selbst! Gewöhn dich nicht an Versionen, die durch wiederholtes Erzählen gleichsam indanthren werden. Vertraue nicht zu sehr dem Gefühl, das manches allzu selbstverständlich für gut und richtig hält. Frag nach, lies nach!

Und so lasse ich die Tümmler in ruhigerem Gewässer schwimmen, nur leicht schaumschlagend. Ich will schließlich nicht das Nachsehn haben mit Blick auf mich selbst.

IN EINER ZEIT, in der Mariasibyllamerian für mich nur ein Name war (mit kärglichen, fast kläglichen Assoziationen wie: sie war fixiert auf Falter und Pflanzen …), fand so etwas wie eine öffentliche Schmetterlingsweihe statt. Eine Erinnerung!

Freiburg im Breisgau, Lesung im Kleinen Haus des Stadttheaters; eine Matinee. Mein Tisch im Bühnenbild eines Salons der amerikanischen Südstaaten – auf dem Programm ein Stück von Eugene O'Neill. Das Bühnenbild mit Schaukelstuhl und Kommode passt nicht zum Text, den ich vorlese, und doch wirkt alles stimmig an diesem Sonntagmorgen. Draußen spielt zwischendurch eine Blaskapelle, zieht weiter: ein Stadtfest. Und ich setze, ohne musikalische Untermalung, die Lesung fort. Da taucht im Bühnenraum ein Schmetterling auf, gleitet, gaukelt umher, zieht Aufmerksamkeit an – ich unterbreche kurz, schaue, mit dem Publikum, dem Falter zu, wie er über dem Tisch in der Dekoration des Salons der amerikanischen Südstaaten in Freiburg im Breisgau umhergleitet. Der Schmetterling schwebt wieder ins Halbdunkel, in die Dämmerzone jenseits des Salons, ich lese weiter. Zwei, drei Seiten später schwebt der Falter wieder in den Bühnenausschnitt. Erneut unterbreche ich die Lesung, schaue dem Schmetterling nach, registriere, dass auch mein Publikum den Falterflug verfolgt. Der Schmetterling entschwindet, die Lesung wird fortgesetzt. Das Buch leicht aufgestellt, in beiden Händen, nah das Mikrophon. Und wieder gleitet der Schmetterling heran, ich sitze reglos, lese weiter vor, muss doch wieder unterbrechen: der Falter setzt sich auf den linken Handrücken. Ich atme nur noch ganz flach, sehe im Zuschauerraum die Köpfe reglos, reglos, als könnten wir mit gemeinsamer, mit vereinter Reglosigkeit den Schmetterling auf meinem Handrücken bannen. Der öffnet die Flügel, gibt sich zu erkennen: ein Tagpfauenauge. Mein Blick ruht auf den Flügelaugen, weiß, violett umrandet, im samtigen Braun. Sanft gedehnte Sekunden; die sonst im weiten Raum verteilte Aufmerksamkeit ist konzentriert auf meinen Handrücken, auf dem der Falter sitzt. Und der hebt ab, fliegt hoch, zur Beleuchterbrücke, aber die Scheinwerfer sind an diesem Morgen nicht eingeschaltet, ich muss um das Pfauenauge nicht bangen. Ich erhalte Zwischenbeifall für die Schweigesekunden, für die Reglosigkeit. Würde ich zur Privatmythologie neigen, so sähe ich den Freiburger Falter als Abgesandten der Merian, aus einem Theaterhimmel herabgeschickt ohne Theaterdonner.

ICH WURDE MITGLIED der Kommission Bio- und Gentechnologie im SPD-Bezirk Mittelrhein. Wie denn das?!
Voraussetzung dürfte gewesen sein: Es sprach sich herum, lokal, auch in der SPD, dass ich mich für Gentechnik »interessiere«. Stichworte dazu wurden auch mir reichlich zugespielt im öffentlichen Diskurs. In meiner Materialsammlung (für die ich mir manchmal auf die Schulter klopfe: Da

hast du gut vorgearbeitet ...) finde ich Publikationen, die eine vorhergehende (wenn auch nicht kontinuierliche) Beschäftigung mit der schwierigen Materie belegen (können): Exemplare des GID, des *Gen-ethischen Informationsdienstes*, den ich ab 1987 ein halbes Jahrzehnt lang abonniert hatte. Erschien monatlich; 24 Druckseiten mit jeweils kompress gesetztem Text; Markierungen zeigen mir, was ich damals gelesen, mit Ausrufezeichen hervorgehoben hatte. So lässt sich in etwa der Einstieg in eine fremde Welt nachvollziehen. Und zugleich: in Vorgänge auch in meinem Körper. Wie haben meine Gene funktioniert, kooperiert, wie arbeiten sie weiter, immer noch kooperierend – und das wie lange noch?

GID, Nr. 27. Ich markierte: »Wettrennen um die Total-Erfassung der 3 Milliarden Bausteine des menschlichen Genoms«. Ich las vom Manhattan-Projekt der Biologie. Also eine Parallele zur Entwicklung der Atombombe?! »Es ist ja so, dass man wahnsinnig viel redet über Biotechnologie und noch wenig ›zum Anfassen‹ hat. Das darf nicht darüber hinwegtäuschen, dass in den nächsten Jahren eine ganz, ganz große Lawine ins Rollen kommen wird. Wo sie ihre Schwerpunkte haben wird, wissen wir noch nicht genau, aber sie kommt, davon können Sie ausgehen.«

GID, Nr. 28. »Intensiv geforscht wird an der genetischen Veränderung von Raps. 1987 bauten Monsanto-Wissenschaftler das ACP-Gen aus Spinat in Raps ein und brachten es mit Hilfe eines vorgeschalteten Raps-Gen-Promoters auch zur Expression.«

Was war da los? Ich versuchte, mich kundig zu machen. Ließ mir dabei helfen, vor allem von der Frau meines verehrten Senior-Freundes Albrecht Fabri: Ingeborg, PH-GP (Sektor Pharma, Gesundheitspolitik und Pharma-Information) der Bayer AG Leverkusen, schickte mir hausgemachte Publikationen früherer Jahrgänge. Vor allem: *research*, »Das Bayer-Forschungsmagazin«.

Die Publikationen wurden nicht bloß dankend in Empfang genommen und für spätere Verwendung auf die hohe Kante gelegt, sie wurden zumindest durchblättert und kapitelweise angelesen. Wobei früh schon mein Interesse ansetzte bei der »grünen Gentechnologie«, den molekularbiologischen Veränderungen von Pflanzen.

Jetzt heißt es freilich aufpassen, dass ich nicht ein kleines Lehrbuch einbaue in dieses Lebensbuch. Einerseits gehört es zu einem meiner Lebenskapitel, dass ich mich auf dem Gebiet einarbeitete, das hatte nun mal Auswirkungen auf meine Biographie, zumindest zeitweise, ist also (ebenfalls) charakterisierend. Andererseits will ich nicht Lehrbuch-Gene in dieses Lebensbuch-Genom einschleusen – um das gleich mal fachgerecht zu formulieren. Ganz ohne Vermittlung von Fachwissen geht es aber auch nicht. Denn berichtet, erzählt werden muss vom Scheitern eines Projekts: Wie der Ausschuss unter einer Überlast von Informationen gleichsam in die Knie ging. Ein höchst symptomatischer Vorgang in unserer Gesellschaft der drohenden Informations-Hypertrophie, ja eines Informations-Overkill. Ein Prozess, von dem ich nicht bloß gelesen, den ich ›am eigenen Leibe‹ miterlebt habe. Die notwendige Vermittlung von Informationen wird hier freilich eher homöopathisch dosiert.

Am Anfang die Anfrage, telefonisch, eines Bundestagsabgeordneten, mit dem ich auf dem Duzfuß stand. Die Buschtrommeln haben ihm zugetragen, dass ich »was davon verstehe«. Und nun, als Impuls, eine Anregung, direkt oder indirekt, von Anke Brunn (NRW-Ministerin für Wissenschaft und Forschung): Die Genossen brauchen dringend eine Handreichung, einen Leitfaden zur Gentechnik – die missliche Lage, Erklärungen abgeben, Entscheidungen treffen zu müssen ohne Sachkenntnis. Zwar liegt der Bericht der Enquête vor, unter Catenhusen, aber diese 400 Seiten, die kriegt kein MdB verkraftet und schon gar nicht verdaut. Stoßseufzer eines MdB-Genossen: Ich lese das und lese das und versteh es nicht. Vom Bezirk Mittelrhein soll deshalb eine Kommission gebildet werden, die Grundlagen für einen Leitfaden erarbeitet. Wie wärs, wenn ich redaktionell mitarbeiten würde an der Publikation der Resultate? Ist doch dein Metier!

Schon, aber ich habe genug darüber gelesen, um zu wissen, dass ich letztlich nichts davon verstehe.

Umso besser, dann ist die Messlatte nicht so hoch gelegt. Wir müssen uns auf die Grundzüge konzentrieren. Auch da brauchen wir eine Art Gleitsalbe, damit das in die Hirne flutscht. Du musst dich mal in einen Genossen versetzen, der sich noch nie mit dem Problem befasst hat: Wenn der zu lesen beginnt, was für sich genommen fast schon ein Pfingstwunder ist, und der stolpert andauernd über ein Wort wie Aminosäure, dann klappt er die Drucksache zu und legt die weg. Du musst bedenken, viele Kollegen im Bundestag glänzen durch Abwesenheit, und wenn die doch mal auf dem Bonner Teppich stehn, sind die schon wieder auf dem Sprung. Es gibt Genossen, die kümmern sich mehr um den Ortsverband, den Unterbezirk als um die Fraktion, andauernd sitzen die in irgendwelchen Parteigremien herum, andauernd sind die auf Achse, die können sich nur auf dem Laufenden halten mit dem, was politisch grade mal aktuell ist. Dazu jetzt auch noch Gentechnologie?! Wenn ich so einem geplagten Kollegen den Bericht der Enquête vorlege, da will er sofort wissen: Wo ist hier der Knackpunkt? Wenn der nicht sofort zu erkennen ist, gibt er so was dem Mitarbeiter: Guck dir das mal an, ich steig da nicht durch. Und der Mitarbeiter müht sich mit einem Extrakt ab: vier Seiten aus vierhundert. Aber es ist doch Vergeudung von manpower, wenn das überall versucht wird, das muss koordiniert und konzentriert werden, und das soll über die neue Kommission laufen. Meld dich da an, in Köln. Ich bin auch mit von der Partie, soweit der Terminkalender das zulässt. Und du fasst alles schön zusammen, wir geben das in Druck, und das geht dann raus über den Verteiler. Aber verschon uns mit Aminosäuren oder so.

Hür ens, Schang (Hör mal, Jean), wir können so was nicht auf Klippschulniveau runterfahren. Ich kann doch nicht schreiben: Es gibt eine chemische Verbindung, in der steckt das gesamte Erbgut drin, und das wird irgendwie in Eiweiß umgesetzt, und so nimmt die Bildung eines Organismus ihren Lauf …

Jetzt vergiss mal deinen Doktortitel! Es reicht doch, wenn

irgendwie die Grundzüge – also, wenn wir so ungefähr wissen, wie was gemacht wird, in den Laboratorien, was man da machen kann und wo wir aufpassen und den Daumen drauflegen müssen, notfalls. Dabei soll uns der Leitfaden helfen. Den werd ich mir in einer stillen Stunde dann zu Gemüte führen.

Ob man so was in einer Stunde hinkriegt, muss ich bezweifeln.

War nur so in die Tüte gesagt. Jedenfalls, ich möchte keine Aminosäuren eingetrichtert kriegen.

Du hast es aber mit den Aminosäuren!

Ich will damit bloß sagen, ihr sollt die Genossen nicht kopfscheu machen. Also, lass jucken!

Und so lasse ich mich auf den Versuch ein. Sehe dies zugleich als Selbstversuch – in einer Versuchsanordnung, die andere bestimmen. Ich begebe mich auf letztlich fremdes Terrain und bin gespannt, wie ich mich verhalte. Welche Erfahrungen werde ich mit mir machen? Werde ich mich der Herausforderung stellen? Werde ich durchhalten? Werde ich Ausreden suchen? Werde ich abspringen? Werde ich, wie auch immer, weitere Facetten in mir aktivieren, registrieren? Und damit: Weitere Pinselstriche im Selbstporträt?

Einladung zur konstituierenden Sitzung der Kommission Bio- und Gentechnologie am 26. Januar 1988 im Kölner Parteihaus Albertusstraße. »Beigefügt übersenden wir Euch die beschlossenen Anträge zur Gentechnologie des Unterbezirks Aachen-Stadt.« In rheinischer Syntax: Wieder wat für zum Lesen … Sieben Seiten. Mit Anhang: Presseberichte zum SPD-Unterbezirksparteitag.

Ich fange von hinten an: »Der Unterbezirksparteitag beauftragt die Arbeitsgruppe ›Gentechnologie‹, ihre bisherige Arbeit, für die ihr ein herzlicher Dank gilt, in diesem Sinne fortzuführen. Der Antrag wird an den Bezirks-, Landes- und Bundesparteitag weitergeleitet.«

Erste Irritation: Es gibt schon eine Gruppe, die sich mit der Materie beschäftigt? Und eine hochrangig besetzte Podiumsrunde findet statt? Und man hat bereits ein »paper« ausgearbeitet, will aber trotzdem weitermachen? Was sollen, was wollen wir da eigentlich noch in Köln?

Es liegen vor: Klare Aussagen, in Aachen entwickelt, kurz und bündig formuliert. »Entwicklung und Nutzung der Gentechnologie beinhalten ein gewaltiges Gefahrenpotential mit unabsehbaren individuellen, gesellschaftlichen und ökologischen Folgen.

Die Geschichte der Atomenergie und ihrer ungewollten Folgen sind ein deutliches Beispiel für das Versagen einer Politik, die sich auf die Aufgabe der Schadensbegrenzung beschränkt.

Die Frage, ob das, was durch die Gentechnologie möglich ist, auch verwirklicht werden darf, wird zum Prüfstein für unsere politische Kultur.«

Es folgt eine Sequenz von Fachbegriffen, die Eindruck macht. Und ich frage mich: Soll unsere (bevorstehende) Arbeit von Anfang an relativiert werden durch bereits vorliegende Formulierungen von Arbeitsergebnissen? Mein Gefühl: Das Terrain, das ich nun betreten will, es ist schon in diversen Claims abgesteckt. Nichts mehr von der ersten Erwartung, es könnte so was wie Pionierarbeit geleistet werden. Organisatorische Unübersichtlichkeit schon vor dem Aufbruch ins unübersichtliche Terrain? Was ich mit erarbeiten soll, ist nebenan schon erarbeitet, was ich mit formulieren soll, ist nebenan schon formuliert worden? Da werden wir uns erst mal positionieren müssen. So bin ich erst recht gespannt auf die erste Sitzung.

Die Tür ist verschlossen. Mehrere Namensschilder und Klingelknöpfe, ich drücke auf die breite Klingeltaste: Unterbezirk. Ein krächzender Fragelaut, ich nenne das Schlüsselwort Genkommission, der Türöffner schnarrt. Keine Schilder, die mir den Weg weisen, also die Treppe hinauf. Ein Mann, grauhaariger Krauskopf, Norwegerpullover, begrüßt mich, das obligate Du, zeigt zum Garderobenständer, ich behalte die Jacke an; rasch aber zeigt sich, dass Pullover auch hier zum Parteistil gehören.

Sechs, acht Personen am Tisch mit Thermosflaschen und Tassen: fünf Frauen, drei Männer. Halblaut mein Gruß, ich setze mich ans Ende einer der beiden Reihen, werde nicht weiter beachtet. Die Frauen, meist um die dreißig, vierzig, ebenfalls in Pullovern, reden intensiv aufeinander ein, es geht um einen Ausschuss, ein Statement, die ASV, einen Pressesprecher – sie scheinen solche Gespräche schon seit langem zu führen, Vornamen wiederholen sich.

Ein Mann, der nun hereinkommt, Jeans und blauer Pullover, er wird mit kleinem Gelächter begrüßt: Da bist du ja schon wieder! Er setzt sich: Tja, wir haben uns schon lange nicht mehr gesehn, ein halber Tag, wohin mag das führen? Na, in die allgemeine Entfremdung. Chorisch das Auflachen.

Der kollegial Begrüßte nickt mir zu, schaut mich aber nicht weiter an, womöglich prüfend. Selbstverständliche Anwesenheit eines neuen Genossen?

Drei Fahnen an der Stirnseite, ausgebreitet und in Plastikfolien: alte Fahnen mit gestickten Emblemen und Buchstaben – um die Jahrhundertwende von Genossinnen gestickt? Ein Schrank, auf dem Stapel von Papier liegen: alte Plakate, alte Flugblätter, Info-Blätter? An der Wand ein Plakat für einen Parteitag, der schon ein paar Wochen zurückliegt.

Es wird ein Computerausdruck herumgereicht: in kleinem Schriftgrad auch mein Name. Und das Geburtsdatum. Und die Mitgliedsnummer, sehr hoch. In der letzten Spalte die Mitgliedsbeiträge. Wird hier Datenschutz verletzt? Ich überfliege die Beträge – ich liege etwas oberhalb des Schnitts. Zwei Mitglieder der Kommission aber zahlen 400 Mark im Monat – wie kommt es zu dieser Übereinstimmung? Siebzehn Namen insgesamt; der Beitrag ist jeweils doppelt angegeben, in Ziffern und Buchstaben.

Vorn am Tisch ist die Rede von einem, der natürlich nicht kommen wird – offenbar einer der beiden Bundestagsabgeordneten, von dem erwartet man es gar nicht anders, obwohl er (aha, der Jean!) auch in der Forschungskommission ist, da sollte er eigentlich –

Um etwas Beiläufigkeit in meine spärlichen Bewegungen zu

bringen, drehe ich den Verschluss der nächsten Thermoskanne auf, gieße eine Tasse voll. Es kommt jemand in den Raum, der ist gekleidet wie ein erfolgreicher Geschäftsmann: blau grundierter Anzug mit dezentem Würfelmuster, blauweiß gestreiftes Hemd, dunkelblaue Krawatte: sorgfältig abgestimmte Farbkombination. Mann um die vierzig. Er nimmt mir gegenüber Platz, nickt mir zu: zwei Jackenträger. Er öffnet sein Aktenköfferchen, legt Schnellhefter, Klarsichtmappen auf den Tisch, beginnt zu lesen, mit gelbem Transparentstift markierend.

Die Sitzung wird eröffnet von einer der Frauen. Es fehlt noch ein halbes Dutzend, aber bei denen weiß man schon, sie sind verhindert oder kommen später. Wir fangen jedenfalls schon mal an. Der Auftrag der Wissenschaftsministerin NRW. Die Aufgabe allerdings nicht klar vorgegeben, die Kommission muss ihre Ziele selber definieren. Schwierige Materie. Aber nun soll sich jeder erst mal kurz vorstellen.

Die meisten nennen Parteifunktionen. Eine Lehrerin, ein Biologe, ein Arzt und Psychologe; der Geschäftsmann ist Bundestagsabgeordneter, sein Kollege kommt diesmal nicht, Jean lässt grüßen. Zwei Frauen haben eine Veranstaltung initiiert und mit organisiert, bei der das Thema Gentechnik im Mittelpunkt stand ... Eine Chemie-Laborantin ... eine Mitarbeiterin bei der KFA Jülich ... Ich lasse meinen akademischen Titel weg, will keine zu hohen Erwartungen wecken, sage auch gleich, dass ich mich bisher in die sperrige Materie nur ansatzweise, nur punktuell einarbeiten konnte, über mein GID-Abo, ich suche ein Fachbuch, das mir klarmacht, in den Grundzügen, was da letztlich läuft.

Das gibt es, ruft eine der Frauen und hebt ein Taschenbuch hoch, das es nur im Frauenbuchladen gibt, aber die lassen mittlerweile auch Männer rein, hier steht alles drin, schau es dir an.

Ich blättere. Beunruhigend gleichförmiges Druckbild, keine graphischen Darstellungen, keine fett gedruckten Fachausdrücke – kritische Analyse einer vorwiegend frauenfeindlichen Wissenschaft. Ich reiche das Buch zurück, behaupte, ich würde es mir kaufen.

Von meiner Offenheit ermutigt, gesteht mein Nachbar, ein Lehrer, schon lange in der Partei, er hätte sich im Prinzip auch noch nicht einarbeiten können, daher seine Bitte, ihm im Anschluss an die Sitzung einen Zeitschriften-Aufsatz zu nennen, der ihn kurz und bündig in die Gen-Problematik einführt.

Damit das Thema des ersten Gruppengesprächs: Welche Voraussetzungen bestehen überhaupt in der Runde? Eine der beiden Frauen am Vorstandstisch erklärt, man könne hier keine VHS-Arbeit leisten oder nachholen, man müsse davon ausgehen, dass grundlegende Informationen von allen Mitgliedern erarbeitet seien, hier könne nicht in mehreren Sitzungen nachgearbeitet, aufgearbeitet werden, es müsse halt jeder seine Hausaufgaben machen.

Nun meldet sich der MdB zu Wort. Auch er hat noch nicht recht Tritt fassen können auf diesem Gebiet, er braucht da, ehrlich gesagt, Nachhilfeunterricht. Nicht nur hier. Als Mitglied des Umweltausschusses muss er sich mit den unterschiedlichsten Bereichen und Belangen auseinandersetzen. Allein schon dieses Scheiß-Ozonloch! Da gibt es einen hochkarätig besetzten Spezialausschuss mit mehreren Meteorologen, allesamt Professoren, und er, der nicht bloß das falsche Fach, sondern überhaupt nicht studiert hat, er kann bei den Experten nicht mithalten, kann nicht mal die richtigen Fragen stellen, also hat er zwei seiner früheren Lehrer angesprochen, an drei, vier Samstagen werden sie ihn einführen in die grundlegenden chemischen und physikalischen Prozesse, er will wenigstens die richtigen Begriffe draufhaben. Bei der Gentechnologie, da hakt, da hapert es ja noch mehr, da bittet er um – was? Um was bittet er da? Ja, seine rasche, sich zuweilen verhaspelnde Redeweise – »wenn ich wieder mal zu schnell geredet habe, tut mir das leid, nächstes Mal sagt mir das gleich, mein alter Fehler ...«

Die Vorsitzende der Kommission erklärt daraufhin, man dürfe hier nicht den Ehrgeiz haben, allzu perfekt zu sein. Nachdem man derzeit erkenne, in aller Deutlichkeit, welche Fehler man bei der Einführung der Atomindustrie gemacht habe – die Gesellschaft trägt die Folgelasten, die Folgekosten der Entsorgung –, sei wohl jeder hier vom Wunsche beseelt, diesmal alles unanfechtbar richtig zu machen, doch damit sei man ganz einfach überfordert. Aber man könne sich immerhin auf eine gemeinsame Grundlage berufen: den Bericht der Enquête. Den hätten hier ja wohl alle.

Nein, wieso, woher?

Der MdB kann aushelfen, hat die Dinger stapelweise im Büro liegen, wird nächstes Mal genug Exemplare mitbringen. Oder, nein, besser: die werden von Bonn aus verschickt, Adressenliste liegt ja vor.

Ja, und die Lektüre dieses Berichts bis zum nächsten Mal, fordert die Vorsitzende. Dann müssen die Aufgaben verteilt werden.

Aber erst muss, so wird eingewendet, die Aufgabe erörtert werden, die unsere Kommission sich stellt. Genossin Anke hat keinerlei Vorgaben festgelegt. Letztlich ist aber klar, worauf das hier rauslaufen soll: Information der Parteibasis, am besten in einer kleinen Schrift, einer Handreichung. Eventuell könne man auch jedes Quartal ein Info-Blatt rausbringen. Stellt sich aber gleich die Frage: Muss die Kommission eine Art Clearingstelle werden? Die also auch Genossen im Umweltausschuss zuarbeitet?

Nun melde ich mich doch schon mal zu Wort: Zwei diametral verschiedene Aufgaben werden hier angesprochen! Das Verfassen einer Grundlagen-Information als Aufgabe, für die eher ein Pädagoge geeignet sein dürfte. Fortlaufende Informationen für Mitglieder des Bundestags hingegen müssten von anderem Zuschnitt sein. Kann die Kommission beides realisieren?

Ja, das Grundproblem lässt sich noch viel weiter auffächern, erklärt die Vorsitzende. Die Diskussion auch über dieses Thema verläuft in der Partei völlig unkoordiniert! Mitglieder des Rechtsausschusses argumentieren anders als Mitglieder des Umweltausschusses, und die wiederum nehmen andere Standpunkte ein als Mitglieder der Wirtschaftskommission. Noch weiter fächert sich alles auf im Rahmen der Europäischen Gemeinschaft. Bundesrepublikanische Grundsatzdiskussio-

1017

nen werden nicht überall geführt – sieht man ja am Beispiel Atomindustrie! Dreiviertel des Stroms wird in Frankreich von AKWs produziert, entsprechend gering die Proteste. Bei uns ganz andere Relationen: Noch wenig Atomstrom und viel Protest. Wahrscheinlich wird es auch so in Fragen der Gentechnik sein – Engländer werden die Vorbehalte und die Vorsicht der Deutschen für Zeichen einer typischen Hysterie halten. Und so weiter. In verschiedenen Gremien wird bereits die Frage der gesetzlichen Regelungen von gentechnischer Forschung und Industrie verhandelt – ein Teil dieser Kommission muss sich also unbedingt auch mit diesbezüglichen Problemen befassen.

Ich fülle – fast eine Geste der Verlegenheit – die Kaffeetasse auf. Worauf habe ich mich eingelassen? Die Komplexität der neuen Wissenschaft gleichsam fusioniert mit der Komplexität gesamteuropäischer Gesetzgebung oder weltweiter Organisationsformen? Wohin soll das führen?!

Terminkalender werden ausgepackt, aufgeklappt. Die nächste Sitzung erst wieder in zwei Monaten: zu viele wichtige Termine! Alle Mitglieder der Kommission wird man auch in zwei Monaten nicht unter einen Hut bringen, aber wenigstens die meisten. Bis dahin sollten alle den Enquête-Bericht gelesen und sich überlegt haben, in welcher Richtung sie weiter arbeiten wollen. Also, bis zum nächsten Mal.

Stühle rücken, Taschen packen, Kleidungsstücke von Rücklehnen nehmen. Ich überlege, ob ich mit dem einen oder der anderen in eine Kneipe gehen soll, doch alles eilt auseinander: Personen, die viele, zu viele Termine haben. MdB ist schon vor der Terminabsprache gegangen, seine gestrenge Mitarbeiterin erlaube ihm nicht mehr, selber Termine auszuhandeln, gerät sonst alles durcheinander. »Tschöh, ich bin weg …« Nur zwei der Frauen wollen sich noch zusammensetzen, aber woanders, es muss dringend noch was besprochen werden, du hast doch einen Moment Zeit? Tschüs und Wiedersehn.

Der Bundestagsabgeordnete steht noch im Flur, unterhält sich mit dem Krauskopf; sie sprechen nicht über Gentechnik, sondern über eine Personalentscheidung. »Schön, dass du gekommen bist«, sagt der Krauskopf, als ich an den beiden vorbeigehe. Das trüb beleuchtete Treppenhaus. Ich ziehe die Tür ins Schloss; kein Aufatmen der Erleichterung.

Ich begann eine Binnensprache zu erlernen, eine Fachsprache im weiten Reich der Muttersprache, Vatersprache. Neue Wörter, aber auch gewohnte Wörter in neuer Bedeutung.

Inserieren: das heißt hier nicht mehr, man gibt ein Inserat auf in einer Zeitung, sondern: man schleust ein Gen in ein fremdes Genom ein. Etwa: aus dem Mais das Gen isolieren, das für die Gelbfärbung codiert, dieses Gen in das Genom einer Petunie inserieren, und die wird denn orangefarben.

Gleich ein weiteres, zu jener Zeit fast populäres Beispiel: die leuchtende Tabakpflanze. Das Gen, das im Leuchtkäfer für den Stoffwechsel codiert, dessen Resultat grünes Leuchten ist, dieses Gen hat man in ein Tabakpflänzchen inseriert, und nun leuchten die Blätter der transformierten Tabaksstaude.

Selbst ein Wort wie »Vehikel« gewinnt neue Bedeutung: wird zum Überträger-Molekül einer neuen genetischen Botschaft. In solch einem Vehikel reist ein »passenger« mit – in die Sprache der Molekularbiologen sind viele englische Fachwörter inseriert worden, und zwar stabil.

Die neue Passagier-Information wird über Klonier-Vehikel »eingeschleust«. Unter Einschleusen hatte ich mir bislang Spannenderes vorgestellt: ein Agent, ein Spion wird in eine Gruppe oder in ein Land eingeschleust. Nun aber wird ein Bakterien-Gen in ein Tier-Genom eingeschleust oder in ein Pflanzen-Genom. Sprachliche Umwidmung, im Namen der Molekularbiologie.

Schon diese paar Beispiele zeigen, dass ich versuchte, mich kompetent zu machen. Das heißt, laut Duden: Ich will befähigt oder befugt sein zu Aussagen. Kompetent machen aber heißt in der Molekularbiologie: eine Zellwand, Zellmembran mit einer bestimmten chemischen Lösung durchlässig machen, damit eine neue Erbinformation eingeschleust werden kann. Durchlässig machen, damit etwas eindringen kann: diese Metapher, diese neue Wortbedeutung überzeugt mich.

Beim Versuch, mich weiter einzuarbeiten, zogen Spezialwörter in Scharen heran: Polymerase ... Ribosomen ... Fibroplasten ... Metabolite ... Sigma-Faktor ... Pribnow-Schaller-Box ... Lactose-Operon ... Repressor-Protein ... Induktor-Repressor-Komplex ...

Bald umgaben mich Termini dieser Art wie Insektenwolken. Also erste Abwehrreflexe, doch die Wörter drangen ein; damit wurden Immunkräfte mobilisiert gegen die sprachlichen Fremdkörper.

Wenn mir die Bemühungen, die Anstrengungen aussichtslos, damit sinnlos erschienen, versuchte ich mir Sinn zu soufflieren: Der geplante Leitfaden als Ariadnefaden, und der führt nicht, in politischem Auftrag, in ein fremdes Wissensgebiet, der führt zugleich in mich selbst hinein, in meine auf Widerruf existierenden Bausteinchen, in die Zellen, aus denen ich noch bestehe.

Was ich da in mir entdecke, anhand schematischer Darstellungen in Schriften und Büchern, in denen ich Markierungen setze, Wörter unterstreichend, Absätze am Rand hervorhebend: Mein Genom, in jedem Zellkern gespeichert, es ist, schematisiert, ein rund einhundertachtzig Zentimeter langes, zwei Millionstel Millimeter dünnes Riesenmolekül, ein in sich gewendelter Doppelfaden, der nur einige Milliardstel Gramm wiegt.

Und damit eine Informationssequenz in (hoffentlich) homöopathischer Dosierung: Zwischen den parallelen Fäden des Riesenmoleküls so etwas wie Sprossen einer Strickleiter: Basenpaare. Jeweils vier Sprossen-Elemente wechseln sich variabel ab. Die üblichen Abkürzungen: A, C, G, T. Die vier Einheiten lassen sich so vielfältig kombinieren, dass damit sämtliche Erbmerkmale definiert werden können.

Zuweilen lese ich von einem »genetischen Alphabet«, doch der Vergleich ist irreführend: Für den Erbcode genügen schon vier chemische ›Buchstaben‹. ACACCGAGCCTGCAGC – so setzt sich das, in Umschrift, nicht nur seitenlang fort, sondern bändefüllend – umgerechnet etwa 20 Bände von je 500 Seiten.

1020

Das Material des Datenträgers: eine Zucker-Phosphat-Verbindung, Desoxyribonukleinsäure, DNS. Auf englisch: DNA. Das D steht für Desoxyribose, das N für nucleus, das A für acid, also Säure. Drei Milliarden Bausteine ...

Diese Doppelhelix ist auch in mir aufgeteilt in Chromosomen. In denen wiederum sind die jeweiligen Abschnitte verdrillt, verknäult: extrem raumsparend verpackte, um runde Eiweißmoleküle gewickelte Informationsträger.

Diese portionierte, komprimierte DNA-Kette wird kopiert durch die RNA-Kette, die wiederum steuert(e) auch bei mir in statu nascendi die Produktion von Proteinen, den Bausteinen des Organismus. Anders formuliert: Aus DNA wird RNA wird Protein. (Spätere, halb ironische Variante: DNA makes RNA makes money ...)

Was da in mir vorging, in mir vorgeht, physiologisch, es entzieht sich meiner Wahrnehmung, lässt sich selbst mit Hightech-Geräten nicht sichtbar machen, es agieren unvorstellbar verdichtete, komprimierte, hochkomplexe Informationsknäuel.

Dies mit erstaunlichen Absicherungen. So wird eine Sicherheitskopie angefertigt von Erbinformationen. Und, was mich als Schriftsteller frappiert, fasziniert: Das System kann sich selbst redigieren. Man hat herausgefunden, dass RNA nicht nur von herangeführten Restriktionsenzymen zurechtgeschnitten wird, sondern sich auch selbst bearbeitet. Ein chemischer Prozess der »redaktionellen Bearbeitung«! Ein sich kontrollierendes, sich selbst cuttendes und wieder neu kombinierendes Fadenmolekül!

Was ich so treibe, als Autor, es wird also schon in Zellkernen vorgeführt. (Natürlich transformiere ich hier.)

Eine schriftliche Anfrage an die Bayerwerke, Leverkusen: Ob ich von einem der zuständigen Herren zum gegenwärtigen Stand der Gentechnik bei Pflanzen informiert werden kann, am liebsten in einem der Labore. Um kurzschlüssige Gegenreaktion zu verhindern, meide ich einen Hinweis auf die Gen-Kommission, täusche vor, ich würde ein Funkfeature über

Entwicklungen der Gentechnik vorbereiten, wolle mich dabei auf transgene Pflanzen konzentrieren.

Ein Antwortschreiben der Abteilung Öffentlichkeitsarbeit. Einverständnis, die Herren in Monheim werden informiert, ich bin eingeladen zu einem Arbeitsessen im Hause. Es wird angedeutet, dass man sich im Net über meine Publikationen informiert hat, was wiederum einen Vorschlag des Hauses implizieren würde, Näheres mündlich.

Ich fahre am Hochhaus vor; ein älterer Mann im Uniformgrau des Werkschutzes winkt mich ein zu einem Segment des Besucher-Parkstreifens. Das Foyer ist dem Hochhaus vorgelagert; viel Glas, viel Metall, ein Glitzergang zum Glitzerraum. An der Empfangstheke eine Frau mit einem riesigen, zellophanumhüllten Blumenstrauß, in der Mitte ein kleiner Heliumgasballon in Herzform, die Folie bedruckt – soll den Blumen wohl optischen Auftrieb verleihen. Die Übergabe wird erörtert, ein Geburtstag. Dem jungen Mann neben der Empfangshostess nenne ich den Namen des Gesprächspartners, der wird angerufen: Herr Dr. Thieme (»Name von der Redaktion geändert«) holt Sie gleich ab. Ich schlendre zu den Sesseln, die sich vor seitlicher Glaswand reihen. Der Blumenstrauß wird von einer jungen Frau mit Löwenmähnen-Windstoß-Frisur abgeholt. Ein paar von Gelächter begleitete Sätze. Dann Stille. Zuweilen, hinter der brusthohen Holzabschirmung aufblickend, wirft mir die Hostess einen Blick zu, gleichsam lokalisierend.

Der Öffentlichkeitsreferent erscheint. Früh ergrautes, frisch geföhntes Haar wippend im forschen Gang; blaugrauer Anzug. Gerade als er das Büro verlassen wollte, ein Anruf. Ist fast immer so: Man will weg, schon ein dringlicher Anruf. Wie ein Lasso, sagt er, wird das um seinen Hals geworfen, von der Sekretärin, er wird ins Büro zurückgerissen. Furchtbar wichtig war der Anruf denn doch nicht, lässt sich vorher aber nicht immer abschätzen. Doch nun ist er hier, freut sich. Schlägt vor, dass wir nicht erst in sein Büro hochfahren, obwohl man von dort weiten Ausblick hat, vor allem bei Rückfrontwetter, doch an diesem Tag ist es, bei der feuchtheißen Luft der Kölner Bucht, wieder mal diesig, da versäumt man nicht viel. Am besten, am einfachsten, wir gingen gleich essen; er hat im Casino einen Tisch reservieren lassen.

Das festliche Vestibül der alten Villa. Hat dort einer der Gründer des Konzerns residiert, ein Carl Duisberg? Wieder ein Empfangstresen, Thieme geht mit lässigem Winkzeichen dran vorbei. An einer Tür werden wir von einem livrierten Kellner erwartet.

Kleiner Raum, ein paar Tische, alle gedeckt, alle noch besetzt. Wir werden zu einem Fenstertisch geführt. Begrüßungscocktail. In kleinem Format aufgestellt eine Speisekarte. »Mal sehn, was die heute mit uns vorhaben …« Süppchen mit Shrimps. Der Referent bezeichnet den Geschmack als mittelmeerisch, damit stellt sich eine assoziative Verbindung her zu seinem Haus auf Mallorca – selbstverständlich nicht an der flachen Südküste mit all den Touristensilos, sondern an der gebirgigen Nordküste: ein Haus mit Blick aufs Meer, zumindest in einem Ausschnitt, einem weiten Ausschnitt zwischen vorgelagerten Hügeln. In diesem Haus arbeitet er auch, allerdings nicht für *research*, die Hauszeitschrift – darauf wird er noch zu sprechen kommen, hat etwas in petto.

Der Hauptgang wird serviert: Lammrücken provenzalisch. Dazu passender Rotwein: nicht allzu schwer, wenig Gerbsäure.

Das Gespräch wird intoniert für den »Mann vom Funk«. Thema: die öffentliche Resonanz auf Entwicklungen der Gentechnologie, die Frage der Akzeptanz. Es folgten Ausführungen, die hier nicht wiedergegeben werden müssen. Das von fruchtumrahmter Eismischung, von Espresso und Cognac begleitete Gespräch hatte nämlich diese Generalperspektive: Der Wunsch, ich möge nach dem Termin im »Pflanzenschutzzentrum« einen Beitrag für *research* schreiben. Also über die erste Konfrontation mit transgenen Pflanzen, die sozusagen Reih und Glied im Forschungstreibhaus aufmarschiert sind, eine Parade gleichsam, die ich denn abnehmen werde, fachkundig begleitet von einem der Herren, die sich auf meinen Besuch bereits freuen. Man hat mich ja so verstanden, dass ich mich auf gentechnisch optimierte Pflanzen konzentriere, statt generalisierend durch das letztlich unüberschaubare Reich der Gentechnik zu streifen.

Natürlich gäbe es Mitarbeiter genug, die kompetent über Entwicklungen im »genetic engineering« von Pflanzen schreiben könnten, ich könnte dazu auch Truscheit interviewen, der diese Forschungsarbeiten koordiniere, aber damit würde vielleicht der Eindruck erweckt, es würde zu sehr pro domo gesprochen oder geschrieben. Höchst willkommen wäre deshalb ein Bericht, den ein Autor schreibt, der nicht dem Hause verbunden ist.

Ich schaue hinaus in das helle, das grelle, das diesige Licht über der gepflegten Wiesenfläche – ein Grün, wie es von der Firma für Werbung benutzt wird. Den Blick vom Grün lösend, sage ich: Selbst, wenn ich betont subjektiv berichte, es würde halt doch ein Beitrag für eine Bayer-Zeitschrift. Das Bayer-Signet, das Bayer-Buchstabenkreuz als so etwas wie ein Wasserzeichen unter dem Text. Könnte zu Missverständnissen führen, zu missgünstigen Deutungen.

Und wie wäre es mit folgender Lösung? Sie schreiben den Arbeitsbericht erst mal für den WDR, und *research* bringt einen Nachdruck, versteht sich mit Quellenangabe. Ich denke, damit wären alle Hindernisse siegreich aus dem Wege geräumt.

Das Einfachste wäre nun, ich würde sagen: Ich muss mir das durch den Kopf gehen lassen, ich rufe Sie morgen an. Das würde mir flau erscheinen. Ich möchte gern den Termin in Monheim wahrnehmen, aber einen Beitrag für *research* kann ich Ihnen nicht versprechen. Mir wäre lieb, wir könnten das entkoppeln. Mit meinem Hinweis auf das Funkprojekt hätte ich wohl falsche Vorstellungen oder Erwartungen geweckt. Ich nenne den (fiktiven) Arbeitstitel: »Vom Gral zum Gen«. Weise hin auf meine intensive, extensive Beschäftigung mit dem fernen / nahen Mittelalter, und dass ich so etwas wie eine (innere) Wegbeschreibung vorlegen werde, in der Hinwendung vom Gral zum Gen. Es ist ja alles andere als selbstverständlich, dass einer, der Sprachen studiert hat, sich in einen Bereich der Naturwissenschaft vorwagt – und genau diesen Versuch der Annäherung werde ich beschreiben. Mehr kann ich da nicht leisten. Zwar versuche ich, mich kundig zu machen über Gentechnik, aber selbst, wenn ich das lange Zeit fortsetzen würde: ich werde nie den Eindruck zu erwecken versuchen, ich spräche als »Kenner der Materie«. Ich werde mich hüten, an einer Podiumsdiskussion über diesen Themenkomplex teilzunehmen. Werde auch keine Artikel schreiben, und sei es für *gen-ethic*, da würde sofort ein Leserbrief folgen, womöglich von Professor Winneberg persönlich. Letztlich, im notwendigen Detail, bleibt dieser Bereich für mich das berühmte Buch mit sieben Siegeln. In der Pionierzeit der Genforschung, der Gentechnik wurde ja vielfach der Eindruck erweckt, man könnte im Reich der Gene arbeiten wie mit einem Lego-Spielsystem: ein Steinchen hier raus und dort rein ... Das war natürlich auch Taktik, so sehe ich das. Mit der These der Übersichtlichkeit, Lenkbarkeit, Machbarkeit werden Forschungsgelder angelockt. Hier findet Produktdesign statt: Forscher gestalten ihre Arbeit marktgerecht, subventionsgerecht, zumindest in Papieren, die außer Haus gehen. Aber die Beteiligten wissen selbst am besten, und mir beginnt es zu dämmern: Die Natur arbeitet nicht linear kausal, sondern in vielfältigen, simultanen Kausalitäten, in Verzweigungen von Kausalitäten. Ich habe kürzlich von Mediatoren gelesen, die »individuell biographisch«, ja: individuell biographisch die Expression von Genen steuern.

Ich will damit nur markieren, was für mich relevant wird auf dem Weg vom Gral zum Gen: Dass alles sehr viel komplizierter, weil komplexer ist, als es in der Öffentlichkeit meist dargestellt wird. Je präziser die Informationen der Gentechniker werden, desto größer die Komplexität. Mein Leitstichwort, daran halte, daran klammre ich mich: Komplexität. Mein Hinweis, mein warnender Hinweis auf die Komplexität ist quasi der Zellkern, der steuernde, meiner Kritik, ist die codierende DNA-Sequenz, die über RNA die Proteinbildung meiner Aussagen steuert. Und die Aussage ist in diesem Fall: Ich möchte nicht durch einen kurzen Beitrag zu *research* eine Entwicklung unterstützen, die ich nicht nur für fatal, sondern für gefährlich halte: die einer Simplifizierung, die womöglich falsche Entscheidungen fördert. Und das womöglich im Sinne der sogenannten Unternehmensphilosophie. »Hugh, ich habe gesprochen!«

»Und wenn Sie«, setzt Thieme an, schwenkt das Cognacglas, schnuppert, setzt das Glas wieder ab, offenbar hat ihn der Duft noch nicht erreicht. »Und wenn Sie – nein, ich muss anders anfangen.« Hier darf kein Missverständnis entstehen, eine Absicht (im Sinne der Unternehmensphilosophie) darf nirgends herausschauen. Der Hauptakzent läge ganz klar auf: Werkbericht. Wie ich mich auf die Expedition in das Reich der Gene vorbereitet habe, woher ich meine Materialien nehme – und so weiter. »Wie wärs, wenn ich unter dem Aspekt noch einen Cognac für uns bestelle?«

Gern, wenn wir darauf trinken können, dass Sie mir in Wuppertal einen Termin bei Truscheit vermitteln und dass ich mir in Monheim die transgenen Pflanzen anschauen kann, ohne mich verpflichtet zu fühlen, darüber in *research* zu schreiben, wie auch immer.

Schön, auch unter diesen Prämissen: zweimal Cognac zum zweiten.

Da werde ich aber gleich erst ein paar Runden durch Ihren japanischen Garten drehen, eh ich mich ins Auto setze.

Ein zusammengefaltetes Blatt wird auf einem Teller neben Thieme abgelegt, er spreizt es ein wenig, lugt hinein, unterschreibt. Wir gehen. Die feuchtwarme Luft, die sich bisher nur an die Fensterscheibe gedrängt hatte, sie wird uns draußen in die Gesichter geschlagen, wie mit dünnen Lappen. Diesig grell das Licht, jetzt erst recht. Schweigend gehen wir nebeneinander her, ziehen, fast simultan, die Jacken aus.

Sollen wir morgen oder übermorgen noch mal telefonieren? Nicht nur wegen der Terminabsprache?

Müssen wir noch etwas aufschieben. Jetzt bin ich erst mal einige Zeit unterwegs mit Lesungen. Es geht los in Berlin.

ICH HATTE REISELEKTÜRE MITGENOMMEN für die Wartezeit nach dem Einchecken, für den Flug, der voraussichtlich über eine geschlossene Wolkendecke führte, hatte

mir vorgenommen, mir im Hotel noch mal die Erzählung anzuschauen, die ich am Abend in der Buchhandlung vorstellen,
vorlesen wollte, hatte mir für den Nachmittag des nächsten
Tages den (erneuten) Besuch einer Galerie vorgenommen,
abends die vielgerühmte Goldoni-Aufführung der Schaubühne, Rückflug am folgenden Tag: ein Hörspielentwurf musste
weiter ausgeführt werden, auch ich lebte hauptsächlich von
Funkhonoraren.

Mit diesem Vor-Bewusstsein, mit dieser Vorplanung ging
ich nach dem Einchecken in den Warteraum des Flugsteigkopfs im Flughafen Köln / Bonn, und auf den ersten Blick: sie,
Astrid! Lächelte mir zu, ja strahlte mich an, wenn auch etwas
unsicher, und ich blieb, wie in einem Spielfilm, erst mal eine
Sekunde stehen, um Erstaunen, um Überraschung sichtbar zu
machen, auch vor mir selbst, ging dann vor ihr in die Hocke,
legte die Hände auf ihre Oberschenkel, schaute sie an, lachend
und den Kopf schüttelnd, und diese Szene erschien mir völlig
unwirklich. Sie legte mir die Hände auf den Kopf, zog ihn zu
sich heran: Du bist mir doch nicht bös, oder?

Natürlich hatte sie gewusst, dass ich nach Berlin flog, ich
hatte sicher auch erwähnt: Am frühen Nachmittag, aber ich
hatte ihr nicht erzählt, was ich in Berlin vorhatte, nach der
Lesung, und wann ich zurückfliegen würde. Aber auch das
hatte sie herausbekommen bei einem Telefonat mit einem
»Typ« der Lufthansa, den hatte sie ein wenig erpresst mit dem
Stichwort Liebe, große Liebe. Dennoch durfte er keine Auskunft geben über Flugdaten eines Passagiers Kühn, aber als
sie auf den richtigen Abflugtermin tippte, sagte er nur: »Was
man in so einer Lage nicht alles macht ...« Und sie wusste,
so flüsterte sie mir zu, dass sie richtig getippt hatte. Und nun
wollte sie gleich meine Bordkarte sehen und war enttäuscht:
Beim Einchecken hatte sie um einen Platz neben mir gebeten,
das sollte die Überraschung perfekt machen, sie hatte sich
ausgemalt, dass wir uns vielleicht erst in der Engführung des
Teleskopgangs sehen würden oder: ich setze mich auf meinen
Platz, und sie saß bereits auf dem Nebensitz.

Mir fielen in dieser Situation nur Floskeln ein wie: Da bin

ich aber vollkommen von den Socken ... Die Überraschung ist dir aber gelungen ...! Und war froh, dass ich nun etwas tun konnte, nahm beide Bordkarten, ging zurück zum Abfertigungsschalter, durch die Kontrollschleuse, versuchte, zwei Plätze nebeneinander zu kriegen, aber der Computer hatte kein Angebot parat, die Maschine war ausgebucht. Als ich Astrid, wieder in der Hocke, vom vergeblichen Versuch berichtete, meinte eine alte Dame, mitfühlend, man würde doch bestimmt jemand finden, der den Platz tauscht. Sie sah diese Überraschung offenbar gern, das sichtbare Glück der jungen Frau wollte sie wenigstens mit einem kleinen Hinweis protegieren. Bist du mir bestimmt nicht böse?, fragte sie nun wieder, flüsterleise.

Eigentlich habe ich solche Überraschungscoups nicht gern, aber ich schüttelte den Kopf. Eine Freundin hatte sie gefragt, was sie denn machen würde, wenn ich einen Wutanfall bekäme? Ihre Antwort, nun wiederholt: Das wird sich ja zeigen, da mach ich mir vorher keine Gedanken. Und selbst, wenn überhaupt nichts klappt, so haben wir wenigstens den gemeinsamen Hinflug und Rückflug, und ich bin bei der Lesung mit dabei, die ist ja öffentlich zugänglich. Zum ersten Mal würde sie mich denn in einer Veranstaltung erleben, ein paarmal war das schon avisiert worden, hatte nie geklappt, aber einmal wollte sie das unbedingt »mitkriegen«. Und falls es mich stört, falls es mir irgendwie ungelegen kommt, falls ich eine Verabredung habe, sie würde sich zurückhalten, »dann spiel ich nur Mäuschen«.

Ich noch immer in der Hocke, die Unterarme verschränkt auf ihren Oberschenkeln. Sie hatte eine graue Hose an von modischem Zuschnitt mit aufgenähten großen Taschen, einen locker weiten Pulli mit Halsausschnitt, Keramikschmuck an schwarzer Lederschnur. Sie sah schön aus in ihrer Freude über die gelungene Überraschung; ihre Sorge, im Hinterkopf, ich könnte wütend reagieren, die war vorbei.

Wütend reagieren ... Da hatte sie mir eigentlich ein Stichwort zugespielt, aber ich hatte es nicht aufgegriffen, im rechten Moment, nun war es zu spät, da ließ sich nicht ›nachskaten‹.

Auch die Frage: Wie stellst du dir das eigentlich vor?, die kam mir nicht über die Lippen, wiederholte sich nur echohaft im Kopf, während sie auf mich einsprach, flüsterleise, von ihrer Vorfreude, die sich teils schon erfüllte, und die größere Vorfreude, die sich noch nicht erfüllte, aber sie hatte das gute Gefühl, die würde sich erfüllen.

Als würde sie spüren, was ich dachte, versicherte sie noch einmal, sie würde mich nicht stören; falls meine Zeit verplant sei, würde sie eine Freundin besuchen, würde sich Ausstellungen anschauen, seit Jahren war sie nicht mehr in Berlin – aber bei deiner Lesung bin ich mit dabei, oder?

Astrid im Flugsteigkopf, Astrid in Hessen, Astrid in der Eifel. Der Parkplatz am Rursee fast völlig leer: früher Abend. Im Gebüsch am Rand sah ich eine Frisbee-Scheibe: Komm, wir probieren das mal! Die Badesachen legte ich auf das Wagendach, wir gingen ein Stück weiter auf der asphaltierten, von weißen Streifen parzellierten Fläche, ich warf die Scheibe, rotierend flog sie auf Astrid zu, aber sie konnte die nicht schnappen, griff daneben, die Scheibe fiel auf den Asphalt, schlidderte mit einem Mischgeräusch von Plastik, Holz und Pappe über die Schwarzdecke, sie rannte hinterher, warf mir die Scheibe zu, aber linkisch, ungeschickt. Kurz so etwas wie Mitleid, aber: sie lief mit solchem Eifer der schliddernden, schurchenden Scheibe nach, dass ich mich wieder in sie verguckte, eine kurze Umarmung, ihr kleines Keuchen an meinem Ohr. Und weiter, sie wollte es so gut machen, dass ich mit ihr zufrieden war, aber wie ungeschickt war sie beim Schnappen und Werfen. Die waagrecht heranrotierende Scheibe gleichsam aus der Luft zu pflücken, sie aus der Hüfte heraus zurückrotieren zu lassen, für solche Bewegungsfolgen schien ihr Körper nicht gebaut, sie ließ immer wieder die Scheibe aufschlagen auf dem Asphalt mit den weißen Linien. Trumpfte ich auf? Nur ein paarmal hatte ich solch eine Plastikscheibe geworfen, sie rotierte aber doch einigermaßen genau auf sie zu, sie lief der Scheibe nach, warf sie mir zu, zweimal schlug die Scheibe wie ein Rad senkrecht mit der Kante auf dem Bodenbelag auf, das war fast so verpönt, als würde man mit dem Queue auf dem Billardtisch ein Loch in den grünen Belag stoßen, aber das sagte ich nicht, nur dies, denn doch: Du, das ist nun wirklich nicht deine Stärke.

Auf einer Wiese schlägt sie Rad, macht Purzelbäume vorwärts und rückwärts. Dann heißt es, sie auffangen: steif wie eine Bohle fällt sie nach hinten, mit geschlossnen Augen, das nun intensivere Fallgefühl, ich packe sie unter den Schultern, lege sie ins Gras, gehe um sie herum, sie blinzelt ins Licht, ich muss sie aufheben, sie macht sich wieder steif dabei, ich muss sie zum x-ten Mal genau lotrecht aufstellen, weil sie sonst augenblicklich kippt, die momentan besonders starke Erdanziehung, nicht wahr, schon muss ich sie wieder auffangen, hinlegen, umkreisen, anheben, genau senkrecht aufstellen. Und gehe von ihr weg, sie springt mir an den Rücken, schlingt die Beine um die Hüfte, lässt sich nicht abschütteln, ich trage sie zu einem der Bäume: Ich mach das jetzt wie die Elefanten, ich juck mir das Fell – und streife sie am Baumstamm ab. Sie schwört Rache, springt mich wieder an, ich muss sie festhalten, ihre Fersen diesmal in der Kreuzmulde; sie löst sich erst, als ich sie hinweise auf ein Sportflugzeug. Sie sieht auf den ersten Blick, dass es eine Cessna ist, aus einer Cessna ist sie zum ersten Mal gesprungen, und sie führt mir vor, wie man bei Sprungwettbewerben mit gestrecktem Bein die Ferse aufsetzt auf der bierdeckelkleinen Markierung im Zielkreis auf dem Flugplatz. Sie springt am liebsten mit 80- oder 100-Kilo-Schirmen, wiegt selbst knapp 60 Kilo, andere Springer rauschen an ihr vorbei, sie aber schwebt noch, wenn die längst gelandet sind.

Der Platztausch im Flugzeug war kein Problem, ein junger Geschäftsmann wechselte mit seinem Aktenköfferchen über auf meinen Platz. Astrid klappte sofort die Armstütze hoch zwischen uns, kuschelte sich an mich, meinen linken Arm umklammernd. Ich schaute an ihr vorbei auf die Betonfläche mit den Teleskopsteigen, den Flugzeugen, Fahrzeugen, Leuchten. »Sag nichts«, flüsterte sie, »es kommt auch so rüber.«

Gar nichts kommt rüber, formulierte mein Broca'sches Sprachzentrum, noch immer fühlte ich mich eher überrumpelt als überrascht, registrierte, wie sich der Wunsch entwickelte, ich wäre jetzt eigentlich lieber allein, und nach der Rückkehr ein kleines Liebesfest. Nun aber fühlte ich mich im Zugzwang, das mag ich nicht, zu wenig Bewegungsraum, Spielraum, warum habe ich nicht in der Tat die Wut gekriegt, sie war darauf vorbereitet, zumindest als Möglichkeit. Und zugleich dachte es in mir: Lassen wirs drauf ankommen, ich plane jetzt überhaupt nichts mehr, wird sich alles schon irgendwie entwickeln, ergeben.

Aber nun erst mal: wie sollte ich sie dämpfen? Sie sprach wieder etwas zu laut – ihre Freude, dass wir gemeinsam abhoben, sie schaute, mit fast kindlicher Aufregung, aus dem Fenster: »Pooh, das geht aber hoch!« Und ein kleiner Bewunderungspfiff. Ja, ihre Pfeiferei, das fiel mir jetzt wieder auf, jetzt wieder ein. Wenn ich allein mit ihr war, nahm ich das kaum mal wahr: spitzte bei Musik, die sie kannte, die Lippen, pfiff. Immer weitere Impulse nun zu Jubelrufen, Jubelpfiffen: Wooow, die Landschaft, uuuh, die Wolken, das fetzt aber, und wie hell, wie hell jetzt, ich freu mich schon auf heute Abend, jetzt krieg ich dich endlich mal mit im Publikum. Das war ein sprechendes Lachen, ein lachendes Sprechen, ja, ein immer wieder von Lachen, Auflachen, Mitlachen strukturiertes Sprechen, ein Sprechen im Glockenton des Lachens, es ging ihr wirklich gut. Am liebsten, flüsterte sie, am liebsten, also wirklich am liebsten würde sie mit mir jetzt so nach California fliegen oder nach Australien, zu gern würde sie mal das rote Felsmassiv in der Wüste sehen, den Dingsbums-Rock. In ihrem Glück hatte sie nicht den geringsten Zweifel, dass ich nicht ebenfalls glücklich wäre, alles fügte sich so gut, sie war sicher: Was sie zu mir ›hinüberschickte‹, das kam von mir auch wieder zu ihr zurück, ihre Aufwallungen auch als meine Aufwallungen: Energieströme.

Auch, um sie ein wenig zu dämpfen, und weil vorauszusehen war, dass ich mich im Hotelzimmer nicht weiter auf die Lesung vorbereiten konnte, zog ich den Reißverschluss der Reisetasche auf, holte mein Buch heraus, inspizierte den Text, der zuletzt immer mehr Atem forderte, nach gelassenem Beginn: »Georg Friedrich Brandes, ein junger Maler: auch er reist nach Italien. Große Strecken wandert er, wie das –« Sie las nicht mit, Schläfe an meiner Schulter: »Du mach nur, ich stör dich nicht.« Aber an mir festhalten musste sie sich doch. Und ich blätterte, machte Markierungen: die Steigerung des Tempos bis zum Schluss: »... dorniges Gestrüpp, staubiger Boden, er läuft weiter, läuft weiter, kehrt erst am Abend in die Stadt zurück, die Skizzenblätter leer.« Ich klappte das Buch zu. Sie verstärkte den Druck am Oberarm, drehte mir das Gesicht zu, die Lippen am Hals. Und für einen kurzen Moment das Gefühl: Es ist doch gut so. Und nun schien sie wirklich eine Übertragung zu spüren, sie nickte: »Ja, genauso ist es!« Daran hatte ich wieder meine Zweifel.

MOLEKULARBIOLOGIE ...! Die Erkundung jener Sonderwelt wird auch zur spannenden Erkundung einiger Voraussetzungen meiner Existenz. Ich kann die molekularbiologische Vorgeschichte meines Lebens zwar nicht adäquat erzählen, will sie aber zumindest skizzieren.

Ich beginne wortwörtlich ab »ovo«. Eine Samenzelle mit Erbinformationen der Familie Kühn, Herkunft Thüringen, und eine Eizelle mit Erbinformationen der Familie Asher, Herkunft Hamburg, sie verschmelzen. Chromosomen, die in Form und Inhalt zusammenpassen, legen sich aneinander. Von spezifischen Enzymen werden diese Chromosomen in größere und kleinere Abschnitte zerlegt, in Gensequenzen, in Gene. Nun werden Abschnitte gleicher Größen und Funktionen ausgetauscht. Diesen höchst komplizierten chemischen Prozess scheint letztlich Zufall zu steuern. Zufall als Sammelbegriff für einen Komplex noch nicht analysierter, definierter Ursachen? Wie auch immer: Zufall sichert die Vielfalt von Kombinationsmöglichkeiten – jedes System würde sich sonst durch festgeschriebene Wiederholungen verbrauchen.

Die vom Zufall neu arrangierten oder kombinierten Informationsträger für Merkmale und Eigenschaften meiner

Person bilden schließlich wieder komplette Chromosomen. Damit liegt mein Bauplan vor, in einer Urzelle. Keine Panne, offensichtlich, bei der Neukombination der Chromosomen – dabei kann viel passieren! Chromosomen können zerfallen, Chromosom-Fragmente können sich an Chromosomen koppeln, zu denen sie nicht gehören, ein Chromosom kann zu viel sein, ein Chromosom kann fehlen. Doch in meinem Fall: keine »Aberrationen«, offensichtlich. Ich, physiologisch weitgehend vordefiniert, in der Urzelle.

Bevor die sich zum ersten Mal teilt, werden die Erbinformationen kopiert. Das Molekülsystem trennt sich in der Mitte der Sprossen auf wie ein Reißverschluss. An die beiden Reißverschlusshälften legt sich jeweils eine spiegelbildliche Entsprechung. So werden aus einem Reißverschlusssystem in einer Zelle zwei Reißverschlusssysteme in zwei Zellen. Und aus den zweien werden vier und aus den vieren werden sechzehn. Ich sehe mich in dieser Phase als mikroskopisch kleine Brombeere identischer Zellen.

Etwa in diesem Stadium beginnen sich meine Zellen zu spezialisieren im wachsenden Organismus. Bei dessen Entwicklung wird nicht mein gesamter genetischer Code auf einmal umgesetzt, das ergäbe Zellenchaos. Es werden jeweils nur Ausschnitte, Sequenzen des Genoms »zur Expression gebracht«. Was heißt: in den Chromosomen müssen die Gene und Gensequenzen herausgesucht und kopiert werden, die als Steuereinheiten, als Codierer für die jeweilige Phase meiner Biosynthese gebraucht werden.

Dieser Vorgang des Heraussuchens und Kopierens fasziniert mich. Denn während ich dies schrieb, während ich dies abtippe und weiter ausführe, wiederholt sich das Kopieren unablässig in meinem Körper: Zellen sterben ab, Zellen bilden sich neu. Für jede neue Zelle muss der gesamte Bauplan kopiert werden; von diesen Kopien werden, zur Steuerung des Stoffwechsels, Detailkopien hergestellt. Sehr komplexe und sehr rasche Vorgänge, überall in meinem Körper, während ich diese Zeilen schreibe.

Hier begegnet mir wieder das Wort »Transkription«. So

wird der Prozess der Übertragung ausgewählter Informationen der Erbsubstanz DNA in den verwandten chemischen Zwischenträger RNA bezeichnet. Die Übertragung jeweils benötigter Detail-Bauzeichnungen für den Aufbau meines Organismus wird durchgeführt von einem speziellen Enzym oder Enzym-Ensemble: die RNA-Polymerase. Diese Wundersubstanz sucht, findet und kopiert die jeweils benötigten Detailpläne. Gesucht, gefunden, kopiert werden, beispielsweise, 10 unter vielleicht 100 000 Genen. Wie kann, wie konnte das überhaupt funktionieren?

Diesen Vorgang kann ich nicht in allen Details schlüssig beschreiben, kann nur vermerken: Das Enzym sucht und findet ein ganz bestimmtes chemisches Kennwort, eine ganz bestimmte molekulare Markierung, den Promoter. An diesen Promoter bindet sich das Enzym, es wird zu so etwas wie eine Lese- und Kopiermaschine. Das chemische Kennwort oder Codewort ist zugleich ein Startzeichen. Hier öffnet das Enzym die verdrillte Doppelhelix, es beginnt, den nicht mehr in sich verdrehten Reißverschluss zu öffnen. Reißverschlusszapfen nach Reißverschlusszapfen wird nun abgelesen und kopiert. Dieser Vorgang läuft mit enormer Geschwindigkeit ab. Etwa eine Sekunde nach dem Start der Transkription hat die Polymerase schon 90 Sprossen oder Zapfen abgelesen und in spiegelbildliche RNA-Substanz übersetzt. Aus Desoxyribonukleinsäure wird Ribonukleinsäure. Der Beginn dieses RNA-Fadens wird chemisch gesichert, es wird eine Art Schutzkappe aufgesetzt. Das Ablesen und Umsetzen wird mit rasender Geschwindigkeit fortgesetzt, damals in mir, heute in mir. Die Lese- und Kopiermaschine arbeitet sich an der DNA-Matrize entlang bis zum Stop-Codon; hier löst sich der RNA-Faden vom DNA-Faden; das aufgetrennte Segment der Doppelhelix schließt sich wieder. Die RNA steuert nun die Synthese von Proteinen, aus denen sich Organe aufbauen.

Meine Biosynthese: überaus komplexer, exakt durchorganisierter Vorgang in hervorragender Logistik, elaborierter Netzplantechnik, in perfektem Timing. Dabei kontrolliert das System ständig sich selbst, mit Sicherheitskopien, auch mit redaktionellen Korrekturen, sobald sich Fehler zeigen. Staunend schaue ich aus mir heraus in mich hinein.

Gemeinsam mit dem Bundestagsabgeordneten (dem ich einen fiktiven Namen geben muss, auch den Mitarbeitern und Forschern im Dienst der Firma Bayer) fahre ich nach Leverkusen und Monheim. Die schematischen, meist im Printmedium vermittelten Bilder sollen durch konkrete Eindrücke ergänzt werden – so die »Tagesparole« von Reinarz.

Es beginnt wieder mit einem Mittagessen. Die »Gäste des Hauses« werden begleitet von einem der sechzig Mitarbeiter der Öffentlichkeitsarbeit des Konzerns. Ein Saal, der Assoziationen weckt an einen alten Ballsaal oder den Saal eines Spielcasinos: viel Holzverkleidung, Lüsterbeleuchtung. Buffets für Vorspeisen, Buffets für Nachspeisen, zwei Köche an einer Wärmetheke, sie legen den gewünschten Hauptgang auf. Mit Reinarz entscheide ich mich für Springbock, angelockt vom Namen. Erst als das Fleisch bereits auf dem Teller liegt, garniert von Pilzen und Spätzle, höre ich einen der Herren im Geschäftsmanns-Graublau einem Gast sagen, er empfehle ihm den Springbock, der komme direkt aus Südafrika. Ich schaue das Stück Fleisch nachdenklich grimmig an, während wir zum Tisch gehen: Fleisch aus dem Land noch immer der Apartheid?! Das Fleisch auf dem Teller liegen lassen? Erscheint mir auch nicht als saubere politische Lösung, also esse ich es auf. Geschmacksassoziationen an Rehkeule. Ich verspeise es restlos, als müsste ich Spuren verwischen auf dem Teller; der wird von einer aufmerksamen Kellnerin sofort weggetragen.

Das Springbockfleisch im Magen decken wir zu mit einer Obstschicht: Waldbeeren, Himbeeren, Brombeeren mit Sahne. Ich nehme eine bescheidene Portion Mousse au chocolat dazu; Reinarz verdoppelt das Deputat. Der Schokoladenmaus, sagt er, könne er nicht widerstehen. Und als hätte das Wort Maus eine Assoziation geweckt, schaut er sich im Saal kurz um: Nur Männer in Anzügen, uni oder sanft kariert oder gestreift; Frauen sind hier selten. Und sind dann eher um die fünfzig, für Reinarz damit nicht weiter interessant; nur eine

»Maus« im Visier, doch die ist unübersehbar die Geliebte eines der Herren. Also, sagt Reinarz, wenn er die Szene hier so betrachte, Frauen seien im mittleren und oberen Management offenbar selten, reine Männerwelt!

Unser Begleiter erklärt, oberes Management sei hier kaum vertreten, Abteilungsleiter essen fast nie zu Mittag; je höher die Position, desto weniger wird mittags gegessen, da wird ein Joghurt geholt oder sonst eine Kleinigkeit. Allerdings gibt es viele offizielle Essen, drum wird hier zum Ausgleich das Mittagessen ausgelassen.

Während des Nachtischs, während des Kaffees spricht Reinarz mit dem Referenten über Food design; er fürchte, es werde in einiger Zukunft nur noch biotechnisch produzierten Fraß geben, außer in solchen Kasinos hier, man müsse eine Art Astronautenpaste zu sich nehmen, künstlich hergestelltes Zeugs, er befürchte einen Verfall der Esskultur; vielleicht werde man in Zukunft einmal sagen, selbst die Fastfood-Restaurants, die McDonald's-Ketten, wären hochkultivierte Einrichtungen gewesen, verglichen mit den Verzehrstätten für biotechnische Pasten und Pampen, oder, wie das drüben in der DDR heiße, für Plaste und Elaste.

Eher Anlass für ein kleines Gelächter als Stichwort für eine lebhafte Diskussion, der Öffentlichkeitsreferent bezeichnet das Szenario als humoristisch überzogen.

Bei dieser Bedeutung lässt es Reinarz ohne Widerspruch, er hat zum Springbock zügig Rotwein getrunken, wirkt jetzt schon müde.

Nach dem Essen führt uns der Referent mit einem der Wissenschaftler des hohen Hauses zusammen. Der kommt uns im Flur entgegen, großer, braungebrannter Mann in den Dreißigern, helles Kraushaar, heller Schnurrbart, weißer Kittel. Er geht vor uns her zu einem kleinen Konferenzraum. Ein Tisch mit etwa zehn gepolsterten Stühlen, wir setzen uns. Dr. Grabowski kontrolliert rasch die Ordnung von Dias im Rahmen – der ist glücklicherweise nur zu zwei Dritteln gefüllt, der Vortrag, so sage ich mir, dürfte also nicht allzu lang dauern.

Als Erstes der Dias die Aufnahme einer Wurzelhalsgalle, eines Tumors an einem Pflanzenstängel: Erdbakterien dringen ein in die Pflanze, es kommt zur Zellenwucherung.

Die nächste Bildprojektion: Aus einem Buch abfotografierte schematische Darstellung eines ti-Plasmids, also eines tumor-indizierten Plasmids – auch hier Bakterien, die in die Pflanze eindrangen und in die ringförmige Struktur der Gene eins bis vier.

Ich raffe mich auf, um eine erste Frage loszuwerden, will schließlich nicht als Greenhorn eingestuft werden, als mehr oder weniger stummer Begleiter dieses Mitglieds des Bundestags. Ich stelle also die Hallo-wach-Frage, ob die Gene durch Restriktionsenzyme herausgeschnitten werden beim Austausch.

Eine so konkrete Frage hat Dr. Grabowski offenbar nicht erwartet. Nein, sagt er, »wir machen das mit Springenden Genen, die zwingen wir ganz brutal da rein«.

Reinarz kann sich nur gelegentlich zu einer pauschalen Anmerkung aufraffen: Das ist ja wirklich interessant ... Die Entwicklung geht ja unheimlich schnell vor sich ... Fragen überlässt er mir. Und die stelle ich eher, um den Vortrag zu verkürzen. Die geplante, die gewünschte Annäherung an Realitäten führt hier erst mal durch das Zwischenreich schematisierter Phänomene. Dr. Grabowski spricht im Schnitt mehrere Minuten lang zu einem Dia – und lässt sich nicht aus dem Takt bringen.

Die Resistenzen, immer wieder die Resistenzen! Im Bild vorgeführt wird eine transgene Tabakpflanze, die resistent gemacht wurde durch ein Gen, das Stoffwechselprodukte codierte, die Raupen töten, da brauchen die nur mal am Blatt zu knabbern.

Hier rafft sich Reinarz doch mal zu einer Frage auf: Wie man intern überhaupt die Totalherbizide beurteilen würde, zum Beispiel Roundup und Basta, mit diesen Herbiziden würde doch alles auf einem Feld mausetot gemacht, außer der einen, resistent gemachten Kulturpflanze – sei das nicht eigentlich ein brutales Verfahren?

Ob das Weghacken störender Pflanzen weniger brutal gewesen sei? Abgesehen davon, ohne Herbizide sei heutzutage Landwirtschaft gar nicht mehr möglich. Bei den eben genannten Produkten seien vielleicht die Namen aggressiv, dabei hätten gerade die beiden Herbizide geradezu vornehme Eigenschaften. Die möglichen toxischen Metabolismen ließen sich auf einer einzigen Schreibmaschinenseite beschreiben, bei anderen Mitteln seien die Beurteilungen und Gutachten derart umfangreich, dass sie drei oder vier Aktenordner füllen. Und Dr. Grabowski, der mittlerweile den weißen Kittel abgelegt hat, projiziert chemische Formeln für Herbizide, zeigt strukturelle Entsprechungen mit Molekülen in den Pflanzen, chemische Angleichung.

Reinarz erhebt sich, entschuldigt sich »für ein Momentchen«, müsse unbedingt in Bonn anrufen, »machen Sie ruhisch so lang weiter, der Doktor Kühn, der kann mir das ja dann berichten«. Und schreitet hinaus, wohl einen Seufzer der Erleichterung unterdrückend.

Der Referent fragt, ob wir nicht besser auf ihn warten sollten, aber ich bitte ihn fortzufahren. Wieder sehe ich nur Abbildungen, die ich schon in Zeitschriften und Büchern gesehen habe, nur sind sie in der Projektion einen Meter hoch, zwei Meter breit. Die Vorhänge im Raum fast völlig zugezogen. Ich versuche, im Seitenblick herauszukriegen, wie viele Dias noch hinten im Rahmen stecken, aber das Gerät verdeckt die Sicht.

Das Halbdunkel des Raums, die sanft schwäbische Intonation des Wissenschaftlers, und immer wieder Fotos von transgenen Pflanzen, von resistent gemachten Pflanzen, und Nichtresistente kümmern bräunlich dahin und Resistente grünen kräftig.

In immer größerer Entfernung höre ich Dr. Grabowski weiter und weiter sprechen, ein neues Dia kommentierend, das wieder mal eine schematische Darstellung wiedergibt mit Fachwörtern in weißer, in roter, in grüner Schrift, mit Verbindungslinien, Verbindungsfächern. Und es entwickelt sich eine Begriffsthermik, die mich nicht mit hochreißt, die mich eher zurückfallen lässt. Die Modelle, die ich mir in den Kopf gesetzt hatte, die brechen auseinander. Das Gen, das für mich eine stabile, wenn auch zuweilen springende Einheit war, so etwas wie eine mit Erbinformationen gefüllte Monade, es zerfällt mit weiteren der projizierten Schemata, die, nach dem Prinzip der Steigerung, immer komplexer werden; das Gen, wie ich zu hören kriege, wird nicht mehr als strukturelle oder funktionelle Einheit gesehen, dieses etwas zu schlichte Modell wird durch neuere Forschung erschüttert, mehr als erschüttert, schon in ersten Frequenzanalysen zeigen sich repetitive Gene, gestückelte Gene, überlappende Gene, zeigt sich kryptische DNA, hinzu kommen Anti-Sinn-Transkriptionen, jawohl Anti-Sinn-Transkriptionen, kommen multiple Promotoren und –

Ich schließe kurz die Augen, habe das Gefühl, mein Hirnstrom sei verbraucht. Würde mich am liebsten auf den Konferenztisch legen, rücklings, die Hände über dem Bauch mit Springbock gefaltet, mich wegsacken lassen. Doch ich muss ein weiteres Dia durchhalten, erneut verbunden mit etwa zehn Minuten Text. Als Grabowski das Diagerät ausschaltet, kehrt Reinarz zurück – als hätte er draußen auf das Klackgeräusch gewartet, das akustische Zeichen erlösender Veränderung. Oder das Timing eines gewieften Politikers?

Der Referent stellt anheim, Fragen zu stellen zum Vortrag, aber da gebe ich die Erklärung ab, meine Aufnahmefähigkeit für Grundlagen-Informationen sei vorerst erschöpft, wir lechzten nach Anschauung, nach Grünem. Und erinnere daran, dass uns ja eigentlich Labors gezeigt werden sollten.

Aber selbstverständlich! Grabowski zieht den weißen Kittel wieder an, nimmt den Diarahmen an sich, dreht vor der Tür ein Schild auf den Rücken, wir ziehen los. Reinarz winkt in eine offenstehende Tür, eine Sekretärin nickt ihm zu – im Gegenlicht scheint ihr Haar zu irisieren. Reinarz schreitet wie beflügelt dahin. Der Referent deutet das wahrscheinlich falsch, wendet sich in der nächsten Zeit vor allem an ihn.

Im ersten Labor werden wir zu einem Behälter geführt, der mit Eissplitt, Eisbrocken gefüllt ist; im Eisgrus stecken kleine Reagenzgläser mit Plastikverschlüssen. Eins von ihnen wird herausgehoben und vor die Fensterfläche gehalten: wasserklare Flüssigkeit. Mit Filzstift ist auf das Glas geschrieben: DNA. Nimmt man uns auf die Schippe? Wasser statt Desoxyribonukleinsäure? Optisches Placebo für uns Besucher? Was mag Reinarz denken, der mir über die Schulter blickt, mit seinen wasserhellen Augen? Denkt er hoffentlich daran, wie schwer die Kontrolle von Genlabors werden könnte, sofern man sich zu Kontrollen entschließen sollte, auf neuer gesetzlicher Grundlage? Wie viel fingerfertiger Austausch von Gläsern und Flüssigkeiten wäre da möglich?

Bitteschön, das hier wäre also DNA. Das Reagenzglas ist bereits beschlagen, der Wissenschaftler zieht es kurz mal durch zwischen Daumen und Zeigefinger, Glas wieder klar. Der Wissenschaftler in Cordhose und Pulli fordert uns auf, das Reagenzglas mal zu kippen, von oben nach unten, dabei die kleinen Bläschen zu beobachten. Ja, die bewegen sich langsamer als Luftbläschen in Wasser. Und das liegt, so kriegen wir zu hören, an der langfädigen Molekularstruktur der Kernsäure, damit entsteht höhere Viskosität, die ist typisch für isolierte DNA.

Ein junger Mann in weißem Kittel tritt ein, die Hände in Operationshandschuhen leicht vorgestreckt, als hätte er sie eben noch in eine gefährliche Lösung getaucht und sie müssten nun abtropfen. Er stellt eine Frage, hochspezifisch, erhält eine Anweisung, hochspezifisch, geht wieder hinaus, Reinarz gibt das Reagenzglas zurück, es wird ins Eis gesteckt. Was steckt außerdem noch dadrin? Restriktionsenzyme.

»Was war das jetzt noch?« Weil ich zwischen dem Wissenschaftler und dem Politiker stehe, symbolisch und körperlich direkt, erinnere ich daran, dass mit Restriktionsenzymen die langfädigen DNA-Moleküle aufgetrennt oder eher durchverdaut werden zu spezifischen Abschnitten. Und weil der Molekularbiologe mich prüfend anschaut, oder vielleicht eher abwartend, füge ich hinzu: Sequenzspezifisch aufgetrennt. Sage das ohne Versprecher. Ja, ich bin präpariert, meine Vermittlerrolle betonend.

Eine blonde Laborantin in rotem Pullover kommt herein,

stellt ebenfalls eine Frage. Reinarz, so registriere ich mit einem Seitenblick, scheint gleich auf sie fixiert. Hübsche Laborantin, nur ist ihre Gesichtshaut etwas unrein – letzte Reste von Akne? Mit einem Ergänzungsauftrag geht sie hinaus.

Nun werden zwei sehr kleine, höchstens zwei Zentimeter lange Reagenzgläschen aus dem Eisgrus gezogen: die erwähnten Restriktionsenzyme. Viel ist von der Flüssigkeit nicht zu sehen, das Glas ist fast vollständig umschlossen vom Etikett mit Aufdruck. Solche Proteinflüssigkeit wird also in DNA-Lösung geschüttet, bei Körpertemperatur, die ein kleines Gerät erzeugt, dann dauert es zwanzig Minuten oder zwei Stunden oder länger, bis die Enzyme die DNA aufgeteilt haben. Auch das sieht man der Flüssigkeit nicht an, keine Verfärbung, nichts. Die verschieden großen Fadenstücke werden dann sortiert.

Auch das Gerät der Elektrophorese wird uns gezeigt: enttäuschend, ja es erscheint mir beinah primitiv: Ein etwa buchgroßer, flacher Behälter aus Plexiglas oder wasserhellem Plastik, mit Schellen zum Anschluss von Stromkabeln. Gebrauchsanweisung: Flüssigkeit wird eingefüllt, die wird fest, starr, wird zum Gel; mit Pipetten wird sequenzspezifische DNA in Löcher eingeträufelt; in einem Stromfeld werden sie in Bewegung versetzt; die kürzesten Molekularfadenstücke arbeiten sich am leichtesten vor durch das Gel, die größten bleiben in der Nähe der »Kammlöcher«. Diese Reise durch den beinah harten Glibber dauert meist eine Nacht, dann sind die verschiedenen Molekülgruppen nach Banden sortiert; die lassen sich durch ultraviolettes Licht sichtbar machen.

»Da werden die also quasi durch die Sülze gejagt?« Der Wissenschaftler lacht. Ja, und das geschieht entweder horizontal oder vertikal. Eine der Haupttätigkeiten ist das Reinigen und Sortieren der DNA – der ständige Kampf gegen Informationsschmier, das unspezifisch Verwischte, Vermischte.

Aber nun geht es erst mal in ein anderes Labor, kurzer Gang durch den Flur. Cartoons mit Begleittexten in englischer Sprache … Türen mit Warnzeichen für Radioaktivität … Türen mit Aufklebern: die durchkreuzte Silhouette einer Putzfrau mit Eimer.

Wir betreten ein Labor, in dem leichter Unterdruck herrscht. Das spüren wir an der Tür, nur mit kurzem Ruck lässt sie sich öffnen: Widerstand des höheren Außendrucks, Luft strömt ein im Moment des Öffnens, hingegen können Bakterien, Viren nicht hinaus.

Grüne Plastikbrillen werden ausgegeben, die sollen wir uns aufsetzen, »sonst trauen Sie morgen Ihren Augen nicht mehr«. Durch die grüne Schutzbrille, eng anliegend wie eine Skibrille oder Schwimmbrille, schaut Dr. Gernot auf unsere grünen Schutzbrillen, schaltet das Deckenlicht aus, hält ein kleines Reagenzglas vor ein UV-Licht. In der glasklaren Flüssigkeit sehe ich, etwa in der Mitte, eine rötlich eingefärbte, dünne Schicht – Assoziation an den Ring des Saturn. Es ist DNA. Auf dem Boden auch wieder eine kleine Einfärbung: RNA.

Mit erneutem Laborwechsel kommen wir in einen anderen Zuständigkeitsbereich. Reinarz bleibt weiterhin stumm. Keine Fragen, die ich übersetzen müsste. Er zeigt erst wieder Reaktion, als er im neuen Labor ein Poster sieht mit einer nackten jungen Frau. Sein Auflachen. Ein Wissenschaftler diesmal wieder in weißem Kittel; im Halsausschnitt deutet sich ein dünnes, goldenes Kettchen an. Er lacht mit. Reinarz setzt nach: »Das is eher was zum Penetrieren als zum Sequenzieren, denk ich mal.« Grinsen als Antwort. »So sehen hier also, bei näherem Hinsehn, die Mitarbeiterinnen aus?«

»Ja, wussten Sie das noch nicht?« Wieder eine kleine Lachkaskade.

Im neuen Labor stehen, in Brusthöhe, mehrere Geräte. Zwei von ihnen werden benannt: ein Sequenziergerät, ein Synthesegerät.

»Wie, das is alles?«

Ja, das ist alles! Geräte, die etwa einen Meter lang, dreißig oder vierzig Zentimeter hoch sind. Sensortasten. Vorn reihen sich kleine Behälter mit Aufdruck, mehr als jeweils ein Dutzend: Reagenzien, Lösungsmittel. Hier also werden von DNA-Sequenzen Basenpaar um Basenpaar abgespalten, werden bestimmt, und zwar automatisch, die Sequenz wird aufgezeichnet, online. Mehr Aufwand ist nicht nötig, um Genome zu entschlüsseln!

Im Gerät daneben gibt man über Tasten eine gewünschte DNA-Sequenz ein, und das Gerät stellt sie aus Lösungsmitteln, Reagenzien automatisch her. Dabei ist allerdings äußerste Sauberkeit notwendig, das Gerät muss ständig gereinigt, sterilisiert werden, sonst sind die synthetisch hergestellten DNA-Sequenzen nicht zu gebrauchen, da macht die Maschine Murks.

Das muss ich schlucken: Künstliche Herstellung von Erbinformationen! Arbeit am achten Schöpfungstag. Man braucht da nur entsprechende Geräte zu bestellen?

Gewiss. In Fachzeitschriften, beispielsweise in *Bio Engineering*, wird regelmäßig und dies meist ganzseitig für solche Geräte geworben, beispielsweise unter dem Markennamen Genesis 2000. »Besonders bedienungsfreundlich.« Kleines Auflachen. Und nun zu den transgenen Pflanzen!

Eine Tür öffnet sich auf Knopfdruck, schließt sich automatisch hinter uns, wieder ein Bürotrakt. Viele Türen stehen offen, es ist kaum noch jemand zu sehen; gleitende Arbeitszeit, die »Kernzeit« ist überschritten. Einer jungen Laborantin wird im Vorbeigehn der Auftrag erteilt, eine Spülmaschine auszuräumen. Ein Gruß wird in ein Zimmer gerufen, in dem drei junge Frauen an einem Tisch stehen, etwas besprechen. Reinarz nickt mir zu: So viele junge Weiber hätte er in einem Pflanzenschutzzentrum nun doch nicht erwartet.

Der Raum, den wir als Erstes betreten, ist nur noch künstlich beleuchtet: senkrechte Leuchtröhren an Metallgitterregalen, auf denen in verschiedenen Ebenen flache Gläser mit Deckeln stehen, halbhohe Einmachgläser. Grabowski, nun ebenfalls unser Begleiter, demnach in seinem Ressort, hebt einen der Glasbehälter hoch: Tabakkeimlinge. Auch hier: absolute Sauberkeit ist notwendig, sonst setzen sich sofort Bakterien an den Pflänzlein fest und ersticken sie. Er holt ein sichtlich beiseitegestelltes Glas, zeigt die gelbliche Umrandung eines Tabakblättleins: »Das kommt also weg.«

Ein paar Schritte im Flur, der nächste Raum. Wieder die

Gitterregale, die senkrechten Leuchtröhren. Diesmal ein Kühlschrank mit Glasscheibe in der Tür. Dieser Kühlschrank ist ein Klimaschrank, aha.

An einem der Regale mustern wir daumenlange Pflanzen, in Agar gesetzt, einer halbfesten, durchsichtigen, etwa chamois getönten Nährlösung, Nährgelatine. Es sei wichtig, dass die Pflänzlein hier Wurzeln schlagen, etliche zeigen noch keinen Ansatz, einige Exemplare aber lassen sich bereits vorweisen. »Alles sehr unspektakulär in der Molekularbiologie«, sagt Grabowski. Wir könnten jetzt noch in weitere Räume schauen, aber da würden wir auch nicht viel zu sehen kriegen. Also auf zum Gewächshaus!

Eine Treppe abwärts, ein breiter Gang, Plastikschwenkflügel, die sich vor einem kleinen Gabelstapler öffnen, hinter ihm gleich wieder zusammenklappen. Metallbehälter mit Abfall, mit Gartenerde, mit Kompost.

Wieder eine Tür, die sich auf Knopfdruck öffnet: vor uns, langgestreckt, der Mittelgang eines Treibhauses. Arbeitstische auf Rädern, Kontrollgeräte an Glaswänden, aufgereihte Schalter, Namensschildchen, Kreidezeichen. In meist viereckigen Glasblumentöpfen gleichförmige Pflanzen: Stängel, schmale Blätter, keine Blüten. Pflanzen, wie ausgeführt nach Zeichnungen von Kindern oder nach schematischen Darstellungen. Aufgereihte Strahler über den Pflanzen, aber keiner von ihnen ist angeschaltet, das sehr helle Außenlicht wird in einigen Raumsegmenten gedämpft durch Blenden.

Vor einer Seitentür bleiben wir erst einmal stehen: Rundes, rot umrandetes Schild, Betreten verboten. »Transgene Pflanzen« werden von Grabowski angekündigt. Und wir dürfen sie sehen: eingetopfte, etwa einen Meter hohe Tabakstauden; in kleinen, halb durchsichtigen Plastiktüten die rötlichen Blüten. Pflanzen nach erfolgtem Gentransfer, Pflanzen, in denen eine Eigenschaft verändert wurde, aber man sieht es ihnen nicht an. Ordentlich aufgereiht stehen sie da, alle gleich groß, ungefähr wenigstens, alle mit Plastiktütchen über Blütenständen. Kein Irisieren an den Blattkanten, kein Phosphoreszieren auf den Blattflächen. Alle hinter Glas. So werde ich keinem der

Freunde berichten können, ich hätte eine transgene Pflanze berührt, hätte transgenen Tabak in der Hand gehalten. Abgerückt, abgesichert stehen sie da, aber wenigstens im Original und nicht bloß auf fotografischen Abbildungen.

Reinarz will wissen, wofür die Plastiktütchen gut sein sollen.

Eine zusätzliche Sicherheitsmaßnahme; aus diesem Spezialtreibhaus, Containment könnte ohnehin kein Same entweichen, mit diesen Tütchen aber ist es leichter, die Samen einzusammeln.

»Die dürfen also nicht auf ein Feld?«

Nein, das Verbot, vorläufig noch, der Freisetzung; die TKBS wache streng darüber, dass die Auflagen eingehalten werden. Man befolge das, aber eigentlich sei es überflüssig.

Aber so ganz ungefährlich sei das mit der Freisetzung doch wohl nicht, meint Reinarz, die Jacke auszuziehend, auf einem der Arbeitstische ablegend, zu unerwartet großer Form auflaufend, wenn auch weiterhin rheinisch intonierend: Die veränderten Pflanzen könnten sich doch mit den nicht veränderten Artgenossen draußen wieder kreuzen, auf diese Weise könnte es zu unerwarteten Mutationen kommen, und dann wüsste man eigentlich nicht mehr so genau, worauf das hinauslaufe. Noch problematischer sei es doch wohl, wenn bestimmte, gentechnisch veränderte Bakterien freigesetzt würden oder auch Viren, die Retroviren, davor habe kürzlich Renate Kollek in eindringlicher Weise gewarnt, und die Kollek wisse ja nun, wovon sie spreche, habe selbst mal in einem Labor gearbeitet. »Wie schätzen Sie denn die Risiken ein?«

Dazu kann Grabowski als Molekularbiologe nichts weiter sagen, das ist eine andere Baustelle: die Virologie. Er hat aber mal einen Kollegen aus dieser Zunft gefragt, und der hat die Schultern gehoben und nur gesagt: Tjaaaa …

Das findet Reinarz aufregend: Nicht mal unter Molekularbiologen könne man solche Gefahren einschätzen, und dies einigermaßen zutreffend?

Nein, sagt Grabowski, das ist weit von seinem Arbeitsgebiet entfernt, er sei Pflanzen-Molekularbiologe, Retroviren sind nicht sein Gebiet. Dazu kann er kein kompetentes Urteil abgeben.

»Also, das find ich ja nun –« Und Reinarz schweigt kurz. Er hätte immer gedacht, weil er nicht vom Fach sei, könnte oder dürfte er sich eigentlich gar nicht äußern zu solchen Fragen, da könnte ihm ein Naturwissenschaftler sofort über das Maul fahren, und nun kriegt er zu hören, dass man nicht mal unter Naturwissenschaftlern etwas über so ein Problem sagen kann, nicht einmal unter Molekularbiologen. Also, wenn er das so hört, da würde er umgehend einige seiner Komplexe abwerfen, gleich in die nächste Tonne. Eine in mehrfacher Hinsicht gefährliche Entwicklung, nicht bloß in der Verständigung. Überhaupt, das alles wird doch besonders gefährlich, wenn nur diejenigen die Gefahren abschätzen können, die unmittelbar an so einem Projekt arbeiten. Die unbedingt an einem Projekt weiterarbeiten wollen, das auf öffentliche Gelder angewiesen sei – also die werden ihre Arbeit, die kein anderer beurteilen kann, doch so darstellen, dass man keinerlei Gefahren sieht und entsprechende Geldmittel lockermacht. »Also, wenn ich das politisch sehe, das ist ja hanebüchen, wie soll noch irgendwer dahintersteigen? Sie können das also wirklich nicht beurteilen? Ich meine jetzt speziell mit Blick auf Viren und Konsorten?«

Grabowski kann nur sagen, dass er gewisse Experimente lieber nicht machen würde, grundsätzlich nicht, genau abschätzen kann er aber nicht, was in benachbarten Arbeitsbereichen abläuft, und schon gar nicht kann er einschätzen, was in ganz anderen Sektoren der Molekularbiologie geschieht. Er hat schon mehr als genug damit zu tun, die Informationen zu verarbeiten, die auf seinem Spezialgebiet anfallen. Er steigt also auch nicht so ganz dahinter.

Allein schon für diese Einsicht, für diese Erkenntnis hätte sich der Besuch gelohnt! Reinarz fühlt sich einerseits erleichtert, hinsichtlich seiner Kompetenz oder Nichtkompetenz, andrerseits erscheint es ihm jetzt weitaus schwieriger, an politische Maßnahmen zu denken. Da könnte man den Experten ja völlig aufsitzen! Da tritt einem ja der Schweiß auf die Stirn!

Das liege vielleicht auch daran, sagt Grabowski, dass hier im Gang die Temperatur ziemlich hoch sei – nur in den Nebenräumen werde sie geregelt. Und wir gehen wieder an Seitentüren vorbei, an Behältern mit Gartenerde, mit Abfall. Grabowski zieht an einer kurzen, rotweißen Kette, die von der Decke herabhängt, die Tür öffnet sich, wir stehen im Hauptgang.

Kein Gabelstapler mehr: Dienstschluss, Arbeitsschluss? Es wäre ohnehin an der Zeit, so Reinarz, er müsse fahren, hätte noch einen Termin. Grabowski, uns zum Ausgang geleitend, bedankt sich für unsere Geduld, wir wiederum bedanken uns für seine Einführung, seine Informationen, für die Führung im zweiten Teil. Und weil ich den Eindruck habe, ich müsste den Floskeln etwas Präziseres hinzufügen, sage ich, es sei ein großes Paket an Informationen gewesen, vieles sei für mich neu, ich müsste nun meine intellektuellen Restriktionsenzyme ansetzen, um das sehr lange Informationsmolekül in assimilierbare Sequenzen aufzuteilen.

Grabowski lacht: »Sie können das alles ja über Nacht in die Elektrophorese geben, dann sind die Sequenzen wenigstens schon mal quantitativ vorsortiert.« Und er unterschreibt den Besucherschein, trägt die Uhrzeit ein, das Doppel sollen wir beim Werkschutz an der Pforte abgeben. Abschied, und wir gehen hinaus in den Hochsommertag.

»Jeujeujeu!«, ruft Reinarz, »dat krisste ja auf keine Kuhhaut!« Unbedingt erst mal ein kühles Blondes zur Brust nehmen! Er hat von der Sekretärin einen Tipp bekommen. Zielstrebig geht er auf den Rundbau zu, der zeltleicht wirkt, wir durchqueren eine doppelte Tür, stehen vor dichtem Gewucher: das Palmarium. Das Holzdach wie aus Schiffselementen gefügt. Palmen, Lianen, Wucherbüsche, die für mich keine Namen haben. Hinweisschilder Richtung Konferenzräume. Eine weiträumig angelegte Cafeteria, aber die ist bereits geschlossen. Da starren wir kurz noch in das beinah tropisch dichte Grün, in dem es rieselt und plätschert, gehen aber nicht auf dem schmalen Pfad durch das Grün hindurch, da können uns auch kleine Tafeln mit Fotos und Aufschriften nicht locken, nicht einmal afrikanische und asiatische Exponate, wir wollen weg, raus, nichts wie raus: Feierabend, Ende der Veranstaltung!

Man tat sich schwer in der Gen-Kommission. Das zeigt schon die Tagesordnung einer der Einladungen: Materialsammlung ... Aktualisierung und Weitergabe von Informationen ... Und in Begleitzeilen mit Grüßen die Parole: Die Diskussion in Gang halten, bevor die Entwicklung abgeschlossen ist ...

Gegen Ende des Jahres blieben Einladungen zu Sitzungen aus. Das fiel mir allerdings erst nach einem Vierteljahr auf, ich hatte sie vorher nicht weiter vermisst. Es vergingen noch mal ein paar Wochen, ehe ich mich aufraffte zu einem Telefonat mit einem der Mitglieder der Kommission.

Ja, irgendwas scheint zu haken, er hatte auch bereits rückgefragt, die Auskünfte blieben vage: Eine Einladung war nicht rechtzeitig rausgegangen oder hatte nicht mehr rechtzeitig rausgehen können, war deshalb zurückgezogen worden ... Schwierigkeiten, einen Raum zu kriegen zu einem weiteren Termin ... einer wurde mit seinem Referat nicht fertig ... zu viele andere Aufgaben ... Aber dies waren keine hinreichenden Erklärungen, der Hauptgrund war eher: allgemeine Erschöpfung ... Materialermüdung ...

Alles umsonst also?! Ich hatte Zeitschriften abonniert: *Spektrum der Wissenschaft, bild der wissenschaft* – hier erschienen fast regelmäßig Beiträge zur Molekularbiologie. Der Stapel von Büchern zum Thema war angewachsen. Die Kontakte mit Wissenschaftlern, die Forschungszentren, die Genlabors – alles eigentlich vorausgesetzt, erwünscht, aber wenn ich in den (wenigen) Sitzungen referierte, was ich mir erschlossen, erarbeitet hatte, setzte gelindes Stöhnen ein: Wirklich klasse, dass du all das machst, aber so was geht halt nur bei einem Freiberufler, unsereins kann sich so was längst nicht mehr leisten, schau dir mal unsre Terminkalender an, in dem Stil können wir nicht arbeiten, das ist zu aufwendig.

Und jetzt soll alles einfach so ad acta gelegt werden?!, fragte ich.

Wir wollen das nicht unnötig dramatisieren, aber ein gewisser Einbruch ist nun mal zu verzeichnen. Dies aber in eher schleichender Entwicklung. Das eine oder andere Mitglied war weggeblieben ... Klagen von Referenten über die äußerst schwierige Materie ... Die Vorsitzende hatte den Überblick verloren ...

Und ich selber? Zuerst war da noch das animierende Gefühl gewesen, man könnte sich mit einem zwar sehr speziellen, aber letztlich noch einigermaßen überschaubaren Bereich befassen, aber dann bildeten sich rasch mehrere Komplexe, die jeweils eine eigene Kommission gefordert hätten: Gentechnik in der Pflanzenzucht ... Gentechnik in der Viehwirtschaft ... Gentechnik in der Lebensmittelindustrie ... Gentechnik in der Pharmaindustrie ... In jedem dieser Bereiche: sich beschleunigende Entwicklung. Zuweilen mein Gefühl: fächerförmig fahren Züge davon in verschiedene Richtungen, und ich sehe nur noch Schlusslichter. Ständig Presseberichte über neue Entwicklungen. Alle paar Jahre verdoppelt sich das Gesamtvolumen an wissenschaftlichen Informationen. Das ist alles längst so diagnostiziert, wird nun zur schmerzhaften Erfahrung: Wir packen es nicht, können mit all den Entwicklungen nicht Schritt halten, immer geringer unser Handlungsspielraum. Langsames Ersticken unter einer Endmoräne von Informationen. Je genauer die Informationen, desto unanschaulicher werden die Phänomene. Das hatte ich ja schon beim Atommodell erlebt: erst die schöne Figur vom sonnengleichen Atomkern, den planetengleich Elektronen umkreisen, wenn auch rasend schnell, und schließlich ein Komprimat von mehr als zweihundert Teilchen und Unterteilchen. Und nun das Gen. Alles viel komplizierter, als zuerst selbst von Wissenschaftlern erwartet. Mir schossen quer durchs Hirn die feindlichen Sprachpartikel von gestückelten Genen, von repetitiven Genen, von überlappenden Genen, und zur DNA auch noch die kryptische DNA, und schließlich, wie eine Barriere, die Anti-Sinn-Transkriptionen. Solche Termini habe ich in den (letzten) Sitzungen gar nicht erst benutzt, die hätten den Prozess der Erkenntnis und Verarbeitung noch rascher kollabieren lassen.

Ich rief die Vorsitzende der Kommission an (gar nicht so leicht, sie zu erreichen) und schlug eine Krisensitzung vor. Der Vorschlag wurde aufgegriffen und erstaunlich rasch umgesetzt. Es fand sich allerdings nur noch eine Rumpfkommission ein, ein knappes halbes Dutzend von ehemals 17. Es kam zur Sprache, dass Genossen und Genossinnen des Bezirksvorstandes nicht sonderlich an diesem Themenkomplex interessiert seien. Die mehr als geringe Lust auch anderer Parteifreunde, sich detailliert auf eine derart widrige Materie einzulassen. Zitat aus einer Sitzung, als Antrag zur Geschäftsordnung: Lasst uns nicht groß darüber diskutieren, stimmen wir sofort ab. Eine Zeitlang dominierte im Gespräch das Wort Klärungsbedarf. Sollen wir uns im Crash-Verfahren für die gesamte Problematik fit machen? Da bringen wir doch nur Klopse zustande.

Aber ein klein bisschen sollte bei der bisherigen Arbeit doch herauskommen. Wie wärs mit einem knapp gehaltenen Papier, als Basis-Info?

Willst du das vielleicht schreiben?

Da wüsste ich nicht, wo ansetzen. Aber wie wärs, wenn wir den Bezirksvorstand auffordern, dieses Thema dem nächsten Parteitag aufzudrücken?

Da hört doch keiner zu, da setzt Massenflucht ein oder die kommen gar nicht erst. Nur bei Wahlgängen sind alle an Deck.

Na, dann müsste man den TO-Punkt Gentechnik halt nah eine Wahl heranrücken.

Nützt auch nix. Ob vorher oder hinterher, die Genossen setzen sich ab.

Und wenn man, auf Bezirksebene, ein Fachseminar ansetzt? Gute Referenten, und an einem Wochenende befasst man sich, voll konzentriert, mit diesem Komplex?

Ein ganzes Wochenende?! Wer opfert dafür schon ein ganzes Wochenende, bei der allgemeinen Überlastung? Da würden die betroffenen Familien ganz schön protestieren.

O.k., sage ich, aber wenigstens eine Fachkonferenz, und wir holen uns gute Referenten. Zum Schluss dann ein Podiumsgespräch.

Ahso, was wir nicht schaffen, das soll die Fachkonferenz bringen? Und wie setzen wir das um in Vorschläge, in Initiativen? Sollen wir das auch den Referenten überlassen? Und überhaupt, wer soll die Fachkonferenz organisieren? Wer soll moderieren? Das setzt doch voraus, dass man sich in den verschiedenen Teilbereichen wenigstens so einigermaßen auskennt, jeweils die passenden Stichworte einbringt. Aber das alles ist derzeit nicht entscheidend. Wahrscheinlich müssen wir die Parameter wechseln. Und den Hauptakzent setzen auf Pränataldiagnose. Auf moderne Reproduktionstechnologien. Das Thema ist nun mal angesagt. Wurde auch so vom Bezirksvorstand signalisiert. Das ist im Gespräch, dazu erwartet man Stellungnahmen auch von der Partei. Künstliche Befruchtung im Reagenzglas, Forschung mit Embryonen, darauf reagieren die Leute emotional, da würden wir Zulauf kriegen bei einer Veranstaltung, hier werden Entscheidungen fällig, und genau dazu müsste die Kommission Vorarbeit leisten zu Entscheidungen auf Bezirksebene und höher.

Dann müsste unsere Kommission aber aufgelöst werden. Dieses Thema hat nichts mehr mit Gentechnologie zu tun. Es müsste eine neue Kommission gegründet werden.

Wär ja auch kein Beinbruch – vielleicht nimmt das eine oder andre Mitglied unsrer Kommission daran teil ...

Wie auch immer ... Jedenfalls sollten wir uns nicht einfach davonschleichen, es muss wenigstens ein Schlusspapier her!

Wäre grundsätzlich zu erwägen, ja. Wir bleiben in Verbindung.

Die riss erst mal wieder ab. Dann, April 89, musste alles ganz rasch gehen: »Da die endgültige Fassung dieses Berichts bis zum 30. April der Bezirksgeschäftsstelle vorliegen muss, können wir uns über evtl. inhaltliche Veränderungen nur telefonisch verständigen.«

Die Kapitulationsurkunde (an der ich nicht mitgewirkt habe), sie fiel minimal aus. »In fast zweijähriger Arbeit hat die Kommission Bio- und Gentechnologie des Bezirks sich mit den Fragen auseinandergesetzt, was tut sich auf dem Gebiet, was gibt es schon und welche staatlichen Regelungsmöglichkeiten gibt es? Sie kommt zu dem Schluss, dass die politisch-ethische Auseinandersetzung in der Gesellschaft nicht stattfindet, dass die Technik, die die ganze Menschheit und ihre Umgebung total verändert, nur in Fachkreisen diskutiert wird und dass keine Kontrollmöglichkeiten entwickelt werden. Deshalb hält die Kommission es für unbedingt geboten, dass die SPD als Gesamtpartei zu einer Reihe drängender Fragen deutlich Position bezieht.« Und wenn dazu die Grundlagen fehlen?

Ein weiterer Pauschalsatz, der deutlich signalisiert, dass bei den Sitzungen der Kommission nicht viel herausgekommen war: »Da die Entwicklung auf diesem Gebiet sehr zügig voranschreitet, ist es notwendig, diesmal schon im Vorfeld Grenzen zu ziehen.« Wo und wie diese Grenzen verlaufen sollen, dazu konnte die Vorsitzende keinen Vorschlag einbringen, da war der UB Aachen ein Stückchen weitergekommen.

So ganz mit leeren Händen wollte die Kommission vor dem Bezirksvorstand denn doch nicht auftreten, es wurde zu einem bewährten Mittel scheiternder Politik gegriffen: zum Delegieren. Die Kommission stellte den Antrag, »im Bezirk Mittelrhein eine Fachtagung zu organisieren. [...] Auf der Grundlage dieser Diskussion sollte ein Antrag erarbeitet werden, der die Meinungsbildung der Gesamtpartei in diesem Bereich voranbringt.«

ZWEIUNDFÜNFZIG. Seit mittlerweile ein, zwei Jahrzehnten hatte ich die feste Vorstellung: ich werde nicht älter als 52. Wieder wurde ein Geburtstag fällig, und ich war zweiundfünfzig. Ich habe diesen vielleicht letzten Geburtstag gefeiert wie Geburtstage zuvor: Wir aßen und tranken mit Freunden. Keine Traurigkeit, kein Abschiedsschmerz, aber was bisher im Hinterkopf saß, unbeirrbar, unabweisbar, das war im Bewusstsein nach vorn und in die Mitte gerückt – zumindest in den ersten Wochen des neuen Lebensjahrs.

Zweiundfünfzig: eine offensichtlich potentielle Zäsur. Dennoch, sie hatte eine Narbe im Bewusstsein, in meinem Lebensgefühl hinterlassen, und die pulste nun heftiger. Ich habe manche Sehnsucht, aber keine Todessehnsucht. Ich war, ich bin vor Überraschungen mit mir selber (noch immer) nicht geschützt, glücklicherweise, aber hier glaubte, hier glaube ich sicher zu sein: keine Todessehnsucht. Todesbewusstsein, das schon, und zwar ziemlich konstant, aber: Es hat mich nicht in Resignation getrieben, in Melancholie verlockt, in Depression versetzt. Vielmehr glaubte und glaube ich an mir selbst erfahren zu haben: Vorwegnehmen von Tod schärft Bewusstsein und Wahrnehmung, es steigert Intensität.

Zweiundfünfzig: eine fixe Zahl, wo kam sie her? Keine Wahrsagerin raunte sie mir zu. Kein Hinweis in einem Horoskop, das mir zufällig vor Augen kam. Die Zahl schien von selbst entstanden zu sein.

Zweiundfünfzig: seit ich diese Zahl im Kopf hatte, war ich nie so richtig krank gewesen. Ich hatte nicht mal Grippe. Und Erkältungen nur alle paar Jahre. So weit ich zurückdenken konnte, habe ich keinen Tag malade im Bett liegen müssen. Noch keine Operation, nur kleine Schnitte: eine Fettgeschwulst hier, eine dort. Dennoch das intensivierte Gefühl, die Zeit könnte knapp werden. Wurde die Zahl 52 so etwas wie ein Doping für meine literarische Produktion?

Die konzentrierte sich, notgedrungen, auf das Funkmedium. Da habe ich kräftig kompensiert. Vor allem mit Hörspielen. Auf der Innenseite einer Wandschranktür schrieb ich jeden neuen Hörspieltitel ins Holz, in Großbuchstaben, die Liste wuchs. Und brach ab mit dem Erscheinen des ersten Buchs. Wobei ich aber gleich betonen muss: Es gibt kein Hörspiel, das ich bewusst ›mit der linken Hand‹ geschrieben hätte. Oder: obwohl einige Jahre das Geld in der jungen Familie knapp war, habe ich kein Hörspiel allein zum ›Broterwerb‹ produziert. Da bin ich mir den Beweis nicht schuldig geblieben: selbst als *Parzival* einiges Geld ins Haus brachte, habe ich gleich wieder ein Hörspiel geschrieben. Sprache nicht nur als Aufreihung von Schriftzeichen, sondern als Entfaltung von Klang. Und hier bot sich ein weites Feld des Experimentierens an. Manche Experimente gelangen halt doch nicht, es sind einige Arbeiten entstanden, die mit Recht vergessen wurden, und das ganz schnell. Zuweilen wurde ich mit gesammelten Hörspieltiteln konfrontiert, etwa in einer Magisterarbeit, und da verband sich mit zwei, drei Titeln nicht mehr die geringste Erinnerung. Das irritierte mich aber nicht weiter, denn im Hörspiel sah ich früh schon eine Möglichkeit, zu publizieren ohne allzu großes Risiko für die Reputation: Was misslingt, »versendet sich«. Das Funkarchiv als Schwarzes Loch.

Zweiundfünfzig: Jahr um Jahr näher heranrückend an die magische Zahl, schränkte ich mein Spektrum ein, setzte Prioritäten. Keine Features mehr für die Abteilung Politik, keine Rezensionen, keine Teilnahme an Jurys, keine Podiumsgespräche, kein Pöstchen im PEN. Solche Grundsatzentscheidungen machten Absagen leicht und plausibel. Ich sparte viel ein von der Zeit, die kostbar zu werden begann.

Also doch so etwas wie eine Zäsur, (letztlich) fiktiv im Ansatz, doch faktisch in den Auswirkungen, mental.

Stichwort »Grützbeutel«: kurzer Bericht über eine symptomatische, eine anekdotenreife Erfahrung: Wie ein Chirurg seinen Schnitt machte.

Die kleine Halbkugel, der »Knubbel«, seit der Kindheit oberhalb des Knies, entwickelte einen Hauch Violett. Und mir (ich muss betonen: im Status eines Privatpatienten) wurde suggeriert, das Zellenwachstum könnte sich selbständig machen, drohende Malignität, chirurgische Entfernung wurde angeraten.

Doch die wurde nicht, wie erhofft, ambulant durchgeführt, es wurde eine regelrechte Operation inszeniert. Ich, durchaus gehfähig, musste mich ausstrecken, wurde elektrisch zur Schleuse in den OP-Saal angehoben, wurde zum OP-Tisch gerollt, wurde, auf meinen Wunsch hin, nur mit Spinalanästhesie vom Nabel an abwärts betäubt, sprach mit dem Anästhesisten neben mir über Motorräder, hinter einer grünen Abschirmung wurde herumgemacht, und eh ich mich versah, war mein Bein – trotz Protest, ich fühlte mich überrumpelt – in eine Gipsschiene gelegt. Und sollte, obwohl hellwach, ins Aufwachzimmer geschoben werden, konnte das verhindern, kam ins Stationszimmer. Sollte, obwohl gut durchblutet, vor der ersten Nacht eine Spritze erhalten gegen Thrombose: So, jetzt kriegen wir ein schön marmoriertes Bäuchlein, lockte die Oberschwester.

Ich will aber kein marmoriertes Bäuchlein …!

Doch, wir kriegen jetzt ein schön marmoriertes Bäuchlein …

Ich weigerte mich standhaft im Liegen. Am nächsten Morgen großer Aufmarsch: Der Chirurg mit Gefolge in Weiß. Keine Frage nach meinem Befinden, gleich anklagend: Sie haben die Thrombose-Spritze abgelehnt?! Wir sollten das jetzt nachholen.

Ich blieb bei der Verweigerung, trotz der Halbkreisgruppierung am Fußende des Betts, dem Professor neben dem Bett, die Oberschwester mit ihrer gezückten Spritze flankierend. Die Gruppe in Weiß zog ab. Und ich hatte Anlass und Zeit, zu reflektieren: Wenn es einem wirklich schlechtgeht, keine Kraft zum Widerspruch, was wird dann, eventuell, alles so mit einem angestellt?

Es folgte die Aufforderung zur Vorauszahlung von acht Tagen Krankenhausaufenthalt. Dabei konnte ich mich mit dem gestreckten Bein in Gipsschale nicht mal ohne Verrenkungen aufs Klo setzen, die Schüssel war nicht auf die Längsachse der Nasszelle ausgerichtet, ich saß dicht vor der Wand. Plauderei mit einer Nachtärztin und die Frage: Was passiert jetzt eigentlich? Letztlich gar nichts, nur ausheilen lassen … Da war die Entscheidung klar. Gisela, eine Haftungserklärung achselzuckend unterschreibend, auf Einsprüche und Warnungen nicht weiter reagierend, beschaffte sich einen hauseigenen Rollstuhl, wir machten uns davon. Im kleinen Klo des Eifelhauses konnte ich das Gipsbein zur halb offenen Tür rausstrecken.

Und mir schwante: Man hatte einen Schnitt gemacht, eine finanzielle und nicht medizinische Indikation. Es blieb eine fast zwölf Zentimeter lange Narbe, die Enden sahen erst mal aus wie kleine Sofakissenzipfel. Erinnerungszeichen an einen Übergriff.

Das sehe ich diesseits der Jahrtausendschwelle noch deutlicher. Damals konnte man sich noch nicht im Internet kundig machen, heute lese ich: Der Grützbeutel, das Atherom gilt als gutartige Zyste. Ich bin also über den (OP-)Tisch gezogen worden. Ärgert mich noch nachträglich.

Morteratsch: Name eines Gletschers bei Pontresina im Engadin. Wie alle Gletscher in Europa schmilzt auch der Morteratsch ab – zwischen fünfzehn und fünfzig Meter pro Jahr. Hier ist (oder war) das kontinuierliche Schrumpfen der Eismasse durch Schilder markiert. Als etwa Fünfzigjähriger schritt ich die Markierungen ab im Gletschertal: Lebenszeit, Lebensweg …

Das Eis, damals noch, in weiter Wölbung, weiß, grauweiß, grau, mit Steingeröll gleichsam paniert an beiden Seiten. Mannsbreite, flaschengrüne Gletscherspalten.

Meine ersten fünfzehn Jahre: der Gletscher verkürzt um etwa dreihundert Meter. Es fielen Bomben auf Köln-Bayenthal, wir zogen nach Bayern, kehrten zurück ins Rheinland, die Trümmer, die Trampelpfade, die ersten Neubauten in Düren …

Zweihundertfünfzig Meter weiter nächste Zeitmarkierung: ich war fünfundzwanzig und Vater, setzte das Studium fort, schrieb Texte für den Rundfunk, promovierte.

Die Gletscherzunge etwa einen Kilometer kürzer: da war ich fünfunddreißig. Das erste Buch, der zweite Sohn, das Haus in der Eifel.

Ich gehe noch hundert Meter, stehe vor dem Eis. Eine blaue, schwarze Tunnelhöhle, aus der Gletscherwasser tost, vermischt mit Brocken Eis, auch Splitt und Grieß. Das kreiselt rasch und löst sich auf.

Winterabend, Schneetreiben in Nideggen. Ich warf Briefe ein, an der Post. Und sah vom Stadttor eine alte Frau heranschlurfen, vorgebeugt, eingekrümmt. Hose, Mantel, Kopftuch, und das war tief in die Stirn herabzogen. Teigfarbenes, eingekerbtes Gesicht. Gisela, in rascher Assoziation, halblaut: »Da kommt der Tod von Nideggen.« Diesem »Tod von Nideggen« blickte ich nach, bis die Frau um eine Hausecke geschlurft war.

Erzähl mir was über den Tod von Nideggen; die Sage habt ihr bestimmt in der Schule gelernt.

Aber auch für Gisela war der Tod von Nideggen nur ein Titel. Den übernahm ich für jenen ersten Versuch eines autobiographischen Textes.

MEIN VATER ZU BESUCH in Düren. Einige Tage im Haus der Schwiegereltern. Auch hier sah er Zeit gern vorgerastert, eine seiner Standardfragen lautete: Und was haben wir heute für ein Programm?

Zu den Programmen gehörten selbstverständlich Fahrten in die Eifel: Der Nordhang ist von Düren aus zu sehen, in einer guten Viertelstunde ließen sich von der Wohnung aus mindestens drei Ausgangspunkte zu Spaziergängen oder Wanderungen erreichen. Selbstverständlich waren die Schwiegereltern mit von der Partie.

Während ich aus Düren herausfuhr, machte ich mir bewusst: Ich, mittlerweile 52, fahre mit drei Senioren: Mein Vater war 82, Schwiegervater Edmund ebenfalls, Schwiegermutter Erna 84. Mir wurde bewusst, in scharfen Konturen, in welch neuer Situation, Konstellation meine Generation lebt: Viele von uns bleiben Söhne (oder Töchter) bis ins Alter des beginnenden Ruhestands.

Ja, während meiner Lebenszeit hat sich die Bevölkerungsstruktur völlig verändert: Die graphische Figur der statistischen Verteilung von Altersgruppen wurde vom Kegel zum Pilz oder eher: zum Baum mit breiter Krone. Allein seit den siebziger Jahren hatte das Durchschnittsalter bis zu jener Exkursion um vier Jahre zugenommen. Und es wuchs kontinuierlich weiter. Helmuth berichtete bei unseren Telefonaten gelegentlich, dass er nach wie vor die Todesanzeigen in der *Süddeutschen Zeitung* studiere und dabei feststelle, dass immer mehr Menschen über 90 werden – subjektive Bestätigung einer statistischen Entwicklung. (Meine drei Senioren erreichten denn auch geschlossen das zehnte Jahrzehnt, starben durchweg mit Mitte neunzig.)

Die Route der »Seniorenfahrt« hat sich eingeprägt: Von Düren hinauf nach Gey, vorbei an Großhau (der Postanschrift von Heinrich Böll), durch Kleinhau hindurch, vorbei am »Museum 1944«, das ich nie besucht habe. (Erinnerungsstücke, Fotos von der Schlacht im nahen Hürtgenwald.)

Der Parkplatz, Aufbruch zum Spaziergang des Grüppchens von, summa summarum, 300 Jahren. Diese einschüchternde Zahl setzte sich aber nicht um in ein geschlossenes Gesamtbild. Mein Vater, wie verjüngt in lockerer Gemeinschaft mit der neuen Gefährtin, der südamerikanischen Witwe, er war mit lässiger, bequemer Eleganz gekleidet. (Er empfahl mir schon mal die Hemdenfirma, von der er sich im Direktbezug beliefern ließ.)

Die Schwiegermutter, damals: aß gut, sah gut, hörte so gut, dass sie bei der TV-Übertragung eines Tennisspiels unter dem Kommentar heraushörte, was bei kurzen Pausen in der Nebenkoje gesprochen wurde, für einen anderen Sender. Und den Muezzin des Minaretts in Nord-Düren hörte sie selbst dann, wenn die Klänge wie verweht waren. Eine Frau, die an Witz, Gelassenheit, Souveränität gewann, jedes Jahr eine größere Reise, in die Provence oder nach Florenz, jeden Dienstag Wanderung mit einer Gruppe des Eifelvereins, da ließ sie, gemeinsam mit einer Bekannten, »die Ollen« weit hinter sich zurück, obwohl die »Ollen« allesamt jünger waren als sie selbst.

Schwiegervater Edmund: ehemaliger Betriebsleiter in einer Kesselfabrik, Mitte vierzig die erste von insgesamt acht Schädeloperationen: die Kesselschmiedekrankheit. Damals inspizierte man noch ohne Ohrenschutz die Großraumkessel, wenn in denen genietet wurde. Da hatten die Hörnerven Sekrete gebildet, aus denen wurden Tumore, bei den Operationen wurden Hörnerven durchschnitten, die Gleichgewichtsorgane herausgelöst, er ging wie ein Besoffener. Sogar der Facialis wurde bei einem der Eingriffe durchschnitten: Gesichtslähmung. Die Lider schlossen sich nicht mehr selbständig, winzige Magnete wurden implantiert. Seine Lebenskraft aber war schier unverwüstlich, er überlebte auch einen Sturz kopfüber die steile Kellertreppe hinab, durchschlug mit dem Schädel ein Brett, sein Kopf millimetergenau zwischen zwei aus der Wand ragenden Flacheisen. An seinem 82. Geburtstag trank er auf seine nächsten zehn Jahre; der Trinkspruch wurde eingelöst.

Zweiundfünfzigjährig spazierte ich denn mit rund zweihundertfünfzig Jahren. Ich war und bin kein Jogger, aber ich brauche Bewegung, und zwar zügig – der holländische Philologe Bernd Okken, zu Besuch in Düren, hatte bei einem gemeinsamen Spaziergang im Stadtwald das Gefühl, er müsste waagrecht, am besten auch noch stromliniengünstig, neben mir herschweben. Nun aber, bei diesem Seniorenspaziergang musste ich meine Schritte erheblich verlangsamen, musste wiederholt stehenbleiben, denn immer wieder gab es was zu gucken: Eine seltene Blume … ein Baum mit auffälliger Wuchsform … ein grüngoldener Käfer … Weiter, kommt doch, gehn wir ein bisschen! Und mein Vater plauderte galant mit der Schwiegermutter, Edmund stapfte breitbeinig nebenher und fragte zwischendurch mal: Was habt ihr für ein Thema? Er hatte zwar gelernt, auch von meinen Lippen abzulesen, doch grauer Star trübte den Blick. Also weitergetapst, mit absicherndem Spazierstock, und registriert, was seine schwachen Augen noch vermittelten: verschlierte Konturen, ausgezehrte Farben. Weitertapsen!

Einer, zumindest einer von diesen dreien, sagte ich mir unter dem blauen Himmel mit weißen Sommerwolken in der Drift von West nach Ost, einer von ihnen, zumindest *einer* von ihnen wird es schaffen, über neunzig zu werden. Ernas Vater, Ostpreuße, pensionierter Postbeamter, war im gemeinsamen Haus mit 92 gestorben, ich war also auf diese Altersdimension eingestellt. Und machte mir bewusst: Wenn mein Vater, mit der Konstitution eines Siebzigjährigen, den Schritt über die 90er Grenze schafft, so bin ich bereits über 60. Bin damit immer noch im Status des Sohns. Und wenn der Schwiegervater gleichzieht, so bleibe ich im offiziellen Status des Schwiegersohns, der mit im Hause wohnt, der in der einen oder anderen Frage aber nicht mitdisponieren kann. Konkretes Beispiel: Heizöl kann nicht zu einem Zeitpunkt bestellt werden, an dem ich es für richtig, weil günstig halte, der Schwiegervater besteht, beharrt darauf, den Termin selbst zu bestimmen, »ich bin hier immer noch der Herr im Hause«.

Hier, auch hier stößt die Autobiographie an eine Grenze: Die des Takts, der Diskretion. Um meine Situation konkret darzustellen, müsste ich weitere Details einbringen zur häuslichen Konfrontation mit dem Alter, ich dürfte nicht davor zurückschrecken, Schwächen, Verengungen, Verhärtungen zu beschreiben und damit wachsende Belastungen für mich, für uns in der Hausgemeinschaft von (vorbildlich) drei Generationen. Wiederholte Auseinandersetzungen mit Gisela: Solange die Eltern noch für sich sorgen können, selbständig, sollten wir ausziehen, nach Köln. Und sobald Hilfe notwendig wird, sind wir zur Stelle. Jedes Jahr bis dahin zählt doppelt. Gisela aber wollte, Entwicklungen vorausnehmend, diesen Schritt nicht riskieren. Auch sah sie sich mit ihrem Beruf an das Gymnasium in Düren gebunden.

Hinzu kam der Faktor Dankbarkeit: Die Eltern hatten die junge Familie im Haus aufgenommen, ihr das Obergeschoss eingeräumt, hatten sich mit um die Kinder gekümmert, nun müssen wir uns um sie kümmern, müssen uns zumindest darauf vorbereiten, darauf einstellen.

Ich hielt dagegen: Die Eltern waren froh, als wir einzogen, das äußerten sie auch so, da kam Leben in die Bude, der taube Schwiegervater, sonst weithin sich selbst überlassen und seinen Molesten, er lebte auf mit den Kindern, Thomas mit ihm in der Kellerwerkstatt, Christoph mit dem Rücken auf dem Opabauch liegend, im zurückgekippten Sessel, in das Buch starrend, aus dem ihm vorgelesen wurde. Die Eltern nahmen teil an Entwicklungen, das ist etwas anderes als Teilnahme an fortschreitenden Reduktionen. Das lässt sich nicht eins zu eins aufrechnen: Teilnahme, belebend, an Entwicklungen damals, versus Teilnahme, lähmend, an fortschreitender Einengung, Verhärtung. Diese Gleichung geht für mich nicht auf!

Was hinzukam: ich wollte nicht bis sechzig (und womöglich

noch länger) die Rolle des Schwiegersohns spielen, en suite, ich wollte, als Vater zweier Söhne, ebenso wenig mit »open end« die Rolle des Sohnes spielen. Als ich Anfang der achtziger Jahre drei oder vier Wochen im Haus in Herrsching wohnte, weil ich Termine hatte in München (nicht nur Termine beim Funk, auch Besuche bei einer Frau, die fixierte Lebensverhältnisse aufzubrechen begann), da kam es zu heftigen Krächen mit Helmuth, weil ich versuchte, den Contrat social neu zu definieren, zu realisieren: Eine Form gleichberechtigter Partnerschaft, in der beispielsweise auch wechselseitige Kritik möglich ist, und nicht bloß die eingeübte, eingespielte, eingebahnte einseitige Kritik von Eltern am »Kind« und dessen zuweilen »verantwortungsloser« Lebensweise. Die Kräche, die Kämpfe führten nur zur Erschöpfung, nicht zu einer Revision: Sohn bleibt Sohn, einmal Sohn, immer Sohn, ein Elternteil bleibt Elternteil bleibt Elternteil.

Frauen, etwa meines Alters, denen ich von den zuweilen vehementen Szenen erzählte, sie beneideten mich, weil ich die Kraft zu solchen Auseinandersetzungen aufgebracht hatte. Wo die ausblieben, gab es nur ständigen Rückzug. Eine Bekannte, souveräne Studienrätin, zu Besuch bei ihren Eltern in Remscheid. Abends um zehn wird, in alter Tradition, ins Bett gegangen. Und sie legte sich ins Bett des früheren Kinderzimmers, nun Gästezimmers, las noch ein wenig. Ohne Klopfen trat der Vater ein: hatte noch Licht unter der Tür gesehen, hier wird abends um zehn das Licht gelöscht! Und sie – was soll ich wegen solch einer Kleinigkeit einen Krach riskieren – schaltete die Nachttischlampe aus, lag wach zu ungewohnt früher Stunde. Da hatte sie einen notwendigen Krach versäumt. Und das wurmte sie, anhaltend. Und ließ sich, gleichsam stellvertretend, von meinen Krächen in Herrsching erzählen.

Ja, und ab wann erklärt man den Eltern oder einem Elternteil, dass mit dem Autofahren so langsam Schluss gemacht, der Zündschlüssel abgegeben werden muss? Auch wenn sie weit über 80 sind, sie müssen Auto fahren, auch wenn man sie, schließlich, mit einem riesigen Schuhlöffel auf den Fahrersitz bugsieren müsste. Der eine Vater kehrt wiederholt mit zerschrammten Radkappen zurück oder nur noch mit einer Auswahl. Der andere Vater setzt auf dem eigenen Grundstück zurück, stößt dabei seine Frau um, die im toten Winkel steht. Der dritte Vater hat auf dem Armaturenbrett ein Schild angebracht, das ihm zeigt, in welche Richtung es nach rechts oder links geht. Auch ist das Bremspedal rot markiert, da kann man notfalls mal nachgucken, wo gebremst werden muss.

Wie viel muss das reife Kind den überreifen Eltern durchgehen lassen, weil sie halt Eltern sind? Ab wann wird Kritik, wird notfalls Krach notwendig, absolut notwendig? Wann ist der immer wieder hinausgeschobene Punkt zum Endpunkt geworden, an dem man dem Senior oder der Seniorin deutlich machen muss, dass sie, ein Chaos anrichtend, nicht mehr geschäftsfähig sind, wann wird die letzte Unterschrift fällig? Alles laufen lassen, geschehen lassen, nur weil man Sohn oder Tochter ist?

Kein Respekt vor dem Alter, keine Bewunderung? Ja doch, ich habe grandiose alte Männer erlebt. Beim fünfzigsten Geburtstag von Siegfried Unseld (im vergleichenden Rückblick kam ich mir als Fünfzigjähriger neben diesem »gestandenen«, überaus erfolgreichen Mann beinah knabenhaft unfertig vor), bei dieser Geburtstagsfeier erlebte ich den alten Ernst Bloch: er wurde, fast völlig blind trotz weit vorgewölbter Brillengläser, ans Rednerpult geführt, hielt eine Rede ohne jeden Versprecher, ohne jedes Füllsel, ohne jedes Stocken, ein druckreifer Text.

Aber solche Identifikationsfiguren sind Ausnahmen, rühmliche. Was überwiegt: Einschränkung, Abgrenzung. Und die Gebrechen von Körpern, die für überlange Lebenszeit nicht konzipiert oder konstruiert sind, weder in den Gelenken, noch in den Organen und schon gar nicht im Hirn, das unablässig, scheinbar unaufhaltsam seine Kapazität reduziert. Allzu oft erfüllt sich Einsteins Wunsch, im Alter gemächlich zu verblöden. Damit meinte er aber gewiss nicht Demenz.

Mehr und mehr Wartezimmer-Atmosphäre: Blättern in Zeitungen und Illustrierten, Gespräche über Fangopackungen und Katheder, Nörgeln und Klagen, und die fraglos selbst-

1062

verständlichen Forderungen an Mitglieder der nachfolgenden Generation.

Sich verdichtender Hauch einer Wartezimmer-Atmosphäre auch im Erdgeschoss des Hauses an der B 56, durch die zuweilen belgische Panzerkolonnen dröhnten von der Kaserne zur Verladerampe am Güterbahnhof, durch die Containerlastwagen unablässig von und zur Ford-Zweigfirma fuhren, und mehrfach täglich Martinshörner von der nahen Feuerwache her.

Eine nicht untypische Situation: ich stehe früher auf als das Seniorenpaar, mache mir das Frühstück, lege im Kopf Materialien bereit für die geplante Arbeit, sage der Katze: Nun gehen wir arbeiten, und lautlos huscht sie vor mir die Treppe hinauf, legt sich auf die Fensterbank, behält mich im Auge. Ich fange an zu arbeiten, doch da tapst der Schwiegervater herein im Schlafanzug, es muss dringend ein Arzttermin für ihn ausgemacht werden, Gisela ist ja in der Schule, die Oma will in Ruhe gelassen werden, also muss ich ran. Oder es muss dringend ein Brief getippt und umgehend zur Post gebracht werden: Noch immer kein Bescheid und schon gar nicht eine Zahlung für ein Patent, das Edmund Jahre zuvor eingereicht hatte. Oder die letzte Rentenzahlung bedarf einer geringen Korrektur. Ich hätte einen guten, schlechten Teil der Zeit als persönlicher Referent des Schwiegervaters verbringen, verplempern können in ebenso zeitraubenden wie oft auch abstrusen juristischen Auseinandersetzungen. Dem wollte, musste ich ausweichen, zog mich immer wieder ins Eifelhaus zurück. Bin ich aber auf Dauer mit mir allein, so nehmen nervöse Magenschmerzen zu, und Cognac hilft da auch nicht viel.

Ich fühlte, bekam zu spüren: Es ist für meine Arbeit nicht stimulierend, mit der Unveränderbarkeit von Menschen konfrontiert zu werden, speziell im Alter, mit der immer deutlicher ausgeprägten Verweigerung des Lernens, mit der Verhärtung von Eigenschaften zu Marotten, mit den unablässigen Mahnungen und Warnungen. Reaktionen, die sich auch artikulierten: Ich kann das nicht brauchen! Ich mag noch nicht resignieren! Ich will mich noch ausbreiten! Ich will noch

Neues erkunden, erleben! Will Kommunikation intensivieren und nicht reduzieren! Will nicht mit Mehltau bestreut werden! Solange meine Hilfe, mein Beistand nicht unausweichlich notwendig sind, will ich meine Lebensformen nicht von wucherndem, überwucherndem Alter mitprägen lassen! Von der viel beschworenen Erfahrung, ja Weisheit des Alters spüre ich ringsum sehr wenig, allzu wenig!

Nach der »Seniorenfahrt« in die Eifel sehe ich mein persönliches Problem als ein weithin allgemeines Problem, und ein fast allgemeines Problem als mein persönliches: Konfrontation mit dem Alter in einem Ausmaß, wie es vor uns keine Generation erlebt hat. Ich reagierte mit zuweilen heftigen Bewegungen, Handlungen. Intensität statt Redundanz und Reduktion, rief ich mir zu, Erweiterung statt Verengung und Verkrustung!

1989, in der ersten Hälfte des Jahres der großen Wende, begann ich mit der Suche nach einer Wohnung in Köln.

NACHSPIEL MIT RAIMUNDUS

Quantensprünge im Denken, Zäsuren in Erfahrungen, und zugleich – wenigstens phasenweise – ein Grundierungsgefühl gleichsam strömender Kontinuität. Gefühlsmäßig bleibt das Ich homogen, Reflexion geht darüber hinaus. Als Hilfsmittel das lullische System: Der stabil gezimmerte Rahmen für die drehbaren Chiffren-Scheiben vor uns auf dem Tisch. Doch der davor sitzt, die Würfelwürfe notierend, steckt in seiner / meiner Haut. Mein Ich in 188 Körperzentimetern, mit fünfundachtzig Kilogramm, davon kann ich nicht absehen.

Ja, dreimal ja: Immer wieder, wie aus einem artesischen Brunnen, dieses, jenes Grundgefühl von Kontinuität: Als hinge alles zusammen, entwickle sich folgerichtig. Doch rückblickend sehe ich Zäsuren. Und mit den Einschnitten: Lebensabschnitte, Neuansätze. Da kann nicht Kontinuität vorgetäuscht werden. Will sich aber zur Geltung bringen. So ziehe ich Hilfswörter heran, als Leser, suche sperrige, dissoziierende Begriffe wie: Patchwork-Ich. Das Ich-Gefühl opponiert sofort: Bin kein patchwork! Wie wärs dann mit: Das Ich als »referentielle Illusion«? Gewöhnungsbedürftig. Aber ich muss doch nun die oft so sehr konträren Bereiche zusammenbringen, im Leben, im Lebensbuch. Zumindest sollte sich erreichen lassen: So etwas wie Osmose zwischen meinem Bewusstsein und meinem Gefühlsbereich.

Lässt sich hier, in Analogiebildung, auf ein Erklärungsmodell der Physik zurückgreifen? Die Welle-Korpuskel-Dualität übertragen auf die Dualität Kontinuität / Diskontinuität? Greift das zu kurz? Geht das zu weit? Wie wärs dann mit: Komplementarität?

Es folgt die Sequenz der Texte, über die Würfelwürfe nicht

direkt entschieden haben. Der aleatorische Restbestand.
Auch hier in der vorgegebenen Reihenfolge der markierten
Scheiben.

Cr / via / 1

Ein Totenhaus in Italien – war es auf Ischia? An einem Gründonnerstag hatte ich lange in einem Winkel gesessen, so reglos,
dass ich nicht weiter wahrgenommen wurde. Hinter mir die
Wand mit Totenfächern, vor mir die Wand mit Totenfächern,
spiegelbildliche Entsprechung. Auf jeder der etwa fünfzig
Zentimeter breiten, dreißig Zentimeter hohen Marmorplatten
(oder marmorähnlichen Platten) der Name, die Lebensdaten,
das medaillonförmige, emaillierte Foto der oder des Verstorbenen. Ein schwarzer, eiserner Leuchterarm mit Kerzenimitation, die Spirale unter der Glaskuppe mit schwachem,
rotgelbem Licht. In jeder der vertikalen Verschlussplatten zugleich die Halterung für eine Steckvase, und in fast jeder ein
Blumenstrauß, meist so langstielig, dass er die Platte oberhalb
mitschmückte.

Und es kamen Frauen mit kleinen Blumensträußen. Trafen
zwei gleichzeitig ein, so war da halblautes Sprechen, Murmeln, auch Wispern. Eine große Leiterstiege wurde bewegt:
Geländer, kleine Plattform oben zum Ablegen von Zubehör
und Mitbringseln. Manche Frauen redeten, halbhoch auf der
Leiterstiege, leise vor sich hin, während sie Blumen in der
Steckvase ordneten, Wasser reingossen mit kleiner Blechkanne. Mehrfach wurden Medaillonfotos geküsst. Es waren
fast ausschließlich Frauen, die an diesem Gründonnerstag
der Toten gedachten. Eine Greisin beugte sich auf der Stiege
ruckhaft vor zum Kuss. Bevor sie herunterkletterte, klopfte
sie zweimal rasch an die Grabplatte. Dieses Klopfzeichen fand
lang nachhallendes Echo in mir.

Cr / pic / 6

Flug nach Madrid, ein Podiumsgespräch. Am nächsten Tag:
die Stadt! Und das hieß erst einmal: Museo Nacional del
Prado. Und Prado hieß für mich gleich schon: Goya. Auf

der Planta Principal: es dominierte, dominiert Goya, Saal um Saal mit etwa hundert Gemälden des Großmeisters. Höfliches Interesse verteilte sich auf Leinwand nach Leinwand, auf Pappfläche um Pappfläche (für die Gobelin-Vorlagen), auf Porträt um Porträt. Doch in Saal LXVII: Mit Asmodeo hob ich ab. Eins der Gemälde, die vom längst ertaubten Goya nach schwerer Krankheit auf die Wände seines neu erworbenen Hauses gemalt wurden, Quinta del Sorde, Haus des Tauben.

Auf einem Begleitblatt der Amigos del Museo del Prado lese ich: Er hatte, völlig unkonventionell, mit Öl auf Gipsbewurf gemalt, später wurden die Wandgemälde abgelöst, das muss extrem heikel gewesen sein, und auf Leinwand übertragen, dann fixiert. Und nun vor mir, im Breitformat: Zwei Figuren, Rücken an Flanke, Beine angezogen, sie schweben in engem Verbund über figurenreicher Landschaft, ein Behelmter, vorn rechts unten, zielt mit dem Gewehr auf die Flugerscheinung, die ihn nicht wahrnimmt, der Mann im Flug voran, Haare gezaust, Mund aufgerissen, zeigt auf einen bebauten Tafelberg, während die Begleiterscheinung, weiblich, mit wallendem roten Umhang, Überwurf, in die Gegenrichtung blickt.

Ich blieb stehn wie angewurzelt: Goya! Der späte Goya! Und dazu auch noch: Vuelo de Brujas, Flug der Hexen – riss mir fast den Kopf ab! Bergkuppe, ein Mann hat sich auf den Boden geworfen, hält sich die Ohren zu, ein zweiter Mann, weißes Tuch über dem Kopf ausgebreitet mit beiden Händen, rennt davon, denn in der weltraumschwarzen Leere über der Kuppe schweben drei halbnackte Frauen, alle drei mit überhohen, mit Ringellinien bemalten, etwa einen Meter langen, oben gespaltenen Kopfbedeckungen, in der Tönung jeweils zum Hüfttuch passend. Sie tragen einen nackten, offenbar strampelnden Mann in die Lüfte, gemeinsam, ihre Münder, saugend oder blasend, an seinem Brustkorb, an seinem Unterleib, an einem Oberschenkel. Und wieder die Thermik, der Sog des Unerwarteten, des Unvergleichlichen.

Natürlich bestaunte ich auch den Hund, hervorlugend hinter geschrägter Farbfläche. Hier bestätigte sich: So etwas konnte Goya nur für sich selbst gemalt haben, erst einmal.

Kein Auftraggeber konnte meckern: So viel Farbfläche und so wenig Hund! Konnte auch keine der obligatorischen Fragen stellen: Und was soll das bedeuten? So was hätte Goya sowieso nicht gehört, das hätte man ihm schriftlich vorlegen oder vorhalten müssen wie dem tauben Beethoven. Die Antwort, falls überhaupt, wäre eher unwirsch ausgefallen. Hier, auch hier hatte einer gemalt, der erst einmal sich selbst überzeugen wollte, sich selbst mit Gelingen überraschen und damit motivieren wollte zur Fortsetzung, Fortführung. Endlich wieder einer, der im Alter nicht konzilianter wurde, den auch schwere Krankheit nicht milde stimmte, einer, der sich in seiner Intensität, Radikalität noch steigerte, der malte, was er malen musste, ohne nach rechts und links und schon gar nicht nach hinten zu blicken: Wenn eine große Fläche monochrom bemalt werden sollte, dann wurde sie eben monochrom bemalt. Und wenn Figuren schweben sollten, dann wurden sie in die Schwebe gebracht, ohne von Erklärungen abgestützt zu werden.

Cr/mus/2

Zwei- oder dreimal wurde ich eingeladen, so etwas wie ein Selbstporträt zu erstellen in der Präsentation von Musik, die besonders starke Resonanz in mir findet – so formuliere ich das jetzt. Was ich vor ziemlich vielen Jahren im SDR, vor weniger zahlreichen Jahren im DLF vorgestellt habe, weiß ich kaum noch, könnte es jedoch näherungsweise rekonstruieren. Aber darauf kommt es mir nicht an, ich will nur einen Punkt hervorheben: Ich habe jedes Mal, zum Schluss, auch Jazz eingebracht.

Was ich in der Moderation, der Ansage nicht erwähnt habe, verständlicherweise: Dass ich mit Jazz, mit intensivem, auch extremem Jazz ausgleiche, was mir an musikalischen Subtiliäten etwa in den Brühler Schlosskonzerten geboten wird: Barockmusik auf Originalinstrumenten. Solche Konzerte, in solchen Präsentationen, finden starke Resonanz in mir – weniger Resonanz würde ein Hammerclavier-Recital, ein Gamben-Consort bei mir finden oder ein Konzert mit A-cappella-Madrigalen. Gesättigt mit Barockklängen im grandiosen

Treppenhaus des Schlosses: kaum zu Hause, giere ich nach kontrastierenden Klangbildungen eines Ornette Coleman oder John Coltrane.

Gleich noch etwas soll eingestanden werden: Während ich an der Biographie über Clara Schumann arbeitete, habe ich nicht andauernd LPs aufgelegt oder CDs eingeschoben mit Musik des Ehepaars Schumann und der Begleitfigur Brahms, ich musste, zwischendurch und hinterher, das Klaviertrio mit meinem Namensvetter Joachim Kühn hören. Das ist anderes Hören als im Reich der E-Musik. Zwar ist spannend zu verfolgen, wie über ein Thema improvisiert wird, wie das thematische Material durchgeknetet wird, aber genauso gern lass ich mich von intensivem Jazz mit rhythmischem Drive ganz einfach mitreißen.

Cr / soc / 5

»Lassen wir den Plutarch mal beiseite! Es geht auch anders. Jedenfalls sind die Lebensbeschreibungen allseits beliebter Stars, berühmter Sänger, Schauspieler oder Regisseure nicht mehr nur triviale Ableger der altehrwürdigen Gattung ›Biographie‹, sondern längst ein eigenes Genre, das ganz bestimmte Erwartungen des Publikums zu erfüllen hat.

Die Machart kennt man. Geschrieben wie Reportagen, angereichert mit Anekdoten und Gesellschaftsklatsch, lesen sich diese Lebensläufe wie Märchen. Die große Karriere des Biographierten wird den glücklichen Eltern schon an der Wiege des Neugeborenen prophezeit, und tatsächlich – es dauert gar nicht lange, da liegen die ungewöhnlichen Talente auf der Hand. Doch damit der Leser nicht den Glauben an die Chancengleichheit verliert: Jeder hat mal klein angefangen, und selbstverständlich: Ohne Fleiß kein Preis.«

So intonierte Hans J. Fröhlich die Besprechung einer neuen Karajan-Biographie, die hier nicht weiter bibliographiert werden muss, ich bleibe bei der Intrada, nehme sie als Stichwort für eine Erinnerung an einen Freund, der mit 54 viel zu früh gestorben ist – wie schon erwähnt: an Herzversagen. Das Herz, das er immer hatte schonen wollen, um möglichst lang zu leben und möglichst lang zu schreiben. Jürgen wies gern hin auf Schildkröten: bewegen sich kaum und leben lange. Aber er bewegte sich offenbar zu wenig, allzu wenig, so kam der Tod gleichsam durch die Hintertür der Lebenskonzeption. In einem Grüppchen von Autorinnen und Autoren, die eine Tageswanderung am Rhein entlang unternahm, war auch Jürgen mit von der Partie, doch bald begann er uns sein Leid zu klagen: »Meine Fußsohlen, sie sind wie Seide …« Also Schongang. Doch das Gespräch lief weiter.

Mit Jürgen sprechen, das hieß nicht: Einem Autoren-Dauermonolog zu lauschen, das Gespräch war austariert mit Geben und Nehmen, Zuhören und Sprechen. So konnte sich ein Gespräch mit ihm lang hinziehen, auch über Musik, sei es in der Münchner Wohnung, sei es im Hof des Stadtschreiberhauses von Bergen, während meiner ›Amtszeit‹. Ich stellte ihn mit einer Lesung vor, in der (vergeblichen) Hoffnung, man würde auch ihn zum Stadtschreiber ernennen mit dem mehr als nur symbolischen Salär, auf das auch er dringend angewiesen war.

Cr / op / 4

Abenteuer einer Leseratte. Wiederholt konfrontiert mit dominierender Komplexität gönnte ich mir schon mal Vereinfachungen, wollte »straight on« erzählen. Als meine, als unsere zwei Söhne in einem Alter waren, in dem sie Geschichten für Kinder hören, gar lesen wollten, erweiterte ich mein kleines Publikum für Gutenachtgeschichten in improvisierten Fortsetzungen und schrieb, veröffentlichte Hörspiele und Romane für Kinder.

Für Kinder, die lesen, schrieb ich über ein Kind, einen Jungen, der las und las und las, beinah suchtmäßig. Also eine »Leseratte«. Der Junge hat seine Lieblingslektüre: ein Buch über Termiten. Darin liest er sich immer wieder fest, darin möchte er unter allen Umständen, auch unter den abenteuerlichsten, unbedingt weiterlesen, es kann ringsumher passieren, was da will, er bleibt fixiert auf die Lektüre über Termiten in einem Bau im fernen Australien. Es passiert sehr viel, und eigentlich sehr Aufregendes, was ihn von der Lektüre weglocken könnte, aber was er liest, das ist die eigentliche Realität; was »wirklich« geschieht, mit ihm geschieht, das ist hingegen wie »nur angelesen«. Jede Zeitlücke, die ihm die »Realität« lässt, nutzt er zur weiteren Lektüre. Er hat im Buch auch rasch einen Ansprechpartner gefunden: einen Termitenhauptmann. Dem folgt er in einen Termitenbau. Doch abenteuerliche Geschichten reißen ihn wiederholt heraus.

Die Cr-Scheiben werden nicht mehr gedreht. Vor meinen Augen haben Würfelwürfe mein Ich fraktioniert, parzelliert. Klarer als zuvor sehe ich die Berechtigung der Leitbegriffe *Diskontinuität, Nichtlinearität*. Und nun? Mit der Frage im Nacken: Zurück zur (ungefähren) Chronologie der (weiteren) Lebenstexte!

KÖLN: Besichtigung von Wohnungen, die ich gleich wieder vergesse – entschlossenen Schritts durch Offerten, die ich nicht auf mich beziehe. Vergebliches Sichten von Zeitungsannoncen, einen Makler mag ich nicht engagieren, also ein Versuch, den Zufall zu stimulieren. Ich schreibe an meinen Hörspieldramaturgen im WDR und an Gertraud Middelhauve, die Verlegerin meines ersten Kinderbuchs: Personen mit vielen Kontakten, da könnte doch zufällig –

Kamps hat keinen Tipp parat, doch die Verlegerin kann sofort ein Angebot vermitteln: Im Hochhaus am Wiener Platz, im sechzehnten Stock mit ihrer Wohnung und den Räumen des Verlags, dort wird die Wohnung frei, in der noch ein kleiner Verlag residiert, die Edition diá, spezialisiert auf lateinamerikanische Literatur in portugiesischer Sprache. Helmut Lotz will nach Berlin ziehen.

Mülheim: ein Stadtviertel, das zu jener Zeit nicht »in« war, »op dä scheel Sick«, also rechtsrheinisch, dort also, wo ich die ersten zwei Lebensjahre verbracht habe, in Deutz. Bedenklich jedoch: der Wiener Platz als Verkehrsknotenpunkt. Erleichterung dann aber beim ersten Inspektionsgang: Das Hochhaus steht mit dem Rücken zum Verkehrskarussell, ist ausgerichtet nach Südosten, Südwesten; vor dem gestaffelten Bau der Stadtgarten mit Weiher.

Im Flur der Verlagswohnung setze ich mich auf einen Stuhl, prüfe den Geräuschpegel im Bau. Der Ausblick hinunter auf den kleinen Park, hinüber zum Hügelkamm des Bergischen Landes, hinaus zum Siebengebirge hat mich sofort bestochen, aber ich will ja nun weiterarbeiten, brauche Ruhe im Ambiente.

Das »Bull-Haus« besteht den Test, ich ziehe ein in die Räume des Verlegers. Im selben Stockwerk bis auf weiteres der Middelhauve-Verlag, so ist Literatur-Kommunikation gesichert, und im Sekretariat kann ich mir schon mal etwas ausleihen, dies dann mit Blick auf die Mülheimer Hängebrücke, auf Güterschiffe, Passagierschiffe. Und ich preise, insgeheim, den Zufall: genau zur rechten Zeit wurde die Wohnung frei.

Ein neues Verhältnis eingehen: das Mietverhältnis. Die Wohnung ist erst einmal leer – kein Schalter löst eine Funktion aus, alle Lampen abmontiert, Kabelenden abgeklemmt, die Lüster. Die Raufasertapeten frisch geweißt. Fenster und Böden geputzt. Was vom vorigen Mieter, von vorherigen Mietern bleibt: ein paar Dübellöcher in Badezimmerkacheln, über dem Waschbecken; im Flur zwei Gleitschienen für Zwischenvorhänge; zwei Stromleitungen sind verlegt worden zu Steckdosen, zusätzlich, diese Leitungen werde ich mit Schellen nachträglich befestigen müssen: schlaff hängen die Kabel herab über Fußleisten.

Lehre, gezogen beim Betrachten von Mieterspuren: Menschen hinterlassen Löcher. Die Raufasertapete freilich schluckt die meisten wieder; im Übernahmeprotokoll wird jedoch vermerkt, dass die Tapete bereits mehrfach gestrichen wurde, bei einem weiteren Anstrich könnte sie sich von der Wand lösen – so, wie sich allzu viele übereinandergeklebte Plakate von der Fläche lösen.

Jeder wohl hat es sich in dieser Wohnung so eingerichtet, dass er glaubte, ja sicher war: Nun erst findet alles seine Form, nun erst wird ausgefüllt, was angelegt ist. Wenn der vorherige Mieter die Wohnung so sehen könnte, wie sie sich jeweils neu darstellt, er würde staunen. Aber auch ein vielleicht in der Tat staunenswertes Arrangement von Möbeln, Bildern, weiteren Gegenständen wird herausgeräumt: erloschene Bedürfnisse, aufgegebene Ansprüche.

Was am ehesten bleibt: Haken, »bombenfest« auf Badezimmerkacheln geklebt, zumeist mit der Beschriftung: Sie, Er, Gäste. Das war den Nachmietern wohl jeweils zu anonym, sie fühlten sich von den »Sie« und »Er« der Vormieter nicht angesprochen, nicht gemeint, also klebten sie ihrerseits Haken an mit: Sie, Er, Gäste, auch wenn sich die Haken fast überhaupt nicht, die Schriftzüge nur geringfügig unterscheiden. Insgesamt achtzehn zusätzliche Haken zähle ich im Badezimmer. Die könnten brachial abgelöst, die Klebespuren müssten mit Reinigungsbenzin entfernt werden, ich verzichte darauf, klebe auch keinen neunzehnten, zwanzigsten, einundzwanzigsten Haken an die Wand, benutze die Haken in freier Auswahl: Haken, die ich nicht benutze, werden damit zwar nicht entmaterialisiert, werden sich jedoch in meinem Bewusstsein verkleinern, werden schließlich von der Kachelwand wie verschluckt sein.

Kleines Erschrecken unter Freunden, Bekannten: Dieter wohnt in einem Hochhaus ...! Ein Schriftsteller, ein Dichter in einem Hochhaus, das kann doch nicht zusammenpassen! Das Holzhaus in der Nordeifel: Ja, selbstverständlich, passt zum Bild, das man sich von einem Erzähler macht, aber ein Hochhaus?!

Doch es ist kein hochragendes, sondern ein breitgestaffeltes Hochhaus. Wiederum zugegeben: vom Wiener Platz aus gesehen sieht es schlimm aus, aber das ist nur die Rückseite mit Fensterchen von Badezimmern, mit Flurfenstern. Sobald die erst einmal stirnrunzelnden Besucherinnen und Besucher in der Wohnung stehen, höre ich Laute der Überraschung: Weit, weit, so weit der Blick, ja, bis zum Siebengebirge dort im Süden, ungefähr vierzig Autobahnkilometer vom Hochhaus entfernt, und nach links, ostwärts, der erste Höhenrücken des Bergischen Landes, und vor dem Hochhaus der Mülheimer Stadtgarten. Und keine Schnellstraße im weiten Blickfeld, nur Häuser, Hausgruppierungen und viel Grün – »wie ein Blick aufs Meer!«, ruft eine befreundete Autorin.

Die Wohnung selbst: sehr helle Räume. Und kaum ein rechter Winkel: Der in den sechziger Jahren gefeierte Architekt hat den Räumen meist rhombischen oder trapezförmigen Grundriss verliehen; mein Arbeitszimmer hat neun Seitenkanten –

fast wie ein Turmzimmer. Ein Zimmer in einem allerdings sehr hohen Turm: das sechzehnte Stockwerk von insgesamt siebzehn.

Vom Arbeitstisch aus (kein Schreibtisch, sondern eine aufgebockte Holzplatte) schaue ich Richtung Siebengebirge, das ist stimulierend in der Zeit, in der ich den Roman über Beethoven und den schwarzen Geiger schreibe: Das Siebengebirge, das Beethoven in Bonn sah, in Sichtnähe. Meine Postanschrift ist ebenso beziehungsreich: Wiener Platz, Beethoven in Wien – alles wie arrangiert. Und in Blickrichtung südwärts, dort liegt, weit entfernt, Afrika: dorthin lasse ich Beethoven mit dem farbigen Bridgetower reisen, back to his roots.

Es sind nur ein paar hundert Meter zum Rhein. Ich unterquere Bahntrasse und Ringstraße, überquere die Straße mit dem verheißungsvollen Namen »Mülheimer Freiheit«, gehe auf dem Uferweg den Fluss entlang nordwärts oder südwärts, kann wiederum wählen zwischen Ostufer und Westufer – dorthin muss ich nur die (Rekonstruktion der zerbombten) Brücke überqueren, mit der sich Bürgermeister Adenauer den Traum von einer Hängebrücke in Köln erfüllt hatte. Vierzig Minuten gehe ich am Rhein entlang zur Innenstadt. Bin dann mit einer der drei Bahnlinien in sieben Minuten zurück am Wiener Platz. Also sind Verabredungen für den Abend leicht zu realisieren, gering auch der Anlauf zu einem Kino, zum Theater, zur Musikhochschule, zur Philharmonie.

Meine Stadt. Die Luft ist nicht so sauber, das Wasser schmeckt nicht so gut wie in der Eifel, aber das Ambiente, das Atmosphärische: sehr belebend. Also auch gut für die Arbeit, die ich fortsetze, nun erst recht.

Blick vom schmalen, windumwirbelten Balkon hinab auf die Stadthalle mit dem flachen, von Blitzableitern geschützten Dach. Dort unten, so erzählt mir VS-Kollege Walter Fabian in seiner Wohnung im achten Stock, dort unten ist im Keller ein Doppelmord verübt worden. Und im Speicher des Hochhauses, im Lattenlabyrinth von nummerierten Verschlägen, dort hat sich einer aufgehängt. Und im Teich, auf den ich hinabblicke, so erzählt mir eine Verlagssekretärin, ist ein Kind ertrunken, das Eis durchbrechend. Und im Park wurde ein Mann niedergestochen, offenbar in der Schwulenklappe, blutend erreichte er den Gehsteig der Straße, brach tot zusammen. Und während ich frühstücke, wird, in meinem Rücken, die Bank am Wiener Platz überfallen, die dreißig Mitarbeiterinnen, Mitarbeiter der Filiale werden mit Pistolen begrüßt und in einem Nebenraum eingesperrt; und die beiden Räuber ziehen ab mit mehr als 600000 DM. Ambiente mit Markierungen!

Doch sedierend der Blick hinab auf den kleinen Park mit den Wiesenflächen. Und dem Teich – für mich Mittelpunkt des Areals. Wasser, vielfach windgeriffelt, vielfach sonnengleißend, zumindest vormittags, und durch die Windriffelungen, durch das Lichtgleißen schwimmen Blessrallen und Enten in Grüppchen. Nachts, wenn der Geräuschpegel dieser viertgrößten Stadt der Republik gesenkt ist, höre ich, bei offnem Fenster, zuweilen eine Ente quaken, ja vor sich hin schimpfen, als würde sie den Schauspieler Hans Moser imitieren.

Wiederum tagsüber: Modellschiffchen fahren umher, ferngelenkt. Und Styropor findet immer einen Weg ins Wasser; die weißen Bröckchen müssen von Arbeitern des Grünflächenamts von Zeit zu Zeit herausgefischt werden. Der meist entengrützengrüne Teich wird zuweilen von Hunden durchschwommen, wenn die Hitze groß ist; einmal sehe ich auch eine Frau durch das überdüngte Grün schwimmen, langsam, als hätte sie eine weite Strecke vor sich. Sie passiert knapp den winzigen Springbrunnen in der Mitte – der Wasserstrahl schafft gerade mal dreißig Zentimeter. Bei Südwind, Süddrift ist zuweilen das helle Pladdern auch im sechzehnten Stockwerk zu vernehmen. Soll das bisschen Pladderwasser den Teich etwa mit Sauerstoff anreichern? Vergeblich: an warmen Tagen verwandelt er sich in eine blasentreibende Brotsuppe. Vor allem Mütter mit kleinen Kindern und alte Frauen mit Hunden tragen Plastiktüten voller Brotreste heran, werfen sie Enten und Blesshühnern vor, die übersättigt an den Brocken,

Rindenstücken, Brotscheiben, Brötchen vorbeischwimmen. Sanfter Wind schiebt das angesuppte Altbrot an eins der Ufer, doch unablässig wird weiteres Brot hineingeworfen, Plastiktüte um Plastiktüte.

Offensichtlich wird vielfach mehr gekauft, als verbraucht werden kann, also wird weggeworfen. Mit den Erfahrungen von Kriegs- und Nachkriegszeit im Nacken kaufe ich nur so viel Brot, wie ich voraussichtlich verbrauche, da muss nichts, hart geworden, ›entsorgt‹ werden. Das verhindert nicht der Missionsgedanke an die Hungernden in Afrika, das ist in mir fixiert. Keine Entrüstung, aber doch Staunen, wenn Freunde, die mich zum Essen einladen, in der Küche die Reste schwuppdiwupp in den Mülleimer kippen, weil es am nächsten Tag »nicht mehr schmeckt«. Irritation; hier wirken Erfahrungen jener Zeit nach, über Jahrzehnte hinweg, dies sicherlich auch künftig.

Kleines, eher belangloses Detail: In jener Zeit der knappen Ernährung erschien mir als höchster aller Essgenüsse ein frisches Brötchen, mit Butter und Honig dick bestrichen. Schöneres konnte ich mir in der Mangelwirtschaft der letzten Kriegsjahre, der ersten Nachkriegsjahre nicht vorstellen – keine Werbebilder von Eisbechern, so etwas lag weit jenseits aller Vorstellungskraft des Kindes. Vor der Grenze des Wünschbaren aber lag, verlockend, das Honigbrötchen (für Freund Peter aus Schlesien war es eine deftige Scheibe Graubrot, mit Butter bestrichen und mit Zucker bestreut). Zuweilen erfülle ich dem Kind Dieter nachträglich den Wunsch, hole, nach einem Spaziergang am Rhein entlang, in einer kleinen Bäckerei ein paar Brötchen (kein aufgeschäumtes, styroporähnliches Zeug mit Kruste, sondern wirkliche: Brötchen), schneide sie auf, bestreiche sie beinah rituell mit Butter, dann mit Honig und gebe diese Köstlichkeit dem Kind in mir zu essen.

Schauplatz Köln-Mülheim, Stadtgarten. Gelegentlich fährt ein Streifenwagen umher auf den asphaltierten Parkwegen, aber nur am hellen Tag, an dem keiner der Schwulen zu sehen ist, die sich nachts zwischen Gebüschgruppen treffen: drei

Mann in fachmännischer Betrachtung eines vierten, dem ein weiterer Unterarm vom Leib wegragt. Manchmal wartet ein Streifenwagen mit rotierendem Blaulicht auf den orangefarbenen Hubschrauber des Katastrophenschutzes. Der setzt auf der großen Wiese auf, und während der Rotor noch kreist, immer langsamer, rennen geduckt zwei Männer in Weiß über die Wiesenfläche, einer mit einem Aluköfferchen, und sie schwingen sich in den Streifenwagen, das Martinshorn wird angeschaltet, die Männer in Weiß werden zum nahgelegenen Einsatzort gefahren. Und es sammeln sich Zuschauer am Rand der Wiese, um das Spektakel eines aus dem Stadtgarten in die Luft steigenden Helikopters zu sehen, um zu spüren, wie der Rotor-Wirbelwind die Haare strudeln lässt. Und alles verläuft sich wieder nach dem großen Blätterwirbeln. Der Schauplatz ist leer für die nächste Pladder-Landung.

Vormittags oft Sport im Stadtgarten: Wurfmarkierungen werden in den Rasen gesteckt, dies aber weder für Eisenkugeln noch für Speere, es werden nur Bälle geworfen. Und kolibribunte Grüppchen laufen ein paar Runden. Und Gymnastikübungen, einige Mal unter Anleitung eines jungen Schwarzen. Und nachmittags lagern Gruppen, Grüppchen, Paare, Personen auf dem Gras: Türkische Clans stets im Baumschatten, deutsche Familien immer in der Sonne. Hunde und Kinder laufen zwischen den Mencheninseln hindurch. An den beiden fest installierten Steinguss-Tischtennisplatten mit Metallgittern statt Netzen spielen Kinder oft im Laufkarussell rund um die Platte, und zur rechten Zeit muss jeweils der Tischtennisball getroffen werden. Zuweilen sind Jungen mit von der Partie, die eine exotische Kopfbedeckung tragen: Über der Stirn, der dunkelhäutigen, scheint eine handtellergroße Scheibe eingeschlossen im hellen Tuch, das, straff gebunden, die Haare verbirgt – wo kommen die her? Aus Indien? Woher auch immer, nie sehe ich Gerangel oder Gerempel an den beiden Platten. Hier herrscht Gelassenheit. So schaut auch keiner zum kompakten Mann mit Lammfellkappe, der am Nachmittag betet, eine gelbe Windjacke als Gebetsteppich, und jenseits des Buschs, vor dem er hinkniet, sich hinwirft: sein Mekka, in weiter, weiter Ferne. Aufstehn, sich verbeugen, hinknien, Stirn auf den Boden, das wiederholt sich. Durch eine Beobachtungs-Zeitlücke entschlüpft er, mit seiner gelben Windjacke, der grauen, weiten Hose, der Lammfellkappe.

Und Kurden- oder Türkenpaare üben einen Volkstanz ein; dabei schlägt einer, die Schrittfolgen mit dem Rücken zur Gruppe vorführend, eine kleine, silberne Trommel, die er unter den Arm geklemmt hat, ein zweiter spielt, sich wiegend, die scharf näselnde Oboe. Auch mit Rufen steuert der Vortänzer die Gruppenbewegungen, bricht den Tanz immer wieder ab. Erneut das Trommeln, das Näseln des oboenartigen Instruments – zuweilen zwei Stunden lang ein Hauch Anatolien oder Kurdenbergland im Stadtgarten, akustische Verwandlung. Auf der Abendwiese eine junge, sehr schöne Frau, sie übt Jonglieren mit drei Bällen, die sie geduldig immer wieder einsammelt.

Die Arbeit unterbrechend, kaffeeschlürfend, schaue ich von meinem Logenplatz auf dem kleinen, windumzausten Balkon hinab auf das Freiluft-Stadttheater: Das neue Ambiente schärft den Blick, mir gehen die Augen auf, ich muss mich erst mal sattsehn.

Ein Feuerwehrwagen fährt vor an der Stadthalle, die Leiter wird ausgefahren, geschwenkt, drei Mann steigen rauf, ohne Helme, gehen auf dem Dach zu einer höheren Dachetage. Inspektion für eine Übung? Besichtigung für den Fall eines Einsatzes? Doch dann sehe ich, in einer Pfütze an der Flachdachkante, einen Schwan, und der rührt sich nicht. Drei Männer in Dunkelblau auf dem sonnenbeschienenen Dach, ein kranker Schwan. Einer der Feuerwehrmänner geht auf ihn zu mit großen, grauen Handschuhen, packt ihn am Hals, nimmt ihn unter den Arm – der hat bestimmt schon mal Gänse getragen. Einer der Männer steigt die Feuerwehrleiter hinab, holt aus dem Löschfahrzeug einen Kasten. Der wird mit einem Seil aufs Dach gehievt und abgesetzt: der Deckel mit Löchern. Der Schwan kommt in die Kiste, sie wird verschlossen, wird abgeseilt. Wo wird man die hinbringen? Zu einem Tierarzt, der ihn einschläfert? Einer der Männer bedient die Leiterhydraulik, der Wagen fährt ab, ohne Blaulichtblinken.

Eine Römische Woche wird veranstaltet für Kinder im Kiez: streetwork. Es wird für Mosaike gemanscht, es werden weiche Steinstücke gesägt und gefeilt zu Plastiken, einige Kinder behalten ihre Fahrradhelme auf, während sie sägen oder bunte Steinchen in Zementmatsche drücken. Vor bemalten, aufgespannten Betttüchern balanciert ein junger Mann auf einem Einrad, jongliert mit brennenden Fackeln. Eine junge Frau führt einen endlosen Bauchtanz auf, es flattern die Fransen am roten Büstenhalter, es flattern die Fransen an der Hüftschärpe. Einige Türken wahren Distanz, schauen mit unbewegten Gesichtern zu. Vier Männer bereiten sich auf ihren Auftritt vor mit römischen Kinorüstungen, die sie neben einem Auto auf dem Parkplatz anlegen, aber kaum formieren sie sich, setzt ein Gewitterregen ein, jagt alle unter Schirme und ins Zelt, die Wiese saugt sich voll mit Nässe, die weitere Auftritte verhindert.

Schönes Wetter aber für die Heilsarmee. In der Stadthalle findet ein Meeting statt, angekündigt von einem blau gestrichenen, sichtlich alten Wohnwagen mit der Aufschrift: Gehet-hin-Team. Es rollen weitere Wohnwagen auf den kleinen Parkplatz an der Flanke der Stadthalle, es folgen Personenwagen, Mittelklasse, alle sichtlich gepflegt, einer sogar violett lackiert und hörbar getunt – dumpfes Grummeln bis hinauf zu meinem Stockwerk. Power for Jesus? Viele Männer in weißen Hemden mit den kleinen Achselstücken der Gottesarmee. Ein besonders dicker Heilsarmist watschelt durch den Park, Hand in Hand mit einer wohlbeleibten Frau; für den Busenvorbau braucht sie bestimmt einen BH mit verdoppelten Strapsen. Frauen mit Kapotthütchen, die noch immer nicht der Vergangenheit angehören; weinrote Bänder sind über die Hüte geschlungen, weiß beschriftet – sollen wohl vor Windböen des Satans schützen. Knöchellange, hochgeschlossene, grauschwarze Kleider. Ein junger Mann jedoch in modischen Jeans, mit T-Shirt, auf dem ein Heilsarmist mit der großen Trumm abgedruckt ist; modisch auch der Haarschnitt mit »Nackenspoiler«, das Haar den Nacken, den Kragen bedeckend wie bei Fußballspielern aus der DDR.

Ein ebenfalls junger Heilsarmist setzt eine blitzblank polierte Trompete an, mehrfach, spielt lautlos mit den Ventilen; übt er ein hohes, scharfes Jesussignal ein? Auftritt eines dicken, jungen Mannes: kurzes Haar, Kinnbart, Sonnenbrille, ebenfalls ein weißes T-Shirt, nun mit dem Aufdruck JESUS; grün getönte Bermudashorts, Söckchen und Sportschuhe; Fleisch ausgewulstet über dem Hosenbund. Fingerschnippend deutet er Tanzbewegungen an, dreht sich dabei, nun lese ich auf seinem Rücken den Aufdruck IST HERR. Religionsgemeinschaft des öffentlichen Rechts. »Du brauchst Jesus Christus.« Jesum Christum. Es kommt einer hinzu mit einer Videokamera. Ein Grüppchen, Trüppchen bricht auf, ohne Tritt Marsch, Richtung Wiener Platz, dort wird man Transparent und Fahne entrollen.

Und Weite, Erfahrung von Weite, wiederholte Erfahrung von Weite! Bei einem der Weststürme hat sich jenseits des Rheins eine Kette, eine langgestreckte Traube roter Luftballons gelöst, wie sie schon mal an Kaufhausfassaden angebracht werden zu Eröffnungen oder zum Ausverkauf, eine vielleicht vier Meter lange Ballontraube, die sich in der raschen Luftströmung ständig umformt, mal zur Schlangenform, mal zu einem Seepferd, mal zu einer Luftraupe – so wird sie kilometerweit getragen, als Schlange, als Raupe, als Seepferd.

Und es folgen Wolkenstaffeln, Staffelwolken, weiträumige Wolkenarrangements, die Weite ausmessend. Zuweilen ein Gewitter: von Südwesten heranrollend, mit einem Wolkenwulstsaum wie der Gummiwulst eines Hovercraft, dazwischen glattgestrichenes, bauchig hängendes Grau, in dem Blitze zucken, schon ist das Gewitter über gepeitschte, gezauste Bäume herangekommen, Hagelschlag in dichten Schauern, in den Hagelschwaden ein toter Vogel, vielleicht eine Taube, wohl von einem Hagelkorn tödlich getroffen, der Vogelbalg am Fenster vorbeigewirbelt wie ein alter Scheuerlappen, fortgesetzte Wirbelbewegung, Schlenkerbewegung aus dem Panoramabild heraus.

ZWISCHENFALL. Ich fahre wieder mal zu einer Lesung. (Den Koffer habe ich meist halb offen im Flur liegen, es lohnt sich kaum, ihn restlos auszupacken, es lohnt schon gar nicht das Verstauen.)

Eine Strecke mit »hohem Stau-Aufkommen«, ich fahre mit dem Zug. Vollbremsung auf freier Strecke. Ich im letzten Wagen, in dem die Zugleitung ihr Abteil hat, gleich nebenan. So kriege ich, auf den Gang hinaustretend, alles mit. Es wird telefoniert: »Hier ist der Zugführer. Lokführer, hörst du mich? Lokführer, hörst du mich nicht?« Und als Zwischenmitteilung an den jüngeren Mitarbeiter: »Die schreien da in der Lok wild durcheinander. Die reden nur noch Quatsch!« Er hält den Telefonhörer so, dass wir das Erregungsgeschrei im Führerstand der Lok kurz mal hören können. Und es wird wieder versucht, ein Gespräch aufzubauen. »Aus dem Busch gesprungen …? Lachend voll da rein …?« Ich, soufflierend: Das Gesicht war wohl eher verzerrt. »Nein, lachend voll da rein!« Nun erst, durch das Fenster in der Tür des letzten Wagens blickend, werden wir aufmerksam auf ein Bündel, hell, das ein paar hundert Meter weiter liegt, am Gleis. Inzwischen wurde eine andere Nummer angewählt. »Nein, IC, IC.« Die Nummer wird durchgegeben. »Wann das passiert ist? Na ja, vor ein paar Minuten.« Polizei und Staatsanwalt werden informiert. »Wenn der tot ist, kommen wir hier schneller weg. Am schlimmsten, wenn die verwundet sind.« Der Zugführer hat so was schon zweimal miterlebt; bundesweit schmeißen sich jedes Jahr an die tausend Personen vor die Züge.

Der Jungschaffner soll mal zurückgehn und sich den Schadensfall anschauen: zwei Teile? Der junge Mann schluckt. »Eigentlich bräuchten wir zwei Zeugen. Sie stehn grad so praktisch, wollen Sie nicht mitgehen?« Da schlucke auch ich. Den Anblick möchte ich mir denn doch nicht zumuten, eine zermatschte Leiche. Das Bild würde ich nie wieder los. Ich verhalte mich anders, als der coole Junge gleichen Namens das im Bahnhof München-Pasing erwartet hätte: ich winke ab. Wäre ja auch eigentlich Aufgabe des Zugführers, auszusteigen, nach da hinten zu gehen. Der aber muss telefonieren, koordinieren.

Der Jungschaffner stapft allein zurück, neben den Gleisen. Wir schauen ihm nach. »Die Polizei ist unterwegs.« Der Jungschaffner tapst wieder heran, hebt zwei Finger. »Zwei Teile? Schlimm?« »Macht mir nichts.« Doch er bleibt totenblass.

Ein Streifenwagen kommt auf pfützenreichem Feldweg heran, ein Polizist steigt aus, geht aber nicht zur Leiche, steigt in den Waggon ein, will durch den Zug zum Lokführer. Der Zugführer: »Es handelt sich immerhin um einen Personenschaden.« Wieder ein Versuch, mit dem Lokführer zu sprechen. Eigentlich müsste der nun ausgetauscht werden, aber hier in der Pampa? Bis der Staatsanwalt kommt, das kann dauern. Der Polizeibeamte kann ja solang die Totenwache halten.

Der Polizist kommt zurück. War ja klar: Konnte vom ersten Wagen nicht in die Lok überwechseln. Der Lokführer ist nun doch wieder ansprechbar, wird weiterfahren. »Ist die Lok sauber? Nicht, dass wir blutverschmiert in Mannheim einfahren.« Nein, die Person ist gleich unter die Räder geraten.

Weitere Telefonate, der Polizist geht zum Streifenwagen, schaut sich die Leiche auch jetzt nicht näher an.

Der Zug fährt an. Erst langsam, fast Schrittgeschwindigkeit, aber schon nach wenigen Kilometern zieht er im Tempo merklich an, erreicht bald wieder die Geschwindigkeit vor dem Zwischenfall, dem »Personenschaden«.

Und ich bin mit mir selbst konfrontiert, den oft heranzitierten Kloß im Hals. Hätte, als zweiter Zeuge, den Jungschaffner eigentlich doch begleiten sollen, hätte mir die letzten Schritte ja ersparen können, der ungefähre Eindruck hätte genügt: zwei Teile, stimmt. Aber ich bin mir sicher: ich hätte das Bild nicht mehr, nie mehr aus dem Kopf gekriegt. Schon gar nicht, wenn ich näher hingeschaut hätte. »Schau es dir genau an!«

Die tote Möwe: beinah zwanghaft vor Augen geführt bei einem Strandgang: lag hingeschlenkert auf Kiesel, die Steine zusammengeschoben zur letzten, erstarrten Welle. Das Gefieder: als wäre der Balg aus einer Waschmaschine gezogen, versträhnt, verfilzt. Der Schnabel nun glanzlos, wie mit dünnem Belag überzogen – fast mikroskopisch feines Algengewächs?

Die Augen glichen tief eingesetzten Kohlekompretten, die ich als Kind schluckte, wenn ich Durchfall hatte. Der Hals ein dicker, schwarz isolierter Draht unter gezaustem, verklebtem, wie gerupftem Halsgefieder. Der Balg aufgerissen: wie ein Teerklumpen, sandpaniert.

Der Hund: offenbar im vergeblichen Rettungssprung von unten her aufgerissen, fast auseinandergerissen – die Läufe waagrecht, alle vier, in einer Richtung. Freigelegte Knochen- enden – wo sind die Tatzen geblieben? Sind die nicht besonders widerstandsfähig? Jedoch: alle vier Tatzen von den Knochen gestreift, als wäre das hier besonders mühelos. Einige Fellpar- tien, am Bauch haarlos. Eine Art Todesräude? Die Augen – da musste ich besonders genau hinschauen, konnte den Blick nicht abwenden: aus der oben liegenden Augenhöhle, einer leerschwarzen Augenhöhle, war etwas graubraun heraus- gewachsen, wie eine kleine Meerpflanze, am oberen Ende eine Verdickung, stumpf – als wäre der Augapfel an einem Stiel herausgeschoben worden aus der Einhöhlung, wäre am Au- genstiel ausgetrocknet. Die Zähne freigelegt – nicht nur die Fang- oder Reißzähne, die Lefzen angehoben, heruntergezo- gen wie bei einer definitiven Zahnprüfung. Im aufgefetzten, in der Rippenpartie aufgebrochenen Rumpf: graubraune Masse, ungefähr wie aufgeweichtes Pappmaché. Verwesungsmatsch.

Assoziation: eine Aufzeichnung von M. S. Merian! »1684 habe ich einen Krammetsvogel bekommen, der hatte inwendig in seinem Leib eine solch starke Bewegung und war doch tot. So gedachte ich nachzuschauen, was doch die Ursache sein möchte, und machte den Bauch des Vogels ein wenig auf: so fand ich denselben voll weißer Würmer. Da tat ich den Vogel samt den Würmern in eine Schachtel und schaute jeden Tag danach. Alsdann fand ich am 24. April, nachdem diese Wür- mer das ganze Fleisch des Vogels verzehrt hatten, dass sie zu braunen Eiern geworden waren; da zählte ich sie und fand von denselben 156 Stück, welche sich alle glichen.«

MSM hatte also wohl einen Hang zum Makabren, zum Morbiden. Schnitt den Leib eines toten Vogels auf, in dem Parasiten bereits so stark herumwühlten, dass es nach außen hin sichtbar wurde. Sie fragte sich: Was ist da los, was läuft da ab? Schnitt den Vogelkadaver auf, sah ein Gewimmel von weißen Maden, bewahrte den verwesenden, madenwimmelnden Vogel auf, und das nicht nur einen Tag, zwei Tage oder drei, sondern gleich zwei Wochen lang! Täglich öffnete sie die Schachtel (wohl eine Spanschachtel), um nach dem Grad der Verwesung, der inneren Entwicklung zu schauen – ihr muss ein immer wilderer Gestank entgegengeschlagen sein – das Kästchen wird freilich schon zuvor aus allen Ritzen gestunken haben! Schließlich war der Vogel von innen her leergefressen. Und die Verwandlung der Maden setzte ein, sie verpuppten sich – auch hier bezeichnete die Merian die Verpuppungskammern als Eier. Und zählte die gewissenhaft ab, wahrscheinlich auf dem Arbeitstisch aufgereiht: von eins bis einhundertsechsundfünfzig. Zog sie Schlüsse aus der Zahl? Mit Sicherheit: nein.

Mit einem gewissen Aufwand an Höflichkeit ließe sich eine zumindest partiell motivierende, gleichsam veredelnde Erklärung entwickeln mit dem Hinweis auf barocke Bilder und Figuren, die Verwesung sichtbar machen vor allem durch Würmer, die sich durch faulendes Menschenfleisch hindurchfressen. Nur: Maria Sibylla Merian liefert nicht den geringsten Ansatz zu einer derart zuvorkommenden Auslegung. So bleibt nur der Schluss, bestätigend: Die naturkundige Malerin hatte einen Hang zur Beschäftigung auch mit dem Makabren, dem Morbiden.

Und warum fällt mir das hier wieder ein? Warum interessiere ich mich dafür? Ist etwas übergesprungen? Partielle Symbiose? Disposition für eine Magie des Zerfalls?

Bild, das ich nicht aus dem Kopf kriege: Braunschwarze Kuh, die ich erst für einen Auerochsen hielt. Auerochsen habe ich allerdings noch nie auf einer Weide gesehen in meiner Eifelregion, Auerochsen kannte ich nur von Fotos. Hier nun: eine mächtige Auswulstung zwischen Kopf und Rumpf – hing fast durch bis zum Gras, das flach war.

Als ich näher an den Zaun herantrat, wie hingesteuert,

wie herangeschoben, sah ich: riesiger Auswuchs am mageren Rind, wie ein Knecht-Ruprecht-Sack, unregelmäßig vollgestopft. Ein ›Sack‹ aus blumenkohlgroßen, blumenkohlähnlichen, schwarzbraunen, auseinander herauswuchernden Geschwüren. Unter den Augen, hinter den Augen die ersten Geschwüre, wie kleinere, dann größere Schwalbennester, in kurzem Übergang sodann Verdickungen ... Übereinanderhinwegwachsen von Geschwüren ... Geschwürwucherung aus Geschwürwucherung ... großer Geschwürsack. Das Fell der Kuh strähnig, struppig, stumpf. Die Flanken dürr, deutlich ausgeprägt die Knochenformen. Sehr langsam hob die Kuh den linken Vorderlauf, knickte ihn ein, setzte ihn auf, hob ihn erneut an, einknickend, kratzte sich mit dem Spalthuf an der Geschwürmasse, graste weiter.

Und ich schrieb weiterhin ... habe weiterhin geschrieben ... hatte weiterhin geschrieben ... werde weiterhin schreiben ... werde weiterhin geschrieben haben ...

DAS GROSSE FEST DER WIEDERVEREINIGUNG wollte ich in der Ex-DDR miterleben, folgte einer Einladung nach Halle.

Die Autobahn in längerem Abschnitt parallel zur Chemieschiene Merseburg–Schkopau–Halle, und es begleitete mich das helle Bild einer ökonomisch düsteren Situation: Schlote und Riesenschlote ohne Rauch.

Als ich zum ersten Mal nach Halle gefahren war, noch während der Systemzeit, war von den Leuna- und Bunawerken eine fast gewitterschwarze Wolke herangezogen, nein, hatte sich herangewälzt – die war nun aufgelöst; höchstens aus jedem fünften oder sechsten Schornstein qualmte es noch. Schornsteinriesen mit den rot-weißen Warnkarrees für Tiefflieger, aber keine Emissionen. »Plaste und Elaste aus Schkopau« hatte ich mehrfach als Werbetext an Autobahnbrücken gelesen, früher, aber nun waren diese Plaste und Elaste nicht mehr konkurrenzfähig auf dem Weltmarkt. Auswirkungen bis hinein nach Halle: die Luft nicht mehr blaugrau eingetrübt wie in den Jahren, als die Saale noch penetrant gestunken hatte zu jener Zeit, da die DDR sich noch als unerschütterliche Bastion des Antifaschismus und des Sozialismus feierte. Die Saale war damals torfbraun, und wo sie, zwischen Staustufen, besonders langsam floss, blubberten Faulgase hoch, und Schaum bildete sich matratzendick, dies Dutzende von Quadratmetern weit, und es stieg stechender süßlich-chemischer Gestank auf, der mir augenblicklich Kopfschmerzen machte, als ich auf einer der Brücken verharrte. Beim traditionellen Lampionfest, dem Korso leuchtengeschmückter Boote auf der biologisch toten Saale wurde einer der Nachen von einem Patrouillenboot der Volkspolizei gestellt und abgeschleppt, weil es ein Schriftband zeigte mit dem Zweizeiler: »Wir sitzen alle in einem Boot / Umweltschutz tut not.«

Thälmannplatz, noch immer Thälmannplatz. Das »Verkehrsaufkommen« scheint sich seit dem letzten Besuch verdoppelt zu haben. Polizisten in den noch herkömmlichen Uniformen, eine Frau unter ihnen. Schlagstöcke senkrecht angehoben, waagrecht ausgestreckt, dann schlenkernde, wirbelnde Bewegungen, die den dünnen Verkehrsfluss beschleunigen sollen.

Auf einen Kaffee zu Sigrid. Wiedervereinigung, tja. Erst mal die Aufregung! Morgens um fünf klingelte es Sturm, ihr Cousin war vorgefahren: »Die Grenze ist offen, ich brauch deinen Shell-Atlas!« Schon war er auf und davon, Richtung Berlin. Die große Stampeda. In Leipzig wurden Autos aus Görlitz und Umgebung an Tankstellen nicht bedient, stattdessen Vorwürfe: »Wacht ihr jetzt erst auf?!« Einem der Wagen, der an der Peripherie von Leipzig parkte, wurden die Reifen durchstochen. Der »run« setzte sich fort. Der SFB meldete, dass östlich von Berlin alle Straßen dicht waren, Staus ohne Ende, also entschieden sich Freunde für eine Nebenstrecke, über den Harz, dort sollte der Andrang nicht so groß sein, aber da gab es ein ganz anderes Problem: die hatten nur eine hiesige Autokarte, und die war im Grenzbereich völlig ungenau – natürlich vorsätzlich, Fluchtwege sollten erschwert werden. Das MfI ließ selbst Autokarten fälschen!

Ein Anruf, zwischendurch. Ja, das Telefon, endlich, endlich, darauf musste man bis zu einem Jahrzehnt warten, nun geht alles schneller, vor allem für »Gewerbetreibende«. Auf ihrem Arbeitstisch eine Schrift über Mehrwertsteuer, juristische Texte: viele Informationen müssen in kurzer Zeit aufgearbeitet werden; ein neues Koordinatensystem, in dem sich das kleine Architektenkollektiv zurechtfinden muss, man teilt die neuen Aufgaben halt unter sich auf.

Abendessen. Abendbummel. Vorbereitungen auf das Stadtfest am nächsten Tag. Drei Musikbühnenzelte sind bereits aufgebaut mit Scheinwerfern, mit Videowänden, mit Laserlichtgeräten; in der Mitte des Platzes ein Zeltdach, unter dem Licht und Ton gesteuert werden sollen. Biertresen, Pizzastände, Wurstbratereien. An der Südostecke der berühmten, von Feininger gemalten Marktkirche blaken zwei, drei Dutzend Kerzen auf dem Boden – hier hat auch Sigrid gestanden, gleichsam im zweiten Ring um den Kern von Friedenskämpfern, sie hat noch den Aufmarsch der Uniformierten erlebt, dort drüben am Roten Turm, und das große Aufatmen, das erste, noch verhaltene Frohlocken, als die Volkspolizei nicht zuschlug, nicht festnahm, sich zurückhielt, sich zurückzog.

Erwachsene stehen in Grüppchen umher als kleine, leise Demonstration gegen die hohen Aufwendungen für das Fest, allein 160000 Mark Miete für die Bühnenzelte, und in den Kindergärten fehlt das Geld. Sigrid im Gespräch mit einer Frau, die im Stadtrat ist und im Kirchenvorstand, und wieder einmal wird die Frage erörtert, ob am nächsten Tag, gegen Mitternacht, die Glocken läuten sollen – bei einem Staatsakt? Aber ist es zum Staatsakt der Wiedervereinigung nicht durch das Engagement und den Mut vieler evangelischer Pfarrer und Gemeindemitglieder gekommen, auch hier in Halle, und sollte man das nicht feiern dürfen, auch mit Glockengeläut? Kein Glockenläuten, aller Voraussicht nach.

Enttäuschung und Beunruhigung im Gespräch. Es wird damit gerechnet, dass Gruppen von Neonazis, auch von Autonomen, Rabatz machen, Einsatzpolizei wurde von »drüben« angefordert, die kann mit Randale besser umgehn, die Volkspolizei ist diesbezüglich noch ungeübt, zumindest in Halle. Viele Vopos sind zudem verunsichert, sie fürchten Entlassungen, da will sich keiner hervortun mit dem Schlagstock, also wird voraussichtlich überhaupt keine Volkspolizei aufmarschieren.

Die Kerzen stummen Widerspruchs, die ich mehrfach auf dem Bildschirm gesehen habe, freilich zu Hunderten, sie blaken am warmen Spätherbstabend vor sich hin, zu wenigen Dutzend. Auf dem Marktplatz fast unablässig Kracher, als müsste dies schon eingeübt werden: Kracher anzünden und Passanten zwischen die Füße werfen. Knallfrösche, Knallköppe.

Fahrt zum Neubauviertel Silberhöhe. Straße des roten Oktober – heißt weiterhin so. Da hatten die Bildmedien übertriebene Vorstellungen geweckt: Fotos von Straßenschildern, die abgenommen und ausgetauscht wurden, Fotos von abgeworfenen oder an Barackenwände gelehnten Straßenschildern mit Namen, die zuvor gefeiert wurden, die nun keiner mehr lesen und hören will. Hier aber gibt es noch eine Straße des 30. Jahrestages der DDR, eine Straße der Waffenbrüderschaft, eine Straße des Aufbaues, eine Straße der Aktivisten, eine Straße der Revolution, eine Straße der Solidarität.

Die Treppe hinauf zum fünften Stock. Kurzes Verharren vor einer der Türen, Sigrid berichtet halblaut: Hier wohnte eine Frau von Anfang fünfzig, vor einigen Monaten noch resolute Verkaufsleiterin eines Kaufhauses, unbeliebt bei Mitarbeitern, aktiv in der Partei, sie wurde entlassen, verfiel in Depressionen, liegt nun im Krankenhaus.

Erster Ausblick von der kleinen Terrasse: Langgestreckte Wohnblocks, auch Hochhäuser. Straßen und Stellplätze fast lückenlos vollgeparkt: Trabis und Wartburgs. Statussymbole vor der Abwertung. Dabei scheint die Frequenz der Straßenbahnen sehr dicht zu sein: noch am späten Abend fährt jede Minute rumpelnd eine Bahn am Haus vorbei, von Beesen, nach Beesen, dem kleinen, südlichsten Stadtteil.

Am nächsten Morgen sehe ich mich vom hellen, erstaunlich klaren Himmel herab begrüßt: ein tieffliegendes Sportflugzeug mit einer Reklameschleppe der *Bild*-Zeitung: »Guten Morgen, Halle«. Ich erwidere den Gruß nicht. Der luftige Morgengruß wird mehrfach wiederholt, obwohl Halle längst wach ist, viele Stellplätze, Parkplätze hier draußen sind bereits verlassen. Nur ein Minütchen Stille jeweils zwischen dem Vorbeitosen der Straßenbahnen, die meisten leer. Da wird man sich umstellen. Und in die Heizkörper im Treppenhaus wird man wohl doch mal Ventile einbauen, Tag und Nacht wird auch in dieser warmen Spätherbstphase voll durchgeheizt: Fernwärme.

Sigrid im Büro, ich mache einen Morgenspaziergang durch die Satellitenstadt. Plattenbauten – die dominierende Bautechnik des real existierenden Sozialismus: »Arbeiter- und Bauern-Schließfächer« ...

Ein Flachbau, »Konsum«, aber das Gebäude ist leer, wird »entkernt« für einen neuen Supermarkt. Fliegende Händler auf dem Vorplatz. Topfpflanzen aus einem ungarischen Lastwagen ... Pullover für durchschnittlich 20 Mark, angeboten von einer polnischen oder jugoslawischen Matrone mit Kopftuch ... Lederjacken, hinter denen ein Vietnamese sitzt ... Videos und Schallplatten, angeboten von einem westdeutschen Paar, das die nähere Umgebung mit einem Gettoblaster beschallt.

Weiterschlendern. In einem Aushang die maschinenschriftliche Notiz einer Hausverwaltung: Die Umwandlung der (ich habe die Bezeichnung der Eigentumsform vergessen) in eine »Aktiongesellschaft«. Ein Tippfehler? Oder sprachliche Nachwirkung einer Aktionsgemeinschaft? Neue Wörter werden eingeführt, alte Wörter entwertet. Wohl bald schon keine »Broiler« mehr, sondern Brathühnchen. Keine »Dienstleistungswürfel« mehr, keine »Sekundärrohstofferfassungsstellen«, sondern Container für Flaschen, für Altpapier. Und in den immer zahlreicheren Diskotheken keine »Schallplattenunterhalter« mehr, und aus »Stadtbilderklärern« werden Stadtführer. Weihnachtsengel nicht mehr säkularisiert zu Jahresend-Flügelfiguren.

Fand ich die Broiler, ja Goldbroiler (aus einem Kombinat

Industrielle Mast, spezialisiert auf Geflügelmast) schon recht merkwürdig, so hatte mich bei früheren Aufenthalten in der DDR das Reden von »Keulen« ziemlich gestört: damit wurden, unter jungen Männern, die Mädchen, die Partnerinnen bezeichnet. Ich rächte mich schon mal mit einem ebenfalls abstoßenden Wort wie »Eiterbrille«: Brezelförmige Doppel-Puddingtaschen; vor die Augen gehalten, wurden sie, mit ihren gelbweißen Glibbereinlagen, zu Eiterbrillen. (Was die Bäcker-Innung der fünfziger Jahre nicht so gern gehört hat.)

Eine Zwischenstunde, Zwischenstärkung auf der ummauerten Terrasse, ich sehe, im Sitzen, nur Pflanzen ringsum, dominierend ein Essigbaum. Und wieder einmal die Frage: Wie hätte meine Biographie sich entwickelt, wenn ich Staatsbürger der DDR geworden, gewesen wäre? Es bleibt bei der Frage, ich spiele keine Szenarien durch, zu viel Gegenwart ringsum.

Fahrt in die Innenstadt. Ich habe mein kleines Schreibbuch, made in Hongkong, nicht mitgenommen, will keine Notizen machen, will lieber am nächsten Tag die Erinnerung aktivieren und dann notieren.

Wilhelm-Pieck-Ring. Marktplatz. Im größten Bühnenzelt ein Sinfonieorchester, es probt Sequenzen aus der Feuerwerksmusik, gleichsam zu Füßen des Denkmals für Händel. Die Musik wird ausgepegelt im Kommandozelt mit riesigen Mischpulten, der Klang des Orchesters aufgebläht (zugleich ausgehöhlt) in Lautsprecherformationen, die rechts und links von der Bühne hochgestapelt sind. Nach dem Aussteuern erhalten die Musiker noch Instruktionen für den Abend, dann tragen sie ihre Instrumente weg.

Auf der Bank neben mir hockt ein Mann mit vorgeschnalltem Akkordeon. Eine Zeitlang pendelt der Kopf langsam hin und her, nun ruht das Kinn auf der Oberkante des Instruments, der Hut ist heruntergerutscht. Ein junger Mann in schwarzem Leder geht vor ihm in die Hocke, fotografiert ihn, geht weiter. In einem Grüppchen sinkt ein Mann zu Boden, langsam wie eine Gliederpuppe, deren Aufhängung gelockert wird. Zwei ebenfalls schwertrunkene Männer schleppen ihn zu einem Beton-Pflanzkübel, er wird hingesetzt, einer nimmt neben ihm Platz, hält ihn fest. Als der Volltrunkene langsam zurücksinkt ins Efeu, hält der Mitsäufer ihn nicht auf, stellt fest, dass er gut liegt, kehrt zur gemeinsamen Korbweinflasche zurück. Da ist der Tag jetzt schon zu Ende, die Wiedervereinigung hat keine Realität.

Stadtbummel. Eine Buchhandlung, noch mit Buchproduktionen der DDR. Ich schaue mich um. Eine Verkäuferin herrscht mich an (und das Wort »anherrschen« wirklich noch gekoppelt mit dem Anspruch auf das Ausüben von Herrschaft): »Sie dürfen sich hier ohne Körbchen nicht aufhalten.«

Ich schau mich nur um.

»Sie dürfen sich auch nicht umschauen ohne Körbchen.«

Ich frage, wo ich den Einkaufskorb erhalten kann, ich sehe keinen, erhalte einen Fingerzeig. Eine Frau hinter einer Fensterklappe, sie antwortet auf meine Frage mürrisch: »Hab kein Körbchen.«

Aber Ihre Kollegin hat gesagt, ich soll hier ein Körbchen holen.

»Hab kein Körbchen!«

Ich möchte mich hier aber umschauen – dazu brauche ich offenbar ein Körbchen.

»Ich hab Ihnen doch gesagt: Ich hab kein Körbchen.«

Ja, und was soll ich jetzt machen?

»Sie gehn nach draußen und warten ab, bis hier ein Körbchen frei wird.«

Von Gewohnheit fixiertes Sprechmuster. Ich schaue mich weiter um, ohne Körbchen, werde auch nicht mehr auf ein Körbchen angesprochen: Zeitenwende.

Weiter. Zwei Ausstellungen im kleinen Museum des Roten Turms. Zufall hat hier eine pointierende Konstellation geschaffen: eine Ausstellung von Fotos aus der DDR, eine Ausstellung von modernem westlichen Warendesign.

Mittagessen mit Sigrid. Technische Schwierigkeiten auf der Baustelle, und die werden zu psychischen Problemen. Der Bauauftrag noch aus der Systemzeit, also Ausführung in Plattenbauweise, die angelieferten Platten sind aber vielfach schlecht gearbeitet, vor allem an den Kanten, lassen sich also nicht genau genug montieren, die Kanten müssten mit einem Gerät nachgearbeitet werden, das es nur in Westdeutschland gibt und sehr teuer ist, also wird, wie üblich, mit Beton beigeflickt, aber nach einem halben Jahr wird sich der angeflickte Beton wieder lösen. Die Wärmedämmung wird aber bereits von einer westdeutschen Firma ausgeführt, dabei hat sich der Vorarbeiter beschwert über den schludrigen Untergrund. Das wiederum hat den hiesigen Polier erschüttert: Ja, machen wir denn nur Pfusch …?! Sehen die Wessis denn nicht, dass hier die Bedingungen anders sind, dass wichtigste und simpelste Geräte fehlen, dass wir mit Murks beliefert werden? Die Bauarbeiter fühlten sich nach der Kritik durch die Wärmedämm-Spezialisten degradiert. Ringsum wird ihnen vorgeführt, dass man ihnen nichts zutraut, die westlichen Unternehmen bringen ihre Baukolonnen gleich mit, Ostler sind höchstens noch bei Erdarbeiten gefragt. Und es drohen Entlassungen. Keiner fühlt sich stimuliert. Die Quadratur des Kreises wäre: Arbeiten wie im Osten, verdienen wie im Westen …

Auf dem Marktplatz spielt die erste Band. Betont skurril gekleidete Männer mit Instrumenten, die aus Schrott hergestellt wurden: ein E-Bass mit dem Corpus einer Zinkbadewanne, ein Auspuffrohr als Blasinstrument, die Musik aber ist nicht kaputt: fetzig mit satirischen Texten. Die Basstöne fahren als kleine Fausthiebe in die Magengrube.

Spaziergang zu einer Kneipe, die derzeit »in« ist. An der Decke hängen plakatgroß auf Pappe gezogene Staatsfotos von Breschnew und Honecker: Staatsikonographie nun als Spielmaterial. Ein Oberstufenschüler am Nebentisch erzählt von einem Happening, das sie inszeniert haben: zogen ihre FDJ-Uniformen wieder an, etwa vierzig Schüler, streiften durch die Innenstadt, sangen provokativ alte Parteilieder, waren vor Prügel nur geschützt durch ihre Zahl. Sie wollten nur mal sichtbar machen, was jahrzehntelang geforderte Realität war und nun auf den Misthaufen geworfen wird, das Tragen von FDJ-Uniformen wird nach der Wiedervereinigung verboten.

Abendessen in kleinem Kreis. Wir ziehen los. Eine Gasse mit überwiegend baufälligen Häusern, die nun, in der schwachen Beleuchtung, beinah schwarz erscheinen. Ein Container voller Abrissmaterial wird rundum bepisst: dutzendfach gleichzeitig pladdert es ans Containermetall, die Gasse ist nass.

Auf dem Marktplatz ist der Boden fast völlig von zertrampelten Plastikbechern bedeckt, von leeren Pizzakartons, zerknüllten Zigarettenpackungen, zerplatzten Knallern – sie scheinen aus braunem Packpapier zu bestehen. Nach dem Pissdunst nun Bierdunst, sehr hoch der Anteil an Besoffenen. Offenbar wird hier die Fusion zweier Großbrauereien gefeiert, sage ich im Gedrängel. Unablässig platzen Kracher, zwischen Füße geworfen. Auf den Bühnen wird umgeräumt, erste Musiker in Schwarz erscheinen mit Instrumenten. Wir gehen zur Marktkirche hinüber, dort ist das Gewühl ein wenig ausgedünnt, umso größer die Wurfweiten und Wirkflächen von Krachern. Feuerwerksraketen werden hochgeschossen. Am Rathaus hat man am schmalen Balkon Holzplatten befestigt mit verdrahteten pyrotechnischen Stiften; schon jetzt ist der Text zu lesen: WIR SIND EIN VOLK. Rechts und links vom Balkon zwei noch zusammengerollte Bundesfahnen. Es heißt, Beethovens Neunte werde gespielt. Nein, bitte nicht! Es heißt, der Bürgermeister wird kurz nach zwölf eine wenn auch nur kurze Rede halten. Bloß nicht noch so was! Es heißt, die Stadt werde ein großes Feuerwerk abbrennen lassen. Dann lasst mal kommen ...

Der Umbau auf der Bühne dauert so lange, dass die Neunte bis Mitternacht gar nicht mehr aufgeführt werden kann. Auf der Bühnenfläche nebenan formiert sich ein zweites Sinfonieorchester. Unablässig das Krachen von Knallern, das Knallen von Krachern. Ein paar junge Leute mit Bundesfahnen. Der Platz von dünner Rauchschicht überschwebt: Pulverdampf und Rauch von Grillbuden. Bei fast jedem Schritt das Knurschen zerborstener Plastikbecher. Von der Pissgasse zieht eine Urinschwade herüber, kühlgruftig. Noch weiter nach vorn! Aber auch im dichten Gedrängel: Kracher. Ein Besoffener dreht sich um: Wer war das?! Gelächter als Antwort. Die Musiker der beiden Orchester sitzen nun. Pfiffe, probeweises Fahnenschwenken. Ein Chor stellt sich auf, fünf Sänger treten an fünf Mikrophone, es wird eine Sequenz aus der Oper *Fidelio* aufgeführt. Nein, nicht der Gefangenenchor, der Schlussjubel. Rufe: Aufhören! Ein junger Mann mit klaffenden, braunen Zähnen dreht sich um: Wasndasfürnescheißmusik?! Hastesowasschongehört?! Neh, ruft die Runde. Auch während der Aufführung: das Krachen, das Zischen von Raketen, das Jaulen von Heulern. Das zweite Orchester setzt ein nach dünnem Zwischenbeifall, spielt Sätze aus der Feuerwerksuite im Rücken des Händel aus Bronze auf einem Sockel aus Stein. Immer zahlreicher die Feuerwerksraketen. Zwei Minuten vor zwölf wird die Feuerschrift am Rathausbalkon gezündet, nun riesiges Geschrei, die paar Fahnen werden geschwenkt, die Riesenfahnen in Schwarzrotgold entrollen sich an der Rathausfassade, nun werden sämtliche Raketen gezündet, die meisten mit Flugrichtung auf das Rathaus, als würde es mit Leuchtspurmunition beschossen. Pyrotechnische Entfaltungen zwischen Giebeldächern. Es wird keine Rede gehalten. Aus einem Seitenfenster des Rathauses wird eine Europafahne geschwenkt. Kein Glockenläuten, auch nicht aus der Ferne. Die zwei Dirigenten auf den beiden Bühnen leiten nun taktgleich die Orchester: das Deutschlandlied. Viele auf dem Platz singen nicht den offiziellen Text, der auf Videowänden ablesbar wird, sie singen Deutschland, Deutschland über alles.

Rückfahrt Richtung Westen – nicht auf der Autobahn, ich lasse mir Zeit auf Landstraßen, Nebenstraßen, Nebennebenstraßen Richtung Henneberg, direkt an der früheren Grenze zwischen DDR und BRD. Ich bestaune das Stadtpanorama von Freyberg, gehe spazieren, auf einem Höhenrücken, dann durch eine Apfelbaumallee, fahre langsam durch Stadtilm, dort war ich schon mal, der Generationen von Kürschnern mit meinem Familiennamen gedenkend, und weiter geht's Richtung Suhl, Meiningen.

Schon wenige Kilometer hinter Halle: ein erstes zertrümmertes Auto, von der Böschung gekippt. Wenig später ein zweites Autowrack, im Graben liegend. Auf etwa sechzig Kilometern sieben, acht Trümmertrabis, Wartburgtrümmer.

Auto-Zertrümmerungs-Ouvertüre der Wiedervereinigung. Ja, davon hatte ich gelesen: In der ersten Phase der Befreiung von repressiver Staatsmacht, personifiziert auch in unnachsichtigen Verkehrspolizisten, begann die große Raserei, man fuhr alkoholisiert, fuhr mit überhöhten Geschwindigkeiten, machte Bruch. No more Trabis …! Stock car crash challenge …!

(Weil Trabants mittlerweile höchstens noch als aufgepäppelte Oldtimer zu sehen sind, ein kurzer Hinweis: sehr kleine Autos mit Zweitaktmotor und Plastikkarosserie (»Pappe«); Trabis prägten das Straßenbild der DDR, wie VW-Käfer das Straßenbild der Bundesrepublik in den fünfziger, sechziger Jahren geprägt hatten.)

Langsam auch meine Fahrt durch Ortschaften. Auf der Gegenbahn ein Streifenwagen noch im alten Tarnfarben-Graugrün, noch nicht umgespritzt auf Weiß und Grün. Mit einem Schlagstock wird ein Fahrzeug an den Rand gewinkt, da wird man also in D-Mark blechen müssen.

Wie viele Zeichen der Veränderung? Auch hierzu, vorweg, Bildinformationen in Zeitungen, auf dem Bildschirm: Wie in alten Häusern neue Läden eingerichtet werden, wie Reklameschilder für Tchibo-Kaffee, für Kent- oder West-Zigaretten an Bröckelfronten angebracht werden … Weil ich mehrere solcher Fotos gesehen hatte, war die Vorstellung verdichtet: Die Veränderungen sind rasch und zahlreich. Im zähfließenden Verkehr sehe ich durchaus Läden, die den Pressefotos, Fernsehaufnahmen gleichen, aber die prägen noch längst nicht das Straßenbild: Nur ab und zu ein Laden mit Zigarettenreklame, nur hin und wieder Fensteraufkleber, die für *Bild*-Zeitung oder *Hör zu* werben.

Eußenhausen, zwischen Meiningen und Bad Henneberg. Früheres Sperrgebiet. Ja, sagt mir eine dicke Frau, als ich an der Schule parke, es war furchtbar – man durfte sich nur bis zur Wirtschaft da vorn bewegen, durfte nur von allernächsten Verwandten besucht werden, das auch nur zu besonderen Gelegenheiten; schon vor dem Ort war eine Kontrollstelle, dort mussten sich auch Dorfbewohner jedes Mal, aber auch wirklich jedes Mal ausweisen, man hatte einen besonderen Vermerk im Ausweis. Und jetzt neue Probleme: So viele Autos wie noch nie zuvor fahren durch die Ortschaft, man hat ja Angst, die Hauptstraße zu überqueren, aber es soll eine Umgehungsstraße gebaut werden, ist so zugesagt worden.

Weiter zum früheren Grenzübergang. Die Bundesstraße ist noch flankiert von weiß gestrichenen Baracken, in denen die Papiere Einreisender gesichtet, geprüft, gestempelt wurden. Mehrere der Container sind freilich schon von den Betonsockeln gehoben, bei etlichen sind die Scheiben eingeschlagen.

Meist war ich über Herleshausen in die DDR gefahren: die Grenzstation als verdichtete Realität eines repressiven Staates. Zurüstungen der Einschüchterung. Erst wird die Geschwindigkeit gedrosselt ... Das Durchfahren eines Korridors, hohe Metallgitterzäune rechts wie links ... Türme, aus denen man mit Fernrohren beobachtet wird ... Eine Straßensperre, die auf einer Schiene rasch die Fahrbahn blockieren kann, auf der Ausreisespur nebenan ... Anweisungen, denen Folge zu leisten ist ... Die Papiere werden auf ein blechverdecktes Förderband gelegt, das sie zu einer Baracke weiterbefördert; Einblick ist da nicht möglich; durch eine kleine Wandöffnung kommen die Papiere wieder heraus, werden von einem der Uniformierten erneut geprüft ... Zollkontrolle ... Fahrt durch einen zweiten Korridor, eine Schleuse ... Für Autofahrer, die nun erleichtert Gas geben, steht schon, von einem riesigen Verkehrsschild verdeckt, ein Radarwagen bereit, jeder Kilometer über dem Geschwindigkeitslimit von immer noch 10 Stundenkilometern kostete 10 Mark West. Alles schon erzählt, aber jetzt wieder präsent.

Ich stelle den Wagen ab vor dem Treppenaufgang zu einem jetzt nur noch optisch beherrschenden Beobachtungsturm von drei Stockwerken. Ein Festzelt wird abgebaut. Zerscherbte Sektflaschen, zerknüllte Werbeprospekte. Man hat auch hier die Wiedervereinigung gefeiert, etwa fünfzehntausend Menschen sind zusammengekommen, ein schönes Fest, berichtet einer der Arbeiter, Bierflasche in der Hand. Ja, er kommt ganz aus der Nähe, das alles hier war aber fremdes Land für ihn, jahrzehntelang ist er nicht mal in die Nähe der Grenzanlage gefahren, vom Westen her, das alles war ihm nicht so ganz geheuer.

Ich steige die paar Stufen hoch zum Turmsockel. Die Hangflanke hinunter, über Feldflächen hinweg sehr weit der Blick Richtung Norden; der Horizont betont von Mittelgebirgskonturen des Thüringer Waldes.

Damit die Nachrichten über die Aufhebung der Grenze zwischen den beiden deutschen Staaten zur Erfahrung werden, habe ich mir vorgenommen, mir eine der Grenzanlagen genauer anzuschauen – noch lässt sich inspizieren, was jahrelang, jahrzehntelang verdichtete militärische und politische Realität war.

In den Turm kann ich freilich nicht steigen, ist abgeschlossen. Wettergeschützter Treppenaufgang; Klingelknopf und Sprechanlage – da mussten bestimmt Parolen oder Kennwörter durchgegeben werden, damit sich kein verkleideter Klassenfeind einschlich in diesen Zentralbau der Beobachtung, Überwachung, Bewachung. Eine Bezeichnung, die schon zum Sprachmüll gehört: Antifaschistischer Schutzwall. Selbst millionenfache Wiederholungen haben diesen Begriff nicht resistent gemacht gegen die anstehende Auflösung im Vergessen. Nur noch in historisch gewordenen Texten wird dieser Begriff auftauchen, in Untersuchungen von Historikern, dann aber wohl in Anführungsstriche gesetzt. Der antifaschistische Schutzwall hier bei Henneberg wird akzentuiert von diesem Turm. Weiße Kunststoffplatten als Wandhaut, doch die ist, so hoch die Hände reichen, herabgerissen, es zeigen sich Latten, auf denen die Platten wie Schindeln genagelt waren, es zeigt sich eine schwarze Isolierschicht. Fenster nach allen vier Seiten, Eisenstangen davor, weiße Gardinen dahinter – die Wachstube der Uniformierten, so lang sie nicht in der Glaskanzel da oben standen? Leicht abgeschrägte, getönte Scheiben. Man wird, sagt der Arbeiter, diesen Turm stehen lassen, beschlossne Sache, aber sonst wird hier alles abgerissen – bis auf den zweigeschossigen, unverputzten Bau nebenan, die Kaserne, aus der wird vielleicht ein Hotel. Ein Bagger krallt Betonpfähle, zieht sie aus dem Boden.

Es war einmal: An einem Samstag kamen wir nach Halle, am Sonntag nahm ich, als Pate, an einer Taufe teil, am Montag Anmeldung bei der zuständigen Dienststelle der Volkspolizei. Warten im düsteren Flur – die Glühbirnen mit schätzungsweise nur etwa dreißig Watt.

Die Volkspolizei ist verkörpert von einer Frau um die vierzig, künstliches Blond, die Figur einer Kugelstoßerin, Hammerwerferin, von grauem und grünem Uniformtuch straff umspannt. Schon zwei Tage in der DDR?! Wir seien verpflichtet gewesen, uns umgehend anzumelden – warum wir diese Regelung nicht beachtet, diese Vorschrift nicht befolgt haben?!

Am Samstag, sage ich, war keine Dienstzeit mehr, am Sonntag war die Taufe, nun sind wir hier, wollen uns anmelden, zugleich abmelden.

Wenn eine Anmeldung am Samstag nicht mehr möglich gewesen sein sollte, hätten wir uns sofort am Sonntagmorgen melden müssen, bei der Dienststelle im Hauptbahnhof.

Am Sonntag war aber die Taufe.

»Das spielt in dem Fall keine Rolle!«

Wir sind aber wegen der Taufe gekommen. Da gehen wir zu diesem Zeitpunkt doch nicht zum Bahnhof und stellen uns in die Warteschlange.

»Sie wären dazu verpflichtet gewesen!«

Aber wenn ich wegen einer Taufe nach Halle komme, werde ich doch nicht ausgerechnet bei der Taufe fehlen, nur, um mich polizeilich anzumelden.

»Dazu wären Sie aber verpflichtet gewesen!« Sie sehe sich hiermit genötigt, wegen meines Verhaltens und meiner Einstellung einen Negativ-Vermerk auf meiner Karteikarte einzutragen; sollte eine zweite Eintragung dieser Art hinzukommen, würde mir in Zukunft die Einreise in die DDR untersagt. Und sie zeigte mir den Rücken, trug die Rüge ein, die behördliche. Der Stempel auf unseren Besuchervisa wurde mit Wucht platziert. Die Abmahnung, die offizielle, wurde im Wortlaut wiederholt.

Ich kehre dem Turm den Rücken zu, überquere die fast pausenlos befahrene Straße im Eilschritt. Ein niedergelegter Pylon, aus dem das Staatsemblem herausgelöst ist: weißes Plastikmaterial mit Trittspuren. Oberhalb des Straßeneinschnitts eine Betonsperre: U-förmige Betonfertigteile, mit der Basis auf dem Boden gereiht, mit Erde aufgefüllt: Diese Barriere hätte nicht einmal ein beschleunigter Lastwagen durchbrechen können, wenn er irgendwie die Böschung raufgekommen wäre. Offenbar hat man wildeste, ja blindwütige Entschlossenheit einkalkuliert, eine gewaltsame Grenzüberquerung ausgerechnet in diesem Areal zahlreicher Uniformierter mit Maschinenpistolen.

Jenseits der etwa einen Meter hohen Rammschwelle der Grenzzaun. Aber dieses Wort klingt zu harmlos: übermannshohe Betonpfosten, zwischen ihnen nicht Maschendraht, sondern Metallbahnen mit eingestanzten rhombischen Öffnungen, durch die wäre höchstens eine Maus gekommen.

Einer der Beobachtungstürme, wie ich sie bisher nur auf Fotos oder aus der Ferne sehen konnte – nun kann ich dicht herantreten. Vier Stockwerke als vier Betonguss-Fertigteile. Obendrauf ein Scheinwerfer, der aber wirkt ramponiert. Die Tür ist nur angelehnt, das Schloss aufgesprengt. Eine rote Aufschrift verbietet das Betreten, eine hinzugeschmierte Aufschrift behauptet: Besitz der Grünen. Schrott von Elektroinstallationen auf dem Boden. Senkrecht führt eine Eisenleiter hinauf. Ich beginne zu klettern. Stahlumrahmte Schießscharten im zweiten Stock. Schließlich die Beobachtungskanzel; einige der Fenster stehen offen. Zur Grenze hin sind die Scheiben verdoppelt – die äußere leicht getönt, kupferfarben. Ich steige auf die Dachplattform. Geländer, der in der Tat lädierte Scheinwerfer. Ich sehe die Glaskanzel des großen Beobachtungsturms auf der Kuppe drüben, blicke die breite Sichtschneise hinunter; in regelmäßigem Abstand Laternenmaste ohne Laternen – alles schon abmontiert, das haben Metallsprossen erleichtert. Alle hundert Meter eine funktionslos gewordene Markierung: Zahl auf Metallpfahl. Einen von ihnen werde ich mitnehmen: Erinnerungsmarkierung.

Abstieg. Das kalte, graue Metall der Eisenleiter, das helle, kalte Grau des Innenanstrichs. Elektroinstallationen: vielfach sind Plastikabdeckungen aufgebrochen, freiliegende Kabel durchschnitten. Kein Befehl kann fernmündlich entgegengenommen werden, keine Beobachtung eines verdächtigen Vorgangs kann weitergeleitet werden, kein Warnhorn kann betätigt, kein Scheinwerfer eingeschaltet werden in dieser Zone ehemals kompakter Realität.

Weiter, die Hangflanke hinunter. Ich stoße auf einen Fahrweg: in den Boden eingelassene Betonplatten; zwischen ihnen schießt es bereits ins Kraut, Büsche beginnen sich auszudehnen, sehr rasch wird wohl auch diese Schneise vom Wald zurückerobert. Oder wird man diese »Dienstwege« freihalten für Forstwirtschaft?

Herbstnachmittag im Thüringer Wald. Völlige Stille. Niemand kommt mir entgegen, keiner holt mich ein. Ich sehe, was ich so direkt nie sehen konnte, sehe, was bald schon abgerissen wird. Noch immer die Metallbahnen mit den gestanzten Öffnungen – dafür gibt es bestimmt einen Fachausdruck, ich brauche ihn nicht. Abschnittweise ist die Grenzanlage doppelt. In den Boden eingesenkt ein Bunker für einen Mann: Sehschlitze, Schießscharten. Grenzsoldaten standen hier also bis zur Brusthöhe unterhalb des Bodenniveaus. In dieses gruftkühle, gruftdunkle Bünkerchen steige ich nicht, stelle mich auf den Fertigteil-Deckel, sehe am Waldrand »drüben« einen Grenzpfahl aus Beton, schwarz-rot-grau, zernarbt, als hätte jemand mit einer Maschinenpistole drauf geschossen, in Wut oder Resignation.

Ich überquere wieder die stark frequentierte Straße beim dominierenden Beobachtungsturm, gehe die nördliche Hangflanke hinunter. Die Beton-Rammwand ist hier fortgesetzt bis zu einem Punkt, an dem ein Fluchtwagen abgestürzt wäre. Wie in der Waldschneise reihen sich über die weite Feldflächen hinweg Laternenmaste in regelmäßigem Abstand. Und ich sehe, etliche hundert Meter weiter, ostwärts, einen zweiten Grenzzaun. Bald ist auch, zur rechten, das Dorf Henneberg zu sehen, auf halber Hanghöhe, und der Burgberg. Ich gehe weiter zwischen Hauptzaun und Vorzaun. Streckenweise ist das Metallgitterwerk entfernt – muss harte Arbeit gewesen sein. Alle hundert Meter ein Betonpfosten mit einem überdeckten Kabelanschluss: konnte man hier ein Feldtelefon einstöpseln? Konnte man von hier aus Lampen einschalten oder waren die nachts immer an? Vor der unüberwindlichen Grenzanlage streckenweise auch noch ein Graben mit steiler Betonrampe – da sollte man wohl abrutschen.

Sichtflächen, Schussflächen; Schießbefehl; Todesstreifen. Nun keine bedrohliche Realität mehr, es sind nur Erinnerungsmarkierungen geblieben. Ich bin zu einem Zeitpunkt hier, an dem die Grenzsicherungsanlagen gerade noch zu sehen sind. Von dieser Grenzbefestigung wird nur der Turm auf der Kuppe bleiben, eventuell auch der Beobachtungsturm, in dem ich hochgeklettert bin, es werden die Beton-Fahrspuren bleiben

Ende des Spaziergangs im »Todesstreifen«. Nun weiß ich, zwischen Fersen und Schädel, dass diese Grenze nicht mehr existiert. Zur ehemaligen bundesdeutschen Kontrollstelle weiterfahrend, durch ehemaliges Niemandsland, suche ich in der Erinnerung nach einem festlichen Orchestersatz in D-Dur, um ihn vor mich hin zu summen, aber ich überquere die aufgehobene Grenze verstummt.

Noch vor dem erkauften Abzug der Sowjetarmee: Urlaub in Mecklenburg, Region Neu-Strelitz.

Von der Eifel her an große Dichte militärischer Präsenz gewohnt, werden wir doch überrascht, was (noch) an sowjetischen Truppen und Einrichtungen massiert ist. Alle paar Kilometer, so haben wir den Eindruck, eine Kaserneneinfahrt oder die Mauerumfassung einer Garnison. Auf fast allen Landstraßen Lastwagen der Roten Armee, immer wieder Tankwagen mit kyrillischen Aufschriften, wohl für: feuergefährlich. Der tiefe dumpfe Sound der Lastwagenmotoren war schon nach wenigen Tagen im Ohr fixiert, da brauchten wir gar nicht erst aufzuschauen, hinzublicken, konnten blindlings sagen: Da kommt wieder die ruhmreiche Sowjetarmee. Verdichtet der Militärverkehr, wenn wieder mal ein Sowjetsoldat mit seiner Kalaschnikow desertiert war.

Zum ständigen, zum routinemäßigen Betrieb wiederum gehören Kampfhubschrauber mit schmalem Rumpf und Raketenpaaren neben den Kufen. Und sehr viele Düsenjäger, bis hin zu modernsten MiGs mit Schwenkflügeln und doppeltem Leitwerk: Einflüge, dies parallel, zu den Militärflugplätzen bei Lärz und Wittstock. Und, natürlich, als drittem: bei Neu-Strelitz. Je nach Windrichtung das überdimensionierte Tosen von Triebwerken vor dem Start und erst recht beim Start, beim Hochziehn. Ein Start nach dem andren, das Brodeln, das Tosen in der Luft riss kaum mal ab. Eine Stunde lang hörte es sich an, als würde ein Kampfeinsatz geflogen mit sämtlichen startklaren Maschinen. An einem Nachmittag, an dem wir auf der kleinen Terrasse saßen: im Abstand von etwa einer Luft-meile umkreiste uns ein Kampfjet nach dem andren, in weiter Schleife vom Fliegerhorst weg und zum Fliegerhorst zurück, es wurde offenbar Touchdown geübt, Anfliegen der Piste, kurzes Berühren, gleich wieder Durchstarten. Ein tosendes Karussell.

Eine der überraschendsten Einladungen, den historischen Zeit-punkt auch privat markierend: »Der Bundeskanzler der Bun-desrepublik Deutschland gibt sich die Ehre, Herrn Dr. Dieter Kühn zu einem Festakt aus Anlass der Verabschiedung der Westgruppe der Truppen in Anwesenheit Seiner Exzellenz des Präsidenten der Russischen Föderation Herrn Boris Nikolaje-witsch Jelzin am Mittwoch, dem 31. August 1994, um 9.45 Uhr einzuladen.« Schauspielhaus am Gendarmenmarkt. Dunkler Anzug.

Zum erhebenden Anlass die gehobene Amtssprache des Staatsprotokolls: »Der Bundeskanzler der Bundesrepublik Deutschland und Der Präsident der Russischen Föderation geben sich die Ehre (folgt der Name) aus Anlass der Ver-abschiedung der Westgruppe der Truppen zu einer Kranzniederlegung mit militärischem Zeremoniell am Ehrenmal Treptow am Mittwoch, dem 31. August 1994, um 12.00 einzuladen.«

Und der dritte Teil der (nicht wahrgenommenen) Veranstaltungsreihe: »... gibt sich die Ehre (Name des Adressaten) aus Anlass der Verabschiedung der Alliierten Truppen aus Berlin zum großen Zapfenstreich am Donnerstag, dem 8. September 1994, um 21.30 Uhr einzuladen.«

KÖNIGSEE im Thüringer Wald: Erst nach »Wende« und Jahrtausendwende der Besuch des Städtchens. In einer Stadtgeschichte lese ich: »Der weite Talkessel des oberen Rinnetals, in dessen Zentrum sich später die Stadt Königsee entwickeln sollte, ist durch die geschützte Lage vor dem rauen Klima der Gebirgshöhen, seinem reichlichen Vorkommen an Flussgewässern und Quellen ein idealer Siedlungspunkt bereits in ur- und frühgeschichtlicher Zeit.«

Von Spaziergängen mit Olga durch Königsee muss nur stichwortartig berichtet werden: Hier erinnert nichts mehr an das Ambiente meiner Thüringer Vorfahren im großen Dorf, in der kleinen Stadt an der vormaligen Handelsstraße Nürnberg–Erfurt.

Im Hotel, in dem sonst kaum mal »Wessis« übernachten, ein Gespräch mit dem Hotelier, und es bestätigen sich Eindrücke und Berichte aus anderen Orten der neuen Bundesländer: Resignation macht sich breit. Etliche Häuser, sogar an der Hauptstraße, stehen leer. Vielfach sind moderne Isolierglasfenster in das alte, oft düstere Mauerwerk eingesetzt worden, Signale eines Neustarts, zugleich Schlusszeichen, die Häuser wurden bald darauf verlassen: kaum Arbeit im Ort. Lakonische Anmerkung (in der »Festschrift zur 800-Jahr-Feier«) im Rückblick auf die DDR-Ära: »Das Leben war stark reglementiert, aber ohne Arbeitslosigkeit.«

Nun aber: Betriebe werden geschlossen, Geschäfte machen zu, Bewohner setzen sich ab. Implosion der Infrastruktur. Eins der Zeichen: Nach zehn Uhr abends mussten wir uns fast die Hacken ablaufen, um noch ein Bier zu trinken; der Rot-

1104

wein-Absacker war schon eine außergewöhnliche Bestellung. Eigentlich hatte man auch in jenem Lokal schließen wollen, wir konnten grade noch reinschlüpfen. Absolut freie Tischwahl. Gespräch, eher gerufen, vom Tisch zum Tresen, vom Tresen zum Tisch: Hier gibt es demnächst nur noch Leute mit Krücken oder auf Rollstühlen.

Im Servicebereich des Rathauses, in der lokalen Buchhandlung kaufe ich Schriftgut zur Stadtgeschichte. Immerhin war mit der Wende die Heimatforschung von ideologischen Vorzeichen befreit worden, ich muss das Ambiente der Kühn-Generationen nicht wie in einem Zerrspiegel sehen (die Bauernkriege, immer wieder die Bauernkriege!), nun werden auch krude Fakten benannt. Kriege und Katastrophen, die über Generationen hinweg von den Kühns in Königsee (und Stadtilm) ertragen wurden – »gottergeben«?

Königsee, Anno 1582: Pest im ummauerten Städtchen. Eintrag ins Kirchenbuch – hier in modernisierter Schreibweise: »Eintausendzweihundertfünfundzwanzig Personen sind durch die Pest von Gott aus Königsee abgefordert worden.« Mehr als die Hälfte der Einwohnerschaft! Todesfälle mit Sicherheit auch unter meinen Vorfahren. Anno 1626 erneut die Pest: mehr als siebenhundert Tote.

Wer die Epidemie überlebte, hatte unter Auswirkungen des Dreißigjährigen Krieges zu leiden. Zu jener Zeit eine erste Eroberung, Besetzung: 400 Reiter plünderten die Stadt, bezogen Quartier, zahlreiche Einwohner flohen in die umliegenden Wälder, richteten sich in Verstecken ein. Zu ihnen gehörten sicherlich auch Mitglieder der Familie Kühn – deren Häuser und Werkstätten standen nicht unter dem speziellen Schutz eines Innungsheiligen, sie alle waren evangelisch, wie es in jener Region und Ära Herrscher und Gesetz befahlen.

1635 plünderten marodierende Kroaten, Feuer brach aus, Sturm kam auf, etwa 250 Häuser brannten aus, nur zehn blieben verschont. Abgebrannt, ausgebrannt auch Rathaus, Schule, Kirche. Im folgenden Jahr hielt sich kaum noch ein Bürger in der Aschenwüste auf – man hatte Obdach in umliegenden

Dörfern, hatte erneut Verstecke gesucht in einer der Höhlen, einem der Wälder der Umgebung. Soweit möglich, hatte man auch das Vieh mitgeführt.

Es wird, es muss sich das Gefühl eingestellt haben: Die Welt geht unter. Was außerhalb des Thüringer Waldes, außerhalb Thüringens geschah, das hatte im 17. Jahrhundert noch keine Nachrichtenpräsenz, da war nur, jeweils unausweichlich, die lokale Situation. Bei Austausch in Familie und Nachbarschaft die immer gleichen Stichworte: Prügel und Raub; Einquartierung in den durchweg sehr kleinen Häusern, eher Hütten; Kontributionen, Verwüstungen und immer wieder Feuer, das sich ungehindert ausbreiten konnte.

1639 rückten Schweden ein, Reiter und Fußvolk. Immer noch fand sich etwas, das sich plündern und verwüsten ließ. Bürger von Königsee wieder und weiter in nahen Dörfern, in Höhlen, in Wäldern; sie hatten die Stadt aufgegeben, ein dreiviertel Jahr lang blieben die Stadttore offen.

Doch dann versuchte man wieder aufzubauen, die Stadtbefestigungen zu sichern. 1646 aber wurde die Stadt erneut belagert und erobert, zwei schwedische Regimenter hausten wochenlang in den Ruinen. Ein Jahr später »fielen kaiserliche Truppen in Königsee ein, erschossen am Schultor den Bürgermeister und den Pfarrer, als diese mit ihnen verhandeln wollten, plünderten erneut die Stadt und trieben das Vieh weg«.

Offenbar blieb kaum eine Generation von Feuer und Krieg verschont. 1681 brach in einem Gasthaus ein Feuer aus, bestimmt kam wieder starker Wind auf, kam Sturm hinzu, zweihundertelf Häuser brannten ab, auch alle öffentlichen Gebäude.

Wieder einmal musste Existenz neu begründet werden. Familiengeschichte mit scharfen Zäsuren, von außen gesetzt. Fatalismus auch in der Familie Kühn? Oder ein trotziges: Gott hat es so gewollt, wir müssen da durch? Es kam noch einiges zu auf die Bewohner von Königsee.

Kaum hatte man sich wieder eingerichtet, hatte man aufgebaut: nächster Stadtbrand! »1717 entstand in einer Nagelschmiede ein Brand, der sich infolge des ständig drehenden Windes in kurzer Zeit auf die ganze Stadt ausbreitete. 280 Häuser, das Rathaus und die Schule wurden vernichtet. Nur 25 Häuser, die Kirche und das Pfarrhaus blieben vom Feuer verschont.« Zwei Dutzend Jahre später eine weitere Feuersbrunst, 140 Häuser brannten ab.

Und dann auch noch der Siebenjährige Krieg! 1757 »bezogen 2053 Panduren und Kroaten mit 149 Pferden Quartier in Königsee. Manche Häuser waren mit 10 bis 27 Mann belegt. Weitere Einquartierungen folgten. Die enormen Kontributions- und Fouragegelder hemmten die weitere Entwicklung der Stadt.«

1783 erneut Feuer in der Stadt, dreiundsechzig Häuser brannten ab. Und mit dem neuen Jahrhundert kamen die Franzosen, angeführt von Napoleon. »Besonders in den Jahren 1812/13 war die Stadt mit der Einquartierung von Österreichern, Württembergern, Russen, Italienern, Preußen und Franzosen konfrontiert. Nachdem im ›Schützenhaus‹ und innerhalb der Stadt vier weitere Lazarette eingerichtet waren, breitete sich ein schreckliches Nervenfieber (Lazarettfieber) aus, dem 180 Einwohner und 80 preußische Soldaten zum Opfer fielen.«

Und wieder Stadtbrände, verursacht auch durch einen Schuhmachergesellen, der sieben Brände legte, schließlich erwischt und 1837 vor Tausenden von Zuschauern enthauptet wurde. Man hatte wirklich genug von Feuer in Königsee.

So sehe ich meine Vorfahren, soweit sie in Königsee wohnten und wirkten, in fast chronischen Notzeiten: Wiederholt wurden auch ihre Häuser oder Häuschen geplündert, eingeäschert, mussten wieder aufgebaut werden, um erneut geplündert und eingeäschert zu werden – Litaneien des Leids.

Mit Wilhelm Gottliebs Ortswechsel, Umzug ins Rheinland, war die Geschichte der Kühns in Königsee freilich noch lange nicht beendet: seit der Wende weitet sich auch hier die Blickperspektive. In einem neuen Buch mit »Bildern aus vergangenen Tagen« der Stadt Königsee stoße ich ein paarmal auf den Namen Kühn.

Beispielsweise wird ein Bierbrauer Robert Kühn erwähnt, Besitzer einer der kleinen Brauereien des vielfach gefeierten Thüringer Bieres; allerdings wurden schon Ende des 19. Jahrhunderts diverse Privatbrauereien von einer Großbrauerei geschluckt.

Es entstanden aber auch neue Firmen im Ort. 1895 gründete Kürschnermeister Albert Kühn gemeinsam mit dem Gerbermeister Rudolf Axt die Glacélederfabrik Axt & Kühn.

Ein Jahrzehnt später stand bei der Hochzeitsfeier des »Herrn Walter Kühn mit Fräulein Martha Zucker« Folgendes auf der Menükarte: »Bouillonsuppe mit Einlage, Spargel und Erbsen mit Zunge, Schleie blau mit Butter und Kartoffeln, Renntierbraten mit Kompott, Salat, Eis, Torte, Dessert.« Gesegnete Mahlzeit!

Im selben Monat November wurde ein Namensvetter, der in Königsee geborene Gastwirt Walther Kühn, »nachdem er die getreue Erfüllung der Bürgerpflichten durch Handschlag gelobt, als Bürger der Stadt Königsee aufgenommen«. Das wurde auf einem Ortsbürgerschein vom Stadtgemeindevorstand bestätigt. Demnach konnte man in Königsee geboren sein, ohne automatisch als Bürger der Stadt zu gelten.

Zu Beginn des 20. Jahrhunderts trennten sich die Geschäftspartner Axt und Kühn; ein Foto des Jahres 1910 zeigt die Glacélederfabrik Kühn – oder ist es der Wohnsitz? Jedenfalls ein Bau wie eine Villa in einem Gelände wie in einem Park.

In der Glacélederfabrik Kühn konnte die Produktion bis 1942 fortgesetzt werden, dann wurde der nicht »wehrwichtige« Betrieb geschlossen. 1972 wurde die erneut aktivierte Firma kollektiviert als VEB Lederwarenfabrik.

Reichlich Kühns im Angebot – wer von denen gehört zur Familie, wenigstens zum engeren Kreis meiner Vorfahren? Alternativen bieten sich an, werden aber nicht aufgegriffen, passieren bloß Revue. Ein Angebot, eine Palette an Möglichkeiten …

EINE RECHNUNG des Seehotels Herrsching zeigt mir: Mai 91 fand wieder ein Besuch statt beim Vater.

Auf der Rückseite (»Angaben zum Nachweis der Höhe und der betrieblichen Veranlassung von Bewirtungsaufwendungen«!) hatte ich die leeren Zeilen genutzt für Notizen, die traurig stimmen. Die fatale Konstruktion der Nacherbschaft, die damit vorprogrammierten Auseinandersetzungen.

Mit diesen Querelen will ich die Leserschaft nicht belasten oder langweilen. Nur noch einmal: Der alte Satz, dass man seine Familie bei einer Erbteilung erst richtig kennenlernt, der bewahrheitete sich fatal. Was ich damals notierte, das deprimiert mich auch bei der Lektüre zwei Jahrzehnte später. Klagen des Vaters, dessen Lieblingslektüre im Werk Shakespeares mittlerweile *König Lear* war. In jenem England war bei der Erbteilung ja auch so einiges schiefgelaufen. Nun wiederholte sich die Klage, es bestünde kein Zusammenhalt mehr in der Familie, es würde eigentlich nie von der Verstorbenen gesprochen, etwa in dem Sinne: Es war doch eigentlich schön mit ihr ... Oder: Schade, dass sie nicht mehr lebt ... Wer geht eigentlich noch zum Friedhof und legt Blumen auf das Urnengrab? Wieso pflegt nur Herbert die Grabstätte?

Na, er wohnt hier im Ort, im Haus; bei den Entfernungen von Köln, erst recht von Bremen ist das mit der Grabpflege erheblich schwieriger.

Wieso, Entfernungen spielen doch längst keine Rolle mehr!

Und überhaupt: er fühlt sich wie der alte Lear nicht angemessen behandelt, als Witwer. Zwar setzt ihm die Schwiegertochter pünktlich das Essen auf den Tisch, aber es schmeckt ihm nicht ... Der Nachmittagskuchen wird für ihn bereitgestellt, nicht aber vor ihm hingestellt ... Bei Besuchen von Sohn Peter geraten beide unausweichlich in die Hegel-Falle: heftige Auseinandersetzungen über Hegel, den Helmuth letztlich nur über das Philosophische Wörterbuch kennt, den Peter jedoch in ein digitales philosophisches Vernetzungssystem integriert. Und ich muss mir jedes Mal anhören, dass mein Freund Beier, der sozialengagierte Kirchenmann, vehement abgelehnt wird wegen irgendeiner kritischen Äußerung über unsere Familienkonstellation, eine Anmerkung, die ich längst vergessen habe.

Und überhaupt und generell das Stichwort »Dankbarkeit in

der Familie«! Der Bürgermeister von Herrsching, wiederholt zum Besuch erscheinend, für den er mit Spenden für öffentliche Einrichtungen belohnt wird (in bar auf die Hand?), der ist viel, viel dankbarer als wir Söhne. Oh, da war ich mit ihm aber schwer aneinandergeraten!

Letzte Stichworte auf der Dokumentation der Abrechnung: »Lebenserfahrungen, Altersweisheit, philosoph. Klarsicht«. Damit war eher eine Wunschliste notiert.

ERNEUT IST EIN HAUS im Dorf abgebrannt, diesmal in der Nähe meines Refugiums. In jener Nacht war ich freilich in Köln. Höre aber, dass wieder einmal ein junges Mitglied der Freiwilligen Feuerwehr flugs zum brennenden Haus im Hang gefahren war, mitten in der Nacht, dass der Löschwagen im Tal erst mal hin und her fuhr, weil offenbar zu viel verlangt ist, dass ein Feuerwehrmann auch Straßennamen außerhalb des Ortskerns kennt, und Feuerschein nehmen die nachttrüben Augen offenbar nicht so rasch wahr. Zufahrt auf einem nicht asphaltierten Weg, womöglich Hohlweg, das hat die Feuerwehr gar nicht gern, mein Nachbar oberhalb musste sich sagen lassen, nach einem Ortstermin, diesen Hohlweg würden sie mit dem Löschfahrzeug nicht rauffahren, da würden sie sich ja nur den Lack zerkratzen. Der Hinweis, dass selbst Heizöltankwagen den Hohlweg schaffen ohne Kratzer im Lack: überhört. Blieb der ›gutgemeinte‹ Rat: Nach dem Brand die Asche zusammenkehren ... So was läuft offenbar unter Eifelhumor.

Die Feuerwehr kam beim erneuten Brand schließlich doch. Wasser marsch!, rief laut Zeugen der einsatzfreudige Feuerwehrmann, und es scholl zurück: Du Aaasch, du häss der falsche Schlauch! Einer löschte, fünf Mann (»Löschknechte«) bauten Generator und Scheinwerfer auf, um das lichterloh brennende Haus zu beleuchten. Ich habe also wenig Hoffnung, dass ein Brand womöglich schon im Entstehen gelöscht wird.

Sechs Brände in Dorf und Ambiente, und das in wenigen Jahren. Mit Staunen konnte ich wahrnehmen, wie wenig von

einem Holzhaus übrigbleibt: gemauerter Sockel, angebrann-
tes Holz, Asche, Rohre, geplatzte Glasziegel. Der Pyromane,
von dem im Dorf mit furchteinflößender Selbstverständlichkeit gesprochen wird, wenn auch tuschelnd, er erteilt mir eine
Feuerlektion: Nachdenken über mein Verhältnis zu Besitz.
Das Holzhaus ist mein einziger immobiler Besitz. Hier arbeite ich nicht nur, hier lebe ich, zumindest phasenweise. Erinnerungssubstanz, ätherische, in der Bausubstanz. Könnte
weggefressen werden von Flammen.

Nach den sechs Bränden im Dorf, nach dem siebten nun
am Dorfrand, habe ich mir eine Theorie zurechtgebastelt:
Sämtliche Brandstätten liegen im Blickfeld des lokalen Brand-
stifters, dies in weitem Fächer. So könnte mein Haus eventuell
vor ihm sicher sein, hinter dem Ansatz des langgestreckten
Hanges liegend, der dem mit Feuereifer arbeitenden Jungmann den Blick verwehren könnte. Aber so ganz beruhigt
mich die These nicht. Fahre ich wieder nach Köln, schließe ich
das Haus mit dem Bewusstsein ab: Wenn ich zurückkomme,
kann es ein Haufen Asche sein, auf dem gemauerten Sockel.
Fahre ich wieder das Stück Hohlweg hinauf, sehe die Holzwand ohne Brandspuren, bin ich erleichtert: Wohnfrist um
etwa eine Woche verlängert.

Dieses Haus ist kein Schutz (»Stehe fest, mein Haus, im
Weltgebraus« las ich an einem Jugendstilhaus der Darmstädter
Mathildenhöhe), dieses Haus braucht Schutz. Aber wie könnte ich es schützen? Nicht mal ein Zaun umgibt es. Ich lasse
auch jetzt keinen Zaun anlegen, der wäre sowieso kein Hindernis für den entschlossenen Pyromanen. Infrarotgesteuerte
Außenbeleuchtung auch nicht. Und ein Zeitschalter innen,
der vortäuscht, das Haus sei ständig bewohnt, dieser kleine
Trick bremst keine kriminelle Energie. Also unternehme ich
nach außen hin gar nichts. Nur: Bilder, vor allem Ölgemälde
(meist von Freunden), sie habe ich längst aus dem Haus geholt und durch Graphiken ersetzt. Und Manuskripte, Typoskripte lasse ich nicht zurück, nehme sie mit in der Tasche, die
mich schon in die USA und nach China begleitet hat, unter
dem Flugzeugsitz. In der Kölner Wohnung lagern Skripte in

1111

einem Schränkchen aus Holz. Hochhäuser, natürlich, brennen auch schon mal, aber diese Gefahr erscheint mir gering, auch wenn es in solch einem Bau viele Herdplatten gibt, von denen nur eine einzige durchzuglühen braucht, und es beginnen sich Umstände zu verketten, die vorher nicht bedacht wurden. Doch Leitern moderner Löschfahrzeuge sollen auch die oberen Stockwerke meines Hochhauses erreichen. Also: ständiger Skript-Transfer.

Betrete ich wieder das Haus, so geschieht das nicht mit ›besitzergreifenden‹ Schritten. Aber zuweilen schaue ich doch auf Bilder, Bücher, Schallplatten mit dem Gedanken: Da seid ihr ja noch. Der Verlust welcher Graphik, der Verlust welcher Bücher und Tonträger wäre wirklich schmerzhaft? Da sortiere ich aber nicht vor, der Verlust würde mir wahrscheinlich erst hinterher einfallen, auffallen. Das Bewusstsein aber wird intensiviert, dass Besitz nur transitorisch ist (hochgestochen formuliert). Kommt zu mir, bleibt eine Zeitlang bei mir, verlässt mich wieder. Was nicht zu schwarzem Holz, zu Asche wird, das wird eines Tages rausgetragen oder umgruppiert, umfunktioniert.

Ich schreibe dies im Haus mit Blickrichtung auf das zuletzt »abgefackelte« Haus etwas unterhalb im Hang, notiere weiter: Der Stuhl, auf dem ich sitze, kann ein Feuerstuhl werden, der Tisch, an dem ich dies schreibe, kann ein Feuertisch werden, die Wände des kleinen Zimmers können Feuerwände werden, das Papier wäre rasch verkohlt. Und wenn es nicht verkohlt, so wird es von Löschwasser durchtränkt, vielleicht doch. Falls der Jungmann der Freiwilligen Feuerwehr, der stets als Allererster an der Brandstelle ist, die Kollegen rechtzeitig heranfunkt.

ERSTAUNT, BEGLÜCKT stelle ich fest: Das Hochhaus liegt, wie das Eifelhaus, genau unter einer Flugroute, einem »airway« von Kranichen. Die ziehen, weitgefächert, mit ihren Trompetenschreien über das Hochhaus hinweg, werden bald darauf, trompetenschreiend, über das Eifelhaus hinwegziehen und weiter südwärts. Mit dem russischen Armeefernrohr, das ich bei Freund Peter gegen CDs eingetauscht habe, behalte ich die Formationen im Blick.

In früheren Jahren, noch ohne Begleitlektüre, hatte ich gedacht, es gibt einen Altkranich, Seniorenkranich, flugerfahren, routenkundig, der bildet die Spitze des weitgefächerten Dreiecks, schräg hinter ihm eine Art Kopilot, der vom Kranichflugkapitän lernt, um die Leitposition zu übernehmen, sobald der Altkranich nicht mehr fliegen kann oder nur noch hinterdrein. Doch mit dem Fernglas auf dem Balkon des Hochhauses registriere ich: Die Flugformation verändert sich ständig, die Führungsposition wird in fließenden Übergängen ausgewechselt. Und jede Veränderung setzt sich wellenförmig in den Schenkeln das Flugdreiecks mit der offenen Hypotenuse fort. (Hypotenuse, wahrscheinlich schreibe ich das Wort nun zum ersten Mal in meinem Schriftstellerleben, habe es tatsächlich behalten vom Mathe-Unterricht, den ich eigentlich nicht mochte, hat sich festgesetzt, wird übertragen: Schenkel des Dreiecks in der Flugformation, jedoch ohne Hypotenuse, das Dreieck ist offen.) In den Schenkeln der Flugformation also bilden sich Verdichtungen, strecken sich Linien. Da wird keine Flugordnung beibehalten, die sich bewährt hat, die Formation ist in ständiger Binnenbewegung, der Leitkranich wird abgewechselt in einer Art Rotationsprinzip. Als Erklärung dafür, angelesen: Vorn ist der Luftwiderstand am größten, die Kraniche hinter der Führungsspitze fliegen, einer schräg hinter dem anderen, halb im Windschatten. Bei Tausenden von Flugkilometern zwischen dem nördlichen Skandinavien und dem südlichen Spanien durchaus notwendig, im Energieverbrauch.

Die trompetenartigen Verständigungsschreie höre ich schon über mehrere Luftmeilen hinweg, springe auf, laufe ins Freie. Sobald ich die Erste der keilförmigen Formationen sichte, da hebe ich ab, ja, eine innere Thermik zieht mich in die Lüfte, in die Höhe des Kranichzugs, dem mit Sicherheit ein zweiter Kranichzug folgt und ein dritter. Wenn sie nachts fliegen, werde ich im Eifelhaus schon von ersten Rufsignalen geweckt, ich taumel, tapse auf den Balkon, kann sie natürlich nicht sehen, aber wenigstens deutlicher hören. Und wenn die Schreie hin und her und her und hin sich nicht kontinuierlich entfernen, so weiß ich: Es bildet sich wieder der Strudel, über dem Rurtal, über dem Gegenhang: Auflösung der Flugordnung, Durcheinanderkreisen, Umeinanderkreisen. Warten auf Nachzügler? Flugpause? Neuformierung?

Mit dem Fernglas beobachte ich an einem der Flugtage, dass einer Formation ein paar Nachzügler folgen, mit deutlichem Abstand. Und was geschieht? Die Zugvögel vorn ziehen nicht davon, wer zurückbleibt, soll zuschaun, wo er bleibt, die Kraniche lösen die ästhetisch schöne Flugformation auf, bilden schreiend, trompetend, einen Wartewirbel, der fängt die Nachzügler auf, und wie auf ein geheimes, zumindest auf ein von mir nicht registriertes oder registrierbares Zeichen entwickelt sich aus dem Strudel wieder eine weitgefächerte Flugformation, Dreieck mit durchweg verschieden langen Schenkeln.

In der Wiesen- und Schilfregion vor Bremen habe ich einen einzelnen Kranich mit dem kleinen, aber sehr scharfen Fernrohr beobachten können: ja, sichtlich ein »Schreitvogel«, lange Beine, langer Hals. Schwarzweiße Zeichnung von Kopf und Hals, das Gefieder hellgrau. Was ich auf die Entfernung nicht abschätzen kann, habe ich als Zahl im Kopf: auch dieser Kranich wird einszwanzig messen; die Flügelspannweite ist beträchtlich weiter, liegt bei mehr als zwei Metern. Damit kann eine »Reisegeschwindigkeit« von 50 bis 60 Stundenkilometern erreicht werden, bei Rückenwind werden sie beträchtlich schneller, da kann sich die Geschwindigkeit verdoppeln. Doch nun, vor Bremen: kein Flug, kein Flugbild, der einzelne, umherstaksende Kranich, mit langem Schnabel in den Boden hackend – was sich im Fernrohrbild freilich nur andeutet, weil ich es weiß. Strammer Wind, immer wieder muss ich mir Tränen aus den Augenwinkeln wischen, muss das Fernrohr neu ansetzen: Ist er noch da, ja, er ist er noch da …

Jedes Jahr wieder, in Vorfrühling und Spätherbst, weist mein inneres Richtmikrophon in den Luftraum, justiert auf die Wahrnehmung selbst horizontweit entfernter Kranich-

1114

schreie. Und kommt eine erste der charakteristischen Flugformationen in mein Blickfeld: beschleunigt der Herzschlag.
»Meine« Kraniche!

JA, SIE KANN AUSSCHWÄRMEN, kann allein, ganz allein
ausschwärmen, das kann sonst ja nur ein Schwarm, ein Vogel-
schwarm, aber sie kann, ganz allein, ebenfalls ausschwärmen,
wenn sie in eine Gegend kommt, die sie noch nicht kennt, so
vielvielviel ist da für sie wahrzunehmen, mit den Nasenflügeln, mit den Augäpfeln, die werden dann erst richtig reif – hat
sie rote Augäpfel bekommen von all dem Schauen?
    Elaine steht vor mir, rasch atmend. In ihrer Hand, die bei-
nah kindlich trotzig erscheint, der malvenfarbene Knirps,
den sie mitgenommen hat auf unsere Exkursion, Knirps, vergessen von einer Besucherin oder zurückgelassen von einer
Stipendiatin, jedenfalls, sie hat den gleich übernommen, »nein,
lass mich den tragen«. Während ich in Köln war, hat sie das
Ambiente in Langenbroich erkundet, muss mir zeigen, jetzt,
jetzt, unbedingt, was sie entdeckt hat im kleinen Wald, der für
mich bisher nur eine Baumgruppierung war auf einer weiten
Felderfläche der höheren Hangstufe. In diesem Waldgebiet
ihr Thron, der Thron mit dem wunderschönen Ausblick, das
wird mir gefallen, das muss mir gefallen.
    Ich ziehe sie an mich heran. Kuss, aber der bleibt flüchtig,
es entsteht kein Sog, ihre sinnliche Wahrnehmung scheint sich
auf weiter Fläche verteilt zu haben, in diesem Waldgebiet, in
dem ich seit Jahren nicht mehr gewesen bin, zuletzt noch bei
einem kurzen Spaziergang mit Böll. Sie eilt vor mir her, auf
dem noch asphaltierten Wirtschaftsweg, in ihren Stiefeletten,
in ihren Jeans, in ihrem T-Shirt mit kyrillischen Buchstaben,
sie eilt vor, sie bleibt stehen, sie kommt zurück, als müsste sie
eine größere Gruppe beisammenhalten. Dass es vor wenigen
Stunden noch geregnet hat, das ist ein Geschenk an Elaine persönlich, eine Dankesgabe. Und sie rupft eine der Roggenähren
ab neben dem Weg zum Wald, beißt ein paar Körner ab, die
schmecken ihr, sie will auch eine Ähre für mich abreißen, aber
ich verhalte mich noch reserviert, zeige nicht die wünschens-

werte Flexibilität, könnte eigentlich ein wenig mehr aus mir herausgehen, wo sie doch schon aus sich herausgeeilt ist, den ganzen Tag schon scheint sie aus sich herausgeeilt zu sein, ist immer noch atemlos.

Wir nähern uns, vom Dorfrand her, dem Wald, in dem sie ihr Geheimnis hat: der Thron für sie und bald auch, zwischendurch mal, für mich. Ja, und auf dem Weg dahin die Erdbeeren, die kleinen, aromareichen Walderdbeeren, und der Stoß, der Stapel mit dem duftenden, essighaltigen Holz, vor allem Eiche – bei ihren Erkundungsgängen ist sie an diesem Holzstoß, Holzstapel stehengeblieben, sie will, sie wird mich als Erstes dahinführen, ich soll ebenfalls eine Riechprobe machen.

Und der Wald nimmt uns auf. Nun muss ich nicht mehr, etwas besorgt, Ausschau halten nach dem Grau, das sich im Eifelwesten verdichtet und ausdehnt; es käme mir kitschig vor, mit Blick auf die heranrückende Wetterfront vorzuschlagen, wir sollten doch besser umkehren, zu ihrem zeitweiligen Wohnraum oder zu meinem Haus ein Viertelstündchen weiter. Immerhin haben wir den kleinen Schirm mitgenommen, den malvenfarbenen Knirps, sie wäre, ohne meinen Hinweis, selbstverständlich ohne Schirm losgelaufen, hat keinen Blick übrig für Wetterentwicklungen, ist wie aufgesogen von ihren Wahrnehmungen, die sich in Eifer und Glücksgefühl umsetzen.

Endlich der Holzstoß! Eigentlich sind es drei Holzstapel, aber für Elaine sind sie zusammengerückt zu einer duftenden Holzmasse. Nun muss ich riechen. Sie hält die Nasenspitze an eine der Schnittstellen, saugt ein, saugt ein. Und ich sauge mit, schulternah neben ihr, und kann nur bestätigen: Essigaroma. Aber keine Essigfliegen. Von denen hat sie noch nie gehört, für sie war keine weitere Wahrnehmung freigeblieben vor den Holzstößen, an denen sie verharrte, nun wieder verharrt, einsaugend, einsaugend. Ah, sie möchte mit der ganzen Haut riechen können! Überall an ihr müssten Nasenlöcher sein, auf den Wangen, in den Wangen, an den Schultern, und so weiter, immer so weiter.

Ich bringe einen Vergleich ein, der sie sofort überzeugt: Ein Jäger, der mir sagte, Raben, die hellwachen, gewitzten Raben, die hätten ja an jeder Feder ein Auge.

Gefällt ihr, gefällt ihr absolut. Und sie lacht, mädchenhafte Frau von Mitte dreißig. Mittlerweile habe ich den Schirm öffnen müssen, der Durchmesser ist klein.

Weiter! Die Erdbeeren! Die kleinen, so hocharomatischen Walderdbeeren! Der Wegrand, an dem sie Walderdbeeren gefunden hat, noch am Vortag. Aber nun? Keine der Walderdbeeren zu sehen, keine einzige! Wo sind die alle geblieben? Sie hat welche gegessen, ja, aber sie hat mir doch welche übriggelassen, will die jetzt für mich pflücken, damit ich sie ganz, ganz frisch essen kann, und nun: wie weggezaubert! Ob die Frau –? Ja, sie hat gestern einer Frau aus dem Dorf den Tipp gegeben, aber das ist doch unfair, hier dann gleich sämtliche Erdbeeren zu pflücken! Hätten sich vielleicht absprechen sollen, welche Seite des Wegs man sich jeweils vorbehält, und das wird dann bitte respektiert, aber jetzt?! Wirklich etwas unfair: Ratzeputz weggeputzt! Aber sie möchte unbedingt ein paar Walderdbeeren, wenigstens ein paar für mich finden und pflücken. Die haben wahrscheinlich nur ein Fünftel oder Zehntel des Umfangs, der Größe von Erdbeeren, wie sie auf Feldern gezogen werden, die auf Schildern schon mal als Erdbeerpflückanlagen bezeichnet werden oder als Selbstpflückanlagen. In diesem Fünftel oder Zehntel aber ist das gesamte Aroma einer der großen Erdbeeren vereinigt und zugleich verfeinert. Ich muss das schmecken, unbedingt, aber hier ist nicht mehr die kleinste Erdbeere! Auch keine Himbeere, Brombeere.

Ich biete ihr Suchhilfe an, aber ich soll auf dem Weg stehenbleiben, sie gibt mir den Schirm, muss beide Hände frei haben zum Suchen, da müssen kleine Äste beiseitegebogen werden. Die kleinen Äste, die sie biegt, die lassen Tropfen fallen, aber sie will die Erdbeeren sehen, unbedingt, die sie mir angekündigt, versprochen hat beim Anruf in Köln, doch nun sind sie allesamt, ja, einkassiert. Sind, drüben in Langenbroich, womöglich in deutschen Industriejoghurt verrührt worden, sind auf einen Pfannkuchen gestreut, sind womöglich püriert worden. Und Elaine, nun in der Rolle eines Kobolds, eine Pucks, sie scheint in ihrer Enttäuschung etwas kleiner geworden zu sein, zumindest schmaler.

Aber sie sucht weiter, eifrig, eifrig. Haarsträhnen liegen feucht an, das Shirt beginnt an den Schultern einzudunkeln. Komm unter den Schirm, Kobold! Schon ist sie neben mir, hakt ein. Mit dem Ellbogen des schirmtragenden Arms spüre ich den Ansatz ihres Busens, wie ein sehr sanftes Aufstützen. Sie spricht, sie spricht, sie schwärmt von ihrem Thron, den ich nun gleich sehen werde. Vorfreude …! Das kleine Erdbeer-Unglück scheint vergessen, das hat sie hinter sich gelassen, wie über die Schulter zurückgeworfen. Der Regen setzt sich fort, aber der scheint nicht real für sie zu sein, da besaßen, besitzen die nicht mehr vorhandenen Erdbeeren weitaus mehr Realität. Sie löst sich vom Arm, läuft durch feuchte, bald nasse Grasbüschel, die Jeans bis zu den Knien eingedunkelt, es zieht sie zum Thron, den ich gleich auch mal besteigen soll, das hat sie sich sofort gewünscht, als sie zum ersten Mal dort oben saß, lange Zeit. Sie kann nicht beschreiben, wie wir zum Hochsitz kommen können, kann nicht einmal die Richtung anzeigen, sie nimmt Wege eigentlich gar nicht wahr, wenn sie in einem Wald ist, sie ist dann auf eine Weise abwesend und auf andere Weise sehr, sehr anwesend, letztlich findet sie doch alles, ohne zu suchen, mag sein, auf Umwegen, aber sie ist sowieso nicht zielstrebig.

Schau mal dort, diese kleinen Tännchen, diese Blaukiefern: ein Grüppchen in kleiner Lichtung. Sie geht durch das tiefe, nasse Gras auf den ersten der hüfthohen Nadelbäume zu, streicht über die obersten Ästchen. Sind schon fest, die Bäumchen werden erwachsen. Aber im Frühjahr, da sind die neuen Triebe so weich wie kleine Tiere, das hat sie in heimischen Wäldern oft genug erspürt. Erst später, um diese Jahreszeit, werden die starren Nadeln ausgefahren. Vorher aber: zum Anknabbern! Da kaut sie Fichtentriebe! Sie muss alles in den Mund nehmen! Alles, alles in den Mund nehmen! »Du wirst sehn!« Kleines Versprechen, mit einem Kuss besiegelt. Ihre Haut kühler. Und das Zungenspiel nur flüchtig – zu weit verteilt ihre Aufmerksamkeit, ihre Wahrnehmung, nun muss ja auch bald ihr Thron zu sehen sein.

Doch bevor ich den Hochstand sehe (sicherlich mit dem Schildchen: Jagdliche Einrichtung, Betreten verboten), laufen wir noch ein wenig im Wald umher, die Richtung wechselnd. Der Regen verdichtet sich, sie scheint das dichte Tropfgeräusch auf dem Schirm nicht wahrzunehmen. Da, dort ist es! Schemenhafte Kontur eines Hochsitzes unter dichten Eichenkronen – jenseits der Baumgruppe beginnt wieder Feldfläche. Ein kleiner Pfad, Jägersteig, muss an den Hochsitz heranführen, aber wir durchqueren Ginstergestrüpp.

Sie bleibt an der Holzleiter stehen, berührt einen der Holme. Ich soll da hinauf, bitte, ich soll hinaufsteigen. »Gib mir solang den Schirm.« Und wie wärs, wenn wir gemeinsam, einer nach dem andren? Nein, nein, auf einen Hochsitz darf man nur allein, ist nur für eine Person gebaut, ich soll bitte raufsteigen.

Die Sprossen sind noch trocken, das Blätterdach ist so dicht wie erhofft, ich steige hoch, sie steht unten, schaut mir zu, fast atemlos. Als ich oben stehe, ihr kleiner Jubelruf: »Ist das nicht schön?!«

Ja, ein Hochsitz am Rand der Waldinsel, einen guten Steinwurf weiter beginnt ein Roggenfeld, das wird zur Linken noch zwei- oder dreihundert Meter weiter hinaus begleitet von einem Waldausläufer, und jenseits des Getreidefelds Buschgruppen, ein Wäldchen.

Bitte, ich soll mich setzen da oben. Sie hat offenbar alle Abläufe vorweggenommen, das muss nun eingelöst werden. Ich setze mich. Im Kopf die Formulierung: Folgsam nimmt er Platz. Die abschirmende Bretterfläche nun fast bis in Kinnhöhe, da sehe ich nicht mehr viel, will sie aber sehen. Höre, wie sie durch Gestrüpp geht, dann Raschelschritte im Getreide. Besser, ich stehe auf, aber bitte, ich muss sitzen bleiben, sie hat so lange auf diesem Thron gesessen und sich ausgedacht, dass ich dort ebenfalls mal sitzen werde, nun sitze ich dort, nun muss ich auch sitzen bleiben.

Zwischen Bretterritzen sehe ich den malvenfarbenen Schirm über dem Roggengrünblau, sie geht weiter hinaus in das hüfthohe Getreide, die Jeans nun wohl komplett eingedunkelt, auch das scheint sie nicht wahrzunehmen. Damit sie nicht allzu weit ins nasse Roggenfeld hineingeht, stehe ich auf, sie will mich schließlich hier oben sehen. Eigentlich möchte sie nicht, dass ich auf dem Hochsitz stehe, sie hat sich das anders vorgestellt, aber als ich ihr zurufe, dass jemand auf einem Thron auch das Recht hat aufzustehen, wann er will, da erkennt sie das an. Steht im Getreidefeld, unter dem zurückgeschrägten Schirm, die Haarsträhnen liegen nicht nur feucht, sie liegen nass an, doch sie strahlt, strahlt zu mir herauf: Bin endlich, endlich auf ihrem Hochsitz! Das möchte sie von verschiedenen Punkten aus sehen! Und sie geht weiter hinein ins Roggenfeld, bei sanftem, gleichförmigem Regen, ich darf mich nicht von der Stelle rühren, sie will, sie muss, muss das sehen, meinen Besuch auf ihrem Thron, sie muss sich das einprägen.

Noch hält das Blätterdach über mir dicht, nur vereinzelte, von Blatt zu Blatt springende und fallende Tropfen erreichen das kleine Holzgeviert, auf dem ich stehe wie ein Kapitän auf der Kommandobrücke, aber das Schiff macht keine Fahrt, dennoch verdichtet sich ein wenig das Wasserrauschen. Der Regen, der für sie kein Regen ist. Weiter streift sie durch den Roggen, hat eigentlich nur mir zuliebe den Schirm aufgespannt; um das Blickfeld nicht einzuengen, hält sie ihn so weit zurückgeschrägt, dass Tropfen vom Haar über Stirn und Schläfen rinnen, über die Wangen, das Kinn. Ich möchte runtersteigen, ich mache – so fällt mir das als vorgegebene Formulierung ein – ich mache bereits Anstalten dazu, aber das würde sie arg enttäuschen, sie möchte von verschiedenen Punkten aus sehen, wie ich dort oben stehe, daran hat sie sich noch nicht sattgeschaut, und so sehe ich sie weiterhin durch das nasse Getreide streifen, immer wieder einhaltend. Und ich weiß, ich werde dieses Bild nicht vergessen: Kobold, Puck im blaugrünen, nassen Roggenfeld, den malvenfarbenen Schirm zurückgeschrägt, die Haare strähnig, Shirt und Jeans eingedunkelt, die Stiefeletten werden längst Wasser saugen. Und ich weiß, ich werde ihr ein Handtuch vor die nassen Füße legen, werde ihr das Shirt über Busen und Kopf hochstreifen, werde die Jeans herunterziehen, werde sie mit zweitem Handtuch trockenrubbeln, vom Kopf bis zu den Füßen und wieder hinauf zur Hüfte.

VOM EIFELHAUS fahre ich nicht direkt zum Hochhaus, mache einen Zwischenstopp in Köln-Ehrenfeld, besuche Werner. Italienisches Abendessen, Fortsetzung des Gesprächs in seiner Wohnung. Die Gefährtin kommt heim nach einem Termin, berichtet: Mit knapper Not ist sie noch durchgekommen, Zoobrücke ist gesperrt, andere Rheinbrücken sollen ebenfalls gesperrt sein, irgendwo eine Bombe.

Über die Zoobrücke fahre ich stets hinüber zu meinem rechtsrheinischen Vorort. Also das Radio anschalten, und bald schon die Durchsage: Zoobrücke gesperrt, in der Tat, Rheinuferstraße gesperrt, Zufahrten weiträumig gesperrt, eine Bombe wird entschärft. Bombe mit weitflächiger Auswirkung, indirekt, auch ohne Explosion. Später auf der Mülheimer Hängebrücke fahrend, sehe ich die leere Rheinuferstraße, auf der Zoobrücke kein einziges Auto. Und ich skandiere, weiterfahrend, in wechselnder Betonung: Eine Bombe in *Köln* ... Eine *Bombe* in Köln ... *Eine* Bombe in Köln ... Wie viele Sprengbomben sind, insgesamt, auf meine Stadt abgeworfen worden, auch schon im Ersten Weltkrieg? Hier nun die erste Sprengbombe, die mich, fünf Jahrzehnte später, zu einer anderen Route zwingt. Keine Fluchtbewegung über zersplittertem Glas, mit hoffentlich festem Schuhwerk, keine Anhäufungen von Schutt, von Trümmern – auf glatter Piste fahre ich zum Wiener Platz, parke.

Gedankengang: Wie viel Aufmerksamkeit fordert schon diese *eine* Bombe? Nach einskommaeins Millionen Bomben insgesamt? Als diese eine Bombe fiel, war ich mit Sicherheit schon in Bayern. Jähe Verkürzung der scheinbar weit gewordenen Zeitdistanz: eine bis zum gegenwärtigen Zeitpunkt nicht entdeckte Bombe kann wieder brisant werden. Ich höre, im Hochhaus, keine Explosion – Entschärfung demnach gelungen. Der Verkehr fließt wieder, das sehe ich auf der Zufahrtsrampe zur Zoobrücke. Kleine Störstelle in der Normalität geregelter Abläufe, doch Kontinuität konnte wieder hergestellt werden.

Zeitungsberichte über die Entschärfung des Blindgängers: lebensgefährliche Groteske, die deutlich macht, wie groß die Distanz zur Realität des Bombenkriegs geworden ist.

Niedrigwasser, wieder einmal, im Rhein; ein Ruderer entdeckt in der Nähe der Mülheimer Brücke einen schweren Metallbehälter im Wasser, benachrichtigt eine Behörde; der Kessel, dicht unter der Wasserfläche, wird von einem Experten inspiziert und als chemischer Druckbehälter identifiziert; der wird gehoben und zum Mülheimer Hafen transportiert, dort zwischengelagert; wird sodann zum anderen Rheinufer geschafft, zu einem Ableggeplatz der Straßenmeisterei; ein Beamter versucht, eins der drei ›Ventile‹ zu öffnen oder zu entfernen, mit Zange und Hammer, alles versintert, er muss aufgeben; einige Zeit später entdeckt jemand aussickernde Flüssigkeit am Behälter, und die erscheint fremdartig; eine Probe wird an ein englisches Labor geschickt, und das meldet: chemische Komponenten der Flüssigkeit in einem Bombenzünder. Der chemische Druckkessel nun als vierzig Zentner schwere Luftmine, die drei ›Ventile‹ als Zünder. Diese Zünder allerdings in einer Reihe und nicht, wie sonst, über die Metallfläche verteilt – Sonderausfertigung, schon greifen die Wahrnehmungsraster nicht mehr. Mit gefährlichen Flüssigkeiten gefüllte Behälter aber sind mittlerweile selbstverständlich geworden: dieses Raster greift.

Die Luftmine (»blockbuster«), die weitflächig zertrümmern kann, sie wird entschärft. Die Prozedur muss allerdings mehrfach unterbrochen werden, die Absperrungen und Kontrollen der Polizei haben Lücken, mehrfach tauchen Nachtgänger auf im Gefahrenbereich. Nach mehreren Stunden erst ist die Luftmine entschärft. Fast ein halbes Jahrhundert lang ist sie von Rheinwasser umspült worden, und Schiffe glitten über sie hinweg. Einmal einer der Zünder geschrammt, und ein Schiff wäre versenkt worden – und die Hängebrücke? Es waren sogar Bundesbahn und einfliegende Flugzeuge mit Kurs auf

Köln / Bonn gewarnt worden. Und wie viele Luftminen, allein Luftminen, waren auf Köln abgeworfen worden? Anhaltende Zertrümmerung einer Großstadt. Zitat, assoziativ, auch hier wieder: Gegenwart als dritte Dimension der Vergangenheit.

Nun bin ich mehrere Zeilen lang der Beschreibung jenes Objekts gefolgt, weiß sogar, dass es drei korrekt aufgereihte Zünder aufwies, aber die Brandbombe, die »Abwurfmunition«, die in Köln ins Haus einschlug, die (mit einer Floskel:) meinem Leben eine andere Wendung gab, nicht nur topographisch, dieses biographisch relevante Objekt ist bisher schemenhaft geblieben.

Der Bombenknick in der Lebenslinie – und wie sah diese, wie sah solch eine Bombe eigentlich aus, genauer betrachtet? Das Wort »Brandbombe« allein reicht wohl nicht aus – so viele Zeilen über eine Luftmine, die mich lediglich dazu zwang, den Rhein auf einer anderen Brücke zu überqueren, eher Phantom als Phänomen, und nur vage Vorstellungen über eine Bombe von spezifischem Gewicht?

Ich hole nach, ich gleiche aus, muss dazu nicht in militärhistorischen Darstellungen des Luftkriegs stöbern, klicke Wikipedia an, Suchwort Stabbrandbombe. Nehme erst einmal eine Fachbezeichnung zur Kenntnis: INC 4 LB. Das lasse ich so stehn, das schlüssel ich nicht auf. Wichtiger sind mir die näheren Angaben: War im Querschnitt sechseckig, ja, das habe ich so Erinnerung, habe ein derartiges Objekt ja inspiziert, in den Gartenboden eingebohrt, darin offenbar erstickt. Durchmesser, erstaunlich gering, vierkommazwo Zentimeter. Die Länge allerdings überraschend: 57 Zentimeter. Mehr als ein halber Meter! Meine bewährte, durch Wiederholungen gefestigte Version hat dagegen gelautet: Couragierte Mutter nahm Brandbombe auf die Kohlenschippe, warf sie zum Mansardenfenster raus. Und so, wie ich meine Mutter geschildert hatte, erschien das befreundeten Zuhörern durchaus plausibel. Aber jetzt kann ich mir das nur schwer vorstellen, dieses sperrige Objekt passte auf keine Kohlenschaufel, da hätte man schon sehr genau und sehr besonnen ausbalancieren müssen, und das bei Panik? Ich muss von dieser Version kritisch Abstand nehmen.

Der Abstand wächst mit weiteren Informationen. Rasch noch, komplettierend: solch eine Bombe hatte ein Leitwerk und einen Stahlkopf – mit dem wurde auch unser Dach durchschlagen. Der Körper der Bombe aus einer Magnesium-Aluminium-Legierung. In den Hohlraum hineingepresst die Thermitfüllung. Woraus die wiederum bestand: mir nicht so wichtig. Entscheidend die Wirkung. Ich lese, dass der Aufschlagzünder eine Stichflamme auslöste, die eine achtminütige Brenndauer auslöste, während der die Bombe sich in eine weißglühende Metallschmelze verwandelte. Als hätte der Teufel hingeschissen. Dagegen kam Löschwasser nicht an, der weißglühende Fladen konnte nur mit Sand abgedeckt werden, nach den acht Minuten, während der man nur hoffen konnte, dass ein Holzboden nicht durchgebrannt war und das Feuer sich jäh ausbreitete.

Nun sehe ich die Bombe anders und sehe meine Mutter wieder etwas anders. Die von einer Stichflamme in Brand gesetzte Thermitfüllung, die weißglühende Metallschmelze – völlig neuer Anblick, da half keine Erfahrung, aber Helene ließ sich nicht abschrecken, deckte den Teufelsfladen mit Sand ab, schützte Wand und Boden durch Löschwasser. Von der Brandbombe, die von ihr auf die Schippe genommen wurde, muss ich mich endgültig verabschieden. So einen weißglühenden Teufelsfladen konnte sie wohl kaum auf die Schaufel nehmen und aus dem Fenster schippen. Sie wird also reichlich Sand geschaufelt haben, vorsorglich und vorbildlich zurechtgelegt im Dachgeschoss. Ich habe diese Brandbombe also gar nicht sehen können, habe so was auch nicht in Erinnerung, da war nur das Sandgrab in der eingeschwärzten Ecke, unter dem Loch im Dach.

Nun traue ich meiner Mutter postum noch mehr zu an Courage, und meiner Erinnerung traue ich wieder einmal etwas weniger. Und bekräftige die Anweisung an mich selbst: Alles befragen, alles kontrollieren! So hatte die Luftmine am Rheinufer doch eine moderat mentale Sprengwirkung.

Ich könnte hier nun leicht kaschieren, lösche auf der Festplatte meinen ersten Bericht über den Einschlag der Brandbombe, schreibe eine präzisierte Fassung nieder. Doch ich gebe die in der Erinnerung zurechtgemodelte erste Version in Druck: Markierung im Prozess der Erinnerung, die sich durch heranzitierte Informationen präzisiert.

WUTREFLEXE. Auf der Inneren Kanalstraße bleibt rechts vor mir ein schwarzer, getunter Wagen stehen, mit dickem, verchromtem Auspuffrohr, mit Heckspoiler, und wo ein Heckspoiler ist, da ist auch ein Frontspoiler, aber den bekomme ich nicht zu sehen, der interessiert mich auch nicht, mein Blick angezogen von einem schmalen Aufkleber in grünen Schriftzügen: »Eure Armut kotzt mich an.« Ich muss so nah hinter diesem Wagen stehenbleiben, dass ich das lesen kann, lesen muss. Jäh steigt Zorn auf. Zwischen zwei Ampeln ergibt es sich im Verkehrsfluss, Verkehrsgeschehen, dass wir auf gleicher Höhe fahren, ich sehe einen Mann von etwa dreißig, Oberkörperansatz einer massigen Figur, rundes Gesicht mit Schnurrbart, ein »Bully«. An der nächsten Ampel keine Verschiebung in den Fahrzeugkolonnen, wieder steht der Wagen rechts vor mir, wieder kann ich, muss ich die Aufschrift lesen, hab schon den Türhebel in der Hand, will rausspringen und ihm zurufen, dass ich einen so verdammt idiotischen Spruch schon lange nicht mehr gelesen habe, nein, einen so beschissenen Spruch. Aber das gäbe wahrscheinlich sofort eine Schlägerei, und ich würde angezeigt.

Nach ein paar hundert Metern erzwungener Nähe kann er endlich den teuer bezahlten Sound des Abarth-Auspuffs entfalten und davonziehen, Richtung Zoobrücke, in meiner Richtung. Und meine Wünsche begleiten ihn. Nach der langgezogenen Kurve der Auffahrt auf die Zoobrücke hoffe ich, dass ich seinen Wagen an der linken Betonkante und Leitplanke zertrümmert sehe, und nur mühsam kann sich Bully aus dem Schrotthaufen herausarbeiten.

Weil sich der Wunsch nicht erfüllt, hoffe ich auf die enggezogene Kurve jenseits der Zoobrücke, Abfahrt Mülheim,

Wiener Platz: mit überhöhter Geschwindigkeit soll er in diese enggezogene Kurve der absinkenden Hochstraße hineingebrettert sein, der Wagen von der linken Leitplanke hinübergeschleudert zur rechten, von der rechten wieder zur linken, der teure Wagen mit dröhnenden Schlägen geschreddert, dann frontal aufprallend, und er fängt an zu brennen. Gerade noch kann der Großkotz aus dem Blechhaufen, dem jetzt auch noch brennenden Blechhaufen, herausgezogen werden, muss mit ansehen, wie sein getuntes Auto samt Aufschrift abgefackelt wird. Und er verlässt die Brückenrampe als armer Mann: Auto noch nicht abgezahlt, ein neues auf Kredit, dazu weitere Kreditverpflichtungen, rascher Kollaps, finanziell, er lernt die Armut schmecken.

Wunschdenken. Nein, das Wort ist falsch: Es sind Bildfolgen, und die sind rascher als das Denken. Das kann nur versuchen, sie rechtzeitig einzuholen, aber das gelingt nicht so recht bei der blitzschnellen Entfaltung solcher Szenarien. Beim Weiterfahren sage ich mir, dass auch destruktive Wunschphantasien zu mir gehören, dass ich im Entwickeln solcher Wunschphantasien wahrscheinlich keine einsame Ausnahme bin, sie also eingestehen kann. Nach außen hin unhörbare Begleitklänge in schrillen Akkorden. Ich versuche mich zu maßregeln, will solche Wünsche domestizieren, doch sie haben sich schon selbständig gemacht in dem Moment, in dem sie aufzucken, aufflammen, Verstand und Vernunft haben das Nachsehen, wenn der Bildgenerator in mir solch ein Videoclip der Destruktion realisiert. Jäher Einbruch unkontrollierter Phantasie, aber ich kann den Bildgenerator nicht abstellen. Und frage mich, wie oft schon solche Wünsche in mir, ja, aufgeflammt sind.

Bevor ich, nach der Wende, zu einer Lesung nach Weimar aufbrach, schickte mir Sohn Christoph eine Agenturmeldung; »Schriftsteller in Weimar von Rechtsradikalen zusammengeschlagen«.

Nach einer Veranstaltung zogen zwei (mit der Popszene liierte oder kooperierende) Autoren mit einem Fan-Grüppchen in ein Wirtshaus am Frauenplan, gegenüber von Goethes Wohnhaus. Als einer der beiden die Kneipe verließ, wurde er von sieben Neonazis erwartet (offenbar fühlen die sich nur in der Gruppe stark). Sie beschimpften ihn als »Judenschwein« und schlugen ihn zusammen.

Zugespitzter könnte die Konfrontation, deprimierender die Konstellation kaum sein: Hier die brutale Aktion, drüben das Haus des Großdichters, der mitwirkte an der Erziehung des Menschengeschlechts. Die wurde dort, mit Herder als Stichwortgeber, zumindest erörtert. Blieb indes wirkungslos, wie sich gleich nebenan in Weimar-Buchenwald zeigte.

Grober Keil auf groben Keil: zeitweilige Devise des Vaters, jäh übernommen. U-Bahn-Station Ebertplatz. Allgemeines Warten auf Bahnen. Auf dem Bahnsteig gegenüber ein Mann, offenbar angetrunken, der laut, immer lauter auf die Juden schimpft. Keiner schreitet ein. Er äußert sich immer aggressiver, schließlich das Verb »vergasen«, und das wiederholt sich. Jähe Wutfontäne, in mir hochschießend: »Halts Maul, da drüben!« Kurze Irritation, dann setzt sich die Suada des Judenhasses fort, ich muss nachlegen: »Hör auf mit dem Scheiß! Sonst komm ich mal rüber!« Das wirkt. Nur noch halblautes Gemaule. »Verpiss dich!« Tatsächlich, er trollt sich.

Ringsum Personen, die dreinschauen, als wäre nichts geschehn. Habe ich übertrieben, überzogen? Aber hätte ich rübergehen sollen, ihn zur Toleranz verpflichten, zur Achtung des Mitmenschen, erst recht nach der NS-Ära? So was hätte in der Situation eher lächerlich gewirkt, wäre garantiert wirkungslos geblieben.

Übertragung, subkutan. Sohn Christoph im Wartezimmer einer Arztpraxis. Alles glotzt vor sich ein, ein alter Knacker mault daher, alte Parolen wiederholend: Juden sind an allem schuld, Juden sind unser Unglück. Christoph steht auf, athletische Erscheinung, beugt sich zum Meckerer herab, stützt sich vor ihm auf beiden Armlehnen auf: »Ich will so was nicht mehr hören!« Halblautes Gemurmel, Gemaule im Leerlauf: Man doch mal sagen dürfen ... Christoph setzt einen drauf:

»Ich komm aus einer jüdischen Familie, ich will so was nicht mehr hören! Verstanden?!« Und kehrt zu seinem Platz zurück. Als der Knacker aufgerufen wird, erklärt einer in der Runde: Richtig, dass das mal gesagt wurde. Christoph grummelt zurück: »Und ihr? Habt die ganze Zeit geschwiegen und genickt.« Von da an bleibt es still im Wartezimmer. Der Arzt berichtet ihm denn, der Patient hätte sich bei ihm beschwert. Als wäre es im Grundrecht verbürgt, dass man auf Juden schimpfen darf. Der Arzt heißt die Intervention gut. Zwangsläufig?

TOD des Schwiegervaters im Heim zu früher Morgenstunde. Das Fenster ist gekippt. Der Stecker zum Wasserbett liegt auf dem Boden: Ein Papier-Blumensträußchen ist in die sichtlich mühsam gefalteten Hände gesteckt: Papier-Nelken, Papier-Anemonen, ein Farnblatt aus Papier. Auf der Fläche des Rolltischs ein kleines Kruzifix und eine dicke Kerze, aber die brennt nicht mehr. Gesicht und Körper wirken auch bei ihm kleiner als zu Lebzeiten. Die Pantoffeln neben dem Rollstuhl. Ich setze mich ans Bett, werde reglos neben dem Toten.

Assoziationen, Erinnerungen. Der kleine Bau in Dießen am Ammersee. An der Rückseite eine Tür mit der Aufschrift M, eine Tür mit der Aufschrift D. Vorn eine Tür mit großer Glasscheibe: Blick auf eine festlich präsentierte Leiche. Neben der Tür ein Vordruck für die Eintragung von Name und Alter. Philomela als Vorname, Alter 83. Eine Rosenkranzandacht ist für sie angesetzt auf den gleichen Tag, die Beerdigung am nächsten Tag.

Schwarzes Leichenkleid, soweit erkennbar. Sichtlich veränderte Körpersubstanz der Toten auch hier. Andererseits sieht sie so lebensecht imitiert aus, dass ein Kopfheben oder Kopfrucken kaum verwundern könnte, zumindest ein noch weiteres Aufklaffen des rechten Auges. Rosa Nelken auf dem weißen Deckbett wie auf dem Kopfkissen, dazu Rosen, rot, und Lilien, weiß. Viel Farnkraut, dünnrispig. Der Raum dekoriert mit Blattgrün, Kränze mit Schleifen. »Unserer lb.

Sen. Chefin, die Betriebsangehörigen.« Vormals eine resolute Frau, respektierte, womöglich gefürchtete Chefin, präsent auch noch als Seniorin? Warum hat man auf der Kranzschleife das Wörtchen »lieb« abgekürzt?

Klein war Philomela und schmal – aber auch hier: schnurren Tote ein? Das zugleich besonders deutlich modellierte Gesicht: breit der Mund, hoch die Wangenknochen. Ihr graues Haar ist zurückgekämmt, wohl auch postum zu einem Knoten zusammengefasst. Philomela liegt da wie eine detailgetreue Kopie ihrer selbst. Das Fleisch nun wie Wachs, das Haar wie implantiert.

Philomela (»Name von der Redaktion nicht geändert«), verstorbene Seniorchefin: emotional kann ich distanziert bleiben. Bin zusätzlich abgesichert durch die Glasfläche, auf der mein Atem kondensiert – Lebenszeichen in regelmäßiger Wiederholung. Philomela hingegen liegt ausgekühlt im Schauraum, der sich nicht als Leichenhalle bezeichnen lässt. Mit Nase und Stirn nah am kalten Glas frage ich mich: Warum erscheint mir auch dieser Kopf, dieses Gesicht der Toten wie verkleinert – obwohl ich die Seniorchefin zu Lebzeiten nie gesehen habe? Und erst recht: Warum erschien mir Helenes Kopf verkleinert nach dem Tod? Eine Erfahrung, die ich mit anderen teile?

Eine Assoziation, keine Erklärung (die wäre allzu gewagt!): Erlöschende Sterne kontrahieren. Da besteht nicht mehr Ausgleich zwischen der Gravitation, die beisammenhält, und der Wärmeentwicklung, der Thermik, die sich nach außen vorschwingt, dann abstrahlt, und so leuchtet ein Gestirn vor sich hin. Fällt die abstrahlende Wärme aus, beginnt das Gestirn zu kontrahieren, Schwerkraft ohne Gegenkraft, ich habe das schon mal skizziert; am Ende der Rückentwicklung könnte ein schwarzes Loch entstehen, in Form einer schwarzen Kugel.

Noch einmal: Kein Erklärungsmodell, nun miniaturisiert, ein Gedankenspiel, nicht mehr. Bei der Toten, die umgeben ist von Treibhaus- oder Importblumen, entschuldige ich mich dafür, dass ich, die Glasscheibe zwischen mir und ihr beschlagend, solche Assoziationen entwickeln konnte. Das lag vielleicht auch daran, dass wir einer toten Person nicht mehr viel Wärme entgegenbringen (können). Kein Wärmeaustausch mehr, es beginnt ein Schrumpfungsprozess, direkt und in übertragenem Sinne.

Einige Frauen kommen herüber vom Augustinum. Stellen sich Frauen aus dem Stift öfter mal an die Schaufenstertür? Alte Frauen vor einer toten Frau, und sie spüren sich deutlicher in ihren Körpern?

Gang an der Friedhofsmauer entlang, hangabwärts. Grau übersprühtes Seebild. Der Ostwind, Seewind setzt mir eine kalte Gesichtsmaske auf.

Die wird zwischen den Häusern ein wenig gelupft. Eine breit hingelagerte, bemalte Gastwirtschaft. Vier alte Frauen auf dem Trottoir vor einem Blumengeschäft. Im Vorbeigehn höre ich eine von ihnen sagen, bayrisch intoniert: Die hätt ja gar nimmer nauskönnen, die hätt man ja tragn müssn, auch aufs Klo. Reden sie von Philomela?

Vom Eifelhaus zuweilen nach Düren, zum Altenheim; ich schob die Schwiegermutter im Rollstuhl auf Spazierwegen an der Rur entlang und machte eine neue Erfahrung: Türkische Familienväter, die ich nie zuvor gesehen hatte, sie grüßten mich.

Der Umgang mit dem Alter: neu akzentuiert. Ich entwickelte die Theorie von der Wohltätigkeit des Weichzeichners. Dies in Anleihe an Weichzeichner, wie sie in Schwarzweißfilmen der dreißiger und vierziger Jahre beliebt waren, beispielsweise bei Greta Garbo, die das eigentlich nicht nötig gehabt hätte. Die Natur, früher als Mutter bezeichnet, sie hat das Sehen auf kurze Entfernungen zunehmend erschwert: stört beim Lesen, strengt an, ist aber wohltätig beim Betrachten anderer, gleichfalls alternder Personen, auch beim Blick in den Spiegel. Wer setzt sich dazu schon eine Lesebrille auf? Der Weichzeichner nimmt aus den Gesichtern von Alten viele der störenden, der störrischen Einzelhaare weg, die besondere Resistenz erweisen, vor allem, wenn sie ihr Farbpigment verloren haben. Der Weichzeichner löscht auch kleine Altersflecken aus, verkürzt Falten, gestaltet Furchen sanfter. Konklusion: Jahrhundertelang, jahrtausendelang sahen sich alte Leute in gemilderten Erscheinungsformen, sanft beschönigt – bis die Brille allgemein verfügbar wurde, und nicht mehr mit Linsen aus Glas, so dick, manchmal, wie Flaschenböden.

So setzte ich mir die Lesebrille nie auf, wenn ich mit ›Oma Erna‹ am Tisch saß, zu leicht wäre der Blick prüfend geworden, wären Falten zu Furchen geworden und die Altersflecken im Gesicht, auf den Handrücken hätten sich schlagartig (»auf einen Blick!«) vermehrt. Und beim Schwiegervater musste ich nicht penibel vermerken, dass sich Haare am liebsten dort ansiedeln, im Alter, wo sie eigentlich nicht hingehören: verlassen den Hinterkopf, weichen zurück von der Stirn, wuchern dafür aus Nasenlöchern, reihen sich auf Ohrmuschelrändern, fassen Wurzeln sogar auf Nasen. Das Aufsetzen einer Brille angesichts einer alten Frau, eines alten Mannes: als würde jäh eine Schonhaut herabgerissen, und es zeigen sich gnadenlos Altersdetails, Schwundzeichen, Vergänglichkeitsmarkierungen.

ALTER IN DER ANTIKE: Eine Ausstellung, 2009, im Landesmuseum Bonn. Diesmal als Stätte der Selbstbegegnung: alternd beschaue ich Darstellungen gealterter Menschen.

Doch erst einmal muss ich ein Gesamtbild revidieren. Als Schüler des Altsprachlichen Gymnasiums, mit griechischer Mutterbrust links, römischer Mutterbrust rechts spirituell genährt (wenn auch nur in jeweils kleinen Portionen), verinnerlichte ich ein falsches Bild der Antike. So fehlten in jeder Hinsicht die Farben – die sah ich (diesseits der Jahrtausendwende) nachträglich aufgetragen in zwei, drei rekonstruierten Exponaten der Münchner Glyptothek. Und nun registriere ich, dass nicht allein junge (oder zumindest alterslos erscheinende) Frauen- und Männergestalten in Marmor gemeißelt waren, sondern auch Körper und Köpfe von alternden, von alten Menschen.

Auch zu dieser Ausstellung kaufe ich den Katalog. Lese unter dem Beitragstitel »Porträts« gleich in den ersten Zeilen: »Darstellungen des Alters spielen in der Porträtkunst eine außerordentlich große Rolle. Seit dem Beginn des antiken

Porträts im zweiten Viertel des 5. Jahrhunderts v. Chr. ist das Alter ständig thematisiert und variiert worden.« Das wird mit zahlreichen Ausstellungsstücken belegt: Originale, antike Kopien, späte Gipsabgüsse …

Mehrfach Körper alter Männer, nackt bis aufs Schamtuch, auch ohne Schamtuch – ein Fischer oder ein gebeugter, dramatisch alt aussehender ›Diogenes‹.

Noch stärker prägen sich Büsten ein. Vorab der Schädel, der mit dem Namen Homer verbunden wird. »Ein Rekonstruktionsporträt. Homer ist als ein sehr alter Mann dargestellt. Zu den einschlägigen Kennzeichen sind die ›Krähenfüße‹ an den Schläfen, die kugelig hervortretenden Jochbeine und die tiefen Nasolabialfalten zu zählen.«

Weitere Köpfe rücken nach! »Auch andere ›Intellektuelle‹, d. h., Dichter, Philosophen, Redner etc. wurden in klassischer und hellenistischer Zeit fast ausschließlich als alte Männer wiedergegeben, wobei in der damaligen Vorstellung ein enger, wechselseitiger Bezug zwischen einer fortgeschrittenen Lebensstufe und der Zunahme des geistigen Vermögens bestand.« Was ich gern lese …

Auch bei Frauen wurden Alterserscheinungen herausgearbeitet, zuweilen drastisch. »Eine Amme in Berlin muss sich gleich um zwei Kinder kümmern. Während sie im linken Arm ein fast nacktes Kleinkind trägt, das sich an sie klammert, hat sie mit ihrer Rechten resolut ein sich sträubendes Kind gepackt. Mit ihrem dicken Bauch, den hängenden Brüsten und dem großen nach vorne gebeugten Kopf erscheint sie uns als geplagte, von ihren Diensten ausgelaugte alte Frau.«

Länger verharre ich jedoch vor diesem Exponat der Antikensammlung Berlin: Die Amme aus Myrina, »die an ihrer rechten Seite ein kleines Mädchen mit Scheitelzopffrisur und langem Mantel führt. Die Gesichtszüge der Frau sind edel geformt, doch weisen tiefe Stirnfalten und der gebeugte Rücken sie als ältere Frau aus.«

Ob wirklich eine Amme dargestellt ist, kann offenbar nicht mit völliger Sicherheit geklärt werden, bleibt für mich aber sekundär. Denn mit dieser Figur stellt sich eine Assoziation ein, weniger eine Erinnerung: Kinderschwester Betty. Die Frau, die mich gesäubert, gewaschen, abgetrocknet, vielleicht auch warm gehalten hat. Die etwa zweitausendzweihundert Jahre alte Figur betrachtend, wird mir bewusst, dass ich jener Betty wohl viel zu verdanken habe – wahrscheinlich für Wärme, die sich wie ein Schutz um mich legte im kühlen Binnenklima der Familie.

IMPRESSIONEN, ASSOZIATIONEN. Sätze des Heim-Ambientes, aufgeschnappt: Ab siebzig sollte man keine kurzen Ärmel mehr tragen … Der Herrgott wird ihm schon noch mal die Schaufel aus der Hand nehmen … Hat ja auch den Vorteil, dass die Männer sich im Bett besser benehmen …

Sich fixierendes Bild vor dem Heim: grauhaarige Frau schiebt weißhaarige Frau im Rollstuhl. Die Mutter eingesunken, aber bunt dekoriert: grüne Wollmütze, der gehäkelte Schal lila, rote Decke auf den Knien. Sie wird an der Einfahrt des Heims vorbeigeschoben, demnach leben die beiden Frauen also wohl zusammen. Umso länger schaue ich ihnen nach: Illustration zu meinem Hörspiel mit dem Titel *Mühsames Klettern im Altersbaum*, dem aufgeheizten Dialog zwischen einer Frau um die fünfzig und ihrer Mutter um die achtzig, frei nach Geschichten, die mir von Frauen erzählt wurden.

Im Bannkreis des Heims eine weitere, scheinbar symbolisch entwickelte Szene: Ein alter Mann mit Krücke blickt einem alten Mann nach, der sich mit zwei Krücken voranarbeitet. Da lässt sich schon denken, welche Gedanken dem anderen nachgeschickt werden: Der ist schon weiter bergab. Erst der Stock, dann eine Krücke, danach zwei Krücken, später der Rollator, zuletzt der Rollstuhl. Und der Mann mit der einen Krücke, dem Mann mit zwei Krücken nachblickend, er fühlt sich, weitergehend, fast beschwingt: Kommt noch mit einer einzigen Krücke aus! Es gibt stets Menschen, denen es noch schlechter geht: der permanent weitergereichte Trost. Hält aber nicht lange vor.

Wieder ins Heim. Wieder die Frau, die Hass hinausschreit, durch ihre Verwirrung freigelegt, freigelassen, herausgelassen,

1133

nun hinausgeschrien ohne Unterlass. Trotz Information über typische Alterserscheinungen, trotz zivilisierender Selbstsuggestion: Ich spüre, wie Wutgefühle aufsteigen, wie sich Gewaltphantasien einstellen: Mehrere Frauen, sofern nicht dement, stehen wie auf (m)ein Zeichen auf, stopfen ihr eine Serviette ins Schreimaul, und da bleibt sie erst mal stecken, auch wenn die Alte noch so sehr würgt. Und wieder fortgesetzt die Mümmelei, Schlürferei, Schlabberei, die langsamen Bewegungen von Zitterhänden; manche Frauen müssen gefüttert werden, aber nur ein paar Löffel lang, dann muss es bitteschön klappen.

Ich betrete den Essraum nicht an Nachmittagen, um zwischendurch mit der Oma einen Kaffee zu trinken, zu dieser Zeit beherrscht die Schreifrau unangefochten das Ambiente, sitzt allein am Tisch, schreit, schimpft, mault, schimpft, schreit vor sich hin – »lauthals« sagte man früher, Frau Lauthals nenne ich sie. Frau Lauthals belieben mal wieder aus vollem Hals, nein, nicht zu lachen, sondern zu schimpfen, die Halsfüllung scheint nicht geringer zu werden, verbraucht zu werden, da muss nichts nachgefüllt werden, der Hals, der Schreihals füllt sich ständig von selbst auf, randvoll.

ZWISCHENDURCH wieder Lesungen, jeweils gekoppelt an eine Neuerscheinung. Die stelle ich vor, während ich bereits an einem weiteren Projekt arbeite, vom früheren Buch abgerückt durch das übliche halbe Jahr der Herstellung. Manchmal lasse ich mich gern weglocken vom Schreibtisch, manchmal fällt mir die Unterbrechung schwer. Zu berichten ist hier von einer Fehlhandlung, einer Fehlleistung mit Aussagekraft. Kleine Fallstudie.

Eine Lesung außerhalb einer (vom Verlag organisierten) größeren Lesereise, das heißt: im Umkreis von zwei, drei Reisestunden ab Köln, sprich: ohne anschließende Übernachtung im Hotel. Diesmal ist die Entfernung zum Veranstaltungsort noch geringer: Monheim (mit dem Pflanzenschutzzentrum, den transgenen Pflanzen!), nördlich von Leverkusen. Bei günstiger Verkehrslage eine Fahrt von einer halben Stunde. Dennoch, ich haderte mit mir den ganzen Tag, beschimpfte mich, weil ich – immer noch zu konziliant – vor mehreren Monaten den Termin abgenickt hatte. An diesem Abend aber nun wäre ich sehr viel lieber in das Jazzhouse, in den »Stadtgarten« von Ehrenfeld gegangen, um ein Pianotrio zu hören. Ja, ich war nicht gut auf mich zu sprechen, ich grantelte. So anhaltend verstimmt zu sein, passiert mir selten. Aber, keine Frage, ich musste den Termin wahrnehmen. Damals gab es noch keine Navigators. Bevor ich mich auf eine Autobahn begab, schaute ich mir im Autoatlas jeweils die Route an, prägte mir Autobahnnummern, Dreiecke, Vierecke ein, machte mir, falls es kompliziert wurde, einen Notizzettel mit Hinweisen, da musste ich, in Entscheidungsmomenten, nicht die Autokarte heranziehen, beim Fahren schwierig. Dieses Vorplanen hat mir schon viele Umwege, damit Zeitverluste erspart.

Bei der grantelei-grundierten Fahrt nach Monheim aber schaute ich nicht auf die Straßenkarte, mir schien klar, wo Monheim liegt, einmal war ich dort gewesen, ein paarmal war ich am Abfahrtsschild mit diesem Namen vorbeigefahren, nordwärts. So fuhr ich einfach drauflos.

Als ich den Rhein überquerte, Richtung Köln-Nord: Das mulmige Gefühl, du machst einen Fehler. Aber ich redete mir das aus: Wird schon richtig sein, muss richtig sein, im Autobahnnetz zwischen Köln und Dortmund oder Oberhausen kennst du dich mittlerweile so einigermaßen aus. Irgendwo nördlich des Kreuzes musste die Abfahrt Monheim kommen, hinter Worringen. Keine Abfahrt Monheim in der Voranzeige. Ich setzte mir mit Dormagen eine Deadline: Erscheint der Name Monheim dort nicht auf dem Vorwegweiser, musst du runter von der Autobahn, dich neu orientieren.

In der Tat, ich musste bei Dormagen abbiegen. An einer Straßenkreuzung im Ungefähren hielt ich an, stieg aus, rannte hinter einem Mann her, der aus seinem Wagen gestiegen war, erfuhr, was mir schon schwante: Falsch gefahren, Monheim liegt auf der anderen Rheinseite. Zwar gibt es eine Fähre zwischen Dormagen und Monheim, doch zu dieser Zeit fährt sie nur in großen Zeitabständen; wenn ich es eilig habe, soll ich besser über Düsseldorf-Süd fahren, dann, jenseits des Rheins, gleich die erste Abfahrt nehmen, Richtung Köln, da komme ich automatisch an Monheim vorbei.

Also zurück auf die Autobahn, natürlich mit hohem Verkehrsaufkommen, im Verkehrsfunk wurden Staus gemeldet, nicht aber auf meiner Strecke. Das Autobahnkreuz südlich von Düsseldorf: Fahrt, weithin, zwischen Betonböschungen, Betonrampen. Die Brücke über den Rhein, aha, und der Vorwegweiser: rechts ab nach Köln. An diesem Autobahndreieck eine Baustelle, veränderte Verkehrsführung, dicht gereihte Baken, weißrot, zahlreich die Blinklichter, und nun passierte, was mir noch nie passiert war: ich verpasste den Schwenk nach rechts, war schon, doppelbahnig, auf der Fahrt Richtung Hildener Kreuz. Da schimpfte ich laut mit mir. Und ermahnte mich: schon die zweite Fehlleistung, bau jetzt nicht auch noch einen Unfall, das ist diese vermaledeite Lesung nicht wert.

Autobahnkreuz Hilden, von dort aus ging es nun endgültig Richtung Köln, und auf der Höhe von Langenfeld (richtig, dorthin hatte man ja vom Landeskrankenhaus mein Mündel abgeschoben, kurzfristig!) bog ich ab nach Monheim. Fluchend erreichte ich den Veranstaltungsort. Statt ein Stück Autobahn von Mülheim aus nordwärts zu fahren, war ich in weitem Karree gefahren, mit hoher Geschwindigkeit: statt einer guten Viertelstunde eine knappe Stunde. Trotzdem kam ich pünktlich an. Das ärgerte mich auch wieder – ich hatte mich nicht erfolgreich in die Irre geführt.

Meine Vorahnung, von Unlust grundiert, hatte mich, wieder einmal, nicht getäuscht: Ein unschöner öffentlicher Raum; wenige Besucher; die begrüßende und einführende Bibliothekarin stöhnte auf, als sie auf meine so zahlreichen Publikationen hinwies, brach ab. Eine der Veranstaltungen, die mir schon während des Vorlesens überflüssig erschienen: zahlreicher als sonst die Versprecher, einmal geriet ich ins Stottern – wie im Bochumer Museum, nach der siebzigsten oder achtzigsten Wolkenstein-Lesung.

Mein Halbbewusstsein hatte mich demonstrativ in die Irre geführt, um mich auf den rechten Weg zu bringen. Rasch der Entschluss, in den nächsten zwei Jahren überhaupt keine

Lesungen mehr zu machen. Das teilte ich dem Verlag mit, schriftlich.

IN DER NÄHE der Mülheimer Hängebrücke liegt die *Moezelstar* vertäut: Passagierschiff, von der Stadt für die Wintermonate angemietet für Asylanten.

Wiederholt Gespräche mit dem Kapitän, Verwalter, »Heimleiter« des Schiffs. Ich kriege zu hören: Etwa zehn Prozent der Asylanten bei ihm an Bord sind politische Flüchtlinge, und die sind dankbar für alles, sind hilfsbereit, wissen die Zuwendung zu schätzen. Die neunzig Prozent aber, die aus Wirtschaftsgründen ihr Land verlassen hätten, die kämen schon mit dem Wort »Sozialamt« auf den Lippen nach Deutschland, konsultierten Rechtsanwälte, schöpften alle Möglichkeiten aus, an Geld zu kommen – zuweilen hat er ganze Familien an Bord. In der letzten Zeit allerdings auch Obdachlose und ehemalige Strafgefangene, er hatte insgesamt 160 Jahre Knast an Bord. Die meisten zur Bewährung freigelassen. Einer, wegen schwerer Körperverletzung verurteilt, wurde im Suff aggressiv, schlug ein Loch in eine Tür: Ich mach jetzt einen platt, ich glaub, ich nehm dich! Der kleine Heimleiter, eigentlich gelassen, ruhig, er hatte Boxen gelernt, Leichtgewicht; er schlug dem blindwütig Attackierenden rechts, links auf die Augenbrauen, die platzten, Blut lief über die Augen, dann ein Fausthieb auf die Nase, die knickte ein, und ein Hieb Richtung Plexus. Er brach sich den Daumen der linken Hand. Fesselte den Mann mit einer Krawatte, wartete auf die Polizei: Danke, Sie haben uns die Arbeit ja schon abgenommen …

Sechshundert verschiedene Personen an Bord in fünf Monaten, dann braucht die Reederei das Schiff wieder. Für den kommenden Winter sind der Stadt mehrere Schiffe angeboten worden, doch Köln mietet nur ein einziges Schiff, vorausgesetzt, er übernimmt wieder die Leitung. Dann setzen wir unser Gespräch fort?

Zufällige Begegnung, an einem späten Abend: Aus der Polizeiwache am Hauptbahnhof kommt ein junger Afrikaner mit prallem Campingbeutel – sonst kein weiteres Gepäckstück. Er bleibt stehen, schaut sich um – will sich orientieren? Ich frage ihn englisch, er antwortet französisch: Die Polizisten haben ihm den Hinweis gegeben, er solle zum Schiff an der Deutzer Brücke gehen. Da wird eine Frage fällig. Nun, er ist vor etwa einer Stunde hier in Deutschland angekommen, via Rotterdam.

Er bleibt stehen, Campingbeutel auf der Schulter: Viel Licht hier, so viel Licht! Weniger Licht an der Côte Ivoire. Wenig Aussichten. Alle Hoffnungen auf Deutschland gesetzt, er will hier Arbeit finden. Wir gehen Richtung Rhein. Ich weise behutsam darauf hin, dass es nicht leicht sein wird, Arbeit zu finden, Arbeitslose in siebenstelliger Höhe, aber das nimmt der junge Afrikaner nicht weiter zur Kenntnis, er hat da ganz andere Vorstellungen, hätte sonst ja auch nicht den langen und beschwerlichen Weg auf sich genommen. Nein, es kann überhaupt nicht sein, dass man keine Verwendung für ihn hat.

Ich gehe mit ihm bis zum Aufgang Deutzer Brücke, zeige ihm das Schiff am anderen Ufer. War man wenigstens höflich in der Polizeiwache? Eher neutral. Und eine offenbar nur vage Wegbeschreibung für den Neuankömmling. Doch nun ist es da drüben, das Schiff, dort wird er ein Bett finden. Wir trennen uns. Ich fahre zurück zum Wiener Platz.

Schon in der Straßenbahn mache ich mir Vorwürfe: Hätte den jungen Mann von der Elfenbeinküste wenigstens bis zum Schiff für Asylbewerber begleiten und mich vergewissern sollen, dass man anständig mit ihm umgeht, so kurz nach der Ankunft im fremden Land Allemagne. Du musst das nachholen! So fahre ich am nächsten Tag wieder zur Station Dom / Hauptbahnhof, marschiere über die Deutzer Brücke zum Schiff am Kai, gehe über den Landungssteg hinab auf das Vorschiff, luge durch eine Scheibe: ein Restaurant? Ein Grüppchen von Schwarzen verlässt das Schiff – der Mann von der Elfenbeinküste ist nicht unter ihnen.

Ich betrete einen Schiffskorridor. Ein junger Mann: Ob er etwas für mich tun könne? Ich erkläre ihm, was mich herführt. Und erfahre: Bin zu einem ungünstigen Zeitpunkt gekommen; Mittagspause; kein Sozialarbeiter an Bord; erst am Abend wird er die Liste mit Neuzugängen erhalten, erst dann könnte man feststellen, ob besagter Afrikaner mit aufgeführt sei; normalerweise bekomme er die Liste früher, diesmal habe es nicht geklappt; ich könnte mich aber ins Restaurant setzen, eine Cola trinken und abwarten – vielleicht kommt die noch nicht realisierte Person von der Elfenbeinküste gerade mal vorbei.

Ich weise hin auf die gepflegte Kleidung, auf das einzige Gepäckstück, auf die französische Sprache des Neuankömmlings, doch das hilft nicht weiter. Etwa fünfzig Asylbewerber hier im Schiff, an einen jungen Afrikaner, gestern neu eingetroffen, kann er sich bei bestem Willen nicht erinnern. Vielleicht sei der aber schon wieder weg: dieses Schiff als Transit. Man übernachtet hier in der Regel nur einmal, bevor man zur Zentralen Anmeldestelle gebracht wird, in Euskirchen. (Die Abkürzung der Behörde lautet: ZAST. Klingt fast wie: Knast.) Es könnte also sein, so vernehme ich, dass ›mein Mann‹ schon dort sei, am Vormittag überführt. Nur wer an einem Wochenende eintrifft, bleibt mehr als eine Nacht an Bord. Und er wiederholt: Transit. Bietet mir, mit schwingender Armbewegung, freie Auswahl unter den Tischen an: Hier bleiben, in Ruhe was trinken, abwarten, vielleicht erscheint besagte Person ja doch.

Brauner, abgelatschter, fleckiger, gewellter Teppichboden; Metall- und Plastikstühle an kleinen Tischen; ein Getränkeautomat, ein Automat mit Chips, Salzstangen etcetera. Muffige, beinah gruftige Luft. Ich habe keine Lust, hier zu bleiben, schon gar nicht mit einer Cola; die Chance, dass ich ›meinen‹ Afrikaner zufällig wiedersehe, erscheint mir zu gering. Realität stellt sich nicht ein auf Stichwort. Vielleicht hätte ich mich von der Arbeit losreißen und schon am Vormittag kommen sollen; womöglich hätte ich dann aber erfahren, dass gleich nach dem Frühstück eine Gruppe nach Euskirchen verbracht worden sei. Ein wenig Spielraum aber will ich dem Zufall noch geben, verlasse nicht gleich wieder das Schiff. Ich frage den jungen Mann mit dem östlich akzentuierten Deutsch, wo er herkomme.

Aus Rumänien. Ist seit zwei Jahren hier. Wurde gleichfalls zu diesem Schiff geschickt, von der Polizei. Hat hier Arbeit übernommen, ist geblieben.

Und seine Erfahrungen …?

Es kommen viele mit kleinem Gepäck, etliche auch ohne Gepäck, da seien oft schon Socken ein Luxus. Im Sommer seien schon welche barfuß aufgetaucht. Viele, viele waren schon hier, im Transit. Alle zwei Jahre, spätestens, muss das Schiff überholt werden, alles geht in die Brüche, wird kaputtgemacht, vor allem die Waschbecken. Ja, machen alles kaputt, wiederholt er, als ich ihn fragend anschaue. Ist zwei Jahre hier, tut aber so, als hätte er schon mehrere solcher Zweijahresphasen miterlebt.

Noch ein paar nachhinkende Sätze, dann gehe ich den Landungssteg wieder schräg aufwärts: niedriger Wasserstand im sehr trockenen Winter. Ich habe Hunger, werde essen gehen. Dann kaufe ich Konzertkarten: Kodo-drumming. Anschließend eine Galerie. Der Realitätsbote scheint entschwunden. Ein neuer Ansatzpunkt wird nötig sein.

Migration. Lorenz Peter Johannsen, Freund seit Jahrzehnten: Gespräche nicht nur über Musik und Literatur, zuweilen auch Weltvermittlung aus der Sicht des Kinderarztes. Bei aller Diskretion erfahre ich von besonders charakteristischen Fällen aus der Praxis.

Zwei der Fallgeschichten, die er mir erzählt hat, in jeweils akuten Phasen, sie kann ich wiedergeben, er hat sie dokumentiert in einem Vortrag bei einer Tagung der Vereinigung Rheinisch-Westfälischer Kinderärzte und Kinderchirurgen in Düsseldorf: »Folter, Krankheit, Angst. Migrantenkinder und ihr Kinderarzt«.

Im gedruckten Vortragstext lese ich, was mich beim Anhören der Fallgeschichte langwirkend schockierte. »Der neun Jahre alte Nexhmedin (geänderter Name!) wird im Oktober 1995 wegen Enkopresis ambulant vorgestellt. Er lebte seit 9 Monaten mit seiner Familie als Asylbewerber in Deutschland. Vor der Migration aus dem Kosovo im Januar 1990 versuchte eine serbische Miliz, den Aufenthaltsort des Vaters zu erpressen. Das dreijährige Kind wurde auf eine heiße Herdplatte gesetzt und festgehalten. Seitdem kotet Nexhmedin täglich einmal ein.« Bei der Untersuchung zeigten sich auf »beiden Gesäßhälften handflächengroße Verbrennungsnarben«.

Schon bei der anhaltenden Beschäftigung mit der Geschichte des NS-Regimes musste ich registrieren, dass etliche Uniformierte im Umgang mit Kleinkindern, Kleinstkindern, sogar Babys keine biologischen Tabus kennen, dass sehr junge Menschenwesen gequält, erschlagen, erschossen werden. Dass ein erwachsener Mann ein dreijähriges Kind auf eine heiße Herdplatte setzt und festhält, dieser Akt der Folterung hat sich in die Erinnerungssubstanz eingebrannt. Illusionen zur »Erziehung des Menschengeschlechts« mache ich mir schon lang nicht mehr, solche Fakten aber lassen nur noch Verzweiflung oder Resignation oder Zynismus zu.

Nach anderthalb Jahren Therapie (auch durch eine psychologische Beratungsstelle) konnte Nexhmedin von seinem Symptom geheilt werden, »bis es im März 1998 zu einem Rezidiv kam, nachdem aus der Heimatstadt Pristina Tötungen durch serbische Milizen bekannt wurden und die Familie Angst um ihre dort lebenden Angehörigen bekam«.

Angst, deformierende Angst auch in einer zweiten Fallstudie. »Elbasan ist das vierte Kind einer siebenköpfigen kosovo-albanischen Familie, die seit vier Jahren nach legaler Einreise als Asylbewerber in Deutschland lebt. Elbasan ist elf Jahre alt und hat, wie seine Eltern und seine Geschwister, massive Ängste vor einer erzwungenen Rückkehr in sein Heimatland. Er leidet an Mutismus, Essstörungen und sekundärer Enuresis. Im Vordergrund steht eine Epilepsie. Seit einem Jahr kommt es mehrmals monatlich zu nächtlichen großen Anfällen.« Das Kind ist also weithin verstummt und nässt ein.

Eine der Geschichten, die ich mit mir herumschleppe, Geschichten, die an Präsenz nicht verlieren wollen. Ich zitiere weiter aus dem Vortragsskript in der Druckversion: »In einem kinderärztlichen Gutachten wird bescheinigt, dass Elbasan durch die psychosoziale Situation seiner Familie hochgradig belastet ist. Dazu wird die erwähnte Symptomatik angeführt und auch die Beobachtung mitgeteilt, nach der das elfjährige Kind häufig einen kleinen Koffer mit sich herumträgt. Er enthält einen Pullover, eine Jacke, ein Messer, Papier, Lineal und Bleistift. Dazu erklärt Elbasan, dass er nach einer Abschiebung aus Deutschland in seiner Heimat kämpfen und seine Familie vor der serbischen Miliz verteidigen wolle. Die Schreibutensilien brauche er, um Landkarten und militärische Positionen zu zeichnen.«

Lorenz Peter in seiner Zusammenfassung des Referats (das weitere Fallstudien einbezog): »Migrationsbewegungen und ihre Auswirkungen werden uns Kinderärzte vermutlich noch lange in Anspruch nehmen.«

Und mir wird, gleichsam in Kontrastfärbung, bewusst, wieder einmal, dass ich in einer historischen Ausnahmesituation lebe. Nach dem Zweiten Weltkrieg Jahrzehnte des Friedens in Zentraleuropa, und damit: ich musste nicht hungern, nicht frieren, nicht um mein Leben bangen. Das blutige 20. Jahrhundert, doch im territorial und chronologisch umgrenzten Bereich herrscht Friede – wenn auch von wiederholten Krisen bedroht. Und: keine Diktatur. Ich wurde nicht verhört, wurde nicht eingesperrt, nicht misshandelt, nicht gefoltert.

Ich zwinge mich, von einem Schock zu berichten, der mich »kalt erwischt« hat. Salamanca, meine luxuriöse Unterkunft als Gast der Universität bei einem Kühn-Symposion, ich sortiere Papiere, habe das Fernsehgerät laufen, stumm: eine Nachrichtensendung. Ein Standfoto, in Farbe, das ich mir nicht erklären kann: ein bleicher, etwas weich wirkender Mann mit schwarzem Schnurrbart hat eine Hand auf den Kopf eines Mannes gelegt, der Kopf ist fast völlig von einem karierten Tuch umhüllt, fast wie bei Fellachen, doch was vom Gesicht zu sehen ist, das ist rot verquollen. Dann eine Nahaufnahme dieses verquollenen Gesichts: in den weit aufgerissenen Mund ist waagrecht ein dickes Eisenrohr gepresst, Rohr einer Wasserleitung. Beim dritten Foto erst verstehe ich, und Blut wird mir aus dem Kopf gesogen: Der Mann mit dem verquollenen Gesicht liegt auf dem Boden, der Schnurrbärtige hat das Eisenrohr wieder waagrecht in den offenen Mund des Opfers gepresst, macht auf diesem Rohr einen Liegestütz, triumphierend hochgereckt über dem Körper des Gefolterten.

Warum diese Bilder in den TV-Nachrichten gezeigt wurden, weiß ich nicht. Der Schock: ein Folterer lässt sich mit seinem Opfer fotografieren wie ein Jäger, der ein geschossenes Wild als Trophäe vorzeigt. Ein Körper, mit dem er machen konnte, was er wollte, ein Mann, über den er triumphierte: Gefühl, sichtbar, der stolzen Überlegenheit. Wie mochte der Kopf, der Schädel seines Opfers zugerichtet sein, rot und schwarz, dass der Folterer ihn vor dem Erinnerungs-Blitzlichtfoto mit dem karierten Tuch verhüllte? Aber das in den verquollenen Mund quer hineingepresste Eisenrohr, der Liegestütz auf dem Körper, auf dem Kopf eines wohl zu Tode gefolterten Mannes – das findet man so toll, dass es fotografisch dokumentiert werden muss?

Jedes dieser Bilder: ein Hieb vor den Kopf, ein Faustschlag in den Magen, der härteste Schlag zuletzt. Vielleicht auch, weil ich überhaupt nicht auf den Anblick vorbereitet war – die Bilder haben sich eingebrannt. Am stärksten das Bild vom Liegestütz auf dem offenbar zu Tode gefolterten Mann – beide Hände auf dem Rohr, mit dem vorher wohl auf den Schädel und nicht nur auf den Schädel eingeschlagen wurde, bis alles rot aufquoll, sich schwarz verfärbte. Ich werde dieses Bild, diese Vorstellung nicht mehr los. Da kann ich den Kopf schütteln so lang es geht: ich werde und werde es nicht los. Es hat sich eingebrannt. Brandfleck in der Erinnerungssubstanz.

IN EINER BIOGRAPHISCHEN SKIZZE über Annemarie Böll habe ich berichtet über die Gründung des Vereins »Heinrich-Böll-Haus Langenbroich«. Also kürze ich hier ab und erweitere zugleich.

Annemarie Böll wurde auf der ersten Mitgliederversammlung des (eingetragenen) Vereins zur Vorsitzenden gewählt, einstimmig. Ich kooperierte mit ihr als Stellvertretender Vorsitzender. Und dies war unsere Hauptaufgabe (für rund zehn Jahre): zu entscheiden, welche Anträge auf Stipendien angenommen wurden. Drei Faktoren waren zu berücksichtigen, und dies möglichst ausgewogen: die politische Situation und die wirtschaftliche Lage im Land eines Bewerbers. Und: die Qualität der Texte (in 80 oder 90 Prozent Gedichte!).

Wir waren uns rasch darin einig, bevorzugt Autorinnen und Autoren einzuladen, die sich noch nicht zu Stipendiats-Profis entwickelt hatten. Salopp gesagt: Es gibt so manchen Autor (inländisch wie ausländisch), der sich wie Tarzan an Urwaldlianen von Baum zu Baum schwingt. Es sind das Autoren, auch Autorinnen, die sich kurz nach Beginn des einen Stipendiums bereits um das nächste, womöglich lückenlos anschließende Stipendium bemühen und dabei schon mal Ausschau halten nach einem weiteren Stipendium. Wenn wir so etwas vom erbetenen Curriculum ablasen, entschieden wir uns schon mal für die Auferlegung einer Stipendiatspause. Am liebsten sprachen wir Einladungen aus an Autoren, die so zum ersten Mal aus ihrem Land herauskamen (Beispiel: Albanien), und noch mehr: an Autoren, die bedroht waren (wie in Algerien, im Iran).

Zur Beurteilung der (nicht immer übersetzten) Texte mussten wir vielfach Gutachter heranziehen. Helfer fanden sich vor allem in der Deutschen Welle. Gelegentlich auch Hilfe aus dem Kreis der Mitglieder des Vereins: Lew Kopelew las mir am Telefon mit großem akustischem Faltenwurf einige Gedichte einer bulgarischen Lyrikerin vor, und ich konnte das Votum von Annemarie Böll mitvollziehen.

Über die jeweils erbetenen »Angaben zur Person«, über die Daten der formalisierten Lebensläufe, vor allem jedoch über die Geschichten, die von Stipendiaten in Langenbroich erzählt wurden, nahmen wir teil an Erfahrungen im Jahrhundert der Unterdrückung. Erfahrungen eines Usbeken, der poststalinistischer Diktatur entfliehen konnte, die Familie jedoch zurücklassen musste ... Erfahrungen eines Iraners im höchst repressiven System ... Erfahrungen eines Chinesen – im Ver-

1144

lauf der sogenannten Kulturrevolution wurden, nach heutiger Kenntnis, mehr als eine Million Menschen ermordet ... Erfahrungen eines Mannes im Dagestan der politischen Liquidierungen ... Vielsprachig die Litanei der Leiden, der Nachrufe auf Freunde, auf Bekannte, die verschwanden, in Georgien wie in der Ukraine, in Nicaragua wie in Nigeria. Bedrückende Nachrichten, immer wieder, aus dem ehemaligen Jugoslawien.

Wenigstens ein Name soll nun genannt werden, stellvertretend für so viele: Abdul Kadir Konuk, der erste Stipendiat. Andeutungen einer Leidensgeschichte, vermittelt von einer Dolmetscherin. Der Kurde war Grundschullehrer, wurde als Mitglied der türkischen kommunistischen Partei in Istanbul verhaftet, gefoltert, wurde 1984 von einem Militärgericht zum Tode verurteilt, das Urteil wurde nicht vollstreckt, er kam in Haft, sieben Jahre in einem türkischen Militärgefängnis, er wurde weiterhin gefoltert, musste schließlich in ein Krankenhaus eingeliefert werden. Von dort aus entführten ihn türkische Kommunisten, schleusten ihn ein in die Bundesrepublik. Hier fand er allererste Zuflucht im Böll-Haus, unter konspirativen Vorsichtsmaßnahmen.

Zufall führte uns wieder zusammen. Ich saß im (Dürener) Lokal eines Jugendtreffs (auch, um mit einem der Organisatoren über die Zukunft der Institution zu sprechen), Konuk kam zum Tresen, das Gesicht teilweise verdeckt von einem Bart. Nun brauchten wir keine Dolmetscherin mehr: er hatte Deutsch gelernt in Intensivkursen, setzte das noch fort.

Schlechte Nachrichten aus der Türkei. Sein Sohn, der gegen den Golfkrieg demonstriert hatte, mit anderen, er saß noch immer im Gefängnis. Seine Schwiegertochter, die, mit anderen Frauen, gegen die Haftbedingungen, gegen die Folter in Gefängnissen demonstriert hatte, sie war auch gleich eingesperrt worden.

Und Einzelheiten zu seiner aktuellen Lage: Briefe erreichen ihn nur über eine verdeckte Adresse, einen Mittelsmann, sein Aufenthalt darf türkischen Behörden nicht bekannt werden, der türkische Geheimdienst könnte ihm auch in Deutschland gefährlich werden, vor allem nach der Publikation seines

Romans, seines Berichts unter dem Titel *Folter* (ins Deutsche übersetzt).

Was Redefloskel ist, wurde bei der Lektüre (eher Pflichtlektüre) fast zur körperlichen Erfahrung: mir drehte sich der Magen um. Ja, als würde er von innen her mit zwei Händen gepackt, mit einem Ruck gedreht in der Organhalterung. Die Romanform nur als Absicherung, Vorsichtsmaßnahme. Nach der Lektüre weiß ich wieder: Folter, Konzentrationslager, Krieg, das sind extreme Belastungen, unter denen psychische Strukturen zerbrechen. Für solche Belastungen ist der Mensch nicht konstruiert.

Verdichtung von Informationen, aber noch keine Erfahrung. Der komme ich nah, als er mir berichtet, er gebe nun auch die Wohnung in Düren auf, suche eine kleine Wohnung in einem Kölner Vorort, jenseits des Rheins. Er will mich anrufen – besser, er besucht mich. Fast konspirative Verabredung? Und ein beinah konspiratives Treffen?

Ausländische Geheimdienste in der Bundesrepublik: kein Phantom. Einer unserer Stipendiaten kam aus China, und bei einem Termin im Böll-Haus Langenbroich sah ich zwei Chinesen in grauen Konfektionsanzügen über den Hof marschieren und in der Wohnung unseres Stipendiaten verschwinden. Langer Gesprächstermin. Die beiden Männer in Grau zogen wieder ab. Unser Gast hockte wie gelähmt, wie gebrochen in seinem Zimmer, wollte sich über die Unterredung nicht weiter äußern, deutete nur an, dass die beiden Herren vom Geheimdienst waren und mit massiven Forderungen aufgetreten waren.

Dann unser Musiker aus Dagestan. Er hatte sich in Holland, vor allem in Utrecht durchgeschlagen als Straßenmusiker mit einer Mandoline, auf der er auch Lautensuiten von Bach spielte, absolut souverän. Gespräche also meist über Musik. Doch in einer späten Besuchsphase erfuhr ich, dass er in Dagestan einen Geheimdienstler mit dem Jagdgewehr erschossen hatte, als der in sein Grundstück eindrang, dass er nun Angst hatte, er würde in Langenbroich aufgespürt.

Horrorvorstellung: eine Entführung aus dem Böll-Haus, womöglich eine Liquidierung! Da sah ich nur eine Möglichkeit: er musste wieder untertauchen. Ich sorgte dafür, dass ihm die noch ausstehenden Monatszahlungen ausgehändigt wurden. Im PKW dann zurück ins Nachbarland, nach Utrecht, wo er noch Kontakte hatte, mit Hilfe rechnen konnte und vorläufigen Unterschlupf.

Gegenwart als dritte Dimension der Vergangenheit: das wird wiederholt zur Erfahrung, fast zum Erlebnis im Böll-Haus.

Hier nun: Yuri Larin, Jahrgang 36, Maler und Bildhauer, von Annemarie Böll vermittelt, als einer unserer Stipendiaten. Vom besonderen Status unseres Gastes wusste ich bis zu seiner Ankunft noch nichts. Vielleicht, um mein Urteil nicht zu beeinflussen, hatte Annemarie Böll verschwiegen, vorerst, was sie über ihre Dissidentenfreunde selbstverständlich wusste: Dass Yuri Larin der Sohn von Anna Larina und Nikolaj Iwanowitsch Bucharin war – einer aus der Lenin-Garde der frühen Sowjetunion, eins der Mitglieder des Zentralkomitees, Chefredakteur der Zeitung *Iswestija*. Nach dem Schauprozess gegen Kamenew und Sinowjew wurde auch er verhaftet und vom Militärkollegium des Obersten Gerichtshofes der UdSSR zum Tode verurteilt. Fünfzig Jahres später, 1988, wurde er vom Plenum des Obersten Gerichtshofes der UdSSR rehabilitiert.

Anna Larina war erheblich jünger als der berühmte und populäre Berufsrevolutionär. Sie hat später Erinnerungen geschrieben. Der Titel der deutschen Fassung, eine ihrer Gedichtzeilen zitierend: *Nun bin ich schon weit über zwanzig.* Anna Larina wurde von der Heinrich-Böll-Stiftung in die Bundesrepublik eingeladen; leider habe ich sie dabei nicht kennengelernt. Aber mit ihrem Sohn und mit ihrer Schwiegertochter, einer sehr sympathischen, ebenso patenten wie resoluten Frau, habe ich mehrfach zusammengesessen. Was der sanfte, leise, scheue, fragil wirkende Mann erzählend andeutete, das fand im Buch seiner Mutter schärfere Konturen.

Nur im ersten Lebensjahr hat der Vater sein Kind gesehen, zeitweise. Noch vor dem Schauprozess gegen ihn wurde Anna

Larina als »Familienangehörige eines Vaterlandsverräters« verhaftet und zu acht Jahren Lagerhaft verurteilt; anschließend wurde sie nach Sibirien verbannt. Das Kleinkind wurde bald nach ihrer Verhaftung der Großmutter abgenommen und in ein Kinderheim gesteckt, mit weiteren Kindern von »Vaterlandsverrätern«. Zwei Jahre später musste es von Verwandten dem Heim »halbtot entrissen« werden. Nach der späteren Operation eines Hirntumors war Larin davon überzeugt, dass er, mit anderen Kindern, Experimenten mit schwach radioaktiver Strahlung ausgesetzt worden war: Es sollte erprobt werden, wie weit sich auf diese Weise Flöhe und Läuse bekämpfen ließen. Eine Tante und ihr Mann nahmen das Kleinkind bei sich auf, bis 1946 – dann wurden auch sie verhaftet.

Erst als er zwanzig war, sah ihn die Mutter wieder, noch immer in der Verbannung – sehr bewegend, das zu lesen. Er führte damals den Familiennamen Gusman und wusste nichts von seinem Vater. Er studierte an einem Institut für Hydromelioration, also für Bewässerungstechnik. Es war eher ein Ausweichstudium, denn: »Naturwissenschaften und Mathematik interessierten ihn nicht. Er zeichnete gern und träumte davon, Maler zu werden.« Er belegte einen Fernkurs über Kunstgeschichte an der Leningrader Universität, studierte später in Moskau. Vom Verkauf seiner Aquarelle und Ölbilder kann (auch) er nicht leben. Zur schlechten wirtschaftlichen Lage kamen gravierende Gesundheitsprobleme – ein Mann also, der in mehrfacher Hinsicht (späte) Förderung verdient hatte.

Er ging viel spazieren in der Umgebung von Langenbroich, fand zahlreiche Motive für seine Aquarelle mit ihren gleichsam schwebenden Konturen und Flächen. Ein Bild als (wie er sagte) »Gedanke, in Farbe ausgedrückt«: es sind nicht gerade leuchtende Farben. Hier dämpfte düstere Vergangenheit. Soweit sie vermittelt wurde, stimmte sie traurig.

SO ETWAS WIE EIN NACHRUF. Als ich den Großen Preis der Bayerischen Akademie der Wissenschaften erhielt, 1989, da stand, vor dem Festakt, der riesige, sichtlich gealterte Holthusen vor mir und gratulierte mit einer Umarmung. Das hat mich, ja, gerührt. Der Abstand, die innere Distanz war gewachsen, kein Kontakt mehr über Jahrzehnte hinweg, und nun diese Begrüßung im allgemeinen Trubel. Und: »Wir sehen uns nachher.«

Wapnewski hielt die Laudatio, ich hielt meine Rede, Schluss der Feier. Horst Bienek, an der Preisentscheidung beteiligt, erklärte mir, es sei üblich, dass man gleich nach dem Festakt in ein Restaurant gehe, fasste mich am Arm, geleitete mich durch eine Nebentür hinaus. Mit meiner geringen Übung im Empfangen von Preisen hielt ich das für eine lokale Tradition, wir gingen oder fuhren los zum Restaurant mit der bekannt guten Küche. Eine reservierte Tafel, aber wir waren erst mal die einzigen Gäste. Bienek erklärte, er wolle mir genau gegenüber sitzen, das ließ sich leicht arrangieren, und er schaute jeder gefüllten Gabel nach, die ich in den Mund steckte. Nach und nach trafen Gäste ein, die am Empfang teilgenommen hatten, und mir schwante: Es ist etwas schiefgelaufen. Ich musste ja den Eindruck erwecken, ich hätte mich arrogant verabsentiert. Vor allem: Ich habe nicht mehr mit Holthusen gesprochen, der, wenn auch als Mitglied der Akademie, zur Preisverleihung gekommen und gleich auf mich zugegangen war, nach Jahrzehnten stummer Distanz.

Holthusen ist längst gestorben, aber wenn ich, zuweilen, auf seinen Namen stoße, doch, da plagt es mich. Das ist gegen alle rationalen Erwägungen, ich habe mich ja nicht klammheimlich abgesetzt, wurde eher weggelotst, und doch, während ich dies schreibe, es plagt, nein, etwas salopper: es wurmt mich.

(Zwei der Brief-Echos: »Ihre Stippvisite neulich [September 64] war ein höchst erfreulicher Zwischenfall. Das Gespräch so lebendig und drängend und unerschöpflich wie in alten Tagen, die Übereinstimmung der Urteile, Stimmungen, Ansichten wahrhaft erquickend, nur waren Sie inzwischen so viel mehr (und ich vielleicht etwas weniger) geworden; als Sie gegangen waren, habe ich es bedauert, dass es nicht ein ganzer Abend sein konnte. Kommen Sie doch bald wieder und lassen Sie uns auf jeden Fall ›in Verbindung‹ bleiben.«

Ich habe ihn nicht nur genervt, indem ich ihn wiederholt um kritische Beurteilung entstehender Arbeiten bat, mit einer Hartnäckigkeit, die mich im Rückblick einigermaßen irritiert, er hat mir zuweilen das Gefühl vermittelt, es bestehe so etwas wie Wechselseitigkeit. Ich nahm offenbar auch mal die Rolle des Mentors ein – beim Älteren. Das Stichwort war: Autobiographie. Er hatte es eingebracht in einem der Briefe. Dabei erwähnte er (generellen) Zuspruch durch den Lyriker Piontek. Was mich besonders interessiert hätte: Eine Autobiographie, in der seine Aktivitäten in der NS-Zeit artikuliert wurden. Schließlich hatte er, wenn auch höchst vage, in einem früheren Brief die Zugehörigkeit zur SS erwähnt. Dann schrieb er, Mitte 62, aus dem Goethe House New York:

»Ich möchte Ihnen vor allem sagen, dass das, was Sie über meine Chancen, im Schreiben weiterzukommen, bemerken, für mich außerordentlich erfrischend und vertrauenerweckend ist. Fast dürfte ich hinzufügen, Sie haben mich in flagranti ertappt, denn was Sie mir vorschlagen und wozu Sie mich ermutigen wollen, beschäftigt mich täglich, meist in Gedanken, unbeschreiblich zähen und quälenden Gedanken, manchmal auch auf dem Papier, wenn auch nur strichelnder- und notierenderweise. Ich weiß, dass noch ein ungeheurer Ruck, ein waghalsiger Entschluss notwendig sein wird, um wirklich ›hineinzukommen‹, aber es muss in den nächsten Wochen oder Monaten geschafft werden. Ich glaube, dass die Zeit um das fünfzigste Jahr herum ganz außerordentlich kritisch ist, ich sehe das nicht nur an mir, sondern auch an anderen, Gleichgestimmten, Gleichaltrigen. Frisch schrieb mir vor zwei Jahren, er sei so gut wie entschlossen, das Schreiben aufzugeben.«)

Und nun: die (so oft und lang unterbrochene) Verbindung riss ab, ohne Schlusswort. Zwar sage ich mir: Nun spielt es keine Rolle mehr, ob wir uns beim Empfang bei einem Glas Wein noch hätten sprechen können oder nicht – mit diesem schnöden Sedativ dringe ich bei mir nicht so recht durch, es bleibt Bedauern: Du hast, wenn auch arglos, etwas falsch gemacht. Hättest Bienek entschiedener fragen sollen, ob vor dem Restaurantbesuch nicht erst ein Empfang stattfinde.

Mir fällt hier ein Titel-Stichwort ein, das Holthusen echohaft wiederholte: *Unwiederbringlich*. Damit zitierte er den Romantitel von Theodor Fontane, aber das Wort macht sich selbständig: Unwiederbringlich. Gern hätte ich mich noch bedankt für die Geduld und Ausdauer, die er dem Schüler und Studenten gewidmet hatte. Nun ist da ein Loch, eine Lücke, schwarz.

(Kleiner Beitrag ›aus dem Nähkästchen‹. Es war das zweite Mal, dass ich Bienek sah. Das erste Mal: eine groß angesetzte Veranstaltung in Graz, Kontext vergessen, anschließend saßen wir in zufälliger Gruppierung zu fünft an einem Tisch: Herbert Achternbusch, Horst Bienek, Elias Canetti, Manès Sperber und ich. Sperber ließ sich von Bienek über das Projekt der vier Schlesienromane berichten und stellte eine Frage, die ich noch im Ohr habe: »Und warum schreiben Sie viermal das Gleiche?« Das brachte unser Gespräch etwas ins Schlingern, auch Canetti hielt sich zurück; wahrscheinlich leiteten Herbert und ich nun über auf das verbindende Thema »Kloster Andechs«: Spielort seines ersten Films, Treffpunkt zu gemeinsamem Biertrinken, riskante Fahrt in seinem VW-Bus nach Gauting: »Du, ich bin so gern schuldig …«)

FLUG NACH SPANIEN. Fensterplatz. Beim Landeanflug sah ich eine breite, schnurgerade Straßenpiste und auf ihrer rechten Hälfte, im Dämmerlicht, einen Lavastrom von Rücklichtern, äußerst dicht: Stop and go? Ich hoffte, ich würde nicht auf dieser Straße ins Stadtzentrum fahren müssen, und war zugleich sicher, dass ich auf dieser Straße ins Stadtzentrum fahren musste. Dem Taxifahrer sagte ich nur: Termin, Termin, reichte ihm ein Blatt mit ausgedruckter Anschrift. Die nahm er kopfwiegend zur Kenntnis, fädelte sich ein auf die Ausfallstraße, und nach wenigen Fahrminuten war das Taxi wie aufgesogen von der nur noch in Schrittgeschwindigkeit weiterrückenden, immer wieder stillstehenden Metallmasse, die der Fahrer mit halblauten Flüchen, mit Murmelsprüchen kommentierte; mehrfach wiederholte sich das Wort »manifestación«, eins der wenigen, die ich verstand, aber wer da demonstrierte, das verstand ich schon nicht mehr.

Mit wütender Entschlossenheit suchte der Fahrer einen Ausweg, manövrierte sich über zwei Fahrstreifen hinweg nach rechts, eine kleine Abfahrt, aber nach zweihundert Metern auch hier wieder ein Stau, aus dem der Fahrer sich, in weiteren Umgehungsbögen, gleichfalls herausarbeiten wollte, und er schob sich vor über blockierte Kreuzungen bei Rot, aber nach wenigen hundert Metern ging es auch hier nicht weiter. Auf einer Kreuzung mehrere Polizisten mit Helmen, Sirenen wurden laut, eine Kolonne von Mannschaftswagen mit Blaulicht wurde von den Kollegen durchgewinkt, Dutzende von Hupen schickten Strafklänge aus, weil die Polizei den Verkehrskollaps nicht verhindert hatte, das Hupen als kollektives Anklagegeschrei, und das Gehäuse, in dem ich gefangen saß, schien noch kleiner zu werden, und die Luft immer dicker, nicht die geringste Windbewegung in den Blättern gelegentlicher Bäume, ich hätte am liebsten die Tür aufgestoßen, wäre losgerannt, aber ich kannte mich in Madrid noch nicht aus. Der Fahrer suchte erneut einen Ausweg, der nur ein weiterer Umweg sein konnte, aber am Ende einer Seitenstraße setzten Wagen zurück, wendeten, da wendete auch der Taxifahrer, fuhr in eine wiederum andere Richtung, erneut gerieten wir in einen Stau, aus dem es keinen Ausweg mehr zu geben schien. »Toda sta«, sagte der Fahrer – das Einzige, was ich von ihm verstand. Und wieder der gleichsam geschichtete Klang von Hupsignalen, fokussiert zu scharfgebündelten Klangstrahlen, gerichtet auf einen weiteren Konvoi von Polizeifahrzeugen mit Blaulicht. Und ich stellte mir vor: Hätten sich diese Signale kollektiver Wut umgesetzt in Laserstrahlen, die Fahrzeuge mit Blaulicht wären pulverisiert, entmaterialisiert worden. Doch als ich zu einem Wagen neben dem Taxi schaute, sah ich, dass der Fahrer achselzuckend und plaudernd hupte, ein Mann lehnte sich aus dem Wagen vor uns heraus, rief dem Huper lachend etwas zu, der gestikulierte lachend, die Hupsignale wiederholten sich, es war (nur hier?) eine eher beiläufige Wut, eine Wut mit Spielelementen, vielleicht hätte

man höchstens die Blaulichter von den Dächern der Mannschaftswagen gelasert.

Aber in mir staute sich auf, was sich nicht in Gesten, in
Gebärden umsetzen konnte, ich glaubte zu spüren, an den
Trommelfellen, wie der Innendruck wuchs; mein Körper war
verhinderte Bewegung, kupierter Bewegungsimpuls, es sie-
dete in mir auf, sank in sich zusammen, da war Resignation
und Wut: Worauf hast du dich mal wieder eingelassen? Und
dieses ganze Theater für ein Kurzreferat, ein paar Statements
in einem Podiumsgespräch?

Anderthalb Stunden nach der Landung kam ich am Theater
Espronceda an. Endlich erfuhr ich, was los war in der Hauptstadt: eine Demonstration von Behinderten. Vielleicht aus
schlechtem Gewissen hatte ihnen die Administration erlaubt,
auf einem der Hauptplätze zu demonstrieren, auf dem Colon,
und auf einer der Haupt-Avenuen, der Castellana, die Demonstration schien sich trotz der weiträumigen Absperrungen noch auszudehnen, schon seit mehreren Stunden war der
Verkehr in der Stadt kollabiert: Behinderte, die mit Bussen aus
fernen Regionen herangekommen waren, sie zeigten der Stadt
ihre Macht, für ein paar Stunden. Wenigstens eine Erklärung,
der Wutstau in Kopf und Bauch ließ ein wenig nach. Rasch
zwei Gläser Weißwein, kühl, kühl, und ich wurde zur Bühne
des kleinen Theaters geführt, die Veranstaltung hatte schon
begonnen. Weitaus mehr leere als besetzte Plätze, aber darauf
hatte der Dramaturg mich schon vorbereitet, eingestimmt; zu
viele, die eigentlich kommen wollten, waren zu Hause geblieben oder steckten im Stau.

Alles schien mir wieder einmal so arrangiert, inszeniert,
dass mir Sinnlosigkeit plakativ deutlich gemacht wurde. Ein
spanischer Kritiker las noch immer einen Text ab. Es war ausgemacht worden, dass jeder der fünf auf dem Podium nur
acht, maximal zehn Minuten sprach, zur Einführung, hier aber
ging es schon auf die zwanzig Minuten zu. Die Simultandol-
metscherin sprach unablässig in meine Ohren, in meinen Kopf
hinein, und ich sah, dass noch mehr Text vorbereitet war. Die
Frau neben dem Dauerreferenten wollte offenbar nicht zu-

rückstehen, hatte ebenfalls ein Bündel Typoskriptseiten bereitgelegt. Und ich sollte als Letzter drankommen, zu einem Zeitpunkt, an dem alles sicherlich schon kleingeschrotet war, auf der Bühne, im Zuschauerraum, Zermürbung durch exzessives Reden, von einem anschließenden Gespräch konnte wohl kaum noch die Rede sein. Ich flüsterte dem Dramaturgen zu, ich müsse mal eben raus – wieder hatte sich Wut in mir verdichtet, ich musste die Wut in Bewegung umsetzen.

Ohne zu suchen, ohne zu fragen, fand ich den Colon-Platz, ging mitten auf der breiten Avenida, die von Flugblättern überstreut war, von Plastikflaschen, Weißblechdosen, Plastiktüten. An der Einmündung der Catellana in den Platz eine kleine Sandburg, mitten auf der Straßenfläche, eine schon halb zertretene Sandburg. Noch dichter hier die Flugblätter und die Pappdeckelchen von Fritten oder Würsten und noch zahlreiche die Dosen und Flaschen und Tüten. Stangen mit Transparenten an Bäume gelehnt und an die Einfassung der riesigen Brunnenanlage – in sich zusammengesunkene Transparente, nur einzelne Buchstaben waren noch sichtbar.

Die manifestación war beendet, Busse fuhren ab, nur noch vereinzelte Rollstuhlfahrer auf der Avenida, auf dem Platz, nur noch gelegentlich ein Mann mit Krücken, doch es schien sich etwas Neues vorzubereiten, eine Kolonne von Polizeifahrzeugen kam mit Blaulicht auf den Platz, es stiegen Polizisten aus mit Helmen, Plastikschilden, Schlagstöcken, zogen, ohne Tritt, zur Ecke des Platzes, an der sich bereits Polizisten mit Helmen und Schilden aufgereiht hatten, Schulter an Schulter. Ein rhythmisch gegliederter Ruf wurde hörbar, ein kollektiver Ruf, es schien sich das Wort »trabajo« zu wiederholen, und plötzlich war Bewegung um mich her: Junge Männer tauchten auf, sie schienen in den Schatten der Bäume oder in Hauseingängen gewartet, gelauert zu haben, und wie auf Stichwort zerrten sie Blumenkübel und Absperrgitter heran, holten, offenbar von einer Baustelle, Betongussteile, Betonplatten heran, rasch entstand ein Hindernis, doch ehe es sich zur Barrikade auswachsen konnte, wurden an mehreren Polizeifahrzeugen die Blaulichter wieder angeschaltet, in der gesamten Straßenbreite fuhren sie auf die entstehende Sperre zu, Polizisten sprangen heraus, räumten ab, Männergruppen setzten sich auf die Fahrbahn, die Polizei rückte, vom dichten Pulk mit Blaulichtern wie vorgeschoben, gegen die Sitzenden vor, Polizisten versuchten, erste Teilnehmer der offenbar nicht genehmigten Demonstration von der Asphaltfläche zu tragen, es kam zu Gerangel, Geschrei, Gerangel, Menschen klumpten sich zusammen, ein Holzprügel flog dicht am Blaulicht eines der Wagen vorbei, die Polizei wurde verstärkt, zugleich näherte sich ein zweiter Demonstrationszug dem Platz. Da setzte ich mich ab, ging zur Avenida, blieb in der Nähe einer Bushaltestelle stehen, aber nun sah ich nicht mehr Einzelheiten an der Rangel- und Gerempelfront. Und wollte meinen Platz am Podiumstisch nun doch nicht allzu lang unbesetzt lassen.

BEREITS IN DER ERSTEN HÄLFTE der achtziger Jahre fragte mich Siegfried Unseld, ob ich nicht die Frankfurter Poetikvorlesungen übernehmen wolle. Da scheute ich erst mal zurück: In dieser Vorlesungsreihe sprachen, sprechen Autoren vielfach über ihr Werk, ihre Schreibmethode, und das wollte ich nicht. Die Angst, wieder zum Theoretisieren über Literatur herausgefordert oder wenigstens animiert zu werden, die Sorge, ich würde an Spontaneität verlieren, wenn ich mich selbst zum Objekt germanistischer Betrachtung mache.

Aber ich habe nun mal Germanistik studiert und ich schreibe literarische Texte. Diese Verbindung ist alles andere als selbstverständlich. In Gesprächen nach Lesungen wurde ich zuweilen nach dem Zusammenhang befragt, und ich pflegte dann pointierend zu antworten, nun auch hier, nun auch diesmal: Ich schreibe, *obwohl* ich Germanistik studiert habe! Germanistikstudium ist nicht die Hohe Schule der Spontaneität, der Kreativität. Diskursives Schreiben über literarische Texte, narratives Schreiben von literarischen Texten, das ist – mit einem riskanten Vergleich – ein Quantensprung. Ich traue mir durchaus zu, Rezensionen literarischer Werke, Essays über Fragen der Literatur schreiben zu können, aber ich verweigere das. Und bin hier konsequent geblieben.

Aber ich habe doch 1985 die Brüder-Grimm-Dozentur in Kassel übernommen! Gewiss, aber ich konnte vorher aushandeln, dass ich nicht über meine Bücher sprechen musste; ich konnte aus meinem damaligen Projekt vortragen, dem Wolfram-Parzival-Buch, konnte zur Diskussion stellen, die Gespräche nach den Lesungen / Vorlesungen waren hilfreich. Ich sah von mir ab und gewann für mich hinzu.

Im Wintersemester 1992 / 93 habe ich dann aber doch die Frankfurter Vorlesungen gehalten. Dies wiederum projektgebunden: »Mein Lebensroman – Skizzen zum Modell einer Autobiographie«. Ich stellte Textproben vor aus dem autobiographischen Projekt, unter dem Aspekt neuer Formgebung.

Denn: Memoiren kann und werde ich nicht schreiben. Dazu muss man mehr an der Geschichte seiner Zeit als an der Geschichte seiner selbst interessiert sein, muss, in möglichst gehobener Position (wie etwa, seinerzeit, André Malraux) vom Umgang mit wichtigen Zeitgenossen, berühmten Persönlichkeiten berichten können (etwa als Kunsthändler, speziell von Picasso). Hier hätte ich wenig zu bieten. Zwar habe ich mal, während eines Urlaubs in Cadaques, im nahen Figueras bei Salvador Dalí angeklingelt, spontan, und ich wurde, ebenso spontan, im skurrilen Bau mit ausgestopftem Bär im Flur und Riesenei im Hof umhergeführt vom Hausherrn (in Sweatshirt und mit nichtstilisiertem Schnurrbart), aber das bleibt Anekdötchen; zu meinen ›Hausheiligen‹ zählt Dalí ohnehin nicht, der späte Dalí schon gar nicht. Hingegen fast so etwas wie Freundschaft mit Böll – darüber ließe sich manches schreiben, hier würde Takt jedoch einige Grenzlinien ziehen. Gespräche in Frankfurt mit Michael Haneke; er wollte (viele Jahre vor seinem Film *Die Pianistin*) die Regie übernehmen im Clara-Schumann-Film, zu dem ich, gemeinsam mit Birgitta, das Drehbuch geschrieben hatte. Allerdings wurde das ambitionierte Unternehmen vom Hessischen Rundfunk mit überzogenen Kostenkalkulationen torpediert.

Nein, kein Memoirenstoff im Angebot, Memoiren würden mich auch als Form nicht interessieren. Hingegen glaube ich facettenhaft vermitteln zu können, was für mich in meiner Zeit charakteristisch ist. Dies (so schnappe ich das auf) in bewusstem und betontem Verzicht auf »ästhetisierende Harmonie als kohärenzstiftende Größe«.

Vorbereitend und begleitend eine kleine Ausstellung, begleitet von einem schmalen Katalog: Exponate aus rund drei Jahrzehnten eines Autorenlebens. Skripte, Fotos, Bücher unter Vitrinenglas. Erste Begehung mit dem Verleger. Verharren vor einem der überaus seltenen Fotos, das mich an der Seite von Unseld zeigt.

Die fünf Vorlesungen. Ich kam eher ins Erzählen als ins Erörtern. Fachgerechter: eher narrative als diskursive Beiträge. Theoretischer Diskurs hätte Rezeption und Reflexion von Literatur über Autobiographien vorausgesetzt, das habe ich jedoch ausgespart: Keine Lektüre von Schriften und Büchern zum Thema Autobiographien. Dort werden Lösungen erörtert, die andere gefunden haben. Das hilft mir nicht weiter, ich setze kein theoretisches Konstrukt um, das andere entwickelt oder präsentiert haben. In den Zeitphasen, in denen ich an diesem Projekt arbeite, lese ich auch keine autobiographischen Texte.

Es war üblich, dass Unseld die Texte der Vorlesungen in einem Band der *edition suhrkamp* veröffentlichte, das bot er auch mir an, ich musste abwinken: Text noch nicht reif zur Publikation, hat noch nicht seine Form gefunden.

Dabei lag ein erster Ansatz noch weiter zurück. Worauf ich kurz mal angespielt hatte, das wird nun ausgeführt: 1987 hatte ich ein Büchlein geschrieben, das ich im folgenden Jahr vorlegen, verteilen konnte. Der Untertitel rückt in der Erinnerung nach vorn: »Selbstportrait mit Großvätern«. Die etwa 120 Seiten, in Reinschrift getippt, wurden von der Aachener Uni-Druckerei in geringer Auflage reproduziert und kartoniert. Ich verschenkte Exemplare an Freunde, an gute Bekannte, zu denen ich Vertrauen hatte. Mit einem altmodischen Wort: eine Freundesgabe. Der Karton mit nicht verteilten Exemplaren wurde im Dürener Speicher fast völlig vergessen.

Mein Lebensbuch hat also eine lange Vorgeschichte. Notizen, Entwürfe, Kapitel seit 1987 in lockerer Folge. Ich habe die Vorarbeiten aufbewahrt, kann auf reichen Fundus zurückgreifen. Aber Form, Gestalt nimmt das Lebensbuch erst diesseits der Jahrtausendwende an.

HERBST 1993: Stadtschreiber nun auch in Mainz. Eine Wohnstätte, gestellt von der Stadt, ein ›Ehrensold‹, spendiert vom Zweiten Deutschen Fernsehen.

Die Lebens-Logistik ändert sich. Jeweils einige Tage im Eifelhaus, im Waldgrundstück am Rand eines Dorfausläufers, jeweils einige Tage in der Kölner Stadtwohnung, mit Blick auf Bergisches Land und Siebengebirge, und nun auch, für ein Jahr, die Studiowohnung im Gutenberg-Museum, die ich nutzen darf und auch nutze. Erweiterung der Lebensformen: (zeitweiliger) Aufenthalt in einem Altstadtbereich.

Ich sehe die verdreifachte Lebensform als so etwas wie eine Versuchsanordnung, in der ich mehr über mich erfahre. Lasse ich mich auf die dritte Lebensform ein oder stelle ich ein paar plausible Begründungen dafür auf, dass ich nur nach Mainz fahre, wenn ein Termin mich dazu zwingt? Nein, ich fahre freiwillig, bereitwillig nach Mainz. Wiederum, wenn ich Reisetasche oder Koffer packe, den Kühlschrank ausräume, die Schreibmaschine (die bei mir wirklich eine *Reise*schreibmaschine ist) in den Schalenkoffer lege, wenn ich das Gepäck zum Auto schleppe, wenn ich auf Stadtstraßen, Landstraßen, Autobahnen fahre, da erscheint mir das Wechselspiel der alternativen Lebensformen schon mal ausgereizt, ich habe das Gefühl, mein Verbrauch an Lebensenergie sei zu hoch, ich denke, autofahrend, bahnfahrend, an eine eher stationäre Lebensform – dies ohne abzurutschen in schiere Bequemlichkeit.

Jedoch: Aufatmen, wenn ich aufs Land fahre, zur Nordeifel! Aufatmen, wenn ich in die Großstadt Köln fahre. Aufatmen nun auch, wenn ich in die mittelgroße Stadt Mainz fahre. Überall steht ein Schreibtisch bereit, an dem ich meine Arbeit fortsetze. Der Wechsel von Abenden nach Köln und Mainz bedeutet jeweils: andere soziale Kontakte, Verbindungen, Beziehungen. Begegnung, Symbiose mit anderen Lebensformen. So erfahre ich mich, im Kontrast, jeweils neu, da können sich Verhärtungen kaum bilden. Mein Ich: so etwas wie eine Modelliermasse, die sich selbständig durchknetet. Ich bin jemand, der ... nein, ich bin eher jemand, der ... aber ich bin doch auch jemand, der ...

Die Studiowohnung in einem Gebäude, das täglich von Touristen, vor allem von japanischen, fotografiert wird: die Renaissancefassade des Gutenberg-Museums, früher Hotel »Zum römischen Kaiser«. Ausgebrannt beim massiven Luftangriff wenige Wochen vor Kriegsende, die Ruine wieder ausgebaut, nun ist es Verwaltungsgebäude des Museums. Und hinter einem der beiden Giebelaufsätze die Wohnung, vier Fenster gereiht; noch mal zwei Fenster über meiner Fensterreihe, doch da ist nur noch Speicher. Im Hotel hinter der erhaltenen und rekonstruierten Fassade hatte der siebenjährige Mozart konzertiert, zweimal. Selbstverständlich war auch Goethe mal in diesem Haus – er muss ja flächendeckend gereist sein.

Einverständnis, wenn ich unter den üppigen Gipsstuckaturen des Eingangvestibüls gehe, unter vielen Gipsschenkeln, Gipshintern, Gipsfanfaren. Und wenn ich, vom Schreibtisch, hinüberschaue zum Turm, zur güldenen Wetterfahne der Augustinerkirche, und wenn ich, an einem der Fenster stehend, hinabblicke auf blühende Kirschbäume oder auf Marktstände, Marktschirme, Markttische, ja, dann weiß ich: Scheinbar plausible, einleuchtende, kluge Begründungen für wiederholten Verzicht auf eine Fahrt nach Mainz, sie wären Mogeleien, wären, wortwörtlich, eine Verkürzung.

Das Bewusstsein reichert sich an mit neuen Bildern, das tägliche Verhalten verschmilzt mit neuen Gewohnheiten, auf Widerruf. Wenn ich mich im Fenster vorbeuge, nach rechts schaue, sehe ich den Ostchor des kathedralgroßen romanischen Münsters in warmem, rotbraunem Stein mit allerlei Verzierungen und einigen Vergoldungen. Wenn ich den Liebfrauenplatz überquere, bin ich sofort in der Altstadt, und mit Sohn Christoph, der in Mainz beim Südwestfunk arbeitet, gehe ich in eine der alten Kneipen. Und Spaziergänge am Rhein entlang, selbstverständlich: den Wassermann zieht es zum Wasser. Hier gehe ich in Höhe des Flusskilometers 495 und in Köln-Mülheim in Höhe des Flusskilometers 692. Wie ein Grundierungsfließen: der Rhein.

Und weiterhin die Arbeit. Nicht unerwünschte Unterbrechungen: Der Platz vor dem Museum macht fast ständig auf sich aufmerksam. Ein Lastwagen fährt vor, mit laufendem Motor wird eine Arbeitsbühne angehoben, Baumäste werden gestutzt; ein Unimog erscheint kurz darauf, die abgeworfenen Äste werden von angekoppeltem Schredder zu Mulch zerfetzt, in rasender Geschwindigkeit ... Bierkästen werden abgeladen, Mineralwasserkästen, Limonadekästen, polternd schlagen Leichtmetallfässer auf dem Kopfsteinpflaster auf, ohne dämpfendes Lederkissen ... Aus einem Lieferwagen wird eine transportable Pumpe gehoben, an einem Gully abgesetzt, die Pumpe läuft hochtourig an. Dennoch kommt ein Kesselwagen mit drei Warnlichtern auf den Platz, ein Rüssel wird in kleine Gullys gesenkt, es wird gleichfalls gepumpt ... Müllcontainer aus Plastik oder Eisenblech werden auf Hartgummirädchen aus Hauseingängen, Toreinfahrten gezogen und dröhnend zusammengerückt, in Gruppen. Ein Müllwagen hebt die Container an den Riesenschlund, lässt sie dröhnend anschlagen, mehrfach, setzt sie dröhnend wieder ab. Gleich darauf ein zweiter Müllwagen, der Glasleergut mit Geklirr und Geprassel in sich hineinstürzen lässt ... Und es wird, direkt vor dem Museum, ein Karussell aufgebaut, eher altmodisch, ohne Hydraulik zum Heben, Kippen, Schwenken, ein Merry-go-round. Zwei volle Tage arbeiten vier Mann fast ohne Pause; eingeübte, eingespielte Griff-Folgen. Alle Werkstücke sind in einem Materialwagen in bewährter Reihenfolge gelagert, gestapelt. Es entsteht ein Karussell mit vielen bunten, ovalen, barock umrahmten Bildern auf dem oberen Gesims.

Trotz der Farbenpracht: Assoziationen an ein überaus schlichtes Karussell kurz nach dem Krieg in Herrsching. Es wurde von zwei Männern in Drehung versetzt: die gingen, wie Göpeltiere, auf staubtrocknem Boden unter der Plattform des

1160

Karussells, drehten die Mittelachse mit zwei hineingesteckten, waagrechten Balken in Bauchhöhe. Dieser niedrige Arbeitsbereich war rundum von hellen Planen verhängt. Ich fand eine Stelle, an der ich hineinlugen konnte, und weil ich schon mal den Kopf reinsteckte, sollte ich gleich auch ganz reinkommen, einen der beiden Männer ablösen, er müsse unbedingt was trinken in der Hitze, bei der Trockenheit, und mir wurde, glaube ich, angeboten, ich könnte einmal kostenlos mitfahren, wenn ich eine Partie mitschiebe. Ablösung, meine Hände nun auf dem Balken, Bewegung in der Trittspur, über mir trampelten auf Brettern und Bohlen Kinder und Erwachsene herum, wenn eine Fahrt beendet war, und dann, in der fortgesetzten Drehbewegung, ein Knarren von Holz wie auf einem Piratenschiff unter Segeln (so hörte ich das später im Kino). Der Staub, durch den ich ging, im Eilschritt, dieser Staub schien mir mehlweich, und auch ich kriegte Durst; der durstige Mann ließ auf sich warten, ich fühlte mich verpflichtet, weiterzuschieben im trockenheißen Raum mit dem gefilterten Licht der hellen Planen. In der Erinnerungsperspektive sehe ich dieses Karussell nur von unten, weiß nicht, ob ich Holzpferdchen mitbewegte, Mini-Autos oder Mini-Kutschen.

(Ich weiß: Das habe ich schon mal erzählt, in ähnlichem Wortlaut, aber ich mache die Wiederholung nicht rückgängig, denn, wie schon betont: Erinnerungen tauchen nicht in strikt chronologischer Reihenfolge auf, sie erscheinen in verschiedenstem Kontext. Erinnerungen (wie auch Einfälle) lassen sind nicht synchronisieren mit Chronologie, die, im Rückblick, ja erst *entwickelt* wird. Im Kopf wirbelt erst mal alles durcheinander. Einfälle, Erinnerungen … Springende Punkte kommen wie sie wollen, wann sie wollen, kommen jedenfalls ungerufen, kommen in die Quere, drängen sich schon mal vor in unpassenden Momenten. Ergo: wie es Springende Gene gibt, die sich mal hier, mal dort ankoppeln, zufällig, so lasse ich auch hier zu, dass eine Erinnerung nicht angekoppelt wird an strikt befolgte (konstruierte) Chronologie. Was mir im Kopf querschießt, soll auch schon mal in diesem Buch querschießen. Nur so komme ich mir näher.)

MAINZER LEKTION über die Form meines Auftretens. Ich erscheine im Sekretariat des Naturhistorischen Museums. Der Schreibtisch der Sekretärin; an der Schmalseite, quergestellt, ein kleinerer Tisch, an dem ein Mann Briefe sichtet. Er mokiert sich über einen neuen Sparvorschlag: Eintrittskarten im Museum über einen Automaten zu verkaufen, doch an einem Tag in der Woche sollen Bewohner von Mainz kostenlosen Eintritt erhalten – wie will man, bitteschön, überprüfen, in jedem Fall, ob jemand wirklich aus Mainz kommt? Maschinengelesene Personalpapiere …?

Ich stehe in der Tür, nach meinem Gruß, lehne mich an. Kleidung nicht unwichtig: Windjacke, Cordhose. Der Mann ist weiterhin mit Papieren beschäftigt, ich spreche die Sekretärin an: Wo ist hier im Haus die Bibliothek?

Die Bibliothek ist geschlossen.

Jetzt schon? Wann sind denn die Öffnungszeiten?

Die Bibliothek ist für ein halbes Jahr geschlossen.

Das ist schlecht, ich möchte etwas nachschauen.

Geht nicht, die Bibliothek ist geschlossen. Worum handelt es sich denn?

Ich brauche ein paar Informationen über Mainzer Flora. Bin von der Stadtverwaltung darauf hingewiesen worden, dass ich die hier erhalten könnte. Wie komme ich jetzt da dran? Ich brauche die, als Stadtschreiber, für einen Text.

Tja, sagt die Sekretärin.

Das können Sie so nicht abtun, schaltet sich der Mann ein. Sie dürfen sich vom Stil dieses Auftretens nicht täuschen lassen. Er tritt hier auf, schon in der Kleidung, wie ein ganz kleines Licht, und erst ganz nebenbei gibt er zu erkennen, dass er der Stadtschreiber ist. Er hätte das gleich ganz klar sagen sollen.

Aber ich muss in solch einer Angelegenheit doch nicht mit Pauken und Trompeten auftreten. Ich wollte in eine öffentlich zugängliche Bibliothek, dazu muss ich nicht meine Funktion benennen. Mir hat keiner gesagt, dass die langfristig geschlossen ist. Erst dann habe ich nachgereicht, dass ich Stadtschreiber bin. Soll ich hier vielleicht auftrumpfen, das Gespräch unterbrechend: Ich bin der neue Stadtschreiber, ich brauche Amtshilfe, sofort …?!

Na, vielleicht so ähnlich. Aber jetzt wollen wir trotzdem mal sehen, was sich machen lässt. Muss nur eben die paar Briefe unterschreiben, Moment noch.

Wir gehen durch den Flur. In welcher Kleidung müsste ich eigentlich auftreten, um Informationen in einer Bibliothek einzuholen?

Das war doch eher scherzhaft gemeint. Trotzdem: mein Auftreten sei pures Understatement gewesen. Als hätte ich mich kaum in das Gebäude reingetraut. Dabei sei ich als Stadtschreiber sozusagen VIP, zumindest in Mainz.

Ich werde zu einem Botaniker begleitet, der in weißem Kittel verwaltet, auch Bücher, hausintern. Dem erzählt mein Begleiter gleich von unserer Begegnung: »Stellen Sie sich vor, er steht da wie ein ganz kleines Licht in der Tür.« Und geht.

Wer dieser Herr ist, das hat er mir auch nicht gesagt, das setzt er vielleicht als bekannt voraus. Ich frage den Botaniker. Aha, Co-Direktor oder stellvertretender Direktor.

Ich trage vor, was mich herführt: Als Stadtschreiber will ich nicht das übliche »Elektronische Tagebuch« meiner Vorgänger weiterführen, nicht wieder Selbstdarstellung, ich möchte die vorgegebene Sendezeit nutzen, will, möchte fürs ZDF einen Film über Maria Sibylla Merian drehen, sammle dazu Material, und nun habe ich gehört, dass es hier Arbeiten gibt über Fauna und Flora des Mainzer Sandes. (Naturschutzgebiet, abgekürzt NSG, das ich auf vorgeschriebenem Rundweg erkundet habe, ein Gebiet, das artenreicher sein soll als andere Biotope meines Landes.)

Und ich höre von einem Kavallerieoffizier Reichenau, der nach einem Unfall Botaniker wurde und die erste große Untersuchung der Flora des Mainzer Sandes schrieb. Das Buch wird mir gezeigt in zwei seltenen alten Ausgaben. Und es wird mir die 600-seitige Dokumentation der Schriftenreihe des Naturhistorischen Museums überreicht. Für anschließende Fragen stehe man gern zur Verfügung.

Das Gespräch wendet sich rasch einem süffigeren Thema

zu, es werden Weißweine aus dem Rheingau und aus Rheinhessen gegeneinander ausgespielt – welche sind a priori besser? Ich schwöre auf Rheingau, auf Weine aus Kiedrich und Rauental, die trocknen Rieslings überraschen!

Damit finde ich aber keine Resonanz: Wein aus dem Rheingau, der auch noch trocken, das ist wie eine Frau ohne Busen und Arsch. Hingegen Rheinhessen-Weine: in jeder Hinsicht rund!

Weiter das Stichwort »Image«. Köln, Hochhaus am Wiener Platz. Dort wird ein U-Bahnhof gebaut; die Bauleitung im vierten Stock des Hochhauses, also immer mal wieder Herren im Lift mit Krawatte und Bauhelm. Einer von ihnen hatte eine Rezension oder einen Bericht über mich gelesen, identifizierte mich nach einem Foto, grüßte und musterte mich und gestand: Dass ich Bücher schriebe, das hätte er mir nun wirklich nicht zugetraut.

Ich blieb, leicht überrumpelt, eine passende Antwort schuldig. Die hätte, nachgeholt, etwa so klingen müssen: Hauptsache, fürs Erste, ich selber traue es mir zu.

In meiner Dokumentations-Endmoräne finde ich einen Zeitungsausriss, dick markiert am Rand. Überraschender Beitrag zum Thema Image.

»Thomas Mann wusste, wovon er sprach, als er in seinem ›Versuch über Tschechow‹ behauptete: ›Denn die Meinung, die wir von uns selbst hegen, ist nicht ohne Einfluss auf das Bild, das die Menschen sich von uns machen.‹ Thomas Manns Vermutung, dass Tschechows langjährige Unterschätzheit in Westeuropa mit dessen äußerst nüchternem, kritischem und zweifelndem Verhalten zu sich selbst zu tun haben könnte, ließe sich mit kleinen Einschränkungen auch auf Svevo übertragen.«

Hier suggeriere oder souffliere ich keinen (angemaßten) Schulterschluss, aber dieser Ausriss hat mich begleitet. Zwar nicht in der Brieftasche, aber als Aide-mémoire, als Aufforderung von mir an mich selbst: Arbeite daran!

Da blieb es freilich beim Appell, beim Vorsatz. Auch in der Überzeugung, dass sich Aura nicht kreieren lässt. Ich habe darüber mal mit Kempowski gesprochen, in Nartum, und er wusste von einem unserer Kollegen zu berichten: Auch wenn der ein Restaurant erstmalig betritt, als Fremder, da springen die Kellner, da wird sofort ein optimaler Tisch gesucht und angeboten. Wie schafft man das? Lässt sich so was übernehmen, aneignen? Und sodann einbringen nicht nur in der gastronomischen, auch in der literarischen Branche?

Mit optimierten Formen des Auftretens allein ist es anscheinend auch nicht getan. Als ich zwei Jahrzehnte nach diesem Stadtschreiberamt bei einer Zufallsbegegnung ein Jurymitglied fragte, wie es eigentlich zu erklären sei, dass ich in all den Jahren danach nicht mehr das allergeringste Preislein erhalten hätte, da lautete die Antwort kühl: Sie haben keine Lobby. Na ja, sagte ich mir resignierend trotzig, mach ich eben alleene weiter …

SCHON MAL ERZÄHLT, aber das wiederhole ich gern: Meine zweite Schmetterlingsweihe erhielt ich auf der Anhöhe eines Castello, an der Grenze zwischen Umbrien und Toskana. Ein Segelfalter über der Wiese des Innenhofs der ehemaligen Burg, im Halbkreis der Steineichen, über dem schmalen Blumenbeet auf einem Mauersockel: Heidepflanzen. Und ein Segelfalter vor dem Castello: Von der Küche der Wohnung aus schaue ich, von dickem Mauerwerk umrahmt, hinunter in die kleine Lichtung zwischen Burgmauer und Pinien, sehe abwechselnd einen Schwalbenschwanz und einen Segelfalter, in meist raschem Flug. Und wenn ich vor dem Castello unter einer der Pinien sitze, mit Blick auf den Trasimenischen See und weiter bis Montepulciano oder in das Gebiet von Perugia – sobald ich mich von diesem Panorama abwende, sehe ich einen weiteren Segelfalter hin und her fliegen. Drei Segelfalter also müssen es sein im Bereich des Castello … (Später erst lese ich, dass Segelfalter in der Paarungszeit Anhöhen lieben: »hill-topping«.)

Selbstverständlich will ich sie aus der Nähe sehen, aber sobald ich einem Segelfalter näher komme, flattert er hoch von einer Distelblüte oder von einer der Heidepflanzen des Steingartenstreifens, wirbelt dahin. Sind überhaupt nur in raschen Flugbewegungen unterwegs, vor allem, wenn sie in kurzen Sequenzen zu zweit umeinander herumwirbeln, wie um einen gemeinsamen Gravitations-Luftpunkt, und der scheint von Thermik erfasst zu werden, sie fliegen eine Doppelpirouette in das Hitzeblau, wilde Schraubbewegung aufwärts. Wollen keine Ruhe geben: schrauben sich hoch, gleiten herab, zucken hierhin, schnellen dorthin, Flugbewegungen, die sich jeder Erwartung und Berechnung entziehen, und damit verstärkt der Wunsch, einen dieser ruhelosen Flatterer endlich mal in Ruhe betrachten zu können.

Nicht mit List, schon gar nicht mit Tücke komme ich an einen der Segelfalter heran, nur mit geduldiger Beobachtung. Ich stelle fest, dass Segelfalter jeweils in einem ziemlich genau umgrenzten Revier fliegen, im Innenhof wie vor dem Tor. Und: sie fliegen im jeweils schattenlosen Bereich – über der Wiese im Halbkreis der Steineichen, und draußen, zwischen Burgmauer und Pinien, über der mittlerweile strohhellen Grasfläche.

Dort stelle ich mich an eine der Flugrouten. Und der Segelfalter des Reviers schwebt dicht an mir vorbei, wendet, fliegt mich von vorn an, fliegt an mir vorbei, wendet hinter mir, zuckt, schnellt, gleitet wieder an mir vorbei in seinem Wippflug: ein paar rasche, vorantreibende Flügelschläge, dann bleiben die Flügel zum Gleiten ausgebreitet. Kurskorrekturen, zuckschnell. Nach mehreren Flatterflügen, Gleitflügen landet der Segelfalter auf einer der Distelblüten, breitet die Flügel aus, bewegt sie, in geringem Winkel, als wäre das eine Illustration des Atmens. Ich bewege mich langsam zur Distelblüte (als Kind hätte ich gesagt: Ich schleiche mich an …), sehe deutlich das schwarze Linienmuster, die antennenförmige Schwanz-Doppelform, sehe die hellblauen und sanft orangefarbenen Markierungen der Hinterflügel.

Ich stelle mich wieder auf an der Hauptflugroute. Der Segelfalter zuckt, gleitet, schnellt an mir vorbei, landet aber nicht erneut auf der Distelblüte, macht in deren Bereich eine jähe Wende, als wäre ein unsichtbarer Widerstand in der Luft oder als wäre die Distelblüte so etwas wie ein Falter-Funkfeuer, das Kurskorrektur erzwingt. Ich stehe reglos, höre den Zikaden zu, die Hitze hörbar zu machen scheinen, blicke zwischendurch in die Ebene hinunter, diffus im grellen Licht, die fernen Bergzüge scheinen zu vibrieren, auch der Bergkegel von Montepulciano. Wieder Reglosigkeit, ich wende nicht einmal den Kopf, wenn der Segelfalter an mir vorbeiflattert oder vorbeischnellt, ich schaue Richtung Südwesten, und der Falter gleitet, schwebt an mir vorbei – ja, kurze Phasen von Segelflug. Und wieder Zuckflug, Taumelflug, Gaukelflug. Ich bin ganz ruhig geworden, stehe da wie ein mannshoher Baumstumpf, lasse den Segelfalter von hinten auf mich zufliegen und von vorn auf mich losfliegen und dicht an mir vorbeifliegen und wieder und wieder die jähe Wende, vor mir, hinter mir, ich halte den Kopf ruhig und da: der Segelfalter setzt sich auf meinen Oberarm! Flügelatmend bleibt er dort sitzen, und ich sehe ihn, reglos, an der Grenze des Blickfelds, will den Kopf nicht senken. Einige Bewegungen der schwarz gezeichneten Flügel. Ein Segelfalter auf meinem Oberarm. Ich atme ganz flach, der Oberarm soll so ruhig sein wie ein Ast. Sekunden nur, aber lange, zeitgedehnte Sekunden, dann hebt der Segelfalter ab, setzt seinen Flug fort. Und ich kehre zum Stuhl zurück im Pinienschatten, habe nun die ersehnte Weihe erhalten durch den Segelfalter.

Im Sechshundertseitenbuch über den »Mainzer Sand« lese ich, mit Blick voraus auf Maria Sibylla Merian, nicht nur das kleine Kapitel über Tagfalter, ich lese weitere Kapitel zumindest an, durchblättere sie, lese mich immer wieder fest, markiere Textstellen, mache Notizen, versuche Überblick zu gewinnen. Den will diese Monographie vermitteln, aber: jeder der Wissenschaftler, jede der Expertinnen konzentriert sich strikt auf den speziellen Bereich oder Ausschnitt des Gesamtbildes, beispielsweise eine Rüsselkäferdatei anlegend.

Mir wird schon während dieser Vorbereitungen, Vorarbeiten bewusst, im Kontrast: Für MSM wäre es (etwa im Mainzer

Sand oder in der Ingelheimer Heide) selbstverständlich gewesen, nicht nur Falter des »Schmetterlingsparadieses« zu beobachten, zu fangen, zu präparieren, zu bestimmen, zu registrieren, sie hätte auch auf Käfer geachtet, hätte, mit der Lupe, wohl auch Zikaden oder Wanzen beobachtet, hätte sie ebenfalls abgebildet. Möglichst viel wollte sie sehen, beschreiben, zeichnen, stechen, kolorieren. Heute würde man sagen: eine Generalistin. Dagegen sind nun etwa zwanzig Spezialisten notwendig, um Flora und Fauna des Mainzer Sandes aufzulisten und zu beschreiben. Die paar hundert Meter lange, paar hundert Meter breite Sandinsel an einer der wärmsten Stellen im Rhein-Main-Becken wird zur Koordinationsbezeichnung von Sonderwelten.

Stadtschreiber von Mainz führten (führen auch weiterhin?) also das »Elektronische Tagebuch«. Sah in der Regel so aus: Ein Kameramann, ein Tontechniker und ein Mann fürs Licht begleiten die Preisträgerin, den Preisträger einige Zeit durch die Stadt, auch wird ein Gespräch geführt im Studio droben im Gutenberg-Museum. Ich hätte es mir leichtmachen können, wäre mit dem Team am Rhein entlangspaziert, Richtung Weisenau, hätte erwähnt, dass Uwe Johnson siebzehn meiner Bücher in seiner Bibliothek stehen hat, und dass ich vor allem – viel Selbstdarstellung wäre möglich in fast einer Stunde Sendezeit!

Die müsste sich eigentlich auch anders nutzen lassen, sagte ich mir. Und schlug dem Gesprächspartner vom ZDF vor: ein Film über Maria Sibylla Merian, zumindest bis zu ihrem Aufbruch nach Surinam. Und ergänzte kühn: Ich schreibe das Drehbuch und führe Regie.

Ja, wie denn das?! Ein Schriftsteller und Teamarbeit, das kann letztlich kaum so recht funktionieren!

Hören Sie, dass man als Schriftsteller in der Lage sein muss, einen guten Teil des Tages mit dem jeweils entstehenden, heranwachsenden Text in einem Zimmer zu sein, möglichst allein, das ist oft genug konstatiert worden, lässt sich aber, bitteschön, erweitern: Zum Ausgleich (nicht nur privat, auch beruflich) arbeite ich auch gern im Team, führ(t)e gelegentlich Regie, in eigenen Hörspielen, soweit die Funkdisposition das zuließ.

Erst mal hatte ich, früh schon, hospitiert, dies jeweils mit dem Versprechen, nicht dazwischenzufunken. Das Vorurteil mancher Regisseure scheint festgeschrieben: Autoren wollen alles besser wissen, Autoren halten bei einer Produktion nur den Betrieb auf, und das, obwohl alles genau terminiert ist, die Abflüge berühmter Mitwirkender längst vorgebucht. Würde ich die Titel der Hörspiele aufführen, bei denen ich selbst Regie geführt habe, es käme nicht mal eine Handvoll zusammen. Aber ich konnte Erfahrungen sammeln. Habe sogar mal die Partie in einem Riesenmonolog übernommen: ein Mann, der den Weltrekord im Dauersprechen brechen will (schreckliches Wortecho!). Ich startete in einer Dürener Kneipe, Freund Wolfgang steuerte das Revox-Gerät aus, ich legte los, die Stimme in der ersten Aufregung etwas höher getrieben, aber bald die ersten Zwischenrufe, flapsige Anmerkungen, jemand wollte dicht an mir vorbei zum Klo, ich redete, redete, redete weiter, Text auf einem Notenpult, und das Ganze wirkte schließlich so authentisch, dass mir selbst Hörspielleiter ihr Mitleid bezeugten, weil ich mich der Tortur von 135 Stunden Dauerreden unterzogen hätte, bis zum erschöpften Schlusswispern, dem letzten Röcheln – wobei ich mich selbst in den Würgegriff nahm. Die Produktion wurde vom Deutschlandfunk übernommen und gesendet: *Die Spirale*.

Na schön, Hörspiel. Aber nun: statt des Elektronischen Tagebuchs eine Art Spielfilm über die Merian?! Der Intendant, der die Programmvielfalt kontinuierlich einschränkt, gewährt hier eine Nische. Eigentlich, so höre ich auf Umwegen, sieht man in der Verwaltung des Hauses nicht ein, dass ein Laie nicht bloß Autor, sondern sogar noch Regisseur einer spielfilmähnlichen Produktion wird, dass er für diese Spielerei, die sowieso zu keinem haltbaren Ergebnis führen kann, auch noch bezahlt wird, aber, so konstatiert man schulterzuckend, das ist halt Hauspolitik.

Ein Produktionsleiter wurde eingesetzt, aber der hatte eigentlich nur die Aufgabe, die Realisierung des Projekts zu verhindern. Vorherrschend die Meinung im Apparat, das alles würde nur aus dem Ruder laufen, ganz zu schweigen von den letztlich unkalkulierbaren Kosten. Aber ich hatte im Lateinunterricht etwas gelernt: Wie durch ständige Wiederholung eines »Cetero censeo Carthaginem esse delendam« ein Ziel schlussendlich doch erreicht wird, und so erzielte ich bei Krisentelefonaten eine letztlich zermürbende Wirkung mit dem ständig wiederholten Satz: »Der Film wird aber gemacht.« Und das mit Marita Breuer in der Hauptrolle, dem Star der elfteiligen *Heimat*-Folge von Reitz. Die Entscheidung fiel mir leicht: Ich schätzte sie als Schauspielerin, und wir waren befreundet. Wolfgang Caven (vorgesehen für die Rolle des Ehemanns der Merian) hatte ich bei einer gemeinsamen Funkproduktion kennengelernt, und es schlossen sich alkoholbegleitete Gespräche an über Musik und speziell über John Coltrane. So geht das halt: Man arbeitet am liebsten mit Leuten, die man kennt.

Und die Komparsen? Wenn die einen – und sei es nur kurzen – Satz sagen müssen, gelten die damit schon als Kleindarsteller?, frage ich die Agentin. Aber sie will uns nicht mit Definitionen aufhalten, sie schlägt vor, dass wir einfach mal mit dem Suchen beginnen: Statistin für eine der beiden Töchter der Merian.

Wir ziehen Schuber heraus: Fotos und persönliche Angaben in Hängeordnern. Junge Frauen, junge Frauen, junge Frauen – in Jeans, in Röcken, mit Hüten, ohne Hüte, in Jeansjacken, in Seidenblusen, kokett oder mondän oder cool dämonisch oder kumpelhaft locker, vor Autos oder Blumenbeeten oder Strohballen oder auf dem Teppichboden, mit einem Kassettenrekorder in den Händen, oder auf einem Hotelbett liegend, und auf dem zweiten Bett ein geöffneter Koffer – Schnappschuss eines Freundes? Bei vielen der Komparsinnen hat die Frau der Agentur assoziative Informationen parat: Ist sehr kooperativ … Hat einen großen Busen … Ist fast nie telefonisch zu erreichen … Ruft dreimal die Woche an, ob sich noch nichts ergeben hat …

Dominierend der Typ der gesunden, gepflegten, meist blonden jungen Frau, die im Straßenbild, vielfach reproduziert, fast geklont erscheint. Die meisten von ihnen sehen aus, als wäre nicht eine einzige Körperzelle krank; junge, patente Frauen, die mit jeder Situation fertig werden oder fertig zu werden scheinen. Solche Erwartungsnormen erfüllend, möchte sich aber eine jede hervorheben – sie alle, in den Hängeordnern alphabetisch dokumentiert, Schrankschublade um Schrankschublade – sie alle wollen, so vermute ich, wahrgenommen werden als jeweils ganz besondere Frau. Viele haben das Abitur gemacht, sind nun an einer Fachoberschule oder auf der Universität; viele haben Jazzdance gemacht oder Ballettunterricht genommen; viele haben ein Auto, dessen Marke und Farbe auf den großformatigen Karteiblättern jeweils angegeben ist: ein Auswahlkriterium, das bei Männern eine noch größere Rolle spielt. Betont werden besonders Fertigkeiten, Fähigkeiten: Tennis; Querflöte; Reiten; Judo; Klavier. Auch Haustiere, Tiere werden aufgeführt: »1 zahme Gans«.

Sammelbezeichnung für die meisten dieser jungen Frauen: der »aktuelle Typ« der ersten neunziger Jahre. Wie genormt der knabenhafte Hintern, die langen Beine; die Brüste nicht sonderlich betont. Verglichen mit diesen Frauen erscheint mir die Leitfigur der sechziger Jahre historisch: Die Frau mit den betonten Brüsten (»Atombusen«) und dem barocken Hintern, meist in engem Rock – vor allem italienische Schauspielerinnen präsentierten sich so in Filmen, und Männer, im Film, pfiffen ihnen nach (das fand man damals noch lustig, war noch nicht verpönt als öffentliche »sexistische Anmache«). Und wenn ich zurückgehe ins 17. Jahrhundert: wie sah der »aktuelle Typ« damals aus? In welchen Körperformen fühlten sich Frauen und Mädchen zu jener Zeit wohl? Das Gesäß nicht sparsam modelliert? Weichere Formen überhaupt? Wie war damals das Schönheitsideal? Wie auch immer: eine Tochter Merian darstellen zu lassen durch eine dieser vorbildlich oder angepasst ranken jungen Frauen, das wäre fehlbesetzt. Traten denn damals junge Frauen derart körperbewusst, körperbetont auf? Wohl kaum.

Die Hauptrollen sah ich schon besetzt; die Auswahl der

Statistin schien mir ein Leichtes, aber da hatte ich mich verschätzt. Beinah unablässig das Klack, Klack, Klack, mit dem
Hängeordner an den Gleitschienen aneinanderschlagen, in
den Plastikaufhängungen: Die passt nicht ... die passt erst
recht nicht ... und die hier wäre völlig fehlbesetzt. Also: neuer
Ansatz.

Fortsetzung der Planungen. Und ein Posten nach dem anderen
erhöhte den Etat! Eine Kutsche mit Pferdegespann ...?! Aufstöhnen im ZDF: Was da allein an Kosten auf uns zukommt!
So eine Kutsche muss auf einem Tieflader zum Drehort transportiert werden, das geht ins Geld! Aber ich war mit einem
Eifelbauern im Gespräch, der sein altes Gefährt zur Verfügung
stellen wollte, samt Gespann, und das nicht für einen fünfstelligen, sondern für einen nur knapp vierstelligen Betrag.

Ja, und in der Kutsche soll, zumindest in einer längeren
Sequenz, ein Mädchen mitfahren, als Tochter der Merian: keine der alerten und adretten Frauen, wie sie von der Agentur
vermittelt werden, ein eher herber Typ, mit dem mich Zufall
zusammenführt, über eine Empfehlung: Ein Mädchen aus
Omsk, mit der Familie wenige Monate zuvor in Düren eingetroffen und am Stadtrand angesiedelt.

Mutter und Tochter Merian sollen, mit einigen Gepäckstücken einen Umzug simulierend, auf bäurischem Gefährt auf
rauen Pisten in längerer Sequenz an Präsenz gewinnen. Tief
ausgefahrene Pisten finde ich allerdings nur noch im Truppenübungsgelände der Drover Heide; auch hier habe ich,
vorsichtshalber, schon mal eine Vorbesichtigung (VB) durchgeführt, in Absprache mit einem Presseoffizier der Panzerkaserne Düren. In einem Jeep wurde ich, auf dem nominell noch
belgischen Sperrgebiet, in knochenbrecherischer, rückgratstauchender Fahrt umhergefahren. In der Tat: solche Trassen
dürften damaligen Landstraßen entsprechen.

So liefen, so laufen die Vorbereitungen, aber sie drohen ins
Leere zu laufen: Die Dreharbeiten, vor allem mit Außenaufnahmen, müssten auf jeden Fall vor Einbruch des Winters
beendet sein. Doch Woche um Woche schwindet der Zeit-

abstand zur Realisierung des Projekts, ich spüre mehr Gegenwind als Rückenwind, habe das Gefühl, das Projekt steht auf der Kippe, auch das ZDF erscheint mir als Behörde mit Sendeantenne.

Erfahrungen, die hier nicht ausgeklammert werden dürfen: Schlaglichter auf das gesellschaftliche Ambiente, in dem ich lebe, mit Rückwirkungen auf das Lebensgefühl.

Fahrt nach Mainz-Lerchenberg. Der vierzehnstöckige Hauptbau: Verwaltung. An der Flurtür zum Zimmer meines (vorerst potentiellen) Produktionsleiters ein postkartengroßer Aufkleber: »Redaktionen verursachen nur Ärger und Kosten«. Soll ein Scherz sein, charakterisiert aber das Verhältnis zwischen Administration und Redaktionen, in denen man – in der Optik von Verwaltungsbeamten – nur herumhockt und Kaffee trinkt.

Die Sekretärin schickt mich ins Chefzimmer. Der Produktionsleiter telefoniert noch; mit einem Wink bietet er mir einen Stuhl an. »Ja, das ist eine harte und sensible Kiste«, sagt er, also wird das Telefonat noch ein Weilchen dauern, ich schlendre zurück ins Sekretariat. Das ist inzwischen verlassen. Ich setze mich, schaue auf den Rohbau eines weiteren Verwaltungskomplexes. Nun wieder, beim kurzen Zuwinken, war mir der Produktionsleiter als sportiver Typ erschienen, doch dieser Mann von Ende dreißig in Jeans mit Pulli, er verhält sich wie ein dienstergrauter Beamter: retardierend, zumindest bei meinem Projekt. Das ist garantiert anders, sage ich mir, wenn er, wieder einmal, die Produktionsleitung für Show- oder Sportsendungen übernimmt, den einzigen Sendesparten mit hohen Einschaltquoten. Alles andere ist letztlich überflüssig. In der Überflüssigkeit gibt es wiederum Abstufungen, und hier, so habe ich nach einigen Telefonaten den Eindruck, hier steht oder liegt mein Projekt ganz unten. Dass ich überhaupt noch Geld haben will für Drehbuch, Regie, Endfertigung, das, so ließ man mich spüren, ist eine Kühnheit. Verglichen mit anderen Fernsehhonoraren soll mir ein wahrer Dumpingpreis für Drehbuch und Regie gezahlt werden, ja, es wurde sogar versucht, dieses magere Honorar zusammenzuziehen zu einem Pauschbetrag, und den womöglich zu halbieren. Als wäre die Arbeit an diesem Film abgegolten mit der Pauschale, die mir als Stadtschreiber monatlich überwiesen wird. Aber ich habe mich gewehrt, ließ mich dabei von Sparparolen nicht einschüchtern – ich sehe und höre ja, welche Summen und Unsummen sonst bedenkenlos ausgegeben werden. Meine Forderungen, meine Hartnäckigkeit machen mich offenbar zu einer Persona non grata in der ZDF-Bürokratie. In einem hausinternen Schreiben der Ersten Produktionsleitung (EPL), das mir von einer Mitarbeiterin des Hauses zugespielt, zugesteckt wurde, las ich: »Die Position von Autor und Regie ist hier sicherlich unter politischen Aspekten zu betrachten, denn die Honorierung übersteigt die tatsächlich zu erwartende Leistungsfähigkeit.« Aber hallo! Unter »politisch« ist natürlich »hauspolitisch« zu verstehen: Der Intendant will zwischendurch mal ein Minderheitenprojekt protegieren, als Argument gegen den Vorwurf zunehmender Anpassung (auch) dieser Institution an Quoten-TV.

Doch im Verwaltungsbau will man das Unternehmen torpedieren, unauffällig. Da höre ich nur ... es wird gemunkelt ... es sind Widerstände zu spüren ... Vier Wochen, nachdem ich das Vorgespräch mit dem Eifelbauern geführt habe, wurde vom ZDF noch immer nicht bei ihm angerufen. Solch einen Anruf verhindert Logik der besonderen Art: Ob das Projekt überhaupt offiziell genehmigt wird, hängt immer noch davon ab, ob eine Kostengrenze überschritten oder eingehalten wird; weil dieses Projekt demnach, für die Verwaltung, in der Schwebe bleibt, darf es außer der Berechnung von Kosten keine weiteren Kosten verursachen; es würde allerdings schon direkte Kosten verursachen, wenn (zur genaueren Berechnung der Produktionskosten) Ferngespräche geführt werden müssten; weil durch kostenpflichtige Telefonate reale Kosten (etwa eines Gefährts mit Pferden) nicht offiziell eingeholt werden können, werden Zahlen zum Teil fiktiv eingesetzt; diese fiktiven Zahlen (ein Bauernwagen kostet so viel wie eine Mahagoniholz-Kalesche) können reale Auswirkungen haben: An solch hochgerechneten Kosten kann das Projekt scheitern.

Der Produktionsleiter holt mich ab ins Büro, entschuldigt sich, weil das Telefonat sich ein wenig hingezogen hat, es geht um Aufnahmen in der Westfalenhalle. »Das muss man sich mal vorstellen: Die Höhe der Einfahrten in die Halle liegt bei dreifünfzig, da kommt man mit einem Sattelschlepper gar nicht rein, da muss alles erst mal umgeladen werden!« Er will noch etwas länger von den Vorbereitungen, Vorarbeiten zu einem Popkonzert berichten, das vom ZDF aufgezeichnet werden soll, aber ich lenke rasch über zum Thema – bevor das Telefon wieder unser Gespräch unterbricht und Westfalen-hallen-Dimensionen mein Unternehmen, mein Unterfangen allzu sehr relativieren. Ich setze an bei der Geländewagen-fahrt in der Drover Heide, bei der mir fast eine Bandscheibe rausgesprungen wäre: Offensichtlich hat die EPL noch immer nicht mit den belgischen Militärbehörden telefoniert, denen das Gelände nominell untersteht, dies auch nach dem Abzug der Garnison aus Düren. Vom deutschen Presseoffizier habe ich jedenfalls noch keine Rückmeldung erhalten. Warum ist in der Angelegenheit noch nichts geschehen?

»Da müssen Sie sich mal keine Sorgen machen, das wird schon klappen!«

Ich mache mir aber sehr wohl Sorgen! Nach dem Gespräch mit dem Presseoffizier wartet man in Brüssel auf den Anruf des ZDF. Die Redaktion hat auch längst schon die Durchwahl-nummer vermittelt, die Faxnummer. Wenn es zu lange dauert, kann der zuständige und informierte Offizier im Urlaub sein oder es findet eine der üblichen personellen Umbesetzungen statt. Warum also wurde nicht einfach mal angerufen oder ge-faxt? Lässt sich doch in einer Viertelstunde erledigen!

So einfach sei das alles nicht, meint der Produktionsleiter, zum Fenster blickend. Es gehe nicht nur um solche Einzel-heiten, es handle sich um einen ganzen Komplex.

Um einen psychischen Komplex? Um eine Blockade? Ich überrasche mich selbst mit dieser Frage, angeschoben von aufgestautem Ärger. Der Produktionsleiter schaut mich mit etwas verkleinerten Augen an. Der Komplex wird als finanzieller Komplex definiert. Und: man könne nicht über Einzelheiten verhandeln, solange das Ganze nicht geklärt sei.

Aber ein Telefonat mit Brüssel hätte man doch längst schon mal führen können, vorsorglich; die belgischen Mühlen mahlen langsam.

Das gibt einen Ruck, zumindest körperlich: Was Brüssel betreffe, so müsse hier mal etwas angemerkt werden, grundsätzlich: Ich sei vom ZDF nicht autorisiert, Verhandlungen mit Militärbehörden zu führen. Außerdem Absprachen zu treffen mit dem Eifelbauern und den Schauspielern. »Sie haben Ihre Kompetenzen weit überschritten! Wir lassen uns von Ihnen nicht unter Zugzwang setzen!«

Aha, sage ich mir, hier also ist der wunde Punkt! Deshalb lässt man mich gegen die Gummiwand laufen. Ich betone, dass ich nur mit dem Einverständnis und der Unterstützung der Redaktion gearbeitet habe, dass meine telefonischen Vorgespräche mit diversen Mitwirkenden jeweils durch Anrufe der Redaktion bestätigt wurden. Ich selbst habe keine verbindlichen Zusagen gemacht, betone ich, aber ich musste rechtzeitig klären, ob die Schauspielerinnen und Schauspieler, mit denen ich unbedingt zusammenarbeiten möchte, disponibel sind im Zeitraum, in dem, laut Redaktion, die Dreharbeiten stattfinden sollen. Diese Vorbereitungen können nicht erst drei, vier Wochen vor Drehbeginn einsetzen. Wie ich höre, sollen nur zwölf Drehtage vorgesehen sein, für einen Film von knapp einer Stunde. Damit werden für mich härteste Konditionen festgelegt, mein Tagesschnitt an sendefertigen Minuten liegt so hoch wie bei einem routinierten Serienregisseur! Also muss ich optimal vorbereitet sein.

»Sie beziehen sich da auf die Redaktion ... Sie sind aber doch wohl darüber informiert, dass die mit Jahresende aufgelöst wird. Die Sendezeiten der Matinee sind damit ersatzlos gestrichen.«

Ja, genau deshalb muss ich Initiativen entwickeln! Ich würde auch lieber einen Teil der Arbeit anderen überlassen. Aber ich kann verstehen, dass man sich in der Redaktion vor allem mit der Frage beschäftigt, ob man nach dem Jahreswechsel im Hause noch angemessene Arbeit findet. Da überlässt man mir schon mal gern den Vortritt. Die zuständige Redakteurin, sage ich, ist sehr engagiert, trotz der schwierigen Situation, aber es ergibt sich in solch einer Übergangsphase leider von selbst, dass ich mehr ankurbeln muss, als es einem Autor und Regisseur sonst zugemutet wird. Ich bin nicht vorgeprescht, ich habe nur das absolut Notwendige vorbereitet. Der Film wird auf jeden Fall gemacht. Dazu braucht die Redaktion endlich eine Produktionsnummer, weil sonst im Hause nichts läuft. Und mit Begriffen, die ich erst seit kurzer Zeit beherrsche, füge ich hinzu, dass die Redaktion und ich so langsam auch die Stabliste brauchen und die Generaldisposition. Und dass die längst überfälligen Verträge geschlossen werden. Kurz, es müssen Nägel mit Köppen gemacht werden. Sonst muss ich den Herrn Intendanten um Unterstützung bitten.

Die Vorbereitungen seitens der Verwaltung, so bekomme ich zu hören, sie werden erschwert durch meine völlig überzogenen Forderungen. Mein Film würde voraussichtlich das Dreifache, Vierfache dessen kosten, was sonst für einen entsprechenden Beitrag der Redaktion ausgegeben wird. »In einer Zeit, in der überall gespart werden muss, bestehen Sie auf Ihren Maximalforderungen!«

Maximalforderungen …?! Ich habe, ermahnt von der Redaktion, schon gewaltige Abstriche gemacht. Die Reise nach Surinam ist gestrichen! Der Aufenthalt in Surinam war aber ein Hauptkapitel im Leben der Merian! Das entfällt jetzt. Es kann also nur von Reduktionsforderungen die Rede sein!

Das Gespräch ist festgefahren. Eine Neutralisierungsphase wird eingeleitet, der Produktionsleiter bestellt im Sekretariat Kaffee mit Cognac. Wir reden, schlürfend, über scheinbar Beiläufiges. Sobald Tassen und Gläser leer sind, wird das Gespräch wieder konkret. Mir werden Formulare über den Schreibtisch gereicht – was mir zeigen soll, dass durchaus Vorbereitungen zur Realisierung meines Projekts getroffen werden, entgegen meinen polemischen Unterstellungen! Es sind Formulare für die Komparsin, die ich mir, vorauseilend, ausgesucht habe.

Hier wird eine Zustimmung der Eltern erforderlich, Formular eins, bitteschön, und eine Unbedenklichkeitsbescheinigung des Schulleiters, Formular zwei, bittesehr, und drittens muss ein ärztliches Plazet vorgelegt werden. Ich soll die Unterlagen den Eltern der Komparsin übermitteln – deren Anschrift liegt dem Hause ja nicht vor. Und soll dafür sorgen, dass die Bestätigungen und Bescheinigungen möglichst bald zurückgeschickt werden.

Zustimmung der Eltern: okay, aber wieso eine ärztliche Untersuchung?

Es soll, zum Beispiel, verhindert werden, dass bei der Wärme, die von Scheinwerfern entwickelt wird, das Kind in Ohnmacht fällt.

Das halte ich für einen Branchenwitz.

Ich werde darüber belehrt, dass die Bescheinigungen absolut notwendig sind.

Ich protestiere: Man kann doch nicht verlangen, dass Aussiedler aus Omsk, die sich in unserem Land vorerst nur schwer zurechtfinden, die noch erhebliche Probleme haben mit der Verständigung, dass sie auch noch diesen bürokratischen Kram erledigen sollen.

Das mag nicht ganz angenehm sein, aber es kommt bei der stummen Komparserie ja auch etwas Geld herein. Außerdem machen die bestimmt gern in einer deutschen Fernsehproduktion mit – das sollte die Mühe wert sein. Abgesehen davon gibt es Mitbürger, zum Beispiel in den Kirchen, die sich um Russlanddeutsche kümmern; die können ja den Arzttermin vereinbaren, falls mir das zu viel erscheint.

Ich buchstabiere die Bezeichnung des Formulars: Antragsverfahren beim Gewerbeaufsichtsamt für die Mitwirkung von Kindern und Jugendlichen bei Veranstaltungen im Sinne des Jugendarbeitsschutzgesetzes.

Jugendarbeit, hier auch Kinderarbeit – der Begriff ist doch viel zu heavy! Der traf zu bei der Arbeit, wie sie in früheren Jahrhunderten auch hier in Europa Kindern noch zugemutet wurde. Dagegen kann man nicht ernsthaft von Kinderarbeit reden, wenn das Mädchen ein Stück auf einem Wagen mitfährt und in einer Unterkunft kurz mal an einem Tisch zu sehen ist. Selbst bei Scheinwerferlicht ist das keine Belastung! Ich nehme die Verantwortung auf mich und garantiere, dass dem Mädchen keine Strapaze zugemutet wird. Die Belastungen durch diesen Papierkrieg wären größer, zeitraubender als die Beteiligung des Mädchens bei den Dreharbeiten.

Aber mir wird die Spielregel klargemacht: Die Formulare müssen form- und fristgerecht ausgefüllt vorgelegt werden, sonst darf das Mädchen nicht mitwirken. Wenn ich schon ein Aussiedlerkind ausgesucht habe – was ja grundsätzlich gutzuheißen ist –, so muss ich auch diese Formalitäten akzeptieren.

Noch einmal schaue ich die Formulare an: Die »Personensorgeberechtigten« müssen unterschreiben, es muss bei »vollzeitschulpflichtigen Kindern« erstens eine ärztliche Bescheinigung vorgelegt werden, siehe Rückseite des Vordrucks, nach der das Kind am … untersucht wurde, mit dem Ergebnis, dass hinsichtlich der Beschäftigung / Mitwirkung des Kindes bei … in der Zeit von … keine gesundheitlichen Bedenken bestehen; Unterschrift des Arztes. Und es wird eine »Unbedenklichkeitserklärung« der Schule angefordert, auch für den Fall, dass die Beschäftigung außerhalb des Unterrichts erfolgen soll. Darüber hinaus muss von der Schulleitung festgestellt werden, ob die beabsichtigte Beschäftigung das Fortkommen des Kindes in der Schule beeinträchtigt oder nicht. Unterschrift, Dienstsiegel.

Ich schiebe die Formulare auf den Schreibtisch zurück. Ach, wissen Sie was – ich frag mal die Tochter von Freunden, ob die mitmachen will. Und bevor sich Widerspruch regen kann, füge ich hinzu: Der Vater ist Kinderarzt.

Hinhalteformulierungen, Ausweichmanöver, Vertagungen, Umwege … Ich schicke ein Brieflein an den Intendanten. Gleicher Vorname, gleicher Jahrgang, da muss ein Appell Resonanz finden.

Ich finde keinen Schreibmaschinendurchschlag, kann mir aber denken, was ich damals und wie ich das geschrieben habe:

Es hakt, es hakt. Die Bürokratiemühle versucht mich kleinzumahlen, eine Mühle wie bei Wilhelm Busch: rickeracke … Das schreibe ich in der Form natürlich nicht, bleibe betont sachlich, präzisiere meine Bitte: Redaktion »Matinee« und Autor Kühn brauchen dringend eine Produktionsnummer! Sonst hängen wir in der Luft.

Einige huldvolle Zeilen, der Intendant als Schirmherr. Eine kurze Zahlenfolge der Produktionsnummer bringt uns der Realisierung näher, wie ein Code, ein Passwort, nun eröffnen sich Perspektiven, die vorher nur angedacht waren.

Erneuter Termin im ZDF-Baukomplex auf dem Lerchenberg. Ich stellte mich darauf ein, dass – trotz grünem Licht von oben – nun doch ein Schlusspunkt gesetzt, dass mir definitiv Einhalt geboten würde. Denn ich rückte an mit der Forderung nach einem Dreimast-Clipper auf dem Ijsselmeer: Wenigstens der Aufbruch der Merian nach Surinam muss ins Bild gesetzt werden. Ich erwartete den Rauswurf aus der EPL. Doch dann die Überraschung: »Ein Dreimast-Clipper …?! Oho. Wie soll der denn aussehn …?«

Ich hatte vorgesorgt, konnte Fotos und Prospekte der Reederei auf den Schreibtisch legen, und der Produktionchef, der mir jeden Tausender um die Ohren gehauen hatte, er zeigte sich begeistert, nach den Kosten wurde nicht weiter gefragt, er selbst, so stellte sich heraus, war passionierter Segler. So wurde der Dreimast-Clipper samt fünfköpfigem Team gleichsam durchgewinkt in eine ganz andere Kostendimension.

Maria Sibylla Merian, ihr Mann (zeitweilig), ihre Tochter, die sie auf Kutschfahrten und auf die große Reise nach Surinam begleitet: wie waren die gekleidet? Zu Hause, auf dem Karren, auf Schiffsdeck? In einem Film muss jedes Detail präzis sichtbar gemacht werden. Kostüme nach historischen Vorlagen der Fachliteratur schneidern zu lassen, das wäre beim knapp gehaltenen Etat nicht möglich, auch wenn Cornelia noch so geschickt arbeitet bei reduzierten Voraussetzungen. Sie schlägt vor, dass wir im Kostümfundus des ZDF nach Kleidungsstücken suchen, die in jene Zeit und zu unseren Darstellern passen.

Wir sind, in der organisierten Hierarchie, auf den Herrn des Fundus angewiesen, können uns nicht, obwohl mit Produktionsnummer gewappnet, auf eigene Faust auf die Suche begeben. Wir finden ihn an der Laderampe, Blick fixiert auf den Lieferwagen einer Firma für Gebäudereinigung: fährt vorbei, langsam, mit plattem Hinterreifen, ja, fährt auf dem Pladdergummi, fährt fast auf der Felge: Na klar, ist ja bloß ein Firmenwagen ... Der bauchige Mann in weißem Kittel und mit Badelatschen erwidert unseren Gruß nur knapp, denn nun setzt ein Lastwagen zurück zur Laderampe unter dem vorkragenden Dach. Der schnurrbärtige Fahrer lässt die Heckklappe herab, sie erweitert die Rampe. Im weiten Laderaum nur ein paar Objekte, kistenklein, von der Innenlampe schwach beleuchtet. Etwas ist unklar, etwas kommt zum falschen Zeitpunkt, der Mann im Kittel schreit den Fahrer an: Ich hab die Faxen dicke! Der Fahrer, bleich geworden (und der schwarze Schnurrbart betont das noch), verweist auf einen Auftrag. Das verkürzt das Geschrei. Bleibt noch übrig die Anmerkung, das bisschen Ladung hätte man auch im Kofferraum eines Taxis bringen können. Und der Mann im Kittel schiebt die Ladung auf kleinrädrigem Karren in den Bau, die Heckklappe schwenkt hoch vor dem leeren Laderaum, der Lastwagen fährt weg. Und der Herr des Fundus lässt auf sich warten, kommt endlich heran auf wahrhaft leisen Sohlen: Was war da noch? Worum gehts?

Wir suchen Kostüme für den Merian-Film.

Das heißt hier nicht Merian-Film, das läuft unter Matinee. Das läuft hier nur unter: Matinee.

Okay, verstanden. Also können wir?

Knappes Nicken, und er marschiert vor uns her. Kostüme in durchsichtigen Plastikhüllen, Bügel an Bügel in Riesenschrankreihen. Hier wäre mal wieder eine Zahlenangabe fällig in unserer Zeit, in der man immer gleich wissen will: wie hoch, wie lang, wie breit, wie schwer. Ich nehme nur Farbenvielfalt wahr.

1181

Der Chef wird zum Telefon gerufen, wir sollen an Ort und Stelle auf ihn warten, er ist sofort zurück. Uns umgeben Kleidungsstücke vor allem des 19. Jahrhunderts, konstatiert Cornelia, die Barockabteilung muss tiefer im Bau sein. Ob wir Passendes finden werden?

Der bauchige Mann im Kittel latscht zornbeschleunigt heran: Einunddreißig Kleider, ein-und-drei-ßig Kleider sind eben von der Redaktion NN telefonisch geordert worden, sollen anprobiert werden von einer Darstellerin, einunddreißig, das muss man sich mal vorstellen, die wissen wieder mal nicht, was sie wollen, das kennt man ja nicht anders, aber einunddreißig Kleider für eine Darstellerin, nur weil die nicht wissen, was die wollen, also jetzt hab ich die Faxen aber dicke, jetzt hab ich die Faxen wirklich dicke, heut läuft bei mir nichts mehr!

Schon entschwindet er im Reich der doppelstöckig aufgehängten Kostüme. Und wir arbeiten uns vor, Cornelia voran, ich hinterher, staunend und schnuppernd.

Eine Expedition in eine vergangene Epoche, der Versuch einer Annäherung an eine längst verstorbene Person. Auf der Stabliste sind 35 Personen aufgeführt, die permanent oder phasenweise mitarbeiten. Die Generaldisposition, auf gelbem Papier ausgedruckt, verbindet mit den Arbeitsabläufen auch die Benennung, die Auflistung von Trossmaterialien auf dem Weg zurück zu Maria Sibylla Merian. Laden Büromobil ... Laden Produktionsbus ... Laden Requisiten und Anlieferung nach Burgau ... Und Nutzlast, vor allem des Subunternehmers aus Wiesbaden: Molton zum Abhängen der Betondecke im großen und mittleren Saal ... Praktikabeln von einem Meter Länge, einem Meter Breite, einem Meter Höhe ... Tischlerplatten ... zehn Meter Schiene und zwei Kurven für den Elemak Dolly (dem Fahrgerät für die Kamera) ... Korrekturfolien, Diffusionsfolien ... Styroporplatten, Styrospieße ... »große und kleine Neger« (schwarze Abdeckplatten). Ja, und Scheinwerfer mit zwei Kilowatt, vier Kilowatt, fünf Kilowatt Leistung ... Daylight Stufe komplett, Kunstlicht Stufe komplett ... Mizar ...

Zentraler Drehort: ein Wasserschloss vor Düren. Im Krieg von Artillerie weitgehend zerstört, wieder aufgebaut, aber zu dieser, zu jener Zeit noch als Rohbau: unverputzte Ziegelwände, Betonböden, Betondecken, im Erdgeschoss Sand und mächtige Baumstämme, zwischengelagert (für Spezialverkäufe?). In diesem Ambiente konnten wir, mit Versatzstücken, frei disponieren, und das machte Lust. Cornelia, die Ausstatterin, überraschte, beschenkte mich mit frei entwickelten Zusatzangeboten: Einem fast mannshohen Blumenbild im Stil der Merian auf Leinwand gemalt, als Dekoration in den leeren Saal gehängt, und später ins Eifelhaus. Auch entwickelte sie einen riesigen Kokon, aus dem Marita, beflügelt, ausschlüpfen konnte. Selbst die Filmtechnik wollte mich überraschen; als ich von der Mittagspause zurückkehrte, hatte man fast durch den gesamten Saal Schienen gelegt für den Dolly: Na, baut ihr mir die Bagdadbahn? Ich brauch aber nur die Kurve.

Im Wohnwagen der Aufnahmeleiterin vor dem Schlossbau, sodann in der Mainzer Administration lauerte man nur darauf, dass die Katastrophenmeldung eintraf: Kühn packt es doch nicht. Aber ich hatte Glück mit dem Team. Neue, unerwartete Vorschläge, im nahen Eifelhaus nachts ausgeheckt, wurden spontan improvisierend umgesetzt.

Neue Erfahrungen! Außenaufnahmen im sehr kleinen Gartenareal der Insel mit dem Wasserschloss. Der Toningenieur, abgeordnet vom Studio Bonn des ZDF, setzt die Kopfhörer auf, streckt das Mikrophon vor, testet den Geräuschpegel der Umgebung. Ich, sanft die Füße aufsetzend, dicht hinter ihm her, im sicheren Gefühl, dass er in diesem Revier des Stadtwalds zufrieden sein wird, doch rasch bleibt er stehn: »Jetzt müsste man schon abbrechen – störendes Geräusch!« Diese Feststellung wiederholt sich. Neben dem Ton-Ing. hergehend, störende Geräusche nun erst recht vermeidend, beginne ich, den Luftraum über dem rudimentären Wasserschloss deutlicher wahrzunehmen: Mal brummt ein Sportflugzeug ... mal bullert ein Hubschrauber ... mal rauscht ein Clipper ... mal tost ein Düsenjäger – und sei es jeweils am Horizont, der nun

Klanghorizont ist. Hinzu kommen, in der näheren Umgebung: Ein Trecker, der irgendwo stehenbleibt mit tuckerndem Motor … woanders Stemmarbeiten – an der Grenze der Wahrnehmung, jedoch ausdauernd … ein Motorrad kommt von einem Bauwagen am Waldrand und fährt am Schloss vorbei … ein Auto hält im Hof jenseits der Brücke – Schwatz bei laufendem Motor …

Auch ich registriere – sensibilisiert, ja alarmiert – bald nur noch störende oder potentiell störende Geräusche. Eigentlich, sage ich, könnten wir Außenaufnahmen, bei denen wir Ruhe brauchen, nur in Irland machen. »Da würden Sie bei der EPL bestimmt offne Ohren finden! Auslandsspesen übernehmen die besonders gern!«

Und wir hören uns um, horchen hinaus: Geräuschlücken? Stille-Sequenzen? Zur Zeit der Merian: Stille im Luftraum. Eine selbstverständliche, nicht weiter reflektierte Stille. Nur Wind, Regen, Sturm wurden hörbar im Freien. Und Tiere, vor allem Vögel. Als stärkste der Außengeräusche eine kreischende Gans, ein kläffender oder jaulender Hund. Mir wird bewusst, dass wir fast ständig mit Geräuschen leben. Aber, so stelle ich fest: ich habe bisher aussortiert, habe gefiltert. Und: meine Wahrnehmung koppelt sich rasch von Geräuschen ab. Nun aber staune ich, wie sehr lang man einem Jet nachlauschen kann – Geräuschfurche durch den Luftraum gezogen, und wann, endlich, reißt sie ab, löst sich auf? Wahrnehmung wird hineingezogen, ja hineingesogen in diese Geräuschfurche. Und Militärhubschrauber scheinen nie auf geradem Luftweg von A nach B zu fliegen, sie kurven, ziehen Schleifen. Und brutal wird Aufmerksamkeit eingefordert von Kampfjets. Luftraum mit Geräusch-Schraffur, und zuweilen werden harte Linien gezogen.

Bei diesem akustischen Probegang wird mir bewusst, wie hoch wir die Wahrnehmungsschwelle angesetzt haben. Man muss uns schon recht massiv kommen, damit Geräusche als störend empfunden werden. Nun aber ist die Schwelle herabgesetzt von einem Profi der Hörwahrnehmung; er definiert für Außenaufnahmen im O-Ton die Störschwelle anders, hat entschieden niedrigere Grenzwerte. Wir werden uns darauf einstellen müssen.

Und erneut, als Variante einer wiederholten Erfahrung: Beim Versuch, Vergangenes zu vergegenwärtigen, nehme ich deutlicher wahr, wie wir heute leben. Hic et nunc: in einem Geräuschkontinuum. Damit scheint der Luftraum zu wachsen: wie eine kilometerhohe, horizontweite Lufthalbkugel, die von Geräuschen gedehnt wird. Und ich bin wieder sehr weit von der Welt entfernt, in der eine Merian gelebt hat.

Für einige Wochen schlüpfe ich in die Lebensform eines Mannes, der im Team arbeitet. Ich habe, von Abenden aus, eine Anfahrt zur Arbeitsstelle Burgauer Schloss, zum Drehort, habe einen »Dienstbeginn« (auf den mich, nach erster Unpünktlichkeit, die Aufnahmeleiterin hinweist, mit freundlichem Nachdruck), ich mache mit dem Team, dem Set eine Mittagspause, auch gibt es gelegentlich eine Nachmittags-Kaffeepause, ich habe ziemlich pünktlich Dienstschluss, darauf achtet die Aufnahmeleiterin ebenfalls, weil sonst die teuren Überstunden einsetzen.

Eine gleichsam geliehene Lebensform: Ich höre auf andere, ich wirke auf andere ein, ich rede auf andere ein, bringe andere zum Reden oder auch schon mal zum Schweigen, ich weise ein, ich weise an, freundlich, aber bestimmt, das ist nun meine Rolle, in die wachse ich hinein, ich fühle mich nach einigen Drehtagen schon sicherer in dieser Rolle, agiere immer selbstverständlicher, und das wird umso selbstverständlicher akzeptiert und umgesetzt. Vom Drehort aus gesehen, in ständiger Kommunikation, in ständigem Austausch, erscheint es mir, wenn ich in kurzer Pause mal um den Schlossbau herumschlendre, beinah abnorm, sonst jeden Vormittag allein zu arbeiten, nur auf mich selbst angewiesen, nichts lässt sich delegieren, nichts lässt sich in gemeinsamer Beratung lösen: Die sehr hohe Intensität dieser Heimarbeit, und, vor allem, die sehr große Selbstmotivation. Arbeit wird mir nicht vorgelegt, auferlegt, die nehme ich mir vor.

Ja, drei Dutzend Frauen und Männer an das Projekt bindend, für die vorgegebene Frist, da sehe ich mich, in kurzen Zwischenphasen, deutlicher in meiner sonst solitären Arbeitsform des Heimarbeiters, der vom Bett zum Frühstückstisch und vom Frühstückstisch zum Arbeitstisch geht. Sonst ungeduldig, finde ich mich ein in Geduld: Das Einrichten eines Bildes braucht Zeit, das Warten auf einen Lichtwechsel draußen braucht Zeit, die Gespräche über Bildregie brauchen Zeit, das Warten auf den Abschluss der Arbeiten der Maske oder des Tons braucht Zeit. Und die erst auszuckenden, aufzackenden inneren Reaktionslinien, sie werden weich, schwingen ein in das Zeitmaß der Gruppe, die ich nicht antreiben muss, sie ist motiviert, aber bei so vielen kooperierenden Kräften sind stets Verzögerungen zu erwarten: Ton steht … Kamera läuft … Moment, die Batterie muss gewechselt werden … Noch einmal, das Ganze … Die Ruhe bleibt!, ruft die zweite Aufnahmeleiterin und vertieft sich wieder in ihr Krimi-Taschenbuch.

Ich sitze nicht mehr angespannt herum in Wartephasen, ich warte ganz einfach ab. Auch wenn ich eigenen Text spreche nach der siebten Unterbrechung, weil der künstliche Nebel nicht aufsteigen will, sondern absinkt, sich in eine Ecke verzieht, zu dicht oder zu dünn ist – ich übe mich ein in Geduld. In der Grundhaltung von Geduld komme ich der Merian näher, ihrem Wahrnehmen in Geduld.

Die kuriose Dialektik dieses Unternehmens: Mich hineinfindend in Teamarbeit, nähere ich mich einer historischen Person an, die sich vielfach gesellschaftlich isolierte, um sich auf ihre Arbeit zu konzentrieren. Beim Beobachten von Insekten war sie allein, beim Aufschreiben von Beobachtungen war sie allein, beim Zeichnen und Malen, beim Kupferstechen und Kolorieren war sie vielfach allein.

Dies vor allem soll im Film gegenwärtig werden, in dem ich mich nicht selbst zum Objekt der Beobachtung mache, ein Film, in dem ich weithin von mir absehe, eine andere Person, eine historische, in die Mitte rücke, und ich finde hinein in die Geduld des Beobachtens, die von jener Frau beim Beobachten gezeigt wurde.

In dieser Gruppe, mit diesem Team, diesem Set arbeitend, mache ich weitere Erfahrungen mit mir: Die Lebensform, die ich mir geschaffen hatte, in die ich mich wiederholt hineinredete, unter Freunden, sie lautete: Ich bin morgens nicht sonderlich zum Reden, zum Sprechen aufgelegt, meine Kommunikationskurve steigt erst im Verlauf des Tages an, erreicht den höchsten Punkt am späten Nachmittag, am frühen Abend, also bin ich morgens am besten für mich allein in einem Raum, mit meiner Arbeit. Alle, denen ich diese bewährte Version erzählt hatte, sie schienen, sie waren überzeugt: Redet morgens nur ungern, nur selten, zieht sich zurück und schreibt.

Doch nun mache ich diese Erfahrung: Komme vom Eifelhaus zum nahgelegenen Drehort, bin nicht maulfaul oder knurrig, grüße mit gelassener Freundlichkeit, bin sofort bereit, das Arbeitsgespräch weiterzuführen. Weil das nicht nur in den ersten Tagen so war, sich bei fortgesetzter Teamarbeit bestätigte, sah ich, dass ich über Jahre und Jahrzehnte hinweg eine Lebensfiktion konserviert hatte. Ich kann von jetzt an nur noch solch einen Satz schreiben, generalisierend: Obwohl ich auch morgens schon ein kommunikativer Mensch bin, ziehe ich mich am liebsten vormittags zur Arbeit, in die Arbeit zurück, suche dann aber, von Mittag an, Abwechslung. Wenn ich in Urlaubswochen morgens schon kommunikativ war, so leitete ich das ab vom Ausnahmezustand Urlaub. Doch nun sah, erfuhr ich: Auch in Arbeitsphasen kann ich morgens kommunikativ sein.

Und weiter: Selbstaussagen sind nur möglich, wenn ich mich verschiedenen, auch gegensätzlichen Zuständen, Erfahrungen, ja, ausgesetzt habe. Damit findet jeweils eine Gegenprobe statt. Und erst nach verschiedenen Gegenproben ist eine Annäherung an die Black box, ist Eindringen in die Black box möglich, die sich ICH nennt, verbunden mit dem mir nächsten aller Namen.

Bei schönstem Wetter wurde schließlich, vor einer Schlossmauer, an einer Tavola longa das »Bergfest« gefeiert, der Abschluss der Hälfte der Drehtermine.

Dann der Auslandsdreh, auf dem Dreimast-Clipper. Windstärke sechs. Wellen brachen sich schäumend am Bug, Brecher über das Vorschiff. Friedhelm, Windjacke aufgeplustert, Windtränen in den Augen, ihn musste ich an Gürtel und Hosenboden festhalten, während er die Kamera schwenkte. Und Marita harrte aus am gischtenden Bug, mit flatternder Decke um die Schultern.

Der Film endet denn auch mit diesem Bild, dazu eingeblendet dutzendfaches, möglichst dichtes Schreien exotischer Vögel.

Ob der Film mit seinen vielfach ungewohnten Bildfolgen, Bildsequenzen, mit seinen oft betont langen Einstellungen (Wagenfahrt!) cineastisch relevant ist, weiß ich nicht, auf der alten Videokopie verblassen mittlerweile die Farben. Fast wäre die Produktion von »Internationes« in Vertrieb genommen worden, aber da wurde uns eine bittere Lektion erteilt. In einer Sequenz saßen Marita und Wolfgang, in historischen Kostümen, an einem Tisch und zeichneten, hatten dazu ein kleines Transistorradio auf die Arbeitsplatte gestellt, zufällig lief ein Song des Popstars Eric Clapton, halblaut, kaum erkennbar. Von Internationes wurde, durchaus korrekt, jede Musikeinspielung gemeldet; das war bei Steve Reich und anderen kein Problem, aber es wurde, überkorrekt, leider auch die kurze Background-Sequenz über das Radio gemeldet; daraufhin wurde von Claptons Agentur ein so horrender Preis gefordert, unnachsichtig, dass wir das Projekt begraben mussten. Nun schlummert das Band im ZDF-Archiv. Oder wurde es mittlerweile gelöscht?

Nach dem Film das Buch: *Frau Merian!* (mit angemessenem Ausrufezeichen). Ich wollte, ich musste mich einarbeiten in Botanik, in Zoologie, in Kunst- und in Zeitgeschichte, musste die bald schon wuchernde Masse von Materialien bündeln und organisieren. Und wurde vom Projekt auf mich zurückgeworfen.

Spürbar verstärkte, sich betonende Herzschläge, zwischendurch ... Herzschläge synkopisch, gleichsam quer zum gewohnten Verlauf ... Querschläger ... So etwas wie Fehlzündungen, sage ich mir. Und ironisch gebrochen, in ersten Mitteilungen: Es rumpelt im Brustkasten ...

Ich gerate in ein anderes Wortfeld, muss Informationen völlig neuer Art verarbeiten: Intermittierende Extrasystolen ... arterielle Hypertonie ... Ja, eine Blutdruckmessung als Erstes – nanu, was sind denn das für Werte?! Ich stehe unter Druck, mit der Arbeit, ich arbeite mal wieder unter Hochdruck, sage ich, so wundert mich das nicht weiter ...

Aber der Kardiologe will, muss den Ursachen nachgehen, mit meiner hausgemachten These kann er sich nicht zufriedengeben. Ich will ebenfalls Sicherheit haben, lasse mich mit Geräten in Verbindung bringen, produziere Werte, die sich messen lassen, gebe Informationen ab, die sich zeigen lassen: Ja, da ist sie, die seit der Geburt nicht vorschriftsmäßig arbeitende Herzklappe auf dem Bildschirm. Dass die fast senkrecht nach oben, dann fast senkrecht nach unten schlägt, hatte ich mir auch nicht vorgestellt. Ein bisschen weiß betont ist sie auch noch in der Ultraschall-Wiedergabe, es hat sich also etwas abgelagert. Und das Geräusch im Raum, über den Lautsprecher, ist das verdächtig, ist das verräterisch? Fast schabendes Arbeitsgeräusch, wie gefiltert. Blutströme werden nun per Mausklick eingefärbt, orangerot und blau, Blut, das rausgepumpt, Blut, das reingesogen wird. Und die Herzklappe heißt nun Aortenklappe, und ist die sklerotisch? Aufgelöst sind Wörter wie Blumenstillleben, Raupe, Kupferstich, Emblematik, Blumenbuch: verwirbelt, zerstäubt! Und siriusfern die Küste von Surinam, nah das Rheinufer, Rodenkirchen, ich gehe, informationsbetäubt, auf dem Uferweg, muss mich erst wieder zurechtsortieren, innerlich, es wurde eine Wortlawine losgetreten: Ja, die intermittierenden Extrasystolen ... ja, die arterielle Hypertonie ... ja, die Sklerose der Aortenklappe ... Und Fachwörter, die kurz bevorstehende Untersuchungen markieren: Stress-Echokardiographie, Farbdoppler-Echokardiographie ... Ergometerbelastung im Halbliegen und in Linksseitenlage ... computergestützte Wandbeweglichkeitsanalyse ... Ach, MSM: ganz weit weg ... Und all die Wörter, die sie begleiten wie Pilotfischlein: abgedriftet.

Mir wird wieder einmal, wird verstärkt bewusst: Es ist eine bestimmte Disposition notwendig für solch eine Arbeit. Erst einmal, von außen gesehen: die Konstitution eines Langstreckenläufers, der solch einen Vielhundertseitenparcours durchhält, möglichst kontinuierlich in der Bewegung. Und: Die Grundhaltung darf nicht monologisch sein. Ist in meiner Branche aber weithin symptomatisch: Neigung zum Monologisieren unter Kollegen, Bekannten, Freunden, anhaltende Selbstdarstellung. Ansätze bei mir ebenfalls, das zeigt sich auch hier, aber generell doch eher: ich nehme mich zurück. Ja, zur Disposition eines literarischen Biographen gehört die Fähigkeit zu anhaltendem Hinhören, Hinaushorchen ... Der Wunsch, die Notwendigkeit: zu verstehen ... Nicht zu urteilen, womöglich zu verurteilen, auch wenn sich Stichworte dazu anbieten (können) ... Der anderen Person Raum gewähren zur Selbstentfaltung ... Auch sogenannten Nebenpersonen Spielraum verschaffen in eigenen Kapiteln ... Für sich sprechen lassen ... Nicht als Sprechmasken instrumentalisieren ... Erkunden fremder Lebensformen und nicht Suche nach Lebensformen, die eigene Lebensformen bestätigen, festschreiben wollen ... Aus sich herausgehen, auf die andere Person zugehen ... Sie nicht zureden, sondern zu Wort kommen lassen, so weit wie möglich.

Doch nun: Ergometerbelastung. Elektroden angelegt, und ich werde, wie beim Astronautentraining, in Schieflage gekippt, muss Pedale treten, Pedale treten, Leistung wird in Watt gemessen ... 170 Watt, 180 Watt ... Womöglich lässt sich noch etwas mehr herausholen aus dem bewegungshungrigen Körper. Erste, beruhigende Zwischenmeldung: die Herzwände scheinen noch recht flexibel zu sein.

Aber es muss Gewissheit gefunden werden über den Zustand der Koronargefäße: Computertomographie des Thoraxbereichs. Einatmen, Luft anhalten, ausatmen, einatmen, Luft anhalten, ausatmen – ich bin weiß überwölbt von elegantem Bogen, achtfach simultan werden Informationen gespeichert:

echtzeitanaloge Dokumentation signifikanter Ereignisse ...
Schnittbildverfahren ... Nativ-Untersuchung ... Quantifizie-
rung von Verkalkungen der Herzkranzgefäße ... Und, sieh
mal an: zwei Plaques, im Koronarbereich. Wie: Plaques im
Herzen ...?! Plaque an Zähnen: keine Überraschung. Aber im
Koronarbereich? So ist es, aber die sind noch klein. Noch ...
Ich bekomme weiter zu hören: Bildung der arterioskleroti-
schen Plaque ... Mögliche Verletzung der Gefäßinnenwand,
des Endothels ... Entzündungsreaktion ... LDL-Cholesterin
(auch so ein Wort, plötzlich, mit Erstbedeutung) lagert sich
an ... Ablagerungen aus Cholesterin, weißen Blutkörperchen,
abgestorbenem Gewebe ... dünne Schutzschicht, die Fibrin-
kappe ... kann aufbrechen und dann –
    Computertomographie im Krankenhaus Porz. Schluss-
besprechung, vorläufig: Risiko ja, aber nicht allzu hoch. Medikamente werden verschrieben. Aufatmen. Wieder ein Gang
am Wasser entlang, der Rhein nun von der östlichen Seite gesehen – drüben Wald. Gehen, gehen. Andere Wörter wieder
zulassen, sich ausbreiten lassen: Blumenbuch ... Emblematik ... Kupferstich ... Raupe ... Blumenstillleben ... Der Blick
wird wieder frei, die Schreibperspektive stellt sich wieder ein.
Doch weiterarbeitend horche ich öfter in mich hinein.

Postskript. Ich habe die Textsequenz aus der Merian-Biographie übernommen, denn: Ein Jahrzehnt später stellen sich
gleiche Symptome ein in frühen Phasen der Arbeit an diesem
Lebensbuch – Angst, es nicht zu schaffen. Diesmal freilich
keine weiteren Untersuchungen durch einen Kardiologen,
eher Hausmedizin.
    Als erst mal die Hälfte geschafft war: Herz rumpelte nicht
mehr herum im Brustkasten, Blutdruck sank. Mentale Thermik setzte ein, Auftrieb.

Postskript-Postskript. Nein, so glatt war der Übergang doch
nicht! Da ist dieses Aufwachen, dieses Wachbleiben in der
»Stunde des Wolfs«. Warum diese Stunde so heißt, weiß ich
nicht. Auch bei mir liegt sie zwischen vier und fünf Uhr mor-

gens. Schlafstörung. Herumtigern in der Wohnung ... Sedierung durch Rotwein ...? Wäre in dieser Stunde wie ein Fausthieb ins Hirn. Baldrianpräparat ...? Wird kaum ausreichen. Chemisches ...? Lexotanil?

Aber vielleicht will ich mir etwas mitteilen, habe mich deshalb geweckt, halte mich deshalb wach? Wird ja nicht grundlos geschehen, wieder einmal. Also versuche ich, die Störung einzuordnen in den gegenwärtigen Lebenskontext. Schließlich muss die Störung einen Hintergrund haben. Wahrscheinlich, höchstwahrscheinlich: Die Arbeit (auch) an diesem Projekt wird mir zu viel, das Innensystem setzt ein Zeichen: Brems dich ab, zieh womöglich die Reißleine, nimm eine Auszeit, fahr ins Eifelhaus, lass die Alphawellen schwingen, erweitere deine Spaziergänge zu Wanderungen. Etcetera.

Aber dann bin ich Hunderte von Kilometern von den beiden Arbeitstischen entfernt, in einem italienischen Hotel bei Urbino, wache pünktlich auf in der Stunde des Wolfs, stelle mich ans Fenster, blicke hinaus in die Nachtlandschaft, suche nach einem Grund für die Binnenstörung, um mich herum ist es ruhig. Aha, sage ich mir, es ist die Fremde, die dich umgibt, etwas in dir ist mit dem gegenwärtigen Zustand nicht einverstanden, zu Hause wird sich das so schnell nicht wieder einstellen.

Und ich bin wieder in der gewohnten Umgebung, eine Phase ohne Stress und Druck, wieder laufe ich in der Wohnung umher und frage mich, was denn jetzt schon wieder in mir herumgeistert.

Allein schon unter dem Stichwort »Stunde des Wolfs«: sich gegenseitig aufhebende Selbstinterpretationen! Irritierend unterschiedliche Ansätze, mich zu definieren – erst einmal vor mir selbst, für mich selbst: Ich bin jemand, der in der Fremde aufgestört wird ... nein, ich bin jemand, der auch im heimischen Bereich aufgestört wird ... nein, bin jemand, der im heimischen Bereich durch Überlastung aufgestört wird ... nein, bin jemand, der auch ohne Überlastung aufgestört wird, gerade weil jetzt keine Überlastung erfolgt, spielen die Nerven verrückt. Ja, was denn nun?! So viel Freiraum für Selbstein-

schätzungen, Selbstdeutungen! Und so viele Fehleinschätzungen in der immer wieder geforderten Selbsterkenntnis. So
langsam muss ich doch mal mit mir ins Klare kommen. Ich
kann mein Selbstporträt doch nicht immer wieder übermalen,
zumindest partiell. Wo bleibt die große, die schlüssige Selbstinterpretation, die womöglich felsenfeste Aussage: Ich bin ein
Mensch, der –?

Auch die Arbeit an der Biographie über die Merian: Rückwirkungen, autobiographisch. Mit der Zuwendung, Hinwendung
zu einer Frau, die sich Fauna und Flora zuwendete, genau beobachtend, präzis wiedergebend, hat sich meine Wahrnehmung verschärft für Phänomene von Fauna und Flora. Der
Fokus nun vor allem auf Schmetterlinge gerichtet – in der
Biographie habe ich darüber berichtet. Hier zwei zusätzliche
Stichworte.

Das erste für ein Phänomen der Flora, das mich anhaltend
fasziniert: der geflügelte Ahornsamen. Nicht als Doppelsame,
Doppelflügler, bewährt als »Nasenklemmer« in der Kindheit, aufgesetzt und ausbalanciert wie ein Zwicker, sondern
abgekoppelt als Einflügler: perfekt ausbalanciert der Flügel
mit der Samenkapsel am inneren Ende, im Sinkflug wie ein
Hubschrauberrotor kreiselnd, fliegt das Wunderwerk, windgetragen, vom Baum weg, der auch vor dem Eifelhaus steht.
Feinmechanik in höchster Perfektion, auch in der Form des
leicht durchäderten Flügels in eleganter Schwungform. Was
ich nicht sehen kann, das lese ich: An der oberen, der vorderen Kante des Flügels entsteht bei der Rotation ein kleiner
Luftwirbel, der dem Samen so etwas wie Auftrieb verschafft,
damit die Flugdauer erhöhend, die Reichweite, windgetragen,
vergrößernd.

Jedes Frühjahr senke ich unter Ahornbäumen den Blick,
suche unbeschädigte Einflügler, stecke sie vorsichtig in die
Brusttasche des Hemds, stelle mich in der Wohnung auf einen
Stuhl, gebe die Einflügler frei, lasse sie auf den Boden rotieren
in verschiedenen Flugbahnen. Mit Zufriedenheit registriere
ich im Internet, dass vergrößerte Plastikmodelle des Flug-

samens im Windkanal getestet, dass in Rauch die kleinen Luft-wirbel sichtbar gemacht werden.

Weiteres Faszinosum, in diesem Buch eigentlich schon abgefeiert, hier aber unter neuem Aspekt: Jedes Jahr, etwa im Oktober, die weit gestaffelten Formationen der Kraniche über dem Eifelhaus, und, beglückt wahrgenommen, auch über Brühl. Hier renne ich, von den Trompetenschreien alarmiert, mit dem russischen Armeefernrohr auf die Loggia, auf die Dachterrasse, mustre die ständig wechselnde Führung, das fließende Umgruppieren auch an den (verschieden langen) Schenkeln des offenen Dreiecks. Und wieder die Frage, wie diese Route Jahr um Jahr so präzis eingehalten werden kann.

Ich lese, dass Kraniche Magnetlinien folgen, die wir nicht wahrnehmen, für die Zugvögel jedoch Rezeptoren oder Sen-soren besitzen: Magnetkompass-Navigation, neuronal. Die Moleküle der Magnetrezeptoren arbeiten so präzis, dass die Kraniche an Neigungswinkeln der Magnetfeldlinien sogar die jeweilige geographische Breite ›ablesen‹ können. Das Magnet-feld beeinflusst also biochemische Prozesse: Magnetfeldlinien werden beim Langstreckenflug wie durch Lichtpunkte sicht-bar gemacht. Befinden sich die Zugvögel auf Feldlinienkurs, leuchten Moleküle in der Netzhaut auf, und zwar deutlich, solange sie der Magnetlinie folgen, werden schwächer bei Ab-weichungen. Hinzu kommt Sternenkompass-Orientierung und grobe Markierung auf der gespeicherten Landkarte. Vor allem beim Anflug auf Ruheplätze oder Zielpunkte fliegen die Kraniche auf Sicht.

Und auf all diese elaborierten Ideen kommt die bekannt-lich selbständig, selbsttätig agierende Biochemie ...? All dies generiert von Molekülen ganz ohne Masterplan, nur nach den Zwängen der Überlebensstrategie ...? Zellen, Zellenverbände, die sich wie von selbst auf Evolution programmieren ? Und ganz von selbst, wahrlich blindlings, entwickeln sich Zellen-verbände, die auf Feldlinien des erdmagnetischen Feldes re-agieren, es in Lichtzeichen umsetzen, in präziser Abstimmung einer Leitlinie ...? Biochemie pur ...? Oder etwa nicht ...?!

Postskript. Und zwar mit doppeltem Stichwort: Evolution … Merian-Biographie …

Zu berichten ist erst einmal: Ich hatte Gespräch und Rat gesucht bei Experten, die schließlich auch das übersandte oder überreichte Buch lasen – und dann ergänzten, kommentierend. Allen voran Wilhelm Barthlott, damals Chef des Botanischen Instituts und des Botanischen Gartens der Rheinischen Friedrich-Wilhelms-Universität Bonn, Abt. Systematik und Biodiversität. (So der Briefkopf!)

Auch im Folgenden: kein Recycling von bereits Gedrucktem, vielmehr: Nachtrag aus der Werkstatt.

Maria Sibylla Merian entdeckt ein Beispiel für Mimikry. Damit bin ich bei einem meiner Lieblingsthemen: Tarnung, Vortäuschung und Spiel in der Natur. Ich hatte in der Biographie auch die folgende Aufzeichnung wiedergegeben; wie sich nachträglich zeigte, ohne sie recht zu verstehen.

Es ging um eine Schnecke, die sie »bei Frankfurt, außerhalb von Sachsenhausen, bei einem sumpfigen, halb vertrockneten Weiher gefunden, die tat vorn an ihrem Kopf einige lange Hörner herausstrecken, als wären es Würmer, die waren hübsch gestreift und getüpfelt, und immer trieb einer den anderen wieder herein, bisweilen aber kamen 3, auch schon mal 4 hervor und das trieben sie alle Tage bis um 9 Uhr, danach waren sie ruhig. Ich fand sie 1685, am 17. Juni, und erhielt sie mit Kräutern bis zum 20. Juni, da starb sie, und ich machte sie auf und fand 4 Dinger, den Würmern gleich, in ihr.«

Dies hatte ich erst mal unter Kuriosum verbucht, aber hier wurden mir die Augen geöffnet für die erstaunliche Beobachtungsgabe der Merian. Sie beschreibt hier, sicherlich erstmals in der Wissenschaftsgeschichte, eine Form der Mimikry. Barthlott legt mir Ablichtungen vor, euphorisch: »Toll, was MSM gesehen hat!«

Was sie beobachtet hat, ist die Bernsteinschnecke *Succinea putris*. Und was MSM im Bereich der Schneckenfühler entdeckte, ist ein »mimetischer Saugwurm«, dessen langen lateinischen Doppelnamen ich hier nicht abtippen muss.

Ich kürze ab: Die wurmähnlichen, sich bewegenden »Hörner« am Kopf der Schnecke waren Zeichen für das Wirken eines parasitären Saugwurms, der sich in die Fühler hineingearbeitet hatte, dies erkennbar machte durch Signalfarben und pulsierende Bewegungen.

Ich führe aus in kleiner Nacherzählung. Die Bernsteinschnecke, gern im Feuchten, Beschatteten lebend, nimmt als Nahrung auch Kot von Singvögeln auf. In diesem Kot stecken Eier des Parasiten. Die gelangen in den Verdauungstrakt der Schnecke, entwickeln sich dort zu Sporozyclen, die sich aus dem Darm befreien, sich durch den Schneckenleib voranarbeiten zu den Fühlern. Dort dringen sie ein, lassen die Fühler anschwellen, sich verlängern. Zugleich verändern sie das Verhalten der Schnecke: bisher im eher Verborgenen dahinkriechend auf ihrem Schleimbett, bewegt sie sich hinaus ins Freie, ins Lichte. Dort kann sie die verdickten und verlängerten Fühler nicht mehr einziehen. So ein gleichsam unterwanderter Fühler sieht nun aus wie ein gedrungener Penis in Miniatur, betont mit (meist) hellgrünen, dunkelgrünen, bräunlichen und weißen Markierungen in parallelen Streifen oder Bändern; die Spitze versehen mit schwarzen, auch roten, durchaus dekorativ wirkenden Farbakzenten. Die nun prallen, nun farbigen Fühler beginnen, sich durch Pulsieren zu betonen, die Farbstreifen kontrahierend, im Strecken betonend. Kommt ein Vogel geflogen, und der hält so einen verwandelten Fühler für eine fette Made oder einen verlockenden Wurm, reißt den von der Schnecke weg, schluckt ihn. So wird der Vogel zum Endwirt, nach dem Zwischenwirt Schnecke. Denn im Vogeldarm vermehren sich nun Saugwurm-Eier, werden mit Vogelkot ausgeschieden, den wiederum frisst eine Bernsteinschnecke, infiziert sich mit dem Saugwurm, der sich, nach den üblichen Entwicklungsstadien, in die Fühler voranarbeitet, sie verlängert, verdickt, in Streifen färbt und pulsend in Bewegung setzt. Und es kommt ein Vogel geflogen …

Wie, so frage ich mich wieder einmal, wie können sich derart trickreiche, ja (pardon!) ausgebuffte Programme der Vermehrungslogistik entwickeln? Auch diese Frage findet unter

Wissenschaftlern eine sicherlich chorische Antwort: Evolution, Evolution! Dies über Millionen von Jahren hinweg: Zeit genug, um auch solche Spielarten zu entwickeln!

Ja, gewiss, gewiss! Aber soll ich mir wirklich vorstellen, diese verzwickte Form der Undercover-Vermehrung hätte sich im Verlauf der Zeiten blindlings von selbst entwickelt? Ein derart ausgepichtes Programm?! Die Eier in Vogelkot verpackt darbieten ... Sich im Verdauungstrakt ganz speziell der Bernsteinschnecke einnisten und parasitär entwickeln ... Sich aus dem Verdauungstrakt befreien, durch den Schneckenleib blindlings zielsicher voranarbeiten zu den Fühlern, von innen her, wie in eine Bohrung, die Sporocytenschläuche hineinschieben in die Fühler ... die Schnecke, von der Entwicklung vielleicht geplagt, von ihrer Gewohnheit abbringen, sich im eher feucht Düstren aufzuhalten, sich vielmehr auf ihrem Schleimbett ins Offne, Freie hinauszubegeben, in dem sie allerdings eher entdeckt werden kann ... die Fühler von innen her umformen zu Lockbildern fetter Made oder Larven, Vogelgier weckend ... abgepickt, abgebissen werden, im Singvogeldarm Eier entwickeln, freigeben, die ausgeschieden werden, und der Kreislauf kann von vorn beginnen ...

Das alles blindlings so entwickelt? Nichts als Trial and error? Mal ganz naiv gefragt: Woher ›weiß‹ denn eine Fühlermade, ein blinder Saugwurm, wie eine Wurmattrappe aussieht, wie die sich bewegen muss, um eine ganz bestimmte Singvogelart anzulocken? Es konnte doch nichts abgeguckt und nachgeahmt werden in der Entfaltung von Farbbändern auf den verlängerten und angeschwollenen Fühlern, in der Entwicklung, blindlings, einer Bewegungsweise, die unweigerlich Singvögel anfliegen und abpicken lässt.

Das alles ist derart tricky, zugleich spielerisch logisch, als hätte das ein Spielleiter, ein Oberspielleiter konzipiert und realisiert, interessiert an Verkettungen und Vernetzungen von Fauna und Flora, dies mit überraschenden, manchmal auch komischen Einfällen. Spielt die Natur mit sich selbst, weil die Evolution so langsam vorangeht? Natura ludens? Ich frage das nicht zum ersten Mal, ich werde die Fragen nicht los, beinah verfolgen sie mich. Der ganze Prozess zur Sicherung der Vermehrung erscheint doch eher wie ein souverän entwickeltes Spiel. Die Verwandlung eines Schneckenfühlers in eine Made oder Larve mit absolut stimmiger Farbauswahl aus einer letztlich doch riesigen Palette? Mit perfekter Maden-Imitation, dies auch in den (nie gesehenen, also auch nicht imitierten) Bewegungen, mit denen sie dahinzukriechen scheint, sich verkürzend, sich verlängernd, optisch gleichsam pulsierend? Fragen, Fragen, Fragen.

Und wieder und weiterhin: Ich konzipiere … ich konzipierte … ich habe konzipiert … ich hatte konzipiert … ich werde konzipieren … ich werde konzipiert haben …

ANRUF AUS EINER KÖLNER BUCHHANDLUNG. Eins meiner Bücher soll für einen Kunden bestellt werden, auf dem Bildschirm zeigt die CD-ROM des VLB (Verzeichnis lieferbarer Bücher) jedoch an: All meine Suhrkamp-Titel sind mit einer 19 versehen, und diese Schlüsselziffer besagt: Nicht mehr lieferbar.

Sämtliche Titel?! Auf einen Schlag gesperrt?!

Ja, Ihre sämtlichen Titel im Suhrkamp-Programm. Die Titel bei Insel sind noch lieferbar.

Was war da passiert? Wie konnte es dazu kommen? Das will ich jetzt nicht aus sicherer Distanz artikulieren, ich kann zurückgreifen auf zeitnahe Formulierungen aus einem Gespräch mit Jochen Arlt, das ein Jahr nach dem Crash publiziert wurde, in einer »Illustrierten Literarischen Jahresschrift«, betitelt *Muschelhaufen* (36). Das einzige Publikationsorgan übrigens, das sich für den Vorgang interessierte – da fand der Krach zwischen Verleger Unseld und Autor Kroetz entschieden stärkeres Echo.

Einleitend sollte mir ein spontaner Reflex auf den Namen Siegfried Unseld entlockt werden.

Spontan? Da kann ich nur mit einem einzigen Wort reagieren: Raumverdrängung. Dieses Wort müsste eigentlich in Großbuchstaben geschrieben oder gedruckt werden.

Gefragt wurde dann nach Vorzeichen: sinkende Auflage-zahlen?

Die Verkaufszahlen schwankten stark. Manchmal stiegen sie erfreulich. Von der Originalausgabe des Wolfram-Parzival wurden ein paar tausend Exemplare mehr verkauft als seinerzeit von der Original-Ausgabe der Wolkenstein-Biographie. Jeweils über 30 000. Vom Beethoven-Roman bei Insel wurden etwa 8000 Exemplare verkauft. Von der sehr verdichteten Erzählung ›Die Minute eines Segelfalters‹ hingegen nur anderthalbtausend. Hier zum Beispiel setzten Vorwürfe ein. Dabei liegen Verkaufszahlen etlicher Kolleginnen und Kollegen in ähnlichen Bereichen. […] Einer der Vorwürfe: Ich würde komplexe Schreibweisen fortsetzen, wie sie in den siebziger Jahren akzeptiert wurden, die aber heute nicht mehr ›in‹ seien. Als Vorbild für notwendiges ›straight-on‹-Schreiben wurde mir Martin Walser vorgehalten und ein jüngerer Kollege, den ich persönlich aber sehr schätze, also lasse ich den Namen weg. Es geht ja auch nur um ein Erfolgsmuster, das sich mit verschiedenen Namen verbinden lässt. Einfaches, chronologisches Erzählen ist also gefragt. Meine Antwort war: Unsere Gesellschaft wird immer komplexer; die Antwort der Literatur auf diese wachsende Komplexität kann nicht sein, immer simpler zu werden. Zumindest nicht in der Literatur, die mehr als nur Unterhaltungsbedürfnisse bedienen will. Mein Argument machte aber offensichtlich keinen Eindruck.

Und der Auslöser?

Stichwort zu all dem war mein Vorschlag, zu meinem 60. Geburtstag einen Band mit Erzählungen herauszubringen, der Verstreutes zusammenfasst, in einem repräsentativen Band, der auch optisch ein Gegengewicht schafft zu den umfangreichen Mittelalter-Büchern. Das wurde von Dr. Unseld rundweg abgelehnt, gewürzt mit einer beleidigenden Äußerung. Und weil ich das nicht hinnahm, eskalierte der Streit sehr rasch. Dabei kam nie der Vorschlag, sich mal zusammenzusetzen und das alles zu besprechen, nach beinah einem Vierteljahrhundert der Kooperation. Alles lief über Briefdekrete. Es wurde nicht einmal telefoniert. Und es endete damit, dass ich von einer Kölner Buchhandlung – wohlgemerkt nicht vom Verlag! – darüber informiert wurde, dass meine sämtlichen Suhrkamp-Titel nicht mehr lieferbar waren. Es erscheint mir dubios, dass so etwas einem Autor gar nicht erst mitgeteilt wird, dass er so etwas über den Buchhandel erfährt.

So wurde ein Brief an den Verleger fällig. Ich wies Siegfried Unseld darauf hin, dass die Rechte an mich zurückgingen, falls nicht binnen zwei Jahren alles in Neuausgaben vorgelegt würde. Eine rhetorische Frage stand dahinter, denn laut Abrechnungen waren von den meisten Büchern noch reichlich Vorräte auf Lager. Es ging um die Rechte: ich wollte alle Suhrkamp-Rechte zurückhaben, samt Nebenrechten. Auf Kompromisse wollte ich mich nicht einlassen, aufs Bitten mich nicht verlegen. Ich schätze mich selbst als umgänglich, als generell freundlich ein, aber es gibt klar gezogene Grenzen. Jäh gewann wieder Honnefelders Formulierung an Präsenz, ich würde, wenn es kritisch wird, reden wie in einem Hollywood-B-Picture. Das bestimmte denn auch den Ton des Briefwechsels, der im Haus in der Lindenstraße als Chefsache geführt wurde, nicht einmal das Lektorat erfuhr davon. Ich wollte auch keine Unterstützung zusammentrommeln, es war eine Sache zwischen Siegfried und mir, und da blieb ich hartnäckig.

Mit einem Wort, das Wolf Biermann mal in einem Gespräch fallen ließ: es gab hier keine Knautschzone – die Stöße, Zusammenstöße gingen sofort ans »Chassis«! Ich war der Letzte einer kleinen Gruppe, die nach und nach den Verlag verlassen wollte oder verlassen musste. Die Gunst, die Zuwendung des Verlegers war deutlich dosiert, in Abstufungen. Es gab einen inneren Kreis mit Favoriten, die ich nicht aufzählen muss, es gab so etwas wie eine B-Liga im Hause, und es gab eine Gruppe, in der um Aufstieg oder Abstieg gekämpft wurde. Die Abstufungen waren klar signalisiert im Frankfurter Gästehaus des Verlegers: das ganz große Apartment für Frisch und Bernhard, ein Kämmerlein für Laederach.

Ich gehörte zu einem Grüppchen, das im Verlag so etwas wie einen Sonderstatus besaß: es war um den Lektor Thomas Beckermann geschart und nicht auf den Verleger fixiert. Wir traten auch, anfangs, als Gruppe auf – Autoren, die sich schätzten, sich mochten. Das war Herbert Achternbusch (mit dem ich im Kloster Andechs Biere trank), das war Gert Jonke (mit dem ich schon mal herumflachste), das war Gerhard Roth (mit dem ich, sekundiert von Kolleritsch, in Graz Brüderschaft soff), das war der Kühn. Gerhard war einer der Ersten, die den Verlag verließen – er hatte, nebenbei, den Fehler begangen, den bulligen Verleger bei einem Wettschwimmen hinter sich zu lassen. Das Grüppchen bröckelte ab, ich war der Letzte ›der Mohikaner‹.

Und das ohne Knautschzone. Das Du zwischen Unseld und mir war von einer Woge Affentaler-Rotwein herangeschwemmt worden. Es war da aber auch spontanes Engagement. Staunend lese ich ein Telegramm, freigelegt in der Endmoräne: »Lieber Dieter. Die letzte Nacht im Krankenhaus von gestern auf heute verbrachte ich mit Deinem Parzival. Ich bin voller Bewunderung. Dir gebühren alle Preise. Ich bin sehr glücklich, das für die Insel zu haben. Wir werden uns kräftig einsetzen. Herzlich Dein Siegfried.« Doch der Temperatursturz, der Kälteeinbruch bereitete sich vor. Schließlich Blitzeis.

Wenn das Gästehaus (Flügel der Verleger-Residenz) nicht weiter belegt war, durfte ich schon mal im Max-Frisch-und-Thomas-Bernhard-Apartment übernachten. Dann wieder konnte es mir widerfahren, dass ich, obwohl eingeladen, von Siegfried im Trainingsanzug mürrisch empfangen wurde, mir sofort signalisierend, er hätte jetzt keine Zeit, arbeite am Goethe-Buch: »Geh schon mal nach oben, du kennst dich ja aus.« Oder ich wurde auf der Schwelle zwischen Sekretariat und Chefzimmer abgefertigt. Wiederum schlug er mich zweimal vor für die Frankfurter Poetikvorlesungen. So pendelte das hin und her zwischen dem Zeigen einer durchaus kalten Schulter und einer rotweintemperierten Vertraulichkeit (in der mir selbst horrende Verlustziffern seines Klassiker-Verlags genannt oder fortlaufende, gezielte Erniedrigungen durch Thomas Bernhard eingestanden wurden). In der entscheidenden Phase, beim Countdown, konnten keine Gefühlsreserven mobilisiert werden; es krachte, es knallte.

Keiner im Verlagshaus wurde in die Auseinandersetzungen einbezogen, keiner informiert, und doch schien sich etwas zu übertragen, zu verbreiten, gleichsam osmotisch. Briefe an Mitarbeiter, sonst prompt beantwortet, fanden wochenlang keine Antwort, da nützten auch aufmunternde, anfragende Zwischenzeilen nichts. Angerufen wurde ich auch nicht mehr. Bat ich um Rückruf, weil jemand im Lektorat nicht zu erreichen war, so blieb telefonische Antwort aus. Ein »Aushänger«, der auf die Post sollte, weil ich mich um einen Übersetzerpreis bewerben wollte, wurde nicht abgeschickt. Das fehlte ja grade noch, dass der Kühn ausnahmsweise doch mal wieder einen Literaturpreis kriegt … In einer Werbeschrift des Verlags wurden erste Bücher aller Suhrkamp-Autoren seit den fünfziger Jahren aufgelistet, Kühn war mit dem Titel »N« nicht mehr vermerkt. Wurde ich bereits in den Verlagsannalen gelöscht?

Ein meist gedankenlos reproduzierter Satz wurde zur biographischen Erfahrung: »Es wird still um einen.« Oder: man wird fallengelassen. Hilfe konnte ich nicht erwarten. Kein Kritiker würde dem Verleger sagen: Das kannst du mit dem Kühn doch nicht machen – diese Vorgänge geben keine Stichworte her für Gespräche in der Branche, sagte ich mir, das wird nicht weiter wahrgenommen; falls doch, dann wohl nur mit Achselzucken.

Es kollabierte das eingespielte System einer jahrelangen Kooperation. Als wäre eine Parole ausgegeben worden: Der Verleger hat ein Machtwort gesprochen, nun ist jedes Wort zu viel, das noch an mich gerichtet wird. Ein Angestellter in vergleichbarer Situation hätte etwa dies erleben können: Dass er auf dem Flur kaum noch oder nur verlegen oder gar nicht mehr gegrüßt wird … Übersehen werden, Luft für andere sein … Mobbing.

Mein Spielraum wurde eng. Ich hätte argumentieren können: Nach beinah einem Vierteljahrhundert der Kooperation könnt ihr mich nicht einfach laufen lassen, setzt die Kontinuität fort, bringt auch mein nächstes Buch, sonst –

Ja, was sonst?! Ich konnte nicht auftrumpfen, war als Autor eher Randerscheinung in der Branche. Ich wollte mich aber auch nicht verhalten wie ein Kollege, der Unseld signalisierte: Lieber bescheidene Publikationen in der *edition suhrkamp* als gar keine Bücher von mir in deinem Haus. Was hätte ich von der Kompromiss-Publikation eines neuen belletristischen Buchs erwarten können? Keine Leseexemplare für den Buchhandel? Das Buch womöglich als Weglass-Titel? Eins der Wörter, die ich in jener Situation lernte, im Gespräch mit Kollegin Katja: Im Hardcover-Angebot einer Saison kann ein Weg-lass-Titel eingeplant sein; ein Vertreter, der beim Buchhändler nicht den Eindruck erwecken will, er wolle das neue HC-Programm komplett in die Regale pressen, er kann einen Titel zur Disposition stellen: Unter uns, dieses Buch können Sie getrost weglassen … Individuelle Beratung! Und der Sortimenter verzichtet auf die Bestellung wenigstens eines Exemplars oder die Bestellung »eins plus eins« – eins fest, eins mit Remissionsrecht. Der Weglass-Titel wird entsprechend schlecht anlaufen: geringe Vormerkziffern. Und dem Autor kann vom Verlag signalisiert werden: Da siehst du es ja selbst, deine Bücher laufen schlecht, also …

Prophezeiungen, die auf ihre Erfüllung angelegt sind. Denn es strahlt nach außen ab, wie innerhalb eines Verlags ein Buch eingeschätzt wird. Publiziert man es mit Achselzucken, so überträgt sich das. Der Verleger nennt solch ein Buch nicht in einem Gespräch mit einem Kritiker von Rang und Namen … Die Presseabteilung hebt in Gesprächen mit Redaktionen das Buch nicht weiter hervor, nennt es vielleicht gar nicht erst … Rezensionsexemplare werden nur zögerlich verschickt, müssen angefordert werden … Bei Telefonaten oder Gesprächen unter Kritikern blitzschnelle Gewichtungen zwischen »O ja!« und »Na ja …«. Besprechungen, falls überhaupt, werden schlecht platziert oder spät publiziert … Buchhändler remittieren bei frühestmöglichem Termin … Remittierte Bücher tauchen einige Zeit später auf bei Sonderverkäufen oder im Modernen Antiquariat … Eine Spiralbewegung – aber von außen nach innen – der Punkt des definitiven Stillstands immer enger eingekreist.

Ich arbeitete konsequent hin auf vollständige Trennung:

Wenn die Rechte der Suhrkamp-Titel an mich zurückgehen, will ich auch die Rechte der Insel-Titel zurückhaben. Die Titel im hauseigenen Insel Verlag waren ja immer noch lieferbar, offiziell, und solange ein Buch als lieferbar deklariert ist, bleiben die Rechte beim Verlag – hier musste also eine Sonderregelung getroffen werden. Mit Begütigungen wollte ich mich nicht zufrieden geben, mit Goodwill-Erklärungen: Als Autor bin ich unteilbar, ich möchte auch die Rechte der Insel-Titel zurückhaben! Hier wollte Unseld allerdings die »Trilogie des Mittelalters« aussparen – kein Wunder, die Wolkenstein-Biographie hatte in Originalausgabe, Sonderausgabe, Taschenbuchausgabe die Marke von 100000 weit überschritten. Hier musste ich also nachhaken, nacharbeiten, schrieb einen Brief, der wohl kaum je veröffentlicht wird, deutete gewisse Unstimmigkeiten an. Der Verleger gab auch die letzten drei Titel frei.

Zwischen dem Bruch mit Unseld (Chefsekretärin Burgel Zeeh, am Telefon: »Herr Kühn, wir verstehen das alle nicht!«) und dem Erscheinen von *Clara Schumann, Klavier*: Tabula rasa. Nichts mehr war lieferbar. Es dauerte erst mal seine Zeit, ehe der neue Verlag gefunden war. Ein ausgedehntes »Arbeitsessen« mit dem Verleger Neven DuMont in einem noblen italienischen Restaurant; er sah in mir einen geeigneten Kandidaten für eine große Böll-Biographie. Aber auch der gute Wein konnte meine Bedenken nicht wegschwemmen: Kritisch, ja auch kritisch über einen Mann schreiben, der, nach dem Tod eines Sohnes, mit der Stirn an meiner Schulter mit den Tränen gekämpft hat? Trotz der Absage: erstes Probetrinken mit dem Lektor von Kiepenheuer & Witsch. Wenn auch noch ohne konkrete Absprachen.

Ja, Tabula rasa in sehr direktem Sinne: Es musste auch verbindlich ausgemacht werden, was mit den Lagerbeständen meiner Bücher geschehen sollte. Nach und nach verramschen, im Modernen Antiquariat? Da hätten die Vertreter meines neuen Verlags sicherlich einige Schwierigkeiten gehabt: Schaun Sie mal da vorn in die Krabbelkiste! Ich musste mich entscheiden: hängen oder köpfen lassen? Klingt dramatisch zugespitzt, doch es ging um den Fundus von immerhin 24 Jahren. Also: Sollen die Bestände verramscht oder eingestampft werden? Wenn ich schon Zäsuren setzen muss, dann klar und deutlich, also einigte ich mich mit Unseld im Schriftverkehr auf makulieren. Vom ersten bis zum letzten Buch in diesem Verlagshaus: einstampfen, alles!

Das Wort ZÄSUR groß geschrieben im Kopf, im Bewusstsein, auch wenn ich in der langen Phase des Übergangs mit Besessenheit weiterschrieb am Buch über eine Frau unter dem Lebenszeichen künstlerischer Besessenheit: Clara Schumann. Kontinuität, zumindest in der Arbeit. Tag für Tag ein kleiner Sieg: Ihr kriegt mich so leicht nicht klein! Das verkündete ich auch in Gesprächen: Die kriegen mich so schnell nicht klein! Indem ich weiterarbeite, wird die Zäsur überschritten oder übersprungen mit Blick auf (eine wenn auch noch ungewisse, konturlose) Zukunft. Gegenwind statt Aufwind – doch aufrechter Gang ...

So könnte ich mich positiv stilisieren. Es muss aber nachgefragt, nachgehakt werden: Wie bin ich mit der Zäsur zurechtgekommen? Ich übernehme hier eine (halbwegs ironische) Formulierung von Rühmkorf bei einem Gespräch in Bergen: »Wir Alt-Psychosomatiker ...« Bevor ich das Symptom benenne, eine Anmerkung: Ich hatte bis zu dieser Zeitphase alle Bücher in erster Fassung handschriftlich entworfen, handschriftlich erfolgten auch alle Korrekturen in der Typoskriptversion. Und nun: An meinem Schreibarm entwickelte sich wie im Zeitraffer so etwas wie Ausschlag, so breit und auch fast so deutlich abgegrenzt wie eine Armbinde mit Aufschrift oder Logo am Oberarm. »Ja, was ist denn das?!«, fragte ein Arzt, so was hätte er noch nie gesehn. Und ich deutete an: Ich habe mir die sprichwörtliche Krätze zwar nicht an den Hals, aber an den Arm geärgert. Das konnte fürs Erste nur gelindert werden: Die schwärende Markierung mit Urin feuchtgewischt, mit Salbe eingerieben.

Da ich mich nicht immer hundertprozentig auf meine Erinnerung verlassen kann, schaue ich im damals zeitnahen Interview nach, ob und wie ich eventuell auch über diesen wunden Punkt gesprochen habe. Und siehe da, ich muss relativieren. »In schwarzen Phasen fühlte ich mich an einem Endpunkt. Da wurde Kontinuität aufgekündigt – nach 24 Jahren Kooperation. Ich sah hier den Sieg der schieren Punktualität. Das könnten wir jetzt allgemein erörtern, ich habe das konkret am eigenen Leibe erlebt. Es gibt eine Redefloskel: Auf etwas allergisch reagieren … Ich bekam schlagartig eine Allergie am Schreibarm, dann auch am linken Arm. Das verflüchtigte sich, als drei Verlage das Gespräch mit mir aufnahmen …«

Also (gelinde) Ansätze zur Stilisierung. Dass die »Krätze« auch auf dem linken Arm zum Vorschein kam, das habe ich vergessen. Hier muss ich mich korrigieren. Ich hatte mich an die Version gewöhnt oder: hatte meine Erinnerung an die Version gewöhnt, dass bezeichnenderweise das Symptom am rechten Arm, sprich: am Schreibarm auftauchte. Das Symptom erschien Gesprächspartnern schlüssig. Mir selber auch. Es sprang aber etwas auf den linken Arm über, wenn auch in abgeschwächter Form.

Stark verkürzt dann der letzte Satz des Zitats. So einlinig war die Entwicklung doch nicht. Als Erster meldete sich der Reclam Verlag. Da hatte Herr Max die ominöse 19 auf dem Bildschirm entdeckt, hatte sofort geschaltet: Hier werden die Rechte frei! Und er schrieb oder rief mich an: Ob damit auch mein Erstling frei würde? Meine Reaktion: Ihr seid ja schneller als der Schall! So erschien *N* in der Universal-Bibliothek. Dies in der Erwartung, die Erzählung könnte ins Schul-Curriculum aufgenommen werden. Ein Begleitheftchen sollte das fördern. Doch es klappte nicht, *N* kam nicht in die Schulen. So blieben die Verkaufsziffern auch hier bescheiden. Was aber nicht das Erscheinen eines weiteren Bändchens verhinderte.

Die Erinnerungen an erste Kontakte mit Kiepenheuer & Witsch muss ich nicht relativieren oder korrigieren, es bleibt beim Arbeitsessen mit dem Verleger, beim Besuch des avisierten Lektors in der Kölner Wohnung. Aber was ich dringend brauchte, war ein Verlag mit Taschenbuch-Programm. Bücher, die schon mal als Hardcover-Ausgaben vorgelegen hatten, erst recht: Bücher, die auch als Taschenbuch erschienen waren, sie konnten nicht wieder als Hardcover-Titel präsentiert werden, da hätte das Sortiment kaum mitgespielt; so wurde es für mich eng beim Kölner Verlag. Und es eröffneten sich weite Perspektiven in Frankfurt, bei S. Fischer.

Als, zwischenzeitlich in Irland, bei Freunden das (mir meterlang erscheinende!) Fax des Entwurfs zum ersten Verlagsvertrag, ja, entgegenquoll, da war (nach Vorgesprächen) die handflächenbreite Markierung am Oberarm bereits verschwunden. Es blieb nicht mal eine Restmarkierung des Ausschlags. In der Erinnerung aber bleibt die eingedunkelte Hautzone konserviert.

SCHLIESSLICH: FS POLARSTERN

UND DAS MAGISCHE AUGE? Leuchtet mich an, gelegentlich, ich brauche nur am Bildschirm des Laptop vorbeizuschauen: Ein Magisches Auge, nicht mehr als ausgebaute Kathodenstrahlröhre isoliert, sondern (»in situ«) in einem »Dampfradio«, von Olga erworben auf dem Trödelmarkt in der Bonner Rheinaue. Ein Gerät etwa in der Größe, Ausführung, Ausstattung des Radioapparates, vor dem ich in Herrsching, dann in Düren so oft gesessen habe – die Marke habe ich allerdings vergessen. Hier aber kann ich, für Freaks, nähere Angaben einbringen: Qualitätssuper 50 SH 696 GW, Baujahr 1949, der Lautsprecher »permanent-dynamisch«, auf der Skala sind die Stationsnamen »geeicht«, das Gehäuse aus »Edelholz«. Ja, hier ist wieder der Mahagoniton des Holzgehäuses, das helle Textilgewebe vor dem Lautsprecher, die Skala hinter Glas und links: Das Magische Auge. Es leuchtet mir heim, es illuminiert die Zielgerade nach der Marathondistanz des Schreibens: beinah nahtlos das fluoreszierende Grün, nachleuchtend auch bei geschlossenen Augen.

ALLES AUF ANFANG! Hier wird mir, ist mir, bleibt mir eine Jahreszahl wichtig, zweifach: 1996. Ein neues Buch erscheint in meinem neuen Verlag: *Clara Schumann, Klavier*. Im Jahr dieses Neubeginns auch die erste gemeinsame Reise mit Olga: zur Buchmesse in Leipzig.

Und es wurde der Stadtname Berlin neu akzentuiert: Olgas Wohnung am Fraenkelufer in Kreuzberg, Blick hinab auf die gusseisenverschnörkelte Admiralbrücke über dem Landwehrkanal. Später, ein Stück weiter, eine gemeinsame Wohnung am Paul-Lincke-Ufer (der »goldenen Meile«) in einem renovierten Altbau ebenfalls mit Blick auf den Landwehrkanal, freilich durch Bäume hindurch, im Winter, während im Sommer alles grün kaschiert war und wir, abends, vom Balkon aus nur Lichter der Vergnügungsschiffe sahen, durch kleine Lücken in den blick-sedierenden Blättermassen. Schiffe, wenn auch kleine, vom Arbeitszimmer, vom Balkon aus sehen: das förderte innere Thermik!

Ja, und Olga? Wird hier nicht näher beschrieben, ist mir zu nah. Nur ein paar Daten, gern auch als Eckdaten bezeichnet: Kunsthistorikerin; über Jahre hinweg Referentin für Kunst und Kultur in der Heinrich-Böll-Stiftung, erst in Köln, dann in Berlin. Nun, in der Schloss-Stadt Brühl, ist sie wieder eingetaucht in die Kunstgeschichte, beschäftigt sich, nach ihrer Dissertation, weiterhin und in neuen Ansätzen mit dem piemontesischen Architekten und Ingenieur Giovanni Battista Borra (1713–1770). Ein Name, der in unserem Diskurs immer wieder auftaucht, eine Begleitfigur. »Als Baumeister war er nicht herausragend, nach europäischen Maßstäben eher ein ›minor architect‹. Doch mit Blick auf das weite Spektrum von Kenntnissen und erfolgreichen Tätigkeiten (speziell jenseits nationaler Grenzen) kommt Borra besondere Bedeutung zu; dies spricht um 1750 nicht zuletzt für ein neues Selbstverständnis des Architekten. Das gilt auch für die Einbindung des praxisbezogenen Ingenieurswesens. Gerade im damaligen Turin, der Hauptstadt des ersten absolutistischen Staates in Italien, lag folgende Regelung im öffentlichen und militärischen Interesse: Die Förderung der Ausbildung von Architekten (außer in Mathematik und Naturwissenschaften), in Mechanik, Statik, Fortifikationstechnik, Hydraulik, Wasser- und Straßenbau.«

BEIM POTSDAMER PLATZ: auseinandergerückte, einseitig bemalte und beschriftete Fertigteile der Mauer – in welcher Stückzahl produziert? Fünfundvierzig Kilometer Mauer um Westberlin herum, das Fertigteil einszwanzig breit, also rund 40000 Stück, eisenarmiert. Zusätzliche Maßangaben: Höhe dreisechzig, Standfläche zwei Meter tief. Nun ist schräg gestaffelt, was zuvor fugendicht gereiht war.

Ein Wachturm, noch nicht abgerissen. Eine der Baracken, in denen Grenzer saßen: nun sind die Scheiben eingeschlagen. Der frühere Todesstreifen (Richtung Leipziger Straße) lockt an, was aus dem öffentlichen Bild der DDR rigoros herausgehalten worden war: In Wagen, in Zelten Personen ohne festen Wohnsitz. Auch hat hier ein kleiner Zirkus sein Winterquartier aufgeschlagen. Leerflächen genutzt für die Lagerung von Baumaterialien, vor allem des Tiefbaus. Autowracks, Müll.

Nach der Wende ergaben sich Gelegenheiten, sowjetische Kampfjets aus der Nähe zu mustern. Im erst einmal unbebauten Spreebogen wurden ein paar MiGs deponiert, bereits ausgeschlachtet, abgewrackt: sehr klein die Kanzel auf dem Rumpfrohr mit großer Öffnung vorn und weitem, schwarz ausgebranntem Loch hinten. Aus drei solcher Wracks wurde schließlich ein imaginäres Tor errichtet: zwei Rümpfe senkrecht im Boden verankert, ein Rumpf oben drauf quergelegt und festgeschweißt. Tor in eine verlockende Zukunft der Abrüstung?

Das Fliegen in solchen Maschinen wurde zum überraschenden Thema in einem Taxi. Wieder mal eine Fahrt von der Kölner zur Berliner Wohnung, ab Ostbahnhof zum Paul-Lincke-Ufer. Bei den meisten Berliner Taxifahrern hatte ich den Eindruck, man müsste für jedes Wort einen Euro extra zahlen, es gab (und gibt) aber auch Ausnahmen, und der Mann vor mir wurde gesprächig beim Stichwort Urlaub. Ich war mit Olga auf Usedom gewesen: Ferienwohnung in Ahrensfelde, Fahrten auf der Insel, doch Peenemünde hatten wir ausgespart. Dort aber war der Taxifahrer gewesen. Wie das? Ja, er war geflogen. Sportflieger? Nein, Militärflieger, NVA, vor der Wende. Jetzt musste ich kein Stichwort mehr einbringen, nun war ein Bann gebrochen: Hatte den modernsten Abfangjäger jener Zeit geflogen, die MiG 29, schaffte 2,4 Mach. Sie stiegen auf bei Peenemünde, flogen Richtung Dänemark, dort wurden sie sogleich geortet, und es starteten dänische Piloten, die das (damals) modernste westliche Kampfflugzeug flogen, die F 16. Eigentlich war die MiG 29 eine Geheimwaffe, Fotos von ihr wurden nicht veröffentlicht, durften nicht veröffentlicht werden, es gab nur Phantombilder, doch unter Piloten sah man das anders, natürlich strikt inoffiziell, ja eigentlich, letztlich wiederum total geheim, denn nun begann so etwas wie ein Luftzirkus: Wer kann bei hoher Geschwindigkeit engere Kurven fliegen, wer macht »den anderen nass«, da hatte man schnell die Nase bei denen am Heck. Und wenn man, wie eine Rakete, mit der MiG senkrecht hochschoss, da kamen die in den F 16 nicht mit, hatten nur das Nachsehn. Also die MiG war eindeutig besser, hätte eigentlich übernommen werden müssen, da hätte man sich die Entwicklungskosten für den Eurofighter sparen können, aber das war natürlich eine politische Entscheidung, dahinter stand die Lockheed-Lobby, ist ja klar.

Das Taxi blieb mindestens eine Viertelstunde vor dem Haus am Ufer stehen, ich saß weiterhin auf dem Rücksitz, er sprach zur Frontscheibe. Nur gelegentlich musste ich eine stimulierende Zwischenfrage stellen, etwa: Wie verlief der Übergang zur Bundeswehr? Keine Gegenreaktionen? Durchstarten und in Dänemark landen ...? Und die Marine der DDR: kein Impuls, mit einem Kriegsschiff nach Schweden auszulaufen ...? Nur ja nicht dem Klassenfeind ausliefern ...?

Nein, alles in geregelten, geordneten Abläufen. Ausnahme: die Freund-Feind-Kennung an Bord. Hochspezielle Software. Mit bloßem Auge ist bei hohen Geschwindigkeiten und großen Kampfdistanzen ein feindlicher Jet nicht mehr zu orten, zu identifizieren, das geschieht durch die Freund-Feind-Kennung, je nach Resultat wird die Luft-Luft-Rakete abgeschossen oder nicht. Ja, und hier war es so: Vor der Übergabe der Maschinen an die Bundeswehr wurden diese Programme gelöscht, zerstört. Der Vollzug wurde nach Moskau gemeldet, »war Ehrensache«.

Der Fahrer kam aus dem Erzählen, ich kam aus dem Staunen nicht heraus. Der Offizier (Rottenführer? Staffelführer?)

gründete nach der Wende ein Taxi-Unternehmen. In der ersten Zeit sechs Fahrer bei ihm in Vertrag – einer von ihnen war der vormalige Stellvertretende Wirtschaftsminister der DDR. Und ein ranghoher Stasi-Offizier. Das Unternehmen aber rentierte sich kaum, zu wenig Fahrgäste, zu viel Logistik, zu viel Papierkrieg, er saß mehr am Schreibtisch als am Steuer, er fährt nun für einen anderen Unternehmer.

»Berliner Taxen«: es hätte ein phantastisches O-Ton-Feature werden können! Das Gespräch mit dem ehemaligen MiG-Piloten, ein Gespräch mit dem früheren Repräsentanten der DDR-Planwirtschaft, ein Gespräch mit einem Stasi-Offizier, der auch zu diesem Team gehört hatte. Wunschdenken, denn keiner von denen hätte sich vor einem Mikrophon so offen geäußert wie der Expilot auf dem Fahrersitz. So konnte, so kann ich Erzähltes nur weitererzählen.

Auch bei wachsendem zeitlichen Abstand bin ich sicher: Diese Ausnahmesituation war nicht übertragbar. Bei einer eventuellen Tonaufnahme hätte ich wahrscheinlich ähnliche Erfahrungen gemacht wie beim ausführlichen Funk-Interview mit dem Jagdflieger Erich Hartmann, auch nach dem Krieg gefeiert im Bestseller »Kaleidoskop eines ungewöhnlichen Lebens: Mit 352 Luftsiegen erfolgreichster Jagdflieger aller Zeiten«. (Dies vor allem in Luftkämpfen mit technisch rückständigen sowjetischen Jagdflugzeugen.) Nach dem Krieg Testpilot bei der USAF, dann Kommodore des ersten deutschen Düsenjägergeschwaders, schließlich Instruktor an der Luftfahrerschule Nordrhein-Westfalen in Bonn-Hangelar. Ein Vorgespräch, über das ich schon mal berichtet habe, ein Termin wird vereinbart.

Zum verabredeten Zeitpunkt ist Hartmann noch in der Luft; der Stundenplan hat sich verschoben. Ich sitze am Rand des hitzeflirrenden Flugfelds, trinke Kühles, schaue zu, wie Sportflugzeuge starten und landen. Erich Hartmann landet noch nicht. Einer der Angestellten der Luftfahrerschule meint auf meine Frage, Erich würde wahrscheinlich wieder vom Krieg erzählen, da daure so eine Flugstunde schon mal was länger. Ich wünsche mir sehr, ich könnte bei diesem Fluggespräch dabei sein, mit dem Aufnahmegerät.

Als ich das in seinem Büro endlich anschalten kann, fortlaufend Probleme. Er verliest schriftlich vorgefertigte Antworten, ein Redeschnörkel nach dem anderen, ich muss ihn mit improvisierten Zwischenfragen immer wieder aus dem Konzept bringen, kann ihn nur so zum Sprechen zwingen. Klartext aber wurde nur gesprochen, wenn ich ohne Gerät neben ihm herging: Seine Frau hatte einem Handwerker einen klaren »Befehl erteilt«, der war jedoch nicht befolgt worden. Stauffenberg und die Männer des Widerstands: schlichtweg »Gesocks«. Ende der Verständigung.

Eine Assoziation wiederum mit dieser Assoziation: Gespräch mit einem Offizier der chinesischen Volksarmee, 1985. Begegnung im Stelen-Museum. Er registrierte, dass ich die beschrifteten Steinstelen genau betrachtete, bot Vermittlung und Übersetzung an, erwies sich als jemand, der wusste, wo Goethe und wo Flaubert begraben lagen, und dies als Offizier – in jener Zeit, in der militärische Rangzeichen noch nicht wieder eingeführt waren, Offiziere und Mannschaften in gleichen Uniformen, der Rang eines Offiziers, so glaube ich mich zu erinnern, nur erkennbar an der Zahl der Knöpfe an der Außentasche des olivbraunen Hemdes.

Nach dem Rundgang gingen wir über den Museumshof und ich bekam, weiterhin auf Englisch, zu hören, es sei ihm ein Vergnügen gewesen, mir behilflich zu sein, jemandem aus dem Land, das ausgezeichnet sei durch den großen, ja großartigen Hitler. Hätte er mir das auch so ins Mikrophon gesprochen?

Ich sagte, wir hätten da eine andere Perspektive, andere Kategorien: Millionen, die unter seinem Unrechtregime und mit seinen Vernichtungskriegen ihr Leben lassen mussten.

Doch ich wurde belehrt: In China beurteile oder verurteile man einen Herrscher nicht nach der Zahl seiner Opfer.

Da fiel mir keine passende Antwort ein, wir gingen schweigend zum Ausgang.

(Erst später eine fatale Bestätigung: Der damals und auch weiterhin gefeierte Mao hatte mit seinen Fehlplanungen und

falschen Programmen allein den Hungertod von sechsunddreißig Millionen auf dem Gewissen – soweit vorhanden.)

AUCH VOR DEM HAUS am Landwehrkanal: ein »Stolperstein« in Erinnerung an eine jüdische Hausbewohnerin, die
von hier aus in den Tod deportiert worden war.

Von Freund Peter animiert, habe auch ich einen »Stolperstein« bezahlt in einer kleinen Gruppierung von Stolpersteinen vor einem Haus in Düren, aus dem Juni 1942 der
Kinderarzt Karl Leven mit Frau und drei Kindern deportiert
worden war – das dritte Kind, Jona, war elf Wochen jung.
Mein Stolperstein für Levens Mutter. »Hier wohnte / SARA
LEVEN / geb. Heimann / Jg. 1869 / Deportiert 1942 / Theresienstadt / Ermordet 1942 / Treblinka.«

Dennoch, mich können Konzeption und Realisierung der
Stolpersteine nicht recht überzeugen. Egal, ob in Berlin oder
in Düren, ich habe nie eine Person gesehen, die vor solch einem Erinnerungszeichen verharrt. Ursprünglich war vorgesehen, Plaketten anzubringen an den Fassaden von Häusern, in
denen Juden bis zur Verschleppung gewohnt hatten, doch es
gab zu viele Hausbesitzer, die erklärten, mit solch einem Hinweis neben dem Hauseingang würde die Immobilie an Wert
verlieren. So wurde die Plakette zum Pflasterstein mit Bronzekuppe und Prägedruck. Die meisten Stolpersteine sehen
bald schon, direkt und metaphorisch, abgestumpft aus. Den
Stolperstein vor dem Haus in Berlin habe ich zuweilen nachpoliert. Sonst aber glänzen nur Stolpersteine, über die ständig
Passanten hinweggehen, etwa am Hackeschen Markt.

Auch über den Stolperstein für Oma Leven geht man,
schreitet man, latscht man hinweg. So was tut weh.

IN DER ERSTEN BERLIN-PHASE: Eine Foto-Ausstellung
des DDR-Bildhauers Cremer, der im Gebäuderudiment der
Ostberliner Akademie der Künste mit seinen Meisterschülern
gearbeitet hatte. Hoher Raum, die Wände in stockfleckigem,
stumpfem Grau unter den dreckblinden Glasflächen des Atelierdachs; schwarze, breitflächige Sickerspuren.

Ich komme mit dem Aufseher ins Gespräch, ein Mann gesellt sich hinzu, das Gespräch wird intensiver. Und ich werde, mit Olga, in Räume geleitet, in denen alte Möbelstücke zusammengerückt sind, Sessel, Sofas, Spinde, ein Schreibtisch; die Wände gelbbraun, mit Feuchtigkeitsflecken. Wir steigen ein Treppenhaus hoch, das auf Renovierungsarbeiten vorbereitet wird, Wandmarkierungen in Rot. Seit Jahrzehnten ist hier nichts mehr geschehen, immer wieder tauchte der Plan auf, das Gebäude abzureißen.

Wir werden auch in »Lufträume« geführt: Leerräume im Dachgeschoss, wir gehen auf einer Art Brücke zwischen verdreckt undurchsichtigen Glasdecken der Atelier- und Ausstellungsräume unter uns und den verdreckt undurchsichtigen Drahtglasplatten des Dachs; rostende Stahlträger. Noch sind die Punkte erkennbar, an denen Albert Speer die Dachträger höhersetzen ließ, um Raum zu gewinnen für seine weit- und hochreichenden Planungen.

Dieses Rudiment des einst weitläufigen Gebäudes lag im unmittelbaren Grenzbereich, in der streng bewachten Sperrzone, die nur mit Sonderausweisen betreten und verlassen werden konnte; jede Mitarbeiterin, jeder Mitarbeiter der Akademie besaß so ein Dokument. Hier im heißesten Bereich der Sperrzone, in Steinwurfnähe das Brandenburger Tor, hier wurden am ehesten ›Provokationen‹ aus dem Westen erwartet, und so gab es im Souterrain eine »Grenzverletzerzelle«, fensterlos, Grundriss etwa ein Quadratmeter – wir dürfen mal reinlugen. Von dieser Zelle in der Größe einer transportablen Toilettenbude wusste man nichts im Hause: Grenzsoldaten und Mitarbeiter der Akademie in strenger Trennung unter dem einen, wenn auch vielfach schadhaften Dach.

Und Olga schreibt: »Borra nahm Aufträge an, wo er sie kriegen konnte – Hauptsache, das vorgeschlagene Honorar stimmte und die Auszahlung war gesichert. War das nicht der Fall, konnte er auch schon mal eine Anfrage ablehnen, selbst wenn sein oberster Vorgesetzter, der Herzog von Savoyen und König von Sardinien, sich darüber aufgeregt haben muss – er konnte

Borra nicht par ordre du mufti dazu zwingen. Diese ›unternehmerische Freiheit‹ nahm er sich auch, als er einem britischen Gentleman irischer Abstammung begegnete: Lord Charlemont. Er hatte sich Borra als Zeichner gewünscht, der ihn auf einer Reise in die Levante begleiten sollte, um die noch wenig bekannten Überreste antiker Bauten in möglichst genauen Zeichnungen festzuhalten. Nachdem daraus nichts geworden war, meldete sich gleich ein Trio britischer Herren, das Borra als Architekturzeichner für ihre *Grand Tour* in den östlichen Mittelmeerraum gewinnen wollte – mit Erfolg, denn James Dawkins, der Initiator und Financier der so geschätzten wie kultivierten ›Bildungsreise‹, wurde nicht umsonst ›Jamaica-Dawkins‹ genannt: schon sein Vater hatte mit Zuckerplantagen in der britischen Kolonie Jamaika größte Gewinne erzielt. Gemeinsam mit dem ebenfalls wohlhabenden, an der Oxforder Universität ausgebildeten, jungen englischen Reisenden John Bouverie und dem Altphilologen und Homer-Experten Robert Wood, konnte er mit dem ›königlichen‹ Architekten (architetto reale) einen Vertrag abschließen, der für Borra eine Wende in der Laufbahn einleitete, denn das Ergebnis dieser von vornherein auf Publikationen ausgerichteten archäologischen Expedition waren zwei prächtige und auch damals kostspielige Foliobände über die Ruinen von Palmyra und Baalbek.

Der große europäische Erfolg war vor allem auf die Qualität der vielen Illustrationen zurückzuführen, die allesamt nach Borras Zeichnungen in Kupfer gestochen wurden. Dies erklärt auch, warum der Piemontese lange Zeit in England bekannter war als in Italien. Kaum in London angekommen, wurde die Auftragslage für den Spezialisten in Sachen ›Antike‹ entschieden verbessert. Er war es schließlich, der, zusammen mit Wood, einen neuen Zugang zur klassisch antiken Baukunst eröffnete. Borras Bedeutung bei der nachhaltigen Vermittlung einer neuen Sicht auf die Baukunst der ›Alten‹, sein Einfluss auf die Ablösung des englischen Palladianismus durch einen wissenschaftlich betriebenen ›Klassizismus‹ lässt sich auch noch an einem geplanten, aber nie realisierten Projekt festmachen.«

In dem für uns neuen Ambiente: geschärfte Wahrnehmung auch in der B-Ebene der Berliner Verkehrs-Gesellschaft.

Drei Penner auf der Bank einer U-Bahn-Station, vor ihnen eine Plastiktüte mit Bierdosen. Einer der drei hat die Ellbogen auf die Oberschenkel gestützt, lässt den Kopf hängen, schweigt. Der Nebenmann, das Gesicht vom Bart fast überwuchert, er schimpft auf alle, die mal erklärt hatten, sie wären für die Arbeiter da, aber die haben die Arbeiter nur reingelegt. Und er resümiert: »Die Politik ist eine Hure.«

»Da hast du eine Mordsidee!«, sagt der Dritte, ein junger Mann, das lange Haar zu einem Pferdeschwanz gerafft. Und der bärtige Penner wiederholt, weil er Resonanz fand: »Die Politik ist eine Huuure.«

Der junge Mann betont, das mit der Mordsidee hätte er nur ironisch gemeint: »Verzeih.«

Für Ironie aber hat der bärtige Penner kein Ohr, er wiederholt, fast lallend, dass die Politik eine Huuure ist, »das ist schon seit Hannibal so, da könnt ich tausend Beispiele bringen«.

»Du, ich greif noch mal«, sagt der junge Mann mit Pferdeschwanz und hebt eine Bierdose aus der Tüte.

Auch in Berlin, wieso nicht auch in Berlin: Ich beginne, ein neues Buch zu schreiben … ich begann ein neues Buch zu schreiben … ich habe begonnen, ein neues Buch zu schreiben … ich hatte begonnen, ein neues Buch zu schreiben … ich werde beginnen, ein weiteres Buch zu schreiben … ich werde begonnen haben, ein weiteres Buch zu schreiben …

Und wieder in der S-Bahn. Neben mir sitzt eine junge Frau, sie liest Noten: Präludium und Fuge. Zwei Punker steigen ein; schwarzes Leder; einer hat das Haar karottenrot gefärbt, der andere meliert giftgrün, in exotischen Büscheln. Mit einem Radiogerät der fünfziger Jahre (allerdings ohne Magisches Auge!) setzt er sich neben die Frau auf den Klappsitz, das Radiogehäuse auf den Oberschenkeln und an die Brust gepresst. Der Karottenrote schaut, stehend, auf die Noten, beugt sich vor: »Was bedeutet eigentlich dieser Bogen?«

Die junge Frau erklärt ihm das. »Und die schrägen Balken da?« Auch das wird ihm, ohne Ungeduld, erklärt. Das Gesicht unter dem gestylten giftgrünen Haar ist den Noten zugewendet, auch der karottenrote Haarbusch ist herabgesenkt zu den Noten – natürlich stehen sie für ihn auf den Köpfen.

NACHTRÄGLICHES STAUNEN: In jener DDR waren Kompositionen von kompromissloser Modernität entstanden, vermittelt in Aufnahmen von hoher Präzision.

Dies immer lieferbar, in der Ära Honecker? Einen Teil der MDN, im Quoten-Zwangsumtausch, gab ich aus für Bücher und LPs. Hier war die Moderne vor allem durch Paul Dessau vertreten; weiter reichte es nicht, stilistisch. Nach der Wende aber, unter dem Signet »Rediscovered«, erschienen CD-Serien wie »zeitgenossen ost« oder »Neue Musik in der DDR«. Hier kaufte ich alles, was von Friedrich Goldmann aufgezeichnet war, vor allem mit dem hörbar kompetenten Rundfunk-Sinfonie-Orchester Leipzig unter der Stabführung von Herbert Kegel und vom Komponisten selbst. Es gab auch gehorsam ausgeführte Auftragsmusik, aber der Spielraum war erstaunlich groß, bald fanden sich im weiten Spektrum einige Komponisten, Kompositionen, die mir wichtig wurden – aber jetzt erfolgt kein name- and titledropping. Die Vorliebe galt und gilt nun mal Friedrich Goldmann. Was die Begeisterung primär weckte: »Sinfonie 1« von 1972. Hier prägte sich vor allem das Lento ein. Besonders schwierig für zeitgenössische Komponisten sind langsame Sätze, und hier hat Goldmann ein Wunder vollbracht. Weiterer Favorit: »Inclinatio temporum«, Musik für Orchester.

Einen öffentlichen Auftritt Goldmanns habe ich miterlebt, zwar nicht als Dirigenten, so doch als Teilnehmer eines Podiumsgesprächs im Berliner Konzerthaus. Ihm zur Seite, glaube ich, war Siegfried Mathus. Goldmann brillierte mit Witz und Prägnanz. Ich war nah dran, mich nach der Veranstaltung an das Gesprächsgrüppchen heranzupirschen, in dem Goldmann weiter das Wort zu führen schien, war ganz nah dran, ihn anzusprechen, aber ich hatte Hemmungen. Ich wäre mir fast so vorgekommen wie ein etwas verlegener Bittsteller um ein Autogramm. So verpasste ich eine Chance, die sich nicht mehr wiederholte. Als ich vom Tod des Komponisten las, fand ich meine Zögerlichkeit albern; es hätte sich ein womöglich intensives Gespräch ergeben können, irgendwann, irgendwo, irgendwie. Nun fällt mir nur wieder der Romantitel von Theodor Fontane ein: *Unwiederbringlich.*

»Güntzelstraße! Herzlich willkommen!« Sonor und deutlich ausgerufen, sonst sind Ansagen von U- und S-Bahn-Stationen nur als diverse Formen der Sprachverschleifung, Spracherweichung wahrzunehmen. Vor allem die Aufforderung »zurücktreten!« kurz vor Abfahrt, sie wird kontrahiert, wird geschreddert: – u – ück – etn«. Wie Sprecher ohne Gebiss. Und nun dieses »Güntzelstraße! Herzlich willkommen!«. Silbengenau auch die weiteren Durchsagen: »Bitte einsteigen – aber zackzack!« Betont freundlich dann wieder: »Angenehme Weiterreise.« Eine Frau neben mir: »Det ha ick noch nie jehört.«

Die Bahn fährt rasch an. Ein schwerer Mann, graue Lederjacke, graue Cordhose, fällt auf den Boden, dumpfes Dröhnen. Ein älterer Mann hilft ihm hoch. »Ich bin nicht besoffen«, ruft der Gestürzte, sich wieder zurechtrückend »So was ist mir noch nie passiert.«

Zwei Mädchen kichern. Ein junger Türke neben mir dreht sich um: »Nicht lachen! Sollt nicht lachen! Ihr nicht drüber lachen!«

Der Mann nimmt die Parteinahme nicht wahr, setzt sich, ist nun sicher vor der Einwirkung der Beschleunigung, bestätigt den Umsitzenden: »So was ist mir noch nie passiert!«

Und wieder Olga: »Robert Wood hatte ein drittes Buch im Sinn, denn Borra hatte noch zahlreiche Zeichnungen druckreif hinterlassen von den vielen weiteren Monumenten und antiken Stätten, die sie, neben Palmyra und Baalbek, in verschiedenen Ländern vorgefunden haben. Ich hatte das Glück, mit einem einmonatigen Stipendium die mir zwar bekannte, aber noch nicht im Original studierte Sammlung von achtundneunzig lavierten Tuschzeichnungen Borras studieren zu können – heute im Bestand der Paul-Mellon-Collection des Yale Center for British Art in New Haven (Connecticut). Zwar ist die Sammlung seit kurzem online abrufbar, so dass eine Veröffentlichung in Buchform nicht mehr den großen Überraschungseffekt hätte, eine Print-Publikation der Zeichnungen aber würde sich nach wie vor lohnen, vor allem in Verbindung mit Borras Original-Skizzenbüchern, heute in London. Dazu gibt es noch ein wahres Kompendium von Notizen, Tagebuchaufzeichnungen, Manuskripten der drei ›gentlemen on tour‹. Sie berichteten nicht nur über Architektonisches, sondern auch höchst detailliert über Bedingungen des Reisens im Osmanischen Reich, das sie zwischen 1750 und 1751 per Schiff entlang der türkischen Ägäis und weiter südlich bis Palästina erkundet hatten, bevor sie (und ihr vielköpfiges Personal), nach einem Abstecher nach Ägypten und einem Zwischenhalt in Griechenland, mit dem gecharterten Segelschiff *Matilda* wieder die britische Insel erreichten.«

In dem für uns neuen Berliner Ambiente: geschärfte Wahrnehmung auch in der B-Ebene der BVG.

Mir schräg gegenüber ein dicker, lockenköpfiger Mann; Freizeitjacke mit hochgeschlagenem Ärmelsaum. Er zeigt einem hageren Mitreisenden, wo er, zwischen Friedrichstraße und Lehrter Bahnhof, als Grenzsoldat Wache geschoben hat, drei Jahre lang:»Gefahrenzone erster Klasse … Gefahrenzulage, kriegten wir alle … in dem Haus da hab ich geschlafen … zwölf Stunden Tagdienst, zwölf Stunden Nachtdienst … na ja, eigentlich sind wir bloß da rumgestanden, für den Sozialismus und für den Erich … alles Scheiße … jeden Tag neue Parolen und neue Kameraden in der Streife …« Und jetzt sind sie schon anderthalb Stunden lang unterwegs zum Bahnhof Zoo, er ist froh, wenn er wieder aufstehen kann. »Alles Scheiße.«

Ich führe ein Buchkonzept aus … ich führte ein Buchkonzept aus … ich habe ein Buchkonzept ausgeführt … ich hatte ein

Buchkonzept ausgeführt … ich werde ein Buchkonzept ausführen … ich werde ein Buchkonzept ausgeführt haben …

Und wieder in der S-Bahn. Der Vater etwa Mitte dreißig, der
Sohn etwa zehn: auf dem Sitz mir gegenüber. »Biste müde?«
Kleines Nicken des Jungen. »Dann mach doch die Augen zu.«
Geschieht aber nicht.

Der Vater sommersprossig, mit rotblondem, kurzgehaltenem Haar. Er wirkt durchtrainiert, doch Bodybuilder wird er
kaum sein, er hat Haare auf der Brust, die sind bei Kraftsportlern verpönt. »Wenn de die Zeitschrift nich brauchst, kannste
se mir gebn.«

Der Junge braucht sie nicht, hält sie aber fest, als Rolle.
Die kleine Anfrage wird nicht wiederholt. Vater und Sohn in
Jeans. Über dem Pullover hat der Vater eine kleine Bauchtasche umgeschnallt. Wie von selbst entrollt sich die Zeitschrift.
Der Vater blättert für den müden Jungen, zieht ihn dabei an
sich heran. Der sitzt nun in der Armbeuge, Hinterkopf an die
breite Schulter gelehnt. »Wasn das?«

»Det isn Baby. So ham wa alle mal ausgesehn. Und det is die
Nabelschnur, die ging da rein, wo jetzt dein Bauchnabel is. Da
kamen all die Nährstoffe rein.«

Der Junge nimmt gelassen zur Kenntnis. Der Vater blättert
weiter. »Da ist die Übersetzung von deim Song da.« Der Junge
nimmt auch das zur Kenntnis.

»Willst erst ins Kino und dann zu Mac? Oder haste Hunger? Dann gehn wir erst zu Mac und dann ins Kino.«

Dem Jungen ist das egal. »Also gehen wa erst ins Kino und
dann zu Mac.«

Der Sohn nickt in der Armbeuge, im Muskelnest. Weil er
nicht mehr mit reinschaut, rollt der Vater *Bravo* zusammen,
zieht den Sohnemann ein bisschen fester an sich heran. Das
scheint den erst recht schläfrig zu machen.

Umsteigen, neu einsteigen. Auf der Längsbank gegenüber
drei Mini-Teenies, vielleicht elf, zwölf. Eine ganz in Weiß:
T-Shirt, Leggins, Brautkleidtüll um die Hüfte drapiert. Zahnregulierung mit Kettchen. Die neben ihr, ohne Zahnklammer,

trägt Brille. Sie giggelt, flachst, erzählt, giggelt. »Tschuldigung, aber ich bin heute total gut drauf!« Sie zeigt, kurzer Blick zu mir, wie ein Lehrer sich setzt, wie er auf dem Sitz herumhängt – sie lässt sich auf dem Sitz nach vorn rutschen, »und dann wackelt er so mit den Schultern«. Sie streckt den Körper. Erst die Andeutung eines Busens.

Als ich aussteige: »Schade, jetzt geht er schon ... Tina, halt ihn fest!«

Doch Tina, an der Tür stehend, lächelt teigig.

Ausgestiegen, der Bahnsteig, laute Stimme. »Lüg doch nicht! Ich hab dir gesagt, du sollst nicht so verdammt lügen, das kann ich auf den Tod nicht ausstehn, wenn man mich so anlügt. Wenn du beim Roten Kreuz warst, da haste von denen auch ein Papier gekriegt. Zeig es mir. Zeig es mir doch!«

Zwei Frauen in den Plastikschalensitzen; die robustere wortführend, Bierflasche in der Hand. Die kleinere, fast hagere Frau neben ihr hält ebenfalls eine Bierflasche umfasst, spricht sehr leise.

»Waas, einen Liter?! Beim ersten Mal sollen die dir einen Liter abgezapft haben? Beim ersten Mal?!«

Die Hagere stellt die Bierflasche auf dem Boden, auf dem Weißblechdosen herumliegen, bietet eine Zigarette an, reicht ihr auch Feuer, spricht dabei weiter. Die Robuste aber schreit hinein in den Rauch, den sie von sich bläst. »Das gibt es doch überhaupt nicht! Du lügst doch! Wenn du mich noch mal so anlügst, hau ich dir eine runter. Dann hau ich dir eine runter. So lass ich mich nicht anschmieren, verstehst du, von dir schon gar nicht. Du dumme Kuh! Ja, du dumme Kuh! Du Miststück! Lügst mich immer bloß an! Dir haben die nie im Leben einen ganzen Liter Blut abgezapft, das gibt es doch überhaupt nicht. Komm du noch einmal an und lüg mich derart an. Du mieses Dreckstück. Ich bring es –«

Bremsgeräusch, überschwebt von hohem Quietschen. Pressluftzischen, mit dem sich Türen aufschieben, da bleibt von der Schreistimme nur noch Schreiklang, heiser.

DAS ZWEITE BUCH IM NEUEN VERLAG: kein biographischer Text, sondern ein Roman: *Der König von Grönland*. Hier muss ich gleich noch mal festhalten: Die Bücher, die erwähnt oder von einem Text begleitet werden, es müssen nicht unbedingt meine Lieblingsbücher sein, die Auswahl wird eher durch ihre potentielle Offenheit bestimmt: Bücher, zu denen mir begleitend oder weiterführend etwas einfällt, wie schon betont. Ich gehe dabei nicht systematisch, sondern punktuell vor. So wird dieser Roman nicht, insgeheim oder offenkundig, über andere meiner Romane gestellt, wertend, der Titel gibt mir das Stichwort für eine Randnotiz, in diesem Fall.

Erzählt wird im Roman von einem Vorgang, der eigentlich unmöglich ist: Mit Hilfe auch eines Schamanen wird ein Nordlicht nach Köln gelockt, genauer: nach Köln auf Höhe der Südbrücke – der ersten Brücke, zwangsläufig, die ich als Kind wahrgenommen habe. Jahre, nachdem dieser Roman erschienen war, geschah das Unerwartete, Unvorstellbare: Nordlicht über Köln! Wie zur Bestätigung, dass meine Erfindung – gegen alle Erwartung – doch im Spielraum der Wahrscheinlichkeit lag. Kein Nordlicht in wehendem Grün, wie hoch im Norden üblich, sondern (spezifisch für die Atmosphäre unserer Breitengrade) in sattem Rot.

Ich habe zumindest einen Abglanz dieses Nordlichts gesehen, von dem auch in der Zeitung berichtet wurde: War im Eifelhaus, wachte auf, tapste vor das Haus zum Pinkeln, und staunte: Rot der Nachthimmel, rot wie von einer farbsatten Abenddämmerung, rot wie von einem riesigen Feuerschein hinter dem Horizont. Ich fand, schlaftrunken, nicht das Stichwort Nordlicht, die sonderbare Lichterscheinung aber wurde von Erinnerung fixiert, wurde mit dem kurzen Zeitungsbericht gleichsam festgeschrieben: Nordlicht, nun doch mal, tatsächlich mal, über Köln, auch über Köln, für mich nur über Köln, mit einem Abglanz bis in die Nordeifel, wie von mir bestellt, aber nicht allzu aufmerksam wahrgenommen. Tapste zurück ins Haus, legte mich ins Bett, schlief weiter. Es war etwas zu wenig Adrenalin ausgeschüttet worden. Nun zehre ich von jenem Abglanz der Lichterscheinung, ohne Schamanenhilfe visualisiert.

Ich verändere einen Text ... ich veränderte einen Text ... ich habe einen Text verändert ... ich hatte einen Text verändert ... ich werde einen Text verändern ... ich werde einen Text verändert haben ...

ICH STELLE OLGA einen halbstündigen Film vor, auf DVD, 1994 vom Westdeutschen Rundfunk produziert: ich in Herrsching. Ich berichte ihr zuvor von der besonders wichtigen Phase der Vorbereitungen zu Dreharbeiten: die Vorbesichtigung (VB). Dabei werden die Punkte bestimmt, an denen die Kamera postiert wird, es werden die Wege erkundet, auf denen sich der Kameramann bewegen soll.

So bin ich mit der Filmemacherin, mit Edith Gerhards, in Herrsching – viereinhalb Jahrzehnte, nachdem wir Herrsching verlassen hatten, freiwillig. In diesem Zeitraum war ich, ab Mitte der siebziger Jahre, ungefähr im Jahrestakt in Herrsching, erst, um die Eltern, dann, um den Vater zu besuchen, im Haus, das Helene gebaut hatte für die Zeit des Ruhestands, und das nun Haus eines meiner Brüder ist.

Bei den Besuchen wurden im Ort jeweilige Veränderungen registriert: Ein altes Haus abgerissen, ein neues an dessen Stelle gesetzt ... eine Sand- und Schotterpiste am Ortsrand asphaltiert ... eine Straße verbreitert, ein Parkplatz angelegt ... ›störende‹ Bäume gefällt ... Die üblichen Veränderungen, landesweit. Die haben in Herrsching allerdings eine extreme Geschwindigkeit entwickelt. Stimulierend: Herrsching, seit Jahrzehnten Endstation einer Bahnlinie, wurde Endpunkt für die Münchner S-Bahn-Linie 5. Bei Orten mit S-Bahn-Anschluss werden Grundstückspreise in die Höhe katapultiert. Das bedeutet: Baugrund muss maximal genutzt werden.

Nun, bei der VB, zwischen Bahnhof und Martinskirche auf dem Hügel, zwischen See und Wald, sehe ich mein Kindheitsdorf mit den Augen der Filmemacherin. Vom Hotel aus führe ich sie durch das Karree der wichtigsten Straßen: Seestraße,

Luitpoldstraße, Hauptstraße. Abrissbagger, Baugruben. Bauten der sechziger Jahre in ihrer kahlen Funktionalität, Neubauten der achtziger und neunziger Jahre mit Spielelementen postmoderner Versatzstücke. Ich kann, ich konnte immer nur sagen: Hier war mal … hier stand mal … Ich spüre bei der Begehung, wie mir Herrsching, im Ortskern, gleichsam entzogen wird. Oder wie es mir entgleitet. Spurensicherung, die zur Einsicht führt, dass Spuren weithin gelöscht sind?

Am Platz des früheren Kriegerdenkmals: Schock der Begradigung. Noch in Köln, beim Vorgespräch, hatten wir geplant: Ich erzähle dort von der Begegnung, der beinah fatalen, zwischen amerikanischen und deutschen Soldaten, zwischen Mannschaftswagen und Motorradgespann. An diesem Platz aber war nichts mehr, das eine optische Verbindung schaffen konnte zu jenem Zeitpunkt im April 45. Das Kriegerdenkmal längst weggeräumt und zum Friedhof transportiert, dem wachsenden Verkehrsvolumen weichend. Dort, wo hinter mir, dem Jungen, ein Garten war mit Bäumen, dort wurde gleich nach der Währungsreform ein Kino gebaut, die Ammersee-Lichtspiele; auch sie wurden erfasst vom Kinosterben der sechziger Jahre und in eine Tengelmann-Filiale umgebaut; der kiesbestreute Vorplatz des Kinos nun als asphaltierter Parkplatz. Auf der Gegenseite nicht mehr das alte Wohnhaus mit dem Schreibwarengeschäft, in dem ich die Kriegsillustrierten abholte: ein Neubau auf einer zwölf Meter tiefen Baugrube – Keller mit Tiefgaragen. Höchstens ein Bildangebot für eine Reportage, konstatiert die Filmemacherin, aber Bildfolgen, die etwas erzählen, die sind hier nicht mehr zu finden. Bezugspunkte, Sichtverbindungen: gefällt, begradigt, abgerissen.

Im Kleinen ein Mischungsverhältnis wie im Frankfurter Westend: alte Bausubstanz rudimentär zwischen Neubauten, die in die Höhe schießen. In Herrsching sind es nicht Hochbauten, sondern gestaffelte Mehrzweckbauten: Wohnen, Verwalten, Verkaufen. Bei dieser VB habe ich selbst den Eindruck, wir gingen durch einen Ort, der im Krieg schwer bombardiert worden ist, aber: keine Bombe fiel in dieses Dorf, keine Granate schlug ein, hier wurde die Abrissbirne geschwungen, der

Abrissbagger eingesetzt. Zerstörung eines Ortskerns durch Kosten-Nutzen-Kalkulationen. Kommen Erinnerungsbildchen dagegen noch an, topographisch fixiert? Dort, wo ich, immer wieder zurückgedrängelt von Erwachsenen, anstehen musste für Milch …? Dort, wo ich beim Abfüllen von Limonadeflaschen zuschaute …? Dort, wo ich vom Schusterjungen verprügelt wurde …? Dort, wo ich Kegel aufgestellt habe in der Kegelbahn mit dem Duft einer Badehütte …? Dort, wo ich den Deutschen Gruß mit falschem Arm leistete …? Dort, wo ich Suppe der Schulspeisung verschüttete …? Dort, wo ich vom Attentat auf Hitler erfuhr …?

Gasthof zur Post, der Biergarten. Bei Weißwurst und Hellem besprechen wir die erste Etappe der VB. Das Bild, das ich beim Vorgespräch in Köln vermittelt hatte, und das gegenwärtige Dorfbild, die sind für Edith Gerhards überhaupt nicht deckungsgleich. War meine Wahrnehmung bei früheren Besuchen des Orts gefiltert? Ließ dieser Filter nur partielle Wahrnehmung zu in schonender Dosierung? Verbunden mit der Erwartung, dass ich an möglichst vielen topographischen Punkten Erinnerungen festmachen kann, dass sie womöglich Erinnerungen stimulieren? In einem Ambiente, das sich zwar verändert hat, dessen Grundmuster, dessen Strukturen jedoch erhalten blieben? Nostalgie? Eigentlich dürfte nichts bis zur Unkenntlichkeit verändert werden? Das gegenwärtige Herrsching als Freilichtmuseum des damaligen Herrsching, das ein selbstverständliches Ambiente für mich war? Erwarte ich etwa, dass Bauzeit angehalten oder erheblich verlangsamt wurde als Entgegenkommen des Orts an den Besucher? Und es werden nicht Verkehrsschneisen auch durch mein Bewusstsein gefräst?

Im Biergarten mit seinen gezausten Kastanienbäumen sprechen wir uns an den entscheidenden Punkt heran: Was hier, für mich, zur schmerzhaften Erfahrung wird, das ist der unübersehbare Verlust von Charakteristischem, ist das Überwuchern einer alten Dorfstruktur durch austauschbare Formen der Architektur. Viele der Häuser, die in den sechziger Jahren gebaut wurden, könnten ihn ähnlicher Form und Ausführung auch in

1226

München-Pasing oder München-Laim stehen. »Da hat Köln-Nippes ja mehr Atmosphäre als dieses ganze Herrsching!«, ruft sie.

Ich versuche Gegenakzente zu setzen. Es steht noch das alte Bauernhaus, es ist sogar noch die Erdrampe hinauf zur Scheune erhalten, in der eine Zeitlang französische Soldaten einquartiert waren, und auf der Rampe habe ich ein paarmal mit einem der Soldaten geradebrecht, habe ein Brett bespielt. Und da ist noch die Wiese neben dem Rathaus, auf der wir uns zum Abtransport nach Köln hätten einfinden sollen. Da ist sogar noch das alte Haus, nur bunt gestrichen, in dem wir auf das Gymnasium vorbereitet wurden. Und vor allem: da ist noch das Haus, in dem wir gewohnt haben, und dessen Garten uns am nächsten Tag offensteht. Und, vor allem, der See! Die alten Weiden am Ufer nur noch etwas älter geworden ... Die Seepromenade inzwischen mit einer Schwarzdecke versehen ... Das eine oder andere Haus abgerissen, einem Neubau gewichen ... Die alten Proportionen aber blieben erhalten. Wer mit dem Schiff auf die Haltestelle Herrsching zufährt, der bleibt mild gestimmt.

Erfahrung, die ich in einem Gedicht artikulierte, Erfahrung, die sich nun wieder artikuliert: ich schwimme im Kindheitssee. Das Wasser ist längst ausgetauscht zwischen einfließender Ammer und ausfließender Amper, auch meine Haut ist mehrfach erneuert worden im stetigen Austausch von Zellen, mein Lebensgefühl hat sich entschieden verändert, und doch: Das Wasser des Ammersees als Kindheitselement, und darin schwimme ich mit regelmäßigen und unregelmäßigen Stößen, tauche bei den regelmäßigen Stößen jeweils unter die Wasseroberfläche, lasse die Luft am Mund vorbeistrudeln, tauche auf, sauge die Lunge voll, lasse die Luft in Blasen am Mund vorbeistrudeln, tauche auf, sauge die Lunge voll, lasse die Luft in Blasen am Mund vorbeistrudeln, gleichmäßig dieses Eintauchen, Auftauchen. Und beim Rückencrawlen wieder das dutzendfache Aufblitzen fallender Wassertropfen: lösen sich von den Händen, den Unterarmen, während ich sie aus dem

Wasser hochziehe, über den Kopf hinwegschwinge, fast geräuschlos ins Wasser eintauchen lasse: diesigblauer Himmel, ein paar Wolken, Kindheitshimmel über Kindheitswasser. Wenn ich schließlich wieder das Ufer erreiche, aufstehe: wieder der Druck der verschieden großen Kiesel in die Fußsohlen, sie verhindern Eleganz der Bewegung. Am Ufer stehend, umhüllt mich Wärme, eine Wärmehaut an meiner Körperhaut, das geht ineinander über. Und ich bin ganz Körper, beinah ganz Körper, fühle mich dem Körper des Jungen wieder nah, brauche mich nicht zurückzuversetzen in Erfahrungen und in Körpergefühle der Kindheit, hier und jetzt ist wieder sinnliche Gegenwart. Die wird nun wohl noch deutlicher, noch intensiver empfunden, denn nichts scheint so selbstverständlich wie damals: Dass ich wieder an diesem See bin, dass mein Körper leicht in die alten Bewegungsabläufe hineinfindet ohne Schmerzen. Nein, ich muss nicht, mit Sehnsucht, zurück-denken, mich zurück-versetzen, zurück-fühlen in eine Kindheit als Zeit, in der sich erfüllte, was ich später nur noch ersehne, für mich ist Kindheit nicht ein entschwundenes Paradies, dessen Konturen ich, im Rückblick, nachzuvollziehen versuche, kolorierend. Dort, wo Erinnerung an Kindheit am intensivsten ist, kann heutige Erfahrung noch sehr intensiv sein, vielleicht noch intensiver. Der See ist noch da, die gewohnten Uferkonturen sind noch da, die weißen Wolken über der glatten Seefläche sind noch da. Und als würde hier Regie geführt, nähert sich auf dem See ein dumpfes Pladdern, ich entdecke den Schaufelraddampfer, auf dem ich als Kind gefahren bin; mit platschenden Schaufelrädern fährt die *Dießen* in wenigen hundert Metern vorbei zum Landungssteg.

Fischergasse; das Haus, in dem ich als Kind gelebt hatte. Von der Aufnahmeleiterin im WDR war die Drehgenehmigung eingeholt worden. Der Hausherr ist in Urlaub, die Haushälterin ist informiert.

Die Frau, die nach dem Klingeln auf uns vier zukommt, sie weiß sofort: »Sie sind der Herr Kühn!« Hat mich noch gekannt, als Jungen. Ja, wie denn das? Sie ist Haushälterin hier seit 1947, und erst 1949 sind wir umgezogen, sie hat mich oft gesehen: »Sie waren der Große, der immer gelesen hat.« Und wir werden in den Garten geleitet, hinter dem langgestreckten Haus.

Sofort setzt Abgleichen ein mit Erinnerungsbildern. Vor der Stirnseite, der östlichen, des Hauses war der Brennholzschuppen. Also: Brennholz stapeln. Dabei Betörung durch Holzgeruch, Harzduft? Nichts da – eine Arbeit, zu der ich mich nicht vordrängte, zu der ich geschickt wurde. Der Schuppen ist abgerissen.

An den Brennholzschuppen anschließend: die Waschküche mit fest installiertem Kessel über gemauertem Ofen. Nebelhafte Abläufe. Ich musste Holz holen zum »Nachlegen«. Der Waschtag! Da musste Helene all ihre Kräfte einbringen, gemeinsam mit dem Dienstmädchen: Wäsche auf dem Waschbrett gerubbelt, Wäsche im Kessel gerührt, Wäsche mit großem Holzlöffel herausgehoben. Wir Kinder mussten Respekt bezeugen vor der Tagesleistung. Kein Ansatz zur Idyllisierung. Die Waschküche gibt es ohnehin nicht mehr.

In gerader Linie fortgesetzt, parallel zum Gartenzaun: der »Brunnen«. Ein Fass, zur Hälfte in den Boden eingesenkt, ein Wasserhahn. Keine Erinnerung an Wasserschöpfen, Wassertragen mit der Gießkanne, der obligatorischen, stattdessen: erste Erfahrung von »Totenstille«. Spiel am Nachmittag, Helene lesend in der Sonne, die Stimmen der drei Söhne verteilt im Gartenbereich, der uns offenstand, eine Stimme fehlte plötzlich, alarmierte Wahrnehmung, ein Rufschrei, gemeinsames Rennen zum Brunnenfass, der jüngste Bruder über den Rand hängend, kopfüber, kopfunter, einer der Erstickungsanfälle, ihm musste auf den Rücken geklopft, geschlagen werden, bis er wieder nach Luft schnappte. Bild, das sich einprägte, sich umsetzte in einem Kinderbuch, viel später: Einer, der über einem Fassrand hängt, kopfüber, kopfunter, und er muss hochgehievt werden … Noch einer, der über einem Fassrand hängt, kopfüber, kopfunter, und er muss hochgehievt werden … Wieder einer, der über einem Fassrand hängt, kopfüber, kopfunter, und er muss hochgehievt werden …

Doch nun: warmer Sommertag, ein paar Wölkchen unter blauem Himmel, Licht, Licht, Licht. Die Wege, früher kiesbestreut, kiesknirschend, sie sind nun von Gras überwachsen, und das ist kurz gehalten. Die metallene Rosenpergola steht noch, die Rosen wuchern wild. Erkennbar noch die Abgrenzung unseres Gemüsegartens: die Einfassung sanft abgerundet, überwachsen. Riesig eine Weide, haushoch, mit mächtigen Ästen. An der Gartenseite des Hauses immer noch ein Lattenrost, an dem wilder Wein hochwächst, nun mit erheblich stärkeren Stämmen. In der Höhe des ersten Stocks, zwischen zwei der modernisierten Fenster, ein alter, braun gestrichener Holzkasten mit einer Madonnen-Statuette. Hatte ich vergessen, ist nun sofort wieder präsent, auch als Erinnerungsbild.

Während Edith Gerhards und Dietrich Margun ihre VB durchführen, »ergehe« ich mich im Garten. Ja, ich bin emotional aufgequirlt. Drei Fenster, unsere drei Fenster öffneten sich zum Garten: Kinderzimmer, Wohnzimmer, Zimmer der Mutter. Zum Vorgarten nur die Fenster von Küche und Badezimmer, das Klofensterchen. Wir waren also zum Garten orientiert, meistens.

Dieser Garten: Terrain, in dem sich noch Kindheitszauber heraufbeschwören lässt. Schonend behandelte Vergangenheit in einem Land, in dem Planierraupen auch auf Gärten angesetzt werden, um das Areal nach neuen Geschmackskriterien zu ordnen, mit Zwerggewächsen, weitflächigem Rasen, Swimmingpool. Die alten Grundmuster von Wegen und Pflanzbeeten sind hier noch erhalten, sanft von Gras überwachsen. Die Weide hatte viereinhalb Jahrzehnte Zeit, sich noch mehr in die Höhe, in die Breite zu entfalten. Und die Apfelbäume: noch aus der Zeit damals? Unter jedem Baum eine Kreisfläche von Fallobst, zahlreich auch Äpfel an Ästen. Die mussten nicht nach EU-Normen aufwachsen: klein, weißgrün die Schale, mild säuerlich im Geschmack. Die Haushälterin überreicht mir eine Plastiktüte, ich kann sie füllen mit einer Auswahl frisch gefallener und frisch gepflückter Äpfel. Ein Deputat für die Filmemacherin, ein Deputat für den Kameramann, ein Teil für den Mann vom Ton. Der größere Anteil für mich.

Nicht erwartete Erfahrung von Kontinuität. Ich werde mit dem Erinnerungsbild in Beziehung gesetzt, das sich im Kopf der Haushälterin gebildet, fixiert hat. Ich kann auf Wegen gehen, auf denen ich mich als Kind bewegt hatte. Bald muss ich mich auf den Auftritt vor der Kamera konzentrieren, mit rasch verabredetem Gang ins Bild, Verharren im Bild, Verlassen des Bilds. Aber noch breitet sich Gefühlswahrnehmung aus im Kindheitsgarten, Sommergarten, der für zwei, drei Stunden mein Garten ist.

Während sich Kameramann und Toningenieur auf die Suche nach Motiven begeben, die für Zwischenschnitte geeignet sein könnten, fahre ich mit Edith hinaus zur Bauernfachschule, zur Beamtenhochschule am Ortsrand, der früheren Reichsfinanzschule. Meine Erinnerungen, die auch bei ihr Erinnerungen auslösen, Kindheitserinnerungen. Hier im betont katholischen Bayern findet sich wie von selbst ein Stichwort: Maria, Patronin voller Güte. Und der Mantel. Als Kriegskind hatte Edith sich vorgestellt, Maria hätte unter ihrem Mantel Patronen, die aber nicht mit Pulver, sondern mit Gnade angefüllt sind, und die verteilt sie gnädig …

Und mein Stichwort: Verwundete, die vom Güterschuppen neben dem Bahnhof mit Lastwagen hinausgefahren wurden zu diesem langgestreckten Gebäudekomplex mit riesigem roten Kreuz auf dem Dach, damals.

Tor III. Wir stellen den Leihwagen ab, betreten ein menschenleeres Areal: Augustferien. Stehen vor einem Gebäude, das einen wohl ›unauslöschlichen Eindruck‹ hinterlassen sollte. Nazi-Architektur, wie ich sie in dieser Authentizität bisher nur in Bilddokumentationen gesehen habe. Zum Zeppelinfeld, dem früheren Reichsparteitags-Areal von Nürnberg, bin ich nie hinausgefahren, bei Ferienreisen oder im zeitlichen Umfeld von Lesungen, ich habe auch vom »Kolosseum« nur Bildreproduktionen im Kopf. Und nun pralle ich auf einen NS-Repräsentationsbau aus jener Ära, die Zeit meiner Kindheit war.

Stufen führen breit angelegt hinauf zu fünf Eingängen des

Festsaals; über ihnen eine weite, hohe Fläche von Granit in grob behauenen, nicht gleichmäßig umrissenen Blöcken; dicht unter Dach und Regenrinne ein monumentaler Reichsadler, mächtige Schwingen ausgebreitet über drei der fünf Türöffnungen; in den Krallen der übliche Eichenlaubkranz; das Hakenkreuz ist weggemeißelt. Sonst hat sich in der Fassade nichts weiter verändert: ein Relikt.

Unter dem Nazi-Reichsadler oder Reichs-Naziadler mit zwölf oder fünfzehn Metern Flügelspannweite mussten sich Besucher des Saalbaus gleichsam wegducken. Von der Auffahrt her gesehen war ich als Kind nur ein Punkt, ein Pünktchen und Mutter Helene ein etwas größerer Punkt. Unterwerfungsarchitektur.

Noch nie habe ich, mit Bewusstsein, einen derart überproportionierten Nazi-Adler gesehen. Was mich als Erwachsenen erstaunt und entsetzt, habe ich das als Kind überhaupt registriert? War ich an großmannssüchtige Entfaltung gewöhnt? Riesige Fahnen bei irgendeinem Festakt im Freien … Die großformatigen Gemälde, die übergroßen Männerstatuen im Haus der deutschen Kunst … Die Monumentalsäulen vor diesem Museum … Abbildungen von NS-Architektur und von NS-Veranstaltungen wohl auch in den Illustrierten, die ich bezog …

Architektur, angelegt auf Einwirkung. Aber sie hat keine Nachwirkung hinterlassen. Der Riesenadler hielt nicht seine Flügel gespreizt in der Erinnerung, er hat sich verflüchtigt. Beiläufiges aber wurde in der Erinnerungszone gespeichert: Die langgestreckten Tische im Saal, parallel gereiht wie Tische auf Narrenzunftsitzungen, auf Prunksitzungen des Karnevals, im Fernsehen übertragen. Die Stirnseiten der Tische auch damals Richtung Bühne, dort oben ein Männerchor im Karree und der Chorsatz mit Dampfnudelndampfnudeln im Refrain. Nicht der stumme Reichsadler mit Riesenschwingen blieb im Gedächtnis, nur das gesungene Wort: Dampfnudeln.

Dieses Wort hatte für das Kind meines Namens konkrete Bedeutung: Dampfnudeln, vor allem Rohrnudeln waren eine Spezialität meiner Mutter. Wenn wir uns mal etwas wünschen durften, waren es Rohrnudeln mit süßer Soße. Dampfnudel, Dampfnudel, der Dampfnudelbau. Keine Granitblöcke »für die Ewigkeit«, kein übergroßer Reichsadler ist in Erinnerung geblieben, nur dieses Echo eines Liedrefrains an einem Bunten Abend mit viel Weiß im Saal: Verbandsweiß, Schwesternweiß.

Fortsetzung der VB, nun begleitet von einem Mann mit Schlüsselgewalt. Wir steigen im Turmbau hoch. Steinplatten und Parkett, ein riesiges rundes Fenster. Es ist nicht gespart worden, 1937/38, als der Turm abschließend gebaut wurde. Er hat eine kaschierte Funktion: ein Hochdruckbehälter für Trinkwasser hinter den Granitmauern; der Trutzbau ist Fassadendekoration.

Eine schwere, horizontale Schiebetür nach dem letzten Treppenabschnitt, wir steigen aufs Dach. Metallplatten, Steinsäulchen mit Geländerbalken ringsum, ein Messgerät für Pollenflug. Ich sehe Herrsching mit der Martinskirche auf dem Hügel und den mehrstöckigen Neubauten (»Klein-Manhattan«) am Rand des weiten Schilfgebiets zwischen Herrschinger Bucht und Pilsensee; das Feuchtbiotop wird durch Aufschüttungen sukzessiv verkleinert, das Gewerbemischgebiet will sich ausbreiten, auch die Sportanlagen, auch die Schrebergärten – »überall wird dadran geknabbert«. Der Pilsensee blaugrün, von Waldungen begleitet östlich und westlich, und, nach Renovierungsarbeiten weiß betont, das Schloss Seefeld mit dem Türmchen. Meine Kindheitsregion in weitem Panoramabild an diesem warmen, sonnigen, fast wolkenlosen Tag. Das Waldgebiet des Hangs von Seefeld bis zum Kloster Andechs, ich sehe die Spitze des Türmchens der Kirche von Widdersberg, sehe weiter rechts die deutlichere Markierung des Kirchturms von Andechs, sehe die Wasserfläche hinüber bis Dießen mit der Barockkirche und dem breiten Baukörper des Augustinums, sehe, ein wenig weiter nach links, nach Süden, die riesigen, aluminiumfarbenen, oft fotografierten Parabolantennen der »Erdfunkstelle Raisting«, sehe, schemenhaft, die Alpen mit dem Zugspitzmassiv in Seitenansicht. Kindheitsland, gesehen vom »Trutzturm« einer NS-Anlage, in der Schulung und Ausrichtung erfolgten, und später wurden hier Opfer des Systems untergebracht in immer größerer Zahl.

Ich melde dem Kind, das in mir lebendig geblieben ist: Im Rahmen der Dreharbeiten konnte ich nicht nur den Turm besteigen, zu dem ich damals nur hinaufschauen, aufblicken konnte, ich durfte auch die »Kommandobrücke« des Schaufelraddampfers *Dießen* betreten, Vehikel der Annäherung an die Zeit der Kindheit, die zugleich Kriegszeit war. Ich kann eine Schiffstreppe hinaufsteigen wie alle anderen Passagiere, darf aber ein Stück des Geländers hochklappen und wieder zurückklappen und bin dort, wo ich als Kind stehen wollte, backbord oder steuerbord hoch droben, kann sogar das Ruderhaus betreten, melde dem Jungen, der noch in mir steckt: Ziel erreicht, ich stehe, wir stehen auf der Kommandobrücke des Dampfers *Dießen*.

Ich schreibe noch »Dampfer«, obwohl das Schiff seit zwei Jahrzehnten nicht mehr durch eine 2-Kolben-Dampfmaschine angetrieben wird, sondern von zwei Dieselmotoren, die kaum größer sein dürften als Motoren von Lastwagen. Diese Modernisierung bedeutete, leider: Die Dampfmaschine mit Feuerloch und Kessel, die beiden wuchtigen Kolben, die vier mächtigen Pleuel, die aufgesetzten Ölbehälter, die Krönchen glichen – dies alles ist abgebaut, ist, hoffentlich, in ein technisches Museum überführt und dort wieder zusammengesetzt worden, wenn auch nie mehr unter Dampf. Die kleine Galerie, von der ich als Kind auf die vorwärts, rückwärts gleitenden Kolben geschaut hatte, deren Hin und Her von den mächtigen Pleueln in Drehbewegung umgesetzt wurden, dieser Glanz und Schimmer von poliertem Metall, von Kupfer vor allem, dieser Mischgeruch von Dampf und Öldunst, dieses Keuchen, Stampfen, Zischen des Maschinenraums, von dem Hitze aufstieg – das alles ist nun von Planken überdeckt, auf denen eine Bank steht, auf die ich mich nicht setze. Aus dem nach wie vor hohen Schornstein quillt nicht mehr der schwarze Rauch, den man früher eindrucksvoll fand, nun kommt aus dem Schornstein nur die Heißluft, das leicht eingedunkelte Hitzeflirren.

Aber, dreimal aber: Die Schiffsform ist trotz der Umbauten nicht verändert worden, die mächtigen Schaufelräder treiben es noch an. Das ist die Hauptbotschaft, die ich dem Kind in mir vermittle, wie durch eins der kupfernen Rohre, mit denen früher von Kommandobrücken Befehle vermittelt wurden hinunter in den Maschinenraum: Die Schaufelräder drehen sich, Dieter, sie pladdern, platschen noch. Und der schmale, der schlanke Schiffsrumpf ist über den Schaufelrädern weiterhin ausgeweitet durch alte Aufbauten, und so wirkt das Motorschiff größer, als es eigentlich ist: vierzig Meter lang, zehn Meter breit, 360 Personen können mitfahren, maximal, und gebaut wurde das Schiff im Jahre 1906, als es das Wort Weltkrieg noch nicht gab.

Während das Team ›Bilder einfängt‹, kann ich das Ruderhaus betreten. Ein älterer Mann sitzt auf einem Bürodrehstuhl vor einer Holzfläche mit den beiden Hebeln für die Schiffsmaschinen, mit Anzeigegeräten, mit kleinen bunten Glaskuppen über Birnchen, und das Hebelchen, mit dem er das Schiff steuert, es ist so klein wie ein Joystick.

Ich erwähne, wie nebenbei, dass ich als Junge schon auf diesem Schiff mitgefahren war, mehrfach, dass es damals aber noch von einer Dampfmaschine angetrieben wurde. Und er: »Das brauchen Sie mir nicht zu erzählen, ich war damals Heizer und Maschinist auf dem Schiff.« Dies in bayrischer Intonation.

Hoho, demnach hätte er auf dem Schiff gearbeitet, auf dem ich in den vierziger Jahren mitgefahren bin?

»Genau!« Kohlefeuerung … Zwei Stunden vor der Abfahrt musste er mit dem Beheizen des Kessels beginnen. Und während der Fahrt ständig Kohle nachwerfen. Die war in den Kriegsjahren und danach oft sehr schlecht – stank nach Schwefel, lag schwarz auf dem Rost, der Dampfdruck oft sehr schwach. Und: im Sommer stiegen die Temperaturen drunten im Maschinenraum, vor dem Ofen: vierzig Grad »wie nichts«, auch fünfzig; die allerhöchste Temperatur betrug einmal 56 Grad.

Rechts und links vom Ruderhaus ragen nun aber die Rohre

hoch, die ich mit den Armen kaum umschließen könnte, und sie öffnen sich in Fahrtrichtung, die weiten Öffnungen rot ausgemalt – das sollte keine Kühlung gebracht haben?

Nicht, wenn Windrichtung und Fahrtrichtung gleich waren. Oder wenn sich im Hochsommer kein Lüfterl auf dem See regte – dann brachten diese Windhutzen nix.

Und jetzt? Sitzt auf dem abgewetzten Bürostuhl, vor ihm die hellgrau gestrichene Holzplatte mit Hebeln und Anzeigegeräten; der Fahrplan ist auf eine waagrechte Holzrolle geklebt; die Zahl der jeweils zugestiegenen Passagiere wird zu ihm hinaufgemeldet, er schreibt sie auf eine Schul-Schiefertafel, auf die ein Raster gemalt ist; während der Fahrt wird die jeweilige Zahl in ein Fahrtenbuch übertragen, die Schiefertafel wird abgewischt.

Ein elektrisches Heizöfchen steht an der Rückwand, ein altes »Nachtkastl« mit Schubladen. Die Frontscheibe lässt sich hochklappen, nach außen. Der Mann, der auch für mich die Kesselanlage mit Kohlen beschickt hatte, er steuert nun das Schiff. Wir schauen in Fahrtrichtung, wir blicken zurück. Er war ja auch Maschinist, musste kleinere Reparaturen durchführen, und vor allem: musste die Maschine sauber halten. Der Glanz, der Schimmer der Kolben, der Pleuelstangen, der kleinen Ölbehälter: Was ich als Bub bewunderte, ihm also hatte ich das zu verdanken. Und es deutet sich kleine Zufriedenheit an, weil seine Arbeit ein halbes Jahrhundert später noch Anerkennung findet. Plötzlich ist da Gemeinsames, ja Verbindendes. Edith, der ich das zwischendurch rasch melde: Spurensicherung, so muss sie sein!

Vom Ufer, von der Promenade aus wird das Schiff beim Ablegen, dann wieder beim Anlegen, Ablegen gefilmt. Die roten Schaufelräder bringen es erstaunlich rasch auf Fahrt, bremsen es auch erstaunlich rasch ab. Das Schiff ist filmogen, immer wieder erscheint es auf dem Bildschirm, wenn wir abends im Hotelzimmer des Kameramanns auf einem Monitor anschauen, was tagsüber gefilmt worden ist: Der weiße Rumpf ... der blauschwarze, hohe Schornstein auf dem Oberdeck, gleich hinter dem Ruderhaus ... die beiden Windhutzen, von mir, wie gelernt, mit langem U ausgesprochen … die breiten, mächtig plantschenden, schaumschlagenden Schaufelräder … Ich kann mich kaum sattsehen an diesem Schiff, das ich schon als Kind bestaunt, bewundert hatte – während ich dies tippe, werfe ich schon mal einen Seitenblick auf ein Zinnschiff gleichen Namens, das ich in Dießen gekauft hatte, bemalt, mit einer erstaunlich langen Qualmfahne aus dem Schornstein, der Bugwimpel und Heckfahne überragt. Was sind dagegen schon die modernen, funktional gebauten Passagierschiffe? Als eins der kleinen Nachwuchsboote, die *Herrsching* oder *Schondorf*, zum ersten Mal am großen Landungssteg vertäut wurde, war die Verachtung des Jungen groß, das war für mich nur noch ein »Spuckdampfer« – dem konnte man tatsächlich vom Steg aufs Oberdeck spucken. Auch heute ist da mein Blick wortwörtlich: herablassend. Das verbindet mich erneut mit dem gleichnamigen Jungen, der verächtlich auf das kleine Personentransportschiff hinabschaute und wohl auch verstohlen hinabspuckte: Die Passagiercontainer der Rheinschifffahrt, die schwimmenden Hochseetabletts mit ihren aufgehuckten, hochgestapelten Containern – das alles ist mir nicht Schiff genug, da sind ja vielfach sogar die Schornsteine wegrationalisiert, ersetzt durch ofenrohrdicke Abgasstutzen am Heck. Als Augenmensch liebe ich Objekte mit reicher Gliederung der Oberfläche, Funktion noch nicht verwandelt in Funktionalität, noch nicht kaschiert durch windschlüpfige Formgebung. Da fühle ich mich eins mit dem Kind meines Namens.

Während der Fahrt auf der Kommandobrücke zu stehen: Dieser Wunsch, der mich mit dem Jungen verbindet, nun aber erfüllte er sich, weil ich für wenige Tage Objekt im Objektiv einer elektronischen Kamera war. Also hier, wenigstens hier: Symbiose mit dem Kind, das ich damals war.

Ich schließe einen Text ab … ich schloss einen Text ab … ich habe einen Text abgeschlossen … ich hatte einen Text abgeschlossen … ich werde einen Text abschließen … ich werde einen Text abgeschlossen haben …

1237

VOR DER JAHRTAUSENDWENDE starb mein Vater, im Altenheim oberhalb des Staffelsees.

Vorher, gelegentlich, eine Bahnfahrt nach Murnau, ein Besuch im Heim, und es wiederholten sich Klagen: Telefon wurde in seiner Abwesenheit benutzt zu (damals noch) teuren Ferngesprächen ... Bestände in seinem Kleiderschrank lichteten sich ... Geldscheine in der Schreibtischschublade verflüchtigten sich ... Eine Mitbewohnerin, meist in folkloristisch stilisiertem Kostüm, hatte jederzeit Zutritt zu seiner kleinen Suite; sie konnte sich die Vermehrung von Kosten und die Verringerung von Beständen nicht recht erklären; mein Vater wollte in der heiklen Angelegenheit nicht weiter eruieren. Lieber noch mal einen gemeinsamen, langsamen Spaziergang machen drunten am See.

Der letzte Besuch gemeinsam mit Olga. Nun musste er schon die meiste Zeit im Bett verbringen, Altersschwäche. Beim Abschied ein Satz, den ich wortgetreu im Gedächtnis bewahre, es war wirklich der letzte Satz, den ich von ihm hörte: »Schön, sich im Hellen zu verabschieden.«

Bald darauf wurde es dunkel in ihm, dunkel um ihn herum. Und ich war mehrere Hundert Kilometer entfernt. Beerdigung in Herrsching. Mutter in der Urne, Vater im Sarg.

JERUSALEM, 1997. Der Chor des Deutschlandfunks will beitragen zu Verständigung und womöglich Versöhnung zwischen Israel und Palästina. Der Kölner Oberbürgermeister soll das bei Empfängen unterstützen. Ich wurde eingeladen mitzukommen, als potentieller Chronist der Friedensreise, zu dokumentieren in einem späteren Funkfeature. Auch ist in der German Book Exhibition in Gaza und Bethlehem eins meiner Bücher ausgestellt. Zudem ist eine Lesung vorgesehen vor Israelis deutscher Herkunft.

Ein Abstecher in das autonome palästinensische Gebiet, nach Bethlehem. Unser Programm: Empfang, Besichtigung, Konzert. Zur Begrüßung meines Buchs kommt es nicht mehr.

Vor der Geburtskirche beobachten wir, über die weite Platzfläche hinweg: Zusammenlaufen, Zusammenrotten, wir hören kollektive Rufe, ja Schreie, ein Wagen kurvt umher, auf dem Dach ein Stativ mit Filmkamera. Was ist da los? Der arabische Guide hebt die Schultern. Dann taucht das Gerücht auf, ein Araber soll in einem israelischen Gefängnis gefoltert worden sein: Aufruhr.

Nachmittags das Chorkonzert, ich sitze in der letzten Reihe, werde von einem der Veranstalter herausgewinkt, dringlich: Zwischenfälle! Ein Bus mit Touristen soll am Checkpoint von Jugendlichen mit Steinen beworfen worden sein, israelische Grenzer haben mit Maschinenpistolen Salven in die Luft geschossen, im Bus haben sich Touristen auf den Boden geworfen oder zwischen Sitze geduckt, der Bus ist in einem wilden Fahrmanöver zum Grenzübergang zurückgekehrt, die Israelis haben die Grenze dichtgemacht, ein Panzer soll aufgefahren sein.

Schlagartig wird mein Mund trocken: eine Falle?! Dem Busfahrer hatten wir zugestanden, dass er sich während des Konzerts in Jerusalem aufhält, einen Besuch macht. Kommt der Bus jetzt nicht mehr über die Grenze? Hängen wir, sitzen wir fest? Das Konzert jedenfalls soll nicht unterbrochen werden – solange der Bus nicht zurück ist, hätte das keinen Sinn.

Ich trabe zum zentralen Platz, der ist wie leergefegt, kein Bus in Sicht. Nun bin ich so was wie ein Verbindungsmann, ein Kettenhund zwischen dem noch ahnungslosen Chor und Arabern, die mir keine klaren Auskünfte geben können oder geben wollen: abwiegeln. Ich lerne nur, dass es für das englische Wort »riot« keine arabische Entsprechung gibt. Aber von riot will einer der Gesprächspartner im Amtsgebäude des Bürgermeisters nichts wissen: Aufregung, ganz normal, so was kommt öfter vor, wir sind nicht weiter in Gefahr.

Und wodurch wurde die Demonstration auf dem Platz der Geburtskirche ausgelöst?

Ein Palästinenser soll sich in einem israelischen Gefängnis erhängt haben, aber für die Araber hier sieht das eher nach Mord aus. Wenn das Konzert zu Ende ist und die kleine Feier danach, bis dahin wird die Grenze wahrscheinlich wieder geöffnet sein, dann käme unser Bus auch wieder raus.

Als ich sage, dass unser Bus erst wieder reinkommen muss, will sich keine rechte Antwort einstellen.

Ich wieder zum Ort der Veranstaltung. Erstatte dem Warner Bericht. Der schlägt vor: gute Miene zum bösen Spiel machen, uns nichts anmerken lassen, der Chor soll weiterhin Zuversicht ausstrahlen, sonst ist hier die Mission verfehlt.

Die halte ich sowieso für verfehlt, entgegne ich. Das muss bei dieser Gelegenheit mal ausgesprochen werden. Die musikalische Friedensbotschaft des Chors lässt entscheidende Zeilen weg. In Tel Aviv wurde das einstudierte palästinensische Lied weggelassen, und hier wird darauf verzichtet, das einstudierte israelische Lied zu singen. Ich halte das für eine schwache Entscheidung. Ein afrikanisches Lied nach einem südamerikanischen Lied zu singen, damit geht man kein Risiko ein, damit ändert man weder in Afrika noch in Südamerika auch nur das Geringste; wenn man aber schon mit der frohen Botschaft der Verständigung anrückt, den Friedenswillen unterstützen, zumindest den Dialog zwischen Israelis und Arabern fördern will, so muss man es auch riskieren, in Israel ein arabisches und hier im sogenannten autonomen Gebiet ein israelisches Lied zu singen.

Damit hätten wir doch nur die Gastgeber verprellt, kriege ich zu hören. Man hätte ja nun ausführlich genug darüber diskutiert. Angesichts der Unruhen stehe er erst recht hinter der Entscheidung. Voll und ganz.

Schön, dann sollte man aber darauf verzichten, in der Ansage die Friedensbotschaft zu betonen. Dann soll man einfach Lieder anstimmen, und basta. Aber für den israelisch-arabischen oder arabisch-israelischen Dialog plädieren, für Frieden zwischen Nachbarn, und dann nicht mal ein Lied des Nachbarlandes singen, das halte ich für schwach, für sehr schwach.

Sie müssen Ihre Nervosität jetzt nicht an mir auslassen!

Ich hatte Ihnen das sowieso mal sagen wollen. Jetzt war ein passendes Stichwort gegeben.

Vielleicht sollten Sie mal ein bisschen zurückstecken. Sie sind ja nun von der anderen Branche. Es bringt nichts, wenn Sie an unserer Programmgestaltung herummäkeln.

Das Wort »mäkeln« gefällt mir in dem Zusammenhang überhaupt nicht!

Na schön, dann nehme ich es mit dem Ausdruck des Bedauerns zurück. Unsere Nerven sind ziemlich angespannt. Jetzt sollten wir erst mal die Lage klären.

Als Mitorganisator muss mein Gesprächspartner Präsenz zeigen, also trabe ich wieder los zu meinen arabischen Gesprächspartnern im Amt. Und da wird man ein wenig deutlicher: I tell you what happened. Ein Palästinenser soll schon vor der Einlieferung ins Gefängnis von israelischen Polizisten misshandelt, schwer misshandelt worden sein, war dann kurz nach der Einlieferung tot. Aus sicherer Quelle stamme das allerdings nicht, es könnte sich um ein Gerücht handeln, aber es bringt die Leute in Aufruhr. Man müsste mal einen informierten Israeli dazu hören, hier dürfte es für mich wohl leichter sein, Kontakt herzustellen.

Ich bin hier nicht der Reiseleiter.

Na ja, so ein Anruf würde wahrscheinlich auch nicht viel bringen. Wie sich das weiterentwickelt, kann keiner hier einschätzen. Die Lage kann sich entspannen, die Lage kann sich weiter verschärfen. Ein paar Steine, ein paar Schüsse … Fest steht, an der Grenze läuft nichts mehr, unser Bus wird möglicherweise nicht wieder durchgelassen, bis auf weiteres, darauf müssen wir uns einstellen.

So berichte ich das auch. Und ergänze: Wenn wir schon derart in die Problemzone geraten, dann hätte man hier auch das israelische Lied singen können, da wäre die Lage auch nicht brisanter. Dass ein norwegisches oder mexikanisches Lied gesungen wird, das kann da draußen die Wogen auch nicht glätten.

Können Sie nicht so langsam mal von diesem Punkt runterkommen? Wir haben jetzt doch wohl andere Probleme. Wenn die Grenze geschlossen bleibt, was mache ich dann mit dem Chor? Sollen wir zu drei Dutzend im Saal übernachten, bis die Lage sich geklärt hat? Ich möchte nicht, dass die Feiglinge recht behalten, die sich im letzten Moment von der Reise abgemeldet haben.

Und wenn die Grenze tatsächlich länger geschlossen bleibt – könnten wir nicht mit Taxen zum Checkpoint fahren, und wir gehen zu Fuß rüber?

Und wenn dort wieder Steine fliegen? In so einem Fall hätte ich lieber Blech und Sicherheitsglas dazwischen. Also, das würde ich wirklich nicht riskieren. Wir haben ja nun zwei, drei Mitglieder im Chor, die sich ziemlich schwerfällig bewegen, sollen wir die vielleicht zurücklassen?

Also Vorsorge treffen? Ich schaue mich im Gebäude um, in dem wir eventuell übernachten müssen: Bänke genug, Klopapier genug? Stehe schließlich auf einer Dachterrasse, alles in hellstem Licht, und doch in jäher Eintrübung.

Bei einsetzender Dämmerung trabe ich wieder los zum Platz. Und dort steht, betont von der Leere ringsum, tatsächlich wieder der Bus. Hastige Verständigung mit dem Fahrer: Ja, es sieht nicht gut aus, er weiß auch nicht, was los ist, weiß man ja nie recht in solchen Fällen, an der Grenze ist tatsächlich ein Panzer aufgefahren oder ein gepanzertes Fahrzeug, der Fahrer will zurück, man hat ihn grade noch durchgelassen, in fünf Minuten muss er losfahren, in spätestens fünf Minuten.

Und ich im Dauerlauf die sanft ansteigende Straße hinauf, alles menschenleer, mein Mund wieder ausgetrocknet, aha, so also findet eine Reaktion in mir statt. Mit trockner Aussprache und in der Aufregung sicherlich etwas heiser, scheuche ich den Chor auf, der sich gerade stärkt, man will nicht recht kapieren, weshalb ich plötzlich Druck mache, hat noch nichts vom Zwischenfall mitgekriegt. Und ich: Nun macht schon, macht schon, wir müssen dem Fahrer dankbar sein, dass er zurückgekehrt ist, in drei Minuten fährt er los. Und ich trabe vorweg. Kleine Erleichterung, dass die Straße sanft abwärts führt, der Chor im Eilschritt hinter mir her, der Bus ist noch da, go on, go on!, ruft der Fahrer.

Und wir schaffen es; einen Panzer sehe ich freilich nicht am Kontrollpunkt, oder steht der irgendwo seitwärts? Aufatmen, durchatmen und nur noch der Wunsch: was trinken, was trinken! Kommentar eines Chorsängers: Lieber zweimal in der Grabkirche als einmal in der Geburtskirche …!

EIN SCHREIBEN VOM BUNDESMINISTERIUM für Bildung und Forschung. Ein größerer Briefumschlag – sieht nicht nach Info-Post aus. Nanu?

»Vom 22. Mai bis 26. Mai 2003 fährt der deutsche Forschungseisbrecher FS POLARSTERN der Stiftung Alfred-Wegener-Institut (Stiftung AWI) von Bremerhaven nach Brest zu einer gemeinsamen Veranstaltung mit dem französischen Forschungsministerium und dortigen Meeresforschungsorganisationen anlässlich des 40-jährigen Bestehens des französischen Freundschaftsvertrages. Im Namen des Kuratoriums der Stiftung AWI möchte ich Sie sehr gerne als Gast zu der Fahrt des FS POLARSTERN einladen. Es wäre mir eine besondere Ehre, wenn Sie dem Kuratorium und den Fahrtteilnehmern ein Referat über das Leben und Wirken von Maria Sibylla Merian bzw. ihnen aus Ihrem Buch über Frau Merian eine Lesung halten könnten und den Zuhörern auch für eine Diskussion zur Verfügung stehen.«

Ein Info-Heft steckt im Umschlag, so muss ich die Suchmaschine nicht anwerfen, habe alles bunt ausgedruckt vor mir: »20 Jahre Forschungsschiff *Polarstern* … Das zentrale Großgerät der Polar- und Meeresforschung … Doppelwandiger Eisbrecher, der bei Außentemperaturen bis zu –50 °C arbeiten und gegebenenfalls im Eis der polaren Meere überwintern kann … *Polarstern* kann 1,5 Meter dickes Eis mit einer Geschwindigkeit von fünf Knoten durchfahren. Dickeres Eis muss durch Rammen gebrochen werden … Kombiniertes Forschungs- und Versorgungsschiff … Nur Doppel- und Einzelkammern mit Tageslicht … Zwei Hubschrauber, die bei schwierigen Eisverhältnissen für die Eisaufklärung eingesetzt werden, aber auch als Messgeräteträger …«

Ich schicke sofort eine Zusage los. Meine erste Lesung auf hoher See …! Und das in einem Forschungsschiff …! Brief hin, Brief zurück, schon folgt der Lageplan für das Schiff, der Ablaufplan für die Reise. Ich fahre nach Bremerhaven, mit dem Taxi vom Bahnhof zum Kaiserhafen, zum Liegeplatz »An der Dolbenpier in der Lloydwerft«. Schaue optisch und metaphorisch auf zum etliche Stockwerke hohen Schiff.

Die Gangway hinauf, hinein ins Schiffsgehäuse. Begrüßung. Einweisung. Meine Nummer, nein, nicht für ein Zimmer, gibts nur in Hotels, und nicht in eine Kajüte, galt nur für alte Segelschiffe, es ist eine Kammer. Verstanden. Kammer mit zwei Fenstern, und die sind größer als die erwarteten Bullaugen. Eine Koje aufgeklappt, eine hochgeklappt. Nasszelle. Kleiner Schreibtisch. Schwimmweste, griffbereit. »Die Kammern erscheinen im ersten Moment luxuriös, doch wer mehrere Wochen zur See fährt und Tag für Tag zwölf bis sechzehn Stunden arbeitet, stellt schnell fest, dass es sich hierbei um ›notwendigen Luxus‹ handelt. Die *Polarstern* ist eben mehr als ein schwimmendes Labor, sie ist auch ein Zuhause.« Für mich nur ein paar Tage lang. Aber ließe sich der Aufenthalt nicht verlängern, als Chronist an Bord bei der Forschungsreise, die sich in Brest anschließen wird?

Ein Imbiss. Ein Umtrunk. Erste Gespräche, Plaudereien in der Bar. Eine Bar an Bord – davon hätte ein Nansen nicht einmal träumen können. Gedrängel am Tresen. In Anbetracht der bald schon späten Stunde und zur Entlastung des Personals bindet sich einer der Wissenschaftler ein Küchenhandtuch vor und übernimmt den Ausschank. Erst mal Bier, gegen den Aufregungsdurst, dann Rotwein für die Bettschwere.

Gespräch mit Ministerialdirektor Junker, der die Einladung unterschrieben hatte. Ein neues deutsches »Eisrandforschungsschiff« befindet sich derzeit im Bau, es soll nach der Merian benannt werden, man fragt sich allerdings, ob mit vollem Namen: Maria Sibylla Merian? Erscheint mir zu lang. Nun wird der Vorschlag rekapituliert: Maria S. Merian. Das finde ich schon besser – sie selbst hat ihren zweiten Vornamen oft so abgekürzt. Aber wie wäre es, in doppelter Bedeutung mit: M. S. Merian? Maria Sibylla und Motor-Schiff in einem? *M.S. Merian*: Das wird abgeschmeckt, wird, mit dem Wein, gleichsam verkostet.

Morgens, punkt sechs, legt das Schiff vom Pier ab: Hochwasser. Der Bord-Meteorologe hätte die Witterungslage so beschreiben können: »Ein flaches Tiefdrucksystem, das von den

Britischen Inseln über Jütland nach Bayern reichte, bestimmte das Wetter. Dieses System verlagerte sich zusammen mit einer eingelagerten Okklusion langsam nach Süden. Zunächst wehte ein schwacher, von Südwest auf Nordwest drehender Wind.«

Von einem Schlepper gezogen, gleitet das Schiff vorbei an der Werft, in der tatsächlich noch ein Schiff gebaut wird; der stählerne Rohbau als riesiger Resonanzkörper für Hämmern und Nieten ... Eine beigeschwenkte Brücke mit Schienen und Fahrspuren ... Ein chinesischer Autotransporter mit hochgezogenen Seitenwänden, die Schiffsaufbauten erscheinen abgesenkt vor der weiten Fläche mit identischen Personenwagen ... Sehr langsames Hineingleiten in die Weserschleuse, der Schlepper nun am Heck.

Die Weser! Der Schlepper legt bei, vielleicht muss noch eine Auftragsbestätigung erfolgen. Der Schlepper macht sich wieder selbständig. Drei hohe Schiffshornsignale unterhalb, drei satte Schiffshornsignale über mir – akustische Zeichen, die sich beim Telefonat mit Olga in Berlin eindrucksvoll übermitteln: kleine Reportage mit Handy.

Viel zu gucken! Steuerbord eine Roll-on-Roll-off-Fähre, die Verladebrücke seitwärts zur asphaltierten Fläche geschwenkt, auf der mit weißen Bodenmarkierungen nicht gespart wurde ... Ein kleines Tankschiff versorgt einen großen Frachter, angenabelt ... Die gereihten Verladekräne des Containerhafens; bizarre Gefährte schnurren umher, containerlang, containerbreit, hohes Traggestänge und vorn ein Fahrerkabäuschen.

Steuerbord ein langgestreckter, grün überwachsener Damm, dahinter Windrotoren und Kirchtürme, die reichlich Abstand zueinander halten. Gleichmäßig grau eingestrichen der Himmel, der vor sich hin nieselt. Eine Frau aus Bremen betont, dies sei fast immer so; das für seinen anhaltenden Regen bekannte, eher berüchtigte Bremen. Ein Jurist, der mal bei der Marine diente, erklärt mir die verschiedenen Formen der Betonnung, der wir folgen. Ein Kutter mit seitwärts weit ausgelegten Fischnetzen backbord. Wenig Fischerei offenbar: es bleibt bei dieser einzelnen, vorerst einzigen Erscheinung auf dem braunen Wasser unter grauem Himmel.

Von diesem Bild nehme ich erst mal Abschied, es geht hinein ins Schiffsgehäuse und hinunter zum Frühstück in der Messe. Erstes Fachgespräch, erster Fachmonolog. Eins von vielen neuen Wörtern: Benthos. Ich frage nach. Gemeint sind Epi(hyper)benthosschlitten. Aha? Ja, es ist zu hoffen, dass dieses Gerät auch so genutzt werden kann, wie es im Antrag an die AWI ausgeführt wurde. Aber ein Tag schlechtes Wetter im Forschungsgebiet, und der Zeitplan gerät unter Druck. Kann der Fahrleiter, am eigenen Projekt interessiert, seiner Arbeit dann Priorität verleihen?

Jetzt weiß ich immer noch nicht, was es mit Benthos auf sich hat. »Na, dann kommen Sie mal mit.« Gestärkt an Deck, es nieselt noch immer. Durch einen Mannschlupf betreten wir einen weiten, hohen Raum, sonst Hangar für Helikopter; jetzt stehen dort diverse Forschungsgeräte herum. Und da ist auch schon ein Benthos-Schlitten: Stahlrohrgestänge, rund ein Meter mal achtzig, zwei Reusenkästen, an die hinten Netze befestigt werden. Plankton und Benthos: Kleinlebewesen auf dem Meeresgrund. Das Gerät wird per Winde abgesenkt, dann in 800 oder 1000 Metern Tiefe über den Boden »gedredgt«. Normal ist beinah, dass Dredgen bei jedem Einsatz einige oder viele ihrer Zähne verlieren. Das Material im Netzbeutel hat ebenfalls eine hohe Verlustquote, vielfach. So sind die Tiere mit Nadeln von Kieselschwämmen oft regelrecht gespickt, sind meist moribund oder tot.

Und ich höre, wie nebenbei, von neu aufgespürten Spielformen der Evolution. Der Fisch, dessen Namen ich vergessen habe: Fisch, der an der Bauchseite leuchtet. Sobald er registriert, dass er von unten her angegriffen wird, gleicht sich die Leuchtstärke seiner Bauchfläche dem Licht an, das die Wasserschicht durchdringt, und so wird er nicht mehr gesehen vom Raubfisch ... Oder der Schwertfisch, fischkaltblütig auch er, doch seine Augen werden ständig erwärmt, damit wird die Sehkraft um das Zehnfache gesteigert ... Die submarinen Wunderkammern wachsen mit den ständig verbesserten Methoden und Mitteln der Beobachtung.

Pünktlich im Ablaufplan die »Sicherheitsbelehrung«, ein Viertelstündchen lang. Anweisungen, Einweisungen. Die Teilnehmer vom Gelb der Schwimmwesten betont: aufgeplustert um Hals und Nacken und vor der Brust. Keiner reißt an der Lasche, die ein Lichtlein anzippt.

Und dies sind die Rettungsboote: geschlossene Systeme, kleine Antriebspropeller, Notrationen. Instruktionen erfolgen im Fall eines Falles »vor Ort«.

Zurück mit der nassgenieselten Rettungsweste in die Kammer. Die Strippen lösen, die Weste ablegen und gleich, wie verabredet, in den »Blauen Salon«. Der weite Raum ist fensterlos wie die Messe für Offiziere und Wissenschaftler. Ein runder Konferenztisch; ein Harmonium; ein Tresen; ein simulierter Kachelofen in einer Sitzecke; das Schiff, auf dem ich fahre, als Modell in einem Plexiglasgehäuse und zusätzlich an die Wand gemalt. Der Bibliothekssektor: Bücher hinter Glas und sichernden Querleisten. Ich werde später an den Reihen entlanggehen.

Jetzt nehmen wir erst mal Platz. Fortsetzung eines Gesprächs, das, Schwimmweste neben Schwimmweste, an Deck begonnen hat. Eine »nur mal neugierige« Frage nach meinem angekündigten »Vortrag«: Gibt es da so etwas wie eine Generalperspektive?

Nun, ich möchte herausfinden, was Literatur und Naturwissenschaft verbindet, verbinden könnte. Also Maria Sibylla Merian. Sie hat geforscht, hat zumindest genau beobachtet *und* sie hat künstlerisch frei, relativ frei gestaltet. Eine Frau, der demnach die Verbindung, die Fusion geglückt ist, richtungsweisend? Oder eher ein Modellfall, perspektivsetzend?

Da ist es auch schon, das Wort, das im weiteren Gespräch dominiert: Modell. Es löst sich rasch ab von Frau Merian, wird zum Faden, in eine gesättigte Lösung getaucht, schon setzen sich Kristalle an. Ich leiste eine Vorgabe: Literarische Texte schreiben, kann auch heißen: Modelle entwickeln. Ich erwähne das dritte meiner Hörspiele: *Reduktionen.* Hier habe ich modellhaft vorgeführt, wie in einem totalitären Staat Sprache reduziert wird: Erst die Eliminierung einzelner, scheinbar unverfänglicher Wörter (»vertikal«), danach Reduzierung auf zwei Silben pro Wort, schließlich das einsilbige »Ja«.

Verglichen mit der Realität von Sprachregelungen etwa im Dritten Reich erschien mir mit wachsendem Zeitabstand dieser Modellablauf allzu simpel. Ich sammelte weitere Informationen zur Technik der Sprachregelung – und der ›schlagend‹ vereinfachte Vorgang differenzierte sich. Zum einen bestätigte sich, dass im totalitären Staat Wörter verfemt, liquidiert, andererseits zeigte sich, dass zugleich Wörter hervorgehoben und gefeiert wurden. Dies als Ansatz zu einem neuen Hörspiel, das konsequent einen anderen Titel erhielt: *Sprachregelung*.

Ja, hier ist der Knackpunkt, so höre ich, hier ist der springende Punkt: Arbeiten mit Modellen schließt ein, dass Modelle zerstört werden, weil sie Fakten nicht mehr integrieren können. Hier ließe sich, in der Tat, eine Verbindung herstellen zwischen Literatur und Naturwissenschaft. Auch er, als Erforscher von Meeresfauna, arbeitet mit Modellen, und die lösen sich auf, lösen sich ab. Heranzitiert werden nun Tiefseekrebse. (Deren lateinische Bezeichnung habe ich damals nicht notiert, die Rekonstruktion der Modellfolge aber ist noch präsent.)

Jene Krebsart, Aasfresser, lauert auf tote Fische, die zum Meeresboden herabsinken, in lichtloser Tiefe. Damit die Leitfrage: Wie findet ein Krebs einen toten Fisch, im Finstern und dies auf womöglich größere Entfernung?

Erstes Erklärungsmodell: Der Krebs registriert den Aufschlag des Nahrungsbrockens auf dem Meeresboden. Besonders wirkungsvoll wäre die Bodenvibration beim Aufschlagen eines toten Wals: kleines tektonisches Ereignis in seismischer Sinneswahrnehmung. Krebse im Umkreis setzen sich in Bewegung, konzentrisch zum Aufschlagspunkt. Einwirkung, Signalwirkung also durch Bodenvibration. Hier kann das Modell ausdifferenziert werden durch Messungen, durch Versuchsreihen: Man lässt Köder auf dem Meeresboden aufschlagen, misst die Vibrationen, und wie weit sie reichen. Zugleich oder später: Beobachtungen mit Unterwasserkameras.

Auch wenn sich hier zahlreiche Daten sammeln, offen bleibt die Frage, wie Krebse im völlig Finstern und nach dem Verschwingen des kleinen tektonischen Ereignisses den Weg zum Aas finden. Die Orientierung nach der Aufschlagsvibration kann ja nur vage sein, ein auslösendes Signal für konzentrische Bewegung Richtung Nahrungsquelle. Es muss, gleichsam zur Feinabstimmung, ein weiterer Parameter hinzukommen, so etwas wie ›Geruch‹. Der ist im Wasserraum nur übersetzt möglich: chemisches Signal, vom Krebs wahrgenommen, die Annäherung steuernd. Auch hier werden Messungen, Versuche, Versuchsreihen notwendig, im Rahmen eines Forschungsvorhabens.

Dann Fakten, die sich weder in Erklärungsmodell eins noch in Erklärungsmodell zwo einbauen, die beide Modelle obsolet werden lassen: Bei ausgeschalteten Scheinwerfern registriert eine ferngelenkte Unterwasserkamera in der lichtlosen Tiefe einige Lichtpunkte, wenn auch nur schwach. Diese Lichtpunkte in der Nähe der Aufschlagsstelle, der sich die Tiefseekrebse nähern. Lichtzeichen?! Weitere Untersuchungen, im Entdeckerfieber, und es stellt sich heraus: Fische sind vor den Krebsen beim Aas, sind ja auch entschieden schneller. Sie locken nun Krebse an durch Biolumineszenz, erleichtern damit den Krebsen das Aufspüren der Nahrungsofferte. Dies setzt wiederum voraus: Die Krebse besitzen noch etwas Sehfähigkeit in einem Lebensraum, in dem die meisten Lebewesen im Verlauf der Evolution die Fähigkeit zur optischen Wahrnehmung verloren haben, weil letztlich überflüssig. Hier aber macht das schwache Leuchten von Lumineszenzorganen den Krebsen das genaue Ansteuern bei der Annäherung möglich.

Sie werden also durch Bodenvibration, Modell eins, in Bewegung gesetzt, werden durch chemische Prozesse, Modell zwei, an das Aas herangelockt, werden in Erklärungsmodell drei durch Lichtzeichen auf der letzten, der wortwörtlich letzten Strecke gelenkt. Denn hier ist kein selbstloser Leuchtservice in schöner Tiefsee-Osmose, vielmehr: Die Fische sind darauf programmiert, Krebse zu fressen, locken sie mit Lichtzeichen an, verwandeln die Aasfresser in Fischnahrung.

Das dritte Modell, dessen Entwicklung ausgelöst wurde durch die überraschende Entdeckung von Lichtzeichen in eigentlich totaler Finsternis, dieses Modell wird ebenfalls ausgearbeitet, ausdifferenziert durch Versuchsreihen. Und es fragt sich, ob auch das Modell der Lichtpunkt-Orientierung eines Tages abgelöst werden könnte, abgelöst werden müsste durch ein viertes Modell. Das wäre freilich nicht vorhersehbar, ließe sich nicht vorausberechnen, auch hier eine Zäsur, ein Neuansatz.

Das Wort Zäsur hier gleich als Stichwort: vorläufiges Ende unseres »interdisziplinären« Gesprächs über das Arbeiten mit Modellen – die Kuratoriumssitzung beginnt pünktlich, aber: »Wir bleiben im Gespräch.«

Endlich auf der Brücke! Der Rudergänger: brauner Overall, Basecap. Und das Ruder: bloß eine Spanne im Durchmesser, das obere Segment ist offen; so sieht es aus wie das Steuer im Cockpit eines Formel-1-Boliden. An einem der Frontfenster der Lotse, ein Herr »in Zwirn«. Er gibt zuweilen eine Zahl durch, setzt das Fernrohr an, nennt wieder eine Zahl. Stille ist geboten, solange der Lotse an Bord ist. Also ist keine Besuchszeit hier oben, das Kuratorium in erster Sitzung, ich habe mich selbständig gemacht, mich vorgepirscht, werde geduldet – die Brücke ist weit zwischen Steuerbord und Backbord.

Ich halte mich, diskret, in der Nähe des Kartentischs auf. Bin fast abgeschirmt durch einen Aufbau für Fachbücher. Eine Seekarte liegt ausgebreitet, die Wasserfläche von Zahlenangaben gleichsam übersät: Tiefenangaben. Betonnungen. Ein Lineal liegt bereit. Auf einem Monitor der aktuelle Kartenausschnitt. Auf einem weiteren Display die jeweilige Windgeschwindigkeit in Metern pro Sekunde: objektiv gemessen und im Verhältnis zur Eigenbewegung des Schiffs. Auf einem anderen Bildschirm unablässig durchlaufende Zahlensequenzen: Positionsangaben, vollautomatisch per GPS-Satelliten. So viel Elektronik hier oben, erfahre ich später, dass ein Brückenelektroniker mit an Bord ist.

Das Lotsenschiff nähert sich; der Lotse legt eine Windjacke an. Ein Boot legt ab vom rot gestrichenen Schiff, kommt auf uns zu. *FS Polarstern* macht nicht mehr Fahrt. Der Lotse verabschiedet sich, steigt die Treppe hinunter, verschwindet. Durch eins der vorkragenden Seitenfenster der Brücke sehe ich, dass im Rumpf unten eine Luke geöffnet ist, der Lotse steigt auf einer Strickleiter weiter hinunter, springt in das Boot mit dem zeltähnlichen Wetterschutz, winkt kurz, geht unter die Abdeckung, es regnet immer noch, das Boot legt ab, nimmt Kurs aufs Lotsenschiff. Und nun möchte ich spüren, über ein Kraftvibrieren, wie auch *Polarstern* Fahrt aufnimmt. Es wird aber nicht lauter im Schiff.

Der Rudergänger geht ab, der Autopilot übernimmt die Navigation. Es wird leer auf der Brücke – nur ein Offizier, der auf und ab geht, sich dabei als auskunftsbereit erweist.

Also, das Steuerrad eines so großen Schiffs hatte ich mir etwas ansehnlicher vorgestellt, ungefähr wie die Steuerruder von Segelschiffen auf Atlantiktörn.

Dem Ersten Offizier ist die kleine Enttäuschung von Besuchern der Brücke längst vertraut – eigentlich könnte das Schiff sogar mit einem Joystick navigiert werden. Es wird ja auch weniger mit dem Ruderblatt als mit Seitenstrahlern gesteuert: Schub von waagrecht hinausgestoßenen Wassersäulen, das Bug- und Heckstrahlruder – letztlich könnte sich das Schiff auf der Stelle drehen. Generell werden auf See Kurskorrekturen nur notwendig, wenn, beispielsweise, roten Bojen eines Fischernetzes ausgewichen werden muss – dann aber tritt gleich wieder der Autopilot in Funktion.

Der Offizier stellt sich kurz an eins der geschrägten Fenster zum Bug; mächtige Scheibenwischer. Der blau Uniformierte greift zu einem der abgelegten Fernrohre, setzt es an, legt es ab. Kontrolle auch über den Radarschirm; bei straffem Wind reflektieren freilich auch größere Wellen, das könnten eventuell Boote sein. Also ständig Wache.

Die offizielle Schiffsführung ist im Ablaufplan angegeben, Treffpunkt Brücke. Ich mustre die Rücken der aufgereihten CDs – nicht meine Musik! Stehe wieder am Kartentisch, höre mit halbem Ohr, was ich vom Offizier bereits erfahren habe, nebenbei.

Das Grüppchen steigt hinab in die Steuerungszentrale des Maschinenkontrollraums. Fensterloses Gehäuse mit zahlreichen Bildschirmen, mit Skalen. Anzeigegeräte für die Schweröltanks. Zwei Mann im Overall, einer in Uniform mit dreieinhalb Streifen am Unterarm, seinen Rang signalisierend. »Ohne Maschinen läuft nichts, da können die Nautiker sagen, was sie wollen.«

Rutschfeste Metallstufen abwärts. Ölhauch. In regelmäßigen Abständen Gebläseöffnungen: keine Frischluft, von draußen angesaugt, generell Air conditioning, temperiert. Kabelbündel unter jeder Decke.

Vor mir, hinter mir, neben mir werden Gespräche fortgesetzt, Fachwörter im Kontext diverser Forschungsprojekte: Die Unterwassernavigationsanlage Posidonia kalibrieren ... Bodenproben mit kamerageführtem Greifer gewinnen ... Das Mikrobathymetrieprogramm wiederaufnehmen ...

Ich laufe da so nebenher. Wie, wenn ich ebenfalls Fachidiom präsentiere in diesem Schiff, in dem vom elf Meter tief liegenden Kiel bis hinauf zum Krähennest Fachwörter flottieren? Ich könnte einen Fächer aufklappen beispielsweise mit Wörtern, Formulierungen, wie ich sie in Verträgen finden muss: Vertragsgegenständliche Werke ... Kleinlizenzen oder Anthologierechte ... radio on demand ... Tonträgerfixierung ... körperliche Bild-/Ton-Datenträger ... zeichenidentischer Papierausdruck ...

Auch könnte ich zu einer anderen Insel übersetzen im Sprachmeer, könnte von unserer Bürgerinitiative berichten, bringe einige der Fachwörter ein, die ich bei der Verhinderung der K 27 lernen musste, oft sehr spröde Wörter, würden aber in dieses Kontinuum spröder Wörter passen: Kaltluftsäcke im Sommer ... Bodengare ... Verrohrung eines Tals ... Eingriffsregelungen ... Ausbreitungsschranken ... Schadstoffband ...

Sehr wahrscheinlich würde den meisten Mitreisenden solch eine Präsentation allzu speziell erscheinen. Während sich keiner die Frage stellt, und sei es nur mal nebenbei, ob ich den Gesprächen folgen kann. Die bewegen sich, vorgebahnt, in eingespielten, aufeinander eingestellten Zirkeln. Fixierungen.

Perspektivlinien: Was noch nicht getan werden kann, aber bald, nach Brest, getan werden muss in jeweils dichter Folge: Strömungsmesser absetzen ... intensives Kastengreiferprogramm fahren ... vergleichsweise kleine Strömungsmesser auffinden ... sedimentprofilierendes Sonar einsetzen ... Doch nun: Immer massiveres Geräusch schluckt selbst hochresistente Stichworte.

Der Maschinenraum: grüne Ölfarbe dominiert. Lärmend der Empfang durch den Hilfsdiesel, der den Stromgenerator antreibt: ein etwa fünf Schritte langes, in sich hineinstampfendes Aggregat. Ich stelle mir vor: Ein U-Boot, wie es im Zweiten Weltkrieg gebaut wurde, der Maschinist ständig in solchem Lärm, in der Stahlröhre noch verstärkt. Gab es damals Hörschutz? Der auf Piktogrammen geforderte Lärmschutz ist hier reduziert auf Wachspfropfen – übergestülpter Schallschutz mit Kopfbügeln würde die Männer zusätzlich ins Schwitzen bringen.

Im Maschinenraum wird Power tosend hörbar. Vier Aggregate, zwei parallel, produzieren dröhnend, rasselnd, stampfend jeweils 5000 PS. Ein Arbeiter geht umher mit einer Ölkanne. Motorzylinder liegen als Ersatzteile bereit, jeder mit dem Durchmesser etwa eines Brustkorbs. Ein Aggregat war während einer der Forschungsreisen ausgefallen, da hatten die Techniker alles auseinandergenommen und den Motorblock wieder zum Laufen gebracht – dafür wurden die Männer auf der Brücke gefeiert.

Wir folgen dem schreienden Führer zum Wellentunnel. Baumstammdick treibt die Welle die beiden Schrauben. Die Schiffsgeschwindigkeit wird nicht mehr über die Maschinen bestimmt (halbe oder volle Kraft voraus!), die Drehzahl bleibt gleich, verstellt wird nur jeweils die Schraube. Vor allem, wenn das Forschungsschiff im Eis arbeitet, besonders dickes Eis rammen muss durch Zurücksetzen und Ranfahren: durch Hydraulik wird jeweils die Schraubstellung verändert. Im Eis sind Schiffsschrauben besonders gefährdet – so liegen zwei Ersatzschrauben bereit, aber die sehen nicht mehr aus wie schwere Propeller, die gleichen eher riesigen, fremdartigen

Muscheln. Ich frage mich, kann mit der Frage im Getöse nicht durchdringen, wie man die im Notfall anmontiert, im Eis und bei derartigem Gewicht? Der wahrhaft ohrenbetäubende Lärm – meist gedankenlos reproduziertes Wort, hier wird es zur Erfahrung. Die Trommelfelle pelzig wie nach einem Rockkonzert.

Nur noch flüchtig nehme ich war: Das mächtige Rohr des Querstrahlruders ... die schiffsinterne Müllverbrennungsanlage ... die Dosenpresse ... der blaue Container für Ships Garbage – es werden sogar aufgegebene Polarstationen entsorgt ... Fäkalienkessel; da ist also auch mein Beitrag gelandet ... Tanks für Ballastwasser: sollte das Schiff im Presseis festsitzen, wird Ballastwasser von einer Schiffsseite auf die andere verlagert und wieder zurück, das Schiff schaukelt sich frei ...

Es geht wieder nach oben. Blick in den Büglerraum, in dem Chinesen arbeiten ... Und wo ist die Backstube, die auch im hohen Norden frische Brötchen liefert?

Schlussrunde auf dem Heli-Deck. Kein Schwingen und Rütteln wie ehedem auf alten Passagierschiffen. Das Forschungsschiff ist besonders geräusch- und schwingungsarm. Allerdings, »die Geräusche des Schiffs, wenn es sich durch das Eis schiebt, sind beängstigend – die metallisch ächzenden Laute des Schiffsrumpfs während des Eisbruchs«. Der Rumpf verkraftet viel – viereinhalb Zentimeter Stahl am Bug, dahinter mächtige Spanten und Verstrebungen. Wird das Schiff zum Überwintern gezwungen, ist genügend Treibstoff und Proviant an Bord. Für gesunde Ernährung wäre selbst für einen Polarwinter gesorgt. Und ein reiches Unterhaltungsangebot, digital. Und bei eventuellen Erkrankungen hilft der Schiffsarzt – ein kleiner Behandlungsraum mit optimalem Sortiment von Medikamenten; ein noch größerer Behandlungsraum mit einem Not-Operationstisch. Da ist sogar mal echt operiert worden – ein Inder von einer Eisstation, hatte was am Zwölffingerdarm, der Schiffsarzt griff zum Skalpell. Ansonsten hat er es eher mit Verletzungen zu tun, kommen aber selten vor: routinierte Mannschaft, Sicherheitsvorschriften werden streng befolgt, auch bei Nachtarbeit.

Laut Ablaufplan: Vortrag Dr. Kühn, »Maria Sibylla Merian«, Kinoraum. Wissenschaftler erwarten (und bestellen) meist einen Vortrag; an Bord war es eher ein Arbeitsbericht. Hier nur eine Stichprobe mit dem Stichwort: *Eichhornia crassipes.*

Maria Sibylla Merian in Surinam: sie war nicht in den »Urwald« eingedrungen, um dort (wie so mancher annimmt) ihre Staffelei aufzustellen, sie hat sich vorwiegend, ja fast ausschließlich in Gärten und landwirtschaftlich genutzten Arealen aufgehalten, umgeschaut, umgetan. Was sie sich wahrscheinlich vorgenommen hatte (und was man in den Niederlanden wohl auch erwartete): Das Repertoire an Bild- und Beschreibungsobjekten zu erweitern durch attraktiv Exotisches, durch zuvor nie gesehene Pflanzen und Insekten der Regenwaldzone, das hat sie nur in bescheidenen Ansätzen realisiert. Es überwiegen Gartenpflanzen und Feldfrüchte jener niederländischen Kolonie.

Was sie an Exotica vermitteln wollte, das wurde ihr gelegentlich zugetragen, von der Indianerfrau im Hause, von ihren Sklaven. Nur so konnte es dazu kommen, dass sie die Blütendolde der Wasserhyacinthe für die blattlose Pflanze selbst hielt, ohne Schwimmkörper und Schwebewurzeln, die *Eichhornia crassipes.*

Im großen und großartigen Surinambuch hat sie dieses Kuriosum abgebildet, in ihrer perfekten Technik: Die Dolde überragt einen Wasserspiegel, und der Stängel führt, im Wasser, pfeilgerade in den bewachsenen Grund, von Wassertieren angeschwommen. Nun hatte ich eine Eichhornia im Krug auf dem Balkontisch stehen, sie immer mal wieder betrachtend. Sie stammte, ganz legal, aus dem Botanischen Garten in Bonn, stand zu meiner Begrüßung auf dem Tisch des Amtsraums von Barthlott, wurde eine Zeitlang in einer Plastiktüte herumkutschiert, kam schließlich im Eifelhaus an, sollte im winzigen Gartenteich eines Nachbarn angesetzt werden.

Auffällig ist erst einmal das opulente Wurzelwerk. Offenbar ist es schwieriger, Nährstoffe aus Wasser herauszufiltern als aus dem Boden anzusaugen: ein mächtiger, schwarzbrauner Rapunzelzopf von tentakelähnlichen Wurzelfasern, dicht besetzt mit nadelfeinen Sprossen. Gelegentlich kniff ich einen der Schwimmkörper der kleinen, grünen Bojen, um das Knirschen innen zu hören – etwa wie gedämpftes Styroporknirschen. Erstaunlich kurz jeweils der Stiel zwischen Schwimmkörper und Blatt. Jeweils Paarbildungen. Wo dieses Stielpaar höher ansetzt, über dem Wasserspiegel, wird statt des Schwimmkörpers ein weiteres Blatt ausgebildet, locker um den Stiel gerollt. Krönend die Blütendolde. Und die ist im Phantomgewächs der Merian exakt wiedergegeben.

Barthlott, emphatisch: »Goethe wäre das nie passiert!« Der hätte den Zuträger zurückgeschickt, um ein komplettes Exemplar heranzuschaffen, mit Schwebewurzeln, Doppelblättern, Dolden. Die Merian aber hat die Frage nach Blättern und Wurzeln gar nicht gestellt, obwohl man damals wusste, dass es Blüten ohne Blätter nicht geben kann. So lässt sich nur schließen, dass sie wohl nie vor einer der Wasserflächen Surinams gestanden hat mit jenen unregelmäßigen Blattinseln, aus denen vereinzelt Dolden ragen. Sie hätte sonst ihr sehr, sehr vereinfachtes, ja kurioses Bild von einem Stängel mit Blüten, aber ohne Blätter revidieren, hätte Schwebewurzeln und Schwimmkörper entdecken müssen.

Mein Fachpublikum amüsierte sich. In anschließenden Gesprächen wurde Anerkennung für Goethe als Morphologen hörbar – das hatte ich in dieser Klarheit denn doch nicht erwartet.

Nach der Veranstaltung Treffen im Blauen Salon. Nun wissen die meisten im Raum, wie sie mich ›einordnen‹ können, Gespräche ergeben sich noch leichter. Wein trinkend, Salziges kauend werde ich lockerer, bringe ein, was ich tagsüber, zwischendurch, angelesen habe in einem der Forschungsberichte des AWI: Versuche zur Registrierung der Kieferaktivität von Robben. Ja, das Thema eines Forschungsvorhabens und eines Forschungsberichts: Wie beißen und kauen Robben in diversen Tauchtiefen? Man hat Robben eingefangen, mit dem Fangsack, hat sie betäubt, hat das Fell in Höhe des Kiefergelenks gestutzt, rasiert, damit Dehnungsmessstreifen besser kleben bleiben, die Robben watschelten nach dem Erwachen los, sprangen über die nächste Eiskante ins Grönlandmeer, tauchten ab, begannen die Fressjagd, es gelang in einem Fall auf Anhieb, die Kieferaktivität während eines mehrstündigen Tauchgangs zu registrieren, und dabei geht es ja ohne weiteres vierhundert Meter in die Tiefe. Eine gute Botschaft, sagte ich, nun ist die Menschheit endlich von der quälenden Frage befreit, wie Robben kauen, in welcher Frequenz sich dabei der Kiefer bewegt.

Ich werde vor die Frage gestellt, warum ich dieses Forschungsprojekt so ironisiere. Ich sage: Es gab eine Zeit, in der sich im öffentlichen Diskurs ein Stichwort zum Recyceln anbot: der Elfenbeinturm. Schriftstellern unterschiedlichster Couleur wurde vorgehalten, sie seien Bewohner des Elfenbeinturms! Aber kein noch so abgehobener literarischer Text kann derart gesellschaftsfern sein wie so manches Forschungsprojekt. Während meiner Mitarbeit im Gentechnikausschuss hatte ich das eine und andere Forschungslabor besucht, und dabei wurde mir ein japanischer Wissenschaftler vorgestellt, der sich intensiv und exklusiv mit den Beinen von Weberknechten beschäftigte. Jahrelang nur die langen, dünnen Beine des Weberknechts ...!

So komisch findet der Gesprächspartner das letztlich nicht. Grundlagenforschung! In diesem Fall eventuell nutzbar für Robotertechnologie: die Beine von Weberknechten als hochinteressante Konstruktionen, da könnte man der Natur wieder mal etwas abgucken.

Na schön, gebe ich zu. Beharre aber darauf, dass es keine Form der Literatur geben dürfte, die derart abgehoben ist wie so manches Forschungsprojekt. Bei einem Gespräch in der KFA Jülich erzählte mir ein Kernphysiker von einem Experten der theoretischen Physik, der sich speziell mit Schwebenden Ladungen beschäftigte. Etwas, das es in der Natur überhaupt nicht gibt: ein in die Schwebe gebrachtes mathematisches Modell. Doch wie viel Denkanstrengung, wie viel Arbeitsintensität zieht das an sich, saugt das auf? Und gewinnt doch nicht an spezifischem Gewicht?

Immerhin, unser spezifisches Gewicht nahm zu: Erzeugung von Bettschwere durch Rotwein. Ja, noch ein Absacker, dann ab in die Koje!

Am nächsten Morgen ist, wie vorhergesagt, die Wolkendecke aufgerissen. »Frisch weht der Wind …«, doch auf dem Heli-Deck finde ich, unmittelbar an der Hebewand zum Hangar, einen Platz, an dem ich den Deckstuhl platzieren kann. Und sehe Frachter, Containerschiffe, Tankschiffe. Sehe einen Kabelleger mit einer riesigen Rolle in der Mitte, und achtern eine Gleit- und Leitvorrichtung für die Verlegung von Unterseekabeln. Und als Gehäuse auf Stelzen: die Brücke. Zweckfahrzeug in Reinform.

Ich rekapituliere, notiere, bis ich das Deck räumen muss. Die Reling wird heruntergeklappt, der Heckkran gesenkt, die aufgesockelte Feuerlöschkanone gibt probeweise einen mächtigen Wasserstoß ab hinaus aufs Meer, schon kommt der Hubschrauber angeknattert, fliegt einmal um das Schiff, setzt leichtkufig im Kreis auf mit dem riesigen H, zwei Herren steigen aus, Gepäckstücke werden hinter einer Klappe hervorgeholt, zwei bisher mitgereiste Frauen steigen ein, schwuppdiwupp ist der Hubschrauber hoch, fliegt, spielerisch leicht abschwenkend, beinah in der Luft tänzelnd zurück zum (hier unsichtbaren) Festland. Die Wasserkanone wieder ohne Richtkanonier, die Reling wird hochgeklappt, der bügelförmige Kran achtern wird hydraulisch hochgefahren, das auf Fotos dokumentierte Erscheinungsbild des Schiffs wird wiederhergestellt.

Und ich kann Kreise gehen, Kreise schreiten, vorgezeichnet von der gelben Markierung auf der grünen Stahlfläche. Zuweilen wechsle ich über zum zentralen H, dessen Balken so lang sein dürften wie die Kufen des Helikopters. Zuweilen heftigere Windböen, dann gehe ich zur Leeseite, suche mir einen Sonnenplatz, lasse Wellenzug nach Wellenzug herankommen, sehe Schiffe auf gleichem Kurs oder auf Gegenkurs, durchweg Frachter.

Ich erhalte Gesellschaft: einer der Wissenschaftler (Fachgebiet Physikalische Ozeanographie) will nach langer Sitzung die Lungen mit Seeluft füllen. Er hatte nach der Lesung eine überraschende Frage gestellt: Sie haben während Ihres Vortrags fast eine Flasche Mineralwasser getrunken – wie war eigentlich die Trinkwasserversorgung auf der monatelangen Fahrt nach Surinam? (Das Wasser in Fässern war zuletzt ziemlich belebt und musste durch Leintücher gefiltert werden.)

Wir lehnen an der Reling, Wind im Rücken. Eine vorbeitreibende Plastiktüte gibt das erste Stichwort: Ferienwochen, vor Jahren, auf Ischia; während der Fahrt von Neapel zur Insel passierte das Katamaran-Schnellboot zahlreiche Plastiktüten, ich hörte die ironische Bezeichnung für den Golf von Neapel: Mare plasticum.

Ja, Plastiktüten auch im Grönlandbecken! Unter anderem die Verbreitungswege von Müll in der Tiefsee untersuchend, fanden sie verlorengegangene Fischernetze, demolierte Plastikeimer und: eine Kartoffelchiptüte mit aufgedruckten chinesischen Schriftzeichen! Eine Kartoffelchiptüte im Grönlandbecken! Made in Hongkong.

Mittagessen. Der Brückenelektroniker sitzt mit am Tisch, ich schnappe auf: Ein halbes Hundert PCs an Bord, bei durchschnittlich 60 Wissenschaftlern pro Fahrtabschnitt sind das ein paar zu wenig, es müssen schon mal Laptops mitgebracht werden. Werden vor allem in den Laborcontainern gebraucht, die in Brest zugeladen werden, mit »Victor 6000«.

Mittagsschlaf; das Schneegestöber von Fachwörtern abflauen lassen. Es gehört zu den Spielregeln an Bord, dass man tagsüber die Tür zur »Kammer« nicht schließt, nur den Zwischenvorhang zuzieht, also begleiten Stimmen im Gang die Einschlafphase, doch die ist kurz, das Hirn lechzt nach ruhigen Alphawellen. Den etwas abgesackten Kreislauf dann anwerfen mit seemännisch starkem Kaffee.

Einfahrt in die Hafenbucht von Brest. Vorinseln mit kleinen Leuchttürmen, weit ausholende Landzungen – die nicht mehr besiedelte Seite mit verlassenen Häusern, reichem Ginsterbewuchs. Hoher, heller Himmel. Ja, und dort, an der Pointe du Diable, auf dem angeschrägten Hangsockel: Die weitläufige, turmbetonte Anlage der Ifremer, dem Forschungsinstitut zur Nutzung (exploitation) der Meere. Dort oben wird es einen Empfang geben. Wer schon mal dort war, schwärmt von der grandiosen Aussicht. Und es wird mit einem echt französischen Buffet zu rechnen sein, Wein wird fließen.

Am Wassersaum der U-Boot-Bunker der Kriegsmarine, der auch mit stärksten Sprengladungen nicht geknackt werden konnte. Einige kleine Kriegsschiffe, Schnellboote haben dort Schutz gesucht. Vor Anker ein weißes Schiff mit riesigen Parabolantennen auf Deck; der ehemalige Marineoffizier kann mir gleich erklären, dass damit Lenkwaffenbahnen bestimmt werden können. Ein Schiff mit ziviler Besatzung, also ist es weiß gestrichen und nicht marinegraublau wie das Dutzend Kreuzer oder Zerstörer im Hafen. Zwei vor sich hin rostende Schiffe, denen die Aufbauten genommen wurden. Das Château. Die beiden hohen Pylone der Hebebrücke. Nur Neubauten – wiederholte Bombardierungen der kriegswichtigen Hafenstadt, dann, 1947, die Explosion eines Cargoschiffs, zwanzig Prozent der erneuerten Bausubstanz wurden hinweggefegt.

Sehr langsame Fahrt zum Pier, ein französischer Lotse ist an Bord; eine Zeitlang grummelte ein Schnellboot neben uns her. Wir legen an – Heck an Heck mit dem französischen Forschungsschiff *Thalassa*, das einem Fischtrawler gleicht, mit großer Schräge achtern, auf der können Schleppnetze hochgezogen werden.

Ich stehe auf der Plattform über der Kommandobrücke, weit der Rundblick: Die Häuser an Hängen, die Hängebrücke fern, die Urlaubslandschaft südwärts, der Blick zum Meer jenseits der Buchtöffnung, ein Leuchttürmchen auf einem Felsriff mittendrin.

Empfang, frühabends bei Ifremer: der in der Tat grandiose Ausblick auf die Bucht von Brest. Das Buffet. Die Fachgespräche nun weithin auf Französisch, ich bin doppelt abgerückt. Spaziere, weinbeschwingt, im Gelände umher. Zurück zum Forschungsschiff. Wiederholte Absacker in der Bar. Noch einmal Übernachtung in der »Kammer«.

Früh am nächsten Morgen wird von einem Schwertransporter am »Quai de reparation« das Unterwasserfahrzeug »Victor 6000« mit einem der Kräne an der Pier auf Deck gehoben. Das mehr als mannshohe, weithin offene, kubische, vier Tonnen schwere ROV (Remotely Operated Vehicle) mit Scheinwerfern, Kameras, Greifarmen, Probenahmegeräten. Ich kann es inspizieren, ohne vertrieben zu werden – scheine bereits zum Personal des Schiffs zu gehören. Am nächsten Tag soll noch eine 30 Tonnen schwere Tiefseewinde an Bord gehievt werden, sollen Schienen angeschweißt werden für den Schlitten, auf dem »Victor« zum Kran gefahren wird, aus dem Hangar heraus, der noch angelegt wird.

Aber das alles werde ich nicht mehr sehen, miterleben, ich fliege, via Lyon, zurück nach Berlin.

KRANICHFLÜGE! Oktober 2008, wie gewohnt, die Kraniche über das Eifelhaus hinweg – der gestaffelte Flug in den wärmeren Süden; zu Beginn des Jahres 2009 aber Frost und Schnee im Süden, die Tagesschau bringt Bilder aus dem eingeschneiten Barcelona, und ein, zwei Tage später, zuvor noch nie realisiert: eine kleine Formation auf der gewohnten Route, nun aber nordwärts. Der Boden im Süden demnach unter Schnee und zu hart, um mit Schnäbeln aufgehackt zu werden. Ende Januar sehe ich wiederum eine Formation südwärts ziehen – vergebliches Ausweichen also in den gewohnten Norden: erschwerte, verhinderte Nahrungsaufnahme dort erst recht. Solch ein Hin und Her, kräftezehrend, wird im Energiehaushalt der Kraniche nicht einprogrammiert sein – wie viele werden, entkräftet, auf der Strecke bleiben, thousand miles and more?

Würde ich Tagebuch führen, so ergäbe sich hier ein passender Eintrag: Heute, Aschermittwoch 2009, habe ich vormittags die Sequenz über meinen (laut Olga) »Pakt mit den Kranichen« geschrieben, fahre nachmittags raus zur Ville, zu einem meiner Lieblingsseen, und ich glaube, von fern her, Kranichrufe zu hören, halte es aber erst mal für unwahrscheinlich, dass sie schon wieder zurückkehren, aber die Rufe, die Schreie verdichten sich, und dann, über dem Untersee: die weite Formation. Zur Begrüßung werfe ich die Arme hoch zum Himmel, lege den Kopf in den Nacken. Das Grundgefühl, wieder einmal, wir seien aufeinander abgestimmt. Nein, das würde Wechselseitigkeit voraussetzen, also eher: ich sei auf die Kraniche eingestimmt. Ich hoffe, sie fliegen nicht direkt nach Skandinavien, dort könnte Frost das nahrhafte Erdreich noch zu hart machen, sie werden wohl einen Zwischenstopp einlegen in Norddeutschland, etwa im Darß. Gute Wünsche begleiten sie. Ich blicke ihnen nach, so lang es geht.

Die Arbeit am Buch wiederholt punktiert von fernen Trompetenschreien, die mich wegreißen vom Laptop, Griff zum Fernglas, raus auf die Loggia, rauf auf die Dachterrasse, die Formationen in den Fokus nehmen, bis da nur noch winzige Punktierungen sind im Grau über Köln. Eine der Formationen (wie ein Jahr später, Anfang März, beobachtet) übergroß, es bilden sich Zwischengruppierungen, knotenartige Verdichtungen von Kranichen, und wiederum reißen Linien ab, Kraniche zu zweit, zu dritt zwischen den Nebenästen. Schließlich bildet sich ein Wirbel, Richtung Köln, mit dem Fernrohr verfolgt, aus dem weiträumigen Strudel versuchen sich Formationen herauszulösen, erste Ansätze zu Linien, dann wieder Verdichtungen, der Strudel fortgesetzt, bis sich endlich eine Formation herauslöst, keilförmig, und es scheint sich, an der Grenze meines herangerückten Sichtfelds, eine zweite Formation aus dem Strudel herauszulösen. Ich schaue den Flugformationen nach bis in den fernen Bereich der Punkte, die zu Augentäuschungen werden können.

MISHKENOT SHA'ANANIM. Frühlingswarmer Februartag wenige Wochen nach der militärischen Strafaktion im Gaza-Streifen, Januar 2009.

Ich blicke hinab ins Tal zwischen dem Guesthouse in Hanglage und dem mediterran bewachsenen Gegenhang mit dem repräsentativen Abschnitt der »Western Wall« der Jerusalemer

Altstadt. Ostwärts, auf einem Hügelkamm, ein längeres Stück der Trennmauer zwischen israelischem und palästinensischem Areal; auf der Hügelkuppe bildet die Mauer eine hufeisenförmige Ausbuchtung, aber: jenseits der Mauer liegt nicht Palästina, dort ist wiederum israelisches Gebiet, Richtung Giva't Hananya. So scheint, von meinem Standort aus, das Gebiet der Palästinenser in Israel hereinzureichen – eine auch topographisch schwer nachvollziehbare Grenzziehung. Assoziationen an dieses Mauerwerk kann ich mir nicht verbieten.

Notizen nach dem Frühstück, vor der Fahrt zum Messebau: 24. Buchmesse von Jerusalem. Der Messestand der Holtzbrinck-Gruppe, kurze Absprache mit Monika – die Verlegerin wird einführen in meine Lesung aus der Biographie über Gertrud Kolmar.

Ich skizziere, bei einem Zwischenkaffee, kurz die Textauswahl: Werde ansetzen beim letztlich doch überraschenden Versuch der jüdischen Dichterin, nach langem, allzu langem Zögern die Emigration vorzubereiten. Werde hinweisen auf den Einschreibebrief nach Tel-Aviv an den (rechtzeitig emigrierten) Architekten Czrellitzer (in Gertruds Familie eingeheiratet). Werde eingehen auf ihren maschinenschriftlichen »Lebenslauf«: die Ausbildung in der »land- und hauswirtschaftlichen Frauenschule Arvedshof bei Leipzig«, die Tätigkeit im Kindergarten, die »Sprachlehrerinnenprüfung«, das »Militärdolmetscherexamen«, die Engagements als Erzieherin in Privathäusern, die Übersetzerprüfung des Auswärtigen Amtes, die Teilnahme an einem Notariatskurs, die Tätigkeiten in Haushalt und Garten Finkenkrug, die »Kleintierzucht«. Last but not least: ihre Kenntnisse der hebräischen Sprache, dokumentiert in Schriftproben und der Übertragung eines hebräischen Gedichts von Bialik. Optimale Voraussetzungen also für Arbeiten in einem Kibbuz. Und doch nicht genutzt. Als mögliche Erklärung werde ich anführen: Vielleicht sah sie sich gewarnt, ja abgeschreckt durch Horrormeldungen über Sprengstoffattentate in der »Palästina-Umschau« der C.-V.-Zeitung, die »Chronik der Opfer«: Parallelen zu aktuellem Geschehen! Werde berichten über den erzwungenen Verkauf des Hauses in Finkenkrug bei Spandau, über die Rückkehr in die Berliner Innenstadt, in das Haus in der Speyerstraße, das später zum »Judenhaus« wird. Werde, chronologisch sukzessiv, Kolmars Monologtext vortragen: *Möblierte Dame (mit Küchenbenutzung) gegen Haushaltshilfe*. Die Suada einer Dame, die in die Wohnung aufgenommen wurde und die, in Umkehrung der Verhältnisse, die Dichterin zur Haushaltshilfe degradiert. Ein dennoch ironisch-komischer Monolog nach der Devise: Ich rede, rede, rede, also bin ich. Überleitung sodann zum Kriegsbeginn. Verschärfung von (räuberischen) Aktionen gegen Juden. Emigration wird immer schwieriger. Die Geschichte von Gertruds Bruder Georg, der nach Kanada auswandern wollte und in Australien interniert wurde. Meine E-Mail-Verbindung mit dessen Sohn. Dies, voraussichtlich, als Endphase der Lesung.

Bei der sich vielleicht wieder eine Rückmeldung ergibt im Gespräch mit Zuhörern, wie bei meiner ersten Lesung in Jerusalem: Die alte Dame, die sich zu mir an den Tisch setzte und berichtete, wie sie von Deutschland aus zu Fuß nach Palästina gewandert war, in einem Grüppchen, über Österreich, Bulgarien, Türkei, Syrien. Von Norden her konnten sie in das damals britische Mandatsgebiet »einsickern« – die englische Truppe war darauf fixiert, Einwanderung auf Schiffen zu verhindern, zu vereiteln. Grandiose Geschichte, ein Epos: überwiegend zu Fuß nach Palästina, sie hatten sich die Hacken abgelaufen, kamen beinah barfuß im Gelobten Lande an.

Ein Streifzug durch die Altstadt: Jewish Quarter, Armenian Quarter, Christian Quarter, Moslem Quarter. Ein kleiner Vorgarten im jüdischen Viertel mit weithin properen Häusern; eine Frau besprüht einen mannshohen Baum, Zierorangen, hält mit der freien Linken das Handy ans Ohr. Ein Pope in einem Behindertenfahrzeug, überdacht, hinten eine Ablage für Einkaufstüten, Päckchen; er stoppt im Armenischen Viertel, telefoniert, das Handy fast verdeckt vom eisgrauen Patriarchenbart. Ein fetter Securitymann, Pistole am Gürtel, auf dem hinten einige Lederbehälter aneinanderherangerückt sind, er sitzt auf einem Steinpoller, telefoniert. Ein Mädchen, kaum größer als eins fünfzig, mit warngrüner Weste, die Pistole hängt an einem Plastikgurt griffbereit in Handhöhe herab; in der linken Hand das Handy – lässiges Plaudern.

Handy-freundliches, handy-fixiertes Land! Jäh die Wunschvorstellung: Gertrud Kolmar, in letzter Phase mit ihrem Vater nach Palästina emigriert, sie *hätte* einen Lebenspartner finden können, *wäre* endlich doch, nach der erzwungenen Abtreibung früher, Mutter geworden, Nachkommen von ihr womöglich in Jerusalem, telefonisch erreichbar …

Altstadt. Sprechgesang nicht sichtbarer Muezzins, über Lautsprecher, von diversen Minaretten: Ruf zum Mittagsgebet. Kurz darauf setzen Kirchenglocken ein, halten kräftig dagegen. Wiederholt akzentuierend das Jaulen der Signalhupen von Rettungswagen oder Streifenwagen. Hoher akustischer Pegel.

Israelische Enklave im arabischen Viertel: Ultras, die sich demonstrativ eingenistet haben. Eisenstäbe vor Fenstern, selbst in zweiten, dritten, vierten Stockwerken – werden Angriffe mit Sturmleitern befürchtet? Attacken über Hebebühnen? Enormer Bedarf an Metallgittern und Stacheldraht! Die weißblaue Fahne hoch über einer verbarrikadierten Dachterrasse: Eisengitter, lückenlos zusammenmontiert, darüber Maschendraht, Stacheldraht. Sogar, höhergesetzt, eine Wachbude, zu der eine Metallstiege hinaufführt. Da hat man sich wahrhaftig eingeigelt, hat sich einen Gefängnishof geschaffen, ausbruchsicher, beinah sicher vor Angriffen.

Sichtbare Herausforderung – wie die massiv geballten Siedlungen auf Hügelkuppen in palästinensischen Grenzgebieten. Diesmal werden mir solche Regionen verschlossen bleiben, kein Empfang beim Bürgermeister von Bethlehem, im (nominell) autonomen arabischen Gebiet.

Vor der feierlichen Eröffnung der Buchmesse, mit Shimon Perez als Hauptredner (einer der Bodyguards zwei Schritte schräg hinter ihm auf dem Podium), ein Gespräch am Stand der Zeitung *Haaretz*. In diesem (kritisch liberalen) Blatt sah ich Informationen präzisiert über die Militäraktion im Gaza-Streifen. Demnach sieht sich die israelische Armee nach massiver Kritik ausländischer Staaten gezwungen, ihre Kampfführung zu untersuchen: 1338 Tote in der Zivilbevölkerung. Einsatz auch von (geächteten) Phosphorgranaten. In einem »kleinen Teil der Gefechtsgebiete wurde riesiger Schaden verursacht, der aus juristischer Sicht nur sehr schwer zu rechtfertigen sein wird«. Kommandeure ließen Häuser, Häuserblocks von Panzern zusammenschießen, um Sichtschneisen zu eröffnen, Tausende von Häusern vernichtet: »eine Art von kumulierter Abschreckung«. Und die Frage, ob »Israel die palästinensischen Zivilisten leiden lassen wollte, um Ziele zu erreichen, die nicht militärisch, sondern eher politisch waren«.

Ich nehme mir vor, nach dem ersten Kontakt noch einmal am Stand von *Haaretz* vorzusprechen. Vielleicht unter Hinweis auf die Kolmar-Lesung, mit Sicherheit aber mit ein paar Anmerkungen zur jüdischen Vorgeschichte der Familie meiner Mutter, geb. Asher.

Als Hauptstichwort die Libanon-Kriege. »Operation Litani«, März 1978. Unternehmen »Frieden für Galiläa«, 1982. Erneuter Einmarsch 2006: der »zweite Libanon-Krieg«.

Für den Libanon-Krieg 1982 wurden diverse Gründe für den (bald höchst umstrittenen) Einmarsch geltend gemacht, auch dieser: »Teile des heutigen Libanon hätten einstmals dem israelitischen Stamm Asher gehört.« Ich würde gern erfahren, womöglich über Unterlagen aus dem Archiv von *Haaretz*, wie weit dieses nationalreligiöse Argument aufgegriffen und umgesetzt wurde – Relevanz und Verbreitung. Und: ob es 2006 erneut eingebracht wurde.

Vorbereitende Notizen. Ich muss (bei allem Trubel einer Buchmesse) am Zeitungsstand kurzgefasst deutlich machen, dass mir Unterlagen zum Stichwort sehr wichtig wären. Auch hier: Vergangenheit als dritte Dimension der Gegenwart. Eigentlich müsste es in Galiläa Nachkommen dieses Familienzweigs geben. Aber ich will nicht Genealogie betreiben, Familienforschung nach dem Kapitel Familiengeschichte. Meine innere Kompassnadel aber weist in die Richtung der (geteilten und umkämpften) Region der Ashers.

Begleiterscheinung des Reflektierens, Notierens: An der tiefergelegenen Grenze des Hotelareals tauchen Soldaten auf; einer voran mit einer Karte in Wasserschutzfolie, drei, vier Mann hinter ihm her mit den üblichen Schnellfeuerkarabinern. Später: ein Militärfahrzeug mit Blaulicht die gegenüberliegende Hangstraße hinauf Richtung Jaffa-Tor, ein zweites Militärfahrzeug folgt, doch ohne Blaulicht. Besagt beides nichts, Blaulicht wird in Jerusalem gern eingeschaltet, dabei werden Ampelschaltungen jedoch meist korrekt beachtet. Nachts besonders dumpfes Motorgeräusch: Panzer? Nein doch nicht, ein Lastwagen. Beruhigt weiterschlafen. Früh gegen fünf, zwischendurch mal aufwachend, höre ich von fern her einen Muezzin singen.

Altstadt. Enge, vielfach überdachte Gassen; Laden an Laden an Laden. Massierungen von Unverkauftem, weithin Unverkäuflichem. Hundertfach Hosen, hundertfach bedruckte T-Shirts, hundertfach Schuhe, Pantoffeln, Pantöffelchen, hundertfach christliche Statuetten, hundertfach bunte Teller, bunte Tassen, hundertfach Repliken altrömischer Öllämpchen, hundertfach Zigarettenpackungen, hundertfach Metallteile verschiedenster Art, hundertfach durchsichtige Plastiktütchen mit bunten Süßwaren. Die kleinen Ladengehäuse von Waren fast völlig ausgefüllt, oft bleibt nur noch Platz für den Stuhl mit der durchgesessenen Polsterfläche, für das Kofferradio. Hosenhöhlen, T-Shirt-Höhlen, Zigarrettenhöhlen, Süßwarenhöhlen. Als wäre der virtuelle Umsatz von Jahren angesammelt, und man bleibt dazwischen und dadrauf sitzen. Da scheinen auch Rufe nicht zu helfen, aus den Warengrotten heraus: How are you? Where do you come from?

Jaffa-Tor, Davidsturm. Ein Soldat, eine Polizistin auf Posten, Schnellfeuerkarabiner umgehängt. Er mit kugelsicherer Weste, sie in einer Jacke, die von oben bis unten mit Taschen besetzt ist, in die jeweils ein kleines Buch passen würde. Beide mit Tornistern, aus denen der Griff eines Schlagstocks ragt und das Verschlussstück einer Plastikflasche. Mittagsläuten; aus der etwa hundert Meter entfernten Polizeistation naht die Ablösung. Wieder eine Frau und ein Mann, mit Schnellfeuerkarabinern, mit Tornistern, aus denen Schlagstockgriffe und Flaschenverschlüsse ragen, als würde man sich auf einen Marsch begeben, weit, weit ins Land hinaus.

Zion-Tor. Ein Regenschauer treibt zwanzig, dreißig Personen zusammen in der Torpassage mit Kopfsteinpflasterung, überwölbt: ein Trupp Soldaten, allesamt mit Knarren an der Seite, auf dem Rücken. Doch sie tragen keine Helme: Kippas, einige weiß, einige dunkel getönt, zwei der Soldaten mit Schläfenlocken. Zwei Orthodoxe: gleichfalls mit Pejes; breitkrempig ihre schwarzen Hüte. Eine Gruppe afrikanischer Touristen; mehrere der Männer mit grünen Wollmützen, weiß beschriftet: Nigeria. An die Steinmauer gelehnt der Besucher aus Deutschland, der auf der Buchmesse einem deutschsprachig jüdischen Publikum einen Text vorgelesen hat über eine große jüdische Dichterin. Autos schieben sich hupend durch die Ansammlung, müssen meist zurücksetzen, um die Neunziggradkurve im Torbau zu schaffen. Der weiße Guide der schwarzen Touristen bittet seine Gruppe betont scherzhaft, mit ihm zur Church of Dormition hinüberzuschwimmen.

Mishkenot. Vormittagsstunde auf der Terrasse. Notizen zu Konfrontationen der Situation Israel mit der eigenen Lebensform. Hier: Leben im Krisengebiet, im Dauerzustand der Bedrohung. Die zahlreichen Uniformierten und Bewaffneten in der Stadt: als herrsche militärischer Ausnahmezustand.

Da sitze ich in der Sonne auf der terrassierten Fläche mit Blick auf die Stadtmauer droben, auf die Trennmauer drüben, und frage mich, ob nach dem Rückflug irgendwann nicht auch meine Lebensformen gewaltsam verändert werden könnten. Zäsuren werden gesetzt, vor allem wirtschaftlich, fiskalisch: Rückwirkungen auf mein Leben, auf das Leben meiner Familie, das Leben meiner Gefährtin, das Leben meiner Freunde? Ängste, diffus. Ich kann nicht mehr sitzen, laufe hin und her. Doch weiter komme ich damit nicht.

DAS EIFELHAUS IN ABENDEN: Spaziergänge in alle Himmelsrichtungen, erkundend. Im Verlauf der Jahre entwickelte mein Heimatgefühl hier erst Wurzelfasern, dann Würzelchen, schließlich Wurzeln.

An denen wurde allerdings gerupft. Denn im Grünen lebte und lebe ich gern, doch nur in überschaubaren Zeiträumen. Dann musste, dann muss ich wieder in die Stadtwohnung.

Hier hat sich ebenfalls so etwas wie Heimatgefühl entwickelt: der weite, weite Blick bis zum Siebengebirge, bis zum Bergischen Land. Und, für den Wassermann essentiell: Der Rhein war nah. Ein paar hundert Meter durch einen schmalen Grünzug, an der Auffahrtrampe der Mülheimer Hängebrücke entlang, und ich stand vor dem Rhein.

Und ging am Rhein entlang oder überquerte den Strom auf der Brücke, ging drüben neben dem Fluss her – zuweilen bis zum Dom. Rechts- wie linksrheinisch das Gefühl: Ja, hier bin ich zu Hause. Das Wasser ... die Brücken ... die Schiffe ... der Dom ... Hier konnte sich Heimatgefühl, gleichsam nachholend, wieder ansiedeln – zumindest anteilmäßig. Denn mit einem metaphorischen Bein stand ich weiter in der Nordeifel, mit der mich mittlerweile mehr Heimatgefühl verbindet als mit dem Kindheitsdorf am Ammersee. Dort verdunstet gleichsam das Wasser. Einfach zu wenig Gegenwart! Heimatgefühl muss wachgehalten werden durch wiederholte Präsenz.

Eigentlich ist Heimatgefühl unteilbar, sonst ist es kein rechtes Heimatgefühl. Doch die Diversifikation schreitet fort: Da ist nicht nur das Holzhaus im Waldgrundstück am Südhang, da waren auch die erste und die zweite Wohnung am Landwehrkanal, Berlin-Kreuzberg. Also wieder Wasser! Erst einmal, am Fraenkelufer: vom obersten Stock des Musterbaus der IBA-Architekturausstellung der Blick hinab auf die Admiralbrücke. Dann, vom Balkon des sanierten Altbaus am Paul-Lincke-Ufer: der Blick durch Baumkronen, durch viele Äste hindurch auf Schiffe, Schiffchen, Boote. Meist Schiffe für Touristen, denen von Deck aus Sehenswürdigkeiten Berlins gezeigt werden.

In meinem Bewegungsdrang, der sich auch in Berlin entfaltete, hatte ich und nutzte ich die Möglichkeit, über Kilometer hinweg am Landwehrkanal entlangzugehen, westwärts, oder Richtung Spree, in der Nähe der Oberbaumbrücke. Wasser, Wasser, wenn auch weit entfernt von der Güteklasse A, wie sie noch der Rur (holländisch: Roer) zugeschrieben wird: auf der Höhe von Abenden kristallklar.

Rechtzeitig verließen Olga und ich (2006) das Haus am Paul-Lincke-Ufer; ein halbes Jahr später brannte das Dachgeschoss aus, und die Stockwerke darunter wurden von der tatendurstigen Feuerwehr derart unter Wasser gesetzt, dass sämtliche Türen und Türrahmen aufquollen, dass die durchtränkten Holzböden herausgerissen, das ganze Haus ›entkernt‹ werden musste.

Da wohnten wir aber schon in Brühl, der kleinen Stadt, in deren Schloss früher die Staatsempfänge der Bonner Republik stattgefunden hatten – die zufällige Entdeckung einer Anzeige auf der Immobilienseite führte uns ins Städtchen. Und ich bleibe beim Stichwort Wasser. Der Rhein ist zwar mehrere Kilometer entfernt, aber in zwanzig Minuten kann ich zu Fuß den Heider Bergsee erreichen – dem man nicht ansieht, in seiner Vielgestaltigkeit, dass hier bis in die sechziger Jahre Braunkohle gebaggert worden war. In einer knappen Stunde gehe ich einmal rund um den See, in dem ich natürlich auch geschwommen bin. Motto: Einmal rund um den See, einmal rein in den See.

Alternativ: zwei, drei Minuten mit dem Auto, und ich bin am Bleibtreusee – dem sieht man in der Rundform schon eher an, dass hier Braunkohletagebau betrieben worden war. Aber die Vegetation, in reicher CO_2-Luftdüngung, sie hat das längst wieder kaschiert. Ungefähr ein Dutzend Seen in der Ville, ich zähle sie nicht auf, nicht einmal das halbe Dutzend Seen, in denen ich geschwommen bin, ich nenne nur noch meinen Lieblingssee: den Untersee, in der Kette von Obersee, Mittelsee, Untersee. Wobei der Obersee eher ein großer Weiher ist, während der Untersee bereits Seeformat aufweist. Keine Bebauung hier, kein Fischersteg, keine Bootshütte, nur Grünbewuchs rundum, da lässt sich lustvoll hinausschwimmen ins Sonnengeglitzer. Und schon ist mein Heimatgefühl erneut relativiert, bin ich bestochen: Meine Spazierwege im Park von Schloss Augustusburg, zuweilen auch hinaus zum Schlösschen Falkenlust, dazu das reiche Angebot von Seen in nächster Nähe – schon wieder keimen Heimatgefühle.

Das Wasser auf meine Gefühlsmühle hat also verschiedene Quellen: Rhein-Wasser ... Ammersee-Wasser ... Rursee-Wasser ... Spree-Wasser ... Villesee-Wasser ... Grenzen von Heimat: für mich verfließen sie.

JA, UND DAS MEER! Immer wieder kreuzt in der Erinnerung *FS Polarstern* auf. Die Fahrt war für mich noch längst nicht abgeschlossen, mehrfach habe ich sie, vom AWI wöchentlich mit internen Fahrtberichten versorgt, mental fortgesetzt. Ja, so *hätte* es weitergehn können, *wäre* ich als Chronist an Bord geblieben für die drei Phasen der Forschungsreise nordwärts: ARK XIX / 1–3. Virtuelle Perspektive, damals, im Rückblick vergegenwärtigt.

Erst nimmt das Forschungsschiff Kurs auf die »Porcupine Seabight« südwestlich von Irland. Dort werden Tiefsee-Korallenriffe untersucht in ihrer Symbiose mit Fischen, auch werden in langen Tauchgängen mit »Victor« und einem Echolot-Verfahren Strukturen und Sedimente des Meeresbodens analysiert.

In Fahrtabschnitt 2 geht es weiter in die Barentsee, zum Hakon Mosby Schlammvulkan in 1250 Metern Tiefe: der HMMV als »Modellsystem für den Methanaustritt«. Auch hier wird »Victor« zum Einsatz gelangen, vom Schiff aus ferngelenkt.

Im dritten Fahrtabschnitt wird die Langzeitstation in der Framstraße westlich von Spitzbergen angesteuert, der »AWI-Hausgarten« in 2500 Metern Tiefe: fortgesetzte Untersuchungen zur Biodiversität arktischer Tiefseesedimente. ROV Victor setzt »an ausgewählten Standorten neuentwickelte autonome Messinstrumente am Meeresboden ab«.

Schließlich der 75°-Schnitt in der nördlichen Grönlandsee, die Greenland Fracture Zone: Hauptforschungsgebiet der dritten Phase. Hier, am grönländischen Kontinentalrand, ist die See rund viertausend Meter tief, und so dauert es im Schnitt eine Stunde, bis die CTD-Sonde in Bodennähe herabgesenkt ist, eine weitere Stunde dann für den Aufstieg, die Wasserschöpfer werden sukzessiv geschlossen, Wasserproben damit aus 24 Tiefen; die Proben werden an Bord sogleich analysiert: Bestimmung jeweils der Nährsalze und des Sauerstoffs.

In dieser Zeit hat ein Chronist nicht viel zu verzeichnen, also *wäre* das eine günstige Gelegenheit für den Helikopterflug hinüber zur Insel Kuhn an der Ostküste Grönlands. Eine Insel, auf die ich mich schon mal versetzt habe im Roman über den *König von Grönland*, und, noch einmal, in einer Geschichte. *Polarstern* auf 75° N, Insel Kuhn auf 74° 52' N, da könnte doch eigentlich – da müsste es doch möglich, zumindest denkbar sein, dass ich –

Ja, von Brest aus weiterhin an Bord bleiben, während der Forschungsreise ARK XIX. Mit dem AWI ausgehandelt: Für das Verfassen der Chronik erhalte ich kein Honorar, dafür aber einen Freiflug vom Heli-Deck zur Kuhn-Insel.

Die liegt in einem besonders schwer zugänglichen Gebiet: in der Bucht zwischen der Halbinsel Hochstetter Forland (nördlich) und dem Wollaton Forland (südlich). Küstenregion, die auf einer Länge von mehr als 2000 Kilometern unbesiedelt ist.

Dieses Küstengebiet ist vor allem durch Eis isoliert. Im Westen das Inlandeis; im Osten die Eisbarriere des Packeisgürtels; östlich davon das »Landwasser«, im Sommer schiffbar nur in einer Breite von einigen Seemeilen; östlich davon der Treibeisgürtel des Nordpolarstroms: Eisschollen und Eisfelder, auch Eisberge driften ständig südwärts. Dieser bis zu 40 Kilometer breite Strom von »Großeis« macht auch im Sommer eine Annäherung an die Insel äußerst schwierig, also Flug.

Der Transfer zur Felsinsel zugleich als (erneute) Funktionsprobe für einen der beiden Helikopter: Transport eines komplett montierten Kunststoffiglus mit 150 Kilo Zusatzlast. Punktgenaues Absetzen am Ende der Bastiansbucht, die tief in die Insel einschneidet, verwinkelt. Als Fortsetzung der Bucht ein Tal, das von Schmelzwasser in Äonen zurechtgeschliffen wurde.

Mit dem Kunststoffiglu abgesetzt ein 5-kW-Generator, ein

regulierbarer 2-kW-Heizlüfter, ein Propangas-Zweiflammer zum Kochen oder Aufwärmen, 30-Liter-Kübel für meine Abfälle. Ein Camcorder mit Stativ, ein Satellitentelefon, in dessen Funktion mich der Brückenelektroniker eingewiesen hat, mein Laptop. Und ich, in roter Thermokleidung, für einige Tage und Nächte allein auf der Felsinsel von (aufgerundet) vierzig Kilometern Länge zwischen Cap Mosle im Norden und Cap Hamburg im Süden, und (ebenfalls aufgerundet) dreißig Kilometern Breite zwischen Cap Maurer im Osten und Fligely Fjord im Westen. Unmittelbar an die Bastians Bai herangerückt das Bergmassiv der »Schwarzen Wand«, mehr als 1100 Meter hoch.

Wenn der Generator nicht läuft, herrscht Stille. Keine Durchsagen mehr über die Bordlautsprecher, nicht mehr die Geräusche der Bug- und Heckstrahlruder, der Winden. Ich wäre einer neuen Erfahrung ausgesetzt, nun erst recht als Chronist meiner selbst.

Stille, absolute Stille, beinah Weltraumstille: kein Wellenschlag, höchstens mal ein abrutschender Steinbrocken im Felsmassiv. Und in der Stille, der übermächtigen Stille: Nordlicht, wie ich es nach Köln locken wollte, unterstützt von einer Schamanin auf Grönland, Nordlicht über der Südbrücke, gleichsam als Gastspiel; hier aber, eher erhofft als berechnet: Nordlicht als Begleiterscheinung der Nächte, lautlos flackert es auf, grün, oft grün, meist grün wie das Grün des Magischen Auges. Nordlicht, das die Stille, die völlige Stille, die tödliche Stille illuminiert, grüne, fluoreszierend grüne Lichtschleier, senkrecht herabhängend, sacht bewegt, Licht, das im sanft geblähten Gazeschleier huscht und zuckt, gleitet, flackert; mit meinen grünen Augen schaue ich hinauf, hinaus in die grünen Lichtschleier, bewegt wie von sanften Strömungen, und Felsbrocken, Felsmassive, Felswände grün überhaucht, das Iglu wie in Grün getaucht, Nordlichtgrün kristallisiert aus, kristallflirrender Niederschlag, grün irisierend die Eisoberfläche, das Eis der Bucht grüngesättigt, und drüben, droben die sanft gebauschten Gazeschleier aus Grün, oszillierendes, opakes Grün, gewellt, gestreckt, gewellt, geglättet und weit hinaus-

Unter den Erbstücken auch ein Halbrelief-Wappen; auf der Rückseite des ovalen Rahmens ist ein Gutachten des Dresdner Heraldischen Instituts aufgeklebt, ausgestellt im Dezember 1909, also wohl angefordert vom Großvater zu Rheydt: Dominierend ein »aus goldnen Flammen wachsendes silbernes Pferd«. Und auf dem weithin üblichen Wappenhelm zwei Büffelhörner. Das Pferd als heraldisches Sinnbild der Freiheit, die Büffelhörner als Zeichen der Streitbarkeit.

Das Familienwappen: hier zeige ich Interesse für etwas, für das sich mein Großvater interessiert haben dürfte; ich trete, wenigstens in dieser Hinsicht, in dessen Fußstapfen. Seine Motivation lag sicherlich im Bürgerstolz – und bei mir? Die Nachbildung des Wappens hänge ich nicht auf, ich sehe darin nur eine Bewusstseins-Markierung: Die Skizze der Familie Kühn erhält zeitliche Tiefendimension, über viereinhalb Jahrhunderte hinweg. Antonius Kühn: Zeitgenosse des Dr. Martin Luther. Meister Antonius, liegt irgendwo ein Bündel Briefe von dir? Ich würde sie gern lesen!

Für Valentin Kühn, Kürschnermeister in Stadtilm am Nordosthang des Thüringer Waldes, waren Wörter selbstverständlich, die sein Nachkomme, der (sporadisch) am Nordhang der Eifel lebt, erst einmal zusammen-lesen muss, Wörter wie Flaumhaar und Leithaar, Grannenhaar und freie Spitze, wie Haarschlag und Haarstrich, wie Haarstrom und Haarwirbel.

Und Valentin gab Wörter der damaligen Fachsprache weiter an seinen Sohn Johann Balthasar, der wie sein Vater Winterfelle kaufte, Sommerfelle als Ausschuss ablehnte, unreife Felle der Übergangszeiten scheel ansah, denn: unreife Felle sind beim Fuchs grünledrig, beim Maulwurf schwarzledrig, beim Hamster blauledrig.

Und Johann Balthasar gab Wörter der Kürschnersprache weiter an seinen Sohn Christoph Nicolaus, der unreife Felle auch nicht gern verarbeitete, der musige und musrige Felle nicht in seiner Werkstatt haben wollte, nur Felle, die griffig waren.

Und Christoph Nicolaus gab diese und andere Wörter weiter an seinen Sohn Wilhelm Gottlieb, der musrige Felle ebenso ablehnte wie bockige Felle, wie flache oder flattrige Felle, wie hohle Felle, der gar nicht gern hörte, wenn ein Fell knackte, wenn es schnattig war, und Kahlgänger kamen nicht in sein Haus.

Und Wilhelm Gottlieb, nun in Düsseldorf, gab Wörter der Kürschnersprache weiter an seinen Sohn Wilhelm Theodor, der wie seine Vorfahren den Rauch oder die Textur eines Fells mit dem Fingerspitzengefühl des erfahrenen Kürschners ertastete, und er reckte und rupfte Felle, löste Focken aus den Fellen, achtete auf den Grotzen, den Aalstrich der Felle, hielt Nahtverluste möglichst klein.

Keiner der Vorväter in Thüringen hat eine Autobiographie hinterlassen – zumindest liegt mir keine Autobiographie eines der Kürschnermeister vor. Doch es gibt Vorlagen, nach denen sich solch eine Lebensbeschreibung entwerfend rekonstruieren ließe, denn: Es wurden im 18., im 17. Jahrhundert Autobiographien geschrieben nach Mustern, die sich reproduzierten.

So hätte auch ein Valentin Kühn seine Lebensgeschichte eingeleitet mit einem frommen Zitat: Dass denen, die Gott lieben, alles zum Besten gedeihe. Sein gnädiger Gott habe dies wahrgemacht vom Zeitpunkt an, an dem Er ihn, Valentin, aus dem Mutterleib gezogen, bis zum Zeitpunkt, da er anno 1723 in seinem Hause zu Stadtilm unter großen Mühen die Lebensgeschichte niederschreibe. Bei allem Rauben und Morden seiner Zeit, bei allen Pestilenzen und Kriegszügen, bei allen Hochwassern und Feuerbränden das Alter von 58 Jahren erreicht zu haben, dies allein schon bezeuge Gottes Güte. Die Frist, die ihm noch gütig gewährt werde, sie wolle er nutzen, um seinen Kindern zu zeigen, wie ihn der gnädige Gott vor allen Gefahren bewahrt und aus allem Unglück errettet habe; zuweilen stand bereits ein neues Unglück vor der Tür, als das vorherige Unglück soeben das Haus verlassen hatte. Doch wie der Psalmist schrieb: Die Engel des Herrn lagern sich um den, der Ihn fürchtet, und sie helfen ihm. Valentin Kühn könnte betont haben: Dass er trotz aller widrigen Umstände, trotz aller Krankheiten, trotz unmittelbarer Gefahren für Leib und Leben zu Wohlstand und Ansehen gekommen sei, dies verpflichte ihn zur Danksagung. So habe er vor Beginn seiner Lebenshistorie in der Stadtkirche ein dankbares Jubilate angestimmt. Und er bittet seine Kinder, die Niederschrift auch als Ermahnung zu lesen, die christlichen Tugenden zu wahren, item die der wahrhaften Zuversicht im Glauben, item die der langmütigen Geduld. Amen. Ende der Vorrede.

Und Ende des Entwurfs. Nach einer solchen Intrada würde sich der Bericht folgerichtig entwickeln zur Sinnfigur des Lebens im Namen des Gottes, der über allem schwebte, mit lenkender Hand.

Auf dem Rückweg von einer (mittlerweile dritten) Polenreise, diesmal im Jahre 1988 (Wrocław/Breslau, Strzegom/Striegau, Karpacz/Krummhübel) mache ich mit Gisela einen Abstecher nach Stadtilm. Da stellt sich die Frage, was ich in dieser Region der Vorväter erwarte, und ich sage: Grabsteine, Grabplatten.

Kleine Stadt in einer Talsenke: Hügel mit vorwiegend grünen Flanken. Ein Parkplatz am Rathaus, dem früheren Schloss: Renaissance-Elemente. Wir schlendern zur Ilm: enttäuschend schmal. Zudem: Städtchen und Flüsschen sind nicht aufeinanderbezogen, die Ilm fließt unauffällig (wohl auch kaum beachtet) hinter der Stadt vorbei. Als deren Mittelpunkt die alte Kirche, doppeltürmig, mit romanischem Portal: In dieser Stadtkirche werden meine Vorfahren in Gottesdienste gegangen sein, hier wurden sie wohl auch getauft, hier wurden ihre Ehen gesegnet.

Die Kirche ist abgeschlossen. Rundherum nicht ein einziger Grabstein. Ich frage einen alten Mann: Ja, der Friedhof ist abgeräumt worden, vor einigen Jahren, auch der Friedhof in der Nähe des ehemaligen Schlosses, es gibt nur noch den neuen Friedhof an der Einfahrt in die Stadt. Keine Steinzeugen also für Wilhelm Gottlieb Kühn, hier geboren, für Johann

Balthasar Kühn, hier geboren, für Valentin Kühn, hier geboren. Abgeräumte Vergangenheit, eine stumme Grünfläche mit Kieswegen, die meine langsamen Schritte hörbar machen, Schritte eines Enttäuschten.

In einem Schreibwarenladen in der Nähe der Kirche kaufe ich eine Postkarte, auf der vier Fotos zusammengerückt sind, schwarzweiß. Lieber wäre mir eine Stadtgeschichte gewesen, um das soziale Ambiente der Kürschner kennenzulernen. Zwar habe ich ein Hinweisschild zum Stadtarchiv gesehen, die Bürozeit aber ist abgelaufen, für diesen Tag.

Wir fahren nicht weiter nach Königsee, sind an die Transitroute gebunden. Dennoch haben wir die Autobahn bei Weimar verlassen zu diesem Abstecher. Das könnte schon, wie man zuweilen hört, von Volkspolizei und DDR-Justiz als »Grenzverletzung« geahndet werden. Also Rückkehr zur Autobahn.

Immerhin: Ich war in Stadtilm. Doch vor leergeräumten Flächen sah ich deutlicher nur mich selbst: Jemand, der Beziehungen herzustellen versucht, Verbindungslinien zieht … Nun hat er das zage Rauschen der Ilm gehört, die auch an Goethes Gartenhaus vorbeimäandert.

Über Generationen hinweg hatte sich der Wohnsitz der Familie Kühn wohl kaum verändert, in Stadtilm so wenig wie im nahen Königsee: Mal ein Haus um einen Anbau erweitert, mal im Haus eine Zwischenwand herausgenommen oder eingesetzt, mal ein Dach neu gedeckt, mal Fenster erneuert, doch was man durch die Fenster sah, es war für Vorvater, Großvater, Vater stets das Gleiche.

Auch die Zahl der Häuser hat sich, zumindest in Friedenszeiten, in Stadtilm wie in Königsee über lange Zeit hinweg nicht geändert: Mal sind ein paar Häuser baufällig geworden oder abgebrannt, mal sind ein paar Häuser neu erbaut worden, doch ihre Zahl ist letztlich gleich geblieben über Generationen hinweg.

Auch der Verlauf der Gassen und Straßen änderte sich nicht in Stadtilm oder Königsee: Generationen von Kühn-Kindern sind durch die selben Gassen und Straßen gegangen, gelaufen; wahrscheinlich hatten Generationen von Kühn-Kindern dieselben Plätze, an denen sie spielten – an der Ilm hier, an der Rinne dort. Bis denn mit Wilhelm aus dem Flüsschen »Ilm« oder dem Bach »Rinne« der Strom wurde, auf dem Schiffe nordwärts glitten oder südwärts kreuzten, südwärts getreidelt wurden – der Rhein als die größte, auch für Kürschner bedeutsame Wasserstraße des Handels.

Dieser Wilhelm Gottlieb Kühn: ihn darf ich nicht bloß erwähnen, ihn muss ich hervorheben. Denn er suchte das Weite – in doppeltem Wortsinn. In der Senke zwischen den Waldhängen komme ich auf keinen grünen Zweig, könnte er sich gesagt haben, hier laufen die Geschäfte immer schlechter, immer weniger Kürschner im Ort, ich werde ihn verlassen. Vielleicht war da auch eine Frau, die ihn von Thüringen ins Rheinland lockte. Jedenfalls, er koppelte sich ab vom Familienverband, der jahrhundertelang im Ort verblieben war, weiterhin ortsgebunden blieb, zog von der Rinne an den Rhein. Gründete dort eine neue Kürschnerei, einen neuen Haushalt, eine neue Familie: Kühns am Rhein.

Und ich wende mich wieder Großmutter Klara Friederike zu – mit grünen Augen schaue ich auf ihre grünen Augen. Scheinbar unbefangen lächelt sie neben dem gestreng blickenden Mann, der ihr fünf Kinder machte – sie sieht fast aus wie seine älteste Tochter.

Während ich (1987) erste Notizen mache über die Großmutter, lehnen die Ölskizzen an der Holzwand, und ich brauche den Kopf nur ein wenig nach rechts zu drehen, um Friederike zu sehen, die, in Seitenansicht gemalt, mitten im Salon sitzt, mit knöchellangem, weitem schwarzen Rock, unter dem sie das linke Bein über das rechte geschlagen hat; hochgeschlossen eine weiße Bluse; sie blickt auf eine zusammengefaltete Zeitung. Im Bildvordergrund grüne Portieren, im Türdurchblick gerafft von breiten Bändern. Die gleiche Raffung an roten Portieren des Fensters hinter Friederike; die Gardine, selbstverständlich geschlossen, ist gesättigt mit honiggelbem Licht – vielleicht ist es auch diese warme Tönung, die freundliche Empfindungen weckt für die schöne Großmutter. Vor der gelben Gardine, auf dreibeinigem Abstelltischchen, eine hochragende Stehlampe mit Troddel-Lampenschirm, den zwei Federbüsche überragen wie ein Paradehelm.

Auch Großvater hat, im Komplementärbild, das linke Bein über das rechte geschlagen. Sein Zimmer wirkt wie ein naturalistisches Bühnenbild eines wilhelminischen Salons; auch hier wird dieser Eindruck betont durch grüne Portieren, jeweils gerafft von einem Band mit Quaste. Oscar sitzt vor einem großen Fenster, in der geschlossenen Gardine kaltweißes Vormittagslicht. Betont weiß die Papierfläche, die Großvater in der Linken hält, während die Rechte entspannt von der Seitenlehne herabhängt. Schaut er durch den Zwicker auf einen zufriedenstellenden Geschäftsbericht? Hinter Oscar eine Podestsäule mit dickbauchigem Pflanzenkübel, in dem eine Zimmerpalme wächst.

Über dem Schreibtisch mit Kasten- und Säulchenaufbau ein großformatiges Bild in goldenem Rahmen: Vollmond über bräunlicher Wolkenbank, unter ihr weißgrau Flächiges. Dieses Bild des Malers Johann Jungblut sehe ich wieder auf einer Fotografie der fünfziger Jahre, in unserer damaligen Dürener Wohnung; dieses Bild hing später im Zimmer meines Vaters in Herrsching: Eine Eisfläche, Frauen heben und schleppen Eisblöcke, über ihnen Wolken und Mond.

Von der Schneefläche vor dem Fenster auf den Tisch blickend, sehe ich ein ebenfalls neu geerbtes, für diesen Textabschnitt bereitgelegtes kleines Winterbild in Öl, mit der Signatur: Osc. Kühn 1891.

Eine schneebedeckte Dorfkirche mit kurzem Turm vor weißgelbem Abendhimmel; ein großer, kahler Baum am rechten Bildrand; ein Mann mit langem Stock im Schnee, neben ihm, eingemummelt, ein Kind, vor ihm ein fast mannshohes Schneegebüsch und auf der anderen Seite ein Pfarrer mit breit- und flachkrempigem Hut, in schwarzem Talar. Man scheint sich über die optisch betonte Barriere hinweg zu unterhalten an diesem späten Winternachmittag, in der Schneestille. 1891: damals war Oscar Kühn zweiunddreißig. 1891: zu diesem Jahr finde ich in der kleinen Erbschaft ein Dokument. Demnach war Oscar Kühn zum Premier-Lieutenant der Landwehr-Infanterie befördert worden, im Landwehr-Bezirk Coeln. Diese Beförderung hatte formell »Unser allergnädigster König und Herr resolviert, Seine königliche Majestät von Preußen«.

Ein Offizier der Landwehr also hatte dieses Winterbild gemalt, in einem Stil, der mich an Naive Malerei erinnert. Von diesem Landwehroffizier besitze ich ein weiteres Winterbild, vielleicht aus derselben Zeit: Ein zugefrorener Teich, auf dem sich Abendrot spiegelt; fünf hochragende Schilfbüschel; die Bildfläche beherrschende Winterbäume; hinter ihnen Wald; vor gelbem Winterabendhimmel schwarze Vögel. Ein bisschen kitschig in den Augen des Enkels.

Ein drittes (ebenfalls kleinformatiges) Ölgemälde des Großvaters: Fjordlandschaft. Berge rechts, Berge links, in der Bildmitte die völlig glatte Wasserfläche; in den Fjord hereinfahrend ein Dampfer mit Rauchfahne – aber noch fern, entsprechend klein.

Ebenfalls seit den neunziger Jahren besitze ich (vor dem Sperrmüll gerettet) ein Fjordgemälde im Querformat, in Postergröße. Ein Bergmassiv mit Gletscher rechts; am Sockel, an der Küste, ein paar Holzhäuser; die auch diesmal glatte Wasserfläche; ein Fischkutter vor Anker, das Hauptsegel hängt schlaff herab; ein Fischer rudert im Vordergrund zwei Männer; Berge mit Schneeresten auch am linken Bildrand. Zwei Beschädigungen der Leinwand hat der Enkel, seinerzeit Germanistikstudent, zum Vorwand genommen, dem Bild mit aufgeklebten Collage-Elementen einen Hauch Surrealismus zu verleihen: Eine Balletteuse in weißem Tutu fällt mit angezogenen Beinen aus allen Wolken auf den Schiffsmast herab; im Gletscher ein riesiges Auge – Gletscherauge, Gottesauge; eine junge Taucherin mit Harpune steigt durch das braune Seegras im Bildvordergrund; ein paar Schritt weiter radelt ein

Mann mit Schwung aus dem Wasser, Sweatshirt und Krone, in einem Gitterkorb Tang.

Auch dieses Bild ist datiert: 1893. Hatte Großvater eine Mal-Reise unternommen? Im folgenden Jahr (so lese ich in einer kleinen Firmen-Festschrift mit dem Titel *Starker Faden vom Niederrhein*) »trat der Kaufmann Oscar Kühn in die Firma ein, die von nun an Kommandit-Gesellschaft wurde und den Namen Kühn, Vierhaus & Cie. erhielt. Komplementäre und Geschäftsführer wurden Ernst Vierhaus und Oscar Kühn.«

Auf dem Leseweg zurück zum Großvater, nun als Teilhaber und Geschäftsführer, kommen mir Wörter in die Quere, die für mich exotisch sind und exotisch bleiben werden: Mule … Schneller … Watermaschine … Für die Reinigung und Auf-lockerung von Baumwolle wurden spezielle Geräte eingesetzt unter der Bezeichnung »Wolf und Teufel«. Und für Großvater war bald schon Basiswissen, was ich mir anlese in einer Fach-schrift des 19. Jahrhunderts, vorab zu den Eigenschaften von Baumwollfasern. Hier waren relevant: »Farbe, Glanz, Länge, Feinheit, Weichheit, Drehung, Festigkeit, Elastizität, spezi-fisches Gewicht, Verhalten gegen Wasserdämpfe, chemische Zusammensetzung, Selbstentzündung«.

Der »versierte Kaufmann« gab das Malen nicht auf. Über-raschende Konfrontation: Das Kölner Auktionshaus Van Ham präsentierte 2006 ein Gemälde (Öl auf Leinwand, 50 mal 61) mit dem (wohl postumen) Titel: »Geschäftiges Treiben am Ufer des Rheins«. Allzu geschäftig wirkt das Treiben al-lerdings nicht auf diesem Gemälde, das mir der Bildschirm vermittelt, es herrscht, in akademischer Malweise, eher Ge-ruhsamkeit mit Ruderboot hier, Segelschiff dort.

Wichtig ist mir vor allem die Angabe: »Datiert unten links: Osc. Kühn 1903.« Der Schätzpreis lag bei bescheidenen 400 Euro, der Zuschlag erfolgte bei € 440. Da hätte ich gern mehr geboten, doch zu jenem Zeitpunkt kannte ich dieses Auktionshaus noch nicht, wusste noch nichts vom Angebot, das ich gern ersteigert hätte, aus Pietät.

Kühn, Vierhaus & Cie: Zuerst hatte die Firma Garne hergestellt für Buckskins: die groben Baumwollhosen wurden in Textilfabriken von Rheydt und Gladbach produziert, vor allem für den Export nach Südamerika. Die Firma leistete sich 1899 eine Dampfmaschine, die für rasche und gleichmäßige Rotation der vielen Tausend Spindeln sorgte, über werweißwieviele Transmissionsriemen aus handbreitem Leder, die von zentralen Wellen herabschlackerten. Und sich schon mal, weiträumig herumpeitschend, von Antriebsrädern lösten.

Die Umsätze gingen bald zurück, Konkurrenten lieferten billigere Produkte, KVC suchte neue Abnehmer, stellte Garne her zur Produktion von Dochten für Petroleumlampen. Als Großvater in die Firma eintrat, musste man erneut Abnehmer suchen – Gasleuchten verdrängten die Petroleumlampen, bald darauf begann das große Elektrifizieren. So rasch man sich von der Produktion der Garne für Dochtwebereien verabschiedete, so frühzeitig wird man die Produktion von Garnen aufnehmen für Textilgewebe in Autoreifen (Reifencord). Dies bereits im Jahre 1907!

Die Hauptprodukte der Firma waren allerdings Häkel- und vor allem Stickgarne, »das sogenannte Mouliné, ein [mehrfarbig gezwirntes] Flächenstickgarn, das ein vielbegehrter Artikel wurde«. Hier war Kühn, Vierhaus & Cie. bald marktbeherrschend: Die Firma stellte 80 Prozent des deutschen Bedarfs her, exportierte weltweit.

Besonders erfolgreich war ein Stickgarn mit dem Markenzeichen »Extrissima«, das (nach dem Bericht des Deutschen Wirtschafts-Archivs) »an Güte und Glanz alle bisher hergestellten Garne übertraf«. Vor dem Ersten Weltkrieg, als die Firma ihre größten Umsätze machte, wurden jährlich 6000 Ballen ägyptischer Baumwolle von 9000 Zwirnspindeln und 23000 Spinnspindeln zu Garn verarbeitet; 550 Arbeiter waren damit beschäftigt. Vor allem, als die Maschinenstickerei aufkam.

Als wir uns beim Ortstermin Rheydt einem Prokuristen von Kühn, Vierhaus & Cie. vorstellten, wurde sofort eine Führung vermittelt – nicht mehr in den Hallen, durch die auch Oscar Kühn geschritten war, inspizierend: Die Firma wurde 1943 zerbombt, nach dem Krieg musste alles neu erbaut werden, dies immer noch unter dem alten Firmennamen KVC AG.

Und nun: viele neue Wörter: Baumwollmischraum ... Kardensaal ... Kalanderwalzen ... Kehrstrecken ... Vorspinnmaschinen, Ringspinnmaschinen, Ringzwirnmaschinen ... In technisch-militärischer Ordnung drehten sich Tausende von Spindeln; das Fauchen mächtiger Exhaustoren, die Baumwollflusen absaugten, flusenbedeckt dennoch die Frauen an den Maschinen, flusenbedeckt die Meister. An Spinnmaschinen glitten auf Doppelschienen gartenzwergkleine Roboter hin und her, Sensoren lenkten sie dorthin, wo weißes Garn verknüpft werden musste: Aus den Automaten schoben sich kleine Greifer heraus, wie Messerchen von Nagelscheren, die machten flink den Knoten, zogen sich zurück, die Maschinchen glitten weiter.

Diese Arbeit hatten vor wenigen Jahrzehnten noch Frauen gemacht, unter ihnen eine Buchhändlerin zu Mönchengladbach, die nach meiner Lesung erzählte, viele Kriegswochen lang sei sie an Spinnmaschinen entlanggependelt, Fäden knüpfend.

Jahre später, 1987, war der rote Faden gerissen, die AG wurde im Handelsregister gelöscht. Doch das Haus des vormaligen Teilhabers und Geschäftsführers Kühn ist wiedererstanden.

Nach dem Tod meiner Mutter fuhr ich mit Vater Helmuth noch einmal nach Rheydt, wir gingen auf seinem Schulweg zum Haus, sahen das Ockergelb der Fassade, weiß abgesetzt. Unten ein Notariat, oben Wohnungen; am Seiteneingang mehrere Klingeln. Fahrräder abgestellt, zwei Kinderräder. Aufatmen, obwohl wir keinen Stein des Hauses besitzen. Es blieb bei der Außenansicht.

Während ich dies schreibe, liegt auf der Tischfläche eine alte Fotografie: Sechs riesige Säulen (als Halbreliefs, mit korinthischen Kapitellen) gliedern die symmetrische Fassade; ein runder Erker mit aufgesetztem Balkon links, ein runder Erker mit aufgesetztem Balkon rechts, zwei Aufgänge zur Haustür genau in der Mitte; als Zierelemente der Fassade Schmuckbänder, Girlandenmuster, und auf dem Gesims klassizistische Steinkrüge, Amphoren.

In diesem Haus hatte alles soliden Bestand signalisiert, besonders die schweren und dunklen Möbel, die ich gleichfalls auf Fotografien sehe: Eiche mit Schnitzwerk, Füße als Pranken und Tatzen ... Als dieses Haus gebaut und eingerichtet wurde, als es fertig war, muss Großvater das stolze Gefühl gehabt haben: Dieses Haus wird Stammsitz kommender Generationen! Oder: Was ich, Sohn eines Kürschnermeisters, geschaffen habe, das wird uns keiner mehr nehmen können! Elf Jahre später begann der Weltkrieg.

Mitte 1909 konnte gefeiert werden. Eine Postkarte mit verschiedenen Rheinmotiven wurde produziert »Zur Erinnerung an die Rheinfahrt aus Anlass des 25-jährigen Bestehens der Firma Kühn, Vierhaus & Co.«.

Fünf Jahre später, mit Beginn des Weltkriegs, ging die Produktion drastisch zurück. Ägyptische Baumwolle konnte nicht mehr importiert werden, die Herstellung von Stick- und Häkelgarn war nicht mehr vordringlich, es wurde vor allem Uniformtuch gebraucht.

Dem Großvater riss der Lebensfaden Anfang Januar 1915, »nach schwerem Leiden«, »langem Leiden«. Diese Formulierung deutet (heute) zumeist die Todesursache an: Krebs. Ein Wort, das ich viel zu oft zu hören kriege in engeren und weiteren Kreisen. War es bei Großvater Oscar Hirntumor? Sein Sohn berichtete, zusammenhanglos, von einer Merkwürdigkeit: Oscar mit einer Haube aus Gummischläuchen auf dem Kopf, kaltes Wasser in den Schläuchen. Versuchte er, den schwindelerregenden Ödem-Druck im Kopf zu lindern durch spezielle Kühlung? Zum Tod durch Hirntumor könnte denn auch, falls nicht bloß floskelhaft gemeint, die Formulierung passen, die von der »Gesellschaft Harmonie« für die Todesanzeige übernommen wurde: »dem Herrn entschlafen«.

24

Drei Jahrzehnte später, schon erwähnt, starb in Iserlohn meine Großmutter, Ende des Zweiten Weltkriegs. Mir liegt keine Todesanzeige vor – die war in jenem Jahr des großen Sterbens wohl auch kaum erschienen.

Ich weiß von Klara Friederike nur, dass sie zum Königin-Luise-Bund gehörte, einer Vereinigung von Damen königstreuer Gesinnung. Höhepunkt des Vereinslebens war die Reise einer Delegation zum exilierten Kaiser Wilhelm in Doorn. Hat er den Damen vorgeführt, wie er einen von etlichen tausend Baumstämmen zersägte im Park der Residenz, auch wie schwungvoll er Holz hackte? Sicherlich wird sie nicht vom »Ex-Kaiser« gesprochen haben, Wilhelm II. blieb für sie Kaiser.

Weiter hörte ich, sie sei zu ihren Kindern sehr »lieb« gewesen, ja, wie mein Vater sagte, »herzensgut«. Könnte auch etwas naiv gewesen sein. Mehr erfahre ich nicht über sie, dafür aber sehe ich sie auf dem Porträtgemälde.

1987: Nach dem winterlichen Transport der Erbstücke von Köln nach Abenden hänge ich das Bild noch nicht auf, trage es umher, lehne es hierhin, stelle es dorthin, lasse Licht in verschiedenen Winkeln auf das Bild einwirken, stehe vor ihm, sitze vor ihm, gehe vor ihm umher, auch im Musiktakt: mit versteckter Kamera gefilmt könnte es so aussehen, als würde ich Friederike zum Tanz auffordern. Siebenundzwanzig war sie damals – das Gemälde ist auf 1903 datiert. Zwei Jahre später brachte sie meinen Vater zur Welt, Karl Otto Helmuth, drittes von fünf Kindern.

In einer der Zeitphasen, in denen ich wieder einmal Notizen, Entwürfe schreibe für dieses Buch, erreicht meinen Vater in Herrsching ein Brief der Evangelischen Gemeinde Rheydt, Friedhofsverwaltung. Drohgebärde in Amtssprache. Ich fasse zusammen: Wird das Grab nicht endlich gepflegt, wird es eingeebnet und abgeräumt, fällt gemäß § 15 der Friedhofsordnung an die Kirchengemeinde zurück.

Der Brief wird umgehend aus Herrsching an mich weitergeleitet: »Grundsätzlich neige ich zur Aufgabe des Grabes. Mit herzlichen Grüßen, Paps.«

Ich fahre nach Rheydt, parke am Friedhof, in der Nordstraße. Große Friedhofskirche aus graugrünen Steinquadern, davor ein Toiletten- und Bürotrakt; geöffnet wird mir nicht. Erster Erkundungsgang: Wo ist Abteilung VII, Feld B, Nr. 7? Wen auch immer ich frage: Ein Koordinatensystem mit römischen und arabischen Ziffern, mit Buchstaben ist nicht bekannt. Aber auf alten Emailleschildchen an Mauersockeln, an Mauerstirnseiten entdecke ich eine römische Eins, eine römische Sechs; Logik hilft freilich nicht weiter, die heilige Sieben will sich nicht aufspüren lassen.

Zweiter Gang zum Friedhofsbüro, auch diesmal wird nicht geöffnet während der Dienstzeit, doch ein Arbeiter skizziert den Friedhofsverwalter: Der sei noch ein Stück größer als ich, den würde ich leicht finden ... Ich streife umher auf dem Friedhof, befrage Gärtner und Erdarbeiter; gern lässt man sich bei der Arbeit unterbrechen, um zu rätseln oder mit Hinweisen zu helfen. Beim Rundgang komme ich an einem Grab vorbei, das beinah völlig zugewachsen ist, ich verharre kurz: Grabplatte, doch ohne Buchstaben, hinter einer Pinie, vor zwei riesigen Thujen ... Und gehe weiter. Endlich, nach einer Stunde, ist der Friedhofsverwalter im Büro; gleich marschiert er, tatsächlich noch größer als ich, mit mir los, schräg hinter uns her ein Friedhofsgärtner, der symbolisch eine Harke trägt. Abteilung VII, Feld B, Nr. 7: Gewiss, so lauten die exakten Koordinaten, aber die sind nur auf der Friedhofskarte angegeben, die der Verwalter im Kopf hat. Und er schreitet – ich habe es fast geahnt! – auf das Grab zu, vor dem ich gezögert habe. An der breit gewordenen Kiefer drücken wir uns vorbei, stehen auf dem Vierergrab mit nur einer Grabplatte, horizontal. Ich wische einige rostbraune Thuja-Ästchen weg, sehe eine Geisterschrift: Zu entziffern ist nur der Vorname, alle Buchstaben sind abmontiert, allein die beiden Umlautpunkte des Familiennamens sind geblieben – Bronzeplättchen von einigen Millimetern Durchmesser.

Der Verwalter: »Der Pinus« muss weg – kappen, Kette um den Stumpf, und die Wurzel mit einem Bagger rausreißen ... Und die Thujen sind zu groß geworden, müssen ebenfalls raus, »wegen meiner«. (Soll wohl heißen: Wenn es nach mir geht ...) Und die kleine Hecke muss geschnitten werden. Und die Gräberfläche mit Torf bestreut, »wegen meiner«, nachdem man die Birkenschösslinge rausgerissen hat – die Gräber rechts und links sind schließlich gepflegt, deshalb wiederholte Beschwerden, deshalb das Schild in den Boden gesteckt, neben der Grabplatte: Angehörige sollen sich melden. Das Schild wird aus dem Boden gezogen, ein Angehöriger hat sich gemeldet.

Erneut vom Gärtner gefolgt, kehren wir zurück zum Büro: erst mal die Rechtslage klären ... Müssen Thujen, Pinus, Birken wirklich weg?! Es erfolgt eine Rechtsbelehrung durch Verlesen eines (anschließend auch abgelichteten) Paragraphs der (offenbar etwas älteren) Friedhofsordnung: »Die Grabplätze selbst dürfen mit Blumen, Pflanzen und künstlerisch wertvollen Platten geschmückt werden. Verwendung von Schlacken, gekalkten Steinen und dergleichen ist verboten. Auf Zeit- und Erbgräbern ist außerdem das Pflanzen von Bäumen im Einverständnis mit dem Friedhofsausschuss (Friedhofsverwalter) erlaubt; wenn jedoch durch die Bäume Nachteile für die Nachbarplätze entstehen, sind die Besitzer gehalten, auf Aufforderung des Friedhofsverwalters für Abhilfe zu sorgen.« Na schön.

Und sonst? Die Karteikarte zeigt: Das Grab wurde 1954 vom ältesten Sohn des Verstorbenen nachgekauft, die »Nutzungsberechtigung« läuft bis 1995. AZ 10 – 2 – VII B. Mit Bleistift notiert: Pflegeauff. 10. 10. 88. Ich höre Wörter, die ich noch nie geschrieben habe: Die Nutzungsberechtigung auch als Nutzungspflicht (sprich: als Verpflichtung zur Pflege), die Laufzeit und die Verwesungsfrist. Bei diesem Begriff frage ich nach, lasse der ersten Frage weitere Fragen folgen, und die Antwort komplettiert sich: Die Verwesungsfrist beträgt auf diesem Friedhof 25 Jahre, bei anderen Friedhöfen, je nach geologischer Situation, 20 Jahre; die verkürzte Verwesungsfrist setzt beispielsweise sandhaltigen Boden voraus, der für Durchlüftung sorgt, während im Lehmboden die Verwesung sehr viel langsamer verläuft – manchmal, wenn eine Grabstätte eingeebnet, ein Grab ausgehoben wird, sieht die Leiche noch so aus, als wäre sie einige Tage zuvor beerdigt worden.

Am Schluss des Exkurses konstatiere ich: Da werde er, als Friedhofsverwalter, ja schon so einiges gesehen haben ...

Kollerndes Lachgeräusch, herausplatzend: »Das kann man wohl sagen, hoho!« Um auf die Verwesungsfrist zurückzukommen: Die ist gesetzlich vorgeschrieben, und er findet es unmöglich, einfach uuunmöglich, wenn Verwandte bereits fünf Jahre nach einer Beerdigung anrücken und ihn fragen, ob sich das Zeitgrab, ja womöglich das Erbgrab nicht wieder verkaufen ließe – schon nach fünf Jahren ...! Und das bei diesem stark lehmhaltigen Boden ...! Die Leute wissen ja überhaupt nicht, wovon sie reden ...!

Ich mache noch einige Notizen zum »Sachstand«, verabschiede mich, in der Tasche eine Liste zugelassener Gärtnereien, gehe noch mal zum Grab, schiebe Pinienzweige beiseite, kaure auf der Grabplatte, die nicht ganz mannslang ist, versuche, ein paar weitere Buchstaben der Geisterschrift zu lesen, helle Schatten von Bronzebuchstaben, bestimmt schon in der Nachkriegszeit gestohlen, es blieben wirklich nur die beiden Umlautpunkte. Die löse ich ab, es geht ohne Werkzeug: Krumme Nägel unter den Metallnoppen, ich ziehe sie aus dem leicht brüchigen Stein, schließe sie ein im Portemonnaie. In die beiden Stiftlöcher stecke ich rostbraune Thujazweiglein, teile dem wilhelminischen Großvater mit, dass ich dafür plädieren werde, die beiden Thujen zu retten, und die Pinie würde ich am liebsten ausgraben und in die Eifel mitnehmen, im Waldgrundstück einpflanzen, aber ich habe keine Vorstellung von der Wurzelform einer Pinie: geht sie in die Breite, bohrt sie sich tief ein, ist sie so breit wie tief und passt nicht ins Auto? Und den Torf, sage ich ihm, diesen obligatorischen Friedhofstorf, den der Verwalter vorgeschlagen hatte, »wegen meiner«, den lasse ich nicht neben die Grabplatte streuen, auf dem Vierergrab, in dem kein Familienmitglied neben Großvater liegen wollte, nicht mal sein ältester Sohn, der ein Jahr vor meinem Abitur das Grab nachkaufte. Auch Großvaters Frau, Friederike, wollte nicht neben ihm liegen – oder ergab sich das nicht im Jahre 1945: zu viel Transportkapazität benötigt für Leichen? Der zweite Sohn, mein Vater, wusste schon gar nicht mehr, dass es dieses Grab überhaupt noch gab. Asymmetrisch liegt die schlichte Grabplatte auf der Fläche des Familiengrabes: keiner ist nachgerückt. Sieben Jahre später wird die Fläche »einplaniert«.

Mit den vom Buntmetalldieb verschmähten Umlautpunkten aus Bronze im Portemonnaie, entschließe ich mich zu einem Stadtbummel, in Großvaters Namen. Eigentlich, sage ich mir, das Friedhofsgelände verlassend, eigentlich müsste ich die beiden Metallknöppe im Hemdtäschchen links tragen, über dem Herzen, aber da würde ich sie zu deutlich spüren mit ihren nagelähnlichen Fortsätzen. Könnte sie auch, bei unbedachtem Vorbeugen, zu leicht verlieren, will sie schließlich für alle (meine) Zukunft behalten, sie haben immateriellen Wert, diese beiden Restzeichen.

(Zwei Jahrzehnte später die Befürchtung, die kleinen Reliquien könnten sich nach diversen Umzügen verflüchtigt haben, doch aufatmend finde ich sie wieder in separatem Umschlag; mittlerweile sind sie ganz schwarz geworden.)

Noch einmal (ein paar Jahre nach dem Friedhofstermin) gehe ich zum Haus des Großvaters in der früheren Charlottenstraße, der heutigen Oskar-Graemer-Straße. Durch einen verbretterten Torbogen sehe ich das cremefarbene Haus, erreiche es, weil der direkte Straßenzugang gesperrt ist, auf Umwegen.

In der Notariatskanzlei des Erdgeschosses Licht hinter den Fenstern. Ich schelle, schreite zur Eichenholz-Rezeption, stelle mich der Empfangsdame vor, sage, ich würde mir gern den Vorraum anschauen. Zwei Herren im Gespräch, einer kommt auf mich zu: Was er soeben gehört hat, das freut ihn, er ist der Hausherr. Er führt mich in sein Büro, die Wände holzgetäfelt in Kassetten; in Großvaters Erker stehen Ledersessel. Mit raschem Griff hat der Notar einen kleinen Ordner zur Hand mit abfotografierten Fotos des früheren Hauses. Er hat auch die »Baugeschichte« (für ihn: die Geschichte des

Umbaus) dokumentiert, diesen Ordner hat er allerdings nicht im Büro. Er möchte Genaueres wissen über den Erbauer des Hauses, also erzähle ich ein wenig, und er macht Notizen, als nehme er einen Auftrag entgegen. Und berichtet, dass er dieses Haus erworben hat mit bereits vorliegender Abrissgenehmigung, all seine Bekannten setzten voraus, er würde die Ruine auch abbrechen lassen, stattdessen hat er sie ausgebaut, hat sogar Parkettstäbe zuschneiden lassen nach der Vorlage der wenigen Parkettstäbe, die erhalten waren; die Kassetten der Wandtäfelung hat er ebenfalls originalgetreu anfertigen lassen. Die frühere Aufteilung der Räume hat er im Kopf, als wäre er im Haus aufgewachsen, in dem er »sehr schöne« Wohnungen vermietet hat; er selbst wohnt freilich woanders. Er führt mich durch Büroräume des Erdgeschosses, auch in das Beurkundungszimmer: mächtiger Tisch, Ledersessel mit senkrechten Lehnen, großer Glaserker zum schmalen Garten.

So bin ich – sitzend, stehend, gehend – für eine Viertelstunde umgeben vom soliden Gemäuer, das auch Großmutter Friederike umgeben hat und ihre fünf Kinder. Sogar in das frühere »Damenzimmer« werde ich geführt, als Kindeskind – nun ein Büroraum mit sanft geschwungenem Erker.

Kurzes Gastspiel im Haus der Großeltern, im Elternhaus meines Vaters. Mit einem inzwischen erworbenen Buch über Rheydt in der Tüte, mit den beiden Umlautpunkten im Portemonnaie gehe ich zum Marktplatz mit dem Neo-Renaissancebau des Rathauses, mit der Hauptkirche im Stil der Berliner Kaiser-Wilhelm-Gedächtniskirche. In der Nähe des Hauptportals plaudern drei Türken.

Als Zehnjähriger kam mein Vater auf die Königlich-Preußische Kadettenanstalt Oranienstein (bei Limburg): Schulung künftiger Offiziere. Schon als Dreizehnjähriger führte er eine Kompanie des Kadettenkorps. 1918 war mit dem Krieg die militärische Erziehung und Ausbildung beendet: ein Schul-Intermezzo in Bad Godesberg. Dann wurde er nach Groß-Lichterfelde geschickt, in die damalige Hauptkadettenanstalt.

Die Sieger hatten die Einrichtung selbstverständlich verboten; in einer Übergangszeit unterrichteten dort Offizierswitwen, unter der Leitung eines jüdischen Direktors. Das Experiment misslang, Helmuth kehrte zurück ins Rheinland, ging auf das Gymnasium in Bonn, machte das Einjährige.

Drei Zeugnisse auf der Fläche des Arbeitstischs differenzieren die kargen biographischen Angaben. Die Zeugnisse sind jeweils bezeichnet als »Urteil der Kompanie«. Dokumente einer militärischen oder vormilitärischen Sozialisation, die nachwirkt bis in den Umgang zwischen Vater Helmuth und Sohn Dieter.

Das Raster, in das sich der marineblau gekleidete Junge damals einfügen, einordnen musste, es hatte folgende Koordinaten: Nummer der Kompanie; Bezeichnung der Schulklasse; Nummer der Sittenklasse. Was bedeutet es, in Sittenklasse römisch Drei gewesen zu sein?

Es könnte eine Auszeichnung gewesen sein. Denn es heißt in der Gesamtbeurteilung: »Kühn besitzt einen offenen, schätzenswerten Charakter, ist bescheiden und wohlerzogen in seinem Verhalten. Anzuerkennen ist seine ausgeprägte Pflichttreue. Sein kindlich fröhliches Wesen und sein kameradschaftlicher Sinn machen ihn bei Vorgesetzten und Kameraden gleich beliebt.«

Unterzeichnet ist das Zeugnis unleserlich von einem »Hauptmann und Kompagnie-Chef«. Links davon hat die Witwe unterschrieben, mit violetter Tinte: Frau Oscar Kühn. »Dieses Zeugnis ist unterschrieben an die Kompagnie zurückzusenden«: Das hat Klara Friederike Kühn denn auch getan, Faltspuren wohl von ihrer Hand.

Und gleich auch noch die Beurteilung des Obertertianers in Uniform: »Kühn ist ein ruhiger, wohlerzogener und aufrichtiger Kadett, der es mit seinen Stubenältestenpflichten gewissenhaft und ernst nimmt. Sein kameradschaftliches Wesen ist besonders zu loben. In Ordnung, Sauberkeit und Pünktlichkeit ist er ein Vorbild seiner Abteilung.«

Später, als er selbst Kompaniechef war, in Holland und Dänemark, dürfte man in den Personalpapieren die gleichen »Ei-

genschaften« hervorgehoben haben. Damit auch die *Pünktlichkeit*: Hier vor allem pralle ich auf Nachwirkungen des
Erziehungssystems einer preußischen Kadettenschule.

Auch ich bin zur Pünktlichkeit erzogen worden, auch ich
bin – generell – pünktlich. Jemanden warten zu lassen, ist für
mich Demonstration von Macht, aber solche Art von Macht
ist für mich bedeutungslos. So versuche ich, pünktlich zu sein,
mag es aber nicht, wenn Unpünktlichkeit das Stichwort liefert
zu Vorwürfen.

Die verschiedenen Koordinatensysteme stießen beispielsweise zusammen bei der Abstimmung eines Besuchs: Ich gab
eine ungefähre Ankunftszeit an – bei längeren Autofahrten
lässt sich nichts genau planen. Für meinen Vater jedoch war
die Schätzziffer eine präzise Angabe; jede Minute, mit der die
»korrekte« Zeitangabe überschritten wurde, verminderte die
Aussichten auf ein entspanntes Gespräch. Erst recht als Vater
erwachsener Söhne mochte ich nicht wie ein verspäteter Kadett behandelt werden, das betonte ich mit Entschiedenheit.
Jedoch: »Ordnung, Sauberkeit und Pünkt-lich-keit« wurden
verbal und im Drill vermittelt, im letzten Jahr des Ersten Weltkriegs, und diese »in Fleisch und Blut« übergegangenen Eigenschaften behielten ihre Gültigkeit ein halbes Jahrhundert,
ja noch weitere Jahrzehnte später. So erschien mir Kommunikation mit ihm zuweilen gespenstisch: Ich musste zu Beginn
der neunziger Jahre auf Erziehungsmuster reagieren, die zwischen 1916 und 1918 in einem Ort an der Lahn aufoktroyiert
worden waren.

Noch einmal das Stichwort: Auflösung des Haushalts von
Tante M. In ihrer Kölner Wohnung wurde ich von Angehörigen der Verstorbenen gebeten, die Bücher zu sichten, die Oscar, Bruder meines Vaters, hinterlassen hatte. Zwischen meist
dickleibigen Romanen und Memoiren auch einige meiner Bücher – zum ersten Mal entdeckt in einer Hinterlassenschaft.
Ich ließ sie stehn, las weitere Namen und Titel ab, entdeckte
eine Gesamtausgabe. Alte Lederrücken mit goldenen Prägemustern, goldener Prägeschrift: »Shakespeare's dramatische

Werke«, übersetzt von Schlegel und Tieck, Berlin 1853, neun Bände. Jeder Band auf dem Vorsatzblatt signiert und datiert: Helmuth Kühn 12 / Januar 1933.

Demnach: mit achtundzwanzig hatte er antiquarisch diese Ausgabe gekauft. Und dann, auf Nimmerwiedersehn, an den älteren Bruder verliehen? (Später wurde sie durch eine andere Ausgabe ersetzt.)

Was soll aus all den Büchern nun werden? Achselzucken.

Und wo ist das Ölbild von Hann Trier geblieben, das mir hoch und heilig versprochen wurde? Achselzucken.

NACH DER KÖLNER ERBSCHAFT von Dokumenten und Bildern ein weiterer Impuls, mich mit Familiengeschichte zu befassen, soweit sie einwirkte auf meine Lebensgeschichte: Gespräche mit Friedrich von der Leyen, damals Senior-Honorarprofessor in München.

Der Ort: Erdgeschosszimmer einer Pension in Schwabing. Die Zeit: Winter 1955/56. Ich studierte, im zweiten Semester, Germanistik und Anglistik, und es war sicherlich ein Rat, ein Vorschlag meiner Mutter: Besuch doch mal Deinen alten Onkel Fritz, der wird sich bestimmt freuen.

Helene hatte, als junge Frau – neben der Tätigkeit in einer Bank – gelegentlich für den Onkel gearbeitet, hatte nach Diktat oder handschriftlicher Vorlage Reinschriften getippt von Reden, Schriften, Büchern, hatte eventuell Korrekturen gelesen.

Sie war damals auch gemalt worden, Öl auf Holz: Friedrich von der Leyen war verheiratet mit einer weiteren Helene der Familie Asher. Helene (geb.) Asher die Erste malte Helene Asher die Zweite. Irgendwann einmal war Lady Helene durch mein Blickfeld geschritten, hoheitsvoll, in wallendem Weiß. Muss vor 1950 gewesen sein, ihrem Todesjahr.

Großtante Helene: es wurde gern von ihr erzählt. Der Hamburger Bürgermeister Mönckeberg 1898 in einem Brief: »Wir haben in den letzten Tagen allerhand Besuch gehabt: einmal aß Helene Asher, die junge, hübsche Malerin, bei uns.« Die hatte sich, ein Jahr zuvor, in Worpswede aufgehalten und

33

mit Paula Becker angefreundet (später auch: Modersohn). Paula zeichnete für ein Album »Das fidele Trio«. Drei junge Frauen, in Rückansicht, eine wie die andre in Malkitteln, mit Paletten und Pinseln, zu einem Berg blickend, hinter dem die Sonne aufgeht, mit Lorbeer bekränzt. Als Staffage: eine Staffelei, eine Palette, Farbtuben. Und drei Namen: Paula Becker, Paula Ritter, Helene Asher.

Die rothaarige Schönheit hatte sich offenbar schon in jungen Jahren auf Porträts konzentriert, zumeist in Öl, arbeitete aber auch mit Pastellkreiden, mit Kohlestiften auf Papier – sie liebte die Tönung von Packpapier. Gesichter malte sie in beinah altmeisterlicher Manier, mit feinen und feinsten Pinseln, die Hüte von Damen und ihre Kleider jedoch mit vielfach keckem, frechem Strich, der zwar nicht ganz die Rigorosität einiger Zeitgenossen erreichte, immerhin aber war hier Freiheit der Entfaltung.

Lady Helene von der Leyen porträtierte in späteren Jahren Eminenzen der Kölner Universität, porträtierte Oberbürgermeister Konrad Adenauer, auch »Frau Oberbürgermeister Adenauer, Köln«. So sehe ich das dokumentiert in einem Illustriertenausschnitt. Auch weitere Bilder von ihr wurden im Druck wiedergegeben.

Friedrich von der Leyen war Trauzeuge meiner Eltern, 1934. Ist denn auch, als würdevolle Erscheinung, auf einem der obligaten Fotos zu sehen. Es war also naheliegend, dass der junge Student beim alten Herrn vorstellig wurde. Wobei ich gleich festhalten muss: Dass er ein berühmter Germanist war, in den zwanziger Jahren wiederholt zu Gastvorlesungen in die USA eingeladen, dies hatte keinen Einfluss auf meine Entscheidung, Germanistik zu studieren. Als ich in Freiburg mit dem Studium begann, war der Großonkel für mich nur ein Name. Nun, in München, war der Antrittsbesuch fällig. Er wurde zum Beginn einer Reihe weiterer Besuche, und in einem der Gespräche –

Doch erst ein paar Abschnitte über Friedrich von der Leyen, wie ich ihn damals sah, nur sehen konnte, noch nicht eingelesen in das umfangreiche Werk (bin es heute noch nicht) des Altgermanisten. Unbefangen klingelte ich an, nach telefonischer Voranmeldung. Empfangen wurde ich von einem großen, hageren Herrn mit weißem Spitzbart, weißer Mähne; er hatte einen kleinen Abendimbiss vorbereiten lassen; hier traf das heute fast historisch gewordene Wort zu vom »Abendbrot«. Ich dürfte von ersten Studienerfahrungen berichtet haben, als Germanisten-Greenhorn vor einem Germanisten-Guru. Der hielt noch Vorlesungen, obwohl über achtzig – zu viele Germanisten waren dem Nationalsozialismus verfallen, waren im Krieg gefallen, emeritierte Herren mussten einspringen.

Erinnerung, erst einmal, an ein eher belangloses Detail, doch es prägte sich ein: Die ruhige rechte Hand mit vergilbten Fingernagelkuppen, auffallend verdickt: eingedunkelte Hornschaufeln. Die statuarisch ruhige Raucherhand hielt eine Zigarette, hob sie zuweilen an die Lippen über dem Spitzbart, sog langsam, geruhsam Rauch ein, senkte Hand und Zigarette herab auf Tischkante oder Oberschenkel, die Asche wuchs auf einen Zentimeter, auf zwei Zentimeter an, das Aschestäbchen begann sich ein wenig zu krümmen, doch bevor es abbrach, senkte er die Zigarette zum Aschenbecher, streifte die Asche ab, rauchte weiter. Nur selten löste sich Asche bereits vor dem Aschenbecher, dann wurde sie mit lässigen Handkantenbewegungen vom Anzugsstoff gewischt. Ansonsten aber schien er an der Grenze der Wahrnehmung zu registrieren, wann es Zeit wurde, das eingekrümmte Aschestäbchen abzustreifen. Beim ersten Besuch schon gar nicht, auch nicht bei späteren Visiten erlaubte ich mir mit Blick auf den wachsenden, leicht eingekrümmten Aschefortsatz einen Hinweis, weder in einem Nebensatz, noch mit behutsamem Fingerzeig. Ich nahm sowieso die Rolle des vorwiegend Lauschenden ein: der Nimbus früherer Bekanntheit, ja Berühmtheit, zumindest in der Fachwelt.

Da uns fachlich noch wenig verband, lag nah: ein Gespräch über Familie. Eins der Stichworte, sicherlich noch nicht bei der ersten Audienz: Der Selbstmord eines der beiden Brüder meiner Mutter. Die Geschichte, die sie mir vermittelt hatte, ging so: Der Veterinärarzt fuhr zu einem nächtlichen Einsatz in seinem Ford über Land, die Straße feucht oder nass, in einer Kurve Rübenblätter, wohl von einem Traktoranhänger gefallen, der Wagen geriet ins Schleudern, prallte gegen einen Baum, Theo war sofort tot. Irgendwer in der Familie hatte mir zusätzlich erzählt: Die Lenksäule hatte sich ihm beim Aufprall in die Brust gebohrt: Vernichtung des Organs, an dem er gelitten hatte: Tuberkulose.

Die Geschichte schien mir plausibel, Fragen erschienen überflüssig: Das Detail der Rübenblätter auf nasser, nächtlicher Straße konnte nicht erfunden sein. Doch der Großonkel: »Was erzählst du denn da?! Er hat Selbstmord begangen!« Überdosis Veronal. Schwere Depressionen zuvor, verstärkt durch die sehr schwierige Ehe mit der Schwester meines Vaters. Drohende Trennung, zu wem kommt das Kind? Und weitere Spannungen zwischen den Partnern: ihre nationalkonservative Herkunft, seine jüdische Abstammung.

Jüdische Abstammung …?! Traf also auch zu bei Theos Schwester Helene …?!

Gleich die Gegenfrage, die sich nicht nur eingeprägt, sich in die Erinnerungssubstanz gleichsam eingraviert hat: »Wie, das weißt du nicht?!«

Nein, davon wusste ich überhaupt nichts! Nicht die kleinste Andeutung von Eltern oder Verwandten! Und nun, ganz plötzlich, war ich ›eingeweiht‹.

Naheliegend, diesen Moment zu stilisieren: Etwas sprang über, zündete … Starke Einwirkung, erhebliche Nachwirkung … Aber ich habe nicht getan, was im Rückblick am nächstliegenden scheint: Bin nicht zu meiner Mutter nach Düren gefahren, habe sie nicht befragt. Ich kann dafür eine Erklärung anbieten: Es war die Zeit entschiedener Emanzipierung und Distanzierung auch von ihr, ich wollte mich nicht eingebunden fühlen in die Geschichte einer Familie, der ich meine eigene Lebensgeschichte entgegensetzen wollte.

So formuliere ich das jetzt. Damals dominierte eher das vage Gefühl einer Unlust, ja Aversion: Ich wollte mich nicht auf die

Geschichte einer Familie einlassen, von der ich abrückte in Lebensgefühl und Lebensform; das wäre mir paradox erschienen. Was mir nun mitgeteilt wurde, war hochinteressant, hatte aber (erst einmal) nichts weiter mit mir, mit meinem Leben zu tun. Ganz anderes war im Vordergrund: Die neue Universität … Einleben in das Ambiente der Hohenzollernstraße … Die Liebesgeschichte mit Gisela im (nun fernen) Düren … Frühe Schreibversuche, Gedichte und kleine Prosatexte – da hatte die überraschende Mitteilung keinen Stellenwert.

Also keine emotionale Regung? Doch, ich fühlte mich beschämt. Stand mit meiner Ahnungslosigkeit tumb da wie der junge Parzival. Beigemischt zur Beschämung: ich fühlte mich beleidigt. Meine Mutter schien der Devise zu folgen: Wahrheit über Familienmitglieder ist Familienmitgliedern nicht zumutbar. Grob gesagt, grob niedergeschrieben: Verheimlichen, vertuschen, lügen. Dies als Kleister, in doppelter Bedeutung: Es wurde verkleistert, es wurde zusammengekleistert. Aber die Kleisterschicht, der Bindekleister bekam nun einen mächtigen Riss, und es zeigte sich: Die (historisch ferne) jüdische Herkunft war verdrängt, verschwiegen, kaschiert worden. Und selbstverständlich, ja erst recht verdrängt, verschwiegen, kaschiert die Fehden zwischen den Familien mit hanseatischem und Thüringer Hintergrund.

Möglicherweise, ja wahrscheinlich wurden bei den Münchner Audienzen schon weitere Namen genannt aus der längst evangelisch assimilierten, dennoch als jüdisch bezeichneten Familie Asher, Namen, die mir noch nichts sagten, die für mich erst relevant wurden, nun relevant sind mit Blick auf die eigene Lebensgeschichte. Ja, der Gelehrte, der auf seine Weise auch Weltliteratur vermittelte (seien es Sagen, Märchen oder andere »Textsorten«), er hatte vielleicht schon angedeutet, dass die Familie Asher eine altehrwürdige Tradition besaß. In einer englischen Bibel-Enzyklopädie lese ich jedenfalls unter dem Stichwort »conquest« des Heiligen Landes durch jüdische Familienverbände, dass die Ashers eine der vier Stämme waren, die das Gebiet von Galiläa besiedelten: »The Galilean tribes: Asher, Naftali, Zebulun and Issachar.«

Eigentlich war beim entscheidenden Gespräch zu München (frei nach dem Text einer Bach-Kantate) ein »Donnerwort« gefallen, doch es verhallte erst einmal. Bei weiteren Besuchen war Judentum kein Thema mehr, es dominierte Germanistik, es fielen eher Namen von Professoren als von Vorfahren. Was mir über die Familie der Mutter in den Kopf gesetzt worden war, das verstaute ich im Hinterkopf. Ja, es wurde vergessen, wenn auch ohne Vorsatz: es fand noch keinen Kontext in mir. War und blieb vorerst Ferment, das erst langsam und langwierig zu wirken begann.

So hole ich erst nach der Jahrtausendwende Informationen ein über die biblischen Ashers. Und lerne das Staunen. Denn der Stamm leitet sich ab vom Urvater Aser (auch Asser oder Asher geschrieben). Dessen Vater war Jakob. Asher als einer seiner zwölf Söhne, den Begründern der späteren zwölf Stämme Israels.

Und die Mutter? Ich konsultiere Flavius Josephus (*Jüdische Altertümer*): »Von der Zelpha wurde Gad geboren, das heißt ›zufällig‹, später Aser, das heißt ›glückbringend‹.«

So ganz beglückt mich dieser Hinweis noch nicht, ich ziehe, wohl zum ersten Mal nach der Konfirmation, die Bibel heran. Der Zugriff wird mir leichter gemacht durch den Titel: »Die Merian-Bibel«. Der Text in der Übertragung von Luther, die Illustrationen von Maria Sibylla Merians berühmtem Vater Matthäus.

Im ersten Buch Mose lese ich: »Als nun Lea sah, dass sie aufgehört hatte zu gebären, nahm sie ihre Leibmagd Silpa und gab sie Jakob zur Frau. Und Silpa, Leas Leibmagd, gebar Jakob einen Sohn. Da sprach Lea: Glück zu! Und nannte ihn Gad. Danach gebar Silpa, Leas Leibmagd, Jakob ihren zweiten Sohn. Da sprach Lea: Wohl mir, denn mich werden selig preisen die Töchter. Und nannte ihn Asser.«

Die Magd als so etwas wie eine Leihmutter. Das war für den Ruf des Stammes Asher nicht immer förderlich, man sah hier eher Nebenlinien, der Status wurde geringer angesetzt. Doch Moses sah das anders. Vor seinem Tod segnete er »die Kinder

Israel«. »Und über Asser sprach er: Asser ist gesegnet unter den Söhnen. Er sei der Liebling seiner Brüder und tauche seinen Fuß in Öl. Von Eisen und Erz sei der Riegel deiner Tore, dein Alter sei wie deine Jugend!«

Bibelkreis CH-Forum: »Der Name Aser bedeutet Glückseligkeit, Glück. Eigentlich müsste der Name als Ascher ausgesprochen werden, wie im Hebräischen. Das zugrunde liegende hebräische Verb *asher* bedeutet: vorwärtsgehen, vorankommen. Dieses Vorwärtsgehen bzw. Vorankommen macht glücklich. Die hebräischen Ableitungen esher, ashar bedeuten ebenfalls Glück oder Glückseligkeit.«

Bei Informationen aus dem Net soll man bekanntlich verifizieren durch ›Gegenlesen‹! Hier geschieht das gleichsam analog: Uta Asher holt bei der Heidelberger »Hochschule für Jüdische Studien« (HfJS) Informationen ein über die Herkunft des Familiennamens Asher, leitet sie an mich weiter. Aufatmend registriere ich: Übereinstimmung mit den bisherigen Informationen. So kann ich den Bericht getrost fortsetzen.

Galiläa wurde im Jahrtausend vor der neuen Zeitrechnung von den Stämmen Asher, Isaschar, Naftali, Sebulon besiedelt – auch hier eine etwas andere Schreibweise als in der englischen Enzyklopädie. Varianten in der Schreibweise von Namen blieben allerdings bis in Goethes Ära weithin üblich, fast normal.

Das Gebiet, das der Stamm Asher in Galiläa besiedelte und zeitweilig beherrschte, es wird im Alten Testament genau umrissen. Hier genügt die Angabe im »Lexikon für Theologie und Kirche«: Das Gebiet dieses Stammes »hatte stark gemischte Bevölkerung und erstreckte sich längs der Küste vom Karmel[-Gebirge] an nordwärts«. Zwei Städtenamen in dieser Region: Nazareth und Sidon.

1922 wurde Galiläa im Rahmen der territorialen Neuordnungen nach dem Weltkrieg aufgeteilt: Im Süden das britische Mandatsland Palästina, im Norden das französische Mandatsgebiet Libanon. Der Litani-Fluss in etwa als Grenze.

Im historischen Galiläa war der Stamm Asher vor allem im Handel tätig und erfolgreich: Export von Oliven, Import von Eisen. Die Ashers bauten Handelsbeziehungen aus, verzichteten aber auf militärische Expansion. In der Bibel (Buch Richter) wird das hübsch umschrieben: »Asser saß am Ufer des Meeres und blieb ruhig in seinen Buchten.«

Mehr bringe, mehr beziehe ich nicht ein, weitere Informationen brauche ich hier nicht, ich schreibe ja nicht die Geschichte des Zwölf-Stämme-Landes Israel unter besonderem Augenmerk auf den Stamm Asher. Mir wird sowieso ein bisschen schwindlig bei diesen Zeitdimensionen.

Als der Großonkel in wahrhaft biblischem Alter die Lehrtätigkeit doch mal beendete, zog er in das Haus, das Adoptivtochter Gerda mit seiner finanziellen Unterstützung gebaut hatte, in Kirchseeon. Er schrieb mir: »Von der Höhe dort sieht man weit über die Wiesen und die Felder bis zu den Bergen hin. Es ist eine wunderbare stille Abgeschiedenheit.«

In seinem Zimmer war jeder Quadratdezimeter Wand von Büchern verdeckt. Erstaunlicherweise war dort kein Platz für eins der Gemälde seiner längst verstorbenen Gemahlin.

Ein- oder zweimal spazierte ich mit ihm vom Haus in den angrenzenden Wald. Groß, hager, mit seiner schlohweißen Mähne, seinem trotzki-ähnlichem Spitzbart, stakste er neben mir her, und es hatten Dichter und Professoren mehr Präsenz als Büsche und Bäume. So langsam konnte ich mithalten, hatte ein erstes seiner Bücher gelesen, seinen Versuch über *Das Märchen.* Mein Exemplar mit einer handschriftlichen Dedikation des »o. ä. Prof. a. d. Universität Köln«, von der ich nur ablesen kann: »lieben … Asher«. Wer damit gemeint war: keine Ahnung. Jedenfalls Familienbesitz.

Es blieb, bis auf weiteres, bei der Lektüre des kleinen Bandes. Später ein Zufallsfund in einem Antiquariat: *Volkstum und Dichtung,* »Studien zum Ursprung und zum Leben der Dichtung«, Jena 1933. Ich war eher irritiert als enthusiasmiert. Eins der Ausrufezeichen am Textrand: »Man vergleiche im Geist den Arbeitsrhythmus des Dorfes mit dem ungeheuren, endlosen, verzerrten und grinsenden Lärm unserer größten Städte mit seinem unaufhörlichen Rasseln, Knattern, Schlagen und Brüllen, mit seinen tollen und schrillen, hämmernden und schreienden Dissonanzen.« Das Klischee also von heiler ländlicher Welt versus städtischem Chaos. Davon abgeleitet: bodenständige Dichtung versus schollenferne Literatur.

Nach den Irritationen der Schock! Karl Otto Conrady schenkte einem Freund eine seiner Schriften: *Völkisch-nationale Germanistik in Köln.* (»Eine unfestliche Erinnerung«, 1990.) Die Gabe wurde sogleich an mich weitergereicht, denn: Es handelt sich um eine Untersuchung zur Rechtslastigkeit zweier Kölner Professoren (und Schriftsteller): Ernst Bertram und Friedrich von der Leyen. Bertram ließ ich als Leser links liegen, also gleich der zweite Teil der Schrift.

Ich kann mich davor nicht drücken, muss wenigstens drei der Schreckenszitate aufgreifen, abtippen. Bereits im Jahre 1922 erwies sich Von der Leyen mit der Schrift *Deutsche Dichtung in neuer Zeit* als Repräsentant einer völkisch-nationalen Bewegung, die konsequent hinführte zum Nationalsozialismus.

Zitat Nummer eins: »Der Humanismus und die Bildung des Menschen um der Bildung willen können unser ganzes Ideal nicht sein, wir bedürfen zuerst des deutschen, im Feuer seiner Geschichte geläuterten und gehärteten Menschen. Eine weichmütige Liebe zur ganzen Menschheit und eine Entseelung unsres Selbst, das hat uns noch nie geholfen und hilft uns heute weniger denn je. […] Ein Mann muss für Tausende sein, und Tausende müssen sich in ihm wiedererkennen, ihm als Führer und Vollender folgen wollen. Dann stellt sich auch bei uns das Gleichgewicht zwischen Masse und Mann, zwischen Geführten und Führenden wieder her, das in letzter Zeit für immer gestört schien.«

Zitat Nummer zwei, aus der gleichen Schrift: »Die eine der Mächte, die das neue deutsche Reich zersetzten, haben wir schon oft anklagen müssen: das Judentum.« Weiter in diesem Tenor: Es sei »nicht abzustreiten, dass die deutsche Literatur, die sich im letzten Jahrzehnt in den Vordergrund drängte, weniger deutsche Literatur ist als jüdische Literatur auf deutschem Boden. Und welche Literatur war es! Ein Wortschwall ohnegleichen, eine Flut sich verdrängender Programme, eine

Zersetzung und Auflösung und Unterhöhlung großer Werte.« So beteiligte sich Von der Leyen an der Verbreitung des völkisch-nationalen Klischees vom zersetzenden, letztlich unkreativen Judentum. Eins der Objekte seiner Verachtung: ausgerechnet Döblins *Berlin Alexanderplatz*.

Zitat Nummer drei, aus einem Aufsatz zu rheinischer Dichtung, in den »Süddeutschen Monatsheften« veröffentlicht 1934: »Wer die Geschichte deutscher Dichtung am Rhein während des Mittelalters verfolgt, der fühlt in jedem Jahrhundert wieder beglückt und stolz: Hier ist Deutschland! An diesem deutschesten Strom blüht die reichste und lebendigste Dichtung. Hier steigt demütig und ehrfurchtgebietend der mächtigste und zugleich der innigste deutsche Glaube auf. Vom Rhein aus fließt das edelste Blut des Westens in die deutsche Dichtung und das deutsche Wesen.«

Nach dem Schock besorge ich mir über die UB (doch mal wieder) die Erinnerungen des »alten Onkel Fritz«. Ich kann mich freilich nicht dazu überreden, das Buch vollständig zu lesen, ich überfliege, setze hier und dort an. Denn dies ist eine Form der Autobiographie, die mich als Leser und Autor kaum interessiert: ein sanfter Nieselregen von Fakten und Namen. Nach dem Index überschlägig berechnet, sind es fast 900 (doch gefühlte tausend!) Namen, überwiegend von Zeitgenossen, vorwiegend aus akademischen Kreisen. Ziehe ich Namen der (Literatur-)Geschichte ab, so bleibt immer noch (gefühlt!) ein Dreivierteltausend. Auch das erschwert den Zugang. Vor allem aber: Das Buch erweckt den Anschein, als wäre es locker dahindiktiert und nicht weiter redigiert worden. Nichts kann mich dazu verlocken, mich ausführlicher in das Buch einzulesen, es bleibt mir fremd mit seiner Deutschtümelei. Auch sprachlich.

Also nur so etwas wie eine Inspektion. Die rechtfertige ich damit, dass Friedrich von der Leyen für mich zu einer Schlüsselfigur wurde: Er eröffnete mir, was mir sonst wohl verschlossen geblieben wäre im symptomatischen Verschweigen der Familie.

Eigentlich führte erst anhaltende Beschäftigung mit überwiegend desaströsen Ereignissen und Entwicklungen der NS-Ära zur vermittelten Erfahrung. Erst über die Historie kam ich zu diesem Kapitel meiner Lebensgeschichte.

Die *Erinnerungen* warten auf mit einer bösen Überraschung: »Damals, 1920, kam meine Frau begeistert von einem Abend zurück, auf dem Hitler gesprochen, er habe durch sein Temperament und durch die rücksichtslose Verhöhnung unserer Jämmerlichkeiten alle hingerissen.«

Diese Begeisterung geriet nach einem runden Jahrdutzend unter Druck. »Kurz nach der Machtergreifung hatte ein Kollege im Sprechzimmer geäußert, meine Frau sei jüdisch: nun begann ein Kesseltreiben. Ich musste mühsam nach ihren Vorfahren suchen, unter ihren vier Großvätern war der eine Jude, und zwar der gescheiteste. Nach den Überlieferungen der Familie war er schon vor 1800 getauft – dann wäre er, der damaligen Anschauung entsprechend, jenseits der jüdischen Grenze geblieben. Das war ein Irrtum, die Taufe wurde erst 1810 vollzogen: Mitglieder der angesehensten Hamburger Familien waren Taufpaten, darunter Matthias Claudius. Das kümmerte die Herren um Hitler wenig: wussten sie überhaupt, wer Matthias Claudius war? Es wurde nun behauptet, ich hätte die Wahrheit verschwiegen.«

Was bedeutete die »jüdische Grenze«? Sicherlich ist gemeint: Die Abstammung musste nachgewiesen werden bis zu den »Ahnen, die im Jahre 1800 gelebt haben«.

Diese Zeitgrenze macht die Zuweisung einfach: Es geht um Dr. Carl Wilhelm Asher, Senatssekretär, geboren am 30.11.1798 in Hamburg. Dieses Datum hat meine Mutter in der »Ahnen-Tafel« eingetragen, das Taufdatum hat sie allerdings offengelassen. Weil sie es nicht gekannt hat? Weil sie es nicht eintragen wollte?

Ein Täufling, der zwölf Jahre alt war: auffällig! Meist wurde wenige Tage nach der Geburt getauft, zuweilen schon mal ein, zwei Monate später – aber zwölf Jahre?! Wurde die Taufe nachgeholt aus Not, aus Berechnung? Zwölf Jahre Aufschub oder Verzögerung – sie werden in den zwölf Jahren des »Tausendjährigen Reichs« zum Problem. Eine abstruse Zeitgrenze war überschritten worden.

Das Ehepaar bekam dies rasch zu spüren. Helene wurde aus dem Berufsverband ausgeschlossen. Die »arisierte« Galerie nahm keine Gemälde mehr in Kommission. Bei ihrem Mann wurde in Frage gestellt, ob er als Hochschullehrer noch »tragbar« sei.

Was der Großonkel nur andeutete, hat Conrady präzisiert. Professor Von der Leyen geriet 1935 in die Verdachtzone, nach Diffamierungen durch NS-Studenten. In einem kurzen, handschriftlichen Schreiben an »Eure Spektabilität«, den Dekan der Philosophischen Fakultät, gab er zur Kenntnis: »Die Einladung zum heutigen Abend ist von Herrn stud. [Name des Denunzianten] unterzeichnet. Ich werde aus diesem Grunde nicht kommen; denn Herr [siehe oben] trägt die Verantwortung für die unqualifizierbaren Angriffe des ›Vortrupps‹ auf die Professoren unserer Hochschule. Heil Hitler, v. der Leyen.«

Pauschale Attacken brauner Studenten spitzten sich zu. Anfang Februar 1936 erhielt der »Staatskommissar bei der Universität in Köln« ein Schreiben (»Eilt!«) vom »Reichs- und Preußischen Minister für Wissenschaft, Erziehung und Volkskunde«.

»Ich ersuche, den ordentlichen Professor der philosophischen Fakultät, Dr. phil. V. d. Leyen, durch den Rechtsrat der Universität zu einer verantwortlichen Äußerung darüber zu veranlassen, ob er in letzter Zeit vor Studenten folgendes gesagt hat:

›Es ist Einbildung, dass die heutige Zeit groß ist. Sie wird noch einmal vor der Geschichte ganz klein erscheinen.‹

Im Falle des Bestreitens ersuche ich dazu den Studierenden der Universität cand. phil. [Name des Denunzianten] sowie von diesem angegebene weitere Ohrenzeugen als Zeugen zu vernehmen.

Ich ersuche um möglichst sofortige Erledigung und anschließende Übersendung der Protokolle an mich.«

Die etwas gewundene Stellungnahme des Großonkels

erfolgte nach dem Motto: Es war nicht so gemeint ... Dies erübrigte sich rasch, denn schon Ende Juli jenes Jahres sah sich Von der Leyen gezwungen, sein Entlassungsgesuch einzureichen.

In den Lebenserinnerungen entdecke ich dazu einen höchst befremdlichen Satz: »Ich meinte, das Dritte Reich würde mich gewähren lassen, meine Anschauungen über das Deutschtum erschienen mir den neuen Herren gegenüber haltbar.« Aber den neuen Herren schien der deutschvölkische Gelehrte nicht haltbar.

Ich muss hier weiterhin aus Conradys Schrift zitieren; er hat Dokumente der Akte Von der Leyen im Universitätsarchiv Köln erstmals veröffentlicht, so kann ich mir wenigstens *diese* Arbeit ersparen.

Den ersten Absatz des Schreibens an den »Hochgeehrten Herrn Reichsminister« überspringend, komme ich zum entscheidenden Punkt.

»Ich hatte am 6. Mai, in Erwiderung auf ein Schreiben des Ministeriums vom 24. April, ausgeführt, dass ich mich in Bezug auf den Zeitpunkt der Taufe des Großvaters väterlicherseits meiner Frau zu meinem Bedauern allerdings geirrt hatte, dass die Taufe nicht gleich, sondern erst zwölf Jahre nach der Geburt (1810) geschah. Das war ein durch Familienüberlieferungen begründeter und wohl auch verzeihlicher Irrtum. Es war mir dann nach längeren Bemühungen geglückt, den Taufschein beizubringen und dadurch den Vorwurf des Ministeriums zu entkräften, ich hätte den Taufschein trotz meines gegenteiligen Versprechens nicht eingesandt.

Ferner hielt mir das Ministerium vor, mir hätte bekannt sein müssen, dass meine Frau arisch sei, wäre ihr Großvater gleich nach der Geburt getauft worden. Doch das war mir nicht bekannt; ich hatte vielmehr 1935 auf meine Anfrage beim Rasseamt die Auskunft erhalten, dass meine Frau nach den maßgebenden Bestimmungen nicht als arisch zu gelten habe. Diese Auskunft bestätigte mir das Ministerium, indem es seine Rechtsbelehrung selbst berichtigte, in einem Schreiben, dessen Abschrift mir am 14. Juli zuging. Dadurch wird zu meiner Freude die Meinung, ich habe mir durch meine unrichtige Angabe des Taufdatums das Ariertum meiner Frau gewissermaßen erschleichen wollen, noch einmal und für immer hinfällig.«

Das Jahr 1800 gleichsam als Wasserscheide. Ein Kind der Familie Asher wurde später als üblich getauft, aus welchen Gründen auch immer; damit wurde ein Zeichen gesetzt, das zehn Dutzend Jahre später relevant, ja brisant wurde. Pointiert: Zu Beginn des 19. Jahrhunderts wurde gleichsam eine Weiche gestellt zu einem Gleis, das ein Jahrhundert und drei Jahrzehnte später zur Rampe eines Konzentrationslagers hätte führen können.

Es wurde festgeschrieben, ich paraphrasiere: Taufen ändern nichts am »Blut«, das für die Nationalsozialisten wahrhaftig ein »besondrer Saft« war; es konnte durch Taufwasser und Taufsegen nicht purgiert werden. Im Wahnsystem der NS-Propagandisten konnte »Blut« von Juden im Verlauf von Generationen nur verdünnt werden, indem (getaufte) Juden Nichtjuden heirateten. Die Leitbegriffe »Rasse« und »Blut« verhinderten jede Form der Differenzierung. So konnte die letztlich lebensgefährliche Formulierung entstehen: *Jüdisch, wenn auch getauft.* Ich werde später berichten, mit welcher Chuzpe Mutter Helene fälschte und trickste, um auch uns Kinder aus der Gefahrenzone herauszuhalten.

Eine der Schutzmaßnahmen nehme ich schon mal vorweg: Mir, als dem Ältestem der drei Söhne, wurde eingeschärft, ich sollte auf Befragen erklären, Asher sei ein *englischer* Name. Dies müsse ich unbedingt so aussprechen. Der schützende Umlaut wurde eingeübt.

Und wieder Friedrich von der Leyen. Er sah voraus, dass alle Erklärungen zu seiner inkriminierten Äußerung vor Studenten wie zur Vorgeschichte seiner Frau nichts einbringen, nichts ändern würden, und so schloss er das Schreiben »gehorsamst« ab mit dem »Antrag, mich von meinen Verpflichtungen als o. ö. Professor der Universität Köln zu befreien und mich in den Stand der Emeritierten zu versetzen.

Bestärkt wurde ich in meinem Entschluss durch die Entscheidung des Ministeriums vom 1. April, die mich als Mitglied der Prüfungskommission für das Höhere Schulwesen nicht bestätigte. Aus dieser Entscheidung muss ich ersehen, dass ich nicht mehr das ganze Vertrauen der mir vorgesetzten Behörde besitze, und damit wird nicht nur meine Lehrtätigkeit, sondern der Lehrbetrieb einer Fakultät gelähmt, in der die Hälfte der Studierenden der geisteswissenschaftlichen Abteilung Studierende des Deutschtums sind. Im Interesse meiner Hochschule möchte ich diese Lähmung vermeiden. Heil Hitler!«

In einer Book Review der Lebenserinnerungen, »published by University of Illinois Press«, hieß es zur erzwungenen Kündigung: »So unverdient es ihm damals erschien: es war ein Ruhmesblatt.« Ich sehe hier eher die Reaktion eines Mannes, der plötzlich mit dem Rücken an der Wand zu stehen kam und das Einzige tat, was ihm übrigblieb.

Dies wurde besiegelt mit einem Formschreiben vom Januar 1937: »Der Führer und Reichskanzler hat Sie auf Ihren Antrag vom 28. Juli 1936 durch beiliegende Urkunde von den amtlichen Verpflichtungen im preußischen Landesdienst entbunden.« Der Professor wurde zum Privatier.

Und das Geschick seiner Frau? Sicherlich wurden ihre Porträts von Zelebritäten der Kölner Universität abgehängt, wahrscheinlich wurde auch ihr Adenauer-Porträt von der Wand genommen; öffentliche Aufträge blieben aus. Das Ehepaar verließ Köln, zog nach München. Gemalt aber hat sie weiterhin.

AUCH EIN MALER UNTER DEN VORFAHREN. Von einem Louis Asher hatte ich freilich nie etwas gehört bei Gesprächen in der Familie, obwohl ein Porträtgemälde in einem der »Blauen Bücher« reproduziert war, die damals bürgerliches Bildungsgut (re)präsentierten, auch bei uns.

Doch 1988 wies mich ein (entfernt) Verwandter auf den Hamburger Maler hin. Erste Angaben zu Louis im handschriftlichen Brief: In Hamburg geboren, 1804, in Hamburg gestorben, 1878 ... War unverheiratet ... war ein Freund des Malers Kaulbach ... war jahrelang mit ihm in Italien ...

Ich las, ich lese weiter: »Er war offensichtlich mit dem schwedischen Konsul in Hamburg befreundet, in dessen Haus an der Elbchaussee er verkehrte und dort wohl die berühmte Sopranistin Jenny Lind kennengelernt und am Klavier porträtiert hat.

Im Beck-Haus in Lübeck – öffentlich zugängliches Patrizierhaus – ist ein großformatiges Bild der Familie des Hamburger Bürgermeisters Petersen. Das entdeckten wir dort völlig ahnungslos. Er hat also eine gute Klientel gehabt.

Ich besitze ein Genre-Bild ›Der Sommernachtstraum‹ und ›Bildnis eines jungen Hamburgers‹. Darüber hinaus konfiszierte ich kürzlich bei meiner Schwester ca. 30 Bleistiftzeichnungen, überwiegend die Familie betreffend. Gekonnt gemacht und z. T. recht witzig!

In der Hamburger Kunsthalle befindet sich etliches von ihm – der Öffentlichkeit nicht zugänglich, aber auf Anfrage. Wie wäre es also mit einem Besuch hier in Hamburg, um gemeinsam die Kunsthalle zu stürmen?«

Das fand dann aber im Alleingang statt. Sicherlich verband ich den Ortstermin mit einer Lesereise, und Franz-Matthias war nicht in Hamburg.

Und gleich der Zeitsprung in einen Büroraum: Mir werden Ablichtungen vorgelegt aus dem Hauskatalog der Meister des 19. Jahrhunderts. Nun wird der Name gleichsam offiziell: Julius Louis Asher. In Klammern hinzugefügt: »Eigentlich Hirsch (Ludwig) Asher«.

Ich werde in die ständige Ausstellung geführt, dort hängt ein Bild, an dem ich bei früheren Museumsbesuchen vorbeigelaufen war, ahnungslos: Der Maler Erwin Speckter auf dem Totenbett. Gemalt 1835; damals war Louis 31; Erwin war nur drei Jahre älter, als er starb. Fünf Jahre zuvor war er mit Louis über München und Venedig nach Rom gereist, zu jahrelangem Aufenthalt in der Kunststadt. Auch er wird, wie Asher, in einer Schrift der Hamburger Kunsthalle gewürdigt: »Hamburger Malerei im Biedermeier«.

Die schwarzweiße Abbildung des toten Freundes Speckter

im Hauskatalog ist nun ergänzt, ersetzt durch das Original, Öl auf Leinwand, 30 mal 25. Leichenfahl das Gesicht; Schnurrbart; kleiner Kinnbart; Lorbeerblätter, die aus der Kranzform herauszuwuchern scheinen; morbides Violett des Samtkissens; morbides Grauweiß des Leichenhemdes.

Wir gehen in eins der Magazine. Raumhohe Metallgitterflächen, vollgehängt mit Bildern. Arbeitstische, Werkzeug, Kaffeetassen. Auf einem der Tische sind drei Gemälde bereitgelegt.

Das erste, das der junge Kunsthistoriker auf eine Staffelei stellt: Der Maler Louis Asher in seinem Atelier. Was der schwarzhaarige, schwarz gekleidete junge Mann von 24 Jahren gemalt hat, beschreibt der Hauskatalog so: »Vor einem Bücherbord sitzt der Künstler nach links an der Staffelei, rechts von ihm der Maler H. H. Porth vor dem Fenster, ihn korrigierend. Rechts ein junges Mädchen modellsitzend, links ein anderes lesend.«

Ich ergänze: Hohes Zimmer mit schmaler Flügeltür, die ist freilich dunkel verhängt; der Raum aufgehellt durch ein Oberlicht; das Bücherregal klein, daneben eine fast ebenso hohe Topfpflanze; ein Spiegel; auf einer Konsole etwas klassisch Antikes, als Gipsabguss; brav auf dem Stuhl sitzend, Rücken zum Betrachter, das Mädchenmodell, züchtig gekleidet, nur die Schultern sind frei; der Maler schaut es nicht an, blickt vielmehr, Pinsel an der Palette, auf zu Freund Hans Heinrich, der neben dem sitzenden Maler steht und etwas zeigt, mit der linken Hand; welches Detail das ist, lässt sich nicht erkennen, man sieht nur die Seitenkante des Keilrahmens. Porth, Sohn eines Gutspächters, begann, nach einer kaufmännischen Lehre, zu malen, lernte Asher auf der Akademie in Dresden kennen.

Das Gemälde hängt (als Kunsthandels-Kopie auf Leinwand und Keilrahmen) in meinem Arbeitszimmer. Beim Blick hinauf bestätigt sich, was ich so ähnlich auf einem Bild von Caspar David Friedrich gesehen habe: Ateliers in heutigem Sinne gab es offenbar nur selten, man malte in einem Zimmer, vermied dabei direkte Lichteinstrahlung.

Zwei Kinderbildnisse sodann, nicht abgebildet im Katalog des Hauses. Mit dem kleineren bin ich rasch fertig: Puppenhaftes Kindergesicht, großäugig, fehlen nur noch Kunststoff-Klapplider über den Kulleraugen. Amalia Asher, auf Pappe gemalt. Beim Weiß des Kleides riskierte Louis beinah expressiven Strich, trug die Farbe dicker auf als sonst, dennoch ist das Bild mit Recht im Magazin gelandet.

Überraschend aber das zweite Kinderbildnis, gemalt 1836. (Der Kunsthandel offeriert auch von diesem Gemälde eine fototechnische Kopie in Originalgröße auf Leinwand und Keilrahmen; selbstverständlich hängt ebenfalls ein Exemplar hier in Brühl.)

Louis Asher hat (in Öl) mit zwei Techniken gearbeitet. Das dunkle Kleid des Kindes, auch der Hintergrund: glatte Farboberfläche in akademischer Malweise. Das Gesicht aber und die Hände mit dem Apfel: eine Art Rastertechnik. Louis Asher hat grob strukturierte Leinwand gewählt, hat diese Oberflächenstruktur einwirken lassen auf die Wiedergabe von Gesichtshaut und Apfelschale – die Farben sind so dünn aufgetragen, dass die Leinwandstruktur nicht überdeckt wurde.

Das hat Asher nicht erfunden, so der Kunsthistoriker, hat es jedoch geschickt umgesetzt, im Kontrast zu anderen Malflächen des Gemäldes. Eine Detailaufnahme der gerasterten Händchen mit gerastertem Apfel, sie könnte fast modern wirken, sage ich. Der Experte stellt anheim.

Es geht ein Stockwerk tiefer, hinab in den Keller, in das Magazin mit Büsten, Statuen, großformatigen Gemälden. Auf Regalflächen reihen sich Porträtbüsten mit Pappschildchen an Schnüren. Ein paar Goethes und Beethovens; Statuetten nackter Mädchen und Männer; in einer Ecke ein paar Bronzefiguren aus der NS-Zeit.

Im nächsten Raum, freigestellt, ein Historiengemälde im Format zwosechzig mal einsneunzig, Hochformat: König Lear mit Cordelias Leiche. Der Katalog: »König Lear steht im Kellergefängnis, in den Armen seine ermordete Tochter Cordelia in ihrem kostbaren, edelsteingeschmückten Kleid. Rechts ein vergittertes Fenster, links im Türrahmen der Narr, der entsetzt die Hände vor der Brust kreuzt.« Den hätte ich ohne diesen Hinweis im flau gemalten Hintergrund des imaginären Gefängnisses kaum entdeckt. Der alte Lear ist gemalt, wie der kleine Moritz sich das so vorstellt: Dramatisch gestyltes Haupt- und Barthaar, in seinen Armen die Leiche der Tochter in malerischer Körperwölbung. Solche Bilder mag ich nicht, schon gar nicht, wenn ein Vorfahre sie gemalt hat.

Zwei weitere Gemälde werden mir präsentiert, beide mehr als einen Meter hoch: L. Asher fec. »Am Ufer eines Gewässers kniet eine junge Frau in Volkstracht, in ihren Armen ein nacktes Kind. Im Wasser ein Junge, der [auf] das Kind zu spritzen versucht.«

Dieses Bübchen fehlt in der zweiten Version des Bildes. Produktion als Reproduktion. Der Italienerin wende ich den Rücken zu.

Heinrich Asher, ein Hamburger Kaufmann (den Louis ebenfalls zeichnete), er sammelte Gemälde, alte und kostbare. Deren Wert wurde betont durch opulente, wenn auch geschmackvolle Rahmen: ohne Goldverkrustungen. Auf den jeweiligen Rahmen war, unten mittig, eine schmale Metallleiste festgeschraubt mit dem Namen des Malers, eingraviert und eingeschwärzt. Hier schienen klangvollste Namen selbstverständlich: Ruisdael oder Altdorfer. Eine der alten Damen der Verwandtschaft hatte so einen Ruisdael geerbt, der, nach einer Expertise, »selbstverständlich« nicht von diesem Maler stammte, eher aus seiner Werkstatt oder Schule.

Ich habe den ›Altdorfer‹ geerbt. Es lohnt sich, das Gemälde zu skizzieren. Öl auf Lindenholz, etwa fünfzehn mal fünfzehn, Mariä Heimsuchung. Maria in wallendem Grün vor Elisabeth in wallendem Rot, so stehen sie voreinander, Marias Gewandstoff noch von der Bewegung gebauscht, während im Hintergrund alles reglos scheint und ruhig, Landschaft mit Felsen und Bäumen in pastellfarbenem, sehr nuanciert gemaltem Abendlicht.

Ich legte es Hans Zehnder vor, dem Leiter für Alte Kunst im Kölner Wallraf-Richartz-Museum. Er sagte erst mal gar nichts, musterte das Bild ausführlich mit breiter Lupe. »Das ist in der Tat ein sehr, sehr schönes Gemälde, aber es ist selbstverständlich nicht von Altdorfer.« Immerhin aber ein Bild der Donauschule, also ebenfalls 16. Jahrhundert. Und gleich eine assoziative Verbindung zu Antonius Kühn, der 1540 das Familienwappen erhielt: Wohl zu seinen Lebzeiten roch das Bild frisch nach Farbe und Firnis. Antonius Kühn, König Ferdinand und der leider namenlose Maler als Zeitgenossen. Zugleich ein Bild aus der Zeit Shakespeares und Marlowes.

Hat sich Heinrich Asher, obwohl Kaufmann, von einem Galeristen über den Tisch ziehen lassen? Oder zeigte er Ansätze zur Hochstapelei? Alles eine Nummer größer haben wollen? Zwei Verwandte setzten auf diese Interpretation.

Ich habe das Schildchen mit dem großen Namen nicht abgelöst, mit einem Brillenschraubdreher – wenn ich es entferne, werden zwei Löchlein und eine helle Holzfläche sichtbar, da bleibt das Schildchen weniger auffällig, scheint bereits vom Holz integriert. Und überhaupt: Warum das Stück Metall entfernen, auf das jener Vorfahre mit Zufriedenheit geblickt hat?

Ich sehe es nicht nur als Kunstwerk, sehe es als Markierung, die das Vergehen, Verfließen von Zeit bewusst macht. Jeweils ein Aufstrahlen im Begrüßungsblick des neuen Besitzers – und das Erlöschen des Blicks ... Jeweils erneute Aufteilung des Erbes und ein Aufstrahlen im Begrüßungsblick des neuen Besitzers – und das Erlöschen des Blicks ...

Erfahrungen von Gegenwart und Vergangenheit zugleich, wenn ich mit einem der silbernen Löffel und Gabeln esse, mit denen die Eltern gegessen haben, mit denen Großeltern gegessen hatten und vielleicht schon Urgroßeltern ... Löffel und Gabeln von Tisch zu Tisch zu Tisch weitergereicht, neben Teller gelegt, die meist längst zerscherbt sind ...

Die Frau und der Mann, deren Besteck wir benutzen, nicht nur an Feiertagen – auch von ihnen möchte ich eine wenigstens ungefähre Vorstellung gewinnen. Aber auch hier: über den Duisburger Großvater lässt sich erheblich mehr erzählen als über die Großmutter. Maria Emilie Wilhelmine starb im Jahr vor meiner Geburt, Theodor Heinrich Asher drei Jahre nach Maria, 1937. Damals war ich zwei. Ich weiß von ihnen nur, was über sie erzählt wurde. Und was ich auf Fotografien sehe.

Großmutter Maria, Jahrgang 1877, Tochter eines Kaufmanns, Enkelin eines Kaufmanns, Urenkelin eines Kaufmanns. Auf den wenigen Fotografien wirkt sie klein, schmal, gebrechlich, fast hilflos.

Eine Frau, von der mir erzählt wurde: Sie hatte Angst vor Bakterien, Bazillen, zog Handschuhe an, wenn sie das Haus verließ. Im Sommer waren es weiße Baumwollhandschuhe, die nach Berührungen fremder Klinken gewaschen oder ausgekocht wurden. (Ihre Tochter, meine Mutter, drückte Klinken von Geschäften und öffentlichen Gebäuden meist mit dem Ellbogen herunter.) Weiter höre ich: Großmutter Maria zog sich wiederholt in ihr Zimmer zurück, musste dort in Ruhe gelassen werden. Erst nach einem längeren Gespräch mit einem ihrer Söhne erfahre ich: Depressionen.

Theodor Asher, Helenes Vater, wurde 1868 in Hamburg geboren, als Sohn eines Notars, Enkel eines Senatssekretärs. Familienfotos mit ihm hatte ich bereits vor vielen Jahren gesehen, doch die Konturen hatten sich wieder aufgelöst: ein fast anonymer Repräsentant der Institution Großvater.

Fotos, wie ich sie unbeteiligt in einem der Fotoalben mit der weißen Fraktur-Kalligraphie meiner Mutter gesehen (und vergessen) hatte, sie wurden mir wieder von ihrem Bruder vorgelegt, und ich erschrak: ein Mann mit Schmissen! Ja, er hatte einer der beiden damals angesehensten Schlagenden Verbindungen angehört.

Ich mache mir bewusst, dass für den jungen Theodor Asher Wörter von zentraler Bedeutung waren, die für mich nicht einmal marginal sind, die ich im Deutschen Universalwörterbuch der Firma Duden nachlesen muss: Der Paukant (als Teilnehmer einer Mensur), der Paukboden (als Ort, an dem Mensuren geschlagen werden), die Paukbrille (als Schutzbrille) und schließlich der Paukarzt. An einem Pauktag, dessen Datum mein Großvater gewiss behalten hat, auch noch als Alter Herr mit Bierzipfel, Schärpe, Käppi, an einem privathistorisch bedeutsamen Pauktag also wurde ihm von einem anderen Paukanten ein »Durchzieher« verpasst: Die linke Wange wurde so weit und tief aufgeschnitten, dass Paukant Asher die Zunge zur Seite hinausstrecken konnte, wenn auch gekrümmt. Zumindest wird berichtet, er hätte das getan. Theoretisch ist das vielleicht möglich, aber bei der starken Blutung wird das wohl kaum geschehen sein. Oder war auch dies eine Leistung, die erwartet wurde im Kreis der Kommilitonen, die sich um ihn drängten? Siegeszeichen des Blessierten, bevor der Paukarzt zu nähen begann?

Sicher war Theodor Asher, als die Mensur erst mal verheilt war, stolz auf die Markierung. Für mich ein Paradox: Blessuren erlitt eigentlich nur der weniger Geschickte, der Schwächere im Zweikampf. Dennoch: bewundert wurde in der wilhelminischen Ära das Gesicht mit vielen Mensuren, Blessuren, die martialische Maske. Der Mann hat viel abgekriegt, hat sich demnach vorbildlich in Gefahr begeben, so wird man gedacht haben, Schmisse als Beweis bestandener Mutproben. Denen hatte sich Theodor Asher offensichtlich mehrfach unterzogen, die Wange zeigt es.

Theodor Asher: Musste er sich besonders auszeichnen, weil der Verdacht bestehen konnte in jener vorwiegend nationalistisch-antisemitischen bürgerlichen Gesellschaft, er sei jüdischer Herkunft?

Lesung in Duisburg; schon am Nachmittag bin ich in der Stadt. Vom Bruder meiner Mutter hatte ich gehört: Kindheitshaus ist verschwunden, Marienstraße gibt es nicht mehr. Ich wollte sehen, auf welche Weise die Spuren gelöscht worden sind.

Auf dem Weg vom Parkplatz zur früheren Marienstraße sehe ich einige Gebäude, die Helene als Kind wahrgenommen hat, beispielsweise das Theater, in der Gründerzeit erbaut. Sie hat es in den dreißiger Jahren fotografiert: Ein Mann radelt an den sechs klassizistischen Säulen vorbei, Propyläen eines ›Musentempels‹ ... Die wenigen Häuser und Gebäude, die von Bomben nicht zertrümmert worden sind, sie stehen nun in neuem Ambiente, wahrhaftig als Fremdkörper: Einkaufsstadt Duisburg.

In der Nähe des Stadttheaters frage ich zwei alte Frauen nach der vormaligen Marienstraße; eine von ihnen kann genauere Hinweise geben, sie hatte früher ganz in der Nähe gewohnt, nennt den Namen eines Bäckers, den auch mein Onkel erwähnt hat. Die Marienstraße heißt nun Averdunkstraße, und die führt in das Averdunk-Centrum hinein. In einer Beschreibung lese ich später: »Ein umfangreicher Baukomplex, der ein Großkaufhaus, zahlreiche Läden, Hotel und Restaurant, Büroflächen sowie Wohnungen« enthält. In diese Baumasse führt eine vierbahnige Straße, überbaut: die Averdunkstraße; an ihrem Ende (oder Ansatz) drei riesige blaue Hinweisschilder auf Parkabschnitte.

Radikaler könnte die Veränderung nicht sein, totaler können Spuren nicht gelöscht werden: die Straße vom Baukomplex geschluckt. Das Haus, in dem Helene aufgewachsen war, es hat Konturen nur noch auf einer Fotografie, die sie zur Zeit ihrer Verlobung gemacht hat: Marienstraße 14. Drei Fenster breit, drei Geschosse hoch: Stadthaus gehobenen Mittelstandes.

Später, als Helene das Elternhaus bereits verlassen hatte, zogen die Ashers in die Mülheimer Straße, damit an die Peripherie der Stadt, fast schon ins Grüne. Heute eine langgestreckte Ausfallstraße, die Hausnummer ist mir nicht bekannt, also verfolge ich die Spur nicht weiter, spaziere lieber zum Rheinhafen, zum Burgplatz, schaue mich um in der Salvatorkirche. Im Angebot kirchlicher Drucksachen eine kleine Schrift mit dem Titel »Blievv en min Näh«.

Großvater Theodor war Chemiker. Seine Dissertation ist magaziniert (auch) in der Kölner Universitätsbibliothek. Ein Heft von 36 Seiten – nicht ungewöhnlich dieses schlanke Format, naturwissenschaftliche Dissertationen waren (und sind) meist recht knapp, ich kann das bezeugen als privater, mitwirkungsberechtigter Lektor einer medizinischen Dissertation, die wegen privater Probleme der befreundeten Studentin ins Trudeln, ins Schleudern geraten war.

Titel der Doktorarbeit: »Über 1-Phenyl- und 1-para-Tolyl-3,5-pyrazolidon«. Einen so knallhart sachlichen Titel einer wissenschaftlichen Arbeit hatte ich noch nie vor Augen! Auf der Titelseite ist weiter zu lesen: »Inaugural-Dissertation der hohen philosophischen Fakultät der Universität Rostock zur Erlangung der Doktorwürde vorgelegt von Theodor Asher aus Hamburg« (Rostock 1894). Gewidmet ist die Schrift den lieben Eltern. Zum Schluss ist vermerkt: »Die vorliegende Arbeit wurde im chemischen Laboratorium der Universität Rostock auf Veranlassung des Herrn Prof. Dr. A. Michaelis ausgeführt.« Folgen die üblichen Danksagungen.

Da schließen sich Fragen an: Wieso Rostock? Wieso philosophische Fakultät? Ein Chemiker als Dr. phil. – wie denn das?

Eine kurzgefasste Geschichte der Uni Rostock gibt Auskunft: »1817 wurde der Lehrstuhl für Chemie und Pharmazie, der eigenständigen Entwicklung der Chemie Rechnung tragend, wieder der Philosophischen Fakultät zugeordnet.«

Weiter lese ich: »Bezüglich des internationalen Rufes der Universität war das chemische Laboratorium der Schwerpunkt geworden.« Was erklären dürfte, weshalb der junge Mann aus Hamburg in Rostock studierte und promovierte.

In den Berichten der Deutschen Chemischen Gesellschaft hat Großvater in Band 30 (1897) eine ausführliche »Mitteilung« über sein Arbeitsgebiet gemacht, die »ringförmige« chemische Verbindung erneut benennend. »Ich habe einige Derivate dieser schönen Verbindung untersucht und das entsprechende p-Tolylpyrazolidon dargestellt.«

So weit geht mein Interesse an seiner Arbeit allerdings nicht, dass ich mich näher über die chemischen Substanzen informiere, die er untersucht und »dargestellt« hat. Ich will nur drei Sätze aus dem Forschungsbericht zitieren, angelockt vom *Brei roter Nadeln*: »Das Pyrazolidon löst sich mit roter Farbe klar auf, und beim Erkalten erstarrt das Ganze zu einem Brei roter Nadeln. Diese werden abgesogen, mit kaltem Alkohol gewaschen und aus heißem Alkohol umkristallisiert. Die Verbindung bildet gelbrote Nadeln, die bei 246° schmelzen und in Wasser nicht, in kaltem Alkohol schwer, in heißem Alkohol und in Eisessig leicht löslich sind.« Neues, faszinierendes Wort: *Eisessig!*

Im Jahr nach der Promotion gönnte sich Theodor ein luxuriöses Intermezzo. In Wengen, Schweiz, wurde ein neues Hotel der Spitzenklasse eröffnet. »Im hoteleigenen Fremdenbuch findet sich am 27. Juli 1895 der erste Eintrag: Dr. Theodor Asher bezog damals Zimmer 21 im neu erstellten Haus.«

Typisches Nebenergebnis einer Internet-Recherche! Die Oral History der Familie soll schließlich dokumentierend begleitet (oder: unterfüttert) werden. In diesem Sinne gleich ein weiterer Satz der Homepage: »Das Hotel Falken war im aufstrebenden Fremdenort von weither sichtbar und offerierte seinen Gästen durch seine vorzügliche Lage auf einem natürlichen Hügel eine bevorzugte Aussicht auf das Massiv der Jungfrau.«

Da hatte es Großvater, damals 27, offenbar gut getroffen. Ich war nah dran, eine E-Mail an das Swiss Historic Hotel zu schicken mit der Anfrage, ob Großvater den Eintrag eventuell ein wenig erweitert hat, mit situationsgerecht höflichen Worten, aber das erschien mir denn doch zu peripher.

Schließlich lässt sich Relevanteres zitieren. In der »Zeitschrift für Chemie und Industrie der Kolloide«, Jahrgang 1909, finden wir (im Net) den Hinweis auf ein Patent des »Dr. Theodor Asher, Duisburg, Marienstr. 14«. Es geht um ein »Verfahren zur Darstellung von wasserlöslichem Terpineol«. Was das ist, und was Kolloide sein könnten, auch das erkunde ich nicht weiter, halte nur fest, ungeniert laienhaft: Kolloide sind Minitropfen in Lösungen.

Aufregender wiederum: Eine Arbeit des Großvaters »Über den Säuregehalt der Großstadtluft«. Eine Bestellung über Fernleihe wird fällig: »Zeitschrift für angewandte Chemie«, Band 37, Jahrgang 1924.

Schon die Zeile unter dem Titel bestätigt Familienberichte vom Labor im Elternhaus meiner Mutter: »Mitteilung aus dem Chemischen Laboratorium Dr. Th. Asher, Duisburg.«

»Es sei mir gestattet, im Nachstehenden über einige Untersuchungen zu berichten, die in den Jahren 1920 und 1923 hier in Duisburg von mir angestellt wurden, um den Gehalt der Duisburger Luft an Säure, Ruß und Staub zu bestimmen.« Extrem dicke Luft! Einige der belastenden Faktoren: Zinkhütte ... Krupp'sche Friedrich-Alfred-Hütte ... Niederrheinische Hütte ... Kupferhütte ... Vulkan ... Im Winter kam hinzu die »Heizung der Wohnungen«.

Die »Prüfung auf Säure« war für Großvater offenbar primär. So wurde er womöglich zum Pionier der Erforschung Sauren Regens – der damals noch nicht Saurer Regen hieß. In seinem »Regenmesser« wird nicht nur die Säure registriert, »die mit dem Regen herabgerissen wird, sondern auch bei trocknem Wetter ›regnet‹ es Säure, wenn auch in geringerem Maße. Diese ›trockne‹ Säure, vielleicht im Verein mit Luftfeuchtigkeit, ist der Verderb der Zinkgefäße, wie man nach einem Regenguss, dem trockne Tage vorausgingen, deutlich sehen kann.«

Das ganze Jahr 1920 (da war Tochter Helene fünfzehn) führte Asher Messungen durch: Wie viel Regenmenge in Millimetern, wie viel Niederschlag pro Quadratmeter, welche Windrichtung. Dazu hat er eine ausführliche Tabelle aufgestellt. Es dürfte genügen, einige Werte hervorzuheben, Werte, denen die Duisburger Familie ausgesetzt war, besonders belastend in der Innenstadt. Januar 1920 fielen im Zentrum von Duisburg mehr als 15 Gramm Schwefelsäure auf den Quadratmeter, im Dezember waren es 26 Gramm.

Weiter im Bericht des Großvaters: »Gleichzeitig mit der Feststellung des Säuregehalts wurde auch die Ruß- und Staubmenge festgestellt, die auf den Boden herabfiel, sowie der Anteil an Kohle, der darin enthalten war. Zu diesem Zwecke wurde eine mit Glycerin oder Fett bestrichene Glasplatte auf ein Stück Millimeterpapier gelegt, und diese wurden zusammen in einen Kopierrahmen gespannt. Die gefundenen Zahlen, bei denen auch die kleinsten Punkte eingerechnet sind, sind erstaunlich hoch.« Demnach fielen im Spätherbst 1920 pro Stunde etwa 25 000 Partikel auf jeden Quadratmeter!

Dr. phil. Theodor Asher arbeitete selbständig, das Labor im Hause. Wohnen und Arbeiten: damals noch nicht räumlich streng getrennt. So hatten selbst renommierte Rechtsanwälte und Notare ihr Büro vielfach in der Wohnung, dies sogar in Berlin-Mitte. Ein chemisches Laboratorium im Hause war also kein Ausnahmefall.

Auftraggeber war vor allem die Duisburger Kupferhütte. Für Firma und Kunden untersuchte Asher Produkte des Konzerns, erstellte Gutachten. Einige der Fachwörter, die für ihn keine Fremdwörter waren: Muffelofen, Trockenschrank; Ausfällung, Reduktion; Kupferkies, Kupferlasur, Kupferlegierung; Kupferoxide, Kupferchloride, Kupfercarbide.

Die Umsätze des Labors Asher gingen im Lauf der Jahre zurück. Grund war nicht eine Abschwächung der Konjunktur – die Metallbranche erhielt vielmehr erheblichen Auftrieb in den Jahren des Aufrüstens nach 1933. Großvater entwickelte sich vom Freiberufler zum Privatier. Er ging zwar jeden Werktag in sein Labor, doch am Labortisch arbeitete er immer weniger. So was konnte er sich offenbar leisten, schließlich hatte er eine Frau mit Vermögen geheiratet.

Die Arbeitsfläche im Labor hatte in der Erinnerung seiner Kinder anekdotische Bedeutung: Einmal riss sich eine Zentrifuge los aus der Halterung, räumte oder »graste« die Fläche ab mit allem zerbrechlichen Glas. Das wiederholte die Zentrifuge in Erinnerungen und Berichten mehrfach: Zersplittern von Glas, breite Scherbenspur. Ich weiß nicht, wie damals die Zentrifuge eines Chemikers aussah, ich sehe einen rotierenden Körper vor mir, der unseren Brummkreiseln ähnelte: wenn die aus der Vertikalen kippten, eierten sie los. Doch Scherbenspuren hinterließen sie nicht.

Großvater Theodor hatte im Labor einen zweiten Tisch, und der wurde ihm wichtiger, so schließe ich aus Erzählungen. Hier erstellte er die Tabellen seiner Messergebnisse. Außerdem wollte er Beziehungen nachweisen zwischen Sonnenflecken und Wetterentwicklungen. Im Dachzimmer des Hauses stand, auf Stativ, ein Fernrohr; es muss erstaunlich groß gewesen sein für einen Amateur-Astronomen. Er beobachtete, mit Filtern, Gruppierungen von Sonnenflecken, und wieder Aufzeichnungen mit System. Sonnenflecken also im Bewusstsein des Großvaters: wachsende, schrumpfende Sonnenflecken ... der Kern als umbra, der Halbschatten als penumbra ... Fleckenhäufigkeit ... der Sonnenfleckenzyklus mit Minimum, Maximum ... zu den Flecken: Protuberanzen, Eruptionen, chronosphärische Fackeln ... Zu welchen Ergebnissen Großvater hier kam, ist in der Familie nicht überliefert. Seine Aufzeichnungen gingen verloren.

Am Nebentisch, der für ihn wohl zum Haupttisch wurde, malte er auch Initialen. Saß vorgebeugt über Papier oder womöglich über Pergament, ließ pflanzenhafte Arabesken hochwachsen an Vertikalen, füllte Buchstabenrundungen aus mit Ornamenten, Figurationen? Sicherlich waren es Initialen nach Vorbildern mittelalterlicher Handschriften: ikonographische Traditionen. Schade, dass ich kein Exemplar seiner Initialen-Malerei besitze. Selbst bei neogotischen Stilisierungen in der Manier des 19. Jahrhunderts: ich hätte solch eine Initiale im Arbeitszimmer gern an die Wand gehängt, hinter Glas, im Rahmen – vor allem in den Jahren der Arbeit am »Mittelalter-Quartett«.

Woran der selbständige, offenbar jedoch zunehmend lustlose Chemiker in seinem Labor auch noch arbeitete: er lernte Persisch. Diese Sprache muss ihn (der offenbar mehrere Sprachen beherrschte) besonders fasziniert oder herausgefordert haben. Er lernte es autodidaktisch, schrieb längere Texte in arabischer Schrift ab. Bestimmt waren es keine persischen Übersetzungen naturwissenschaftlicher Werke, eher geschichtliche, vielleicht sogar literarische Texte. Aus dem Königsbuch? Erzählende Gedichte, Manawis? Ghaseln von Hafes oder Saadi? Herder – vielleicht hat Großvater das gelesen – bezeichnete die Poesie der Perser als wollüstig, sanft, fröhlich, als »eine Tochter des irdischen Paradieses«. Und

Goethe, nach einer Lobeshymne auf die persische Dichtung, fragte Zelter rhetorisch: »Was will der Großvater weiter?« Ein Goethe-Zitat, das ich mit Vergnügen übernehme.

Wenn Großvater nicht im Labor war, saß er am Flügel. Was seine Kinder besonders staunen ließ: er spielte meist ohne Noten. Stundenlang improvisierte er, oder, wie es damals hieß: er phantasierte. In Wagner'scher Harmonik? Oder mit Echos von Kompositionen der klassischen Zeit? Ich hätte ihm gern mal zugehört. Vielleicht hätte ich nach wenigen Minuten genug gehabt: Klangwabern? Zu registrieren bleibt: der Chemiker saß oft und lang am Flügel. Musik, die sich in ihm entwickelte während des Spielens? Klangwelten, in denen er sich über Stunden hinweg bewegte?

Er soll sich oft auch ins Dachzimmer zurückgezogen haben, zum astronomischen Fernrohr. Das stelle ich mir etwa so vor wie das japanische Teleskop, das sich mein Vater zu Weihnachten hatte schenken lassen, vor vielen Jahren, als er noch in der Westfalenbank Bochum tätig war, zuletzt als Generalbevollmächtigter, als Börsenchef. Auch der Himmel über Bochum war stark verschmutzt im vorigen Jahrhundert, oft roch es in der Stadt wie in einem der überkuppten Bahnhöfe zur Zeit der Dampflokomotiven – was Helmuth am Firmament sah, muss arg enttäuscht haben. Der Duisburger Himmel in den zwanziger und dreißiger Jahren mindestens so stark eingetrübt. Dennoch, Großvater muss ausdauernd den Sternenhimmel betrachtet haben, bis tief in die Nächte.

Was ihm dabei wichtig war, ich weiß es nicht. Als Kontrast zur ständig veränderten Sonnenoberfläche die erstarrte Mondoberfläche? Die Alpen, der Apennin, der Kaukasus und die Pyrenäen auf dem Mond, die dunklen Flecken von Meeren und Meerbusen? Die Ringgebirge, Wallebenen, die Krater, die Rillen, die Spalten, die Klüfte? Oder war seine Aufmerksamkeit eher fixiert auf Planeten? Auf Fixsterne und deren Figurationen? Auf den Andromedanebel, zweikommazwei Millionen Lichtjahre von ihm und von mir entfernt?

Wichtig für mich: Großvater Theodor reagierte auf Nazis allergisch. Häufig fanden Sammlungen statt, nicht nur für das Winterhilfswerk. Klingelte ein Uniformierter mit Sammelbüchse, so durfte das der Hausherr nicht merken, nicht erfahren, er kam sonst hervorgeschossen und artikulierte zornige Ablehnung.

Zuweilen hieß es in Familiengesprächen lapidar, er wäre manchmal »furchtbar« gewesen. Konkretes erfahre ich nicht, und doch schmerzt mich solch ein Adjektiv, ich habe das Bild liebgewonnen, das ich mir von diesem Großvater mache. Gelegentliche Urteile seiner Tochter Helene, seines Sohnes Fritz weisen in die Richtung, in der ich hätte weiterfragen müssen. (Die etwas krumme Formulierung signalisiert Verlegenheit.) Es lassen sich, unter Vorbehalt, freilich noch Schlüsse ziehen aus Indizien. Vor allem: dass Helene, erzogen nach strengen, tradierten Maßstäben, dennoch die Kraft, den Mut besaß, das Elternhaus, den Geburtsort zu verlassen. Zwar hat sie abgewartet, bis sie volljährig war (zu jener Zeit mit einundzwanzig), aber dann zog sie sofort nach Köln.

AUF EINER BRAUNGETÖNTEN FOTOGRAFIE sehe ich sie Ende der zwanziger oder Anfang der dreißiger Jahre dahinschreiten neben einer Parkanlage. Schmale, hochhackige Schuhe, die ihre schönen Beine betonen; dunkler Mantel, der knapp die Knie bedeckt; voluminöser Pelzkragen – beinah ein Pelzwulst um ihren Nacken; Topfhut, die angedeutete Krempe dicht über den Brauen der großen, dunklen Augen, die den Fotografen aufmerksam betrachten; kein Lächeln.

Mein Vater hat gern aus früheren Zeiten erzählt, ohne Scheu vor Wiederholungen; meine Mutter hingegen blieb weithin verschlossen; Wiederholungen, anekdotenselige, fanden nicht statt. Wenn sich doch mal ein Rückblick ergab, so blieb das eine Ausnahme.

So hat sie über ihr Leben im Elternhaus zu Duisburg nur Andeutungen gemacht: Das erste Kind war ein Sohn, das zweite und dritte Kind waren Töchter; Helene wurde (1905) als viertes Kind geboren, hätte endlich wieder ein Sohn werden sollen, als drittes Mädchen aber war sie eine Enttäuschung, das ließen die Eltern sie spüren, vor allem ihre Mutter – Helene fühlte sich als »Niete«. Das fünfte und letzte Kind war »hurra, ein Junge!«, aber für Antonia Ella Helene änderte sich damit nichts: einmal Niete, immer Niete … Also wohl Erleichterung als sie das Elternhaus verlassen und nach Köln ziehen konnte.

Dort suchte sie nicht eine eigene Wohnung, das war in den zwanziger Jahren noch längst nicht selbstverständlich für eine junge Frau, sie zog ins Oelbermann-Stift am Hohenstaufenring, hatte hier ein Zimmer mit Sofa, Tisch, Bett, Waschbecken.

Die Stiftung der frommen Kaufmannswitwe Laura Oelbermann war betont karitativ. Laura beteiligte sich an der Gründung der Evangelischen Frauenhilfe in Köln. Man widmete sich vorrangig Kindern, Dienstmädchen und Pastorenwitwen. Die große Villa mit Garten aber auch »als Wohn- und Aufenthaltsort für evangelische erwerbstätige Mädchen«.

Mutter Helene und ihre Familie, in der Nazis offenbar abgelehnt wurden, zumindest vom Vater: Musste im frühen Verhältnis meiner Eltern nicht auch eine Rolle spielen, wie Helmuth zu den Nazis stand? Da schien grundsätzlich erst mal Skepsis angesagt bei einem früheren Kompanieführer einer preußischen Kadettenanstalt.

Dann stellte sich auch die Frage, warum er – als einer der beiden Söhne eines Rheydter Firmenchefs – in Köln als (erst mal kleiner) Bankangestellter arbeitete.

Kurz nach dem Tod von Großvater Kühn wurde, wie bereits erwähnt, die KVC in eine Aktiengesellschaft umgewandelt; aus den Anteilen des Kommanditisten Kühn wurden Aktien. Ein paar Jahre später, so die Oral History, wurden mein Vater, etwa sechzehnjährig, und sein Bruder Oscar, einundzwanzigjährig, in den Wartesaal des Kölner Hauptbahnhofs bestellt; dort kauften ihnen die älteren Brüder Vierhaus sämtliche Familienaktien ab. Gezahlt wurde in Bar, bei anlaufender Inflation.

Ein Studium konnte beim galoppierenden Verfall des Geldes nicht mehr finanziert werden, Helmuth kam als Lehrling ins Bankgewerbe. Er musste Briefe zur Post bringen, Essen holen, Salden addieren, fand schließlich die Aufmerksamkeit eines der Bankiers, wurde mit wichtigeren Aufgaben betraut, es begann sein langsamer Aufstieg zum Rentenhändler. Für mich, für uns entschieden wichtiger: In der »Renten-Abteilung« der Deutschen Bank lernte er Mitarbeiterin Helene Asher kennen.

Bei aller Achtung für den Aufsteiger – in der Familie Asher wäre Helmuth wohl kaum akzeptiert worden, hätte er sich mit den Nazis identifiziert. Nun hatte sich mein Vater aber schon 1931 als Parteimitglied eintragen lassen. Doch bereits 1932 trat er unter wütendem Protest aus, Stichwort: Potempa.

Wieder einmal wirkte Zeitgeschichte ein in die Familiengeschichte. Der bestialische Mord von Potempa auch als Vorzeichen, als Menetekel für die Zeit, in die ich hineingeboren wurde. So wird ein Exkurs notwendig. Ich folge der Dokumentation von Paul Kluke in den »Vierteljahresheften für Zeitgeschichte«, Jahrgang 5.

Potempa: Bergarbeiterdorf in Oberschlesien. Hier lebte, in kleinem Haus, die Witwe Marie Pietczuch mit ihren Söhnen Konrad und Alfons. Auch Konrad war Bergarbeiter, und: er war Kommunist, trat in Gaststätten auch schon mal energisch auf, wenn SA-Männer laut zu räsonieren begannen. Der Pole wurde vorgemerkt.

August 1932, eine Zeit, in der fast Bürgerkrieg herrschte zwischen Nationalsozialisten und Kommunisten. Am 1. August die von Nazis inszenierten Krawalle in Königsberg: Brandlegungen, Übergriffe, Gewalttakte, ein linker Abgeordneter wurde ermordet. Im Reichsgebiet weitere politisch motivierte Gewalttaten der Nazis, fast jeden Tag, jede Nacht. Auch Kommunisten schlugen zu, es wurde zuweilen geschossen. Die Regierung sah sich zu verschärfter Gesetzgebung gezwungen: Die Verordnung des Reichspräsidenten gegen politischen Terror.

Insgesamt neun SA-Männer waren direkt und indirekt beteilig am nächtlichen Überfall auf die Brüder Pietczuch. Der Trupp wurde in einer Gaststätte »reichlich mit Bier, Schnaps und Zigaretten bewirtet«. Man nahm sich vor, Kommunisten zu verprügeln. Als Parole wurde ausgegeben: »Halbe Arbeit ist keine ganze Arbeit.« Ein Uhr morgens zog man los, erschien gegen halb zwei vor dem Bergarbeiterhäuschen. Die Haustür war nicht verschlossen, einige SA-Männer drangen ein, andere standen Schmiere. Konrad Pietczuch wurde ermordet. Mit welch ungeheurer Brutalität das geschah, bezeugt ein Abschnitt aus der späteren Anklageschrift des Sondergerichts Beuthen:

»Der Sachverständige Gerichtsarzt Medizinalrat Dr. Weimann hat bei der Leichenöffnung des Konrad Pietczuch im ganzen 29 Verletzungen bei dem Getöteten festgestellt. Die Verletzungen befanden sich fast ausschließlich am Oberkörper, nur 2 am rechten Bein. Alle Verletzungen sind durch große Gewalt verursacht worden. An der rechten und linken Halsseite fanden sich Würgspuren. Insbesondere waren am Halse auch ausgedehnte Hautabschürfungen, Blutungen in den Halsweichteilen und ein völliger Durchriss der rechten großen Halsschlagader festzustellen. Des Weiteren hat der Sachverständige einen Durchschuss des rechten Arms mit Zertrümmerung des Oberarmknochens festgestellt. Die Todesursache war nach dem Gutachten des Sachverständigen das Eindringen von Blut in die Luftäste, so dass auf diese Weise eine Blutatmung eingetreten ist. Der Sachverständige nimmt als sicher an, dass Konrad Pietczuch auf dem Boden liegend mit voller Wucht getreten wurde, so dass der Hacken des Schuhes hierbei in den Hals hineingepresst wurde. Der Tritt in den Hals habe also den Tod herbeigeführt.«

Ein besonders grausamer Fall, aber keine Ausnahme. Politische Morde durch Nazibanden wurden von der Öffentlichkeit fast schon mit Resignation zur Kenntnis genommen: mittlerweile an die hundert Todesfälle, mehr als tausend Gewaltdelikte. Der Mord von Potempa führte zu oft vehementen Reaktionen erst durch die öffentliche Solidarisierung der NS-Führung mit den Tätern nach dem Urteilsspruch des rasch anberaumten Sondergerichts: »Es werden bestraft wegen Totschlags als Angreifer aus politischen Beweggründen sowie wegen gefährlicher Körperverletzung aus politischen Beweggründen die Angeklagten Kottisch, Wolnitza, Gräupner und Müller mit der Todesstrafe.«

Hitler schickte ein Telegramm an die Täter, es wurde veröffentlicht. »Meine Kameraden! Angesichts dieses ungeheuerlichen Bluturteils fühle ich mich mit euch in unbegrenzter Treue verbunden. Eure Freiheit ist von diesem Augenblick an eine Frage unserer Ehre. Der Kampf gegen eine Regierung, unter der dies möglich war, unsere Pflicht!«

Auch Hermann Göring telegraphierte: Die Verurteilten seien keine Mörder, sie hätten vielmehr das Leben und die Ehre der Kameraden verteidigt. Ihren Familien würden jeweils tausend Reichsmark überwiesen. (Das entspräche heute im Kaufwert etwa zehntausend Euro.)

Der Stabschef der SA, Röhm, besuchte die Verurteilten im Gefängnis und erklärte öffentlich, dass er »lieber als Stabschef seinen Posten hingebe, als dass einem der Verurteilten etwas geschehe«.

Als Hitlers Solidarisierung, als diese Stellungnahmen publik wurden, zerriss mein Vater (wie er mir glaubhaft berichtete, und das wiederholt) seinen Parteiausweis, schrieb auf einen Zettel: »Mit dieser Mörderbande will ich nichts zu tun haben«, schickte beides per Einschreiben an die Geschäftsstelle der Ortsgruppe.

Damit fand er wohl kaum Zustimmung in seiner Familie, schon gar nicht bei der Mutter. Denn auch ihr Königin-Luise-Bund richtete ein Gnadengesuch an Reichspräsident Hindenburg. Die Vereinigten Verbände heimattreuer Oberschlesier, die Organisation Stahlhelm meldeten sich ebenfalls mit Gnadengesuchen zu Wort.

Möglicherweise hat es Auseinandersetzungen gegeben zwischen Sohn Helmuth und Mutter Friederike, die mit der öffentlichen Erklärung ihres Bundes sicherlich einverstanden war. Ihre Einstellung war mehr als deutschnational.

Und die Reaktion der Partei auf den vehementen Protest,

den Austritt von PG Kühn? Es passierte nichts, auch nicht nach der Machtergreifung! Die Erklärung dafür könnte simpel sein: In der Kölner Parteidienststelle wollte man vor übergeordneten Chargen nicht eingestehen, dass ein derart unzuverlässiger Parteigenosse zum Trupp gehört hatte, man wird die Angelegenheit unter den Teppich gekehrt haben. Kein neues Parteibuch. Auch der Marine-Leutnant, später: Kein Parteigenosse.

So dürfte er in seiner politischen Einstellung und Haltung der Familie Asher doch akzeptabel erschienen sein. Familie Asher hingegen wurde von Klara Friederike Kühn keineswegs akzeptiert: sie wird demonstrativ ihre Teilnahme versagen bei der Hochzeit ihres Sohnes Helmuth mit jener Helene Asher – obwohl das Fest in Bad Godesberg stattfindet, wo sie mittlerweile wohnt.

Ich versuche mir vorzustellen, was im Kopf der Unternehmerswitwe vorgegangen sein mag. Falls man versuchte, ihr klarzumachen, dass es zwar jüdische Vorfahren gegeben hat in der Familie Asher, dass dies aber schon lange, sehr lange her sei, so war das womöglich Gemauschel für sie. Taufen, Taufscheine werden nichts daran geändert haben, dass die Ashers jüdisch waren. Man höre sich nur diesen Namen an …! Man schaue sich nur diese Nasen an …!

Vier Jahre nach der Hochzeit meiner Eltern kam es zu der zweiten Verbindung zwischen den Familien Kühn und Asher: Ein Bruder meiner Mutter heiratete eine Schwester meines Vaters. Der hat mir ein postkartengroßes Foto der Hochzeitsgesellschaft geschenkt: Vor dem Eingang des Godesberger Hofs die Aufreihung von Damen in festlichen Kleidern, von Herren in Fracks; alle Gäste konnte mein Vater benennen, jedoch fehlte mal wieder seine Mutter. Obwohl sie weiterhin in Bad Godesberg wohnte, wo die Hochzeit auch diesmal gefeiert wurde.

Was war los mit der Frau? Das schöne Bild, das ich mir bei erstem Anblick der jungen Ehefrau auf Fotos und einem Gemälde gemacht hatte, es war offenbar ein Wunschbild gewesen. Auf späteren Fotos, die ich nun näher betrachte, sehe ich eine Frau mit verhärteten Gesichtszügen und scheinbar breiterer Körperstatur, beinah massig. Sie muss emotional recht unterkühlt gewesen sein. Unter den von ihr verachteten Juden in der erweiterten Familie amüsierte man sich mit einem Bonmot: Wenn Friederike sich mal bereit erwies, mit ihrem Mann zu schlafen, hat sie dabei einen Apfel gegessen.

Gravierender aber war die Unbelehrbarkeit des weiterhin kaisertreuen Mitglieds des Luise-Bundes. Das Bild, das ich mir von der vormals anmutig wirkenden Frau gemacht hatte, ich werde es nicht rückwirkend retuschieren, nicht übermalen: Der Prozess von Einschätzung und Fehleinschätzung soll nicht kaschiert werden.

So stelle ich neben die aparte junge Frau die verhärtet wirkende, breit und schwer gewordene Witwe. Uneinsichtig, unversöhnlich. So eine Frau hätte man früher als »Drachen« bezeichnet. Der Drache spie eine antisemitische Feuerlohe. Und Helene, geborene Asher, kriegte einige Brandflecken ab, psychisch, da bin ich sicher.

Ihre Erfahrung: Für die Schwiegermutter war sie Jüdin, punktum. Das dürfte zur Schlüsselerfahrung geworden sein: Wie rasch man zur Jüdin deklariert werden kann. Und: wenn das erst einmal geschehen ist, so bleibt es dabei.

Damit öffnete sich der sprichwörtliche Graben in der Familie, die Kluft, die Spaltung. Erst Jahrzehnte später, und nachdem er einige Glas Rotwein gepichelt hatte, nannte mein Vater das familiensprengende Schimpfwort, mit dem sie seine Söhne, mit dem sie uns Enkel bedacht hatte: »Judenbrut«!

ZEIT UND ZEICHEN

Auch ich habe (freilich erst in den Nachkriegsjahren) den *Münchhausen*-Farbfilm gesehen, 1942 gedreht mit größtem Aufwand und opulenter Besetzung.

Natürlich hat mächtigen Eindruck gemacht der auf einer Kanonenkugel reitende (und dabei mal wieder singende?) Hans Albers; ebenso hat mich die Mondpflanze mit Frauenkopf fasziniert; den stärksten und nachhaltigsten Eindruck aber hat auf mich der Uhrenmann gemacht.

Stand reglos da in orientalischem Kostüm, ließ regelmäßig ein Pendel schwingen. Reglos das Gesicht, oder zählten stumme Lippen mit? Blieb jedenfalls in meiner Erinnerung statuarisch, schwang, schwang, schwang ein Pendel, hatte sonst keine dramaturgische Aufgabe zu erfüllen im Film, dessen Drehbuch Erich Kästner geschrieben hatte trotz Berufsverbot unter den Nazis, er wurde unter Pseudonym geführt. Kästner dürfte es auch gewesen sein, der den ›Zeitnehmer‹ als Erster vor Augen hatte.

Den Uhrenmann zitiere ich heran in diesem Zwischenspiel. Das Wort kann ich der konsequent stummen Figur nicht erteilen, so behalte ich mir das Wort vor.

Und erzähle ihm, dass ich bei einem Schulausflug (oder war es bei einer der obligaten Bergwanderungen mit den Eltern?) eine Gletschermühle zu sehen bekam. In der Erinnerung ein brunnenweites Loch in einer Felsplatte, die Gesteinsbohrung zehn oder fünfzehn Meter tief. Von einer Plattform aus konnte man in den Grund der Gletschermühle hinabschauen, sah dort, was ich heute noch vor Augen habe: Eine regelmäßige, glattwandige (zumindest sehr regelmäßig und glattwandig erscheinende) Bohrung, an ihrem Grund ein Felsbrocken, Steinblock, der durch ständig einschießendes (nun freilich nicht mehr einströmendes, höchstens noch einsickerndes) Wasser in kreiselnde Bewegung versetzt worden war; sich rotierend einschleifend wurde er rundgeschliffen in fortgesetzter Drehbewegung über Zehntausende, Hunderttausende, womöglich Millionen von Jahren hinweg. Diese gletscherwassergetriebene Mühle hatte immer nur Steinmehl gemahlen unter dem Steinbrocken, Felsbrocken im Strudel, das Steinmehl ausgeschwemmt vom gletschergrauen, eiskalten Wasser.

Ich kann nicht mehr rekonstruieren, wo ich die Gletschermühle gesehen hatte, in Bayern oder Österreich, das Bild aber ist geblieben, wie eingeschliffen: brunnentiefe Gletschermühle, senkrechter Schacht im Urgestein.

Pendelschwingen, Pendelschwingen … Und ich berichte dem Uhrenmann von einem Zeitgespinst, das ich irgendwann, irgendwo gesehen habe – »nähere Angaben« wären hier kaum relevant.

Eingemuldete Stufen. Das Kellergewölbe dunkelbraun, schwarzbraun. In einem Regal leere Flaschen, eingefasst von zähfester Staubschicht. Leere Kisten, auch Kartons, weich geworden in Konturen, Kanten. Im Gewölbeeinschnitt vor dem offenbar seit Jahrzehnten verschlossenen, halbblinden Kellerfenster ein tiefgestaffeltes System von Spinnweben, die Flächen gegeneinander verkantet; zwischen ihnen verschieden große ›Hauptstränge‹, an denen mehrere Spinnengenerationen gearbeitet haben mussten. Oder: die sich aus der Arbeit etlicher Spinnengenerationen unkoordiniert entwickelt hatten.

In dieser Zeitkulisse tote Spinnen; die Spinnenleichen sind dem Spinnwebmaterial ähnlich geworden, hängen dort mit todessteifen Beinchen: Sammlung von ausgetrockneten, wie ausgesogenen Spinnenleibern. Vielleicht gibt es so was wie Spinnenvampirismus, eine Spinne saugt einer schwächeren oder sterbenden Spinne die Säfte ab, die das Spinnenopfer wiederum aus Kellerfliegen gesogen hat. Kein Windstoß ist in dieses Verzwirbelungssystem hineingefahren, der Fensterflügel wohl seit dem Krieg nicht mehr bewegt, womöglich nicht einmal Jahre, Jahrzehnte davor. Zwingend die Vorstel-

70

lung, dass es hier ein gleiches Spinnwebsystem schon in der Zeit zwischen den Weltkriegen, ja in der Zeit vor dem Ersten Weltkrieg, womöglich sogar vor Beginn des 20. Jahrhunderts gegeben haben könnte, bestückt mit kartoffelkeimbleichen Spinnenleichen. Spinnengeisterstadt, tiefgestaffelt.

Pendelschwingen, Pendelschwingen, Pendelschwingen … Und ich berichte dem Uhrenmann: Im Jahr des Abiturs, 1955, fuhr ich nach Norwegen, auf einem Motorroller mit sehr kleinem Hubraum. Die Straßen vielfach noch Sandpisten, ein heißer Sommer; wenn mir auf einer Hochebene ein Auto entgegenkam, zeigte das schon auf größere Entfernung eine Staubfahne an, ich stieg ab, stellte den Motorroller an den Pistenrand, kletterte ein Stück hoch im Felsgewirr, wartete droben ab, bis sich der Staub des vorbeigefahrenen PKW wieder senkte, trullerte weiter Richtung Sognefjord, nicht nur meinem Großvater zuliebe, der 1893 diese weithin geschätzte Landschaft gemalt hatte. Noch keine touristische Infrastruktur in meinem Norwegen, so war ich auch Gast in Bauernhäusern. Essen, Trinken, Schlafen in Blockhausräumen. Unter der Decke eines Wohnraums ein Balken, an dem mit Lederriemen Wiegen aufgehängt worden waren, Generation nach Generation. Sobald sich Lederriemen zu tief ins Holz eingeschliffen hatten, wurde die Wiege eine Spanne weiter aufgehängt; damit war eine Reihe von Kerben entstanden, in unregelmäßigen Abständen: Zeitmarkierungen, gereiht, gestaffelt.

Pendelschwingen, Pendelschwingen, Pendelschwingen, Pendelschwingen … Und ich berichte dem Uhrenmann von einer weiteren Entdeckung in einem norwegischen Blockhaus der fünfziger Jahre des 20. Jahrhunderts: Neben der Haustür ein Loch in einem der mächtigen Stämme, das Loch schüsselweit und schüsseltief, es blieben höchstens zwei, drei Zentimeter zwischen innen und außen. Generationen von Bauern hatten hier ihre Arbeitsmesser aufbewahrt, in den Balken hineingerammt an immer gleicher Stelle: ein Napf Vergangenheit, eine Zeitmulde.

SCHAU ES DIR GENAU AN!

EINS DER KLEINFORMATIGEN FOTOS der dreißiger Jahre habe ich vor langer Zeit mal abfotografieren und vergrößern lassen: In einer Stadt, wahrscheinlich Köln, kommen meine Eltern auf den Fotografen zu. Im Bildhintergrund kreuzt eine Straßenbahn, über der Fensterreihe zweifach die Aufschrift »Persil«. Helene, etwa dreißig, in hellem Kostüm, ein Täschchen zwischen Oberkörper und Oberarm, Hände aufeinandergelegt, die untere Hand umschließt weiße Handschuhe. Lässig souveräne Eleganz. Helmuth in dunklem Anzug; ein Sommermantel über dem linken Unterarm, in dieser Hand ein großer, weicher Hut mit breitem Hutband, weiter Krempe; eine zusammengefaltete Zeitung.

Diese Zeitung würde ich gern aus dem Bild herausnehmen, um als Erstes das Datum abzulesen. War ich zu jenem Zeitpunkt noch schiere Potentialität oder schon kleine Realität?

Zuweilen lese oder höre ich eine Frage, die mir wortwörtlich »zu denken« gibt: Wenn uns das Nichtmehrsein nach dem Tode beschäftigt, warum nicht auch, und zwar in gleicher Intensität, das Nochnichtsein vor der Geburt, vor der Zeugung?

Beschäftigt mich die Frage, was vor meinem Leben war? Schiere Nichtexistenz? Könnte mich solch eine Antwort ruhigstellen? Glaube ich, um vor dem Gedanken der schieren Nichtexistenz auszuweichen, beispielsweise an Seelenwanderung, an Wiederverkörperung?

Von einem jungen, kurzgeschorenen Mann in Orangerot wurde mir kurz nach der Wende auf der Straße in Halle ein Buch angeboten über Seelenwanderung, Wiederverkörperung, und ich sagte ihm: Das brauche ich nicht, ich *bin* bereits wiederverkörpert. Mit dem Verstummen kurzes Erstarren, dann wandte er sich ab: Für eine Religion der Seelenwanderung missionierend, hatte er nicht damit gerechnet, dass ihn jemand beim Wort nehmen könnte.

Zuweilen spiele ich mit dem Gedanken der Seelenwanderung – in meiner Sozialisation bin ich auf das Denken in solchen Kategorien nicht vorbereitet, nicht einmal eingestimmt worden. Also muss meine Antwort auf so eine Frage spielerisch bleiben: Wenn mein Ich, in anderer Erscheinungsform, schon einmal auf dieser Welt war, dann verkörpert in einem Araber. Denn anders kann ich mir die starke, die unmittelbare Resonanz auf arabische, auf orientalische Musik nicht erklären. Musik aus der Türkei, aus Persien, aus Indien findet Resonanz in mir, die sich nicht aus intensiver Beschäftigung mit solcher Musik ergibt, diese Resonanz ist einfach vorhanden, ist vorgegeben. Deshalb meine Spiel-Antwort. Damit setze ich, gewöhnlich, hinter solche Überlegungen einen Schlusspunkt; das geschieht auch hier.

Aber, weitergefragt: Ein Nochnichtsein vor der Geburt, vor der Zeugung – beunruhigt mich dieser Gedanke? Verstört mich? Auch mich beschäftigt eher die Frage, was nach dem Tode sein wird. Jedoch, der Rückblick erscheint mir leichter als dieser Ausblick. Schließlich war vor meinem Leben bereits die Szenerie da, in die ich mich einlebte, waren Personen da, die für meine künftige Existenz bürgten: die Eltern. Ich kann die Welt, in die das Baby meines Namens hineingeboren wurde, annähernd rekonstruieren. Auch die Zeit, in der ich noch nicht gezeugt war, in der es nicht einmal einen vorwegnehmenden Gedanken an mich gab, diese Zeit könnte ich um weitere Generationen rückläufig rekonstruieren, einigermaßen zuverlässig, denke ich, hoffe ich.

Zum 1. Februar 1935: Stichworte für die Welt, in die ich hinausgepresst wurde, in einer Klinik in Köln-Lindenthal, frühmorgens, zu einer nicht genau notierten Stunde und Minute. Mein Doktorvater fand dies höchst bedauerlich, er hätte mir sonst gern ein präzises Horoskop erstellt, nun muss ich ohne diese Zusatzinformationen leben. Dafür ein Blick in das Zeitambiente, das später, fortwirkend, auf mich einwirkte: Zeichen, die Vorzeichen wurden für die Ära und die Welt, in die ich hineingeboren wurde. Hier fällt mir, ohne längeres Recherchieren, ein, was ich zuweilen in Gesprächen mit fast wütender Betonung hervorgehoben hatte: Dass Hermann Göring, zweiter Mann des Dritten Reichs, Oberbefehlshaber der Luftwaffe, bereits 1935 den ersten Luftschutzbunker in Berlin erbauen ließ, unter dem Neubau des Reichsluftfahrtministeriums. Einige hundert Mitarbeiter des protzig angelegten Gebäudes (heute Finanzministerium) sollten in diesem Luftschutzraum vor Bombenwirkung sicher sein.

Im selben Jahr, meinem Geburtsjahr, wurde, in Erweiterung der alten Reichskanzlei, mit dem Bau eines neuen Festsaals begonnen; als Keller ein Luftschutzbunker. Der wurde später zum Vorbunker des noch tiefer angelegten, weitaus massiveren Führerbunkers. Doch der Vorbunker war immerhin an die fünfzehn Meter lang, achtzehn breit. Diese Tiefbauten angelegt in einer Zeit, in der propagandistisch der Friedenswille beschworen wurde in fortgesetztem Meineid.

Dass von Anfang an jedoch Hitler und seine Paladine Krieg planten, wurde schon ein Vierteljahr nach der Machtergreifung dokumentiert mit Görings Aufruf zum Luftschutz: »Jede deutsche Stadt ist für Bombenflieger erreichbar. Unsere wichtigsten Industrien liegen im nahen Wirkungsbereich fremder Fliegerkampfkräfte. Der Luftschutz ist daher zu einer Lebensfrage für unser Volk geworden. Er verlangt einen jahrelangen zielbewussten Aufbau unter fachmännischer Leitung und straffer Führung.«

Der Aufruf zur Gründung des Reichsluftschutzbundes wurde Ende April 33 veröffentlicht: »Luftschutz tut not!« Juni 1935 wurde im Reichsgesetzblatt das Luftschutzgesetz erlassen: Unter allen Neubauten mussten von da an LS-Räume angelegt werden. Krieg war also eingeplant, gehörte gleichsam zur Präambel der neuen Reichsgründung, wenn auch – selbstverständlich – nicht offen proklamiert. Damit war bereits in meinem Geburtsjahr festgelegt, was auf meinen Lebenslauf einwirken sollte: Kontext zur Lebensgeschichte.

Im selben Jahr 1935, so lese ich in einer Baugeschichte der Glyptothek am Königsplatz zu München, wurden zwischen dem neu errichteten Verwaltungsbau der NSDAP und dem symmetrisch angelegten Führerbau zwei »Ehrentempel« errichtet für die dreizehn Parteigenossen (»Blutzeugen«), die beim Putsch-Aufmarsch vor der Feldherrnhalle 1923 erschossen worden waren. Ein Doppel-Tempelbau für die Bronzesarkophage, in ihrer Bedeutung akzentuiert durch permanente SS-Ehrenwache.

Die beiden Tiefbauten der ersten Bunker, die Hochbauten der beiden Ehrentempel meines Geburtsjahres: die einen geheimgehalten, die anderen gefeiert als Bauten, die Bestand haben sollten für die nächsten tausend Jahre. Ein Hundertstel dieser proklamierten Ära zwischen meinem ersten und zehnten Jahr. Also ein Kapitel meiner Lebensgeschichte, die sich unausweichlich mit Zeitgeschichte verbindet.

EINE SPRACHFLOSKEL bietet sich an: »Ich erblickte das Licht der Welt«. Weil die Formel häufig benutzt wird, ironisiert man sie zuweilen: Das Licht der Welt erblickt in Form einer Glühbirne von 40 oder 60 Watt.

Das *Licht der Welt*: habe *ich* das wirklich mit meiner Geburt *erblickt*? Hier ist das Personalpronomen doch wohl noch fiktiv – oder entschieden vorweggenommen. Das mehrpfündige Baby, das meinen Namen erhielt, es war in die zeitweise helle Welt hineingeboren, verharrte jedoch im Dämmerzustand unter der Schädeldecke, der noch weichen Fontanelle. Allererste Vernetzungen bildeten sich, neurologisch, die Zahl der aktiven Synapsen war aber noch gering. Erst mit zunehmender Vernetzung – so zeigten mir Computersimulationen in einem lehrreichen Fernsehbeitrag – wird sich ein Kleinkind seiner selbst bewusst. Der entscheidende Moment, in dem unser Kopf aus der Scheide herausgepresst wird, der entscheidende Moment, in dem wir zum ersten Mal, plinkernd, die Augen öffnen, dieser Moment bleibt im Dunkel, für uns selbst.

Die ungeheure Wahrnehmung: Erstes Licht nach den Monaten in der Fruchtblase, sie hinterlässt nicht die geringste, die schwächste Erinnerungsspur ... Wie ein Blitz aber müsste das *Licht der Welt* (und sei es noch so schwach) in die freigewischten, reingewaschenen Augen hereinschießen, und dieser erste Lichtmoment müsste sich wie mit Laserstrahlen einzeichnen in die noch leere Erinnerungssubstanz. Das Licht dieser Welt erblickt, ja, aber noch ohne Ich.

Dies war meine erste Adresse: Köln-Deutz, Von-Sandt-Platz 5. Zusätzlich eine römische Eins, das Stockwerk bezeichnend. So lese ich in einem Schreiben des Evangelisch-Lutherischen Pfarramts zu Königsee in Thüringen: Auskünfte zu Vorfahren, eingeholt vom Vater, Stichwort »Abstammungsnachweis«.

Zwei Jahre hat das Baby, hat das Kleinkind meines Namens an diesem Platz gewohnt; 1937 zogen die Eltern nach Köln-Bayenthal, auf der anderen, der ›besseren‹ Seite des Rheins.

Ab 1989 wohnte ich, siebzehn Jahre lang, wieder in Köln, nun wieder rechtsrheinisch, »ob dr schääl Sick«, der weniger respektablen Seite Kölns. Im dritten Jahr meiner Kölner Ära fuhr ich zu ›meinem‹ Platz in Deutz: Straßenbahn Linie 4, vom Wiener Platz zum Vorplatz des Deutzer Bahnhofs. Auf dem Stadtplan hatte ich mich orientiert: Von der Haltestelle Richtung Rhein gehen, in der ersten Straße nach links abbiegen, schon ist das Ziel erreicht.

Noch während ich das kurze Stück gehe, frage ich mich, ob ich nicht abschwenken soll Richtung Antiquariat, das mir schon seit längerem Kataloge zuschickt. Warum, so frage ich mich, warum willst du ein Häuser-Ambiente bewusst wahrnehmen, das du als Baby, als Kleinkind nicht bewusst wahrgenommen hast, an das du dich überhaupt nicht erinnerst, gar nicht erinnern *kannst* – die Zeit vor der Erinnerungsschwelle mit bekanntlich etwa drei Jahren? Doch schon biege ich ein in die Straße, die sich nach etwa hundert Metern erweitert zu einem schmalen Platz mit kleiner Grünanlage in der Mitte: Von-Sandt-Platz. Ich suche die Nummer 5. Dabei warne ich

mich: Die Hausnummern können sich in den Jahrzehnten verändert haben – auch hier wohl Bombenschäden, Neubauten
im Stil oder Unstil der sechziger Jahre.

Ich stehe vor einem Doppelhaus mit gemeinsamem Eingang
für die Nummern 5 und 7. Da hätten die jungen Eltern mit ers-
tem Kind also in der linken Hälfte gewohnt. Aber: ist es dieses
Hauses? Ich erkenne ein Detail wieder, das ich auf einem der
Fotos jener Zeit gesehen habe, im Album, das Mutter Helene
angelegt hatte: Ich auf dem Schoß einer Kinderfrau; eine weit
geöffnete Balkontür, der Balkon schätzungsweise nur einen
Fuß tief – eher ein Gitter mit Blumenkästen. Und nun: die
Scheinbalkons sind noch da, nicht auf übliches Maß erweitert.
Demnach stehe ich vor dem linken Flügel des vierstöckigen
Hauses, in dem ich auf dem Schoß einer berufsständisch weiß
gekleideten Kinderfrau gelegen habe, halb aufgerichtet. Ja,
eine Kinderfrau, nicht die Mutter. Die hat ja fotografiert, wird
das auch in Zukunft tun.

Ich schlendre durch den Miniaturpark. Ein sechs- oder siebenjähriges Mädchen mit dem Kopftuch einer Muslima spielt
mit einem gleichaltrigen Kind ohne Kopftuch; beide zwitschern in kölschem Singsang. Auf einer der hell gestrichenen
Bänke ein Mann im Rentenalter, eine Boulevardzeitung ausgebreitet. Ich blicke zur Hausfassade, der schon lange nicht
mehr aufgehellten, der Mann mit Zeitung späht nach mir. Ich
umschreite die Grünanlage und rede mir gut zu: Wenn du im
Namen eines Oswald von Wolkenstein nach Südtirol reist,
um dir Burgen und Burgruinen anzuschauen, deren Namen
mit seinem Lebenslauf verbunden sind, warum da nicht auch
dieser Abstecher zu einem Platz deiner Stadt, selbst wenn du
von vornherein sicher bist, dass damit keine Erinnerungen
wachgerufen werden?

Kleiner Ortstermin Köln-Deutz. Rheinisch ausgesprochen:
Dütz. Isch kumm us Dütz. Isch bin ene Dützer Jung. Mein
Vater hatte die damalige Anschrift vergessen. Meine Mutter
hat sie (in ihrer kalligraphischen Schrift, weiß auf meist dunklem Karton) nicht vermerkt im frühen Fotoalbum. Die Anschrift habe ich im Brief des Thüringer Pfarrers gefunden, der

mit Deutschem Gruß unterzeichnete, nach einigen Angaben zu Kürschnern, Kürschnermeistern von Königsee. Und so stehe ich wieder vor der Fassade des Doppelhauses, fixiert auf das linke Balkongitter des ersten Stocks, mit Seitenblicken auf die Haustür. Wurde die Kinderfrau (oder Kinderschwester) bei schönem Wetter (und solange die Sonne nicht zur offenen Balkontür hereinschien) mit dem Baby, dem Kleinkind hinaus- und hinuntergeschickt zum Platz? Frische Luft …? Gesundes Grün …? Mein erster Sommer war ein Sommer in Deutz. Auch mein zweiter.

Kleine Zufriedenheit, dass es dieses Haus noch gibt – eindeutig kein Nachkriegsbau. Auf der gehämmerten Metallfläche, auf der Namensschildchen neben Klingelknöpfen festgeschraubt sind, war also wohl mal ein Schildchen mit dem Namen Kühn verschraubt. Sichtbarer Blickkontakt mit einer Kontinuität in einer Stadt, in der Kontinuitäten des bewohnten und gewohnten Ambientes flächendeckend zerstört wurden, im Krieg. Und dem Krieg, den Bombern folgten die Abrissbagger. Hier also, »in Dütz«, auf dem Platz mit dem Namen einer Person, von der ich nichts weiß, nach der ich auch nicht fragen werde, hier ist eng fokussierte Sichtverbindung hergestellt. Der Zuschnitt des Platzes kann sich nicht verändert haben, der Zuschnitt des Hauses wurde anscheinend nicht verändert, vielleicht sind sogar die Klingelknöpfe identisch mit damaligen Klingelknöpfen. Allerdings, ich klingle nicht.

Im Jahr meiner Geburt legte Mutter Helene eine Fotosammlung an in einem Album: Querformat, der Umschlag in Rohleinen, Verschluss mit schmalem, rotem Lederband.

Das allererste Foto dieser chronologischen Dokumentation: Das Baby mit dichtem schwarzen Haar auf dem Schoß der Kinderschwester in Weiß mit weißem Häubchen. Erst als zweites ein Foto, auf dem mich Helene, ebenfalls in Weiß, festhält. Als drittes Foto der Eröffnungsreihe: Mein Vater, in dunklem Anzug, trägt das weiß gekleidete Baby; diesmal hat es ein weißes Wollmützchen auf, und von der Brust abwärts ist es zusätzlich mit weißem Tuch umhüllt, das über die Füßchen herabhängt. Auf späteren Fotos sehe ich von der Kinderschwester, Säuglingsschwester nur die Arme, den weißen Kittel, das Baby wird in einer Zinkwanne gebadet, auf einen Tisch gestellt, den ein weißes Spritztuch schützt. Erfahrener Griff um die Babybrust, unter den linken Arm, und die linke Hand der Schwester seift den Babypo ein. Dem Baby muss nicht zugeredet werden, begütigend, beschwörend: gelassen schaut es sich um.

Auf einem der späteren Fotos ist die Kinderschwester frontal zu sehen, diesmal mit weißer Schürze über dunklem, hell gepünkteltem Kleid, sie sitzt auf einem Stuhl an der offenen Tür des Zierbalkons. Blumen in Kästen … Sonnenlicht … Fassaden von Häusern auf der Gegenseite des schmalen Platzes … Die junge Kinderfrau schaut, entspannt lächelnd, auf das Baby herab, das laut Schönschrift in Fraktur sechs Monate alt ist; im Babyhöschen sitzt es auf dem Schürzenschoß, den Kopf an den Arm gelehnt.

Ein wenig informiert über Beziehungen zwischen Babys und Müttern in den ersten Stunden, den ersten Tagen, Wochen, Monaten, Jahren stelle ich fest: Arbeitsteilung. Das Waschen des Babys, das Wickeln wurde einer jungen Frau überlassen, zu Säuberung und Pflege eingestellt; das Nähren übernahm die Mutter, auch das gelegentliche Spielen mit dem sauber vorgelegten Baby. Das Säubern und Baden eines Babys durch die Mutter aber ist mehr als nur Säubern und Baden: da ist Berührung zwischen Mutterhaut und Babyhaut … da ist Streicheln und Klopfen … da ist Plitschen und Platschen … da ist reger Austausch von Lauten: die gurrenden, kosenden Laute einer Mutter, die Echolalie eines Babys, die weitere Mutterlaute hervorlockt, und diese Wechsellautfolge so dicht, dass der Begriff »Lauthülle« geprägt wurde – Laute, die das Baby wie eine zärtliche Hülle umgeben. Solch eine Lauthülle entwickelte sich vielleicht zwischen der Kinderschwester und dem Baby, beim Sauberwischen und Baden, beim Salben und Pudern; solch eine Lauthülle bildete sich vielleicht auch, wenn das Baby, gesäubert, auf einem Tuch (»Moltontuch«) lag, auf einer fotografierten Wiese, im ersten Sommer, und die

Mutter beugte sich kniend hinab; diese Lauthülle bildete sich kaum, wenn die Mutter, im Liegestuhl sitzend, zum Baby herabschaute, das bäuchlings auf dem Moltontuch lag, mit blankem Po – also wohl kurz nach der Säuberung durch die Schwester.

Das Baby auf dem Moltontuch, das Baby im ausgepolsterten Wäschekorb, das Baby im Kinderbett, das Baby im Kinderwagen: Es schaut nicht drein, als würde ihm etwas fehlen bei der Arbeitsteilung zwischen Kinderschwester und Mutter, es zeigt in kurzen Zeitabständen recht unterschiedliche Mimik: schaut aufmerksam, schaut fipsig, schaut clownhaft drein, mit sechs und sieben und acht Monaten, und manchmal scheint es zu singen, zu krähen – Baby mit vielen »Gesichtern«. Und wenn ein Besuchsbaby zu ihm in den Kinderwagen gesetzt wurde, ging das offenbar ohne Abwehrkämpfchen ab – gelassen wurde das andere Baby akzeptiert.

Weiter in der Entwicklung: Das Kleinkind von sechzehn Monaten mit kurzärmeligem weißem Hemd, mit weißen Söckchen, mit Stiefelchen, es hält sich, lässig, an einem Laternenmast fest, einmal beobachtend, einmal singend.

Und, einen Monat älter, geht es zwischen zwei Frauen, jede hält es an der Hand; rechts die Kinderschwester, nun aber nicht in Dienstkleidung, sondern in einem Sommerkostüm, mit offenbar grauem Rock und grauer Jacke, und links die Mutter in einem Sommerkostüm mit ebenfalls grauem Rock, aber einer Jacke mit kleinem Würfelmuster: symmetrische Konstellation. Zur symmetrischen Aufteilung der Arbeit, die das Baby, das Kleinkind einforderte, auch eine Symmetrie von Zuneigung? Ich halte mich an die Auskünfte, die ich vom Gesicht des Babys, des Kleinkindes ablese, und das signalisiert: vorwiegend heiter. Zu Belastungen kam es erst später.

Aus der Familie meiner Mutter ist ein Gemälde eines Hamburger Malers zu mir gelangt, es hängt hinter mir im (Brühler) Arbeitszimmer: sicherlich ein Auftrag der reichen Familie an den damals angesehenen Landschaftsmaler Georg Haeselich (Zeitgenosse und Kollege von Louis Asher). Etwa ein Dutzend Gemälde von Haeselich ist in der Hamburger Kunsthalle archiviert.

Souverän und detailfreudig hat er einen noblen Sommersitz gemalt: Eine weite Wiese im Vordergrund, flankiert von hochgewachsenen Bäumen; in der Bildmitte, hinten, das Haus, fünf (hohe) Fenster breit, Assoziationen weckend an eine Datscha der reichen Petersburger Klientel. Auf der Wiese eine Frau mit Schürze und Haube, ein weiß gekleidetes Kleinkind auf dem Arm, ein zweites Kind an der Hand, ein drittes freilaufend, nach einem Schaf greifend.

In der Tür zur frontalen Terrasse des Hauses schemenhaft eine Dame, wahrscheinlich zur bukolischen Szene blickend – gewiss die Mutter. Auf einem Randweg, beschattet, schreitet ein Gärtner zur Arbeit, die Harke geschultert.

In jener (Hamburger) Konstellation dürfte die Kinderschwester, Kinderfrau eine Selbstverständlichkeit, vielleicht auch Statussymbol gewesen sein. Das wurde (in Köln) also übernommen – schon zu einer Zeit, als wir Söhne noch längst nicht zu dritt waren.

ERST VORARBEITEN zum Lebensbuch gaben mir das Stichwort für eine Exkursion zum Haus, in dem ich zum Bewusstsein meiner selbst kam, in dem ich gefördert und beengt wurde in meiner Entwicklung, in dem nächtlicher Bombenangriff Realität für mich wurde.

An einem warmen Herbstnachmittag radle ich von Mülheim nach Bayenthal. Ich überquere den Rhein auf der Südbrücke. Sie ist, zumindest auf Fotos, Dominante der Kindheitsregion. Nun aber erscheint sie mir wie eine bescheidene Nachahmung der Hohenzollernbrücke. Sie wird auch nur von Güterzügen befahren, dies in größeren Zeitabständen. Rechts wie links ein Segment für Radfahrer und Fußgänger.

Weil ich vom Auto aus, bei Fahrten zum Südkreuz und weiter zur Eifel, die kleine Stichstraße nie gesehen hatte, weil ich die »Privatstraße« weder auf dem Stadtplan noch im Straßenverzeichnis gefunden habe, weil ich also damit rechnen muss, dass sie ebenso verschwunden ist wie die Marienstraße in Duisburg, radle ich von der Brücke aus mit Skepsis auf der Rhein-uferstraße weiter südwärts. Doch nach etwa hundert Metern: die Kindheitsstraße! Auf einem Steinsockel vorn am Gustav-Heinemann-Ufer, gleich an der Einfahrt in die Stichstraße, ist schwarz auf weiß eine große 112 gemalt. (Auf einem Ausweis über Diphtherie-Schutzimpfung des Impflings Kühn Dieter, ausgestellt vom Gesundheitsamt der Hansestadt Köln, sehe ich die exakte Anschrift: Oberländer Ufer 112 Privatweg 7.)

Ich überquere Straßenbahngleise und Ausfallstraße, schiebe das Rad in die Stichstraße, die schmaler ist, als ich das in Erinnerung habe, und die Häuser sind entschieden niedriger. Bekannter Effekt: Kindheits-Topographien erscheinen geschrumpft, die in sehr direktem Sinne veränderten Größenverhältnisse.

Das Sträßchen ist mit Kopfstein gepflastert – noch identisch, wenigstens teilweise, mit dem Kopfsteinpflaster, über das ich als Kind gelaufen war? Mit dem »Holländer« (Kinderfahrzeug, das mit doppelgriffigem Mittelhebel bewegt wurde) bin ich sicher nur auf dem plattierten Gehsteig gefahren. Was ich als Vorgarten in Erinnerung habe, wird auch damals nur Blumenrabatte gewesen sein. In den Garten kann ich nicht schauen: eine Garage schirmt ihn ab. Soll ich klingeln, wie am Haus meines Großvaters in Rheydt, und ich bitte, mich kurz mal umschauen zu dürfen?

Ich informiere mich erst einmal, lesend und telefonierend. Die Grundstücke wurden 1934 vermessen, die Häuser 1935 gebaut. Alfred Oppenheimer war der Bauherr, ein Kaufmann jüdischer Herkunft. So dürfte die Finanzierung schon vor der Machtergreifung gesichert worden sein. Architekt war der weithin tätige und vielfach gefeierte Wilhelm Riphahn. Also ein Haus mit Geschichte.

DIE FAMILIE war 1937 von der Deutzer Wohnung in dieses Haus umgezogen: deutliche Änderung des Lebensstils! Was vor allem damit zusammenhängen dürfte: Im selben Jahr war mein Duisburger Großvater gestorben, und es wurde ein ansehnliches Erbe frei für die Geschwister Asher.

Es war Großmutter Maria, die das Vermögen in die Familie eingebracht hatte. Ihr Mädchenname war: Fett. Der Name klingt nicht sehr schön. Unter diesem Namen wurde aber gutes Geld gemacht, und zwar mit Rauchfleisch. Heinrich (Hinrich) Fett, Marias Vater, vermehrte in der Branche den Reichtum der Familie. Auch der Großvater meiner Mutter: Rauchfleischhändler. Dessen Vater, Johann Heinrich Fett, Hopfenmarkt No. 14: Rauchfleischhändler. Dessen Vater Johann Michael Fett (et Comp.): Rauchfleischhandlung, Hopfenmarkt No. 14.

Das gepökelte oder geräucherte Rind- und Schweinefleisch war höchst geeignet als Schiffsproviant. Hier schien der Clan so etwas wie ein Monopol zu besitzen in Hamburg: man versorgte diverse Reedereien mit Proviant für lange Schiffsreisen der Handelsflotte.

An Land galt das Rauchfleisch (nun weniger auf Haltbarkeit präpariert) als Delikatesse: saftiges Fleisch holsteinischer Marschochsen. Heinrich Heine, zeitweilig in Hamburg lebend, wohl Rauchfleisch der Großfirma Fett konsumierend, er bezeichnete es als »eine gute, für den Menschen heilsame Erfindung«. Auch Lessing wusste das Rauchfleisch der marktbeherrschenden Firma zu schätzen, betonte allerdings, dass der Mensch auch »von einem guten Gespräche« lebe. Was durch dünngeschnittnes Rauchfleisch mit etwas Meerrettich durchaus gefördert werden kann.

Der Rauchfleisch-Clan gehörte zu den Honoratioren der Hansestadt, der Gilde der »Ehrbaren Kaufleute«. Das wurde, selbstbewusst, auch sichtbar gemacht. Für Johann Michael Fett (& Cie) wurde ein fünfgeschossiges, breit ausladendes Domizil erbaut, das die Händlerfamilie eindrucksvoll repräsentiert, auch heute noch, in der Schanzenstraße. Und Helenes Schwiegervater kaufte, gemeinsam mit einem Bruder, den Hof No. 7 in Niendorf. Ein weiterer Hof kam hinzu. Den Namen Niendorf habe ich noch, echohaft schwach, im Ohr: Helenes Besuche in Niendorf. Dort hat die Familie ihrer Mutter deutliche Spuren hinterlassen. Es gibt eine Fettstraße mit Wohnbauten gehobenen Stils. Und die Fett'sche Villa, im Stil einer großdimensionierten Datscha, heute eine öffentliche

Einrichtung. Ich zitiere aus der Website: »Die Fett'sche Villa im Nordwesten Hamburgs steht auf einem großen, parkähnlichen Gelände, das öffentlich zugänglich ist. Das alte, attraktive Herrenhaus bietet Platz für 10 Personen.«

Vergangenes, das indirekt einwirkte auf meine Biographie: Der Anteil am Erbe der Maria Emilie Wilhelmine Asher, geb. Fett, prägte auch den Lebensstil meiner Eltern, prägte damit wiederum das Ambiente, in dem ich aufwuchs.

In Griffnähe ein Verzeichnis über den »Bestand des Nachlasses« des Rauchfleischhändlers Heinrich, verstorben 1933: Großvater meiner Mutter. Hier ist spezifiziert, was er an Immobilien, Kapitalien, Objekten als Erbe hinterließ. Was aber, anteilmäßig, wohl erst fällig wurde, als seine Tochter in Duisburg, als die Großeltern dort gestorben waren.

Die Zahlen, die sich im sechsstelligen Bereich damaliger Renten- oder Reichsmark bewegten, müssten erst einmal in ihrer Kaufkraft umgerechnet werden auf heutige Währung. Das heißt, sie müssten mindestens verzehnfacht werden. Für sich genommen sagen die Zahlen schon längst nichts mehr aus.

Direkt aussagekräftig jedoch: die beiden Söhne erbten jeweils eine Hamburger Top-Immobilie in erstklassiger Lage: Abteistraße … Hansastraße …

Ein gewichtiger Posten in der Gesamtmasse waren Wertpapiere und Bargelder. Es zeigt sich in der Aufstellung, dass im vordigitalen Zeitalter vieles sehr viel konkreter war, auch im Geschäftsleben. Denn es wird aufgelistet: In Zürich deponierte Wertpapiere … In Amsterdam deponierte Wertpapiere … Man hätte also zur Bank in Amsterdam fahren und darauf bestehen können, dass beispielsweise die »Bataatschen Petrol. Obl.« auf den Tisch gelegt werden. Besäße ich heute noch Aktien und käme mit einer ähnlichen Bitte zur Bank, ich würde als digitaler Hinterwäldler eingestuft. Aber auch in Bank oder Sparkasse: Niemand bekommt die Aktien, die Wertpapiere zu Gesicht, die an Kunden verkauft werden.

Ob und wie weit Wertpapiere an die drei Töchter verteilt

wurden, weiß ich nicht. Auf jeden Fall erhielten sie Schmuck – zusätzlich? Ist damit schon erklärt, wie meine Mutter an das Geld kam, das sie in die Familie einbrachte?

Ein Schreiben aus dem Handelskontor der Firma Joh. Mich. Fett & Co. Hamburg eröffnet eine überraschende Perspektive: »Was nun Deine 3 Hypotheken anbetrifft, so handelt es sich bei allen 3 beliehenen Grundstücken um verhältnismäßig neue Häuser in guter Lage & guter baulicher Beschaffenheit. Es sind sämtlich Mietshäuser mit kleineren Wohnungen.«

Offenbar hat die Dynastie nicht allein mit Rauchfleisch horrende Umsätze gemacht, womöglich im Monopol, sie war auch aktiv auf dem Immobilienmarkt. So hatte die Firma in Wohnblocks (heute würde man eher sagen: in Wohnanlagen) investiert, Objekte jeweils von zehn, zwölf, fünfzehn Wohnungen, zum Teil auch mit Gewerberäumen. Drei der Objekte (in Winterhude, Harvestehude, Eimsbüttel) wurden offenbar meiner Mutter zugewiesen, nicht als Besitzerin, damit hätte sie ihre Brüder weit überflügelt, sondern mit der Berechtigung auf Renditen. Also der Mieteinnahmen? Doch wohl kaum.

Ich habe das Schreiben Henning vorgelegt, dem befreundeten Rechtsanwalt, und der hat den Eindruck: Jener Herr Fett wirft einiges durcheinander. Zuverlässige Aussagen lassen sich vom maschinenschriftlichen Brief kaum ablesen. Falls ich Genaueres in Erfahrung bringen wollte, müsste ich einen Hamburger Notar beauftragen, unter den vermittelten Grundbucheintragungen zu recherchieren. So weit geht mein Interesse aber nicht, ich zitiere nur noch, schmunzelnd, einen Satz aus dem Schreiben des Verwandten: »Sämtliche Hypotheken sind m. E. erstklassig. Wenn Du dieselben abgeben willst, so wird mein Vater, wenn er verfügbares Geld hat, dieselben gern übernehmen.«

Trotz aller Warnungen, ich entwickle ein Erklärungsmodell (damit, wie bei jedem Modell, auf möglichen Widerruf). Ich knüpfe an: Die Hamburger Firma strebte wahrscheinlich an, was heute als Diversifikation bezeichnet wird. Also mischte man auch mit auf dem Immobilienmarkt, beteiligte sich an der Finanzierung von Wohnblöcken. Drei der Darlehen sind spezifiziert im Brief von Carl an Helene. Mit allen drei beliehenen Objekten, so rechne ich zusammen, kommt man auf rund 51 250 Reichsmark. Dafür wurden Renditen, wurden Zinsen fällig, Jahr um Jahr.

Es war noch längst nicht die Ära heutiger Schrumpfzinsen bei Spareinlagen. Man rechnete, bis in meine Lebenszeit herein, mit erheblich höheren Zinserträgen – eine oft realisierte Wunschzahl, fast ein Richtwert waren zehn Prozent. So gab es zeitweilig dieses kommode Lebensmodell: Man erbt ein Vermögen und lebt davon. Und zwar ausschließlich über die Zinsen. Das Kapital sollte nach Möglichkeit nicht »angetastet« werden.

Ich riskiere eine Schlussfolgerung. Bei (abgerundet) 50 000 Reichsmark Darlehen der Rauchfleischdynastie an Bauherren konnte Helene mit einer Jahresrendite (heute: Hypothekenzinsen) von rund 5000 Reichsmark rechnen. Diesem Betrag, ich wiederhole es, würde in der *Kaufkraft* mindestens das Zehnfache in Euro entsprechen. In den dreißiger und ersten vierziger Jahren jedenfalls hatte oder hätte meine Mutter demnach einen soliden Sockelbetrag einziehen können. Ich nehme an, ein guter Teil des Geldes wurde in Blue Chips angelegt (von den Eltern gern erwähnt), also in hochkarätigen Aktien großer ausländischer Gesellschaften.

Und damit: zurück in meine (finanziell abgesicherte) Kindheit.

DIE ESSECKE im Wohnzimmer, das sich, im Erdgeschoss, zum Garten öffnete: ich sitze am Tisch, allein, ich löffle. Und es nähert sich eine Hand mit einem Flötenkessel, unter dem Tellerrand wird ein Verschluss herausgezogen, dampfendes Wasser wird durch die Kesseltülle in den Hochglanzkessel mit Klapphenkeln gegossen, den mir eine Fotografie zeigt; der Teller ist, wie ein Deckel, genau eingepasst. Der Verschluss wird zugemacht. »Nun iss schon, das Essen wird kalt …!« Aber es wurde ja warm gehalten oder nachgewärmt vom heißen Wasser … Doch das wurde wieder lauwarm, und ich war noch immer nicht fertig mit der »elenden Mümmelei«, sah den Flötenkessel erneut auf mich zukommen, das wieder mal laue Wässerchen wurde ausgetauscht gegen heißes Wasser. Sicherlich verbunden mit der wiederholten Aufforderung, endlich voranzumachen! Nützte aber nicht viel, dieser Appell, ich war immer schon ein langsamer Esser, blieb es auch. Sehe aber heute noch den zum Vorwurf verdichteten Flötenkessel vor mir, sehe dampfend heißes Wasser in die Tülle gegossen, und ich war wieder allein mit dem tellerbodendeckenden parzellierten Rahmspinat.

Ja, ich war ein langsames Kind – nicht nur langsam beim Essen, auch langsam in der Entwicklung. Einigermaßen verlässlich ist überliefert, dass ich spät das Sprechen lernte, erst ab drei – dann aber strömten die Wörter aus mir heraus.

Das Kinderzimmer: es lag im ersten Stock des Hauses. Und über den Flur, am Treppenaufgang vorbei, ging es zum Klo. Aber dies ist keine konkrete Erinnerung, die Raumaufteilung wurde reproduziert in einem Albtraum, der sich eingeprägt hat: Ich steige aus dem Bett, tapse im Nachthemd durch den halbdunklen Flur, mach die Klotür auf, bin im kleinen Raum, die Tür wird hinter mir zugeschoben, es stehen drei Hexen im Raum, der nun *sehr* klein ist, großnasige Runzelweiber mit Kleidern aus Flicken, sie stehen reglos, lauernd, ich will fliehen, doch schon hat sich eine der Hexen vor die Tür gestellt. Ich setze mich aufs Klo; aus dem dunklen Wasser greift eine Hexenhand nach mir, mit Krallennägeln, ich springe auf: Cut, Erinnerungsschnitt!

Was für Kinder, die ich kenne, selbstverständlich ist: Wenn sie nachts Bauchweh haben oder aus einem schlimmen Traum erwachen oder wenn ein Gewitter heranrumpelt, dass sie dann aufstehen, zu Vater oder Mutter ins Bett kriechen, das konnte ich mir als Kind nicht einmal vorstellen, so etwas kam nicht in Frage, prinzipiell nicht.

Diese Erfahrung beeinflusst Erinnerung. Vom Grundriss der beiden Stockwerke des Kölner Hauses habe ich eine ungefähre Vorstellung, aber wo dort das Elternschlafzimmer lag: keine Ahnung. Als ich mit meinem Bruder in Herrsching sprach, über die Wohnung in Herrsching, in die ich als Sechsjähriger einzog, da verblüffte ich mich selbst mit der Frage: Wo war eigentlich Muttis Zimmer? Auch in diesem Fall: den Grundriss könnte ich aufzeichnen, ungefähr, aber wo war ihr Zimmer? Selbst bei der Wohnung in Düren, in die ich als Vierzehnjähriger einzog: der Grundriss ist noch deutlich, aber ich muss überlegen, wenn ich das Elternschlafzimmer einordnen will.

Das Schlafzimmer der Mutter, der Eltern als beinah ausgegrenzter Bereich, in den ich nicht flüchten konnte: dies ist Rekonstruktion. Ihr könnten sich Erörterungen, Deutungen anschließen. Aber müsste das Stichwort dafür nicht gegeben werden durch unmittelbare Erinnerung? Beispielsweise: Ich wache aus einem Albtraum auf, ich habe Angst, ich tapse zum Elternschlafzimmer und werde zurückgeschickt? War doch nur ein Traum … Mach keine Menkenke … Oder: ich werde mit freundlichen Ermahnungen, nun »schön« zu schlafen, ins Kinderzimmer zurückbegleitet, sie wartet, bis ich im Bett bin, strubbelt kurz mein Haar, geht gleich wieder? Erfahrung von Verlassenheit, bedrängende Erinnerung an diese Erfahrung? Und erst durch solch eine Erinnerung würden Fragen legitimiert? Getragen von Erinnerung? Ausgelöst von Erinnerung? Aber wiederum: wie viel habe ich vergessen? Und wo ist die genaue Grenze zwischen Vergessen und Verdrängen?

Es gibt Untersuchungen, in welchem Zeitraum Erinnerung sich bilden, fixieren kann, ich habe mich hier nicht weiter sachkundig gemacht, ich glaube zu wissen: ab drei Jahren, ungefähr, kann Erinnerung einsetzen.

Ich versuche, aus hell beleuchteter Gegenwart zurückzukehren in immer spärlicher beleuchtete oder: sich selbst illuminierende Vergangenheit. Die Selbstillumination ist fleckenhaft: Momentaufnahmen, fixiert in der Erinnerungssubstanz, ohne Koordinaten von Zeit und Raum. Erste Erinnerungen sind gleichrangig, in ihrer Reihenfolge austauschbar, es gibt noch keine chrono-*logischen* Verbindungslinien. Dennoch gebe ich ihnen eine Reihenfolge, simuliere damit Zusammenhang – auf Widerruf.

Erste der sommerhellen Erinnerungen (vielleicht ist es der hohe Lichtwert, der sie zusammenführte, zusammenhält): Ich stehe in einer hohen Bahnhofshalle, in der Nähe der weiten Öffnung der Metall-und-Glas-Kuppel, Sonnenschein in dieser halbkreisförmigen Öffnung, durch die langsam eine Dampflokomotive heranfährt, und ich schiebe mit Rücken und ausgebreiteten Armen die Mutter ein Stück weiter von der Bahnsteigkante weg. Diese Erinnerung war auch eine ihrer Erinnerungen: das fürsorgliche Kind. Von wie vielen Jahren? Das müsste ich herausfinden, aber eigentlich ist mir gleichgültig, ob ich damals drei oder vier war.

Zweite, sehr frühe Erinnerung: Ich liege im Bett, habe offenbar Fieber (es gab kaum eine Kinderkrankheit ohne Fieber); ein helles Zimmer mit Holzdielen, das Fenster steht offen, die weiße Gardine ist zugezogen, sie bläht sich in sanftem Wind, wird gebauscht, in den Raum herein: weiße, mit Sonnenlicht gesättigte Gardine. Besonders geschärfte Wahrnehmung des kranken Kindes allein im Zimmer, in fremder Umgebung? (Ich kann nicht zwingend begründen, weshalb ich diese Erinnerung mit dem Inselnamen Juist verbinde. Assoziiere ich: die Familie ist am Strand?) In dieses Erinnerungsbild schwingt sich nicht Wehleidigkeit ein, weil ich allein bin; da sind nur die Dielenbretter, da ist nur die weiße Gardine mit Licht und Wind.

Drittes Erinnerungsbild, ebenfalls eine Momentaufnahme: Ich bewege mich, leichtfüßig, auf weiter Ebene: eine Sandfläche, nähere mich einer noch weiteren Fläche, dem Meer, und Sandfläche wie Meerfläche sind hell beleuchtet. Ich gehe oder laufe in die Zone, in der sich Sandfläche und Meerfläche gleißend überlagern oder vermischen, raschere Bewegung auf der weiten, sich in der Bewegung noch weitenden Fläche, doch ich werde eingeholt, zurückgeholt. Hier reißt die Erinnerung ab.

Juist? Wirklich Juist? Wiederholten sich Juist-Reisen, waren sie Familienbrauch? Könnten dies Erinnerungen sein an zwei Aufenthalte auf Juist? Ich kann den Erinnerungen nachhelfen durch Koordinaten, aber nur flüchtig schaue ich mir in einem der ererbten Fotoalben die Bilder unter der Überschrift Juist an. Da ist ein Kind, dessen Gesicht hat Ähnlichkeiten mit dem Kind meines Namens; es wirkt klein und kompakt beim Buddeln; da ist eine Sandburg, die »eigene«; da ist, mit Muscheln auf dem Sand konturiert, der Doppelturm des Kölner Doms; da ist, weiter entfernt, eine fremde Sandburg mit aufgestecktem Hakenkreuzwimpel.

Die drei sehr kurzen Erzählsequenzen haben, als Kern, jeweils ein einziges Bild: Bahnsteig in hohem Bahnhof ... Krankenbett in hellem Raum ... Sandfläche-Meerfläche ...

Dies also wären meine ersten Erinnerungen. Das besitzanzeigende, besitzergreifende Pronomen möchte ich betonen: *meine* ersten Erinnerungen, diesseits der Schwelle zwischen ichlosem Dämmern und langsamem Aufhellen. Das Possessivpronomen wird bei einem italienischen Abendessen mit Freund Thomas allerdings in Frage gestellt, behutsam.

Beispielsweise könnte denkbar sein, dass die altruistische Gebärde (Kind stellt sich mit ausgebreiteten Armen schützend vor Mutter) mitgeformt wurde von der Erinnerung meiner Mutter. In der Tat, sie fand das »rührend«, sah hier einen Beweis für die Liebe des Kindes zur Mutter, erzählte diese Episode gern – habe ich also, beeinflusst vom Erfolg der kleinen Geschichte, Helenes Deutung übernommen?

Denkbar wäre auch diese Interpretation: Die Dampflokomotive des Fernzugs, Schnellzugs, dieses schwarze, rauchpuffende, dampfausstoßende, vielrädrige Ungeheuer dringt allzu raumfordernd ein in den Bahnhof, ich weiche aus, schiebe dabei meine Mutter zurück. Ja, scheint mir denkbar: als Reflex, ausgelöst von der massigen Erscheinung, das Zurückweichen, und dabei das Ausbreiten der Arme. Als Konstante das Bild; als Variable die Interpretation.

Und das Kind (allein, aber nicht unglücklich) in einem Zimmer, wahrscheinlich in einer Familienpension, einem kleinen Hotel: schönes Bild, ja, mit dieser weißen, lichtgesättigten, von einer Brise sanft bewegten Gardine, aber: »Kennst du das Gardinenbild von Adolf Menzel?« Nein, habe ich nicht vor Augen. Thomas Kaminsky beginnt zu suchen, findet eine kleine, schwarzweiße Abbildung in einem DDR-Kunstband:

Menschenleeres Zimmer, eine Flügeltür (Balkontür?) rechts, weiße Gardine bis auf den Boden herab, leicht in den Raum hineingebauscht; daneben ein großer, dunkel umrahmter Spiegel. Könnte eine Reproduktion dieses Gemäldes mein Erinnerungsbild mitgestaltet haben …?

Ich sage, mein Erinnerungsraum ist anders aufgebaut: Ich liege dort, wo – ungefähr – der große Spiegel an der Wand lehnt, und dort – nach links –, wo bei Menzel die leere Wand ist, dort war das Fenster; es gab eine Flügeltür zu einem Balkon hinaus oder auf eine Terrasse; vom Bett aus schaute ich – wohl ohne den Kopf zu heben oder zu drehen – auf die weiße Gardine; weil meine Mutter notorisch gelüftet hat, stand das Fenster bestimmt in weitem Spalt offen, also war da Luftbewegung, war die Gardine gebauscht.

Gut, aber könnte dieses Bild der weißen, windbewegten Gardine nicht mitgeprägt sein von einer Gemälde-Reproduktion, und sei es – wie damals üblich – in Schwarzweiß?

Dies, sage ich, würde voraussetzen, dass ich diese Bildreproduktion so früh gesehen hätte, dass sie mitwirken konnte bei der Ausgestaltung des Erinnerungsbildes. Meine Eltern aber besaßen bestimmt keinen Bildband, keine Monographie über Adolph Menzel, und ich hätte hier, in erstaunlich frühem Alter, blättern können. Das wäre ja eine prickelnde autobiographische Entdeckung: Das früh schon an Kunst interessierte Kind …! Es gab im Haushalt meiner Eltern statt Kunstmonographien aber nur einige der erwähnten »Blauen Bücher«.

Ja, und weil Menzels Gemälde populär war, könnte es in einem dieser Kunstbücher reproduziert worden sein, meint Thomas, und ich habe als Kind geblättert, beiläufig oder neugierig, das Bild hat auf mich eingewirkt, hat die Erinnerung mitgeprägt. Überhaupt ist der wehende, weiße Vorhang ein Bild-Topos, vielfach abgewandelt, bis hin zu Bühnenbildern, denk an Noeltes berühmte Tschechow-Inszenierungen, denk an Filmszenen.

Demnach: ein Erinnerungsbild, das einen optischen Eindruck und ein Gemäldedetail verschmolz? Und, um das gleich mit hereinzunehmen: Fotografien, die ich als Kind schon gesehen hatte, gestalteten auch das Erinnerungsbild »sehr helle Sandfläche-Meerfläche« mit? Auch hier ein Bild, in dem zwei Schichten miteinander verschmolzen? Konfrontation mit der Möglichkeit, dass erste Erinnerungsbilder sich nicht »originalgetreu« einprägten, dass übernommene Bildelemente sie eventuell mitgestalteten.

Meine ersten Erinnerungsbilder lösen sich, obwohl so kritisch betrachtet, mit diesen Erwägungen nicht auf, ich sehe sie nur etwas distanzierter: Es könnten Erinnerungsbilder sein, die sich angereichert haben mit späterer Ausdeutung oder mit übernommenen, integrierten Details.

Das Kind in einem Zimmer, wie von Menzel gemalt: Könnte sein, dass Erinnerung auch Trugbilder hervorbringt? Die wir denn kritisch prüfen müssen, abgleichend mit anderen Überlieferungen?

Solche Selbstbefragung war bereits angelegt in einem frühen autobiographischen Bericht, den ich an Freunde verteilte – ich werde noch davon berichten. Hier deute ich schon mal an: Das kritische Befragen von Erinnerungen (ich schränke ein: *mancher* Erinnerungen) als Prozess, der sich übertragen kann, auch mit der Lektüre solch eines Lebensbuchs. Resonanz … Respons …

Ein Eifelnachbar, früher Chefdramaturg im Düsseldorfer Schauspielhaus während der Intendanz von Stroux, er schrieb mir nach der Lektüre des *Selbstportraits mit Großvätern* einen ausführlichen Brief, berichtete, wie durch die Lektüre ein korrespondierender Prozess der Selbstbefragung ausgelöst wurde. Und schuf damit so etwas wie ein Modell für die mögliche Rezeption dieses Buchs: Dass sich etwas überträgt, dass etwas ausgelöst wird beim Lesen, hier und dort, dann und wann.

Hier nun: Kann immer so ganz stimmen, was Erinnerung uns vermittelt? Freund und Nachbar Klose: »Ich hatte immer die Vorstellung, dass mein Vater mich als Kleinstkind einmal fast erschossen hätte. Und das war so: An den Silvesterabenden holte mein Vater eine alte, aus dem Weltkrieg mitgebrachte Armeepistole hervor, die, zusammen mit dem Dynamit zum

92

Baumwurzelsprengen, auf dem Kleiderschrank in der ›guten Stube‹ lag, für Kinder unerreichbar. Er ging mit uns vor die Haustür, in die kalte, schneeknirschende Nacht, und schoss dreimal in den diamantenglitzernden Himmel. So begrüßte er das neue Jahr, und für uns Kinder war das ein Erlebnis. Dann kam er zurück in die warme Wohnstube, wo ein Kind in einem dieser hohen, alten Kinderwagen lag. Und er, August, der seine Kinder sehr liebte, und den wir mit ›August, deine Haare, wo sind deine Jahre‹ necken durften, trat an diesen Kinderwagen und spielte mit diesem kleinen, neuen Menschengeschöpf, richtete dabei zum Scherz wie ein Spielzeug die Pistole auf das erstaunt zu ihm aufblickende Wesen, und drückte ab. Dann zog er den Lauf zurück, aus dem eine Kugel sprang. [??] Auch heute noch höre ich den schreckerfüllten Ausruf meiner Mutter: ›Mann ... du hättest ins Zuchthaus kommen können.‹

Nun glaubte ich all die Jahre, dass ich dieses Kind im Kinderwagen war und noch nicht sterben sollte. So dachte ich jahrzehntelang. Bis ich daran zu zweifeln begann. Konnte ich denn dieses Ereignis schon so wach aufnehmen und im Gedächtnis behalten? Ich sehe die ganze Szene vor mir, als hätte sich alles erst gestern ereignet. Aber dieser Silvesterritus wiederholte sich schließlich über Jahre. Wer war dieses Kind, das vor dem Tode bewahrt wurde? War ich es nicht doch?? Ich kann niemand mehr fragen, der darüber Bescheid wüsste.«

AUCH ICH WAR DAUMENLUTSCHER. Freilich noch zu einer Zeit, in der Kinder längst nicht mehr Daumen lutschen sollten – jedenfalls war meine Mutter entschieden dieser Meinung. Wenn ich so weiterlutsche, wurde mir angedroht, stehen bald meine Vorderzähne schief, wird der Oberkiefer verformt. Weil Drohungen und Verbote nicht fruchteten, wurde nachgeholfen: Bitteres wurde auf den bösen Daumen geträufelt oder aufgestrichen (später erfuhr ich, es war ein Chininpräparat, damals häufiger für solche Nebenzwecke benutzt), auch wurden Pflaster kreuzweise über die Daumenkuppe geklebt oder sie wurde mit Mull umwickelt. Zudem wurde mir angedroht, ich müsste, auch im Hochsommer, Handschuhe tragen – die Drohung hat sich eingeprägt.

Durchgeführt wurde eine andere Maßnahme: Zwei Pappröhren aufgebrauchter Klopapierrollen wurden über die Hände geschoben, die sich klein machen mussten, und, weiter hinauf, über die Ellbogen. So konnte ich die Arme nicht mehr einkrümmen, kam nicht mehr an den Mund heran, konnte mich auch nicht selbst befreien, musste – wie lange? – die Arme steif halten.

Einschränkungen von Bewegungsfreiheit. Auch Einschränkungen, zuweilen, von »Redefreiheit«. Das Kind meines Namens teilte sich gerne mit – so gern, dass es der Mutter gelegentlich zu viel wurde. Es war damals noch längst nicht üblich, so intensiv und extensiv auf kleine Kinder einzugehen, wie das heute vielfach selbstverständlich ist, es hatte ja auch von Anfang an die Kinderfrau gegeben. Ich werde also auch mit Schwester Betty gebubbelt haben – wie nahm sie das auf? Wie verhielt sie sich überhaupt mir gegenüber, wenn die Frau des Hauses nicht im Zimmer, im Hause war?

Trotz der Kinderfrau, die sich wohl den größeren Teil des Tages um mich kümmerte – das »Bubbeln« wurde meiner Mutter zu viel. Die sanfteste Form des Vorwurfs: Ich hätte wohl Bubbelwasser getrunken ... Der gröbste Anwurf, und diesen Satz hat sie so oft wiederholt, dass ich ihn wörtlich zitieren kann: »Wenn du mal tot bist, muss man dein Maul extra totschlagen.« Ich stellte mir das als Kind so vor: Mein Mund, nein eher: meine Lippen auf einem Küchenholzbrett, und mit einem Kartoffelstampfer wird draufgehauen, bis sich nichts mehr rührt.

Aber auch hier: Drohungen führten nicht zum Erfolg, ich blieb mitteilsam. Konnte meine Mutter das nicht mehr mit anhören, wurde mir der Mund zugeklebt, mit Heftpflaster, kreuzweise. Sie ließ nicht zu, dass ich dann im Haus, im Zimmer blieb, ich musste raus: in den Garten, sogar auf die Straße, damit Nachbarskinder, auch Erwachsene das sahen. Der Widerstand, den ich leistete, an den erinnert sich mein Körper noch immer. Rausgeschoben, bloßgestellt ...

Ich habe einen Zeugen gefunden für eine der Zwangsmaß-
nahmen: Ein Onkel hatte damals bei einem Familienbesuch
meine Arme in solchen Pappröhren gesehen. Seine Erzählung
löste nachträglich Empörung aus: Ich musste diese Pappröhren demnach vor anderen tragen?! War angeprangert – wie mit
den Heftpflastern auf den Lippen?!

Wurde Druck auf mich weitergegeben, den Helene als Kind
erlitten hatte? Oder war es demonstrative Anpassung an Verhaltensmuster, propagiert und umgesetzt in der NS-Brutalpä-
dagogik? Nach der Devise: Gelobt sei, was hart macht? Sollte
auch ich gehärtet werden für den weiteren Lebensweg oder
wollte Helene der Nachbarschaft demonstrieren, dass (auch)
sie mit Entschiedenheit und Entschlossenheit für Zucht und
Ordnung sorgte, sich damit als zugehörig erwies zur »Volks-
gemeinschaft«? Gab es in der Nachbarschaft einen Zellenwart,
Blockwart, dem ihre Nase nicht gefiel? Gab es Gerüchte, womöglich Drohungen? Und sie wollte sich schützen durch Zustimmung, ja Beifall in der näheren Umgebung? Ja, so gehört
sich das … goldrichtig … nichts durchgehn lassen … scharf
durchgreifen … Jawoll!
    Nachträglich gestellte Fragen, womöglich entlastend. Für
mich als Kind aber: Bloßstellung. Mit einem späteren Vergleich: an den Pranger gestellt. Mit Röllchen über den Ellbogen, mit Pflastern über den Lippen wäre ich lieber im Haus
geblieben, aber das Schlimmste war, dass ich vor die Tür geschickt wurde – »mach keine Menkenke!« Die Frage, warum
hat sie das gemacht, die habe ich nie gestellt, mit der mühe ich
mich nachträglich ab.

Die vermaledeiten Pappröhren: ich weiß nicht, und der Onkel
wusste es auch nicht, wie lange ich sie tragen musste. Vielleicht
war es nur eine einmalige Maßnahme – und zufällig war an
diesem Tag der Besucher gekommen, der mir Jahrzehnte später davon erzählte, unter der Rubrik: Kurioses. Vielleicht war
die Anwendung der Pappröhren eine Notlösung, in raschem,
einmaligem Entschluss.

Oder war es doch eine Maßnahme, die sich wiederholte? Hat meine Mutter nicht vor allem dies betont: Dass sie konsequent sei, unbeirrbar? Dann dürfte wahrscheinlich sein, dass ich die Röhren mehr als nur einmal trug. Musste dies nicht Wirkung zeitigen? Die Erfahrung als psychischer Universalschlüssel? Vielleicht aber würde sich bei einer Analyse herausstellen, dass dies eine Episode war, die keine Auswirkung hatte auf meine weitere Entwicklung. Dies wiederum kann ich, mag ich mir nicht vorstellen: Ich als unsensibles Kleinkind?! Wiederum: will ich mich auszeichnen durch Verletzlichkeit?

Die Papprören, die dem Kleinkind über die Ellbogen geschoben wurden: ich habe versucht, das zu simulieren mit steifen Armen, um mich einzufühlen in das Kind, das auf meinen Namen hörte. Mussten dem Kind die Arme nicht als etwas Fremdes erscheinen? Körperteile, die fremdem Willen unterworfen waren? Lief das Kind in motorischer Unruhe umher, alle Bewegungsenergie nun in den Beinen? Mit den Papprören über den Ellbogen konnte das Kind nichts an sich heranziehen – keinen Gegenstand, keinen Körper.

War mit der damaligen Zwangsmaßnahme mein späterer Drang geweckt oder verstärkt worden, mich frei zu bewegen? Mich nicht einengen, nicht lenken zu lassen? Und: andere Körper an mich heranzuziehen? Aus der Papprören-Anekdote kann leicht eine Papprören-Legende werden: sich klammern an eine schlüssige, womöglich kurzschlüssige Interpretation. Entwicklungen, die von diesem einen Vorgang abgeleitet werden? Wiederum: Solche Behinderung der Bewegungsfreiheit, auch der Artikulationsfreiheit eines Kleinkindes – muss das nicht Auswirkungen haben und Nachwirkungen?

Monokausale Verbindungslinien lassen sich hier wohl kaum ziehen. Wie auch immer das geschah: Die scheinbar endgültig abgesunkene Erinnerung an diese frühe Kölner Zeit tauchte in der späteren Kölner Zeitphase wieder auf. Und ich sah mich aus dem Haus auf die Straße gehen, fühlte die Pflaster über den Lippen, sah dies zugleich von außen. Eine Erinnerung so kurz, als würde ich aus dem Dunkel heraus einen Lichtstrahl durchqueren, eine Lichtschranke, und mit dem nächsten Schritt bin ich bereits wieder im Dunkel des Vergessens.

Das Bild, jahrzehntelang vergessen, blieb also in mir »gespeichert«. Auch dieses Bild: Ich sitze, in hell ausgeleuchtetem Raum, an einem runden Tisch, habe die versteiften Arme auf der Holzplatte ausgestreckt, halte (so ergänze ich auf Widerruf) ein Bilderbuch, halte es auf erzwungene Distanz.

Gehegt, gehätschelt wird gern ein Wunschbild: die Sinnfigur. Ein Leben, in der jeweiligen Gegenwart unberechenbar, ein Leben, erfahren als dynamischer Prozess, es sollte, in Vergangenheit transformiert, zu einer Sinnfigur werden. Parallel formuliert: Erzählen von einem Leben in der Vergangenheitsform als »sinnstiftender« Prozess. Zugespitzt: Das Erzählen einer Autobiographie im Modus des Präteritums oder Perfekts als Konstruktion einer Maschinerie zur Erzeugung einer Sinnfigur. Hier könnte ausgesprochene oder unausgesprochene Erwartung mitspielen: Wenn schon von einem Leben erzählt wird, so muss sich eine überzeugende Sinnfigur herauskristallisieren. Zum Beispiel: Liebesentzug in der Kindheit und später der begleitende, der leitende Wunsch nach Zärtlichkeit, Wärme, Liebe.

Oder: Die Einengung des Spielraums, ja Spiel-Raums von Kind Dieter durch Klopapierrollen über den Ellbogen als Schlüsselerlebnis, und es lässt sich davon ableiten mein Drang nach Bewegung, nach Bewegungsfreiheit …

Könnte sein, dass ich hier konstruiere, zumindest stilisiere? Weil ich mich selbst gern überzeugen, womöglich beeindrucken möchte durch ein stimmiges Erklärungsmodell? Dies verbunden mit der Erwartung, Leserinnen und Leser zu überzeugen, womöglich zu beeindrucken? Das würde voraussetzen, in der Erfahrung, in der Vermittlung der Erfahrung, dass ich sie als nachwirkend quälend empfinde. Ist das der Fall? Ist es Bagatellisierung, wenn ich hier einen interessanten, etwas von mir abgerückten Casus sehe? Wenn ich mich distanzierend frage, wie Mutter Helene die Papprollen über die (wenn auch noch kleinen) Hände geschoben kriegte? Oder wurden die Rollen der Länge nach aufgeschnitten, um die Ellbogen gelegt, dann straff verschnürt?

Quälend ist eher die Erinnerung, schemenhaft, dass ich mit Papprollen um die Ellbogen vor dem Haus erscheinen musste, Verwunderung, Hohn oder Spott auslösend unter Nachbarskindern, Nachbarn. Dies als nachhaltig prägende Erfahrung? Sich auswirkend etwa in der Gruselfaszination des Höllenbildes einer arabischen Erzähltradition, eingebracht in einen meiner Erzähltexte?

Die Hölle: Verdammte sitzen rundum an einem Tisch, in der Mitte ein Topf mit Speise, die Löffel haben einen Stiel, der gut einen Meter lang ist, mit diesen überlangen Löffeln, vorschriftsmäßig am Griff gepackt, kann man die Speise nur am Kopf vorbeischwenken, erreicht nicht den Mund. Das Paradies hingegen: Gleicher Tisch, gleich lange Löffel, aber man füttert sich gegenseitig, schräg über die Tischplatte hinweg.

Schlichtes Bild mit starker Wirkung. Als ich den Text zum ersten Mal las, schossen mir Tränen in die Augen. Auch Jahre später: Erzähle ich die Fabel, wird mein Blick wässrig.

Ich würde mogeln, würde ich suggerieren, ich hätte gleich an die versteiften Kinderarme gedacht. Aber spielte hier das Körpergedächtnis mit?

Ein Chininpräparat auf die Daumen geschmiert, Pflaster draufgeklebt, Mull drumgewickelt, Ellbogengelenke in Pappröhrchen: War das Daumenlutschen wirklich so exzessiv bei mir? Was hat es überhaupt auf sich mit dem Daumenlutschen?

Jahrzehnte später versuche ich, mich kundig zu machen. Ziehe Fachliteratur heran zu Erziehung und Psychologie. Muss zur Kenntnis nehmen, dass Daumenlutschen als weitgehend normal bezeichnet wird, es kommt auch in der Tierwelt vor, unter Schimpansen beispielsweise. Beim »Menschenkind« aber wird hervorgehoben, »dass ein übertrieben langes und ausgedehntes Daumenlutschen häufig mit Mangelerscheinungen im Bereich der Zärtlichkeitsbedürfnisse zusammenhängt«. Klingt fast wie Behördensprache: Im Bereich der Zärtlichkeitsbedürfnisse ... Doch ich las weiter in einem Buch, dessen Verfasser und Titel ich nicht notiert (oder verschlampt) habe, für die Authentizität der Zitate jedoch kann ich mich verbürgen, sie wurden mir wichtig: Exzessives Daumenlutschen als Symptom bei »eingeengten Kindern«. Es wird definiert als »Erregungsabfuhr«.

Ich im Kindergarten. Die (einzige!) Erinnerung daran macht sich fest an einer Bestrafung: Wegen einer Ungebührlichkeit, die ich vergessen habe, wurde ich in eine Besenkammer eingesperrt – eng, völlig finster. In meiner Erinnerung aber keine Panik, kein Aufbegehren, vielmehr die Assoziation: Zwar ist die Luft muffig, doch ich bin von warmer Finsternis umhüllt. Ich kann den engen Raum austasten, also kann mich nichts mehr überraschen: Da sind die Wände … da sind Regalbretter … da sind Besenstiele … da ist ein Eimer … Kein Weinen, kein Betteln – es bleibt, auch bei genauem Hineinhorchen in jene Situation, die Stille in der staubig-muffigen Finsternis, in der sich eine kleine Öffnung in der Tür zu umranden beginnt: das Schlüsselloch? Jedenfalls ein Lichtpunkt. (Ergänze ich diesen Lichtpunkt zu einem eng fokussierten Lichtstrahl, der durch das Loch in den finsteren, den schwarzen Raum fällt?)

Diese Erinnerung lässt sich nicht umdeuten, um-schreiben in die Erfahrung von Ausgeschlossensein oder Ausgeliefertsein, es bleibt trockene, staubige Wärme, mit Finsternis gleichmäßig durchmischt. Und keine heftigen Bewegungen, kein Faustschlagen an die Tür …

Wie lange es dauerte, bis ich aus der Kammer herausgeholt wurde, ich kann es nicht mehr abschätzen. Beinah schmerzhaft dann dieses Bild: Ich gehe, in gestrenger Begleitung, durch einen Flur oder Vorraum zu einem Zimmer mit großen, hellen Fenstern, hier sind Kinder versammelt, doch die bleiben schemenhaft – wie vor allzu hellem Hintergrund. Vor den Kinderschemen musste ich etwas versprechen oder geloben.

Einige Tage nach dieser Niederschrift: Es rumort in mir das Gefühl, dass ich mir in dieser Form der Darstellung etwas schuldig geblieben bin. Dass ich es mir in der erinnernden, vergegenwärtigenden Niederschrift etwas leicht, womöglich bequem gemacht habe.

Es ist an der Zeit, einen flottierenden Begriff heranzuziehen: *Le pacte autobiographique.* So der Titel einer Schrift von Philipp Lejeune, bereits 1975 erschienen, und noch immer nicht von mir gelesen, in der deutschen Übersetzung. Ich habe mich davor gedrückt, wollte mir nicht dreinreden lassen bei der Entwicklung einer literarischen Form der Autobiographie, die meinen Erfahrungen, meinem Lebensgefühl entspricht, symbiotisch. Am autobiographischen Pakt aber führt grundsätzlich nichts vorbei: Der Versicherung an die Leserschaft, Wahres zu vermitteln und nicht bloß Wahrscheinliches, Fakten und nicht Fiktionen, Authentisches und nicht Amalgamiertes. Also, beschlossen und verkündet!

Unter diesem Vorzeichen setze ich erneut an: Kind Dieter in der Dunkelzelle. Ich bin einigermaßen sicher: Da war auch, zumindest fürs Erste, ein Gefühl der Erleichterung. Der Strafmaßnahme waren sicherlich Zurechtweisungen vorausgegangen, die Ankündigung, dass ich nun eingesperrt werde, Ankündigung vor (den) anderen Kindern. Also erst einmal Aufatmen, als die Tür zu war und mir keiner mehr Unfreundliches sagen konnte.

Zum stillschweigenden Pakt mit der Leserschaft gehört nun auch, folgerichtig, dass ich nicht dramatisieren will, was nicht als dramatisch empfunden wurde, im Zeitpunkt des Erlebens, der Erfahrung. Hier wäre durchaus ein Stichwort gegeben für nachträgliche Dramatisierung. Schließlich handelte es sich um eine drakonische Strafmaßnahme.

Erkundung des Umfelds, Erhellung des Hintergrunds: ich informiere mich lesend. Und nehme zur Kenntnis: Schon im 19., ja im 18. Jahrhundert wurden Kinder in dunklen Räumen eingesperrt, in Besenkammern. Dunkelhaft über Stunden, zuweilen über Tage hinweg. Als Grund genügte schon: Das Kind schrie, etwa aus Protest, also sollte der Impuls gebrochen werden. Im Dritten Reich griff man gern, ja programmatisch solche Maßnahmen auf, setzte sie radikal um.

Zwei Situationen deuten an, dass der Aufenthalt in der Besenkammer nicht ganz ohne Einwirkung, Nachwirkung geblieben ist. Besichtigung, wenige Jahre nach der Wende, der Stasi-Haftanstalt Hohenschönhausen, und hier das sogenannte U-Boot im Keller: die Folge von Dunkelzellen. Sehr eng, dazu rigoroser Entzug von Licht. Mir stand leichter Schweiß auf der Stirn. Ich habe mich in eine Dunkelzelle gestellt, habe gebeten, die Tür für einen Moment zu schließen. Finsternis, Finsternis, nur ein paar Atemzüge lang, und schon die Angst, aus der Vorführung könnte Ausführung werden, man geht weiter, lässt mich in der Dunkelzelle, vergisst mich, da kann ich schreien, so laut ich kann, auch hilft es nicht, wenn ich mit den Fäusten an die massive, wohl auch schallschluckende Tür trommle.

Zweite Situation, und die ist in Köln nicht selten: Betriebsstörungen der KVB, der Kölner Verkehrsbetriebe, werden vorzugsweise im Tunnelsystem absolviert. Da bleibt die Straßenbahn, nun als U-Strab, fünf, zehn, fünfzehn oder zwanzig Minuten im Tunnel stehen, keine Durchsage vom Fahrer, die Luft in der Bahn ohnehin stickig, man stiert und schwitzt vor sich hin. Nach dieser Erfahrung steigt, schon bei kurzem »außerplanmäßigem Halt«, von der Bauchgrube die Angst hoch vor Ausfluchtlosigkeit im Engen und Finstern. Andere gucken gelassen auf ihr Smartphone-Display, lesen weiter in Zeitung oder Taschenbuch, ich aber siede vor mich hin: eingeengt, eingesperrt, finster draußen, Tunnelmauer nah am Fenster, nichts rührt sich. Fühle mich wie eingebacken in Tunnelfinsternis.

Manchmal, auf der Fahrt von Brühl nach Köln, steige ich schon am Barbarossaplatz aus, schaue zu, wie die Straßenbahn schräg hinabfährt in den Tunnel, gehe zum Neumarkt, zur Haltestelle Dom/Hauptbahnhof, aufatmend, tief durchatmend. Ob da nicht doch, gleichsam subkutan, Kindheitserfahrung Langzeitwirkung entfaltet?

ALS WIR IN PRIVATWEG 7 einzogen, hatte ich bereits einen Bruder: zwei Jahre nach mir geboren, gleichfalls an einem 1. Februar. Höchst bedauerlich, so gab es einen Geburtstagskuchen weniger pro Jahr. Wiederum zwei Jahre später, aber nicht schon wieder an einem 1. Februar, wurde ein zweiter Bruder geboren: Jahr des Kriegsbeginns.

Herbert und Peter wurden im Haus getauft. Auf einigen Fotos der »Hausaltar« für den jüngsten Bruder. Die Schreibplatte des Sekretärs unsrer Mutter ist heruntergeklappt, weiß ausgelegt, die Öffnung ist mit Weiß umhängt, dazu Blumenschmuck. Auf der Schreibplatte, auf dem festlichen Weiß, ein dickes Buch: kann nur die Bibel sein, der Mutter geschenkt von der Evangelischen Gemeinde Duisburg. (Ich kenne die Dedikation, diese Bibel wurde an mich weitergeschenkt bei der Konfirmation.) Auf dem Sekretär zwei Kerzenleuchter, Silber; zwischen ihnen eine gerahmte Fotografie der Duisburger Großeltern.

Eine Haustaufe 1939, sechs Jahre nach der Übernahme der Regierung durch die Nationalsozialisten. Nie hat meine Mutter mit mir, mit den Brüdern über Haustaufen gesprochen, wir sahen auch keinen Anlass, danach zu fragen: Eine Haustaufe – bisschen elitär vielleicht, aber bitte schön … Doch Gisela, ihrer ersten Schwiegertochter, hat Helene, spontan, von der Haustaufe berichtet: So etwas sei von Nazis nicht gern gesehen worden, sei aber das kleinere Übel gewesen, entscheidend sei es gewesen zu demonstrieren, dass wir, entgegen manchen Gerüchten, eine christliche, eine evangelische Familie seien …

Warum erzählte sie das keinem ihrer Söhne? Nachträglich nehme ich wahr, wie mir Vertrauen vorenthalten wurde. Aber die Mitteilung ist da, zuverlässig überliefert.

Damals war ich vier Jahre alt, damit diesseits der Erinnerungsschwelle, an eine Haustaufe aber erinnere ich mich nicht. Es schwebt nur festliches Weiß und feierliches Schwarz durch die Erinnerung, doch das verbindet sich mit keinem konkreten Detail, es könnte also auch zu einem anderen Familienfest passen.

Zu diesem häuslichen Festakt waren wohl auch Gäste der Familie eingeladen: hat Helene ihnen die wahren Gründe der Haustaufe genannt? Hat dabei den Namen eines lokalen Repräsentanten der Nazipartei genannt, der durch die Haustaufe

beschwichtigt werden sollte? Wenn Helene solch ein Ablen-
kungsmanöver inszenierte (kirchlich aktiv waren die Eltern
nie): Wie viel Angst hatte sie um uns Kinder, wie viel Angst um
sich selbst? Wie viel Angst vielleicht auch um den Mann, der
aus der Partei ausgetreten war, unter cholerisch-vehementem
Protest? Hätte sie den kleinen Hausaltar am liebsten vor dem
Haus aufgestellt – wie für eine Fronleichnamsprozession?
Und Anwohner hätten das gesehen? Vor allem: man hätte den
Altar gesehen aus der Villa jenseits der Trennmauer zwischen
der kurzen Stichstraße und dem großen Nachbargrundstück?
In dieser Villa, so erfuhr ich später, war eine SA-Dienststelle
untergebracht oder ein SA-Sturm einquartiert. Ein Foto zeigt
mir: aus zwei Stockwerken und natürlich aus dem Dachgeschoss der (wohl »arisierten«, also beschlagnahmten) Villa
hatte man Einblick in die Straße. Das Gebäude steht nicht
mehr, aber die Baumasse hat sich eingeprägt.

Der Brief des »evang.-luth. Pfarramts zu Königsee / Thür.«
vom 21. November 1935 zeigt mir, womit die Eltern seither
beschäftigt wurden: mit dem »Abstammungsnachweis«.
    Auf meiner Arbeitstischplatte liegt, ausgefaltet, in halber
Plakatgröße, die »Ahnen-Tafel«, in der linken Hälfte vom
Vater, in der rechten Hälfte von der Mutter ausgefüllt. Und
es liegt der *Ahnenpass* meines Vaters neben dem *Ahnenspiegel*
(»Ahnen-Kurzpass«) meiner Mutter: Der »Ahnenpass« als
grau kartoniertes Heft von 32 Druckseiten, der »Ahnenspiegel« als braun kartoniertes Heft von 24 Seiten, beide aus dem
Verlag für Standesamtswesen Berlin, Text und Druckanord-
nung urheberrechtlich geschützt, Nachahmung wird verfolgt.
    Ich lese den Erläuterungstext. Einleitend der »Rassegrund-
satz«, nach dem »die in den Volkskörper eingedrungenen
fremden Blutseinschläge wieder auszumerzen« seien. Aus-
merzen: schon 1935 ein selbstverständliches Wort. Ich schlage
nach im Deutschen Universalwörterbuch der Firma Duden.
Zur Etymologie ein hypothetischer Hinweis auf den »März,
weil um diese Zeit schwache u. zur Zucht nicht taugliche
Schafe aus den Herden ausgesondert wurden«. Zwei Synony-

me sind angegeben: ausrotten, vertilgen. Als Beispiel: »Ungeziefer ausrotten«. In einer abstrusen syntaktischen Konstruktion sollten nun »Blutseinschläge« ausgemerzt werden, und hier ging es speziell um die »Blutseinschläge« von Juden und Zigeunern, auch von afrikanischen und asiatischen Rassen.

Nach dem Rassegrundsatz konnte man den Ariernachweis nicht erbringen, wenn ein einziges »Elternteil« oder »Großelternteil« nicht »arisch« war. Dabei waren Taufen nicht immer entscheidend: »jüdisch, wenn auch getauft«. Diese Formulierung wird meine Mutter mehr als nur einmal gelesen haben: »jüdisch, wenn auch getauft«. Weiter hieß es: Man solle im »Abstammungsnachweis« zurückgehen bis zu den Ahnen, die im Jahre 1800 gelebt haben.

Es folgten Ratschläge und Hinweise zur »Ahnenaufstellung«: meine Eltern als »Nachweispflichtige«. Die Eintragungen haben mit Tinte zu erfolgen; sie müssen, zusammen mit den vorgeschriebenen Dokumenten (Geburtsscheinen, Taufscheinen, Heiratsurkunden) beim zuständigen Standesamt vorgelegt werden; dort werden die Angaben zu jeder Person »unter Beidrückung des Dienstsiegels« und durch Unterschrift des Standesbeamten bestätigt: »Die Richtigkeit der Eintragung wird auf Grund vorgelegter Urkunden bescheinigt.«

Die Suche nach Geburtsorten, Geburtsdaten, nach Taufdaten, Taufkirchen mehrerer Generationen ließ Briefverbindungen zwischen Verwandten aufleben, wahre Brieflawinen wurden losgetreten. Wer im Familienverband nicht mit konkreten Angaben dienen konnte, half zumindest aus mit Tipps.

So auch Bruder Theo (zu jener Zeit im Sanatorium in Davos) an seine »liebe Lene«: »Wenn Du Carl Fett einmal nett schreibst – er weiß ja nun, dass man die Scheine heute braucht –, sucht er die Urkunden vielleicht für Dich heraus.«

Was auch geschah mit mehreren Schreiben aus dem Hause Joh. Mich. Fett & Co., Schanzenstraße 56–62, einem stattlichen Gebäude, das sich heute noch bestaunen lässt, freilich nach gründlicher Renovierung; längere Zeit war es umkämpftes

Objekt in der Szene der Hausbesetzer. Auch von den Schreiben aus jenem Hamburger Kontor lässt sich ablesen, welche Mühen man auf sich nehmen musste, mit welchen Problemen man konfrontiert wurde bei Vorarbeiten zum Ausfüllen der Vordrucke von »Ahnenspiegel, Ahnenpass«: »Ich halte es z. B. für ausgeschlossen, ein Duplikat des Taufscheines Deiner Großmutter aus St. Petersburg (Leningrad) zu erhalten.« (Es geht um die Gemahlin eines Kaufmanns, der »Kaffee, Zucker, Reis, Südfrüchte & ähnliche Artikel nach Russland« importierte. Auch er gehörte zur Deutsch-Reformierten Gemeinde St. Petersburg, die im Stadtbild mit doppeltürmiger Kirche einen mächtigen Akzent setzte.) Und weiter: »Wenn Du alle Kinder Deiner Ururgroßeltern genannt haben willst, so ist das eine Arbeit, die sehr lange Zeit erfordern dürfte & am besten von Dir hier an Ort & Stelle vorgenommen werden müsste. Dein Ururgroßvater hat nicht weniger als 12 Kinder gehabt. Ich denke, dass Du an den einliegenden Angaben voraussichtlich Beschäftigung für längere Zeit haben wirst.«

In der dicht getippten Anlage zahlreiche Auskünfte, aber auch die Markierung von Leerstellen: »Über die Picard'schen Vorfahren wissen wir nichts, außer dass dieselben irgendwoher aus Frankreich stammen. Nachforschungen nach ihnen sind daher unmöglich.« (Auch die Picards: eine Familie mit jüdischem Hintergrund.)

Eine Begleiterscheinung der ermüdenden, zermürbenden Bemühungen: »Was nun die hiesigen Kosten der Anfertigung von Photokopien anbetrifft, so belaufen sich dieselben auf 70 Pf. pro Seite, einerlei, ob es sich um das Negativ oder die Abzüge handelt. Ich habe für die beiden Seiten des Taufscheines Deiner Großmutter in 3facher Ausfertigung M 4.20 bezahlt. Du siehst also, dass die Anfertigung von Photokopien auch einiges Geld kostet.«

In der Tat. In heutige Kaufkraft umgerechnet hätte eine Fotokopie mindestens sieben Euro gekostet, wahrscheinlich mehr. Dies in Relation zu damaligen Einkommen: Mein Vater soll als gehobener Bankangestellter ein Monatsgehalt von ungefähr 450 Reichsmark gehabt haben (ein Facharbeiter ver-

diente etwa die Hälfte). Die NS-Regierung hat den »Volksgenossen« in jeder Hinsicht viel abverlangt.

Auch Helmuth Kühn wurde mit Familiengeschichte konfrontiert. Sicherlich längst vergessene Dokumente, Urkunden, Fotografien wurden hervorgekramt, Auskünfte wurden erbeten
und eingefordert. Beim Sichten dürfte ihm (erneut?) bewusst
geworden sein, was sein Sohn aus sicherer Distanz vermerken
kann: Die Eltern repräsentierten fast modellhaft die wilhelminische Gesellschaft in ihrer gehobenen Mittelschicht.

Ich besitze noch ein zerfallendes Exemplar der *Rheydter
Zeitung* vom 11. Januar 1915 mit diversen Todesanzeigen für
meinen Großvater. Fünfmal wird sein Name mit dem Dienstgrad der Landwehr verbunden. Präzisiert: Großvater als Veteran des Landwehr-Infanterie-Regiments Nr. 65, abgekürzt
LIR 65: Was sagt mir das? War die Landwehr eine paramilitärische Organisation? Ich muss mich kundig machen.

Ergebnis, kurzgefasst: Wehrpflichtige Männer zwischen 17
und 40, die nicht zu regulären Einheiten eingezogen waren im
Stehenden Heer, sie wurden der Landwehr zugewiesen. Dies
nach drei Jahren Dienstzeit im Heer und nach zwei Jahren
Reserve. Grundsätzlich waren Heer und Landwehr gleichgestellt. So kam auch Landwehr im Ersten Weltkrieg zum
Einsatz an der Front: sehr hoher »Blutzoll«.

In der Friedenszeit mussten Landwehrmänner in der Regel an Herbstmanövern teilnehmen. Dazu wurde gereimt:
»Zum Herbstmanöver rücken an / der Landwehr- und Reservemann. / Es drückt der Helm, es schmerzt das Bein / o
welche Lust, Soldat zu sein.« Musste Oscar Kühn noch marschieren und schanzen? Oder gehörte er bereits zu den Uniformierten, die Anweisungen entgegennahmen und Befehle
erteilten?

Mir liegen vor zwei graphisch reich verschnörkelte Beförderungsurkunden. Demnach erhielt der dreißigjährige Vize-
Feldwebel das Patent als Second-Lieutenant der Reserve, zwei
Jahre später wurde er Premier-Lieutenant. Klingt eindrucksvoll, bedeutete aber nur: er wurde Oberleutnant. Immerhin,

er lag wohl nicht mehr im Herbstschlamm oder Herbststaub, Karabiner in den Händen.

Gänzlich zuwider dürfte ihm die Dienstzeit nicht gewesen sein, denn er wurde Ehrenvorsitzender des »Vereins ehemaliger 65er Rheydt«. War »Kamerad« auch im »Verein ehemaliger 68er Rheydt«. War »Kamerad« im »Landwehr-Verein-Rheydt«. Gehörte als »Königlicher Hauptmann d.L.a.D.« zum Offizierskorps des Landwehrbezirks Rheydt. War außerdem »Schatzmeister der Abteilung Rheydt des Deutschen Flottenvereins«. Und hier wird es heikel.

Stichworte zur Entstehung und flächendeckenden Verbreitung des Flottenvereins hatte, wie nicht anders zu erwarten, Kaiser Wilhelm II. gegeben, der als »Flottenkaiser« geschichtsrelevant werden wollte. Seine ständig zitierte Parole: »Unsere Zukunft liegt auf dem Wasser.« Dies als Antwort auf: »Britannia rules the waves!« Nur mit einer Flotte neuer Kriegsschiffe, Schlachtschiffe sei »Entfaltung und Stärkung unserer deutschen Seemacht« möglich, könne man sich »Weltgeltung« verschaffen. So wurde dazu aufgerufen, »Kaiser und Reich in den Bestrebungen für die Stärkung der deutschen Wehrmacht zur See zu unterstützen«. Es müsse alles getan werden, »was zur Hebung der Machtstellung des Reiches und zur Entwicklung seiner wirtschaftlichen Verhältnisse dienlich« sei. Dabei gehe es auch um den Schutz deutscher Kolonien in Afrika. Generell: »Der Ozean ist unentbehrlich für Deutschlands Größe. Aber der Ozean beweist auch, dass auf ihm in der Ferne […] ohne den deutschen Kaiser keine große Entscheidung fallen darf.« So Wilhelm in einer seiner bramarbasierenden Reden.

Die massive Aufrüstung der Flotte war ganz im Sinne von Militär- und Rüstungslobby, von Schwerindustrie und Marine. Werften und Banken frohlockten über gewaltige Aufträge und Umsätze. Das Parlament sollte möglichst wenig informiert und möglichst stark motiviert werden. Akzeptanz musste durch Propaganda kreiert und konserviert werden. So wurde 1898 der Deutsche Flottenverein gegründet »zur Wahrung unserer internationalen Stellung«, zur »Vermehrung unserer nationalen Wehrkraft«. Denn: »Ohne eine starke Kriegsflotte ist kein Welthandel möglich.« Ian Kershaw: »Die Botschaft des Flottenvereins zählte zur dominierenden politischen Tendenz.«

Zwei Zeitschriften wurden gegründet. Eine von ihnen mit charakteristisch anmaßendem Titel: ÜBERALL. Zu diesem Monatsblatt noch ein Jahrbuch, ein Kalender und reichlich Flugblätter mit Aufrufen. Zwischen See und Alpen wurden Ortsverbände, Ortsausschüsse gebildet. Zu Großvaters Zeit zählte der Verein mehr als eine Million Mitglieder, von denen fast eine Million korporativ (körperschaflich) waren – patriotische Vereine, die geschlossen eintraten. Leitbild waren »mitten im Leben stehende Männer«, waren »wohlsituierte Herren«, die jedem Spendenaufruf gern und großzügig folgten. Und möglichst lautstark einstimmten in Propaganda-Suaden: »Streitbar und streitgerüstet zu Lande stehen wir da wie kein Volk der Erde, streitbar und streitgerüstet zur See wollen wir werden. Lieb Vaterland magst ruhig sein, fest steht und treu die Wacht an See und Rhein.« Auch Kinder sollten für die Aufrüstung der Flotte begeistert werden: beliebtestes Kleidungsstück für Knaben war lange Zeit der Kieler Matrosenanzug, massenhaft produziert von der Firma Bleyle.

Nun könnte ich als Enkel achselzuckend registrieren, reagieren: Großvater hat im Ortsverband des Flottenvereins halt mitgemacht – gemeinsam mit einigen hundert betuchten Herren von Rheydt. Dass der »versierte« Geschäftsmann die ehrenamtliche Aufgabe des Schatzmeisters übernahm, es könnte signalisieren: rein zweckgebundene, gleichsam neutrale Tätigkeit.

Doch hier lässt sich kein Schlusspunkt setzen. Der israelische Historiker Jacob Toury: »Die jüdische Mehrheit verhielt sich zurückhaltend, sofern sie nicht überhaupt [...] die deutsche Flotten- und Kolonialpolitik ablehnte.« Weiter: »Selbst wenn gewisse jüdische Kreise der Kolonial- und Flottenpolitik nicht von vornherein ablehnend gegenüberstanden, so konnten sie sich schwerlich den expansionistischen Organisationen von der Art des Flottenvereins und des Alldeutschen Verbandes anschließen, die nicht gerade judenfreundlich waren, später sogar ausgesprochen antisemitische Tendenzen entwickelten.«

So besteht einige Wahrscheinlichkeit, dass die Mentalität der Witwe Klara Friederike weithin vorprogrammiert war. Dies verstärkt durch ihre Mitgliedschaft im monarchistischen, erzkonservativen Königin-Luise-Bund (offiziell: Bund Königin Luise). Nahm auch Großmutter im uniformen Kleide teil an fahnenreichen Tagungen des Bundes, in bejubelter Anwesenheit eines der Hohenzollern? Der BKL galt als Frauenorganisation des »Stahlhelm-Bundes der Frontsoldaten«.

Hier blieb man kaisertreu und kriegsbegeistert. Jüdische Frontsoldaten wurden nicht zugelassen (das führte zur Gründung des »Reichsbunds jüdischer Frontsoldaten«). Charakteristische Formulierungen von Stahlhelm-Propagandisten: »Wir hassen mit ganzer Seele den augenblicklichen Staatsaufbau [der Weimarer Republik], seine Form und seinen Inhalt … geknechtetes Vaterland befreien … notwendigen Lebensraum im Osten gewinnen … das deutsche Volk wieder wehrhaft machen …« Man war für ein »völkisch großdeutsches Reich«, für »starkes deutsches Volkstum«, war gegen den »Händlergeist des Judentums«, gegen »die seit der Revolution immer verhängnisvoller hervortretende Vorherrschaft der Juden in Regierung und Öffentlichkeit«.

Der Stahlhelm als paramilitärische Organisation, die auch Saalschutz stellte bei Veranstaltungen der Deutschnationalen Volkspartei. Auch hier: Antisemitismus. Auf einer Fotografie sehe ich an der Seitenwand eines mit mehreren Halbuniformierten dicht besetzten Pritschenwagens ein Transparent mit einer der weithin üblichen Judenkarikaturen (Mann im Profil, mit karikierender Übernase) und dem Slogan: »Wir bekämpfen die Auslieferung Deutschlands an das internationale Judenkapital«.

Stahlhelm und DNVP Schulter an Schulter – wie man damals gern sagte. Ian Kershaw: »Im Juli [1931] hatten Hugenberg, der Führer der DNVP, und Franz Seldte, der Chef des größten Veteranenverbandes, des Stahlhelm, ihr Bündnis mit Hitler erneuert.« 1933 schließlich die politisch entscheidende

Koalition mit der NSDAP. Nun erst recht machte man Front gegen Juden.

Kein Wunder, dass bei derartigen Vernetzungen, Partnerschaften, Allianzen der »Luisenbund« mit dem Nationalsozialismus mehr als nur sympathisierte, ja, für den Machtwechsel warb und die »Machtergreifung« feierte. Auch der »Luisenbund« war in der Grundhaltung völkisch und antisemitisch. So war es wohl nur ein Schritt, ein Sprung zu Friederikes familiensprengendem Judenhass.

Wie Formen der Sozialisation, der »Ausrichtung« über die wilhelminische Ära hinaus konserviert wurden und die Akzeptanz des Militärstaats unter Hitler förderten, dies lässt sich an einem Brief ablesen, der an meinen Vater gerichtet war. Ein Beitrag zur Familiengeschichte wie zur deutschen Mentalitätsgeschichte. Somit ein Zeitdokument.

Februar 1935 antwortete ein »getreuer Onkel« (Großvaters Bruder) dem »lieben Helmi« auf eine der Anfragen zur Familiengeschichte. Den Brief einleitend ein indirekter autobiographischer Bezug: »Zur Geburt des Stammhalters innigen Glückwunsch.« Na, ich bedank mich …

Folgten ein paar Angaben (des von mir nie wahrgenommenen Großonkels Robert) zu Geburten und Taufen. Sodann wurde hervorgehoben, dass Helmis Vater im Landwehrdienst zu Koblenz Freundschaft schloss mit drei Offizieren. Und nun kommt es:

»War das ein Jubel, als am 18. die Allgemeine Wehrpflicht verkündet wurde, gerade bei uns alten Soldaten. Ich war gerade bei den 65ern, Vaters altem Regiment [»Verein ehemaliger 65er«, dem in Rheydt auch mein Großvater angehört hatte], um dort im Auftrage des Unterverbandes einen Vortrag über Wehrfragen zu halten. Seit dem vorigen Jahre führe ich die Fahnen-Kompanie des Unterverbandes, 94 Vereine. Als Fahnen-Offizier meldete ich mich voriges Jahr bei Seiner Durchlaucht Prinz Franz-Josef v. Hohenzollern-Sigmaringen, gelegentlich des Festes der hiesigen Hohenzollern-Füsiliere. Seine Durchlaucht zogen mich in ein längeres Gespräch über das

110

Kriegervereins-Wesen in hiesiger Stadt [Mönchengladbach]. Letzten Helden-Gedenktag hatte ich die Fahnen zunächst zur hiesigen Münsterkirche zu führen, wo ich hernach dem Herrn Oberpfarrer Koenen, Mitschüler des Prinzen von der Ritter-Akademie Bedburg her, den Dank des Verbandes aussprach. An der evangelischen Kirche nahm ich die restlichen 12 Fahnen in Empfang und rückte zum Löwendenkmal, wo der Festakt stattfand. Alsdann zur Kaiser-Friedrich-Halle zur Aufstellung mit den 8 ältesten Kyffhäuser-Fahnen vor der Bühne. Mit gezogenem Degen eine Stunde stillstehen zu müssen, sieht ja bildschön aus, ist aber eine Qual, das weißt Du ja noch aus Deiner Kadetten-Zeit.«

Der Brief setzt Einverständnis voraus, gleiche »Gesinnung«. Hier kommt zur Sprache, welche Tonlage zumindest in einem Teil der Familie dominierte. Ironische Frage von Marianne, beim Skypen mit Tel Aviv: Aus was für einer Mischpoke stammst du eigentlich? Zugleich mit Blick auf Familie Asher: Da würde mir Einbürgerung in Israel leicht gemacht. Und ich sehe wieder, gespiegelt: In scharfen Kontrasten wurde die politische Konstellation und Konfrontation jener Zeit auch zwischen den Familien Kühn und Asher ausgetragen. Zeitgeschichte in nuce in der Familiengeschichte. Noch deutlicher wird mir mit diesem Brief bewusst, aus welcher Form der Konditionierung sich mein Vater herausgearbeitet, herausgelöst hat.

Auf einem Foto sehe ich »Helmi« als Vierjährigen im Garten des Elternhauses (seitlich im Bild eine Säule des Eingangs zur Loge!): Der Bub ist uniformiert, hat eine viel zu groß wirkende militärische Kopfbedeckung auf (etwa in der Form, wie sie auch bei russischem Militär üblich ist, in zivilem Ambiente). So war es sicherlich der gemeinsame Wunsch von Oscar und Friederike, dass Sohn Helmuth unterrichtet und ausgerichtet wurde in einer der zugleich bewunderten und gefürchteten Königlich Preußischen Kadettenanstalten. Sie galten seit dem 18. Jahrhundert als »Pflanzschulen« des preußischen Offizierskorps, als militärische Eliteschmieden. Hier herrschte, mit dem Titel einer Untersuchung, »Spartanische Pädagogik

111

deutscher Art«. Lang ist die Namensliste von Kadetten, die später zu bekannten, zu berühmten Generälen wurden.

Wie schon erwähnt: Zehnjährig kam Helmi in das Internat, das »Kadettenhaus« Oranienstein. Ich muss hier ein wenig präzisieren. Es war ein weitgefächerter, von den Besitzern aufgegebener, mit Kasernentrakten erweiterter Schlossbau an einem Hang über der Lahn. Die Gartenanlagen vor der weiträumigen Schlossfassade wird der Bub kaum gesehen, die festlich ausgestalteten und ausgestatteten (durchweg renovierungsbedürftigen) Räume kaum betreten haben, sein Ambiente war ein weiträumiger Komplex, in dem ständig umgebaut und angebaut wurde. Eine fast autarke Welt mit Backhaus und Schlachthaus, Krankenhaus und Leichenkammer, mit »Kompagniegebäuden« und Schwimmbad. (Das Wasser der nahen Lahn war verseucht, Baden verboten.) In dieser Domäne von hoher gesellschaftlicher Akzeptanz wurde gepaukt und gedrillt, wurde instruiert, indoktriniert, exerziert.

Waffenkunde: Karabiner 98 AZ, Lauflänge, Gesamtlänge ... Verschlusssystem mit zwei Verriegelungswarzen am Verschlusskopf, einer Reservewarze am Ende des Verschlusszylinders ... Mündungsfeuer, Mündungsknall, starker Rückstoß ...

Vaterländisches Gedankengut: »Es waren Männer germanischen Blutes, die Normannen, die fast hundert Jahre lang ganz Europa, insbesondere aber das ehemalige Reich Karls des Großen heimsuchten, da hier keine Kriegsflotte gebildet worden war, die ihnen hätte widerstehen können ...«

Exerzier-Reglement: Präsentieren des Säbels. Der Griff der gezogenen Blankwaffe wird zur Brust geführt (»zum Herzen«), anschließend wird der Säbel mit gestrecktem Arm gesenkt.

Das Pauken und das Drillen, das Instruieren, Indoktrinieren, Exerzieren erst recht in der Preußischen Hauptkadettenanstalt Groß-Lichterfelde (damals) vor Berlin. Eine noch größere Anlage mit ihren Dienst- und Unterrichtsgebäuden, mit Pferdeställen, Turnhallen, zwei Kirchen (herausragend der »Kadettendom«), einem Lazarett. Fotos zeigen einen desolat ausgedehnten Exerzierplatz, auf dem Hunderte von uniformierten Kadetten postiert sind, schnurgerade aufgereiht, parallel gestaffelt, flankiert von Ausbildern mit präsentierten Degen, beäugt von einem Offizier hoch zu Ross. Kein Wunder, dass mein Vater im Zweiten Weltkrieg erst mal Exerziergefreiter wurde – gedrillte, eingeschliffene Verhaltensmuster werden auch ihm »in Fleisch und Blut« übergegangen sein. Kein Wunder auch, dass in Oranienstein das Formen und Deformieren junger Männer später fortgesetzt wurde in einer der »Napolas«, dass in der Hauptkadettenanstalt Lichterfelde die Leibstandarte Adolf Hitler kaserniert wurde.

Aber das wahre Wunder ist für mich: Dass mein Vater durch militante, militärische Konditionierungen von Elternhaus und Kadettenanstalten nicht verformt wurde. Er hat, salopp formuliert, der Nazipartei den Krempel vor die Füße geworfen. Hat das nie rückgängig gemacht. Hat sich liiert mit einer Frau, die aus einer weitverzweigten jüdischen Familie stammte. War als Ausbilder eher rheinisch lässig als preußisch rigide. Seine Lektüre war dem Kanon völkischer Literatur absolut fern und fremd.

Die mir vorliegende »Ahnen-Tafel« war sichtlich das Arbeitsexemplar der Eltern. Unten, in der Mitte, ein Kästchen für den »Inhaber der Ahnentafel«: Dieter Kühn, geboren am 1.II.1935 in Köln, getauft am 10.II.1935. Links vom Namenskästchen das Kästchen für den Vater, über diesem Kästchen die beiden Kästchen seiner Eltern, darüber die vier Kästchen seiner Großeltern; so staffelt sich das hoch über Urgroßvater, Ur-Urgroßvater, Ur-Ur-Urgroßvater. Ja, ich zähle die Silben richtig: Ur-Ur-Urgroßvater. Dasselbe Schema auf der Seite der Mutter.

Und ich sehe die Eltern beschäftigt, vor allem Briefe schreibend. Ist Heinrich Ludwig Wilhelm Asher in St. Petri zu Hamburg »beurkundet« oder in St. Georg oder St. Nikolai? Sicherlich Aufatmen, jeweils, wenn man einen der angeforderten Nachweise erbringen konnte. Abgehakt, »erl.«.

Aber da sind Problemfälle. Stichwort Picard: Unter diesem

Namen legte Helene mit großer, klarer Schrift ein Merkblatt an: »Taufschein Octavie Picard geb 21.2.1827 nicht zu bekommen, Geburtsort unbekannt.« Ich nehme an, sie hat das eher mit Erleichterung notiert, hier wurde wieder mal Aufschub notwendig, eine Verlängerung der heiklen Frist bis zum Ausfüllen aller geforderten Angaben im »Ahnenspiegel«.

Oder: Peter August Milberg, in London geboren – wie soll man dort bitteschön an einen Taufschein kommen?! Gerade in solch einem Fall aber könnte das Standesamt nachhaken: Womöglich nicht nur Jude, sondern englischer Jude?! Doch London schien nicht bereit zur Kooperation mit dem Standesamt Köln. Auf einem weiteren Merkzettel (gleichfalls erhalten) notierte Helene mit Kopierstift: »Taufschein Peter August Milberg geb. 16.12.1812 nicht zu bekommen, da in London geboren.«

Milberg: soll hier nicht bloß Name bleiben. Eine der beiden Großmütter von Helene: eine geborene Milberg. Deren Vater: jener Peter August Milberg, dessen Taufschein ausstand. Dessen Vater wiederum, Jahrgang 1785, hieß ebenfalls Peter August. Vater und Sohn wären interessante Figuren einer Familiensaga, eines weit ausgreifenden Familienromans.

Biographische Notizen über den Vater des von Helene avisierten Milberg, den Großkaufmann Milberg sen., finde ich ausgerechnet im »Lexikon der Hamburgischen Schriftsteller bis zur Gegenwart« (1870).

Folgt die bibliographische Angabe, die ihm die Ehre verschaffte, ins Autorenlexikon aufgenommen zu werden: »Correspondence relating to an adventure made in the year 1816 – from Hamburg to Buenos Aires per the Carolina under the management of Mr. Charles Delegal, who went out with the vessel in the quality of supercargo.«

Keine Reisebeschreibung, leider nicht, vielmehr ein Pamphlet, eine Kampfschrift gegen Delegal, erstaunlicherweise aber erst 1828 (sprich: zwölf Jahre nach der erwähnten Fahrt!) als Privatdruck veröffentlicht.

Ich muss mir erst mal erklären, welche Position und Aufgabe ein Supercargo hatte. Die Bezeichnung als Verkürzung von »supervision cargo«. Ein Supercargo war (ist es auch heute noch) Fachmann für das Verladen und Verstauen von Frachtgut auf Handelsschiffen. Sein Auftraggeber und Geldgeber ist weder der jeweilige Reeder noch Kapitän, er wird vom Fernhändler engagiert. Gehört also nicht zur Schiffsbesatzung, ist externer Berater, begleitet so die Fracht. Auf hoher See verbringt er viel Zeit in tiefem Schlaf. Jedenfalls kursierte mal die Floskel: Er schläft wie ein Supercargo. Doch nach der Landung im Hafen musste, muss er hellwach sein: Aufsicht beim »Ladungsumschlag«. Löschen der Ladung … Verkauf, Einkauf nach Weisungen gemäß Instruktionen des Fernhändlers … erneut Stauen unter seiner fachmännischen Anleitung …

Milberg nun hatte Supercargo Delegal einiges vorzuwerfen: Ungebührliches Verhalten, unflätige Redensweise; vor allem jedoch: Unterschlagung, Veruntreuung. Die Waren, die auf der *Carolina* in Milbergs Auftrag nach Buenos Aires exportiert wurden, sie waren offenbar nicht wohlbehalten und vollständig »umgeschlagen« worden: Fehlbeträge. Ein Streitfall, der auch in Argentinien sein Echo fand, mit assimiliertem Namen: Don Alejandro S. Milberg en su trabajo titulado …

Wiederum sieben Jahre später wehrte sich Delegal, inzwischen wohl im Ruhestand, mit einer Gegenschrift als Antwort auf das »böswillige und verleumderische Pamphlet, konspirativ in Umlauf gebracht von Mr. Peter August Milberg«. Dies, mittlerweile, fast zwei Jahrzehnte nach der »abenteuerlichen« Fahrt! Was ruhte oder rumorte da in den Herren? Gingen sie mit dem Casus lässig um: Eilt nicht so sehr …? Oder wurmte dies den Kaufmann wie den Supercargo über all die Jahre hinweg? Grenzwertige Fixierungen?

Nun zu einem der drei Söhne des Richters am »Wohllöblichen Handels-Gericht der freien Hanse-Stadt«, des »Hochgelahrten und Wohlgebohrnen Herren« der High Society.

Peter August Milberg (jun.), zu unserem Glück in London geboren, war Gründungs-Aktionär der Hamburg Amerika

Linie und übernahm die Geschäftsführung der HAL. Gründete ein Jahrzehnt später mit einem schwedischen Compagnon die Schiffsmaklerfirma Milberg & Engström. Nach Trennung der Partner (wie der Vater so der Sohn) stieg Milberg ein in das See-Assekuranz-Geschäft.

In der Website der heutigen Daniel Milberg GmbH, Schiffsmakler, lese ich:»In den Gründungsjahren hat das Unternehmen Waren von und nach Skandinavien transportiert. Später erweiterte die Firma ihre bisherige Geschäftstätigkeit um den Schiffsan- und -verkauf, Abfertigung von Auswandererschiffen und auch schon der ersten Kreuzfahrtschiffe, die den Hamburger Hafen anliefen.«

Dies also war jener P. A. Milberg, der uns indirekt Schutz bot vor der Komplettierung eines Nachweises, der uns mit dem ein paar Jahre zu spät getauften Carl Wilhelm Asher in Kontakt gebracht und damit womöglich in eine Problemzone versetzt hätte. Ein Taufschein, unerreichbar in London, verschaffte Helene (einen offenbar hartnäckig genutzten und verteidigten) Spielraum gegenüber dem zeichnungs- und stempelberechtigten Beamten des NS-Standesamtes Köln. Auf Befragen wird sie, dürfte sie etwa so argumentiert haben: Solange ich nicht an die Papiere in London komme, kann ich den Ariernachweis nicht vollständig erbringen, ich habe mir aber schon einen großen Merkzettel bereitgelegt, ich werde nachhaken.

Erste Rückschlüsse hier schon auf den Umfang, das Ausmaß, ja Übermaß an Arbeit, die auch meine Eltern leisten mussten, vor allem die Mutter. Wie viele Stunden wird sie an der Schreibplatte ihres Sekretärs gesessen haben, mit Blick auf das Foto ihrer Eltern? Eine Diktatur fordert als Erstes Zeit, Zeit, Zeit. So wurden Anschreiben, Anschreiben, Anschreiben gefertigt und zum nächsten Briefkasten getragen, Formblätter, Formschreiben trafen ein, Namen und Daten wurden eingetragen. Neben viele Kästchen schrieb Helene mit Bleistift: »erl.« Das wiederholt sich allerdings nicht mehr in den beiden obersten Kästchenreihen auf ihrer Seite. Lücken.

Der Vater wiederum trug – provisorisch – mehr ein als angefordert, vor allem notierte er zuständige Pfarrämter, etwa das »Pfarramt d. reform. Kirchengemeinde Schlangen i / Lippe«. Und zweimal zusätzlich Todesursachen: »Wochenbett«, »Lungenverdichtung«.

Die definitiven Daten übertrug er in den Ahnenpass: Füllfederhalter, Schönschrift. Das erste Namensfeld für mich; mein Name beurkundet beim Standes-/Pfarramt Köln-Lindenthal (die Klinik, in der ich geboren wurde) und die Register-Nr. 343 des Jahres 1935 der Evangelischen Gemeinde Köln. Und die vollständig ausgeschriebenen Namen Karl Otto Hellmut (frühere Schreibweise!) Kühn und Antonie Ella Helene Kühn, geborene Asher. Sämtliche Namensfelder zwischen den Seiten 16 und 31 ausgefüllt, allerdings am Rand nicht der Reihe nach von der Behörde bestätigt. War es nicht mehr so weit gekommen? Gab es ein zweites Exemplar des »Ahnenpasses«, mit Unterschriften eines Standesbeamten, mit »beigedrückten« Dienstsiegeln?

Im »Ahnenspiegel« (Ahnen-Kurzpass) meiner Mutter reihen sich vorschriftsmäßig Dienstsiegel und Unterschriften des Standesbeamten. Die »Richtigkeit der Angaben wurde auf Grund vorgelegter Urkunden« freilich nur bescheinigt für Eltern und Großeltern; keine Eintragung mehr auf der Faltseite »Die Urgroßeltern«. Hier aber musste sich – nach damaligen Richtlinien und Durchführungsbestimmungen – zeigen, ob Großeltern und Eltern »jüdisch, wenn auch getauft« waren. Die Seiten 13 und 14 aber, auf denen Nachweise für insgesamt acht Vorfahren angefordert wurden, sie blieben Vordruck, und der blieb leer. Offenbar hat meine Mutter den ersten Arbeitsabschnitt im Standesamt Köln schon mal bestätigen lassen – Rest später.

Zwischenfrage: Wieso haben damals die Kirchen mitgemacht im Wahnsystem der Abstammungsnachweise? Worum es dabei ging, was dabei auf dem Spiel stehen konnte, das muss man doch gewusst, zumindest geahnt haben! »Nur gültig für den Nachweis der arischen Abstammung« lautet ein Stempel-

117

text, in Frakturschrift. Diesen Stempelabdruck sehe ich auf einem Kirchenbuchauszug des Staatsarchivs der Freien und Hansestadt Hamburg, vielfach aber wurden solche Auszüge von Kirchenbuchführern ausgestellt. Was dieser Kirchenbeamte handschriftlich oder maschinenschriftlich eintrug auf den Formblättern, das konnte für den jeweiligen Adressaten bedeuten: Verfemung in der militant formierten Gesellschaft. Aus der Verfemung konnten sich härtere, letztlich sogar tödliche Konsequenzen ergeben.

Wieso haben beide Kirchen nicht pauschal jede Auskunft verweigert? Dann hätte sich jenes Nachweis- und Verfolgungssystem kaum etablieren können. Jedoch: Kirchenbuchführer und Pastoren (»mit Deutschem Gruß«) als Vollzugshelfer, auch als Vollstreckungsgehilfen des Dritten Reichs.

Ich muss den Friedrich-und-Helene-von-der-Leyen-Faden erneut aufgreifen, muss präzisieren mit Blick auf den (Grenzwert setzenden) Jahrgang 1810 der Kirchenbücher. Die Taufe des Carl Wilhelm Asher fand statt am 3. Juni 1810. Ausgeschrieben: »Ein Tausend acht hundert zehn«, und zwar in Wandsbek. »Als Taufpaten waren gegenwärtig« – folgte eine Liste von neun Namen, angeführt von Mathias Claudius, gefolgt von »Madam (!) Rebecka Claudius«. Übrigens: einer der drei Brüder (und zwei Schwestern) des Ur-Ur-Großvaters Carl Wilhelm war der Maler Louis Asher.

Der Geburts- und Taufschein, der »Auszug aus dem Kirchenbuch der evang.-lutherischen Kirchengemeinde Wandsbek« (Gebühr an die Kirchenkasse 1 RM) als das heikelste Dokument für den »Abstammungsnachweis«! Denn hier wird Salomon Friedemann Asher benannt als Großvater des Täuflings. Und es kommen, angeheiratet, weitere jüdische Namen hinzu wie die Picards. Besonders heikel für Helene Asher: die Mutter des spätgetauften Kindes war Anna Marianne Hedwig Asher, geborene Philipson. Erst recht ein jüdischer Name: Die Endsilbe »son« entspricht dem hebräischen »ben«.

Diesen Namen buchstabengetreu lesend auf dem kirchlichen Dokument, entdecke ich (mit simultanem Adrenalinschub!): An der letzten Silbe hat jemand herumkorrigiert, sie sollte durch ein »pi« ersetzt werden; diese Manipulation wurde zwar wieder ausradiert, Spuren sind jedoch geblieben, deutlich genug. Ich falte die »Ahnen-Tafel« auseinander und lese in Helenes klarer Handschrift: Philippi. So, da hätten wir's! Jetzt weiß ich endlich, im Detail, wie von ihr versucht wurde, den »Abstammungsnachweis« zu manipulieren. Auch das brisante Taufdatum hat sie nicht eingetragen, die Lücke im Formblatt blieb leer.

Fast kriminologische Spurensuche, und ich bin fündig geworden! Wahrscheinlich hätte meine Mutter mir nichts Genaueres erzählen können, dieses kleine, heikle Detail hat sie höchstwahrscheinlich vergessen. Doch der Taufschein erzählt genug. Und teilt auch noch dies mit: Das Dokument wurde bereits am 4. Mai 1933 ausgefertigt. So früh also war der Familie Asher bekannt, wo der springende, der heikle, der womöglich entscheidende Punkt war. Der Versuch, die Urkunde zu fälschen, signalisiert Verzweiflung. Schließlich mussten sämtliche vorgeschriebenen Urkunden dem zuständigen Beamten vorgelegt werden; die Angaben zu jedem Namen mussten durch Stempel, Unterschrift, zusätzliche Paraphe bestätigt werden. Ich vermute, nach dieser misslungenen, letztlich aussichtslosen Fälschung wurde das Dokument so lange wie möglich unter Verschluss gehalten. Dass es Vorfahren aus St. Petersburg, aus London gab, dies konnte nun günstige Nebenwirkungen haben: Es boten sich plausible Erklärungen dafür an, dass der vollständige Nachweis noch auf sich warten ließ. Erst recht bot P. A. Milberg, seinerzeit London, Schutz vor lästigen, vor bedrängenden Nachfragen.

Der Aberwitz, der Irrsinn des Nachweissystems wird besonders deutlich, wenn die zeitliche Distanz (erneut) betont wird: Es geht um eine nachträgliche Taufe im Jahre »Ein Tausend acht hundert zehn«! So steht es auf dem Taufschein, teils vorgedruckt, teils getippt. 1810: damals war Mathias Claudius fünfzig Jahre alt. Und Beethoven war noch zehn Jahre jünger! Und Goethe hatte noch mehr als zwei Jahrzehnte vor sich! In jener fernen, fernen Zeit der literarischen und musikalischen

Klassik wurde der jüdische Knabe getauft. Aber die weite, scheinbar sichere Distanz konnte zusammengeschoben werden wie ein nautisches Teleskoprohr: gefährliche Verkürzung durch die Formel »jüdisch, wenn auch getauft«. Für Parteigenossen, ob uniformiert oder nicht, reichte vielfach der Hinweis, dass ein Vorfahre, irgendein Vorfahre, jüdisch war, schon konnte ein »Kesseltreiben« beginnen.

Hier wurde (in brutal direktem Sinn) Vergangenheit zur »dritten Dimension der Gegenwart« – nach einer Formulierung von Philippe Ariès. Die Formulierung begleitet mich: Vergangenheit des beginnenden 19. Jahrhunderts konnte in jene Gegenwart der Vergangenheit der späten dreißiger, frühen vierziger Jahre meines Jahrhunderts einwirken, die wiederum in unsere gleitende, entgleitende Gegenwart zu Beginn des 21. Jahrhunderts einwirkt – dies zumindest im Bewusstsein, im Gefühl von Gegenwart.

Helene Kühn, geborene Asher: sie war noch eine weitere Generation entfernt von den jüdischen Vorfahren der Helene v. d. Leyen, geb. Asher, und doch: spätere Äußerungen, damaliges Verhalten zeigten: sie fühlte sich bedroht. Es war eine gesellschaftliche Situation geschaffen worden, in der man mit ferner, sehr ferner jüdischer Familientradition plötzlich hautnah konfrontiert werden konnte. Die Verkürzungsformel, übertragen in Nazijargon: Nützt (ändert) nichts, all diese Tauferei, Jud bleibt Jud. Weil das biologistische Wahnsystem zur Staatsdoktrin wurde, konnten leichtfertig Wörter aufgegriffen und in Umlauf gesetzt werden wie »infiziert« oder »verseucht«. Eine zwar in weiter zeitlicher Ferne »infizierte«, dennoch »verseuchte« Familie ... Auf der »Ahnen-Tafel« vertikal und horizontal gereihte Namens- und Datenkästchen mit Verbindungslinien; eine von ihnen als Lunte, die von Nazis angezündet werden konnte, und das glimmende Feuer fraß sich vor zur Ur-Ur-Enkelin Helene. Was für Helene und Friedrich von der Leyen bereits direkte Folgen hatte, Verfemung und Entlassung, das wurde für Mutter Helene zur lastenden Bedrohung, zur latenten Gefahr. Für Helene Asher noch auf dem Städtischen Lyzeum zu Duisburg, für Helene

Asher noch im Oelbermannhaus zu Köln wird es kaum eine Rolle gespielt haben, dass ein Ur-Ur-Ur-Großvater als jüdisch gegolten hatte – im Dritten Reich wurde ihr das aufgedrängt, erst von da an wird sie sich irgendwie »jüdisch« gefühlt haben. Für ihre Schwiegermutter war sie das schon längst, ja von vornherein: Weitverzweigte jüdische Sippschaft ...! Da klingt doch fast jeder Name jüdisch ...! In diesem Stil könnte sie agitiert haben. Und die Familienkonflikte verschärften sich.

Wie sind, wie waren eigentlich Helenes Brüder und Schwestern mit dem aufgedrängten Problem umgegangen?

Ein Foto der jugendlichen Geschwister suggeriert: die Ashers sahen aus wie Juden aus dem Bilderbuch. Bruder Fritz wurde (family oral history!) in einem Restaurant von durchaus freundlichen Tischnachbarn nach diskreter Musterung darauf angesprochen: »Darf man sich mal erkundigen, ob Sie jüdisch sind?« Seine Antwort, militärisch knapp: Meine Großeltern sind arisch. Mit so einer Antwort hätte sich ein NS-Beamter nicht zufriedengegeben, der Nachweis musste ja nun bis 1800 erfolgen. Als Offiziersanwärter wurde der Onkel mit dem Problem offenbar nicht weiter konfrontiert, in jener Zeit wurde jeder Mann gebraucht. Und Fritz, in Uniform, vermittelte eher den Eindruck eines ›schneidigen‹ Soldaten.

Und sein Bruder Theo, der lungenkranke Veterinärarzt? Er hatte sich freiwillig bei der Reiter-SA gemeldet. Als ich das per Telefon erfuhr, erschrak ich erst mal: mein Onkel bei der SA?! Sofort googeln!

Es gab etwa hundert SA-Reitergruppen oder Reiterstandarten, bei denen Kavallerie-Einheiten der Wehrmacht wie der Waffen-SS vielfach Rekruten abwarben oder anforderten. Die Reiter-SS übernahm ab August 34 denn auch alle wesentlichen Aufgaben der Reiter-SA. Zu deren Programm gehörte fortan primär die Pferdezucht. Zusätzlich, weil obligatorisch, die militärische Vor-Ausbildung der Mitglieder (vielfach vom Lande). Die Reiter-SA galt als weithin unpolitisch.

So stelle ich mir vor, dass mein Onkel, der Tierarzt, bei der Reiter-SA Schutz suchen, bei ihr gleichsam untertauchen wollte. Die Rolle der Reiter-SA wurde auch vor dem Alliierten Militärtribunal in Nürnberg erörtert. Stellungnahme des Verteidigers: »Nach dem eindeutigen Ergebnis der Beweisaufnahme besaß die Reiter-SA während der ganzen Zeit ihres Bestehens eine weitgehende organisatorische Selbständigkeit. Die Ziele, Aufgaben und Tätigkeiten waren nicht politisch, sondern beschränkten sich auf Pferdesport, Pferdezucht und Pferdehaltung. In der eingehenden Beweisaufnahme vor der Gerichtskommission ist es der Staatsanwaltschaft nicht gelungen, der Reiter-SA irgendeine Beteiligung an irgendwelchen Verbrechen gegen den Frieden oder gegen die Menschlichkeit nachzuweisen. [...] Angehörigen der Reiter-SA wurde die Aufnahme in die NSDAP verweigert, weil die Tätigkeit in der Reiter-SA nicht den Nachweis der politischen Zuverlässigkeit bedeutete.« Diesem Votum wurde Folge geleistet: Die Reiter-SA wurde nicht als verbrecherische Organisation eingestuft, ihre Mitglieder waren pauschal freigesprochen.

Es dürfte dem Onkel also relativ leichtgefallen sein, die Entscheidung für seinen eher formellen Beitritt zumindest vor der Familie zu rechtfertigen: Die SA-Reiterei braucht halt einen Tierarzt.

Wohl nach einer Denunziation des jüdisch aussehenden Mannes wurde Theo 1936 von der Gestapo vorgeladen und aus Deutschland ausgewiesen. Über Verbindungen gelang ihm die Rückkehr. Der lungenkranke, hagere Mann wurde nicht von der Wehrmacht eingezogen – offiziell uk gestellt? Ein Tierarzt hatte im Verlauf des (Bomben-)Krieges reichlich zu tun.

Was Mutter Helene nach solchen Nachrichten sicherlich in Panik versetzte, das hat sie uns Kindern gegenüber verschwiegen. Das kann ich gut verstehen. Doch warum hat sie nach dem Krieg nie über ihre Erfahrungen in der Nazizeit gesprochen? Warum nicht einmal in Andeutungen? Warum blieb sie, letztlich, bei der Version, Asher sei ein englischer Name? Was im Dritten Reich in sehr direktem Sinne eine Schutzbehauptung war, wurde das zum Selbstschutz?

Ich versuche mich einzudenken, einzufühlen. Helene sah sich gezwungen, über Jahre hinweg, nachzuweisen, dass sie mit Juden nichts zu tun, nichts gemein hatte, nicht im Entferntesten. Sie musste Spuren verwischen, unterlassend, unterschlagend, retuschierend, auch fälschend. Ein entfernter Vorfahre, dessen Namen man wahrscheinlich gar nicht mehr kannte in der Oral History der Familie, ein Name, der über mehr als ein Jahrhundert hinweg vergessen war, der wurde plötzlich zur Belastung, zum Problem, zur Gefahr. Was habe ich damit zu tun?! könnte, wird sie sich gefragt haben. Aber das Problem wurde ihr auferlegt, aufoktroyiert. Vielleicht stellte sie insgeheim die verzweifelte Frage an den zeitlich so weit, weit entfernten Vorfahren Friedemann Salomon Asher: Musstest du mir unbedingt diese Probleme machen?!

Ich trage nach: Zwischen Jakobs Sohn Asher und Friedemann Salomon Asher eine lange Ära ohne Verbindungslinien. Hier nur: Salomon zog von Friedland nach Lübben im Spreewald, erhielt dort formell die Erlaubnis zum Aufenthalt, auch erfolgte in Lübben eine »Regelung der Geldgeschäfte des Juden Salomon Asher«.

Dessen Sohn Ludwig Mathias wurde noch in Lübben geboren, zog aber nach Hamburg. Der Kaufmann und Bankier heiratete Anna Philipson aus Altona – die Frau, deren jüdische Endsilbe meine Mutter zum verwegenen, verzweifelten Versuch zwang, im Vordruck des kirchlichen Taufscheins (mit Schreibmaschine ausgefüllt) die Endsilbe wegzukratzen, um Philipson in Philippi umzutaufen – was bei mehreren jüdischen Namen in ihrer, in meiner Familiengeschichte von vornherein sinnlos war, aussichtslos.

Während sie, immer wieder, die Arbeit am Abstammungsnachweis weiterführte: Nachrichten über Maßnahmen gegen Juden ... Berichte von Übergriffen, Verhaftungen ... »Schutzhaft« in Lagern, die offiziell als Konzentrationslager ausgewiesen wurden ... Boykott von Geschäften, »Arisierung« von Betrieben ... Pogrom der »Reichskristallnacht« ... Und sie fühlte sich gezwungen zur Identifikation mit einer Bevölkerungsgruppe, die ständig beleidigt, beschimpft, gedemütigt, besudelt, gequält wurde. Wohin sollte man das alles »stecken«?

Selbst dort, wo Identifikation mit dem Judentum selbstverständlich war, in der Familie, im gesellschaftlichen Ambiente, selbst dort: Verdrängen. Eine indirekte Erfahrung für mich. Der israelische Lyriker Asher Reich, den ich bei einer Veranstaltung traf und sprach, er berichtete und bestätigte, dass man in jüdischen Familien nicht einmal aussprach, ein Familienmitglied sei in ein KL oder KZ verschleppt worden, da hieß es vielfach nur: er oder sie kam »nach dort«. Fast so, als wäre es ein Makel, eine Schande, dass jemand aus der Familie in ein Lager kam, dort starb oder ermordet wurde. Wenn dies – weithin – selbstverständlich (auch verständlich) war, sogar bei jüdischen Familien in Israel, so lässt sich das Verschweigen auch bei Helene Asher verstehen. Fast.

ALS HELMUTH UND HELENE, beide Jahrgang 1905, etwa dreizehn waren, nahm der Erste Weltkrieg sein schlimmes Ende. Nur (rund) zwanzig Jahre später begann der nächste Krieg, der sich rasch ausweitete zum Zweiten Weltkrieg (dem, noch keine zwanzig Jahre später, beinah der dritte Weltkrieg gefolgt wäre, mit der Kuba-Krise).

Ende August, Anfang September 1939 hatten die Eltern nicht mal die Mitte dreißig erreicht. Dass auch bei ihnen keine Begeisterung aufkam, als der Krieg sich ankündigte, es lässt sich leicht nachvollziehen. Schon begann ringsum das große Hamstern – in banger Erwartung einer verschärften Bezugsscheinpflicht im Rahmen erneuter Kriegswirtschaft. Am 29. August lag sie prompt auch vor: die Lebensmittelkarte. Zugleich die Mobilisierung. Am 1. September der Überfall der Wehrmacht auf Polen.

Erster Luftangriff auf die Innenstadt: Überschrift in der *Chronik Kölns.* Datum: 13. Mai 1940. Ich zitiere: »In der Nacht wird Köln erstmals Ziel eines britischen Luftangriffs. Vier Sprengbomben detonieren und richten großen Schaden an. Die ersten Menschenopfer sind nach einem neuerlichen

Angriff aus der Luft am 18. Juni zu beklagen: Sechs Personen sterben bei den Detonationen. Am 2. August werden weite Teile der Randbezirke von den Fliegerbomben zerstört. Bis Ende 1941 sind bereits 100 Luftangriffe auf Köln registriert. Bei einem der schwersten Angriffe kommen in der Nacht zum 2. März 1941 einundzwanzig Menschen ums Leben, 900 werden obdachlos. Fieberhaft werden neue Schutzräume gebaut, da in den vorhandenen Bunkern nur Platz für 15 000 Personen ist. In den Kellern der Privathäuser legen die Bürger Durchbrüche zu den Nachbargebäuden an, um Fluchtmöglichkeiten für den Ernstfall zu schaffen. In Erwartung neuer Luftangriffe ist das Leben der Kölner von dauernder Angst erfüllt.«

Ja, mit der Nacht vom 1. auf den 2. März 1941: neue Dimension der Luftkriegsführung! Etwa 96 Sprengbomben und 1518 Brandbomben wurden von britischen Flugzeugen abgeworfen. Das geschah freilich noch ohne Leitgeräte, nur nach Sicht und weithin wahllos: Brandbomben auf nördliche Randbezirke ... Sprengbomben auf südliche Randbezirke ... Brandbomben auf Köln-Bayenthal, verstreut Brände ... Flächenbrand in Köln-Kalk ...

Das war massiv, verglichen mit früheren Angriffen, doch die Maßstäbe verändern sich rasch: Noch in jenem März 41 erfolgt der erste richtfunkgeleitete Bombenangriff auf Köln: gezielter die Abwürfe, konzentrierter die Schäden.

Fliegeralarm, das Aufheulen der Sirenen, mal wieder. Im Nachthemd und mit Pantoffeln in den Keller –? »Kommt nicht in die Tüte!« Ich musste mich rasch anziehn, Schuhe waren besonders wichtig, »falls Glasscherben rumliegen!«.

Zweckmäßig angezogen saßen wir im Keller: Mein Bruder Herbert, vier, mein Bruder Peter, zwei, meine Mutter, fünfunddreißig. Grundierendes Motorbrummen im nächtlichen Luftraum, massiv das Dröhnen der Flak. Die Vorstellung, Riesenhaftes würde hoch droben zurechtgeschmiedet. Jäh das Geräusch, das spezielle Geräusch im Lärmraum: dumpfer Einschlag – ein feindliches Objekt hatte das Dach durchschlagen, ein Objekt, das uns das Haus über den Köpfen anzünden

125

wollte. Unsre Mutter, in braunem Trainingsanzug – ich sehe das noch vor mir, obwohl die Szenerie schwach ausgeleuchtet war –, sie packte die Kohlenschaufel, rief uns eine Anweisung zu, ja ein Kommando: »Ihr bleibt hier!«, rannte die Kellerstiege hinauf und, mit anderer Schrittresonanz, die Treppe weiter hoch, schrie etwas vor sich hin, dann Geräusche, die keine Rückschlüsse zuließen. Kam endlich wieder herunter, rasch atmend. Brandbombe eingeschlagen ... Mansardenzimmer ... Ecke gelöscht.

Stichwort »löschen«: schon stehn sie da in meiner Erinnerung, die Wassereimer, Sandeimer auf dem Treppenabsatz zum ersten Stock, dem Treppenabsatz zum Dachgeschoss.

Kein zweiter Einschlag im Haus, das Dröhnen zog ab. Helene ging wieder hinauf, erkundete die Lage. Dann führte sie mich, als Ältesten, ins Mansardenzimmer, in dem die Brandbombe eingeschlagen war, in der Ecke gleich links; die Pupillen, sicherlich geweitet, ließen das Bild in den Kopf, und der ließ und lässt es nicht mehr heraus: Loch in der Decke ... Sand in der Ecke ... geschwärzte Wand ... Wasserlachen, Feuerpatsche ...

Helene schob einen Stuhl ans Mansardenfenster, half dem verwirrten Kind hoch, und es sah Feuer, Feuer ganz in der Nähe. Jenseits der Mauer die Villa der SA: dort brannte der Dachstuhl, es brannte auch im obersten Stockwerk, aus Fenstern wurden Möbel geworfen, brennende Matratzen. Die Flugbögen brennender Matratzen haben sich eingeprägt wie das Bild eines Meteors mit Funkenschleppe. Es brannte auch weiter entfernt – Glosen, Lohen. Und nun ein Satz, der wie mit Feuerstift fixiert wurde in der Erinnerungssubstanz: »Schau es dir genau an; das alles wird noch viel schlimmer, aber wir ziehen hier weg.«

Dies wäre eher zu erwarten gewesen: Dem Kind wird der Anblick des Schrecklichen erspart. Etwa mit solch einem Satz: Kind, schau da nicht hin, das ist zu furchtbar. Nicht so bei Helene: Holt den Sechsjährigen in das Zimmer, in dem sie den Brand gelöscht hatte, stellt einen Stuhl ans Fenster in der Dachgaube, er soll da raufsteigen, und dann der Satz, der sich wahrhaftig eingebrannt hat. Nicht: Schau dir das mal an, sondern: Schau es dir *genau* an, das alles wird noch viel schlimmer, aber –. Kein Beruhigen, etwa: Ist zwar schlimm, wird sich aber sicherlich nicht (so rasch) wiederholen.

Ja, es hätte Ansätze genug gegeben zum Beschwichtigen: Gerade dieser Angriff kann dazu führen, dass die Luftverteidigung von Köln weiter ausgebaut wird, neue Flakbatterien in Stellung gebracht westlich und nördlich von Köln, verstärkt sollen Nachtjäger zum Einsatz gelangen, vielleicht war damals schon die Rede von der Kammhuber-Linie der Reichsverteidigung West, ein weiterer Grund, nicht schwarz zu sehen, außerdem gibt es ja nun zahlreiche Ziele im Ruhrgebiet, das ist von englischen Bombern ebenfalls leicht zu erreichen, also könnte es auch unter diesem Gesichtspunkt ratsam sein, in Köln erst mal die weitere Entwicklung abzuwarten, das machen andere, machen die meisten, machen eigentlich alle so.

Nichts davon, der Junge soll sich alles genau einprägen, denn: »Das alles wird noch viel schlimmer.« Im Jahr zuvor war von der Luftwaffe am Beispiel Coventry vorgeführt worden, was Bombardierung von Städten letztlich bedeuten kann: coventrieren, auslöschen. Die NS-Propaganda hatte das hinlänglich gefeiert. Im Rückschlag war so etwas nun auch in Köln zu erwarten. Also: »Wir ziehen hier weg.« Noch im selben Monat März!

Wir Kinder freilich sorgten uns nicht um die Zukunft, wir fanden es spannend am nächsten Tag: Brandbomben begucken! Und da war es auch schon, in der kleinen Rabatte vor dem Haus: Verglühtes Weißmetall, deformiert, Segment des Bombenkörpers. Hatte Helene die Brandbombe auf die Schippe genommen und raus mit ihr durch das Fenster? Allerdings: Nach dem Einschlag, so berichtete Helene, hatte die Bombe gesprüht wie eine Magnesiumfackel.

Eine zweite Brandbombe wurde gefunden im kleinen Garten, in die Erde gebohrt, ein Stück des weißgrauen Metallkörpers ragte noch heraus. Durften wir die Bombe ausgraben? Wahrscheinlich nicht. Und steckte da nicht, im gestuften Steingarten, eine dritte Bombe? Bisher nur ein Wort, nun ein Gegenstand, vom Himmel gefallen in die Privatstraße in Bayenthal.

Für das Kind wurde dies zur Erfahrung: Das Haus, bisher geschützt durch Wände und Dach, durch Fenster und Türen, es konnte aufgeknackt, könnte womöglich von innen her zerstört werden durch rasche Ausbreitung von Feuer. Und auch: die gewohnte Umgebung dem Feuer ausgesetzt, dem Feuer preisgegeben.

Wie tief sich Kriegserfahrungen einprägen, wie lange sie konditionieren können, das wurde mir bewusst nach dem Erdbeben 1992 im Rheinland, mit einer Stärke von 5,6 auf der Richterskala. Ich erlebte das Erdbeben dort, wo man Erdbeben lieber nicht erleben möchte: in einem Hochhaus, im 16. Obergeschoss. Ich wurde, in der Stunde des Tiefschlafs, geweckt vom Schwingen des Betts, und das war weder ein Schwingen in der Vertikalen noch ein Schwingen in der Horizontalen, ich hatte den Eindruck: es wogt. Und dumpf grollende Klanggrundierung, böses Knirschen in den Wänden.

Sofort lief ein Doppelprogramm ab: erst ein Reflexprogramm, dann ein angelerntes Programm. Ich sprang aus dem Bett, stieg rasch, rasch in die Cordhose, schlüpfte in die Schuhe. Bei einem Erdbeben – und mir war gleich klar, dass es ein Erdbeben sein musste – kann es Trümmer und Scherben geben, da willst du nicht barfuß laufen, wenn es schlimmer kommt …!

Angezogen, und zwar so rasch, als wären plötzlich Bomber aufgetaucht über Köln-Mülheim, ergänzte ich das Reflexprogramm durch Instruktionen, die ich in Japan in Hotelzimmern gelesen hatte, auf roten Metalltafeln: Papiere einstecken, sich unter den nächsten Türsturz stellen. Auch dieses Japan-Programm lief so rasch ab, als hätte ich es eingeübt.

Als ich Luftangriffs-Programm und Erdbeben-Programm durchgeführt hatte, in Cordhose, Schuhen unter dem Türsturz stand, Manuskriptmappe im Griff, da hatte das Erdbeben auch schon aufgehört. Sechzehn Sekunden lang das Beben – nachträgliches Staunen darüber, wie rasch man, bei heftiger Adrenalinausschüttung, handeln kann, in einem zum Reflex gewordenen Programm. Plötzlich, 1992, war für mich wieder selbstverständlich, was 1941 für das Kind meines Namens selbstverständlich gewesen war: Alarm, rasch in die Schuhe!

Aufbruch: Unser Auto schwer bepackt, auch auf dem Dachgestell; auf dem Rücksitz wir drei Söhne, auf dem Beifahrersitz die Kinderfrau, Helene am »Volant«. Fahrt, erst einmal, ins Siebengebirge.

Nachwirkender Schock: Der Krieg war zu uns ins Haus gekommen, das Haus hatte, im genauen Wortsinn, einen Dachschaden, die Mansarde war zum Teil ausgebrannt, der Holzboden zumindest beschädigt. An Hilfe war kaum zu denken: Handwerker waren meist an der Front, auch Handwerksbetriebe wurden zerstört. Außerdem: öffentliche Einrichtungen mussten vorrangig repariert, wieder aufgebaut werden. Überhaupt waren Baumaterialien knapp, Holz (für das Dach) gab es nur mit besonderer Lizenz. Wir waren zwar nicht »ausgebombt«, aber zumindest brandgeschädigt. Da war es an der Zeit, ein ›sicheres Dach über dem Kopf‹ zu suchen.

Ein paar Tage Siebengebirge: Zeit des Planens, damit wohl auch des Telefonierens, Telegraphierens. Dann der große Aufbruch nach Bayern. Hier assoziiere ich: Aufbruch im Bahnhof. Wahrscheinlich war mit der Abmeldung aus Köln unser Wagen beschlagnahmt worden, für Partei oder Wehrmacht.

Mit dem zweiten Aufbruch koordiniere ich eine winzige Sequenz aus einem fast vollständig gelöschten Erinnerungsfilm: Ein Abend oder eine Nacht, ich in einer belebten Unterführung – wie sie im Kölner Hauptbahnhof die Bahnsteige verbindet.

Ich lasse das Bild nachwirken: keine Erinnerung gespeichert an längere Bewegung in dieser Unterführung, es bleibt bei ein paar Schritten hin zu einer der Treppen. Dort führt Erinnerung keinen einzigen Schritt hinauf … Also eher ein Bildsignal als eine Bildfolge.

Was ich damals empfunden habe, ich weiß es nicht, also kann ich die Momentaufnahme, die minimale Filmsequenz der Erinnerung nicht festlegen in der Bedeutung für das Kind, das meinen Namen trug. Eine Aussage aber dürfte sich ableiten lassen vom Erinnerungsbild: Dass es sich so eingeprägt hat, es signalisiert, dass die Situation als ungewöhnlich empfunden wurde. Hellwache Wahrnehmung eines Kindes, das aus gewohnten Lebensverhältnissen – ja, was denn nun: herausgelöst oder herausgerissen oder befreit wird?

BERCHTESGADEN-SCHÖNAU, Landhaus Schulten: dort wohnte die Familie, während Mutter Helene über Zeitungsannoncen eine Wohnung suchte, speziell in Bayern. Der Vater war zu jener Zeit bei der Kriegsmarine, stationiert in Zuidlaeren.

Der (sehr rasche) Ortswechsel wurde auch in einem neu angelegten Fotoalbum dokumentiert. Auf der ersten Seite eine Postkarte, schwarzweiß: Die Pension – großes, ländliches Haus zwischen Bäumen, vor Bergen. Und Helenes kalligraphische Frakturschrift: »Unser Aufenthalt März–September im 2. Kriegsjahr 1941«.

Jeder Monat des Zwischenaufenthaltes ist fotografisch festgehalten: Erst stehen zwei Kühn-Kinder und ein Kinderwagen tief im Schnee, dann wird die Kleidung leichter, Seite um Seite. Zwischendurch posiere ich in schwarzer Kinder-Bergmannskleidung, Bruder Herbert an der Hand, auch er in Bergmannskleidung im Kindformat: Salzbergwerk von Bad Reichenhall! Daran muss ich freilich nicht durch Fotos erinnert werden, das ist präsent geblieben – vor allem die Rutschpartie eine Holzrinne hinab, auf einem festgezurrten Lederlappen sitzend, dem »Arschleder«.

Im Autoatlas suche ich Berchtesgaden-Schönau und sehe: Schönau ist von Berchtesgaden ein Stück entfernt, südwestlich.

Wie kam Helene auf Schönau? Wahrscheinlich hat ihre Münchner Schwester vermittelt. Aber nach München wollte

Helene offenbar nicht, obwohl – damals – die Stadt noch relativ sicher schien vor Bombenangriffen. Zu viele NS-Behörden in der »Hauptstadt der Bewegung«, zu viele Uniformierte? Entschied sie sich aus taktischen Gründen für Schönau? Der südöstlichste Winkel Deutschlands, und wir dort weit genug entfernt von Kölner Behörden und Parteiorganisationen, in denen womöglich Daten gesammelt waren über die Familie? Kontrolle der Bürger durch Behörden war in der NS-Zeit wirkungsvoll organisiert, dennoch: Es war die Manufaktur-Epoche der Datenverarbeitung, man dachte noch nicht in Kategorien der Vernetzung. Und so konnte – trotz Abmeldung, Anmeldung – der Faden erst einmal reißen, konnte zumindest dünn werden zwischen Rheinland und Bayern. Damit war zumindest Zeit gewonnen.

Wir waren den Fluchtbewegungen der Bombenopfer (»Ausgebombte«) zeitlich so weit voraus, dass es nicht eilte beim Suchen einer Wohnung. Andererseits, der Zeitraum war nicht unbegrenzt: vorgegeben war das Datum meiner Einschulung. Spätestens dann musste die Familie einen festen Wohnsitz in Bayern gefunden haben.

Dieter, sechs, in Schönau: Landschaftsambiente »besonnter Kindheit«? März/April noch mit Tiefschnee, wir Kinder vermummelt. Juli/August, wir Kinder in Spielhöschen. Dass Winter damals schneereich und kalt, dass Sommer trocken und heiß waren: nicht bloß subjektive Erinnerung, es lässt sich nachweisen – die Phase der vierziger Jahre als besonderer Abschnitt (auch) in der Geschichte der Meteorologie. Exemplarischer Kindheitssommer, in der Tat.

Berchtesgadener Land im Sommer: der fand vor allem auf einer Wiese statt, die hinter der Pension schräg anstieg. Auf dieser Fläche spielte ich mit dem vierjährigen Bruder »Kohlroulade«: Wir legten uns dicht aneinander, wickelten uns in eine alte Decke (wohl eine Bügeldecke), hielten sie von innen her zusammen. War die Kohlroulade perfekt gewickelt, so blieb bei der Drehbewegung auf holprigem Hang der Kopf im Halbdunkeln, und es roch stärker nach Decke als nach

131

Wiese. Nach einigen der raschen Drehungen fiel die Kohlroulade meist auseinander, und es ging gleich wieder hinauf, die Decke wurde ausgebreitet, am oberen Ende legten wir uns aneinander, drehten uns, Brust an Brust, in die Decke ein, schon ging es die Wiesenschräge hinunter, nach einigen der raschen Drehungen fiel die Kohlroulade auseinander. Und gleich ging es wieder hinauf, die Decke ausgebreitet, am oberen Ende legten wir uns aneinander, drehten uns, Brust an Brust, in die Decke ein, schon ging es die Wiesenschräge hinunter, und nach einigen der raschen Drehungen – und so weiter, bis zur Erschöpfung.

Berchtesgadener Land im Sommer: es war auch die Zeit für Geschichten. Und da prägte sich vor allem die Geschichte ein, die sich mit der Gipfelkette des Watzmannmassivs verbindet. Diese Geschichte blieb wichtiger als der Watzmann selbst. Oder: der Watzmann als steinerner Zeuge einer nachwirkenden Geschichte.

Es war einmal ein böser, böser König, der hieß Watzmann. Seine Frau unterstützte jede Bosheit ihres Mannes, und die Kinder, alle sieben, waren mit dabei, wenn der König Böses tat. Den Bauern im Berchtesgadener Land, das von seiner Burg am Königssee beherrscht wurde, presste er immer höhere Steuern ab, und nicht nur das: Zuweilen mussten Bauern die Ochsen ausspannen und selber die Pflüge ziehen, Knechte des Königs trieben sie an mit Knütteln und Peitschen, Hunde wurden auf sie angesetzt, bellend und beißend, da zogen die Bauern ihre Pflüge im Eilschritt. Wenn die Hunde einen der Bauern zerfleischt hatten, kehrte der König mit Familie und Gefolge zufrieden zurück in die Trutzburg, Zwingburg; nachts hörte man weithin das Jaulen der Hunde.

Immer wieder ritt er los, um Bauern zu schinden, immer wieder ritt er zur Jagd, gefolgt von böser Frau und bösen Kindern, gefolgt von Knechten und Hunden. An einem brütend schwülen Tag aber konnte König Watzmann kein Wild erlegen, also war er besonders übler Laune, als er seinen Heimweg über eine Alm nahm. Auf schmalem Pfad spazierte ihm eine alte Frau mit kleinem Kind entgegen: Mutter und Kind des

Almhirten. König Watzmann preschte auf sie los, ritt sie nieder. Die alte Frau versuchte, sich wieder aufzurichten, die Frau des Königs aber ritt sie gleichfalls nieder; die sieben Kinder folgten ihrem Beispiel. Die Frau des Sennhirten hörte die Todesschreie der Schwiegermutter, hörte die kleinen Todesrufe ihres Kindes, sie lief aus der Almhütte, um zu helfen, schon wurde sie von König Watzmann gepackt, einer der Hunde sprang bellend und beißend an ihr hoch, und der Almhirte, herangeeilt, wollte den Hund wegreißen von seiner Frau, da befahl der König den Hunden, den großen und sicherlich schwarzen Hunden: Fasst! Und er schrie den Knechten zu: Tötet sie! Und die Knechte erschlugen, die Hunde zerfleischten die Familie des Hirten. Der verfluchte, sterbend, den bösen König Watzmann. Und ein Unwetter brach los nach dem brütendheißen Tag, die Hunde stürzten sich auf ihren eigenen Herrn, stürzten sich auf die Frau, auf die sieben Kinder, die Hunde bissen allen die Kehlen durch, zerrten die Leiche des Königs Watzmann und die Leiche seiner Frau und die Leichen der Watzmannkinder zu einem Abgrund, stießen sie mit ihren Schnauzen hinab.

Und am nächsten Morgen – klarer Himmel nach dem Unwetter – staunte man im Berchtesgadener Land: Ein neues Gebirge war in der Nacht entstanden, ein Gebirgsmassiv mit einem hohen Gipfel, mit einem nicht ganz so hohen Gipfel, mit sieben kleineren Gipfeln zwischen ihnen.

Und die Geschichte ist aus, geht alle nach Haus. Nein, Moment, sie hat noch ein kleines Nachspiel! Wenn Sturm im Watzmannmassiv heult, raunt man im Berchtesgadener Land: Hört ihr, wie die Hunde jaulen? Wie des Königs Hunde jaulen? Hört ihr, wie des Königs Hunde, hört ihr, wie sie jaulen, jaulen? Hört ihr, hört ihr, wie die Hunde, wie des Königs Hunde jaulen?

Erinnerung, die sich mit Berchtesgaden verbindet: Ich liege auf einer Decke, hinter einem aufgebockten Maschinengewehr, Kolben an der Schulter, ein Offizier redet auf mich ein, ungeduldig, herrscht mich schließlich an, endlich krümme ich den Finger am Abzug, die Waffe rüttelt, der Kolben boxt rasend schnell an meine Schulter, die Schüsse schmerzhaft laut.

Ich vermute: Ein Tag der offenen Tür, eine Präsentation des Heeres (Gebirgsjäger?). Ich vermute weiter: Meine Mutter bezahlte die Patronen des Feuerstoßes, bestimmt mit Aufpreis. Ich vermute ebenfalls, sie war dazu überredet, verpflichtet worden: Der Junge muss wissen, wie das ist ... Aber im Jungen wurde keine Begeisterung geweckt mit den Probeschüssen: Ich fühlte mich eingeschüchtert, kam mir noch kleiner vor, als ich es war, sechsjährig.

Begeisterung wurde schon gar nicht geweckt durch diesen Anblick: Auf dem Kasernengelände robben Rekruten, Gewehre in den Fäusten; nasser Boden; einer der Soldaten will um eine Pfütze herumkriechen; ein Offizier brüllt ihn an, tritt mit dem Schaftstiefel in die Pfütze, Wasser- und Dreckspritzer ins Gesicht des Soldaten. Das erschien mir weder lustig noch ertüchtigend, das gefiel mir überhaupt nicht.

Helene nahm mich (nur mich?) mit auf ihre (erste?) Fahrt nach Herrsching am Ammersee. Dort hatte ein Hausbesitzer auf eins ihrer Inserate geantwortet mit verlockendem Angebot. Herrsching also!

Die Wohnung in der Fischergasse konnten wir zu diesem Zeitpunkt noch nicht beziehen, wir wohnten im Hotel Steinberger (längst abgerissen und ausgetauscht gegen einen modernen Hotelbau, der wiederum abgerissen und durch einen noch moderneren Hotelbau ersetzt wurde). Vage Erinnerung an das Frühstück in einem Raum mit bemalter Holztäfelung.

Dann Wechsel in die neue Wohnung. Helene brachte mich mit dem Rad zur Schule, ich auf dem Gepäckständer, hielt mich fest an beiden Sattelfederspiralen.

Am Eingang zur Schule musste mir zugeredet werden, nachdrücklich. So kurz zuvor waren wir im Ort angekommen, kaum eingelebt und nun sofort zur Schule: das Neue auch noch im Fremden! Tränen? Festklammern? »Mach keine Menkenke!« – Standardsatz der Mutter, wahrscheinlich auch in dieser Situation wiederholt.

Die Wahrnehmung für das neue Ambiente wuchs nach. Fischergasse 10: ein Haus, so breit, so lang (beinah) wie ein bayrischer Bauernhof. An der Sonnenseite, im ersten Stock, ein Balkon; unter dem vorspringenden Dach ein Balkönchen; riesiger Ahorn vor großem und kleinem Balkon; an der Rückseite des Hauses ein Brennholzschuppen, eine Waschküche mit fest installiertem Kessel und – etwas tiefer im Garten – ein zweiter Schuppen; gereihte Johannisbeerbüsche, ein Gemüsegarten (ein Karree auch für uns); Rosenpergola; hinter den Nutzflächen eine Wiese mit Obstbäumen, einem Rondellbau auf sanfter Erhebung; eine kurze Allee führte zur Parallelstraße.

In einem der Bildbände über Herrsching entdecke ich, ganzseitig, ein Foto des Hauses, in dem wir von 1941 bis 1949 gewohnt haben, sehe es nach einer Renovierung, bei der vor allem Fenster ausgetauscht wurden: heute übliche Glasflächen gegen früher übliche Sprossenfenster. Und die schmiedeeisernen Fenstergitter im Erdgeschoss sind entfernt. Die Lattensprossen auf der Gartenseite wieder angebracht auf neu verputzter Wand; auf dem Foto ist der wilde Wein noch nicht so hoch gewachsen, wie wir das nicht anders kannten, damals: ockerfarbene Wand mit dem reichen Weinlaub. Assoziation: Eine Hornisse hier, auf die einer der Söhne des Hausbesitzers mit dem Luftgewehr zielte, aus wenigen Schritt Entfernung. Die Erinnerung hat nicht mehr gespeichert, ob die Hornisse auch getroffen wurde.

Einige angelesene Informationen, den Erinnerungen zusätzliche Tiefendimension verleihend. Das Haus war einst nach dem ersten Besitzer benannt, der es wohl auch erbaut hatte: »Beim Naheiß«. Ein »Anwesen mit Fischereirecht«. Als Kind konnte ich mir nie erklären, weshalb unsere Gasse, die bestimmt drei- oder vierhundert Meter Luftlinie vom Seeufer entfernt lag, Fischergasse hieß, aber nun wird eine Erklärung sichtbar im Buch: Weil ein Fischer das Haus zuerst bewohnt hatte.

Fotos des Orts an der Wende vom 19. zum 20. Jahrhundert:

Felder und Wiesen in weiten Flächen zwischen dem noch unbebauten Seeufer und dem Dorf, das sich um die Kirche scharte, die auf ihrem Hügel zum Wahrzeichen wurde: St. Martin. Ein Landschaftsmaler war der Erste, der zu jener Jahrhundertwende am Seeufer baute: spätromantisches Künstlerschlösschen mit Fachwerk, Erkern, rundem Aussichtsturm. Nun war das Seeufer entdeckt, nun wurde es attraktiv, bald bauten auch andere am See. Selbstverständlich liegen heute die teuersten der teuren Grundstücke an der Promenade, dennoch bleibt die alte Silhouette gewahrt, noch.

Das Haus des Naheiß also aus der Zeit, in der man sich vom See fernhielt – solange man am See, auf dem See nicht beschäftigt war, vorzugsweise Renken fangend. Im See wird man sich höchstens mal gewaschen haben, das Baden, erst recht das Schwimmen war in jener Ära noch längst nicht üblich.

Ja, und nach dem Naheiß wohnte im Haus ein Mann namens Wunderl, der ebenfalls Fischfang betrieb und zusätzlich Landwirtschaft. Einer, der das Haus später großzügig erweitert und ausgebaut hatte, war ein Major mit Adelsnamen. Und der Hausbesitzer, der uns die Einliegerwohnung vermietete, er war für mich, für uns immer nur der »Herr Feuerherdt«. Im kurzen Begleittext des Fotos erhält er einen Vornamen: Reinhold. Er war Vorsitzender eines Arbeitsgerichts gewesen, vor seiner Zeit in Herrsching. Die hatte offenbar erst kurz vor unserer Zeit begonnen: 1941 ging das »Anwesen« in seinen Besitz über. Neuer Hausherr also mit neuen Mietern.

Ein kompakter, weißhaariger Mann, in der Etage über uns residierend. Und zwei Söhne, die mir, als Kind, erheblich älter erschienen, obwohl sie noch nicht im »wehrfähigen Alter« waren. Und die Frau, die zwischen den dreien sehr leise wirkte. Ja, und nun taucht beim Schreiben ein weiterer Hausbewohner auf, bisher vergessen: Unter dem Dach, in einem Zimmer mit Balkon Richtung Ahorn, wohnte ein Mann namens Arthur, und der war krank, hatte es offenbar auf der Lunge, saß viel herum, bewegte sich langsam und mit weichen Schritten, sprach leise, war oft tagelang nicht zu sehen, musste sich demnach unter dem Dach aufhalten, in einem Raum mit geschrägter Decke. Und tauchte wieder auf; zwischen den Männern, die poltrig auftraten, bewegte er sich auf Sohlen, die seine Trittgeräusche zusätzlich dämpften – hätte es in jenen Kriegsjahren Kreppsohlen gegeben, es wäre die Erklärung gewesen. Die gelegentlichen, fast geräuschlosen Auftritte des Mannes mit hellem, etwas schütterem Haar, mit immer nur leiser Stimme: ihn habe ich als Kind offenbar im Auge behalten. Mann mit rätselhafter Krankheit, überhaupt eine rätselhafte Erscheinung. Ich kann keine Geschichte über ihn erzählen, leider.

Fischergasse 10: Unser Spielbereich war der schmale Vorgarten, mit einem Lattenzaun entlang der (noch längst nicht asphaltierten) Gasse; ein Gartentor an der Einfahrt in den Schuppenbereich; ein Dreiviertelrund von Jasminbüschen: weiß gestrichener Tisch, weiß gestrichene Stühle. Unsere Wohnung: gut die Hälfte des Erdgeschosses; Seiteneingang. Die Wohnung flankiert von einer Werkstatt (mit großem, oben gerundetem Holztor) und dem Vestibül der Hausbesitzer.

DREI JAHRE (ein Jahr durfte ich überspringen) in der Volksschule Herrsching. Nur schwache Erinnerungen an das Klassenzimmer, aus dem ich am liebsten hinausschaute, nur vage Erinnerungen an den Herrn Hauptlehrer. Mein Gedächtnis gibt wohl auch deshalb so wenig Erinnerungen an die Schulzeit her, weil ich nicht zu den Menschen gehöre, die Schulerinnerungen kultivieren. So nehme ich auch nicht teil am Austausch von Erinnerungen an die Gymnasialzeit; Klassentreffen bin ich bisher ferngeblieben, nur einmal habe ich an einer Eifelwanderung ehemaliger Klassenkameraden teilgenommen, bei schönem Wetter, bei guter Laune im Grüppchen. Auch wenn bei einem der Senioren Gelenkprobleme spürbar wurden, ein anderer kurz mal zurückblieb: Ich muss schnell meinen Blutzucker messen. Und gleich die Notfallbanane verputzt!

Wiederum die Herrschinger Schulzeit: In Erinnerung geblieben sind vor allem Geschichten, die im Fach Heimatkunde erzählt wurden, Geschichten aus dem Umland: Brand von

Kloster Andechs ... Pest in Erling ... ein Geheimgang ... Graf von Seefeld ...

»Heimatkunde«, das konnte bedeuten, dass die Klasse während des Vormittags die Schule verließ zu einer Dorfexkursion, etwa zum alten Gasthof mitten im Ort. Im Flur hing ein Ölbild, auf das man im fernen Dreißigjährigen Krieg mit Säbeln eingeschlagen hatte, die Kerben im bemalten Holz registrierten wir auch bei der schwachen Beleuchtung. Was auf dem Bild gemalt war, weiß ich nicht mehr, ich sehe nur noch Buntes mit Kerben. Die blieben in meine Erinnerungssubstanz gleichsam eingeschnitten.

Eine heimatkundliche Wanderung auch zu einem kleinen Landschloss am Rand des Nachbardorfs Seefeld. Wir setzten uns an einen Hang, blickten hinüber zum graubraunen Schloss, kriegten die Geschichte zu hören über den Grafen von Seefeld, der in früherer Epoche gelebt hatte. Jener Graf war ebenso reich wie geizig; er hasste Bettler, sein Reichtum aber zog Bettler an in karger Zeit. Eines Tages befahl er seinen Leuten, die Bettler in eine Scheune zu treiben; sie wurde verrammelt und an den Ecken angesteckt. Und an den Ecken angesteckt. Feuer, Feuer, hohe Schreie. Da fragte der Graf die Männer: »Hört ihr, wie die Mäuse pfeifen? Hört ihr, wie die Ratten fiepen?« Mäuse und Ratten der näheren Umgebung nahmen das wörtlich, huschten zum Schloss, immer zahlreicher, bald zogen auch aus der Ferne Mäuse und Ratten heran, zu Tausenden drangen sie ins Schloss ein. Mäusepfeifen, Rattenfiepen – und das Echo heute noch ... Aß der Graf, so sprangen Mäuse, Ratten auf den Tisch und – nein, das darf nicht nur wiedergegeben werden, das muss die Balladenform finden, die in der Geschichte angelegt ist: Aß der Graf, so sprangen Mäuse, / Ratten auf den Tisch und fraßen. / Schlief der Graf, so nagten sie / seine Ohren an, er schrie. / Seine Ohren an, er schrie –

KINDHEIT, HITLERZEIT. Mein Gruß war nicht: Guten Tag oder: Grüß Gott, auch mein Gruß lautete: Heil Hitler. Auch ich habe den rechten Arm gestreckt, habe ihn angehoben in einem Winkel von etwa dreißig Grad, habe dabei die Hand flach gehalten. Angst, nachträglich, als ich den Bürgermeister mit gestrecktem linken Arm gegrüßt hatte, aber das blieb ohne Folgen.

In München wollte Helene sich selbst und mir den Deutschen Gruß ersparen vor der SS-Ehrenwache an der Feldherrnhalle, wir wichen aus in die Gasse, den Durchschlupf hinter dem Ehrenmal: die »Drückebergergasse«. Dabei hätte ich sie gern aus der Nähe beschaut, die beiden reglosen Männer in schwarzen Uniformen, mit schimmernden Helmen, glänzenden Stiefeln, geschulterten Gewehren. Und hingen oder lagen da nicht auch Kränze?

Zufall liefert mir ein Stichwort: Schulfibeln. Als Stadtschreiber von Mainz wurden mir, unter dem Dach des Gutenberg-Museums wohnend, Kataloge früherer Ausstellungen des Hauses geschenkt, ich blätterte mit höflichem Interesse, bei einem Katalog aber merkte ich auf: Eine »Ausstellung zur Geschichte der Fibeln in Deutschland«, dabei das Kapitel: »Nationalsozialistische Fibeln«. Zwei Abbildungen aus Fibeln jener Zeit, reproduziert.

Die erste: Jungvolk in Uniform, hinter einer Trommel, einem Wimpel mit Siegesrune marschierend: »dom ... dom ... diri, diri, dom ...« Erste Zeile eines Textpäckchens in Sütterlinschrift, in der auch ich das Schreiben lernte; später mussten wir uns umstellen auf lateinische Buchstaben. Ich kann Sütterlinschrift aber noch mühelos lesen: »dom ... dom ... diri, diri, dom, / so marschieren sie los, / alle schön ausgerichtet, / alle sauber alle gerade.«

So etwas werde ich, mit hoher Wahrscheinlichkeit, damals gesehen und gelesen haben, zumindest in dieser Machart. Komme ich damit dem Erstklässler näher, der meinen Namen trug? Die Fibel, die ich mit sechs und sieben Jahren benutzte, die hatte ich mit anderen Augen gesehen. In keiner Weise konnte das Kind mit meinem Namen so etwas wie kritische Distanz entwickeln – die heute vorgegeben ist.

Das macht mir auch Exponat 103 bewusst, eine Bildreproduktion aus der Publikation »Von Drinnen und Draußen.

Heimatfibel für die Deutsche Jugend«. Ein mit tödlicher Symmetrie angelegtes Bildchen: In der Zentralachse führt eine Dorfstraße auf den Platz einer Kleinstadt; rechts und links im Vordergrund hängen große Hakenkreuzfahnen an Häusern; man schaut auf zwei Fachwerkhäuser gleicher Größe, die, in der Bildachse, ein altes Haus mit leicht geschwungenem Giebel in die Mitte nehmen; zwischen den drei Giebelfronten ragen zwei Kirchtürme hoch; an allen Häusern Hakenkreuzfahnen; im Hintergrund marschiert eine SA-Einheit von links nach rechts, im Vordergrund marschiert von rechts nach links ein Trüppchen Jungvolk, voran ein Junge mit Wimpel, hinter ihm der Trommler, im Gleichschritt die erste Reihe; Mann und Frau und Hund und Kinder schauen zu.

Das Dutzend Hakenkreuzfahnen auf diesem Bild, es ist (oder wäre) Kind Dieter kaum übertrieben erschienen – »festliche Beflaggung« wird es auch in Herrsching gesehen haben. Und vorstellen konnte sich wohl nicht einmal meine skeptische Mutter, dass all die Staats- und Machtembleme schon nach wenigen Jahren Müll werden könnten: weggeworfen, verbrannt, zertrampelt, an Soldaten der Siegermächte verhökert.

Weiter: Ich konnte damals noch nicht erkennen, wie miserabel eine Buchillustration eines Herrn Gutgesell (!) war. Die »Pimpfe«, die – dom … dom … diri, diri, dom – hinter dem Anführer, hinter der Trommel, hinter dem Wimpel hermarschierten, sie sind wie mit der Schablone konturiert: gleiche Größe, gleiche Gesichter, gleiche Frisuren, die weißen Händchen an der »Hosennaht«. Als würden sie mit einem Schlüssel am Rücken aufgedreht, und sie marschieren – dom … dom … diri, diri, dom – so weit die Federspannung reicht.

Und die Texte solcher Fibeln? Dom … dom … diri, diri, dom …, sie sind total vergessen. Da konnte ein Fibel-Heini noch so oft im Leselerntext »Heil! Heil!« rufen – keine Resonanz mehr. Und ein Wikingerschiff, beladen mit Kindern, Hakenkreuzfahne am Mast – untergegangen im Vergessen. Und ein Brautpaar, unter dem Stichwort »Die Hochzeitsfeier« aus einer Kirche (!) heraustretend, er in SA-Uniform, vor ihnen ein Spalier von SA-Männern – alles aufgelöst …

Aber dies, überhaupt nicht spektakulär, ist in Erinnerung geblieben: Abziehbilder. Damals waren Abziehbilder sehr beliebt, auch bei mir. Ein etwa handtellergroßes, handtellerkleines Abziehbild, wohl als Geschenk, und es wurde eine Papierfläche befeuchtet oder die Rückseite des Abziehbildes – mit der Zunge, wie bei einer Riesenbriefmarke, oder wurde es kurz durch Wasser gezogen? Das feuchte Abziehbild sodann auf einen Papierbogen gepresst, ja, mit dem Handballen, mit der Handkante wurde es angepresst, und dann der entscheidende Vorgang des Ablösens, es wurde so etwas wie eine hauchdünne Bildhaut abgelöst, hurra, und die Figur war, in wasserfrischen Farben, auf dem Papier. Vollständig? Das war die Frage, nun sehe ich wieder das kleine Problem: Beim Abziehen konnten sich Flächen der Bildhaut vom Papier lösen, wurden mit abgezogen, da war denn eine störende weiße Papierfläche, unregelmäßig gezackt, im Bild. Ja, die aufgehauchte Bildhaut, so dünn wie Blattgold, sie konnte sich lösen … konnte Falten werfen … konnte winzige Wellen bilden … da würde das Bild sich nicht lange halten auf dem Papier …

Deutlicher als ein Abziehbild selbst blieb in Erinnerung der Vorgang des Ablösens – fast so spannend wie, später, das Entwickeln eines Fotos in improvisierter Dunkelkammer, und in der Plastikschale, unter Rotlicht, wachsen Konturen, erst laff und vage, aus der Fotopapierfläche heraus, verdichten sich bis hin zum Schwarz. Abziehbilder, gibt es die überhaupt noch? Bildchen, die man rubbeln kann, meist bei Werbeaktionen, das ja. Aufkleber, selbstverständlich. Aber Abziehbilder? Egal. Wichtig bleibt nur: Das Wort »Abziehbilder«, sonst nie benutzt, wahrscheinlich bisher noch nie von mir niedergeschrieben, es macht sich nun beinah selbständig.

Macht sich in der Erinnerung selbständig wie die japanische Wunderblume, die sich im Wasser entfaltete. Intensiv nachwirkendes Bild: In einen mit Wasser gefüllten Kochtopf legte ich das ungefähr streichholzlange, schwarze Stäbchen, es schwamm, und bald schon begann es in diesem Stäbchen zu rucken, zu zucken, es entfaltete sich ein Blütenblatt, zögerlich, als müsse es sich aus sanfter Verleimung lösen, schon begann es auf der Gegenseite des Stäbchens zu rucken, zu zucken, im Schwarzen bildeten sich sehr schmale, gelbe und rote Risslinien, aus denen wurden klaffende Linien, nun erst schien das Wasser so richtig einzuwirken, und flach auf dem Wasserspiegel entfaltete sich die Blüte mit ruckenden Bewegungen, als wären jeweils kleine Widerstände zu überwinden. Die Blüte, die sich aus dem schwarzen Stäbchen befreit hatte, sie zeigte vor allem Gelb und Rot. Dieses Aufklaffen der Farbflächen hat sich eingeprägt; die Form, in die schließlich die Blüte hineinfand, sie habe ich vergessen.

Weshalb dieses kleine Wunder für das Kind meines Namens ein so großes Wunder war, dafür kann ich Erklärungen heranziehen. Es gab wenig Farbenbuntes zu sehen in den Kriegsjahren. Vermutlich war das schwarze Wunderstäbchen aus Japan nach Bayern gekommen – die militärische und politische Achse Berlin–Tokio. Kleiner Spielraum für scheinbar Überflüssiges, nahm nicht viel Transportraum in Anspruch – auch wenn die Stäbchen eher zigarettengroß als streichholzklein gewesen sein dürften. Aber schwarz waren sie auf jeden Fall.

JEDE WOCHE holte ich drei Kriegsillustrierte ab in der kleinen Buchhandlung am Kriegerdenkmal: eine Illustrierte der Marine, eine Illustrierte des Heeres, eine Illustrierte der Luftwaffe. Erinnerungsbilder mit unscharfen Rändern: Männer sonnen sich auf dem Vorschiff eines U-Boots, nackt auf den Bäuchen liegend … Ein Schlauchboot mit Infanteristen setzt über einen Fluss, zwischen Wasserfontänen … Bomben werden eingeklinkt unter den hochgeknickten Flügeln eines Sturzkampfbombers … Auf einer Witzzeichnung hängt ein englischer Pilot mit schlaffem Fallschirm am Wetterhahn eines hohen und spitzen Kirchturms, betont hilflos, und als Bildlegende das Zitat: »Horch, was wimmerts hoch vom Turm …?«

Warum habe ich ausgerechnet diese Zeichnung behalten? Wegen des Kontrastes zum klassischen Text? Den haben wir in der Volksschule Herrsching bestimmt nicht kennengelernt. Keine schlüssige Erklärung. Vielleicht blieb in der Erinnerung nur zufällig der gezeichnete Engländer an der gezeichneten

Kirchturmspitze hängen. Die anderen Bilder jener Serie frei nach Schillers *Glocke* habe ich vergessen. Nachblättern kann ich nicht, denn: Als der Feind hörbar wurde erst mit Kanonen, dann mit Schnellfeuerwaffen in kurzen Salven, da habe ich flugs die Illustrierten vergraben, in dicken Packen: möglicherweise verdächtiges, damit gefährliches Material. In den Erdboden damit!

Obligatorische Identifikationen im Kindesalter. Mein Vorbild wurde vermittelt durch Propaganda, durch aufschönende Kriegsberichterstattung: Ich wäre am liebsten Offizier der Luftwaffe geworden, Pilot einer Me 109. Weil sich das in einem bayrischen Dorf schwer simulieren ließ, wollte ich wenigstens Luftwaffenoffizier im Erdkampf sein. Aus Sperrholz sägte ich ein Ritterkreuz, bemalte es mit schwarzer Wasserfarbe, hob die Konturen hervor mit Ofenrohrsilber, trug diese Ordensimitation an breitem Band, das unzulässig bunt war, doch entscheidend war nicht, was mir um den Nacken, entscheidend war, was vor dem Hals hing.

Mit pendelndem Ritterkreuz, den Kolben einer Spielzeugpistole fest in der Kinderfaust, lief ich durchs Dorf, da hatten Gegner keine Chance, ich ließ die Waffe sprechen.

Sperrholz-Ritterkreuz, Spielpistole: Surrogate, die aufgeladen werden mussten mit Bedeutung. Bis ich eine Kriegstrophäe erhielt, die *mich* auflud mit Bedeutung: Ein Bekannter der Eltern schenkte, nein: überreichte mir einen halben (oder womöglich dreiviertel!) Meter langen Patronengurt eines Maschinengewehrs, erzählte mir, diesen Gurt hätte er in einem Luftkampf leergeschossen. Da fühlte ich mich fast wie ein Knappe, dem König Artus die Hand auflegt.

Dieser MG-Gurt machte das Sperrholz-Ritterkreuz überflüssig. Aber nie erhielt ich, was ich mir am allermeisten wünschte, was ich dem Piloten am liebsten abgeguckt hätte: Die lammfellgefütterten Pilotenstiefel, mit Reißverschlüssen außen rechts und außen links, für Fliegerzubehör. In solchen Stiefeln wäre ich eine Spanne hoch über den Dorfstraßen geschwebt und womöglich über der Seefläche.

Das Kind, das ein Kämpfer sein wollte, es musste sich nass kämmen: Mehrfach musste der Kamm unter Wasser gehalten werden, bis die schwarzen Haare schließlich parallel lagen wie Pflugfurchen. Weil die nass gekämmten Haare rasch wieder trocken wurden, sich dann über der Stirn leicht eine Strähne löste, musste ich eine Haarklammer tragen. Die machte die Stirn wieder frei, zwang die Strähne zusammen mit dem ordentlich gekämmten Haupthaar. Ich trug diese nur etwa zwei Millimeter breite Haarklammer höchst ungern, hätte sie mir am liebsten aus dem Haar gerissen, aber strikten Anweisungen der Mutter war unbedingt Folge zu leisten.

Als selbst Mutter Helene den Eindruck hatte, die Haarklammer könnte nicht mehr zu einem Jungen passen, wurde der Pomadestift eingeführt: ungefähr so dick wie ein Rasierpinselgriff, und es schob sich eine süßlich riechende Hartpaste heraus, die auf dem gekämmten Haar gleichförmig abgestreift wurde; nun lag es so dicht und fest auf dem Schädel, als hätte man eine Badekappe auf.

Es wurde nicht nur Wert gelegt auf korrekt gekämmtes, durch Wasser oder Pomade in Form gehaltenes Haar, auch auf gleiche Kleidung der Kinder: Die verhassten »Lufthosen, Spielhosen«, die im Hochsommer alle drei Söhne trugen, bunt gemustertes Textil mit angenähten Hosenträgern aus gleichem Material, ein leichter Gummizug in den Beinöffnungen. Ich hasste diese Spielhöschen, vor allem, wenn wir in diesen (innerfamiliär uniformen) Lufthosen fotografiert oder mit der Schmalfilmkamera gefilmt wurden, wie die »Orgelpfeifen« der Größe nach gereiht auf dem Landungssteg der Ammersee-Schifffahrt, vor einem Ruderboot am Strand, auf einer Waldlichtung. Solche Fotos gibt es noch, doch die Schmalfilmspulen sind verschollen. Umso besser.

Leitwert der Erziehung der vierziger Jahre war »Reinheit«, und die wurde sichtbar gemacht durch Reinlichkeit.

In einer kleinen Fotosequenz der fünfziger Jahre, unter dem Titel »Das wohlerzogene Kind«, sehe auch ich mich abgebildet: Ein Bübchen in Sandalen (mit Söckchen!), in einer bayrischen Lederhose (hatte ich auch!), mit weißem Hemd (Ärmel nicht aufgekrempelt, höchstens aufgerollt in dünnen Wülsten!), mit nass gescheiteltem Haar, dieses Vorbild öffnet einer Dame die Tür, eilt, auf einem anderen Foto, einer Frau mit Einkaufstasche hilfsbereit entgegen. »Schon von klein an müssen Kinder zur Hilfsbereitschaft und Ritterlichkeit angehalten werden.« Ja, ja Ritterlichkeit, man muss ritterlich sein, ein kleiner Ritter – eins der Begleitwörter, zu Hause und in der Schule. (In meinen Übertragungen aus dem Mittelhochdeutschen zog ich später das Wort »Panzerreiter« vor, damit war klar und nüchtern ein Berufsstand bezeichnet, ohne falsche Assoziationen, unerwünschte Konnotationen.)

Das ritterliche, hilfsbereite, ordentliche, saubere, pünktliche Kind, es »springt«! Eine damals selbstverständliche Erwartung, die Kindern Beine machte. Auch mir. »Pünktlichkeit! Sauberkeit! Ordnung!« – nicht nur Leitwerte von Helene Kühn, das entsprach erzieherischen Richtlinien der vierziger, auch noch der fünfziger Jahre.

Das reinliche und so weiter Kind durfte keine Gefühle zeigen. Auch zu Hause wurde nicht gern gesehen, wenn ich weich wurde, das wurde ironisch kommentiert: »Hast wohl heute den Anhänglichen … hast wohl heute den Melancholischen …« Mit solchen Floskeln wurden scheu signalisierte Wünsche abgetan, abgewiesen: »Mach keine Menkenke!« Zuteilung ja, das klappte, da konnte ich mich nicht beklagen, aber Zuwendung …? Vorherrschend war Reglementierung.

»Halt dich grade!« Eine ihrer Standard-Anweisungen. Mit zurückgeschrägten Armen musste ich zuweilen einen Stock waagrecht hinter dem Rücken halten, die Schultern zurückgezogen, die Brust stärker vorgewölbt. So musste ich mich allerdings nicht auf der Fischergasse zeigen, das blieb eine Übung im Flur, hin und zurück zwischen Haustür und Wohnzimmertür.

Auf einem Foto sehe ich Helene nun mit geschärftem Blick: im Badeanzug sitzt sie auf einem Steg, Seitenansicht, »kerzengerade« ihr Rücken. Das sollte offenbar übertragen werden.

Das Kind musste spuren. Wenn es nicht spurte, gab es ein paar hinter die Löffel, setzte es Hiebe. Damit das Stichwort Kochlöffel. Wiederholt eingesetztes Mittel der Zurechtweisung. An die Schläge selbst, an Schmerzen durch Schläge mit dem großen Kochlöffel kann ich mich nicht erinnern. Allzu leicht ließe sich hier dramatisieren, aber ich wurde nicht windelweich geschlagen, nicht durchgewalkt, in der Erinnerung ist nur aufgezeichnet, wie ich dem wild geschwungenen Kochlöffel auswich im Angstreflex, wie mich Zufall vor einem wuchtigen Schlag auf den Schädel bewahrte.

Ich im Bett, weiß das Nachthemd, wohl auch weiß das Gesicht. Am Kopfende eine recht hohe Holzfläche, am Fußende war sie niedriger. Und die Mutter über dem Bett vorgebeugt, mit dem Holzlöffel ausholend, mit dem sonst in großen Pötten Marmelade umgerührt wurde, ovales Loch in der Mitte. Ich also im Winkel zwischen Holzfläche und Wandfläche, Knie hochgezogen, Unterarme über dem Kopf, die Augen nicht zugekniffen, ich musste ja noch reagieren, ausweichen können, schon das Aufknallen, das harte Aufknallen des Holzlöffels an der Oberkante der Holzfläche, mit dem Aufknallen ein etwa handtellergroßer Lichtfleck in der Erinnerung, vom Holzlöffel sprang ein Splitter ab, ich verfolgte nicht die Flugbahn, hielt beide Unterarme über den Kopf, machte nun doch die Augen zu. Wartete auf den zweiten Schlag, der mich getroffen, hart getroffen hätte, doch der blieb aus. Bange Erleichterung.

Der Lichtfleck in der Erinnerung, die kleine, weiße Explosion – herausnehmen aus dieser Erinnerungsskizze? Explosionsartige Lichtzacken – wie in einem Cartoon? Bang!?! Wo kommt der Lichtfleck her, diese kleine, weiße Explosion? Eine Assoziation, integriert? Der Lichteffekt kann in der Erinnerung nicht gespeichert sein ›wie gesehen‹. War das, hoho, ein synästhetischer Vorgang: der Knall, zugleich ein Lichteffekt, nicht auf dem Holz, doch im Kopf? Ich sah den Knall? Ein so hartes Geräusch *muss* einen Lichteffekt hervorbringen, oder etwa nicht?

Noch einmal vor Augen geführt: Die hohe Holzfläche des Kopfendes, ja, ich in die Ecke gerückt, gedrückt, ja, meine

Mutter mit weit ausgeholtem Kochlöffel über das Bett gebeugt, nach raschem Anlauf aus vergessenem Grund, ich, die Knie hochgezogen, im Reflex, Unterarme über dem Kopf, sicherlich, Augen nicht zugekniffen, musste ja noch reagieren können, alles wahrgenommen wie in Zeitlupe, schon das harte Aufknallen des Holzlöffels an der hohen Kante der Holzfläche, schon sprang ein großer Splitter, ein Stück vom Holz ab. Den Lichtblitz, da nicht authentisch, eliminiere ich, bringe ausgleichend aber wenigstens einen Vergleich ein: Der Holzlöffel, schnell zurückgezogen, sah aus, als hätte da einer, grrrrr, ein Stück rausgebissen.

MIT ACHT ODER NEUN habe ich miterlebt, wie ein Junge ertrank, einer, der ungefähr in meinem Alter war. Spielte am Fischbach, dort, wo er in den See mündet, stieg in das fließende Wasser, machte oder suchte irgendwas zu seinen Füßen, geriet dabei tiefer in das Strömen, wurde plötzlich mitgerissen. Ich habe ihn noch planschen sehn, plötzlich war er weg, als hätte ihn ein Seeungeheuer am Bein gepackt und runtergerissen.

Zwei Angler, ältere Männer, sie waren näher dran, sie liefen los, rufend, schreiend, planschten ins Wasser, kriegten ihn so schnell nicht zu packen. Als das endlich gelang, sie ihn auf den Kiesstrand zerrten, war es offenbar zu spät. Sie packten ihn an den Fesseln, den Unterschenkeln, hoben ihn hoch, klopften, nein, schlugen ihm auf den Rücken – der Junge hatte bestimmt ein paar Liter Wasser geschluckt, das musste erst mal raus. Dann legten sie den Körper, ungefähr so klein und dünn wie mein Körper, auf den Kies, einer der beiden doch eher alten Männer kniete hin, packte die Unterarme, die sahen jetzt besonders dünn und hilflos aus, presste sie auf die Bauchdecke oder eher an die Rippenspitzen, hob die Arme weg vom Oberkörper, presste sie wieder herab, das Pumpen bald sehr gleichmäßig, begleitet von Rufen, die den Jungen erwecken sollten.

Die beiden Männer wechselten sich ab. An Mund-zu-Mund-Beatmung wurde wahrscheinlich nicht gedacht. Damals noch nicht üblich? Oder wollten sie nicht, weil der Junge schon blaue Lippen kriegte? Nach einiger Zeit merkten die

Angler, dass kein Leben mehr reinzupumpen war, sie machten Pausen beim Pumpen. Wortwechsel mit anderen, die herbeieilten. Die beiden Männer lösten sich ab, setzten die Versuche fort. Es bildete sich ein Grüppchen. Ich, erst wie erstarrt, ging nun doch hinüber, sah zwischen lebenden Körpern hindurch den kleinen toten Körper, und ich bin sicher, die Lippen waren wirklich verfärbt, tödlich blaue Lippen eines Ertrunkenen, einer Wasserleiche. Ja, ungefähr in meinem Alter. Sein Körper nicht größer, auch nicht breiter als mein Körper. Und ich stand da, reglos, und er lag da, reglos.

Nun kam auch Dorfpolizist Niedermeyer angeradelt, sicherlich vom nahen Seglerheim telefonisch alarmiert. Der scheuchte mich erst mal weg, auch andere Kinder. Doch das Bild im Kopf, das konnte er nicht verscheuchen, das Bild des definitiv reglosen Körpers auf dem Kiesstrand. Es war Krieg, noch immer, aber dies war die erste Leiche, die ich sehen musste.

VIEL ZEIT hatte ich, nahm ich mir zum Lesen. Hatte meine Lese-Insel zwischen Haus und Gasse: das kleine, von Jasmin umwucherte Rondell mit rundem Gartentisch und einigen Stühlen. Hier konnte ich im Sommer lesen, ohne von der Gasse aus bemerkt zu werden: dicht die Abschirmung durch das Blütengebüsch. Lesen, lesen, lesen. Aber was habe ich gelesen?

Selbstverständlich Karl May. Und da waren mir die Bücher am wichtigsten, Effendi, die mich in den Orient führten. *Der Schut ... Durchs wilde Kurdistan ...* Sehr wichtig aber auch: *Die Sklavenkarawane.* Vages Erinnerungsbild von Sklavenkolonnen in heißen und heißesten afrikanischen Landschaften, die Sklaven mit Seilen oder Holzzargen gekoppelt – ein Ergänzungsbild, oder erzählte das Karl May auch so?

Dass ich die Romane mit Winnetou, Old Shatterhand, Old Surehand gelesen habe, dass ich zuweilen gekichert habe wie Sam Hawkins, das muss nicht weiter betont werden. Aber der größere Reiz, die größere Verlockung ging aus von den selteneren Büchern. Während des Krieges und in den ersten Nachkriegsjahren war es oft schwierig, an einen weniger populären Karl-May-Band heranzukommen, die Lektüre von Karl May wurde durch Nazis nicht gefördert, war nicht erwünscht, doch die Bücher zirkulierten. Wiederholt schaute ich auf das Gesamtverzeichnis der Romane des Autors aus Radebeul, abgedruckt im Anhang eines der Bände, wiederholt stieß ich auf Titel, die wirklich nur Titel für mich waren, für mich blieben, da konnten auch Freunde nicht aushelfen. Am verlockendsten, weil völlig unerreichbar: Karl May, *Ich über mich*. Klingt etwas pointiert, diese Dokumentation frühen Interesses an einer Autobiographie in dieser Autobiographie, aber es ging damals nur um den höchsten Grad an Rarität. Bei seltenen Romanen blieb immer noch die Hoffnung, sie irgendwann mal irgendwo bei irgendwem ausleihen zu können, dieses eine Buch jedoch war völlig unerreichbar. Also setzte sich der Wunsch fest.

Ja, Karl May führte das Wort. Es kamen aber auch andere Autoren zur Sprache. Ein Titel, der sich sofort einfindet: Friedrich Gerstäcker, *Die Flusspiraten des Mississippi*. Keine Erinnerung an das Geschehen, nur ein vages Stimmungsbild: Flusslandschaft, heiß, dunstig.

Hingegen Steubens Jugendroman über den Indianerhäuptling Tecumseh! All seine Ritte und Kämpfe habe ich vergessen, dieses Detail jedoch hat sich eingeprägt: Der junge Tecumseh trug eine Hose aus weichem Leder, seitlich mit den wohl üblichen Lederfransen besetzt, diese Hose aber ließ oder gab den Hintern frei. Der Häuptling mit dem blanken Arsch, das sah ich als Bub nicht karikierend, das imponierte mir, das hätte ich am liebsten nachvollzogen, mitvollzogen. Wollte ebenfalls so eine Halbhose aus weichem Leder tragen, wollte ebenfalls so dahinreiten auf der Prärie, auf der Indianer die größte Geschwindigkeit entwickelten, schnell wie dahingaloppierende Bisons, die es noch in Überzahl gab. Als ich statt des geisterhaft weißen Nachthemds zuweilen schon mal eine Schlafanzugshose tragen durfte, habe ich im Bett den Gummibund heruntergestreift, und mein kleiner Hintern war freigelegt, angenehm zu spüren unter der Bettdecke. Und wenn ich im Wald umherstreifte, von keinem beobachtet werden konnte, zeigte ich dem Wind schon mal den blanken Hintern. Nur stellte sich auch bei Wiederholungen kein Pferd ein, nicht mal ein Pony, auf dem ich, ohne Sattel, mit blankem Hintern reiten, reiten, reiten konnte wie Tecumseh. So zog ich die Hose wieder hoch.

Es gab auch andere Attraktionen! Die (leider nicht regelmäßige) Weihnachtssensation war ein Jahrbuch in rotem Leinenumschlag mit goldenem Titel im Prägedruck: *Das neue Universum.* »Leider«: das Wörtchen bezieht sich auf kriegsbedingte Einbrüche in den Fortsetzungen. Dennoch, fast regelmäßig lag so ein (etwa drei Kinderdaumen dicker) Band auf dem Gabentisch. Dabei war auch schon mal, gleichsam ersatzweise, ein Band aus der Reihe: *Der gute Kamerad* oder: *Durch die weite Welt*, aber *Das neue Universum* war die Krönung.

Einige dieser Bände habe ich aufbewahrt, kann sie, könnte sie heranziehen, aufklappen, durchblättern, anlesen. Doch, stellvertretend, liegt nur ein einzelner Band auf dem Arbeitstisch. Wieder einmal fehlt im Impressum die Jahresangabe, angegeben wird nur der Jahrgang, und das ist Nummer 49. Dies dürfte, wie etliche Fotos rückschließen lassen, etwa 1929 gewesen sein. Da war ich noch nicht auf der Welt. Wahrscheinlich hat Mutter Helene solch einen Band antiquarisch erworben. Der Untertitel lautete: »Die interessantesten Erfindungen und Entdeckungen auf allen Gebieten, sowie Reiseschilderungen, Erzählungen, Jagden und Abenteuer. Mit einem Anhang zur Selbstbeschäftigung ›Häusliche Werkstatt‹.«

Stolz setzte ich meinen Kinderstempel auf die Titelseite, ein kleines »Dieter Kühn« ohne nähere Angaben. Auch dieser Band wurde, etwa vier Jahrzehnte nach Erscheinen, von Sohn Thomas übernommen, der sofort meinen Vornamen im Stempelbild unleserlich machte; mit seiner noch ungelenken Frühschrift setzte er seinen Vornamen daneben. Mit dieser ›Überschreibung‹ offensichtlich noch nicht zufrieden, schrieb er den Vornamen noch mal über den tintenschrift-verdeckten Vaternamen, dominierend: Nun bin ich dran!

Was ich damals gelesen habe, vorzugsweise, und was ihm

wichtig war oder gewesen sein mochte, das lässt sich nicht mehr rekonstruieren: Wir hinterließen damals noch keine Markierungen am Textrand, keine Unterstreichungen, so bleibt der Band, auch dieser Band stumm. Ich verzichte auf Erörterungen unter dem Vorzeichen: Dieses könnte, dürfte, müsste mich, könnte, dürfte, müsste ihn interessiert haben. Die Angebote waren zu groß unter den Sparten: Erzählungen, Jagden, Abenteuer ... Länder- und Völkerkunde, Reiseschilderungen ... Verkehrswesen ... Industrie ... Technik, neue Apparate, Maschinen, Bauwerke ... Militärwesen, Marine, Flugwesen ... Elektrotechnik, Physik und Chemie ... Geologie, Astronomie und Witterungskunde ... Allerhand Merkwürdigkeiten ...

Und wie viele Illustrationen! Kannibalen beim Tanz ... Ein waghalsiger Kletterer auf der Kreuzblume des Georgturms zu Basel. Ein Zigarettchen hat der total schwindelfreie Mann hoch droben auch noch geraucht ... Reiterregiment der Reichswehr: jeder der behelmten Reiter mit einer meterlangen, schräg gehaltenen Lanze: »Eine sterbende Waffe« ... Fahrbarer Brieftaubenschlag: damalige Kommunikationsmittel der Reichswehr ... Blick in den Führerraum des Dornier-Superwals ... Der Denkerhelm im Gebrauch – nanu?!

Aufgestülpte, riesige, glockenförmige Kopfüberformung, auf den Schultern aufsetzend, ein schalldämpfendes, ja schallschluckendes Monstrum aus Filz (außen), aus Holz und Kork (darunter), einer Luftschicht, einer Stoffschicht, und wieder Kork. Vorn ein Ventil für Sauerstoffzuführung. Brillenglasgroße Augenlöcher.

Freilich, was den geräuschempfindlichen Schriftsteller gruselig fasziniert am »Denkerhelm«, das wird den Bub mit Namensstempelchen, wird den vaternamenlöschenden Sohn nicht weiter interessiert haben, es wurde sicherlich überblättert. Also schlage ich das voluminöse Buchdokument zu, blättre lieber noch mal im Buch, das ich zu jener Zeit von vorn bis hinten gelesen, sodann getreulich aufbewahrt habe: William Beebe, *923 Meter unter dem Meeresspiegel.*

Und schon taucht die mehr als zwei Tonnen schwere Tiefsee-Tauchkugel aus Siemens-Martin-Stahl aus dem Atlantik auf, bei den Bermudas, durchbricht die Meeresoberfläche, wird zum Schiff geschwenkt mit hölzernem Ladebaum, die Stahlkugel nun mit der aufgemalten Bezeichnung Bathyscaph, mit der Aufschrift New York Zoological Society. Kugel mit Fensterstutzen, Kabelstopfbuchse, hölzernem Sockel, runder Tür, die mit zehn Bolzen, zehn Messingmuttern verschlossen wird. Auf etlichen Fotos auch William Beebe, ein sportlich hagerer Mann, braungebrannt, und (etwas konsistenter, kräftiger) der Kollege Barton, der sich mit Beebe in die Stahlkugel zwängte, innerhalb der drei oder vier Zentimeter starken Stahlwände, und sie mussten sich den engen Raum auch noch mit allerlei Gerät teilen, vor allem für die Sauerstoffversorgung. Und bei eingeschaltetem Scheinwerfer sahen sie, in 350 Metern Tiefe, eine Ohrenqualle, sahen bei ausgeschaltetem Scheinwerfer einen Fisch, der nur wie ein Lichtblitz erschien, sahen drei Fische mit blaugrünen Kopflichtern, sahen, bei wieder eingeschaltetem Scheinwerfer, einen Fisch mit beleuchteten Zähnen und eine Röhrenqualle, eine Garnele, im Wasser zerplatzt.

Und da ist auch gleich wieder der Cartoon, der mich als Kind so schön gegruselt hat: Ein Taucher steht auf dem Meeresboden mit Bleisohlen, mit Bleigewichten am Gürtel, mit schwerem Taucherhelm, zu seinen Füßen der Luftschlauch, geringelt, er hält das Endstück des abgeschnittenen Versorgungsschlauchs in der Hand, kurz unter der Schnittstelle ist ein Zettel angebunden: You're fired. Und es wird wieder aktiviert, was ich mir damals vorgestellt, ausgemalt hatte, was in Tagträumen, sicherlich auch in Nachtträumen fixiert wurde in der Erinnerungssubstanz: William Beebe und Mitarbeiter Barton in der Stahlhohlkugel, in der sie sich nur gekrümmt kauernd aufhalten konnten, diese Kugel wird in Dreißigmetersequenzen abgesenkt: die zuverlässige Stahltrosse, der gediegene Ladebaum, die hinreichend getestete Seilwinde. Und von Beebe werden Beobachtungen am Quarzfensterchen telefonisch durchgegeben an eine junge Frau an Deck, Gloria Gallister Hollister (jung, gebräunt, Kopfhörer übergestülpt, Sprechmuschel vor dem Kinn, ärmellose weiße Bluse, Bermudashorts), und es reihen sich Stichworte wie: Pfeilwürmer, Flossenfüßer, Glasaale, Tintenfische, Schule leuchtender Fische, blitzende Punkte im Finstern. Und begleitende, nicht aufgezeichnete Wörter wie: Strahlenkegel, Voltmesser, Kurbelkasten, Stromerzeuger, Fernsprechschlauch, alles wie gehabt.

Doch nun das menetekelhafte Faszinosum scheiternder Technik, ausgemalt vom Leser, der noch keine zehn war: Ein Ruck in der Aufhängung der Stahlhohlkugel, aufgeregte, zum Schrei gesteigerte Mitteilung der Hollister, erneut ein Ruck, die Fernsprechverbindung unterbrochen, die Stahltrosse reißt oder hat sich von der Seilwinde losgerissen, leer dreht sie durch, Barton und Beebe schreien in der kalten Hohlkugel, die absinkt im völlig Finsteren, durch die Stopfbuchse wird Telefonschlauch hereingepresst und schon erste Wassertropfen, oder gleich ein dünner, sehr dünner Wasserstrahl, nicht stärker, erst einmal, als eine Injektionsnadel, aber, unter höchstem Druck, schneidend hart, der wachsende Außendruck auf die Stahlhohlkugel, umgerechnet fünftausend Tonnen, sechstausend Tonnen, siebentausend, bald achttausend, die Kugel fällt, fällt, die beiden Männer schreien an gegen den Wasserstrahl, der nun schon so dick erscheint wie der Stiel eines Schraubenziehers, das Telefon schweigt, schweigt, der Wasserstrahl immer härter, schärfer, das Wasser in der Hohlkugel steigt an, sie schlägt auf dem Meeresboden auf, der ist abschüssig, ein Abhang, die Kugel rollt, springt, rollt, bleibt liegen, übermäßig scharf und hart der Wasserstrahl durch die Stopfbuchse, und ist da nicht schon ein Riss, ein Sprung im Quarzfenster? Die beiden Männer schreien, one mile down, two miles down, three miles down, they never come back.

DEM SYSTEM HITLERJUGEND bin ich nicht mehr unterworfen worden. Ich wurde nicht einmal »Pimpf«: Mutter Helene, entschieden gegen die Nazis, hielt mich mit Tricks und Finten aus der Organisation heraus. Ich aber wollte mit dabei sein, so früh wie möglich! Der ältere Sohn des Hausbesitzers war Fähnleinführer, und weil ich ihm zuweilen beim Schreinern zuschaute, in seiner Werkstatt im Hause, durfte ich mit hinausziehen zu Geländespielen des Fähnleins, das von der Fischergasse in Zweierreihe Richtung Waldhang marschierte; ich als Nicht-Uniformierter mit einigen Schritt Abstand.

Hinterher marschierend im gemeinsamen Takt, wollte ich möglichst bald in die Doppelreihe aufgenommen werden, dem Wimpel folgend, schwarz wie eine Piratenflagge: »knorke«! Ein Wort, das eher nach Berlin als nach Bayern klang, ein Wort, das mir Jugendbücher anboten. Knorke, ein Wort der vierziger Jahre, es muss bereits übersetzt werden, in die Sprache heutiger Kids: knorke ist »heiß« und »cool« zugleich (beides unterscheidet sich ohnehin kaum); knorke ist »geil«, und das Wort hat seine frühere Bedeutung fast völlig verloren; knorke ist »bärenstark, affenscharf, intergalaktisch«; knorke ist, weniger pathetisch: »echt gut, echt supergut«. (Und wann wird man wiederum diese modischen Wörter übersetzen müssen …?) Knorke: exotisch gewordenes Geräuschwort höchster Zustimmung. Die Trommel: knorke … knorke vor allem das Halstuch, das durch eine Schlaufe gezogen wurde in Form eines Lederbandknotens … knorke die kurze schwarze Hose … knorke der Gürtel … der schräge Schulterriemen: knorke!

Mit einem Slogan, in der DDR lange Zeit in Umlauf: »Ich bin dabei.« Ja, freiwillig – und das betone ich: freiwillig war ich achtjährig, neunjährig bei Geländespielen des Jungvolks mit dabei. Eingesetzt wurde ich als zusätzlicher Horch- und Spähposten, in Wäldern, die voll verdächtiger Geräusche waren, nichts als Knistern und Knacken … Hellhörig meldete ich Annäherungen von Hitlerjungen eines anderen Fähnleins. Einmal freilich wurde ich von hinten überfallen, mir wurde ein Taschentuch in den Mund gestopft, eine Decke über Kopf und Oberkörper geworfen, dabei wurde hart zugepackt, ich wehrte mich, musste schließlich meinen Trupp warnen, die dumpfen Laute aber trugen nicht weit. Um die Decke wurde ein Strick geschlungen, verzurrt.

Als ich nach dem Geländespiel von Strick, Decke, Knebel befreit wurde, durfte ich keine Reaktion zeigen, als Besiegter, als Gefangener. Ein Schimpfwort, heute kaum noch in Gebrauch: Memme. Auch ich wollte keine Memme sein, konnte mir das als kleiner Saupreuß in Bayern schon gar nicht leisten, als Nicht-Uniformierter unter Hitlerjungen. Bloß nicht »flennen«, wenn man hart rangenommen, wenn man »gezwiebelt« wird. Und das wurde mir angekündigt für meine offizielle Mitgliedschaft: »Wir werden dich zwiebeln!« Dann hilft kein Flennen.

Ja, das wurde mir eingebläut im Dritten Reich: Keine Gefühle zeigen, schon gar nicht als Junge! Gefühle, die in Quarantäne gehörten: Bedürfnis nach Anlehnung, Zärtlichkeit, Wärme. Ich wurde gefühlsmäßig quasi versiegelt. In den Augen eines Fähnleinführers, in der Einschätzung auch meiner Mutter: letztlich ein Gütesiegel.

Kindheitserinnerungen lassen in mir kaum Behaglichkeit entstehen, die verleiten könnte zu genüsslichem Ausbreiten von Kindheitsanekdoten, die bei Leserinnen, Lesern wiederum Behaglichkeit stimulieren könnten, im sanften Sog des Anekdotenflusses. Dabei gab es in der Umgebung des Dorfs zwischen Waldhang und See viel zu erleben, das sich fixieren ließe in einer Kindheitsanekdote. Es ließe sich erzählen von der Entdeckung der kleinen Einhöhlung in einem erratischen Felsblock im Wald, und wie ich, mit Freunden, die Einhöhlung tarnte mit Ästen, Moos und Laub ... Es ließe sich erzählen vom Bau einer Holzbude am Rand des Kienbachs und wie die Schlupftür gesichert wurde mit einem ausgeklügelten Verschluss, der das Eindringen anderer Kinder verhindern sollte ... Es ließe sich erzählen von einer nächtlichen Wanderung der evangelischen Familie durch das verschneite Kienbachtal zur Christmette im Kloster Andechs ... Es ließe sich erzählen von Laubsägearbeiten, die das Kind meines Namens herstellte im weiten Spektrum zwischen Krippenfiguren und Jagdflugzeugen ... Es ließe sich erzählen von Erkundungsgängen im weiten Schilfbereich zwischen Ammersee und Pilsensee ...
Aber: solche Erinnerungen drängen sich nicht vor. Als ich vier war, begannen Hitler und das »Deutsche Reich« den

Krieg, als ich zehn war, gingen die Reste der Wehrmacht in Gefangenschaft.

Für das Kind eine indirekte Erfahrung: Dass der Staat eine geheimnisvolle Einrichtung war, die es sich leisten konnte, an die Familie immer neue Anforderungen zu stellen. Als Erstes war das Auto eingezogen worden; die Zeit in Bayern jedenfalls verbindet sich nicht mit Erinnerungen an den »Wanderer«.

Jener Staat war gierig auch auf Kleidungsstücke aus Pelz und Wolle. Eingezogen wurden zudem die Skier, auf denen mein Vater mal einen ersten, meine Mutter mal einen dritten Preis gemacht hatte bei einem Gästerennen in der Schweiz. Wurden auch die Skistiefel eingezogen, mit ihrer engen Verschnürung und den verstärkten Seitenkanten der Sohlen, dort, wo die Metallbacken der Bindung anlagen? Eingezogen auch die dunkelblaue »Überfall«-Skihose? In Erinnerung nur: Mutter Helene ging mit den Skiern weg, kam ohne Skier zurück. Auch die wurden für das Heer gebraucht, vor allem in Russland. Ferngläser mussten ebenfalls abgeliefert werden. Wahrscheinlich gab es Quittungen für all das Abgelieferte, doch es war ein Verschwinden auf Nimmerwiedersehn. Hingebracht, fortgebracht, dargebracht. Der Staat als übergroße Sammelbüchse, in die Wollpullover und Pelzjacken, Ferngläser, Skier, ja ganze Autos hineingeworfen wurden. All dies begleitet vom beinah unablässigen Rasseln kleiner Sammelbüchsen, die vor Frauen und Alte, vor Kinder und Fronturlauber gehalten wurden.

DER SCHÜLER MEINES NAMENS war von früh an (und dies unangefochten in der Familie) zuständig für den Plattenspieler, damit für das fachgerechte Abspielen von Platten.

Dieser Plattenspieler, eine meiner ersten Wirkungsstätten, ist längst in seine Einzelteile zerfallen, hat sich aufgelöst, nicht aber in der Erinnerung. Eine Konsole, hüfthoch. Geöffnet wurde der »Plattenspielerschrank«, vor dem ich oft gekniet habe, mit zwei vertikalen Holzjalousien aus Echtholz, Edelholz, von der Mitte aus gleichzeitig nach rechts und links geschoben, und die etwa daumenbreiten Holzlamellen glitten

in Führungsschienen Richtung Rückwand – kurzes Holz-
rasseln. Auf der Bodenplatte der Plattenständer: Holzgestell
mit senkrechten Drahtbögen (sehr harter, nicht verformbarer
Draht mit schwarzer Stoffumhüllung, plattenschonend). Hier
standen freilich nur wenige Platten senkrecht. Unter ihnen das
Air aus der dritten Orchestersuite von Bach und die beiden
Violinromanzen von Beethoven – relativ kurze Stücke dies,
also nur wenig Plattenwechsel: Die Spieldauer einer Schellackplatte lag bei etwa drei Minuten. Genug für Air oder Tango.
Schon bei Schuberts »Unvollendeter« wurde es schwierig, erst
recht bei Tschaikowsky, da war ich auf der Lauer wie ein Ball-
junge beim Tennisturnier, sprungbereit.

Über dem Plattendepot der Plattenspieler. Eine gewölbte,
sorgfältig furnierte Klappe wurde geöffnet, auf hölzernen
Gleitschienen (die ich nicht sah, die ich mir nun hineinden-
ke) konnte die Trägerfläche mit dem Tonsystem ein Stück
herausgezogen werden. Dieses Chassis mit weinrotem Samt
überzogen, der Plattenteller beinah daumendick, Tonarm
und Tonabnehmer aus Metall und verchromt. Zwei Metall-
mulden im Durchmesser etwa eines Eierbechers, eingesenkte
Halbkugeln; eine für gebrauchte Nadeln, eine für gebrauchs-
fertige. Die gebrauchten wurden eingeworfen durch einen
Deckelverschluss, so waren Verwechslungen nicht möglich.
Alle paar Plattenseiten musste die Nadel gewechselt werden.
Sie war dicker, aber kürzer als eine Stecknadel, dünner als ein
Nägelchen. Sie musste in den Tonkopf hochgeschoben (oder
in den seitwärts gedrehten Tonkopf hineingeschoben?) und
mit einer Rändelschraube fixiert werden. Diese Nadeln waren
in den Kriegsjahren absolute Mangelware, und so war es eine
meiner Aufgaben, gebrauchte Nadeln mit feiner Feile nach-
zuschleifen. Dazu ging ich, nebenan, in die Werkstatt des älteren Sohns des Hausbesitzers, konnte die Nadel im Schraub-
stock einspannen und bearbeiten. Das Auflagengewicht des
Tonabnehmers dürfte – gefühlte – hundert Gramm betragen
haben. Mit leisem Krachen setzte der Tonabnehmer auf, und
schon Musik aus dem Radiolautsprecher. Eine öfter gehörte
Platte wurde vom schweren Tonkopf und den nie perfekt

nachgeschliffenen Nadeln wie nachgraviert, und so war Musik bald bedeckt, überdeckt von einer Klangschicht: Knistern, Knacken, Krachen.

Auf der Plattenkonsole, fast ebenso breit, das Radio. Auch hier: Holzgehäuse im Mahagoniton. Helle Rupfenleinwand vor dem Lautsprecher, dessen Öffnung sich erfühlen ließ mit streifender Fingerspitze. Darunter die Skala mit wiederholt abgestuften Sendermarkierungen, jede von ihnen beschriftet, einige Namen so exotisch wie: Hilversum. Doch die Skala bot ein Hörmenu an, das nicht abgerufen werden konnte – es dominierte der Reichsfunk. Und, nach dem Krieg, der AFN, American Forces Network, der weitaus interessantere Sender. Empfang nur auf Mittelwelle; Senden und Empfangen im UKW-Bereich war noch nicht möglich. Ein Reich von Klangabenteuern aber öffnete die Langwelle und erst recht die Kurzwelle, auf der oft rasend schnell verschlüsselte Nachrichten (an Geheimdienstler?) durchgegeben wurden.

Die Feineinstellung des gewünschten und aufgespürten Senders konnte auch optisch kontrolliert werden: durch das *Magische Auge.* Das Magische Auge des Radios mit Röhren. Die Faszination einer Radioröhre mit ihrer Kleinwelt von Stäbchen, Gittern, Plättchen, Spiralen kann ein Transistor nicht vermitteln! Und wie viel Gewicht hatte allein schon ein Kondensator, erst recht ein Drehkondensator der Sendersuche. Doch am faszinierendsten: das Magische Auge!

Es saß, etwa jackenknopfgroß, in der hellen Textilfläche, oben, und fächerförmig das fluoreszierende Grün. Je mehr Grün das Magische Auge zeigte, desto besser der Empfang. Bei meinem Braun-Tuner muss ich mich begnügen mit grünen Ziffern und kleinen Hilfspfeilen, die mir zeigen, in welche Richtung der Tunerknopf weitergedreht werden muss, millimeterweise. Wie bannend hingegen das Magische Auge! Mit geweiteten Pupillen meiner grünen Augen schaute ich in das leuchtstarke Grün des Magischen Auges: die große, doch blinde Pupille in der Mitte, unter ihr ausgefächert, aufgefächert das Leuchtgrün. Der Doppelsektor von Nichtgrün musste so schmal wie möglich werden – eigentlich nie war das Magische

Auge spaltlos grün. Schrumpfte das Grün, so wuchsen atmosphärische Störungen, im Knistern wurde elektromagnetisch durchpulster Luftraum hörbar. Zeigte das Magische Auge nur kleine grüne Streifen, symmetrisch paarig, so herrschte im Lautsprecher das große, fast das Weiße Rauschen. Je genauer wiederum der Sender eingestellt war, desto mehr Belohnungsgrün, Bestätigungsgrün. Wuchsen hingegen die beiden horizontalen Streifen Nichtgrün, musste nachjustiert werden, und mit fluoreszierendem Grün blühte der Klang wieder auf. Wenn ich ausnahmsweise allein war im Wohnzimmer, und das womöglich abends, so wurde die ohnehin schwache Deckenleuchte mit dem Drehschalter gelöscht, auch die Leselampe mit dem Stoffschirm wurde ausgeknipst, und der Raum war nur noch erhellt von der kleinen Glühbirne hinter der Sendeskala und, vor allem, vom grünen Licht des nun mächtig strahlenden Magischen Auges.

Seit Jahrzehnten habe ich das Grün des Magischen Auges nicht mehr gesehen, doch die Intensität des fluoreszierenden Grüns hat in der Erinnerung nicht nachgelassen. In der langjährigen Vorbereitung auf dieses Buch, Material sammelnd, Notizen häufend, habe ich eine Kathodenstrahlröhre »Magisches Auge« irgendwo ausgebaut, habe es nun (Valvo EM 34) mit zwei der gekappten Kabel an der Arbeitslampe hängen: Klarglas vorn, goldfarbig der Zylinder, schwarz der Sockel mit zwei angeklammerten kleinen Widerständen in Dunkelrot: Talisman, daumenlang, leuchtet mir zwar nicht heim, aber zurück. Will ab und zu mit einem Blick beschenkt werden, antwortet leider nicht mehr mit aufleuchtendem Grün.

Das Radio – der Plattenspieler – der Plattenschrank. Klassik rechts, U-Musik links. Frühe Begegnungen mit langen Nachwirkungen. Der erste Kompositionstitel, den ich zuverlässig bezeugen kann: *Olé Guapa*, der Tango. Eine Schellackplatte. (Eine Sendereihe des Rundfunks hieß später »Schellackschätzchen«.)

Olé Guapa: mein privates Gedächtnis korrespondiert mit einem Teil des kollektiven Gedächtnisses: Der Titel ist zum

Evergreen geworden. Bei der Produktion einer meiner Musiksendungen (eher: über Rezeptionsmuster von Musik) ein Abstecher, ich informierte mich im Schallarchiv, fand einunddreißig verschiedene Einspielungen verzeichnet. In einer Abhörkabine (noch nicht der Evaluation zum Opfer gefallen) hörte ich damals auch eine Aufnahme von 1938, dargeboten von Akkordeon, Klavier, Klarinette – gleichsam eine Holzschnittversion, kantig. Mein Tango.

Wiederum im Besitz der Eltern: »Das kann doch einen Seemann nicht erschüttern«, garantiert (mit)gesungen von Heinz Rühmann, dies recht oft in Wunschsendungen des Reichsfunks. Wie lange mag das, aufmunternd, gesendet worden sein, wie oft noch, obwohl immer mehr U-Boote auf Feindfahrt ausliefern und nie mehr zurückkehrten und alle größeren Schiffseinheiten der Kriegsmarine längst versenkt waren?

Und immer wieder der Trommelwirbel, dann die Blechbläser: Das, so würden wir heute sagen, Jingle der Sondermeldungen. Es wurde wiederholt mit der Ankündigung, dass bald eine Sondermeldung erfolge. Ich stellte das Radio lauter, rannte in die Küche oder in den Garten, rief, schrie: Sondermeldung, es kommt eine Sondermeldung!

Nach den Voraus-Fanfaren die dick instrumentierten Takte frei nach Liszt. Eins der Wörter, die sich mit dem Wort »Sondermeldung« verbinden: Bruttoregistertonnen. Immer wieder wurden viele, sehr viele Bruttoregistertonnen auf den Meeresboden geschickt ... Dunkle Schiffsinnenräume absinkend in finstere Ozeantiefen, in das definitive Schwarz ... Das Wort Bruttoregistertonne assoziiert bei mir eigentlich nur Laderaum, nicht: Mannschaftsräume, nicht Räume mit Kojen, mit Hängematten. Ich dachte an: Schiffsbauch, an ein von Torpedo oder Bombe hineingesprengtes Loch, und der Schiffsraum füllte sich mit Wasser ...

Manchmal kamen zwei oder drei Sondermeldungen an einem Tag, der galt dann als Großkampftag. An so einem Tag wurde das Versinken von sehr viel Schiffsraum in den Weltmeeren verkündet, wurden zahlreiche, ja unzählige Gefangene zusammengetrieben, wurden Schläge ausgeführt (nicht ausgeteilt) am Kaukasus oder sonst wo. Mehrere Sondermeldungen an einem Tag suggerierten Weltweite des Kriegsgeschehens. In jener Weltweite vor allem die Wasserwüsten, in denen Schiffstonnage versank. Immer mehr Schiffe am Meeresgrund.

Vom Kindheitshimmel fielen metallene Folien, in Streifen, die hingen an Sträuchern und Bäumen, blinkten in Gras und Getreide ... Und es fiel vom Himmel ein Flugzeug: braun verpuffend Granaten, Schmierstrich im Blau, Flammen am Rumpf, ein Flügel brach ab ... Und es fiel vom Himmel ein Ami: lautlos schwebend der Fallschirm über den Bäumen, pendelnd ein Körper: leibhaftiger Feind ... Und es fiel vom Himmel ein Treibstofftank mit dem Querschnitt einer Tragfläche.

Ich zog das Messer: reinstechen, rumsäbeln! Dreifache Gummischicht. Die erste schwarz, die mittlere kautschukrot, die dritte schwarz. Die Schichten verzogen sich wohl gegenläufig bei kleinerem Einschlag, hielten den Tank dicht. Abhäuten der Gummischicht, Elefantenhaut: Material für Gummisohlen, Gummisandalen, die Verschnürung aus Feldkabel, als Rest gefunden. Ein Loch ins Metall meißeln, Zacken umbiegen, Ränder glätten, Sitzprobe, das Loch erweitern für die angezogenen spitzen Knie, ein Paddel basteln, das Boot zum See schaffen, aber der Treibstofftank hat keinen Kiel, dreht sich bei jedem Paddelschlag: Schlag rechts, Drehung nach links, Schlag links, Drehung nach rechts, so wiederholt sich das.

Ein Sommer im Krieg: mit Brüdern und Mutter auf einem Schaufelraddampfer der Ammersee-Schifffahrt. Die *Stegen*, die *Dießen*, damals: richtige Dampfer! Auf beiden Seiten platschten breite Schaufelräder, wassertriefend, schaumschlagend; vom Schornstein stieg dunkler Rauch auf; im Maschinenraum, in den man, von einem Geländer geschützt, hinunterschauen konnte, rotierten gleichmäßig-wuchtig zwei Pleuel an mächtigen, waagrechten Kolben; auf den Pleueln jeweils, wie ein Krönchen, ein kleiner Ölbehälter. Diese gleichmäßig wuchtigen Schwingbewegungen der Pleuel, dieses gleichmäßige Hin und Her der Kolben saugte Aufmerksamkeit an im Dunst von heißem Maschinenöl, vermischt mit Dampf. Ich wurde zuweilen dort weggeholt: »Nun komm doch endlich an die frische Luft!« Dann saß ich, muffig, auf einer der in gleichmäßigem Abstand auf Deck festgeschraubten Bänke.

Diesigheller Nachmittag, die Seefläche reglos. Kinder, Mütter, ein paar ältere Leute. Über dem See flog ein deutsches Militärflugzeug heran, einmotoriges Modell, dessen Typenbezeichnung ich noch nicht kannte, das ich vielleicht sogar zum ersten Mal sah, und ich rief: »Die Maschine kommt bestimmt aus Weichselbaum!« Denn an der Bahnstrecke Herrsching–München lag, an der Station Weichselbaum, für Zugreisende sichtbar, das Flughafenareal der Firma Dornier, die neue Modelle entwickelte. Staunen, als meine Mutter mich anzischte: »Nicht so laut, kann doch der Feind hören …!« Wollte sie mit der Zurechtweisung die Familienehre retten vor anderen Frauen an Deck? Ich schwieg, fühlte mich schuldig, hatte ein militärisches Geheimnis verraten. Schaute mich, während der weiteren Fahrt, unauffällig um: Wer an Deck könnte das Geheimnis an den Feind weitergeben …? Ich hatte nicht die Warnung beachtet, die an zahlreichen Hauswänden aufgepinselt war, in Schablonenschrift: *Feind hört mit …* Dieser Feind auch als schwarzer Schatten (mit Hut) gemalt auf viele Wände, in genormter Kontur. Dieser schwarze Schatten war nun auf mich gefallen, auf dem Schaufelraddampfer, auf dem sonnenhellen See.

Jede Nacht Verdunklungsschwarz vor den Fenstern. Hoch über dem Dorf Motorgeräusch: der Feind! Ohren, die in die Nacht hochzuwachsen scheinen: Wie lang es dauert, bis man ein Flugzeug nicht mehr hört!

Dröhnen am Nachthimmel, das lässt den Magen vibrieren. An der Hauswand stehen, Rücken am Verputz: viele Explosionspunkte, aber wann stürzt endlich ein »Terrorbomber« ab?

Bei Tage besehn: Ein Trupp Soldaten wie in der Wochenschau schräg hinter dem Spähwagen mit Sperrholzaufbau auf ein Waldstück zu, aus dem es knallt, vor dem ein Offizier mit

Deutschem Kreuz in Gold steht, reglos, als wäre er kugelfest: Platzpatronen.

Auf der Landstraße Lastwagen, Soldaten dicht gedrängt im Führerstand, auch auf jedem Kotflügel einer, Scheinwerfer zwischen den Oberschenkeln, MP vor der Brust.

Die Teekiste mit Silber und Porzellan, von Wachstuch umhüllt. Ich lasse die Dynamolampe zwischen Fingern und Handballen schnurren, leuchte meiner Mutter den Weg zum ausgeguckten Johannisbeerstrauch; hier wird, im Schutz der Nacht, die Kiste verbuddelt.

Ein Bekannter erlaubte mir, im Waldbereich seines weitläufigen Grundstücks einen Stollen zu treiben in eine Hügelflanke; die Freunde Peter und Ingo waren mit zugelassen. Es sollte ein rechter Bergwerksstollen werden – als Schutz auch vor Bomben. Der Boden war allerdings lehmig schwer; als wir uns etwa eine Armlänge vorangearbeitet hatten, erschien der Herr des Hauses, inspizierte die bisherige Arbeit, erteilte uns den Rat, schon mal Stützhölzer zurechtzusägen für den Stollen – dicke Äste, gestürzte Bäume lagen genug umher. Die Stützhölzer (»Stempel«) mussten allesamt die gleiche Länge haben – einen Meter. Wir unterbrachen das mühsame Hacken und Graben, sägten Stützhölzer zurecht, stapelten sie. Als wir – nach einigen Tagen Holzarbeit – zurückkamen, um den Stollen tiefer in den Hang zu treiben, war das Meterholz verschwunden, und ich war sicher (oder soufflierte das meine Mutter?), dass die Stützbalken zu Brennholz verarbeitet waren. Weitere Stützhölzer wollten wir nicht sägen; der Stollenbau wurde eingestellt.

Der Mann, der uns so reingelegt hatte, war identisch mit dem Uniformierten, der mir den MG-Gurt überreicht hatte – Enttäuschung. Und ich begann zu zweifeln, ob dieser Mann stets die Wahrheit sagte. Zum Beispiel fuhr er, in der blaugrauen Uniform der Luftwaffe, mit einem offenen Kübelwagen (knorke!) durch das Dorf, überholte mich, hielt an, ich durfte einsteigen (knorke!), mit einem Fluch rammte er den ersten Gang rein, die Gangschaltung hakte, der Wagen ruckte,

163

er zeigte mir eine Delle am Schalthebel: hier war ein Geschoss eines (wie üblich von hinten angreifenden) Tieffliegers eingeschlagen. Das schien mir aufregend: Das Geschoss musste demnach sehr, sehr dicht an ihm vorbeigeflogen sein! Zugleich Skepsis, weil beim Tieffliegerangriff nur ein einziges Geschoss den Wagen getroffen haben soll, den Schalthebel anknackend, und diese Kugel hatte, weiterfliegend, nirgendwo ein Loch ins Blech gefetzt. Zweifel. Und ich glaubte mich zu entsinnen, dass Helene sich zuweilen kritisch über diesen Mann geäußert hatte.

Was wohl zusammenhing mit Besuchen von dessen Frau in der Fischergasse: lange, halblaute Gespräche, registriert im Kinderzimmer nebenan oder auf dem Flur. Immer schien es um ihren Mann zu gehen. Der war Jugendschriftsteller. Die einzige seiner Publikationen, an die ich mich erinnere, pauschal, war ein Aufsatz in einem der Jugendjahrbücher. Irgendwas mit Lokomotiven? Den Namen des Verfassers habe ich behalten, nenne ihn hier aber nicht, es geht ums Exempel.

Der Schriftsteller und seine Frau: sie wohnten in einem bajuwarischen Haus am Hang, oberhalb der staubhellen Piste, die in Serpentinen hinaufführte zur Hochebene mit den Dörfern Frieding und Widdersberg. Ein, in meiner Erinnerung, sommerhell beleuchtetes Haus, dessen Räume durch Schlagläden halb verdunkelt waren. Im gedämpften Licht die geheimnisvolle Tätigkeit des Mannes. Zuweilen erlaubte mir seine Frau, in der Bibliothek zu stöbern, zu blättern, zu lesen. Dort hörte ich schon mal die Anschläge der Schreibmaschine. Die signalisierten: Ruhe, äußerste Ruhe im Haus! Nur im Wohnzimmer durfte halblaut gesprochen werden. Angedeutet wurde, dass dieser Mann sehr laut werden konnte. Seine Frau aber schien ihm manches nachzusehn, immerhin war er Schriftsteller.

Der erste Schriftsteller, den ich kennengelernt hatte. Aber ich würde mogeln, wollte ich behaupten, dies hätte in mir den Wunsch erweckt, ebenfalls Schriftsteller zu werden. Was der Pilot eines Jagdflugzeugs tat, das konnte ich mir so ungefähr vorstellen; das »Tätigkeitsbild« (heutiger Behördenbegriff) dieses Mannes hingegen blieb (auch für mich Vielleser) recht vage. Mit der Schreibmaschine klappern und MG-Gurte leer-schießen? Ich frage mich heute, ob er nicht PK-Mann gewesen sein könnte, Mitglied einer Propaganda-Kompanie. So könnte es sich ergeben haben, dass er – womöglich vom nahen Werk-flughafen Weichselbaum aus – gelegentlich in einer Militär-maschine mitflog, um Eindrücke zu sammeln für mitreißende Berichte.

Ich habe in mein zweites Erzählbuch (*Ausflüge im Fesselbal-lon*) einige Erinnerungen an die Kriegsjahre eingebracht, weiß freilich nicht mehr, welche. Ich blättre im Buch, will verglei-chen, registrieren, mache eine Erfahrung, die ich einbeziehen muss in dieses autobiographische Projekt.

Eine Sequenz von Erinnerungs-Momentaufnahmen, in je-weils wenigen Zeilen notiert. Zuerst scheint sich Kontinuität von Erinnerung zu bestätigen: Ja, die Laubsägearbeiten … Ja, der Lauf durchs Dorf mit Sperrholz-Ritterkreuz und Spiel-zeugpistole … Ja, das Dröhnen von Bombermotoren, auch nachts, über dem Dorf am See. Aber vergessen, mittlerweile, das Bild der Truppeneinheit am Güterbahnhof: »Gewehre aneinandergelehnt wie auf Zeichnungen, aus dampfendem Kessel Suppe in Blechgeschirre geschöpft wie auf Kriegs-gemälden, Helme am Koppel wie auf Fotos.« Nickreflex: die Beschreibung zitiert die Erinnerung heran.

Ja, und anschließend taucht der Jugendschriftsteller auf mit dem MG-Gurt und den »Kombi-Stiefeln«. Doch schon die nächste Sequenz ist wieder (wie) neu für mich: Beschreibung eines der Bomberpulks, der von Flak beschossen wird, »und endlich ein Punkt, der aus dem Pulk ausscherte, und Feuer plötzlich, eine abbrechende Tragfläche und schnell aufgereih-te Punkte: Fallschirmspringer«. Wieder ist das Staunen des Neunjährigen präsent: Die Fallschirme öffneten sich so rasch nacheinander, dass ich kaum mitzählen konnte von eins bis sechs oder sieben. Erinnerungsbild im Zeitraffer? Konnte man, in case of emergency, durch zwei Rumpftüren hinaushechten? Die Fallschirmpunkte wurden von sanfter Drift erfasst, die sie unaufhaltsam wegzog von der Bomberroute – die Bomber mussten bereits im Anflug auf München gewesen sein, sonst wären die Fallschirmpunkte nicht mit bloßen Augen zu sehen gewesen. Eine Sensation, auch für das Kind: eine Fliegende Festung, Flying Fortress, wird tatsächlich mal getroffen …! (Heute weiß ich, dass die Flak im statistischen Schnitt bis zu 8000 Granaten verschoss, ehe ein Flugzeug »runtergeholt« wurde.) Meine Erinnerung hat dieses Bild aufbewahrt, die Beschreibung hat es wieder präsent gemacht, aber: die Erinnerung hat dieses Bild nicht spontan reproduziert in den Jahren nach der Arbeit an jenem Roman. Dabei bin ich in der gegenwärtigen Zeitphase eingestellt auf das Wahrnehmen von Erinnerungsbildern, Erinnerungssequenzen!

Nächstes Stichwort: Kartoffelkäfer. Spaziergang vom Eifelhaus zur Hügelkuppe des sogenannten Eisenwegs, und ich sah im Sommer 92, was ich seit Jahrzehnten nicht mehr gesehen hatte: einen Kartoffelacker mit Käfern. Jahrzehntelang schienen Kartoffelkäfer chemisch ausgerottet, nun aber war das Feld nicht bloß von einzelnen der gestreiften Käfer befallen, es saßen und krabbelten meist mehrere Käfer auf einer Staude herum. Ja, so war es, in der Schulzeit: Wir zogen hinaus zu Feldern vor dem Dorf, vom Lehrer geführt oder begleitet, wir wurden aufgeteilt, wir schwärmten aus, wir stapften, wie eine Schützenreihe, langsam durch die Ackerfurchen, es war hell und heiß, die Zeit der mächtigen Sommer; gebückt gehen, gebückt gehen, gebückt gehen, und Durst, vor allem Durst, und Käfer an den Rümpfen gepackt und ins Glas geworfen, ein Gurkenglas, und das wurde am Feldrand ausgeschüttet, die Käfer mit einem Stein zerstampft, zermanscht, Kartoffelkäferbrei mit zerbrochenen Flügeln.

Dieser Einsatz wiederholte sich, konnte sich also, schon durch die Wiederholungen, einprägen. Hat sich auch eingeprägt, wurde für den Roman Anfang der siebziger Jahre niedergeschrieben, doch dann blieb es vergessen. Warum?

Selbsterkundung beim Weiterlesen der Erinnerungssequenz: Ich versuche, mir auf die Spur zu kommen. Der »Übungs-Panzerspähwagen mit Sperrholzaufbau« – ja, ist präsent geblieben. Aber nicht präsent geblieben ist dies, erstaunlicherweise: »Über dem Kellerfenster ein Notausstieg aus Beton, davor eine Schwelle gemauert.« Jetzt, wo ich das lese, sehe ich die Trümmerschleuse wieder vor mir, an der Längswand des Hauses, nah am Gassentörchen: grob gegossener Beton mit »Nestern«, kleinen Einhöhlungen. Und die Schwelle gegen fließenden Phosphor.

In der Erinnerung jedoch: die Schleuse schien abgetragen. Dabei wurde der Erinnerung ein Zeichen vermittelt, zwischenzeitlich. Durch das Stadtambiente Mainz flanierend, sah ich an einem Haus etwa zwei Meter lange weiße Pfeile, auf Klinker gemalt: erst senkrecht abwärts, dann einknickend wiesen sie hin auf die Kelleröffnung, die freigeräumt werden musste, falls das Haus eingestürzt war. Zwei Pfeile für eine Kellerfenster-Schleuse – auch am Herrschinger Haus muss es solche Pfeile gegeben haben. Die Jahrzehnte alten, etwas verblassten Pfeile in Mainz hatten aber keine assoziative Verbindung evoziert. Und keine Erinnerung an einen zum »Luftschutzraum« ausgebauten Keller, obwohl mir in Mainz, in üblicher Abkürzung, dieses Stichwort zugespielt wurde: »L.S.R. im Hof« stand (steht?) noch immer an einer Tordurchfahrt. Gingen wir jemals in den Keller, in Herrsching? Nur Erinnerungen, wie wir draußen standen, hinaufschauten, hinaufhorchten in den sehr weiten Nachtraum, durch den vereinzelte Scheinwerferstrahlen schwenkten. Auch bei Tageseinflügen standen wir an der Hauswand, unter dem vorkragenden bajuwarischen Dach. Und wieder ein Erinnerungsbild, das sich aufgelöst hat: Helle Punkte am Mittagshimmel – Fallschirme?! Absprung feindlicher Luftlandetruppen?!? »Der kompakte Hausbesitzer dröhnt die Holztreppe hoch, keucht mit einem Fernglas zurück, die Söhne laden die beiden Luftgewehre, Fahrtenmesser an den Gürteln.« Und ich stand dabei, starrte hinauf, bis die »Fallschirme« sich auflösten in herabschwebende Bündel von Stanniolpapier, von Alufolienstreifen: hingen bald, als Sommerlametta, an Bäumen, Büschen. Von der Störung unseres Radars durch solche Folienbüschel wussten wir noch nichts: warum diese Dekoration unserer Gegend?

Was in der Erinnerungssequenz des Romans fehlt, was mir

jetzt beim Schreiben einfällt: Wiederholt wurden Flugblätter abgeworfen. Klassenweise schwärmten wir aus, um Flugblätter zu sammeln, unter strenger Aufsicht. Denn lesen durften wir sie nicht, durften nicht mal draufschauen – als könnten wir mit einem einzigen Blick infiziert werden … Weil wir oft weit ausschwärmen mussten auf Feldern, Wiesen, in Waldgebieten der Dorfumgebung, schaute ich mir ein Flugblatt doch mal an: Der Text betont von gedrucktem Rahmen, eine Landkarte mit Pfeilen, die Abwehrlinien durchbrachen, diese Pfeile vom Westen her und vom Osten heran und vom Süden herauf, mächtige Pfeile, die nichts aufzuhalten schien. Habe ich ein Flugblatt eingesteckt? Ich glaube noch ein Knistern in der Hosentasche zu vernehmen – ein Flugblatt, das ich zufällig fand, allein, beim Streunen? Nachrichten des Feindes.

Und gleich eine weitere Assoziation, bereits im Vorspiel skizziert, hier im zeitlichen Kontext rekapituliert: Ich kam aus dem Kinderzimmer, im Nachthemd, und das wurde matt erhellt von der Skalenbeleuchtung, wurde grün getönt vom Magischen Auge des Radios, vor dem meine Mutter saß, Kopf nah am Lautsprecher, ihr Profil skalengelb und grün betont; sehr leis eingestellte Sprecherstimme. Erst reagierte sie schroff: »Du hast mal wieder sooo große Ohren …!« Aber ich durfte kurz bleiben. Die Vorhänge waren sowieso zugezogen: strikt durchgesetzte Verdunklung, auch auf dem Lande. Und lag nicht eine dick zusammengefaltete Wolldecke auf dem Radio, dämpfend? Dazu hatte sie allen Grund: »absichtliches Abhören« von »Feindsendern« war verboten. Doch Radio Beromünster und der »Deutsche Dienst« von BBC (»Hier spricht London«) ließen sich auf Mittelwelle fast problemlos empfangen, vor allem abends – falls nicht ein Störsender überlagerte mit Knacken, Krachen, Rauschen.

»Rundfunkverbrechen«: Schon 1939 wurde im Reichsgesetzblatt das Abhören ausländischer Sender unter Strafe gestellt. Es wurde aber auch akustisch gewarnt, etwa in einem Sketch: »Ich weiß zwar nicht, wie du London bekommst, aber was du bekommst, wenn du London bekommst, das weiß ich: … Kittchen!! … sogar Zuchthaus!!!«

Hier war die Gefahr besonders groß, wenn man BBC hörte. Deutschsprachige Nachrichten zur Kriegslage wurden angekündigt mit vier dumpfen Paukenschlägen, im Rhythmus des Ta-ta-ta-taaa der fünften, der ›Schicksalssinfonie‹ von Beethoven. Dieses ebenso prägnante und fatale Signal konnte gar nicht stark genug abgedämpft werden, es durchdrang, durchschwang Fenster, Türen, auch Mauern. So was hatte man im fernen London nicht bedacht. Darüber wird sich Mutter Helene aber klar gewesen sein. Auch dies ein Grund anzunehmen, dass sie eher Radio Beromünster gehört hat im MW-Bereich. Und ich, im Nachthemd, wurde fast so etwas wie ein Komplize, schwach angeleuchtet.

Wie aber soll ich diese Erinnerung kombinieren mit folgender Erinnerung? Sie nahm mich mit in eine der Ausstellungen im Haus der Deutschen Kunst zu München. Geblieben sind einige Erinnerungen: Hohe, sehr helle Räume mit großformatigen Gemälden und ziemlich großen Statuen. Von den Bildern haben mich offenbar die Kriegsgemälde am stärksten beeindruckt. Ein Stoßtrupp von drei, vier Mann in einem Schlauchboot, geduckt paddelnd, Wasserfontänen rechts und links. Und wieder ein Stoßtrupp von drei, vier Mann, einer von ihnen mit einem dekorativen Kopfverband, nicht breiter als Verbandsmull, geziert mit einem münzgroßen Blutfleck – kann also nur ein harmloser Streifschuss gewesen sein, ein Miniatursplitter, der Soldat schien ja noch kraftvoll, schleuderte jedenfalls eine Handgranate.

Warum der gemeinsame Museumsbesuch? Entsprachen die Exponate Helenes Kunstgeschmack? Wohl kaum. Warum also die Besichtigung damals repräsentativer Malereien? Ein Alibi vor der Dorfgemeinschaft, vor der Hausbesitzersfamilie? Kind Dieter erzählt, und das wohl ziemlich stolz, dass man in München war, im Haus der Deutschen Kunst, und dort –? Aha … Das doch … Immerhin … Waren solche Reaktionen eingeplant?

Wiederum: Wir beachteten nicht Vorschriften des Luftschutzes – die von der Familie des Vermieters befolgt wurden? Ich höre es heute noch: Das Tacken des Drahtfunks, bevor

Luftlagemeldungen durchgegeben wurden. Tacken wie aus einem altertümlichen, hart laufenden Uhrwerk (heute weiß ich, es war ein Metronom).

Dann die Durchsage, etwa in dem Stil: »Wir unterbrechen unsere Frontberichtsendung zur Durchgabe einer Luftlagemeldung. Achtung, Achtung. Schwacher Verband schneller Kampfflugzeuge im Anflug auf Westdeutschland. Wir wiederholen: Schwacher Verband schneller Kampfflugzeuge im Anflug auf Westdeutschland. Ende der Durchsage.«

Im weiteren Verlauf folgten nähere Angaben zum Anflug. Die jeweiligen Positionen konnte man auf Drahtfunkkarten markieren in Kreisen und nummerierten Sektoren. Vage Erinnerung, dass solche Karten auf dem Esstisch lagen, aber erfolgten hier Eintragungen? Hätte ich diese Aufgabe womöglich übernommen? Wir konnten die Luftlagemeldungen mit Gelassenheit registrieren; meist hörten wir die Bomberpulks überhaupt nicht, manchmal wummerten sie in der Ferne, nur selten dröhnten sie über das Dorf hinweg, nachts. Aber auch dann: Es ging nicht hinab in den Keller, der nun LS-Raum war. Keine Erinnerung an ein Zusammenhocken mit dem Hausbesitzer und dessen Familie, nicht mal ein Erinnerungsbild an eine Inspektion des ausgebauten Kellers. Helene hielt sich, hielt uns da raus.

Doch es schlug diese Nachricht ein, wahrhaftig wie eine Bombe: Im Nachbardorf war, in der Nacht, ein Haus durch eine Bombe schwer beschädigt worden. Offenbar eine übriggebliebene Brandbombe, auf dem Rückflug irgendwo abgeworfen, und sie schlug nicht auf einem Feld ein oder im Wald, sie schlug blindlings im Nachbardorf ein, ausgerechnet in einem Wohnhaus. Auch wir machten einen Ausflug zum Dorf – ich weiß nicht mehr, war es Frieding oder Widdersberg? Unwichtig. Entscheidend: die Nachricht stimmte, das Haus war getroffen. Und wir sahen: »Nasse Möbel, Bettzeug auf einer Kommode, ein Bild an einen Stuhl gelehnt, eine liegende Standuhr; über den Fenstern schwarze Brandspuren.«

Die Notiz aktiviert das Erinnerungsbild, ich sehe uns dastehn, vor dem dreidimensionalen Kriegsbild, und wir lassen das so lang auf uns einwirken, bis wir uns an den Anblick gewöhnt haben. Warum ist dieses Bild nicht spontan präsent geblieben? War überlagert von Bildsedimenten, musste erst wieder freigelegt werden durch die Erinnerungssequenz des Romans.

Was sinkt ab, was taucht auf? Bewusstes Sortieren, Akzentuieren findet nicht statt. Erinnerung hat offenbar keine Bewertungskategorien im weiten Spektrum zwischen gewichtig und beiläufig. Nur über einen Teil der Erinnerungen kann ich jeweils frei verfügen. Auch in einer Zeit, in der ich auf den Empfang von Erinnerungssignalen eingestellt bin, das Magische Auge fluoreszierend grün aufleuchtend! Manche Bilder stellen sich spontan ein, manche Bilder müssen, wortwörtlich, heranzitiert werden. So erscheint Erinnerung wie eine Galerie, in der sich Bilder selbst von den Wänden nehmen, Bilder selbst aufhängen, auch wechselt der Bestand in der Zahl, die Galerie expandiert mal, dann kontrahiert sie wieder – eine gleichsam pulsierende Galerie, und die Bilder, die jeweils in ihr zu sehen sind, sie verändern sich: dort schrumpft ein, hier wächst hinzu.

Nun also: der Einschlag einer Bombe im Nachbardorf – Ereignis in unserer Landwelt! Dieser Bombenschaden war so bedeutsam, dass wir die Familienexkursion unternahmen, bestimmt eine Stunde zu Fuß dorthin, eine Stunde zurück. In ›unser‹ Haus aber schlug keine Bombe ein, dafür aber ein Blitz. Ich stand an der Wohnzimmertür im Flur, grelles Licht, Knallen im Sicherungskasten schräg über mir, ein schlängelndes (?), zuckendes (?) Weiß zur Haustür hinaus, oder, genauer: zum Schlitz unter der Haustür hinaus, die wird während des Gewitters wohl kaum offen gestanden hat. Hat Erinnerung dieses weiße Hinauszucken ergänzt, war da nicht bloß jähe Helligkeit und ein massives Geräusch, das ich nicht näher präzisieren kann durch Vergleichsgeräusche? Mit Sicherheit aber wahrgenommen: jäh veränderter Geruch in der Wohnung. Schwefelgestank? Es dürfte eher Ozon gewesen sein.

Einschlag über den Blitzableiter des Hauses. Und gleich noch eine Blitz-Erscheinung, jäh den Erinnerungsraum aufhellend. Schulferien, die Familie macht Urlaub im Schwarzwald, wir Söhne wieder in den grauenhaften Lufthosen mit Stoffhosenträgerchen, gemustert, leider auch noch gemustert; in dieser Erscheinungsform wurde ich abkommandiert zur Mitarbeit beim Verladen von Heu auf einen ochsengezogenen Leiterwagen. Dann im Zimmer mit Balkon. Blick eine Hangschräge hinab. Gewitter, alles unter dem Dach. Und grell und rund und zischend (?) zog horizontal ein Kugelblitz vorbei. Balkontür zu! Denn ein Kugelblitz, das wussten wir, kann durch eine Tür, durch ein Fenster ins Haus eindringen, kann im Zimmer umherschweben oder herumrollen, bis er an einen Widerstand stößt, beispielsweise ein Stuhlbein, und er zerplatzt. Dann wird's aber heikel!

Frei assoziierte Erinnerung. Und wieder eine aufgezeichnete Erinnerung, als Momentaufnahme: »Lautlos über den Baumwipfeln ein Fallschirm mit pendelndem Körper; ein Feind, fast greifbar, Anglo-Amerikaner, Bomberpilot, der mit den Beinen rudert.« Ja, ist präsent geblieben! Der Fallschirm wurde vom See Richtung Hochebene getrieben, über dem Hang, an dem ich stand, vor dem Haus des Jugendschriftstellers – ruderte der Pilot mit den Beinen, weil er nicht im Wald der Leitenhöhe landen wollte, erst auf der freien Fläche der Hannawies? Das Wort »lautlos« bereits im Textzitat, aber diese Lautlosigkeit gewinnt an Raum in der präzisierten Erinnerung. Und ich stehe nicht allein vor dem Haus: neben mir die Frau des Schriftstellers. Ich war gekommen zu gemeinsamem Schwammerlsuchen. Dabei blieb es, doch sie nahm die Pistole ihres Mannes mit, steckte sie in die Windjacke, und wir gingen weiter den Hang hinauf, über den der US-Pilot vielleicht doch nicht hinweggeschwebt war. Also: Ausschau halten nach Pilzen und nach einem Bomberpiloten, der eventuell von einer Baumkrone herabkletterte. Viele verdächtige Geräusche, in meinen Ohren, die Pistole aber musste nicht entsichert werden.

Pilze sammeln …! Das gehörte zum Standardprogramm der Notzeit. Aufbesserung des Eiweißhaushalts. Steinpilz, selten, entsprechend hoch geachtet. Parasol: der Schirmpilz mit Vorsicht abgehoben und transportiert. Butterpilz (Röhrling) gehäuft im Waschkorb. Hallimasch, mit Vorsicht und Vorbehalt zu genießen. Ein Teil der Pilzernte wurde in Scheiben geschnitten, die wurden auf eine Schnur gezogen, zum Trocknen aufgehängt. Vorratswirtschaft. Als ich, viele Jahre später, in der Eifel spazierte und durch einen kleinen Hohlweg kam, da blieb ich stehn, plötzlich, wusste sofort: Pilze! Sauerfeuchter Lehmgeruch. Unter einem abgestorbenen Ast standen denn auch graubraune Pilze in dichter Kolonie. Sichtlich nicht genießbar, also weitergehn.

Angekoppelt noch ein Erinnerungsfragment: Beeren suchen. Da mussten wir frühmorgens aus den Betten, könnte schon gegen vier gewesen sein, und ein langer Fußmarsch zum Terrain, in dem es Brombeeren gab, eigentlich reichlich, aber meist schon abgeerntet von Dorfbewohnern, die noch früher aufgestanden waren oder einen kürzeren Anmarschweg hatten. Ein Beereninselchen fanden wir schließlich aber doch, denn es blieb die Erinnerung an Beerensuche in trockener Hitze unter wolkenlos blauem Himmel, also schon zu fortgeschrittener Tageszeit. Endlich Beeren im Korb. Endlich der Rückmarsch, durstig, durstig.

Erneut werde ich, wieder im Druckbild, konfrontiert mit einer Erinnerung, die abgesunken oder überlagert war: In der Schule wurden wir eindringlich gewarnt vor Konservendosen, die abgeworfen wurden von hinterfotzigen Alliierten; öffnet man solch eine Konserve, so explodiert sie, fetzt einen Arm ab. Das beschäftigte die Phantasie; der Blick für einige Wochen beinah fixiert auf Konservendosen im Gelände. Und ich war sicher: Wenn überhaupt, so war solch ein Fund nur im abgesenkten Bett des Kienbachs möglich – das lag, streckenweise, etwa zwei Meter tiefer im Dorfbereich, der benachbarte Bauernhof Höllriegl hatte die Grundstücksgrenze sogar mit einer Betonmauer abwärts gesichert. In den verwilderten Böschungen des Bachlaufs gab es hervorragende Verstecke; streckenweise konnte man auch ungesehen durch den überschatteten Bach tapsen – das Wasser meist nur knöcheltief, und gelegentlich kleine Kaskaden, an quergelegten Stämmen.

Nur in diesem Bachbett konnte eine explosive Konserven-dose liegen. Also stapfte ich mit Gleichaltrigen suchend unter der Brücke hindurch und am Biergarten entlang mit der lang-gestreckten Kegelhütte und wieder unter schmaler Brücke hindurch und ins Kiental hinein, aber wir fanden keine Dose. Was hatte man uns in die Köpfe gesetzt? Wären wirklich Konserven von Flugzeugen abgeworfen worden, sie wären beim Aufschlag zerplatzt. Wahrscheinlich war hier ein Ge-rücht lanciert worden: Die Heimtücke des Gegners … In meinem Kopf aber, und, ich bin sicher, auch in den Köpfen der Freunde (der Peter … der Ingo …) hatte sich festgesetzt: Es gibt Konserven, die können explodieren.

(Dezennien später lese ich, dass zur Versorgung amerika-nischer Truppen auch Suppendosen gehörten mit einem Brennsatz am Boden; so konnte die Suppe auch im Schützen-graben, womöglich unter Beschuss, erwärmt werden. War es so weit, wurde der Dosendeckel automatisch abgesprengt. Wow!)

KOCHLÖFFELSTORY ZWO. Helene rannte hinter mir her, durch das Wohnzimmer, durch den Flur, den ramponierten Kochlöffel in der Faust, Begleitschreie, ich witschte zur Haus-tür hinaus, und sie so schnell, so dicht hinter mir her, vor-gebeugt, dass sie sich mit dem kurzen Puffärmel des dirndl-ähnlichen Kleids an der Türklinke verfing, die fuhr hinein in die Ärmelöffnung, und die Verfolgerin kam einige Zeitlupen-sekunden nicht los, Schreie, die mich zurückbefahlen in die Prügelzone, ich lief ein Stück weiter, bis zum Gartentörchen, schaute mich um, sah sie, wieder aufgerichtet, am Ärmel zup-fen, mein kurzes Auflachen machte sie noch wütender, ich rannte zur Gasse hinaus, rannte durch das Dorf, blieb stun-denlang weg, Gefühl der Befreiung.

Ja, kann denn das überhaupt so stimmen? Ging die Haustür nach draußen auf? Nur dann konnte die Klinke so gerichtet sein, dass sie in den Ärmel fuhr. Aber wie tief hätte sie dann vorgebeugt sein müssen im Lauf? Wie eine Figur aus einem Cartoon? Speedy Helene?

Ich stehe auf, gehe zur Zwischentür, mache sie auf, schaue zur Klinke hinab: die befanden sich auch in der Nazizeit auf gleicher Höhe. Natürlich war sie damals nicht alufarben, es war eher dunkel lackiertes Eisen, vielleicht ornamental verarbeitet. Wenn sich so ein Eisenstück horizontal in den Puffärmel schob, zwischen Haut und Stoff, dann wäre der Ärmel doch, beim Schwung ihrer Bewegung, aufgerissen, da hätte sie wohl kaum zeitlupensekundenlang gezappelt. Ich stehe vor der Tür, lass sie aufschwingen, zuschwingen und kann mir nicht mehr vorstellen, wie das, ja, gelaufen sein soll.

Also zweiter Rekonstruktionsversuch: Ich mache mich etwas kleiner an der Zwischentür, versuche die Bewegung zu imitieren, zu kopieren. Helene war keine großgewachsene Frau, und doch: Selbst bei kleinerer Statur hätte sie schon sehr scharf in die Kurve gehen müssen, um sich in Klinkenhöhe zu verfangen. Ich mach die Tür zu, ich zieh sie auf, es geht mir nicht in den Kopf. Aber selbst, wenn ich die Erinnerung diesem Materialtest unterwerfe, das Bild bleibt. Wann und wie und warum hat sich dieses Erinnerungsbild zurechtgemodelt? Solch eine Szene, sage ich mir, würde ich für einen Erzähltext, selbst für einen grotesken, nicht erfinden, das käme mir unwahrscheinlich vor. Stimmt vorn und hinten nicht, sage ich mir, vorbildlich selbstkritisch.

Doch die Erinnerung beharrt, trotz des gescheiterten Rekonstruktionsversuchs: So, bitteschön, war es, so und nicht anders, ich sehe es noch vor mir, als wär es gestern geschehn, zumindest vorgestern: Rannte hinter mir her, durch das Wohnzimmer, durch den Flur, ich zur Haustür hinaus, und sie so schnell, so dicht hinter mir her, Kochlöffel in der Faust, vorgebeugt, dass sie sich mit dem kurzen Puffärmel ihres dirndlähnlichen Kleids – und so weiter.

Wie denn weiter? Ich rannte weg zum Wald zwischen Dorf und der Hochebene, der Hannawies, stieg im Hang rauf zu meiner Fluchtburg: der erratische, irgendwie in den Wald geratene Felsblock mit der kleinen Einhöhlung und der Mulde davor. Gemeinsam mit Freund Ingo hatte ich ja nun über Mulde und Einhöhlung so etwas wie einen Vorbau geschaffen mit schräg an den Felsblock gelehnten Ästen, mit Moosstücken abgedeckt, zusätzlich mit Laub bestreut. Aber ich kannte die leicht ablösbaren Moosstücke, schob Äste beiseite, kauerte mich in die Mulde, Rücken in die kleine Einwölbung gedrückt, und wartete ab. Das Kind, das ich war, es kalkulierte – fast möchte ich sagen – eiskalt: Wenn ich lang genug wegbleibe, wird sie mürbe, der angeschlagene Kochlöffel bleibt abgelegt.

So war es denn auch. Als ich nach schätzungsweise zwei Stunden zurückkehrte, war die Wut verraucht.

Wo hast du denn die ganze Zeit gesteckt?

War nur was spazieren …

Dabei blieb es. Ich frage mich, wie das eher eingeschüchterte, in sich gekehrte Kind so blindwütigen Zorn wecken konnte. Aber die Erinnerung bietet dazu kein Stichwort an.

Und meine Brüder? Über meine Erfahrungen kann ich verfügen, schreibend, nicht jedoch über Erfahrungen der Brüder.

Dies zumindest lässt sich jedoch motivieren: Vergleichende Erfahrungen mit der Mutter. Der Bruder, von dem ich mich am meisten entfernt glaubte, er berichtete von Erfahrungen, die meinen Erfahrungen gleichen: Reglementierungen (»law and order« sagte er), die er gleichfalls erfahren, erlitten hat – und dies nicht nur als Varianten der damals (»zu unserer Zeit«!) sowieso strengeren, rigideren Erziehungsmethoden. Zwei Stichworte, die sich wiederholten: »Kühlschrank« und »Gusseisen«. Wenn er in ihre Nähe kam, das Gefühl, ein Kühlschrank öffne sich. Wenn er sie aus der Ferne betrachtete, das Gefühl, sie bestünde aus Gusseisen.

Und konkrete Erfahrungen? In seinen Erinnerungen an Kindheit und erste Jugend dominiert Durstgefühl. Denn: beim Abendessen (Butterbrot) gab es jeweils nur eine einzige Tasse Tee. (Der weithin übliche Pfefferminztee oder sehr dünner schwarzer Tee – »Pleur« nannte Helene allzu dünnen Tee, allzu dünnen Kaffee …) War die Tasse »Pleur« ausgetrunken, durfte man nicht nachschütten, wurde nicht nachgegossen: »Wenn ihr mehr trinkt, müsst ihr nachts dauernd raus zum

Bieseln ...« So blieb der Abendtee streng rationiert. Und weil wir von Kindergarten und Schule, weil wir in der Familie auf strikten Gehorsam eingeschworen waren (heute: konditioniert, programmiert), kam auch nicht in Frage, Leitungswasser in sich reinzuschlabbern, vor oder nach dem Zähneputzen. So litt mein Bruder vor dem Einschlafen und mehr noch, wenn er nachts mal aufwachte, unter Durst. Ja, der Durst weckte ihn, so erinnert er sich, und es war quälender Durst. Doch die Bitte um ein bisschen mehr Tee, sie wurde abgelehnt, meist mit einem Satz, der in der Erinnerung des Bruders charakteristisch ist, fixiert in vielen Wiederholungen: »Stell dir vor, du wärst in russischer Gefangenschaft – dann würdest du das auch nicht kriegen ...« (Hat sie hier umformuliert, transponiert, was näher lag: Stell dir vor, du wärst in einem Lager – in einem KZ – dann würdest du das auch nicht kriegen ...?)

Ja, und die stummen Schreie des jüngsten Bruders. Setzte an zu einem Schrei, aber nur der Ansatz, der Beginn des Schreis brach aus ihm heraus, der Schrei blieb in der Kehle stecken, er kriegte keine Luft mehr, wurde starr: Abkippen von der Schreihöhe in plötzliche Lautlosigkeit. Später versuchte ich ein paarmal, mich in ihn zu versetzen, die Luft anhaltend bei prall gefüllter Lunge: Der Schrei, der verstummende, schien den Kopf aufzublähen, Pressluft in den Schädel, in die Ohren, von innen her auf die Trommelfelle. Mund aufgerissen, Augen weit geöffnet, Arme starr. Nun halt mal die Luft an ...? Da blieb ihm die Luft weg ...?

Wir, die beiden älteren Brüder, waren darauf konditioniert, ja trainiert: Sobald er schreit und der Schrei plötzlich stockt, sofort losrennen und auf den Rücken schlagen. Eine dieser Situationen hat sich eingeprägt: Ein Sonnentag im Garten, der ansetzende Schrei, der abbrechende Schrei, die fast als tödlich empfundene Stille, alles stehn und liegen lassen, losrennen, wo steht er, dort stand er, starr, starr, schien blau anzulaufen (oder ergänzt das die Erinnerung?), und schnell die Schläge mit flacher Hand auf den Rücken, und Zurufe, panische Zurufe. War außer sich, für schlimme Sekunden, musste in sich zurückgetrieben werden, damit er wieder zu sich kam, bei sich ankam. In der Familie geläufige Formulierung: Er schreit sich hinter Atem. Formulierung des Arztfreundes, den ich Jahrzehnte später befragte: Er schrie sich weg.

Ja, so wiederholte sich das: Der Schreiansatz, die alarmierende Stille, er stand da, und wenn man nicht sofort kam, lief er blau an, war kurz vor dem Selbstersticken, und mit raschen, starken Schlägen auf den Rücken platzte die Luft gleichsam in ihn herein.

Jahre, Jahrzehnte später versuche ich zu verstehen, wie es zum unterkühlten Binnenklima der (jahrelang vaterlosen) Familie gekommen sein konnte. Ein Defizit an Wärme, die Mutter Helene in ihren frühen Jahren entzogen worden war, in Duisburg, in der Marienstraße? Gefühle, die ihr vorenthalten, ihr verweigert worden waren, sie dämpften eigene Gefühle? Und die Gefühle, die nicht mehr gezeigt werden durften, sie bildeten sich zurück? Und so wuchs sie hinein in eine Zeit, in der Gefühlsäußerungen ohnehin unerwünscht, ja verpönt waren, weil sie als weich galten, wo doch gehärtet werden musste für den ersehnten Krieg? Und was in der weithin militanten Gesellschaft der Kaiserzeit konditioniert worden war, erhielt schließlich das Gütesiegel des Hakenkreuzes? Zwei Sätze aus der Zeit des Dritten Reichs: »Das Überschütten des Kindes mit Zärtlichkeiten kann verderblich sein und muss auf Dauer verweichlichen. Eine gewisse Sparsamkeit in diesen Dingen ist dem deutschen Menschen und dem deutschen Kinde sicherlich angemessener.«

Es wurde später konstatiert, etwa von Bettina Albert, dass »kollektive emotionale Unerreichbarkeit« der Eltern nationalsozialistische Erziehungsprinzipien verinnerlichte; physische und emotionale Distanz zwischen Eltern und Kindern wurde »installiert«.

Ja, stimmt: Ich wurde nie in den Arm genommen. Fühlte mich zumindest nie in den Arm genommen. Noch einmal: Da war Zuteilung (von Nahrung, von Kleidung), aber kaum Zuwendung.

Zuweilen schossen Wutprotuberanzen aus mir heraus über alle Reglementierungen hinweg. In wahren Wutanfällen steigerte sich Zorn in eine Intensität, die kein Ausweichen mehr zuließ.

Deutliche Erinnerung: Wie ich auf Bruder Herbert losging. Blick verengt wie durch ein Rohr, ich warf mich auf ihn, presste ihn zu Boden, setzte die Knie auf seine Schultern, schlug in sein Gesicht, Kopierstift in der Faust, und mit Schweiß und Tränen entstanden violettblaue Wischspuren in seinem Gesicht, ich war, wortwörtlich, außer mir. Doch schon griff die Mutter ein, vehement.

Zweite Erinnerung: Ich wurde eine Zeitlang fast jeden Morgen auf dem Weg zur Schule von einem Schusterssohn abgefangen, wurde gehänselt, geknufft, gerempelt, getreten, zuweilen auch geschlagen, mein Gesicht in Sand oder Schnee gepresst. Den Namen dieses Klassenkameraden habe ich nicht vergessen, den prangere ich aber nicht an. Für ihn war ich ein »Saupreuß« – was er tat, fand Resonanz. So war der Schustersjunge mit dabei, als mir ein Grüppchen am Treppenaufgang der Schule den Ranzen von den Schultern riss, und er wurde auf einer der oberen Stufen ausgeschüttet. Da rannte ich treppauf wie hineinkatapultiert in das johlende Grüppchen, wieder war mein Sehfeld verengt, als schaute ich durch ein Rohr – in dieser Optik auch meine Erinnerung. Blindwütig schlug ich um mich, spürte andere Fäuste nicht, auch nicht Fußtritte, ich prügelte schreiend das Grüppchen auseinander. Von da an, so sagt mir die befragte Erinnerung, ließ man mich in Ruhe.

Aber noch im folgenden Sommer trug ich, zur Sicherheit, ein kurzes Küchenmesser in der seitlichen Stecktasche der Lederhose; ich musste es nie zücken. Später, im Spielgerempel, wurde es mir aus der Messerltasche gezogen, ich sah es nie wieder, brauchte es auch nicht mehr.

Wie ich mich als Kind bei Anfällen von Jähzorn fühlte, das konnte ich erfahren bei späteren Anfällen: da reproduzierte sich ein Vorgang, der kaum Varianten zulässt. So war ich (beispielsweise zweiundfünfzigjährig) sekundenkurz identisch mit dem (beispielsweise achtjährigen) Kind, gleichsam miteinander verschweißt in der Intensität dieser Erfahrung: Eine sehr rasche »Beschleunigungsphase«, in der Alarm- und Aggressionsstoffe ausgeschüttet wurden, und wieder verengte sich der Blick, wie beim Zoom, ich bestand vom Scheitel bis zu den Fußsohlen aus nichts als Heftigkeit.

Diese Erfahrungen haben so etwas wie Brandflecken hinterlassen in der Erinnerungssubstanz.

ES HERRSCHTE KRIEG. Der setzte Zeichen. Etwa so: Mehrere Scheinwerfer suchen den Nacht-Raum ab, in dem Motoren dröhnen, und in einem der hin und her schwenkenden Lichtstäbe glimmt etwas auf, schon kippen weitere Scheinwerfer-Lichtstrahlen heran zum weißen Punkt, sogleich an ihn herangereiht Aufzuckpunkte von Granatexplosionen, das Flugzeug will nach rechts, nach links ausbrechen, die Suchscheinwerfer folgen ihm, der Flugzeugpunkt löst sich im Sturzflug aus den Scheinwerferstrahlen, schon fällt das Lichtmuster auseinander, die Scheinwerferstrahlen schwenken voneinander weg, gleiten umher im Nacht-Raum.

Dies hätte ich nicht in Köln sehen können, dort waren wir im Keller während des Angriffs, dies kann ich nur in Herrsching beobachtet haben. Dabei standen wir unter dem vorkragenden Dach, an die Hauswand gelehnt, waren dort geschützt vor gelegentlich auf das Dach klackernden oder dumpf in den Boden schlagenden Flaksplittern.

Als mein Buch mit dem Wort *Schutzengel* im Titel erschienen war, wurde ich zuweilen gefragt: Hast du (haben Sie) schon mal das Gefühl gehabt, es gäbe einen Schutzengel an deiner (an Ihrer) Seite? Beim ersten Mal habe ich gestutzt, aber nur kurz, habe gesagt: Ja, es hat einen Schutzengel gegeben, meine Mutter. Sie hat mich, hat meine Brüder mit ihrer raschen Entscheidung vor weiteren hundert, hundertfünfzig, zweihundert Bombenangriffen auf Köln bewahrt, mit Folgen von hoher statistischer Wahrscheinlichkeit.

So liegt es nah, mich zu informieren über den ersten Groß-Luftangriff auf meine Stadt (zugleich der erste Groß-Luftangriff der Kriegsgeschichte): *Operation Millenium Cologne*,

31. Mai 1942. Mehr als 1000 Bomber starteten von 53 englischen Feldflughäfen, wurden zu Angriffswellen eines insgesamt neunzigminütigen Angriffs formiert. Neue Dimension der Zerstörung: Zu jenem Zeitpunkt das größte Stadtfeuer seit Rom und Moskau (1812): zweieinhalb Millionen Quadratmeter bebauter Fläche zerstört und –

Hier stocke ich. Durch beinah kontinuierliche Wahrnehmung sind wir darauf fixiert, Zahlen und Fakten zu registrieren. Jeder Dokumentarfilm, jeder gedruckte Bericht über den Großangriff bringt, selbstverständlich, Zahlen über eingesetzte Flugzeuge, die Zahlen abgeworfener Brandbomben, Sprengbomben, Phosphorkanister, Luftminen, bringt die Zahlen der Toten, der Verwundeten, der Obdachlosen, die Zahlen der leicht und der schwer beschädigten, der zerstörten Häuser und öffentlichen Gebäude. Zahlen aber, die ich in Büchern nachlese, sie vergesse ich meist wieder; diese Eigenart soll einwirken auf mein Buch, hier soll nicht überpinselt werden oder wegretuschiert.

Mit starker Nachwirkung aber eine Fotografie, die ich in Eric Taylors Bericht über den Tausendbomber-Angriff finde: Mein Stadtviertel damals, Bayenthal, aus großer Höhe fotografiert, schemenhaft zu erkennen im Feuerschein die Südbrücke (»die als wichtiges Bindeglied zwischen den deutschen Truppen in Holland und ihren Heimatstandorten galt«), die Flusskonturen, die unbebauten Rheinwiesen des Ostufers am oberen Bildrand; das Gebiet, in dem ›unser‹ Haus stand, überdeckt von Rauch; unter dieser von Bildrand zu Bildrand reichenden Rauchdecke zahlreiche Feuerpunkte, Feuerflächen. Diese Rauchdecke hätte sich auch über mir verdichten können.

Was ich nicht erleben musste, hat Gisela in Düren erlitten: Angst vor Bomben, Todesangst.

Ihr Vater, der Techniker, Ingenieur, hatte den häuslichen Keller vorbildlich zum LS-Raum ausgebaut. Vor allem hatte er die Kellerdecke mit Holzstämmen abgestützt. Vor dem Kellerfenster zum Garten der weithin übliche Betonvorbau, der vor herabstürzenden Haustrümmern schützen, damit den rettenden Ausschlupf sichern sollte. Eine Stahltür mit Gummidichtung vor dem Rettungsweg ins Freie.

Gisela führt auf meine Bitte weiter aus: »Als die Fliegeralarme zunahmen, auch tagsüber, baute der Vater ein Etagenbett im Luftschutzkeller, für Ingrid und mich. Es spielte sich schnell ein Ritual ein: Wenn ich nachts geweckt wurde, weil Vollalarm gegeben wurde, raffte ich meine Kleider, die in genauer Reihenfolge auf dem Stuhl vor dem Bett lagen, fuhr in Hausschuhe oder Sandalen und rannte vom ersten Stock in den Keller. Dort erst zog ich mich an und legte mich in die obere Etage des Bettes – Privileg der Älteren. Soweit wir nachts von Angriffen verschont blieben, wachte ich morgens meist erst im Hellen auf – die Stahltür war mittlerweile geöffnet. Die Eltern hatten mich schlafen lassen, ich hätte sonst wieder Angst entwickelt beim Gewummer der uns überfliegenden Verbände und dem Dröhnen der Flak – eine Batterie stand am Sturmsberg, ein paar Gehminuten vom Haus entfernt.

Der befestigte Keller, das Etagenbett wurden mit zunehmenden Alarmen immer öfter und immer länger zum Aufenthalt, zumindest für uns Kinder. Wir hatten einen kleinen Tisch für Spiele, und das Etagenbett diente zu Höhlenbauten.«

Dieses Gefühl der Sicherheit ging allerdings verloren, als Vater Edmund seinen ausgebombten Bruder in Essen besuchte und nach der Rückkehr berichtete, »dass während des Angriffs die dicken Holzstämme, die zur Stützung der Kellerdecke im Luftschutzkeller installiert waren, wie Streichhölzer durcheinanderflogen und viele Schutzsuchende verletzten, einige sogar schwer. Beim nächsten Alarm weigere ich mich, in unseren Keller zu gehen, denn dort befinden sich genau solche Stämme. Noch am selben Tag verbindet der Vater die Stützbalken mit starken Latten, die das Umkippen verhindern sollen. Ich bin beruhigt. Doch das Gefühl von Sicherheit, von Schutz geht verloren, als die Angriffe auf Düren häufiger werden, wenn auch zunächst nur Vororte betroffen waren, aber das Geräusch der Explosionen, das (noch) leise Vibrieren des Bodens lässt wieder Angst aufkommen, Angst, die sich steigert. Ich sehe mich auf meinen Kissen sitzen, die Puppen im Arm, die Explosionen der Bomben mal näher, mal weiter weg – ›Ich habe euch nichts getan, ihr kennt mich doch gar nicht‹, wiederhole ich beschwörend. Ich fühle, dass ich nicht weglaufen kann, die Eltern, Großeltern pressen die Hände an die Ohren, die schwere Eisentür mit den Gummidichtungen gegen Phosphor ist fest geschlossen, ich kann nicht weg … Die Zähne beißen aufeinander, die Lippen sind auseinandergezogen, die Hände in Schulterhöhe verkrampft, es schüttelt mich, ich atme stoßweise, keuchend und fühle nur noch Angst davor, dass ich von den Bomben gefunden werde in meinem Keller.«

Auch im Luftschutzkeller der Schule: kein Gefühl der Sicherheit. Schon gar nicht, »nachdem ich gehört hatte, dass in einer Stadt während eines Luftangriffs die Wasser- und Heizungsrohre geplatzt waren, wobei die Schüler verbrüht wurden. Da stand für mich fest, dass ich bei Alarm nach Hause laufen würde. Das war aber nur Kindern gestattet, die fünf Minuten brauchten. Das behauptete ich einfach, obwohl ich morgens für die Strecke knapp fünfzehn Minuten brauchte. Also stürzte ich beim ersten Sirenen-Heulton aus meiner Bank, aus der Klasse, aus dem Gebäude (mit den wenigen anderen Fünf-Minuten-Kindern), rannte los – und hatte bald den ersten qualvollen Hustenanfall. [Sie hatte Keuchhusten, der aber noch nicht diagnostiziert war.] Die Straßen waren leer, die Sirenen still. Ich rannte, nach Luft ringend, die leicht ansteigende Straße, die steilere Bergstraße hoch und wartete im eigenen Keller auf die Entwarnung. Dann musste ich die Strecke in den vorgeschriebenen fünf Minuten wieder schaffen, immer begleitet von heftigen Hustenattacken.

Einmal jedoch – ich rannte wieder nach Hause – hatte ich einen so starken Anfall, dass ich keine Luft mehr bekam. Die Straßen waren wie ausgestorben, alle Haustüren verrammelt, ich konnte nicht weiter und duckte mich unter einen Briefkasten, der einzige verfügbare Schutz. Über mir wummerten, dröhnten die Bomberverbände – wer würde mich sehen und seine Last abwerfen …? Zu der Angst kam der weiterhin quälende Husten. Als ich wieder etwas Luft bekam, konnte ich nur langsam nach Haus gehen. Meine Mutter hatte den Mut, mir ein Schreiben mitzugeben, nach dem ich bei weiteren Alarmen zu Hause bleiben durfte. Die Diagnose Keuchhusten und ein entsprechendes Attest rettete mich und sie vor unangenehmen Kontrollen.«

Als, von der Eifelhöhe her, die ersten Flakgranaten in Düren einschlugen, wurde auch ihre Familie evakuiert, in den Westerwald. Und hier die Erfahrung unmittelbarer Bedrohung. »Ich rieche das trockene Kartoffellaub und die aufgehackte Erde unter mir, vor mir weiden die Kühe auf einem schmalen Stück Wiese. Ich stehe zwischen den Rübenreihen, halte einen langen biegsamen Stock (Haselnuss), mit dem ich die Kühe von den Rüben fernhalten muss. Ich sehe, dass die Sonne schon etwas tief steht. Dann höre ich mehrfach meinen Namen und drehe mich zu den Bauersleuten um, die nicht mehr Kartoffeln aushacken, sondern hinter bereits vollen Säcken kauern und mir Zeichen geben, mich hinzuwerfen. Sie zeigen gegen die Sonne. Und ich sehe, wie zwei Jabos auf uns zufliegen. Ich liege zwischen den Rüben und halte Blätter fest, damit der Flieger mich nicht entdeckt. Sie heulen über uns weg, haben uns nicht gesehen. Die Kühe sind aufgestört, ich höre sie ganz nah schnaufen. Aber wie kann ich sie wegscheuchen? Die Jabos heulen in Abständen über uns weg, nachdem sie – wie wir später erfuhren – den Bahnhof von Altenkirchen angegriffen haben. Aber die Kühe: sie können auf mich treten, auf den Bauch, den Kopf. Ich kann mich nicht aufrichten, dann sehen mich die Jabos. Aber ich riskiere es doch, als ich sicher bin, dass sie wieder auf den Bahnhof runterstoßen. Ich richte mich in der Furche auf und schlage mit dem Stock um mich. Die Kühe springen nach allen Seiten weg. Jetzt ist es egal, dass sie an die Rüben gehn. Die Jabos kommen zurück.«

Kind Dieter blätterte schon mal heimlich in Büchern der Mutter. Und ich fand hier, versteckt, einige Fotografien: Zerstörungen in Köln. Dass es Köln war, zeigte die Silhouette des Doms in der Blickperspektive einer Trümmerstraße mit herabhängenden Oberleitungen einer Straßenbahn.

Es dürften die gleichen Fotos sein, die ich, viel später, in einem der Alben (wieder)entdecke. Sechs Fotos der zerstörten Innenstadt von Köln. Es war verboten, war zumindest unerwünscht, dass privat solche Aufnahmen gemacht wurden, aber davon ließ sich Helene nicht einschüchtern. (Zudem musste sie Vertrauen haben zum Fotolabor, das derart heikle Aufnahmen entwickelte – Denunziation war zum Volkssport geworden.) In ihrer kalligraphischen Schrift (nun aber nicht mehr mit Silberstift, sondern mit Bleistift) lese ich: Terrorangriff 4. Juli 1943.

Ein besonderes Datum in der Geschichte der etwa zweihundert Angriffe auf Köln? Ich konsultiere Martin Rüther: *Köln im Zweiten Weltkrieg.* Und sehe schon beim Blättern: Helene war in die schlimmste Phase der Vernichtung der Stadt Köln geraten.

Ob sie am 4. Juli Schäden des Peter-und Paul-Angriffs vom 29. Juni aufgenommen oder Bombenschäden (auch) des 4. Juli fotografisch festgehalten hat, das lässt sich nicht mehr klären – höchstwahrscheinlich aber hat sie zumindest einen der drei dicht aufeinanderfolgenden Großangriffe miterlebt, etwa den vom 9. Juli. Hier eine kurze Chronik.

In der Nacht vom 28. auf den 29. Juni (Namenstag von Peter und Paul) war der schwerste Angriff auf Köln erfolgt. Der Grad der Vernichtung war noch höher als Mai 1942. Ein Massaker: 4377 Tote! Etwa 10000 Verwundete! 230000 Obdachlose, die evakuiert werden mussten! Rund 35000 Wohnungen zerstört. Schwere Schäden auch am Dom.

Bei diesen Angaben darf es nicht bleiben, ich muss Zitate einrücken, damit ablesbar wird, was auf Helene eingewirkt hat. Und erneut: Was uns Kindern erspart blieb, ahnungslos im fernen Herrsching am Ammersee.

Das erste Zitat von Gebhard Aders, mit etlichen Beiträge in Rüthers fundiertem Werk vertreten. »Am Abend des 28. Juni starteten 612 Bomber, deren Bombenlast jene vom 31. Mai 1942 weit übertraf. Fast jede Maschine hatte eine

Luftmine an Bord, darunter auch die neuen mit einem Gewicht von 8000 Pfund. Bei den Sprengbomben dominierten die 500-Pfund-MC-Bomben mit erhöhtem Sprengstoffanteil. An Brandbomben führte der Verband vorwiegend vierpfündige Thermit-Stabbrandbomben mit sich, von denen etwa 5 Prozent mit Sprengkopf versehen waren, der ein rechtzeitiges Löschen verhindern sollte. Auch die 30 Pfund schweren Flüssigkeitsbrandbomben sollten zu Tausenden abgeworfen werden.

519 der Bomber erreichten schließlich Köln – 20 waren beim Einflug abgeschossen worden, 27 hatten wegen technischer Defekte oder mit Beschussschäden abgedreht, 30 das Ziel Köln nicht gefunden. Zunächst schien es, als ob auch dieser Angriff ein taktischer Fehlschlag werden würde. Bei den ersten fünf der insgesamt zwölf ›Mosquitos‹ fiel der ›Oboe‹-Empfänger aus [ein akustisches Leitsystem], die nächsten trafen erst zu einem Zeitpunkt ein, als die ersten schweren Bomber schon über Köln kreisten und mit Hilfe der H2S-Geräte ihre Bomben nach grober Schätzung über dem Stadtzentrum abwarfen. Wie schon am 16./17. Juni drohte der Angriff zu zersplittern. Die schließlich doch noch eintreffenden ›Mosquitos‹ markierten das Zielgebiet dann aber recht genau, die schweren ›Pfadfinder‹ warfen Brandbomben ins Stadtzentrum, und den folgenden Wellen der Bomber gelang ein Angriff von einer bis dahin im Luftkrieg noch nie erreichten Konzentration der Vernichtungskraft.«

Die Folgen beschreibt der SS-Sicherheitsdienst in einem internen Bericht, Äußerungen aus der Bevölkerung zusammenfassend. »Die Notwendigkeit, infolge des Ausfalls der öffentlichen Verkehrsmittel über Schutthalden und durch Staubwolken zu den Arbeitsstätten zu gehen, die Unmöglichkeit, sich richtig zu waschen oder zu Hause zu kochen, weil Wasser, Gas und Strom fehlen, der Wert, den auf einmal ein geretteter Löffel oder Teller bedeute, die Schwierigkeiten, Lebensmittel einzukaufen, weil die meisten Geschäfte zerstört sind oder von sich aus geschlossen haben, die dauernden Explosionen von Zeitzündern bzw. Blindgängern, oder Sprengungen einsturzgefährdeter Gebäudeteile bzw. von selbst einstürzenden Mauern, die verspätete Zustellung von Post, der Ausfall von Zeitungen, die Unmöglichkeit, Rundfunk zu hören, der Wegfall jeder Entspannungsmöglichkeit wie Kino, Theater, Konzert usw. – dies seien Momente eines frontkriegsähnlichen Lebens, von dem man im übrigen Reich keine Ahnung habe.«

Kaum waren im Stadtzentrum wenigstens die Hauptstraßen wieder freigeräumt, waren erste Hilfsmaßnahmen organisiert worden, erfolgte der nächste, massive Bombenangriff auf die eigentlich längst zerstörte Stadt. 653 Flugzeuge, so lese ich bei Aders, starteten erneut zum Großangriff, 32 gingen verloren. »Erstmals bei einem Angriff auf Köln wurde ein ›Masterbomber‹ eingesetzt, in dem ein erfahrener Offizier von einem sehr hoch über dem Zielpunkt kreisenden Flugzeug aus die ›Pfadfinder‹ einwies.

Da beim Bombenabwurf nach einigen Sekunden eine gewaltige Blitzlichtbombe zündete, die weite Gebiete erhellte, konnte präzise festgestellt werden, ob die Bomben im Ziel gelandet waren. Am 4. Juli konnte auf diese Weise wieder einmal festgestellt werden, dass die Bombenschützen ›zurückgekrochen‹ waren, weshalb auch in Porz, Rodenkirchen und Bayenthal Bomben einschlugen.«

Wohl bei diesem Angriff wurde vom Explosionsdruck einer nah eingeschlagenen Sprengbombe unser Haus beschädigt. Ich glaube mich zu erinnern, dass Mutter Helene von einer Behörde darüber informiert worden war. Sie musste offenbar den Baubestand der Ruine sichern, und zwar umgehend.

Zu erwarten wäre eigentlich, dass Helene Aufnahmen gemacht hätte vom türlosen, fensterlosen, dachlosen Haus, merkwürdigerweise aber habe ich nie solch ein Foto zu sehen bekommen – und habe ja nun alles gesammelt, was für die Geschichte der Familie von möglicher Bedeutung ist oder sein könnte. Darunter, immerhin, die Fotos der zerstörten Innenstadt.

Wo mag sie Unterschlupf gefunden haben in den Tagen, an denen sie offenbar das Dach abdeckte, provisorisch, wohl auch Haustür und Fenster schloss, improvisierend? Wahrscheinlich hat sie in einem der wenigen verbliebenen Hotels übernachtet.

Seltsam: ein völlig zentral gelegenes Hotel war teilweise verschont geblieben, das »Excelsior« – nur einen (weiten) Steinwurf vom Dom entfernt. Gäste erschienen hier nicht mehr, es wurden Bombenopfer eingewiesen, und so dürfte oder könnte es auch Helene gelungen sein, vielleicht mit kleiner Bestechung, dort Unterschlupf zu finden. Mit Sicherheit hatte sie kein Zimmer für sich allein. Immerhin aber konnte sie bei Alarm (oder Fehlalarm) in den Luftschutzraum des Hotels flüchten; der galt (und erwies sich) als besonders sicher. Nach Bayenthal musste sie tagsüber dann wohl hinauswandern, und wieder zurück. Dies sicherlich mehr als nur einmal – es war extrem umständlich und vor allem zeitraubend, an Werkzeug und Baumaterialien zur Sicherung des nicht mehr bewohnbaren Hauses zu kommen. Erlebte, erlitt sie also den dritten Angriff am 9. Juli? Zweihundertachtundachtzig Bomber griffen die waidwunde Stadt an. Rüthers: »Der fürchterliche Dreiklang des 29. Juni, 4. und 9. Juli – allein schon während dieser drei Angriffe wurde mehr an Bombenlast auf die Stadt abgeworfen als in der gesamten Zeit zuvor.«

Helene hat nie von den Tagen und Nächten in Köln gesprochen. Auch als ich zum ersten Mal jene Fotos sah – wie der junge Parzival habe ich es versäumt, zum rechten Zeitpunkt die richtige(n) Frage(n) zu stellen. Nun ist da so etwas wie Phantomschmerz. Wie zum Ausgleich der Versuch, die Situation, in die sie geraten war, wenigstens näherungsweise zu vergegenwärtigen. Zugleich die Situation, in die wir Kinder geraten wären, hätte sie nicht frühzeitig, rechtzeitig ihre Entscheidung getroffen.

Mit kursorischem Bericht ist es auch hier nicht getan, also soll, von Rüthers vermittelt, eine Frau sprechen, stellvertretend: eine Stimme aus der Hölle von Köln.

»Tausende von Menschen sind bei lebendigem Leibe verbrannt. Köln ist nicht mehr. Es ist immer wieder furchtbar, durch die Stadt zu gehen und nichts wie Trümmer oder leer stehende Fassaden zu sehen. Von der Innenstadt steht kein Haus mehr. Ich glaube, wenn da noch in der ganzen Innenstadt 50 Häuser stehen, so ist das sogar übertrieben. Einzig das Excelsior – in dem ich augenblicklich wohne – steht noch zum Teil. Wir waten nur durch Schmutz und Dreck. An Kleidern besitze ich kaum noch etwas, da bei dem letzten Angriff beide Kleiderschränke ineinandergefallen sind. Alles zerfetzt. Ich weiß nicht, was ich machen soll. Vom Kriegsschädenamt erhalte ich ein Kleid. Darum habe ich mich heute ans Organisieren begeben. Aber viel ist auch nicht dabei herausgekommen. Ja, so ist das. Die Nerven sind natürlich restlos kaputt. Bei dem kleinsten Geräusch zuckt man zusammen. Es ist verdammt kein angenehmes Gefühl, wenn einem der Dreck auf das Haupt fällt. […] Ich lebe dauernd in der Gefahr des völligen Einsturzes. Darum bin ich auch in das Excelsior-Hotel gezogen. Es wird ja vom Kriegsschädenamt bezahlt. […] Was das Vernichten von Köln anbelangt, so ist da nicht mehr viel zu tun. Wir hier stehen auf dem Standpunkt, dass es wohl kaum einen Ort in Deutschland gibt, der so todsicher ist wie Köln. Allerdings wandern wir abends in den Bunker. D. h., man wird schon wieder leichtsinniger und geht erst, wenn Alarm kommt. Auf die Dauer hält man das nämlich sonst nicht aus. Wir sind davon überzeugt, dass der Krieg noch in diesem Jahr zu Ende sein wird. Hier ist eine den Angriffen entsprechende Stimmung. Am besten sagt man hier nicht mehr Heil Hitler!, sonst kannst Du unter Umständen damit rechnen, eine Ohrfeige zu bekommen.«

Noch einmal Rüthers: »Das gesamte Gemeinwesen befand sich in einem Zustand der Auflösung, zählte man doch insgesamt 350 000 bis 400 000 Obdachlose, die nicht selten ziellos umherirrten.«

Und wieder die Stimme einer Frau, nun an der Peripherie der Stadt, am 5. Juli: »Man sah Bilder gestern, wie die Leute kamen, verstört, verletzt, schmutzig, nur fort. Im Wald haben sie übernachtet.« Und nach dem Angriff vom 9. Juli: »Du glaubst nicht, was hier los ist abends. Die reine Völkerwanderung, alles flüchtet aus Köln. Sie kommen mit vollgepackten Rädern, mit

Handwagen, mit Fuhrwerk, mit Autos. Alles Koffer, Möbel und Hausrat. Köln wird eine tote Stadt werden.«

Eine dritte Frauenstimme: »Alles, was nur weg kann, zieht aus Köln heraus. Das ist ein Wandern und Ziehen, unvorstellbar. Leider dürfen nur die meisten nicht heraus, sonst wäre auch kein Mensch mehr hier, ich bestimmt nicht. Aber man wird ja von der Polizei zurückgeholt. Also zwecklos!«

Die Entscheidung, zwei Jahre zuvor: verpasst, und wir wären (später) zu den »Ruinenkindern« gezählt worden. Wahrscheinlich hätten wir, bis auf weiteres, im Keller des ramponierten Hauses dahinvegetiert, verängstigt, frierend, hungrig.

DOCH WIR WAREN IN BAYERN. Und der Vater war in Dänemark. Fernes Land, in dem Helmuth zeitweilig stationiert war, fernes Land, aus dem (zur Kontrolle durchnummerierte) Pakete kamen. In diesen Paketen fast immer: Trockengemüse. Ja auch Erbsen in Tüten, zuweilen sogar Süßigkeiten, und manchmal Konserven, aber eigentlich jedes Mal: Trockengemüse. Auf dem Tisch breiteten sich Tafeln mit Trockengemüse aus, wenn ein Paket (zuweilen schon durchsucht, selten aber beraubt) in feierlichem Akt ausgepackt wurde. Die flachgepressten Tafeln (ungefähr so groß wie Schokoladetafeln, nur dicker) konnten nominell aus jeweils verschiedenen Gemüsesorten bestehen, schmeckten aber alle ähnlich, womöglich gleich, sobald sie Wasser gesogen hatten und zu Gemüsesuppe, zu Gemüsebrei verarbeitet waren.

»Da kann man ja gleich die Zunge zum Fenster raushängen«, hörte ich Helene sagen, wiederholt. Ja, es schmeckte wie angereichertes Stroh. Mühsames Mampfen. Doch die Belohnung wartete rechts neben dem Teller: auch irgendwas Gepresstes, aber süß, immerhin süß.

Dänemark: kein Land, in dem Milch und Honig flossen, ein Land, in dem Trockengemüse hergestellt und gnadenlos verschickt wurde. Dies zur »Ernährungslage«.

Mein Vater, nein: Helmuth hat durchweg Glück (»unwahrscheinliches Glück«) gehabt, das zeigte sich vor allem im Krieg.

Von seinen Jahren bei der Kriegsmarine habe ich nur vage Vorstellungen. Da fielen zuweilen Namen, vor allem von Hafenstädten, von Schiffen, von Personen, aber es fehlten Zeitkoordinaten. Glücklicherweise habe ich (auch) ein kleines Album sicherstellen können, das Mutter Helene über seine Militärzeit angelegt hat. Fotos, die wohl jeweils beim Urlaub mitgebracht wurden, und die sie dann chronologisch eingeheftet, eingeklebt, kalligraphisch beschriftet hat, wenn auch sehr knapp.

Helmuth als Rekrut in Emden, 1940 – immerhin war er bereits 35 Jahre alt, wohl auch deshalb der späte Start. Nächste Station, zumindest im Fotoalbum: Groningen. Dort war er, ab November 40, Exerziergefreiter, ließ sich mit straff und zugleich locker aufgereihtem Trupp von zwei Dutzend Mann fotografieren, er in Feldgrau, die Mannschaft in Weiß (!). Als Exerziergefreiter war er 1941 wiederum tätig in Zuidlaren: kleinformatige Fotos des baumreichen Orts; in der Freizeit wurde gesegelt. Und noch immer keine »Feindberührung«, kein Kampfeinsatz. Vielmehr ging die Ausbildung weiter; im ersten Quartal 42 wurde er in Glückstadt an der Unterelbe, in der Marineunteroffiziersschule, zum Oberfeldwebel ausgebildet, marschierte dort auf plattgetrampeltem Schnee herum, von zwei Offizieren kritisch beäugt. Erst ab April 42 kam er zum Einsatz, als Flakeinsatzleiter auf dem Frachter *Trautenfels.* Hier bietet mir Mutters Fotoalbum zwar etliche Fotos an: der Vater, sichtlich entspannt, in schöner Uniform, mittlerweile wohl als Leutnant oder Oberleutnant, aber auch hier fehlen mir Koordinaten.

Die finde ich im Internet. Und staune wieder mal darüber, was dort alles dokumentiert wird. So finde ich eine Serie von postkartengroßen Fotos des Frachtschiffs, das beinah sein Schicksal geworden wäre.

Die *Trautenfels*: ein »Schwergutschiff« von sechseinhalbtausend Bruttoregistertonnen. Ein ansehnlicher Frachter mit Ladebäumen verschiedener Ausführung, aber auch mit Kajüten für vier Passagiere. Der Frachter wurde eingesetzt als Blockadebrecher auf der Nordroute – dies auch als Truppentransporter. Im September 41 konnte das Schiff, mit sieben-hundert, achthundert Mann der 6. Gebirgsdivision an Bord, bei schlechter Sicht englischem Beschuss entkommen durch Flucht in einen Fjord. Ein halbes Jahr später war Helmuth Kühn an Bord, wie notiert, als Flakeinsatzleiter. Das Inter-net bietet Präzisierungen an: Marine-Bordflak-Abteilung Nord … Marine-Flak-Abteilung …

Ich löse die Abkürzung auf: Flak ist gleich Flugabwehr-kanone. Normalerweise war das ein 2-cm-Vierling, üblich waren auch die schweren Kaliber 8,8 und 10,5. Das Kanonen-rohr, das ich auf verschiedenen Fotos ausmache, sieht aber völlig anders aus – auffällig lang und als Öffnung so etwas wie eine Tülle. Damit ist die Kanone leicht zu identifizieren: eine 3,7-cm-Flak. Die konnte, so finde ich heraus, etwa 150 Schuss in der Minute abfeuern, die Patronen, kleine Granaten, wurden gleich in Rahmen mit sechs, acht Stück reingeschoben, theo-retisch waren plusminus 200 Schuss in der Minute möglich.

Unser Flakeinsatzleiter sicherte mehrere Frachtfahrten (Nachschub) oder Truppentransporte auf der *Trautenfels*. Ende 1942 wollte er, letztlich freiwillig, an einer weiteren Fahrt teilnehmen, um sich das Blockadebrecherabzeichen zu verdienen. In Narvik aber wurde er von Bord gerufen: Aus dienstlichen Gründen sollte er sofort nach Bergen zurück-kehren. Er fuhr mit dem nächsten Schiff. In Bergen meldete er sich beim Hafenkapitän, und der wollte nicht glauben, dass er von der *Trautenfels* kam: Das Schiff war, wieder auf Südkurs, am 11. Dezember vor der Insel Terschelling auf eine Mine ge-laufen und sofort untergegangen. In der eisigen Nordsee hatte es offenbar kaum Überlebende gegeben.

Nach der knapp verpassten Fahrt in den wohl sicheren Tod war der bald 38-Jährige mehr an Land als an Bord: Stettin und Aalborg. Hier der Dienstsitz einer Kompanie der Marine-Bordflak-Abteilung Nord. Die Marinedienststelle in einem schönen, alten Bürgerhaus, die Unterkunft offenbar im Hotel Ludvigslyst.

In der dänischen Etappe war Vater Helmuth offenbar wieder als Ausbilder tätig, beim Flugzeugerkennungsdienst und bei Übungen an der 3,7-cm-Flak, eine offenbar bewährte Waffe. August 44 empfing er, in militärisch strammer Haltung Meldung erstattend, den Admiral Lohmann, zeigte ihm eine 2-cm-Vierlingsflak neuster Bauart, eine Hightech-Todesmaschine, die in der Minute 1800 Schuss abfeuern konnte auf tief anfliegende Feindflugzeuge.

Damit lässt sich das kleine Album schließen. Und es wird die Frage nachgeholt: Was habe ich als Kind, als »Heranwachsender«, von all dem mitgekriegt, was hat (durch Urlaubsberichte vermittelt und nach dem Krieg rekapituliert) auf mich eingewirkt, eventuell?

Was mir erzählt wurde, habe ich zuweilen weitererzählt. Und dabei wieder eine Erfahrung mit mir gemacht. Ich erzählte vom Vater, der, mit seinem »unwahrscheinlichen Glück«, dem Tod mehr als einmal von der Schippe gesprungen war.

Eine Anekdote aber musste ich komplett zurücknehmen. Ich deute sie trotzdem an, der Vorgang hat mich irritiert. Die Erinnerung, die sich als Schein-Erinnerung herausstellte: Helmuth fliegt in einem Marineflugzeug vom norwegischen Zielhafen zurück nach Bergen, seinem zeitweiligen Dienstsitz; er steht während des Fluges kurz mal auf, geht nach hinten, das Flugzeug wird von einem englischen Schiff beschossen, kleines Kaliber; als Helmuth zu seinem Sitz zurückkehrt, ist der von einem Geschoss durchschlagen. Ich habe das ein paarmal nacherzählt als Anekdote meines Vaters, wollte schließlich aber doch mal Genaueres wissen: Wo gestartet, wohin geflogen? Doch Helmuth war dieser Zwischenfall unbekannt. Auch beim Nachhaken: Fehlanzeige. Bleibt die Frage offen: Von ihm vergessen oder von mir eingebracht?

Eine Anekdote womöglich, die ich ihm untergeschoben habe? Wie hätte es zu diesem Transfer kommen können? Bewusster oder unbewusster Vorgang? Es muss ohne Vorsatz geschehen sein, sonst wäre ich nicht so überrascht gewesen. Woher nun habe ich diese Anekdote? Hat sie mir ein anderer erzählt, habe ich sie gelesen? Jedenfalls muss ich die Vorstellung gehabt haben, sie sei ihm (wie) auf den Leib geschrieben.

Die *Trautenfels*-Story hatte er ja gern erzählt. Und so, in einem jähen oder langsamen Prozess, kam es zur Übertragung auf die Flugzeug-Story? Heute noch finde ich, sie passt zu Helmuth. Kritisch betrachtet ist sie ziemlich pointiert, die Kriegsrealität hat ähnliche Pointen freilich oft genug geliefert. Die Anekdote ist austauschbar, die Verteilung solcher Vorfälle war vom Zufall bestimmt.

Das alles macht den Vorgang der Übertragung plausibel. Erstaunt bleibe ich dennoch über mich selbst. Das Erfinden von Geschichten ist meine Passion, zumindest zeitweilig, aber ich konnte bisher genau auseinanderhalten, welche Geschichte erfunden, welche »authentisch« ist. Hier jedoch: habe ich eine authentische Geschichte erfunden? Wie konnte sich mein Erinnerungsvermögen diese Anekdote so komplett aneignen? Adoptierte oder adaptierte Erinnerung?

Auch hier: so etwas wie eine Grauzone von Erinnerungen, von Lebensgeschichten. Auch hier wieder: frühe Resonanz, früher Respons. Und damit ein weiteres Beispiel, vermittelt vom (mittlerweile längst verstorbenen) Eifelnachbarn in seiner Klause mit Bücherwänden. Trägt stets der Boden, auf dem wir uns zurückbewegen, gleichsam auf Zehenspitzen, zurück in Vergangenheit, die eventuell gar nicht immer unsere eigene Vergangenheit ist?

Klose: »Eine andere, mir nicht immer erklärliche Geschichte ist die, dass ich als Russlandurlauber erzählt haben soll, in den Weiten des Ostens dem Durra, einem Juden, dem Besitzer des größten Modegeschäfts in unserer Kleinstadt, begegnet zu sein und mit ihm gesprochen zu haben. Durra war Träger des Eisernen Kreuzes I. Klasse aus Weltkrieg eins, wir kauften bei ihm alle Textilien, Kinderkleidung. Wiederum verkaufte Mutter an die Durras Butter und Eier und die Weihnachtsgans. Ich müsste Durra also wohl in Bessarabien begegnet sein, in Botoszani, einem Judenstädtchen, in dem ich zu einem Vortrupp von vier Luftwaffen-Nachrichten-Soldaten gehörte, wo ich viele Abende mit Juden, die aus Österreich und Deutschland geflohen waren, zusammensaß. Wenn meine Mutter mir das erzählte, muss es stimmen. Aber ich erinnere mich nicht mehr daran, es ist wie ausgelöscht. Und warum gerade diese Erinnerung? Habe ich sie verdrängt?«

Realität der Etappe in Deutschland, in den Niederlanden, in Dänemark, in Norwegen: erscheint mir umrissen von klaren, harten Konturen. Und: beinah monolithisch kompakt. Helmuth aber hatte es zuweilen mit Personen zu tun, denen sich diese Realität anders darstellte: etwa als Fuchsbau. Oder als Maulwurfsystem von Gängen, die zu lukrativen Möglichkeiten führten.

Eine Figur tauchte in Anekdoten des Vaters wiederholt auf: Ein Kölner, der vor dem Krieg Schlafwagenschaffner gewesen war, im Krieg den Rang eines Unteroffiziers erreichte, also, in die Marinesprache übersetzt: ein Maat. Einer von denen, die in ungewohnten, in ungewöhnlichen Situationen ihre wahren Fähigkeiten entwickeln.

Die ihn begleitende Hauptgeschichte: Auf dem Schiff, also wohl der *Trautenfels*, schlug eine Bombe ein, durchbrach das Deck, explodierte aber nicht – bis zu dreißig Prozent der Feindbomben sollen Blindgänger gewesen sein. Es konnte allerdings auch ein Zeitzünder sein. Alle Mann an Deck gingen in Deckung. Der Maat jedoch stieg runter ins Zwischendeck, nahm die Bombe auf die gewiss nicht leichte Schulter, arbeitete sich die Treppe hoch, taumelte unter der Last über Deck, warf die Bombe ab über die Reling.

Dieser Mann konnte sich Offenheit leisten. Nach einer Besprechung im Dienstzimmer zu Bergen merkte er an: »Herr Oberleutnant, so jeht dat aber nit weiter mit Ihrem Zimmer hier.« Die Rückfrage, die sich in solch einer Situation von selbst formuliert. Ja, das Dienstzimmer müsste dringend mal gestrichen werden. Helmuth wies hin auf die angespannte Versorgungslage, keine Farben für Innenanstrich. Der Maat war da anderer Meinung; er werde am nächsten Tag seinen Freund vorbeischicken, ebenfalls Kölner, der könnte ein unverbindliches Angebot machen. Am nächsten Morgen fuhr ein Gefreiter in einem Militärfahrzeug vor; er hatte 52 (in

Worten: zweiundfünfzig) verschiedene Farben dabei, Farb-mischungen; Oberleutnant Kühn hatte freie Wahl, bestimmte die Farbe. Eigentlich, streng nach Dienstvorschrift, hätte er Anzeige erstatten müssen – er hat es nicht getan, hat mit Ziga-retten bezahlt.

Nicht nur Farbe war erhältlich im scheinbar lückenlosen Organisationssystem, das den Mangel verwaltete. Wohl auf der *Trautenfels* passierte, was als Möglichkeit nicht vorgese-hen war: Bei Wartung und Reinigung der Flak fiel der »Ver-schluss« über Bord in tiefes Wasser. Auf dem Dienstweg war es völlig unmöglich, in solch einem Fall Ersatz zu beschaffen. Taucher einsetzen? Das Wasser (ein Fjord?) war zu tief. Da war passiert, was nie und nimmer passieren durfte! Mein Vater hielt Rat mit dem furchtlosen Bombenträger, der sah einen Ausweg: »Lassen Se uns dat mal machen.« Angefordert wur-den eine Flasche Schnaps und mehrere Päckchen Zigaretten. Notwendig wurden ein paar Tage Urlaub für den vormaligen Schlafwagenschaffner. Dann wurde Meldung erstattet: »Der Verschluss ist wieder da.« Kann doch nicht wahr sein! »Herr Oberleutnant, wir können Ihnen jederzeit auch ein Jeschütz besorjen.«

Der Schlafwagenschaffner wurde zum Rapport bestellt und berichtete vertraulich: Für Zigaretten und Schnaps kön-ne er fast jedes gewünschte Gerät beschaffen. Wie bitte?! Im Kieler (?) Waffenlager wurde nach jedem Luftangriff auf das Marinezentrum ein Teil der Bestände abgeschrieben und bei-seitegeschafft – aus diesem Fundus hatte er das Verschlussteil »organisiert«. Mein Vater nahm zur Kenntnis; als Rheinländer deckte er, in diesem Fall, das Kunkele und Maggele ...

Ich gebe diese Anekdoten, diese Dönkes wieder, weil sie, kurzfristig, so etwas wie mentale Lockerungsübungen waren, teilweise aber, langfristig, ein Grundgefühl beeinflusst haben: Realität ist nicht immer (luftdicht) kompakt, sondern zuweilen porös (atmungsaktiv). Etwas schlichter: Fast jedes System hat Lücken. Das wiederum weckt meinen Sinn (meinen ›Riecher‹) für Randerscheinungen. Einwirkungen mit Auswirkungen.

So habe ich im Roman über den Kölner König von Grönland die wahre (mir auf Tonband gesprochene) Geschichte zweier Freunde (ziemlich frei) nacherzählt, die sich als »Kriegsmaler« hinter den Fronten (auch der russischen), mit Geschick und Bravour jahrelang durchgemogelt haben, in ihrem Lastwagen mit aufgehuckter, beheizbarer Bude. Einer der beiden wurde mein Kunstlehrer (und hat auch mir im Dürener Museum die Augen geöffnet für Klassiker der Moderne), der andere schuf Metallplastiken (eine von ihnen, sonnengleich, im Wohnzimmer). Beide bezeugten: Ausnahmen bleiben möglich auch in strikt reglementierten, streng regulierten Systemen. Zwei Zeugen für partielle Porosität von Realität, sogar im Krieg.

NORWEGEN: mittlerweile dreifache Assoziationen! Der Großvater reiste 1893 nach Norwegen und malte.

Sein Sohn fuhr vierzig Jahre später in die Fjorde hinein, aus Fjorden heraus, an der Küste entlang auf (mindestens) einem Frachter mit Flak-Kanzel: Dachte er zuweilen an seinen Vater, der in diesem Land seine Staffelei aufgestellt hatte?

1956 meine Fahrt nach Norwegen, mit dem DKW-Motorroller, 60 Kubikzentimeter; in einer wochenlangen Periode trockenen Hochsommers schnurrte ich auf staubigen Wegpisten nach Bergen, hielt mich einige Tage auch in Balestrand auf, schwamm im Sognefjord, sonnte mich, las. Vielleicht war auch Großvater dort gewesen, Balestrand war durch kaiserlichen Besuch ausgezeichnet worden, das könnte den malenden Landwehroffizier (auch) in diese Fjordlandschaft gelockt haben.

Ich war auf der wochenlangen Norwegenfahrt einundzwanzig – damals war der Großvater für mich nicht existent, und in Bergen dachte ich wohl kaum an die Militärzeit meines Vaters. Sollte ich noch einmal nach Norwegen reisen, so sähe ich Wasserflächen und Berghänge vielleicht auch mit den Augen des Großvaters und mit den Augen des Vaters. Zugleich würde ich versuchen, Erinnerungsbilder aus dem 1956 noch touristenleeren Norwegen mit Impressionen aus dem heutigen Reiseland Norwegen zu vergleichen.

Die Fronten verkürzten sich, Helmuths Dienststelle wurde von Bergen nach Odense verlegt: Hafenstadt im Odensefjord auf Fünen. Schauplatz einer Episode, die gleichfalls zur Anekdote wurde. Um sicher zu sein, dass ich den Begriff Anekdote richtig anwende, schlage ich im Duden nach: »Kurze, meist witzige Geschichte, die eine Persönlichkeit, eine soziale Schicht, eine Epoche u. ä. treffend charakterisiert.«

In Dänemark wurde gegen Ende des Krieges die gesamte Polizei verhaftet, von Gestapo oder SS; der Kompanie meines Vaters wurden 30 oder 40 der Verhafteten für kurze Zeit zur Bewachung zugewiesen. Das dienstliche und private Quartier von Oberleutnant Kühn befand sich in einer großen Schule – die Gefangenen kamen in die Turnhalle.

Helmuth stand zufällig am Fenster seines Dienstzimmers, als es zu einem inszenierten Auftritt kam: Aus einem noblen Hotel schräg gegenüber traten mehrere Kellner, schritten hintereinander über die Straße zum Schulhof, trugen Platten mit Hauben aus Hotelsilber, trugen Geschirr, Gläser, Besteck, Servietten. Dies hat sich als Vorstellungsbild eingeprägt: Wie Kellner in schwarzen Anzügen, vielleicht sogar in Fräcken, vom Hotel-Restaurant zum Schulgebäude schritten, in den Hof, zur Turnhalle, womöglich im (beschwingten?) Gleichschritt; staunend, vielleicht sogar applaudierend blieben Passanten stehen. Helmuth musste rasch eine Entscheidung treffen. Ließ er zu, dass in der Turnhalle von Hotelkellnern ein Menü serviert wurde, so hätte er das vor höheren Dienststellen kaum rechtfertigen können, schon gar nicht vor der Gestapo – und die Wahrscheinlichkeit war groß, dass über diesen demonstrativen Akt Bericht erstattet wurde. Also befahl er: »Kehrt marsch!« Und die Kellner gingen hintereinander zum Hotel zurück, mit den Platten unter den Hauben, mit Geschirr, Gläsern, Besteck, Servietten. Helmuth ließ als weitere Anweisung folgen: Das Essen wird, in Begleitung eines Soldaten, von zwei Gefangenen im Hotel abgeholt, und zwar in normalen Behältern. Auch ohne Wein im Eiskübel.

Ich gebe diese Anekdote wieder, weil sie bestätigt, dass Konturen von Realität changierend, irisierend sein können.

Oder: dass auch grimmige, finstere Realität ihre Löcher, Lücken, Nischen haben kann.

Noch einige Zeilen zur allgemeinen Beliebtheit von Anekdoten und zur Neigung speziell meines Vaters, diverse Anekdoten zu erzählen, vor allem bei Wein.

Mehrfach registrierte ich im Ambiente, wie Lebensläufe einschnurrten zu Sequenzen bewährter Anekdoten. Die illuminieren jeweils (bengalisch) einen winzigen Abschnitt eines Lebensweges. Und sie stabilisieren: lassen absehen von Ereignissen einer finster bedrängenden, schmerzhaft eindringenden Realität.

Zum Beispiel der Bruder meiner Mutter: Jahre in sowjetischer Gefangenschaft, im Steinbruch, im Bergwerk; er musste Loren (»Hunde«) schieben, gebückt in Stollen, im Nassen, wäre fast auf der Strecke geblieben, eine jüdische Ärztin rettete ihn, schrieb den Schwerkranken frei. Schinderei und Magengeschwür wurden in Gesprächen höchstens erwähnt, ausführlich aber wurde erzählt, wie man sich Wodka beschafft oder sonst wie mit einem russischen Posten gekunkelt hat. Solch erheiternde Anekdoten sind wie Spanische Wände: Was hinter ihnen geschah, kommt nicht mehr zur Sprache. Dafür setzt es sich möglicherweise um in Albträume.

Bei Helmuth schien es anders zu sein: Anekdoten verbargen bei ihm nicht Erlebnisse, die er nicht verkraften, verarbeiten konnte, sie entsprachen weithin seinen Erfahrungen – Realität nicht nur gesehen, sondern erlebt im Medium rheinischer Mentalität. Das war möglich, weil ihm das »unwahrscheinliche Glück« treu blieb. Keine Vorladung zur Gestapo, keine Verwundung, kein Schiffsuntergang.

IMMER ZAHLREICHER die Signaturen des Krieges am Kindheitshimmel: Wiederholt sah ich am hellen Tag (amerikanische) Bomberpulks Richtung München fliegen: mächtige Klanggrundierung für das provozierend geordnete Bild der Formationen in der Höhe kondensierender Abgase. Und ich hörte Explosionen von Granaten, sah Puffwölkchen (»Wattebäusche«) neben und zwischen den unbeirrbar weiterfliegenden viermotorigen Bombern (Flying Fortresses).

Signale des Bodenkriegs: Als erstes schweres Gerät in der Umgebung des Dorfs erschien, war ich enttäuscht. Da fuhren Panzer-Chimären umher aus Stahl und aus Holz – das Chassis echt mit Raupenketten und dröhnendem Motor, die Aufbauten aber aus dickem Sperrholz, und ein Dach gab es nicht. Ich schaffte es, in einem der Übungspanzer mitgenommen zu werden – stehend konnte ich über den Rand der Holzummantelung hinwegblicken, konnte den zweiten Übungspanzer beobachten, einen Wiesenhang hinauffahrend mit mäßiger Geschwindigkeit. Hat sich einer der Soldaten abfällig über die stahlsparenden Panzer geäußert? Denkbar, dass Kritik zumindest angedeutet wurde, offenbar ließ die Disziplin nach, sonst hätte ich kaum mitfahren dürfen. Selbst das Sprechen mit dem Fahrer war während der Fahrt erlaubt …

Ob meine Erinnerung im folgenden Punkt genau ist, weiß ich nicht, aber ich meine, es hätte zuletzt zwei Ausführungen jenes Übungspanzers gegeben: Die zweite Version überragt vom Kessel des Holzvergasers – ein Wort, das nicht mehr im Duden steht. Solche »Holzgeneratoren« sahen wir ebenfalls auf Lastwagen, hochragend zwischen Führerhaus und Ladefläche – ein Stück höher und erheblich dicker als der weiß emaillierte Kessel, der auch bei uns am Kopf der Badewanne stand, und vor dem Familienbad (alle Kinder nacheinander im selben Wasser) musste tüchtig gestocht werden …

Der grauschwarze, dicke, hohe Holzvergaserkessel war dem Übungspanzer aufgehuckt; viel Schwung brachte dieses Gefährt nicht auf, wiederholt musste nachgeheizt werden. An solch eine Szene würde ich mich gern erinnern: Wie einer der Soldaten Holzscheite in die Feueröffnung werfen musste, damit das Panzerfahrzeug wieder flottkam.

Der Krieg wurde sichtbar als Sequenz von Mangelerscheinungen. Zuweilen standen im Biergarten vom »Gasthof zur Post« tagelang, ja wochenlang zwei, drei Panzer; unter den hohen, dichten Kastanienkronen für feindliche Flugzeuge unsichtbar. Zwischen Biergarten und Kienbach der langgestreckte Holzbau der Kegelbahn – hier verdiente ich erste Groschen, aus einem Kabäuschen zuschauend, wie Kegel fielen, die ich wieder aufstellte; Sommergeruch einer Badehütte.

Die Mannschaften der Panzer (oder des Panzers und eines Panzerspähwagens oder Schützenpanzers) durften sich die Zeit nicht mit Kegeln vertreiben, sie saßen herum auf Biergartenstühlen oder an die Holzwand der Kegelbahn gelehnt: kein Sprit. Enorm wichtiges Wort, es wiederholte sich oft. Dachte ich als Kind über das Dorf hinaus? An den schrumpfenden Grenzen Deutschlands die »Abwehrschlacht«, hier aber standen gepanzerte Fahrzeuge herum, authentisches schweres Kriegsmaterial ...

Ich durfte in einen der vorübergehend nutzlosen Panzer oder Panzerspähwagen hineinklettern. In *Luftkrieg als Abenteuer* habe ich berichtet, wie ich eine Frau jenseits des Biergartens ins Fadenkreuz nahm, mit dem Zielgerät der schemenhaften Erscheinung folgend, ihr Oberkörper im Schnittpunkt der horizontalen und der vertikalen Linie, umgeben von konzentrischen Kreisen; ahnungslos ging die Frau dahin mit der Milchkanne, und da schoss die Vorstellung in den Kopf: Jetzt abdrücken ...! Nur als Umriss hinter der Hecke, durch das Zielgerät gesehen, war die Frau nicht mehr Bewohnerin meines Dorfs, sie war bewegliches Ziel.

Um den Feind vom Dornier-Werkflughafen Oberpfaffenhofen abzulenken, wurde auf der Hannawies, der Hochebene östlich von Herrsching, ein Scheinflugplatz angelegt, mit Hangars aus Holz und Sacktuch, mit Flugzeugattrappen. Gegen alle Verbote streifte ich mit anderen Kindern umher in der Scheinanlage, die Fliegenden Festungen einige Bomben abluchsen sollte, aber die Holzimitationen von Flugzeughallen und Jagdflugzeugen waren den Amerikanern keine einzige Bombe wert, wir konnten dort weiter umherstreunen: Tragflächen mit Holzstützen, Leerformen von Flugzeughallen, und selbstverständlich die Andeutung einer Piste – hier musste man nicht viel Aufwand treiben, gestartet und gelandet wurde vielfach auf dem Gras von Feldflugplätzen. Nah an den Flugzeugattrappen stehend, malten wir uns aus: so ähnlich könnte es auf einem echten Flugplatz sein. Aber: die Kulissen, die Attrappen waren zu leicht gebaut, waren durchschaubar: Sonne leuchtete durch Ritzen.

MIT HALB GEFÜLLTER BLECHKANNE kam ich aus dem Milchgeschäft, ging zur Brücke über dem Kienbach, auf Höhe des Biergartens vom Gasthof zur Post. Helene kam mir, aus der Fischergasse heraus, entgegen; wir trafen uns, als werde Regie geführt, auf der Brücke. Heißer, heller Sommertag. Helene in dirndlähnlichem Kleid mit weißen Puffärmelchen; sie berichtete, was sie soeben im Radio gehört hatte: Attentat auf Hitler, doch er hat überlebt! Da stand ich mit der Milchkanne: ein Attentat auf den Führer ...! Dieter, neun Jahre alt, Volksschüler: das ging ihm nicht in den Kopf.

Und die Szene erlischt, verstummt. Habe ich keine Fragen gestellt? Hat Helene die Nachricht ergänzt, erläutert? Oder haben wir beide geschwiegen, auf der Brücke wie auf dem Heimweg, weil wir wussten: Alles, was wir sagen, kann aufgeschnappt, kann weitergemeldet, kann gefährlich werden? Fragen und Antworten also aufgespart bis zur Wohnung? Hat Helene das Fenster zum Garten geschlossen? So sehr ich auch zurücklausche in die Stunde nach ihrer Mitteilung: nicht das schwächste Echo ergänzender Äußerungen. Doch ich will nicht durch Fiktion ergänzen, wo Erinnerung abbricht. Will mich schon gar nicht stilisieren zum frühwach-kritischen Kind, das zu ahnen begann: Die Herrschaft des »Führers« könnte zu Ende gehn. Dass neben dem NS-System auch andere Regierungsformen möglich waren, dies lernten wir nicht in der Volksschule Herrsching, darüber wurden wir erst informiert in der Zeit des Military Government: »reeducation«.

Auf Fotos in Kriegsillustrierten hatte ich mehrfach oder vielfach Verwundete gesehen. Im Rückblick zeigen sich drei Varianten der vorwiegend dekorativen Verwundung. Als Erste der Schädelstreifschuss. Dicker Verband um Stirn, Schläfen, Hinterkopf; rot markiert die Wunde, meist auf der Stirn, in der Nähe einer der Schläfen: rote Fläche, kaum größer als eine

Münze. Ein Verwundeter dieses Typs wurde vielfach gemalt oder fotografiert als Soldat, der dennoch weiterkämpft, etwa als Stoßtruppführer. So hatte ich das ja auch im Haus der deutschen Kunst zu sehn bekommen.

Zweite Variante: Unterarm-Streifschuss. Der vorbildlich verbundene Unterarm liegt zwischen Handgelenk und Ellbogen waagrecht in einer Schlinge, die bei Soldaten breit und weiß, bei Offizieren meist schmal und schwarz ist.

Dritte Variante: Unterschenkel-Streifschuss: Da trägt der Soldat am getroffenen Bein nicht mehr den Knobelbecher, die Hose ist dekorativ aufgefetzt oder aufgeschnitten; die Fleischwunde ist allerdings nicht so tief, dass der Verwundete nicht weiterhumpeln könnte mit einer Krücke oder von einem Kameraden gestützt.

Mit diesen drei Mustern im Kopf sah ich einen Lazarettzug in der Nähe der Güterhalle des Herrschinger Bahnhofs. Die ›Güterhalle‹ war ein großer Schuppen mit braunschwarzer Bretterwand, mit einem Tor an der Verladerampe (Rolltor, aufgehängt an einer Eisenschiene) und einem Tor zur Straße, die noch Piste war. Der Zug war allerdings nicht an die Rampe herangeschoben, er stand ein Gleis weiter. Vom Kopfsteinpflaster aus konnten wir in die Fenster der D-Zug-Wagen hineinschauen, die in Lazarettwagen umgebaut waren, mit doppelstöckigen Betten. Die Fenster waren meist heruntergezogen, ein warmer Sonnentag. Verwundete wurden auf Bahren aus den Waggons herausbugsiert und zu einem Lastwagen getragen, der in Höhe der ›Güterhalle‹ stand; die Bahren wurden, eine nach der anderen, auf die Ladefläche gehoben, dort nebeneinandergestellt. Wohin die Verwundeten kamen, das war uns Kindern klar: Außerhalb des Dorfs das langgestreckte, von einem klotzigen Wohnturm akzentuierte Gebäude der Reichsfinanzschule (im Jahr meiner Geburt erbaut, heute noch Beamtenschule), damals freilich Lazarett, offiziell: Reservelazarett; auf dem Dach ein riesiges rotes Kreuz in weißer Scheibenfläche.

Natürlich sollten wir Kinder die Rampe verlassen: »Ihr habt hier nichts zu suchen! Verschwindet!« Wir verschwanden nicht, gingen nur ein paar Schritt beiseite, wir drei oder vier Kinder, schauten weiter zu. Die Sanitäter (»Sanis«) waren zu beschäftigt oder zu erschöpft, um sich weiter um die Kinder (»Steppkes«) zu kümmern, und ich sah: erstaunlich unterschiedliche Formen der Verwundung!

»Schau es dir genau an!« Ich würde mogeln mit der Behauptung, ich hätte diese Satzsequenz aus Köln mitgenommen, hätte sie womöglich als Leitsatz, Richtsatz übernommen, zur Maxime gemacht, im kindlichen Alter: das wäre Stilisierung. Aber eine Grundhaltung, gleichsam von der Satzsequenz abgekoppelt, die habe ich vom Mansardenfenster in Köln mit Blick auf die Brände doch wohl übernommen. Schaute mir jedenfalls genau an, wie die Schwerverwundeten vom Zug auf Lastwagen verladen wurden. Immer war die Fläche Verbandsweiß (oder Gipsweiß) sehr viel größer als auf Gemälden oder Fotos. Ein Kopf mit Verband: nur noch Löcher für Augen, Nase, Mund. Und von Verband umwickelt: ein Oberkörper (»Brustkasten«), ein Unterleib. War ein Arm in Verbandsweiß, Gipsweiß, so war der meist hochgezurrt in einem Traggestell. Erkennbar auch die Amputationen: da hörte das Verbandsweiß einfach auf – unterhalb, oberhalb eines Knies, über einem Ellbogen. Längst schon umwickelte Realität: erste Versorgung in einem Feldlazarett, weitere Versorgung im Lazarettzug.

Und alle waren ziemlich still, das fiel mir auf, so habe ich das in Erinnerung: Die Verwundeten stumm, Sanitäter schrien nicht herum, die Abläufe offenbar Routine. Ein Lastwagen fuhr los Richtung Lochschwab zum Lazarett, ein zweiter Lastwagen wurde mit Bahren beladen. Auch jetzt: kein Stöhnen der Liegenden, kein Geschrei der Helfer. Weiterhin das vorsichtige Herausbugsieren von Bahren aus den Waggons, besonders achtsam die Stufen hinab, besonders behutsam die Ladefläche hinauf. Alle Verwundeten waren zwischen Kopf und Fuß so schwer verwundet, dass sie bestimmt nie mehr mit Stielhandgranaten oder Maschinenpistolen voranstürmen oder mitstürmen konnten.

Warmer Sonnentag, hell beleuchtet die weißumhüllten Köpfe, Oberkörper, Unterleiber, Beine, Stümpfe. Verwundete auf

Bahren über die Schienen getragen, zuweilen auf dem Schotter abgestellt, wenn es nicht recht weiterging am Lastwagen.

Eine öffentliche Veranstaltung im Lazarett der Reichsfinanzschule. Lange Tische, lange Bänke im Festsaal; viel Uniformgrün, viel Verbands- und Gipsweiß, viel weißes Textil: Krankenschwestern. Vom bunten Programm auf der Bühne blieb nur in Erinnerung eine Gesangsnummer, vorgetragen von einem uniformierten Männerchor in dichtem Karree – ein Lied, das lustig war oder lustig sein sollte, ein Teil des Refrains hat sich festgesetzt: Dampfnudelnudel ... Dampfnudelnudel ... Das erschien mir damals schon deppert oder damisch: Dampfnudelnudel ... Nicht immer wählt Erinnerung nach Kriterien aus, die mich nachträglich überzeugen: Dampfnudelnudeldampfnudelnudel.

Ein Motorrad (damals: Krad) mit Beiwagen fuhr ins Dorf, hielt vor der Spedition Bader: der Fahrer mit Stahlhelm, Regenmantel, Gewehr; ein Soldat im Beiwagen; hinter ihm, aufgehuckt, zwei Tornister. Der Kradfahrer stellte den Motor ab. Da war ich auch schon zur Stelle. Er schob die Schutzbrille hoch über den Helmrand: rund um die Augen hellere Haut, die Umrisse der Schutzbrille von Dreckspritzern nachkonturiert. Bespritzt auch der Mantel, vor allem der Mantelaufschlag über den Stiefeln. Ja, er ließ sich von mir den Weg erklären. Der Soldat im Beiwagen stumm, reglos, als wäre er weichgeklopft. Eine Frau brachte ein Glas Wasser, der Fahrer trank. Der Beifahrer wollte nicht trinken: sehr langsames Kopfschütteln. Das Motorrad wurde mit dem Kickhebel wieder gestartet, das tiefliegende Gespann fuhr an der Kreuzung nach links. Was geschah eigentlich jenseits des Horizonts?

Zwei, drei Lastwagen voller Soldaten, plötzlich im Dorf; Zwischenhalt. Dies hat sich eingeprägt: Selbst auf den Kotflügeln, vorn, saßen Soldaten, und Soldaten gedrängt auf der Ladefläche; einige von ihnen mit Kleinkalibergewehren. Ein Kleinkalibergewehr: etwas zwischen einem Luftgewehr und einem Karabiner; Kleinkalibergewehre bei Soldaten, das

»galt nicht«, ein Kleinkalibergewehr war nur gut zum Spatzenschießen … Mein »nur« wollte einer der Soldaten auf der
Ladefläche nicht gehört haben; mit diesen Waffen hatten sie,
so rief er mir zu, während der Fahrt Porzellan-Isolatoren an
Masten zerschossen.

Darauf eingeschworen, »Volkseigentum« zu schützen, war
ich erst recht erstaunt: Im eigenen Land, hier in Bayern, Isolatoren an Masten zerschießen?! Der Dialog wurde nicht
fortgesetzt, die Soldaten fragten nach Zigaretten – als liefen
wir Kinder mit Zigarettenschachteln herum! Die Lastwagen
starteten wieder, fuhren los. Rückzug oder Einsatzbefehl?

Ich packte Angesammeltes in einen Karton, den ich auf einer eventuellen Flucht vor dem heranrückenden Feind mitnehmen wollte. Dieser Karton enthielt: Eine ausnahmsweise
schöne, besonders große Muschel unter den meist unansehnlichen Muscheln des Ammersees … ein kurios gewachsenes
Holzstück, im Wald gefunden: es glich einer kleinen Echse,
der ein Auge vorquoll … ein Kompass, eher Spielzeug als
geländetaugliches Hilfsmittel … ein Taschenmesser, aus dem
sich freilich nur zwei Klingen in verschiedenen Größen herausklappen ließen … eine Lupe mit bernsteinfarbener Einfassung der Linse … ein paar Fotos, deren Motive sich nicht
eingeprägt haben … vor allem aber Briefmarken, geschenkt
oder eingetauscht und nun, in einer Auswahl, in kleinem Einsteckalbum: Herzog Luitpold von Bayern … überdruckte
Germania: »Freistaat Bayern« … Briefmarken, mit Zahlen
überdruckt: die Inflation … Burgen und Schlösser … Pflanzen
und Tiere … Hindenburg und Hitler … Motorräder und Panzer … Aufmärsche, Kampfszenen … Und Briefmarken aus
einer fernen Welt: Deutsch-Südwestafrika … Die eine oder
andere Briefmarke aus Übersee: Einzelexemplare, wie aus der
Fremde zugeflogen … Eine Brise Weltweite … Miniaturisierte Bildergalerie mit Zähnung … Diese Auswahl obenauf im
Karton, der fest verschnürt wurde. Im Schnittpunkt der Perspektivlinien ein Bub in Lederhose mit einem Karton unter
dem Arm, fluchtbereit.

In der letzten Kriegsphase tauchte bei uns eine Tante auf mit kleinem Kind, fand Zuflucht für die nächsten Monate. Woher sie kam, weshalb sie bei uns blieb, das wusste ich nicht. Ich hole nach: Utas Mann, Offizier an der ständig zurückweichenden Ostfront, hatte seine Schwester Helene gebeten, in einem Feldpostbrief, seine Frau, sein Töchterchen in Obhut zu nehmen – der Vormarsch der Sowjetarmee auch Richtung Isergebirge, Riesengebirge war nicht aufzuhalten.

In einem Buch mit autobiographischen Skizzen hat Uta Asher auch über die Reise nach Herrsching berichtet: »Flucht und Zuflucht«. Mit der fast neunzigjährigen, überaus kreglen Tante in Heidelberg habe ich telefonisch abgesprochen, dass ich ihren Bericht übernehme, mit einigen Kürzungen. Die Perspektive des Kriegskapitels muss erweitert werden.

Aufbruch in Polaun, dem böhmisch-tschechischen Grenzbahnhof (Grünthal), Fahrt mit der Zahnradbahn, »Zackenbahn« (der höchstgelegenen preußischen Bahn) Richtung Schreiberhau, Hirschberg. (Bald darauf wurde ein Viadukt der Bergbahn von Pionieren der Wehrmacht gesprengt.) Weiter mit der Reichsbahn, freilich mit längst üblichen, kriegsbedingten Aufenthalten auf freier Strecke.

Erneuter Ansatz: »Die Eltern reichen mir das Kind. An meinen Schultern hängt an einem Riemen nach hinten der Koffer, zur Seite die Tasche mit allem, was ich für das Kind brauche, und ein Lederbeutel mit Papieren und Geld um den Hals. Der Zug kommt das Tal herunter, aus den Fenstern quellen Menschen, auf den Plattformen drängen sie sich. Ich finde Platz auf dem Trittbrett, halte mich an dem eisernen Griff fest.

Es ist der 15. Februar 1945, zwei Tage nach Dresden, die Zeit der nähergerückten Front, der endlosen Flüchtlingszüge durch unser Tal, das wie ein Nadelöhr von Schlesien nach Böhmen und weiter nach Westen durchfahren werden muss von vielen. Heute Abend werde ich mit der Kleinen in Eger sein, bei einer entfernten Cousine übernachten und sehen, wie ich von dort nach Bayern weiterkomme.

Der Zug fährt gleich nach der Station in den Tunnel. Ich brauche alle Kraft, Beate festzuhalten und mich gleichzeitig an die Eisenstange zu pressen. Ein sicherndes Geländer zu den vorbeigleitenden Tunnelwänden gibt es nicht. Es wird wieder hell, rechts eine kleine Gruftkapelle, sonst nähere Umgebung von daheim, jetzt ganz fern gerückt, der nächste kurze Tunnel kommt, die nächste Haltestelle. An der übernächsten muss alles aussteigen, dies war die steile Zahnradstrecke, nur mit einer Sonderlok zu befahren.

In den dort wartenden, schon besetzten Zug drängt alles aus dem angekommenen. Menschen mit ihrer letzten geretteten Habe, mit Rucksäcken, Koffern, Kartons, manche mit Kisten, Säcken, schieben sich eng hintereinander die Trittbretter hoch, durch die bis zur Decke mit aufgestapeltem Gepäck vollgestellten Gänge, Kinder weinen, Mütter rufen. In einem Abteil sieht es so aus, als könnte ich mich noch hineinquetschen. Ich sehe dann auch weshalb, aber da ist es zu spät und keine Möglichkeit mehr wieder hinauszukommen, weil die Menschenmassen nachdrängen. Es war einmal ein Erster-Klasse-Abteil, doch die Auflagen der Sitze sind nicht mehr da, alle hocken mehr als sie sitzen auf dem viel zu niedrigen hölzernen Unterbau, jeder versucht so gut es geht mit Gepäck oder Mänteln auszugleichen. Es sind Mütter mit Kindern und ganz alte Menschen, die Männer sind im Krieg.

Irgendwie verschwindet mein Koffer zwischen den anderen, jemand hält mein Kind, ich schäle sie aus dem Mantel, sie ruderte schon ganz erschöpft, um freizukommen aus der festen Umklammerung. Eine kleine Erleichterung, als auch ich den Mantel aushabe, mich darauf setze, soweit man das Hocken auf dem zu niedrigen, zu engen Sitz so nennen kann, und das Kind auf meinem Schoß stehen lasse. Sie bewegt ihre Beinchen, endlich, brabbelt, tappt mir mit den Händen ins Gesicht. Ich spüre, dass der Zug anruckt und sich in Bewegung setzt. Gottlob, wir fahren, die paar Stunden werden vorbeigehen.«

(Bei einem unserer Telefonate berichtet Uta ergänzend: Viele Frauen im Zug, die dem Bombeninferno von Dresden kurz zuvor entkommen waren – sie alle waren verstummt. Das fiel ihr auf, das wirkte nach: Diesen Frauen hatte es, wortwörtlich, die Sprache verschlagen.)

»Nach zwei oder drei Tagen und Nächten sind wir, in die Abteile eingeklemmt, höchstens die Hälfte der Strecke bis Eger vorangekommen. Der Zug schleicht, steht, rangiert, steht. Andere kommen schnell entgegen, mit Soldaten und Kriegsmaterial, sie fahren an die Front, Güterzüge klappern vorbei. Als wir auf freier Strecke stundenlang stehen, hören wir Sirenen, Fliegeralarm, abgrundtiefe Angst in manchen Augen, sie kommen aus Dresden. Den Zug zu verlassen ist unmöglich, nur ein paar Menschen, die in der Nähe des Ausgangs ihren Platz hatten, klettern hastig die Trittbretter hinunter, springen auf den Schotter und sehen sich nach einer Deckung um, kommen wieder gerannt, als die Lokomotive pfeift und anfährt. Manche hatten weiter weg einen Verband Bomber gesehen, doch sie hatten ein anderes Ziel als uns.

Mein Kind hat sich seit dem Aufbruch daheim von einem blühenden, vergnügten Baby in ein apathisch wimmerndes, wundgelegenes, von dauerndem Durchfall geschwächtes, sich immer wieder übergebendes Häufchen Elend verwandelt. Die Windeln sind längst verbraucht, Papierwindeln eine Erfindung der Zukunft. Die Bereitung von Babynahrung auf einem mitgenommenen Esbitkocher für Bergtouren war für den vorgesehenen Tag möglich, doch wie das Fläschchen sauber machen, wo es nicht einmal abgekochtes Wasser für die Trockenmilch gibt. Ich lasse sie Kekse und Zwieback kauen, sie hat Durst, die Fläschchen mit Tee sind aufgebraucht, sie weint, sie schreit, solange sie Kraft dazu hat, dann wimmert sie nur noch. Ein kleiner Junge in unserem Gefängnis wimmert mit, an seine Mutter gelehnt. ›Das kleine Kind soll nicht weinen, das kleine Kind soll ruhig sein.‹

Ein Kindernachttopf wird bei Bedarf herumgereicht, im Sitzen benützt, dann zum Fenster hinausgekippt. Zum Klo kommt man nicht, außerdem ist es mit Gepäckstücken vollgestopft und wird als Abteil benützt. Hie und da gibt es irgendwo einen Schlag stark gesalzener Suppe, die Gefäße werden zum Fenster hinausgehalten. Niemand vom Roten Kreuz zu sehen, den man hätte um Hilfe bitten können, um Nahrung für Kleinkinder, um Tee.

Das Kind liegt mit geschlossenen Augen auf dem schmalen Stück Sitz. Ich habe mich ans Fenster gestellt und es einen Spalt geöffnet. Es ist kalter Winter, aber die Luft im Abteil ist zum Ersticken. Wir stehen zwischen verschneiten Feldern, dazwischen läuft ein Fahrweg, irgendwohin, weiter weg sieht man einen Ort, Schornsteine von entfernten Fabriken. Aus dem Nachbarfenster schaut eine junge Frau, neben ihr drängen sich drei Kinderköpfe. Wir sehen uns an. ›Halten Sie es noch aus?‹ ›Ich muss hier raus, mein Kind ist krank.‹ Mein Entschluss ist gefasst. Alles ist besser, als hier gottergeben zu warten, dass es irgendwann einmal weitergeht.

Ich packe meine Sachen zusammen, ziehe erst mich an, dann das Kind, das alles mit sich geschehen lässt, lasse die Gepäckstücke aus dem offenen Fenster auf den Schotter hinuntergleiten, klettere in dem dicken Mantel aus dem Fenster, halte mich an dem Rahmen fest und springe. Wenn der Zug jetzt anfährt, würde ich auf das Trittbrett aufspringen und mich zum Abteil zurückkämpfen, schießt es mir durch den Kopf, doch er steht wie seit Stunden. Ich nehme mit hochgestreckten Armen vorsichtig das Kind entgegen. Die junge Frau vom Nachbarabteil hat ihre drei schon neben sich stehen, verteilt die Gepäckstücke. Aus den Fenstern lehnen Menschen, schauen uns unbeteiligt zu, wie wir uns in Marsch setzen, auf den Fahrweg zu, der zu dem Ort führen muss. Alle paar Schritte stehenbleiben, Gepäck wechseln. Trotz meiner schrecklichen Angst bin ich dankbar, dass Beate ruhighält und sich nicht sträubt. – Ein paar Worte mit der jungen Frau gewechselt, sie kommen aus Schlesien, die Russen schon ganz nah, sie mussten Hals über Kopf weg, nur nach Westen, ein festes Ziel hat sie nicht.

Ein Mann überholt uns, ein Bergmann nach der Frühschicht auf dem Heimweg, wir sind im böhmischen Braunkohlenrevier. Er bleibt verblüfft stehen und fragt, wo wir hinwollen. Eine kurze Erklärung, ein Blick zu dem immer noch stehenden Flüchtlingszug. Dann sagt er entschlossen: ›Ihr kommt zu uns mit, alle‹, nimmt den schwersten Koffer und an die andere Hand eines der Kinder. Er und seine Frau sind im Ruhrgebiet ausgebombt, er weiß Bescheid. Er wurde hierher versetzt, wo noch Kohle gefördert werden kann.«

In einem winzigen Haus werden sie alle aufgenommen, versorgt, verpflegt. Nach kurzer Erholung geht es weiter; der Bergarbeiter bringt Mutter und Tochter zum Bahnhof. »Ein kalter Morgen, es ist kälter als minus zehn Grad, der Schnee auf den Feldern rosig in der Wintersonne. Als der Zug einläuft, wieder Menschen, Menschen, aus den Fenstern, auf den Trittbrettern, aber ein paar leere, offene Güterwagen. Alles drängt hinauf. Ich komme zwischen anderen zu stehen, umfallen kann man nicht, es ist zu eng. Ich ziehe meinen Pelzmantel aus, umhülle das Kind, lass nur ein Guckloch, damit ich mit ihr reden kann, doch sie liegt still in meinem Arm, ist gar nicht richtig wach geworden.

Wie lang ist die Strecke aus der Nähe von Dux bis Eger? Wie übersteht man sie eingekeilt auf offenem Güterwagen bei Eiseskälte? Wie kalt es ist, spüre ich nicht, die Angst um mein Kind ist stärker. Irgendwann hält der Zug in Eger, auf dem kurzen Weg zwei Straßen weiter versagen meine Beine fast. Auf mein Klingeln kommt meine Cousine die Treppe heruntergerannt, ein Aufschrei ›Da bist du ja‹, sie nimmt mir das Kind aus dem Arm, fragt nicht weiter, als sie das schmale, fiebergerötete Gesicht sieht, und trägt sie behutsam in die Wohnung. Ich habe gar nicht wahrgenommen, dass sie ihre Ärztin benachrichtigt hat, auf einmal steht die alte Frau da, der man die Überanstrengung ansieht, und schaut verzagt auf das arme Körperchen hinunter, das sie aus der Kleidung geschält hatte. Nach eingehender Untersuchung schüttelt sie den Kopf. Dann fragt sie, ob ich das Kind gestillt hätte. Als ich das bejahen kann, atmet sie auf und sagt: ›Dann ist es möglich, dass wir es durchbringen‹. Ich muss mich am Tisch festhalten.«

Drei Wochen bei der Cousine, bis das Kind wieder gesund ist. Die Fahrt wird fortgesetzt bis Regensburg. »Fliegeralarm, der Zug fährt nicht weiter, alle müssen aussteigen. Ich will in den Luftschutzkeller und nach der Entwarnung zur Bahnhofsmission. Irgendwann wird eine Gelegenheit zum Weiterfahren sein. Da kommt die junge Nachrichtenhelferin aus meinem Abteil, die zu einem Kurzurlaub nach Hause in Regensburg unterwegs war, hinter uns her, nimmt meine Tasche und sagt ganz selbstverständlich: ›Sie kommen mit heim.‹ Mir laufen die Tränen übers Gesicht, als ich ihr in völliger Verdunkelung durch die finsteren Gassen der Altstadt folge. Einmal sehe ich die riesige Silhouette des Doms vor dem etwas helleren Nachthimmel. [...] Morgens werde ich nach köstlichem Frühstück zum Bahnhof gebracht, und es geht weiter. Der Münchner Hauptbahnhof ist durch mehrere Luftangriffe schwer beschädigt, um an den Ammersee zu kommen, muss ich im Halbkreis um die Stadt herumfahren mit mehrmaligem Umsteigen, meistens außerhalb der jeweiligen Bahnhöfe, von viel zu hohen Trittbrettern auf Schotterböschungen springen, über Gleise steigen, durch Schneewehen stolpern, doch das Kind ist ruhig und wehrt sich nicht, und das Wetter ist kalt, aber freundlich. Und immer, jedes Mal, helfen mir rührende Menschen.

Fast ist es wieder Abend, als wir in Herrsching ankommen und ich die schmale Straße entlanggehe, erschöpft, das jetzt wieder leise wimmernde Kind auf dem Arm. Meine Schwägerin hat die winzige Stimme gehört und kommt aus dem Haus entgegengelaufen. Wir sind am Ziel.«

PS. Aus Kind Beate wird später einmal Bürgermeisterin von Heidelberg. Und, zuvor: Abgeordnete, die ich auf einer Fahrt nach Brüssel begleite, zu einer Sitzung ihres Umweltausschusses im Europaparlament.

ES MUSS ANFANG 45 GEWESEN SEIN: Ich hörte mit, was ich nicht hören sollte. Die Frau des Jugendschriftstellers berichtete, erregt, im Wohnzimmer: Eine Kolonne von Häftlingen (war die Rede von KZ-Häftlingen?) von SS durch das Dorf eskortiert, und die bewaffneten SS-Männer riefen, auf beiden Seiten neben der Kolonne hergehend, den Häftlingen zu, unablässig: Wer nicht pariert, wird umgelegt ... Wer nicht pariert, wird umgelegt ... Ja, das wurde im Marschrhythmus skandiert: Wer nicht pariert, wird umgelegt ...!

Zusammenhänge, Hintergründe blieben verschleiert, diesen drohend skandierten Satz aber habe ich genau gehört beim halblauten Gespräch im Nebenzimmer. Dieser Satz hat ein Echo in mir gefunden, das Jahrzehnte später nicht verklungen ist, und das Bild, das sich aus diesem Satz entwickelte, es ist gleichfalls präsent geblieben, beinah, als hätte ich das Berichtete selbst gesehen: SS-Männer mit Gewehren in den Armbeugen, zwischen ihnen eine Kolonne von KZ-Häftlingen, mitten durch unser Dorf hindurch, an der katholischen Kirche vorbei, am Rathaus vorbei, an der Post vorbei, dann, nach rechts oder links schwenkend, an der Güterhalle oder am Bahnhof vorbei, und maschinenhaft wiederholt: Wer nicht pariert, wird umgelegt ... Wer nicht pariert, wird umgelegt ... Wer nicht pariert, wird umgelegt ...!

Erst viel später kombinierte ich diese Parole mit Fotos von KZ-Häftlingen auf einem der Todesmärsche. Da wurde ein Trupp offenbar auch durch Herrsching, durch unser Herrsching geführt – was in Heimatgeschichten wohl kaum vermerkt, nicht weiter ausgeführt wird. Die nur indirekt vernommenen Drohrufe, die nur medial wahrgenommenen Fotos haben sich unauflöslich miteinander verbunden.

Von SS und Häftlingen berichtete, viele Jahre später, Giselas Onkel. Er war lange Zeit Mitglied der Kommunistischen Partei gewesen, vor dem Krieg, hatte dem Zentralkomitee angehört, war bereits 1934 in das Konzentrationslager Sonnenburg eingewiesen worden, für ein Jahr etwa. Was er dort erlebt hatte, das konnte er erst in den siebziger Jahren erzählen, in einer Stunde, in der sich das ohne Vorsatz ergab – vor dem Mikrophon meines Tonbandgeräts wollte er nicht erzählen ...

Am abgeräumten Mittagstisch aber nun: Die Häftlinge mussten, wiederholt, auf dem Appellplatz stehen, besonders lang im Winter, und sie wurden angebrüllt, geschlagen. Und immer wieder das Kinderspiel »Schubkarre schieben«: Ein Häftling musste jeweils den Nebenmann an den Fußgelenken packen, mit gestrecktem Körper tapste der auf den Handflächen voran, das musste schnell gehn, schnell, schnell, der Platz war mit Splitt bestreut, die Handflächen nach der ersten Überquerung blutig. Und mit blutigen Händen die Fußgelenke des anderen gepackt, und der musste, schnell, schnell, schnell, über den Appellplatz zurück »geschoben« werden, auch seine Handflächen bald blutig. Der Mann, der Onkel Eduard vor sich herschob und den Onkel Edi vor sich herschob, der hieß Carl von Ossietzky.

Ja, und man nahm Rache! Häftlinge mussten Brot von einem Lastwagen abladen, in einem Lagerraum stapeln, gutes Brot für die Wachmannschaften, und in einem Moment, in dem die Bewacher nicht aufpassten, hat er, mit Leidensgenossen, das Brot bepisst.

Von diesem Racheakt hat Eduard bestimmt zehnmal erzählt, erst dann konnte er berichten, wie eine große Konservendose (in der ein paar Pfund Marmelade gewesen waren) einem Mitgefangenen auf den Schädel gestülpt wurde, und mit Knüppeln musste die (etwas zu kleine) Dose zu den Ohren herabgetrieben werden, das Gesicht des Gefangenen blutüberlaufen, blutüberströmt, und wer da nicht weitergeschlagen hätte, angeschrien von Bewaffneten, dem wäre gleich auch eine Konservendose auf den Schädel gestülpt worden, also schlugen sie mit Knüppeln auf das Blech, das sich verformte, und die Kante tiefer und tiefer herabgepresst.

Ja, ja, und ein anderer Häftling musste eine Rasierklinge in den Mund nehmen, bei vorgehaltener Waffe, musste sie zerbeißen, kleinkauen, die Zunge, die Gaumenhöhle zerschnitten, Blut quoll aus dem Mund, und er wurde angebrüllt: »Schlucken! Du sollst das schlucken, du Schwein!«

Ja, und wieder, immer wieder: wie sie das Brot der Bewacher bepissten. Ja, und pissgelb, rotgelb die Eiszapfen an den Pferdemäulern im harten russischen Winter: man hatte Edi in eine Bewährungseinheit gesteckt, und durch halb Russland ostwärts auf dem Pferd und durch halb Russland westwärts auf dem Pferd den Arsch wundgeritten. Und natürlich Erfrierungen.

WENIGE TAGE vor Kriegsende: Geheimnisvolle Aktionen in der Wohnung, sobald wir Kinder in den Betten waren – hörbar wurde gearbeitet. Kurz bevor die ersten Amerikaner ins Dorf einrückten, war Tante Uta verschwunden. War freilich nicht abgereist, die kleine Beate war noch da. Ich glaubte bald zu wissen, wo die schöne Tante versteckt war: Zwischen einer Doppeltür, gemeinsam mit Eingemachtem – der Feind, so hieß es, zerschießt, zerdeppert vor allem Einmachgläser. Vor die Doppeltür (die ich im Erinnerungsgrundriss der Wohnung freilich nicht recht einordnen kann, vielleicht war es auch nur die Tür zu einem Spind), vor die Verstecktür jedenfalls wurde ein Regal geschoben.

An einem Tag, nach dessen Datum ich nicht suche (wird Ende April gewesen sein), sprach sich im Dorf herum, die Amerikaner (oder sagten wir damals schon: »Amis«?) seien bereits im benachbarten Dorf Erling. Wir hörten allerdings keine Artillerie, keine MG-Salven, keine Gewehrschüsse. Ich riss zu Hause aus, ging auf völlig leerer Straße Richtung Erling, Kloster Andechs.

Moment! Ich riss aus? War wohl eher entschlüpft, eine Lücke im innerhäuslichen Kontrollsystem nutzend. Verdrückte mich. Hätte auch zu Haus bleiben können, im sicheren Kinderzimmer, aber ich zog los, ich wollte oder musste sehen, wie der Feind einmarschierte. Wollte das, salopp gesagt: mitkriegen. Und kann hier nur beteuern, dass ich nicht stilisiere, fingiere.

Ich blieb stehen am Platz des Kriegerdenkmals, schaute in die Straße südwärts, sah ein fremdartiges Fahrzeug herankommen – kein Panzer, eher ein Panzerspähwagen, obendrauf saßen fünf oder sechs Soldaten, Schusswaffen im Anschlag: Amerikaner, Americans! Und ich sah, was die noch nicht sehen konnten: vom See her kam ein Krad mit Beiwagen; zwei deutsche Soldaten, der im Beiwagen hielt die Maschinenpistole schräg nach oben. Und ich sah die Deutschen und die Amerikaner aufeinander zufahren, noch voreinander verborgen durch Häuser und Gärten. Ich am Rand des Geschehens, zugleich im Schussfeld, ich als möglicher Kollateralschaden, aber kein Gedanke an Flucht, ich ließ, wortwörtlich, auf mich zukommen, ging nicht in Deckung, das hätte die Soldaten eines der beiden Fahrzeuge warnen, hätte damit Unberechenbares auslösen können, ich blieb ganz einfach stehen, dort, wo später das Kino gebaut wurde, das noch später Tengelmann-Filiale wurde. Ich sah etwas voraus, was die potentiell Beteiligten nicht voraussehen konnten. Fast kam es mir so vor, als würde ich die beiden Fahrzeuge aufeinanderzudirigieren, und das gelang mir so gut, dass sie gleichzeitig den kleinen Platz erreichten: Da richtete der Soldat im Beiwagen die Maschinenpistole auf das amerikanische Fahrzeug, da richteten die Amerikaner ihre Waffen auf das Motorrad, beide Fahrzeuge drehten eine Runde auf dem Platz, und der war gefährlich klein. Die Fahrzeuge wie um einen gemeinsamen Gravitationspunkt bewegt, doch die Schwerkraft schien jäh nachzulassen, das Motorrad fuhr (»brauste«) in eine Seitengasse, hangwärts, der Panzerspähwagen zuckelte weiter ins Dorf hinein.

Ein Foto, reproduziert in einem der Bildbände über Herrsching: Der kleine Platz am Kriegerdenkmal, das längst weggeräumt wurde, um Platz zu schaffen für den wachsenden Verkehr. Das Foto betrachtend frage ich mich, ob meine Erinnerung sich nicht selbständig gemacht hat. War dieser Platz überhaupt groß genug für solch eine Choreographie des stummen Umkreisens, nein: des stummen Umkreisens eines Platzmittelpunktes? Habe ich das in der Erinnerung nicht ausgestaltet oder: Hat meine Erinnerung hier nicht selbständig umgestaltet? Hätten die Vorderräder des amerikanischen Fahrzeugs, hätte das Vorderrad des Motorradgespanns nicht aufs Äußerste eingeschlagen werden müssen bei solch einer Kreisfahrt auf engstem Raum, hätte der Abstand zwischen den Mündungen der deutschen Maschinenpistole und der amerikanischen Sturmgewehre nicht sehr knapp sein müssen, nur wenige Meter? Und der Kampf hätte eine Form angenommen, die Soldaten nicht suchen: den Nahkampf? Vielleicht war es doch eher so: Das Motorradgespann fuhr auf den Platz am Kriegerdenkmal, als das amerikanische Fahrzeug den Platz bereits zu verlassen begann. Und man sah sich noch, reagierte mit dem Anheben der Waffen, das Motorrad »brauste« fort, die Amerikaner fuhren langsam weiter, mit der Gelassenheit der Sieger. Nur in einem Segment des gedachten Kreises war Konfrontation möglich. Die Umkreisung hätte vorausgesetzt: Beide Fahrer setzten spontan, setzten simultan an zur Kreisfahrt, das Motorrad dabei die Geschwindigkeit drosselnd, die Amis vielleicht noch langsamer als zuvor.

Immer wieder dieses Überprüfen, immer wieder muss ich Abstriche machen! Es ist doch letztlich völlig egal, ob sich die Landser und die GIs für die Dauer eines Viertelkreises oder einer Kreisbewegung belauert (aber nicht beschossen) haben. Was spielt das für eine Rolle bei den Millionen von taktischen und strategischen Bewegungen auch noch in jener Schlussphase des Krieges? Gewiss, aber für mich ist das nicht unwichtig: Zu prüfen, wie weit ich mich auf Bildangebote meiner Erinnerung verlassen kann. Wie weit sich Gesehenes, Erlebtes in der Erinnerung womöglich weiter ausgestaltet hat. Vielleicht war es doch eher so: Die beiden Fahrzeuge haben sich eigentlich nur, mit Verzögerung, in ihren Fahrtrichtungen gekreuzt. Hatte ich damals gedacht: Nun müssten sie eigentlich einschwenken? Und dieser Impuls setzte sich um in ein Bild?

Und nun? Die Erinnerung beharrt auf ihrer Sequenz. Das Foto jedoch zeigt: Der Spielraum war sehr eng. Es dürfte also eher so gewesen sein: Gemeinsames Überqueren des Platzes am Kriegerdenkmal, und in kurzer Phase eines gedachten Kreissegmentes war Schusswechsel möglich. Fand aber nicht statt. Und das weiß ich genau.

Die zweite (mögliche) Konfrontation erlebte ich wenig später am Biergarten, in dem keine Panzer mehr standen – sie hatten offenbar Fluchtsprit erhalten. Ein zweites US-Fahrzeug kam ins Dorf gefahren; diesmal stand ich, wohl zufällig, hinter der Schank-Holzhütte des Biergartens. Neben mir zwei Infanteristen, sie nahmen die Gewehre von den Schultern. Langsam fuhren die Amerikaner vorbei auf der anderen Seite des Biergartens, jenseits der Hecke – sie konnten uns nicht sehen.

Etwa auf unserer Höhe überholten sie den Dorfpolizisten, der in dieselbe Richtung radelte. Als er die Feinde neben sich sah, fiel er vom Rad – oder ließ er sich fallen? Er rollte sich ab zum Fuß der Hecke. Gelächter auf dem amerikanischen Fahrzeug. Ja, das Erste, was ich vom Feind hörte, war gutturales Gelächter. Hatte der Polizist das Fahrzeug nicht gehört? Und »a Neegaa« plötzlich in Kopfhöhe neben ihm, und die Mündung einer Waffe? Die Amerikaner kümmerten sich nicht weiter um ihn, setzten die Fahrt fort. Die Soldaten neben mir hielten die Gewehre halbhoch, die Kolben noch nicht an den Schultern. Der ältere Soldat sagte etwas, halblaut, sie schwangen die Karabiner auf die Rücken, gingen weg Richtung Kienbach. Der Junge als willkommener Vorwand, sich kampflos abzusetzen? Zwei Zeigefinger, die sich nicht gekrümmt haben, also auch kein massiver Beschuss der Schankhütte, so wurde mir schmerzhafte, womöglich verstümmelnde Einwirkung von Krieg erspart.

Dass ich allein durch das Dorf streifte, vor dem »Einmarsch« der Amerikaner – könnte nicht sein, dass sich im Lauf der Jahrzehnte auch dieses Erinnerungsbild verändert hat? Dass ein Bruder oder Freund wegretuschiert wurde in der Erinnerung, und es blieb übrig der einsam streifende Junge, der sehen, der »mitkriegen« wollte? (»Haste mal wieder was mitgekriegt?!«, fragte Helene zuweilen, und das klang vorwurfsvoll, nicht anerkennend.) Ich konzentriere mich auf die Ränder des Erinnerungsbildes, aber hier deuten sich Konturen eines anderen Jungen nicht einmal an. Würde mich auch enttäuschen, ein wenig, denn so sehe ich mich gern, als zehnjährigen Jungen, der umherstreift, was mitkriegen will ... Der Schriftsteller in mir konstatiert: Aha, Wachheit, Neugier, früh dokumentiert.

Ja: ich, allein, in einem »wie ausgestorbenen« Dorf; spähend, horchend ging ich den Amerikanern entgegen auf der Hauptstraße, auf der sie, von Erling her, kommen mussten. Fast am Ortsrand, damals, der kleine Platz mit dem Kriegerdenkmal. Hier blieb ich stehen, wartete. Suchte keine Deckung, die hätte ich leicht finden können, Bäume waren damals noch erheblich zahlreicher im Ort.

Während ich dies schreibe, frage ich mich, weshalb Helene zugelassen hat, dass ich durchs Dorf streifte, um den Feind, womöglich als Erster, zu sehen. Mit einem Satz, mit einem Wort hätte sie das verbieten können, und ich hätte gehorcht, dazu hatte sie mich erzogen (»keine Widerworte!«). Die Schule hat mich ebenfalls auf Gehorchen konditioniert, zu konditionieren versucht.

Ich lege mir zurecht: Als sich im Dorf herumsprach, die Amerikaner seien bereits in Erling, da war es an der Zeit, die Tante im vorbereiteten Versteck unterzubringen. Weil die Amerikaner am Tag einrückten, hätte ich »mitkriegen« können, wie das Regal mit Gerumpel vor die Tür geschoben wurde. Ich vermute: ich wurde, vorübergehend, aus der Wohnung geschickt – kein Zeuge …! Zwar wurde mir schon längst nicht mehr der Mund mit Pflastern zugepappt, aber ich redete, in Helenes Ohren, zu viel, immer noch. Hätte womöglich das Geheimnis preisgeben können, in Anwesenheit feindlicher Soldaten. Man wird mir wohl aufgetragen haben, in der Nähe des Hauses zu bleiben, zumindest in der Fischergasse, und ich habe das zwar nicht versprochen, aber zugesagt. Doch als ich erst mal in Bewegung war, setzte ein Sog ein, wie ich ihn als Erwachsener noch spüre in fremden Städten: Bis zur nächsten Ecke, mich dort umschauen, dann bis zur übernächsten Ecke, mich dort umschauen, dann noch eine Ecke weiter, mich dort umschauen … So kam ich zum Platz mit dem Kriegerdenkmal. Und ich sah die (beinah) choreographische Konfrontation auf dem kleinen Platz, ging auf Umwegen zurück, kam zum Biergarten, zur Schankhütte, sah den »Einmarsch« wiederholt – dass die Amerikaner »angetröpfelt« kamen, zeigte, dass sie keinen Widerstand erwarteten in Herrsching am »lake Ammersee« (wie es später auf Schildern der Army hieß).

Ich kann also, nach kritischer Überprüfung, dieses Erinnerungsbild festschreiben: Ich streifte allein durchs Dorf, in dem wohl Fenster geschlossen, Gardinen zugezogen waren, ging den Amerikanern entgegen, sah zweimal, in Kammerspielbesetzung, die Konfrontation, die mögliche, deutscher und amerikanischer Soldaten. Und hatte Glück dabei.

In der folgenden Nacht wirkte alles bedrohlicher. Den ersten Versuch eines kleinen Trupps, in die Wohnung einzudringen, wehrte Helene gleich an der Haustür ab. In ihrem Schulenglisch rief sie, es seien nur Kinder in der Wohnung; es gelang ihr, die Tür wieder zu schließen, vor den Soldaten.

Die Familie des Hausbesitzers hingegen wurde aus den Betten gejagt, in den Keller getrieben. Von jeder der beiden Wohnungen aus führte eine Tür zu einem kleinen Zwischenraum, in dem die Kellertreppe ansetzte. Von unten herauf hörten wir den Hausherrn rufen, Frau Kühn solle endlich die Zwischentür aufschließen: »Gleiches Recht für alle!« Das sah Helene überhaupt nicht ein: »Wieso haben Sie sich aus den Betten werfen lassen?!« Fortgesetztes Rufen, Rumoren im Keller, ich höre es noch, Langzeitecho.

Unruhe im Dorf, Stimmen und einige Schüsse, auch in der Ferne, aber die wurden wohl auf Phantome abgegeben. Schließlich Soldaten, die sich von Helene nicht mehr abweisen ließen; mit einem Gewehrlauf wurde sie, so erzählte sie später, auf Seite geschoben, schon stand ein US-Soldat im Kinderzimmer, mit fremdartiger Schusswaffe. Stummer Auftritt, sehr lange Sekunden. Mit der Taschenlampe leuchtete er die aufgeschreckten Kinder ab, bückte sich kurz, leuchtete unter die Betten, ging raus. Dabei fiel etwas hin, klein, metallen. Winziger Sprengkörper, speziell für den Einsatz in Kinderzimmern?! Ich schaltete die Deckenlampe an (damals meist Milchglaskugeln mit 40-Watt-Birnen), und wir sahen etwas Federförmiges, Spiralförmiges. Teil der Schusswaffe? Winziger Detonationskörper? Mit starkem Herzpochen unter weißem Nachthemd tapste ich an den *Fremdkörper* heran, inspizierte ihn, konnte entwarnen: Nur irgendson Ding …

Am Morgen: Ein Jeep stand im Vorgarten! Das Zauntor einfach aufgedrückt, aufgestoßen, gleich bis zum Holzschuppen vorgefahren, da stand er denn, dreckbespritzt, mit weißem Stern auf der Kühlerhaube, mit hochgeschweißter Dreikantstange vor dem Kühler, mit langer, dünner Antenne. Und in der Fischergasse eine Kolonne von kleinen Lastwagen, erstaunlich breit, erstaunlich niedrig. Für Kinder schienen sich die Männer in den Schnürkampfschuhen, in den bequemen, olivbraunen Uniformen nicht weiter zu interessieren, sie fuhren bald schon wieder ab.

Ausgedehnter Erkundungsgang, diesmal nicht allein: Wir drei Freunde trafen nicht mehr auf US-Soldaten. Dafür fanden wir im Kienbachtal und im Kienbach einige Gewehre und Maschinenpistolen deutscher Bauart, konnten endlich echte Schusswaffen in den Händen halten.

Als ich zurückkam, war die Tante wieder da.

VERKÜRZTE DE GAULLE DEN KRIEG?

RÜCKBLICK unter dem Stichwort Kriegsgeschichte – die meine Lebensgeschichte für die nächsten Jahre begleiten, sich mit ihr verbinden wird, einwirkend, nachwirkend. Doch auf welche Weise?

Am 1. September der Überfall der Wehrmacht auf Polen. Gleich am nächsten Tag Allgemeine Mobilmachung in Frankreich – schließlich hatten bereits im April der französische Generalstabschef Maurice Gamelin und der polnische Oberbefehlshaber Tadeusz Kasprzycki Verhandlungen zu einem Militärabkommen erfolgreich abgeschlossen, hatte zudem das französische Parlament eine Garantieerklärung für Polen abgegeben, nun musste Frankreich eigentlich umgehend zur Entlastungsoffensive ansetzen. In Köln, wie überall im Reich: Verdunklung. Zwei französische Flugzeuge wurden abgeschossen. Und es wurde die Frage laut: Wird auch England den Beistandspakt mit Polen in die Tat umsetzen?

Wie schätzten meine Eltern die Lage ein? Da lebte man in Köln, linksrheinisch – wie schnell konnten französische Truppen die kleine Distanz zwischen Maginotlinie und Rhein überwinden mit einer Armee, die als die stärkste des Kontinents galt? Mit wahren Monstren von Panzern, mit einem fast unabsehbaren Arsenal von Artillerie? Dagegen die Wehrmacht? Alle kampffähigen Truppen schon seit Wochen nach Osten transportiert, fast alle schweren Waffen – in den Bunkern und Laufgräben der Siegfriedlinie, deren Bauarbeiten noch längst nicht abgeschlossen waren, fast nur ältere Jahrgänge der Truppe, und die war nur leicht, ja unzureichend bewaffnet. War nicht zu erwarten, ja damit zu rechnen, dass Frankreich die Lage umgehend nutzte, die einmalige historische Chance?

222

Hätten die Eltern den Einmarsch der französischen Armee als Befreiung empfunden von bedrückender Naziherrschaft? Warteten, hofften sie?

Sie konnten nichts wissen vom dominierenden Defensivdenken, ja von der weithin vorherrschenden Lethargie französischer Truppen. Man hatte genug vom Krieg, dachte weithin in Kategorien der Verteidigung, primär war der Schutz des eigenen Landes – und nicht Polens, trotz Beistandspakt. »Mourir pour Danzig?«, hatte Monate zuvor die große Schlagzeile von *L'Œuvre* gelautet; das war rasch aufgegriffen, war zur Parole geworden. Wozu auch hatte man die letztlich unbesiegbaren Festungsanlagen der Maginotlinie erbaut? Bunker mit meterdicken Stahlbetonwänden, von Panzerkuppeln geschützte Kanonen, die sich zum Abschuss heben, zum Nachladen senken ließen, Munitionszüge unterirdisch – nein, keine Angriffsdoktrin, keine Offensivplanung.

Churchill griff später die damals kursierende Frage auf: »Warum verharrten die Alliierten in Untätigkeit, bis Polen vernichtet war?« Er konstatierte: »Diese Schlacht hatten wir schon einige Jahre zuvor verloren. 1938, als die Tschechoslowakei noch existierte, besaßen wir gute Aussichten, den Sieg zu erringen. Im Jahr 1936 wäre kein wirksamer deutscher Widerstand möglich gewesen. Im Jahr 1933 hätte ein Ordnungsruf aus Genf ein Einlenken ohne Blutvergießen bewirkt.«

Eigentlich war man längst vorbereitet auf einen Krieg mit der expansiven Nation. Die Besetzung des Rheinlands … die Annektierung Österreichs … die Niederschlagung der Tschechoslowakei … Jedes Mal hatte Krieg gedroht, man hatte sich also hinreichend vorbereiten können, alle Munitionslager waren gefüllt, alle Panzer betankt und startbereit. Hätte also Frankreich, gemeinsam mit England, nicht sofort ansetzen können zur Gegenoffensive? Und es hätte sich alles ganz anders entwickeln können, auch für mich?

Zurückprojiziertes politisches Wunschdenken? Pure Möglichkeit? Nicht mal ein Ansatz von Wahrscheinlichkeit? Völlig aus der Luft gegriffen? Blaues vom Himmel?

Nürnberger Prozess. Anfang Juni 1946, der Angeklagte Jodl im Zeugenstand; als Generaloberst hatte er zum Stab im Führerhauptquartier gehört. »Wir traten in diesen Weltkrieg ein mit etwa 75 Divisionen. 60 Prozent unserer gesamten wehrfähigen Bevölkerung waren unausgebildet, das Friedensheer war etwa 400 000 Mann stark gegenüber fast 800 000 Mann im Jahre 1914. Die Vorräte an Munition und an Bomben waren geradezu lächerlich.«

Eine Tagebuchnotiz Jodls wurde verlesen: »Generalfeldmarschall [Göring] trägt den Stand des Kriegspotentials der Wehrmacht vor, dessen größter Engpass in der schlechten Munitionsbevorratung des Heeres (10 bis 15 Kampftage) liegt.«

Jodl bestätigte: »Also 10 bis 15 Kampftage hatten wir Munition.« Schlussfolgerung: »Ja, ich muss sagen, dass uns etwa so unheimlich zumute war wie einem Spieler, der sein ganzes Vermögen im Roulette auf Rot oder Schwarz setzt. […] Niemand von den Soldaten, die ich gesprochen habe, rechnete damals mit einem Krieg gegen die Weststaaten. Es war nichts vorbereitet als eine Angriffsoperation gegen Polen. Es gab nur einen Defensivaufmarsch im Westwall. Die Kräfte, die dort eingesetzt waren, waren so schwach, dass wir nicht einmal alle Bunker besetzen konnten. […] England brachte laufend weitere Divisionen nach Frankreich und ebenso die Franzosen aus ihrem Kolonialreich.«

Am 4. Juni 46 gab Generaloberst Jodl folgende Erklärung ab: »Wir waren bis zum Jahre 1939 zwar in der Lage, Polen allein zu zerschlagen, aber wir waren niemals – weder 1938 noch 1939 – eigentlich in der Lage, einem konzentrischen Angriff dieser Staaten gemeinsam standzuhalten. Und wenn wir nicht schon im Jahre 1939 zusammenbrachen, so kommt das nur daher, dass die rund 110 französischen und englischen Divisionen im Westen sich während des Polenfeldzuges gegenüber den 23 deutschen Divisionen völlig untätig verhielten.«

Noch einmal und noch deutlicher: »Ich kann nur sagen, in dieser Lage hätte uns allein die französische Armée de couverture hinweggeblasen.«

IN DIESER LAGE HÄTTE ... Hier setze ich an zum Entwurf, zum Szenario einer alternativen Entwicklung der Kriegsgeschichte, damit meiner Lebensgeschichte. Das muss ich begründen.

Eine Schullesung: Gymnasium in Hamm. Mit dem Studienrat (Fach Geschichte), der mich »betreute«, kam ich rasch ins Gespräch, vor und nach der Lesung. Es ging um kontrafaktische (alternative, virtuelle, parallele) Formen der Geschichtsschreibung. Ich wurde hingewiesen auf eine neuere Publikation: *Virtuelle Geschichte* (Darmstadt 2000).

Hier lese ich, dass mein (gelegentliches) Verfahren, alternative Verläufe historischen Geschehens erzählend zu vergegenwärtigen, eine ehrwürdige Tradition hat. Das fängt an mit dem griechischen Historiker Herodot, also bereits im 5. Jahrhunderts vor unserer Zeitrechnung.

Ein richtungsweisendes Herodot-Zitat, das ich nicht abtippen muss, es genügt, wenn ich die Grundstruktur andeute mit Leitwörtern in der vorgegebenen Reihenfolge: Wären ... hätten ... hätte ... hätte ... wäre ... hätten ... So setzt sich das fort. Mit diesen Konjunktiven wird Determinismus in Frage gestellt. Auch werden Entscheidungspunkte herausgearbeitet, damit wiederum Faktoren, die wirksam wurden – oder wirkungslos blieben. Fazit: »Dabei sind die von Herodot ausgeführten Möglichkeiten nicht aus der Luft gegriffen, sondern gründen sich auf Erfahrungen.«

Hauptstück des Buchs (herausgegeben von Kai Brodersen) ist ein rund sechzig Seiten langes Szenario des britischen Historikers Arnold Toynbee: Der früh verstorbene, legendäre Eroberer Alexander (der Große) wird in diesem überraschenden Essay nun doch alt – mit welchen Folgen, eventuell oder sogar wahrscheinlich? Auch hier, abschließend, das Herodot-Schema: »*Hätte* ... wäre unsere Welt wohl recht verschieden von der, die sie heute ist.«

Als Gegenexempel das Szenario von Holger Sonnabend (und hier betone ich gleich: Professor für Alte Geschichte): Wie *hätte* es sich ausgewirkt auf die Organisationsform der römischen Gesellschaft, wenn Kaiser Augustus, der immerhin

76 Jahre alt wurde, bereits mit 40 an der nachweislich lebensbedrohlichen Krankheit gestorben wäre?

Retrospektiv (doch nicht wegweisend) sehe ich, in diesem Band lesend, so etwas wie Zeitgeist über meinem Haupte schweben. Mentale und intellektuelle Symbiose, auch wenn die erst gar nicht bewusst wahrgenommen wurde, von mir wahrgenommen werden konnte. Doch im Rückblick zeichnet sie sich ab, mehr oder weniger deutlich. Damit stellen sich Rückwirkungen ein auf meine Selbstwahrnehmung als Autor alternativer Historien. Eine Formulierung, die ich mir ausleihe: »eventualhistorische Entwürfe«.

So entwerfe ich eine Brandrede mit zündender Wirkung, mit der Charles de Gaulle auch mein Leben hätte verändern können.

Paris, 5. September: Krisensitzung im Ministerium für Nationale Verteidigung; es tagt der Oberste Rat in Anwesenheit von Staatspräsident Edouard Daladier. Den Vorsitz führt General Maurice Gamelin, Oberster Kriegsrat. Ihm zur Seite Bertrand, Chef der Armee, siebzig Jahre alt. Geladen sind die Armeeführer Giraud und Blanchard.

Vor allem auf eigene Initiative und über Fürsprecher zusätzlich eingeladen: Oberst Charles de Gaulle, Kommandeur des 507. Panzerregiments in Metz. Er hat sich ausgewiesen durch eine Studie über modernen Bewegungskrieg: *Vers l'Armée de Métier*, erschienen Ende der zwanziger Jahre. Hier wurde entworfen, was die Wehrmacht in Polen ausführt: rasche, geballte Vorstöße von Panzereinheiten. Dem jungen Offizier steht indes der mentale Widerstand diverser Generalstäbler entgegen, allen voran Bertrand und Gamelin, die sich auf Verteidigung eingeschworen haben. Die Grundstimmung vor Beginn der Tagung: Die französische Nation will keinen neuen Krieg; falls unbedingt gekämpft werden muss, so nur in der Defensive; dabei ist absoluter Verlass auf die Festungsanlagen der Maginotlinie.

Der entscheidende Stimmungswechsel hätte ausgelöst werden können durch eine »Brandrede« des Panzerkommandeurs de Gaulle, eher emotional betont als logisch aufgebaut. Sein Partner, ihn auch in der Sitzordnung flankierend: General André-Gaston Prételat, Befehlshaber der 2. Heeresgruppe.

De Gaulle, »eventualhistorisch«: Messieurs, es geht um die Ehre unserer ruhmreichen Nation. Wir haben mit Polen einen Beistandspakt geschlossen, nicht als Geheimvertrag, sondern in aller Öffentlichkeit, und wir haben uns dafür feiern lassen. Nun ist der Fall eingetreten, dass wir für unser Wort einstehen müssen. Wir müssen zeigen, dass wir Verträge einhalten, vor allem Polen gegenüber, das mit unserer Geschichte so innig verbunden ist – wie lange war unsere Sprache führend in Polen! Und nun: Unser Waffenbruder ist ruchlos überfallen worden, unter verbrecherischen Vorwänden, die systematisch geschaffen wurden, wie das unser Geheimdienst intern dokumentiert hat.

Demnach sind die sogenannten Provokationen in Polen von deutscher Seite aus provoziert und inszeniert worden, um Vorwände zu schaffen. Daraufhin hat Hitler sein Nachbarland im Osten überfallen, schlichtweg überfallen. Wenn wir das hinnehmen, passiv verharrend, so werden wir als Nächste überfallen. Dreimal sind die Hunnen in unser Land eingedrungen, alle dreißig Jahre glauben die Deutschen bei uns einmarschieren zu dürfen, sie werden sich verrechnen, wenn sie glauben, sie könnten demnächst eine vierte Invasion starten, diesmal wird, diesmal muss die große Korrektur erfolgen, die historische Korrektur, wir müssen sie schlagen, bevor wir geschlagen werden. Der Krieg mit Nazi-Deutschland ist unvermeidlich, nach Polen kommt unweigerlich Frankreich an die Reihe.

Das dürfen wir nicht einfach abwarten, unsere Poilus in den Bunkern hockend und Karten spielend, unsere Offiziere der mittleren Führungsschicht uneinsichtig auf veralteten Taktiken beharrend, blindlings auf unsere Unüberwindlichkeit vertrauend im Namen von Maginot, wir wollen, wir dürfen vor der Geschichte nicht als Nation dastehen, die, drohende Gefahren erkennend, ins Verderben lief, ja das Verderben auf sich zukommen ließ. Wir wollen uns nicht nachsagen lassen, wir hätten, kleinmütig, nicht auf unsere Schlagkraft vertraut, hätten unbegreifliche Schwäche gezeigt, unsere glorreiche Armee hätte die große, die einmalige Chance vertan; erst, als man bei uns einmarschierte, hätten wir uns missmutig dazu aufgerafft, das Vaterland zu verteidigen. Wir dürfen in unseren Taten nicht hinter unserer Rhetorik zurückbleiben. Wir haben Hitler schließlich den Krieg erklärt, das darf nicht bloß Deklaration oder Deklamation bleiben, da würde sich die Grande Nation mit der größten Landmacht des Kontinents dem Gespött und Gelächter der Mitwelt und erst recht der Nachwelt aussetzen; der Kriegserklärung muss die Kriegsführung folgen, wir sind seit Mai durch das Abkommen vertraglich verpflichtet, im Falle eines Angriffs auf Polen sofort eine Entlastungsoffensive durchzuführen.

Betonung: Offensive! Alles ist vorbereitet: Marschall Rydz-Smigly hat bereits den Plan ausgearbeitet, in Zusammenwirken mit unserem Generalstab, wie wir Richtung Berlin vorstoßen. Das muss umgehend in die Tat umgesetzt werden! Wenn wir jetzt den Krieg nicht beenden, wird er sehr lange dauern. Wenn wir jetzt losschlagen, kann Weihnachten schon wieder Friede herrschen in Europa. Wir dürfen nicht sagen: Wir haben die Maginotlinie, krallen wir uns da fest in der sicheren, allzu sicheren Erwartung, dass die Boches gegen unsere Stahlbetonbunker nicht ankommen, sich hier die Schädel einrennen. Das wissen die selber. Also werden die einen anderen Weg suchen, und da ist es den Hunnen, ist es allen voran diesem Hitler zuzutrauen, dass die unsere Befestigungen im Norden einfach umgehen und, die Neutralität unseres Nachbarn missachtend, über Belgien bei uns einmarschieren.

Letztlich steht auch uns diese Möglichkeit offen, unter guten Nachbarn, damit öffnet sich uns der Weg ins Reich, der Weg nach Berlin. Der Widerstand, der uns geleistet wird, der wird gering sein, kann nur äußerst gering sein.

Um mir den Rücken zu stärken für die weitere Entwicklung des biographisch virtuell relevanten, ja brisanten de Gaulle-Szenarios, drei Zitate des (in der Sammelschrift zur Virtuellen Antike) wiederholt zitierten Guru der alternativen Geschichtsschreibung. Aussagekräftig ist allein schon der Titel einer der Schriften von Alexander Demandt: *Ungeschehene Geschichte.* »Ein Traktat über die Frage: Was wäre geschehen, wenn …?«

Zitat eins: »Die Besinnung auf ungeschehene Geschichte ist trotz begreiflicher Bedenken notwendig, trotz beträchtlicher Schwierigkeiten möglich und findet ihren Lehrwert in der Erkenntnis *geschehener* Geschichte. Die durch die Regeln der Wahrscheinlichkeit gezügelte historische Phantasie könnte ein Novum Organon der Wissenschaft werden.«

Zitat zwei: »Unhistorische Möglichkeiten lassen sich aus der Kenntnis der Vergangenheit ableiten und mithilfe von Erfahrungsregeln auf ihre Wahrscheinlichkeit hin prüfen. Wir benötigen dasselbe Regelwerk von Phantasie und Kritik, wie wir es in der historischen Werkstatt bereits vorfinden.«

Zitat drei: »Je höhere Wahrscheinlichkeit wir anstreben, desto enger müssen wir uns an den wirklichen Gang der Geschichte klammern.«

»Desto enger müssen wir uns an den wirklichen Gang der Geschichte klammern«: Hier einige Fakten, die meinen eventualhistorischen Entwurf motivieren. Die Wehrmacht ist mit 57 Divisionen in Polen bis auf weiteres gebunden, dies mit sämtlichen Panzereinheiten und motorisierten Divisionen. Doch nur ein Zehntel der deutschen Armee ist motorisiert, zwei Millionen bewegen sich zu Fuß und auf Hufen – Reiter und Gespanne.

Dagegen Frankreich: Fünf Millionen Mann sind mobilisiert. Insgesamt 108 Divisionen stehen bereit, wenn auch zum Teil an Festungen gebunden, aber das sind ohnehin nicht die schlagkräftigsten Einheiten. Entscheidend hingegen: 40 Bataillone Panzer, 56 Artillerieregimenter, zum Teil mit modernster Flak. Die Überlegenheit der französischen Panzerwaffe ist eklatant.

Auch hierzu einige Angaben, die bewusst machen, wie unter Hitler Vabanque gespielt wurde. Der nur fünf Tonnen schwere (dennoch mit seinen 57 PS »untermotorisierte«) Panzerkampfwagen I, von der Wehrmacht in Polen zahlreich eingesetzt, war eigentlich bloß ein Ausbildungsfahrzeug mit 13 Millimeter Panzerung und einem Doppel-MG. Der »Pz. Kpfw. II« war eigentlich auch nicht fronttauglich: 14 Millimeter Panzerung, ein MG, ein Kanönchen, Kaliber 2 cm; trotz seiner siebeneinhalb Tonnen bei 130 PS eher geeignet zur Aufklärung. Dagegen der französische Char de Bataille B1 mit 32 Tonnen, mit bis zu 60 Millimetern Panzerung, mit einer 75-mm-Haubitze im Rumpfbug, in der Wanne, mit seiner 47-mm-Kanone, mit einen MG im Turm, mit einer Motorleistung von 300 PS – gegen diese Kolosse blieb die deutsche Panzerabwehr wirkungslos.

Insgesamt: Frankreich, erst recht im Bund mit England, war an Truppenzahl und Kriegsmaterial der Wehrmacht haushoch überlegen. Für die »Grenzsicherung West« waren nur acht Divisionen bereitgestellt, und die zählten nicht gerade zu den kampfstarken Truppenverbänden – wer zum Einsatz nicht tauglich war, wurde im Westen gleichsam abgestellt. Hinzu kam ein entscheidender Faktor: Die Munitionsvorräte der deutschen Grenzsicherung reichten lediglich für drei Kampftage. Es hätte Wochen gedauert, ehe aus Polen zusätzliches Kriegsmaterial, ehe sich Divisionen in den Westen verlagern ließen – Deutschland konnte sich einen Zweifrontenkrieg zu jener Zeit in keiner Weise leisten, war, wie Jodl klarstellte, auch nicht im Geringsten darauf vorbereitet.

Und so – gleichsam akkreditiert und legitimiert – setze ich das Szenario fort, mit Blick auf mögliche Veränderungen meines Lebenslaufs. Damit wieder mal die Frage: Wovon hänge ich ab? Was wirkt auf mich ein?

Noch einmal also de Gaulle, in seiner fiktiven, jedoch faktennah konzipierten Rede in möglicherweise entscheidender Sitzung des Nationalrats.

Der Panzerkommandeur, »eventualhistorisch«: Die Nazis sind nicht, wie ihre Propaganda glauben machen will, bis an die Zähne bewaffnet, sondern nur bis zum einen oder anderen

Zahn. Und der bröckelt. In Polen verbrauchen die Boches aller Voraussicht nach sämtliche Spritreserven, sie verschießen ihre Munition, sie werfen all ihre Bomben ab, sie werden in kurzer Zeit extrem verwundbar sein.

Also, Messieurs, kehren wir den Spieß um, nutzen wir die Gunst der Stunde, sie wird sich als Sternstunde erweisen, wenn wir zeigen, dass wir jung geblieben sind, so jung und so mutig wie la France, zeigen wir, dass wir flexibel geblieben sind, dass wir etwas riskieren statt zu resignieren, schlagen wir los, und wir werden sie schlagen! Eine derartige Offerte wird uns die Geschichte so rasch nicht noch einmal bieten: Ehe die Deutschen sich in Polen auch nur umdrehen können, sitzen wir ihnen im Nacken. Siegfried ist auf mehr als einer Lindenblattfläche verwundbar, der gesamte Rücken ist ungeschützt! Selbst wenn sich Widerstand regen sollte, wir werden ihn brechen, wir werden sie überrollen, werden sie niederwalzen.

Ja, niederwalzen! Unseren Panzern haben die Boches nichts entgegenzusetzen, schon gar nicht mit den Spielzeugpanzerchen, mit denen Hitler blufft, wieder mal blufft, mit denen kann man höchstens Kavallerie und Infanterie gegenüber auftrumpfen, dagegen sind unsere Panzer veritable Kolosse, die lassen sich nicht aufhalten, schon gar nicht, wenn sich die Panzerbataillone unserer acht Heeresgruppen konzentriert und massiert in Marsch setzen – dreitausend Panzer, eine Lawine aus Stahl! Ihr wird sich nichts in den Weg zu stellen wagen. Wir machen es den Deutschen nach: Überraschung, Schnelligkeit, Härte. Wir setzen auf die Panzerwaffe.

Als Kommandeur kann ich Ihnen versichern, Monsieur le Président, und das hoch und heilig: Wir sind in kurzer Frist kampfbereit! Befehle, die wir leider noch nicht über Funk weitergeben können, sie werden durch unsere schnellen Kradmelder überbracht. Also, stoßen wir durch Belgien vor, durchstoßen wir die schwache »Grenzsicherung West«, und Deutschland wird fast wehrlos vor uns liegen. In Gewaltmärschen wird die Infanterie nachgezogen. Hundert Divisionen gegen zehn! Eine hinreichend munitionierte Armee in zahlenmäßiger Überlegenheit gegen eine Wehrmacht, die ihr Pulver verschossen hat. Unsere Lawine aus Stahl werden sie nicht aufhalten können. Ehe deutsche Truppen aus Warschau zurück sind, das sie momentan noch nicht erreicht haben, sitzen wir in Berlin. Wir müssen diese historisch einmalige Chance ergreifen, und das sofort! Vorstoßen, vorpreschen! Coup de force! Coup de force! Coup de force!

Charles de Gaulle holt einen Panzerhelm hervor, unter dem Tisch bereitgelegt, stülpt ihn über, richtet sich auf in seiner vollen Größe, weist nach Osten: Dort wartet auf uns der Sieg! Aber wir dürfen ihn nicht warten lassen, keine drei Tage dürfen wir ihn warten lassen. Messieurs, camarades, combattants, starten wir die Motore unserer Chars de Bataille!

Mitreißende Darstellung, zwingende Motivation! Und dies hätte die Wirkung sein können: Bei den jüngeren Offizieren des Obersten Rates der Nationalen Verteidigung begeisterte, bei den Älteren eine eher zögerliche, letztlich aber doch klare Entscheidung für die Berlin-Offensive. Formelle Zustimmung auch durch Staatspräsident Daladier. Appelle, Aufrufe, der Funke springt über auf die Armee: Vitesse ... victoire ... grandeur ...

Und so *hätte* es, beschleunigt, weitergehn können, aufgezeichnet im Lagebuch des Oberkommandos der Wehrmacht – geführt bis zur virtuell frühen Kapitulation der Wehrmacht. (Auch eine Gelegenheit hier, die über Jahre hinweg dominierende Kriegssprache einzubeziehen, gleichsam stellvertretend.)

Überraschender Vorstoß starker französischer Kampfverbände über Belgien und die südlichen Niederlande ... Rasches Vordringen franz. Panzerspitzen ... Munitionsmangel verhindert rechtzeitige Hilfeleistung durch Eingreifreserve ... Ein »Strecken« der ohne Tiefe nur dünn besetzten Verteidigungsabschnitte ist nicht zu erreichen ... Feindeinbruch in das Ruhrgebiet ... Die täglichen Durchschnittsverluste im Gesamtbereich West höher als die tägliche Ersatzzuführung ... Die Verschiebung von Reserven geht nicht so schnell vor sich wie feindl. Schwerpunktbildung ... Infolge der unzureichenden Munitionslage fehlt die für den Abwehrerfolg entscheidende starke Artl.-Unterstützung. Die Aussichten für ein erfolgreiches Durchstehen der Abwehrschlacht im Ruhrgebiet haben sich infolgedessen verschlechtert ... Anforderung des OB West um schnelle Zuführung von Ersatz-Vermehrung des Betriebsstoff- und Mun.-Nachschubs ... Am 9. September erstattet OB West dringliche Meldung über die Munitionslage und ihre voraussichtliche Auswirkung auf den Abwehrkampf der Gesamtwestfront. Meldung gipfelt in der Feststellung, dass auf dem Gebiet der leichten F.H.- und schweren F.H.-Mun. eine Abwehrschlacht von länger als einer Woche nicht durchgestanden werden kann ... OB West bittet um baldige Entscheidung darüber, mit welcher Mehrzuweisung er im Laufe des Monats September rechnen könne ... Am 12. 9. übermittelt OB West erneute Beurteilung der Lage der Heeresgruppe B, Hinweis auf die Möglichkeit eines nah bevorstehenden weiteren Durchbruchs der franz. Panzerverbände, falls nicht baldigst ausreichende Reserven an Betriebsstoff und Munition zugeführt würden ... Im Großraum Dortmund außergewöhnlich starke Massierung franz. Pz.-Verbände. Die dortige Lage wird mit größter Sorge betrachtet ... Frontzurücknahmen, um wertvolle Kampfteile der Vernichtung zu entziehen ... Immer schnelleres Zurückfallen Richtung Hannover ... Weiterhin schleppende Ersatzzuführung vor allem von Munition ... Infolge erneuter tiefer Feindeinbrüche: kämpfendes Zurückweichen ... OB West am 14. September in einem an den Führer persönlich gerichteten Fernschreiben: »Ich melde erneut, dass es mein ganzes Bestreben ist, ein Zurückklappen der Front bei Hannover nach Kräften zu verhindern.« Voraussetzung sei zügige Ersatzzuführung von Munition ... Abgesunkene Kampfstärken ... Franz. Panzerspitzen durchbrechen die eigenen Linien und erreichen den Westrand von Hannover ... Der Gegner erweitert den Durchbruchsraum und zieht Kräfte nach ... Das bei Hannover geschlagene Loch zieht operative Ausweitung nach sich, dadurch hat sich für die Führung eine unbefriedigende Lage ergeben ... Die Munitionslage hat sich weiter verschärft … In Hannover Fortgang des Großkampfes. Der Gegner dringt in die Stadt ein … Eigene Stöße erfolglos infolge Munitionsmangel … Bedrohliches Absinken der Ersatzzuführung … Die neue HKL wird zum Teil eingedrückt … Der Gegner erzielt Durchbruch auch durch den Thüringer Wald … Auf der Autobahn rückt er südlich von Gotha vor auf Erfurt … Notmaßnahmen für die Zufuhr von Munition … Erfurt und Weimar gehen verloren. Druck in Richtung Naumburg … Freisetzung von Truppen und Reserven in Polen vorerst nicht möglich, dort unerwartet hoher Mun.-Verbrauch … Feindliche Bataillone mit schweren B-1-Panzern im Raume Naumburg zusammengezogen, voraussichtlich zu Angriffsstoß Richtung Berlin …

Die letzte große Abwehrschlacht östlich von Naumburg: Einheiten der Wehrmacht, rasch zusammengezogen, formierten sich zu einem Abwehrriegel. Schwere Waffen waren fast ausnahmslos in Polen im Einsatz, so verfügten die Truppen nur über leicht gepanzerte Fahrzeuge (Panzerspähwagen), sowie über die Pak 3,7. Die Panzerabwehrwaffe erwies sich als nicht mobil genug. Auch blieb die Beschießung der schweren französischen B-1-Panzer fast wirkungslos. Der Feuerkraft dieser Kampffahrzeuge war die rasch zusammengestellte Truppe nicht gewachsen: hoher Blutzoll.

Der Zusammenbruch der Wehrmacht hätte überraschend schnell erfolgen können. Ohne auf nennenswerten Widerstand zu stoßen, dringt, »eventualhistorisch«, eine Panzerdivision unter Charles de Gaulle über die Heerstraße in Berlin ein, Panzer besetzen die wichtigsten Kreuzungen und Brücken, das Schloss wird geräumt und beschlagnahmt. De Gaulle, inzwischen zum General befördert, bezieht hier sogleich Quartier.

Und so *hätte* es weitergehn können: De Gaulle lässt Generaloberst Ludwig Beck zu sich kommen, der sich – wegen seiner Kritik an Hitlers Kriegsplänen vom Dienst suspendiert – ins Privatleben zurückgezogen hat. Ihm wird das Amt des »Reichsverwesers«, des zumindest vorläufigen Staatspräsidenten, übertragen. Beck ruft über den Reichsfunk sogleich dazu auf, die Waffen niederzulegen. Version für die Presse: Der Führer und' sein Großsprecher haben sich der Verantwortung durch Flucht entzogen.

De Gaulle bleibt im »Château prusse«, Beck zieht, widerstrebend, in der Reichskanzlei ein – Hitlers Arbeitsraum wird vorerst versiegelt. Es beginnen Verhandlungen über die nähere Zukunft Deutschlands, symbolisch in der Mitte zwischen Schloss und Reichskanzlei: in der Französischen Botschaft am Pariser Platz. Vorrangig nun die Besetzung des Postens des Regierungschefs, des Kanzlers. Auf Vorschlag von Beck einigt man sich rasch auf Carl Friedrich Goerdeler, den vormaligen Bürgermeister von Leipzig, der sein Amt niedergelegt hatte, als man das Mendelssohn-Denkmal entfernte, und der entschieden mitwirkte bei der Entwicklung von Konzeptionen für ein Reich nach Hitler. Schon zur nächsten Konferenz wird er herangezogen: Bildung eines Kabinetts, das allerdings der Militärregierung gegenüber weisungsgebunden bleibt.

Deutschland nicht mehr unter dem Zeichen des Hakenkreuzes, sondern des Lothringer Kreuzes. Erst französische Militärregierung, anschließend französische Mandatsverwaltung, schließlich französisch-deutsche Kooperation, im Staatsvertrag.

Was hier faktennah, aber nicht faktengetreu suggeriert wurde, war für kritische deutsche »Volksgenossen« nicht nur bedrohliche, sondern fast schon unmittelbar drohende Realität. Dass »wir« den Krieg rasch verlieren würden, dies, so Friedrich von der Leyen, wäre doch nun evident gewesen. Die damalige NS-Riege hätte mal wieder alles auf eine Karte gesetzt, sei aber diesmal rasch ausgespielt worden.

Und damit war in der Kölner Universität ganz klar gerechnet worden! Wie er gleich nach seiner Rückkehr erfahren habe, hatte schon drei Tage vor dem Überfall der Wehrmacht auf Polen, ja bereits am 28. August, die Leitung der Universitäts- und Stadtbibliothek kostbare Druckwerke des 15. Jahrhunderts (Wiegendrucke, Inkunabeln) einpacken und am

2. September im Tresor der Universitätsquästur einlagern lassen. Man ging in Universitätskreisen davon aus, dass die Westmächte den Beistandspakt mit Polen nicht stillschweigend aufkündigen, vielmehr einhalten, demnach bei Kriegsbeginn sofort offensiv würden. Ja, vielgescholtene akademische Institutionen sahen sich, entgegen aller Propaganda und allen internen Weisungen, unmittelbar gefährdet angesichts der bekanntlich völlig unzureichenden Grenzsicherung. Hitler hätte sich mit seiner Prognose, der Westen würde ja doch nichts unternehmen, gründlich geirrt. Hätte damit dem deutschen Volk viele weitere Irrtümer mit immensen Auswirkungen erspart.

Seine Frau Helene ergänzend: Auch Museumsleiter hätten ernstgenommen, was propagandistisch völlig heruntergespielt worden war. Aus der Münchner Glyptothek habe sie erfahren, dass dieses Museum der Antike Anfang September 39 umgehend geschlossen wurde; von der Öffentlichkeit unbemerkt sollten Bestände, Exponate sichergestellt werden. Nicht die einzige Museumsleitung übrigens, die klar vorausgesehen hatte, dass die Franzosen sofort »loslegen« werden – dagegen hätte sich der Ex-Führer ja als völlig realitätsfern, ja als realitätsblind erwiesen.

Bei solch alternativer Entwicklung *wären* wir Kühns in Köln geblieben. Kein Loch im Dach, kein Brand im Haus. Helene *hätte* die Merkzettel mit den Namen Picard und Milberg zerreißen können. Schönau im Berchtesgadner Land *wäre* mir kein Begriff. Herrsching *wäre* nur ein Punkt auf einer Landkarte, wenn auch am Ufer eines der bayrischen Seen. Nach Düren *wären* wir nie gekommen. Vieles *wäre* anders, völlig anders verlaufen. [Fortsetzung folgt.]

DIE AMIS SIND DA!

ANEKDOTE AUS DEM SOMMER 45. An einem Nachmittag fuhr ein Jeep bei uns vor, drei oder vier Amis holten den Hausbesitzer, der als Nazi galt, aus seiner Wohnung, führten ihn zum Fahrzeug.

Vor dem Kühler auch dieses Jeeps war die Eisenkantstange hochgeschweißt, höher als die Windschutzscheibe; die Kantstange sollte Kabel oder Seile durchfetzen, so hieß es, die zwischen Bäumen gespannt sein konnten, um heranfahrende Amerikaner zu enthaupten. Die Amis zwangen den verstummten Hausherrn, auf die massive Stoßstange zu steigen, banden ihn fest an der Eisenstange, fuhren mit Grölen und Hupen los, der dicke Mann als Galionsfigur.

Was wir erst lange nach der Rückkehr erfuhren, in portionierten Andeutungen des leisen, sonst weithin stummen Hausbewohners Arthur: Die Amis machten mit dem Hausherrn eine Spritztour am See entlang, fesselten ihn irgendwo an einen Telefonmast, spielten ihm vor, sie würden ihm die Ohren abschneiden (nur die Ohren?), fuhren ihn zurück, diesmal *im* Jeep, setzten ihn vor dem Gartentörchen ab – Service. Die Drohbildkonturen der Sieger lösten sich auf.

Alltag in der amerikanischen Besatzungszone: Wir gingen wieder baden, im Ammersee. Und da blieb diese Situation konturgenau präsent: Mutter und Tante auf dem Kieselstrand, in der Nähe der Einmündung des Fischbachs, wir Kinder am Wasser und im Wasser; Helene schaute uns sitzend zu, Tante Uta lag, im Badeanzug, auf dem Rücken und schlief, blonde Haarsträhnen auf Kieseln. Und es teilten sich Büsche, mehrere Soldaten traten hervor, Schwarze. Ein Ruck im Körper der

Mutter. Sie gingen, in ihren Kampfanzügen, auf die schlafende Tante zu, bildeten einen Halbkreis; Tante Uta wachte nicht auf. Ich beobachtete die Szene, im Wasser kauernd. Die Soldaten kamen dichter an die junge Frau heran; sie schlief immer noch. Einer der Schwarzen ging in die Hocke, berührte das lange blonde Haar auf den Kieselsteinen. Ich werde das mit weit aufgerissenen Augen beobachtet haben, ich ahnte, etwas konnte geschehen. Der Soldat richtete sich auf. Kurz noch blieb der kleine Trupp stehen, blickte hinab auf die schlafende Frau, zog weiter. Erleichterung auch bei mir, obwohl ich keine genauen Vorstellungen hatte von der Gefahr.

Zwölf Jahre später erzählte ich amerikanischen Gastgebern von dieser Konstellation, und sie meinten: Es müssen Schwarze aus den Südstaaten gewesen sein; Soldaten aus einer der nördlichen Großstädte hätten sich in dieser Situation anders verhalten, da hätte leicht was passieren können. Helene hätte bestimmt zu intervenieren versucht, in ihrem Schulenglisch, wie aber ankommen gegen mehrere Soldaten, die plötzlich entschlossen sind – ein spontaner Griff, der eine Serie von Aktionen auslöst? Es wäre eine traumatisierende Erfahrung geworden – mit Spätwirkungen bis in die Gegenwart?

Die neuen Herren, nanu, stellten Forderungen: Alle Radios mussten abgeliefert werden. Auch Helene hob unser Radio von der Plattenspielertruhe, schleppte es, von uns begleitet, zum Sportplatz zwischen Haus und Andechser Hof, andere kamen mit großen und kleinen, meist eher kleinen Radios hinzu, viele Volksempfänger in Bakelit, wenige Radios mit Gehäusen im Mahagoniton, und bei hellem Sonnenschein wurden die Radios ordnungslos auf der Grasfläche abgestellt. Keine Quittungen, keine Auflistungen, die Radios blieben erst mal sich selbst überlassen auf der weiten Fläche. Das schaute ich mir an. Als sich nichts weiter regte, ging auch ich. Die Radios waren sich selbst überlassen. Am nächsten Morgen war die Fläche leer.

Auf einer Wiese an der Lagerhalle mit Gleisanschluss wurde in den ersten Wochen nach Kriegsende Gerät aus Lastwagen, »trucks« geschaufelt, geschoben, geworfen: Horizontalmesser mit Flugzeugsilhouette, Kreiselkompasse mit heller Brühe hinter der Scheibe, Elektromotoren, Röhren. Aber leider standen da Posten mit Gewehren, und es wurden armlange Magnesiumfackeln in die Metallhalde geschoben, das flammte, zischte, qualmte, stank. Ranhuschen, sobald die Wachen wegschauen, Geräte in die Büsche zerren, Kreiselkompasse, Horizontalmesser, Sendeanlagen, Kondensatoren, Röhren, vor allem Röhren. Die Büsche wurden bald zu unsicher, wurden beklaut, also nach Hause rennen, das Material sicherstellen, Rausch, Bastlerekstase, hechelnd zurück, jedoch: Elektromotoren unerreichbar im verbackenden Material, eingeschwärzte Röhren bersten.

Und wieder Lastwagen an der ›Güterhalle‹, nun mit großem Gerät, das wurde abgestellt. Hier faszinierte mich am stärksten ein Horchgerät. Es war ungefähr so breit, war mindestens so hoch wie die beiden Flakscheinwerfer, die dort ebenfalls abgestellt wurden, mit bereits zerschlagenem Glas und leider auch zerschlagenem Spiegel innen drin. Diese Geräte waren mir nur eine kurze Inspektion wert, auf Fotos hatte ich so was oft genug gesehn, Abbildungen von Horchgeräten hingegen waren so selten wie die Geräte selbst.

Ich kletterte auf einen der beiden Metall-Schalensitze, von denen aus sich das Gerät, mit zwei Kurbeln, um die Achse drehen und in der Höheneinstellung justieren ließ. Kurbelte ich schnell genug, drehte sich das Gerät mit mir wie ein Karussell. Zu hören war mit den Riesenohren des Geräts freilich nichts mehr. Zwar führten aus den Metallmuscheln zwei Hörkanäle in die Nähe meiner Ohren, aber da fehlten offenbar Verbindungsstücke und Kopfhörer. So versuchte ich, mir wenigstens vorzustellen, wie man mit den dinosauriergroßen Ohren (bayrisch: Ohrwaschln) ferne und fernste Motorgeräusche in der Luft hörte, die bei angestrengtestem Lauschen sonst höchstens halluziniert werden konnten. Auf wie viele Kilometer hinaus und hinauf konnte man Flugzeugmotoren hören? Konnte man nach fernen und schwachen Motorgeräuschen bereits unterscheiden, welche Flugzeugtypen sich im Anflug auf heimische Ziele befanden? Das mächtige Grundierungsgeräusch von viermotorigen Bombern, die weitaus höhere Drehzahl von Jagdflugzeugen? Ja, bestimmt gab es Abstufungen in den Klangfrequenzen von Flugzeugmotoren. Und wann wurde es zu laut für den Soldaten, die Soldaten am Horchgerät? Granatexplosionen hoch droben im Luftraum als Klangexplosionen, Geräuschexplosionen im Kopf des Horchers auf dem Sitz, den ich eingenommen hatte? Mich viele Runden herumkurbelnd, versuchte ich, in Gedanken, die Räume auszumessen, in die sich jener Soldat hinausgehorcht hatte?

Um die »Ohren«, die »Horcher« (deren Formen ich vergessen habe, ich sehe da nur noch dunkelgrün Metallisches in weiter Entfaltung, eingemuldet) genauer zu inspizieren, kletterte ich auf dem Gerät nach oben, balancierte mich aus auf dem exotischen, nach Herrsching am Ammersee geschafften, damit abgeschafften Gerät – und wurde beschossen. Kurz nach dem Krieg zum ersten Mal diese Erfahrung: ein Geschoss zirpte an mir vorbei. Ich war so überrascht, dass ich mich nicht kleinmachte und rasch hinunterkletterte, ich bezog das erst mal nicht auf mich, hielt das für ein Zufallsgeräusch, blieb oben stehen, lauschte dem Geräusch nach, das ein langes Echo in mir fand, obwohl es längst nicht mehr zu hören war, versteht sich. Vergegenwärtigen: beinah zwitscherhelles Vorbeizirpen einer Pistolen- oder Gewehrkugel, als würde die sich beim Flug um sich selbst drehen, dabei eine Zirpspirale erzeugen. So etwas wie eine Klang-Leuchtspur im hellen Nachmittagsluftraum. Wie weit mochte die Kugel hinauszirpen? Am ganzen Dorf vorbei, über das ganze Dorf hinweg? Fiel dann irgendwo herab? Hatte ich je gelesen, dass vor einem Soldaten eine Gewehrkugel matt herabfällt? Einfach aus der Luft herabfällt? Lässt sich mit einem Kolbenhieb, einem Fußtritt aus der Fallkurve ablenken? Ist so etwas in einem Film je simuliert worden: ermattet herabfallende Gewehrkugel?

Ein zweiter Schuss und das Zirpen, das potentiell tödliche

Zwitschern nun erheblich näher: Das gilt doch mir! Nichts wie runter vom Gerät! Und weiter, im Laufschritt, hinter einen der Scheinwerfer. Irgendwo bei der Güterhalle musste der Schütze stehn. Ich hörte, weiterkeuchend, einen dritten Schuss, doch ohne Zirpgeräusch. Erst, als ich jenseits des Bahnhofs war, in die Fischergasse einbog, fühlte ich mich wieder sicher. Ich kannte damals noch nicht den Satz: Die Kugel, die dich trifft, hörst du nicht.

AM SEEHOF wurden Zusatzrationen an GIs ausgegeben, die lässig eine Reihe, eine Schlange bildeten. Ich bezog Posten direkt neben dem Ausgabeschalter, und zuweilen fiel etwas für mich ab: ein gut verpackter Schokoriegel, ein Kaugummi, womöglich im Fünferpack, Wrigley. Und (auch) ich erlernte den sorgsamen Umgang mit chewing gum. Ständig die Sorge, der fremdartig gewürzte Kauteig könnte sich auflösen, denn unablässig verlor er an Substanz. Schließlich blieb warmer Gummiteig übrig, ohne Geschmack, haselnussgroß, und wenn man den verschluckte, war das ein Unglückstag: da stand ich reglos, fühlte den Knoten nach unten rutschen, konnte ihn durch keine Gegenschluckbewegung aufhalten, musste ihn schließlich im fühllosen Magen verloren geben.

Überlebte jedoch der Kaugummi den ersten Tag, so klebte ich ihn abends unter die Marmorplatte des Nachtschränkchens, pflückte ihn da morgens nach Zähneputzen und Frühstück wieder ab, wärmte den kühl und härter gewordenen Knubbel wieder auf, führte ihn kauend mit, klebte ihn mir zwischendurch mal hinter das rechte Ohr, löste ihn dort wieder ab nach der Schonfrist, bekaute ihn weiter, musste beim Mittagessen neuen Platz für ihn suchen; es war zu riskant, ihn beispielsweise rechts in der Backentasche aufzubewahren, während ich links und in der Mitte kaute, da konnte er versehentlich mit abgehn.

Schließlich war selbst der zäheste chewing gum ausgekaut, da half es nichts mehr, wenn ich den nun langgezogenen Gummiwurm durch braunen Zucker zog, heimlich, und ihn knirschend bekaute – einmal musste er doch ausgewechselt

werden. Aber da war er immer noch zu schade zum Ausspu-
cken, ich drückte ihn auf einen gleichaltrigen oder jüngeren
Kopf, das klebte die Haare zusammen, ließ sich nicht rausreißen, ließ sich nur mit einem Haarbüschel rausschneiden, und
das sah man dem Kopf an.

Eine Formulierung, die halb mitleidig, halb vorwurfsvoll
klang: »Du ewig Hungriger …« Weil der Zustand Hunger
sich wiederholte, bekam ich auch wiederholt zu hören: »Na,
du ewig Hungriger?« Ich war lang und ich war dünn, die Knie
übermäßig betont, wenn ich kurze Hosen trug. Bei Reihen-
untersuchungen gehörte ich zu den Kindern, deren Gewicht
knapp unterhalb der Norm lag. Dabei war Helene ebenso
energisch wie erfolgreich, wenn es ums Hamstern ging. Vielfach fuhr sie, am Bahnhofsvorplatz, mit dem Postbus los,
beispielsweise Richtung Pähl, einem Weiler am Südende des
Sees, und bei der Ankunft des Abendbusses standen wir drei
Kühns bereit mit dem Leiterwägelchen. Eingeprägt hat sich
das Triumphlächeln, mit dem Helene aus dem Bus stieg, vorn,
einen Sack Kartoffeln die Trittstufen herunterwuchtend, dann
seitwärts schwenkend: Beute, die wir heimfuhren, und Mutter Helene als große, erfolgreiche Beutemacherin. Sie ließ sich
gern feiern; bei so vielen Kartoffeln geschah das spontan.

Ein Zeitsprung zurück und zugleich ein Zeitsprung voraus.
Eine Lesung in Duisburg. Als Naturalgabe für die geringen
Fahrtkosten erhalte ich vom Buchhändler ein stattliches Buch
mit bescheidenem Titel: *Kleine Geschichte der Stadt Duisburg*.
Blieb jahrelang auf der wahrhaftig hohen Kante liegen, wird
nun erst herangezogen, ich suche das Stichwort »Steckrüben«.
Denn in den ersten Nachkriegsjahren erwähnte Helene schon
mal, dass (auch) sie in der zweiten Hälfte des Ersten Weltkriegs gehungert hat, dabei fiel das Wort »Steckrüben« – eigentlich Futterrüben für Vieh.
    Und nun lese ich: Bereits 1915 wurde in Duisburg die Ver-
sorgungslage schwierig – Auswirkungen auch der britischen
Seeblockade. Brot wurde als Erstes rationiert: ab März 1915

gab es Brotkarten. Es folgten Fleischkarten, Fettkarten, Eier-karten, Milchkarten (aber nur für Kleinkinder und Schwer-kranke). Kartoffeln und Kohle nur noch gegen Bezugschei-ne – oder für horrende Aufpreise auf dem rasch etablierten Schwarzen Markt.

Wie in Kriegs- und Nachkriegszeiten beinah üblich: ein außerordentlich strenger Winter, 1916 auf 17. Steckrüben wur-den zum »Hauptnahrungsmittel«. Und noch ein Wort, das in der zweiten Kriegsphase an Bedeutung gewann: Bucheckern. Wurden gesammelt, um Speiseöl aus ihnen herauszupressen.

Beide Wörter gewannen denn auch für mich an Bedeutung: Bucheckern gesammelt, Steckrüben geschleppt. Ich gebe das Suchwort im PC ein, klicke an, und siehe da, die ungeliebte Rübe hatte viele Namen: Kohlrübe, auch Erdkohlrabi, Unter-kohlrabi. Aber das sind Wörter, die ich noch nie gehört habe, auch Ramanken und Wruken sind mir fremd.

Naheliegend aber die Verbindung der Wörter Steckrübe und Notzeit. Der überaus strenge Kriegswinter auch als »Steck-rübenwinter«. Die Kartoffelernte Herbst 1916 war miserabel, war katastrophal, Steckrüben mussten die Ausfälle ersetzen, galten aber traditionell als Schweinefutter, Schweinefraß. Die bis zu drei Pfund schweren Wurzelknollen wurden geschält, gewürfelt, gedünstet, gekocht, doch eher mit Widerwillen, den linderten auch nicht Bezeichnungen wie Ostpreußische oder Mecklenburgische Ananas. Und doch: Ende des Schreckens-winters waren rund 80 Millionen Zentner Steckrüben nicht zu Suppe oder Eintopf, zu Ersatzmarmelade oder Ersatzkaffee verarbeitet worden. Kollektiver Widerwille. (Damals gab es noch nicht die veredelnden, geradezu nobilitierenden Rezepte für Steckrüben.)

Steckrübe: dominierendes Wort 1916, wiederum dominie-rendes Wort 1946. Helene wird aufgestöhnt haben: Schon wieder diese verdammten Steckrüben!

Ich lernte gleichfalls das Stöhnen. Bei etlichen Hamstertou-ren musste ich Helene begleiten – Verpflichtung des Ältes-ten. Meist ging es zu Fuß los, Richtung Frieding vor allem, mit dem Leiterwägelchen. Die Bauern waren Leute, die sehr fremdartig redeten, stark nach Landwirtschaft rochen und vor allem: zu denen man unbedingt freundlich sein musste. In Räumen, in die ich keinen Einblick gewann, hatten die Bauern Schätze gelagert, und die wurden, in meist knappen Portionen, freigegeben im Tausch. An den Verhandlungen nahm ich nicht teil, ich musste am Bollerwagen warten, als Wache. Meist wurde ein Sack auf den Leiterwagen gewuchtet, und es begann der mühsame Weg zurück. Frieding liegt zwar auf einer Hochebene, aber die ist gewellt, und das hieß: Die Wegpiste führte hügelan, hügelab, hügelan. Meist lange, sanfte, dennoch kräftezehrende Steigungen, die schlimmste von ihnen an der Kuppe markiert von einem einsamen Baum in sonst leerer Landschaft. Und ich zog den Leiterwagen, gemeinsam mit ihr, oder schob den Leiterwagen, wenn sie zog, oder zog den Leiterwagen, wenn sie schob. In den Ohren meiner Mutter wurde die Anstrengung übertrieben laut: »Du püffst wie eine alte Lok! Stell dich nicht so an!« Offenbar machte sich auch der angeborene Herzklappenfehler bemerkbar, der jeden Arzt aufhorchen lässt. Ich versuchte, leiser zu schnaufen, leiser zu keuchen.

In der ersten Phase des 21. Jahrhunderts, in einer Zeit auch der Dampflokomotiven-Nostalgie, könnte der Vergleich mit einer püffenden Lok fast betulich klingen, damals war es Spott, der ins Höhnische umschlug, sie wollte mir Beine machen. Ich habe jene Steigung gehasst, bin später nie mehr diesen Weg gegangen. (Er ist inzwischen planiert, asphaltiert – mit dem Auto gleite ich über alle damaligen Geländeschwierigkeiten hinweg.) Solche Hamsterexkursionen hatten für mich nicht den geringsten Anhauch von Abenteuer, sie waren nichts als Plackerei. Mein Körper, in die Länge »schießend« (zuletzt die 188 erreichend), brauchte übermäßig viel Kraft bei diesen Bollerwagentouren.

Hamstern, tauschen … Einmal hatte ich in Händen, womit die Kartoffeln und später die Rüben, mit denen die Milch und manchmal der Speck für die »hungrigen Mäuler« bezahlt wurden. Zum Einsatz kam ich auch als Bote: Von den Eltern meines Freundes Peter im »Lärchenhäusl« nah am Pilsensee holte ich ein Päckchen ab, eher: ein kleines Bündel. Und ich verließ die Landstraße, stapfte zur Schilfzone zwischen Pilsensee und Ammersee, öffnete auf einem Baumstumpf das Bündel, sah kleine Silberlöffel mit schnörkelreicher Umfassung der Griffläche. Am liebsten hätte ich einen der Löffel für mich behalten, in ihrer edlen Ausführung erschienen mir die Silberlöffel viel zu kostbar, um weggegeben zu werden, dieses Geschäft schien mir nicht reell. Ich befühlte das Silber, betastete die Schnörkel, packte die Löffel wieder ein, es dürften drei oder vier gewesen sein, und mit erhöhtem Herzschlag ging ich am Haus, am Hof vorbei, aus dem schon wieder einer mit dem Hammer in der Faust auf mich loslief, mich wild beschimpfend, rau bedrohend. Der eigentlich als unauffällig eingestufte Bote musste rennen, Löffelbündel fest im Griff.

Bedrückende Mission. Und die belastende Erfahrung des Versagens, der Niederlage. Eine Zugfahrt zur benachbarten Bahnstation Seefeld-Hechendorf. Weil der Schnee besonders hoch lag, konnte der Leiterwagen nicht mitgenommen werden, und für den Schlitten war in der Bahn offenbar kein Platz. So musste ich den Rucksack schleppen, in dem Rüben sich dicke machten, spürbar im Rücken, Futterrüben oder Zuckerrüben. Die Futterrüben wurden zu Suppe oder Gemüsepampe verarbeitet, die dem wahrlich nicht verwöhnten Kind überhaupt nicht schmecken wollten; die Zuckerrüben wurden zerschnetzelt und zu Sirup verkocht (im Rheinland: Rübenkraut), da roch es süßsämig in der Wohnung. In den Einmachgläsern, Weckgläsern bildete der Sirup rasch einen braunen Zuckerrand.

Also: ein Rucksack voller Rüben, aufgehängt am langen, dünnen Kind, der Oberkörper pendelnd mit dem Rucksack, der Schnee mal dumpf knurschend, mal hell knirschend unter den beschwerten Schuhen, ich musste rasch gehen, rasch, »der Zug wartet nicht!«. Ich sah schon den Zug, als wir durch den kleinen Bahnhofsbau geeilt waren, der Zug stand leider auf dem zweiten Gleis, ich, blindlings hinter der Mutter her, suchte nicht den sanft eingemuldeten Übergang, ich sprang von der Kante des ersten Bahnsteigs zwischen die Gleise, der Zug abfahrbereit, doch beim Sprung riss mich der Rucksack mit Rüben nach vorn, riss mich in den Schnee zwischen den Gleisen, presste, mit hochgerutschtem Gewicht, meinen Kopf in den Schnee, als hätte sich einer, blitzschnell, auf die Schultern gesetzt. Ich hatte die Vorstellung, habe sie heute noch, ich hätte mich mit dem Kopf tief in den Schnee gebohrt. Ich spürte ihren Blick im Nacken, glaubte ihn zu spüren: Der Junge, der versagt hat, kurz vor dem Ziel. Ich war so erschöpft nach dem Eilmarsch mit dem schweren Rübenrucksack, dass ich allein nicht mehr hochkam. Sie löste den Rucksack, ich rappelte mich auf, der Zug fuhr bereits. Was sie mir sagte, habe ich vergessen oder verdrängt. Wir mussten »endlos« warten auf den nächsten und letzten Zug an diesem, an jenem Winterabend; die beiden Rucksäcke waren vor dem Bahnhof abgelegt, die Füße wurden immer kälter, wir gingen auf und ab im knirschenden, knurschenden Schnee – im Warteraum war nicht geheizt, kalter Mief. Wir pendelten auf dem Bahnhofsvorplatz hin und her unter dem bestirnten Himmel, die Sterne schienen mir gnadenlos kalt.

(Nachtrag, bestätigend, in einem Brief der Mutter: »Ich vergesse nie, wie wir beiden mit Rucksäcken voller Zuckerrüben zum Bahnhof hechteten und Du mit dem Rucksack den Zaun [?] nicht mehr geschafft hast. So mussten wir bei Schneefall, Dunkelheit und Kälte 1½ Stunden in Hechendorf auf den nächsten Zug warten. Das ist nun 30 Jahre her! Ihr habt es jetzt doch besser. So manches bleibt einem doch in Erinnerung. Ob Ihr noch einen Krieg erlebt? Das wäre furchtbar.

Hast Du heute Morgen im Fernsehen die Sendung über Mussolini gesehen? Unwahrscheinlich, welche Menschenmassen ihm zujubelten; gleich ob er für Krieg oder Frieden sprach, immer Jubelgeschrei. Diese Leute mussten einfach größenwahnsinnig werden; dabei brachte er in seinen Reden nur Schlagworte.«)

Nachwirkungen, Konditionierungen jener Zeit der Mangelwirtschaft: Ich kann Essensreste nicht wegwerfen. Beim Kauf von Brot sind meine Augen nicht größer als der Magen, ich komme fast immer genau aus zwischen dem Endknuz des einen und dem Anfangsknuz des nächsten Brots. Und staunend sehe ich, in der zweiten Kölner Ära, welche Mengen, Unmengen Brot allein im kleinen Teich des Mülheimer Stadtgartens den Enten und ›Möwen‹ zugeworfen werden. Im Sommer wird der kleine Teich, entengrützengrün, zu einer blasentreibenden Brotsuppe. Übersättigt schwimmen die Enten und ›Möwen‹ umher zwischen halben Brötchen, Reststücken von Baguetten, Mischbrotscheiben, Mischbrotkanten. Ich denke dann nicht, pflichtschuldigst, an die hungernden Kinder in der Sahelzone, ich denke dann – ungebührlich direkt – an mich in früherer Erscheinungsform, hoch aufgeschossen mit großen Knien.

Und noch eine Nachwirkung: Was ich mir als Kind in den letzten Kriegsjahren, den ersten Nachkriegsjahren immer wieder ausmalte, war nicht mehr und nicht weniger als dies: Ein frisches Brötchen, gut mit Butter beschmiert und darauf Honig. Es gab keine Anregung, sich Eisbecher auszumalen oder gar Mousse au chocolat, das Höchste, das ich mir ausdenken konnte, war solch ein Honig-und-Butter-Brötchen. Manchmal fiel mir das, etwa beim Spazierengehen, wieder ein, und ich eilte, in Köln, zur Bäckerei, in der Brötchen noch nicht aufgeschäumtem, täuschend umkrustetem, luftblasenreichem Styropor glichen, ließ mir zwei Stück in die Tüte stecken, und beinah rituell halbierte ich ein erstes Brötchen, bestrich es, nicht zimperlich, mit Butter und Honig, gab es dem Kind in mir zu essen, und es nickte zufrieden, ein halbes Jahrhundert später.

Das Dienstmädchen (ja, wir hatten 1945 ein Dienstmädchen!), es fraternisierte, konnte uns Kindern also schon mal exotisch Süßes mitbringen in kleiner Dosierung (»butterfinger«?). Und Miele erfuhr, rechtzeitig, dass der lokale US-Trupp verlegt werden sollte. Helene handelte unverzüglich, marschierte zum Büro des Ortskommandanten, der also wohl unser ansehnliches Radio eingestellt hatte, sie klopfte an, ging, mit kurzem Gruß auf Englisch, auf das Radio zu, zog den Stecker aus der Wand, erklärte dem Offizier am Schreibtisch, sie würden ja verlegt, da brauche er das Radio wohl nicht mehr, es sei ihr property. Sprachs und marschierte hinaus, das große Radio mit beiden Händen gepackt. Dem überrumpelten Offizier blieb keine Möglichkeit mehr, angemessen zu reagieren, sie trug das Radio in die Fischergasse, stellte es auf ›meinen‹ Plattenschrank: »Da ist es wieder!«

Heute ist auch dieses Gerät von Müllsedimenten überdeckt, das Magische Auge ist für immer geschlossen, und doch: Es leuchtet, leuchtet nach, grünintensiv, vor allem, wenn Erinnerung auf den Empfang solch eines Sendeimpulses justiert ist.

ENDLICH kehrte der Vater zurück aus dem Krieg. Helmuth Kühn war 9, als der Erste Weltkrieg begann, war 13, als er endete, war 34, als der Zweite Weltkrieg begann, war 41, als er aus der Gefangenschaft zurückkehrte – und das war noch relativ früh mit Blick auf damalige Statistik.

Auch die Heimkehr war von Formalitäten begleitet. Bescheinigungen wurden ausgestellt, wurden unterschrieben Ende Juli 45 von einem Verwaltungsoffizier mit dem Dienstgrad Hauptmann – immer noch! Vom Dienststempel der Kriegsmarine hatte man das Hakenkreuz im Kranz der Adlerklauen allerdings weggekratzt. Von jenem Hauptmann, Ordnung musste auch jetzt sein, wurde ihm sogar eine Bescheinigung »über verliehene Auszeichnungen« auf den Heimweg, den Rückmarsch mitgegeben: Eisernes Kreuz 2. Klasse, Kriegsverdienstkreuz 2. Klasse mit Schwertern, Kriegsverdienstkreuz 1. Klasse mit Schwertern. Wofür er als Ob.Ltn. der Bordflakabt. die Orden erhalten hatte, weiß ich nicht. Als fernes Echo vernehme ich so etwas wie: erfolgreicher Abschuss eines Feindflugzeugs. Und sonst?

Es kamen Amerikaner an die Reihe: Certificate of Discharge, Entlassungsschein. Der Tauglichkeitsgrad (Medical Category) wurde angegeben: k.v. (kriegsverwendungsfähig). Sicherheitshalber hinzugefügt die Bemerkung: FIT.

Und er konnte den Heimweg (auf dem Fahrrad und zu Fuß) fortsetzen, »discharged by the Authority of 12. U.S. Army Group«.

Er kam vom Bahnhof zum Haus in der Fischergasse, aber nun nicht mehr im langen, blauen Mantel, an der Seite der Ehrendolch, weiß und mit Goldglanz (fast waagrecht hing die symbolische Waffe an zwei Litzen vom Gürtel herab) – er kam, Seesack geschultert, in einer hellgrauen, glänzenden, bis zu den Oberschenkeln herabreichenden Lederjacke, die er bei schlechtem Wetter auf Schiffsdeck getragen hatte; ich habe sie, einige Jahre später, als Student zuweilen getragen, bis sie mir zu eng wurde. Sie hängt, während ich dies schreibe, im Wandschrank des Eifelhauses, noch immer.

Wir Buben waren auf seinen Empfang vorbereitet: hatten Kippen gesammelt. Manchmal war ich neben einem Jeep hergelaufen, give me a cigarette, give me a cigarette, zuweilen wurde mir eine original amerikanische Zigarette zugeworfen, Chesterfield oder Lucky Strike. Und Kippen wurden gesammelt zu Füßen amerikanischer Wachsoldaten vor der Kantine im »Seehof«. Die Zigaretten und Kippen wurden mit scharfer Klinge aufgeschnitten, der Länge nach, jeder Krümel Tabak war wichtig, also wurde die Brandfläche vorsichtig weggeschnitten und (auf Weisung der Mutter) ein dünnes Segment am Mundende – es wurde noch nicht mit Filtern geraucht. Der Tabak wurde in einem Blechdöschen gesammelt, und das wurde vor ihm aufgeklappt. Er musste sich vor uns Zuschauern die Pfeife stopfen, musste genüsslich rauchen – da hatten sich alle Mühen gelohnt.

Erst später lernte ich, dass seine Rückkehr, erst recht: eine so frühe Rückkehr ein Glücksfall war. Fotos zeigen mir, wie Leben hingemäht wurde, über Jahre hinweg. Körper umhergeworfen, aufeinandergeworfen, durcheinandergeworfen, aufgereiht. Körper, im Wüstensand ausgetrocknet, Körper im Wasser aufgeschwemmt, Körper in Schnee und Eis, in grotesken Bewegungen erstarrt, Arm gereckt, Bein hochgestreckt. Hunderttausende, Millionen von meist jungen Körpern: verstümmelt, aufgerissen, verkürzt, zerfetzt.

Er aber: ohne Verstümmelung, sogar ohne Narben kehrte er heim. Kugeln, Granatsplitter hatten ihn nicht getroffen. Auch später: keine Blessuren, innerlich. Keine berufliche Niederlage, keine Trennung, womöglich Scheidung. Erst nach sieben Jahrzehnten eine Operation: Hüftgelenk erneuert, komplikationslos, eine Niere herausgeschnitten mit malignem Gewebe, komplikationslos, acht oder zehn Tage später ging der 82-Jährige mit seiner Gefährtin am Starnberger See spazieren, nach einem guten Essen. Bei ihm schien es möglich: Fortsetzungsbezug eines Glücksbonus. Oder: das Bewusstsein, immer Glück gehabt zu haben (auch er sagte eher: Schwein gehabt!), es scheint bei einigen Menschen ein beinah magischer Schutz vor Unglück zu sein.

Zwar überließ der Vater das Erziehungsmonopol weiterhin der Mutter, schließlich hatte sie es sechs Jahre lang ausgeübt, aber seine Gegenwart ließ Freiräume zu, milderte Druck – mehr Gelassenheit, mehr Duldung, mehr Gewährenlassen.

Um Lebensmittelkarten zu erhalten (Berechtigungsnachweis …), musste sich Helmuth an Aufräumungsarbeiten beteiligen. Zu enttrümmern gab es nichts in Herrsching, aber der Splittergraben in der Wiese vor dem Bahnhof musste beseitigt werden. Der bildete, von oben gesehen, so etwas wie ein langgestrecktes Z, war bestimmt zwei Meter breit, Seitenwände mit Planken und Brettern gesichert, abgedeckt mit Holzbohlen, die wiederum, auch zur Tarnung, mit einer Schicht Erde bedeckt waren. Kein Schutz vor einer nah oder direkt einschlagenden Sprengbombe, Schutz aber zumindest vor womöglich kiloschweren Brocken einer Sprengbombe oder vor einer Splitterbombe, die zerfetztes Metall um sich schleuderte. Jeden Werktag zog er morgens zum Bahnhof; mit anderen »Normalverbrauchern« barg er das Holz, schippte er den Graben zu.

Obwohl ich (wie Helene wiederholt betonte, zugleich beklagte) »sooo große Ohren« hatte – das Wort *Entnazifizierung* hat in mir kein Echo gefunden. Es dürfte auch kein Thema gewe-

sen sein in Herrsching. Ich kann auch das dokumentieren –
nicht nur mit Blick auf die Leserschaft, es ist auch wichtig für
mich selbst: Bestätigungen von Tradiertem.

Helene Kühn, geb. Asher, erhielt eine »portopflichtige
Dienstsache« im Postkartenformat. Ein Vordruck. Der öffentliche Kläger bei der Spruchkammer Starnberg: »Auf Grund
der Angaben in Ihrem Meldebogen sind Sie von dem Gesetz
zur Befreiung von Nationalsozialismus und Militarismus vom
5.3.1946 *nicht betroffen*.«

Helmuth Kühn, Bankangestellter, erhielt von der Spruchkammer Starnberg einen »Sühnebescheid«. Aufgelistet waren
hier Zugehörigkeiten zur Nationalsozialistischen Deutschen
Arbeiterpartei und zu untergeordneten Organisationen.

Das sieht so aus: NSDAP v. 1931–1932.

DAF (Deutsche Arbeitsfront, gegründet nach dem Gesetz
zur Ordnung der inneren Arbeit; 22 Millionen Mitglieder) v.
1935–1945.

NSRL (Nationalsozialistischer Reichsbund für Leibesübungen; 3 bis 4 Millionen aktive Mitglieder) v. 1938–1945.

NSV (Nationalsozialistische Volkswohlfahrt) v. 1936–1945.

Das wars schon. Der Spruch: »Sie werden in die Gruppe der
Mitläufer eingereiht. Als *Beitrag zu dem Wiedergutmachungsfonds* wird gegen Sie eine *Geldsühne* von achtzig Reichsmark
festgesetzt.« Ein dicker Stempel: Rechtskräftig!

Damit auch für mich: ein (ausnahmsweise durchaus) erledigtes Kapitel von (Familien-)Vergangenheit.

Kurz vor der ›Deadline‹ dieses Buchs tauchte bei einem Familienfest in Heidelberg ein entschieden interessanteres Dokument auf: Erfahrungen des Mutterbruders Theo, vermittelt
durch Einträge im (flächendeckend verteilten) Fragebogen.
Nicht nur ein Familien-, auch ein Zeitdokument!

Ich habe nicht den Fragebogen selbst vor mir, sondern
die Fotokopie einer Typoskript-Anlage zum Fragebogen
»Dr. Theodor Asher«. Was mein Onkel zu den Fragen 45, 48
und 115 schrieb, das ging offenbar über den vorgegebenen
Raum des Vordrucks hinaus, wurde im Anhang ausführlicher

wiedergegeben. Ich beziehe diese Zusätze komplett ein – den dritten vor allem mit Blick auf meine Mutter, die in ihren früheren Befürchtungen nur bestärkt werden konnte.

»Im Herbst 1933 übernahm ich eine Volontärstelle im Institut für Schiffs- und Tropenkrankheiten in Hamburg. Im Zuge der dortigen Aktionen wurde mir nahegelegt, mich zu einem Reitersturm der SA zu melden. In diesem Reitersturm sollte ich als Tierarzt Dienst tun. Nach einem Anwärterverhältnis von *zwei Monaten* erkrankte ich an einer Lungenentzündung und musste im März 1934 ein Sanatorium in der Schweiz aufsuchen. Ich blieb in der Schweiz bis zum Mai 1936. Im Anschluss daran kam ich zu einer Nachbehandlung in den Schwarzwald. Bis zum Jahre 1937 habe ich von meiner Anwärterschaft in der SA keinerlei Gebrauch gemacht. Im Sommer 1937 wurde das Anwärterverhältnis zur SA auf eigenen Antrag wieder gelöst.«

Vor der Antwort auf die nächste Frage ein kurzer Einschub. Mein Onkel war nicht wegen einer Lungenentzündung im Schweizer Sanatorium, sondern wegen Tuberkulose. Ein maschinenschriftlicher Brief an meine Mutter (»Liebe Lene«) wurde im Mai 35 auf »Schatzalp« getippt: das legendäre Curhaus des *Zauberbergs* von Thomas Mann, einem meiner Lieblingsromane, auch in der grandiosen Hörbuchfassung mit Gert Westphal: ironisch lustvoll herausgearbeitete Präzision der Details!

Onkel Theo war also mehr als zwei Jahre auf dem »Zauberberg« von Davos. Die Nachbehandlung im Schwarzwald konnte nur im Sanatorium St. Blasien erfolgt sein. Dass der lungenkranke Veterinärarzt nicht zu den ›strammen‹ SA-Leuten zählen konnte, dürfte mehr als einleuchtend sein. Er dürfte sich wahrlich aus gesundheitlichen Gründen von der Reiter-SA abgemeldet haben. Er arbeitete hin auf eine akademische Position.

»Als Voraussetzung für die Dozentenlaufbahn wurde im Jahre 1938 auf Veranlassung der Tierärztlichen Hochschule Hannover meine Aufnahme in den NSD-Dozentenbund vollzogen; hier war ich bis 1945 nominelles Mitglied. Ich habe keinerlei Funktionen ausgeübt.« Also die übliche Form der Zwangsmitgliedschaft, hier als Formalität.

Und nun die in der Anlage erweiterte Antwort auf Frage 115 – schon diese Zahl lässt auf den Umfang der Fragebögen schließen. Das Wort Fragebogen wurde in den ersten Nachkriegsjahren groß geschrieben. Hier ein besonders wichtiger Eintrag.

»Im Sommer 1936 wurde ich von der *Geheimen Staatspolizei* verhaftet. Die Verhaftung erfolgte auf Grund des Verdachts, dass ich jüdischer Abstammung sei. Unter Androhung des Konzentrationslagers wurde ich aus Deutschland ausgewiesen und kam in die Schweiz. Nach vielen Bemühungen gelang es mir, mit Hilfe des deutschen Generalkonsulates wieder nach Deutschland einzureisen. Tatsache ist, dass ich väterlicherseits sowie mütterlicherseits jüdische Vorfahren habe.

Das deutsche Generalkonsulat in Zürich sowie das Oberfinanzpräsidium in Hamburg sind im Besitze von Dokumenten, die meine Ausweisung aus Deutschland im Jahre 1936 betreffen.«

Die Nachkommen des Salomon Friedemann Asher waren mit jüdischen Familien (wie den Picards, den Philipsons) durch Heiraten verbunden. Ich war nie ganz sicher, ob die Fett-Dynastie der Rauchfleisch-Großhändler ebenfalls jüdischer Herkunft war; das wird hier bestätigt.

Dass die Ashers auf die Nazis nicht gut zu sprechen waren, das wurde in der Oral History der Familie wiederholt festgehalten. Es lässt sich aber auch dokumentieren, für Theodor Asher, Sohn des Nazihassers Theodor Asher in Duisburg. Mir liegt einer der »Persilscheine« vor, die damals geradezu inflationär produziert wurden zur Vorlage bei Spruchkammern der Entnazifizierung. Hier nun eine Erklärung, die mir glaubwürdig erscheint. Verfasst wurde sie 1946 von einem Ingenieur H. Schlimm, Industrie- und Bergwerksbedarf in Hannover – wo Theodor ja an der Tierärztlichen Hochschule doziert hatte.

»Mit Herrn Dr. Theodor Asher bin ich seit Jahren eng befreundet. Ich kann bekunden, dass er den Nationalsozialismus aufs schärfste ablehnte und in keiner Form mit ihm verbunden war. Meine Freundschaft mit Dr. Asher würde nicht genügen, ihm solch eine Bescheinigung zu geben, wenn ich nicht hundertprozentig von seinem Hass gegen die Nazis überzeugt wäre.

Ich bin Mitglied des Entnazifizierungs-Hauptausschusses der Stadt Hannover und gebe in dieser Eigenschaft prinzipiell keine Unbedenklichkeitsbescheinigungen, wenn ich die Person nicht genauestens kenne.«

Ich kenne diese Person überhaupt nicht, leider. Dabei hätte es eine Zeitlang nahgelegen, schon rein topographisch, dem Onkel zu begegnen.

Zeitsprung ein paar Jahre voraus: 1949 werden wir nach Düren ziehen, ein Stündchen von Bonn entfernt, wo Prof. Dr. med. vet. Asher mittlerweile Direktor des Tierärztlichen Instituts der Universität Bonn war. Er hatte die noble Villa in der Hamburger Abteistraße verkauft und einen Wohnsitz in der respektablen Bonner Argelanderstraße erworben (in der ich, nichtsahnend, mal für ein Semester eingemietet war, Jahre später).

Ich kann mich an zwei, drei Besuche von Verwandten in Düren erinnern, doch ein Besuch von Theodor bei seiner Schwester oder von seiner Schwester bei Theodor fand nicht statt, jedenfalls habe ich hier nicht die geringste Erinnerung. Die von Großmutter Klara Friederike angefachte Familienfehde wurde offenbar fortgesetzt: eine Schwester meines Vaters, um daran zu erinnern, war mit Theodor verheiratet. Diese Frau galt als schwierig, auch in ihrer rigiden Ablehnung einer Familie jüdischer Herkunft – trotz ihrer Ehe! Diverse Probleme, die hier nicht aufgeführt werden müssen, führten Anfang 1951 zum Selbstmord des 41-Jährigen.

Selbstverständlich wurde das in Todesanzeigen kaschiert: »… starb plötzlich und unerwartet … wir werden des Verstorbenen allzeit in Dankbarkeit gedenken …«. Und mir wurde als Bub jene Story aufgetischt vom Wagen, der auf Rübenblättern ins Schleudern geraten und gegen einen Baum geprallt war. Es war aber eine Überdosis Veronal.

Auch hier wieder meine Begleitformulierung von der Gegenwart als dritter Dimension der Vergangenheit.

VON DER AMERIKANISCHEN AIRBASE Oberpfaffenhofen-Weichselbaum wurden Arbeitskräfte angefordert: Nach den Aufräumungsarbeiten im Ort wurde »Paps« freigestellt für unbezahlte Arbeit in Weichselbaum.

Auch dort musste erst mal ein Formular ausgefüllt werden: Personal Data Sheet, mit den Vermerken Navy, Bordflakkomp, Komp-Chef. Es wurden »the most severe penalties« für falsche Angaben angedroht. Er aber wurde offenbar durchgewinkt.

Auch im Flugplatzareal Aufräumungsarbeiten: »mussten vor allem Balken schleppen«. Weil sich zeigte, dass »Helmet« recht gut Englisch sprach, wurde er Kassierer im PX-Laden, in dem GIs einkauften.

»Ich denke, du warst Dolmetscher …!«

Nein, er war Kassierer, cashier. Ich bin sicher, immer noch, dass Helene uns Kindern damals und später und allen anderen ebenfalls erzählt hatte, Helmuth sei Dolmetscher, offiziell. Sie hatte ihn also befördert. Dass er nur an einer Kasse saß, passte ihr offenbar nicht.

Der Hauptbonus: deutsche Mitarbeiter wurden in der Airbase verpflegt, und dies reichlich. So wurde er bei jeder Rückkehr gefragt, was es diesmal zu essen gab. Und die Antwort lautete, stereotyp: »Eine sehr gute Suppe …« Was sich der Suppe anschloss, erfuhren wir nicht. Dennoch, ja nun erst recht empfingen wir ihn stets mit der Frage: Und was gab es heute zu essen? Eine sehr gute Suppe …

Mehr, etwas mehr erfuhren wir über kleine Tricks der Bereicherung. Alle Mitarbeiter wurden beim Betreten der Airbase kontrolliert und beim Verlassen visitiert – es konnte ja geschmuggelt werden! Ein exemplarischer Trick: Einer erschien am Checkpoint mit einem prall gefüllten Seesack auf der Schulter. Na hallo! Der Seesack musste zwecks Prüfung des Inhalts sofort ausgeschüttet werden – nichts als Grünfutter für häusliche Karnickel. Der Verdacht war entkräftet, der

Mann wurde durchgewinkt mit dem nun leeren Seesack, einer Kostbarkeit.

Am täglichen kleinen Schmuggel vor allem von Nägeln beteiligte sich auch Helmet Kjuhn. Man zeigte den Ausweis vor auch beim Verlassen der Base; in der eingekrümmt geschlossenen Hand unter dem Ausweis: Nägel. Beinah handbreit die Nägel, und die wurden dringend gebraucht, auch von Bauern, ein sehr begehrter Tauschartikel, dafür konnte man schon was verlangen. Fast jeden Abend sichteten wir die Ausbeute: Nägel auf den Tisch! Fast eine Währungseinheit.

Die Hauptwährungseinheit: amerikanische Zigaretten. Hier wurde ein wahrer Hort akquiriert! Helene war bereit, notgedrungen, ihre 8-Millimeter-Schmalfilmkamera umzusetzen, ein Gerät der Firma Leica. Damit hatte sie ja vor allem Familienszenen aufgenommen, und wir mussten uns Kinder gleichsam formieren, gereiht etwa auf dem Landungssteg, abgestuft nach Körpergröße (»wie die Orgelpfeifen«), einer wie der andere womöglich in der uniformen Luft- oder Spielhose. Erleichterung, wenigstens bei mir, als diese Kamera endlich weggegeben wurde.

Helmuth hatte einen GI aufgespürt, der sie gegen Zigaretten eintauschen wollte. Das Tauschgeschäft aber nicht Zug um Zug, sondern: Die Kamera sollte nach Oberpfaffenhofen gebracht werden; dort dürfte die Übergabe wohl außerhalb der Airbase erfolgt sein, wahrscheinlich an der Haltestation Weichselbaum, in Sichtnähe des umzäunten, zusätzlich gesicherten Areals. Der Soldat versprach, die Zigaretten am nächsten Tag nach Herrsching zu bringen. Heftige Auseinandersetzungen in anhaltender Krisensitzung: Helene traute dem Braten nicht, sah die Kamera kassiert ohne Gegengabe, Helmuth hatte sich reinlegen lassen, wo blieb denn da seine Menschenkenntnis?!

Doch gerade auf Menschenkenntnis setzte er: A coloured man from Hawaii würde eine Abmachung am ehesten einhalten.

Helene: »Dein Wort in Gottes Ohr!«

Aber dann, wir Kinder als Späher gestaffelt, die Eilmeldung: Der Ami kommt! Fast verklärte Erscheinung im Licht des späten Sommernachmittags, ja, die Abendsonne ging in der Generalperspektive der Fischergasse unter, verlieh dem GI fast eine Gloriole. Er trug einen richtig großen Karton demonstrativ auf der Schulter, und in diesem Karton befanden sich 15 (ja, ich bin einigermaßen sicher: fünfzehn) Stangen Zigaretten, Chesterfield oder Lucky Strike, und als Zugabe für die kiddies noch Schokolade. Der Soldat im angemessen bunten Hawaiihemd wurde begrüßt, bewirtet. Fühlte sich wohl auch »great«. Eine der raren, verbliebenen Flaschen Rheinwein wurde geöffnet: Cheers!

Nun hatten wir erst einmal ausgesorgt, hatten fast so etwas wie ein Fort Knox in der Wohnung. Eine amerikanische Zigarette war auf dem Schwarzen Markt sechs Reichsmark wert, so lese ich Jahrzehnte später, während eine deutsche Zigarette nur die Hälfte einbrachte. Für sechs US-Zigaretten erhielt man ein Pfund Mehl, vier bis fünf cigarettes entsprach ein Schwarzmarkt-Gegenwert von drei Pfund Brot, für rund fünfzehn cigarettes gab es ein Pfund Zucker, bei Speck und Butter musste man schon tiefer in den Karton greifen, musste anderthalb bis zwei Packungen rüberreichen. Doch bei insgesamt dreitausend Zigaretten konnten die Eltern relativ entspannt disponieren, für Erste. In Schwarzmarkt-Valuta hatte die Kamera rund 18 000 RM eingebracht, dazu den Schoko-Bonus. Der war für den Ami eher eine Geste, denn er hatte ein blendendes Geschäft gemacht: Für rund 20 Dollar konnte er im PX-Laden rund 5000 Zigaretten kaufen, demnach hatte er die Kamera made in Germany für etwa ein Dutzend Dollar erworben. Zeit der wundersamen, zum Teil verwunderlichen, andrerseits wundertätigen Umrechnungen.

(Wohl auch in Erinnerung an die nach Hawaii transferierte Filmkamera ließ ich mir in den späten fünfziger Jahren eine 8-Millimeter-Schmalfilmkamera schenken, eine Nizo F A 3, noch mit Kurbel und Federwerk, und ich drehte kleine, experimentelle Filme, etwa von gestaffelt hin und her fahrenden Planierraupen in der weiten Baugrube eines Ford-Nebenwerks, tüftelte rasante Schnittfolgen aus, die jeweils manuell geklebt werden mussten. Die Klebestellen erwiesen sich als anfällig, beim ratternden Projizieren kam es schon mal zu einer schnittbedingten Unterbrechung, das kleine Gerät mit der Klebeschiene musste – Moment, dauert nicht lang – hervorgeholt, das Leimfläschchen tüllengenau aufgesetzt werden.

Leider, all die Mühen waren letztlich umsonst, die Filmchen sind verschollen, nur die Kamera, immerhin, blieb erhalten, liegt nun auf dem Tisch, ein Relikt. Nach 8-Millimeter kam Super-8, dann die ersten, kiloschweren Digitalrecorder mit filmähnlichen Bändern, dann, in sehr viel leichterer Bauart, mit Chips, jetzt geht es auch mit Smartphones, und das erstaunlich brillant. Und meine Nizo ruht für immer. Was sie aufgenommen hat, ist von der Bildfläche verschwunden wie die Filmchen, die Helene gemacht hatte. Unwiederbringlich ...)

OBWOHL Helene streng auf Ordnung und Sauberkeit hielt, mit Unterstützung des fraternisierenden Dienstmädchens – gegen Übertragungen und Ansteckungen waren wir nicht gefeit. Am häufigsten machten sich Läuse bemerkbar.

Noch einmal, beteuernd: Es war keine Folge mangelnder Körperpflege, fehlender Sauberkeit. Selbst heute, in der Ära der Shampoos und Aroma-Duschen: Die Läuse kehren zurück. So wird das jedenfalls aus Kindergärten gemeldet, auch aus Schulen. Und das Hotelgewerbe muss, selbst unter den Zeichen von vier oder fünf Sternen, den längst vergessenen Kampf wiederaufnehmen mit Wanzen. Neue Resistenzen ...!

Läuse also, Nachkriegsläuse: nisteten sich in meinen Haaren ein. Seit Jahrtausenden bewährtes Mittel: der Läusekamm. Bei uns hießen Kämme ohnehin schon »Läuse-Rechen« – nun kam ein Kamm mit sinnvoll engem Abstand seiner Zähne in Gebrauch. Doch Helene war für die radikalste Lösung: den Schädel kahlscheren lassen! Um die Glatze zu kaschieren, durfte ich, immerhin, eine Baskenmütze tragen. Doch ausgerechnet auf dem Bahnhofsvorplatz geschah es: Von einem Grüppchen wurde mir die Kaschierung vom Kopf gerissen, sie flog, rotierend, von einem zum andren, diesmal half kein

Anfall von Jähzorn, ich war bloßgestellt, wurde ausgelacht, gefoppt, gehänselt, wiederholt wurde mir zugerufen: Fang sie doch! Und ich rannte und rannte hinter der Baskenmütze her; im kleinen Luftzug, der damit entstand, spürte ich die Glatze noch deutlicher.

Und dann auch noch Furunkel! Ein besonders großer im Nackenbereich, dort, wo der Hemdkragen scheuerte. Der Knoten, gerötet, mit dem »Eiterauge«. Anstechen durfte man so einen Furunkel, auch einen Prachtfurunkel auf keinen Fall, böse Stoffe konnten sich im Körper verbreiten. Es empfahlen sich Umschläge, Kompressen – mit Heilpflanzen der Saison.

Es kam noch schlimmer: Kinderkrankheiten, die heute in Zentraleuropa selten geworden sind. Zum Beispiel Mundfäule. Ja, als würde die Mundhöhle in Fäulnis übergehen, auf der gesamten Schleimhaut. Wird rot, schwillt an; die Mundhöhle, als Domizil von Zähnen und Zunge, wird zu einer fremdartigen Einhöhlung, die nichts in sich hereinlassen will, Essbares schon gar nicht, auch nicht Getränke; Fäulnis und Fieber machen das Kind schlapp, ganz schlapp; es ist, es bleibt konzentriert auf diesen fremd gewordenen Mund, dessen Höhle scheint größer, weiter als sonst, eine rote Höhle, und zugleich scheint sie kleiner als sonst, nichts mehr will hineinpassen. Nichts mehr schmeckt, man kann, man will auch nicht mehr reden, wird stumm mit rotem Maul. Und wenn man die Hände einhöhlt vor den Lippen, hineinhaucht: riecht es nicht jauchig, jauchemäßig?

Veränderungen auch im Bereich der anderen Körperöffnung (wenn auch zu anderem Zeitpunkt): Jucken im Hintern, anhaltendes Jucken, und die Vorstellung, fast zwingend, einer der zur Sprache gebrachten Schmarotzer im Darm schiebt sein Wurmende durch den Schließmuskel, und man braucht ihn nur zu packen, zieht ihn aus dem Darm, aus dem eigenen Körper heraus. Ich musste genau das Häufchen beobachten, jede Besonderheit sofort melden: Manchmal ging ein Spulwurm mit ab, ringelte sich wie ein verkürzter, etwas gebleichter Regenwurm.

Ich wurde ins Nachbardorf mitgenommen, zum kleinen

Landeskrankenhaus, und dort zog man mir einen (den?) Wurm nicht aus der Nase, aber aus dem Darm, weiß nicht, wie – vielleicht war er schon griffbereit vorwitzig; endoskopische Verfahren dürfte es zu jener Zeit noch nicht gegeben haben, ein ferngelenktes Zänglein im ausgeleuchteten Darmsektor. Der Parasit, noch längst nicht einen halben Meter lang, wurde in eine leere Streichholzschachtel gesperrt, ich durfte das Geringel als Souvenir mitnehmen, und so fuhr der Spulwurm mit in der Bahn von Seefeld-Hechendorf zurück nach Herrsching; ich passte auf, dass sich die Streichholzdose nicht spaltweit öffnete und der Spulwurm in die Hosentasche kroch, sich in ihr ringelte.

Zu einem Wurm können weitere Würmer kommen, also Wurmkur: grauweißes Pulver, davon musste ich regelmäßig einen gehäuften Löffel zu mir nehmen, aufgelöst, und das mehrfach täglich. Schmeckte grauslich, sollte aber weitere Würmer aus meinem Körper vertreiben, hinausekeln. Und die begleitende, fast zwanghaft genaue Vorstellung: In meinem Körper, tief drinnen, leben Tiere, die im Körper nicht leben dürfen, die einen, wenn man sie leben lässt, aussaugen, man wird bleich und schlapp, so viel saugen die aus einem heraus, und die kitzeln einen, wenn man nur schon daran denkt, im Hintern. Wie viele von den größeren oder kleineren, leicht verblassten Regenwürmern können in einem umherkriechen, herumschmarotzen?

Befreit von Läusen, Furunkeln, Mundfäule, Spulwürmern musste ich wieder in die Schule. Züge nach München fuhren nur selten, waren ständig überfüllt, und so wurde im zweiten Halbjahr 1945 eine Privatschule gegründet im Ort, in einem Wohnhaus neben der Post: ein Garten, Weihnachtskugeln auf Pfählen, Pergola-Zugang, ein Balkonnest unter dem vorgezogenen Dach des Giebels. Im Wohnzimmer wurden wir von Mann und Frau unterrichtet: Sextaner auf dem Land.

Ein frühes Erfolgserlebnis: Die Lehrerin meines Grüppchens gab Aufsätze zurück, dabei wurde meine Arbeit lobend erwähnt. Ein »Erlebnisaufsatz«, in dem ich beschrieben hatte, wie ich in einen Birnbaum kletterte, mich auf einen starken Querast setzte, wie ich eine reife Birne pflückte und verzehrte, und der Birnensaft lief mir über Kinn und Hand. Im Rückblick eine kleine Befriedigung: Aha, ich war also aufgefallen durch sinnliches Erzählen!

Fiel aber auch auf durch fortgesetztes Rempeln, Knuffen, Boxen. Und es intervenierte die resolute Lehrerin, packte die beiden »Streithammel« an den Haarschöpfen, schlug unsre Köpfe so hart gegeneinander, dass sich auf den Stirnflächen Beulen bildeten. Dieses Wort assoziiert sogleich: kühlende Messerklinge oder feuchtes, ebenfalls kühlendes Tuch, zusammengefaltet. Beulenreiche Zeit.

Prügeln im Haus war verboten, wurde geahndet, doch Rempeleien, Schlägereien setzten sich fort. Der sandhelle Vorplatz einer Schmiede (zugleich Werkstatt für landwirtschaftliche Geräte) lag gleich nebenan: unser Pausenplatz. Und wieder mal wurde eine Schlägerei notwendig. Griffe, die sich bei meinem Bruder bewährt hatten, setzte ich auch hier an: Den Gegner möglichst rasch auf den Rücken werfen und gleich die Knie auf die Schultern, doch nun der Schrei, der wie ein Stich ins Hirn fuhr: Auf einem der Steine, die auf dem Platz herumlagen, war der Oberarm geknickt. Das sah ich, entsetzensgelähmt, wie durch Zoom. Etwas wurde spitz unter dem dünnen Oberarmfleisch des Verlierers, unter der hellen Haut. Dieses Bild wirkte so direkt auf mich ein, als wäre mir der Knochen mit seiner Knickkante ins Hirn gefahren.

Und ein zweiter, noch stärker nachwirkender Schock: das Schulspeisungsdebakel. Die Schulspeise für die Privatschule musste aus der Volksschule abgeholt werden, das ging reihum. Was mitgebracht und verteilt wurde, war immer dies: Erbswurstsuppe und Biskuitsuppe, alternierend. Die Biskuitsuppe: zerriebener, süßer Zwieback in Wasser. Oder doch in Magermilch? Später erst gab es gelegentlich auch Nudelsuppe, süß, in Milch.

Da war auch ich mal wieder dran. Trug den Topf für die sechzehn Sextaner mit ausgewinkeltem Ellbogen durch Geschiebe, Gedränge, Gequirle, platzierte den Kochtopf in einer alten Einkaufstasche, zog los. Es war kalt in jener Phase des Winters 45/46, der Schnee lag knöchelhoch, ich kriegte trotz der Handschuhe (Wollfäustlinge) kalte Finger, blieb stehen, griff um, und in diesem Moment wurde eine Schutzhaut vom Hirn gerissen, ich musste, musste sehen, überdeutlich, wie einer der beiden Henkel der Tasche aus dem Fäustling rutschte, wie der Deckel vom Topf glitt, wie Milchnudelsuppe auf die Straße schwappte. Kurzer, lähmungsähnlicher Zustand: Suppe für die Privatschule, ein Teil dieser Suppe im Schnee, und auf diesen Schnee war Asche gestreut. Ich setzte die Tasche ab, zog die Handschuhe aus, sammelte Nudeln ein, schwenkte, pustete sie ab, warf sie in den Topf zurück, aber ein Teil der Milch war versickert im verdreckten Fahrschnee der Dorfstraße. Ich hatte das *Nach*sehen, und dieser Moment ist gegenwärtig geblieben: Blick, der ohnmächtig der rasch versickernden, schon versickerten Milch folgte, Blick, der die Milch gleichsam herauszusaugen, zurückzusaugen versuchte, und der Eindruck: unwiederbringlich weg, un-wie-der-bring-lich. Ja, was da geschehen ist, das kann der stärkste Wunsch nicht umkehren, nicht rückgängig machen. Sekundenkurze Zeitphase: ein unvorsichtiger Griffwechsel mit kältestumpfer Hand in ungefügem Fausthandschuh – nicht einmal ein so kurzer Moment lässt sich wiederholen, lässt sich *wieder*holen. Was ich im Schnee versickern sah, das war nicht nur Milch, das war auch Zeit, eine kurze, ganz kurze Zeitphase.

In einer Ära, in der nicht nur Restaurants Essensreste wegwerfen, in der selbst kritische (oder sonst kritische) Freunde und Bekannte Reste eines Abendessens in den Mülleimer kippen, weil es bekanntlich am nächsten Tag nicht mehr schmecken soll, ja und überhaupt, die Salmonellen – in dieser Zeit muss ich die Situation rekonstruieren, in der eine scheinbare Lappalie zu niederschmetternder Erfahrung wurde. Wir haben damals nicht direkt Hunger gelitten, aber Essen war knapp, und da hatte für uns die (von Amerikanern organisierte und geförderte) Schulspeisung sehr große Bedeutung, sie war eine Zäsur: Zeit vor der Suppe, Zeit nach der Suppe. Und eine unserer Leib-und-Magen-Speisen war nun mal die

Milchsuppe mit Bandnudeln. Ausgerechnet von dieser Lieb-
lings-Schulspeise war ein Schwall im Schneeboden versickert.
Und wie sah nun dieser Rest aus mit den teilweise dreckigen
Nudeln. Und wie glitschig das Tascheninnere!

Ich ging zur Schule zurück, bettelte um einen Rest Suppe, aber die war mittlerweile verteilt, ich durfte in den leeren
Kessel gucken, der noch ein wenig nach süßer Milch roch. Im
Eilschritt ging ich nach Hause, fragte die Mutter, ob sie etwas Milch dahätte, zum Nachfüllen. Ja, sie hatte Milch in der
Kanne, ein Rest, der wurde mit Wasser gelängt, Ascheparikel
wurden von Nudeln gestreift, ich marschierte, noch immer
mit Tränen in den Augen, zum Hause Krieger, und auch hier
wurde ich nicht beschimpft, nicht angeschrien, die robuste
Lehrerin strich mir sogar mit flacher Hand über den Kopf –
ich muss sehr unglücklich dreingeschaut haben.

Großes Ereignis in kleiner Kinderwelt, lang nachwirkende
Erfahrung: Wie auch Zeit versickern kann, sich nicht einmal in
kürzester Frist zurückholen lässt, zur Korrektur eines Miss-
griffs. Und: Wie schmerzhaft genau Erlebnisse sich einprägen
können, wenn sie als Schock erfahren werden.

ORION: Stichwort, das mich die nächsten Jahre begleiten
wird. Eine neu gegründete Zeitschrift, die erste Nummer
erschien bereits April 1946. Ich habe die Hefte des Abonnements gesammelt, die Jahrgänge blieben erhalten.

So liegt Heft 1 vor mir, die Umschlagillustration schwarzweiß, sehr holzhaltiges, entsprechend vergilbtes Papier. Zweimal wurde ein erstes Heft einer neu gegründeten Zeitschrift
besonders wichtig für mich: das erste Heft von *Orion*, das
erste Heft der Zeitschrift *Akzente*, 1954.

Wie erfuhr ich, pünktlich, von der neuen naturwissenschaft-
lichen Zeitschrift, die »für Jedermann« verständlich sein wollte? Ein Angebot der Buch- und Schreibwarenhandlung hinter
dem Kriegerdenkmal? Und nach der Probenummer gleich das
Abonnement? Oder das Abonnement gleich vom Start weg?
Was wirkte hier auslösend: eigener Entschluss? Anregung der
Mutter? Sie wird das Rechtliche geregelt haben, nicht aber die

Finanzierung. Ich bezahlte das monatlich erscheinende Periodikum mit (beinah) einem Drittel meines Taschengeldes in Höhe von 5 RM – die Einzelausgabe kostete 1,50. Der Preis hielt sich über lange Zeit, die Ausstattung wurde besser. Schon in der zweiten Ausgabe eine Kunstdruckeinlage mit Pflanzenfotos, schwarzweiß. Von der dritten Ausgabe an wurden die Titelbilder in Farbe gedruckt. Sukzessiv auch die Verbesserungen der Papierqualität. Zugleich wuchs die Zahl der Anzeigen, für die in der ersten Ausgabe sogleich geworben wurde: Werbung in einer langen Phase der Mangelwirtschaft.

Ich gehe davon aus, kann mich aber nicht daran erinnern: Schon die erste Ausgabe, ja erst recht die erste Ausgabe werde ich besonders genau und ausführlich gelesen haben. Das schuf eine Resonanz, die mich über Jahre hinweg zum Abonnenten machte, der jeden Monatsanfang die neue Ausgabe abholte, mit Bleistift diskret für »Kühn 10« zurückgelegt.

Nun werde ich den Stapel von Zeitschriften nicht mustern, in chronologischer Folge, ich hebe nur in einigen Punkten, unter einigen Stichworten hervor, was mich damals offenbar interessiert hat, auch wenn ich erst später Bleistiftmarkierungen an den Rand der wiedergelesenen Zeitschrift setzte. Ich schlage auf, ich blättre durch: Initiationen?

Gleich auf den ersten Seiten wurde die Dimension des Lichtjahres angedeutet: »Die Strecke, die ein Lichtstrahl in einem Jahr zurücklegt«. Weiter: Astronomen haben mit »neuesten, größten Fernrohren ungeheure Sternhaufen jenseits des Milchstraßenringes festgestellt«.

Vom Makrokosmos, Gigakosmos wurde ich im selben Heft, gleich auf den nächsten Seiten, hinübergeführt in den Mikrokosmos der Atome; hier wurde ein Modell vorgestellt, das, für mich, lange Halbwertzeit gewinnen sollte: Das Atom wurde mit dem Planetensystem verglichen. »Die Atomsonne bezeichnen wir als Atomkern, die Atomplaneten nennen wir Elektronen, und das ganze Mikrosonnensystem ist nichts anderes als das Atom selbst.«

So wurden mir Leseaugen eröffnet für Unsichtbares in Makrokosmos, Mikrokosmos. Auch, immer noch im selben

Heft, über die sichtbare Entwicklung vom Keim zur Frucht, Stichwort Salbeiblüte.

Mit diesem Heft von vierzig Seiten wurden Akzente gesetzt, zu denen sich Wörter und Texte erst noch entwickeln mussten. Langzeitwirkungen, gleichsam subkutan: Die Wunschvorstellung, später, Kernphysiker zu werden … Faszination für das astronomische Fernrohr, das mein Vater im Speicher der Wohnung in Bochum aufstellte … Kontakt und Kommunikation mit Botanikern, zumindest während der Arbeit an der Biographie über die Merian …

Jedoch: fange ich hier an, Kontinuitäten zu entwerfen, Sinnfiguren? Abbrechen!

SCHON das Beziehen, das Abholen des zweiten Hefts dieser Zeitschrift hätte verhindert werden können durch eine Deportation im Mai 1946.

Im Roman *Ausflüge im Fesselballon* hatte ich auszugsweise zwei Dokumente zur geplanten Zwangsaussiedelung veröffentlicht, wortgetreu, nur in den Konjunktiv übertragen – ich hole sie nun zurück in die Autobiographie, ordne sie ein in den überwiegend chronologischen Verlauf. Hier erst gewinnt das Dokument seinen Stellenwert – in der potentiellen Auswirkung für uns Brüder, in der Einschätzung unserer Mutter.

Und zum zweiten Mal kann ich die Frage aufgreifen, ob ich einen Schutzengel gehabt hätte. Ich wiederhole die Antwort: Ja, Mutter Helene, sie hat uns vor einer Entwicklung bewahrt, die möglicherweise in eine Katastrophe, zumindest in ein Desaster geführt hätte.

Kurzum, auch wir Kühns sollten Bayern wieder verlassen, und zwar so schnell wie möglich: ein weniger bekanntes Kapitel der Geschichte unseres Landes. Dies belegt durch eins der wichtigsten Dokumente in meiner kleinen Sammlung von Familiendokumenten, die ich, mit Zustimmung der Brüder, gleichsam monopolisiert habe. Ein Dokument auf dünnem, fast hauchdünnem Durchschlagspapier, die Maschinenschrift blauschwarz.

Datum: 2. Mai 1946. Betr. Rückführung. Links oben, in Fraktur, ein Stempel: »Der Bürgermeister der Gemeinde Herrsching am Ammersee«. Der Schriftgrad zeigt: Der Stempel ist schon in der Nazizeit benutzt worden. Zweieinhalb Zusatzzeilen im Original der Maschinenschrift; hier sind die Buchstaben so blass, dass ich vermute: Es gab noch keine neuen Farbbänder; damit der Ausweisungstext deutlich genug zu lesen war, verschickte man Durchschläge.

Ein Schreckenstext: Nach dem vom Obersten Alliierten Kontrollrat und den hierzu vom zuständigen Flüchtlingskommissar ergangenen Anweisungen kämen wir zur Rückführung in die englische Zone in Betracht. Der Transport werde noch diesen Monat stattfinden, doch stehe ein genauer Zeitpunkt noch nicht fest. Möbel könnten nicht mitgenommen werden, »aber alle anderen Sachen«. Wir würden hiermit verständigt und vor die Möglichkeit gestellt, die entsprechenden Vorkehrungen zu treffen. Einwendungen allgemeiner Art seien zwecklos, wenn nicht ausdrücklich vorgesehene Gründe vorlägen.

Ausnahmeregelungen wurden nur akzeptiert, wenn man transportunfähig war (laut amtsärztlicher Bescheinigung) oder chronisch krank (laut amtsärztlicher Bescheinigung) oder schwanger ab dem achten Monat (laut amtsärztlicher Bescheinigung), wenn man über 65 war oder Schwerkriegsbeschädigter der Versehrtenstufe IV, 100 % Erwerbsbeschränkter, Blinder oder Doppelamputierter.

Da keiner der genannten Gründe für uns zutraf, fragte mein Vater in einem Telegramm bei den Behörden der britischen Besatzungszone an, ob von der angeordneten »Rückführung« etwas bekannt, ob die Aufnahme gesichert sei, gegebenenfalls werde Intervention der amerikanischen Militärregierung erbeten.

Daraufhin erhielt er ein Schreiben vom Oberstadtdirektor zu Köln: Die Rückführung der Umquartierten aus Bayern in die britische Zone erfolge in Ausführung eines mit genauen Terminen und Transportrichtlinien versehenen Beschlusses des Alliierten Kontrollrats. Diese Anordnung müsse befolgt werden, der Staatskommissar für das Flüchtlingswesen im Bayerischen Staatsministerium des Inneren habe jedoch zugesagt, dass er alles tun werde, um diese Rückführung in der humansten und in einer das Eigentum der Evakuierten schützenden Weise durchzuführen.

Darunter konnten sich meine Eltern nichts vorstellen. Vor allem: Wo und wie sollten wir Unterkunft finden in einer Stadt, deren Wohnungen zu mehr als siebzig Prozent zerstört waren? Nun erwies es sich als günstig, dass Helmuth sich auf Englisch verständigen konnte, er rief in Köln an. Da klang gleich alles ganz anders als im vorgefertigten Telegramm: Gewiss, eine Entscheidung des Alliierten Kontrollrats, auf eine derartige Rückführungsaktion sei man organisatorisch jedoch in keiner Weise vorbereitet, Unterkunft könne uns mit Sicherheit nicht zur Verfügung gestellt werden in Anbetracht der völligen Zerstörung weitester Bereiche der Stadt, des fast völligen Zusammenbruchs der Versorgung mit Wasser, Strom und Gas, der völlig unzureichenden Versorgung der Restbevölkerung mit Nahrungsmitteln.

In einer der Untersuchungen zum Thema Rückführung lese ich, dass es um »Evakuierte« ging – wir waren aber schon einige Jahre vor den organisierten Evakuierungen aus der Stadt Köln nach Bayern gezogen, galten eigentlich als »Zugereiste«. Aber so feine Unterschiede interessierten die bayrische Administration nicht weiter, Preuße ist Preuße, und die müssen raus.

Auch im Kreis Starnberg: Nicht der geringste Versuch, um Verständnis zu werben für die rigide Maßnahme in einer Zeit millionenfacher Wanderungen von Flüchtlingen bei extrem reduzierter Kapazität der Transportmittel: 90 Prozent der Bahnstrecken lagen still, in der britischen Besatzungszone gab es vorerst nur achtzehn einsatzfähige Züge. In vielen Städten, wie Hamburg, herrschte Zuzugssperre. In Hessen galt die Rückführung denn auch als freiwillig, in Bayern beharrte die Verwaltung auf dem alten Kommandoton. Auf den 14. Mai datiert ist ein zweites Schreiben »Betr.: Rückführung in die *engl.* Zone«. Diesen Schriftsatz, grußlos an meinen Vater gerichtet, muss ich in voller Länge zitieren, um die rüden Umgangsformen ablesbar zu machen: Einschüchterung pur! (Unterstrichenes gebe ich *kursiv* wieder.)

»Sie werden hiermit davon verständigt, dass die am 2. ds. angekündigte Rückführung in die englische Zone am *Mittwoch, den 22. Mai 1946* vom Bahnhofe Starnberg aus mittels Reichsbahn erfolgt. An diesem Tage *morgens 7 Uhr* werden Sie und Ihre Sachen mit Lastauto nach Starnberg transportiert, wozu Sie und Ihre Angehörigen sich mit den mitzunehmenden Sachen vor dem *Rathausplatz* einzufinden haben. Spätestens am 20. Mai vormittags wollen Sie zuverlässig im Rathaus (Zimmer 3) Ihre polizeiliche und Lebensmittel-Abmeldung vornehmen; Sie erhalten dann noch für drei Tage Lebensmittelkarten behändigt. Sie haben Veranlassung, sich für mehrere Tage mit dauerhaften Lebensmitteln zu versehen. Auf dem polizeilichen Abmeldeschein haben Sie von einem *Arzt* den mit Stempel und Unterschrift bescheinigten Vermerk anbringen zu lassen: ›Frei von ansteckenden Krankheiten, transportfähig‹.

Mitgenommen kann alles werden bis auf das Mobiliar. Über dieses ist doppelt Aufschreibung zu machen, die vom Wohnungsbeauftragten Braun (Zi. 4) nach Einsichtnahme an Ort und Stelle bestätigt (!) und in einer Ausfertigung zurückgegeben wird (bis *18. Mai* mittags einzureichen). In der vom Wohnungsbeauftragten anzuordnenden Weise ist das Mobiliar zusammenzustellen. Sollen diese Sachen oder einzelne Möbelstücke dem Verkauf gegen bar unterstellt werden, ist dies dem Wohnungsbeauftragten mitzuteilen, worauf fachmännische Abschätzung und Bezahlung erfolgt.

Gesuche um Zurückstellung außer *anderen* als den bereits mitgeteilten gesetzlichen Gründen (schwerwiegender Art) sind über die Gemeinde an den Flüchtlingskommissar Starnberg zu richten und müssen dort spätestens am Samstag, den 18. Mai vormittags eingelaufen sein.

Ausdrücklich werden Sie darauf aufmerksam gemacht, dass eine *Weigerung* nach sich ziehen würde: Verlust des Wohnrechts, Entzug der Lebensmittelkarten, Rückreise auf eigene

Kosten und selbst zu besorgende Weise. Schwere Erkrankungen in der Familie müssen *ärztlich bestätigt* werden, mit dem Vermerk, dass völlige Transportunfähigkeit vorliegt.«

Kein Gruß zum Schluss, nicht mal ein formelles »Hochachtungsvoll«. Dem Schreiben (als Durchschlag auf dünnem Kopierpapier) war noch hinzugefügt: »Von Ihrem behaupteten Telegrammwechsel ist hier bis jetzt nichts bekannt geworden. Im Gegenteil kam nunmehr die vorbezeichnete Anordnung aus Starnberg.«

Die Eltern werden der Gemeinde mitgeteilt haben, die Familie Kühn werde sich nicht »rückführen« lassen. Wurde dabei betont, wir seien bereits vor Jahren zugereist, seien also keineswegs evakuiert worden? Fruchtete nicht, verfing nicht, es erschien der Wohnungsbeauftragte mit Begleiter, um die Möbel abzuschätzen, aber Helene wies die Angestellten oder Beamten gleich an der Haustür ab, mit derselben Entschiedenheit, mit der sie ein Jahr zuvor dem ersten amerikanischen Trupp den Zutritt verweigert hatte. Kurze, heftige Auseinandersetzung, und die beendete sie mit einem Satz, der starkes, nachhaltiges Echo gefunden hat im lauschenden Kind: »Wenn Sie noch einmal hier erscheinen, steh ich mit dem Messer hinter der Türe!« Und die wurde mit mächtigem Dröhnen zugeworfen. Das Echo dieses Dröhnens ist geblieben.

Die beiden trollten sich, kamen nie wieder, auch nicht mit Verstärkung durch den Dorfpolizisten. Kleiner Triumph, so etwas wie Familienstolz weckend, auch ein neues Gefühl von Familiensolidarität: Wir lassen uns so was nicht gefallen, wir wehren uns!

Dazu gehörte Mut, Entschlossenheit! Uns war mit dem Äußersten gedroht worden im Behördenjargon: Entzug der Existenzgrundlagen! Kein Wohnrecht mehr, also: Kein Dach mehr über dem Kopf in jener Zeit überwiegend zerstörter Dächer! Keine Lebensmittelkarten mehr, also: Nichts mehr zu essen, in jener Zeit äußersten Mangels. Ausschließlich vom Hamstern, vom Schwarzen Markt hätte eine fünfköpfige Familie auf Dauer nicht leben können. Bei Gesprächen mit Behördenvertretern in Herrsching, in der Kreisstadt Starnberg, in München, der vormaligen »Hauptstadt der Bewegung«, hätten sich die »ergangenen« Anordnungen mit weiteren Drohungen verbinden können. Es bleibt Ihnen nichts anderes übrig ... Sie haben keine andere Wahl ... Sie haben kein Recht, Ansprüche irgendwelcher Art geltend zu machen, pfüa Gott!

Mittwoch, 22. Mai 1946, morgens vor sieben Uhr (so exakt kann ich das nur notieren mit Seitenblicken auf das Dokument), ging Helene auf einem schmalen, von dichter und hoher Hecke beidseitig gesäumten Pfad zu einem Punkt, an dem sie, ungesehen, beobachten konnte, was sich auf der Wiese neben dem Rathaus abspielte: Es fanden sich tatsächlich Dorfbewohner mit Gepäck ein, und ein Lastwagen war auch schon da. Sie kehrte zurück, berichtete: Die Schafe lassen sich einfach abtransportieren ...!

Ich vermute, wir mussten vorerst in der Wohnung bleiben, um nicht als Geiseln aufgegriffen zu werden. Der Lastwagen fuhr ab nach Starnberg, ohne Familie Kühn auf der Ladefläche, ohne »mitzunehmende Sachen«, ohne Proviant für (mindestens!) drei Reisetage.

Es folgte eine Phase des Wartens, wie in einem belagerten Haus, doch es fuhr nicht die Polizei vor im alten DKW.

Dies also ist die Geschichte der verhinderten Deportation, in einer Version, an die ich mich gewöhnt hatte, die mir nach wiederholtem Erzählen plausibel schien. Und doch hakte ich nach, fragte den 88-jährigen Vater, was eigentlich ausschlaggebend gewesen war für die erfolgreiche Weigerung, mit Proviant und Gepäck anzutreten zum Abtransport.

Hier seine Version. Dass wir uns nicht abschieben ließen, sei Amerikanern der Airbase zu verdanken gewesen. Als er einem der Offiziere sagte, er könne nicht mehr lange bleiben, da fragte der nach den Gründen, und die konnte er nicht akzeptieren, versprach, sich in dieser Angelegenheit einzuschalten. Tatsächlich erfolgten ein paar Telefonate, mein Vater wurde gleichsam für unabkömmlich erklärt, die Familie konnte bleiben; gegen eine Forderung der Amis waren Herrsching und Starnberg machtlos.

Ganz neue Geschichte! Sehr glaubwürdig erscheint mir die Version allerdings nicht. Warum hätten sich amerikanische Offiziere für einen Mitarbeiter im PX-Laden verwenden, sich womöglich mit dem British Military Government in Verbindung setzen sollen? Bei einem offiziellen Dolmetscher, ständig in Kontakt mit Offizieren der Airbase, wäre solch eine Intervention vorstellbar, aber bei einem cashier? Für »Helmet« blieb diese Version jedoch wahr: Amerikaner in Oberpfaffenhofen-Weichselbaum wollten ihn nicht freigeben für den Abtransport in die englische Besatzungszone.

Mein Bruder Herbert hat allerdings eine völlig andere Version – die erstaunlichste! Dass Anfragen, Erkundigungen in der britischen Besatzungszone stattfanden trifft zu, dass unsere Mutter allein die Verhandlungen mit den Behördenvertretern führte, trifft ebenfalls zu, während der Öffnungszeiten des Rathauses war »Paps«, ein paar Bahnstationen weiter, in der Airbase beschäftigt. Vom Rauswurf der beiden Gemeindebeamten hat er auch mal gehört, hat hier allerdings keine direkten Erinnerungen. Was er aber mit Sicherheit weiß: In einer Auseinandersetzung mit dem Bürgermeister erklärte unsere Mutter schließlich, sie sei ja nun Jüdin, und mit Maßnahmen gegen Juden müsse endlich mal Schluss sein! »Sie wollen uns doch nicht schon wieder abtransportieren lassen!«

Nachträglich könnte der eine oder andere im Rathaus behauptet haben, die Frau Kühn hätte eigentlich immer schon auffällig jüdisch ausgesehn – allein schon die Nase, diese klassisch-jüdische Nase … Und jetzt die Erklärung, die einschlug.

Groteske Konsequenz: Unser Hausbesitzer, der offenbar Schwierigkeiten hatte beim Entnazifizierungsverfahren, er soll in der Verhandlung angeführt haben, er hätte während der Kriegsjahre einer »jüdischen Familie« Unterschlupf gewährt.

Diese Version war ein Schock für mich, ein doppelter. Zuerst und vor allem: Dass unsere Mutter (falls die Version stimmt!) vor dem Herrschinger Bürgermeister die jüdische

Herkunft ausgespielt und mit uns in den folgenden vier Jahrzehnten nie, nie, nie über jüdische Vorfahren gesprochen hat.

Aber auch ungefragt: Irgendwann zwischen 1946 und 1984 hätte sie von sich aus darüber sprechen können, sprechen sollen. Doch das schwierige, emotional unterkühlte Verhältnis wirkte sich auch hier aus. Mit Schwiegertöchtern (wie Gisela) sprach sie eher über solche Fragen – sofern die sich zum Stillschweigen verpflichteten. Als Echo aus fernen Räumen: »Nach dem Krieg hätte ich mit dem jüdischen Mädchennamen eigentlich viel mehr machen können ...«

Erst diesseits der Jahrtausendwende sehe ich, im Rückblick, was auch mir erspart blieb durch die entschiedene Intervention der Mutter, assistiert vom Vater.

In einer Fernsehsendung (Titel und Sendetermin habe ich nicht mehr präsent) eine Dokumentation über das Nachkriegselend vor allem in Dortmund: Hausen in Kellerhöhlen, Ofenrohre aus Fensteröffnungen, Trümmerstraßen, Wasser aus Pumpen, Warteschlangen vor demolierten Geschäften, kaum Kohle im Schreckenswinter 1946/47, zahlreiche Tote: verhungert, erfroren.

In diesem Doku-Film eine Sequenz, die meine Pupillen weitete, den Atem stocken ließ: Wie Familien in Bayern im Rahmen der Rückführungsaktion, in Güterwagen verladen, nach überlanger Fahrt fast ohne jede Versorgung auf ein Abstellgleis geschoben wurden, dort bis auf weiteres sich selbst überlassen blieben, wochenlang, monatelang, Frauen, alte Männer, kleine Kinder. Alles auf engstem Raum in den Waggons, keine sanitären Einrichtungen, bis auf weiteres auch keinerlei Versorgung. Nichts, nichts, gar nichts war für sie vorgesehen, Hilfsmaßnahmen mussten sich erst einspielen, doch es fehlte an allem in der zerstörten Stadt, Wohnungen standen nicht zur Verfügung, wo hätten die auch sein sollen in der Trümmerwüste. Ähnlich, ja genauso wäre es uns bei der Rückführung nach Köln ergangen, auf einem Abstellgleis irgendwo an der Peripherie.

Dies etwa auf einem (nicht zerstörten Gleis) der weitgefächerten Rangieranlage bei Köln-Kalk. Da hätte Mutter Helene aber sicherlich rasch entschieden: Hier im Güterwagen, im Viehwaggon bleiben wir nicht. Hätte sich umgeschaut, umgetan, hätte vielleicht, im Gelände, einen kleinen, ramponierten Lagerschuppen entdeckt, hätte den Ausbau organisiert.

Aber dann hätte uns drohen können: Der Bescheid, amtlich, dass wir im übermäßig zerstörten Köln nicht bleiben können: »Zuzugssperre«. Auch kein Unterkommen, Unterschlüpfen in einem Lager, beispielsweise im Messegelände Deutz – alles belegt, überbelegt. Wir Ausgewiesenen des Evakuierungszugs wären denn wohl in kleinere Städte verteilt worden: Auf private Wünsche und Berufsvorstellungen kann keine Rücksicht genommen werden, man kann sich später ja immer noch um Versetzung nach Köln bemühen, aber jetzt erst mal, mitsamt Gepäck, Weitertransport Richtung Heinsberg, beispielsweise. Dort erst gibt es Lebensmittelkarten. Dort ließe sich vielleicht eine erst mal provisorische Unterkunft finden. Dort könnte Herr Kühn eventuell Aufbauarbeit leisten in der Zweigstelle einer Lokalbank. Nach ersten Wochen oder Monaten einer »Notunterbringung« im teilweise zerstörten, gleichfalls überbelegten Heinsberg könnte er, etwa über einen anderen Mitarbeiter, eine (erst mal sehr kleine) Wohnung für uns finden. So hätte ich Einwohner jener rheinischen Kreisstadt werden können, ganz im Westen des Landes, in der Nähe der holländischen Grenze.

Meine Biographie hätte, von diesem Zeitpunkt an, nur noch Ähnlichkeiten, womöglich nur entfernte Ähnlichkeiten mit der Biographie, die in diesem Buch ihre angemessene literarische Form sucht. Eine andere Schule, andere Freunde, später eine andere Frau, noch später andere Kinder. Ich hätte wahrscheinlich auch in Heinsberg zu schreiben begonnen, aber in der Koordination, Konfiguration veränderter Faktoren hätte ich andere Texte geschrieben. Ich wäre mir vielleicht ähnlich, wäre aber nicht mit mir identisch geblieben.

Alternative zur Alternative: Wir hätten doch in Köln bleiben können, dann wohl am ehesten im Keller des stark beschädigten Hauses.

Hier muss ich noch mal ansetzen, muss noch präziser vergegenwärtigen, was uns Kühns damals erspart blieb. Zitate und Materialien finde ich im Buch von Alexander Häusser und Gordian Maugg: *Hungerwinter*. Deutschlands humanitäre Katastrophe 1946/47 (Berlin 2009).

Erst einmal zum Bahntransport, der in der »humansten Weise« durchgeführt werden sollte: Erfahrungsbericht einer Frau, die damals neun Jahre alt war.

»Jede Zone wollte die Leute wieder loswerden, die von außerhalb hinzugekommen waren, während oder nach dem Krieg. Die wollten nur ihre eigenen Landeskinder durchfüttern müssen, und alle anderen Esser mussten weg, an einem ganz bestimmten Stichtag. Dieser Stichtag galt für alle Leute – man muss sich das mal vorstellen: die reinste Völkerwanderung. Die Leute kamen aus allen Himmelsrichtungen nach Hamburg zurück – aus dem Osten, aus Bayern, wohin viele evakuiert worden waren – aber die Bayern nannten die Hamburger Frauen abfällig nur ›die Bombenweiber‹. Wir kamen mit dem Viehwaggon, und dort hat meine Mutter sogar gekocht, da wurde der Herd aufgestellt, ein Rohr führte hinaus. Wir mussten durch die französische Zone, dann kam die amerikanische und dann die englische. Für alle musste man Genehmigungen haben. Und ich weiß noch, wie meine Mutter zum Wasserholen an einem Bahnhof ausstieg und zu den großen Tanks für die Lokomotiven lief. Wir Kinder haben gezittert vor Angst, dass der Zug abfährt. Wenn der Zug weitergefahren wäre, hätten wir unsere Mutter verloren. Schließlich erreichten wir Hamburg und standen drei Wochen mit dem Waggon oder länger in Altona am Bahnhof, im wörtlichen Sinne auf dem Abstellgleis. Wir wussten ja nicht, wo wir hinsollten, hatten ja keine Wohnung mehr.«

Die beiden Autoren: »Den Wunsch nach einem gerade in diesen chaotischen Zeiten so notwendigen privaten Bereich konnten sich die allerwenigsten erfüllen. Besonders schwierig gestaltete sich das Zusammenleben in den Sammelunterkünften, in ehemaligen Bunkern, Sporthallen, auf Kegelbahnen. Mancherorts lebten hundert Menschen in einem einzigen Raum, ohne Betten und Kochgelegenheiten. Häufig bereiteten die Frauen das Essen im Freien auf Feuerstellen zu.

Vielerorts wurden primitive Holzbaracken und auch sogenannte Nissenhütten aufgestellt. Den Namen verdanken diese halbrunden Notunterkünfte aus Wellblech nicht den Läusen, die gerade in diesen Massenquartieren zur Plage wurden, sondern dem britischen General Peter Norman Nissen, der solche Unterkünfte erstmals im Ersten Weltkrieg für das Militär aufstellen ließ. Im Sommer heizten sich diese Hütten gleich einem Backofen auf, und im Winter vereisten die Außen- und die Innenwände.«

Ob in einem Sammellager, in einer Baracke oder Nissenhütte, vielleicht sogar im Winkel eines halb demolierten Hauses: Wir wären extrem ausgesetzt gewesen – dem Hunger und der Kälte.

Einige Wettermeldungen. Oktober 46: »Andauernde Kaltluftzufuhr aus Nordosten ... arktische Kaltluftmassen« ... November 46 »hat ein neuer Schwall festländischer Kaltluft aus Inner-Russland Deutschland überflutet« ... Dezember 46: »Temperaturen meist unter 10 Grad, im Gebiet Hannover-Braunschweig sogar bis auf minus 18 Grad abgesunken ... In Bodennähe erhält sich eine zähe Kaltluftschicht, die aus kälteren Gebieten laufend ergänzt wird« ... Januar 47: »Bei anhaltender Kaltluftzufuhr aus Nordosteuropa sind über der frischen Schneedecke in Aufklarungsgebieten strenge Nachtfröste zu erwarten« ... 28. Februar 47: »Gestern Nachmittag wurde zum ersten Mal seit dem 20. Januar, also nach 38 Tagen, der Nullpunkt wieder erreicht.«

»Den Kartoffelvorrat vor Frost zu schützen war das A und O! Die Kiste stand ja in der ungeheizten Diele, die zudem noch ein Loch im Fußboden hatte, durch das die Kälte zog. Jeden Abend haben wir die Kartoffeln kontrolliert, ob sie einen Hau weghaben. Und eines Abends war es dann wirklich so weit: eine Frostkartoffel! Mein Vater und ich haben die ganze

Kiste kontrolliert, jede Kartoffel in die Hand genommen, gedreht und gewendet. Meine Mutter hat geweint, konnte es gar nicht mit ansehen. Acht Pfund mussten wir aussortieren! Die haben wir am selben Abend noch ›notgeschlachtet‹, also in kochendes Wasser gerieben. Mein Vater und ich haben uns an der Suppe zur Belohnung zuerst satt gegessen!«

Ein weiterer, ein anderer Bericht: »Das Ofenrohr wurde in eine Klappe des Schornsteins eingeführt, und die Brennhexe stand in der Mitte des Zimmers in Augenhöhe auf einem Gestell. Geheizt wurde mit allem, was brennbar war. Man sammelte Zweige auf und jeden Fetzen Papier und Pappe. Damit konnten wir in diesem strengen Winter wenigstens kochen und etwas heizen. Strom und Gas wurde ja nur stundenweise geliefert. Aber wir hatten doch mal acht Grad minus im Zimmer.«

Also »Kohlenklau«! Auch in Köln, erst recht in Köln. Was die Brüder Kammeyer erlebten, hätten auch die älteren Kühn-Brüder erleben können, erst 11 und 9, dann 12 und 10, der Winter war lang, viel zu lang. »Wir hörten auf der Straße: ›Pass auf, Kohlenzüge, Ohlsdorf …‹ Und so schlossen wir uns einer Truppe an, die in Richtung Ohlsdorfer Bahnhof, einem Verschiebebahnhof, losziehen wollte. Sie sprachen von Kohlenklau, wir konnten uns darunter nicht recht was vorstellen. Auf jeden Fall hieß es, Rucksack und Eimer mitnehmen. Zusammen gingen wir etwa zehn Kilometer in Richtung Ohlsdorf. Wir dachten, wir sind vielleicht fünf, sechs Leutchen, die da aufkreuzen werden. Aber beim Dunkelwerden lungerten regelrechte Menschenmassen auf den Gleisen und Bahndämmen herum und warteten auf den Kohlenzug. Und unsere Herzen schlugen bis zum Hals, weil wir uns nicht recht vorstellen konnten, dass die Waggons erreichbar sein würden, dass das überhaupt funktionierte. Aber dann ging plötzlich alles blitzschnell. Wir sahen einen dunklen Schatten auf uns zukommen, Männer sprangen auf die Waggons, hangelten sich über die Puffer nach oben und schmissen von oben Säcke, mit Kohlen gefüllt, herunter. Einige andere versuchten, die Seitentore an den Waggons irgendwie mit Stangen aufzubrechen, denn der

Zug fuhr ziemlich langsam; man hatte die Gleise mit grüner Seife eingeschmiert, die Räder drehten durch. Und plötzlich kamen die Kohlen von oben runtergeflogen, brachen aus den Waggons raus – ich sehe das noch vor mir, wie sie in diesem Schnee lagen, alles war sofort schwarz. Und wir haben, was wir kriegen konnten, mit bloßen Händen reingepackt in unsere Säcke.«

Trotz aller Bedenken und Befürchtungen hatten sich, immerhin, an die dreißigtausend Evakuierte von Bayern in die britische Besatzungszone abtransportieren lassen, unter durchweg desolaten Bedingungen. Manche Züge erreichten nicht einmal ihren Bestimmungsort, die Familien in den Güterwagen, den »Viehwaggons«, sie wurden irgendwo abgestellt oder zum Aussteigen gezwungen. Ständig Rückmeldungen von Desastern, von Katastrophen, und so wurde November 1946 sogar in Bayern die Rückführung eingestellt – wie es hieß: auf Widerruf. Doch der erfolgte nicht mehr.

Noch einmal vergegenwärtigt: Zwei Entscheidungen der Mutter von eminent biographischer Bedeutung! Zur rechten Zeit, und dies entschieden *früher* als andere, Köln zu verlassen. Und nun: sich nicht ausweisen, nicht deportieren zu lassen. Erst Jahre *später* werden wir Herrsching verlassen, freiwillig.

Noch einmal die bedrängende Frage: Wie hätte mein Leben sich weiter entwickeln können, wäre ich Mai 46 mit der Familie nach Köln abgeschoben worden? Mit Sicherheit säße ich dann nicht hier in Brühl, mit Blick vom Arbeitstisch auf den exotischen Baum, die »Kaukasische Flügelnuss«, alles wäre auf einem anderen Gleis verlaufen, in direktem und übertragenem Sinn.

Kein Wunder, dass mich das Thema fast verfolgt: Wie sich Alternativen entwickeln können an Entscheidungspunkten. Das bestimmte die Struktur der ersten beiden Erzählbücher, einmal realisiert am Beispiel Bonaparte, das andere Mal am Beispiel eines fiktiven Zeitgenossen, der mir nah war.

In ein Bild übertragen: Ein Zug fährt nach einer Weichenstellung geradeaus. Dann setzt er zurück, die Weiche wird anders gestellt, der Zug fährt in die zweite Richtung. Auch diese
nicht realisierte, jedoch mögliche, realitätsnahe Streckenführung beschreibe ich. Erzähle das Mögliche so, als wäre es
Wirklichkeit geworden. Beides gleichrangig wiedergegeben,
das Faktische wie das Fiktive, das beinah faktisch geworden
wäre.

Wieder die Hauptstrecke, noch einmal setzt der Zug zurück, an einer weiteren Weichenstellung wird erneut abgebogen. So wird die scheinbar unausweichliche Hauptroute,
Lebensroute begleitet von alternativen Routen.

Nicht bloß ein Gedankenspiel, sondern in Form umgesetzte Erfahrung (die über die Form wiederum deutlicher wird).

Kurzgeschlossen: In einer anderen Lebenskonstellation hätte dieses Buch völlig anders geschrieben werden müssen – oder
ich wäre gar nicht auf die Idee gekommen, es zu schreiben.

SOMMER 1946: So viel Zeit wie möglich wurde im Seewasser
verbracht. Eher tauchend als schwimmend. Und da lockte vor
allem ein Lastkahn, vor Lochschwab. Vielleicht einmal beladen mit bearbeiteten Stämmen, mit Bohlen und Brettern für
Bau oder Reparatur eines Stegs. Vielleicht auch mit Fässern
voll Andechser Bier, von Wartaweil aus über den See transportiert nach Dießen. Ein Nutzschiff, für Schatzsucher kaum verlockend. Aber vielleicht war doch, gegen alle Wahrscheinlichkeit, etwas im Wrack liegengeblieben, womöglich Diebesgut.

Damals noch ohne Tauchbrillen konnten wir im Trüben
drunten zwar die Hände vor den Augen sehen, aber nicht viel
mehr. Rasches Betasten von Holz, das glitschig geworden war
mit Algenbewuchs. Auch hatten sich leicht wiegende Wassermoosbärte angesetzt. Und wir tauchten wieder auf, ohne
Fund – höchstens eine Miesmuschel, höchstens ein Metallstück, herausgerissen aus verrottendem Holz. Bei Licht besehen gleich weggeschlenkert ...

Wir begannen, nach mehreren Tauchversuchen, zu bibbern.
Bibberten am Ufer, von dem wir losgeschwommen waren.

Das Seewasser war nur im oberen Meter warm, in der Kühle drunten beim Wrack entzog das Wasser den schmalen, meist fleischarmen Körpern Wärme, und so bibberten wir. Saßen da, machten die Körperfläche klein, zogen die Oberschenkel an die Oberkörper, Knie ans Kinn, legten die Unterarme um die Unterschenkel, saßen so in der Sonne, Lippen bläulich, bibberten vor uns hin. Bibberten, bis wieder lösende Wärme entstand zwischen der Haut und dem Gewebe und den Knochen, bis die Gänsehautpusteln sich auflösten, die blauen Lippen wieder blassrot wurden.

Dieses Bibbern nicht nur nach Tauchversuchen, Bibbern auch zu Beginn der Badesaison, Bibbern nach zu langen Schwimmstrecken, Bibbern am herbstkühlen See. Ich bibbere, du bibberst, er bibbert, wir bibberten, ich bibberte. Gegen Bibbern half nur Rubbeln mit schmalem Handtuch, das nicht viel Wasser aufsog, das bald schon vergebliche Rubbeln, also fortgesetztes Bibbern. Im Bibbern waren wir nicht gesprächig, denn wer bibberte, der sprach auch bibbernd, Bibbern zwang sich der Stimme auf, Zähneklappern konnte hinzukommen, synchron mit dem Bibbern vor allem im Oberkörper. Bibbern und Zähneklappern: Begleiterscheinungen am See, der uns Wärme entzog. Also Rubbeln, dennoch Bibbern: ich bibberte, du bibbertest. Oder: du hast gebibbert, er hat gebibbert, wir haben gebibbert. Ingo wie Dieter bibberte, hat gebibbert, Ingo wie Peter bibberte, hat gebibbert, die gemeinsame, die verbindende Reaktion des Bibberns, Rubbelns, Bibberns, Bibibibibberns.

Selbstverständlich, und schon einmal konstatiert, waren die Winter der Kindheitszeit kälter, härter als heutzutage. Das scheint ein besonders gern reproduziertes Klischee zu sein, doch wie sich zeigte: Es ist meteorologisch dokumentiert. Kriegs- und Nachkriegswinter waren schneereich und sehr kalt. Besonders hart war der Winter 46/47 – ausgerechnet die Zeit, in der es nicht genug Kohle und Kartoffeln gab.

Das ist in meiner Erinnerung aber nicht weiter registriert, Hunger und Kälte haben uns offenbar kaum zugesetzt, geblieben sind vor allem Erinnerungen an die zugefrorene Herrschinger Bucht, schließlich des gesamten Ammersees. Und ich lief Schlittschuh: kilometerweit geradeaus in beinah schwebeleichter Bewegung. Zuweilen dumpfe Spaltgeräusche, helle Reißgeräusche in der Eisdecke, jäh wie ein riesiger Peitschenhieb unter dem Eis, ich aber glitt weiter, hoppelte über Eisrisse hinweg mit den vernickelten Schlittschuhen, an den Stiefeln befestigt mit Klammerbacken. Auf schneefreien Eisflächen ließen vermummte Männer Eisstöcke dahingleiten, dahinschießen. Angler hackten Löcher ins Eis, markierten sie mit einem Tannenzweig. Ein Jeep fuhr, mit mehreren Amis, schnurstracks hinüber nach Dießen, kam nie an, kehrte nie zurück.

Womit wurde eigentlich geheizt? Brennholz im Schuppen, der uns zur Verfügung stand, aber anhaltende Wärme brachten nur Kohlen oder Briketts. Hatte Helene auch Brennmaterial »organisieren« können? Wir blieben hauptsächlich wohl auf Holz angewiesen, und das konnte (illegal) gesammelt, gehackt, gesägt werden zwischen Herrsching und Erling. Reichte aber auch nicht: Eisblumen an den Fenstern. Und Wasser fror ein in einem Leitungsrohr. Doch weitere Erinnerungen an jene Eiszeit: gelöscht.

Nicht so ein Intermezzo: Airbase Weichselbaum richtete ein Weihnachtsfest aus für uns Kinder der Angestellten, da wurde es warm und hell. An langen Tischen Teller und Tassen, und die blieben nicht leer. Cookies! Cakes! Chocolate! Milch – oder sogar Kakao? Auch konnte man was mitnehmen: Chewing gums. Und wieder raus in den klirrend kalten Winter, auf Dauerschnee dahinknurschen, auf Dauereis dahinknirschen, auf den Zug warten mit rauchschleudernder Lokomotive und eiskalten Waggons.

Dem extrem kalten Winter folgte ein extrem heißer Sommer – Wörter wie »Gottesstrafe, Gottesgeißel« wurden laut. Trockenheit, entsprechend gering die Ernteerträge. Wiederholt mussten wir sehr früh aufstehen, gegen drei oder vier, um rechtzeitig, also vor anderen, die Reviere für Beeren oder Pilze zu erreichen. Habe ich schon erzählt, aber was sich wiederholte, soll sich hier auch mal, mit leichten Variationen, im Text wiederholen, da diktiert Leben die Form.

Wohin wir auch kamen, andere waren uns zuvorgekommen, Beeren waren abgeerntet, wir mussten weiterziehen, wurden fündig. Meist Brombeeren, manchmal Himbeeren. Immer aber dorniges Gestrüpp, durch das wir uns arbeiten mussten bei steigender Hitze. Noch in der Erinnerung flimmert die Luft. Rückmarsch mit schweren Beinen, schweren Köpfen, leider nicht schweren Eimern.

Immer neue Wörter tauchten auf. Sauerampfer: machte dünne Suppen schmackhaft, angenehm säuerlich. Löwenzahn und Taubnesseln wurden zu Salat. Und womit wurde der angemacht? Mit hauseigener Ölproduktion: wir mussten auch die schon erwähnten Bucheckern sammeln, denen wurde Öl entpresst, ein wenig jedenfalls. Enttäuschend klein, diese leicht konischen Bucheckern, viel Bücken für wenig Erträge. Aber die Zuteilungen von Fett auf den Lebensmittelkarten nahmen selbst in der amerikanischen Besatzungszone kontinuierlich ab, so lese ich nachträglich: Erst 300 Gramm Fett monatlich pro Kopf und Nase, danach 250, schließlich 200. Also weiter in die Wälder, gebückt dahingehn unter Buchen, die kleinen, braunen Bucheckern auflesen, vielfach zwischen offenliegendem Wurzelwerk.

War ein Kartoffelfeld abgeerntet, zogen wir in Scharen los zur Kartoffel-Nachlese; zuweilen Gerempel beim Klauben. Auf Stoppelfeldern schwärmten wir aus zur Ährenlese. Die Ähren mussten dann leergeklopft werden, die Körner plattgemacht und eingeweicht. Oder in der Kaffeemühle zerschrotet.

Und Graupen kamen auf die kargen Speisezettel – hatten irgendwas mit Gerste zu tun, mochten wir nicht. Im Brot Mais, immer mehr Mais, mochten wir auch nicht. Publizierter Kommentar eines Arztes: »Ursache für das Maisbrot war ein Übersetzungsfehler unserer ›gebildeten‹ Politiker. Sie hatten bei den Amis Korn bestellen wollen und hatten tatsächlich ›corn‹ bestellt. ›Corn‹ aber bedeutete im amerikanischen

Sprachgebrauch ›Mais‹. Für Getreide gab es die Bezeichnung ›grain‹. Das Maisbrot verursachte Verdauungsbeschwerden. Gefährliche Stoffwechselkrankheiten, besonders bei Kindern, waren die Folge.« Zum Generalausgleich, straflöffelweise verabreicht: Lebertran, so weit der kleine Vorrat reichte.

Trotz Graupen und Mais, Taubnesseln und Bucheckern im Leib: ganz neue Gefühle erwachten!

Ein Gebäudekomplex, ein Strandabschnitt: markiert von Erinnerungszeichen an allererste Verliebtheit. Ich war noch Kind, vor allem in der damals erheblich langsameren (auch biologisch langsameren) Entwicklung, und sie war erst recht noch Kind: Gerti. Es dürfte im zweiten Jahr nach dem Krieg gewesen sein, da war ich zwölf. Ja, sie war, selbst in meiner Kinderperspektive, ein richtiges Kind, viel kleiner als ich schlaksiges Jüngelchen, war vielleicht neun oder acht. Ich fragte mich wieder und wieder, trug diese Frage mit mir herum, warum dieses Mädchenkind so viel kleiner und jünger war. Ich genierte mich, ein wenig, mit diesem viel kleineren und jüngeren Mädchen zum Strand zu gehen, am Strand zu sitzen, ins Wasser zu gehen, aus dem See zu staksen auf den Kieseln, die auch den Strand bildeten. Jeder dort musste sehen, dass Gerti, Gertilein kleiner und jünger war. Später, viel später wird das eher ein Grund sein zum Stolz: Eine Frau an der Seite, die ein, zwei, zweieinhalb Jahrzehnte jünger ist – damals aber beschämte mich der Altersunterschied. Doch nur zwischendurch.

Denn stärker als die Bedenken war der Impuls: Ich wollte sie sehen, wollte in ihrer Nähe sein, wollte mit ihr beisammen sein. Ihr Gesicht: zur Beschreibung fällt mir die Floskel »fein gezeichnet« ein. Helle Augen, schmale Nase, schmale Lippen, der Kopf eher charakteristisch eckig als sanftrund, auf schöne, auf schönste Weise »eckig«, und doch mit feinen Zügen. Ich schöne nicht auf, idealisiere nicht, kann mein Erinnerungsbild vergleichen mit einem Foto, das Helene gemacht hat: Gerti vor einem riesigen Strandball mit einer Markenaufschrift: Sonnenschutzmittel der Vorkriegszeit.

Viele Fotos hat Helene datiert mit weißen, kalligraphischen Zahlen und begleitenden Buchstaben auf dunklem, bräunlichem Karton oder mit Füllfederhalter auf weißem Karton, und so könnte meine Altersangabe präzisiert werden. Aber ich weiß im Voraus, dass mir die genaue Zahl nicht sonderlich wichtig sein wird. Der zeitliche Spielraum ist ohnehin begrenzt: zwischen Kriegsende und Rückkehr ins Rheinland. An der Erinnerungsgegenwart der Gefühle, der zum ersten Mal aufgebrochenen Gefühle wird das damalige Alter nichts ändern, vor allem ist entscheidend: Dass mir die oft nur recht kurzen Begegnungen so viel bedeuteten, dass jene Regungen und Gefühle im Erwachsenen bewahrt, behütet bleiben, wie selbstverständlich.

Das Gebäude, das mit der Erinnerung an Gerti markiert ist: Die früheren Keramischen Werkstätten, ein Komplex von Wohnungen und Werkräumen. Hier wurde, nach der Wende vom 19. zum 20. Jahrhundert, erst einmal kunstvolle Keramik hergestellt, schließlich aber waren es nur noch Porzellan-Isolatoren für Stromleitungen. Ein Bau, der von einem Mann mit Kunstsinn errichtet worden war, vielgestaltig gestaffelt, heute sicherlich unter Denkmalschutz.

In einer der Wohnungen dieses Baukomplexes wohnte die Familie, deren Namen ich vergessen habe, wohnte Gerti, deren Name präsent geblieben ist. Wenn ich, Jahrzehnte später, vom Kurpark her über das kleine Brückchen zu diesem Gebäude gehe und durch die Passage, die torweite Durchfahrt, so sind da gleich wieder Erinnerungen an das Kind meines Namens, das durch dieselbe Passage ging und sich nur wünschte, dass Gerti aus der Wohnung, der ebenerdigen, heraustrat und neben mir her zum Strand ging. Offenbar wartete sie darauf, dass ich herankam, denn zuweilen huschte sie tatsächlich heraus, und wir gingen zum Kiesstrand. Die Familien, nein: die Mütter kannten sich, somit war alles akzeptiert, wir waren ja Kinder. In Kind Dieter aber war, Jahre vorweggenommen, der Schmerz und das Glück. Der Schmerz, wenn sie nicht zu sehen war, auch nicht am Strand, das Glück, wenn sie herankam, ›zufällig‹ abgepasst, und neben mir herging. Oder wenn ich sie am Strand traf, ganz in der Nähe: Nach der Passage gleich links, an einem Zaun entlang, einem Lattenzaun mit einem Haus dahinter, das in Jahrzehnten danach nicht wesentlich verändert wurde, dafür war ich dankbar bei späteren Aufenthalten in Herrsching, dankbar im Namen der Kindheitsliebe. An der Eckkante des Grundstücks bogen wir nach rechts ab, und dort war Strand genug zwischen dem See und den mächtigen Weiden, die damals den Pfad begleiteten, Richtung Fischbach, Seglerheim, Lochschwab – aber das war schon nicht mehr unsere Welt. Fünfzig Meter Kieselstrand: der Abschnitt, in dem wir uns begegneten, in dem sich auch die Mütter trafen, und sie ließen Kind Gerti und Kind Dieter spielen, murmeln, schwimmen – und Gerti schwamm eifrig. Ja, da war sichtlich Eifer, neben mir mitzuhalten, eine Strecke hinaus, aber noch in Rufnähe der Mütter, die aber auch schon mal weggingen und uns zurückließen: Ihr kommt ja bald. Da war denn so etwas wie eine kleine Insel von Licht und Wärme, für eine weitere Frist.

Nie mehr habe ich dieses Kind getroffen, als Frau, nie mehr werde ich erfahren, ob meine ›Gefühle erwidert‹ wurden, aber solche Fragen stellten sich damals nicht, da war das Glücksgefühl, ein wenn auch zaghaftes, noch kleines Glücksgefühl, wenn wir uns sahen, und da war Enttäuschung, zumindest eine kleine Enttäuschung, wenn wir uns nicht trafen in diesem, in jenem Sommer, der sehr hell und warm war, also ging man so oft wie möglich schwimmen. Erinnerungsbilder, die gleichsam imprägniert sind mit Licht. In diesem Licht der kleine, braune, ebenfalls schmale Körper des Kindes. Das saß oft vorgebeugt neben mir, Oberkörper an den Oberschenkeln, Kopf an den hochgezogenen Knien, Hände an den Füßen, so nahm die kleine Erscheinung noch weniger Raum ein. Aber ihr, ja, feingezeichnetes Gesicht mir zugewendet und in den Augen ein ständiger Abglanz des sehr hellen Sommerlichts.

Und manchmal, beim Spielen, Balgen berührten sich Armhaut, Beinhaut. Da war Haut plötzlich etwas, das nicht nur mit Wasser und Seife bearbeitet werden musste, Haut wollte andere Haut, und sei es nur bei kurzem Gerangel am Strand unter irgendeinem Vorwand: Gib mir das … nein, kriegst du nicht … doch, will das haben … nein, kriegst das nicht … Kein Küsschen, das doch nicht, und die meisten dieser Hautberührungen eher zufällig, dennoch erwünscht. Da war es ganz bedeutungslos, dass sie, auch für mich, noch ein richtiges Kind war, nicht mal zehn Jahre alt – es war etwas zwischen uns übergesprungen. Und bedeutungslos der Altersunterschied, Größenunterschied.

Erst, wenn ich wieder allein war, wiederholte sich die Frage, warum sie, leiderleider, kleiner und jünger war, eigentlich ein richtiges Kind, mit dem man in meinem Alter normalerweise nicht spielte, höchstens, wenn es ein Bruder war, aber sonst spielte ich nur mit Buben in meinem Alter, und, noch lieber, wenn sie etwas älter waren. Nun aber, wieso eigentlich, war ein Kind, noch dazu ein Mädchen, ja noch dazu ein kleineres, deutlich jüngeres Mädchen wichtig geworden, nun wollte ich unbedingt dieses kleine Mädchen sehen, wieder sehen, wiedersehen – wieso eigentlich? Ja, da ist noch ein Reflex der Gefühle, die sich dagegen wehrten: Sah doch komisch aus, für andere Kinder, wenn ich mit einem so kleinen Mädchen beisammen war, möglichst oft, im Sommer, auf den sich die Erinnerungen begrenzen. Aber ich wollte, musste sie sehen. Der ganze Gebäudekomplex, ockergelb und chamoisweiß gestrichen, mit ungewöhnlichen Dachformen, dieses ganze Ensemble schien mich schon anzulocken, wenn ich vom Bahnhofsvorplatz durch die enge, düstere Bahnunterführung ging und am Kienbach entlang durch den Kurpark und dort nach rechts über das Brückchen: Das Gebäude, das wichtiger war als alle anderen Gebäude in Herrsching, zu jener Zeit, denn sie, Gerti, wohnte dort, eine kleine, ziemlich kleine Person von großer Bedeutung. Der Erwachsene ging öfter noch diesen Weg: durch den Kurpark, über das Brückchen, durch die Passage der »Keramischen«, dann links einbiegen, am Lattenzaun entlang und gleich wieder nach rechts zu »unserem Strand«, zu unserem Abschnitt Kieselstrand, der sichelförmig fortgesetzt wurde, und immer, fast immer begleitete den Erwachsenen die Erinnerung, die sich mit diesem kleinen Areal verband.

Da muss etwas gewesen sein, in Gertis hellen Augen, das mir geantwortet hat, vielleicht war da schon ein erster, allererster Ansatz des Flimmerns, das ich manchmal in Frauenaugen gesehen habe, dieses Irisieren in der Nähe der Pupillen. Fast alle Regungen kann man simulieren, nur nicht diesen Glanz, diesen Schimmer in den Augen, der kann nur von selbst entstehen, entzieht sich jeder Einwirkung, entfaltet sich nur in Momenten glücklicher Zuwendung.

Etwas von diesem Schimmer, diesem Glanz habe ich bei ihr gesehen – glaube ich bei ihr gesehen zu haben, aber vielleicht ist hier schon ein Punkt, an dem ich beginne zu ergänzen, auszuschmücken, um der Kinderliebe noch mehr Dimension zu geben, mehr Gefühlsrang. Dafür aber kann ich mich verbürgen, hier sind die Gefühlserinnerungen authentisch: Die unruhige Erwartung, wenn ich auf »die Keramische« zuging, ob ich sie wohl zu sehen bekomme, und das Glück, aufflackernd, wenn sie heraushuschte aus der Wohnungstür im Erdgeschoss, ja und Glück, kleines Glück, wenn wir nebeneinander zum Kieselstrand gingen. Und die Enttäuschung, ja beinah der Schmerz, wenn sie ausblieb, vielleicht, weil sie Schulaufgaben machen musste oder irgendwo in einer Warteschlange stand, mit der Milchkanne in der Hand. Diese Regungen zwischen Glück und kleinem Unglück signalisieren mir, dass es damals einen Anflug, einen Anhauch, einen ersten Anhauch von Liebe gab in diesem ungleichen, auffallend ungleichen Kinderpaar. Eigentlich dürfte das alles nicht möglich sein, werde ich mir damals gesagt haben, glücklicherweise aber war es doch möglich, war wirklich möglich.

DIE EINZIGEN TRÄUME aus Kindheit, erster Jugend, die ich behalten habe: Sequenzen der Bedrohung, der Gefahr. Der Traum im Kölner Haus: Das Klo, die Bilderbuchhexen, die Krallenhand in der Kloschüssel …

Der andere Traum, im zweiten Buch schon mal skizziert, gleichsam von mir abgerückt im Referenzrahmen der Fiktion, dieser Traum wird nun wieder zu mir herangeholt, von mir wieder angeeignet: Staubhell der Weg der Fischergasse, ich

sitze im kleinen Seitengarten des Café Flora, trinke Durst-
löschendes, ein Lastwagen fährt vor, ein Militärlastwagen,
auf der Ladefläche stehen, sitzen mehrere Personen, die hin-
tere Klappe wird herabgeschwenkt, man holt mich weg vom
Tisch, zwei Männer zerren mich zum Lastwagen, heben mich
hoch zur Ladefläche, und nun sehe ich, dass alle Verhafteten an durchlaufender Kette gefesselt sind, Hände auf den
Rücken; es ist noch ein Kettenstück frei, ich werde, obwohl
Kind, ebenfalls an den Handgelenken gefesselt und an der
langen Kette festgemacht. Die Heckklappe wird hochgeschla-
gen, die Männer in Uniform steigen vorne ein, der Lastwagen
fährt am Haus vorbei, in dem wir wohnen, und ich weiß, im
Traum, auf der Ladefläche: Was jetzt geschieht, das wird lange
dauern.

Später kamen nur wenige Träume hinzu, die sich so nachhaltig eingeprägt haben – nicht einmal in all den Jahrzehnten
danach verwischte sich dieses Bild. Der Traum von der Verhaftung als Albtraum – aber mit Sichtverbindung zur Realität,
die ich direkt und indirekt wahrgenommen hatte.

Wichtig wäre, diesen Traum zeitlich einzuordnen. Habe ich
das in der Schlussphase des Krieges geträumt, womöglich, als
ich vom Marsch der Häftlinge durch das Dorf hörte, oder in
den ersten Nachkriegsjahren? Café Flora – war es auch während der Kriegsjahre geöffnet? Aber wie wäre ich damals auf
die Idee gekommen, und sei es im Traum, mich an einen der
kleinen Tische zu setzen und eine »Brause« zu trinken? So
ein Traumbild konnte eher nach dem Krieg stimuliert werden.
Da wurde das Café allerdings Treffpunkt von Schwarzhänd-
lern, es galt als verrufen, niemals hätte ich mich in den kleinen,
angrenzenden Garten gesetzt, auch nicht »in Begleitung Erwachsener«. Erinnerung an eine Verhaftung dort, der Mann
musste von zwei Polizisten zum DKW geführt, geschoben,
geschubst, gezerrt, gestoßen und in den PKW reingedrückt,
auf dem Rücksitz niedergepresst werden, und weil er sich
immer noch wehrte, setzte sich ihm einer der Polizisten auf
Bauch oder Rücken. Hat sich die Verhaftung umgesetzt in den
Traum meiner Verhaftung, ebenfalls bei diesem Café? Aber

woher, wieso das Bild vom Lastwagen mit der Ladefläche voller Gefangener an durchlaufender Kette?

NACH DER PRIVATSCHULE im Dorf das Gymnasium in München-Pasing: ich wurde Fahrschüler. Dies in der Zeit der Dampfrösser von Lokomotiven, die heute, aufpoliert, vor Nostalgiezügen einherqualmen, einherpfeifen. Damals zogen sie Waggons, die sich in jedem Abteil nach außen öffnen ließen, und so lief ein abgestuftes Trittbrett jeweils den gesamten Waggon entlang, dort konnten sich Reisende aufreihen, wenn die Abteile wieder mal überfüllt waren. Das war im Sommer, bei trockner Witterung, eine Lust, das war im Winter eine Last. Aber warm wurde es auch in den Wagen nicht, die Fenster waren vielfach durch Sperrholzplatten oder Pappflächen ersetzt, und morgens musste ich schon mal hereingestäubten Schnee von der lackierten Holzbank wischen. Fahrschüler Kühn, in verkleinerter Landseruniform, mit einer Gebirgsjägerkappe (von der allerdings das Edelweiß-Emblem entfernt war, leider). Wenn es sehr kalt war, trug ich einen US-Soldatenmantel, der schwarz eingefärbt war für DPs, Displaced Persons: meist Polen oder Russen, die von deutschen Uniformierten verschleppt worden waren und nun durch Europa streiften. Über Landserjacke und DP-Mantel trug ich den Schulranzen, der ließ mir beide Hände frei, so konnte ich mich besser reindrängen in die Wagen, vor allem bei der Rückfahrt. Auf Kinder wurde da keine Rücksicht genommen, Männer schoben, stießen uns beiseite, rempelten sich selbst. »Storno, zerquetscht mir mein Zwiebeln nicht!« Im Gedrängel wurde mir schon mal der Po massiert, ich konnte mich dem Zugriff nicht entziehen, war umgeben von Körpern und Koffern, Körpern und Rucksäcken, Körpern und Taschen – eine Zeit, in der unablässig transportiert wurde.

Erste Station nach der Abfahrt vom Kopfbahnhof Herrsching: Seefeld-Hechendorf. Das Schleppen von Futterrüben im Rucksack, der Sturz, vornüber, in den Schnee zwischen Schienen … Das sogenannte Schloss von Hechendorf mit der Legende vom Grafen und den Mäusen, den Ratten … Die Straße von Hechendorf nach Herrsching, drüben auf der anderen Seite des Pilsensees, der früher, früher, einmal eine Ausbuchtung des Ammersees gewesen war ... Ein wenig oberhalb der Landstraße, im Wald, das »Lärchenhäusl«, in dem eine sehr steile Stiege (ein Strick als Geländer!) hinaufführte ins Dachgeschoss, in dem mein Freund seine Kammer hatte, ein erster Peter. Der sank ab ins Vergessen, als wir Herrsching verließen, der tauchte Jahrzehnte später wieder auf bei einer meiner Lesungen in München: inzwischen Rechtsanwalt, in modischem Janker. Freundliche Fortsetzung des Gesprächs, das abgerissen war, wechselseitige Auskünfte zum jeweiligen Familienstatus.

Nächste Station: Steinebach. Dorf am kleinen Wörthsee. Aber wichtiger war ein Mädchen, das an diesem Bahnhof einstieg, ausstieg, dem ich entgegenschaute, dem ich so lang wie möglich nachschaute, mit dem ich nie sprach, also trug es alle (noch undeutlichen) Wünsche mit sich fort. Traumfigur in doppelter Hinsicht.

Und weiter fuhr der Zug, mit rußschleudernder Lok. Station Wesseling. Dorf mit Weiher. Ein Haus an diesem Weiher, ein Wohnzimmer in diesem Haus, niedrig, holzgetäfelt – was mich in dieses Zimmer führte, mehr als einmal, ich weiß es nicht mehr. Könnte sein, dass mir Bücher gezeigt wurden, Kunstbände? Nur der mögliche Ansatz zu einer Erinnerung.

Nächste Station: Weichselbaum, Oberpfaffenhofen. Im Krieg starteten von hier aus, zu Probeflügen, Neuentwicklungen der Dornierwerke. Ein Flugzeug, zum Beispiel, hatte einen Propeller vorn, wo er hingehört, und einen Propeller hinten am Rumpf, wo er eigentlich nichts zu suchen hatte. Und einmal toste (in Weichselbaum gestartet?) der erste Düsenjäger über das Haus hinweg, toste heran ohne Propeller, unvergleichlich schnell, und dieses Wunderflugzeug schoss aus einem der heranfliegenden Bomberpulks eine Fliegende Festung heraus, schwenkte ab, erschien nie wieder. Nach dem Krieg die Airbase, in der mein Vater arbeitete, zuweilen brachte er lockend fremdartige Nahrungs- und Genussmittel nach Hause. An dieser Haltestation ohne Bahnhofsgebäude die erste Ohrfeige, an die ich mich erinnere: Durfte meinen Vater besuchen, er wartete auf mich, ich sprang ab vom fahrenden Zug, fiel ihm, hart an der Bahnsteigkante, vor die Füße, rappelte mich auf, kriegte eine Watsche mit Seltenheitswert.

München-Pasing, nach einer Stunde Fahrt. Kontraste, Kontraste! Am Bahnhof wurde Eis angeboten, rosarote Ballen auf Papier, eine Reichsmark pro Stück, das lief schnell auseinander. Plakate, auf denen Täter gesucht wurden, Raubmord, Sexualmord; Plakate, auf denen vor Geschlechtskrankheiten gewarnt wurde, auf schwarzem Grund lief es mehrfarbig aus. Gruppen, die sich im Schwarzmarktareal zusammenschließen und wieder auflösen, etwas unter einem Mantel getragen, etwas in einer Mappe gezeigt, plötzlich Bewegung, der Sprungfederrahmen eines Betts hochgeschwungen, niedersausend, Unterarme über einen Kopf gehoben. Weiter, schulwärts. »Friedenseis« wird im Flur eines Hauses angeboten hinter halboffener Tür.

München-Pasing: Bahnstation, an der ich später dutzendfach mit der S-Bahn, mit dem Schnellzug, mit dem Intercity anhielt, kleiner Eisenbahnknotenpunkt. Und jeweils der Blick hinüber zur Kirche, die Pasing markiert, Kirche, die für mich keinen Namen hat, wohl nie einen Namen hatte: ganz in ihrer Nähe meine Schule, damals. Alter Plan, schließlich realisiert: Während der Phase der Münchner Poetik-Vorlesungen aus Entwürfen zu diesem Buch fahre ich (1994) mit der S-Bahn nach Pasing. Koordinaten sollen bestimmt oder: nachjustiert werden.

Langer, breiter Tunnelgang des erweiterten, etwas verschobenen Bahnhofs, doch der Gang endet, nach sanfter Rampe, am alten Bahnhofsgebäude. Ich verharre zwischen gusseisernen Säulen, ehemals mit weißer Ölfarbe gestrichen. In den Winkeln zwischen Säulen und Dachträgern gusseiserne Schmuckelemente mit normierten Engelchen. Bretterdecke; blasentreibende, abblätternde Ölfarbe, chamois. Noch der Farbbelag der vierziger Jahre? Zwischen diesen schlanken Gusseisensäulen ging ich damals hindurch, unter diesen Bretterflächen. Assoziationen an einen Bau im Seebad der Jahrhundertwende, an eine der Seebrücken mit Aufbauten.

Es ist also im systematisch neu angelegten Bahnhofsareal ein kleiner Ausschnitt damaligen Ambientes geblieben: dieselben Säulen, dieselben Engel, dieselben Bretter. Der Backsteinbau des Bahnhofsgebäudes: fast völlig von einem Baugerüst mit Planen verdeckt. Die stark eingedunkelten Backsteinflächen werden aufgehellt?

Bestimmung der Koordinaten des Schulbaus: Ich will erkunden, ob ich noch von selbst, ohne Nachfrage, die Schule finde, gehe vom Bahnhofsvorplatz ein Stück nach links, dann die erste Straße geradeaus. Bäckerstraße – hieß sie damals schon so? Auf Straßennamen habe ich wohl kaum geachtet. Der Pasinger Viktualienmarkt, kleines Geviert, geschlossenes Bauensemble: damals Schwarzmarkt? Eine Nebenbühne des Schwarzmarkts, der auf dem Bahnhofsplatz seine Hauptbühne hatte?

Schwenk nach links, in eine Seitenstraße, denn: zwischen Bäumen, Baumkronen hindurch erkenne ich die Silhouette der Schule wieder. Gehe auf den Schulhof: eine Pause ist zu Ende, Kinder rennen ins Gebäude zurück, überlassen den Schulhof mir. Ja, der Eingang im Winkel zwischen Hauptgebäude und kurzem Seitenflügel, der die Turnhalle »anbindet«. Rechts von der Turnhalle das Rosettenfenster des Seitenschiffs der Kirche, die kaum älter sein dürfte als das 20. Jahrhundert. Der Kirchturm, das Schulgebäude überragend. Glockenschläge: markierten sie damals Schulzeit?

Der Eingang, das Treppenhaus, von Geschrei erfüllt. Eine Klasse wird in Zweierreihen formiert, die Treppe heruntergeführt. Geschrei hallend verstärkt; grüne Kacheln an den Wänden, fast bis zur Schulterhöhe: Lärmverstärker. Grüne Kacheln auch damals. Vielleicht wurden sie mittlerweile durch Kacheln von hellerem Grün und von belebterer Oberfläche ersetzt, die dominierende Farbe blieb: Grün. Aber das Treppenhaus scheint aufgehellt: war damals, zum Teil, noch Pappe in den Fenstern?

Ich gehe nur hinauf zum ersten Stock, blicke mich kurz um, gehe wieder hinunter, wende mich zum Haupteingang. Mit weißen Steckbuchstaben auf schwarzer Fläche: Grundschule Schererplatz 3. Und Namen von Amtsträgern, Amtsträgerinnen, von Lehrern, Lehrerinnen; Zimmernummern. Ich registriere nur dieses Buchstaben-Ensemble, lese keine Einzelheiten ab. Trete vor das Gebäude. Halbreliefs mit Anschauungsmaterial an Säulen: Käfer ... Spinnen ... Und darüber, fünffach, das immer gleiche Halbrelief: ein Junge auf einer Schulbank, frontal gesehen, ein Junge, der eine Schulbank »drückt«. Ja, Sitz (Bank) und leicht geschrägte Schreibfläche, dies war damals, knarrend, eine Bau-Einheit, und die Holzfläche von Messerspitzen, Füllfederspitzen, Bleistiftspitzen, dann Kugelschreibern markiert, aber nicht mehr von Filzstiften – zur Zeit ihrer Einführung waren Schulbänke längst ersetzt von Tischen mit Stühlen.

Koordinaten bestimmt, ich habe eine genaue Anschrift, weiß, dass das Gymnasium nun Grundschule ist. Der Begriff »Koordinaten« erscheint mir gleich wieder übertrieben: Hier ist eigentlich nur ein Bau-Ensemble (anscheinend kaum verändert) in einer weitflächigen Vorstadt, die ich sonst nicht kenne. Sie bestand damals für mich nur aus der Straße zwischen Bahnhofsvorplatz und Schule. Also mache ich keine Erkundungsgänge in Pasing, gehe durch die Bäckerstraße zurück zum Bahnhof. Ortstermin beendet. Gusseisensäulchen, Gusseisenengelchen warten auf mich.

Erscheinungen tauchen wieder auf, die damals Anekdotenreife entwickelten. Ein Mathematiklehrer mit ausladendem Hintern, ruckhaft zog er ein Bein nach: »Heckmotor«.

Ein Biologielehrer: lange, hagere, vorgebeugte Erscheinung, spitz zulaufender Kinnbart, er betrat den Klassenraum mit dem Hut in der Hand, legte ihn ab auf dem Lehrerkatheder; wenn er mal wieder geärgert wurde, rief er: Ich setze meinen Hut auf und gehe. Kein Wunder, dass er Unruhe auslöste, denn immer wieder flocht er spiritistische Geschichten ein mit dem Grundmuster: Seele löst sich aus faulem oder müdem Körper, schaut draußen irgendwas nach, kehrt mit dem Ergebnis in den Körper zurück, dabei kann es allerdings schon mal Schwierigkeiten geben: »Luzibart«.

Ein kleiner, älterer Mann, der nur gebrochen Deutsch sprach, ein Ungar, kam in grauem Anzug und mit Rucksack in das Klassenzimmer, sah seine Mission darin, dieser Horde von verwilderten Nachkriegskindern Zucht und Ordnung beizubringen, einzubläuen. Er strafte gern mit dem Lineal: Wir mussten die Hände flach halten, mit den Handrücken nach oben oder nach unten, je nach Anweisung, und mit der scharfen Linealkante oder der gnädigen Breitseite schlug er zu, abzählend.

Ich war eins seiner liebsten Opfer, wenigstens sehe ich Abläufe auf mich konzentriert. Das Lehrerpult auf gemauertem Sockel, wie damals üblich, etwa die Höhe einer Treppenstufe; die Sockelkante stabilisiert von einem durchlaufenden Winkeleisen, scharfkantig. Mit dem Rücken zur Klasse musste ich mich so hinknien, dass dieses Winkeleisen genau unterhalb der Kniescheiben einschnitt, das wurde überprüft. Und ich musste mich lotrecht halten, vorbildlich gestreckt der Oberkörper, durfte mich nicht bewegen, durfte nicht zittern. Ich starrte auf einen Fixpunkt an der Wand, das Winkeleisen schnitt immer schmerzhafter ein, das Gewicht meines Oberkörpers auf den wenigen Millimetern zwischen Kniescheiben und Gelenk; wenn ich nach längerer Zeit ins Zittern kam, wurde ich angebrüllt, kriegte das Lineal im Rücken zu spüren. Hinter mir die Klasse, und keine Vorstellung, heute erst recht nicht mehr, wie man sich da verhielt. Fand man das knorke, fand man das deppert? Wahrscheinlich zog ich erst wieder Aufmerksamkeit auf mich, wenn ich am Ende einer Schulstunde ins Zittern geriet und angebrüllt wurde, wenn mit dem Lineal meine Körperhaltung erneut korrigiert wurde. Ich habe in Herrsching nichts von diesen Prozeduren erzählt, es war mir peinlich, schien mir beschämend. Aber ich bin sicher: Helene wäre vehement aktiv geworden, der Mann hätte allerlei zu hören gekriegt, Unrecht konnte sie nicht dulden. Aber ich schwieg, schwieg in einer Zeit, in der so viel verschwiegen wurde.

Auch Gewalt in unserer Klasse, die keine Gemeinschaft war. Fiel eine Stunde aus, und das geschah recht häufig, übernahm das Duo T&E (beide etwas älter) die Aufsicht; sie zogen selbstgefertigte Gummiknüppel aus Lederhose und Tuchhose (mit Metallgranulat gefüllte Gartenschlauchsegmente), patrouillierten zwischen den Bankreihen, bestraften jeden Mucks mit einem Fausthieb, fürs Erste, schlugen im Wiederholungsfall mit dem gehärteten Gartenschlauch auf Oberarm oder Schulter.

Manchmal waren die Burschen auch leutselig, und E. entblößte den Bizeps, ließ sein Klappmesser mit blanker Spitze auf den Oberarm fallen, und mit jäher Muskelkontraktion wurde die aufsetzende Klinge hochgeschnellt. Da staunten wir schmalen Kerlchen mit den dünnen Oberarmen. Und nur einen wie T. konnte ich fragen, was eigentlich ein Sexualmord ist. »Das ist ein Mord mit was dabei«, sagte er und kickte mit der Hüfte.

Erst in dieser, in jener Zeit habe ich gesehen, wie ein Körper verstümmelt, ja zerstückelt werden kann. Stand auf dem Bahnsteig von München-Pasing, auf unseren Zug wartend, auf der Gegenseite des Bahnsteigs fuhr ein D-Zug durch, ich sah etwas Sackförmiges hochgewirbelt, um sich selbst gedreht, sah es runterfallen, unterhalb der Bahnsteigkante, bei schrillem Bremsgeräusch. Ich registrierte: Zwei amerikanische Soldaten steckten sich Zigaretten an, saugten intensiv, sahen bleich aus. Wieso waren diese Männer in Uniform deutlicher schockiert als wir? Ich ging hinüber zur raschen Ansammlung von Personen, sah das Sackförmige zwischen Bahnsteigkante, Gleis und Rädern des stillstehenden Schnellzugs, das Sackförmige schien aufgerissen oder es war etwas abgerissen, ich konnte es nicht genauer sehen, wurde weggeschubst von Erwachsenen, die sich vordrängten. Ich ging am Zug entlang, nach vorn; an der Lokomotive glaubte ich weißrot Schaumiges zu sehen: Hirn?

Rückfahrt nach Herrsching. Zuweilen martialischer Empfang: US-Soldaten, Sturmgewehre mit den Kolben auf Hüftknochen aufgesetzt in lässig imponierender Gebärde, sie umstellten den Zug; sogar in offenen Güterwagen auf dem Parallelgleis standen zwei GIs. Razzia. Go on, nicht gaffen, nicht stehnbleiben, go on, kids! Sie schauen sich nur die Ausweise von Erwachsenen an, tasten nur deren Jacken und Hosen ab, lassen sich nur von ihnen den Inhalt von Taschen zeigen, führen Erwachsene mit Körben, Rucksäcken, Koffern in die Gepäckabfertigung. Hamstern und Schwarzhandel: streng verboten. Vor dem Bahnhof ein Jeep mit schwerem MG, montiert auf einem Metallpfosten hinter den Vordersitzen. Und ich sah ganz klar: Wer sich im Bahnhof über das Holzgitter schwingt, eine Tasche zwischen Oberarm und Oberkörper gepresst, der kann hier draußen in schweres Feuer laufen, der lässt die Tasche los, wird von Einschlägen gebeutelt, knickt in die Knie, krümmt sich vornüber, Blut aus der Bauchhöhle, Blut frisch und rot aus den Lungen, Blut schaumig vor dem Maul, ein Schwapp mit jedem Herzschlag, eine wachsende Blutlache.

Mit einem Gerry, mit einem Larry, mit einem Jack, einem Joe, mit einem Dick oder Bill auf und ab gehen vor dem Hotel: Off limits. Gerry oder Larry, Jack oder Joe zeichnet mit einem Stöckchen Gebirgszacken in den Sand, Rocky Mountains, natürlich, verstehe, ritzt ein Häuschen dazu, eine Hütte, Jagdhütte, klar, kapiert, er beugt den Oberkörper vor, tritt leise auf, Gewehr im Anschlag, auch klar: anpirschen, Jagd, das Wort grizzly kennen wir längst, Mister! Mit einem Gerry, einem Larry im Lastwagen fahren, Dreiachser, Truck, hoch oben sitzen und hoffen, dass man gesehen wird. Im Schilfgelände vom Truck heruntersteigen, ein Bootssteg, Gerrylarry zieht aus der aufgenähten, ausgebeulten Tasche einen gänseeigroßen, olivgrünen, gerippten Gegenstand, der Zeigefinger zeigt auf den Boden: hinlegen, Deckung! Schon reißt er was mit den Zähnen ab, aha, Eierhandgranate, wirft das Ding raus, gleich rumst es im Wasser. Auf den Bootssteg laufen: da treiben sie hoch, Bäuche silbern, fünf, sechs Stück, treiben später wieder hoch beim Wort »Handgranate«, sechs, sieben Stück, treiben erst recht hoch beim Wort »Eierhandgranate«, Bäuche silbern, acht, neun Stück, treiben manchmal schon hoch beim Wort »Bauch« oder »See«, Bäuche silbern: ein Wort genügt.

ZU DEN VORARBEITEN, Begleitarbeiten an diesem Projekt gehört: Aufräumen, Sichten, Sortieren von Materialien in Papierform, in Jahrzehnten angesammelt, aufgehäuft, zuerst im Wandschrank des Arbeitszimmers in Düren: Chronologie nur in sukzessiven Anhäufungen, die ich auf sich beruhen ließ.

Dass meiner Erinnerung nachgeholfen werden muss, zuweilen, zeigen Fundstücke, die mich total überraschen. So habe ich immer wieder erklärt, erzählt, erwähnt, »im Brustton der Überzeugung«, ich hätte nie Tagebuch geführt. Und dann finde ich ein quadratisches Leerbuch, längst aus dem Leim gegangen, rotbraun der Pappumschlag, und als Titelblatt die Inschrift, in ordentlichen Buchstaben mit Füllfederhalter und roten Unterstreichungen: »Tagebuch. Dieter Kühn. Begonnen am 22. Dez. 1947.« Erstes, eher verlegenes Anblättern, stirnrunzelnd, brauenhebend, und rasch die kleine Erleichterung: Meine Erinnerung hatte das Tagebuch leicht aussortieren können, es waren nur etwa zwanzig Seiten. Dann brach ich, brach jenes Kind ab, das mit zwölf noch verdammt kindlich war, nicht nur in der akkuraten Schrift.

Unterschlagen kann ich den Fund jetzt nicht mehr, ihn vor mir selbst verstecken, ihn vorsätzlich vergessen: Immerhin hatte ich ein paar Seiten lang die Vorstellung, ich würde die Aufzeichnungen später wohl mal lesen, und das geschieht nun. Jedoch mit dem Vorsatz, nur ein paar – möglichst kurze – Zitate einzubringen: Der Junge meines Namens soll größere Präsenz gewinnen.

Gleich Anfang 48 ein wichtiges Bubenereignis: »Als ich heute beim Rangieren zuschaute rief mich der Lok-führer in den Führerstand. (Es war die E 7567) Während er noch eine halbe Std. rangierte, erklärte er mir alle Apparate des Führerstandes. Nach dem Rangieren führte er mich durch den Maschinenraum der Elok und zeigte mir alles: Die beiden riesigen Motoren, den Luftdruckkompressor, den Trafo, die Lichtmaschine usw. Es war ein sehr netter Lokführer.« Finde ich auch, im Rückblick.

Fahrt nach München, eine Vorstellung im Zirkus Krone.

Rohrbruch im Haus. Und ein Schockdacapo: »Heute habe ich zum ersten Mal eine Leiche gesehen das war so: Ich war auf dem Bahnsteig und zwei Gleise weiter kam der Orient-Express laut pfeifend in den Bahnhof herein und bremste auf einmal sehr stark ab, denn sonst fährt er immer durch. Da dies auffällig war, wie stark er abbremste liefen wir sofort nach vorne und sahen dort zwischen Schienen und Bahnsteig eine Leiche einer Frau liegen, die beim Überschreiten der Geleise überfahren worden war. Ein Klassenkamerad hatte dies gesehen und er sagte dass sie auf den Puffer genommen wurde und dann unter die Räder fiel, wo ihr dann der Kopf abgefahren wurde. Überall lag Gehirn verspritzt und etwa 10 m vor der Leiche lag ihr Kopf. Erkennen konnte man davon nicht viel. Bald darauf wurde sie weggetragen. Mit meinem Appetit war es heute schlecht bestellt.«

Und wieder Erfreuliches. In der Nachbarschaft wird eine Kellergrube ausgehoben. »Nachdem der Bagger fertig war, durften wir Drei uns in die Schaufel des Baggers setzen, die dann hochgezogen wurde und der Bagger drehte sich vielleicht achtmal mit uns herum. Als der Bagger zu dem Verladeort fuhr, saßen Herbert und ich wieder oben in der Baggerschaufel, in der wir die halbe Strecke herumgeschwenkt und geschaukelt wurden. Es war sehr schön.«

Assoziation: Zum traditionellen Fischerfest kam ein echtes Karussell ins Dorf, wurde aufgestellt im kleinen Park des spätromantischen Künstlerschlösschens. Schwäne oder Pferdchen auf dem Karussell? Das interessierte uns nicht, viel wichtiger schien uns der Antrieb, wahrgenommen durch eine Lücke in der Zeltplane, die den Sockel des Karussells umschloss: Zwei Männer trieben, geduckt, an einem Balken das Karussell an im Laufschritt. Die Grasfläche in Kreislinie zertrampelt. Wie groß mochte die Hitze gewesen sein unter der Holzfläche? Die Männer hatten es bestimmt nicht gern, dass sie bei der Galeerenarbeit beobachtet wurden, wir hielten die Lücke, den Spalt in der Zeltplane klein. Wir hatten ein Geheimnis enthüllt, behielten das für uns. So gewann es an Wert und Bedeutung.

12. Juni: Ein Klassenausflug von der Schule in München-

Pasing in die Münchner Innenstadt, Besuch einer Presseaus-stellung, und ich registriere: frühe Faszination für das Print-medium, aha. »Gleich am Eingang des riesigen Saales stand ein großer Globus auf dem Birnen angebracht waren. Passierte nun etwas in Jerusalem so leuchtete es dort auf. Man sah die Entwicklung der Presse von Anfang bis jetzt. Am interessan-testen war die Druckerei der Tageszeitung mit einer Rotati-onsmaschine, die unheimlich schnell lief.«

Von Pasing aus fuhr ich nach Schulschluss offenbar nicht immer gleich nach Herrsching zurück, wir gingen auch schon mal ins Kino. Und hier sehe ich mit Vergnügen den Film-titel vermerkt, den ich bereits erwähnt habe, Stichwort Uh-renmann: »Der Farbfilm hieß ›Münchhausen‹ und war aus-gezeichnet.« Den hatte ich also mit 14 gesehen.

Streng genommen: nicht alles sonderlich relevant, was ich hier abgetippt habe. Aber was mir als Kind wichtig war, dar-über will ich nicht einfach hinweggehen, hier spreche ich ja zu mir selbst, über eine sehr große Zeitdistanz hinweg. Also hat es doch seinen Stellenwert.

DAS HÄTTE ICH mir nie zugetraut: Dass ich zwei Jahres-zeugnisse des Humanistischen Gymnasiums München-Pasing aufbewahrt habe. Doch beim Abtragen und Sichten der Wand-schrank-Endmoräne finde ich auch diese Blätter im Format DIN-A5. Die Tatsache des Aufbewahrens überrascht mich. Bei all den Vorarbeiten lerne ich mich erst so richtig kennen, zumindest in frühen Phasen. Auch hier eine gravierende Er-innerungstäuschung:

Ich wäre jederzeit zur Aussage bereit gewesen, dass ich ein guter, ein ordentlicher Schüler war. Nun aber lese ich zum Schuljahr 1947/48: »Der Fleiß war nicht immer befriedigend, so dass er in einigen Fächern den Anforderungen nicht ge-wachsen war.« Uih! Gemeint waren die Fächer Latein, Ma-thematik und Turnen. Ja, Turnen! Ich habe Barren, Pferd und Reck gehasst. Doch die schlimmste Herausforderung war für mich und meine dünnen Nachkriegsarme das Hinaufhangeln an einem Knotenseil bis zur Decke der Turnhalle.

Ein Jahr später wieder eine überraschende Notiz: »Im Unterricht lässt er es manchmal am nötigen Ernst fehlen.« Weiß nur noch, dass ich möglichst weit hinten und in Fensternähe sitzen wollte. Aber sonst: herumgeflachst? Keine Erinnerung, also kann ich dieses Schulkapitel knapp halten, aufatmend.

ALS WUCHTIGE MARKIERUNG des Beginns der Fischergasse: der »Andechser Hof« mit kleinem Biergarten unter Kastanienkronen, mit dem Vorbau des Festsaals: Die üblichen Vereinsfeste und Vorstellungen von Bauerntheater-Ensembles. In diesem Festsaal aber zwei Veranstaltungen, die sich einprägten. Vielleicht auch, weil ich nicht mitgenommen wurde, zu denen ich vielleicht sogar heimlich gegangen war, nachmittags.

Die erste Veranstaltung: Boxkämpfe in verschiedenen Gewichtsklassen. Als Mittel- und Höhepunkt ein Boxkampf, bei dem ein Geselle aus einer der Metzgereien des Dorfs antrat gegen einen erfahrenen Amateur oder gar Berufsboxer.

Ich sehe den Boxring mitten im Saal, unter gewölbter, verbretterter Decke, sehe helles Licht in den Fenstern, sehe viel Rauch, höre viel Geschrei – noch nie hatte ich so viel Geschrei unter einem einzigen Dach vernommen. Der Metzgergeselle kletterte schwergewichtig in den Ring: Staunen des schmalen, leichtgewichtigen Schulbuben (ein Krischperl), das dem Schularzt noch immer die deutlich hervorgehobenen Rippen des Brustkorbs zeigen konnte, und nun dieser junge Mann, fest im Fleisch, mit Fleisch gleichsam bepackt, doch ich hatte den Eindruck: wenig durchmodelliertes Fleisch. Eher: gewichtige Pfunde. Alle Zuschauer unterstützten den Herrschinger Boxer (seine Premiere?) mit Geschrei, er wurde gleichsam zum Gegner hingeschrien, an den Gegner herangeschrien, wurde in dessen präzise Schläge hineingeschrien. Der Metzgergeselle, von Anfeuerungsschreien umtost, umtobt, versuchte die Deckung des Gegners mit schierer Wucht zu durchbrechen, doch die Punkte machte der andere. Auf Angriff konditioniert, war der Metzgergeselle schwach im Decken, das konnte auch ich als Laie sehen, er musste immer härtere Schläge einstecken, der wohlgenährte Kraftkerl begann zu taumeln, auch die massierten Schreie konnten ihn nicht ausreichend stützen, konnten ihn schon gar nicht schützen, er ging zu Boden, wurde, bevor er ausgezählt werden konnte, vom Geschrei wieder mit so viel Auftrieb versehen, dass er tapsig aufstand, den Kampf weiterführte, ein Hieb ließ eine seiner Brauen aufklaffen, Blut lief übers Auge, der Kampf wurde abgebrochen, und ich lernte den Ausdruck: Technisches k. o.

Geschrei im verräucherten Saal fing den Metzgergesellen auf, als er aus dem Ring stieg, taumelig: er hatte sich für das Dorf geschlagen, hatte sich für das Dorf schlagen lassen, der Kampf hatte länger gedauert, als manch einer erwartet hätte, ich fühlte mich wie eingebettet in die Vibriermasse von Schreien, ja, das Schreien schien körperliche Dichte anzunehmen. Nur langsam sank der Schreipegel im Saal ab. Kraft, ungestalte, rohe Kraft gegen Geschick, Erfahrung; die schiere Kraft war ausgepunktet, ausgeknockt worden.

Der Festsaal konnte auch verdunkelt werden, und es wurden – bevor 1948 die Ammersee-Lichtspiele gebaut wurden – Spielfilme vorgeführt, die Leinwand in der Bühne aufgehängt, der Projektor im Saal aufgestellt, Biertischstühle gereiht. Der erste Spielfilm, den ich dort gesehen habe (oder der erste Spielfilm, an den ich mich erinnere), er hatte den Titel: *Hundert Mann und ein Mädchen*. Es war die Hundertschaft eines Sinfonieorchesters, das Mädchen war Sängerin, eine zuerst wohl erfolglose, schließlich aber triumphal erfolgreiche Sängerin, ihr Geschick mit dem des Orchesters verbunden. Zuerst schien sie so etwas wie ein Maskottchen zu sein, doch sie entwickelte sich: ihr Aufstieg begleitet von Orchestermusik. Die erste klassische Orchestermusik, die ich nicht vom Plattenspieler und aus dem Mahagoniradio mit dem Magischen Auge hörte, die erste klassische Musik über Lautsprecher eines Unternehmers, der die Anlage regelmäßig im Andechser Hof aufbaute. *Hundert Mann und ein Mädchen*: ein Film, der offenbar Resonanz für klassische Musik verstärkte oder erst weckte – zuletzt, in der Triumphphase sang das Mädchen, begleitet vom gesamten Orchester, eine Jubelarie, und ich bin fast sicher, es war der Anfang von Mozarts »Exultate, jubilate« ... Ich war gerührt, hatte womöglich Tränen in den Augen – wie immer, wenn mir vorgeführt wird, wie etwas gelingt, wie sich Zuwendung zeigt, Wärme des Gefühls.

Ich würde diesen Film gern noch mal sehen, um in genauen Konturen zu erkennen, was mich damals, in den allerersten Nachkriegsjahren, so begeistert, so gerührt hat. Dieser Film fast als eine Initiation, eine doppelte: Für das Kino, für klassische Musik.

ZUM WORT KINDHEIT gesellt sich allzu leicht das Adjektiv »glücklich«. Feste Wortpaarung, als wäre dies eine feststehende Tatsache: Glückliche Kindheit. Die Formulierung stellt mich vor die Frage: Hatte ich, trotz Krieg, eine glückliche Kindheit? Ist Kindheit gleichsam dazu prädestiniert, eine glückliche Lebensphase zu sein? Wenn, im Einzelfall, eine Kindheit als glücklich bezeichnet werden kann: War es Glück im damaligen Lebensgefühl oder ist es Glück im späteren Bewusstsein?

Erinnerungen nur an Glücksmomente, jeweils separiert, aus dem Kindheits-Kontinuum wie herausgelöst. Die Überraschung, als wenige Jahre nach dem Krieg mein erstes Fahrrad neben dem Weihnachtsbaum stand, sogar ein Fahrrad mit »Strahlenkopf«, einer Zierlackierung am Ansatz der »Längsstange« (offiziell: Oberrohr): da habe ich vor Glück geweint.

Glücksgefühl auch, als ich auf Schlittschuhen die Herrschinger Bucht hinausschwebte, kilometerweit vor mir nur Eisfläche, Eisfläche, nichts konnte die Bewegung, die frei schwingende Bewegung aufhalten.

Glücksgefühl, als ich, nach langer, heißer Fahrt auf dem Trittbrett, von der Lokomotive berußt, zum See lief und ins aufspritzende Wasser rannte.

Wenn ich in mich hineinhorche, werden sich wahrscheinlich weitere Glücksmomente finden, aber ergeben die – aneinandergereiht, womöglich miteinander verschmolzen – das Gesamtgefühl »glückliche Kindheit«? Aber das gab es damals wohl kaum: Das kindliche Bewusstsein, in einer glücklichen, weil frühen Lebensphase zu sein. Solch ein Gefühl findet sich, stellt sich erst später ein, etwa in Phasen intensiver Verliebtheit. Innere Thermik! Oder in Phasen des Gelingens, das zugleich beflügelt! Glück wird erst richtig zum Glück, wenn es bewusst als Glück erfahren wird. Diese Erfahrung ist während der Kindheit wohl kaum möglich, jeder Zustand wird als gegeben erlebt. Erst bewusst erlebte Kontraste machen bewusst erlebtes Glück zur Erfahrung. (Klingt fast schon pathetisch!)

Also, ich kann für mich nur resümieren: Ich habe meine Kindheit nicht als glückliche Kindheit erlebt. Aber auch nicht als exemplarisch unglückliche Kindheit. Ich wusste ganz einfach noch nicht, was Glück bedeutet. Glück muss als Glück wahrgenommen, bewusst erfahren werden, dann erst kann sich das beschwingende Gefühl einstellen, in einer womöglich glücklichen Lebensphase zu leben.

So gesehen habe ich wahres Glück erst nach der Kindheit erlebt, weil bewusst. Gleichsam ein Quantensprung im Grundgefühl: in eine höhere Stufe der Intensität, in eine lebensenergie-reichere Umlaufbahn um einen unbestimmbaren Kern herum. So viel, und kein Wort mehr, zum Wortpaar: Glückliche Kindheit.

RADIOHÖREN war für mich in den ersten Nachkriegsjahren etwas Geheimgehaltenes, Heimliches. Ich bastelte mir ein eigenes Radio, ein Detektorgerät. Das wurde notwendig, weil die Musik, die ich hören wollte, von Mutter Helene nicht ausgesucht wurde auf der Skala, die reich an Städtenamen, doch arm an hörbaren Sendern war.

In akustischer Notzeit also werde ich das Detektorradio gebaut haben. Das wurde ermöglicht durch meinen (wenn auch geringen) Beuteanteil an jener Konkursmasse der Deutschen Luftwaffe, von Trucks in der Nähe der kleinen Güterhalle abgekippt, freigegeben zur Vernichtung mit Magnesiumfackeln. Doch in raschem Vorpreschen aus deckendem Buschwerk heraus hatten wir einige Geräte bergen können. Endlich Geräte, die man öffnen durfte! Und wir sahen Radioröhren! Radioröhren und Radiohören – nicht nur im Sprachklang assoziativ verbunden. Radioröhren brauchten einige Sekunden, ehe sie Betriebstemperatur erreichten. Und es begannen Abläufe, die zwar nicht zu sehen waren, deren technische Voraussetzungen aber sichtbar waren in Glasgehäusen, soweit nicht beschichtet. Diese Röhren waren etwa so hoch wie Glühbirnen, nur erheblich schlanker. So wurden Radioröhren in der frühen Phase des »Dampfradios« auch Lampen genannt: Radios mit drei Lampen ... In den Glaszylindern waren kleine, »abstrakte« Metallplastiken, die ich bestaunte.

Die Luftwaffengeräte ließen sich allerdings nicht für unsere zivilen Zwecke umrüsten, ich lernte auch nicht, ein Radio zu bauen mit Röhren, Widerständen, Kondensatoren, Drehkondensatoren, aber ich hatte hier Material für Tauschgeschäfte. Vor allem brauchte ich Kopfhörer, Kupferkabel, einen Kristalldetektor.

Das kleine Gerät, das ich damals baute (nach einer gedruckten Anleitung? mit einem Freund, der »was davon verstand«?): ich kriege es nicht mehr rekonstruiert. Ich sehe nur Details. Beispielsweise die Holzplatte von etwa 20 oder 25 Zentimetern Kantenlänge. Was für Holz war es? Erinnerung will mir eine Pressspanplatte vorlegen, aber deren Annahme verweigere ich, es gab – zur Not – Sperrholzplatten. Wahrscheinlich war die Grundplatte meines Geräts aus »Echtholz«. Auf diesem Holz-»Chassis« die Drosselspule. Ich sehe mit diesem Wort wieder, wie ich einen handbreiten Pappstreifen zurechtformte, um eine Flasche herum oder um eine amerikanische Konservendose. Auch mir fehlte nach dem Krieg der Leim, also wurden Anfang und Ende des Pappstreifens übereinandergelegt, die Überlappung wurde perforiert, durch die Löchlein wurde Draht gezogen – die Rolle wurde gleichsam zusammengenäht. Vielleicht wurde auch Schnur benutzt.

Zu dieser Drosselspule der kleine Kristall, den eine Drahtspitze berührte. Wurde auf diese Weise der Sender aufgespürt? Ja, so hat es sich Erinnerung zurechtgemodelt: Mit der feinen Drahtspitze suchte ich im Kristall den Sender, den ich unbedingt hören wollte: AFN, American Forces Network. Und wenn ich das Gerät unvorsichtig wegstellte – verrutschte die mit sanftem Federdruck angepresste Metallspitze, und der Sender verschwand?

Detektor: ein Gerät zum Auffinden, zum Aufspüren … Nun bräuchte ich einen Detektor, um dieses Gerät aufzuspüren – ist es in meiner Erinnerung für immer zerfallen oder kann dem Gedächtnis mit ein paar Stichworten nachgeholfen werden?

Allein komme ich nicht weiter, ich rufe einen ehemaligen Klassenkameraden an, der eine Zeitlang Amateurfunker war – der wird sich wohl genauer erinnern. Aber er weiß auch nicht mehr, wie er solch ein Gerät gebaut hat, auch ihm sind nur vage Erinnerungen geblieben: Spule und Kristall, Antenne und Kopfhörer. Richtig, die Antenne: Draht, der irgendwo festgemacht wurde, am besten an einem Wandnagel. Ja, und der Kondensator. Ein schlichter Kondensator oder eher ein Drehkondensator, von uns damals abgekürzt zu: Drehko? Nur schemenhaft wird das kleine Gerät sichtbar. Der Sender wurde allerdings nicht über den Kristall gesucht, erfahre ich nun, der gehörte zum Resonanzkreis, Schwingkreis, es ging nur darum, in Probierbewegungen mit der feinen Metallspitze den Kristallpunkt zu finden, an dem Impulse weitergeleitet werden konnten: der Kristall als Röhrenersatz. Welchen Sender man hören konnte, das hing allein ab von der Drosselspule: die Zahl der Wicklungen musste der Senderfrequenz entsprechen. Da gab es also Informationen, die unter Gleichaltrigen weitergegeben wurden: Soundso viele Windungen von Kupferdraht auf der Pappspule, und du kriegst den AFN rein.

Radiohören als kleines Abenteuer im Zimmer, das ich mit den Brüdern teilen musste; ich zog die Bettdecke über Gerät und Schädel, stülpte die Kopfhörer über, und ich hörte, was die (hoffentlich) neidischen jüngeren Brüder nicht hören konnten: American Forces Network. Verschiedene Gattungen von Musik im Programm, auch Hillbilly, aber das alles ist gelöscht in der Erinnerung, sie besteht darauf, dass ich auf Musik scharf war, die längst zum akustischen Erinnerungs- und Identifizierungszeichen jener Zeit wurde: In the mood …

I got rhythm ... American Patrol ... Moonlight Serenade ...
Und solche Hits gespielt von der Bigband eines Tommy Dorsey oder (noch besser!) eines Glenn Miller. Die Aufnahmen
gibt es heute noch auf Tonträgern – auf diesem musikalischen
Leitstrahl kann ich mich leichter in jene Zeit zurückversetzen,
in der ich, im Bett-Iglu, die Musik hörte, die ich hören wollte – oder die ich nachträglich gehört haben möchte. Resonanzkreis, Schwingkreis, und dieser Schwingkreis als Swing-Kreis,
in dem die immer gleichen Titel kreisen, das Kristallkonglomerat in der Erinnerung lässt nur solche Titel durch ...
Wunschmusik, im genauesten Sinn?

Die Erinnerung an die Hörsituation ist gespeichert, aber ich
bin nicht ganz sicher, ob die berühmten Hit-Titel »wie gerufen« kamen oder ob Erinnerung hier nachgearbeitet hat, um
dem bescheidenen Gerät akustische Glanzlichter aufzusetzen:
In the mood ... American Patrol ... Perdido ... Take the »A«
Train ...

OB MAN ÜBER DIE HOCHEBENE östlich von Herrsching
wandert oder fährt, ob man im See schwimmt oder auf dem
See fährt: Immer ist, als landmark, der schlanke, spitze Turm
der Klosterkirche Andechs zu sehen, mal über Waldhänge
hinausragend, mal, von der Hochebene aus gesehen, auf dem
Klosterhügel thronend, der Heilige Berg.

Von Herrsching gibt es zwei Hauptwege, die zum Kloster
führen: durch das Kiental und über die Leitenhöhe. Ein Weg
dies an langgestreckter Mittelgebirgsflanke, die ins Kiental
steil abbricht. So ist das Kiental im oberen Abschnitt »wildromantisch«: Steilhänge, sehr hohe Bäume, die sich ins Licht
hochstrecken an Punkten, an die Sägetrupps nur schwer oder
gar nicht herankommen. Dazu kleine Sandsteinhöhlen, höchst
verlockend für das Kind, auch wenn es, in Wegnähe, nur Einhöhlungen waren, in die man sich kurz mal hineinschmiegte:
»Nun komm schon!«

Viele Sonntagswanderungen von Herrsching nach Andechs.
Auf Hochglanz polierte Schuhe, wollene Kniestrümpfe, Lederhose, helles Hemd.

Die Sonntagswanderungen wurden von uns Kindern nur unter stillem oder halblautem Protest absolviert. Auf Diskussionen ließ sich unsere Mutter nicht ein, es war die Ära unangefochtener Elternautorität, vom Staat geschützt, dem Kind wurden noch keine Entscheidungen überlassen: »Mach keine Menkenke, du kommst mit.« Mürrisches Latschen, bis zur ersten Einhöhlung im Hang am Weg.

Erinnerungen an Sommerwanderungen überlagern und neutralisieren sich; eingeprägt hat sich nur der obere Talabschnitt, der sich zur Schlucht verengt, eingeprägt hat sich der kleine Wasserfall, hinabstürzend in ein weites, tiefes Becken, in das man von eisernem Steg hinunterschauen konnte. Dieser Steg blieb erhalten, die Blickperspektive des Kindes lässt sich vergegenwärtigen.

Als etwas ganz Besonderes erlebt (und eingeprägt) haben sich Winternacht-Wanderungen zum Kloster, in der Christnacht. Die drei evangelischen Kinder mussten sich winterfest anziehen, die evangelische Mutter jüdischer Herkunft zog Skistiefel an (mit denen man damals noch wandern konnte, da aus Leder und nicht aus »Beton«), die blauschwarze Überfallhose, die langhaarige Jacke. So zogen wir los, zur späten Mette, womöglich Mitternachtsmette. Da waren die Einhöhlungen rechts und links vom Weg bedeutungslos, waren vom Schnee gleichsam verschüttet, da war nur der Weg, war Schnee im Nachtlicht, vielleicht Mondlicht, ein Blauweiß, und am Ende der Wanderung, wenn man all die Stufen vom Tal hinaufgestiegen war zur Kuppe des Heiligen Bergs: der schimmernde, leuchtende, funkelnde Innenraum der Klosterkirche.

Eine gotische Hallenkirche, im Zeitalter des Rokoko stilrein umgestaltet, ausgebaut, ausgeschmückt. Gotik und Rokoko waren damals noch keine Begriffe für mich, beherrschend, ja: beherrschend war die festliche Selbstdarstellung eines weiten und hohen Raums, für den das Kind keine Vergleiche hatte.

Gingen wir überhaupt in die Kirche? Erstens als Evangelische unter Katholiken, zweitens als Preußen unter Bayern, drittens als Zugereiste unter Einheimischen? Gottesdienste im Gemeindesaal, in dem ich teilnahm an religiösen Unterweisungen? Die bestanden vorwiegend im Erzählen von Geschichten, die biblisch, dennoch bunt und spannend waren: Ein Dornbusch, der brennt und spricht ... »eine Heuschreckenplage« ... ein Meer, das sich für einen Durchmarsch teilt ... Später wird das Haus, in dem Bibelstunden stattfanden, im Erdgeschoss umgewandelt zur Eulenspiegel-Bar.

Selbst, wenn für die Evangelischen damals schon Gottesdienste möglich waren in der nahen Martinskirche, optisch dominierend auf einem Hügel am Rande des Orts: keine Erinnerungen, alles gelöscht. Der Eindruck festlicher Raumentfaltung in der Klosterkirche hingegen ist geblieben, wenn auch vage: braungoldene, weiträumige Lichtwabe in einer Winternacht, Weihnachtsnacht. Was dort ablief während der Mette, es war mir fremd. Wann muss man aufstehen, wann muss man murmeln?

Christmette im Kloster Andechs: Konfrontation mit einer fremden, aber farbenreichen, goldreichen Welt. Da wurde noch nichts durch Vergleiche relativiert. Festlich ausgestaltete Räume konnten wir sonst nicht betreten, als Kinder, auch nicht im nahen Schloss Seefeld, und so bereitete uns nichts vor auf die Raumwirkung der Klosterkirche. Stuckatur, vergoldet, Bilder golden umschnörkelt, das Gnadenbild des Hauptaltars von weiten Goldflächen betont, Gemälde in gedämpften Farben, Statuen in Weiß, und all dies, zumindest in der Christnacht, erhellt von zahlreichen Kerzen. Wahrscheinlich war das Weiß der Wandflächen damals noch eingedunkelt, war das Gold noch stumpf, waren die Bilder von dunklem Firnis überzogen – erst sehr viel später, als die Bundesrepublik reich wurde, fand Restaurierung auch dieser Kirche statt, wurde Weiß ganz weiß, wurde Gold blattgolden, wurde Firnis von Bildern abgelöst, wurden Fresken aufgefrischt. Aber auch in den Kriegsjahren: viel Farbe, viel Gold, viel Glanz für das Kind. Den Eindruck von Vielfalt und Reichtum eines so festlich gestalteten Raums kann mein Text nicht suggerieren. Ich müsste ein Buch heranziehen über die Rokoko-Klosterkirche, ein Buch eventuell auch über Barockkirchen, und ich lese mir Fachwörter an für die Ausgestaltung des Kirchenraums, er-

zeuge mit den Wortfolgen, mit einem Wortwirbel andeutungsweise eine Vorstellung vom Reichtum der Raumgestaltung,
aber einfacher wäre hier die Vorlage eines Farbfotos.

Die Klosterkirche von Andechs: erster Kunsteindruck für
Kind Dieter. Ich hebe hervor: erster Kunsteindruck, der nicht
durch Reproduktionen vermittelt wurde, schwarzweiß, in
den Blauen Büchern. Dies wird mir erst bewusst, während ich
diesen Text schreibe: Das Kind sah im Original nur Gemälde
frommer Sujets, sah Gemälde mit propagandistisch stilisierten
Motiven, im Haus der Deutschen Kunst zu München.

In der Christnacht aber hatte ich wohl kaum ein Auge frei
für Gemälde, da war die Liturgie, da war der Gesang, da war
das Orgelspiel. Der Erinnerungsraum Andechs: gleichsam
leergeräumt von Details, ein braungoldener Grundton mit
zahlreichen Lichtern, der Raum selbst als Kunsteindruck.

Details erhellte der Sommer. Die zwei- und die dreidimensionalen Heiligenfiguren interessierten mich damals nur wenig. Aber gaffend und buchstabierend werde ich die Gemälde
auf der weiß stuckierten Galerie beschaut haben, von unten,
diese fortlaufende Bildergeschichte von Kloster Andechs,
bis ins 18. Jahrhundert. Unter jedem Bild ein Zweizeiler in
goldener Schrift, dieser Zweizeiler gereimt auf Biegen und
Brechen. Die ganze Bilderhistorie, diesen Rokoko-Cartoon
werde ich wohl kaum je gelesen haben, fortlaufend, höchstens habe ich mitgekriegt, was uns vorgelesen wurde, bei einer
Schulführung. Nur Einzelheiten blieben präsent: Eine blinde Frau aus dem nahgelegenen Dorf Widdersberg (ebenfalls
Ziel von Sonntagswanderungen), sie wurde plötzlich wieder
sehend, o Wunder. Und vor allem: der Klosterschatz war in
Kriegsangst mal vergraben worden, wurde mehr als ein Jahrhundert lang nicht wiedergefunden, bis schließlich während
einer Messe eine Maus erschien, zwischen den Zähnchen ein
Zettel mit exakter Positionsangabe für den Klosterschatz, Re-
liquienschatz. O zweites Wunder!

Ein Seitenraum, lockend, jedoch stets verschlossen von barock verschnörkeltem Eisengitter: die Kerzenkammer. Hunderte von Devotionskerzen, auf Wallfahrtsprozessionen zum

Kloster getragen, oft über weite Entfernungen hinweg. Auf diesen Kerzen, oft mit dem Durchmesser von zehn oder zwölf Zentimetern, durchweg ein wappenähnliches Bild mit Jahreszahl, und diese Jahreszahlen reihten sich, reihen sich weit zurück, von angestrengten Blicken durchs Gitter entdeckt, von angestrengten Blicken durch Fensterchen, deren Glas kunstvoll verschliert ist. Es staffelte sich zurück von einem Neunzehnhundertsoundsoviel zu einem Achtzehnhundertsoundsoviel und einem Siebzehnhundertsoundsoviel und womöglich zu einem Sechzehnhundertsoundsoviel. Immer ältere und dunklere Kerzen; angedunkelt auch die Kerzenbilder, oft in Konturen eines Wappens. Wie oft habe ich mich, den Blick fokussierend, in die Kerzenkammer hineinversetzt. Betreten habe ich sie nie, es fehlte ein Sesam-öffne-dich.

Noch wichtiger als die Kerzenkammer war der Krippenraum. Steinstufen führen hinauf. Durch eine Türöffnung kann man auf die Galerie hinaustreten, aber nur in den Abmessungen einer Sichtkanzel; nach links die Absperrung vor der Orgelempore, nach rechts geht es auch nicht weiter. Aber man sieht, gegenüber, einige der Bilder der Klostergeschichte auf gleicher Höhe, ist den Deckenfresken näher und den Orgelpfeifen. Und eine Tür, schmal, dunkel, führt vom Krippenraum den Turm hinauf. Eine Holztreppe, spiralig, die bei fast jedem Schritt knarrte; der Geruch von altem und sehr trockenem Holz; kräftige Zimmermannsarbeit. Schließlich die Glockenkammer und fast immer Windfauchen, am Turm, im Turm. Und Blick südwärts hinunter zum Dorf Erling mit dem Zwiebelturm der Dorfkirche und weiter auf Wiesenhänge, Waldhänge, und, bei Rückfrontwetter oder Föhn: Blick auf ein langes Segment der Alpenkette.

Das Kind aber hatte andere Prioritäten. Wichtiger als die Landschaft südlich vom Kloster war das Stadtmodell im Krippenraum: Modell der Stadt Jerusalem zu Beginn unserer Zeitrechnung. Wer einen Groschen in ein Kästchen warf, dem wurde das Modell beleuchtet, schwach und für vorgezählte Minuten. Viel gab es dort zu sehen! Eine Mauer mit Zinnen umgürtete die gesamte Stadt. Außerhalb der Stadtmauer Ansätze von Landschaft, zum Beispiel am Hügel Golgatha. In der Stadt viele Türme mit Zinnen, viele Tempel, und dicht aneinandergereihte Häuser; bedeutsame, für die Heilsgeschichte bedeutsame Straßen und Plätze.

Eine alte Stadt, auf einen Blick. Ich schaute mich in die Stadt hinein, setzte das fort, auch wenn die schwache Lampe wieder ausgeschaltet war, abgelaufene Lichtzeit. Alle wichtigen Gebäude, alle wichtigen topographischen Punkte mit Ziffern markiert, die Zahlen entschlüsselt auf einer Tafel außerhalb des kleinen Schaufensters in die Vergangenheit. Diese Tafel, diese Ziffern heute noch, ich könnte also leicht »spicken«, könnte so dem Gedächtnis nachhelfen, aber ich lasse das Stadtbild in der Beschreibung so vage, wie es in der Erinnerung geblieben ist. Wichtig waren mir auch damals nicht Details, so vermute ich, wichtig war der Gesamteindruck.

Und wichtig ist mir heute das Interesse des Jungen am Stadtmodell. Faszination damals, und diese Faszination spüre ich wieder, sobald ich erneut an der Scheibe stehe. Das Modell etwa drei Meter lang, anderthalb Meter tief, auf geschrägter Fläche präsentiert. Hineinschauen in das Modell einer Stadt in vergangener Welt: wurde Neugier geweckt, die sich verkapselte, erst viele Jahre später wieder aufbrach? In Stadtmuseen interessieren mich vor allem die Modelle, zum Beispiel von Nürnberg, da schaue ich mich hinein, und manchmal versetze ich mich hinein.

Später löste sich der Modellgedanke von Bastelarbeiten aus Holz und Farbe: Entwicklung von literarischen Modellen in Versuchen, mich Realitäten anzunähern.

ATOME UND QUANTEN

Zuerst war mir alles plausibel erschienen. In der Zeitschrift *Orion*, dann in einem Buch der Reihe »Kosmos« war mir als Schüler das märchenhaft schlüssige Atommodell von Rutherford vermittelt worden.

Da capo: Das Atom hat einen Kern, der besteht aus Neutronen und Protonen, dicht zusammengeklumpt; dieser Kern wird in verschiedenen Abständen umkreist von Elektronen. Also das Planetensystem im Kleinen. Das ließ aufatmen: Wie wunderbar passen das Innen und Außen zusammen, Mikrokosmos und Makrokosmos (soweit vertreten durch unser Planetensystem).

Und es kam, später, die irritierende Erkenntnis hinzu: Elektronen umkreisen zwar unablässig den Atomkern, aber sie wechseln schon mal, unvorhergesehen, die Umlaufbahn, die kreisförmige oder elliptische. Springt ein Elektron auf eine weiter außen gelegene Umlaufbahn, so gibt es ein Quant Energie ab; springt es auf eine Bahn, die dem Atomkern näher ist, muss es ein Quant Energie aufnehmen: die berühmten Quantensprünge.

Ein immer noch wunderschön schlüssiges, haarsträubend vereinfachtes Modell. Ich musste verfolgen, wie es mehr und mehr in Frage gestellt, schließlich abgewrackt wurde bei konsequent präzisierter Erforschung vor allem in Zyklotronen (Teilchenbeschleunigern, die Atomkerne unter Beschuss nehmen). Heraus kamen immer mehr Binnenteilchen im Atomkern. Heute sieht man dort ein Gewimmel von etwa zweihundert verschiedenen Teilchen in diversesten Wechselbeziehungen. Der berühmte, der berüchtigte »Teilchenzoo«, der manchen Forscher, sogar einen Albert Einstein, resignieren ließ: Ich werde doch nicht zum Erbsenzähler ...! Wobei Teilchen nicht einmal mehr Teilchen sind in ihrer Dualität von Welle und Korpuskel, sie sollen jeweils fadenförmig beschaffen sein, die berühmten »strings« der entsprechenden Theorie, also sehe ich nun im Atomkern eher eine Art Fadenknäuel, in der undurchsichtigen Struktur eines Gordischen Knotens, den kein Schwert durchhaut.

Ich mogle nicht: Nachdem ich diese Textsequenz auf der Festplatte abgespeichert hatte, las ich in einer überregionalen Zeitung: »Cern-Physiker finden neues Elementarteilchen – ist es das lange gesuchte Higgs-Boson?« Erneuter Zuwachs also im Teilchenzoo, Partikel No. zweihundertsoundsoviel?

Die rund fünftausend Mitarbeiter des siebenundzwanzig Kilometer langen Ringtunnels der Beschleunigung hundert Meter unter der Erde dürften intensiv gearbeitet haben, bis das Ergebnis gefeiert werden konnte; zwei »kirchenschiffgroße, unterirdische Detektoren« haben nach Milliarden von gesteuerten Partikelkollisionen dieses Signal herausgefiltert. Höchste Komplexität, und die wird offensichtlich noch gesteigert, denn es scheint »durchaus möglich, dass die Natur ein noch komplexeres Gefüge aus Bausteinen und Kraftfeldern errichtet hat, als es die heutige Physik für möglich hält. Zum Beispiel könnte es eine zusätzliche Kategorie sogenannter supersymmetrischer Partikel geben, die wie eine Schattenwelt das bisher bekannte Universum ergänzen.«

So zeigt sich erneut, dass Erklärungsmodelle eine meist nur begrenzte Halbwertzeit haben, langfristig oder kurzfristig: Immer neue Informationen lassen sich zuletzt nicht mehr in das Modell einfügen, einbauen, es kollabiert, muss durch ein neues Modell ersetzt werden. Ich lebe, wir leben in einer Welt zerfallender Modelle, im Zeichen einer immer größeren Komplexität. Was auch einwirkt auf mein Grundgefühl.

Im Gedankensprung wieder zur Quantenmechanik. Ein Bild vom Wechsel der Umlaufbahn eines Elektrons lässt sich nicht mehr ausmachen im Teilchengewusel, Teilchengedrängel, im

Partikelcluster. So sehe ich mich gezwungen, allgemein zu bleiben, leider.

Und ich schreibe: Ein Quantensprung lässt sich nicht voraussehen, nicht berechnen, er findet statt nach dem Zufallsprinzip, ist nur statistisch erfassbar als Unschärferelation. Der alte Spruch »Natura non fecit saltus«, die Natur macht keine Sprünge, diese Aussage musste um ein entscheidendes Wort gekürzt werden, liest sich nun so: *Natura fecit saltus*. Was Einstein allerdings nicht akzeptieren wollte! Sein berühmtes Diktum: »Gott würfelt nicht.« Doch mittlerweile hat sich die Fachwelt daran gewöhnt: Aleatorische Quantensprünge finden statt. Sie lassen sich nicht kausal, schon gar nicht monokausal begründen. Das Geschehen ist *nichtlinear*: keine Verbindungslinie zwischen Ursache und Wirkung. Wirkung ja, aber die Ursache lässt sich nicht bestimmen, nicht berechnen – höchstens statistisch.

Indem ich das Leitwort *nichtlinear* übernehme, mir zu eigen mache, es adaptiere, modifiziere: Will ich mich damit, per Schulterschluss, bei den Experten anbiedern, die mir weit, ja uneinholbar voraus sind?

In einem Antiquariat entdeckte ich eine Ausgabe der Lebenserinnerungen von Max Born, der für seine Arbeiten auf dem Gebiet der Quantenforschung mit dem Nobelpreis ausgezeichnet wurde. Sogleich die Hoffnung, ja Erwartung, dass er mich nebenbei auch einführen könnte in die Welt der Quanten, die ja nun millionen- oder milliardenfache Sprünge auch in mir vollziehen. Und auch noch: Dass er für sein Buch eine Struktur entwickelt hatte, die seinem Erkenntnisstand entsprach.

Doch ich machte eine enttäuschende Lese-Erfahrung! Der Großmeister der Quantenforschung schreibt über sein Leben mit onkelhafter Betulichkeit. Offenbar ist das Buch, zumindest im zweiten Teil, diktiert worden; zumindest scheint es darauf angelegt, der Familie vorgelesen zu werden, immer wieder fallen die Wörtchen »ihr« und »euch«. Und es wird unbeirrbar linear berichtet. Paradox: Born dachte als Forscher in nichtlinearen Kategorien und schrieb Erinnerungen linear nieder. Einer der großen Erneuerer, der in alter, ja altmodischer Form artikulierte, sobald er sein Leben rekapitulierte.

Zur Enttäuschung eine Überraschung: Auch Max Born, Vater der Quantenmechanik, forschend in Göttingen (am »Born der Quantenweisheit«: so ein Kollege ironisch bewundernd), selbst Born musste gelegentlich zugeben, dass er mit seinem Verständnis an Grenzen stieß. 1921 bezeichnete er die Quanten als »eine hoffnungslose Schweinerei«, 1930 gestand er einem Kollegen, er könne der neuen Forschung kaum noch folgen. Auch Kollegen resignierten, auf höchstem Niveau. Richard Feynman: »Ich glaube, mit Sicherheit behaupten zu können, dass heutzutage niemand die Quantenmechanik versteht.« Ein Göttinger Kollege artikulierte den Erkenntnis-Notstand in einem Song (nach der Melodie des Mäcki-Messer-Lieds) beim Hausfest zu Borns fünfzigstem Geburtstag:

Und die Matrix hat 'nen Index
Und der Index hat nun Strich
Und man liest und liest es wieder
Doch verstehen tut mans nicht.

Bin ich damit freigesprochen, muss nicht den vergeblichen Versuch unternehmen, mir ein Erklärungsmodell der Quantenwelt zurechtzubasteln? Und ich übernehme nur, was ich als Autobiograph brauchen kann? Das wäre denn, neben dem Prinzip *Zufall*, der zentrale Begriff *Nichtlinearität*.

DIE DRITTE DIMENSION
DER GEGENWART

DER NEUE LEBENSABSCHNITT Düren wird eingeleitet von der einzigen (und letzten!) Eintragung im Tagebuch unter der Jahreszahl 1950: »Der große Eilbrief mit Briefmarken bepflastert. In ihm stand in Stichworten dass es jetzt nach Düren gehen sollte. Innerhalb von 14 Tagen war es geschafft. 2 Möbelwagen wurden am 10. XI. 49 vollgepackt und wir fuhren 15.36 von Herrsching ab. Wir übernachteten in einer Pension und fuhren am nächsten Morgen 10.27 mit dem FD in München ab. Die Fahrt die sehr schön war (Main, Jura, Spessart, Rhein!!) endete 20.05 in Köln. Papi erwartete uns freudig und wir wurden ›abgeladen‹. Am nächsten Samstag ging es nach Düren.«

Wieso eigentlich Düren, zwischen Köln und Aachen? Helmuth setzte seine frühere Tätigkeit fort, freilich nicht mehr in der Kölner Bank, die war vollständig zerstört. Offensichtlich gab es aber noch ein paar alte Verbindungen, zumindest aus der Zeit vor dem Krieg, und so ergab sich der neue Ansatz: Mitarbeit bei der Wiederbelebung der Dürener Bank. Die hatte provisorische Unterkunft gefunden in einer Villa der einzigen Straße in Düren, die nicht vollständig zerstört worden war, der Holzstraße. Wie schon der historische Name andeutet: nicht ganz im Zentrum, also nicht völlig planiert.

Der neue Mitarbeiter wohnte noch weiter draußen, als Untermieter (möbliertes Zimmer) an einer Straße eifelwärts. Von dort marschierte er zur Arbeitsstätte. Es dürfte, nach Andeutungen des Tagebuchs, 1948 gewesen sein, als er wieder Fuß fasste im Rheinland; Ende 1949 war es so weit: er hatte, wohl gemeinsam mit Helene, eine Bleibe für die Familie gefunden, ebenfalls in einem Haus an der Peripherie, eins der dreizehn Häuser, die nicht zerstört worden waren.

Vom fahl beleuchteten Bahnhof aus marschierte die wieder komplettierte Familie auf einer Straße fast ohne Lichter. Nur schemenhaft erkennbar: Brandmauern, Reste von Fassaden, Trümmerhaufen, aber auch erste Neubauten, durchweg ebenerdig. Wir näherten uns einer Insel der Aufhellung: Der Neubau des Kaufhofs wurde in einer Spätschicht verputzt, Männer auf Gerüsten, Feinputz wurde glattgestrichen, Arbeitsbeleuchtung durch Birnen, die an Kabeln hingen.

Mein erster Eindruck: Alles zerstört, alles düster – und hier die Lichtinsel der Betriebsamkeit. Außerhalb ihres Streulichts wurde es wieder düster, eine nun noch längere Strecke mit sehr schwacher Beleuchtung. Ein Stück ging es entlang an Gleisen einer Feldlorenbahn. Und weiterhin: Trümmerhaufen, von Schwarz gesättigt, hochragende Mauerreste, einige neue Häuser, auch sie nur wenig Licht spendend – noch die Zeit der kriegsmäßig schwachen Glühbirnen von 25 Watt. Schließlich, an einer sanft ansteigenden Straße, das freistehende Reihenhaus, in dem wir für das nächste halbe Jahrzehnt wohnen sollten. Klo auf halber Treppe, Wohnung im ersten Stock, Kinderzimmer, Wohnzimmer, Elternzimmer, Bad, Küche. Also für jenes Düren luxuriös.

Bei Erkundungsgängen am ersten Tag: freigeräumte Straßen, zahlreich jedoch Trampelpfade: zwischen Trümmerhaufen mit Birkenbäumchen, in verwilderten Gärten, einem demolierten Park. Im Zentrum: Loren auf krummen Schmalspurschienen; von kleinen Lokomotiven wurden die Züge hinausgezogen zur Stadtgrenze, zu einem anwachsenden Trümmerhügel.

Sich einleben in der fast vollständig zerstörten Stadt, die langsam enttrümmert, noch langsamer wieder aufgebaut wurde: Folgen der Kriegsereignisse, die ein Ambiente hinterließen, das mein Lebensgefühl erheblich beeinflusste. So gehört die Geschichte der Zerstörung dieser Stadt zu meiner Lebensgeschichte.

Zwischen Mai 1940 und September 1944: eintausendsechshundertdreiundachtzigmal Alarm. Vom 27. September an wurden »die Alarme nicht mehr gezählt, weil in Düren fast ununterbrochen Daueralarm herrschte«. So lese ich in einer städtischen Dokumentation. Und weiter:

Der lange verhinderte, der hinausgezögerte Durchbruch der Alliierten zum Rhein sollte endlich »durch eine Großoffensive erreicht werden, die unter dem Decknamen Operation QUEEN vorbereitet wurde. Um den Erfolg der Offensive zu gewährleisten, wurde der größte Luftangriff des Zweiten Weltkrieges zur unmittelbaren Unterstützung der Bodentruppen vorbereitet. Die Planung sah vor, an einem einzigen Tage mehr als 4500 amerikanische und englische Flugzeuge einzusetzen. [...] Mehr als 1200 schwere Bomber der Royal Air Force sollten Düren, Jülich und Heinsberg angreifen. Die drei Städte sollten möglichst vollständig zerstört werden, weil man hoffte, auf diese Weise die Straßenverbindungen und die Nachschubwege für die deutsche Front zu unterbrechen. [...] 1122 Bomber des Royal Air Force Bomber Command belegten die Städte mit 5736 Tonnen Bomben, davon fiel etwa die Hälfte auf Düren, nämlich 95 Zielmarkierer, 5477 Sprengbomben und 148 980 Brandbomben. Der Luftangriff auf Düren am 16. November 1944 dauerte 21 Minuten, von 15.23 bis 15.44. Die Stadt wurde fast vollständig zerstört. Wahrscheinlich 3126 Menschen wurden sofort getötet oder starben in den folgenden Stunden und Tagen an den erlittenen Verletzungen.«

Ergänzende Sätze aus einer hektographierten Schrift, die mir später überreicht wurde: »Bis zur Eroberung Dürens durch amerikanische Truppen am 25. Februar 1945 setzten die Waffen des Erdkampfes das Zerstörungswerk fort. Nur dreizehn unbeschädigte Häuser (Bestand vor der Zerstörung: 6500 Wohnhäuser) und vier Bewohner innerhalb des Stadtbereiches verzeichnet die Überlieferung für den Tag null, als in Düren der Kriegslärm verstummte.«

So wurde Vergangenheit schmerzhaft deutlich zur dritten Dimension der Gegenwart. Leben in einer Stadt, der das Gesicht genommen wurde: In der Bombenkriegs-Statistik lag Düren mit 97,7 Prozent Zerstörung an der Spitze. Tabula rasa.

317

Belastend kommt hinzu: Die Zerstörung war militärisch sinnlos. Bereits kurz nach dem Angriff, so berichtete mir der uk-gestellte Schwiegervater, legten Pioniere zwei Trassen frei: Einbahnstraßen um den ehemaligen Stadtkern herum, und die Versorgung der Eifeltruppen, die Vorbereitungen zur Ardennenoffensive liefen rasch wieder an.

Vom 17. Dezember 1944 bis zum 25. Februar 1945 lag Düren zudem in der HKL, der Hauptkampflinie. Das heißt: die Stadt wurde von der Eifelhöhe herab von schwerer Artillerie beschossen. Allein im Areal der rüstungsrelevanten Firma, in der Edmund, der Ingenieur, arbeitete, schlugen etwa achtzig Granaten ein. Die Trümmer der Stadt wurden sukzessiv zerkleinert. Als die Amerikaner einrückten, gab es im Trümmerareal Düren nur noch die (erwähnten) vier Einheimischen und (noch nicht erwähnte) vierundzwanzig Zwangsarbeiter. Einen der vier Deutschen, einen Installateur, ernannten die Amerikaner zum Bürgermeister. Er hatte ein Zimmer in einem beschädigten Haus mit der Anschrift Paradiesplatz: Teil der erkalteten Hölle.

Manche Zeilen dieser Intrada lesen sich wie Beiträge zu einer Geschichte des Luftkriegs. Damit die Gefahr unzulässiger Abstraktion. Es war aber alles blutig konkret. Gisela hat noch mit ansehen müssen, wie Leichen und vor allem: wie aus verschütteten Kellern Teile von Leichen geborgen wurden, in Eimer gesteckt, in Säcke gestopft. Erlebtes, Miterlebtes, das sich symbiotisch übertrug, gleichfalls das Lebensgefühl formend, mitformend. Ich lebte, ich richtete mich ein in den Resten einer Totenstadt.

Auch bei diesem Pauschalwort darf es nicht bleiben, die Geschichte der Stadt auch als Geschichte des Leides, kulminierend in jenen Kriegsmonaten, die uns erspart geblieben wären, hätte Henning von Treskow mit der Sprengung der Führermaschine, hätte von Stauffenberg mit der günstigeren Platzierung seiner Bombe Hitler beseitigen können.

Leid, Schmerz, Tod in Düren – wenigstens ein einziger Hinweis. Der Chirurg des Städtischen Krankenhauses: »Es wurden uns zwei tote Kinder, ein weiteres Kind mit völlig abgerissener vorderer Bauchdecke und freiliegenden Eingeweiden noch lebend hereingebracht. Mit ihm zusammen seine schwer verletzte Mutter mit einem schwer verletzten Töchterchen, dessen Beine mehr oder weniger zerfetzt waren und amputiert werden mussten.«

Düren, an der Spitze der Vernichtungsskala. Ausgelöschte Stadt. Das muss noch präzisiert werden. Die Vernichtung des Stadtambientes, in dem auch ich mich einleben musste, und dies mit Rückwirkungen, mental.

Eine Formulierung, später, die bald zirkulierte: In die Steinzeit zurückbomben. Das war in Düren geschehen. In einer umfassenden Dokumentation unter dem Titel *Düren 1940–1947* wird das bestätigt von vielen Stimmen.

Ein evangelischer Pfarrer, vier Tage nach dem Angriff: »Ich glaube kaum, dass zu unseren Lebzeiten die so völlig ausgetilgte Stadt wieder erstehen wird.«

Ein amerikanischer Offizier, nach der Eroberung Dürens in *The Stars and Stripes*: »I suppose if the Germans still want a town called Duren after the war they will pick a good spot a few miles north and start building one.« In einer Fußnote, übersetzt: »Falls die Deutschen nach dem Kriege wieder eine Stadt namens Düren haben möchten, werden sie sich vermutlich ein paar Meilen nördlich ein nettes Plätzchen aussuchen und da was Neues bauen.«

Mit der Auslöschung der Stadtstruktur auch die völlige Vernichtung von Infrastruktur, kurzum: Chaos. Eine Lehrerin, zuvor evakuiert: »Von Norden kamen wir in die Stadt hinein. Tote Pferde und Kühe lagen hässlich am Wege. Da waren wir an den ersten Häusern der Stadt. Wie sah es dort aus. Möbel, Herde, Öfen, Hausrat, Wäsche, Bettzeug, alles lag vor den Häusern. Der Regen der letzten Tage hatte schon großen Schaden angerichtet. Schwarze Soldaten kamen uns entgegen, machten mit uns kehrt und fuhren vor uns, hinter uns, neben uns.«

Zur Situation März 45: »Nun hatte Düren einen Bürgermeister, der mit einer Schreiberin auf dem Paradiesplatz die ganze Verwaltung Dürens leitete und der sich freute, dass die Stadt um einige Bürger reicher wurde. Die Versorgung der Leute war denkbar einfach. Auf dem Paradiesplatz wurde für die ganze Stadt gekocht, Essensausgabe während der Mittagsstunden. Die Lebensmittel lieferten meist die leerstehenden Dürener Keller, Gemüse die brachliegenden Gärten, ein Schaf, das vor Ostern auf eine Mine gelaufen war, reichte aus, um ganz Düren mit Fleisch und Fett zu versorgen. Auf dem Paradiesplatz hingen die wichtigsten Bekanntmachungen aus: Ausgang bis 6 Uhr abends, Ansteckungsgefahr durch ungekochtes Wasser, Verbot für Benutzung der Klosetts, weil das Kanalsystem zerstört war. [...] Schwer, sehr schwer mussten wir arbeiten, denn Männer waren nur wenige in Düren, und wenn wir gerne unsere Dächer gedeckt und unsere Fenster geschlossen haben wollten, so mussten wir Frauen selbst Hand anlegen, und mehr als einmal waren wir fest entschlossen, das armselige Düren wieder zu verlassen.«

Eine weitere Stimme (Vater eines Mitschülers, der zu sarkastischen Äußerungen neigte): »Die Wiederbesiedlung Dürens ging nicht nach einem aufgestellten Plan vor sich. Etwa so, dass sich der Rückkehrwillige an die Behörde wandte und um Zuweisung einer Wohnung oder eines Obdachs ersuchte. Im Gegenteil ging es vollständig planlos vor sich. Wer kam, war eben da. Dem Wohntriebe, einer Abart des Selbsterhaltungstriebes, blind gehorchend, suchte sich jeder Ankömmling zuerst eine Wohnung oder etwas, was einmal eine Wohnung war und zu einer solchen durch eigene Kraft oder mit Hilfe des lieben Nächsten und auch der Behörden vermutlich wieder hergerichtet werden konnte. Zunächst wurden die vorhandenen Löcher, also die Stellen, wo einmal Türen, Fenster, Dach waren, mehr oder minder sachgemäß zugestopft. Dazu dienten dann Bretter in jeder Form, Bleche, Dachpappe, Dachziegel (sie waren auf leerstehenden Gebäuden zu ergattern), Glas (sehr oft aus Treibhäusern und Gemüsebeeten) und sonst alles, was sich irgendwie dazu eignete. [...] Wer seine frühere Wohnung noch vorfand, zog natürlich in diese. Und wer sie nicht mehr vorfand, zog in eine der leerstehenden Wohnungen. Auf den früheren Bewohner nahm man keine Rücksicht. ›Wer zuerst kam, mahlte zuerst.‹ Wer in seiner Wohnung noch Möbel vorfand, war vom Glück verfolgt. Und wer nichts mehr hatte, musste ›organisieren‹. Das wurde gemacht, indem man aus noch unbewohnten Wohnungen die Möbelstücke, die man brauchte (der Begriff des ›Brauchens‹ war sehr weit gefasst) herausholte.«

Vier Jahre später trafen wir in Düren ein. Und das lag, weithin, noch immer »in Schutt und Asche«. Wir lebten uns ein in einer langsam rekultivierten Trümmerwüste.

Später sagte ich mir: Diese Trümmerwüste war wenigstens nicht auch noch radioaktiv verseucht. Da hätte man sie wirklich nicht wieder besiedeln können, höchstens nach etlichen Jahrzehnten.

Weitere Schadensmeldungen: »Bis Ende 1947 konnten in der Innenstadt lediglich die Hauptverkehrsstraßen behelfsmäßig befahrbar gemacht werden.« Noch lange die Trampelpfade quer über Trümmerstätten. Ein zu Ostern 1949 veröffentlichter Plan der Innenstadt weist noch ein Dutzend nicht passierbarer Straßen auf.

»Bis Ende November 1947 waren von der Gesamtschuttmenge der geschätzten 1,63 Millionen cbm erst circa 55 000 cbm entfernt. Bis zum Ende der großflächigen Trümmerbeseitigung am 30. April 1958 wurden durch die Stadt 1 444 097 cbm Schutt und durch Private 105 138 cbm Schutt abgeräumt.« So weit die Statistik der »Entschuttung«.

Wenn ich Fotos und Filmsequenzen sehe von Trümmerfrauen, die Ziegelstein um Ziegelstein um Ziegelstein aus Trümmerhalden heben, lösen, brechen, dann den Mörtel von den Bausteinen abklopfen, so scheint es mir unvorstellbar, dass aus solch einer Trümmermasse in anderthalb bis zwei Jahrzehnten erneut eine Stadt werden konnte. Eigentlich hätte man nach dem psychischen und physischen Energieverbrauch der allzu langen Kriegsjahre so etwas wie flächendeckende Resignation und Lethargie erwarten können, kollektive Erschöpfung. Woher aber diese ungeheure Kraftentfaltung eines ausgepowerten Volkes? Nach kurzer Verwirrung packte man zu, begann mit größtem Schwung aufzuräumen, aufzubauen – und das in Jahren fast permanenter Angst vor einem Krieg zwischen Russen und Amerikanern. Schon Oktober 1945 wurde in einem Brühler Tagebuch vermerkt: »Man spricht jetzt so viel vom Krieg mit Russland, und tollste Gerüchte über neue Einberufungen gehen rund.«

Es ist leicht, sehr leicht, für den erneuten Aufbruch Pauschalwörter einzusetzen wie »Überlebenswille« – sie erklären nicht die Explosion kollektiver Energie nach langen Jahren äußerster Anstrengungen, ja von Exzessen. Ich habe miterlebt, wie aus der Trümmerhalde wieder eine Kreisstadt wurde, mir steht ein Begriff zur Verfügung wie »Aufbauwunder«, aber dies bleibt ein Vorgang, den ich nicht begreife, so viele Wörter ich auch zur Erklärung heranziehen mag. Die solch eine Stadt aufzubauen begannen, sie waren angeschlagen, waren krank oder siech oder lädiert, hatten zu wenig zu essen. Und: sie konnten Baustoffe nicht einfach irgendwo bestellen, alles musste aus Schutt geklaubt, musste organisiert werden, dies auch gegen Widerstände einer Bürokratie, die rasch wieder die alten einschüchternden Posen einnahm.

Das Bild des neuen Düren ist für mich wie ein Palimpsest: Unter dem heutigen Stadtbild wird zeichenhaft das Erinnerungsbild der alten Stadt sichtbar, die zuvor an dieser Stelle gestanden hat und der gegenwärtigen Stadt so fremd und so fern ist, als hätte sie fünfhundert Kilometer weiter südlich oder östlich gestanden. Jede der kahlen Hausfronten (auch hier: »Architekturen, die auf Zweckmäßigkeit hin gebaut waren«) verweist auf die vielgestaltigen Fassaden einer historisch gewachsenen Stadt. Die Uniformität, die sich schon aus der Simultaneität des Aufbaus ergab, bildet einen extremen Kontrast zum Facettenreichtum jener versunkenen Stadt mit ihren öffentlichen Gebäuden, ihren Häusern und Häuschen aus verschiedenen Jahrhunderten. In einem Bildband mit etwa 300 Aufnahmen des alten Düren blätternd, möchte ich einen vielstrophigen Klagegesang anstimmen auf eine Stadt, die unterging in Feuer und Rauch. Hemingway in einer der Reportagen: »Eine zu Staub zermahlene Stadt.« Ich verlerne nicht das Staunen darüber (und überwinde nie meine Angst davor), wie Militärs auf einen Schlag den Tod Tausender von Zivilisten einplanen können und die völlige Vernichtung einer Stadt.

Das Beispiel Düren zeigt, dass es auch ohne die Entwicklung von Kernwaffen möglich war (und heute erst recht möglich ist), eine Stadt, an der jahrhundertelang gebaut worden war, in wenigen Minuten auszulöschen. Knapp die Hälfte der Einwohner war zu jenem Zeitpunkt evakuiert – Düren war bereits mehrfach bombardiert worden, wenn auch längst nicht so systematisch. Von den verbliebenen rund 20 000 Einwohnern starben, wie schon erwähnt, mehr als dreitausend an jenem Nachmittag. Man müsste eine Ausstellung machen mit mehr als dreitausend Fotos von Bombenopfern, dann würde wenigstens ansatzweise sichtbar, wie viel Leben allein hier vernichtet wurde.

Was an Gebäuden zerstört wurde, das lässt sich leichter vergegenwärtigen – der Bildband zeigt es in einer Fülle, fast Überfülle von Details. Etwa: die sechs klassizistischen Säulen und der Architrav des Vorbaus der Auferstehungskirche ... Villen mit Erkern, Türmchen, festlichen Einfahrten ... kleine alte Häuser (»Krüffesje«), das Fachwerk zum Teil von Verputz überdeckt, dennoch: jedes Haus hatte individuellen Zuschnitt ... das hohe, helle Hauptschiff der Annakirche, an einer Säule der Vierung die Barockkanzel ... die klassizistische Fassade des Hauses mit dem Restaurant »Zum Altdeutschen« ... der mächtige Giebel (in einer Höhe von vier Stockwerken) des Kornhauses, das im 16. Jahrhundert erbaut worden war, Backsteinfassade mit kleinteilig gerasterten Fenstern, mit Schlagläden in den oberen Stockwerken ... das Gewandhaus, ebenfalls aus dem 16. Jahrhundert, mit einem berühmten Buntsandsteinerker in reichem Steinmetz-Zierwerk ...

Dieser Abgesang ließe sich noch lange fortführen, aber: Stichworte ersetzen nicht optische Eindrücke, sie können nur andeuten, was mir in der Stadt der heutigen Zweckbauten fehlte: belebendes, weil von Generationen vielgestaltig angereichertes Ambiente. Doch Beschwörungen vermitteln noch kein Bild, keinen Gesamteindruck. Letztlich könnte nur eine Auswahl von Fotos deutlich machen, was ich meine, das Lebensbuch kann aber nicht zugleich Bildband werden. Dabei sind es Bildbände oder bebilderte Bücher, die mir den Kontrast deutlich machen mit immer weiteren Details. Der Blick auf das vormalige Rathaus mit der klassizistischen Fassade, daneben die Renaissancefassade eines reichen Bürgerhauses und hochragend der Turm der Annakirche, an der seit dem 14. Jahrhundert gebaut worden war, und eine gotisch überspitzte Mariensäule – alles auf einen Blick! Und der kopfsteingepflasterte Annaplatz mit dem Wochenmarkt, bei dem die Stände noch nicht auf Linie gebracht waren; mit im Bild ein halbes Dutzend Giebelhäuser der verschiedensten, durchweg historischen Bauformen. Und das Stadttheater von 1907, drei Eingänge, fünf große Frontfenster mit Balkons, ein Fries hoch oben und Figurengruppen in Stein; der Blick von der Bühne in den Innenraum mit Parkett, zwei hufeisenförmigen Rängen, einer hohen Deckenkuppel, und es soll, unter der Intendantin, herausragendes Theater geboten worden sein. Die Fassade und weithin die Umfassungsmauern hatten den Angriff überstanden, aber was die Bomben nicht schafften, vollstreckte die Abrissbirne.

Auch dieses Theater, wie das gegenüberliegende, glücklicherweise noch weithin erhaltene Museum: Stiftungen reicher Bürger. Ein Promille der Bürgerschaft waren Millionäre – und wer in den ersten Jahrzehnten des 20. Jahrhunderts mehr als eine Million Reichsmark im Rücken hatte, der hätte heute, in der Kaufkraft, durchaus eine Null hinzufügen können. Auch dieser Reichtum prägte das Stadtbild: opulente Villen mit gepflegten Gartenanlagen – nicht vor der Stadt, sondern *in* der Stadt. Und das alles plattgeschlagen, zertrümmert, pulverisiert.

In den Jahrzehnten nach der Auslöschung: ich bewege mich nur im Eilschritt durch die Stadt, gleichsam blindlings, zuweilen mit leichtem Schweißfirnis des Entsetzens auf der Stirn. Kein Baudetail hält meinen Blick fest, lässt mich langsamer gehen, stehenbleiben, keine Konstellation von Baukörpern – wie etwa in der Altstadt von Mainz, dies auch nach dem Wiederaufbau. Düren als Koordination von Stellen, an denen man etwas zu erledigen oder einzukaufen hat. Dieses Stadtsystem von Verwaltung und Verkauf lässt sich nur unter einem Aspekt preisen: Dass man von hier aus leicht Aachen und Köln und verhältnismäßig rasch Bonn oder Düsseldorf erreicht. Und natürlich die Eifel.

Gefühle konnten, können sich für diese auf altem Raster neu erbaute Stadt kaum entwickeln. Schon gar nicht Amplituden von Hochgefühl. Mit dieser Stadt war auch, nachwirkend, Lebensgefühl eingeebnet worden.

Geläufiger Ausdruck: Trümmerwüste. Aus dieser Wüste ragten Brandmauern, Brandmauerfragmente, Kamine, ragten Fassaden, Fassadenfragmente, ragten Denkmäler. Wüste mit vertikalen Zeichen, die Zerstörung akzentuierend. Eine Stadt wie zertrümmert mit himmelhohem Hammer. Oder als hätten Dämonen getobt mit Abrissbirnen, sie wie Hammerwerfer schwingend, in rasend schnellen Körperdrehungen alles plattmachend.

In der zerstörten Stadt wurden erst einmal Straßen freigeräumt, wurden Gleise von Feldbahnen verlegt, so weit das Material reichte. Werktag um Werktag fuhren auf wackligen Gleisen trümmergefüllte Feldloren dahin, von kleinen Diesellokomotiven gezogen. Es rumpelten die voll beladenen Loren hinaus, es rappelten die leeren Loren zurück. Und mit Gepolter und enormer Staubentwicklung wurden sie von Baggern wieder gefüllt, von vielen Schaufeln unterstützt.

Funktionierende Bagger waren rar. Sie waren oder schienen größer als heutige Bagger, waren meist noch von Dampfaggregaten angetrieben, fraßen sich langsam vor durch die Trümmermassen. Ich behielt das im Blick: Ein riesiger blauer Bagger, dampfend, qualmend, musste sich vielfach erst die Arbeitsfläche schaffen im durchweg unterkellerten Areal,

Kellermulden wurden mit Schutt aufgefüllt, so konnte sich das Ungetüm wieder ein paar Meter voranarbeiten. Wie viele Bagger waren gleichzeitig im Einsatz in der Stadtwüste? Es dürften kaum mehr als zwei oder drei gewesen sein, doch in der Erinnerung ist es nur der Einzige, der blaue. Auch Jülich brauchte Bagger, erst recht brauchte Köln viele Bagger, ebenso Aachen; zahlreiche Bagger aber waren zerstört worden, auch fehlten Ersatzteile. Die solitären Bagger hätten eigentlich so groß sein müssen wie die Gigantenbagger des Braunkohletagebaus. Aber so viel hätten die Feldloren wiederum nicht wegschaffen können, an deren Gleisen wir entlanggingen, deren Gleise wir überquerten – die Pfiffe der kleinen Lokomotiven waren hell und spitz.

In späteren Jahren habe ich einen der größten Trümmerberge des früheren Reichsgebiets bestiegen, den Teufelsberg in Berlin-West, aber da war über den Trümmern wortwörtlich Gras gewachsen. Auch vor Düren wuchs der Trümmerberg am Weyerhof heran – die Loren der Kleinbahn transportierten den Schutt freilich erst mal zu einer Sortieranlage, hier wurden noch verwendbare Ziegelsteine auf Seite gelegt, wurde kleinteiliger Baustahl gesammelt. Der überwiegende Rest kam auf die Halde am Rand des Burgauer Waldes, in Sichtnähe einer Ausfallstraße eifelwärts. Die lange Zeit der »Entschuttung« machte anschaulich, dass Düren eine bis zu den Fundamenten, bis in die Keller zertrümmerte Stadt war.

(Später wurde am Fuß der Schuttdeponie eine Schießsportanlage errichtet – die Trümmer der bombardierten Stadt als Kugelfang für verirrte Geschosse.)

Staunend registrierte ich, wie neue Häuser, immer weitere neue Häuser entstanden. Die ersten Fotos, die ich machte, mit der Box: Fotos von Häusern, die in der Innenstadt gebaut wurden. Ein neuer Dachstuhl mit Richtkranz: ein Foto wert! Der Betonguss einer neuen Brücke über die Rur, ebenfalls fotografiert: »Das wird die neue Johannisbrücke.« Ich war Zeuge eines Neubeginns: die Fotos, die ich damals machte (sparsam!), sie dokumentierten nachträglich, nachwirkend, welches Ausmaß, welchen Umfang die Zerstörung erreicht hatte.

Eine völlig zerstörte Stadt: so etwas musste ich mir nicht ausmalen, Feldlorenzug nach Feldlorenzug nach Feldlorenzug machte anschaulich, in wie viele Trümmer-Kubikmeter eine Stadt zerschlagen werden kann. Diese Trümmer abgefahren auf Gleisen, die aussahen, als könnten sie jederzeit zerbrechen: übermäßige Materialbelastung. In Dutzenden von Städten solche Gleisstrecken – als hätte sich die Kriegswirtschaft, Rüstungswirtschaft in der Phase des Untergangs rasch noch auf die Massenproduktion von Schienen und Kipploren konzentriert.

Die von kleinen, kompakten Diesellokomotiven gezogenen Lorenzüge: ständige Präsenz in den ersten Jahren. Denn vom Haus in der Frankenstraße musste ich durch das ehemalige und künftige Stadtzentrum gehen, zur Schule am Kriegerdenkmal (längst weggeräumt). Schulweg durch ein Areal der Verwüstung, in dem sich einzelne Neubauten noch nicht zu Ensembles verbanden. Wird nicht gesagt, geschrieben, dass leere Räume »gähnen«? Dann waren die Neubauten im Stadtkern noch umgeben von weitmäuligem, unablässigem Gähnen. Aber dieses Gähnmaul wurde gestopft, Neubau um Neubau, und weil das rasch gehen musste und weil kein Aufwand getrieben werden konnte, entstand Auswechselbares.

Erweiterung der Ortserkundung: Mit meinem Vater bin ich, im ersten Jahr nach der Ankunft, zuweilen in die Nordeifel geradelt, und wir sahen kahlgeschossene Bäume, sahen Stämme ohne Äste, sahen Panzerwracks, noch immer, vor allem in der Region des Hürtgenwalds.

Und später: Ich kann den steilen Hangweg von der Mestrenger Mühle im Kalltal hinauf nach Vossenack nicht gehen, ohne mir zu vergegenwärtigen, wie hier, auf schmalem Weg, Sherman-Panzer herunterfuhren – nein, wie sie herunterkrochen, und sie rutschten vom Weg ab, der völlig verschlammt war, fuhren auf Minen, verloren Raupen oder gingen kaputt, andere Panzer mussten an besonders steilen Wegstücken mit Abschleppseilen und Winden gesichert werden; trotz hoher Verluste erreichten die ersten das Kalltal, fuhren über die kleine Steinbrücke, und dann ging es auf dem Zick-Zack-Steilweg hinauf nach Froitscheid; große Mühen, die schweren Fahrzeuge in den Spitzkehren jeweils in die andere Fahrtrichtung zu manövrieren, und weithin das Gelände vermint und weiterhin Beschuss, und Regen, Schnee, Kälte: Krieg als blutige Schinderei im Dreck – von diesen Assoziationen komme ich nicht los bei manchen Eifelspaziergängen.

UND KRIEG IN KOREA! Nach vier Leerzeilen im Tagebuch erneut Notizen: ein Kriegstagebuch. Die erste Aufzeichnung datiert auf den 15. Juni 1950. Fünf Jahre nach Kriegsende! Im ersten Jahr in Düren, dem man Krieg und Kriegsfolgen noch flächendeckend ansah! Helene stöhnte: Schon wieder Krieg! Der Kriegsschauplatz zwar weit entfernt, aber ein erster Stellvertreterkrieg zwischen den Machtblöcken Ost und West, die auch in Zentraleuropa gefährlich dicht aneinander herangerückt waren.

Auf meine Weise zog ich das »Kriegsgeschehen« an mich heran. Die Schrift, noch immer mit Füllfederhalter, sie hat sich deutlich verändert, ist kleiner, klarer, entschiedener geworden. Ende der Kindheit, der ersten Jugendjahre, auch graphologisch ablesbar, erkennbar.

Auf die linke Seite klebte ich jeweils einen Zeitungsausschnitt mit der vereinfachten Landkarte von Korea, die Grenzlinie des 38. Breitengrades gestrichelt, Angriffskeile – erst einmal von Nordkorea herab südwärts – in fetten, schwarzen Pfeilen. Später dann Pfeile nordwärts.

Weitaus mehr Text in diesem Kriegstagebuch als in den Aufzeichnungen von Herrsching. Ich überfliege, lese an. Etwa zur Lage am 30. Juni: »Über Korea rast der Monsun, daher kann die [amerikanische] Luftwaffe kaum eingreifen. Sie bombardiert Kimpo und die Spitzen der [nordkoreanischen] Panzerkeile. Aufbau einer Abwehrfront immer schwieriger; daher überstürzte Brückensprengungen mit zahlreichen eigenen Verlusten der Südkoreaner. Nordk. haben russische T-34-Panzer. Die amer. Düsenjäger starten von Flugplätzen, die 600 km entfernt sind, so dass ihnen für die reine Kampfzeit nur 15 Min. übrig bleiben.«

Lage am 19. Juli: »Am Mittwoch landete um 7 Uhr die 1. amer. Kavallerie-Division (eine Panzerdivision) mit Amphibienfahrzeugen im Hafen Pokang. Die Amer. stießen mit Panzern und motorisierten Truppen sofort ohne Widerstand in das Land vor und bildeten einen Brückenkopf. Zahlreiche Maschinen bildeten einen Luftschirm und alliierte Kriegsschiffe eine Feuerglocke.«

Die Zitate dürften reichen. Ich stehe vor der Frage, was mich zu den Aufzeichnungen (mehr oder weniger frei nach Presseberichten) motiviert haben könnte. Lust an präzisen Benennungen, Bezeichnungen, Beschreibungen? Panzerkeil ... Abwehrfront ... Kavallerie-Division ... Brückenkopf ... Feuerglocke ... Faszination am ›Kriegstheater‹? Wohl kaum. Schließlich lebten wir in Düren, das zu mehr als zwei Dritteln noch immer in Trümmern lag: permanente Belehrung über Krieg! Und nun wieder Krieg – also wieder Zerstörung, auch von Städten? Und das in unserer Zeit mit den stärksten Massenvernichtungsmitteln der Historie? Und damit: keine Trennung mehr, nun erst recht nicht mehr, zwischen Soldaten und Zivilisten? Nach der Atombombe war bereits die Wasserstoffbombe in Planung, eine Bombe also, in der eine Atombombe nur als Zünder diente für unvorstellbar verstärkte Sprengkraft. Das wurde sicherlich auch in der Frankenstraße erörtert. Die Eltern Mitte vierzig, und ein Krieg, der leicht zum dritten Weltkrieg eskalieren konnte. Und das doppelte Deutschland als Kriegsschauplatz? Die beiden Macht- und Militärblöcke in Berlin und bei Berlin unmittelbar konfrontiert – wie leicht konnte ein Funke überspringen!

So weit werde ich, mit 15, wohl kaum gedacht haben, aber Besorgnis, Angstgefühle werden sich übertragen haben, atmosphärisch. Aber warum meine Aufzeichnungen? Doch wohl mit dem Bewusstsein, dass etwas Besonderes geschah, dass bedrohliche Auswirkungen zumindest denkbar waren – dies sicherlich artikuliert von den Eltern, wenn auch kaum am gemeinsamen Esstisch.

Offenbar spielte bei der Führung des kleinen Kriegstagebuchs mit, dass ich Vertrauen hatte in die Berichterstattung, und so schrieb ich mit dem Füllfederhalter wörtlich ab, was gedruckt vorlag, in einer überregionalen Zeitung, die, von den Eltern gelesen, für mich bereitgelegt wurde zum Schnibbeln. Nun musste nicht mehr ein Magisches Auge aufleuchten, möglichst hell im grünen Doppelfächer der Feinabstimmung, um Klarsicht anzuzeigen, nun konnten, durften wir den schematischen Darstellungen großer Truppenbewegungen trauen, den begleitenden Texten. Vorbei die Zeit, in der wir nicht (mehr) wussten, wo die Markierungsstecknadeln in Landkarten zu platzieren waren – wer die schon etwas zu nah bei den Reichsgrenzen feststeckte, der konnte sich verdächtig machen, der konnte (auch als Kind, erst recht bei fraglicher, bei fragwürdiger Herkunft) einen riskanten Beitrag zur ›Wehrkraftzersetzung‹ leisten, konnte zumindest die Eltern in die Verdachtzone rücken. Das aber war nun vorbei, also zu Leimtube und Füllfederhalter gegriffen!

DIE SCHULE: grauschwarzes Gebäude mit »vernarbtem« Verputz: Einschüsse, Einschläge von Bombensplittern. Und die Fensterflächen stark reduziert: Glasstreifen zwischen Papp- und Sperrholzflächen. Diese Glasstreifen fielen des Öfteren in den Raum oder hinaus – eher, als sie ersetzt werden konnten, also Zugluft, kalt, vorwiegend kalt. Wir saßen auf eigentlich zu kleinen Bänken (vorgesehen für »I-Dötze«, also Erstklässler); und so wurden sie für uns Größere auf Ziegelsteine gesetzt.

In diesem ehemaligen Lyzeum waren drei Gymnasien und eine Hilfsschule (Sonderschule) im Schichtbetrieb untergebracht – die Bankhöhe musste also variiert werden können für die Großen und die Kleinen und die Behinderten. Wenn wir nur ein wenig wackelten, vorsätzlich oder versehentlich, so rutschte, rumste die Bank von den Ziegeln.

Ablenkungsgeräusche auch durch den Bollerofen, dessen Rohr zum Fenster hinausführte: wiederholt musste am Rost gerüttelt (»gerackelt«) werden. Und Briketts, von feuchtem

Zeitungspapier umwickelt, wurden nachgelegt. Weiter: Holz der Tür war geraubt und irgendwann irgendwo verheizt worden, die Leerflächen mit Blech abgedeckt, so gab es einen kleinen Theaterdonner, wenn die Tür zuschlug. Die Tafel war keine Tafel, sondern ein großes, an den Rändern ausgefranstes Stück Pappe, auf eine Kiste gesetzt, die zugleich Papierkorb war. Viel Papier wurde aber nicht reingeworfen, es war immer noch schwer genug, an Schulhefte zu kommen – die Schrift lief breit aus wie auf Löschpapier. Und bei Schulbüchern blieb manches erst mal beim Alten.

Raue Rahmenbedingungen, Arbeitskonditionen. Eine Zeit, weiterhin, öffentlicher Rohheit, Gewalttätigkeit – im halben Jahrzehnt nach dem Krieg noch immer nicht neutralisiert, noch immer nicht abgebaut. Selbst im angesehenen, traditionsreichen Gymnasium blieb Gewalt mehr als latent, wurde wiederholt zur Erfahrung. Ein erstes Exempel.

Auf dem Pausenhof der Tivolischule wieder mal eine Schlägerei, Fäuste wurden mit voller Wucht in Gesichter (»in die Fressen«) gerammt; der Sportlehrer, Pausenaufsicht führend, eilte herbei, und seine Anweisung an uns Gaffer lautete: Macht den Kreis weiter! So konnte für die Schläge weiter ausgeholt werden. Nun erst recht keine Intervention, nur anfeuernde Rufe, bis Pausenende.

Immerhin konnte schon 1952 das Stiftische Gymnasium von der im »Schichtdienst« vierfach belegten Behelfsschule umziehen in einen großzügig angelegten Neubau (»am Altenteich«). Der Hauptbau fast parallel zum Sockel der früheren, weder von Bomben noch von Spitzhacken niedergelegten Stadtmauer des Mittelalters, zwischen dem immer noch massiven Rudiment des »dicken Turms«, der früher die Südwestecke der Stadtfestung geschützt hatte, und einem kleineren Turm der Stadtmauer. Dieses größte Fragment der früheren Stadtbefestigung wurde begleitet von gärtnerisch gestalteten Flächen.

Eigentlich wäre hier ein optimaler Ansatzpunkt zur Stilisierung: Der »dicke Turm«, das schulterhohe Rudiment der Stadtmauer hinüber zum kleineren Turm, dies als gemauerte

Aufforderung, mich intensiv auf das Mittelalter einzulassen, angeführt von Dichtern. Ich könnte diese Monument-Dokumente vorzeigen, vor allem: die Mauermasse des dicken Turms, der weithin die Jahrhunderte überstand und nicht einmal beim Auslöschungsangriff kleinzukriegen war, wenn auch gleichsam enthauptet und seitwärts aufgerissen. Nichts mehr vom Turmraum im ersten Stock, der früher noch genutzt, ja bewohnt werden konnte mit seinem Fenster, seinem Kamin, und obendrauf einer Plattform, die sich freilich in ein dicht und hoch bewachsenes Rondell verwandelt hatte. Alles weggesprengt, kahlgeschlagen, aufgerissen, aber noch immer ein massives Zeichen.

Dieser dicke Turm (wegen seines Alters auch als Römerturm bezeichnet, ebenso als Verckensturm, demnach, im Grundgeschoss, zeitweilig als Stallung von Ferkeln (Ferkes) genutzt), dieses Monument-Rudiment verbindet sich für mich nur mit Erinnerungen an Dauerlaufrunden mit den Turmmarkierungen als Brennpunkten der Ellipse, zugleich als Sichtschutz gegenüber dem Sportlehrer, der nicht bei jeder Runde die Gruppe durchzählte und mich (»ferner liefen«) schon gar nicht im Blick behielt, also konnte ich, an die Mauermasse gelehnt, schon mal eine Runde aussparen, gemeinsam mit dem widerborstigen Spitzensportler der Klasse, der auch nicht so recht einsehen wollte, weshalb die immer gleiche Runde derart oft wiederholt werden musste, warum man sich nicht, zwischendurch mal, an das womöglich sonnengewärmte Gemäuer lehnen sollte zu kurzem Plausch, um sich der trabenden Gruppe dann wieder anzuschließen.

Nein, dieses optische Angebot kann nicht umgewidmet werden zum Impulsgeber späterer Beschäftigung. Eher kann ich vor mir bestehen mit der Erklärung, dass die Jahre in der abgeräumten, ja wie leergefegten Stadt, dass dieses Leben in einer mit Zweckbauten bestückten Tabula rasa eingewirkt hat auf mich, und ich suchte Ausgleich, wollte kompensieren. Es geht im »Quartett des Mittelalters« ja nicht nur um vier Dichter, ich habe jeweils versucht, Ambiente, auch städtisches, des hohen und späten Mittelalters verbal zu rekonstruieren, etwa mit einem Brixen, mit einem Straßburg. Diese, solche Städte in Ambientes, die sich von unseren Lebensräumen fundamental unterschieden.

Auf der Tabula rasa schließlich eine Tavola longa, an der meine Dichter Platz nahmen mit Begleitpersonen, und aus Wörtern wurden soufflierte Bilder. Dies im Kontrast zu Bildern, die mich umgaben, damit Konturen deutlicher hervorhebend. Ja, Beschäftigung mit Vergangenheit lässt mich Gegenwart genauer sehen. Ich gehe von mir aus und kehre zu mir zurück mit anderer Wahrnehmung meiner selbst.

Gewaltanwendung auch im Neubau, dem lichten, des Gymnasiums. Beim Lateinlehrer musste man sich neben den Tisch stellen, wenn er individuell Vokabeln abfragte; konnte eine Vokabel nicht richtig oder gar nicht benannt werden, setzte es, beinah rituell, einen mehr oder weniger heftigen Fausthieb genau auf das Brustbein. Die Vokabelliste konnte an schlechten Tagen ziemlich lang sein, da schmerzte mit dem Brustbein der Brustkorb. Bei einem lang aufgeschossenen Schüler, den der gedrungene, »schlagfertige« Lateinlehrer überhaupt nicht verknusen konnte, wurde mal so hart zugeschlagen, dass er rücklings über den Tisch des Hintermanns geschleudert wurde.

Ein Sport- und Englischlehrer, der mich nicht ausstehen konnte, vor allem, weil mein »th« undeutlich blieb infolge Zahnregulierung, er sprang in einem Wutanfall mit kurzem Anlauf hoch auf den Tisch vor mir, schrie und schlug auf mich herab. Da konnte ich nur den Kopf einziehen.

Aufgewachsen noch in jener Zeit öffentlicher Rohheit, hat Gewalt für mich überhaupt keinen »thrill«, keinen Kitzel; in Filme mit betonten Gewaltszenen gehe ich gar nicht erst rein: Lust an Gewalt, falls ich sie je gehabt hätte, sie ist mir ausgetrieben worden.

Der Schulneubau am »Römerturm«: Was lasen wir eigentlich im Lateinunterricht? Caesar, *De Bello Gallico*. Multis de causis Caesar statuit sibi Rhenum esse transeundum. Überwiegend Kampfhandlungen, portionsweise übersetzt, zuweilen von Faustschlägen punktiert. Multum cum in omnibus rebus, tum in re militari potest Fortuna. Überall entscheidet sehr viel der Zufall, am meisten aber im Krieg …

Im Namen Caesars wurde mir wenig Wegzehrung mitgegeben auf den weiteren Lebensweg. Eingeprägt hat sich eher die *Aeneis*. Nein, das ist schon zu umfassend: eingeprägt haben sich ein paar Details, Sequenzen. Natürlich Aeneas, der seinen Vater auf dem Rücken aus dem brennenden Rom trägt. Da flackerte, gloste, flammte Feuer, wie ich es in Bayenthal gesehen hatte mit sicherlich geweiteten Pupillen: In dieser Doppelbelichtung brannte sich das Bild ein in die Erinnerungssubstanz.

Weiter zum Curriculum: ich habe auch Griechisch gelernt auf dem Altsprachlichen Gymnasium. Auch hier wurde kaum Begeisterung geweckt, schon gar nicht nachhaltige.

Wieder der Text eines Militärhistorikers: Xenophons *Anabasis*. »Erblickte er den König und das Gefolge, das ihn umgab, und so hielt er nicht länger an sich, sondern sprengte mit den Worten auf ihn los: ›Da seh ich den Mann!‹, schleuderte den Speer nach seiner Brust und verwundete ihn durch den Panzer …« Die Texte wurden von Griechischstunde zu Griechischstunde segmentiert in Sequenzen von zehn oder zwölf Zeilen, als Hausaufgabe zu erarbeiten, im Unterricht zu präsentieren und zu kommentieren.

Naheliegende Assoziation: Der verhasste Rahmspinat, den ich mit der Gabel glattstrich, dann in Segmente aufteilte etwa in der Größe von Sonderbriefmarken, sodann Abschnitt um Abschnitt abarbeitete. Das blieb auch so bei der *Odyssee*. Zehn Zeilen Hexameter und wieder zehn Zeilen Hexameter und wieder und wieder zehn Zeilen Hexameter, an denen arbeiteten wir uns ab, Zusammenhänge wollten sich nicht einstellen. Kein Ausblick, kein Rundblick, nur immer Textsegmente, punktuell entschlüsselt und abgehakt. Erst nach dem Abitur verschaffte ich mir Überblick, las die *Odyssee* in der Übertragung von Rudolf Alexander Schröder, gedruckt auf extrem holzhaltigem (mittlerweile stark eingebräuntem) Papier der Nachkriegsausgabe.

Und griechische Dramen? Gewannen auch erst nach dem Abitur an Präsenz, auf Bühnen. Fremd klingend noch bei Kathina Paxinou im Odeontheater am Fuße der Akropolis, sie röhrte sich antiken Seelenschmerz aus dem Leibe, das Amphitheater und den Luftraum füllend bis zur Abgrenzungsmauer hoch droben, an der (auch) ich stand.

Stichwort Deutschunterricht. Hier herrschte die Restauration der Adenauer-Ära. Was sich exemplarisch festmachen lässt an Werken von Autoren, die damals Maßstäbe setzten.

Andres, Stefan. Wir lasen die damals berühmte Novelle *Wir sind Utopia*. Verfasst von einem der Dichter, die wir auch in einer Schullesung miterleben konnten: Stämmiger Mann mit rollendem Bass, der aus einem ungeheuer bedeutsam allegorischen Text über allgemeine Zeitläufte rezitierte, sodann in kleiner Runde mit weiterhin dröhnendem Bass sein hochgelegenes Haus in Unkel am Rhein pries und selbstverständlich den Wein, der auch in der Umgebung jenes Dorfes heranreift.

Bergengruen, Werner. Sein Roman *Der Großtyrann und das Gericht* wurde uns angepriesen als eins der ganz großen Werke deutschsprachiger Literatur. Gekauft habe ich mir das Buch erst später, antiquarisch. Habe es aber nur mal aufgeklappt, mein Blick fiel ausgerechnet auf solch einen Satz: »Denn in ihrem Gedächtnis hatte sich eine Verschiebung ereignet, derzufolge ihr nicht mehr bewusst blieb, wie Pandolfos Sterben plötzlich geschehen war, nicht sehr lange, nachdem er das Haus verlassen hatte.« Ohjeohje. Was uns von Bergengruen im Gedächtnis blieb, was wir freiwillig immer wieder zitierten, was als Zitat Flügel bekam: »Es roch so warm nach den Schafen, /Da sind sie eingeschlafen ...«

Carossa, Hans. Der Arzt, der so aussehn wollte wie Goethe (darin mit Gerhart Hauptmann wetteiferte), der auch schreiben wollte wie Goethe (was der späte Hauptmann ebenfalls versuchte, und das Fiasko folgte auf dem Versfuß). Was wir bei Carossa wohl lernen sollten: betuliche Art, mit Realitäten umzugehen. Assoziation, vielleicht irreführend: Ein Brunnen plätschert in einer Vollmondnacht.

Weinheber, Josef: gefeierter Repräsentant von Dichtkunst im Dritten Reich, nach 1945 weitergefeiert als Großmeister der Formgebung, des Formwillens, der Formvollendung und so weiter. Brachte sich beim Einmarsch der Amerikaner formlos um.

Hermann Hesse und Thomas Mann mussten, als Emigranten, ihre Position erst noch zurückerobern, Vorbehalt blieb festgeschrieben bis auf weiteres; durchgelassen wurde am ehesten *Tonio Kröger*, weil er auf so exemplarische Weise – nein, keine Rekapitulation der Interpretation, wie sie damals geläufig war.

Ein Buch im Format eines kleinen Taschenbuchs, ein Buch von großer Bedeutung damals für mich: Karl Jaspers, *Zur geistigen Situation der Zeit*. Ausgabe aus dem Jahr 1947, also (ebenfalls) mit sehr holzhaltigem, entsprechend vergilbtem Papier, zerlesen, mit Bleistiftmarkierungen unter Schlüsselwörtern, zuweilen (mit dem Lineal gezogen!) Unterstreichungen ganzer Sätze. Dies von Seite 5 bis Seite 191. Soll ich erneut hervorheben, was ich damals hervorgehoben hatte? Welche Zitate passen am ehesten zu mir? Ich gebe die Suche bald schon auf im Text, der mir fremd geworden ist.

Und weiter das Stichwort Lektüre: Helene las Romane. Der erste Titel, der sich einprägte, schon in Herrsching: *Und ewig singen die Wälder*. Ihr Handexemplar ist verlorengegangen; ich habe an einem Stand auf dem Brühler Trödelmarkt ein Exemplar wiedergefunden.

Was sie in Düren las: ziegelsteindicke Romane. Zwei Titel, die mir spontan einfallen: *Uhuru, Kalifornische Sinfonie*. Ihr Favorit unter den Romanautoren war Ernst Wiechert, und hier assoziiere ich gleich die Titel: *Das einfache Leben, Missa sine nomine*. Sie signalisieren: tiefgründige Bedeutung … hohes Niveau … großer Autor. Für den Oberstufenschüler – bei kurzem Anlesen, aus Neugierde – war das eher verquastes, verblasenes Zeug.

Hat Helene auch Wiecherts Bericht über die Monate im

Konzentrationslager Buchenwald zur Kenntnis genommen: *Im Totenwald*? Das einzige Buch des Autors, das ich gelesen habe, mit Bewunderung, und die setzte sich um in eine Sequenz in einem meiner Bücher. Der konservative, womöglich nationalkonservative Autor nahm ein hohes Risiko auf sich: Als Pfarrer Niemöller in ein KZ eingewiesen wurde, als sogenannter Schutzhäftling, da weigerte sich der Schriftsteller, für das Winterhilfswerk zu spenden, dies mit der Erklärung, er lasse den Betrag lieber der Familie des Inhaftierten zukommen. Dokumentierter Vorgang. Wiechert wurde, auf Weisung von Goebbels, in das KZ eingewiesen; nach der Entlassung schrieb er den Bericht, umhüllte das Manuskript oder Typoskript mit Wachstuch, vergrub es in seinem Garten, legte es nach dem Krieg wieder frei, publizierte das Buch. Unter diesem Aspekt fällt es mir relativ leicht zu schreiben, dass Helene besonders gern Wiechert las.

Aber erst nach ihrem Tod registrierte und realisierte ich, Hinterlassenschaft sichtend, dass sie frühe Romane von Böll in Erstausgaben (oder frühen Auflagen) erworben hatte. Diese Bücher, in Leinen gebunden, stehen nun gruppiert in einem Regal des Eifelhauses. Damit in topographischer Nähe zum Nachbarn Böll, der auch schon mal, mit Annemarie, nach Abenden kam oder ich fuhr, wir fuhren zu ihm nach Langenbroich. Wir sahen, sprachen uns in größeren Zeitabständen, dies aber mit einer gewissen Regelmäßigkeit. So haben die frühen Romane, von Helene gekauft und gelesen, ihren besonderen Stellenwert.

Romane las Helmuth eigentlich nie. Wichtig waren ihm Memoiren, von Churchill oder von Charles de Gaulle. Und, erstaunlich für einen Banker: Theaterstücke. Seit den dreißiger Jahren begleitete ihn vor allem Shakespeare, in der Tempel-Ausgabe, die ich sichergestellt habe. Er las nicht nur die Übersetzung, er las, vor sich hin wispernd, mit Seitenblicken auf die Übertragung, auch den Originaltext. Shakespeare war über Jahrzehnte hinweg einer seiner literarischen Fixsterne. Freilich verschoben sich im Gesamtwerk die Akzente: näher

als *Hamlet* war ihm in späten Jahren *König Lear*. Der begleitete ihn durch alle Querelen und Niederungen eines familien-
internen Erbschaftsstreits.

Der zweite Fixstern: Shaw. Vor allem die Vorworte zu Thea-
terstücken schärften seine zuweilen ironische Wahrnehmung
von Dummheit in Wirtschaft und Politik. Selbstverständlich
las er auch Theatertexte von Shaw, am liebsten *Die heilige
Johanna.* »Vor langer Zeit hab ich mal Schillers ›Jungfrau
von Orleans‹, Shaws ›Heilige Johanna‹ und Voltaires ›Jungfrau‹ miteinander verglichen – das gibt überraschende Ergebnisse.«

Der dritte Fixstern: Brecht. Er hat die erste große Ausgabe
der fünfziger Jahre in Fortsetzung bezogen. »Mit Brecht hab
ich mich viel beschäftigt. Sehr gefallen hat mir ›Das Leben des
Galilei‹ und ›Der gute Mensch von Sezuan‹. An seine Sprache
muss man sich gewöhnen, oft erinnert sie an Shakespeare,
mal gibt es Szenen, die an Goethe anklingen, mal könnte es
Shaw sein. Politisch bemerkenswert finde ich den ›Aufhalt-
samen Aufstieg des Arturo Ui‹, ›Rundköpfe und Spitzköpfe‹.
Und damit bin ich beim Thema Deines Briefes angekommen –
Strauss und die Demokratie.«

Standard-Erinnerungsbild vor allem der Jahre in Düren:
Vater Helmuth rauchte Pfeife und las. Sehr wichtig: Philosophie. Hier war sein Hauptautor Karl Jaspers. Das wurde
von meinen Freunden, von Klassenkameraden, zu Besuch in
der Frankenstraße, bestaunt: Ein Vater, der pfeiferauchend
dasitzt, die Ruhe selbst, und ein auffällig dickes Buch studiert
mit dem anspruchsvollen Titel *Von der Wahrheit*.

Dabei arbeitete dieser Vater in einer *Bank*! So las er auch,
regelmäßig, die *Financial Times*, den Wirtschafts- und Finanz-
teil der *Neuen Zürcher Zeitung*. Und wunderte sich immer
wieder über Mitglieder des Vorstands, des Aufsichtsrates, die
das eigentlich nie taten, sich vom Chauffeur lieber mal die
BILD-Zeitung ausliehen, ansonsten auf gute Beziehungen
setzten, auf den Eindruck, den ein Geschäftspartner machte;
sie vertrauten auf ihr »Näschen«, trafen Entscheidungen aus
dem »Bauch« heraus – was im Verlauf späterer Jahrzehnte zu

den bekannten Ereignissen führte, die vielen Personen Bauchgrimmen bereiteten.

In den fünfziger, sechziger Jahren wurden Banker noch
längst nicht als »Bankster« bezeichnet. In jener Zeit wurde
noch solide berechnet und nicht größenwahnsinnig gezockt.
Wer in einer Bank arbeitete, auch in führender Position, der
vertrat noch mit mehr oder weniger betontem Stolz das ehrbare Gewerbe des Kaufmanns. Ein Aktienkurs basierte weithin auf Berechnungen der Immobilien, der Rücklagen, der
Auftragslage eines Unternehmens, es wurde noch nicht auf
eine unberechenbare Zukunft spekuliert.

Fast ein kleines Ritual (oder macht es Erinnerung zum Ritual?): Die jährliche Fahrt von Düren nach Bonn, zur Anlegestelle am Rhein: Vater Helmuth wurde dort abgeholt bei einem
Zwischenstopp des Passagierschiffs, von der Düsseldorfer
Börse oder einer Kölner Bank zum Betriebsausflug gechartert. Mutter Helene war fest davon überzeugt, dass ihr Mann
speziell auf dem letzten Fahrtabschnitt Bonn–Köln zu viel
trinken würde, er musste vor dem Verderb gerettet werden.

Das Schiff legte an, mein Vater wurde über Bordlautsprecher ausgerufen oder kam halbwegs freiwillig den Steg
herabgeschritten, beschwingt, eine Rose im Knopfloch des
Jackenrevers, einer Mitarbeiterin zuwinkend, und im Verlauf
der Heimfahrt meist Englisch sprechend. So wurde er dem
letzten Taumel entrissen, und wir Kinder auf dem Rücksitz
waren Zeugen, hatten Zeugen zu sein von der absoluten Berechtigung der mütterlichen Intervention.

Als Schüler hat es mich freilich weniger bedrückt als erheitert: der locker den Steg herabschreitende Vater, Englisch
sprechend, Rose am Jackenrevers.

ZUM STICHWORT SCHÜLER das Stichwort Schüleraustausch. Ich fand mich wieder in Northampton. Durfte bei einem älteren Ehepaar wohnen, in der Naseby Street mit ihren
lückenlos gereihten kleinen Häusern, hintenraus mit Gärtlein.
Keine Schulerinnerungen, doch präsent geblieben ist die eine

und andere Nachhilfestunde in der Schule des Lebens. Die überrumpelnde Erfahrung, wie viel freizügiger, ja ungenierter englische Mädchen waren, wie viel Initiative von denen ausging.

Einladungen zu Partys. Beliebt war die »Reise nach Jerusalem«: eine Doppelstuhlreihe, doch jeweils ein Stuhl zu wenig für die Runde. Musik, man läuft um die verdoppelte Stuhlreihe herum, die Musik stoppt, man setzt sich auf den nächsten Schoß. Dabei ist Eile angesagt, weil immer einer oder eine übrigbleibt, der oder die keinen Stuhl findet. Mal landete ich auf dem Schoß eines Mädchens, das ein paar Jahre älter war, mal landete sie bei mir auf dem Schoß, dabei wurde offenbar ein bisschen gemogelt, lustvoll. Den Vornamen habe ich vergessen, weiß nur noch: sie war Verkäuferin in einem Schuhgeschäft. Nach der Party ein Nachtspaziergang, und sie führte mich ein in die hohe Schule des Zungenkusses: Zungenspitze an die Zähne, zwischen die Zähne, an die andere Zungenspitze, mit der Zunge züngeln, die andere Zunge hereinlassen, zwischen die Zähne, an die Zungenspitze, Zungen züngelnd, Zungenflanke an Zungenflanke, klopfend, Zungenkuss, der bekannte Zungenkuss, als eigentlicher Kuss der Zungenkuss.

Erfahrung, die sich leicht weitergeben ließ. Manchmal saßen zwei, drei Mädchen auf der Schwelle des Reihenhäuschens, warteten auf mein Erscheinen. Doch es gab eine Fluchtmöglichkeit: die Hintertür zum handtuchschmalen Gärtlein; ein Törchen dort, es öffnete sich zu einem Pfad, der die Gartenparzellen begrenzte. Am Ende des Pfades: Roger (»Name von der Redaktion geändert«). Ein junger Lehrer, Freund der Gastgeber, somit eingeführt; er nahm mich unter seinen persönlichen Schutz, zeigte mir einige Schönheiten der näheren Umgebung der Industriestadt, bot schließlich an, ich könnte bei ihm übernachten. Ich war ahnungslos, hatte noch nicht die rechte Witterung aufgenommen. In der kleinen Wohnung nur ein Bett, er nahm mich, weiterhin beschützend, in die Arme, legte beruhigend die Hand an meinen Rücken, zog mich eng an sich heran, streichelte ausführlich meinen Hintern, ich wurde steif, aber nur stocksteif, und weil er keine Gegenregung verspürte, drang er nicht weiter in mich, ich fühlte mich auch nicht bedrängt, schlief mit einiger Verzögerung ein neben Roger. Gemeinsam das Frühstück, entspannt: cereals, porridge, parlando.

Plötzlich einsetzende Kontrolle! Mit diesem Ruf drang Mutter Helene wiederholt ins Kinderzimmer ein, schaute nach, ob wir vernünftig spielten oder sinnvoll Schulaufgaben machten. Bei diesen Kontrollen fand sie zuweilen auch vor, was sie erwartet, befürchtet hatte als diplomierte Realistin: »Helene hatte das vorausgesehn!« Es folgten erneute Reglementierungen, auch fanden Bestrafungen statt.

Als ich pubertierte, kam sie auch abends, nachts: »Plötzlich einsetzende Kontrolle!« Ich sehe noch die jähe Lichtfläche und sie als schwarze Silhouette, rasch näherkommend: »Hände auf die Bettdecke!« Und zwar außen an den Oberschenkeln.

Wie eine Parole wiederholte sich der Ruf: »Plötzlich einsetzende Kontrolle!«

Und das Thema Mädchen. (In den fünfziger Jahren noch nicht wieder »Mädels« genannt; diese in der NS-Zeit gängige Wortform tauchte, schätzungsweise, erst wieder in den neunziger Jahren auf.) Was jetzt folgt, ist schon gedruckt worden in meinem zweiten Erzählbuch, aber ich hole es mir zurück, nun in der ersten Person, wahrheitsgemäß. Ein Ausgleich, eine Ergänzung, eine Erweiterung, eine Fortführung.

Versteck spielen im Keller. Lattenverschläge, Zeitungsstapel, Einmachgläser, Flaschen. Heizungsraum mit Koks. Waschküche mit installiertem Kessel, Steinbecken an den Wänden, Wäscheleinen parallel gespannt. Ein Raum schließlich, den niemand benutzt: noch kreuz und quer vernagelte Stützen vom Luftschutz, in der Wand zwei Nischen, da hatten früher Weinflaschen gelagert: würde hier nicht ein kleiner, römischer Toter reinpassen? In die Katakombe gehen, hieß: sich vortasten von Balken zu Balken, möglichst tief in den Raum, stehnbleiben. Atem, vor mir Atem, sie, ihr Name geflüstert, ah, du bists, ihr Atem nah, ich will mich weitertasten, an ihr vorbei, berühre den Oberarm, das Sommerkleid, bleibe dicht neben ihr stehn: Schritte von draußen. Es muss im Dunkeln gesucht werden, ohne Taschenlampe, sonst ist es nicht spannend genug. Die Schritte näher, Inge will noch tiefer in den Raum, ich halte sie am Handgelenk fest, lasse nicht sofort los, wenn die Schritte sich wieder entfernen.

Öfter Versteck spielen! Aufhorchen, wenn ich in den Raum tapse: »Ah, du bists.« Psst! Luft anhalten, wenn die anderen Schritte näherkommen, ich lege den Arm um sie, schützend, solang die Suchschritte in der Nähe sind; sie löst sich aus meinem Arm, sobald es still wird. Löst sich langsamer das nächste Mal.

Inge bringt eine Trillerpfeife mit; ich habe keinen guten Punktstand bei der Versteckserie, sie haucht probeweise in die Pfeife: »Wenn sie dich finden, hast du wieder einen Punkt verloren, soll ich pfeifen?« Dann finden sie dich ja auch! »Macht mir nichts, ich hab mehr Punkte, soll ich mal pfeifen?« Gib das Ding her! »Kriegst es nicht!« Sie streckt den Arm mit der Trillerpfeife zurück, ich will das Handgelenk einfangen, muss mich an sie pressen, am Balken, Atem am Hals, Brüste elastisch, der Knochenbogen unten hart. Gib her! »Nein!« Weiterrangeln.

Für die anderen gehören wir bald zusammen; oft genug werden wir gemeinsam ertastet, erlauscht, entdeckt: Hab ich mir doch gleich gedacht! Augenkniepen, sie soll das nicht sehen, sieht es trotzdem. Und wenn einer fragt, ob man wieder Versteck spielen soll, dann schauen sie alle zu mir und fragen: Ja, sollen wir wieder Versteck spielen, hä? Wird keineswegs abgelehnt.

Weniger Spaß macht es, wenn Inge und ich gemeinsam suchen müssen: im Gang stehen, warten, bis es ringsum ruhig wird, da ergibt sich kein Ansatz zu Übergriffen, so mitten im Raum. Lieber gesucht werden. Sie tastet sich vor, weil sie den Keller besser kennt, ich will sie festhalten, weil ich Schritte höre, »du spinnst ja, ich hör nichts«, doch, da kommt einer, ich fasse von hinten herum, Hand auf der Wölbung, sie dreht sich los, seitlich, ich fasse nach, kommt einer, »kommt keiner, spinnst ja«, spinn gar nicht, rangeln.

Zeitweise wird das Verstecken im Keller verboten: im Waschkessel Schuhabdrücke, ein Brennholzstapel umgekracht. Ich bin mit ihrem Bruder befreundet, also darf ich mit in die Wohnung. Das Aquarium, Wasserpflanzen. Das ist eine Sumpfschraube, das ist das schwimmende Pfeilkraut, Pfennigkraut, aber ich schaue nicht genau hin, ist alles grünes Gewurschtel für mich. Das Technische interessiert mich schon eher, da reinige ich gleich mal die Entlüftungsdüse. »Lass mich das machen.« Ich mach das schon. Ich schaue nach dem Kohlefilter, prüfe die Wärme: Zu große Wärme macht Fische kaputt. Hab ich, glaube ich, im *Orion* gelesen, da steht auch viel Praktisches drin. Das Wasser darf jedenfalls nicht trüb werden. Ist das Wasser trüb? Wenn das Wasser ohne technischen Grund trüb wird, ist vielleicht eine Schnecke kaputtgegangen, sie löst sich auf, da muss man die Grundsteine absuchen, mit einem Stab. Ich habe den Stab, sie will den Stab haben, »lass mich das machen«, nein, ich mach das, »gib schon her«, nein, ich such das, Inge reißt den Stab an sich, »ich such die Schnecke«, nein, ich such die Schnecke, rangeln, keiner außer dem Bruder in der Wohnung, der schaut kurz von der Zeitschrift auf: Ihr seid zwei Blöde, ihr! Sie gibt den Stab nicht her, hält ihn hinter den Rücken, ich fasse herum mit beiden Armen, ihr Gesicht nah, ihr Atem, gib her, »nein«, gib schon her, »nein«; unten wirds härter.

Gemeinsamer Einkauf von Fischfutter: ich fahre sie auf dem Rad zum Geschäft, ein Topf im Netz. Auf einer Bank manchmal von blauen Algen sprechen, von Wasserpest, Guppys. Die Aquarianersprache, die gemeinsame Aquarianersprache. Ihr mit euren Fischen, Mensch!

Wärmere Außentemperaturen, endlich zum Baggersee. Zu dritt nebeneinander die Kopfsteinallee rausradeln. Ihr Rock rutscht hoch, ich schaue hin, sie zieht den Rock wieder an die Knie, kann den Rock nicht dauernd an die Knie ziehen. Ein ausgefahrener Feldweg als Abkürzung. Der Baggersee, mulmiges Wasser. Die Räder aneinandergelehnt, verkettet. Die Baggerterrassen hinunter, an der letzten Terrasse ausziehn, Wäschehäufchen zurücklassen, runterlaufen, gleich ins Wasser, auf dem Rücken schwimmen. Im Bogen wieder ans Ufer, ich will Tauchversuche machen: Inge muss sich aufstellen, breitbeinig, ich hole Luft, pumpe mich voll, tauche sie an, schwimme zwischen den Beinen hindurch, mein Rücken an ihrer Beinhaut. Noch zwei, drei Stöße, ich keuche durch die Wasseroberfläche, werfe die Haare zurück, japse mich mit Luft voll. Sie soll so stehnbleiben, ich tauche gleich noch mal, von hinten her, tauche vor ihr auf, prustend, schlenkre die Haare zurück.

Flach liegen auf Kies, Schattensekunden rasch vorbei, Geschrei im Kiestrichter, oben am Vegetationsrand die Fahrräder. Dann Steine werfen: Das ist mein Stein, nein, den hab ich gefunden, gib her, nein das ist mein Stein, pass auf du, pass selber auf, den Arm wegstrecken, ich greife nach, Beinhaut an Beinhaut, der Stein unter ihren Rücken geschoben, ich muss rumgreifen, liege fast auf ihr, unten verändert sich was, streckt sich, schon werfen die anderen eine Decke drüber: so! Die Decke ausbeulen, heiße Deckenluft, mein Gesicht auf ihrem Gesicht: Man soll die Lippen öffnen, den Mund, die Zungenspitze hinüberschieben – und dann, was dann?

Tango: Eine Zeitlang (vor der Boogie-Woogie-Ära, der Rock-'n'-Roll-Ära) tanzte ich auf Partys gern Tango, wenn auch in vereinfachter Ausführung. Dabei entscheidend: Mit der rhythmischen Schlussfigur beugte ich mich weit vor über der zurückgebeugten Partnerin, Hüfte presste sich an Hüfte – einige Mädchen waren besonders begabt oder disponiert zum Tangotanzen.

Ein Wort damaliger Sprache, ehemaliger Sprach-Aktualität: Tangojüngling. Das assoziierte eine spezielle Form der Bekleidung: Das Hosenbein lag nicht auf den Schuhen auf, es blieb etwa eine Handbreit Luft zwischen Leder und Textil; diese Distanz betont von Ringelsöckchen.

Weitere Assoziation: Pomade. Wieder, und nun mit meiner Zustimmung, wurde Pomade gekauft. Stift, etwa im Durchmesser eines Rasierpinselgriffs; vorn herausschieben ließ sich eine weißlich-gelbliche, halbfeste Substanz, die direkt auf das sorgfältig gekämmte Haar aufgestrichen wurde, dünn, damit die Kammordnung wahrend. Diese Substanz roch, als wäre für sie auch Honig verwendet worden, was aber bestimmt nicht der Fall war, in jener Zeit war Honig rar, üblich war immer noch Kunsthonig, eine zuckrige Masse, ziemlich hart, vor allem bei Kälte, da musste Kunsthonig mit einer Messerspitze abgespänt werden. Und Span neben Span nach Span aufs Brot gelegt.

Während ich das notiere, fühle ich das pomadisierte, parfümiert riechende Haar wieder eng anliegen wie ein Mausefell. Ich bin freilich sicher, dass ich nicht viele Pomadestifte verbraucht habe – in der bald anbrechenden Kurzepoche des Boogie Woogie mussten Haare, Hemden, Hosenbeine flattern.

Gegenläufig regulierend: die Tanzstunden! Ein Tanzlehrer, der sich beinah maschinenhaft ruckend bewegte in der Corsage, die ihm nachgesagt wurde, das weiße Hemd, die Jacke mit den deutlich gepolsterten Schultern wie drübergehängt, und die Beine schienen ein Eigenleben zu führen unter dem hinfälligen, aufgeschönten Körper: Geräte zur Vorführung exakter Tanzschritte. Frau Elly, mit der er seine vorbildlichen Tanzschritte zumindest andeutete, sie brauchte ebenfalls eine Corsage, und zwar eine stramme. Sie spielte Klavier oder legte Schellackplatten auf, die schon bei so manchem Kurs der »Tanzschule Kapellen« die gewünschten Taktarten vorgegeben hatten.

Der Kurs im dritten Stock eines stattlichen Reihenhauses der Gründerzeit, der schwarzgraue, von Bombensplittern zernarbte Verputz noch nicht aufgehellt. Besonders hell war es im Hauptraum der Tanzschule auch nicht, im Rückblick erscheint er fast düster, aber damals, in der ersten Hälfte der fünfziger Jahre, war man noch gewöhnt an Deckenleuchten mit geringer Wattzahl. Genug Licht aber, um *sie* auf der Stuhlreihe der Gegenseite zu erkennen, sie von Tanzstunde zu Tanzstunde deutlicher zu sehen: Hannelore, die Hanne. Meine erste Liebe, nun nicht mehr als Kind.

Wie wir miteinander gesprochen, was wir füreinander empfunden haben, wie wir uns näherkamen, diese Entwicklung,
diese Entfaltung der Beziehung hing nicht nur ab von unseren
Fähigkeiten, aufeinander einzugehen, von ihrem und meinem
Temperament, diese Geschichte einer Schülerliebe der Jahre
1953 und 54 kann nur erzählt werden im Kontext damaliger
Mentalitätsgeschichte.

Das Verhalten von Jungen und Mädchen, von Männern
und Frauen in der Öffentlichkeit der fünfziger Jahre war
erstaunlich keusch. Küssen in der Öffentlichkeit war nicht
unter Strafe gestellt wie (zumindest zeitweise) in China, es
war ganz einfach nicht üblich. Und die Körper von Mädchen,
von Frauen wurden von der Kleidung weniger betont als
verborgen – nicht ganz so streng wie bei einer orthodoxen
Muslima in Köln-Mülheim oder Berlin-Kreuzberg. Die Liebesgeschichte entwickelte sich in einer Zeit ohne öffentliche
erotische Stimulationen, in einer Zeit der Prüderie, der völlig
anderen Mentalität. Das erotisch unterkühlte Ambiente muss
wenigstens skizziert werden, als Kontext zum Text der Liebesgeschichte.

Frauen, die in den fünfziger Jahren für das Miederwaren-
gewerbe Modell standen, sie schienen umgeben wie von Kaiser Wilhelms »schimmernder Wehr«: fast metallischer Satin-
glanz von Büstenhaltern, Hüftformern und Corseletts »mit
und ohne Stäbchen«, in bester »Passform«. Und starken, also
etwas molligen Frauen (damals herrschte noch die sogenannte Fresswelle) wurden beispielsweise Thalysia-Edelformer
»von Fachberaterinnen angemessen«. Ergänzend noch ein
Zitat aus dem Bildband *Die Pubertät der Republik*: »Die
komplizierten Corseletts, Halb- und Vollmieder, Büsten- und
Hüfthalter, Sportgürtel und hochtaillierten Gummischlüpfer
gab es mit Rückenverschnürung, verstellbarem Seitenver-
schluss, doppeltem veloursgefüttertem Hakenband, samtun-
terlegtem Hakenleistenverschluss sowie mit Schaumstoffein-
lage, Drahtbügelversteifung und sogar mit Stahleinlage in der
Magenpartie.«

Solche Panzerungen (nicht nur) von vollschlanken Frauen

346

hatten Auswirkungen, Rückwirkungen auch für schlanke Mädchen: ihre Brüste waren in den festen Körbchen der Büstenhalter verborgen, damit erst einmal geschützt. Und die Schlüpfer, die damals meist bis zum Nabel hinaufreichten, und deren Material sich nur als gestreng bezeichnen lässt, sie hießen damals, inoffiziell, »Liebestöter«. Sehr attraktiv war die Unterwäsche von Jungen und Männern allerdings auch nicht: Das vielfach gerippte Textil war klinikweiß, reichte ebenfalls bis zum Nabel, verdeckte auch noch die Beinansätze. Auch unsere Badehosen führten hinauf bis zum Nabel, wurden oft noch von (hellen) Gürteln abgesichert. Die Badeanzüge von Mädchen und Frauen waren durchweg einteilig; die ersten zweiteiligen Sets (Bikinis) hatten großflächige Oberteile und weitflächige Hosen. Selbst Ansätze von Busen und Gesäß waren verhüllt. Den Begriff »oben ohne« gab es noch längst nicht.

Dennoch, immerhin: »weibliche Formen« wurden betont: Beliebt waren eng anliegende Pullover über starren Büstenhaltern – das war schon enorm »sexy«, erst recht beim sogenannten Atombusen, eine wirklich abscheuliche Bezeichnung. Die eigentlich erogene Zone aber war das Frauenbein. Ich zitiere: »Das wohlgeformte, bestrumpfte Frauenbein mit der dunklen Mittelnaht war Inbegriff der Erotik der 50er Jahre. Die männliche Phantasie konzentrierte sich dabei auf den unbekleideten Teil des Beines zwischen Strumpfansatz und Schlüpfer, der von raschelnden Petticoats und seiner Unterwäsche verhüllt wurde.« Um die Schönheit der Beine, die Schlankheit der Formen zu betonen, wurden sie meist voreinander geschrägt oder übereinander geschlagen: Fessel hinter Fessel …

Dies vor allem in der Werbung, in der allerdings der Trickfilm, Zeichenfilm dominierte: die schönsten Frauenbeine waren meist gezeichnet. Und Werbetexte wurden gesungen, etwa nach der Melodie des Schlagers: »Das machen nur die Beine von Dolores, dass die Señores nicht schlafen gehn …« Statt »Beine von Dolores« hieß es in den zeitlich oft erstaunlich ausgedehnten Werbespots dann beispielsweise »Strümpfe von Elvira«.

Geringe öffentliche Stimulantien im öffentlichen Leben der

fünfziger Jahre. Neben einem Mädchen herradeln, einem radelnden Mädchen entgegenschauen, nachblicken: Erregungsmoment, wenn der damals fast knöchellange, weitgestaffelte Rock sich höherschob, womöglich ein Stück Oberschenkel freigab. Da waren die Chancen nicht schlecht, denn Röcke . waren auch beim Radfahren üblich. In der historischen Ära, aus der ich hier berichte, war es öffentlich noch unerwünscht, ja verpönt, dass Frauen Hosen trugen, womöglich den Po betonend. Es wiederholten sich Auseinandersetzungen zum Thema: Schülerin und Hose. In einer von Nonnen geleiteten Mädchenschule, dem sogenannten Nonnenbunker, blieben Hosen lange Zeit nicht nur verpönt, sondern direkt verboten. Wagten es mutige Mädchen dennoch, eine Hose zu tragen, so wurde vielfach der obligatorische Rock über der Hose getragen – wie das später bei Töchtern von Moslems weithin typisch wurde.

Dem Auge, dem gierigen, eines Schülers wurde damals in der Öffentlichkeit also sehr wenig geboten. »Oben ohne« in einer Badeanstalt, das wäre Anlass für einen Polizeieinsatz gewesen. Eine der Erinnerungen, die ein Spotlight auf jene Zeit richten: In der Jahn-Kampfbahn, dem DJK zu Düren, war eine junge Frau vom Dreimeterbrett gesprungen, im Kopfsprung (rheinisch: Köpper), sie stieg das Metall-Leiterchen hoch aus dem Wasser, ging am Beckenrand zurück zum Sprungbrett, merkte nicht, dass beim Sprung eine Schale, ein Körbchen des Oberteils verrutscht, dass eine ihrer Brüste unbedeckt war. Dutzende von Jungen, Dutzende von Männern starrten auf die eine weiße Brust. Erregungsfluidum rund um das Schwimmbecken. Als sie das merkte, korrigierte sie hastig den Sitz des Oberteils, stieg nicht wieder auf den Sprungturm, schwenkte ab, ward nicht mehr gesehn. Kollektive Enttäuschung.

Dieser Zeitlupenmoment hat sich der Erinnerung deutlich eingeprägt, sogar die Wetterlage wurde mitgespeichert: bedeckter Himmel. Unter dem weiten, bewölkten Himmel ein Busen. Dass sich diese Situation einprägen konnte, es zeigt, wie knapp wir gehalten wurden, in der Öffentlichkeit. Zwar gab es bereits FKK-Strände, aber die waren genau abgegrenzt, waren beinah Sperrzonen für Personen in »Textil«. Auch heute noch gibt es auf Nordseeinseln diese Aufteilung, die Grenze ist aber nicht mehr scharf gezogen. Auch im Textilbereich wird beim Sonnenbaden von vielen Frauen das Oberteil, das ohnehin knappe, abgelegt. Es sind hier Gelassenheiten, Selbstverständlichkeiten entstanden, die uns damals utopisch erschienen wären. Die schöne Tochter eines Bekannten steht plaudernd vor mir am Ufer des Stausees, reibt mit dem Handtuch gelassen die Brüste trocken, lässt sie von Wind und Sonne nachtrocknen, streift dann erst das Shirt über: In den fünfziger Jahren wäre das wie eine Sequenz aus einem wilden, einem verwegenen schwedischen Film erschienen! Damals wäre solch eine Sequenz allerdings geschnitten worden: Freiwillige Selbstkontrolle!

Und damit das Stichwort Film. Zur Geschichte der Mentalität der fünfziger Jahre gehört auch das Kapitel Film und Kino. Ein Hinweis, ein Vergleich kann die Konstellation deutlich machen: Hier die starke körperliche Präsenz, die sinnliche Aura einer Maria Schneider im »Letzten Tango von Paris«, dort das adrette Erscheinungsbild einer Sonja Ziemann. Das Land, in dem solch eine Frau zum Star werden konnte, muss mit genannt werden: Bundesrepublik Deutschland.

Eine der Leitformulierungen der Zeit, in der ich aufwuchs: »Saubere Leinwand«. Diese Saubere Leinwand machten eine Sonja Ziemann, eine Ruth Leuwerik, eine Liselotte Pulver nicht ›schmutzig‹. Sie mochten zwar auch mal Rollen spielen, in denen Frauen in Versuchung gerieten, ihr sogar nachgaben, doch die grundsolide Ordnung wurde zuletzt wiederhergestellt. Es wurden keine Ausbrüche dargestellt, die in neue Bereiche der Erfahrung führten, etwa der Obsession, vielmehr: Seitensprung aus der fixierten Ordnung heraus und zuletzt wieder die Entscheidung für die gewohnte Ordnung. Dies übrigens auch als Muster der damals beliebten Boulevardkomödie. Nach den Kriegsjahren, in denen sehr viele Ehen zerstört, sehr viele Ehepartner getötet worden waren, wurde die Institution Ehe nachdrücklich restauriert – auch in Leitbildern der Werbung. Die Paare, die sich in gepflegter Kleidung Geschenke überreichten (Weinbrand oder Sekt, Ringe oder Hemden, Kameras oder Pelze), sie waren vielfach mit Eheringen dezent markiert. Wieder ein Zitat: »Die eheliche Zweierbeziehung war die einzige anerkannte und zugelassene Form des Zusammenlebens. Entsprechend enthusiastisch und variationsreich wurde dieser Idealform des gesitteten und normalen Lebens im Kino, in der Werbung, in den Illustrierten gehuldigt.« (Jungwirth / Kromschröder) Es sollte noch lange dauern, ehe der Status der Lebensgefährtin, des Lebensgefährten gesellschaftlich akzeptiert wurde. In Hotels musste man sich als Ehepaar ausweisen können, um ein Zimmer zu erhalten. Ansonsten waren lange Wege angesagt.

Keine Sorge: ich werde weiterschreiben von der (gesellschaftlich gebremsten) Entwicklung von Liebesgefühlen, doch jetzt geht es erst einmal um die Entwicklung von Heimatgefühlen – beides fusioniert im Medium Film.

Zur Eröffnung der Germania-Lichtspiele Düren wurde die neue Filmproduktion *Schwarzwaldmädel* präsentiert. (Mit 15 hatte ich noch Ohren für Operettenmusik – meine erste Operette, noch in München-Pasing gemeinsam mit der Mutter besucht, war der *Zigeunerbaron*; da prägte sich vor allem ein: »Mein idealer Lebenszweck sind Borstenvieh und Schweinespeck«.) Und nun: Ich kam, heute würde man sagen: happy aus dem Germania-Kino – beschwingende Musikechos.

Und wie hatte ich damals die Hauptdarsteller gesehen, die 25-jährige Ziemann und den 48-jährigen Prack, das beliebteste deutsche Leinwandpaar jener Jahre? Reize, die sich stimulierend übertrugen? »Malvine, ach Malvine, du bist wie eine Biene« – solcher Nonsens setzte sich in der Erinnerung fest, klettenhaft, optische Eindrücke hingegen haben sich kaum erhalten.

In einem Buch über den deutschen Spielfilm der fünfziger Jahre schaue ich mir ein Standfoto des Filmliebespaares Ziemann–Prack an, damals verkürzt zum Markenzeichen »Zieprack« (klingt wie Zwieback!). Beim Schwarzwaldmädel nicht mal ein Halsausschnitt, das Kleid beinah so hoch geschlossen wie ein Rollkragenpullover, die weißen Ärmel reichen über die Ellbogen. Nein, erotische Signale, Impulse konnten von dieser Rollenfigur nicht ausgehen, alles äußerst bieder und keusch. Und doch erfolgreich, und das seit Jahren, in diversen Filmen. Schon 1951 der Riesenerfolg des Heimatfilms *Grün ist die Heide*. Ein »Dauerbrenner« mit zuletzt 19 Millionen Besuchern. Folgte *Der Förster vom Silberwald*, noch erfolgreicher: 22 Millionen! Und das bei (damals) 47 Millionen Bürgern der Bonner Republik! Der Operettenfilm lockte immerhin noch 14 Millionen in die Kinos. Um das gleich zu ergänzen: Insgesamt wurden in jener Ära an die zweihundert Heimatfilme produziert, meist erfolgreich.

Überprüfbare Angaben – und wo bleibt hier die autobiographische Aussage? Hier ist sie: Mein Schritt war beinah schwebeleicht, als ich das Kino verließ, Melodien echoten nach. Woraus sich schließen lässt: Ich gehörte nicht zu den Frühreifen, die im damaligen Alter bereits Hochkarätiges von Bach und Beethoven hörten, von Tolstoi oder gar Proust lasen – meine Initiation ließ noch etwas auf sich warten.

Was also hatte mich so nachhaltig fasziniert an diesem Film? War auch ich in Bann geschlagen von den Bildern eines nicht zerstörten Ambientes? Schöne Schwarzwald-Landschaft, schöne Schwarzwald-Häuser und die Menschen, zumindest die Frauen, in schönen Schwarzwald-Kostümen. Traumbilder von Heimat? Traumbilder damit auch von Geborgenheit? Wunschbilder damit auch für mich?

Herausgerissen aus Köln, herausgerissen aus Herrsching, hineingeschmissen in die Ruinenstadt Düren – in diesem Trümmerareal konnten sich Heimatgefühle wirklich nicht entwickeln. Auch nicht in der nahen Nordeifel, deren erster, langgestreckter Hang von Düren aus zu sehen ist: Damals war dieses Gebiet noch immer weithin brandgeschwärzt, vor allem in der Region der Schlacht im Hürtgenwald, und noch immer verminte Gebiete, noch immer Panzerwracks – nein, dort konnten Heimatgefühle nicht Wurzeln (zumindest Würzelchen) schlagen. In diesem kriegsgeschundenen Ambiente fühlte man sich eher »unbehaust«, ausgesetzt.

Und nun die bildstarke, musikunterfütterte Einwirkung im Germania-Lichtspieltheater, für anderthalb Stunden ein Gefühl von Geborgenheit. Dieses Gefühl offenbar millionenfach im Lande. Acht, neun oder zehn Millionen Flüchtlinge aus östlichen Provinzen, anderthalb Millionen Flüchtlinge aus der »Soffjettzone« (wie Adenauer zu intonieren pflegte), willkommen waren sie nicht, neue Heimatgefühle konnten sich bei Heimatvertriebenen so rasch nicht wieder bilden. Und wer im angestammten Heimatgebiet wohnte, dem überwiegend städtischen: Mehr als einhundertsiebzig Städte und Kleinstädte waren bombardiert, ja wiederholt mit »Bombenteppichen belegt« worden, vielfach waren sie für Bewohner, die aus der Evakuierung zurückkehrten, kaum noch zu erkennen.

In diesen Trümmerregionen im Sommer, im Hochsommer der Trümmerstaub und im Herbst, im Frühwinter die verschlammten Straßen, eher Pisten, rechts und links gesäumt von Ruinen, in denen sich Kriminelle versteckt hielten, hervorbrechend zu Raubüberfällen und wieder spurlos verschwindend. Von diesem abstoßenden Ambiente für anderthalb Stunden beurlaubt mit einer Kinokarte: kurzfristige Lösung, aber keine Erlösung. Waldhänge ohne verkohlte Flächen, Häuser, deren Dachziegel noch auf den Latten gereiht waren, Fenster, deren Glas nicht von Explosionsdruck aus den Rahmen gefetzt war, Glas, das nicht in übergroßer Hitze angeschmolzen war. Und vor allem: Menschen, die unbeschwert wirkten. Solche Bilder aufgesogen von Menschen, die ihre Heimat aufgeben mussten, deren Heimat zerstört worden war. Millionenfacher Verlust jener Bindung.

Ich konnte mich früh schon identifizieren mit Personen, die ihre Heimat total verloren hatten. Später die Freundschaft mit Peter Beier, dem Schlesier, und die Bekanntschaft mit Martin Meylahn, dem Pommer. Den Roman *Ausflüge im Fesselballon* habe ich begonnen mit der Erzählung einer Vertreibung; hier fand Echo, was mir Peter und Martin erzählt hatten. Ich konnte mich leicht in sie hineinversetzen, nach der barschen, scheinbar unausweichlichen Aufforderung des Herrschinger

Bürgermeisters, mit Handgepäck und Reiseproviant umgehend zu verschwinden.

Noch einmal, und etwas genauer: das Stichwort Heimatgefühl oder Heimatgefühle. Wie sieht es in der Beziehung bei mir aus? Entwickelte oder entwickle ich Heimatgefühle? Falls ja: Wo sind die angesiedelt?

Heimatgefühl ist meist verbunden mit der Kindheitsregion, in der man Welt zum ersten Mal wahrgenommen und erkundet hat. Das wäre bei mir Köln-Bayenthal, in der kleinen Stichstraße mit den drei Doppelhäusern, ganz in der Nähe der Südbrücke. Erste Erinnerungen: allerdings noch nicht auf den großmächtigen Rhein fokussiert, eher auf die kleine Welt vor dem Haus, auf deren Gehsteig ich mit dem »Holländer« umherfuhr. Vorgarten-Assoziationen, Garten-Assoziationen, freilich durchmischt mit Erinnerungen an Schmalfilmsequenzen, von der Mutter mit der Leica aufgenommen.

Dennoch, so recht will sich Heimatgefühl nicht an dieses Ambiente binden: eine Feuerschneise zwischen mir (jetzt und hier) und dem Kind (damals und dort). Einem autobiographischen Einübungstext habe ich, für eine literarische Zeitschrift, diesen Titel gegeben: »Kindheitsbild mit angesengtem Rahmen«.

Schnitt. Wir in Bayern. Hier könnte sich Heimatgefühl am ehesten ansiedeln. Alles bestens arrangiert: Hügel, Wälder, See … Ich bin wohl nicht zufällig unter dem Zeichen des Wassermanns geboren, hier fand ich mein Element: schwimmen, schwimmen, schwimmen … Heimat-Erinnerungssubstanz ist bei mir also gut bewässert. Allerdings: ein (anderer) See im Sommer, und ich werfe mich sofort hinein, fühle mich heimisch.

So gern ich schwimme, so gern gehe ich an großen Wasserflächen entlang – besonders gern am Ammersee, mit Blick auf ein Segment der Alpenkette. Also doch: Heimatgefühle gebunden an Herrsching? Dieses Heimatgefühl ist mir verwässert worden durch Familienquerelen, die dort ihr Zentrum fanden. Also sind meine Gefühle, sobald ich doch mal wieder

nach Herrsching komme: gemischt. Aber gemischte Heimatgefühle – gibt es das? Darf es so was geben? Doch wohl besser
nicht. Ich muss aber darauf beharren: Es sind gemischte Heimatgefühle.

Schnitt. Wir in Düren, jener Trümmerwüste mit Abenteuer-
pfaden. In dieser Kreisstadt habe ich lang genug gelebt, um –
theoretisch – neues Heimatgefühl entwickeln zu können, aber,
wie schon angedeutet: Das ist nicht geschehen. Konnte nicht
geschehen. Eine Ruinenstadt weckt bei einem Heranwachsenden keine Heimatgefühle. Außerdem: Die Stadt wurde derart
einfallslos wieder aufgebaut, dass man ihr nur den Rücken
kehren kann. Was ich nach langen Jahren schließlich tat: rückte ab vom Familienverband, zog nach Köln. Und damit: in die
Heimat? Ich als einer der wenigen Stadtbürger, die in Köln
sogar geboren waren?

So einlinig entwickelte sich das alles nicht! Es gab und gibt
ja noch den Rursee, größter Stausee unseres Landes, in reich
gegliederter Tal-Landschaft. Trinkwasser, also: wohlduftend,
und beim Schwimmen fühlt es sich fast seidig an. Hier findet,
Schwimmzug um Schwimmzug, ein Übertragen statt: vom
Ammersee auf den Rursee.

Wieder das Stichwort Kino. Das Schwarzwaldmädelchen war
erotisch nicht eben prickelnd, da lockte weitaus mehr ein
Film, der unter uns Schülern als heißer Tipp galt: *Die Dritte von rechts*, ebenfalls aus dem Jahre 1950. Ein Musik- und
Revuefilm.

Solche Filme waren im Dritten Reich mit erheblichem Aufwand produziert worden, als Sedative – auch hier eine der
vielen Kontinuitäten über die sogenannte Stunde null hinaus.
Die Dritte von rechts: Tänzerin in einer Revueformation (der
Begriff »Chorus line« war damals noch nicht en vogue). Ich
habe den Film seit den Fünfzigern nicht mehr gesehen, kann
mich aber dafür verbürgen: Da war nicht der kleinste Ansatz
zu einer Vorform des Dirty Dancing, alles blieb proper. Beine
wurden gezeigt wie bei den Ziegfeldgirls der dreißiger Jahre – Unterschenkel, Oberschenkel und kein Millimeter mehr.

Sollte ein Busen ins Bild gekommen sein, so waren die Brustspitzen mit der damals üblichen Tülle in metallic look überklebt, weitflächig.

Obwohl die erotischen Reiz- und Lockbilder, die wir damals suchten, äußerst dezent waren (gleichsam homöopathisch verdünnt), ich ging bei jeder Gelegenheit in Musik- und Revuefilme, auch mit dem Schwimmstar Esther Williams, der sportiven amerikanischen Sauberfrau, und es spielte vielfach die Gruppe von Xavier Cugat, es blies der Startrompeter Harry James. Musik, die meine Schritte nachwirkend beschwingte, wenn ich vom Kino in Norddüren den Fußmarsch antrat zur Frankenstraße, Musik, die mich fast trug – Musik, für die ich heute kein Ohr mehr habe, ich bin in Geschmack und Erwartungen entschiedener geworden. Zuweilen wurde in Musikfilmen auch ein Nümmerchen gejazzt, dies von gepflegten jungen Männern, entsprechend die Musik, sie hatte nichts von der berstenden Intensität eines Charly Parker, der sich fast die Seele aus dem Leib blies auf dem Altsaxophon.

Eine Geschichte des deutschen (oder des in der Bundesrepublik vertriebenen) Films der fünfziger Jahre als Verifikations-Modell jener Ära. Unbedingt genannt werden muss hier ein dritter (damals hochexplosiver) Titel: *Die Sünderin*, aus dem Jahre 1951. Ich hatte diesen Film freilich nicht gesehen, er war nicht jugendfrei – die magische Altersgrenze von 18, hier wurde aufgepasst. Möglicherweise gelangte der Film auch gar nicht in die Provinzstadt Düren. So habe ich auch nichts miterlebt von den Auseinandersetzungen, Demonstrationen, Krawallen. Kein autobiographischer Bezug, also bleibt es bei der Erwähnung.

Und erotische, erotisierende Lektüre? Solche Bücher standen nicht in Bücherregalen und Bücherschränken der Elternhäuser, der Familienwohnungen – falls »anstößige« Publikationen überhaupt vorhanden waren, wurden sie unter Verschluss gehalten. In der Stadtbücherei kam man schon gar nicht an Bücher heran mit »gewissen Stellen«. Damals war es noch nicht üblich, dass man zwischen Regalen einer öffentlichen Bücherei umhergehen, jedes Buch herausziehen, durchblättern, anlesen, ausleihen kann, damals stand ich vor einem festungsschweren Tresen, nannte meinen Wunsch oder überreichte meinen Bestellzettel, und es wurde, in Zweifelsfällen, vom Bibliotheksleiter persönlich entschieden, ob man das Buch erhielt oder nicht.

Dieser Bibliothekar – ein Sonderling, groß, hager, krumm, wie eine Figur aus einem Stummfilm von Frank Murnau – wachte streng darüber, dass der Jugend kein Buch unter die Augen kam, das auch nur im Geringsten den strengen moralischen Maßstäben seiner Zeit und seiner Person widersprochen hätte. Selbst, wenn es in der Hinsicht an einem Buch nichts zu beanstanden gab – kritische Bemerkungen, moralische Vorbehalte waren dennoch zu erwarten. Zum Beispiel: Dieses Buch ist aber nicht so, wie es der Schutzumschlag vermuten lässt … Bei manchen Büchern musste man erklären – auch noch als Student mit Ausweis –, zu welchem Zweck man es auslieh. Der uneinnehmbare Tresen der Stadtbücherei im Seitentrakt des Museums der Gründerzeit, und die Vorstellung: Jenseits der streng bewachten Barriere muss es Bücher geben, in denen bengalisches Feuer flackert oder die von Elmsfeuern umhuscht werden.

Auf der Suche nach erotischen Stellen durchblätterte ich sogar die dickleibigen Unterhaltungsromane, die meine Mutter las, aber nur in einem dieser Bücher wurde ich fündig, in glücklicher Konstellation: Die Eltern eingeladen, die jüngeren Brüder in den Betten, endlich ungestörte Lektüre. Sonst gab es hier Probleme: Selbst, wenn man ein erotisch stimulierendes Buch aufgestöbert hätte, wo hätte man darin lesen können? Zu Hause war das kaum möglich. In der Schule, unter der Bank, unter dem Tisch, erst recht nicht. Schwierigkeiten überall! Doch endlich ein Abend, an dem mich niemand stören konnte, und ich hatte die richtige Stelle gefunden!

Ich kann sogar noch, ohne zu wühlen, zu stöbern, zu klicken, den Titel nennen: *Sinuhe, der Ägypter.* Name des Autors und überflogener Inhalt: vergessen. Wichtig war und blieb oh-

nehin nur dies: In einem Teich, wohl mit Lotosblättern, Lotosblüten, schwamm eine schöne, nackte Frau auf dem Rücken,
und im Rhythmus der Schwimmzüge tauchten Brustspitzen,
Brüste aus dem Wasser auf, tauchten wieder ab, tauchten
wieder auf, glänzend, über der (mondbeschienenen?) Wasserfläche. Dieses Bild machte mich eine Zeitlang kirre. Ich habe
das Buch nie wieder gesehen, bin aber sicher, dass die ägyptische Schönheit nicht auf dem Bauch schwamm, zwischendurch, und über dem Wasserspiegel betonte sich ein schöner
Hintern – damit hätte ein Verleger vielleicht schon ein Verbot
riskiert. Denn dies war damals üblich: Polizei-Einsätze gegen
erotische Bücher.

So wuchs ich auf in der Ära einer rigiden Freiwilligen
Selbstkontrolle der Filmindustrie, in einer Ära, in der Bücher
auf dem Index standen, auf den Index kamen, in einer Ära der
schwarzen Schambalken. Erschien ein fotografiertes Dekolleté so tief, dass es durch Retusche nicht hinreichend verkleinert
werden konnte für die Zeitung oder Illustrierte, so wurde ein
schwarzer Balken über die Brustansätze gedruckt; besonders
breit war der Schambalken bei unbedeckten Brüsten. Vollends
inkriminiert waren Schamhaare: Schambalken auf Schamhaaren! Erst langsam verschoben sich die Textilgrenzen. Dafür
sorgten, fürs Erste, Regisseure und Darstellerinnen schwedischer Filme, die damals Furore machten, Filme, die heute
aber, in vergleichendem Rückblick, recht harmlos, ja bieder
wirken: *Sie tanzte nur einen Sommer*.

Aus den fünfziger Jahren unvermittelt in eine Straße der
achtziger oder neunziger Jahre des vorigen Jahrhunderts
versetzt, zum Aushang eines Kinos geleitet, zu einem Kiosk
geführt, hinter dessen Seitenfenstern sich Fotos von Frauenhintern, von Brüsten reihen, vor eine Plakatwand mit der Abbildung eines fast völlig nackten Mannes gestellt, hätten wir
wahrscheinlich reagiert wie junge Russlanddeutsche kurz
nach ihrer Ankunft aus Omsk.

IRRITIERENDE ERFAHRUNG. Als Vorspiel: Ich stehe im
Foyer der Germania-Lichtspiele, schaue mir Schwarzweiß-

fotos im Aushang an: *Vater der Braut*. Ein Film mit Liz Taylor, schlank und vollbusig, in eng anliegendem, dekolletiertem Weiß: aha, die Braut. Nähere Angaben lassen sich leicht anklicken: Produktionsjahr 1952, USA.

Ich beschließe, mir den Film anzusehn, doch erst am nächsten Tag. In der Zwischennacht ein Traum, schwarzweiß – hier bin ich sicher, sonst träume ich bunt. Irgendein Filmgeschehen, im Traum, an das ich mich nicht mehr erinnere, nur: Liz Taylor spielt auch hier die Hauptrolle, plötzlich wird es schwarz, ich sehe nur Schwarz, Blackout, das Filmgeschehen setzt sich wieder fort, aber nun verstehe ich den Zusammenhang nicht mehr, im Traum, die Gestalten sind zwar geblieben, doch was nun geschieht, im Traum, auf der Leinwand, es ist ohne Zusammenhang.

Am nächsten Tag, wie geplant, gehe ich ins Kino. Der Traum ist vergessen. Die Spielfilmhandlung mit der Taylor als Hauptfigur, bestimmt eine Dreiviertelstunde lang läuft alles wie am Schnürchen, plötzlich Schwarz auf der Leinwand, ich sehe nur Schwarz, bildlöschendes Schwarz, Blackout. Der Film läuft nach der Schwarzpause wieder an, doch der Zusammenhang ist gestört, der Handlungsfaden gerissen, es passt nichts mehr zusammen. Ich schaue mich um im schwach besetzten Kino der Nachmittagsvorstellung, keiner scheint zu reagieren, sie starren auf die Leinwand, als wäre nichts geschehen. Der Traum ist sofort wieder präsent. Ich fühle mich wie ertappt, im Halbdunkeln. Dünner Schweiß auf der Stirn, der Mund trocken. Ich versuche, möglichst konzentriert auf die Leinwand zu schauen, die beiden durch das Blackout getrennten Teile zu verknüpfen, das gelingt mir nicht. Nein, da passt nichts mehr zusammen.

Ich stehe auf, gehe raus, zur Kasse, frage, was los war. Ja, höre ich, offenbar sei ich der Einzige, dem das aufgefallen ist, der Vorführer hatte versehentlich einen »Akt«, also eine Filmrolle nicht eingelegt in die wechselweise abfahrenden Projektoren. Das Eintrittsgeld wird anstandslos zurückerstattet. Die Bestätigung in bar, dass mein Traum diese Unterbrechung vorweggenommen hatte.

Ich ging nach Hause. Für die Bewegungsweise des Schülers fällt mir jetzt nur das Verb »trotten« ein. Ich fühlte mich noch immer wie ertappt. Wobei denn ertappt? Bei einer Erfahrung, die ich nicht erwartet habe, einer Erfahrung, von der ich vorher nie etwas gehört habe, einer Erfahrung, für die ich keine Erklärung hatte. Gehobener Spuk. Ich versuchte, mir das alles aus dem Kopf zu schlagen. Denn: diese Erfahrung ernst zu nehmen, als Zeichen, Vorzeichen, hieß das letztlich nicht: zu glauben, dass manches vorgesteuert, ja vorbestimmt sei? Würde ich mir da nicht wie ein ferngesteuerter Roboter vorkommen? Schon deshalb musste ich versuchen, das aus dem Kopf rauszuhalten. Aber das gelang mir nicht. Immer mal wieder, meist zur Unzeit, tauchte die Erinnerung auf an das doppelte Blackout.

Später, beim Studium in Freiburg, als ich eine lange Seminararbeit über Georg Trakl schrieb, über die Wechselwirkung von Opium und Metaphorik, nahm ich Kontakt auf mit dem Institut für Parapsychologie unter Bender, sprach mit einem der Assistenten, zuerst natürlich über Trakl, der mich düster beeindruckte, rückte schließlich aber doch mit der Erfahrung des Oberstufenschülers heraus und erhielt eine offizielle Bezeichnung nachgeliefert: klassischer Fall von Präkognition. Und mir wurden mehrere, höchst wundersame Geschichten erzählt von Vorwegnahmen des Künftigen. Ich habe die Fallbeispiele aus der Erinnerung gleichsam aussortiert: mulmige Nähe. Eine Geschichte aber hat sich eingeprägt.

Ein Soldat träumt, in einer frühen Phase des Krieges, von seiner Heimatstadt Freiburg im Breisgau, er erkennt sie wieder und erkennt sie doch nicht wieder, sehr vieles ist zerstört, vernichtet, nur einige Erinnerungszeichen sind geblieben. Irritierender Traum, bis auf weiteres weggesteckt. Jahre später kehrt der Mann, nach Kapitulation und Kriegsgefangenschaft, zurück nach Freiburg, kommt mit dem Zug an, geht in die Innenstadt, erkennt sie wieder und erkennt sie doch nicht wieder, sehr vieles ist zerstört, vernichtet, nur einige Erinnerungszeichen sind geblieben. Die von Bomben weithin zerstörte Altstadt, doch die unverwechselbare Markierung durch das Münster.

Mit dieser Geschichte tauchen weitere Geschichten auf – ich war mehr als einmal im Institut für Parapsychologie. Ein Soldat an der Ostfront, im Grabensystem, eine Nacht ohne Artilleriefeuer, er kann schlafen im Erdbunker, fährt plötzlich hoch und weiß, ist sicher: Es ist was passiert. Es muss was passiert sein! Etwas Einschneidendes! Ein Blick auf die Armbanduhr mit den Phosphormarkierungen, die Uhrzeit prägt sich ein, natürlich auch das Datum.

Ein, zwei Wochen später eine Benachrichtigung aus Freiburg: Seine Frau ist bei einem der »Terrorangriffe« ums Leben gekommen. Übermittelt werden auch Angaben zum Datum, zur Uhrzeit des Angriffs: Genau das Datum, genau die Uhrzeit, in der jener Soldat aus dem Schlaf hochgefahren war. So etwas wie ein telepathischer Impuls über Tausende von Kilometern hinweg: die Todessekunde. Lang anhaltende Nachwirkung.

Wo solche Geschichten erst einmal auftauchen, ziehen sie weitere Geschichten der Art nach sich. Das Phänomen der Telepathie. Weniger spektakuläre, wiederum eigene Erfahrungen: Ich denke an eine Frau, intensiv, das Telefon klingelt, und ich weiß, mit völliger Sicherheit: Das kann nur *sie* sein, obwohl kein Anruftermin ausgemacht ist – und sie ist es tatsächlich. Sie findet das überhaupt nicht verwunderlich, hat Ähnliches auch schon erlebt: Wollte einen Bekannten anrufen, wählte die Nummer auswendig, prallte auf die Stimme eines Freundes, den sie gar nicht hatte anrufen wollen, und er hatte an diesem, an jenem Nachmittag eigentlich zwei Termine, beide Termine aber waren kurz zuvor »geplatzt«, und jetzt wartete er auf sie.

Mich intensiver mit solchen Vorgängen befassend, hätte ich meine Sensibilität für solche Erfahrungen vielleicht steigern und ähnliche Erfahrungen womöglich wiederholt machen können. Da war etwas geschehen, womit ich mich selbst überrascht hatte, aber ich wollte, will mit solchen Überraschungen nicht leben, habe die Erfahrung eingekapselt, diese Verkapselung hat sich nun für einen kurzen Zeitspalt geöffnet.

360

Bleibt nachzutragen, dass ich mich damals, freilich nicht allzu lang und allzu intensiv, mit Traumdeutung befasst habe, nach populären Büchern, meist in Taschenbuchausgaben, statusgemäß. Während dieser Zeit habe ich geradezu vorbildlich von Archetypen geträumt: Schwarze Schlangen ... eine horizontweite Ebene voll zerdepperter Eier, zwischen denen ich herumstakste, vogelbeinig.

Als ich mich mit Traumdeutung nicht weiter befasste, hatte ich keinen Zugang mehr zu Eier-Ebenen mit schwarzen Schlangen, da träumte ich wieder und weiterhin verquirlten Alltag. Und die offenbar weithin üblichen Verhinderungsträume: Man hat einen Termin, und andauernd kommt etwas dazwischen, man findet sich nicht mehr zurecht, sucht angestrengt nach dem Weg, nach der Lösung, aber man kommt nicht weiter, kommt nicht weiter. Als wäre man in eine zähe, gallertartige Masse geraten, die freie Bewegung verhindert. Lebensregungen in Aspik.

ICH REKONSTRUIERE (skizzenhaft) das Ambiente des Heranwachsenden, soweit es einwirkte auf meine »éducation sentimentale«. Für diesen Titel eines meiner Lieblingsromane gibt es verschiedene Übersetzungen: Lehrjahre des Gefühls, Lehrjahre der Empfindsamkeit, Erziehung des Herzens ... Ich entscheide mich für das Wort: Gefühl. In der konservativen, restaurativen, restriktiven Ära Adenauer wurde die Entfaltung erotischer Gefühle nicht stimuliert, sondern sediert. Wir wuchsen auf in kühlem Binnenklima, waren ständig konfrontiert mit sozialer Kontrolle. Da brauchten Gefühle mehr Zeit, um sich zu entfalten. Und dann war es auch keine freie Entfaltung.

Nicht einmal beim Erzählen einer Liebesgeschichte also kann man sich auf das Private, auf das Intime beschränken, selbst hier spielen öffentliche Vorgänge mit herein. Nicht einmal im Themenbereich Gefühl kann man sich ohne Übersetzungsprobleme über wenige Jahrzehnte hinweg verständigen, andauernd muss das Wechselspiel zwischen dem Einzelnen und der Gesellschaft mitvollzogen, nachvollzogen werden. Es gibt nicht das eine, unvermischte, reine Gefühl, immer sind da Zeit-Einfärbungen, Zeit-Valeurs, immer sind da spezifische Zeit-Aromata, Zeit-Komponenten, Zeit-Fermente. Selbst Bettgeschichten sind eingebettet in ihre Zeit.

Nein, das ist zu sehr pointiert: Was im Bett geschieht, das wird in der Ära Adenauer ähnlich abgelaufen sein wie in der Legislaturperiode von Kanzler Schmidt. Also, modifiziert: Selbst die Vorgeschichte einer Bettgeschichte ist eingebettet in ihre Zeit. Abstrakter, gleichsam abgehoben formuliert: Die Rekapitulation einer Liebesgeschichte verbindet sich mit der Rekonstruktion einer Zeit, wenigstens in den relevanten Abschnitten des breiten Spektrums. Und für die Zeit, in der Schüler D. und Schülerin H. sich ineinander verliebten, ist der alte Indianerschädel des Konrad Adenauer zum Emblem geworden: Er repräsentiert eine Gesellschaftsform, die spätestens mit den Revolten des Jahres 1968 verändert wurde, wenn auch eher atmosphärisch als strukturell. Der Protest gegen restriktive, vielfach noch postfaschistische Gesellschaftsmuster war gekoppelt mit einer betonten Befreiung von Sexualität – das wurde der neidisch schockierten Öffentlichkeit vor allem von Kommunen vor Augen geführt.

Eine Liebesgeschichte zwischen einer Schülerin und einem Schüler *vor* dieser Zäsur und eine Liebesgeschichte zwischen einer Schülerin und einem Schüler *nach* dieser Zäsur: Unterschiede bis in den Bereich der Affekte. Ein Schülerpaar der »fifties« kann, aus der Distanz von einigen Jahrzehnten betrachtet, beinah exotisch fremd erscheinen. Jene Töchter und Söhne der bürgerlichen Schicht der Nachkriegsära: Wie langsam, wie sehr langsam gingen die aus sich heraus, wie lange dauerte es oft, bis sie »zur Sache« kamen.

Es zeigt sich: Kommentar ist notwendig im Kontext auch einer Liebesgeschichte. Nur in der Abstraktion ist so etwas wie das »allgemein Menschliche« denkbar; erzählerische Genauigkeit dagegen arbeitet das jeweils Besondere, das Zeitgebundene heraus (das habe ich auch in Biographien versucht!). Eine Schülerin und ein Schüler, eine Frau und ein Mann – auch in ihren Gefühlen, in ihrem intimen Verhalten gibt es symbiotische Beziehungen mit der Zeit, in der sie leben.

Eine Liebesbeziehung zwischen einem Schüler und einer Schülerin (auf Gymnasien) zu Beginn der fünfziger Jahre musste geheim gehalten werden, musste sich verstecken – dies in einer Zeit, in der es nur wenige Verstecke gab. Damit eine Liebesbeziehung sich entwickeln kann, braucht sie Räume zur Entfaltung. Die gesellschaftlichen Spielregeln des Bürgertums der Adenauer-Ära ließen zwar Partys zu in Elternhäusern, Elternwohnungen, vielfach als »Saftpartys«, und man konnte schon mal eng tanzen, aber die Räume blieben hell ausgeleuchtet, Eltern schauten wiederholt herein.

Besuchte man die Freundin im Hause, so wurde man nur selten allein gelassen im Zimmer. Noch als Student, als teaching assistant in den USA, musste ich strenge Spielregeln einhalten: Nach dem gemeinsamen koscheren Abendessen mit der Mutter konnte ich mich mit der Tochter zwar in ihr Zimmer zurückziehen, die Treppe hoch, aber die Tür musste offen bleiben; unten im Wohnzimmer verharrte die Mutter, sie konnte uns hören, und das hieß: Petting ohne die Scheinplauderei zu unterbrechen. Auch wenn es atemberaubend wurde – der Redefluss durfte nicht unterbrochen werden.

Private Räume für ein Schülerpaar, die gab es nicht. In jenen Zeiten waren Wochenendhäuser äußerst selten – wir wären aber sowieso nicht an die Schlüssel gekommen, und wie hätten wir längere Abwesenheit motivieren sollen? Und völlig unvorstellbar war damals, dass eine Schülerin, ein Schüler das Elterndomizil verließ, ein Apartment oder Zimmer mietete – Wohnraum war in den weithin noch zerstörten Städten extrem knapp, und Geld war rar. »Minderjährige« waren noch keine relevante Konsumentenschicht, es gab Taschengeld und gelegentlich ein bisschen Selbstverdientes.

Wir suchten unser Glück im Freien. Trotzdem fielen wir auf. Ein Lateinlehrer (eher konziliant uns gegenüber, nicht mehr die Erscheinung, die nach Faust-Regeln unterrichtete!) pflaumte mich vor der Klasse an, nachdem er mich auf einem Seitenweg des Dürener Stadtwalds (»Wibbelrusch« – sprich: Wipfelrauschen) mit meiner »Cousine« gesehen hatte. Andere erspähten uns. Der Religionslehrer bestellte Mutter Helene ins

Pfarrbüro und machte ihr mit Nachdruck klar, welch eminente Gefahren mich umlauerten. Womit einiges Feedback ausgelöst wurde, innerfamiliär – allerdings vergeblich einschüchternd.

Wir mussten also noch vorsichtiger sein. Unsere Verabredungen waren beinah konspirativ. Dabei konnten wir das Telefon nicht nutzen. Hätte sie mich angerufen, so hätte mit Sicherheit meine Mutter abgehoben. Ich hätte zur Post gehen, die Hanne aus einer Fernsprechzelle anrufen können, aber da hätte wohl *ihre* Mutter abgehoben. Telefonieren war noch Privileg der Erwachsenen, an dem Kinder und Jugendliche letztlich nur unter Aufsicht teilhaben konnten – die sich bei der Enge der damaligen Wohnungen fast von selbst ergab. Das Telefon spielte in unserer Kommunikation also kaum eine Rolle. Und Briefchen konnten mitgelesen werden.

Aber wir trafen uns, schoben unsere Fahrräder auf schmalen Pfaden tiefer in den »Wibbelrusch«, verließen die Pfade, stellten die Räder zusammen, betteten uns im Mischwald mit Niederholz. Aber der Stadtwald war relativ klein, und so tauchten zuweilen, ästeknackend, Spanner auf.

Bei schlechtem Wetter gingen wir ins Kino. Einer der Filmtitel in der Schauburg: *Ali Baba und die vierzig Räuber*. Irgendwas mit Mongolen, irgendwas mit Kalif oder Khan, und Reiterscharen galoppieren, eine schöne Frau badet in einem Teich (Brustspitzen sind aber nicht zu sehen), ein Felstor aus Pappmaché öffnet sich auf ein Schlüsselwort, ein Junge will für immer ein Mädchen lieben, ja, ja, dreimal ja, und wieder Galoppieren, wildes Singen dabei, Ali Baba wächst auf unter Schätzen der Felsenhöhle, und immer wieder: Galoppaden in trockener Landschaft, in Felsschluchten, und Schwerterschwingen, Schwerterschwingen – ein kleiner Wirbelsturm an Bildern, der an uns vorbeirotierte, wir hatten für das dramatische Geschehen nur dann Seitenblicke übrig, wenn uns in der letzten Reihe starke Hörsignale erreichten.

Und jäh wie ein Messerschnitt die erzwungene Trennung: Hannes Eltern zogen um, nach Hannover. Es war ganz selbstverständlich, dass die Fünfzehnjährige mitkam. Für einen vielreisenden Autor ist die Entfernung Köln–Hannover ein Klacks, für mich als Sechzehnjährigen war sie unüberwindlich.

Auch das muss heute, in einer Zeit der Mobilität, rekonstruiert werden. Nach Autobahnkilometern, Autobahnstunden konnten wir noch nicht rechnen, nicht einmal die Strecke Düren–Köln war damals komplett ausgebaut. Und: einen eigenen »fahrbaren Untersatz« zu besitzen, war auch für einen älteren Schüler unerreichbar wie eine Fata morgana. Es wurden zwar Autos gebaut in immer größeren Stückzahlen, der VW-Käfer, der Ford-Taunus, der Borgward, die kleine Isetta von BMW, der Kabinenroller des ehemaligen Jagdflugzeug-Produzenten Messerschmitt (genannt Schneewittchensarg), aber der finanzielle Aufwand war riesig – bei der damaligen Kaufkraft der noch jungen D-Mark. Einen Gebrauchtwagenmarkt, auf dem sich heute führerscheinreife Schüler bedienen, gab es noch längst nicht. Auch Motorräder, selbst mit kleinem Hubraum, sie waren nur im Bereich des Denkbaren, nicht aber des Erreichbaren. Ob Zündapp oder Puch oder NSU-Prinz mit Schwinggabel – das fuhr an uns vorbei, wir hatten das Nachsehn.

Aber ich hätte mit der Bahn fahren können. Das wäre – Jahrzehnte vor der Einführung von IC-, erst recht von ICE-Zügen – ein Unternehmen von einem halben, einem dreiviertel Tag gewesen, für eine Fahrt. Zwei Tage also hätten es insgesamt sein müssen – wie hätte ich eine so lange Abwesenheit zu Hause begründen sollen? Alles, was ich vorgetäuscht, vorgegaukelt hätte, es wäre entlarvt worden. Der Stadtname Hannover, sowieso schon viel zu oft auf der Rückseite von Briefen und in Poststempeln – dieser Name durfte schon gar nicht genannt werden. Hätte ich etwa behaupten sollen, ich würde zu einer der (ersten) Messen in Hannover fahren? Nichts da! Kommt nicht in die Tüte! Doch angenommen, es wäre eine Zeitlücke entstanden in der Dauerpräsenz der Eltern (etwa mit der Fahrt zu einer Beerdigung): was hätte meine Ankunft in Hannover ausgelöst? Wo hätten wir uns treffen können, in der Stadt oder im Grünen vor der Stadt?

Fast in jedem Detail muss rückübersetzt werden; heutige Verhältnisse sind weder zeitlich noch räumlich übertragbar. Völlig veränderte Spielregeln und Rahmenbedingungen! Was zu allen technischen Schwierigkeiten, aller Logistik hinzukam: Damals konnten autoritäre Verhaltensmuster noch ungeniert reproduziert werden. Damals wäre ihr und mir ein Treffen ganz einfach verboten worden. »Keine Widerworte!«

Dass wir uns nicht wiedersahen, war also kein Zeichen für allzu moderates Gefühl, für geringe Sehnsucht, für schwaches Verlangen, hier wirkten vielfältige, damals relevante, heute zum Teil eher marginale Faktoren zusammen – und gegen uns. Erst wenn ich diese Faktoren mit einbeziehe in die Geschichte der Schülerliebe, erzähle ich annähernd zutreffend.

Eine der Folgen prägender Einflüsse von Elternhaus und Gesellschaft: Gefühle (ich muss dieses Wort noch mal aufgreifen!), Gefühle zeigten sich nur zögernd. Das kam zu allen äußeren Erschwernissen und Hindernissen ja noch hinzu. Ich war als Kind der NS-Ära darauf konditioniert worden, keine Gefühle zu zeigen, wieder im Schmerz noch im Glück. Im emotional unterkühlten, frostigen Binnenklima der Familie fand dieses Erziehungsprogramm seine Entsprechung. Überschwang, spontane Regung: verpönt. Das bedeutete, ganz konkret: Man hielt sich andere Mitglieder der Familie vom Leibe, hielt sie auf Distanz – eine Umarmung vielleicht bei einem Abschied, aber kaum zur Begrüßung und schon gar nicht (»einfach mal so!«) zwischendurch. Körperliche Berührungen der Eltern, kleine Zärtlichkeiten: das bekamen wir Kinder nie zu sehen. Kam es doch mal zu einem unbedachten ›Übergriff‹ des Vaters, so wurde gleich gewarnt: »Lass doch ... die Kinder ...!«

Die gängigen Verhaltensmuster betonten eher den sportlich-freundlichen jungen Menschen, der Gefühlsregungen, gar leidenschaftlichen Regungen nicht so leicht, nicht so rasch nachgab. Die Gefühle eines Jungen für ein Mädchen, eines Mädchens für einen Jungen entfalteten sich damals langsamer, dies gegen innere und äußere Widerstände. Eine heute geläufige Formulierung, auch als Aufforderung: Seine Gefühle zeigen! Wir gaben Gefühle zu erkennen, scheu, aber seine Gefühle zu zeigen, womöglich demonstrativ, das wäre uns damals forciert erschienen. Die Umgangssprache bietet eine plastische Formulierung an: Mit seinen Gefühlen hinter dem Berg halten. Diesen Berg hatten Generationen aufgeschüttet, diesen Berg erhöhten wir selbst, mit Materialien, die bereitgelegt waren, ja, die uns aufgezwungen wurden. Ich habe erst lernen müssen, mit meinen Gefühlen hinter dem Berg hervorzukommen. Ich weiß noch, bis in den Bereich der Emotionen, was es bedeutet, in einer restaurativen, restriktiven Gesellschaft aufgewachsen zu sein. Wahrscheinlich hatte Vater Staat damals noch mehr (abkühlenden) Einfluss auf mich als Mutter Kühn. Das alles hätte sich fatal auswirken können. Aber nicht einmal in dieser Allianz entstanden bleibende Schäden: Gefühle, die mir in der Kindheit, der ersten Jugendzeit vorenthalten wurden, sie wurden mir dann später, ja, geschenkt. Da brauchte es freilich Geduld, bis ich mich öffnete, bis ich – schlicht gesagt – warm wurde. Dann wurde Glück nicht nur körperliches Glück, es war jeweils Befreiung von einem kalten Nesselhemd.

Das klang wie ein Schlusssatz, aber ich bin hier noch nicht durch! Befangenheit des Gefühls: dies war nur *eins* der zeitgebundenen Verhaltensmuster, die uns beeinflussten, prägten. Ein anderes Verhaltensmuster lag im Rollenverhalten, in dem sich gleichfalls die restaurative Struktur jener Gesellschaft ausprägte, auswirkte: Die Initiative geht vom Jungen, geht vom Mann aus in einer Liebesbeziehung; das Mädchen, die Frau müssen verführt, müssen »erobert« werden. So erwarteten wir von uns, erwarteten Mädchen von uns, dass *wir* die Initiative ergriffen, dass *wir* uns langsam und geduldig vorarbeiteten in einem gestaffelten Verteidigungssystem von kleineren und größeren Widerständen. Das muss betont werden in einer Zeit, in der vielfach eher Mädchen und Frauen aktiv werden.

Natürlich gab es damals schon Mädchen, die der allgemein retardierten Entwicklung voraus waren: auf Partys beliebte Mädchen, die sich in Nebenzimmern oder in Gärten oder auf Speichern ohne langes Vorspiel küssen ließen, womöglich selbst den Anfang machten. Als Intrada, als Vorspiel: mit ihnen konnte man »intim tanzen«, womöglich mit dem Handrücken am Geschlecht. Aber dies waren nicht die Mädchen, wie sie – unter uns Freunden – zu Freundinnen wurden. Bei denen vollzog sich erotische Annäherung eher in Zeitlupe. Ich betone noch mal: Dies in der bürgerlichen Schicht, die noch Erstarrungsformen des 19. Jahrhunderts zeigte. Die Langsamkeit, die uns *natürlich* erschien, sie muss betont werden in einer Zeit, in der man, so im Vorbeigehn, Sätze wie diesen zu hören bekommt: »Ich geh nur mit dir, wenn ich dich bumsen darf.« Oder, etwas höflicher: Jetzt schlafen wir erst mal miteinander, dann schauen wir weiter.

Wir dachten eher in Entwicklungsphasen. Die erste Phase der Annäherung erfüllte sich im Kuss. Hier war schon viel erreicht. In dieser Phase konnte man eine Zeitlang verweilen, hier konnte differenziert und intensiviert werden (für mich: frei nach der Unterweisung auf englische Art ...)

Die zweite Phase der Annäherung konzentrierte sich meist auf die Mädchenbeine. Ich hatte ja schon erwähnt: Das Frauenbein war damals, in der Öffentlichkeit, stärker erotisiert als heute. Noch immer war der Rock üblich, und ein Rocksaum lässt sich langsam, langsam verschieben. Bei Jeans dagegen gibt es keine Abstufungen, keine Varianten: die bleiben an oder werden ausgezogen. Beim Rock hingegen kann sich die Glutzone so langsam vorschieben wie bei Zigaretten. Ehe der Rocksaum die Oberschenkel erreichte, vergingen freilich oft viele Zigarettenlängen.

Die nächste, die dritte Phase des Petting: die »Eroberung des Busens«. Hier konnte die Verteidigung besonders stark sein. Auch bei jungen Mädchen waren Büstenhalter damals selbstverständlich. Und die waren nicht so aufgehaucht leicht und stretchy, die damaligen Produkte der Miederwarenindustrie waren, wie schon angedeutet: wehrhaft. Kleine Fortifikationen streng und fest verzurrter, krankenhausweißer Schalen oder Körbchen aus garantiert undurchsichtigen Materialien, verstärkt und versteift durch Elemente, die heute wahrscheinlich gar nicht mehr recycelt werden könnten. Thema spaßhaft ernsthafter Erörterungen unter uns Gymnasiasten waren die

368

oft gestrengen Verschlüsse der BHs. Zwei Grundausführungen: Büstenhalter, die sich am Rücken öffnen ließen, waren die Regel. Praktischer aber war die Version, die sich zwischen den Schalen oder Körbchen öffnen ließ. Wenn schließlich zum ersten Mal die Brüste berührt wurden, konnte aus dem (ähnlich sozialisierten) Mädchen ein Laut herauskommen, der nicht eindeutig war: kleines Erschrecken oder zaghafte Beglückung? Kurzes Verharren also, bis geklärt war, ob das sanfte Zurechtweisung oder seufzende Erleichterung war.

War es seufzende Erleichterung, so stand man dicht vor dem Glück, das unauflöslich mit Angst verbunden war in jener Ära oft fragwürdiger Empfängnisverhütung. Das wurde für uns aber meist erst nach Schulabschluss relevant. Klassenkameraden der Oberstufe mit erster sexueller Erfahrung waren selten. Gebannt hörten wir zu, in enger Runde, als einer vom Besuch in einem Kölner Puff berichtete: Das Wachstuch am Fußende des Betts, der Freier durfte sich nicht mal die Schuhe oder Stiefel ausziehen … Und abgespritzt und abkassiert.

Es war die Zeit vor der Entwicklung und Einführung des Ovulationshemmers, der Pille. Auch vor der Einführung der Spirale. Freilich gab es Kondome, damals meist Präservative genannt, was zu Abkürzungen herausforderte. Ein Produkt, das damals nicht angeboten, sondern versteckt wurde. Noch längst nicht hingen in Toilettenanlagen Kondomautomaten, aus denen sich, in entsprechender Preisstaffelung, verschiedene Ausführungen ziehen lassen – man musste noch in eine Drogerie oder Apotheke gehen. Aber wer sprach da schon, vor allem bei größerer Fluktuation, laut und deutlich den Wunsch aus? Dass ein Mann in einer Münchner Apotheke unüberhörbar fragte: Homs Männaschutz?, das war es bereits wert, weitererzählt zu werden. Gelächter, das Distanz markierte. Es gab allerdings Zettelchen, die Präserpackungen beigelegt waren, die konnte man stumm hinüberreichen, und dann wurde das Produkt auch nicht auf den Verkaufstresen gelegt, sondern neutral verpackt zugeschoben.

»Empfängnisverhütung« war vielfach tabuisiert, vor allem im Machtbereich der katholischen Kirche. »Empfängnisverhütung« war in der Ausführung auch erheblich erschwert. Zum einen war es die Methode von Knauss-Ogino, heute weithin vergessen: Man plante parallel zu Messungsergebnissen der weiblichen Temperaturen, bis hin zum Eisprung: vielfach reines Lotteriespiel.

Zweite Methode: Coitus interruptus. Ein psychisch und physisch brutales Verfahren: kurz vor dem Orgasmus unterwarf man sich dem Gebot der verhütenden Vernunft. Als sicher galt diese Methode auch nicht. Ein Freund, der mit einem »Onkel Ficki« gefachsimpelt hatte, brachte als warnende Nachricht mit: Schon ein Tropfen, ein Tröpfchen beim Rausziehen kann genügen, wenn die Frau heiß ist ... Der Rückzieher im rechten Moment war im Hinterkopf oder Hirnstamm möglicherweise einprogrammiert, der Beischlaf war nicht nur lustbetont, er war auch angstbesetzt: Pass auf ... pass auf ... pass auf!

Auch die Mädchen, die Frauen konnten sich bei dieser Methode nicht so rückhaltlos entfalten, wie das Jahrzehnte später selbstverständlich schien, auch bei ihnen mischte sich Sorge ein ins Liebesspiel: Hoffentlich macht der rechtzeitig wieder halblang. Unfreiwillige Selbstkontrolle in der Sexualität – welche Mischungen von »Eis und heiß«! Welche Turbulenzen!

Dies vor dem dräuenden Hintergrund der sehr berechtigten Angst vor Folgen. Das soziale Muster der alleinerziehenden Mutter war, in der Öffentlichkeit, noch nicht entwickelt, noch nicht ausgereift. Durch unzeitige Schwangerschaft konnte eine geheime Liebesbeziehung unerwünscht öffentlich werden, gleichsam ans Licht gezerrt. Da war die Angst vor einer fast alttestamentarischen Verdammnis, vor allem in kleineren Ortschaften, die von der Kirche beherrscht wurden. Die bangste aller Fragen, damals: »Hast du deine Tage gekriegt ...?«

Die allgegenwärtige Furie der Beschleunigung könnte allzu leicht konstatieren, abschätzig: Die damals machten jede Menge Schnörkel ... die machten sich ja unwahrscheinliche Probleme ... die gingen ja erstaunlich langsam aus sich heraus ... Aber: heutige Kategorien der Beurteilung, der Bewertung konnten wir nicht antizipieren. Es kann auch nicht darum gehen, so etwas wie Mitleid einzufordern, nachträglich (oder Selbstmitleid zu generieren). Wie wir lebten, wie wir uns verhielten, das erschien uns selbstverständlich, fast: natürlich. Sogar die Verbindung, weithin, von Lust und Angst schien uns »natürlich«, erschien uns »naturgegeben«. Erst in den späten sechziger Jahren lernten wir durchschauen, wie viel von dem, was natürlich oder naturgegeben erscheint, von Geschichte und Gesellschaft geformt, zumindest mitgeformt ist. Wir hatten damals, in den fünfziger Jahren, (noch) keine Vergleiche. Wir sahen uns nicht als Opfer allgemeiner Konstellationen, die unsere Entfaltung erschwerten, die unseren Spielraum einengten. Wir waren halt langsamer. Na und?

Ich habe sie noch einmal gesehen, gut zwei Jahrzehnte später, vor der Premiere eines meiner Theaterstücke. Eine Frau stand neben mir an der Garderobe, gab einen Pelzmantel ab, ich steckte mein Metallmärkchen ein, spürte, dass ich von der Seite gemustert wurde, schaute sie an, aber da war kein Reflex bei mir, ich sah in ihr eine Frau in der Rolle einer Chefsekretärin, doch dann sagte sie: »Ich bin die Hannelore.« Und sie kam mir vor wie die Mutter der damaligen Hannelore.

Wechselseitiges Bestaunen, doch alles Gefühl war erloschen, obwohl Gefühle eine erstaunliche Resistenz entwickeln können, da kann ein Jahrzehnt, in dem man sich nicht gesehen, in dem man nicht einmal voneinander gehört hat, ein Nichts sein, ein Hauch, und die Kapsel, die sich um die Gefühle gebildet hat, sie springt auf, was Vergangenheit schien, wird freigesetzt, eine Umarmung vor Jahren wird fortgesetzt … Nein, solch ein Weiterwirken von Gefühl, das längst vergessen, längst aufgelöst schien, das gab es hier nicht, aber wichtig ist, wichtig bleibt: Die Liebesgeschichte mit dem Mädchen, aus dem nun diese Frau geworden war, die langsam neben mir herging, und die – in hastigem, halblautem Zwischengespräch raffend – schlimme Erfahrungen gemacht hatte, meanwhile, diese Liebesgeschichte hat Erfahrungen geprägt und mit den Erfahrungen Muster des Verhaltens. Hat damit denn doch wieder Gegenwart.

Hervorgeholt: ein Schuhkarton mit Briefen auch von Hanne-lore. Soll ich den Karton öffnen, die Briefe lesen? Würde die Beziehung dann wieder präsent? Oder formulierte bei diesen Briefen die Angst mit, sie könnten entdeckt und mitgelesen werden?

Nun mache ich mich selber neugierig, ich werde die Ver-schnürung doch wohl lösen, in den nächsten Tagen, und den Packen Briefe lesen. Anschließend werde ich sie wahrschein-lich vernichten. Ich werde allerdings nicht herauszufinden versuchen, wo, unter welchem Namen, die Frau mit dem Vor-namen Hannelore wohnt, werde sie nicht um meine Briefe bitten, das erschiene mir albern.

Ich habe es viele Wochen hinausgeschoben, den Schuhkar-ton aufzuschnüren. Mehrfach sagte ich mir: Lass ihn zu und streiche den Satz, in dem du das ankündigst. Aber in plötz-licher Aktion, mich beinah selbst überraschend, öffnete ich den Karton, suchte den Briefpacken. Die Erinnerung hat ge-täuscht: ich besitze nur noch ein paar Briefe aus jener Zeit. Unzureichende Dokumentation! Riss der Briefwechsel recht bald schon ab, oder sind Briefe verlorengegangen oder sind von mir womöglich Briefe vernichtet worden? Hier ist Er-innerung gelöscht.

Als ich die ersten, auf Spielkartenformat zurechtgefalteten Briefe glättete, hatte ich das Gefühl, ich beginge eine Indis-kretion: Ich schaue in Briefe, die eine Person geschrieben hat, die ich nicht mehr kenne, und die an eine Person gerichtet waren, mit der ich nur noch in bürokratisch erfassbaren Daten identisch bin.

Der Sammelumschlag frankiert mit einer Zwanzig-Pfennig-Marke, daneben die kleine blaue Steuermarke »Notopfer Ber-lin«; zwei Pfennig. Die Stadt Hannover gehörte damals zum Postleitzahlgebiet 20a. Eine andere Topographie, in der diese Briefe geschrieben wurden, ab November 51. Was geschah in diesem Monat, in diesem Jahr? Und was im Jahr danach? Was nahm ich, was nahm sie wahr?

Wichtig war Sport. Zum Beispiel sah sie »ein ganz tolles Tennisturnier! Das Spiel des Tages: Hard – Fry. Dir großen

Kenner werden das ja keine fremden Namen sein. Und als ich dann den schweren, langen Buchholz mit seinem unerhörten Aufschlag sah ...« Ein Biograph, der solch eine Briefstelle zitieren könnte, er müsste eine Fußnote oder Anmerkung schreiben: Wer waren die Herren Buchholz, Fry und Hard? Ich könnte, befragt, nur die Schulter heben. Aber die Briefstelle aktiviert Erinnerung: Ich war in der Jugendmannschaft von Düren 99, spielte Tennis auf Turnieren.

Wichtig, so lese ich weiter, war auch Hockey. Sie schrieb, sie hätte sich ein »tolles Hockeyspiel angesehen. Das wäre was für Dich gewesen. Hannover – Braunschweig. Was machen Deine Fortschritte?« Ja richtig, ich war auch in einer Hockeymannschaft. Und ich sehe mich, in einer Erinnerungsmomentaufnahme, herumlaufen auf einem staubigen Platz, mit dem Hockeyschläger, unter greller und heißer Sonne.

Und noch eine Facetten-Spiegelung: »Ob Dich die Atomphysik so beschäftigt, dass Du keine Zeit mehr hast, mir zu schreiben?« Ja stimmt, als Schüler interessierte ich mich überhaupt nicht für Literatur, ich las Bücher (etwa der Reihe Kosmos) über Atomphysik, war damals entschlossen, Kernphysiker zu werden – erst im letzten Schuljahr rückte ich von dieser Entscheidung ab.

Um Atomphysik, Hockey, Tennis aber ging es nur nebenbei: es waren Liebesbriefe. Ich bin erleichtert, dass ich nicht meine eigenen Briefe lesen muss. Wie habe ich die Freundin angeredet, angeschrieben? Wie lauteten meine Schlussformeln? »Mein lieber Schatz« schrieb sie, regelmäßig. Die Anrede »Schatz« erscheint mir ein wenig patiniert, aber ich habe dieses Wort Jahrzehnte später von einer sehr selbstbewussten, souveränen Frau gehört. Also: die Peinlichkeit ist etwas reduziert.

Und wie waren ihre Briefschlüsse? In einem der Briefe ein Kürzel, das typisch sein könnte für jene Zeit, für ihre Situation: »Sei recht herzlich gegrüßt und ge – – – von Deiner Hanne.« In anderen Briefen dagegen schrieb sie von »sehnsuchtsvollen Küssen«.

Ja, es gab damals Restriktionen. Aber sie relativierten sich zum Teil. Von Hannover aus gesehen war die Vorsicht, die wir in Düren entwickeln mussten, provinziell. Hanne über Schülerinnen ihrer Klasse: »Wenn die Schule aus ist, warten unten schon die Freunde auf sie. Kein Lehrer sagt was dazu. In einer Großstadt ist eben alles viel großzügiger.« Das sehe ich nun deutlicher: Meine Lebensformen, Verhaltensweisen wurden auch von Lebensformen, Verhaltensweisen einer katholischen Kleinstadt geprägt.

Aber auch in Hannover war es verdächtig, wenn eine Fünfzehnjährige einem Sechzehnjährigen schrieb, und das regelmäßig; es drohte Kontrolle, damit Zensur. »Wir fahren mit der Klasse für 14 Tage in ein Landheim der Schule. Schreibe in dieser Zeit bitte nicht, denn ich weiß nicht, ob die Briefe, wenn ich nicht zu Hause bin, doch aufgemacht werden. Am 8. Dezember kommen wir zurück. Dann erwarte ich aber wieder so einen langen Brief wie den letzten.« In einem späteren Brief lese ich freilich: »Ich schrieb Dir zuletzt, Du möchtest mir während meiner Abwesenheit nicht schreiben. Aber ich kann es so lange nicht ohne die Post meines Liebsten aushalten. Ich habe mit meiner Mutti verhandelt und sie will mir die Post, ohne sie zu öffnen, nachschicken. Also warte ich voll Sehnsucht auf Deinen nächsten Brief.«

Dieses schöne Mädchen hat offenbar allen Mut zusammengenommen, um ihren Privatbereich abzugrenzen. Damit stimulierte sie freilich gesteigertes Interesse an diesen Briefen: Wenn es so ist, was mag dann alles drinstehen?! Sie hat mit Erfolg verhandelt: »Deinen letzten Brief schickte Mutti mir, natürlich ungeöffnet, ins Landheim.«

So war die Entwicklung in 20a Hannover. Und in 22b Düren? War das Briefgeheimnis gewahrt in der Frankenstraße 55? Wurde jede Briefübergabe kommentiert, kritisch? Wollte meine Mutter wissen, was in den Briefen stand? Die Briefe sind so klein gefaltet, dass ich vermute: ich habe sie versteckt. Aber ich teilte mit meinen zwei jüngeren Brüdern ein Zimmer – wo ließen sich da Briefe verstecken? Liebesbriefe saugen Interesse an – wie konnte ich sie, nach offizieller Übergabe, aufbewahren und zugleich verschwinden lassen? Wie konnte meiner Mutter beim Putzen das Versteck entgehen? Respektierte sie es?

Kleinigkeiten hatten damals große Bedeutung – auch wenn sie sich spurlos verflüchtigt haben. Zum Beispiel berichtete die Schülerin, wie nachts im Landheim, im Schlafsaal, Gruselgeschichten erzählt wurden, und sie graulte sich, fürchtete sich, aber: »Ich hatte das Kettchen gestreift und hatte das Gefühl: dein Dieter legt seinen Arm um deine Schultern.« Was war das für ein Kettchen? Hatte ich es ihr geschenkt? Also gekauft? Oder verbanden sich mit diesem Kettchen besondere Erinnerungen? Das Kettchen hat sich in der Erinnerung aufgelöst.

Überhaupt: die Lektüre dieser Briefe macht mir bewusst, wie viel Hegels »Furie des Verschwindens« mit sich gerissen hat. Wie viel damit auch in einem Leben vergeudet, verschleudert wird. Ich staune darüber, bin traurig darüber, dass sich Liebesgeschichten auflösen können mit ihren Einzelheiten, die charakteristisch waren, dass sie zunichte werden. Sicher, »alte« Gefühle werden belebt in neuer Liebe, aber müssten die alten Geschichten nicht so etwas wie Bodensatz bleiben im Glas? Aus guten Weinen kristallisiert sich ein »dépot« … Von dieser Liebesgeschichte ist noch etwas »dépot« zurückgeblieben, aber andere Liebesgeschichten haben kaum Spurenelemente hinterlassen.

Aber ich habe nicht nur Anlass zu melancholischer Klage: Es kommen aus meiner Vergangenheit Impulse in meine Gegenwart – Vorgänge, die meine Phantasie wieder beschäftigen, meine Erinnerung aktivieren, echohaft sogar Gefühle wiederbeleben. Und ich stimme ein Loblied an auf das Briefeschreiben – so bleiben Spuren erhalten.

Diese Spuren lassen sich nicht »sichern«, und schon gar nicht vollständig, aber zwei Zitate will ich noch bringen, ich fühle mich von ihnen angerührt – eine beinah körperliche Berührung. Die Fünfzehnjährige schrieb auf einem herausgelösten Tagebuchblatt in krakeliger Schrift »den ersten Gruß aus Hannover. Wir schliefen die erste Nacht im Hotel. Ich blieb morgens im Bett liegen, während meine Eltern zur Wohnung gingen. Man hat es mir wohl zu gut angemerkt, dass ich

Hannover feindlich gegenüberstand, denn Vati war sehr besorgt um mich, ließ mir das Frühstück ans Bett bringen. Ich hatte Radio und Telephon am Bett, aber das Radio konnte und wollte ich nicht andrehen, mir stand der Sinn nicht danach. Im Laufe des Vormittags wurde ich von den Eltern noch mehrmals angerufen, denn mir ging es nicht gut. Ich lag so im Bett und träumte mit offenen Augen. Ich war mit meinen Gedanken bei Dir. Ich hätte auf alles verzichtet, wenn ich jetzt mit Dir noch einmal in Burgau wäre. Ich konnte es aber nicht aushalten so alleine im Bett zu liegen und setzte mich im Nachthemd an den Tisch und schrieb Dir einen langen Sehnsuchts- und Liebesbrief, den ich aber nicht abschickte, dann erlangte ich meine innere Ruhe so allmählich wieder. Und dann schlief ich ein und träumte, aber furchtbar. Ich ging durch eine große Stadt und Du kamst mir entgegen, aber Du gingst ohne einen Gruß und ohne mich wiederzuerkennen an mir vorbei. Dann wurde ich wach. Hoffentlich wird dieser Traum nicht in Erfüllung gehen.«

Er ging nicht in Erfüllung. Aber: Wie lange ließ sich diese Trennung aushalten? Sie versuchte mir Freiheit zurückzugeben. »Ich möchte Dir nicht im Wege stehen, obwohl ich, während ich dies schreibe, denn ich sehe es als meine Pflicht an, stöhne.« Dieses Aufstöhnen, vor Jahrzehnten im fernen Hannover, ich glaube es zu hören, während ich dies abschreibe.

Es erscheint mir jetzt unvorstellbar, dass ich die Briefe verbrenne. Das wäre vorsätzliche Vernichtung von Vergangenheit – selbst, wenn ich diese Briefe nie wieder lesen sollte.

Mutter Helene zwang den 16-Jährigen, ein Foto vorzulegen, das einem ihrer Briefe beigelegt war. Ich sehe es noch vor mir, so genau wie die Fotografie einer Fotografie, schwarzweiß, chamois halbmatt, gezackter Rand: Hannelore im Garten, Seitenansicht, zweiteiliger Badeanzug, sie steht etwas linkisch, weil verlegen, scheint eine Rose zu betrachten. Sie wurde nun doppelt bloßgestellt: ein Mädchen, das sich anbot, ja feilbot …! Heftigste moralische Vorwürfe an den Adressaten! Meine Mutter reagierte hier in aller Heftigkeit nicht nur als

Person, die (auch) von den Eltern geprägt worden war, hier zeigte sich zeittypisches Verhalten. So erscheint mir die grausige Szene in doppelter Hinsicht antiquiert.

Solche innere Distanz hatte ich damals nicht – ich schämte mich, auch für das Mädchen, das ich liebte. Ob ich das Foto ausliefern musste oder zurückerhielt – vergessen.

UND ICH BEGANN ZU SCHREIBEN. Erst einmal, wie konnte es anders sein: Gedichte. Die habe ich weder Hanne noch Freunden gezeigt, schon gar nicht meinen Brüdern, den Eltern: Lyrik, unter fast konspirativen Bedingungen im Stadtwald, im »Wibbelrusch«, geschrieben, auf einem Baumstumpf sitzend, auf den Knien Bierdeckel oder andere Pappstücke, Schreibfläche und Schreibunterlage zugleich. War ich im Zimmer (das ich nach wie vor mit den Brüdern teilen musste) endlich mal allein, wurden von diesen krakeligen Notaten Reinschriften angefertigt und versteckt.

Keins dieser frühen Gedichte habe ich aufbewahrt, und das finde ich nach wie vor richtig. In Erinnerung sind nur vier Zeilen geblieben, und die will ich nun doch zitieren: Heraus mit der Sprache, der von damals!

Blüten, die so schwer gewesen,
sinken nun ganz leicht herab,
Flieder neigt sich ins Verwesen,
satte Dolden welken ab …

Ich schrieb auch Prosa: Studien. Sind ebenfalls verschollen. Was wohl eher heißt: Ich habe sie vorsätzlich verschwinden lassen. Vage Erinnerung nur noch an eine Studie von Kastanienknospen. Ich hatte eine Knospe auf ein Stück Papier gelegt, beschrieb sie möglichst genau: Naturstudie. Ich sehe die leicht klebrige, honigbraune Knospe noch vor mir, betont von der weißen Unterlage.

MEIN KOPF, MEIN HIRN phasenweise auch als Durchlauferhitzer: Nachrichten, Informationen fließen, strudeln hindurch, kühlen meist rasch wieder ab, versickern.

Gleich eine erste »Durchflussmenge«: Nachrichten aus dem Jahre 1953. Zu jener Zeit dürfte meine Wahrnehmung für Vorgänge außerhalb der Ichzone eingesetzt haben, vorausgesetzt, der Nachrichtendruck war stark genug. Probedurchlauf von kurzer Dauer, chronologisch.

Erstes Stichwort: Hohe Kommission. Die US-Organisation führt eine Befragung durch in der Bundesrepublik, demnach sind 44 Prozent der Bevölkerung nach wie vor davon überzeugt, der Nationalsozialismus hätte mehr Vorteile als Nachteile gehabt.

Auf der Deutschen Bischofskonferenz tut man sich schwer mit der Gleichberechtigung von Mann und Frau – gewisse Vorrechte des Mannes entsprächen der »natürlichen Ordnung«.

In Frankreich findet der Prozess statt gegen SS-Männer, die das Massaker von Oradour durchgeführt hatten. 45 Todesurteile, 43 in Abwesenheit der Angeklagten.

Im März stirbt, mit 73, Josef Stalin nach einem Schlaganfall. Sehr verschiedene Reaktionen. Malenkow wird Ministerpräsident.

Eine UN-Resolution zur Gleichberechtigung von Mann und Frau.

Edward P. Hillary, Bienenzüchter aus Neuseeland, bezwingt mit Sherpa Tensing den Mount Everest. Ja, die beiden Namen sind präsent geblieben! Auf dieses Unternehmen war auch ich eingestimmt, besaß immerhin ein Buch über die Erstbesteigung des Nanga Parbat durch – wie hieß der noch? Ein Deutscher, steht fest, hatte einen Hakenkreuzwimpel mitgeführt auf den Gipfel, aber wie hieß noch der Mann?

Andere Nachrichten drängen sich vor. Krönung von Elisabeth der Zweiten.

Aufstand der Bauarbeiter in Ost-Berlin, Protest gegen die Erhöhung der Arbeitsnormen, mehr als zehntausend schließen sich zusammen, Streiks auch in 167 Städten und Landkreisen der DDR. Russische Panzer fahren auf in Berlin, Volkspolizei schießt scharf, Massenverhaftungen. Prozesse. 29 Todesurteile werden durch Sowjets vollstreckt. – Die Härte der Reaktion habe ich in der Erinnerung unterschätzt.

Endlich mal Positives: Der Waffenstillstand zwischen Nordkorea und den USA wird unterzeichnet.

Doch die Sowjetunion zündet die erste Wasserstoffbombe.

Nikita S. Chruschtschow wird Erster Sekretär des Zentralkomitees der KPdSU.

Das Komitee für unamerikanische Umtriebe unter McCarthy zitiert sogar den früheren Präsidenten Truman heran.

Berija, allmächtiger Innenminister, bereits entmachtet, wird zum Tode verurteilt und sofort hingerichtet. Erfuhren wir damals schon, dass der Geheimdienstchef vom Geheimdienst gefoltert wurde?

Ein Ansatz zur Rekonstruktion von Nachrichten-Input in mein Hirn. Die Verfallszeit der Informationen ist freilich meist sehr kurz. Einige Punkte aber haben sich eingeprägt. Solch einen Informationsdurchlauf fortsetzen? Zumindest im Abstand von jeweils einigen Jahren? Oder soll ich darauf beharren: Nur Nachrichten zum Weltgeschehen, die Spuren, zumindest Spurenelemente hinterließen in mir?

ACHTZEHNTES LEBENSJAHR, also Fahrschule, Fahrstunden, ich wollte mir, pünktlich zur Führerscheinreife, einen Motorroller kaufen. Die Fahrstunden auf einer 350er NSU, der Fahrlehrer im Beiwagen, und wenn ich entschiedener als sonst den Gasgriff drehte, entstand kurz das rauschhafte Gefühl einer mir fast raketenschnell erscheinenden Beschleunigung, der Fahrlehrer musste verbal drosseln. Noch lieber hätte ich eine BMW 500 (mit Boxermotor!) unter mir gehabt, oder eine Horex 500 – Wunderwerke jener Zeit! Solcher »thrill« war auf einem Motorroller nicht zu erwarten. Ich musste ihn natürlich selbst finanzieren, wenigstens zum größeren Teil, und so ging (auch) ich in den Ferienwochen »auf den Bau«.

Früh aufstehen, noch früher als zur Schulzeit, zum Stadtrand radeln, Neuanlage von Reihenhäusern. Wiesen, tief ausgefahren, ich muss das Rad die letzten Meter schieben. Die Fensterläden der Baubude noch nicht geöffnet; Blechgefäße (»Mitchen«, Behälter also, in denen man etwas mitnimmt),

Bierflaschen (mit Schnappverschlüssen), Butterbrotpäckchen (in Fettpapier). Die Arbeiter rauchen, steigen in die Monturen. Ich muss rüber zur Bude mit den gestapelten Zementsäcken, alles grau bestäubt. Der Arbeiter kneift ein Auge zu, schwingt einen Zementsack auf meine Schultern, rumms, nicht wackeln, nicht blamieren, zurückgrinsen, um einen plötzlichen Zentner schwerer, rausstaken, über die tief ausgefahrene Wiese zur Mischmaschine, den Sack abwerfen, zurückgehen, den nächsten Sack ausbalancieren, rüberschleppen zur Mischmaschine, abwerfen, zurückgehen, wieder flach und schwer der nächste Sack, diesmal auf der anderen, ebenso schmalen Schulter. Der Arbeiter an der Mischmaschine hebt einen Sack auf die Kipplade, reißt ihn mit der Schaufelkante an, Zementpuder in die Kippe geschüttet, der staubende Papiersack wird zur Seite geschlenkert. Weiterhin Zementsäcke zur Mischmaschine schleppen. Dann Kies holen: die Schubkarre vollschaufeln, durch den Matsch drücken, durch den verschütteten Kies vor der Maschine, und hau-ruck hochstemmen, der Kies rasselt in die Kipplade, rutscht zum Teil daneben, der Arbeiter schüttelt den Kopf. Wieder zurück, die Schubkarre vollschaufeln, wieder zur Mischmaschine, die Kipplade hebt sich, die Trommel dreht sich, drei, vier Hammerschläge gegen die Lade, sie poltert runter, ein Sack auf die Kante gelegt, mit der Schaufelkante aufgerissen, die nächsten Schubkarren ranfahren, der Matsch tiefer, ich lege Bretter hintereinander, muss die Schubkarre nun genauer lenken, die Griffe hochstemmen, den Kies in die Lade kippen, zurück zur Kieshalde, die Schubkarre vollschaufeln, ausbalancieren, hochstemmen, den Kies in die Lade kippen, zurück zur Kieshalde, die Schubkarre vollschaufeln, ausbalancieren, hochstemmen, den Kies in die Lade kippen, zurück zur Kieshalde, die Schubkarre vollschaufeln, ausbalancieren, hochstemmen, den Kies in die Lade kippen, zurück, vollschaufeln, hochstemmen, kippen, zurück, vollschaufeln, hochstemmen, kippen, zurück –

Lohn der Knochenarbeit: die DKW-Hobby, Motorroller mit 67 Kubikzentimetern Hubraum, mit 3 (drei!) PS, mit einer

»Spitzengeschwindigkeit« von 60 km/h. Technische Angaben, die ich finde, ohne lange zu suchen (auswendig behalten habe ich sie nicht): In einem »Jahresquerschnitt« von 1954, von den Eltern übernommen, sehe ich den Motorroller ganzseitig abgebildet als eins der charakteristischen Industrieprodukte jenes Jahres, verbunden mit Angaben, die ich übernehme: »Ein Motorroller für jedermann mit vollautomatischem stufenlosem Getriebe (System Uher). Hier gibt es kein Schalten – nur fahren, und man kann sogar im ›Fußgängertempo‹ bummeln. Der Preis dieses modernen Rollers liegt unter 1000 Mark.«

Nach den Fahrstunden auf der 350er NSU waren die Leistungen des kleinen Rollers nicht eben delirierend, aber, immerhin, es war mein erstes, eigenes Fahrzeug, ich konnte damit am Haus vorfahren, in dem Gisela wohnte, sie konnte hinter mir Platz nehmen, an mich geschmiegt, und mit einer hellblauen Start-Auspuffwolke schnurrten wir los durch ein Düren im Wiederaufbau. Immer weniger Feldloren mit Trümmern, immer mehr Autos mit Chromleisten. Und Motorräder mit wachsendem Hubraum! Unter Gisela und mir, im hellgrauen Blechgehäuse, mühten sich die drei Pferdestärken ab, aber immerhin, es öffneten sich Räume, wir konnten wählen: Schwimmbad? Reitplatz? Zu einem Freund oder in den Wald?

Ich hatte erst wenig geschrieben in jener Zeit, sah aber kommen, dass ich mehr schreiben würde, und so traf ich eine Vorentscheidung, belegte einen Schreibmaschinenkurs in einer Berufsschule. Abendtermine. Der Tipprhythmus der Gruppe bestimmt von einer Lehrschallplatte: Wir-fan-gen-an: W-e-r-t. Zehnfingerblind. Typenhebelmaschine, noch nicht mit Elektroantrieb. Wir-fah-ren-fort. Typenhebelmaschine, elektrisch. Wir-fah-ren-fort. Typenradmaschine.

Einziger Autor, der im Gespräch auch Fragen der Schreibmaschinenmechanik erörterte: Uwe Johnson. Er setzte auf Kugelkopf, ich auf Typenrad. Und wie strapaziert anhaltendes Tippen die Unterarme, die Schultern, den Rücken? Hier stellte Johnson fürsorgliche Fragen, eigene Erfahrungen einbringend. Das tippe ich auf angekoppeltem Keyboard des Laptop:

Die Arbeitsphase der Texterfassung übernehmen nun auch wir Autoren, liefern Datensätze, digital.

Auf der Festplatte gespeichert wird auch diese Erfahrung: Ich kann, kurzfristig, beim Tippen eines Satzes schon mal zum Fenster rausschauen, sehe dabei – jetzt zum Beispiel, in dieser Gegenwart, die gleich schon wieder Vergangenheit sein wird – sehe fortgesetztes Schneetreiben, Schnee gelagert auf breiten Ästen des Baums mit dem exotischen Namen »Kaukasische Flügelnuss«. Vertippe mich, komme aus dem Takt, suche das »g«. Und der Buchstabe, der sich sonst unkontrolliert einfindet, den muss ich nun suchen, die drei Reihen mit Buchstabentasten sichtend, ah, und ziemlich in der Mitte, da ist es ja.

Zwei sehr verschiedene Formen der Wahrnehmung, der Umsetzung: Mich der Bewegung des Sprachflusses überlassend, stellen sich die rechten Buchstabenpositionen von selbst ein; aus der Bewegung herausgerissen, nun bewusst suchend, tue ich mich schwer. Mit offenen Augen geht es nicht mehr blindlings zügig voran, ich stocke, ich suche.

ZU BEGINN MEINES LETZTEN SCHULJAHRS zogen die Eltern mit den jüngeren Brüdern nach Bochum: die neue Tätigkeit des Vaters in der Westfalenbank. Probeweise nahm ich teil am Unterricht eines Bochumer Gymnasiums, aber ein Dreivierteljahr vor dem Abitur die Schule zu wechseln, das war nicht sinnvoll, zu groß die Unterschiede in einigen Fächern. Gespräche mit Freund Bernd, er wiederum sprach mit seinen Eltern, und die erklärten sich bereit, mich in die Familie aufzunehmen bis zum Abitur. Befreiender, erlösender Sprung in eine andere Lebensform. Hochgefühl neuer Freiheit, als ich ›mein‹ Bett im Hause Schoeller vorfand, mit Bernd in einem Zimmer.

Kontrastprogramm des Zusammenlebens! Völlig andere Familienkonstellation! Die Mutter nicht dominierend, eher begleitend. Statt entschiedener Instruktionen eine eher fragende Haltung. Mehr Hinhören als Dreinreden. Versuchte sie, eine Vorstellung durchzusetzen gegenüber meinem Freund (der seine Freiräume maximal ausnutzte), so konnte sie das

wie folgt formulieren: Bernd, glaubst du nicht auch, du solltest dich nun doch mal etwas besser anziehen? Damit war das
Geplänkel vorgegeben, denn Bernd griff das sofort auf: Nein,
ich bin überhaupt nicht der Meinung, dass ich mich jetzt umziehen sollte. In solchen Situationen wurde erwünschtes Verhalten nicht erzwungen durch Geschrei (»Mach keine Menkenke!«) oder durch Nötigung (»Wenn du so weitermachst,
krieg ich wieder meine Migräne!«). Mutter Helene wich keiner
Konfrontation aus, hielt Konflikte aber nicht durch. Wenn ich
nicht bereit war, mich auf ihre Spielregeln einzulassen, ihren
Direktiven zu folgen, gab es letztlich nur zwei Reaktionen:
sich mit Migräne ins Bett zu legen, demonstrativ, oder zu einer Freundin zu fliehen, alternativ zu ihrem Bruder. Solche
Erpressungsspielchen fanden in meiner neuen Familie nicht
statt. Mein gleichnamiger Pflegevater ließ gewähren, nachsichtig – zuweilen in einem Ausmaß, das mir, eher ungeduldig, fast als Schwäche erschien. Rotierten beim Mittagessen
mal wieder einige Nudeln hoch zur Zimmerdecke, so hielt er
sich die Serviette an Mund und Nase, und es deutete sich so
etwas wie verlegenes Kichern an hinter dem Serviettenweiß.
Es wurde nicht harsch interveniert, eher wurde abgemildert.
Das reichte meist, und die Nudeln mussten nicht weiterhin das
Fliegen lernen. Gelegentlich aber hätte ich mir den Pflegevater
dennoch etwas resoluter gewünscht, aber ich habe ihn, ganz
einfach, bewundert, habe ihn, ganz einfach, gemocht. Damit
war alles aufgefangen.

Dieter Schoeller war Chef der Textilfabrik Leopold Schoeller und Cie. Mit Eleganz repräsentierte er seine Firma, die
Stoffe für Herrenanzüge produzierte. Die Vielfalt der Stoffprodukte wurde sichtbar auch in seinen maßgeschneiderten
Anzügen. Er war, was Engländer »a well looking man« genannt hätten, aber diese elegante Erscheinung dämpfte ihre
Aura durch Bescheidenheit, die nicht aufgesetzt wirkte. Sie
ergab sich aus seinen sehr persönlichen Akzentuierungen
dessen, was ihm wichtig war. Er war ein Tennisspieler von
bewundernswerter Eleganz. Während Bernd mit sichtlicher
Anstrengung spielte und dabei die Tennisschuhe an Stellen

durchwetzte, die von den üblichen Bewegungsabläufen her gar nicht erreichbar schienen, etwa an der Schuhspitze. (Wir spielten gemeinsam in der Jugendmannschaft des Tennisvereins, da konnte ich so etwas registrieren.) Mein Pflegevater war zudem ein guter Schwimmer, ein passionierter Bergwanderer (nicht Bergsteiger).

Während Helene Kühn das Steuer auch im Auto (schon gar nicht im Auto!) um keinen Preis aus der Hand gab, meinen Vater wiederholt davon überzeugte, dass es absolut nicht nötig sei, die Fahrprüfung nachzuholen, den Führerschein zu erwerben, war Dieter Schoeller ein ebenso gelassener wie souveräner Autofahrer. Er ließ sich ohne Protestrufe überholen (Helene: »Der ist ja wohl verrückt geworden, den schnapp ich mir jetzt«), er beharrte nicht darauf, bei Fahrten auf der Autobahn ausschließlich die linke Fahrspur zu benutzen (und ich, auf dem »Todessitz«, voller Sorge, ob ihr die Einfädelung in die Engführung in eine Baustelle noch ohne Rempeln gelingen wird). Ich war entspannt und unbesorgt, wenn Dieter den blaugrauen Mercedes chauffierte, ein Cabriolet mit leicht knarzenden Lederbezügen der Sitze, mit Mahagoni in der Armatur. Ganz neues Fahrgefühl für mich auf dem Rücksitz: Fahrtwind, starker, möglichst starker Fahrtwind, auf dem damaligen Autobahnstutzen Richtung Aachen – 140 Stundenkilometer im Cabrio, jeu!

Ganz selbstverständlich war für ihn auch soziales Engagement: er war Presbyter der evangelischen Kirchengemeinde, lange Zeit auch Kirchmeister. Und schritt, im maßgeschneiderten Anzug, in der Kirche von Reihe zu Reihe mit dem Klingelbeutel. Was auch immer er tat, es wirkte ebenso souverän wie gelassen.

Er war mein Pflegevater, so habe ich ihn liebevoll und ironisch genannt, und seine Frau war meine Pflegemutter – auch diese Bezeichnung wurde übernommen. »Darf ich als deine Pflegemutter dazu mal was sagen?« Die Erfahrung einer völlig anderen Form des Familienlebens, mit deutlich weniger Reglementierung, mit entschieden mehr Freiraum: das wurde zur prägenden Erfahrung. Natürlich sorgte Ruth Schoeller für geregelte Abläufe im Haushalt, natürlich teilte sie auch klipp und klar ihre Ansichten mit, natürlich konnte sie intervenieren und insistieren, aber alles war in dieser Familie »abgefedert«. Dazu trug auch die Haushälterin bei; als Nachsicht in Person lieferte sie den unpünktlichen Burschen schon mal das Essen nach, das wir eigentlich nicht mehr verdient hatten. Von ihr lernte ich auch die andere Akzentsetzung des Rheinischen: Gummiábsatz, Hauptbáhnhof …

Die Familie lebte in einem großen, stilvoll ausgebauten und eingerichteten Barackenbau, in der ersten Nachkriegszeit am Rande des Firmengeländes aufgestellt. Mit jedem Schritt das Knarren des Holzbodens. Allenthalben Ausblicke in den Garten.

Bernd hatte mich ja gleich in sein Zimmer aufgenommen, unsere Betten in den Raumwinkeln schräg gegenüber. Gemeinsamer Arbeitstisch. Gemeinsamer Gang zum Gymnasium, gemeinsame Rückkehr. Gemeinsam gingen wir Tennis spielen, gemeinsam gingen wir auf Feste. Und manchmal interessierten wir uns für dasselbe Mädchen, es fand auch schon mal eine Übernahme statt. Und ich wurde, gemeinsam mit Bernd, mitgenommen in Konzerte in der Turnhalle des neu erbauten Gymnasiums, im großen Schauburg-Kino, auch in Köln, vor allem in der Aula der Universität. Die erste Oper, die ich dort gesehen hatte, sie wurde für mich zum Urmuster aller Opern: *Die Zauberflöte* – alles ziemlich unwirklich, aber wunderschön. Auch wurde ich mitgenommen zu Ausstellungen: »Werdendes Abendland«, in der Villa Hügel vor Essen. Oder: Bilder aus São Paulo, in Düsseldorf. Da lernte ich auch von Dieter (den ich beim Vornamen nannte, während ich die Pflegemutter gesiezt habe) das geduldige Sich-einblicken in ein Gemälde, und nur gelegentlich fiel dabei ein kommentierender Satz ab, der sich gleichsam in der Schwebe der Vorläufigkeit hielt.

Die stärksten Eindrücke und Nachwirkungen aber mit den Hauskonzerten, die in einem Raum des Verwaltungsgebäudes der Firma gegeben wurden, fast immer von einem Duo, das Violine und Klavier spielte, das Ehepaar Szigmondi. Der ungarische Geiger, damals bekannt, wenn auch nicht so berühmt wie beispielsweise Schneiderhahn, er favorisierte einen ungarischen Komponisten, von dem ich bis dahin noch nichts gehört hatte: Béla Bartók. Soweit das möglich war, nahm ich mit Bernd an Proben teil – so höre ich Musik fast am liebsten: in einer Workshop-Atmosphäre.

Aufgeführt wurden von den Szigmondis selbstverständlich die beiden Sonaten für Violine und Klavier, und die erschienen mir damals erst recht als sehr modern. Besonders eingeprägt hat sich vor allem Bartóks Sonate für Violine solo. Szigmondi stellte vor der Aufführung das Werk erst einmal kommentierend vor, und das fand ich besonders spannend: Seit jenem Jahr 1954 habe ich das Attacca-Thema der Fuge im Ohr.

Gespräche auch nach den Konzerten. Das Musiker-Ehepaar war zu Gast im Hause, und wichtig war dann (sonntags) das gemeinsame Frühstück. Da gab es für mich viel zu hören über Komponisten, über Interpreten, über Podien, über Veranstalter, über das Einstudieren und Einspielen. Ich fühlte mich privilegiert, dass ich so unmittelbar teilnehmen konnte, habe dieses Privileg auch genutzt, es wurden Resonanzen geschaffen, die Jahrzehnte nachwirkten. Höre ich Kammermusik von Bartók, so stellt sich beinah unausweichlich die Assoziation ein: Konzert im Backsteinbau der Firmenverwaltung.

Und immer wieder: Einsaugen von Freiheitsgefühlen. Klingt metaphorisch, war aber konkrete Erfahrung. Teilnehmen an Festen, tanzen, poussieren und keine Sorge im Nacken, das könnte Anwürfe, Vorwürfe geben nach der Rückkehr. Die fand zuweilen erst in der Morgendämmerung statt, und ich blieb, meist mit Bernd, am Haus stehen, hörte, aufatmend, das gleichmäßige Morgenrauschen der hohen Pappelreihe, die das Grundstück südwärts abschloss, dieses Rauschen punktiert von Vogelsignalen, gleichsam durchflochten von gereihten Klangfiguren.

So wurde Morgenrückkehr zum Ritual: stehen bleiben im noch völlig stillen Gelände von Haus und Firma, hineinhorchen in das Pappelrauschen, Grundierungsgeräusch einer

Freiheit, die nicht selbstverständlich war, sondern als Geschenk angenommen wurde, und dies sehr bewusst. Seither eine feste assoziative Verbindung: Das Rauschen von Pappeln als Rauschen im Morgenwind ... Kühle, klare Luft ... Das Vogelkonzert ... Aufrauschen, Verebben, Aufrauschen ... Die hohe Pappelwand, licht- und winddurchlässig ...

In einer zweiten Phase bekam ich ein eigenes Zimmer: winzig, aber mein erstes eigenes Zimmer! Das Bett in einem Alkoven, vor dem Fenster ein kleiner Tisch. In diesem Zimmer konnte ich, gelegentlich, mit Gisela schmusen, in diesem Zimmer konnte ich schreiben – Gedichte, in denen Pappeln aufrauschten?

UND ES FAND eine fast kopernikanische Lesewende statt! Ich nahm teil an einer Arbeitsgemeinschaft Deutsch. Und Studienrat Fischer, von uns ohnehin geschätzt, geliebt, brachte in einer der Doppelstunden ein erstes Heft einer neuen Literaturzeitschrift mit. Selten ist es möglich, die Koordinaten eines Zündpunkts genau anzugeben, hier kann ich sie benennen: *Akzente*. 1/54.

Wilhelm (»Bubi«) Fischer schlug diese Ausgabe vor zur gemeinsamen Lektüre, jeder kaufte sich ein Exemplar, zur Überraschung des Dürener Buchhändlers, mein Exemplar ist erhalten geblieben, ich brauche die Texte also nicht (verkleinert) im Reprint nachzulesen. Außerdem: Bleistiftmarkierungen und -notizen zeigen mir, welche Texte ich mir (wir uns) genauer angesehen habe(n). Die Notizen appellierten an einen späteren Dieter, sich diese Ausgabe der Zeitschrift noch mal anzuschauen.

Die Namen der beiden Schläger unter den Lehrern der frühen Jahre habe ich nicht genannt, werde das auch weiter unterlassen, die Namen der beiden Lehrer, denen ich vieles zu verdanken habe, sie werden hervorgehoben. Hier, noch einmal: Deutschlehrer Fischer (neben Kunstlehrer Recker). Gelegentliche Kontakte über die Schulzeit hinaus: Fischer tauchte zuweilen bei Lesungen von mir auf, und es wurden, anschließend, kurze, aber herzliche Gespräche geführt.

Und dies war die literarische Welt, in die er uns einführte: Auf der ersten Seite des Hefts der Nachdruck eines Gedichts von Oskar Loerke, »Ans Meer«, eine Hommage anlässlich seines siebzigsten Geburtstags – dreizehn Jahre zuvor war er gestorben, Kreislaufversagen, wie ich am Rand notierte. Ein klang- und assoziationsreiches Gedicht in vier kurzen Strophen, die Doppelzeile »Mit ihrer Wäsche fährt ans Meer / Nausikaa« wird refrainhaft wiederholt, prägte sich ein.

Auszüge sodann aus dem Hörspiel *Das Jahr Lazertis* von Günter Eich, aber das beachtete ich offenbar nicht weiter. Im Hefttext wurden die Auszüge auch eher als Erzählung und Dialog kaschiert, schon damals offenbar der Vorbehalt des Printmediums gegenüber dem Funkmedium. Nur im Klein-gedruckten wurde die Herkunft der Texte benannt, das werde ich aber kaum wahrgenommen haben. Ich kann also nicht behaupten, hier sei ein erster Impuls gewesen zum Schreiben von Hörspielen. Mein erstes Hörspiel wurde erst fünf Jahre später geschrieben, sechs Jahre später gesendet. In der Zwischenzeit nahm ich Hörspiele so wahr, wie es sein sollte: allein akustisch. Hörspiele von Eich, damals meist gesendet im Mit-telwellenprogramm des NWDR, habe ich mit großer innerer Spannung gehört. Und wiederum viele Jahre später ergab sich ein wenigstens kurzes Gespräch, eher Geplauder mit Eich in einer Hörspielredaktion (Köln? Hamburg?).

Aufregend, wegweisend dann: drei Aufsätze über Robert Musils Roman *Der Mann ohne Eigenschaften*. Eine dieser Arbeiten von Ingeborg Bachmann. Habe ich damals, 1954, in diese Texte zumindest mal reingeschaut? Textmarkierungen und Randnotizen, aber aus späterer Zeit: da arbeitete ich be-reits über Musil und griff auf diese Ausgabe der Zeitschrift zurück. Immerhin aber: der Name Musil, der Romantitel könnten sich festgesetzt haben. Drei Jahre später, in den USA, begann ich den großen Roman zu lesen, schrieb ein »paper«. Ich habe darüber in einer Publikation berichtet, verweise auf den Sammelband »Portraitstudien schwarz auf weiß«.

Im selben Heft noch ein Aufsatz von Martin Heidegger, ein Hölderlin-Zitat als Titel. Reichlich Randnotizen. Ich habe später kleinere Schriften von Heidegger gelesen, habe in Todt-nauberg mal im Bauernhauszimmer übernachtet, in dem er an *Sein und Zeit* gearbeitet hatte. Wie es zu dieser Übernachtung kam, weiß ich nicht mehr, kann es auch nicht mehr rekon-struieren, aber beinah rieche ich noch das Holz des Bauern-hauses, das offenbar in Blockhausweise errichtet war; vom Fenster aus hatte ich freien Blick auf einen Wiesenhang. In diesem, in jenem Zimmer sprang allerdings nichts über, kein Impuls, das umraunte Hauptwerk zu lesen. Darüber tröstete ich mich hinweg mit der Information, dass sich Heidegger mit den Nazis auf fatale Weise eingelassen habe, ich las eine aus-führliche Schrift über seinen Fall, prägte mir ein Foto ein, das Heidegger am Rednerpult zeigt, und hinter ihm SA-Männer mit Standarten. Damit sprach ich mich frei von weiterer Hei-degger-Lektüre.

Diese erste Ausgabe der neuen Zeitschrift hätte ich ohne Fi-schers Vermittlung kaum wahrgenommen. So wären wichtige Impulse ausgeblieben. Meine Rezeption, vielleicht auch die Produktion von Texten hätte etwas anders verlaufen können. Umgesetzt wurden die Impulse freilich erst später. Ich habe mich, nach der Lektüre (nicht nur Schullektüre!) einiger Bei-träge dieses Heftes, nicht sogleich Texten von Robert Musil, Ingeborg Bachmann, Günter Eich gewidmet, dahin musste ich mich erst mal entwickeln.

Der erste der Autoren, die mich auf dem neuen Weg beglei-teten, war Albert Camus. Ich fand mit meiner Begeisterung Resonanz unter Freunden, wir bezogen ihn häufig ein in un-sere oft stundenlangen Diskussionen. Im Mittelpunkt stand vor allem *Der Mythos von Sisyphos*.

Ich blättre noch einmal in der Ausgabe von 1950 mit all den Textmarkierungen, Bleistiftnotizen des Schülers. Doppelt markiert ist beispielsweise die These: »Entweder sind wir nicht frei, und der allmächtige Gott ist für das Böse verant-wortlich. Oder wir sind frei und verantwortlich, aber Gott ist nicht allmächtig.« Das heizte ein!

Unter den literarischen Werken beschäftigte uns besonders

Die Pest. Das zerlesene Exemplar hat sich offenbar aufgelöst. Sehr wichtig auch: *Der Fremde*. Ich habe *Die Pest* nicht noch einmal gelesen, das Buch erscheint mir im Rückblick recht allegorisch; die Erzählung *Der Fremde* jedoch habe ich beim Wiederlesen bestaunt, zumindest im ersten Teil – hier setzt sich Faszination fort.

Als ich, Jahre später, in der Zeitung las, Camus sei tödlich verunglückt, saß ich schluchzend vor Kaffee, Brötchen, Marmelade. Ein wahrhaft absurder Tod! Er hatte mit der Bahn von seinem Landsitz in Lourmarin nach Paris fahren wollen, hatte bereits die Rückfahrkarte in der Tasche, es bot sich jedoch eine Gelegenheit, früher und schneller nach Paris zu kommen, Michael Gallimard steuerte den Sportwagen, bei überhöhter Geschwindigkeit platzte ein Reifen, der Wagen prallte gegen einen ersten, einen zweiten Stamm einer Platanenallee, wurde in zwei Teile zerfetzt, Camus war sofort tot.

Ich bin Gisela dankbar dafür, dass sie, vor Jahren, das etwas vernachlässigte Grab von Camus wieder ein wenig hergerichtet und bei der lokalen Munizipalverwaltung die weitere Pflege angemahnt hat.

Die Geschichte der Befreiung aus der Falle der literarischen Restauration durch das erste Heft der *Akzente* habe ich Freunden, Bekannten schon mal erzählt, habe dabei vielleicht das Heft geschwenkt, aufgeblättert: Hier, seht ihr, hier hat es angefangen!

Einige Wochen, nachdem ich die *Akzente*-Story niedergeschrieben habe, räume ich mal wieder auf, suche weitere Unterlagen für dieses Buchprojekt. Ich gehöre nicht zu den Autoren, die sich selbst verwalten, ein geordnetes Archiv anlegend, womöglich in Aktenordnern, bei mir sieht es eher so aus: Materialien in Weinkartons, Materialien in Stapeln. In einem Stapel von Halbjahrs-Programmbroschüren der Hörspielabteilung vor allem des Westdeutschen Rundfunks entdecke ich (wie kommt *das* denn hierher?!) eine im Umschlagkarton schon leicht stockfleckige Ausgabe der Zeitschrift *Die Neue Rundschau*, Drittes Heft 1950. Auf dem graubraunen

Umschlag die Bleistiftnotiz: »Zahlreiche Notizen, mit 15«. Im Heft reichlich Bleistift-Lesespuren: meine Schülerschrift!

Aber: mit 15 habe ich die Vierteljahresschrift bestimmt noch nicht gekauft, es muss etwas später gewesen sein; der Kaufimpuls (in einem Antiquariat?) wurde wahrscheinlich, ja sicherlich ausgelöst durch den Abdruck des Gedichtzyklus *Das wüste Land,* in der Übertragung durch Ernst Robert Curtius. Oder war es der einleitende Essay von Aldous Huxley, »Die zweifache Krise«? Oder der Aufsatz von Karl Jaspers »Zu Nietzsche's Bedeutung in der Geschichte der Philosophie«? Alle drei Arbeiten wurden exzessiv vom Bleistift begleitet.

Erst einmal blättern! Welch kurze Halbwertzeit Prognosen haben, nicht nur bei Huxley, das zeigt gleich der einleitende Essay. Staunend nehme ich wahr: In der Mitte des 20. Jahrhunderts ernährte »unser Planet etwas weniger als zweieinviertel Milliarden [...] Die Steigerung beträgt gegenwärtig etwa zweihundert Millionen alle zehn Jahre.« Dieses Rechenmodell wurde von der Entwicklung im Galopp überholt: Zur Jahrtausendwende muss der Planet rund sieben Milliarden Menschen ernähren.

Am Ende des Aufsatzes eine Bleistiftnotiz, und die hatte ich, dankenswerterweise, mit der Jahreszahl 1954 gekoppelt. Die Zahl wird ihre Bestätigung finden.

Im Zentrum meiner Lektüre nun stand, unübersehbar, das große Gedicht von T. S. Eliot: Seiten, in denen fast der gesamte Freiraum des Druckspiegels vollgeschrieben ist. Mit herangezogenen Begleittexten und vorliegenden Interpretationen versuchte ich den Text zu entschlüsseln, den Ezra Pound mit energischen Kürzungen gleichsam geschreddert hatte. Ich fange gar nicht erst an zu lesen und zu zitieren, was ich alles an den Rand geschrieben hatte, nur ein Zitat hebe ich hervor: Nach einer kurzen Gedichtsequenz in fünf, sechs verschiedenen Sprachen notierte ich eine Anmerkung, die ich Gottfried Benn zuordnete: »Je unverständlicher, desto besser.« Aber ich wollte verstehen, wollte entschlüsseln, unbedingt.

Nun geht es nicht um philologische Erörterung, ich sehe

hier eine Sequenz der »Selberlebensbeschreibung« (nach Jean Paul). Erst einmal: Die Ausgabe des Periodikums, die mir als Schüler so besonders wichtig gewesen war, sie hatte ich vollständig vergessen. Ich überrasche mich selbst mit der Wiederentdeckung. Mir wird erneut bewusst, dass die Arbeit am Lebensbuch eher Prozess ist als abgesicherter Rückblick. Eine Herausforderung, mir selbst auf die Schliche zu kommen.

Muss ich nun das Kapitel mit dem Stichwort *Akzente* revidieren? Muss ich vor allem das Leitwort *Initiation* zurücknehmen? Oder ist hier der zweite Brennpunkt einer Ellipse?

Ich muss betonen, dass ich das große Poem nicht schon als 15-Jähriger, immerhin aber noch als Oberstufenschüler beackert habe. Mit dem Fund der Ausgabe der *Neuen Rundschau* stellt sich Erinnerung ein an einen Briefwechsel mit Hans Egon Holthusen. Mit einer Frage zur Interpretation des Gedichtzyklus hatte ich mich an den Schriftsteller gewendet, der mir wichtig wurde mit dem Essayband *Der unbehauste Mensch.* In diesem Buch, unter anderem, der Essay über T. S. Eliot, der meinen ersten Fragebrief initiiert hatte.

Zufällig punktgenau datiert auf meinen zwanzigsten Geburtstag kam aus München der erste Brief, adressiert an mich im Haus der Pflegeeltern: »Aachener Landstraße 11, bei Schoeller«. Sechs Seiten, freilich in wahrhaft raumgreifender Schrift mit großzügigem Zeilenabstand. Ich musste mich erst mal einüben in die Kunst des Entzifferns; mit Bleistift schrieb ich dechiffrierte Wörter über die dahineilenden, dahingeeilten Schriftzüge. Nun gleich die Intrada einer mehrjährigen Korrespondenz (mit langen Zwischenpausen).

»Lieber Herr Kühn, zu Ihrem Brief vom 29. Januar: Kein Mensch versteht das ›Wüste Land‹ ohne Kommentar. Aber Dantes ›Göttliche Komödie‹ und Goethes Zweiten Faust können Sie ohne Erläuterungen auch nicht lesen. Eliot ist ein poeta doctus eines alexandrinischen Zeitalters, seine Poesie ist gespickt mit Zitaten, Anspielungen, symbolischen Bezüglichkeiten, und an vielen Stellen findet man mehrere mögliche Bedeutungen ineinandergeschachtelt und übereinandergeschichtet. Man kann diese Art von Poesie natürlich ablehnen und sich mit aller Entschiedenheit für das einfache, jedermann zugängliche Lied erklären, aber wenn man sich, wie Sie, von ihr angezogen fühlt, dann muss man sie wohl, mit einer geradezu wissenschaftlichen Gründlichkeit, studieren.

Ein paar Hinweise. Madame Sosotris: der Name ist griechisch-ägyptisch, Madame ist eine moderne Parodie auf die alten ägyptischen Priester und Magier, deren Aufgabe es war, die Fruchtbarkeit des Nils zu beschwören.«

Dies nur als Textprobe – es folgten weitere Hinweise, Erläuterungen, Interpretationen. Holthusen soll mit wahrer Besessenheit korrespondiert haben; wiederholt beklagte er in späteren Briefen die Fülle und Überfülle noch nicht beantworteter Briefe und dass er mit seiner Zeit wirtschaftlich disponieren müsse, primär seien nun mal eigene Texte, aber dann holte er doch weit aus – dem ersten Brief folgte bereits am 6. Februar ein zweites Schreiben, diesmal mit Überporto. Die acht Seiten erneut entziffernd bin ich erstaunt, mit welcher Selbstverständlichkeit sich der Schüler (kurz vor dem Abitur!) an den Autor wandte. Autobiographische Aussage: Ich insistierte. Ich wollte es genau wissen. Biographische Aussage: Holthusen ging darauf ein, geduldig. Auch wenn ich offenbar dazu überging, leider, ihn mit allgemeineren Fragen (à la: Der Einzelne und die Masse) zu löchern.

»Lieber Herr Kühn, Sie haben einen ganzen Haufen Fragen auf einmal, und es ist gar nicht so einfach, das Knäuel von Problemen, das Sie beschäftigt, zu entwirren und die einzelnen Themen voneinander zu trennen. In einer mündlichen Unterhaltung würde man sich wahrscheinlich bald verständigt haben; im Brief muss leider alles Stückwerk und Andeutung bleiben, zumal da ich, wie Sie richtig vermuten, meine Zeit außerordentlich streng bewirtschaften muss. Berge von ungelesenen Büchern und Massen an unbeantworteter Post liegen bei mir herum, und der Termin, den mir mein Verleger für das ›Schiff‹ gesetzt hat, ist schrecklich nah bevorstehend.« [Habe ich das richtig gelesen?]

Angespielt wird auf einen Roman, aus dem mir Holthusen

später ein oder zwei Kapitel vorlesen wird, in seiner Dachwohnung in der Münchner Agnesstraße. Eins der Bücher, die ich verliehen und nie zurückbekommen habe.

Immerhin aber ist die Erstausgabe des Sammelbands *Der unbehauste Mensch* in meinen Beständen verblieben. Stichproben im angebräunten Buch machen mir freilich wenig Lust, das eine oder andere Kapitel erneut zu lesen, selbst wenn es der Oberstufenschüler mit Unterstreichungen und Randbemerkungen garniert hat. Ziemlich pathetisches Idiom – da kommt bei mir, unpathetisch gesagt, kaum noch was rüber. Dankbar aber bin ich noch immer für die enthusiastischen Hinweise auf Eugen Gottlob Winkler als Essayisten und Felix Hartlaub als Erzähler. Winkler habe ich als Leser bewundert, und über Hartlaub hätte ich fast mal eine Biographie geschrieben – erste Materialsammlungen, erster Einblick in das Marbacher Archiv, aber zur ›kritischen Masse‹ reicherte sich das nicht an, es blieb bei Notizen und Skizzen.

DIESES DREIVIERTEL JAHR in der Familie Schoeller, es war die sanfteste Form der Einübung in Selbstbefreiung. Die neue, die andere Lebensform, sie war ganz einfach da, war selbstverständlich. Die Ablösung von meiner Familie, und das hieß fast ausschließlich: die Ablösung von Mutter Helene, sie vollzog sich – im Blick auf damalige Lebensverhältnisse, Lebensmuster – sehr früh, und das konfliktlos. Die bedrohlich einengende Lebenssituation driftete weg, löste sich auf. Indem ich mich in die Familie des Freundes einlebte, löste ich mich aus der restriktiven Lebensform, die mir bis dahin selbstverständlich erschienen war.

Meine neue Lebenswelt, intensiv wahrgenommen: Das Haus am Rande des Fabrikgeländes, der Garten, in dem Ruth und Dieter arbeiteten, der Verwaltungsbau mit rotem Klinker, die Fabrikhallen, das Kopfsteinpflaster, die Pförtnerloge, der Mann, der im ersten Stock dieses Gebäudes wohnte und den Bernd und ich zuweilen besuchten (er stellte uns aus seiner wachsenden Sammlung neue LPs vor, speziell von Bach) – das alles schien ein Ambiente von Dauer zu sein.

Und ich habe wieder den Pflegevater vor Augen, seine streichenden Bewegungen auf Anzugsstoffen nach englischen Mustern, der leichte Fall des Tuchs wurde betont. Ich hielt meine Nase dran, roch Olivenöl heraus: die Appretur, die Schlussbearbeitung. Manchmal spazierte ich von der Wohnbaracke hinüber in eine der Fabrikationshallen, und wo es besonders intensiv nach Olivenöl roch, dort blieb ich fürs Erste, ließ mich vom Meister einweisen im wertenden Befühlen von noblen Geweben. Auch die Farben haben gut gerochen, aber diese Gerüche sind in der Erinnerung überlagert vom Geruch erhitzten Olivenöls. Produkte für den Geruchssinn, Produkte für den Tastsinn, Produkte für die Augen. Alles dezent aufeinander abgestimmt.

Gegen Ende meiner »Verweildauer«, kurz vor dem Abitur, deuteten sich Wechsel an, und rasch folgten Zäsuren. Die komfortable Baracke sollte abgerissen und durch einen Atriumbau ersetzt werden, der auf ausgebreiteten Plänen erste Präsenz gewann.

Dieter vertraute uns aber auch an, diskret, dass dieses generationenalte Familienunternehmen in die Problemzone geriet. Die Palette an Tuchen war zu groß, zeitweilig bis zu neunzig verschiedene Muster – entsprechend gering jeweils die produzierten Meterzahlen, zu leicht die Stoffballen. Strukturelle Probleme. Das Wort Übernahme tauchte auf.

Vor dem Aufbruch ins Studium eine Zwischenphase bei den Eltern in Bochum. Zugleich ein Ferienjob in einer Maschinenbau-AG. Laut Bescheinigung habe ich dort anderthalb Monate lang »als Praktikant in der Abteilung Buchhaltung allgemeine kaufmännische Arbeiten verrichtet«:

Und da kommt die Postscheckzahl rein, hier das Postscheckamt, dort das Konto, das Buchungsdatum. Sie können doch tippen, oder, aber lieber was langsam, Radieren gibts hier nicht, gucken Sie mal, wie weit Sie mit dem Stapel kommen, kaputtmachen muss sich hier keiner.

Schreibmaschine mit Tabulatoraufsatz, grüne Unterlage, Filz. Der Zimmerchef, »Willi« am größten Schreibtisch. Zwei

Schreibtische mit den Stirnseiten aneinandergeschoben. Mein Katzentisch.

Achtung, Willi spitzt sein kleines Ohr, Zeitung weg, jetzt wolln wir mal richtig schuften! Willi hat tatsächlich ein kleines Ohr, scheint angenagt, von Ratten behaupten sie, er kann jedenfalls nicht mehr gut hören; ein Vorteil.

Da kommt die Postscheckzahl rein, hier das Postscheckamt, dort das Konto, das Buchungsdatum.

Vorgebeugt stehen, auf die Zehenspitzen heben, wieder auf die Fersen senken, mit geschlossenen Füßen wippen, die Partie zwischen Brustbein und Armen muss bei der Entspannungsübung ganz locker wackeln, die Arschbacken und alles, was schlackern kann: mit schlenkernden Armen auf der Stelle springen, um die Achse drehen, den Mund auf- und zuklappen lassen, auch die Gesichtsmuskeln entspannen, rhythmisch krächzen mit hellen Kopfstimmen wie Kulturfilmpinguine am Nordpol.

Hört euch das mal an: Unsere Mannschaft konnte ihre spielerische Überlegenheit und selbst die Glanzleistungen ihres Rechtsaußen Seibold nicht in Tore umsetzen. »Unseren jungen Leuten fehlt halt noch die Cleverness«, entschuldigte Trainer Braydl die drucklosen Aktionen seiner Stürmer.

Willi spitzt sein kleines Ohr, komm, wir müssen was tun, er rutscht schon hin und her, jetzt wird gearbeitet, dass es nur so kracht.

Da kommt die Postscheckzahl rein, hier das Postscheckamt, dort das Konto, das Buchungsdatum.

Es wird erzählt: Der Onkel mit Kanüle, klappt nicht mehr mit dem Wasserlassen, vorn ein Stopfen drauf – wenn der Drang kommt, nimmt er den Stopfen ab, lässt den Urin raus. Er hält das ganze Haus in Betrieb, schreit, weil sich dauernd sein Pimmel entzündet, trinkt gegen alle Vorschrift Bier, das schwemmt, da muss die Kanüle neu gesetzt werden, so wird er noch mehr gereizt. Lachst dich kaputt.

Revanche, nullstarke Vergangenheit, Titelverteidiger, Angstgegner, Heimsiegbänke, Grundtendenz, Heimbilanz.

Auf die Zehenspitzen heben, auf die Fersen senken, mit

geschlossenen Füßen wippen, die Partie zwischen Brustbein und Armen ganz locker lassen, die Arschbacken und alles, was schlackern kann: mit schlenkernden Armen auf der Stelle hüpfen, um die Achse drehen, den Mund auf- und zuklappen lassen, rhythmisch krächzen mit hohen Kopfstimmen.

Da kommt die Postscheckzahl rein, hier das Postscheckamt, dort das Konto, das Buchungsdatum, Radieren gibts hier nicht, also lieber was langsam.

Das glaubst du nicht, dass dem Willi die Ratten am Ohr genagt haben? Das glaubt der nicht! Glaubt der Kühn einfach nicht. Aber wenn ich dirs sage: Dem haben die Ratten das Ohr angenagt. Achtung, er spitzt sein kleines Rattenohr – Mann, jetzt wird geschuftet, dass es nur so kracht!

Mit Geld in der Tasche (damals noch in bar ausgezahlt, von schmalen Lohn- und Gehaltsstreifen begleitet) zurück zu den Pflegeeltern, zu Bernd. Denn gemeinsam wollten wir aufbrechen nach Freiburg, ins erste Semester. Es wurde ein recht theatralischer Aufbruch: Als ritten Söhne eines Burgherrn zum ersten Mal hinaus ins Abenteuer!

Unsere Motorroller waren bepackt, kleine Koffer hinten festgeschnallt und regenfeste Mäntel. Bernd und ich fuhren vor dem Familiengrüppchen Ehrenrunden auf dem Kopfsteinpflaster des Firmengeländes, auf der Fläche vor dem Pförtnerhaus, machten – schreiend, gasgebend, hupend – beträchtlichen Aufbruchslärm, fuhren hinaus durch das weit geöffnete Fabriktor, fuhren Richtung Bonn, fuhren auf der Uferstraße durch das Rheintal, rollten, rollten dahin.

Als wir in milden Regen gerieten, wurde unsere Aufbruchstimmung nicht gedämpft, und als ich bei einer Ortsdurchfahrt auf grobem Kopfsteinpflaster – nass und ölig – abrutschte, hinschlug, gab das ein paar Schrammen, doch unseren Enthusiasmus konnte auch das nicht dämpfen.

Schließlich fuhren wir ein in Freiburg, tuckerten zu den Häusern mit unseren Studentenzimmern, meins in der Lambertusstraße, seins in der Richard-Wagner-Straße; so wohnten wir nur ein paar hundert Meter voneinander entfernt.

ZWISCHENSPIEL

Das Magische Auge: präsent in der Erinnerung, doch ich will das grüne Licht breit aufgefächert vor Augen haben, schaue mich um im Kellerraum eines holländischen Antiquitätenladens mit mindestens einem Dutzend »Dampfradios«, einige von ihnen noch mit Magischem Auge. Der Inhaber lässt mich gewähren, ich schließe Geräte an, fixiert auf das Magische Auge.

Bei einigen der alten Radios ist das Magische Auge erloschen; nach dem Aufheizen der Röhren nur ein Summen, ein Brummen, auch mal Musik, mit Krachen untermischt. Bei einem der Geräte aber leuchtet das Magische Auge noch auf: fluoreszierend grünes Licht freilich nur in schmalen Streifen. Ich suche, im Kellerraum ohne Antenne, einen stärkeren Sender, der grüne Doppelkeil verbreitet sich nur geringfügig, erreicht noch längst nicht den Spielraum eines grünen Doppelfächers. Das Radio kaufen, an eine Antenne koppeln, die volle Entfaltung der symmetrischen Leuchtfächer beobachten?

Probeweise drücke ich auf Tasten: rasten noch immer satt ein. Tasten jeweils für Kurzwelle, Mittelwelle, Langwelle – UKW gab es in den fünfziger Jahren noch nicht. Und zwei Zusatztasten: Sprache, Jazz. Klassische Musik konnte nachgeregelt werden durch einen Drehknopf für Höhen, einen Drehknopf für Tiefen: hinauf- und hinabgereihte Notenköpfe füllten sich weiß.

Wie ist das nun, willst du das Radio kaufen? Es ist preiswert, aber will ich es haben? Mit grünen Augen ins Magische Auge starren: sind da, im Reflex, meine Augen noch grüner? Gewinnt der Blick magische Intensität?

NEW YORK IS NOW!

DIE ERSTE VORLESUNG! Auch hier: bewusst wahrgenommener Neubeginn! Kleiner Hörsaal, mit starr gereihten Holzbänken historischer Bauart, etwa dreißig Studentinnen, Studenten; es ging um die Geschichte des Märchens oder um die Geschichte der Erforschung von Märchen. Keine Details behalten, nur ein Name, und der wurde für mich zum Urlaut des Beginns: Anti Aarne. Der Dozent sprach den Namen des dänischen Forschers vorbildlich aus mit offenem O: Anti Oorne. Dies mit lang nachwirkender Resonanz. Obwohl ich nie eine Untersuchung von Anti Aarne gelesen, nie ein Referat über ihn geschrieben habe, dieser Name ist Klang geblieben, Klangkörper. Zugleich Zeitsignal: erste Vorlesung, Sommersemester 55, Universität Freiburg. Eine Assoziation, sonst nichts, und die zeigt mir, wie in der Erinnerung Wichtiges (erste Vorlesung) gekoppelt wird mit Beiläufigem (ein Name nur als Klang, doch ohne Bedeutung): Anti Aarne ... Beides unauflösbar miteinander verbunden: das Erinnerungsbild des kleinen Hörsaals und der Klang des Namens; der kleine Hörsaal gleichsam als Resonanzkörper, Resonanzraum des Namensklanges.

Mit diesem Klang wird nicht ein langer Gesang eingeleitet über die Studienjahre. Meine Lust, davon zu erzählen, konsequent und kontinuierlich, ist gering. So gering wie meine Lust, über die drei Jahre in der Volksschule Herrsching zu berichten, über das Zwischenjahr in der Privatschule, über die Jahre im Gymnasium von München-Pasing und im »Stiftischen« zu Düren. Was für viele Lebensläufe, handgeschrieben, das Wesentliche ist, das Entscheidende: Stationen des Ausbildungsweges, das ist für mich beinah belanglos. Die

Erinnerungen liegen quer zu den vorgeschriebenen Entwicklungswegen, zur »akademischen Laufbahn«. Ich habe weder die Lust noch sehe ich einen Anlass, mich hier umzustilisieren. Also werden in diesem autobiographischen Text nur wenige Namen von Dozenten genannt. Und ich werde nicht rekonstruieren, worüber ich jeweils gearbeitet habe – es sei denn, das verbindet sich mit spezifischen Erinnerungen (etwa das Referat über Trakl, das mich ins Parapsychologische Institut in Freiburg führte, in einem späteren Semester ...)

Die Themen, mit denen ich mich beschäftigte, sie waren jeweils vorgegeben in Vorlesungsverzeichnissen, charakteristisch ist vielleicht meine Auswahl, doch von welchen Faktoren wurde die mitbestimmt? Selbstverständlich habe ich keine der Arbeiten aufbewahrt, das fehlte ja noch, also muss ich mich nicht mit akademischen Materialien herumschlagen. Das sähe anders aus, wäre ich Dozent geworden: der ganz andere Referenzrahmen! Doch hier, doch nun: Was ich aus dem Kopf herausgeräumt habe, um mich frei bewegen zu können, das will ich nicht wieder hineinstopfen, hineinrammen, auf Widerruf. Was da versank, was sich auflöste – es bleibt konturlos im Rückblick ohne Bedauern. Und rasch, wie zum Abgesang, wiederholt: Anti Aarne, Anti Oorne ...

Aufbruch, Aufbruchsgefühle auch in den Semesterferien: ich startete zu einer Nordlandreise, über Dänemark, Schweden nach Norwegen. Keine Reisebeschreibung jetzt, die Fahrt mit dem kleinen Motorroller soll nur das Stichwort geben zu einer Erfahrung, in der ich konkret lernte, was das ist: Körpergedächtnis.

Bekannten, die sich beruflich und privat mit Psychologie, speziell mit Körpersprache befassten, ihnen erzählte ich von meiner zweiten Griechenlandreise, Ende der fünfziger, Anfang der sechziger Jahre. Damals noch in einem viermotorigen Propellerflugzeug der Olympic Airways. Der Abflug verzögerte sich um Stunden, offenbar ein technisches Problem. In jener Frühphase des Luftverkehrs saßen Passagiere und Crew noch gemeinsam in einem Restaurant; ich sah, wie vom

Tisch der blau Uniformierten einer aufstand, hinausging, sah, wie der Kopilot oder Navigator zum Tisch zurückkehrte, vorgebeugt dem Flugkapitän Bericht erstattete, und wie der langsam und ausdrucksstark die Hände vors Gesicht hob. Da bat ich einen jungen Mitreisenden (von der TH Aachen), sich draußen mal umzuhören. Was er herausfand, war nicht eben beruhigend: Störungen in einem Zündverteiler. Irgendwann nachts, so erzählte ich den Bekannten, war der Schaden behoben, schien behoben zu sein. Ich fand einen Fensterplatz, hinter der linken Tragfläche, und während des Nachtflugs hörte ich, wie einer der beiden Motoren auf meiner Seite ausfiel, wie er, mit Gedröhn, erneut gestartet wurde, da flogen, da stoben die Funken aus den Auspuffrohren. Und wieder das gleichmäßige Dröhnen, wieder das stockende, absackende Motorgeräusch, wieder das Zünden, das Hochziehen der Umdrehungszahl.

Während ich von diesem wiederholten Durchstarten während des Fluges erzählte, schauten mich die beiden erstaunt, ja irritiert an: »Haben Sie einen Motor-Rasenmäher?« Wieso das denn? Nun, jedes Mal beim Wort »starten« zuckte meine rechte Hand hinunter, schlenkerte hoch. Und Rasenmäher werden nun mal gestartet mit dem Griff, der hochgerissen wird, am dünnen Drahtseil, das den Motor in erste Drehbewegungen versetzt.

Nein, kein Rasenmäher, aber mein erster Motorroller, der wurde nach dem gleichen Prinzip gestartet: Unten am Blechgehäuse ein waagrechter Griff, den riss ich, sitzend, hoch, etwa einen halben Meter, dann knatterte der Zweitakter los. Und weil ich das im Lauf der Jahre hundertfach gemacht hatte, rissen Hand und Arm beim Stichwort »starten« jeweils den Griff hoch, simulierend. Das Wort »starten« und die Körperbewegung des Hochreißens hatten sich so direkt verbunden, dass ich dies sogar, unbewusst, auf den Flugzeugmotor übertrug. Nun wurde mir das bewusst gemacht, und ich musste mich an einen neuen Aspekt meiner selbst gewöhnen.

Es stellen sich Entsprechungen ein. Wenn ich mir die Fingernägel schneide, vor allem mit der linken Hand rechts, fällt mir

Bernd ein; er bat mich in Freiburg zuweilen, ihm die Fingernägel rechts zu schneiden, der Griff linkerhand an die Schere wollte ihm nicht so recht gelingen, schon gar nicht das exakte Führen der Schere. Noch Jahre nach seinem Tod: schneide ich mit der Schere in der Linken die Nägel rechts, ist Bernd wieder präsent mit seiner Bitte, damals, damals, in Freiburg.

Weiter: Wenn ich mich am Kopf kratze, am Hinterkopf, was in Phasen angestrengter Konzentration vorkommen kann, kleine Unregelmäßigkeiten ertastend, die sich begradigen lassen, und sei es blutig, so ist in mir wieder das Kind präsent mit den Läusen, dem Grind auf dem kahlgeschorenen Schädel, von dem die kaschierende Baskenmütze weggerissen wurde auf dem Bahnhofsvorplatz von Herrsching, und ein Plagegeist warf sie dem nächsten zu, ich vergeblich hinterher, nicht nur bloßen Haupts, sondern bloßgestellt.

Und: Wenn ich mir bei einem längeren Spaziergang, womöglich auf einer Wanderung bei steigender Außentemperatur, den Schlag der Hosenbeine etwas hochklappe, zweimal, dreimal, zur besseren Belüftung, womöglich Kühlung der Knöchelregion, so sehe ich mich wieder, stilgerecht, die Hosenbeine höherkrempeln, bevor ich mit Nachbarstochter Jutta das Training beginne für den Rock-'n'-Roll-Schautanz auf einem Fest.

Gedächtnis, auch Körpergedächtnis stuft nicht wertend ab, da wird Wichtiges oder wichtig Erscheinendes ebenso gespeichert wie Nebensächliches, Peripheres, Punktuelles.

Auch hier ein Beispiel. Wenn mir bei längerem Spaziergang in freundlicher Jahreszeit zu warm wird, ziehe ich das Unterhemd aus, schiebe es zwischen Gürtel und Hose, lasse es beim Gehen baumeln, pendeln. Und unausweichlich fällt mir Drobny ein, tschechischer Tennisstar der fünfziger Jahre. Um auch ihn zu sehen, waren wir Tennisfreaks nach Köln gefahren, dort trat sogar Gottfried von Cramm auf, noch gentlemanlike in weißer, langer, auf Falte gebügelter Hose, während Drobny schon etwas legerer erschien: er hatte ein kleines, weißes Handtuch über der (damals selbstverständlich weißen) Hose hängen, hinter dem Gürtel festgesteckt. Dort wischte er schon mal die Schweißhand ab, meist vor dem Aufschlag. (Damals sprach man noch mit Recht von »Service«: man serviert dem Gegner den Ball. Auch ein Drobny wäre von heutigen Tennisstars mit peitschenden Aufschlägen, wahren Donnerschlägen mit [bis zu] 190 Stundenkilometern vom Platz gefegt worden, hätte nicht mal gegen eine Spielerin in Position 119 der Weltrangliste mit »Spiel, Satz und Sieg« punkten können.)

Körpergedächtnis sogar für ein historisches Phänomen, nie direkt wahrgenommen. Selten kommt es vor, dass ich ein Jackett trage, noch seltener geschieht es, dass ich beide Hände um die Revers schließe, aber dann ist er sofort wieder präsent: Wilhelm Leuschner vor dem Volksgerichtshof. Ich habe mich nie speziell mit diesem Gewerkschaftler im Widerstand beschäftigt, merkwürdigerweise aber hat sich das Foto von Leuschner, vor Freisler stehend, eingeprägt, eingebrannt – die einerseits selbstbewusste, andererseits Halt suchende Geste. Leuschner zählt nicht zu meinen mentalen Begleitfiguren, er gewinnt nur an Präsenz bei gelegentlichem Doppelgriff an die Jackenrevers. Dies aber nicht in isolierter Episode, sondern über Jahrzehnte hinweg.

Die »Halbbrüder« Bernd und Dieter, sie reisten nicht gemeinsam, kommunizierten aber während ihrer Reisen. Das bezeugen Briefumschläge (meist knisterdünn für Luftpost) mit farbigen Kombinationen von Briefmarken. Die Briefe waren oft lange unterwegs, machten Umwege, kamen trotzdem an. So schrieb mir, noch während des vorletzten Schuljahres, Bernd von Neuhaus am Schliersee nach Cannes-La Bocca, Camps volants de la jeunesse française, war aber nicht sicher, ob ich noch im Zeltlager war, fügte die Dürener Adresse hinzu; der Umschlag erhielt vier verschiedene Stempel, erreichte mich nach mehrtägigem Umweg. Da war das Jugendlager schon Erinnerung: Zelte unter Pinien … Essen an langen Brettertischen … ein Mädchen, das darüber staunte, wie langsam ich aß – eher Bewunderung als Verwunderung … der Strand ein paar Sprünge entfernt, Abschmecken fortgesetzt nach Einbruch der Dunkelheit … kleines Lagerfeuer, warmer Sand …

Weiteres Ambiente hat sich verflüchtigt, als hätte ich es damals nicht weiter wahrgenommen.

Ein anderer Umschlag, aufbewahrt: von Bernd in Athen an mich in Oslo, poste restante. Na und?, würden Enkel fragen. Und ich sage, schreibe: Die Welt war noch nicht zum global village eingeschrumpft, Kommunikation musste organisiert werden unter Einschluss von Alternativen, Kommunikation war auch leicht haptisch, mit knisternden Briefumschlägen und Briefbögen für Luftpost.

Und was schrieben wir uns, wie formulierten wir das – Ende September 1955? Der Absender im Hôtel Lido, Paleon Faliron (auf Einladung eines Repräsentanten der väterlichen Firma): »Gestern ging ich zum erstenmal in Athen auf die Hauptpost und fand zu meiner sehr großen Freude einen Brief von Dir vor. Die Zeilen des Briefs sind sehr schön trotz der flüchtigen Abendstunde in Lillehammer – wahrscheinlich in der wundervollen Jugendherberge? Ich kenne sie und blieb auch dort eine Nacht. Doch noch schöner ist Dein Gedicht, es ist gut, wirklich gut, für mein Empfinden im Klang ganz verblüffend gut und auch meinen Norwegengefühlen höchst gemäß getroffen. ›Drachenschweres Nordlandboot‹: ist für meinen Sinn ein in nur zwei Worte gefasster Kern, von dem aus sich Norwegen weitgehend erschließen lässt. Für diese Zeilen bin ich Dir besonders dankbar.

So ist also tatsächlich unsere Verbindung weit über Deutschland hinweg gelungen. Mein Brief an Dich ist nach Oslo adressiert, weil ich einer Karte von Dir an meine Eltern entnahm, dass alle Deine Termine durch die Dampferfahrt auf dem Hinweg etwas nach vorne gerutscht sind. Mit meinen ging es eher umgekehrt. [...] Die 1300 km lange Fahrt hinunter in den Süden bis Brindisi schien ohne Ende. Ein sonniger Landschaftsfilm voll reinsten Südlichts, gedämpfter, doch strahlender Farben an roten Steinlandhäusern, weiten grünen Ebenen voller Fruchtbarkeit und dem ewig matt blauen, grellen Himmel. Alles scheint hier unten in Sonne verwandelt zu sein: Die schneeweißen Südstädte, deren Häuser wie Modelle in Gips gegossen auf einer kleinen Höhe über dem Meer stehen und sich in ihrer Farbe unglaublich abheben gegen das tiefe, tiefe Blau des Wassers.«

Briefe als Freundschaftsbezeugungen, Freundschaftsgaben begeisterungsfähiger Jünglinge. Und – als Neuigkeit für mich, nun wieder – ich bereicherte Briefe schon mal mit Gedichten, machte hier ein drachenschweres Nordlandboot flott, weiß allerdings nicht mehr, wo ich damit gelandet bin.

Reiseeindrücke noch nicht zu SMS geschreddert, wir bewegten uns verbal mit Faltenwurf, vermittelten Begeisterung, womöglich mitreißend, zumindest aber stimulierend, motivierend, aktivierend.

Semesterferien; ein Konzert; Garderobenraum. Bernd erzählte begeistert von einem ganz neuen, ganz großen Sänger, einem Fischer-Dieskau. Dies auf einer LP mit der Bach-Kantate: »Ich will den Kreuzstab gerne tragen«. Das sei das Größte! Möglichst bald wollte er mir das vorspielen.

Das geschah bald schon im Mansardenzimmer einer Villa mit Blick auf den kleinen Fluss Rur. Die luxuriöse Wohnbaracke, in der ich ein Dreivierteljahr bei Familie Schoeller gelebt hatte, sie wurde 1956 durch einen Neubau ersetzt. Die Villa als Zwischendomizil in einseitig bebauter Straße, die wenige hundert Meter parallel am Flüsschen entlangführt; eine Kastanienallee zwischen Häuserreihe und schmaler Rurwiese. Ein heller Nachmittag, Bernd spielte mir die neu erworbene Platte vor.

Selbstverständlich habe ich mir die LP sogleich gekauft. Und landete damit am Ufer des Kontinents Johann Sebastian Bach. Wichtig wurden Namen von Interpreten und Ensembles: Neumeyer, Cembalo … Schola Cantorum Basiliensis … Wanda Landowska, Cembalo … Antonio Janigro, Cello … Helmut Winschermann, Oboe … Heute vielfach vergessene Interpreten, Interpretationen, damals gewichtig.

Dies auch im wörtlichen Sinne: LPs der fünfziger Jahre waren ziemlich dick, relativ schwer und wurden noch als »unzerbrechlich« bezeichnet. Beinah kollektive Erfahrung: Dass einem mal eine Schellackplatte zerbrach, und man hatte

405

verzweifelt versucht, die beiden Bruchstücke zusammen-
zukleben. Selbst wenn das gutging, es blieb der harte Nadel-
sprung, der sich allzu rasch wiederholte bei 78 Umdrehungen
in der Minute.

Das Zimmer unter dem Dach, der Blick auf Kastanienbäume, Rurwiese, Wasserlauf, auf das gewerbemäßig bebaute
Gegenufer. Zweite Initiation – auch deshalb ist die Situation
präsent, die Erinnerung frisch geblieben. Bernd spielte mir eine
weitere Neuentdeckung vor: Beethovens Violinkonzert. Schon
eine Aufnahme mit Wolfgang Schneiderhahn? Oder mit David
Oistrach? Jedenfalls: starke Einwirkung, lange Nachwirkung.

Natürlich habe ich heute die beiden Werke griffbereit, wenn
auch in ADD-Produktionen auf CD. Bei Fischer-Dieskau
nicht die geringsten Abstriche in der enthusiastischen Beurteilung, die Aufnahme mit Schneiderhahn erscheint mir beim
Abhören zu breit angelegt, das geht man heute anders an,
schon im Tempo und in der Akzentuierung der Pauken-In-
trada: zügiger das Tempo, härter die Schlägel.

DAS ZWEITE SEMESTER in München! Ein Zimmer in der
Hohenzollernstraße, mit Blick hinab auf einen Milchladen.
Straßenbahnen. Im Zimmer dominierend ein Kachelofen,
den – frühmorgens leise das Zimmer des langschlafenden Studenten betretend – Anton Plöchl bestückte, und sich dann –
im Halbschlaf wahrgenommen – wieder hinausschlich. Für
einen Kachelofen muss man ein besonderes Händchen haben,
erklärte er mir, stark bayrisch intoniert – was für mich als
ehemaligen Herrschinger kein Problem war. Fürsorgend auch
seine Frau in der kleinen Küche hofwärts, dort wurde mir
schon mal ein Suppenteller gefüllt.

Nah der Fußweg zur Pension, in der mein »alter Onkel
Fritz« wohnte. Hier wurde nicht nur der Aufklärungsunter-
richt über jüdische Vorfahren fortgesetzt, punktuell, hier wurde auch Fachliches besprochen, und natürlich sprach er über
sich selbst. Das konnte zurückführen bis in die Kindheit.

So wurde der Sechsjährige von der Mutter mitgenommen
in »das« Berliner Museum, zu den antiken griechischen Fi-

guren, den griechischen Götterbildern: Wie wirkt die große Kunst auf das kleine Kind? Schockierend: Das Kind begann zu schreien, zu heulen, es kriegte sich nicht mehr ein, so hätte man damals gesagt, nein, das Kind kriegte sich nicht mehr ein: Da fehlte einer der Figuren, der meist lebensgroßen, ein Bein, eine andere Figur hatte überhaupt keine Beine mehr, Arme waren auch meist weg, und dann auch noch ein Torso ohne Kopf – diese grauenhaften Verstümmelungen waren mehr, als das Kind verkraften konnte, es wurde aus dem Saal geführt, und damit war der Museumsbesuch beendet.

Und Prominenz des 20. Jahrhunderts tauchte auf. Schon mal ein Gespräch mit Thomas Mann ... Der Professor machte in Schloss Doorn der Kaiserin Hermine seine Aufwartung ... Der junge Lion Feuchtwanger in einem seiner Seminare ... Ein Besuch bei Adenauer in Rhöndorf ... Und, von Karl Wolfskehl vermittelt, zu Gast bei einem Auftritt des Stefan George. Man wurde in ein dunkles Zimmer geführt, andächtige Einstimmung unter den erwählten Zuhörern, leises Murmeln; man blickte, durch ein schwach beleuchtetes Zimmer hindurch, in einen hell beleuchteten Raum, dort trat der Dichter auf, feierlich. Stichworte des Großonkels, später schriftlich fixiert: »Gottesdienstliche Huldigung der Kunst. Je länger man zuhörte, umso stärker wurde die Wirkung dieses doch etwas monotonen Psalmodierens.«

Was ich dem hageren, hochgewachsenen, spitzbärtigen alten Herrn im Rückblick nicht zugetraut hätte: er war mal sportlich aktiv, ebenso die später so hoheitsvolle Lady Helene. Die beiden unternahmen, um die Jahrhundertwende, ausgedehnte Fahrradtouren, auch in den Tiroler und Schweizer Alpen, Pässe inklusive, sogar das Stilfser Joch mit all seinen Haarnadelkurven wurde bezwungen. Da konnte ich mich revanchieren mit einem kurzgefassten Bericht über eine Fahrradtour, die ich mit zwei Schulkameraden ebenfalls in Tirol unternommen hatte, und bei der langen Abfahrt nach St. Anton stanken die Bremsen. Außerdem haben wir einen Dreitausender bestiegen. Et cetera.

Dass ich weiterhin schrieb, vor allem Gedichte, das thematisierte ich lieber doch nicht. Erwähnte also auch nicht, dass ich Anschluss gefunden hatte an einen literarischen Club mit eigener Zeitschrift: *Komma*. Das Blatt wurde eher hektographiert als gedruckt, so glaube ich mich zu erinnern, kann kein Belegexemplar mehr heranziehen, glücklicherweise; ich fürchte, ich habe da ein- oder zweimal Gedichte veröffentlicht, die möchte ich aber nicht mehr sehen. Wichtiger waren die Gespräche in der kleinen Runde.

Ich besuchte nicht nur Großonkel von der Leyen, ich sprach auch vor bei Holthusen. Dass er sich im Dritten Reich heimisch eingerichtet hatte, von Anfang an, dass er irritierend früh in die Waffen-SS eingetreten war, dass er den Polenfeldzug überhöhend verherrlicht hatte, davon wusste ich als Zweitsemestler nichts, konnte ich nichts wissen, das kam erst nach und nach an die Öffentlichkeit.

Aber dass da »etwas gewesen war«, das sickerte so langsam durch. Machte ich das selbst mal zum Stichwort? Ende 1961 äußerte er sich in einem Brief aus New York dazu, wenn auch in extrem verharmlosender Weise: »Was meine ›Vergangenheit‹ angeht, so ist das jungen Leuten immer sehr schwer plausibel zu machen, dass ich wirklich mal in der SS war (so wie man in einem Tennisclub Mitglied wird), so drei oder vier Jahre lang, als enfant terrible und ohne den ganzen Mist eigentlich ernst zu nehmen, gleichzeitig Vorträge für die Bekennende Kirche gehalten.« Den lächerlichen Vergleich mit der Mitgliedschaft in einem Tennisclub fügte er nachträglich zwischen Zeilen des maschinenschriftlichen Briefes ein. Das macht es aber auch nicht besser.

Auch nach diesem chronologisch vorgreifenden Zitat muss ich noch einmal betonen: Bei meinen ersten Besuchen war dies alles noch kein Thema, das Stichwort war noch nicht gefallen. Also sehe ich keinen Grund, Besuche und Briefe zu verheimlichen. Was ja recht leicht wäre: einfach weglassen …

Es empfing mich ein Riese in nicht sehr großer Dachwohnung, die er mit seiner Frau teilte. Auch sie vermittelte das Gefühl, willkommen zu sein, so wiederholten sich die Visiten. Was uns rasch verband: besondere Vorliebe für englische Lyrik jenes Jahrhunderts, das Doppelgestirn Thomas Stearns Eliot und Wystan Hugh Auden. Meine Begeisterung verleitete mich sogar zu Übersetzungsversuchen; ich begann mit *Marina* von Eliot und Audens grandioser Ode auf den Tod von Yeats: And snow disfigured the public statues … Solche Zeilen verfolgten mich: Wie lässt sich das genauso knapp übersetzen? Und Schnee deformierte jedes Denkmal …?

Neue Essaybände, auch Gedichtbände aus Holthusens Produktion erhielt ich jeweils als Geschenk. Er liebte weiten Faltenwurf in seinen Gedichten. Eingeprägt hat sich diese Formulierung: Origines säbelte sich das Gemächte ab »und warf es schreiend in das Ofenloch«.

Mit feuerlöschender Wirkung, auch abkühlend hingegen die *Botschaften des Regens* von Günter Eich.

DAS STUDIUM: damals noch in breitem Spektrum – bis hin zum Studium generale. Viele Entscheidungsmöglichkeiten, damit unterschiedliche Begegnungen, Erfahrungen.

Nun lasse ich aber nicht jenen sanften Nieselregen von Namen hernniedergehn, ich bleibe bei wenigen, ausgewählten Beispielen. Der berühmte Nestor der Anglistik, Schirmer. Der gefeierte Senior der Philosophie, Stepun, zuweilen mit langer, russischer Bluse und stets mit rollendem R. Sedlmayer, der wieder über den Verlust der Mitte sprach. Der überaus luzide Guardini, die Aula füllend mit theologisch-philosophischen Vorträgen. Grassi, elegant, mit Spazierstock, seine weltweit kunsthistorischen Ausführungen italienisch intonierend.

(Hier klingt herein die Stimme meines Vaters: »Am Freitag Abend habe ich im Nachtprogramm Ernesto Grassi über das Thema ›Die humanistische Überlieferung und der Beginn des modernen Denkens‹ gehört. Es war ganz ausgezeichnet. Nett ist sein Deutsch, das teilweise falsch, und seine Aussprache, die amüsant ist. Das Wort Quelle war bei ihm Kuhelle. Man merkte ihm sofort die Freude an, wenn er ein Wort in seiner Muttersprache sagen konnte. Der Klangunterschied zwischen den Worten ›Erfahrung‹ und ›esperienza‹ ist ja auch enorm.«)

Mit biographischer Einwirkung, Nachwirkung: Der Anglist Wolfgang Clemen. Er führte uns ein in Shakespeares Welt und: eröffnete mir den Weg in die Neue Welt. Nach einer Seminarsitzung rief er mich in sein Büro, berichtete von einem angesehenen College in Haverford, Pennsylvania, dort sei eine Stelle vakant für einen Teaching assistant. Er war davon überzeugt, dass dies etwas für mich wäre, wollte das Angebot gar nicht erst am Schwarzen Brett aushängen, die Auswahl wäre, mit Blick auf meine Referate, ohnehin auf mich gefallen, warum also Umwege. Mit einem zusätzlichen Fulbright-Stipendium wären auch die Reisekosten abgedeckt. Ich sagte sofort zu.

Und begegnete erst einmal amerikanischer Bürokratie: Wann geboren, wo geboren, Name Vater, Name Mutter, Beruf Vater, Beruf Mutter, Geburtsdatum Vater, Geburtsdatum Mutter, Geburtsort Vater, Geburtsort Mutter, Name und Zahl der Geschwister, Schulausbildung wann und wo, Abschluss wie und wann, Zugehörigkeit zu politischen Organisationen, venerische Krankheiten?

Stars and Stripes in der Ecke, schräg an brauner Stange, das Zimmer kühl, Klimaanlage. Zwei Herren und eine Endfünfzigerin, frisch inkarniert aus einem *Life*-Bildbericht über die Aktivität amerikanischer Frauen nach dem Klimakterium. Sie hebt eine mit Schnörkeln verkrustete Brille am Kettchen vor die blauen Augen: Ändwotäbautbörtbrächt? Geheimer Sozialist, dieser Student, verkappter Kommunist? Oder jemand, dessen Gedanken feierabends westwardho gehen, der vorzugsweise von Lincoln, Jefferson, Washington träumt, und wenn er etwas pfeift, so pfeift er den Sternbannermarsch, sonst ist er unmusikalisch?

Nach der Befragung: Die Brust durchleuchten lassen, Blut abzapfen lassen, das Herz abhorchen lassen, das Bauchfell betasten lassen, die Vorhaut lupfen lassen. Und es kann losgehn!

Die Schlepper pusten Angeberqualm hoch, quirlen Hafenwasser auf, zerren am Schiff, Taschentücher drüben, an der Reling neben mir wird ebenfalls gewinkt. Tränen wie in einem

Film, in dem ein Schiff von qualmenden, wasserquirlenden Schleppern vom Quai weggezerrt wird, auf dem ebenso gewinkt wird, Schnitt, wie auf dem Schiff. Immerhin ist der Vorgang diesmal dreidimensional, ich berühre die Reling, das Metall ist kühl, das Wasser riecht nach Tang und Öl. Einsetzende Vibration des Schiffskörpers, die kleinen Schiffe nabeln sich ab. Das Land wird ausgedünnt zu einem schmalen Streifen, zu einem Trennstrich zwischen Wassergrau und Himmelsgrau, der Strich wird gelöscht, nur noch Wasser, kreisrund eingefasst vom Horizont, weit schwingend in atlantischer Dünung.

In dieses Blau gaffen. Zu schafsfarbenen Wolken hochgaffen. In kristallreinen Zirrus gaffen. Zwischen weiß gestrichene Relingstangen auf geriffeltes Meer gaffen. Auf grau gewelltes Wasser gaffen. Auf blaues Wasser mit Schaumkronen gaffen. Auf Hüte gaffen. Auf braune Schenkel gaffen. Auf Fotografien in Illustrierten gaffen. Auf Buchstaben in Büchern gaffen. Sich Bewegung verschaffen: gleich morgens nüchtern runter ins Bad, das Wasser schwappt im Becken, Seegang, Wellengang, durch das Wasser kobolzen, vom Wasser schaukeln lassen, weiterkobolzen, auf einem Fahrrad ohne Räder ein paar Kilometer fahren, 30 Stundenkilometer im Stand, ein bisschen gegen den Punchingball boxen, der hin und her pendelt, Schweiß raustreiben, ins Wasser hopsen, Rechtecke schwimmen, Ovale schwimmen: das Frühstück verdienen! Das Schiff legt währenddes ein paar Meilen zurück. Morgen- und Abendpositionen werden auf der Seekarte neben dem Geldschalter durch Wimpel an Stecknadeln markiert: Die Zukunft zwischen dem jeweils gegenwärtigen Fähnchen und der Küste Nordamerikas ist von Einstichen früherer Stecknadeln vorgezeichnet.

Die Luft wärmer, feuchter, höhlt die Nacht aus, Windkanal. Vor der Reling werden Seile gespannt. Am nächsten Morgen ziehe ich mich mit unkoordinierten Bewegungen an, gehe mutig zum Frühstück. In den Gängen leider Pappbecher, zum Teil schon benutzt: das macht keinen rechten Appetit. Trotzdem hinunter: der Saal ziemlich leer. An den

Tischrändern Bretter hochgeklappt, klirrendes Geschirr. Die Stewards stumm. Leichtes Frühstück: Obstsaft, Cornflakes, etwas Toast. Trotzdem habe ich Sorge um mein Frühstück, als ich die Treppe hochtapse: noch mehr Pappbecher, viereckig gefaltet, der Rand nach innen geknickt, damit man nicht sofort den gelblichen Schleim, den grünlichen Schleim, den schaumigen Schleim sieht. In der Toilette wird mehrstimmig gekotzt, deshalb Laufschritt.

Über das leere Deck auf die straff gespannten Seile loswackeln, zur Treppe, Magenballon dicht unterm Zwerchfell. Der Wind lässt die Hosenbeine flattern, pumpt den Mantel prall auf. An Rettungsbooten entlang. Durch eine knallende Tür ein Passagier, Windwasser in den Augen. Ein Foyer, an Seilen entlang eine Treppe hochstaksen, Türe, Verbotsschild, ein Offizier nickt. Das Steuerrad, ein Matrose im Pullover davor, zwei Offiziere neben ihm; Stille. Ich stemme die Seitentür auf, luge über Glasplatten aufs Vorschiff, es hebt sich wassertriefend, dreht seitwärts, rammt eine breit anlaufende Welle: die wenigen Passagiere und der Offizier ducken sich, das mache ich nach, Gischt gegen die Scheibe geflatscht. Wir heben die Köpfe, nicken uns zu, das Vorschiff durchschlägt den nächsten Wellenzug, Wasser explodiert beidseitig hoch, wir ducken uns wieder, kennen das schon, lassen es gegen die Scheiben klatschen, richten uns wieder auf.

New York! Ein Schwarzer stellt sich mir in den Weg, wankend, fordert einen Dollar, eher kann ich nicht weiter. Wofür, weshalb? Hand vor meinem Bauch: gimmie a buck! Wieso? Muss was zu trinken haben, doch wohl klar, trinken, fed up, Arbeit schlecht bezahlt, die Farbigen bei der Arbeit immer schlecht bezahlt, aber eines Tages, da wird sich das ändern, rächen, Maschinenpistole im Schrank, andere auch, wird sich mal rächen, Maschinenpistole im Schrank, schon mal rächen, werden sehen, Maschinenpistole im Schrank. Ein Schwarzer vor mir, Hand an meiner Jacke: nicht bloß Interviewfigur in einem Fernsehfilm über die Rassenfrage in den USA. Maschinenpistole im Schrank, das ändern, sich rächen, gimmie a buck. Ich schaue mich um: ein paar Chinesen auf dem Gehsteig, würden sie notfalls helfen? Sich rächen, Maschinenpistole im Schrank, rächen, Handgranaten, eines Tages ändern, rächen, come on, gimmie a buck. Ich gebe ihm den Dollar: You're my friend, yeah, you can take my daughter, come on, she's only sixteen, come on, you can take her, come on, they're all pink inside, come on, you can take her.

»New York is now!« Auf galoppierendem Pferd ein Polizist aus einer Seitenstraße, Trillerpfeife, Holzknüppel in der Luft rotierend, Autos bremsen, schon saust es heran, rot lackiert, chromfunkelnd, Feuerwehrauto, Oldtimer, Feuerwehrmänner auf Trittbrettern, einer schwingt den Glockenklöppel, hängt halb über den Wagen hinaus, Filmkopie, und gleich ein zweiter Wagen hinterher, Modell dreißiger Jahre, lebensgroß, lebensecht, Spielzeug, geputzt, verchromt.

Ein Lokal am Broadway, in der Nähe des Times Square, ich trinke am Tresen ein Bier, Michelob, neben mir ein Mann in leichtem blauen Mantel, mit weißem Hemd, dunkler Krawatte, er hat einen Reklameschirm aufgespannt und lallt, schwankend auf dem Barhocker. Der Wirt, Pakistani möglicherweise, fordert ihn auf, betont ruhig, den Schirm zusammenzuklappen, das geschieht plötzlich auch, damit offenbar auch der Entschluss zu gehen, doch er stellt fest, lallend, er könne nicht zahlen, in diesem Schuppen hier wolle er sowieso nicht zahlen; der Wirt aber, ganz ruhig, besteht darauf, dass er an der Kasse zahlt; der schwarze Barkeeper schaut zu, der Koch, ein junger Mann, der nun aus der Küche kommt, bleibt wie beiläufig in der Nähe der Schwenktür stehen, am Ausgang; neben dem Betrunkenen ein riesiger Mann, ebenfalls in blauem Mantel und mit Krawatte, steht da, schweigend, zeigt keine Reaktion, auch nicht, als der Besoffene vom Wirt fordert, er solle ihm mal seinen Namen aufschreiben, wenn er hier schon bezahlen müsse, dann wolle er auch wissen an wen, und der braunhäutige Wirt schreibt seinen Namen auf einen Zettel, schiebt ihn dem Betrunkenen zu, der starrt den Zettel an, schiebt ihn zurück, er müsse auch den Vornamen hinschreiben, der Pakistani schreibt noch ein Wort dazu, schiebt den Zettel zurück, und der Besoffene erklärt, er werde jetzt trotzdem nicht zahlen, er könne überhaupt nicht zahlen, habe kein Geld mehr bei sich, und der sehr große und breite Mann neben ihm schweigt, der Wirt sagt ruhig, er müsste aber für die Drinks zahlen, schiebt ihm die Rechnung zu, der Besoffene schimpft auf den Sauladen oder Saftladen oder Scheißladen, stakst zur glasumfassten Kasse mit dem Sprechloch und dem Zahlschlitz, schiebt die Rechnung der jungen Frau zu, er könne nicht zahlen, höchstens, vielleicht, mit American Express, aber da müsse er erst mal den Manager anrufen, ob das in dem Fall überhaupt noch ginge, er hätte einfach kein Bargeld mehr, und der große, schwere Mann steht schweigsam neben ihm, Bulldoggengesicht, reglos, und nun, das beobachte ich an der Theke, ruft der Wirt die Polizei an, halblaut, abgewendet, während an der Kasse verhandelt wird, der Barkeeper schaut dem Wirt kopfschüttelnd zu, der Besoffene geht nun einfach raus mit dem zusammengeklappten Regenschirm, ohne zu zahlen, der junge Koch hält ihn nicht auf, auch nicht der ältere Koch, auch er schaut nur aufmerksam zu, als müsse er sich auf eine zuverlässige Zeugenaussage vorbereiten; der Besoffene spannt draußen im Nieselregen den Schirm auf, steht da, schwankend, redet auf den reglosen Riesen ein, kommt, den Schirm in der Türe verkantend, in das Lokal zurück, so einen Sauladen wie hier hätte er noch nie erlebt, er würde allen draußen sagen und überhaupt allen, was für ein verfickter Scheißladen das sei, und er geht wieder raus, den Schirm verkantend, geht nun vielleicht zu einem der Girls!-Girls!-Unternehmen, zu einer Burlesk-Show. Und ich frage den schwarzen Barkeeper, ob der Mann schon lang hier gewesen sei, aber der hat hier nur zwei Drinks zu sich genommen, sei zuerst »like a pie« gewesen, die beiden Drinks hätten ihn dann völlig umgehauen. Wahrscheinlich, so sage ich, wäre schon vorher eine kritische Masse erreicht gewesen. Ja, nach diesen Drinks wurde der Mann ausfällig, man sei wirklich vor keiner Überraschung sicher, sagt der Barkeeper und wiederholt mehrfach: »I've no patience, I've no patience«, aber leider sei da dieser »huge guy« gewesen, der die ganze Zeit nichts gesagt hätte, hätte ausgesehen wie ein Bulle, in Zivil, wenn man bei dem

Besoffenen zugelangt hätte, das hätte Probleme gegeben, und er sagt dem Wirt, es hätte überhaupt keinen Zweck, die Polizei anzurufen; wenn so ein Kerl nicht zahlen wolle, könne die Polizei auch nichts dran ändern. Der Koch noch immer an der Tür, der Wirt auf der Theke aufgestützt, stumm, »I've no patience«, sagt der Barkeeper, Gläser spülend, abtrocknend, aufreihend, mir eine der kleinen Bierflaschen nachreichend. Ich frage ihn, ob so was öfter vorkomme. Alle sechzig Sekunden, sagt der Barkeeper, das geht dann so: Wenn einer zum Zahlen gezwungen wird, weil man die Polizei geholt hat, gut, dann zahlt er, aber am nächsten Abend kommt er mit ein paar Kumpels zurück und lässt den Laden hochgehn.

Das wird noch ein bisschen nachgekaut, durchgehechelt, und dann kommt die Polizei, ohne Blaulicht, der Wagen an der Ecke abgestellt, die cops schlendern herein, die Jacken offen, Knüppel unter die Achseln geklemmt, mehr als gummi-knüppellange Holzprügel, kommen, Hände in den Hosenta-schen, zum Tresen. You called the police? Der Wirt berichtet kurz, der vordere Polizist greift in ein Körbchen auf der The-ke, nimmt ein paar kleine Salzbrezeln heraus, »pretzels«, fragt kauend, ob der Mann besoffen gewesen sei, nickt, greift noch mal ins Körbchen, schiebt sich den Mund voll mit kleinen Salzbrezeln, dann gehen sie raus, der Wirt fragt noch, ob er was für sie tun könne, aber da schüttelt der größere Polizist nur den Kopf, und mit den Holzknüppeln unter den Armen latschen sie zum Wagen zurück, fahren weg.

Ich als inkommensurables Objekt der Begierde. Im Bad des YMCA-Hostels New York wurde ich zu einem Musical ein-geladen, spontan … Im Metropolitan Museum of Arts stellte sich bei der Betrachtung eines farbenfrohen Gemäldes von Renoir ein Kunsthistoriker des Hauses diskret und dezent neben mich, schärfte meinen Blick durch behutsame, sach-kundige Anmerkungen, nicht ohne Hinweis auf die in den Vereinigten Staaten weithin vorherrschende Prüderie, die in manchen Bildern des Hauses freilich kein Pendant finde. So schloss sich eine Separatführung an, die sich erweiterte zu gemeinsamem Dinner in einem kleinen Restaurant in China Town …

Ein anderer Kunsthistoriker, Landsmann, intervenierte telefonisch; im Museumscafé des Guggenheim-Spiralbaus hatte er am Tag zuvor mir gegenüber gesessen, nur trinkend, nichts essend, es genügte ihm, mir beim Essen zuzuschauen, mit Blicken jeder Gabel folgend, die ich mir in den Mund schob.

Nun in China Town musste ich ihn am Telefon vertrösten mit der Zusicherung, ich würde ihn am nächsten Tag besuchen, was der amerikanische Kunsthistoriker gar nicht gern hörte und frühe Distanzierung einleitete. Die stellte sich am nächsten Tag auch ein in der hochgelegenen Wohnung mit Blick tatsächlich auf den Hudson. Schönster Ausblick, dies allerdings nicht so sehr für den Kunstgeschichtler …

(Inkommensurabel blieb ich ein Jahr später, back from the States, auch für den Theaterinspizienten in München, es ging um irgendeine Vermittlung, er schlug vor, das Gespräch in der Kantine fortzusetzen in der Privatwohnung; dort saß er denn strickend vor mir, berichtete, manche Masche fallen lassend, als Warm-up von einem irre aufregenden Abenteuer: zwei Schwarze, US-Army, irgendwo aufgespürt und gleich mitgenommen in die Wohnung, die waren so wild, so wild, so wild, er klopfte mit dem Fuß an mein Stuhlbein, dann sogar an ein Tischbein, schon sah ich schwarze Stuhlbeine, Tischbeine durch den Raum schweben und zog, mental, den Kopf ein, bereitete meinen Abgang vor, ohne das eigentliche Stichwort eingelöst zu haben.)

Klein unter mir Autos in den Modefarben der Saison. Dazu gelbe, violette, grüne Taxis: Lockfarben. Schmaler Durchblick zum Hudson: ein Streifen Wasserbraun.

Hitze, Staub, Krach, grüne, gelbe, violette Taxis hupend. Omnibusse mit Dieselschwaden, Polizeimotorräder aufgezäumt wie Cowboypferde am Sonntag.

Unterirdischer Bahnsteig, Stille, kein Staub, künstliches Klima eines aluminiumhellen Pullmanwagens. Ich hebe die Arme an, lasse Kühle in meine Achselhöhlen schlüpfen, öffne den Hemdknopf über dem Gürtel, den Nabel kühlen, mache den Mund auf, Kühle auf der Zunge, ich ziehe die Hosenbeine etwas höher, Kühle an die Waden.

Die Lampen draußen gleiten zurück, der Zug schlägt Takt im Hudsontunnel, saust ins Helle. Ich presse die Nase ans Fenster, New York schräg hinter mir, Hochhäuser eng gruppiert, Wolkenkratzer an der Südspitze, Wallstreet, die Mittelgruppe, Empire State Building. Ein Autofriedhof, Wracks hochgekrant, sechs, acht, zehn Wagenschichten. Reklametafeln, Mädchen waagrecht und senkrecht, Supertitten.

Flache Landschaft am Fenster vorbei: tagelang könnte es in diesem Tempo weitergehn, durch Prärien und Wüsten und Gebirge und Städte und Weizenfelder, eine massige dieselelektrische Lokomotive voran, Bauchgurt, Santa Fé, das bolzt durch den Kontinent, über Felder, durch Wüsten, über Berge – aber ich werde nur etwa zwei Stunden fahren.

Ein Steward schiebt ein Wägelchen mit Obst, Keksen, Getränken durch den Mittelgang, ich kaufe eisgekühlten Orangensaft. Kühles schlürfen im Kühlen, Kühles, das in die Zähne beißt, Kühles, das kühl den Mund ausfüllt, dann warm runterläuft. Draußen helle, heiße Landschaft vorbeigefilmt.

Erinnerung hat den ersten Abend am Rande des Campus so zurechtgemodelt: Begrüßungsdinner im Haus von Harry Pfund, dem Leiter des German Department, mit von der Partie seine Frau und Assistent Cary. Artige Plauderei zu viert am Tisch mit Kerzen, dann gingen wir hinaus zur Lodge; der Frau des Hauses war es zu kühl, außerdem musste ein dringendes Telefonat geführt werden mit einer Freundin in Bryn Mawr. Wir nahmen Platz auf drei Schaukelstühlen der Lodge mit ihren drei weißen Säulen, die das Dach des Vorbaus zu tragen schienen. Bei der Annäherung vom Campus sah es aus wie ein säulenreduziertes, leicht geschreddertes Herrenhaus der Südstaaten.

Es verdichtete sich das verbindende Gefühl, man werde die nächsten zwei Trimester miteinander klarkommen. Eine Pfeife wurde gestopft, die fast so aussah wie eine Maiskolbenpfeife, eher ein Unding als ein Ding. Und Cary zündete sich eine Zigarette an. Über mein bisheriges Leben hatte ich schon am Esstisch geplaudert, in adäquater Kurzfassung, nun ging es um Hobbys, um Lieblingslektüre, Lieblingskomponisten, Lieblingsmaler.

Es wurde dann nicht säuberlich getrennt zwischen Privat und Dienstlich – Harry Pfund umriss meine activities in den kommenden Trimestern. Ich schaute durch die grenzbetonende Baumreihe hinüber zum Campus: der Sportplatz, die kleine Kuppel des Observatoriums; teilweise verdeckt von üppiger Vegetation die Founders Hall, mit Sitz der Verwaltung. Also, wie in München bereits vermittelt: Unterricht in Elementary German. Grammar, conversation and reading of simple texts (hier, ausgerechnet, Zuckmayers *Hauptmann von Köpenick*, mit dem reichen Anteil an Berliner Idiom!). Man wird mich nur in den ersten Stunden begleiten; sobald man das Gefühl hat, es läuft gut zwischen mir und der Gruppe, bleibe ich mir selbst überlassen, muss nur regelmäßig Bericht erstatten, auch wollen die Herren bei den ersten Benotungen konsultiert werden, zur Abstimmung. Mein Unterricht als so etwas wie eine Gegengabe an das College. Erwartet wird ja auch, dass ich mein Studium fortsetze, dass ich, im Status eines Seniors, auch papers schreibe. Ob ich schon eine Vorstellung, womöglich einen Vorschlag hätte? Und ich, spontan: Robert Musil, *Der Mann ohne Eigenschaften*. Wie kam ich ausgerechnet darauf?!

Ich rekapituliere, ergänze: Die Fahrt von Cuxhaven nach New York auf dem alten, nicht sehr großen Dampfer, der *Italia* – sie wurde kurz nach dieser Atlantiküberquerung aus dem Liniendienst abgezogen und eingesetzt in der südamerikanischen Küstenschifffahrt. Dieser Dampfer brauchte elf Tage für die Überfahrt, aber diese elf Tage wurden uns, einer Gruppe von Studenten und Studentinnen der Fulbright Foundation, nicht lang: viel Sonne, Liebelei mit einer Rahel, das übliche Sport-, Spiel-, Vergnügungsangebot, das wir nutzten. Bis auf einen sportlich aussehenden Chemiestudenten, den wir fast nur beim Essen sahen. Was treibt er denn die übrige Zeit? Saß in der fensterlosen Innenkabine und las. Und was?

Einen sehr dicken Roman eines österreichischen Schriftstellers. Verfasser und Titel? Siehe oben. Von diesem Buch hatte ich, obwohl im vierten Semester, nur mal zu hören bekommen (dafür umso mehr von Stifter oder Mörike). Was musste das für ein Roman sein, der einen Chemiestudenten so lange in der Schiffskabine festhielt?

Bei der ersten Besichtigung der im neogotischen Stil erbauten Bibliothek fällt mir wieder das Buch ein, das ich auf der Lodge so spontan genannt habe. Ich finde rasch den dicken, hellgelben Leinenband – appetitmachendes Gelb. Ich ziehe das gewichtige Buch aus dem Regal, nehme es mit: im traditionsreichen College der »Friends«, der Quakers, sind Eintragungen nicht notwendig – ein Sonderkodex.

Wie es sich für ein Erlebnis gehört, sind Details noch gegenwärtig: Ein sehr klarer Tag, indian summer, mit dem dicken Buch gehe ich am Sportfeld vorbei, auf dem die Football-Mannschaft trainiert (Parole für das nächste Spiel: Squish 'em in the mud!), dann ein Pfad in einem Waldstreifen am Rande des Campus. Eine Wiese, ein Baum mitten auf der Wiese, unter diesen Baum setze ich mich, blättre, lese das erste Kapitel mit der Überschrift »Woraus bemerkenswerter Weise nichts hervorgeht« – woraus aber Etliches für mich hervorging. Denn bald darauf schrieb ich, nach einem ausführlichen Gespräch mit Harry Pfund, ein »essay« von vierzig oder fünfzig Seiten, geschrieben in fast amerikanisch-›pionierhafter‹ Einstellung. Es gab damals kaum Sekundärliteratur über Musil, ich war auf den Roman selbst angewiesen, musste mich dem Text stellen.

Zustimmung, Lob. Und erhielt den Rat, den »essay« später mal auszuführen, eventuell als Dissertation. Die schrieb ich denn auch, einige Jahre später, in Bonn.

Zweite Langzeitwirkung: ich hatte freien Zugang auch zum Treasure Room (rare books and special collections), stöberte wie in einem Antiquariat, machte eine Zufallsentdeckung: Ein altes Buch von oder über Ramón Llull (latinisiert: Raimundus Lullus) und sein Großes Kombinatorisches System.

419

Ich habe eine Zeitlang überlegt, ob ich eine Mail schicken soll nach Haverford, mit der Bitte um nähere Angaben zu diesem rare book: Eine englische Übersetzung des lateinischen Textes? Womöglich der lateinische Text der *Ars brevis*? Aber nun sage ich mir: Entscheidend ist in diesem Kontext nicht eine exakte bibliograpische Angabe, vielmehr die Erinnerung an einen Impuls, der sich rasch umsetzte. Ich habe nicht wissenschaftlich verifiziert, sondern mir subjektiv zu eigen gemacht von Anfang an.

Mit dem Buch des (oder über den) mir zuvor völlig unbekannten Raimundus Lullus zog ich mich zurück in das Rufus M. Jones Study, einer Replik des Studienraums des gleichnamigen Forschers und Sponsors. (Ich habe nachgeschaut im »Haverford College Bulletin« von 1957, zur Dokumentation aufbewahrt.) Der Raum selbst ist schemenhaft präsent geblieben: ich war dort meist allein mit dem Buch am Schreibtisch jenes Gelehrten, bequem sitzend auf gepolstertem, lederbezogenem Stuhl. Und rasch, auch durch schematische Darstellungen gefördert, gewann das lullische System an Präsenz: Scheiben mit verschiedenen Durchmessern auf eine Achse gesteckt, jede Scheibe am Rand mit Chiffren versehen, und die werden durch Scheibendrehungen immer neu kombiniert.

Ich werde das später genauer beschreiben, auch anhand des Modells, das ich nachbauen ließ und mit dem ich drei Sequenzen dieses Buchs gestalten werde.

IN DEN TRIMESTERFERIEN flog ich mit dem französischen Zimmernachbarn von New York nach Puerto Rico, und wir durchstreiften, ziemlich planlos, die Insel: Ein Lastwagen nahm uns mit ins Inselinnere, setzte uns ab an einem feuchtigkeitstriefenden Hotelbau im subtropischen Regenwald, und wir lernten den enormen Geräuschpegel des nächtlichen ›Urwalds‹ kennen, eine gewaltige Geräuschmühle, ein Perpetuum mobile von Schreien …

Erkundungsgänge im Regenwald, »a shower each hour« … Eine Romanze wie im Kino: Spaziergang am leeren, weiten Strand, links gelinde Brandung, rechts das frisch erkorene

Mädchen, noch weiter rechts Palmen, schräg über uns Vollmond. Glücksstunde.

Und eine Stunde der Bedrohung, der nackten Angst: Weite Strandabschnitte, noch längst nicht dem Tourismus dienstbar gemacht, und einer dieser Strandabschnitte mit verlockend interessanter Topographie: Wie eine Sichel schwingt sich der beinah weiße Strand hinaus in Richtung auf einen riesigen Felsblock zwei- oder dreihundert Meter weiter draußen. Diese Sichel findet ihre spiegelbildliche Entsprechung in einer zweiten Sichel, die sich mit ›meiner‹ Sichel verbindet, hinaus zum Felsblock: wie die Spiegelung der Sichel. Als ich losschwimme, bekomme ich rasch zu spüren, warum die hinausgeschweifte, zum Felsblock hinausweisende Strandform entstanden ist: eine mächtige Strömung. Die spüre ich als Strudeln am ganzen Körper, und das Strudeln zieht mich hinaus Richtung Felsblock. Erfahrung, auf die ich nicht vorbereitet bin, aber da gibt es nur eins: flach schwimmen und versuchen, seitwärts aus dem Strudeln herauszukommen. Anstrengung, äußerste Anstrengung, und beinah Panik, als am Strand Einheimische auftauchen und mit heftigen Schreien und wildem Winken fordern, dass ich zurückkehre. Aber ich muss mich aus dem Strudelsog Richtung Felsblock erst mal herausarbeiten, seitwärts, seitwärts, zwinge mich, geübter Schwimmer, zu gleichmäßigen Bewegungen, komme aus dem Strudeln heraus, schwimme in weitem Bogen zum Strand zurück und bin so erschöpft, dass ich nur noch kriechen kann, mich fallen lasse, japse. Und muss hören, dass dies nicht nur eine äußerst gefährliche Strömung sei, sondern dass es dort Haie gibt. Da knicke ich nachträglich ein, lasse mir Zeit, mich zu »bekrabbeln«, dabei hilft mir der Zuspruch der Puertoricaner, die sich über meine Errettung freuen. Und mir bleibt, fürs Erste, nur ein Wort: Davongekommen …

DAS HAVERFORD COLLEGE ist, neben Stanford und Bryn Mawr, eins der berühmten Quäker-Colleges. (In Bryn Mawr, dem benachbarten, kooperierenden Mädchencollege, erlebte ich den großen Wystan Hugh Auden: sonor die Stimme, verwittert das Aussehn, Assoziationen an Odysseus nach all seinen Reisejahren ...)

Ich war befreundet mit Roloff, der eine hochkarätige literarische Zeitschrift herausgab in unserem College: stimulierende Texte. Und zuweilen saß ich im Studio des college-internen Senders, des WHRC. Mit dem Moderator entwickelte sich ebenfalls eine freundschaftliche Beziehung, und die brachte Früchte: Plattenbestände wurden durchforstet, ältere Aufnahmen durch »new releases« ersetzt, schließlich lag ein gewichtiger Packen von LPs bei mir im Zimmer (und später im Koffer): LPs vor allem mit Beethovens späten Streichquartetten, gespielt vom Budapest String Quartet, einem Ensemble von überaus soigniert, ja nobel aussehenden Emigranten aus Ungarn. Hier begann es: ich versuchte, mich einzuhören in diese Spätwerke, stimuliert von den grandiosen (für die vierziger Jahre wegweisend modernen) Aufnahmen, die mir auch heute noch, »digitally remastered from original sources«, bewundernswert erscheinen. Leider habe ich Josef Roisman, Alexander Schneider, Boris Kroyt und Mischa Schneider nie in einem Konzertauftritt erlebt, dafür aber das junge Juillard-Quartett, auf dem Bühnenpodium von Bryn Mawr. Langzeitwirkungen auch hier: Resonanzen geweckt, gestärkt.

EIN PÄCKCHEN hellblauer Luftpostbriefumschläge liegt vor mir, bunt frankiert, Briefe, die von der Familie in Bochum geschrieben wurden, nach einem von Mutter Helene organisierten Stafettensystem.

Nicht immer ›weltbewegende‹ Nachrichten, doch es vermittelte sich Atmosphärisches. Auch Zeittypisches, Stichwort: technische Entwicklungen. »Weißt Du eigentlich, dass wir im Badezimmer eine vollautomatische Waschmaschine haben? Das ist eine ganz tolle Erleichterung. Ich stecke die Wäsche trocken rein, schalte ein, schütte Waschmittel hinein und hole nach 75 Minuten die Wäsche zum Aufhängen raus, sagenhaft. Wenn ich an die Schinderei in der Waschküche denke, wo ich mich mit den schweren Eimern und der ewigen

Bückerei bei meiner Bandscheibe halb tot gearbeitet habe, kommt mir diese Art des Waschens ohne jede Anstrengung, ohne Dampf und heiße Laugen, die man vom Kessel in die Maschine schütten musste, noch wie ein Wunder vor. Papi und Peter saßen vorigen Sonntag lange Zeit andächtig vor der Maschine und beobachteten den Waschvorgang durch das große Fenster, das vorn an der Maschine angebracht ist. Es lebe die Technik!«

Man saß nicht nur vor der Waschmaschine, man saß auch im Konzert. Peter: »Erst leierte da ein sonatenförmiger Brahms über die Bühne (seit der Zeit weiß ich übrigens, dass unsere Contrabassisten alle Brillen tragen). In der Pause konnte man sich erholen und etwas die aufkommende Müdigkeit vertreiben. Aber dann spielte Odnoposoff ganz toll Tschaikowskys Violinkonzert, was eine leicht kitsch-anrüchige Sache ist (Cantilene im 2. Satz mit Dämpfer!). Man konnte nur staunen, was dieser Mann mit seiner Geige machte. Selbst in Fortissimo-Stellen war er noch herauszuhören. Dann hörten wir Hindemiths Metamorphosen, eigentlich mehr Karikaturen Weber'scher Themen.«

Dass so genau hingehört wurde, war in der Erinnerung nur ungenau gespeichert. Auch in solchen Details: ständig muss ich korrigieren, nachbessern.

Etwa nach der häuslichen Plattensammlung befragt, hätte ich, aus der Erinnerung heraus, nur ein überaus schlichtes Bild vom Stand der musikalischen Rezeption vermittelt: Bisschen Beethoven, bisschen Schubert, bisschen Tschaikowsky … Doch als ich in Haverford begann, LPs zu sammeln, wollte ich die heimische Sammlung differenzierter sehen – damit auch, in kleiner Facette, das Bild der Familie.

Peter schrieb: »Du verlangtest ein Register über unsere Plattensammlung, das Herbert Dir schon gab. Ich fand aber, dass er einige Platten unerwähnt gelassen hat. Von Bach: 4 Cembalo-Duetten, Violindoppelkonzert, Brandenburgische Konzerte 4 und 5, 2 und 3, Partita für Violine solo d-Moll. Von Beethoven: Klavierkonzert Nr. 4 G-Dur, Violinromanzen G- und

F-Dur, Leonoren-Ouvertüre, Mozart A-Dur Violinkonzert, Schubert Unvollendete.«

Das Thema Musik auch in einem der Briefe von Herbert: »Ich habe mich vor wenigen Tagen entschlossen, doch noch ein Musikinstrument zu erlernen. Es ist zwar sehr spät dafür, aber noch nicht zu spät. Ich lerne weder Klavier noch Geige [wie sein jüngerer Bruder], sondern etwas Ausgefalleneres: Flöte. Nicht etwa Blockflöte, sondern Konzertflöte. Ich habe meine Lippen bereits untersuchen lassen, denn nicht jeder kann Flöte spielen, und morgen werde ich die erste Unterrichtsstunde bekommen. Was, da staunst Du! (Oder auch nicht.) Mein Flötenlehrer ist übrigens Flötist im Städtischen Orchester [Bochum].

Hier waren kürzlich zwei tolle Konzerte. Ein Mozartabend mit Li Stadelmann aus München (Wenn Du sie nicht kennen solltest, schalte mal das Radio an!) und ein Konzert mit Hoelscher. Er spielte das Cello-Konzert von Dvorak.

Neulich las Heinrich Böll hier aus eigenen Werken. Ich habe mir den Mann ganz anders vorgestellt. Du kennst ihn ja. Er las erst zwei Kurzgeschichten und anschließend daran kam es zu einer Diskussion, die eigentlich mehr eine Fragestunde wurde: Wie, warum, weshalb er schreibt usw.«

Briefe auch vom Vater. Weiterhin Berichte aus dem Geschäftsleben, weiterhin Berichte über Lektüre, verbunden zuweilen mit Empfehlungen. Etwa zu Hannah Arendt (»eine Schülerin von Jaspers«): *Elemente und Ursprünge totalitärer Herrschaft.* Eine tausendseitige Monographie über »Antisemitismus, Imperialismus, Totalitarismus«.

Oder Anmerkungen zu Exkursionen und Reisen: mal Sauerland, mal Schwarzwald, mal Österreich. Und erhellende Statements: »Mutti sorgt für Ordnung und Tempo und ich bemühe mich um Ruhe und Ausgeglichenheit.« Gelegentlich auch eine Bemerkung, die das Gefühl von Nähe vermittelte: »Obwohl es noch nicht sehr spät ist, will ich aber schließen, denn es steht ›drohend‹ vor mir noch die so oft gelöste Aufgabe, eine volle Flasche Wein zu leeren.« Darauf kann es nur eine Antwort geben: das Plopp! eines hochgehebelten Korkens.

Umfangreicher und erheblich gewichtiger ist das Packerl von Briefen, die mir Gisela aus München schickte – sie studierte dort Romanistik und Germanistik. Briefe auf nun erst recht knisterndem Papier, mit Liebesanreden in schönsten Varianten.

Dokumente zugleich aus der Manufaktur-Ära der Fernkommunikation, heute würde man sich E-Mails schicken, im Sprung über den Atlantik hinweg, zum Glück aber waren wir technisch noch nicht so weit in den fünfziger Jahren, ich kann Briefe noch aus Umschlägen zupfen, kann hauchdünne Bögen auseinanderfalten, und es entfaltet sich oszillierender Inhalt. Doch wie weit lässt der sich offenlegen?

Ich mache es mir leicht und gebe erst mal Sequenzen wieder, die eher neutral getönt sind. So registriere ich, ablesend, was mir nicht mehr bewusst war: Dass ich von Haverford Manuskripte oder handschriftlich bearbeitete Typoskripte nach München schickte, und Gisela fertigte, maschinenschriftlich, die Reinschrift an, wachsam kritisch.

»Vor einer halben Stunde habe ich den letzten Buchstaben des Jasonkapitels getippt und melde somit den Abschluss der ersten Fuhre. Über den Schluss habe ich sehr geflucht, denn ich konnte nur immer bis zu drei Wörtern in mind keepen. Dass er zu lang ist, schrieb ich Dir schon. Beim Lesen seufzt man und beim Tippen … ja. Aber das werde ich mit Dir in person austragen, wenn Du wieder hier bist. […] Weißt Du, ich freu mich, wenn ich Dir tippender Weise beistehen und Dir so über alle weiten und blauen Fernen hinweg nahe sein kann. Mein einziger Wunsch ist, Dir Liebes zu tun, und so bin ich Dir für jede Gelegenheit dankbar.«

Es blieb aber nicht bei einer neuen Version der Argonautensage, es taucht auch das Stichwort Wagner auf – war womöglich Richard gemeint?! Nicht die geringsten Erinnerungen! Also ein weiteres Zitat.

»Da hab ich eben wieder im AFN gehört, dass der Zustand betr. Wetter in PA noch immer ›critical‹ ist. Jetzt reicht mir's aber, kann man da nichts unternehmen? Ich sehe Dich schon bittere Not leiden, eingeschneit in eiskaltem Zimmer sitzen, nichts zu essen haben, und ich kann Dir nicht helfen. Möglicherweise kriegst Du auch keine Post, das finde ich dreist. Ich warte sehnlichst auf einen Brief, der mir sagt, dass es nicht ganz so schlimm ist, wie es da in meiner Phantasie ersteht.

Gestern nachmittag habe ich von 2 Uhr bis 8 Uhr getippt, aber es ist mir nicht gelungen, Wagnern fertigzustellen. Das wird ja ein Mordskapitel, aber Du wirst auch einiges streichen müssen, pass auf.«

Doch schriftlicher Wortwechsel zu Manuskripten war selten, Zustandsberichte überwogen, leiblich-seelische Befindlichkeiten. Im selben Brief: »Weißt Du, wenn ich die sich Liebenden da um mich erblicke, könnte ich neidisch werden, aber dann sage ich mir: Wenn mein Didier erst mal wieder hier ist, dann können alle auf uns neidisch sein … Wir werden uns mit allen in einem Jahr aufgesparten Kräften lieben.«

Damit könnte ich die Auswahl beenden, aber das fällt mir schwer, noch ist hier nicht genug Präsenz im Präteritum.

»Ich habe noch mal in Deinen Griechenlandaufzeichnungen geblättert. Ich ließ sie mir von R. aus der Schublade geben, weil ich plötzlich wissen wollte, wo Mykene liegt, denn in der Zeit zwischen Fieberschlaf und ›Wieder-da-Sein‹ habe ich Deine Griechenlandkarte betrachtet, die zu meinen Füßen ihr gelbes Gesprenkel auf blauem Grund ausbreitet. Ich kenne ihre Konturen jetzt auswendig und besonders während der letzten Tage, die ich in Beschäftigung mit den Argonauten verbrachte, habe ich sie öfter bewusst betrachtet. Tausendmal habe ich die Reise Athen-Rhodos-Kreta mit den Augen vollzogen, und im Unterbewusstsein vermischte sich die südliche Landschaft, die ich ja nur von Dias kenne, mit den Erlebnissen der Sonnentage in Herrsching oder Kehrsiten. Und immer geisterst Du in diesen Wachträumen herum, still und einfach ›da‹. Und dann bin ich wieder bis zum Hals voll Sehnsucht gestopft und liebe Dich sehr heftig. Ja, Geliebter, und dann habe ich gelesen, Eleusis, Delphi, Mykene, Iraklion, Hydra und dann, bei Agios Nicolaos, schwenkte das Bild plötzlich um: Du denkst an einen Abend im Englischen Garten und was liegt näher, als dass ich Deinen Gedanken dahin folge?«

Englischer Garten ... Isar ... Stichworte, die sich wiederholen. »Erster November. Es war so warm, dass ich noch
stundenlang mit Manns ›Josefchen‹ (den ich schon angefangen
hatte bevor Deine Aufmunterung dazu kam) lesender Weise
am Isarufer auf einer Bank verbrachte. Ich habe Wiedersehen
mit all den Plätzen gefeiert, die wir zusammen aufsuchten.
Was mich in Düren bedrückte, nämlich die Erinnerung an all
die Gemeinsamkeiten, das traf nicht zu. Im Gegenteil! Ich bin
fast beschwingt durch das kupferne Buchenlaub geschlurft.«
Denn es setzten erotische Assoziationen ein, und ich breche
ab. Aber wenigstens noch ein Schlusszitat, zum Vergehen der
trennenden Zwischenzeit.

»Jetzt freut es mich, wenn ich einen Blick auf den Kalender
werfe und sehe, dass der Monat sich wieder seinem Ende zuneigt. Jetzt können wir die Zeit, die noch vor uns liegt, schon
mit einem Blick überschauen – auf dem Kalender, und die
Zahlenpäckchen sehen nicht mehr gar so drohend aus wie
noch im November.«

Die wiedergelesenen Knisterbriefe glattstreichend, erleichtert über die telefonisch erteilte Druckgenehmigung, frage ich
mich: Und nun?

Angenommen, ich würde die Autobiographie nicht schreiben
und es würde sich (später, irgendwann mal später) ein Biograph finden, der sich für meine Bücher, damit für meine Person interessiert (und der dieses Interesse mit anderen teilen
kann), und weiter angenommen, ich würde all die Hinterlassenschaften einem Archiv übergeben oder würde es darauf ankommen lassen, dass sie nach meinem Tod von einem Archiv
übernommen werden – wie lange, wie weit bliebe eigentlich
das Briefgeheimnis gewahrt? Ein Biograph, ein Wissenschaftler würde oder dürfte nicht davor zurückscheuen, auch Liebesbriefe zu öffnen, ja, sie auszuwerten. Für solch einen Fall
Vorsorge treffen, und ich sortiere aus oder vernichte pauschal?
Ich schiebe die Entscheidung noch etwas auf, aber dem Problem kann ich damit nicht ausweichen.

Kurzer Bericht aus der Praxis. 1995 wurde mir die Heidelberger Poetik-Dozentur angeboten. In jener Zeit arbeitete ich noch an der Biographie über Clara Schumann. Stand damit wiederholt vor der Frage: Was übernehme ich an dokumentierten Intimitäten? Wie gehe ich vor allem mit den Zeichen um, die Robert Schumann ins Tagebuch setzte, wenn er mit Clara geschlafen hatte? Auch noch im achten Monat?

Im Rahmen des Gesamtprogramms der Dozentur setzte ich eine Podiumsdiskussion an, zu der ich Ulla Hahn und Vertreter der Fachbereiche Jura und Literaturwissenschaft einlud. Thema: »Biographie und Indiskretion«. Es wurde einerseits konstatiert: Überliefertes Material muss, da es nun mal vorliegt, ausgewertet werden; Persönlichkeitsrechte sind nach Ablauf der Schonfrist von drei Jahrzehnten ohnehin erloschen; es kann nicht nachträglich Zensur geübt werden.

Andererseits: Als Biograph kann man aufdecken, was bedeckt gehalten wurde, kann in geschützte Bereiche eindringen. Wie weit? Eigentlich blieb nur eine einzige Kategorie von Relevanz: Takt. Eine in unserer Gesellschaft nicht hoch angesetzte Form der Zurückhaltung. Und überhaupt: Wer könnte in unserer (schon mal als übersexualisiert bezeichneten) Gesellschaft verlockenden Angeboten widerstehn? Liebesbriefe? Gleich mal reinschauen, und sei es ›unverbindlich‹. Und womöglich Nacktfotos einer Geliebten? Juhu, was haben wir denn da?!

Ich verliere mich hier nicht aus dem Blick, sehe mich im Keller des Marbacher Literaturarchivs vor dem Regal mit Archivkästen des Nachlasses von Felix Hartlaub; an der Stirnseite eines der Kästen eine etwa münzgroße rote Markierung: Gesperrt. Ich muss zugeben: Es hätte mich verlockt, in einem unbeachteten Moment rasch mal in den Kasten zu lugen – man wird sich doch wohl mal einen Eindruck verschaffen dürfen … Dienstlich motivierter Zugang und Zugriff ist ohnehin selbstverständlich, schließlich musste sortiert und separiert werden, das ging nicht mit verbundenen Augen. Was andere sehen konnten, das kann mir doch nicht grundsätzlich versagt bleiben, oder? Überhaupt: Soll ich mir etwa Begrenzungen, Beschränkungen auferlegen, die bei einer späteren Inspektion aufgehoben werden, aus gewandelter Überzeugung, bei verändertem Zeitgeist? Wer will sich schon falsche Rücksichtnahme unterstellen lassen, womöglich Verharmlosung, Beschönigung, wo wir doch so etwas wie ein Grundrecht haben auf Einblick in archiviertes Material, und sei es intimer Natur? Wiederum: hat ein Wissenschaftler das Recht, wie ein Geheimdienstler Schreiben zu öffnen ohne Zustimmung von Verfasser oder Adressat? Auch Briefe, die geradezu knistern, aufgeladen von erotischen Kriechströmen? Also wunderschöne Briefe, und doch –

Nein, ich kann hier noch keinen Schlusspunkt setzen! Die Briefe, und nicht nur diese Briefe liegen noch da. Warum schreite ich nicht zur Tat und ziehe sie endgültig aus dem Verkehr? Es muss ja nicht irgendein Archiv sein, in dem sie mal wieder geöffnet werden könnten, es genügen auch diverse Formen der Nachlassverwaltung. Wenn ich davon ausgehe, dass solche Briefe nur vom Adressaten gelesen werden sollen, gelesen werden dürfen, so bleibt letztlich nur diese Option: sie zu vernichten, und zwar rechtzeitig. Aber wann tritt dieses »rechzeitig« in Kraft? Indem ich zögere, hinauszögre, gehe ich doch davon aus: Mir bleibt noch genügend Zeit, über mich und über solchen Nachlass frei disponieren zu können.

Das kann sich als tollkühn erweisen. Ein Unfall, ein Schlaganfall, eine schwere Krankheit – dafür gibt es, ringsum, genug einschüchternde Beispiele. Die Bedrohungen rücken immer näher heran, schon rein statistisch. Und doch mein Zögern? Mein Ausreden oder Schönreden? Immerhin, ein Testament habe ich gemacht, aber diese Briefe, wohin mit den Briefen? In einen großen Umschlag stecken, fest verklebt und mit entschiedener Aufschrift? Kann ich Verpflichtungen formulieren, die bedingungslos akzeptiert werden? Oder wird eine rote Markierung schließlich doch mal grün?

REMEMBERING HAVERFORD: kollektive Depression auf dem Campus: Alles ging langsamer, fast schleichend, dahinschleichend; keine Gespräche, keine Zurufe; in der Mensa nur das Klappern von Tellern, das Klirren von Besteck, das Rücken von Stühlen, alle Begleitgeräusche sich selbst betonend, und in den Zeitungen groß das Stichwort SPUTNIK. War es den Russen, ausgerechnet den Russen doch tatsächlich gelungen, ein erstes Objekt in den Orbit zu katapultieren, den fußballkleinen, mit einem Piepsender ausgestatteten Satelliten Nummer eins. Da wurde, für einen Tag, alles kleinlaut, ja es verschlug vielen die Sprache. Dominierend das medial wiedergegebene Piepsignal des Objekts, das den Erdball umkreiste auf bald erkundeter Umlaufbahn. Die Trauer übertrug sich nicht, ich ging spazieren.

Schnee auf dem Campus, Neuschnee über Nacht, Schneefall weiterhin, Schnee weiß und dick. Rasch anziehen, raus in den Schnee, Schnee weht ins Gesicht, zum Teich stapfen, Schneetreiben, außer Sichtweite der dormitories laufe ich einen Kreis im Schnee, stapfe eine Ellipse in den Schnee, lege mich mit dem Rücken in den Schnee, klopfe mit ausgestreckten Armen Adlerflügel in den Schnee. Und hoch, ein paar Schritte weiter, hinwerfen, Adlerflügel in den Schnee klopfen, Adler neben Adler. Schneefall weiterhin, ich trete mit Anlauf gegen einen Baumstamm: Schnee, Schnee dicht und pladdernd herunter, Schneeflecken, Schneelöcher im Schnee. Ich kriege Hunger, Schneehunger; die Schneeschräge hoch; unauffällig bewegen, sobald ich in Sichtweite der dormitories bin, schon auffällig genug, dass ich durch den Schnee stapfe: He's queer, Kjuhn is queer.

Die students haben die Hände tief in die Taschen gesteckt, Schneefall, anhaltender Schneefall, sie haben die Kragen hochgestellt, die Hälse verkürzt. The news: Katastrophale Schneefälle im Osten der Vereinigten Staaten! Aber ich bin hier, sehe das mit eigenen Augen: fünfzehn Zentimeter Schnee, vorerst nur fünfzehn Zentimeter, was kann da katastrophal sein? Den räumt man weg auf den Straßen. Aber keine beschlagenen Milchkannen auf dem Frühstückstisch, weil Schnee fällt, die Bettwäsche, sonst an diesem Wochentag gewechselt, die wird nicht gewechselt, weil Schnee fällt, und es gibt mittags kein

Fleisch, weil Schnee fällt: von mir aus fällt das ganze Mittagessen aus, ich kann auf eine Mahlzeit verzichten, solang nur Schnee fällt, hoffentlich noch höher fällt als fünfzehn, sechzehn Zentimeter: Schnee deckt zu, dämpft, polstert ab.

Ich muss trotz Schneefall Unterricht geben, schaue aus dem Fenster, Schnee, Schnee fällt, Schnee fällt, Schnee fällt. Mr. Kjuhn, why don't you say: Ich habe das nicht tun gekonnt? Richtig, da gibt es eine Regel, wie lautet die noch? Aber die führt zum fatalen Umlaut, I have to spell: … tun können … Schneefälltschneefälltschnee: da ist es klar, dass ich gleich nach dem Unterricht wieder einen Schneespaziergang mache.

Schnee auf den Autos am Straßenrand, Schnee in den Gärten, Schnee auf den Häusern, zu denen keine Spur führt, weder Wagenspur noch Fußspur, weißer, unbetretener Schnee, ich stapfe die erste Spur. Rauch aus Kaminen: man hat sich eingeigelt, weil Schnee fällt, lebt von Konserven, sieht fern: die großen Neufundländer, die sonst über die Hecke springen und mich mit tiefem Gebell begleiten, weil ich keinen Wagen habe, weil ich also verdächtig bin, die rumoren nun im Haus. Schnee weich, weich, locker, ich geh im Schnee, da gefalle ich mir, Einzelgänger im Schnee, da bin ich mit mir einverstanden: wie oft schon haben Wagen neben mir angehalten an schneefreien Tagen, und Studenten öffneten das Fenster oder gleich die Tür, selbst arme Schwarze in Klapperkisten boten dem langen, hageren »guy« zu Fuß ihre Hilfe an, und immer habe ich »thanks« gesagt. Bei diesem Deutschen kann es wirklich nicht ganz stimmen – läuft da durch die Gegend, einfach so durch den Schnee, Schnee fällt, durch Schnee läuft er, Schnee fällt, Schneeläufer.

HAVERFORD COLLEGE, »Founded by the Society of Friends in 1833« (also ein Jahr nach Goethes Tod), »situated in Haverford Township, Delaware County, and in Lower Merion Township, Mountgomery County«.

Hier begann ich konzentriert und kontinuierlich zu schreiben, erzählend. In der langgestrecken, zweigeschossigen Lloyd Hall hatte ich ein eigenes Zimmer(chen), sparsamst eingerichtet mit Bett, Tisch und Stuhl, die Wände schulterhoch grün lackiert, doch immerhin ein Raum für mich allein, während sonst die Zimmer doppelt belegt waren. Es entstanden erste Versionen eines Zyklus von Erzähltexten, die ein verbindendes Thema variierten: »Vergebliche Bewegungen«. Ein Buch ist daraus nie geworden, ein, zwei Texte aber wurden in einer Zeitschrift veröffentlicht, etwas später.

Nichts mehr, keine Zeile, blieb aufbewahrt von meinem ersten Romanprojekt, an dem ich nach der Rückkehr aus den Vereinigten Staaten zu schreiben begann, vielleicht auch – gleichsam subkutan – inspiriert durch die Präsenz zahlreicher Juden im College, mit denen ich vor allem über Fragen des Theaters ins Gespräch kam: Während sie *Waiting for Godot* erarbeiteten, studierte ich mit Studenten *Leonce und Lena* ein (»an opportunity to work on the problems of directing and producing plays«), übernahm dabei die Rolle des Leonce (und machte die Erfahrung, dass sich Sprechtext und Bewegungen auf der Bühne verbinden – schwenke ich an diesem Punkt nach links ab, stellt sich folgende Wortfolge ein ... Aktiviertes Körpergedächtnis!).

Hauptfigur des Romanentwurfs war, es kann nicht weiter überraschen, ein Jude. Ich erinnere mich nur noch an den Familiennamen: Weigert. Erinnere mich an den Namen seiner rheinischen Kreisstadt, Kleinstadt: Buirburg. Ein synthetischer Name. Buir heißt ein Dorf in der Nähe von Düren, dieses Dorf als Geburtsort von Sohn Thomas: eine kleine Klinik dort, grasende Kühe vor den Fenstern. (Der Ortsname wird ausgesprochen wie »Bühr«.) Und auf »-burg« enden viele Ortsnamen im Rheinland: Bedburg, Siegburg ... Schreibend versuchte ich (geführt und begleitet von Literatur zum Dritten Reich) zu vergegenwärtigen, was ein Jude in den frühen Jahren der NS-Diktatur erleben, erfahren musste, bevor er in die USA emigrierte. Weil ich auch Philadelphia (Konzerte mit Eugene Ormandy!) und einige Regionen von Pennsylvania näher kennenlernte, siedelte ich Weigert dort an, wiederum und weiterhin tätig als Bibliothekar.

Über den auch in meinem Hirn verschollenen Roman erfahre ich – höchst überraschend – Genaueres in einem der Briefe von Holthusen. Mitteilung an mich selbst: Mit 24 hatte ich den Roman (auch) ihm vorgelegt, das Buch war zu dem Zeitpunkt demnach ausformuliert, wie auch immer. Noch eine Schlussfolgerung: Der literarische Ehrgeiz stand damals schon in Blüte. Erste Ansätze und Anläufe bereits im (Freiburger) Semester. Da hatte ich Gedichte und einen Erzähltext (in der Erinnerung total gelöscht!) an die Redaktion der Zeitschrift *Akzente* geschickt; Hans Bender hatte höflich reagiert, zu Geduld und Zuversicht ratend. Beides brauchte ich.

Nun also auch noch Holthusen – mein »Schutzpatron«, wie Bernd anmerkte. Kleines Aufatmen: der Brief ist getippt! Also kann ich ihn wiedergeben ohne Fragezeichen zu Lesarten. Der Anfang zeigt, dass Holthusen sofort geantwortet hat – das muss beim Briefvielschreiber hervorgehoben werden. Weil ich hier einiges über mich selbst erfahre, zitiere ich fast den gesamten Brief.

»Mein lieber Kühn, eben Ihr Brief vom 25. VII. [1959]. Ja, ich bin wieder im Lande, bin seit dem 17. Juni aus Amerika zurück, musste aber Anfang dieses Monats noch einmal für vierzehn Tage verreisen – nach Südfrankreich zu einem Autorenkongress, dann ein wenig an die Küste zum Baden (Nizza), dann nach Zürich … Seitdem kämpfe ich mit einer Art gelinder Verzweiflung darum, in der Arbeit wieder Fuß zu fassen, was mir verflucht schwer fällt, das heißt, den so lange verwaisten Schreibtisch wieder ein bisschen fruchtbar zu machen. Die Post – na Sie wissen schon – liegt bergeweise herum, und so viel ich auch davon abgetragen habe, es bleibt immer wieder was liegen. Darunter Ihr Manuskript, Ihre beiden Briefe vom März und April. Ich bin ja leider kein literarischer Großpapa, der aus der Fülle seiner Güte und liebevollen Überlegenheit jungen Leuten seinen Segen spenden könnte, sondern ein charakterlich schwieriger (und zur Zeit ziemlich verbitterter) Außenseiter, der Tag für Tag angestrengt um sein Brot kämpfen muss und von der lieben deutschen Öffentlichkeit konsequent schlecht behandelt wird. Seien Sie also bitte nicht allzu enttäuscht, wenn ich Ihre Erwartungen nur zögernd oder überhaupt nicht beantworten kann.

Trotz dieser Einschränkungen möchte ich Sie energisch einladen, mir das neue Manuskript ›Jason‹ zu schicken; ich will versuchen, die Zeit zu erübrigen, es ganz oder doch zum größten Teil zu lesen und Ihnen dann meine Eindrücke mitzuteilen. Von dem Kristallnacht-Ms. habe ich einen Teil gelesen. Die Technik ist imitatorisch, aber nicht ungeschickt gehandhabt, man wird neugierig, wie es weitergehen wird – mit dem Autor, meine ich. Aktion und Personen noch etwas verschwommen, blässlich, die zertrümmerte Brille am Anfang erinnert an beliebte Filmklischees (ein photographischer Effekt!), das Politische zu zeitungsmäßig, zu sehr Bericht aus zweiter Hand: Sie haben das offenbar nicht selbst erlebt. (Man *muss* natürlich nicht selbst erleben, aber in diesem Falle wäre es gut gewesen. Das N.S.Regime war unendlich viel ›unheimlicher‹.) Dabei möchte man Sie umarmen wegen Ihres guten Willens, wegen dieser überaus anständigen und – ich möchte sagen ›gerechten‹ Motivwahl ... Vielleicht sollten Sie versuchen, auch dieses Ms. – Kristallnacht – schon mal an einen Verlag zu schicken. Bertelsmann (der äußerst manuskripthungrig ist)? Hanser? Piper? Direkten ›Einfluss‹ habe ich nirgends, außer vielleicht bei Piper, wo ich ein befürwortendes Wort einlegen könnte. Aber zunächst schicken Sie mir einmal den ›Jason‹, es soll bestimmt nicht wieder so lange dauern.«

Jason ...? Muss der (von Gisela getippte) Erzähltext aus dem Zyklus *Vergebliche Bewegungen* gewesen sein. Gemeint war wohl die vergebliche Bewegung auf der Suche nach dem Goldenen Vlies – frei nach dem Versepos der Argonautensage. Ähnlich bleibt auch ein Aufbruch zu einem Kreuzzug vergeblich und die letzte große Fahrt des Columbus. (Vergeblich auch die Bemühungen des Autors, die Erzählungen zu publizieren. Nur der Doppeltext Kreuzzug / Columbus wurde in einer Zeitschrift *[neues rheinland]* gedruckt und entging damit dem Autodafé im Dürener Nutzgarten – aufschwebende Papierplacken wurden von einem schräggestellten Erdsieb aufgefangen.)

RÜCKFAHRT, wieder elf Tage lang, auf dem altgedienten Dampfer der griechischen Reederei. Eine auf wenige Tage verdichtete Liebesgeschichte an Bord, Tränen am Tag vor der Ankunft in Cuxhaven. Meine Mutter holt mich ab, weiß mit der jungen Frau an meiner Seite nichts Rechtes anzufangen, aber auch sie wird von Familienmitgliedern erwartet, das reißt uns auseinander.

Doch wie zum Trost: Helene hat Karten für das Hamburger Schauspielhaus gekauft, lädt mich ein zu Faust II, mit Gründgens und Quadflieg, mit dem dicken Schomberg, an dessen sonorer Stimme ich mich nicht satthören kann. Vor allem: Bilder, Szenenbilder, die sich einprägen.

ERNEUT ALS STUDENT zur Untermiete. Das Bonner Zimmer: ein früher halboffener Ausstellungsraum für Grabkreuze und Steindenkmäler, im Krieg ausgebaut. Im Winter muss ein Läufer aufgerollt und vor die Tür geschoben werden, sonst bleiben die Zehen kalt. Der Ofen ist morgens meist ausgeglüht, auch wenn ich abends feuchte Zeitungen um die Briketts schlage. Da dauert es lang, eh ich das Bett verlasse: Den Rost leerruckeln, eine zerknüllte Zeitung reinstopfen, Holzspäne drauflegen, das Streichholz reinhalten, vorsichtig einige Kohlen auf die glimmenden Holzspäne legen, wieder ins Bett kriechen, warten, bis es bullert. Husch raus, Kohlen nachschütten, zurück ins Bett. Aufstehen, wenn sich Wärme ans Gesicht legt, Mantel anziehen, Blechkanne mitnehmen, runter ins Klo der unverheirateten Steinmetzschwestern. Die Wände hüfthoch angegrünt und angeschimmelt, der Atem kondensiert. Im Becken die Kanne vollpladdern lassen. Das saukalte Wasser in die Porzellanschüssel jutschen, die Hände reinstecken, reiben, schlenkern, die Zähne putzen, Wasser in den Tauchsieder schütten.

Das Frühstück: Päckchen Brot, Würfel Butter, Glas Marmelade, Käse im Papier, Wurst im Papier, am Rand mit Bleistift die Preise notiert. Über Buchprospekten mümmeln. Zur Frage der Periodengrenze zwischen Altertum und Mittelalter ... Wirtschaftliche und soziale Grundlagen der europäischen Kulturentwicklung aus der Zeit von Caesar bis auf Karl den Großen ... Verbreitung und Bedeutung des Hägerrechts ... Universalstaat oder Nationalstaat ... Keine Kugelschreibermarkierung.

Kauend in den Raum glotzen: der dunkelgebeizte Schrank, die rechte Tür mit einem Zeitungskeil zugeklemmt. Eine italienische Tomatenkiste für Briketts. Das Bett, darüber ein bunter Golf: blaues Meer, grauer Vesuv, weiße Segel, rote Kopftücher, weiße Häuser, grüne Palmen, gelbe Sonne. Der Waschtisch mit ovalem Spiegel, dunklem Holz, drei Schubladen, Seifenbecher, Waschschüssel, Kanne, Zahnputzglas, Kachel für Tauchsieder. Der Ofen, die Türe, der Schrank, die Kiste, das Bett, das Fenster, der Waschtisch, der Ofen, die Türe, der Schrank, die Kiste, das Bett, das Fenster, der Waschtisch, der Ofen.

Den Mantel abgeben, die Seminarkarte vorzeigen, Bücher heraussuchen, einen leeren Stuhl besetzen im Seminarraum IV, an das Thema heranblättern. »Die Annahme eines formal, stilistisch und thematisch homogenen Werkes stellt folgendes nicht in Rechnung: die Wandlungsfähigkeit eines Autors, die Möglichkeit authentischer Umarbeitungen, die Fähigkeit gerade eines originellen Autors, neue Formen und Themen zu entwickeln. Für Neidhart wären hier etwa –«

Die Tür geht auf, wird wieder geschlossen, quietschend.

»Die evtl. realbiographische Umsiedlung des Autors von Bayern nach Österreich wird in die fiktionale Spielwelt aufgenommen, der reale Ortswechsel zum Anlass eines Szenenwechsels in der Dichtung – die auch sonst vexierend eine –«

Die Tür geht auf, wird wieder geschlossen, quietschend.

Bücher hoch an die Decke; Lederbraun, Leinenbraun, Holzbraun: wie viele Bücherreihen, die ich nie berühren werde? Tischreihen vor mir, hinter mir, Bücherstapel an jedem Arbeitsplatz, beschriebene Blätter, Karteikarten, gefüllt und eingereiht, alphabetisch natürlich, Sachkatalog, Namenskatalog: Ordnung gleich von Anfang an, und nicht Zettel und Aufzeichnungen, die ich später suchen werde, fluchend.

Auf Schweikles Text konzentrieren! »Schließlich ist bei vielen Wendungen der Umfang möglicherweise sexueller Konnotationen offen, so schon bei spezifischen Erwähnungen von –«
Schon geht wieder die Tür auf, quietschend.

Mit meinem Deutschunterricht und dem Lektürekurs war das German Department des College zufrieden, das wurde schriftlich bestätigt to whom it may concern, aber ich war ja auch verpflichtet gewesen, mein zweites Sprachstudium fortzusetzen wie andere students in Haverford, und dabei fiel ich zurück – das Schreiben von Erzähltexten wurde mir wichtiger. So kam es zu einer administrativen Groteske. Ich erhielt ein Schreiben des Chairman of the Committee on Academic Standing: Meine Leistungen waren unzureichend, ich muss nacharbeiten. Auch wenn das kein Ruhmesblatt für mich ist, hier die Kernsätze:
»Your grade of 35 in English was considered too low for the Committee to accept your semester's work as complete. It will, therefore, be necessary for you to make up this credit, and you should contact the Dean at your early convenience regarding your plans for doing so.«
Wie ich darauf reagiert habe, in einigen tausend See- oder Luftmeilen Entfernung, es lässt sich denken: Wie wollen die mir noch etwas abverlangen? Wie wollen die mich belangen? Was fange ich überhaupt mit einer erhöhten amerikanischen Punktzahl an beim fortgesetzten Anglistikstudium in Deutschland? Eine fast kindliche Reaktion: Haha, ihr kriegt mich nicht!
Ich schrieb keine Antwort, nicht mal eine ausweichende. Es folgte kein weiteres Forderungsschreiben, man hatte mich offenbar abgeschrieben im Verwaltungstrakt des College. I'm so sorry.

EINE SPANIENREISE. Zu der brachen wir zu zweit auf, kehrten, wie sich bald zeigte, zu dritt zurück. Gerieten damit erst mal in die Problemzone.
Auch hier muss ich daran erinnern, dass wir in einer restaurativen, ja restriktiven Gesellschaftsform lebten, in der

»vorehelicher Geschlechtsverkehr« fast tabu war, zumindest im öffentlichen Diskurs. Also waren die Familien überrascht, überrumpelt. Mein jäh avisierter Schwiegervater: »Steht der junge Mann zu seiner Tat?« Ja, steht dazu. Damit wurden Gisela und ich in die Ehe gleichsam durchgewinkt.

Bei Mutter Helene war das längst nicht so leicht: »Ist Sex denn soooo wichtig?!« (Ob sie von »Sex« sprach, damals, oder eher das komplett ausgeschriebene Wort benutzte, weiß ich nicht mehr; dieses Detail ist in der Erinnerung ohnehin überlagert von langen Auseinandersetzungen, in denen Helene wortführend war, während mein Vater sich ebenso zurückhielt wie meine künftige Schwiegermutter. Sie behandelten sich auch später wechselseitig mit Respekt.)

Kirchliche Trauung war damals »ein Muss«. Aber dies, oh Menetekel, in einer »Mischehe«?! Was wird dann, konfessionell, aus dem (damals noch nicht per Ultraschall inspizierten) Kind, später womöglich den Kindern?

Giselas Mutter war eine treue, aber nicht dogmatische oder fanatische Kirchgängerin – Teilnahme an Gottesdiensten als gleiche Selbstverständlichkeit wie Teilnahme an Wanderungen des Eifelvereins. Auch bot sie uns an, im neu und großzügig ausgebauten Gartenhaus im Dachgeschoss einzuziehen, immerhin drei Zimmer und Bad.

Legalisierung des Verhältnisses musste nicht eingefordert werden, das war damals selbstverständlich. Also ein Beratungsgespräch mit dem zuständigen Pfarrer. Das wurde mir erleichtert durch einen sympathischen, überhaupt nicht missionierenden, schon gar nicht eifernden Priester, der bei aller Freundlichkeit jedoch auf Einhaltung der Spielregeln, der Vorschriften bestand: Die Ehe einer Katholikin mit einem Protestanten kann nur geschlossen werden, wenn Letzterer sich schriftlich dazu verpflichtet, das Kind, die Kinder katholisch erziehen zu lassen, inclusive Kommunion. Habe ich unterschrieben. Kirche, in jeder Form, war weit, weit von mir entfernt. Eine Alternative zum Religionsunterricht gab es damals noch längst nicht, Teilnahme war Pflicht, wurde benotet, und ob das (erst noch heranreifende) Kind evangelisch getauft oder »durch die heilige Taufe in die Gemeinschaft der Gotteskinder aufgenommen« würde, das war mir ziemlich gleichgültig, es standen ganz andere Probleme im Vordergrund: Abschluss des Studiums, Beginn als »Freiberufler« (vom Finanzamt formell und formgerecht eingeordnet unter »freie Unternehmer«!).

NACH DEN STUDIENJAHREN in Freiburg, München, Haverford pendelte ich erst als werdender, dann als faktischer Vater mit der Bummelbahn zwischen Düren und Bonn. Dennoch ein Zimmer in der Argelanderstraße, nah am Poppelsdorfer Schloss. Vorlesungen und Seminare des Musikwissenschaftlers Schmidt-Görg, der Anglisten Walter F. Schirmer und Arno Esch, der Germanisten Richard Alewyn und Benno von Wiese.

Wie ein Chefarzt von Assistenten gefolgt, zog B. v. W. in den Hörsaal ein. Spitzname: Hippopotamus maximus germanicus. Jovialer Konservatismus – später erst erfuhr ich, dass er in jüngeren Jahren (wie Heidegger) ein Verhältnis mit Hannah Arendt hatte, was nun gar nicht zum Bild passte, das wir uns vom »dicken Benno« machten.

Neben dem Studium weiterhin Schreibversuche, die sich vor meiner Familie nicht immer geheimhalten ließen, die mein Vater akzeptierte, die meine Mutter irritierten: Er wird doch wohl nicht ernsthaft vorhaben, sich als Schriftsteller selbständig zu machen?! Wie stellt er sich das eigentlich vor?! Unverantwortlich, du als Vater eines Kindes, und womöglich kommt noch ein zweites dazu, schau zu, dass du eine feste Anstellung kriegst, im Staatsdienst. Dann kannst du ja immer noch schreiben. Aber erst mal eine feste Stelle! Auf jeden Fall erst mal eine feste Stelle!

September 1960: mein erstes Hörspiel wird gesendet, *Das Transparent*. Doch ich erlebte die Ursendung nicht mit, war mit Gisela in Griechenland (Thomas von der Oma versorgt), wir saßen an jenem Abend auf dem Lykabettos, mit Blick auf die Akropolis, auf die Stadt, auf kahle Berge und gleißendes

Meer. Wiederholt schaute ich auf die Uhr, die Zeitverschiebung einkalkulierend, sagte: Jetzt wird der Titel des Hörspiels angesagt, jetzt, jetzt wird mein Name genannt, und jetzt, jetzt, jetzt beginnt es. Doch ich war bei der Produktion nicht anwesend, konnte vor der Reise das Band nicht abhören, konnte mir nicht vorstellen, fern in Griechenland, wie sich mein Text anhören würde, ich vernahm nur Phantomstimmen.

Verzeihung, der Herr –

Ja?

Könnten Sie eben mal die Stange hier halten? Nur einen Augenblick.

Wieso?

Täten mir einen großen Gefallen damit. Stehn schon den halben Tag hier mit dem Transparent, und das bei der Hitze. Ich hab so einen Durst, ich muss unbedingt was trinken. Bitte, nur eine Minute –

SCHLAF, SCHLAF, Thomas schläft. Backe auf dem Kissen plattgedrückt, Hand, die lässig am Kinn ruht, zuweilen bewegt sich der Mund mit dem Saugbläschen an der Oberlippe, imitiert Saugbewegungen, entspannt sich. Ein Seufzen, ein Knurren, jähe Handbewegung am Gesicht, kleine Kratzspur. Und wieder reglos liegen, sanft atmend, die Lippen bewegend. Vollgesogen mit Milch. Schlaf, Schlaf, Schlaf, Schlaf. Beim Saugen schläft er ein, muss leicht geschüttelt, muss besungen, angeredet, besungen werden, aber er lässt die Backen hängen, grämlich faltiges Gesicht, will schlafen, schlafen, nur schlafen. Bleibt liegen, wie er hingelegt wurde, nur die Arme, die Beine bewegen sich, aber der Kopf nicht mal zur Seite gedreht. Schlaf, Schlaf, Schlaf, Schlaf. Rudert mit den Armen, den Beinen, packt die Decke, zerrt am Tuch, dreht sich von der Seite auf den Rücken, stößt sich immer energischer mit den Beinchen ab, versucht, mit rot anlaufendem Kopf eine Brücke zu bilden, sieht aus wie eine zornige Orange, verliert den Kampf mit der Schwerkraft sehr bald, die Beine bewegen unsichtbare Pedale, er fuchtelt mit den Armen, zerrt mit Fingern und Zehen am Bettzeug. Schlaf, Schlaf, Schlaf, Schlaf.

Vom Vater auf dem »Balkon« herumgetragen werden: beide Arme auf eine Schulter gelegt, nach hinten Ausschau halten, und ringsum Licht, Schatten, Bewegung. Die Wiese, die Bäume, die glänzenden Lackkörper: karussellartige, hell-dunkle Welt, die sich mit dem Vater dreht, und Zurufe und Zeigefinger und Lippen, die schmatzen, schnalzen, zwitschern, flöten, fistelstimmen, zischen, pfeifen, singen, rufen, lachen.

Schlaf, Schlaf, Schlaf, Schlaf. Unter dem Baum liegen, das Rascheln und Flirren, das Vibrieren von Licht und Schatten, die unaufhörliche Verwandlung. Den Ärmelaufschlag in den Mund stecken, den Bettuchzipfel, die Rassel, die er mit fahrigen Handbewegungen immer wieder ins verdutzte Gesicht schlägt. Beim Nuckeln sind die Augen starr: Reglosigkeit der Konzentration. Und bald wird der Blick wieder lässig – er liegt willenlos, wunschlos, niest, summt, nässt die Windel.

Schlaf, Schlaf, Schlaf, Schlaf. Das erste Lächeln, rasch verflüchtigt, unvermittelt wieder da. Schlaf, Schlaf, Schlaf, Schlaf. Einen Finger in den Mund stecken. Zwei Finger in den Mund stecken, schließlich drei, den Daumen. Lutschen, schreien, bis jemand an den Bettkorbhorizont kommt: die immer gleichen Namen, Verkleinerungsformen, Beschwörungen, Koselaute; das immer gleiche Streicheln und Schaukeln. Einmal hochgestemmt, geschaukelt, geschwenkt werden, heißt gar nichts; zweimal das Gleiche weckt höchstens Appetit; zehnmal ist Anfang und dreißigmal längst nicht zu viel. Rhythmisch wiegen und schaukeln, rhythmisch anreden und besingen, rhythmisch heben, stemmen. Und rhythmisch wiegen und schaukeln.

Schlaf, Schlaf, Schlaf. Auf die rechte Seite rollen, auf den Rücken drehen, eine Brücke machen, den Gummibär nehmen, dem Bär ins Ohr blasen, am Bär lutschen, den Bär beiseitelegen, sich auf die linke Seite drehen, in der Luft herumschlagen, wieder auf den Rücken rollen, die Beine heben, den Ring aus dem Bett werfen, sich mit bereits gekonntem Schwung auf den Bauch drehen, an den Stäben liegen, sabbeln, den Kopf sinken lassen, an einem der Stäbe rütteln, sich wieder auf den Rücken drehen, schnell ein halbes Dutzend Brücken machen, mit den Armen fuchteln; krähen, brabbeln, rufen, quietschen;

Füße gegen die Stäbe stemmen, sich abdrücken, wieder auf der Seite liegen, an einem Stab nagen, am Kissen zerren, jammern, weil er auf dem Bauch liegt und diesmal nicht den Rückschwung schafft, endlich herumgedreht werden, das lustig finden, das muss wiederholt werden, überhaupt möchte er etwas mehr unterhalten werden, plustert sich drohend auf, weil das nicht gleich geschieht, brüllt, dass man den vibrierenden Rachenzapfen hinter der flachen Zunge sieht, aus den Augen presst der Überdruck Tränen, schluchzend aufhören, lächeln, herumgetragen werden, alles haben wollen, was er sieht: die Nase, das Regal, die Pflanzen, die Türe, die Haare, die Bäume draußen, gaffen, staunen, mit den Armen rudern, krähen, sabbeln, struddeln, lallen, sich am Hemdkragen hochziehen, über die Vaterschulter schauen, sich vorbeugen über die Sessellehne, über dem Abgrund hängen, hinunterwollen, sich plötzlich für die Armbanduhr interessieren, für einen Lichtschalter, ein Bild haben wollen, recken, mit leicht hochgewinkeltem Zeigefinger in alle Richtungen zeigen, struddeln, quietschen, krähen, krächzen, singen, lallen, auf die Spielmatte gelegt werden, sich mit den Füßen abschieben, den Po anheben, um die Achse rollen und noch mal und noch mal, an die Grenze des Spielfelds kriechen, unter einen Sessel, unter dem Sessel hervorgezogen werden, am Teppich nagen, rückwärts robbend einen Stuhl ziehen, bis er an der Teppichkante hängenbleibt, stöhnend und quietschend vor dem Stuhl auf dem Bauch liegen, sich plötzlich in eine andere Richtung drehen, zur Steckdose strecken, zum Bärchen, zum Ring, an einem Brötchen knabbern, es aufweichen, Krümel streuen, die im Haar kleben bleiben, hinter den Ohren, sich ein Auge reiben, gähnen, müdwohliger Nasallaut, sich für die Zehen interessieren, die sich so komisch bewegen, krabbeln, sabbeln, hampeln, strampeln, Brücken machen, auf dem Bauch liegen, auf dem Rücken, auf der Seite, nagen, rutschen, rollen, kriechen. Der Vater legt eine LP auf, da lässt er die Backen hängen, glotzt, gibt der Müdigkeit nach.

Prustend, sabbernd, ächzend, jauchzend herumkriechen, Gegenstände suchen, an denen er sich hochziehen kann, der

Klavierschemel, der Zeitungskorb, Stuhlbeine, Tischbeine, Hosenbeine, Röcke, hochwollen, hoch, unbedingt und um jeden Preis hoch, auch im Bett: sich zusammenkrümmen, zum Knäuel machen, um die Gravitation zu überlisten, an einem der Bettstäbe hochziehen mit verbissener Anstrengung, sich wieder plumpsen lassen, die ausgestreckten Hände annehmen, aufgeregt, eifrig, den schweren Kopf anheben, den Rücken anheben, nun muss er nur noch ein bisschen gelupft werden und sitzt. Aber rücksichtslos nutzt die Schwerkraft auch kleinste Schwankungen aus, er kippt nach vorn, nach hinten, zur Seite. So gesetzt werden; dass er sich an den Bettstäben festhalten kann, die Querstange des gesenkten Bettgitters in Mundhöhe, er nagt mit viel Spucke und Eichhörnchengeräusch. Zurückkippen. Die Hände strecken sich zur Querstange, der Oberkörper wird hochgezogen, er kniet, ein Bein streckt sich, das andere folgt: er steht. Großer Applaus.

Und er geht seitlich an den Bettstangen entlang, setzt sich wieder hin oder fällt, aber bald steht er wieder, schaut zum Fenster hinaus: Menschen, Autos, Lastwagen, Düsenjäger, und er zeigt auf alles mit dicht ans Auge gehobenem Zeigefinger. An den Schultern hochgehoben werden, mit den Fußspitzen den Boden berühren in halb pantomimischen Schritten, berauschender Vorgeschmack künftiger Bewegung. Und je näher er zur Türe kommt, desto spitzer die Schreie.

Zurückplumpsen auf den windelgepolsterten Po und im Raum umherkriechen, bis er sich wieder irgendwo hochziehen kann – die ganze Welt müsste aus Griffen und Henkeln bestehen. Einige Griffe und Henkel am Bücherregal, er will sich an Stangen und Brettern hochziehen, das gelingt nicht, er knatscht, wird hochgehoben, der erste Griff zu »seinem« Buch unter hunderten, er streckt sofort die Hand danach aus, es ist leicht, steht genau in Griffhöhe, man darf es schlenkern, blättern, drehen, schütteln, der Vater staunt.

Auf den Oberschenkel gesetzt werden, Wohlbehagen zeigen beim Wipprhythmus, und beim Stichwort Plumps legt er den Kopf ins Genick, lässt sich fallen, muss festgehalten werden; und beim Stichwort Plumps legt er den Kopf ins Genick, lässt sich fallen, muss festgehalten werden; und beim Stichwort Plumps legt er den Kopf ins Genick, lässt sich fallen, muss festgehalten werden.

Zwischen zwei Händen voranstolpern. An einer Hand wackeln, sich langsam mit den Gleichgewichtsorganen verständigen. Sich von der einen Hand lösen, weil in drei, vier Schritten Giselas Arme sind, die winkend zum Wagnis auffordern, zugleich Sicherheit bieten: wanken, starten, breitbeinig torkeln, mit erhobenen Armen rudernd – und aufgefangen werden, das große Hurra. Gleich noch mal. Spitze Schreie.

Schlaf, Schlaf. Von einem sichernden Gegenstand zum nächsten tapsen: vom Laufstall zum Sessel, vom Sessel zum Tisch. Schmerzhafte Rückfälle. Am Stuhl, am Sessel, am Tisch hochziehen, einen aufmunternden Ruf ausstoßen, die Arme über den Kopf strecken, loswackeln. Plötzlich ein Abgrund: der Teppich hat ein Ende. Parkett. Er steht, streckt probeweise den Po aus. Aber es ist nichts in Reichweite, an dem er sich wieder hochhieven kann. Und jenseits des Abgrunds der Papa, lockend: Nun komm doch, was ist denn, nun komm doch. Die Hände hochheben, jammern, sich doch in Bewegung setzen, auf halbem Weg spüren, dass die Gefahr überstanden ist, die ausgestreckten Arme immer näher, ein Rausch, wie es scheint, der Geschwindigkeit, Jauchzer, und aufgefangen werden. Von nun an ist der Abgrund kein Abgrund mehr, er übergeht ihn.

Und Schlaf, Schlaf. Die Arme nicht mehr allein zum Aussteuern des Gleichgewichts brauchen, sich hochstrecken, die Türklinke herunterziehen. Hinaus in den Garten. Eine Wiese, auf der man torkeln kann. Blumen, die sich zausen lassen. Schön erdiges Salatbeet, in dem man wühlen kann. Bäumchen zum Wackeln. Am Fahrradständer den Finger ins Loch stecken.

Der erste Ausflug im Park: mit einem Schrei in Bewegung setzen, im Laufschritt, der zur normalen Bewegungsart wird. Ein Gebüsch, in dem sich Kinder verstecken? Delirierend weite Wiesenfläche! Unebenheiten des Bodens mit verkürzten, verlängerten Schritten ausgleichen.

Ein kniehohes Mäuerchen an der Parkgrenze, an dem der

Vater hundertmal vorbeiging, ohne es genau zu sehen: sofort muss man hinaufgehoben werden; die stolpernden Schritte zeigen das Relief der Natursteinplatten an; rote Backen, Rotz unter der Nase. Und es beginnt die Zeit der Kinderanekdoten.

DAS STUDIUM wird fortgesetzt, simultan das Schreiben von Hörspielen. Benno von Wiese verfolgt das mit Wohlwollen: Einer der Studenten seines Hauptseminars schreibt nicht nur Referate, auch literarische Texte. Mein Hörspiel des Sendejahres 1962 sogar mit achtbarer Provenienz: als Auslöser des Großonkels Schrift über *Das Märchen*. Ein Satz aus dem Vorwort: »Möge das Werkchen auch in dieser [dritten] Auflage der Märchenforschung brauchbare Dienste leisten und sie zu weiterer Arbeit ermutigen.«

Ob das generell geschehen ist, weiß ich nicht, mich jedenfalls hat die Schrift zu einer neuen Arbeit ermutigt. »Wie original, wie derb und tief zugleich die Chinesen weltbekannte Motive wie die vom Fischer und seiner Frau gestalten, das mache uns ein Beispiel anschaulich.« Folgt die Zusammenfassung, in wenigen kleingedruckten Zeilen

»Ein Mann findet ein Fass, seine Frau bürstet es aus, da vervielfältigen sich die Bürsten. Ihr Verbrauch bringt ein hübsches Stück Geld. Nun fällt ein Goldstück in das Fass: da vervielfältigen sich die Goldstücke und machen die Familie reich. Der alte Großvater muss sie schaufeln, wird überanstrengt, fällt erschöpft in das Fass hinein und stirbt. Da vervielfältigen sich im Fass die toten Großväter. Der Mann muss sie alle herausziehen und begraben, verbraucht dabei sein ganzes gewonnenes Geld, und als er fertig ist, zerbricht das Fass, und er ist arm wie vorher.«

Die Anregung zum dritten der Hörspiele, die ich während des Studiums schrieb: *Das goldene Fass*. Dabei setzte ich die Inhaltsangabe frei um. So ließ ich gleich zu Beginn den Fischer anschreien gegen Wellenschlag und Sturmgebraus: »Hört, ihr Fische. Hört mich, ihr Alben und Alsen, Salme und Welse. Kommt näher, ihr Fische, kommt in mein Netz. Kommt doch, Barbe und Renke, Heilbutt und Kabeljau, Kaulbarsch und

Klumpfisch. Ich allein fahre in diesem Sturm zu euch. Alle andren Fischer sitzen grogschlürfend zu Hause. Sie können es sich leisten. Ihnen seid ihr immer brav ins Netz geschwommen. Heute aber kommt zu mir. Ich riskiere Boot und Kragen, ihr Fische, belohnt mich dafür.

Nun kommt doch endlich, ihr Fische! Das Meer ist heute sehr ungemütlich, kalt und wild. Kommt ins Netz, ihr werdet gut und höflich behandelt. Säuberlich werde ich euch in Körbe verteilen, ich werde euch genau wiegen und keinen unter Preis verkaufen. Ihr kommt in heiße Bratpfannen, da werdet ihr hüpfen vor Vergnügen und man sich intensiv mit euch befassen. Warum schlagt ihr dieses Angebot aus? – Nun hört mich doch! Hört mich denn keiner?«

Ein Text, der viel später eine neue Fassung fand, rasant realisiert im SDR, und noch später wurde daraus eins meiner (vier) Kinderbücher.

Herbst 1964 erscheint in der Zeitschrift *neues rheinland* ein »Rheinisches Autoren-ABC«. Hier lieferte jede Autorin, jeder Autor ein kleines Selbstporträt, samt Foto.

Vorlaufender Vermerk: »befindet sich im Endstadium des Studiums«. Und benannt die paar Hörspiele. Noch nicht viel zu vermelden also, dennoch zitiere ich mich hier, denn ich werde auf überrumpelnde Weise mit mir selbst konfrontiert, Stichwort Buirburg und damit: Kristallnacht-Projekt.

Kühn also über Kühn: »In Köln wurde er geboren, in Köln wurde er, in schöner Ergänzung seines ersten Hervortretens, auch literarisch entdeckt: Der Kölner Sender strahlt seit einigen Jahren seine Hörspiele aus, ein Kölner Verlag [Kiepenheuer & Witsch] druckte zwei von ihnen. Durch Hartnäckigkeit in der Produktion erreichte er, dass man ihn auch jenseits rheinischer Landesgrenzen registrierte; auch im Ausland erwacht zaghaftes Interesse [an dem einen oder anderen Hörspiel]. Er ist also eine der so zahlreichen Begabungen, Talente und Hoffnungen des Landes – nur dass er sich ausnahmsweise nicht auf Kurzgeschichten, sondern auf Hörspiele konzentriert. Bei wachsendem Glauben an Möglichkeiten und Bedeutung dieser jungen Kunstform – er möchte sich nicht lebenslang auf diese Gattung festlegen. So hat er ein Theaterstück geschrieben, ein kompliziertes Spiel auf und mit drei Zeitebenen, das dennoch ›Keine Wahrheit über Jericho‹ erkennen lässt, da zu viele politische Faktoren zur Verhüllung klarer Tatbestände beitragen. Ein Bühnenvertrieb schickt es an die Bühnen, der Autor hofft auf einen Dramaturgen, der Zeit zur Lektüre findet. Und sonst? Kleinere kritische Arbeiten und Bemühungen um ein größeres Opus, das Ereignisse in einer erfundenen, sehr rheinischen Stadt namens Buirburg schildert.«

Dreimal schaue ich nach, in welchem Jahr diese Vignette erschienen ist, es führt nichts daran vorbei, es war 1964. Also ein halbes Jahrzehnt nach Holthusens Votum. Bin ich denn total kritikresistent?! Seine Einwände waren freundlich verpackt, im Kern aber trafen sie zu – so hätte ich das auch wahrnehmen müssen. Führe ich weiter, gleichsam verbohrt, was ich mal in Angriff genommen habe? Will mir nichts sagen lassen?

Das eine stimmt: Ich gebe in der Tat nicht so schnell auf; wenn es sein muss, überarbeite ich einen Text auch nach Jahren – die technische Möglichkeit (neue Texterfassung) vorausgesetzt.

Das andere stimmt durchaus nicht: bin nicht kritikresistent. Kritik ist mir willkommen, solange sie produktiv ist: Kritik von Hörspieldramaturgen, Kritik von Verlagslektoren. Lieber Einwände, die etwas zu weit gehen, als Einwände, die zu kurz greifen. Was rechtzeitig geändert werden kann, wird auch geändert: primär der Text, sekundär die vielleicht eingetrübte Eitelkeit. Vor der Publikation setze ich nicht auf das Votum wohlmeinender Freunde, sondern auf präzise Wahrnehmung eines professionellen Lesers!

Dürfte schlüssig klingen, doch bleibt ein ungeklärter Rest: Wieso hatte ich das Kristallnacht-Projekt noch immer nicht aufgegeben? Sturheit? Besessenheit? Kam nicht los vom Thema eines Juden im Dritten Reich? Obwohl ich … wo ich doch gar nicht … wo mir doch nun wirklich alle Voraussetzungen zur anschaulichen …

Irgendwann in diesem Zeitraum gab ich mir einen Ruck und trennte ich mich doch mal vom Romanprojekt, definitiv. Auch in angestrengter Erinnerung: nur noch der Titel »Kristallnacht«, nur noch der Ort »Buirburg«, nur noch der Name »Weigert«. Und jene kaputte Brille.

FAMILIENLEBEN. Gisela in der Küche des Viergenerationen-Haushalts zwischen Ober-Opa und Kleinkind. Sie öffnet Erbsenschoten: mit dem Daumennagel drückt sie in die Nahtstelle der Schote, bricht sie auf, schiebt mit dem rechten Daumen die aufgereihten Erbsen heraus, lässt sie in eine Emailleschüssel fallen, schlenkert die leere Schote auf leere Schoten. Thomas kniet auf einem Stuhl, der an den Tisch herangerückt ist, leert geöffnete, ihm zugeschobene Schoten. Ich führe Protokoll: »Da war ne Erbse, ne verwelkte Erbse drin. Hab ich da rausgeschmissen. Hab ich da dringelassen. Nich da reingeschmissen.« Er dreht eine Erbse zwischen Zeigefinger und Daumen, steckt sie in den Mund.

Du hast jetzt aber sicher viele Erbsen im Bauch, sagt Gisela.

»Nein, so viele, guck mal, so viele, so viele hab ich gegessen.« Das Kind krümmt und streckt zählende Finger, hebt die Hand. »So viele. Könnt ich noch mehr essen.« Das Kind beißt in eine Schote: »Kommt Saft, guck mal, wenn man da so reinbeißt, so, guck mal, so, wenn man da so reinbeißt, dann kommt da der Saft, da kann man auch die Schale nicht mit in den Mund kriegen, nein, kann man nicht, guck mal, so kann man das, so, hab sie im Mund.«

Jajaa, sagt Gisela. Mit den Daumennägeln drückt sie in die Nahtstelle der Schote, bricht sie auf, schiebt mit dem rechten Daumen die aufgereihten Erbsen heraus, lässt sie in die Emailleschüssel fallen, schlenkert die leere Schote auf die leeren Schoten.

Das Kind hält eine Schote über den Abfalleimer, dessen Deckel sich durch ein Pedal öffnen lässt. »Da kommen die Schalen rein, ne? Da kommen die Schale – wie viele ham wir? Da ein groß, eine große, von mir, neh, eine große von dir! Guck mal, wie weit ich die Schale, guck mal, wie weit ich die

Schale werfen kann, guck mal da, so weit hab ich die Schale geworfen.«

Ich hebe die Schote wieder auf. Thomas interessiert sich nicht mehr für die Erbsen, kramt in der Werkzeugschublade, zieht einen Zollstock heraus: »Ich hab einen Schtollschtock.« Und ich: Zollstock, mein Herr. »Schtollschtock.« Zoll, sag mal: zoll! Ts-ts-ts-zet! »Zet?« Ja, Zollstock! »Och, ich kenn ich doch nich.«

UND ICH LERNTE, sukzessiv, ein kleines Alphabet des Jazz – fast ausschließlich amerikanische Namen.

Es begann, selbstverständlich, mit A wie Armstrong, setzte sich fort mit B wie Bechet – der vibratoreiche Sound seines Sopransaxophons hatte fast schon Signalcharakter für die fünfziger Jahre. Den Buchstaben C spare ich vorerst aus, da liegt mir ein Name auf der Zunge, aber der will sich nicht lösen.

So folgt gleich D wie Davison, Wild Bill Davison, Cornet. Viel, viel später habe ich ihn mal live gehört, in einem New Yorker Jazzclub, dies zu einer Zeit, in der mich Dixieland-Musik (und ähnliches) kaum noch interessierte, also ging ich eher aus Höflichkeit hin, weil ich dem Dürener Jazzfan Kühn melden wollte, dass ich einen seiner Plattenstars (auf Blue Note) live gehört habe: Davison nicht mehr »wild«, er wirkte eher wie ein Bankangestellter im Ruhestand, der das Hobby Trompetenspiel pflegte.

Nein, ich werde mein vormaliges Jazz-Alphabet nicht komplett nachbuchstabieren, von Armstrong bis Zutty Zingleton, den Schlagzeuger, und, in der Mitte, M wie Milton Mezz Mezzrow mit seinem aufregend heiseren Klarinettensound. Wie hieß eigentlich noch der Gitarrist, der schon mal mit ihm spielte, der auch verschiedene Musiker begleitete, deren Platten ich besaß? Wie hieß der noch?! Namen, die mir damals, vormals wichtig waren, sie müssen doch im Gedächtnis geblieben sein! Barney Kessel? Der auch, aber mir war ein anderer Gitarrist wichtiger. Verdammt, wie hieß der noch? Na klar, wir alle vergessen Namen, hat schon Max Frisch eingestanden: Kommt man in jüngeren Jahren nicht auf einen

Namen, so registriert man das achselzuckend, geschieht das in späteren Jahren, stimmt das schon mal bedenklich: Sollte bei mir schon –? Also, wie hieß nur dieser Musiker?! Jetzt will ich das aber wissen! Aber mein Gedächtnis lässt sich nicht kommandieren, mir fällt, beim Stöbern, eine ganze Reihe anderer Namen ein, Roy Eldridge, zum Beispiel, und wie tief setzte er mit der Trompete an bei *Fish Market*, oder Illinois Jacquet, vor allem in den brandheißen Mitschnitten von Jazz at the Philharmonic – alles noch präsent, in Umrissen, aber wie hieß bloß dieser Musiker mit C?

Coltrane, John, meine ich natürlich nicht, der hat mit seinem intensiven Spiel große Resonanz in mir gefunden und anhaltende Präsenz.

Ein Zufall als Initiator: Ein Plattenkasten vor einem Elektrogeschäft, Sonderangebote, Restposten, die schaute ich beiläufig durch, entdeckte eine LP mit dem Titel *The Great Coltrane*. Den Namen hatte ich schon mal gehört in jazzferner Zeit der Musikrezeption, ich wollte in die Platte dennoch mal reinhören, wollte es überhaupt noch mal mit Jazz versuchen, und dann, bei erstem Hören, packte es mich, ließ mich nicht mehr los: Neuer Sound des Tenorsaxophons – selbst in frühen Aufnahmen. Es war um mich geschehn, ich kaufte weitere Coltrane-LPs, ständig wurden weitere Aufnahmen »released« von diesem großen Musiker, der lange schon tot ist, mit 41 draufgegangen, von Intensität ausgebrannt.

MÖGLICHER ENDPUNKT: Fahrt auf dem Motorroller zum Rursee, Hitze schiebt sich ins Hemd, bläht es am Rücken auf, die Füße über das Schutzblech rausgeschoben, die Tasche mit Badehose und Handtuch pendelt vor den Knien. Steigung, lange, blaue Abgasspur: gut, dass ich nicht hinter mir herfahren muss! Auf der Kuppe raste ich den dritten Gang ein. Links kurze Schneisenblicke ins Tal. Fahrtwind, der mich umschließt; den weit geschwungenen Kurven nachgeben; bremsen vor einer Rechtskurve, unübersichtlich, Sandsteinfels: dunkle Fläche meterweit, schon ist das unter mir, ich höre eine Stimme, meine Stimme, seitlich rutscht es unter mir weg, sehr deutlicher Vorgang, Zeit gedehnt, schon öfter von gehört, stimmt also. Der Roller kreischt vor mir her, ich schliddre über die Straße, Kopf hochgerissen, schleife immer noch, und endlich, das hat aber lange gedauert, liege ich.

Liege, der Roller zwei, drei Meter vor mir, durchgezogener Mittelstreifen. Hoch, schnell, Rechtskurven sind unübersichtlich, einundzwanzig, zum Roller laufen, zweiundzwanzig, wieso humpelst du, dreiundzwanzig, den Roller zum Straßenrand zerren, vierundzwanzig, da kommt was, beeil dich, fünfundzwanzig, schon Motorgeräusch, ein Wagen, hinten geht er zuerst weg, Motorhaube auf mich gerichtet, dann schleudernde Gegenbewegung und dicht mit dem Heck an mir vorbei, ich zieh die Füße ein, vorerst noch ohne Kommentar, schon ist er weg. Nun leck mich aber! Fährt mich fast über den Haufen, ich muss schon die Haxen einziehn, und saust einfach weiter! Muss doch gesehn haben, was mit mir los ist.

Ich schiebe den blockierenden Roller weiter, nur weg von der Kurve, lehne ihn an die Erdschräge, beschaue mich: Hose und Hemd schwarz verschmiert, aufgefetzt. Auftreten: die Hüfte, oje. Aber nichts gebrochen? Der Fuß aufgeschrammt, die Hand, der Unterarm. Am Hüftknochen wächst etwas, rot durchädert, bläulich. Und der Roller? Eine Zierleiste ab, Blech gedellt, die Lenkstange um dreißig Grad verdreht. Ich humple zur Kurve zurück, jetzt kommt natürlich kein Auto mehr, ich beschau den schwarzen Schmier: dickflüssiges Öl?

Marmor und Schiefer, Taxus und Thuja, Kiefern und Fichten, Blumen und Blumen. Frauen mit Gießkannen und Rechen. Dauerpflanzen. Familiengräber, Einzelgräber. Ein Grabfeld, umgeben von alten Bäumen, hohem Taxus, es ist neu planiert: frisches Gras, Pflöcke in gleichmäßigem Abstand. Acht Gräber bisher ausgehoben, Blumen, Kränze, Namen auf Holztäfelchen. Ich bleibe am neunten Pflock stehen: das junge Gras noch nicht aufgestochen. Ich spähe nach rechts, nach links, keine Frau mit Zubehör zur Grabpflege, kein Friedhofsarbeiter, ich stecke den rechten Zeigefinger ins linke Nasenloch, löse Popel ab von gebündelten Nasenhaaren, frischen Schleim, senke die linke Hand in die Hosentasche, ja, alles noch dran, ich spitze die Lippen, pfeife, niemand in der Nähe, gehe straff, wenn auch humpelnd, sechs Schritt vor, sechs zurück, stampfe an den Wendepunkten auf wie ein englischer Gardesoldat, stampfe freilich nur linksseitig, bleibe stehen vor dem Pflock, den mein Namensschild nicht ersetzt, schaue mich um, leichter Pendelschritt, one-two, two-one, auf den Fersen gedreht, das Spielbein schlenkernd am Standbein vorbei, one-two, steifhüftig, two-one, eine Hand auf den linken Beckenknochen gesetzt, one-two, two-one, Melodie gepfiffen zwischen den Zähnen, mein Atem, one, meine Bewegung, two, mein Körper, one, Schleifschritt, Pendelschritt, one-two, two-one, in die Hände geklatscht, nicht zu laut, one-two.

ARCHIPOW SCHÜTZT (AUCH)
MEIN LEBEN

OKTOBER 1962: die Kuba-Krise! Fast genau ein Jahr nach
der Berlin-Krise! Siebzehn Jahre nach dem Zweiten Weltkrieg
schon ein dritter Weltkrieg? Ausgetragen mit Nuklearwaffen?
Krieg um den Preis beiderseitiger Selbstvernichtung? Und wir
mittendrin?

Jeden der dreizehn Krisentage saßen wir nicht nur abends
vor dem Fernsehgerät: Die Luftaufnahmen, aus sehr großer
Höhe, der Raketenbasen, die von Sowjets auf Kuba errichtet wurden ... Die Kriegsschiffe der Amerikaner, die sich
nach dieser Entdeckung zum Blockade-Halbkreis vor Kuba
formierten ... Sowjetische Frachter, an Deck die von Planen
umhüllten Raketensegmente überdeutlich auf Luftaufnahmen
von US-Aufklärern, die ständig die Schiffe umkreisten, überflogen ... Diese Frachter schwenkten ab, offenbar auf Weisung aus Moskau, andere Schiffe jedoch hielten Kurs auf den
Blockade-Halbkreis der Navy, die Entfernung verkürzte sich
unaufhaltsam, die Gefahr wuchs, höchste Alarmstufe, Def-
con 2, Showdown in der Sargassosee ...

Das Bewusstsein wurde von den täglichen Nachrichten,
Schockberichten, Horrormeldungen fast aufgesogen. Die
Konfrontation übte fast hypnotische Wirkung aus. Andere
Nachrichten konnten nicht bestehen neben diesen Meldun-
gen, wurden gleichsam annulliert. Ich sehe mich noch im
Zimmer stehen (sitzen konnte ich in der Aufregung nicht)
und auf den Bildschirm starren: amerikanische Kriegsschiffe,
in Einzelaufnahmen, in schematischen Darstellungen ihrer
Staffelungen, und immer wieder der sowjetische oder von
Sowjets gecharterte Frachter, wenn auch ohne Raketenseg-
mente an Deck; diesem Öltanker (?) sollten offenbar wei-

tere Frachter folgen – schon avisiert oder von Befürchtungen antizipiert? Ich weiß nicht mehr, wie der Tanker hieß, der, scheinbar unbeirrbar, Kurs hielt auf Kuba und damit auf amerikanische Kriegsschiffe. Die Angst, Frachter mit womöglich versteckten Waffen könnten, Befehlen aus Moskau folgend, Kurs halten, amerikanische Kriegsschiffe würden nicht weichen, weder Kennedy noch Chruschtschow wollen nachgeben, wollen nicht ihr Gesicht verlieren, ranghohe Militärs erst recht nicht, Zünder werden scharfgemacht, auch in Nuklear-und Thermonuklearwaffen, Kurzstreckenraketen, Mittelstreckenraketen, Langstreckenraketen werden startklar aufgerichtet, und es realisiert sich, was als Eskalationsschema längt ausformuliert war, aufgegliedert nach bezifferten Stufen potenzierter beiderseitiger Vernichtung.

Ich schlug im Familienrat vor, einen Notfundus an haltbaren Nahrungsmitteln anzulegen, fuhr mit der Schwiegermutter zu einem Supermarkt. Wir kauften vor allem Reis in Tüten, Diverses in Konserven. Mehr als ein Gitterwagen war es freilich nicht, von diesen Vorräten hätten die vier Generationen im Haus etwa eine Woche leben können, mehr zu kaufen schien uns unvernünftig: Was tun mit den Reserven, falls es doch nicht zum Krieg kommt? Ich glaube, wir kauften sogar zwei Kästen Mineralwasserflaschen – wie rasch konnte Trinkwasser radioaktiv kontaminiert werden …
Der Vorgang, der Ablauf des Hamsterkaufs ist präsent geblieben: Ein heller, relativ warmer Tag, und meine Verwunderung, dass die Regale nicht gelichtet waren, dass nicht ›geplündert‹ wurde in panikartigem Ausverkauf, dass es offenbar nur wenige oder: nicht allzu viele Mitbürger gab, die jene politisch-militärische Situation so ernst nahmen, dass sie Vorsorge trafen – dabei war gelegentlich empfohlen worden, generell einen Fundus an Grundnahrungsmitteln anzulegen, ihn sukzessiv aufzubrauchen und ebenso sukzessiv zu ergänzen.
Das Gefühl einer, wenn auch geringen, Befriedigung, als ich den Gitterwagen zum Auto schob – etwas, wenigstens etwas

getan, nicht bloß passiv zur Kenntnis genommen! Als Beleg: Reis in braunen Packungen mit aufgeklebten Etiketten.

Dieser Reis wurde verzehrt in einer Zeit, die sich nicht mehr als Krisenzeit verstand, nicht mehr als Phase vor einem unmittelbar drohenden Nuklearkrieg, und doch –

Drei Jahre später stellte ich als Begleittext zu einem Hörspiel eine Collage zusammen von authentischen Zitaten zum Stichwort Nuklearkrieg. Ich greife vor, zitierend, um noch deutlicher zu machen, in welcher Situation wir lebten, eher: schwebten.

»Die Doktrin, den Westen mit Atomwaffen verteidigen zu wollen, käme der Vernichtung dessen gleich, was wir verteidigen wollen.

Wer den Atomkrieg vorbereitet, muss mit dem Einsatz von Atomwaffen rechnen.

Den strategischen Waffen, die über die Reichweite taktischer und operativer Waffen hinausreichen, fällt eine viel wichtigere Aufgabe zu als den Truppen, die unmittelbare Feindberührung haben.«

Hier muss ich die Zitatenreihe durchbrechen. Der Einsatz von Nuklear- und Thermonuklearwaffen – eine H-Bombe auf Hamburg … ein Atom-Minen-Sperrgürtel auf eigenem Gebiet – könnte nur bedeuten: Vernichtung von ziviler Bevölkerung mit Kollateralschäden für das Militär, das sich besser zu schützen weiß. Und weiter in der Zitatlitanei.

»Was die Waffen angeht, so wird ein dritter Weltkrieg ein Raketen- und Kernwaffenkrieg sein. Der massive Einsatz von nuklearen und zumal thermonuklearen Waffen wird dem Krieg einen beispiellos zerstörenden und verwüstenden Charakter verleihen. Ganze Staaten würden ausgelöscht werden.

Unglücklicherweise sind die Bomben zu groß und ist der Planet zu klein.

Unter diesen Verhältnissen wird sich der Schwerpunkt des gesamten bewaffneten Konflikts aus dem Bereich der Feindberührung, wo er früher lag, weit ins feindliche Hinterland verlagern, und zwar bis in die abgelegensten Orte. Dadurch wird der Krieg eine beispiellose geographische Ausdehnung erlangen.

Gleichzeitig nimmt die Wahrscheinlichkeit, dass ein allgemeiner Krieg infolge von Fehlern und Fehleinschätzungen ausbrechen könnte, ständig zu. Die Zahl der atomaren Waffen und Sprengköpfe in den Händen sich einander gegenüberstehender Machtblöcke nimmt alljährlich zu, so dass sich dadurch die mathematische Wahrscheinlichkeit zerstörerischer ›Unfälle‹ erhöht, die als feindselige Handlungen falsch ausgelegt werden könnten.

Ich bin also dafür, die paradoxe These zu verwerfen, dass wir uns nur am Leben erhalten können, indem wir uns darauf vorbereiten, einander umzubringen.

Der Fallout aus den großen Bomben erstreckt sich wirklich über die ganze Welt. Der troposphärische Fallout nimmt etwa einen Monat in Anspruch. Der stratosphärische dauert 5 bis 10 Jahre.

Der Krieg mit der Atomwaffe ist Völkermord.«

Stimme aus Hiroshima: »Im Fluss schwammen die Verbrannten wie Holzstämme; wir fanden Fleischklumpen, denen man nicht mehr ansah, ob sie ein Gesicht oder ein Stück vom Rücken waren. Ein eigenartiger Gestank hing in der Luft.«

Ich kann, ich will, ich werde keine kurzgefasste Geschichte des Kalten Krieges einrücken, zumindest aber müssen ein paar Stichworte und Formulierungen eingebracht werden für ein düsteres Phänomen, das uns über Jahre, sogar Jahrzehnte begleitete, zumindest zeitweilig Einfluss ausübend auf unser Lebensgefühl – natürlich mit langen Phasen (scheinbarer) Befreiung. Ich saß nicht dauernd mit gesenktem Kopf am Schreibtisch, gegen den Overkill anschreibend, damit Wörter in mir tötend, Sätze lähmend.

Durch Pressemeldungen war uns aber wiederholt bewusstgemacht worden, an welchem Abgrund wir entlangbalancierten. Oktober 1961. Headline, Aufmacher: »Moskau soll seine Superbombe nicht zünden«. Unterzeile, kleiner gedruckt:

»Ein Appell Kennedys / Amerika kann schon seit vier Jahren Hundert-Megatonnen-Waffen herstellen«.

Das heißt: Wasserstoffbomben können eine Explosivkraft entwickeln, die hundert Millionen Tonnen hochbrisantem TNT entsprächen. Hundert Millionen Tonnen TNT auf einem Fleck! »Amerikanische Atomwissenschaftler erklären, dass die Sowjetunion die 50-Megatonnen-Bombe nur in Höhen oberhalb 170 Kilometer mit einiger Sicherheit zünden könne, ohne ihr Staatsgebiet ernsthaft durch radioaktivem Ausfall zu gefährden. Eine derartige Waffe würde, über der Arktis in Erdbodennähe gezündet, das gesamte Eis zum Schmelzen bringen. Treffe sie ein Erdziel, wie etwa Washington, so werde sie einen Krater von 150 Metern Tiefe und 800 Metern Durchmesser aufreißen, alles Leben im Umkreis von 5,7 Kilometern auslöschen.«

Proteste weltweit, jedoch: »Chruschtschows Superbombe explodiert«. Und ich lese: Der Sprecher des Seismologischen Instituts von Uppsala »nannte die Explosion zwei- bis dreimal so stark wie die der 30-Megatonnen-Bombe am Montag vor einer Woche«.

Die Druckwelle erreichte auch das seismographisch reagierende Gemüt des jungen Familienvaters und Hörfunkautors.

Stimme aus Hiroshima: »Einer sah wie der andere aus, man konnte sie kaum unterscheiden. Sie waren verbrannt, von den Fingerspitzen und vom Kinn hing ihnen lose die Haut herunter. Die Gesichter waren rot und angeschwollen. Augen und Mund waren fast nicht zu erkennen.«

Für das Langzeitprojekt dieses Lebensbuchs sammelte ich Begleitliteratur, über die Jahre hinweg zwischengelagert in Kellerkartons. Also auch Bücher über die Kuba-Krise. Die Bände lege ich nebeneinander und frage mich, was ich mit diesen Materialien anfangen, wie ich sie umsetzen soll. Etwa, indem ich die Technik jenes Korea-Kriegstagebuchs aufgreife, zumindest für die dreizehn Tage, in denen alles auf einen weiteren Weltkrieg hinauszulaufen drohte?

Erneut muss ich betonen: Ich schreibe eine Autobiographie, und damit stelle ich mir die Frage, stellt sich mir die Frage: Was hat die Kuba-Krise für dich bedeutet? Hier kann ich nur, ein Resümee vorwegnehmend, konstatieren: Es war die zweite Initiation eines zweieinhalb Jahrzehnte (also ein Vierteljahrhundert!) lauernden, dauernden Grundgefühls der Bedrohtheit. Ja, wir waren umgeben von »Drohkulissen«. Wir mussten »mit der Bombe leben« oder: »im Schatten der Bombe«. Dies noch keine zwei Jahrzehnte nach dem Zweiten Weltkrieg, der mit mehr als fünfzig Millionen Toten eigentlich das Ende aller Kriege hätte bedeuten müssen, doch das »Jahrhundert der Kriege« blieb seiner Bezeichnung treu, Dutzende von heißen (Stellvertreter-)Kriegen im Kalten Krieg. Und über den regional begrenzten (*scheinbar* regional begrenzten) Kriegen die Drohung des »doomsday«, mit immer neuen Kernwaffentests wachgehalten. In einem der bereitgelegten Bücher habe ich markiert, dass die Vereinigten Staaten über dreißigtausend, die Sowjetunion über vierzigtausend nukleare und thermonukleare Waffen angesammelt hatten, offenbar in der Vorstellung, dass selbst Dörfer mit jeweils einer Atomwaffe ausgelöscht werden müssten. Der oft erwähnte, viel zitierte Overkill, das technische Potential also, alles Leben auf der Welt zu vernichten – unter Mitwirkung, Nachwirkung des Fallout, von Winden, von Luftströmungen unberechenbar verteilt.

Als spätestens 1989 die Bedrohung zum Spuk wurde, war die lange, allzu lange Phase der Besorgnis, der Angst rasch vergessen – wie ein Schmerz, der verschwindet. Vorbei das Grundgefühl der Bedrohung. Aber in diesem Buch des Erinnerns, des Vergegenwärtigens kann es, darf es nicht ausgeklammert werden. Ich kann, ich will, ich werde nun aber nicht militärhistorisch relevantes Textmaterial vermitteln, kann nur versuchen, mein immer wieder durch bedrohliche oder schockierende Nachrichten lädiertes Grundgefühl zu artikulieren.

Also: Was nahmen wir wahr, was konnten wir wissen? Was wurde uns vermittelt, welche Bilder wirkten auf uns ein?

458

Was setzte sich fest, was verflüchtigte sich? Was löste sich auf, was verdichtete sich? Wie weit muss ich das Kapitel Zeitgeschichte erarbeiten, das beinah zerstörerisch, womöglich vernichtend eingewirkt hätte auf meine, auf unsere private Geschichte? Das zumindest Spuren hinterließ im Bewusstsein, im Lebensgefühl?

Im Rückblick über die Jahrzehnte hinweg erscheint vieles noch bedrohlicher als damals wahrgenommen; andererseits muss zurückgenommen, muss relativiert werden.

Das Bedrohliche: Ich könnte nach Vorlagen auflisten, wie viele Regimenter und Raketen, auch Atomsprengköpfe von der Sowjetunion nach Kuba verfrachtet worden waren, auf zahlreichen Frachtern.

Die Konfrontation der beiden Supermächte zugleich als Duell zweier Protagonisten, begleitet von rüden Sprüchen. Chruschtschow, vor Beginn der »Operation Anadyr«: »Wie wäre es, wenn wir Uncle Sam einen Igel in die Hosen stecken würden?« Kennedy, als Luftaufklärung die brisanten Fotos der Aufrüstung auf Kuba dokumentierte: »Hat er [Nikita] mir also in die Eier getreten – wieder mal.« Als die Raketenstellungen abgebaut, Waffen und Kernwaffen zurückgeführt wurden: »Ich habe ihm die Eier abgeschnitten.« Die Krisensprache von Staatsmännern hätte ich mir anders vorgestellt.

Auch hatte ich keine Vorstellung von der Megalomanie führender Militärs, die Kennedy allen Ernstes und mit vollem Nachdruck vorschlugen, endlich mal loszuschlagen, und das gleich richtig! Vor allem Luftwaffenchef Curtis LeMay, ein mit Orden bepflasterter, martialisch aussehender Kotzbrocken (Spitzname: Eisenarsch) plädierte mit Vehemenz dafür, in einem atomaren Erstschlag 3500 Atomwaffen gegen 1077 Ziele in der Sowjetunion (und gleich auch noch in China!) einzusetzen, wohl unter der Devise: Machen wir keine halben Sachen, was sein muss, muss sein! Und Mao (eine Zeitlang epidemisch gefeiert mit geschwenkten kleinen, roten Bibeln) erklärte in der Ostwestkrise von 1961, kurz vor dem potentiellen Atomkrieg: »Wir verlieren vielleicht dreihundert Millionen Menschen. Na und? Krieg ist Krieg.« Offenbar hat ein LeMay, hat ein Mao niemals Fotos oder Filmsequenzen von Opfern in Hiroshima und Nagasaki gesehen, hat sie zumindest nicht näher betrachtet, sie auf sich einwirken lassen.

Stimme aus Hiroshima: »Das Kürbisfeld vor dem Haus war kahlgeblasen. Von der ganzen dicken Ernte war nichts mehr da, außer dass dort anstelle der Kürbisse ein Frauenkopf lag. Ich sah nach, ob mir das Gesicht bekannt war. Sie war eine Frau von ungefähr 40 und musste aus einem anderen Stadtteil stammen. Ein Goldzahn schimmerte aus ihrem weit offenen Mund. Eine Handvoll versengtes Haar hing von ihrer linken Schläfe über die Wange herab in den Mund. Die Augenlider waren hochgezogen über schwarzen Löchern, aus denen die Augen ausgebrannt waren.«

Ich ertappe mich beim Ansatz, ein Kapitel Zeitgeschichte zu rekapitulieren. Dabei kann es nur darum gehen zu vergegenwärtigen, was wir *damals* erfuhren, was für uns *damals* Realität war. Wobei ich gleich noch mal Kennedy zitieren muss (der in neueren Untersuchungen längst nicht so gut wegkommt wie wir ihn damals, propagandistisch stilisiert, sehen mussten): »Der Schein ist Teil der Realität.«

Was uns als Showdown in der Karibik von Medien vermittelt wurde, war hochstilisiert: Signalzeichen drohender Konfrontation, kurz bevorstehenden Zusammenpralls. Die bereits abgeschwenkten Frachter mit hochbrisanter Fracht wurden nicht weiter präsentiert, filmisch verfolgt wurden Frachter mit scheinbar unverfänglichem Frachtgut, jedoch mit Kurs auf amerikanische Kriegsschiffe. Wie würde man dort reagieren? Das Tankschiff, das passieren würde, konnte erste Entspannung signalisieren.

Doch allzu schnell zeigte sich, wie Kontrolle führender Militärs durch Politiker versagen konnte. Weder Chruschtschow noch Kennedy wollten den Krieg, auf den ranghohe Militärs drängten, jede Kampfhandlung wurde untersagt. Doch dann wurde ein U-2-Aufklärer elf Kilometer über Kuba abgeschossen von einer sowjetischen SAM-Rakete (Surface to air missile). Ein sowjetischer Offizier hatte das Flugzeug auf dem Radarschirm ausgemacht, hatte nur ein, zwei Minuten Zeit zur Entscheidung, konnte oder wollte nicht rückfragen, hatte eigentlich klare Instruktionen, gab dennoch den Abschuss frei. Und das erste Todesopfer des Konflikts.

Kennedy: Eskalation! Die Militärs: Jetzt muss sofort zugeschlagen werden! Die Ereignisse liefen – hier mit passender Floskel – weithin aus dem Ruder. Chruschtschow wie Kennedy mussten die Hitzköpfe unter den führenden Militärs in die Schranken verweisen, den Primat der Politik betonend, dies auch mit vehementen Wutausbrüchen, vor allem im Kreml. Auch JFK und sein Bruder Robert konnten sich durchsetzen: Primat der Politik, nicht Primat des Militärs! Eigentlich hätte ein LeMay sofort abgesetzt werden müssen. So wie seinerzeit MacArthur durch Präsident Truman abgesetzt worden war, als er den Einsatz von Nuklearwaffen auch gegen China gefordert hatte, im Korea-Krieg.

Stimme aus Hiroshima: »Vom Eingang her kam jetzt etwas Licht. Als ich hinblickte, krochen langsam zwei Wesen heran, die wie große, dicke, hässliche Eidechsen aussahen und krächzende, stöhnende Laute von sich gaben. Andere folgten ihnen nach. Minutenlang war ich wie gelähmt von Entsetzen. Dann wurde das Licht etwas heller, so dass ich sehen konnte, es waren menschliche Wesen! Bei lebendigem Leibe durch Feuer oder Hitze enthäutet und die Körper ganz zerquetscht an den Stellen, wo sie gegen etwas Hartes geschleudert worden waren.«

Eine mehr als naheliegende Assoziation: Dantes Inferno. Aber von der Realität weithin übertroffen. Das hat man also realisiert: Hölle auf Erden.

Zum Risikofaktor wurden nicht Frachter mit Kurs auf Kuba, sondern russische Konvoi-U-Boote, die von der Navy aufgespürt, bedrängt, gejagt wurden: kollektives Jagdfieber, das Fehlreaktionen auslösen konnte, Fehlreaktionen bis hin zu apokalyptischen Dimensionen des »doomsday«.

Also ein Nachtrag: Vorgänge, die erneut zeigen, von welchen Unwägbarkeiten, Unberechenbarkeiten, knapp vermiedenen Fehlhandlungen unser Geschick abhängen kann.

Vier Flugzeugträger, zweiunddreißig Zerstörer, Dutzende von Flugzeugen setzten an zur U-Boot-Jagd, kommandiert von letztlich eigenmächtig handelnden Offizieren.

Alexej Dubivko, Kapitän des U-Boots B-36, hat einen Bericht von achtzehn Druckseiten veröffentlicht. Diesem Report folgend leite ich über zum U-Boot B-59, das beinah den großen Krieg ausgelöst hätte, wäre nicht ein Erster Offizier namens Archipow an Bord gewesen.

So begann es. Vier sowjetische U-Boote der Nordmeerflotte mit Kurs auf Kuba, mit geheimem Auftrag in vorerst versiegelten Umschlägen. Statt der üblichen fünf oder sechs Knoten Marschgeschwindigkeit wurden 12 Knoten befohlen – Kursberechnungen, Positionsbestimmungen sollten den Amerikanern erschwert werden.

Allerdings waren, wie Dubivko anmerkt, die U-Boote erst im Sommer in Dienst genommen worden, waren noch nicht genügend erprobt, waren unzureichend ausgestattet und ausgerüstet für das Unternehmen in der Sargassosee mit den hohen Temperaturen des Wassers (30 Grad) und seinem hohen Salzgehalt (damit auch des Kühlwassers). Die Kampfbereitschaft war allerdings hoch: Jedes der diesel-elektrischen U-Boote war mit zehn Torpedorohren ausgestattet, zwölf Torpedos in Reserve. Und: ein Torpedo mit Nuklearsprengkopf von 15 Kilotonnen, also ungefähr der Sprengkraft der Hiroshimabombe. Sollte der Torpedo ein Kriegsschiff zu einem Stahlklumpen einschmelzen?

Bei einem der U-Boote fielen sämtliche Dieselaggregate aus, es musste abgeschleppt werden. Das erfuhr man in den anderen U-Booten aber nicht, die Kommunikation war extrem eingeschränkt, die Offiziere waren über die lokale und generelle Situation höchst unzureichend informiert, der Kontakt mit der Marineleitung, mit Moskau, riss immer wieder ab – auf eine Lagemeldung erfolgte erst nach der 48. Wiederholung eine Antwort.

Die Lage an Bord wurde nach einem Monat Fahrt kritisch. Die Boote der Eismeerflotte waren auf die hohen Wassertemperaturen nicht eingestellt, an Bord wurde es im günstigen Bereich etwa 45, in Maschinennähe 60 Grad heiß. Trinkwasser wurde knapp, für jeden der 70 Mann Besatzung nur ein halber Liter täglich. Oft schon zwanzig Minuten nach Schichtwechsel kollabierten Matrosen, viele traf der Hitzschlag. Bis zu zwölf Stunden mussten die U-Boote unter Wasser bleiben, der Sauerstoff wurde verbraucht. Die Bedrohung (oder das Gefühl der Bedrohung) wuchs: Die Navy hatte etwa 85 Prozent ihrer »anti-submarine forces« in der Sargassosee zusammengezogen, die U-Boote wurden durch Sonarortung aufgespürt.

(Ein entfernt Verwandter, der eine Zeitlang in einem U-Boot der Kriegsmarine gedient hatte, erzählte mir ein paar Jahre nach dem Krieg: der Schrecken aller an Bord war das Geräusch, mit dem man im gesamten U-Boot hörte, dass man von Verfolgern geortet war: wiederholtes Bing-bing-bing der Echolotung.)

Bisher war üblich gewesen: Ein feindliches U-Boot wird durch Sonarsignale angewiesen aufzutauchen. Die Navy aber wollte es lauter haben, und so waren Miniaturwasserbomben entwickelt worden mit der Explosivkraft etwa einer Handgranate. Doch davon erfuhren die Kommandanten der U-Boote der Foxtrot(!)-Klasse nichts. Über die Neuentwicklung der »practice depth charges« war die Sowjetunion zwar kurz zuvor informiert worden, die Weitergabe der Information an die U-Boot-Kommandanten wurde allerdings versäumt oder verschlampt.

An Bord der im Bermudadreieck georteten U-Boote entstand mehr als Irritation. Einer der Kapitäne: »Die explodierten unmittelbar neben dem Boot. Es fühlte sich an, als säßen wir in einem Fass aus Metall, auf das ständig jemand mit einem Vorschlaghammer eindrischt. Wir dachten: Das wars. Das ist das Ende.«

Ein Kollege: »Diese Nacht hätte leicht zu einer Katastrophe für uns werden können. Als sie diese Granaten zündeten, dachte ich, sie würden uns bombardieren.« Auf eins der U-Boote wurde sogar ein Torpedo abgeschossen, der allerdings nur die Hauptantenne wegriss.

Auch das U-Boot unter Dubivko hatte erhebliche technische Probleme: Sauerstoff wurde knapp, die Batterien mussten aufgeladen, ein Schaden musste repariert werden, also war es gezwungen aufzutauchen, wurde von da an durch einen Zerstörer begleitet, im Abstand zwischen 150 und 50 Metern – in diesem Bereich lassen sich Torpedos nicht einsetzen.

Vor allem auf B-59 war eine der »killer groups« der Navy angesetzt. Es konnte nicht auftauchen, wurde mit »practice depth charges« eingedeckt – und die hörten sich an wie Wasserbomben, die in einiger Entfernung explodierten. Extreme Hitze auch an Bord dieses U-Boots, die dehydrierte Mannschaft hatte kaum was zu essen, ständige Nervosität, permanente Anspannung, das Dröhnen von Schiffsmaschinen, wenn einer der Verfolger über das U-Boot hinwegfuhr, die wasserbombenähnlichen Explosionen – Kommandant Valentin Savitzky verlor die Nerven, drehte durch, befahl, den Nukleartopedo auf einen der bedrängenden Zerstörer abzuschießen. Ihm zugeschriebene Äußerungen: »Wir werden sterben, aber wir nehmen sie mit! Lass uns die Amerikaner in die Luft jagen! Wir werden die Rote Marine nicht entehren!« Masslenkow, Politoffizier an Bord, unterstützte den Kapitän: ohne Rückmeldungen glaubten beide, der Krieg sei ausgebrochen, also müssten sie sich verteidigen, dies gleich nuklear. Der Abschuss des Torpedos mit Atomsprengkopf konnte allerdings nur erfolgen, wenn alle drei Führungsoffiziere dies einstimmig beschlossen, doch der Erste Offizier war strikt dagegen. Wilde Schreierei, heftigste Auseinandersetzungen, Archipow blieb bei seinem Njet. (Der 36 Jährige war gezeichnet: Bei einem schweren Reaktorunglück im Atom-U-Boot K-19 war er ein Jahr zuvor kontaminiert worden.)

Der Nukleartorpedo wurde nicht abgeschossen. Die Versenkung des Zerstörers (und mit ihm weiterer Kriegsschiffe) durch eine Nuklearwaffe wäre von den Vereinigten Staaten nicht hingenommen worden, mit Sicherheit wären daraufhin die Raketenstellungen auf Kuba angegriffen worden, wahrscheinlich mit Bomben in der Stärke atomarer »Gefechtsfeldwaffen«; daraufhin hätten die Sowjets beinah zwangsläufig mit dem Einsatz nuklearer Waffen geantwortet – so hätte sich das schnell hochgeschaukelt, alles war vorbereitet, die nukleare Apokalypse hätte Europa, hätte Deutschland am allerwenigsten verschont, dutzendweise waren Atomwaffen programmiert auf jedes Bundesland, die Folgen müssen hier nicht entworfen werden. Brisante Situation, die beinah zum Megakrieg, zum Mega-Massenmord geführt hätte.

Dass Vassilij Archipow »in the situation close to combat« einen kühlen, klaren Kopf bewahrt hatte, sich nicht niederschreien, nicht nötigen ließ, das wurde zum Schutz auch für uns.

Bleibt nachzutragen, dass an Bord von B-59 Matrosen und Maschinen den Sauerstoff aufgebraucht hatten, dass die Batterien des elektrischen Alternativantriebs erschöpft waren; also wurde durch Sonarzeichen signalisiert, dass man auftauchen musste – dies inmitten amerikanischer Kriegsschiffe.

Scheinwerfer wurden auf das U-Boot gerichtet, ein Feuerwerk von Leuchtmunition wurde entfacht, einer der Zerstörer, USS Cony, ging längsseits – und was geschah? Zigarettenschachteln und Coladosen wurden rübergeworfen, eine Dixieland-Band spielte auf – inzwischen hatte sich die Gesamtlage entspannt.

Die rückkehrenden U-Boote wurden im Heimathafen äußerst kühl empfangen. Den Offizieren wurden Disziplinarmaßnahmen angedroht wegen Befehlsverweigerung. Es war ihnen der strikte Befehl erteilt worden, in Anwesenheit des Feindes nicht aufzutauchen – dem Ehrenkodex der sowjetischen Marine hätte entsprochen, lieber unterzugehen. Die gravierenden technischen Probleme an Bord, der Mangel an Sauerstoff und Treibstoff, die extremen Belastungen wurden von einigen der richtenden Offiziere mehr oder weniger ignoriert, wichtig waren allein Befehlslage und Ehrenkodex. Vor allem Archipow wurde gerügt, wurde fast geächtet: Feigheit vor dem Feinde … Missachtung klarer Vorschriften … Schande für die Marine …

Später soll er aber doch zum Vizeadmiral befördert worden sein. Freilich, ein Denkmal wurde für Archipow noch nicht errichtet.

WIR SIND NOCH EINMAL
DAVONGEKOMMEN

SO DER TITEL (zumindest in der deutschsprachigen Fassung) eines (hochsymbolischen) Bühnenstücks von Thornton Wilder, das bereits während des Krieges in den Vereinigten Staaten zur Uraufführung gelangte: *The Skin of Our Teeth*. Assoziativ übersetzt: »Wir gehen auf dem Zahnfleisch«. Deutschsprachige Erstaufführung März 44 im Schauspielhaus Zürich. In den Nachkriegsjahren wurde es von zahlreichen deutschen Bühnen übernommen – dazu trug sicherlich auch der geschickt gewählte, die Zeitstimmung treffende Titel bei.

Ich löse ihn vom Schauspiel ab, isoliere ihn als Zitat, das auch unsere Grundstimmung nach der Kuba-Krise artikulierte, das weltweite Aufatmen. Von nun an konnte, fürs Erste, öffentliches Geschehen in der Wahrnehmung wieder zurückgefahren, konnten private Aspekte und Tätigkeiten erneut (bis auf weiteres) in den Vordergrund gerückt werden.

In der Textfolge unter diesem Titel geht es denn auch primär um das Schreiben, belletristisch und wissenschaftlich.

HERBST 1964 lernte ich Heinrich Böll kennen, bei einem Treffen von Autoren des Verlages Kiepenheuer & Witsch. Wie schon erwähnt, waren hier zwei meiner Hörspiele in Jahresbänden des Westdeutschen Rundfunks erschienen, ich war eingeladen als potentieller Autor des Hauses.

Die Verlagsvilla in der Rondorfer Straße. Begrüßung durch Dr. Witsch. Häppchen, Schlückchen ... Der Aufbruch mit mehreren Autos in die Eifel, nach Kronenburg. Böll nahm mich mit im futuristischen Citroën, es entwickelte sich ein Gespräch über lokale, ja innerstädtische Unterschiede der rheinischen Mundart. Böll erklärte, er könne Unterschiede zwischen den Idiomen verschiedener »Veedels« heraushören, ich konnte Beispiele aus der Eifel beisteuern, in der die Gabel in einem Dorf »Jaffel«, im nächsten Dorf »Jauffel« heißt – interne Lautverschiebung. Die Fahrt dauerte mindestens eine Stunde, also dürfte sich das Gespräch aufgefächert haben. In welche Themenbereiche?

Es lasen vor allem Autoren, die von Wellershoff als Lektor betreut wurden, Mitglieder der »Kölner Schule«, ich war nur Zuhörer, sollte wohl so etwas wie Stallgeruch aufnehmen.

Ein Morgenspaziergang mit dem jungen Brinkmann (noch im Schuldienst?) und mit Born (als Autor erst an Kontur gewinnend). Wahrscheinlich sprachen wir über die gemeinsame Nährmutter, den Rundfunk mit seinen Hörspielredaktionen. Wo sind noch bessere Konditionen? Die waren in den sechziger, siebziger Jahren ohnehin sehr gut, ja »blendend«. (Bei einem Gesprächstermin, Jahre später, im Südwestfunk, wechselten wir von Baden-Baden hinüber zum Elsass, in ein Restaurant der Spitzenklasse, es wurde gespeist, getrunken, geplaudert ohne Blick auf die Uhr. Tempi passati …)

Heinrich Böll las beim Meeting aus den Druckfahnen (Bürstenabzüge) der *Entfernung von der Truppe*. Die Diskussion darüber: respektvoll zögerlich.

Mehrere Jahre später: Gisela und ich begegneten Böll und seiner Frau im »Wibbelrusch«, dem Dürener Stadtwald. Während ich noch überlegte, wie ich mich wieder vorstellen sollte, rief er: »Da kommt ja der Kühn!« Sein als phänomenal gepriesenes Personen- und Namensgedächtnis. Seither hatten wir uns in größeren Zeitabständen gesehen, jedes halbe oder dreiviertel Jahr, mal in Langenbroich, mal in unserem Eifelhaus, mal in Paris, mal in Düren. Dort zuletzt beim Fest meines 50. Geburtstags: Er schenkte mir eine sehr alte kolumbianische Tonmaske und hörte mit Vergnügen die irische Musik im Hauskonzert. Als ich im Sommer den Eindruck hatte, der Höflichkeitsabstand wäre wieder groß genug, rief ich an: er war bereits im Krankenhaus.

Ich setzte so große Zeitabstände, weil ich die Vorstellung hatte, Böll würde von Besuchern überlaufen; so wollte wenigstens ich ihm etwas Ruhe gönnen, nach der Arbeit, nach seinen deprimierenden Erfahrungen. Die Hinweise seiner Frau, auch seiner Sekretärin, ihn doch öfter zu besuchen, habe ich als Höflichkeit missverstanden. Das wurde mir klar, als ich bei der Beerdigung sah, wie wenige Autoren zu seinen Freunden zählten.

Und ich sah, sehe Böll nun auch so: Als Mann, dem der Ruhm viele Kontakte zuspielte, während die Zahl der Freunde gering blieb. Dieser Böll nahm mit wachem Interesse (auch) an meiner Arbeit teil; dieser Böll war von einer beschämenden Pünktlichkeit; dieser Böll wirkte zuweilen wie der Hausmeister des gleichnamigen Nobelpreisträgers; dieser Böll legte nach dem Tod des Sohnes Raimund die Stirn an meine Schulter, im winzigen Wohnzimmer von Langenbroich. Ich besuchte ihn in der Aggertalklinik, die spezialisiert war auf Gefäßchirurgie. Öffnete die Balkontür, wenn er eine halbe Zigarette rauchte (»Kühn, ich bin süchtig«), die Asche abstippte in einem leeren Gläschen für Medikamente. Ich ließ die Asche verschwinden.

ICH INTENSIVIERTE die Arbeit an der Dissertation: *Analogie und Variation*. »Zur Analyse von Robert Musils Roman ›Der Mann ohne Eigenschaften‹.«

Ich setzte damit einen Entschluss um, der bei einem Zwischensemester in München gefallen war: Im Prüfungsamt erkundigte ich mich nach dem weiteren Verlauf des Curriculums, und das hätte so ausgesehen: Das Staatsexamen als Voraussetzung des Staatsdienstes in höherer Schule; nach Abschluss des Studiums sogleich die beiden Referendariatsjahre, danach der Assessor. Damit wäre ich fest angestellt worden, als Studienrat für Deutsch und Englisch.

Zwei Korrekturfächer! Ich hatte damals noch keine rechte Vorstellung davon, welches Arbeitsvolumen da auf mich gewartet hätte. Im Lauf der nächsten Jahre werde ich das miterleben bei Gisela, die Deutsch und Französisch unterrichtet, permanent konfrontiert mit Stapeln von Heften, die auch an Wochenenden gesichtet, markiert, bewertet werden müssen.

Auch ohne Bedrohung durch ein verdoppeltes Hauptfach,

ich traf die Entscheidung: Kein Staatsexamen, das mich in Zugzwang bringen würde; das Studium abschließen durch eine Dissertation. Ich sagte mir, und das lag damals im Spielraum der Wahrscheinlichkeit: Wenn es auf Dauer mit dem freelance-writing nicht klappt, kann ich immer noch, als Dr. phil., versuchen, eine feste Stellung zu finden, vorrangig im Universitätsbereich. Ich betone: Das war damals noch keine Utopie, es war möglich, denkbar, realisierbar.

So griff ich den Vorschlag von Harry Pfund in Haverford auf, schaute mir noch mal das »paper« an, entwickelte ein Exposé, legte es in einer Sprechstunde Benno von Wiese vor, und der war huldvoll einverstanden. Mittlerweile war ich aufgerückt in sein Oberseminar (eher eine Runde von Doktoranden). Was mir die Zustimmung einbrachte: Referate und die Tatsache, dass ich weiterhin als Autor in Erscheinung trat, wenn auch vorerst noch im Massenmedium des öffentlich-rechtlichen Rundfunks.

Ich wurde sogar mal, mit Gisela, eingeladen nach Bonn-Ippendorf, zu einem Abendessen in kleinem Kreis. Es entsprach einer der Gepflogenheiten des Hauses, dass sich Gastgeber und Gäste riesige Lätzchen umbanden, brustbreit und nabeltief, in sanftem Rotbraun. Relativ kurz wurde über Studium und Studiengänge gesprochen, ich sollte mich bei der Gelegenheit wohl näher vorstellen, es dürfte ein kleines Namedropping stattgefunden haben, wenn auch eher von Assoziationen als von einem Konzept geleitet, und schon gar nicht nach dem Alphabet: Arthur Kutscher, Theaterwissenschaft, der seinen Ibsen höchst ausdrucksvoll rezitierte: »Sonne …!« Martin Heidegger, dem der Hausmeister den Weg zum Katheder freipflügen musste, und den ich, beinah nachbarlich, zuweilen in seinem Garten sah … Karl Jaspers in Basel: Klarheit in Person … Hugo Friedrich, der Romanist, den auch Germanisten bestaunten, bewunderten … Und in Bonn, natürlich, Heinrich Lützeler, klein, bucklig, eloquent, von Frauen umschwärmt, wie es hieß.

Diese Rekonstruktion der damaligen Auflistung dürfte reichen. Hauptthema der Runde war, unter »Bennos« Wortführung: Astrologie. Er machte meiner Mutter dezent Vorwürfe: sie hätte die Minute meines Austritts, meines Erscheinens erfragen und genau festhalten müssen. Vor allem unter dem verwunderlichen Aspekt, dass mein mittlerer Bruder ebenfalls an einem 1. Februar geboren wurde. Gerade meine Betonung der äußerlichen und generellen Unterschiede zwischen uns Brüdern bekräftigte den Hausherrn darin, man hätte jeweils den genauen Zeitpunkt der Geburt festhalten sollen; nur so hätte er mir ein präzises Horoskop erstellen können. Und es wurde berichtet von wundersamen Fällen der Übereinstimmung zwischen Horoskop-Prognose und Lebenslauf. Exemplarisch: der vorausgesagte, gleichzeitige Tod von Zwillingsbrüdern; beide waren Piloten, wenn auch auf verschiedenen Kontinenten im Einsatz, dennoch stürzten sie am selben Tag, ja zur selben Stunde ab.

Hatte mein Doktorvater erwartet, dass mein Horoskop deutlich auf eine Zukunft vorauswies, in der ich ihn, den Sonnenkönig der Germanistik, als weiterer Himmelskörper umkreiste? Von dieser Potentialität erfuhr ich erst sehr viel später: Einen seiner Assistenten (die allesamt Professoren mit Lehrstuhl wurden) entdeckte ich im Publikum einer Lesung; anschließend ergab sich ein angeregtes Gespräch mit Oellers und ich erfuhr: Intern war die Rede davon gewesen, dass ich in Bennos Kreis aufgenommen werden sollte (oder aufgenommen werden könnte).

Wie hätte da Helene aufgeatmet, ja womöglich gejubelt! Eine feste Stelle in Aussicht, und das in einer Universität, besser hätte ich es gar nicht treffen können! Vor allem, da ich bereits ein zweites Kind »auf Kiel gelegt« hatte – damit war ich quasi verpflichtet, eine feste Stelle anzunehmen, statt frei herumzuschreiben, wie es meine feste Absicht war, indanthren gegenüber ihren Einwänden, Vorhaltungen, Belehrungen, Weisungen.

Glücklicherweise war meine mögliche Eingliederung in den Universitätsbetrieb nur so etwas wie ein Geheimplan, der nie realisiert wurde; für mich stand fest, wenn auch auf vorerst tönernen Füßen: Ich werde mein Glück in freier Tätigkeit suchen. (Davon konnte mich 1980 auch nicht eine wohlwollende Anfrage der Hochschule für Gestaltung in Offenbach abbringen – so etwas wie eine Probe aufs Exempel meiner wiederholten Selbstaussagen.)

Die Dissertation wurde 1964 angenommen, es folgte der formelle Abschluss des Rigorosums – letztlich ein lockeres Fachgespräch im Büro des Doktorvaters. Er nahm meine Arbeit auf in seine Schriftenreihe: »Bonner Arbeiten zur Deutschen Literatur«. Das hieß für mich: Keine Druckkosten, vielmehr wurde ein regulärer Vertrag geschlossen mit dem Verlag Bouvier u. Co. Es wurden 600 Exemplare gedruckt, für die ich Tantiemen erhielt; nach und nach wurde der Bestand »abverkauft«. Bei einer Musil-Ausstellung sah ich später das graublaue Buch in einer Vitrine: Vergangenheit abgerückt, unter Glas.

Kein Zitat aus dem Buch der Schriftenreihe, aber ein wenig mehr Präsenz sollte Musil doch gewinnen, schließlich hat er mich einige Jahre begleitet. Als ich noch Rezensionen schrieb (was ich bald aufgab, grundsätzlich, ich bin hier für Arbeitsteilung in der Branche), besprach ich in einer Zeitschrift eine dreibändige Werkausgabe, von Adolf Frisé herausgegeben; ich zitiere aus der ersten von acht Textspalten.

»Wer war dieser Robert Musil, der zwei unserer bedeutendsten Romane geschrieben hat, Novellen, Erzählungen, Theaterstücke, Aufsätze, Essays, Reden, Feuilletons, Glossen und das inzwischen gleichfalls berühmte Tagebuch?

Um beim Äußeren zu beginnen: Ein breiter, durchtrainierter Mann mit schwerem Schädel, die Stimme metallisch, die Kleidung äußerst korrekt, ja penibel, ein Offizier, so mochte es scheinen, in Zivil (und er war natürlich auch Soldat, Offizier gewesen) – zugleich aber galt er als zurückhaltend, war vielfach gehemmt, war von depressiven Zuständen, von Schlaflosigkeit, von Arbeitsstörungen belastet. Eine reservierte, kühle Erscheinung und doch immer wieder zu aggressiven, ja vernichtenden Äußerungen fähig. Ein Mann, der Distanz zu Mitmenschen schuf und an dieser Distanz litt. Ein Mann, der in der Öffentlichkeit Anerkennung wünschte, ja forderte und doch Einladungen zu Reden und Vorlesungen nur widerwillig annahm. Ein Naturwissenschaftler und ein Schriftsteller, ein Psychologe und Philosoph, ihn zogen die Mathematik und die Mystik an. Ein Mann also, dessen Bild nicht klar umrissen ist, in dem sich Eigenschaften überlagern: hier sind mehr als bloße Widersprüche und Ambivalenzen, hier sind Grundzüge, die sich auf vielfältig variierte Weise im Werk dieses Mannes abzeichnen.«

SPHÄREN UND GALAXIEN

VIER DICHTER unseres Sprachraums im hohen und späten Mittelalter haben mich über Jahre hinweg begleitet: Wolfram von Eschenbach, Neidhart »von Reuental«, Gottfried von Straßburg, Oswald von Wolkenstein.

Gleichsam als Hommage an dieses Quartett würde ich gern eine Figur einführen, die uns den Blick in einen Kosmos eröffnet, der für Menschen des Mittelalters Realität war, für uns hingegen nur noch Fiktion sein darf – eine sehr menschenfreundliche Fiktion, wie sich zeigen wird. Ich hätte da einen möglichen Anwärter für die Vermittlung: Hermann von Reichenau, eher bekannt als »Hermann der Lahme« (in der Gelehrtensprache dieses Mannes und jener Zeit: »Hermannus contractus«). Der geistert mir schon lang durch den Kopf.

Hermann war eins von 15 (ich schreibe aus: fünfzehn!) Kindern eines schwäbischen Adligen und seiner Gemahlin. Geboren wurde Hermann vor genau tausend Jahren in der Stammburg Altshausen. Das Kind war, wie sich bald herausstellte, in der körperlichen Entwicklung entschieden behindert: Lähmung, für die es, über die Zeitdistanz hinweg, keine eindeutige Diagnose gibt. Vielleicht so etwas wie die »chronisch juvenile ALS« beim Astrophysiker Stephen Hawking. Jedenfalls: Hermannus konnte nicht gehen, war auch manuell eingeschränkt und sprach sehr undeutlich – im Verlauf seines Lebens wurde das immer problematischer. Er blieb auf einen Tragstuhl und auf (mehrere) Diener angewiesen.

Häusliche Pflege des schwer Behinderten war damals kaum denkbar. Kein Fall von Hartherzigkeit. Zwei Jahre vor seinem Tod feiert der 39-Jährige seine Mutter in einem Nachrufgedicht, bittet die Leser um betende Vermittlung bei Gott (pro qua quaeso, precor, peto, postulo, flagite, lector ...): Gott möge die fromme Frau unter die Seligen aufnehmen und ihr die ewige Ruhe schenken.

Mit sieben wurde Hermann aufgenommen im Kloster Reichenau, auf der Insel im Untersee/Bodensee, eine Insel, auf der die Zahl von Kirchen und Kapellen im Mittelalter stetig zunahm. Dass er sein Leben lang als Pflegefall im Kloster bleiben konnte, war nicht nur Erweis der Mildtätigkeit der Benediktiner, der Graf hatte die Ordensgemeinschaft gleichsam dazu verpflichtet durch (mindestens) eine Schenkung (von Ländereien).

Unter der überaus segensreichen Amtstätigkeit von Abt Berno entwickelte sich Hermann zu einem damals (und erst recht später) berühmten Gelehrten, vor allem als Mathematiker, als Astronom sowie als Musiker – er entwickelte ein neues Verfahren der Notation (das sich aber nicht bewährte), soll sogar das berühmte *Salve Regina* komponiert haben, war auf der Höhe des lateinischen Diskurses jener Zeit. Hermann der Lahme wird vor allem seinem Schüler Berthold diktiert haben, zumeist aus seiner Chronik über die ersten tausend Jahre der Christenheit, sowie aus diversen Traktaten. Berthold von Reichenau wird seinen Lehrer später in einer Gedenkschrift feiern, auf Latein.

Ich hatte mir schon ausgemalt, wie Klosterbrüder oder Diener den verkrüppelten Gelehrten auf seinem Tragstuhl ins Freie bringen, innerhalb oder außerhalb der Klostermauern, wie er uns dort draußen, unter damals völlig klarem Himmel, den Blick eröffnet in jene Sternenwelt, zumindest Planetenwelt. Jedoch: in der ersten Hälfte des 11. Jahrhunderts war man (im Gegensatz zur arabischen Welt) noch früh dran in der allgemeinen Entwicklung der Astronomie. Hermannus beschäftigte sich auch eher mit möglichst präziser Zeitbestimmung für die christlichen Feste, vermittelte Kenntnisse für den Astrolab, dessen Konstruktion durch seine Darstellung erleichtert wurde. Mit diesem Gerät (das für uns eher wie eine Taschenuhr aussieht) konnte man auf der einen Seite Winkel messen, auf der anderen Seite mit zwei gegenläufig drehbaren Scheiben (für Erde und Firmament) Gestirnzeiten bestimmen.

Ein eher spezielles, nicht raumgreifendes Interesse. Also muss ich mich von Hermann doch wieder verabschieden. Könnte ihn höchstens, ins 13. Jahrhundert zeitversetzt, als Modell nehmen: Hermannus contractus redivivus. In seiner Personalunion von Astronom und Musiker wäre er, bliebe er ein idealer Vermittler, denn es geht auch um Sphärenmusik. Weitere Präsenz also wenigstens unter der Chiffre »Hcr«?

Für den zeitversetzten Hermann blieb beim Blick hinauf und hinaus in die Sternenwelt ein Grundgefühl von Geborgenheit erhalten (wie für Wolfram, Neidhart, Gottfried, Oswald): Jahrhunderte lang war die Erde – ob als Scheibe gefühlt, als Kugel erkannt – fraglos der Mittelpunkt des Kosmos. Dieses zentrale Gestirn war (für viele Menschen jener Zeit) von Kristallschalen überwölbt, war (für wenige Menschen des Mittelalters) von Kristallhohlkugeln umschlossen. An jeder der Schalen oder Hohlkugeln war ein Planet fixiert. An der äußersten Schale oder Hohlkugel die Fixsterne. Darüber: Gott. Durch die Kristallschalen schaut Er hinab, herab auf die Welt, die auch für ihn Mittelpunkt ist – schließlich Seine Schöpfung.

Auch mit Blick in den Kosmos leben wir in sehr verschiedenen Welten, ich und Hcr (auch Wolfram und Neidhart und Gottfried und Oswald). Das macht mir eine der jährlich fälligen Weihnachts- und Neujahrs-Wunschkarten deutlich: Schwarz, Schwarz, Schwarz mit Hunderten kleiner Sternpunkte, und einer der schwächsten Lichtpunkte des Weltraumfotos ist mit einem Pfeil betont: »You are here«. Schwindelgefühl …

Hingegen Hermannus contractus redivivus! Die gelehrte Welt des hohen wie des späten Mittelalters war sich weithin einig: Es herrscht übersichtliche Ordnung im Raum von Sonne und Planeten. Gott als großer Musiker (»archimusicus«), der auf der Leierharfe mit sieben Saiten Planetenmusik spielt, in der Harmonie der Kristallsphären.

Das Universum hingegen, in dem ich für bemessenen Zeitraum lebe: Erweiterungen, Expansionen …! Das zuvor zen-

trale Planetensystem driftete ab in einen Winkel der Milch-
straßen-Galaxie. Diese Milchstraße, von unvorstellbarer Weite
mit Milliarden von Sternen, sie galt eine längere Zeitspanne
wiederum als Kosmos schlechthin. Doch mit entschieden
leistungsfähigeren Teleskopen erkannte Hubble, dass selbst
schwache Sternpunkte bei näherem, immer näherem Hinsehen Sternhaufen waren, Galaxien. Mittlerweile muss ich zur
Kenntnis nehmen, dass es Milliarden von Galaxien gibt, dies
jeweils mit, schätzungsweise, Milliarden von Sternen. Und das
im Weltraum, der sich, vom Punkt des Urknalls weg, ständig
erweitert mit rasenden Geschwindigkeiten. Fast so etwas wie
eine Massenfluchterscheinung von Himmelskörpern, hinaus
ins Leere, mit wachsenden Abständen zwischen den Galaxien.

Wo bleibt da Gott? Wird mit hinausgerissen von den zen-
trifugalen Kräften? Ein *Deus fugitivus*, den keine Gebete
heranlocken können an die Schöpfung, die sich überlassen
bleibt, damit: ihrer kontinuierlichen Selbstzerstörung? Doch
Ausgleich ist mehr als denkbar! Astrophysiker gehen davon aus, dass unter den Milliarden von Galaxien mit jeweils
Milliarden von Gestirnen statistisch durchaus zehn- bis fünfundzwanzigtausend Gestirne differenzierte Lebensformen ermöglichen dürften. Bei einer derartigen Fülle von hoffentlich
ausgleichenden Angeboten könnte Er unsere Erde getrost
abschreiben, diese Erde, die überreich mit Naturwundern
ausgestattet, ja beschenkt wurde, die von Menschen jedoch
ständig reduziert werden, diese Erde, die leergepumpt, aus-
gebeutet wird für Stoffe, die wir vergeuden, diese Erde, auf
der Luft versaut, Wasser verschwendet und verdorben, auf der
rückhaltlos Müll produziert wird, der noch in Zehntausenden
von Jahren gefährlich sein kann für eventuelle Nachkommen,
diese Erde, auf der fast ständig Krieg geführt wird, diese Erde,
auf der in purem Hass ganze Völkerschaften hingemetzelt
werden – könnte Er sich von dieser Ausbeutungswelt, Metzel-
welt nicht abwenden? Oder lässt Er sich eventuell umstimmen
durch die Schöpfungen, die auf dieser verdüsterten Welt her-
vorgebracht wurden, die fulminanten Bauwerke, die meister-
haften Gemälde, die grandiosen Kompositionen? Oder wird

all das mit hinabgesogen in den apokalyptischen Orkus, in ein Schwarzes Megaloch? Und Er wendet sich schließlich doch den vielen, nicht bloß statistisch möglichen Welten zu, auf denen Angebote nicht ausgeschlagen werden im Bewusstsein dessen, dass ringsum nur Gestirne zu sehen sind mit tausendfachen Hitzegraden, und dies in ständig wachsenden todeskalten Räumen?

Nein, Gefühl von Geborgenheit kann sich nicht entwickeln auf dem Balkon des Hauses am Eifelhang, auf der Dachterrasse der Stadtwohnung zu Brühl: Außerhalb unserer Galaxie die Große und die Kleine Magellan'sche Wolke … der Tarantelnebel … die Andromeda-Galaxie … die Feuerrad-Galaxie … die Spindel-Galaxie … die Sombrero-Galaxie …! Und Gaswolken driften dahin, Gestirne verglühen, Supernovae blähen sich auf …! Früher hat man vom »Sternenzelt« gesprochen, das hat aber mächtig Löcher bekommen, ist aufgerissen, aufgefetzt, immer mehr Galaxien werden entdeckt mit dem im Orbit schwebenden Hubble-Teleskop, immer stärker der Sog hinaus. Ich fühle mich äußerst exponiert, kann nicht einmal mehr unterscheiden zwischen oben und unten, vielleicht hänge ich, auf Balkon oder Dachterrasse, mit dem Kopf nach unten, obwohl ich ihn hochhalte, in konserviertem Lebensgefühl. Doch das wird abgesaugt, sobald ich versuche, mich in einen Kosmos zu versetzen, vor dem sich Hermannus zu Tode gefürchtet hätte. Stephen Hawking: »Wir sind so unbedeutende Kreaturen auf einem kleinen Planeten eines sehr gewöhnlichen Sterns im Randbereich einer von hunderttausend Millionen Galaxien. Es ist schwer, an einen Gott zu glauben, der uns behütet oder auch nur unsere Existenz zur Kenntnis nimmt.«

Doch für einen Hermannus/cr war es nicht schwer, an einen Gott zu glauben, der die äußerste, die achte der Kristallhohlkugeln, die der Fixsterne, in Bewegung setzt, und diese Kraft, Sphären bewegend, es war die der *Liebe*. Aus Liebe zu Seiner geordneten, harmonisch abgestimmten Schöpfung hielt Er die äußerste der Sphären in gleichförmiger Bewegung, die sich wiederum auf die inneren Kristallsphären übertrug, dies in verschiedenen, jeweils gleichmäßigen Geschwindigkeiten. Damit entstanden Sphärenklänge, von Gott aufeinander abgestimmt. Hier musste nicht nachgestimmt werden, die Planeten änderten sich so wenig wie die Kristallsphären, alles schien von ewigem Bestand, verlässlich bergend.

Was ich hingegen zur Kenntnis nehmen muss: Sterne blähen sich auf, Sterne explodieren, Sterne schrumpfen, Sterne verdämmern, lösen sich auf, Materie-Gaswolken ziehen umher, verdichten sich unter bestimmten Gravitations-Konstellationen wiederum zu Sternen, die erreichen ihren Glühpunkt, die größte Leuchtkraft. So gibt es junge Sterne, alte Sterne, vielfach so alt wie das All nach dem Urknall, aber viele von denen machen es nicht mehr lang, sie bersten, zerfallen, das diffundierende Material wird eingesogen von Schwarzen Löchern.

Ein Schwarzes Loch: Wie viel Realität hat es? So eine Frage hätte man zur Zeit eines Hermannus contractus redivivus gar nicht erst gestellt, es wurde nicht ständig sortiert nach dem jeweils spezifischen Anteil von Wahrheitsgranulat im Kontinuum, das heute als Realität bezeichnet wird. Fast übersättigt mit Informationen und Modellen, die mir zuweilen märchenhaft erscheinen, üben sich viele Zeitgenossen wieder ein in den spielerischen Umgang mit virtuellen Realitäten, im Alphabet beginnend mit A wie Aliens und endend mit Z wie Zombies.

Doch für einen Hcr wäre dies keine Fiktion gewesen: Gott ließ die Kristallsphären, Planetensphären unablässig erklingen – die große, astrale Musik. Weil sich die Fixsternsphäre mit ihrem größten Durchmesser, ihrem weitesten Umfang am langsamsten bewegte, waren ihre Schwingungen am tiefsten: Orgelton, Bordun-Grundklang der Sphärenleier, Weltraumharfe. Außerhalb, oberhalb der Fixsternsphäre der Gesang der Engel, in Chören preisend und jubelnd. Unablässig, ja ewig gab es Grund zum Frohlocken in der vorgegebenen Harmonie der Gesamtschöpfung.

Eine Weltraumwelt, die jahrhundertelang (mit Modifikationen) selbstverständlich schien für Erdbewohner. In jener

Fiktion ließ sich gut leben, soweit nicht – als Teufelswerk – Kriege, Pestilenzen, Hungersnöte das Leben beschwerten, beendeten. Streng geordneter Kosmos rund um eine Welt, in der es meist unordentlich zuging. Von uns aus gesehen war jener Kosmos ein Produkt von Wunschdenken. Alles längst verabschiedet und doch: Jene Bilder können einwirken auf unser Lebensgefühl.

Mein Kontrastmittel-Theorem: Wenn wir erfahren, wie Menschen des Mittelalters gedacht und gefühlt haben, so wird uns deutlicher, wie wir heute denken, wie wir fühlen. Auch wenn wir uns einem Hermannus zuwenden – es geht um *uns*!

Mit Blick (auch) auf einen Hcr, der Planeten an Kristallschalen fixiert sah, müssen wir uns damit abfinden, dass es auch Veränderliche Sterne gibt, »Bedeckungs-Veränderliche … Eruptions-Veränderliche … periodisch pulsierende Veränderliche … variable Riesensterne, ja Überriesen«. Da komme ich nicht mit, die kleine Wissensprotuberanz sinkt in sich zusammen.

Doch Gott ließ auf der Harfe mit ihren sieben Saiten nicht nur die Harmonie der Sphären erklingen, Er selbst war Harmonie. Eine Harmonie freilich, die sich von Menschen nicht erkunden, schon gar nicht erforschen ließ. So wie die Schöpfung auch in den Augen eines gelähmten Gelehrten des Mittelalters durch und durch geordnet war, so waren Weltenklänge harmonisch aufeinander abgestimmt: Resonanz der Harmonie in Gott. Die Harmonie der Gestirnsphären konnte freilich auch Resonanz finden in Seelen von Menschen.

Mit Seitenblicken in die Schalenwelt, die im Mittelalter von festem Bestand war, eine klar zentrierte Welt, in der man sich umschlossen fühlte, gefühlt haben dürfte, starre ich auf die grandiosen Fotos des Bandes *Galaxien* von Timothy Ferris. Ich habe schon äußerste Mühe, mir vorzustellen, wie die Spiralgalaxie aussieht, die ich nur – von innen oder vom Rand her – in irischen oder bretonischen Nächten als Milchstraße wahrnehmen konnte. Allein schon ›unser‹ System hat einen Durchmesser von rund hunderttausend Lichtjahren, und es soll zirka hundert Milliarden Sterne einschließen. Das müsste eigentlich genügen, insgesamt, für ein Weltall, denke ich zuweilen, kleinmütig.

Doch die Erde, meine Erde, unsere Erde kreist um die Sonne, die wiederum, am Rand des Orion-Spiralarms, mit dem gesamten Planetensystem den Zentralbereich der Galaxie umkreist, die sich ihrerseits um den »Gravitationsmittelpunkt der Lokalen Gruppe« dreht, dies im »Lokalen Superhaufen«, der seinerseits der allgemeinen Ausdehnungsbewegung folgt.

Welch ungeheure Relativierungen finden da statt! Die Sonne wird von Astronomen respektlos als Zwergstern bezeichnet. Unsere Erde hat im Sonnen-Planetensystem nur die Masse eines Hundertstels von einem Prozent. Eigentlich so gut wie gar nichts. Wie unvorstellbar riesig und wie sehr fremd allein schon ›unser‹ galaktisches Spiralsystem ist, markieren ein paar innergalaktische Bezeichnungen: Offener Sternhaufen M 16 … Dunkelnebel M 17 … Sternwolke im Schild … Kohlensack … Kreuz des Südens … Gamma Crucis, Delta Crucis … Nebel im Kiel des Schiffes … Und dazu auch noch – neu ins Gespräch gebracht – der integrierte Parallelkosmos der Dunklen Materie …

Mit Blick hinaus in diese menschenfeindliche Welt von minus 273 Grad sollten wir doch eher – aber jetzt erspare ich uns eine ökologische Predigt, setze erneut an zu einem Gedankensprung: unser Hcr schaute nicht nur hinauf in die Sternenwelt, er horchte auch hinein, virtuell, in die abgestimmte Harmonie der heiligen Siebenzahl der Vollendung.

Sang- und klanglos werden wir hingegen konfrontiert (auch) mit Schwarzen Löchern, die keine Klänge von sich geben, kein Licht, das sowieso nicht. Allerdings muss ich gleich zugeben: Hier ist nicht nur Grusel, hier entwickelt sich auch Faszination. Wenigstens dem Phänomen des Schwarzen Lochs will ich näherkommen, auch auf die Gefahr hin, dass es mich erkenntnismäßig verschlingt.

Ich moniere erst einmal, sprachfixiert, die Bezeichnung Loch. Unter einem Loch stelle ich mir nicht bloß eine eierbecherförmige Einmuldung vor, eher eine zylindrisch geformte Vertiefung – wie ein Loch, das auf einem Golfplatz einen Ball schluckt. Das Bild von einem im Weltraum dahinschwebenden Zylinderloch, in dem gasförmige Materie, in dem Licht verschwindet, ja das ganze Sterne an sich heransaugt, gravitationsmäßig, dieses Bild muss ich aufgeben: Ein Schwarzes Loch ist eher eine Schwarze Kugel. Entstanden aus einem sonnenähnlichen Stern, der alt wurde, seine Leuchtkraft verlor, damit den Sieg der Gravitation einleitete: Die Schwerkraft nicht mehr ausgeglichen durch Wärmestrahlung, allseitige Thermik, der ausglühende Stern wird nur noch von Schwerkraft beherrscht, die Sternmasse wird unaufhaltsam komprimiert, die Gravitation wächst, es wird vagierende Materie eingesaugt, nicht nur in Form von Gaswolken, selbst Lichtquanten, Photonen verschwinden hier spurlos, die Schwarze Kugel reflektiert kein Licht mehr, wird unsichtbar. Repräsentanten der theoretischen Astrophysik sprechen und schreiben hier vom Ereignishorizont, hinter dem sie verschwindet.

Wieder stelle ich einen Begriff in Frage. Ein Horizont ist doch eine horizontale, wenn auch leicht eingekrümmte Grenzlinie des Sehbereichs; hinter dem Horizont ereignet sich, was vom Beobachter nicht mehr wahrgenommen werden kann, was astrophysikalisch von Mathematikern jedoch schlüssig errechnet wird. Das Horizontbild möchte ich variieren: Eine flimmernde Hohlkugel umschließt die Schwarze Kugel, sie abschirmend gegen jegliche Beobachtung von außen. Auch Weltraumsonden würden hier verschwinden, selbst Raumschiffe mit Astronauten würden geschluckt. Sobald ein virtuelles Raumschiff in den Gravitationssog der Schwarzen Kugel gerät, werden die Astronauten – laut Hawking – langgezogen zwischen Kopf und Fuß, werden spaghettiförmig, bevor sie, samt Raumschiff, auf Nimmerwiedersehn verschwinden.

Auch ohne geschluckte Raumschiffe – selbst eine bescheiden dimensionierte Ausführung der Schwarzen Kugel, ein Mikro-Quasar, weist etwas mehr als ein Dutzend Sonnenmassen auf. Trotz seiner Masse bleibt ein Quasar nicht in fixer

Weltraumposition. Zum Beispiel der Quasar im Doppelstern-system GRO J1655-40, sechs- bis neuntausend Lichtjahre von uns entfernt, entstanden durch die Implosion einer Su-pernova, dieser Quasar fliegt dahin mit 400 000 Stundenkilo-metern, begleitet vom »alternden Begleitstern«, der in etwa zweieinhalb Tagen die Schwarze Kugel umkreist, ihr dabei immer näher kommt und »nach und nach aufgezehrt« wird.

Weiter wird mir die Vorstellung zugemutet, ein Schwarzes Löchlein mit dem Durchmesser eines Zentimeters wiege mehr als die gesamte Erde, und ein Schwarzes Riesenloch könne die Masse von einigen hundert Millionen Sternen haben. Außer dem Schwarzen Loch V 861 Scorpii gibt es als Kandidaten noch Cygnus X-1, Circinus X-L, GX 339-4.

Das Bild, das ich mir von einer Schwarzen Kugel mache, es ist immer noch zu simpel, verglichen mit dem mathematischen Modell; handelt es sich hier doch, wie Jean-Pierre Luminet vermerkt, um eine Deformation, die man sich als Gravitati-onssenke vorzustellen hat, »die ein Objekt in die Raum-Zeit-Struktur gräbt«.

Das kommt ja noch erschwerend hinzu: Die Zeitdimension! Blicken wir hinaus in den Weltraum, so blicken wir zurück in vergangene Zeiten.

Ein offenbar berühmter Astronom (den Namen habe ich vergessen) hat einmal erklärt, er hätte noch nie einen Stern gesehen, immer nur Licht, das irgendwann von einem Stern ausgesandt wurde und nach Lichtjahren die Teleskope, die Bildschirme, die Fotoemulsionen erreicht.

Das souffliere ich mir, gelegentlich, auf dem Balkon des Eifelhauses, auf der Dachterrasse der Wohnung in Brühl: Gewöhne dich an den Gedanken, dass du nicht in einen Welt-raum hinaufblickst, hinausblickst, hineinblickst, sondern in einen Zeitraum. Dabei nicht mal in einen Raum simultaner Zeit, sondern in einen Raum tiefgestaffelter Vergangenheiten. Zwei Sternlichtpunkte von ähnlicher, womöglich gleicher Intensität, sie können ihr Licht im Zeitabstand von Jahrmil-lionen ausgeschickt haben. Theoretisch also kann ein Stern,

483

den ich ›sehe‹, zu sehen wähne, längst implodiert, erloschen
sein. Oder: der Stern, den ich zu sehen glaube, ist das kontrahierte Licht einer Galaxie, die womöglich wieder einen
Durchmesser von hunderttausend Lichtjahren hat oder hatte,
in der mittlerweile mächtige Supernovae aufglühten, deren
Lichtmarkierung mich nie erreichen wird in meinem begrenzten Zeitdeputat. Ich lerne hier ein neues Wort: *Rückblickzeit.* Standardbegriff der Astronomie, kommt mir wie
gerufen! Alles, was ich dort draußen, da oben sehe, ist Vergangenheit. Und was dort draußen (hic et nunc) geschieht, es
wird erst in Millionen Jahren auf der Erde wahrgenommen,
falls es dann überhaupt noch Astronomen und Teleskope gibt.
Optisch wahrgenommen werden mittlerweile sogar Galaxien,
die Milliarden von Lichtjahren entfernt sind und sich in der
Zwischenzeit wiederum Milliarden von Lichtjahren von der
Position entfernt haben, die heute registriert wird.

Registriert …? Direktheit der Wahrnehmung – dieses Gefühl
ist in der Astronomie längst obsolet geworden. Selbst vermittelnde Geräte lösen sich von der Wahrnehmung ab: Das Weltraumteleskop Hubble schwebt im Orbit, sendet Bilder aus
der Region im südlichen Sternbild Tukan, im »Hubble Deep
Field South« mit Galaxien, die mehrere tausend Millionen,
sprich: Milliarden Lichtjahre entfernt sind. Diese Objekte
erscheinen auf Bildschirmen, in kombinierten, gestaffelten
Schaltungen. Diese Objekte sehen wir, eventuell, ebenfalls auf
Bildschirmen, digital in gleicher Präzision, analog in fast gleicher Genauigkeit auf gedruckten Fotos, besonders zahlreich
etwa in der deutschsprachigen Fassung des *Grand Atlas de
l'Astronomie,* den ich zuweilen mit mir herumschleppe und
an markierten Seiten aufklappe. Da sitze ich im überstirnten
Eifelhaus, starre auf großformatige Fotoreproduktionen, die
gruselmärchenhafte Anblicke vermitteln zum Beispiel von
einem Coma-Galaxienhaufen, »der etwa 1300 Hauptgalaxien
beherbergt und selbst anscheinend zu einem Superhaufen gehört, dessen galaktische Bevölkerung auf über 2500 geschätzt
wird«.

Und jetzt auch noch Einstein mit dem vierdimensionalen Weltraum, in dem selbst Lichtstrahlen von starken Gravitationsfeldern gekrümmt werden, in dem sich Flugkörper verkürzen, die sich der Lichtgeschwindigkeit annähern, und Borduhren gehen langsamer als Vergleichsuhren auf Erden.

Das wurde mir in den Kopf gesetzt in den fünfziger Jahren, mit einem Buch, das auf dem Arbeitstisch liegt, der Schutzumschlag eingerissen, ja wie zerfleddert: Albert Einstein, *Die Evolution der Physik*; »Verständlich für jedermann; Gemeinsam verfasst mit Leopold Infeld«; Wien 1950. Da las ich erstmals vom fliegendem Metallstab, der sich bei Annäherung an die Lichtgeschwindigkeit verkürzt, und von der Uhr, die immer langsamer geht.

Ja, und der berühmte Fahrstuhl im Weltraum! Gehäuse ohne Schacht, ohne Seilzug, ohne Notbremse. Dieses ziemlich langsame Fortbewegungsmittel wurde von Einstein und Infeld als Erklärungsmodell mobil gemacht im Weltraum: Je mehr sich das virtuelle Vehikel der Lichtgeschwindigkeit annäherte, desto langsamer wurde, im Vergleich zu ortsfesten Uhren, eine mitgeführte Uhr, ja der metaphorische Fahrstuhl verkürzte sich, verglichen mit einem Fahrstuhl gleicher Serie. Als besonderes Moment: Ein Lichtstrahl, durch ein Seitenlöchlein einfallend von einem der gravitationsstarken Gestirne draußen im Irgendwo, dieser Lichtstrahl zeigt eine leichte Krümmung. Ein Bild, das in der Erinnerung immer wieder auftauchte. Und das ich in einen Limerick umsetzte:

Fast lichtschnell ein Fahrstuhl im Weltraum
wie Einstein das vorgab im Tagtraum;
der Kasten war dicht,
es kam nur was Licht
durch ein Löchlein: gekrümmt in den Schwarzraum.

Ja, spielerischer Umgang, ausnahmsweise, mit jenen außerirdischen Phänomenen … Wissenschaftliche Erläuterung hingegen, selbst wenn sie vorgibt, allgemeinverständlich zu sein, sie bleibt meist stecken in einer Massierung von Formeln. Das zeigt sich überdeutlich im dreihundert Seiten starken Buch, in dem Nobelpreisträger Max Born versuchte, eine allgemein verständliche Einführung in die Relativitätstheorie zu vermitteln, ein Buch, das dennoch mit Formeln gespickt ist, ja ganze Seiten bestehen nur aus Formeln, von kurzen Überleitungssätzen getrennt. Ich habe das Buch während der Arbeit an diesem Kapitel noch mal durchblättert und rasch wieder weggestellt: ich stoße an eine meiner Grenzen.

Nur *meiner* Grenzen? Eine Anekdote, in Fachkreisen erzählt: Ein Relativitätsexperte trifft einen berühmten Relativitätsexperten: Sie sind also der Zweite von uns dreien, die Einsteins Relativitätstheorie verstehen? Die zögerliche Antwort: Ich überlege gerade, wer der Dritte sein könnte ...

Hingegen in den mentalen Ohren eines Hcr, sicherlich auch in den spirituellen Ohren von Wolfram, Neidhart, Gottfried, Oswald: Konsens ...! Transparenz ...! Gott lässt unablässig die Sinfonie der Planetensphären erklingen, in ihrer Harmonie bestätigt durch die heilige Siebenzahl der siebensaitigen Weltraumharfe. Die Klänge in den Intervallen harmonisch abgestuft; das Intervall entsprach zumeist einem Ganzton, zuweilen auch einem Halbton: Mars (in g) und Sonne (in a) im Ganzton-Intervall, die Sonne (in a) von Merkur (in b) durch ein Intervall getrennt, das einem Halbton entspricht. Sieben Himmelskörper, zwischen ihnen zweimal der Halbton, viermal der Ganzton.

Ich hingegen frage, tonlos, wie viele »Sternlein«, wie viele Himmelskörper es insgesamt wohl sein mögen, die »am Himmel stehn«. Und lese: zehn hoch einundzwanzig. Nicht im kleinsten Ansatz vorstellbar! Selbst der Ausschnitt Sternenraum, den mir die Hochglanzkarte zeigt: ein verschwindend geringer Teil des Ganzen, eigentlich müsste der Hinweis-Sternpunkt »You are here« mit einer Lupe gesucht werden, einem Mikroskop, einem Elektronen-Rastermikroskop.

Diese unermessliche Raumtiefe muss ich mir, zum Kleinen oder Großen Wagen hinauf- oder hinaus- oder hinunterblickend, hinzudenken. Muss ich hinausprojizieren in den Raum,

486

in dem es kein Oben, kein Unten gibt, keinen organisierenden Mittelpunkt. Heimisch fühle ich mich in diesem Weltraum nicht, eher: wie ausgesetzt. Meine zwei Quadratmeter Haut: ja, noch immer; die Pfirsichhaut der Atmosphäre (mit Ozonlöchern): ja, noch immer, doch weiter draußen, rundherum: Todeskälte.

WAS DER ZUFALL MANCHMAL FÜR EINE ROLLE SPIELT

ZUFÄLLIG stieß ich beim Blättern in einem antiquarisch erworbenen Band der Rhöndorfer Ausgabe der Werke Adenauers auf das Stichwort *Zufall*. Nähere Angabe: *Teegespräche 1950–1954*.

Die Teegespräche hatten Tradition während der Kanzlerschaft Adenauers: handverlesene Journalisten führender Zeitungen wurden zum Tee eingeladen, meist ins Palais Schaumburg, wurden dort jeweils eingestimmt auf die politische Haltung des Hausherrn, auf seine Pläne, seine Entscheidungen. Von Bitten und Vorschlägen gesteuerte Sprachregelung. »Ich flehe Sie an, bringen Sie das nicht. Also wirklich, ich bitte Sie herzlich dringend darum, und wenn noch einmal so etwas kommt, drucken Sie das nicht ab. [...] Bringen Sie das dosiert und so, dass ein guter Europäer es verträgt, ohne dass er Magenschmerzen bekommt.«

Ausgerechnet in diesem Zusammenhang finde ich, wahrhaftig nur blätternd, diese Bemerkung: »Nun fragen Sie, wie kommt das? Das war ein besonderer Glücksfall. Vielleicht schreiben Sie mal eine kleine Geschichte darüber, was der Zufall manchmal für eine Rolle spielt.« Und: »Wie der Zufall einem manchmal doch hilft.«

Solch eine (freilich private) Geschichte folgt sogleich. Bei einem Kassensturz zeigt sich: Von Einnahmen durch Funkarbeiten kann die neue Familie noch nicht leben. Gisela, als Lehrerin für Deutsch und Französisch an einem Mädchengymnasium (angestellt, nicht beamtet), sie steht vorerst auf der untersten Gehaltsstufe. Und zu Thomas hat sich Christoph gesellt. Regelmäßige Einkünfte, zumindest als »Sockelbetrag«, waren erforderlich.

Dieser Wunsch erfüllt sich gleichsam unversehens. Zum Freundeskreis gehört auch Fritz B., in führender Position in der Bank-Verlag GmbH des Bundesverbandes der deutschen Privatbanken. Auch diese Organisation oder Institution gab, wie damals weithin üblich, eine Kundenzeitschrift heraus, die an Bankschaltern ausgelegt wurde: *Die Kassette*.

Eine kleine Agentur hatte die Redaktion übernommen, und mit deren Chefin war der Bank-Verlag nicht zufrieden. Zufällig am Tag vor seinem Besuch bei uns hatte Fritz eine telefonische Auseinandersetzung mit Frau NN; nachwirkender Ärger. Den wollte, musste er loswerden am Kaffeetisch. Folgten Interna. Schloss sich die Frage an: Was nun? Plötzlich war der Vorschlag »im Raum«: Wollt ihr das nicht übernehmen? Frei nach amerikanischer Methode: Nicht erst diverse Befähigungsnachweise vorlegen, einfach mal probieren, auf jederzeitigen Widerruf. Hier gab es kein langes Überlegen, dies war mehr als der metaphorische Strohhalm, wir sagten zu.

Kleine Dokumentation erwünscht? Hier ist sie: »Sehr geehrter Herr Dr. Kühn! Mit der Arbeit an Heft 4/1965 der ›Kassette‹ haben Sie nunmehr die gesamte Redaktion der Zeitschrift übernommen. Der guten Ordnung halber möchten wir daher die vor Übernahme der Redaktion mit Ihnen getroffenen Vereinbarungen wiederholen:

Als Redaktionspauschale zahlen wir Ihnen für jede Nummer mit einem Umfang von 12 Seiten 1000.- DM. In dieser Pauschale sind enthalten die redaktionelle Gestaltung des gesamten Heftes, die Kosten für die zu führenden Verhandlungen (Reisekosten), Korrespondenz, Telefonate usw. mit dem Verleger, die Materialbeschaffung im direkten Verkehr mit freiberuflichen Journalisten, Bildagenturen usw., der Direktverkehr mit der Druckerei einschließlich Drucküberwachung, dem graphischen Atelier und die Erstellung der Honorarabrechnung nach dem Druck jeder Nummer. [...]

Die Gestaltung jeder Ausgabe bitten wir mit uns abzustimmen. Auf unseren Wunsch können Textierungen, Bilder usw. ausgetauscht werden.

Damit ein reibungsloses Erscheinen bereits geplanter Nummern gewährleistet wird, ist es erforderlich, dass Sie stets erreichbar sind. Bei einer Abwesenheit von mehr als zwei Wochen bitten wir Sie, uns vorher rechtzeitig zu benachrichtigen.«

Dass Kaiser Scheng-wung schon 3000 Jahre vor unserer Zeitrechnung ein Kräuterbuch schrieb, in dem er ein ganzes Kapitel dem Zimt widmete, dass man bei den Bauarbeiten der Cheops-Pyramide viele Millionen allein für Zwiebeln, Rettich und Knoblauch ausgab, dass Alexander auf seinen Feldzügen in Indien den Pfeffer kennenlernte und nach Europa brachte, dass die römischen Liebestränke aus Anis, Knoblauch und Koriander gemischt waren, dass Plinius vor der Pfeffersucht der Römer warnte, die Finanzkraft des Reichs würde durch allzu hohe Ausgaben für Gewürze geschwächt, dass Nero sich ein Kissen mit Safran ausstopfen und den Nacken mit Zimtöl einreiben ließ, dass Rom sich vom Gotenkönig Alarich unter anderem mit 1500 Kilo Pfeffer freikaufte, dass Karl der Große genaue Vorschriften für den häuslichen Gewürzanbau veröffentlichte: *Kleine Geschichte der Gewürze* für die Kundenzeitschrift.

Sodann ein Probeaufsatz über Orchideenjagd früherer Jahrhunderte und heutige Methoden der Orchideenzucht. Ich finde in einem Orchideenbuch die Fotografie einer tiefroten Blüte: Der Verband schreibt dem Verlag, der Verlag vermittelt die Anschrift des Fotografen, der schickt Farbdias im Format sechs mal sechs, die halten wir bei der nächsten Besprechung vor das Fenster und entscheiden uns für das leuchtendste Rot.

Eine Bildagentur anschreiben, zu einer Bildagentur fahren, an einer Bildagentur klingeln: Ich habe noch nie eine Bildagentur betreten: ein großes Zimmer einer Wohnung in einem Hochhaus. Begrüßung, Formalitäten. Ich schaue mich kaum um, will nicht zeigen, dass ich zum ersten Mal in einer Bildagentur bin, setze mich auf den Stuhl, den mir die Sekretärin zuschiebt, sie klappt aus dem Wandschrank vor mir eine Arbeitsfläche herab; vor mir nun eine Glasscheibe, hinter der Neonlicht aufflackert, und gleich werden Dias vor mir abgesetzt,

Format sechs mal sechs, eingefasst in schwarze Passepartouts, die auf meinen Fingern schwarze Fusseln hinterlassen. Bildkästen mit Aufschriften: Tiere Kunst Pflanzen Kinder Meer Karneval Südamerika Badeszenen Paris Herbst Mosel Winter Abendkleid Bademoden Filmstars.

Ich lege einige Bilder beiseite, erste Vorauswahl: Dünen mit Seegras und Meer dahinter und sommerlich bewölktem Himmel darüber für den Sommer; Enten mit Eis und Sonnenreflexen auf dem Eis und Raureif in den Ästen für den Winter; ein eisschleckender Junge vor schön bunter Kirmesorgel mit vielen Glühbirnen für den Herbst; für die gleiche Saison blätterbestreute Autos von einem hohen Stockwerk aus fotografiert. Und noch einige Bilder schwarzweiß für Erziehungsfragen, für Basteltipps.

Ich lege meine Funde dem Pressemann des Bundesverbandes vor. Leider ist dieses Bild im Vordergrund nicht ganz scharf, wie soll das in der Vergrößerung aussehen? Leider interessieren sich unsere Leser kaum für fernöstliche Motive, auch wenn diese Fischdrachen aus bemaltem Papier fotografisch reizvoll sein mögen. Leider ist der Schlagschatten hier an der Kirche zu groß, das wird im Druck soßig, das versäuft uns. Leider ist dieses Winterbild ein bisschen blaustichig. Leider sind auch weitere Bilder nicht zu verwerten. Also: erneuter Termin!

Im Bildarchiv der Fotofirma öffne ich bereits selbständig die Schrankklappe, knipse das Neonlicht an. Diesmal ziehe ich große Bildrahmen vor die Lichtscheibe und sehe jetzt fünfzig, sechzig Dias auf einen Blick: Ruderboote, von oben fotografiert, blau und rot, ein Kruzifix vor azurblauem Himmel, der Corpus vergoldet, ein Herbstbild des Berliner Schlossparks, Berliner Motive sprechen immer an, Porzellanpferdchen mit bemalten Reitern und Jägersleuten, spielende Kinder in Seesand, Petroleumlampen und der Hamburger Hafen und Reiterinnen in roten Jacken und bayrische Seen mit Alpenkulisse und Mädchen im Meer und Kinder mit Bällen und eine bunte Hauswand im Süden und Sonnenuntergänge und Karnevalsfarben und Flugzeuge auf einer Piste und Dampfer auf Wasser und Herbstlaub und ein dicker Posaunist von hinten und der Eiffelturm waagrecht und die Towerbridge und Kork an Fischernetzen und aufgeschichtete Fässer und ein mittelmeerisches Fischergesicht und Weihnachtsbäume und Blumen und Fische in Aquarien – schließlich sind es immerhin achtzehn Bilder, die auf dem Lieferschein eingetragen und in einen Karton verpackt werden, mit Zwischenpapier wegen der Verglasung.

Und weiter gehts! Vom Archiv einer bekannten Uhrenfirma lasse ich mir Bildmaterial und Textunterlagen für einen Aufsatz über alte Uhren schicken, zu freiem und kostenlosem Gebrauch, wenn dafür die Herkunft der Bilder vermerkt wird. Man wählt Modefotos aus, vierundzwanzig mal dreißig, lässt sich dabei nicht von den Gesichtern der Mannequins beeinflussen, achtet vielmehr darauf, dass die Auswahl von Kleidern, Kostümen, Mänteln ungefähr den Erwartungen der Leserinnen entspricht. Man wählt Rätsel aus, die von Rätselagenturen verschickt werden, Kreuzworträtsel, Silbenrätsel, Bildrätsel; Längen- und Breitenmaße angegeben; vorgedruckte Lösungen; Preis pro Mater. Man sucht eine Kurzgeschichte aus, bestimmt die beiden farbigen Reproduktionsvorlagen für den Umschlag. Man fährt mit dem gesammelten Material zum Graphiker, der das Layout macht, redet erst mal ein bisschen über Politik, Sport, Wetter: Human Relations, spricht dann möglichst fachgerecht, um nicht als Greenhorn durchschaut zu werden, sagt Humorzeichnungen statt Witze, sagt nicht: Dieses Foto sollte unter dem Text schattenhaft sichtbar werden, sondern: Das wird im Viertelton unterlegt, und hier ein Überdecker, weil die Auflage in zwei Nutzen gedruckt wird, Bildleisten, Versalien.

Dann gemeinsamer, einführender Termin bei der Druckerei: Reihen von Tischen, die Arbeitsflächen von unten beleuchtet, Männer und Frauen in Weiß, sie schnibbeln mit Scheren, schwärzen mit Pinseln; ein Gerät, das Farbauszüge aus Repro-Vorlagen herstellt, ein Negativ für Gelb, eins für Rot, eins für Blau ... blaustichige Bilder werden durch eine Blau- oder Zyanmaske korrigiert ... Yellow, Magenta, Zyan ... auf Kupferwalzen jeweils ein Farbauszug … aus dem Keller herauf das Papierband über die Kupferwalze mit der gelben Farbwanne und dröhnend über Zwischenwalzen zur Rotwalze und über Zwischenwalzen zur Blauwalze und weiter über Zwischenwalzen zur letzten Walze mit Druckerschwärze und raus und zerschnitten und gefaltet und auf Wagen in den nächsten Saal und gespreizt über Laufbänder durch die Heftmaschine und in den Lagersaal mit stockwerkhohen Stapeln: zwischen den Katalog- und Zeitschriftenstapeln auch unsere Zeitschrift, etwa ein Quadratmeter Fläche, sechs bis sieben Meter Höhe, eine Säule aus Papier, die ich umkreisen, zu der ich hochschauen kann, auf die ich aber nicht raufsteigen, mich draufsetzen kann.

Per Eilbote das Layout unserer ersten Ausgabe: Pappheft im Format der Zeitschrift, Titelbild in Wasserfarben skizziert, Überschriften und Bildkonturen in Tusche, Textflächen aus alten Nummern geschnitten. Ich räume den Schreibtisch frei, reihe die Seiten, inspiziere sie, entdecke stolz einen Schreibfehler in einer der elegant hingeschwungenen Überschriften, pfeile ihn an, finde sonst leider nichts. Den sorgsam verklebten Umschlag bringe ich zur Post, Eilbote und Einschreiben.
Und Vorarbeiten für die nächste Nummer! Text- und Bildmaterial von Agenturen trifft ein, Weihnachten schon im Herbst, sofort aussortieren, sonst wachsen Moränen in der Wohnung! Keine Engelsfrätzchen, keine offenen Singbubenmäulchen auf dem Weihnachtsumschlag, ich schlage vor: Polarisationsaufnahme einer Kristallfläche, farbig und sinnfrei; ich hoffe auf Zustimmung, meine Herren Geschäftsführer!
Per Eilbote Klebespiegel und Korrekturabzüge: großformatige Blätter, aufgedruckt der Bogenumfang, eingeklebt die Korrekturfahnen. Da muss die verkürzte Kriminalstory noch um zwei Absätze schrumpfen, aber die Agentur hat freie Hand gelassen, so wird das Überhängende eingebracht. Die Position der eingeklebten Bilder prüfen: eins reiß ich raus und kleb es neu ein – die Spielregeln klarmachen! Beim letzten Durchblättern entdecken, dass die Angabe der Bildagentur

fehlt, der Name des Humorzeichners mit Druckfehler; ich lese alles noch mal durch, aber die restlichen zwei Druckfehler entdecke ich erst, als die Ozalidkopie vorliegt: Textkolumnen, Fotografien, Zeichnungen, alles in sanftem Blau.

Und Besuche, angemeldet. Schwarzer Lederkoffer, Kartons mit Fotografien, 24 mal 36, Kostüme, Mäntel, Kleider, Hüte, alles sortiert. Gemeinsamer Termin mit Gisela: Aufteilung der Zuständigkeiten. Der Agent lässt sich einen Schnaps eingießen. Aufgeklebte Textstreifen auf den Rückseiten der Hochglanzbilder: Ensemble a cyclamfar Wolle, Kld m schwingendem Rock, Kurze Jacke m Chinchilla-Manschetten. Dieses Mannequin verdient fünfhundert pro Aufnahmetag, kommt aus Island, und hier eine Französin, mit einem Nachtlokalbesitzer verheiratet, sie hat erstaunlicherweise ein Kind, zweijährig: »Aber Ihr Mann kommt doch erst nach Hause, wenn Sie es verlassen!« »Pendant les dimanches ...« Kollerndes Lachen: Sonntags immer ...

Obstler nachfüllen. Der Beruf lässt dem Agenten vier Monate Freizeit im Jahr, da streift er mit einem Fotoapparat umher, nimmt mit Tele Menschen auf, in der Stadt, in Parks, auf dem Land. Human Relations ... Künstliche Perlen als Unzuchtsperlen, zeugende Ohren ... Die Übernahme kostenloser Bilder ist durchaus erwünscht, PR: Wenn wir im Begleittext nur einen Hinweis auf das Material bringen, die Faser nennen, so ist der Abdruck kostenfrei. Auch Hutbilder sind kostenfrei, zur Zeit sind die Damen zu wenig an Hüten interessiert, so hat sich eine Arbeitsgemeinschaft Hut gebildet, die das Image der Frauen verändern will. PR: Public Relations ... »Können Sie mir sagen, warum man beim Vergrößern immer das obere Stück Frisur abschneidet? Bringen Sie die Weiber mal in eine unmanierierte Haltung!« Das fabelhafte Layout einer neuen Frauenzeitschrift. Wenn er in kleineren Städten zu tun hat, geht er nach Möglichkeit auf den Friedhof, Namen studieren: »Lautkombinationen finden Sie da, die Leute haben überhaupt keinen Klangsinn: Nikolaus Lausberg!« Kollerndes Lachen. Weitere Schnäpse. Er schreibt den Lieferschein aus, hakt die kostenlosen PR-Bilder an, stempelt, Gisela unterschreibt.

Fuddeliges Abzugspapier, zu alsbaldigem Verbrauch bestimmt, Themen für Frauen; die Agenturen glauben, unsere Bedürfnisse zu kennen. Was Männer am Make-up der Frauen nicht lieben, sind allzu dünne Brauen und glänzende Nasen und Rouge-Bäckchen und verklebte Wimpern. Und 1914 waren die Strandanzüge vorwiegend schwarz und blau und bestanden aus schwerem Taft oder Seidenserge, das Beinkleid war separat anzulegen. Und wie orientieren sich Pinguine an Land? Der gesellige Meeresvogel mit spindelförmigem Körper besitzt, wie ungenannte Forscher vermuten, eine Art Radarmesseinrichtung. Pro Jahr werden in den USA nicht weniger als sechskommasechs Millionen »Seelenstärkungs-Schallplatten« verkauft, zwei Drittel von Frauen erworben, der suggestive Inhalt vorgetragen von klangvollen Männerstimmen: Du bist jung, du bist schön. Zwinkern Frauen seltener mit den Augen als Männer? Aber Männer sind bessere Miederkunden. Und die Eskimos sterben nicht aus. Auch Schweine leiden an Herzinfarkten.

Per Eilbote soll der Andruck der farbigen Umschlagseiten kommen, morgen früh, bitte gleich zurückrufen! Ich stehe zwanzig nach sieben auf, Eilpost kommt gewöhnlich gegen halb acht; kein Klingelzeichen, der Briefkasten bleibt leer. Anruf bei der Druckerei: der Brief am Vorabend abgeschickt. Anruf bei der Post: Reklamationen sind nur vom Absender aus möglich. Rückruf zur Druckerei; der Brief sei abgeschickt, höre ich, es eilt. Zur Post fahren, mit dem Dienststellenleiter sprechen, der gerade Gastarbeiter darüber belehrt, dass man da unten in Spanien wahrscheinlich die falsche Adresse draufgeschrieben hat, verstehst du? Ja, und der Eilbrief? Wenn der angekommen wäre, so hätte man ihn sofort ausgetragen, es sei denn, er wäre bei der Verteilung eingelaufen, dann hätte ihn möglicherweise der Briefträger mitgenommen. Aber der Briefträger bringt nur einen Katalog für Studienbücher, den ramme ich sofort in den Papierkorb. Anruf von der Druckerei: Ist der Eilbrief noch immer nicht da? Es werden Andrucke nachgeschickt. Gegen Mittag bringt die Paketpost den Brief, verweist auf das Großformat: Da können wir nichts machen, wir kriegen das zugeteilt, bei Beschwerden an den Stellenvorsteher wenden. Ich halte zum Farbvergleich die beiden Dias vors Fenster, bei einem ist das Glas geplatzt, ich löse die Scherben ab, eine dünne Spur in der Emulsion, sehr ärgerlich. Sind die Reproduktionen nicht etwas zu bräunlich ausgefallen, Hellrot ist Dunkelrot? Anruf: Könnt ihr da nicht was Rot rausnehmen? Na gut, man will es schnell noch versuchen.

Tausend Mark pro Ausgabe der Zeitschrift: Mitte der sechziger Jahre war die Kaufkraft der D-Mark recht hoch, und doch war es wenig Geld – für mein erstes Hörspiel hatte ich dreitausend erhalten. Und ich schrieb weiter für den Funk. Die Arbeit an der Zeitschrift sicherte einen Sockelbetrag, aber auch das Finanzamt erwartete mehr. Der Schwung ließ nach, oder eher: Der Schwung übertrug sich eher auf Texte für den Funk. Ziemlich bald schon handelte ich mir einen Rüffel ein vom Links- und vom Rechtsunterzeichnenden des Bank-Verlages. So was zitiere ich nicht gern, muss hier aber sein.

»Die Unterzeichner haben heute Ihre Manuskripte für die Nummern 6 und 7/65 der ›Kassette‹ durchgesehen. Hierbei stellte sich heraus, dass mehrere Beiträge einer nochmaligen Überarbeitung bedürfen, wenn sie nicht sogar gegen neue Entwürfe ausgetauscht werden müssen. Grundsätzlich möchten wir bemerken, dass fast alle Ausarbeitungen nicht die Sorgfalt zeigen, auf die wir allergrößten Wert legen müssen. Wiederholungen, Ungenauigkeiten und logische Fehler können wir uns bei dieser von den Bankleitungen sehr kritisch betrachteten Illustrierten keinesfalls leisten. Wir erlauben uns, Ihnen daher das zu überarbeitende bzw. auszutauschende Material zurückzureichen. Der Rechtsunterzeichner wird Sie über Einzelheiten unserer Kritik noch telefonisch informieren.«

Wuff! Drei Nummern erschienen noch, aber nicht nur das Interesse des Redaktionsduos nahm ab, auch das Interesse der Abnehmer, die Bestellungen waren rückläufig, die Gesamtauflage der Zeitschrift, in Packen an Bankschaltern ausgelegt, sie ging zurück. Banken begannen, ihre Werbeetats zu kürzen, das bekam auch der Bank-Verlag zu spüren. Die Illustrierte fiel, kurz vor Weihnachten, dem Rotstift zum Opfer.

Soweit mir die Erinnerung hier nichts vortäuscht, habe ich das Aus kaum bedauert. Die einzige Festanstellung, wenn auch linkerhand, war damit beendet. Gisela wandte sich, beruflich, wieder ausschließlich dem Gymnasium zu, und ich blieb von da an freier Schriftsteller, englisch: free-lance.

Außerdem: ich hatte Erfahrungen gesammelt, die mir wichtig waren. Ich artikulierte sie im Roman *Ausflüge im Fesselballon*. Übertrug sie dabei, gleichsam eins zu eins, auf die fiktive Romanfigur, hole sie hier aber nun zurück: sie sind schließlich Teil meiner Lebensgeschichte. Gehören damit ins Lebensbuch, erhalten hier erst den rechten Stellenwert.

UND WORAN ARBEITETE ICH, während es mit der Kundenzeitschrift bergab ging? Es war ein weiteres Feature im Zyklus der *Grenzen des Widerstands*, exemplarisch vergegenwärtigt an historischen Personen, die gegen die Monokratie, die Diktatur Napoleons opponierten.

Dies ist jetzt aber nicht die Intrada einer Auflistung (womöglich chronologisch) meiner Publikationen. Ich habe mir etwas anderes ausgedacht, dafür ist das Stichwort aber noch nicht gegeben oder gefallen. Generell jetzt nur: Es wird, weithin, bei gelegentlichen Markierungen der ständig fortgesetzten Schreibtätigkeit bleiben. Das Lebensbuch soll aber nicht auch zum Lesebuch von Kühn-Texten werden, und sei es in homöopathischen Dosierungen, in literarischen Globuli.

So merke ich nur noch an: Zehn Jahre lang habe ich fast ausschließlich im Funk publiziert: Features und Hörspiele. Damit war ich im damaligen »Massenmedium« Hörfunk wiederholt präsent, war in der Literaturbranche hingegen nicht existent.

ES BEGANN die Zeit der Kinderanekdoten. Hier muss Erinnerung nicht rekonstruieren, ich habe Zeichnungen und Aufzeichnungen zwar nicht gesammelt, womöglich systematisch, habe einzelne Berichte jedoch in eine Mappe gesteckt, die kann ich aufschlagen, kann sichten, sortieren, zitieren. Zudem hatte ich Tonbandaufzeichnungen gemacht, um zu dokumentieren, wie früh sich Thomas, schon vor der Schule, das Lesen angeeignet hatte. Auch diese Tonbänder: verstummt, die Tonbandgeräte vom Malstrom rapider Entwicklungen erfasst. Doch es blieb in Erinnerung, was nicht mehr dokumentiert ist. So legte ich dem Frühleser zuweilen Zeitungen vor, er las das Datum ab, tastete sich lesend vor durch Aktualitäten. Dabei ein wunderschöner Versprecher. Die Schlagzeile »Oben ohne erregt nur noch Gelächter« wurde zu: »Oben ohne erregt nur noch Geschlechter«.

Ein Teil der Kommunikation erfolgte über die Hauspost, die sich mit Thomas einspielte: Formulare von Kindertelegrammen, diverse Zettel und Blättchen wurden unter Türen durchgeschoben. Krakelige Handschrift und früh schon die Faszination Schreibmaschine. Was der Vierjährige tippte, sah allerdings erst mal so aus: Hrzlichnglükwunchzumgborztak.

Sprung in das Beispielsjahr 1966. Damals setzte Thomas, Jahrgang 59, ein deutliches Zeichen für eine früh einsetzende Entwicklung: Zum Geburtstag stellte er eine präzise Wunschliste auf zu seinem Märklin-Baukasten, jeweils mit Katalognummern. »10-125 Winkelträger 25 Loch, 32 cm, 10-325 Schnurlaufrad mit Stellschrauben 25 mm, 11-718 Kupplungsmuffe mit 6 Stellschrauben, 3 Stellringe mit Stellschraube. Dein Thomas.«

Aber auch organisierte Spiele. »Wo sollen wir denn die Käfige für die Tiger, Löwen, Leoparden, Panther und Geparden hernehmen? Ganz einfach! Man nimmt sich 3 Stühle und setzt sie so zusammen: – – – und Decken darüber: fertig.«

Und nun Christoph, Jahrgang 1963. Die erste Zeit verbrachte er, soweit das Wetter es erlaubte, im Kinderwagen draußen unter dem Kirschbaum.

Christoph, mit drei: war nicht so früh fasziniert von Schreiben und Tippen wie sein Bruder, also tippte der Vater, begeistert von unvermuteten Wendungen der Äußerungen. Ich folge den Aufzeichnungen, nicht der Chronologie, da greife ich vor, will bündeln.

Die große Eröffnungsfrage: »Gibt es eigentlich ein Mittel gegen ständig wachsende Füße?«

Zwischenfrage: »Du, Mama, wenn man ein Kind kriegt, hat man dann auch Zähne im Bauch?«

Und ein früher Dialog. »Ich schneid mir meinen Apfel immer mundgerecht.«

Ich: Schneid dich nur nicht in den Finger.

»Nein, ich schneid mir meinen Finger schon nicht mundgerecht.«

Überhaupt, diese Mini-Dialoge: Christoph, du bist jetzt bestimmt hungrig wie ein Löwe.

»Nein, ich bin hungrig wie ein hungriger Schakal.«

Und: »Wenn ich noch mal im Schwimmbad bin, dann schrei ich so laut, dass die ganze Welt siebenmal um sich selbst durch die Luft fliegt.«

Und, als Geständnis einer mitspielenden Besucherin gegenüber: »Anja, wir haben dich lieb, so lieb, dass uns die Tränen aus den Augen springen.«

Und immer mal wieder ein Satz, auf den ich nicht gekommen wäre. »Ich bin so stark, ich kann eine Ameise auf dem Finger balancieren.«

Zur Abrundung noch ein Bericht: »Heute hab ich im Kindergarten ein Männchen gemacht, aus Knete. Aber das konnte nicht laufen und nicht reden. Das konnte auch nicht weinen. Männchen aus Knete können ja nicht laufen. Die können auch keine Bäume umsägen. Und kein Laub kehren. Männchen aus Knete, die können gar nichts machen. Aber so ein Männchen zum Aufziehen, weißt du, wie der Clown mit der Geige, die können auch laufen. Aber die können nicht reden. Aber die können laufen und sägen und so.«

Lockerung von Denkmustern … Spielerischer Umgang mit Realität – belebend … Unangestrengt Originelles – erfrischend …

Zuweilen aber auch Überraschungen, die nicht freisetzten. Plötzlich, unvorbereitet das Stichwort Juden. »Die bösen Juden kommen in die Hölle.«

Warum denn das? Wie kommste denn darauf?!

»Juden sind immer bös, die haben den Gott ans Kreuz getan. Aber er ist dann wieder runtergefallen.«

Wo hat er das denn her?! Wie kommt er nur darauf?! Wird so was im Kommunionsunterricht vermittelt?

EIN DUTZEND LUFTKILOMETER von Düren entfernt: der Fliegerhorst Nörvenich. Die Einflugschneise für Touchdown oder Landung fast genau über dem Haus in Düren; es fand aber auch vielfach Tiefflug statt über uns, zuweilen sogar in Vierer-Formation. Um 1960 schreckte Kleinkind Thomas, vier Jahre später schreckte Kleinkind Christoph wiederholt aus dem Schlaf hoch, im Kinderwagen unter dem Kirschbaum – das massive, schneidende Geräusch vor allem von Starfightern der frühen Kampfjet-Serie.

Das wurde so arg, dass ich einen Brief schrieb. Mit einem Vorspann: »Dieser Brief ist nicht für den Papierkorb bestimmt, sondern für den befehlshabenden Offizier. Man gebe ihn also weiter.«

In der Anrede blieb ich zivilistisch: »Sehr geehrter Herr«. Doch dann legte ich los: »Selbstverständlich sind Sie Beschwerden gewöhnt und reagieren darauf mit Achselzucken. Da das Verhalten Ihrer Piloten aber immer wieder Grund gibt zur Beschwerde, so werde auch ich mich meinen unbekannten Vorgängern anschließen.

Ich frage Sie: Ist es notwendig, dass, wie heute gegen 11.30, ein F 84 dreimal über der Stadt kreist und dabei jedes Mal in geringer Flughöhe über die Häuser unserer Anhöhe hinwegzieht? Ist es notwendig, dass, wie um 14.10, zwei Starfighter in geringer Flughöhe von Osten nach Westen über die Stadt fliegen? Ist es notwendig, dass auf solche Weise nicht nur unsere Kinder immer wieder auf brutale Weise aus dem Schlaf gerissen werden und man selbst bei der Arbeit gestört wird? Ist das alles notwendig?

Vermutlich wird Ihnen das Düsengeräusch Musik in den Ohren sein – es haben aber nicht alle Sinn für solche Art von Belästigung.

Ich hoffe und erwarte, dass Sie nicht nur den zweifelhaften ›Mut‹ haben, Ihren Piloten solche Tiefflüge über Stadtgebiet anzuordnen, sondern so viel Zivilcourage aufbringen, sich nicht hinter Rang und Anonymität zu verstecken und mir eine Erklärung geben für diese Belästigungen. Falls es keine stichhaltigen Erklärungen für diese Tiefflüge gibt, so sorgen Sie dafür, dass die Flugzeuge Ihres Horstes höher fliegen – der Luftraum über der Stadt ist ja nicht nur hundert Meter hoch.«

Das überraschte mich denn doch: Das Schreiben wurde beantwortet mit der Einladung zu einem Gespräch mit dem Kommodore des Fliegerhorsts. Ich fuhr am Haupttor mit dem Motorroller vor, ließ mich zum Amtsraum des ranghöchsten Offiziers eskortieren, wurde freundlich empfangen, staunte: Die Wand hinter dem Schreibtisch als riesige Karte von Europa und Russland, und es war eine rote Schnur gespannt zwischen Nörvenich und Moskau. Das wurde in keiner Weise kaschiert vor dem Besucher, der schließlich freier Mitarbeiter diverser Funkanstalten war, das wurde nicht mal ansatzweise kommentiert. Zum Thema Tiefflüge, auch über dem Stadtgebiet: Begütigungen im Gespräch, dessen Verlauf mir nicht mehr gegenwärtig ist, nicht einmal rudimentär.

Weiterhin, aber zeitlich doch etwas eingeschränkt in den Abendstunden, das schrille Kreischen der stummelflügligen Starfighter, die einer nach dem anderen abstürzten – nicht nur nach riskanten Flügen. Ein Pilot erzählte mir von einer beliebten Mutprobe: zwischen zwei Schornsteinen des Braunkohlekraftwerks Knapsack durchfliegen. Und was ich schon mal zu sehen bekam: Düsenjäger drehten sich dicht über Eifelkuppen um die Achse, die Kanzel kurz nach unten.

DIESE VORSTELLUNG erfüllt geläufige Erwartungen: Gelebtes Leben wirkt ein auf Literatur. Oder: Leben hat ablesbare Rückwirkungen auf literarische Texte. Doch es folgt ein Gegenmodell: Ein literarischer Text, der Einwirkungen auf das Leben, sogar mehrjährige Nachwirkungen hatte im Leben des Verfassers.

Zwischen Promotion und erstem belletristischem Buch: Ein halbes Dutzend Jahre, in denen ich weiterhin im Hörfunk veröffentlichte. Um 1963 begann ich mit der Arbeit an einem Hörspiel, das mein größter Erfolg werden sollte, im deutschen Sprachraum: *Das Ärgernis*.

Es ging um einen jungen Wehrdienstverweigerer, der die Unterstützung durch die evangelische Kirche suchte und fand, um einen Pfarrer, den sein Engagement in eine Problemzone brachte. Eine Konstellation, die damals im Spielraum des Wahrscheinlichen lag. Mittlerweile haben sich die gesellschaftlichen Rahmenbedingungen völlig verändert, und so ist dieses Hörspiel längst vergessen. Ein Stück INSTANT-Literatur: leicht löslich und entsprechend rasch vergessen. Freilich nicht in den Auswirkungen auf mein Leben, zumindest eine Zeitlang.

Die Konfirmation hatte mich nicht zum Kirchgänger, zum »Gottesdienstbesucher« gemacht. Also brauchte ich Beratung – der »plot« der Geschichte musste stimmig sein, zu den Fakten musste Atmosphärisches kommen, Details, die ich mir nicht einfach »ausdenken« wollte. Wir luden einen der drei jungen Pfarrer der Gemeinde Düren ein: Antrittsbesuch und Konsultation zugleich.

Es erschien ein mittelgroßer, südländisch dunkelhäutig wirkender, schwarzhaariger Mann mit scharfem Profil: Peter Beier. Ausführliches, intensives Gespräch: kirchliche Konstellationen wurden deutlicher, wie erhofft wurde auch Atmosphärisches vermittelt. Ob es bei dem einen Beratungsgespräch blieb, weiß ich nicht mehr, aber in diesem Punkt bin ich sicher: Es war der Beginn einer Freundschaft über viele Jahre hinweg bis zu Peters viel zu frühem Tod.

Aber erst einmal: fortgesetzte Arbeit am neuen (dritten oder vierten) Hörspiel. Personenreich, szenenreich, es musste aufgefächert werden. Eine aufwendige Gemeinschaftsproduktion des Saarländischen Rundfunks mit dem Hessischen Rundfunk. Der erste literarische Text zum Thema Wehrdienstverweigerung, damit zum umstrittenen Engagement evangelischer Pfarrer.

Das Hörspiel fand größte Resonanz. Zwei Tage nach der Ursendung ein Telefonanruf aus Frankfurt, morgens Viertel nach acht: Lauterbach, der Hörspielchef, war ungewöhnlich früh in die Redaktion gefahren, um sich, nach einem Anruf der Poststelle, selbst davon zu überzeugen, wie stark die Hörerresonanz war: Die Waschkörbe, rief er, die berühmten Waschkörbe voller Post, hier sind sie, hier sind sie tatsächlich! Die meisten Briefe als Bitten um das Sendeskript, auch schickten junge Männer Briefe, die an mich weitergeleitet wurden: ihre Problematik war angesprochen worden, sie hofften auf weitere Unterstützung, zumindest als Bestätigung.

Zum ersten Mal beschlossen die beiden Dramaturgien, ein Hörspiel zu drucken. Kurze Begründung in einer Vornotiz: »Die Handlung spiegelt Probleme des deutschen Alltags und konfrontiert die Haltung einer Minderheit mit dem Druck einer mächtigen, meinungsbildenden Gruppe. Angesichts dieses aktuellen Vorgangs verwundert es nicht, dass das Hörspiel ein ungewöhnlich starkes Echo hatte. Zahlreiche Hörer und Hörergruppen baten um das Manuskript. Die Drucklegung will diesen Wünschen nachkommen.«

Die 2000 Exemplare wurden hergestellt von der Saar-Zeitung: 67 Druckseiten in gelbem Karton – meine erste eigenständige literarische Publikation! Die kleinen Broschüren waren bald vergriffen. Eine evangelische Zeitschrift, *Stimme der Gemeinde*, druckte den Text vollständig nach, zusätzlich eine Sonderauflage. Ich habe die Zahl 12 000 in Erinnerung. Das Hörspiel wurde von fast allen Sendern der Bundesrepublik übernommen, und das hieß: Übernahmehonorare, Sendehonorare. Manna für den Autor, der sich selbständig gemacht hatte, Manna für den jungen Familienvater. Noch einmal: Ein Text kaum von literarischer, dafür aber, ganz entschieden, von biographischer Relevanz.

Dies in zweifacher Hinsicht. Auch in der Evangelischen Gemeinde Düren war die Reaktion enthusiastisch, und so stellte mir Peter Beier (zu einem Zeitpunkt, den ich nicht mehr präzisieren kann) die Frage, ob ich nicht in der Gemeinde aktiv werden, mich als Presbyter zur Wahl stellen wollte. Ich hatte im Hörspiel einen Pfarrer, einen Kirchmeister, zwei Presbyter zum Sprechen gebracht, und nun die Anfrage, die mich in Arbeitskontakt mit Pfarrern und Presbytern bringen sollte.

Ich sprach Dank aus für die freundliche Anfrage, hatte aber einen gravierenden Einwand: Ich gehe nie zur Kirche, freiwillig, bin nicht, was man als gläubigen Christen bezeichnet, so einer passt nicht in das Gremium.

Aber hier dachten die drei jungen, miteinander befreundeten Pfarrer ganz anders, damals, Mitte der sechziger Jahre: Kirche auch als soziales Forum! Damit reichlich Ansatzpunkte für ehrenamtliche Tätigkeiten. Zudem: es war eine Zeit heftiger Diskussionen auch in der evangelischen Kirche. Vereinfacht, höchst vereinfacht: Reformer gegen Konservative, auch im Presbyterium zu Düren. So sollte ich das Grüppchen der Erneuerer unterstützen.

Gut, das sah ich ein, bestand aber darauf, dass ich nicht regelmäßig am Gottesdienst teilnehmen, schließlich mit dem Kollektenkörbchen am Ausgang stehen müsste.

In jener Zeit der Umbrüche war das, schien das akzeptabel.

Beginn der neuen, »ehrenamtlichen« Tätigkeit. Erstes Stichwort »Gemeindebrief«, monatlich erscheinend. Ich wurde der Mini-Redaktion hinzugesellt: ein Gynäkologe, der sich gern auch als Organist präsentierte, und ein Kinderarzt, bald einer der Hauptfreunde: Lorenz Peter Johannsen.

Für Inhalte war ich weniger zuständig als für technische Abläufe. Also erschien ich wiederholt in der Offset-Druckerei, prüfte das Layout des auf gelbem oder blauem Papier gedruckten Blatts. Einmal oder zweimal lieferte ich auch einen redaktionellen Beitrag. Verschollene Texte, ich erinnere mich vage an Ausführungen zur Kirchenmusik, die musikalisch völlig abgekoppelt war von der Entwicklung zeitgenössischer E-Musik.

Eher eine Nebentätigkeit. Aufwendiger war die Teilnahme an Diskussionen, innerhalb wie außerhalb des Presbyteriums, zum Kirchenkampf jener Jahre. Ich kann und will hier nicht ausführlich dokumentieren, das ist wahrhaftig ein Kapitel für sich, aber ein wenig Atmosphärisches lässt sich doch einbringen.

Das Binnenklima der Bundesrepublik war aufgeheizt, das wirkte auch ein auf Auseinandersetzungen innerhalb der Gemeinde. Mit herausgerissenen Predigtzitaten wurde Freund Beier vorgeworfen, vorgehalten, er sei ein »Schwärmer«, der die »Deutschen zu Anarchisten umerziehen wollte«. Oder: er hätte sich für ein DKP-Mitglied eingesetzt, das sich ungerecht behandelt fühlte. Hier musste klargestellt werden: keine politischen, allein theologische Gründe! Dann wurden die jungen Pastoren, wurden die »leitendenden Amtsbrüder unseres Kirchenkreises« mit den »Klerikalfaschisten des Dritten Reiches« gleichgesetzt. Ja, es herrschte ein scharfer Ton, ein rauer Wind, es wurde vorgeworfen und zurückgeworfen, und ich mischte mit, ein wenig.

BEDROHLICHES. Termin beim TÜV, Mitte der sechziger Jahre. Im Hof herumschlendernd registrierte ich, nebenbei, wie das Auto hydraulisch hochgestemmt; ausgiebig von unten beleuchtet wurde. Ein zweiter Mann im Overall wurde herangewinkt, beide starrten auf den selben Fleck, kontrollierend, konferierend. Dann wurde ich hinzugerufen: »Haben Sie besondere Feinde?«

Ich? Wieso?

»Na, schauen Sie sich das mal an. So was haben wir noch nie gesehn!« Ich wurde hingewiesen auf einen Rasiermesserschnitt in einem Bremsschlauch, der Länge nach, genau mittig, zwei, drei Zentimeter lang. Bei starkem Bremsen wäre der Schlauch aufgeplatzt, keine Bremswirkung mehr.

Kann das nicht durch einen hochgeschleuderten, sehr spitzen Stein oder so was geschehen sein?

»Nein, das sieht dann anders aus, ganz anders. Das ist ein sauber geführter Schnitt, sieht aus nach Rasierklinge.« Ein Schraubendreher betont die gerade Linie. »So was haben wir wirklich noch nie gehabt. Keine Ahnung, wer dahinterstecken könnte?«

Nein, überhaupt nicht. Tapse ich denn ahnungslos durch

diese Welt, frage ich mich. Einer aus dem Büro wird hinzugerufen, nun wird der Schnitt von sechs Augen gemustert: Kein Aufpraller kann eine so feine, exakte Linie ziehen, das ist Vorsatz.

Also hätte mir der TÜV womöglich das Leben gerettet?!

Langsam, ganz langsam, mit Warnlicht, fuhr ich zur Vertragswerkstatt. Meine Fehlermeldung wollte man erst nicht glauben: Die vom TÜV, die spinnen manchmal. Hebebühne, Inspektion. »Das sieht aber sehr merkwürdig aus! Tatsächlich wie ein Schnitt. Richtiger Schnitt. Da hätten Sie aber Probleme gekriegt, mit Sicherheit.«

Austausch des Bremsschlauchs, erneute Vorführung des Wagens beim TÜV. Ich brachte drei Flaschen Wein mit, eine für jeden der Prüfer. Und zur Nachbesichtigung noch mal das Stück Bremsschlauch mit dem Längsschnitt, den ich zu Hause mit Lesebrille und Lupe inspiziert hatte. Nein, Schotter oder Splitt kann es in keinem Fall gewesen sein.

Rätseln half nicht weiter. Ich musste es auf sich beruhen lassen. Warf das Schlauchstück in die Mülltonne. Erledigt. Jedenfalls formell.

Noch einmal: »Haben Sie besondere Feinde?« Ja, offensichtlich, aber im Verborgenen. Bei einem starken Ruck der Gesellschaft nach rechts kämen die jedoch rasch zum Vorschein. Das Potential ist jedenfalls da und rumort vor sich hin.

Ein gedrucktes Formblatt, auf dem diverse Formen der Beleidigung jeweils angekreuzt werden können. Dies jedoch mit handschriftlichen Begleitzeilen in akkurater Schrift: »Geben Sie zu Ihrem Doktortitel immer den Zusatz und den Ort an, damit die Leser erfahren, wo und in welchem degenerierten Bereich geistig minderbemittelte Jounalisten promovieren. Sie machen ohne Zusatz einen ganzen Stand unmöglich!«

Angekreuzt wurde dann, mich solle der »Marx/Mao/Teufel holen«. Ich solle meinen »Müll woanders abladen«. Ich hätte eine völlig falsche Wellenlänge, solle endlich in mich gehen. Weil das noch nicht reichte, wurde handschriftlich hinzugefügt: »Sie sind unfähig!«

Von entschieden härterem Kaliber war ein Original-Typo-skript mit »Stellungsbefehl« des »Staatlichen Krematoriums Köln, Städtischer Friedhof«. Ein Geburtstagsschreiben der besonderen Art.

»Da wir durch genaue Informationen erfahren haben, dass aus Ihrem Weiterleben keine sozialen Vorteile mehr zu erwarten sind, und Sie mit Ihrer erbärmlichen Erscheinung nur zum scheußlichen Schrecken der Menschheit herumlaufen und Ihren Mitmenschen zur Last fallen, haben wir Ihre Beerdigung beschlossen. Sie werden hiermit aufgefordert, sich am 1. Februar im hiesigen Krematorium zwecks Verbrennung Ihrer schlaksigen Figur zu stellen, mit Gesangbuch und Leichenhemd. 11. Stock – Ofen 199 – Klappe III. Mitzubringen sind 1 Bündel Stroh, 1 Ztr. Koks, Papier und Feuerzeug. Ferner ist ein Sack für Ihre Asche zu stellen. Ihre Asche wird im Winter zur Streuung vereister Straßen benutzt.« Und so weiter.

Die neue Tätigkeit verpflichtete mich in regelmäßigen Wiederholungen zum Umgang mit Sprachmaterial etwa dieser Art: Inanspruchnahme der Bauunterhaltungsrücklage ... Antrag auf Anerkennung der Beihilfefähigkeit einer Heilkur ... Antrag auf Höhergruppierung ... Zur Annahme empfohlener Entwurf mit der Nummer 8617 ... Nachträgliche Genehmigung der außer- und überplanmäßigen Einnahmen und Ausgaben ... Beschluss der Aufhebung des Beschlusses des Hauptausschusses ...

Das war nicht gerade inspirierend, lag weit außerhalb der Wortfelder, auf denen ich mich sonst bewegte. Sprachzuwachs, gewiss, aber der ließ sich nicht umsetzen. Kurz, hier sammelte ich kein Material, das ich literarisch »umsetzen« wollte. Es wird ja vielfach vorausgesetzt, dass man alles, was man als Autor sieht, hört, erlebt, irgendwann irgendwie verwerten will. »Darüber wollen Sie doch sicher mal was schreiben.« Und ich musste, muss mich wiederholen mit der Erklärung, ich sei keine Verwertungsmaschine, vieles nehme ich zur Kenntnis, ohne es aufzugreifen, es muss nicht alles einen literarischen »Niederschlag« finden. (Zweischneidiges Wort ...)

Oder ist ein Vorgang wie folgt etwa Stoff für eine Story? Ein Angestellter der Gemeinde (auch nach den vielen Jahren will ich die Anonymität wahren) muss von einem Presbyter mit erheblichem Nachdruck zur Teilnahme an einer öffentlichen Aktivität der Gemeinde motiviert werden. In der Diskussion, in der »von verschiedenen Seiten Kritik an der Arbeit des Herrn NN geübt wird«, kristallisierte sich das Wort Faulheit heraus. Und der einstimmige Beschluss, Pfarrer Beier und Presbyter Dr. Kühn sollten in einem (von den Presbytern NN und NN zu unterzeichnenden) Schreiben den Adressaten »im Einzelnen auf seine Dienstverpflichtungen hinweisen und auffordern, sich innerhalb von 14 Tagen nach Absendung des Schreibens schriftlich zu äußern, ob er diesen Pflichten nachzukommen gewillt ist«. Was aber nur rhetorisch bekundet, nicht jedoch faktisch eingelöst wurde, und damit: es erfolgte eine Neubesetzung der Dienststelle – zwei, drei Jahre später ...

Ja, viel Administratives, selten Brisantes. Wiederholt brisant war damals die Situation im Jugendheim. Umbrüche, Aufbrüche der Gesellschaft wirkten auch hier ein: es machten sich junge Leute breit, die Jugendarbeit eher boykottierten als stimulierten. Der wiederholt auftauchende Vorwurf, im Jugendheim würde gesoffen, gekifft, gedealt. Es fänden Schlägereien statt. Bei einer der Sitzungen platzte eine Mitarbeiterin herein: Der Leiter des Jugendheims ist in die Ecke gedrängt, einer der Neuen hält ihm ein Messer vor den Bauch. Da sprang sofort Freund Peter ein, ließ klerikales Idiom zurück, brüllte den Ausgeflippten an: Sofort das Messer weg, sonst liegst du flach! Gütliches Zureden hätte nicht gewirkt, hier war der rechte Ton getroffen, die kritische Situation wurde erst mal entschärft, später konnte nachgearbeitet werden.

Mein Akzent war gesetzt auf soziale Arbeit, nicht auf Kirchenleben. In der Christus-Kirche machte ich mich weiterhin rar, tauchte dafür, beispielsweise, auf im »Kontaktkreis der Evangelischen Gemeinde Düren zur JVA Düren«. So kam ich ins Gefängnis, besuchsweise, nach Absprachen mit der Anstaltsleitung der Justizvollzugsanstalt: Gespräche mit Häftlingen, Gespräche mit Beamten. Sitzungen des Kontaktkreises.

Mein soziales Engagement wurde in der Gemeinde anerkannt, immer öfter aber wurden Stimmen laut (eher halblaut), die meinen Status in Frage stellten: Was ist das eigentlich für ein Presbyter, den man fast nie oder höchstens notgedrungen in der Kirche sieht?

Ein »Dienstgespräch« mit Peter Beier: Ich kann, ich will mich nicht zu regelmäßiger Teilnahme an Gottesdiensten verpflichten, nur weil ich mich im sozialen Umfeld der Gemeinde engagiere. Also werde ich mich nicht der Wiederwahl stellen. Aber wenn ihr mich braucht, bin ich zur Stelle.

Was denn auch geschah, Stichwort: Drogenberatungsstelle.

ZWISCHENFRAGE. Wie sollen wir das verstehen, Herr Kühn: Jemand, der nicht freiwillig in die Kirche geht, wieso wurde der Mitglied eines Presbyteriums, eines Pfarrgemeinderats? Glauben Sie überhaupt an Gott?

Ich wünsche mir, ich könnte an einen Gott glauben. Das wäre aber ein eher alttestamentarischer Gott. Und der als Schöpfer. Wobei ich mich sofort und entschieden von Dummbeuteln absetzen muss, die, vor allem in den USA, als »creationists« alles wortwörtlich nehmen, was in der Bibel steht. Für die infolgedessen die Welt sechstausend Jahre alt ist, da können Wissenschaftler publizieren, was sie wollen. Von diesem Humbug rücke ich ab, selbstverständlich. Monotheismus hat eine sehr viel ältere Tradition, der schließe ich mich an mit Vorbehalten und einem Bündel von Fragen.

Also doch, wie im Glaubensbekenntnis: Gott als »Schöpfer des Himmels und der Erde«? Mit welchen Vorstellungen verbinden Sie das? Gott als Wesen, das in unermesslichem Leerraum eine unvorstellbar dichte Masse formloser Materie zusammengeballt hat, sie zur Explosion brachte im Urknall, danach zuschaute, was sich nach den entscheidenden ersten trillionstel Sekunden entwickelte mit rasenden Geschwindigkeiten? Und der große Initiator richtete sein besonderes Augenmerk auf die auskühlende Erdkugel, dieses Sternlein im Winkel eines der in Jahrmilliarden entwickelten Galaxie-systeme, schuf die für jegliches Leben notwendigen Voraus-setzungen wie Wasser, Luft und angemessene Temperaturen, begann schließlich, Leben überhaupt, dann diverse Lebens-formen zu entwerfen? Wie soll das vor sich gegangen sein, trotz dominierender Evolutionsthese?

Das frage ich mich auch. Gott müsste molekularkleine Baupläne entwickelt haben, Gene. Wer Mikrokosmisches wie Atome, liiert mit Quanten, erschaffen kann und Makroskopi-sches wie dieses fortgesetzt auseinanderdriftende Weltall, wird gewiss auch mit den vier codierenden Bestandteilen der Gene zurechtkommen, als Allerhöchster Molekularbiologe, Allerhöchster Molekularmechaniker, als Konzeptor der Bio-diversität.

Klingt verdächtig anthropomorph. Also doch ein Gott-vater, zeitgemäß reloaded?

Nein, eher so was wie ein omnipotenter, omnipräsenter Mega-Cluster. Wie eine Cloud, eine Hybrid Cloud. Analog und virtuell, faktisch und kontrafaktisch zugleich. So, wie Ma-terie von Antimaterie begleitet wird, so könnte hier/dort die höchste Stufe der Komplementarität bestehen von Existenz und Nichtexistenz, umgesetzt in Nähe und zugleich Ferne, weltnah, präsent aber auch für andere belebte Welten – dort ohne Sohn?

Als Charakteristika des Gottes vielleicht: Keine feste Grö-ße, sich vielmehr erweiternd oder verkleinernd, auch in dieser Hinsicht wolkenähnlich? Eine Supercloud, Supracloud mit n Dimensionen? Und wir, mit unseren beschränkten drei, vier Dimensionen, wir sind weder a priori noch a posteriori in der Lage, die suprakomplexe, polydimensionale Cloud zu erfas-sen? Nicht einmal als selbstreduzierte Lichterscheinung in purifiziertem Ultraviolett? Dennoch – hier und dort, ab und zu – für Erleuchtung sorgend, Flämmchen verteilend auf di-verse Köpfe, sogleich wieder abhebend, sich verflüchtigend?

Weichen Sie doch bitte nicht aus ins Ironische. Haben Sie sich noch nie gefragt, ernsthaft, ob es ein Leben nach dem Tode geben kann? Und wenn ja, in welcher Form?

Das kann ich noch auswendig, habe das, vor allem als Jugendlicher, auf dem Weg zur Konfirmation, oft genug nachgesprochen, mitgemurmelt, mitgeleiert: »... Auferstehung der Toten und das ewige Leben. Amen.« Auferstehung der Toten und das ewige Leben. Amen. Formulierungen als Selbstläufer, die liefen mir davon, die versuche ich jetzt erst einzuholen: Was habe ich da eigentlich mitgesprochen, bekräftigt, beglaubigt, mir scheinbar zu eigen gemacht? George Bernard Shaw, den mein Vater so sehr schätzte, fast ein Hausheiliger, er schrieb und publizierte diesen von mir fußnotenmäßig aufgeschnappten Satz: »Trotz unserer störrischen, verrückten Annahme, Hans Jedermann werde einmal tausend Millionen Äonen und darüber hinaus leben, sterben wir gern: wir wissen, unsere Zeit ist um.« Gleich noch ein Satz von GBS, vermittelt von John Updike: »Welcher Mensch wäre übrigens des wahnwitzigen Dünkels fähig zu glauben, dass er eine Ewigkeit seines Ichs ertragen könnte?«

Shaw, vermittelt von Updike: höchst ehrenwert. Nur würde ich gern erfahren, wie *Sie* darüber denken. Ist schließlich eine Kernfrage, existentiell!

Ich gebe nur ausweichend Antwort, fühle mich hier eigentlich überfordert. Verweise auf die vor etlichen Jahrhunderten noch topographisch vereinfachte Gesamtlage. Die Erde umgeben von schwingenden Kristallschalen, und droben, über der Schale mit dem größten Durchmesser, der Himmel; in dieser jenseitigen Region der Thron; auf diesem Thron Gott. Oder, wie Juden eher schreiben würden: G'tt. In dieses Himmelsreich konnte man nach dem Jüngsten Gericht »auffahren« – sofern zugelassen. Nur: wohin? Immer leistungsfähigere Teleskope weiteten den Blick in schließlich »unermessliche Fernen«. Dort herrscht entweder Hitze von mehreren tausend Grad Celsius oder Weltraumkälte von konstant minus 273 Grad. »Da möchte ich nicht abgemalt sein«, hätte Helene in einer ihrer Da-capo-Formulierungen gesagt.

»Da« – wo denn da? Auf der Rückseite von Planeten oder sonstigen Gestirnen? Oder eher in Schwarzen Kugellöchern? Und es werden, es würden per Allerhöchstem Richtspruch bestimmte Skelette – im Hawking-Effekt – bei der Annäherung wie Spaghettis langgezogen, bevor sie definitiv unsichtbar werden hinter oder unter dem Ereignishorizont? Dort womöglich wegen der Massenhaftigkeit, der extrem starken Gravitation unvorstellbar dicht zusammengepresst: Verpackungsgrad wenigstens 5000? Das wäre aber eher die Hölle, das Inferno. In derartiger Verdichtung auf Freunde, Verwandte, sonst Nahstehende zu treffen, dürfte äußerst unwahrscheinlich sein.

Einer möglichen Lösung des Problems könnten uns höchstens die neu entdeckten (oder errechneten) supersymmetrischen Partikel näherbringen, »die wie eine Schattenwelt das bisher bekannte Universum ergänzen« sollen. Dort ließen sich die Auferstandenen am ehesten ansiedeln: im Schattenkosmos, der den Kosmos um uns herum gleichsam durchdringt, durchwächst. Hier also das oft zitierte, auch von mir als Jugendlicher ahnungslos ausgesprochene, hingemurmelte »ewige Leben«? Ewig, das heißt ja nun: zeitlich unbegrenzt. Also nicht bloß eine Spielverlängerung nach dem Abpfiff, nach dem Totenglöcklein, nicht bloß ein Nachspiel von zehn oder hundert Jahren, sondern Tausende, Zehntausende, Hunderttausende, Millionen, Abermillionen, Milliarden von Jahren – und damit noch längst nicht »ewig«? Da müsste Zeitgefühl radikal aufgehoben sein, Zeit nur noch wahrgenommen wie von einem Stein.

Aber es wird von den Kirchen glücklicherweise auch die »ewige Ruhe« angeboten, unausgesprochen alternativ, und da würde ich mich denn sofort für »requiem aeternam« entscheiden, dies schon mal vorweg.

Wäre eigentlich schön: ein Gefühl religiöser Geborgenheit. Die kleine Seitenkapelle (wo war das noch?) mit der schmucklosen Wandnische für die etwa dreißig Zentimeter hohe Pietá aus bemaltem Stein, ein Blumenstrauß vor ihr abgelegt. Mussten künstliche Blumen sein, sonst wären sie rasch verwelkt, ja angebräunt worden in der Kerzenwärme: Hunderte von Leuchten in der Kapelle, die meisten auf schmiedeeisernem Gestell mit langen Tragarmen; an den Seitenwänden kleinere

Gerüste aus Schmiedeeisen, mit jeweils etwa dreißig Kerzen. Es dürften zweihundert, gar dreihundert Kerzenleuchten sein, in Glasschälchen. Die Kirche hinter mir halbdunkel, und vor allem: leer. So bin ich allein in der Kapelle, angelockt vom Waberlicht, nun eingetaucht in Wärme. Erste Assoziation: Backstube. Aber kein Brotgeruch, Brotkrustenduft, sondern Kerzengeruch.

Reglos bleibe ich stehn, fühle mich umhüllt von Kerzenwärme. In der Kuppel der Kapelle eine tellergroße Öffnung, und irgendwo, weiter droben, ist ein Ventilator eingebaut: feines, sehr gleichmäßiges Summen, das mich ebenfalls sanft stimmt, müde macht. Die Leuchten auf den kleinen Metallgerüsten seitwärts brennen fast völlig ruhig; auf dem ausladenden Gerüst vor mir flackern die Kerzen ein wenig, zumindest von der zweiten Reihe an.

Ich lasse den Blick unscharf werden, und bald die Assoziation: Lichtreflexe auf einer Wasserfläche. An einem See, am Mittelmeer hatte ich öfter hineingeschaut in die Lichtflächen vor der Sonne jenseits des Zenits, wollte gesetzmäßige Abläufe entdecken im Aufblinken, Aufzucken von Lichtimpulsen, wollte wellenförmige Lichtbewegungen entdecken, doch es blieb bei der Zufallsverteilung von Aufblitzen und Erlöschen der Lichtreflexe.

Auch nun wieder, während ich, in der Backofenwärme, in das Lichtflimmern, Lichtzucken, Lichtschwanken der Kerzenleuchten hineinblicke, das Gefühl, mein Hirn würde leergesogen. Um dem nicht völlig nachzugeben, schaue ich zuweilen, den Blick schärfend, auf einzelne Leuchter. Und mein Blick wird wieder unscharf. Erneut, das Bild überlagernd oder durch das Bild hindurchblinkend: Wasserfläche mit Lichtreflexen.

Zuweilen horche ich in den immer dunkleren Kirchenraum, aber weder vom Vorplatz noch von der Sakristei kommt jemand in die große Lichtwabe, in der sich Dutzende, Hunderte von Bitten konzentriert haben werden, allein an diesem Tag. Gebete wie hinaufgesogen, hinaufflimmernd hochgesogen durch die schwarze Öffnung in der dunkel getönten Decke, und es flimmerte, unsichtbar, immer höher: Gebetsthermik.

Ein Geräusch in der Kirche, vom Eingang her, ich schrecke auf, bleibe jedoch stehen, die reglose Haltung eines Beters annehmend, den man lieber nicht stört. Wärmemeditation, Lichtmeditation, und in jedem Nervenknoten, jeder Ganglie meines Hirns solch eine Kerzenleuchte, gleichmäßig warmhell ausgeleuchtet die Hirnkuppel, nur noch die Lichter, die Wärme, die Lichter – das wäre mehr als genug.

Nachts auf der B-Ebene: ein Mann steht auf dem Bahnsteig mit einem Köfferchen älterer Ausführung; weiß aufgepinselt: Frag mich nach JESUS. Ein Grüppchen junger Männer in hellblauen, eng anliegenden Jeans, mit weiten Bomberblousons in Leder, US-AIR-FORCE-Embleme auf breiten Rücken: historisierende Zitate der Konsumgüterindustrie. Der Mann mit dem Trödelmarktköfferchen: kurzgehaltener Bart, auf grauem Haar eine Baskenmütze, er strahlt mildes Lächeln ab, einladend. Eine Gruppe in schwarzblauen, weiten Jeans, in hellgrauen Kapuzenpullis, zwei auch noch mit einer Basecap unter der Kapuze: the hood. Der Mann mit dem Köfferchen lächelt, lächelt mild. Zwei Männer, offenbar Inder, in hellen Anzügen mit Krawatten, sie haben die Hände lässig vor dem Geschlecht verschränkt. Als auf der Gegenseite eine U-Bahn abgefahren ist, ohne dass jemand in Bomberblouson, Kapuzenpulli und Konfektionsanzug nach Jesus gefragt hat, wechselt der Mann die Bahnsteigseite, kommt in meine Nähe. Eine Streife der Security, drei Männer, eine Frau, ein Schäferhund mit Maulkorb. Der Mann strahlt Lächeln ab. Ich lächle im Reflex, schaue weg: es soll kein einladendes Lächeln sein. Er fährt mit in der Bahn, steht sanft lächelnd im Gang, das Köfferli zu seinen Füßen abgestellt, doch keiner fragt nach Jesus.
Und ich? Könnte ihn höchstens fragen: Wenn es Tausende von belebten Welten geben soll, wie Astrophysiker schon rein statistisch voraussetzen bei Milliarden von Galaxien mit jeweils Milliarden von Gestirnen – herrscht über all jene nicht nur wahrscheinlichen, sondern höchstwahrscheinlichen Welten ein Gott ohne Sohn?

ABMELDUNG vom Presbyterium, Fortsetzung der Freundschaft mit Peter. Bei einem der Gespräche brachte er die Rede auf die Drogenberatungsstelle, abgekürzt: Drobs. Die war wieder mal ins Gerede gekommen – Querelen im Team und der Verdacht, einer der hauptamtlichen Mitarbeiter würde dealen. Ich wurde vom Presbyterium zum Mitglied des »Drogenausschusses« gewählt, war damit der Fünfte in kleiner Runde.

Und wurde konfrontiert mit »papers«, von Mitarbeitern der Beratungsstelle in fast regelmäßiger Folge erarbeitet und verteilt. »Konzeption der Drogenberatungsstelle Düren ... Drogensituation in Düren ... Bericht über Teestubenarbeit ... Monatsbericht ... Ergebnisse der täglichen Mitarbeiterbesprechungen ... Schreiben an den Präses des Ev. Kirchengemeinde« ...

Dann geht es um eine Rechnung des Instituts für Training und Gruppendynamik Düsseldorf. Sie zeigt, dass »entgegen früherer Abmachung teilweise Außenstehende an dem Seminar teilnahmen«. Die hauptamtlichen Mitarbeiter hatten drei Personen mitgenommen, die dafür nicht vorgesehen waren, die Gesamtrechnung wurde entsprechend hoch, das konnten wir nicht hinnehmen, es mussten jeweils anderthalb Tage Urlaub abgezogen werden.

Und Teilnahme an der Teestubenarbeit. »Den jugendlichen Besuchern stehen in der Drogenberatungsstelle als sog. Teestube drei Räume in der dritten Etage zur Verfügung. Die durchschnittlich 50 jugendlichen Besucher, die täglich die Drogenberatungsstelle aufsuchen, zeigen in der Mehrzahl ein Verhalten, das sich auszeichnet durch Passivität, Kontaktarmut bzw. völlige Isolation, besonders gegenüber Erwachsenen, aber auch gegenüber Gleichaltrigen.«

Immer wieder wurden mir Ablichtungen von papers mitgegeben, und es verstärkte sich der Eindruck, das Team sei sehr stark, sei immer mehr mit sich selbst beschäftigt, die papers konnten den Umfang von zehn, zwölf dicht (mit Schreibmaschine) beschriebenen Seiten annehmen. Die Mitarbeitertreffen waren hauptsächlich der Selbstfindung, der

515

Selbstdefinition gewidmet. Das führte schließlich zu offenen Konflikten, die auch ich durch Gespräche »herunterfahren« musste, damit die eigentliche Arbeit nicht zu kurz kam. Aber diese Interventionen blieben wirkungslos.

Irritierend, zwischendurch, ein Szenebericht: »Auf dem Dürener Drogenmarkt ist verhältnismäßig viel Pervitin vorzufinden; dieses Amphetamin als meistgefragter Fixerstoff.« Es wurde wieder mal versucht, einen Fixermarkt aufzubauen, die Beteiligten, zumindest die des harten Kerns, waren der Drobs bekannt, und so »waren wir in der Lage, dieses Vorhaben zu durchkreuzen«.

Weiter: Prostitution in der Dürener Szene: »Die verhältnismäßig jungen Mädchen haben sich von der Scene vollkommen entfernt und sind jetzt vorwiegend in Türkenkneipen aufzufinden.«

Ich führte Gespräche, doch es blieb Distanz. War ich eingestuft als Beobachter, womöglich als Aufseher, vorgeschickt von der misstrauischen Gemeindeleitung, die der Drobs die Räume stellte? War ich in meiner Rolle festgeschrieben als Freund von Pfarrer, von Präses Beier? Zuweilen hatte ich das Gefühl, ausgetrickst zu werden. Besonders schwer war es, an den hauptamtlichen Mitarbeiter heranzukommen, von dem immer öfter zu hören war, er würde dealen. Mein Misstrauen wuchs.

Ja, und wieder mal: Erörterung der Teestubenarbeit. Die meisten Drogenabhängigen, die in der Drobs erscheinen, verhalten sich weiterhin passiv. »Die Jugendlichen sitzen bzw. hocken in der Mehrzahl still und teilnahmslos da und hören der Musik zu. Nur selten nehmen sie untereinander Kontakt auf.«

Einer der Klienten »ist 18 Jahre alt. Er spricht verwaschen, schwer verständlich, lacht manchmal unmotiviert auf, kann sich kaum klar ausdrücken. Vieles ist ihm gleichgültig. Aus seinen Worten spricht Passivität. Wenn er sich etwas vornimmt, dann nimmt er sich das ›instinktiv‹ vor, d. h., er lässt sich treiben. Er ist unfrei in seinen Entschlüssen. Er hat ›Trips geworfen‹ (d. h. LSD genommen) und gekifft (Haschisch ge-

516

raucht). Vom Kiffen will er loskommen, will es dann aber auch wieder nicht – ›das mit dem Kiffen ist nichts Schlimmes‹.«

Also, mal wieder: Was ist zu tun? Klienten aktivieren, versteht sich … Eigenverantwortung, Solidarität und Toleranz fördern, versteht sich … Die Besucher sollen Verantwortung für Räume übernehmen, sollen sich beteiligen am gemeinsamen Besorgen von Einrichtungsgegenständen, sollen Interessengruppen bilden, sollen öffentliche Veranstaltungen besuchen … Und: Filmvorführungen … Vorführen eigener Dias … Auslegen von Zeitschriften und Büchern … Spiele, die das Gemeinschaftsgefühl fördern … Sport … Mal- und Tonarbeiten … Fahrt in die Eifel mit einigen Teestubenbesuchern …

Also, generalisierend: Prophylaktische, motivationsfördernde, therapeutische und posttherapeutische Angebote; Unterstützung bei der Arbeits- und Wohnungssuche; Vermittlung von Entziehungskuren; nachgehende Betreuung ehemals Drogenabhängiger und Haftentlassener … Und wer soll das alles realisieren?

Immer ausführlicher die papers, immer weiter die Auffächerung der Zuständigkeiten, immer größer das Spektrum der Probleme. Diskussionen im Team mit dem Stichwort Alkohol: Ist Alkoholkonsum innerhalb der Drogenberatungsstelle tragbar? »Auch unter den Mitarbeitern gab es Spannungen wegen der Alkoholproblematik, da einerseits die Ansicht bestand, man solle ebenfalls Rotwein trinken, um von den Jugendlichen eher akzeptiert und als Vertrauensperson betrachtet zu werden, andererseits jedoch die Auffassung vertreten wurde, dass das Mittrinken von den Jugendlichen als Bestärkung betrachtet werden könnte. Eine Einigung unter den Mitarbeitern und mit den Klienten konnte vorläufig dahingehend erreicht werden, dass Alkohol in der Drogenberatungsstelle als Rauschdroge anerkannt und nicht mehr konsumiert wurde.«

Und wieder und weiter Detailfragen. In der Teestube soll ein Schild angebracht werden: »Wer kifft oder dealt, bekommt Hausverbot.« Doch wer besorgt die Bohrmaschine, um das Schild anzubringen ...? Weil die Telefonkosten un-kontrollierbar wachsen, soll ein Gebührenzähler bei der Post beantragt werden ... Es ist mal wieder Mobiliar mutwillig zer-stört worden – genügt bei den Akteuren eine Woche Haus-verbot ...? Räume müssen desinfiziert und gesäubert werden, trotz wiederholter Aufrufe beteiligen sich Teestubenbesucher nicht dabei, es muss ein Kammerjäger angefordert werden ... Soll NN, eine Ex-Userin, ehrenamtlich mitarbeiten? »Sie hat große eigene Erfahrungen auf dem Gebiet der Sucht und der Drogen«, will Näh-, Strick- und Bastelmöglichkeiten anbie-ten, will auch beim Fotografieren mitwirken. Gibt es Gründe, an der Aufrichtigkeit ihrer Aussagen zu zweifeln?

Auch im Team: wachsende Probleme. In der Kneipenszene wiederholt sich der Vorwurf, einer der Hauptakteure deale ja selbst. Mein Spaziergang mit dem alerten jungen Mann führt nicht weiter. Es verstärkt sich mein Grundgefühl, ich würde die Vorgänge nicht durchschauen, könnte also letztlich nicht mitwirken bei gemeinsamen Beschlüssen.

Gruppensitzungen der Drobs mit Klienten! Auch hier läuft etliches schief. Die Gruppenmitglieder (»im folgenden g.m.«) legen sich sternförmig auf die Rücken, Köpfe zueinander. Der Raum wird verdunkelt. Entspannung soll erfolgen. Es fällt das Stichwort »Bananenplantage«. Bananenstauden werden beschrieben, die Wärme des Urwalds, ein Paradies ... Wei-teres Ausspielen: ein Schwimmbecken wird angelegt in diesem Urwald, keins der gefährlichen Tiere macht sich im Wasser breit ... Einfaches Leben ... Entsprechend einfache Klei-dung ... Die »g.m.« ziehen sich aus, drapieren sich mit Ba-nanenschalen, Kokosnusshälften ... Man findet sich komisch, lacht darüber ... Ein g.m. »beginnt, über Sexuelles zu phanta-sieren«: die Gruppe versetzt sich in einen Verbindungstunnel zwischen einem Nonnen- und einem Mönchskloster ... Dort finden Sexorgien statt: »Massenbumsen«. Nonnen werden schwanger, »doch alle Kinder, die sie zur Welt brachten, wer-den sofort umgebracht und in diesem Tunnel verscharrt«. Der das Stichwort gab für diese Gruppenphantasie, er beginnt aus-zuflippen, die Sitzung muss abgebrochen werden.

Es erscheint unserem Ausschuss schließlich notwendig, der Drobs eine neue Leitung zu vermitteln; eine Diplom-Psychologin wird eingestellt. Aufregung, Empörung in der Drobs: »Sie ließ vom ersten Arbeitstag an keinen Zweifel daran, dass sie die bisherige Arbeit und Arbeitsform (Team) nicht akzeptieren würde.« Sie konstatierte: »Mehr und mehr abflachende Arbeit der Drobs.« Das Team musste sich »mit einem sich ständig vergrößernden Machtfaktor, personifiziert in Fr. NN, auseinandersetzen. Da wir uns als Gruppe gegen die von der Leiterin angestrebte Arbeitsform (Hierarchie) wehrten, entstanden starke Spannungen. Diskussionen blieben fruchtlos, da Frau NN kein Interesse an einer solchen Auseinandersetzung zeigte. Ergo ließ sich ein deutlicher Rückgang der Arbeitsaktivitäten feststellen, verursacht durch die starken Spannungen, der wachsenden Unlust der Mitarbeiter und dem stärker werdenden Misstrauen der Klienten, die das Umfunktionieren der Drobs in eine ›Arztpraxis‹ sehr stark registrierten.«

Indirekte Teilnahme an fortgesetzten Querelen: Zustellung von Gesprächsnotizen. Die neue Leiterin will einen eigenen Arbeitsraum haben, obwohl die Drobs nur über wenige Zimmer verfügt … Die neue Leiterin will sich »erneut in langwierigen Gruppensitzungen über einmal von uns bereits definierte Ziele neu auseinandersetzen«.

So ging es nicht weiter, erneut mussten wir verhandeln, mussten handeln. In einer Sitzung des Ausschusses mussten Entschlüsse gefasst werden für einen Neubeginn in der allseits verfahrenen Situation: Der neuen Leiterin »ist die Kündigung zum … nahezulegen (noch Probezeit) … Herrn NN ist die Kündigung zum … nahezulegen, da die Vertrauensbasis nicht mehr vorhanden ist.«

Für uns aber ging die überwiegend administrative Arbeit weiter. Noch in derselben Sitzung: Spesen (Aufwandsentschädigung) für street-work … Einstellung einer Putzhilfe … Pauschalgenehmigung für Dienstfahrten zu Sitzungen des Diakonischen Werks … Zurückzahlung eines quittierten Betrags … Bewilligung von Dienstfahrten …

Und damit Ende des Berichts. Auch um meine Sprachwelt abzuschirmen, habe ich mich vom Drogenausschuss »form- und fristgerecht« abgemeldet.

REISEN! Die führen meist in den Süden. Reisen ohne Recherchen, Reisen in Regionen, in denen Licht dominiert und Photonen schwingen ins Hirn. Reisebilder also aus der Mediterranné, der Erinnerung eingeprägt mit intensiver Belichtung. Bilder, die für sich stehen, Bilder, die nicht umgesetzt werden wollen, Bilder, die ich nicht mit Begriffen begleite, Bilder, die ich schon gar nicht symbolisch deute, Bilder, die mich begleiten.

Ägina! Den Wechsel von der Nacht zum Tag beobachten, fröstelnd auf dem Balkon des kleinen Hotels am Inselhafen. Vollmond über dem Peloponnes. Morgenlicht taucht Bergzüge in Blau, lässt Bäume aufgrünen, künstliches Grün. Quallen berühren rhythmisch die Oberfläche, ziehen konzentrische Kreise. Vom Peloponnes herüber krähen Hähne. Und nun Schritte: ein Mann, gähnend, Schultern hochgezogen, Hände tief in den Taschen, ausgebeulte Hose, verschossenes Leinenhemd, er stellt sich ans Ufermäuerchen, glotzt ins Wasser. Ein alter Mann kommt hinzu. Er stellt sich neben den Reglosen, nickt ihm zu, glotzt ins Wasser. Der Himmel hellt kontinuierlich auf, ändert die Farben: Blau wird Grün, das Grün wird gläsern. Der Mann, der zuerst gekommen war, schiebt die Hand tief in die Tasche, zieht etwas heraus, lässt es ins Wasser herab, zerrt einen Oktopus hoch, wirbelt ihn über die Schulter, klatscht ihn aufs Pflaster, bildet eine Zange aus rechtem Daumen, Ring- und Mittelfinger, greift in das Grau, die Saugwarzen lösen sich schmatzend, er schleudert das Bündel auf den Asphalt, löst es ab, flotsch, schleudert das Bündel auf den Asphalt, löst es mit der Fingerzange ab, flotsch, tunkt das Bündel ins Wasser, reibt es auf dem Asphalt wie ein Wäschestück, lässt es wieder aufklatschen, löst es ab, flotsch, schleudert es auf den Asphalt, klatsch, löst es ab, flotsch, schleudert es auf den Asphalt, klatsch, löst es ab, flotsch.

Santorin! In einer Felsbucht wird Schaum geschlagen: ver-

dichteter Gichtschaum, nach einem mehrtägigen Sturm. Gichtschaum herabtriefend von den Wänden eines Felseinschnitts,
herabsickernd, immer wieder erneuert, an den Fels geflatscht.
Glibberschaum auf Felsplatten, Luftschaummasse im rupfigen
Wind gleichsam bibbernd. Was in den weiten Felsspalt von
Brandungswelle um Brandungswelle hereingeschoben wird,
scheint eine Art Kondensmilch zu sein, freilich nicht in makel-
losem Meerschaumweiß, vielmehr leicht eingebräunt. Sand mit
hochgewirbelt? So schmiert es die Felswände des Einschnittes
ein, sämig halbsteif geschlagener Schmand. Im spitzen End-
winkel des Felseinschnitts: Blibbermasse in dutzendfachen
Blumenkohlvariationen. Ich konnte mich nicht dran sattsehn.

DEZEMBER 1966: Große Koalition von CDU und SPD unter
Bundeskanzler Kiesinger! Eine politische Entscheidung, die
zu einer persönlichen Entscheidung führte, also muss hier
kurz mal Politik zur Sprache kommen.
    Die Große Koalition bildete sich in einer Situation, die als
Krise empfunden wurde. Bundeskanzler Erhard, vom alten
»Leitwolf« Adenauer argwöhnisch beäugt als einer von denen, die ihm im Weg standen zur Endlosverlängerung der eigenen Amtszeit (wollte »Häuptling Adi Nau-Nau« der erste
hundertjährige Regierungschef der Geschichte werden?), dieser Nachfolger Erhard konnte sich nicht halten, Barzel und
Strauß wollten nachrücken. Und: die SPD wollte sich endlich
mal als regierungsfähig erweisen: dies vor allem nach dem
Willen des Drahtziehers Wehner, der vielleicht nicht einmal
beim Schlafen die Pfeife aus dem Mund nahm. So entstand,
was Grass, auch in seiner Rolle als Praeceptor Germaniae, als
»miese Ehe« bezeichnete.
    Ich fragte mich: Und wo bleibt hier die Opposition?! Die
Grünen gab es noch nicht als Alternative, wir hatten ein
etabliertes, akkreditiertes, (scheinbar) fixiertes Dreiparteien-
system. So gab es nur *eine* Partei im Bundestag, die zur Opposition aufgerufen und verpflichtet war: die FDP. Ich sagte
mir: Klagen, Jammern hilft nicht weiter, tu etwas, um die sehr
kleine Opposition ein wenig zu stärken, das ist notwendig bei

521

einem Altnazi wie Kiesinger. Immerhin, Willy Brandt wurde Außenminister und Heinemann Bundespräsident, aber diese beiden Lichtpunkte wurden überschattet durch die massige, düstere Kontur des Franz Josef Strauß, jenes machthungrigen Brachialpolitikers, der trotz verdienter Rückschläge (die Spiegel-Affäre vier Jahre zuvor!) seinen Kurs Richtung Kanzlerschaft beibehielt, ein Mann, der Atombomben favorisierte, der mit seiner Entscheidung für den labilen Starfighter bereits Dutzende von Piloten in den Tod geschickt hatte. Es musste alles getan werden, um diesem Mann den Weg zur Kanzlerschaft zu versperren, ergo musste die Opposition gestärkt werden. Das durfte, für mich jedenfalls, nicht bloß Statement bleiben, schriftlich festgehaltenes Desiderat, ich wurde – es lässt sich nicht kaschieren – Mitglied der FDP.

»FDP! Das klingt heute ja fast schon verrückt, wenn man die FDP erwähnt! Aber wir wollen die alte westdeutsche FDP mal nicht vergessen, die ganze Rechtsstaatsreform war im Wesentlichen bei der FDP zu Hause, nicht bei der Sozialdemokratie.« So der ehemalige Außenminister Joschka Fischer in einem publizierten Gespräch mit dem Historiker Fritz Stern.

Ich kann nur ergänzend versichern: Jene Partei in jener Zeit war noch nicht »Gralshüterin einer unregulierten Marktwirtschaft«, war noch nicht dem rücksichtslosen, gnadenlosen Neoliberalismus verpflichtet, der uns bald schon ruinieren kann. Damals lauerte eine andere Gefahr: wachsende Rechtslastigkeit der Partei, obsoleter Nationalismus. Doch den Nationalliberalen standen die Altliberalen (vor allem mit Theodor Heuss) gegenüber, es war eine Phase, in der sich die Partei neu zu orientieren, zu formieren versuchte, animiert und stimuliert vor allem durch Ralf Dahrendorf, der suggestive Parolen entwickelte: »Vision großer liberaler Zukunft … Wagnis des Wandels …« Und Scheel, der spätere Bundespräsident: »Wir wollen eine neue Politik.«

Bei Vision und Wunsch blieb es allerdings weithin, die Auseinandersetzungen, die Flügelkämpfe in der Partei setzten sich fort, und das verschärft.

Doch dies war die Situation: Den rund dreihundert Abgeordneten von CDU und SPD standen gerade mal 49 FDP-Abgeordnete gegenüber, freilich (indirekt) unterstützt von etwa zwei Dutzend Sozialdemokraten, die nicht für die Große Koalition gestimmt hatten. Die Grundsatzentscheidung innerhalb der SPD war ohnehin numerisch knapp ausgefallen.

Ein Dahrendorf konnte die Große Koalition schon gar nicht akzeptieren, er sah nur die *eine* Alternative: sich zu engagieren oder zu emigrieren. Also engagieren!

Die Entscheidung, mich zur Mini-Opposition zu gesellen, sah ich indirekt abgesegnet durch den ›Hausheiligen‹ Karl Jaspers – der nicht, wie Heidegger, permanent gründelte, sondern sich umschaute und umtat, dem die Atombombe das Stichwort gab zu einem seiner Bücher, der sich und uns öffentlich die Frage stellte: *Wohin treibt die Bundesrepublik?* Eine Streitschrift, kurz zuvor erschienen. Einer ihrer Kernsätze, flottierend: »Wir stehen in dem Zerfall einer Demokratie, die bei uns eigentlich noch gar nicht da war.« Und er sah »die Opposition, die schon im Schwinden war«, aufs Äußerste bedroht. So etwas verstand ich als Aufruf.

Und gleich so etwas wie ein Nachruf auf die Große Koalition, die sich als »Bündnis auf Zeit« verstanden hatte, und die, letztlich, die SPD an die Regierung führte. Zahlreich geäußerte Bedenken erfüllten sich nicht. Erstaunlich gut funktionierte die stabilisierende Zusammenarbeit zwischen Finanzminister Strauß und Wirtschaftsminister Schiller. Da wurden sogar »Plisch und Plum« (von Wilhelm Busch) heranzitiert, obwohl Strauß weder Plisch noch Plum war, sondern kantig, ruppig, ehrgeizig. Und, ja doch, mit einer gewissen, wenn auch brachialen Ausstrahlung.

Ein Anekdötchen. Etliche Jahre später habe ich, zufällig, mit Strauß an einem Tisch gesessen, kauend, schluckend, sprechend. Ein schlichtes Dreisterne-Hotel in der Nähe von Taormina, bei der Anfahrt fielen uns gleich zwei schwarze Limousinen auf, Mercedes, obere Preisklasse. Im Speisesaal eine größere Tafel mit der bulligen Erscheinung, die ich bisher nur auf dem Bildschirm und im Printmedium wahrgenommen hatte. Der Oberkellner bestätigte mir vertraulich: »Il Ministerpresidente con la sua Freindin.« Die Ärztin an unserem Tisch registrierte, dass sich Diabetiker Strauß ein erhebliches Quantum an süßer Nachspeise servieren ließ, und übermittelte durch einen Kellner ein warnendes Zettelchen. Sogleich wurden wir vier an die rasch vergrößerte Tafel gerufen und Strauß, durchaus jovial, brillierte, dominierte in der erweiterten Runde. Es wurde mehr über Sizilien als über Politik gesprochen, Details lassen sich nicht mehr in Erinnerung rufen.

Wie locker, wie lässig damals noch Personenschutz durchgeführt wurde, das nahm ich staunend wahr. In einer der beiden Begleitlimousinen lag auf der Hutablage vor der Heckscheibe eine Straßenkarte, auf der mit schwarzem Filzstift die Route eingetragen war. Das hätte Planungen erheblich erleichtern können. Das Zimmer des Ministerpräsidenten und seiner »Freindin« in unserem Flur, es war markiert durch einen riesigen Blumenstrauß, nachts vor die Tür gestellt. Und die Begleitmannschaft noch im Tiefschlaf, als längst gefrühstückt wurde. Bei einer der Limousinen jaulte versehentlich die Alarmanlage los, aber selbst der anhaltende, nervtötende Wiederholungslärm weckte erst nach längerer Zeit einen der italienischen Begleiter.

Fürs Erste nahm ich mit einiger Regelmäßigkeit an Sitzungen des Ortsverbandes teil, im kleinen Büro in der Pletzergasse, gleichsam im Schatten eines der rudimentären Türme der vormaligen Stadtmauer. Häufig ging es um Fragen der Geschäftsordnung, der Organisation. Oder es wurden Vorbereitungen besprochen und getroffen für öffentliche Veranstaltungen. Weitaus wichtiger waren mir aber Stellungnahmen und Aktionen mit konkreten Zielen. Ein Beispiel, und dabei wird es bleiben.

Ein Soldat der Bundeswehr hat sich an den Vorsitzenden des Ortsverbandes gewendet mit der Bitte um Beratung, vor allem um Unterstützung. Er gehörte keiner der beiden Kirchen an, wurde trotzdem zur »Lebenskunde« abkommandiert. Zwar klingt die Bezeichnung Lebenskunde neutral, doch wurde dieser Unterricht wechselweise vom evangelischen und vom katholischen Militärgeistlichen des Standorts erteilt, eine Darstellung von Lebensproblemen aus christlicher Sicht war als selbstverständlich vorauszusetzen: Musste der dissidente Soldat an den Unterrichtsstunden teilnehmen, deren Sinn übrigens auch von christlich gesinnten Soldaten in Frage gestellt wurde? Eine entsprechende Anfrage des Soldaten bei seinem Vorgesetzten löste Verwirrung aus. Dem Offizier wäre bestimmt lieber gewesen, sagt der Vorsitzende, wenn der Soldat dezidiert einen Rabbi oder Hindupriester angefordert hätte, das ließe sich als Antrag weiterleiten von Instanz zu Instanz. Was aber tun mit einem areligiösen Mann in einem Staat, der zu weit über 95 Prozent nominell aus Christen besteht? Der Offizier versuchte es mit gütlicher Einigung, sagte dem Rekruten, auf die wenigen Stunden im Monat käme es doch wohl nicht an, und schaden würde es bestimmt nicht. Der Soldat bestand auf seinem Recht, ohne freilich zu wissen, auf welche Gesetze er sich berufen konnte.

Warum wird der Mann nicht Parteimitglied, wird gefragt, wenn er schon Unterstützung erwartet? Der Vorsitzende erklärt, über eine eventuelle Mitgliedschaft könne immer noch verhandelt werden, jetzt sei erst einmal die Frage zu stellen, was geschehen müsse: Soll man seiner vorgesetzten Dienststelle ein Schreiben schicken, etwa in Form eines Offenen Briefes? In diesem Fall, so erklärt mein Nebenmann, müssten wir uns aber erst mal mit der Düsseldorfer Geschäftsstelle absprechen; man könne bei der Gelegenheit gleich auch weiteres Informationsmaterial zu dieser Frage erbitten.

ZWISCHENDURCH PRIVATER ÄRGER. Ein Autofahrer nimmt Sohn Thomas die Vorfahrt, er stürzt mit dem Rad auf die Motorhaube, der Lenker schrammt den Lack, der schuldige Autofahrer fordert Schadenersatz. Auf einer Lesereise wurde mir das telefonisch mitgeteilt. Meine Reaktion, wie zu erwarten: Das kann doch nicht wahr sein!

Von Gisela erfahre ich sukzessiv: Der Typ hat schon dreimal angerufen, will unbedingt unsere Versicherungsnummer haben. Die hat sie ihm selbstverständlich nicht genannt – wenn einer zahlen muss, dann der Schuldige. Zumindest Schmerzensgeld. Thomas ist schließlich gestürzt, hat sich am Knie weh getan. »Ja, der hat mich geschnitten, der Saftarsch!«

Und dann auch noch schimpfen und Schadenersatz fordern! War denn ein Blötsch in der Haube?

Nöh, bloß ein Ritzer. So lang wie der Bleistift. Aber der hat gesagt, das müsste bald in Ordnung gebracht werden, weil das sonst rostet.

Was ist denn das für ein Typ?

Och, der ist so Mitte zwanzig.

Und der regt sich so auf, wegen der kleinen Schramme? Die Leut haben Sorgen! Sollen froh sein, dass sie überhaupt noch Lack am Auto haben!

Gisela: Ich hab ihm gesagt, er soll die kleine Schramme zupinseln, dann ist der Fall erledigt. Lack gibt es überall. Wir werden aber keinen Pfennig dafür ausgeben. Daraufhin hat er verkündet, er nimmt sich einen Anwalt.

Heißt das, wir kriegen einen Prozess an den Hals?

Wahrscheinlich. Er wird uns über einen Anwalt seine Geldforderung zustellen, und wenn wir nicht zahlen, geht er vor Gericht.

Und das alles wegen zwanzig, dreißig Mark?

Hastegedacht. Er hat einen Kostenvoranschlag machen lassen, und da sind die auf 460 Mark gekommen, plus Mehrwertsteuer.

Einen halben Tausender für einen Kratzer?! Wo sind wir denn hier?! Und jäh der Drang, der Zwang, mal undifferenziert zu schimpfen: Autofetischisten …! Prozesshansln, womöglich mit Rechtsschutz …!

Die Kostenaufstellung kam per Einschreiben. Unsere Antwort war klar: Dem Jungen ist die Vorfahrt genommen worden, dafür gibt es Zeugen, wir zahlen nicht, fordern eher Schmerzensgeld.

Auch dieser Fall: Wie eine Sonde, eingeführt in das Gesellschaftsgewebe. Doch der erwartete Befund war nicht so eindeutig wie erwartet.

Wir mussten einen Anwalt nehmen – die üblichen Spielregeln. Der Prozesstermin. Ich erklärte dem RA, ich würde
auf jeden Fall Präsenz zeigen.

Das hielt er für überflüssig, er würde das für uns erledigen.

Aber ich hatte noch nie an einer Gerichtssitzung teilgenommen, stellte mir das Prozedere so ähnlich vor wie in TV-Filmen: Richter mit Beisitzern am Tisch in der Mitte; Anwalt
und Gegenanwalt symmetrisch seitwärts; das Publikum. Und
ich ganz vorn.

Erste Zweifel, ob sich meine Erwartungen erfüllen würden,
als ich zwanzig vor neun den Verhandlungsraum betrat. Die
Tür offen. Ein paar Männer mit Aktenköfferchen, mit Schnellheftern in Blassgrün und Blassrot. Einige noch in Wintermänteln, Roben über den Unterarmen. Der Richtertisch, vorn
abgedeckt. Rechts und links Stehpulte. An den Seitenwänden
je ein Tisch mit zwei Stühlen. An der Rückwand, neben dem
Eingang, eine Bank.

Ich wollte im wohnzimmerkleinen Gerichtssaal nicht
stehenbleiben, mit meinem Warten signalisierend, dass der
Mini-Termin für mich besondere Bedeutung hatte, ich ging
wieder raus. Vor dem Eingang ebenfalls eine Bank, auf der saß
ein etwa fünfzigjähriger Mann in schwarzer Lederjacke – das
konnte der Kläger nicht sein, der sollte ja »um die zwanzig«
sein. Ich schaute durch die Glasfläche auf den Terminplan. Ja,
die angekündigte Raumnummer, das angegebene Datum, die
angegebene Uhrzeit, Verzeichnis der anstehenden Termine.
Und das waren 28, achtundzwanzig! Auf 9.30 war bereits eine
Beweiserhebung angesetzt und auf 10.30 die nächste, so ging
das im Stundentakt bis Mittag. Also alle achtundzwanzig Fälle
in einer Stunde?! Burkhardt / Kühn auf Position 21. Das gab
einen Ruck im Hirn: Demnach konnten nicht mehr als zwei
Minuten pro Fall aufgewendet werden! In dieser Zeit ließe
sich nicht mal eine Anklageschrift verlesen. Und dann die
Stellungnahmen der beiden Rechtsanwälte, die mit unserem

Fall befasst waren. Alle zwei Minuten Austausch von Rechtsanwälten, raus und rein und raus? Und wir als Nummer einundzwanzig?

Auf und ab im Flur. Der für ein Amtsgebäude offenbar spezifische Geruch von Reinigungsmitteln – Geruchsassoziation
an Bohnerwachs. Gibt es eine speziell für Behörden arbeitende Firma von Bodenreinigungsmitteln? Woher sonst der
letztlich immer gleiche Flurgeruch? Ein Beihauch von Kloreinigungsmitteln. Ein winziger Chlorophyllhauch – die Zimmerpflanzen. Ich ging die Treppe langsam runter und noch
langsamer wieder rauf.

Im Verhandlungsraum stand nun mindestens ein Dutzend
von Rechtsanwälten. Einige in lockerem Kreis in der Mitte,
zwei Grüppchen an den Seitentischen. Dort saßen ältere Anwälte, blätterten in Akten, einer las Zeitung. Ein Wägelchen
wurde herangeschoben: zwei Ablegeflächen, vollgestapelt mit
Schnellheftern, die Gesamtschicht an die dreißig Zentimeter
dick, obendrauf eine elektrische Schreibmaschine mit eingerolltem Kabel. Am Richtertisch wurde nur ein kleiner Teil der
Akten abgeladen. Unser Anwalt sah mich nun in der Türöffnung, löste sich aus der Plaudergruppe, kam zu mir: »Sie sind
also doch gekommen?«

Ich wollte, ich will mir das nur mal anschaun.

»Also, direkt nötig ist das ja nicht.«

Ja, und alle achtundzwanzig Fälle werden in dieser einen
Stunde durchgezogen?

»Falls der Richter pünktlich kommt. Sonst geht's halt ein
bisschen fixer. Aber nehmen Sie ruhig schon mal Platz.«

Aber ich tigerte noch umher. Hatte mir vorgenommen,
dem jungen Mann nach der Verhandlung, natürlich erst *nach*
der Verhandlung, ein paar nette Worte zu sagen, im Flur, im
Treppenhaus: Nimmt meinen Sohn auf den Kühler, die Vorfahrt missachtend, will dennoch den kleinen Lackschaden bezahlt kriegen, hat wohl einen Dachschaden ...! Etwa in dem
Tenor.

Ich setzte mich neben den Mann mit der schwarzen Lederjacke. Neben ihm ein Herr im Kamelhaarmantel. Und wer

unter den – ich zählte rasch mal durch – unter den siebzehn Anwälten könnte den Burkhart vertreten? Standen alle beisammen wie vor einem Empfang. Ob die auch miteinander kegeln gingen?

Der Richter kam herein im Gespräch mit einem Anwalt. Die Plaudereien wurden nicht unterbrochen, die Anwälte traten nicht auf Seite. Der Richter setzte sich, nun im Gespräch mit einem anderen Anwalt. »Ja, wann ist das denn nun eigentlich aufgehängt worden?« Der Anwalt sagte etwas, das ich nicht verstehen konnte, zu viele Stimmen. »Ja, hängt die nun ein Jahr oder zwei Jahre?« Und ich hörte, durch das Stimmengewirr hindurch, das Wort »Leuchtröhren«. Jemand lachte.

Die Tür zum Flur blieb offen. Nun waren alle Anwälte in ihren schwarzglänzenden, wie schwarzgewetzten Roben. Viele mit weißen Krawatten, aber auch einer, bärtig, mit kariertem Hemd unter der Robe. Immer noch kein junger Mann im Raum. Neben dem Richter ein Mädchen, weiße Spitzenbluse und schwarze Robe – die Protokollführerin? Aber sie schrieb noch nichts mit. »Die Leuchtschrift ist aber doch abgenommen worden, oder?« Abgenommen im Sinne von: heruntergenommen oder von technisch geprüft? »Aber hören Sie mal!«, rief der Richter, »ich bitte Sie!« Der Anwalt blätterte hastig in einem Schnellhefter, meist Durchschlagpapier. »Sollte man sich da nicht vergleichen können?«

Und der Richter rief zwei Namen auf. Immer noch das zwanglose Herumstehen der Anwälte. Ich vernahm etwas von Anklageerhörung. Oder so ähnlich. Wieder war der unmittelbar vor dem Richter stehende Anwalt nicht zu verstehen. »Aber das können Sie doch nicht einfach im Nachtrag bringen.« Ein neuer Termin angesetzt, das Mädchen notierte. Der Anwalt steckte einen Kugelschreiber in die Innentasche der Jacke, zog hinausgehend die Robe aus, blieb in der Türöffnung vor einem neu hinzugekommenen Anwalt stehen, die beiden lachten. Zwei weitere Namen aufgerufen, ein Anwalt ging zur Tür, nickte dem Neuankömmling zu, rief an ihm vorbei in den Flur hinaus, drehte sich um: »Nicht da!«

Jetzt erst fiel mir auf, dass der Richter nicht einmal gesagt hatte: Ich eröffne die Sitzung – oder etwas Ähnliches, die Verhandlungen hatten sich herausgelöst aus der allgemeinen Unterhaltung. Der Richter sagte: »Klagabweisung«, rief die nächsten Namen auf, die Protokollantin schrieb. Für den nächsten Fall nur *ein* Anwalt; er sprach von einem der Stehpulte aus, aber offenbar nur, weil er dort sowieso stand, zum Aufstützen der Ellbogen, zum Ablegen von Akten. »Ja, aber der Streitwert ist doch nun wirklich mehr als gering! Könnte man sich da nicht vergleichen?« Offenbar war nun doch ein zweiter Anwalt einbezogen, doppeltes Zeichen der Zustimmung, schon die nächsten beiden Namen. »Hören Sie mal, Ihr Herr Tönnes, der ist aber rabiat!« Und der Richter lachte auf, der angesprochene ältere Anwalt nickte. »Also wirklich, der kann sich doch nicht einfach über die Gegebenheiten hinwegsetzen!«

Fortgesetzte Plaudereien, Hinaus und Herein, Roben abgelegt, Mäntel von Haken genommen, Zeitungslektüre, Aktenblättern. »Ja, ich hab da gestern noch schnell mal reingeschaut.« Ich kam mir mittlerweile recht überflüssig vor im lockeren Juristenmeeting. Was wollten eigentlich die beiden Männer neben mir auf dem Bänkchen? Der Anwalt des rabiaten Herrn Tönnes lachte, der Richter lachte, der Anwalt ging hinaus, nahm im Vorbeigehn den Mantel vom Haken; fliegender Übergang. Ein Firmenname und ein Familienname wurden ausgerufen. Und ich hörte zum ersten Mal in meinem Leben das Wort »bösgläubig«. Na schön, wenn es das Wort gutgläubig gibt, warum nicht auch bösgläubig? Ein Beweistermin wurde angesetzt.

Die nächste Namenskopplung. »Die Wohnung ist zwar ausgebrannt, aber die Möbel stehen noch da«, sagte ein Anwalt, und rasch breitete sich Gelächter aus im reduzierten Bestand von Anwälten. Der Richter lehnte sich zurück, um freier hinauslachen zu können. Auf meiner Bank lachte keiner, die beiden Männer starrten vor sich hin. Auch jetzt wieder eine schnelle Einigung: der Richter musste nach dem Aktenstudium seine Urteile schon vorgefasst haben.

Beim nächsten Aufruf stand der Mann mit der schwarzen

Lederjacke auf, stellte sich vor den Richtertisch. »Ja, hören Sie mal, Sie müssen da schon schriftlich niederlegen, worauf Sie eigentlich hinauswollen. Das hier kann ich nicht als Anklageschrift werten. Das ist entschieden zu mager.« Der Mann verwies, in rheinischer Intonation, auf Unterlagen, die er seinerzeit eingereicht hätte. »Unterlagen, Unterlagen ... Was liegt denn hier faktisch vor? Das sind doch nichts als ein paar Belege und so. Und die paar Zeilen auf Ihrem Begleitschreiben. Also da müssen Sie sich schon ein bisschen ausführlicher äußern, so kann ich damit nicht viel anfangen. Das reicht vorn und hinten nicht.« Der Mann öffnete eine kleine, ebenfalls schwarze Ledertasche, faltete zittrig ein Blatt auseinander. Er hätte da noch ein Gutachten. Aber darauf schaute der Richter nur für einen Sekundenbruchteil. »Das ist kein Gutachten, im juristischen Sinne, das ist eine Stellungnahme. Also nein, nein, nein, auf dieser Basis können Sie keine Ansprüche geltend machen. Also ich würd Ihnen da schon raten, nehmen Sie sich einen Rechtsanwalt. Ich meine, so geht das ja nun wirklich nicht hier. Das ist einfach zu dünn, verstehen Sie, das trägt nicht.« Zwischen den sichtlich desinteressierten Anwälten erklärte der Mann nun, das würde ihm ja doch nichts nützen, wenn er einen Rechtsanwalt nähme, das würde ihn nur noch mehr Geld kosten. »Das stelle ich Ihrer Beurteilung anheim. Ich kann Ihnen nur sagen, das Mietrecht ist eine ziemlich komplizierte Sache. Da werden Sie so allein wahrscheinlich nicht ganz durchsteigen.« Und es wurde ein neuer Termin angesetzt. »Schreiben Sie sich den auf!« Der Mann notierte auf dem kleinen Tisch, nickte dem Richter zu und ging hinaus.

Und gleich, wie hinter ihm hergerufen, der nächste Streitfall. Offenbar hatte eine Frau eine Wohnungseinrichtung demoliert, die Gründe wurden aber nicht weiter erörtert. »Tja, dann müssen wir die Zeugin dazu eben aussagen lassen. Da nützt ja nun alles nichts, da müssen wir einen Erörterungstermin ansetzen.« Ein Datum wurde diktiert. Und ohne Überleitung: Burkhart gegen Kühn. Kein Blick des Richters in meine Richtung, nur eine kleine Umgruppierung der Rechtsanwälte, beide stellten sich an die Pulte – weil sie ausnahmsweise einen interessierten Zuschauer hatten? »Aber hören Sie mal, der Junge hatte doch die Vorfahrt.« Ins Hirn zuckender Satz: alles entschieden? Der Gegenanwalt erhob einen Einwand, halblaut. »Ja, aber trotzdem.« Mein Anwalt gab eine Erklärung ab, die nicht länger als ein Satz war. Fast der Keim einer Gerichtsverhandlung. Und schon wurde ein Beweistermin angesetzt. Klagabweisung, das war das Wort, auf das ich gewartet, gelauert hatte, vergeblich. Der Anwalt kam auf mich zu: »Da hätten Sie ja frei.«

Ja, haben wir denn gewonnen?

Da musste ich mir erst mal erklären lassen, auf dem Flur, dass tatsächlich noch kein Urteil gefällt worden war, das solle erst zehn Tage später verkündet werden.

Aber es sieht doch gut aus, für uns, oder?

»Im Moment ja, da kann aber schriftlich genau das Gegenteil herauskommen. Ein Vergleich wäre schon eher wahrscheinlich. Bloß, in die Revision können wir in dem Fall nicht gehn, weil der Streitwert unter 500 Mark liegt.« Und er verabschiedete sich, er hätte gleich noch einen Termin.

Langsam ging ich zur Treppe, der Kopf vollgerammt mit Formulierungen, mit Sätzen, die alle nicht in ein Muster passten. Und überhaupt: ich hatte die Erfahrung gemacht, was heißt, wenn man unter »ferner liefen« eingestuft, eingruppiert wird. Und: wie ein Vorgang versandet, versickert.

THEMENWECHSEL! Ein, zwei Jahre nach dem Tod des Friedrich von der Leyen erkundigte ich mich bei seiner Adoptivtochter, ob es noch irgendwo Arbeiten der Malerin Helene gäbe, und erfuhr: Ja, doch, auf dem Speicher liegt eins ihrer Bilder.

Ich fuhr nach Kirchseeon, fand in der Tat das Gemälde, waagrecht liegend unter einer undichten Stelle im Dach. Die Familie trennte sich leicht vom mittlerweile unansehnlichen Stück. Ich ließ es professionell reinigen, und nun ist eine namenlose Urtante präsent im Eifelhaus, beinah gestreng dreinblickend, die Schultern betont durch aufgepuffte Ärmel eines düsteren Kleides, und doch: Sympathie erweckende Ausstrahlung. Ein brillant gemaltes Porträt. Und die längst verstorbene Großtante gewann postume Präsenz: ein zweites Bild der Malerin neben dem Porträt meiner Mutter.

Viele Jahre später: Olga spürte, fast zufällig, ein ›Selbstporträt‹ der Helene von der Leyen auf im Online-Katalog eines norddeutschen Auktionshauses – einen Tag nach dem Versteigerungstermin. Doch es hatte keinen Bieter gefunden, trotz einer (für mich, in meiner Befangenheit) beleidigend niedrigen Taxe. Sofort wurde eine E-Mail losgeschickt; einige Tage später überbrachte eine Spedition das ovale, kunstvoll gerahmte Porträt einer langhalsig schönen, jungen Frau. Wiederholt ein Foto der älteren, eher herbschönen Malerin neben das signierte und datierte Gemälde haltend, konnten wir jedoch keine Ähnlichkeiten mehr entdecken, und es blieb beim Porträt einer nun namenlosen Schönheit.

Durch ein Forschungsprojekt (auch) des Münchner Zentralinstituts für Kunstgeschichte wurde ich aufmerksam auf die Galerie Heinemann in München. Helenes Galerie! Aufschlussreiche Lektüre für den Besitzer von mittlerweile drei ihrer Gemälde.

David Heinemann hatte das Unternehmen 1872 gegründet; zu Beginn des 20. Jahrhunderts war die Galerie ebenso renommiert wie erfolgreich: Dependancen in Frankfurt, Nizza, New York. Schwerpunkt des Programms: deutsche Malerei des 19. und beginnenden 20. Jahrhunderts. Es wurden aber auch Kunstwerke aus England, Frankreich, Spanien vermittelt.

Die Galerie wurde (nach dem Pogrom 1938) »arisiert«. Details der juristisch heiklen Übertragung auf einen »arischen« Mitarbeiter spare ich aus. Hebe stattdessen hervor: Die Geschäftsunterlagen blieben erhalten. Sie wurden gescannt und transkribiert für eine Internet-Datenbank, online gestellt zur »gezielten Suche nach Provenienzinformationen« (vor allem für Bilder aus ursprünglich jüdischem Besitz).

In dieser Datenbank erscheint mehrfach der Name »Leyen, Helene von der«, wohnhaft in Schwabing, erst in der Kaulbachstraße, dann in der Georgenstraße – beste Adressen!

In den Listen und Karteien der Galerie ist jeweils das Eingangs- und Ausgangsdatum auch ihrer Bilder verzeichnet, im Zeitraum zwischen 1905 und 1920. Dies jeweils mit dem Vermerk »Commission-retour«. Das hieß: Unverkaufte Gemälde wurden nach einem Vierteljahr, einem halben Jahr, spätestens einem runden Jahr remittiert an den »Besitzer«.

Bei Helene von der Leyen ging allerdings kaum etwas retour; mit ihren Bildern ließen sich hohe Preise erzielen. Um ihre Marktposition zu skizzieren, sind Vergleiche angebracht. Die handschriftlich geführten Verkaufslisten der Galerie zeigen, online, dass die Preise für Gemälde vor dem Ersten Weltkrieg überwiegend im dreistelligen Bereich verblieben. Wobei gleich betont werden muss: Es war, in den Jahren bis zur großen Inflation, die Ära der Goldmark; in der Kaufkraft lässt sich heute *mindestens* der zehnfache, wenn nicht zwanzigfache Betrag in Euro ansetzen.

Bevor ich die Zahlen einbringe, eine halbfeierliche Erklärung: Ich will nicht großtun mit der Großtante – sie war eine exzellente, aber keine stilbildende Porträtmalerin. Wenn ich hervorhebe, wie hoch ihre Bilder dotiert waren, zumindest in den ersten zwei Jahrzehnten des 20. Jahrhunderts, so ist das eher ein Hinweis auf die allgemeine Entwicklung von Wertschätzung und Preisgestaltung – und wie sehr, wie weit beides, zeitbedingt, auseinandergehen kann. Die folgenden Vergleichszahlen sind also eher Beiträge, wenn auch marginale, zur Rezeptionsgeschichte und weniger zur Familiengeschichte (zu der die malende Lady aber nun mal gehört, vor allem über ihren Herrn Gemahl).

Also, mit angemessenen Vorzeichen, ein paar der übermittelten Zahlen. Eine Beethoven-Darstellung des Franz Stuck kostete 600 RM, ein Schiffsbild des John Constable 816, ein Gemälde des Ferdinand Hodler kam auf 1000 Reichsmark, ein Bauernbild des Franz Lenbach erzielte 1200 RM.

In gleicher Höhe (anno 1905) ein anonymer »Weiblicher Kopf« der Helene von der Leyen, ebenso ihr Porträt der Marianne Ballin, Gemahlin des Großreeders. Gemalte Herren brachten im Schnitt mehr ein. Beim Porträt eines Schriftstellers namens Josef Ruederer (auch von Corinth porträtiert) lag der Preis bei 2500 Reichsmark; in gleicher Höhe das Porträt eines Mathematikprofessors (Ferdinand von Lindemann) sowie von Albert Ballin, Generaldirektor der Hamburg-Amerikanischen Packetfahrt-Actien-Gesellschaft, der HAPAG.

An den Vergleichspreisen lässt sich ablesen: Helene von der Leyen war eine angesehene, hochdotierte Malerin. Da haben sich heute die Relationen von Preis und Rang erheblich verschoben.

BESTALLUNG: neue Wortdominante! Ich wurde zum Vormund ernannt für den wegen Geistesschwäche entmündigten A. S. ... »Nach Beendigung des Amtes ist die Bestallung dem Vormundschaftsgericht zurückzugeben ... 2. April 1968«.

»*Beschluss.* In der Entmündigungssache des Leitenden Oberstaatsanwalts bei dem Landgericht Aachen ... fachärztliches Gutachten hat ergeben, dass bei dem Antragsgegner eine Geistesschwäche vorliegt. Der Antragsgegner hat im Jahre 1943 bei einem Selbstmordversuch eine pen[e]trierende Schädelhirnverletzung erlitten. Bald danach war er psychisch auffällig geworden. 1948 musste er zum ersten Male im Landeskrankenhaus Wiesloch aufgenommen werden. Er zeigte eine gewisse Antriebsarmut. Episodisch bot er emotionelle Ausbrüche. Daneben war er misstrauisch und paranoid. Er saß träge und stumpf herum. Bei seiner Untersuchung im Landeskrankenhaus Bonn war das Kritik- und Urteilsvermögen des Antragsgegners herabgesetzt. Er war ausgesprochen oberflächlich, wirkte unausgeglichen und in seinem Gedankengang verflacht.«

Und so weiter. Ausreichende Gründe für eine Sicherungsverwahrung, das heißt: für so etwas wie Inhaftierung in einem Sonderbau des Landeskrankenhauses? Da musste ich mir erst mal einen Eindruck verschaffen. Mehrfach suchte ich mein (zwanzig Jahre älteres!) Mündel auf im Gebäude »Männer V«: trister Backsteinbau mit Vergitterungen und einer Wache am Eingang.

Im großen Aufenthaltsraum, in dem etliche Männer herumhockten, umhertigerten, zogen wir uns in einen Winkel zurück, und ich ließ mir Bericht erstatten. A. S. hatte, als Soldat in Italien, eine Frau vergewaltigt, sollte vor das Militärgericht gestellt werden, versuchte vor dem Termin, Selbstmord zu begehen, setzte sich die Pistole an die rechte Schläfe, die Kugel drang ein, glitt innen an der Hirnschale stirnseitig vorbei, trat an der Gegenschläfe wieder aus. Das bestätigte Augenschein.

Natürlich machte ich mich anschließend, wenigstens kursorisch, kundig über Hirnstrukturen und gewann den Eindruck, dass die Zentren bei diesem wunderlichen Kugelverlauf nicht berührt, schon gar nicht verletzt worden waren.

Wechselnde Tätigkeiten des A. S. nach dem Krieg. Schließlich arbeitete er im Büro einer Firma, stahl dort einige elektrische Geräte, kam vor Gericht. Das versuchte, eine Beziehung herzustellen zwischen dem Selbstmordversuch und dem Diebstahl, konnte nicht ausschließen, dass sich aus dem Hirntrauma weitere Eigentumsdelikte ergeben könnten, und so kam er in Sicherungsverwahrung, die eigentlich nur angemessen ist bei Straftätern, etwa Sexualverbrechern, psychopathischen Mördern, vor denen die Gesellschaft sich schützen muss.

Das konnte ich mir in diesem Fall nicht vorstellen, ich ließ mir die Gerichtsunterlagen vorlegen. Und tatsächlich: Es lag nur ein Eigentumsdelikt vor. Wie üblich wurde S. jedes Jahr untersucht, jedes Mal wurde die Formel repetiert: »Der Zweck der Unterbringung ist nicht erreicht.« Man argumentierte stets wie folgt: Das Hirntrauma besteht, so ist nicht auszuschließen, dass er rückfällig wird, somit fortgesetzte Sicherungsverwahrung.

Da war mir schnell klar: Ich musste mein Mündel aus »Männer V« herausholen. Als Beruf des Dr. Kühn war im Bestallungausweis »Arzt« eingetragen. (Nebenbei lief ich auch schon mal unter »Sozialbetreuer« der evangelischen Gemeinde.) Ich machte es mir zur Aufgabe, das Mündel aus der Sicherungsverwahrung, der womöglich lebenslänglichen, so bald wie möglich zu befreien.

Wiederholte Gespräche mit S., bis zum Zeitpunkt, an dem, früh am Abend, ein Pfleger mit rundem Tablett herumging, auf dem eierbecherähnliche Gefäße standen, und jeder der Männer musste schlucken. Sedierendes? Wahrscheinlich.

Ab und zu gab mir der gedrungene Mann mit dem schwarzen, glatt zurückgekämmten Haar einen Schriftsatz mit. »Es ist bedauerlich, dass ich nicht all meine wertvollen Gedanken niederschreiben darf, d. h. die Kontrolle ist derart scharf u. vielseitig, dass aus einer Wahrheit eine glatte Lüge gezaubert wird. [...] Nach den Jahren, die ich hier verbringen musste, zu urteilen, müssten sich meine auferlegten Fesseln eigentlich lösen, aber das Gegenteil ist der Fall. All' meine Briefe, die ich schreibe, gehen mehrfach durch die Zensur; das beeinflusst das wirkliche Tun. Es ist bedauerlich, dass es so ist, d. h. man wird mit der untersten Stufe gleichgestellt; warum hier nicht differenziert wird, das entzieht sich meiner Kenntnis – – –!«

Ich übernahm die Vermittlung eines Schreibens an den Petitionsausschuss des Landes Nordrhein-Westfalen. »In Anbetracht des hermetischen Abschlusses, dem ich hier leider restlos ausgeliefert bin, kann ich nicht so ohne weiteres frei korrespondieren, wie das sehr oft angebracht wäre, um die Öffentlichkeit auf gewisse Entgleisungen seitens des Personals, den Patienten gegenüber, aufmerksam zu machen. Deshalb muss ich den Zeitpunkt abwarten, wo ich einen Brief sicher herausschmuggeln kann – – –!!!«

Ich wandte mich an den Petitionsausschuss. Ein Vierteljahr später erhielt ich ein Schreiben: »Der Regierungspräsident«. Betr. Geisteskrankenfürsorge. Ich hebe dies und das hervor aus der hier übernommenen Stellungnahme des Rheinischen Landeskrankenhauses.

»Herr St. ist in einer Einzelzelle des hiesigen Bewahrungshauses untergebracht. Hier hat er – seinem Wunsche entsprechend – die Möglichkeit, ungestört von Mitpatienten allerlei autodidaktische schriftstellerische Beschäftigungen zu betreiben. Hierzu verwendet er u. a. Artikelserien aus Illustrierten, Zeitschriften und Zeitungen etc. – In seiner Zelle hat er ferner zwei Radios. Zur Aufbewahrung seiner Bücher, Aktenordner und Schnellhefter stehen ihm eine Kommode, ein Nachtschränkchen und ein kleiner Hängeschrank zur Verfügung. Im Zimmer befinden sich außerdem ein Tisch, ein Stuhl sowie das Bett. –

Herr St. neigt – nicht zuletzt auf Grund seiner hirnorganisch bedingten Antriebsstörung – dazu, verderbliche Lebensmittel – u. a. Obst, vor allem jedoch Käse – allzulange aufzubewahren. (Den Käse legt er gern auf die Heizung, weswegen immer wieder ärztlicherseits Ermahnungen und Hinweise erforderlich sind.) Außerdem trennt er sich nur ungern von alten Zeitungen, Zetteln und Papier jeder Art. In gewissen Abständen ist es daher erforderlich, dass die Zelle seitens des Pflegepersonals kontrolliert, revidiert und gesäubert werden muss. –«

Und so weiter, und so weiter. Ich sah mich nur bestärkt in der Überzeugung, dass ein paar Eigentumsdelikte, Ansammeln von Altpapier, unsachgemäßer Umgang mit Schmelzkäse nicht ausreichen, um einen Mann weitere Jahre in Sicherungsverwahrung zu halten. Ich drängte auf Gespräche mit der Anstaltsleitung – vom Vorzimmer nun schon als Rechtsanwalt Dr. Kühn telefonisch angemeldet.

Ich musste nicht nur überzeugende Argumente einbringen, ich musste Strukturen, Denk- und Verhaltensmuster aufbrechen. Theoretisch wurde eingestanden, dass jemand, der nur Diebstahl begangen hatte, dennoch jahrelang einsaß im Zellenbau des »Bewahrungshauses«, zugleich aber wollte man nicht eingestehen, dass man aus völlig unzureichenden, rechtlich überhaupt nicht relevanten Gründen diesen Mann schon seit Jahren eingesperrt hatte. Und das auch noch auf unbestimmte Zeit fortsetzen wollte unter der Leitfloskel, der Zweck der Unterbringung sei nicht erreicht. Ich stellte die Diagnose »Geistesschwäche« in Frage. Gewiss, da sind Irritationen, ja Störungen, aber wenn alle Mitbürger mit ähnlichen Symptomen in Sicherungsverwahrung genommen würden, müsste man kasernenähnliche Bauten errichten.

Na schön, aber es geht ja nicht nur um den Geisteszustand,

es geht auch um Verhaltensweisen. Und es wurde ihm »Inquietismus« attestiert.

Hören Sie, ich war auf dem altsprachlichen Gymnasium, der Mann ist also unruhig, das wäre ich auch, wenn ich hier wegen Diebereien jahrelang sistiert würde.

Folgte der Hinweis, S. hätte versucht, über ein Baugerüst auszubrechen.

Wenn ich hier wegen ein paar geklauter Büroobjekte eingesperrt wäre, würde ich auch versuchen auszubrechen.

Worauf gleich relativiert wurde: Na ja, so sehr ernst nehmen wir das letztlich auch nicht, insgesamt ein Drittel der Inhaftierten hat so was versucht, vor allem in der Zeit, in der das Baugerüst hochgezogen war.

So sank ein Scheinmotiv nach dem anderen in sich zusammen, und ich bestand immer energischer darauf, dass mein Mündel so bald wie möglich entlassen würde. Das wurde denn auch zum Beschluss.

Als ich ihn, zum vereinbarten Zeitpunkt, an der Pforte des Landeskrankenhauses abholen wollte, war S. nicht da. Auf Fragen, direkt und telefonisch, erhielt ich nur Antworten, die mir ausweichend erschienen, bis ich erfuhr, S. sei am Tag zuvor nach Langenfeld verlegt worden, im Rahmen irgendeiner Maßnahme. Ich marschierte, zorngeladen, zum Bürotrakt, verlangte von der erstaunten Sekretärin einen Termin beim Chef, und zwar auf der Stelle, ließ mich nicht abwimmeln, wiederholte nur mein »sofort, auf der Stelle«. Als ich vor dem Schreibtisch stand, kehrte ich den ›Rechtsanwalt‹ heraus, betonte, ich würde mir das nicht bieten lassen, ich sei gekommen, um S. vereinbarungsgemäß abzuholen, von einem Missverständnis wolle ich nichts hören, man wolle mich austricksen, gegen die Wand laufen lassen, da müssen Sie sich aber einen anderen suchen, mir können Sie nicht mit ein paar lateinischen Ausdrücken kommen, um mich verstummen zu lassen, mit mir funktioniert das nicht, S. hat lange genug in Sicherheitsverwahrung verbracht auf völlig dubioser Rechtsgrundlage, also, die Sache ist klar, S. wird bis spätestens morgen früh aus Langenfeld zurückgeführt, ist das nicht der Fall, werde ich

539

eine Dienstaufsichtsbeschwerde einleiten, werde zusätzlich einen angemessenen Beitrag zum Kritischen Tagebuch des WDR schreiben. Und marschierte ab.

Am nächsten Morgen, Punkt zehn, war ich wieder beim Pförtnerhaus, und siehe da, S. stand bereit, Koffer bei Fuß, im Ausgehanzug, das schwarze Haar glatt zurückgekämmt. Ich unterzeichnete ein Formular, wir gingen zum Auto. Die Spielregeln wurden noch einmal geklärt: Ich habe ihn herausgeholt, damit ist der Fall für mich erledigt, nun ist er selbst für sich verantwortlich, er soll, wie geplant, zu den Verwandten nach Karlsruhe reisen. Die Fahrkarte hatte ich bereits gekauft, ich überreichte sie ihm auf dem Bahnsteig. Und steckte ihm Geld zu. Ich werde ihn wohl gebeten haben, sich an unsere Abmachungen zu halten, mir keine Probleme zu machen; das versprach er »hoch und heilig«, bekundete, formell, seinen Dank. Endlich kam der Zug. Händedruck, kurzes Winken, er verschwand aus meinem Blickfeld. Juni 68.

Nachspiel. Etwa ein Jahr später wurde ich aus Karlsruhe angerufen von einem Sozialarbeiter: Ich sei doch, laut Unterlagen, der Vormund von A. S.

Ach, ist er straffällig geworden?!

Nein, aber er ist ohne festen Wohnsitz, schläft auf Parkbänken, zumindest in dieser Jahreszeit, ansonsten wendet er sich an karitative Einrichtungen.

Er ist also mittlerweile ein Penner?

Ja, so ähnlich.

Na, solange er nicht straffällig wird, soll er halt draußen pennen, im Sommer.

Der Meinung war man in Karlsruhe letztlich auch. Man hatte ja auch nur mal Kontakt mit mir aufnehmen, mich über den Verbleib des Mündels unterrichten wollen.

Sobald etwas gegen ihn vorliegt, möchte ich umgehend informiert werden.

Geht in Ordnung.

Ich habe nie mehr was aus Karlsruhe gehört.

ES IST JA NICHT SO, als hätte ich ein klar und deutlich ko turiertes, lebensecht koloriertes Bild parat von mir selbst, da ich nun ins Buchmedium übertrage, Satz um Satz, vielmehr, da capo: Die Arbeit an diesem Buch als Prozess, der wiederholt zu Überraschungen, zu plötzlichen Wendungen führt, ausgelöst vielfach von Funden in der Endmoräne planlos angehäufter Materialien. Da war, da ist nicht zurechtgelegt, womöglich chronologisch geordnet, was das Gedächtnis abstützen soll, ich gehe Erinnerungen nach, und bei dieser Annäherung von mir selbst zu mir selbst greife ich auf, was mir in den Weg kommt, und stelle fest, wiederholt: Mein Gedächtnis hat offenbar die Tendenz zu vereinfachter Linienführung, Erinnerung ebnet ein. Eingeschliffene Arrangements von Lebensdaten werden festgeschrieben durch Darstellungen, die von Wiederholung zu Wiederholung höhere Authentizität zu gewinnen scheinen. Solche voreiligen Fixierungen müssen aufgebrochen werden, da nehme ich Überraschungen nicht nur in Kauf, ich setze mich ihnen aus im fortlaufenden Prozess einer Selbstdarstellung als Selbsterkundung.

So war ich sicher, völlig sicher, dass auch ich das Kriegsgeschehen in Vietnam verfolgt habe, soweit vermittelt, dass ich mich in Printmedium oder Hörfunk jedoch nie zu dem Desaster geäußert habe. Und wieder einmal wühle ich, von Aufstöhnen phasenweise begleitet, in der so langsam doch schrumpfenden Endmoräne zunehmend vergilbender Papiere, und was fällt mir in die Hände? Ein total vergessener Artikel zum Vietnam-Krieg. Das Druckbild lässt schließen auf Publikation im Gemeindebrief. Na, wenigstens das.

Ich tippe drei Abschnitte aus den vier (eng gesetzten) Spalten ab. Titel des Beitrags: *Wo ist Vietnam?*

»In einem Land, das du nie gesehen hast, einem synthetischen Land aus Fotografien, Filmsequenzen, Zeitungsberichten, in diesem Land findet seit einigen Jahren ein Krieg statt, der sich immer mehr ausbreitet und verstärkt.

Fragst du nach den Gründen, so hörst du einerseits [...]

Du hörst andererseits, die Bevölkerung Vietnams [...]

Und du lernst neue Namen und Bezeichnungen: Operation

Attleboro. Mekong-Delta. Friedensoffensive. Loa Dong. Pazifizierung. Golf von Tonking. Ho-Chi-Minh-Pfad. Dschungelentlaubung. FNL. Freie Zone. Eisernes Dreieck. VC. Operation Masher. Napalm.

Und du hörst Nachrichten, liest Berichte, siehst Bilder. Strategische B-52-Bomber fliegen aus dem 4000 Kilometer entfernten Guam an, Kampfhubschrauber aus frontnahen Basen greifen ein. Vor einer Hütte ein kleiner Vietnamese, die Handgelenke an die Fußgelenke gefesselt, von einem Bajonett bedroht. Luftwaffengeneral Ky und seine Frau, ehemalige Stewardess der Air Vietnam, fliehen vor einem nächtlichen Feuerüberfall auf den Flughafen von Saigon in einem Helikopter, der vor dem Palast bereitsteht. Eine Methode der Folterung besteht darin, dass man einen Nagel in den Daumen schlägt, mit jedem Schlag weitergetrieben bis zum ersten, dann bis zum zweiten Gelenk. Die Leichen amerikanischer Soldaten werden in riesigen blauen Kühlschränken bis zum Rücktransport in die Vereinigten Staaten aufbewahrt. Ein Körper mit zwei Seilen an einen Schützenpanzer angehängt und durch den Sand geschleift. Der härteste Gegner seit den Indianerkriegen, sagt ein General. Kinderrücken mit aufgeplatzter, schwärender Haut: Napalm frisst sich fest. Fahrräder werden von Partisanen mit etwa 300 Kilogramm beladen; greifen Düsenbomber den Pfad an, wird das Rad an den nächsten Baum gelehnt. Festlegung von Zonen für unbegrenzte Bombardements, Vernichtung von Reisfeldern mit chemischen Giftstoffen vom Flugzeug aus. Verbrennen von Versorgungsgütern und Häusern in roten Regionen. Lager mit Verdächtigen: für Amerikaner sehen alle Vietnamesen gleich verdächtig aus. Brunnen vergiftet, Wasserbüffel getötet, brennender Reis. Soldaten springen von Hubschraubern ins Gras. Bodycount: parallel gereihte Körper in schwarzen Turnhosen, die Sieger stehen herum, schauen hin oder schauen nicht mehr hin.«

GENÜGTE ES, wenn ich weiter im kleinen Kreis der Parteistelle zu Düren erschien und mitdiskutierte über lokale Missstände? Genügte es, wenn ich ein Parteipöstchen übernahm?

Gespräche über das Thema Engagement auch mit Rolf Schroers im romantisch erscheinenden Burghaus mit Blick hinab auf das städtische Eifeldorf Blankenheim. Schroers, vielseitiger Schriftsteller, zweimal Kandidat für den Bundestag: agil, aktiv, eloquent. Wie ich ihn kennengelernt hatte, weiß ich nicht mehr, dies aber blieb präsent: Intensive Gespräche in entspannter Atmosphäre. Er war Chefredakteur der monatlich erscheinenden Zeitschrift *liberal*, »Beiträge zur Entwicklung einer freiheitlichen Ordnung«. Er lud mich ein zur Mitarbeit. Damit fand ich – bis dahin ja ausschließlich im Hörfunk publizierend – eine Möglichkeit, im Printmedium zu veröffentlichen.

Juli 1968 erschien mein Bericht über eine Wahlveranstaltung der NPD. Sie wurde zum Urfeind der Linken, aber auch ein Dahrendorf sah in der extremen Rechten eine Gefahr. »Die Epoche der faschistischen Bedrohung liegt nicht hinter uns, sondern in wesentlichen Teilen noch vor uns.« Das scheint überspitzt, machte aber Wachsamkeit zur Pflicht. Vor allem, weil nach Bildung der Großen Koalition der Rechtsradikalismus zum Problem wurde.

NPD im Seelensumpf: auch dies ein Text, den ich vollständig vergessen hatte, eine der Fundsachen beim Wühlen in der kleinen Printdeponie. Ich rücke den Text ein mit minimalen Änderungen und Kürzungen. Kleiner Beitrag zum Zeitbild.

»Marschmusik, natürlich. Der Saal randvoll. An der Stirnseite eine weiße Fahne, schwarzes Eichenlauboval, die Buchstaben NPD. Die Marschmusik aus einem Lautsprecher.

Vor dem Saaleingang ein Tisch mit Literatur. ›Wahrheit für Deutschland … Europa in Flammen … Nitschewo.‹ Markiger Männerkopf vor schwarzem Himmel mit Stern, kurze, blonde Haare, massiges Kinn, am Hals der Büste Stacheldraht kreuz und quer gespannt – diesen Kopf habe ich schon oft gesehen: Bildende Künste im Dritten Reich. In jenem Buch will der Autor ein literarisches Denkmal setzen, will eine Verpflichtung seiner Kameraden erfüllen. Ich klappe einen anderen Waschzettel auf, ein teures Buch; es will Aufklärung verschaffen zum

Beispiel über Kriegslügen, gefälschte Dokumente, Gleiwitzer Senderaffäre, Lebensborn u. anderes.

Ich muss mir einen Platz sichern. Ich versuche, an der Kasse vorbeizuschlendern, es soll nämlich Eintritt gezahlt werden – kannst du eine Partei mit Eintrittsgeld unterstützen, die du ablehnen musst? Bei anderen Parteiveranstaltungen wird sogar kostenlose Unterhaltung geboten: Tanzmusik, die zum Jazz hinüberswingt bei der konservativen CDU, konservative Blasmusik bei der SPD. Mir folgt jemand mit weißem Armstreifen, ein Ordner: Hat der Herr schon Eintritt gezahlt? Ich zahle. Aber ich zahle nicht zur Unterstützung der Partei, sage ich mir, nicht zur Finanzierung des Redners, bestätige ich mir, ich zahle zu meiner Information. Und erhalte eine postkartengroße Eintrittskarte. Für einen Sitzplatz kann ich leider nicht garantieren, sagt der Mann am Kartentisch, lächelnd. Ich drängle mich an Tischen, Stühlen, Rücken vorbei, finde noch einen Stuhl.

Der Tisch unter der Fahne ist noch nicht besetzt: Tischtuch, Rednerpültchen und tatsächlich ein Strauß Blumen. Seitwärts ein Tisch mit dem Schild: PRESSE. Aber da sitzt niemand. Auf der anderen Seite des Quertischs ein zweiter Einzeltisch mit ebenfalls weißem Tischtuch und dem Schild: POLIZEI. Dort sitzt auch jemand in Uniform, Sterne auf den Schulterklappen, Krawatte, keine Kopfbedeckung: Ehrengast oder Ordnungshüter? Momentan raucht er, silberne Zigarettenspitze.

Weiterhin Marschmusik. Und wie sehen die Saalordner aus? Ein Mittzwanziger, blond; graugrüner Janker mit Armbinde; Hände auf dem Rücken verschränkt. Ein dicker junger Mann in hellbraunem Anzug neben ihm, ohne Armbinde – es wäre lächerlich, aus seinem Braun Rückschlüsse zu ziehen, Deutsche tragen gern braune Hosen, das zeigt sich in Konfektionsabteilungen. Er trägt einen Vollbart: betont männlich oder indirekt anarchisch? Beide im Blick behalten …!

Nun löst man sich aus Gruppen, die vorn diskutieren, geht um den leeren Pressetisch herum, reiht sich auf am weißen Tischtuch, nimmt Platz bis auf den Vorsitzenden, der am Mikrophon die Begrüßung ausspricht, Freude über das zahlreiche Erscheinen kundtut, den Redner vorstellt. Wie sieht ein

NPD-Gesicht aus? Die Männer, die am Vorstandstisch sitzen und die ich mit Kopfrecken beschaue, einen nach dem anderen, sie würden mir auf der Straße nicht weiter auffallen. Allerdings ist da der junge Mann mit locker zurückgekämmtem Haar, die schmalen Hände hält er reglos gefaltet; auffallend korrekter Konfektionsanzug, er sieht aus wie ein aufwärtsstrebender Angestellter einer Firma mit Zukunft.

Der Redner: ein Vierziger, schätzungsweise. Drei Fingerbreit über den Ohren beginnt die Frisur, grau-blonde Haartolle. Dankt dem Vorredner, begrüßt ebenfalls die Anwesenden, auch die Herren von der Stadtverwaltung. Erste Zwischenrufe: Namen nennen! Und: Hahaha! Der Redner lässt sich nicht irritieren, er konstatiert, dass auch in dieser Stadt das Interesse an der NPD erfreulich groß sei. Erneut Protest. Jemand ruft: Drei Bier! Gelächter; der Zwischenruf wird sich bestimmt wiederholen. Ich verspüre Munterkeit um mich her, Bereitschaft, laut zu werden, dafür oder dagegen, man will was erleben.

Der Redner spricht frei. ›Die geschichtliche Besinnung und die objektive Erforschung der Fakten müssen zu dem Ergebnis führen, dass wir uns nicht weiter unterwürfig verhalten und lakaienhaft behandeln lassen.‹ Ich erwarte rasche Überleitung zur Gegenwart, Formulierung des oft erwähnten Unbehagens an Bonn, doch der Redner verharrt bei der Kriegsschuldfrage, bei der Umerziehung der Deutschen durch die Alliierten, bei der Kriegsschuldfrage, bei der Umerziehung, bei der Kriegsschuldfrage.

Und wo stehen die Ordner? Der junge Mann mit dem kahlen Gesicht steht am Podium mit einem verlassenen Schlagzeug, schaut in die dichte Verschränkung von Tischen und Stühlen; Kellner schieben sich hindurch. Der Bärtige redet mit einem Besucher an dessen Tisch: War von daher ein Zwischenruf gekommen? Bewegung am Ausgang, an der Lokustür – ein Ordner steht auch dort.

›Nürnberg: ein großer Teil der sogenannten Schlüsselprotokolle war gefälscht ... Deutsche Historiker schreiben kritiklos alles ab, was die Amerikaner an sogenannten Dokumenten vorlegen, außerordentlich mysteriöse Dokumente oft, wo es sich nicht, wie gesagt, um klare Fälschungen handelt. Der amerikanische Historiker Hoggan erklärt, die Deutschen wollen doch die Kriegsschuld! Sie wollen sie! Und ein Professor Hofer – auch er schreibt die vorgelegten Dokumente in Anführungsstrichen sklavisch ab ...‹

Amerikanische Gängelung bis hin zur Gestaltung deutscher Schulbücher, etwa des Geschichtsbuchs im Klett-Verlag. Oberstufenschüler(?) an den Tischen vor mir lachen laut. Der junge Mann mit Bart und Cordjacke schaut strafend. Der Wirt hinter der Theke trägt einen grauen, ärmellosen Pullover, das weiße Nylonhemd hat er bis zu den Ellbogen aufgekrempelt, er stülpt Biergläser im Spülbecken über die senkrecht fixierten Bürsten, stellt die Gläser abschlenkernd auf die Metallplatte mit Abtropflöchern. Mit welchem NPD-Mitglied trinke ich heute Abend aus *einem* Glas?

›Internationale Absprache in Braunschweig über deutsche Schulbücher ... Umerziehungsgeschichtsbild ... Es ist eine Partei nötig, die hier endlich eine objektive Darstellung durchsetzt ...‹

Es wird wieder laut. Jawohl! Drei Bier! Dä Mann, dä spinnt ja! Ruhe! Schnauze da drüben! Der Wirt schaut sich um. Der Ordner im Blickfeld hält die Hände auf dem Rücken verschränkt, bleibt ans Podium gelehnt, hat wohl Anweisung, sich zurückzuhalten. Jemand steht am Vorstandstisch auf, schiebt sich durch die Reihen, legt seine Hand auf Schultern, nickt dankend, berührt auch meine Schulter, sagt: Freie Bahn, lächelt, nickt. Was heißt das? Freie Bahn für wen, für was? Für ihn? Er bleibt neben dem Ordner stehn, spricht mit ihm, sie schauen in den Saal, er kommt zurück – wieder Stühle verschieben, Beine einziehn. Ich weiche freiwillig aus, will seine Hand nicht wieder auf meiner Schulter, sie legt sich an meinen Oberarm. Er zieht eine Ölspur durch das unruhig werdende Wasser: Wir sind solche Unruhe gewöhnt, wir haben das erwartet, aber wir sind doch so freundlich, zivil, danke schön, Hand auf Schultern.

›Alliierte Umerziehung ... lakaienhaftes Denken ... objektive Geschichtsschreibung ... durchsetzen ... mündig werden ... Haltung ...‹ Enervierende Wiederholungen. Im Saal wird es laut. Ein Polizeibeamter drängt sich ohne Kopfbedeckung zum Chef am Ehrentisch, beugt sich herab, horcht, richtet sich auf, geht hinaus. Einige der Oberstufenschüler (?) stehen mit Betonung auf, schieben sich vor zu den Mänteln an der Wand. Der Mann, der drei Bier ausgerufen hat, scheint inzwischen mindestens drei Bier getrunken zu haben, er grölt ein langgezogenes ›Nejn, nejn!‹ Irgendwo fällt ein Bierglas hin, Gelächter. Und der Endspurt des Redners in Beifall und Buhgeschrei.

Ich schaue meine Notizen durch: Wo in diesem Wust, bei diesem Irrsinn ansetzen? Hossbach-Protokoll, Jungborn, Kriegsschuldfrage? Am Nebentisch redet blauroter Kopf ein auf einen Mann mit gelbem Posthorn am Jackenärmel: ›Wenn misch dat einer widerlejen kann, wat dä jesaht hät, wenn misch dat einer Punk für Punk widerlejen kann, dann dohn isch dat akzeptiere. Evver esulang misch dat keiner widerlejen kann, da steht für misch fes, dat dä rescht hat.‹ Und der Mann mit dem Posthorn nickt. Nie mit Geschichte befasst, höchstens die BILD-Zeitung gelesen; wenn ich euch Hofer zitiere, sagt ihr: Dat is doch der, welcher von den Alliierten abschreibt. Wo ansetzen, wo den ersten Kopf abhauen von dieser Hydra?

Erst mal raus aus dem Zigarettenqualm, Bierdunst, Stimmengequirl. Ich dränge mich noch mal vor zum Büchertisch. Ich blättere in einem Bildband, in dem Fotos als ›Fälschungen entlarvt‹ werden: Die Unterhose einer der Jüdinnen, die sich vor der Gaskammer ausziehen müssen, zeigt Falten und Lichtschatten, die Unterhose der Frau neben ihr nicht, also eine Fälschung.

Fortsetzung der Veranstaltung. Zettel für Wortmeldungen werden abgegeben, Namen werden aufgerufen. Ein erster Namensträger schreitet zum Rednerpult, beschaut das Mikrophon, biegt es auf Mundhöhe herab, stützt die Hände an den Pultkanten auf: einer, der das Reden gewöhnt ist? Er ist es gewöhnt. Es wäre von der Politik als der Kunst des Möglichen gesprochen worden, aber von Kunst hätte er nichts bemerkt, und vom Möglichen schon gar nicht! Ein Zitat? Gleichgültig, es war gut gekontert, Beifallsgeschrei ermuntert ihn. Er zieht das Mikrophon näher an sich heran: Es wäre da von objektiver Geschichtsforschung geredet worden, aber die würde das genaue Gegenteil von dem ergeben, was an diesem Abend gesagt wurde. Der blaurote Kopf am Nachbartisch, der eine Widerlegung Punkt für Punkt gefordert hatte, zeigt sich schon von dieser allgemeinen Bemerkung beeindruckt. Der Mann mit Cordjacke sieht den demonstrativen Beifall gar nicht gern. Das sind aber Breitseiten, der geht aber in die Vollen, höre ich am Nebentisch. Der Redner macht Notizen.

Ein älterer Herr greift zurück auf die Frage der deutschen Kriegsschuld – die könne heute nur noch von Blinden in Frage gestellt werden. Er hatte auf seinem Panzer russische Verwundete zurückgefahren, zum Verbandsplatz, da fragte ihn der Arzt: Was soll ich damit? Er sagte ihm: Das werden Sie als Arzt ja wohl wissen. Darauf erklärte der, Behandlung hätte hier keinen Sinn, hundert Kilometer zurück würden die Gefangenen doch gleich von der SS umgelegt.

Geschrei: Sie verunglimpfen den deutschen Soldatenstand! Jang doch heem! Hau ab da vorne!

Er hätte nicht gesagt, die Wehrmacht werde die Gefangenen erschießen, sondern die SS.

Dat sin doch all Gräuelmärchen! Wir lassen uns dat nich bieten! Dat sind doch auch Deutsche gewesen!

Für ihn seien solche SS-Leute allerdings keine Deutschen, sagt er am Rednerpult.

Un du bis ooch kene Deutsche, du! Jang no Huus, Jung! Der Mann vom Lande schreit sich immer näher an das Podium heran: Jang no Huus, Jung, hau av!

Echogeschrei im Saal, das sich am Beifall für den Redner steigert.«

Eine Fundsache, zum dritten: Auch ich hatte bei einer Rundfrage das obligatorische Statement eingebracht gegen Neonazis, dies auf einer Doppelseite der *Mainzer Rhein-Zeitung*, allerdings erst Weihnachten 1992 – meine Stimme in einem seit langem schon angestimmten Chor.

»Auch Schriftsteller können bei Rechtsradikalen keine Besinnung, kein Schamgefühl, keine Reue auslösen. Die Täter verweigern den Dialog in der Gesellschaft, mit der Gesellschaft, sie setzen an die Stelle des Disputs die Untat. Nicht mit den eindringlichsten Worten werden sie sich davon abbringen lassen, sie verstehen unsere Sprache nicht. Aber dies lässt sich vielleicht doch erreichen: Dass die Zahl der laut oder heimlich applaudierenden Mitbürger nicht wächst, sondern schrumpft. Die Resonanz für das Geschrei von rechts muss geringer werden. Möglicherweise wird damit auch die Lust am Schreien geringer.«

INNENPOLITISCHER KLIMAWECHSEL in der Bonner Republik! Vom brisanten, vom dramatischen Geschehen vor allem des Jahres 1968 war in der Klein- und Kreisstadt des katholischen Rheinlands nicht viel zu spüren, hier vermittelten Medien. Von der Teilnahme an Demonstrationen, an Aktionen habe ich nichts zu vermelden, nur von einer Vermittlung, für die ich mit donnerndem Applaus belohnt wurde.

Es wurde von der demonstrierenden Linken, vor allem unter Studenten, immer wieder die Solidargemeinschaft mit Arbeitern betont – nur blieben die Studenten meist unter sich. Und doch gelang es mir (dies, gleichsam undercover, als Mitglied der FDP, insofern mit nützlichen Kontakten), einen authentischen Arbeiter aufzuspüren, der bereit war, sich bei einer KP-Versammlung vorzustellen. Ich holte ihn ab, fuhr mit ihm nach Köln, eingeladen (ich weiß nicht mehr, warum und wieso) zu einer Veranstaltung in der Aula der Uni. Auf Stichwort trat ich ans Katheder, rief: Ich stelle euch hier einen Arbeiter vor! Und der trat an meine Seite. Da brach eine Lawine von Beifall auf uns herab. Mein Mann aus Mariaweiler, dort tätig in der Filztuchfabrik, konnte sich nicht verständlich äußern, das war auch nicht so wichtig, es zählte allein schon seine Präsenz, seine stumme Solidarisierung. Im weiteren Verlauf der Vollversammlung stießen rechts und links von mei-

nem Kopf, knapp oberhalb, immer wieder Solidarisierungs-
fäuste vor – auch dies ein bleibender Eindruck. Und echostark
der hohe Geräuschpegel von Beifall und Gesang.

Wenn ich auch nicht teilnahm an Demonstrationen, Aktionen der Außerparlamentarischen Opposition – ich beteiligte
mich medial am dominierenden Diskurs mit dem Wortma-
gnet-Doppelpol der *Herrschenden* dort, der *Revolution* hier.
Schrieb einen Funkessay mit dem Titel *Musik und Revolution*.
Eine der Arbeiten mit längst abgelaufenem Verfallsdatum, nur
einmal gedruckt und dann nie wieder, hier indes erwähnt als
Markierung einer virtuellen Solidarisierung.

So wollte ich die längst überfällige Veränderung des restaurativen Binnenklimas unseres Landes fördern durch ein Funk-
gespräch mit dem Komponisten Hans Werner Henze, schrieb
ihn an unter passender Verwendung kursierender Leitbegriffe.

Und erhielt Antwort, handschriftlich: La Leprara, Via del
Fontanile, Marino (Roma), Mai 1969. »Ich war gerade in
Cuba, um zu sehen, wie dort Musik in der Revolution sich
verhält, und es hat sich bestätigt, was ich schon dachte: Es ist
unzulässig (wenn Sie wollen, konterrevolutionär und repres-
siv), avantgardistische Musik als ›revolutionär‹ im Sinne der
Marxistisch-Leninistischen Revolution zu betrachten. Was
sollte auch eine Musik, die von den Herrschenden gewünscht
und gefördert wird, eine Musik des Spätkapitalismus, mit der
Revolution und den Bedürfnissen der Menschen in der Revolution zu tun haben?«

Da hakte, arbeitete ich nach, stellte die »Frage nach der
möglichen Relevanz von Musik. So schwer erträglich die ideo-
logische Verhärtung ist: Die Frage nach der Verständlichkeit
von Musik ist hier wohl nicht überflüssig. Nur besteht da die
Gefahr, dass die Verständlichkeit ein Mittel zur größeren und
weiteren ideologischen Beeinflussung der hörenden Massen
wird. Soweit ich sehe, sind Sie fast der Einzige, der sich ›bei
uns‹ die Frage stellt: Wie mache ich mich verständlich, und das
nicht nur in Kreisen von Spezialisten?

Aber: auch Sie wollen, wenn ich Sie recht verstehe, Verände-

550

rungen der Gesellschaft. Sehen Sie in der Musik ein Mittel, das diesen Prozess begleiten, ja fördern kann? [...] Müssen musikalische Ausdrucksmittel vereinfacht, muss die Entwicklung verlangsamt, retardiert werden, wenn Musik gesellschaftlicher Faktor werden will?

Andererseits geht gesellschaftlicher Veränderung eine Veränderung des Bewusstseins voraus. Veränderung des Bewusstseins wird auch erzeugt durch Neue Musik: sie zerschlägt alte Ausdrucksformen, zerschlägt Hörgewohnheiten und damit Bewusstseinsformen. Das ist freilich, politisch gesehen, ziellos.« Und so weiter.

Erneut ein Brief von Henze, und dies unübersehbar: Über der gedruckten Anschrift auf der Rückseite des Briefumschlags hatte er in Kapitälchen seinen Nachnamen geschrieben und mit einem Ausrufezeichen zusätzlich hervorgehoben. Sonst aber wirkte das Schreiben moderat. Ich zitiere erneut einige Zeilen, um den damaligen Sprach- und Bewusstseinsstand zu markieren im Diskurs, an dem ich mich beteiligte, zu beteiligen versuchte, der Zeitgeist (längst nicht so sexy wie die drallbusige *Phoebe Zeitgeist* amerikanischer Cartoons) dicht über meinem Haupte schwebend, soufflierend, suggerierend: Runter vom ›Elfenbeinturm‹, rein ins Getümmel! Zumindest via Funkfeature.

Ein Auszug. »Es wäre darüber nachzudenken: Warum wird die avantgardistische Musik so sehr gefördert, bezahlt, propagiert, von den ›Herrschenden‹, den marktbestimmenden Managern der Rundfunkanstalten, den Mandarinen der Festivals? Alibi? Organisation eines Ventils? (Die Revolution findet im Saale statt?) Die Herrschenden, die ich meinte, müssen nicht Kiesinger, Benda und Strauß heißen, aber es könnten sehr leicht ihre Agenten sein. Die Alibi-These liegt nah.

Veränderung des Bewusstseins wird auch erzeugt durch Neue Musik, meinen Sie. Da habe ich schon meine Zweifel. Das könnte höchstens eine Schein-Veränderung sein. Eine durchaus nicht revolutionäre Veränderung. Eine Liberalisierung, nichts weiter. Wir müssen uns darüber klar sein, dass Musik nicht so wichtig ist. Höchstens da, wo sie agitiert. Aber die Avantgarde agitiert nicht, sie assimiliert, sie affirmiert, und sie schläfert das Bewusstsein ein. Tut so, als ob Probleme gelöst, sie nicht befreit sei. Tut es mehr, als andere Künste es sich erlauben können. Da ist sie schon ein Politikum.«

Spätkapitalismus ... die Herrschenden ... affirmiert ... Revolution, Revolution: flottierende Wörter im Bewusstsein, aber die neu aufgewerteten, entschieden akzentuierten Termini beherrschten mich nicht.

Auch der Briefwechsel endete im virtuell Privaten: Der Einladung, zu Henze nach Rom zu kommen, sobald er die sechste Sinfonie vollendet hätte. (Die muss ich mir, in seiner Aufnahme mit dem London Symphony Orchestra, doch mal wieder anhören ...)

Bleibt noch zu berichten, dass sich die jäh veränderte Zeitstimmung, Zeittendenz auf mich übertrug, telepathisch subkutan. Ich schrieb einen großen Funkessay, einen Monolog, in dem Trotzki seinen Widerstand gegen die stalinistische Parteidiktatur artikulierte. Schrieb einen Funkessay über Willy Münzenberg, der ein linkes Presse-Imperium leitete. Stellte George Orwell als Anarchisten heraus mit seiner Beteiligung am Kampf der spanischen Republikaner gegen Franco und die seinen. Ließ dialogisch die APO zu Wort kommen, die Außerparlamentarische Opposition. Bereitete im »Internationaal Instituut voor Sociale Geschiedenis« (Amsterdam, mit Blick vom Tisch auf die Herengracht!) eine Publikation der Autobiographie des bajuwarischen Sozialisten Johann Most vor – was er in vier Heften in New York veröffentlicht hatte, als Emigrant, das fasste ich zusammen zu einem Text, den ich durch ein ausführliches Nachwort ergänzte. Das Buch erschien (unter dem Titel: »Ein Sozialist in Deutschland«) in einem Forum, das es heute nicht mehr gibt: »Gelbe Reihe« bei Hanser.

Und ich machte eine erfreuliche Erfahrung, beinah charakteristisch für die damals etwas spontaneren Umgangsformen unter Autoren, Jahrzehnte vor der einsetzenden Neo-Eiszeit der Gesellschaft. Ich werde nun allerdings nicht damit anfangen, immer mal wieder ein Poststück aus dem Kollegenkreis reinzuschmuggeln, die folgenden Zeilen stehen stellvertretend für weitere, andere Zeilen. Hier, das möchte ich noch mal betonen, die Rückmeldung eines Autors, mit dem ich noch kein Bierchen gezischt, keinen Wein getrunken, keinen Schnaps gekippt habe, dem ich nicht einmal offiziell begegnet war. Eine Postkarte mit witziger Charakterisierung des zuweilen schrullig kantigen Sozialisten.

»Lieber Herr Kollege Kühn, dass Sie den Johann Most ausgegraben haben, der zum Beispiel mir völlig unbekannt war, ist ein großer Gewinn. Mit Lachen und Rührung las ich die Biographie dieses eifrigen, rechthaberischen, krummen Vogels, der nicht aufgab. Ich verehre solche schiefen Helden, die die wahren sind. – Ihr Nachwort rückt alles zurecht und macht trotzdem Mut. Herzlichen Dank von einem erbauten Leser, Ihr Günter Herburger.«

Zu einem Dankschreiben für ein paralleles Projekt kam es allerdings nicht mehr, es versandete. Ich wollte einen kleinen Auswahlband mit Texten des Anarcho-Syndikalisten Rudolf Rocker herausgeben, ebenfalls bei Hanser. Vorgespräche mit seinem Sohn Fermin, aber die Resonanz auf meine Initiative war gering. Immerhin aber entstand, über London, ein Kontakt mit Augustin Souchy, der mit Rocker eng kooperiert hatte.

Der Rentner-Anarchist hauste in einem Apartment eines Wohnblocks in der Leonrodstraße. Was mir auffiel, was ich noch vor Augen habe: Der hagere Mann hatte am Gürtel ein metallenes Brillenetui befestigt wie eine Patronentasche, waagrecht. Meist lag er auf dem Sofa – gesundheitliche, von ihm nicht näher beschriebene Probleme –, doch immer wieder stand er, sprang er auf, holte aus dem Schrank ein Plakat oder eine alte Schrift oder Fotos oder Briefe von Rudolf Rocker, las vor, legte vor, sprach mit Feuer.

UND NUN LASSEN WIR DIE FÜSSE SPRECHEN!, hören wir aus dem Lautsprecher. Und so lassen wir die Füße sprechen: Frieden, Frieden, Frieden, dies vom Münster in Aachen hinaus nach Kornelimünster, zweieinhalb Stunden lang. Und

553

wer hört, was unsere Füße sprechen, ungefähr zweitausend, einige Füße allerdings noch in Kinderwagen? Wer liest die Aufschriften der Transparente, der Schilder? Ein Freitagnachmittag, um 18 Uhr der Aufbruch am Münster, die erste Etappe eines mehrtägigen Friedensmarschs nach Bitburg, zur Airbase der amerikanischen Luftwaffe, hier sollen neue Raketen stationiert werden, Instrumente der Massenvernichtung.

18 Uhr – also noch viel Verkehr, der muss aufgehalten werden an jeder Kreuzung, an jeder Seitenstraße unserer Route; in zwei Streifenwagen, auf zwei Motorrädern begleitet uns ein halbes Dutzend Verkehrspolizisten – kurzärmlige Hemden an diesem heißen Augusttag, keine Helme. Die Autofahrer, das können wir durch Windschutzscheiben oder offene Seitenfenster sehen, sind vielfach böse, weil sie halten müssen: ein etwa zweihundert oder zweihundertfünfzig Meter langes Verkehrshindernis, mit Blechtonnentrommeln vorn, die mit Kochlöffeln geschlagen werden.

Das Geschäftszentrum ist bald verlassen: bürgerliche Wohngebiete, und hier scheint man besonders ängstlich – steht hinter Gardinen, schemenhaft, öffnet Vorhänge nur spaltweit, zeigt Köpfe und Schultern über Blumenkästen. Kaum jemand, der uns zuwinkt oder auch nur zulächelt, eher wirken die Menschen verdattert: Was man sonst auf dem Bildschirm sieht, marschiert nun, einen viertel Kilometer lang, am Haus vorbei. Keiner, der vor die Tür tritt, uns etwas zuruft, freundlich oder unfreundlich – sichtbare Zurückhaltung, Distanzierung. Als würden in diesem bunten Zug meist junger Menschen Käfige mitgeführt, die jederzeit geöffnet werden können, und Raubtiere würden freigelassen, die sogar Fassaden hochklettern können, mit Saugwarzenpranken.

Nein, da wird keine Wirkung sichtbar unserer Fußsprache, der Transparente, Schilder – ängstliches oder gleichgültiges Hinblicken. Die »gutbürgerliche« Wohngegend schließlich hinter uns, Häuser nun, in denen auch Türken wohnen – ganze Familie auf den Balkonen. Und hier zeigen auch Landsleute weniger Scheu: sie stehen an offenen Fenstern, auf Balkonen, an Haustüren, aber das sind nur wenige, auch hier. Wären da nicht die Trommeln, wir würden kaum Aufmerksamkeit auf uns ziehen: wir singen nicht, wir rufen nichts, wir unterhalten uns, das verkürzt den Weg. Unsere Füße, in Turnschuhen, Sandalen, Halbschuhen, zuweilen auch in Wanderstiefeln, sie sprechen weiterhin: Frieden, Frieden, Frieden, und doch: Eine Mutter auf einem Balkon im Erdgeschoss winkt drei halbwüchsige Mädchen vom Spielplatz heran, Kinder mit Brüsten, sie müssen am Balkon stehnbleiben, bis wir vorbei sind. Aus Kneipen treten Männer heraus, stehen gedrängt im Eingang, einige mit Biergläsern, man kommentiert uns. Ich schere mit einem Bekannten aus, wir laufen zu einer Kneipe, trinken am Tresen ein Alt, der Augustnachmittag macht durstig. »Seid ihr schon lange unterwegs?« Wir kommen vom Münster. Männer am Tresen, an Spielautomaten. »Wo kommen die her?« »Aus Münster.« »Das sind aber viele!« Kleiner Stolz – wenigstens diese Anerkennung: wir stellen insgesamt etwas dar, auch wenn die Veranstaltung vorher, mit Reden und Musikstücken, nicht gerade imposant wirkte auf dem Münsterplatz, aber es kamen aus Seitenstraßen andere Demonstranten dazu, nicht spontan, bestimmt nicht spontan, rasch anwachsende Demonstrationszüge kenne ich nur aus dem Kino. Zwar rufen wir schon mal jungen Leuten zu, sie sollten mitkommen, aber da hören wir nur: »Isch bin doch nit bekloppt.« Und die jungen Männer in den Autos, mit lässig zurückgelehnten Freundinnen, sie hätten den Zug bestimmt schon mehrfach durchbrochen, hupend, wären da nicht die Polizisten, die ihre Streifenwagen und Motorräder querstellen in Kurven, an Kreuzungen, und sie halten Ungeduld, Aggression zurück mit abwinkenden Händen. An einer Tankstelle steht man an den Zapfsäulen und lacht uns aus. Sonst: sichtbare Berührungsangst, Verwirrung, Gleichgültigkeit. Wir bewegen unsere Beine, aber in Bewegung setzen wir nichts. Da ist für uns eigentlich nur das Erlebnis, nicht allein zu sein mit dem Wunsch, der Forderung nach Abrüstung, Frieden. Vor allem auf der entmutigend schnurgeraden, ansteigenden Ausfallstraße südwärts blicken wir uns um und staunen, wie lang unsere Kolonne ist: Und schau mal, hinter dem gelben Schlusstransparent – immer noch welche! Und dahinter aufgestaute Autos, zum Schritttempo gezwungen, und sie werden an uns vorbeigewinkt, auf der zweiten Fahrspur der vierbahnigen Piste – wie wird man die Friedensbewegung kommentieren in diesen Wagen, vor allem, wenn sie mit Zierfolien beklebt, mit Extras bestückt, mit Blech beschürzt sind? Eine Frau fängt rasch an, ein Fenster zu putzen, nur, um uns zu beobachten, ohne sich damit verdächtig zu machen in der Nachbarschaft. Die Straßen wirken, obwohl es ein früher Freitagabend ist, in manchen Abschnitten wie ausgestorben. Unsere Füße sprechen weiterhin für den Frieden. Und wir unterhalten uns, in wechselnden Gruppierungen, das verkürzt den Weg, der zuweilen lang wird, vor der Autobahn. Aber jenseits von Aachen-Brand (wo ein Teil der Bevölkerung Dürens nach dem Bombenangriff in einer Kaserne untergebracht war), jenseits von Brand wird es grün, die Sonne schwillt an, sattrot. Auf der Gegenfahrbahn Autos, Motorräder, in beiden Richtungen durchgewinkt. Gras, Bäume, Kühe und schließlich Kornelimünster. Auf einer Mauer sitzen mit baumelnden Beinen etwa zwanzig Teenager, meist Jungen, einige Mädchen, hinter ihnen stehen Mopeds, Mokicks, Mofas; die Jungen pfeifen auf den Fingern, johlen, schreien. Von einem Jungkonsumenten neben mir auf dem Gehsteig höre ich: »Und wann fliegen die Pflastersteine?« Alle Aufklärung hat nichts genützt, die große Friedensbewegung wird (zum Teil gezielt) mit Grüppchen von Krawallmachern, Gewalttätern gleichgesetzt, und nun kommen wir nach Kornelimünster, ausgerechnet nach Kornelimünster. Nein, wir haben keine Denkanstöße vermittelt auf dem Weg vom Aachener Zentrum zu dieser Kleinstadt, haben erst recht keine spontane Solidarisierung ausgelöst – wir sind schon froh, dass wir Kornelimünster erreicht haben ohne Zwischenfälle, dass es ein warmer, wolkenloser Augustabend ist, dass wir uns setzen können, dass Bier für uns gezapft wird. Nun können die Füße schweigen, erst einmal.

Und dann? Ich nahm teil an Sitzungen der lokalen Partei in Düren. Nahm teil an größeren Veranstaltungen der Partei.

Nahm teil an Richtungskämpfen. Markierte innerhalb des Parteispektrums früh schon meine Position, in Briefen und Anträgen. Schrieb Protokolle. Beispielsweise beim ordentlichen Kreisparteitag am Freitag, dem 31. Januar 1969 im Stadtpark-Restaurant Düren. Es erweist sich nun als hilfreich, dass ich damals einen Durchschlag machte vom Typoskript (das damals noch geläufige Wort »Kohlepapier«).

Ich hebe hervor, was der bisherige Vorsitzende im Geschäftsbericht eingestand. »Der Vorstand sei in der letzten Zeit nur eingeschränkt aktionsfähig gewesen, was besonders auf starke berufliche Inanspruchnahme der Vorstandsmitglieder zurückzuführen sei.« Da dürfte man froh, dürfte zumindest erleichtert gewesen sein, dass sich der gerade noch 34-jährige Kühn zur Verfügung stellte. Das hatte Folgen, biographisch.

Punkt 8 der TO: Wahlen. »Es waren 30 stimmberechtigte Mitglieder anwesend.« Geheime Wahl. Regierungsrat Manfred S. wurde Erster Vorsitzender des Kreisverbandes Düren, ich Erster Stellvertreter. Und wurde gewählt als einer der beiden Delegierten zum Landesparteitag, zugleich als Stellvertreter des Delegierten zum Landeshauptausschuss.

Punkt 10 der Tagesordnung: Nachwahlen der Großgemeinde Nörvenich am 23. März 69. »Die Notwendigkeit aktiver Unterstützung des Wahlkampfes wurde festgestellt.«

Und ich wurde, offenbar außerhalb der Sitzung, gleich auch noch zum Vorsitzenden des Wahlkampfausschusses gekürt. Der berühmte Sprung ins Wasser.

Ja, der Vorsitzende des Wahlkampfausschusses muss aus dem Stand heraus bei den Kommunal-Nachwahlen in Nörvenich aktiv werden und hat keine Ahnung, wie so was geht.

Ich fahre nach Hochkirchen, von Nörvenich eingemeindet. Nieselregen, die Dorfstraße leer, fast alle Plastikjalousien runter, finis terrae – ungefähr wie in Franken, im Zonengrenzbereich zur DDR. Eine uralte Dorfwirtschaft, im halb beleuchteten Raum ein kleiner Kreis: Tag die Herren, guten Schluck!

Ja, sie haben sich schon mal ein bisschen eingestimmt. Aber wir ziehen jetzt um. Und sitzen bald darauf in einem Wohnzimmer. Die Tapete seit schätzungsweise vierzig Jahren nicht mehr erneuert. Ein uralter Schreibtisch, die Topfblumen darauf in Press-Kunststoffhüllen. Eine gewundene Kerze. Ein Kreuz. Ein Jubiläumsfoto zur fünfzigjährigen Mitgliedschaft im Schützenverein. Wir sitzen zu fünft am Tisch.

Gut, dass es einen Außengeschäftsführer gibt, der hat bereits einen Redner besorgt, hat schon das Lokal bestimmt, alles schon geregelt. Und S. hat schon Einladungen zur Wahlversammlung drucken lassen, die werden verschickt. Ein Schlaumeier hat Adressen beschafft von 180 Bundeswehrangehörigen im Fliegerhorst. Beim Adressieren will man die militärischen Titel weglassen, damit das nicht so auffällt. Außerdem wird ein Obergefreiter vielleicht nicht so gern als Obergefreiter angeschrieben, schon gar nicht, wenn er zwischenzeitlich befördert wurde. Wir müssen uns hier in gegebenem Maße anpassen.

O.k., von mir aus, geht so in Ordnung.

Ja, und die weiteren dreihundert Einladungen werden durch die Kandidaten verteilt, Adressen aus dem Telefonbuch. Außerdem werden 700 Hektogramme hergestellt, ist auch schon veranlasst. Jetzt kommt die Plakatierung – wir haben doch Eindruckplakate?

Ja, sage ich, aber alte. Noch mit Gelb auf Blau. Jetzt soll ja alles schwarzweiß sein. Und mit den Punkten: Fpunkt, Dpunkt, Ppunkt ... Ich werde aus Düsseldorf gleich morgen früh neue Eindruckplakate anfordern, die werden dann umgehend an die Druckerei weitergeleitet. Nur noch zehn Tage, o Schreck, o Graus, bis zur Wahlveranstaltung. Wo kommen die Plakate überhaupt hin? An Toreinfahrten?

Müssen wir die Bauern fragen.

Ja, und wie viele Jungdemokraten sollen uns zur Seite stehn? Ich habe keine Lust, das alles wie bei der Bürgerversammlung selbst zu kleben. Und wie sieht es mit Plakatständern aus?

Schlecht. Mindestens die Hälfte kaputt.

Dann bringen wir wenigstens den schäbigen Rest zum Einsatz. Und sonst?

Also ein Informationsstand würde sich bei uns nicht lohnen. So was kann man nur in der Stadt einsetzen. Natürlich mit ein paar Minirock-Mädchen. Kann man hier vergessen.

Kommen wir zum nächsten Stichwort, sage ich: die Korsofahrt. Soll ja am Samstag vor der Wahl stattfinden. Wie wird hier so was aufgezogen?

Hauptsache der Lautsprecher. Bei A. liegt schon einer. Hoffentlich funktioniert der auch.

Na ja, nicht vom allerneusten Stand, haut aber hin. Jedenfalls brauchen wir flotte Musik. Gibts keinen Wahlschlager?

Nee, noch nicht.

Und wie wärs mit Marschmusik?

Die hier im Fliegerhorst haben es nicht so mit Marschmusik. So was hören die höchstens im Fernsehn, bei irgendeinem Bericht über die Bundeswehr. Aber ein Bundeswehrmann hier im Ort, der könnte ein Band zusammenstellen. Flotte Schlager.

Na, da wär ich um diesen Job ja schon mal herumgekommen. Aber der Samstag wird draufgehn mit der Kandidatenliste. Zum Korso müssen rechtzeitig die Ständer auf die Dächer, schön beklebt. Und dann jeweils den Kandidaten vorstellen. Bloß – ich kenn keinen von denen. Das heißt, abgesehn von euch beiden hier. Fehlen mir noch acht. Die werd ich der Reihe nach aufsuchen und jedem eine Grundsatzschrift auf den Tisch legen. Und sonst – was machen wir sonst noch so?

Als Diskussionsteilnehmer eindringen in andere Wahlveranstaltungen?

Schön. Sagt mir nur rechtzeitig Bescheid, wir verteilen uns dann. Und, weiter?

Na, eben der Korso. Möglichst viele Autos!

Ich werde einen Treffpunkt vorschlagen und mir die Route überlegen. Ab sofort aber müssen wir Leute suchen, die plakatieren.

Ich breche auf, obwohl ich das Verlangen spüre, noch was beisammenzuhocken und ein paar Bierflaschen zu zischen. Hundert Meter durch das Dorf, zum Auto. So was an Stille! Ein junger Mann pisst an eine Hauswand. Sonst ist es wirklich still, totenstill.

BEVOR DAS HIER SO WEITERGEHT, ein notwendiger Einschub. Ich war auch zu dieser Zeitphase (und später, als Stadtrat) nicht ›voll engagiert‹ als Kommunalpolitiker, der nebenbei auch schrieb, es war umgekehrt: Die ehrenamtlichen Tätigkeiten füllten mich nicht aus, sie liefen nebenher. Also müssten eigentlich die Notizen zur literarischen Arbeit umfangreicher sein als der fortlaufende Report des Engagements. Nur so würde die Form der Textsequenzen der Lebensform entsprechen. Also doch keine literarischen Globuli, eher Broteinheiten?

Es wäre allerdings nicht gerade prickelnd für mich, von hier an fortlaufend meine Bücher vorzustellen, mit Inhaltsangabe und womöglich ›authentischer‹, weil vom Autor lizensierter Interpretation. Auch für die Leserschaft wäre das nicht sonderlich attraktiv, ich schreibe ja nicht nur für Kühn-Leser. Andererseits kann ich schreibend nicht davon absehen, dass ich geschrieben habe, weiterhin schreiben will. Das muss im Lebensbuch Textentsprechungen finden, muss fortlaufend markiert werden. Aber wie?

Ich habe verschiedene Lösungen erwogen und ausprobiert. Autobiographische Textphasen doch begleiten mit charakteristischen Auszügen aus meinen Büchern? Aber wie ließe sich das koordinieren? Ich habe kein Werktagebuch geführt, kann nicht parallel schalten. Erschwerend käme hinzu: Was wähle ich aus? Rücke ich erfolgreichere Bücher in den Vordergrund oder lasse ich ausgleichende Gerechtigkeit walten für Bücher, die mir wichtig sind, deren Rezeption (und Distribution) aber dürftig ausfiel?

Lösung auf Widerruf: In begleitenden Textmarkierungen wollte ich das Spektrum meiner Texte zumindest andeuten. Die Kontinuität des Schreibens war (und ist) für mich eins mit Diskontinuität der »Textsorten«. Wenn ich ein Buch auf der Grundlage von Recherchen geschrieben habe, musste ich mich erst wieder freischreiben, in erzählender Prosa – und warum nicht auch in einem Roman für Kinder? Außerdem: bei Projekten, die viel Zeit forderten, ergaben sich meist Kontraste und Sprünge im Arbeitsablauf – etwa wenn ich zwischendurch ein Hörspiel schrieb. Nur durch Wechsel wurde Kontinuität möglich.

Die nichtlineare Entwicklung hat freilich die Rezeption erschwert. Ein Kritiker hat das im Gespräch mal explizit beklagt: Jedes Mal muss man neu ansetzen, kann nicht einfach fortschreiben, was zuvor über mich geschrieben wurde, und das macht Arbeit. Am liebsten verhält man sich denn wie Politiker: man delegiert. So bespricht am besten ein Mediävist eins meiner Mittelalter-Bücher, bespricht ein Musikredakteur (pardon, eine Musikredakteurin) meine Biographie über Clara Schumann, bespricht ein Botaniker (oder, noch besser, eine Lepidopterologin) meine Biographie über Maria Sibylla Merian. Konsequent weitergedacht, wäre ein Irokese der optimale Rezensent des »Festspiels für Rothäute«, ein Transvestit wäre am ehesten zuständig für die Erzählung »Ein Mann namens Lia«, ein Vampir für meinen Vampirroman …

So suchte ich charakteristische Textproben der verschiedenen Tonlagen aus, Material für wiederholte Einschübe. Tauschte aus, verkürzte, fragmentierte, doch im Hinterkopf blieb das Gefühl: So geht das nicht. Zwar rede ich mir schon mal gut zu: Passt doch eigentlich wunderbar … aber es bleibt, was als ungutes Gefühl bezeichnet wird. Also lieber doch kein fortlaufend begleitendes Angebot von charakteristischen Textausschnitten. Was aber dann? Miniaturisierte Globuli, pure Hinweise?

DER WAHLKAMPF ging weiter. Und es wurde zur Erfahrung, was der Partei gelegentlich vorgehalten wurde: »Gering entwickelter organisatorischer Unterbau«. Dies eklatant auf dem in jeder Hinsicht platten Land. Als Stichwort nun: Aufstellung der Kandidaten für ›meinen‹ Wahlkreis.

Am günstigsten dafür erscheint der Samstagnachmittag. Ich fahre los mit dem Zettel von Namen und Anschriften. Die erste Klingel. Eine dicke Oma in buntem Haushaltskittel lugt aus dem Klofenster neben der Haustür: Ja bitte?

Ich bin hier der Wahlleiter. Ich würde gern den Hausherrn sprechen.

Ein Haus am Ende einer Neubausiedlung; Wendehammer, Feldflächen; diesiger Himmel. Es rumort im Hause. Dann öffnet er die Tür, kauend. Nur eine Wollweste auf dem Oberkörper, halboffen; graue Brusthaare. Kinder vor dem Fernsehgerät, sie werden verscheucht. »Bitte nicht hinschaun.« Noch ein Geburtstagstisch – hier ist vor einer Woche gefeiert worden. Plastikpanzer auf dem Boden. Ein paar Bücher mit Halbleder-Imitat-Rücken. Etwas Kupfer im Raum, etwas Grün. Preiswerte Einrichtung.

Nein, er kommt nicht zur Wahlversammlung, er hatte mit einem Hauptmann vom Fliegerhorst dienstlich zu tun, der hat ihn mal angeschwärzt, in seiner Abwesenheit, der taucht bestimmt da auf, also geht man sich besser aus dem Weg.

Sie verschicken aber die Einladungen?

Nein, die verteilt er lieber so in der Siedlung.

Ich kann mich drauf verlassen?

Ein Mann, ein Wort.

Kommen Sie wenigstens zur Vorstandssitzung? Wegen der Gesamtplanung?

Kann ich nicht kommen, da feiern wir nämlich. Der Geburtstag ist vorher, aber er feiert ihn doppelt, dann, beim zweiten Mal, mit Freunden. Sind alle schon eingeladen. Überhaupt viele Geburtstagstermine – jeden Monat ist ein Familienmitglied an der Reihe. Zwischen Februar und Juni, dann ist alles erledigt. Und die Wahl mittendrin.

Wieder zum Wagen, zum nächsten Kandidaten. Durchfragen zum Ende des Dorfs: unverputzter Anbau eines alten Bauernhofs. Ich fahre bis vor die Tür, der Schlamm ist knöcheltief. Ein Kabel aus einem Fenster, zwei Mann schweißen an einem Ackergerät. Die fusse (hochdeutsch: rothaarige) Tochter schaut dabei zu. Hühner tapsen durch die Sod (hochdeutsch: die Schlammbrühe). Vatter is nich da, sie wird ihm alles erklären und überreichen. Ob das klappen wird?

Weiter. Rumpeliges Kopfsteinpflaster, seitwärts aufgerissen für Arbeiten an der Kanalisation, Flickasphalt, kein Gehsteig, keine Bäume.

Der Assessor. Nun also wohnt er hier draußen, wohnte

früher in Köln, aber diese horrenden Mieten, und Kinder sind unerwünscht. Da fragte er schon mal: Sie sind wohl mit 18 auf die Welt gekommen? So eine Frage kapiert ein gewöhnlicher Vermieter überhaupt nicht. Hier draußen zahlt er weniger, die Kinder haben Auslauf, es ist ruhig. Doch gespart muss werden. Hat jetzt einen alten DKW gekauft, preiswert, kostengünstig – der Verkäufer hatte versehentlich die Versicherung vorausgezahlt. Er repariert den Wagen selber, der fährt dann bestimmt noch hunderttausend. Stellt den Vergaser ein, prüft die Ventile, geht alles genau durch. Ach so ja, Kandidatur, ja, ihr könnt mich aufstellen, ich fahr dann rum, verteil den Kram.

Und weiter. Irritation durch Nummerierung: suche die 25, sehe nur eine 23, danach gleich 41. Wie soll denn das gehn? Ich stell den Wagen ab, frage einen Eckensteher. Ja, dort drüben, wo das Auto steht. Es empfängt mich ein schnurrbärtiger Sechziger mit schütterem Haar. Ursprünglich war das hier mal ein großer Raum, aber er hat ein Stück abgeteilt, für die Werkstatt, der Sohn arbeitet grade dadrin.

Das Wohnzimmer, das Fernsehgerät, Sitzbankwinkel am Tisch mit gewürfeltem Tischtuch: verblasste Inspiration durch einen Herrgottswinkel? Fehlt nur das Kreuz.

Die Materialien, die ich auf den Tisch lege, interessieren ihn nicht so richtig. Sein Problem, ich wüsste ja, er war früher bei der CDU, acht Jahre Bürgermeister, sie haben ihn rausbugsiert, aber die FDP-Kandidatur, die werfen sie ihm vor: Du bis ene Wellepper. Seine Frau hätte am liebsten, wir würden ihn von der Liste wieder streichen. Ein böser Anruf: Mir koofe bei dir kene Stuhl mie, du solls vrecke! Und der Sohn, der noch in der CDU ist, der wurde gestern einfach nicht mehr zur Versammlung eingeladen.

Ja, und wie verfahren wir jetzt?

Also, er stellt sich die Wahlwerbung so vor. Links oben steht: Wählt den Kandidaten, und dann groß und quer über das halbe Blatt: sein Name, und dann rechts drunter, aber kleiner: FDP. Das schreibt er so auf einen Bogen, setzt sogar die neu eingeführten Punkte, mit denen die FDP sich auch optisch von den beiden Volksparteien unterscheiden will: F.D.P. Und da drunter seine persönliche Erklärung: Der Mann, der acht Jahre für seine Gemeinde als Bürgermeister gearbeitet hat und den seine eigene Partei dann kaltgestellt hat.

Ich sage, dem müssen wir aber eine positivere Wendung geben.

Er zählt also Positiva auf. Hat Friedhofsboden günstig bekommen, durch einen Bekannten. Mit einer Flasche Korn. Die Pacht war nur gering angesetzt. Trotzdem, die Gemeinde hat ihn warten, in der Luft hängen lassen. Er musste sich schon beim Notar entschuldigen, ich bin jetzt hier, aber ich warte noch auf Unterlagen. Kurz darauf war der Betreffende gestorben, mit 90, also mit Blick auf das Alter hätte man doch voranmachen können! Oder die Sache mit der neuen Schule. Wohin mit den Fäkalien? Da wurden zu geringe Beträge eingesetzt für den Straßenbau, so bleibt alles provisorisch. Und bei Gewitter steht alles bis zur Straßenkrone unter Wasser. Er hat das mal fotografisch festgehalten, »indem dadurch dass es da schon mal einen Unfall gegeben hat«, witterungsbedingt.

Und wie halten wir es mit den Plakaten?

Die will er selber drucken lassen, für die Kandidatur, und zwar auf Transparentpapier. Unbedingt auf Transparentpapier. Er hält auch nichts vom vorgeschriebenen Parteikopf und von den sonstigen Regelungen, er will seinen Namen schräg gedruckt haben. Und zwar so: er malt das auf, unterstreicht den Namen, und die Partei wird rechts drunter genannt.

In der nächsten Wohnung läuft auch wieder der Fernseher: Gottesdienst von Reichenau mit Swing. Die Frau strickt, sitzt senkrecht auf dem Stuhl am Tisch, die Füße berühren gerade mal den Boden. Der Hausherr hat ein grünes Polohemd an, dazu eine braune Baskenmütze. Die nimmt er nach einiger Zeit ab, der Mützenrand hat sich der Stirnhaut eingeprägt. Ich folge ihm auf den Speicher: Lagerung fürs Geschäft, ein kleiner Werktisch mit Bohrer und Hobel, ein Karton Werbematerial der Partei, schon etwas älter, aber das kann jetzt ja noch verbraten werden.

Die SPD bereitet aber längst schon einen Kandidatenbrief vor.

Na schön, er wird Einladungen verschicken. Übrigens, das Bild hier: Nörvenich früher. Hier übernachtete mal Karl der Fünfte. Wegen der Burg ist Nörvenich nicht bombardiert worden. Die Kirche im Nachbardorf besteht teilweise aus römischem Ziegelmaterial. Die Römerstraße im Neffelbachtal.

Ob er die Einladungen nicht lieber verteilen als verschicken will?

Nein, verschicken. Vor der letzten Kommunalwahl hatte er 74 Einladungen verteilt, hatte dafür viereinhalb Stunden gebraucht – mal hier ein Wort sagen, mal dort eine Frage beantworten.

Und wie viele sind daraufhin gekommen?

Vielleicht einer. Wenn überhaupt einer. So eine Wahlversammlung hängt auch vom Fernsehprogramm ab. Ein Fußballspiel kann jede Veranstaltung lahmlegen.

Die Sendetermine sind doch nun bekannt. Und es spielt sich alles in den nächsten paar Wochen ab. Wie wärs, bei geeignetem Termin, mit einer kleinen Rede, im hiesigen Gaststättengewerbe? Politischer Frühschoppen oder so?

Wenn ich da eine Runde geschmissen hab, muss ich keine Rede mehr halten.

Ich setze die Rundfahrt fort, in Nörvenich, in den Dörfern des Wahlkreises; noch immer ist die Kandidatenliste nicht vollständig.

Ein junger Offizier, bleicher Brillenträger in weißem Pullover aus den USA. Holztäfelung, Clubsessel, zwischen zwei großen Lautsprechern ein Aquarium, blau beleuchtete Neonfische schweben umher. Er konstruiert gerade eine Fütterungsanlage für das Aquarium. Die Grundzüge: bei bestimmten Zeigerstellungen wird ein Kontakt geschlossen, eine Relaisschaltung wird ausgelöst für kurze Zeit, Futter fällt ins Wasser. Er hat derzeit einen Dauerversuch laufen, muss aber eine Woche weg.

Und ich muss weiter, Wahlunterlagen hinterlassend. Ich muss meine zehn Kandidaten für die Großgemeinde Nörvenich noch zusammenkriegen! Der Wahlkreis ist schließlich in

565

zehn Wahldistrikte aufgeteilt, hätten eigentlich auch ein paar weniger sein können, jetzt strampel ich mich ab!

Der alte Bahnhof. Kleine Rampe der vormaligen Güterabfertigung. Ein winziges Nebengebäude nun als Hundehütte, sogar mit Schild: Besso. Im Raum des Fahrdienstleiters dicke Blumenpötte, Blumenkästen. Es geht die Stiege hoch, dann durch ein Schlafzimmer in ein Wohnzimmer. Er ist Busfahrer, hat eine halbe Stunde Pause, der Bus auf dem Bahnhofsvorplatz, er muss also gleich wieder weg, obwohl, samstags ist es gemütlich, Dienst erst ab halb drei, bis Viertel vor acht. Alle paar Wochen Spätdienst im Depot, damit die Beziehung zum Technischen nicht verlorengeht, die einlaufenden Busse inspizieren, den Ölstand prüfen, auftanken und so weiter. Anstrengender Beruf! Einem vierzigjährigen Kollegen wurden neulich beim Aussteigen die Knie weich: Nervenschwäche, seit 8 Wochen ist er in Kur. Verdammt anstrengender Beruf! Fahren, kassieren, aussteigen, Kinderwagen mit reinheben, fahren, kassieren, immer hinter der Zeit her, immer das Gefühl, du bist zu spät, zu kommst zu spät, das zerrt an den Nerven. Ein harter Beruf. Das Verkehrsaufkommen macht ihm nicht so zu schaffen, aber die Zeit, die Hetze, immer hinterher, immer hinterher, und jetzt, so langsam muss er runter. Doch ich lasse Unterlagen zurück, nehme die verbindliche Zusage mit.

Und wieder eine Frau hinter dem Klofenster neben der Eingangstür, sie muss Diverses hochziehen, spricht dabei: Ihr Mann ist nicht da. Ihr kümmert euch auch nur vor der Wahl um ihn, wie? Sonst lasst ihr ihn im Regen stehn.

Das können Sie mir nicht vorwerfen. Ich bin neu im Verein. Aber nach dem, was man so hört: Es soll auch einige Herren geben, die nur bei Sitzungen erscheinen, wenn Stellen für die Kreistagswahl interessant werden. Alle vier Jahre wieder. Sonst kriegt man die nicht zu Gesicht.

Wie soll ich das jetzt verstehn?

War nur eine allgemeine Anmerkung. Ihr Mann bleibt ja bei der Stange.

Das Klofenster wird zugeklappt, die Haustür wird geöffnet,

das Gespräch wirkt bald entspannt, sie lehnt sich an den Türrahmen. Sie kommt »ursprünglich« aus Westpreußen, großer Bauernhof, seinerzeit, sie hat Landwirtschaft studiert, arbeitet heute als Vertreterin für Seife, hat einen festen Kundenkreis.

Und zum Stichwort Kandidatur?

Mein armer Mann, mein armer Mann, was hat er da auf sich genommen! Muss morgens, auch bei Glatteis, früh raus, kommt spät zurück. Und jetzt auch das noch!

Wieder ein Bauernhof, wieder, der Witterungslage angemessen, Schlammsoße zwischen zwei Traktoren. Schweinemistgestank. Das Wohnzimmer ist winzig, ein Tisch, ein Sofa, die Stühle werden aus dem Esszimmer hereingeholt. Neben dem Fernsehgerät ein Stapel Wäsche: graue Unterhosen, blaue Hemden, Olivfarbenes. Der Bauer in Reithose mit Gebrauchsspuren; dicke Socken, weiter Pullover. Die Schreibtischschublade herausgezogen: alte Papiere, Erinnerungskram, leere Packungen. Bei dem schlechten Wetter arbeitet er hier. Hatte angefangen mit 3000 Mark. Keine Unterstützung, kein Kredit. War nicht Flüchtling, war nicht ausgebombt – »dann helfe Ihnen Gott«. Hintenherum hat er dann doch ein Darlehen für die Einrichtung bekommen. Rüben, Getreide, Schweine. Ja, Ferkelzucht, mit 30 Kilo vom Mäster übernommen. Rüber in den Stall, Besichtigung: pro Sau etwa zehn Ferkel, man hilft mit Spritzen nach, damit die Richtzahl erreicht wird, bei einer Sau mit zwölf Ferkeln nimmt er zwei weg, tut sie zu einer Sau, die nur sieben hat. Wichtig ist auch gleichmäßige Ernährung. Wieder ins Wohnzimmer. Ja, er ist schon länger tätig im gemeindlichen Leben. Kommt ja aus Südwestdeutschland, da ist man liberaler. Und dennoch: bei strittigen Punkten hat der Bürgermeister einfach die Sitzung beendet. Und nun die Stichworte Siedlungsvorhaben, Umgehungsstraße. Andere Dörfer haben sich Firmen rangeholt, hier will man rein ländlich bleiben. Mal sehn, wie weit das führt. Was haben Sie denn da alles mitgebracht?

Es kommt, was ich befürchtet habe: ich muss nun doch einen Wahlbrief für alle zehn Wahlbezirke schreiben.

»Liebe Wähler!« Damals war es noch nicht üblich, liebe Wählerinnen und Wähler, liebe Bürgerinnen und Bürger, liebe Leserinnen und Leser zu sagen, zu schreiben, da hielt man noch am alten Zopf fest. Wir hören ... Undsoweiter, undsoweiter. Sind Sie nicht auch der Meinung, wenn man ... undsoweiter, undsoweiter. Sie wissen ... undsoweiter, undsoweiter. Heute haben Sie die Möglichkeit ... undsoweiter. Zehn Kandidaten aus allen Schichten der Bevölkerung bereitgestellt. Wir möchten sie Ihnen vorstellen. Folgt die Liste der Kandidaten für Nörvenich 1 bis 4, für Eggersheim und Irresheim, für Eschweiler über Feld, für Frauwüllesheim undsoweiter, undsoweiter. Unsere Kandidaten werden sich ... soll man nicht an ihren Worten ... Ihr Vertrauen, Ihre Stimme ... Mit freundlichen Grüßen – unsere beiden Namen vom FDP-Kreisvorstand (noch stehen unsere Namen nebeneinander, noch ...)

Und weiter die »Ochsentour« vor der Wahl. Also auch Auftritte in Räumen ländlicher Gaststätten: Vorstellung von Kandidaten. Keine Ahnung mehr, was ich gesagt habe, ich weiß nur, dass ich die Reden nie abgelesen, sondern, nach Stichworten, stets improvisiert habe – so konnte ich die paar Zuhörer »bei der Stange halten«.

Eine Kontrasterfahrung, die sich eingeprägt hat: Der blau verräucherte Wirtshaussaal in einem der Dörfer des Wahlkreises, und als ich nach der Veranstaltung das Gebäude verließ – klar ausgestirnt der Himmel! Tief, tief durchatmen. Und die dringliche Frage: Willst du so was noch öfter machen? Siehst du hier etwa Zukunft, Wahljahr für Wahljahr?

Tja, na ja, und das Wahlergebnis ... Ist halt auf dem platten Land ... Was soll man da schon groß sagen ...

Kaum ist Mai, schon wird der Wahlkampf für die Bundestagswahlen im September und gleich auch für die Kommunalwahlen im November thematisiert! Ist das nicht ein bisschen früh, verschießen wir unser Pulver nicht allzu rasch?

Also, im Bundesvorstand hat man sich lange mit dieser Frage auseinandergesetzt, auch unter Teilnahme wissenschaftlicher

Experten, Soziologen, Politologen oder so, und da ist man zur Ansicht gelangt, dass die stimmentscheidende Meinung jetzt schon gebildet wird.

Oder jetzt schon gebildet ist?

Nein, muss taufrisch, die Meinung, die Entscheidung muss eher taufrisch – wer zuerst argumentiert, behält eher recht. Wir können nicht erst ansetzen oder einsetzen, wenn die anderen Parteien die Bevölkerung schon mit Material überschwemmt haben.

Aber da stellt sich die Frage: Ist dann bis September nicht alles schon vergessen? Immerhin sind die Sommerferien dazwischen. Wir müssen die allgemeine Kurzfristigkeit der durchschnittlichen Gedächtnisleistungen berücksichtigen.

Aber andere haben im Wahlkreis schon angefangen, die legen schon los, da müssen wir mitziehen. Der Wahlkampf muss schon frühzeitig einsetzen. Aber wie? Beispielsweise die ländliche Bevölkerung, die Bauernschaft: jetzt schon mit Material eindecken?

Und wie soll es dann weitergehn? Immer neues, immer gleiches Material? Und das jeden Monat neu? Wir haben ja jetzt schon Probleme mit der Verteilung, hat sich in und um Nörvenich erschreckend deutlich gezeigt. Jetzt ranklotzen und kurz vor der Wahl nur noch Erinnerungswerbung?

Erst mal ein Konzept, und nicht gleich technische Fragen! Arbeit im vorpolitischen Raum. Also ran an die Handwerkskammern, Bauernverbände, Schulen. Und das mit jeweils speziellem Material. Für die Handwerker: Lohnfortzahlung im Krankheitsfall … Für die Juristen: Strafrechtsreform … Für die Bundeswehr: Umrüstung … Und für die Jungwähler –

Zwischenfrage: Was ist wirksamer – schön gedruckte oder illegal wirkende Wahlbriefe?

Illegale! Allerdings mit Unterschrift, das auf keinen Fall vergessen, ansonsten können die ruhig hektographiert werden.

Andrerseits – vorgedruckte Kandidatenbriefe, die nur im Leerraum ausgefüllt werden müssen –

Tja, da sieht man mal wieder: In unsrer Partei sind die besten Theoretiker, aber schlechter siehts bei den Praktikern aus.

Bezirksverbands-Vorstandssitzung. Hauptpunkt der TO: Die Wahlen zum sechsten Bundestag. Die große Koalition als auslaufendes Modell, darüber sind wir uns ja wohl alle im Klaren. Die FDP muss wieder Regierungsverantwortung übernehmen. Das sind Parolen, die helfen dem Opa auf das Fahrrad. Selbst unser schlapper Bundestagskandidat 17, sonst immer müde, wirkt energiegeladen. Andrerseits der Parteiapparat, mangelnde Organisation, zeigte sich bei der letzten Bundestagswahl. Adressen von Gymnasien sollten besorgt werden, kamen zu spät. Ungenaue Ziellisten von Handwerkern, bei einer Wahlveranstaltung kam denn auch nur ein Einziger. Wir müssen die Organisation selbst in die Hand nehmen.

Jetzt aber: die Liste für den Bundestag. Auf der Landesvorstandssitzung in Düsseldorf wurden die Positionen hart umkämpft. Ich bin da gegen eine eiserne Wand gestoßen, meine Parteifreunde. Und Mende, wenn der hier wäre, ich würde es ihm sagen, dass er kein Wort gesagt hat zur Unterstützung unserer Leute.

Dem wollen wir jetzt nicht weiter nachgehn, es stellt sich die Frage, ob wir an der Liste wackeln sollen. Ein Husarenritt gegen die Kandidatenliste?

Wir sind der drittschwächste Bezirksverband. Besser wir rühren gar nicht erst dran, sonst kracht alles zusammen. Voriges Mal haben wir einen Mann sechsmal reinzuboxen versucht auf der Wahlversammlung, da war er für immer abgesackt. Wir sollten uns absprechen mit anderen Bezirksverbänden. Einer muss da immer das Ohr offen halten. Hören, was vor sich geht und was geplant wird.

Da muss ich doch das Ruder herumwerfen. Einer muss hier der Tischkommandant sein, ich muss das mal so hart sagen. Wir brauchen ein klares Votum. Sonst kommen wir auch für die Zukunft als Verhandlungspartner mit anderen Bezirksverbänden nicht mehr in Frage. Da muss endlich der Grundstein gelegt werden, wir dürfen nicht immer nur als gespalten und unzurechnungsfähig dastehen. Eine geschlossene Mannschaft, sonst haben wir keine Chance! Vater muss sprechen und kungeln gehn!

Wir dürfen uns aber nicht durch falsche Unterstützung Feinde einhandeln!

Ist ja gut, schon gut … Willi, verrat uns mal lieber, ob du deine 22 Mann an Bord hast.

Ich hab sie an Bord, alle Mann! Häuste mir minge net kapott, häu isch dir dinge net kapott.

Hört, hört, dass jetzt ausgerechnet du –

Moment, Moment, wer führt hier den Vorsitz? Wo war hier die Wortmeldung?

War doch nur ein Zwischenruf!

Na hoffentlich, nachher heißt es, der Robert kann keine Verhandlung führen, bei dem redet alles durcheinander. Leute, die Uhr rast.

Noch zwei Sätze –

Damit bescheißte mich immer, mit deinen »zwei Sätzen«, das kenn ich.

Ich melde mich ganz vorschriftsmäßig zu Wort!

Aber kurz, ja. Kriegst 30 Sekunden, dann ist es vorbei.

(Noch keine Wortmeldung von mir. Sitze da und staune. Basisarbeit? Die Sitzung wirbelt weiter dahin:)

Klatschnasser und grasgrüner politischer Instinkt in der Frage Anerkennung der DDR.

Eine Frage: Was wollen Sie damit einhandeln, ganz klar, was wollen Sie dafür kriegen?

Nichts, sorry, tut mir leid, njet, da mach ich nicht mit. Ich lass mich durch die Anerkennungspartei nicht kaputtmachen. Ich lauf rum wie ein Verrückter, ich opfre meine Freizeit, mein Familienleben, und dann braucht es bloß zu heißen, wir sind die Anerkennungspartei, und alles is kapott. Das sollten wir bis nach der Wahl zurückstellen. Das muss doch nicht jetzt sein. Da muss man schon mal ein bisschen opportunistisch denken. Das ist jedenfalls meine Überzeugung.

Wat heißt hier Überzeugung? Ich han ooch oft jenoch gegen minge Überzeugung jehandelt. Willste Stimmengewinn oder nicht? Na also. Bist doch lang genug bei der Musik.

Also, ich bringe doch keine Textproben ein, und seien sie noch so knapp, um Markierungen zu setzen für die auch in jener Zeit fortgesetzte Arbeit am Schreibtisch. Ich thematisiere nur mit kurzen Einschüben das Schreiben, bleibe dabei formelhaft. Etwa so:

Ich schreibe … ich schrieb … ich habe geschrieben … ich hatte geschrieben … ich werde schreiben … ich werde geschrieben haben …

Vorstandssitzung Kreisverband. Hauptpunkt: Wahl zum sechsten Bundestag. Und damit: Die große Koalition als, hoffentlich, auslaufendes Modell. Die FDP, pardon, die Fpunkt Dpunkt Ppunkt übernimmt wieder, hoffentlich, Regierungsverantwortung. Das Maß und das Muss der Anstrengung leitet sich ab von der Erkenntnis der Lage: Hier hat der Vorsitzende eine sehr interessante Analyse verfolgt, in Fernsehen oder Hörfunk, eine sozialpsychologische Studie, nach der öffentliches Bewusstsein immer nur zwei Spitzenprodukte verkraften kann, um das leger auszudrücken. Coca-Cola war seit jeher in Führung, Pepsi Cola rückt an die Spitzenposition heran, wird Coca aber nicht ablösen können. Es gibt weitere Cola-Produkte, genannt sei nur Afri-Cola, aber die gewinnen keine entscheidenden Marktanteile. So ist es auch mit den Parteien. Die SPD wird sich an die Position der CDU/CSU immer näher heranarbeiten, wird sie aber nie ablösen können.

Ich frage: Wer ist denn hier Coca und wer ist Pepsi? Der Vergleich ist nur im ersten Moment bestechend, hält einer Befragung aber nicht stand. Die Sozis sind doch nun, historisch, erheblich älter als die Schwarzen, sind, um auf der Vergleichsebene zu bleiben, die Ersten in der Cola-Branche, und die Christdemokraten sind Pepsi. Um den schiefen Vergleich mal zu erweitern: wie sieht es denn auf dem Automarkt aus? Mercedes neben Ford, Opel neben VW, kommt noch Audi hinzu und was sonst noch? Durchaus keine Polarisierung auf zwei Spitzenreiter …!

Man kann es auch so sehen, ja. Das Spitzenduo erweitert zum Spitzentrio. Und eben darauf müssen wir hinarbeiten.

Der erste Ansatzpunkt: die große Wahlveranstaltung in der Stadthalle, Parteifreund Ollesch vom Bundestag als Wahlredner. Der Vorsitzende hat mit dem Landrat telefoniert, demnach ist von links angekündigt, es wird ein heißer Sommer. Da stellt sich die Frage nach dem Polizeischutz. Die sollen für uns eine Hundertschaft bereitstellen. Können ja ruhig mal bei uns zuhören …

Mein scharfer Protest: Keine Polizei im Saal! Nicht mal in weißen Hemden.

Die müssen sich ja nicht unbedingt im Saal aufhalten. Können in einer der Straßen bei der Stadthalle in Warteposition gehen, und notfalls werden die über Walkie-Talkie angefordert. Wir müssen jedenfalls gewappnet sein. Die APO kann mit dem Bus von Aachen kommen und die Versammlung sprengen. Bisher ist zwar nichts dergleichen passiert, aber bei denen ist alles denkbar.

Die Gefahr kann aber auch aus einer anderen Richtung kommen, sagt ein Beisitzer. Ich arbeite ja ab und zu für die Presse, ich habe dementsprechend direkten Kontakt, und da habe ich gehört, die DKP will in die Diskussion eingreifen, da bereitet sich was vor, da wird es heiß hergehn.

Ich darauf: Diese harmlosen, spießbürgerlichen Altstalinisten werden sich bestimmt ordentlich aufführen, die wollen sich ja bewusst von den APO-Methoden absetzen.

Mag ja alles sein, aber wenn was passiert, sind wir dran, wir als Veranstalter. Falls wir keinen Polizeischutz kriegen, müssen wir genügend Saalordner stellen. Nach Andeutungen der Polizei müssten das mindestens zehn sein, alle mit Armbinden gekennzeichnet. Die können wir uns übrigens von Sportsfreunden ausleihen.

So, und jetzt kann mal unser Wahlleiter von und zu Nörvenich seine gesammelten Erfahrungen einbringen. Wie siehts aus mit Plakaten, wie siehts aus mit Handzetteln?

Also, ich darf daran erinnern, dass ich ja selber für den Stadtrat kandidiere. Ich muss meinen eignen Wahlkampf führen. Ich habe nicht vor, jetzt für den gesamten Wahlkreis den Wahlleiter zu spielen.

Verlangt ja auch keiner. Um die Drucklegungen werden Sie sich aber schon noch kümmern müssen, ist ja halbwegs Ihr Metier. Und beim Plakatieren mitzumachen ist doch wohl Ehrensache. Also?

Also: Den Druck von Plakaten für die Wahlveranstaltung in Auftrag geben. Wieder unter Verwendung von Eindruckplakaten. Der Eindruckstreifen ist aber viel zu schmal, der Parteislogan zu groß, aber ich muss die Lieferung annehmen, weiterleiten. Und die Handzettel? Die Mater vorlegen, muss ausgegossen werden, ich zeige das Hochformat an, nur so passt die Mater, ich bestehe auf einem Probeabzug und habe leider wieder recht mit meinem Misstrauen: es wurde Querformat gewählt, dafür ist die Mater zu kurz, alles noch mal.

Dreieckständer bereitstellen. Ich ziehe los mit einem Jungdemokraten. Die Ständer sind in einem Keller gelagert, reichlich Spinnwebe mittlerweile, die Spinnen dick und fett. Löcher in den Platten, Scharniere verbogen, hier und dort sind Beinchen weg. Draußen wollen wir den alten Mist runterkratzen, geht nicht zufriedenstellend, also werden wir die Flächen mit DIN-A0 überkleben, Rückseiten nach vorn.

Rausfahren, die Dreieckständer zusammensetzen, aufstellen, da muss immer wieder mit Draht verzurrt werden, damit sie nicht auseinanderfallen. Drei Stunden sind wir damit beschäftigt. Dem letzten Plakatständer versetze ich ein paar Tritte. Und jetzt gehn wir erst mal ein Kölsch trinken, eine Bulette mampfen.

Die Handzettel sind fertig, also müssen sie verteilt werden. Lutz, der Jungdemokrat, will auch hier mitmachen. Andre tun sich da schwerer. Einer muss unbedingt erst mal in der Geschäftsstelle aufräumen. Einer klebt zerrissene Blätter zusammen. Einer sagt klipp und klar: Nein. Also zu zweit in die Fußgängerzone, in die Wirtelstraße. Auf Passanten zugehen, rasch, nach rechts und links verteilen. Wenn nämlich einer ablehnt, winkt der Nächste hinter ihm gleich ab, da muss man sofort abschwenken und es bei einem versuchen, der die

Zurückweisung nicht registriert hat. Ältere Frauen nehmen eher an als jüngere Frauen. Etliche Handzettel werden in Einkaufstaschen gepackt oder gestopft und zu Hause sicherlich mit dem Verpackungsmaterial weggeworfen.

Rumfahren und ›meinen‹ Kandidaten im Landkreis das Material packenweise überreichen. Ich ahne schon, dass vieles auf Schränken liegenbleibt. Und Plakate landen im Hühnerstall. Plakate sind das Hauptproblem. Es stehen Tafeln zur Verfügung, Presspappe, mit Kohlestift sind die diversen Distrikte markiert, alles vorbereitet, aber nur ungern umgesetzt. Ich kriege zu hören, dass der eine schließlich einen Beruf auszuüben hat. Der andre legt jede Diensthandlung als Wahlaktion für uns aus. Einer wird grundsätzlich: Werbung ist nicht so wichtig, dafür aber Sympathiewerbung, und die betreibt er vor Ort.

Und überhaupt: sobald die Plakate hängen, wird das FDP überklebt von ADF oder NPD. Oder es wird weggerissen: beschämende Leerstellen ...

Und nun eine (reduzierte, miniaturisierte, minimalisierte) Markierung für die Kontinuität des Schreibens: Ich entwerfe einen Erzähltext ... ich entwarf einen Erzähltext ... ich habe einen Erzähltext entworfen ... ich hatte einen Erzähltext entworfen ... ich werde einen Erzähltext entwerfen ... ich werde einen Erzähltext entworfen haben ...

Der Auftritt des Bundestagsabgeordneten als Wahlredner rückt immer näher. Zwar kriege ich zu hören, dass auch Versammlungen nicht so wichtig sind, die erreichen nur Gleichgesinnte. Dennoch, die Wahlkampfmaschinerie muss laufen, ein Lautsprecherwagen wird zur Verfügung gestellt, und wer setzt sich da rein? Wer wohl?

Stundenlang Musikdröhnen über mir. Hinausbrüllen mit vergrößerter Stimme: Achtung, Achtung, hier ist die FDP. Heute Abend spricht in der Stadthalle der Bundestagsabgeordnete Alfred O. Der Bundestagsabgeordnete Alfred O. spricht heute in der Stadthalle, Bismarckstraße. Sein Thema:

FDP, die treibende Kraft. Zwischendurch Improvisationen. Vor einem Werbestand des ADAC: Die große Koalition braucht neue Bremsbeläge, sonst sausen wir in die Inflation. Die Fahrt fortgesetzt im Kreisgebiet. Nur zwischen den Dörfern kann ich den Mund halten. Der Fahrer besteht aber darauf, dass die Musik weiter abgespielt wird – Autofahrer sollen aufmerken, schließlich ist der Wagen seitwärts und rückwärts reich beklebt, da lässt sich was ablesen. Wenn nur die Abstände zwischen den Dörfern nicht so verdammt kurz wären! Und zwischendurch wollen wir unser Unternehmen auch ein wenig würzen. Fahren langsam an einem Bauern auf einem Trecker vorbei: Denken Sie an die miese Landwirtschaftspolitik, mit der FDP kommen Sie gut voran. Zu einem anderen Bauern: Pflügen Sie die große Koalition mit unter!

Ein Päuschen in Frauwüllesheim. Verstärker abgeschaltet, Motor abgestellt, Bier bestellt. Über die Tische hinweg ein kurzer Disput mit einem angesäuselten Schützenbruder. Oder wirkt der auch nüchtern so, als wäre er besoffen? Er mustert mich erst mal kritisch, dann seine Frage an den Fahrer: Hät der jet ze sage?

Wahrscheinlich stört ihn meine Cordjacke – so wirke ich nicht ganz dorfgemäß. Der Fahrer bestätigt, dass ich durchaus was zu sagen habe, hier auf der Tour.

Dä do, dä, hät der wirklich jet ze sage?

Das scheint ihn zu beschäftigen. Doch rasch scheint er das Interesse an mir zu verlieren, er wendet sich der Wirtin zu, die dahockt als Obermutti, strickend. Und wat sät man he bezüglich Pflaumenkuchen?

Sie, probeweise: Prummentart?

Wat es dat dann: Prummentart! Dat heeß: Prummetaat. Prummetaat!

Auch ein Wähler … Wir brechen auf. Der beklebte Lautsprecherwagen draußen wird von Dorfjugend kritisch inspiziert. Und schon der berüchtigte Vorführreffekt: der alte Opel Blitz springt nicht an. Der Fahrer schiebt bei offner Tür, ich hinten. Hähäha, die FDP muss däue! Ja, rufe ich kurzatmig anschiebend: FDP, die treibende Kraft!

Unterwegs versuche ich, den etwas vergrätzten Fahrer aufzuheitern mit einer Parallelanekdote zur Sprachgestaltung. Ein Abteil im D-Zug auf der Rheinstrecke, ein Bub steht am Fenster, kommentiert fortlaufend, auch das Auftauchen einer Boje. Kiek ens, Oma, do es en Boj! Und die Oma: Dat heeßt net Boj, dat heeß Buj.

AUCH HIER wird eine Ergänzung notwendig. Da war ja nicht bloß die duale Lebens- und Arbeitsform von Schriftsteller und Zoon politikon, da waren auch Reisen, abgelöst von der Arbeit. Und es wirkten Bilder auf mich ein, die nicht gedeutet, nicht eingeordnet, Impressionen, die einfach nur wahrgenommen werden und sich einprägen.

Einzelbild mit Selbstauslöser: ich als Flaneur. Dicht an der Domfassade entlangschlendern, weil sie Wärme abstrahlt … Hinter verschlossenen Portalen spielt ein Organist das Programm durch, das er am nächsten Abend präsentieren wird, mit möglichst vielen Registern … An einem alten Haus vorbeigehend höre ich eine Medien-Plauderstimme: »Wie Sie wissen, ist der Reißverschluss« … Auf der Terrasse eines Restaurants, mit Blick auf die Donau, die Burganlage am Südufer, höre ich griechische Musik am mediterran warmen Sommerabend … Der Inn fließt breit, doch beinah lautlos an mir vorbei – das Hochwasser ist gesunken, auf der plattierten Uferpromenade feuchter Sand mit Fahrradspuren, Schwäne tapsen umher: ein Hauch Meer, in Passau, an diesem, an jenem Sommerabend …

ENDLICH MEIN EIGENER WAHLKAMPF: Kandidat für den Stimmbezirk XXI. Zeit für einen Wahlbrief in eigener Sache. Muss ich natürlich selbst bezahlen, drum wird die Ausführung schlicht: Vervielfältigung in der heute historischen Methode des Hektographierens. Das Papier ist zwischenzeitlich leicht eingebräunt, in den beiden Exemplaren, die ich aufbewahrt habe.

Den Text des DIN-A 4-Blatts rücke ich jetzt nicht ein, das geht nun doch gegen mein Schamgefühl. Aber Textproben,

Textpröbchen. Ich wandte mich an »verehrte Nachbarn«, bat um Verständnis für die schlichte Ausführung des Rundbriefs, betonte, darauf komme es wohl auch nicht so an. Fuhr einige Zeilen weiter fort: »An Wunschlisten fehlt es bei keiner der Parteien: sie wollen alle für die Stadt Düren das Beste. Es kommt nun darauf an, dass man wenigstens das Gute durchsetzt.«

Ich deutete Erfahrungen an: »Bürgerinitiativen unterstützt, und das nicht ganz ohne Erfolg.« Stichwort Gemeinschafts-Grundschule. Auch meine, unsere Kinder wollte ich lieber auf einer Gemeinschaftsschule als auf einer religiös gebundenen Schule sehen, und die musste erst mal geschaffen werden im Düren der überwiegend katholischen Schulen der überwiegend katholischen Bevölkerung.

Beim Sichten und Sortieren von Mappen und DIN-A 4-Umschlägen entdecke ich mit Erstaunen und einiger Rührung den vom zehnjährigen Thomas getippten Entwurf eines Wahlbriefs, Ergebnis eines Engagements für ein Engagement des Vaters. Der Entwurf war nicht in Auftrag gegeben, da bin ich sicher, es war ein freiwilliger, ein spontaner Beitrag des selbsternannten Wahlhelfers.

Auch dieser Wahlbrief tippfehlerfreundlich, ich korrigiere stillschweigend, der Duktus aber bleibt erhalten, der Inhalt wird wortgetreu wiedergegeben.

»Ihr Kandidat für den Stadtrat im Wahlkreis XXI: Dieter Kühn, F.D.P.« (Und ein angekreuzter Kreis) »Zur Person: D. Kühn, 35 Jahre alt, verheiratet, 2 Kinder. Von Beruf Schriftsteller, wohnt in Düren. Er gehört seit 1962 der F.D.P. an und ist seit 1965 Stellvertretender Kreisvorsitzender.

Ihr Kandidat will sich darum bemühen, dass für Düren mehr Erholungszentren bleiben. Da er selbst ein begeisterter Wanderer ist, wird Sie das sicher nicht wundern. Er hat sich – mit Erfolg – dagegen ausgesprochen, dass die L 641 durch den Burgauer Wald gelegt wird. Also besitzt Düren jetzt ein Erholungsgebiet mehr. Ein Freibad hat Düren auch nicht. Schon manch einer hat schon sicher gesagt: ›Zum Freibaden muss man nicht immer nach Kreuzau fahren.‹ Es gibt noch vieles, was Düren nicht hat.

Deshalb: Wählen Sie ihn – es nützt uns allen!«

Es dürfte selten sein, dass sich ein Sohn für seinen Vater in aller Öffentlichkeit einsetzt, dies auch noch dokumentierbar. Auch wenn es nur ein kurzes Gastspiel in der Stadtverordnetenversammlung wurde, dem kleinen Wahlhelfer des Jahres 1970 bin ich, nach langem Vergessen, nun wieder dankbar.

Thomas gibt mir das Stichwort für diesen Einschub. Ich beteiligte mich beim Lostreten einer Leserbriefaktion gegen den Bau einer Straße, die der Länge nach mitten durch ein schmales »Handtuch« von Stadtwald, dem »Burgauer Wald«, führen sollte, dicht vorbei an der Ruine einer Wasserburg aus der Renaissancezeit. Das Projekt L 641.

»Bei der schmalen, langen Form des Waldes wird durch die Straße eine erhebliche Lärmzone entstehen, das Gebiet wird akustisch und natürlich auch optisch entstellt. […] Nun soll das idyllische Gebiet rund um die Burgruine durch eine lebhaft befahrene Umgehungsstraße einer bereits bestehenden Umgehungsstraße unwiderruflich zerstört werden? Das erscheint unvorstellbar. […] Diese Entscheidung darf nicht gegen die Vernunft und gegen unsere Zukunft gerichtet sein.«

Unterschrieben wurde mein Brief von Freund Beier und zwei seiner Kollegen, vom Vorstand eines Altersheim, das zwischen Umgehungsstraße alt und Umgehungsstraße neu eingeklemmt werden sollte, von einem Papierfabrikanten, von einem Schulrektor, von meinem Schwiegervater, dem Ingenieur.

Eine Juliwoche nach der Veröffentlichung in der lokalen Presse glaubten wir fast schon, das bereits seit fünf Jahren erörterte und verhandelte Projekt wäre endlich vom Tisch, würde vom (noch) amtierenden Stadtrat nicht beschlossen. Jedoch: »Die Fraktionen waren sich einig, die Entscheidung auch diesmal zu vertagen. Man hat immer noch die Hoffnung, die Führung durch den Burgauer Wald verhindern zu können.«

Vor diesem (vorsätzlich nicht weiter ausgeführten) Hintergrund meine optimistisch vorgreifende Erklärung im Wahlbrief, der Stadtrat habe »nach unseren Leserbriefen beschlossen, die Zerstörung dieses einzigen Erholungsgebietes an unserer Stadtgrenze zu verhindern«. Zweckoptimismus? Die eigentlichen Erfahrungen mit dem Bauamt standen mir erst noch bevor!

Abschließend stellte ich mich kurz vor als freien Mitarbeiter diverser Funkanstalten, nannte den Familienstand, sei Zweiter Vorsitzender des FDP-Kreisverbandes Düren. Schlusssatz: »Ich würde mich freuen, wenn Sie mir am Sonntag mit Ihrer Stimme Ihr Vertrauen aussprechen würden.« Nett gesagt, wie?

Und auf in den Endspurt der großen Wahl, die auch für mich eine Entscheidung bringen sollte!

Material verteilen, Material zum Verteilen verteilen. Weil ich ›meinen‹ Wahlkreis ja schon ›kenne‹, fahre ich wieder nach Nörvenich samt eingemeindete Dörfer. Ein Samstagnachmittag: bewährte Zeit, gewohnte Probleme. Auch von einer Ehefrau akzentuiert: Nein, geht nicht, verschonen Sie meinen Mann damit, der ist vorige Woche noch mit dem Krankenwagen hergefahren worden, sein Herz, sein Herz, er kann das nicht mehr, er hat *soo* viel für die Partei getan, jetzt sollen mal die Jungen ran. Tränen in den Augen. Also nehm ich das Päckli wieder mit. Fahre weiter, ein Schwätzchen hier, ein Schwätzchen da. Mehr als die Hälfte des Werbematerials nehme ich wieder zurück nach Düren, will versuchen, es bei der Sitzung des Kreishauptausschusses loszuwerden.

Und selber Wahlreklame verteilen. Die Söhnchen wollen unbedingt mit von der Partie sein: Nicht bloß Papierträger, sondern Geheimnisträger ... Ist doch spannend ... Ich überlege mit Gisela, ob ich Thomas und Christoph instrumentalisieren darf. Doch wir sehen auch positive Aspekte. Thomas ist sonst fast immer über den Lötkolben gebeugt, stets steigt ihm ein blaues Rauchwölkchen in die Nase, er bastelt mal wieder ein eigenes Radio zusammen wie weiland der Vater, da ist es gut, wenn er mal raus muss an die sogenannte frische Luft. Mit Spaziergängen, ihm eingeredet, komme ich nicht weit, da taumelt der Sohn schon nach hundert Metern hinter mir her. Ja, und der Christoph könnte ruhig mal die Waffen ins Depot legen, mit denen er auf der kleinen Wiese große Kämpfe ausführt, mit Schild und Lanze und Schwert und Plastikpistole.

Also, Teilnahme auch pädagogisch abgesegnet. Sofort werden Freunde, Mitspieler eingeweiht, die wollen auch mitmachen bei der Mission, ich werde von einem kleinen Rudel begleitet, auf beiden Seiten der jeweils in Angriff genommenen Straße. Kein Ansatz zu erschöpftem Taumeln bei Thomas nach den ersten hundert Metern, Lötkolben vergessen, Waffenarsenal geschlossen, sie stieben davon, Zurufe hin und her, Christoph reicht dem älteren Bruder den »Nachschub«.

Und wir machen Erfahrungen mit unterschiedlichen Formen von Briefkästen. Ist mir nie bewusst geworden, wie verschieden hier die Erscheinungsformen sein können und die Methoden der Beschickung. Manchmal ein Kasten mit vier Namen, also vier Blätter rein. In lohnenden Wohnblöcken sind die Briefkästen im Flur aufgereiht, also schellen, bis irgendwer aufmacht. Da gehen an die 30 Stück schon mal weg, vier Reihen übereinander, acht Stück nebeneinander, auf, zu, auf, zu, auf, zu. Dann enge Briefkästen, die sich schwer öffnen lassen, das gefaltete Blatt muss noch mal gefaltet werden, dann reinwürgen. Manchmal auch ganz olle Briefkästen, rostig, sogar Spinnweben, da kommt wohl nur alle paar Monate etwas rein, wenn überhaupt: Wahlwerbung für Tote?

Die Kinder quirlen, huschen, fetzen, fegen, hecheln – hoffentlich kommt keins unter die Räder. Wiederholte Mahnung, eingeschärft. Aber da werde ich mehrstimmig übertönt: Keine Sorge, wir passen auf!

Zwischenstärkung mit Eis und Limonade, weiter geht die Kampagne. Hoffentlich krieg ich die (folgt ein altes Wort:) Rasselbande wieder zusammen. Keine Zeichen der Ermüdung, außer bei mir.

Christoph, früh-eloquent: »Das war ein sehr langer, sehr

schöner und hoffentlich auch nützlicher Spaziergang ...«
Doch für mich bleibt ein Grundgefühl der Vergeblichkeit.

Wer einmal Wahlleiter war, bleibt so was Ähnliches: Also werde ich wieder eingesetzt bei Fahrten mit dem Lautsprecherwagen, gemeinsam mit dem ersten Vorsitzenden, dem Regierungsrat. Der Fahrer, Parteifreund aus einem Nachbardorf, ist noch nie mit einem Opel Blitz gefahren, kommt mit der Schaltung nur schwer zurecht, fährt, auf Schaltprobleme fixiert, schräg weg über eine Vorfahrtstraße. »Meine Herztropfen!«, ruft der Begleiter, muss ohnehin schon an einem günstig gelegenen Punkt aussteigen, eine wichtige Besprechung, na ja. Und ich mit dem Mikrophon in der Hand, meine Stimme droben übergroß, aufpassen, dass keine Zischlaute entstehen, auch die werden übergroß. Ich wiederhole mein Sprüchlein, rasch hat sich ein Muster gebildet mit demagogischen Wiederholungen: Entscheiden Sie sich für ... entscheiden Sie sich für ... entscheiden Sie sich für ...

Fahrt auch zum Parkplatz des Ford-Hinterachsen-Werks. Vier Uhr ist Schichtwechsel, hat man mir telefonisch mitgeteilt, war aber ein Trick, Schichtwechsel bereits halb vier, also sind die meisten schon weg. Na, dann wenigstens Wahlzettel verteilen bei den noch abgestellten Wagen: hinter Scheibenwischer klemmen, wie »Knöllchen«. Stramme italienische Scheibenwischer, erstaunlich dünne bei älteren Volkswagen, die strammen wie die dünnen müssen jeweils abgehoben werden, bevor das Blatt druntergeschoben wird, hält alles auf. Ein kleiner Trupp erscheint auf dem Parkplatz, da will ich die Faltblätter gleich »persönlich« überreichen: Nee, ich bin SPD-Mitglied. Na schön. Ich wähl NPD. Wie, was, warum denn das?! Kann ich Ihnen sagen, frisch von der Leber weg: Wegen dem Konjunkturboom dauern Materiallieferungen manchmal zu lang, die NPD wird da Ordnung schaffen.

Auf manche Argumente bin ich einfach nicht vorbereitet. Ich kann darüber nicht weiter nachdenken, eine Person tritt an mich heran und belehrt mich: »Sie sind sich ja wohl im

Klaren darüber, dass Sie sich hier auf einem Werksgelände befinden. Also bitte, verfügen Sie sich umgehend hinaus!«

Der Fahrer legt, nein: haut den Gang rein, der Wagen ruckt an, wir fahren erst mal kleinlaut weiter. Rheinisch gesagt: bedröppelt.

Auch ich bin von der Stadtverwaltung verpflichtet worden zur Wahlaufsicht. Finde mich am frühen Sonntagmorgen ein im zugewiesenen Klassenzimmer der angegebenen Schule. Fast alle, die sich an den zusammengeschobenen Schultischen aufreihen, sind Beamte. Manche sind mit einem Bein noch im Bett. Zwischengespräche müssen noch auf Touren kommen, jetzt lassen wir erst mal den Frühstückskaffee nachwirken.

Der Wahlleiter schart uns um sich: wichtige Instruktion! Es sind Aktionen der Linken angekündigt! Auf jeden Fall einprägen: Wo steht das nächste Telefon? Und falls Nachhelfen angesagt ist, etwa bei älteren Personen, den Briefumschlag jeweils diskret abtasten, es könnte zersetzendes Pulver enthalten sein, das in der Urne sein Unwesen treibt. Und überhaupt: Wir brauchen für die Wahlurne nicht unser Leben einzusetzen. Sollten die also mit vorgehaltenen Pistolen hier eindringen – nicht groß verteidigen, gleich die Urne rausrücken.

Na klar, für die zehn Mark Aufwandsentschädigung werfen wir nicht unser Leben in die Bresche.

Erst tröpfelt, dann tropft die Wählerschar heran, herein, hinaus, hinweg. Viel Arbeit?, fragt eine Frau den Chef unseres Trüppchens. »Ja, gnädige Frau, ich habe heute schon dreimal das Hemd wechseln müssen.« Ich habe mir ein Taschenbuch mitgenommen, für Zwischenlektüre, aber zum Lesen komme ich nicht. Gemeinsames Lechzen nach Kaffee. Und sich zwischendurch mal abmelden zum Austreten. Kleine Wohltat.

Wahlschluss. Stimmenzählen. Da zeigen sich die Routiniers, einer macht das schon seit 27 Jahren: unfasslich rasches Öffnen von Briefumschlägen, ich komme mir vor wie ein doppelter Linkshänder. Die Umschläge werden abgezählt und mit der Liste der Haken neben den Namen verglichen, numerisch. Das geht da wie der Sausewind, das wispert und raschelt, einer meint zwischendurch, er komme sich vor wie im Klingelpütz (muss ich für Nicht-Kölner übersetzen: Name eines alten Kölner Gefängnisses, mitten in der Stadt).

Na, und dann – was haben wir denn hier?! Roter Umschlag zwischen all den weißen. Wie kommt der denn hier rein, ist doch für die Briefwahl! Abtasten. Keine Verdickung. Trotzdem, das können wir so nicht lassen, also: Wahlzettel rausnehmen, möglichst mit abgewandtem Gesicht, in einen weißen Umschlag stecken, zu den andren werfen, dann wieder öffnen. Keiner darf zugucken, es könnte ja einer, am Rande, doch bemerkt haben, welcher Wähler einen roten Umschlag in die Urne steckte, tatsächlich unbeobachtet, jedenfalls unbemerkt, wurde wohl grade wieder mal ein Witz erzählt, zur Auffrischung des gereihten Grüppchens. Also, unter Zeugen, aber nicht hingucken, Wahlschein kommt von rotem in weißen Umschlag, den roten legen wir beiseite, alles wieder in Ordnung. Weiter öffnen, weiter aufeinanderlegen, weiter abzählen. Der Leiter mit der Zählgrumme in der Hand, die Pfeife im Mund. Stimmzettel kommen wieder in die Urne; versiegeln. Zahlenvergleich, in der Zählliste die abgehakten Namen unterstreichen. Telefonischer Schnellbericht zum Rathaus, dann den Schlüssel in die Urne. Wird gleich zum Rathaus gefahren: dort präsidiert der Oberstadtdirektor als Wahlleiter.

Nach der Bundestagswahl: Krisenstimmung in der Partei. Also Krisensitzung im Vorstand: Wir verlieren Stimmen. Der Außengeschäftsführer wirft uns einen Linksruck vor, Richtung SPD, und viele mögen den Willy Brandt nicht. So einfach ist das. Es sind also Stammwähler abgebröckelt, wollten auch die leichte Bewegung nach links nicht mitmachen.

Lag es an der Wahltaktik? Die CDU appellierte an den Pappi- und Muttistaat. Die SPD bot weithin Zigarettenreklame von der schönen, neuen Welt, die ›wir‹ erschaffen – Mannesmannröhren vor Abendlicht … ein Mädchen im Gras wie für Reno-Zigaretten … Frau im Supermarkt, von Waren umgeben … sonstige Wohlstandsleitbilder. Das Schwarzweiß unserer Wahlmaterialien war kostensparend, wurde aber wohl vergeblich zum Prinzip erhoben. Vielleicht auch war das Info-Material zu vielfältig: Die »Plattform« abgedruckt im Zeitungsformat, die Zusammenfassung als Doppelblatt; die Faltblätter mit verschiedenen Titeln und Zeichnungen; diverse Flugblätter: Kambodscha, Lohnfortzahlung, Verteidigungskonzept. Sodann die Kandidatenbriefe und die damit verbundenen, nun offen eingestandenen Probleme der Verteilung. Einfach zu wenig aktive Parteifreunde, und nun werden es noch weniger, der eine oder die andre wird in der Versenkung verschwinden …

Beim Auszählen der Stimmen der zusätzlichen Kommunalwahl (im Wahlbezirk 41) das Gefühl: Au, das wird aber knapp! Es bestätigt sich: Das lokale Wahlergebnis ist für die Freien Demokraten ebenso enttäuschend wie bei der Bundestagswahl, es wird grade mal reichen für den Einzug der FDP in die Stadtverordnetenversammlung.

GEGEN ZUSTELLUNG erhalte ich einen Vordruck: »Benachrichtigung über die Wahl. In seiner öffentlichen Sitzung am 12. November 1969 hat der Wahlausschuss das Wahlergebnis der Kommunalwahl vom 9. November festgestellt. Danach sind Sie in die Vertretung (Körperschaft) der Stadt Düren gewählt worden.

Ich fordere Sie gem. §35 des Kommunalwahlgesetzes und §58 der Kommunalwahlordnung auf, binnen einer Woche nach Zustellung dieser Mitteilung schriftlich zu erklären, ob Sie die Wahl annehmen.« Folgen Hinweise von a) bis g). Mit vorzüglicher Hochachtung.

Der Vorsitzende des Kreisverbandes und ich, als Stellvertreter, wir schafften also (mit Ach und Krach, mit Müh und Not) den Einzug in den Stadtrat. Bilden zwei Stadtverordnete überhaupt eine Fraktion, können wir als Fraktion anerkannt werden?

Es setzt ein der Kampf um die Fraktions-Qualifikation. Die sich sogleich verbindet mit der Frage nach der Aufwandsentschädigung. Das gilt auch für Fraktionsvorsitzende, sofern die Fraktion – ja, wie viele Mitglieder umfasst?

Es stellt sich heraus: Hier gibt es keine Norm. Die CDU will sich, unter bestimmten Vorbedingungen, als konziliant erweisen, die SPD ist, in alter Verbitterung, gegen unsere Anerkennung als Fraktion. Argumente hin und her bei Vorbesprechungen: In keinem Gesetz, bitteschön, ist die Mindestgrenze der Fraktionsbildung festgelegt. Wenn die Zahl 3 genannt wird, so ist das Rechtsmeinung, nicht Gesetz.

Der Oberstadtdirektor siedelt das Problem an im »Prüfungsbereich«. Wenn man bei uns von einem Vorsitzenden sprechen kann, so muss gleich gefragt werden: Wovon? Wem sitzt er vor? Nur mir, Kühn, allein? Also, der Rat muss sich zur Mindestgröße der Fraktion äußern.

Die SPD bleibt dabei: Wir sind ein kleines Kollegium, bilden aber keine Fraktion. Man könne hier nicht mal von einer Gruppe sprechen. Eher ein Grüppchen? Jedenfalls, der Sockelbetrag muss in unserem Fall gestrichen werden. Aufwandsentschädigung ist nur berechtigt bei einem Fraktionsvorsitzenden einer größeren Partei – mehr Arbeit, mehr Aufwand – allein schon die Telefonkosten ...!

Ich wende ein: Der Vorsitzende und sein Stellvertreter als Fraktion, die können nichts delegieren, müssen alle Arbeit allein erledigen. Durchaus erhöhter Aufwand! Also: Aufwandsentschädigung!

Der Stadtdirektor rät dringend davon ab, diesen Punkt in der öffentlichen Sitzung des Stadtrats zu erörtern, es würde gleich am nächsten Tage garantiert Krach geschlagen in der Bevölkerung: Kaum konstituiert, und schon ran an die Buletten ...

Konstituiert ...?! Die SPD will sich an der Konstituierung der Ausschüsse gar nicht erst beteiligen. Das ist bitteschön keine Obstruktion, vielmehr eine Frage der Selbstachtung. Wir haben fast 40 Prozent der Stimmen, also wollen wir entsprechend vertreten sein. So wie es derzeit aussieht, sollen aber nur geringer eingestufte Ausschüsse von SPD-Abgeordneten geleitet werden. Ihr wollt uns wohl unter dem Tisch halten, da sollen wir herumjaulen.

Genau!

Interfraktionelles Gelächter. Danach lässt sich neu anknüpfen: Die SPD will zumindest den Stellvertreter im Haupt- und Finanzausschuss.

Und sonst? Da sitzt ihr zu sechst und könnt keine klaren Forderungen vorbringen.

Die Besetzung des HuF-Ausschusses als Testfall, dann sehen wir weiter! Kommt uns jetzt bloß nicht wieder mit dem Werk-, Schul- und Verkehrsausschuss!

Die CDU will immerhin den SPD-Vorsitz im Personalausschuss anbieten. Oder ist der vielleicht auch unter minderwertig eingestuft?

Wie, was, minderwertig?! Gereizte Reaktion nun in der CDU-Riege. Besänftigende Erklärung des Fraktionssprechers: Auch in einer anständigen Familie gibt es schon mal Streit.

SPD-Zwischenruf: Ja, in einer *anständigen* Familie!

Unerhört! Gerade die SPD sollte mit derartigen Unterstellungen äußerst vorsichtig sein und sich nicht als Sachwalter der Demokratie aufführen. Bei Ausschusssitzungen haben im Konferenzraum gewisse Genossen die Bilder vom Heuss und vom Lübke abgehängt ...!

Mein Vorsitzender fährt hoch: Was?! Ihr habt den Heuss abgehängt?!

Zwei Tage später: Fortsetzung der Kungelei. Der CDU-Fraktionsvorsitzende: Wir sollten uns, aus optischen Gründen, mit dafür einsetzen, dass auch der Stellvertretende Bürgermeister aus den Reihen der CDU kommt. Dann wird uns in 12er-Ausschüssen ein Sitz abgetreten.

Aber wäre das nicht schon eine Form der Koalition? Die bessere Lösung wäre doch wohl: Die wichtigsten Ausschüsse werden mit 13 statt 12 Mitgliedern besetzt, und wir kriegen den Zusatzsitz.

Der Vorschlag erfordert eine Denkpause – wie auch immer man dieses Wort versteht. Ich telefoniere, ich höre: Die CDU fürchtet, dass wir uns der SPD in die Arme werfen. Selbst, wenn unser Duo sich bei nächster Gelegenheit auflöst – womit ja wohl zu rechnen ist, es hat sich bereits so einiges herumgesprochen über Diskrepanzen zwischen dem Vorsitzenden und mir – also, man will die verbleibenden Stimmen nicht der SPD in die Arme treiben.

Internes Gespräch wiederum mit einer kleinen SPD-Delegation: Warum meldet ihr euch eigentlich nicht?

Ihr habt uns wahrscheinlich Stimmen gekostet mit der Erklärung der CDU in der Presse, vor der Wahl, sie wolle gegebenenfalls mit den Stimmen der FDP auch den Stellvertretenden Bürgermeister stellen.

Das ist geschehen, bitteschön, ohne dass mit dem Vorstand Rücksprache genommen wurde!

Mag ja sein, aber ihr habt uns nicht unterstützt, von vornherein: Wenn der OB von der CDU ist, muss sein erster Stellvertreter ein SPD-Mann sein. Das ist gutes, altes Recht. Ihr habt das nicht unterstützt, also unterstützen wir auch nicht euren Antrag bezüglich 13er-Ausschüsse.

Nun macht doch keinen Grabenkrieg hier!

Schön, reden wir Klartext. Der altneue Kandidat für den OB ist ein todkranker Mann. Seine Fraktion konnte sich trotzdem auf keinen andren einigen. Als der OB im Krankenhaus erfuhr, er hätte in seinem Wahlbezirk gut abgeschnitten, da sagte er, vor Zeugen: Jetzt kann ich ohne Spritze schlafen. Solang der noch auf allen vieren kriechen kann, tritt der nicht freiwillig vom Amt zurück. Die ganze Zeit über, wo der im Krankenhaus lag, hat ihn unser Genosse vertreten. Das muss so bleiben, auch wenn die CDU jetzt die Majorität besitzt.

Und, mal wieder: Denkpause. Wie auch immer man das Wort verstehen mag.

WIR SIND EINGELADEN IN DIE DDR, in das Dorf in der Nähe des Kyffhäuser. Als Gastgeber die Familie, der wir regelmäßig Pakete schicken. Anlass der (erneuten) Einladung: Das (legalisierte) Hausschwein muss dran glauben, wir können beim Wurstmachen helfen.

Die Schlachtung am Wintermorgen, noch vor Einsetzen der Dämmerung. Kein Schnee, aber kalter Wind. Das Schwein wird aus dem Koben geholt, der Metzger hat ein Seil an einen Hinterlauf gebunden, reißt das Schwein in die Richtung, in die es nicht will, ein Helfer flankiert mit waagrecht gehaltener Leiter, das Schwein kann, trotz seiner vier Zentner, nicht ausbrechen. Schrilles Quieken: hörbare Todesangst? Es geht ihm an die Schwarte? Kein Beruhigungsmittel wurde ihm eingegeben, wie das in der BRD üblich sein soll, auch, damit das Fleisch zarter wird, ist in der DDR aber nicht der Brauch. Das Bolzengerät wird am Schädel angesetzt, ein Floppgeräusch, das Schwein kippt um. Der Metzger und sein Helfer knien sich auf die Flanke des noch zuckenden Schweins, ich muss die Lampe halten, komme mir vor wie der Beleuchter dieser Szene, die Frau des Hauses kauert nieder mit einer Emailleschüssel, der Metzger durchsticht dem Schwein die Halsschlagader, Blut schwappt aus der Schnitt- oder Stichstelle, die Schüssel ist rasch randvoll, wird in einen Eimer ausgekippt, wieder vor die Schnittstelle gehalten, ich muss, Lampe in der einen Hand, ebenfalls Druck ausüben, das Schwein hilft nicht genügend nach durch fortgesetztes Zucken, das Blut schießt, jutscht wieder hinaus, dem Metzger fällt die Schirmkappe in die Blutschüssel, in den Blutstrahl, er stößt einen Fluch aus, wirft die Kappe hinter sich, sie klatscht an die Hauswand, fällt herunter, an der Wand wilde Blutspritzer, und ich stehe wieder aufrecht, beleuchte die Szene, nach barscher Anweisung – sollte ich an der falschen Stelle auf die Schwarte gedrückt haben? Schon das Echo einer rheinischen Formulierung: Zu dumm für mit der Sau zu tanzen ...

Der junge Metzger ist für die nächste Stunde nicht ansprechbar, offenbar hat der Kappensturz seine Berufsehre verletzt, und das auch noch vor einem Ortsfremden, ja Landesfremden. Dieser Westler schaut immer wieder zum Blutfleck an der Wand, hält dazu die Lampe höher, das ist ein Fehler, er soll runterleuchten, nicht rüberleuchten. Denn es wird weiterhin Blut aus dem Schwein herausgepresst, herausgeschaukelt, wird sogleich im Eimer verquirlt, bis der Metzger die Frau anschreit, sie solle endlich damit aufhören, der Quirl dampft ja schon!

Das alles auf nüchternen Magen, ich hatte nur eine Tasse frisch aufgebrühten Kaffee unseres Deputats getrunken, belauerte meine Reaktionen, sah ja alles genau, die Lampe dicht an die Eingriffsstellen heranhaltend, registrierte aber nur eine Folge rascher, zweckdienlicher Bewegungen, mein leerer Magen blieb ruhig. Als Kuriosum verbucht der Wurf der blutigen Schirmkappe an die Hauswand – darüber wird an diesem Tag noch ein paarmal gesprochen; nach zwei, drei Gläschen Nordhäuser Korn lacht der Metzger selber darüber. Da sind Blutspritzer und Blutfleck aber schon von der Wand gewaschen.

Und nun das Zerteilen. Bisher hatte ich Fleisch immer nur portioniert oder zubereitet gesehen, was würde, was könnte nun auf mich einwirken? Das Schwein wird auf ein Holzgestell gewuchtet, mit heißem Wasser übergossen, an den Läufen. Ich hole Wasser aus der dampfenden Waschküche, es siedet im großen Kessel, Holz und Braunkohlebriketts liegen bereit zum Nachheizen. Überhaupt ist alles exakt vorbereitet: routinierte Abläufe. Die Waschküche, auch der Flur im Haus, mit Pappflächen zerlegter Kartons ausgelegt; Fleischtröge an die Wand gelehnt; auf dem Fensterbrett der Waschküche ein Fleischwolf mit Elektromotor; das Gerät zum Wurstmachen; die Fleischermesser, das große Beil, der Hackklotz.

Mit kleinen, glockenähnlichen Instrumenten werden Borsten abgeschrappt, da helfe ich mit, halte schon mal einen Lauf hoch, der ist noch lebenswarm. An den Flanken und über den Rücken hinweg wird ein großes Stück Schwarte freigeschnitten und vom Speck abgezogen: Schweinsleder, zu Verkauf und Tausch.

Das Schwein wird auf eine Leiter gehievt, auf der eine alte Tischdecke in Blau und Weiß fest verschnürt ist; ein Holzjoch wird durch die freigelegten Sehnen der Hinterläufe geschoben, wird an einer der obersten Sprossen mit einem Seil festgezurrt, mit viel Geschrei und vereinten Kräften wird die Leiter angehoben und an die Hauswand gelehnt, die Schweineschnauze eine Spanne über dem Kopfsteinpflaster. Und nun der Moment, vor dem Fragen stehen: Wie wirst du reagieren, wenn die Bauchseite des Schweins aufgeschlitzt wird? Ich stellte, stelle mir vor: Eine finstere Höhle tut sich auf, der Metzger bis zu den Ellbogen blutig, es stinkt nach Innereien, nach

Scheiße. Und bin überrascht, aufatmend: In der Körperhöhle erscheinen die Organe sauber voneinander abgetrennt, leicht voneinander lösbar – als wären sie, sauber gewaschen, dort hineingelegt worden. Da müsste man beim Ausnehmen schon stümpern, um sich zu besudeln. Der weiße Speck, wabbelig, wird aus der aufklaffenden Bauchhöhle geschnitten, Magen, Niere, Leber, Blase, Därme werden herausgeholt. Und kein Blut, kein Gestank. Die Därme in einer Wanne, die Nieren, die Leber vom Fleischbeschauer geprüft, der pünktlich hinzugekommen ist, ein Stempel gesetzt auf eine der Rippen. Formulierungsassoziation, wenn auch nicht punktgenau: »Veterinärhygienischer Verkehrsüberwachungsdienst«.

Der Kopf abgeschnitten, das Schwein geviertelt, in erstaunlich kurzer Zeit lehnt die Leiter leer an der Wand, mit dem nassen, blauweißen Tischtuch. Inzwischen ist es hell geworden: gemeinsames Frühstück, da schmecken sogar die VEB-Brötchen.

Dann das Aufteilen der großen Fleischstücke in kleinere Portionen. Der wabbelige Speck wird gewürfelt, auch das Fleisch, das für den Fleischwolf bestimmt ist, Knochen werden gehackt, der Darm heiß gewaschen und ausgedrückt. Der Wessi muss da auch mal ran, und es geht ganz leicht: Kot wird aus dem Darm herausmassiert, platscht in den Eimer. Und auf dem Klotz wird weiterhin gehackt, zielgenau, Koteletts werden in eine Wanne geschlenkert. »Der Klotz, der macht schon den Arsch auf«: tiefe Spalten im nassen, aber nicht blutnassen Holz. Blutwurst kocht im Kessel, Fettaugen rücken zusammen. Wurst wird hergestellt, der Fleisch- und Speckbrei durchknetet, aus einem Einmachglas gewürzt, mehrfach wird abgeschmeckt, zwei Finger in die Pampe, in den Matsch und abgeleckt. Die Füllung in ausgespülte Därme gekurbelt, regelmäßig abgeteilt: Rostbratwurst. Mein Staunen darüber, wie dünn die Darmwand ist, dass sie nicht reißt, sogar peristaltisch Kot weiterbefördern konnte.

Der einzige Vorgang, der in die Nähe eines Rituals führt: das Aufpusten der Schweinsblase. Der Metzger will das dem jüngeren Helfer aufreden, der aber lehnt ab, andere ebenfalls, ich erst recht, da hält sich der Metzer die entleerte, kurz mal durch Wasser geschwenkte Blase an den Mund, bläst sie auf zu einem hellen Ballon. Der Fleischbeschauer meint, da hätte man früher aber größere geschafft. Die Schweinsblase wird abgebunden, der Metzger spuckt aus, wischt sich die Lippen. Ende der Vorstellung. Nun wird die Schlachtplatte vorbereitet für das Schlachtfest; Nordhäuser Korn steht bereit.

DER REGIERUNGSWECHSEL nach den Bundestagswahlen 1969. Willy Brandt als Bundeskanzler, Walter Scheel als Außenminister, Gustav Heinemann als Bundespräsident, Egon Bahr, der Ostvermittler, als weiterer Sympathieträger.

Meine (ehrenamtliche) Tätigkeit als Stadtverordneter war zeitlich von vornherein begrenzt: eine kurze Legislaturperiode, die Kommunalwahl vom November 1972 stand bevor, und das hieß: Mit der kommunalen Neugliederung ergab sich eine Neuwahl des Stadtrats, eine erneute Konstituierung der Ausschüsse.

Als so etwas wie ein Motto des anschließenden Berichts übernehme ich ein Zitat von Franz Fühmann, dem ich im Verlagshaus in der Lindenstraße begegnete, zu einer Zeit, als er in der DDR unter Druck stand, dem er auszuweichen versuchte in seine Datscha, sehr einsam gelegen, dennoch oder erst recht beobachtet von merkwürdigen Spaziergängern, doch er fand dort die Ruhe, die äußere Ruhe, wie er sie für die Arbeit an Texten brauchte. Ein Mann eindrucksvollen Ernstes, dem ich gern zuhörte, auch beim Stichwort Kali, Kalibergbau; die literarische Umsetzung seiner Erfahrungen dort als »Modell für jeden Prozess des Eindringens in unbekannte Bezirke«. (Später angelesenes, aufgelesenes Zitat.)

Als Modell des Eindringens in einen (mir zuvor, anderen weiterhin) unbekannten Bezirk die Skizze einiger Erfahrungen in Sitzungen des Stadtrats, in Ausschüssen. Erfahrungen nicht nur in Gremien, Erfahrungen mit mir selbst – sonst hätte dieses Kapitel auch keinen Platz im Lebensbuch. Allerdings ist schon die Lust des Erkundens fremder »Bezirke« ein Pinselstrich im Selbstporträt.

Vor mir, bereits leicht angegilbt, die Niederschrift über die erste Sitzung der neu gewählten Stadtverordnetenversammlung am 27. November 1969 im Sitzungssaal des Rathauses. Zuerst die Wiederwahl des Oberbürgermeisters.

Man sieht, man merkt ihm die lange, schwere Krankheit an, der schwarze Anzug schlottert. Er kann die Verpflichtungsformel nicht ohne Rückfrage nachsprechen, stolpert bei »gewissenhaft«. Hängt sich verfrüht die goldene Amtskette um, zieht sie wieder über den Kopf, glattgekämmte Haare richten sich auf. »Streifen Sie sich mal über die Haare«, sagt der Oberstadtdirektor neben ihm, halblaut.

Nach seiner Amtseinführung werden die neu gewählten Stadtverordneten, laut Protokoll, herzlich willkommen geheißen und zur gesetzmäßigen und gewissenhaften Wahrnehmung ihrer Aufgaben verpflichtet. (Kleine Verneigung hier, postum, in Richtung Vorfahren Kühn, von denen einer mal Ratskämmerer, ein anderer Bürgermeister war. Ehrenwerte Entsprechungen: tätig sein für das Gemeinwesen, ehrenamtlich. Das soufflière ich mir nachträglich, zwecks Dekoration der Rechtfertigung.)

Unmittelbar anschließend an Einführung und Verpflichtung sogleich wieder Gerangel, nun öffentlich: Wer wird Erster Stellvertreter des Oberbürgermeisters? Auf diesen Posten erhob die SPD erneut Anspruch, mit Hinweis auf das Wahlergebnis; die CDU wollte nur den Zweiten Stellvertreter konzedieren, worauf sich der Sprecher der SPD nicht einlassen wollte. Ausführlich protokolliert: längerer Austausch von Erklärungen und Gegenerklärungen.

Anschließend auch gleich wieder die Frage, ob die beiden FDP-Abgeordneten (wir saßen an einer Art Katzentisch, der Regierungsrat rechts von mir), ob die überhaupt in Ausschüssen vertreten sein sollten. Was nur möglich war, wenn die Zahl der Mitglieder jeweils von 12 auf 13 erhöht wurde.

Debatte. Unterbrechung der Sitzung für Beratungen der Fraktionen. Ergebnis: »Mit 26 Stimmen bei 18 Gegenstimmen wurde beschlossen, die Zahl der Sitze im Haupt- und Finanzausschuss und im Bauausschuss auf 13 festzulegen.« Damit wurde der junge Regierungsrat Ordentliches Mitglied des Haupt- und Finanzausschusses, ich sein Stellvertreter. Im Gegenzug wurde ich Ordentliches Mitglied des Bauausschusses, der Kollege Stellvertretendes Mitglied.

Stadtverordneter Kühn als Mitglied des Bauausschusses – fühlte ich mich dazu vergattert, womöglich verdonnert? Wäre nicht eher zu erwarten gewesen, dass der junge Autor die Hand gehoben und vermeldet hätte: Ich möchte lieber in den Kulturausschuss? Nein, kein inneres Widerstreben, kein Widerstand, eher die Aussicht auf neue Erfahrungen – würden sie meinen Erwartungen oder Vorurteilen entsprechen?

Was nicht mitspielte: Ich hatte keineswegs vor, im Ausschuss Materialien zu sammeln, um sie irgendwann irgendwie literarisch zu verwerten. Vielmehr: ich wollte mich auch mit diesem Mandat davor schützen, mit der »Heimarbeit« des Schreibens sozial isoliert zu werden; ich wollte teilnehmen, mitmachen, mitgestalten; wollte es (auch) mit Menschen zu tun haben, die mit Literatur nichts im Sinn hatten. Ich wurde ohnehin kaum als Literat gesehen: zwar war ich vielfach im Hörfunkmedium hervorgetreten, doch war mein erstes belletristisches Buch noch nicht erschienen. So galt ich erst mal als »unbeschriebenes Blatt« – mir wurde kein Rabatt gewährt.

So liefen zwei Entwicklungslinien parallel: Meine Arbeit am Schreibtisch, meine Tätigkeit am Verhandlungstisch. Ich sprang hin und her zwischen zwei Sprachwelten: schrieb an der Erzählung »N« (wie: Napoleon), beackerte Sitzungsvorlagen in ihrer Behördensprache, notierte Stichworte zu Wortmeldungen – wiederum unter Verwendung von Wörtern der Amtssprache.

Als Archivar in eigener Sache bin ich eher fehlbesetzt; ich habe eventuell Wichtiges, so wie es kam, ungeordnet, unregistriert in Schubladen verstaut. Nun bin ich mir dankbar, dass ich einen Packen von Protokollen der Ausschusssitzungen und von Sitzungen des Stadtrats aufbewahrt habe, denn meine Erinnerungen an jene Phase sind ausgedünnt, vieles ist gelöscht – nur gravierende Auseinandersetzungen sind in Erinnerung geblieben.

Beim Sichten der hektographierten Niederschriften sehe ich meinen Namen zwar häufig auf Anwesenheitslisten, kaum aber in den Protokollen selbst. Offensichtlich habe ich mich nicht oft zu Wort gemeldet oder es wurde nicht weiter beachtet. Ich ziehe den Schluss, dass ich in nicht aufbewahrten Protokollen gar nicht erst auftauchte.

Ohnehin will ich keinen umfassenden Bericht vorlegen, es wird bei der Vermittlung einiger Eindrücke, einiger Erfahrungen bleiben, die nicht bloß für mich relevant sein dürften: Details zum Wechselspiel von Bürger und Verwaltung. Zugleich: Selbstporträt im Zeitbild.

Bauausschuss, Raum 221. Sitzungsdauer: 17.00 bis 20.20. Ich führe auch dies an, denn Sitzungen dauerten immer (zu) lang.

Seitens der Verwaltung nahmen teil: Der Stadtbaudirektor, der Städt. Oberbaurat, ein Städt. Baurat, ein Stadtoberamtmann, ein Stadtbauassessor, eine Angestellte als Schriftführerin.

Tagesordnung: Protokollgenehmigung … Mitteilungen … Bauvoranfrage … Bauantrag … Bauvoranfrage … Bebauungsplan-Entwurf … Bauvoranfrage … Baulasten … Bauvoranfrage … Beschlussentwurf …

Die Bauvoranfrage über die Errichtung eines Einfamilienhauses auf dem an die X-Straße angrenzenden Teil des Grundstücks Y-Weg 10 ist aufgrund § 34 BBauG abzulehnen. Begründung: Die Bauvoranfrage muss nach § 34 BBauG beurteilt werden, da städtebauliche Festsetzungen, die für das Gebiet zwischen Y-Weg und X-Straße aufgestellt wurden, ohne Rechtskraft geblieben sind.

Schon hier eröffnet sich ein Sprachraum, der manchen (fußballkundigen) Lesern als Strafraum erscheinen mag. Ein Sprachraum, in den ich hineinhorchte bei vorbereitender Lektüre von Sitzungsvorlagen, ein Sprachraum, der mich zumindest während der Sitzungen umgab, und es stellten sich Echos ein, wenn ich die mit Markierungen, mit Randbemerkungen angereicherten Unterlagen noch mal sichtete, sie ablegte.

Protokolliertes protokollgerecht wiederzugeben in diesem Buch, es wäre zwar formal in Ordnung, erschiene mir aber nicht angemessen. Ich habe schließlich nicht während einer gesamten Sitzung mit angespannter Aufmerksamkeit dagesessen, um mir kein Wort entgehen zu lassen, womöglich demonstrativ mitschreibend wie ein DDR-Funktionär bei einer Rede des Genossen Staatsratsvorsitzenden, ich hörte zwischendurch nicht mehr hin, ließ meinen Gedanken freien Lauf, ließ Erinnerungen aufkommen, folgte Gedankenspielen, musste mich wiederholt zur Ordnung, zur Tagesordnung zurückrufen, vor allem vor gelegentlichen eigenen Wortmeldungen. Zwischendurch jedoch geisterten Figuren durch den Kopf, nicht gelebte, ausgelebte Möglichkeiten, als Chimären.

Indessen: Kenntnis nehmen von einem Bauvorhaben, insbesondere dem obersten Geschoss und dem Aufbau für die Aufzugsanlage, die abweichend von den genehmigten Planunterlagen erstellt worden waren. Mit Ordnungsverfügung wurde das Bauvorhaben eingestellt und der Abbruch der abweichend von der Baugenehmigung errichteten Bauteile verlangt. Ein Zwangsgeld von 1000,– DM wurde angedroht. Gleichzeitig wurde ein Bußgeldverfahren –

Ach so, die Festsetzung des angedrohten Zwangsgeldes entfiel, da der Ordnungsverfügung über den Abbruch der ungenehmigten Bauteile entsprochen wurde. (Ich notierte: Bußgeld – Ahndungsmittel, Zwangsgeld – Beugemittel …)

Gleich ein weiteres Stichwort: Schlachthof. Betrifft: Kältetechnische Einrichtung des Seuchenschlachthauses … Fa. Rheinkälte, Fa. Saarkälte … (Ich notierte: Wer kann hier zwischen den Firmen entscheiden? Hochbauamt nach Vorschlag der Schlachthofleitung: Ist sie von Kältetechnikern beraten? Warum nicht erst Werkausschuss? »Entschluss vorbehaltlich Entschluss Werkausschuss« – was besagt das? Auch so eine Frage, die –)

Ach ja, die Ausschreibung der »Hofbefestigungsarbeiten« des Schlachthofs! Da hatte das Baudezernat bestimmte Normen, Maße, Qualitätsbezeichnungen eingeführt, die einem Kommunalpolitiker nicht weiter auffallen mussten, aber die Firmen, die sich für die Ausschreibung interessierten, sie merkten gleich, was hier los war, und so wurde auch ich als Mitglied des Ausschusses diskret informiert: Die Ausschreibung war so abgefasst, dass allein das »Wardenburger Verbundsteinpflaster« die Auflagen der Verwaltung erfüllte, und das konnte nur von *einer* der interessierten Firmen der Region geliefert werden; damit war durch die Verwaltung (aus welchen Gründen auch immer) der Auftrag indirekt, dennoch gezielt vergeben worden.

In solche Winkelzüge oder Taktiken von Verwaltung musste ich mich erst einmal reinfinden – ein Lernprozess. Und ich hielt für mich fest: Kontrolle ist nur möglich, wenn man die Arbeitsweise, das Vorgehen, auch die möglichen Tricks und Finten von Verwaltung kennt. Allein schon vom Zeitaufwand her haben die Amtsprofis weiten Vorsprung vor ehrenamtlichen Amateuren der Bürgerschaft. Und die sind konfrontiert mit einer weithin fremden Sprache. So meldete ich mich denn auch, laut Protokollen, nur selten zu Wort.

Erneute Markierung: Ich revidiere einen Hörspieltext … ich revidierte einen Hörspieltext … ich habe einen Hörspieltext revidiert … ich hatte einen Hörspieltext revidiert … ich werde einen Hörspieltext revidieren … ich werde einen Hörspieltext revidiert haben …

Stellvertretend nahm ich teil an einer Sitzung des Haupt- und Finanzausschusses, und hier sehe ich mich dreimal auf einer Protokollseite aufgeführt, in der Syntax der Verwaltung: Ich in ein wiederum anderes Sprachmedium versetzt.

»Stadtverordneter Dr. Kühn erkundigte sich, warum es nicht zu einer Anmietung des Ladenlokals NN für Zwecke der Stadtbücherei gekommen sei …

Stadtverordneter Dr. Kühn (von jetzt an kürze ich ab: StDK) bat um Vorlage einer Zusammenstellung der in städtischem Eigentum befindlichen für Kinderspielplätze geeigneten Grundstücke im Stadtgebiet …

StDK trug vor, dass zur Zeit bekanntlich Verhandlungen

zwischen der Rheinbraun und dem Land Nordrhein-Westfalen hinsichtlich des Ankaufs des Badeseegeländes durch den
Forstfiskus des Landes Nordrhein-Westfalen geführt würden.
Er erkundigte sich, ob die Stadt eine Sicherheit habe, dass sie
über das Gelände für Badeseezwecke verfügen könne, wenn
das Land dieses Gelände erworben habe.«

Kühn als Stadtrat: fast eine fremde Person für mich, Jahrzehnte später, beim Sichten der Unterlagen. Längst Vergessenes wird reaktiviert, überraschende Selbstbegegnungen. Ohne
diesen autobiographischen Schreibanlass wäre das alles wie
abgestorben. Ich habe allerdings mehr Protokollmaterial aufbewahrt, als ich wahrnehmen, und erst recht, als ich einbringen will: spröde Materie. Ja, aber sie hat damals mein Bewusstsein partiell okkupiert – eine Fremdsprache, in der ich das
Artikulieren lernte. Wortfelder, die freilich wieder zur Brache
wurden und nun, nachwirkend, virtuell bestellt werden.

Schwer nachzuvollziehen: »Auf die Frage von StDK, wieso
es möglich ist, dass 25 Planverfahren infolge eines Fehlers der
Hauptsatzung rechtsunwirksam werden konnten, erläuterte
Oberstadtdirektor Dr. Lentz, dass diese und auch alle anderen
Satzungen rechtsunwirksam waren, die aus einer Hauptsat-
zung resultierten, die nicht den Vorschriften entsprechend
veröffentlicht worden waren. [...] Der Bauausschuss nahm
Kenntnis.«

Ich verstehe das jetzt so: Da wurde abgenickt. Offenbar
habe ich mitgenickt. Wohin hätten weitere Fragen schon führen können? Das Grundproblem, nicht nur für mich: Vieles
war zu abstrakt, zu unanschaulich. Und es wurden oft Entscheidungen getroffen, um das Unanschauliche loszuwerden.
Größere Geldbeträge wurden durchgewinkt, vor allem gegen
Ende der meist stundenlangen Sitzungen. So richtig wach
wurden einige Mitglieder des Ausschusses erst unter dem
Punkt Verschiedenes. Einige Beispiele aus einer einzigen Sitzung.

Es erkundigte sich ein Stadtverordneter nach dem Fortgang
der Arbeiten zur Neugestaltung der Grünfläche an der X-
Straße; ein anderer wies hin auf die schlechte Absperrung am

Y-Weg, die aufgestellten »Gummihüte« würden in der Dunkelheit von Autofahrern übersehen und könnten zu Unfällen führen; ergänzend stellte ein Mitglied des Ausschusses fest, die Parkstreifen am Y-Weg würden Schlaglöcher und sonstige Schäden aufweisen.

Auch hier hatte ich den Eindruck, einige Stadtverordnete würden nur mit gesenktem Blick durch die Stadt, durch ihr Viertel gehen: Straßenzustandsberichte. Schon folgte in der Beispiel-Sitzung der Hinweis, in der Z-Straße seien bei der Anschüttung von Mutterboden die Bordsteine teilweise zerstört worden, und der Berichterstatter bat, sie zu reparieren oder auszuwechseln. Es schloss sich die Bitte um Überprüfung an, ob der Bürgersteig an der Ecke N/N abgeflacht werden könne, da die Busse der Kreisbahn Schwierigkeiten bei der Umfahrung dieser Ecke hätten. Und weitere Wortmeldungen mit Schadensberichten dieser Art – da hatte ich nichts zu melden.

Und ich lege einen Text beiseite ... legte einen Text beiseite ... habe einen Text beiseitegelegt ... hatte einen Text beiseitegelegt ... werde einen Text beiseitelegen ... werde einen Text beiseitegelegt haben ...

Erweiterter Umgang mit Fakten und Faktoren, erneute Erfahrungen mit Mentalitäten. Der Fraktionsvorsitzende der einen Partei, der stellvertretende Bürgermeister der anderen Partei, sie waren einer wie der andre: Hausmeister in Dürener Schulen. Auch dies wirkte ein auf meine Verhaltensmuster. Nach einer meiner Wortmeldungen am Katzentisch rief mir der Fraktionsvorsitzende zu: »Also, wenn Sie dat meinen, un Sie bleiben dabei, dann kriejen Sie aber ein Tänzchen mit mir!« Ich sprang auf, ging auf ihn zu, nahm Tanzhaltung ein: Kommen Sie, kommen Sie, fangen wir gleich an mit dem Tänzchen! Durchschlagender Erfolg; die formelle Rüge durch den Oberstadtdirektor blieb von fraktionsübergreifendem Gelächter grundiert. Auf das Tänzchen mit dem dicken Hausmeister wurde ich noch mehrfach angesprochen.

Das klingt nach lustiger Zeit, war es aber nicht. Ich registriere mit nachträglichem Staunen, wie schnell ich lernte, mich als sachkundiger Bürger zu gerieren. Ratssitzung im Mai 1970: »StDK vertrat die Auffassung, dass die Grundsatzentscheidung über den Beitritt zum Zweckverband ›Abfallbeseitigung‹ zurückgestellt werden müsse, bis alle Fragen des Grundwasserschutzes und der Lufthygiene geklärt seien und das Gutachten von Dr. Pierau vorliege. Er bezog sich hierbei auf die der Vorlage beiliegende Niederschrift über die Besprechung mit Vertretern des Instituts für Wasser-, Boden- und Lufthygiene des Bundesgesundheitsamtes Berlin von 18. März 1970.«

Mein Einspruch blieb wirkungslos. Wenig Resonanz auch erst auf den Antrag: »Die Verwaltung wird gebeten, die erforderlichen Maßnahmen zur Einrichtung eines Amtes für Umweltschutz in sachlicher und personeller Hinsicht zu treffen.«

Ich stieß wiederholt, direkt und indirekt, auf Widerstand. So regte ich »die Prüfung der Frage an, inwieweit es rechtlich möglich sei, zu den Ausschusssitzungen die Öffentlichkeit zuzulassen. In anderen Städten habe man damit bereits gute Erfahrungen gemacht«.

Der Oberstadtdirektor übergab den Vorschlag dem Haupt- und Finanzausschuss, der gab ihn weiter an das Hauptamt, das gab ihn weiter an das Rechtsamt und das gab folgende Erklärung ab, sinngemäß: Laut Paragraphen soundso viel GO seien Ausschusssitzungen in der Regel nicht öffentlich; bei dieser Vorschrift handle es sich um zwingendes Recht; es sei allerdings möglich, in einzelnen Fällen die Zuziehung der Öffentlichkeit zuzulassen; die mögliche Zulassung der Öffentlichkeit dürfe jedoch nicht zur Regel werden.

Ich habe allerdings nie erlebt, auch nie gehört, dass Dürener Mitbürger wenigstens ausnahmsweise bei Ausschusssitzungen anwesend sein durften.

In anderen Fällen ließ man mich ins Leere laufen. Als Kindsvater stellte ich wiederholt fest, dass Kinderspielplätze rar waren. Auch waren die Einrichtungen vielfach lückenhaft und schadhaft – aufgeschütteter Sand wurde nachts als Bausand abgekarrt, Schaukeln wurden abmontiert. StDK »sprach über

600

die Bedeutung von Kinderspielplätzen und zitierte zu diesem Thema aus einem Werk von Mitscherlich. […] Er bat abschließend darum, das Liegenschaftsamt möge den Fraktionen eine Aufstellung über den städtischen Grundbesitz zur Verfügung stellen, damit nach diesen Unterlagen Überlegungen angestellt werden können, in welchen Gebieten noch Kinderspiel- und Bolzplätze anzulegen sind.«

Keine Reaktion. Ein Vierteljahr später meldete ich mich erneut zu Wort zu diesem Thema. Keine Reaktion.

Insgesamt ein Jahr verging. Mai 1971: StDK »kam zurück auf einen in der Ratssitzung am 26. Juni 1970 gestellten Antrag. Er bat erneut um eine Aufstellung a) der vorhandenen Kinderspielplätze und b) über die im städt. Eigentum befindlichen Grundstücke, die eventuell für den Ausbau als Kinderspielplatz geeignet seien.« Auch das war nicht meine letzte Anfrage zu diesem Thema.

Bei einem Beitrag zu einem anderen (mittlerweile vergessenen) Thema mein (bisher) einziger öffentlicher Wutausbruch. Am ›Katzentisch‹ stehend, von den großen Fraktionen rechts und links flankiert, die meisten Abgeordneten aufgereiht hinter mir, wurden meine Ausführungen durch Gemurmel, Gemurre, Gemaule begleitet, und wieder die Erfahrung eines unkontrolliert, eines unkontrollierbar ausbrechenden Zorns, jäh schoss Wut in mir hoch, eine Wut, die mich vom Schädel bis zu den Sohlen erfüllte, wie der Strahl einer artesischen Quelle in mir hochschießend, eine schwarze Wutfontäne, ich brüllte die Fraktion zusammen: Unerhört … verbitte mir das … lasse ich mir so was nicht bieten!

Ja, ein Zustand, der all meine sechs Milliarden Körperzellen zu erfassen scheint, ihre Zellkerne ausrichtend auf den Wut-Pol. Was da aus mir herausplatzte, es beschämt mich, vor allem im Rückblick, zugleich ist hier so etwas wie Zufriedenheit: eine neue Erfahrung, die ich mit mir gemacht habe, eine starke Erfahrung. Ich hab mir Luft verschafft …! Denen hab ichs aber gezeigt …! Das lassen die sich gefallen …?! Gehen in Deckung …?!

Ich setzte mich. Und war sicher: Jetzt geht es los, jetzt hagelt es Beschwerden. Nichts aber rührte sich. Nicht mal eine Wortmeldung des Sprechers der beschimpften Fraktion. Es war der Oberstadtdirektor, der sich, nach einigen Schreck-sekunden, in gemessener Form diesen Ton verbat. Das war alles. Auch später, beim gemeinsamen Verlassen des Sitzungs-saals – keiner hat sich bei mir beschwert. Eine Erfahrung, die ich auch mit Freunden besprach: Wieso hatten die gekuscht? Was laufen da für Mechanismen ab?! Ist es so leicht, Macht zu gewinnen über andere?!

Und ich greife einen Text auf ... griff einen Text auf ... habe einen Text aufgegriffen ... hatte einen Text aufgegriffen ... werde einen Text aufgreifen ... werde einen Text aufgegriffen haben ...

Schreiben vom 2. September 71 an den Dienststellenleiter des Fernsprechamtes Düren.
»Ich habe Ihnen von einem äußerst unangenehmen Vor-fall zu berichten. Ich führte gestern zwischen 18.10 und 18.35 ein Ortsgespräch mit meinem Fraktionskollegen Schlegel, bei dem interne kommunale Vorgänge besprochen wurden. Als nach etwa 20 Minuten ein für eine unserer Ortsparteien un-erfreulicher Tatbestand besprochen wurde, der (noch) nicht an die Öffentlichkeit dringen darf, wurden wir von einem offenbar emotional reagierenden Unbekannten unterbrochen mit folgenden Worten: ›Das sind ja auch die Richtigen! Wir haben alles mitgehört. Danke!‹ Daraufhin hörbarer Kontakt-schluss.
Ich habe gelegentlich schon erlebt, dass man während eines Ferngesprächs fern und recht undeutlich zwei andere Fern-sprechteilnehmer hört. Diesmal aber war die Stimme so nah wie der Gesprächspartner – das wurde von uns beiden fest-gestellt.
Ich bitte um baldige schriftliche Stellungnahme, wie es zu diesem skandalösen Vorfall kommen konnte. Haben (etwa kommunale) Dienststellen Zugriff auf die Relais? Könnte sich ein Mitarbeiter des Fernsprechamts eingeschaltet haben?

Als Stadtrat wie als Bürger muss ich mich auf die Kommunikationsmöglichkeit Telefon unbedingt verlassen können. Was telefonisch besprochen wird, darf von Dritten nicht mitgehört werden. Sie werden verstehen, dass mich dieser Vorfall entrüstet, dass ich hier das Recht habe auf eine schriftliche Stellungnahme mit der Zusicherung, dass von Seiten der Post alles getan wird, um Telefongespräche nicht Dritten zugänglich zu machen.«

Ich übersetze ... ich übersetzte ... ich habe übersetzt ... ich hatte übersetzt ... ich werde übersetzen ... ich werde übersetzt haben ...

Sechste ordentliche Stadtverordnetenversammlung am 3. September 1971. Ich verlas folgenden Antrag. »Die Verwaltung wird gebeten, unverzüglich bei den für das Jagdbombergeschwader 31 ›Boelcke‹ zuständigen Dienststellen zur Vermeidung einer unzumutbaren und gesundheitsschädigenden Lärmbelästigung auf ein Tiefflug-Verbot über dem Stadtgebiet Düren hinzuwirken.«

Weiter im Protokoll: »Er führte aus, dass in letzter Zeit der Anflug zur Landung in Nörvenich nicht mehr über eine bestimmte Schneise erfolge, sondern inzwischen das gesamte Stadtgebiet erfasst habe. Er wies auf die erhebliche Lärmbelästigung und die Gefährdung der Bevölkerung hin und bat die Verwaltung, mit der Leitung des Fliegerhorstes Nörvenich über die Verlegung der Einflugschneise in Richtung Wibbelrusch zu verhandeln. [Wibbelrusch = »Wipfelrauschen« des Dürener Stadtwäldchens.]

Stadtverordneter A. entgegnete, dass der Fluglärm häufig von belgischen, englischen und amerikanischen Maschinen verursacht werde, die nicht in Nörvenich stationiert seien. Im Übrigen lasse sich eine gewisse Lärmeinwirkung bei Düsenmaschinen nicht vermeiden.

Stadtverordneter B. war der Meinung, dass Tiefflüge über dicht besiedeltem Gebiet durchaus vermeidbar seien und diese Frage einmal mit der Flugleitung erörtert werden sollte.

Im Verlauf der weiteren Diskussion einigte man sich darauf, im Antrag der FDP den Passus ›Jagdbombergeschwader 31 Boelcke‹ zu streichen und nicht generell von einem Tief-flug-Verbot zu sprechen.

Die Stadtverordnetenversammlung beschloss bei 6 Stimm-enthaltungen: Die Verwaltung wird gebeten, unverzüglich bei den zuständigen zivilen und militärischen Dienststellen zur Vermeidung einer unzumutbaren und gesundheitsschädigen-den Lärmbelästigung durch den Flugbetrieb über dem Stadt-gebiet Düren vorstellig zu werden.«

ALS DIE BEIDEN SÖHNE in einem Alter waren, in dem sie Geschichten für Kinder hören oder gar lesen wollten, erwei-terte ich mein heimisches Publikum (speziell von Gutenacht-geschichten in improvisierten Fortsetzungen) und schrieb ein Kinderbuch.

Dies aus beinah kindhafter Lust an Geschichten. Für Kin-der schreiben, setzt voraus: eine klare Story, chronologisch verlaufend und möglichst spannend. Die Syntax nicht allzu kompliziert; in der Wortwahl aber kaum Einschränkungen – Kinder schnappen alles auf, haben auch Lust am Fremdarti-gen, selbst wenn sie das erst mal nicht so ganz verstehen.

Und nun: ein Werkbericht? In einem Buch dezidiert für Er-wachsene? Eine Erfahrung macht mir Mut: Auf einer länge-ren Lesereise, auf der mich Wiederholungen nah ans Stottern brachten, entschied ich mich an einem der Abende, spontan, aus einem Kinderroman vorzulesen. Programmänderung. Und das in einer Literarischen Gesellschaft! Ich befürchtete Protest, doch was geschah: Das Publikum folgte lustvoll, manche schienen sogar rote Ohren zu kriegen. Auch hinterher keine Einwände, keine nachgetragenen Bedenken, eher Dank für die überraschende Abwechslung.

Ich werte den Werkbericht nun nicht auf mit Ausführungen theoretischer Art, etwa über pädagogische Subtexte. Heraus-forderungen dazu sind angewachsen, und zwar entschieden. Die Kinder, die ich im Auge behielt, während ich das Buch für Kinder schrieb, sie haben längst schon eigene Kinder, und in dieser einen Generation sind die Medien explodiert! So saß ich, es sind auch schon wieder etliche Jahre her, mit Enkel Fabian vor dem Bildschirm, er spielte mir seine damalige Lieblings-DVD vor: »König der Löwen«. Du lieber Himmel, was wird da an optischen Eindrücken auf die Kinderhirne losgelassen! Dem konnte ich mich auch nicht ganz entziehen, schon gar nicht, wenn das Erdmännchen zu sehen war, das Rockgitarre spielte – seither sind Erdmännchen meine Tierfavoriten, vor allem in ihrer stupenden Fähigkeit, bei Müdigkeit glatt umzukippen.

Keine weiteren Ausführungen zum Dauerthema: Kinder und Medien. Fortsetzung des Berichts. Die Feststellung, dass ich, damals, ganz einfach von meinen Erfahrungen mit Abendgeschichten ausging: Wo spitzen Kinder die Ohren, wo hören sie nicht weiter hin? Es ist freilich ein radikales Publikum. Erwachsene halten sich, etwa bei Lesungen, höflich zurück, auch wenn ihnen ein Text langweilig erscheint, Kinder aber signalisieren rasch, wenn sie nicht mitziehen. Lesungen vor Kindern sind mindestens doppelt so anstrengend wie Lesungen vor Erwachsenen. Immer wieder muss man improvisieren, zwischendurch, sich direkt an das Publikum wenden. Zwei Eckpunkte des Verhaltensspektrums: Kinder gehen in kleinen Grüppchen aufs Klo, oder Kinder rücken, in kleinen Grüppchen, dicht an einen heran, wollen mit ins Buch schauen.

Kinder haben übrigens weithin Schwierigkeiten, sich vorzustellen, sich bewusst zu machen, dass der Typ, der da vorn eine Geschichte vorliest, die auch geschrieben hat; sie sind an Vermittler gewöhnt. Wenn sich im Klassenraum oder in der kleinen Turnhalle durchgesetzt hat, der Vorleser hat die Geschichte persönlich geschrieben, so muss ich dem Publikum anschließend erst mal die Vorstellung ausreden, man verdiene unermessliches Geld: Schriftsteller gleich Bestsellerautor. Was fährst du denn für ein Auto? Oh, das hängt von meiner Tageslust ab. Ich lasse vom Chefchauffeur alle meine Wagen aus der Garage auf den Hof setzen, den Mercedes mit den Flügeltüren, den Maserati, den Rolls-Royce, den Porsche, den Ferrari Testo rosso und entscheide je nach der Wetterlage …

SCHON EIN HALBES JAHR nach dem Einstieg in die Kommunalpolitik wurden Bruchstellen erkennbar zwischen dem Kreisverband der FDP und dem Stellvertretenden Vorsitzenden Kühn.

Ende Juni 70 wurde vom Vorstand des Kreisverbandes ein Grundlagenpapier formuliert und akzeptiert. Es wurde, protokollähnlich, an die Mitglieder verschickt. Dies mit einem »Nachtrag: Dr. Dieter Kühn und [NN] namens der Jungdemokraten legen Wert auf die ausdrückliche Feststellung, dass sie gegen die vorstehende Entschließung des Kreisvorstandes gestimmt haben.«

Ein kurzes Zitat aus meiner parteiinternen Stellungnahme: »Es wird Zeit, neue Modelle zu entwerfen. Der neue Kurs fordert eine Gesellschaftspolitik, die sich nicht bloß damit zufriedengibt, Freiheit und Eigentum gleichzusetzen und zu glauben, je größer das Eigentum sei, desto größer werde die Freiheit.«

Vierzehn Tage nach der Erklärung und Distanzierung kam eine Drucksache ins Haus. Als Absender: National-Liberale Aktion w. V. Kreisgruppe Düren.

»Aus echter Sorge, den Fortbestand einer national-konservativen Politik in Deutschland zu erhalten, haben namhafte Politiker aus den Reihen der F.D.P. am 11. 7. 70 die National-Liberale Aktion auf der Hohensyburg gegründet.«

In Düren hatten der Ehrenvorsitzende, der Vorsitzende und der Geschäftsführer des FDP-Kreisverbandes die neue, sezessionistische Kreisgruppe gegründet, die sofort versuchte, auch mich anzuwerben – ein Aufnahmeantrag steckte im Briefumschlag.

Zwar sank die Neugründung NLA erfreulich rasch wieder in sich zusammen, die geplante Neugründung der Partei »Deutsche Union« fand nicht statt, aber Mentalität hatte sich dokumentiert. Dies am deutlichsten bei meinem Katzentisch-Nachbarn zur Rechten. Ich musste abrücken. Das wollte, das musste ich schriftlich dokumentieren, sonst hätte Rede nur üble Nachrede ausgelöst.

Nicht reumütig, eher kleinmütig kehrte das Trio des Kreisverbands von der Exkursion zur NLA zurück. Da hatte sich was zerschlagen, da war etwas im Sande verlaufen, Einzelheiten sind hier gleichgültig; der Fall aber war für mich nicht erledigt.

Am 1. Dezember 70 schrieb ich meinem Kontrahenten, die Sollbruchstelle vertiefend: »Ich hatte bereits in der gestrigen Vorstandssitzung sehr deutliche Bedenken dagegen geäußert, dass nun drei ›Rückläufer‹ aus der NLA den Vorstand repräsentieren, bzw. ihm als Kreisgeschäftsführer eng zugeordnet sind. Ich hatte angedeutet, dass mir die Arbeit in solch einem Gremium fragwürdig erscheine. Ich muss nun, nach genauer Überlegung, die Konsequenz ziehen und mein Amt als Zweiter Kreisvorsitzender niederlegen.

Zur Begründung kann ich nur meine gestern bereits vorgetragenen Argumente wiederholen. Der Vorstand eines Kreisverbandes ist mehr als nur ein Organisationsgremium, in dem man politisch wertfrei arbeitet, er repräsentiert die Partei im Kreisgebiet. Wenn in diesem Repräsentationsgremium allein drei ehemalige Mitglieder der NLA tätig sind, so wird hier eine rechtskonservative Richtung überrepräsentiert, die ich immer schon abgelehnt habe.

Ich kann hier nicht den gestern vorgetragenen Einwand akzeptieren, die Rückläufer der NLA hätten ihren Irrtum eingesehen: Ich bin sicher, dass sich ihre politische Einstellung in der kurzen Zeit nicht geändert hat. Was zu ihrer Rückkehr führte, war vielmehr die Einsicht, dass die NLA als Organisation rasch an Bedeutung verlor. Aus einer eventuell aufgeblühten NLA, das sagte ich gestern schon, wären wohl kaum Rückläufer gekommen. Der Schritt zur NLA war von einer rechtskonservativen Haltung bestimmt und mitmotiviert, die auch nach der Lösung von dieser Organisation bestehen bleibt.

Ich befürchte, man wird in diesem Kreis, in dem politische Haltung so gering geachtet wird, dass man in kurzer Zeit ohne Verlust des Ansehens einmal hin zur NLA und dann wieder zurück zur geduldigen FDP schwenken kann, meine Bedenken als Vorwand auslegen, nicht mehr für die Parteiorganisation arbeiten zu wollen. Ich hatte Ihnen bereits vor einigen Monaten die Möglichkeit eines Rücktritts angekündigt. [...]

Ich bitte Sie, diesen Brief in der nächsten Vorstandssitzung vollständig zu verlesen und beim nächsten Kreisparteitag meine Stelle neu besetzen zu lassen.«

Zwist ... Hader ... Grundsatzstreit ... Eine Woche später musste ich nacharbeiten, in einem noch längeren Schreiben, aus dem ich noch kürzer zitiere. Es nennt noch einmal den »Hauptgrund meines Austritts«. Der Text liegt neben mir in einer Kopie einer parteiinternen Abschrift meines Briefs.

»Man darf doch nicht nachträglich übersehen, dass die Mitgliedschaft in der NLA, die bei Ihnen ja bestand und derzeit bis zum Ablaufen der Frist noch besteht, von einer Grundsatzentscheidung getragen war. Diese Grundsatzentscheidung basiert auf einer politischen Einstellung, die nicht die meine ist.«

April 72 war es denn so weit: Nachdem ich mein Parteiamt niedergelegt hatte, trat ich aus der Partei aus. Mit diesem Entschluss gekoppelt: Ich werde nicht wieder für die Stadtverordnetenversammlung kandidieren.

Ich schrieb dem Vorsitzenden: »Als ich die Kandidatur für den Stadtrat zurückzog, hatte ich Ihnen schon gesagt, dies sei eine grundsätzliche politische Entscheidung. Um hier völlig Klarheit zu schaffen, werde ich zum 1. Mai aus der Partei austreten. Ich teile Ihnen dies jetzt schon mit, damit die Entscheidung nicht vom Wahlergebnis abhängig scheinen kann – sei es positiv oder negativ. [...] Eine ausführliche Begründung meiner politischen Absichten und Ansichten dürfte hier überflüssig sein – wir kennen mittlerweile unsere Positionen.«

Das war – und ist auch hier – ein Schlusspunkt.

RAIMUNDUS FORDERT MICH HERAUS

DER COMPUTER IST FERTIG, meldete telefonisch der Schreiner im Ort. Er hatte den wohl merkwürdigsten Auftrag seiner bisherigen Berufstätigkeit ausgeführt, hatte mir einen »mittelalterlichen Computer« gebaut. Endlich mal was Neues, Überraschendes – und nicht nur Holzarbeiten für Büroräume.

Ich hatte ihm das Gerät aufgezeichnet: Gestell ... eine Achse, horizontal ... auf die Achse gesteckt fünf Scheiben von jeweils gleichmäßig abgestuftem Durchmesser ... diese Holzscheiben drehbar. Ich werde sie, so erklärte ich dem Meister, in jeweils sechs Segmente aufteilen, werde sie beschriften, in Kürzeln. Ein kombinatorisches System des 13. Jahrhunderts, im 21. Jahrhundert wieder aktiviert. Selbstverständlich mit Veränderungen für meinen speziellen Zweck. Das lullische System der *Ars magna combinatoria*. Aber damit habe ich in der Schreinerei nicht aufgetrumpft.

Ich rekapituliere kurz: Der Zufall, der spontan Neugier weckte im Rare Book Department des Haverford College bei Philadelphia, irgendwann 1957. Erste Informationen über die »inventio«.

Ramón Llull (latinisiert: Raimundus Lullus, 1232–1316): einige biographische Stichworte. Ramón, auf Mallorca geboren; Page am Königshof; Dichter von Troubadour-Liedtexten; Höfling, junger Lebemann, entsprechende Lebensform; Bekehrungserlebnis, jähe Lebenswende: Theologische Studien, er lernt Arabisch, will missionieren. Weiterhin Liedtexte und ein Roman mit dem zentralen Thema Liebe, doch Spiritualität beginnt zu dominieren. Und findet ihre Krönung: Ramón will zur Besinnung kommen nach buntem Treiben, zieht sich, zweiundvierzigjährig, zurück auf den Berg Randa, und da »geschah es eines Tages, nachdem er gerade eine knappe Woche dort war, dass Gott plötzlich seinen Geist erleuchtete, während er aufmerksam den Himmel beobachtete«.

Als Eingebung die Grundidee eines kombinatorischen Verfahrens, mit dem sich über Begriffe und Zeichen neue Einsichten in die Ordnung der von Gott geschaffenen Welt ergeben sollten. Das setzte fraglos voraus: Gott hat Seine Schöpfung im Großen wie im Kleinen umfassend geordnet; der Mensch hat die (theologische) Aufgabe, diese Ordnung denkend nachzuvollziehen, damit Gottes Allmacht zu dokumentieren und vor allem: zu demonstrieren. Denn diese Erfindung sollte vor allem beim Missionieren helfen: Den Gott der Christen über Gottheiten und Götzen von Heiden stellen, auch durch kombinatorische Konklusionen, die selbst kluge Araber zwingend davon überzeugen, dass »Deus« über »Allah« erhaben ist.

Raimundus ging also davon aus, dass alles zusammenhängt in Gottes Schöpfung, selbst zufallsgesteuerte Kombinationen sollten das beweisen. Zugleich sollten gewohnte Denkmuster relativiert werden durch neue Denkverbindungen, die er mit dem segmentweisen Weiterdrehen von Scheiben mit ihren Zeichen und Chiffren initiierte.

Offenbar hatte er einen Stift in eine Wand geschlagen, wohl in Augenhöhe, hatte Scheiben aufgesteckt – die größte an der Wand, die kleinste dicht vor ihm. Und es begann das Kombinieren mit dem Grundgedanken: Man kann hier drehen wie man will, es kommt immer Sinnhaltiges heraus in der freien Kombination.

Hochmittelalterliches Vernetzungsdenken …! Kein Wunder, dass die *Ars magna combinatoria* bis heute Faszinosum blieb. Selbst der katalanische Maler Tapies zeigte sich fasziniert vom lullischen System. Freundin Barbara hat ihm, kurz vor seinem Tod, den Band geschenkt, in dem meine Erzählung über Lullus abgedruckt ist: *Die Große Kombinatorische Kunst.* Ich habe, con alcune licenze, das lullische System umgesetzt in eine biographische Erzählung: kombinatorisches Verfahren übertragen auf einen Kombinatoriker.

Es ging und geht mir nicht darum, ein historisches Gerät zu rekonstruieren. Was interessiert mich Vergangenes, wenn ich es nicht für mich verwenden, auf mich anwenden kann? Und sei es in notwendiger Kontrastbildung? So setze ich meine eigenen Zeichen – ohne Raimundus aus dem Blick zu verlieren.

Keine bloß mechanische Konstruktion, es stehen Erfahrungen hinter der Konzeption. Vergangenes fällt mir nie zeitlich geordnet ein, immer nur isoliert. Chronologische Ordnung von Erinnerungen ist (auch) meinem Lebensgefühl fremd, also wäre bruchlos durchgeführte Chronologie ein nachträglich produziertes Ordnungsmuster. Die meisten Eindrücke, Erlebnisse, Erfahrungen, Erkenntnisse bleiben inselhaft, bleiben punktuell, sind nicht einzuordnen in ein übergreifendes oder umfassendes System. Üblich ist es freilich weiterhin, Inselpunkte miteinander zu verbinden, zu vernetzen (was weitaus besser klingt). Vor allem Selbstzufriedenheit durch Erfolge stellt Bezüge her, die wiederum die Selbstzufriedenheit steigern.

Hier wird suggeriert, dass ein Ereignis folgerichtig aus dem anderen hervorgeht, dass es innere oder äußere Verbindungen gibt, und dies logisch konsequent: Damit wird Sinn souffliert, werden Sinnfiguren entworfen. Alles scheint früh schon vorbestimmt; Leben nach einem Masterplan, der beim Schreiben dechiffriert wird. Das adäquate Grundgefühl: Alles hängt zusammen, geht sinnvoll ineinander über.

Dieses Konzept ist meist an Vorgaben gebunden. Beispielsweise: Nach einer kompasslosen Lebensreise auf hoher See erreicht man den sicheren Hafen des christlichen Glaubens – oder einer ideologischen Konzeption. Sprünge und Brüche werden kaschiert.

Um nicht solch einem Kontinuitätsmuster zu verfallen, habe ich die Scheibenkonstruktion vor mir aufgebaut. Schließlich habe ich mir vorgenommen, eine neue Form autobiographischen Schreibens zu entwickeln – um mir damit näherzukommen. Salopp: Gewohnten Mustern zu folgen wäre wie der Versuch, sich in bequemen Hausschuhen auf die Schliche zu kommen. Wenn ich schon für das Erzählen von Lebensläufen historischer Personen neue Methoden entwickelt habe, so will ich bei diesem autobiographischen Unternehmen dahinter nicht zurückbleiben. Dies mit der Perspektive: Ich hoffe, mit der neuen Form der Selbstdarstellung meine Selbstwahrnehmung zu verändern.

Was sich übertragen lässt: Die Selbstwahrnehmung von Lesern, Leserinnen könnte sich verändern. Warum auch sollten Leserinnen und Leser an meinem Experiment teilnehmen, wenn nicht mit Blick auf sich selbst?

Freilich, verglichen mit den weitgreifenden Kombinationen, mit der überaus dichten Vernetzung von Begriffen und Chiffren des Raimundus Lullus nutze ich eine recht schlichte, auf meine Bedürfnisse (wortwörtlich:) zurechtgeschreinerte Version. Statt theologischem Kosmos ein Ich-Containment. Durch das Herstellen immer neuer Verbindungen wird Ich-Gefühl relativiert. Voraussichtlich.

Vor der ersten Kombinationspartie einige präzisierende Informationen über das lullische System. Dabei hilft mir die Einführung zur textkritischen Ausgabe der *Ars brevis* (samt Übersetzung).

Ars brevis: Eine »vom Verfasser selbst autorisierte Kürzestfassung seines weitaus umfangreicheren Hauptwerkes«, der *Ars maior, Ars generalis ultima, Ars compendiosa inveniendi veritatis*.

Der Katalane musste bei Vorträgen und Vorführungen an Universitäten registrieren, dass selbst renommierte Diskurspartner Schwierigkeiten hatten beim Nachvollziehen seiner Konzeption. So machte er sich erneut an die Arbeit: »Wir verfassen diese *Ars brevis*, damit die *Ars magna* leichter verstanden werden kann.« Dies mit höflicher Rücksichtnahme auf die »Gebrechlichkeit der menschlichen Vernunft«.

Die Kurzfassung hat nur noch (etwa) ein Zehntel des ursprünglichen Volumens. Diese Version fand in der wissenschaftlichen Welt jener Zeit wie auch späterer Jahre enorme Resonanz: sechzig Handschriften sind überliefert. Überhaupt wurde das Riesenwerk des Mallorquiners weithin rezipiert. Nikolaus von Kues besaß 68 Schriften des Ramón Llull. Newton und Leibniz befassten sich mit seinem System kombinatorischen Denkens.

Ich muss durch Wiederholung betonen: Was ich als Instrument autobiographischer Erkundung vorstelle, ist eine hausgemachte Variante der Kombinatorischen Kunst des Raimundus Lullus. Die Zahl der Scheiben habe ich in der Ortsschreinerei von drei auf fünf vermehren lassen.

Ich will überraschende Konfrontationen, Konstellationen nicht vortäuschen, also muss ein Steuerungsverfahren eingeführt werden, das ich nicht beeinflussen kann. Soll ich Olga bitten, die Scheiben jeweils zu drehen, gleichsam blindlings? Ich entscheide mich für das Würfeln. Letztlich ist kombinatorische Kunst ein aleatorisches Verfahren. Wieder der Hinweis auf Erfahrung hinter der Konzeption: Erinnerungen, Szenen der Vergangenheit, sie tauchen meist ungerufen auf, verbinden sich höchstens assoziativ, lösen sich ab, lösen sich auf. Dieses Auftauchen und Verschwinden kann mit Drehungen der Scheiben simuliert werden.

Betont werden muss aber gleich, was auch in der Einführung der *Ars brevis* hervorgehoben wird: Dies ist kein sinnproduzierendes Gerät, keine Wundermaschine, hier werden Konfrontationen generiert, wird vor Fragen gestellt, wobei überraschende, sofort sinngebende Kombinationen nicht auszuschließen sind. Durch Kombinationen wird Denken, Nachdenken, Durchdenken ausgelöst, nicht ersetzt. Aus Kombinationen müssen sich erst Schlussfolgerungen ergeben.

Dominieren wird Punktualität, die unserem Lebensgefühl, unserer Ich-Erfahrung entsprechen dürfte. Die große, die dominierende Konstante der Diskontinuität. Das soll ablesbar, soll erfahrbar werden.

Bevor ich in sechs Durchläufen den Würfel entscheiden lasse, welche Scheibenzeichen miteinander verbunden, sodann mit den bereitliegenden und markierten Texten koordiniert werden sollen, nähere Angaben zur Beschriftung der Scheiben.

Das erste, das äußerste, das weiteste Ringsegment: reserviert für das Stichwort Reisen. Als Markierung jeweils ein Kürzel, das ich Raimundus zu Ehren latinisiere. Er nennt die Schreiben »circuli«, also eigentlich Kreise, gemeint aber sind hier: Rundscheiben. Ich wähle das Kürzel *Cr*. Hier verbunden mit der Codierung *Via*, Abkürzung von »viator«, Wanderer.

Zuweilen wird unter Bekannten ein Video (»aber nur ganz kurz«) einer Ferienreise vorgeführt, mit graphisch gestaltetem Vorspann, selbstverständlich betextet und vertont. Hier erhalten Ferienreisen exakte Aufbruchs- und Rückkehrdaten; auf einer Karte wird jeweils, rot markiert, die Reiseroute wiedergegeben. Besondere Stationen werden durch Farbkreise betont. Ein Medium, das exakte Informationen zu erzwingen scheint. Bei mündlicher Erzählung erscheint belanglos, ob man an einem 3. oder 7. oder 11. August aufbrach und welchen Anfahrtsweg man einschlug – falls es Alternativen gab. Bei einem Reisebericht für den Bildschirm ist ein »irgendwann« so verpönt wie ein »irgendwie« und womöglich ein »irgendwo«. Die Spielregeln sind vorgegeben.

Dies als Muster bewährter Reiseberichte in Bild und Ton. Es ist nicht übertragbar auf meine Reiseerfahrungen. Daten kann ich kaum einbringen, die meisten vergesse ich schnell. An einer Beschreibung, gar Demonstration einer Reiseroute, beispielsweise in Italien, beispielsweise in Japan, beispielsweise in China, daran liegt mir nicht, ich bringe nur vage Hinweise.

Reiseeindrücke, Reiseerlebnisse, Reiseerfahrungen werden also nicht eingeordnet in ein Zeitraster, nicht eingebunden in Koordinaten. Vielmehr: Erlebnis-Monaden, Bild-Monaden schweben durch das Bewusstsein, sinken zumeist ab ins Vergessen, nur einige bleiben in der Schwebe. Erzählt wird vom einzelnen Erlebnis, Vorgang, Vorfall, nur selten stelle ich Verbindungen her, ziehe einen roten Faden. Vielfach geben Assoziationen die Stichworte. Pointierte Situationen fixieren sich, werden Anekdoten, die sich wiederholen lassen, falls sie erwünschte Resonanz finden.

Auch schreibend will ich mir kein Raster auferlegen, vielmehr sollen Erfahrungsmuster einwirken auf die Schreibmethode. Nur so, bis in die Struktur hinein, kann (auch) die Intervention im Namen des Raimundus Lullus zum Wort-Selbstporträt werden. Punktuelle Wahrnehmungen setzen sich um in punktuelle Darstellungen. Ob ich zum dritten, vierten oder fünften Mal in Italien war, das spielt für mich, rückblickend, keine Rolle, also verbinden sich die Reisen auch nicht mit Jahreszahlen; die versagt mir weithin die Erinnerung. Doch es bleiben Bilder, von Florenz, Rom, Turin sowieso, von Siena, von Spoleto speziell.

Bei einigen Frauen hingegen habe ich den Eindruck, die Erinnerungssubstanz sei neurophysiologisch anders organisiert, da werden nicht nur Jahreszahlen mit Ereignissen kombiniert, die können auch Monatsangaben, ja Tagesangaben zugeordnet werden. Was ich zu schätzen und zu nutzen weiß: Während der Arbeit gelegentlich ein Anruf in Düren: Wann war das eigentlich …? Und es bestätigt sich wiederholt: Gisela hat offenbar eine andere Wahrnehmung von Zeit und von Ereignissen in der Zeit. Dagegen erlebe ich bei mir, auch bei Freunden, dass Reiseereignisse monadologisch schweben, sich nicht ankoppeln wollen an Zeitraster.

Ich interpretiere das so: Ein Ereignis, auch Reiseereignis kann für mich wichtig sein, bedeutsam, dies nachhaltig, es ist oder scheint mir jedoch gleichgültig oder zweitrangig, ob ein Reiseerlebnis im August 88 oder im September 89 stattgefunden hat. Es sei denn, da war eine einschneidende Erfahrung. Aber die sind selten. Nicht einmal die Jahreszahlen meiner Buchpublikationen bilden ein verlässliches Zeitraster, dem ich Eindrücke, Erlebnisse, Erfahrungen zuordnen könnte. Ungefähre Chronologie genügt mir, denn ich bin mir dessen bewusst: Ein paar veränderte Faktoren oder Parameter im Zusammenspiel, und es fände zumindest eine Verschiebung statt im Zeitraum. So docken Ereignisse nicht an feste Strukturen an, sie gleiten, sie schweben. So nehme ich das jedenfalls wahr, so gebe ich das wieder.

DAS ZWEITE RINGSEGMENT von etwas geringerem Durchmesser: reserviert für das Stichwort Malerei. Als Markierung jeweils das Kürzel *Cr/pic* – Abkürzung von pictor.

Auch hier muss flugs autobiographischer Bezug hergestellt werden, die Kombinationen finden nicht statt im Leerraum der Abstraktion.

In der Wohnung zu Brühl (wie zuvor in den Wohnungen zu Köln und Berlin), auch im Eifelhaus: Ich bin umgeben von Graphiken, von (oft großformatigen) Gemälden – das größte im Format von 1,90 mal 3,80, dreiteilig, eine Wand beherrschend im Eifelhaus. Bild eines Zeitgenossen, eines Freundes in Berlin, Hermann Rudorf. Überhaupt dominieren Bilder des 20. Jahrhunderts, meines Jahrhunderts. Eher eine Ansammlung als eine konsequent aufgebaute Sammlung – Zufälle wirkten mit bei der Entdeckung, der Auswahl. Ich will das wenigstens andeuten.

Irgendwann in den siebziger Jahren besuchte ich eine Malerin, eine gute Bekannte, in Kirchzarten, und sie vermittelte einen Atelierbesuch bei einem Maler, der in Kirchzarten ein großes Atelier führte: Ralph Fleck. Ich verließ das Atelier nicht ohne ein Bild: eine pastos gemalte, wild geformte Sonnenblume.

Ein Besuch dann beim Besitzer einer Düsseldorfer Galerie, in der Gisela ein weiteres Bild von Ralph Fleck gekauft hatte; der Altgalerist wohnte in einer riesigen Villa in Hanglage mit Blick auf den Rhein, die Fahne der Reederei Stinnes hoch am Mast, und alle Binnenschiffe dieser Reederei grüßten den Hausherrn mit ihren Schiffshörnern: für sie ein ehemaliger Manager der Firma. Für mich weiterhin der Galerist, freilich mit deutlicher Vorliebe für Schiffsmotive. Er führte mich ins Souterrain: eine Bar, ausgestaltet wie in einem Schiff älterer Bauart, Bullaugen inklusive, und reichlich Taue, hilfreich bei fortgeschrittenem Alkoholkonsum. Viele Bilder gemeinsam beschaut, zuletzt, schon oder noch in Knallfolie, ein rigoros abstrahierendes Bild einer Insel – das Meer, die Inselkontur wie zufällig aus dem Malfluss, aus der Farbgebung heraus entwickelt. Das wollte ich unbedingt haben, und so ergab sich wiederum ein Besuch beim Maler in Berlin, bei Hermann, und damit weitere Käufe, synchron mit höflicher Freundschaft.

Ein Besuch bei Sohn Thomas in Hemmingen, und eine Fahrt hinüber nach Ditzingen, nicht nur zu einem Gespräch im Reclam Verlag. Besuch auch der Galerie im kleinen Schloss, die Entdeckung eines Gemäldes aus den zwanziger Jahren, eine Frau im Hippodrom, im Profil, ein Zigarillo rauchend: musste ich haben.

Während ich diese Zeilen schreibe, steht ein Neukauf im Wohnzimmer: ich tauche fast regelmäßig auf bei Vorbesichtigungen im Kunsthaus Lempertz in Köln, habe vor längerer Zeit als Zaungast teilgenommen an einer Versteigerung zahlreicher Beuys-Objekte, da konnte ich viel lernen über den Kunstbetrieb: zwölftausend Euro für eine fabrikneue Axt (einer Serie!), auf dem Stiel von Beuys signiert … Vorbesichtigungen auch in einem weiteren Auktionshaus in Köln, viel Kitsch des 19. Jahrhunderts, mal wieder ein beseligt vor sich hin süffelnder Mönch, immer wieder Tiere und Kinder, aber dann, in spätimpressionistischer Manier, ein Radschleppdampfer, sprich: ein Schlepper mit mächtigen Schaufelrädern und ragenden Schornsteinen und mit großen Fahnen geschmückt bei einer Schiffsparade auf dem Rhein, höchstwahrscheinlich vor der Industriekulisse der Duisburger Kupferhütte, für die Großvater Theodor als Chemiker gearbeitet hatte …

Sonst sind die Motive der Gemälde meiner kleinen Sammlung ringsum kaum spektakulär, die Sonnenblume hier, ein im leeren Raum waagrecht schwebender Chinese, ein riesiges Mikadospiel, aber hier, ausnahmsweise: große Oper! Und etwas für das Rudiment vom Bubenherz: Faszination durch urtümliche Maschinen, vor allem für Dampflokomotiven – kleine Adrenalinschübe, wenn in der Eifel der Oldtimerzug, Nostalgiezug der Saison durchs Tal fährt, und statt der Pressluftsignalstöße der Triebwagen das Crescendo, Decrescendo eines langgezogenen Signals der Dampfpfeife, deren Ventil geöffnet, offengehalten, geschlossen wird. Dampflokomotiven noch vor den Zügen des Fahrschülers, eine Dampflokomotive (in den sechziger Jahren) rußschleudernd vor dem Zug nach

Spanien. Und Schaufelraddampfer auf dem Ammersee, das Pladddern der Schaufelräder als Begleitgeräusch vieler Stunden auf dem See.

Ich habe mich vielleicht etwas sehr von Assoziationen leiten lassen, also ein neuer Ansatz, mit etwas mehr System!

Vom Laptop aufblickend, sehe ich halblinks das kostbare Erbstück des kleinformatigen Ölbildes auf Lindenholz, 16. Jahrhundert ... sehe eine Arbeit von Karl Fred Dahmen, den ich in frühen Jahren in Aachen besucht hatte, eine Graphik mit dem Prägedruck einer Buchseite im Bleisatz ... sehe eine Tuscharbeit, die mir ein chinesischer Kalligraph beidhändig erstellte mit den Bildschriftzeichen: Wolke-Stein, Esche-Bach, mit begleitenden Zeichen beidseitig ... Sehe, rechts davon, geisterhaft das Porträt von Caspar David Friedrich, sehe eine linke Hand, die einen Malstock hält, sehe eine rechte Hand mit sehr dünnem Pinsel: Bild zur Entstehung eines Bildes ... Halbrechts das Gemälde, das größte im Raum, mit dem Schaufelrad-Schlepper der zwanziger Jahre, den Fahnen im Wind, der dem Qualm der beiden Schlote die Richtung weist ... Zu meiner rechten Schulter die Arbeit einer niederländischen Künstlerin, erworben auf einer der Papierbiennalen zu Düren: zwei Buchseiten in eingedunkelter Rohpapiermasse, Zeilen angedeutet mit parallel eingezogenen Fäden: antizipiert der Verfall bedruckter Buchseiten ... Über der Tür Kunstreproduktionen auf Leinwand und in Keilrahmen: ein Kinderporträt, umgeben von Schwarz, eine Arbeit von Louis Asher, daneben das Interieur seines Ateliers.

Hier halte ich ein – den türgroßen Holzschnitt, stilisiert, des (fast mal abgebrannten) Saals der Anna-Amalia-Bibliothek erwähne ich nur noch. Und die sechs meist kleinformatigen Ölgemälde hinter mir skizziere ich nicht mehr.

Aber eines will ich doch erwähnen, um noch etwas nachdrücklicher zu demonstrieren, dass der Themenzirkel der zweiten Scheibe biographisch fixiert ist. Ich hatte sogar mal eine Ausstellung eigener Collagen und Fotografien – vor allem von verwitterten Schriftbildern auf Grabmälern, die ich zumeist in Polen aufgespürt hatte. Unter der Kuppel des Leopold-Hoesch-Museums zu Düren (ein Heimspiel, na klar!) konnte ich mit Begleitung mustern, was sonst in Mappen lag. Eine Nebenausstellung, Begleitausstellung, versteht sich, aber immerhin. Nähere Angaben: *Seitenblicke* (Fotos und Collagen), Dezember 1977.

Dabei will ich aber gleich betonen: Wenn ich auf malende Vorfahren hinwies, so führt das nicht dazu, dass ich den Finger hebe und rufe: Ich bitteschön auch! Das wäre höchst unangemessen. Unterschlagen möchte ich es aber auch nicht.

DAS DRITTE RINGSEGMENT von noch geringerem Durchmesser: reserviert für das Stichwort Komponisten. Als Markierung jeweils das Kürzel *Cr/mus*. Die Bezeichnung Komponist gab es in der römischen Antike noch längst nicht. (Wie hat sich überhaupt Musik der griechischen und römischen Antike angehört?)

Biographische Anbindung, beispielsweise: Gelegentlicher Beitrag zur Musikrezeption, gelegentliche Funkmoderation von Musiksendungen. So hatte ich (viele Jahre ists her!) fast drei Stunden lang, im Klassikforum des Westdeutschen Rundfunks, Werke eines weniger bekannten Komponisten vorgestellt: von E. T. A. Hoffmann. Das Miserere in b: ein erstrangiges Werk! Außerdem ein höchst respektables Klaviertrio! Dazu weitere bemerkenswerte Kompositionen!

Eigentlich würde ich gern mal ein weiteres Klassikforum in voller Länge nutzen, um ausschließlich Musik von Carl Philipp Emanuel Bach vorzustellen. Aber nun müsste ich mich – gemäß neuer Regelung der Behörde mit Funkantenne – erst mal einem Casting stellen, obwohl ich schon etliche Stunden, zusammengerechnet, im Funk zu hören war, aber auch hier: »Evaluation«. Dabei würde ich mit Sicherheit ausgemustert. Vielleicht würde solch eine Sendung mittlerweile auch zu »anspruchsvoll« erscheinen; das Spektrum des Hörfunks wird Segment um Segment, Format um Format eingeengt. Dieser Prozess einer scheinbaren Modernisierung wird begleitet von infamen Wortbildungen wie »Qualitätsverschlankung«, wie »Kompetenzfalle«. Die besagt: In der Moderation etwa einer Musiksendung darf nicht der Eindruck erweckt werden, man wüsste etwas mehr als ein durchschnittlicher Hörer. So grotesk das klingt, aber es wurde sogar davon gesprochen, man müsse auf Augenhöhe mit den Hörern bleiben. Dies soll sich jetzt nicht zu einer kulturpolitischen Glosse entwickeln, ich breche ab.

Und weise hin auf musikalische Vorspiele zum Kombinationsspiel mit autobiographischen Texten. Am bekanntesten ist hier (zumindest in engeren Kreisen) Mozarts »musikalisches Würfelspiel«. Hier der Titel, verkürzt: »Walzer mit zwei Würfeln zu componieren«. Hier muss gleich betont werden: Das Konzept war bereits entwickelt und der Öffentlichkeit vorgestellt, als Mozart ein Jahr alt war.

Vermittelt wurden (jeweils) Notenbeispiele, Tabellen und Gebrauchsanweisungen. Die sind kompliziert wie die meisten Gebrauchsanweisungen. Ich mache es einfacher, als es ist. Und doch wird sich nun mehr als eine Begleitnotiz entwickeln, ich möchte (auch hier) mein Verfahren ›untermauern‹. Zugleich ist dies (virtuelle) Musik für Raimundus. Zumindest: Begleitmusik zu Raimundus. (Der Faktor Unterhaltung wird von Würfelmusikern durchaus betont. Diese Betonung will ich neu akzentuieren.)

Das Regelwerk erkläre ich mir wie folgt: Ein Komponist entwickelt ein schlichtes, damit variationsfähiges Kurzthema, schreibt Variationen, etwa im Dreivierteltakt. (Bei Mozarts Würfelwalzer sind es 176 nummerierte Takte.) Als Würfelspieler (aleator) wählt man sodann eine walzergerechte Zahl von Takten aus, die jeweils für sich stehen und (wiederum durch Würfelwürfe) frei kombiniert werden können. Diese Angebote stellt man zur Disposition in Tabellen, angelegt ungefähr im Schachbrettmuster.

Sodann die Ausführung mit einem Würfel, besser mit zweien. Die jeweilige Augenzahl bestimmt Auswahl und Reihenfolge der vorgegebenen Takteinheiten – ein Würfel für die horizontalen Aufreihungen der Hinweiszahlen in der Tabelle, der zweite Würfel für die vertikalen. Theoretisch könnte man eine Aufreihung von kurzen Walzern in einem Gesamtvolumen von mehr als tausend Takten spielen, immer neu die Sechserpacks von Takten erwürfelnd.

Diese Form der Würfelmusik verbindet sich zumeist mit dem Namen Mozart, Wolfgang Amadeus. Ihm, dem besessenen Spieler (meist um Geld, das er aber meist verlor, in runden Summen), traut man so etwas durchaus zu. Allerdings greift Mozart (oder ›Mozart‹) ein Muster auf, das vor ihm entwickelt wurde.

Als Initiator wird Johann Philipp Kirnberger genannt. Einer der weniger renommierten Komponisten des 18. Jahrhunderts. Zuweilen gelangen Tonträger mit Werken von ihm auf den Phonomarkt, in kleinen Besetzungen, etwa für Flöte und Begleitung; durchaus hörenswert die Trios für zwei Violinen und Basso Continuo.

Kirnberger hat eine Schrift von etwa zwei Dutzend Seiten veröffentlicht unter dem Titel: »Der allzeit fertige Polonaisen- und Menuettenkomponist«. Das Heft erschien 1757 in Berlin. Kirnberger selbst bezeichnete ganz bewusst (»mit Fleiß«) den Titel als »altfränkisch«; er wollte damit demonstrieren: Dies ist nicht für professionelle Musiker bestimmt, sondern für Menschen, die in doppelter Hinsicht Musik machen wollen.

Ein paar Zeilen aus seiner Schrift. Im Vorbericht heißt es einleitend: »Die Noten, welche auf den nachfolgenden wenigen Blättern erscheinen, sind der Stoff zu einer unzählbaren Menge von Polonaisen, Menuetten und dazugehörigen Trios. Ein jeder, der nur Würfel und Zahlen kennt und Noten abschreiben kann, ist fähig, sich daraus so viele der genannten kleinen Stücke vermittelst eines oder zweier Würfel zu componieren, als er nur verlanget. Man verfährt damit also:«

Aber nach diesem Doppelpunkt nur einer der Sätze: »Auf diese Art wird bei jedem Wurfe ein Takt, und mit sechs oder acht Würfen der erste Theil einer Polonaise, [eines] Menuetts oder Trios fertig.« Eine in jeder Hinsicht »neue Art des Spiels«.

Die Publikation hatte Folgen, die Anregungen wurden aufgegriffen, die Hauptspielregeln akzeptiert und adaptiert. Beispielsweise von Carl Philipp Emanuel Bach: »Einfall, einen doppelten Contrapunkt in der Octave von sechs Tacten zu machen, ohne die Regeln davon zu wissen.« Auch diese Schrift erschien zu Lebzeiten des Komponisten – das ist wichtig!

Was auch zutrifft bei »Sign. Giuseppe Haidn« und seiner Anleitung »per comporre un infinito numero di minuetti e trio«, dies ohne Kenntnis des Kontrapunkts. Die Schrift erschien 1790 unter dem Titel »Gioco Filarmonico« in Neapel. Auch hier: »il modo di comporre li minuetti giocando con due dadi«.

Drei Jahre später erschien unter Mozarts Namen die »Anleitung so viel Walzer mit zwei Würfeln zu componieren so viel man will«. Diese Publikation erfolgte aber erst zwei Jahre nach seinem Tod. In das Köchelverzeichnis wurde das von Noten begleitete Konzept nicht aufgenommen, es taucht nur im Anhangverzeichnis auf als KV 294 d. Wiederum Jahre später erschien in Bonn die »Anleitung Contre-Tänze, oder Anglaises, mit 2 Würfeln zu componiren«. Die Anleitung zugleich auf Englisch, Französisch, Italienisch – somit für den europäischen Markt.

Ob authentisch, also aus seinem Nachlass, oder unter dem zugkräftigen Namen nachentwickelt, die Frage soll uns nicht weiter beschäftigen, entscheidend ist: Es gab über Jahrzehnte hinweg anhaltende Faszination für die Generierung von Würfelmusik. Dann geriet für noch längere Zeit das Konzept in Vergessenheit. Erst im 20. Jahrhundert wurde aleatorische Musik wieder präsent und relevant, punktuell in einem der Klavierstücke von Stockhausen, generell und systematisch im Werk von Cage (der mit I Ging arbeitete, einem anderen Zufallsgenerator).

Dies wiederum setzt sich fort in der kleinen Zunft der Fans von »generativer Kunst«, unter Einsatz von »generative tools«. Das wichtigste »tool« (also Hilfsmittel) ist auch hier: alea, der Würfel. (Als Assoziation das sprichwörtliche »alea jacta est«, der Würfel ist gefallen …) Es »werden Zufallskriterien in Kompositionsprozesse einbezogen«. Damit entsteht eine »sich ständig weiterentwickelnde Form«. Dies in einem »komplexen Regelwerk«. Nur das schützt vor Beliebigkeit. Das muss betont werden.

Und damit: Fortsetzung der Vorbereitung auf die erste Würfelpartie, nun auch unter musikalischen Vorzeichen eines Kirnberger, Bach, Haydn. Musik für Raimundus, Begleitmusik zu Raimundus und seinen Zufallsgenerator zur Stimulierung von Selbsterfahrung, Selbsterkundung, Selbsterkenntnis.

DAS VIERTE RINGSEGMENT hatte ich für das Stichwort Literatur reservieren wollen. Leicht, allzuleicht hätten sich klangvolle Namen reihen lassen: Tolstoi ... Flaubert ... Rimbaud ... Musil ... Joyce ... Eliot ...

Lassen oder ließen solche Namen Rückschlüsse zu auf mich? Am ehesten könnte ich ansetzen bei Rimbaud: Stichwort für eine Herausforderung, die ich nicht einlösen kann. Gern hätte ich Gedichte von ihm übersetzt, auf meine Weise, gern hätte ich einen biographischen Text über ihn verfasst, aber ich beherrsche nicht seine Sprache. Dass ich auf dem Altsprachlichen Gymnasium Latein gelernt habe, lernen musste, das habe ich nie bereut oder in Frage gestellt. Jedoch Altgriechisch? Nachträglich gesehen hätte ich lieber Französisch gelernt, in gleichem Ausmaß, mit gleicher Intensität. Denn mehrfach bin ich in den Geschichtsraum Frankreich eingedrungen, mit Texten zu Napoleon, mit dem Roman über Marthe Hanau, *Die Präsidentin*.

Ja, ich hätte mich für den neusprachlichen Zweig des Gymnasiums entscheiden können – ich kann nicht mehr rekonstruieren, warum ich das versäumt hatte. Und wieso ich dann bloß, fakultativ, einen Ergänzungskurs in Französisch belegt hatte. Wie sich schon zeigte, neige ich auch hier zur Kompensation, etwa unter dem Stichwort Charles de Gaulle.

Nun habe ich mich schon weggeschrieben vom Literaturkanon, umso leichter fällt mir die Mitteilung: Keine Literaturscheibe – von Literatur ist ohnehin genug die Rede in diesem Buch eines Literaten.

So räume ich die vierte Scheibe Freunden ein. Als Markierung jeweils das Kürzel *Cr/soc.*

Auch hier wieder: sechs Scheibensegmente mit jeweils einem Namen. Nun muss ich gleich betonen, dass ich weder Freunde noch Komponisten noch Maler in ein Schema zwinge – das Spektrum ist breiter, es läuft nicht alles auf die Zahl 6 hinaus, Raimundus Lullus zuliebe und meinem Eigensinn, die katalanische Kombinatorik zu adaptieren, zu modifizieren.

Also, für das Spektrum der Freundschaften bräuchte ich eigentlich mehr als die vorgegebenen Scheibensegmente. Das Spektrum markiert mit Bernd am Ansatz. Nach dem Freiburger Erstsemester wuchsen die Zeitabstände der Begegnungen, als Zwischenblock vor allem mein Jahr in den USA. Zuweilen, wenn Bernd seine Mutter, die Witwe, in Düren besuchte: Wiedersehen, Weitersprechen, verbunden auch mit Spaziergängen, bei denen seine Schritte immer kürzer wurden, schließlich wurde nur noch Fuß vor Fuß gesetzt: Parkinson. Und allgemeines Retardieren. Er starb in Frankfurt, in einer Pflegestation, von seinem Tod erfuhr ich erst nachträglich. Ein Todeszeichen somit am Ansatz des Freundschaftsspektrums.

Doch seit einigen Jahren: Bernt Hahn. Kennengelernt hatte ich ihn als Sprecher im Kölner Funkhaus während der (partiellen) Hörfunk-Adaptation meiner Parzival-Übertragung. Dabei hatte ich meine schwierigste Sprecherrolle zu absolvieren: die mittelhochdeutsche Intrada. Auf die richtige, hinter der Doppelglasscheibe kontrollierte Aussprache achten und zugleich einen Spannungsbogen schaffen …

Wenige, viel zu wenige gemeinsame Auftritte mit Bernt in Buchhandlung und Literaturhaus. Die besondere Herausforderung, neben einem Profi einigermaßen bestehen zu können. Woran sich mancher offenbar weiden kann: ein Hörspielregisseur, der mich, als Erzähler, in meinem Marlowe-Dreiteiler einsetzte, er machte mir am Ende der Produktion das merkwürdige Kompliment, er hätte mich nur engagiert, um die »Fallhöhe« im Vergleich zu professionellen Sprechern hörbar zu machen. Da ist, da wäre Bernt doch höflicher. Und das nicht nur aus Freundschaft.

Eine meiner Definitionen, der Voraussetzungen von Freundschaft: Dass auch über Persönliches gesprochen werden kann, im Vertrauen. Und: dass die Beziehung ausbalanciert ist. Wie ich das verstehe, dazu ein Kontrastbericht.

Zum Schwarzteebesuch, zum Rotweinbesuch bei einem Mann, der ein Vierteljahrhundert älter war als ich. Da sehe ich mich metaphorisch, zugleich bildlich-direkt zu Füßen des Meisters sitzen, dem ich lausche: Albrecht Fabri, Schriftsteller, vor allem im Themenbereich bildender Kunst. Er wurde zu meinen Freunden gezählt, auch wenn ich dabei relativierte. Gewiss, ich besuchte ihn in der Trajanstraße, besuchte die Fabris in der Luxemburger Straße, wir speisten gemeinsam, und es war ein besonderer Ausweis seiner Freundschaft, sonst kaum jemandem gewährt, dass er mir Sequenzen früher Klavierkompositionen vorspielte – Klangassoziationen an Kompositionen von Th. W. Adorno.

Und doch: eine eher asymmetrische Form der Freundschaft. Er zeigte Interesse an meiner Arbeit, fragte nach, aber rasch fand er in meiner Antwort ein Stichwort, das er aufgreifen konnte, das ausführliche Statements auslöste. Da fand er so rasch nicht zu meinem Werkbericht zurück, hier konnte auch eine gelegentliche Zwischenbemerkung nicht weiterhelfen, der schließlich eher zaghafte Versuch, mir selbst ein Stichwort zu geben. Immer wieder fand er Stichworte zu Reflexionen, zu Ausführungen, Darstellungen, zu eigenen Erinnerungen (längere Zeit als Adjutant in einem Militärstab, der in einem kleinen französischen Schloss einquartiert war, einem Château mit ergiebigem Weinkeller und einem Ruderboot auf dem Weiher im Park), zu kritischen oder enthusiastischen Äußerungen, Beurteilungen von Gelesenem, von gegenwärtiger Lektüre. Auch dies vielfach sprunghaft. Dessen war er sich bewusst, sah hier ein Merkmal, ein Kennzeichen der Konversation (früher hätte man gesagt: der geistvollen Konversation). Nur sprang das Wort nicht über auf den Partner. Ich neige kaum zum Monologisieren, höre eher hin im Gespräch, aber wenn ich schon mal zum Sprechen komme, möchte ich nicht nach wenigen Sätzen schon herausgerissen werden, möchte mich ebenfalls einbringen. Das gelang bei Fabri nur ansatzweise – so wach, so interessiert, so zugeneigt der ältere Freund auch war. Beispielsweise begann ich zu berichten von den Mühen der Übertragung des Tristan-Romans, aber da kam ich nur wenige Sätze weit, schon sprach er von der weitaus heikleren Arbeit der Übertragungen aus dem Chinesischen, da hatte er seine Erfahrungen gemacht. Die müssen hier nur erwähnt, nicht wiedergegeben werden, es geht vielmehr darum: Ich wollte mehr einbringen als Einsprengsel, Einschübe, Einschiebsel, wollte mehr sein als Stichwortgeber, wenn auch in freundschaftlicher Sympathie, teetrinkend, rotweintrinkend. Bei aller Schlankheit seiner Äußerungen – mein älterer Freund machte sich breit. Und ich rückte mehr und mehr an den Rand. Vom Rand aus lässt sich zuweilen gut beobachten, aber ich will nicht immer beobachten, beobachte sowieso kaum vorsätzlich, als Programm, nehme oft nur an Rändern wahr, was mir wichtig ist, wichtig werden kann. Aber was sich eingeprägt hat, verliert so rasch nicht an Umriss. Also auch nicht der weithin asymmetrische Diskurs zweier Autoren in einem Zimmer. Hin und wieder wollte ich nicht nur etwas sagen, etwas einflechten, etwas bestätigen, etwas mit einem Fragezeichen oder Ausrufezeichen versehen, ich wollte auch Einfluss nehmen können auf den Verlauf des Gesprächs, aber das gelang mir kaum, das wurde impulsiv, wurde temperamentvoll vom Älteren bestimmt. Und ich nahm mir wieder einmal vor, die Struktur solch eines Selbstvernetzungsmonologs herauszuarbeiten als Grundmuster.

Mit dem Kommunikationsmodell einige Anmerkungen über die Wahrnehmung des anderen. Außerhalb des Freundeskreises sehe ich mich vielfach umgeben von freundlichen, auch von freundschaftlich artikulierenden Egoisten, Egozentrikern, Egomanen. Möglichst nur über das reden, was einen selbst betrifft. Gedankenaustausch nur über allgemeine Themen wie Umweltschutz oder Vergeudung öffentlicher Gelder. Doch sobald Privates zur Sprache kommt, entsteht vielfach

Asymmetrie. Da wird von der anderen Seite das Nehmen vielfach vergessen, und Geben erfolgt im Übermaß.

Hinreichend an mir beobachtet: Ich bin es meist, der auslösende Fragen stellt, der hinhört, auf den anderen eingeht. Keine Pose, die ich angenommen oder mir anerzogen hätte, eher so etwas wie Naturell. So bin ich – einige Versuche haben das bewiesen – denkbar ungeeignet für Podiumsdiskussionen. Bin meist zu schnell fertig mit meinen Ausführungen, komme zu rasch auf den (nicht immer springenden) Punkt.

Hinhörend, zuhörend habe ich viel erfahren, was mir wichtig war, wichtig blieb. Hin und wieder aber hätte ich doch gern, wenn mir Stichworte zugespielt würden. Abwechslung in der Rolle des Stichwortgebers: eine der Voraussetzungen zur Freundschaft. Doch es dominieren freundliche Egozentriker, die gar nicht auf die Idee kommen, zwischendurch mal nach dem anderen zu fragen, ihm zuzuhören. Zuweilen das Gefühl, ich dünne mich aus. Komme mir abhanden. Viele stecken so tief in eigenen Problemen, dass ich ihnen Stichworte zu meinen eigenen Problemen zuschreien möchte, zuschreien müsste, damit sie endlich aufgreifen, drauf eingehen.

Was sich aber nun mal einprägt, ist rhetorische Dominanz. Das wird mir wieder klar bei unerwartetem Anlass. Helmuth Heißenbüttel hatte mich (der Schriftsteller als Redakteur des SDR) eingeladen, so etwas wie ein musikalisches Selbstporträt zu vermitteln. Nach der Aufnahme nahm mich Heißenbüttel mit in seine Wohnung, zu Imbiss und Umtrunk. Und ich stand erst einmal und erstmalig vor einer Wand, die vollständig verdeckt war von LPs in raumhohem Regal. Also weiteres Sprechen über Musik.

Dieser ruhige Abend bei gutem Gespräch wurde mit Sicherheit nicht zum Thema in Gesprächen. Was sich Heißenbüttel hingegen einprägte, wovon er zwischendurch erzählte: Gelegentlich ein nächtlicher Anruf von Hubert Fichte, schlimmstenfalls nachts um drei, und es wurde von einem sexuellen Triumph berichtet oder es folgte die Fortsetzung einer Leidenslitanei – auf jeden Fall wurde ausdauernd das Wort geführt. So was macht und hinterlässt Eindruck, nicht hingegen ein ausgewogenes, freundschaftliches Gespräch mit einerseits, andrerseits. Und gerade darauf kommt es mir an, gerade hier, genau hier sehe ich ein Kriterium für Freundschaft.

So sollen denn Freunde zu Wort kommen unter der Chiffre *Cr/soc.*

DAS FÜNFTE RINGSEGMENT: reserviert für das Stichwort Werke. Als Markierung jeweils das Kürzel *Cr/op.* Chiffren nah an der Ich-Achse.

Ich kann, schreibend, nicht davon absehen, dass ich außer dem Lebensbuch auch völlig andere Bücher geschrieben habe. Ich sehe im Regelwerk frei nach Raimundus die angemessenste Form, mich auch als Autor diverser Publikationen einzubringen.

Denn: ich hatte oder habe keinesfalls vor, das Lebensbuch so zu organisieren, dass sich sukzessiv erhellt, weshalb und wie ich erzählende Texte geschrieben habe. Germanistisch formuliert: dass durch »biographische Kontextualisierung« das Verständnis meiner Bücher gefördert wird, zumindest gefördert werden kann (soweit das überhaupt nötig ist!). Das Erwartungsschema soll durch die aleatorische Form in die Schwebe gebracht werden.

Dies ist keine bloß abstrakte Entscheidung – es dürfte kaum Leserinnen und Leser geben, die bei eventueller Kühn-Lektüre der Chronologie der Erscheinungsjahre folgen, es wird wohl eher punktuell entschieden, ausgewählt.

Damit das Spiel nicht beliebig wird: für jede der Scheiben wird in der fixierten Reihenfolge des Nachbaus gewürfelt: via/pic/mus/soc/op.

Sechs Texte liegen bereit zu jeder der fünf Scheiben, die Markierungen sind jeweils auf dem Sperrholz der Cr-Scheiben eingetragen, es beginnt das Spiel, mit dem ich Erzählgewohnheiten aufs Spiel setze, aleatorisch kombinatorisch. Olga wirft den Würfel, ich drehe die Scheiben, notiere Reihenfolgen. Das Kombinationsspiel frei nach Raimundus Lullus beginnt. Die erste Sequenz!

Ich setzte mich auf eine Bank in der zagen Morgensonne, schaute den Alten zu, während sie ihr »Schattenboxen« zelebrierten, langsame, sich selbst kontrollierende Abwehrbewegungen gegen unsichtbare, von allen Seiten angreifende Gegner. Einer der elastischen Senioren schwang eine Bambusstange mit dreieckigem Wimpelchen, Tai Chi Chuan, einer ließ ein Theaterschwert blinken, Tai Chi Chuan, und das alles in Lautlosigkeit, ja Stille.

Diese Stille betont von gelegentlichen Hornsignalen in einem Bahnhof ein oder zwei Kilometer weiter – es hörte sich an, als stünden dort Prärie-Lokomotiven unter Dampf, Prärie-Lokomotiven mit mächtigen Kuhfängern. Und wiederum Stille – die Männer gingen in Schuhen, die ihre Schritte fast unhörbar machten, die Vögel in den Käfigen zwitscherten nur gelegentlich, bei einem der turnenden Alten knackte zuweilen ein Gelenk, sonst: Stille.

Noch sehr viel weiträumiger: die Stille an der Großen Mauer, diesem ungeheuren, Berge hinauf und Berge hinunter kriechenden Tatzelwurm, dessen Rücken von Zinnen und Türmen gleichsam genoppt ist, diese fortlaufende Fortifikation, wie man früher gesagt hätte, das einzige Bauwerk, das Astronauten im Orbit sehen können mit bloßen Augen.

Wir gingen über die restaurierte Mauer-Meile hinaus, dorthin, wo das Gemäuer bröckelt, wo es abschnittsweise sogar zusammensackt oder abgerutscht oder abgetragen war, blieben schließlich sitzen auf einem Turmsockel. Es war nichts zu hören als Wind, der zuweilen Kiefernäste rauschen ließ oder in Kiefernzweigen zum Rauschen wurde, dazu Schreie von hin und her schnellenden Dohlen, aber dieses Aufrauschen und Dohlenschreien war nur so etwas wie Klangmarkierung und Klangbetonung der Stille, dieser übermächtigen Stille am Rand des Reichs der Mitte, und zu diesem Windfauchen, Dohlenschreien kam, gelegentlich, fernes Artilleriegrummeln, wohl von einem der Truppenübungsplätze an der Grenze der Mongolei. Von Rauschen, Dohlenschreien, Grummeln betonte Stille, das Aufrauschen von Wind in Kiefernzweigen, die

Stille; die Dohlenschreie, die Stille; das Artilleriegrummeln, die Stille.

Cr / pic / 3
Einer der malenden Hausheiligen: Francesco Guardi. In Museen entdecke ich Gemälde von ihm auf den ersten Blick! Wie sein Vorgänger Canaletto hat er Stadtveduten gemalt, allerdings ausschließlich von Venedig, aber wie groß sind die Unterschiede! Während Canaletto in hellem, klarem Licht (als wären kurz zuvor bei einem Gewitter alle Staubpartikel im Luftraum ausgewaschen, ausgefiltert worden) die meist berühmtem Hauptansichten malte, in optimaler Ausleuchtung, betonte Guardi mehr und mehr den Himmel über der Lagunenstadt, damit den Dunst der Seeluft, die Eintrübungen, die Wolken im vielfach dämpfigen Klima jener Region, die zuweilen lastende Atmosphäre, auch von schlaff hängenden Segeln und sichtlich müden Staffagefiguren betont, bestätigt. Topographische Korrektheit interessierte ihn nicht immer, die atmosphärischen Begleiterscheinungen forderten Raum auf seinen Gemälden, und so liegt die Vermutung nah, er sei einer der ersten Freilichtmaler gewesen, bereits im 18. Jahrhundert.

Sehe ich das richtig? Seitenblicke, etwa in den Katalog zu einer großen Ausstellung in Köln (dann in Zürich und Wien): *Das Capriccio als Kunstprinzip.* Hier sind mehrere Guardi-Gemälde abgebildet, ich greife begleitende Formulierungen auf: »Von Seeluft durchtränkte Atmosphäre ... atmosphärische aufgeladene Augenblicksbilder ... Auflösung des Gegenständlichen in farbige Lichtwerte«.

Aber, so ergänze ich: Auflösung des Gegenständlichen durch gleichsam hingehauchte Stift- und Tuschelinien seiner graphischen Arbeiten.

Zur Belohnung für zweckgebundene Tätigkeit im Berliner Kupferstichkabinett (im Namen der Merian), ließ ich mir zum Abschluss gelegentlich Originalzeichnungen von Rembrandt oder Guardi vorlegen, Blätter, die ein Rembrandt, ein Guardi berührt hatten. Und nun, Jahrhunderte später, hebe ich Passepartouts vorsichtig aus den Archivkästen, lehne sie an auf der

Miniatur-Tischstaffelei, berühre sie während der genauen Betrachtung nicht mehr, hebe sie – vorsichtig, vorsichtig – wieder in die Archivkästen.

Eingeprägt hat sich die Federzeichnung (in Braun, Lavierungen in Grau) einer brennenden Stadt am Meer. Das bildet eine bogenförmige Bucht, nah ans Wasser herangerückt die Stadt mit diversen Türmen, das Hitzeflirren der Feuersbrunst scheint Konturen aufzulösen, in deutlicher Strömungsrichtung, seewärts. Mit rascher Feder skizzierter Auflösungsprozess!

Seither mein Suchblick mit der Guardi-Perspektive. Weil mir die wenigen Originale in Museen, auch in Berlin, nicht genügen, muss eine zweibändige Monographie im Schuber erworben werden: ganzseitig die Bildwiedergaben.

Und er gewinnt mehr und mehr an Präsenz, dieser Maler, der von 1712 bis 1795 gelebt hat, fast ausschließlich in der Serenissima. Sein Vater Domenico malte, sein Bruder Giovanni Antonio malte, seine Schwester war mit Tiepolo verheiratet, auch Sohn Giacomo wird malen: eine der Familienwerkstätten auch in Venedig.

Aufträge bestimmten weithin die Sujets: Also Canal grande, also Rialtobrücke, also Markusplatz. Und die Feste, mit vielen Booten und Schiffen auf dem Wasser, mit vielen Personen in Sälen und auf Plätzen! Und die beliebten Sujets alla turca – hier brilliert auch der ausgebildete Figurenmaler.

Aber: was mich bei ihm anlockt, ihm wiederholte Präsenz verschafft: seine (wohl späteren) malerischen Exkursionen in das Venezia minore, in die Lagunenlandschaft, die einen Canaletto nicht weiter interessiert hätte. In dieser Randregion, unter weiträumigem Lagunenhimmel, sind nur verfallende Torbögen zu sehen und einzeln stehende Häuser, architektonisch nicht weiter relevant. Die charakteristische Verschiebung des Francesco Guardi, die mich mitzieht, mich hineinzieht in die Bilderwelt der Lagunenlandschaft, der Lagunen-Seebilder. Was früher offiziell erwünscht war, das weicht zurück in den Hintergrund, ja versinkt gleichsam. Und scheinbar Nebensächliches rückt in den Vordergrund.

Anhaltende Bewunderung für ein Segment eines weiten malerischen Spektrums, für Gemälde mit viel Himmel und wenigen Gebäuden, und da ist Freiheit der Pinselführung relevanter als die Wiedergabe von Konturen. In der Lockerheit der Pinselführung, der Stiftführung wirkt vieles spontan – der zuweilen frühimpressionistische Duktus. Der Katalog: »Die Zufälligkeit des gewählten Augenblicks ist gewollt.«

Cr/mus/1
Zum Abschluss des Mozart-Jahres 2006, bei dem alle Sender wohl sämtliche Kompositionen des Großmeisters präsentiert hatten, wollte ich am allerletzten Tag des Jahres Musik von Mozarts Sohn Franz Xaver vorstellen. Dies im Klassikforum des Westdeutschen Rundfunks – die drei Stunden Sendezeit vormittags. Und das nur mit Musik des Sohnes.

Dazu ließen sich reichlich Tonträger zusammenrufen aus Funkarchiven. Die beiden Klavierkonzerte lagen auf Platte vor. Meine besondere Vorliebe für die Grande Sonate für Violine (oder Cello) und Klavier: Spitzenwerk!

So, wie ich in einem der Bücher einen Enkel des großen Goethe in den Vordergrund gestellt hatte, so wollte ich Resonanz wecken für Mozart junior, der einen großen Teil seines Lebens im fernen Galizien verbracht hatte. Das Projekt, der Musikredaktion abgesprochen, wurde allerdings vom Wellenchef gekippt: zu anspruchsvoll. Stattdessen, welch genialer Einfall: »Hörer wünschen Mozart«. Dies nach einem Mozart-Tsunami das ganze Jahr über. So stand ich, mit dem Redakteur, erst mal alleine da mit dem Mozart-Sohn, der im übermächtigen Schatten des Vaters dennoch Eigenes geschaffen hat, und das mehr als nur respektabel, vielmehr absolut hörenswert. (Erwähnen sollte ich freilich noch, dass bei einem weniger auffälligen Termin die dreistündige Sendung nachgeholt werden konnte. Achselzuckend durchgewinkt?)

Bleibt noch die Frage: Höre ich, freiwillig, lieber Musik von Franz Xaver als von Wolfgang Amadeus Mozart? Natürlich nicht! Ein Werkzyklus, in den ich mich besonders intensiv und extensiv eingehört habe: die Klavierkonzerte. Die Mozart ja stets für eigene Aufführungen schrieb, da gab er sein Bestes, vor allem in langsamen Sätzen, in denen sich ein musikalisches Weltwunder an das nächste reiht.

Und die fulminanten Eröffnungen seiner Opern! Der Beginn der *Zauberflöte*: steiler Einstieg, heißer Start! »Zu Hilfe, zu Hilfe, sonst bin ich verloren!« Doch das Untier wird besiegt. Und in *Nozze* der frechste und witzigste aller Opernanfänge: Figaro vermisst ein Bett und singt Zahlen. Und bei *Don Giovanni*: sofort ein Kampf, mit dem Komtur. In der legendären Inszenierung und Aufführung zu Frankfurt, dirigiert von Gielen, ließ Neuenfels die aufgestörte Gruppe mit Servietten am Hals herbeirennen, aber den Tod des Komtur können sie nicht verhindern, er singt, haucht sein Leben aus.

Also, keine Frage, ich höre, mit wachsender LP- und CD-Sammlung, entschieden öfter und entschieden lieber W. A. M. als F. X. M. Den schätze ich dennoch, halte die Grande sonate für ein Meisterwerk.

Cr/soc/1

Thomas Kaminsky! Uraltfreund! Intensivster Austausch in unserer gemeinsamen Kölner Zeit: Er draußen in Niehl, ich drüben in Mülheim. In der alten Volksschule mit mächtigem Nussbaum im ehemaligen Schulhof wohnten vier Künstler zu reduzierter Miete im Standard einer städtischen Asylantenwohnung. Thomas unterm Dach, mit zusätzlichem Atelier in einem der früheren Klassenzimmer. Dort ergaben sich wiederholt Gespräche vor Bildern, und ich tippte, freundschaftlich in Frage stellend, an, was ich »Maximale Entropie« nannte, den völligen, damit spannungslosen Ausgleich aller Elemente. Dies ergab sich auch mit seiner Technik wiederholten Übermalens.

Unter dem Titel »Hier gibt es kein Vertuschen« habe ich für einen Sammelband über Thomas und seine Arbeit einen Beitrag geschrieben, ich zitiere einen Ausschnitt. Dabei spielte ich an auf ein großformatiges Gemälde, das nun auch in der Brühler Wohnung hängt, im großen, hellen Wohnraum mit weiteren, großformatigen Gemälden, die sich alle mit einer

Geschichte verbinden – außer mit Immendorf habe ich mit all den Malern gesprochen, gespeist, getrunken. Aber nun Thomas!

»Hier arbeitet einer, der sich Zeit lässt. Zeitabläufe setzen sich um in formbildende Prozesse, die jeweils ihre Gegenwart bewahren, zeichenhaft. Das oft gedankenlos, meist unreflektiert gebrauchte Wort ›vielschichtig‹, es gewinnt hier sichtbare Evidenz. Jede Schicht freilich wird zu einer Sequenz von Rudimenten. Diese Rudimente korrespondieren miteinander, formbildend. Es dominiert schließlich die letzte, die aktuellste Bildschicht, frühere Schichten gleichsam versiegelnd.

Die letzte Bildschicht: sie kann verschieden inszeniert werden. Beispielsweise so: ein zwei Daumen breites Band wird auf ein scheinbar fertiges, mehrschichtiges Bild geklebt, rhythmisch in der Binnenspannung, die ganze Fläche wird übermalt, etwa grauschwarz, die Streifen werden abgelöst. Farbstäbe werden sichtbar, die jeweils die Geschichte ihrer Entstehung zeigen, Assoziation, die eine optische Vorstellung vermitteln könnte: ein Riesen-Mikado. Kaum aber sieht der Atelierbesucher in diesem Verfahren eine Methode, die sich erfolgreich reproduzieren ließe, schon werden solche Farbstäbe gleichsam vorsätzlich gemalt: ihre Geschichte wird erfunden. Umkehrung des Spiels, denn Thomas legt sich nicht gern fest.«

Cr / op / 6
Beethoven und der schwarze Geiger. Auf Begleitzetteln des Buchhandels auch mal als »Beethoven und der schwarze Geier« betitelt, oder (vom amüsierten Kempowski vermittelt) als »Beethoven und der schwangere Geiger«.

Ich war noch nie in Dakar, im Senegal, dorthin lockt mich auch nichts, also keine Lokalinspiration für die Erzählung von Beethovens Reise, begleitet und geleitet vom farbigen Geiger Bridgetower, mit dem Beethoven nachweislich die Kreutzersonate zur Uraufführung gebracht hatte. Solche Informationen allein setzen noch keinen Roman in Gang, wie also könnte biographische Begleitmusik zum Musikerroman intoniert werden?

Höchstens so: Als ich in die neue Wohnung in Köln einzog, mit Blick weit hinaus zum Siebengebirge, da entwickelte sich ein Gefühl der Befreiung, der inneren Thermik, ich sah, in einem Tagtraum, Beethoven und Bridgetower an Deck eines Frachtseglers mit Kurs auf Westafrika – und die Geschichte kam in Gang. Aber warum sie sich so entwickelte, wie es im Druck dokumentiert ist, das kann »biographische Kontextualisierung« nicht erhellen, nicht erklären. Auf solche Erklärungen ist auch dieser Roman nicht angewiesen. Man muss nicht über biographische Hintergründe informiert werden, um ihn zu ›verstehen‹. Man muss nur der Geschichte folgen ... Der Weg ist das Ziel ... Also: das Lebensbuch nicht als Vademecum für andere Bücher.

NACHDEM DIE CHIFFREN *via/2, pic/3, mus/1, soc/1, op/6* – den Würfelwürfen folgend – in fünf Scheibensegmenten keilförmig untereinander angeordnet waren, eröffne ich die nächste Kombinationspartie im Namen des Raimundus Lullus.

Dem Würfelspiel ist und bleibt ein Rahmen gesetzt in der thematischen Reihenfolge, die sich nicht verändert: Der weiteste räumliche Ambitus der Reisebilder markiert auf der größten Scheibe und, am nächsten zur Ich-Achse: Hinweise auf einige meiner Produkte. Olga wirft wieder den Holzwürfel, ich notiere die Chiffren, drehe die Scheiben: neue Kombinationen, Konstellationen.

Cr/via/3
Fahrt nach Brighton, Südengland, mit Blick auf George Augustus Polgreen Bridgetower, den »schwarzen Geiger«, den ich mit Beethoven nach Westafrika schicken werde. Wir entscheiden uns für den Fährdienst ab Boulogne sur Mer. Kurz vor der Hafenstadt, zwischen dem Cap Blanc und dem Cap Gris, dem weißen und dem grauen Kap, das Dorf Wissant. Dort übernachten Gisela und ich in einem Hotel, dessen Zimmer seit dem Krieg keinen Handwerker mehr gesehen haben dürften.

Ein Strandspaziergang und die Konfrontation mit massigen historischen Rudimenten: Bunker des Atlantikwalls. Bei einigen der Betonklötze am Strand von Wissant habe ich zuerst die Vorstellung: man hat sie zu sprengen versucht, doch sie kippten nur in die Schräge. Hochgewuchtet, abgerutscht ... Bald aber las ich die Ursache des Schrägkippens ab von der Konstellation Bunker/Düne, Bunker/Sand. Ein Bunker am Küstensaum: wurde bei Winterstürmen unterspült, vielleicht auch von Sturmfluten, ging in die Schräge – Masse, die nicht zerbrach. Und Stürme wehten Sand vor ihnen fort, die Bunker kamen ins Gleiten. Herr Major, der Bunker rutscht! Ja, angedeutet hat sich das schon damals: Betonstützmauern.

Ich stapfe um zwei der in die Schräge gerutschten Bunkerkolosse herum. Eine Treppe, einst in Krümmung zu einer der Beobachtungsplattformen hinaufführend, sie führt nun, waagrecht, ein paar Schritt näher an das Meer heran.

Und ich sehe, wie präzis Redewendungen sein können, die wir unreflektiert verwenden; was abstrakt wurde, hatte einmal konkrete Bedeutung, gewinnt sie nun wieder: Auf Sand bauen ... Etwas in den Sand setzen ... Im Sande verlaufen ...

Ich sehe diese verrutschten, schräggekippten Bunker mit Schadenfreude: Selbstbewusst hingeklotzte Objekte militärischen Machtdenkens wurden zu Denkmälern der Hilflosigkeit, nach wenigen Jahrzehnten. Ich wuchs auf in einem Land, das sich gewaltsam ausdehnte hinauf zum Nordkap, hinab zur Sahara, ostwärts zum Kaukasus, westwärts zur Kanalküste. Dies über Monate, über Jahre hinaus. Die Männer, die an solchen Bunkern Wache standen, mit Ferngläsern hinüberschauten nach England (das ich am klaren, hellen, hohen Tag mit bloßem Auge sehe in der Region der Kreidefelsklippen) – waren jene Soldaten wirklich davon überzeugt, die Fronten nördlich und südlich, östlich und westlich ließen sich halten?

Nun stapfe ich umher zwischen Cap Blanc und Cap Gris, »zwischen den beiden Nasen«, sehe die Monumente der Vermessenheit abgerutscht in Sand, auf den sie gebaut, in den sie gesetzt wurden.

Cr/pic/4

Fast alle Gemälde in der Wohnung zu Brühl, im Haus in der Eifel: verbunden mit einer Story. Der einer Begegnung, der einer Freundschaft. Doch es gibt Ausnahmen wie Immendorf, von dem ich zwei (signierte) großformatige Graphiken besitze, oder Douglas Swan mit zwei Gemälden, die ich in einer Bonner Galerie erworben hatte. Ich habe den Maler aus Schottland, der lange schon in Bonn wohnte, nie gesehen, leider nicht, konnte und kann mir nur von ihm erzählen lassen, auch von seinem jähen Tod: Wurde spät in der Nacht von einem Taxi mit extrem überhöhter Geschwindigkeit in der Stadt erfasst. Der Fahrer verlor die Lizenz, der Maler das Leben.

Starke Affinitäten zu beiden Gemälden. Das eine: in furioser Malweise, mit pastos aufgetragenen Farben ein rot konturierter Kochtopf auf einem angedeuteten Herd älterer Bauart. Dies beherrscht die linke Seite des Gemälde. Auf der rechten Hälfte erneut das Motiv des Kochtopfs mit Henkel, diesmal in völlig anderer Technik als Alternative: in dunkelrotem Draht auf rosa und grau verwischtem Untergrund, Hintergrund. Zwei sehr verschiedene Ausführungen eines gleichen Sujets, und dies auf *einer* Leinwand: Konfrontation, Konstellation, Konfiguration.

Auf dem zweiten Gemälde werden Verfahren und Ergebnis des Malvorgangs gleicherweise präsent: In einem Kellerambiente erscheint eine Frau, angedeutet, in einer Tür, sie trägt zwei Plastiktüten. Im Lichtkegel einer Lampe wird aufgefächert, was das Bild konstituiert: die Grundfarben Schwarz, Grün, Grau werden in Proben wiedergegeben, Details werden analytisch hervorgehoben, etwa die Plastiktüten, etwa die Wäscheklammern an einer Leine, die direkt aus der Tube in Weiß durch den Raum gezogen wurde. Als Text im Bild: »Figure in a cellar with two carrier bags. + Various Forms broken into Fragments.«

Hier sehe ich eigenes Schreibverfahren in Affinitäten. Bilder, die zugleich ihre Methode sichtbar machen.

Vorarbeiten zu einem Workshop, den ich der Literaturredaktion des Westdeutschen Rundfunks vorgeschlagen hatte: Einige Lieder des Oswald von Wolkenstein aufnehmen, soweit hier
noch keine Aufzeichnungen vorlagen. Ausprobieren, welche
Unterschiede entstehen, hörbar, wenn auf die gleiche Melodie
ein geistlicher und ein weltlicher Text gesungen werden.

Schon bei den ersten Arbeitsbesprechungen mit dem Sänger
Wilfried Jochims lernte ich, mit welchem Kunstverstand Oswald gearbeitet hatte, etwa in musikalischen Akzentuierungen. Durch besonders hohe (und tiefe) Notenwerte wird die
Aufmerksamkeit von Zuhörern intensiviert – hier kann man
bei Oswald sicher sein, dass er solche Akzente jeweils auf
Schlüsselwörter setzte.

Nächste Arbeitsphase: Abstimmung des Sängers mit den
Instrumentalisten, mit Michael Schäffer, Laute, und mit Tom
Kannmacher. Er spielte, neben anderen Instrumenten, die
Drehleier: Die rechte Hand dreht die Kurbel, auf der Achse eine Holzscheibe, etwa einen Zentimeter stark, an diesem
Rad liegen Saiten an, die permanent in Schwingung versetzt
werden können: der Bordun (etwa eine permanent durchklingende Bassquinte, über der die Melodie gesungen wird). Mit
Tasten lassen sich, zusätzlich zum konstanten Grundklang,
melodische Figurationen spielen: die Chanterelle. Außerdem
lässt sich mit diesem Instrument auch rhythmisieren, durch
ruckhaftes Beschleunigen beim Drehen.

Bei den ersten Proben von Sänger und Instrumentalisten
verschiedene Detailfragen: Soll von der Drehleier nur der
Bordun gespielt werden, mit oder ohne Schnarrseite, oder
sollen Figurationen den Sänger begleiten? Soll im Refrain ein
Tamburin geschlagen werden oder eine größere Trommel?
Wie soll die Trommel gestimmt werden, damit sie nicht klingt
wie ein Instrument aus dem Orff'schen Schulwerk? Soll in
der ersten Strophe nur die Laute den Sänger begleiten, in der
zweiten nur die Drehleier, in der dritten beide Instrumente gemeinsam, oder soll in der ersten Strophe bereits die Drehleier
hörbar werden, mit zurückhaltend gespieltem Bordun, und

in der zweiten Strophe begleitet die Laute mit Bassakkorden die Drehleier? Besonders spannend wurde es für mich, wenn die Musiker einen Vorschlag von mir ausprobierten – und akzeptierten. Allzu oft geschah das nicht, aber: hier war Kommunikation.

Zuweilen, bei den Proben, dann bei der Aufnahme: Momente, in denen ich ein wenig stolz war – eine Idee, ein Impuls, nun die Realisierung. Einige der Lieder wurden nach mehr als einem halben Jahrtausend zum ersten Mal wieder zum Klingen gebracht!

Cr/soc/2

»Er rappelte sich mühsam auf aus dem weichen Schnee. Die kurze, aber steile Abfahrt am Scheitelpunkt der Gletscherloipe im Roseggtal hatte er diesmal anders als sonst genommen: die Ski parallel, das Tempo hoch. Die Skispitzen waren unaufhaltsam auseinandergewichen, als er unten in der Linkskurve in den lockeren tiefen Schnee geraten war. Als er wieder in der Spur stand, schienen schon beim ersten Schritt die Kniegelenke keinen Halt mehr zu geben – ein hässliches, verwirrend gummiartiges Gefühl. Er stürzte wieder, ungläubig staunend. Dieses überraschende Versagen wollte er nicht wahrhaben: Er musste es sich erst noch zweimal bestätigen. Beim letzten kraftlosen Zusammensacken musste er aufschreien – mehr aus Wut als vor Schmerzen.«

Der hier im Oberengadin im tiefen Schnee lag und auf Hilfe wartete, ist mein ›dienstältester‹ Freund. Er ist bereits eingeführt, hier also nur wiederholt: er war Kinderarzt, wurde, einige Zeit nach dem Sturz im Jahre 1988, Chefarzt der Kinderklinik in Düren.

»Endlich kam Hilfe, lautstark und eindrucksvoll Schnee aufwirbelnd, die Schweizerische Bergwacht mit ihrem Helikopter. In der Klinik, in Samedan, war die Diagnose rasch gestellt: ›Abduktions-Rotationstrauma beider Kniegelenke mit Innenband- und Kreuzbandruptur und Verdacht auf Meniskusanriss‹. Im Klartext also: Zerreißung des Bandapparates der Kniegelenke, hübsch symmetrisch beiderseits – was bei den erfahrenen Klinikleuten mitleidiges Staunen auszulösen schien. Die traumatologische Bezeichnung ›unhappy triad‹ gab sowohl den objektiven Lokalbefund der Kniegelenke als auch das subjektive Befinden wieder: Wut über das selbst beigefügte Unheil. Schmerz und Verunsicherung über die nähere und ferne Zukunft bildeten ihrerseits eine unglückliche Triade. Gipsschienen gaben Halt für den Transport nach Westdeutschland. Er lernte – selbst seit langem mit der Betreuung behinderter Kinder beschäftigt –, wie es ist, im Rollstuhl gefahren, Treppen hinauf und hinunter getragen zu werden, lernte eine Behindertentoilette in der Autobahnraststätte als Wohltat zu empfinden. Er hatte noch viel zu lernen und fing erst an damit.«

Dies sind Auszüge aus den sechs Druckseiten eines Berichts von Joggern über das Laufen, ein »LaufLESEbuch«, in dem auch Kollege Herburger über die eher makabre als skurrile Teilnahme am »Marathon International de Marrakesch Grand Atlas« berichtete. Paul Wühr, der zeitweilig in München im selben Haus wie Herburger wohnte, berichtete (vor seinem Haus mit Blick hinab und hinüber zum Trasimenischen See), dass er sich jeden Morgen darüber ärgerte, wenn Herburger vor sich hin pfeifend auf Turnschuhen die Treppe hinauffederte, um droben in seinem Arbeitszimmer zu schreiben. Herburger pfiff allerdings aus dem letzten Loch, als er am Hundertkilometerlauf in der Schweiz teilnahm, bekundete zum Schluss stöhnend, das Unternehmen sei von erheblicher Absurdität.

Von erheblicher Absurdität erschien Freund Peter denn auch die Schussfahrt auf der Langlaufloipe.

»Wochenlang die Schmerzen der Mobilisierung beim Lösen der Verwachsungen und beim Aufarbeiten der Kapselschrumpfung, das mühsame Kämpfen um jeden Winkelgrad der Beugung und Streckung – alles das würde er nicht mehr vergessen. Gelegentlich machten ihn Kollegenworte, unbedacht oder auch einfach nur gefühllos geäußert, wütend. Sie verunsicherten ihn in überflüssiger Weise. Demotivieren ließ er sich dennoch nicht. ›Sportfähig werden Sie mit einer solchen

Verletzung natürlich nicht mehr werden‹, meinte ein Chirurg so nebenbei. Und ein Masseur: ›Mit diesen Streichholzbeinen werden Sie ja wohl nie mehr Marathon laufen können.‹«

Nicht nur in der langen Phase der Rehabilitation haben wir wiederholt über neue literarische Erscheinungen und über Musik gesprochen – einer meiner treuesten und genauesten Leser. Was auch unter Freunden ziemlich selten ist. Eigentlich sind Bücher Impulse zur Kommunikation, dachte ich lange Zeit, aber vielfach lösen verschenkte eigene Bücher eher Schweigen aus, trotz Dankbarkeit. Schweigen aus welchen Gründen auch immer. Aber ich frage nie nach, grundsätzlich nicht. Schaue auch nicht in Buchhandlungen nach, ob wenigstens eins meiner Bücher präsent ist, da würde ich mich vor mir selbst genieren. Die Erfolgsquote wäre ohnehin gering, also erspare ich mir das Nachgucken wie das Nachfragen. Besser so für die innere Balance.

Innere Balance: Peter fand sie, in psychisch förderlichem Ambiente, bald wieder, mit erstaunlicher Auswirkung. »Neun Monate nach den ersten vorsichtigen Laufversuchen lief er zum erstenmal ›auf Zeit‹: 5000 m in 21:59 min. Ihm war es recht so. Zwei Jahre später versuchte er sich erneut über die Marathondistanz, wieder bei der Deutschen Ärztemeisterschaft in Duisburg. Diesmal wurde er, inzwischen 55-jährig, Erster seiner Altersklasse in 3:33:23 (wobei er eigentlich die an der Schnapszahl fehlenden zehn Sekunden vorm Ziel ruhig hätte verharren dürfen!).«

Cr/op/2
Festspiel für Rothäute. Mit diesem Titel-Stichwort verbindet sich der Hinweis, dass Vater Helmuth über Jahre hinweg die englische Zeitschrift *History today* abonniert hatte, dass ich zuweilen in die illustrierten, auf Hochglanzpapier gedruckten Ausgaben reinschaute. Dabei eine Trouvaille: *The Four Indian Kings.* Vorangesetzt, als Untertitel, so etwas wie ein Summary: »To encourage Britain's Indian allies on the frontier between New England and French Canada, four Indian chieftains were invited to London during the reign of Queen Anne.« Mit die-

sem Beitrag wurde mir der »plot« vermittelt, jedoch: Wie ich die historischen Informationen umsetzte in eine Erzählung, welche Methode, welche Form ich entwickelte, das verrät der Quellenhinweis nicht. Das kann auch nicht erhellt werden durch einen begleitenden Bericht mit dem Titel: Die Indianer und ich. Wie ich das neue erzählerische Verfahren entwickelt habe, das entzieht sich weithin biographischer Darstellung.

Noch einmal: Sechs Reisetexte (Cr/via) in einem thematischen Block, sechs Texte sodann zu Malern (Cr/pic), sechs zu Komponisten (Cr/mus), sechs zu Freunden (Cr/soc), sechs zu Texten (Cr/op).

In dieser dritten Kombinationspartie wird erneut durch Würfelwürfe bestimmt, welche dieser (bereitgestellten, bereitgelegten) Texte in der folgenden Sequenz gereiht werden.

Cr/via/5

Flug von Boston nach Maine: public lecture an der Universität in Orono. Ein »commuter«: zweimotoriges Flugzeug mit etwa zwei Dutzend Sitzplätzen, die meisten leer: ein stürmischer Tag, eine Zeitlang schien es, als würde der Flug gestrichen. Schon beim Abheben wurden die Böen sehr direkt spürbar, kippliger Flug. Weil, vom sehr schmalen Gang getrennt, nur jeweils zwei Fenstersitze nebeneinanderlagen, konnte ich zu beiden Seiten hinausschauen. Auch war der Zwischenvorhang zum Cockpit nicht zugezogen, ich konnte die beiden Piloten sehen. Beechcraft. Jede Bö veränderte die Fluglage mit hartem direktem Schlag. Auf dem Meer weiß nach Osten weggetriebene Gischt auf sehr rauer Wasserfläche. Blick nach links auf die beschäumte Küste. Bald eine doppelte Wolkenschicht, die zusammenwuchs: Blindflug. Die Fenster an den Rändern vereisend. Die kleine Maschine flog offenbar höher als sonst, suchte ruhigere Luftschichten. Über Maine riss die Wolkendecke auf: weithin leere Schneelandschaft. Hügel, Wälder, Wälder, kleine Seen, gewundene Flüsse, Wälder, Wälder und nur selten Häuser, Siedlungen. Anflug schließlich auf Bangor: über die kleine Stadt hinweg an einer

Flusskrümmung zum Flugplatz auf dem Hochplateau; riesige Piste, umgeben von Wald. Durch das Cockpitfenster konnte ich sehen, wie diese Piste seitlich wegkippte, sich heranschrägte, zurückwich. Doch dann, in einer Turbulenzlücke, die weiche Landung. Applaus der wenigen Fluggäste. Der Pilot zur Linken winkte zurück. Am Rand der Piste mehrere graugestrichene, vierstrahlige Clipper mit winzigen Fenstern und langen Schwanzdornen: Lufttanker. Gelächter nach der Landung: eine alte, gehbehinderte Frau hatte sich ins Heck geflüchtet, auf die Schlussbank, hatte nichts sehen wollen bei diesem Turbulenzflug, der Kopilot half ihr bei den paar Stufen des heruntergeklappten Treppchens, und sie: »It's nice to come out of your tail.«

Der Rückflug nach Boston bei schönstem Rückfrontenwetter. Berge am Horizont, schneegekuppt, das beinah völlig leere Land mit den Hügeln, den Wäldern, den zugefrorenen und überschneiten Seen und Flüssen, im Ebbe-Flut-Bereich der Küste Eisschollen, übereinandergeschoben, ineinander verkantet, weit ins Meer hinausgestreckte Halbinseln, vorgelagerte Inseln, die an Norwegen und Schweden zugleich erinnernde Küstenlandschaft wie ausgegossen mit Gleißlicht, und die hellbraunen und rotbraunen Einfärbungen des Meeres durch Flüsse, an ihren Mündungen Fächer, oft weit hinausgeschoben in das Grünblau. Das Gefühl, ich müsste mir das Herz herausreißen und es ein Stück in die Luft werfen, damit es wieder auskühlt, sich wieder zusammenzieht, wieder in den Brustkorb passt.

Cr / pic / 5

Überlegungen zum Doppelstichwort: Werk und Name. Selbst exzellente Arbeiten verlieren deutlich, überdeutlich an Kaufwert, wenn sie nicht signiert, nicht verlässlich mit dem Namen des Künstlers verbunden sind. Ich besitze eine herausragende Skizze einer weiblichen Figur; Karton; unübersehbare Datierung: 22. 1. 1913. Nur leider kein Name. Der Kölner Kunsthändler: Dürfte Münchner Schule sein, vielleicht sogar Ackermann, aber das bleibt offen. Also ein sehr geringer Preis, dezent versilberter Rahmen inklusive, »den kriegen Sie gleich noch mit, in dem hab ich schon ein paar Bilder verkauft«.

Namenlos, also fast zum Spottpreis (dies in mehrfacher Beziehung) ein Porträt oder Selbstporträt eines Malers aus dem 18. Jahrhundert. Schiefsitzende orientalische Kopfbedeckung; schwarze Jacke mit weißen, elegant gemalten Spitzen; Palette und Pinsel. Ein sympathisch wirkender Hausgenosse, nur eben namenlos. Ist denn auch in einem Kölner Auktionshaus ohne Bieter geblieben, ich konnte das Gemälde (in altem Rahmen) nachträglich zum unteren Taxwert erwerben. Teilt sich nun eine Wandfläche mit Immendorf. Wahrt anhaltende Präsenz. Lässt sich auch von Freunden feiern.

Und ich kann nur konstatieren: Ist hervorragend gemalt, bleibt aber namenlos. Das stimuliert Überlegungen zum Doppelstichwort. Wir können ein Werk offenbar nicht ganz ablösen von der Person, der wir es zu verdanken haben. Selbst wenn der Name des Urhebers überliefert ist, wir wollen auch Lebensgeschichte. Tonnen von Gehirnschmalz sind verbraten worden, vor allem in England, um herauszukriegen, ob Shakespeare wirklich Shakespeare war. Akademiker, aufgewachsen in akademischem Ambiente, wollen einfach nicht glauben, dass jemand von derart schlichter Herkunft derart herausragende Werke schaffen konnte. Da kann Shakespeare noch so oft den river Avon erwähnen, es müssen gebildete Kandidaten heranzitiert werden, um den Faktor Bildung bei der Entstehung der Werke zu untermauern – und zugleich diesen Faktor: Bildung der Textverwalter.

Cr / mus / 4

Josephine Lang, Komponistin. Ich hatte sie einbezogen in meine Clara-Schumann-Biographie. Die beiden Komponistinnen, Musikerinnen haben sich gekannt, geschätzt. Josephine Lang begleitet mich, zuweilen, auch nach Abschluss meines Buchs. Hin und wieder erscheint auf CD eine Neuaufnahme von Liedern; einige Favoriten, die ich immer wieder höre, wenn auch in größeren Zeitabständen. Vor allem: »Das Paradies«, nach einem Text von Rückert.

Und es begleitet mich die überaus bewegende Lebensgeschichte der Josephine Lang. Einer ihrer Söhne, Heinrich August Köstlin, Theologe, Kirchenmann, Oratoriendirigent, hat einen »Lebensabriss« verfasst, ein Elaborat von rund 50 Druckseiten. Im Anhang sind ihre Kompositionen aufgelistet, zumindest nach dem Stand damaliger Kenntnis.

So lässt sich einiges erzählen über den Ausbildungsweg der Josephine Lang, Jahrgang 1823, über die (kurze) Zeit, in der Felix Mendelssohn Bartholdy sie unterrichtete, damals in München, über die Zeit, in der sie vor allem Klavierunterricht gab, um das tun zu können, was für sie stets vorrangig gewesen ist: zu komponieren.

Etliches lässt sich auch berichten über die Ehe mit Christian Reinhold Köstlin, dem Kriminologen und Dichter. 1842 die Geburt des ersten Sohns – mit dem Namen seines berühmten Taufpaten Felix. Der junge Rechtsprofessor Köstlin kaufte damals außerhalb von Tübingen einen Landsitz mit großem Garten. Ein weiteres Kind wurde geboren. Der Sohn erkrankte mit neun sehr schwer, musste bald Krücken benutzen, blieb zwanzig Jahre lang Pflegefall im Hause. Und der Ehemann erkrankte am Kehlkopf, es half kein Medikament, keine Kur, er konnte bald keine Vorlesung mehr halten, musste sich ins Privatleben zurückziehen, seine Kräfte nahmen ab, mit 43 starb er – 1856, also im selben Jahr wie Robert Schumann.

Die einundvierzigjährige Witwe musste für sechs Kinder sorgen, die Rente reichte nicht aus. Sie gab Klavierunterricht, begann wieder zu komponieren, es entstanden neue Liederhefte. Doch kein Ende der übermäßigen seelischen Belastungen! Felix musste, 17-jährig, das Theologische Seminar verlassen; schwere Depressionen: »Geisteskrankheit«. Die Mutter versorgte bereits den behinderten Bruder, so konnte Felix, der Unglückliche, im Hause Köstlin nicht auch noch gepflegt werden, er wurde in eine Heilanstalt eingewiesen. Seine Mutter komponierte die »Lieder des Leids«, opus 29.

In dieser Zeit half Clara Schumann aus; sie schätzte die Kollegin sehr. Die finanzielle Hilfe war, wie sie schreibt, dringend nötig, »wenn man bedenkt, dass der älteste Sohn in der Irrenanstalt weilte, der zweite stets krank darniederlag, der dritte krank und beruflos zu Hause weilte«.

Josephine gab weiterhin Klavierunterricht. Und komponierte. 1868, bei einem Brand in der Heilanstalt Winnethal, kam Felix um, als Einziger. Vier Jahre später starb der zweite Sohn – er hatte sich nicht mehr bewegen können. Seine Mutter schrieb geistliche Lieder (»All mein Leben bist du«), und sie wurde sehr krank. Überstand die Krise, erholte sich wieder. Komponierte. Der dritte Sohn, Eugen, wurde zum Pflegefall, starb 1880. Sie wurde erneut krank. Sie komponierte wieder.

Ihre letzte Komposition mit Opus-Nummer war das Klavierstück »Danse infernal«. Noch im selben Jahr starb sie, mit 65, an einer »Ruptur des Herzens« – medizinischer Terminus für die Sprachformel, nach der es einem das Herz zerreißt?

Die Liste der Kompositionen, die Köstlin zusammenstellte, sie macht deutlich: Kaum eine Jahreszahl, die sich nicht mit einer Komposition, ja mit mehreren Liedkompositionen verbindet. Auch extreme Belastungen ließen Josephine Lang nicht verstummen. Das Komponieren war für sie lebensnotwendig. Ein großes Lebenslied, in Moll.

Cr / soc / 4

»Was heute ›Papiergeschäft‹ heißt und die Verlage bei Neuer Musik nur noch im Promillebereich ernährt, war seinerzeit deren einzige Einnahmequelle. Musik war eine Ware wie Mehl oder Bindfaden. Ein Verleger kauft dem Komponisten das Manuskript eines neuen Werks gegen einen einmaligen Betrag ab und konnte damit machen, was er wollte, ohne den Erfinder zu fragen oder ihn finanziell weiter zu beteiligen. Die Ware Musik wurde sozusagen am laufenden Meter verkauft, man rechnete nach der Zahl der Druckbogen. Nicht alle, aber die meisten Komponisten waren daran gewöhnt. Etwa der zu Lebzeiten berühmte Friedrich Kuhlau, den es aus der Lüneburger Heide nach Dänemark verschlagen hatte, schreibt kurz und bündig seinem Verleger nach Mainz: ›Hier sind sechs Bogen, jeder zu drei Dukaten.‹«

An dieser Textstelle ist im Funkskript eine Musik-Einspielung vorgesehen. Naheliegend, das Stichwort einlösend: eine Komposition von Kuhlau. Die Markierung der Textunterbrechung verschafft mir Spielraum für einen Einschub, der das Zitat legitimiert.

Werner Klüppelholz, hier als Verfasser des (fünfteiligen) SWR-Musikfeatures über »Die Musik und das Geld«, ist Musikprofessor an der Uni Siegen, hat vor allem das Schaffen von Mauricio Kagel mit Interviews, Funksendungen, Bucheditionen, Katalogen begleitet.

Auch Werner gehört zu den Uraltfreunden. Die leichteste und damit häufigste Form der Kommunikation: Ich fuhr von meiner Kölner Wohnung in Mülheim hinüber zu seiner Kölner Wohnung in Ehrenfeld, wir gingen in eine Osteria mit bunt gemusterten Tischdecken. Speisen als eine der Grundierungen unserer Gespräche, die bei Spaziergängen oder in der jeweiligen Wohnung fortgesetzt wurden. Später zog er nach Siegen, ich nach Berlin. Mit meiner Rückkehr nach Köln wurde die direkte Kommunikation wieder intensiver – das Gespräch setzt sich auch nach monatelangen Pausen spontan fort, da muss nichts mit Anlauf überbrückt werden. Und damit hat er wieder das Wort.

»Auch bei Komponisten mit hohem Bekanntheitsgrad, also Marktwert, verlief die Festsetzung des Kaufpreises nur selten harmonisch. Beethoven klagt über die Verleger: ›Sie sind Stecher, die uns arme Komponisten zu Tode stechen.‹ Albert Lortzing: ›Die Herren Verleger sind Hunde, Hunde und nochmals Hunde.‹ Und selbst dem vornehmen Chopin entfuhr: ›Das Schwein. Er hat mir nur 200 Franc für eine Sonate geboten.‹ Zufrieden sein konnte Beethoven mit dem Erlös für die ›Eroica‹, 2000 Gulden. Haydn erhielt für die Partitur der ›Jahreszeiten‹ gar 5000 Gulden, doch der Rekordinhaber ist – selbstverständlich – Richard Wagner. Einhunderttausend Mark von Schott für den ›Parsifal‹, das höchste jemals gezahlte Verlagshonorar.«

Cr / op / 1
Carl von Ossietzky, ein Funkfeature. In Pro und Contra führte ich Ossietzky mit Theodor Haubach zusammen, der 1945
hingerichtet wurde. Er hatte Freunden erzählt, dass er im KZ
Esterwegen mit seinem Pritschennachbarn Ossietzky nachts
lange Gespräche führte. Dabei wurde ein Ritus entwickelt:
sie spielten »Kurfürstendamm«. Sie verabredeten sich, trafen
sich in einem Restaurant, bestellten Speisen und Getränke und
erörterten politische Fragen.
Nach diesem Modell entwarf ich einen indirekten Dialog.
Ein fiktiver, direkter Dialog zwischen einer Sprechfigur »Ossietzky« und einer Sprechfigur »Haubach« schien mir nicht
möglich: Wie spricht ein Mann, der seit anderthalb Jahren
misshandelt wird, wie spricht man nachts auf einer Pritsche
in einem Konzentrationslager? Solch ein flüsternder, immer
wieder abgebrochener Dialog ließ sich nicht rekonstruieren;
möglich, realisierbar schien mir allein, die Positionen der
beiden Männer zu entwickeln und gegeneinander zu führen.
Koordinationspunkt war dabei eine Frage, die in den nächtlichen Dialogen »am Kurfürstendamm« möglicherweise erörtert worden ist: »Möglichkeiten und Grenzen der Kritik«.

GUTEN TAG, HERR SPEER?

EINE WICHTIGE JAHRESZAHL für mich: 1970. Es erscheint mein erstes literarisches Buch mit denkbar knappem Titel: *N*. Nun war ich bereits fünfunddreißig, damit in einem Alter, in dem ein Frühstarter ungefähr gleichen Jahrgangs nach etlichen Büchern bereits einen Band »Frühe Prosa« herausbrachte. Was an Hörspielen und Features über den Rundfunk an die Öffentlichkeit gelangte, gelangt war, das wurde im Printmedium noch immer nicht wahrgenommen. Zwar gab es Besprechungen von Hörspielen vor allem im Evangelischen Pressedienst, aber wer, außerhalb kirchlicher Kreise, bezog den schon? Im Wochenblatt *Die Zeit* gab es damals noch ein Eckchen, in dem Ursendungen von Hörspielen kurz besprochen wurden; ausführlicher wurde schon mal die FAZ. Aber was Funkdramaturgen wichtig war, wurde von Verlagslektoren nicht weiter wahrgenommen. Ein Jahrzehnt Publikationen in diversen Sendern, Übersetzungen sogar in verschiedenen europäischen Ländern (was aber sukzessiv nachließ), doch in der Literaturbranche blieb ich ein Nobody.

Als Student brachte ich, während des Münchner Semesters, einen kleinen Zyklus von Erzählungen zum nah gelegenen Piper Verlag, Reinhard Baumgart empfing mich huldvoll zu einem Gespräch, machte mir aber klar, vielleicht aus eigener Erfahrung, dass man in so jungen Jahren kaum Relevantes schreiben könnte, dreißig müsste man doch schon mal werden … Eine kleine Kollektion meiner Funkfeatures, bei S. Fischer eingereicht, fand 1969 sehr freundliche Worte, handschriftlich, die genaue und interessierte Lektüre bekundeten, mit der Weitergabe an das damalige Lektorat aber verlor sich der Impuls.

Ich schickte das Typoskript *N* einfach mal an den Suhrkamp Verlag, kannte dort niemanden, wurde auch von niemandem mit freundlichen Worten dorthin vermittelt, ich wandte mich, wie beim ersten Hörspiel, an »sehr geehrte Herren«, und es antwortete ein Herr Beckermann, Thomas. Er wollte das Buch ins nächste Programm übernehmen; es war aber üblich, dass bei einem potentiell neuen Autor des hohen Hauses der Verleger den Text gegenlas, und Siegfried Unseld gab sein Plazet.

Was beim Funk für mich längst eine Selbstverständlichkeit geworden war: Der Autor beschreibt sein neues Werk bitte selbst, für Pressemitteilungen und Programmvorschauen, das wurde nun auch im Verlagswesen weitergeführt, zumindest als Entwurf, den der Lektor eventuell akzentuierte. Weil es mein erstes Buch ist (nach der Dissertation) gebe ich wieder, was ich / wir geschrieben habe / n. Aber das wird Ausnahme bleiben. Die Schreibmethode, die ich damals entwickelt hatte, sie wirkt phasenweise ein auch auf dieses Buch, Stichwort: Charles de Gaulle.

»*N* – die Geschichte Napoleon Bonapartes, vom Tage seiner Geburt im Jahre 1769 bis zur Machtübernahme am 18. Brumaire. Jedoch nicht, wie man sie aus Geschichtsbüchern kennt.

N – eine soziale Biographie, in der alle Möglichkeiten, die ein kleiner korsischer Junge seinerzeit hatte, in die Erzählung des tatsächlichen Verlaufs eingeblendet werden, als wären sie geschichtlich geworden. Zum Beispiel: N als aufgeklärter Geistlicher, als Mathematiker, als Romanschreiber, als Landwirt, als Revolutionär für ein unabhängiges Korsika, als politischer Schriftsteller.

N – ein Modell, zusammengesetzt aus historisch verifizierbaren Details. Erdachtes und Historisches stehen in einem Spannungsverhältnis. Die Darstellung aller Möglichkeiten verdeutlicht, welche Faktoren eine Rolle spielten, und dass Geschichte veränderbar ist.

N – erzählt in der raschen Schnitttechnik des modernen Films, was alles das Wirkliche möglich macht.«

Wunderschöne Resonanz auf meinen literarischen Erstling. Reinhard Baumgart, der mit seiner Aufforderung zu Geduld und Aufschub recht behalten sollte, stellte in einem Fernsehbeitrag (den ich nicht sah!) mein Buch als eins der vier wichtigsten Bücher des Herbstes heraus, neben dem neuen Frisch, dem neuen Johnson. Nach diesem Leitsignal eines Trendsetters zog das Feuilleton vielstimmig monophon und homogen nach. Und es folgte die erste Belehrung durch Fakten: Verkauft wurden letztlich nur 1436 Exemplare der kartonierten, von Fleckhaus graphisch eindrucksvoll gestalteten Ausgabe.

Die spätere Taschenbuchausgabe erreichte das ungefähr Zehnfache. Aber damals waren Erstauflagen von Taschenbüchern ohnehin höher als Jahre später. Walter Boehlich rechnete einmal vor, öffentlich, dass man wenige Jahrzehnte nach der Jahrhundertmitte bereits drei neue Taschenbücher auf den Markt bringen musste, um den Umsatz eines einzigen neuen Taschenbuchs der sechziger Jahre zu erreichen. Eine Entwicklung, die wir Autoren, die unsere Verlage immer deutlicher zu spüren bekamen, zu spüren kriegen.

Womit bereits das Stichwort gegeben wäre zu den ökonomischen Grundlagen eines Schriftstellers. Ich kann den Rückblick auf jene Zeit verkürzen, denn 1975 erschien ein Buch unter dem Titel *Gegenwartsliteratur*. Untertitel: »Mittel und Bedingungen ihrer Produktion«. Was ich damals ausführte (zu einem von zehn Punkten eines Fragekatalogs an zahlreiche Autoren), das übernehme ich hier.

»Für die ersten Auflagen werden gewöhnlich 10 % bezahlt. Mein erstes Buch *N* hatte einen Ladenpreis von 10 DM, also erhielt ich pro verkauftes Exemplar eine Mark. Die Erstauflage betrug 2000. Sie wurde bis auf kleinere Restbestände verkauft, wird heute als ›vergriffen‹ angezeigt – das gilt für einen Erstlingstext als relativer Erfolg. Ökonomisch betrachtet, heißt das: Ich habe für dieses Buch knapp 2000 DM an Tantiemen erhalten. [Ich wollte damals nicht allzu schlecht dastehn und habe ein wenig aufgerundet; eigentlich waren es nur knapp anderthalb tausend Mark.] Wenn ein Autor sich den

Lebensstil eines Lehrers anmaßt, so dürfte er eigentlich nur einen Monat an solch einem Buch arbeiten; ich habe aber viele Monate daran gearbeitet.

Nun ist *N* auch als Taschenbuch erschienen. Da erhalte ich 7 % des Ladenpreises. Bei 3 DM sind das 21 Pfennig. Werden 1000 Stück verkauft, so verdiene ich 210 DM. Werden die gedruckten 10 000 Exemplare abgesetzt – was wieder ein schöner Erfolg wäre für einen belletristischen Autor, der noch nicht lange ›auf dem Markt‹ ist – so wären es auch erst 2100 DM.

Glücklicherweise, und dieses Glück kann gar nicht hoch genug gepriesen werden, gibt es die Funkanstalten. Ich nenne wieder eine Zahl: für einen Funkessay von 45 bis 60 Minuten Sendedauer werden durchschnittlich 2000 DM gezahlt. Das heißt, wenn ich einen Monat an solch einem Text arbeite, geht die Rechnung einigermaßen auf. Wird die Arbeit wiederholt oder von einem anderen Sender übernommen, so erhalte ich als Sendehonorar durchweg noch mal die Hälfte des Gesamthonorars. Da zahlt die Arbeit sich so ungefähr aus.

Noch günstiger ist es bei Hörspielen. Hier lässt sich mit mindestens 3000 DM rechnen, der Durchschnitt liegt bei 4000. Wird ein Hörspiel von einem guten Regisseur produziert, so besteht die Chance von Wiederholungen oder Übernahmen. Diese Hoffnung kann bei einer schlechten Regie freilich zunichte werden; ein schlecht produziertes Hörspiel wird gewöhnlich nicht neu produziert. Da muss ein Autor erhoffte Beträge wieder abschreiben.

Umgerechnet: Wenn ich durch ein Buch so viel verdiene wie mit einem Hörspiel, so habe ich ein sehr erfolgreiches Buch geschrieben. [Das war zur Abwechslung doch wohl etwas untertrieben.]

Betont werden muss bei diesen Berechnungen freilich, dass ich Hörspiele nicht aus bloß ökonomischen Erwägungen schreibe. Vor allem das heute mögliche Zusammenspiel von Text, Geräusch, Musik weckt immer neue Hörlust und damit auch Schreiblust. Besonders für einen Autor, der sich nebenhier viel mit Musik beschäftigt.«

Da ich schon mal den (immerhin vierzigjährigen) Newcomer zitiere, will ich das mit zwei Stichworten auch gleich fortsetzen: zwei weitere Pinselstriche im Selbstporträt eines Autors.

So wurde auch ich gefragt, ob ich mich in einer bestimmten Tradition sähe. »Die Antwort auf diese Frage möchte ich mit dem Satz einleiten: Ich habe Germanistik studiert und schreibe trotzdem.

Ich will das erläutern und begründen. Das Studium der Germanistik konfrontiert (überwiegend) mit literarischer Tradition. Die Kenntnis großer Literaturwerke kann einem nun den Mut (oder Hochmut) nehmen, es selbst mal zu wagen. Andererseits hat die Kenntnis großer Literaturwerke der Vergangenheit (und natürlich der Gegenwart) auch einen Vorteil: Man gewinnt kritischen Abstand zu eigenen Bemühungen. Das ist besonders wichtig, wenn man vor der Frage steht, ob man einen geschriebenen Text auch veröffentlichen soll – abschätzen kann man erst aus Distanz.

Kenntnis von Tradition kann außerdem zu einer gewissen Gelassenheit führen: Kein überschnelles oder vorschnelles Reagieren auf modische Wechsel in der Literatur. Und diese Wechsel werden immer rascher. Ohne Zweifel wirken die Massenmedien dabei mit, die Umwälzgeschwindigkeiten zu erhöhen: hier wird Neues jeweils gleich in großen Quantitäten produziert. Ein Rückblick auf ein gutes Dutzend Jahre Hörspielproduktion an westdeutschen Sendern zeigt unter anderem folgende Phasen an: Versuche, gesellschaftliche Zustände und Entwicklungen in parabelartigen Texten zu beschreiben ... poetisch-verschlüsselte Texte ... Texte im Dokumentationsstil ... Texte, in denen Sprache sich durch sich selbst in Bewegung setzt ... Original-Ton-Hörspiele ... Dazu noch Varianten. Bei solcher Abfolge kann Kenntnis und Bewusstsein von Tradition mithelfen, einen kühlen und klaren Kopf zu bewahren: Da wird man als Autor nicht so rasch dazu verleitet, statt des notwendig Neuen das erwünschte Allerneuste zu produzieren.«

Ich schreibe, obwohl ich Germanistik studiert habe: wichtiger Aussagesatz. So bleibe ich kurz noch bei diesem Stichwort. Dies wieder im Rückgriff auf einen früheren (aber nicht ganz so frühen) Text: Eine Sequenz aus meiner (angemessen kurzen) Antrittsrede vor der Mainzer Akademie der Wissenschaften und der Literatur, veröffentlicht im Jahrbuch 1990.

»Noch einmal: Das Interpretieren von fiktionalen Texten und das Schreiben von fiktionalen Texten, dies sind fundamental verschiedene Tätigkeiten – bis in die psychischen Strukturen. Was beim Interpretieren von Texten kaum notwendig ist, das ist beim Schreiben von fiktionalen Texten wichtige Voraussetzung: Spontaneität. Und: Sinnlichkeit oder Anschaulichkeit. Und sehr wichtig die Komponente des Spielerischen, bei aller konsequenten Arbeit an der literarischen Form. Germanistische Beschäftigung mit literarischen Texten treibt Spontaneität erst einmal aus, kann auf Sinnlichkeit des Textes, des interpretierenden, verzichten, ist dem Spielerischen sehr fern. Die ›Textsorte‹ diskursiver Arbeiten wird in völlig anderer psychischer Temperierung geschrieben – auch sie hat ihre biographischen Voraussetzungen.«

Damit wieder zum Fragebogen, hier unter dem Doppelstichwort Autor und Verleger. Ich gab wieder, was ich bereits berichtet habe, erweiterte jedoch die Fragestellung.

»Hier wäre auch einiges zu schreiben zum Verhältnis Autor-Lektor (und damit zugleich: Autor-Hörspieldramaturg, Theaterdramaturg). Ich denke mir zuweilen, es müsste mal eine *Intime Literaturgeschichte* geschrieben werden, die in konkreten Fällen das Zusammenwirken der Partner darstellt. Von Lektoren und Dramaturgen hängt zuerst einmal ab, ob ein Text überhaupt veröffentlicht wird. Dazu dann vielfache Einflussmöglichkeiten auf die Textgestalt: durch kritische Hinweise kann ein Lektor oder Dramaturg erreichen, dass ein Autor Abschnitte, ja Kapitel streicht; andererseits können Textphasen, ja Kapitel angeregt werden.

So etwas könnte freilich nur in einem allgemeinen Rückblick geschrieben werden – und dazu bin ich noch längst nicht aufgelegt.« So schrieb ich damals. Und kann nur bestätigen, dass mir dies wichtig geblieben ist. Und auch so realisiert wurde, bis hin zu diesem Buch. Also ein Dank, auch hier, an Jürgen Hosemann, meinen Lektor.

Zu meinem (Erstlings-)Buch der Lebens-Alternativen hatte es, vorab, eine Alternative gegeben: Das System verschiedener Weichenstellungen wollte ich realisieren an einer Figur wie Albert Speer.

Dies in Analogie zur Schreibmethode der Erzählung über den Weg des Korsen an die Macht. Mit einer gewichtigen Folgerung, beispielhaft: Ohne den Mann aus Ajaccio hätte mit Sicherheit der irrwitzige Russlandfeldzug nicht stattgefunden. Damit ließ ich mein Buch denn auch enden: der Russlandfeldzug wurde negierend vergegenwärtigt.

Bei Speer wiederum lässt sich konstatieren, was er selbst festgehalten hat: Ohne seine Macht, ohne seine Effizienz wäre der Krieg einige Monate kürzer geblieben.

Zur Alternativ-Version meiner N-Geschichte der Alternativen: hier soll nicht abstrahierend angemerkt, hier muss zumindest ansatzweise ausgeführt werden. Wobei, stärker als im Bonaparte-Szenario, auch dieser Faktor einbezogen werden muss: Das Einwirken von Zufall, oder (abgemildert) von Zufälligkeiten.

Was Speer in seinem Erinnerungs-Weltbestseller berichtet hat, es kann, es soll, es wird allerdings nicht »in extenso« eingerückt, ich deute den Ablauf eher stichwortartig an.

Ende Januar 1942. SS-General Sepp Dietrich fliegt nach Dnjepropetrowsk, nimmt Speer mit. Inspektion beim »Baustab Speer«, dort vor allem damit beschäftigt, von den Sowjets gesprengte Bahnanlagen zu reparieren, vor allem für den Nachschub. Anhaltender Schneefall, die Maschine der Führer-Flugstaffel kann nicht starten. Vergeblicher Versuch, mit einem Zug nach Westen zu kommen. Nach etwa einer Woche kann doch ein Start riskiert werden. Eigentlich muss Speer zurück nach Berlin, die Maschine fliegt aber nach Rastenburg, zum Führerhauptquartier. Dort findet eine intensive und extensive Besprechung statt zwischen Hitler und Dr. Todt, dem Minister für Bewaffnung und Munition. Am nächsten Morgen will Todt nach Berlin zurückfliegen, dabei Speer mitnehmen. Der wird ein Uhr nachts zu Hitler gerufen, Besprechung bis drei Uhr morgens – übliche Zeiten in der Führer-Zeitverschiebung. Speer will ausschlafen, bläst seinen Rückflug ab. Morgens wird er telefonisch geweckt: »Dr. Todt ist soeben mit dem Flugzeug tödlich abgestürzt.« Kurz nach dem Start eine Explosion an Bord, weithin sichtbare Stichflamme, aber was da geschehen war, konnte (oder sollte!) nicht geklärt werden. Gegen ein Uhr mittags, dem gewöhnlichen Arbeitsbeginn, wird er zu Hitler gerufen. »Herr Speer, ich ernenne Sie zum Nachfolger von Minister Dr. Todt in allen seinen Ämtern.« Gelinder Einspruch, entschiedene Bestätigung in Form eines Führerbefehls. Kaum ist das geschehen, wird die Ankunft, die überraschende, von Göring gemeldet. Der hat vom ominösen Absturz der Maschine mit (dem vielfach unbeliebten Realisten) Todt im Jagdsitz von Rominten erfahren, ist sofort mit einem seiner Sonderzüge nach Ostpreußen gefahren, in der Erwartung, seine Ämterfülle nun auch noch mit Todts Ämtern erweitern zu können. Er wird konfrontiert mit dem Fait accompli. »Es konnte kein Zweifel sein, dass Göring versucht hatte, Hitler im ersten Anlauf zu überrennen, und ich vermutete damals schon, dass Hitler dies erwartet und daher unverzüglich meine Ernennung vollzogen hatte.« Damit wurde das viel gefeierte »Rüstungswunder« möglich gemacht. Damit wiederum die Verlängerung des Krieges. Und Speer konnte später (mit Genugtuung über seine Effizienz) konstatieren: »Ich hatte ihn [den Krieg] durch meine Fähigkeiten und durch meine Energie um viele Monate verlängert.«

Das sagte er auch mir in ähnlicher Form. Wie kann man mit so einer Selbstaussage leben? Die Zerstörung von Düren, von Hildesheim, von Dresden und immer so weiter, dies alles hätte nicht mehr stattgefunden. In den letzten Monaten des Krieges fielen so viele Bomben wie in den Jahren zuvor, mussten so viele Menschen ihr Leben lassen wie in den Jahren zuvor, die Kurve der Vernichtung stieg exponentiell an.

Ich kann, ich will mich zum Stichwort Rüstungswunder nicht selbst zitieren, überlasse Joachim Fest das Wort. Nach einer gemeinsamen Podiumsveranstaltung im Konzerthaus Berlin zogen wir – Fest, Olga und ich – in ein benachbartes Restaurant. (Auch) bei diesem Gespräch war herauszuhören, dass er weithin als Ghostwriter an den *Erinnerungen* von Speer mitgewirkt hatte. (In seiner späteren Speer-Biographie betrieb er einiges Recycling, an bereits vorliegenden Sequenzen entlangschreibend.)

Zum »Rüstungswunder« also (für manche Historiker mittlerweile ein sogenanntes Rüstungswunder), schreibt Fest resümierend: »Auf dem Munitionssektor wurden 1943 die Zahlen des Vorjahres erneut mehr als verdoppelt, bei den Flugzeugen erhöhte sich die Fertigung nach rund vierzehntausend auf über fünfundzwanzigtausend Maschinen. Bei den Panzerfahrzeugen stieg die Stückzahl von einhundertvierzigtausend auf knapp dreihundertsiebzigtausend, allein bei den mittelschweren und schweren Panzern erhöhte sich die Zahl von fünfeinhalbtausend auf rund zwölftausend.« (Wo kamen eigentlich die immensen, die schier unermesslichen Ressourcen her?!)

Ein paar Tage des Februar 1942: diverse Ansätze zu alternativen, kontrafaktischen Abläufen. De Gaulle lässt grüßen! Auch diesmal, auch hier hätte vieles anders kommen können. Ansatzpunkte genug! Speer kann nicht von der verschneiten Ostfront zum entscheidenden Zeitpunkt eingeflogen werden nach Rastenburg ... Speer kann zwar rechtzeitig nach Rastenburg mitgenommen werden, nutzt jedoch die Chance, gemeinsam mit Todt nach Berlin zurückzufliegen: Tod des 37-Jährigen ... Göring, nominell zweiter Mann im Reich, er kommt – im sehr geringen zeitlichen Spielraum – der Ernennung Speers zum Rüstungsminister doch zuvor; unter Leitung des Morphinisten wäre die Rüstungsindustrie rechtzeitig erlahmt ... Virtuelles Fazit: Etwa um Weihnachten 1944 hätte Schluss sein können mit dem allzu langen, letztlich seit 1941 schon verlorenen Krieg.

Da hier bereits das Stichwort Speer gefallen ist, gleich, chronologisch vorgreifend, ein Bericht über mein Funk-Gespräch mit Albert Speer, in seiner Heidelberger Villa am Hang, in der Veranda mit Blick in das baumreiche Grundstück.

Gleichsam als erweiterte Visitenkarte schickte ich Speer mein Erstlingsbuch. Und er reagierte (Januar 1974) mit einem Vorschlag. Jedenfalls verstand ich das so zu jener Zeit. Heute würde ich eher sagen: Er legte einen Köder aus.

»Ihre Themenstellung finde ich sehr interessant, und es reizt mich, mit Ihnen darüber vor dem Rundfunk eine Unterhaltung zu haben. Aber nicht vor dem Fernsehen, das nach meiner Meinung zuviel Spannung erzeugt. Ich weiß noch nicht, wie ich es bewerkstelligen soll. [...] Im Augenblick stehe ich unter Druck, weil ich für den Propyläen-Verlag bis zum Herbst dieses Jahres ein Manuskript fertigstellen möchte. Da Sie selbst diesen Druck kennen, können Sie sich vorstellen, dass ich mich nicht gern ablenken lasse. Rufen Sie mich etwa Ende Februar an? Vielleicht könnte ich sogar für die Aufnahme nach Köln kommen, wenn ich im Bundesarchiv in Koblenz zu tun habe. Allerdings möchte ich eine Zusage, dass ich das Rohtranskript für meine Akten erhalte und dass ein kleines Honorar ausgesetzt wird, das aber direkt an ein Kinderheim in Hamburg überwiesen wird.«

Am Kopf des Briefbogens links oben nur sein Name, darunter, in noch kleinerem Schriftgrad: *dipl.ing.* Er rückte sich zurecht. Schuf sich ein neues Image: das eines kooperativen Gentleman. Nicht kompatibel mit dem Architekten der monströsen Reichskanzlei inklusive Marmorgalerie, in der sich Diplomaten erst mal die Hacken ablaufen mussten, ehe sie durch eine sechs Meter hohe Flügeltüre das saalweite Arbeitszimmer des Führers betreten durften (der dort kaum je gearbeitet hat). Nicht kompatibel mit dem Mann der größenwahnsinnigen Architekturprojekte vor allem für die künftige Reichshauptstadt Germania, der Tausende von Juden aus ihren Berliner Wohnungen vertreiben, das heißt: deportieren ließ. Nicht kompatibel mit dem Mann, der den Ausbau von Auschwitz-Birkenau organisatorisch unterstützte, der Misshandlungen, ja den mörderischen Verschleiß von Zwangsarbeitern verschiedener Länder taktisch stillschweigend in Kauf nahm. Das war (zumindest für mich) damals noch nicht so deutlich zu erkennen, entscheidende Dokumente waren noch nicht bekannt, und so verlief das Funkgespräch sachlich, betont sachlich, fragwürdig sachlich. Es ging nicht um geschichtsphilosophische Fragen etwa nach der Rolle des Zufalls im Weltgeschehen, es ging beispielsweise um einen neu entwickelten Flugzeugmotor, »Jumo«. Charakteristischer Auszug aus dem einstündigen Gespräch, das vom Westdeutschen Rundfunk gesendet wurde.

Zwei Faktoren, so betonte Speer, seien letztlich kriegsentscheidend: Das wirtschaftliche Potential und die technologische Entwicklung. Er berichtete: Die Rohstoffbestände und die Rohstoffzulieferungen wurden gegen Kriegsende immer geringer, vor allem durch den Verlust von Gebieten, aus denen Rüstungsrohstoffe angeliefert wurden – Edelmetalle, Erdöl. Zugleich wurden die Produktionsstätten im »Reichsgebiet« von der amerikanischen und der englischen Luftwaffe immer stärker bombardiert, wenn auch nicht mit voller Konsequenz; dennoch entschiedene Produktionseinbußen. Hitler und Göring waren nicht in der Lage umzudenken: von der Offensive im Luftkampf auf eine Verteidigung der Produktionsstätten durch Jagdschutz.

Eine möglicherweise sehr wirksame Verteidigungswaffe gegen die viermotorigen Bomber, gegen die leistungsstarken Begleitjäger der Alliierten wäre die Me 262 gewesen, der erste Düsenjäger überhaupt. Speer in den *Erinnerungen*: »Ich bin noch heute der Ansicht, dass die Rakete im Verein mit den Strahljägern ab Frühjahr 1944 die Luftoffensive der westlichen Alliierten gegen unsere Industrie hätte zusammenbrechen lassen.« Diesen Satz zitierte ich und stellte die Frage, ob hier wirklich ein luftkriegsentscheidender Faktor gewesen wäre, oder war die Herstellung des Strahljägers nicht wiederum abhängig von der Aluminiumproduktion, zum Beispiel, oder von der Treibstoffhydrierung?

Speer wies darauf hin, dass mit der »Rakete« die damals entwickelte Boden-Luft-Rakete gemeint ist und nicht die V 2.

Und zur Me 262: von der Rohstoffbasis und der Produktionskapazität her wäre »schon ein Jahr früher« eine Großproduktion des Düsenjägers möglich gewesen. Auch hätte sie »uns treibstoffmäßig nicht viel Sorge gemacht, weil sie mit normalem Treibstoff flog und nicht mit dem hochoktanigen Flugtreibstoff, der in der Produktion eingeschränkt war«. Man hätte also »eine genügend große Anzahl von Me 262« herstellen und zum Einsatz bringen können, »um die Tagesangriffe gegen die deutschen Hydrierwerke abzuwehren, und zwar mit so großen Verlusten für den Gegner, dass er schon wegen der Moral der Flugzeugbesatzungen seine Fliegerangriffe hätte einstellen müssen. Hier ist ein entscheidender Punkt. Hitler und Göring aber standen immer wieder auf dem Standpunkt, dass den Fliegerangriffen gegen Deutschland nur durch entsprechende Vergeltungsangriffe auf England entgegnet werden könnte. So stand also immer wieder die Bomberfertigung im Vordergrund; die Forderungen von Generalfeldmarschall Milch (der für die Luftrüstung verantwortlich war) auf eine erhöhte Jägerproduktion wurden hintangestellt. Es wäre übrigens auch ohne Me 262 möglich gewesen, bereits im Jahre 1943, durch die erfolgreiche Nachtjagd-Organisation, die Angriffe der RAF mindestens stark einzuschränken. Dass das nicht geschehen war, war eine Fehlentscheidung von Göring und Hitler gegen den Fachmann Milch.«

Wie sehr die Rüstungsproduktion und damit der Kriegsablauf von Hitler, und mit ihm von Göring, bis ins Detail bestimmt worden war, zeigte Speer an einem »eklatanten Beispiel: Wir hatten 1941 einen sehr guten Flugmotor, den Jumo 222, der ungefähr 2000 PS geleistet hätte. Und dafür hatte ich eine große Fabrik in Wien gebaut, die so groß war wie das Volkswagenwerk, und die 1000 Motore im Monat produzieren sollte. Bei der Einweihungsfeier hat dann zu unserer Verblüffung Milch im Auftrag von Göring verkündet, dass in dieser Fabrik nicht der Jumo 222, sondern ein Daimler-Benz-Motor (605, glaube ich) produziert werden sollte, aber dieser Daimler-Benz-Motor war noch nicht konstruktiv fertig, und so blieb dieses Flugzeugmotorenwerk bis zum Ende des

Kriegs unproduktiv. Die entscheidende Folge: unsere Jagdflugzeuge waren ab 1942/43 langsamer als die des Gegners.
Die Folge davon wiederum war, dass bei der Invasion keine
Gegenwehr in der Luft möglich war, obwohl rund 1000 Jagdflugzeuge dorthin geschickt wurden; unsere Jagdflugzeuge
waren technisch unterlegen.«

Ich wies hin auf die zahlreichen Publikationen über »Jagdfliegerasse«: Waren ihre Erfolge auch abhängig von der Leistungsfähigkeit der Jagdflugzeuge?

»Es ist bezeichnend, dass alle großen Jagdflieger wie beispielsweise Galland, deren Mut ich sehr schätze, großen
Erfolg nur haben konnten, solange unsere Jagdflugzeuge
technologisch führten. Ab 1942/43 war es nur noch gegen
russische Flugzeuge möglich, große Erfolge zu erringen, aber
nicht mehr gegen die westlichen.«

Die technische Weiterentwicklung der Jagdflugzeuge wurde
demnach stark behindert durch Hitler und Göring; letztlich
entscheidend aber war die Produktionskapazität. Das wurde
(leider habe ich mich in solche »sachbezogenen« Erörterungen hineinziehen lassen) im Detail erörtert – hier nur eine zusammenfassende Äußerung Speers:

»In unserem Zeitalter der Technisierung sind die Kapazitäten auf beiden Seiten das allein auf die Dauer Maßgebende.
Kriegsglück oder Fähigkeiten der Feldherren oder Fehler der
anderen Seite können zwar zu erheblichen Verschiebungen im
Zeitpunkt führen, aber letzten Endes setzt sich die größere
Kapazität durch.« Und er sprach vom »technologisch-wirtschaftlichen Krieg«.

Im allgemeinen Bewusstsein, so merkte ich an, seien dennoch die Vorgänge auf Kriegsschauplätzen zentral und entscheidend; es würden also wohl die falschen »Heldenepen«
geschrieben.

»Meiner Meinung nach liegt die Geschichtsschreibung,
auch soweit sie ganz ernsthaft ist, immer noch falsch, weil sie
die Bedeutung der Technologie im Krieg unterschätzt und
nicht die Ergebnisse der Schlachten als eine Konsequenz der
technologischen Voraussetzungen sieht.«

Ein Ausschnitt aus dem langen Gespräch mit Speer. Dass ich so konziliant, ja mit Fragen zu technischen Entwicklungen fast kooperativ geblieben war, das plagte mich noch Jahre später. So versuchte ich, das Defizit aufzuarbeiten, auszugleichen in einem Essay mit dem Titel *Guten Tag, Herr Speer*.

Im kleingedruckten Anhang zu dieser Arbeit habe ich berichtet, was zu einer ersten Konfrontation mit einem ganz anderen Herrn Speer führte. In nun drucktechnisch lesbarer Form hebe ich das erneut hervor.

In China, ausgerechnet in China lernte ich auf einer Reise die Witwe eines engeren Mitarbeiters von Speer kennen: Oberregierungsrat Konrad Haasemann. Sofort genutzter Zufall: Gespräche über Speer. Sie schickte mir denn die Fotokopie eines Dokuments aus dem Koblenzer Archiv, die Führer-Vorlage 5 (Hohenlychen, 29. Januar 1944). Zwölf Seiten, getippt mit Riesenlettern, die es Hitler ersparen sollten, vor Zeugen eine Lesebrille aufzusetzen. Ich habe das Dokument in längeren Auszügen erstmals veröffentlicht. Hier also nur ein paar Auszüge.

Die Eröffnung: »Mein Führer, es fällt mir schwer, Ihnen zwei Fälle von Untreue melden zu müssen, die sich in meinem Ministerium zugetragen haben.« Auf Rheinisch: Jeknaatsch im Ministerium – Unstimmigkeiten, konträre Meinungen, Reibereien, Mobbing. Worum es letztlich ging: Haasemann hatte es gewagt, einen Mann kritisch zu beurteilen, den Speer gefördert und befördert sehen wollte. Hier gleich die Schlussfolgerung:

»Damit hat ein bestimmter kleiner Kreis von ehemaligen Mitarbeitern Dr. Todt's mir einwandfrei den Beweis erbracht, dass sie mir die Treue gebrochen haben. Es ist für mich unbedingt notwendig, hier mit den schärfsten Strafen vorzugehen, wenn ich meine Autorität in meinem Ministerium aufrechterhalten will.

Ich werde deshalb gegen Min.Rat. Haasemann ein Dienststrafverfahren einleiten und halte es für erforderlich, dass er unverzüglich für einige Zeit in ein Konzentrationslager überführt wird.«

Was denn auch geschah. Doch Haasemann überlebte.

Ich notiere nur noch: Auch ich sah in Speer mit zeitlicher Verzögerung einen taktisch geschickten Lügner, einen konspirativ arbeitenden Geschichtsfälscher. In Sachfragen brillierte er, doch falsifizierte er in allen Punkten, die seine Beteiligung an Mega-Verbrechen betrafen. Dies ist weithin Konsens unter Historikern und Journalisten: Hätte man beim Nürnberger Prozess alles gewusst, was Jahrzehnte später durchsickerte, man hätte ihn gehängt. Er aber konnte nach der Entlassung aus dem Gefängnis mit größtem Geschick und willigen Helfern seine zweite große Karriere organisieren, ja inszenieren.

Dabei half ihm entschieden sein, ja, einnehmendes Wesen. Beispielsweise zeigte er mir nach der Aufzeichnung des Gesprächs einige Dokumente aus seiner Spandauer Zeit – er bereitete damals die Publikation der *Spandauer Tagebücher* vor. Auch konstatierte er, dass er in einer Hinsicht noch nicht so recht entdeckt worden sei: Als Person, die zwei Jahrzehnte lang nur durch Presse und Funk über sein Land informiert wurde. Welches Bild entwickelt sich da? Als seine Frau ankündigte, sie würde ihn am Tag der Entlassung in Spandau abholen, mit dem Auto, da lehnte er das erst mal heftig ab: Zwingend die Vorstellung, man würde auf der Autobahn mehrfach, ja vielfach an havarierten, an womöglich brennenden Fahrzeugen vorbeifahren. Die Befürchtungen erfüllten sich nicht, er war überrascht, »wie glatt« alles ablief. Na, und so weiter.

Mit seinem großen Bernhardiner begleitete er mich, die Höflichkeit selbst, zum Gartentörchen. Unverbindlich wurde auch eine Fortsetzung des Gesprächs in Aussicht gestellt, womöglich privat. Davon konnte die Rede aber nicht mehr sein.

CHARLES DE GAULLE UND ICH

NOCH EINMAL die »eventualhistorische«, alternative, virtuelle Entwicklung nach einem Einmarsch der französischen Armee in Deutschland, unterstützt von britischen Divisionen. Rascher Zusammenbruch der Wehrmacht, die für einen Zweifrontenkrieg nicht gerüstet, nicht (mehr) ausgerüstet war – fast das gesamte Heer in Polen im Einsatz, fast die gesamte Munition verschossen, fast alle Bomben der Luftwaffe abgeworfen.

Um die Schlussphase des kontrafaktischen Szenarios zu rekapitulieren, stichwortartig: Die französisch-britische »Lawine aus Stahl« ließ sich beim massierten Vorstoß, beim zügigen Vormarsch Richtung Berlin kaum aufhalten, eine erste Panzerdivision drang in Berlin ein. Hitler wurde in einem Kommandounternehmen festgenommen und im Gefängnis von Landsberg isoliert. De Gaulle, zum General befördert, bezog Quartier im »Château prusse«.

Und so *hätte* es weitergehn können: De Gaulle lässt Generaloberst Ludwig Beck zu sich kommen, vertraut ihm das Amt des »Reichsverwesers« an, des Staatspräsidenten. Beck erlässt über den Rundfunk den Aufruf, die Waffen niederzulegen. In der französischen Botschaft Besprechungen zur Bildung des Kabinetts. Carl Friedrich Goerdeler wird Kanzler. Die neu etablierte Regierung bleibt der Militärregierung gegenüber weisungsgebunden. Später die Umwandlung der Militärregierung in französisch-britische Mandatsverwaltung; schließlich der Staatsvertrag.

Einwirkungen der militärisch erzwungenen Veränderung der Gesellschaftsform auf meine individuelle Entwicklung. Bereits skizziert: Familie Kühn bleibt in Köln, weiterhin wohnhaft im Privatweg. Kindheit ohne die Erfahrung des Bombenkriegs. Und damit: Fortsetzung des alternativen Lebenslaufs, übertragen in virtuelle Vergangenheitsform.

Als ich am 9. September 1941 eingeschult wurde, war die neue Regierungsform, waren die neuen Lebensformen längst festgeschrieben, waren in Schulbüchern die Akzente auf »La grande nation« gesetzt. Auf dem Gymnasium war Französisch wichtigste Fremdsprache.

Damit weiterwirkende Impulse: Ich studierte (Erstsemester in Köln) französische und deutsche Literatur, mit dem Fernziel: Studienrat (wenn auch mit zwei Korrekturfächern!). Meine Staatsarbeit schrieb ich über Benjamin Constant und die Formen seines literarischen und politischen Engagements.

Ich arbeitete heraus, dass Constant eine entschiedene Trennung durchgeführt hatte: Hier literarische Texte, dort publizistische Schriften, mit denen er auf gesellschaftliche Verhältnisse einzuwirken versuchte.

Und damit die Leitfrage: Was konnte er mit publizistischen Arbeiten bewirken? Konnte er die Etablierung der napoleonischen Diktatur verhindern? Konnte er die etablierte Diktatur abschwächen, sie wenigstens partiell humanisieren oder liberalisieren helfen? Oder blieb letztlich dies als Faktum: Dass Napoleon an der Macht war und Constant im Schweizer Exil?

Mein Resümee zu Constant als Publizist: Ohne Zweifel Einwirkung, kaum aber nachweisbare Auswirkung. So hatte er schon früh ein politisches Mandat angestrebt. Er ging von der Einsicht aus, dass politische Schriften allein noch keine Politik machen. So wollte er in einer der Körperschaften daran mitwirken, dass Freiheitsrechte durchgesetzt wurden und erhalten blieben. Politische Tätigkeit als folgerichtige Ergänzung der politischen Publizistik.

Unabhängig von der neuen gesellschaftlichen Konstellation: ich ging meinen Weg. Gleich nach Abschluss des Studiums: erst Referendar, dann Assessor, schließlich Studienrat in den

Fächern Französisch und Deutsch im Albertus-Magnus-Gymnasium zu Köln.

Früh schon hatte ich geheiratet: Gisela (Gisèle) hatte gleichfalls Deutsch und Französisch studiert, wir haben uns während eines Seminars kennengelernt. So früh wie die Heirat der erste Sohn: Thomas (wir betonten den Namen vorzugsweise auf der zweiten Silbe). In vier Jahren Abstand: Christoph, Christóphe. Wir hatten unser Auskommen. So konnte ich es mir leisten, Bücher zu schreiben, von deren Tantiemen wir nicht leben mussten.

Ich unterrichtete, ich schrieb. Zwei Leitbegriffe meines Lebens: Konsequenz und Kontinuität. Eines verbindet sich logisch mit dem anderen ... eines ergibt sich schlüssig aus dem anderen ... eines baut konsequent auf dem anderen auf ... der rote (Kölner) Faden der Lebenslinie ...

Es ergab sich, dass ich mit der Familie im Haus meiner Kindheit wohnen konnte, in der Stichstraße – die Brüder wurden ausgezahlt. Als Auslöser der Verteilung: Die Eltern zogen nach Hamburg. Fritz, einer der beiden Brüder von Helene, hatte ein Stockwerk einer repräsentativen Villa aus der Dynastie der Rauchfleischhändler geerbt (den anderen Anteil an der Immobilie erbte einer der Vettern aus dem Clan). Der stattliche Bau (der Gründerzeit) der noblen Hansastraße prunkte sogar mit der neuen technischen Errungenschaft eines Fahrstuhls – Statussymbol für Luxus in jener Zeit. Fritz konnte sich mit seinem Erbteil nicht recht anfreunden, Lust auf gravierende Veränderung, er folgte, nach erfolgreichem Start im Bankgewerbe, einem verlockenden Angebot einer südamerikanischen Bank. So blieb die weitläufige Wohnung für unbestimmte Zeit vakant; der Offerte von Bruder und Schwager konnten meine Eltern nicht widerstehen. Hinzu kam: Hamburger Familienverbindungen ließen sich aktivieren, mein Vater erhielt eine aussichtsreiche Position in der See-Assekuranz-Gesellschaft P. A. Milberg.

Es spielte sich ein (ziemlich) regelmäßiger Briefwechsel ein zwischen Hamburg und Köln. Auch wechselseitige Besuche, vorwiegend zu Familienfesten.

Kontinuitäten! Auch in der Zuwendung zum Französischen im Œuvre. Als folgerichtige Nachwirkung des Studiums vor allem: Meine Übertragung des *Perceval* von Chrétien de Troyes.

Selbstverständlich erhielt das Buch ein Vorwort. Allzu ausführlich konnte es nicht ausfallen, denn nur wenig, allzu wenig ist bekannt über Chrétien. Begleitende Hinweise sodann auf seine Versromane der »Matière de Bretagne«, des walisisch-keltischen Sagenkreises: *Erec et Enide … Lancelot … Yvain.*

Schließlich das große Fragment des Perceval-Romans: *Perceval li Gallois ou Li contes del Graal.* Jetzt darf ich mich allerdings nicht dazu verlocken lassen, weitschweifig nachzuerzählen, dabei aus der Übertragung wiederzugeben; in diesem Bericht muss eine Textprobe genügen.

Nach vergleichsweise knapper Einleitung kommt der Dichter rasch zu Percevals Kindheit und Jugend. Der Bub wird (nach dem Tod des Vaters als Söldner im fernen Bagdad) von der Mutter in einer Einöde aufgezogen, um ihn vom Ritterleben fernzuhalten (und damit vom Rittertod). Doch schon bei einer ersten Begegnung mit Rittern: Faszination, Enthusiasmus!

Weil es bei dem schönen Wetter
milde war, gab er dem Pferd
die Zügel frei und ließ es weiden
im grünen, saftig frischen Gras.
Und er, der mit so viel Geschick
die kleinen Speere werfen konnte,
er ging umher und warf herum –
mal nach hinten, mal nach vorn,
mal hinab und mal hinauf,
bis er schließlich aus dem Wald
fünf Panzerreiter kommen hörte,
die in voller Rüstung waren;
die Waffen derer, die dort kamen,
machten einen großen Lärm,
denn vielfach stießen an die Waffen

Äste von den Eichen, Buchen,
Lanzen schlugen an die Schilde,
und die Kettenhemden klirrten –
es klang das Holz, es klang Metall
von Schilden wie von Kettenhemden.
Als er nun im Offnen sah,
die bisher der Wald verborgen,
sah die Kettenhemden, klirrend,
und die Helme, hell im Glanz,
und die Lanzen und die Schilde
(alles nie zuvor erblickt!),
und sah das Grün, das Purpurrot
im Gegenlicht der Sonne leuchten
und das Gold, Azur, das Silber –
da wurde er ganz heiter, froh
und sagte: »Ah, Herr Gott, hab Dank,
das sind ja Engel, die ich seh!«

Lebensform der Kontinuität: sie schloss Fernreisen weithin aus. Was nicht für mich allein charakteristisch sein dürfte: Offenbar wurden in einer Osmose auch Mentalitätsformen der Sieger übernommen – Franzosen, die in anderen Ländern als Touristen nur selten zu sehen waren, weil sie all das im eigenen Lande hatten, was als Reiseziel verlocken konnte: Nordseeküste, Atlantikküste, Mittelmeerküste, dazu reichlich Mittelgebirge, die Alpen. Osmotisch wurde auch Deutschen bewusst: Wir haben die Ostsee, die Nordsee, wir haben reichlich Mittelgebirge und einen kleinen, jedoch charakteristischen Anteil an den Alpen. Franzosen, die mal andere Alpen sehen wollten, sie reisten nach Garmisch, Deutsche, die mal andere Alpen sehen wollten, reisten Richtung Grenoble. Wozu da noch ein Himalaja, wozu ein Pazifischer Ozean? Was gehen uns die Maya-Bauten in Mexiko an? Wir kennen nicht einmal die Mehrheit der glücklicherweise erhaltenen Baudenkmäler im eigenen Lande. Also, warum mich aus eingespielten Lebensformen herausreißen und in fremde Länder reisen? Alles, was uns wichtig ist, können wir mit dem Auto erreichen. Also packen wir Söhne und Bücher ein und fahren los – Kurs Südwesten.

La Croix-Valmer, in der Nähe von St. Tropez. Hier waren wir Stammgäste in einem Apartmenthaus in Hanglage – mit Panoramablick aufs Mittelmeer, auf die Landzunge weit hinaus. Vor dem Haus Korkeichen (über die wir allerdings hinwegblickten).

Auch im Feriensitz bald feste Abläufe: Jeden Morgen fuhr ich hinunter zum Strand – zu dieser Tageszeit fast mein Privatstrand. Auf dem Parkplatz kein zweiter Wagen … der Pfad zwischen Maschendrahtzäunen … der erste Blick aufs Meer … die Treppe, im Zickzack die Felswand hinunterführend zu einem Bootshaus in Beton, rosa bemalt, und mit einer Dusche an der Seitenwand. »Sylva Belle«, meine Lieblingsbucht: der weite Strand im Bogensegment umrahmt von Felswänden; droben Villen der Jahrhundertwende, optimal positioniert. Hinausschwimmen, das Buchtpanorama weitet sich.

Ausführliches Frühstück mit Gisèle, Thomás, Christóphe. Anschließend ziehe ich mich in ›mein‹ Zimmer zurück. Kann mich nun auf einen neuen literarischen Text für den Funk konzentrieren – Priorität bis zur Stunde, in der Zikaden besonders laut schrillen. Während die Familie sich am Cigalle-Strand aufhält, schneide ich Kartoffeln und Zucchini in die Pfanne, Öl, Knoblauch, Rosmarin kommen hinzu; es wird dann aus der Pfanne gegabelt, keine Spülmaschine in der Ferienwohnung. Nach dem Imbiss lege ich mich hin, lasse mich von den Zikaden in die Siesta schrillen, beruhigend gleichmäßig. Dann der Spaziergang, die Straße entlang, zur Familie am Strand. Fortsetzung des Spaziergangs auf die nahe Halbinsel, gemeinsam mit Gisèle, den Söhnen. Nach der Wanderung wieder ausführliches Schwimmen, in Abendfarben hinein, dann gemeinsam ins Strandrestaurant, wo uns der Kellner schon mit Handschlag begrüßt. Endlich Wein!

Mit kurzem Anlauf machte ich den Sprung, schrieb ein Hörspiel gleich auf Französisch: *La Marquise à cinq heures.*

Der erste Satz: »La Marquise sortit à cinq heures – par une

telle phrase, disait Paul Valéry, jamais il ne saurait commencer un roman.« (»Die Marquise ging um fünf Uhr aus – mit solch einem Satz, sagte Paul Valéry, könne er niemals einen Roman beginnen.«) Damit wurde eine Reihe von Variationen entwickelt, alle mit dem Kernsatz, dass die Marquise um fünf Uhr ausging, natürlich nachmittags. Ein Beispiel.

»A cinq heures, lorsque le signal sonore indiquant l'heure à la radio fut augmenté par la stridence de l'émetteur extraterrestre qu'elle était la seule à savoir décoder, la Marquise quitta sa maison pour ce rendez-vous coordonné avec une extrême précision avec le capitaine du vaisseau extra-terrestre, dénué de cils, de sourcils et bien sûr aussi de barbe, vaisseau qui atterrissait sur une clairière tranquille en plein bois de Boulogne.«

Und gleich die Rückübersetzung: Um fünf Uhr, wenn das Zeitzeichen im Radio durch den hellen Fiepton des extraterrestrischen Senders auf eine Weise akzentuiert wurde, die nur sie dechiffrieren konnte, verließ die Marquise das Haus zur genau koordinierten Begegnung mit jenem wimpernlosen, brauenlosen und selbstverständlich auch bartlosen Kapitän des extraterrestrischen Raumschiffs, das auf einer stillen Lichtung des Bois de Boulogne landete.

Als Beispiel noch eine zweite Sequenz, hier gleich als Übersetzung des französischen Originaltextes: »Um fünf Uhr opferte der Taxifahrer bewusst und freiwillig seine Verdienstspitze der Liebe zur Marquise. Auf jenem einsam gewordenen Sportplatz am Ende der Rue Jacques Austerre drehte er das Lenkrad bis zum Anschlag, legte den ersten Gang ein und ließ so das Taxi im Kreis fahren. Dann zog er sorgfältig seine Schuhe aus und kletterte zur Marquise zurück, die – mit nichts bekleidet als einem zwar knappen, aber nassen Regenmantel – auf ihn wartete. 14,5 Liter Benzin verbrauchte der Wagen durchschnittlich bei diesen Liebesrunden.«

So sehe ich mich, so werde ich auch gesehen: Als Person mit einem Hauptberuf und einer Nebentätigkeit. Die wird allerdings mehr und mehr zum Hauptberuf. Schreiben als erweiternde biographische Sinngebung ... Nicht als Lehrer ständig stimulieren, korrigieren: mich frei entfalten! Notwendiger, überlebensnotwendiger Ausgleich zum Beruf mit Gehaltszahlungen. Die festen Bezüge verschaffen mir Freiräume.

So habe ich die mir gemäße Lebensform gefunden, meinen Anlagen entsprechend, meinen Fähigkeiten. Die konträre Lebensform eines freien Schriftstellers, dies womöglich berufslebenslang, würde letztlich nicht zu mir passen. Aus der freien Tätigkeit kehre ich gern in die gebundene Tätigkeit zurück, und wiederum: Akte der Befreiung. Mit einem vorgegebenen Begriffspaar: Pflicht und Kür. Die wahren Meister auf dem Eis beherrschen beides. Solange das Eis trägt.

Ellipse mit zwei Brennpunkten. Was diese Lebensform ausschließt: Formen von Engagement, sprich: ehrenamtlicher Tätigkeit. Eine Zeitlang hatte ich mit dem Gedanken gespielt, mich in einer Partei zu engagieren, mich für die Stadtverordnetenversammlung nominieren zu lassen. Aber das blieb Gedankenspiel, Realisierung schloss sich aus, ich konnte mich nicht als verdreifachte Person sehen. Französische Meister hatten vorgeführt, wie man Tätigkeit in der Gesellschaft und Tätigkeit in der Selbstisolierung überzeugend verbinden kann. Dem entspricht, im Grundzug, meine Berufstätigkeit in der Schule, meine Arbeit in einem Zimmer allein. Mehr Spielraum ist nicht möglich, jedenfalls für mich nicht. Für ein Engagement in einer Bürgerschaftsvertretung würde mir allein schon die Zeit fehlen. Meine Stundenzahl im Albertus-Magnus-Gymnasium ist bereits reduziert (damit auch das Gehalt), weitere Einschränkung ist nicht vertretbar, Zeit für öffentliches Engagement könnte nur von der Schreibzeit abgeknapst werden. So was ist für mich undenkbar, ich kann die komplexe Tätigkeit nicht zeitlich komprimieren. Dazu würde auch das Potential an Lebensenergie nicht ausreichen. Hier muss ich haushalten, so altbacken das klingen mag. Auf keinen Fall also eine ehrenamtliche Tätigkeit! »Das ist einfach nicht drin«, sage ich schon mal im Gespräch. Freunden erscheint das weithin plausibel.

Was stabilisierend wirkt, das Gewissen beruhigend: Gisèle schafft so etwas wie Ausgleich, ihr Arbeitsgebiet erweiternd in einer Nebentätigkeit offiziösen Charakters: Ehrenamtliche Mitarbeit in der Kölner Dépendance der »Associations franco-allemandes pour la Science et la Technologie«. Hier hat sich freilich keine Eingrenzung auf strikt Fachbezogenes etabliert, es findet sukzessive Erweiterung statt, getreu dem Richtsatz: »La coopération en sciences humaines et sociales entre nos deux pays devra être encouragée plus avant.«

Komplementarität zu meiner literarischen Arbeit! Vereinfacht dargestellt: Ich ziehe mich nach Erledigung aller Schulverpflichtungen zurück ins Mansardenzimmer, Gisèle fährt, soweit es die Schulverpflichtungen zulassen, ins Büro am Neumarkt.

Dies wird zusätzlich ermöglicht (und abgesichert) durch die Familienkonstellation: Ihre Mutter hilft aus, springt ein, kümmert sich »bei Bedarf« um Kinder und Haushalt. Günstige Zugverbindungen der Strecke Aachen–Köln erleichtern die Planungen: Flexibilität.

»Oma Erna« agiert (was ihr nicht weiter erwähnenswert erscheint) im Hause ohne Kommentare, ohne Einmischungen. Ganz im Gegensatz zu meiner Mutter versucht sie nicht, sich in die Erziehung der beiden Söhne einzumischen, deren »Erzieher« erziehend in nachgeholten Lektionen, direkt bei Besuchen, indirekt über Briefe. Auch äußert sich die Schwiegermutter nie kritisch zu meiner »Nebentätigkeit«.

So etwas wie eine Vorgeschichte: In den vierziger Jahren hatte sie als Sekretärin eines lokalen Schriftstellers gearbeitet, der eine kleine, papierverarbeitende Firma besaß (Briefumschläge etc.); so war ihre Büroarbeit aufgeteilt zwischen Firmengebäude und Privathaus. Aus jener Zeit erzählte sie gern: Angenehme Arbeitsbedingungen, freundlicher Umgangston, und zuweilen schwärmte »Fe« Pelzer von seiner Passion der Segelfliegerei, mit Höhepunkten in doppelter Hinsicht; Thermik an Alpenhängen im Engadin, *Malojawind* … (Er hatte einen schwebeleichten Tod: glitt auf Skiern einen sanften Abhang hinab im Engadin, stahlblauer Himmel, in weitem Panorama vor ihm ein verschneites Gebirgsmassiv, er stürzte, war auf der Stelle tot. Schöner wird man kaum sterben können, sagen wir uns ...)

»Oma Erna« erschien die Kombination von Schultätigkeit und Schriftstellerei als etwas Selbstverständliches. Für meine Mutter hingegen blieb die »Doppelung« fragwürdig, damit korrekturbedürftig. Insistierendes Fragen: Ob ich meine Energie (soweit noch etwas davon übrigbleibt bei der letztlich anstrengenden Schularbeit) nicht darauf verwenden wolle, nachträglich zu promovieren? Das würde meine Aufstiegschancen doch nachhaltig verbessern, womöglich könnte ich dereinst die Leitung des Gymnasiums übernehmen: ich als Rektor, »Rex«. Alternativ: ich könnte einen Lehrauftrag anstreben an der Kölner Uni. Soufflieren dieser Art war bei »Oma Erna« nicht zu erwarten, schon gar nicht zu befürchten. Ihr verdanke ich gelassene Abschirmung meiner »Nebentätigkeit«. Und ihre Tochter konnte sich bei Bedarf in das Kölner Büro der Institution »absetzen«.

Wie hatte sich die Verbindung zu jener Organisation ergeben? Direkt und indirekt über ihren Vater. Als Ingenieur gehörte Edmund zu einer Gruppe von »Metallern«, die gelegentlich in die französische Partnerstadt eingeladen wurden. Und jeweils Gegeneinladungen. Edmund sorgte denn mit dafür, dass die französischen Kollegen angemessene Quartiere fanden, in Familien von Kollegen; er bereitete Besichtigungen von Produktionsstätten vor, lancierte Fachvorträge; ebenso wichtig waren Stadtführungen und Exkursionen (ins »Bergische«); als fester Programmpunkt jeweils eine Schiffsreise von Köln nach Koblenz. Eine Berufskrankheit erschwerte im Lauf der Jahre allerdings die Kommunikation mit Kollegen und Besuchern: unaufhaltsame Ertaubung durch die »Kesselschmiedekrankheit«. Der in den vierziger und fünfziger Jahren noch völlig unzureichende Arbeitsschutz. Edmund musste Inspektionen durchführen in Kesselanlagen, auch während dort gearbeitet, womöglich genietet wurde – es muss ein Höllenlärm gewesen sein! Gerinnsel an den Hörnerven, deren Zerstörung, sukzessiv. Er zog sich mehr und mehr zurück in den Garten, in die Werkstatt im Keller. Als wieder eine Besuchergruppe aus Frankreich angesagt war, fragte er Gisèle, ob sie nicht ein bisschen mitorganisieren, mitgestalten wolle. Ihre Zweisprachigkeit als ideale Voraussetzung.

Gisèle half mit bei der Vorbereitung von offiziellen Terminen und offiziösem Begleitprogramm. Begleitete Delegationen mit ihrer Leica. Stellte später kleine Dokumentationen zusammen: Fotos mit Anmerkungen, den Besuchern nachgeschickt. Auch lancierte sie Berichte (mit Bildern) in die Lokalpresse.

Dort las ich denn von der Unterzeichnung eines langfristigen Abkommens ... Von einer Beratung in einem Laboratorium ... Von einer Kranzniederlegung ... Von einem Fußballfreundschaftsspiel ... Und dass der Akademie-Chor Köln für die Gäste ein Konzert gegeben hat ... Dass Erinnerungsmedaillen verliehen wurden ... La coopération dans les sciences humaines a une longue tradition ...

Verbunden mit den jährlichen Fahrten nach La Croix-Valmer: Exkursionen, meist in das Landesinnere; die Söhne auf dem Rücksitz simultan stöhnend: »Besichtigungen ...!« Doch das herausgestöhnte Wort wurde vergessen auf einer Fahrt von Orange zum nahen Dorf Sérignan-du-Comtat, zum Landsitz des großen Entomologen Jean-Henri Fabre.

Das alte Haus, der weite Garten. Das Haus, äußerlich, noch so ähnlich wie auf alten Fotografien; der Garten indes als märchenschön organisierter Dschungel – dort wo vorher Ödland war, das dem Haus den Namen gab: l'Harmas. Ähnlich die Situation bei Haus und Garten von Cézanne: Das Haus noch in der Bauform, die alte Fotografien dokumentieren; der Garten als kleiner, dichter Wald – dort wo auf einem Foto der neunziger Jahre des 19. Jahrhunderts noch eine Schonung war von Kiefergewächsen, über die man leicht hinwegblicken konnte in die Talsenke mit Avignon. Im Garten von Cézanne, im Garten von Fabre: postume Sichtverbindung zu den berühmten Hauseigentümern ist eher verstellt als erleichtert, die Blickperspektive ist zugewachsen – für den Garten, den ummauerten, in Sérignan ist längst ein Gärtner zuständig.

674

Wichtiger jedoch als der Garten: Das Haus, die Exponate im Erdgeschoss, vor allem Zeichnungen des Insektenforschers, der auch Fachmann für Pilze wurde, hinreichend dokumentiert auf etwa 700 Pilz-Aquarellen sowie in Schriften. Auf einem der Schränke, sichtbar dominierend, dem direkten Zugriff von Besuchern entzogen, die zehnbändige Ausgabe seiner *Souvenirs Entomologiques*. Hier fiel mir gleich Victor Hugo ein, der Fabre als »Homer der Insekten« bezeichnet hat; dieser Homer erhielt schließlich den Nobelpreis. Nicht nur für die sprachmächtigen Schriften, sondern auch, so vermute ich, für die provenzalischen Gedichte, zusammengefasst im Band *Oubreto prouvencalo*.

Im Garten, im Haus von Fabre der spontane Entschluss, eine Biographie über ihn zu schreiben. Doch der Impuls schwächte sich ab. Nach und nach irritierend, zuletzt fast blockierend: ausgerechnet das Stichwort Kontinuität. Es zeichnete sich bei Vorarbeiten zum Biographie-Projekt früh schon ab: Fabres enorme Lebensleistung war nur möglich auf dem Sockel von Kontinuität – glanzvoller, vielfarbiger Überbau. Oder: weite, hohe Überwölbung.

Mich packte leichter Schwindel (oder, wie eine Freundin es formulierte: ein Daseinsschwindel): Von 1879 bis 1915 lebte und wirkte Fabre in l'Harmas. Dreieinhalb Jahrzehnte lang! Die verbrachte er zwar nicht ausschließlich, aber doch weithin im Haus, im ummauerten Garten. Selbstverständlich unternahm er Exkursionen, jedoch meist in die unmittelbare Umgebung, dabei stets den Blick auf den Boden gerichtet oder auf Phänomene in Augenhöhe: Materialien für Bilder und Bücher. Die Hundertschaften von Pilzen entdeckend, untersuchend, aquarellierend, über so viele Jahre hinweg. Tausende von Insekten entdeckend, untersuchend, beschreibend, über Jahrzehnte hinweg.

Kontinuität in Reinkultur – es packte mich in der Tat der »Daseinsschwindel«. Und es begann das Buchprojekt zu kippen – zuweilen jähe Intensivierung eines Gefühls von Abneigung: Darauf will ich mich nicht weiter einlassen, wer weiß, über wie viele Jahre hinweg würde mich das verfolgen, fixieren – und so werfe ich das metaphorische Handtuch. Krise. Und ein Sprung, ja Absprung!

Rimbaud … ja, Arthur Rimbaud! Es musste eine Biographie ausgerechnet über Rimbaud sein! Konfrontiert mit seiner Vita: Nicht die geringste innere Beziehung; keine Osmose im Lebensgefühl; fremde Figur in fremder Welt – warum dann, wieso, wozu?

Ich habe mir eine Erklärung zurechtgelegt, an die ich mich rasch gewöhnt habe: In Kontinuitäten eingebunden, versuchte ich, eine konträre Lebensform tiefer Zäsuren, fundamentaler Wechsel zu vergegenwärtigen. Dies nicht in einem Akt simpler, zugleich anmaßender Identifikation, vielmehr: Die Biographie über Rimbaud als Versuch der Erkundung einer Konträr- oder Komplementärwelt. Anders ist die Hinwendung von einem Leben der Kontinuität zu einem Leben schärfster Zäsuren, ja Rupturen, der Risse, Brüche, Sprünge, der radikalen Neuansätze kaum zu erklären. Das Erklärungsmuster »Konträr- oder Komplementärwelt« reproduziere ich in Gesprächen gern, finde damit Resonanz. Auch unter Freunden: Vielfach das Grundgefühl von Kontinuität, alles wie dahingetragen von einem Lebensstrom, aus dem man nicht herausgefordert wird. Verbindendes Lebensgefühl, das bestätigend, bestärkend auf mich zurückwirkt. Mit diesem Deutungsmuster kann ich leben – und schreiben. Doch, wiederum als Frage: Ist hier virtuelle Erweiterung des eigenen Spektrums?

Vor der Realisierung des Projekts allerdings Sprachbarrieren! Rimbaud in drei Sprachwelten: Sprache seiner Gedichte, seiner intensiven Prosatexte … Deutsch als eine der Fremdsprachen, in die er sich einarbeitete … Die Sprache, die ihn in Äthiopien umgab, in verschiedenen Ausprägungen, stammesfixiert … Zuweilen spielte ich mit einem Gedanken, der sich nicht umsetzen ließ: Der erste Teil der Biographie müsste auf Französisch, der zweite auf Deutsch, der dritte in äthiopischer Sprache verfasst werden. Für solch einen Teil müsste ich eine Textvorlage in meiner Muttersprache erarbeiten, die ich übersetzen ließe – und da wüsste ich schon, wer das realisieren könnte. Mein deutschsprachiger Text dann selbstverständlich seitengleich mit der äthiopischen Version. Das Fremde nicht nur erwähnen, es präsent werden lassen, im Sprachwiderstand.

Aber wäre solch eine Aufgliederung nicht allzu schematisch? Müsste die Schreibmethode nicht genauer abgestimmt werden mit der Sequenz von Lebensformen? Müssten Lebensturbulenzen nicht direkt einwirken, postum, auf Textsequenzen? Setzte er nicht alles aufs Spiel, und das wiederholt? Würde dieser Mentalität eine ordnende Wiedergabe entsprechen? Ein bürgerliches Ordnungsmuster der Schriftform für die Annäherung, postum, an ein Enfant terrible, zeitweilig als Outlaw?

Das Rimbaud-Projekt darf nicht bloß erwähnt werden. Dies auch als Form der Dankbarkeit: ich hätte es ohne die Intervention des Charles de Gaulle wohl kaum in Angriff genommen, unter veränderten Lebensumständen wären mit hoher Wahrscheinlichkeit auch meine literarischen Projekte anders ausgefallen. Ich raffe in der Wiedergabe.

Rimbaud hat mit der Lebensform des Dichters radikal Schluss gemacht. Wollte nichts mehr davon wissen. Wollte nicht mehr daran erinnert werden. Konnte heftig werden, wenn er darauf angesprochen wurde. Lehnte ab, wehrte ab. Wollte nicht mehr Gedichte schreiben, wollte Deutsch lernen. Aber: der Franzose, der Deutsch lernen wollte, in Stuttgart, der beschäftigte sich auch mit dem Niederländischen und dem Arabischen; Rimbaud, der in Afrika als Geschäftsmann ein gewisses Renommée besaß, er blieb zweisprachig, nein; mehrsprachig, denn zum Französischen seiner Firma kamen die oft sehr verschiedenen Sprachformen äthiopischer Handelspartner. Also Dreiteilung mit Überschneidungen, Überlappungen? Und zwischendurch oder mittendrin Sprachmodelle der Turbulenzen? Synchronisierung der Textformen mit Lebensmustern? Es kam auf den Versuch an.

Rimbaud! 1870, die Mutter macht einen Spaziergang mit Geschwistern, Arthur, 15, allein im Haus in Charleville in den Ardennen, er haut ab, fährt ohne Fahrkarte nach Paris, wird am Nord-Bahnhof als Schwarzfahrer verhaftet, eingesperrt, muss vom Lehrer und Förderer Izambard ausgelöst werden, erzwungene Rückkehr nach Charleville. *C'est un trou de verdure où chante une rivière* ... Aufbruch, Ausbruch: marschiert los Richtung Brüssel, Suchanzeige der Mutter, Rückführung durch Polizei. Gebranntes Kind, entflammt; setzte Flammenzeichen. *Un soldat jeune, bouche ouverte, tête nue* ... Februar 1871, erneuter Ausbruch, Reise nach Paris, Rückkehr. Januar 1872 Reise nach Paris, Treffen mit dem Dichterkollegen Verlaine, die Freundschaft wird intim. Zurück nach Charleville. *Les pieds dans les glaïeuls, il dort* ... Ardennen, Paris, Belgien, London, Charleville, Roche, London, Brüssel. Dort gibt Verlaine einen Pistolenschuss auf ihn ab; Verletzung, Krankenhaus. Trennung, Bruch. Gedichte, Gedichte. Roche, Paris, London, Wanderungen mit Verlaine. *Les parfums ne font pas frissonner sa narine* ... Kein geregeltes, auf Fortsetzungen abonniertes Leben: Turbulenz in Permanenz. Gedichte, Gedichte.

Erneuter Schlusspunkt, neuer Doppelpunkt: 1875, von nun an schreibt er vorsätzlich keine Gedichte mehr. Wandert nach Stuttgart, lernt Deutsch, reiht Vokabel-Listen: *antragen anbefehlen anmerken anheimstellen anschlagen aneignen anzetteln*. Seitenblicke auf das Niederländische und Arabische. Seine Annonce: »Ein Pariser, 20 J. alt, wäre geneigt, mit lernbegierigen Personen die deutsche Sprache gegen die französische zu studieren. Briefe an A. Rimbaud, Hasenbergstr. 7, Stuttgart.« *Denken dienen drohen empfehlen entbieten entrichten entziehen erhandeln erkaufen eröffnen.* Zu Fuß weiter nach Mailand, Livorno, Marseille, Paris, Charleville. Wien. Ausweisung nach Bayern, Rückwanderung nach Frankreich. Was er nicht mehr in Gedichtzeilen umsetzte, das setzte er in Meilen um, zu Fuß, rastlos, rastlos, welchem Phantom jagte er nach, gehetzt, wie gehetzt trieb er sich selbst voran, überholte, sich selbst treibend, sich selbst, war sich selbst weithin voraus, sah sich anders, erlebte sich anders, erschien vor sich selbst jeweils als anderer, hat das auch so formuliert, Ich ist ein anderer, berühmte Formulierung, prägte sich ein, brannte sich ein, Rimbaud-Siegellack, in die Haut einbrennend, die Hirnhaut.

Freiwillige Meldung zur niederländischen Fremdenlegion, Stationierung in Batavia, Indonesien. »Durchbrennen mit dem gesamten Sold, Flucht durch den Dschungel. Auf ein neues Schiff! *Wandering Chief*.« Über St. Helena nach Liverpool. Charleville. Bremen. Kopenhagen. Norwegen. Marseille. Rom. Charleville. Hamburg. Vogesen. Schweiz. Mailand. Genua. Larnaka auf Zypern. Typhus. Frankreich. Erneut Zypern. »Leitete ich die Arbeiten in einem Steinbruch, Felsen wurden gesprengt. Später habe ich dort den Sommersitz des englischen Gouverneurs erbaut.« *Sich verschleudern, sich vergeuden, vergeuden, verschleudern,* in Schleudern geraten, ins Schleudern gebracht.

Große Zäsur, Bruch mit der Vergangenheit, für immer: Rimbaud wird ein ganz anderer. Suche nach Arbeit in Häfen am Roten Meer. Aden, Hafenstadt im Jemen, britisches Protektorat. »Aden ist ein scheußlicher Fels, ohne einen einzigen Grashalm oder einen Schluck genießbaren Wassers; man trinkt destilliertes Meerwasser. Die Hitze ist exzessiv.« In der Hafenstadt wird vor allem Kaffee verschifft: die in Frankreich besonders beliebten jemenitischen und abessinischen Sorten, mokkastark. Rimbaud spricht vor bei der Exportfirma Bardey et Cie., empfiehlt sich durch einige Kenntnisse der arabischen Sprache, wird eingestellt als Aufseher in der Kaffee-Sortiererei. Hitze, Hitze, er hält das nicht aus, muss weg, weg, weiter. Seine Chance: die Firma eröffnet eine Außenstelle in Harar, Äthiopien. Dreijahreskontrakt. Über das Rote Meer; zwanzig Tage mit einer Kamelkarawane landeinwärts: Harar, 1800 Meter Höhe; entschieden besseres Klima. »Die Handelsprodukte des Landes sind Kaffee, Elfenbein, Häute etc. […] Ich werde demnächst eine große Reise in die Wüste machen, um Kamele zu kaufen. Natürlich sind wir zu Pferd, bewaffnet und so. Das Land ist recht freundlich.« Bunaa gatin qabaa! Zurück nach Aden. Zurück nach Harar. Yäné mist qonjo näch, t'uru sét näch, kälibbé afäqratallähu, nägär gin särg mädägäs alfälägim. Ja, seine Frau ist schön, lieb, gut, aber heiraten möchte er sie nicht. Er leitet die Agentur. Rimbaud als Kaffee-Experte: Café moka, Coffea arabica. Die weißen, nach Jasmin duftenden

Blüten ... die roten Beeren ... im Fruchtfleisch die grünen Kaffeebohnen. Rimbaud als respektierter Kaufmann, scharf kalkulierend im Tauschhandel. Ab wusht'i Tigray bizuh amolä tiräkibä néyrä. »Ich habe meine Beziehungen geknüpft, hier kennt man mich, hier finde ich immer Arbeit, wie soll ich mich herauswinden, hier aus diesen Ketten, Karawanen und Waren, den Stoffen, Gold, Elfenbein, Muskat, den Waffen.« Doch nicht genug Arbeit in Harar, also fotografiert er, schreibt Aufsätze über Ostafrika: Sachprosa, lyrikfern, Beiträge für das Periodikum der Société de Géographie in Paris. Bähiwäté bizu hagär aych'alläw, bizu mängäd aych'alläw, bizu säwoch aych'alläw, ahun gin bäqtoña. Fotos mit Selbstauslöser: Rimbaud in hellem Leinen vor einem Kaffeebusch, ihn überragend: Mann mit äthiopischer Bräune. Tadjoura wist' tinnish bét näbbäräñ, lakurém qirb näbbärku. Erweiterung des Tätigkeitsfeldes: »Einige Tausend Gewehre kommen für mich aus Europa. Ich werde eine Karawane ausrüsten und diese Ware zu Menelik, dem König von Shewa, bringen.« Nigus Minilik tilliq säw näw, t'amänja yifälläqal, nägär gin birr mäkfäl aywäddim. Ein ehrgeiziger Eroberer afrikanischer Territorien, also Bedarf an Waffen. »Der Weg nach Shewa ist sehr lang; fast zwei Monate Marsch. [...] Er beschlagnahmt die ganzen Gewehre und zahlt einen Spottpreis.«

Schwere Erkrankung des 37-Jährigen, Geschwulst, Tumor am Knie. »Ich mietete 16 Negerträger, [...] ließ eine mit Stoff bezogene Trage anfertigen, und darin habe ich in 12 Tagen die Wüste durchquert. Unnötig, euch zu sagen, was für furchtbare Schmerzen ich unterwegs erdulden musste. Ich sehe furchterregend aus. Ich habe ein Linienschiff nach Frankreich genommen. Wie schrecklich unglücklich bin ich geworden!« Marseille, Krankenhaus, Diagnose Knochenkrebs, Beinamputation. Was helfen da Krücken, was hilft eine Prothese aus Holz? Verkrüppelt, er fühlt sich als Krüppel, was soll dieses Leben, wozu leben wir überhaupt? »Ich weine Tag und Nacht, ich bin ein toter Mann.«

DAS HAUS AM HANG DES HEILIGTUMS

ZÄSUR im Leben der Eltern: 1970 beendete Helmuth die Berufstätigkeit, pünktlich zum 65. Geburtstag. Für diesen Termin hatte Helene wortwörtlich: vorgebaut. In Herrsching war unter ihrer Regie ein Haus entstanden, am damaligen Ortsrand, der Schönbichlstraße. Termingerecht konnte das Haus bezogen werden.

Ein kleines Gästezimmer war eingeplant vor allem für den Besuch eines der Söhne. Solche Besuche (vor allem, wenn mehr als zwei Tage avisiert waren), sie wurden eher hingenommen als wahrgenommen. Es entwickelte sich ein kleines Ritual: Wenn Gisela und ich mit der S-Bahn eintrafen an der Endstation Herrsching, stand Helene auf dem Bahnsteig. Aber nicht zu Willkomm und Begleitung, sondern zu Empfang und Abschied. Mit der nächsten S 5, auf dem Gegengleis bereitstehend, fuhr sie nach München und von dort zu ihrem Bruder in Ratingen. Gisela wurde ermuntert, für »Paps« zu sorgen, ich trug Helenes Koffer in den nächsten Waggon, kurzes Winken, und tschüs.

Ich mag hier aber nicht beim Bild der Mutter bleiben, die nicht mal einen einzigen Fahrplantakt der S-Bahn umwidmen wollte in ein kurzes Gespräch am Bahnhof – ein Gegenakzent muss gesetzt, ein Ausgleich geschaffen werden.

Ich habe ihr auch eine Form der Sozialisation zu verdanken, die vor allem markiert wird durch ihre Leitkategorie der *Zivilcourage*. Immer wieder: Lasst euch nichts gefallen, zeigt Rückgrat! Das war nicht bloß Rhetorik, sie hatte das uns staunenden Kindern mehrfach vorgeführt: Das erfolgreiche Abwimmeln des ersten Trüppchens amerikanischer Soldaten … Die Furchtlosigkeit, mit der sie ins Amtszimmer des Ortskommandanten marschierte, den Stecker aus der Wand zog, das Radio packte und mit kurzer Erklärung am offenbar sprachlosen Offizier vorbei hinausrauschte … Die lautstarke Entschiedenheit, mit der sie (vor der geplanten »Rückführung«) den Wohnungsbeauftragten der Gemeinde Herrsching an der Haustür abwies mit der Drohung, das nächste Mal stehe sie mit dem Messer hinter der Tür … So was fand Resonanz, übertrug sich. Ja, sie hat mir den Rücken gestärkt.

Gelegenheiten, das auf die Probe zu stellen, ergaben sich etwa bei Grenzkontrollen auf unseren Autofahrten in die DDR, auch beim Transit in die Volksrepublik Polen.

Der übliche Ablauf, erst einmal vergegenwärtigt. Als Grenzübergang zumeist Herleshausen / Wartha. Die Vorkontrolle; die Einweisung auf eine der nummerierten Wartespuren; die kleine Holzbaracke, in die man die angeforderten Papiere reichte, die in eine Plastikmappe gesteckt und auf ein verdecktes Förderband gelegt wurden, auf dem sie, parallel zur Wartespur, vermittelt wurden an die Prüfungsstelle (mit einer internen Bezeichnung, die ich nicht kenne). Der Ablauf der Prüfung war optisch völlig abgeschirmt von den Transitreisenden oder Einreisenden. Die Papiere wurden wieder herausgereicht durch einen Schlitz in den Holzcontainern, die in militärischer Ordnung aufgereiht waren. Dann die direkte Prüfung, sichtlich streng, durch den Zoll, das mit jeder Einreise wiederholte Ritual: Motorhaube öffnen, Kofferraum öffnen, Rücksitz hochklappen, wie auch immer. Und es wurde die Unterseite des Wagens kontrolliert mit herangerolltem Spiegel in fixiertem Winkel. Zuweilen wurde auch im Benzintank gequirlt. Recht häufig mussten Gepäckstücke geöffnet werden; es wurde nach Waffen oder Sendegeräten gefragt, wurde nach Schriftgut gesucht, das auf der Verbotsliste stand, und die war umfassend.

Weitere Begegnungen mit Staatsorganen bei der Ausfahrt aus dem Areal des Grenzübergangs: Uniformierte, die eingegriffen hätten, falls man eigenwillig die Kontrollen verkürzt hätte. Und wenige Kilometer nach Beginn der ostdeutschen Autobahn der erste versteckte Streifenwagen mit Radar, hinter dem riesigen Autobahnschild, unter dem eine Gummiplane bis zum Boden herabhing. Wer die Höchstgeschwindigkeit von 40 Stundenkilometern überschritt, wurde ein paar hundert Meter weiter abkassiert. Zahlungen in D-Mark, in der DDR als Zahlungsmittel sehr begehrt, wenn auch von der Propaganda als »Schwindelmark« bezeichnet.

Kontakt mit der Behörde dann in der Dienststelle der Volkspolizei in Artern oder in Halle. Düstere Räume, geducktes Warten von Staatsbürgern der DDR, Einschüchterung von ›vorlauten‹ Bürgern der BRD: Nun setzen Sie sich erst mal hin! In allen Amtsräumen das offizielle Foto des Genossen Staatsratsvorsitzenden Erich Honecker. Alle Unfreundlichkeit, Muffigkeit, Reglementierung: sichtlich unter seinem Patronat.

Soweit die regulären Abläufe, die freilich störungsanfällig waren. Sechs oder acht Fahrzeuge noch vor der Grenzkontrolle, es begann zu regnen, und zwar heftig, doch ein Offizier winkte, unter der Bedachung, mit gleichsam schaufelnder Armbewegung. Ich sagte Gisela, ich verstehe dieses Zeichen nicht, der Offizier soll herkommen und sagen, was er will. Vor uns und neben uns in der zweiten Wartereihe sprangen Landsleute gehorsam aus den Autos, blieben, fast in Habtachtstellung, im Regen neben den Fahrzeugen stehen, ich stellte den Scheibenwischer an, um das genauer verfolgen zu können. Und es wurden uns wütende Blicke zugeworfen, ja zugeschleudert: Dieses renitente Paar versaut die Stimmung bei den Grenzern, die werden uns besonders hart rannehmen. Früher hätte man gesagt: Es waren Blicke, die töten können. Die energische Winkbewegung des Grenzoffiziers wiederholte sich nicht, unsere Landsleute schoben ihre Fahrzeuge immer näher nach vorn, wir überließen das dem Motor. Und waren gespannt auf das Verhalten der Grenzer. Wir wurden korrekt behandelt, problemlose Abfertigung.

Die weitverzweigte Familie (im Dorf in der Nähe des Kyffhäuser), der wir von Düren aus regelmäßig Pakete schickten, und die sich mit Einladungen (etwa zum Schlachtfest) bedankte, sie hatte breitgefächerte Bücherwünsche. Wie aber Bücher über die Grenze bringen, an der speziell nach Druckerzeugnissen gesucht wurde?

Ich versuchte es mit angewandter Psychologie: Auf den völlig freigeräumten Rücksitz stellte ich, mittendrauf, einen großen Karton, oben abgedeckt mit zwei Bildbänden über Weimar. Der Grenzer steckte den Kopf in den Wagen: Was ham Sie denn da? Ich: Bücher. Keine weitere Frage, keine nähere Untersuchung. Was so offen präsentiert wurde, konnte doch wohl keine Konterbande sein, also wurden wir durchgewinkt.

Rückreise aus Polen. Schleppende Abfertigung der Grenzkontrolle. War besonders verdächtig, wer aus der Volksrepublik Polen in die Deutsche Demokratische Republik zurückkehrte, zum Transfer? Ein warmer Sonnentag, ich hatte keine Lust, die Wartezeit im Auto zu verbringen, nahm ein Hefeteilchen, stieg aus, lehnte mich an die Wagenflanke, mümmelte vor mich hin, blinzelte in die Sonne. Registrierte aber im Augenwinkel, dass sich am Kontrollpunkt mehrere Uniformierte gruppierten mit Blickrichtung auf mich. Und es setzte sich ein Offizier in Bewegung, marschierte an der Warteschlange entlang, blieb vor mir stehn: »Hörn Se mal, die Waffel, oder was Sie da zum Munde führen, das tun Sie mal schön weg, ja, hier ist kein Verpflegungsposten, hier ist Grenzkontrolle.« Ich war so baff, dass mir keine Antwort einfiel, wie ferngelenkt (von Helene ferngelenkt?) hob ich den Arm, führte das Teilchen »zum Munde« und biss ab, schaute ihn kauend an. Und wieder eine unerwartete Reaktion: Der Offizier schwenkte ab, marschierte an den aufgereihten Autos entlang zurück. Nun stieg ich doch ein und sagte Gisela: Die schrauben uns gleich das Auto auseinander. Aber es geschah nichts Außergewöhnliches, die Abfertigung war knapp und korrekt.

Das versuchte ich mir zu erklären und fand nur diese Lösung: Der Offizier wurde vom Trupp sicherlich gefragt, wie ich reagiert hätte. Nu!, wird er, dürfte er gesagt haben, er hätte mich entschieden zurechtgewiesen, soooo klein mit Hut würde der Westler hier vorfahren – der hat seinen Speck ab.

Eine der Anekdoten, die, vor der Wende, zum Repertoire gehört haben, Beiträge zur Unterhaltung einer lockeren Runde am Tisch mit Tellern und Gläsern. Als bewährter Abschluss die Story von der Grenzsperrung im »Palast der Tränen« an der Übergangsstation Friedrichstraße.

Die Grenzkontrolle dort hatten wir schon mal mit erhöhter Adrenalin-Ausschüttung überstanden: Gisela mit einem Tonband auf dem blanken Bauch, ein neuer Song, den Biermann in seiner Wohnung in der Chausseestraße eingespielt hatte, ich durfte die Aufnahme am Revox-Gerät aussteuern. Konspirative Verabredung sodann bei laut eingespielter irischer Volksmusik, Biermann flüsternah an Gisela herangerückt.

Doch dann: Keine Spitzelmeldung, die kommen vom Biermann, keine Leibesvisitation. Angemessene Erleichterung, als die S-Bahn anrollte Richtung Westberlin.

Diesmal aber keine Konterbande, Gelassenheit beim Grenzübertritt, Gisela hinter mir. Und da hakte es. Ihr Pass wurde genauestens untersucht, wiederholt wurden Passfoto und Gesicht verglichen. Ich erhielt die barsche Anweisung, mich in den nächsten Sektor der Halle zu »verfügen«, doch ich blieb am Durchlass stehen und sagte, ich würde hier stehnbleiben, bis alles geklärt sei. Daraufhin wurde vor Gisela ein Gitter geschlossen, die Grenzerkollegen zogen nach, die Grenze war zu, im Tränenpalast. Und wieder die triste Erfahrung mit bundesdeutschen Rentnern: maulten und motzten, aber nur halblaut – ich versaue die Stimmung der Grenzer, Kontrollen werden jetzt bestimmt verschärft …

Nach einigen Minuten trat ein Offizier auf, marschierte auf mich zu: »Sie haben gehört, was der Genosse (folgte der Dienstgrad) verfügt hat, begeben Sie sich augenblicklich nach nebenan.« Ich erklärte, ich würde in Hör- und Sichtkontakt mit meiner Frau bleiben, bis der Vorgang geklärt sei. Der Offizier schwenkte ab. Auf solche Form des Widerspruchs war er offenbar nicht eingestellt, in dieser Hinsicht war er nicht geschult.

Es geschah erst mal gar nichts – ich stand allein in der Halle, die Gitter weiterhin geschlossen, hinter Giselas Rücken wurde lauter gemault. Nach einigen Minuten erschien ein Ober-beschauer, setzte sich ins verlassene Büdchen, prüfte einge-hend den Pass, verglich Detail um Detail, die Grenze wurde wieder geöffnet. Nun doch Erleichterung.

Auf dem Bahnsteig droben schaute ich mir genauer das Passfoto an: Es war in der Tat ziemlich alt, die Identität war nicht augenfällig.

DÜRENER AKTIONEN! Gemeinsam mit Wolfgang Breu-er (Jazzpianist, Dozent) organisierte ich (ab 1970) ein Ver-anstaltungsprogramm, das der Papierfabrikant Kurt Renker finanzierte, großzügig, ohne Vorgaben, Vorschriften. Ge-meinsames, verbindendes Leitwort: Multimedia. Ein damals flottierender Begriff.

Geblieben sind Plakate und einige Erinnerungen. Vor allem: Dass wir das Leopold-Hoesch-Museum (der flächendeckenden Vernichtung Dürens inselhaft entgangen) komplett ausfüllten mit zeitlich überlappenden, ja mit synchronen Veranstaltun-gen, die Besucher in spontanen Entscheidungen aufsuchen (oder verlassen) konnten. So herrschte rege Fluktuation im Hause, salopp formuliert: es brummte. Kurzfilme ... Tanz ... Zeitgenössische Kammermusik ... Kagel leitete das Kölner Ensemble für neue Musik bei drei seiner Kompositionen ... Lesungen, Rezitationen ... Theater (Becketts *Endspiel*, Hand-kes *Kaspar Hauser* – mit Jürgen Prochnow, der später berühmt wurde mit seiner Rolle des Kapitäns in *Das Boot*).

Ja, es war ein bunter, sehr belebender Mix! Wir gingen aus von der fast utopischen Vorstellung, die verschiedenen Sparten im Reich der Künste würden korrespondieren. Ein Bild, vom Physikunterricht übernommen: Kommunizierende Röhren. Das Wunschbild von Synchronie, von Synergie, von all-seitiger, zumindest vielseitiger Offenheit. Nachträglich frage ich mich, ob, beispielsweise, Tänzer sich ins Publikum einer Lesung mischten. Ob sich literarisch Interessierte bei Kagels Musikpräsentation einfanden. Ob Fluktuation eins war mit wechselseitiger Übertragung diversester Kunstimpulse. Oder ob man nur mal reinguckte, schnupperte.

Nachwirkend bleibt aber doch das Gefühl eines höchst belebenden Fluidums aus verschiedensten Komponenten.

WIEDERHOLTE HERAUSFORDERUNGEN zu sozialem Engagement. Von einem türkischen Kellner wurde ich angesprochen auf erhebliche Probleme der Integration, auf finanzielle Ausbeutung türkischer Arbeiter in Düren.

Und er führte mich in Nord-Düren in ein Haus, in dessen Erdgeschoss ein Zimmer an insgesamt acht Arbeiter vermietet worden war: die vier Doppelstockbetten nahmen fast den gesamten Raum ein. Der Anteil jedes dieser Männer an der Miete für das Zimmer lag über hundert DM, und das war damals viel Geld. Während ich mit einigen der Männer sprach, tauchte in der Zimmertür die wuchtige Vermieterin auf, ich ließ mich aber nicht weiter auf den Disput mit ihr ein nach der kiebigen Frage: »Was haben Sie denn hier verloren?!« Ich brachte sie rasch zum Verstummen, indem ich meine bewährte Behauptung einbrachte, ich sei Rechtsanwalt.

Ich nahm teil an der Gründung eines Vereins, der die Integration fördern sollte, ein kleiner Kreis von Frauen und Männern, die sich hier engagieren wollten, gemeinsam mit einem eloquenten, völlig integrierten Türken, einem Textilhändler, der fließend Deutsch sprach und (dies auch in seiner Funktion als Sozialbetreuer türkischer Arbeitnehmer im Regierungsbezirk Aachen) die Rolle des Dolmetschers, des Übersetzers, des generellen Vermittlers übernahm.

Eine erste Zusammenkunft der »Deutsch-türkischen Kultur- und Bildungsgesellschaft« fand statt am 30. Dezember 1970 in der Dürener Stadthalle.

Und es wurde feierlich. »Durch die heutige Versammlung haben Sie uns Türken eine Hand entgegengestreckt, die wir herzlich gern ergreifen möchten – wir meinen Ihre Hand zur Freundschaft. Seien Sie versichert, dass wir uns würdig erweisen werden.« Als eins der Hauptziele wurde benannt die »Rettung aus unserer Isolation und Einsamkeit inmitten Ihrer Gesellschaft«. Es wurde die Hoffnung ausgesprochen, dass diese Versammlung »keine Seifenblasenversammlung sein möge«, an die man sich in einigen Jahren nur mal vage erinnere.

In einer Antwortrede wurde beteuert, »dass wir nicht mit Seifenblasen handeln, sondern Ernst machen mit unserer Absicht, hier grundlegend Wandel zu schaffen«.

Eine Initiatorin (Importeurin von Jeans aus der Türkei) »berichtete über die unzumutbaren Verhältnisse, in denen türkische Familien leben müssen und dafür noch horrende Mieten zu entrichten hätten. Nasse Wände, keine Fußböden, nur Estrich – usw.« Auch sie beklagte, dass weithin »die Deutschen den Ausländer bei Anfragen nach einer Wohnung ablehnen würden«.

In meiner Dokumentations-Endmoräne entdecke ich den selbstgetippten Entwurf eines Planungs- und Grundsatzpapiers. Das nimmt mir nachgeholte Erklärungen ab, ich zitiere mich selbst.

Der bisherige Arbeitstitel des Aktionskreises wurde verkürzt auf ›Deutsch-Türkische Gesellschaft‹. Nach der Annahme von Statuten soll er ins Vereinsregister eingetragen werden.

Die Erörterungen blieben freilich nicht lange im Allgemeinen, es wurde sogleich ein konkretes Ziel besprochen: Patenschaften für türkische Kinder. Deutsche Familien laden je ein türkisches Kind ein, das ungefähr dem Alter der eigenen Kinder entspricht und das möglichst in der Nähe der Patenfamilie wohnt. Einmal in der Woche nachmittags wird von den türkischen Eltern das Kind zur Patenschaftsfamilie gebracht, abends wird das Kind wieder abgeholt. Natürlich lassen sich die Kontakte ausbauen.

Die ›Deutsch-Türkische Gesellschaft‹ wird sich weiterhin sehr konkret um die Wohnungsfrage kümmern. Es hat sich schon jetzt gezeigt, dass die Öffentlichkeitsarbeit, unterstützt durch die Presse, bereits erste Erfolge hatte: Eine Vermieterin bot eine freie Wohnung ausdrücklich einer türkischen Familie an. Hier ist ein erster Schritt zu einer notwendigen Verbesserung oft unerträglicher Verhältnisse; sie wurden bereits ausführlich in der Presse geschildert. Auf der Arbeitssitzung wurde nun folgender Entschluss gefasst: Die Gesellschaft übernimmt für türkische Familien die Bürgschaft gegenüber Vermietern. Die türkischen Mieter werden von einem Dürener Mitglied der Gesellschaft und von einem Dolmetscher, soweit notwendig, mit der Familie bekannt gemacht; die Vermieter können dann frei entscheiden, ob sie die türkische Familie als Untermieter aufnehmen. Der Kontakt mit der Deutsch-Türkischen Gesellschaft wird auch über den Mietabschluss hinaus aufrechterhalten.«

In einer ersten Sitzung der Gesellschaft »wurden 7 deutsche und 6 türkische Teilnehmer als Vorstand gewählt. [...] Es wurde ferner darüber gesprochen, dass man über die Ziele und Absichten des Vereins in der Presse schreiben sollte. Herr Dr. Kühn übernahm es, einen Artikel in der Presse zu bringen.«

Nun werde ich allerdings nicht die (ziemlich kurze) Geschichte des Vereins nacherzählen, ich bringe nur einige Stichworte ein, die nicht nur für die Situation der beginnenden siebziger Jahre charakteristisch sind. Ich zitiere aus einem Protokoll, das nicht von mir geführt wurde – das wurde sukzessiv aufgeteilt.

»Ein Teil der Aufgabe des Vereins besteht darin, es den Türken immer wieder klarzumachen, dass die deutsche Sprache unbedingt erforderlich ist.« Was aber rasch auf Desinteresse stieß. Unser türkischer Mittels- und Gewährsmann »wies darauf hin, dass ein Sprachkursus mit 26 Tonfilmen [an]gelaufen sei und er Mühe hatte, von den 65 Angemeldeten am Ende noch 18 Personen festzuhalten. Dieses Problem muss von neuem angesprochen und besonders propagiert werden.

Auch würde die Zusammenkunft türkischer und deutscher Frauen einen großen Dienst leisten an den türkischen Frauen, die immer alleine sitzen müssen und keine Möglichkeit haben, irgendwo einen Kontakt – außer mit Türkinnen – zu pflegen.

Die Kindergarten-Angelegenheit wurde durchdiskutiert.«

Im April werde ich zu einem der drei Vorsitzenden des Vereins gewählt. Doch erster Enthusiasmus beginnt bereits in Resignation umzuschlagen. Aus einem Protokoll im Juni: »Wir kommen nicht nur regelmäßig zusammen, um Probleme zu besprechen, wir versuchen auch jeweils, Ergebnisse vorzuweisen. Diese Ergebnisse sind, das geben wir zu, schwerer zu erringen, als wir uns das im ersten Anlauf gedacht haben. Es zeigt sich, dass nach jahrelanger Entfremdung, nach jahrelangem beziehungslosem Nebeneinanderleben nun nicht in wenigen Wochen Gleichgültigkeit, ja auch Misstrauen abgebaut werden können. Was für uns erst eine Sammelbezeichnung war, ›Türken‹, das löst sich nun langsam auf in verschiedene, teilweise miteinander rivalisierende Gruppen und in Individuen. Wir deuten dies an, um zu zeigen: ein großer Teil unserer Arbeit hat bisher einfach darin bestanden, Informationen einzuholen. Dazu mussten Wohnungen türkischer Familien und Junggesellen besucht werden, dazu mussten verschiedene Türken genauer befragt werden, dazu mussten Erfahrungen gemacht werden. Auf der Basis dieser Erfahrungen wollen wir weiterarbeiten.«

Es waren dies Erfahrungen, die ich mit einbrachte. Als Mit-Vorsitzender wurde ich von Türken angesprochen; präzise Informationen erhielt ich durch einen türkischen Kellner. Erst einmal: Wie konntet ihr bloß Ayhan [geänderter Name] in den Vorstand wählen! Wie könnt ihr ausgerechnet den zu eurem Sprecher machen! Und im weiteren Verlauf des Gesprächs: Ayhan gehört doch zum türkischen Geheimdienst! Und es kamen Spannungen, Spaltungen zur Sprache, vor allem zwischen Junggesellen und Familien, zwischen Etablierten und Arbeitslosen.

Zu Treffen des Vereins (nicht des Vorstandes) kamen immer weniger Türken. Unser Kontaktmann schlug vor, wir sollten eine renommierte türkische Persönlichkeit einladen, um Türken zu dem Treffen heranzuziehen. Das fand bei uns deutschen Mitgliedern keine gute Resonanz: Es werde »doch von Seiten der Türken die Klage über Kontaktarmut« geführt, warum muss da erst mit türkischer Prominenz angelockt werden?

Ein Mitglied des Vorstands wollte Kontakt aufnehmen mit dem Türkischen Verein, dies mit der Überlegung, beide Vereine zusammenzuschließen. Von türkischer Seite wurde jedoch signalisiert, die Vereine könnten nicht zusammenkommen. Wir bekamen zu hören, natürlich diskret, dass der Türkische Verein die Deutsch-Türkische Gesellschaft ablehne mit der Behauptung, wir würden kommunistische Propaganda betreiben. Zudem durften Frauen das Vereinslokal des Türkischen Vereins nicht betreten, also wurde dort nicht gern gesehen, dass türkische Frauen an unseren Treffen teilnehmen konnten. Das alles wurde nicht offen vorgetragen. Protokollarisches Resümee: »Niemand beschwert sich offen und wendet sich an unseren Verein direkt.«

Auch der Versuch, einen »Kulturaustausch« mit türkischen Arbeitern in der Zulieferfirma von Ford einzuleiten, schlug fehl; inoffiziell verlautete: »Der Deutsch-Türkische Verein ist vollkommen überflüssig.« Als die Arbeiterwohlfahrt ein Fest für Gastarbeiter ausrichtete, wurde unser Verein nicht eingeladen. Generell wurde beklagt, dass sich die AWO, der Türkische Verein, die Kommission Gastarbeiter und der Deutsch-Türkische Verein allesamt um dasselbe Problem »bemühen«; Koordination aber kam nicht zustande, ja wurde abgelehnt. Die Stimmung sank, auch bei mir; die Leiterin einer Kölner Kindertagesstätte erzählte mir, eine (offenbar vom Mullah vorgeschickte) Delegation türkischer Frauen hätte gefordert, das St.-Martins-Fest mit Rücksicht auf türkische Kinder abzuschaffen und durch ein allgemeines »Laternenfest« zu ersetzen. In einem Wutausbruch schleuderte die Leiterin einen Aktenordner auf den Boden: »Ja, wo sind wir denn hier?!«

Wieder eine Sequenz aus einem Protokoll unseres Vereins: »Herr Dr. Kühn fasste zusammen: Dass man a) aufgrund von politischen, b) religiösen, c) sexuellen Problemen [gemeint habe ich eher gender-mäßige Probleme], die bei Gründung des Vereins nicht vorhanden und nicht erkennbar gewesen seien, keine Zusammenarbeit gestalten kann.«

Wir konnten aber nicht einfach die Tätigkeit einstellen. Wir mussten die Angst der türkischen Mitglieder »vor der Blamage einer Auflösung des Vereins« berücksichtigen. So wurde zur Klärung eine Versammlung aller deutschen und türkischen Mitglieder einberufen. Und wir trafen eine geheime Vorbereitung, nicht ganz fair, aber notwendig. Es war uns schon bei vorherigen Treffen aufgefallen, dass unser gewandter, eleganter, eloquenter Mittels- und Gewährsmann Ayhan einige knappe Ausführungen deutscher Mitglieder erstaunlich ausführlich wiedergab, dass ausführliche Stellungnahmen unserer Seite wiederum sehr knapp wiedergegeben wurden, dass sich Beifall wiederholt an Stellen ergab, an denen wir es nicht erwarten konnten. Wir durchschauten nicht mehr, was hinter rhetorischen Kulissen geschah, und so sahen wir uns gezwungen, eine junge Turkologie-Dozentin der Kölner Universität zum Vereinstreffen einzuladen, ›undercover‹ eingeführt als Gast, interessiert unserer Arbeit.

Während Ayhan zwischen deutschen und türkischen Teilnehmern auf seine Weise vermittelte, raunte sie uns am Vorstandstisch wiederholt zu: Der entstellt … verdreht … der mogelt … der legt Sie rein … Sie wurde schließlich so wütend, dass sie, gegen alle Verabredung, auf Türkisch intervenierte. Und das auch noch als Frau! Die Seifenblase platzte. Vielstimmiges Durcheinander unter den türkischen Gästen und Freunden, der Vermittler zog grußlos ab. Und wir, resignierend aufgereiht, am Vorstandstisch.

Konfrontationen mit anderen Mentalitäten, anderen Formen der Sozialisierung. Bleiben uns die Fremden fremd? Eine indirekte Annäherung – chronologisch abgerückt, assoziativ nah.

Fahrt in der Regionalbahn. Auf der Doppelbank jenseits des Mittelgangs ein Türke; ihm gegenüber zwei kleine, schwarz gekleidete Frauen. Mir gegenüber ein gedrungener Mittvierziger; wiederholt schaut er hinüber zum Türken, zu den beiden Frauen. Er leitet das Gespräch ein mit der Frage, wo der Kollege arbeitet. Bei Ford in Köln-Niehl. Und er selber? Bundesbahn-Ausbesserungswerk. Gleich auch die Frage nach der Herkunft. Ja, Türke. Aha, Kroate. Dialog in der Sklavensprache Deutsch.

Der Kroate nennt seinen Namen, daraufhin stellt sich auch der Türke vor, nennt die Namen der beiden Frauen: beide klein, breit, erstaunlich viel Gold in den Mündern. Sie seien Schwestern.

Ah, eine Schwester zu Besuch?

Nein, Schwestern immer da. Meine Frauen.

Da geht ein Ruck durch den Kroaten: Du zwei Frauen?

Das bestätigt der Türke; souveräne Gelassenheit.

Ah Muslim. Du können noch mehr Frauen haben?

Ja, aber kosten viel Geld.

Aber du leben mit zwei Frauen? Können auch drei sein?

Das bejaht der Türke, weiterhin gelassen. Der Kroate ist alles andere gelassen: Hoho, zwei Frauen, haha, drei Frauen – wenn er das mal seiner Frau erzählen würde …! Und er schweigt, muss das erst mal verdauen. Einige Reisekilometer später will er wissen, ob es denn keinen Krach gäbe zwischen den Frauen: »Eh, da so Probleme, eh?«

Nein, keine Probleme.

Der Kroate scheint intensiv nachzudenken, dann: »Eine Blume gut, riechen gut, riechen sehr gut, aber viele Blumen, zu viele Blumen stinken.«

Der Türke, seinerseits einen Moment überlegend, antwortet, mit wiederum selbstverständlicher Gelassenheit: »Meine Blumen stinken nicht.«

Da leben nun Millionen Türken in meinem Land, da habe ich zweimal in Stadtvierteln mit hohen Anteilen von türkischen Mitbürgern gewohnt, in Köln-Mülheim und Berlin-Kreuzberg, da kommen einige (wenn auch nicht intensive) private Kontakte hinzu, aber seit der Zeit im Verein habe ich die Erfahrung machen müssen, wiederholt, dass ich Strukturen von Parallelwelten im jeweiligen lokalen Ambiente nicht durchschaue. Wie schwierig es ist, gesellschaftliche Verhältnisse und Vorgänge in unserer Republik zu verstehen (geschweige denn die von Nicaragua oder China!), das wird mir bewusst bei Gesprächen mit einer Bekannten in Brühl: Lilo ist Ethnologin. Was sie von ihrer Tätigkeit berichtet, macht mir zum erstenmal bewusst, dass in ihrem Fach mehr und mehr Feldforschung vor der eigenen Tür betrieben wird: Migrantenforschung.

In Gesprächen mit ihr wird mir noch mehr bewusst, dass

ich in der Welt, die mich sichtbar und hörbar umgibt, nur (gelegentliche) Einblicke gewinne in Segmente, in Sektoren.

Gleichsam ein Spalt, durch den ich in die fremde Welt der Nachbarschaft hineinluge: türkische Cafés und Vereinsräume in Kreuzberg wie in Mülheim, auch in Brühl. In meinen Augen meist ausnehmend kahle Räumlichkeiten, in denen Männer an quadratischen Tischen sitzen und Tee aus kleinen Gläsern trinken. Türkische Männer unter sich. Ich lerne nun, dass man sich in solchen Lokalen die meiste Zeit Glücksspielen widmet. Hier gibt es verschiedene Kategorien, die lassen sich benennen, aber das bringt hier nichts. Auch das Spektrum der Spielmotivationen ist weit: zwischen Zeitvertreib und Besessenheit. Und fast immer geht es um Geld. Dies in einem Regelwerk, einem Netzsystem, in dem jeweils ein lokaler Patron dominiert, dem »fedais« dienen, die Schulden eintreiben (wenn es sein muss, brachial), die vor allem Schutzgelder kassieren.

Es bestätigt sich wieder, auch in Köln, in Brühl, was ich, generalisierend, zuweilen lese: Etwa 85 Prozent der Gastronomen in unserem Lande müssen Schutzgelder zahlen, Italiener an Italiener, Vietnamesen an Vietnamesen, Russen an Russen, Türken an Türken, doch immer öfter muss deutsche Gastronomie an Italiener oder Vietnamesen oder Russen oder Türken zahlen. Oder an Hells Angels, an Bandidos.

Solche Einblicke also (wenn auch eingeschränkt) wirken ein auf mein Grundbefinden, mein *Lebensgefühl*. Metaphorisch: Ich fühle mich wie der Bewohner eines Hauses, errichtet über weitläufigen Katakomben, in denen geschieht, was ich direkt nicht wahrnehme und was doch – indirekt und direkt – an Präsenz gewinnt.

Und an Präsenz verliert. Ich bin ja nicht ständig damit beschäftigt, meine nähere oder fernere Umwelt zu erkunden, womöglich zu erhellen. Ich kann es mir schon mal leisten, eine ganz andere Blickperspektive zu suchen, zu finden, zu wahren.

NATÜRLICH AUCH ÄRGER über akustische Störungen bei der Arbeit. Also Briefe, über Jahre hinweg, an das Staatliche

Gewerbeaufsichtsamt Düren: anschreiben gegen fortgesetzte Lärmbelästigung.

Oktober 1964, Schreiben an das Gewerbeaufsichtsamt: »Vor einigen Wochen waren zwei Herren Ihres Amtes auf Grund meines Schreibens vom Ende vorigen Monats zu einer Phonmessung der Exhaustoren der Firma S. zu uns gekommen, freilich zu einer Zeit, da die Exhaustoren nicht mehr liefen. Die Herren teilten mir mit, sie würden in Kürze zu einer Messung wiederkommen, dies war bisher nicht der Fall. Darf ich darum bitten, diese Messung einmal nachzuholen? […] Dass es sich nicht um geringfügige Belästigungen handelt, mag das Beispiel dieses Vormittags zeigen, an dem ich die Laufzeiten einmal notiert habe. Demnach lief die Anlage pausenlos von 8 Uhr bis 8.30, von 9.10 bis 10.15, von 10.45 bis 11.05, von 11.40 bis 12 Uhr. Mit der Bitte um baldige Unterstützung.«

Und ich setzte meine Arbeit fort, mit Wachs-Watte-Pfropfen in den Ohren, die das Pulsen hörbar und spürbar betonten. Dennoch konnte der Faden nun nicht mehr reißen.

Staatliches Gewerbeaufsichtsamt Düren. »Wie durch Messung am 26. 4. 1965 festgestellt wurde, liegt die Geräuscheinwirkung beim Betrieb der Spritzlackier- und Trockenkabine der Fa. S. nicht im Rahmen der Vorschriften des Immissionsschutzgesetzes. Gemessen wurden in Ihrem Beisein 70 bis 72 Phon 0,5 m vor dem geöffneten Fenster Ihres Arbeitszimmers. Der Firma S. wurde aufgegeben, Schallschutzmaßnahmen zu treffen.«

Und ich setzte meine Arbeit fort, freute mich auf Sonn- und Feiertage, erst recht auf (die freilich viel zu knappen) Betriebsferien.

»Sehr geehrter Herr Gewerbeoberinspektor, inzwischen wurde an einem der Exhaustoren ein Schalldämpfer angebracht, der die störende Geräuscheinwirkung ganz erheblich herabgesetzt hat. Ich darf Ihnen deshalb für Ihre freundlichen Bemühungen meinen herzlichen Dank sagen.«

Und ich setzte meine Tätigkeit fort, weiß nicht mehr, an welcher Funkarbeit ich damals gesessen habe. Weiß nur noch: Hörspiele und Features wechselten sich meist ab, das Schreiben unter dem Zeichen eines Einfalls, das Schreiben nach Recherchen.

Januar 1972, Schreiben an das Staatliche Gewerbeaufsichtsamt Düren: »Vor mehreren Jahren erhielt die Firma S. durch das Gewerbeaufsichtsamt die Auflage, einen Schalldämpfer an einem der Exhaustoren anzubringen.

Die schalldämmende Wirkung scheint im Lauf der Jahre nachgelassen zu haben. Seit einigen Wochen hat hier nun zusätzlich eine Veränderung stattgefunden, die zu einer deutlich stärkeren Geräuschbelästigung führt. Die Anlage war bisher in zwei Stufen hochgeschaltet worden – davon konnte ich mich mittlerweile tausendemale überzeugen. Seit kurzem aber ist eine dritte Stufe vorgeschaltet. Auf dem Dach wurde kein neuer Exhaustor angebracht, es scheint aber, als würde ein bisher nicht benutzter Exhaustor nun zusätzlich eingeschaltet. Dieses Doppel-Laufen führt zu einem unangenehmen, sehr durchdringenden Schwing-Geräusch, das natürlich sehr viel stärker stört als das bisherige gleichbleibende Brummen.

Sie können sich vorstellen, dass ich bei meiner konzentrierten schriftstellerischen Arbeit erheblich gestört werde, wenn allein an einem Vormittag anderthalb Stunden lang permanent dieses schwingende Grundgeräusch in meine Ohren dringt oder wenn es, wie heute Morgen, gleich 2½ Stunden pausenlosen Summens sind, worauf es nach kurzer Pause dann gleich weitergeht. Gerade diese langen Laufzeiten können die besten Arbeitsvorsätze vernichten. Ich bin als Anwohner des Gebiets an der B 56 ziemlich geräuschfest geworden – dieses langdauernde Gewummer aber führt nun doch zu einer erheblichen Störung meiner hauptberuflichen Arbeit.

Ich muss überhaupt feststellen, dass hier die Bestimmungen über die Bebauung von Mischgebieten stark strapaziert werden. Ich habe mich beim Stadtbauamt darüber informiert, dass für diesen Anbau mit der Brennanlage überhaupt keine Baugenehmigung vorliegt! Und ich bezweifle sehr, ob beispielsweise die Lackdunst-Emissionen in einem so dicht besiedelten Gebiet überhaupt zulässig sind. Wenn beim Lackieren Schutzmasken notwendig sind, so können die gleichen Lackdünste nicht in erheblichen Mengen in ein Wohngebiet abgeblasen werden.

Wenn zu all dem auch noch diese verstärkte Geräuscheinwirkung kommt, so ist damit die Grenze von Rücksicht und Geduld erreicht. Ich bin sicher, dass diese neue Schaltstufe nicht mit Wissen des Gewerbeaufsichtsamtes eingeführt wurde. Es müsste zumindest möglich sein, dass diese dritte Stufe wieder zurückgenommen wird. Ich bitte Sie um rasche und entschiedene Unterstützung.«

Um Unterstützung bat ich auch Freunde: Schaut und hört euch bitte (ebenfalls) um, ob im näheren Bereich der Eifel eine Immobilie in ruhiger Lage erwähnt oder annonciert wird.

SCHRECKENSMELDUNG, Juli 72, aus Herrsching: Beinah wären meine Eltern entführt worden, unter aberwitzigem Aspekt.

Nächtliches Klingeln; eine junge Frau vor der Haustür; Helene macht sicherheitshalber nicht auf, öffnet ein Fenster im Obergeschoss, fragt, was los sei. Die junge Frau, sichtlich verstört: Hier in der Schönbichlstraße, da vorn, da drüben, der Wagen ist stehngeblieben, ist kaputt, sie möchte dringend telefonieren. Helene hat den Eindruck, da stimmt was nicht, beschreibt den Weg zur nächsten Telefonzelle – die es damals noch gab – schließt das Fenster, öffnet auch nicht bei zweitem und drittem Klingeln.

Und es war wieder mal das Stichwort gegeben zu einer ihrer Standardäußerungen: »Helene hatte das vorausgesehn …«

Was da nicht stimmte, nicht stimmen konnte, klärte am nächsten Tag ein Gespräch mit der Polizei. Der Fall kam in die Presse. Ich zitiere aus der *Süddeutschen Zeitung.*

»Wegen Entführung und Vergewaltigung einer 22-jährigen Krankenschwester und einer 17-jährigen Schülerin wurde der 21-jährige Peter Tusche in Haft genommen. Es konnte ihm darüber hinaus der Plan eines erpresserischen Menschenraubes nachgewiesen werden, dessen Opfer der in Herrsching lebende Direktor einer Bank werden sollte. […]

Eine Krankenschwester, die in Starnberg als Anhalterin an

der Straße stand, war von einem Autofahrer gleichfalls nach Herrsching entführt, missbraucht und unter Bedrohung mit einer Pistole gezwungen worden, an der Haustür eines in der Ortschaft am Ammersee wohnenden Bankdirektors zu läuten. Eine Strumpfmaske über dem Gesicht, die Pistole in der Hand, wartete Tusche indessen hinter einem Gebüsch. Es öffnete jedoch niemand. Angesichts der zahlreichen Raubanschläge auf Bankbeamte in der letzten Zeit fürchtete das Ehepaar – zu Recht – eine Falle. Daraufhin ließ Tusche seine Gefangene frei und flüchtete.

Jetzt enthüllte er vor der Polizei, was er damals vorgehabt hatte: Die Krankenschwester sollte ihm als Lockvogel dienen. Er wollte den Bankdirektor und seine Frau unter Bedrohung mit der Waffe zwingen, mit ihm nach München zu fahren und den Tresorraum des Bankhauses zu öffnen. Mit dem Geld wollte er dann ins Ausland flüchten. Seine Geiseln wollte er im Tresorraum zurücklassen und einsperren.«

Helene ließ sofort im Telefonbuch den Eintrag »Bankdirektor i. R.« streichen. Der kleine Vorgarten wurde in der nächsten Zeit mit Argwohn beäugt. Gebüsch wurde gelichtet. Schlaf wurde dünner. Bis sich so langsam alles wieder einspielte.

WEITERE ERFAHRUNGEN: Als »engagierter« Bürger stand ich auf einer Auswahlliste, nach der Schöffen des Jugendgerichts ausgelost wurden, und so erging an mich der Bescheid, ich sei zur Wahrnehmung der Aufgabe bestimmt und verpflichtet.

Da sah ich mich jäh in neuer Rolle: Eine Podeststufe höher als der Saalboden saß ich rechts neben dem Richter, links von ihm eine Schöffin. Wir schauten im Verlauf der Verpflichtungsjahre hinab und hinein in fremde Konstellationen mit wechselnder Besetzung, mit Wiederholungsfiguren und Überraschungserscheinungen – bis turnusgemäß neue Auslosung erfolgte. Der fieberte ich aber nicht entgegen, ich nahm die Aufgabe ernst. Studierte die Anklageschriften, die von der Staatsanwaltschaft Aachen (Jugendstaatsanwalt) zugestellt wurden, machte Notizen zu Stellungnahmen bei der Beratung.

Der Richter, mit dem wir uns in das kleine, kahle Amtszimmer hinter dem Gerichtssaal zur Beratung zurückzogen,
er ließ mit sich reden, kam mit der Welt der Angeklagten aber
nicht immer klar. Sein Erstaunen darüber, dass einer der jungen Männer mit einem Mädchen geschlafen hatte, von dem
er bloß den Vornamen kannte; den Familiennamen hatte er
nicht einfach nur vergessen, der hatte für ihn nie existiert. Ein
aus jedem Zusammenhang herausgelöster Vorgang: eine dicke
Berta gebumst, das war's.

Die Mädchen, die zuweilen vor uns auftauchten, etwa sechzehnjährig, mit gleichsam aufgeschäumten Fleisch, sie ließen
sich in ihren Zirkeln offenbar wahllos und willenlos ficken.
Wurde das Geld knapp in der Runde der meist Arbeitslosen,
auch Arbeitsunwilligen, so mussten sie »den Arsch hinhalten«, wurden vor allem an türkische Arbeiter vermittelt. Zu
einer der Angeklagten wurden die im Kleinbus hingefahren –
ihre Wohnung am Stadtrand. Im Nebenzimmer warteten zwei
aus der Runde darauf, dass der nächste Türke oder Grieche
reingelassen, draufgelassen wurde – bis zu zwanzig konnten
es an einem Nachmittag sein, pro Mann etwa zwanzig DM,
Sonderleistungen extra.

Welt neben meiner Welt, völlig neue Formen von Lebensläufen. Ich zitiere nun allerdings nicht aus Anklageschriften
und Urteilsbegründungen (die ich in einer Mappe gesammelt
habe – in Auswahl, versteht sich), ich sichte und sortiere Aufzeichnungen, die ich fortlaufend gemacht habe. Nach dem geheimen Motto: Wer weiß, wofür ich das mal brauchen kann.
Nun bin ich mir für die Vorarbeit dankbar, wähle aus, greife
auf, aber nicht systematisch: bleibe in der Wiedergabe punktuell wie die meisten der Vorgänge, ja, der Lebensformen.

Zwei Brüder vor uns, beide klein, einer 20, einer 18, beide
schniefend, unstet guckend, nervöse Handbewegungen; der
Ältere wirkt geduckt, sieht aus wie 15. Ein weiterer Bruder
hat erst vor kurzem vor Gericht gestanden. Sechs Geschwister
insgesamt, die Mutter im Obdachlosenheim, der Vater vor ein
paar Jahren gestorben, ein Türke als ›Hausmann‹, danach ein

Kellner. Der sitzt im Saal: klein, kompakt, bestimmt zwanzig Jahre jünger als die Frau, die Mutter; sie war bei der Verhandlung gegen den dritten in der Bruderbande weinend zusammengebrochen. Der Jugendpfleger nun: Der Älteste habe mit 16 erfahren, dass er uneheliches Kind sei; die Mutter werde im Haushalt vom Partner stark bevormundet. Nachdem der Vater (der beiden jüngeren Söhne) das Elternhaus verlassen habe, rasche Arbeitsstellenwechsel.

Die Brüder sind in einen Kindergarten eingebrochen, ließen Folgendes mitgehn: eine Plastikkehrschaufel, einen Handfeger, eine Keramikvase mit Bastuntersatz, einen Kerzenleuchter, eine Tube Uhu, ein Kindermetermaß mit Tiermotiven, einen Locher, ein Taschenmesser. Kein Geld gefunden. Nach einer Woche erneuter Einbruch in den Kindergarten, als Beute diesmal nur drei Kugelschreiber. Ein Zettel war ausgelegt, wurde uns vorgelegt: »Einbrecher suchen umsonst nach Geld.« In kindlicher Schrift hinzugefügt: »War nur ein Scherz. Wir kommen nicht wieder.« Beide streiten ab, so was geschrieben zu haben. Sind ein drittes Mal da eingebrochen, auch diesmal kein Geld gefunden.

Zwischendurch mal einen Kaugummiautomaten mit einem Feuerzeug angesengt, Kunststoff wird weich, mit dem Messer reingedrückt, zehn Kaugummis rausgeholt. In einen Zigarettenautomaten eine Mark rein, mit einem Trick fünfzehn Schachteln Zigaretten rausrutschen lassen, zum Teil dann verhökert. Aus einem unverschlossenen PKW zwei Luftmatratzen entwendet. Einen Schaukasten eingeschlagen: Damenarmbanduhren, Herrenarmbanduhren, Ringe, Armreifen etc. Für drei oder vier der Uhren von einem Hehler zwanzig DM bekommen. Im Reisebüro neun DM erbeutet, in einem Friseursalon ein paar Geräte. Aus einem LKW, dessen Tür nachts nicht abgeschlossen war, den Kfz-Schein entwendet, der auf dem Sitz lag. Einer der beiden hatte ihn eingesteckt, hatte ihn bei der Verhaftung noch immer in der Tasche. Zu viert haben sie zwei Brüder überfallen, im Hinterhof eines Ladens: »Die waren da Kartons am Verbrennen. Da kam der eine rüber und stößt mich so.« Lippen aufgeschlagen, Platzwunde am Hinterkopf. Dann rein in den Laden: Vierzehn Packungen Zigaretten, zwei Flaschen Cola. Die waren für den Jüngsten bestimmt: der war schwer besoffen, hatte aber noch immer nicht genug, brauchte was zum Mischen.

Nächster Fall. Wiederholter Autodiebstahl. Der Täter sieht ein wenig aus wie Ringo, der Beatle. Zwölf Geschwister. Wie viele von denen leben noch zu Hause? Die Mutter, als Zeugin, zählt nach: sechs. Und der wievielte sind Sie? »Mutter, dat weeßte doch besser als wie isch.« Sie zählt an den Fingern nach: der vierte. Sie lebt von den Kindern. Dazu Sozialhilfe.

In der Nacht vom 23. auf den 24. Dezember Einbruch in der Werkstatt von Autohaus Münz: Scheibe eingetreten, Tür von innen her aufgeschlossen, Schlüssel steckte. Mit dem Audi bis Weisweiler. Achtzig Meter vor der Polizeistation an der Aus- und Einfahrt war das Benzin alle, den Wagen abgestellt, über Zaun und Felder nach Weisweiler rein, neues Auto geklaut, Schwingfenster vorn eingedrückt, zurück nach Düren.

Immer allein gefahren? Nöh, auch mit dem Spanier, kennengelernt beim Biertrinken. Er hätte Mädchen in Holland: Verlobte, Bräute. Er wieder zum Autohaus, diesmal suchte er unter den Fahrzeugen einen BMW 3200 aus. Holte den Spanier ab, ein Dritter kam hinzu. Mit hoher Geschwindigkeit auf der Autobahn nach Aachen, dann Heerlen. In einer Kneipe trafen sie Mädchen; der Spanier war »ganz schön am schmeißen«, das brachte aber nichts, Bräute waren anderweitig vergeben. Und die Disko National war noch geschlossen. Da haben sie erst mal was im Wagen gepennt. Wieder eine Kneipe. Der Spanier sollte die Runden zahlen, machte sich plötzlich rar. Sie hinter ihm her, der Spanier fing an zu laufen, schrie: Partisanen, Mörder! Warum das denn? »Weil er so bekloppt war oder so.« Mit den Bräuten wurde es nichts. Im Auto zog sich der Spanier die Hose runter, geilte sich auf, weckte den Dritten, der am Eindösen war, zog ihm die Hand an den Schwanz: Mach mir das mal. Auf dem Rückweg von zwei Streifenwagen verfolgt, »haben mich nicht gekriegt. War ziemlich glatt, hat aber geklappt.« In Düren kam ihm allerdings ein Streifenwagen entgegen: anhalten, sich auf die Sitze legen. Dann aber eine Fußstreife, also nichts wie weg, zum Grüngürtel, er unter ein Auto gekrochen, im Schnee, bisschen davorgeschippt, mit der Hand, sie haben ihn nicht gefunden. Zwei Tage später einen LKW geklaut – beim Autohaus wollte er sich bis auf weiteres nicht mehr blicken lassen. Ist rumgefahren, bis der Sprit alle war, dann einen anderen LKW geklaut.

Der Verteidiger: Der Angeklagte wollte die Fahrzeuge nicht wirtschaftlich nutzen ... nicht eine besondere Strafe für jede Einzeltat auswerfen ...

Der Richter: Machen Sie endlich mal einen Führerschein. Verdienen Sie sich was, kaufen Sie sich ein Auto, mit dem Sie Ihrer Fahrleidenschaft nachgehen können.

Fahrleidenschaft? Er hatte Tabletten genommen, Aufputschmittel, rezeptfrei.

Der Richter: Nehmen Sie solche Tabletten doch lieber, bevor Sie zur Arbeit gehen.

»Ach, die nutzen uns doch bloß aus!«

Zur Sprache des Richters: Wieder auf geordnete Füße stellen ... Kommunale Wohngemeinschaften müssen unter Kontrolle stehen, bei fachgerechter Leitung ... Vernünftige Lebensführung ... Nicht absacken ... Versuchen Sie, einen guten Eindruck zu machen, das empfehle ich Ihnen jedenfalls, Sie können es sich nicht leisten, einen schlechten Eindruck zu machen ... Auf den rechten Weg bringen ... Das Vergehen lohnt sich nicht ... Es muss doch einen Menschen reizen, gutes Geld zu verdienen.

Aber es werden keine Konsequenzen gezogen, schon gar nicht werden Belehrungen befolgt, das rinnt ab, sickert weg. Alles punktuell: Hier ein Zugriff, dort ein Übergriff, irgendwas irgendwie irgendwann, fast alles geschieht planlos, aus dem Moment heraus, ohne Vorsatz, ohne Anlaufzeit, was sich ergibt, wird aufgegriffen, was sich anbietet, wird genutzt, wenn es nix wird, ists auch egal, noch mal dort einbrechen, wo nichts zu erwarten ist. Auf Risiko nicht weiter achten: Ah, ein Schaufenster, irgendwas Buntes dahinter, reinschlagen, aber dann hat man doch keine Verwendung für den Raub, schmeißt das weg. Können sich den Einbruch hinterher auch nicht so recht erklären. Wollen sich nicht weiter drüber äußern. Immer wieder reißt der Faden. Da war halt was, wieso muss groß darüber geredet werden?

Wirre Geschichten. Ein Angeklagter sieht aus wie ein Angestellter, ordentlich gekämmt. Vater Pole, Fliesenleger, hat aber irgendwas am Arm, kann nicht arbeiten, kriegt auch keine Rente. Mutter Holländerin, arbeitet in der Krankenhausküche, verdient das Geld. Der Sohn: Lehre als Metalltuchmacher, früh Schwierigkeiten, Bummelei, Diebstahl (6 Monate m. B.), Verwahrlosungserscheinungen, aus zwei Heimen wiederholt entwichen. Zeitweilig Türsteher in einem Oldtimerclub, ohne Papiere, verdiente 30 bis 40 DM am Tag, zusätzlich Freibier. Viel? »Was ich trinke, zähl ich nicht.« Auch Schnäpse?, fragt der Staatsanwalt. Höchstens mal Ouzo, Whisky. Und wie viel da? »Zwanzig, dreißig …« Bei Ihrer Statur? Das verkraften Sie doch gar nicht. »Steck ich weg.« Konnte dann bloß nicht zahlen: Rufen Sie bitte den Geschäftsführer. Erklärte ihm, man hätte ihm hier die Brieftasche mit 500 gestohlen. Haute auf den Putz, setzte sich ab.

In den Delfter Stuben hat er sich bei der Wirtin erst mal Geld geliehen für den Automat. Man kannte sich vom Gesicht her. Kam plötzlich auf die Idee: will seine Verlobung feiern, bestellte eine Flasche Sekt. Ob ich wohl die Herrschaften da einladen darf? Müssen Sie fragen. Zwei Blinde in der Umschulung. Die Wirtin: Kein Ring? Heute nicht so üblich. Keine Braut? Nix da. Nach der dritten Flasche Sekt, auch mit den Blinden, erklärte die Wirtin: Nun machen wir wohl besser die Rechnung. Da verhandelte er nicht weiter, schaltete auf stur: Hab kein Geld. War dann schneller als die Polizei das erlaubt. Zum Bahnhof, wollte mit dem Bus fahren, sah ein Taxi stehn, kam auf die Idee, mit dem Taxi zu fahren, setzte sich hinten rein, der Fahrer las Zeitung, wollte ihn nicht befördern: Bist ja total besoffen, kotzt mir den Wagen voll. Erklärte ihm, er hätte nur zwanzig, dreißig Bier getrunken, sich zwischendurch an der Frittenbude gestärkt, warf ein paar Münzen auf den Vordersitz, Rest später. So wurde er doch befördert. Unterwegs überlegte es sich der Fahrer, übrigens ein Jugo, also überlegte sich das anders, wollte ihn raussetzen. Da hat er ihn am Kragen gepackt, nach hinten gerissen, das Messer in den Nacken gesetzt: Geld raus! Der Fahrer warf seinen Geldbeutel auf den Rücksitz. Weiterfahren! Da krachte es plötzlich. Was, wie? Weiß auch nicht so genau.

Der Taxifahrer als Zeuge: »Geld raus oder ich stech dich kaputt!« Das würde ihm noch in den Ohren klingen. »Da wurde mir anders.« Er wurde gezwungen weiterzufahren, da hat er die Gaspistole gezogen, nach hinten geschlagen, die Alarmanlage angeschaltet, kriegte einen Schlag verpasst, ist gegen einen Baum gekracht, hat sich rausfallen lassen, der Angeklagte nichts wie weg. Im Krankenhaus wurde der Fahrer stationär behandelt, Prellungen. Wagen kaputt. Aber jetzt gibt's wenigstens Zeugengeld.

Der Staatsanwalt sucht einen neuen Ansatz: Und die Frankfurter Mädchen, die er für sich laufen ließ? Der Angeklagte winkt ab: »Kann gewesen sein, war ich fünfzehn.« Der Staatsanwalt ist baff: So früh schon?! Dass jemand derart früh in die kriminelle Welt absinkt, so was hat er noch nicht erlebt. Sechs Monate Jugendhaft als Minimum; in kürzerer Zeit lasse sich erzieherisch nicht einwirken.

Kaleidoskop der B-Ebene der Gesellschaft. Diebstahl … Schuldfeststellung … Diebstahl … Freizeitarrest … Körperverletzung: »Wofür weeß ich och nit. Ich war esu falsch über dem, weil der so am brüllen war.« Ein paar in den Rachen gehauen … Ein vom Elternhause Abgängiger … Vorläufige, dann endgültige Fürsorgeerziehung … »Der Mitarbeiter guckte durch uns durch, der hat uns nicht gesehn, das war unter seiner Würde, wir waren für den gar nicht vorhanden …«

Ein ehemaliger Hilfsschüler. Lesen ist ihm immer schwergefallen, hat ein bisschen Rechnen gelernt. Arbeit bei der Glashütte hat ihm nicht gefallen. Dann auf dem Bau. Musste dem Vater alles abgeben, durfte nur Taschengeld behalten.

Sieben Geschwister, da musste er mitverdienen. Der Vater als Zeuge: Arbeiter bei einer Spedition, aber immer nur als Beifahrer. »Die Mutter ist ein Teil schlimmer als ich, aber ich setze mich durch.« Was den Sohn betrifft: Immer dasselbe.

Einbrüche. Zuletzt in einer Scheune. Ein Zeuge Jehovas hatte ihm gesagt, da wären einige Wehrmachtshelme drin. Ein Zeuge Jehovas? Ja, aber ein Knilch. Verkrümmtes Rückgrat, kann einen Achtkilohammer nicht heben. Hat das mit den Wehrmachtshelmen auch nur behauptet, damit er für ihn die Scheune aufbricht. Hat dafür ein Brecheisen zur Verfügung gestellt, von seiner Großmutter geklaut. Dem war es nur um das Auto gegangen, das in der Scheune abgestellt war. Ließ sich aber nicht öffnen, Pech.

Gemeinsam mit einem Kumpel Streifzüge durch die Kaufhalle. Schuhe, Socken, Hosen. Einmal auch drei Pullover, da hatten sie sich vergriffen, sollten nur zwei sein, für jeden einer. Zigaretten, ein paar Packungen. Und ein Siphon? Wat is dat dann? Also, davon weiß er nichts.

Eine Zeitlang in einem Wohnwagen auf dem Kirmesplatz; den Besitzer, Türsteher, hatte er in einer Disko kennengelernt. Konnte sich zu der Zeit beim Vater nicht mehr sehen lassen: Anklage wegen vorsätzlicher Körperverletzung. Drei Wochen in einer Wohngemeinschaft, mit fuffzehn andren, manchmal noch mehr Mitbewohner, meist Mädchen, es ging schon mal drunter und drüber. Wollte da nicht länger bleiben, überall lagen Mao-Bibeln herum, hingen China-Plakate, kriegt man ja alles im Bahnhofskiosk. Hatte einen Wohnwagen geknackt: Cola, Apfelsaft, Würstchen. Von einer Damenlederjacke ist ihm nichts bekannt. Zog zu einer Uschi, da war grade eine Party, sie machte die 25 Würstchen warm. Angestellte in einem Reisebüro. Eine Woche bei ihr gewohnt. Von dort, besoffen, im Nebenhaus eingebrochen, durch den Keller: Tonbandgerät, Plattenspieler, Fernrohr. Alles bei Uschi abgestellt. Im Kaufhof eine Bohrmaschine geklaut, war nicht leicht, ging aber, war länger als die Jacke, guckte unten raus, hat keiner gemerkt. Ein Hehler nahm die in Kommission, Geld später. Der Typ war zugleich Subunternehmer, vermittelte Leute an den Bau. Der Staatsanwalt: »Arbeitsrechtlicher Zuhälter!« Drei einfache, vier schwere Diebstähle, nicht nachgewiesene Zahl von Einbrüchen.

Der Verteidiger: Gebrauchsgegenstände, die nicht nach Wertgewinn ausgesucht wurden. Überhaupt: Filme böten auch hier brauchbare Rezepte. Kriminelle als Helden. Hinzu kommt Abenteuerlust. Sonst keine weitere Erklärung. Es taucht die Formulierung auf: »Unterschiede in der Persönlichkeitsbewertung«.

Wiederholt Schwierigkeiten mit der Polizei, vom Angeklagten zur Selbstverteidigung vorgebracht. Bei Einbruch mit Kumpel in einer Wohnung wurden sie gestellt. »Wer abhaut, dem wird in die Hacken geschossen!«

Der Polizist, als Zeuge vernommen, deutet dies als Form der Belehrung. Überhaupt, man kennt sich längst. Unerwartete Begegnung im riesigen Areal der Anna-Kirmes, ein Polizist in Zivil, einer der Jugendlichen mit Mädel, und im Vorbeigehen, Vorbeischieben raunt der Polizist dem Jungen zu: Nächstes Mal kriegen wir dich! Und zurückgeraunt: Leck mich! Schon driftet man auseinander.

Trotz der Androhung, von der Dienstwaffe Gebrauch zu machen, Fluchtversuch der beiden. Dabei war vor dem einen Polizisten gewarnt worden: Zweizentnermann, untersetzt, Brillenträger, hat sogar den König der Kölner Unterwelt gesickt [verpügelt], nimmt es mit zweien auf. So war es auch: hielt mit jeder Hand einen der beiden fest. »Was ich mal gepackt habe, das behalte ich im Griff.«

Der Angeklagte: Auf der Polizeiwache wurde ihm ein Stuhl angeboten. Jedes Mal, wenn er sich setzen wollte, wurde der blitzschnell weggezogen. Na ja, war Karnevalszeit. Beim Verhör soll der Polizeibeamte aber ziemlich hitzig geworden sein: »Sei endlich ruhig, sonst schlag ich dich zusammen.« Mit dem Plastikgürtel, der bei der Festnahme kaputtging, wurde er drei-, viermal auf den Rücken geschlagen.

Der Polizist, in Ausgehuniform, Kopfbedeckung an der Hosennaht: Eine Vernehmung, mit Protokollführung, so was hat ja gar nicht stattgefunden, nur eine fotografische Dokumentation: Der Angeklagte hat Hakenkreuze eintätowiert, am ganzen Körper.

Stimmt nicht, nur an den Unterarmen! Kann das beweisen!

Die Tattoos sind jedenfalls auffällig, wurden deshalb dokumentiert. Dabei hat sich der Angeklagte unter Alkoholeinwirkung gesperrt, ist pampig geworden. Im Übrigen, so gibt einer der beiden Polizeibeamten zu erkennen, werde ein Verleumdungsprozess angestrengt wegen der Unterstellungen da.

Der Staatsanwalt hält ergänzend fest, der Angeklagte habe im Verlauf der Verhandlung zwei Festnahmedaten verwechselt, sei letztlich also wohl unglaubwürdig.

Fortgang der Beweiserhebung: Der Angeklagte war nach dem Verhör zur Ausnüchterung in eine Zelle gesteckt worden. Kletterte dort auf den Heizkörper, Nase am Fenster. Zwei Aufseher kamen rein. »Ich brauche frische Luft!« Die beiden: Sachbeschädigungsgefahr, Wandbeschmutzungsgefahr! »Und das in diesem Drecksloch!« Der Aufforderung, runterzusteigen, leistete er nicht Folge, wurde runtergerissen, geschlagen.

Und woher kamen die Blutergüsse bei dem einen vom Aufsichtspersonal?

Na, den hat er doch bloß ein paar Sekunden bisschen was gedrückt oder gepackt.

Und dabei Blutergüsse ...?!

Bei einem der Angeklagten werde ich in meinen Aufzeichnungen etwas ausführlicher: Assoziationen an einen jungen Mann, diverse Einbruchsdelikte, dem ich einen Teil der Haftzeit erspart, ihm Wohnung und Arbeit besorgt hatte, und der gleich in der allerersten Nacht in Freiheit rückfällig wurde mit Einbrüchen: Schock, Zorn, Frust! Keine direkten Parallelen hier nun, selbstverständlich nicht, aber einige Entsprechungen im Verhalten bis zur Verhaftung, bis zum Termin vor dem Schöffengericht. Dass ich mitnotierte, fiel dem Richter, der Mitschöffin nicht weiter auf, ich hatte, bei den Besprechungen im Hinterzimmer, vielfach die Notizen in der Hand. Und für die jungen Leute vor uns war ich wohl so was wie ein zweiter Protokollführer.

Der Angeklagte zur Familiensituation: Die Mutter lebte mit dem Bruder ihres Mannes zusammen, echte Onkelehe, als Kind verwirrte ihn das einigermaßen. In seinem jetzigen Alter würde er mit so was schon eher zurechtkommen. Vater war eigentlich Bäcker, kriegte das Bäckerekzem, dann gings los: Fundunterschlagung, Hehlerei, gemeinschaftlicher schwerer Diebstahl und so. War gleich nach Haftentlassung rückfällig geworden – neunzig Prozent würden rückfällig, meint der Angeklagte, die Krise meist schon im ersten halben Jahr. Bei dieser Anmerkung ließ er locker den Arm schlenkern. Die Mutter war eigentlich vorgeladen, als Erzieherin, blieb jedoch ohne Erklärung weg. Ordnungsstrafe. Der Sohn griemelt.

Aussagen zur Person: Lehre als Büromaschinenmechaniker. Kurze Zeit Arbeit im Postscheckamt, dann verlor er Lust, stieg aus, die Verdienstmöglichkeiten erschienen ihm zu gering. Büchste aus, wurde an der Luxemburger Grenze aufgegriffen, abgeschoben, dann nach Österreich, quartierte sich ein in einer Pension im Zillertal, lieh sich Geld, gab es sofort wieder aus, konnte die Pension nicht bezahlen, wurde drei Monate eingebuchtet, in Innsbruck, dann über die Grenze abgeschoben.

Kurz wieder in Düren, Arbeit in der Papierfabrik, passte ihm auch nicht, also weg und nach Berlin.

Der Staatsanwalt: Wollten Sie den Wehrdienst verweigern? Fügte gleich hinzu: Das würde bei diesem Verfahren keine Rolle spielen, aber es würde ihn interessieren, es würde bei der Motivation zu diesem Ortswechsel vielleicht doch eine Rolle spielen.

Aber er war nur aus Neugier nach Berlin, wollte das mal kennenlernen. Fand auch da wieder Arbeit, gab sie rasch wieder auf, brauchte also Geld, beantragte bei einer (bei der?) Berliner Bank ein Einrichtungsdarlehen. Dazu musste er volljährig sein, also fälschte er das Geburtsjahr im Pass. Legte sodann einen Mietvertrag vor, den er selbst ausgefüllt hatte, ein Mietverhältnis vortäuschend. Die Unterlagen wurden nicht weiter überprüft, er erhielt DM 5000. Staunen am Richtertisch: So leicht geht das?

Er kaufte eine Uhr mit goldenem Armband: so was wär sein

Hobby. Ging gut essen: auch sein Hobby. Kriegte gleich Kontakt mit einem Hotelier, könnte als Hotelkaufmann arbeiten. Kriegte schnell raus, dass dessen hübsche junge Frau Verkehr mit dem Personal hatte. Der Mann hat trotz seines Alters nichts dazugelernt. Was ihn selbst betrifft: wollte sich noch nicht festlegen, sich ein Türchen offenhalten.

Er mietete erst mal ein Kfz. Zahlte eine Woche im Voraus, behielt den Wagen aber länger. Ließ ihn dann einfach stehn, Schlüssel und Papiere auf dem Sitz. Behauptete beim Polizeiverhör, er hätte den Verleih telefonisch benachrichtigt, erklärte nun, er hätte das vergessen.

Einbrüche. Er kriegte schnell raus, wo sich das lohnt. Kaufte die neue Ausgabe von *Reader's Digest*, zeigte sie vor, bot ein günstiges Abonnement an, schaute sich in der Wohnung um – sieht es der Einrichtung sofort an, ob es sich lohnt. In so einem Fall sagte er: Ach, ich habe heute genug Abonnements verkauft, ich schenk Ihnen die Ausgabe zur Ansicht; kleine Werbemaßnahme … Aufschlussreich auch Briefkästen: Steckt abends noch Post drin, sind die Adressaten nicht zu Hause. Insgesamt: Das Leben in Berlin war Genuss ohne Reue.

Diese Formulierung ärgert den Staatsanwalt ganz besonders, er lässt sich ausführlich darüber aus.

Der Angeklagte reagiert muffig. Hellbrauner Anzug mit Weste, dicke Krawatte, Kavalierstuch in gleicher Farbe aus der oberen Jackentasche lugend. Schnallenschuhe. Die Haare gepflegt, nicht schulterlang. Lässt, wie er zugibt, alles an sich vorbeimarschieren. Lebt aber auf beim Stichwort Hotel, in München. Fand aufgrund seines gepflegten Aussehens und seiner gewinnenden Gesamterscheinung sogleich eine Anstellung als Page in einem Nobelhotel. Kriegte schnell raus, wann sich betuchten Gästen am leichtesten Geld aus der Tasche ziehen ließ. Meldete sich freiwillig zum Dienst an Weihnachten, Silvester, Neujahr, was ihm seitens der Leitung hoch angerechnet wurde und sich durchaus rechnete. Er kaufte, vorweg, Theaterkarten oder Karten für den Presseball, legte sie im passenden Moment zum Verkauf aus. Statt etwa 25 Mark stellte er 150 in Rechnung, mit der Erklärung, die seien speziell für dieses Hotel reserviert worden, gegen Aufpreis. Er machte Umsatz. Wenn ein Gast zu solch einer Veranstaltung schwarze Schuhe brauchte, machte er sich auf zu einem Geschäft, das abends auch telefonisch erreichbar war, ließ sich eine besondere Rechnung ausstellen, zehn bis fünfzehn Prozent Aufschlag für ihn, zehn für das Geschäft, kassierte in bar. Für einen Gast sollte er koschere Wurst besorgen, kriegte einen Zettel in die Hand gedrückt mit hebräischer Schrift, zog los; bei der ersten Adresse war niemand mehr, er fuhr im Taxi herum, fand schließlich einen jüdischen Metzger, wurde freundlich behandelt, man packte ihm die Wurst ein, erhöhte die Rechnung allerdings nicht. [Die Episode erschien mir unwahrscheinlich, aber Jahrzehnte später registriere ich zufällig: Es gab schon bald nach dem Krieg die koschere Metzgerei Otscheret in der Möhlstraße.] Die Taxigebühren beliefen sich mittlerweile auf fünfzig DM, er ließ sich vom Fahrer eine Quittung mit zwanzig Prozent Zuschlag ausstellen, erhielt vom erfreuten Gast noch dazu fünfzig DM Trinkgeld. Ein Amerikaner mit Gehirnschwund, der ließ in der Lobby die Fünfmarkstücke nur so unter sich fallen, dem heftete er sich an die Fersen. Der reiche Jude, der jedes Jahr zur Spielwarenmesse kam, für eigenen Bedarf einkaufte, Gäste im Lift schon mal mit einer Knallpistole erschreckte, dann aber den Hut hob; der griff tief in die Tasche. Ein Orientale, irgendwas mit Öl, der für jeden Handgriff fünf Mark rausrückte, den hatte man ebenfalls im Griff. Die Alt-Reichen übergaben schon mal dezent einen Briefumschlag. Unter den Gästen auch Hans Albers, der immer besoffen war und gleich im Lift nach dem Boy grapschte. Horst Buchholz mit Knaben rechts und links. Balletteusen, die nach der Vorstellung überhaupt nicht erschöpft waren. Frauen, auch um die fünfzig oder sechzig, die nackt im Zimmer standen, wenn sie Herein! gerufen hatten. Auftritte zuweilen auch als Plattenjockey, im Hotel. Eine junge Frau, die auf ihn wartete, im Wagen, drei Stunden bei der Kälte, die hatte Mucken, da mussten ihr erst mal ein paar verpasst werden, rechts und links um die Ohren, dass der Kopf nur so hin und her flog, dann wurde sie gefügig. Das brauchte sie einfach, wollte schließlich kein Spielverderber sein.

Was mich im Verlauf der Schöffenzeit zermürbte, waren die Wiederholungen. Alles erst einmal dargelegt in der Anklageschrift aus Aachen. Dann die Vernehmung. Danach die Beratung. Anschließend die Urteilsverkündung und die meist ausführliche Urteilsbegründung des Richters, der alles noch mal wiederholte, oft wörtlich. Schließlich die Ermahnungen, wenn eine Haftstrafe wieder mal auf Bewährung ausgesetzt wurde: »In geordnete Bahnen zurückbringen ... Festigen Sie Ihre Persönlichkeit ...« Ich registrierte, wie das an bewegungslosen Gesichtern abrieselte, es waren überhaupt keine Rezeptoren vorhanden für solche Vorhaltungen, Ermahnungen, Ermunterungen, Vorschriften. Botschaften aus der anderen Welt der drei Typen, die etwas erhöht saßen, bis in Brusthöhe abgeschirmt von Holzflächen, in Aktenordnern blätternd, mit Durchschlagpapieren raschelnd, Notizen machend (die ich zum Teil kaum noch entziffern kann).

NIDEGGEN, ORTSTEIL ABENDEN, unterhalb des ersten Höhenzugs der Nordeifel. Hier kaufte ich 1973 ein sogenanntes Wochenendhaus. Lärmgeplagt, wenn auch noch nicht lärmgeschädigt, hatte ich ja im Freundeskreis darum gebeten, Augen und Ohren offenzuhalten. So wurde denn von einer Bekannten eine Seite mit »Gelegenheitsanzeigen« in den Briefkasten geworfen. Und rot markiert: »Ferienhaus, Nähe Nideggen/Eifel, zu verkaufen. 1500 qm Waldgrundstück, ca. 70 qm Wohnfläche, ausbaufähig, leicht reparaturbedürftig.« Der VP-Preis, die Telefonnummer. Wurde sofort angewählt, schon folgte eine erste Beschreibung der Lage.

Inspektionsfahrt mit dem Schwiegervater. Das Grundstück, in Südhanglage, nicht umzäunt, so konnten wir ohne Terminabsprache das Haus schon mal von außen besichtigen. Spinnweben allenthalben. Gelockerte Bretter der Außenwände, von den Holzjalousien abbröckelnde Farbschicht. Edmund: Das kriegen wir hin!

Telefonisch verabredeter Besichtigungstermin. Im großen, hellen Wohnzimmer ein Sofa, eine Tischtennisplatte, an der Wand eine Dart-Scheibe, rundes Tischchen mit rötlicher Marmorplatte und Tischbeinen aus Echtholz, endend in geschnitzten Löwenpranken (die ich später rot anmalte).

Die Besitzerin (eine Buchhändlerin) etwas später, bei offiziellem Termin: Gebaut wurde das Haus vom Inhaber eines Betriebs für Rollladen, und so bestand alles aus Holz (auf gemauertem Souterrain und Keller im Hang). Als nächster Besitzer ein Chefarzt, und es fanden Feten statt – Stöckelschuhe hatten, mit ihren Pfennigabsätzen, Hunderte von winzigen Einmuldungen hinterlassen im Parkett, Dutzende von Sektflaschen waren vom Balkon ins Gelände geschleudert worden. Dann wurde das Haus zum Liebesnest ihres Ehemanns – sie wollte den Bau loswerden und ein Stadt-Apartment kaufen. Ein (ehekrisenbedingt) moderater Preis, den wir uns, Geld zusammenschrappend, gerade mal leisten konnten. Der Schwiegervater, Frührentner, schritt zur Tat; wiederholt sein Ruf: Ein Schnäppchen!

Das Haus atmet. Selbst, wenn wir wochenlang auf Reisen sind, und wir kehren zurück: Nicht muffig, kein Schimmel; durch Millionen von Holzporen, Holzritzen osmotischer Luftaustausch. Und Fledermäuse unter dem Dach, manchmal auch Mäuse. Und Wespennester werden gebaut, auch ein Hornissennest, aber die Einfluglöcher sind weit genug entfernt vom Balkon, so stören wir uns gegenseitig nicht. Ein Haus, in dem ich nachts um eins noch eine Sinfonie von Mahler abspielen kann, in voller Klangentfaltung, das große Wohnzimmer als hölzerner Resonanzkörper.

Überhaupt gute Schwingungen. Der Förster, von dem ich mich beraten ließ, und er markierte die Bäume, die herausgenommen werden mussten, er zog, während ich Kaffee aufbrühte, eine Wünschelrute aus einem Behälter, der wie die Hülle eines Tennisschlägers aussah, ging im Wohnzimmer umher auf knarrenden Parkettstäben, umschritt das Haus: Alles störungsfrei, sagte er, hier könnte ich gut arbeiten … Nach Störstellen des erdmagnetischen Feldes habe ich nie gefragt, ich nahm die Feststellung zur Kenntnis als zusätzliche Bestätigung einer guten Entscheidung. Ein Haus, in das ich mich zurückziehe in besonders schwierigen Phasen der Arbeit. Vom kleinen Arbeitszimmer mit großem Tisch blicke ich ins Grüne; Himmel nur in kleinen Ausschnitten zwischen Baumkronen. Im Winter ließ ich mich zuweilen (das wurde aber immer seltener ...) gern mal einschneien, für ein, zwei Tage.

Ein Grundstück in dreieckigem Grundriss: die beiden Seiten des langen Dreiecks sind von Wanderwegen, Forstwegen flankiert, einer von ihnen als Hohlweg, die dritte, kürzere Seite markiert ein verfallener Zaun zu einem (riesigen) Nachbargrundstück. Im Winter der Blick hinab ins Rurtal, auf das Dorf Blens, auf Hügel hinaus bis zum Kloster Mariawald am Hang des Kermeter. Im Sommer ist das Haus von Grün fast vollständig umhüllt, von Grün auch überragt, nur winzige Durchblicke auf die Hügelreihe des Gegenhangs sind möglich. Alle paar Jahre habe ich Bäume gefällt, damit die Kronen sich entfalten können, statt zu Wedeln zu verkümmern, und Licht will ich ja auch im Hause haben. Inzwischen sind die Bäume, meist Eichen, so groß geworden, dass ich einzelne Bäume von Profis fällen lasse – zu gering der Spielraum zwischen Haus, Telefonleitung, Stromleitung; mit geschickten Seilzugmanövern über Eck »werfen« die Männer aus dem Nachbardorf die Bäume genau »ab«. Ein Jahr später schon wieder »Kronenschluss«: doch die Kronen weiten sich. Es wächst und wuchert, als müssten die alarmierenden Aussagen über den Zustand unserer Wälder sichtbar widerlegt werden. Unter den Bäumen lassen wir alles wachsen: Ginster, Rhododendron, Eibe, Ilex; den Verlauf der Wegränder bestimmen Gräser und Brombeerranken, nichts wird begradigt, der Bauch des Autos wird von Gras gekitzelt, wenn ich ins zaunlose Grundstück einfahre.

Das Telefon als einzige Verbindung nach draußen; Post lasse ich mir nicht in den Wald bringen. Verabredungen mit Freunden auf Tage voraus. Und Kino und Theater und Konzerte und Ausstellungen? Alles weit weg, im Winter besonders weit: zwischen der rheinischen Tiefebene und dem Dorf

713

im Tal liegt der Höhenrücken wie ein mächtiger Querriegel. Auf dem Sporn der Hangkuppe die mächtige Burgruine, die romanische Kirche aus der Zeit eines Wolfram von Eschenbach und Gottfried von Straßburg.

Ehemaliger Kriegsschauplatz Nordeifel: Am Haushang sind heute noch Schützengräben, Schützenlöcher, Granattrichter zu sehen, die Ränder sanft abgerundet. Auch durch das kleine Waldstück zieht sich ein Schützengraben – einen etwa zwanzig Meter langen Abschnitt sehe ich vom Arbeitstisch aus. An einem Sommermorgen stand ein Mann im Grundstück, starrte in den Graben: Als Achtzehnjähriger hatte der Saarländer hier gelegen, in der Nähe eines MG 42, dessen Position er noch genau bestimmen konnte. Fast täglich wurde aus der Richtung, aus der wir bei Südwind Artillerie und Schnellfeuerkanonen vom NATO-Areal des Camp Vogelsang hören, eine Feuerwalze geschossen, den Hang herauf oder hinab. Und die Landser reparierten zerstörte oder beschädigte Erdbunker, hoben verschüttete Gräben und Löcher wieder aus, beobachteten das überschwemmte Rurtal. Durch den Hohlweg, der die obere Grenze des Grundstücks bildet, kam Verpflegung herab, von der ›Gulaschkanone‹ hinter dem Hang; vor der jetzigen Einfahrt fetzten Granatsplitter in den Körper eines Essenholers. Gelegentliche Funde im Grundstück: das geflügelte Endstück eines Granatwerfer-Geschosses, ein Sprengstück einer Granate: fast daumendick das rostige Metall.

Es war einmal: In den siebziger Jahren gab es in der Nordeifel noch Nachtigallen. Mindestens eine Nachtigall, die »Hausnachtigall«, in der Hangschräge unterhalb des Hauses, eine weiter halblinks, Richtung Hausen, eine andere noch weiter entfernt, Richtung Lüppenau – sie sang an einem Abend so laut im Baum am Fahrweg, dass wir sie trotz Motor und geschlossener Fenster hörten; wir hielten an und lauschten. In jenen Jahren purrten noch Feldhühner an Wegrändern hoch, Fasane kreuzten unseren Weg. Es war einmal. Feldhühner und Fasane nur noch in seltenen, bestaunten Ausnahmen.

Das Aussterben zum Beispiel von Singvogelarten hingegen nehme ich kaum wahr, weil mein Blick, mein Gehör nicht trainiert sind auf das Unterscheiden von Merkmalen bei Vögeln, aber ein Nachbar unterhalb, Hobby-Ornithologe, wusste Schlimmes zu berichten: Von Dutzenden von Vogelarten, die er früher beobachtet hatte, waren nur wenige verblieben.

Und Bäume sterben ab, Nadelbäume vor allem an Waldrändern, der Förster hat mir Krankheitssymptome gezeigt. Auf unserem Grundstück aber sind die Bestände resistent – vor allem Eichen sind nach dem Krieg wild aufgewachsen am kahlgeschossenen Hang.

Im Eifelhaus, umgeben von Büschen und Bäumen, erlebe ich Natur. Eine Kundschafter-Hornisse sucht an der Oberkante des Hauses ein geeignetes Einflugloch, hinter dem wieder einmal ein ›mehrstöckiger‹ Hornissenbau errichtet werden kann: in der Mitte haben die Wabenböden den Durchmesser einer Familienpizza, oben den einer Minipizza. Das revierfeste Eichhörnchen, das schon mal auf der geflochtenen Stromleitung dahinschnurrt. Falter, die sich in der Einfahrt niederlassen, von mir angeschlichen werden, Lesebrille aufgesetzt, und ich mustre Formen und Farben. Auf der Wiese hangabwärts Gänse und Hühner und mehr als ein Hahn – bis zu fünf Stück, die krähend ihre Reviere markieren. Da muss ich schon mal anrufen, ein Brieflein schreiben, es wird bereits als Entgegenkommen betrachtet, wenn die Gesamtzahl um zwei oder drei reduziert wird, der Rest aber kräht um die Wette. Was ist eigentlich wichtiger: dass Hähne kräh-aktiv sind oder dass ein Autor kreativ ist? Kalauer ohne Resonanz.

Jähe Konfrontation: Ich trete vor die Tür; zwei Meter weiter liegt im Sonnenlicht eine Schlange von einem Format, wie ich sie in der Eifel nie gesehen habe. Keine der Blindschleichen oder Ringelnattern, die man meist nur plattgefahren sieht, sondern eine veritable Schlange, einen halben Meter lang, oder sind es schon sechzig, siebzig Zentimeter? In der Mitte so dick wie das Etui meiner Lesebrille. Die hole ich, will das

Schlangenmuster genauer sehen, wechsle zuvor, sicherheitshalber, von Sandalen über in Gummistiefel. Betrachte, einen Besen in der Hand, die geschuppte Musterung in Grau, mit leichten Brauntönen und schwarzen Markierungen an der Flanke. Unablässig spielt die schwarze, gespaltene Zunge. Kreuzotter? Ich hole eine Handvoll Kirschen aus der Küche, stehe wieder an der Haustür, behalte die Schlange im Blick, vor allem die ständig bewegte Spaltzunge, werfe Kirschkerne Richtung Schlange, aber die ist nicht leicht zu treffen, doch selbst nah am Kopf auftreffende Kerne beindrucken sie nicht weiter: liegt da und züngelt vor sich hin. Da stupse ich sie doch mal mit dem Besen, und das bedrohlich angewachsene Exemplar von Schlange macht sich davon. Doch da kann ich nur sagen: gemächlich. Schlängelt sich dahin in Vorjahrslaub. Will sie womöglich auf dem Grundstück bleiben? Auch Schlangen als ›Gewohnheitstiere‹, reviergebunden?

Ja, und eine Phobie! Die lässt sich benennen: Zeckenphobie. Das kleine Waldgrundstück rund um das Eifelhaus ist ja nicht umzäunt, wird also gern von Katzen, Hunden, zuweilen auch Rehen durchquert, sie alle als Zeckenträger, auch Vögel sollen am Transfer beteiligt sein. Wiederum ist die Tierwelt verlockend für Zecken an Grashalmen, an Buschästen, bereit zu blitzschnellem Überwechseln beim Vorbeistreifen.

Ein Vorfall, ein Infekt: spät erst entdeckte Rötung am Rücken, etwa in der Größe einer Euromünze, die nachgeholte Blutuntersuchung, reichlich Antiborrelien nachgewiesen, demnach hatte mein Immunsystem auf die Bedrohung erfolgreich reagiert.

Und wie soll ich mir das vorstellen? Ich lese mich ein, ich schaue in mich hinein, in mich herein. Und sehe, wenn auch schematisiert: Unablässig patrouillieren Zellen und Moleküle durch meinen Körper, suchen eingedrungene Krankheitserreger, erkennen, stellen, vernichten sie. Und das in exakt koordinierten, beinah choreographischen Abläufen. Erkennungsproteine, Gedächtniszellen können ein fast unübersehbar weites Spektrum von Krankheitserregern dingfest machen mit antennenähnlichen Proteinen auf der Oberfläche; Antigen-Moleküle markieren die Krankheitserreger als Angriffsziele für Killerzellen; die docken am Krankheitserreger an, schieben Proteinröhrchen hinüber zur Oberfläche des Krankheitserregers, porenbildendes Protein durchlöchert die Zellmembran des Angreifers, Wasser dringt ein, lässt die Zelle anschwellen, platzen; ein Makrophage frisst die zerstörte Zelle auf.

Diese integrierte Kooperation von Gedächtniszellen, aktivierten T-Helferzellen, antigen-produzierenden Zellen, von Killerzellen und Makrophagen finde ich spannend wie eine Gangsterjagd im Krimi. Mich in solche Abläufe hineindenkend staune ich, dass die Jahrzehnte über alles so gut funktioniert hat, abgesehen von Randstörungen.

Bei solchen Einblicken, molekülgenau, kann eigentlich nur konstatiert werden: Wir sind Wunderwerke. Sind uns nur selten dessen bewusst, wissen das kaum zu würdigen.

Also, die Borrelien-Attacke konnte mein Immunsystem abwehren. Aber bin ich damit immun? Acht verschiedene Formen der Borrelien-Infektion soll es geben, und langsam rückt auch, laut Zeckenatlas, die Bedrohung näher durch Hirnhautentzündung. Der Anteil an infizierten, infizierenden Zecken nimmt zu, damit die Wahrscheinlichkeit von »Borrelien-Kontakt«. Das Labor, warnend: »Kontrolle!«

So ziehe ich Gummistiefel an, auch im Hochsommer, wenn ich durch das Gras der Autoeinfahrt laufe, inspiziere mich selbst, inspiziere die Freundin, und doch, ich sehe zufällig, wie eine Zecke über das Hemd wandert, ziemlich rasch, ich kann sie noch wegschnipsen, und beim Schreiben fällt mir aus dem Haar eine Zecke aufs Papier, kann sofort zerdrückt werden. Und in einem diskreten Körperwinkel eine Zecke, die sich aufpumpt, da muss die hoffentlich richtige Gebrauchsanweisung cool befolgt werden. Und doch, sie können mich austricksen, diese Biester, die ich mir in Vergrößerungen schon gar nicht ansehen mag, diese grausam praktischen Vorrichtungen zum Blutsaugen, Blutpumpen. Und dann auch noch dieses abgefeimte Verfahren, an der Bohrstelle erst mal ein lokal wirkendes Betäubungsmittel zu injizieren, bevor das Bohrgerät mit diesen winzigen Widerhaken eingeführt wird.

Alarm bei Temperaturen über sechs Grad. Und doch, ich kann ausgetrickst werden. Auf einer Italienreise entdecke ich am Oberschenkel eine Rötung, etwa mit dem Durchmesser einer Zwanzig-Cent-Münze. Aber wächst die nicht? Beschwichtigungen setzen ein: Das ist doch eher hellbraun als rosa, oder?! Und bildet sich nach einem Zeckenbiss die Rötung nicht konzentrisch um den Einstichpunkt, Einbohrpunkt? Liegt hier die dunklere Markierung nicht eher am Rand der Rötung? Könnte es nicht eine andere Hautaffektation sein? Ein Quadratzentimeter, gerundet, saugt Aufmerksamkeit an. Während ich Kirchen von architektonischen Wunderformen bestaune, während ich Palasträume in Ravenna durchschreite, während ich durch Apenninlandschaften gefahren werde, während ich durch Urbino spaziere und am Ende abschüssiger Straßen der Ausblick in die umgebende Hügellandschaft – es bleibt der Fleck, wird der größer, nein, wird eindeutig nicht größer, könnte aber doch etwas größer geworden sein … Fast möchte ich mit Kugelschreiber ein paar Grenzpunkte der Rötung markieren. Aber wenn die überquert werden, wie soll ich mich einem italienischen Arzt verständlich machen? Was heißt überhaupt Zecke auf Italienisch? Lässt sich nachgucken. Aber ist man in Italien überhaupt auf Zecken eingestellt, gibt es ein Pendant zum deutschen Wort Zeckenalarm? Hält mich der Arzt womöglich für meschugge, weil ich ihm nur so einen kleinen Rotfleck zu bieten habe? Ich bringe den Fleck mit nach Hause, präsentiere ihn der Diabetologin, und die Sprechstundenhilfe trägt dick eine rote Salbe auf, die Abdeckung mit Mull und Pflasterstreifen ist bestimmt einen Quadratdezimeter groß, unübersehbar wird also etwas übernommen, doch auf der Rechnung lese ich dann nur etwas von einem unbestimmbaren Insektenstich, hm. Keine Borreliose. Aber der Hass auf die Biester ist gewachsen. So viele Arten sterben aus, warum nicht dieses Ungeziefer? Vorrangig diese Ungeziefer? Lauern an Halmen, an Ästen? Saugen Aufmerksamkeit an, dies zumindest? Immerhin, so sage ich mir ausgleichend, mit einer Infektion hinterlassen sie sichtbare Spuren. Hingegen Bakterien, hingegen Viren? Ein paar rasch wuchernde Zellen in diesem Organismus von beinah einsneunzig und von nicht eben schwächlicher Statur – die sollen mich zu Fall bringen?! Mich umkippen …?! Mich flachlegen …?! Das kann, das darf doch nicht wahr sein!

Naturerscheinungen … Ein Feuersalamander auf Schnee: kroch über den knöcheltief zugeschneiten Weg der Einfahrt. Sehr langsam die Bewegungen, die Salamanderläufe offenbar steif, auch der Rumpf – Winterschlafsteifheit? Winterblutverdickung? Oder hat ein Salamander überhaupt kein Blut, eher ein Serum? Wie wenig weiß ich über Salamander! Warum ist dieser Salamander aus seinem Winterschlafquartier hervorgekrochen, mitten im Winter – noch längst keine Rede von Frühjahrsschnee? Gibt es so etwas wie Winterschlafwandler? Und der Salamander von einem Winterschlaftraum über den Schnee gesteuert oder von einem falsch ablaufenden Drüsenprogramm? Die sehr langsamen, mühsamen, jedenfalls mühsam erscheinenden, halbsteifen Bewegungen auf dem Schneeweg, der wohl nirgendwohin führen wird – und kein Weg zurück in den Winterschlafwinkel? Ihn aufnehmen, in den Händen aufwärmen? Oder kann Kälte, Schneekälte einem kühlen Körper weniger anhaben? Beinah watschelnd kriechende Bewegungen des schwarzen, gelbgesprenkelten Körpers auf dem Schnee.

DEN ALTEN HOHLWEG fährt nur selten ein Auto hinauf oder herab, also blickt man schon mal auf vom Schreibtisch: ein VW-Bus, gefolgt von einem zweiten Wagen. RWE? Eine Stromleitung muss freigeschnitten werden?

Am Nachmittag Spaziergang hinauf zum Höhenweg; nach zwei- oder dreihundert Schritten verharre ich: im wildwachsenden Baumbestand wird gehackt und geschaufelt. Mit von der Partie »dat Kathrinche«, offiziell: Katharina Klaßen, Waldarbeiterin. Irgendwann, irgendwie hatte ich die robuste Frau kennengelernt – in der näheren Umgebung war sie bekannt als Hobby-Expertin lokaler Archäologie. Ich hatte sie mal besucht in ihrem Haus im Dorf; an den Wänden Fotos und Zeitungsausschnitte, die sie bei Ausgrabungsarbeiten zeigten, bei ihrer zusätzlichen, »unentgeltlichen« Tätigkeit. Höhepunkt für sie: Bei einem Erkundungsflug des Rheinischen Amts für Bodendenkmalpflege wurde sie in der Cessna mitgenommen, und tatsächlich, sie entdeckte an einem geometrischen Verfärbungsmuster auf einer Feldfläche die Mauerzüge eines römischen Gutshofs. Und nun schaufelt sie, mit drei, vier Männern, an ›meinem‹ Hang. Wir kommen sofort wieder ins Gespräch; damit bin ich für Ausgrabungsleiter Sommer gleichsam akkreditiert, ich darf erfahren, was »nicht an die große Glocke« gehängt werden soll: ein kolonial-römisches Tempelchen soll freigelegt werden, zumindest in den verbliebenen Fundamenten.

Und wie hatte man das entdeckt? Eine Frau aus Abenden hatte, Jahre zuvor, am Hang Pilze gesucht, hatte dabei ein Fragment einer Steintafel mit Buchstaben gefunden. Es war offenbar von einem Soldaten beim Schanzen mit dem Feldspaten erfasst und abgeworfen worden. Weitere Fragmente wurden im näheren Umkreis entdeckt. Kathrin wurde informiert, sie inspizierte die Fundstücke, erstattete Meldung – ich nehme an, bei der Außenstelle Nideggen des Amts für Bodendenkmalpflege. Erste Untersuchungen ergaben: es handelte sich um Altarfragmente einer römischen Matronenkultstätte. Und das nur wenige Steinwurfweiten von meinem Haus entfernt!

Von diesem Punkt an verlasse ich mich nicht allein auf mein Gedächtnis, ich ziehe die wissenschaftliche Publikation des Ausgrabungsleiters Markus Sommer heran: »Das Heiligtum der Matronae Veteranehae bei Abenden«.

Obwohl ehemaliger Schüler eines Altsprachlichen Gymnasiums: Von einem Matronenkult weiß ich nichts, muss nacharbeiten, werde fündig im Internet. Hier ein paar Stichworte: Römisch-germanisch-keltische Muttergottheiten ... vor allem verehrt im römischen Kolonialgebiet Rheinland ... etwa zwischen 80 und 240 n. Chr. zahlreiche Kultzentren und Tempelanlagen ... auf Altarsteinen durchweg Matronen selb-

dritt in Halbreliefs gemeißelt, auf einem Bänkchen sitzend ...
rechts und links jeweils ältere, würdige Matronen mit ballonförmigen Hauben, in ihrer Mitte eine jüngere Frau mit losem
Haar ... Zusätzlich: Fruchtkörbe, Weihrauchkästchen, Füllhörner, Pflanzen und Früchte ... Charakteristisch für das
Matronen-Trio: die Attribute Mond, Schlange und Kranich.
Was mich besonders freut, denn Abenden, mein Haus liegt
genau unter einer der Nord-Süd-Routen von Kranichen – die
werden in diesem Buch gebührend gefeiert.

Man bat die Matronen um Schutz, um Segen, um Hilfe. Es
ging um Familie, Fruchtbarkeit, Erfolg im Beruf. Es wurde
gedankt für Rettung aus Gefahr.

Damit bin ich wieder bei der Ausgrabung. Dem Bericht
verdanke ich vorab eine konzise Beschreibung der Lage von
Haus und Heiligtum: »Die Fundstelle befindet sich auf dem
westlichen Ausläufer des Kirchberges, dem sogenannten
›Kirchbusch‹, einem schmalen Bergrücken, der vom Badewald
über den Heldenberg bis in das Rurtal reicht. Sie liegt auf einem leicht nach Westen abfallenden Hang, 84 m nordwestlich
eines steilen, turmartigen Sandsteinfelsens mit dem Höhenpunkt 297 m ü. NN. Der Kirchbusch ist heute mit Krüppeleichen und Fichten bewachsen; früher soll dort ein Lohewald
gestanden haben. Um 1800 war der Kirchbusch Heideland.«

Eine Karte zeigt mir, wie zahlreich römische Fundstellen
bei Abenden sind, vor allem entlang der Rur sowie auf der
Anhöhe eines meiner ›Hauswege‹: »Eine dichte Konzentration von Villae rusticae mit angeschlossenen Metallverhüttungsbetrieben, die im 2. Jahrhundert angelegt wurden und
bis ins 4. Jahrhundert fortbestanden.« Noch heute heißt der
Höhenrückenweg in diesem Areal »Eisenweg«.

Der November 1983 war ziemlich kalt; ich brachte beim
nächsten Gang zur Fundstelle eine Flasche Korn mit, der
heizte auf, förderte die Verständigung mit dem Grüppchen,
war ja auch ›Anwohner‹. Generell wurde weiterhin Stillschweigen gewahrt. Zu schnell wären sonst Dorfbewohner
zur Stelle gewesen, die ›römische‹ Ziegel ins Auto laden, um
sie in einem Kamin zu vermauern. Alle Fundstücke wurden

sogleich im VW-Bus deponiert und abends nach Bonn mitgenommen, zur (späteren) Auswertung, zur Lagerung.

Das Geld war mal wieder knapp, so konnten nur die Grundmauern eines der Gebäude freigelegt werden sowie Markierungen einer Hofanlage. Der freigelegte Grundriss des Gebäudes »im Osten des Ausgrabungsgeländes am Steilhang zum Düstal« ließ nur Hypothesen zu: »Die schwachen Mauern, das Fehlen von Bauschutt und einige Eisennägel deuten auf einen Holz- oder Fachwerkbau mit Steinfundamenten hin. Das Dach war mit Ziegeln gedeckt. […] Den zahlreichen Keramikfunden zufolge könnte es sich bei dem Gebäude in Abenden auch um eine Art Wirtschaftsgebäude oder Pilgerkantine gehandelt haben.« Mir die liebste Version: Pilger, die nach dem Anmarsch hier erst mal in der Gaststätte einkehrten.

Dann ging es hinüber zum eingefriedeten Hof. Fragmente einer Schuppensäule, »an die Jupiterverehrung geknüpft«, auch Standflächen für Altäre. Notiz: »Mit den Anlagen I und II wurde in Abenden nur ein kleiner Teil des Heiligtums freigelegt. Es fehlt der Tempel; auch eine Umfassungsmauer, ein Brunnen und Nebengebäude sind noch zu erwarten.«

Trotz der fiskalisch begrenzten Dauer der Ausgrabungen: es wurde viel gefunden. Achtzehn Münzen aus weitem Zeitraum: von der Ära Augustus bis zur Ära Marc Aurel. Eisennägel, ein Bratspieß. Randbruchstücke, Scherben zu Hunderten von Schüsseln, Tellern, Tassen. Vor allem aber: vierundfünfzig Fragmente von Altären, einige mit Matronenreliefs. »Die Matronen sind mit einem langen, faltenreichen Gewand bekleidet, das auf der Brust eine rechteckige Fibel zusammenfasst. Auf dem Schoß halten sie einen Früchtekorb.« Weitere Motive: ein Opferdiener … Füllhorn … Kelch mit Früchten … Eichhörnchen … Früchteschale … Lorbeerlaub …

Provinzialrömische Reliefplastik von nicht sehr hohem Niveau; Sandstein von nicht sehr guter Qualität. Verglichen mit anderen Anlagen der Nordeifel wurde die Kultstätte relativ früh aufgegeben. »Es hat den Anschein, dass sich mit dem Aufblühen der Wirtschaft in den Ansiedlungen südlich Berg vor Nideggen auch der kultische Mittelpunkt hierhin verlagerte.« Irgendwann später wurden vor allem Altarsteine zertrümmert, wurden gleich an Ort und Stelle grob bearbeitet: Baumaterial. Die Reste für spätere Archäologen ...

Und für mich. Als ich mit der Flasche Korn wieder mal bei der Ausgrabungsstätte erschien, wurde so etwas wie ein Säulenstück freigelegt mit einem Rautenmuster. Ich konnte es noch in situ bewundern.

Mittlerweile hatte sich ein Kühn'sches Abkürzungspfädchen gebildet zwischen Hohlweg und Grabungsstätte, die Arbeiter sahen mich da jeweils herannahen und abgehen. Als ich abends noch mal hinaufging, um die von vielen Bitt- und Dankgebeten geweihte Stätte auf mich wirken zu lassen, was sah ich da? Mitten auf dem Pfad das Fundstück, Segment einer Dreiviertelsäule, wohl von einer Altarecke; unverkennbar das Rautenmuster. Ich verstand die Botschaft, schleppte das gute Stück hinab zum Haus, kann es, verifizierend, noch immer berühren, kann, auf planer Schnittfläche, eine Kerze aufstellen für die Matronen.

Mit inoffizieller Billigung konnte ich auch eine der Stellflächen für Altäre bergen – ebenfalls im Hofareal freigelegt, das wieder mit Erde überdeckt werden sollte. Eine Steinplatte von sechzig mal dreißig, rund zehn Zentimeter dick. In zwei Hälften zerbrochen. Dennoch musste ich mit dem Wagen ein Stück hochfahren, wuchtete das Doppelstück in den Kofferraum. Auf dem Balkon rückte ich beide Teile fugengenau zusammen. Dort liegen sie noch immer.

Die Grabungsstätte ist längst wieder verborgen unter Erde, Laub, Gestrüpp. Doch in meinem Bewusstsein, in meinem Grundgefühl liegt sie offen. Mein Haus am Hang eines Heiligtums.

HINGEGEN das Haus an der Eberhardt-Hoesch-Straße, später Euskirchener Straße: B 56 mit immens anwachsendem Verkehrsaufkommen!

Eine Statistik: In den fünfziger Jahren etwa 30 Autos pro Tausend der Bevölkerung, in den sechziger Jahren 300, in den siebziger Jahren rund 400. Übermäßig repräsentiert ist die

Autowelt auf dem innerstädtischen Abschnitt der Bundesstraße: etwa 30000 Fahrzeuge in 24 Stunden, dies mit einem hohem Anteil von Lastwagen – lange Zeit wurde der gesamte Zulieferbetrieb des Ford-Achsenwerks an der Stadtgrenze über LKWs abgewickelt.

Neben dem Grundstück, dem Haus der Schwiegereltern erst eine Gärtnerei, dann eine BP-Großtankstelle. Und halblinks gegenüber, jahrelang, eine Esso-Großtankstelle. Und halbrechts gegenüber eine Tankstelle erst einmal der Fina-Kette. Mehrere Tote auf diesem Straßenabschnitt. Ich habe gesehen, wie ein altes Ehepaar im Halbdunkel über die Straße lief, in Känguruhsprüngen (so kam es mir vor), plötzlich kippten die beiden Schemen weg. Der Mann war auf der Stelle tot.

Das Haus, zum Glück, von der Straße abgerückt mit Gemüse- und Ziergarten, mit Busch- und Baumbestand. Am späten Abend wird es ruhiger auf der Straße. Umso betonter ein riesiges, dumpfes Dröhnen, alarmierend. Aufspringen, rausrennen. Ein Möbelwagen war abgestellt unter einer der Neon-Peitschenmastlampen, und ohne Bremsgeräusch, Bremsspur war ein Personenwagen von hinten in den Möbelwagen hineingefahren, die Motorhaube hatte sich unter das Heck geschoben bis zur zerbröselten Frontscheibe. Vergeblich versuchte ich, die Tür auf der Fahrerseite aufzureißen, sah durch die Scheibe den völlig reglosen Mann, Kopf auf dem schräggedrückten Lenkrad. Verständigung mit herbeigeeilten Nachbarn, gemeinsamer Versuch, die klemmende, verbogene Tür aus dem Rahmen zu zerren. Und ich machte eine Erfahrung mit mir, die ich später erst reflektieren konnte: Obwohl ich solch eine Situation nie erlebt hatte, erschien mir alles wie gewohnt – über Fotos, über Sequenzen aus Fernsehspielen, Filmen. Die Vorstellung, dieser stumme, schlaffe Körper im zerknüllten Blechgehäuse sei gar nicht der Körper eines Menschen, sei eher ein Dummy aus gefilmten Auffahr-Simulationen, zu Messzwecken. Vielleicht, wahrscheinlich hätte sich diese Assoziation nicht eingestellt, hätte der Mann gestöhnt oder vor Schmerz geschrien. Vielleicht wäre mir aber auch das nur wie der Soundtrack zur 3-D-Filmszene erschienen.

Erstaunlich schnell trafen Streifenwagen, Feuerwehrwagen ein, mit Blaulicht. Mir kam das vor wie eine routiniert inszenierte Filmszene. Nun konnten wir den Experten die Rettungsarbeit überlassen, waren nur noch Zuschauer, wie im Kino. Noch bevor die Metall-Kreissäge eingeschaltet wurde, wusste ich, wie das klingen, welchen Effekt das machen würde, samt Funkensprühen beim Blechschneiden. Es war so etwas wie eine Medienbild-Isolierschicht in mir entstanden, die Realität drang kaum noch in mich ein, da wurde zur Erfahrung nur diese Brechung, diese Vorbelichtung eines Bildes.

Eine Erfahrung, die sich in besonders schlimmer Variante wiederholte. Fahrt Richtung Eifel, auf der Höhe von Stockheim sehe ich, mit Blick in eine Nebenstraße links, dass sich kurz zuvor ein schwerer Unfall ereignet haben muss; noch kein Streifenwagen, kein Notarztwagen, keine Feuerwehr. Ich bog ab. Ein alter Mercedes am Straßenrand, Fahrräder lagen herum. Am Straßenrand zwei Erwachsene, verletzt. Aber das Schlimmste, das Allerschlimmste: ein Junge, etwa achtjährig, lag da auf dem Bauch, Kopf zur Seite gedreht, Blut auf der Straße, es sah fast suppig aus. Der Junge lag völlig allein, die Mutter kniete neben dem Mann, hatte den Kopf auf seiner Brust, dumpfe Laute kamen aus ihm heraus. Ich blieb neben dem Kind stehen, weil ich mir dachte, einer muss doch bei ihm bleiben. Ich versuchte mich zu beruhigen, sagte mir, vielleicht ist es nur bewusstlos, das Blut, das beweist noch nichts. Doch der Junge war sofort tot gewesen – der alte Mann, der aus dem Mercedes ausgestiegen war, Beinprothese, wie er gleich betonte, er war in das Grüppchen von Radfahrern hineingefahren auf der sonst leeren Straße. Weiterhin das dumpfe Stöhnen, weiterhin das Schluchzen. Ich sah nun hinter dem lädierten Fahrrad des Jungen eine Tasse, eine gelbe Kindertasse, die war nicht zerbrochen, es war nur eine große Ecke raus, am Henkel, und ich dachte, wie blöd ist das, sieht ja aus wie in einem Film, da würde bestimmt auch eine kaputte Kindertasse auf der Straße liegen.

Plötzlich waren zwei Krankenwagen da, der tote Junge wurde auf eine Bahre gelegt, in einen der Wagen reingeschoben, ich hörte den Notarzt brüllen: Macht die Tür zu, verdammt nochmal, macht die Tür zu! Und der Wagen fuhr ab. Den verletzten Eltern wurde in den zweiten Wagen geholfen, auch der fuhr ab mit Blaulicht und Martinshorn. Eine zweite Frau, die ich erst jetzt wahrnahm, sie kauerte im Straßengraben, war nicht verletzt, war wie erstarrt. Ich half ihr in den Wagen, auf den Rücksitz, sie wollte nach Hause gefahren werden, nicht erst die Polizei abwarten, nur weg, weg, nichts wie weg von hier: die Tante des Jungen. Erst als ich abfuhr, brach Geheul aus ihr heraus, unterbrochen von Hinweisen zum Heimweg. Und selbst in dieser Situation, mein Blick wie vernebelt, meine Kehle wie ausgetrocknet, der Gedanke: Eigentlich hätte ich rasch noch die gelbe Tasse aufheben und der Tante mitgeben sollen. Ärgerte mich auch nachträglich über diese Fixierung auf die gelbe Tasse. Hätte vielmehr dem Rentner zurufen, zubrüllen müssen, er solle gefälligst hier bleiben, auf die Polizei warten, ich hätte mir seine Autonummer gemerkt, hätte ihm *Mörder!* zurufen sollen, aber da hätte er wahrscheinlich nur wieder gestammelt, er hätte doch eine Beinprothese.

Die B 56 als Monstrum. Das wurde nur still, für Stunden, wenn es heftig schneite. Wurde still an den »autofreien« Sonntagen während der Erdölkrise 1973.

Die Vorgeschichte, die Geschichte muss in einer Autobiographie nicht vermittelt werden. Es genügt, daran zu erinnern, dass die arabischen OPEC-Länder aus Strafe für europäische Solidarisierung mit Israel den Ölexport nach Europa stoppten. Ich habe später von der Erdölkrise erzählt, in einem Roman, den ich, wiederum später, zu einer Geschichte komprimierte, kondensierte: *Und der Sultan von Oman*.

Damals dominierte das Gefühl: Die funkelnde, rasch laufende Maschinerie unserer Industriegesellschaft kommt zum Stillstand! Von nun an wird alles anders! Wie, das zeigten vor allem Karikaturen: Ein PKW wird von einem Pferd gezogen; eine Tankstelle wuchert zu; auf einem Dachboden mit vielen Spinnweben wird ein alter Kohleofen wiederentdeckt ...

Und das Monstrum B 56 war leer, war still. Sonntagsverkehr ist sonst durchweg so dicht wie Werktagsverkehr, nur ohne Lastwagen, nun aber: Ich trat vor die Gartentür, begleitet von den Kindern, ging, betont langsam, hinaus auf die Straße, schritt in Mäanderlinien auf dem Mittelstreifen. Die Söhne gurkten auf ihren Rädchen herum. Andere Kinder auf Rollschuhen. Ein Skater drehte Schleifen. Radfahrende Familien. Und, tatsächlich: Hufschlag, auf der B 56! Ein Pferd zog ein Wägelchen mit Autorädern, vorn saß stolz ein Mann, neben ihm, noch stolzer, der Sohn, hinter ihnen die Mutter, die Frau. Selbstverständlich fuhren sie nicht am Straßenrand. Besetzung einer langgezogenen Fläche. Ich spazierte, von den pedaltretenden Kindern begleitet, hinaus zur belgischen Kaserne. Zwei Reiter kamen uns entgegen. Begrüßungsrufe, Zurufe hin und her, Plaudergrüppchen auf der Bundesstraße, dann der Panzerstraße der belgischen Garnison. Ferienstimmung, fast Euphorie.

ANMELDUNG BEI DER VOLKSPOLIZEI in Artern (dem Städtchen, in dem Novalis einige Zeit gewohnt und gewirkt hatte, der Dichter als Bergwerksassessor). Walter fuhr mit uns in die Kreisstadt – er hatte sich vier Tage freigenommen. An der Hauptstraße stieg er aus, bevor ich abbog in die leicht ansteigende Seitenstraße; er wollte außerhalb Sichtweite der Dienststelle bleiben, wollte in einer Kneipe auf uns warten, an der Straße, durch die Lastwagen mit Anhängern polterten auf gewelltem Kopfsteinpflaster.

Volkspolizei. Kleines Schild an altem Wohnhaus, das bestimmt seit den dreißiger Jahren nicht mehr verputzt worden war: grüngraubraun die Fassade, Flächen abblätternd, Ziegelwerk bloßgelegt. Ein Windfang; ein Stummelflur, in dem zwei Kinder spielten; eine halboffne Glastür, Milchglas, und wir standen im Vorraum. An der Stirnseite ein Schreibtisch mit hochgezogener Vorderkante; hinter der kleinen Abschirmung ein Volkspolizist in hellgrauem Hemd mit Achselstücken. Herantretend sah ich: auf der Holzfläche eine dunkelgrüne Schreibunterlage, auf der auch nicht das kleinste Stück Papier lag; ein Transistorradio mit schräg gekipptem Antennen-

Winzling; Musik an der Grenze der Hörbarkeit. Hellhäutig, hellhaarig der junge Mann.

Wir möchten uns anmelden.

»Dann nehmen Sie erst mal Platz.«

Kleine Tische in diesem Vorraum, jeweils vier Stühle. Etwa zwanzig von ihnen waren besetzt, und doch war es fast völlig still. Vor dem schon lange nicht mehr geputzten Fenster setzten wir uns auf Stühle, deren Sitzflächen und Rücklehnen mit leicht abgepolstertem Plastikmaterial überzogen waren, mit »Plaste« – aus Schkopau? Stille im Raum. Nur die Stimmen der beiden Kinder draußen waren zu vernehmen: Hüpfspiel mit Abzählversen.

Einem älteren Paar am Nachbartisch stellte ich eine eher beiläufige Frage, da wurde ich von den Mitwartenden erstaunt, ja erschrocken angestarrt: Im Vorraum einer Polizeidienststelle reden, das kann sich nur ein Westler leisten, da sieht man mal wieder, was die sich herausnehmen, mit ihrem Geld, dieser Schwindelwährung. Auch der Volkspolizist schaute mich strafend an. Weiterhin nur das leise dudelnde und quäkende Transistorradio; nur der ohrenspitzende Beamte konnte die Musik und Wortbeiträge mitkriegen, für die Wartenden war es leise Grundierung stummen Ausharrens.

Eine Frau betritt den Raum, will ihn durchqueren, will in den anschließenden Flur.

Halt, halt, halt, halt, halt – wo wollen wir denn hin?

Ich wollte nur etwas abgeben.

Etwas Privates?

Nein, ein Formular. Da musste ich erst noch was nachschauen.

Also Dienstliches. Ja, dann setzen Sie sich erst mal hin.

Aber ich wollte das nur schnell eben abgeben.

Schnell eben, so. Sehn Sie denn nicht, dass hier noch andere warten? Die wollen heute Morgen alle noch drankommen. Da können wir niemand vorlassen.

Aber das dauert doch nur ein paar Sekunden. Ich muss das wirklich nur abgeben.

Nun setzen Sie sich erst mal hin.

Die Frau nimmt Platz, aber nur an der Vorderkante eines Stuhls, legt die Hand mit dem zusammengefalteten Papier auf die Tischkante. Der Polizist schaut von ihr weg, Richtung Flur. Kinderabzählverse, Sprungschritte. Keiner im Raum spricht, keiner liest. Man starrt vor sich hin. Über einen Lautsprecher eine Frauenstimme: »Zur Anmeldung!«

Einem Mann, der sich halb schon vom Stuhl erhebt, gibt der Polizist ein bestätigendes Handzeichen: Zimmer sieben. Nun steht der Mann ganz auf, geht zur Flurtür – Stock und steifes Bein. Der Polizist wählt eine Nummer, sagt etwas von zwei Anmeldungen, legt auf. Schweigen. Nur die Kinderstimmen, der Abzählvers. Auf einer Wandtafel wird vor Unfällen gewarnt: kleinformatige Fotos von zertrümmerten Kleinwagen, von angefahrenen Bussen und Lastwagen. Der Polizist wählt wieder eine Nummer. »Genosse, ich hätte da eine bescheidene Anfrage. Die Frau mit den beiden Kindern, ist die immer noch bei euch? ... Ja, die tanzen hier rum ... Ja ...«

Stille. Warten. Eine Frau in dunkelblauem Mantel erscheint, möchte einen Trauerfall anmelden.

Ja, dann nehmen Sie erst mal Platz.

Sie bleibt am Schreibtisch stehen, schaut in den Raum, in dem wir schweigend sitzen. »Gibt es hier irgendwelche Nummern? Geben Sie hier Wartenummern aus?«

Wir geben keine Nummern aus. Nehmen Sie Platz.

Und sie setzt sich. Ich mustre weiter die Informationsblätter. Die zertrümmerten Autos. Ein Kollektiv bewirbt sich auf einer anderen Wandtafel um den Ehrennamen Dr. Richard Sorge. Ah, der Spion! Das Foto des hochgewachsenen Mannes in Knickerbockern zwischen kleinen Japanern.

Der Polizist hebt wieder den Telefonhörer ab, wählt eine Nummer. »Ich darf eben darauf zurückkommen, Genosse – die Frau mit den zwei Kindern, steckt die immer noch bei euch? Die beiden, die tanzen die ganze Zeit hier herum, im Flur ... Ja, ich verstehe.«

Weiterhin das Abzählspiel. Wieder eine Lautsprecherdurchsage, der Polizist nickt einer Frau zu, die ihn fragend anschaut. »Wenn Sie jetzt dran sind – Zimmer 7.«

Kurze Bewegung im Raum, weiterhin Stille. Dr. Sorge mit seinem maskulinen Gesicht, betont von interessanten Kerben. Und die zertrümmerten Autos. Wenn ich jetzt aufstehen würde, um Lektüre aus dem Auto zu holen, würde ich dann streng befragt? Ich bleibe sitzen. Kleiner, halblauter Wortwechsel mit Gisela, Stichwort Mittagessen, kein Wort zu Walter. Der Polizist sitzt reglos und blickt in die Sichtschneise, die genau zwischen den Wartenden hindurchführt, hindurchzuführen scheint. Wären die Kinder nicht da draußen, es wäre totenstill. Dr. Richard Sorge schaut über alles hinweg. Auf einer dritten Wandtafel wird gezeigt, wie Autoscheinwerfer überprüft werden. Wie an einer Straße Geschwindigkeit gemessen wird. Ich schaue auf die Uhr, aber eher unauffällig, leider: fast schon 20 Minuten. Der Polizist fragt die Frau im dunkelblauen Mantel, ob sie das Formular schon ausgefüllt hat.

Welches Formular?

Na, Sie müssen doch ein Formular ausfüllen.

Auch bei einem Trauerfall?

Aber selbstverständlich. Haben Sie das schon ausgefüllt?

Ich hab doch gar keins.

Na, dann kommen Sie sich mal eins holen.

Er zieht eine Schublade auf, legt ein Formular auf die Holzplatte, neben die Schreibunterlage. Die Frau zögert.

Ich hab nichts zum Schreiben dabei. Können Sie mir was leihen?

Der Polizist schaut sie einen Moment an, wie erstarrt, fasst in die Brusttasche seines Hemds, zieht einen Kugelschreiber hervor, überreicht ihn stumm.

Die Frau will, vorgebeugt stehend, das Formular an der Schreibtischkante ausfüllen.

Na, nun nehmen Sie erst mal wieder Platz, ja?

Im Hintergrund geht eine andere Frau vorbei, spricht im Flur mit den Kindern, die Tür schlägt zu. Es ist nun ganz still. Eine alte Dame fragt, wie lange es ungefähr noch dauern könnte, sie hat das Essen auf dem Herd stehn.

Das geht hier der Reihe nach. Die anderen warten schließlich auch.

Und es ist wieder still im Raum. Vom Flur her Schreibmaschinenanschläge, durch zwei Türen gedämpft, langsame Folge. Der Polizist schaut hinein in das Schweigen, hat die Hände aufeinandergelegt auf der leeren Schreibfläche. Das sehr leise Transistorradio. Die Frau im blauen Mantel hat das Formular ausgefüllt, steht auf, reicht den Kugelschreiber zurück, der Polizist mustert das Formular.

Und den Kreis, den Bezirk – das wollen Sie nicht eintragen?

Oh, Verzeihung bitte.

Sie kehrt mit Blatt und Kugelschreiber zum Tisch zurück, schreibt ein paar Buchstaben, gibt den Kugelschreiber zurück, will noch mal das Formular vorzeigen, er winkt ab. Wieder eine Lautsprecherdurchsage, wieder sagt der Polizist: Zimmer 7. Die Knickerbocker des Dr. Richard Sorge. Prüfen von Autoscheinwerfern. Unfälle.

Ohne Lautsprecherdurchsage, ohne telefonische Benachrichtigung, gleichsam aus der Stille heraus sagt der Polizist zu uns: Sie sind jetzt dran. Zimmer 10.

Ganz kurz der Impuls, nach der halben Stunde erleichtert »danke« zu sagen, aber das unterdrücke ich denn doch. Endlich im Flur hinter der weiß gestrichnen Trenntür; das dritte Zimmer: Nr. 10. Ein Siegel auf dem Türholz, ein Siegel auf dem Türrahmen, in gleicher Höhe, ein Faden, durchschnitten, hängt rechts wie links herab. Ich klopfe an, versuche am Türknopf zu drehen, aber der ist starr. Die Tür wird von innen geöffnet, wir treten ein. Kleiner, hoher Raum mit vergittertem Fenster. Auf einem spindähnlichen Schrank ein Packen Papier. Ein Bild des Genossen Staatsratsvorsitzenden.

Der Volkspolizist ist sehr bleich, schwammiges Gesicht, Haare glatt zurückgekämmt. Er setzt Stempel, trägt Daten ein, unterschreibt im ersten Pass. Setzt Stempel, trägt Daten ein, unterschreibt im zweiten Pass. Legt dann beide Hände auf die Tischplatte, schaut zwischen Gisela und mir hindurch. Es rührt sich nichts. Nicht mal das Geräusch einer Uhr im Raum. Zahlreich die Heftklammern in der grauen Plastikschale vor mir. Plaste und Elaste … Ja, und jetzt?

Sie sehn doch, Sie können gehen.

Gisela sagt betont: Auf Wiedersehn, der Polizist antwortet echohaft. Dä Pimock! schimpfe ich leise, während wir durch den Zwischenflur zurückgehn.

Prosochí para kaló, sagt Gisela leise – griechisches Hauszitat.

Die verstehn hier doch kein Rheinisch.

Der Vorraum, und noch immer wird geschwiegen in der Gruppe. Unfälle, Dr. Sorge, Scheinwerferprüfung.

Draußen will ich das rheinische Schimpfwort etwas lauter wiederholen, doch da steigt ein »Vopo« vom kleinen Motorrad, stellt es ab. Die Uniform wie ausgestopft. Weitergehend fällt mir die Redewendung ein: Seinem Herzen Luft machen. Und ich spüre, am Herzinnendruck, wie konkret das gemeint ist. Ich habe das Gefühl, flacher zu atmen, während ich die sanft abfallende Straße hinunterfahre, nach rechts abbiege auf die Hauptstraße, das Stück zum Lokal der Verabredung fahre, wieder abbiege und mühelos einen Parkplatz finde zwischen Trabis, Wartburgs und einem Skoda.

Nur wenig los im Lokal. Walter sitzt mit gefalteten Händen am Tisch vor einem halb geleerten Bierglas. Einer der Tische ist besetzt; ein Scherzgespräch, aber gedämpft. Ein Radio an der Theke, aber sehr leise. Also senke ich ebenfalls die Stimme, während ich von der Stimmungslage in der Vopo-Dienststelle berichte, berichten will – Walter zeigt mit dem Kinn zum Tisch mit der kleinen Runde. Sollte einer von denen ein Spitzel sein? So spare ich mir den Bericht auf, nenne nur die Eckdaten: lange Wartezeit und überraschend karges Ergebnis.

Ein heimisches Bier und ein Nordhäuser Klarer. Heimfahrt über weiterhin welligem Kopfsteinpflaster. Nun erst nimmt Walter den Dämpfer von der Stimme. Er bittet mich, auf einen Feldweg abzubiegen. Den schien er vorher ausgeguckt zu haben, hier waren von schwerem landwirtschaftlichem Gerät keine Wannen hinterlassen worden, ich musste nicht befürchten, der Wagen würde aufsitzen.

Ich lasse mich bis zu einer Baumgruppe dirigieren, die er als Wald bezeichnet. Gisela macht sich ein Weilchen selbständig. Walter lässt sich zeigen, wie man die Rücklehne schrägt, kurbelt das Seitenfenster eine Handbreit herab, ruckelt sich bequem zurecht, scheint nun entspannt. Ich steige aus, hole den Zwischenpiss nach, setze mich wieder in den Wagen, bin bereit zum Gespräch.

Walter kommt sich vor wie strafversetzt in den Kreis Artern. Die Arbeit im kleinen, heruntergewirtschafteten Verwaltungsbau der LPG Pflanzenproduktion als jahrelange Strafarbeit. Er hatte Architektur studieren wollen wie der ältere Bruder, der war noch irgendwie damit durchgekommen, vielleicht eine Quotenfrage, ihm aber blieb das versagt, als Sohn eines »Junkers«. Wurde bei der LPG eingesetzt, blieb hängen. Ich ersticke in diesem Stumpfsinn. Gefälschte Zahlen, überall gefälschte Zahlen. Unablässig die Bitten um Ersatzteile für landwirtschaftliches Gerät, aber bis das aus der SU kommt ... Stundenlang gibt es nur ein einziges Wort in seinem Kopf: Raus! Nüscht wie raus! Wenn er nur schon in Ost-Berlin wäre!

So monologisiert er sich hinein in die rasch zunehmende Dämmerung, ich kann mich nur mal räuspern. Langsame Übertragung von Beengungsgefühlen – ich muss kurz mal wieder raus aus dem Wagen, mich recken. Kein Auto, das wie zufällig in unserer Nähe steht, mittlerweile. Ich setze zurück.

Die Zwangssedierung im Warteraum der Volkspolizei des Kreises Artern: Auch diese Erfahrung wirkte auf mich ein, wirkte in mir nach. Diese Geschichte lief ja nicht nur neben mir her.

Zur Einwirkung: als wäre Luftzuteilung halbiert worden ... Als wäre der Raum mit schallschluckendem Dämpfstoff ausgekleidet worden ... Hier stellt sich ein englisches Wort ein: muffled, gedämpft. Ja, uns wurden Dämpfer aufgesetzt.

Die Auswirkung: Die Dämpfer wurden fortgeschleudert, kaum, dass wir bei Herleshausen die DDR hinter uns gelassen hatten. Sobald von der Landstraße ein Waldweg abbog, hielt ich an, bat Gisela um Nachsicht, rannte los in die Waldweg-Perspektive, Arme werfend, Beine schlenkernd, Urlaute ausstoßend. Das waren nicht, wie bei Goethe, »Urlaute, orphisch«, das waren Urlaute, tierisch. Ja, ich brüllte unartikuliert vor mich hin. Zeigte ein Verhalten, auf das DDR-Staatsmacht in repressiver Form reagiert hätte. Nun aber, auf einem beliebigen westdeutschen Weg der Forstwirtschaft, gab es keine Augenzeugen. Ich konnte mich gehenlassen, über die Stränge schlagen, aus der Haut fahren. Das Gehampel, Gestrampel hatte befreiende Wirkung. Dann erst mal pinkeln. Beruhigt zurückschlendern.

Ich suche Vergleiche für den Vorgang. Was war da im Kreis Artern mit mir passiert? Mir fällt dazu ein Wort ein aus der Lektüre der Herrschinger Zeit: »hobble«. Sicherlich von Karl May vermittelt. Ein Pferd, das nicht das Weite suchen soll, etwa bei einem Biwak, es wird zwischen den Vorderläufen mit einem Seilstück zwar nicht gefesselt, aber in der Bewegung erheblich eingeschränkt – das etwa ein Meter lange Seilstück lässt nur Hoppeln, Humpeln zu. Dieses hobble war jäh gekappt, und schon die Sprünge. Pathetisch zitierend: als wären Ketten gesprengt worden. »Unchained«, so könnte einer der vielen Filmtitel lauten, die in diesem Land kaum noch übersetzt werden. Doch lieber kein Kettenrasseln in diesem Text, ich bleibe, weniger spektakulär, bei: hobble. Davon riss ich mich los. Und schlug über die Stränge. Machte die verrücktesten Sprünge. Das musste einfach sein, ich wäre sonst in mir selbst erstickt.

Aus größerer Zeitdistanz betrachtet, nach der Wende: Ich müsste meine Lebensgeschichte neu schreiben, hätte ich meine aktivsten Jahre in der Deutschen Demokratischen Republik verbracht (verbringen müssen). Es hätte sich ein anderes Ich-Modell konstituiert, konfiguriert im ganz anderen Gesellschaftsmodell.

Drum wurde und bleibt es mir wichtig, auch Atmosphärisches vom Leben in der vormaligen DDR zu vergegenwärtigen. Vermittlung der Erfahrung von erheblich geringeren Entfaltungsmöglichkeiten. Dort wäre auch solch ein Buch eher schlank als ›vollschlank‹ ausgefallen, ich hätte nicht so viel erzählen, vermitteln können, vor allem von Aktivitäten in verschiedenen Organisationen, Institutionen.

Ergo: Staatlich organisierte Repression (und Kompression) hätte ablesbar auf Ich und Buch eingewirkt.

EIN FALLRÜCKZIEHER, im Namen von Günter Netzer, Anno 1974. Ein exemplarischer Sturm im Wasserglas.

Einstimmend eine Pressenotiz. »Nach den harten Kritiken an seiner schwachen Leistung beim Länderspiel gegen Schweden steht Günter Netzer neuer Ärger bevor. Die Sportartikelfirma Puma, mit der Netzer einen Werbevertrag unterhält, kündigte das Vertragsverhältnis fristlos. Der Fußballstar war im Fernsehen in einem Trainingsanzug mit dem Emblem des Konkurrenzherstellers Adidas aufgetreten. Zudem zierte bei der gleichzeitigen Vorstellung des Buchs ›Netzer kam aus der Tiefe des Raumes‹ auch noch ein Adidas-Fußballschuh den Buchumschlag.«

Der Band war in der Gelben Reihe bei Hanser erschienen. Netzers Krefelder Rechtsbeistand trumpfte in einem Fernschreiben an den Verlag auf: »Bei meiner Mandantschaft werden Nachteile entstehen, die ich mit DM 500 000,– beziffern kann.« Der erst einmal hoch angesetzte Streitwert, auch mit Blick auf das zu erwartende Honorar. Der Geschäftsführer des Verlags antwortete ausführlich, nannte dabei mich als Ansprechpartner. »Dieses Buch ist von den Schriftstellern Ludwig Harig und Dieter Kühn (den Sie in der Nachbarschaft, nämlich in Düren, unter der Tel. Nr. xxxx erreichen können) in Zusammenarbeit mit dem Verlag geplant und herausgegeben worden. Es enthält, wie Sie sich jetzt an Hand des Musters vor Augen führen können, Beiträge zahlreicher Autoren.«

Auch ich verstand den Hinweis so: Soll der Kühn da doch weitermachen. Ich wurde denn auch angerufen von Rechtsbeistand Buttermann. Ein langes, verzwicktes Telefonat. Ich sei doch nun, wie aus einem Fernsehbeitrag ersichtlich, mit dem früheren Nationalspieler »Schorch« Stollenwerk im Gespräch, womöglich mit ihm befreundet, da hätte ich ja wissen können, wohin generell der Hase läuft, hätte entsprechend Einfluss ausüben können auf Graphiker Edelmann.

Da musste ich erst mal rochieren, relativieren. Dabei wurde

ein Versprecher fällig mit einem damals kursierenden Begriff: Ich apostrophierte ihn zwischendurch mal als Herrn »Butterberg«. Kleine zusätzliche Verstimmung, aber das änderte nichts an der Sinnlosigkeit des Disputs, ein Kompromiss wurde fällig: Es blieb beim Vorschlag des Verlags, für die anstehende dritte Auflage die inkriminierten Adidas-Streifen auf dem graphisch dominierenden Fußballschuh behutsam einzuschwärzen. Die proklamierte halbe Million Schadensersatz stieg mit all der heißen Luft als Blase auf und entschwand auf Nimmerwiedersehen.

Im selben Jahr wurde mein Hörspiel *Goldberg-Variationen* zum ersten Mal gesendet. Auch dies als Stichwort für ein erstes Gespräch mit Wolfgang Hildesheimer, ich glaube, bei einem Verlagsempfang in der Frankfurter Klettenbergstraße. Das Gespräch drängte auf Fortsetzung. Ich besuchte Hildesheimer in Poschiavo (Grigioni) Svizzera. Ein helles, zum Garten hin weit geöffnetes Haus.

Das ergiebige Thema Literaturbetrieb intonierte das Gespräch am gedeckten Tisch. Hier freilich über ein Seitenthema: Einsendungen von Buch-Typoskripten, und wie geht man damit um?

Ich war Neuling auf diesem Gebiet, hatte aber rasch einen Schlusspunkt gefunden. Als die ersten zwei, drei flachen Pakete mit Buchentwürfen unbekannter Absender eintrafen mit der Bitte um kritische Lektüre und freundliche Vermittlung, da war ich erst mal irritiert: Was wurde mir da abgefordert von Personen, die ich überhaupt nicht kannte? Ein Telefonat mit Peter Härtling, dem dieses Phänomen mehr als geläufig war. Er gab mir einen radikalen Rat: Wenn ich nicht fortgesetzt mit solchen Einsendungen konfrontiert werden will, gibt es nur eines: Gleich die ersten Sendungen unkommentiert zurückschicken. So trabte ich zur Post, die Pakete unterm Arm. Härtling sollte recht behalten: Weitere Pakete blieben aus. Offenbar gibt es so etwas wie eine B-Ebene der Kommunikation, in der oder auf der sich rasch verbreitet: Bei X kannst du es versuchen, bei Y lass es besser bleiben. Was offenbar auch für

Sammler gilt, die nach Originalmanuskripten gieren. (Die denn, in ungünstigstem Fall, bei eBay auftauchen.) Nicht so gut klappt die interne Kommunikation unter den allzu zahlreichen Autogrammjägern. Luckel Harig: Das sind Leute, die uns nicht lesen!

Hildesheimer fand meine Entscheidung richtig. Ihm war eine klare Zäsur nicht gelungen. Das Problem: Kaum ist die Bitte nach kritischer Lektüre erfüllt, folgt mit Sicherheit die zweite: Das Werk dem Verlag anzubieten. Viermal, so Hildesheimer, hatte er das versucht, viermal war das Lektorat seinem Vorschlag nicht gefolgt.

Die Buchpakete als zusätzliche Belastung des reichen Posteingangs bei prominenten Autoren. Einige Wochen hatte ich (lang ists her), von Marianne Frisch vermittelt, im Hause Grass in der Berliner Niedstraße gewohnt. Wenn die Sekretärin nicht rechtzeitig zum Dienst erscheinen konnte, durfte ich jeweils die Post entgegennehmen, mit vollen Armen. Post, wahrhaftig, aus aller Welt! Von einem Autor allein nicht mehr zu bewältigen: Die Sekretärin nicht bloß als Statussymbol der Prominenz, sondern als absolut notwendige Hilfe.

Was ich auch bei Böll erlebte. Bei seinen Aufenthalten in der Eifel ging Post nicht an seinen Zweitwohnsitz in Langenbroich, sondern nach Großhau bei Hürtgen, dem Haus der Sekretärin. Hier erlebte ich ein- oder zweimal mit, wie Post eintraf: jedes Mal fast ein Sack. Das zuständige Postamt war eine Stufe aufgewertet worden allein durch den Adressaten Böll. Briefe, Briefe, Briefe, dazu die obligaten Typoskripte in Paketen. Renate sortierte, Hein fuhr vor. Da machte ich erst mal einen Spaziergang im waldreichen Ambiente, bis Aufatmen im Hause einsetzte bei Kaffee und Gebäck. Nun wurde aber nicht über Post gesprochen!

So war auch in Poschiavo der Weg bald frei für Themenwechsel. Einer der (wenigen) Briefe erinnert mich daran, dass wir auch über eine ältere und eine neuere Ausgabe des *Carceri*-Zyklus von Piranesi sprachen. Und über Hildesheimers alten Plan, ebenfalls ein Goldberg-Hörspiel zu schreiben, dann aber in ständiger Klangverbindung mit einer neuen, nach

seinen Vorstellungen realisierten Einspielung des Variations-
zyklus auf dem Cembalo – worauf ich mich nicht festlegen
wollte; in einer zweiten Funkproduktion (des ORF) verband
ich meinen Text mit zeitgenössischer Musik. Hildesheimers
Goldberg-Hörspiel verblieb in der Warteschleife, erst einmal
musste die Mozart-Monographie beendet werden – dass sich
der Erscheinungstermin erneut verschieben würde, habe er
Unseld noch nicht verraten ...

Von Bach über Mozart zu Brahms, frei nach dem Erfolgs-
titel *Lieben Sie Brahms?*. Ich deutete Schwierigkeiten mit einigen der Werke an: schienen mir zu kompakt. Die stets prall
gefüllten Mittelstimmen ...! Die oft niederdrückende Wucht,
vor allem der Sinfonien ...!

»Dann kommen Sie mal mit!« Und Hildesheimer spielte,
damals noch auf LPs, Anfänge und Sequenzen der beiden Or-
chesterserenaden an. Werke des jungen Brahms in Detmold,
noch nicht komponiert mit unabdingbarem Kunstwillen:
entspannt schwingende Musik, betörend schön die langsamen Sätze, die brillanten Scherzi. Merkwürdigerweise auf
Konzertpodien selten gespielt, was ich überhaupt nicht verstehen kann, mittlerweile im Besitz eines halben Dutzends
verschiedener Einspielungen. Wobei ich die unter Bostock
besonders gern höre: sinfonisch angelegt, wie das Brahms ja
auch – zusätzlich zu den Nonett-Fassungen – initiiert hatte
mit Parallelversionen.

Die Erinnerungskoppelung: Brahms-Serenaden / Hildes-
heimer-Poschiavo. Befreiende Musik, zum ersten Mal also
gehört im Tal jenseits des Julierpasses. Relativ enges, mir jedenfalls eng erscheinendes Tal südwärts, flankiert von hohen
Bergzügen, die in der Nacht bedrohlich zusammengerückt
schienen: Gebirgsmassen, vollgesogen mit Finsternis. Doch
beim Frühstück am See flutete reichlich Licht ins Tal. Etliche
Photonen nahm ich mit im Echoraum der Brahms-Serenaden.

Begegnung mit einer völlig anderen Musikwelt: ich führte
Regie in Zusatzszenen zu meiner TV-Dokumentation über
Josephine Baker. Ah, dieser Charme jener Revue- und Musik-

738

filme in Schwarzweiß, womöglich mit Jean Gabin! Und diese souverän ausgespielte Naivität, fast Unschuld der Tänzerin mit dem Bananenröckchen!

Doch vor der Realisierung des Dokufilms (mit meinen Intermezzi) stieß ich erst mal auf Widerstände. Einschreibbriefe kamen aus Paris und New York. »Monsieur Jo Bouillon, mari de Josephine Baker« stand hinter diversen Verdikten (oder wurde vorgeschoben). Wortführend die »Production ›Deux Amours‹« (nach einem der Hits der Baker). Im ausladenden Briefkopf zudem: »The Josephine Baker Story«.

Unter diesen Vorzeichen machte man die Spielregeln klar: Keine Lizenz für mein Projekt. »Mr. Bouillon has asked me to inform you that he has concluded a deal with our company for the exclusive rights to do a major international theatrical film based on the life of Miss Baker. His arrangements with us give us the exclusive use of all materials and possessions of Miss Baker for our production.«

Der totale Rechtsanspruch wurde relativiert, ich beharrte auf der Eigenständigkeit, Eigensinnigkeit meines Projekts, daraufhin wurden, zwecks Prüfung, Treatment und Skript angefordert. Sollte ich das Projekt weiterverfolgen, würde sich die Produktionsfirma in Rom und New York vorbehalten, meine Produktion zu kontrollieren: »We advise you if you may proceed.«

Ich reichte nichts ein, legte nichts vor, ich ignorierte. Meine Parole, auch gegenüber dem Sender (der mir bei den Verhandlungen den Vortritt ließ – Kühn, mach du mal!): Wir lassen uns nicht einschüchtern, schon gar nicht reglementieren, der Film wird gemacht! Gisela sah bereits einen schwarzen Citroën der futuristischen Serie am Haus vorfahren, sah zwei Herren in Trenchcoats und mit Stetson-Hüten aussteigen, Herren, die – ohne die Hüte abzunehmen – auf einem Gespräch bestehen. Der Auftritt fand aber nicht statt, irgendwie kamen wir schließlich doch an die notwendigen Filmausschnitte und Fotografien. Beim Dreh der nachgestellten Szenen hatte ich ohnehin freie Hand.

Als filmtechnisches Greenhorn wurde ich assistiert von

der Schwester des zeitweiligen Chefs der Berliner Filmfestspiele; Christa Donner soufflierte mir jeweils, was im Ablauf
als Nächstes folgen müsse. Artikulierte denn auch erste Erfahrungen des Teams: »Du diskutierst dies und das ganz ausführlich mit uns, aber von einem bestimmten Punkt an sagst
du: Das wird jetzt so und so gemacht.« Aber ich befand mich
ja, der HR-Redaktion gegenüber, quasi auf einem Prüfstand:
Hält der Kühn, was er versprochen hat?

Was ich mir ausgedacht und schriftlich fixiert hatte: Charakteristische Szenen aus dem Leben der Baker werden, in
wörtlichem Sinne, vor laufender Kamera arrangiert. Dies
zwischen »abgeklammerten« Sequenzen aus Filmen mit und
Dokumentationen über Josephine. Und viel Musik!

Eine Schaufensterfigur erhielt von der »Maske« die Baker-Hauttönung und eine Baker-Gesichtsmodellierung. Die
nackte Figur mit Bananenröckchen wurde auf der Frankfurter
Zeil aufgestellt, und wir belauerten, aus sicherer Distanz, mit
der Kamera Passanten in der Konfrontation mit der aufgesockelten Figur. Aber man lief einfach an ihr vorbei, gönnte ihr
höchstens einen Seitenblick. Schließlich schlug der Kameramann vor, abzubrechen und es auf dem Wochenmarkt in
Offenbach zu versuchen. Dort stellten wir die Figur auf zwischen den Ständen, und siehe da: spontane Reaktionen! Bannbrechend kam eine ältere Frau von ihrem Obststand herüber
und legte der Figur ein Bananenbündel zu Füßen. Verhaltener
Jubel des Teams.

Auf der Suche nach weiteren Motiven wurde ich von einer
Alarmmeldung eingeholt: Einer vom Ordnungsamt, richtiger
Hilfssheriff, will die Drehgenehmigung sehen! Ich zeigte mich
dem Beamten oder Angestellten gegenüber verwundert: Wieso hat man ihn nicht über die Erteilung der Drehgenehmigung
informiert?! Ist wieder mal typisch, irgendwas bleibt immer
auf dem Dienstweg hängen oder auf einem Schreibtisch liegen.
Dabei hätten *Sie* doch nun als Erster informiert werden müssen, Sie sind für die Ausführung zuständig. Immer dasselbe:
Die Leute, die an der Front arbeiten, werden nicht rechtzeitig
informiert.

Oh, das kam an! Ich schlug vor, er solle sogleich im Hauptamt checken, wo die Drehgenehmigung verblieben sei. Und er
eilte davon. Wir konnten den Dreh auf dem Wochenmarkt in
aller Ruhe abschließen und verschwinden.

Keine Drehgenehmigung brauchten wir in der US-Garnison. Anfrage genügte. Ein Offizier führte mich vor eine halboffene Fahrzeughalle mit aufgereihten Jeeps und Mannschaftswagen, ich hatte freie Wahl. Und entschied mich für einen
Generalsjeep mit zwei überlangen Antennen, die parallel zur
Motorhaube nach vorn gebogen waren wie zwei riesige Tentakel. Ich suchte Soldaten aus, die mit der Baker-Figur (nun in
blauer Uniform) durch das Kasernengelände fahren sollten.
Der Kameramann hielt den Lichtmesser an die Männer im
Fahrzeug; einer der vier war ein Schwarzer, und der merkte
cool an: »No light, no reflection.« Das wurde während der
weiteren Dreharbeiten zum geflügelten Wort. Der Jeep fuhr
umher mit wippenden Tentakelantennen; reglos aufgerichtet
die Figur der Baker.

Das Spielchen mit dem Hilfssheriff: ja, zuweilen habe ich,
freiwillig und spielerisch, Rollen übernommen, aus dem Stand
heraus improvisierend, »als fresco«. So folgt hier – Warnung! –
eine Anekdote.

Ort des Geschehens: Bristol-Hotel in Bonn. Verleger Siegfried Unseld feierte in kleinem Kreis (in separatem Konferenzraum) den Starautor Max Frisch. Obwohl ich nicht
zum Inner Circle des Verlegers gehörte, war ich eingeladen –
vielleicht, weil ich nach einer »Betriebsfahrt« des Verlages am
Ende der Tavola longa unübersehbar mit Max Frisch und
seiner Gefährtin beisammengesessen hatte. Im Bristol nun
war ich, dem feierlichen Anlass entsprechend, ungewöhnlich
gekleidet: Anzug mit Krawatte. Nach dem gemeinsamen
Essen und Trinken, am mittlerweile frühen Nachmittag, entstand die Lust, mich etwas zu bewegen, und so schlenderte
ich durch den weitläufigen Flur, kam zu einem Konferenzsaal,
dessen Doppeltür weit offen stand: Viele Herren im Raum,
zwei Hostessen an einem Stehtisch vorn, eine von ihnen eilte

sogleich mit einem Glas Champagner auf mich zu, begrüßte mich in stark gebrochenem Französisch als den offenbar
lang erwarteten Generalvertreter von Peugeot, im Namen der
zahlreich versammelten Peugeot-Händler; offizielle Begrüßung folgt sogleich, erst mal der Begrüßungstrunk.

Und jetzt? Wieder einmal bedauerte ich, dass ich neben
Latein auch Altgriechisch gelernt hatte und nicht, im zweiten
Hauptfach, Französisch. Ich schrappte meine paar Französischbrocken zusammen, im rasch entstehenden Kreis von
Peugeot-Händlern, die offenbar alle ziemlich schwach waren
im Französischen, das erleichterte den Sieg meiner Frechheit,
und ich gestand, ich hätte droben eine »obligation privée«,
müsse schnell noch mal nach der jungen Dame schauen – o là
là, da fand ich Verständnis, ein Franzose, typisch Franzose,
der bekannte französische Hang zum andren Geschlecht. So
erwirkte ich Aufschub für den avisierten offiziellen Auftritt,
eilte davon, amüsierte Max Frisch mit meiner »brühwarmen«
Story. Der Verleger war weniger davon angetan, doch Frisch
sicherte mir »Geleitschutz« zu.

KAUFLEUTE sind unter meinen Vorfahren reichlich vertreten. Und die Eltern haben sich in der Bank kennengelernt.
Familien-Dominanz des Kaufmännischen. Hat es mich beeinflusst?

In Funkanstalten, auch im früheren Verlag war ich ein zuweilen unbequemer Verhandlungspartner, wenn es um Honorare ging. Gottfried Honnefelder, als er noch Insel-Chef war:
»Da redest du wie in einem Hollywood-B-Picture!«

Viele Jahre lang blieb mir der Honorarrahmen von Funkanstalten verschleiert; Redakteure hatten mir wiederholt erklärt, ich erhielte besonders gute Honorare, aber ich hörte
mich um unter renommierten Kollegen wie Peter Handke
und musste realisieren: es waren eher mäßig gute Honorare.
Da setzte ich meine Forderungen höher an, exemplarisch
in einer Sitzung, zu der ich alle Redakteure einer Hörspielabteilung bat, und siehe da, nach etwa zwanzig Minuten war
das Honorar für einen neuen Hörspieltext um etwa dreißig

Prozent erhöht. Andererseits hatte mir Jurek Becker bei einem Verlagstreffen freundlich-kollegial erklärt, ich würde für Lesungen noch immer Nachwuchshonorare nehmen – wie ich mich eigentlich einschätzen würde? Wie ich gesehen, bewertet werden wolle?

Also, reden wir noch etwas über Geld. Das ist auch unter Autoren nicht tabu. So war es denn auch eins der Gesprächsthemen mit Hans-Jürgen Fröhlich. Jedes Ausarbeitungs- und Sendehonorar musste ausgehandelt werden. Wie viel Psychologie dabei mitspielte, das bezeugt eine Anekdote, die Jürgen mir weintrinkend erzählte; ich erzähle sie hier gern weiter, sie ist bezeichnend für das ›Betriebsklima‹, in dem wir operieren.

Jürgen hatte für das Beiheft einer LP-Kassette von Brahms-Einspielungen einen längeren Beitrag verfasst. Ein Honorar war vorher nicht ausgehandelt worden. Ein Anruf der DG, nach Lieferung des Typoskripts: Was hatten Sie sich so vorgestellt?

In solch einem Fall erwies, erweist es sich immer als günstig, wenn man der anderen Seite den Vortritt lässt. Ich habe das eine und andere Mal erlebt, dass ich ein Honorar vorschlug und dann hörte: Geht in Ordnung, selbstverständlich! Da war ich unzufrieden mit mir: Wenn die so rasch zustimmen, warst du zu bescheiden. Die legen von selbst nichts drauf. Eine Erfahrung auch von Jürgen, aber in einem Fall war er, wie er selbst betonte: ausnahmsweise gewitzt. Er fragte nach dem Honorarvorschlag, es wurden 500 D-Mark angeboten.

Nun kam Psychologie ins Spiel. Er sagte, das würde nicht seinem Honorarrahmen entsprechen, er müsse eben nachschauen. Ging ins Nebenzimmer, überlegte rasch: Soundso viel Schreibmaschinenseiten, dafür bekäme er, selbst bei den meist eingefrorenen Honoraren, etwa das Dreifache. Kehrte zum Telefon zurück, sagte: Tausendsiebenhundert.

Oh, das ist aber mehr, als wir dachten.

Das steht aber so in meiner Liste.

Der Knackpunkt! Die Sekretärin erklärte, sie könne hier nicht selbst entscheiden, müsse Rücksprache nehmen, werde bald von sich hören lassen. Eine halbe Stunde später klingelte sie wieder an und erklärte, das Honorar gehe in Ordnung.

Mit dem Sätzlein »Das steht aber so in meiner Liste«, hatte Jürgen das Anstandshonorar ausgehebelt und ein anständiges Honorar erzielt. Das Beispiel machte mir Mut für spätere Honorarverhandlungen mit Funkanstalten.

Zu den Voraussetzungen kaufmännischer Erfolge gehören auch Ordnung und Übersicht. Von der peniblen Buchführung meiner Mutter habe ich nichts gelernt, nichts übernommen. So entwickelte sich das Finanzamt zu einer mächtigen, ja übermächtigen Erziehungsinstitution, die mich durch Druck zu formen versuchte. In einer längeren finanziellen Flaute wurde mir in einem Schreiben vorgeworfen, ich hätte ein »gemindertes Erwerbsstreben«: Man ging im FA Düren davon aus, dass ich als »freier Unternehmer« jedes Jahr den Umsatz um etwa zehn Prozent steigern müsste. Weil das nicht geschah, ich das zumindest in meinen Steuererklärungen nicht nachweisen konnte, wurde ich verdächtig, wurde ins Finanzamt zitiert. Und man hielt mir eine Kontrollmitteilung aus Berlin unter die Nase. Das Honorar für eine Lesung (im Buchhändlerkeller?) war mir in bar ausgezahlt worden, in einer Zeit, in der ich mich wieder einmal für ein paar Wochen in Berlin aufhielt, in der Wohnung von Max Frisch, oder, von Marianne ebenfalls vermittelt, in der Wohnung von (Anna) Grass; in dieser Zeit hatte ich das Geld ausgegeben – und vergessen. Schon schwenkte der Sachbearbeiter eine weitere Kontrollmitteilung, und mir fiel eine Erklärung schwer. Folgte eine »Wirtschaftsprüfung, Betriebsprüfung«.

Der Steuerprüfer ließ sich seinen Arbeitsplatz »anweisen« am Esstisch. Legte Lineal, Radiergummi, Dienstpapier und Taschenrechner bereit. Sein Dienstsitz, ambulant. Also vergeblich das Angebot einer Tasse Kaffee. Ein Glas Orangensaft hingegen fiel nicht unter das Verdikt. Er setzte sich zurecht in seiner grauen Strickjacke über lindgrünem Hemd, forderte die fälligen Unterlagen an. Dass ich nur einen Schuhkarton mit Bankbelegen und Quittungen auf den Tisch stellen konnte, das kam nicht sonderlich gut an. Doch der Kommentar war erst mal knapp: einarbeiten! Mit dem Lineal, zu dem mir nur das Wort Schullineal einfiel, wurden Spalten gezogen, in denen er Daten und Geldbeträge auflistete. Staunend nahm ich wahr, mich gelegentlich in der Tür zeigend, dass ein professioneller Wirtschaftsprüfer einen halben Arbeitstag brauchte, um das System der halbjährlichen Abrechnungen des Hauses Suhrkamp / Insel zu durchschauen – ich hatte jeweils die Zahl rechts unten angegeben, gültig hingegen war die Zahl um zwei, drei Positionen weiter links. Fündig geworden, ha!

Ich: Sie sind Fachmann in Buchungsfragen, und Sie brauchen mehrere Stunden, bis Sie die Abrechnungen durchschauen, wie soll ich denn bitteschön damit klarkommen?

Nun, ich hätte mich kundig machen müssen.

Aber dazu war ein Stichwort überhaupt nicht gegeben; rechts unten steht immer die verbindliche Zahl.

Aber nicht bei diesen Abrechnungen – das hätte ich wissen müssen!

Und prompt ein Schreiben des Sachbereichsleiters. »Meine o. g. Prüfungsanordnung erweitere ich hiermit um die Jahre 1973 und 1974« … Sodann, unterstrichen: »Die Gründe für die Erweiterung der Betriebsprüfung ergeben sich aus den bisherigen Feststellungen für 1975–1977.« Ein Hochachtungsvoll, das sicherlich nicht wörtlich gemeint war.

Der zusätzliche Prüfungszeitraum, zurückgestaffelt, war im Schuhkarton fast überhaupt nicht mehr repräsentiert; so wurden Schätzzahlen eingebracht, eingesetzt. Und es wurde eine massive Nachzahlung fällig, dazu ein deftiges Bußgeld. Das suggerierte, ich hätte vorsätzlich gehandelt; das wollte ich nicht auf mir sitzen lassen, konsultierte einen Steueranwalt, es kam, im Namen des Volkes und der Staatsanwaltschaft, zu einem Gerichtstermin vor dem Amtsgericht Aachen »wegen leichtfertiger Verkürzung der Einkommensteuer«, dies unter Bezug auf den Bußgeldbescheid des Finanzamtes. Wichtig für mich war, dass dokumentiert wurde: Es geschah nicht vorsätzlich, sondern fahrlässig. Das Bußgeld wurde von immerhin 4000 DM auf 3000 reduziert. Immer noch viel Geld für mich. Den freigewordenen Tausender teilte ich mir mit dem Steueranwalt und war um eine Erfahrung reicher: Vieles ist verdammt schwer zu durchschauen, Fußangeln überall.

Nun legte ich doch einen Aktenordner an. Mein mühsam antrainiertes System aber zeigte Lücken. Und es erfolgte ein Hagelschlag von Mahnungen, Säumniszuschlägen et cetera. Wiederholt ärgerte ich mich über die finanzielle Bestrafung meiner Unordnung, aber ich machte – ungeduldig, gleichgültig – neue Fehler, überwies falsch berechnete Beträge, vergaß Fälligkeitsdaten. Wieder griff FA Düren erzieherisch ein, es erfolgte eine zweite Betriebsprüfung. Und ich konnte, durfte realisieren, in welchem Stil ein Repräsentant des Hauses arbeitete, das mir gemindertes Erwerbsstreben vorgeworfen hatte: Der sportive Mann von etwa vierzig erschien morgens gegen neun, verließ das Haus mittags um zwölf, kam gegen vierzehn Uhr zurück, falls er nicht zur Massage musste, danach kam er aber nicht wieder, gegen sechzehn Uhr war ohnehin Schluss.

Am dritten Tag wiederholte ich mein Angebot, das ich schon zwei- oder dreimal gemacht hatte, vergeblich, nun aber wurde eine Tasse Kaffee angenommen, ja bitte mit Milch und Zucker. Die dienstliche Schweigeumpanzerung wurde für eine gemächliche Kaffeetassenlänge durchbrochen. Meine Klage über die zunehmende Unübersichtlichkeit und Undurchschaubarkeit der Verwaltungswelt wurde mit einer Klage beantwortet: Immer mehr Gesetze und Durchführungsbestimmungen und Kommentare und Anordnungen; fast jeden Tag lägen neue Drucksachen in seinem Fach, zuweilen zwei, drei, vier; diese Materialien könnte er eigentlich längst nicht mehr aufarbeiten, er würde sofort aussortieren: Was er gar nicht mehr braucht, was er vielleicht mal braucht, was zu seinem Arbeitsbereich gehört. Aber selbst die Unterlagen, die er in seinen Mappen abheftet, es ist zu viel, es ist einfach zu viel. Er ist zuweilen froh, wenn er aus dem Büro raus ist, auf Außendienst. Das wäre fast ideal: Die Hälfte der Zeit im Büro, die andere bei Betriebsprüfungen. Das Wochenende gehört natürlich der Familie. Eine Tochter, die Volkswirtschaft studiert, ein Sohn in der zwölften Klasse. Und sein Haus erhält einen

Anbau, weil die kränkelnde Schwiegermutter mit einziehen will – dafür ist das Haus seinerzeit ja nicht gebaut worden. Er führt einen Teil der Maurerarbeiten selbst aus, da weiß er wenigstens, was er macht, sieht das Ergebnis seiner Arbeit.

Da öffnete sich etwas, für eine Kaffeetassenlänge, dann schloss es sich wieder. Nach der Überleitung, nun müsse er wieder was tun, war er »zugeknöpft«, ganz der Beamte im Dienst.

Und ich konnte in Ruhe vergleichen: Allein meine Arbeitszeit zwischen Frühstück und Mittagessen war so lang wie der gesamte Arbeitstag des Beamten – jedenfalls in Hör- und Sichtnähe.

Diesmal konnte ich freilich punkten, wenn auch vergeblich: Bei der zweiten Betriebsprüfung wurde festgestellt, dass ich, nach der ersten Betriebsprüfung, zu viel Umsatzsteuer hatte zahlen müssen. Aber da wurde mir sofort erklärt, dies gelte als verjährt, ich könne nichts zurückfordern. Man war also informiert, war vorgewarnt. Hm.

Und wieder wuchs der Papierwust an. Ab und zu tobte ich los, von Jazz angefeuert, sichtete, was sich auf halbhohem Schrank angesammelt hatte, aber: kurz, nachdem ich Sichtschneisen, Lichtungen geschlagen hatte, wuchs alles wieder zu. Das wirkte sich vor allem so aus: ich suchte. Suchte einen Vorauszahlungsbescheid, suchte eine Anschrift, suchte eine Telefonnummer, suchte einen Garantieschein, suchte eine Kontonummer, suchte, suchte, suchte. Die kaufmännischen Vorfahren hätten mich – zeitversetzt – wohl besorgt betrachtet. Mutter Helene sowieso.

VERDACHTMOMENTE …! Ein Anruf (nicht datiert, aber irgendwann in diesem Zeitraum) von Ulrich Gembardt, damals Leiter der (politischen) Feature-Redaktion des WDR. Für ihn hatte ich die Funkessays zu »Grenzen des Widerstands« gegen Napoleon geschrieben; schreibend aber näherte ich mich dem 20. Jahrhundert an, mit Münzenberg, Orwell, Trotzki und anderen. Plötzlich unterbrach Gembardt das Gespräch und fragte: Wieso werden Sie eigentlich abgehört?

Meine Frage, wie er denn darauf komme?

Nun, es war ein Begleitgeräusch, »sägezahnähnlich«; das auf ein bestimmtes, von ihm mit Typennummer bezeichnetes, offenbar nur noch in der Provinz benutztes Gerät schließen ließ, und zwar zuverlässig. Das blieb Episode, die ich zuweilen erzählte.

Dann, 1977, in den Wochen nach der Entführung des Arbeitgeberpräsidenten Schleyer, wurde ich einschüchternd direkt observiert: Etwa zehn Tage lang stand nachts wie tagsüber, in Arbeitsschichten wechselnd, jeweils ein Wagen mit Aachener oder Bonner Dienstnummer vor dem Gartentörchen. Immer saßen zwei Mann im Auto, hielten Zeitungen ausgebreitet oder fotografierten mit Vorsatzlinsen.

Ich setzte mich nach Abenden ab. Dort hörte ich, bei gelegentlichem Aufwachen, Schritte in Laub und auf Ästchen, fühlte mich bewacht, schlief weiter. Als ich am nächsten Tag abspülte, schaute ich ums Eck aus dem Küchenfenster, sah, im Hohlweg, einen Streifenwagen stehn mit zwei Polizisten. Schauten sie auf die Geschirrablage und zählten mit: eine Tasse für den Hausherrn, eine Tasse für den Entführten …? Ich öffnete das Fenster und rief: Is wat?! Kommentarlos fuhren sie ab.

Ich erzählte dem Verleger telefonisch von den Observierungen, Unseld war ergrimmt, wollte sofort Genscher im Innenministerium anrufen, aber ich redete ihm das aus. Ich hatte zur Kenntnis genommen, dass man allein schon durch seinen Beruf verdächtig werden konnte.

VOR ALLEM IN DEN SIEBZIGER JAHREN arbeitete mein Vater im Refugium des Hauses zu Herrsching an einem Buch über Zentralbankgeld. Helene erstellte jeweils das Typoskript der Entwürfe. Einen Durchschlag habe ich Hegels »Furie des Verschwindens« entrissen, die Blätter füllen eine Einschlagmappe in leuchtendem Gelb, das mir (rein optisch) den Zugriff, den Zugang erleichtert.

Schon auf der ersten Seite finde ich einen Satz, den ich sogleich abtippe: »Geld ist kein in der Welt vorgefundenes Wirtschaftsgut, es ist das Ergebnis menschlicher Phantasie.« Ein Satz, der seine wahre Aktualität erst Jahre nach seinem Tod (im Jahre 1999) gefunden hat.

Zu lesen bekam ich die Arbeit damals nicht, es wurde aber darüber gesprochen. Demnach endete die Erfassung von Daten und Zahlen in den ersten achtziger Jahren. Helmuth gab das Projekt damals auf – die Entwicklung lief ihm davon. So ähnlich äußerte er sich auch, gelegentlich. Der kleine Packen von Typoskripten wurde, wortwörtlich, auf Seite gelegt.

Ich zitiere ein paar Sätze, die unversehens hochaktuell geworden sind – obwohl (auch) Helmuth die gigantischen Dimensionen der Geldschöpfung und Geldvernichtung nicht voraussehen, nicht mal erahnen konnte.

Eins der Leitworte des geplanten Buchs: Kreditschöpfungspotential. Ein Satz dazu: »Da nach wie vor die Kreditgewährung der Banken an den privaten Sektor der wichtigste Faktor des Geldschöpfungsprozesses ist, verdient die Kreditpolitik der Gesamtheit der Banken besondere Aufmerksamkeit.«

Und er formulierte eine damalige Selbstverständlichkeit. »Zum Wesen jedes Kredites gehört es, dass er nach einer vereinbarten Laufzeit ›echt‹ zurückgezahlt wird. ›Echt‹ bedeutet in diesem Sinn, dass ein fälliger Kredit nicht durch Aufnahme von neuen Krediten praktisch nur umgeschuldet wird.«

Genau dies geschah zwanzig, fünfundzwanzig Jahre nach der Niederschrift weltweit in allergrößtem Maßstab: die Kreditblase wurde aufgepumpt. Helmuth stellte »Warnzeichen« auf für eine Gefahr, deren wahre Dimensionen sich noch längst nicht abzeichneten.

»Eines der wirksamsten Mittel zur Expansion des gesamten Bankgeschäfts – auf der Basis autonomer Kreditschöpfung – ist die von Banken initiierte ›Erziehung‹ weiter Kreise zu Bankschuldnern. Erreicht wird dies durch eine bemerkenswert lebhafte Propaganda, bei der Kredit-Inanspruchnahmen mit dem Slogan ›Kaufe jetzt, später wird alles teurer‹ angeregt werden. Eine Propaganda, die sich ausschließlich um neue Schuldner bemüht. Mit kaum erwähnenswerten Ausnahmen fehlt jede Werbung für Kundeneinlagen.«

Und er verwies auf »einige Beispiele aus vergangenen Jahren«. Hier zwei von ihnen.

»Machen Sie aus Ihren Träumen Wirklichkeit: von der Yacht bis zum Feriendomizil im Ausland, vom Orientteppich bis zur Reise um die Welt …

Reisen Sie jetzt, zahlen Sie in Raten bis zu 20 Jahren …«

Er konstatierte: »Eine derart reißerische Propaganda für die Kredit-Inanspruchnahme durch die private Kundschaft war schon vor 4 oder 5 Jahren in Großbritannien zu hören. Schon damals hieß es: ›Kredite verkürzen die lästige Wartezeit bis zur Erfüllung Ihrer Wünsche.‹ Oder: ›Kaufen Sie jetzt, zahlen Sie später.‹ ›Wir geben Ihnen das Geld, und zwar sofort, zur Erfüllung Ihrer Wünsche und Träume.‹ – Das Ergebnis war schon damals Inflation auf breitester Front und führte prompt zum Kurssturz des Pfundes. Diese Warnzeichen wurden von den Banken nicht zur Kenntnis genommen.«

In dieser Perspektive: zwei weitere Zitate aus Helmuths Versuch der Lageanalyse, subkutan zukunftsweisend.

»Alle Erfahrungen und Beobachtungen zeigen mit aller Deutlichkeit, dass bisher kein Staat der Welt auf die Dauer Kredite aus Haushaltsüberschüssen zurückgezahlt hat. Darüber sollte sich jede Bank, die sich an derartigen Krediten beteiligt, klar sein. Nichts ist in dieser Hinsicht gefährlicher als eine Art bloßer Mitläufermentalität bzw. Konsortialgehorsam. Bis zur Stunde besteht nicht die geringste Chance zur Reduzierung der Staatsschulden. Zur Diskussion steht trotz aller Maßhalteversprechen nur das Ausmaß weiterer künftiger Verschuldung.«

Als Folge: »Der Abschreibungsbedarf auf Forderungen an ausländische Staaten, allein durch Nichtzahlung der Zinsen, kann, bezogen auf das Eigenkapital einiger Banken, sehr hoch werden.«

Das Wort Kreditblase, zum Platzen groß, das gab es zu seiner Zeit noch nicht, es entstand mit dem Phänomen. Das Anwachsen der allgemeinen Kreditmenge verfolgte er mit regelmäßiger Lektüre der *Financial Times* und weithin der *Neuen Zürcher Zeitung*. Und fühlte sich ständig überholt von neuen Entwicklungen ins Große und immer Größere. Leitwort für ihn war noch immer: »solide«. Er hatte sich nicht vorstellen können, was sich deregulierte Investmentbanken vor allem jenseits der Jahrtausendwende leisten würden: Auf jeden Dollar, den solch eine Bank an Eigenkapital besaß, werden womöglich dreißig Dollar in Spekulationen investiert, mit aufgenommenen Geldern. Und es wird nicht bloß spekuliert, es wird gewettet: etwa auf den Verfall einer Währung, etwa auf Hausse oder Baisse von Rohstoff- oder Nahrungsmittelpreisen, etwa auf eine positive oder negative Entwicklung des DAX.

Ganz kurz mal setzte ich einen Fuß auf den heißen Boden der Finanzwetten: Telefonisch vom schnellredenden Berater dazu angestiftet, erwarb ich (in bescheidenem Umfang: »Kleinvieh macht auch Mist«) ein Papier, dessen sicherlich englische Bezeichnung ich vergessen habe. Mit vager Erinnerung rekonstruiert: Wenn zu einem bestimmten, zukünftigen Termin der DAX über der Indexzahl 6000 liegt, habe ich meine Einlage entschieden vermehrt, falls nicht, habe ich einen großen Teil des Geldes verloren. Als mir dämmerte, worauf ich mich eingelassen hatte, von jenem Telefonat eher gestört als stimuliert, habe ich dieses Wett-Derivat, dieses »Future« umgehend verkauft. Ich hatte nicht aufgepasst beim Telefonat, hatte mich von der sicherlich mehrsilbigen Bezeichnung düpieren lassen. Weiß jetzt aber, wovon ich hier rede / schreibe.

Solche Casino-Praktiken, solche Vabanque-Spiele lagen weltenweit jenseits der Vorstellungskraft meines Vaters. Für ihn war selbstverständlich, dass die Produktion von Geld »weder der Willkür von Einzelpersonen noch von Interessengruppen überlassen werden darf«. Was dann aber von Hedgefonds und Großbanken (die immer mehr Hedgefonds ähnelten) zum Geschäftsprinzip erhoben wurde – nachdem Thatcher wie Reagan diverse Regulierungen des Investmentbankings aufgekündigt hatten.

Ich werde nicht weiter rekapitulieren, was Helmuth erarbeitet, was Helene getippt hat, die Entwicklung, das registrierte er ja selbst, begann seine Analysen und Diagnosen zu überholen, zu überflügeln mit zunehmender, ja sich potenzierender Geschwindigkeit. Dass überwiegend mit öffentlichen Geldern (also letztlich der Steuerzahler) Fehlspekulationen größenwahnsinniger Banker etwa der HRE, der Hypo Real Estate, mit etwa 102 Milliarden ausgeglichen (»refinanziert«) werden mussten (sprich: mit hunderttausendundzwo Millionen), so etwas wäre ihm als fiskalische Apokalypse erschienen.

FORTSETZUNG DER ARBEIT. Viel Erfolg am Schreibtisch!, wünschte mir mal eine Nachbarin in der Eifel. Die beiden Söhne registrierten die Tätigkeit, die Ergebnisse der Tätigkeit, ihre Reaktionen pendelten zwischen Aha und Na ja. Christoph schenkte mir zu Weihnachten ein sehr buntes Bild mit einem Fesselballon, mit einem Reiter auf dem Zauberpferd, mit Siamesischem Zwillingspaar, mit einem herrisch winkenden Napoleon, mit der Präsidentin am Schreibtisch.

Thomas, eher cool, pflaumte mich schon mal an: »Dass deine Hörspiele gesendet werden, ist die reinste Stromverschwendung.« Doch bereitwillig machte er Tonaufzeichnungen von Funksendungen, die ich nicht direkt mithören konnte.

Anno 1977 erschien meine Biographie über Oswald von Wolkenstein, den Dichter, Komponisten, Vortragskünstler der Wende des 14. zum 15. Jahrhundert. Die Frage, die nach Lesungen gern gestellt wird: Wie sind Sie eigentlich auf NN gekommen? Oder: Was hat Sie zu NN geführt? Diese Standardfrage lässt sich im Fall Wolkensteiner leicht und klar beantworten. Das habe ich auch schon mal getan, etwa im kleingedruckten Anhang des Neidhart-Buchs. Also stelle ich das nun etwas größer heraus, im Schriftgrad.

Irgendwann Mitte der sechziger Jahre sah ich eine kleinformatige Reproduktion des Porträtgemäldes des Wolkensteiners mit Ehrenzeichen und Orden. Das erste authentische Bildnis eines deutschsprachigen Dichters, Komponisten, Sängers. Ein auffälliger Kopf, nicht nur, weil das rechte Auge geschlossen ist – massiger Schädel mit Energie verratenden, zumindest suggerierenden Kinnhöckern, mit deutlichen Blessuren, die auf ein »bewegtes Leben« rückschließen lassen. Über dieses, ja, Mannsbild, das ich so genau vor mir sah, wollte ich mehr erfahren.

Der zweite Impuls: eine Langspielplatte mit Wolkenstein-Liedern, in der Archiv-Produktion der Deutschen Grammophon. Einige der Liedkompositionen wurden rasch zu Ohrwürmern, vor allem dies: »Wach auf, mein Schatz! Schon leuchtet her / von Orient der lichte Tag!«

Dritter Impuls: Irgendwo las ich einen Liedtext (etwa in der Stiasny-Bücherei?), in dem Oswald stilisiert besingt, wie er in seiner Burg Hauenstein bei Seis am Schlern haust, im Winter, drangvolle Enge im einzigen Raum, der – außer der Küche, so ergänze ich – beheizt wurde. Um meine Fixierung verständlich zu machen, ein kurzer Ausschnitt, ebenfalls in meiner Übertragung.

Was mir an Ehrung ward zuteil
von Fürsten, all den Königinnen,
und was ich so an Schönem sah,
das büß ich ab in diesem Bau.
Mein Unheil hier –
es zieht sich lange hin!
Ich bräuchte sehr viel Mutterwitz:
muss täglich sorgen für das Brot!
Dazu werd ich noch oft bedroht.
Kein rotes Mündlein tröstet mich!
Die früher auf mich hörten,
sie lassen mich im Stich.
Wohin ich schau: es stößt der Blick
auf Schlacke all der Herrlichkeit.
Kein feiner Umgang mehr, stattdes:
nur Kälber, Geißen, Böcke, Rinder
und grobe Leute, hässlich, schwarz,
im Winter ganz verrotzt.
Macht froh wie Sackwein, Läuse …
Im Koller treib ich meine Kinder
oft mit Schlägen vor mir her.

Da kommt die Mutter angewetzt,
beginnt sogleich zu zetern.
Gäb sie mir eines mit der Faust,
ich müsst auch das erdulden!
Sie schreit: »Die Kinder hast du ja
fladenflach geschlagen!«
Vor ihrem Zorne graust mir sehr,
ich spür ihn wahrlich oft genug,
scharf, mit Scheiten!

Der Liedtext, dem ich diese Sequenz entnahm, das Tagelied vom Liebespaar, das von der Morgensonne überrascht wird, das Bildnis auf der Postkarte: dreifacher Auslöser!

Ich hatte ursprünglich vor, einen biographischen Essay von etwa hundert Seiten zu schreiben. Bei einem ersten, sondierenden Telefonat mit einem Mediävisten aber erfuhr ich, dass an die tausend Dokumente im Südtiroler Familienarchiv (und in anderen Archiven) erhalten blieben – die meisten durch die Alpenkette geschützt vor der Brandschneise, die der Dreißigjährige Krieg auch durch Archive zog. Zur Herausforderung kam damit ein reiches Materialangebot.

Das betonte ich im Projektvorschlag, den ich, gegen meine Gewohnheit, an den Verlag schickte. Folgte ein Gespräch mit dem Verleger: Eine Biographie gern, auch eine Biographie über eine Figur des Mittelalters, aber wieso über eine total unbekannte Person wie den Wolkensteiner? Was sollen denn, potz Wolkenbruch, die Vertreter dem Sortiment sagen? Es liegt nur eine einzige Publikation vor, die sich mit dem Namen Wolkenstein verbindet, ein Bändchen der Reclam UB mit einer Auswahl von Liedtexten, mittelhochdeutsch, begleitet von Prosaübersetzungen durch Wachinger – reine Hilfstexte, so etwas wie Textservice für Germanisten, die ihre Scheine in Mittelhochdeutsch machen müssen. Höchstens in germanistischen Seminaren, eher: Oberseminaren dürfte der Dichter einigermaßen bekannt sein, sonst aber: Fehlanzeige. Es liefe mit ziemlicher Sicherheit auf einen Misserfolg hinaus, wenn ich eine Biographie über diesen in der breiteren Öffentlichkeit völlig unbekannten Dichter schriebe. Da hätte die deutsch-sprachige Literatur des Mittelalters entschieden mehr zu bieten!

Ich wies darauf hin, dass, in etwa, der sechshundertste Geburtstag des Wolkensteiners bevorstünde; das könnte Redaktionen und Rezensenten zu publizistischer Begleitmusik motivieren, so etwas wie Echo schaffend für den grandiosen Dichter und großen Musiker.

Dieser Geburtstag wäre in keinem Festkalender vorgesehen, würde denn auch ganz bestimmt nicht gefeiert, erst recht nicht durch eine Sonderbriefmarke – das Reclam-Bändchen würde keine Resonanz vorbereiten für ein Geburtstagsständchen. Eine Biographie, wie gesagt, sehr gern, aber bitte nicht über eine so total unbekannte Person.

Gerade das aber würde mich reizen, mich herausfordern. Und gerade hier sei die Verlockung groß, eine, ja, geradezu pralle Vita! Wenn dieses Mannsbild in den Vordergrund gerückt würde, auch mit Übertragungen seiner oft fulminanten Liedtexte, so müsste das eigentlich Resonanz finden, öffentliches Echo.

Eine Gleichung mit mehreren Unbekannten … Das Projekt würde hingegen kalkulierbar, wenn man das Lesepublikum dort abhole, wo es angekommen sei. Warum nicht eine Biographie über einen weithin bekannten Dichterkomponisten des hohen Mittelalters, über Walther von der Vogelweide? Ein Name mit Klang! Und damit: Resonanz für das Buch.

Die biographischen Materialien über Walther seien aber ausnehmend dürftig, wandte ich ein. Beim Wolkensteiner könnte sich eine wahre Fundgrube an Materialien öffnen, die Figur könnte genaue Konturen annehmen, die Chronologie des Lebens könnte präzis erarbeitet werden. Bei Walther weiß man nicht einmal, von welchem der diversen Vogelweidhöfe des süddeutschen Sprachgebiets er stamme – und so geht es weiter, im Vagen. Ich hätte mich bisher noch nicht weiter mit dem Vogelweider beschäftigt, aber dies sei wohl sicher: über sein Leben ist wenig, viel zu wenig bekannt. Eine Biographie nur auf der Basis von Vermutungen?

Dennoch: eine Erstauflage von 2000 bei einer Biographie über Potzwolkenbruch, eine (nicht garantierte, aber sicherlich entschieden avisierte) Erstauflage von 20 000 beim Vogelweider. Ein Aspekt, den ich als freier Schriftsteller wohl kaum ignorieren könne. Eine Vorauszahlung würde sich, notwendigerweise, in etwa nach den Erwartungen richten; entscheidend auch hier die Vormerkziffern der Vertreter, als Schwerpunkttitel könnte eine Wolkenbruch-Biographie aber mit Sicherheit nicht eingestuft werden. Also, bitte alles noch mal überlegen. Der Verlag wird, falls ich beharre, auch eine Wolkenstein-Biographie ins Programm aufnehmen, keine Frage, aber … So, und jetzt trinken wir einen Affentaler Roten … Was macht die Familie …?

Ja, richtig, ich saß als ziemlich junger Familienvater an der anderen Seite des Schreibtischs. Und stand auf mit etwas weicheren Knien.

Besonders wichtig im Kopf eines Autors: der Querkopf. Der diktierte: Auch wenn Walther mit schönen Liedtexten lockt, die Biographie über Oswald von Wolkenstein wird geschrieben! Wurde denn auch geschrieben.

Wie zu erwarten, wurde die Erstauflage in bescheidener Höhe angesetzt: 3000. Schließlich war der Wolkensteiner damals eine Randfigur der Literaturgeschichte, zwar interessant, aber weithin unbekannt, und so waren die Erwartungen im Verlag gering. Dann geschah das Unerwartete: Maria Frisé, in der Literaturredaktion der FAZ, setzte sich ein für den (gekürzten) Vorabdruck des Buchs. Da sah gleich alles anders aus! Sofort wurde vom Verleger die Erstauflage auf 20 000 erhöht. Und es wurde damit geworben, auf einem sogenannten Aushänger (einem schmalen Plakat für Buchhandlungen), dass die Biographie in der *Frankfurter Allgemeinen Zeitung* zum Vorabdruck gelangt war. Zweiundneunzigmal hieß es im Feuilleton »Ich Wolkenstein«.

Das bedeutete aber nicht, dass sofort 20 000 Exemplare ausgedruckt wurden. Ich lernte eine der Usancen des Buchmarkts kennen, auf dem gern mit hohen Auflageziffern geworben und gewirkt wird. Von einem Buch, dessen Startauflage satte

100000 betragen soll, werden längst nicht hunderttausend Exemplare ausgedruckt, gebunden, ausgeliefert (oder gelagert), man setzt etwas vorsichtiger an und stockt sukzessiv auf, falls das Buch erwartungsgemäß läuft. So wurden von der Wolkenstein-Biographie erst mal zehntausend Exemplare gedruckt, die bald abgesetzt waren, daraufhin noch mal fünftausend und wieder fünftausend – dies aber stets unter der gleichen Gesamtziffer von 20000, laut Vermerk auf der Impressumseite. Erst als weiterhin nachgedruckt werden musste, wurde diese Zahl nach oben korrigiert.

Das Buch wurde zwar kein Bestseller, entwickelte sich aber zum Longseller. Viele Besprechungen, auch einige Fernsehbeiträge – da verlockte ja allein schon die Landschaft. Die sollte sogar, Autor an Bord, mit einem Hubschrauber überflogen werden, doch am geplanten Filmtag spielte das Wetter nicht mit, der Flug fiel aus wegen rauer Böen, und ich kam um meinen ersten und einzigen Hubschraubertrip – ich spekuliere nicht darauf, dass ich mal unfreiwillig in einen Helikopter *eingeladen* werde, nun in ganz anderer Wortbedeutung.

Eingeladen, in freundlicher Wortbedeutung, wurde ich von drei Verlagen (merkwürdigerweise nicht vom eigenen Verlag) zum Verfassen einer Biographie über Martin Luther – das Vierjahrhunderte-Jubiläum von 1983 stand bevor. Die angereisten Lektoren, ob aus Wien oder Berlin, sie waren sich einig in der Leitvorstellung: Bitte für das Luther-Buch so schöne Landschaftsbilder, Stadtbilder, Reisebilder wie im Wolkenstein, bitte so viel Alltag wie im Hause Wolkenstein, bitte ein pralles, saftiges etcetera Stück Leben, und dies mit einer Figur, deren Name allein schon hohe Startauflagen garantiert.

Erst mal fühlte ich mich geschmeichelt: nach ersten Achtungserfolgen doch mal ein veritabler Erfolg! Runde Vorauszahlungen sollten mich ködern. Doch bald schon pfiff ich mich zurück: Nach einem bereits als bewährt geltenden Muster reproduzieren? Dies bei einer Figur, zu der sich keine rechte Empathie entwickeln wollte? In meiner mittlerweile fixierten Distanz zum Kirchenleben wollte ich nicht an den säkularisierten Kirchenheiligen Martin heranrücken, womöglich verpflichtet durch die evangelisch-lutherische »Religions-zugehörigkeit«.

Wenn es drauf ankommt, kann ich mich schnell entscheiden: Bevor eine mündelsichere Entwicklung einsetzen konnte, disponierte ich um und schrieb den kleinen Roman über die Erdölkrise von 1972. Aber das kaufte mir keiner so recht ab.

EIN BRIEF von Heinrich Böll als Auslöser für eine erneute Phase des Engagements. März 1977 schrieb er aus Langenbroich an den Oberkreisdirektor in Düren: »Beide Pläne zum Ausbau oder zur Weiterführung der K 27 über den jetzigen Stand hinaus – sowohl per Damm über das Dresbachtal wie durch das Kreuzbachtal oder über das Teufelssief – erscheinen nicht nur mir, sondern einigen (wären sie über die Pläne unterrichtet, wahrscheinlich vielen) Anwohnern absurd. Der Begriff ›Naherholungsgebiet‹ verliert seinen Sinn, wird zur Farce, wenn man eins der wenigen, noch landschaftlich geschlossenen Gebiete auf diese Weise zerstört. […] Ich schreibe Ihnen dies kurz bevor ich für längere Zeit aus gesundheitlichen Gründen verreisen muß. Ich wäre Ihnen dankbar, wenn Sie mein Schreiben nicht einfach ad acta legten.«

Böll schickte mir eine Ablichtung des Briefs mit einem handschriftlichen Zusatz: »Lieber Dieter Kühn, *mehr* kann ich nicht tun als Sie zu bevollmächtigen, von diesem Brief Gebrauch zu machen! Ich muß *dringend* wieder weg! Herzlich Ihr Heinrich Böll.«

Ich griff auf, führte weiter. Einleitend ganz kurz, worum es ging: Ein Tal sollte gerettet werden, das bereits eingeklammert war von zwei Straßen mit demselben Ziel: dem Dorf Brandenberg auf einem Höhenzug der Nordeifel.

Etwas genauer: Das Dorf war auf westlichem Höhenzug erreichbar über eine Bundesstraße (B 399) und eine abzweigende Landstraße (L 11). Brandenberg konnte auch, in Tallage, in gleicher Richtung auf einem asphaltierten Forstweg erreicht werden, dem Kierlingsweg, auf halber Hanghöhe östlich; zur Kreisstraße aufgewertet, wurde die Straße offiziell von etwa 120 Pendlern genutzt. Nun sollte zwischen der mehr oder weniger parallel verlaufenden Hangstraße und der Höhenstraße eine dritte Straße gebaut werden, mit dem gleichen Zielort – alle drei Straßen in Luftlinie nur wenige hundert Meter voneinander entfernt. Die K 27 n[eu] sollte eine zuvor schon heftig umstrittene Schnellstraße, eben die K 27, über das Dorf Bogheim hinaus fortsetzen. Opposition formierte sich.

In der Initiativgruppe ergab sich rasch, dass ich die Korrespondenz führte. Der Kühn als Mann der Feder, also: Schreib du das doch … So tippte, tippte, tippte ich. Alle Schriftsätze zusammengefasst, quantitativ, würden ein kleines Buch ergeben, ein Büchlein. Das allerdings nicht verfasst wurde mit großer Schreibmotivation, gar Schreiblust. Eher Pflichtübungen.

Ich habe die Durchschläge der wichtigsten Schreiben (Typoskripte) aufbewahrt. Ohne diese und weitere Materialien könnte ich das Kapitel kaum schreiben; in der Erinnerung hat sich vieles verwischt, vereinfacht, verkürzt. So aber lässt sich der Verlauf rekonstruieren, skizzenhaft. Auch dies als autobiographisches Kapitel: Meine Erfahrungen als Bürger, als »zoon politikon«, mit Behörden, mit Administration.

Als Eröffnung ein Schreiben an das Kreisbauamt. »Nach einem Vorgespräch in Langenbroich hatte mich Herr Böll bevollmächtigt, bis zu seiner Rückkehr aus der Schweiz im Sinne seines Briefes weiter aktiv zu sein. Ich hatte Verbindung aufgenommen mit der ›Kreuzauer Gruppe‹. Aus dieser Konstellation heraus hatte ich mich an Sie gewendet, da Sie für die Planung der K 27 unmittelbar zuständig sind.

Es liegt uns daran, seitens der Verwaltung möglichst umfassend informiert zu werden. Dies zu einem Zeitpunkt, an dem definitive Entscheidungen über die Trassenführung der K 27 noch nicht gefallen sind, Gespräche mit den Entscheidungsgremien also noch Zweck haben.«

Ein erstes von diversen Mahn- und Erinnerungsschreiben. Ich werde einigermaßen ausführlich zitieren, denn: Es bringt nichts, vermittelt nichts, wenn ich pauschal vermerke, es hätten viele Briefe geschrieben werden müssen. Es muss ablesbar werden, zumindest ausschnitthaft, mit welchen Formen, ja Auswüchsen des Verwaltungsdenkens wir uns herumschlagen mussten. Und damit: was uns viel Zeit wegnahm, nein: wegfraß. Also auch mir.

Zwei Typoskriptseiten an den Gemeindedirektor Hürtgenwald, zwei Seiten an die Landwirtschaftskammer Bonn, eine Seite an den Stadtdirektor von Heimbach, vier Schreibmaschinenseiten in einem Rundbrief an die drei Fraktionen im Kreistag Düren, im Namen der Bürgerinitiative.

»Zwei Vorbemerkungen. Erstens: dass Bürgerinitiativen erst recht spät reagieren können, liegt mit daran, dass Bürger meist relativ spät erfahren, was geplant wird. Dass Argumente erst spät vorgetragen werden, macht sie aber noch nicht bedeutungslos, macht eine Auseinandersetzung mit ihnen nicht überflüssig.

Zweitens: wir sind nicht gegen notwendige Straßenbauten. Unsere Überlegungen, unsere Kritik, unsere Einwände setzen dort an, wo uns die Notwendigkeit nicht einleuchtet. Bei Vorgesprächen im Kreisbauamt mussten wir feststellen, dass die für eine Planung unumgänglichen Vor-Erhebungen nicht stattgefunden haben. Weder im Falle der K 27 noch der geplanten K 48 wurden Fragebogenaktionen oder andere Erhebungen durchgeführt, auf deren Grundlage dann eine Planung stattfand. Da die Fragen nach den Gründen meist nur pauschal beantwortet wurden, sind wir von der Notwendigkeit nicht überzeugt.«

Auf weiteren Briefseiten wurden Detailfragen erörtert. Hier nur die Schlusssequenz. »Wir bitten also mit Nachdruck und Entschiedenheit, noch einmal unter den inzwischen neu gewonnenen Gesichtspunkten zu erwägen und zu prüfen, ob eine Weiterführung der K 27 über Bogheim hinaus nach Brandenberg und ins Kalltal *unabdingbar notwendig* ist. Dies wäre konkret nachzuweisen.«

Wir mussten lernen, winkelzügiges Prozedere der Verwaltungen zu durchschauen. Nur äußerst ungern gibt Verwaltung ein Projekt auf, das sie mal ausgeheckt hat. Wenn die Unterlagen in die berühmte Schublade gesteckt werden, so werden sie dort mit Sicherheit wieder herausgeholt, zu einem Zeitpunkt, der als »gegeben« erscheint. Es werden »Notwendigkeiten« ins Feld geführt, massiv. Es wird mit taktischen Täuschungsmanövern gearbeitet, mit fiktiven Zahlen oder nachgebesserten Steigungswinkeln.

Es verstärkte sich das Grundgefühl: Wir sind Amateure in Verwaltungsdingen, in Verfahrensfragen, und so werden wir von hauptberuflich Tätigen vielfach ausmanövriert, ausgetrickst, ausgehebelt. Die zuständigen Beamten befassen sich »vollzeitlich« mit der spröden Materie, wir hingegen, in der Initiativgruppe, sind werktags in ganz anderen Bereichen tätig: Als Chefarzt in der Kinderabteilung eines Krankenhauses, als Musikdozent, als Kunstlehrer, als Erziehungsberater, als Angestellter im öffentlichen Dienst – und so weiter. Wir werden von der Verwaltung gern als »sachfremd« eingestuft, als »Nichtbetroffene im Sinne des Verfahrens«, wir gelten, intern, letztlich als inkompetent.

Ich wandte mich an einen Rechtsanwalt, der von einem meiner Bücher derart begeistert war, dass er mich, mit Gisela, zu einem opulenten Essen einlud; das wurde über Jahre und Jahrzehnte hinweg zur schönen Gewohnheit in zeitlich lockerer Folge: Atzung des Autors. Henning arbeitete in einer renommierten Kölner Sozietät, leitete meine schriftliche Anfrage weiter an einen seiner Kollegen, der sich auf unserem Spezialgebiet eingearbeitet hatte. Der schickte mir ein Schreiben von zwölf Typoskriptseiten über Verfahrensfragen. Ein Schreiben, das mir, das uns helfen sollte; dabei hätte ich aber erst mal Hilfe gebraucht, um die Fachsprache in meiner Muttersprache zu verstehen.

Auf dringliche und wiederholte Bitten wurde mir und zwei, drei Mitstreitern im Kreishaus ein Landschaftsmodell der geplanten Trassierung gezeigt und erläutert. Wir trauten unseren Ohren nicht, unseren Augen erst recht nicht: Eine riesige Einfräsung in eine Hanglage ... Eine mehr als 100 Meter lange Brücke ... Ein 22 Meter hoher Damm, die Basis der Aufschüttung 85 Meter breit ...! Dass sich diese Monstrosität in die Landschaft »einfügen« würde, davon konnte ja nun wirklich nicht die Rede sein. Siebeneinhalb Meter breit sollte sie werden! Damit war das Problem aber nicht eingegrenzt. Wir machten uns kundig, erlernten Begriffe wie »Straßen- und Schadensbandfläche«. Registrierten: die Straße würde durch ein »Schadstoffband von über 200 m Breite« begleitet ... Und erheblich weiter reichend die Lärmemission ... Härteste Eingriffe! Konsequente Zerstörung eines Erholungsgebietes, eines wertvollen Biotops! Reich gegliederte Landschaft, hohe Biodiversität!

Wir beschlossen eine große Aktion für das folgende Frühjahr: Von Bogheim aus soll bis hinauf zum Höhenzug der geplante Straßenverlauf durch orangefarbene Ballons in jeweils etwa fünfzig Metern Höhe angezeigt werden – zugleich »landart«. Männerchöre und Bläser sollen musizieren. Von Bogheim aus sollen (möglichst viele) Wanderer auf der Ballonroute zu den verschiedenen Konzertpunkten gehen.

Und ich verfasste ein Flugblatt, mein erstes und voraussichtlich einziges. *Wald oder Asphalt?* Zweckprosa – kein literarischer Beitrag!

»In Stadt und Kreis Düren kennen wir den Waldfraß zur Genüge. Er ist unersättlich. Nun will er ein besonders schönes Stück Natur in Asphalt verwandeln: das Gebiet zwischen Bogheim und Brandenberg mit seinen Wäldern und Weiden, den Äckern und Auen, dem Rinnebachtal. Mit einem dicken Asphaltstrich will er dieses herrliche Bild durchkreuzen!

Und etwas anderes frisst er auch, unser staatlich geprüfter und geförderter Waldfraß: Geld! Davon kann er schon gar nicht genug bekommen! Wer von Düren nach Brandenberg fährt, hat dazu die gut ausgebaute, demnächst sogar noch besser ausgebaute B 399. Diese Strecke soll die neue Straße ›verkürzen‹. Nun raten Sie mal, um wie viel! Um ganze 250 (in Worten: zweihundertfünfzig) Meter. Dieser schlechte Scherz soll uns Steuerzahler Millionen kosten! Der Wald- und Geldfraß fordert wahrhaftig zu viel!

Deshalb: am 30. April, ab 15 Uhr, treffen sich alle interessierten Bürger von Stadt und Kreis in Bogheim. Von dort aus werden Ballons anzeigen, was der Wald- und Geldfraß unbedingt zerstören will. Dort werden wir die Fressschneise dieses Ungeheuers abwandern. Presse und Fernsehen werden mit dabei sein. Vielleicht kriecht der Wald- und Geldfraß dann wieder in seine Höhle zurück.« (Fortsetzung folgt)

INZWISCHEN war meine Wolkenstein-Biographie so etwas wie ein Flaggschiff für meine dahindümpelnden Bücher und Büchlein geworden. Es wurde darauf reagiert, wenn auch zuweilen mit unerwarteten Stichworten. Wie wärs mit einem Libretto für eine Wolkenstein-Oper? Unter Verwendung auch seiner Texte und Kompositionen? Wie wärs mit einem Spielfilm über den Wolkensteiner, mit dem Hauptakzent auf seinen Abenteuern und Feldzügen?

Eine noch überraschendere Anfrage kam ins Haus, verbunden mit einer Einladung: Nach dem runden, satten Wolkenstein-Buch auch mal was Rundes, Sattes, Farbiges über das Emsland … Nanu, wieso? Ja, viel Moor, viel Wald, viel Wasser und viele architektonische Kostbarkeiten!

Ich folgte der Einladung. Ich würde allerdings nicht weiter über diesen Ansatz schreiben, hätte ich nicht eine neu akzentuierte Erfahrung mit mir gemacht.

Vage Erinnerung soufliert mir: Meppen war der Anlaufpunkt. Freundlicher Empfang, schönes Wetter, also eine erste Rundfahrt mit dem Mitarbeiter einer Landschaftsbehörde. Und es gewann eine topographische Bezeichnung an Präsenz, die ich noch nie gehört oder gelesen hatte: der Hümmling. Hier, auf sanfter, waldreicher Erhöhung im weithin moorflachen Emsland: das Jagdschloss Clemenswerth. Mein virtueller Ausgangspunkt zu Emsländer Rundumfahrten, erkundend, Wörter sammelnd.

Clemenswerth: eine höchst überzeugende architektonische Konzeption des großen Schlaun, Johann Conrad. Was mir erklärt wurde, kann ich nachlesen in einer Broschüre, die mir sogleich überreicht wurde: »Das Jagdschloss des Fürsten als zweistöckiger Mittelpavillon in Kreuzform wird umkreist von acht einstöckigen, gleichförmigen Pavillons.« In einem von ihnen, bitteschön, mein Quartier während der Recherchen, der ersten Arbeitsphasen. Doch erst einmal Besichtigung der Anlage, sodann Imbiss im »Schlossrestaurant im historischen Wildkeller«, kühl am warmen Sommertag.

Das Begleitgespräch während Rundgang und Besichtigung wurde belebt durch meinen Hinweis, dass ich dem Bauherrn, Kurfürst Clemens August, nicht zum ersten Mal begegne. 1961 war ich, von Düren aus, zur großen Ausstellung im Schloss Augustusburg zu Brühl gefahren: Kurfürst Clemens August, Landesherr und Mäzen des 18. Jahrhunderts. Ich hatte den zwei Daumen dicken Katalog gekauft und sorgsam abgestellt. So, und der Herr, der in Brühl eine alte Wasserburg zu einem Rokokoschloss ausgebaut und die Parkanlage mit dem Schlösschen Falkenlust gekrönt hatte, der war als passionierter Jäger und Bauherr auch im Emsland aktiv gewesen. Hier im Hümmling, Kühn im Hümmling, Umlaut zu Umlaut, sollte auch ich aktiv werden. Nach dem Imbiss, vielleicht sogar mit einem Glas Wein, wenn auch nicht aus dem Emsland, wurde ich vom fast schon erleichtert wirkenden Begleiter (das verbindende Stichwort Clemens August!) zu einem der acht Pavillons geführt, die kreisförmig den Zentralbau umgeben: Gästepavillon. Hier wurde mir allerdings nicht der große, museal eingerichtete und ausgestattete Raum des Erdgeschosses zugewiesen, sondern, auf schmaler Seitentreppe zu erreichen, die schlicht eingerichtete Mansarde. Aber immerhin: Wald im Rücken. Und vor mir, durch eine Wegachse verbunden, das zweistöckige Hauptschloss, rotbraun die Ziegel, hellgrau die applizierten Sandsteinreliefs, mit denen ich mich noch vertraut machen sollte.

Am Fenster stehend wurde ich kurz mal mir selbst überlassen, konnte das kleine Areal unter dem Dach ausschreiten: alles vorhanden, was ich voraussichtlich brauchte. Und Fortsetzung der Begehung, auch hinüber zum Marstall, Begleitheft in der Hand, das ich aufbewahrt habe, Einblick gewährend.

In lockerem Dialog beschritten wir sodann den Kranz der acht Pavillons rund um den Schlossbau: Von jedem Pavillon führt ein befestigter Weg zu diesem zweistöckigen Bau in Rotbraun – wie Speichen eines Rades, der Fürstenbau als Rad-

nabe, alles drehte sich um den hohen Herrn, der wahrschein-
lich, von Schloss zu Schloss ziehend, nur wenige Wochen im
Jahr in der Region Hümmling verbrachte, zur Parforce- oder
Falkenjagd, zur Reiherbeize.

Nun sollte ich erst einmal mir selber und den Eindrücken
überlassen bleiben, alles der Reihe nach verarbeiten und womöglich schon ansatzweise umsetzend. Verabredung zu einer
Moorfahrt am nächsten Tag. Die Mansarde beziehen. Köfferchen auspacken. Bier im Kühlschrank, Rotwein auf dem
Tisch. Und der wahrhaftig bestechende Ausblick auf den
Zentralbau, auf die Pavillons im Kreis. Touristen zogen ab,
Aufsichtspersonal rückte ab, die Anlage blieb sich selbst überlassen. Ich versuchte, mich einzufangen beim Spaziergang im
Kreis, beim Spaziergang hinein in den Parkwald und wieder
heraus aus dem Parkwald, tief durchatmen. Willst du, wirst du
hier bleiben, für ein paar Emslandwochen, mit immer mehr
Emslandwörtern im Kopf? Allein schon die Clemenswerth-
wörter, vermittelt von der präzis erarbeiteten Begleitschrift!
Eine Wortlawine ging da auf mich hernieder nach Spaziergang,
Telefonaten, Abendimbiss und dem Korkenplopp der Rotweinflasche, wahrscheinlich ein Dornfelder. Ha, fette Beute
für den Wortvampirismus! »Das Thema Jagd klingt noch einmal an in den Sandsteinreliefs über den Fenstern. Wir sehen
erlegte Hasen, gekreuzte Gewehre und Zweige, Reiher und
Beizvögel mit Hauben auf den Köpfen, Eber mit gekreuzten
Gabeln, Keulen, Spießen, Gewehr, Netz und Zweigen, einen
Hirschkopf, von einem Hifthorn umrahmt, gekreuzte Spieße
und Eichenlaubzweige, einen Wolf mit gekreuzten Gabeln
und Keulen, Rebhühner, Schnepfen, eine Jagdtasche mit heraushängendem Kaninchen, Stiefel mit Sporen, Zaumzeug,
Sattel usw.« Jajaja, und so weiter!

Nacht in der Mansarde. Waldluft in der Schlafkammer, Stille, die in den Ohren sirrte.

Nach dem Frühstück wieder der Cicerone. Rundfahrt. Die
weiträumigen Bilder von Moorlandschaften sind für mich,
diesseits der Jahrtausendwende, längst überlagert von Moorlandschaften im herben Nordwesten Irlands: Hochmoore und

abends der spezifische Duft von verheiztem Torf. Zum Wort Moor kam allerdings das Wort Moorsoldaten, die KZ-Häftlinge, die Moore trockenlegen, urbar machen mussten unter primitivsten Bedingungen. Und zur topographischen Bezeichnung Meppen das Wort: Testgelände für neu entwickelte Geschütze, dies schon zu Hitlers und Kaiser Wilhelms Zeiten. Durchwachsene Sprachsedimente …

Am Ende der geruhsamen Rundfahrt wurde mir eine Materialsammlung überreicht, im Namen der Emsland GmbH: Zusammengestellte Auszüge aus der Fachliteratur, dies für »Studienzwecke«. Fotokopierte und eingeheftete, entfaltbare Karten.

Und schon die Frage von mir selbst an mich selbst: Sollen das für die nächsten Wochen deine Koordinaten sein? In diesen Koordinaten mal »schwach podsolierter Boden«, was immer das sein mag, auch »mittel podsolierter Boden, stark podsolierter Boden«? Und Flächen mit natürlicher Übersandung durch Aufwehung? Flugsandfelder mit kuppiger Oberflächenform?

Weiterblättern: Moorkulturen … Wurzelbett … Moormächtigkeit … Sackung … Torfverzehr … Abtorfung … Niedermoorsanddeckkultur … Hochmoorartiges Anmoor … Bruchtorf … Seggentorf … Schilftorf … Kiefernstubben … Mein Sprachambiente für die nächsten Wochen? Spezialwörter der Sondersprache, und immer weitere Spezialwörter schieben sich moränenförmig an mich heran, Flugsandwörter herangeweht? Frühere Intentionen überweht? Schließlich von einer Emsland-Endmoräne überlagert?

Immerhin die Mansarde im Pavillon. Nachts die absolute, in den Ohren sirrende Stille. Splendid isolation. Splendid: yes, indeed. But: isolation? Vorwiegend allein mit dieser Arbeit? Schwer, Besuch anzulocken zu Kühn im Hümmling. Zur Abwechslung und Auffrischung: Meppen? Lingen? Cloppenburg? Und wieder, von außen fotografiert, in beneidenswerter Immobilie? Parklandschaft, Waldgebiet, und ich mittenmang? Es begann, spätabends, dann in der »Stunde des Wolfs«, im Bauch zu kribbeln, im Kopf zu vibrieren: eine Lebensform für dich, wenn auch zeitlich begrenzt?

Nach zwei, drei Tagen brach ich das Experiment ab. Der Dank wurde gern angenommen, die Absage war weniger willkommen. Ob ein anderer Autor bei diesem Emslandprojekt eingestiegen ist, weiß ich nicht. Kümmert mich auch nicht.

Verbucht habe ich eine Erfahrung mit Langzeitwirkung: No splendid isolation furthermore! Auch bei mir, selbstverständlich, die Verlockung, sich ein Refugium zu verschaffen, vorzugsweise im rauen Nordwesten Irlands, in den counties Sligo oder Leitrim. Dort etwa in der Nähe des Lake Melvin, und eine isolierte Erfahrung kann sich wiederholen: Am selben Tag im Süßwassersee zu schwimmen und im Salzwasseratlantik. Steilküste bei Bundoran. Der Wind, der von Westen heranweht, kann Tausende von Seemeilen Anlauf nehmen, Gras und Haare streng verwirbelnd. Aber dann Regenwochen, Sturmwochen, womöglich Winterwochen, in denen man sich ducken muss? Und still vor sich hin saufen, weil sonst –?

Kurzum: die paar Tage Clemenswerth, Hümmling, Emsland haben mich davor bewahrt, mir das beinah obligatorische Domizil in Irland zu kaufen – versteht sich, in der Zeit vor dem Euro-Kredit-Boom, der Immobilien-Euphorie, vor dem Implodieren der aufgeblähten Scheinfinanzierungen. Wochenweise Irland, das ja, auch im Haus von Annemarie und Heinrich Böll, als sie noch lebten: Hochmoor im Bergsattel, wild bewegtes Wollgras, und immer mal wieder die Nase in den Wind stecken bei hochgeschobenem Fensterteil, und schreiben, weiß nicht mehr, was, an Bölls Arbeitsplatz, und die Verlockung, diesen Sonderzustand zu etablieren, Angeboten nachzugehen, nachzufahren, aber: Diese Regungen wurden gleichsam erstickt unter podsolierten Oberflächen über mehr oder weniger vergleytem Untergrund, von niedermoorartiger oder hochmoorartiger Beschaffenheit, kalkarm oder kalkreich, schwach sauer bis neutral – wurde zum Schweigen gebracht durch die absolute Nachtstille im Pavillonkreis.

Ja, die kurze Zeit auf dem Hümmling war mir eine Lehre, bewahrte mich vor einer Kaufentscheidung, die ich bestimmt bereut hätte, als Besitzer eines Häuschens im rauen Nordwesten Irlands – es hätte meinem Lebensgefühl nicht entsprochen.

Das suchte und fand seine Wohnform, Lebensform im Wechsel von Stadt und Land. Eingegrenzt, damals: im Wechsel von der Wohnung in Düren und dem Haus in der Eifel. Und dann: im Wechsel von der Wohnung in Köln und dem Haus in der Eifel. Und nun: im Wechsel zwischen der Wohnung in Brühl und dem Eifelhaus.

EINE REISE NACH POLEN, nach Schlesien, 1977, Reise unter besonderem Vorzeichen: Freund Peter wollte endlich das Städtchen, das Haus, die Umgebung seiner Kinderjahre wiedersehen. Er bat Gisela und mich um Begleitung, befürchtete Gefühlsturbulenzen, wollte uns in der Nähe haben. So fuhren wir los, in zwei Wagen: Peter und Ros, Ehepaar Kühn.

Seine Reise, also auch seine Blickperspektive. Er bereitete erzählend vor: Friedeberg, Mirsk, Kleinstadt zwischen Greiffenstein und Heufuderbaude ... Handwerker und Bauern ... der Horizont betont vom langgestreckten Höhenzug des Isergebirges ... Namen, verbunden mit Erinnerungen. Nach drei Jahrzehnten zurückkehren, ohne erwartet zu werden.

Es war eine Reise »nach Hause«. Oft hatte er die Reise durchgespielt, nun wurde sie konkret, das bewies schon der Stempel im Reisepass: Ambasada Polskiej Rzeczypospolitej Ludowej Wydział Konsularny Bonn. So schrieb er das ab, und er schämte sich, dass er diese Sprache nicht verstand, nicht beherrschte.

Die Durchquerung der Deutschen Demokratischen Republik bei ständig kontrollierter Geschwindigkeit. Für Gisela und mich alles schon vertraut.

Langer Stillstand an der polnischen Grenze, wir hatten uns in eine falsche Trasse der Abfertigung eingeordnet, vor uns wurde der Wagen eines Belgiers penibel durchsucht, Packen von Zeitschriften wurden inspiziert, es hieß, er hätte Pornohefte schmuggeln wollen. Keiner der Westdeutschen in der Wartereihe wagte es, über die weißen Trennlinien hinwegzufahren, sich in eine andere Reihe einzuordnen. Ich stieg aus, ging zu einem der polnischen Offiziere, er winkte uns durch.

Die Brücke über die Neiße, rot-weiße Grenzpfähle. Nach

Görlitz, nun Zgorzelec, doch immer noch dieselbe, die gleiche Stadt. Peter wies hin auf das grünspangrüne Dach der Ruhmeshalle: »Dort unterzeichnete Walter Ulbricht den Friedensvertrag mit der Volksrepublik Polen.« Doch wo blieb der polnische Gewerkschaftler, der uns, wie verabredet, die Hoteltickets überreichen sollte? Telefonieren, jedoch vergeblich. Warten, umschauen, warten; es begann zu dämmern.

Wir fahren los, Richtung Mirsk, wollen nicht in den Autos übernachten, an irgendeinem Waldrand. Lauban. Regen. Eine Felsformation, mächtige Blöcke. Regen. Wir fahren durch Dörfer. Die paar Lampen der Straßenbeleuchtung erscheinen Peter nachttopfähnlich. Schlaglöcher. Ein sichtlich besoffener Kutscher auf dem Bock, ein Mann auf einem Moped, in Straßenmitte Schlangenlinien fahrend, da muss ein günstiger Moment zum Überholen abgepasst werden. Massig im Halbdunkel: die Burgruine Greiffenstein. Für Peter verdichtet sich Heimatgefühl. Der Regen lässt nach. Das Gebäude einer Spinnerei, deutlich hörbar die Maschinen. Der Wagen vor uns bleibt stehen, halb auf den Bürgersteig gesetzt, Peter steigt aus, läuft zu einem Mäuerchen, zeigt über das Flüsschen Queis hinweg: »Da ist es!« Bäume, die Konturen eines Gutshauses, eines Wirtschaftsgebäudes. Uns fehlt noch der Kontext, wir müssen weiter. Kopfsteinpflaster, ein trapezförmiger Marktplatz, ein altes Rathaus mittig, eine Neugasse, Scheunen und Ställe, wieder halten wir an: Da drüben war der kleine Gemüsegarten seiner Mutter. Aussteigen. Einige Angaben zur Anlage, zur Größe des Hofes, wieder ein Zeichen: »Dort liegt mein Elternhaus.« Und wir fahren weiter, noch acht Kilometer bis zum früheren Bad Flinsberg, dem heutigen Swieradow Zdroj. Im Kurhaus soll der ausgebliebene Vermittler zwei Zimmer reserviert haben, trifft aber nicht zu, keine Buchung, dafür ein Hinweis auf ein Hotel Kwisa. Der dortige Nachtportier, zwischendurch ein Schlückchen Wodka zu sich nehmend, spricht schlesisch intoniertes Deutsch, kann aber auch nicht vermitteln; der Herr aus Breslau ist telefonisch nicht zu erreichen. Wir folgen einem weiteren Tipp, erreichen ein Haus »mit dem in dieser Gegend typischen Holzvorbau«. Und haben endlich

Glück: zwei Zimmer der Pension sind frei. Und die Wolken-
decke reißt auf: Sterne und die Kontur des Iser-Höhenzugs.
Es riecht nach nassem Heu. Juni, und doch ist im Gastraum
der Kachelofen geheizt, dort trocknen Pullover und Joppen.
Ich lasse die flache Feldflasche kreisen, mit Cognac gefüllt.
Hungrig und zermürbt ins weiß bezogene Bett.

Und früh wieder raus: Frühstück gibt es nur in einem Gewerkschaftshotel unterhalb, wir sind eingeteilt zur Siebenuhr-
Frühstücksschicht; wer zu spät kommt, kriegt nichts mehr, da
steht schon die nächste Schlange von pünktlichen »Sommer-
frischlern« vor der Durchreiche. Auch wir erhalten Mehlsuppe – gleichsam die Vorspeise zum Frühstück mit Brot und
Butter, mit zwei Sorten polnischer Wurst, mit dem obligaten
Ei. Für uns ist der letzte Tisch reserviert. Peter weiß noch, wie
Mehlsuppe zubereitet wird: Roggenmehl in Wasser anrühren,
bis sich kleine Klumpen bilden, Milch hinzugeben, früher
direkt aus dem Kuhstall, die Mischung erhitzen, aber nicht
kochen, ein wenig salzen. Kindheitssuppe, die Mutter passte
auf, dass »ausgesuppt« wurde.

Die Reise als Mitreise: Peter zeigt, erklärt, leitet über,
schlägt vor. Ich folge dem Freund auch hier, postum. Fahrt,
hinunter, nach Friedeberg / Mirsk. Das Städtchen markiert
durch drei Türme – einer von ihnen der gekappte Turm der
evangelischen Kirche. Kein Kriegsschaden, die Turmspitze ist
einfach weggebrochen, bis hinab zur Glockenstube. Auf dem
Rathausturm zeigt noch der alte preußische Adler seine Konturen. Blick hinauf, Blick hinab von der Stadtpromenade zum
Flussbett: Basaltbrocken, alte Weidenbäume, der Queis führt
nur wenig Wasser, trotz des Regens zuvor – Sandbänke mit
Grasbewuchs, Sumpfmulden. Und wieder ein Hinweis: »Dort
steht das Haus meines Großvaters.« Also folgen wir ihm zum
Hofgeviert: Wirtschaftsgebäude, das Gedingehaus, die Remi-
se, die Stallungen, der Zwinger. Das Herrenhaus, doch das
Walmdach ist zur Hälfte eingesackt, die Haushälfte darunter
ist Ruine. Die andere Hälfte blieb bewohnbar. Ja, und dort
die Hofpumpe – ob das Wasser noch immer nach Eisen und
Kresse schmeckt?

Ein alter Mann schlurft heran, Kalkspritzer auf der Arbeitskleidung, er spricht nur Polnisch, aber die einladende Hand- und Armbewegung ist zu verstehen, er geht, unablässig sprechend, vor uns her zum notdürftig renovierten Teil des Herrenhauses, wir folgen ihm in den Flur: Rippenbögen von 1737, erklärt uns Peter, zu unseren Füßen mörtellos gefugte Steinplatten. Ah, und der schmiedeeiserne Abschlussknopf des Geländers, das uns die Treppe hinaufbegleitet, an der Wohnung vorbei, zum ersten, dann zum zweiten Dachboden des schiefergedeckten Doppeldachs. Und der Blick ist freigegeben in den Ruinenteil des Doppelhauses: Reste einer blauen Stofftapete, ja, und über dem Sterbezimmer des Großvaters ist die Decke eingestürzt. Blick hinab, Blick zurück, der Weg zurück. Nun liegen Porzellankacheln im Weg, Peter erkennt die Muster: Die stammen vom Ofen aus der Herrenstube im Untergeschoss; der wurde abgebaut, die Kacheln aber wurden auf den Speicher getragen, und nun stehen wir vor ihnen. Der alte Mann hebt zwei Kacheln auf, findet ein Stück Papier, wickelt sie ein, überreicht sie Peter. Verlegenheit und Dankbarkeit.

Der Alte erweitert das Programm, führt uns in den ehemaligen Gesindeflur. Dort steht noch ein bäurischer Schrank aus dem Jahre 1774, die Zahl ist deutlich ablesbar, Farbreste sind gleichfalls erhalten: Altrosa und Blau. Vor den beiden Schranktüren ein Eisenriegel mit Vorhängeschloss. Aus den ersten Nachkriegsjahren?

Wieder die Hoffläche, wir gehen zum ehemaligen Gartentor: der Herrengarten, nun ohne Parkstrukturen, eine Wiese, und die Umfassungsmauer weist Lücken auf, in denen sich Holunderbüsche breitmachen. Ein alter Kastanienbaum, von dem sich Peter ein Ästchen abschneidet. Der Alte nickt. Beim Abschied überreicht ihm Peter einen D-Mark-Schein, wie im Namen seines Großvaters, und er zeigt auf das Haus. Der Alte hocherfreut – viele Wörter, die wir nicht verstehen.

An der Hofeinfahrt haben sich ein paar Kinder versammelt, als Zuschauer. Gisela überreicht dem Ältesten ein Päckchen Kaugummi – wird gleich verteilt.

Es geht weiter zum Hauptplatz mit Rathaus und Amtsgericht, in einem Bau zusammengefasst, den ein alter Turm akzentuiert: wirklich 13. Jahrhundert? Gestutzte Bäume, Bänke, Rosenbeete. Häuser, die renoviert wurden, abgerissene Häuser durch hässliche Betonbauten ersetzt. Peter steigt die Stufen zum Rathauseingang hinauf, posiert an der Balustrade, ich fotografiere ihn – die drei Töchter, der Sohn sollen eine ungefähre Vorstellung gewinnen vom Kindheitsort des Vaters. Kein Foto vom dunklen Ganggewölbe hinter der Flügeltür, mennigfarben, des Rathauses. Kein Foto auch vom Schaukasten mit Fotos besonders schlimm aussehender Häuser, in Schlammwüsten verwandelter Hofareale; die Namen der angeprangerten Bewohner jeweils in roter Tinte, gut lesbar.

Weitere Namen dann beim Schlender-Rundgang im Marktplatzgeviert, Namen, die uns nichts sagen, aber sie hören sich gut an: Zeiler Max … Pfefferküchler … Finke Gustav … Victualien en gros und en détail … Gasthaus zum Adler … Das städtische Ballhaus: alte Markisen, vergilbt, verblasst, verschnürt … Wurstmax … Ressel-Fleischer. Keine Fleischerei mehr in diesem Haus, dafür eine kleine Bäckerei, wir kaufen Bienenstich, setzen uns auf eine der Bänke, nun in der Sonne, mampfen. Süße Vorspeise. Es gibt hier ein Lokal, das hieß früher »Zur Eisenbahn«, da gehen wir hin, durch die Greiffenberger Straße, vorbei an der evangelischen Kirche mit dem abgebrochenen Turm; die Kirchentore hängen schief, Brennnesseln wuchern vor ihnen, die Vorhängeschlösser aber wirken solide. Vor der Sakristei stapeln sich abgefahrene Reifen. Blick in den leeren Kirchenraum durch ein Bretterloch. Erinnerungen, Erinnerungen: Da waren einmal drei Emporen … Beleuchtung durch Wachsstöcke … Emailleschilder mit Namen an den Bänken: Stammplätze, Erbsitze … Der letzte Gottesdienst vor der Flucht …

Das Lokal, in zwei Abteilungen. Vorn der Tresen: Wodka und Piwo. Anschließend der kleine Saal mit kleinen Tischen. Die Serviermädchen tragen weiße Papierkrönchen. Nach der Mehlsuppe der Schweinebraten mit Kartoffelpüree. Wie hält man es eigentlich mit dem Trinkgeld in einem sozialistischen

Land? Beleidigender Gestus von Kapitalisten? Oder erwünschte Ergänzung, womöglich in Valuta? Wir lassen Wechselgeld auf dem Teller zurück, auf dem die gefaltete Rechnung vorgelegt wurde.

Nach der Intrada am Hof des Großvaters nun das Hauptkapitel: der Gang zum Kindheitshaus. Es ist zweistöckig, ein Eckhaus, noch mit dem alten, grobkörnigen Verputz. »Da oben links war mein Kinderzimmer.« Wir folgen Peter zur Hofeinfahrt, schauen über den Staketenzaun. Eine Frau mit rotem Kopftuch ist mit einem Kartoffelkorb beschäftigt; ein Mann führt einen aufgeschirrten Rappen über den Hof, sieht die Fremden aufgereiht am Zaun, lässt das Pferd stehn, kommt auf uns zu, und nun die große Überraschung: er bleibt vor Peter stehen und fragt: Beierrr? Der berühmte Moment der Sprachlosigkeit: Der Mann, der vielleicht, wie viele andere, mit 20 Kilo Gepäck aus der Gegend von Wilna hierher verschubt worden ist, dem dieses Haus zugewiesen wurde, er kennt den Familiennamen der früheren Besitzer. Dass er richtig geraten hat, scheint ihn nicht zu überraschen, er stellt gleich die nächste Frage: »Du Demokrat?« Neinnein, wir kommen nicht aus der DDR, wir kommen aus der Bundesrepublik, Cologne, Köln … Der Bauer reicht die Hand über den Zaun. Wir dürfen eintreten. Kurz wird der Bäuerin Bescheid gesagt, sie geht ins Haus, holt eine junge Frau heraus, die spricht deutsch, war fünf Jahre lang in der DDR. Sie wird von nun an übersetzen. Und da ist als Erstes die Frage des Bauern, wer von jener Familie noch lebt. Keiner. Nun begrüßt der polnische Bauer den deutschen Besucher als »vorigen Besitzer«. Und bietet ihm an, sich im Haus umzuschauen. Aber das will Peter doch lieber auf den nächsten Tag verschieben, der Besuch dann offiziell, bis dahin lassen sich auch die Gefühle besser unter Kontrolle bringen.

Von Gästen (»Werktätige«) des Gewerkschaftshotels habe ich erfahren, dass jeden Abend in der Wandelhalle des Kurhauses zum Tanz aufgespielt wird. Dort gibt es aber keine Eintrittskarten mehr, das Soll ist erfüllt, doch es bietet sich der Club Krystal an, dort macht D-Mark den Eintritt leichter, vermittelt uns einen Tisch in der Nähe der Tanzfläche, der Bühne mit dem kleinen Orchester. Plüsch, Kristall, Nierentische. Der Wein ist übersüß und kommt aus Ungarn, der Kognak aus Bulgarien. Wir tanzen. Zwischendurch werden Gisela und Ros von Polen zum Tanz aufgefordert; die bedanken sich danach mit Handkuss. Allein mit Peter am Tisch erörtern wir seine Gefühlslage. Der Gesprächsbereich erweitert sich zu Nachbartischen: diverse Sprachbrechungen. Als wir endlich aufbrechen wollen, wird uns von zwei, drei Seiten signalisiert, wir sollten unbedingt noch bleiben, große Attraktion im Programm. Und wir sehen in Polen, in Schlesien, in Mirsk, im Club Krystal einen Striptease westlicher Manier. Tusch und Beifall.

Die Bettschwere bringen wir in das Gewerkschaftshotel mit. Das notgedrungen frühe und pünktliche Frühstück. Peter erklärt: »Heute werde ich zu Hause erwartet.« Ros wird ihn begleiten. Gisela und ich, wir machen uns selbständig, wollen Richtung Isergebirge fahren, nach Schreiberhau, ich möchte die Villa sehen, die sich Gerhart Hauptmann von den Riesentantiemen gebaut hat, die ihm Samuel Fischer vor allem für die Theaterstücke überweisen ließ.

Wie zu erwarten ein weitläufiges Grundstück, die Villa größer, als ich mir das vorgestellt hatte. Es ist Mittagszeit, als wir, rufend, das offenstehende Haus betreten – alles ausgeflogen. Die Empfangshalle mit Galerie und der Bronzebüste Hauptmanns auf hohem Sockel. Und einer der ersten Räume im Erdgeschoss: etwa ein Dutzend Tische mit jeweils vier Stühlen. Im nächsten Raum, mit Kamin, etwa vier Dutzend Kinderbetten. Eher kleine Säle als große Räume – dieser Dichter mit dem betontem Goethe-Habitus lebte, wahrlich, auf großem Fuße. In den ersten Stock steigen wir denn doch nicht hinauf, fühlen uns weiterhin als Eindringlinge, allein im Haus.

Wir setzen die Fahrt fort. Von Fotos zwar darauf vorbereitet, wirkt es dennoch überraschend: eine norwegische Stabkirche in Schlesien, transferiert. Ein ausführlicher Spaziergang.

Wir fahren zurück nach Swieradow, ins Gewerkschaftshotel, treffen uns wieder mit Ros und Peter, setzen uns nach dem pünktlichen Abendessen in das Zimmer der Freunde, trinken braunen Wodka, und Peter berichtet: Das Bauernpaar im »Sonntagsstaat«, der ja nun offizielle Besuch, der Tisch gedeckt, und aufgetragen waren: rundes Brot, reichlich Butter, Räucherspeck, Hausmacherwurst. Ein silberner Samowar, summend. Der stark gezuckerte Tee. Nach dem ebenso späten wie reichen Frühstück Wodka aus Gläsern, deren Rand in Zucker getaucht war. Wir trinken aus zuckerlosen Zahnputzbechern.

Mit als Erstes zeigte der Bauer dem Nachkommen von Bauern den ehemaligen Pferdestall, nun ein Kuhstall. Die Futterraufen sind entfernt, die Stallung sauber ausgekälkt, sieben Stellplätze für Kühe, eine Kälberbox. Das Vieh weidet draußen. Die alte Melkmaschine funktioniert nicht mehr, es wird von Hand gemolken.

Peter und Ros wurden durch das Haus geführt: nur noch wenige Punkte, an denen sich Erinnerung festmachen konnte. Eine kleine, rot gestrichene Zentrifuge, im hinteren Teil des Flurs fest anmontiert; auch das Kind musste kurbeln, da lief denn links die Sahne heraus, rechts die leicht bläuliche Magermilch, schaumig. Der Herd in der Küche als Ruine, längst nicht mehr benutzt, aber noch immer die vertrauten Eisentürchen vor den vier Feuerlöchern, der Warmwasserbehälter. Sonst blieb nichts erhalten.

Nein, doch! Mieczesław hat eine Überraschung parat: einen gerahmten Druck mit einem Kreuz vor alpiner Kulisse, einem Bibelwort, das nur fragmentarisch zu lesen ist; eine Folie ist aufs Glas geklebt; der Bauer löst sie mit dem Taschenmesser ab, nun ist die Schönschrift zu lesen: ein Blatt aus der Agentur des Rauhen Hauses, eine Urkunde zur Konfirmation, vom damaligen Superintendenten unterschrieben: Erinnerungsblatt für Peters jüngeren Bruder, der, als Leutnant, in einem U-Boot verreckt war. Keiner war in den Jahrzehnten seither an diesem Bild interessiert. Doch ein Bild mit einem Kreuz, so Peter, wird von Polen nicht zerstört. Die Übergabe des Gastgeschenks: Moment, der sich nur als »bewegend« bezeichnen lässt.

Und Peter erzählt, was ihm Mieczesław erzählte, von der jungen Frau im Haus vermittelt: Ja, sie kommen aus der Gegend von Wilna. Der Vater hatte neun Jahre lang in Chicago gearbeitet; von den Dollars, die er mitbrachte, kaufte er einen Hof, und der war ansehnlich ... Als die Wehrmacht dieses Gebiet besetzte, gab es kaum Probleme mit den Deutschen, abgesehen davon, dass sie gleich das Vieh wegtrieben. Schlimm wurde es, als die Nazis kamen – die Verhaftungen, die Erschießungen, auch von Juden im Dorf, das Zusammentreiben von Arbeitskräften. Die klare Unterscheidung des Polen zwischen Deutschen und Nazis, zwischen Wehrmacht und SD ... Als die Rote Armee das Gebiet besetzt hatte, wurde der Vater hinter das Haus geführt und erschossen – als Kollaborateur, weil zwei Soldaten der Wehrmacht bei ihm einquartiert worden waren ... Den Hof mussten sie verlassen, ein Jahr lang blieben sie interniert, der Bauer, seine Frau, die drei Söhne. Karge Kost, sie hungerten. Der Abtransport so plötzlich, dass sie nicht einmal mehr Abschied nehmen konnten von den Gräbern der Familie ... Im Herbst 47 mit zwanzig Kilo Gepäck nach Mirsk; für den Hof, der ihnen zugewiesen wurde, mussten sie einen polnischen Major auszahlen, der das Gut besetzt hatte ... Alles war hier leergeräumt: keine Kuh, kein Pferd im Stall; in der Scheune nur ein paar ausgediente Geräte der Vorkriegszeit; kein Mobiliar – polnische Familien, 1946 in Mirsk eingerückt, sie kehrten bald wieder nach Zentralpolen zurück und nahmen mit, was nicht niet- und nagelfest war. Die Neusiedler mussten in der ersten Zeit auf dem Fußboden schlafen. Mussten hungern, um das Geld sammeln zu können für die erste Kuh. Der Boden schlechter als in der Wilnaer Region, in der vor allem Weizen angebaut wurde. Hier nun eher Mageräcker, ausreichend für den Anbau von Roggen und Kartoffeln. Und Mieczesław, resümierend: »Der Anfang war hier sehr schwer.« Von den Söhnen will keiner den Hof übernehmen; zwei haben studiert, der eine ist Ökonom, der zweite Ingenieur, der dritte ist Facharbeiter in einer Teppichfabrik. »Wir sind alt. Wir arbeiten hier, solange wir gesund sind.«

Zwei Jahre später werden wir nach Polen, Schlesien, Mirsk zurückkehren, alle vier, werden als zahlende Gäste in diesem

Haus wohnen, in zwei Zimmern, die in der Zwischenzeit ausgebaut, renoviert wurden. Keine Fortführung des Reiseberichts, das Kapitel wird hier zum Nachruf, auch auf die Freundschaft, die sich immer seltener realisieren konnte. Peter wurde Präses (also Bischof) der Rheinischen Landeskirche, mit Dienstsitz in Düsseldorf, mit Wohnsitz in Lank-Latum. Er kannte nun erst recht keine Schonung mehr, ließ Pfarrer der vielen Gemeinden der Landeskirche nicht (wie sein Vorgänger im Amt) nach Düsseldorf kommen, ließ sich im Dienstwagen zu den Gemeinden fahren, auf dem Rücksitz die Arbeit fortführend. Das Arbeitspensum wuchs, der Konsum von Zigaretten, Entspannung gab es kaum noch, und eines Nachts, mit 61, der tödliche Herzschlag. Doch Erinnerung wurde wachgehalten: zu den drei, vier kleinen Bänden von Predigttexten und Gedichten, die er selber noch veröffentlichen konnte, kam ein Sammelband von rund 400 Seiten: *Umwege*.

BEVOR eine längere Sequenz der Erinnerung folgt, halte ich ein und frage mich: Wie funktioniert eigentlich mein Gedächtnis? Es sind, so glaube ich mich seit Schulzeiten zu entsinnen, chemo-elektrische Vorgänge. Oder habe ich das erst später aufgeschnappt? Jedenfalls eine frühe, sehr pauschale Information. In den Jahrzehnten seither: wesentliche neue Erkenntnisse? Ich will wenigstens eine ungefähre Vorstellung gewinnen von Vorgängen, die in mir ablaufen, unaufgehellt. Hirnmoleküle also, die sich mit Hirnmolekülen beschäftigen, in komplexen Verbundschaltungen.

Auch ich wurde in die Wunderwelt des Gedächtnisses eingeführt durch Eric Kandel, den mediengerechten Charmeur unter den Nobelpreisträgern. Einleitend ein Statement des Neurobiologen: Wir wüssten gerade mal oder höchstens ein Prozent von dem, was wir über Gedächtnis wissen müssten. Verstehe ich wenigstens ein paar Promille? Ich lasse es auf einen Versuch ankommen.

Soweit ich nicht auf frühere, oft sehr detaillierte Aufzeichnungen zurückgreifen kann, wird dieses Buch gespeist aus dem Hippocampus, einem Organ, das sich bandwurmähnlich durch das Gehirn windet. Was in diesem Gedächtnisspeicher abläuft zwischen Input und Output, das, so muss ich gleich sagen, bleibt mir so rätselhaft wie das Funktionieren des Laptops, auf dessen Festplatte ich den Text speichere. Das ist für mich, in weiterem Sinne, eine Blackbox. Auch hier: wenigstens ein Löchlein bohren, damit ein wenig, ein klein wenig Licht hereinfällt?

Was man, mittlerweile, offenbar etwas genauer sieht, das sind die Schaltungen, mit denen Erinnerung fixiert wird, die Verbindungen zwischen Nervenzellen meines Hippocampus, die Synapsen.

Ich nehme zur Kenntnis: Diese Nervenzellen legen sich nicht zu Austausch und Fixierung aneinander, sie haben Zellfortsätze (Axone, aussprossende Wachstumskegel), die stellen die Übermittlung her. Ich sehe hier, schematisch, so etwas wie kleine Fühler, die miteinander in Kontakt kommen. Offensichtlich aber nicht ganz direkt, auch hier nicht, es bleibt ein minimaler Abstand, der synaptische Spalt. Der wird überwunden oder übersprungen von Transmittern, von Botenstoffen. Eine wichtige Rolle bei Vermittlung, Schaltung, Fixierung spielt Serotonin. Das sagt mir zwar nichts, aber ich kann wenigstens die Bezeichnung notieren (die ich wahrscheinlich bald wieder vergessen werde). Von Serotonin ausgelöst, kommt es zwischen Nervenzellen zu einer Kaskade molekularer Vorgänge, da springt etwas über bei den Synapsenspalten, und zwar in zahlreichen Partikeln. Dann erst sind zwei Nervenzellen kurzgeschaltet, Erinnerung kann zumindest in einem Erinnerungspartikel festgeschrieben werden.

Das ist noch alles ziemlich vage, ich fühle mich verpflichtet, es genauer zu erfahren. In der Zeitschrift *bild der wissenschaft,* Ausgabe 12/12, will mir eine schematisierende Graphik auf die Sprünge helfen, aber was ich dazu im Begleittext lese, das hilft dem Opa nicht aufs Fahrrad. Ich tippe es trotzdem ab, will und darf es mir nicht zu einfach machen, will mir zumindest einen Eindruck davon vermitteln, wie verdammt kompliziert ist, was da in uns abläuft, und wie wenig wir davon wissen.

Also, wie wird ein Reiz dauerhaft im Gedächtnis gespeichert? »Der Kern der gereizten sensorischen Zelle bildet eine Gen-Abschrift, genannt Boten-RNA oder englisch Messenger-RNA (mRNA). Sie dringt bis zu den Endigungen der Nervenzelle vor. Wirkt dort der Überträgerstoff Serotonin auf die Zelle ein, wandelt sich der Eiweißstoff CPEB aus seiner Ruheform (rezessiv) in seine aktive Form (dominant) um. Diese wirkt wie ein Prion, das heißt: sie wandelt selbst weitere rezessive Moleküle in dominante um. Dominantes CPEB aktiviert die mRNA: Nun werden Proteine gebildet, die eine neue Nervenverbindung (Synapse) zum Sprießen bringen.« Alles klar?

Was mich bei diesen Prozessen (chemischen Kaskaden) besonders interessiert, ist CREB2. Dieser Stoff versucht nämlich, die Kopierverfahren zu unterdrücken. Schlicht formuliert: Was uns wichtig ist, in der Erinnerung, muss sich gegen CREB2 durchsetzen. Damit ist vorgesorgt, dass wir nicht alles im Gedächtnis bewahren, was als Reiz auf uns einwirkt, da würden wir gleichsam überschwappen, würden womöglich durchdrehen. So verhindert CREB2 (ich kann das gar nicht oft genug abtippen), dass alle erdenklichen Synapsenschaltungen gleichsam fixiert werden, es erfolgt eine Auswahl, je nach der Bedeutung, vor allem emotional, die eine Erinnerung für uns hat, und diese Auswahl erfolgt im Schlaf, ja im Tiefschlaf. Ich hatte immer schon den Eindruck, dass es nachts in mir weiterarbeitet, dass etwas wahr sein könnte an der populären Formulierung, man müsse erst mal etwas »überschlafen«. Da wird, ohne bewusstes Mitwirken, vorsortiert, zurechtsortiert.

Jetzt habe ich eine vage Vorstellung davon, frei nach Kandel, wie Einzelschaltungen erfolgen. Und ich sage mir: Um Erinnerungen zu speichern, in Bild und Ton, werden ja wohl hochkomplexe Verbundschaltungen erfolgen müssen – und wie werden die organisiert? Wo ist da der Masterplan? Das Bild, das sich mir gleichsam eingebrannt hat: Der Blick aus dem Mansardenfenster auf die brennende Villa, auf das wabernde Feuerrot in der Luft, dazu die Tonspur: »Schau es dir genau an« – wie viele Synapsenschaltungen waren notwendig, um das zu speichern, und zwar eindringlich genau? Wie wurden diese Synapsenschaltungen koordiniert? Schon im Schlaf des Buben nach dem Angriff?

Dass allein für die zuverlässige Speicherung solcher Eindrücke Tausende von Synapsenschaltungen erfolgen mussten (so denke ich mir), das zu wissen, hilft mir noch nicht weiter, ich verharre bei der Frage: Wie wird das alles organisiert, koordiniert? Schon bei dem einen Prozent von Wissen, das hier bisher erarbeitet wurde, muss ich erhebliche Abstriche machen. Und so taucht, in der Erinnerung, der antike Spruch auf, in der Schule rezipiert: Ich weiß, dass ich nichts weiß. So weit habe ich es schon mal gebracht: Viele Fragen, wenige Antworten.

ERINNERUNGEN (durch Aufzeichnungen gefördert!) an eine Rückfahrt mit Hindernissen, 1978, nach Urlaubswochen in Nordspanien.

Erstes Vorzeichen, als wir Koffer, Reisetasche, Bücherbeutel, Badenetz im Wagen verstauten: Eins der Ehepaare in der Hotelpension schaute uns zu, schien sich dabei zu beraten, dann kam der ältere Herr auf uns zu, rief schon auf halbem Weg: »Wir haben übrigens Nachrichten, die werden Sie bestimmt interessieren.« Es war fast ein Triumphieren in seiner Stimme. Er rückte mit der Nachricht heraus: Unruhen im benachbarten Baskenland, vor allem in San Sebastian, die Grenze nach Frankreich ist zu. »Sie wollten doch nach Frankreich, oder?« Gisela bestätigte das über die Schulter hinweg. Ich fragte, ob sie das in den Morgennachrichten gehört hätten. Nein, sie haben es von einem Spanier erfahren, der hat es von einem Franzosen gehört: Die Grenze ist geschlossen, keiner weiß, wie lang.

Na, vielleicht ist das inzwischen schon vorbei, sagte ich, wir versuchen es einfach mal. Wir wollten nicht länger im Familienbetriebshotel bleiben, mit der festen Sitzordnung der Dauergäste, zu denen wir nicht gezählt hatten, mit den Weinflaschen, auf deren Etiketten die Zimmernummern eingetragen sind, weil diese Vollpensionäre drei Tage brauchen für eine

Flasche Wein. Hatte man uns angesehen, dass wir uns nicht wohl fühlten?

Dass dieser Ehegatte die Nachricht weitergab, das verstand ich nicht als freundliche Warnung, sondern als beinah auftrumpfende Form von Rechthaberei und schlecht verborgener Genugtuung: Dieses Paar mit Kind, nur mal für eine Nacht hier verblieben auf der Rückfahrt, natürlich, von Santiago de Compostela, dieses Paar, das sich nicht an die gemeinsame Essenszeit gehalten, das umstandslos eine komplette Flasche Wein geleert und dann auch noch glasweise nachbestellt hat, dieses Trio hat es eigentlich nicht anders verdient, als dass pünktlich am Heimreisetag die Grenze geschlossen wird.

Ich fragte, wie es zu den Unruhen gekommen sei, dazu konnte das Ehepaar nichts sagen, aber der Rentner hatte noch Gravierenderes zu berichten: Auf Mallorca brennt der Wald. Nicht genug damit: Es ist zu einem furchtbaren Unglück in Südspanien gekommen, bei Tarragona, ein Tankwagen ist in einen Campingplatz hineingerast und explodiert, mindestens hundertfünfzig Tote und hundertachtzig Verletzte, meist schwere Verbrennungen.

Hundertfünfzig Tote?!

Ja, ein dicht belegter Campingplatz, zwischen Landstraße und Meer, der Lastzug ist von der Straße abgekommen, irgendwie, mitten im Areal die Explosion, sozusagen ein Feuerball. Das spanische Telefonnetz ist zusammengebrochen, da dürfte es schwer werden, sich über die Lage an der Grenze zu informieren.

Kurze Blickverständigung zwischen Gisela und mir. Sie bedankte sich für die Informationen. »Wir müssen aber fahren.« Auch von Christoph kein Widerspruch – kein Strand in der Nähe, die verdammte Pilgerstraße führte fast immer über die Hochebene, und die ist so langweilig, er will endlich nach Hause.

Der Start. Wir kamen an einem Lebensmittelgeschäft vorbei; Gisela schlug vor, dass wir, für den Notfall, ein wenig vorsorgen. Wir kauften zwei Weißbrote, zwei Plastikflaschen Mineralwasser, eine Literflasche Orangensaft, ein halbes Pfund

781

geräucherten Schinken, aufgeschnitten, ein halbes Pfund rote Wurst, ein Pfund Käse. Notration und Reiseproviant, hier war es billiger als in Frankreich.

Ich verzichtete darauf, an der Kasse das pummelige Mädchen zu fragen, was in San Sebastian und an der Grenze los sei – mit den paar Spanisch-Brocken konnte ich ohnehin nichts herauskriegen. Wir waren uns einig: Wir probieren, wir riskieren es.

Fahrt zur N 634. Christoph, auf dem Rücksitz gelagert, wollte wissen, was denn nun eigentlich los sei. Nun denn, Unruhen im Baskenland fast jedes Jahr, dieses Jahr bisher noch nicht, durchaus möglich, dass es jetzt fällig wurde, und wir an der Grenze etwas warten oder einen Umweg fahren müssen. Andererseits: dass die Nachricht über mehrere Personen gelaufen sei, hätte sie bestimmt nicht präziser gemacht. Es sei ja auch nur die Rede davon, dass die Grenze vorübergehend geschlossen sei – das war vielleicht gestern Abend. Wir versuchen es einfach mal, werden schon irgendwie durchkommen!

Christoph war einsilbig einverstanden, wollte auf keinen Fall in das »blöde Hotel« zurück. Außerdem riss die Bewölkung noch immer nicht auf, kein Badestrand in der Nähe, also lieber fahren.

Viel Verkehr auf der Nationalstraße nach Bilbao, aber wir kamen gut voran. Die ersten Hinweisschilder zur Autobahn nach San Sebastian. Bald schon die Auffahrt, beschleunigt die Weiterfahrt, wir erreichten das Baskenland. Die Autobahn an Hangflanken oberhalb der Stadt Bilbao, Ausläufer der wuchernden Bebauung auch oberhalb der Autobahn. Grindige Hochhäuser, rötlicher Industriequalm.

Christoph, belebt auch durch den Fahrtwind, der durch das geöffnete Fenster hereinwummerte, er wurde nun doch wieder gesprächig: Heimfahrt ... Düren ... Der Mathe-Lehrer ... Und der erklärt immer alles viel zu schnell, redet überhaupt so unheimlich schnell, sie müssen immer wieder fragen, und das bringt ihn durcheinander, da muss er wieder von vorn anfangen, und dann redet er so schnell wie zuvor.

Gisela fragt, ob wir uns nach den Ferien an den Vorsitzenden der Klassenpflegschaft wenden sollen, aber das will Christoph nun doch nicht, sie sagen es ja selbst dem Lehrer, der ist eigentlich ein netter Typ, der sagt auch immer: Ja, dann mach ich es langsamer, aber dann geht es doch wieder los, und sie müssen ihn wieder bremsen.

Das muss ich jetzt auch, sagte ich. Und wir hielten an der Zahlstelle der Autobahn. Nur ein einziger Wagen vor uns, aus den Niederlanden. Der Mann im Kassenhäuschen redete auf den Fahrer ein, der streckte eine zusammengefaltete Straßenkarte hinaus, der Kassierer zeigte etwas an, der Wagen fuhr los. Unklarheit über die Route oder war die Grenze tatsächlich zu? Mein Mund begann auszutrocknen. »Francia?« Ich nickte. Da schüttelte der Kassierer den Kopf, ließ die Handfläche hin und herschwenken. Ich reichte den aufgeschlagenen Autoatlas hinaus. Fingerzeige, Erklärungen. Soweit wir das verstanden, sollten wir die Salida Hernani nehmen. Hernani? Ja, die klobige Zeigefingerkuppe zeigte auf gelb markierte Straßen – offenbar sollten wir versuchen, auf einem Umweg durch die Berge nach Frankreich zu kommen. Roncesvalles? Fragte ich und war überrascht, dass mir auf Anhieb der Name des Passes eingefallen war. Im Geschichtsunterricht hatte diese Passhöhe mal eine Rolle gespielt, und jetzt ist dort ein Ausschlupf? Der Mann reichte den Atlas zurück, ich zahlte die Gebühr, schaute in den Rückspiegel: ein Wagen hinter uns. Nur ein Auto oder immerhin ein Auto? Es fuhren also auch andere auf die Autobahn – alle ahnungslos?

War die Autobahn leerer als auf der Fahrt in Gegenrichtung? Offenbar doch. Je weiter wir fuhren, schneller als sonst, desto weniger Autos, daran konnte es keinen Zweifel mehr geben. Christoph erhielt den speziellen Auftrag, zu beobachten, ob auf der Gegenbahn Wagen mit ausländischen Kennzeichen fuhren – in dem Fall musste die Grenze ja offen sein, nur noch eine Fahrstunde bis Frankreich. Fast immer aber war die Leitplanke genau in Sichtlinie zwischen Wagenfenster und Nummernschildern, Christoph gab es bald auf. Gemeinsamer Beschluss: bei der Ausfahrt Hernani verlassen wir die Autobahn und suchen die Route über den Roncesvalles-Pass. Muss landschaftlich reizvoll sein.

Eine Brücke über der Autobahn, ein Streifenwagen, Blaulicht, zwei Polizisten auf der Fahrbahn, sie räumen Ziegel und Bretter von der Piste, auch Steinbrocken. Eine lange Bremsspur, Ziegelsplitter. Im Schritttempo weiterfahren. Christoph kniet auf dem Rücksitz, schaut durch das Heckfenster, setzt sich langsam wieder zurecht.

Die Autobahnausfahrt wie angekündigt, doch der Name Hernani steht nicht auf dem Schild, weiß auf blau. Der Ort war auf der Karte auch nicht genau zu lokalisieren, der Maßstab zu klein. Kommt man nach Hernani erst über die nächste Abfahrt? Weiter auf der nun auffällig leeren Autobahn. Fast überhaupt kein Gegenverkehr. Wieder ein Vorwegweiser: geradeaus San Sebastian, rechts ab: Irun, Francia. Kleines Triumphgefühl: noch immer kein Zeichen für Unruhen, für eine Grenzblockade, der Mann am Kassenschalter war wohl nicht mehr auf dem neusten Stand, die vorübergehende Sperrung wieder aufgehoben.

Die Aufgabelung der Autobahn, nach rechts wieder angezeigt: Irun, Francia. Die Abfahrt in einer Rechtskurve, durch einen Hang abgedeckt – erst kurz vor dem Abbiegen sehen wir: Stau! Wagen in zwei Reihen stehend bis unmittelbar an die Abzweigung heran, Grüppchen auf dem Mittelstreifen. Da hineinfahren, sich einreihen? Von diesem Punkt bis zur französischen Grenze, so rekapitulierten wir rasch, dürften es an die dreißig Kilometer sein – selbst, wenn die Sperrung schon aufgehoben wird, kann es noch sehr lange dauern, bis der dreißig Kilometer lange Stau sich aufgelöst hat. Ich fuhr langsamer, an der Abbiegung vorbei, stellte den Wagen ab auf dem großen, weiß markierten Dreieck der Autobahnteilung.

Christoph protestierte: He, hier darfst du doch nicht stehn bleiben!

Lass mich mal machen, ja?! Erst mal die Lage erkunden. Zurücksetzen und mich da einreihen kann ich immer noch.

Ich stieg aus, ging die paar Meter zurück, zum ersten Grüppchen. Und hörte: In der Stadt soll eine riesige Demonstration stattfinden, dreißigtausend Basken, eine Polizeiarmee! Und der junge Mann zeigte den Hang hinauf: Oben, dicht nebeneinander, Polizeilastwagen, eine ganze Kolonne.

Meine Mundhöhle trocknet noch rascher aus. Ich gehe zum Wagen zurück: In diese 30 Kilometer lange Autoschlange sollten wir uns besser nicht einreihen, zurücksetzend. In diesem Einschnitt zwischen den Hügeln, in dieser Einkerbung würde ich mich fühlen wie in einer Falle. Was, wenn auch von da oben Ziegelsteine, Steinbrocken, Bretter geworfen werden? Die Polizeitransporter scheinen alle leer zu sein. Meine Angst vor Fallen ist mächtig stimuliert: zwischen zwei Steilhängen stehen, nicht vor- und nicht zurückfahren können und womöglich von oben herab beworfen werden?

Gisela und ich, wir stecken die Köpfe zusammen, studieren die Karte. Christoph protestiert erneut: Wir stehn noch immer auf dem weiß markierten Dreieck, ist doch Scheiße!

Gisela erklärt ihm, wir hätten keine Lust, bis morgen früh hier rumzustehen, wir kehren um, fahren wieder nach Westen.

Aber hier kannst du doch nicht drehen! Die Leitplanken!

Pass auf, ich fahr jetzt gradeaus weiter, ein Stück in die Stadt rein, bis ich auf die Gegenbahn komme. Wo die hier aufhört, muss die andre anfangen, capito?

Und wenn das nicht geht?

Dann setze ich wieder zurück. Ist ja sowieso alles leer hier. Und jetzt gib mir mal die Wasserpulle.

Große, gierige Schlucke. Auch Gisela trinkt hörbar, reicht die Plastikflasche zurück. Ich fahre weiter. Christoph großäugig. Fortgesetzte Einkrümmung der Autobahn stadteinwärts, eine Brücke über uns und nun vor uns: schwarz ausgebrannt eine Straßensperre. Langsam auf sie zufahrend, entdecke ich eine Lücke: da hatten offenbar Strohballen gebrannt. Ich steuere die Lücke an. Rechts und links Balken, Bretter, Kisten. Ich fahre im Schritt über schwarze Strohreste, über Bretter. Hoffentlich ist da kein Nagel drin! Dachte ich, sprach es aber nicht aus, wollte mir das auch gar nicht erst ausmalen: unter einer Brücke, von der etwas heruntergeschmissen werden kann, ein Rad wechseln?!

Weiter in der Straßenkrümmung, und nun eine zweite, ebenfalls ausgebrannte Straßensperre. Wieder eine Lücke – da wird wohl die Polizei freigeräumt haben. Ich habe noch nie Barrikaden im Original gesehen, immer nur auf dem Bildschirm, und jetzt sehe ich: Wenn da etwas angezündet wird, dann nicht die Straßensperre selber, die Balken, die Bretter, es wird ein zusätzlicher Feuergürtel gezogen, Strohballen oder Reifenstapel. Aber ich bin zu sehr auf die enge Durchfahrt konzentriert, um mir die Barrikadenkonstruktion genauer anzuschauen, registriere nur: die scheint hier von leichterer Bauart zu sein.

Wir fahren weiter, bis die Leitplanken enden, nur noch eine weiß durchgezogene Linie. Die überquere ich, nach kurzem Rundumblick. Menschenleere, Reglosigkeit, Lautlosigkeit. Christoph protestiert nicht, diesmal nicht. Gisela teilt ihm beruhigend mit: Jetzt sind wir auf der Gegenbahn, siehst du? Doch da ist wieder eine Straßensperre, ausgebrannt, mit Lücke, die langsam durchquert wird. Wir rechnen mit einer vierten Sperre, und da steht sie denn auch, im weiteren Verlauf der langgezogenen Rechtskurve. Nägel in den Brandresten? Eigentlich müssten wir aussteigen, alles wegtreten aus der Durchfahrt, aber wie schnell könnten Stadtbewohner auftauchen und Steine schmeißen, weil wir uns an die Barrikade zu schaffen machen.

Beschleunigung! Fortgesetzt der Kurvenverlauf aus der Stadtsenke heraus. Und nun sehen wir, drüben, doppelt aufgereihte Autos schon über die Abbiegung hinaus – da hätten wir also kaum noch geradeaus weiterfahren können, zu viele Autos vor der Abzweigung. Grüppchenweise stehen die Ratlosen herum. Soll ich anhalten auf diesem völlig leeren Autobahnabschnitt und über die Leitplanken hinüberrufen, dass es einen Ausschlupf gibt aus der Falle, man müsse nur vier ausgebrannte Straßensperren durchfahren, die Lücken breit genug? Ich fahre langsamer, rufe hinüber: Da hinten geht's raus, da kommt man hier rüber! Aber es sieht nicht so aus, als wolle man unserem Beispiel folgen.

Während ich einen Gang höherschalte, ein kleiner Triumph:

Gut, dass wir jetzt nicht in dieser Schlange stehn! Was meinst du, wie lang es dauert, bis es da drüben mal weitergeht. Dort sind doch bestimmt auch noch Straßensperren aufgebaut. Und jetzt gib mir noch mal die Wasserflasche.

Beinah delirierend leer die Autobahnpiste. Auf der Gegenbahn ab und zu ein Auto. Hoffentlich ist wenigstens auf dieser Seite die Salida Hernani angezeigt. Ist aber nicht der Fall. Dass die Autobahnpiste so völlig leer ist, wird uns nun doch etwas unheimlich. Bald wieder die Brücke, unter der Polizisten die Ziegelsteine, Steinbrocken, Bretter auf Seite geräumt haben, auch ein Fahrradgestell, eine Schubkarre ohne Rad. Ziegelsplitter. Vor jeder Autobahnüberführung, vor jeder Tunneleinfahrt werde ich langsamer, wir spähen nach oben: jemand, der etwas herunterschmeißen will? Wird in einem der Hänge über einer der Tunneleinfahrten eine kleine Lawine vorbereitet? Ausgelöst?

Die erste Abfahrt. Beinah lauernd fahre ich heran, langsam. Kleine Stadt mit Walmdach-Hochhäusern. Am Gegenhang eine Landstraße, und dort stehen Lastwagen, Personenwagen, Personengruppen. Auch hier also war die Falle zugeschnappt. Ich horchte gleichsam in mich hinein: wider Erwarten kein beschleunigter Herzschlag, womöglich in den Ohren pulsend, auch bleiben die Handflächen trocken, die Achselhöhlen fühlen sich nicht feucht an. Und doch, das vegetative Nervensystem reagiert, das zeigt das rasche Austrocknen der Mundschleimhäute. Ich trinke gierig, während ich langsam weiterfahre. Christoph ist verstummt. Gisela, beruhigend: Wir müssen jetzt schauen, dass wir in Richtung Pamplona rauskommen und dann über den Pass – vielleicht sind wir schon gegen drei in Frankreich. Oder gegen vier.

Die nächste Salida. Ich muss zahlen, die Zahl leuchtet in Augenhöhe rot auf – das also funktioniert noch. Gisela fragt den Kassierer auf Französisch nach der Lage, doch er versteht nicht. So versuchen wie es im stark fragmentierten Spanisch: Francia …? Roncesvalles …? Auch da keine Reaktion – sprechen wir die Namen falsch aus? Die Straßenkarte muss her, ich zeige die Grenze an. Der Mann hebt die Schultern – will nicht oder kann nicht. Versuchen wirs halt, sage ich, und Gisela nimmt, als Navigatorin, die Karte an sich.

Die Landstraße führt unter der Autobahn durch, breit, neu erbaut, mit einem Grünstreifen mittig. Und wir auf dieser Straße: in Bewegung! Und all die anderen stehen noch, werden garantiert noch lange, lange stehen! Das kleine Triumphgefühl erhält prompt einen Dämpfer: auf der nun sanft abschüssigen Straße sind am rechten Rand einige Personenwagen aufgereiht. Rauch steigt auf, dicker Qualm. Ich fahre langsam weiter, und da ist schon die Feuerstelle: eine Barrikade. Näherkommend sehen wir Bretter, Balken, Autoreifen, alles in Flammen. Beide Bahnen der neuen Umgehungsstraße sind blockiert, die Abfahrt in die kleine Stadt ebenfalls. Fetter, dunkelgrauer Qualm – offenbar von den Reifen. Ich stelle den Motor ab. Nun sind wir ganz nah an einem der Brennpunkte des Geschehens, aber nichts rührt sich. Einige Männer hinter der Sperre an der Stadteinfahrt? Ja, dort bewegt sich was. Was würde geschehen, wenn ich nah, ganz nah an die Sperre heranfahre, es mit einer Verhandlung versuche? Paar mit kleinem Sohn, will nach Hause? Aber wie viele Straßensperren möglicherweise noch zwischen diesem Städtchen und Pamplona, zwischen Pamplona und Pass? Ein alter Mann, neben einem Wagen aus Neuss, kommt auf uns zu: Stellen Sie sich vor, ein paar Minuten, bevor wir hier eintrafen, haben die da zugemacht. Bloß ein paar Minuten. Brennt ja auch ganz frisch!

Ich sage ihm, es hätte ihm wahrscheinlich nicht viel genützt, wenn er hier noch durchgekommen wäre, es wären garantiert noch weitere Straßensperren errichtet.

Junger Mann, da lässt sich nur eines sagen, obwohl das nicht gerade fein klingt: Schöne Scheiße! In seinem Wagen, einem gelben Kadett, sitzt seine Frau, sichtlich eingeschüchtert, traut sich nicht raus, während er, als ehemaliger Soldat womöglich, ausgestiegen war gegen ihren Protest, um die Lage zu erkunden.

Wieder kommt ein Wagen heran, ordnet sich rechts ein in der Warteschlange – wie diszipliniert, selbst in solch einer Ausnahmesituation, wie lachhaft ordentlich! Wollen die für besonderes Wohlverhalten belohnt werden – wer so brav wartet, dem wird eine Lücke freigeräumt? Nicht der kleinste Ansatz zu einer Lücke hier – die Barrikade ist entschieden reichlicher beschickt als die zweimal zwei vor San Sebastian. Diese Barrikade sieht struppig, borstig, stachelig aus, hier ist kein Durchkommen, auch später nicht. Hier bleib ich nicht, sage ich dem alten Mann, und fahre los, von den Wartenden eher belauert als beobachtet, überquere den Grünstreifen, hoppelnd, fahre auf die Gegenbahn. Protest vom Rücksitz: »Du fährst dir heute aber was zusammen, du machst immer ein Zeug heute!«

Hör mal, Christoph, hier ist Bürgerkrieg oder so was Ähnliches, da kommt es nicht drauf an, ob jemand über einen Grünstreifen fährt.

Ein bisschen auftrumpfend, finde ich, dass ich gleich von Bürgerkrieg geredet habe, um meine Verkehrssünden zu relativieren. Es scheint eher ein Generalstreik zu sein. »Und jetzt gib mir einen Schluck Wasser, der Rauch hat mich durstig gemacht.« Ich trinke in großen, glucksenden Schlucken, reiche die Flasche rüber zu Gisela.

»Wo willste denn jetzt wieder hin?!«

Wir fahren raus aus dem Baskenland, warten irgendwo die Entwicklung ab.

Die nun völlig leere Autobahn. Nein, kein einziger Wagen, der in unsere Richtung fährt, uns damit ein klein wenig recht geben, etwas Mut machen könnte. Auch keine Autos auf der Gegenbahn. Prüfende Blicke vor Tunneleinfahrten: bloß nicht in eine Falle geraten.

Salida Guernica. Ich bleibe auch hier erst mal auf dem weißen Trenn-Dreieck stehen zwischen Piste und Abfahrt, steige aus. Weiterhin völlige Leere auf unserer Piste. Ein Wagen auf der Gegenfahrbahn, spanisches Nummernschild, der Fahrer bremst ab, kurbelt das Seitenfenster herunter, winkt entschieden, mehrfach: Runter von der Autobahn!

Ich zeige zur Ausfahrt, hebe fragend die Schultern.

Der Spanier wiederholt, im Schritttempo fahrend, die von der Autobahn wegweisenden, fast wegschiebenden Handbewegungen. Ist demnach auch etwas los in Bilbao? Selbst im Westen ist das Baskenland zu? Auf der Stadtautobahn von Bilbao wollen wir auf keinen Fall herumstehen, zwischen grindigen Hochhäusern, vor der Senke voller Schwerindustrie, also verlassen wir endgültig die Autobahn.

Die Straße lässt nur eine Richtung zu: nach Guernica. Das war doch die Stadt, die im Spanischen Bürgerkrieg von Flugzeugen der Legion Condor bombardiert worden ist, der erste Terrorangriff. Und natürlich fällt uns Picassos Gemälde ein: das zähnefletschende Pferdemaul, die Hand mit dem Kerzenleuchter. Gisela liest aus dem Reiseführer vor: Guernica als »heilige Stadt der Basken«, eine Eiche von hoher symbolischer Bedeutung … Fahren wir demnach in das Zentrum der Unruhen? Und das auch noch mit deutschem Kennzeichen? Aber wir sind nun genug gefahren, hin und her, wir wollen jetzt an die Küste, und dort bleiben wir, bis die Grenze wieder offen ist. Hoffentlich steigt vor uns jetzt nicht auch wieder Barrikadenqualm auf.

Aber: Ruhe in Guernica, völlige Ruhe. Die Geschäfte geschlossen, fast niemand auf den Straßen. Generalsiesta. Fahrt aus der kleinen Stadt heraus Richtung Lequeitio: Küstenort, der sich von der Autobahn aus am leichtesten, am raschsten erreichen lässt.

Die vierzehn Kilometer bis zur Küste ziehen sich lange hin, noch nie sind mir vierzehn Kilometer so weit erschienen. Endlich aber, endlich der erste Blick auf die Wasserfläche des Atlantik, die Fläche, im Licht wie metallgehämmert. Kurven hinab in das Städtchen. Eine alte, offenbar gotische Kirche. Der Hafen; zwischen Häusern und Hafenbecken fahre ich hinaus zu einer Mole; ein kleiner Leuchtturm, mehrere Angler.

Langgezogen eine Steinbank; die Rücklehne zugleich als Teil der Molenmauer. Hier holen wir das Picknick nach: der Mundraum noch immer ausgetrocknet. Die Fahrt, im ersten Rückblick, für mich als so etwas wie eine Testfahrt, Selbsterprobungsfahrt: Wie reagiere ich in Situationen, die ich nicht durchschaue? Und ich konstatiere: ich reagiere rasch, um nicht in Fallen zu geraten.

Nun aber der Blick weit hinaus auf die lichtübergossene Atlantikfläche. Aufatmen, tief durchatmen. Und nach dem Pick-nick losspazieren, bei freier Wahl der Richtungen, ein Hotel suchen.

Was ich bei der Einfahrt in das Küstenstädtchen nur am Rande registriert habe, sehe ich nun genauer: An vielen der schmalen und alten Häuser sind Fahnen herausgehängt, weiß, grün, rot. Im Schnittpunkt roter Diagonallinien jeweils ein schwarzes, mit einer Stecknadel oder Sicherheitsklammer befestigtes Trauerzeichen: kleines, schwarzes Wollbündel ... schwarzes Tuchstück ... schwarze Baskenmütze ... schwarzer Socken. »Stell dir vor, bei uns würde jemand einen schwarzen Socken an die Fahne heften!«

Alle Geschäfte sind geschlossen. Wir zuckeln weiter in Richtung Kirche. Stufen, die hinaufführen zu einem Platz mit gereihten Platanen, zwischen ihnen Bänke mit verschnör-kelten Eisenlehnen. Auf einer der Treppenstufen ein junger Mann; dunkelblaues T-Shirt, Jeans, Sandalen, eine Reisetasche in Tarnfarben neben sich, eine Rotweinflasche vor sich, eine Gitarre hinter sich, an die Mauer gelehnt. Kein Einheimischer. Ich frage ihn, ob er deutsch spricht. »Leider.« Die Antwort enttäuscht mich ein wenig: eigentlich wirkt er, als könnte er frei sein von solch einem Reflex.

Wir setzen uns zu ihm auf eine der Stufen, Christoph auf dem Mauersockel, sein etwas lädiertes Vaterbild reparierend: Der bleibt stehn auf der Trennmarkierung einer Autobahntei-lung, der überquert einen Grünstreifen vor einer Barrikade, der fährt einfach durch Lücken ausgebrannter Barrikaden, aufs Geratewohl ...

Unser Landsmann hat den ersten großen »Rabatz« in Pam-plona miterlebt. Fast jedes Jahr fährt er dorthin, zur Fiesta. Die ist diesmal gestört, zerstört worden durch spanische Polizei, sie war ins Stadion einmarschiert, Grund unklar, das Stadion wurde geräumt, er war glücklicherweise nicht dabei gewesen, es ist scharf geschossen worden, viele Verletzte, ein Toter, zweiundzwanzigjährig. Der Berichterstatter hatte jedoch den Protestmarsch miterlebt, »ich habe noch nie in meinem Leben so viel geheult« – Tränengas.

Er verließ Pamplona, die Fiesta kaputt, fuhr nach San Sebastian, geriet in den nächsten »Rabatz«, ein Neunzehnjähriger erschossen, Protestaufmärsche, die Scheiben von Banken eingeschmissen, wieder Tränengas. Als »Relikt der 68er Studentenbewegung« konnte er nur staunen über die Geschlossenheit, ja, Kompaktheit der Demonstrationen, so was hat er in der BRD nie erlebt, spontan schloss sich hier alles zusammen, Alt und Jung, auch Frauen, Kinder, Studenten, Arbeiter. Selbst hier in Lequeitio war am Morgen ein Aufmarsch, auf diesem Platz, die zwei, drei Ortspolizisten haben sich nicht gezeigt, es passierte nichts, es wurden ein paar kurze Reden gehalten, man verlief sich wieder, und nun sind die meisten baden. Und warum sind die Geschäfte zu?, fragt Gisela. Generalstreik!

Der Student zieht aus seiner Segeltuchtasche ein zusammengefaltetes Blatt, reicht es Gisela. Wir dürfen es behalten, es wird zur Gedächtnisstütze. Das Blatt beinah im Zeitungsformat. Hammer und Sichel, eine geballte Faust in der Titelleiste: Zutik! Und eine Parole, ebenfalls von einem Ausrufezeichen betont: MUNDU GUZTIKO LANGILEOK ELKAR GAITEZEN! Ein Foto: Junge Männer, die linken Fäuste erhoben, tragen einen Sarg, der von Fahnentuch umhüllt ist; Fahnen im Bildhintergrund, Transparente. Und wieder eine Parole: EUSKADI CONTRA LA REPRESION. Und da reiht es sich: EMK, OIC, EIA, CRE, PTE, PCE, LAIA, HASI, ESB, ANV, POUM, ESEI, LKI, AOA, LAB, CSUT. Mühsames Buchstabieren in fremder Geschichte, nah-ferner Gegenwart. Nur Bildzeichen übertragen sich kommentarlos: Das Foto einer Demonstration in einer Geschäftsstraße, ein umgekipptes, ausgebranntes Auto. Sonst aber bleibt diese Realität kompakt fremd. Da hilft kein Ausblick aufs Meer.

Le Pays Basque c'est coupé de l'Europe ... Voie ferrée dynamitée, routes barrées, grèves totales ou partielles ... A la frontière espagnole : »Passez si vous y tenez ...« A la sortie de Saint-Sebastien, sur l'autoroute, j'ai dû déchanter. La voie étatit coupée par des troncs d'arbres, des camions, des voitures brûlées ...

Meine innere Stimme hatte mich mit Recht gewarnt: Als wir nach einem Tag am Meer doch die Rückfahrt riskierten, wurde überdeutlich, dass wir beim Stau im Hügeleinschnitt der Abfahrt Irun/Francia in eine Falle geraten wären: Die Autos waren offenbar von oben beworfen worden. An den Rand der Autobahntrasse geschoben: faustgroße Steine, Bretter, Balken, ein Stück eines Beton-Laternenmasts, ein Motorradwrack ohne Räder. Brandspuren.

Auf der Autobahn, noch ohne Leitplanken rechts, mussten wir uns an Lastwagen vorbeidrücken, die schräg in Mittelleitplanken gerammt waren. Und Reifen waren durchstochen. Basken hatten demnach Lastwagen, Lastzüge gestoppt, besetzt und in die Leitplanken gesteuert. Dann abgestochen. Auch auf der Gegenbahn – immerhin war dort schon ein Kran zu sehen, ein Lastwagenwrack anhebend. Dann, unter einer Autobahnbrücke: faustgroße Steine, Bauholz. Sogar zwei Bäume, nun an den Rand geschoben, Barrikadengerümpel. Da wirst du deinen Freunden aber allerlei erzählen können!, sage ich Christoph, finde aber keine Resonanz. Schweigen, Reglosigkeit, besorgte Blicke: »Hoffentlich sind wir bald in Frankreich.« Zusammenbruch gewohnter Ordnungen, das habe ich nach dem Krieg erlebt; für Christoph, so lange nach dem Krieg geboren, war das alles erschreckend, schockierend fremd.

Wir kamen durch. Die Mautstelle, péage, war nicht besetzt. An der Grenze wurden wir durchgewinkt. Plötzlich in Frankreich. Christoph, auf dem Rücksitz hopsend, Fäuste auf die Knie schlagend, improvisierte einen Triumphgesang. Die Mineralwasserflasche wurde rundgereicht. Jetzt erst wurde die Sommerhitze bewusst wahrgenommen.

BIN ICH MUTIG, bin ich feige? Stichworte zu Selbstaussagen, stimuliert in diesem Kontext.

Spaziergang mit Gisela im Gürzenicher Wald bei Düren. Ein Weg am Fuße eines Hangs, der neu aufgeforstet war – erst kniehoch der Bewuchs. Ein Weg weiter oberhalb, an der Hangflanke, der zu unserem Weg herabführte; auf diesem

Weg drei Männer in vollem Lauf, keine Jogger, keine beschleunigten Wanderer, drei Männer, die nicht in dieses Waldbild passten. Ich kann nicht schreiben, ich hätte das Trio zufällig gesehen, an der Grenze des Blickfelds oder bei einem gelassenen Blick zurück, ich bin sicher, da war ein optisches Alarmzeichen, rasch wurden Alarmstoffe in die Blutbahn ausgeschüttet, das Hirn meldete keine Zweifel an. Blitzschnelle Entscheidung: Nichts wie weg! Gefahr! Drei Mann auf Attacke! Und wir sprinteten los auf dem Talweg, so schnell war ich seit der Schulzeit nicht mehr gerannt, verhasste Kurzstrecke, konnte nun aber nicht lang genug sein, enorme Adrenalinausschüttung und Leistungssteigerung, keinerlei Atemprobleme, wir rannten, als müssten wir um unser Leben rennen, Gisela dicht hinter mir. Blick über die Schulter hinweg, die Männer weiter im Angriffsschwung, jetzt bloß nicht stolpern, nur ja nicht hinfallen, wir schwebten fast über Unebenheiten des Waldwegs hinweg. An einer Weggabelung wählte ich den schmaleren Pfad, an den Ginsterbüsche dicht heranwuchsen, leichtfüßig rannten wir weiter, mein Körper schien nicht mit Organen gefüllt, vielmehr mit einer womöglich gasartigen Substanz, die mir beinah Auftrieb verlieh. Wir rannten auch noch, als wir das Gefühl hatten, die Verfolger »abgeschüttelt« zu haben. Aufatmen, durchatmen. Nur halblautes Sprechen auf dem Weg zurück zum Parkplatz.

Ich-Modell: Ich bin jemand, der – – – – –

Spaziergang mit Gisela im Wald bei Kirchseeon, Oberbayern. Schmaler Wirtschaftsweg, eine Hangflanke hinab in sanftem Winkel; es überholten uns zwei junge Männer auf einem Motocross-Bike; der Mann hinten schaute sich zweimal um. Sein Gesicht, seine Kleidung – ich hätte keine zuverlässige Zeugenaussage anbieten können, noch waren wir nicht alarmiert, noch war meine Wahrnehmung nicht geschärft. Der Weg schwang sich mäandernd hinab zu einer Fichtenschonung; die etwa mannshohen Nadelbäume standen dicht, unser Weg führte durch diese Schonung hindurch, und dort hatten sich die Männer aufgebaut, rechts und links am Wegrand, leicht breitbeinig, das Motorrad zwischen ihnen quergestellt. Eine Falle. Blitzschnelles Abschätzen der Lage: Wenn wir seitwärts losrannten, konnten wir leicht eingeholt werden: der Wald licht, vor allem Buche, da wäre leichtes Durchkommen für das geländegängige Motorrad. Also: weitergehn. Ich bin sicher, hier hat nicht das Großhirn entschieden, was zu tun sei, sondern das Stammhirn. Blitzschnell wurden Fluchtreflex und Angriffsreflex gegeneinander ausgespielt, der Fluchtreflex wurde vom Angriffsreflex überlagert, ich bewegte mich wie gesteuert. Da konnten mir Bedenken nicht mehr zusetzen, konnten mich nicht vom Weg locken. Mein Bewusstsein war einsilbig, es fand nur die Optionen »weg!« und »durch!«. Die Entscheidung fiel ohne Abwägen. Ich machte eine neue Erfahrung mit mir.

Ich weiß nicht mehr wortgenau, was ich Gisela sagte, es war etwas wie: Wir gehn auf die zu. Wir wurden nicht langsamer, nicht schneller, Bewegung fortgesetzt, als wäre sie völlig selbstverständlich. Kein Szenario, kein Handlungsmodell zurechtgelegt auf dem kurzen, zugleich sehr langen Wegmäander hinunter zur Lichtung, nur das Gefühl: Gleich passiert was. Zugleich die Hoffnung: Vielleicht passiert doch nichts, die rechnen nicht damit, dass ich einfach auf die losgehe, die vermuten dann eher, ich hätte was »in der Hinterhand«. Ich fixierte die beiden: auch nicht mit dem Blick ausweichen! Geschärfte Wahrnehmung, ja, aber ich hätte auch nach dieser erzwungenen Begegnung keine zuverlässige Aussage machen können über Kleidung und Aussehen der beiden. Ich war scharfsichtig, zugleich war der Blick getrübt. Nur das hochbeinige Motorrad sehe ich noch vor mir: Boxermotor, BMW, Motocross-Version, ja. Ohne im Schritt langsamer oder schneller zu werden, ging ich auf einen der beiden Männer zu. Auch jetzt: ich habe ihn fixiert, aber nicht klar gesehen. Nicht einmal nach diesem Close-up hätte ich eine zuverlässige Beschreibung liefern können, das Gesicht wurde von meiner Erregung gleichsam verwischt. Vielleicht brauchte ich auch gar nicht solche Details zu speichern im Alarmzustand, vielleicht wäre das für Reaktionen eher störend oder belastend gewesen. Ich ging auf den Mann zur Rechten los, genauer: auf die kleine Lücke zwischen dem Hinterrad, dem hohen Schutzblech, und dem jungen Mann. Hatte ich mir bewusst oder indirekt ausgesucht, wer mir schwächer schien? Oder ging ich einfach rechts in eingeschultem Verhaltensmuster? War da weniger Motorrad im Weg, nicht dieser dicke Tank, nicht der hohe, breite Lenker, der Scheinwerfer? Ich ging genau auf den Mann zu; er machte, wie im Reflex, einen Schritt auf Seite, auf die Fichten zu, ich ging durch die Lücke. Gisela hinter mir. In dem Moment die stereotype Frage: Host a Feia? Und ich, betont ruhig: Nein, ich rauche nicht. Und hielt kurz an, sah, dass auch Gisela die Engstelle passiert hatte, wir gingen weiter, ohne uns umzudrehn. Die Maschine wurde gestartet, die beiden Männer fuhren ab in die Richtung, aus der sie gekommen waren.

Ich modelliere mein Ich neu: Für mich ist charakteristisch, dass ich – – – – –

In der Straßenbahn von der Kölner Innenstadt hinaus nach Köln-Mülheim. Gedrängel, ich stehe nah beim Einstieg. Auf der Bank vor mir ein junger Italiener, neben ihm, im Gang, ein Mann mit Vollbart und Lammfellmütze, er schreit auf den jungen Mann ein: Italiener, Scheißitaliener, Italiener kaputtmachen, Atombombe schmeißen auf Italien! Da reicht es mir, ich brüll ihn an: Hör auf mit dem Scheiß! Ein Mann rechts von mir, gleichfalls mit Vollbart: Du vorsichtig, du raushalten! Der Bärtige mit Lammfellmütze schreit weiter auf den stummen, jungen Mann ein, der den Kopf einzieht, beginnt auf ihn einzuschlagen. Schluss jetzt! Wut macht mich bedenkenlos, ich rücke, die Plastiktüte mit Büchern schwingend, auf ihn los, und das ist ein Zeichen: zwei Männer packen den Bärtigen von hinten, halten ihn fest. Und der holt zum Kampftritt aus gegen den Kopf des Italieners, über ein Paar hinweg, das sich blitzschnell duckt. Ich sag dem jungen Mann, er soll in der nächsten Station aussteigen, muss ihn am Arm fassen, er scheint benommen, endlich der Halt, endlich das Pressluftgeräusch der Tür, er steigt aus, der Bärtige bleibt; er muss nicht mehr festgehalten werden. Station um Station wird die Bahn leerer, ich sitze, nur durch den Gang getrennt, in gleicher Höhe wie der Mann mit der Lammfellmütze. Der hockt da, leicht vorgebeugt, krault sich den Kinnbart, die Bewegung macht sich selbständig. Am Wiener Platz steigen wir gemeinsam aus; er geht hinüber zum bunkerähnlichen Kurdenzentrum. Und ich zum Hochhaus, in dem ich wohne. So gingen wir auseinander.

Ich gebe meinem Ich-Modell verstärkte Kontur: Ich sehe mich als einen Menschen, der – – – – –

In der Straßenbahn, Linie 18, von Brühl zur Kölner Innenstadt. Rangelei, Rempelei zwischen angesoffenen Kids am Ende des Waggons, Mädchenstimmen, hochgetrieben: Mach ihn platt, mach ihn alle! Ich will hoch, kann vom Sitz aus nicht sehen, was los ist, schon geht alles so schnell, dass Intervenieren gar nicht möglich ist, einer Bierflasche wird an einer Haltestange der Hals abgeschlagen, ein nackter Arsch fliegt an uns vorbei, Olga geht in Deckung neben mir, ein junger Mann drischt blitzschnell auf den jungen Mann mit den runtergerutschten Jeans ein, Faustschläge voll ins Gesicht, die Bierflaschenwaffe taucht auf, und schon ist alles vorbei, die Bahn hält, die Türen öffnen sich, Luft kommt rein, die Luft ist raus, die Kids rennen weg, Polizei ist überraschend schnell da, aber unvermeidlich zu spät, das angeschlagene Opfer lehnt am Geländer der Haltestelle, wird von einer Polizistin befragt. Und ich glaube zu sehen, wie das Gesicht anschwillt.

›Manöverkritik‹: Die Situation undurchschaubar in der vollen Straßenbahn, das anfeuernde Kreischen von zwei Mädchen als Alarmsignal, der fast waagrecht vorbeifliegende junge Mann, Jeans im Getümmel runtergerutscht, Verfolger dicht hinterher, der Verfolgte fällt gegen eine dicke Frau auf einem der Sitze, in rasender Folge Schläge gegen den Kopf, schon ist alles vorbei. Dominierend der Reflex: Olga abschirmen! Keine Ansatzmöglichkeit für staatsbürgerlich vorbildliches Eingreifen, wie auf großflächigen Plakaten gefordert. Eigentlich nur Reflexe. Als Hauptreflex: Wo einer Bierflasche der Hals abgeschlagen wird, gezackte Flasche als Faustwaffe, und Olga neben mir, da spring ich nicht auf, da brüll ich nicht los.

Ich könnte es mir nun leichtmachen und streiche (»ersatzlos«) die Episoden, die mich in eher ausweichender Haltung zeigen, die meine Fluchtreflexe belegen oder den Impuls, rechtzeitig in Deckung zu gehen. So könnte ich, in sinngebender Auswahl, ein eher stimmiges, homogenes Bild von mir vermitteln, das wahrscheinlich auch besser rüberkäme, ankäme, für mich selbst auch eher schmeichelhaft wäre: Mann der mutigen Interventionen.

Hier wird eine der Verlockungen eines Autobiographen deutlich. Niemand könnte mir Gegen-Erfahrungen nachweisen. So wird auch hier das Lebensbuch zur Dokumentation von Prozessen des »Erkenne-dich-selbst«, das auch mir im Gymnasium souffliert wurde, womit ich damals aber noch nichts Rechtes anfangen konnte.

Nun sehe ich und sehe ein: Vieles hängt eher von der Situation als von mir selbst ab. Zuweilen geht alles so rasch, dass Überlegung kaum einsetzen kann, es setzt das Aggressionsprogramm ein oder das Fluchtprogramm, ich bin nicht Herr meiner selbst. Fahre das eine Mal dazwischen, ziehe das andre Mal den Kopf ein. Geh einmal drauf los, renn das andre Mal weg. Natürlich erzähl ich lieber, wie ich den Kurden angeschrien, wie ich auf den voraussichtlich schwächeren der Männer mit der Motocross-Maschine losgegangen bin. Anekdoten, die sich bewähren, zum festen Bestand gehören: Beiträge zu Gesprächen, Diskussionen über Gewalt, auch in unserer Gesellschaft jahrzehntelangen Friedens.

SÖHNE UND ENKEL

ZU DEN VORBEREITENDEN und begleitenden Tätigkeiten beim Schreiben dieses Buchs gehören weiterhin: aufräumen und sichten.

In einer vom Schwiegervater gezimmerten Bettlade entdecke ich großformatige Graphiken einer Blockschaltung,
die Thomas mit elf, zwölf Jahren entwickelt hatte, gemeinsam
mit einem Bastlerfreund. Für den »European Philips Contest
for Young Scientists and Inventors« reichten die beiden ihre
Konzeption ein: »Induktiv gesteuerte Geschwindigkeits-
begrenzung bei Eisenbahnen«.

Immerhin ein zweiter Preis. Professor Haber, damals mit
großer Medienpräsenz, reichte dem Knaben mit querbinder-
ähnlicher Schleife über weißem Hemd huldvoll die Hand und
sprach ermutigende Worte. Auch für Mutter und Vater fiel ein
Wörtchen ab: Können stolz sein – oder so ähnlich.

Zu jener Zeit war es schon mal zu Kollisionen von Zügen gekommen, weil Signale übersehen worden waren. Es gab noch
nicht die magnetischen Sicherungssysteme, die automatisch
einen Zug stoppen, falls ein Haltesignal nicht beachtet wird.
Über ein Lochkartensystem wurde vom Schüler-Duo so etwas wie ein Zugführer-Begleiter entwickelt, der über vorpro-
grammierte Abläufe einen Zug abbremste, wenn ein Warn-
oder Stoppsignal nicht beachtet wurde.

Über Einzelheiten muss ich mich hier nicht weiter auslassen,
ich will nur vermerken, was mich überraschte als frühes Zeichen einer konsequenten, geradlinigen Entwicklung: Was beim
Schüler angelegt war, es wurde und wird vom Erwachsenen
realisiert. Kontinuierliches Denken in systematischen Vernetzungen.

Die weißen Papptafeln von etwa einem Meter Breite, die ich zwischen allerlei auch sonst Vergessenem entdeckte, sie waren von einem Graphiker für die Preisverleihung und die damit verbundene kleine Ausstellung ausgeführt worden; als Vorlage die Zeichnungen der jungen Erfinder. Ein gutes Dutzend graphisch präzis gestalteter Kästchen mit Beschriftungen. Gerade Linien, in rechten Winkeln mit anderen geraden Linien verbunden, die parallel gestaffelt sind. So etwas wie ein Gittersystem der Folgerichtigkeit.

Genau das sehe ich, wenn auch potenziert, bei einem Besuch in Hemmingen auf dem Bildschirm, in einer Präsentation für den neugierigen Vater: gerade Linien, in rechten Winkeln mit anderen geraden Linien verbunden in synapsenähnlichen Knotenpunkten. Dies, bei Chips, in mehreren Schichten, die jeweils einzeln auf dem Bildschirm sichtbar gemacht werden: die vertikalen Verbindungen der Schichten im Kopf des Entwicklungsingenieurs. Und all das wird immer weiter miniaturisiert, so klein, so dicht, so komplex, dass eine Tagung anberaumt werden musste unter der Leitfrage, wie hier für Stromimpulse überhaupt noch ein Durchkommen möglich ist bei ständig reduziertem Querschnitt der Verbindungen. Wobei, kein Wunder, sehr viel Wärme entwickelt wird. Also Kühlung, ständige Kühlung. So höre ich denn auch, diese Sequenz tippend, das grundierende Gebläsegeräusch im Laptop, der schon mal eine »Leistungswarnmeldung« anzeigt, die mich beeindruckt, weil ich erst mal denke, dass dieses System beeindruckt ist von der Dichte, der Intensität meiner Texte. Ein Telefonat mit Thomas klärt aber auch hier: Es sind die zahlreich mitlaufenden Programme im Hintergrund, vor allem zum Virenschutz, die das System permanent belasten. Kaum sind diese Programme deaktiviert, bleiben sie weg, diese Leistungswarnmeldungen, die mir ein wenig geschmeichelt haben.

Und der Laptop wird (für mich) wieder zum Schreibgerät gehobener Kategorie. Hier wird nun die Frage eingegeben: Wie kam es so früh zu einer so klaren Veranlagung? Mit Schaltplänen, geschweige denn mit Blockschaltplänen wurde nicht gearbeitet im Hause. Höchstens lagen erweiterte Gebrauchsanweisungen elektrischer Geräte vor bis hin zum Schaltplan eines Radios. Optische Faszination? Präzisierung einer vorgegebenen Disposition? Was früh angelegt war, das wurde konsequent und kontinuierlich ausgeführt, umgesetzt, realisiert. Eine Generalperspektive führte von ganz frühen Schaltplänen über die noch abstraktere Blockschaltung des jungen ›Forschers‹ zu den hochkomplexen, noch abstrakteren, mehrschichtigen Vernetzungen in Chips.

Ein Gegenmodell zu meinem Lebensmuster. Kein Knick in der beruflichen Entwicklung: auch bei Verkäufen der jeweiligen Firma wurde seine Abteilung komplett weitergereicht; die hochspezialisierten Mitarbeiter waren nicht zu ersetzen, obwohl in Firmen, in Konzernen mehr und mehr Betriebswirte, Kaufleute die Entwicklungen beeinflussen – um sich mit Sparmaßnahmen zu profilieren, um Boni kassieren zu können, entlassen sie auch unersetzbare Spezialisten. Kaufleute gegen Ingenieure. Auch davon bekomme ich zu hören. Wieder wird mein Bild des gesellschaftlichen Ambientes erweitert.

Auch in diesem Aspekt: In seinen ersten Berufsjahren, so berichtet Thomas, konnte er einen Chip jeweils allein entwickeln; mit wachsender Komplexität aber kann er, in Teamarbeit, nur ein größeres Segment ausarbeiten; das Ganze kann er so wenig wie seine Kollegen durchschauen, der jeweilige Abteilungsleiter schon gar nicht, der kann bloß noch Arbeitsabläufe organisieren. Growing complexity ...!

Dies auch unter dem Stichwort *Globalisierung*. Wieder eröffnen sich Perspektiven, über einen exemplarischen Vorgang, den ich (gemalten Notizen folgend) wiederzugeben versuche.

In seiner Spezialfirma melden drei Mitarbeiter seiner Abteilung, sie hätten Probleme beim Telefonieren. Es erfolgt jeweils eine Störmeldung an einen indischen Subunternehmer des amerikanischen Konzerns; die Bearbeiter melden aus Indien jeweils: »Kein Problem feststellbar.«

Das Problem taucht auch bei Telefonaten auf, die Thomas zu führen versucht. Auch ihm wird mitgeteilt: »Kein Problem

feststellbar.« Damit findet er sich nicht ab, stimmt der Schlie-
ßung des Störfalls nicht zu, beschwert sich bei indischen wie
bei amerikanischen Bearbeitern, es kommt zu wiederholtem
Streit. Der Fall wird »diversen Bearbeitern weltweit« zugewiesen, bleibt jedoch »ohne tatsächliche Bearbeitung«. Bei
Nachfragen heißt es stets: »Nicht zuständig«.

Thomas interveniert beim Escalation Desk in den USA. Von
dort aus wird beim indischen Bearbeiter nachgefragt, nachgehakt; der erklärt nun, er bearbeite derzeit noch den Fall.
Doch es vergehen fünf Monate – trotz wiederholter Anfragen
und Mahnungen. Schließlich erfährt Thomas, warum die Bearbeitung so schleppend ist: »Totalausfälle werden vorrangig
bearbeitet«, für das nur zeitweilig auftretende Problem im
Raum Stuttgart sei keine Bearbeitungskapazität vorhanden.
Auf entschiedenes Drängen und Drohen zieht der indische
Bearbeiter Spezialistengruppen aus seinem Land und aus den
USA heran, die das Problem allerdings nicht lokalisieren kön-
nen.

Schließlich fragt Thomas beim Support seiner Firma an:
Könnte das Problem an eigenen Geräten liegen? Die Infrastruktur ist auf eigenen Produkten aufgebaut, beim Support
aber ist Outsourcing erfolgt. Der firmeneigene Support-Mit-
arbeiter sitzt in Russland. Er kann sich mit dem Fall nicht befassen, ist mit Problemen höherer Priorität befasst, die müssen
bevorzugt behandelt werden.

Es findet schließlich eine gemeinsame »Session« statt
zwischen Deutschland, Russland und Indien; entlang dieser
»Strecke« werden die Geräte überprüft. Ein Gerät zwischen
Stuttgart und Amsterdam ist innerhalb dieser Strecke oder
Kette nicht zugänglich, es gehört dem Netzbetreiber, dem
Carrier. Der Inder fragt daraufhin beim Münchner Support
des amerikanischen Carriers an; die Antwort kommt aus Eng-
land in Form einer Frage: Fehleinstellung beim Carrier?

Erneuter Versuch, Kontakt aufzunehmen mit dem Sup-
port-Mitarbeiter in Russland; der ist freilich im Urlaub, die
Stellvertretung wendet sich an einen Vertreter in Quatar. Der
wiederum weist den Inder an, »beim Carrier die Korrektur

der Fehleinstellung zu veranlassen«. Die Ausführung wird verweigert, die Änderung würde den Preis erhöhen. Der Inder »schaltet daraufhin die amerikanischen IT-Controller des Carriers und der eigenen Firma ein, um das zu klären«.

Beinah acht Monate nach den ersten Störmeldungen korrigiert ein englischer Techniker in Nachtarbeit die Fehleinstellung. »Verbales Schulterklopfen zwischen Stuttgart, Moskau, Quatar, Bangalore und Virginia.«

Momentaufnahme Susanne. Ihr Name verband sich eine Zeitlang zwingend mit dem Firmennamen Yamaha. Früh schon das Interesse an Motorrädern.

Susanne kaufte sich, animiert von einem Freund, eine gebrauchte Yamaha X-J 600. Irritation, ja Besorgnis in der Familie. Eine Vierzylinder-Maschine mit einem Hubraum von beinah 600 Kubik, sechs Gänge, und ich lerne, mir solch einen Renner anschauend, dass es sogar bei einem Motorrad ein »Cockpit« gibt, mittlerweile, und einen »Endtopf« hinten, unter dem Sitz »Bordwerkzeug« und Regenschutz. Kein »Naked-Bike«, sondern eine »verkleidete Schwester«, also mit stromlinienförmigen Blechflächen. Nominell 73 PS, glücklicherweise aber (auch wegen der deutlich gesenkten Versicherungsprämie) fuhr sie eine auf 34 PS gedrosselte Version.

Dennoch, die Horex 350, auf der ich Fahrstunden absolvierte, sie wäre der Bikerin in zeitgemäßem Outfit als ziemlich lahme Ente erschienen, während ich damals, in den ersten fünfziger Jahren, beim Beschleunigen das Gefühl hatte, ich würde nach hinten vom Sitz geschoben. Auch dies wurde mittlerweile erheblich relativiert. Die Enkelin kann nur bestätigen: Auf langen Strecken mit relativ hoher Geschwindigkeit fahren, das kostet Kraft, der ganze Körper ist angespannt, und der Rücken gibt deutliche Signale.

Das ist für mich, auf dem Motorroller, der Lambretta, nie zur Erfahrung geworden – dafür aber, wie rasch man, mit den kleinen Rädern, in Schieflage geraten und stürzen kann, vor allem auf nassem Kopfstein oder in einer Kurve, in der ein

Fahrzeug Öl verloren hat. Schürfwunden, aber ich habe, wort-wörtlich, den Kopf jeweils hoch gehalten in jener Zeit ohne Helmzwang: Fahrtwind lustvoll wirbelnd im Haar, kühlend hineinfahrend in jede Hemdöffnung. Zumindest solche Lust wurde Susanne nicht gestattet: beinah luftdicht schließendes Outfit (das bei einem Sturz langes, hautschonendes Gleiten ermöglichten soll).

Ich habe es bisher versäumt, Susanne wenigstens am Telefon zu erzählen, dass ich als Schüler mit Vater Helmuth zum Nürburgring gefahren war, nicht nur, um Ascari auf Ferrari zu sehen, sondern Schorsch Meier auf BMW (Boxermotor!), und wie Meier in der Südkurve stehenblieb, die Rennmaschine mit dem Kickstarter wieder flottmachen musste – und dennoch den Sieg erfuhr. Solcher Schnack aus den Frühzeiten des Motorsports, als Ascari noch mit überschwappendem Benzintank durch die Südkurve fuhr, hätte nach Verkauf der gedrosselten Yamaha wohl nur noch gedämpftes Interesse gefunden.

Überhaupt muss ich ausgleichend hinzufügen, dass sie schon in der Biker-Zeit sozial engagiert arbeitete, speziell in der »Mobilisierung« von Behinderten, von Alten, von Rekonvaleszenten. Und dass sie ihr Studium in Schottland fortsetzt, auch mit dem neuen Fach »Outdoor education«.

Momentaufnahme Fabian: hatte zeitweilig im Eifelhaus neben mir am Arbeitstisch gesessen und Seiten des ersten Kinderbuchs mitsortiert, geduldig. Nun aber Stichworte aus dem medizinischen Bereich. Ein Pflichtjahr bei den Johannitern, Grundausbildung als Sanitäter, Teilnahme vor allem an Fahrten in Krankenwagen: die Fahrzeuge nur relativ selten eingesetzt bei Unfällen, es dominieren Touren zu Krankenhäusern, zu Reha-Zentren. Daran nimmt er auch nach dem Dienstjahr teil, Helfer sind gefragt.

Diese Tätigkeiten als Vorleistung für ein spezielles Studium: Medizintechnik. Die beginnt, streng genommen, schon bei Einlegesohlen und reicht bis zu komplizierter Prothetik – wachsender Bedarf in einer zunehmend und zusehends alternden Gesellschaft, die ich nun mitrepräsentiere, wenn auch noch ohne Hilfsmittel bei Bewegungsabläufen. Entscheidend, nicht wahr, ist ja das Lebensgefühl, das selbstverständlich mit dem kalendarischen Befund keineswegs – na, und so weiter.

Erfahrungszuwachs auch über Fabian: Die weithin noch voneinander distanzierten Welten der Mediziner und der Medizintechniker: wechselseitige Vorbehalte. Bei Medizinern sind es vor allem technische Vorbehalte und Defizite: Eine Uniklinik kann eine DVD mit der Datei eines radiologischen Instituts nicht einlesen, obwohl das auf jedem Laptop klappt – und so weiter. Mit wachsender Komplexität der digitalen Geräte wachsen die Beschränkungen. Das kann Fabian nicht akzeptieren.

Als ich Thomas telefonisch die Frage stelle, wie eigentlich der Text kompletter Bücher oder wie Aufzeichnungen von Kompositionen auf winzige Chips in kleinen USB-Sticks passen und wieso man derartige Datenmengen schlagartig abrufen kann, da höre ich Auflachen in Hemmingen. Auch um seine Arbeit besser zu verstehen und zugleich eins meiner längst selbstverständlich gewordenen Arbeitsmittel, bitte ich ihn, mir doch mal zu erklären, möglichst verständlich, wie ein Chip die Daten speichert. Dies schriftlich, damit ich es mehrmals lesen kann, da in seinem, in jenem Fachbereich einigermaßen begriffsstutzig.

So kommt es denn auch: Die E-Mail, die meine Frage beantwortet, beantworten will, sie stellt mich vor immer weitere Fragen.

Ich verharre nicht gern im Allgemeinen, also lade ich ein, teilzunehmen an der Erfahrung einer Konfrontation mit einer Sprache aus einer mir fremden Welt (in unserer Welt).

Ich rücke nicht einfach den Text der E-Mail ein – ursprünglich wollte ich Thomas ja im O-Ton präsent werden lassen, aber seinen Versuch der Übersetzung muss ich partiell wiederum übersetzen, begleitet von telefonischen Zwischenfragen. Vater versucht, Sohn zu verstehen. Autor versucht, eins der Objekte zu verstehen, die in kleinen, adretten Sticks verborgen sind und mühelos auch die drei Megabytes dieses

Buches wegstecken. Und mit einem Klick schlagartig wieder freigeben.

Wie also speichert ein Chip die Daten? »Kommt darauf an«, schreibt er. »Alle Datenspeicher auf Chip-Basis haben gemeinsam, dass die Speichermechanismen hauptsächlich auf gespeicherter Ladung in einer Kapazität beruhen. Im Gegensatz dazu speichern die konventionellen Festplatten magnetisch.« (Was mich in meinem Wunsch bestärkt, dass nach meinem Tod die Festplatte auch dieses Geräts magnetisch gelöscht wird, einschließlich all der Vorfassungen, die im sogenannten Briefkasten oder noch tiefer im Bauch des Geräts scheinbar verschwinden, trickreich aber wieder hervorgerufen, heranzitiert werden können.)

Ich buchstabiere mich weiter durch das Textangebot zu Datenspeichern: »Die am häufigsten verwendeten – und vom Fassungsvermögen an Datenmenge größten – speichern jedes Bit in einem winzigen Kondensator. Der Unterschied zwischen einer gespeicherten Null und einer Eins liegt allein darin, ob dieser Kondensator geladen oder entladen ist, wenn die Information abgefragt wird.

Der Vorteil dieses Verfahrens liegt darin, dass die Speicherung für ein Bit nur sehr wenige Bauelemente benötigt. Das spielt eine große Rolle, denn heutige Speicherchips haben die Milliarden-Bit-Grenze erreicht.

Die oben erwähnten Kondensatoren sind tatsächlich klein – erheblich kleiner als die Wellenlänge von sichtbarem Licht. Auch die Isolation um sie herum, die sie erst in die Lage versetzt, Ladung zu speichern, ist extrem dünn. Etwa einige millionstel Millimeter.«

Ja, und wenn ich eine Textpartie auf den Bildschirm hole, wird einer Vielzahl von Minikondensatoren die Ladung entnommen, die gespeicherte Information ist ausgelesen, aber sie wird sofort »wieder zurückgeschrieben, also aufgefrischt. Nicht nur beim Lesen, auch zwischendurch passiert diese Auffrischung: im Arbeitsspeicher eines PC etwa tausendmal pro Sekunde.«

Und das bei meinen Texten, auch dem hier. Und Bilder

werden »diskretisiert«, also in Bildpunkte, in Pixel zerlegt. Und »bei Audiodateien wird das Tonsignal zeitlich in kleine Abschnitte zerlegt – bei einer Audio-CD etwa 44 000 pro Sekunde«.

Das muss ich gleich mal ausschreiben: vierundvierzigtausend pro Sekunde. Hm. Dann auch noch Datenkompression: redundante Anteile werden rausgerechnet. Die Kompression bei der Aufzeichnung kann bei der Wiedergabe jedoch wieder rückgängig gemacht werden. Und so weiter.

Je mehr sich Thomas bemüht, mir in einem ausgereiften Schriftsatz zu erklären, wie Chips auch meine Informationen speichern und freigeben, desto weniger verstehe, desto mehr staune ich über Findigkeiten, Fähigkeiten, Fertigkeiten von Superspezialisten. Und frage, ziemlich naiv: Wie stellt man Kondensatoren, Transistoren her, die nur von Mikroskopen sichtbar gemacht werden können? Wie kann man Isolierschichten produzieren, die millionstel Millimeter dünn sind? Wie montiert man diese Nano-Kondensatoren zusammen, wie stellt man Verbindungen zwischen ihnen her, wie steuert man ihre Abläufe?

Ja, hier fängt für mich das Fragen erst richtig an: Wie man Millionen, Milliarden von mikroskopisch kleinen Bauteilen planend koordinieren kann. Wie sich das Ablesen, Auslesen so steuern lässt, dass ein bestimmter Ausschnitt aus einem bestimmten Text auf dem Display ablesbar, dass eine bestimmte Sequenz einer bestimmten Komposition hörbar wird, sogar nach vierundvierzigtausendfacher Unterteilung jeder Tonsekunde? Leute, wie kriegt ihr das hin?!

Die Frage nach der Steuerung maile ich aber nicht nach Hemmingen, die behalte ich für mich, möchte nicht wieder, nicht weiter mit einer der Grenzen meiner Kapazität konfrontiert werden in dieser Welt, in der immer mehr Phänomene undurchsichtig, undurchschaubar, unverständlich werden.

(Jetzt geistern ja auch noch die Nano-Teilchen durch den öffentlichen Diskurs: unsichtbar klein sind sie beispielsweise in Socken praktiziert, um sie antibakteriell zu veredeln. Sollen allerdings, möglicherweise, die Struktur von Asbestfasern aufweisen, die sich in die Haut bohren und dort – unsichtbare Gefahren ringsum!)

Abschließend zitiere ich nur noch die Schlusszeilen des wohlmeinenden Versuchs eines Sohnes, dem Vater ein fast ständig begleitendes Objekt zu erklären.

»Die Entwicklung geht schnell: Als ich Schüler war, gab es die ersten ›Transistorradios‹, teils als Taschenradios mit der stolzen Aufschrift ›6 Transistoren‹. Heute sind wir daran gewöhnt, in den IT- und Kommunikationsgeräten in unserem Haushalt die Dienste einiger Milliarden Transistoren in Anspruch zu nehmen, wir nehmen sie nicht einmal mehr wahr. Andersrum würde kaum ein heutiger Entwickler mit 6 Transistoren noch ein Radio zustande bringen, die Maßstäbe haben sich mit den Möglichkeiten verschoben. Und die Schwerpunkte der Ausbildung mit ihnen.«

So, diesen anstrengenden Exkurs speichere ich jetzt magnetisch auf der Festplatte, dann, ebenfalls in Einsen und Nullen digitalisiert, sicherheitshalber extern im Memorystick. Und gehe erst mal essen. Dann lege ich mich hin: power-nap. Danach Kaffee, Zeitung, Spaziergang. Und höchstwahrscheinlich, zum Ausgleich, Musik. Dann sehen, dann gehen wir weiter.

SOHN CHRISTOPH: Wiederum als Gegenmodell zum Gegenmodell Thomas mit seiner fast bruchlosen Lebenslinie.

Als Kind war Christoph eingesponnen in eine Phantasiewelt mit martialischen Komponenten: Römer, Wikinger, Germanen als Spielvorlagen, dies stets mit dem Einsatz von Hieb- und Stichwaffen. Nutella mit dem Bowieknife aufs Brot gestrichen. Allein auf der kleinen Wiese vor dem Haus, durch Büsche und Bäume abgeschirmt vor der Nachbarschaft, wurden imaginäre Kämpfe mit unsichtbaren Gegnern ausgefochten. Römer in Rüstungen wurden gezeichnet. Aber auch Erweiterungen des Programms: auf dem Boden kauernd bemalte er die Rückseiten großformatiger Wahlkampfplakate, die übriggeblieben waren, und es schwebten drei Heißluftballons über wild gezackter Berglandschaft. Entschwebten aber ins Vergessen. Die Fantasy-Linie brach ab. Er wurde nicht Zeichner in Teams von Gestaltern kunterbunter Animationsfilme, er studierte Journalistik.

Da stellt sich Erinnerung ein an einen der seltenen Momente, in denen mein Vorschlag, mein Ratschlag tatsächlich aufgegriffen und erfolgreich umgesetzt wurde!

Er suchte eine Zeitungsredaktion, in der er sein Praktikum absolvieren konnte, begann Briefe zu schreiben, die aller Voraussicht nach, allen Erfahrungen nach, keine Antwort finden würden. So riet ich ihm: Lass die Briefentwürfe liegen, geh einfach mal zur Redaktion der Lokalzeitung, stell dich vor und frag, ob sie was für dich zu tun haben.

Und er war zur rechten Zeit am rechten Ort: Mensch, du kommst ja wie gerufen! Ein Kollege krank, eine Kollegin schwanger, kannst dich gleich an den Schreibtisch da drüben setzen. Und es begann eine abwechslungsreiche, auch vergnügliche Zeit: Sehr unterschiedliche Kontakte, mit denen der Mitarbeiter einer Lokalredaktion (eines regional weitgefächerten Mantelblatts) konfrontiert wird.

Mitarbeit sodann in verschiedenen Zeitungen, schließlich beim Hörfunk – mein Medium für ziemlich genau ein Jahrzehnt. Christoph wurde in der Nachrichtenredaktion mit dem reichen, dem überreichen Textmaterial von Agenturen konfrontiert, musste aussortieren, auswerten, akzentuieren. Wurde auch Nachrichtensprecher. Der durchtrainierte Jogger von der Statur eines Bodyguards hatte vor dem Mikrophon zuweilen Probleme mit gleichmäßig sinnvoller Verteilung des Atems, fand Hilfe.

Von der Phantasiewelt in die Nachrichtenwelt: als Redakteur und Sprecher von Nachrichten sieht er seine Aufgabe in der möglichst exakten Wiedergabe von Vermitteltem. Was früh angelegt war, wird später nicht umgesetzt. Deutliche Zäsur, begleitet von Zäsuren: mehrfacher Wechsel der Wohnsituation. Seine Familie in einem Erdgeschoss eines Hauses in einem südlichen Stadtteil von Mainz; Ausbau eines alten Wohnhauses mit angrenzender riesiger Scheune in einem Weindorf; Erwerb und Ausbau eines Stadthauses in Mainz-

Gonsenheim; Überlegungen zu erneutem Wechsel. Was ausgebaut ist, hält Spannung nicht mehr wach. Ungebrochen aber die Zuwendung zu seiner Familie. Gelassen freundliche Grundierung unserer Kommunikation.

Auch ihn habe ich um einen Beitrag gebeten. Er schickte mir eine kleine Auswahl von Reportagen, die er vor allem für die *Mainzer Zeitung* verfasst hatte. Vom damaligen Redaktionsmitglied wählte ich den Bericht aus über »Menschen am unteren Rand der Gesellschaft, die ›Penner‹, ›Tippelbrüder‹, Obdachlose, oder, im offiziellen Sprachgebrauch, die Menschen ohne Wohnung. Man trifft sie einzeln oder in Gruppen in der Innenstadt oder in Parks. ›Wegschauen‹ heißt die Devise. Denn sie sind anders, in alten Klamotten, schmutzig, manchmal oder eher häufig betrunken.«

Er schrieb weiter. »Vor fast genau zehn Jahren, im Februar 1979, eröffneten junge Leute aus der Pfarrei St. Bonifaz ein Kleider- und Möbellager, nannten ihr Projekt ›Pfarrer-Landvogt-Hilfe‹ (PLH). Die Idee: den Wohlstandsmüll an Bedürftige weiterzugeben. Zu den ersten Kunden gehörten die Stadtstreicher, nach erstem Erschrecken begann man sich mit den Schicksalen dieser am Rande der Gesellschaft Lebenden auseinanderzusetzen. Das Projekt weitete sich aus, zu Möbeln und Kleidern kamen Übernachtungsmöglichkeiten und eine Teestube. Inzwischen sind die winterlichen Übernachtungshilfen und die Teestube zu festen Einrichtungen geworden.

110 Wohnsitzlose kamen im vergangenen Jahr. Vielleicht besonders wichtig für alle, die keine Gelegenheit hatten, zumindest für kurze Zeit in familiäre Bindungen zurückzukehren. Auf jeden Fall ein Anlass, nach den Ursachen zu forschen. Sind diese Menschen wirklich selbst schuld?

Für Michael Büttner, Zweiter Vorsitzender der PLH, steht die Antwort fest: Nein, nur in Ausnahmefällen. Die meisten seien psychisch nicht sehr stabil, Einzelereignisse oder Ketten von Ereignissen setzten ihnen bis zur Handlungsunfähigkeit zu. Die einen kommen in Geldnöte, verlieren ihren Arbeitsplatz, familiäre Probleme werfen andere aus der Bahn, Alkohol spielt, als Folge oder Auslöser, fast immer eine Rolle. Oder die zunehmende Zahl von Jugendlichen: In der Schule schlecht, bekommen sie keinen Ausbildungsplatz oder verlieren ihn. Spielen die Eltern nicht mit, ist der Schritt zur Obdachlosigkeit oft schnell gemacht.

Überhaupt die Familie. Zerrüttet. Alkohol, auch Prostitution, eine latente Nähe zur Kriminalität. Aber in der Teestube in der Dagobertstraße sitzen auch Männer, die aus sogenannten ›geordneten‹, ja ›gutbürgerlichen‹ Verhältnissen kommen, die nicht abgerutscht, sondern abgestürzt sind, sich nun, aus anderen Städten kommend, in Mainz vergraben, verstecken.

Zwei Beispiele: Da ist der Kraftfahrer einer Spedition, der einen LKW mit Anhänger fuhr. Nach der Mittagspause in einem Restaurant startet er seinen Wagen, bemerkt die gestikulierende Frau auf der anderen Straßenseite nicht, fährt an. Ein auf der Anhängerdeichsel spielendes Kind fällt herunter, wird überrollt, stirbt. Aus dem Gefängnis entlassen, kann der Mann seine Schuldgefühle nicht überwinden, flieht in den Alkohol.

Oder der wegen Unterschlagungen in den Knast gewanderte Kaufmann, der sich zu sehr schämte, um zu seiner Familie in geordnete Verhältnisse zurückzukehren, und auf der Straße landete.

Für die vielen Männer und wenigen Frauen, die sich täglich in der Dagobertstraße zu Tee, Kaffee und Butterbroten einfinden, sind die Chancen gering, wieder Fuß zu fassen. Resignation und fehlende Konfliktbereitschaft: kein Wunder angesichts der oft harten, abweisenden Gesellschaft.«

Momentaufnahme Tilman: sofort das Stichwort Schlagzeug. Früh schon die Fixierung auf Perkussionsinstrumente. So wurde ein Schlagzeug angeschafft und im Keller des Mainzer Hauses aufgebaut. Dämpfende Auskleidung des Kellerraums nützte wenig, ein Schlagzeug mit Drums und Highhats setzt sich akustisch gnadenlos durch, vor allem bei früher üblichen Holzböden.

Bei meiner starken Resonanz auf perkussiv betonte Musik findet Tilman in mir einen wachen Zuhörer; unüberhörbar die Fortschritte bei meinen Mainz-Besuchen in wechselnden Zeitabständen. Ich wollte ihm nicht erzählen, auftrumpfend, dass ich einen der berühmtesten Drummer der Jazzszene gehört, gesehen habe, Coltranes Lieblingsperkussionisten, aber die Selbstinszenierung im Konzert gefiel mir nicht: Elvin Jones thronte auf einem leicht erhöhten Zusatzpodest mittenmang auf der Bühne, und in respektvollem Abstand rechts und links die »sidemen«, der Bassist, der Saxophonist und andere Männer der Combo, wirklich nur als Randerscheinungen, als musikalische Zuträger, Impulse übermittelnd zu langen Schlagzeug-Soli.

Tilmans Drumset wurde verkauft, ein elektronisches Pendant angeschafft. Das stumme Schlagzeug hat allerdings einen entschiedenen Nachteil: Man kann nicht im Duo drummen mit dem Lehrer. Also wird auch das elektronische Schlagzeug verkauft und der Erlös angelegt in einem akustischen Schlagzeug. Und wieder raumfordernde, ja hausfüllende Klangentfaltung.

Momentaufnahme Wiebke: furchtloses Mädchen! Kaum konnte sie schwimmen, war sie zu jedem Tauchmanöver bereit. Gewann Wettbewerbe. Erwarb Abzeichen. Ich verfolgte das freilich nicht in Schwimmhallen, sah so was nur auf Fotos. Sehe sie neuerdings auf Kurzfilmchen eines Smartphone: Wiebke auf dem Einrad. Pedal ohne Übertragung, Rad ohne Rücktritt, in jeder Situation muss die Balance gehalten werden.

Fahren und Pendeln nicht nur im kleinen Garten in Mainz, nicht nur auf der ruhigen Straße, sondern, ehrgeizig, bald schon in der Gruppe. Training in einer Sporthalle, Mädchen auf Einrädern bilden jeweils ein Tor, und auch sie fädelt sich ein in möglichst harmonischer Gruppenbewegung. Hier wachsen mit den Leistungen die Ansprüche, Anforderungen, bald schon Teilnahme an Wettbewerben, und wehe, es klappt etwas nicht auf Anhieb beim Training, sofort Tränen der Verzweiflung, verbissener Neuansatz, und plötzlich, mit ausgebreiteten Armen: alle einschränkenden Gesetze des Fahrradfahrens sind aufgehoben auf der Sattelbanane, droben auf der Stange über dem einen, dem einzigen Rad: fast schwebeleicht die Bewegungsfolgen.

Und jetzt noch ein Zitat: Auf einem bemalten und beschrifteten Blatt zu einem (relativ kurz zurückliegenden) Geburtstag ihr Wunsch: »Alles Gute für den Rest Deines Lebens«. Kam gut an. Wird umgesetzt.

Christoph, diesmal verbunden mit dem Stichwort *Selbstfahrer.* Auch der »Redakteur am Mikrophon«, seit Jahren beim SWR in Mainz, teilt mir Erfahrungen mit, die meinen Blick schärfen auf eine charakteristische Entwicklung unserer Gesellschaft: Immer weniger arbeitsfähige Personen müssen immer mehr Arbeit übernehmen.

Zu Beginn seiner Tätigkeit beim Hörfunk zog er mit frisch redigiertem Sendeskript ins Studio; hinter der Doppelglasscheibe zum Regieraum ein Spielleiter, zum Dienst vergattert, und ein Toningenieur. Es wurde die Erkennungsmelodie des Senders, der Sendung eingespielt, das Jingle, dann, auf Handzeichen des Sprechers, auch »O-Töne«: (möglichst) kurze Ausschnitte von Statements zu aktuellem Geschehen.

Mit der Entwicklung der Elektronik, der fortschreitenden Digitalisierung wurden indes verschiedene Tätigkeiten zusammengezogen, wurden jeweils Mitarbeiter »freigestellt«. Auch Christoph sitzt nun vor mehreren Bildschirmen und disponiert als »Selbstfahrer«. Klickt das Jingle an, verliest Nachrichten, spielt Interviewausschnitte oder offizielle Statements ein, ist also Spielleiter, Toningenieur, Sprecher in einer Person.

Hier gleich ein branchennahes Zitat, die Situation zusätzlich charakterisierend: »Das autarke Selbstfahrerstudio, in dem der Moderator mit Hilfe teils vollautomatisierter Technik ohne Unterstützung eines Technikers die Sendung komplett selbst fährt, gab es außerhalb von Deutschland schon lange, z.B. bei den kleinen Lokalradios in den USA. In Deutschland wurden sie zuerst von den neu gegründeten Privatsendern eingeführt und ab Ende der 1980er Jahre auch vom öffentlich-rechtlichen Rundfunk, teils gegen den heftigen Widerstand der jeweiligen Personalräte, die gegen diese ›Wegrationalisierung‹ protestierten.«

Doch auch diese Entwicklung ließ sich nicht aufhalten. Was

zu Beginn meiner freien Mitarbeit bei diversen Funkanstalten noch unvorstellbar war, für Christoph ist es längst selbstverständlich geworden. Ja, was für ihn zu Beginn seiner Tätigkeit als »Fester Freier« noch unvorstellbar war, nämlich eine noch weiterreichende Ausbreitung des Tätigkeitsfeldes, das wird sich künftig gleichfalls als selbstverständlich erweisen: die vernetzte und vernetzende Nutzung der Medien Hörfunk, Fernsehen, Internet.

HAUS AM HANG: FORTSETZUNG

ABER FORTSETZUNG war keine Selbstverständlichkeit. Anfang 1979 erhielt ich Schreiben vom Chairman der West Virginia University und damit: die Möglichkeit einer Zäsur, eines Neuanfangs. Der Ansatzpunkt zu einer letztlich doch mal festen Stelle?

Das muss eingebracht, einbezogen werden, denn längst schon wäre kritischer Leser-Einwand denkbar: Kühn stilisiert sich eventuell mit seiner gern proklamierten Entscheidung, den freien Beruf des Schriftstellers womöglich lebenslang durchzuhalten, letztlich wäre aber doch denkbar, dass er keine verlockenden Angebote erhielt, im akademischen Bereich – wozu er sich mit seiner Promotion ja letztlich gerüstet hatte ...

Hier würde mir eine überzeugende Antwort schwerfallen, denn diesen Punkt einer Entscheidung habe ich längst vergessen, den halten mir erst wiedergefundene Briefe vor Augen: Ein Jahr, bevor ich im Namen des Goethe-Instituts zwei Monate lang durch die Vereinigten Staaten tourte, von Maine bis San Diego, kamen Anfrage und Angebot von Robert J. Elkins aus Morgantown: zeitlich begrenzte Lehrtätigkeit. Das erst einmal recht umfangreiche Programm wurde, in freundlichem Eingehen auf meine Bedenken und Einwände, sogleich gemildert, aber selbst in reduzierter Version sah es so aus:

»We could offer you a position as Visiting Professor and Writer in Residence for a portion of a semester. During that time you would teach one seminar (meeting two-3-hour periods a week) on your own works and then put in guest appearances in some of the other German classes. [...] We would arrange all your classes on Monday and Wednesday so that you would have Thursday and Friday for talks at other institutions.«

Finanziell wäre das nicht sehr verlockend gewesen (»I'm glad that Martin Walser was able to give you a picture of the financial situation of American Universities«), aber das Lehrprogamm hätte sich (falls ich Fuß gefasst, Lust entwickelt hätte) sicherlich wieder erweitern lassen – was auch angedeutet wurde.

Ich stellte dieses Angebot nicht zur Diskussion, schon gar nicht bei den Eltern, der Disput mit Mutter Helene wäre endlos geworden. Ich ging, wie es so heißt, in mich, fragte mich erneut nach meinen Prioritäten, meiner Grundpriorität, gab schließlich eine Antwort, die ich nicht rekonstruieren muss, die ich ablesen und abtippen kann. Ich leitete den Brief ein mit der Bitte, ihn nicht mit (verständlicher) Verärgerung, sondern mit Verständnis zu lesen.

»Zuerst einmal danke ich Ihnen für Ihr ausführliches Schreiben, vor allem für die Spezifizierung meiner geplanten Tätigkeit. Ich werde mir jetzt erst dessen voll bewusst, wie sehr ich damit wieder in die Lehrtätigkeit geraten würde, die für mich [mit Haverford] bereits abgeschlossene Vergangenheit ist. Sechs Wochenstunden, dazu informelle Aktivitäten, das setzt allerlei Vorbereitungen voraus. (Und ich würde in solch einem Fall eher über andere Autoren als über mich selbst sprechen – mit der einen Ausnahme des verbindenden Wolkensteiners.) Dazu die offensichtlich unvermeidlichen papers, deren Korrektur und Benotung ich nicht anderen überlassen könnte.

Ich habe ohnehin eine Neigung zum Diskursiven, und ich fürchte, die würde durch die Lehrtätigkeit wieder verstärkt. Ein Autor sollte sich aber auch einen unbefangenen Umgang mit Literatur bewahren. So aber geriete ich sehr stark in die Interpretation, in das Erörtern hinein.«

So blieb es beim Ansatz zu einer anderen Lebensmöglichkeit. Und es wurde fortgesetzt, was sich bereits eingespielt hatte.

WIEDER DAS DAUERTHEMA unter der Chiffre K 27! Es werden Vorbereitungen organisiert zum Fest der Verhinderung des Straßenbaus.

Die fortlaufende Markierung der geplanten Trasse mit Luftballons erwies sich bei einem ersten Versuch als heikel: Luftballons üblichen Durchmessers waren zu klein, fielen schon aus geringer Distanz kaum noch auf. Wir wollten diese Markierungen auch durch Luftaufnahmen dokumentieren – der Dürener Filmclub sollte das übernehmen. So mussten wir Ballons in Sonderausführung bestellen, mit etwa 80 Zentimetern Durchmesser. Entsprechend groß die Bestellung von Linde-Gas. Das ging ins Geld, das wir vorstreckten, doch ich suchte und fand einen Sponsor.

Bei schönstem Frühlingswetter wurde die Aktion zum Volksfest. Es kamen mehr Teilnehmer als erwartet: etwa tausend fuhren, radelten, wanderten heran – auch ein Blinder auf einem Tandem, vorn seine Tochter. Es trat auf eine Folk- und Gospelgruppe, Förster und Jäger bliesen Jagdhörner, es sang der Chor der Kernforschungsanlage Jülich (!). Gruppen und Grüppchen wanderten von Luftballon-Markierung zu Luftballon-Markierung. Kinder mit selbstgefertigten Tafeln: Rettet den Wald. Grüppchen lagerten und hörten Musikern zu: Gitarre hier, Saxophon dort. Solodarbietungen, pantomimisch. Familien machten Picknick. Freibier für Sänger und Hornisten. Heute würde man sagen: Es war ein Event.

Meine Erinnerung gaukelt mir vor: Durch Presseberichte motiviert, wäre die Kreisverwaltung eingeschwenkt, hätte den Plan aufgegeben. Eine passende Formulierung hätte sich gebrauchsfertig angeboten: Unter dem Druck der Öffentlichkeit. Doch auch hier hat sich meine Erinnerung eine vereinfachte, handliche, indirekt aufgeschönte Version zurechtgelegt, geeignet zu mündlicher Erzählung. Die Zeitungsausschnitte und Briefkopien, die ich aufgehäuft habe, sie bereiten mir eine Enttäuschung: Die Verwaltung im Kreishaus zeigte sich erst mal nicht weiter beeindruckt. Allerdings ließ uns der Regierungspräsident schriftlich mitteilen, er würde sich unseres Anliegens annehmen und prüfen, ob sich der Straßenbau vermeiden lasse.

Aufkeimende Hoffnung wurde jedoch wieder zunichte gemacht: Sieben Wochen nach unserem Siegesfest besuchte Regierungspräsident Antwerpes den Kreis Düren – offizieller Antrittsbesuch des Verwaltungschefs bei der Kreisverwaltung. Er kam, wie die Lokalpresse berichtete, »nicht mit leeren Händen«. Es waren nicht nur Komplimente der üblichen Art, es waren nicht nur finanzielle Zusagen, die Presse berichtete: »Ein klares Wort sagte der Regierungspräsident zum weiteren Ausbau der Kreisstraße 27, gegen die es in der jüngsten Zeit massive Kritik gegeben hatte. Der Weiterbau dieser Kreisstraße bedeutet nach Meinung des Regierungspräsidenten eine echte weitere Erschließung des Dürener Eifelraums. Das Allgemeininteresse an einer guten Verkehrsverbindung durch die Kreisstraße 27 muss nach Meinung des Regierungspräsidenten vorrangig sein.«

Ein Rückschlag! Und wir hatten schon frohlockt: Wir müssen es geschafft haben! Und jetzt? Resignieren: all die Mühe umsonst? Ich raffte mich auf und schrieb, im Namen der Gruppe, einen Offenen Brief an den RP.

»Sie hatten, wie in der Presse verlautet, ein ›klares Wort‹ zum weiteren Ausbau der K 27 gesagt. Die Herren im Kreishaus werden das mit Vergnügen gehört haben. Für uns stellt sich der Vorgang so dar: Die Gegeneinwände sind vom Tisch gewischt. Deshalb müssen wir uns noch einmal zu Wort melden.

Erlauben Sie mir ein paar grundsätzliche Bemerkungen – zur Sache haben wir in unseren Schreiben wie in öffentlichen Stellungnahmen alles gesagt. Eine allgemeine Entwicklung in unserem Land wird wiederholt so beschrieben: Der Behördenapparat wächst, der Bürger wird immer machtloser. Und: Behörde unterstützt Behörde, Behörde gibt Behörde recht, Behörde ist primär für Behörde da. Dass Behörden im Auftrag der Bürger arbeiten, wird dabei fast vergessen. [...]

Anfang Juli hatte ich im hiesigen Kreisbauamt eine Besprechung mit Herrn Höing. In meinem Brief vom 7.7. hatte ich die Ergebnisse zusammengefasst – die Darstellung wurde nicht widerlegt. Ich darf also zitieren: ›Ich hatte nach vorherigen Erhebungen in den betroffenen Gemeinden gefragt, nach der Zahl der voraussichtlichen Pendler, für die solch eine Straße gebaut würde – solche Erhebungen waren aber nicht durchgeführt worden. Eine Fragebogenaktion war, nach Ihrer Auskunft, nur fragmentarisch geblieben, es habe in den Gemeinden an Kräften zur Durchführung und Bearbeitung gefehlt. Ich sehe hier ein wesentliches Manko: Es liegen keine Daten vor, auf deren Grundlage die Planung durchgeführt wurde. Es wird nur mit allgemeinen Vorstellungen operiert, diese Straße sei notwendig. Ich hatte erwähnt, dass diese Straße wohl eher ein Politikum sei.‹«

Es folgten konkrete Hinweise, die heute nicht mehr relevant sind. Überhaupt: Ich musste Sätze schreiben, die ich in einen literarischen Text nicht aufgenommen hätte, da würde ich Formulierungen wie »allgemeines Gut« vermeiden.

Im weiteren Verlauf des Briefs griff ich eins der Stichworte auf, die von der Verwaltung immer wieder ins Feld geführt wurden: Erschließung. Ich fragte: »Was heißt hier eigentlich Erschließung? Sind wir im Amazonas-Becken? Der Kreis Düren ist erschlossen. Jeder Ort ist leicht und bequem zu erreichen. Geringe Umwege für einige wenige sind zumutbar, damit allgemeines Gut gewahrt bleibt.

Angesichts der immer weiter führenden Planungen aber fragt man sich: Wann ist das Ziel der Straßenbaubehörden erreicht? Soll das ganze Land mit einem engen Netz von Straßen überzogen werden, die in Luftlinie nicht mehr als ein paar hundert Meter auseinanderliegen dürfen? Und dann auch noch Kreuz- und Querverbindungen?

Ist es völlig ausgeschlossen, dass Behörden Irrtümer und Fehler begehen? Wir erleben immer wieder, dass Vorausberechnungen und Voraussagen durch Entwicklungen widerlegt werden. Die ›Sieben‹ oder ›Fünf Weisen‹ geben dafür die besten Beweise ab: auch hochspezialisierte Experten irren sich. Frage nun: Ist bei untergeordneten Behörden jeder Irrtum ausgeschlossen? Wäre nicht zumindest denkbar, dass Bürger, die sich intensiv mit solchen Fragen befassen, hierzu auch Wichtiges und Begründetes zu sagen haben?

Und noch etwas Grundsätzliches: Wenn etwas geplant wird,

bedeutet das unausweichlich und automatisch, dass es auch ausgeführt wird? Ein Plan kann auch zur Einsicht führen, dass es besser ist, wenn man auf seine Ausführung verzichtet. Dies ist in der Industrie üblich, das weiß jeder Freiberufler, auch ein Schriftsteller macht diese Erfahrung. Warum sollte einzig und allein Behörde davon ausgenommen sein?«

Immerhin, der Offene Brief wurde in der lokalen Presse vollständig veröffentlicht. Und immerhin, aus Köln kam Antwort, freilich i. A. unterzeichnet.

Drei Briefseiten, doch ich fand keine klare Antwort. Der Schluss: »Ich stehe Ihnen gerne zu einem Gespräch zur Verfügung, in dem Sie mir Ausgleichsmaßnahmen des Naturschutzes und der Landschaftspflege unterbreiten sollten, die Ihrer Meinung nach notwendig sind.« Metatext: Komm als kooperativer Fachmann oder bleib zu Hause. Grußlose Unterschrift.

Wir mussten also weitermachen.

Nein, auch hier keine Textproben, und seien sie noch so knapp, um Markierungen zu setzen für die auch in jener Zeit fortgesetzte Arbeit am Schreibtisch. Ich thematisiere weiterhin nur mit kurzen Einschüben das Schreiben, bleibe dabei formelhaft:

Ich beginne einen neuen Text ... ich begann einen neuen Text ... ich habe einen neuen Text begonnen ... ich hatte einen neuen Text begonnen ... ich werde einen neuen Text beginnen ... ich werde einen neuen Text begonnen haben ...

Wiederholt Lesereisen. Dabei, als Zwischenspiel, eine kinoartige Miniaturbegegnung. Ich mit Gepäck auf einem Bahnsteig, dem Intercity entsteigen Reisende, schließlich eine Frau, und blitzartige Erhellung der eher beiläufigen Szene: ihre Augen leuchteten auf, genauer: da war Flimmern rund um die Pupille, dies im Sekundenbruchteil, während sie, für mich nun gleichsam in Zeitlupe, die zwei Trittstufen herabstieg. Keine Signale über die Kleidung, kein Abtaxieren der Figur, wirklich nur ein Augen-Blick, wechselseitig. Sie ging dicht an mir vorbei mit ihrem Rollkoffer: »So also kann man sich verpassen!« Alles einsteigen! Kein Abschwenken, mein Rollkoffer neben ihrem Rollkoffer: Trinken wir einen Kaffee? Ich war termingebunden, Fahrt mit Anschluss. Der Lichtblick ergänzt durch einen Abschiedsblick, beiderseits über die Schultern hinweg.

Nachdenken über Zufall. Ich hätte auch in einem anderen Wagen einsteigen, hätte die andere Tür desselben Waggons wählen können – genug Alternativen am langgestreckten Bahnsteig. Zufall als blitzartiges Einwirken. Jäh aufgerissene neue Lebensmöglichkeit – eine völlig ungeplante, gar nicht planbare Möglichkeit. Zufall, der die Regie übernimmt, zumindest für den einen entscheidenden Moment – die Übernahme des Angebots, die Ausgestaltung hängt dann ab von Anlage und Sozialisation und gegenwärtiger Verfassung. Hier, dort, damals, auf dem Bahnsteig, im hellen Licht eines Nachmittags: der Auftritt, der Abgang in wenigen Sekunden. Das Aufleuchten, der Flimmerblick: Hier, jetzt, hier, jetzt *könnte* es sein!

Frage, die sich anschloss: Wie ist es möglich, dass man sich fast im Bruchteil einer Sekunde für eine zuvor nie gesehene, völlig fremde Person öffnet, sich fast schon für sie entscheidet? Was läuft da ab im Zeitrafferprogramm, was ist vorgegeben?

Ebenso blitzartig das Einsetzen eines Aversionsprogramms. Eine allererste Begegnung mit einem der Akteure der Literaturbranche, Gesten der Freundlichkeit bei der Begrüßung, doch die war noch nicht ganz ausgesprochen, da wusste ich: Das wird nichts! Mit dem läuft es nicht! Was sich beim etwas mühsamen Gespräch denn auch bestätigte, indirekt. In geläufiger Formulierung: Da stimmt die Chemie nicht. Dies manifestiert in blitzartigem chemischem Prozess. Implodierendes Knallgas.

ENDE SEPTEMBER 1980 eine weitere Veranstaltung der Bürgerinitiative: »Wir erklären das Rinnebachtal zum Kunstwerk.« Eine Freiluftausstellung von Objekten, begleitet von »Performances«.

In 18 Stationen konnte das Kunstwerk Rinnebachtal begangen werden. Fünfte Station: Ulrich Rückriem: »einen stein in den weg legen«. Siebte Station: Beuys-Ensemble, dreiteilig. Neunte Station: Walter Dohmen, »Feldzeichen«. Zwölfte Station: Peter Reichenberger, »Mittelstreifen mit Handtellerabdrücken«. Vierzehnte Station: mein »Lesebaum«. Achtzehnte Station: Norbert Stockheim, »sechsundsechzig gelbe Stäbe«.

Anmerkung, ergänzend: Die doppelt mannshohen Stäbe wurden am alten Hexenplatz aufgestellt, einen Abschnitt der Trasse markierend, die auch diese Grasfläche zwischen alten Bäumen überwalzen sollte. Und zu Beuys: außer dem Objektensemble hatte er Metalltäfelchen herstellen lassen, auf denen er das Tal zum Kunstwerk erklärte; sie wurden an ausgewählten Bäumen befestigt – ich besitze noch eine der kupferfarbenen Platten mit grüner Filzstiftsignatur.

Nach langer Abstinenz zeigte sich bei unseren Veranstaltungen nun doch der eine und andere Kommunalpolitiker, betont als »Besucher«. Der Kreisverband der SPD stellte beim Oberkreisdirektor den Antrag, unsere Initiativgruppe mit dem Umweltschutzpreis des Kreises Düren auszuzeichnen. Die Begründung überspringe ich, nutze aber den Brief als Gedächtnisstütze in der Auflistung unserer Veranstaltungen: Die Theaterdemonstration im August 78 »mit über 1000 Besuchern« … die Fahrraddemo Mitte September 79, »mit über 1200 Teilnehmern« … die »Kunstdemonstration« Ende September 1980, »die von über 4000 Besuchern frequentiert wurde«.

Und es verging Zeit, verging Zeit … Zermürbend die Erfahrung, wie verschwenderisch Verwaltung auch mit der Ressource Zeit umgehen kann. Ich brachte uns gelegentlich in Erinnerung. Fragte schriftlich beim Oberkreisdirektor nach Stand oder Entwicklung der Planung. Erfuhr auf diese Weise, in einem Schreiben vom April 79, dass »im Augenblick« noch kein ökologisches Gutachten zum »geplanten Trassengebiet« vorlag – und das seit Jahren der Planung! Ein »landschaftlicher Begleitplan« sei jedoch in Auftrag gegeben.

Wenn ich gleich noch ein weiteres Schreiben an den OKD

erwähne, so nicht, um zu dokumentieren, wie unermüdlich ich neben meinen Texten auch Briefe verfasste, ich will eher andeuten, wie viel Zähigkeit uns abverlangt wurde. Nur ja keine »Zeichen von Müdigkeit« ... Ständig Wachsamkeit demonstrieren ... Wir alle hätten gern, allzu gern die Schnellhefter mit der Aufschrift K 27 endgültig abgelegt, mussten uns jedoch immer wieder selbst stimulieren: aktiv bleiben!

So erkundigte ich mich Oktober 1980 nach den neusten Kostenberechnungen. Die Antwort des OKD: »Die Bau- und Grunderwerbskosten für die K 27 n zwischen Bogheim und Brandenberg belaufen sich nach augenblicklicher Schätzung auf rd. 25,08 Mio. DM.« Also mittlerweile das Fünffache des Betrags, der seinerzeit angesetzt worden war!

Im selben Jahr denn die längst fällige, die überfällige »gutachterliche Stellungnahme« der Landesanstalt für Ökologie, Landschaftsentwicklung und Forstplanung NRW.

Ich zitiere einen Ausschnitt, der bewusstmacht, was es zu bewahren galt. »Im Teufelssief, einem ökologisch wertvollen, schluchtähnlichen Tal entspringt ein Bach. Der bachbegleitende, talabwärts breiter werdende, dichte Gehölzbestand mit Buche, Espe, Ginster, Brombeere, Farn u. a. stellt eine der wenigen Laubwaldflächen in dem überwiegend aus Fichten bestehenden Nadelwald dar. Für die Tier-, insbesondere die Vogelwelt, bietet dieser Biotop beste Lebensbedingungen. Den unteren, breiten, ökologisch wertvollsten Teil des Teufelssiefs würde die Trasse durchschneiden.

Der Rinnebach ist im Bereich, in dem er von der Straße gekreuzt wird, ein natürlich mäandrierender Bachlauf in einem landschaftlich reizvollen Wiesental, das von zahlreichen, auch älteren, großen und kleinen Laubwald- und Gehölzbeständen und Baumgruppen mit artenreicher Gehölzvegetation (Erle, Eiche, Weide, Birke, Buche, Espe, Holunder, Weißdorn, Brombeere u. a.) geprägt wird. Der Bachverlauf selbst wird fast durchgehend von Bäumen begleitet. Dieses sehr erholungswirksame, stille, unbedingt erhaltenswerte Wiesental, in dem ein Wanderweg verläuft, würde durch den Verkehr erheblich beeinträchtigt.«

Ich ändere einen neuen Text ... ich änderte einen neuen Text ...
ich habe einen neuen Text geändert ... ich hatte einen neuen
Text geändert ... ich werde einen neuen Text ändern ... ich
werde einen neuen Text geändert haben ...

Nun erst, 1980, nach den Jahren der Planung, wurde an der
B 399 (die ja von der K 27 entlastet werden sollte!) eine Verkehrszählung durchgeführt, wurden Prognosen der Verkehrsbelastung erstellt. Von einer Überlastung der Bundesstraße war
danach nicht mehr die Rede: zwischen 4000 und 5000 Fahrzeuge pro Tag auf einer Straße, die auf 12- bis 15000 Fahrzeuge ausgerichtet war. Damit konnte von der unabdingbaren
Notwendigkeit, vom unerbittlichen Muss einer Ersatz- und
Entlastungsstraße nicht mehr die Rede sein.

Doch unbeirrbar, unbelehrbar setzte die Kreisverwaltung
die Planung fort. Um das Kapitel dennoch abzuschließen,
muss ich die (ungefähre) Chronologie meines Buchs durchbrechen mit einem Vorgriff: Juli 80 wurde das Planfeststellungsverfahren eingeleitet.

Da wurde gleich wieder ein Flugblatt fällig, wir mussten
publik machen, was es mit einem Planfeststellungsverfahren
auf sich hat. »Das Planfeststellungsverfahren bedeutet: Diese
Straße wird gebaut, wenn keine Widersprüche gegen die zur
Zeit offenliegenden Pläne erfolgen.« Dieser Satz natürlich
im Fettdruck. Ebenso der folgende Satz: »Wenn Sie mit uns
verhindern wollen, dass diese Straße gebaut wird, sollte jeder
Bürger unter seinem eigenen Namen beim Regierungspräsidenten Einspruch erheben, und zwar bis spätestens zum
12. Oktober 1980.«

Wir bauten in der Fußgängerzone einen Info-Stand auf, an
dem wir samstags Präsenz zeigten, umschichtig. Angelockten
Passanten boten wir Formulierungshilfen an für schriftlichen
Widerspruch – solche Briefe konnten nicht zahlreich genug
abgeschickt werden!

Natürlich wurden wir auch angefeindet, wurden mit Unterstellungen konfrontiert, mussten uns gegen ungerechtfertigte Vorwürfe wehren. »Das sind doch nur ein paar Intellek-

tuelle ... Von Kommunisten verführte Idealisten, die sich da haben reinreißen lassen ... Das sind Menschen, die das Ganze gar nichts angeht, die sind ja nicht direkt davon betroffen. Die sollen sich gefälligst um ihre eigenen Angelegenheiten kümmern!«

Es wurde mal wieder ein Schreiben an den RP fällig, fünf Seiten per Einschreiben.

Wieder ein Zeitsprung: Im darauffolgenden Jahr hieß es: Auf zum letzten Gefecht! Erneut ein Flugblatt, diesmal vom Freund Wolfgang Breuer formuliert, dem Musiker. »Seit fast 5 Jahren kämpfen wir, die Bürgerinitiative, gegen den unsinnigen Straßenbau von Bogheim nach Brandenberg. Der Regierungspräsident hat jeden, ›der sich durch den Straßenbau betroffen fühlt‹, zu einem Erörterungstermin eingeladen.«

Es wurde zusammengetrommelt: »Nutzt diese vermutlich letzte Chance, auf den Entscheidungsprozess im Sinne der Vernunft einzuwirken!« Das taten wir, geschlossen. Wir hatten die besseren Argumente und fanden mehr Verständnis als die Repräsentanten der Verwaltung: *Der Bau der Straße wurde untersagt!* Jubel, Umarmungen, Schulterklopfen! Wir planten sogleich ein großes Siegesfest mit der Theatertruppe und viel Musik.

Kein überhoher Damm, aufgeschüttet im Teufelssief, keine Riesenbrücke über dem kleinen Rinnebach, keine weit geschwungenen Serpentinen nur wenige hundert Meter entfernt von der längst zum Ziel führenden Landstraße und dem längst von Pendlern genutzten Kierlingsweg mit dem gleichen Ziel – zuweilen spaziere ich durch die Idylle und denke aufatmend: Das alles wäre beinah zerstört worden.

BERGEN-ENKHEIM, 1980/81. Erkundung, lesend und begehend, des Städtchens an der Peripherie der Großstadt, die auch dieses Städtchen integrieren wollte, wogegen man sich aber noch wehrte, Selbständigkeit betonend auch mit der Einführung des Stadtschreiber-Stipendiums: Autorinnen und Autoren sollten, zumindest theoretisch, für ein Jahr sesshaft werden im Städtchen, das noch nicht Stadtteil von Frankfurt war, mit schnöder Nummer versehen.

Es besteht keine Residenzpflicht, es wird nur gewünscht, dass man sich möglichst viel im Ort aufhält. Dazu musste ich nicht sonderlich gebeten werden: neue Lebensform an der Peripherie großstädtischen Ambientes. Der Berger Hang mit teils gepflegten, teils verwildernden Obstbäumen ... der Blick auf die Skyline von Frankfurt und die in regelmäßigen Abständen einschwebenden Flugzeuge ... Die Anbindung von Bergen an Frankfurt mit öffentlichen Verkehrsmitteln war allerdings recht umständlich, das muss nicht näher erörtert werden, nur die Folge: Die gleichsam geliehene Lebensform konzentrierte sich mehr auf das Städtchen oberhalb der Stadt.

Zwei Jahre nach meiner ›Amtszeit‹ als Stadtschreiber erschien eine Buchpublikation des Instituts für Kulturanthropologie und Europäische Ethnologie der Universität Frankfurt am Main mit dem Titel *Heimat Bergen-Enkheim*, Unterzeile »Lokale Identität am Rande der Großstadt«.

Hier wurden vom Team mehrere »Wahrnehmungsspaziergänge« mit ausgewählten Bewohnern durchgeführt und genau protokolliert. »Wohin wollen wir gehen?« »Führen Sie uns dorthin, wo Bergen-Enkheim für Sie wichtig ist.«

Das war für mich, immer wieder, der Hang mit Blick hinüber auf die Skyline von Frankfurt, damals noch bescheidener dimensioniert, mit Blick auf die im Zweiminutentakt erstaunlich langsam zur Landung einschwebenden Flugzeuge, mit Blick hinab auf Enkheim, das Partnerstädtchen mit der völlig anderen Soziostruktur, aber das muss ich nicht ausführen, kann mir überhaupt Beschreibungen des Orts ersparen, habe viel davon eingebracht, umgesetzt im Roman, den ich zu jener Zeit zu schreiben begann, ein Roman mit dem Schauplatz Bergen, ein Roman über eine fiktive Person in einer Phase einschneidend veränderter Lebensformen.

Thermisch wirkendes Lebensgefühl. Das setzte sich um: ich schrieb auch Gedichte – nicht zum ersten Mal, nun aber mit neuer, starker Motivation. Auch mit erkennbaren, ablesbaren

Impulsen aus dem neuen, gleichsam geliehenen Ambiente. Ich habe was gegen Recycling von Texten, bin darauf nicht angewiesen, also auch keine Textprobe aus dem letztlich verschollenen kleinen Gedichtband, meinem einzigen.

Bevor ich von der neuen Lebensform in Bergen erzähle, einige Gedenkzeilen für Franz Josef Schneider, der das symbolische Amt initiiert hatte. Ein kantig-kauziger Mann, liebenswert oder eher: bewundernswert widerborstig. Und zäher Schachpartner meines damaligen Verlegers Unseld, der sich des Öfteren einfand im Haus an der Marktstraße, sich der Herausforderung stellend; nur höchst ungern gab er sich geschlagen. Doch darauf nahm Franz Josef keine Rücksicht. Knorrig seine Kommentare, auch zum Literaturbetrieb. Als Schriftsteller von frühem Ehrgeiz hatte er sich ziemlich schnell aufgegeben, es blieb bei schmalen Publikationen von Erzählungen gleich nach dem Krieg, der Rest war Knurren. Was und wie er für eine Werbeagentur gearbeitet hat, ich weiß es nicht, so was war nie Thema im Hause Schneider, das war abgekoppelt, abgehakt.

Mit solch einer Erscheinung verbinden sich gern Anekdoten. Eine hat er mir selbst erzählt. Er schlief bei offenem Fenster im ersten Stock, ein Einbrecher, hochkletternd, erschien in der Fensteröffnung, Franz Josef richtete sich auf und sagte: »Wenn du was gefunden hast, du Arschloch, sag mir Bescheid.« Der Einbrecher kletterte stumm wieder hinab.

Bei einem späteren Besuch in Bergen definitiver Abschied am Moribunden-Bett. Er teilte mir lakonisch mit, er werde bald sterben. Da konnte ich ihm nur einen guten Übergang wünschen. Das fand er angemessen, über den Schlusspunkt hinaus reichen unsere Wünsche nicht.

»Ammes«, seine Frau, so schön wie elegant, sie überlebte ihn um etliche Jahre, zum Glück für Stadtschreiber, die mir folgten und, wie ich, gern gesehene Gäste waren im Haus, auch am gedeckten Tisch.

Die Zeitphasen in Bergen: fortgesetzter Akt der Befreiung, der ersten – vor dem großen Sprung von Düren nach Köln.

Es fand Einübung statt in eine Lebensform außerhalb der Familie, ich hatte plötzlich ein Haus, ein wenn auch kleines, für mich allein, aber bald nicht mehr so ganz allein.

Ein Cartoon, vor vielen Jahren aus einer Zeitungsbeilage zur Buchmesse ausgeschnitten, eventuell mal an die Wand gepinnt, mittlerweile verlegt, verkramt, verschollen, doch in Erinnerung geblieben: Bühnenfläche, ein Mann steht breitbeinig mit dem Rücken zum Betrachter im Licht eines auf ihn gerichteten Scheinwerfers, er hält den stereotypen Exhibitionistenmantel offen, dieser Mantel aber ist, von den Knien bis zu den Schultern, als Buch aufgeklappt vor dem Saal und dem – hier unsichtbaren – Publikum.

Ich fragte mich, und diese Frage ist präsent geblieben: Sollte meine Autobiographie in einigen Phasen ähnlich aussehen, ähnlich wirken? Radikale, rückhaltlose, ja rücksichtslose Offenheit? Klapp das Buch deines Lebens auf im Buch über dein Leben, wir, die Leser, wollen Einblick gewinnen bis in die Fadenheftung, bis in die Löcher, durch die der Faden gezogen ist, der womöglich rote Faden? Zeige deine Wunden? Ein flottierendes Zitat, gewiss, aber wer eine Autobiographie schreibt, ist der nicht in der Tat dazu verpflichtet, auch seine Wunden zu zeigen?

Es gibt Kapitel oder eher: Kapitelkomplexe, in denen Offenheit übergehen könnte in Rücksichtslosigkeit anderen gegenüber.

Etwa im Lebenskapitel: Verhältnis zur Mutter. Und damit: das emotional unterkühlte Klima der häuslichen Ordnung, in der ich aufwuchs. Ja, die Zuwendung, die sich vor allem als Zuteilung erwies, von Essen, von Wäsche, von Ermahnungen, Vorhaltungen – hier will ich, kann ich mich nicht durch Darstellung rächen. Schon gar nicht, wenn ich die Vorgeschichte sehe, in der ich als Kind eine Rolle spielte, wenn ich die Sozialisierung der Frau realisiere, unter deren Sozialisierung ich schon mal zu leiden hatte. Ich muss hier Details nicht wiederholen, nur Stichworte: Helene fühlte sich von ihrer Mutter nie anerkannt, ja wiederholt gedemütigt. Die Strenge ihrer Eltern in Korrespondenz zum dominierenden wilhelminischen Ord-

nungsdenken, auch zu jüdisch-evangelischem Erfolgsdenken – etcetera. Die Kette, an die ich mich gelegt fühlte, von der
ich mich mit etwa 17 losgerissen hatte, sie ist in Generationen
geschmiedet worden.

Zeige deine Wunden … In den Frankfurter Poetikvorlesungen werde ich, falls überhaupt, höchstens die Stellen angedeutet haben, an denen ich mich wundgerieben hatte. Doch weiter
ging ich nicht, gehe ich nicht.

Und es ist eine weitere Grenze gezogen: die der Diskretion. Wir leben freilich in einer Ära der Indiskretion, in der
Öffentlichkeit weithin Anspruch darauf zu haben glaubt,
auch Intimes in Erfahrung zu bringen, dennoch lassen sich
Grenzen ziehen. Auch zum Selbstschutz. Von welcher Phase
an würden Sätze zu Spreng-Sätzen? Das Ambiente verwüsten,
in dem ich weiter leben, weiter schreiben will? Die Mutter
der beiden Söhne: sie lebt. Die Filmemacherin, die meinen
Lebensfilm entschieden verändert hat, sie lebt. Es gab kurze,
schöne Begegnungen, etwa auf Lesereisen, aber zu erzählen
wäre eher von längeren, intensiven Beziehungen.

Ein bisschen konkreter sollte ich aber doch wohl werden,
oder? Also: Lesung, fast obligatorisch, in der Buchhändlerschule des benachbarten Stadtteils Seckbach, spontane
Annäherung an sie, deren Namen ich nicht preisgebe. Vom
Internat-Trakt der Schule wechselte sie über ins Stadtschreiberhäuschen; die Aufenthalte wiederholten sich auch nach
dem Lehrgang. Nachbarschaft behielt uns im Blick: Der Autor und seine ›Tochter‹.

Bei dieser Anmerkung bleibt es. Keine genaueren Koordinaten, die Identifizierung ermöglichen. Das könnte zerstörend einwirken auf ihr neues soziales Netz.

Andererseits: es liegt mir nicht, hier einfach auszuklammern, auszusparen, auszuschließen. Auch möchte ich die Leserschaft nicht abspeisen mit allgemein gehaltenen Bemerkungen zur Problematik. Was mir wichtig war im Leben, muss
Textentsprechung finden im Lebensbuch. Also Auftritt einer
Besucherin. Eine Episode – die allerdings später ihre unerwartete Fortsetzung finden wird, ebenfalls episodisch.

Astrid, Sommertag, der Hof und das Haus. Von Besichtigung mag sie nicht reden, das klänge fast wie Schlossbesichtigung, hier aber, hinter dem alten Haus, hier auf dem Kopfstein-pflaster, hier vor der Stadtmauer, hier teilen ihr die Fußsohlen mit, dass der Boden Ruhe ausströmt, die lässt sie in sich auf-steigen, sie könnte hier lange umhergehen, würde dabei immer leichter in ihrer Bewegung. Und wie viel Wärme, Wärmeener-gie gespeichert in diesem Sektor der Stadtmauer, gespeichert seit Jahrhunderten. Sogar in der Wand des alten Schuppens: viel Wärme, nein Wärmeenergie, die spürt sie mit geöffneten Händen.

Senkrecht hält sie die Handflächen vor die Mauer, legt sie an die Schuppenwand, die Hände als Wahrnehmungsflächen, auf die Energiekorpuskel zu prallen scheinen. Ja, hier ist viel Sonnenenergie gespeichert, in der Mauer, in den Wänden, die Wärme beherrscht den Hof, das spürt sie mit bloßen Händen, die braucht sie nur hochzuhalten. Überhaupt offene Hände – ob mir schon mal aufgefallen sei, wie oft in anderen, frühen Kulturen offene Handflächen dargestellt wurden: Geste, Zeichen des Empfangens. Ja, sie ist ganz stark auf Empfang eingestellt vor dieser alten Mauer, in diesem kleinen Hof, Sonnenhof.

Sonnenstaat California, ihre Sonnenerlebnisse im vergange-nen Jahr, ihre hirnzermürbende, hirnzertrümmernde Migrä-ne, die hat dem Ansturm von Sonnenlicht-Energiekörperchen nicht standgehalten, alle inneren Verspannungen wurden ge-löst, aber vorher steigerten sich die Kopfschmerzen noch, und das ließ sie zu, die Schmerzen wollten ihr ja etwas sagen, also hat sie die Schmerzen nicht gedämpft mit Medikamenten, das hat sie fast nie getan, sie muss doch in Erfahrung bringen, was der Schmerz von ihr will, worauf der Schmerz in ihr hinaus-will, der Schmerz in ihrem Kopf wurde zu einer Schmerzla-dung, wie eine Stromladung, der Schmerz drehte sich rasend schnell um sich selbst, und dann – plopp, zock, poff – eine Ex-plosion im Schmerz, der sie jahrelang begleitet hatte, phasen-weise, der Schmerz löste sich auf, blieb auch in den folgenden Wochen weg in California.

Auch um die Rückkehr der Schmerzen zu verhindern, hat sie die große Reinigung vollzogen in der Wüste, die Reinigung aller sieben Körperöffnungen, aller Chakras. Sie hat einen Typ kennengelernt, mit dem flog sie nach Tempe, Arizona, von dort mit einem ollen Dodge zu einer Jagdhütte, die einem Bekannten eines Bekannten von Bob gehört, sie hatten den Schlüssel für ein paar Tage, eine Hütte nicht direkt in der Wüste, eher am Rand der Wüste, in der Bergregion, eine wüstenhaft kahle Bergregion, dort machte sie ihre Wüstenerfahrung, machte zugleich ihre wüsten Erfahrungen mit Bob, der war von einer wahnwitzigen Hitze, Vehemenz, er hatte lange Zeit versucht, durch Zen den Trieb in sich zu dämpfen, bei der allgemeinen Leerwerdung, innerlich, so hoffte er, auch eine Leerwerdung von sexuellen Vorstellungen, aber je mehr er sie austreiben wollte, desto beherrschender wurden sie, ein paar Wochen hat er mit sich gekämpft, wahrhaftig gekämpft, allerdings ohne einen Lehrmeister, der ihm den Bambusstab in den Rücken geschlagen hätte, also Bob hat sie bis zur Weißglut gevögelt, im Häuschen, das geriet glatt aus den Fugen, klingt vielleicht ein bisschen übertrieben, zu dieser Weißglut im Finstern kam es auch erst nach ein paar Tagen und Nächten in der Hütte, vorher war sie den ganzen Tag draußen, meist im Schatten eines etwas verkrüppelten Baums, an der Quelle, sie trank nur Wasser, aß nichts, die Große Reinigung, sie wurde immer leichter und zugleich lud sie sich immer stärker auf mit Sonnenenergie, und nachts war sie ebenfalls draußen, und Bob auf der Pirsch, auch um sich abzulenken, um seine Energien, seinen Energieüberschuss zu erden, nachts kommen ja viele der Wüstentiere heraus, die man tagsüber kaum mal sieht, nachts werden sie laut und streifen umher, Bob auf der Pirsch, ohne zu schießen.

Sie hatten sich kennengelernt in einem Restaurant, einem vegetarischen, er bestellte nichts bei ihr, sagte nur: Du weißt, was ich essen will, sie ließ das in der Küche für ihn zusammenstellen, und als sie den Teller vor ihm abstellte, nickte er nur und sagte: Mit dir geh ich heut Abend tanzen, und sie sagte: o. k. Er fuhr sie, nach Arbeitsschluss, zum Haus, in dem sie wohnte, im Dachjuchhe, sie duschte sich rasch, zog sich um, er wartete unten. Sie tanzten in einer alten Holzhalle, eine Disko, sie tanzte barfuß auf dem Holzboden, der war unwahrscheinlich energiegeladen, alles, was noch an Müdigkeit und vielleicht noch an Verspannung in ihr war, das löste sich auf bei diesem Dauertanz, es war wie ein Heilungstanz, ohne Supervision eines Schamanen – und sie lacht auf. Je mehr Kraft sie verbrauchte bei diesem Wahnsinnstanz, desto mehr fühlte sie sich aufgeladen mit Energie, die floss durch ihren Körper, wurde nicht hier abgeblockt oder dort falsch abgeleitet, es war ein positiver und es war ein negativer Strom, und sie fühlte sich gut geerdet, in dieser Holzhallendisko, mit ihren Füßen auf dem alten Holz.

Als sie zurückkehrte in diese Bundsreplik, Bonzreplik, da spürte sie an den Menschen, an beinah allen Menschen, sofort spürte sie es, dass die mit negativer Energie aufgeladen waren, diesen negativen Energien entsprachen keine gleich starken positiven Energien, dabei gehören die zusammen wie Sonnenlicht und Mondlicht, und geerdet, nein, geerdet waren, sind sie fast alle nicht, sie aber hat viel von ihrer kalifornischen Energie bewahren können, bis jetzt, und dieser Hof zwischen Haus und Schuppen und Mauer: wie ein Stück California, sie hat in Deutschland so etwas nicht erwartet, das Kopfsteinpflaster hier strömt Kraft und zugleich Ruhe aus, der Basalt, das Mauerwerk, alles hier hat seine gute Schwingung, alles geerdet, energiegeladen und geerdet, vor allem dieser Basaltboden: energiegeladen, das spürt sie durch ihre Fußsohlen, beinah kribbelnd, und wenn sie die Handflächen waagrecht hält, nach unten, da spürt sie das auch, so hoch, mindestens so hoch das Kraftfeld, diese Welt ist ein Kontinuum von Kraftfeldern, von Energieströmen, das hat sie bei einem healer gelernt, bei dem sie einige Zeit so was wie Unterricht genommen hat, sie hat ihn kennengelernt beim hitchhiking, sie ist fast nur per Anhalter gereist, hat auf diese Weise viele Menschen kennengelernt, die gaben ihr die Adressen, die luden sie ein, und das waren keine unverbindlichen amerikanischen Einladungen, das waren eher europäische Einladungen, und dieser healer sagte ihr, kaum, dass sie im Wagen saß, sagte ihr nach einem kurzen Seitenblick, sagte ihr das in aller Ruhe, in ganzer Ruhe auf den Kopf zu: Du verstehst was von Steinen, von der Heilkraft der Steine, und sie sagte: Vielleicht, hoffentlich vielleicht. Und er legt ihr mehrere Steine vor, in der Wohnung, sie kannte einige gar nicht, die andere Geologie, die anderen Gesteinsbildungen auf dem amerikanischen Kontinent, aber sie spürte fast immer, in welches Organ einer der Steine seine größten Energien ausstrahlen konnte, und der healer lud sie ein zu bleiben, sie übernachtete im Zimmer seiner Freundin, Gefährtin, mit der verstand sie sich auf Anhieb gut, sehr gut, alles nicht so kompliziert wie in Europa, im nördlichen Europa, man ist ganz offen, geht direkt aufeinander zu, muss nicht lang und breit Erklärungen abgeben, sich selbst erklären, also die Freundin sagte ihr auf den Kopf zu: Mit dir kann ich sprechen, und was in Amerika selten ist, das wirklich intensive Gespräch über eigene Probleme, über Probleme der Beziehung, das war für sie selbstverständlich von Anfang an, beinah drei Nächte haben sie gesprochen, und sie war am jeweils nächsten Tag überhaupt nicht müde, das war auch so in den Nächten bei der Hütte in Arizona, bei Tempe, sie hat wachgelegen, hat draußen, im Schlafsack, stundenlang wachgelegen und zu den Sternen hochgeschaut, hineingeschaut in diese unermessliche Tiefe, aber in einer Minute, in einer ganz dichten Minute kann sie den Schlaf einer Stunde nachholen, da hat sie alle Kräfte gesammelt, die sonst in einer Stunde nachwachsen, manchmal gleichen sogar schon ein paar Sekunden aus, sie muss sich nur fallenlassen, vollständig fallenlassen, überhaupt:

Dieses Loslassen, Fallenlassen, Gleitenlassen, Dahinsausenlassen, das hat sie in California gelernt, doch hier, in dieser Bunzreplik, Brunzreplik ist sie umgeben von Menschen, die überhaupt nicht loslassen können, die wollen alles im Griff haben, im Griff oder im Raff, den Garten im Griff haben, viele Gärten in Deutschland als Friedhofsgärten, auch in der Bepflanzung, und die Eltern haben ihre Kinder im Griff, zumindest in den ersten Lebensjahren, und Kinder haben andere Kinder im Griff, und wenn in dieser Welt des energischen Zu-

griffs, des nicht lockerlassenden Zugriffs doch mal, wie aus
Versehen, etwas in ihnen aufsteigt, wenn sie etwas ein bisschen, mal ein bisschen aus sich rauslassen, dann nehmen sie
das sofort wieder in den Griff, zerdrücken es, lassen es nicht
weiter oder gar nicht erst aus sich heraus, aber dies, gerade dies
ist für sie das Geheimnis, das eigentliche Geheimnis: Lassen,
loslassen können, offen sein, ganz offen sein, das war früher
schon so bei ihr, sie war so offen, da sind viele durch sie hindurchspaziert, ganz einfach durch sie hindurchspaziert.

Und sie lacht auf, spricht weiter: Sie nimmt alles, wie es
kommt, wenn sie nur spürt, es wird gut sein, für sie, für den
anderen, da ist eine gute Schwingung, das war auch so in Amerika, in California, sie hat dort wunderbare Männer kennengelernt, da wurde Gegenwart nicht zur Verpflichtung, da hat sie
überhaupt erst richtig gelernt, hat diese Lektion erst richtig zu
Ende gelernt, dass man sich nicht selbst strangulieren soll in
einer Beziehung, in der man nicht mehr leben kann, so etwas
nimmt ihr die Luft weg, die sie braucht, nur nicht diese verpflichtenden alten Beziehungen, diese Gefühlsverbindungen,
Gefühlsverkettungen, und ständig dieses Rücksichtnehmen,
das kann Leben abtöten, denn Rücksicht, das sagt ja schon
das Wort, Rück-Sicht ist nach hinten, nach rückwärts gewandt
in die Vergangenheit, man wird von Vergangenem bestimmt,
aber wenn man – über die Zeit hinaus, die eine Beziehung
hat, und das brauchen manchmal nur ein paar Minuten oder
Stunden zu sein – wenn man über diesen Zeitpunkt hinaus
Rücksicht nimmt, dann hindert man auch den anderen daran,
sich zu entfalten, man hält sich fest an Rollen, die man sich
zugeschrieben hat, zugeschanzt hat. Also, wenn es Ansätze
bei ihr gab zu solchem Verhalten, dann wurde das aufgelöst in
California, plopp, plopp, plopp war das weg, einfach weg, sie
fand ihre eigentliche Bewegungsweise wieder, hat sich überhaupt viel bewegt in California, ist gejoggt, nicht richtig, nicht
systematisch und schon gar nicht in so einem Outfit, sie hatte
nur weiße Shorts an, ein Shirt, und wenn sie aus der Siedlung
raus war, hat sie das Shirt ausgezogen, ein paar Wochen ging
das so, morgens oder abends, bis sie abreiste, abdüste.

Sie fliegt überhaupt gern, ist mit einem Billigflug von Brüssel nach LA geflogen, viele Vegetarier an Bord, sie alle hatten Reiseverpflegung mitgebracht, zwölf Stunden nonstop, aber sie hatten viel Spaß, man tauschte aus, über Plätze hinweg, was man mitgenommen hatte, währenddes flog die Maschine mit beinah tausend Stundenkilometern durch die Luft, das ist überhaupt ein Wunder für sie, dass man beinah tausend Kilometer in einer Stunde durchfliegen kann, und dabei isst und trinkt man in aller Ruhe, das ist wirklich Spitze. Wenn ein Flugzeug abgehoben hat, fühlt sie sich völlig leicht, nicht schwerelos, das nicht, natürlich nicht, aber leicht, kinderleicht, ja kinderleicht.

Und sie dreht sich einmal um sich selbst mit ausgebreiteten Armen im sonnenheißen Hof, bleibt vor mir stehen, spricht weiter, eifrig, kleine Laienpredigerin, Verkünderin, healer and preacher, spricht, spricht, spricht, scheint viele tausend Wörter in sich aufgespart, aufgestaut zu haben, hier kann sie offenbar geerdet werden, nun fließt alles ab, steigt zugleich auf, vom energiegeladenen Boden herauf, von der wärmegesättigten Stadtmauer herüber, und mit den Energieströmen sei es ja so: Neun Öffnungen, ruft sie, die erste hier oben im Schädel, genau da, wo einmal die Fontanelle war, da dringt die kosmische Kraft ein, dann die beiden Augenöffnungen, und über der Nasenwurzel die unsichtbare Öffnung, die von indischen Frauen markiert wird, schwarz, das dritte Auge, und dann Nase und Mund, die Öffnung in Herzhöhe und die Öffnung in Höhe des Sonnengeflechts, dieser kleinen Innensonne, die in California an Glanz und Größe gewonnen hat, und zuletzt die Öffnung des Geschlechts, und sie legt die Hand in den Schritt der Jeans, mit leicht gespreizten Beinen stehend: All diese Öffnungen für den Fluss von Energien, herein und hinaus, hinaus und herein, doch bei den meisten ist der Energiefluss, der Austausch von Energien geblockt, Zonen, in denen sich der Energiefluss verlangsamt, verästelt, schließlich erstirbt, ja erstirbt, es entstehen Krankheiten, wo der Energiefluss zwischen Geist, Seele, Körper gestört ist, sie kann das, wenn sie gut drauf ist, mit den Handflächen, über die Handflächen spüren, wo die Energieblockaden sitzen, nein, die Energieblockierungen, sie spürt das nicht nur an Muskelverspannungen, spürt das ganz einfach, dieses Land ist ein Feld, ein riesiges Feld von Linien sich kreuzender negativer Energien, aber hier im Hof fühlt sie sich davor geschützt, keine Energiewirbel, Energieturbulenzen, vielleicht wirkt sich hier auch die Ruhe der Toten aus, hier vor der Mauer, dieser alten, alten Mauer auch Tote, sicherlich Tote, sie hat in Arizona zwei Tage und Nächte bei einem Sterbenden gesessen, wahrscheinlich Aids, er hatte viel gespritzt, und er wusste genau, auf den Tag genau, wann die Kraft seines Körpers erlöschen würde, sie hat ihm das geglaubt, aber da waren auch Stunden, in denen sie das ganz einfach nicht glauben wollte, sie ging ja auch mal einkaufen, aber einmal, das eine Mal wurde sie auf halbem Weg ganz kribbelig, sie spürte, es geschieht was, sie rannte zurück, kam gerade noch zurecht, konnte ihm einen guten Abflug wünschen, den hatte er auch, hob ganz sanft ab, und sie wüsste so gern, wo er nun gelandet ist.

Sie steht dicht vor mir, schweigt. Damit sie sich nicht selbst verlorengeht, nehme ich sie in die Arme, und sie macht sich klein, schmal, leicht und flüstert in mich hinein zwischen Schultergelenk und Ansatz des Schlüsselbeins, ich verstehe kein Wort. Doch sie, sich von mir lösend: »Ist das rübergekommen?« Offenbar ist sie da ganz sicher, wartet keine Antwort ab, setzt sich auf die Bank am Tisch. Jetzt muss ich erst mal abschalten. Und sie verschränkt die Arme vor der Brust, beugt sich vor, sitzt reglos. Ich schaue zu diesem vorgekrümmten, eingekrümmten, aber sichtlich entspannt eingekrümmten Körper, spüre, wie sich auch Anspannung in mir löst. Finden wir einen gemeinsamen Atemtakt? Ein kleines Aufseufzen, sie steht auf, geht ins Haus, steigt vor mir die Treppe hoch ins sonnenwarme Dachgeschoss, zieht sich aus. He, du hast ja Grübchen überm Hintern! »Ja, das haben mir bisher all die Männer gesagt.« Schon fühle ich mich eingereiht oder: einer Reihe von Männern angeschlossen. Sehe mich gleichsam in Rückansicht, aus der Perspektive eines Mannes, der sich in der Reihe hinter mir anschließen wird, noch namenlos.

PERSPEKTIVWECHSEL! KONTRASTPROGRAMM! Drei Anekdoten unter dem verbindenden Titel: Ein Autor und sein Staatsoberhaupt. Entsteht da Kommunikation?

Die erste Beinah-Begegnung mit Helmut Schmidt bei einem Kanzlerfest, zu dem wir eingeladen waren – wie es dazu kam, weiß ich nicht. Vor der Veranstaltung wurden nicht nur unsere Eintrittskarten durchleuchtet.

Unter den paar tausend Gästen sah ich zweimal den Gastgeber. Einmal saß er mit anderen Politikern im Festzelt an einem Tisch, umgeben von athletischen Männern, die beinah Schulter an Schulter standen und nach außen blickten, wachsam; sich drängelnde Zuschauergäste, auch ich, wir versuchten, über breite Schultern hinweg und an kantigen Schädeln vorbei die hohen Herren zu erspähen, die sich zwanglos gaben im Gespräch bei Kölsch hinter der Menschenmauer.

Später sah ich, wie sich der Kanzler leibhaftig durch das Gästegewusel bewegte, umgeben von Leibwächtern. Kam mir so vor, als würde sich eine Blastula-Formation bewegen, eine Zellgruppe, in ihrer Mitte der kleine, energisch wirkende Mann.

Ein anderes Mal lud er (»anlässlich der laufenden Proben für die Ruhrfestspiele 1975«) zu Mittagessen und Gespräch ein im Ruhrfestspielhaus zu Recklinghausen; er wollte sich über die Lage der Künste im Land informieren, im Kreis von jeweils drei, vier Schriftstellern, Bildenden Künstlern, Komponisten.

Auch ich meldete mich zu Wort, wies darauf hin, dass wir Schriftsteller zusätzlich zur Einkommensteuer auch noch Umsatzsteuer zahlen müssen, damit als Freiberufler doppelt besteuert werden, da konterte er: »Sie wollen also Privilegien?!« Freier Unternehmer ist freier Unternehmer, egal ob Schriftsteller, Zahnarzt oder Rechtsanwalt, freie Unternehmer zahlen Umsatzsteuer, basta. Nur können Zahnärzte oder Rechtsanwälte die Mehrwertsteuer an ihre Klientel weiterreichen, wir Autoren hingegen müssen sie uns ›aus den Rippen schneiden‹. In diesem Punkt ließ Schmidt aber nicht mit sich reden.

Ich fühlte mich, ja, abgekanzelt, hielt mich dafür schadlos am Buffet, fiel damit auf: Raddatz, in Samt und Seide an mir vorbeischreitend, warf einen abschätzigen Blick auf meinen gut gefüllten Teller und merkte herablassend an: »Na, das dürfte ja wohl reichen!« Damit war ich offenbar erst recht für ihn erledigt. Keine Chance mehr, in der »ZEIT« besprochen zu werden.

Ein drittes Mal sah ich Schmidt im Palais Schaumburg. »Der Bundeskanzler und Frau Schmidt geben sich die Ehre, zu einem Klavierabend mit Professor Andor Foldes einzuladen.« Der Kanzler begrüßte die vierzig, fünfzig Gäste, formell und unverbindlich wie bei einem Neujahrsempfang.

Auch mit Foldes kam ich nicht ins Gespräch. Als ich ihn fragte, ob er schon mal eine Komposition von Clara Schumann gespielt hätte, intervenierte seine Frau: Berufsbezogene Anfragen müssen schriftlich bei der Agentur eingereicht werden, seien eventuell kostenpflichtig. Na, dann eben nicht ...

EIN STARFIGHTER-PILOT aus dem Freundeskreis erzählte mir, von Kameraden würden die auch im Fliegerhorst Nörvenich unter amerikanischer Bewachung gelagerten Atombomben als »Eierchen« bezeichnet. Sind nicht länger als ein Bein, auch nicht dicker. Werden, wurden eingeklinkt unter dem »Witwenmacher«, der von Verteidigungsminister Strauß eingekauft worden war, als es das Flugzeug eigentlich noch gar nicht gab. Eine Rakete mit Stummelflügelchen, null Auftrieb. Wenn du beim Start nicht schnell genug das Fahrwerk einfährst und den Nachbrenner einschaltest, kriegst du schon Probleme. Fällt das Triebwerk aus, stürzt die Maschine wie ein Stein vom Himmel. Dabei kommst du derart ins Trudeln, mit dem Schleudersitz kommst du nicht mehr raus, hundertzwanzig Tote mittlerweile. Und mit dieser kippligen Kampfjet-Primadonna Atombomben fliegen?!

(Die wurden ja selbst bei Militärübungen spazierengeflogen, wie sich im Rückblick zeigt. Absturz einer B-36, über dem Pazifik Notwurf einer Atombombe ... In Böttingen [Schwäbische Alb] fiel bei Wartungsarbeiten ein Atomsprengkopf auf den Boden ... In Brüggen [NRW] fiel beim Verladen eine Atombombe von einem Lastwagen ... Bei Münster stürzte ein Hubschrauber mit Atomwaffen ab ... Es kam noch ärger: ein B-52-Bomber stürzte in North Carolina ab, verlor dabei zwei Atombomben – eine landete am Fallschirm, die andere schlug hart auf und zerschellte ... Auf dem US-Stützpunkt im britischen Lakenheath stürzte eine B-47 ausgerechnet in ein Lager mit Atomwaffen und explodierte auch noch. »Es ist möglich, dass ein Teil von Ost-England eine Wüste geworden wäre«, meinte später ein General.

Auch Pannenserien können dem Eskalationsschema folgen: Über Spanien wurde eine B-52 in der Luft betankt, fing Feuer, stürzte ab mit vier [!] Wasserstoffbomben an Bord. Eine fiel in einen Fluss, eine ins Mittelmeer, bei zweien explodierte der konventionelle Zündsatz, doch Kernspaltung und Kernfusion setzten nicht ein. So wird mit dem Feuer der Sonnenenergie gespielt, fahrlässig. Kein Wunder, dass wir uns in jener Welt bedroht fühlten. So viel Sprengkraft und so viel Dummheit! Es werden in der Grauzone ja noch viel mehr Pannen geschehen sein, die nicht pressekundig wurden, früher oder später.)

Und wieder der Starfighter-Pilot, in häuslichem Ambiente: Bei der Ausbildung in den Vereinigten Staaten soll es schon mal vorgekommen sein, dass Piloten im Sturzflug auf Zielmarkierungen die Maschinen nicht rechtzeitig abfingen, sie bohrten sich rein in die weißen, konzentrischen Zielkreise – target fixation, Zielfixierung. Seltene Ausnahmen, gewiss, doch ansatzweise scheint so mancher Pilot zu erleben, wie das Ziel Bewusstsein verengt, es ansaugt. (Ob es Kamikazefliegern so ähnlich ging: das Ziel rammen, sich darin einbohren? Gibt es hier etwas, das zur Motivation durch Ausbildung und Propaganda verstärkend hinzukommt?)

Eine weitere Wortkombination, im Gespräch vermittelt: trigger-happy. Eine Art Glücksgefühl beim Ziehen des Abzugbügels, beim Druck auf den Knopf. Auch hier vielleicht psychische Faktoren – wobei sich kaum entscheiden lässt, wie viel angeboren oder anerzogen ist. Das ist für den Soldaten in der Auslösersituation auch gleichgültig: he's just trigger-happy. Und es bleibt Erinnerung an solch ein Glücksgefühl beim Schießen, davon wird erzählt, das wird mit-geteilt.

Unterwegs zu einer Lesung. Der Ort der Veranstaltung wäre, per Bahn, nur nach mehrfachem Umsteigen zu erreichen gewesen, also Fahrt mit dem PKW. Fast programmgemäß geriet ich in heftig zunehmendes Schneetreiben, der Schnee blieb, vor allem auf der linken Spur, immer dichter und höher liegen. Und ich musste eine amerikanische Militärkolonne überholen, die äußerst langsam fuhr. Auf einem Truck drei Raketen, die Spitzen zum Heck gerichtet. Solche Objekte hatte ich, komplett, bisher nur auf Fotos gesehen oder auf dem Bildschirm. Sie waren schätzungsweise drei Meter lang und schwarzgrau. Also wohl Kurzstreckenraketen. Jede von ihnen im Kriegsfall sicherlich mit einem Atomsprengkopf versehen. Ich überholte weitere Trucks mit Tankbehältern, mit Radarschirmen unter Schutzhüllen. Und wieder ein Truck mit drei Raketen. Und Trucks mit Treibstofftanks und Funkbuden. Wieder Trucks mit Raketen, sechs oder sieben Lastwagen insgesamt – achtzehn oder einundzwanzig Raketen.

Auf den satelliten-georteten Manövrierraum dieser mobilen Raketeneinheit wurde, nach Erreichen des Fahrtziels, sicherlich eine, mindestens eine Rakete des Ostblocks, des Warschauer Pakts gerichtet, mit weitflächig wirkendem Sprengkopf oder mit multiplen Sprengköpfen. Diese Vorstellung machte mir Angst. Aber eigentlich, letztlich war diese Angst eher theoretisch. Ich fragte mich, vorsichtig durch den Schnee steuernd, ob ich in diesem Punkt oder in diesem Zeitraum zu gefühlsarm sei. Sieben mal drei Raketen, sieben mal drei Impulse, starke Impulse – und was rührte sich in mir? Eigentlich hätte ich einen Schweißausbruch kriegen müssen und Händezittern, aber das Einzige, was mich wirklich beschäftigte, war: den Wagen in der Spur zu halten. Ich bin sicher, anderen Autofahrern haben auch nicht die Hände gezittert, jedenfalls nicht wegen der Raketen, und Schweißausbrüche eher ausgelöst wegen des anhaltenden Schneefalls: Gerät alles ins Stocken? Witterungsbedingter Stau über Stunden, im Schnee?

Nach der Heimkehr: Wieder einmal das Gefühl, gefordert zu sein. Vage Pläne. Und ein neuer Impuls. Im ZEIT-Magazin las ich einen Bericht über den vormaligen Verteidigungsminister Hans Apel. Vorrangig ging es um Entzugserscheinungen: Mit dem Ende der Amtszeit plötzlich nicht mehr eine lückenlose Folge von Terminen, er blieb sich selbst überlassen. Was mich allerdings nur nebenher interessierte. Was mir hingegen die Pupillen weitete: Apel berichtete von seiner aktuellen Lektüre: Jonathan Schells *Zukunft der Menschheit*. Der ehemalige Verteidigungsminister: »Endlich habe ich Zeit für solche Bücher.« Und es hieß im Bericht: »Es schüttelt ihn angesichts der grausigen Beschreibung Schells, wie atomare Abschreckung zur Selbstvernichtung der Menschheit führen kann.«

Ich lernte mit wachsender Irritation und Besorgnis: Der Verteidigungsminister eines mächtigen Landes informiert sich während seiner Amtszeit nicht weiter über Folgen des wiederholt angedachten Einsatzes von Atomwaffen! Zur *Verteidigung*, das muss hier politisch korrekt hinzugefügt werden, aber: »Der Einsatz wird bei großen Manövern fest eingeplant. Die konventionellen Streitkräfte des Warschauer Paktes sind den konventionellen Streitkräften der Westmächte überlegen, also müssen schon früh taktische Atomwaffen eingesetzt werden in der Bundesrepublik Deutschland.« Dies nach dem Motto: »Use them or lose them«. Dennoch, ein Verteidigungsminister, der in Gesprächen, bei Planungen, bei Manövern wiederholt mit dieser Konstellation konfrontiert wird, er ist höchst unzureichend darüber informiert, was Atomkrieg im Detail bedeutet. »Als Verteidigungsminister sieht man doch alles viel zu abstrakt.« Nur als Verteidigungsminister? Apel: »Sie wissen ja nicht, wie Generäle manchmal über Atombomben sprechen. Als seien das ganz harmlose Dinger.«

Hier, genau hier sah ich den Ansatzpunkt für mich als Schriftsteller: Das Abstrahieren stören durch konkrete Darstellungen. Anders formuliert: Den Realitätsverlust in der weithin vorherrschenden Abstrahierung (damit Bagatellisierung) des Problems auszugleichen versuchen, indem ich mithelfe bewusst zu machen, was letztlich geschieht, in den

841

Auswirkungen auf Millionen von Menschen, wenn hier Geplantes einmal realisiert werden sollte. Nun war ich sicher: Ein großer Teil der Mitarbeiter eines Verteidigungsministeriums sieht ebenfalls »alles viel zu abstrakt«, militärische Dienstgrade unterhalb von Generälen ebenfalls. Die meisten meiner Mitbürger, so fürchtete ich, verharmlosen und abstrahieren gleichfalls. Das Reden und Schreiben über Atomkrieg bewegte sich meist hoch über den Details, die beim Erörtern belasten könnten.

Ich habe an mir selbst erlebt, gemerkt, erfahren, dass konkrete Informationen sehr viel stärker einwirken, sehr viel länger nachwirken als noch so überzeugend formulierte Statements. Ein Fernseh-Feature über Atomrüstung konzentrierte sich für mich – vor allem in der Erinnerung – auf eine nur wenige Sekunden kurze Sequenz aus einem Dokumentarfilm: Eine Halle, in der nach der Explosion der Atombombe über Hiroshima Schwerverwundete zusammengetragen wurden – Blick (von einer Galerie) hinab auf den Hallenboden voller Menschenleiber, die reglos lagen, die sich einkrümmten, die sich aufbäumten: stärkste Verbrennungen. Wie eine Echsenversammlung, so assoziierte ich nach einem der Opferberichte, denn diese sich krümmenden, sich langsam aufbäumenden Körper waren kaum noch als Menschenleiber zu erkennen: schwarzschuppige, fransige, blasige Hautflächen. Enthäutetes Fleisch.

Ich fühlte mich aufgerufen, verpflichtet, dienstverpflichtet zu einer, ja, aufrüttelnden Darstellung, nutzte die Chance eines Auftrags für die Landesbühne Niedersachsen Nord, schrieb ein Stück mit dem Titel *Im Zielgebiet*.

Im Begleittext der Wilhelmshavener Dramaturgie hieß es zum Stück: »Eine Gruppe trifft sich sonntags früh auf einer Waldlichtung: Lehrer, Handwerker, Rentner, Beamte, junge und alte Leute. Doch kein unbeschwertes Picknick ist geplant; gemeinsam wollen sie überlegen, wie sich ihr Anliegen einer größeren Öffentlichkeit deutlich darstellen lässt. Ihr Anliegen – das ist die drohende Stationierung von Raketen-Abschussrampen in ›ihrem‹ Wald, in ihrem unmittelbaren Lebensbereich. Die Gruppe sucht nach sichtbaren Ausdrucksmitteln ihrer Angst. Mit welchen Theatermitteln können sie anderen die Situation deutlich machen? Die Auseinandersetzungen über den Weg zum gemeinsamen Ziel lässt Kühn nicht in theoretische Debatten, sondern in nachdenkliche, komische, ernsthafte, leidenschaftliche Aktionen einmünden. Ein Zeitstück, das Stellung bezieht, ohne zu agitieren.«

Doch dann: Chaos auf der Bühne, ausgerechnet bei der Uraufführung in Ludwigshafen, vor versammelten Leitern diverser Landesbühnen: Gleich in den ersten Sekunden der Aufführung stürzte das Computerprogramm der Beleuchtung ab, Regisseur Immelmann musste das Spiel unterbrechen, eine Zwangspause, das Ensemble war aus dem Takt gebracht, erneuter Start mit Standardbeleuchtung, Arbeitslicht, das gutgemeinte Stück ging unter, das Publikum lief auseinander. Ich erlebte sehr direkt den auch körperlich erfahrbaren Unterschied zwischen Erfolg und Misserfolg. Bei einem Erfolg: alles schart sich um einen. Beim Misserfolg: alles flüchtet – als hätte man plötzlich eine Pestbeule auf der Stirn. Viel Platz um mich her im Foyer. Am Ausgang formeller Zuspruch: Kommt in den besten Familien vor … Kopf hoch … Kein Fest mit dem Ensemble. Reinfall. Verstummt zuckelte ich zum Hotel.

Wieder das Stichwort: Grundgefühl der Bedrohung. Ein Förster, den ich über die Basisarbeit meiner vormaligen Partei näher kennengelernt hatte, erzählte mir, wie er an einem sehr frühen Sommermorgen von einem Eifelhang aus in die Ebene zwischen Düren und Nideggen blickte, und wie sich in einer bewaldeten Senke Raketen aufrichteten (»wie die Spargel«) und gleich darauf wieder abgesenkt wurden; offenbar ein Funktionstest. Dies zu einem Zeitpunkt, an dem mit Beobachtern nicht zu rechnen war, von einem Eifelhang oder einer Eifelhöhe herab. Ich hatte keine Ahnung davon, dass, ein paar Kilometer Luftlinie von Düren entfernt, eine Raketenstellung versteckt sein könnte, wollte mich selbst davon überzeugen.

Ich arbeitete mich durch das weglose, unterholzreiche Waldgebiet vor bis zu einem verdoppelten NATO-Stacheldrahtzaun, sah aber auch hier nur Bäume, Gebüsch, Gestrüpp. Hörte plötzlich ein Sirren, ein mechanisches Sirren, und siehe da, über Baumkronen hinweg sah ich die Spitze einer Rakete, kurz, und mit begleitendem Sirren wurde sie abgesenkt. Danke schön, sagte ich lautlos, jetzt weiß ich Bescheid, ich werde dafür sorgen, dass die Bevölkerung des Kreises Düren erfährt, welch hochrangiges Zielgebiet für eine feindliche Rakete sich hier befindet, gleichsam vor der Haustür.

Eine Vorführung wie auf Bestellung, absolut sinnvoller Zufall. Denn in jener Zeit wurde von der »Beratungsstelle für Kriegsdienstverweigerer und Zivildienstleistende der Evangelischen Gemeinde zu Düren« (gemeinsam mit vier weiteren Initiativgruppen) eine »Friedensfahrt Drover Heide – Nörvenich« vorbereitet. »Am Sonntag, den 27. September 1981, wollen wir mit einer Fahrrad-Friedensfahrt nach Nörvenich, wo schon heute atomare Sprengköpfe lagern, und in die Drover Heide, wo durch einen Truppenübungsplatz unsere Umwelt zerstört wird, unseren Widerstand deutlich machen.« Und ein Aufruf zur Mitarbeit.

Ich nahm Kontakt auf mit dem Organisator, erklärte mich bereit, beim Friedens-Meeting in der Drover Heide eine Rede zu halten.

Einer der organisierten Naturschützer im Bunde hieß das gut, bat mich nur, in vertraulichem Gespräch, in meiner Kritik an der militärischen Nutzung der friedlichen Heide nicht allzu polemisch zu werden, denn eigentlich, letztlich, letztendlich sei solch ein Gebiet mit Blick auf Fauna und Flora eher schützenswert. Zwar sind da die Trassen für schwere Kettenfahrzeuge, alles plattgewalzt und zermalmt, aber rechts und links davon gedeiht es üppig, weitflächig kein »Eintrag« von Herbiziden, Pestiziden. Und ich wurde hingewiesen auf Heidelerchen – finden sich am ehesten an Störstellen ein, selbst bei militärischer Nutzung. Bei derartigen vegetationsarmen Stellen stellt sich auch wieder der Gebirgsgrashüpfer ein. Im Gelände bleiben zwar die üblichen »Panzerwellen«, aber wenn dort eine Zeitlang nicht gefahren wird, sammelt sich in den Mulden Wasser an, und damit entstehen Biotope für Amphibien, vor allem für die bedrohte Kreuzkröte. Auch für die Plattbauchlibelle. In der Nähe von Schießbahnen findet das Birkhuhn sein Revier. Wildbienen vermehren sich. Also, wie sich an einem aufgegebenen Truppenübungsplatz zeigte, ist dort geradezu ein Rückzugsgebiet für bedrohte Tier- und Pflanzenarten. Selbst die Smaragdeidechse findet sich wieder ein, die sonst so seltene, bedrohte Smaragdeidechse!

Ich konnte ihn beruhigen: Ich habe ein anderes, ein ganz, ganz anderes Thema! Ihr werdet euch wundern! Ich nannte aber kein Stichwort, setzte auf Überraschung, damit auf Wirkung. Bei ›zündender‹ Rede war zu erwarten, dass sich die Lokalpresse als Multiplikator einschaltete: Atomraketen nebenan!

So erhielt unsere Demo einen zweiten Ellipsen-Brennpunkt: Fahrt zum Fliegerhorst, Fahrt zur Lichtung in der Nähe der Sperrzone.

Der erste Teil der Fahrrad-Demo war offiziell angemeldet, selbstverständlich. Und wir wurden, ebenso offiziell, gewarnt, ja eingeschüchtert. Einige Zitate und Stichworte; sie lassen – zusätzlich – erkennen, in welchem Binnenklima wir damals lebten.

Headline: »Nato-Fliegerhorst Nörvenich ist Sonntag im Alarmzustand«. Unterzeile: »Amerikaner sind auf dem Posten / Friedensradler sind gewarnt«. Und ich bin wieder erstaunt über den rüden Ton, mit dem wir damals konfrontiert wurden. Einschüchterungsversuche!

»Für den Nato-Fliegerhorst Nörvenich, wo Kampfbomber der Bundeswehr und der US-Streitkräfte stationiert sind, besteht am ›freiwilligen autofreien Sonntag‹ Alarmstufe 1. Hier nämlich sind in einem nur unter amerikanischem Kommando stehenden Geheimbereich atomare Waffen stationiert. Aber nicht den Angriff potentieller Kriegsgegner erwartet man, vielmehr gilt die Alarmbereitschaft der deutschen und amerikanischen Militärs einer Schar von ›Friedensradlern‹, die eine Demonstration vor den Sperrzäunen angekündigt haben. Am Sonntag wollen sie mit ihren Drahteseln aus Köln, Düren und den Städten des Erftkreises heranradeln und demonstrieren.

Der deutsche Oberst Gerd Overhoff hat die Friedensfreunde vorsorglich gewarnt: ›Die amerikanischen Soldaten, die diesen Bereich des Fliegerhorstes bewachen, haben strikten Schießbefehl.‹ Sollten Demonstranten auf die selbstmörderische Idee kommen, etwa die Absperrung stürmen zu wollen, könnte es ›brenzlig‹ werden: Die Amis würden feuern!«

Vorab schon mal dieses offenbar der Lokalpresse diktierte Sperrfeuer. In der Sprachregelung waren wir »Rüstungsgegner aus sogenannten Friedensinitiativen«. Die Demo wurde als »politisch pervers« bezeichnet. »Für ›politisch pervers‹ hält unterdessen ein Sprecher der FDP der Stadt Kerpen, in deren Gebiet hinein sich weite Teile des Fliegerhorstes Nörvenich erstrecken, den bevorstehenden Radler-Protest. Die Demonstration sei deswegen ›politisch pervers‹, begründete der Liberale seine Meinung, weil der Protest gegen Kernwaffen ›auf dem Rücken der einfachen Soldaten in Nörvenich‹ ausgetragen werden solle.«

Zu diesem Zeitpunkt war ich längst aus der FDP ausgetreten; wäre das nicht geschehen, ich hätte hier ein zusätzliches Stichwort gefunden!

Was es mit den »einfachen Soldaten« im Fliegerhorst auf sich hatte, dies in Alarmstufe 1, das wollte ich herauskriegen, bevor es weiterging zur Waldlichtung bei der Raketenstellung. Wir fanden uns ein auf einem Straßenstück zwischen Bundesstraße und der Einfahrt zum Fliegerhorst. Auf halber Strecke die alte Straße, die in das Dorf Oberbolheim führte, das man abgerissen hatte, weil es unter der Startschneise der Düsenjäger lag; nur die alte Kirche hatte man stehngelassen. Polizeifahrzeuge vor der Einfahrt in das Fliegerhorstareal, eine Polizeisperre auf der Höhe der Querstraße, die für uns freigegeben war. Von hier zur Einfahrt des Fliegerhorsts ein überschaubares Straßenstück von wenigen hundert Metern.

Mir wurde mitgeteilt, an der Einfahrt drüben sei ein MG aufgebaut. Das wollte ich gleich mal inspizieren. Dazu musste ich tricksen. Ein junger Pfarrer der evangelischen Gemeinde hatte mir das Gerücht vermittelt. Ich schlug vor: Wir marschieren jetzt lässig plaudernd durch den Polizeikordon hindurch – mal sehn, wie weit wir kommen. Wir kamen nur etwa zwanzig Meter weit, dann holte uns, per Zuruf, ein ranghoher Polizeibeamter ein: Ob wir eine Sondererlaubnis hätten.

Nein, wir wollen zum Eingang da drüben, »nur mal gucken«.

Wurde natürlich nicht akzeptiert, die Zufahrtsstraße ist für Zivilisten gesperrt.

Ich wies hin auf einen Zivilisten, der auf der Straße zum Fliegerhorst ging.

Das sei ein Angehöriger der Bundeswehr.

Und die Frau und das Kind neben ihm?!

Das sind Angehörige vom Angehörigen der Bundeswehr. Kleines, entspanntes Auflachen. Und ich sagte dem Offizier: Hier steht Polizei, drüben am Eingang steht Polizei, Sie können doch nichts dagegen haben, wenn wir von Polizei zu Polizei gehen.

Nun musste er wiederum lachen, wir konnten passieren, »aber nur ausnahmsweise«.

Auf halbem Weg geparkt zwischen Polizeikette eins und der Polizeigruppe vor der Einfahrt ein Wagen mit Dienstnummer. Zwei Männer vorn, und die hoben, wie in einem mäßigen Krimi, die Zeitungen an. Ich sagte dem Begleiter: Die nehm ich jetzt mal hoch.

Um Himmels willen, wieso das denn?

Rache! Schließlich hatte während der Entführung des Arbeitgeberpräsidenten Schleyer einige Tage und Nächte der PKW mit Dienstnummer vor dem Gartentörchen zum Dürener Haus gestanden und der Streifenwagen im Sichtbereich des Eifelhauses.

Ich ging auf den Wagen zu, blieb davor stehn, schaute auf das Nummernschild, ging langsam, betont langsam am Wagen entlang, blieb stehen, schaute auf die Zeitungsleser, stellte mich hinter den Wagen, schaute auf das Nummernschild – schon wurde der Wagen gestartet, fuhr langsam weiter.

Mein Begleiter war baff, ich auch. Mein Versuch der Erklärung: Hier sind verdeckte Mitarbeiter mehrerer Organisationen im Einsatz, BKA, MAD und was weiß ich, die Herren kennen sich nicht gegenseitig, und so setzten die beiden im Auto, ob vom BKA oder vom Militärischen Abschirmdienst, sicherlich voraus, dass ich zu einer der Organisationen gehörte, sonst hätte ich die Kontrolle nicht riskiert, wäre von der Polizei auch gar nicht erst durchgelassen worden.

Mit leicht beschwingtem Schritt ging ich, ungeachtet der ernsten Situation, zum Eingang des Fliegerhorsts. Und tatsächlich, dort waren grüne Sandsäcke geschichtet, und ein Sturmgewehr lag auf der Oberkante. Aber das war sichtlich eine Dauerinstallation. Den Polizisten nickte ich zu, mit einem der wachhabenden Soldaten kam ich ins Gespräch, kriegte zu hören: Sind alle total sauer auf die Demonstranten ... viele hätten das Wochenende eigentlich frei, mussten bleiben ... haben den ganzen Tag noch keinen Proviant gekriegt und nicht mal was zu trinken ... stehen sich die Beine in den Bauch hier in der Pampa ... wenn die Demonstranten anrücken, die kriegen es übergebraten!

Danke für die Mitteilung, wir sehen jetzt klar. Ich wandte mich an einen der Offiziere, die dort herumstanden, erwartungsvoll und zugleich gelangweilt: Tatsächlich Urlaubssperre? Aber nein, wieso komm ich denn darauf, Dienst wie üblich.

Gemächliche Rückkehr zur Sperre, die Radler hatten es sich mittlerweile bequem gemacht: Picknickstimmung. Ziel nicht erreicht, Unerfreuliches verhindert, wir können fahren. Und der rasche Aufbruch, ich blieb zurück. Schaute zu, wie die Polizeigruppe vom Tor herüberkam, wie die Kette aufgelöst wurde, Abfahrt in VW-Bussen. Die Szene leergeräumt. Und es kam ein Privatwagen nach dem anderen aus dem Fliegerhorst heraus, Wagen aus Aachen und Köln und Mönchengladbach und Neuss und Viersen, die Fahrer alle in Uniform und nun ihre Heimatorte ansteuernd.

Weiterfahrt Richtung Drover Heide. Langgezogen der Radlerpulk. Aus der Lokalpresse: »Nach einigen Friedensliedern

machte sich dann die ein Kilometer lange Schlange von Radfahrern auf den Weg in Richtung Drover Heide.« Ich allerdings im Auto, mit Mikrophon, Verstärker, Lautsprecher.
Die Waldlichtung am Rande des Truppenübungsplatzes. Ich
hielt meine Rede an die friedlich hingelagerten Radfahrer im
Sonnenschein.

Ich habe auch in diesem Fall frei gesprochen, Stichworte
auf einem postkartenkleinen Blatt. Also bin ich auf den Bericht der »Dürener Nachrichten« angewiesen, mit wörtlichen
Zitaten, die nicht immer wörtlich zu nehmen sind. Zwar wurde Drove als potentielles Ziel einer atomar bestückten Rakete
genannt, der Hinweis aber auf die Stellung von Nike-Hercules-Raketen wurde unterschlagen. Es wurden lediglich Folgen
eines Angriffs, nicht die eines Gegenschlags skizziert.

»Schriftsteller Dieter Kühn forderte in seiner Rede eine
bessere Information des Bürgers in Bezug auf militärische
Anlagen und einen besseren Umgang der Militärs mit der
Öffentlichkeit. ›In England zum Beispiel wird die Öffentlichkeit über geplante militärische Anlagen in Form von Postwurfsendungen informiert und befragt. Es wäre gut, wenn
auch die Bevölkerung des Kreises Düren über das informiert
wäre, was bei uns vorgeht‹, sagte Dieter Kühn. Der Schriftsteller war überzeugt, dass sowohl auf Nörvenich als auch auf
Düren (Munitionslager Gürzenich), Jülich und Drove jeweils
eine sowjetische SS 20 gerichtet sei.

Kühn machte die Sinnlosigkeit eines Zivilschutzes (›Alufolien helfen uns da überhaupt nicht weiter‹) und die grausamen
Wirkungen einer Bombe mittleren Kalibers deutlich: ›So würde eine auf Düren gerichtete [Atom]Bombe einen Feuerball
mit einem Durchmesser von zwei Kilometern bei der Explosion ergeben. In einem Umkreis von zehn Kilometern würde
alles zerstört, in einem Umkreis von 20 Kilometern die Hälfte
der Bevölkerung schwer verletzt werden.‹

Nach den Worten des Dürener Schriftstellers seien nach
einem atomaren Schlag gegen Düren sofort 45 000 Tote
zu erwarten. Daneben würden noch 39 000 Verletzte und
10 000 Notfallpatienten anfallen. Um die Grausamkeit eines

solchen Krieges zu verdeutlichen, wählte Kühn ein makaberes Beispiel: ›Würden die Verletzten alle mit einem Meter Abstand nebeneinander gelegt, so würde sich eine Strecke von 39 Kilometern ergeben. Genauso lang wie die Strecke, die wir heute auf der Friedensfahrt abfahren.‹«

Eine kleine Gruppe radelte anschließend weiter zur Radarstation auf der Höhe von Nideggen. Eine rätselhafte Einrichtung, die irgendwas mit dem regional stationierten belgischen Militär zu tun haben sollte.

Ich war nicht mit von der Partie, ließ mir genau erzählen. Die Gruppe radelte auf der geteerten Zufahrtspiste bis zur bewachten Einfahrt des umzäunten Areals. Und es trat ein belgischer Offizier vor das Tor und rief: »Endlich!« Er sei schon lange hier oben im Dienst und habe sich immer schon darüber gewundert, dass keiner wissen wollte, wozu die Radaranlage diene. Das könne er ganz klar sagen: Dies sei die Leitstelle für die Raketenstellung dort unten. Die sei mit Nike-Hercules-Raketen bestückt. Flugabwehr. Der Auftrag bestehe im Kriegsfall aber auch darin, einen atomaren Sperrriegel zu schießen, auf bundesdeutschem Gebiet. Aufschrei einiger Demonstranten: Schreck und Wut.

Es war also kein Phantom, gegen das ich angeredet hatte. Im Jahr nach der Aktion erschien ein *Bedrohungsatlas Bundesrepublik Deutschland*. Hier war auf einer Karte der Atomwaffenstandorte in Nordrhein-Westfalen auch Drove eingetragen. Ich habe die Schrift im feldgrauen Pappumschlag aufbewahrt. Auch andere, noch spätere Bücher, die uns im Grundgefühl der Bedrohung nur bestärken konnten. Ich nenne, stellvertretend, zwei der Titel: *Das Zeitalter der Bombe.* »Die Geschichte der Bedrohung von Hiroshima bis heute« (München 1995). Und, konkretisierend: *Tausend Grad Celsius,* »Das Ulm-Szenario für einen Atomkrieg« (Darmstadt 1985). Dazu als neue Dimension der Information: Recherche im Internet.

Auch da werde ich fündig. Die »FlaRak-Stellung« Drove, erst 1990 aufgegeben, war mit 36 Nike-Hercules-Raketen bestückt gewesen, zehn mit nuklearen Gefechtsfeldköpfen – zur

Abwehr von Flugzeugen (!) und (mit anderer Programmierung) als »taktische Nuklearwaffe gegen Bodenziele«. Hier lag die Reichweite nur bei sechsundvierzig Kilometern. Auch zur Verteidigung von Belgien hätte man demnach linksrheinisch abgeschossen, was rechtsrheinisch als Atom-Sperrriegel eine weite Zone total verwüstet hätte. Dazu die landesweite Verteilung des reichlich anfallenden Fallout.

Das alles lief unter »taktische« Atomwaffen. Bewacht wurde die Anlage denn auch vom 43rd US Army Art. Det. Also Artillerie. Dies, zum Teil, mit Atomsprengköpfen der Serie W-31. Ich übernehme, gleichsam blindlings, die Bezeichnung aus dem Internet, will mit diesem Zitatdetail nicht punkten als Waffenkenner, schon gar nicht in jener Vernichtungssparte. Mir verrät die Bezeichnung nur, dass es eine offenbar breite Palette an Genozidwaffen gibt, spezifiziert für diverse Vernichtungszwecke. Was allein schon unter der Chiffre W-31 seine Bestätigung findet: drei verschiedene Ausführungen! Mit dem TNT-Äquivalent von 2000, von 20000 und von 40000 Tonnen. Zum Vergleich: die Hiroshimabombe hatte eine Sprengkraft von 13000 Tonnen TNT. Und so was wird nun verbal herabgestuft zur Artilleriegranate. Eine Wasserstoffbombe hat übrigens die etwa eintausendfünfhundertfache Sprengkraft jener Nuklearbombe. H-Bomben wiederum werden klassifiziert nach Megatonnen.

Nach der Wende wurde bekannt, dass vom Warschauer Pakt geplant war, im Kriegsfall eine H-Bombe auf Hamburg zu werfen oder zu schießen. Allein für Nordhessen waren 85 Atombomben vorgesehen. Andererseits war für jede russische Stadt mit mehr als 50000 Einwohnern ein Atomsprengsatz eingeplant. Flächendeckender Massenmord, vorbereitet von kranken Hirnen. Massenvernichtungsmittel gegen Zivilbevölkerung – mit Kollateralschäden für das Militär, das sich besser zu schützen weiß.

Megatonne: eine neue Wortprägung unter vielen, doch von großer Relevanz in jener Lebensphase. In einem Zeitungsartikel las ich, dass eine Megatonne die Sprengkraft von einer

Million, in Ziffern: von 1 000 000 Tonnen des hochbrisanten chemischen Sprengstoffs TNT entspricht, dass schwere Bomben, Luftminen, die von Alliierten auf deutsche Städte abgeworfen worden waren, etwa eine Tonne Sprengstoff enthielten, dass während des gesamten Bombenkriegs im damaligen Reichsgebiet etwa eine Million Tonnen TNT zur Explosion gebracht worden waren, und dass diese damals über Städte und Jahre verteilte Sprengkraft nun auf einen einzigen Explosionsmoment komprimiert, potenziert werden kann.

Konkreter: Die Sprengkraft von Bomben, die in mehreren Jahren über Köln und Frankfurt, über Hamburg und Hildesheim, über Darmstadt und Magdeburg, über München und Berlin abgeworfen worden waren, dies alles lässt sich zu einem einzigen Sprengkopf zusammenfassen – kleiner als Bomben, die zu jener Zeit als groß galten. Nun sind Hunderte solcher Megatonnen-Sprengköpfe produziert, eingelagert für Hochleistungskampfflugzeuge, in Raketenköpfen installiert, in Raketensilos, in atomgetriebenen Unterseebooten.

Während einer Bahnfahrt nach Stuttgart setzte ich die Lektüre in einem der alarmierenden Begleitbücher fort, übertrug, was ich rezipierte: eine Megatonnenbombe auf Stuttgart. Und rechnete um: Als würden sämtliche Bomben des vergangenen Bombenkriegs gleichzeitig auf diese eine Stadt geworfen! Güterzüge voll hochbrisantem Sprengstoff simultan gezündet!

Weiter umgerechnet: Wenn hundert Tonnen von einem Güterwaggon transportiert werden könnten, so wären es zehntausend Güterwagen TNT, die allein im Talkessel von Stuttgart hochgehen würden. Wie lang ist ein Zug mit zehntausend Güterwagen? Setze ich pro Wagen zehn Meter an, so wären das an die 100 Kilometer Gesamtlänge. Allein für die Beispielstadt Stuttgart!

Der Talkessel als ausgebrannter Vulkantrichter … Fallout vom kilometerhohen Explosionspilz mit wechselnden Windströmungen verteilt über Baden-Württemberg und weiter hinaus …

Jahre später: ich fahre, in Darmstadt, in eine Tiefgarage, runter ins zweite Deck, und mir fällt ein Warnschild auf: Vorsicht, geringere lichte Höhe. Stelle den Wagen ab, suche nach dem Ausgang, sehe mehrere blaugestrichene Türen, aber die führen weder zu einem Lift noch zu einer Treppe, sondern, laut Aufschrift, zu WC und Waschraum für Männer, zu WC und Waschraum für Frauen, zu einem Lüftungsmaschinenraum, zu einem Bunkerwart. Bunkerwart …?!

Ein Termin, ich schaue mich nicht weiter um. Am Abend ist der Keller fast völlig autofrei. Nun schaue ich mir alles genauer an. Ein Deck für ungefähr 40 Wagen, der Bunker für etwa 2000 Personen, laut Hinweis. Auf jeder der vielen Türen eine Aufschrift in Weiß. Abwasserhebeanlage. Auf einer roten Metalltür: ABC-Filterraum. Eine Drucktür, das Metall weit nach außen gewölbt, starke Verstrebungen, ein Riesenverschluss. An der Decke, zwischen Belüftungsschächten: Lautsprecher. Und wieder, weiß auf blau: »Essensausgabe hier anstellen«. Auf der anderen Seite: »Nach dort abtreten«. Und ich denke: Wenn es jetzt losgeht, ein Präventivschlag, wie offensichtlich geplant, so bin ich in der Essensschlange schon mal der Erste. Aber die Essensausgabe ist noch vergittert. Das Rollgitter kann ich anfassen, fasse es auch an, um sicher zu sein, dass dies alles Realität ist.

Trotz des Probegriffs: Das alles bleibt unwirklich. Ich fahre hinauf in ein nicht schon wieder eingeebnetes Darmstadt. Vorgeprägter Satz: Das Schlimmste ist mir, ist uns erspart geblieben. Zumindest bisher.

AUF DER HÖHE DA HABEN WIR GELEGEN, sagte ein älterer Mann beiläufig, als wir vor dem Flughafengebäude zum Bus gingen, einer Frau folgend, zuständig für die lokale Reiseorganisation. Ja, ein Jahr lang war er auf jener kleinen, langgestreckten Anhöhe in Stellung, abkommandiert zur Belagerung Leningrads; ein sehr kalter Winter.

Sein Stichwort wurde aufgegriffen: Auch ein zweiter Mann der Reisegruppe hatte zur Truppe des Belagerungshalbrings um Leningrad gehört. Er hatte die Stadt selbst allerdings nie gesehen, sie lagen in einem Erdbunker, in jenem Winter, der so grauenhaft kalt war, und eines Tages tauchten Panzer auf, T 34, und von seiner Kompanie war die Hälfte tot. Ende der Andeutungen: offenbar keine Heroisierungen des Geschehens.

Busfahrt in die Stadt. Die Frau an der Seite des Ersten der beiden Weltkriegsteilnehmer berichtete, außer Hörweite der Dolmetscherin neben dem Fahrer, dass sie schon einmal in Leningrad waren, vor zwei Jahren, und der übliche Besuch in Schloss und Park, die Gruppe marschierte pünktlich wieder zum Bus, doch der ehemalige Soldat war ausgeblieben. Sagen Sie, gräbt Ihr Mann ein neues Schützenloch? Gelächter auf der Bank vor, der Bank hinter der Frau, die offenbar mit Lizenz erzählte. Und sie zitierte: Da schwärmen wir halt alle aus und suchen ihn. Aber wie viele Hektar Park sind das? Die Gruppe erreichte den Bus, dort wartete schon »der Kommandant«, war »hinten rausmarschiert«. Die Frau, damals erleichtert: »In einem ordentlichen Haushalt findet sich alles wieder.« Einverständiges Lächeln ihrer Zuhörer. Weiter die Fahrt.

Lange Häuserreihen mit klassizistischen Fassaden und breite Kanäle und eine Kathedrale mit goldener Kuppel, der weite Platz vor dem Winterpalais: lindgrün, die Fensterumrandungen weiß abgesetzt. Brücke über die Newa, Abendlicht auf dem Wasser, rasch ließ die Prachtentfaltung nach, die Straße wurde holprig, die Fassaden immer schmutziger, schließlich das Hotel an der Ostsee. Kein Zimmer mit Blick aufs Wasser, wir schauten hinunter zur Hotelauffahrt, zum weiten Parkplatz, auf dem einige Busse standen und ein paar Personenwagen.

Hotel mit westlichem Standard, von Schweden gebaut. Mitten an der Zimmerdecke eine runde Metallplatte, mit zwei Schrauben befestigt, in der Mitte ein chromglänzender Nippel: Kaschierung des Abhörmikrophons? Und damit: Vortäuschung, hier wäre eine zweite Deckenlampe geplant gewesen, stattdessen diese Abdeckplatte mit etwa fünf Zentimetern Durchmesser? Oder war die Wanze im Fernsehgerät installiert, im Hotelradio, im Nachttischholz, hinter der Tapete? »Da oben muss es sein«, flüsterte ich Gisela zu.

Auf das Abendessen verzichteten wir, im Speisesaal war stickige Wärme gestaut, wir brauchten Bewegung, brauchten Luft! Wir gingen um den Hotelbau herum mit seinen fünfzehn Stockwerken, gingen auf der weiten Steinplattenfläche zum Meer. Es stank wie eine Kloake. Sanftes Schlippen, als wäre das kein Wasser, sondern eine Flüssigkeit von fast öliger Konsistenz. In der Dämmerung war das Wasser des Finnischen Meerbusens schwarzbraun. Wir gingen rasch wieder weg vom Wassersaum: der faulige Gestank schlug uns auf den Magen.

Auf der Steinplattenfläche zwischen Meer und Hotel redete ein Mann mit spanischer Intonation auf zwei Teenager ein, unüberhörbar: Yo come to my room, I give you my number, I open the door. Eins der beiden Mädchen, mit einer Plastiktüte des Intershops Berlioska, es wiederholte: I can't. Und es wurden, nun etwas leiser, Hindernisse oder Modalitäten erörtert. Ein Milizionär in voller Uniform vor dem Eingang umherstehend, herumschlendernd, ein Pförtner in blauer Uniform, Hotelpolizisten in Zivil, von denen wir gehört hatten, ständig wachsame Etagenfrauen – wie da ein Hürchen ins Zimmer schleusen? Offenbar durch Bestechung.

Zurück ins Hotel, hinein in den voll besetzten Lift. Dicht neben mir ein Mann mit straff und glatt zurückgekämmtem Haar. Ein Abzeichen am Revers des Nadelstreifenanzugs. Er atmete mit kleinem stockendem Schnaufen, als wäre er bis zum Hals voller Verachtung, voller Ekel für die Leute, die mit ihm in diesem Gehäuse standen. Verkniffenes, bleiches Gesicht. Einer vom Abhördienst? Und man sah seinem Gesicht die Anstrengungen an, aus all dem Gerede in Hotelzimmern Brauchbares, Verwertbares herauszuhören? Oder war da der bleiche Neid? Wie beurteilt ein Abhörspezialist die Welt? Die wenigsten Menschen reden so, wie er das bei der Ausbildung, der Instruktion gelernt hat, die nuscheln, die verschleifen, die transformieren unzulässig in Mundarten, Dialekte – was soll ein Experte für deutschsprachige Hotelgäste anfangen mit Schwyzerdütsch, mit Eifelplatt, mit Bayrisch oder Hessisch? Wie soll er da Informationen aussieben? Und sonst? Sie rülpsen, sie furzen, sie kichern, sie ficken. Oder sie öden sich an, nur ein paar Geräusche im Zimmer, ein Brummen, ein Knurren, etwas wird abgelegt, eine Flasche wird geöffnet. Eine schmale Palette von Geräuschen, die Menschen in Hotelzimmern erzeugen, es sei denn sie singen, spielen auf einem Instrument, aber das ist selten, und dann eher nachts. Viel zu wenig Alarmwörter jedenfalls wie: Nato ... Starfighter ... Fliegerhorst ... Lenkwaffen ... Die meisten Hotelgäste dürften enttäuschen.

Das oberste Stockwerk. Tanzfläche, Tische. Gedrängel an der Bar. Nach langem Warten zwei Dosen holländisches Bier, ein doppelter Wodka. Gisela hielt solange zwei Plätze reserviert. Geschiebe und Geschrei ringsum. Wir trinken das Bier aus, den Wodka, fahren hinab zu unserem Stockwerk. Am Ende des Gangs der Tisch mit der Frau, die nur mürrisch grüßte beim Einstand. Frau um die fünfzig, etwas füllig, rotblond das Haar, sie hatte ein Blumenväschen und eine Liste vor sich. Vom Tisch aus konnte sie in drei Flure schauen: taktisch günstiger Punkt. Sie saß da offensichtlich nur als Aufsicht der Gäste: längst kein Zimmerpersonal mehr, es wurden also nur verdächtige Bewegungen zwischen Zimmern vermerkt und durchgegeben.

Ein Schluck aus der Flasche Korn, die ich sicherheitshalber mitgenommen hatte. Die Luft auch im Zimmer stickig – das Fenster ließ sich nur einen Spalt weit öffnen. Gisela knipste die Belüftung an, aber die schien die Luft nur umzuwälzen.

Das Fernsehgerät anschalten. Ein junger Mann, der einen Offizier befragte: breite Schultern, massiger Schädel, schlohweißes Haar, auf der Jacke bestimmt fünf Streifen dicht an dicht gereihter Ordenszeichen. Der Interviewer saß da, ohne sich anzulehnen, Hände flach auf dem Tisch. Und Nachrichten zum Sport: der Sprecher in dunklem Anzug, Hände flach auf dem Tisch. Eine Ansagerin, Frau in reiferem Alter, hochgeschlossnes Kleid, Hornbrille, Hände flach auf der Tischfläche vor dem Mikrophon. Ein Tanzorchester begann zu spielen, Herren in Fracks.

Gluckerschlucke aus der Kornflasche. Eher zermürbende als geruhsame Nacht. Gisela wollte, zum Ausgleich, ausführlicher duschen, da machte ich, vor dem Frühstück, einen kleinen Rundgang um das Hotel, bis zur Stinkzone des Meerbusens. Wellenlos das Wasser, als würden die Schwebeteilchen, Schwebestoffe jegliche Wellenbildung verhindern.

Beim Rückweg fiel mir ein Kabelstrang auf, der vom obersten Stockwerk des Hotels zum obersten Stockwerk eines der beiden Neubauten führte, die das Hotel gleichsam flankierten: ein dünnes Drahtseil gespannt, Ösen für den Kabelstrang, der zu einem Metallpfahl auf dem Dach des Nebenbaus führte und rüber zu einem zweiten Pfahl und weiter zu einem Aufbau auf dem Dach: unverputzte Ziegel, Blenden vor den Fenstern. Ich zog die rechte Kantenlinie des Aufbaus weiter nach unten, dort war ein separater Eingang, vor dem stand ein Auto der gehobenen Mittelklasse. Dort oben also mussten sie sitzen. Und der Mann, den wir im Lift gesehen hatten am Abend zuvor, der war nicht zum Abhördienst hinaufgefahren, der war vielleicht ein Intourist-Repräsentant.

Der Kriegsteilnehmer joggte dicht an mir vorbei, nach einem Frühlauf am stinkenden Meer. »Ja, dort oben sitzen die«, meldete er halblaut, »ich würd nicht so lang da raufgucken.« Und lief weiter zum Hoteleingang, die Stufen hinauf.

Frühstück im Selbstbedienungsrestaurant. Ein Japaner mit weißem Rollkragen-Sweatshirt, auf dem Krägelchen schwarz die Aufschrift Rossignol. Ein Mädchen in einem Kleid, das wie ein knielanger, lockerer Pulli aussah; rote Socken bedeckten die halben Waden. Ein Mann aus Kanada, wie ein Anstecker verriet, bärtig und bauchig, Hosenträger über großkariertem Hemd; seine Squaw, um die sechzig, mit sehr buntem Kopftuch; schrilles Lachen. Ein sehr dicker, hakennasiger Araber in beigefarbener Zweireiherjacke und knöchellangem Männerrock, mit Kurfiya, er ließ sich von einem jüngeren, schnurrbärtigen Araber bedienen: stehend goss er Kaffee ein und schnitt vor. Zwei junge Männer ließen sich von einer jungen Frau im Kittel eine Flasche Sekt bringen. Die Tabletts vor ihnen auf dem Tisch mit jeweils zwei Tellern, und die waren bis zum Rand und fausthoch gefüllt, der eine Teller mit hartgekochten Eiern, mit kleinen Stapeln von Käsescheiben, Brotscheiben, der andere mit Butterkringeln, Krautsalat, Karottensalat, mit

Hackfleisch und gebratenem Fisch. Einer der Finnen ließ den Plastik-Sektpfropfen an die Decke knallen, schäumte zwei Weingläser voll, sie tranken sich zu, löffelten und gabelten in sich rein, mit den Messern rührten sie Tee um, soffen nacheinander und durcheinander Wasser, Tee, Sekt.

Unsere Gruppe wurde in einem ramponierten Bus in die Innenstadt gefahren. Der Schalthebel mit schwarzem, fellähnlichem Flausch umhüllt, Langhaarflausch, obendrauf ein schwarzer Holzkloben mit eingeschnitztem Grimassengesicht, das mir erst afrikanisch vorkam, aber dann las ich eher tatarische Züge heraus. Dämonisches Zähneblecken.

Fensterflächen von Bürobauten: verschliert, als wären sie seit Jahren nicht mehr geputzt worden. Gelegentlich ein Transparent mit einer Parole: römische Ziffern, kyrillische Buchstaben. An einer Straßenecke ein Tankwägelchen: Kessel mit dem Durchmesser etwa eines Jauchetransporters, aber nur ein Drittel der Länge; Eisenstütze, der Wagen nur einachsig. Die große Aufschrift KBAC, eine Nummer. Ein Bierkrug wurde mit der torfbraunen, etwas schäumenden Flüssigkeit gefüllt. Eine Frau führte eine Kindergruppe, Jungen und Mädchen. Diszipliniert schritten sie paarweise daher, hängende Arme, ordentliche Frisuren, Strickjäckchen, kleine Anzugsjacken. Keine Kleidungsstücke mit Aufdruck. Wir hatten nur mal einen Jungen gesehen mit »USA« auf dem Shirt, ein Mädchen in weißer Windjacke mit »Schlösser Alt«.

Im Museum der Stadt Leningrad: Uniformen der Revolution in Originalausführung. Mantel und Pelzmütze eines Rotgardisten, stirnwärts der rote Stern. Als Originalrequisiten ein Feldbett mit Decke, eine Feldflasche, ein Maschinengewehr auf kleinen Rädern, mit kleinem Schutzschild. Reproduktionen und Vergrößerungen von Schriftdokumenten. Nahrungsmittelproben in Reagenzgläsern. Kalorientabellen mit immer kleineren Zahlen. Fotos: Kohlköpfe gepflanzt vor der Isaak-Kathedrale. Trolleybusse aufgereiht in tiefem Schnee. Eine Sanitäterin, die mit einer Bahre zu einem Verwundeten eilt, am Kai eines der Stadtkanäle. Fotos, die ich aus Bildbänden vielfach schon kannte.

So lösten wir uns diskret von der Gruppe, die von der patriotischen Russin ausführlich belehrt wurde. Und blieben länger vor einem Modell in Glasvitrine stehen: ein zirkusbunter Zug. Hinter Lokomotive und Tender ein geschlossener Güterwagen, die Holzplanken der Wände bemalt mit Emblemen der Revolution, vorwärtsweisend, zukunftsweisend. In der Mitte ein Flachwagen, auf dem saß ein Figürchen, bunt bemalt: Akkordeonspieler. Und ein Paar tanzte auf der Ladefläche. Zwischen Gleisen, die im Vordergrund verlegt wurden, stand eine Rotte Bahnarbeiter und schaute zu. Der dritte Wagen wieder bunt bemalt, diesmal ohne das Rot der Oktoberrevolution, nur Zirkusfarben und Zirkusmuster.

Ein Saal mit Dioramen. Ein Teil der Fassade des Smolny-Mädcheninstituts, Hauptquartier der Bolschewiki. Über der Palastfassade Nachtfärbung, hinter dem Straßengitter ein Lagerfeuer; ein Trupp Rotarmisten oder Rotgardisten marschiert aus dem Garten heraus; ein Lastwagen mit Bolschewiki auf der Ladefläche, ein Motorradfahrer; einzelne Soldatenfiguren in scheinbar ziellosen Bewegungsrichtungen. Mit diesem Nachthimmel, diesem Schnee, diesem romantischen Lichtschein des Lagerfeuers sah das Ganze weniger wie die Rekonstruktion einer historischen Szene aus, mehr wie das Bühnenbild einer Operninszenierung.

Ein zweites Diorama bot Einblick in einen Raum revolutionärer Aktivität: großes Zimmer, nun etwa aquariumsklein. Eine Plattenwand trennt links ein Drittel ab, dort stehen zwei Eisengestellbetten mit einem Nachttisch zwischen ihnen. Nebenan ein Sofa mit weißem Schonbezug und zwei Sessel, ebenfalls weiß überzogen; ein Tisch mit weißem Tischtuch, ein Schrank, eine Anrichte. Giselas Kommentar, halblaut: Puppenstube des Staatsstreichs.

Ein etwas größeres Diorama zeigte eine Bastion der Peter-und-Pauls-Festung, schräg von oben zu betrachten: Winternacht, die Newa, drüben Palastfassaden, einzelne Fenster beleuchtet, Kanonen auf der Bastion, Rotarmisten schleppen Granaten. Sicherlich Munition für den zweiten Blindschuss: der erste abgegeben vom Panzerkreuzer *Aurora*, der zweite von dieser Bastion: Doppelsignal für die aufständischen Arbeiter und die intellektuellen Organisatoren des Machtwechsels – auf zum Sturm auf das Winterpalais! Auch hier wieder: Assoziationen an ein Bühnenbildmodell. Könnte auf dieser Bastion nicht die Tosca-Arie »Und es blitzen die Sterne« intoniert werden? Lautlose Statisten schichten derweil Granaten.

Dann aber: Der Newski-Prospekt im Winter der Belagerung. Ein Bus steckt fest in einer Schneewehe, aus einer Seitenstraße ragt der Bug einer Straßenbahn hervor, Hohlwege im Schnee, der Schneemoränenlandschaft der Straße, auf der früher Troikas gefahren waren – jetzt aber nur ein paar vermummte Gestalten, eingekrümmt, mit Kannen, mit Taschen, ein paar Stückchen Brennholz. Keine Kinderleiche, das nun doch nicht, auf einer Rutsche oder einem Schlitten gezogen. In der Prospektmitte eine tiefe Schneemulde, aus der ein paar Winterfiguren, Elendsgestalten offenbar Wasser holen. Vor Fenstern im Erdgeschoss schräg angelehnte Bretter oder Planken: kleiner Schutz vor Artilleriesplittern, Bombensplittern? Verfinsterung, Erstarrung. Die frühere Prachtavenue von St. Petersburg als Leningrader Todeszone.

In einem Durchgangsraum die Rekonstruktion eines Wohnzimmers, eins zu eins, in der belagerten und fast ständig beschossenen Stadt: düster, dunkel, fast fühlbar die damalige Kälte. Eine Liege, ein Schrank mit kleiner Büste und wenigen Büchern, ein runder Tisch, auf dem Essensreste von einem Glassturz geschützt sind, womöglich gegen Ratten. Ein Kanonenofen mitten im Zimmer, Handschuhe aufgehängt zum Trocknen, auf der Rücklehne eines Sesselchens eine wattierte Jacke, deren Schulternähte sich auflösten. Über dem verhängten Fenster ein großer Feuchtigkeitsfleck – mit Frostkristallen?

Beim Spaziergang, zuerst an der Moika entlang, dachte ich bei fast jedem Haus: Darin haben Hunger und Kälte geherrscht. Wir schauten in einige Hinterhöfe, da waren die Assoziationen noch stärker: Feuchtigkeitsflecke, bröckelnder Verputz, kaputte Regenrohre, aufgebrochene Hofpflasterung, wenig Licht. Wir suchten bei der Fortsetzung des Spaziergangs die Fassaden nach weiteren Zeichen des Verfalls ab, sahen sie besonders deutlich unter Erkern: die schienen meist von barocken Schnörkelstrukturen getragen oder von muskulösen Oberkörpern klassizistischer Atlanten, aus Mauerwerk herauswachsend; Schnörkelwerk bröckelte ab, Oberkörper zerfielen, Eisenträger wurden sichtbar, schamlos deutlich.

Ein Gewitterschauer. Der Regen wurde laut auf Blechdächern, Wasser begann aus den Öffnungen dicker Regenrohre auf den Gehsteig zu tropfen, dann zu rinnen, bald schon war das jeweils ein kräftiger Wasserstrahl, ausfächernd auf dem Gehsteig. Hagelkörner im Regen, da wurden die Blechdächer laut, kleiner Theaterdonner. Hagelkörner-Flohhüpfen auf dem Asphalt.

Und wir sahen, aus einer Einfahrt heraus, den Leningrader Hackengang: Die meisten Frauen mit offenen Schuhen, die Schuhe von Männern sahen eher nach Pappe oder Plastik aus als nach Leder, man ging auf den Hacken durch das Strudelwasser, Fächerwasser, schritt wieder aus, wenn man aus den Wasserflächen herausgestakst war. Immer größere, tiefere Pfützen auf der Straße, die wenigen Gullys konnten das Wasser kaum aufsaugen, vorbeifahrende Wagen ließen es bis zu den Hauswänden spritzen.

Der Regen hörte ebenso rasch auf, wie er eingesetzt hatte. Kumulustürme über der Stadt. Wir gingen weiter, um Pfützen, um Wasserlachen herum, an der Moika entlang. Ein Angler zog einen Fisch aus dem torfbraunen Wasser, steckte ihn in eine Plastiktüte, stopfte sie in eine Tasche. Aus dem obersten Fenster eines mehrstöckigen Hauses wurden Bretter geworfen; ein Arbeiter unten warnte Fußgänger. Wurde ein Brett zu kurz geworfen, dröhnte gegen ein schwarzgestrichenes Eisentor; eins der Bretter wurde von einem der speerspitzenähnlichen Aufsätze des Tores aufgespießt; trafen Bretter mit der Stirnkante direkt auf die Straße, zerbrachen sie in zwei, drei Stücke. Der Arbeiter oben schloss das Fenster, Vorstellung beendet.

Am Grigorjew-Kanal wurde ein etwas zurückgelegenes Haus abgerissen, zumindest hatte man damit begonnen. Der Bauzaun aus alten Türen in verschiedener Breite, unterschiedlicher Höhe, mal weiß, mal grün, mal braunrot oder rotbraun, Lack oder Schleiflack mit Rissen, Sprüngen. Wir blieben länger vor dieser Abschirmung stehen – es waren bestimmt dreißig Türen. Fast ein Bühnenbild.

Zur Newa. Dort ankerten Kriegsschiffe, über die Toppen beflaggt: vom Bug zur höchsten Spitze dreieckige Wimpel, zum Heck hinunter viereckige. Am Heck war jeweils Mannschaft aufgereiht, drei Reihen, weiße Matrosenblusen, weiße Schirmkappen. Offiziere neben ihnen, jeweils in Grüppchen, mit chamoisfarbenen Jacken und grauschwarzen Hosen. Auf erhöhter Plattform jeweils eine Marinekapelle. Und die Kapelle des ersten Kriegsschiffs, flussabwärts, begann zu spielen, die lässig aufgereihten Matrosen wurden mit einem Ruck streng ausgerichtet, die Kapelle auf dem zweiten Kriegsschiff begann zu spielen, zwischen Schiffen und Uferkai fuhr eine Barkasse, auf ihr standen Offiziere; der an der Spitze grüßte jeweils. Schon begann die Kapelle auf dem übernächsten Schiff zu spielen, die auf dem ersten spielten den Marsch noch zu Ende.

Rasch war die Parade beendet. Auf einem der Schiffe war man mit der Präsentation offenbar noch nicht zufrieden, die Matrosen mussten noch Grußrufe einüben, heisere Rufe, fast bellend ausgestoßen, das wirkte atavistisch auf dem Heck des Schiffs, dessen Bug vollgepackt war mit Lenkwaffen.

DIE BEDROHUNG BLIEB, unweigerlich auch im Bewusstsein, im Lebensgefühl. Wenn ich vom Haus in der Euskirchener Straße Richtung Nideggen fuhr, kam ich, nach anderthalb Kilometern, am Stadtrand an der Kaserne vorbei: Vor dem Zweiten Weltkrieg die Panzerkaserne, dann Quartier Edith Cavelle, nach Abzug der belgischen Truppen wiederum Panzerkaserne. Zweieinhalb Kilometer weiter: Eine belgische Luftwaffendienststelle. Nach weiteren sechs Kilometern durchquere ich die langgezogene, schmale Drover Heide – die Straße von drei Panzertrassen gekreuzt. Knapp vier Kilometer weiter sehe ich den rotweißen Gitterturm mit den beiden Parabolantennen: die Stellung der (zwölf Meter großen) Raketen; noch einmal drei Kilometer, und ich sehe auf der Höhe Nideggen-Berg das Radarleitsystem der »launche site«. Auf Serpentinen fahre ich hinab ins Rurtal, nach Abenden, zum Haus am Hang; gelegentlich Hubschrauber mit belgischer Kokarde, sie pladdern, bullern in Seitentälern umher. Manchmal werden von Kampfjets Sturzflüge auf die Staumauer des Rursees geübt, hinter dem Gegenhang; es kam auch schon mal vor, dass ein viermotoriger Transporter Runden flog, und Fallschirmjäger sprangen ab über den Feldflächen des Höhenrückens.

Der Luftraum ist allerdings leer, wenn es regnet oder diesig ist, stark bewölkt; es gibt sogar wolkenlose Tage, an denen kaum oder gar nicht geflogen wird. Dafür hören wir bei Südwind das Panzergrummeln, die Schnellfeuerkanonen, die schwere Artillerie von Camp Vogelsang, der früheren NS-Ordensburg, dann belgische Enklave, NATO-Manövergelände. Bei einer Nachtübung wird der ferne Hügelkamm betont vom grellweißen Licht der Mündungsfeuer, von orangefarben herabschwebenden Leuchtkörpern.

Und wieder: Tieflieger, Tiefstflieger fegen so schnell, so tief heran über die Kuppen, dass ich sie nicht herankommen höre: In einer Lärmexplosion sind sie schattenhaft über mir, ich kann nicht einmal die Hände zu den Ohren hochreißen. Diese Lärmexplosionen machen das Trommelfell für einige Zeit wattig, pelzig. Hoheitszeichen sind nicht zu erkennen beim tiefen Überflug, ich sehe nur das schwarze, zuweilen sogar feuerspeiende Triebwerksrohr oder Triebwerksdoppelrohr eines Starfighters, einer Mirage, einer Phantom.

Ein Spaziergang auf dem nahen Höhenweg, genannt Eisenweg. Gisela und ich als einzige Personen auf dem Weg, rechts und links Felder. Zwei Mirage-Düsenjäger tosen über den Höhenrücken hinweg, ziehen hoch, fliegen eine Wende, drücken wieder herunter, tosen über uns hinweg, ziehen hoch hinter Nideggen, wir können das genau beobachten, fliegen eine Kurve, drücken wieder herab, tosen im Tiefflug über uns hinweg, ziehen hoch, fliegen eine Wende schätzungsweise über Mechernich, drücken wieder herunter, fliegen noch tiefer über uns hinweg, Gisela schreit dagegen an. Ihr sitzt es noch in den Knochen: sah sich, »in der Evakuierung«, von Jabos angeflogen zwischen Kühen, die sie hüten musste. Und wir nun auf dem langgestreckten Höhenweg, Eisenweg, kein Bauminselchen, in dem wir Sichtschutz finden können, wir werden wieder und wieder angeflogen, einer hinter dem anderen, deutlich die belgischen Kennzeichen auf dem Leitwerk, sogar Zahlen sind erkennbar, wir stellen uns auf die Scheinattacken, Übungsattacken ein, sie wiederholen sich oft genug, mehr als ein dutzendmal, es kommt uns schließlich vor wie zwanzigmal. Und Wut siedet im Bauch, der Lärm flirrt nach im Hirn.

Zurück in Düren entwerfe, tippe ich einen (wie man früher sagte: geharnischten) Brief, schicke ihn an den Presseoffizier des Fliegerhorsts Nörvenich, mit der Bitte um Weiterleitung an die zuständige Behörde, erhalte eine Antwort vom Luftwaffenamt (A 311 Flugbetrieb) in Köln, werde in einem Brief mit Composersatz dahingehend belehrt: Die Entwicklung moderner Flugabwehrsysteme habe zur Folge, dass nur noch der Flug in Bodennähe die Chance biete, sich der gegnerischen Radarerfassung zu entziehen; wegen dieser Einsatzart und ihren Schwierigkeiten bei der Navigation sowie beim Erkennen und Bekämpfen von Zielen sei ständige Übung unerlässlich; jeder Flug eines strahlgetriebenen Kampfflugzeugs unterhalb einer Höhe von 1500 Fuß (450 m) werde als Tiefflug bezeichnet; die Mindestflughöhe betrage 500 Fuß (150 m) über Grund; diese Flüge könnten ohne Bindung an besonders festgelegte Strecken oder Räume über nahezu dem gesamten Gebiet der Bundesrepublik Deutschland durchgeführt werden; dies ermögliche eine annähernd gleichmäßige Verteilung der Flüge und somit auch der unangenehmen, aber leider unvermeidbaren Begleiterscheinungen; in Zusammenarbeit mit den Länderregierungen seien besondere Gebiete – sogenannte Tieffluggebiete und Verbindungsstrecken – festgelegt, in denen die Mindestflughöhe 250 Fuß über Grund betrage; Abenden liege in einem entsprechend § 46 des Zusatzabkommens zum NATO-Truppenstatut für die NATO-Luftstreit-kräfte bereitzustellenden Tiefflugübungsraum, in dem bis zu 250 Fuß (75 m) über Grund geflogen werden dürfe; diese Gebiete hätten keine festgelegten Strecken und sollten so großflächig wie möglich und mit wechselnden Kursen beflogen werden, um eine unnötige Konzentration zu vermeiden.

Des weiteren werde ich im Brief darüber unterrichtet, dass im Verteidigungsfall in der Bundesrepublik Deutschland Kampfhandlungen zu erwarten seien; die Luftfahrzeugführer der NATO-Streitkräfte müssten gerade dieses Gebiet gut kennen und mit den Eigentümlichkeiten des Geländes vertraut sein; Übungsflüge in geringer Höhe über häufig wechselnden Geländeformen seien für eine sorgfältige Ausbildung und für die Erhaltung der Einsatzbereitschaft unerlässlich. Und: »Im Luftraum der Bundesrepublik üben Luftfahrzeuge von acht Luftstreitkräften. Tiefflüge werden nach Sichtflugregeln durchgeführt, nicht zentral erfasst und von den Luftverkehrskontrollstellen nicht überwacht.« Aha. Und schließlich:»Eigene Beobachtungen haben gezeigt, dass bei Flügen unterhalb der Mindestflughöhe zumindest die Nationalitätskennzeichen zu erkennen sind.« Genau dies war der Fall, genau dies habe ich gemeldet: belgische Kennzeichen. Außerdem Zahlen.

Mit den allgemeinen Auskünften und Aussagen des Formschreibens gebe ich mich nicht zufrieden, ich rufe die im Briefkopf vermerkte Nummer an. Wiederhole, dass die Mindestflughöhe ständig unterschritten werde – zuweilen kurven Kampfflugzeuge in das Tal ein, fliegen in gleicher Höhe mit meinem Haus im Hang, ich sehe die Kontur des Piloten unter der Cockpithaube. Was heiße denn da 75 Meter über Grund? Über dem jeweils höchsten oder tiefsten Punkt eines Geländes?

Ich wiederhole die Beschwerde. Und erhalte eine Antwort, die ich frei variiere, karikierend: Wenn ich das Nationalitätskennzeichen mit »unbewaffnetem« (!) Auge erkannt hätte, auch Zahlen am Leitwerk wiedergeben könne, so sei davon auszugehen, dass die Mindestflughöhe in der Tat unterschritten worden sei. Ich möchte aber bitte noch die Produktionsnummern der Mirages, die Namen und Personaldaten der beiden Piloten angeben.

Es ändert sich nichts. Mirages, Starfighter, Phantoms tosen über die Kuppen hinweg, kurven – nun doch langsamer – unterhalb der Hügelkuppen durch die Täler. Ich sehe einen Phantomjäger von Untermaubach her durch das Tal herankurven, stehe auf einer leergeräumten Baufläche, lasse die Hose runter, zeige dem Piloten den Hintern. Das Zeichen wird im Sichtflug wahrgenommen, die Maschine geht über mir in Steilflug über und lässt eine wahre Lärmlawine auf mich herabdonnern. Wir haben uns also verstanden.

Jahre später erweisen sich die Tief- und Tiefstflüge als militärisch keineswegs notwendig, sie werden eingestellt, ja verboten.

In diesem Kontext wieder eine Danksagung, diesmal an Stanislaw Petrow, Oberstleutnant der Sowjetarmee, leitender Offizier in der Kommandozentrale der sowjetischen Satellitenüberwachung. Wie Archipow schützte er (auch!) mein Leben.

Der Vorgang ist im Internet in Varianten dargestellt. Ich gebe verkürzend wieder. Petrow machte am 26. September 1983 Dienst in einem Bunker etwa fünfzig Kilometer südlich von Moskau: Überwachung des Luftraums. Und Alarm! Ein sowjetischer Spähersatellit über den Vereinigten Staaten meldete als Lichtpunkt den Feuerschein einer startenden Rakete. Schon das hätte zu vorprogrammierten Reaktionen führen können, doch Petrow hielt es für unwahrscheinlich, dass der von der sowjetischen Führung fast paranoid befürchtete Präventivschlag nur mit einer einzelnen Rakete gestartet würde, und so stufte er den Vorfall ein als Fehlalarm. Kurze Zeit darauf erneut Alarm im Bunker: Der Satellit meldete das Aufleuchten von insgesamt fünf startenden Raketen. Das hätte Petrow in der Militärhierarchie sofort durchgeben müssen, doch erstens hatte man schon mehrfach registriert, dass die Software des Spionagesatelliten nicht zuverlässig arbeitete, zweitens hätte nach seiner Einschätzung auch der Start von fünf Raketen den Erstschlag nicht einleiten können (der in massivster Form sofort mit nuklearen Gegenschlägen beantwortet worden wäre). Also meldete er den Vorfall nicht gleich weiter, berichtete nur von erneutem Fehlalarm; computergesteuerte Reaktionen wurden nicht eingeleitet, die »hierarchische Kettenreaktion« fand nicht statt. Letztlich hätte von der militärischen und politischen Führung auf den roten Knopf gedrückt werden müssen. Indem Petrow auf der Meldung von Fehlalarmen bestand, verhinderte er Fehlreaktionen. Es stellte sich schließlich heraus, dass der Satellit Lichtbrechungen in Wolken falsch interpretiert hatte.

Indem er seinen Kopf und nicht den Computer beurteilen und entscheiden ließ, verstieß Petrow gegen bindende militärische Vorschriften, geriet damit, erst einmal, ins Abseits.

In der mittlerweile hinreichend recycelten Version dieser Geschichte sehe ich allerdings nicht erwähnt, was Petrow, als Rentner, in einem der aufgezeichneten Interviews gesagt hat: Dass er in jener Nacht eigentlich nicht Dienst hatte, für einen Kollegen einspringen musste, in Stellvertretung. Hier wirkte also Zufall mit. Ein wahrscheinlich weithin entscheidender Zufall. Ein anderer Offizier an seiner Stelle hätte wohl eher die rigiden Dienstvorschriften der Sowjetarmee befolgt, hätte auf vorgeschriebenem Dienstweg die Alarmmeldung weitergeleitet, hätte die erste Phase des Entscheidungs- und Aktionsprogramms ausgelöst, das durch Computerprogramme weithin vorgesteuert war. Es muss ja alles schnell, ganz schnell gehen, da misstrauen verantwortliche Personen offenbar der menschlichen Fähigkeit, in kritischer Situation rasch und richtig entscheiden zu können, also muss Software anlaufen. Die wiederum kann Fehler aufweisen, die sich als fatal, als weithin letal erweisen können. Zufällig aber war der rechte Mann zur rechten Zeit am rechten Ort: Stanislaw Petrow.

Mit Petrows Stellvertretung sehe ich wieder einmal den Stellenwert des Zufalls im privaten Bereich wie in der Historie bestätigt. Dass ich in den kombinatorischen Sequenzen dieses Buchs den Faktor Zufall einbringe, umsetze, dies ist nicht bloß ein spezieller Einfall, das wird vielmehr (so sehe ich erstaunt und erleichtert) auch in neuer Geschichtsschreibung reflektiert. Dazu der witzig prägnante Titel einer Arbeit von Reinhart Koselleck: »Der Zufall als Motivationsrest in der Geschichtsschreibung«.

Akzentuierend wird in Gregor Webers Forschungsbericht hingewiesen auf »die neu entfachte und wichtige Diskussion um die Relation von Determinismus und Zufall«, dies auch bei »militärischen Entscheidungen, übergreifenden Entwicklungen«. Und, erneut ansetzend: »Hierher gehört auch der Zufall, ohne den Veränderungen in der Geschichte nicht denkbar sind.«

Kein abgehobener Diskurs also, vielmehr Erörterung von faktisch und potentiell einwirkenden Faktoren, die auch mein Leben, die unser Leben beeinflussen können.

RAIMUNDUS SPIELT MIR MIT

MEIN LEBENSGEFÜHL kann klar Gedachtes so klar (noch?) nicht nachvollziehen, mitvollziehen – produziert es nicht unablässig Kontinuitäten? Kontinuität als Grundschwingung, und an der Oberfläche reflektive Brechungen? Zäsuren setzende Reflexion einerseits, verbindendes Grundgefühl andererseits? Diskontinuität: leicht souffliert, leicht adaptiert, jedoch kaum empfunden, kaum gefühlt – mein Ich stellt sich dumm. Offenbar wird nur bei jähen, heftigen, schmerzhaften Einschnitten Diskontinuität zur Erfahrung auch des Gefühls. Doch rasch versucht es, Kontinuität wieder erstehen zu lassen, stabilisierend.

Völlige Relativierung des Ich scheint kaum zu gelingen, Ich-Gefühl ist tief verwurzelt, generell in der Evolution, speziell in meiner Entwicklung. Gegensteuernd souffliere ich mir: Indem ich lullische Kombinatorik reaktiviere, spiele ich dem Ich-Gefühl mit. Also: auf zur zweiten Sequenz, zur vierten Spielpartie! Die Texte liegen bereit, die Chiffren sind auf den fünf Scheiben aufgetragen im bisherigen System, der Würfel fällt.

Cr / via / 6

1956 die erste von mehreren Griechenlandreisen, auf der (längst schon vor Kreta untergegangenen) *Mediterrania,* einem Schiff aus den ersten Jahren des 20. Jahrhunderts, das, aus zwei Schornsteinen mächtig rußend, von Genua bis Athen rund 48 Stunden brauchte. Aber die wurden mir nicht zu lang, ich lernte auf dem Achterdeck einen griechischen Schriftsteller kennen, der im Landwirtschaftsministerium arbeitete. Er lud mich in sein Elternhaus ein, im Piräus, dort wohnte ich vier

Wochen lang beim kleinen, untersetzten Schuster und dessen noch kleinerer, beinah kugelrunder Frau, die mich wie einen zweiten Sohn versorgte. Ein Bett für mich auf der Dachterrasse, und von einer höher gelegenen Dachterrasse herab behielt mich eine Frau im Auge, schwarzhaarig, schwarz gekleidet, und bei jeder ihrer Bewegungen rasselte metallener Schmuck. Jeden Morgen, wenn ich aufwachte: sie hockte dort oben wie ein großer, schwarzer Vogel, behielt mich im Blick. Doch an einem späten Abend war der große, schwarze Vogel hinabgeflogen in die Notará-Straße, war nicht zu sehen, schwarz im Dunkeln, war aber zu hören mit dem metallischen Rasseln, wurde von Alekos scharf zurechtgewiesen, flog wieder hoch zu ihrer Dachterrasse, wartete am nächsten Morgen darauf, droben an der Dachkante sitzend, dass ich endlich wach wurde und aufstand an einem wieder einmal heißen, sehr heißen Tag.

All die Säulen samt Kapitellen würden in meiner Wahrnehmung verschwingen im hitzevibrierenden Licht, also lieber ans Meer, südwärts, Richtung Kap Sunion, mit Jorjos, dem Rundfunksprecher, der viel Zeit hat. Schwimmen, sitzen, liegen. Wie Alekos möchte er unbedingt mal hören: Dieter rezitiert den Anfang der Odyssee, altgriechisch, damit in der für Griechen äußerst kuriosen Sprachform, es genügen schon die ersten Zeilen in meinem Repertoire, und die erwartete Wirkung stellt sich wieder ein. Und höre mir an, wie das im Neugriechischen klingt. Schwimmen, sitzen, liegen. Das Gespräch wird privat. Schwimmen, sitzen, liegen.

Cr / pic / 2

Lange Zeit war ich, mit Blick auf bildende Kunst der Klassischen Moderne, fixiert auf unsere Expressionisten, vor allem, versteht sich, auf Ernst Ludwig Kirchner. Im Leopold-Hoesch-Museum zu Düren wurden wir Oberstufenschüler vom überaus engagierten Kunstlehrer auf den Kirchner der ständigen Sammlung speziell aufmerksam gemacht – das hat sich eingeprägt, nachhaltig, hat die Augen offengehalten für diesen Maler. Olga aber hat nach und nach meinen Enthusiasmus für Expressionisten ein wenig gedämpft und Begeisterung für Impressionisten angefacht, sukzessiv, es traten die Riesen Manet und Monet in den Vordergrund, mit einem Gefolge weiterer Maler ihrer Epoche.

Ich war also vorbereitet, ja eingestimmt auf die erste große Werkschau des Gustave Caillebotte in Bremen, 2008. Was ich bisher nur – mal hier, mal dort – als Abbildung gesehen hatte, sah ich endlich im Original, und dies akkumuliert. Freilich, den Caillebotte im Kölner Museum Ludwig hatte ich schon mehrfach bewundert: Die Gesamtperspektive diagonal bestimmt von flatternder weißer Wäsche an langen Leinen zwischen Bäumen, rechts von einem Weg, links von der Seine begleitet.

Fünf Fotoabzüge, großformatig, von Gemälden der Bremer Werkschau habe ich im Eifelhaus auf dem Parkett gereiht: das weite Spektrum an Sujets erkennbar auf einen Blick.

Die Reihe eröffnet von einem der beiden berühmten Gemälde von Parkettabziehern, 1876. Von offizieller Kunstwarte als skandalös empfunden: Arbeiter, zum Teil sogar mit bloßem Oberkörper, auf einer Parkettfläche. Akademische Malweise, auf dem noch nicht abgezogenen Parkett spiegelt sich, in charakteristischen Verzerrungen, ein schmiedeeisernes Gitter vor der Fenstertür.

Sodann, erstaunlicherweise aus dem selben Jahr, die schon eher impressionistisch gemalte Ponte de l'Europe, ein Ingenieurs-Wunderwerk hoch über den Gleisbündeln der Gare Saint-Lazare. Die Stahlträger-Gitterstruktur beherrscht in machtvoller Perspektive das Bild, Häuser in der Ferne erscheinen fast als Beiwerk und eher beiläufig das Paar auf der Brücke. Es gibt da noch eine Bildversion, in der diagonal überkreuzte Stahlträger die gesamte Bildfläche beherrschen. Ebenso ein Novum, als Sujet, wie die Darstellung von Arbeitern: hier die Dominanz einer modernen Bauform.

Sodann, ein Jahr später: Paddler auf dem grünblauen Wasser der Yerres, eines Nebenflusses der Seine. Blick von schräg oben auf die Paddler in den sehr schmalen, sehr kippligen, als gefährlich geltenden Booten, die in Bildlegenden und Beschreibungen meist als Kanus bezeichnet werden, obwohl man Kanus, kniend, mit Stechpaddeln in Bewegung versetzt. Gelbe, konisch geformte Blätter der Paddel als suggestiver Bildtakt.

Und, wiederum in starkem Kontrast: Blick vom hoch gelegenen Stockwerk der Stadtwohnung des Künstlers auf das verschneite Geländer des schmiedeeisernen Balkongitters, auf den verschneiten Boulevard Haussmann, alles in violettgraufahlem Winterlicht.

Im selben Jahr 1880 gemalt: Regatta bei Villers. Die Bildfläche ist beherrscht vom Farbenspiel der Wasserfläche, vom Wolkenspiel des Himmels, nur ein Segelboot im Mittelgrund, etliche, sehr kleine Segel im Bildhintergrund, es dominieren die Farben.

Eins von etwa dreißig Gemälden mit Segelbooten auf Seine oder Atlantik! Caillebotte, der lichtvibrierende, lichtverflirrte Konturen gemalt hatte, er entwickelte auch den klaren, präzisen Strich des Konstruktionszeichners. Gemälde wurden abgestellt, mit der »Schönseite« zur Wand, Rennyachten wurden wichtiger, von ihm entworfen, von ihm in Regatten gesteuert. In der Bremer Kunsthalle ließ sich ein Nachbau einer seiner schnittigen Yachten mit großem Focksegel bestaunen.

Cr / mus / 6

Jannis Xenakis. Ein Plattencover zeigte das Gesicht des Mannes: tiefe Narben, Deformationen am linken Wangenknochen, ein Glasauge.

Die Rückseite des Covers informierte darüber, dass Xenakis 1945 in Griechenland während des Bürgerkrieges eine schwere Kopfverletzung erlitt, dass er am Polytechnikum in Paris studierte, 1947 sein Ingenieurs-Diplom machte, danach Assistent von Le Corbusier wurde, dass er mitarbeitete an den Bauplänen zum Kloster La Tourette, zu den ›Wohnmaschinen‹ in Marseille und Nantes, zum Parlamentsgebäude von Tschandigar im Pandschab, und dass der vieldiskutierte Philips-Pavillon der Brüsseler Weltausstellung 1958 nach seinen Plänen entstanden sei. Eine Reproduktion einer Skizze von Xenakis zeigt fünftausend Meter hohe »kosmische Städte in

Schalenbauweise«. Weitere Informationen: Die Wahrscheinlichkeitsrechnung habe Xenakis geholfen, aus der Sackgasse der seriellen Musik herauszukommen; zur Ausarbeitung seiner musikalischen Konstruktionspläne benutze er vielfach einen Computer.

In meiner Plattensammlung ein Packen von LPs mit Tonaufzeichnungen seiner Werke im breiten Spektrum zwischen Elektronik und großer Orchester-, Chor- und Solistenbesetzung. Auch hatte ich begleitende Texte des Komponisten zu seinen Werken gesammelt, Texte, die mir teilweise so hochstaplerisch in ihrem Anspruch erschienen wie die fünf Kilometer hohen Gebäude. Die Musikredaktion des WDR zeigte Interesse an einem kritischen Feature.

Ich traf Xenakis März 1977 in Köln. Im Elektronischen Studio des WDR arbeitete er an der Realisation einer neuen Komposition. Bei einem ersten Telefongespräch hatte ich angefragt, ob ich ihm – vor dem Interview – bei der Arbeit ein wenig zuschauen und zuhören dürfte. Kein Einwand.

Ich hatte Pech und zugleich Glück: eine Panne am Achtspurgerät, der Toningenieur und sein Mitarbeiter, ein junger amerikanischer Komponist, versuchten an jenem Samstagvormittag an ein Ersatzgerät zu kommen – das war bei all den hausinternen Regularien grundsätzlich schwierig, war im fast menschenleeren Gebäude mit all den verschlossenen Türen fast unmöglich. Dennoch, sie versuchten es.

In dieser Flaute ergab sich ein ausführliches Gespräch mit Xenakis, nicht nur über das Interview, das ich am Nachmittag mit ihm machen wollte: Erfahrungen von Komponisten und Literaten heute, Strukturfragen von Musikstücken und Prosatexten; so waren wir bald eingestimmt.

Xenakis, der als schwieriger Interviewpartner galt, er war freundlich, geduldig, in seiner Aufmerksamkeit und seinen Äußerungen intensiv. Wir führten das Gespräch auf Englisch. Ich gebe es hier nicht wieder, auch nicht in Auszügen, greife nur ein Stichwort auf: Wahrscheinlichkeitstheorie. Auch sie steuerte kompositorische Abläufe in seinem Werk. Kann ein Zuhörer das realisieren?

»Heute wird dieser Stoff sogar auf den Gymnasien unterrichtet. Man sollte eigentlich darauf vorbereitet sein, das zu verstehen. Zumindest zu verstehen, welches Material hier verwendet wurde. Freilich ist es sehr schwierig, die Verbindung zu erkennen zur Musik.«

Ich stellte die Frage nach dem hörbaren Unterschied zwischen zwei Pizzicati-Orchestercrescendi, von denen eins in graphischen Zeichen notiert ist, das andere nach der Wahrscheinlichkeitsrechnung strukturiert wurde. Wie weit lässt sich der Unterschied wahrnehmen?

»Auch in dem Fall, in dem man dies – auf der Grundlage graphischer Zeichen – durch Improvisation realisiert, wird, so denke ich, der Zuhörer unbewusst den Unterschied wahrnehmen. [...] Ich bin nicht daran interessiert, Natur nachzuahmen. Darum geht es mir nicht. Die Wahrscheinlichkeitstheorie ist ein Werkzeug und zugleich eine Denkmethode. Es ist ein fundamentales philosophisches Problem.«

Und Xenakis wies hin auf den Determinismus und seine Gegenposition bei Epikur. Nach dessen Theorie bestehe die Natur aus nicht-determinierten Vorgängen, aus Zufällen. Dies sei vor 25 Jahrhunderten geschehen; nach Heisenberg sei dies wieder aktualisiert worden, in der Quantenphysik. »Diese Frage ist heute immer noch offen. Es ist eine Frage der Existenz. Es ist letztlich ein ontologisches Problem.«

Cr/soc/3

Und hier ist York Höller, kalendarisch und chronologisch (noch vor Bernt Hahn) der jüngste meiner Freunde – wir kennen uns höchstens ein Jahrzehnt. Am Anfang eine Einladung in sein Haus am Stadtrand von Köln. York hatte mich in einer meiner (gelegentlichen) Musiksendungen des WDR gehört und stellte sich vor, ich könnte geeignet sein als Librettist seines Opernprojekts nach Bulgakow: »Der Meister und Margarita«. Doch ich steckte zu tief in der Arbeit an einem neuen Buch.

Weil ich York nicht mit einem Werk oder Werkausschnitt vorstellen kann, wenigstens ein Auszug aus einem seiner

Texte – meist verfasst zur Begleitung eigener Kompositionen – hier aus seinem Vortrag anlässlich der Ursendung von *Horizont.*

Doch bevor ich hier zitiere, eine Anmerkung wiederum ›in eigener Sache‹: Mit der Wiedergabe des folgenden Textausschnitts kann ich mich, ganz nebenbei, auch einbringen als Leser. Eine ganz wesentliche Facette! Ausführungen zu diesem Stichwort könnten leicht ausufern, also nur die Erwähnung einer ganz wichtigen, wesentlichen ›Begleiterscheinung‹. Die wird, abgesehen von frühen Jahren, nicht weiter thematisiert in diesem Buch, wird hier aber zumindest mal avisiert. Der Passus, den ich ausgewählt habe, passt bestens ins Konzept der Raimundus-Interventionen.

Was hier nachgedruckt wird, war aber auch Gesprächsthema. Also doppelte Einbindung in den autobiographischen Text.

»›Alles, was im Weltall existiert‹, sagte Demokrit, ›ist die Frucht von *Zufall und Notwendigkeit*‹. Und der französische Molekularbiologe und Nobelpreisträger Jacques Monod kommt zu dem radikalen Schluss: ›Der reine Zufall, nichts als der Zufall, die absolute blinde Freiheit als Grundlage des wunderbaren Gebäudes der Evolution – diese zentrale Erkenntnis der modernen Biologie ist heute nicht mehr nur eine unter anderen möglichen oder wenigstens denkbaren Hypothesen; sie ist die einzig vorstellbare, da sie allein sich mit den Beobachtungs- und Erfahrungstatsachen deckt.‹

Doch der Zufall, ist er einmal aufgetreten, wird, wieder mit Monod, ›konserviert‹, er erhält einen, und zwar nur in sich selbst stimmigen, Scheinsinn. So können wir meines Erachtens weder in der Interpretation tradierter noch in der gedanklichen Konzeption heutiger Kunstwerke weiterhin von der Vorstellung des ›so und nicht anders‹ ausgehen. Man sollte nicht mehr behaupten, etwa das zweite Thema des ersten Satzes irgendeiner klassischen Sinfonie sei nur in der Form denkbar, wie wir es kennen. In Wirklichkeit hätte dieser Satz an einem solchen entscheidenden Knotenpunkt einen durchaus anderen Weg einschlagen können, der dann natürlich dem ganzen Stück eine andere Richtung gegeben hätte. Die Tatsache, dass uns das zweite Thema so, wie wir es kennen, als notwendiges Ereignis erscheint, weist auf etwas ganz anderes hin: Nämlich, dass wir offensichtlich – aus welchen Gründen auch immer – bestrebt sind, möglichst viele Zusammenhänge nachträglich herzustellen. Dabei halten wir nicht selten auch mehr oder weniger zufällige Verbindungen für notwendig.«

Hier könnte ich abbrechen und die Sätze einwirken lassen in das Textambiente, aber noch ein paar Sätze zu York: Eine körperlich robuste Erscheinung, in kleiner Runde an unserem Esstisch sprühend vor Temperament und Präsenz; ihn haben Glaukom und ärztliche Fehler erblinden lassen. Für den Komponisten auch der realisierten, in Paris uraufgeführten Oper (er hat das Libretto denn selbst geschrieben) eine Katastrophe, die ihn, erst einmal, in ein Tal der Finsternis führte. Private Katastrophen begleiteten ihn dabei: Hiobsbotschaften, mir erst einmal telefonisch vermittelt. Doch er gab und gibt so rasch nicht auf und fand Hilfe: eine amerikanische Software, die mündliche Anweisungen in Noten und sofort mitproduzierte Klänge umsetzt. Dies alles organisiert im Sound der Programmierer. Äußerst mühsames, zeitraubendes Verfahren, Note um Note. Erst schien mit diesem Verfahren allein Klaviermusik realisierbar, die auch entstand, dann weitete sich die Besetzung aus auf Cello und Klavier, danach auf ein Trio für Klarinette, Bratsche und Klavier, sodann auf ein Cellokonzert und schließlich, als Auftragsarbeit, auf eine Komposition für großes Orchester, die einen weiteren Kompositionsauftrag für großes Orchester nach sich zog: »Voyages«.

Cr / op / 3
Luftkrieg als Abenteuer. Auslöser der »Kampfschrift«: mein wiederholter Ärger darüber, wie Luftkrieg nachträglich (und potentiell weiterwirkend) romantisiert, idealisiert wird. Als Protagonist der Jagdflieger, als Höhepunkt jeweils der Luftkampf des Piloten eines Jagdflugzeugs mit dem Piloten eines Jagdflugzeugs mit anderem Nationalitätskennzeichen, ein

womöglich als ›ritterlich‹ bezeichneter Zweikampf, bei dem, im schönsten Fall, die feindliche Maschine zwar abgeschossen wird, horridoh!, der Pilot jedoch abspringen kann, der Fallschirm sich öffnet, der Feind wundersamerweise in der Nähe des Fliegerhorsts des Luftkampfsiegers landet und die Gegner in der Luft sich auf der Erde mit gegenseitiger Hochachtung begegnen, na fabelhaft. Hingegen der Landser, der letztlich eher Erdarbeiter ist, sich mit seinem kleinen Feldspaten immer wieder grabgroße Löcher schaufeln muss, die in Vormarsch oder Rückzug bald wieder aufgegeben werden, und erneut muss »geschanzt« werden. Wenn er nicht buddelt, muss er marschieren, bis die Füße wund werden. So was lässt sich schwer hochstilisieren. Der Jagdflieger hingegen hebt ab, im genauen Wortsinn. Noch Jahrzehnte später, die Maschinen längst zerschellt oder verschrottet, wird Luftkrieg so dargestellt, als hätte der nichts zu tun mit der jeweiligen militärischen und vor allem: politischen Gesamtlage. Was von der Literaturkritik nicht weiter beachtet wird, das schaute ich mir in einigen Büchern und Heften genauer an und kam aus dem Staunen kaum heraus. Und ich versuchte, gleichsam kaleidoskopisch, meine Lese-Erfahrungen zu vermitteln. Dies aber nicht in der abgehobenen Position eines späteren Besserwissers, ich bezog mich ein.

(Ende der vierten Würfelsequenz)

Dissoziation des Ich (etwa unter Einwirkung eines Adjektivs wie »multiphren«) und zugleich: beinah ungebrochenes Ich-Gefühl. So verschieden die Einfärbungen des Ich-Gefühls auch sein mögen, so viele Quantensprünge sich auch vollziehen in diesem Ich, es sieht sich charakterisiert auch durch lang anhaltende Kontinuitäten.

Ja, so oft ich mir auch souffliere, ja vorbuchstabiere, was mir vermittelt wird, so sehr ich mir selbst im Namen des Raimundus Lullus mitspiele: Es bleibt hartnäckig beim Ich-*Gefühl*, Lebens*gefühl* der Kontinuität, trotz Ich-*Bewusstsein* der Diskontinuität. Verstand setzt auf Zäsuren, Gefühl auf Fortsetzung, auf Wiederholung, Kontinuität.

Also auf zur nächsten, zur vorletzten Würfelpartie! Olga hält den Würfel warm. Mentale Lockerungsübung!

Cr / via / 4

Die Tür stand offen, ich betrat den Raum. Ein Mönch, in Orangerot, saß an einem Tisch, schaute in ein schmales, hochformatiges Buch, bewegte die Lippen. Er saß vorgebeugt, hatte lässig einen Fuß auf einer Quersprosse abgesetzt, blätterte zurück. Plattiert der Boden, rot angestrichen zwei Holzsäulen. Eine Altarwand mit drei Schriftbildern und einer Uhr, unter dem Zifferblatt die Darstellung eines alten Mannes, wie eine Mischung von Weisem und Waldschrat – Produkt chinesischer Souvenir-Industrie. Räucherstäbchen in kleinen Stapeln bereitgelegt, keines glomm. Neben dem Altar ein kleiner Kanonenofen, etwa kniehoch; abgestellt ein Wasserkessel mit Schnute; Presskohle gestapelt für viele Teekannen. Ein Feldbett, Laken und Decke zusammengerollt. Der alte Mönch las weiter an seinem Tisch, an den ein Büroschreibtisch herangeschoben war. Eine Tafel, an die Wand gelehnt, von der sich Verputz großflächig abgelöst hatte: Überschriften in Rot und in Grün. Ein junger Mönch kam in den Raum, schien mich nicht wahrzunehmen in meiner Reglosigkeit, zog die orangefarbene Kutte aus, trug eine wattierte Jacke, eine graue Bügelfaltenhose. Der Alte las, die Lippen weiterhin bewegt. Der junge Mönch verließ den Raum. Wieder Reglosigkeit, Stille. Ich ging, die Füße sanft aufsetzend, tiefer hinein in den Raum. Hinter der Altarwand ein kleiner runder Tisch mit einem Telefon – kleine Kurbel an der Seite. Vier Zeitungen hingen an der Wand, übereinander. Eine davon holte sich ein dritter Mönch, setzte sich auf einen Stuhl, blätterte, gähnte. Ich stand wieder an der Wand, wurde nicht weiter wahrgenommen oder höflich ignoriert. Der Mönch mit der Zeitung gähnte wieder. Der Alte las weiter, blätterte zurück nach vorn. Das Telefon blieb stumm. Die Uhr mit den kitschigen Figuren lief lautlos. Zeit schien zu versickern in den Fugen der Bodenplatten. Die lautlos bewegten Lippen des alten Mönchs, sein linker Fuß noch immer lässig auf der Quersprosse. Kein Feuer im Kanonenöfchen. Ich kauerte mich hin – würde ich so noch weniger auffallen? Würde vom dämmrigen Raum wie verschluckt? Das Feldbett, der Ofen, der Kessel, die Presskohle, das Telefon, die Schriftbilder, die Räucherstäbchen, die Uhr, der Tisch, die Tafel. Der Mönch mit der Zeitung, in der er nicht mehr las. Der alte Mönch vor dem Buch im Hochformat, in dem er weiterhin las, noch immer lautlos bewegt die Lippen. Die waren nun das Einzige, was sich im Raum noch bewegte.

Cr / pic / 1

Zu meinen ›Hausheiligen‹ unter den Malern gehört seit langem schon Frans Hals. Im Kunstmagazin ART veröffentlichte ich einen kleinen Beitrag über mein »Lieblingsporträt«. Es ist das »Bildnis eines Herrn« in den Staatlichen Kunstsammlungen auf Schloss Wilhelmshöhe in Kassel. Der Beitrag wurde nachgedruckt in einem ART-Buch. Mehr als ein kurzer Einblick in den kleinen Beitrag ist hier weder sinnvoll noch notwendig, es soll nur ein Textzeichen gesetzt werden. Ich lasse den Vorbericht weg über meine wiederholten Begegnungen mit dem Herrn unter dem keck und kess schief aufgesetzten, riesigen schwarzen Schlapphut, ich übernehme nur eine Sequenz, die sich in ihrer Bedeutung selbst relativiert.

»Ich habe keine Bücher über Frans Hals gelesen, habe demnach ›freihändig‹ eine Haustheorie entwickelt, die bestimmt keine Pioniertat ist: ›Akademisch‹ genau malte Frans Hals mit feinen Pinseln die Auftragsporträts hochgestellter Personen und Persönlichkeiten, die angemessen zahlten; bei Personen geringeren sozialen Standes konnte Frans Hals zu breiteren Pinseln greifen, konnte malen, wie er das wollte. Das Gemälde eines Zechers mit Glas, einer Frau mit Krug und Eule sind mir entschieden wichtiger als Tafelbilder mit Herren einer Bürgergilde, so raffiniert auch die Akzentuierungen durch Schärpen und Hände sein mögen.

Der Mann, der frei von sozialen Verpflichtungen impulsiv, spontan dieses Porträt gemalt hat, er war ein Greis von etwa 80 Jahren – zu genaueren Angaben fehlen zuverlässige Daten. Ein Mann um die 80: Hier müssen wir erst einmal rückübersetzen, aus unseren Verhältnissen. Im 17. Jahrhundert lag die Lebenserwartung, die durchschnittliche, bei etwa 40. Ein Mann um die 80 war eine solitäre Figur. Auch muss das Lebensgefühl anders gewesen sein: Mit acht Jahrzehnten sah man sich wohl als steinalte Eminenz, als biblischen Patriarchen.

Dieser Frans Hals jedoch, das zeigt jeder Pinselstrich, muss sich noch jung gefühlt haben. Und so betone ich durch Wiederholung: Dieses Bild malte ein jung gebliebener Patriarch! Ein Mann, der bis ins höchste, bis in ein damals fast schon utopisches Alter seine Ausdrucksmittel weiterentwickelte, dabei Malweisen demonstrierte, die völlig neu waren.«

Cr / mus / 3

Vermittlung von Musik: das eine oder andere Mal hatte ich die Möglichkeit, als Moderator im Klassikforum des Westdeutschen Rundfunks an die drei Stunden lang Musik meiner Wahl vorzustellen, im üblicherweise gemischten Programm. Da habe ich denn meine Akzente gesetzt – die könnte ich jetzt aber nicht mehr, den Sendeplan rekonstruierend, wiederholen. Ist mir auch nicht so wichtig. Eine der Sendungen jedoch ist über viele Jahre hinweg präsent geblieben in der Erinnerung: Drei Stunden lang hatte ich ausschließlich Kompositionen von E. T. A. Hoffmann vorgestellt.

Germanisten nehmen das eher am Rande wahr: Dass Hoffmann nicht nur über Musik geschrieben hat, vielfach brillant, dass er nicht nur Musiker (wie Kapellmeister Kreisler) in den Mittelpunkt von Erzähltexten gestellt hat, er hat auch zahlreiche Kompositionen in verschiedenen Formen und Besetzungen hinterlassen. In der Sendung setzte ich das in den Mittelpunkt: der Schriftsteller als Komponist.

Zündpunkte, für mich: Das Miserere in b für Solisten, Chor, Orchester. Auch die witzige Harlekinsuite. Das fulminante Klaviertrio. Doch das Echo in der Musikwelt blieb schwach, gedämpfte Resonanz.

Das Problem bei Komponisten, die nicht zur A-Liga zählen: Deren Werke werden selten von Musikern der A-Liga aufgeführt. Das wurde mir wieder einmal bewusst bei einem Konzert mit Starbesetzung in der Kölner Philharmonie: Perlman Violine, Harell Violoncello, Ashkenazy Klavier. Aufgeführt wurden nur ›Schlachtrösser‹ unter den Klaviertrios. Dabei hätten diese Topmusiker sicherlich genauso viele Zuhörer angelockt mit einem Konzert, in dem weniger bekannte Werke angekündigt waren. Man hätte einen erstklassigen Abend gestalten können etwa mit diesem meinem Wunschprogramm: Einleitend das betörend schöne Klaviertrio des sehr jungen Franz Xaver Mozart; anschließend das großartige Klaviertrio von Clara Schumann; nach der Pause, zum Abschluss, das mitreißende Klaviertrio von Hoffmann. Aber nicht alle Wünsche werden erfüllt.

Cr/soc/6

»Bahnhof Friedrichstraße. Transit. Transeamus. Man zelebriert die Wiederholungen. Zum wievielten Male eigentlich?

Die Kontrolle wird stoisch überstanden, das Durcheinander der Zettelnummern, die selten humorigen, meist schikanösen Bemerkungen dieser grüngrauen Frauen am Zoll, hier und da Leibesvisitation, unangenehm, weil unüberbietbar in ihrer Lächerlichkeit. Sie wussten doch eh alles.

Nicht wahr, mal wieder hier, Herr Superintendent, was haben Sie denn Neues in der Auguststraße, dem Konsistorium, zu melden, Geld dabei?«

Peter Beier, den ich kennenlernte als Pfarrer in Düren, den ich begleitete als Superintendent des Kirchenkreises Düren-Jülich, mit dem ich Reisen machte, den ich aber nur seltener sah, als er Präses der Evangelischen Kirche im Rheinland wurde. Er war wiederholt in offizieller und zugleich geheimer Mission unterwegs zwischen Kirche West und Kirche Ost. Dies auch mit einem präparierten Gürtel, in dem Geld steckte. Die Kirche war in der DDR arm dran, es wurde Geld gebraucht auch für verfallende Kirchen. Selbst der Aufbau, Ausbau des Berliner Doms wurde mit Westgeldern finanziert, die auch Peter übermittelte. Er hielt denn auch die Predigt bei der festlichen Wiedereröffnung des wilhelminischen Prunkbaus, der Peters Stilempfinden nicht entsprach, meinem auch nicht, der aber nicht wegzudenken ist aus Berlin.

Verbindende Erinnerungen, verbindende Erfahrungen. Themen unserer Gespräche waren nicht nur Berufsprobleme, nicht nur Fragen des Literaturbetriebs wie des Gemeindelebens, da war auch Austausch von hoher emotionaler Dringlichkeit, beiderseits; das rückte uns wieder näher aneinander heran nach Phasen, in denen jeder vor sich hin tobte, beruflich. Wobei ich mehr auf mich achtete, Belastungen ausgleichend. Der kettenrauchende Präses der evangelischen Kirche im Amtssitz zu Düsseldorf ließ von der Sekretärin der Kantine melden, wann der gehetzte Chef zum Essen kommt; das stand denn auch bereit. Die lückenlose Dominanz der Arbeit war auf Dauer nicht durchzuhalten, eines Nachts ein japsender Aufschrei, das Herz versagte.

»Der 61-jährige Theologe, der sich vor allem wegen seines Sozialengagements einen Namen machte, stand seit 1989 als Präses an der Spitze der mit 3,2 Millionen Protestanten zweitgrößten Landeskirche in der EKD.«

Annulliert unser zuweilen ausgespieltes Szenario, wir würden als zirka hundertjährige Nöckergreise unsere Endphase auf Rollstühlen in Venedig verbringen und uns zuletzt, simultan, in einen der Kanäle kippen.

Seine sonore Stimme freilich bleibt präsent auf einer CD, viele seiner Texte, auch seiner Gedichte, liegen im Druck vor, zudem die Streitschrift »Am Morgen der Freiheit«, aus der ich einen weiteren Absatz zitiere.

»So lange noch gar nicht her, die Tage des Mauerbaus, die zufällige Anwesenheit des rheinischen Predigerseminars in Berlin, dessen Aufgabe es ist, vor Toresschluss eine theologische Bibliothek in den Osten zu schaffen, Bücherpakete in den abgenutzten Lodenmantel gewickelt, hinüber – herüber, man war froh, die Konterbande los zu sein, froh über die Schnippchen, die man schlug, froh, wenn es gelang, und ein bisschen stolz auf ziemlich kostenlose Wagnisse.«

Cr / op / 5

Stanislaw der Schweiger. Als ich diesen Vampirroman schrieb, hatte ich nicht eine Phase des Vampirismus durchlebt oder durchlitten, hatte auch nicht als Hausmeister oder Kustos in einem Karpatenschloss hospitiert, die Figur war mir einfach mal eingefallen, in einer Situation, die sich nicht eingeprägt hat, von der sich also auch nicht erzählen lässt. Plötzlich kam er mir in den Sinn: Der Vampir, der ausnahmsweise nicht vom Blut aus der Halsschlagader lebt, sondern von Sprache, Geräusch, Musik – von Ressourcen also, die in unserer Welt unerschöpflich sein dürften. So hat sich Freund Peter schon mal gewünscht, ich könnte ihm Graf Stanislaw ausleihen, damit der während einer der Endlossitzungen der Kirchenleitung rund um den Konferenztisch schreitet, dabei redundante Redebeiträge einschlürft, Stille hinterlassend. Wohltuende Stille. Belebende Stille. Fördernde Stille.

(Ende der fünften Würfelsequenz)

TOD UND JÜDISCHER ARTUSRITTER

HELENE: Vor einem Hotel fuhr sie rückwärts statt vorwärts los, Hinterräder in einer Blumenrabatte, sie konnte das nicht recht verstehn. Doch für uns bestätigte sich, was sich verschiedentlich schon angedeutet hatte: etwas stimmte nicht mit ihr. Irritierend, verstörend: sie redete kurz mal durcheinander … ließ Essen anbrennen … wusste plötzlich nicht mehr, wo sie war … saß untätig herum … fiel hin.

Vom Hausarzt wurde sie an die Münchner Uniklinik überwiesen. Computertomographie, Segmentbilder des Hirns, Bildschnittebenen wurden durch Kontrastmittel deutlich, schockierend deutlich gemacht; die Fotos, die Helmuth und mir schließlich vorgelegt wurden: Menetekel! Fast symmetrisch, wie Schmetterlingsflügel, die feinen Verästelungen und mitten im Hirn ein Ödem, Folge des Tumors. Der wurde benannt: Glioblastoma multiforme. Hirntumor, inoperabel. Höchstens möglich: operative Reduktion des rasch wachsenden Tumors, des Hirnödems, damit Reduktion des Drucks auf die Hirnsubstanz. Gegen solch einen Eingriff spricht freilich ihre Patientenverfügung, spricht auch Erfahrung: Nach einer Operation wäre sie mit großer Wahrscheinlichkeit halbseitig gelähmt. Auch Bestrahlung kann bei diesem diffusen Tumor kaum noch Wirkung zeigen, Medikamente können nur mildern, Cortison, vorrangig Cortison, das den Druck des Hirnödems ein wenig reduziert. Mehr ist nicht möglich, darauf müssen wir uns einstellen. Die Patientin soll zur Klinik in Herrsching überwiesen werden. Verstummt gehe ich mit Helmuth zum Parkplatz, stumm die Rückfahrt nach Herrsching.

Verlängerung meiner Besuchsfrist im kleinen Gästezimmer. Erste Absprache: Wie wir uns abwechseln bei Besuchen in der

Klinik, der Vater, nun die beiden Söhne im Ort. Der dritte ist in Bremen, an den Schuldienst gebunden. Als Freiberufler, als free-lance-writer kann ich am ehesten disponieren.

Doch es kam erst mal anders. Bei meinem ersten Besuch in der Klinik, kurz nach der Überführung im Krankenwagen (den sie eigentlich noch nicht brauchte) stand sie, mit verschränkten Armen, in einer Ecke des Zimmers und erklärte mir: »In dieses Bett kriegt ihr mich nicht rein, ich will nach Hause.« Das Bett noch nicht aufgedeckt, die Tasche noch nicht geöffnet. Verhandlung mit dem Arzt vom Dienst, ich brachte sie zur Schönbichlstraße. Sie streichelte den Türsturz des Hauses, das sie hatte erbauen lassen: »Da bin ich wieder.« Und setzte sich gleich aufs Sofa, ihren Stammplatz, freute sich auf das Abendessen. Sie hatte großen Appetit, auch in den nächsten Tagen, aß mehr als sonst, aber es schlug nicht an: der Tumor fraß mit. Freilich, sie selbst war mit der Diagnose verschont worden, war gleichsam abgespeist worden mit einem lateinischen Begriff.

Immer deutlichere Veränderungen: Die sonst agile und aktive Frau saß am Fenster, starrte ins Grüne: »Was soll ich noch arbeiten, ich sitz ganz einfach da und find das schön.« Und die sonst stets korrekt gekleidete Frau lief in dicken Socken herum: »Ach, die blöden Schuhe.«

Das Hirnödem mit seiner »cerebralen Raumforderung« drückte weg und legte frei. Ich erkannte Helene in mancher Hinsicht kaum wieder, sie wurde liebenswürdiger, gelassener, sogar zärtlicher – und das war die größte Veränderung. Die sehr dynamische, resolute Frau, die in langen Kinderjahren dominiert hatte, sie veränderte sich von Woche zu Woche, von Tag zu Tag. Und ich begann Notizen zu machen. So etwas wie ein Protokoll ihres Sterbens, ich musste das festhalten. Begleitende Erfahrungen auch mit mir.

Immer wieder will sie die Uhrzeit wissen, vergisst die Angabe sofort wieder, kommentiert das schon mal: »Ist ja auch egal.« Nichts mehr wird von ihr erwartet, sie erwartet kaum noch etwas: »Ich stör hier keinen und ich stör euch auch nicht.« Sie sitzt am runden Esstisch, aber mit dem Rücken zum Panoramafenster, durch das man, in schmaler Schneise, ein Segment der Ammerseefläche sehen kann, bis ans andere Ufer. Was sie bei früheren Spaziergängen, Wanderungen gepriesen hat, das ist nun bedeutungslos – mag die Sonne tagelang den See bescheinen, ihr fällt nur noch Nebel auf. Und spricht davon, dass die Menschen sterben müssen, »alle, alle müssen sie sterben«. Dann, in ihrem Zimmer, in unvermittelter Hellsicht: »Das ist das Sterbezimmer, dort steht mein Sterbebett.« Auch ohne Vermittlung der Diagnose: sie spürt, dass Tod in ihr heranwächst. Zumindest weiß sie, dass sie »etwas im Kopf« hat, sie sagt: »komisch«, sagt mehrfach hintereinander: »Was ist da mit mir los?«

Krebsgewebe und Hirnödem beginnen Druck auszuüben auf ihre Sprache, angestrengt versucht sie, zusammenhängend und klar zu reden, richtige Sätze zu bilden: »Die Menschheit – die Menschheit ist nicht mehr brauchbar. Nein, brauchbar ist nicht das richtige Wort.« Wenn sie etwas formulieren kann, und das will nicht mehr so recht gelingen, plinkert sie mir zu, und das soll wohl bedeuten: Du verstehst mich auch so?

Ja, Druck auf ihr Sprachzentrum, und sie kämpft dagegen an. So will sie mir vom Flug nach Mexiko erzählen, vor mehreren Jahren, und ein Sonnenuntergang, rot, offenbar auf der linken Seite des Flugzeugs, Passagiere an den Fenstern hatten rote Köpfe, aber das konnte sie nicht mehr sagen, stattdessen: »So rot, das war so rot – wie – wie Tomaten vor den Fenstern – lauter Tomaten vor den Fenstern.«

Der Druck des in meiner Vorstellung bald hühnereigroßen Hirnödems schiebt Wörter aus festgelegten Mustern – kleine Verschiebungen erst, die sich noch nachvollziehen lassen: »Der Sekt ist – der ist gar nicht hartherzig.« Ja, du hast recht: der ist ziemlich mild. Und sie will andere mit ihrer »komischen Krankheit« nicht behelligen: »Wir wollen denen das Leben nicht dreckig machen.« Ja, ist noch viel deutlicher als »bitter« oder »schwer«.

Und immer wieder beginnt sie zu philosophieren: »Was machen die Menschen bloß mit der Zeit? Was macht die Welt bloß mit der Zeit? Da liege ich und überlege und überlege und überlege – die Welt von Papi und mir und die Welt da – die andre, was ist mit der los? Das verändert sich alles so – das ist so anders – ich weiß nicht mehr, was los ist. Das ist so – ich komm nicht mehr mit – Wie viel Uhr ist es? – Was, schon halb fünf? Da musst du aber ins Bett gehn.«

Satz um Satz, Wort um Wort versucht sie am Tumor, am Ödem vorbeizuschmuggeln, versucht, den übermächtigen, die Welt in ihrem Kopf zerquetschenden Druck aufzuheben; jeder Satz, der ihr noch gelingt, ist ein kleiner Sieg über das Wüten wildwuchernder Zellen. Nach solcher Anstrengung jedes Mal eine kleine Erschöpfung, und dann zermalmen Tumor und Ödem für ein, zwei Minuten alle Sätze, die sie neu anfängt, zu denen sie neu ansetzt, hinter halb geschlossnen Augen hat sie Kraft gesammelt für diesen Kampf, sie starrt mich an mit ihren dunklen, wie mit einer dünnen, grauen Filmschicht überzogenen Augen. Keiner fordert sie auf, zu reden, sie will, heiter-angestrengt, sprechen, sprechen, weitersprechen, und wenn ich, den Verschiebungen von Wortfolgen und Wortbedeutungen nachlauschend, gar nicht mehr verstehe, was sie meinen könnte, und ich frage sie, so antwortet sie: »Ach, ich hab das nur so für mich gedacht.« Und sie hat der wilden Wucherung im Hirn wieder ein Schnippchen geschlagen: ein korrekter Satz.

»Wie viel Uhr ist es? – Was, schon so spät? Na, ist auch egal. Was macht man mit der Zeit? Was machen die Menschen bloß alle mit der Zeit? Was machen die nur mit der Zeit?«

Die meiste Zeit dämmert sie dahin, in überraschend schneller Rückentwicklung bettlägrig geworden, aber zu Hause, immer noch zu Hause, für Pflege ist gesorgt. Wenn ich ans Bett trete, macht sie, gleichsam probierend, die Augen auf, Freude, die belebend in sie fährt, in ihre Sätze, sie fragt, ob ich gegessen habe, ob ich schon spazieren war, aber sie weiß nicht mehr, wo ich denn spazieren gehe, fängt wieder an, auf ihre Weise zu philosophieren: »Nichts – nichts – plus null, minus null.« Das wiederholt sie mehrfach.

Aber wichtiger als gelingende Sätze wird für sie Wärme, viele Minuten lang lässt sie sich streicheln, an Schläfen und Wangen, die früher so resolute, auch verschlossene Frau lässt nun Gefühle aufkommen, gibt ihnen nach, versucht – wie zum Dank für Präsenz und Zuwendung – zu sprechen, zusammenhängend, Sätze vorbei an der Geschwulst im Kopf, vorbei am wachsenden Tod im Kopf. Dieser Kampf, Satz um Satz, gegen den übermächtigen, den zerstörenden Druck im Kopf, der macht mir zuweilen Mut, doch mit Trauer vermischt über die Vergeblichkeit: Sätze, Wörter gegen den Tod.

Und dann ein dumpfes Rumpeln, mitten in der Nacht. Ich fahre hoch, laufe ins Nebenzimmer, sie ist aus dem Bett gefallen. Auch Helmuth hat das gehört, steht da im Schlafanzug, hilflos. Ich hebe sie hoch, sie ist erstaunlich leicht geworden. Für den kurzen Moment des Anhebens liegt ihr Kopf an meiner Schulter, und sie flüstert mir zu: »Ich sterbe.« Lass dir noch was Zeit.

Aber die muss sie nun doch im Krankenhaus verbringen. Ein sturzsicheres Bett: Seitenstützen. Ein Katheder muss gelegt werden. Wachsende Probleme mit der Ernährung. Ich begleite sie am nächsten Tag – mit dem verabredeten Schichtdienst der Besuche wird es Probleme geben, Helmuth, stets umsorgt, kann Fürsorge nicht organisieren, der Bruder muss jeden Werktag nach München fahren, zu Siemens, und von Bremen kann man nicht schnell mal, so zwischendurch, nach Herrsching kommen. Und wieder gibt sie zu erkennen, dass sie sich selber nichts vormacht, da musste ihr keiner das mörderische Stichwort vom Hirnkrebs vermitteln: »Ja, das ist mein Sterbezimmer hier – da sind die – da kommen alle her mit der Nummer – das ist eine Nummer wegen der Aufsicht – da kommt jeder her, der verhaftet wird, weil er ein Verbrechen begangen hat – ja, der Kriminal – das ist –«

Und wachsende Phasen der Sprachlosigkeit, des Verstummens. Sie liegt auf dem Rücken, Augen geschlossen, eine Hand unter der Bettdecke, eine neben der Bettdecke, ich streichle den Handrücken, es bewegt sich etwas unter den Augenlidern, die Augäpfel scheinen sich, wie suchend, zu bewegen, ich umschließe ihre Hand, das Druckzeichen wird erwidert, sie öffnet die Augen, schaut erst hinauf zur Zimmerdecke, ich beuge mich vor in ihr Blickfeld, eine Andeutung von Lächeln, sie scheint mich zu registrieren, beginnt zu sprechen, aber so leise, dass ich kaum etwas verstehe, es erscheint mir eher wie ein Nachahmen von Sprechen, ein Sprachhauchen, da werden, wenn sie etwas lauter wird, Silben gereiht, scheinen sich Silben zu reihen, ich nicke ihr zu, die Nase zwischen ihrem Hals und ihrer Schulter, eine kleine Gegenbewegung ihres Kopfs, ich drücke die Nase fester in den Halswinkel, wieder das Antwortzeichen ihres Kopfs, ich richte mich auf, unablässig die Sprechbewegungen ihrer Lippen, zuweilen sind auch einzelne Wörter zu hören, ein »schön«, weil ich sie weiter streichle, dann wieder: »nach Hause« oder »kalt«. Da will ich die freiliegende Hand unter die Bettdecke schieben, aber gleich heißt es: »Lass mich«. Und sie will weitersprechen oder: es will weiter aus ihr heraus sprechen, ich sage: Ja, erzähl es mir, erzähl mir alles. Rasche Belebung nach einem Zwischenschlaf, einem Zwischenschläfchen, sie will gehört und will gestreichelt werden, aber was sie sagt, ist kaum zu hören, ich halte mein linkes Ohr dicht an ihren Mund, aber das Sprechen bleibt Sprechhauchen, ihre Augen weit geöffnet, sie scheint zufrieden mit dem, was sie sieht, ein Nicken, und als ich ihr zuplinkre, plinkert sie zurück, schiebt die Lippen etwas vor, die Zungenspitze im Mundwinkel, ein mit Klängen, eher mit Anklängen angereichertes Hauchen, sie plinkert mir wieder zu, macht mit dem Kopf eine stupsende Bewegung, das wiederholt sich: He, altes Katzerl, hast du immer noch genug? Und wieder schiebe ich die Nase zwischen Hals und Schulter; die Frau, die früher so spröde war, sie kann nun gar nicht genug Wärme, Zärtlichkeit kriegen. Ich richte mich schließlich wieder auf, den Rücken strecken, ich nicke ihr zu, sie macht eine Andeutung von Nicken, sie spricht, spricht, spricht tonlos, ihre linke Hand hebt sich von der Bettdecke, bewegt sich in der Luft. Was suchst du denn da?, frage ich sie; ihre Augen sind weit geöffnet, doch ihr Blick ist starr.

Ich unterbreche die Niederschrift, fahre ins Eifelhaus mit einem Packen Briefe, die ich seit Jahrzehnten nicht mehr geöffnet habe, sie stecken nach der Erstlektüre wieder in den Briefumschlägen.

Schon beim Anlesen bin ich überrascht, fast überrumpelt: liebevolle, warmherzige Briefe! Die fügen sich nicht in das Erinnerungsbild, das ich anscheinend festgeschrieben habe. Ich gehe auf und ab im Raum, der groß genug ist für mein Umhertigern, konfrontiere die Briefe mit den ausformulierten Erinnerungen, komme zum Schluss: Eigentlich erst nach der Zeit bei den Pflegeeltern Ruth und Dieter, beim »Halbbruder«, eigentlich erst, als ich in Freiburg mit dem Studium begann, ja, erst nach diesen Zäsuren trafen die Briefe ein, die mich nun so sehr überraschen.

Gleichsam eine halkyonische Insel der Beziehung zwischen Mutter und Sohn, so etwas wie eine Zeitinsel des Friedens, den ich auch selber, zumindest in jener Zeit, mit ihr geschlossen hatte. Diesen Schluss jedenfalls lässt ihr Dank zu auf meinen Geburtstagsbrief zu ihrem Fünfzigsten, Juni 1955.

»Mein Liebes! Ich stehe noch ganz unter dem Eindruck Deines wunderbaren Briefes zu meinem Geburtstag. Du hast mir mit Deinen lieben Worten eine ganz große Freude gemacht. Denk Dir, als der Postbote am Geburtstagsmorgen Deinen Brief brachte, saß ich ganz allein im Sessel und hörte mir unsere Langspielplatte Beethovens Violinkonzert mit J. Menuhin gerade an. So war ich in der richtigen seelischen Verfassung, um mit schwimmenden Augen in aller Ruhe Deine Worte in mich aufzunehmen.

Du hast so recht mit dem, was Du schreibst. Ich habe gerade in der ersten Zeit, die Du fort warst, viel über den Sinn des Lebens nachgedacht und über die Tatsache, dass unser ältester Vogel das Nest verlassen hat. Ich dachte an die Zeit, wie ich 21 Jahre alt wurde und mein Elternhaus verließ. Damals hatte ich das beglückende Gefühl, ein ganz freier Mensch zu sein und mein Leben selber in die Hand zu nehmen, ohne Druck von oben, der bei uns durch die Strenge meines Vaters sehr groß war. […]

Ein Sohn bleibt mein Sohn bis an mein Ende, und meine Liebe zu Euch bleibt die gleiche, auch außerhalb des Nestes und mit wachsender räumlicher und zeitlicher Entfernung. Es laufen eigentlich zwei Ansichten nebeneinander her. Das Gefühl und der Verstand. Vielleicht ist alles falsch, so wie ich es mir gedacht und zurechtgelegt habe, und trifft nicht ganz, was Du sagen wolltest, aber dann habe ich es nur ungeschickt ausgedrückt. [...] Ich danke Dir von ganzem Herzen für Deinen Brief. Ich werde ihn in ruhigen Stunden noch oft zur Hand nehmen und auf mich wirken lassen. –«

Ich setze mich wieder ans Bett. Sie ist auf die Seite gedreht worden, in Mundhöhe ein kleines Sabbelkissen. Ich gehe in die Hocke, nur das obere Auge ist auf mich gerichtet, sie scheint mich zu erkennen, der Ansatz eines Lächelns, sie versucht nun auch das andere Auge zu öffnen, aber eine Falte des kleinen Zusatzkissens hält es verdeckt; ich drücke die Falte flach, da öffnet sich auch das untere Auge. Ich streichle ihre etwas gerötete, kleinkinderhaft sanfte Wange, und da ist ein kleines Nicken, ein Laut, aus dem ich kein Wort heraushören kann, da ist ein kleiner Gegendruck ihrer Hand, und die hebt sich ab von der Bettdecke, der Zeigefinger vorgestreckt, die Hand dreht sich ein wenig in der Handwurzel, nestelt dann herum am Kragen des Krankenhaushemds, kurz plinkert sie mir zu, schaut in den Raum, ihr Gesicht wirkt fast heiter, als würde sie sich sagen: Na, wo bin ich denn hier? Und: Sieht eigentlich alles gar nicht so übel aus. Ich nicke ihr zu, sie nickt zurück. Und wieder das Zuplinkern, aber da entwickelt sich kein System: Mein dreifaches Plinkern wird nur mit einem einzigen Plinkerzeichen beantwortet, ein einfaches Plinkern zweimal. Wieder hebt sich ihr Arm, ich beuge mich über das Bett, sie tastet sich vor zum Haar, fasst eine Strähne, zupft ein wenig, legt den Arm, die Hand wieder auf die Bettdecke: ein kleines Mullgeviert auf ihre Haut geklebt mit einem Plastikstreifen, ein zweites Mullgeviert am Unterarm. Ich drücke das Gesicht in den Winkel zwischen Hals und Schulter, ein kleines Nicken als Antwort, ein kleiner Stupser in den Hals-

und Schulterwinkel, sie antwortet erneut mit einem Nicken, das will sie also noch öfter haben, scheint unersättlich, möchte ganze Romane aufnehmen in der Wärmesprache, Zärtlichkeitssprache, deren Alphabet sie fast schon vergessen hatte in den vergangenen Jahren, Jahrzehnten, aber nun buchstabiert sie es unermüdlich durch, gönnt sich zwischendurch mal ein Erholungspäuschen, macht die Augen zu, macht sie wieder auf, ein kleines Nicken, Bewegung der Lippen, lautlos, zugleich ihre Blicksprache, und die sagt: Komm noch mal näher ran, und ich stecke Nase, Gesicht wieder in ihren Lieblingswinkel zwischen Hals und Schulter, diese Frau kann gar nicht genug Wärme aufnehmen vor dem großen Erkalten. Ob sie ein letztes Wort sagen wird, das ich erzählend weitergebe? Als letztes Wort »warm«, als letzte Worte vielleicht wieder »nach Hause«? Jetzt, jetzt wäre ein lautloses Stichwort gegeben, aber sie bewegt nur weiter die Lippen, unter der Bettdecke ist gleichfalls Bewegung, kleines Anziehen und Strecken der Beine. Wird sie entschlafen im Moment einer fast glücklichen Entspannung? Oder im Aufbäumen, einem Zusammenraffen letzter Lebenskräfte, in stummem Verzucken? Ein Röcheln, ein Seufzen? Eine kurze, starke, dann unvergessliche Geste?

Aber sie lässt sich keine Stichworte soufflieren. Sie schließt die Augen, atmet durch den Mund, fast ein Schnarchgeräusch. Schon möchte ich mir freigeben, will gehen, will arbeiten, andere Wörter, ganz andere Wörter gereiht, aber da ist wieder ein Handzeichen, das ich deuten muss. Langsam öffnet sie die Augen, fast so etwas wie ein Lächeln, ich bin also wieder anwesend für sie.

Zu meiner Zeit, zu jener Zeit wurde das Datum der Volljährigkeit noch gefeiert – ein Datum, das für meine Söhne überhaupt keine Rolle mehr spielte – für sie selber auch nicht. Damals aber, 1956, wurde jenes Datum noch mit einem umfangreichen Brief gewürdigt, fast gefeiert. Hier wieder einige Auszüge.

»Mein geliebter Großer! Nun wirst Du 21 Jahre alt und bist endgültig ein Erwachsener. [...] Ich habe mir in Gedanken mal Deinen Lebensfilm abrollen lassen. Wie friedlich bist Du trotz

Kriegs- und Nachkriegsgeschehen aufgewachsen. Es war ein rechtes Glück für Euch, dass wir nach Herrsching gegangen waren, keine Bomben und keine Unruhe störte Eure Entwicklung. [...]

Nun zu realeren Dingen. Was sagst Du zu der Schreibmaschine? Schade, dass ich Dein Gesicht nicht sehen kann. Dies tolle Geschenk, weil Du großjährig wirst. Diese Maschine soll Dich durchs Leben begleiten. Ich glaube, wir haben das richtige Geschenk für Dich erwischt. Bist Du aus den Latschen gekippt? Dagegen ist mein Paket mit Büchern und Fressalien nur schmückendes Beiwerk.

Ich werde am Mittwoch sehr heftig an Dich denken mit einem lachenden und einem weinenden Auge. Du fehlst mir natürlich sehr. Also, geliebtes Wesen, lass Dich in Gedanken innigst umarmen und Dir einen sehr herzhaften Geburtstagskuss geben. Alles, alles Gute auf Deinem weiteren Lebensweg.«

Und wieder, und immer wieder: Das Sprechen geht über in Murmeln, Lallen. Umso wichtiger werden Gesten: zeigen, winken, mit den Fingern trillern. Aber auch dieses Spektrum von Signalen, von Mitteilungen schrumpft rasch ein.

Und sie kriegt wieder Kleinkindernahrung: Reisbrei, Schokoladenpudding, in der Weichform des niederländischen »vla«. Wie bei einem langsam, allzu langsam essenden Kind wird der Brei, der Pudding, der vla in einer Schüssel serviert mit doppelten Plastikwänden; der Deckel, den ich abdrehe, ist ebenfalls isolierend verdickt. Mit der kleinsten Löffelform, einem Eierlöffelchen, füttre ich sie. Wie mit dem Schnuller einer Babyflasche tippe ich mit dem Löffelchen an Unterlippe, dann macht sie den Mund auf, lässt den Pudding, den vla in die Mundhöhle gleiten, hilft etwas mit der Oberlippe nach, schluckt aber nicht, ich gebe ein Löffelchen hinterher, das schluckt sie immer noch nicht, es vergehen ein, zwei Minuten, dann erst schluckt sie, und ich kann den nächsten Löffel anbieten. Den Obstsaft im kleinen Fläschchen, kleiner noch als ein Perrier-Fläschchen, gieße ich in einen Plastikbecher, drücke den Schnabeldeckel drauf, ein Löchlein vorn im Schnabel, ein zweites im Plastikdeckel, ich halte den Schnabel an die Lippen, an die Zunge, die sich ein wenig vorstreckt, sie trinkt einen Schluck, der gluckst laut hinunter, scheint auch hörbar zu sein im leeren Magen, scheinbar vergrößerte Schluckportion im anscheinend verkleinerten Körper.

Juni 1956: »Hast Du von dem großen Erfolg gelesen, den das Bochumer Theater in Paris mit der Sartre-Aufführung hatte? Ich lege die Kritik bei. Messemer ist doch ein ganz großer Schauspieler. Schade, dass er geht. Sonst ist hier kulturell im Augenblick nicht viel los. Die Saison ist ja auch fast schon zu Ende. Der Sommer fällt dieses Jahr flach. Wir sitzen wie im Winter bei Heizung zu Hause. An Wandern ist seit Wochen nicht zu denken gewesen; immer Regen, zum Auswachsen! Der halbe Sommer ist schon vorbei.

Anbei die Wäsche. Bitte wechsle das Überschlaglaken und lass das andere waschen. Du darfst überhaupt Deine Wäsche nicht so lange tragen. Nur 3 Unterhemden in 5 Wochen! Das ist zu wenig. Das trockene Sträußchen zwischen der Wäsche lege in Deinen Wäscheschrank. Das macht einen angenehm frischen Geruch. Ich habe es auch im Schrank.«

Da sind auch freie Stunden, freie Tage, und Vater oder Bruder gehen ins Krankenhaus, leisten der Sterbenden Gesellschaft. Ich setze mich wieder an den kleinen Schreibtisch des Gästezimmers, Helenes Hirnödem soll nicht auch meine Sprache erdrücken, die rechte Thermik mag sich aber nicht einstellen. Ich probiere aus, ob sich eins der Hörspiele nicht in einen Prosatext umsetzen lässt, eins der zwei, drei Science-Fiction-Hörspiele, die ich geschrieben habe, künftig aber kaum noch schreiben werde, ich habe mit Gegenwart und Vergangenheit mehr als genug zu tun. Ein Hörspiel, dessen Sprache weit, sehr weit entfernt ist von der Sprache und der Sprachlosigkeit in Zimmer 304. So etwas wie Männersprache, das muss nun sein, im Kontrast, auf den ich mich einlasse, gelingt aber nicht, dieser kleine Akt der Befreiung.

894

So nehme ich wenigstens eine Zeitung mit, als Gegentext, doch zwischen Haus und Krankenhaus stecke ich sie in einen Abfallbehälter. Nehme mir vor, auch in den nächsten Tagen keine Zeitung mitzunehmen, ich will nicht, zeitweilig, Gegenwart abschirmen durch Zeitungsseiten, Zeitungstexte, nur um wieder mal Zeit zu nutzen, ich nehme mir vor, mir in ihrem Privatpatienten-Zimmer keine Wahrnehmung rauben zu lassen.

Die Welt wieder als Scheibe, deren Ränder sich auflösen, ablösen, immer größere Schollen brechen ab, sinken weg ins Bodenlose. Und es bleibt zuletzt nur der kleine Park am Krankenhaus, bleiben einige Bäume, bleiben ein paar Vögel. Geräusche öffnen ihr nicht mehr die Augen. Keine Reize mehr für Zunge und Gaumen. Nur noch Reaktionen auf Handwärme. Einmal hatte ich ihre Hand mit meiner noch kühlen Hand berührt, war ohne Handschuhe gekommen, da zuckte ihre Hand zurück, schob sich unter das Kopfkissen. Meine für ihre bettwarme Hand nun beinah totenkalte Hand. Die wärmte ich auf durch Schlenkern, hielt sie an den Heizkörper, mit meiner nun wieder lebenswarmen Hand berührte ich die Hand, die noch auf der Bettdecke lag, und die entzog sich nicht. Wie wird es weitergehn? Die eigene Wärme deutlicher spüren, während ihr Körper auskühlt?

Bochum, September 1957. »Liebes! Wir danken Dir alle herzlichst für Deine zwei ausführlichen Berichte von der Überfahrt und der ersten Woche in New York. […] Wir haben gegenüber Deinen Erlebnissen natürlich nur sehr wenig zu berichten. Wir sind Provinz. Das kulturelle Leben ist aus seinem Sommerschlaf erwacht. Wir waren in der Premiere von Calderons ›Das Leben ist Traum‹. Es war in der Sprache zu sehr gedrechselt und dadurch schwer zu verstehen, vieles nur symbolhaft gedeutet. Wenn Rolf Boysen als Sigismund nicht so sehr gut gespielt hätte, wäre das Stück beim Publikum wohl gar nicht angekommen.

Dann wagte Decker im ersten Hauptkonzert das 2. Brandenburgische Konzert von Bach. Wie zu erwarten, waren

weder Flöte noch Trompete und Geige dieser Forderung gewachsen. Es war beinah peinlich, und Decker musste eigentlich wissen, was er seinen Leuten schon zumuten kann. Wir
haben anschließend unsere Platte laufen lassen und so richtig
den großen Unterschied in der Wiedergabe erkennen können.
So ein Stück darf nur vollendet gespielt werden.«

Einübungen in Geduld: ihre letzte Forderung. Zuweilen stellt
sich diese Geduld aber nicht ein, da versuche ich zwar, sie zu
reproduzieren, an ihrem Bett sitzend, ihre Hand haltend, aber
mit diesem Nachahmen von Gesten kann ich die Gelassenheit
nicht herbeiholen, es entsteht Ungeduld: Stunden, in denen
mir dieses lange Sterben fast ein wenig langweilig wird, da
sind Wörter, Sätze in meinem Kopf, die lasse ich nicht heraus,
die laufen innen herum, immer an der Schädeldecke entlang:
Könntest du nicht ein klein wenig abkürzen? Mit diesen Stunden, in denen nichts geschieht, sie schläft oder blickt mit halbgeschlossenen Lidern auf einen Fleck, einen Punkt innen oder
außen, in solchen Stunden werden auch intensive Gefühle ausgelaugt, da verbraucht sich etwas, das ich behalten möchte.
Nicht dieses Herumliegen in einem Niemandsland, diesem
anwachsenden Niemandsland. Ein wenig Zeitraffer, und nicht
dieses Versickern. Warum plagt sie sich immer wieder, stirnrunzelnd, die Augen aufreißend? Diese viel zu langen Stunden
des Dahindämmerns. Sagt man nicht auch: Dahinvegetieren?
Todesvegetation, Todesflora; Moose, Algen, Flechten. Warum
überspringt sie nicht einige Phasen auf dem Weg zurück?
Manchmal der lautlose Vorwurf, dass sie mir auf ihre alten
Tage so viel Zeit nimmt. Holt sie sich die Zeit, die wir früher
nicht füreinander hatten? Holt sie sich, Stunde um Stunde,
Tag um Tag? Will noch all die Zärtlichkeit aus sich herauslassen, die sie früher zurückgehalten, so streng rationiert hatte,
Zärtlichkeit höchstens als Belohnungshäppchen? Und nun
schwelgt sie, wo sie früher geknausert hatte? Will dafür noch
möglichst viel Zukunft haben, bestärkt ihr Herz darin, stark
zu bleiben? Die sonst oft so ungeduldige Frau holt sich nun
ein mit großer Geduld?

An einem der Nachmittage entzog ich mich den Ritualen, blieb weg, ging am See entlang, aber das waren keine Stunden, in denen ich nach meinem Rhythmus lebte, wieder zu leben versuchte, das waren Stunden, in denen ich ein schlechtes Gewissen hatte. Sofort fragte ich mich, warum und woher dieses schlechte Gewissen? Schuldgefühle, was denn sonst, aber woher, wieso? Weil ich mich wehrte, mich sperrte, mich verweigerte? Wieso auch nicht? Zwingt mich in die Rolle des liebenden Sohnes. Strubbelt mir die Haare, streichelt mich wie einen kleinen Jungen! Ich will aus diesen Kinderhosen raus, diesen luftig bunten. Wiederum: findet so etwas wie Ausgleich statt, von ihr gewaltlos eingefordert, weil ich über Jahre hinweg für sie nur der höflich interessierte Sohn war? Weil der Austausch von Informationen zwischen uns immer geringer geworden war, schließlich fast versiegte? Und nun die Erfahrung, wie sehr sie angewiesen war auf Nähe und Wärme?

Aber wiederum die Stunden der Reglosigkeit, die fast toten Stunden, in denen diese Frau mit dem kleiner werdenden Kopf schlief, ein offenbar mühsames, von kleinen Seufzern akzentuiertes Schlafen, aus dem sie sich nur sehr langsam herauslöste: erst war nur ein kleiner Sektor der Iris zu sehen, dann gaben die Lider auch die Pupillen frei, ich stellte mich in die eingeschätzte Blickrichtung, aber ich wurde nicht wahrgenommen, auch nicht, wenn ich winkte, mich vorbeugte, damit größer machte in ihrem Blickfeld, ihr Blick glitt von mir ab, ging durch mich hindurch. Und sie starrte wieder hoch zur Zimmerdecke, die Stirnfalten über der Nasenwurzel dicht gebündelt, ein fragendes oder ängstliches Hochblicken mit vergrößerten Pupillen. Immer wieder dieses Bündeln von Stirnfalten über der Nasenwurzel! Mehr als Stirnrunzeln, sichtbare Anstrengung. Fragendes Vorsichhinstarren, vielfach mit geschlossenen Augen. Als wäre da etwas, dem sie mit Zusammenfassen, Zusammenraffen ihrer restlichen Kräfte begegnen muss. Zuweilen ein Ächzen, kleines Stöhnen, so etwas wie Seufzen – Signal für körperliche Schmerzen? Und wieder starrt sie hoch zur Decke, oder, wenn sie auf die Seite gelegt wurde, zur Wand, in eine Ecke. Was sie dort sieht, scheint finster zu sein, bedrohlich. Das fragende Vorsichhinblicken, die nach innen gewandte Konzentration, offenbar auch Angst – deute ich das alles nur so? Was weiß ich von dem, was in ihr vorgeht? Ist da, ohne Bewusstheit, ein Gefühl, dass Tod in ihr heranwächst? Wächst in ihr das Gefühl, dass mit diesem Leben, ihrem Leben alles aus sein wird? Nur noch das alles verschlingende schwarze Loch? Antimaterie, dunkle Materie, Verdichtung des Nichtseins, the end? Da schaue ich in ihr Gesicht, versuche abzulesen, was auch für mich zur Erfahrung werden dürfte.

Bochum, Juli 1960. »Lieber Dieter! Damit Du nicht länger auf Post von uns zu warten brauchst und ich andererseits nicht weiß, ob Paps sein Vorhaben, Dir heute zu schreiben, auch wirklich ausführt, will ich Dir heute berichten.

Ich gebe es auf, Paps davon zu überzeugen, dass er sich mit der wilden Schufterei ruiniert, zumal ein solcher persönlicher Einsatz sich für diese Bank bestimmt nicht rentiert. Paps war dann auch die vier freien Tage vor 14 Tagen einsichtig und wütend genug, um eine Änderung herbeizuführen. Nachdem wir nun die vier Tage im Sauerland nichts anderes getan haben, als dies Problem durchzusprechen, hat Paps dann gleich am Montag und von da an jeden Tag 10–12 Stunden für die Bank bei einer wilden Hausse geschuftet. Völlig k.o. und gereizt kam er abends nie vor acht Uhr hier an. Vorigen Sonntag hat Paps, weil er immer noch wütend war, einen langen Bericht ausgearbeitet, den ich dann abends getippt habe. Wieder war ein Sonntag vertan. Am Mittwoch dieser Woche war dann endlich die Aussprache mit [dem Aufsichtsratsvorsitzenden] Ho., der am Montag erst aus dem Urlaub heimkam. Zwei Stunden hat Paps sich seinen ganzen Ärger von der Seele geredet. Ho. war zum Teil erschüttert über die massiven Angriffe und leugnete einige Bemerkungen, die er gemacht hatte. Wenn Paps nicht eine solche Nummer bei der Bank hätte, wäre diese Unterredung anders ausgefallen. So hisste Ho. die weiße Fahne und gab klein bei. Jetzt ist zur Zeit eitel Friede und Sonnenschein – wer weiß, wie lange; ich halte von mündlichen

Versprechungen ohne Zeugen nicht viel – und dem wilden Arbeitseifer von Paps sind weiter keine Schranken mehr gesetzt. Als erste Folge dieses Eifers will Paps heute von der Bank eine Rechenmaschine mitbringen und wiederum das Wochenende der Bank opfern. So viel Unverstand ist beinah unfasslich. Ich habe heute Morgen noch einen letzten Versuch unternommen, ihn davon abzubringen. Wenn ohne Erfolg, gebe ich es endgültig auf, mich sinnlos mieszumachen. Dabei hat Paps Ho. gesagt, dass es bei dem Versagen des technischen Apparates – an einem Tag hatte er 500 Abschlüsse – ihm nicht möglich sei, das Geschäft weiter auszubauen, da es im gegenwärtigen Stadium schon ein Chaos sei. Nichtsdestotrotz hat er diese Woche eine Anzeige bei der WAZ aufgegeben und Prospekte für den Allfonds angepriesen. Als ich ihn fragte, was er täte, wenn 1000 Menschen anbissen, wurde er wieder böse und sagte, ich solle ihn mal machen lassen. Wenn er eines Tages auf der Nase liegt, und ich sehe schwarz, kann man mir bestimmt keinen Vorwurf machen. Ich bin mit meinem Latein am Ende und hoffe nur, dass die erste gesundheitliche Warnung nicht gleich ein Herzinfarkt ist, der sich ja nicht vorher ankündigt.«

Ich möchte in meiner Erinnerung derjenige bleiben, der ihr den allerletzten Löffel Brei oder Pudding gegeben, den allerletzten Schluck Obstsaft eingeflößt hat mit dem Schnabelbehälter aus Plastik. Dem Obstsaft wird eine Nährlösung folgen, wohl mit aufgelösten Medikamenten in der Infusion, aber: Das kommt dann nicht mehr aus der Küche, wird nicht mehr mit dem Metallwagen vor ihr Zimmer gefahren, wird nicht mehr auf einem Tablett hereingetragen, auf dem Tisch abgestellt. Die Ernährung wird dann von oraler medizinischer Versorgung abgelöst, ist nicht mehr in meiner Hand. Aus meiner Hand der letzte, der allerletzte Löffel Pudding, den sie geschluckt haben wird, der allerletzte Löffel Pudding, den sie nicht mehr schlucken kann.

Der bleibt in ihrem Mund, zwischen Zunge und Unterkiefer, ich warte auch diesmal, dass sie den runterschluckt, das kann eine halbe, kann eine volle Minute dauern, aber diesmal dauert es mehr als eine Minute und es tut sich noch immer nichts, Zunge liegt schief in der Mundhöhle. Ich rufe ihr zu, ich muntre sie auf, ich kraule ihr Kinn, tätschle sie aufmunternd, aber sie schluckt nicht. Minutenlang schaue ich ihr auf den Hals: keine Schluckbewegung. Alle Aufmerksamkeit gewidmet der winzigen Löffelportion Pudding, immerhin Schokoladenpudding, der sich in ihrer Mundhöhle mit Speichel vermischt, mundwarmer Pudding, der aber nicht im Mund bleiben darf. Wenn sie den Pudding nicht schluckt, wird sie sich womöglich dran verschlucken, sie atmet ja meist durch den Mund, da kann Pudding in die Luftröhre einsickern oder mit einem schnarchähnlichen Geräusch in die Luftröhre eingesogen werden.

Ich rede ihr weiterhin zu, rufe ihr zu, erreiche sie nicht mehr, sie ist schon weit entfernt. Ich kitzle sie wieder ein wenig am Kinn, aber genau das kann falsch sein, und so nehme ich vorsichtig die spaltweit offenstehenden Lippen auseinander, fahre mit dem kleinen Finger in den Mund, ins Zungenbett, schaue auf den Finger: Ja, Pudding, etwas blasig, wische das ab in der Papierserviette: Pudding-Speichel-Schmier, fahre mit dem Zeigefinger in den Mund, denke dabei an das Wort »nachhaken«, auf dem ersten Glied des leicht eingekrümmten Fingers wieder eine Schmierspur Pudding, den streiche ich ebenfalls an der Serviette ab, die Schokopuddingfarbe betont auf dem Weiß. Das sieht jetzt nicht mehr aus wie Nahrungsmittel, Genussmittel, da assoziiere ich eher: Abstrich ... Gewebeprobe ... isoliertes Präparat ...

Eine dritter Puddingabstrich. Ein Löffelchen Pudding: auf wie viele Fingerkuppen lässt sich das verteilen? Ich hake noch mal nach – vierte Schmierspur, parallel zu den anderen Schmierspuren auf dem Papierweiß. Und die fünfte, wie bei einem Rechenpäckchen in der Schule: diagonal? Und dann Schluss? Noch einmal wische ich durch das Zungenbett, aber nun ist schon mehr Speichel als Pudding an der Fingerkuppe. Ich schließe ihr sanft den Mund. Der wird sich zum Essen nicht mehr öffnen, nur noch zum Trinken, zum Luftholen. Werden die Geschmackspapillen dann verkümmern, veröden?

Die Mundhöhle von da an nur noch feucht gehalten, kein Sprechen mehr, kein Schlucken mehr? Ausgelöffelt? Wie viele Löffel in diesem Mund in den neunundsiebzig Jahren? Erst kleine Löffel, dann mittelgroße Löffel, dann Suppenlöffel, dann Teelöffel, nun Eierlöffelchen. Ich lege die Papierserviette zusammen, Diskretion gegenüber dem Personal. Sie atmet wieder durch den Mund. Habe ihr den Atemweg von Pudding freigehalten – sonst ein Puddingschnarcher, ein Ringen nach Luft, eine heftige Konvulsion? Hat sie Puddinggeschmack überhaupt noch wahrgenommen? Dann wäre doch wohl ein Schluckreflex erfolgt: in sich aufnehmen, was man gern hat. Die gefaltete Serviette auf dem Tisch – habe ich den letzten Löffel zu sehr zelebriert? Ich knülle die Serviette zusammen, lege sie aufs Tablett, stelle mich ans Fenster. Kühles Abstrahlen.

September 60. »Lieber Dieter! Nun sind wir also wieder zu Hause. Es waren schöne Wochen mit Herbert und Peter. Herbert ist jetzt hier. Am Montag wird er vom Internisten untersucht, weil man die Ursache seiner Stimmbandlähmung, die jetzt schon 2 Monate dauert, herauskriegen will. Es ist noch gar nicht abzusehen, wann er mal wieder richtig sprechen kann. Er leidet sehr darunter, und mir macht es auch viel Sorgen. Auch die Mandeln will man ihm herausnehmen. Der arme Kerl. Hoffentlich wird er bald wieder gesund.

Nächste Woche startet Ihr wohl Eure große Reise. Ich finde Dich ja äußerst schweigsam in Bezug auf Eure Fahrtroute und Fahrt überhaupt. Wir wissen nur gerade, dass es nilaufwärts geht, nichts über die Dauer Eurer Reise und einzelnen Etappen. Schließlich haben wir ja ›etwas‹ zu Eurer Reise beigetragen. Früher hast Du uns viel öfter mal geschrieben. Schade!«

Das Essen wird gebracht, Schonkost, auf dem Tisch vor dem Fenster abgestellt auf dem Tablett: Reisbrei, Kompott, eine Tasse, ein Kännchen heißes Wasser, ein Teebeutel am Schnürchen, Pfefferminz, die Miniaturflasche Obstsaft. Die Lieferung einen Tag und eine Nacht nach dem letzten Löffelchen

Schokopudding, den ich aus dem fast völlig zahnlosen Mund wieder herausgestrichen hatte. Das Tablett wird abgeholt, wenn in den Zimmern des Flurs die Näpfe leergelöffelt und die Teebeutel klatschnass sind. Erneut bestelle ich das Essen ab. »Bitte, wenn Sie so wollen«, sagt die Schwester und hebt die Schultern. »Na ja, wenn sie nicht mehr schluckt …«

Soll ich versuchen, dem allerletzten Löffelchen doch ein allerallerletztes Löffelchen hinterherzuschieben, nun mit Kompott? Wieder den Löffel antippen lassen an die Unterlippe, vielleicht macht sie im Reflex den Mund auf, doch noch mal? Aber sie liegt flach, ich müsste sie etwas anheben – und wenn ich dabei versehentlich an eine wunde Stelle im Rücken komme? Warum ist eigentlich keine Schwester hier, die erfahren ist im Füttern Sterbender? Hat man sich schon darauf verlassen, dass ich sie füttre und tränke, wo ich sowieso schon hier bin? Wird alles wieder abgeholt. Was geschieht mit dem Brei und dem Kompott in der Küche? Kommt der Teebeutel wieder in den Teebeutelkarton? Ich werde jedenfalls keinen Löffel von dem für sie bestimmten Reisbrei essen, auch nicht vom Kompott. Das Fläschchen Saft aber stelle ich zum Fläschchen Saft vom Vorabend. Wenigstens den Löffel einstecken, der für sie mitgebracht wurde? Den Löffel beiseitelegen, bis das Tablett abgeholt ist, dann erst einstecken? Der letzte Löffel, der für Helene ins Zimmer gebracht wurde. In allen anderen Zimmern, zumindest in fast allen anderen Zimmern wird jetzt gelöffelt, geschlürft, gesabbelt, geschlabbert, auch manierlich leergemacht. Und viele Zimmer, in denen wieder Mischbrot, Fleischwurst, Weichkäse gegessen wird, die Butter in Zwanziggrammpäckchen. Reglosigkeit in diesem Zimmer, die Reglosigkeit betont durch Topf und Schälchen und Tasse auf dem Tablett, abzüglich eines Löffels. Mit diesem Löffel ihre Lippen berühren, damit dieser Löffel wirklich der letzte Löffel ist, den sie am Mund gespürt hat? Ich horche hinaus in den Gang, halte ihr das Löffelchen an die Unterlippe: kein Reflex. Aber nun sind wenigstens einige Speichelmoleküle am Löffelrand. Einschlagen in die Serviette. Beiseitelegen.

Helene Kühn. Bochum. Waldring 61. Anfang Dezember 60. »Lieber Dieter! Du hast mir noch immer nicht Deine Wünsche gesagt. Du kannst Dir noch *viel* wünschen. Willst Du nicht mal einen richtigen Wintermantel haben? Ich finde Dein Ninoflex-Mäntelchen für den Winter etwas dürftig. Das wäre so gerade der Wunsch, den ich mir für Dich gedacht hatte. Wenn Du nun absolut dagegen bist, denke Dir bitte ganz schnell etwas stattdessen aus und schreibe es mir umgehend. Ich habe wirklich keine Lust, erst kurz vor Weihnachten einzukaufen. Die Geschäfte sind jetzt schon erbärmlich voll. [...] Gestern war Peter hier. Er wird mächtig geschunden. Vergangene Woche hat er drei Tage in einem selbstgeschaufelten Loch geschlafen und 47 km ohne Pause mit einem MG einen Marsch gemacht. Zurück wollte sie der Leutnant 70 km laufen lassen, aber der Hauptmann war vernünftig und untersagte es. Freitag ist Gott sei Dank Besichtigung, d. h. Peter bekommt seine silberne Litze und keiner kann ihn mehr in den Dreck werfen, nur er noch andere. Ich bin froh, dass dieser Kurs zu Ende geht.«

Das beinah betont aufgeräumte Krankenzimmer: auch die beiden Saftfläschchen sind weggeholt worden. Ein Metallständer ist ans Bett herangerollt, eine Flasche kopfunter aufgehängt, Infusion ins Handgelenk: Iono-Stabil. Heißt so eine Nährlösung? Auf der anderen Seite des Betts der Urin-Plastikbeutel im kleinen Gitterwerk. Aus welcher Flüssigkeit macht sie noch Urin? Aus Iono-Stabil? Oder baut sie weiter im Gewebe ab? Im Schlaf wird Wasser abgebaut?

Ihr bis zum Kinn abgedeckter Körper. Die Füße etwas erhöht durch ein Kissen von fast quadratischem Querschnitt, unter die Gelenke geschoben. Ich hebe die Bettdecke ein wenig an: die Füße mit Mull umwickelt, nur die Fersen und Zehen sind freigeblieben. Kleine Verwunderung, dass ihre Füße noch bis ans Ende der Bettdecke reichen, die gehören ihr doch nicht mehr ganz, die sterben schon ab, schlecht durchblutet, auf denen kann sie schon nicht mehr laufen, auf denen kann sie, wie ich im Flur hörte, vor dem Schwesternzimmer, auf denen kann sie, könnte sie, von zwei Schwestern gestützt, schon nicht mehr zum Klo tapsen.

Offene Stellen auch an ihrem Rücken? Da hebe ich die Bettdecke aber nicht an, das würde mir indiskret erscheinen, das wäre wie Inspizieren, Besichtigen. Ich kann es mir ja denken: Ein Krankenhaushemd, Schleife um den Nacken, der Rücken leicht zugänglich für Schwester oder Pfleger, Dekubitus soll vermieden werden. Ist also bloß noch der Kopf für mich da? Und vom Körper sehe ich nur die äußerst mageren Arme, die Haut in Falten, schlaff? Wie leicht muss es nun sein, ihren Puls zu fühlen: als lägen die Adern nur noch zwischen Knochen und Haut, kein Gewebe mehr. Und der Kopf scheint schmaler geworden zu sein, immer weniger Fleisch unter der Haut. Auch ihr Gaumenfleisch scheint zu schrumpfen, das Gebiss passt nicht mehr, der Mund sinkt ein wenig ein, das macht ihr Gesicht in der unteren Hälfte noch spitzer. Und sie scheint Haare zu verlieren, ich sehe immer mehr Kopfhaut.

Ihre Augen sind geschlossen, bleiben geschlossen, das Begrüßungsstreicheln scheint sie nicht wahrzunehmen, den Handdruck erwidert sie nicht einmal in kleinstem Ansatz, sie liegt völlig reglos. Gleichmäßig der Atem, zuweilen lässt sie die Lippen mitblubbern. Nach langem Streicheln von der Schläfe zur Wange, von der Wange zur Schläfe öffnet sie das linke Auge, versucht offenbar, nach oben zu blicken, aber das Lid will sich nicht weiter öffnen. Ich frage mich, ob ich das eigentlich darf: in dieses nun völlig wehrlose Gesicht zu schauen. Ich starre ja auch nicht einen Schläfer an, eine Schläferin mit den Blubberlippen, dem Aufblähen von Nasenflügeln, dem wie aufgequollenen Gesichtsfleisch, aber wenn ich über sie hinwegschaue, zum Fenster hin, wird sie das nicht merken, irgendwie? Dem Tod ins Angesicht blicken? Der immer kleiner erscheinende Kopf, die eingesunkenen Wangen, die wie eingesogene Mundpartie. Unablässig wird Fleisch entzogen – mit wie wenig Fleisch zwischen Haut und Knochen kann ein Gesicht noch ein lebendiges Gesicht bleiben? Kann es noch Mimik hervorbringen? Die Todesstunde, wenn nur noch Haut über den Schädelknochen liegt?

Ich schaue, ihr dünn gewordenes Haar streichend, in den Raum. Auf dem Abstelltischchen eine Plastikflasche Babyöl, eine Dose Penaten-Creme, eine weiße Plastikflasche mit jodbraunen Kleckerspuren, grünem Etikett, grünem Verschluss. Grün auch eine Plastikflasche mit Muskeltonic. Ein kleines Plastikgefäß mit rötlicher Flüssigkeit, einem handgeschriebenen Etikett: Mundpflege. Ich stehe auf, gehe zum Rolltisch. Ein Packen mit sterilen Untersuchungshandschuhen. Injektionskanülen. Kompressen. Brausetabletten zur Kaliumsubstitution. Fettsalbe, Glycerin. Eine größere Flasche mit vanillefarbener Flüssigkeit: Eiweißreiches Nährstoffkonzentrat. Reduzierungsprogramm.

Ich schaue meiner Hand zu, die weiterhin, wie selbstvergessen, ihr Haar streichelt. Wann ist das zuletzt gewaschen worden? Die Fingernägel habe ich ihr am Vortag geschnitten, die Fußnägel nicht. Sie scheint wieder Haare verloren zu haben: noch mehr Kopfhaut. Oder zeigt die sich so deutlich, weil die Haare zurückgekämmt wurden? Oder habe ich ihr noch nie so lange auf den Kopf, auf die Kopfhaut geschaut? Bloßstellender Blick? Blick, der ihre Hilflosigkeit, Verlorenheit betont? Oder schaute ich sie bei den Besuchen vorher auch so an, nur waren da Gegenblicke, Blickkontakte, damit ein Absehen von Details, die sich zu deutlich betonen?

Ich schaue in die Bäume vor dem Fenster. Gelegentlich ein Vogel, nun Abendvogel, vor dem Himmel, der im Westen aufglüht, aber davon sehe ich nur Reflexe im Fenster. Ich werde bleiben, bis es finster ist. Vielleicht spürt sie doch, an der Handwärme, dass ich da bin. Fühlt sich wieder ein Stück begleitet, an die Hand genommen. Nein, eigentlich bin eher ich an die Hand genommen auf ihrem letzten Weg, reglos im Bett. Bin ganz entspannt, lasse die Dämmerung auf mich zukommen, lasse sie in den Raum, in den Kopf wachsen.

Neusach. Weißensee. Kärnten. Austria. 1000 m ü. M. August 1961. »Nun sind Paps und ich mit Dir der Meinung, dass Du, falls Du wirklich nie und nimmer Lehrer werden willst, Du das Staatsexamen nicht zu machen brauchst. Den Doktor aber bestimmt!! Wir wussten ja nicht, dass Du verpflichtet bist, nach dem Staatsexamen sofort Referendar zu werden. Wir dachten, wenn Du mal das Staatsexamen in der Tasche hast, kannst Du später, wenn die Zeiten mal schlecht werden, immer noch die Laufbahn eines Studienrats ergreifen. Wir haben hier ein sehr nettes Ehepaar kennengelernt, er ist Prof. der Chemie an der T.H. in München, die Tochter baut zur Zeit ihren Doktor in Biologie, mit denen haben wir das Thema Staatsexamen lange besprochen und sind jetzt gut informiert. Du brauchst uns gegenüber also kein schlechtes Gewissen mehr zu haben, wenn Du das Staatsexamen nicht machst. Wir vertrauen natürlich auf Dein Köpfchen, dass Du es auch ohne Examen schaffst.

Uns gefällt es hier wieder sehr sehr gut, wir haben aber auch Glück mit dem Wetter. Nur an 2 Tagen war es zu kalt und unfreundlich zum Schwimmen. Herbert und Peter laufen gerade wieder Wasserski. Es gibt für eine Erholung, wie Paps sie braucht, einfach keinen besseren Platz. […]

Was sagst Du zu Berlin? Ob das auf die Dauer gut geht? Ich glaube nicht, dass Kennedy wegen Berlin Krieg anfängt.«

Die Stelle, an der ich sonst gesessen habe, fast mein Stammplatz, ist eingenommen von einem Gerät, das lautlos Dampf absprüht, über ihr Gesicht, ihren Mund, ihre Nase hinweg. Ein Rollgestell, eine kopfunter hängende Flasche, etikettiert, ein konservendosengroßer Zylinderblock; Plastikröhrchen. Über etwa dreißig Zentimeter hinweg bleibt sichtbar, was dieses Gerät absprüht. Desinfizierende Lösung? Medikament, das sie inhalieren muss? Ich halte den Zeigefinger in den Sprühdampf, er ist kühl. Zumindest ist da kühlende Wirkung. Schnuppern: es riecht nicht chemisch. Ich halte den Kopf nach unten, schaue auf das Etikett: Steriles pyrogenfreies Aqua. Am Gerät die Aufschrift: Ultraschall-Vernebler. Kleine Erleichterung: es wird also nur steriles Wasser versprüht. Aber was soll das bedeuten: pyrogenfrei? Pyro … pyro … Pyrotechnik … So etwas wie: frei von entzündlichen Stoffen? Bestandteilen? Dass keine Flamme entstehen kann, über ihr Gesicht hinweg?

Nur acht oder zehn Zentimeter höher? Sinkt Feuchtigkeit aus dem Nebelkondensat herab, in mikroskopisch kleinen Tröpfchen? Und ihre Atemwege werden befeuchtet, ihre Nase, ihr Mund, der wie ausgetrocknet sein muss nach all dem Atmen bei offnen Lippen?

Ich gehe um das Bett herum, küsse ihre Stirn. Dicht an ihrem Gesicht vorbei der Wassernebelstrahl. Sie schläft. Ihr Mund will sich nicht schließen. Ich versuche, mit dem Zeigefinger die Unterlippe an die Oberlippe zu schieben, aber der schmale, schiefe Spalt öffnet sich gleich wieder. Unerlaubte Vorwegnahme, Vorgriff auf das endgültige Schließen des Munds einer Verstorbenen? Danach das Verschließen, endgültig, der Augen. Oder schließt man, nach dem letzten Atemzug, erst die Augen, dann den Mund? Kleines Aufklaffen der Augen zwischen Oberlid, Unterlid. Kurzes Schlucken, Atemzüge durch die Nase, wieder ein kleines Schnarchgeräusch.

Ich bleibe stehn am Fußende des Betts, lege die Hände auf das weißlackierte Metall. Die verkleinerten Kinderbettklappen rechts und links, sie liegt genau in der Mitte, ihr Kopf ein wenig nach rechts gedreht, der Wasserdampfstrahl waagrecht. Müsste der nicht tiefer liegen? Oder wäre es dann wie Atmen in einem subtropischen Regenwald? Tropfen um Tropfen löst sich aus der kopfstehenden Flasche. Der Aquadampfstrahl. Querstrich über das Gesicht hinweg. Ich sehe nicht mehr, dass sich beim Einatmen die Unterlippe ein wenig absenkt. Und kaum noch zu registrieren das geringe Anheben der Bettdecke im Atemtakt. Der Vernebelungsstrahl zugleich in meinem Kopf, von Schläfe zu Schläfe.

Stille im Raum und Ruhe im Gang. Fern ein Telefon. Auch regt sich nichts in den Bäumen – kein Wind, keine Vögel. Ich stehe am Fußende. Fühle mich immer regloser werden in diesem Arrangement der Reglosigkeit.

Mit dem ersten Klingelzeichen des Telefons bin ich wach, schaue auf die Uhr: viertel nach vier. Stunde des Wolfs. Ich brauche eigentlich gar nicht erst den Hörer abzuheben, mit dem Klingelzeichen ist alles mitgeteilt. Rascher Herzschlag, während ich mich aufstütze, abhebe. Die Stimme eines Mannes: Traurige Nachricht ... Mutter entschlafen ...

Ja, sage ich, und die Frage, warum man mir nicht, wie verabredet, rechtzeitig Bescheid gegeben hat, diese Frage stelle ich nicht. Höre, dass sie sanft entschlafen ist.

Also war keiner bei ihr, als sie starb?

Der Assistenzarzt scheint nichts Genaueres zu wissen, die Nachtschwester hat ihn lediglich über das Ableben informiert.

Und was hat man als Todesursache festgestellt?

Herzversagen, natürlich. Fast seit einer Woche ein Puls von hundertzehn, das konnte sie nicht lang durchhalten bei ihrer geschwächten Konstitution.

Danke, ich weiß Bescheid, sage ich, und: Gute Nacht.

Fast erleichtert nun der Arzt: Ja, gute Nacht.

Restnacht. Ich will mir Vorwürfe machen, dass ich wegen eines Funktermins nach München gefahren, das Hotelzimmer bezogen habe, aber konnte ich wochenlang auf dem Fleck verharren? Und hatte ich nicht alles für die Todesstunde arrangiert? Kann man nicht ein paar Stunden vor dem Tod erkennen, dass die letzte Stunde naht, die letzte Minute? Ich hatte den Abschiedskuss wiederholt, auf ihre Stirn, außerhalb des Verneblungsstrahls, hatte ihr gesagt: Ich bin sofort zurück, wenn es dir schlechter geht. Wäre ja auch mit dem Taxi recht bald in Herrsching gewesen.

Doch nun ist das zum letzten Bild der noch Lebenden geworden: ihre Reglosigkeit und der Vernebelungsstrahl über ihr Gesicht hinweg. In der Todesstunde dann alleingelassen. Ich kann mir nicht vorstellen, nicht einreden, dass sie »sanft entschlafen« sei, sie wird noch einmal die restlichen Kräfte zusammengerafft haben, letztes Aufbegehren, vielleicht riss sie den Mund auf, die Augen.

Und nun das Wort »Auskühlung«. Ja, mit der Todesminute beginnt das Auskühlen des Körpers, hat bereits begonnen in dieser Stunde, in der sich das Wort Auskühlung einfindet. Ihr Körper gibt Wärme ab in den Raum, diese Wärme kann nicht mehr ergänzt, ersetzt werden durch Wärme, die ihr eingeflößt wird, durch Wärme, die ihrer Haut zugeführt wird, kein Wärmeaustausch mehr, einseitiges Abgeben von Wärme in das Krankenzimmer. Oder wird sie schon hinausgerollt, Patienten und Besucher sollen die Leiche nicht sehen, alles abgewickelt, routinemäßig, vor dem allgemeinen Wecken, dem Frühstück? Kommt sie in eine Kühlkammer? Auch noch künstlich entzogene Wärme? Aber sie hat sich den Winter ausgesucht. Und die stillste Stunde der Nacht. Die Zeit, in der die meisten Menschen sterben? Machen sich davon, wenn sich ringsum am wenigsten regt? Die Wärme, die ihr Körper abstrahlt nun in einem Raum, in dem kein Licht angeschaltet ist, die Wärme steigt durch einen Fensterspalt, eine Lüftungsklappe auf in den Nacht-Raum, Winternacht-Raum, Moleküle schwingen immer langsamer – oder wie setzt sich Körperwärme fort in der Luft? Müsste aufsteigen, über die Atmosphäre hinaus, kleine, sich rasch auflösende Wärmeschliere.

Mit dem ersten Frühzug fahre ich nach Herrsching, gehe das Stück zum Krankenhaus. Eine Schwester teilt mir mit, dass Vater und Bruder bereits Abschied von ihr genommen hätten. Ich möchte ebenfalls von ihr Abschied nehmen.
    Ja, wie meinen Sie das?
    Ich möchte sie sehen.
    Sie möchten Ihre verstorbene Mutter sehen?
    Ja, natürlich.
    Auf so einen Wunsch ist sie nicht vorbereitet, sie kann und darf da nichts entscheiden, bittet mich, Platz zu nehmen, holt den diensttuenden Arzt. Der kann sich, auf dem Anmarsch, vorbereiten auf seine Stellungnahme: Eine ziemlich ungewöhnliche Bitte.
    Wieso – nimmt nächste Verwandtschaft nicht Abschied von den Toten?
    Anwesenheit in der Sterbestunde, selbstverständlich, jedoch Abschied von einer bereits verstorbenen Person? Sind Sie ganz sicher, dass Sie das wollen?
    Deshalb bin ich gekommen.
    Das steht Ihnen frei, selbstverständlich. Ich muss aber sagen, das ist ungewöhnlich, sehr ungewöhnlich.

Kann ich sie sehen oder nicht?

Ehrlich gesagt, wir sind auf solch ein Ansinnen nicht ganz vorbereitet. Sie werden sich einen Moment gedulden müssen.

Da muss nichts weiter vorbereitet werden, ich möchte sie sehen.

Trotzdem, trotzdem … Es wird telefoniert. Ein Pfleger in Weiß holt mich ab, stumm, geht vor mir her zur Kapelle des Krankenhauses. Leerer, ungeheizter Raum, wenn auch mit Altar. In einer Ecke sind drei, vier Leichentröge auf Rädern zusammengeschoben, offenbar frisch mit Laken überdeckt.

Vornean, sagt der Pfleger und legt heuchlerisch die Hände zusammen vor dem Geschlecht.

Hüfthoch die Leichtmetallwanne – Assoziation an Tröge, in denen früher Brotteig bearbeitet wurde. Vorsichtig ziehe ich das Laken weg vom Gesicht. Der Kopf scheint noch kleiner geworden zu sein. Das wenige Wangenfleisch scheint sich in Wachs verwandelt zu haben. Das Haar noch weiter ausgedünnt, sichtlich ungewaschen – Todesschweiß zuletzt? Ich traue mich nur, das Laken bis zum Hals herabzuziehen. Aluminiumhelles Metall. Liegt sie nur im Krankenhaushemdchen oder nackt in diesem Leichentrog auf Rädern?

Nun weiß ich genau, was das Wort besagt: abgeschoben. Obwohl man wusste, ich komme in die Kapelle: die rollbaren Leichentröge blieben achtlos zusammengeschoben in der Ecke. Immerhin war der richtige Trog nach vorn gezogen – oder war sie ohnehin zuletzt herangeschoben worden? Ein Kuss auf die Stirn, hinter der Sprache zerdrückt worden war vom wachsenden Ödem. Hinter der sich Tod breitgemacht hatte in Verästelungen. Ich ziehe das Laken über ihr Gesicht, ihren Kopf. Keine Totenwache, hier nicht, nicht hier. Schweigend gehe ich am Pfleger vorbei. Der Arzt ist verschwunden. Die Schwester überreicht mir einen kleinen, blauen Plastiksack mit »Hinterlassenschaften aus dem persönlichen Besitz der Verblichenen«. Den trage ich, verstummt, durchs Dorf zum Haus, das sie erbaut hat.

NACHRUF: das Wort bereits in der Mehrzahl. Verbunden, meist, mit dem Wort Krebs. Und, jeweils echohaft, mit einem: Unwiederbringlich.

Der frühe Tod des Karl-Heinz Terbach. Er war der erste Maler und Graphiker, von dem ich Bilder kaufte. Zwei Graphiken hängen noch heute im Eifelhaus. Wichtig ist mir vor allem der »Babylonische Turm«. Riesiges Gerüst, chaotisch komplex, in dem, wie verloren, ein paar Strichmännchen herumwerkeln. Eine taillierte, äußerst labile Konstruktion, die jeden Augenblick in sich zusammensacken kann. Immer deutlicher für mich der Ausdruck, die Umsetzung eines Lebensgefühls.

Zugleich: rhythmisiertes Spiel mit Linien. Die Simultaneität von Gegenständlichkeit und Abstraktion hat mich damals schon überzeugt. Dabei bleibt es.

Und es bleiben Erinnerungen wach an den Kunstlehrer und Graphiker, den ich ein paarmal in Essen besucht hatte: der Beginn einer Freundschaft. Beim letzten Besuch, 1966, klagte er über eine besonders hartnäckige Grippe, die alle Kraft aus ihm saugte, wochenlang. Einige Monate später starb er: Nierenkrebs. Seine Graphiken (von denen er meist nur Probeabzüge gemacht hatte, weil sich kaum mal ein Käufer fand) lagen in Mappen und Schubern. Pläne, sie in Essen oder Düren in einer Ausstellung zu präsentieren, stießen auf Schwierigkeiten, wurden aufgegeben. Was blieb: verstreute Erinnerungszeichen.

Der Tod sodann eines Musikers, mit dem ich kurze Zeit an einem gemeinsamen Projekt gearbeitet hatte: Michael Schäffer, Laute. Die Kooperation bei der Neuaufnahme von Liedern des Oswald von Wolkenstein. Es wurde Schäffers erste LP-Einspielung; wir nahmen uns vor, später eine Neidhart-Platte folgen zu lassen.

Bald nach den Aufnahmen kam Schäffer ins Krankenhaus: Tumor in der Bauchhöhle, die aufgeschnitten wurde, zugenäht, bestrahlt; ungeheure Schmerzen; sein Fleisch wurde weicher, schwammiger, die Haare fielen aus. Tod eines Mannes, jünger als ich, der längst nicht alles verwirklicht hatte, was für ihn möglich, was in ihm angelegt war.

Angst vor einem ähnlichen Tod. Die Angst noch gesteigert durch den Krebstod des Nicolas Born, mit dem ich in Köln am Tresen gesessen hatte, und wir nahmen uns vor: Wir holen nach, was sich bisher nicht ergeben hat an gemeinsamer Gegenwart. Es folgten aber nur noch ein paar Telefonate. Als Todkranker eine Zeitlang auf ›meiner‹ Bettcouch im Berliner Arbeitszimmer von Max Frisch (damals in den USA?). Die Todesanzeige.

Und der überraschende Tod des Hans Jürgen Fröhlich. Ein Schock. Er hatte sich immer durchschlagen müssen – das änderte sich auch kaum mit seinem Verlagswechsel. Ein größerer Erfolg, buchhändlerisch, nur mit seiner Schubert-Biographie. Er hätte eigentlich resignieren oder sich auf das Verfassen von Rezensionen und Funkbeiträgen beschränken können, doch er begann, in Italien, an einem neuen Romanprojekt zu arbeiten. Diese Energie, diese Unbeirrbarkeit habe ich bewundert.

Jürgen starb in Norddeutschland. Er hatte mir eine Briefkarte geschickt nach der Lektüre des Wolfram-Buchs, Jubelsätze, und wir müssten uns bald wieder sehen. Ich rief mehrfach an im Künstlerhaus Schreyahn / Wüstrow, in dem er zwischenzeitlich als Stipendiat untergeschlüpft war; es wurde nicht mehr abgehoben im Hausanschluss. Ein Herzinfarkt, der im Krankenhaus einer Provinzstadt offenbar falsch behandelt wurde, er starb drei Wochen später im selben Spital an Herzversagen.

Während ich dies schreibe, beleben sich Erinnerungen. Wie ich mit Jürgen in einer Hamburger Straße schlenderte, und wir begegneten Hubert Fichte, standen zu dritt in der Sonne, sprachen über Redakteure, Kritiker, Arbeiten. Ich bin der Einzige der drei, für den dies Erinnerung ist. Noch.

Ich habe wieder das schwarz gerahmte Kärtchen mit der Todesanzeige von Helene vor mir liegen: »Wenige Tage vor der Goldenen Hochzeit im Alter von 78 Jahren sanft entschlafen.« Genau das Alter, in dem ich dies niederschreibe.

Ich schaue, gleichsam textleer, aus dem Fenster: Blickperspektive hinaus und hinauf zur Silhouette der Kirche auf sanfter Anhöhe, rechts von der Blickachse die weit gefächerte, die biblische Zypresse, der hochragende Lebensbaum, Mammutbaum, die Sequoia.

Sanft entschlafen: ja, stimmt ausnahmsweise, das böse Gewächs in ihrem Schädel hatte alles an sich gesogen und stumm vernichtet. Ich belaure mich in meinem Schädel: Wächst da, wächst hier auch so was heran? Angekündigt von zuweilen merkwürdigen Hirnreflexen?

Zuweilen, in guten, in glücklichen, in intensiven Momenten, mit Blick auf den anderen Körper, den anderen Körper berührend zwischen Zeh und Stirn, mit Blick in weite Landschaft, mit Blick auf glitzerndes Wasser, mit Blick auf eins der Bilder, die ich gesammelt habe oder zu denen ich mich in Museen immer wieder hinführe, oder wenn ich Musik höre, die ich mir bei wiederholtem Hören ganz zu eigen gemacht habe, dann denke ich: Schade, dass all dies ein Ende haben wird.

Und ich intoniere schon mal meinen Abgesang, den ich noch nicht anstimme: Meine Füße, sie werden mich nicht mehr tragen, lederumhüllt in Schnee, von Umhüllung befreit auf warmem Sand. Und die Beine werden mir nicht mehr die Bewegung verschaffen, die ich Tag für Tag brauchte, Bewegung in städtischem Ambiente, Bewegung in dicht bewachsenem Ambiente, Bewegung möglichst oft auch im Beinschlag beim Schwimmen, das meine zwei Quadratmeter Haut lustvoll betont. Und ich werde nicht mehr in den anderen, in meinen anderen Körper eindringen und meinen Körper von innen nach außen, von außen nach innen heftig spüren. Und meine Lungen werden sich nicht mehr mit Luft füllen, die ich etwas ausgelaugt wieder von mir gebe. Und mein Leib wird sich von den beiden chronischen Krankheiten befreien, mit denen ich gelassen umging, weil sie mich schmerzfrei begleiteten, mich nicht beherrschten. Und meine Arme werden nicht mehr den anderen Körper heranziehen, die andere, die warme, die lebenswarme Haut und das schöne Gewebe. Und meine Finger, von Arthrose weithin verschont, werden nicht mehr nützliche Tätigkeiten ausüben, werden keine Buchstabenfolgen mehr reihen. Und mein Mund wird nicht mehr Riesling-, nicht mehr Barolo-, nicht mehr Riojaweine abschmecken und die Speisen mit Fisch und Fleisch und Gemüsen. Und meine Ohren werden nicht mehr die Stimmen meiner Liebsten und meiner Lieben hören und nicht mehr die Meisterwerke, die ich mehrfach, vielfach gehört, mir fast angeeignet habe. Und ich werde nicht mehr sehen, was ich bildhungriger Mensch mit den Augen gleichsam herangesogen, in mich hereingesogen habe, der Blick wird brechen, wird gebrochen sein, gebrochen bleiben.

NOTARIELLE ERÖFFNUNG DES TESTAMENTS. Und wir wurden konfrontiert mit einem Begriff, der uns völlig neu war: *Vorerbschaft*. Eine besonders rasche Form der Vermittlung von Erbschaft? Oder wie sollte man das verstehen?

Staunend, irritiert mussten wir lernen, über Behördenbescheide, dass wir Söhne mit dieser Regelung umgangen oder übersprungen wurden. Als Vorerben hatten wir jeweils unseren Anteil am ansehnlichen Erbe zu verwalten, durften Renditen einziehen, mussten den Bestand jedoch wahren bis zu unserem Tode.

In ein Bild übertragen: Auch ich erhielt eine Kassette mit Geld, der Schlüssel aber wurde an mir vorbeigereicht – darf erst ins Schloss gesteckt werden, mit dem Segen des Vormundschaftsgerichts, wenn ich gestorben bin. Allerdings dürfen Kapitalerträge bereits zu meinen Lebzeiten genutzt werden. Das Depot aber blieb für die Nacherben bestimmt. Das heißt: für Ehefrauen und deren Kinder. Aber nur *Ehefrauen* hatten hier Anrechte! Einer der Brüder nun lebte seit langem mit einer Frau zusammen, sie hatten ein Kind, aber damit, so die Starnberger Behörde, hatte diese Frau, hatte dieses Kind keinen Anspruch auf das Nacherbe, es sollte dann nicht gedrittelt, sondern halbiert werden. Unseren Vater brachte das ins Schlingern, ins Schleudern, er sah sich verpflichtet, in ähnlicher Weise im Namen der »Verblichenen« zu plädieren. Das Testament erwies sich nicht als massive Klammer, die den Familienverband zusammenhalten sollte, es war mehr eine Mine mit langfristiger Sprengwirkung.

Wir konnten nur rätseln, weshalb die Mutter das Erbe an uns Söhnen vorbeireichte. Wie auch immer ich das auslege, es hat Rückwirkungen auf das Bild, das ich mir von ihr mache.

Das kann einmal so aussehen: Helene hat es irgendwie gut gemeint; die juristische Machination entstand aus Versehen; beim (befreundeten) Rechtsanwalt, der das Testament formulierte, hatte sich etwas selbständig gemacht, mit falsch verstandenen Stichworten.

Oder aber: Diese juristische Machination entsprach der rigiden Mentalität der Mutter; sie wollte die Söhne zwingen, lebenslänglich treue Ehemänner zu bleiben oder umgekehrt: Die Ehefrauen sollten gezwungen werden, bei ihren Männern zu verharren. Eine ihrer Standardformulierungen: »Familie hält zusammen.« Sollte sie tatsächlich versucht haben, über ihren Tod hinaus in diesem Sinne erzieherisch auf uns einzuwirken, so ist das in zwei von drei Fällen gescheitert.

Stichworte, über unsere Mutter nachzudenken, wurden ständig nachgeliefert: vom Landgericht München II, vom Vormundschaftsgericht Starnberg, von Bremer und Münchner Notaren, von Rechtsanwälten. Damit die Gefahr, dass ich Ärger über juristische Folgeerscheinungen auf meine Mutter ablud, postum.

Beispielsweise beschwerte ich mich beim Amtsgericht Starnberg über eine dubiose Entscheidung, legte Widerspruch ein, betonte: »Nacherbschaft ist nicht das Stichwort zu einem indirekten Entmündigungsverfahren.« Prompt hieß es in der Beschluss-Antwort der 6. Zivilkammer des Münchner Gerichts: »Der Beschwerdeführer ist als Vorerbe nicht beschwerdeberechtigt.« Ich hatte hier also nichts (mehr) zu sagen.

Aber ich traf eine Entscheidung, und das konnte mir juristisch nicht versagt werden: ich habe meinen Tod nicht abgewartet, sondern meinen vermaledeiten Erbanteil an Gisela und die Söhne verteilt, verzichtete damit auf Renditen. Eine Entscheidung, die mir nicht leichtfiel, als Freiberufler, aber ich musste die fatale Hinterlassenschaft loswerden, um mich wieder frei bewegen zu können, mental. Kapitel erledigt. Wenigstens formell, nicht emotional.

Erbschaft kann zu einer Art Belastungstest für den Familienverband werden. Da lernt man sein familiäres Ambiente erst so richtig kennen. Vorher ist viel wohlmeinende Rhetorik im Spiel. Zuletzt aber Klartext.

Dies war Helene völlig undenkbar erschienen: Dass Helmuth sie überlebte, obwohl *sie* doch entschieden »lebenstüchtiger« war.

Und es gab sogar eine Rosen-Replik: Der Witwer wurde auf einer Seitenstraße von Herrsching mit einer einzelnen Rose begrüßt – auch beglückt? Es war dann aber nicht die Frau mit der Rose, die ihn auf Ferienreisen (meist nach Österreich) begleitete, es war eine südamerikanische Witwe, die das Steuer übernahm, zuständig für Auto und Navigation, er zuständig für Hotels und Restaurants. Als der Achtzigjährige nebenbei mal erwähnte, sie hätten wieder ein sehr schönes Hotelzimmer gehabt, da gab es einen kleinen Klick im Hirn: Aha, soso.

Sie erzählte mir einmal, was ich als bewährte Anekdote gern weitergab, sogar hier weitergebe: Sie fuhr, in Bayern, mit überhöhter Geschwindigkeit durch ein Dorf, ein Polizist auf Motorrad überholte und stoppte sie, eine Strafzahlung wurde fällig, wäre fällig geworden, doch sie: Wenn wir jetzt in Argentinien wären, würde ich sagen: Gehn wir erst mal ein Bierchen trinken. Der Polizist: Gute Idee … Nach Umtrunk und Geplauder war die Strafzahlung vergessen. Und für mich ergab sich ein kleiner Perspektivwechsel mit Blick auf mein Land.

CHINA, 1985. Ein korrekt chronologischer Reisebericht üblicher Bauart, etwa für eine Video-Präsentation unter Freunden, würde folgende Punkte stringent miteinander verbinden.

Samstag, 23. März: Flug nach Hongkong … Bei der Zwischenlandung in Neu-Delhi platzt ein Reifen … langes Warten in der schwülheißen Kabine, wir dürfen nicht aussteigen …

endlich das Ersatzrad ... Hongkong ... Name des Hotels ... Stadtrundfahrt am nächsten Tag ... die namhaften Sehenswürdigkeiten ...

Montag, 25. März, Zugfahrt Hongkong–Kanton ... drei Stunden ... Reisfelder ... kaum landwirtschaftliches Gerät zu sehen, eher Holzgeräte ... Frauen mit breitkrempigen Strohhüten ... Wasser gescheffelt, Lasten getragen ... Holzpflug, Wasserbüffel, Schlamm ... Formulare ausfüllen im Bahnhof Kanton ... Hunderte von Radfahrern, Tausende von Radfahrern ... halbierte Schweine oder komplette Sessel auf Gepäckträgern verzurrt ... vorgesehenes Hotel ausgebucht, Fahrt nach Foshan ... Busfahrer und Reiseleiter finden das Hotel nicht ... Radfahrer ohne Licht, Autos ohne Licht, Bus ohne Licht ... Anmerkungen zum Essen ... taoistischer Ahnentempel aus der Song-Zeit ... zurück nach Kanton ... lange Suchfahrt zu einer Porzellanmalerei ... Begehung des Marktes: Dachse, Hunde, Katzen, Enten, Gänse, Eulen in Drahtkäfigen, zwei Dutzend Hühner in einem Bambuskorb, ein Dutzend Frösche gebündelt dargeboten ... fällige Notiz über das Spucken im damaligen China ...

Mittwoch, 27. März: Verspäteter Flug nach Guilin ... keine Antwort auf meine Frage, aus welcher Dynastie die Propellermaschine stammt ... sechsstündige Schiffsfahrt auf dem Li-Fluss nach Yangzhou ... kegelförmige Berge, Kormoranfischer, Lampen am Bug ... Japanerin an der Reling summt Schubert / Heine ... kleines, feuchtigkeitstriefendes Hotel, die »Tropfsteinhöhle« ...

Freitag, 29. März: Nach Engpässen in der zivilen Luftfahrt ein Trident-Jet des chinesischen Militärs ... riesiger Pilot in Bomberblouson, rasanter, steiler Start ... Gardinchen vor den Fenstern ... pünktliche Landung in Kunming ...

Details, wie auf Schnur gezogen ... Chronologie: Vorgänge, Erlebnisse, Erfahrungen mit Daten koordiniert ... Aber so stellt sich eine Reise im Rückblick nicht dar, jedenfalls bei mir nicht. Da sind nur Bilder gespeichert, Bildfolgen, Bildsequenzen, assoziativ. Also neuer Ansatz.

China, noch in der Zeit überall aufgestellter Spucknäpfe, himmelblau emailliert oder bunt beblümt. China noch vor der Zeit der Handys und Digitalkameras. Vor jeder Sehenswürdigkeit: Chinesen, die sich in Positur stellten, vor Verwandten, Bekannten, Freunden, die mit Box und Balgkamera, manchmal sogar mit einer rollei-ähnlichen Spiegelreflex (Marke: Great Wall) Aufnahmen machten und dabei vielfach – wohl der modische Trick der Saison – die Kamera etwas schief hielten. Die Personen vor den Objektiven so angestrengt reglos, als wäre noch immer die Zeit der Daguerreotypien mit einigen Minuten Belichtungszeit.

Vor dem Stand eines Berufsfotografen (der seinem Gehäuse die Form einer Fernsehkamera verliehen hat) waren auf einer Bodenplatte rote Fußumrisse markiert – jeweils für Einzelpersonen, für Paare, für Dreiergrüppchen. Mit beinah militärisch knappen und rauen Anweisungen dirigierte der Fotograf die Kunden zu den Fußumrissen, bestand darauf, dass die zentimetergenau eingenommen, eingehalten wurden, obwohl sein als Fernsehkamera verkleideter Fotoapparat auf ein rollbares Stativ montiert war.

An einem weiteren Fotostand sehr bunte Kostümattrappen und Szenenkulissen, die von Kunden mit ihren Gesichtern komplettiert werden können. Dazu müssen sie hinter den bunten Flächen zwei, drei Stufen hinaufsteigen, den Kopf in eine Mulde legen. Von der Seite gesehen wie die Vorbereitung zum Guillotinieren. Der Kopf muss genau in der Mulde aufliegen, also streckt schon mal ein Kunde den Hintern raus, lässt die Arme hängen, sieht aus wie ein völlig schlaffes Opfer. Zum Ausgleich welche Wunschbilder! Ein Drache fliegt durch blauen, weiß bewölkten Himmelsraum, auf ihm sitzt, in lässiger Beherrschung, eine Frau in dunkelblauem Kleid. Eine junge Frau gibt ihr Gesicht dazu, bekrönt mit einem Hut nach pseudohistorischem Muster aus dem Fundus des Fotografen. Attrappe eines Jungen, bunt gekleidet, auf einem Delphin, aus schäumendem Wasser hochschnellend. Die Attrappe eines Liebespaares, Hand in Hand, in Phantasiekostümen, die Assoziationen wecken sollen an Personen einer historischen

918

Oberschicht. Ein Mann, halb aufspringend, halb aufsitzend auf einem Tiger. Vor rasch anwachsendem Publikum legt ein schwergewichtiger Mann seine Brille ab, setzt einen bunten Hut auf mit zwei sehr langen, wippenden Federn, schreitet zur Attrappe eines wilden Reiters in historischem Kostüm, das Pferdebild suggeriert Galopp über Stock und Stein, mit den langen, wippenden Federn am Hut steigt der Dicke hinter der Attrappe hoch, legt, den Anweisungen des Fotografen gehorchend, das Kinn in die Kopfmulde; nun wird er offenbar aufgefordert, zum Gaudi der Zuschauer, so dreinzuschauen, wie es zum Bild des wild einhersprengenden Reiters passt, das gelingt aber erst nach mehreren Versuchen.

Nein, kein Übergang, auch kein gleitender, es bleiben Bilder, Bildsequenzen in der Schwebe, herausgelöst aus Raum- und Zeit-Koordinaten.

Auf einer der Inlandrouten mussten wir mit einer chinesischen Militärmaschine fliegen, wegen einer Lücke im Transportsystem; als wir in den Offiziers-Jet stiegen, wurde über quäkige Bordlautsprecher eine Ohrwurmnummer eingespielt, die ich im Reich der Mitte nicht erwartet hätte: Das akustische Irrlicht huschte in der Kabine umher, setzte sich hierhin, tritsch, schnellte dorthin, tratsch, schwebte zum Heck, tritsch, war schon wieder beim Cockpit, tratsch, war hier und dort zugleich, tritsch und tratsch, schwebte so durch mein Hirn mit all seinen Falten, Schrunden, tritsch und tritsch und tratsch und tratsch – eine Polka in einer chinesischen Militärmaschine! Aber schon während ich mich setzte, auf den Fensterplatz, den ich brauchte für den Blick auf die Flügelspitze, und bevor die Maschine abhob im rauen Stil des Militärpiloten, setzte sich die Tritsch-Tratsch-Polka fort mit Tritsch und Tratsch.

Diesmal freilich eine assoziative Verbindung: zweite, gleichfalls überraschende Konfrontation mit zentraleuropäischer Musik.

Wir wurden zu einer Tempelanlage gefahren, die an einem bewaldeten Mittelgebirgshang lag. Während wir den Vorhof des Tempels betraten, übte dort eine Gruppe Polizisten in grünen Schlabberuniformen Karate – für einen Film, wie wir erfuhren. Wir gingen weiter in den Haupthof, in den Bereich der (wenn auch kargen) Blumenrabatten und des (wenn auch kümmerlichen) Springbrunnens, und zahlreich die Menschen auf den Wegen. Ein, zwei Dutzend auch vor einem großen Pavillon seitwärts: erhöhte Fläche von bestimmt sechs mal zehn Metern, Eck-Holzpfeiler, das Dach mit den üblichen Dämonenfratzen. Und in diesem Pavillon wurde ein Wiener Walzer gespielt – nicht irgendein Wiener Walzer, sondern der Kaiserwalzer! Ein Kassettenrekorder auf dem Estrich und bestimmt zwei Dutzend Paare im Dreivierteltakt. Und es setzte, während wir, von allen Seiten beobachtet, spontan mittanzten, ein Prozess der Verwandlung ein, begleitet von halluzinatorischer Veränderung des Tempel-Pavillons: Die Tanzfläche begann sich in die Länge und Breite auszudehnen, Holzsäulen vergoldeten sich, an den Dachkanten reihten sich Hunderte, Tausende von Glasplättchen, die mitschwangen im Walzertakt, und es drehten sich mit uns Kaiser und Kaiserinnen der Ying-Dynastie und Kaiserinnen und Kaiser der Yang-Dynastie, drehten, drehten, drehten sich im Takt des Kaiserwalzers.

Wieder ein Sprung. Ein Bruch. Wird nicht zugekleistert, keine Spachtelmasse, kein Montageschaum, den ich in die Fuge drücke.

Mittagspause in der Porzellanmalerei. Drei Reihen von Tischen, jeweils ein halbes Dutzend, an fast allen Tischen ruhte die Arbeit. Eine Lautsprecherstimme, scharfrandig, beherrschte den Saal, andere Stimmen waren nicht zu vernehmen. Überall schliefen Arbeiterinnen, Arbeiter – reglose Körper in verschiedensten Gewohnheitsposen. Ein paar Arbeiter hatten sich auf jeweils vier gereihten Stühlen ausgestreckt, das Gesicht mit einem Handtuch bedeckt. Die meisten freilich schliefen an den Tischen, Kopf auf parallel gelegten Unterarmen. Die saalbeherrschende Lautsprecherstimme wurde abgeschaltet; kleine Transistorradios auf mehreren Tischen, und aus allen ertönte die scharfrandige, beinah krächzende Stimme. Eine der Frauen arbeitete noch, die Vase auf eine waagrechte, über dem Tisch angebrachte Stange geschoben, die Vorlage in Originalgröße vor ihr auf der Holzfläche, das Muster auf dem weißen Porzellan vorgezeichnet, und sie malte grüne Blätter aus mit feinem Pinsel. Eine junge Frau schminkte sich am Arbeitstisch, vor einem kleinen, rechteckigen Spiegel, den sie an eine Vase gelehnt hatte. Fast alle hatten Postkarten oder Souvenirs oder eingerahmte Familienfotos auf ihren Tischen. Selbst mit krächzend übersteuertem Radio dicht neben dem Kopf: es wurde geschlafen. An einem leeren Tisch vor einem der Fenster zogen, schoben zwei Arbeiter kleine Holzscheiben auf einem Spielfeld – chinesische Variante von Dame oder Mühle? Die Transistorradios schrien auf die Schläfer ein, erreichten sie nicht. Die wach waren, wurden von der Stimme offenbar auch nicht erreicht.

Aber nun Kunming: starke Präsenz durch Emotionen, die einwirkten auf die Erinnerung. Der Ort gesehen, erlebt in vorgegebener Perspektive. Auch Kernphysik lehrt: Beobachtung beeinflusst, ja verändert das beobachtete Objekt.

Es geht auf der Reise nicht weiter. Verwirrung, offenbar, bei der chinesischen Luftfahrtgesellschaft, Abflugtermin unbestimmt, wie der chinesische und der deutsche Reiseleiter berichten, eine Maschine ist ausgefallen, eine Maschine musste von Shanghai aus woanders hinfliegen: Die Auskünfte der Mitarbeiter am Schalter seien offenbar unzureichend, keiner scheine zuständig, auf einer Tafel würden mit Kreide Termine, Flugnummern, Schriftzeichen gereiht und wieder ausgewischt. Berichte kursieren über eine amerikanische Reisegruppe, die tagelang in Sian festgesessen hat, das auch noch im Flughafengebäude nach der Abfertigung, sie mussten in kaltem Raum auf Stühlen sitzen, kamen nicht an ihr Gepäck heran. Frieren und wachsende Wut. Berichte von Einzelreisenden, die auch nicht weiterkamen, schon gar nicht von Kunming aus, mehrere Tage nacheinander zog die Frau, die uns das erzählte, zum Bahnhof, um eine Fahrkarte zu erstehen, alle Züge ausverkauft, auf Tage voraus, die Zahl dieser Tage unbestimmt, keine verbindlichen Auskünfte, nur Schulterzucken, Händeheben. Festsitzen in Kunming, im Südosten der Volksrepublik China, auf der Höhe von Nordvietnam, auf dem Breitengrad von Tibet, zumindest der südlichen Ausläufer von Tibet. In Kunming hatte die Burma-Straße begonnen. Und, vor allem: Kunming war bis 1948 Verbannungsort. Erschrak, als ich das las, Befürchtungen schienen festgeschrieben. Eine Stadt, nicht hässlicher als andere chinesische Städte, jedoch in einem allzu fernen Winkel des Landes, kaum angebunden an das Verkehrsnetz.

Festsitzen in Kunming, Stadt der Verbannung. Stimuliert die Angst, die tiefsitzende, festsitzende Angst, wohl schon mit dem Abschied von Köln seit der Kinderzeit: Nicht zurückzukommen, nicht zurückzufinden in den Ort, in dem man sesshaft ist. Weit, so weit hinaus die Reisen – könnte nicht jetzt, jetzt zum Beispiel, der Rückweg abgeschnitten sein? Mögliche Realität, beinah hautnah. Denn auf dieser Tour geschah, was der Albtraum eines jeden Reiseleiters, damit eines jeden Mitreisenden sein dürfte: er ließ vor dem Hotel einer Übernachtung die Umhängetasche liegen mit sämtlichen Pässen, Reiseunterlagen. Das fiel dem Herrn erst auf, als wir bereits eine Zeitlang unterwegs waren im Bus, der schleunigst zurückkehren musste – erst einmal flaue, ausweichende Erklärungen. Die Tasche lag noch auf einem Mauersockel der Hoteleinfahrt. Wie leicht hätte sie in der Zwischenzeit gestohlen werden können – und dann? Undurchsichtiger Verwaltungs- und Polizeiapparat ... Verdächtigungen, Befragungen, Untersuchungen ... Bis auf weiteres festgehalten werden ... Im Bewusstsein: angelesene Erfahrungen von Verdächtigten, von Befragten, von Internierten ... Von jüdischen Exilanten in China, Shanghai ... Fermente meines Grundgefühls der Unsicherheit ... Grundgefühl der Abhängigkeit von Vorgängen, von Abläufen, die ich nicht durchschauen, nicht berechnen kann ... Sedierte Phobien werden wach ...

Dünner Schlaf. Früh wache ich auf. Die Höhe von knapp zweitausend Metern bekommt mir nicht so recht, Pulsen in den Ohren, Innendruck auf die Trommelfelle – ich liege wach, höre in der Ferne eine Lokomotive pfeifen, stelle mir vor, ich wäre monatelang, jahrelang in dieser Verbannungsstadt, würde jeden Morgen, mit wachsender Sehnsucht und

Verzweiflung, die Lokomotive pfeifen hören, die mich nicht herauszieht aus dieser Stadt. Eine jähe Verwerfung der politischen Topographie, eine Krise ... Bauern erheben sich nun doch wieder ... Truppen werden mobilisiert, sämtliche Transportmittel müssen ihnen zur Verfügung gestellt werden ... Und wir bleiben hängen, hängen fest in Kunming?

Ich schlüpfe in die beigefarbenen Plastiksandalen mit goldenen Schriftzeichen, gehe zum Fenster: Der Platz leer, das große Fahrradkarussell des Vorabends abgestellt, aus einer Nebenstraße läuft ein Jogger heran, läuft zügig eine Dreiviertelrunde, verschwindet in einer der einmündenden Straßen. Jogger, vier Uhr morgens! Ein Radfahrer, wie ein Vorbote all der Radfahrer, die jetzt noch schlafen.

Ich lege mich wieder ins Bett, versuche, den gleichmäßigen Atemtakt von Gisela zu übernehmen, aber das wird nur ein kurzes Schlummern – eher Halbschlaf als Schlaf. Stunde des Wolfs. Die Angst, verlorenzugehen in einer Welt mit einer Sprache, von der ich kein Wort verstehe. Phobie, ja, sicherlich. Vielleicht noch stimuliert von der Zeit, in der fürs Erste kaum noch was funktionierte, Züge noch nicht wieder fuhren.

Gegen fünf stehe ich wieder auf, schaue hinab auf den Platz des Kreisverkehrs. Drei alte Männer auf dem Gehsteig – treffen die sich jeden Morgen? Sie bleiben nicht stehen, Tai Chi zelebrierend, sie gehen weiter, biegen gleichfalls ab in eine Seitenstraße. Zwei Radfahrer, ohne Licht wie alle chinesischen Radfahrer.

Wieder ins Bett. Ich versuche, mich zum Schlafen zu zwingen, suggerierend. Gelegentlich ein Hupsignal. Kein Hundebellen. Muss ich mir wieder bewusst machen: Hunde sind verboten in den Städten. Und auf dem Land scheinen Hunde an kollektiver Depression zu leiden: bellen keinen an, schleichen herum, als würden sie jeden Tag mehrfach geprügelt. Angst vor dem Kochtopf? Hunde, an einem Marktstand aufgehängt, das Fell abgezogen ... Hund, auf einem Tisch zerlegt ... Und die Eulen, in winzigen Drahtkäfigen: plinkern dem Tag entgegen, an dem sie getötet, gekocht, gegessen werden ... Getrocknete, zusammengerollte Schlangen ... Paarweise, mit festem Halm zusammengebundene Frösche in der Schüssel – wie gezwungen zu permanenter Begattung … Dachse, die lebendig in kochendes Wasser getaucht werden …

Halbschlaf. Eher Aufschrecken als Aufwachen. Woher, wieso immer wieder die Träume, Albträume, in denen Bewegung mühsam, äußerst mühsam wird, Schritte, die sich kaum von der Oberfläche lösen, von ihr angesaugt, festgesaugt werden, alles zäh, von hoher Viskosität, und immer neue Hindernisse, Umwege, wiederholt werden Züge, wichtige Züge, befreiende Züge verpasst, sind Auswege blockiert, ich finde nicht mehr den Weg nach Hause – solche Träume nun umgesetzt, realisiert? Jähe innenpolitische, außenpolitische Veränderung, Grenzen geschlossen, keine Einreisen, keine Ausreisen, auch nicht für Fremde, die Lage so wenig zu durchschauen wie bei der zeitweiligen Grenzsperrung zwischen Palästina und Israel, das Gefühl, festzusitzen, sich erst mal in der Fremde, der totalen Fremde einrichten zu müssen, aber wie und wie lange? Eine Falle, zugeschnappt? Zu weit hinausgewagt, abgeschnitten? Natürlich irrational, ist ja klar, vielleicht in der Kindheit programmiert. Lässt sich möglicherweise so erhellen, erklären. Und trotzdem –

Ablenken, rausgucken! Wieder die Füße unter die Plastiklaschen der Hotelschlappen schieben, zum Fenster gehen: Das Fahrradkarussell wird wieder in Gang gesetzt, ist aber noch nicht so figurenreich bestückt wie am Vorabend. Es beginnt aufzuhellen. Auf fast allen Häusern, Hausblocks hohe Antennenstangen, die meisten krumm – nicht einmal windschief, sondern schief von vornherein. Zum Teil sind die Rohre mit Drähten stabil gehalten. Zum Teil scheinen die Antennen aus dickem Draht gebastelt. Tasten, harken den Himmel ab, holen Bonbonfarben in kleine Wohnungen.

Verdichtung des Massenradelns. Was wird da nicht alles transportiert! Zwei Säcke senkrecht, über der Hinterachse verzurrt, zwei Säcke darüber quergelegt. Ein geschlachtetes Schwein, Blutspuren. Ein lebendiges Schwein, eingeklemmt zwischen zwei Bambusstangen, miteinander verseilt. Ein Mann schiebt sein Rad, hinten drauf zwei orangefarben gekleidete Mädchen. Lastenträger nun auch in rasch-elastischem Schritt, das lange Joch wippend, der Korb vorn und der Korb hinten mit sorgsam geschichtetem, gestapeltem Stangengemüse. Zwei Frauen, die in den Körben jeweils einen Sack Zement tragen; beide setzen gleichzeitig die überschwere Last ab, recken sich. Wieder ein Mann, der das Rad schiebt: Sohn vornedrauf, Tochter hinten. Aus einer Hofeinfahrt rückt ein Trupp aus mit einachsigen Handwagen, Räder von Velos; in der Mitte der Holzfläche jeweils ein großer Korb mit Sand, Schaufeln reingesteckt; die Männer drücken die Doppeldeichseln herab, gehen fast schwebend: genau ausbalancierte Last – ein paar Pfund Sand mehr, eine geringe Verschiebung des Korbs, und sie würden Schritte in der Luft machen oder die Doppeldeichsel zwingt sie in die Knie. Schwer beladen auch Dreiradfahrer. Auf der kleinen Ladefläche hinter dem Fahrer ein Tisch und ein Sessel. Auf einem anderen Dreirad ein alter Mann auf einem Stuhl, neben ihm eine junge Frau, kauernd – Krankentransport? Kohlen in Körben auf Lastwägelchen, die werden geschoben und gezogen, das Zugseil an der rechten Schulter, ein Polsterstreifen. Ein Mann transportiert einen fast halbmeterdicken Baumstamm von mehreren Metern Länge auf einem dieser einachsigen Wägelchen mit Velorädern; auch diese Last genau ausbalanciert, vorgebeugt zieht ein Mann das Gefährt mit einem Drahtseil über die Schulter hinweg; vorn ist eine Krampe in den Stamm geschlagen, an der wird die schwere Last gelenkt. Und durch all dieses Gedrängel schieben sich, unablässig hupend, Lastwagen und überfüllte Busse. Das alles wirkt chaotisch und doch: als glitten Fischschwärme durcheinander, aus verschiedenen Richtungen kommend.

Endlich Gewohnheitsabläufe: Morgenwäsche, Zähneputzen, Anziehen, Frühstücken. Keine erleichternde Nachricht, wir hängen fest in Kunming. Eine Morgenrunde. Vorbei an Ständen, an denen Süppchen gekocht, verkauft werden. Schüler auf fußschemelkleinen Hockern heben mit ihren Stäbchen Nudeln und Gemüsestücke aus der Brühe, lassen die zurück. Hinter Glas aufgereiht Schüsseln mit sehr weißen, fast styroporweißen Teigwaren; Töpfe mit Gemüse, Näpfe mit Gewürzen. Auf einem tragbaren Ofen, dick isoliert, wird in einem pfannenähnlichen Topf jede Suppenportion extra erhitzt; eine Handvoll Teigwaren in die Brühe geworfen, eine kleine Handvoll Grün, rasch etwas Gewürz, kurzes Aufsieden, der Suppennapf gefüllt und weitergereicht. Gisela weist hin auf eine Frau, die hinter einem Stand auf dem Boden kauert, in einer Emailleschüssel Essstäbchen reinigt: ein Bündel von drei, vier Dutzend Holzstäbchen, die sie rubbelt in einer nur etwa zwei Zentimeter tiefen Flüssigkeit, die fast braun ist, mit einigen Seifenbläschen – da werden wohl Keime gleichmäßig auf alle Stäbchen verteilt, können sich einnisten in Schrunden. Aber die Schüler, die wohl schon oft an solchen Ständen gefuttert haben, die sehen gesund aus. Weiter …!

In einem weitläufigen Hof üben zwanzig, dreißig Polizisten Kung Fu. Zwischen den Uniformierten einige Männer in Trainingsanzügen. Ein Mann, der Befehle durch ein Megaphon schreit, auch er in schlabbrigem Trainingsanzug. Mit dem Megaphon in der Hand markiert er Bewegungsabläufe. Es klappt nicht immer mit der Synchronisierung der Gruppenbewegungen, also Wiederholungen. Zwei junge Männer unter den Zuschauern; sie zeigen dem Besucherpaar aus dem fernen Europa, wie Kung Fu in der Kinowirklichkeit aussehen, ablaufen soll, führen mit aufbauschenden Mänteln Sprünge, Schläge, Finten vor, Tritte und kurze, harte Faustschläge, markieren auch, lachend, die Einwirkungen. Die Gruppe muss währenddes weiterüben, mit hart angewinkelten, rasch ausgestreckten Armen, Drehbewegungen aus der Hüfte. Jede der Bewegungen mit einem Namen, einer Bezeichnung, über Megaphon ausgerufen, für uns nur Sprachklang.

Wir schlendern weiter, bleiben stehen vor einem Schaukasten vor einem öffentlichen Gebäude in einer Straße mit großen, nummerierten Wohnblocks – eine Straße, in der sonst wohl keine Touristen auftauchen. Im Schaukasten eine Art Wandzeitung, mit Tusche geschrieben, auf die Textblätter geklebt Fotografien von einem Prozess, offenbar von Militärrichtern geführt, jedenfalls sind zwei der Männer am erhöhten Tisch der Stirnseite des Saals uniformiert und auf Stühlen mehrere

Angeklagte, sie haben jeweils ein Schild vor der Brust hängen, bestimmt dreißig Zentimeter hoch, vierzig breit, eine Schnur um den Nacken; auf jedem der Schilder nur wenige, entsprechend große Schriftzeichen. Verräter? Schmarotzer? Feind des Volkes? Faulenzer? Abweichler? Konterrevolutionär?

Wie leicht kann man hier, könnten auch wir in eine Falle geraten? Wir bräuchten uns hier nur zu umarmen, bräuchten uns nur in einem der Parks oder auf einem der Plätze zu küssen, in schöner Ausführlichkeit, und wir hätten rasch einen Uniformierten vor uns. Und wie leicht wäre es, einen Vorwand zu finden für eine Verschärfung der Befragung, die Methoden sind bekannt: Einer der weiteren, herangezogenen Uniformierten praktiziert ein kleines Päckchen mit weißem Pulver in die Jackentasche, in die Handtasche, und wir würden in eine Mühle geraten, aus der uns auch der Reiseleiter nicht heraushol en könnte, womöglich nicht einmal ein herangezogener Mitarbeiter der deutschen Botschaft. Verdammt naheliegende Möglichkeit, und dann: kein Spielraum mehr, Falle zugeschnappt, der Bewegungsraum in Schritten messbar.

Aber vielleicht genügt es schon, wenn wir beobachtet werden: Zwei Fremde, die etwas zu ausführlich den Aushang im Schaukasten inspizieren, muss doch einen Grund haben. »Lass uns gehn. Vielleicht gibt es doch was Neues.«

Rückkehr, mit dem kleinen Stadtplan in der Hand. Im Hotel: Lethargie, Resignation. Beide Reiseleiter mit zwei Gesprächspartnern in leiser Unterhandlung in der Lounge. Kein Flugtermin. Warten in Kunming. Es rührt sich nichts, tut sich nichts.

Wenigstens eine kleine Ablenkung, Erheiterung, als wir zum Zimmer gehen: ein Flurfenster hinaus zum Hof des U-förmig gebauten Hotels, und als Abschluss, wenn auch etwas abgerückt, wird ein Neubau errichtet, die gesamte Hoffläche bedeckt mit Baumaterialien, alles wie abgeworfen, umhergeworfen. Doch in der Mitte des Hofs, in all dem Material und Gerümpel, eine Palme, neben ihr zwei Käfige. Zwei junge Schwarzbären werden von einem Koch in Weiß freigelassen; husch klettern sie die Palme hoch, von keinem der Zurufe

verlangsamt, schon verschwinden sie in der dichten Palmen-
krone. Da muss ein Jungkoch ebenfalls die Palme hochklet-
tern, den ersten Schwarzbär herunterzerren, am Bauch gepackt: gemeinsam rutschen der schwarze Bär und der weiße
Koch den Stamm herunter, der Ausreißer wird eingesperrt,
auch der zweite Bär muss aus der Palmkrone geholt werden,
wieder rutschen ein schwarzer Bär und der weiße Koch den
Stamm herunter, der Bär den Stamm, der Koch den Bär um-
klammernd; alle Bauarbeiter, viele Küchenleute schauen zu,
gemeinsames Lachen. Der Bär wird eingesperrt; der Jungkoch
legt ein Baublech auf den Metallkäfig, beschwert es mit einem
Hohlblockstein.

EINREISE IN THAILAND, zu einem Zwischenaufenthalt
von zwei Tagen. In der Empfangs- und Abfertigungshalle des
Flughafens fällt mir ein Polizist auf, zwei Abfertigungsschalter weiter, der wiederholt zu mir herüberblickt, und was ich
diesem Blick ansehe, das ist der schiere Hass. Er hat mich in
der Wartereihe vor der Gepäckkontrolle ausgemacht als einen
Typ, der ihm nicht passt, überhaupt nicht –? Eine fatale Ähn-
lichkeit mit jemandem, der ihn –? Eine schlichte Verwechs-
lung –? Ich wiederum sehe in ihm einen Typ, den ich schon
auf etlichen Fotos gesehen habe, meist aus Südamerika: Der
untersetzte, wohlgenährte Polizist in heller, gepflegter Uniform, Pistole am Gurt. Privilegiert, arrogant, zu jedem Übergriff bereit. Zu den Blicken, die er, weiterhin Reisende kon-
trollierend, zu mir, ja, herüberschießt, fällt mir nur dieses eine
Adjektiv ein: hasserfüllt. Das fällt auch Mitreisenden auf: Was
starrt er Sie so an?! Ich kann nur hoffen, dass er nicht zu unserem Abfertigungsschalter herüberkommt, dort eben mal den
Kollegen ablöst, um sich den verhassten Typ vorzuknöpfen.

Dann könnte alles sehr rasch gehen: er durchsucht auch
meinen Koffer, nimmt sich speziell die gelbe Einschlagmappe
vor mit meinen Aufzeichnungen, gesammelten Informations-
blättern; ein kurzes Ablenkmanöver, ein Kollege stellt mir eine
Zwischenfrage, ich behalte den Koffer, die Einschlagmappe
nicht im Blick, schon ist das Briefchen mit Schnee hervor-

gezaubert, anklagend hochgehalten: Ja, ein Briefumschlag mit ein paar Gramm Heroin. Erklärungen, Beteuerungen, Anwürfe nützen nun überhaupt nichts, der Reiseleiter kann reden, was er will, die Falle ist zugeschnappt, ich werde abgeführt. Und der Flughafen, für mich bis dahin namenlos, halt der Flughafen von Bangkok, der würde sich mit einem Namen verbinden, den ich dann nicht mehr vergessen könnte: Don-Muang-Airport. Und ein zweiter Name käme hinzu: Mahatschai, Untersuchungshaftanstalt. Und erst einmal die Dunkelzelle, dort zeitweilig angekettet. Vergebliches Schreien zur Tür: Proteste, wiederholte Forderungen nach einem Rechtsanwalt, einem Vertreter der deutschen Botschaft, keine Reaktion. Und es ginge weiter, wie ich das in einer Reportage gelesen habe über deutsche Drogenschmuggler in Thailand: Ein Prozess, der nur zehn oder zwölf Minuten dauert, Verhandlungssprache Thai, kein Dolmetscher anwesend, ein zwar nominierter, aber nicht angetretener Verteidiger, das sogenannte Urteil nach der üblichen Spielregel: ein Jahr Gefängnis pro Gramm Heroin. Wie viel »Schnee« in so einem »Briefchen«?

Stadtgefängnis Klong Prem, die Zelle als Betonfläche mit einem Notdurft-Loch in der Ecke, kein Bett, kein Stuhl, man schläft auf dem Boden, so eng, dass man sich nachts nicht umdrehen kann; das Waschwasser aus dem nahen, verdreckten Fluss; als Essen vielfach faulige Fischsuppe, roter Reis, den die Thais verachten, ans Vieh verfüttern. Kein Papier, kein Kugelschreiber, also kein Schreiben an eine Appellationsinstanz. Kleine Linderungen nur durch die Hilfsgruppe der deutschen evangelischen Pfarrgemeinde von Thailand, der Betreuungsverein übermittelt auch mir schon mal Bananen, die ich verschlinge, und Zigaretten, die ich umtausche. Ich sehe mich umgeben von Fixern, egal ob in Klong Prem oder Bang Kwang, die chinesische Mafia schmuggelt Heroin ins Gefängnis, dreiviertel der Gefangenen hängen an der Spritze, Injektionsnadeln sind knapp, Kugelschreiberminen werden spitzgefeilt, die Röhrchen mit Stoff gefüllt und in die Vene gepustet. Wiederholt werden Gefangene »in der Waagrechten entlassen«.

Das Angst-Szenario abschließend ein Satz aus einem der Informationsblätter, ausgelegt in der deutschen Botschaft an der Sathorn Road: »Der Strafvollzug in thailändischen Gefängnissen ist für Europäer wegen der klimatischen und örtlichen Verhältnisse hart.« Wann und wie käme ich da heraus?

Ich komme, ja schramme dran vorbei. Blickkontakt mit einer Realität, die für mich nicht Wirklichkeit wurde. Die Halle verlassend, tief durchatmend, mache ich mir wieder bewusst, in welcher Ausnahmewelt, Ausnahmezeit ich lebe als Bürger der Bonner Republik. Ein Land, ein Zeitraum, in dem ich nicht Repression und Willkür ausgesetzt bin. Und womöglich der Folter. »Amnesty International Reports« zumindest anlesend, werde ich mir der besonderen Situation bewusst: In Kontrasten wird mir deutlich, wie ich lebe. Und leben darf.

Über dem Stehpult, in Abenden, in Augenhöhe: kleines Gemälde eines Kurt Kühn. Spätimpressionistischer Stil. Ein Häuschen, eine Bude, ein Büdchen, eine Favela-Konstruktion unter Bäumen mit hellen Stämmen. Das Gehäuse wirkt äußerst dünnwandig, fast zeltleicht, scheint aus zusammengestoppelten Platten zu bestehen, Holz oder Blech; immerhin ein Fensterchen neben der Tür und ein schräges, leicht rauchendes Ofenrohr als Kamin über dem sanft eingesunkenen Dach.

Auf der Rückseite der Leinwand als kleiner Aufkleber, in Sütterlinschrift: »Meine Hütte in Garaison. Zivilgef. Lager Mai 18«. Dort also war er interniert, dieser Maler aus (oder in) Holzhausen am Ammersee. Schönes Bild aus sicherlich belastender Zeit: Der Maler, mehrere Jahre in Algerien lebend und malend, wurde interniert mit Beginn des Ersten Weltkriegs. Internierung, Inhaftierung: sichtbare Potentialität im Arbeitszimmer. Zwar attraktiv dargestellte Potentialität, nicht jeder Internierte hatte ein Häuschen, ein Büdchen für sich, dies in offenbar angenehmem Klima, das Ofenrohr rauchte wohl nur für einen Topf auf dem (improvisierten) Herd. Und doch: ein Begleitbild, ein Gegenbild zu meinem Lebensbild.

DER PARZIVAL des Wolfram von Eschenbach, 1986. Ich habe nicht nur, im vorgegebenen Versmaß, dieses Erzählgedicht übertragen, ich habe versucht, die Welt des Dichters so weit wie möglich zu vergegenwärtigen. Aber auch hier: ich gebe nicht wieder, und sei es in Kürzestform, was ich damals geschrieben und veröffentlicht habe, über Geschriebenes zu schreiben verlockt mich kaum, ich brauche Spielraum, erweitere hier das Spektrum, suche neue Ansätze, inhaltlich, methodisch, führe nun eine Begleiterscheinung ein zum Artusritter Parzival: einen Juden in der Runde.

Ich hörte von ihm zum ersten Mal nach einer Lesung, bei anschließendem Essen in einem italienischen Restaurant; Achim Jaeger vermittelte mir Forschungsergebnisse. Wirklich ein jüdischer Artusritter?! Ja, im Versepos wird ein Synagogenbesuch erwähnt, Erez Israel wird genannt.

Und der kurios klingende Name Widuwilt?

Ganz einfach: Gawain, dem berühmten Artusritter, war egal, wie sein Kind später genannt werden sollte: »Heiz ez wi du wilt«, sagte er seiner schwangeren Frau, nenn es wie du willst ...

Erste Stichworte: Ein jüdischer Auftraggeber finanzierte die jiddische Adaptation eines ›christlichen‹ Epos. Als Vorlage: *Wigalois* des Wirnt von Gravenberc, um 1215. Zeitraum der Bearbeitung: 14. oder 15. Jahrhundert. Die früh-jiddische (oder proto-jiddische) Bearbeitung erschien in energisch gekürzter Form; christliche Bezüge waren gestrichen (damit, verständlicherweise, eine Kreuzzugs-Episode); jüdische Bezüge wurden zumindest angedeutet.

Ich gehe dem Hinweis nach im Kölner Archiv (»Rara«) der Germania Judaica, konsultiere Johann Christof Wagenseils »Belehrung der Jüdisch-Teutschen Red- und Schreibart«, Königsberg 1699.

Ein Sammelsurium! Ein »Talmudisches Buch über Aussatz« – bei den hygienischen Verhältnissen Ende des 17. Jahrhunderts sicherlich ein gravierendes Problem, nicht nur unter Juden. Ein Bericht sodann über den Aufruhr des Fettmilch in Frankfurt. Drei Lieder, die von Jüdinnen vor allem zu Ostern gesungen wurden. Juristische Ausführungen. »Prob-Übungen in dem Teutsch-Hebreischen *Dialecto*.« Und, als Übungsstoff wie als Lektüre zur Erholung: der »Geschicht-Roman« über Widuwilt.

Ein Buch für christliche Juristen mit jüdischen Mandanten, kompiliert von Wagenseil, einem damals renommierten Hebräisten. Der musste konstatieren: »Es haben sich unter den Christen in Deutschland [...] sehr wenig bis anhero um der Juden Hebräisch-Deutsch bekümmert.« Das soll sich, wie die Titelseite großsprecherisch verkündet, in wenigen Stunden beheben lassen. Dabei soll den Juristen auch Ritter Widuwilt auf die Sprünge helfen, Artusritter in deutsch-hebräischem Kontext.

Ein Wunderwerk damaliger Setzerei: hebräische Schriftzeichen, der deutsche Text in Fraktur, lateinische Wörter und Wörter lateinischen Ursprungs in Antiqua. Auch das verschachtelte Satzbild des Talmud wurde übernommen – mit unvermeidlicher Fehlerquote. »Es haben aber die christlichen Setzer des Hebräischen und Juden-Deutsches, die jüdischen hingegen unseres Deutsches keine Erfahrenheit gehabt, dass es demnach nicht wohl anderst herauskommen können.«

Der Titel des jüdisch-deutschen Versromans, herausgegeben von L. Landau, Leipzig 1912: »Ein schön Máase [Geschichte] fon Kinig Artis hof«. Und im Vorwort: »Ess heisst king Artiss hof oder riter Widewilt«.

Hier muss ich gleich betonen: Dieses Epos interessiert mich vor allem wegen des Stoffs, kaum wegen der Form. Es ist, wie die ›christliche‹ Vorlage, im damals weithin üblichen Kurzzeilen-Schema verfasst, die Versform ist indes sehr locker (oder nachlässig) gehandhabt. In der mir vorliegenden Druckfassung ist auf der linken Seite jeweils die hebräische Version, auf der rechten die Frakturversion wiedergegeben, dabei wurde der Text durchlaufend gesetzt, mit einem Schrägstrich jeweils nach dem Reim. Sieht also fast aus wie ein Prosatext. Schon damit: gleitender Übergang zur Prosaversion.

Die prosanahe Verserzählung beginnt mit einem Vorspann:

Der Bearbeiter wendet sich an die Leserschaft, nein, zuerst an potentielle Käufer des Drucks. »Nun kommt geschwind gelaufen, die schöne Geschichte zu kaufen, es wurden nicht viele von ihr gedruckt, so wird sie bald vergriffen sein.« Angepriesen werden der gute Druck, das gute Papier, dennoch ist die Ausgabe preiswert. Also rasch erwerben, solang der kleine Vorrat reicht. Aber auch eine nicht-kommerzielle Kaufmotivation: Man solle dessen versichert sein, dass man nach Erez Israel komme, »dies noch in unserer Zeit«, wenn man das Buch kaufe – und lese.

Es beginnt (auch in den verschiedenen Druckversionen) mit der Vorgeschichte: Vater und Mutter des Haupthelden werden eingeführt. Der Vater, in allgemein akzeptierter Schreibweise: Gawain. Die Mutter: Florie, eine Königstochter. Auch in der jiddischen Version: das berühmte Pfingstfest am Artushof. »Auf einem schönen weiten Feld wurde manch herrliches Zelt aufgeschlagen. Auf der plaine gab es viele Vergnügungen und allerlei Saitenspiel, auch Pauken, Schalmeien, Pfeifen und Trompeten, Zinke und Posaunen und weitere Spezialitäten: von Singen und Musizieren, von Springen, Tanzen und Jubilieren, mit Turnieren und Stechen, dem Lanzenbrechen.« Am wichtigsten, begehrtesten, beliebtesten: Geschichten, die am Artushof erzählt werden. Jeden Tag muss es eine neue Geschichte sein. Fällt einem der Höflinge keine neue Geschichte ein, bringt kein Besucher eine neue Geschichte mit, so wird gehungert, nicht nur nach Lese- und Hörstoff, sondern wortwörtlich: Solange keine neue Geschichte geboten wird, muss gefastet werden – nichts zu essen, nichts zu trinken. Erzählen und Erzählenlassen als physische Notwendigkeit!

Erzählt wird hier, wie Gawain die Königstochter kennen- und lieben lernt, eine Schönheit sondergleichen. Die Gattin wird schwanger, der Gatte muss jedoch den gastlichen Hof verlassen, der Artushof ruft, er wird die Frau nie wiedersehen. Das Kind wird geboren, wird benannt in Erinnerung an die frühere Äußerung des Erzeugers.

Die Mutter widmet sich vorbildlich dem heranwachsenden Wieduwillst. In der jüdischen Version wird besonders hervorgehoben (was unter Rittern recht selten ist), dass Widu-wilt lesen und schreiben lernt, ja beides beherrscht. Auch im Fach Waffenkunde ist er ein guter Schüler. Was ihm fehlt, ist der Vater. Er will ihn suchen – Mutter ist dagegen. Doch der Großvater hat dem militanten Buben vom hochberühmten Artus und der gleichfalls berühmten Tafelrunde erzählt, dort soll die Suche ansetzen. Großes Leitthema: die Vatersuche. Zuvor aber muss die »Tugendsteinprobe« bestanden werden auf einem Marmorsitz, die Makellosigkeit des Vatersuchers bestätigend. Ankunft am Artushof, dem König gefällt der Jüngling sofort, denn er erweist sich als Kenner ritterlicher Kampftechniken. So darf er Platz nehmen in der Tafelrunde, die eigentlich Vorsitz und Ehrenplatz ausschließt – dennoch, er wird besonders geehrt.

Natürlich muss sich auch dieser Ritter bewähren, auch im Kontext jüdischer Version und Rezeption. Die notorischen Bewährungsproben aber werden von Widuwilt (wie von Wigalois) nicht immer glanzvoll bestanden. Zwar besiegt er den obligatorischen Drachen, wird aber vom waidwunden Lindwurm (mit einem Schlag des gezackten Schweifs?) fort-geschleudert, bleibt ohnmächtig am Ufer eines Sees liegen. Wird dort von einem Fischerpaar entwaffnet, ausgeraubt, fast noch ermordet – die Fischersfrau kann das ihrem rabiaten Mann gerade noch ausreden. Kaum wieder im Besitz seiner Rüstung, seiner Waffen, wird W. in einem Wald, sein rotes Pferd führend, von einer wilden Frau überfallen, einem Aus-bund an Hässlichkeit: platte Nase, platte Ohren, Riesenzähne, Riesenhände; sie will auch an diesem Ritter Rache üben für ihren längst schon gerächten Mann, schleppt ihn in eine Höh-le, ent-rüstet ihn, wirft ihn zurecht auf einem Baumstamm, will ihm mit dem Schwert den Kopf abhacken, da wiehert das Pferd, es klingt wie ein Drachenschrei, die Waldfrau lässt von ihrem Opfer ab, flieht in die Höhle. So ist W. noch mal davon-gekommen. Auch bei einem nachtlangen Kampf gegen einen Roaz, Teufelsknecht, ist W. zwar Sieger, geht aber zu Boden, wird von wildgewordenen Hofdamen beinah massakriert, Rettung mal wieder in letzter Minute. Und dem ent-tauften

Ebenbild des Wigalois wird weiterhin übel mitgespielt: eine Riesin klemmt ihn in einem Baumspalt ein – was auch nicht gerade das Selbstbewusstsein eines Ritters stärken kann. Der aber kommt davon, wenn auch angekratzt.

Dennoch, die Verserzählung endet happy: Liebe auf den ersten Blick zwischen Widuwilt und Lorel. Rasche Verlobung. Hochzeit mit Siegerehrung. Zuvor wird die Genealogie des jungen Mannes geklärt – ein Punkt von besonderem Interesse bei der weithin charakteristischen Familienfixierung jüdischer Leserschaft, jüdischen Publikums.

Relative Aktualisierung der Geschichte vom jüdischen Artusritter: Patriotische Juden feierten jüdische Jagdflieger des Ersten Weltkriegs.

Beckhardt mit seiner Siemens-Schuckert-Maschine, dem seinerzeit modernsten Doppeldecker. Auf den Rumpf gemalt ein Hakenkreuz, freilich seitenverkehrt. Es galt damals noch als Sonnenzeichen, somit als Glücksbringer. Das ›Kriegsglück‹ sah Beckhardt auf seiner Seite: schoss an die zwanzig Feindflugzeuge ab.

Auf einer Postkarte jener Zeit: »Unser erfolgreichster Flieger: Leutnant Frankl«. Souverän lässige Haltung, Uniform mit drei Orden, akzentuiert der Pour-le-Mérite. Dieser Orden aller Orden noch stärker betont auf einer zweiten Postkarte, einer Porträtstudie: Haar glatt zurückgekämmt, Schnurrbart gepflegt, der hohe Kragen der Offiziersuniform, der Stern des Ordens hervorgehoben durch eine Umrahmung von flauschigem Pelz.

Einige Stichworte: Aufklärungsflieger, Artilleriebeobachter, Bomberpilot … Jagdfliegerkommando … In seiner Albatros D.III traf Frankl mit einem fünfschüssigen Selbstladekarabiner den Piloten einer Voisin, brachte damit das Flugzeug zum Absturz … Schoss an einem einzigen Tag drei feindliche Maschinen ab, in der folgenden Nacht eine vierte – Weltpremiere, nie zuvor hatte es einen nächtlichen Luftkampf gegeben. 1917 wurde allerdings auch Frankl abgeschossen, da war er 24.

FAHRT IN DIE DDR, mal wieder! Uns erwartete ein Abendessen schwersten Kalibers: Fleischbatzen, aus eigener Schlachtung selbstverständlich, Salzkartoffeln, Rote Bete. Danach ein Nordhäuser Korn, wohlverdient. Wir blieben am Tisch sitzen, Erfahrungen wurden uns vermittelt.

Der Hausherr, ausgebildeter Agronom, früher auf preußischem Mustergut tätig, damit als »Junker« eingestuft, infolgedessen zum LKW-Fahrer der LPG Pflanzenproduktion degradiert, er machte so seine Beobachtungen, vermittelte sie ironisch, sarkastisch. Die überschweren, für Böden im Kreis Artern überhaupt nicht geeigneten, landwirtschaftlichen Maschinen aus der Sowjetunion walzen den Boden immer härter; weil aber dauernd irgendwelche Plansolls erfüllt werden müssen, auch beim Pflügen, wird die Tiefe der Pflugscharen immer geringer eingestellt, damit man schnell durchkommt; irgendwann mal wird man den hartgewalzten Boden wahrscheinlich nur noch mit Eggen anritzen, und das Soll ist erfüllt. »Die machen sich da keinen Kopf.«

Immer diese geradezu hirnschelligen Termine, die unbedingt eingehalten werden müssen, auf Vollzugsmeldung wird ungeduldig gewartet: Kartoffeln fristgerecht geerntet! Dies aber nach Planungsfristen, nicht nach Erfahrung: Hätte man, im vergangenen Jahr, die Kartoffeln noch ein Weilchen auf den Feldern gelassen, wäre der Ertrag um zehn bis zwanzig Prozent gestiegen. Aber nein, die Kartoffeln mussten zu einem Zeitpunkt raus, den die Partei bestimmte, einige der Genossen wollen sich als Vorbilder in Pflicht- und Sollerfüllung profilieren, dazu werden Verluste in Kauf genommen, wo du auch hinschaust.

Ja, noch ein Beispiel. Wenn die starr arbeitenden Erntemaschinen aus der SU nicht spurgenau arbeiten, werden Zuckerrüben halbiert: Rübenvernichtungsmaschinen! Nu, dann werden halt Berichte angefertigt und nach oben weitergeleitet, die mit der Wirklichkeit nicht so ganz vereinbar sind. »Ich hab meine Probleme damit, dass zwischen Wort und Tat oft so eine riesige Lücke klafft.«

Clemens (»Name von der Redaktion geändert«): »Die DDR

ist eine Mischung von Angabe und Beschiss.« Land der ideologischen Wiederkäuer. »Es wird einem praktisch alles schon in den Mund gelegt.« Dauerindoktrination auch in Schulfächern, sogar in Biologie: Die epochemachenden Erfolge sowjetischer Weizenzüchter!

Und die ›Heimatkunde‹? Da werden in den Heften fast nur Zeitungsausschnitte (*Neues Deutschland!*) von russischen Kosmonauten eingeklebt oder von einem Maiaufmarsch in Berlin, Hauptstadt der DDR, oder von einem Aufmarsch auf dem Roten Platz vor Breschnew und anderen Senioren des ZK. Man ist ja fast schon erschrocken, wenn im Heft zwischendurch mal, mit Buntstift, ein Eichhörnchen auf einem Ast gemalt ist, mit einer Nuss zwischen den Vorderpfötchen. »Es wird Schindluder mit uns getrieben. Das stinkt mich alles an. Das schlägt zu doll auf mein Herz.«

Trude mahnt, er muss ins Bett. »Mutter hat ja recht. Jetzt ist Feierabend, Schluss.« Er muss am Morgen schon um viere raus, Fahrt Richtung Greifswald. Hoffentlich bleibt der LKW, der »Bock«, nicht auf der Strecke.

Und die ›Adoptivtante‹ teilt sich die Kanne Zinnkrauttee mit Gisela. Ich halte mich lieber an das labbrige Bier aus einem volkseigenen Brauereibetrieb. Erneut wird Dank ausgesprochen für mitgebrachte Heilkräuter. Die gibt es hier kaum – Heilkräuter in einem sozialistischen Land, das würde eher komisch klingen. Entweder man ist richtig krank oder nicht. »Wir machen keine halben Sachen.« Im Sozialismus kennt man keine Schwächen. Sie findet es zu einseitig, dass offiziell nur der gesunde und kräftige Mensch gefeiert wird; Menschen, die sich schwach fühlen, mies, marode, die können sich höchstens an die Kirchen wenden – die inzwischen aber kaum noch eine Rolle spielen. Andererseits, im Westen, wo die Kirchen ja beinah staatliche Einrichtungen sind, dort wird ja auch nur der starke Mensch gefeiert, das gefällt ihr ebenso wenig. Und all die Gewalt bei euch in Westdeutschland: Überfälle auch auf alte Frauen, denen werden die Handtäschchen mit Erspartem entrissen, manchmal werden sie sogar zusammengeschlagen, zum Beispiel in Gießen, Frauen sind im Westen überhaupt gefährdet, auch junge Männer werden auf der Straße einfach zusammengeschlagen, werden im Liegen auch noch getreten. Trude war jedenfalls ein bisschen erleichtert, als sie von ihrer Rentnerfahrt nach Gießen wieder zurück war, die Wohnungstür hinter sich abschließen konnte, im Dorf herrscht noch Ruhe, hier passiert nichts, keine direkte Gewalt. Sonst geschieht allerdings auch nichts Positives; sobald es dunkel wird, ist alles im Haus, Feierabend, Schluss, aus, man schaltet den Fernseher an.

Westfernsehen? Ja, natürlich. Obwohl, da gibt es so viele Gewaltszenen. Aber die meisten DDR-Sendungen sind langweilig. Immer nur Leistungen, die noch gesteigert werden können. Keine Missstände, jedenfalls keine groben, kaum Unfälle, selten Katastrophen. Kein Bericht über einen schweren Auffahrunfall auf der Autobahn, womöglich unter russischer Beteiligung, weil ein Panzer einfach quer über die Autobahn gerollt ist, kein ausgebranntes Interhotel, erst recht keine Berichte über Chemieunfälle oder sonst was in der Richtung. Einfach langweilig! Und sie gießt Zinnkrauttee nach.

Ich sage, dass auch die Umgebung hier ziemlich langweilig sei, die Landschaft fast völlig ausgeräumt, nur noch Agrarnutzflächen.

Findet sie ebenfalls schlimm, sehr schlimm. Am grauenhaftesten, wenn sie Rüben einzeln muss. Alle Familien im Dorf erhalten Furchen zugeteilt, zwei Furchen sind umgerechnet meist schon ein Morgen, sie hat nur eine Furche, das wird bemessen nach dem Land, das man damals abgeben musste, das man noch selbst bewirtschaftete, jetzt übernimmt das die LPG Pflanzenproduktion, man erhält Naturalien dafür, meist in Form von Kartoffeln, aber sie muss, obwohl im »Gonsum« tätig, halbtags, auch einen entsprechenden Anteil landwirtschaftlicher Arbeit leisten, immer noch, sie hat kein ärztliches Attest, an Ärzte kommt man sowieso kaum heran, höchstens schreiend vor Schmerzen oder mit dem Kopf unterm Arm. Jedenfalls, sie muss Jahr um Jahr teilnehmen am Rübeneinzeln, da geht ihre Furche kilometerlang, also bestimmt anderthalb bis zwei Kilometer lang schnurgeradeaus, und nicht mal

938

Alleebäume neben ihr, wer Rüben einzelt entlang einer Allee, der hat es noch gut, der sieht, wie es weitergeht, aber sie mitten im Feld, sie kommt sich völlig verloren vor, auch wenn sie mit anderen hackt, sie hat das Gefühl, sie kommt überhaupt nicht voran, sie ist schon tagelang schlecht gelaunt vor dem Rübeneinzeln, fast ein Albtraum für sie, immer nur Rübenhacken, Rübenhacken, Rübenhacken. Sie nimmt sich schon mal vor, malt sich aus, sie würde die Hacke in den Himmel hochstoßen mit einem Jubelruf, wenn die Endmarkierung erreicht ist, aber sie ist dann derart kaputt, dass sie keinen Pieps mehr machen kann, will dann nur noch ins Bett.

Das steht als Nächstes auf dem Programm. Aber vorher noch etwas Zinnkrauttee. Ich gebe mir einen Ruck und erkläre, ich müsse unbedingt einen Abendspaziergang machen nach der Autofahrt. Gisela will der Trude lieber noch was Gesellschaft leisten.

Im Treppenhaus eine sehr schwache Lampe, etwa 25 Watt, Nachkriegsbeleuchtung. Linoleum und Holz. Die Haustür ist nicht abgeschlossen. Hinaustreten in Dunkelheit, erst mal stehnbleiben. Ein Neonlicht zur Linken, etwa achtzig Meter weiter; rechts Neonstreulicht, die Lampe von einem Haus verdeckt. Das Auge gewöhnt sich an die wenigen Lux, ich gehe in Richtung verdeckter Lampe. Eine Gardine bewegt sich, ebenerdig. Ein Fahrrad ohne Licht, rappelnd auf dem Kopfsteinpflaster; der Radfahrer als schwache Kontur im Streulicht, er schwenkt ab. Keine Stimmen zu hören, nicht einmal Stimmen aus Fernsehgeräten. Schwache Zimmerbeleuchtung hier und dort; viel kompaktes Schwarz. Es riecht nach Braunkohlefeuer und Schweinezucht. Das sehr unregelmäßige Kopfsteinpflaster, Mulden und Lücken, am Rand ein Rinnsal. Kein Gehsteig. Aber es kommt auch kein Radfahrer mehr, kein Auto. Und ich sehe die Neonlampe: große Glühbirne in kleinem Glasbehälter an kurzstummligem Laternenarm. Dreieckiger Platz, in alle drei Straßen leuchtet die eine Lampe hinein. Lattenzäune, Lattenverschläge. Keine Hunde – das fällt mir erst nach einiger Zeit auf. Nutzlose Mitfresser?

Aus dem Lichtbezirk wieder in das sich abschwächende

Neonstreulicht. Vor mir Finsternis. Große Bäume am Straßenrand. Und es riecht stärker nach Landwirtschaft, weniger nach Braunkohlenrauch. Eine Dorfwirtschaft, von einer Neonlampe erhellte Fassade, abbröckelnder Verputz, alte, aufgesetzte Buchstaben: »Dorfkrug«. Zwei Kastanienbäume. Ein Mann lehnt rauchend an einem der Stämme, ein anderer steigt vom Rad. Ihm wird mitgeteilt, stark sächsisch intoniert, dass er gleich wieder aufsteigen kann, gibt heut Abend kein Bier, Lieferung nicht eingetroffen, nur noch Brause im Angebot. Aber Brause will der Kurt nicht trinken, er radelt wieder los. Kein Rücklicht.

Ich frage mich, ob ich in den Dorfkrug gehen soll, eine Brause trinken zur Bezeugung von Solidarität. Und mit einer Erinnerung an Nachkriegsgeschmack: die Limonadeabfüllung in Herrsching. Aber ich gehe weiter, schaue mir selbst nach: Wie ich von Dunkelheit fast verschluckt werde.

Der Dorfrand. Linden und Lattenzäune, kleine Schuppen. Ein Motorrad mit Beiwagen, am Lenker hängt ein Helm. Eine Brücke, hörbar aus Holz, über langsam fließendem Bach. Reglos im Schwarz des Bachrands: Gänse. Es riecht nach Gänsekot. Ich fange an zu zählen, höre bei 28 auf, habe vielleicht die Hälfte geschafft. Während des Zählens regt sich keiner der weißen Körper, die Schnäbel stecken im Gefieder. Weiße Intarsien in Schwarz, unregelmäßiges Muster.

Ich kehre um. Der trockene Lehmboden zuerst, dann wieder das Kopfsteinpflaster. Die knarrende Treppe hinauf im Nachkriegslicht. Der Zinnkrautpegel ist leicht gesunken. Das Gespräch scheint ein wenig erschöpft, ich sage, ich würde gern mal den »Schwarzen Kanal« sehen. Aber jetzt kommt erst die »Aktuelle Kamera«.

Der erste Knopfschalter am Gerät: ARD-Programm. Zweiter Knopf: Zweites Deutsches Fernsehen. Dritter Knopf: Sender Freies Berlin. Vierter Knopf: Vibrierendes Weiß und Rauschen. Fünfter Knopf: Weißes Rauschen. Sechster Knopf: Zweites Programm des DDR-Fernsehens. Und wo ist das Erste Programm der DDR? Muss irgendwo in der Rauschzone liegen, im Schneetreiben.

Kleine Verwunderung der Gastgeberin, aber ein Gast hat nun mal seine Rechte. Vor allem wenn die beiden schon so viele Fresspakete geschickt haben im Lauf der Jahre, da sollen die sich ruhig mal am DDR-Fernsehen laben. Eine Delegation in Libyen, im Auftrag des Staatsratsvorsitzenden Erich Honecker, der jeweils mit kompletter Titulatur genannt wird. Dann kollern Kartoffeln auf Förderbänder, und Frauen mit Kopftüchern wählen die schlechten aus, schlenkern die weg. Ein Vorsitzender äußert sich zu einem Aktionsprogramm, nennt Zahlen, die sich positiv unterscheiden von früheren Angaben. Nach weiteren Nachrichten aus landwirtschaftlichen und industriellen Produktionszweigen wieder Weltnachrichten und zum Schluss etwas Beschauliches: Hege und Pflege von Mufflonwild im Harz. Trudes Kopf ist nach vorn gesunken, hinab zur Strickarbeit auf dem Schoß.

Nach der »Aktuellen Kamera« ein Dokumentarfilm aus der Sowjetunion, deutsch untertitelt. Da wird die SU der dreißiger Jahre repräsentiert durch fröhlich schaffende Menschen in Fabriken, durch Frauen an Stanzgeräten oder Riesenpressen, durch Männer auf hohen Traktoren auf sehr großen Feldflächen, durch Bauarbeiter in Neubausilos, durch schwenkende Kräne und qualmende Lokomotiven. Das faschistische Deutschland jener Zeit wird in Gegenschnitten präsent durch Marschkolonnen, Marschkolonnen, Marschkolonnen. Und so weiter.

Als wir am nächsten Morgen vom Dachjuchhe heruntertapsen, ist es völlig still in der Wohnung. Clemens seit Stunden auf Achse, Trude im »Gonsum«. Es ist fürs Frühstück gedeckt. Eier unter gestrickten Häubchen, gelb, mit rotem Hahnenkamm obendrauf, wollschlaff; Korb mit dünngeschnittenen Graubrotscheiben; Kanne mit Milch; Porzellannapf voll Marmelade, Butter unter einem Plastikdeckel, Kaffee in einer Thermosflasche. Auf dem Sofa sind die Kissen wieder korrekt aufgereiht, alle mit zartem Handkantenschlag in der Mitte eingestaucht, und sie halten ihre Zipfelohren steif.

Zum Plumpsklo auf dem Hof nehme ich das »Bauernecho« mit. Tote Fliegen auf dem Boden; eine Fliege, klein wie die andren, liegt auf dem Rücken, zuckt. Ich hebe den Deckel ab, setze mich, ohne ins schwarze Loch zu schauen. An der Wand ist ein Blümchenmuster in schmalen Streifen aufgeklebt. Graues und raues Klopapier auf einen Nagel gespießt. Ich lasse die Tür halboffen Richtung Misthaufen. Kleiner Austausch über das Wetter mit einer Frau, die eine Schubkarre absetzt, dann weiterschiebt. Eine Rede des Genossen Staatsratsvorsitzenden im Wortlaut. Ein Bewohner der BRD wurde wegen Grenzverletzung festgenommen, sein Kraftfahrzeug eingezogen. Na, und überhaupt: Die BRD so etwas wie eine von neonazistischen Horden durchstreifte Profitdomäne.

Zage Sonne im Hühnerhof, ich setze mich auf einen Hackklotz, blättre, lese an. Wie man in Viehtränken Wasser spart. Sauen ferkeln meist zwischen 18.00 und 24.00 ab, in dieser Zeit wird Ferkelwache durchgeführt – guter Start ins Schweineleben.

Mal bei der ›Adoptivtante‹ im Konsum reinschauen ... Die Verwandtschaft wurde fingiert, sonst wären Paketaustausch und Besuch nicht möglich. Wieder der Mischgeruch von Braunkohlerauch und Viehwirtschaft. Wir gehen zum Dreiecksplatz, der Beschreibung folgend. Das kleine Geschäft ohne Schild, ohne Auslagen. Kleiner Vorbau als Windfang, Flaschenkästen sind bis an die niedrige Decke gestapelt, die meisten aus Holz, einige aus Plastik. Eine Plastiktonne mit Sauerkraut, laut Aufschrift. Auf dem Boden, zur Ladentür hin: Pappdeckel gereiht. Die ›Tante‹ hinter der Ladentheke, wir werden einer Kollegin vorgestellt als Besucher »aus dem wilden Westen«. Wir schauen uns um. Alte, geblümte Tapete, elektrische Leitungen drübergelegt. Am Fenster eine Papptafel mit graphischen Zeichen für verschiedene Sirenensignale. Kästen mit Milchflaschen. Yoghurtbecher gereiht auf dem ziemlich leeren Regal hinter der Theke, Gläser mit Sauerkirschen, mit Pflaumen, mit Apfelmus. Ein Packen Salz auf der stumpfen Glastheke, verwaschen bedrucktes Papier; die Packung fühlt sich an, als wäre das Salz zementhart verklumpt.

Ich zeige Gisela, was ich am Vorabend erkundet habe. Wieder die Linden, die Lattenzäune, nun mit Durchblick auf Hühnerhöfe und in halb verwilderte Gemüsegärten, vor allem mit Kohlköpfen. Der Bach und die Gänse im Matsch, nun watscheln sie herum. Die Holzbrücke, das Wasser unter ihr fast schwarzbraun. Viel Holzgerümpel angeschwemmt am Brückenpfeiler. Nur wenige Häuser auf der anderen Seite des Bachs. Der vormalige Herrensitz, nun Altersheim. Ein Wellplastikdach über der Freitreppe. Mülltonnen. Ein roter Wimpel. Wir gehen am Zaun entlang; die Gartenrückseite des Ziegelbaus enttäuscht noch mehr: keine Terrasse mit Steingeländer, mit einer Treppe hinab zum Garten, nur eine rostschutzfarbene Eisentreppe, die im Winkel von 45 Grad hinaufführt zum ersten Stock, ein Fenster oben erweitert zur Tür. Von Heimbewohnern sehen wir nur eine alte Frau, sie schneidet Stauden zurecht. Ein Kastanienbaum wirft Kastanienschoten. Ein neuer Zaun mit frisch eingesenkten Bahnschwellen. Auf der anderen Seite verrottendes landwirtschaftliches Gerät. Ein Heuwender, noch mit Metallgabeln. Ein Strohbinder. Zwei Betonmauern, innen geteert, zwischen ihnen häuft sich Gras, halb siliert.

Wir kehren zurück. Das Dorf nun als Gruppierung von Häusern, zu denen seit den dreißiger Jahren nur ein paar hinzugekommen sind, zum Teil noch nicht verputzt, deutlich erkennbar aus verschiedenen Baumaterialien. Die Kirche; der Turm eingerüstet, aber niemand scheint droben zu arbeiten. Kalter Wind, von keiner Hecke gebremst, gebrochen. Lautsprecher an Strommasten werden eingeschaltet. Scheppernde Musik, dann Durchsagen – zu einer Zeit, in der alle arbeitsfähigen Männer tätig sind in der LPG Pflanzenproduktion, in der LPG Mastzucht. Nur Verwaltung, Frauen und Kinder im Dorf, in jeden Winkel aber wird hineingebrüllt, dass die Herrenmannschaft am Sonnabend punkt vier Uhr abfährt. Musik. In der Eierabnahmestelle müssen die Junghennen bezahlt werden. Wieder Musik, und mitten in einer der abgespielten Nummern wird die Nadel abgehoben, rupps, Ende der Beschallung.

Mittags fahren wir nach Weimar. Clemens begleitet, führt uns – er konnte sich einen halben Tag freinehmen, hatte eine erhebliche Zahl von Überstunden schrubben müssen, die wurden ihm gutgeschrieben.

In Wiehe an der Unstrut: Beginn wachsender Irritationen. Zwei Lastwagen in der Dorfstraße, dunkelgrün, kyrillische Buchstaben aufgespritzt. Hinter dem zweiten Lastwagen liegt etwas auf dem Kopfsteinpflaster, sieht aus wie eine Achse, ein Soldat steht spreizbeinig über dem Metallstück, versucht, etwas zu lockern oder loszuhebeln mit großem Schraubenzieher oder kleinem Stemmeisen – das lässt sich im Vorbeifahren nicht näher bestimmen. Ein paar Schritt weiter drei, vier junge Männer, Dorfbewohner, sie schauen dem Sowjetsoldaten bei seinen Bemühungen zu. Nun sehe ich auch, im Rückspiegel, zwischen Lastwagen und Hausfront einige russische Soldaten, die ebenfalls dem sich abmühenden Soldaten zuschauen, rauchend.

Das Bild wird gelöscht mit einem Richtungswechsel, die Straße führt hangaufwärts. Ein Bordstein hell aufgeschrammt. Vor einem alten Haus eine Steintreppe, vier oder fünf Stufen, die Treppe leicht verschoben, verkantet. Eine Mauer mit frisch reingebrochenem Loch. Hier und dort stehen Dorfbewohner herum, zu zweit, zu dritt. Auf der Straße Schlammbelag, der wird immer dichter. Was ist denn hier los?! Clemens schweigt. Ein frisch zersplitterter Apfelbaum am Straßenrand, Stumpf mit hellem Bruchholz. Und von der Grasböschung herab eine Doppelspur von Panzerketten, die setzt sich auf der anderen Straßenseite fort, dort wurde ein großes Stück Holz von einem Stamm gefetzt. Die Schlammbrühe wird zähflüssiger. Auf einer Feldfläche im Hang drei Panzer, zwei Lastwagen, Soldaten stehen herum. Und wieder: zersplitterte Stämme von Apfelbäumen, die uns hangaufwärts begleiten, wenn auch lückenhaft. In einer Serpentinenkurve auf dem gepflügten, matschigen Feld ein Schützenpanzer; vorn kauern drei Mann auf dem verschlammten Metall, schauen in eine offene Klappe. Einer mit ein paar Abzeichen an der Uniform. Einer in einer schwarzen, overall-ähnlichen Uniform. Der dritte in hellbrauner Uniform; kurzes, struppiges Haar. Ich fahre noch langsamer: Schlammsuppe mit Schlammklößen. Ein Trabant, Trabi kommt uns entgegen, die Seiten bis zum Dach schlammbespritzt. Der Kleinwagen scheint in der Kurve abzubremsen, gerät ins Schlingern. Clemens, neben mir: »Mann, Genosse, halt bloß Spur!«

Ein weiterer Schützenpanzer auf einem Feld im Hang, zwei, drei Meter Raupe vor ihm, ein Soldat steht im Dreck und hämmert. Wieder kommt uns ein Trabi entgegen, wie in ein Schlammbad getaucht. Das gibt's doch gar nicht, Mensch, so was gibt's doch gar nicht! Eine breite Bresche in der Apfelbaumallee, demnach muss eine Panzerkolonne die Straße überquert haben. Ein Schützenpanzer im Straßengraben, dreißig Grad Schräge, rundum Erde aufgewühlt. In einem Wäldchen zur Linken ein Lastwagen, vor dem zwei Soldaten stehen, reglos, Hände in den weiten Hosen – wie ausgeleierte, ausgebeulte Reithosen. Keine Uniformjacken, eher Blousons, von Gürteln zusammengefasst.

Der Schlamm, der Dreck nun bestimmt zehn Zentimeter hoch auf der Straße. Da komm ich nie durch! Bergauf schon gar nicht! Im Schritttempo kommt uns ein Wartburg entgegen, die Scheinwerfer blind, der Kühler schlammbedeckt. Ich kurbel das Seitenfenster herunter, winke. Der Wagen bleibt auf gleicher Höhe stehen, das verschmierte Fenster wird abgesenkt, ein junger Mann. Siehts da oben auch so aus? Ja, geht bestimmt noch zwei Kilometer so. »Die Krepels haben alles niedergemacht.« Entschiedene Warnung: »In der Steigung bleiben Sie garantiert hängen. Die Krepels helfen Ihnen da nicht raus.« Er fährt weiter.

Ich wende auf dem Glitsch, fahre wieder zum Dorf. Clemens schimpft: »Menschenskinder, wie im Feindesland!« Wieder der Panzer mit der halb abgerollten Raupe, der Soldat hämmert immer noch, knöcheltief im Dreck. Und wo ist die restliche Besatzung? Pennt im Panzer? Die Beratung auf dem Schützenpanzer scheint noch keinen Entschluss ausgelöst zu haben: zweie kauern, einer steht, Hände in den Hosentaschen, und sie alle blicken in das offene Klappengeviert.

Auf der Dorfstraße fortgesetzte Reparaturarbeit. Ein Streifenwagen, doch kein Vopo ist zu sehen. Aufatmen, als wir aus Wiehe heraus sind. An einer größeren Pfütze bleibe ich stehen, steige aus: bis zum Dach ist der Käfer mit Schlamm

945

besprizt, die Türen mit gleichmäßigem Schlammschmier eingebräunt. Sieht ja fast schon wieder interessant aus! Ich tunke die Schwammseite des Wischers in die Pfütze, reinige die Frontscheibe, immer wieder nachtunkend. Säubere dann auch die Seitenfenster, die Scheinwerferscheiben, die Rücklichter, die Nummernschilder. Ein Mann kommt herangeradelt, kleiner Anhänger, bleibt stehen: »An der Rübenfabrik vorbeigefahren?« Nein, da oben ist eine militärische Übung oder so was Ähnliches. »Ah, Kraftverkehr Moskau ist mal wieder ausgerückt! Kann mir schon denken, was da los ist.« Und radelt weiter.

Dem offenbar bedrückt schweigenden Clemens versuche ich nun doch ein paar Äußerungen zu entlocken: Wer wird den Dreck von der Straße schaffen? »Na, der Iwan bestimmt nicht!« Wie, muss das die kommunale Straßenreinigung machen? »Gibt's doch hier nicht!« Der Dreck bleibt liegen. Wenn das alles abgetrocknet ist, verschwindet es von selbst, durch Pulverisierung. Ja, und die Schäden im Dorf? »Kommen ein paar von den Krepels, mischen mit der Hand ein bisschen Mörtel an, tragen den mit bloßen Händen auf, schmieren da was rum.« Ehrlich? »Na, wenn ichs dir sage …«

Die Fahrt fortgesetzt. Auf einer Schräge zieht ein Traktor zwei Hänger mit Rübenblättern, die Hinterräder drehen durch. Die reinste Schlammschlacht hier! »Ja, Rübenkampagne und Russenkampagne.« Die Straße wird breiter, der Schlamm dünnt aus. Im Graben ein Tankwagen, große kyrillische Buchstaben, das Führerhaus eingedrückt, mit weißem Schaum bedeckt. »Die hauen ja alles zu Klump, bevor es überhaupt losgeht. Alles Schrott!«

Clemens berät beim Navigieren, Gisela verfolgt den Kurs auf der Straßenkarte. Und wieder massiges Dunkelgrün, aufgereiht: eine Lastwagenkolonne in eine Rechtskurve hinein, kein Ende zu sehen. Und Bäume links. Ein Wartburg, vor uns, blinkt, fährt an der Kolonne entlang. »Fahr doch hinterher!« Und wenn uns einer entgegenkommt? Die stehn so dicht, da komm ich nirgendwo rein. »Wird schon gehn.« Ich fahre hinter dem Wartburg her. Lastwagen, Lastwagen, Lastwagen.

Und kurz darauf: In einer Kurve, auf eine Brücke zu und in ein Dorf hinein, stehen Panzer, mitten auf der Straße. Der Wagen vor uns kommt gerade noch durch zwischen Alleebäumen und Panzerketten, ich hänge mich dran. Soldaten stehen in Gruppen und Grüppchen herum. Zwei bepissen einen Panzer. Einige Soldaten kommen durch hohes Gras herangelaufen, zur Kolonne, Äpfel in den Händen. Einer springt, nur am Rand des Blickfelds wahrzunehmen, schräg vor uns in den Graben, ist sofort wieder heraus, hat mit beiden Händen seinen Mantel vorn zum Beutel gerafft, und der ist voller Äpfel, huscht unmittelbar vor dem Wagen vorbei. Mann, kann der nicht aufpassen? Ein Rotarmist auf der Kühlerhaube, das hätte mir grade noch gefehlt!

Vorsichtig, vorsichtig an den Panzerärschen vorbeifahren, in der Kurve in die Straße geschwenkt. Soldaten in schwarzen, overall-ähnlichen Uniformen, Hände in den Taschen. Andere in weiten, hellblauen Hosen, mit Blousons. Ein Feuer, mit großen Ästen.

Stell dir vor, ich hätte den Russen angefahren! Clemens, lakonisch: »Warst mit einem Fuß im Knast. Da wärst du so schnell nicht rausgekommen.«

Das Bild hat sich eingeprägt, gleichsam eingebrannt: der Sowjetsoldat unmittelbar vor dem Wagen. Nur ein Stolperschritt, und ich hätte ihn angefahren, trotz mäßiger Geschwindigkeit. Erst Jahre nach der Wende wird mir »in vollem Umfang« bewusst, was mir gedroht hätte, mit einem hohen Grad an Wahrscheinlichkeit. Ich habe mich mittlerweile (allerdings nicht im Vorausblick auf das folgende Szenario) näherungsweise eingelesen in Herrschaftssprache des DDR-Regimes, entwerfe nun die Situation, in die ich mit einigem Glück doch nicht hineingeraten war: Verhör durch einen Untersuchungsrichter. Da hätte ich mir etwa Folgendes anhören müssen:

»Haben Sie sich in Ihrem neuen Heim so einigermaßen eingelebt? – – – Die Verwahrraum-Ordnung scheinen Sie jedenfalls hinreichend studiert zu haben, wenigstens das. – – – Sie sind uns bisher so wenig entgegengekommen, und da verlan-

gen Sie jetzt Auskünfte? In welcher Untersuchungshaftanstalt
Sie sich befinden, das kann Ihnen doch völlig gleichgültig sein.
Sie können auf jeden Fall davon ausgehen, dass wir über eine
ausreichende Zahl von Untersuchungshaftanstalten und Untersuchungsgefängnissen verfügen, und dass in allen Strafvollzugseinrichtungen des Ministeriums des Innern die gleichen
Verfahrensregeln gelten. Dazu gehört auch, dass Sie im Vernehmungsraum eine gewisse Haltung annehmen. Lehnen Sie
sich gefälligst nicht an! Und die Füße ordentlich nebeneinander. Nun machen Sie schon, sonst müssen wir den Genossen
auf dem Flur hereinbemühen. – – – Ja, so sieht das schon entschieden besser aus. – – –

Also, der Reihe nach. Mir liegt eine förmliche Liste vor;
die Genossin wird allerlei zu tippen haben für das Protokoll. – – – Nein, Sie brauchen hier keinen Rechtsanwalt, und
Sie bekommen hier auch keinen Rechtsanwalt. Ich fungiere
als Untersuchungsorgan und habe lediglich herauszufinden,
ob die gegen Sie erhobenen Beschuldigungen zutreffend sind
oder nicht. Sobald es zum Prozess kommt, erhalten Sie einen
Pflichtverteidiger. Bis dahin haben wir noch ein bisschen Zeit.
Stellen Sie sich innerlich schon mal darauf ein. Wir haben uns
eingehend mit Ihnen zu befassen. Sie haben ja nun ein großes
Ding angekocht. – – –

Die Aussage verweigern? Sie haben allen Anlass, sich kooperativ zu verhalten. Ich kann mir die persönliche Anmerkung
nicht verkneifen, dass ich als Vernehmer im Verlauf meiner
bisherigen Diensttätigkeit schon so manchen Delinquenten auf
diesem Hocker gesehen habe, aber in der Reihung von kriminellen Delikten stellen Sie gewissermaßen einen Rekord auf.

Gehen wir der Reihe nach vor. Sie sind gemeldet bei der
Volkspolizei des Kreises Artern. Ihre Aufenthaltsgenehmi-
gung beschränkt sich demnach allein auf den Kreis Artern.
Sie haben jedoch, und dies offenbar nicht zum ersten Mal, den
Kreis Artern eigenmächtig verlassen. – – – Gehört Weimar
etwa zum Kreis Artern? – – – Na also. Ein Abstecher nach
Weimar war in keinster Weise angemeldet. Sie haben damit
gegen den Paragraphen 213 StGB der DDR verstoßen: Un-

948

gesetzlicher Grenzübertritt. – – – Ich verlese den relevanten Passus. »Wer Bestimmungen des zeitweiligen Aufenthalts in der Deutschen Demokratischen Republik verletzt, wird mit Freiheitsstrafe bis zu zwei Jahren bestraft.« Sind Sie von Ihren sogenannten Gastgebern nicht pflichtgemäß darauf hingewiesen worden, dass Ihre Aufenthaltsgenehmigung strikt an den Kreis Artern gebunden ist? – – – Und warum sind Sie trotzdem losgefahren? – – – Der Name Goethe fällt hier nicht weiter ins Gewicht, Sie haben sich an unsere Rechtsordnung zu halten, auch als Bürger der BRD, jedenfalls solange Sie sich auf dem Boden der Deutschen Demokratischen Republik befinden. Oder haben Sie etwa das Gefühl, ihr könnt hier tun und lassen, was ihr wollt? Da schneiden Sie sich aber gewaltig in den Finger.

Ich komme zum nächsten Punkt. Die Genehmigung zum zeitweiligen Aufenthalt von Besuchern aus der BRD kann nur von Verwandten beantragt werden. Das haben die Genossen der Volkspolizei in den vergangenen Jahren gutgläubig zur Kenntnis genommen und akzeptiert. Solche Formen des Betrugs sind uns bis dato nicht bekannt geworden. Von jetzt an wird diesbezüglich erhöhte Wachsamkeit bestehen, darauf können Sie und Ihresgleichen sich verlassen.

Fakt ist: laut ersten Erhebungen sind Sie mit der Familie Herscheid nicht verwandt und nicht verschwägert. Sie haben sich demnach die Einreisebewilligung unter Vortäuschung falscher Tatsachen erschwindelt beziehungsweise erschlichen. Da würde ich doch gern mal hören, warum Sie gewisse Verwandtschaftsgrade vorgetäuscht haben. – – – Was heißt denn hier, Pakete schicken, Pakete schicken – die sollten Ihnen doch nur den Weg bahnen! Damit kommen wir zum eigentlichen Anliegen Ihrer wiederholten Einreise in die DDR: Sie sind mit der Absicht gekommen, hier zersetzend tätig zu werden, im Kreise Ihrer sogenannten Verwandtschaft. Jawohl, zersetzend! – – – Mit so flauen Erklärungen kommen Sie hier nicht durch! Sie haben sich in einem sogenannt vertraulichen Gespräch dessen gerühmt, eine größere Arbeit über Trotzki veröffentlicht zu haben, in Ihrem Reichsfunk. Ausgerechnet über Trotzki. Man könnte es auch so wenden: Natürlich über Trotzki. – – – Die historische Rolle des Leo Rabinowitsch Trotzki ist hier kein Thema. Schon gar nicht seine sogenannte Opposition gegen Stalin. Das klammern wir jetzt mal schön aus, ja? Sie erschleichen sich die Einreise in unser Land unter Vortäuschung sogenannter Verwandtschaft. Sie nutzen Ihren Aufenthalt zu zersetzender Tätigkeit. Sie bilden sich doch wohl hoffentlich nicht ein, Sie könnten hier besondere Vergünstigungen beanspruchen aufgrund Ihrer Tätigkeit. Ist jemals etwas von Ihnen bei uns veröffentlicht worden? – – – Na also. Wieso nennen Sie sich da überhaupt noch Schriftsteller? Ich kann da nur sagen, dass Sie als schwerer Fall zu betrachten sind.

Ich komme zum nächsten Punkt. Verstoß gegen die Straßenverkehrsordnung der DDR. In Tateinheit mit dem Verstoß gegen den Paragraphen 213 haben Sie das Delikt mit einem PKW begangen, der nicht verkehrstüchtig war; Scheinwerfer, Rücklichter und Nummernschilder waren von einer dichten Schmutzschicht überzogen. Was aber sehr viel schwerer wiegt: Die Reifen der Vorderräder weisen nicht das vorgeschriebene Mindestprofil auf. Das haben objektive Messungen zweifelsfrei ergeben. – – – Was heißt das schon?! TÜV hin, TÜV her – wie so was bei euch abläuft, das wissen wir ja zur Genüge: Vitamin B, Vitamin B – ohne Vitamin B wäre es letztlich auch gar nicht zu eurer Scheinblüte gekommen. – – – Da können Sie reden, was Sie wollen, die Vorderreifen hatten bei der Einreise in unsere Republik nicht das vorgeschriebene Profil. Verstoß Nummer eins gegen die hier geltende Straßenverkehrsordnung.

Verstoß Nummer zwei: Sie haben bei Ihrer Annäherung an die zum Halten gebrachte Panzerkolonne der Sowjetarmee nicht gestoppt und auf Anweisungen gewartet. Eklatanter Verstoß gegen die Straßenverkehrsordnung. Dies in zweifacher Hinsicht. Sie bewegen sich mit einem nicht verkehrstüchtigen PKW, und Sie missachten in sträflicher Weise die Sonderregelung Militärkraftverkehr. Die besagt: Bei Annäherung an eine zum Stillstand gebrachte Militärkolonne sind entsprechende Weisungen abzuwarten. – – – Ob am Ende der Kolonne ein weisungsberechtigter, wie Sie sagen, ›Rotarmist‹ gestanden hat oder nicht, das spielt hier nicht die geringste Rolle, Sie hätten abwarten müssen, bis Ihnen entweder das Umkehren befohlen oder das Passieren der Panzerkolonne erlaubt wird. Einfach aber an der Panzerkolonne der Sowjetarmee vorbeizurauschen, das lässt sich nur als Akt reinster Provokation bezeichnen! Bei uns herrschen geordnete Verhältnisse, da kann nicht jeder machen, was er will. Kommen hier in die DDR und wollen den dicken Willem markieren? – – – Dass Ihr Wagen nicht mal zur Mittelklasse zählt, spielt hier überhaupt keine Rolle. Was allein zählt, ist Ihr aggressives Verhalten. Ist die schier unfassliche Provokation der Sowjetarmee gegenüber. Wollten Sie die Wehrkraft der SU schwächen? – – – Nun halten Sie mal an sich, ja?! Aufsässiges Verhalten haben wir gar nicht gern. Nehmen Sie gefälligst wieder Ihren Platz ein.

Also, um den Faden wieder einzufädeln: Sind Sie vom begleitenden Mitglied der sogenannten Gastgeberfamilie nicht darüber informiert oder dahingehend instruiert worden, dass Sie in solch einem Falle anzuhalten und auf Anweisungen zu warten haben? – – – Und warum haben Sie dem nicht Folge geleistet? – – – Ob das so aussah oder nicht, das zu beurteilen liegt nicht allein bei Ihnen, Sie haben gegebene Vorschriften zu beachten, auch und erst recht in Ihrem Gastgeberland. Stattdessen haben Sie die Stirn, ungeachtet aller Vorhaltungen und Warnungen die Fahrt entlang der Panzerkolonne fortzusetzen, und das auf derart schmaler Landstraße. Was hätten Sie denn gemacht, wenn Ihnen ein lizensiertes Fahrzeug entgegenkommen wäre? – – – Soll das ein Witz sein?! Zwischen T-54-Panzern rückwärts einparken? Wollen Sie uns auf den Arm nehmen? – – – Nein, Sie geben nun keine Stellungnahme ab, Sie sind hier, um meine Fragen zu beantworten im Rahmen der Vernehmung.

Womit wir zum Hauptdelikt kämen: Sie begehen einen Angriff auf Leben oder Gesundheit eines Soldaten der Sowjetarmee. Dies, laut militärärztlicher Untersuchung, mit der Folge von Prellungen und einer Fraktur des Oberarms. Wollten Sie Ihrem sogenannten Vetter damit imponieren, dass deutsch-sowjetische Freundschaft ein absolutes Fremdwort für Sie ist, dass Sie es kaltblütig darauf ankommen lassen, einen Sowjetarmisten anzufahren? – – – Was heißt hier: ins Stolpern geraten! Es spielt in diesem Zusammenhang überhaupt keine Rolle, wie der Rekrut sich bewegt hat. – – – Nun kommen Sie nicht wieder an mit diesen Äpfeln im Mantel – das erklärt oder rechtfertigt in keinster Weise Ihr absolut rücksichtsloses fahrerisches Verhalten. – – – Sie haben hier nicht ungefragt Erklärungen abzugeben, Sie beantworten lediglich die Fragen, die Ihnen gestellt werden. Darüber hinaus nehmen Sie jetzt mal gefälligst zur Kenntnis, und ich bin sicher, der Haftrichter wird zu dem gleichen Schluss kommen: In Anbetracht der diversen Delikte muss der Schuldvorwurf auf Rowdytum erweitert werden, laut Paragraph 215 StGB der DDR. Damit Sie hier klarsehen, verlese ich den in Ihrem Fall relevanten Passus. »Ist die Tat ohne Beteiligung an einer Zusammenrottung begangen, kann der Täter mit Freiheitsstrafe bis zu zwei Jahren bestraft werden.«

Erneute Fahrt in die DDR, diesmal mit dem Zug nach Halle, der »grauen Diva«. Ich bin eingeladen von einem Architekten, der ebenfalls Verwandtschaft fingierte, sonst wäre dem Antrag auf Besuch aus dem Westen nicht stattgegeben worden. Ich berichte Rainer über den vorigen Besuch der DDR, an der Thüringer Pforte, im Kreis Artern, skizziere die Fahrt nach Weimar, die Konfrontationen mit vielfach schrottreifer Ausrüstung der Sowjetarmee.

Rainer zeigt auf das Telefon, deckt es ab mit einem Kissen, legt eine zusammengefaltete Decke drauf, dämpft die Stimme. Also während der Dienstzeit in der NVA, Luftwaffe, war er zeitweilig dafür zuständig, Schäden an Kampfjets zu registrieren, sie aufzulisten: die setzten ohne Kampfeinsatz oft mehr oder weniger beschädigt zur Landung an. Und der jüngere Bruder war als Soldat fast ausschließlich eingesetzt beim Straßenbau. Und was die vielbeschworene Waffenbrüderschaft mit der Sowjetarmee betrifft: Der Bruder auf einer Tanzveranstaltung, einige Russen dabei, hatten Ausgang, und er war in eine schwere Schlägerei geraten. Es ging, natürlich, um Mädchen (»Keulen«), einer der jungen Spunde der ruhmreichen Sowjetarmee, fast schon in der Enkelgeneration der Veteranen, beschimpfte den gleichjungen Bruder als »Nazischwein«, schon ging die Klopperei los. Der Vorfall kam natürlich nie an die Öffentlichkeit.

Ich erwähnte, dass ich einen jungen Sowjetsoldaten beinah angefahren hätte. Auch Rainer (»Name von der Redaktion geändert«) lakonisch: Da hätte ich fast mit beiden Beinen im Gefängnis gestanden. Nicht nur, weil ich beinah einen Soldaten der ruhmreichen Sowjetarmee auf der Stoßstange gehabt hätte, sondern auch wegen Grenzverletzung – bei der Fahrt nach Weimar hätte ich schließlich den Kreis Artern verlassen. Bei einer Kontrolle, und die sind ja nicht gerade selten, wäre dies als Grenzverletzung gedeutet und geahndet worden. Ich wäre nicht der erste und einzige Bundesbürger, der deshalb vor Gericht gekommen und zu einer Haftstrafe verurteilt worden wäre. Mein Wagen wäre wahrscheinlich eingezogen, meine Frau wäre in die Bahn gesetzt und abgeschoben worden. Schwein gehabt! Einen drauf trinken: Nordhäuser Korn, lokale Spezialität. Ich verschweige, dass es dieses Produkt längst in westdeutschen Supermärkten gibt.

Erwartet, erhofft wird nun vom Gastgeber, dass ich etwas Flair einbringe vom Leben im Westen. Also erzähle ich, dass ich in Freiburg einen Maler kennengelernt habe, nach einer Lesung, Typ Kraftlackl. Der kann gar nicht anders als täglich zu malen. Ein Kollege von ihm hatte mal erklärt: »Ich male nur montags, damit der Markt nicht zu voll wird.« Dem hätte der Kraftlackl am liebsten eine in die Fresse gehauen. Kreativ, wenn er das Wort nur schon hört: kreativ – es geht nicht darum, kreativ zu sein, es handelt sich um Zwang. »Das muss ganz einfach sein, sonst geh ich kaputt. Und mach alles kaputt. Ich hab schon genug angerichtet.« Starke Sprüche, die sich eingeprägt haben: »Wenn ich nicht im Atelier bin, richte ich nur Unfug an. Malen, fressen, ficken. Zwischendurch saufen. Das ist das ganze Programm.« Eine Änderung des Programms erscheint völlig ausgeschlossen. »Höchstens, wenn es Gott

953

gäbe, da würde ich ihn ja anbeten – wenn er mir nur etwas Vernunft gäbe.«

Rainer wollte noch mehr von diesem Maler hören: Kraftnahrung aus dem knallbunten Westen. Also holte ich einen weiteren Kraftspruch aus der Versenkung: »Ich mag das nicht, wenn vor dem Ficken viel geredet wird. Magst du das vielleicht?« Ich konnte dem Maler nur eine ausweichende Antwort geben, bekam gleich einen weiteren Spruch zu hören: »Andere bumsen nur ihre Alte und denken dabei an andere. Bei mir ist es umgekehrt: ich bumse andere und denke dabei nur an die eine.«

Belohnungsgelächter, ich musste den Ausspruch wiederholen. Musste Zugaben liefern aus dem Sprachschatz des Malers zwischen Schamlippenbekenntnis und Verhängnisverhütung. Wie zum Lohn goss, schwappte Rainer mein Stamperl voll. »Die riskieren ja eine gewaltige Lippe bei euch. Da solltest du hier mal in dem Stil – nicht auszudenken!«

Um Rainer wieder zu erden, betonte ich noch einmal, abrundend und abschließend, dass dieser Mann von Anfang vierzig eigentlich diverse Chancen hätte, etwas anderes zu machen, etwa zu unterrichten oder in die Werbung einzusteigen, aber er sei psychisch in keiner Weise dazu disponiert, Gehaltsempfänger zu werden. »Das wäre so, als würde man mit angelegtem Sicherheitsgurt im Autokino sitzen …«

Nachrichten aus einer fremden Welt …! Eine feste Stellung abzulehnen, damit würde man sich bereits verdächtig machen, da wäre rasch der Vorwurf ›Schmarotzertum‹ zur Hand! In seiner Erregung sprach Rainer, schnapsbeschwingt, lauter als zuvor – obwohl er vorher stumm und fingerwinkend auf das Telefon gezeigt hatte: Feind hört mit …

»Mal abgesehn von diesem Kraftlackierer – kann man bei euch so ohne weiteres überwechseln, in eine andere Tätigkeit? Auch bei Architekten? Bei anderen Kreativen?«

Ich berichtete: Besuch mit Marianne Frisch in Ossi Wieners Kneipe »Exil«. Der Autor persönlich servierte, akzentuiert von leuchtend roten Hosenträgern, an unserem, eher: an Mariannes Tisch.

954

Um die Perspektive zu erweitern: Es gibt so etwas wie einen Kollektivtraum von Lehrern: Den Schuldienst aufgeben und eine kleine Gastwirtschaft, eine Szenekneipe eröffnen. Etwa in Stil und Größe einer Osteria, mit einem halben Dutzend Tischen, mehr nicht, und einer für Familie und Freunde, einer für den Paten im Kiez – die auch in Berlin üblichen Schutzgelder in der Gastronomie, nicht nur der italienischen. Ja, und gute französische Weißweine, gute italienische Rotweine, eine spanische Schinkenspezialität, Oliven. Ich kenne aber keinen Lehrer, sagte ich tröstend, der diesen Traum verwirklicht hätte, so leicht sei das mit dem Aussteigen, Umsteigen, dem Umsatteln auch wieder nicht: berechtigte Bedenken, Befürchtungen mit Blick auf die Verwaltung – wer eine Kneipe eröffnen will, hat es bestimmt mit sieben verschiedenen Behörden zu tun. Allein schon die Regelung der Toilettenfrage! Die Angst, auf die Nase zu fallen, eine Bauchlandung zu machen. Oder, nach kurzem Abheben: eine Bruchlandung.

»Ja, und du selbst?« Kurzes Stocken, kleine Irritation: Ja, und ich selbst?! Rechtzeitig aktivierte sich eine Erinnerung, eine Episode aus dem Jahre 1980. Ich betonte gleich, solch eine Jahresangabe sei »wie immer ohne Gewähr«; ich bin auf ein Gedächtnis angewiesen, das sich für Zahlen kaum interessiert.

Das Literaturmagazin des Dritten Fernsehprogramms des Südwestfunks wurde, nach einer Pause, in neuer Form weitergeführt; ich war der erste Autor, der hier auf Sendung ging, gemeinsam mit Siegfried Unseld und Günther Rühle, es ging um den *Sultan von Oman*. Ich habe mich in diesem Gespräch offenbar gut »geschlagen«, jedenfalls wurde mir einige Zeit später von einem Redakteur des Senders telefonisch angeboten, in einer neuen Sendereihe mit dem Titel »Wortwechsel« die Moderation zu übernehmen. Nicht bloß Befragung, Interview, sondern: Gespräch, kritische Auseinandersetzung. Ich wurde nach Baden-Baden eingeladen.

Ich überlegte animiert, welch vielfältige Möglichkeiten sich in solch einer Sendereihe bieten, ergeben könnten! Ein Gespräch führen mit einem Komponisten … mit einem Kern-

physiker ... mit einem Jazzmusiker ... mit einem Bundestagsabgeordneten ... mit einem Dirigenten ... Mich motivierte die
Lust, mit Menschen zusammenzukommen, die ganz anderes
machen – ich hätte mich auf ein Gespräch jeweils präzis vorbereiten müssen, fünfundfünfzig Sendeminuten sind lang.
Aber, so fragte ich mich wiederum: Wäre hier mehr möglich
als das Adaptieren journalistischer Arbeiten? So viel absorbie-
ren wie gerade notwendig, damit das Gespräch ›läuft‹?

In der Nacht vor der Fahrt lag ich lange wach. Vorstellungen, die ich von mir habe, ändern sich unter äußeren Bedingungen – und jetzt? Aus der Vergangenheit übernommenes
Kühn-Bild: Der kann sich, wie sich zeigt, mit verschiedenen
Themen beschäftigen ... Aber bald schon eine körperlich
spürbare Dissoziation: Ekel davor, mich als clever zu erweisen. Als mir bewusst wurde, dass eine Entscheidung gefallen
war, schlief ich erleichtert ein.

Am nächsten Morgen rief ich beim SWF an: Es geht nicht,
kann das nicht machen, ein Identitätsproblem. Ich fand Verständnis.

Zuweilen schaute ich mir im Dritten Programm des SWF
eine der Sendungen an – etwa, als ein Gespräch mit Hans Jonas
geführt wurde. Und ich dachte mir: Auf diesem Studiosessel
könntest du sitzen oder hättest du sitzen können, zumindest
für einige Sendungen.

Ja, mögliche Veränderung im Beruf. Aber auch die Möglichkeit, auf Veränderung zu verzichten, und zwar ohne Einwirkung des Staates.

Ein, zwei Stunden später lagen wir in der Schlafkammer
dicht nebeneinander auf dem Bett. Und ich kriegte im Flüster-
ton zu hören, er halte es nicht mehr aus in Halle, im Land. »Ich
ersticke in diesem Stumpfsinn. Ich krieg keine Luft mehr. Ich
muss hier raus, raus, raus!« Es gebe nur einen Ausweg, Ausschlupf: Rumänien. Er würde, er wird, er will sich rechtzeitig
anmelden für eine Urlaubsreise nach Rumänien, das könnte
klappen, die meisten Genossen fahren lieber in die Tschechoslowakei, also, er würde Ferien machen in Rumänien, und
es wäre unheimlich gut, wenn ich ebenfalls Urlaub machen

würde in Rumänien, zur selben Zeit, nicht unbedingt im selben Hotel, »ihr Westler kriegt sowieso die besseren Hotels«, und nach ein paar Tagen solle ich ihm meinen Pass übergeben, dann zur Polizei gehen, den Verlust des Passes melden, als verloren oder gestohlen, mit irgendeinem Ersatzausweis durch die Westbotschaft käme ich bestimmt recht leicht wieder raus, und er würde sein Glück mit dem Pass versuchen, so ganz unterschiedlich sehen wir ja nicht aus, eventuell könnte man am Pass noch etwas nachbessern, dafür findet man immer Leute, und er reist nach Westdeutschland, die Finanzierung wäre sicherlich kein Problem.

Ein Schlag vor den Kopf! Horrorvorstellungen allein schon beim Herandenken an diese Möglichkeit! Leichter Schweiß auf der Stirn, Adrenalinstoß. Plötzlich trockener Mund. Er holte eine Flasche bulgarischen Weißwein, ich saß auf der Bettkante, trank das Glas langsam leer. Streckte mich wieder neben ihm aus.

Also, das wäre für Rainer doch reichlich riskant. Passfälschung muss mit krimineller Professionalität erfolgen, aber du kennst in Rumänien doch keinen, der das für dich erledigt, womöglich gerät man dabei an einen Typ von der Securitate. Technisch alles überaus heikel. Ich habe in einem älteren Familiendokument gesehen, einem Taufschein für den NS-Ahnenspiegel, wie schwer es ist, allein schon eine Silbe zu fälschen, ohne dass es auffällt – und das erst recht in einem Pass! Da wirst du auf die Schnelle keinen finden, der das hinkriegt. Und überhaupt: Rumänien, das ist doch Stalinismus pur! Ceauşescu, König der Karpaten …! Die allgegenwärtige Securitate …!

Und was mich betrifft – also, ich will so langsam raus aus Düren, will unbedingt raus aus Düren, aber ein rumänisches Gefängnis ist keine Alternative! Mein Freund Thomas ist bei einem Fluchtversuch verhaftet worden und in einem rumänischen Gefängnis gelandet. War von Dresden ins sozialistische Bruderland gereist, hatte sich über die Grenze stehlen wollen, auf Stricksocken, das Gesicht mit Schuhcreme eingeschmiert, dennoch wurde er gesichtet, gefasst, hat neun Monate im Gefängnis gesessen, in einer Gemeinschaftszelle, elende hygienische Verhältnisse, Hunger und Kälte, tagsüber Flechtarbeiten. Finsterste Erfahrungen, die ich mir ersparen möchte.

Schweigend verließen wir das Schlafzimmer. Programmwechsel: er führte mich in Viertel, in denen die »graue Diva« am allergrauesten war. Mich erwarteten: mit Brettern vernagelte Fenster, Regenrohre mit Löchern, schadhafte Dächer, nur noch partiell bewohnte Reihenhäuser und eine Stille wie im Ruinenexponat Pompeji.

MEINE ENTSCHEIDUNG, auf das Angebot des Südwestfunks zu verzichten: Es war eine *freie Entscheidung*, oder etwa nicht?

Über unseren freien Willen hatten wir als Gymnasiasten oft vehement diskutiert, wenn auch, zuweilen, in recht schlichter Argumentation. Einer der Freunde: »Du kannst mir eine nackte Frau auf den Bauch binden, wenn ich nicht will, dann will ich nicht. Wenn das kein freier Wille ist!« In freiem Willen diskutierten wir weiterhin über den freien Willen, vielfach in Kreisbewegungen, unfreiwillig. Doch meine Entscheidung kurz vor der Fahrt nach Baden-Baden: *frei*, nicht wahr?!

Im Jahrbuch 2011 der Mainzer Akademie der Wissenschaften und der Literatur (der ich als Karteileiche angehöre) wird hingewiesen auf einen Festvortrag, den Niels-Peter Birbaumer (vom Tübinger Institut für Medizinische Psychologie und Verhaltensneurobiologie) gehalten hatte. In der »Kurzfassung«, sicherlich von ihm selbst geschrieben, lese ich von der »Illusion« des freien Willens. Die sei allerdings notwendig, »um unsere Selbstachtung und Selbstkontrolle aufrechtzuerhalten. Die meisten Entscheidungen und Willenshandlungen erfolgen im Gehirn ohne Mitwirkung des Bewusstseins, das Bewusstsein einer Entscheidung entsteht in der Regel, nachdem im Gehirn die Entscheidung bereits gefallen ist. Die Hirnforschung hat geklärt, wo im Gehirn die Illusion der freien Entscheidung« entsteht. Durch elektrische Reizung dieses Hirnteils lässt sich das verifizieren. Ergo: Das Gefühl der Freiheit als »lebensnotwendige Illusion«.

Von mir auf mich angewendet: Eine Entscheidung fällt demnach in einer Region des Gehirns, auf die mein Bewusstsein nicht einwirken kann; das vollzieht lediglich nach.

Aber, so sage ich mir: Das alles geschieht in diesem meinem Gehirn, unter dieser meiner Schädeldecke. Das ist doch wohl keine Illusion, oder?

Wie auch immer: Ich muss noch viel über mich lernen, unter Führung von Hirnforschern und Verhaltensneurobiologen. Auf meine (chemo-elektrisch aktivierte) Erinnerung aber wirkt das nicht ein. Die dominiert nun mal in diesem Lebensbuch.

Wenn ich lange genug den Kugelschreiber in der Hand hatte, lange genug getippt habe, Schreibmaschine oder Tastatur des Laptop, so lege ich mich auf den Boden, rücklings, mache ein paar Minuten lang Übungen, die Rückgrat und Nackenwirbeln guttun: Verhinderung, zumindest Verzögerung einer charakteristischen Berufsdeformation.

Am Ende der Übung drehe ich den Kopf lockernd nach rechts, nach links, nach rechts, nach links, schon meldet das Körpergedächtnis: Kopfwackeln. Dein Kopfwackeln, damals. Vor dem Einschlafen, in Herrsching: ich warf den Kopf nach rechts, nach links, nach rechts, nach links, das konnte sich hinziehn, eine gefühlte oder geschätzte Stunde lang. Wurde schon mal durch eine Intervention gestoppt, setzte sich fort, sobald die Tür zum Kinderzimmer wieder geschlossen war. Kopfwackeln, so nannten wir das, mein Kopfwackeln, mein langes, langes Kopfwackeln. Wie ein mechanisiertes Kopfschütteln. Wiederholt wurde das verboten, das blieb wirkungslos. Und mechanische Vorrichtungen, das Kopfwackeln zu verhindern, waren nicht einmal meiner Mutter bekannt. So habe ich »kopfgewackelt« bis zur sanften Selbstbetäubung, halluzinierte dabei bunt vor mich hin. Fast so etwas wie Flucht im Kopf aus dem Kopf heraus. Und beruhigend, letztlich einschläfernd, der maschinenhaft gleichförmige Rhythmus der Bewegungen.

Wann diese Gewohnheit einsetzte, wann sie endete, ich weiß es nicht. Auf jeden Fall waren es mehrere Jahre, in denen mich nichts vom heftigen Kopfwackeln abbringen konnte. Irgendwann nach dem Krieg hörte es auf, wie von selbst. Und ich begann, dieses Symptom zu vergessen. Bis es mir, auf dem Boden des Hauses in Abenden liegend, wieder einfiel. Ich nahm mir vor, mich über dieses Phänomen zu informieren. Auch das vergaß ich wieder. Vergaß ich es?

Ein Zufall konfrontierte mich, später, mit Informationen über »Kopfwackeln«. Ich besuchte Sohn Thomas und seine Familie in Hemmingen, sah in einer Buchreihe einen Band mit leuchtend violettem Umschlag: »Psychogene Erkrankungen bei Kindern und Jugendlichen«. Ein Buch aus der Handbücherei von Schwiegertochter Ute, Kindergärtnerin. Ich blätterte erst, suchte dann Stichworte im Sachregister. Als erstes: Motorik. »Kopfwackeln« wurde hier nicht aufgeführt, ich las aber vom »Gefühl subjektiver Freiheit, das unsere aktiven motorischen Handlungen mehr oder weniger begleitet«.

Weiteres, unsystematisches Suchen nach dem Phänomen Kopfwackeln, und ich geriet in ein Kapitel mit der Überschrift »Spezielle neurotische Verhaltensweisen«. Hier als erstes Unterkapitel: »Daumenlutschen, Nägelknabbern, Haarausreißen«.

Daumenlutschen, das war bei mir als Kind offenbar exzessiv, zumindest in den Augen der Mutter, die durch aufgetragenes Chinin, durch Versteifen der Ellbogen dem Treiben Einhalt gebieten wollte. Daumenlutschen, so las ich nun aber, wird als weitgehend normal bezeichnet, es kommt selbst in der Tierwelt vor, unter Schimpansen beispielsweise. Beim »Menschenkind« aber wird hervorgehoben, »dass ein übertrieben langes und ausgedehntes Daumenlutschen häufig mit Mangelerlebnissen im Bereich der Zärtlichkeitsbedürfnisse zusammenhängt«. So liest sich das im Fachidiom: Bereich der Zärtlichkeitsbedürfnisse ... Exzessives Daumenlutschen als Symptom bei »eingeengten Kindern«. Läuft unter »Erregungsabfuhr«.

Im Kapitelabschnitt »Psychische und psychosomatische Krankheitserscheinungen« fand ich schließlich Ausführungen über das Kopfwackeln, unter einem Fachausdruck, der mir bis dahin fremd war: Jactationen. Hier ist also das lateinische Verb eingeschlossen für »werfen«. Jactationen werden als »außerordentlich häufig« bezeichnet, die »Bedeutung rhythmischen Erlebens« wird hervorgehoben. Hier assoziiere ich gleich, welche Bedeutung musikalische Rhythmik für mich hat und dass ich rhythmisch akzentuierte Musik, auch klassische, nicht stillsitzend anhören kann, zu Hause, dass ich mich dabei bewegen muss – da ist das Wohnzimmer in Abenden mit seinen 38 Quadratmetern groß genug und hier in Brühl ebenfalls, ich kann ausschreiten bei Klassik, kann das Bewegungspensum ausweiten bei Jazz.

Soweit ganz schön, aber dann las ich weiter von neurotischen Entwicklungsstörungen, von »frühen Schäden« der »motorischen Expansion« – es seien »Ausdrucksbedürfnisse« gestört worden. Auch durch die Pflaster kreuz und quer über die Lippen? Ich hebe das Wort Ausdrucksbedürfnisse mit Bleistift hervor, tippe es nun ab, sage mir, einhaltend: Da habe ich später aber mächtig nachgeholt! Hole hier auch wieder nach, offensichtlich!

Im speziellen Kapitel »Jactationen« las ich in der Einleitung, dieses Symptom zeige sich vor allem bei »Waisenhaus- und Hospitalkindern«, es trete auch unter Familienkindern auf, könnte sich bis in die Pubertät hinein fortsetzen. Bei Kindern, die den Kopf »werfen«, lasse sich eine frühe »Einengung der Motorik« nachweisen, eine »vorzeitige motorische Dressur«.

Und dann ein Satz, den ich komplett abschrieb: »Dass motorische Einengung und Verarmung an Zärtlichkeit am Zustandekommen des Symptoms beteiligt sind, steht sicher außer Frage.«

Diese Lektüre als Auslöser, wenn auch mit zeitlicher Verzögerung? Das will ich nicht suggerieren, mir selbst soufflieren, ich kann nur konstatieren: Ich nahm teil an einem Wochenendseminar eines Instituts für Psychodrama. In Rollenspielen wollte ich mir selbst noch deutlicher werden über die Rolle, die meine Mutter in den Kölner und Herrschinger Jahren für mich gespielt hatte.

Ich muss hier andeutend wiederholen, was ich bereits formuliert habe: Diese Frau der Zivilcourage, diese energische Verteidigerin der Söhne gegen amerikanische Soldaten und bayrische Beamte, diese effiziente, aber nicht eben emotionsbetonte Frau, rigoros, rigide, sie war mir nah, emotional, in der ersten Phase nach dem Abitur, dann wieder in den Wochen ihres Sterbens. Selten aber waren Besuche bei den Eltern in Herrsching, als ich Vater war, eine ›eigene‹ Familie hatte. Es entwickelte sich das Ritual, das ich bereits skizziert habe: Wenn Gisela und ich, nach dem Umsteigen in München, mit der Bahn in der Endstation Herrsching eintrafen, stand sie mit Gepäck bereit, um nach kurzer Begrüßung mit dem Gegenzug wegzufahren, zu ihrem Bruder im Rheinland … Sobald wir wieder im Rheinland waren, fuhr sie zurück nach Bayern; wir bewegten uns parallel aneinander vorbei.

Ich bin Auseinandersetzungen, Krächen kaum mal ausgewichen; die fanden statt, wenn ich nur schon für zwei, drei Tage nach Herrsching kam, nach einer Lesung in München, einem Termin im Bayerischen Rundfunk. Eine Rückblende:

Vater, Mutter, Sohn bei seltenem gemeinsamem Frühstück. Der kleine Brotkorb: Weißbrot, Graubrot, Schwarzbrot, jeweils drei Scheiben. Vater greift zu einer Scheibe Schwarzbrot.

Wieso willst du plötzlich zuerst Schwarzbrot?

Er hatte gerade Appetit dadrauf …

Aber du fängst doch sonst nie mit Schwarzbrot an, immer erst Weißbrot.

Er hatte sich gedacht, heut wär erst mal eine Scheibe Schwarzbrot dran …

Was ist denn plötzlich in dich gefahren?! Was sind denn das für Neuigkeiten?! Wieso heute zuerst Schwarzbrot?! Fängst doch sonst immer mit Weißbrot an!

Na ja, wenn er sich das recht überlege – im Grunde genommen hätte er doch eher Appetit auf Weißbrot … Und er tauschte die Scheiben aus.

Da hakte ich nach: Warum soll Paps eigentlich nicht mit Schwarzbrot anfangen?

Misch dich da nicht ein. Kümmer dich um deine eigenen

Angelegenheiten. Schau zu, dass du so langsam mal eine feste Stelle findest.

Dieser Kommentar ist ja nun total überflüssig!

Was ist denn das für ein Ton, deiner Mutter gegenüber?!

Plötzlich hatte ich beide gegen mich. Vater erinnerte sich daran, dass es früher die Rolle des Kavaliers gegeben hatte, der seiner Frau, komme was da wolle, treu zur Seite steht. Überhaupt beharrte er darauf, dass Helene es gut mit ihm, ja mit uns allen meinte, »herzensgut« (ein Wort, das er aus dem Rheydter Fundus hervorkramte), sie würde sich doch geradezu »rührend« um ihn, um uns alle kümmern. So kriegte ich das aufs Graubrot, aufs Mischbrot gestrichen, das ich eher mit Würgen als mit Kauen runterkriegte.

Der ›Haussegen‹ hing schief, sehr schief. Die Auseinandersetzungen endeten damit, dass ich mich (wie in der Kinderzeit) bei meiner Mutter offiziell entschuldigen sollte. Dass ich mittlerweile Ende vierzig war, längst große Söhne hatte, das spielte keine Rolle, die alten Verhaltensmuster wurden reproduziert, auf Biegen, auf Brechen. Ich unterwarf mich dem alten Ritual nicht mehr. Daraufhin setzte sich meine Mutter zu ihrem Bruder ab, kehrte erst nach meiner Abreise zurück nach Herrsching.

Für mich ein Lehrstück, eine »Lektion fürs Leben«: Ich hatte eine Form der Symbiose erlebt, die ich auf keinen Fall, um keinen Preis übernehmen wollte.

Das Gefährliche: Es geht meist um Bagatellen (Schwarzbrot oder Weißbrot), fast nie um dramatisch zugespitzte Entscheidungen. Die Reaktion des Bedrängten kann allzu leicht sein: Was ist schon groß dabei, wenn ich mal klein beigebe …? Was vergebe ich mir dann schon …? Wenn man so lange zusammenlebt, muss man auch schon mal zurückstecken … Es sind die sogenannt vernünftigen Lösungen, gegen die ich rebellierte, rebelliere, die bereitliegenden, gebrauchsfertigen, generationenlang erprobten und bewährten Formeln der Selbstbescheidung, Selbstbegütigung. Und die oft tragischen Auswirkungen versäumter Kräche, im Namen der Abgrenzung.

Während ich dies schreibe, sind wieder Alarmstoffe ins Blut gemischt, vor allem Adrenalin. Nein, diese Vergangenheit ist nicht abgeschlossen, ich kann sie nicht auf sich beruhen lassen, heiter gelassener Rückblick ist nur phasenweise möglich.

Also Handlungsbedarf, Klärungsbedarf, also Psychodrama, mir empfohlen. Erste Informationen: Sich zurückspielen in Vergangenheit, das »emotionale Gedächtnis« aktivierend. Spontaneitätstheater ... Stanislawskij, Strasberg, Moreno ... Phantasierollen ... Surplus-Realität ... Transformationen ...

Ich meldete mich an zum Seminar: »Männer – Frauen – Gewalt«.

In der Nacht davor: kaum Schlaf. Welche der nachwirkenden Szenen einbringen, umsetzen? Mich auf Szenen mit der Mutter konzentrieren, den Vater ausgrenzen? Aber ließ sich da trennen?

Nachwirkende Szene. Ort des Geschehens: Bochum. »Paps« kam angesäuselt heim von der Besichtigung eines Bergwerks – danach wurde gewohnheitsmäßig Klarer gekippt. Zwar stand für Ehrengäste eine Badewanne bereit nach dem Aufenthalt unter Tage, doch allzu genau hatte es Helmuth nicht genommen mit der Reinigung: Kohlestaubspuren ...

Kohle *und* Korn – das war meiner Mutter zu viel, Vorwürfe wurden erhoben, und es erfolgte die Anweisung an die beiden Ältesten, den Vater ins Bad zu bringen, ihn auszuziehen, zu waschen, in den Schlafanzug zu »stecken«. So schoben wir – einer rechts, einer links – den Vater ins Bad, und das war plötzlich recht klein mit dem breitbeinig schwankenden Mann, nun ragte das Waschbecken gefährlich weit vor, nun nahm die Badewanne unzulässig viel Platz ein. In der Beengung, nicht nur körperlich, zogen wir ihm die Jacke aus, knöpften ihm das Hemd auf, und er lachte, wuschelte unsere Köpfe; wir erhielten den Befehl, durch die zugeworfene Tür gerufen, ihn gefälligst ganz auszuziehen, also zogen wir ihm die Schuhe aus und dann die Hose, Helmuth gefährlich schwankend auf jeweils einem Bein, sich am Waschbecken festhaltend. Vielleicht hätte er sich selbst helfen können, wenn man ihn alleingelassen hätte, aber nun, da er Hilfe hatte, war er völlig hilflos. Mag sein, da war gelegentlich ein Handgriff, mit dem er uns beim Helfen half, wir schafften es jedenfalls, ihn ganz auszuziehen, die helle Haut betont von schwarzen Reststriemen, die mussten wir mit dem Waschlappen entfernen, und das mit kaltem Wasser, so wurde uns das zugerufen, durch die geschlossene Tür oder durch einen Türspalt: Wascht ihn ab, aber kalt! Aber *kalt*! Mit dem Waschlappen den weißen, pendelnden Körper abwischen, ein bisschen das Gesicht, ein bisschen die Brust, das Geschlecht sparten wir aus, wuschen ihn nur bis zum Nabel, kümmerten uns nicht weiter um die Beine, die Füße. Und dann mussten wir ihm den Schlafanzug anziehen, dem Mann, den die Mutter nicht anfassen wollte, mit dem sie in der nächsten Zeit wohl nichts mehr zu tun haben wollte; auf uns, die beiden älteren Brüder, sollte das wohl ebenfalls distanzierend wirken: Vater mit Kohlestaubstriemen, aus jeder Hautpore Alkohol ausdünstend, und das im bald zellenkleinen Raum, in den die Mutter ihre Anweisungen hereinrief. Als wir ihm – du diesen Knopf, ich den nächsten Knopf – das Oberteil des Schlafanzugs anlegten, kitzelte ihn das am Bauch und er lachte auf, sich am Rand des Waschbeckens abstützend und mit der freien Hand wechselweise wieder unsere Haare »strubbelnd«. Wir mussten ihn denn auch zum Bett eskortieren – seine Frau, die ihn so nicht sehen wollte, hatte sich unsichtbar gemacht.

Abschreckende Wirkung hatte sich freilich nicht eingestellt, wir kicherten vor uns hin, während wir ihn zudeckten. Er rollte sich auf die Seite, zog die Beine an, bedankte sich auf Englisch, mehrfach, murmelte etwas vor sich hin, als wir rausgingen, schlief offenbar schon, als wir die Tür ins Schloss zogen, sanft. Auftrag erfüllt. An diesem Abend, am nächsten Tag ging ich meiner Mutter aus dem Weg.

Dies, auch dies aussprechen vor zehn, zwölf fremden Personen? Aussprechen und ausspielen? Vor allem: ausspielen! Erzählen, so hatte ich gelesen, erzählen allein genügt nicht, das emotionale Gedächtnis wird nur durch Ausspielen aktiviert, im Ausspielen werden, assoziativ, weitere Erinnerungen belebt, an die man bewusst nicht so leicht herankommt. Wahrscheinlich würde ich, aussprechend und ausspielend, wieder die Stimme der Mutter hören, draußen, vor der ins Schloss gezogenen Badezimmertür: Macht schon! Habt euch nicht so! Zieht ihn aus, aber ganz! Wascht ihn ab, mit kaltem Wasser, mit *kaltem*!

Ich nahm mir vor, den Vater aus dem Gruppendiskurs, Gruppenspiel herauszuhalten. Schließlich hatte meine Mutter die Familienkonstellationen weithin bestimmt. Das musste zur Sprache kommen, dies zumindest.

Es lief anders an, als ich mir das vorgestellt, zuvor ausgemalt hatte. Erste Begegnung mit dem Grüppchen im Vorraum: fast ausschließlich Frauen; die meisten schätzungsweise Anfang, Mitte dreißig. Sie saßen auf Stühlen, Sesseln, Treppenstufen, hielten Wassergläser, Teetassen, Lebkuchen in den Händen, sprachen angeregt miteinander, die meisten schienen sich längst zu kennen. »Bei so heißen Themen bist du ja immer dabei!«, rief eine der Frauen einer Teilnehmerin zu, als sie mit der Reisetasche eintrat. »Aber ja doch!«

Hinüberwechseln in den größeren Raum. Begrüßung durch das Therapeuten-Paar, Selbstvorstellung der Kursteilnehmer. Über die Reihenfolge entschied jeweils der Zuwurf eines leeren Brillenetuis durch die Therapeutin. Allgemeine Auskünfte zum sozialen Status. Dann das Shooting, und das fand ich zum Abschießen: umherschlendern im Raum, Zeige- und Mittelfinger pistolenlaufähnlich auf die entgegenkommende Person richten und wie aus der Pistole geschossen den Namen nennen, da ging mancher Schuss daneben. Sodann erste Versuche mit »Tele«: Aufnehmen von Sympathieschwingungen: Jeweils zu der Person gehen, zu der einen hinzog, was noch nicht definiert werden konnte. Dabei blieben die beiden anderen Männer ziemlich abseits.

Der eine von ihnen saß fast immer mit verschränkten Armen da, ließ nichts an sich rankommen, nichts aus sich rauskommen. Während andere bereit waren, Wunden zu zeigen, sich vernarbte Wunden auch wieder aufreißen zu lassen, wies er einen erstklassigen, sehr haltbaren Verband vor, wie mit

Gips verstärkt – er wurde rasch zur Projektionsfigur für den jeweiligen Mann, von dem man sich getrennt hat oder von dem man sich trennen will, aber noch nicht trennen kann. Er musste sich, dem Willen der Frauenmehrheit beugend, möglichst weit weg in die Ecke stellen, wurde nur gelegentlich angesprochen, angespielt.

Der andere, mit leichter Bauchbildung und buschigem Bart, auf mich wie ein großer Teddybär wirkend, er wurde per Frauenvotum rasch als »weich« eingestuft; dabei blieb es, obwohl er betonte, dass er im Berufsleben gar nicht weich sei. Später gestand er ein, er würde ziemlich bewusst den weichen Mann darstellen, weil er das Gefühl habe, er komme damit in der Gruppe besser an. Ich war baff, mit welcher Selbstverständlichkeit er die Kuschelkatze aus dem Sack ließ und wie selbstverständlich das so akzeptiert wurde.

Warm-up-Gespräche standen auf dem Programm. Ein Kreis innen, und hier waren alle nach außen gewendet, ein Kreis außen, hier waren alle nach innen gewendet. Einer musste angeben, was seine Lieblingszahl sei zwischen eins und sieben, die Zahl drei wurde genannt, und so rückten wir im Außenkreis drei Positionen nach rechts; mit der Person, die sich in dieser Zufallskonstellation vor einem befand, sollte man ein Gespräch beginnen, die Stichworte waren ja gegeben: Frauen – Männer – Gewalt. Die Frau vor mir, mit der ich bisher noch kein Wort gewechselt hatte, sie sagte mir, beim Kampf unter Frauen gehe es auf Leben und Tod, das sei jedenfalls ihre Erfahrung, ich hätte ja keine Vorstellung, wie hart der Kampf unter Frauen sein könnte, keine Solidarität, nein, nicht die Spur von Solidarität, sobald es um einen Mann geht, sie hat das am eigenen Leibe zu spüren bekommen, selbst unter besten Freundinnen wird mit allen Mitteln gekämpft, sie hat das so erlebt, es war grauenhaft; wenn sie noch einmal kämpfen muss, wird auch sie alle Mittel einsetzen, aber wirklich *alle* – die oder ich! Und ich schaute in ihr streng zusammengefasstes Gesicht, sprach etwas hinein, das bestimmt nicht aufgenommen wurde, der Therapeut schwang das Glöckchen, das wie ein Weihnachtsbimmelglöckchen klang, und wieder eine Zahl, eine Richtungsanweisung, der innere Kreis drehte sich: Gesprächsmühle. Ein Assistent des Therapeuten stand auf einem Stuhl und machte sich seine Psycho-Reime auf das Geschehen. Der Frau, die nun vor mir stand, sagte ich, das sei aber eine ziemlich klamme Party hier, und sie wies mich streng darauf hin, dass wir nicht über Partys, sondern über Frauen / Männer / Gewalt sprechen sollten. Ich musste eingestehen, dass ich nur etwas klischeehafte Vorstellungen hätte über Kampf zwischen Frauen und Kampf zwischen Männern; mehr hingegen hätte ich mitgekriegt und miterlebt beim Kampf zwischen Männern und Frauen. Während ich das so dahinsagte, meine Rolle eher schlecht als recht spielend, da wünschte ich mir, die Gesprächsmühle würde sofort weitergedreht.

Das erste, größere Gruppenspiel: suggeriert, imaginiert wurde Urwaldszenerie. Jeder musste sagen, was man am liebsten wäre im Urwald, das musste ganz spontan erfolgen, musste sogleich ausgespielt werden, nach kurzer Inkubation, in der alle auf dem Boden lagen. Die Frau, die schon im Vorraum über kalte Hände, kalte Füße geklagt hatte, sie suchte und fand eine sonnenbeschienene Steinplatte, auf die legte sie sich als kühlblütiges, leguanähnliches Lebewesen. Die Frau, die auch im Urwald Frau bleiben und viele Kinder kriegen wollte, sie suchte einen schmalen Sandstreifen am Flussufer, um dort reglos in der Sonne zu liegen. Eine Frau bewegte sich mit schwingendem Oberkörper, sie war die Liane, die sich von Baum zu Baum schwang, »wie eine Wäscheleine, aber ganz grün, und mit lila Blüten zu Weihnachten und zu meinem Geburtstag«. Eine Frau flatterte umher als Kakadu, mit schrillen Schreien. Der Bärtige, der Weiche, hing schief herum, bananenkrumm: »Ich bin eine Banane, und die will gefressen werden.« Und ich hopste zwischen all den langsamen und raschen, den gravitätischen und zuckenden Bewegungsabläufen umher als Affe, Hände auf dem Boden, Hintern in die Höh, hinüber zum Bananenmann, biss ein kräftiges Stück ab, sprang umher mit Mümmelschreien, hüpfte zum Kakadu, ließ mir das Fell nass machen, sprang erneut zum Bananenmann, wollte die Banane nun ganz auffressen, aber da hatte er sich unversehens in ein Krokodil verwandelt, das mich mit einem Schnapp verschlang, das fand ich unfair, ich erfrischte mich am Wasser, stimmte ein kurzes Affen-Kakadu-Duett an.

Aus einem Wandschrank wurde nun Theaterplunder hervorgeholt, eine grüne, weite Seidenhose wurde vor mir hingeschlenkert, die zog ich jedoch über die Arme; die grünen Hosenbeine waren natürlich länger als meine Arme, so ergab sich weites Schlenkern jenseits der Hände, kniend schwang ich die grünen Ärmelbeine weiter, während vor mir einige Frauen ein Ritual vollzogen, das irgendwas mit Körnern zu tun hatte – dazu schwang ich meine grünen Flatterärmel. Als ich es leid war, mit den Beinärmeln herumzuschlenkern, streifte ich die Hose wieder von den Armen ab, legte sie auf den Boden, und nun war die Hose ein Stück Flussufer, ich griff ein rotes Oberteil, drapierte es hinzu auf dem Teppichboden, holte die Lammfellpantoffeln der Teilnehmerin heran, die aus Erfahrung gewusst hatte, dass Räume von Therapiegruppen meist etwas kühl sind. Ich stellte die Schuhe ans grüne Flussufer: hier war also ein schwimmfähiger Urwaldbewohner an Land gegangen. Mit diesem Landgang war die Spielphase denn auch abgeschlossen.

Männer – Frauen – Gewalt: wir drei Männer mussten gegeneinander antreten, mit großen, roten Stoffprügeln droschen wir aufeinander ein; in einer kurzen Prügelpause las ich die Aufschrift: encounter bat. Der Mann mit den bisher meist verschränkten Armen ging bei diesem Schein- und Schaugefecht mächtig aus sich heraus, er band sich, zwischendurch, ein Kopftuch um, wie ein Pirat, hängte sich ein Laken um, wie eine Toga.

Der Scheinkampf wurde ausgeweitet auf Frauen gegen Männer – eine der Frauen riss an meinem linken Knie, das blieb wirkungslos, eine andere riss an meinem rechten Knie, ich konnte mich nicht halten, fiel nach vorn, und sie, halblaut: Wenn ich zieh, dann gibst du schon von selber nach, gelt? Ziehen, Zerren, Bat-Schwingen: bald stank es im Raum wie in der Turnhalle meiner Schulzeit. Ich trat kurz mal vor das Haus, über den Hintereingang, atmete tief durch im Garten, schaute hoch zu den beiden Pappeln, in denen der Wind rauschte, pinkelte an einem Busch, kehrte ins Haus zurück, wenn auch mit leichtem Stöhnen, ich wollte nicht unsolidarisch erscheinen.

Überraschend war inzwischen der Kostümierte wieder in Aktion getreten, er tänzelte umher, drosch um sich, bis der Therapeut sagte: Du hast mir zu viel Energie, setz dich bitte wieder. Und der breitschultrige Mann von Ende zwanzig setzte sich brav, stupste den encounter bat auf den Boden, in gezähmter Ungeduld. Also musste er sich auf einen Stuhl stellen, mit seinem roten Stoffprügel: eine Herausforderung, die sofort angenommen wurde, der Bärtige trat vor ihn hin und rief: Das stinkt mir, wie du da so stehst, komm da runter. Aber der Kostümierte schlenkerte den Prügel und rief, er fühle sich wohl hier oben, hätte keinen Grund runterzukommen. Der Bärtige resignierte rasch: Wenn er nicht da runterkommt, dann rede ich auch nicht mit ihm. Der Therapeut fand das Ausweichen, das Nachgeben nicht so gut, sagte das auch, und wie auf Stichwort stellte sich eine Frau vor den Stuhl: sie hasse seine Überlegenheit, er fühle sich wohl verflucht stark, aber grade das könnte ein Zeichen von Schwäche sein, und sie setzte die verbalen Attacken fort, und es zeigte sich, dass sie ihre Mutter meinte, die griff sie an mit Tränen in den Augen: Du hast immer das Gefühl, du machst alles richtig und du überschaust alles und du fühlst dich andauernd überlegen! Und schon brach es aus einer der Frauen in der Runde heraus, Tränen und Nasenbluten gleichzeitig, sie wischte mit dem Handrücken das Blut ab, verschmierte es auf den Wangen, ein Weinkrampf. Eine Frau lief hinaus, kam mit einem Packen nassem Klopapier zurück, presste es gegen die Stirn der Schluchzenden, doch das Blut und die Tränen liefen weiter, wollten sich nicht aufhalten lassen. Als sie schließlich doch etwas ruhiger wurde, berichtete sie, den ganzen Morgen schon sei ein Druck in ihr gewesen, immer musste sie alles zurückhalten, alles einstecken, nun kommt es aus ihr heraus, ihr Blut, ihr Lebensblut, sterben wollen, nicht sterben können – eine Frau von vierundzwanzig.

Der Therapeut ließ die Vorhänge zuziehen, die Jalousien herunterlassen, gedämpfte Beleuchtung von Spotlights mit Farbfiltern. Die Frau war nun bereit, ihre Geschichte auszuspielen, da wuchs die Riesenfigur einer Mutter heran, deren Unterdrückungsmittel Gallenkoliken waren; wenn die Kinder sich nicht so verhielten, wie sie das erwartete, wie sie das anordnete, so drohte sie eine Kolik an, und wenn es dann immer noch nicht besser wurde, stellte sich auch prompt eine Kolik ein.

Sharing: gemeinsames Teilnehmen. Ich hatte hier ein Stichwort, sprach von Migräneanfällen meiner Mutter: Entsprechung zu den Erpressungsversuchen durch Koliken!

Wenn ihr nicht tut, was ich von euch verlange, dann rege ich mich so auf, dass ich Migräne kriege. Ungehorsam, Unbotmäßigkeit, Aufmüpfigkeit, und schon hatte sie zwei, drei Tage lang die Migräne, war nicht mehr ansprechbar, wollte kein Wort mehr hören, ließ nichts an sich heran, nichts in sich herein, lag wie eine Mumie im halb verdunkelten Schlafzimmer.

Für uns hieß das: Drei Tage lang Schleichschritt, nur ja keine Tür ins Schloss fallen lassen, leise reden. In der Wohnung verteilt ein dünner Geruch von Kampfer, von Kräutern, ihr Zimmer fast wie eine Totenkammer, in der sie nach drei Tagen wieder auferstand, bleich und auffällig stumm. Auch jetzt noch war zu sehen, was man der Mutter antun konnte mit Aufsässigkeit, Frechheit, Ungehorsam, mit Widerworten. »Keine Widerworte!« Wagten sich Widerworte dennoch hervor, drohte sie: »Wenn du mich ärgerst, krieg ich wieder meine Migräne!« Was wiederum hieß: Man durfte nicht laut sein, musste immer mal wieder leise, leise ins Zimmer schauen, sonst rief sie mit erstaunlich und erschreckend kläglicher Stimme, und dann musste ich ihr zu trinken bringen, zuweilen auch eine Kleinigkeit, etwas Klitzekleines zu essen. Musste einen Waschlappen mit kühlem Wasser tränken und ihr auf die Stirn breiten, die streng in Falten gelegt war. Wenn sie endlich aus dem Schlafzimmer wieder hervortrat, bedurfte sie der Schonung, fast jedes Wort war ihr zu laut, fast jede Bewegung zu heftig, sie brauchte Stille, Ruhe, Stille, sonst ging es wieder los.

Einengung, Einschränkung, Unterdrückung. Ich sprach von mir als Kind, stellte mich dar als das Kind, dem das Daumenlutschen abgewöhnt werden sollte, und es wurden die Pappröhren über die Ellbogen gestreift, die Pappzylinder wurden mit Pflastern vor dem Abrutschen auf die Unterärmchen bewahrt, da half kein Schütteln, half kein Rütteln; der Daumen geriet nicht mehr in Mundnähe, wurde am Kopf vorbeigereicht mit steifen Armen. Selbst Murmelspielen war schwierig, ich führte es der Gruppe vor mit steifem Arm, imaginäre Glaskugel gegen imaginäre Glaskugel, kein Klicken, hier erst recht nicht. Und ich führte vor, wie man mit versteiften Armen eine Schaufel packt, da kann man nur noch schrappen, nicht mehr graben, nicht mehr häufeln.

Nun wurde Rollentausch gefordert, eine der Frauen als Hilfs-Ich für das Kind, und ich, in der Rolle meiner Mutter, musste auf dieses Kind einreden, musste die Maßnahmen begründen, alles nur zu meinem Besten; wenn ich weiterhin Daumen lutsche, wird mein Kiefer verformt, stehen die Schneidezähne schräg, und überhaupt ...

Besonders überzeugend fiel das nicht aus. Ich sprach wieder für mich als Kind: Reglementierungen von Kopf bis Fuß.

Mittagspause. Das Grüppchen im Vorraum, meist schweigsam. Die meisten Frauen hatten vorgesorgt, belegte Brote wurden ausgepackt, Yoghurtbecher, Früchte. Und ich? Rumgehn, betteln? Aufgeweichte Teebeutel aus einem der Gläser heben, auskauen? Ich verließ das Haus, suchte und fand einen Imbissstand. Buletten unter einer Plexiglasglocke: »Zweimal Mömmes.« (Nach Wredes Kölnischem Sprachschatz: Getrockneter Nasenschleim.) Senf auf die Buletten; ein Brötchen dazu, Dosenbier. Ha!

Einigermaßen gesättigt kehrte ich in den Vorraum zurück. Eine der Frauen erzählte mir denn, vielleicht zum Lohn für meinen Alleingang und abgelöst von den rituellen Geständnissen, sie hätte in einem Wochenendseminar mehrfach ihre Mutter umgebracht, geändert hätte sich damit aber gar nichts für sie, das war nur jeweils eine kurze, scheinbare Befreiung, die alte Konditionierung setzte wieder ein, sobald sie zu Hause war. Und jetzt – will sie es, in Tateinheit, noch mal versuchen? Lächeln, abwinken.

Ich erzählte ihr, was ich zuvor ausgespart hatte, weil es mir in der Gruppe peinlich gewesen wäre: Wie meine Mutter auch eine Eberesche zu formen versuchte, im Garten in Herrsching. Ein Ahorn, mächtig, raumfordernd, die Eberesche zwischen Ahorn und Haus, die Esche begann, dem Ahorn auszuweichen, bog den jungen Stamm weg Richtung Haus, noch keine Berührung von Ebereschen-Ästen mit Ahorn-Ästen, der kleinere Baum schien die Übermacht zu spüren, der Stamm bereits leicht geschweift, das wollte meine Mutter nicht zulassen, sie wickelte, auf einem Trittleiterchen stehend, eine Manschette um den Stamm, einen zurechtgeschnittenen Stoffstreifen, zurrte eine Seilschlinge fest um die Manschette, zog das Seil zu einem der Metallpfosten des Gartenzauns, knotete es fest. So sollte der Baum zu aufrechtem Wuchs gezwungen werden, die leichte Einkrümmung korrigierend unter Seilzug.

Und warum hast du das vorhin nicht erzählt?

Es hätte peinlich symbolisch gewirkt, fürchte ich. Wie ein zurechtgetrimmtes Beispiel. Wie eine allegorische Erfindung. Pappröhren über den Ellbogen, Manschette um den Ebereschenstamm – hätte inszeniert wirken können als ein allzu stimmiges Begleitsymbol! Aber es war real, ich habe vom Fenster aus zugeschaut beim Versuch der Begradigung.

Männer – Frauen – Gewalt. Familienkonstellationen. Irmgard erzählte, bei gedimmtem Licht, erst von ihrem Vater, dann von einem Freund. Der Vater, der abends, bei gemeinsamem Fernsehen, ständig die Mutter befummelte, unter einer Decke, unablässig regte es sich da, er machte sie heiß: Ein Vater, der einmal täglich bumsen musste, das wurde der Frau, der Mutter zu viel, sie wollte mit ihm ausmachen: Nur jeden zweiten Tag, doch da gab es immer wieder Auseinandersetzungen, du hast doch gestern schon, wieso heute schon wieder? Und dann ließ sie ihn doch wieder an sich heran, auch aus Angst, er könnte ihr laufen gehen, zu einer anderen, der das nicht zu viel wurde.

Er wollte die Frau, die Mutter bereit machen, freiwillig sollte sie jeden Tag einmal, wenigstens einmal mit ihm schlafen, also streichelte er sie unter der Decke, und das war nicht nur ein Streicheln auf Textil, da ging es zur Sache, da war manchmal ein, ja, flitschendes Geräusch, Finger im Nassen, und die Mutter bewegte sich heftiger unter der Decke, und die Tochter begann sich wieder zu ekeln, hört doch endlich damit auf, immer dieses Befummeln unter der Decke, auch wenn sie auf den Bildschirm starrte, sie musste das am Rande, im Sehwinkel doch mitkriegen, aber wenn sie etwas sagte, konnte ihr Vater grob werden, wies sie zurecht, und einmal, in seiner Wut, als sie bereits protestierte, während er die Decke ausbreiten wollte, da fiel er über sie her, auf dem Boden, er hat sie nicht vergewaltigt, das nicht, aber er hat ihr Gewalt angetan, wollte sie zum Schweigen bringen, wollte sogar ihr Einverständnis, das ist doch gut, das ist doch schön so, was willst du überhaupt, was meckerst du hier andauernd herum, ich lass mir das nicht mehr bieten! Sie spürte ihn schwer auf sich, während er sie weiter zurechtwies.

Das war denn ausgesprochen, stockend, mit raschen Wischbewegungen des Handrückens in den Augenwinkeln, das musste nun ausgespielt werden, sie in der Rolle der Mutter und ich, laut Vorschlag aus der Runde, in der Rolle des Vaters, eine Decke war im Handumdrehen da, auf dem Sofa rückten wir zusammen, die Decke ausgebreitet zwischen Knie und Nabel wie beschrieben, die Hände unter der Decke, ich musste Irmgard auf den Leib rücken, sie wehrte sich, wiederholte Wörter und Sätze der Mutter, ich wiederholte Wörter und Sätze des Vaters, ihre Abwehrbewegungen wurden heftiger, meine fordernden Bewegungen wurden synchron gleichfalls heftiger, Annäherungen an die Situation, in der ihr Vater ihre Mutter gefügig, womöglich wild machen wollte, und die Tochter musste das mit ansehen, musste das zumindest mitkriegen, am Rande, aber wie konnte so etwas am Rand bleiben, das rückte doch vor ins Zentrum, ihre Abwehrbewegungen noch heftiger, meine Eroberungsbewegungen noch zudringlicher, Frauen schrien mir zu, was mich, was den Vater, abschrecken

sollte, doch ich fühlte mich wie gepanzert gegen Zwischenrufe, diese oft groben Zwischenrufe aus der Runde im Halbdunkel, ich begann, die mir zudiktierte Rolle immer direkter
zu verkörpern, antwortete auf ihre Protestrufe insistierend,
stell dich nicht so an, du hast das doch gern, du hast das doch
gern so, du willst das doch so, ich merk das doch. Und das
alles im Flickerlicht eines Fernsehgeräts, das mit beliebigem
Programm eingeschaltet worden war, um die Situation noch
suggestiver zu gestalten; erst nach einiger Zeit registrierte ich,
beim Gerangel, dass zwei Frauen hinter uns standen und sie
imitierten gemeinsam das Glitschen und Pflitschen, aber das
registrierte ich nur an der Grenze der Wahrnehmung, denn
zugleich wurde ich von vorn angeschrien, etwa im Wortlaut
der Tochter, der das zu viel, nun aber wirklich zu viel wurde,
ich war konzentriert auf das Simulieren des Manipulierens, es
machte sich etwas selbständig im Körperprogramm, ich zog
Irmgard unter der Decke die Oberschenkel weiter auseinander, die beiden Frauen hinter uns setzten das Mundglitschen
und Mundzitscheln intensiver fort, alles gespenstisch und zugleich wirklich, scheinbar wirklich in diesem Horrorkabinett,
bei ritzendicht geschlossenen Jalousien, im kaltblauen Fla-
ckerlicht des Fernsehgeräts.

Vom Therapeuten wurde nun Rollenwechsel gefordert:
Irmgard nicht mehr in der Rolle der bedrängten Mutter, sie
sollte sich in Szene setzen als die vierzehnjährige Tochter, die
gegen dieses Treiben protestierte. Zurechtsortieren unter der
Decke, Abwerfen der Decke, wir standen voreinander, ich
weiter in der Rolle des übersteuerten Vaters, sie als heftig protestierende Tochter, die Zumutung, so eine Zumutung, kannst
du das nicht endlich mal lassen, aber da rief ich zurück, was
sich aus der Situation von selbst ergab, halt den Mund, zisch
ab, das ist schließlich meine Wohnung, hier kann ich tun und
lassen, was ich will, geh in dein Zimmer, hast ja morgen Schule,
kümmre dich um deine Hausaufgaben, ich will jetzt kein Wort
mehr hören! Und sie schrie auf mich ein, du bist so ekelhaft,
du bist so ekelhaft, warum macht ihr das hier vor mir, warum
macht ihr das bloß, aber davon ließ ich mich nicht irritieren,

wie von selbst stellten sich Wörter und Wortfolgen ein, die sich mit den Körperbewegungen ergaben, sich aus ihnen entwickelten, nun mach schon, mach schon, verschwinde, los, ab in dein Zimmer, aber sie setzte den Protest fort, ich begann, sie an den Rand des Raums zu drängen, misch dich hier nicht ein, verdammt nochmal, zieh Leine, zisch ab, aus dem Rausdrängen wurde Gerangel, der Protest noch heftiger, es kam, wie es nach ihrem Bericht kommen musste, der Vater wollte den Protest gleichsam erdrücken, ich musste den Protest niederdrücken, der heftige Widerstand forderte mich dazu heraus, das Hemd aus dem Cordhosenbund mittlerweile hochgerutscht, in meinem Körper schienen alle Bewegungen und Bewegungsfolgen angelegt, mit denen der Widerstand einer sich heftig wehrenden Frau gebrochen werden kann, und was ich dabei rief, es kam wie selbstverständlich aus mir heraus, rüde Wörter, ich verhaspelte, verschluckte mich nicht, ich umklammerte sie, keilte mit dem Knie die Beine auseinander, und ich schlug mit dem blanken Fuß immer wieder hart auf dem Boden auf – erst später registrierte ich, dass am Mittelzeh ein kleiner Bluterguss entstanden war.

Das Fernsehgerät ausgeschaltet, das Licht über den Dimmer heller gestellt, eine Pause, ich musste raus, einfach raus, steckte das Hemd hinter den Gürtel, zog Socken und Schuhe an, ging zum Auto, auf dem Rücksitz musste noch ein Apfel liegen. Und ich spürte, dass ich anders ging als sonst: lässig, mit weiten Schritten. Und mein Körpergedächtnis soufflierte mir, dass ich früher, noch in der Schulzeit, einen weiter ausgreifenden, beinah wiegenden Schritt an mir gespürt hatte, wenn ich aus den Nord-Lichtspielen kam, wo ich einen Western gesehen hatte, oder einen kürzeren, leichteren, fast tänzelnden Schritt, wenn es ein Film mit Fred Astaire war. Und nun dieser ausgreifende Schritt, fast ein Siegerschritt, das nahm ich schnell zurück, zügelte mich, sagte mir, der Gruppenleiter könnte nun hinter einem der Fenster stehen, er sieht diesen elastischen Gang, ich gebe ihm Auskunft mittels Körpersprache, also machte ich bescheidenere Schritte, das fiel mir leicht, denn die Erfahrung begann mich einzuholen:

Was war da geschehen? Ich fühlte mich anders in meinem Körper, in dem sich kein Muskelstrang verändert hatte, an dem sich nur ein Zeh verfärbte. In diesem Körper also doch ein Programm für Gewalt, wenn auch in einer Simulation, doch realitätsnah. Die arrangierte, inszenierte Situation hatte etwas an den Tag, zumindest ins Halblicht gebracht. Eine Selbsterfahrung, herausgelockt unter Versuchsbedingungen. Selbsterfahrung in einem Kreis, in dem man bereit war, etwas aus sich herauszulassen oder in sich hereinzulassen, eine Erfahrung in einem umgrenzten, genau definierten Bezirk, und doch meine Erfahrung. Ja, ich hatte – wenn auch simulierend, zugleich stimulierend – eine neue Erfahrung mit mir gemacht. Hatte sie mir, wortwörtlich, erkauft. Nun war etwas dabei herausgekommen, wirklich heraus gekommen. Es hatte mich mitgenommen, und ich nahm es mit.

Jähe Ernüchterung: Am Ende des Seminars wurden gelbe Testathefte aus Gepäckstücken geholt, dem Kursleiter vorgelegt zur Unterschrift mit Stempel: Seminare mit drei Punkten, Seminare mit acht Punkten ... Die Mehrzahl der Frauen hatte demnach am Seminar teilgenommen, um sich zu Ausbildern ausbilden zu lassen. Aus der magischen Beleuchtung wurde nun, im Rückblick: Arbeitslicht. Aus sich herausgehen als Einübung in ein Programm der hilfreichen Simulation? Zusammenbrüche in der Gruppe als Höhepunkte zielgerichteter Arbeit, von der man lernen konnte, um die Muster später selbst wieder anwenden, umsetzen zu können?

Gelbe Testathefte, und es war von Teilnehmerinnen sorgsam eingetragen: »Männer – Frauen – Gewalt«, mit Ort und Datum. Es kam hinzu die dokumentierende Unterschrift, der Stempel des Instituts für Psychodrama.

Schon auf der Rückfahrt ins Eifelhaus sah ich mich gleichsam abgedriftet: von meiner Mutter hatte ich nicht weiter reden, ich hatte sie nicht weiter zur Sprache bringen können. Da war also noch einiges aufzuarbeiten, abzuarbeiten. Ich meldete mich, Wochen später, zu einem weiteren Seminar an, Thema: »Familienkonstellationen«.

Wieder Frauen, überwiegend Frauen im Vorraum, mit Reisegepäck, mit Tagesverpflegung, in legerer Kleidung, und ich erkannte, jäh, die Frau wieder, die im Einführungsseminar zur Sprache gebracht hatte, was anderthalb Jahrzehnte zuvor geschehen war, und ich hatte, ihre Selbstdarstellung umsetzend, nicht nur die Rolle des Vaters übernehmen müssen, der die Mutter anmachte, und der sich, als sie die Rolle der empörten Vierzehnjährigen übernahm, auf sie warf, um ihren Protest zum Schweigen zu bringen – kleiner Schreck, als ich sie sah, in ihrem Gesicht aber ein Aufleuchten. Ich ging auf sie zu, beugte mich vor, zur Begrüßung, sie legte eine Hand auf meinen Nacken, zog mich etwas tiefer herab, sagte leise, sie hätte gewusst, ganz klar gewusst, dass ich komme, und nun bist du da!

Ich stellte nicht die Frage, die sich wie von selbst einstellte: Ob sie etwa angerufen, sich nach den Voranmeldungen erkundigt hätte, und es war geschehen, was nicht professionell war: Dass man direkt oder indirekt bestätigte, ich hätte mich für dieses Seminar wieder angemeldet. Ich sprach stattdessen, um das Gespräch abzukürzen, von einem Zufall, einem tollen Zufall, aber für Irmgard war das überhaupt kein Zufall, es *musste* einfach so sein, dass wir uns wiedersahen. Und sie winkte mich näher an sich heran.

Ich kauerte auf der Seitenlehne ihres Sessels. Und fragte mich, was ich als Frage nicht stellte: Wie konnte das möglich sein? Ich hatte zwei Rollen gespielt, spielen müssen, die Erfahrungen vergegenwärtigten, die sie in einen Zustand versetzt hatten, der Therapie notwendig machte – ein Testatheft hatte ich bei ihr nicht gesehen. Das Ekel von Vater, der die Mutter gefügig machen wollte für den täglich eingeforderten Fick, der über die protestierende Tochter herfiel, sie zwar nicht vergewaltigend, ihr aber Gewalt zufügend, den Protest gleichsam erdrückend – und dieser Rollenträger begrüßt mit dem Aufleuchten im Blick, und nun lag ihre Hand auf meinem linken Handrücken. Ich fragte sie, wie es ihr ergangen sei nach dem vorigen Seminar, und sie berichtete, es sei ihr zwei Tage lang wirklich gutgegangen, Erleichterung, Druck von ihr genommen, sie war etwas losgeworden, aber dann war, seelisch, bald alles wie zuvor. Das Flimmern noch immer rund um ihre Pupillen, die Hand weiterhin auf meinem Handrücken. Ihre Freude, ganz unverhohlen, dass wir uns nun wiedersahen, ein Seminar von immerhin anderthalb Tagen.

Irritierende Vorgaben, Vorzeichen. War etwas in ihr, das die Gewalt akzeptierte, unter der sie gelitten hatte, die sie ablehnte? Dies war im Nachgespräch zur Sprache gekommen: ihr erster Freund hatte sie wiederholt, auch wenn sie keine Lust dazu hatte, ins Bett gezwungen, sein Recht fordernd, hatte mit ihr »auf die harte Tour« geschlafen – diese Zusatzrolle war mir wenigstens erspart geblieben. Und nun dieses Leuchten in den Augen, die Handfläche warm auf dem Handrücken, und sie ließ auch das Schweigen sprechen, zwischendurch, mir fiel ohnehin weder eine gute Frage noch eine gute Antwort ein.

Es kam nun auch noch ein Kind von anderthalb Jahren zur Sprache, bei der Oma bestens untergebracht. Und ich fragte mich, ob mir ein Fehler unterlaufen war nach der eigentlich abschreckenden Simulation von Gewalt. Ja, als ringsum die gelben Hefte in Reisetaschen und Koffer gesteckt wurden, hatte ich sie kurz in die Arme genommen, wie zur Entschuldigung, hatte ihr alles Gute gewünscht. Aber das war eine karitative Umarmung gewesen, ohne Begehren: eine Frau, auf die ich sonst kaum geachtet hätte – ihre Frisur, ihre Kleidung, ihr Körper, alles schuf und erhielt Distanz, sie war, schlicht und grob gesagt, nicht »mein Typ«, und nun leuchtete es aus ihr heraus. Ich zog meine Hand ganz sacht unter ihrer Hand hervor.

Als Irmgard »für kleine Mädchen« ging, gab sich eine der Frauen, die ebenfalls am Männer-Frauen-Gewalt-Seminar teilgenommen hatte, ein Stichwort, sprach mich auf die Simulation an. Eigentlich hätte sie das letzthin beim Sharing mitteilen sollen, will es jetzt auch nur mal andeuten: Gleichfalls die Erfahrung von Vatergewalt, doch er hat ihr nicht, wie bei Irmgard, nur Gewalt angetan, hat sie als kleines Mädchen regelrecht vergewaltigt. Sie musste auf Anordnung ihrer Mutter die Badewanne auswischen, hing über den Badewannenrand, der Ausguss war verdreckt; ihr Vater kam ins Bad, riss ihr das Höschen runter, nahm sie mit Gewalt, ihr Körper über den Badewannenrand eingeknickt, ihr Becken hart anschlagend, der Kopf am Ausguss, heftig aufschlagend – sie muss das abarbeiten, aufarbeiten, wollte das nur schon mal signalisieren.

Und ich fragte mich: Wieso bist du Ansprechpartner für solche Storys? Töchterlein auf dem Badewannenrand hart genommen – ich konnte, wollte es nicht glauben, doch was hätte mir das geholfen? Würde ich im Verlauf dieses Seminars heranzitiert, um wieder die Rolle eines gewalttätigen Vaters zu simulieren, zu reaktivieren?

Ich stahl mich davon. Aufatmen, als ich den Zündschlüssel drehte. Rasante Anfahrt, langsame Weiterfahrt. Ein Lampion- und Fackelzug; auf einem Hügel ein Martinsfeuer; schräg darüber der Mond. Ich hielt an, stieg aus, wollte das Bild auf mich wirken lassen: Die hochschlagenden Flammen … der milchblauweiße Mond … Ja, und natürlich Blasmusik, das Lied von St. Martin, fast hätte ich eingestimmt.

Nachtrag. Es hat lang gedauert, ehe ich das Bild von Helene, gemalt von der anderen Helene, wieder aufgehängt habe, hier in Brühl – vorher hatte ich es lange Zeit deponiert, hatte es dann im Eifelhaus aufgestellt, jedoch ganz hinten auf dem obersten Brett eines Buchregals; so schaute sie nur knapp über Bücher hinweg, die ich von Helmuth übernommen habe, übernehmen konnte.

BRIEFE MEINES VATERS zu lesen, ist optisch anstrengend. Er ließ oben, unten, seitlich keinen Freiraum, die Schrift wirkt horizontal komprimiert, als würde unter großem Seitendruck geschrieben. Die Schrift meiner Mutter hingegen, die ja nun wirklich unter Druck stand, sie erschien frei, locker, gelöst, war eigentlich schön. Und vor allem: mühelos lesbar.

Merkwürdige Umkehrung, aber ich will das nicht weiter ausführen, verstehe nichts von Graphologie, kann nur konstatieren: Bei ihr die locker fließende, bei ihm die angestrengt komprimierte Schrift. Und doch, ich bin froh, dass ich einige dieser mit Füllfederhalter auf gutem Papier geschriebenen Briefe besitze: Dokumente aus dem Zeitalter analoger Schreiben in (zuweilen sogar gefütterten) Briefumschlägen und mit (zuweilen sogar dekorativen) Briefmarken (und, einige Jahre lang, mit der kleinen, blauen Zusatzmarke: Notopfer Berlin).

Bochum, Januar 1956. »Mein lieber Junge! Zu Deinem Geburtstag viele herzliche Grüße und Wünsche. Befürchte nicht, dass ich zu dem denkwürdigen Tage Deiner Großjährigkeit ein Konzept zu einer langen Rede à la Polonius zu Papier bringe, und doch möchte ich aus dem neuesten Buch von Jaspers über Schelling eine Stelle zitieren, die Dir und mir wohl aus dem Herzen geschrieben sein könnte.

›Wer philosophieren will, muss auf dem Wege gehen, auf dem er wagt zu irren. Wer aber gar nicht einmal sich auf den Weg macht, sondern völlig zu Hause sitzen bleibt, kann nicht irren. Wer sich in die See wagt, kann durch Stürme oder eigene Ungeschicklichkeit freilich vom Wege abkommen und verschlagen werden; wer aber gar nicht aus dem Hafen ausläuft, dessen ganzes Bestreben vielmehr darin besteht, nicht auszulaufen, sondern durch ein ewiges Philosophieren über Philosophie zu verhindern, dass es gar nicht zur Philosophie kommt, der hat freilich keine Gefahren zu befürchten.‹

Du hast das Glück, wenigstens in Deiner Jugend Dich mit den einzig wirklichen Problemen auseinandersetzen zu können, während unser Leben mehr oder minder in den zum Selbstzweck werdenden Ziffern von Stahlblechproduktion zu versickern droht. Die besinnlichen Stunden muss man sich heimlich stehlen.

Das zitierte Buch ist im Spiegel besprochen worden. Das Indenvordergrundstellen der Frau Schellings wird bekrittelt, m.E. wohl unberechtigt. Jaspers wird unterstellt, dass seine Kritik an Schelling nicht Schelling, sondern Heidegger treffen solle. In einem Leserbrief hat ihm ein Dr. Mayer den mageren Vorwurf gemacht, 1947 kalorienhalber sein ›Vaterland‹ verlassen zu haben. Es ist immer noch volkstümlich, von einem Philosophen neben schäbiger Kleidung auch leichtes Hungern zu verlangen.«

Helmuth Kühn, Abt.-Direktor der Westfalenbank Aktiengesellschaft Bochum, Börsen-Abteilung. Juli 1957. »Am Freitag voriger Woche hatten wir uns aufgerafft zum Besuch der Ruhrfestspiele in Recklinghausen. Karten konnten wir nur noch für ›Die drei Schwestern‹ von Tschechow bekommen – Ensemble Wiener Volkstheater. Die Darstellung war meines Erachtens etwas zu sehr in die Länge gezogen – die im Stück gezeigte Langeweile eines unerfüllten Lebens griff auf den Zuschauer über. Die Kulisse war ›echt‹: 30 Birkenstämme aus Pappe schaukelten im sanften Windgebläse eines Ventilators. Schalla [Intendant des Schauspielhauses Bochum] hätte bestimmt gerafft. Aber trotzdem war es gut. Die schauspielerischen Leistungen waren überzeugend.«

Bochum, Juli 1960. »Ich hätte Deinen lieben Brief schon früher beantwortet, wenn die entscheidende Besprechung sich nicht immer wieder verschoben hätte. Am Donnerstag hat sie – zweistündig – stattgefunden. Wie nicht anders zu erwarten, war sie ein voller Erfolg für mich. Wer in diesem feigen Jahrhundert entschlossen und gut vorbereitet eine Sache in Angriff nimmt, hat schon gewonnen. Es war ein Rückzug der Bank in breiter Front. Ho. machte zeitweise einen erschrockenen Eindruck. Das – diese Art der Aussprache – ist ihm wohl seit einem Jahrzehnt nicht mehr passiert. Wenn dieser mehr als überflüssige Druck von mir genommen ist, wird die Arbeit wohl weiter anstrengend bleiben, aber mit Lust und Liebe zur Sache wird es schon klappen. Auch bei uns wird es ein Auf und Ab geben. Es gibt keine endgültige Bewegung in einer Richtung. Ich hoffe, dass jetzt ein für allemal diese Albernheiten vermieden werden. Mit 56 gibt man so leicht wohlverdiente Pensionsansprüche nicht mehr auf. Die Alternative, entweder anders neu anzufangen oder den 2-Stundenjob [externer Beratung?] zu wählen, ist bzw. wäre auch nicht ideal. Der Wechsel würde zusätzliche Arbeit verursachen, der 2-Stundenjob ist in hohem Grad von der Konjunktur abhängig. Wenn man natürlich wüsste, dass das Verdienen an der Börse so leicht bliebe, wie es momentan der Fall zu sein scheint, wäre das Letztere eine bequeme Lösung. Die Angelegenheit hat mich innerlich zu sehr in Anspruch genommen, dieser unnötige Kampf gegen Dummheit, Ignoranz und H.s Familienpolitik ist wohl nur ein Spiegelbild der geistigen Verfassung unseres Abendlandes. Eine Nation, in der der Geldverdiener das Wort führt, ist schon eine gefährliche Sache. Wohin die blühende Dummheit führt, zeigt sich ja täglich auch in größerem Rahmen. Man ist nur immer erstaunt und fast beleidigt, wenn man mit dieser armseligen Lebensauffassung der Geldverdiener konfrontiert wird. Man kann tatsächlich an der Dummheit der anderen leiden; vielleicht ist es aber wiederum eine Dummheit, sich von dieser Realität überrollen zu lassen. Ich habe mir jedenfalls fest vorgenommen, jetzt die Politik des Zahns um Zahn oder des groben Keils auf groben Keil auszuüben. Es gibt im Leben nun einmal Krisen, die nützlich sind, wenn man sie überlebt. Man wird wach und verfällt nicht in einen Alltagstrott, man versinkt nicht in der ewigen Routine. Ich hoffe, dass der Fall auch sein Gutes gehabt hat.«

Bochum, April 1961. »Mit Giraudoux habe ich mich bis zur Stunde noch nicht beschäftigen können, ich habe noch verschiedentlich Anouilh gelesen. Augenblicklich ist im Geschäft so viel los, dass ich abends nicht immer die richtige Stimmung habe, solche Sachen zu lesen.

Dein Hinweis auf die Shaw'sche Aufführung ›Mensch und Übermensch‹ hat mich sehr interessiert, ich werde versuchen, für Mutti und mich Karten zu bekommen.

Dein Plan, Musil mit Thomas Mann zu vergleichen, scheint mir recht interessant zu sein, ich würde den Gedanken unbedingt weiterverfolgen.

Mit Deinen zum Schluss geäußerten politischen Ansichten stimme ich völlig überein. Man muss sehr wachsam sein.«

BRÜSSEL, RUE BELLIARD, der Neubau des Europaparlaments, wir fahren im Taxi vor. Bewaffnete Polizisten am Eingang. Und drei Demonstranten: zwei junge Männer, eine junge Frau, sie hat einen schwarzen Hut auf, ihr Gesicht weiß geschminkt. Jedem, der ins Gebäude geht, wird ein postkartenkleines Kartonblatt überreicht, in das eins der Schirmchen gesteckt ist, zusammengeklappt, aus Holz und Papier, wie sei sonst Eisbecher krönen, und mit Füllfeder wurde über dem Schirmchen geschrieben: »Pas op, zure neerslag« und »Attention, precipitations acides«. Ich stecke das Blatt ein, folge Beate, der Cousine.

Ein Pressekärtchen wird auf meinen Namen ausgeschrieben, ich klipse es ans Jackenrevers, gehe in den Sitzungssaal, sehe weitgeschwungene Tischflächen, sehe Rollsessel, Mikrophone, Kopfhörer, sehe Angestellte des Hauses in dunkelblauen Anzügen mit Buchstaben-Emblemen: EP PE, sehe viele Männer, einige Frauen, sehe den Vorstandstisch an der Stirnseite des Saals: man nimmt hier Platz, nun verteilen sich auch die Grüppchen. Im mittleren Sektor die Abgeordneten, dahinter eine Sitzreihe für die Presse, schließlich Mitarbeiter der Parlamentarier, in den Sitzblöcken rechts und links die Experten, und diese beiden Sektoren lückenlos gefüllt; umso zahlreicher die Lücken in den vier Sitzreihen vor mir: Auf jedem Platz ein Schildchen mit dem Namen des Abgeordneten; ich erfahre, dass nicht nur für jedes Mitglied des Umweltausschusses, sondern auch für den Stellvertreter ein Platz reserviert sei, Mitglieder und Stellvertreter können aber nicht gleichzeitig anwesend sein, der optische Eindruck täusche demnach. Aber auch so gesehen, so gerechnet: Es ist nur ungefähr die Hälfte des Umweltausschusses anwesend, und das in diesem seit einem halben Jahr vorbereiteten Hearing über Säuredeposition, acid deposition, pluies acides, bei einem Thema von größter Brisanz und Aktualität, wie der schottische Vorsitzende des Ausschusses für Umweltschutz, Volksgesundheit und Verbraucherschutz in einer kurzen Eröffnungsrede sagt, mit der das Hearing offiziell eröffnet wird, und es beginnen die Referate und Statements: Soll die Abgasreinigung durch Abgasentschwefelung, durch Schwefeldioxydabscheidung, durch Zugabe von Kalk erfolgen, oder soll das Wirbelschichtverfahren eingeführt werden, die Zweistufenverbrennung? SO_2 und Folgeprodukte, Schwermetalle, Aldehyde, Aromaten, photochemische Oxidantien, nichtdispersive Infrarotabsorption, konduktometrische Analyse, Kolometrie mit Hilfe des Saltzmann-Reagens, Absorptiometrie mit Hilfe von Kaliumiodid-Lösung ...

Ein Empfang zu Beginn der Mittagspause des Hearings; ich lasse mir, ein Glas Wein in der Hand, von einem Forstexperten berichten und mit Fotos dokumentieren, wie Wälder bei Karlsbad aussehen, zum Riesengebirge hinauf: Dort sind auf vielen Quadratkilometern die Bäume kaputt, dort setzt bereits Versteppung ein, die ersten Bewohner verlassen das Gebiet. Einer der blau Livrierten füllt mein Weinglas nach. Sobald es leer ist, geht es zum Mittagessen, mit Beate, mit dem Ausschussvorsitzenden, mit einem englischen Schriftsteller, der ebenfalls im Ausschuss ist, mit einem Repräsentanten der European Foundation – ein Lokal in der Nähe der Rue Belliard, ein Geheimtipp. Ich speise Lamm, trinke Rotwein. Ja, auch die anderen fühlen sich zermürbt – das Erschrecken über die rapide beschleunigte Vernichtung der Umwelt wird beinah neutralisiert durch die sachlichen oder scheinbar sachlichen Darstellungen, Gegendarstellungen – es findet ein Zerreiben des Materials statt: Vier Stunden allein an diesem Vormittag, an dem wir von Schadstoffgehalten, säuretoleranten Gräsern, Zersetzungsorganismen, Versäuerungstendenzen, schwindenden Pufferkapazitäten des Waldbodens, überregionalen Verdriftungen, städtebaulichen und gesundheitlichen Negativfolgen, Akkumulationsphasen gehört haben – jetzt erst einmal ein Viertelstündchen nichts mehr über pluies acides, acid deposition, Säuredeposition ... Was nehmen wir zum Nachtisch? Eine Crêpe mit Eis und Cognac? Und Kaffee, auf jeden Fall Kaffee.

Die Fortsetzung des Hearings läuft zäh an: Die erste Stunde wird verplempert mit der Erörterung der Synopse, der Zusammenfassung erster Expertenaussagen, damit die Parlamentarier schon mal Material auf dem Tisch haben. Sind in dieser Synopse alle Fragen und vor allem: sind hier sämtliche Antworten richtig wiedergegeben? Verschiedene Experten sind nicht zufrieden, sie sprechen von Kürzungen, sogar Entstellungen, der Vorsitzende muss wiederholen, dass die Synopse nicht die vorwegnehmende Zusammenfassung der Ergebnisse dieses Hearings sein kann, dieser Bericht wird sehr sorgfältig hergestellt, hier sollen dann alle Gesichtspunkte gebührend berücksichtigt werden. Dieser Hinweis muss zweimal kommen, beim zweiten Mal entschiedener, ehe man zur Erörterung der Sachfragen zurückkehrt.

An diesem frühen Nachmittag ist der allgemeine Stimmpegel deutlich gesenkt, einige Parlamentarier haben vom Mittagessen, Mittagswein leicht gerötete Gesichter, viele würden jetzt wohl lieber einen Mittagsschlaf oder einen Mittagsbeischlaf machen. Auch ich bin müde, die Wirkung des Weißweins, Rotweins ist stärker als die des Kaffees, ich döse vor mich hin, mache zuweilen Notizen, höre erst wieder konzentriert zu, als man zur Erörterung des eigentlichen Themas kommt, es reden Vertreter der Forstbehörde und Repräsentanten der Stromindustrie, Fachwissenschaftler verschiedener Disziplinen, vom Istituto di Microbiologia Agraria e Tecnica bis zum Norwegian Institute for Water Research. Bei Wortmeldungen werden vielfach Täfelchen mit Abkürzungen hochgehalten: Repräsentanten des IFA und des IBW, vom ECC und ECW, vom LHW, von der UNIPEDE, und der Sprecher dieser International Union of Producers and Distributors of Electricity äußert sich mehrfach: Erstens als Bewohner eines Landes, in dem atlantischer Westwind vorherrscht, zweitens als Produzent von Strom sieht er keine Gründe für übereilte Aktionen, wir können doch nicht jeweils ein chemisches Werk an ein Kraftwerk koppeln, diese Kosten sind nicht mehr kalkulierbar, außerdem besteht in der gegenwärtigen Situation zu einer Dramatisierung der Lage kein Anlass, es hat auch früher schon sauren Regen gegeben, vor allem nach größeren Vulkanausbrüchen. Mister Chairman, sagt nun einer der Wissenschaftler, darf ich meinen Herrn Vorredner kurz darauf hinweisen, dass wir derzeit dann aber permanente Vulkanausbrüche haben, hier in Europa? Beifall, Gelächter, die Stimmung gelöst.

Nach acht Stunden Hearing, um 19 Uhr, eine Vorführung von Dias in einem kleinen Sitzungsraum: Forstwissenschaftler haben die Bilder in der Mittagspause zusammengestellt, eine improvisierte Veranstaltung. Ein Berghang in Polen, zum Riesengebirge hin, vor wenigen Jahren aufgenommen, der scheinbar noch gesunde Nadelwald hoch hinauf und weit hinaus, und nun ein Foto vom Vorjahr, und da ist weitflächige Zerstörung; und abgestorbene Wälder in der CSSR; und absterbende Wälder in der DDR; und der Blick von einer Höhe im Bayerischen Wald: kilometerweit das fahle Graubraun von Fichtenstämmen, Fichtenästen.

Nach der Vorführung gehen wir zur Bar, im EP-Gebäude, trinken, was unseren fast übersäuerten Mägen wohltut; Parlamentarier, Experten stehen am Tresen, hocken in Sesseln. Ich spreche mit Beate über das Verarbeiten von Informationen: Für die Mitglieder des Umweltausschusses ist das Thema Säuredeposition nur eins unter vielen, sie haben es, in den Tagesordnungen der Sitzungen, beispielsweise auch zu tun mit der Verpackung flüssiger Nahrungsmittel, mit der Etikettierung von Nahrungsmitteln, mit der Luftverunreinigung durch Abgase von Kraftfahrzeugen, mit Fütterungsarzneimitteln der Tierhaltung, mit der Verwendung von Klärschlamm, mit der Gefährdung durch chemische, physikalische und biologische Agenzien bei der Arbeit, mit Geräuschemissionen von Haushaltsgeräten, mit Quecksilber, mit kosmetischen Mitteln, und es gibt ein Aktionsprogramm Sicherheit und Gesundheitsschutz am Arbeitsplatz – zu all dem müsste, muss man sich informieren, zu all dem müsste, muss man Stellung beziehen, zu all den Punkten müsste, muss man Initiativen entwickeln, neue Umweltrichtlinien, neue Gesetzesentwürfe – freilich die auch hier sehr unterschiedlichen, ja konträren Haltungen der Mitgliedsländer, die Prozeduren entsprechend lang, Kompromisse – aber jetzt bitte vorerst kein Wort mehr über Umweltschutz, Umweltpolitik, wir sind hungrig! Ja, trotz der bevorstehenden Miseren, bevorstehenden Katastrophen – wir wollen noch mal gut essen, gut trinken hier in Brüssel. Ich befrage mich, cognactrinkend: müsste ich jetzt nicht völlig niedergeschlagen sein, denn habe ich nicht gelernt, dass unsere Umwelt fast völlig unausweichlich zerstört wird? Aber stärker ist dieser Reflex: achteinhalb Stunden war ich mit diesen Problemen konfrontiert, nun reicht es erst mal. Das Restaurant, auf das man sich rasch einigt, ist bekannt durch Spezialitäten: überbackene Hopfensprossen, Kalbfleisch mit Trüffeln, Salm auf Speckstreifen. Ah, und französischer Rotwein!

JETZT SOLLTE ICH doch mal wieder betonen, dass ich weiterhin schrieb. Hier setzte, hier setze ich klare Prioritäten. Die sicherste Zeit zur Realisierung war der Vormittag: die Söhne erst im Kindergarten, dann in der Schule. Konditionierung, die konstant blieb. Am Vormittag sieht die biologische Energiekurve ja ganz gut aus. Jetzt könnte ich in meiner provisorischen Auflistung nachschauen, an welchen Texten ich in den achtziger Jahren gearbeitet habe, aber das schiebe ich auf, anderes will vorrangig berichtet werden.

Es ist nicht so, als hätte ich ein klar konturiertes, zutreffend koloriertes Bild parat von mir selbst, das ich nun, eins zu eins, in das Buchmedium übertrage: So sehe ich mich, so bin ich, so stelle ich mich dar, so möchte ich gefälligst auch gesehen werden. Das ginge so, wenn ich gleichsam in mir selbst einzementiert wäre. Ich wurde aber zu oft aus mir herausgerissen oder: habe mich aus mir selbst herausgezogen. Ruhe nicht in mir, gehe immer wieder aus mir heraus, sehe auch schon mal von mir ab.

Noch einmal: Die Arbeit an diesem Buch damit als Prozess, der wiederholt zu Überraschungen, zu plötzlichen Wendungen führt, ausgelöst auch von Funden in der Endmoräne planlos angehäufter Dokumentationen. Ich hole mich mit solchen Entdeckungen selbst ein, fühle mich zwar nicht bereichert, aber angereichert. Hätte mir manches, rückblickend, selbst nicht mehr zugetraut oder zugemutet. Vieles gleichsam abgekoppelt, nun wieder wahrgenommen, herangezogen, umgesetzt im fortlaufenden Prozess einer Selbstdarstellung als Selbsterkundung.

Oder, modischer: der Selbstfindung. Die hat nicht ihr optimales Bühnenbild an einem Meeresstrand oder im Hochgebirge, es sind auch vergessene Fotos, vergessene Texte, die mein Selbstverständnis, meine Selbstdeutung, meine Selbstaussage gleichsam auf den Prüfstand bringen. Das Buch als so etwas wie eine Expedition von mir zu mir selber, und da kann ein Wechsel in der Bewegungsrichtung jäh zu erneuter Selbstbegegnung führen.

Selbsterfahrung, Stichwort Bamberg. Vergessen der Zeitpunkt des ersten Besuchs der Stadt. Führte mich eine Lesung dorthin? Eine Ferienreise? Wie groß war der Zeitabstand zwischen erstem und zweitem Besuch? Vielleicht war ich mit ungefähr dreißig zum ersten Mal in Bamberg. Ich schlage mir vor: Ich könnte, dürfte um die vierzig gewesen sein beim zweiten Besuch. Ein Zeitraum jedenfalls, in dem Erinnerungsfähigkeit noch nicht thematisiert wird, schon gar nicht im Zustand der Selbstbelauerung, später: Baut dein Gedächtnis ab? Erste Schatten einer Bedrohung von innen heraus? Nein, noch keine Form der Befangenheit, noch kein Versuch der Selbstentschuldigung, unter dem Motto: Man wird schließlich älter …

Also, was war in Erinnerung geblieben von dieser Stadt, die ich ein Jahrzehnt oder Jahrdutzend zuvor besucht, mit »offenen Augen« wahrgenommen hatte? Ein Domplatz, natürlich der Domplatz, kopfsteingepflasterte Schrägfläche, und die graue Baumasse des zweitürmigen Doms, ein langgestreckter Bau: wurde in der Erinnerung zu einer leeren Kulisse, keine Details mehr, auch keine Informationen, die sich diesem Gebäude zuordnen ließen.

Ja, und ein Gebäude auf einer schiffsähnlichen Insel mitten im Fluss, Gebäude mit festlicher Drapierung aus Stuck und Stein, mit Freskomalereien. Ja, und kleine, alte Häuser am Fluss – die Erinnerung an sie aufgefrischt durch ein Foto in einer Zeitung oder Zeitschrift: »Klein-Venedig«. Aber Bamberg insgesamt? Eine Stadt, die sich in meiner Erinnerung weithin aufgelöst hatte, nur einige Reste waren übriggeblieben, ohne räumliche Zuordnung.

Bamberg revisited: Ich parkte den Wagen an der Schiffslände des Rhein-Main-Donau-Kanals, ging Richtung Innenstadt. Und mir fiel auf: Die Stadt weist ein entschieden deutlicheres

Höhenprofil auf, als es sich in der Erinnerung abgezeichnet hat; die Höhen hatte ich weithin abgetragen, fast nivelliert; verblieben war eine Stadt mit einigen Schrägflächen, jedoch ohne die Hügel, ohne die Mittelgebirgshänge im Bildhintergrund. Jetzt aber steht auf einem Hügel eine große Kirche mit klosterähnlichem Gebäudekomplex, von grünen Hügelflanken hervorgehoben. Diese Kirche, dieses Kloster hatte in der Erinnerung nicht die geringsten Spuren hinterlassen. Ich versuchte, in einer Straße stehend, ein Erinnerungsbild zu aktivieren, aber es war nichts, gar nichts gespeichert im Hirn – zumindest konnte ich das nicht wieder aktivieren. Ich fragte eine Passantin, wie die Kirche dort oben bitte heiße – es war die Michaeliskirche auf dem Michaelsberg. In der Tat, den hatte ich in der Erinnerung völlig abgetragen, kein Stein war übrig geblieben, kein einziger der Bäume an der Hangflanke stadtwärts, flusswärts. Was hatte ich damals überhaupt gesehen? Warum hatte ich mir überhaupt diese, auch diese Stadt angeschaut? Ich ging durch die Stadt, um zu sehen, was ich gesehen hatte, um Erinnerungsbilder zu wecken durch Stadtbilder, aber es wurde ein Gang in eine für mich fast völlig fremde Stadt.

Diese Stadt hat einen Maxplatz mit der barocken Fassade des Neuen Rathauses, das früher ein Priesterseminar gewesen war, und das hatte Balthasar Neumann persönlich entworfen, wie ich auf einem Faltblatt las, unterwegs in einem Reisebüro gegriffen – auch dieser Bau abgetragen, ausgelöscht. Und der Grüne Markt: spurlos verschwunden, inklusive St. Martins-Kirche, dieser riesenhafte Barockbau. Verschwunden auch das barocke Bürgerhaus, das Paulino-Haus – als hätte es auf Atlantis gestanden. Unauffindbar weggestellt, weggeschafft der Neptunbrunnen. Stein um Stein abgebaut das Haus, in dem Wallenstein mal übernachtet hatte – eine historisch freilich nicht weiter relevante Nacht.

Erst als ich die Pegnitz erreichte, das Gebäude auf der schiffsförmigen Insel sah, entstand eine Beziehung zwischen dem, was ich sah, und dem, was ich gesehen hatte: umschäumtes, umrauschtes Fundament des Gebäudes. Aber ich wusste schon längst nicht mehr, dass dies das Alte Rathaus war. Am Inselbug, der in der Tat aussah wie ein mächtiger Schiffsbug, ein Fachwerkhaus, das nun, laut Faltblatt, ein Rottenmeisterhäuschen mit gotischem Fachwerk wurde. An barockes Schnörkelwerk erinnerte ich mich noch vage, vielleicht hatte gelegentlich eine Fotografie nachgeholfen, auch an Bemalung erinnerte ich mich, aber nur pauschal: Steinmetzwerk und Fresko hatten sämtliche Details verloren, sogar die optischen Täuschungen, die mir nun, über den Flussarm hinweg blickend, an der Mal- und Schauseite auffielen: eine grüne Vorhangdrapierung, über einen Fensterausschnitt gezogen, etwa ein Sechstel der Fensterfläche bedeckend in geschrägtem, grün bemaltem Mauerwerk. Und ein Engel streckte ein Bein plastisch vor über den unteren Bildrand – alles vergessen, sogar dies. Dabei hatten die barocken Handwerker und Künstler all das arrangiert, um größtmögliche Einwirkung und Nachwirkung sicherzustellen, aber ich hatte Vorhangdrapierung und Engelsbein einfach entfallen lassen.

Ich schaute mir die Drapierung genau an und noch genauer das Engelsbein, starrte es an, bis es mir ins Hirn zu ragen schien, nahm mir vor, dieses aus der gemalten Fassade ragende Bein nicht mehr zu vergessen, auch nicht den grünen, den Fensterausschnitt zum Teil überdeckenden Steinvorhang mit der Assoziation: Theatervorhang. Diese Assoziation sollte sich verfestigen: Theatervorhang, Stein- und Maldrapierung, theatralisch. Ich nahm mir vor, auf dem Rückweg zum Auto noch einmal an der Brücke stehenzubleiben, um, nach den anderen Bildern der erneuten Stadtbesichtigung, dieses Bild wieder aufzufrischen und zu bewahren – nach einem langen Seitenblick zu den Häuschen flussabwärts, dem Kleinen Venedig. Die Häuser dort waren in der Erinnerung weniger geworden, zahlenmäßig, aber sie hatten Bestand, waren vom Fluss nicht weggerissen, weggeschwemmt worden.

Doch ansonsten: wie viel Auflösungssubstanz in mir, Scheidewasser? Nicht mal das Vorhanggrün war lichtecht geblieben. Und die barocken Elemente der Schnörkelwappen, Schnörkelwerkfiguren: als hätte ein rücksichtsloses Frontbereinigungsverfahren stattgefunden, dem die meisten Details geopfert wurden für eine fast monotone Zweckfassade. Nun ließ ich die barocken Steinschnörkel, auch die Schmiedeeisenschnörkel des Balkons im Kopf nachwachsen, nichts mehr sollte von der Vielfalt verlorengehen, zumindest sollte, da ich mir nicht jeden Schnörkel detailgetreu einprägen konnte, der Eindruck großer Vielfalt bleiben. Dazu musste ich Einzelheiten dingfest machen.

Aber lässt sich Erinnerungssubstanz beeinflussen? Oder prägen sich Details, Stimmungen nicht am ehesten ein in Situationen, in denen man schutzlos ist, man überrascht wird? Und diese Details, diese Stimmung synchron mit der Situation, in der man sie wahrnahm? In einem Zustand beispielsweise der Übermüdung? In einer Phase emotionaler Turbulenz? Kann ich Erinnerung bewusst durchtränken mit konservierenden Mitteln? Mir Detail für Detail für Detail einprägend, damit wenigstens ein paar Details in der Erinnerung bleiben, sah ich das Gebäude bereits mit Abschiedsblicken, mit einem sich eintrübenden Blick, als wüchse frühzeitig Grauer Star heran, und nicht einmal die grüne Vorhangdrapierung aus Stein, nicht einmal das plastische Engelsbein im Wandgemälde können sich halten, es bleibt nur ein detailarmes Gebäude an einem Fluss, der nur gelegentlich Pegnitz heißt?

Diesen Fluss überquerte ich, die Gebäudetoröffnung passierend, stieg zum Domplatz hoch durch einige Straßen, Gassen, die zwar unverwechselbar charakteristisch waren, sich in meinem Kopf aber gleich vermischten mit Altstadtstraßen, Altstadtgassen anderer Städte, da schob sich Kulisse vor Kulisse, schon im Hinsehen. Ich blieb nicht stehen, um mir einzuprägen. Da war auch nichts, das mich ansprang, als Detail, das sich ins Hirn krallte. Ich ließ den Blick ausruhen. Ein Vorbeigleiten, Zurückgleiten, ich drehte mich nicht um.

Als ich den Domplatz betrat, gab es einen Ruck im Hirn: Dieser Platz hatte in den vergangenen Jahren nicht so hoch über dem Fluss gelegen wie nun, und die Straßenachse, die den Platz durchquerte, diagonal, sie war in der Erinnerung um etwa 90 Grad verschoben gewesen – ein völlig anders genordeter Platz. Und mein Dom hatte zwei Türme, nun waren es plötzlich vier. Die zwei hinteren hatte ich in der Erinnerung abgerissen, hatte sie verschwinden lassen, beinah auf Nimmerwiedersehn. Und die große, in der Erinnerung völlig undeutliche Fassade an diesem Platz wurde nun zur Front einer fürstbischöflichen Residenz, ebenfalls barock. Und das graue Haus mit der Prunkfassade wurde nun die Ratsstube. Und dahinter die Hofhaltung, die frühere Kaiser- und Bischofspfalz, ebenfalls vergessen, obwohl es mehrstöckige, langgestreckte Fachwerkbauten waren, um einen dreieckigen Innenhof herum, der bereits die Ausmaße eines kleinen Platzes hatte. Die zahlreichen Geranien-Blumenkästen an den Holzloggien, die hatte es schon damals gegeben, hatten meine Erinnerung aber nicht bestechen können. Ich ging durch die alte Hofhaltung hindurch, kam in eine Gasse mit alten, zum Teil von wehrhaften Mauern geschützten Häusern, den Wohnsitzen früherer Domherren – auch diese Gasse schien ich zum ersten Mal zu sehen.

Und der Dom selbst? Den hatte meine erinnerungsdefizitäre Erinnerung weitgehend ausgeräumt. Der Bamberger Reiter, selbstverständlich, den hatte ich in Erinnerung behalten, in den Zwischenjahren sicherlich ein paarmal auf Fotos, Reproduktionen vor Augen geführt, aber als ich in den überraschend weiten, überraschend hohen Kirchbau eintrat, musste ich das berühmte Bildwerk erst einmal suchen – an welcher Säule war es postiert? Ja, und die sehr vage Erinnerung an ein Hochgrab, aber dass es von Tilman Riemenschneider war, das hatte ich schon vergessen, und selbstverständlich auch, wer hier begraben lag, sogar mit Frau. Den Namen Riemenschneider hatte ich mit Holzschnitzereien, mit Holzaltären assoziiert – der große, mir sofort auffallende Holzaltar war jedoch von Veit Stoß.

Da stand ich in derselben Kirche, in der ich vor Jahren gestanden hatte, und es hatte in der Zwischenzeit fast so etwas wie eine Kulturrevolution stattgefunden, in meinem Kopf: Fast alle Plastiken, fast alle Altäre vernichtet, spurlos weggeräumt, in Remisen abgestellt, dem Vergessen anheimgegeben.

Ich führte mich mehrfach durch den Kirchbau, den Dom, dreimal hielt ich an vor dem Holzaltar des Veit Stoß, so nah, wie mich das Absperrungsseil heranließ, und ich sah, was ich schon damals hätte sehen müssen, was sich hätte einprägen müssen: Figuren in dramatischer Bewegung, nicht das übliche Aufreihen von Heiligen mit ihren Identifizierungssignets in den Händen. Dreimal führte ich mich um das Hochgrab für Kaiser Heinrich und seine Gemahlin herum, der schmale, bärtige Kopf des Kaisers auf dem Steinkissen, und an den Seiten Halbreliefs aus dem kaiserlichen Leben, eine Bilderfolge.

Die prägte ich mir ein. Wollte nicht umsonst in diese Stadt gefahren sein. Die sollte sich nicht wieder auflösen nach einigen Jahren. Ich nahm mir vor, lieber einige Städte mehrfach zu besuchen als immer mehr Städte nacheinander. Alle paar Jahre nach Bamberg, damit die Stadt ihr Profil behält? Und unverrückbar der Michaelsberg mit der Michaeliskirche? Und die barocke Fassade löst sich nicht ab, das gotische Netzwerk an der Decke löst sich nicht auf, mit all den Heilpflanzen, die droben gemalt sind? Sechshundert Heilkräuter gegen das Vergessen? Bamberger Kräutlein, in meinen Kopf hereingewachsen?

Und wie viele Städte, wie viele Stadtbilder haben sich auf ähnliche Weise aufgelöst, ja weithin verflüchtigt? Ich eröffne hier keine Liste, ich bleibe bei der Frage, weshalb Hegels oft zitierte »Furie des Verschwindens« in mir auch Bamberg ergriffen hat. Blieb die Stadt nur Erscheinung, wurde nicht Erfahrung? Habe ich sie, wie andere Städte auch, mit Interesse betrachtet, doch es entstand keine emotionale Beziehung, keine Bindung höherer Intensität? Dann erst gewinnt wohl eine Stadt volle Wirklichkeit (zumindest punktuell), dann erst wird das Bild in der Erinnerung festgeschrieben. Emotionale Bindung von Wahrnehmungen als stärkster Erinnerungskitt!

Bestätigt sich das am (Gegen)Beispiel Striegau (Strzegom) in Schlesien? Der Name der Kleinstadt verbunden mit den Namen von Vater und Sohn Günther. Den Vater des Dichters Johann Günther, den Landmediziner hatte ich, partiell, zum Modell genommen für die Hauptfigur der Erzählung *Die*

Minute eines Segelfalters. Das Interesse am Vater war freilich initiiert durch Bewunderung für den Sohn. Mit Blick auf beide wollte ich, Ende der achtziger Jahre, Ambiente wahrnehmen, auch von Schweidnitz (Swidnica). Fast eine Pilgerfahrt – Aufregung, als ich durch die Frontscheibe des Autos die charakteristische Kirche von Striegau sah, offenbar leicht erhöht auf einem Hügel.

Wie Menzel (der Zeichnungen von Striegau hinterlassen hat) bin ich durch den Ort gelaufen, rund um den zentralen, mächtigen Kirchbau. Der blieb als Wahrzeichen im Gedächtnis. Freilich eher als Baumasse denn als Bauform. Die Peter-und-Pauls-Kirche führe ich mir auf dem Bildschirm noch mal vor Augen, finde das Erinnerungsbild allzu pauschal. Immerhin ein gotischer Bau, der Turm freilich nie vollendet, der Stutzen nicht höher als der aufgestockte Renaissancegiebel. Mit reichem Steinmetzwerk repräsentativ gestaltete Eingänge. Das alles ist in der Erinnerung reduziert auf schiere Baumasse mit hohem, steilem Dach. Und nur im Gedächtnis bewahrt in Verbindung mit den Namen von Vater und Sohn Günther. Also eher ein massiger, feldsteingrauer Hinweis als eine erratische Bauform des Nonfinito. Markierung wie draußen der Zobten, jener dicht bewaldete Bergkegel mit sanft geschrägten Seitenkanten, zuweilen hochstilisiert zum Schlesischen Olymp, jetzt aber mit dem Gittermast einer Sendeantenne.

Stichwort Erinnerungspräsenz: Letztlich also kann ich ein Striegau nicht ausspielen gegen Bamberg, zum Beispiel. Für mich geblieben ist nur die wuchtige Akzentuierung der größten Stadtkirche Schlesiens, geblieben ist nur, als landmark, der Kegel des Zobten. Die eigentlichen Brennpunkte der Ellipse aber sind für mich, bleiben für mich Johann Günther, der Vater, und Johann Christian Günther, der Sohn. Beide Namen verbunden mit angelesenen Informationen über die Geschichte ihrer Zeit.

Diese Informationen hatten ihre Verfallszeit. Also keine Jahreszahlen, keine Zitate. Nur dies hat sich eingeprägt: es wurde weithin und lange Zeit gehungert. Heu wurde aufgekocht, Baumrinde bearbeitet. Zur Kontrolle noch mal in

Krämers Biographie über den Dichter lesend, begegne ich jedoch, diesseits der Jahrtausendwende, wie zum ersten Mal dem Wort »Wurmmehl«, greife es auf, bin sicher, dass ich es diesmal nicht mehr vergessen werde. Denn jetzt erst kann ich mir vorstellen, was damit gemeint war. Im Eifel-Holzhaus lernte ich unterscheiden zwischen den Sägespänen, die der Holzbock zwischen Bretterfugen herabrieseln lässt, und dem Weizenauszugsmehl, das in einer Kettensäge-Holzplastik aus immer zahlreicheren Löchern sickert und den Fuß der hüft-hoch aufgerichteten Fischflosse weiß einstäubt.

Nun habe ich vor Augen, wie weit man bei Dauerhun-ger runterkommen muss, um schließlich auch Wurmmehl zu verarbeiten. Und mir wird wieder einmal bewusst, dass mir die Erfahrung von wahrem Hunger bisher erspart ge-blieben ist. Zwar habe ich noch im Ohr, wie mich Ende des Krieges, auch zu Beginn der Nachkriegszeit Helene schon mal mitfühlend fragte: »Na, du ewig Hungriger?« Ja, das schon, aber permanenten, im Körperinnern nagenden, sich ins Hirn vorfressenden Hunger habe ich nie erleben müssen. Auch Vater und Sohn Günther machen mir wieder bewusst, in welcher Ausnahmesituation, historisch und topographisch, ich die meisten Jahre meines bisherigen Lebens verbracht habe. Der Tiefkühlschrank, der Kühlschrank stets gefüllt mit Nahrungsmitteln, ich muss nur zugreifen; zeigen sich Lücken in den Beständen, füllen wir nach. Um Helligkeit im Raum zu haben, muss ich nur Schalter anknipsen. Aus der Wand des Badezimmers kommt warmes Wasser. Wenn ich, hier in Brühl, im Winter aufstehe, drehe ich nur an Heizungsther-mostaten, und es wird warm. Dazu muss ich weder Holz noch Kohle lagern, es kommt Gas ins Haus aus der Nordsee oder aus Sibirien.

Auch hier: Beschäftigung mit vergangenen Epochen macht mir klar, macht mir bewusst, wie ich heute lebe – mein Kon-trastmittel-Theorem.

FLUG NACH MINSK. Ich habe Wert darauf gelegt, einen Fensterplatz zu bekommen, wie schon, Jahre zuvor, bei einem

Flug nach Leningrad (ja, als St. Petersburg noch Leningrad hieß).

Ich löse die Stirn kaum einmal von der Scheibe, ich schaue und schaue: Wälder, Wälder, Wälder, wie beim Flug nach Leningrad, riesige Feldflächen, kaum Dörfer, kaum Straßen. Wieder frage ich mich: Und dieses unermessliche, weithin unbewohnte Land wollte Napoleon unbedingt durchqueren, erobern? Und dieses unermessliche, immer noch weithin unbewohnte Gebiet wollte Hitler erobern (wenn auch nicht besetzen)? Dies mit einer Armee, die nur zu etwa einem Zehntel motorisiert war, die meisten Soldaten radelten oder ritten und die allermeisten marschierten? Die Entfernungen müssen Soldaten der Napoleon-Armee und Soldaten der Hitler-Armee fast unüberwindlich erschienen sein. Freilich, die motorisierten Verbände, die Panzer durchquerten die mehr als tausend Kilometer bis Minsk in wenigen Tagen. Und schon begannen die Nachschubprobleme in einem Land, in einer Region, in der eigentlich der Krieg den Krieg ernähren sollte und Deutschland, teilweise, noch dazu.

Ich hatte mich vorbereitet, hatte ein Buch von rund 1200 Seiten gekauft: Christian Gerlach, *Kalkulierte Morde.* »Die deutsche Wirtschafts- und Vernichtungspolitik in Weißrussland 1941 bis 1944.« Eine Dissertation! So kam ich mit etwa folgenden Informationen nach Belorus: Rund 10 Millionen Einwohner zu Beginn des Krieges in Weißrussland, und es wurden mehr als 2 Millionen Zivilisten und Kriegsgefangene ermordet. Ich tippe ab, meiner Bleistiftmarkierung folgend: »Fast alle Städte des Landes waren 1944 völlig zerstört. Es gab drei Millionen Obdachlose. Die Zahl der Industriebetriebe war um 85 Prozent zurückgegangen, die Industriekapazität um 95 Prozent, die Saatfläche um 40 bis 50 Prozent und der Viehbestand um 80 Prozent.« Innerhalb eines Monats war auch Ostweißrussland besetzt, es begann das große Morden. »Die Einsatzgruppe B der Sicherheitspolizei und des SD, Polizeibataillone und Sicherungsdivisionen begannen sofort mit der Bekämpfung politischer Gegner im weitesten Sinn: sie töteten Kommunisten, Verwaltungsfunktionäre, Kommissare der Roten Armee, versprengte und flüchtige Rotarmisten, Lehrer, Anwälte, die sogenannte Intelligenz, vor allem männliche jüdische Staatsangestellte und Funktionäre. Im Herbst 1941 weiteten sie ihre Aktionen aus: praktisch alle Juden im Osten Weißrusslands wurden binnen weniger Monate erschossen, dazu psychisch Kranke, Sinti und Roma, untergetauchte Rotarmisten, angebliche Partisanen und Hungerflüchtlinge. Zur gleichen Zeit organisierten Wehrmachtsstellen ein furchtbares Massensterben durch Hunger unter den Kriegsgefangenen.«

Eine der Aktennotizen nach Sitzungen von Staatssekretären, noch *vor* dem Einmarsch: »Der Krieg ist nur weiter zu führen, wenn die gesamte Wehrmacht im 3. Kriegsjahr aus Russland ernährt wird. Hierbei werden zweifellos zig Millionen Menschen verhungern, wenn von uns das für uns Notwendige aus dem Lande herausgeholt wird.«

»Wehrwirtschaftliche Richtlinien (Barbarossa)«, niedergelegt in der »Grünen Mappe«, später abgelöst von der »Braunen Mappe«. Geplant war die »weitestgehende Ausbeutung« oder »Abschöpfung«.

Nun waren die landwirtschaftlichen Erträge in Weißrussland wie in der Ukraine nicht so üppig, wie das der Begriff »Kornkammer« suggeriert, die Erträge pro Hektar lagen nur etwa halb so hoch wie in Deutschland, also musste die Bevölkerung hungern, damit »überschüssige« Nahrungsmittel ins Reich abgeführt werden konnten. Im Verwaltungsidiom: »Da Deutschland bzw. Europa unter allen Umständen Überschüsse braucht, muss der Konsum also entsprechend herabgedrückt werden.«

Noch deutlicher: »Die Bevölkerung dieser Gebiete, insbesondere die Bevölkerung der Städte, wird größter Hungersnot entgegensehen müssen.« Eingeplante Konsequenzen für eroberte, für besetzte Gebiete der Sowjetunion: »Viele 10 Millionen von Menschen werden in diesem Gebiet überflüssig und werden sterben oder nach Sibirien auswandern müssen. Darüber muss absolute Klarheit herrschen.«

Geschundenes, gegeißeltes, ausgepowertes Land, alle Plagen der Bibel scheinen hereingebrochen zu sein: Der Erste Weltkrieg, ausgetragen auch in Weißrussland, in der Umgebung von Minsk … die Stalinzeit … die dreieinhalb Jahre deutscher Besetzung … die Wirtschaftsnot nach der Auflösung der Sowjetunion … eine Diktatur, die das Land gegen das Ausland abschottet: »schädliche Einflüsse« sollen ferngehalten werden – schädlichen Einfluss kann schon eine Jazzband ausüben! Razzien, Verhaftungen, dreitausend Personen sind verschwunden im kleinen Land. Denkmäler für Lenin und Dscherschinsky.

Und ich fragte mich: Werden Nachwirkungen zu spüren sein? Werden wir mit kritischen Stellungnahmen konfrontiert beim geplanten Podiumsgespräch mit einem weißrussischen Lyriker, zwei weißrussischen Historikern? Die vorgegebene Thematik: Beutekunst. Aber dieses Stichwort, Reizwort lässt sich nicht isolieren, lässt sich schon gar nicht abkoppeln vom damaligen Kontext, militärisch und »weltanschaulich«.

Unterkunft am Stadtrand, in einem Gebäude, einer Institution, die vom Lande Nordrhein-Westfalen finanziert wurde. Also gewohnter Luxus im Zimmer mit Ausblick auf Ödland, auf Brache.

Erkunden der Umgebung, Erleben von Fremdheit, optisch. Die Straße an der Peripherie von Minsk ist nicht mehr asphaltiert, nicht einmal rudimentär, tief ausgefahren mäandert sie dahin; Schlaglöcher zuweilen wie Wannen. Eine Restsiedlung dörflichen Charakters mit blau gestrichenen Blockhäusern, die Fensterrahmen betont durch Weiß. Dazwischen Verfallsbuden, viel Wellblech auf Dächern, die zusammengeflickt wirken. In diesem Areal zahlreiche Obstbäume, so dicht bestückt, und die Äpfel so leuchtend, dass sie künstlich wirken. Kleine Gärten, nicht allzu nachdrücklich gegen Verkrautung verteidigt. Kohlrabi, Rüben, Kohlköpfe, Salat, zahlreich Johannisbeersträucher, doch Brennnesseln in größerer Ausbreitung. Und überall scharren Hühner, kläffen Köter. Alte Frauen vor einigen der Häuser, schon bei der milden Herbsttemperatur sind die Köpfe mit dicken Tüchern umhüllt; die wattierten Jacken scheinen seit Kriegsende getragen zu werden; düstere Röcke, knöchelhohe Stiefel. Bei Frauen, die arbeiten, sind die Bewegungen gemessen, eher beiläufig. Was machen sie anschließend in den alten Häusern? Die Fenster scheinen stets geschlossen zu sein; nur das eingefügte zusätzliche Fensterluk in einer der oberen Scheiben wird schon mal nach außen oder innen aufgeklappt. Ein alter Mann im NKWD-Ledermantel, auch er arbeitet mit langsamen Bewegungen, bleibt immer mal wieder stehen. Er hat sich einen doppelten Zaun geschaffen, rostbraun. Assoziation an den Laufgang um ein Lager: Maschendraht, Stacheldraht, Flickdraht, mehr als mannshoch, und etwa einen Meter breit der Laufgang zwischen den Zäunen. Auf fast jedem Grundstück, vor allem von verlassenen Häusern: Autowracks, sämtlich ausgeschlachtet, hier und dort blieb nur die Blechhülle; eine ist schräg an einen Apfelbaum gelehnt. Alte, total abgewetzte Reifen, meist von Traktoren: vor Häusern zur Hälfte senkrecht eingegraben, die obere Hälfte vielfach weiß oder blau gestrichen. Lattenzäune, Staketenzäune – haben womöglich den Krieg überstanden. Glasbehälter, Flaschen über Zaunlatten gestülpt. Es trocknet viel rosafarbene und grüngetönte Wäsche. Auf einer Feldfläche eine Hundertschaft pickender Tauben; Elstern in Luftkämpfen; die Reviersieger lassen sich auf der Pickfläche nieder, werden von einem Hund wieder aufgescheucht. Eine Talsenke mit verschilftem Teich. Im Moddergrund ein paar Gärten, einer ummauert. Pappeln auf kleiner Anhöhe.

Und zurück. Am Rande der Vorstadt: ein Klettergerüst, verlassen. Eine Schule mit Sportanlage, braun und weiß gestrichene Metallrahmen für Fußballtore und, in der Spielrichtung quer dazu, Handballtore. Plattenbauten. Nummern von Wohnungen weiß aufgepinselt, auf dem Türsturz. Riesiger Parkplatz, hoch umzäunt, an der Einfahrt und der Ausfahrt jeweils ein Wachbau mit kleinem Rundlaufbalkon, wie bei einem Lager.

Ich erfahre: In der Plattenbausiedlung leben, vegetieren vor allem Weißrussen, die aus den radioaktiv stark kontaminierten

Gebieten evakuiert wurden, einige erst zehn Jahre nach dem GAU, der Kernschmelze von Tschernobyl. Fallout, der zwanzig Prozent der landwirtschaftlichen Fläche von Belorus kontaminierte, es musste Erde begraben werden. Das wurde im Fernsehen gezeigt und hat viele Weißrussen aus der Fassung gebracht: Erde beerdigt, wie ist so was möglich, was ist das bloß für eine Zeit?! Drei Jahre hatte es gedauert, ehe die Regierung die Bevölkerung hinreichend informierte. Insgesamt etwa 25 000 Tote in Belorus, in der Ukraine, in Russland.

In den mehrstöckigen Plattenbauten vielfach Sieche, Moribunde, die man nicht zu Gesicht bekommt, von denen ich nur zu hören kriege, vertraulich. Eine Bauersfrau, die gezwungen wurde, ihre Kleidung abzulegen und zu verbrennen, ja, die ihre Kuh waschen, sogar schrubben musste, dennoch schwollen die Gelenke an. Mittlerweile muss die Frau selber gewaschen werden, ist völlig entkräftet, Haare fallen ihr aus, ständig hat sie Kopfschmerzen, Knochenschmerzen. Wiederholt das Wort Schmerzen, die teuflischen, die höllischen Knochenschmerzen. Und vermittelt die Erfahrung, dass Schmerzen schlimmer werden, wenn man weich liegt, also Holzplatten als Unterlagen. Manche verharren auf dem Hocker die Nacht über. Radioaktivität, die sich in Knochen angelagert hat – Strahlenherde, zu denen man Distanz halten sollte, letztlich vergeblich. Hautkrebs, Darmkrebs, Schilddrüsenkrebs, Lungenkrebs, Knochenkrebs, Knochenkrebs, Knochenkrebs …

Männer mit Plaketten an vergleichsweise eleganten Anzügen, sie stehen, streifen im Gebäude, im Gelände herum, unsichtbar bewaffnet. Ich suche und finde: ein Gespräch unter vier Augen. Und höre, was der Sprecher einer Mafia-Delegation zur Eröffnung gesagt hatte: »Lassen Sie uns über Sicherheitsfragen reden.« Und: »Zweihundert Mann stehen hinter uns.«

Doch man wusste im Haus: dreißig von denen sitzen noch im Gefängnis. Auch besteht eine telefonische Direktschaltung zur Polizei; in Minutenschnelle *soll* bei einem Überfall das Gelände von bewaffneten Polizisten umstellt sein. Soll …

Anmerkungen zur Mafia. Typisch für russische Mafia: Gebrauch von Kalaschnikows. Tschetschenische Mafia metzelt, Leichen werden vielfach zerstückelt – they are nasty. Aserbaidschanische Mafia ist tätig vor allem im Drogenhandel. Killer werden generell nach Preisen gestaffelt: Profis erhalten 10 000 oder 15 000 Dollar pro Liquidierung, Amateure machen das für 200. Pistole dort, Messer hier.

Schutzmaßnahmen! Die muss man sinnvollerweise selbst organisieren, auf die Polizei ist letztlich kaum Verlass. Polizisten fahren meist allein in den Streifenwagen, damit sie Einkünfte nicht teilen müssen, auch damit man unter Kollegen nicht verpfiffen wird. Halten willkürlich Fahrzeuge an, verlangen den Führerschein. Am besten, man hat für solche Fälle einen 5- oder 10-Dollarschein reingesteckt, irgendeinen Grund für eine Sonderzahlung finden die immer. Ist der Führerschein präpariert, wird er kommentarlos zurückgereicht, und alles ist o. k. Wer bestraft wird, nicht aber gleich zahlen kann, dem wird der Führerschein oder gleich auch das Nummernschild abgenommen, Auslösung nur gegen bar. Grundregel: The more you say the more you pay.

Und all dies bei der vorherrschenden Armut, der wachsenden Not. In Neubaugebieten werden vielfach Hühner auf Balkons gehalten. Und Ziegen, für die Milch. Ziegen werden auch schon mal wie Hunde ausgeführt. (Habe ich allerdings nicht gesehen.) Gemüse wird bei Datschen gezogen, für die ganze Familie. Einbrecher haben sich auf Keller spezialisiert, räumen dort aus, was getrocknet oder eingekocht wurde. Viele Genossen müssen betteln. Oder stellen sich mit Korb und Grundnahrungsmitteln im Supermarkt an die Kasse, gucken jemanden aus, der mit einem größeren Geldschein bezahlt, bitten darum, den eigenen Anteil mit zu begleichen. Was auch schon mal geschieht. Und die Rente? Reicht eigentlich nur für ein paar Brote aus, im Monat. Es wird umgerechnet in Brote oder in Tassen Kaffee. Mangelerscheinungen, erhöhte Infektionsgefahr.

Und die Krankenhäuser? Nun, da ist die Behandlung kostenlos, aber wer behandelt werden will, muss dem Arzt erst mal 30 Dollar zustecken. Auch Schwestern fordern Valuta,

sonst rühren die keinen Finger. Man muss schon mal Bettzeug in die Klinik mitnehmen. Vielfach müssen Familienmitglieder auch das Essen bringen. Verabreicht werden, nach
Empfehlung von Experten, jedem Patienten aus der verstrahlten Zone hundert Gramm Rotwein am Tag, gegen Kontamination durch Fallout. Das eigentlich gesperrte Gebiet um
das explodierte Kernkraftwerk wird von alten Leuten wieder
aufgesucht, von Flüchtlingen, von Kriminellen, man lässt sich
dort nieder. Die Gefahren sind unsichtbar, werden aber sichtbar an wachsender Zahl von Kranken.

Scherzhaft gemeinter Abschluss: The more I say the more
you pay.

Okay, wo ist die Feierkasse?

Kurze Exkursion in die Stadtmitte. Die Trolleybusse sind zu
jeder Tageszeit überfüllt, ich könnte auch kein Ziel angeben
in der völlig fremden Sprache, wir werden von einem hauseigenen Minibus gefahren, haben eine Frist von zwei Stunden,
werden dann wieder abgeholt. Die Kollegin geht in ein Kaufhaus, der Kollege in ein Café, ich ziehe los, will möglichst viel
von der Stadt sehen, von der ich ein grau-tristes Erwartungsbild mitbrachte. Aber da ist helles Licht über der Stadt, und
sie wirkt, streckenweise, beinah prächtig. Ich habe keinen
Stadtplan dabei, habe auch kein Stadtraster im Kopf, richte
mich nach dem Gebäude der Oper auf dem Hang, behalte sie
als Fix- und Richtpunkt im Auge, beachte den Sonnenstand,
verlasse mich auf meinen Orientierungssinn, finde mich rasch
zurecht in der fremden Stadt, in der ich viele Säulen, aber keine Kriegsspuren mehr sehe.

Ich komme an einem Kunstmarkt aus, registriere verwundert: etliche Gemälde im Stil niederländischer Stillleben des
18. Jahrhunderts, mehrheitlich als Blumenstillleben mit Tautropfen auf Blättern, mit kleinen Schnecken, die Fühler ausgestreckt, mit Käferlein – alles wie schon gehabt, wenn auch
in entschieden größerer Perfektion. Die Malerinnen, Maler
sitzen in ihren Bildgruppierungen, warten auf Käufer, die sich
nicht einfinden, speziell auf Käufer, die so westlich aussehen

wie ich: Valuta! Aber die brauche ich eher für malende Freunde im eigenen Land.

Rückkehr zum Ausgangspunkt, zum Kleinbus. Wie, du hast dir schon die Stadt angeschaut …?! Und hast so ohne weiteres zurückgefunden …?!

Im Tagungsraum das Podiumsgespräch über Beutekunst. Kein einziger Besucher, wir Teilnehmer sitzen beisammen im Oval.

Das Stichwort »Beutekunst«, uns für die Veranstaltung mit auf den (Flug)Weg mitgegeben, es setzt voraus den Einmarsch der Wehrmacht, den Rückzug der Wehrmacht, den Einmarsch der Sowjetarmee ins »Reich« und damit: wiederholten Zugriff. Doch was geschah vorher? Um gewohnte Akzente zu verschieben, verlese ich ein seinerzeit als geheim eingestuftes Dokument: Der künftige Gouverneur von »Weißruthenien« beschwert sich bei der Heeresführung über den Vandalismus deutscher Soldaten kurz nach der Eroberung von Minsk – er sieht sein künftiges Herrschaftsgebiet in Besitz und Ansehen geschmälert. Der Russlandkrieg war gerade mal ein paar Tage alt, und schon benahmen sich Teile des Heeres wie die Rotte Korah: In Labors wurden vorzugsweise Glasgefäße zerscherbt, Geräte in Forschungseinrichtungen wurden zertrümmert, in Museen wurden Gemälde mit Bajonetten attackiert, Übergriffe auf privaten Besitz, Vergewaltigungen – die beiden belorussischen Historiker horchen auf, ihnen war dieses Dokument bislang völlig unbekannt. Einer der beiden will dafür sorgen, dass es übersetzt wird, ich überreiche ihm die Ablichtung. Den anderen Historiker scheinen die Übergriffe nicht sehr zu beeindrucken: Die wiederholten Eroberungsfeldzüge durch Großfürsten von Moskau – was dabei angerichtet wurde, war viel, viel schlimmer als jene Untaten der Wehrmacht, auch der SS, des SD. Auf solche Argumentation war auch ich nicht vorbereitet.

Kriegsgeschehen und Beutemachen – wir leiten über zum ausgedruckten Thema. Eine rege Diskussion will sich allerdings nicht entwickeln; was von der Sowjetarmee in Deutschland konfisziert wurde, ist in Weißrussland nicht weiter von Interesse, es geht den beiden Historikern allein um Objekte von nationaler, religiöser und kultureller Bedeutung, die bereits unter Stalin beiseitegeschafft, dann von Nazis lastwagenweise mitgenommen worden waren. Zentral hier das Goldene Kreuz der heiligen Euphrosyne von Polozk! Ein deutscher Offizier soll es an sich genommen haben: ging an einem Haus vorbei, sah durch ein Kellerfenster etwas aufleuchten, golden, das Kreuz offenbar auf einem Tisch, er öffnete gewaltsam die Kellertür, nahm das Kreuz mit. Diesen Mann müsste man finden, darum geht es. Und es wiederholt sich die Frage: Wo ist diese und jene Ikone verblieben? All die Gemälde, die geraubt wurden, scheinen kaum der Rede wert, aber die Ikonen und das Goldene Kreuz der heiligen Euphrosyne von Polozk …

UND WIEDER mein Sprüchlein: Ja, ich habe auch in dieser Aktivitätsphase am Schreibtisch gesessen. Auch diesmal: keine Hinweise auf die Textform, keine Inhaltsangabe, kurzschlüssig synchronisierend. Erneut eine Markierung, mehr nicht.
  Also: Ich schreibe … ich schrieb … ich habe geschrieben … ich hatte geschrieben … ich werde schreiben … ich werde geschrieben haben …

UND WEITERHIN REISEN. Die führen meist wieder in den Süden. Reisen ohne Recherchen, Reisen in Regionen, in denen Licht dominiert und Photonen schwingen ins Hirn. Reisebilder also aus der Mediterranné, der Erinnerung eingeprägt mit intensiver Belichtung. Bilder, die für sich stehen, Bilder, die nicht umgesetzt werden wollen, Bilder, die ich nicht mit Begriffen kommentiere, Bilder, die ich schon gar nicht symbolisch deute, Bilder, die mich begleiten.
  Mykonos! Ein halbes Dutzend Tümmler, flossenschlagend am Ufer entlang, an den Wassersaum heran. Schaumschlagen der Flossen, und meine Angst, die Delphine könnten sich mit hochschnellenden Körpern, peitschenden Flossenschlägen immer weiter heranschieben im schließlich nur noch knietiefen Wasser, kämen schließlich weder vor noch zurück. Fast

ein Stoßgebet zu Neptun, aber sie kommen auch ohne Hilfe wieder flott: wie auf ein Zeichen schwenken sie ab.

Und nun: Zögern vor der Fortsetzung nach Notizen, die ich damals (wann war das noch?) formuliert habe: Das Erinnerungsbild bleibt vage, trotz vorliegender Beschreibung. Oder: die Beschreibung stimuliert keine Präsenz. Ich könnte mir dafür eine Erklärung anbieten: Es ist schon lange her. Assoziativ: das Jahr, in dem in der griechischen Inselwelt der Film mit Sophia Loren gedreht wurde: »Boy on a dolphin«. Großes Thema im Dodekanes: Draußen, dort draußen im Flirrlicht, im Flimmerlicht, die junge Italienerin, die als schönste Frau der Welt gilt. Und Alan Ladd (griechisch ausgesprochen) ist der Glückliche, der an ihrer Seite spielen darf. Keiner hat die beiden je gesehn, aber es war da so was wie Erregungsschwingen im Lichtflirren: die Loren im Inselarchipel. Und es verloren auch junge Delphine die Richtung, sahen nicht mehr klar? Und so, wie man sich verlaufen kann, so kann man sich verschwimmen?

Gisela kann sich nicht daran erinnern, dafür aber an Delphine, die sich in einen irischen Hafen verirrten, aus dem sie mit Geschrei und Ruderschlägen vertrieben werden sollten. Ich demnach allein in der Bucht von Mykonos und ein paar Tümmler immer näher an mich heranschwimmend? Ich bin nicht sicher, ob diese Erinnerung sich nicht angereichert hat, etwa mit einer Doku-Filmsequenz. Also eine Doppelbelichtung? Ich versuche, das Bild von einer zweiten Bildschicht zu befreien, doch der Versuch misslingt. Vielleicht also doch eine nicht angereicherte, eine authentische Erinnerung? Ich gebe wieder, mit Vorbehalt, auf Widerruf – das Bild macht sich selbständig.

So schwimmen weitere Tümmler zum Strand, wie blindgeleitet, erneut wird Wasser schaumig geschlagen. Tümmler, die Tümmler, schwimmen heran mit Meerschaum, schaumgeborene Tümmler, vom Kurs abgekommen, müssen unbedingt ins seichte Wasser, mir zu Füßen. Ich kann sie nicht der Reihe nach umdrehen – wie kriegt man einen Tümmler in den Griff? Auf so was ist man im Urlaub nicht eingestellt, schon gar nicht eingeübt. Die Tümmler im Wasser, in dem sie nicht mehr schwimmen können, da helfen peitschende Flossenschläge auch nichts mehr, die schieben sie nur weiter vor auf dem nassen Sand, es ist nicht zum Ansehn. Hinauswaten und die nächsten Tümmler warnen, Arme ausgebreitet: Zurück, zurück!? Sie schwimmen gradeaus, unaufhaltsam geradeaus, ins Seichte, allzu Seichte, wissen nicht weiter, kommen nicht weiter. Ich auch nicht, kann die nicht umwuchten, umstimmen, umpolen, nehme Reißaus.

Und muss mich, etliche Jahre später, wieder meinen Fragen stellen: Wie weit kannst du dich auf deine Erinnerungen verlassen? Was ist unvermischt, unverfälscht, was, möglicherweise, Erinnerungslegierung?

Das habe ich im Umgang mit mir gelernt, vor allem mit Blick auf meine Arbeit: Kontrolliere dich selbst! Gewöhn dich nicht an Versionen, die durch wiederholtes Erzählen gleichsam indanthren werden. Vertraue nicht zu sehr dem Gefühl, das manches allzu selbstverständlich für gut und richtig hält. Frag nach, lies nach!

Und so lasse ich die Tümmler in ruhigerem Gewässer schwimmen, nur leicht schaumschlagend. Ich will schließlich nicht das Nachsehn haben mit Blick auf mich selbst.

IN EINER ZEIT, in der Mariasibyllamerian für mich nur ein Name war (mit kärglichen, fast kläglichen Assoziationen wie: sie war fixiert auf Falter und Pflanzen ...), fand so etwas wie eine öffentliche Schmetterlingsweihe statt. Eine Erinnerung!

Freiburg im Breisgau, Lesung im Kleinen Haus des Stadttheaters; eine Matinee. Mein Tisch im Bühnenbild eines Salons der amerikanischen Südstaaten – auf dem Programm ein Stück von Eugene O'Neill. Das Bühnenbild mit Schaukelstuhl und Kommode passt nicht zum Text, den ich vorlese, und doch wirkt alles stimmig an diesem Sonntagmorgen. Draußen spielt zwischendurch eine Blaskapelle, zieht weiter: ein Stadtfest. Und ich setze, ohne musikalische Untermalung, die Lesung fort. Da taucht im Bühnenraum ein Schmetterling auf, gleitet, gaukelt umher, zieht Aufmerksamkeit an – ich unterbreche kurz, schaue, mit dem Publikum, dem Falter zu, wie er über dem Tisch in der Dekoration des Salons der amerikanischen Südstaaten in Freiburg im Breisgau umhergleitet. Der Schmetterling schwebt wieder ins Halbdunkel, in die Dämmerzone jenseits des Salons, ich lese weiter. Zwei, drei Seiten später schwebt der Falter wieder in den Bühnenausschnitt. Erneut unterbreche ich die Lesung, schaue dem Schmetterling nach, registriere, dass auch mein Publikum den Falterflug verfolgt. Der Schmetterling entschwindet, die Lesung wird fortgesetzt. Das Buch leicht aufgestellt, in beiden Händen, nah das Mikrophon. Und wieder gleitet der Schmetterling heran, ich sitze reglos, lese weiter vor, muss doch wieder unterbrechen: der Falter setzt sich auf den linken Handrücken. Ich atme nur noch ganz flach, sehe im Zuschauerraum die Köpfe reglos, reglos, als könnten wir mit gemeinsamer, mit vereinter Reglosigkeit den Schmetterling auf meinem Handrücken bannen. Der öffnet die Flügel, gibt sich zu erkennen: ein Tagpfauenauge. Mein Blick ruht auf den Flügelaugen, weiß, violett umrandet, im samtigen Braun. Sanft gedehnte Sekunden; die sonst im weiten Raum verteilte Aufmerksamkeit ist konzentriert auf meinen Handrücken, auf dem der Falter sitzt. Und der hebt ab, fliegt hoch, zur Beleuchterbrücke, aber die Scheinwerfer sind an diesem Morgen nicht eingeschaltet, ich muss um das Pfauenauge nicht bangen. Ich erhalte Zwischenbeifall für die Schweigesekunden, für die Reglosigkeit. Würde ich zur Privatmythologie neigen, so sähe ich den Freiburger Falter als Abgesandten der Merian, aus einem Theaterhimmel herabgeschickt ohne Theaterdonner.

ICH WURDE MITGLIED der Kommission Bio- und Gentechnologie im SPD-Bezirk Mittelrhein. Wie denn das?!
    Voraussetzung dürfte gewesen sein: Es sprach sich herum, lokal, auch in der SPD, dass ich mich für Gentechnik »interessiere«. Stichworte dazu wurden auch mir reichlich zugespielt im öffentlichen Diskurs. In meiner Materialsammlung (für die ich mir manchmal auf die Schulter klopfe: Da

hast du gut vorgearbeitet …) finde ich Publikationen, die eine vorhergehende (wenn auch nicht kontinuierliche) Beschäftigung mit der schwierigen Materie belegen (können): Exemplare des GID, des *Gen-ethischen Informationsdienstes*, den ich ab 1987 ein halbes Jahrzehnt lang abonniert hatte. Erschien monatlich; 24 Druckseiten mit jeweils kompress gesetztem Text; Markierungen zeigen mir, was ich damals gelesen, mit Ausrufezeichen hervorgehoben hatte. So lässt sich in etwa der Einstieg in eine fremde Welt nachvollziehen. Und zugleich: in Vorgänge auch in meinem Körper. Wie haben meine Gene funktioniert, kooperiert, wie arbeiten sie weiter, immer noch kooperierend – und das wie lange noch?

GID, Nr. 27. Ich markierte: »Wettrennen um die Total-Erfassung der 3 Milliarden Bausteine des menschlichen Genoms«. Ich las vom Manhattan-Projekt der Biologie. Also eine Parallele zur Entwicklung der Atombombe?! »Es ist ja so, dass man wahnsinnig viel redet über Biotechnologie und noch wenig ›zum Anfassen‹ hat. Das darf nicht darüber hinwegtäuschen, dass in den nächsten Jahren eine ganz, ganz große Lawine ins Rollen kommen wird. Wo sie ihre Schwerpunkte haben wird, wissen wir noch nicht genau, aber sie kommt, davon können Sie ausgehen.«

GID, Nr. 28. »Intensiv geforscht wird an der genetischen Veränderung von Raps. 1987 bauten Monsanto-Wissenschaftler das ACP-Gen aus Spinat in Raps ein und brachten es mit Hilfe eines vorgeschalteten Raps-Gen-Promoters auch zur Expression.«

Was war da los? Ich versuchte, mich kundig zu machen. Ließ mir dabei helfen, vor allem von der Frau meines verehrten Senior-Freundes Albrecht Fabri: Ingeborg, PH-GP (Sektor Pharma, Gesundheitspolitik und Pharma-Information) der Bayer AG Leverkusen, schickte mir hausgemachte Publikationen früherer Jahrgänge. Vor allem: *research*, »Das Bayer-Forschungsmagazin«.

Die Publikationen wurden nicht bloß dankend in Empfang genommen und für spätere Verwendung auf die hohe Kante gelegt, sie wurden zumindest durchblättert und kapitelweise angelesen. Wobei früh schon mein Interesse ansetzte bei der »grünen Gentechnologie«, den molekularbiologischen Veränderungen von Pflanzen.

Jetzt heißt es freilich aufpassen, dass ich nicht ein kleines Lehrbuch einbaue in dieses Lebensbuch. Einerseits gehört es zu einem meiner Lebenskapitel, dass ich mich auf dem Gebiet einarbeitete, das hatte nun mal Auswirkungen auf meine Biographie, zumindest zeitweise, ist also (ebenfalls) charakterisierend. Andererseits will ich nicht Lehrbuch-Gene in dieses Lebensbuch-Genom einschleusen – um das gleich mal fachgerecht zu formulieren. Ganz ohne Vermittlung von Fachwissen geht es aber auch nicht. Denn berichtet, erzählt werden muss vom Scheitern eines Projekts: Wie der Ausschuss unter einer Überlast von Informationen gleichsam in die Knie ging. Ein höchst symptomatischer Vorgang in unserer Gesellschaft der drohenden Informations-Hypertrophie, ja eines Informations-Overkill. Ein Prozess, von dem ich nicht bloß gelesen, den ich ›am eigenen Leibe‹ miterlebt habe. Die notwendige Vermittlung von Informationen wird hier freilich eher homöopathisch dosiert.

Am Anfang die Anfrage, telefonisch, eines Bundestagsabgeordneten, mit dem ich auf dem Duzfuß stand. Die Buschtrommeln haben ihm zugetragen, dass ich »was davon verstehe«. Und nun, als Impuls, eine Anregung, direkt oder indirekt, von Anke Brunn (NRW-Ministerin für Wissenschaft und Forschung): Die Genossen brauchen dringend eine Handreichung, einen Leitfaden zur Gentechnik – die missliche Lage, Erklärungen abgeben, Entscheidungen treffen zu müssen ohne Sachkenntnis. Zwar liegt der Bericht der Enquête vor, unter Catenhusen, aber diese 400 Seiten, die kriegt kein MdB verkraftet und schon gar nicht verdaut. Stoßseufzer eines MdB-Genossen: Ich lese das und lese das und versteh es nicht. Vom Bezirk Mittelrhein soll deshalb eine Kommission gebildet werden, die Grundlagen für einen Leitfaden erarbeitet. Wie wärs, wenn ich redaktionell mitarbeiten würde an der Publikation der Resultate? Ist doch dein Metier!

Schon, aber ich habe genug darüber gelesen, um zu wissen, dass ich letztlich nichts davon verstehe.

Umso besser, dann ist die Messlatte nicht so hoch gelegt. Wir müssen uns auf die Grundzüge konzentrieren. Auch da brauchen wir eine Art Gleitsalbe, damit das in die Hirne flutscht. Du musst dich mal in einen Genossen versetzen, der sich noch nie mit dem Problem befasst hat: Wenn der zu lesen beginnt, was für sich genommen fast schon ein Pfingstwunder ist, und der stolpert andauernd über ein Wort wie Aminosäure, dann klappt er die Drucksache zu und legt die weg. Du musst bedenken, viele Kollegen im Bundestag glänzen durch Abwesenheit, und wenn die doch mal auf dem Bonner Teppich stehn, sind die schon wieder auf dem Sprung. Es gibt Genossen, die kümmern sich mehr um den Ortsverband, den Unterbezirk als um die Fraktion, andauernd sitzen die in irgendwelchen Parteigremien herum, andauernd sind die auf Achse, die können sich nur auf dem Laufenden halten mit dem, was politisch grade mal aktuell ist. Dazu jetzt auch noch Gentechnologie?! Wenn ich so einem geplagten Kollegen den Bericht der Enquête vorlege, da will er sofort wissen: Wo ist hier der Knackpunkt? Wenn der nicht sofort zu erkennen ist, gibt er so was dem Mitarbeiter: Guck dir das mal an, ich steig da nicht durch. Und der Mitarbeiter müht sich mit einem Extrakt ab: vier Seiten aus vierhundert. Aber es ist doch Vergeudung von manpower, wenn das überall versucht wird, das muss koordiniert und konzentriert werden, und das soll über die neue Kommission laufen. Meld dich da an, in Köln. Ich bin auch mit von der Partie, soweit der Terminkalender das zulässt. Und du fasst alles schön zusammen, wir geben das in Druck, und das geht dann raus über den Verteiler. Aber verschon uns mit Aminosäuren oder so.

Hür ens, Schang (Hör mal, Jean), wir können so was nicht auf Klippschulniveau runterfahren. Ich kann doch nicht schreiben: Es gibt eine chemische Verbindung, in der steckt das gesamte Erbgut drin, und das wird irgendwie in Eiweiß umgesetzt, und so nimmt die Bildung eines Organismus ihren Lauf …

Jetzt vergiss mal deinen Doktortitel! Es reicht doch, wenn

irgendwie die Grundzüge – also, wenn wir so ungefähr wissen, wie was gemacht wird, in den Laboratorien, was man da machen kann und wo wir aufpassen und den Daumen drauflegen müssen, notfalls. Dabei soll uns der Leitfaden helfen. Den werd ich mir in einer stillen Stunde dann zu Gemüte führen.

Ob man so was in einer Stunde hinkriegt, muss ich bezweifeln.

War nur so in die Tüte gesagt. Jedenfalls, ich möchte keine Aminosäuren eingetrichtert kriegen.

Du hast es aber mit den Aminosäuren!

Ich will damit bloß sagen, ihr sollt die Genossen nicht kopfscheu machen. Also, lass jucken!

Und so lasse ich mich auf den Versuch ein. Sehe dies zugleich als Selbstversuch – in einer Versuchsanordnung, die andere bestimmen. Ich begebe mich auf letztlich fremdes Terrain und bin gespannt, wie ich mich verhalte. Welche Erfahrungen werde ich mit mir machen? Werde ich mich der Herausforderung stellen? Werde ich durchhalten? Werde ich Ausreden suchen? Werde ich abspringen? Werde ich, wie auch immer, weitere Facetten in mir aktivieren, registrieren? Und damit: Weitere Pinselstriche im Selbstporträt?

Einladung zur konstituierenden Sitzung der Kommission Bio- und Gentechnologie am 26. Januar 1988 im Kölner Parteihaus Albertusstraße. »Beigefügt übersenden wir Euch die beschlossenen Anträge zur Gentechnologie des Unterbezirks Aachen-Stadt.« In rheinischer Syntax: Wieder wat für zum Lesen ... Sieben Seiten. Mit Anhang: Presseberichte zum SPD-Unterbezirksparteitag.

Ich fange von hinten an: »Der Unterbezirksparteitag beauftragt die Arbeitsgruppe ›Gentechnologie‹, ihre bisherige Arbeit, für die ihr ein herzlicher Dank gilt, in diesem Sinne fortzuführen. Der Antrag wird an den Bezirks-, Landes- und Bundesparteitag weitergeleitet.«

Erste Irritation: Es gibt schon eine Gruppe, die sich mit der Materie beschäftigt? Und eine hochrangig besetzte Podiumsrunde findet statt? Und man hat bereits ein »paper« ausgearbeitet, will aber trotzdem weitermachen? Was sollen, was wollen wir da eigentlich noch in Köln?

Es liegen vor: Klare Aussagen, in Aachen entwickelt, kurz und bündig formuliert. »Entwicklung und Nutzung der Gentechnologie beinhalten ein gewaltiges Gefahrenpotential mit unabsehbaren individuellen, gesellschaftlichen und ökologischen Folgen.

Die Geschichte der Atomenergie und ihrer ungewollten Folgen sind ein deutliches Beispiel für das Versagen einer Politik, die sich auf die Aufgabe der Schadensbegrenzung beschränkt.

Die Frage, ob das, was durch die Gentechnologie möglich ist, auch verwirklicht werden darf, wird zum Prüfstein für unsere politische Kultur.«

Es folgt eine Sequenz von Fachbegriffen, die Eindruck macht. Und ich frage mich: Soll unsere (bevorstehende) Arbeit von Anfang an relativiert werden durch bereits vorliegende Formulierungen von Arbeitsergebnissen? Mein Gefühl: Das Terrain, das ich nun betreten will, es ist schon in diversen Claims abgesteckt. Nichts mehr von der ersten Erwartung, es könnte so was wie Pionierarbeit geleistet werden. Organisatorische Unübersichtlichkeit schon vor dem Aufbruch ins unübersichtliche Terrain? Was ich mit erarbeiten soll, ist nebenan schon erarbeitet, was ich mit formulieren soll, ist nebenan schon formuliert worden? Da werden wir uns erst mal positionieren müssen. So bin ich erst recht gespannt auf die erste Sitzung.

Die Tür ist verschlossen. Mehrere Namensschilder und Klingelknöpfe, ich drücke auf die breite Klingeltaste: Unterbezirk. Ein krächzender Fragelaut, ich nenne das Schlüsselwort Genkommission, der Türöffner schnarrt. Keine Schilder, die mir den Weg weisen, also die Treppe hinauf. Ein Mann, grauhaariger Krauskopf, Norwegerpullover, begrüßt mich, das obligate Du, zeigt zum Garderobenständer, ich behalte die Jacke an; rasch aber zeigt sich, dass Pullover auch hier zum Parteistil gehören.

Sechs, acht Personen am Tisch mit Thermosflaschen und Tassen: fünf Frauen, drei Männer. Halblaut mein Gruß, ich setze mich ans Ende einer der beiden Reihen, werde nicht weiter beachtet. Die Frauen, meist um die dreißig, vierzig, ebenfalls in Pullovern, reden intensiv aufeinander ein, es geht um einen Ausschuss, ein Statement, die ASV, einen Pressesprecher – sie scheinen solche Gespräche schon seit langem zu führen, Vornamen wiederholen sich.

Ein Mann, der nun hereinkommt, Jeans und blauer Pullover, er wird mit kleinem Gelächter begrüßt: Da bist du ja schon wieder! Er setzt sich: Tja, wir haben uns schon lange nicht mehr gesehn, ein halber Tag, wohin mag das führen? Na, in die allgemeine Entfremdung. Chorisch das Auflachen.

Der kollegial Begrüßte nickt mir zu, schaut mich aber nicht weiter an, womöglich prüfend. Selbstverständliche Anwesenheit eines neuen Genossen?

Drei Fahnen an der Stirnseite, ausgebreitet und in Plastikfolien: alte Fahnen mit gestickten Emblemen und Buchstaben – um die Jahrhundertwende von Genossinnen gestickt? Ein Schrank, auf dem Stapel von Papier liegen: alte Plakate, alte Flugblätter, Info-Blätter? An der Wand ein Plakat für einen Parteitag, der schon ein paar Wochen zurückliegt.

Es wird ein Computerausdruck herumgereicht: in kleinem Schriftgrad auch mein Name. Und das Geburtsdatum. Und die Mitgliedsnummer, sehr hoch. In der letzten Spalte die Mitgliedsbeiträge. Wird hier Datenschutz verletzt? Ich überfliege die Beträge – ich liege etwas oberhalb des Schnitts. Zwei Mitglieder der Kommission aber zahlen 400 Mark im Monat – wie kommt es zu dieser Übereinstimmung? Siebzehn Namen insgesamt; der Beitrag ist jeweils doppelt angegeben, in Ziffern und Buchstaben.

Vorn am Tisch ist die Rede von einem, der natürlich nicht kommen wird – offenbar einer der beiden Bundestagsabgeordneten, von dem erwartet man es gar nicht anders, obwohl er (aha, der Jean!) auch in der Forschungskommission ist, da sollte er eigentlich –

Um etwas Beiläufigkeit in meine spärlichen Bewegungen zu

1014

bringen, drehe ich den Verschluss der nächsten Thermoskanne auf, gieße eine Tasse voll. Es kommt jemand in den Raum, der ist gekleidet wie ein erfolgreicher Geschäftsmann: blau grundierter Anzug mit dezentem Würfelmuster, blauweiß gestreiftes Hemd, dunkelblaue Krawatte: sorgfältig abgestimmte Farbkombination. Mann um die vierzig. Er nimmt mir gegenüber Platz, nickt mir zu: zwei Jackenträger. Er öffnet sein Aktenköfferchen, legt Schnellhefter, Klarsichtmappen auf den Tisch, beginnt zu lesen, mit gelbem Transparentstift markierend.

Die Sitzung wird eröffnet von einer der Frauen. Es fehlt noch ein halbes Dutzend, aber bei denen weiß man schon, sie sind verhindert oder kommen später. Wir fangen jedenfalls schon mal an. Der Auftrag der Wissenschaftsministerin NRW. Die Aufgabe allerdings nicht klar vorgegeben, die Kommission muss ihre Ziele selber definieren. Schwierige Materie. Aber nun soll sich jeder erst mal kurz vorstellen.

Die meisten nennen Parteifunktionen. Eine Lehrerin, ein Biologe, ein Arzt und Psychologe; der Geschäftsmann ist Bundestagsabgeordneter, sein Kollege kommt diesmal nicht, Jean lässt grüßen. Zwei Frauen haben eine Veranstaltung initiiert und mit organisiert, bei der das Thema Gentechnik im Mittelpunkt stand … Eine Chemie-Laborantin … eine Mitarbeiterin bei der KFA Jülich … Ich lasse meinen akademischen Titel weg, will keine zu hohen Erwartungen wecken, sage auch gleich, dass ich mich bisher in die sperrige Materie nur ansatzweise, nur punktuell einarbeiten konnte, über mein GID-Abo, ich suche ein Fachbuch, das mir klarmacht, in den Grundzügen, was da letztlich läuft.

Das gibt es, ruft eine der Frauen und hebt ein Taschenbuch hoch, das es nur im Frauenbuchladen gibt, aber die lassen mittlerweile auch Männer rein, hier steht alles drin, schau es dir an.

Ich blättere. Beunruhigend gleichförmiges Druckbild, keine graphischen Darstellungen, keine fett gedruckten Fachausdrücke – kritische Analyse einer vorwiegend frauenfeindlichen Wissenschaft. Ich reiche das Buch zurück, behaupte, ich würde es mir kaufen.

Von meiner Offenheit ermutigt, gesteht mein Nachbar, ein Lehrer, schon lange in der Partei, er hätte sich im Prinzip auch noch nicht einarbeiten können, daher seine Bitte, ihm im Anschluss an die Sitzung einen Zeitschriften-Aufsatz zu nennen, der ihn kurz und bündig in die Gen-Problematik einführt.

Damit das Thema des ersten Gruppengesprächs: Welche Voraussetzungen bestehen überhaupt in der Runde? Eine der beiden Frauen am Vorstandstisch erklärt, man könne hier keine VHS-Arbeit leisten oder nachholen, man müsse davon ausgehen, dass grundlegende Informationen von allen Mitgliedern erarbeitet seien, hier könne nicht in mehreren Sitzungen nachgearbeitet, aufgearbeitet werden, es müsse halt jeder seine Hausaufgaben machen.

Nun meldet sich der MdB zu Wort. Auch er hat noch nicht recht Tritt fassen können auf diesem Gebiet, er braucht da, ehrlich gesagt, Nachhilfeunterricht. Nicht nur hier. Als Mitglied des Umweltausschusses muss er sich mit den unterschiedlichsten Bereichen und Belangen auseinandersetzen. Allein schon dieses Scheiß-Ozonloch! Da gibt es einen hochkarätig besetzten Spezialausschuss mit mehreren Meteorologen, allesamt Professoren, und er, der nicht bloß das falsche Fach, sondern überhaupt nicht studiert hat, er kann bei den Experten nicht mithalten, kann nicht mal die richtigen Fragen stellen, also hat er zwei seiner früheren Lehrer angesprochen, an drei, vier Samstagen werden sie ihn einführen in die grundlegenden chemischen und physikalischen Prozesse, er will wenigstens die richtigen Begriffe draufhaben. Bei der Gentechnologie, da hakt, da hapert es ja noch mehr, da bittet er um – was? Um was bittet er da? Ja, seine rasche, sich zuweilen verhaspelnde Redeweise – »wenn ich wieder mal zu schnell geredet habe, tut mir das leid, nächstes Mal sagt mir das gleich, mein alter Fehler ...«

Die Vorsitzende der Kommission erklärt daraufhin, man dürfe hier nicht den Ehrgeiz haben, allzu perfekt zu sein. Nachdem man derzeit erkenne, in aller Deutlichkeit, welche Fehler man bei der Einführung der Atomindustrie gemacht habe – die Gesellschaft trägt die Folgelasten, die Folgekosten der Entsorgung –, sei wohl jeder hier vom Wunsche beseelt, diesmal alles unanfechtbar richtig zu machen, doch damit sei man ganz einfach überfordert. Aber man könne sich immerhin auf eine gemeinsame Grundlage berufen: den Bericht der Enquête. Den hätten hier ja wohl alle.

Nein, wieso, woher?

Der MdB kann aushelfen, hat die Dinger stapelweise im Büro liegen, wird nächstes Mal genug Exemplare mitbringen. Oder, nein, besser: die werden von Bonn aus verschickt, Adressenliste liegt ja vor.

Ja, und die Lektüre dieses Berichts bis zum nächsten Mal, fordert die Vorsitzende. Dann müssen die Aufgaben verteilt werden.

Aber erst muss, so wird eingewendet, die Aufgabe erörtert werden, die unsere Kommission sich stellt. Genossin Anke hat keinerlei Vorgaben festgelegt. Letztlich ist aber klar, worauf das hier rauslaufen soll: Information der Parteibasis, am besten in einer kleinen Schrift, einer Handreichung. Eventuell könne man auch jedes Quartal ein Info-Blatt rausbringen. Stellt sich aber gleich die Frage: Muss die Kommission eine Art Clearingstelle werden? Die also auch Genossen im Umweltausschuss zuarbeitet?

Nun melde ich mich doch schon mal zu Wort: Zwei diametral verschiedene Aufgaben werden hier angesprochen! Das Verfassen einer Grundlagen-Information als Aufgabe, für die eher ein Pädagoge geeignet sein dürfte. Fortlaufende Informationen für Mitglieder des Bundestags hingegen müssten von anderem Zuschnitt sein. Kann die Kommission beides realisieren?

Ja, das Grundproblem lässt sich noch viel weiter auffächern, erklärt die Vorsitzende. Die Diskussion auch über dieses Thema verläuft in der Partei völlig unkoordiniert! Mitglieder des Rechtsausschusses argumentieren anders als Mitglieder des Umweltausschusses, und die wiederum nehmen andere Standpunkte ein als Mitglieder der Wirtschaftskommission. Noch weiter fächert sich alles auf im Rahmen der Europäischen Gemeinschaft. Bundesrepublikanische Grundsatzdiskussionen werden nicht überall geführt – sieht man ja am Beispiel Atomindustrie! Dreiviertel des Stroms wird in Frankreich von AKWs produziert, entsprechend gering die Proteste. Bei uns ganz andere Relationen: Noch wenig Atomstrom und viel Protest. Wahrscheinlich wird es auch so in Fragen der Gentechnik sein – Engländer werden die Vorbehalte und die Vorsicht der Deutschen für Zeichen einer typischen Hysterie halten. Und so weiter. In verschiedenen Gremien wird bereits die Frage der gesetzlichen Regelungen von gentechnischer Forschung und Industrie verhandelt – ein Teil dieser Kommission muss sich also unbedingt auch mit diesbezüglichen Problemen befassen.

Ich fülle – fast eine Geste der Verlegenheit – die Kaffeetasse auf. Worauf habe ich mich eingelassen? Die Komplexität der neuen Wissenschaft gleichsam fusioniert mit der Komplexität gesamteuropäischer Gesetzgebung oder weltweiter Organisationsformen? Wohin soll das führen?!

Terminkalender werden ausgepackt, aufgeklappt. Die nächste Sitzung erst wieder in zwei Monaten: zu viele wichtige Termine! Alle Mitglieder der Kommission wird man auch in zwei Monaten nicht unter einen Hut bringen, aber wenigstens die meisten. Bis dahin sollten alle den Enquête-Bericht gelesen und sich überlegt haben, in welcher Richtung sie weiter arbeiten wollen. Also, bis zum nächsten Mal.

Stühle rücken, Taschen packen, Kleidungsstücke von Rücklehnen nehmen. Ich überlege, ob ich mit dem einen oder der anderen in eine Kneipe gehen soll, doch alles eilt auseinander: Personen, die viele, zu viele Termine haben. MdB ist schon vor der Terminabsprache gegangen, seine gestrenge Mitarbeiterin erlaube ihm nicht mehr, selber Termine auszuhandeln, gerät sonst alles durcheinander. »Tschöh, ich bin weg …« Nur zwei der Frauen wollen sich noch zusammensetzen, aber woanders, es muss dringend noch was besprochen werden, du hast doch einen Moment Zeit? Tschüs und Wiedersehn.

Der Bundestagsabgeordnete steht noch im Flur, unterhält sich mit dem Krauskopf; sie sprechen nicht über Gentechnik, sondern über eine Personalentscheidung. »Schön, dass du gekommen bist«, sagt der Krauskopf, als ich an den beiden vorbeigehe. Das trüb beleuchtete Treppenhaus. Ich ziehe die Tür ins Schloss; kein Aufatmen der Erleichterung.

Ich begann eine Binnensprache zu erlernen, eine Fachsprache im weiten Reich der Muttersprache, Vatersprache. Neue Wörter, aber auch gewohnte Wörter in neuer Bedeutung.

Inserieren: das heißt hier nicht mehr, man gibt ein Inserat auf in einer Zeitung, sondern: man schleust ein Gen in ein fremdes Genom ein. Etwa: aus dem Mais das Gen isolieren, das für die Gelbfärbung codiert, dieses Gen in das Genom einer Petunie inserieren, und die wird denn orangefarben.

Gleich ein weiteres, zu jener Zeit fast populäres Beispiel: die leuchtende Tabakpflanze. Das Gen, das im Leuchtkäfer für den Stoffwechsel codiert, dessen Resultat grünes Leuchten ist, dieses Gen hat man in ein Tabakpflänzchen inseriert, und nun leuchten die Blätter der transformierten Tabaksstaude.

Selbst ein Wort wie »Vehikel« gewinnt neue Bedeutung: wird zum Überträger-Molekül einer neuen genetischen Botschaft. In solch einem Vehikel reist ein »passenger« mit – in die Sprache der Molekularbiologen sind viele englische Fachwörter inseriert worden, und zwar stabil.

Die neue Passagier-Information wird über Klonier-Vehikel »eingeschleust«. Unter Einschleusen hatte ich mir bislang Spannenderes vorgestellt: ein Agent, ein Spion wird in eine Gruppe oder in ein Land eingeschleust. Nun aber wird ein Bakterien-Gen in ein Tier-Genom eingeschleust oder in ein Pflanzen-Genom. Sprachliche Umwidmung, im Namen der Molekularbiologie.

Schon diese paar Beispiele zeigen, dass ich versuchte, mich kompetent zu machen. Das heißt, laut Duden: Ich will befähigt oder befugt sein zu Aussagen. Kompetent machen aber heißt in der Molekularbiologie: eine Zellwand, Zellmembran mit einer bestimmten chemischen Lösung durchlässig machen, damit eine neue Erbinformation eingeschleust werden kann. Durchlässig machen, damit etwas eindringen kann: diese Metapher, diese neue Wortbedeutung überzeugt mich.

Beim Versuch, mich weiter einzuarbeiten, zogen Spezialwörter in Scharen heran: Polymerase ... Ribosomen ... Fibroplasten ... Metabolite ... Sigma-Faktor ... Pribnow-Schaller-Box ... Lactose-Operon ... Repressor-Protein ... Induktor-Repressor-Komplex ...

Bald umgaben mich Termini dieser Art wie Insektenwolken. Also erste Abwehrreflexe, doch die Wörter drangen ein; damit wurden Immunkräfte mobilisiert gegen die sprachlichen Fremdkörper.

Wenn mir die Bemühungen, die Anstrengungen aussichtslos, damit sinnlos erschienen, versuchte ich mir Sinn zu soufflieren: Der geplante Leitfaden als Ariadnefaden, und der führt nicht, in politischem Auftrag, in ein fremdes Wissensgebiet, der führt zugleich in mich selbst hinein, in meine auf Widerruf existierenden Bausteinchen, in die Zellen, aus denen ich noch bestehe.

Was ich da in mir entdecke, anhand schematischer Darstellungen in Schriften und Büchern, in denen ich Markierungen setze, Wörter unterstreichend, Absätze am Rand hervorhebend: Mein Genom, in jedem Zellkern gespeichert, es ist, schematisiert, ein rund einhundertachtzig Zentimeter langes, zwei Millionstel Millimeter dünnes Riesenmolekül, ein in sich gewendelter Doppelfaden, der nur einige Milliardstel Gramm wiegt.

Und damit eine Informationssequenz in (hoffentlich) homöopathischer Dosierung: Zwischen den parallelen Fäden des Riesenmoleküls so etwas wie Sprossen einer Strickleiter: Basenpaare. Jeweils vier Sprossen-Elemente wechseln sich variabel ab. Die üblichen Abkürzungen: A, C, G, T. Die vier Einheiten lassen sich so vielfältig kombinieren, dass damit sämtliche Erbmerkmale definiert werden können.

Zuweilen lese ich von einem »genetischen Alphabet«, doch der Vergleich ist irreführend: Für den Erbcode genügen schon vier chemische ›Buchstaben‹. ACACCGAGCCTGCAGC – so setzt sich das, in Umschrift, nicht nur seitenlang fort, sondern bändefüllend – umgerechnet etwa 20 Bände von je 500 Seiten.

Das Material des Datenträgers: eine Zucker-Phosphat-Verbindung, Desoxyribonukleinsäure, DNS. Auf englisch: DNA. Das D steht für Desoxyribose, das N für nucleus, das A für acid, also Säure. Drei Milliarden Bausteine ...

Diese Doppelhelix ist auch in mir aufgeteilt in Chromosomen. In denen wiederum sind die jeweiligen Abschnitte verdrillt, verknäult: extrem raumsparend verpackte, um runde Eiweißmoleküle gewickelte Informationsträger.

Diese portionierte, komprimierte DNA-Kette wird kopiert durch die RNA-Kette, die wiederum steuert(e) auch bei mir in statu nascendi die Produktion von Proteinen, den Bausteinen des Organismus. Anders formuliert: Aus DNA wird RNA wird Protein. (Spätere, halb ironische Variante: DNA makes RNA makes money ...)

Was da in mir vorging, in mir vorgeht, physiologisch, es entzieht sich meiner Wahrnehmung, lässt sich selbst mit Hightech-Geräten nicht sichtbar machen, es agieren unvorstellbar verdichtete, komprimierte, hochkomplexe Informationsknäuel.

Dies mit erstaunlichen Absicherungen. So wird eine Sicherheitskopie angefertigt von Erbinformationen. Und, was mich als Schriftsteller frappiert, fasziniert: Das System kann sich selbst redigieren. Man hat herausgefunden, dass RNA nicht nur von herangeführten Restriktionsenzymen zurechtgeschnitten wird, sondern sich auch selbst bearbeitet. Ein chemischer Prozess der »redaktionellen Bearbeitung«! Ein sich kontrollierendes, sich selbst cuttendes und wieder neu kombinierendes Fadenmolekül!

Was ich so treibe, als Autor, es wird also schon in Zellkernen vorgeführt. (Natürlich transformiere ich hier.)

Eine schriftliche Anfrage an die Bayerwerke, Leverkusen: Ob ich von einem der zuständigen Herren zum gegenwärtigen Stand der Gentechnik bei Pflanzen informiert werden kann, am liebsten in einem der Labore. Um kurzschlüssige Gegenreaktion zu verhindern, meide ich einen Hinweis auf die Gen-Kommission, täusche vor, ich würde ein Funkfeature über

Entwicklungen der Gentechnik vorbereiten, wolle mich dabei auf transgene Pflanzen konzentrieren.

Ein Antwortschreiben der Abteilung Öffentlichkeitsarbeit. Einverständnis, die Herren in Monheim werden informiert, ich bin eingeladen zu einem Arbeitsessen im Hause. Es wird angedeutet, dass man sich im Net über meine Publikationen informiert hat, was wiederum einen Vorschlag des Hauses implizieren würde, Näheres mündlich.

Ich fahre am Hochhaus vor; ein älterer Mann im Uniformgrau des Werkschutzes winkt mich ein zu einem Segment des Besucher-Parkstreifens. Das Foyer ist dem Hochhaus vorgelagert; viel Glas, viel Metall, ein Glitzergang zum Glitzerraum. An der Empfangstheke eine Frau mit einem riesigen, zellophanumhüllten Blumenstrauß, in der Mitte ein kleiner Heliumgasballon in Herzform, die Folie bedruckt – soll den Blumen wohl optischen Auftrieb verleihen. Die Übergabe wird erörtert, ein Geburtstag. Dem jungen Mann neben der Empfangshostess nenne ich den Namen des Gesprächspartners, der wird angerufen: Herr Dr. Thieme (»Name von der Redaktion geändert«) holt Sie gleich ab. Ich schlendre zu den Sesseln, die sich vor seitlicher Glaswand reihen. Der Blumenstrauß wird von einer jungen Frau mit Löwenmähnen-Windstoß-Frisur abgeholt. Ein paar von Gelächter begleitete Sätze. Dann Stille. Zuweilen, hinter der brusthohen Holzabschirmung aufblickend, wirft mir die Hostess einen Blick zu, gleichsam lokalisierend.

Der Öffentlichkeitsreferent erscheint. Früh ergrautes, frisch geföhntes Haar wippend im forschen Gang; blaugrauer Anzug. Gerade als er das Büro verlassen wollte, ein Anruf. Ist fast immer so: Man will weg, schon ein dringlicher Anruf. Wie ein Lasso, sagt er, wird das um seinen Hals geworfen, von der Sekretärin, er wird ins Büro zurückgerissen. Furchtbar wichtig war der Anruf denn doch nicht, lässt sich vorher aber nicht immer abschätzen. Doch nun ist er hier, freut sich. Schlägt vor, dass wir nicht erst in sein Büro hochfahren, obwohl man von dort weiten Ausblick hat, vor allem bei Rückfrontwetter, doch an diesem Tag ist es, bei der feuchtheißen Luft der Kölner Bucht, wieder mal diesig, da versäumt man nicht viel. Am besten, am einfachsten, wir gingen gleich essen; er hat im Casino einen Tisch reservieren lassen.

Das festliche Vestibül der alten Villa. Hat dort einer der Gründer des Konzerns residiert, ein Carl Duisberg? Wieder ein Empfangstresen, Thieme geht mit lässigem Winkzeichen dran vorbei. An einer Tür werden wir von einem livrierten Kellner erwartet.

Kleiner Raum, ein paar Tische, alle gedeckt, alle noch besetzt. Wir werden zu einem Fenstertisch geführt. Begrüßungscocktail. In kleinem Format aufgestellt eine Speisekarte. »Mal sehn, was die heute mit uns vorhaben ...« Süppchen mit Shrimps. Der Referent bezeichnet den Geschmack als mittelmeerisch, damit stellt sich eine assoziative Verbindung her zu seinem Haus auf Mallorca – selbstverständlich nicht an der flachen Südküste mit all den Touristensilos, sondern an der gebirgigen Nordküste: ein Haus mit Blick aufs Meer, zumindest in einem Ausschnitt, einem weiten Ausschnitt zwischen vorgelagerten Hügeln. In diesem Haus arbeitet er auch, allerdings nicht für *research*, die Hauszeitschrift – darauf wird er noch zu sprechen kommen, hat etwas in petto.

Der Hauptgang wird serviert: Lammrücken provenzalisch. Dazu passender Rotwein: nicht allzu schwer, wenig Gerbsäure.

Das Gespräch wird intoniert für den »Mann vom Funk«. Thema: die öffentliche Resonanz auf Entwicklungen der Gentechnologie, die Frage der Akzeptanz. Es folgten Ausführungen, die hier nicht wiedergegeben werden müssen. Das von fruchtumrahmter Eismischung, von Espresso und Cognac begleitete Gespräch hatte nämlich diese Generalperspektive: Der Wunsch, ich möge nach dem Termin im »Pflanzenschutzzentrum« einen Beitrag für *research* schreiben. Also über die erste Konfrontation mit transgenen Pflanzen, die sozusagen Reih und Glied im Forschungstreibhaus aufmarschiert sind, eine Parade gleichsam, die ich denn abnehmen werde, fachkundig begleitet von einem der Herren, die sich auf meinen Besuch bereits freuen. Man hat mich ja so verstanden, dass ich mich auf gentechnisch optimierte Pflanzen konzentriere, statt generalisierend durch das letztlich unüberschaubare Reich der Gentechnik zu streifen.

Natürlich gäbe es Mitarbeiter genug, die kompetent über Entwicklungen im »genetic engineering« von Pflanzen schreiben könnten, ich könnte dazu auch Truscheit interviewen, der diese Forschungsarbeiten koordiniere, aber damit würde vielleicht der Eindruck erweckt, es würde zu sehr pro domo gesprochen oder geschrieben. Höchst willkommen wäre deshalb ein Bericht, den ein Autor schreibt, der nicht dem Hause verbunden ist.

Ich schaue hinaus in das helle, das grelle, das diesige Licht über der gepflegten Wiesenfläche – ein Grün, wie es von der Firma für Werbung benutzt wird. Den Blick vom Grün lösend, sage ich: Selbst, wenn ich betont subjektiv berichte, es würde halt doch ein Beitrag für eine Bayer-Zeitschrift. Das Bayer-Signet, das Bayer-Buchstabenkreuz als so etwas wie ein Wasserzeichen unter dem Text. Könnte zu Missverständnissen führen, zu missgünstigen Deutungen.

Und wie wäre es mit folgender Lösung? Sie schreiben den Arbeitsbericht erst mal für den WDR, und *research* bringt einen Nachdruck, versteht sich mit Quellenangabe. Ich denke, damit wären alle Hindernisse siegreich aus dem Wege geräumt.

Das Einfachste wäre nun, ich würde sagen: Ich muss mir das durch den Kopf gehen lassen, ich rufe Sie morgen an. Das würde mir flau erscheinen. Ich möchte gern den Termin in Monheim wahrnehmen, aber einen Beitrag für *research* kann ich Ihnen nicht versprechen. Mir wäre lieb, wir könnten das entkoppeln. Mit meinem Hinweis auf das Funkprojekt hätte ich wohl falsche Vorstellungen oder Erwartungen geweckt. Ich nenne den (fiktiven) Arbeitstitel: »Vom Gral zum Gen«. Weise hin auf meine intensive, extensive Beschäftigung mit dem fernen / nahen Mittelalter, und dass ich so etwas wie eine (innere) Wegbeschreibung vorlegen werde, in der Hinwendung vom Gral zum Gen. Es ist ja alles andere als selbstverständlich, dass einer, der Sprachen studiert hat, sich in einen Bereich der Naturwissenschaft vorwagt – und genau diesen Versuch der Annäherung werde ich beschreiben. Mehr kann

1024

ich da nicht leisten. Zwar versuche ich, mich kundig zu machen über Gentechnik, aber selbst, wenn ich das lange Zeit fortsetzen würde: ich werde nie den Eindruck zu erwecken versuchen, ich spräche als »Kenner der Materie«. Ich werde mich hüten, an einer Podiumsdiskussion über diesen Themenkomplex teilzunehmen. Werde auch keine Artikel schreiben, und sei es für *gen-ethic*, da würde sofort ein Leserbrief folgen, womöglich von Professor Winneberg persönlich. Letztlich, im notwendigen Detail, bleibt dieser Bereich für mich das berühmte Buch mit sieben Siegeln. In der Pionierzeit der Genforschung, der Gentechnik wurde ja vielfach der Eindruck erweckt, man könnte im Reich der Gene arbeiten wie mit einem Lego-Spielsystem: ein Steinchen hier raus und dort rein … Das war natürlich auch Taktik, so sehe ich das. Mit der These der Übersichtlichkeit, Lenkbarkeit, Machbarkeit werden Forschungsgelder angelockt. Hier findet Produktdesign statt: Forscher gestalten ihre Arbeit marktgerecht, subventionsgerecht, zumindest in Papieren, die außer Haus gehen. Aber die Beteiligten wissen selbst am besten, und mir beginnt es zu dämmern: Die Natur arbeitet nicht linear kausal, sondern in vielfältigen, simultanen Kausalitäten, in Verzweigungen von Kausalitäten. Ich habe kürzlich von Mediatoren gelesen, die »individuell biographisch«, ja: individuell biographisch die Expression von Genen steuern.

Ich will damit nur markieren, was für mich relevant wird auf dem Weg vom Gral zum Gen: Dass alles sehr viel komplizierter, weil komplexer ist, als es in der Öffentlichkeit meist dargestellt wird. Je präziser die Informationen der Gentechniker werden, desto größer die Komplexität. Mein Leitstichwort, daran halte, daran klammre ich mich: Komplexität. Mein Hinweis, mein warnender Hinweis auf die Komplexität ist quasi der Zellkern, der steuernde, meiner Kritik, ist die codierende DNA-Sequenz, die über RNA die Proteinbildung meiner Aussagen steuert. Und die Aussage ist in diesem Fall: Ich möchte nicht durch einen kurzen Beitrag zu *research* eine Entwicklung unterstützen, die ich nicht nur für fatal, sondern für gefährlich halte: die einer Simplifizierung, die womöglich falsche Entscheidungen fördert. Und das womöglich im Sinne der sogenannten Unternehmensphilosophie. »Hugh, ich habe gesprochen!«

»Und wenn Sie«, setzt Thieme an, schwenkt das Cognacglas, schnuppert, setzt das Glas wieder ab, offenbar hat ihn der Duft noch nicht erreicht. »Und wenn Sie – nein, ich muss anders anfangen.« Hier darf kein Missverständnis entstehen, eine Absicht (im Sinne der Unternehmensphilosophie) darf nirgends herausschauen. Der Hauptakzent läge ganz klar auf: Werkbericht. Wie ich mich auf die Expedition in das Reich der Gene vorbereitet habe, woher ich meine Materialien nehme – und so weiter. »Wie wärs, wenn ich unter dem Aspekt noch einen Cognac für uns bestelle?«

Gern, wenn wir darauf trinken können, dass Sie mir in Wuppertal einen Termin bei Truscheit vermitteln und dass ich mir in Monheim die transgenen Pflanzen anschauen kann, ohne mich verpflichtet zu fühlen, darüber in *research* zu schreiben, wie auch immer.

Schön, auch unter diesen Prämissen: zweimal Cognac zum zweiten.

Da werde ich aber gleich erst ein paar Runden durch Ihren japanischen Garten drehen, eh ich mich ins Auto setze.

Ein zusammengefaltetes Blatt wird auf einem Teller neben Thieme abgelegt, er spreizt es ein wenig, lugt hinein, unterschreibt. Wir gehen. Die feuchtwarme Luft, die sich bisher nur an die Fensterscheibe gedrängt hatte, sie wird uns draußen in die Gesichter geschlagen, wie mit dünnen Lappen. Diesig grell das Licht, jetzt erst recht. Schweigend gehen wir nebeneinander her, ziehen, fast simultan, die Jacken aus.

Sollen wir morgen oder übermorgen noch mal telefonieren? Nicht nur wegen der Terminabsprache?

Müssen wir noch etwas aufschieben. Jetzt bin ich erst mal einige Zeit unterwegs mit Lesungen. Es geht los in Berlin.

ICH HATTE REISELEKTÜRE MITGENOMMEN für die Wartezeit nach dem Einchecken, für den Flug, der voraussichtlich über eine geschlossene Wolkendecke führte, hatte mir vorgenommen, mir im Hotel noch mal die Erzählung anzuschauen, die ich am Abend in der Buchhandlung vorstellen, vorlesen wollte, hatte mir für den Nachmittag des nächsten Tages den (erneuten) Besuch einer Galerie vorgenommen, abends die vielgerühmte Goldoni-Aufführung der Schaubühne, Rückflug am folgenden Tag: ein Hörspielentwurf musste weiter ausgeführt werden, auch ich lebte hauptsächlich von Funkhonoraren.

Mit diesem Vor-Bewusstsein, mit dieser Vorplanung ging ich nach dem Einchecken in den Warteraum des Flugsteigkopfs im Flughafen Köln / Bonn, und auf den ersten Blick: sie, Astrid! Lächelte mir zu, ja strahlte mich an, wenn auch etwas unsicher, und ich blieb, wie in einem Spielfilm, erst mal eine Sekunde stehen, um Erstaunen, um Überraschung sichtbar zu machen, auch vor mir selbst, ging dann vor ihr in die Hocke, legte die Hände auf ihre Oberschenkel, schaute sie an, lachend und den Kopf schüttelnd, und diese Szene erschien mir völlig unwirklich. Sie legte mir die Hände auf den Kopf, zog ihn zu sich heran: Du bist mir doch nicht bös, oder?

Natürlich hatte sie gewusst, dass ich nach Berlin flog, ich hatte sicher auch erwähnt: Am frühen Nachmittag, aber ich hatte ihr nicht erzählt, was ich in Berlin vorhatte, nach der Lesung, und wann ich zurückfliegen würde. Aber auch das hatte sie herausbekommen bei einem Telefonat mit einem »Typ« der Lufthansa, den hatte sie ein wenig erpresst mit dem Stichwort Liebe, große Liebe. Dennoch durfte er keine Auskunft geben über Flugdaten eines Passagiers Kühn, aber als sie auf den richtigen Abflugtermin tippte, sagte er nur: »Was man in so einer Lage nicht alles macht …« Und sie wusste, so flüsterte sie mir zu, dass sie richtig getippt hatte. Und nun wollte sie gleich meine Bordkarte sehen und war enttäuscht: Beim Einchecken hatte sie um einen Platz neben mir gebeten, das sollte die Überraschung perfekt machen, sie hatte sich ausgemalt, dass wir uns vielleicht erst in der Engführung des Teleskopgangs sehen würden oder: ich setze mich auf meinen Platz, und sie saß bereits auf dem Nebensitz.

Mir fielen in dieser Situation nur Floskeln ein wie: Da bin

ich aber vollkommen von den Socken ... Die Überraschung ist dir aber gelungen ...! Und war froh, dass ich nun etwas tun konnte, nahm beide Bordkarten, ging zurück zum Abfertigungsschalter, durch die Kontrollschleuse, versuchte, zwei Plätze nebeneinander zu kriegen, aber der Computer hatte kein Angebot parat, die Maschine war ausgebucht. Als ich Astrid, wieder in der Hocke, vom vergeblichen Versuch berichtete, meinte eine alte Dame, mitfühlend, man würde doch bestimmt jemand finden, der den Platz tauscht. Sie sah diese Überraschung offenbar gern, das sichtbare Glück der jungen Frau wollte sie wenigstens mit einem kleinen Hinweis protegieren. Bist du mir bestimmt nicht böse?, fragte sie nun wieder, flüsterleise.

Eigentlich habe ich solche Überraschungscoups nicht gern, aber ich schüttelte den Kopf. Eine Freundin hatte sie gefragt, was sie denn machen würde, wenn ich einen Wutanfall bekäme? Ihre Antwort, nun wiederholt: Das wird sich ja zeigen, da mach ich mir vorher keine Gedanken. Und selbst, wenn überhaupt nichts klappt, so haben wir wenigstens den gemeinsamen Hinflug und Rückflug, und ich bin bei der Lesung mit dabei, die ist ja öffentlich zugänglich. Zum ersten Mal würde sie mich denn in einer Veranstaltung erleben, ein paarmal war das schon avisiert worden, hatte nie geklappt, aber einmal wollte sie das unbedingt »mitkriegen«. Und falls es mich stört, falls es mir irgendwie ungelegen kommt, falls ich eine Verabredung habe, sie würde sich zurückhalten, »dann spiel ich nur Mäuschen«.

Ich noch immer in der Hocke, die Unterarme verschränkt auf ihren Oberschenkeln. Sie hatte eine graue Hose an von modischem Zuschnitt mit aufgenähten großen Taschen, einen locker weiten Pulli mit Halsausschnitt, Keramikschmuck an schwarzer Lederschnur. Sie sah schön aus in ihrer Freude über die gelungene Überraschung; ihre Sorge, im Hinterkopf, ich könnte wütend reagieren, die war vorbei.

Wütend reagieren ... Da hatte sie mir eigentlich ein Stichwort zugespielt, aber ich hatte es nicht aufgegriffen, im rechten Moment, nun war es zu spät, da ließ sich nicht ›nachskaten‹.

Auch die Frage: Wie stellst du dir das eigentlich vor?, die kam mir nicht über die Lippen, wiederholte sich nur echohaft im Kopf, während sie auf mich einsprach, flüsterleise, von ihrer Vorfreude, die sich teils schon erfüllte, und die größere Vorfreude, die sich noch nicht erfüllte, aber sie hatte das gute Gefühl, die würde sich erfüllen.

Als würde sie spüren, was ich dachte, versicherte sie noch einmal, sie würde mich nicht stören; falls meine Zeit verplant sei, würde sie eine Freundin besuchen, würde sich Ausstellungen anschauen, seit Jahren war sie nicht mehr in Berlin – aber bei deiner Lesung bin ich mit dabei, oder?

Astrid im Flugsteigkopf, Astrid in Hessen, Astrid in der Eifel. Der Parkplatz am Rursee fast völlig leer: früher Abend. Im Gebüsch am Rand sah ich eine Frisbee-Scheibe: Komm, wir probieren das mal! Die Badesachen legte ich auf das Wagendach, wir gingen ein Stück weiter auf der asphaltierten, von weißen Streifen parzellierten Fläche, ich warf die Scheibe, rotierend flog sie auf Astrid zu, aber sie konnte die nicht schnappen, griff daneben, die Scheibe fiel auf den Asphalt, schlidderte mit einem Mischgeräusch von Plastik, Holz und Pappe über die Schwarzdecke, sie rannte hinterher, warf mir die Scheibe zu, aber linkisch, ungeschickt. Kurz so etwas wie Mitleid, aber: sie lief mit solchem Eifer der schliddernden, schurchenden Scheibe nach, dass ich mich wieder in sie verguckte, eine kurze Umarmung, ihr kleines Keuchen an meinem Ohr. Und weiter, sie wollte es so gut machen, dass ich mit ihr zufrieden war, aber wie ungeschickt war sie beim Schnappen und Werfen. Die waagrecht heranrotierende Scheibe gleichsam aus der Luft zu pflücken, sie aus der Hüfte heraus zurückrotieren zu lassen, für solche Bewegungsfolgen schien ihr Körper nicht gebaut, sie ließ immer wieder die Scheibe aufschlagen auf dem Asphalt mit den weißen Linien. Trumpfte ich auf? Nur ein paarmal hatte ich solch eine Plastikscheibe geworfen, sie rotierte aber doch einigermaßen genau auf sie zu, sie lief der Scheibe nach, warf sie mir zu, zweimal schlug die Scheibe wie ein Rad senkrecht mit der Kante auf dem Bodenbelag auf, das war fast so verpönt, als würde man mit dem Queue auf dem Billardtisch ein Loch in den grünen Belag stoßen, aber das sagte ich nicht, nur dies, denn doch: Du, das ist nun wirklich nicht deine Stärke.

Auf einer Wiese schlägt sie Rad, macht Purzelbäume vorwärts und rückwärts. Dann heißt es, sie auffangen: steif wie eine Bohle fällt sie nach hinten, mit geschlossnen Augen, das nun intensivere Fallgefühl, ich packe sie unter den Schultern, lege sie ins Gras, gehe um sie herum, sie blinzelt ins Licht, ich muss sie aufheben, sie macht sich wieder steif dabei, ich muss sie zum x-ten Mal genau lotrecht aufstellen, weil sie sonst augenblicklich kippt, die momentan besonders starke Erdanziehung, nicht wahr, schon muss ich sie wieder auffangen, hinlegen, umkreisen, anheben, genau senkrecht aufstellen. Und gehe von ihr weg, sie springt mir an den Rücken, schlingt die Beine um die Hüfte, lässt sich nicht abschütteln, ich trage sie zu einem der Bäume: Ich mach das jetzt wie die Elefanten, ich juck mir das Fell – und streife sie am Baumstamm ab. Sie schwört Rache, springt mich wieder an, ich muss sie festhalten, ihre Fersen diesmal in der Kreuzmulde; sie löst sich erst, als ich sie hinweise auf ein Sportflugzeug. Sie sieht auf den ersten Blick, dass es eine Cessna ist, aus einer Cessna ist sie zum ersten Mal gesprungen, und sie führt mir vor, wie man bei Sprungwettbewerben mit gestrecktem Bein die Ferse aufsetzt auf der bierdeckelkleinen Markierung im Zielkreis auf dem Flugplatz. Sie springt am liebsten mit 80- oder 100-Kilo-Schirmen, wiegt selbst knapp 60 Kilo, andere Springer rauschen an ihr vorbei, sie aber schwebt noch, wenn die längst gelandet sind.

Der Platztausch im Flugzeug war kein Problem, ein junger Geschäftsmann wechselte mit seinem Aktenköfferchen über auf meinen Platz. Astrid klappte sofort die Armstütze hoch zwischen uns, kuschelte sich an mich, meinen linken Arm umklammernd. Ich schaute an ihr vorbei auf die Betonfläche mit den Teleskopsteigen, den Flugzeugen, Fahrzeugen, Leuchten. »Sag nichts«, flüsterte sie, »es kommt auch so rüber.«

Gar nichts kommt rüber, formulierte mein Broca'sches Sprachzentrum, noch immer fühlte ich mich eher überrumpelt als überrascht, registrierte, wie sich der Wunsch entwickelte, ich wäre jetzt eigentlich lieber allein, und nach der Rückkehr ein kleines Liebesfest. Nun aber fühlte ich mich im Zugzwang, das mag ich nicht, zu wenig Bewegungsraum, Spielraum, warum habe ich nicht in der Tat die Wut gekriegt, sie war darauf vorbereitet, zumindest als Möglichkeit. Und zugleich dachte es in mir: Lassen wirs drauf ankommen, ich plane jetzt überhaupt nichts mehr, wird sich alles schon irgendwie entwickeln, ergeben.

Aber nun erst mal: wie sollte ich sie dämpfen? Sie sprach wieder etwas zu laut – ihre Freude, dass wir gemeinsam abhoben, sie schaute, mit fast kindlicher Aufregung, aus dem Fenster: »Pooh, das geht aber hoch!« Und ein kleiner Bewunderungspfiff. Ja, ihre Pfeiferei, das fiel mir jetzt wieder auf, jetzt wieder ein. Wenn ich allein mit ihr war, nahm ich das kaum mal wahr: spitzte bei Musik, die sie kannte, die Lippen, pfiff. Immer weitere Impulse nun zu Jubelrufen, Jubelpfiffen: Wooow, die Landschaft, uuuh, die Wolken, das fetzt aber, und wie hell, wie hell jetzt, ich freu mich schon auf heute Abend, jetzt krieg ich dich endlich mal mit im Publikum. Das war ein sprechendes Lachen, ein lachendes Sprechen, ja, ein immer wieder von Lachen, Auflachen, Mitlachen strukturiertes Sprechen, ein Sprechen im Glockenton des Lachens, es ging ihr wirklich gut. Am liebsten, flüsterte sie, am liebsten, also wirklich am liebsten würde sie mit mir jetzt so nach California fliegen oder nach Australien, zu gern würde sie mal das rote Felsmassiv in der Wüste sehen, den Dingsbums-Rock. In ihrem Glück hatte sie nicht den geringsten Zweifel, dass ich nicht ebenfalls glücklich wäre, alles fügte sich so gut, sie war sicher: Was sie zu mir ›hinüberschickte‹, das kam von mir auch wieder zu ihr zurück, ihre Aufwallungen auch als meine Aufwallungen: Energieströme.

Auch, um sie ein wenig zu dämpfen, und weil vorauszusehen war, dass ich mich im Hotelzimmer nicht weiter auf die Lesung vorbereiten konnte, zog ich den Reißverschluss der Reisetasche auf, holte mein Buch heraus, inspizierte den Text, der zuletzt immer mehr Atem forderte, nach gelassenem Beginn: »Georg Friedrich Brandes, ein junger Maler: auch er reist nach Italien. Große Strecken wandert er, wie das –« Sie las nicht mit, Schläfe an meiner Schulter: »Du mach nur, ich stör dich nicht.« Aber an mir festhalten musste sie sich doch. Und ich blätterte, machte Markierungen: die Steigerung des Tempos bis zum Schluss: »... dorniges Gestrüpp, staubiger Boden, er läuft weiter, läuft weiter, kehrt erst am Abend in die Stadt zurück, die Skizzenblätter leer.« Ich klappte das Buch zu. Sie verstärkte den Druck am Oberarm, drehte mir das Gesicht zu, die Lippen am Hals. Und für einen kurzen Moment das Gefühl: Es ist doch gut so. Und nun schien sie wirklich eine Übertragung zu spüren, sie nickte: »Ja, genauso ist es!« Daran hatte ich wieder meine Zweifel.

MOLEKULARBIOLOGIE ...! Die Erkundung jener Sonderwelt wird auch zur spannenden Erkundung einiger Voraussetzungen meiner Existenz. Ich kann die molekularbiologische Vorgeschichte meines Lebens zwar nicht adäquat erzählen, will sie aber zumindest skizzieren.

Ich beginne wortwörtlich ab »ovo«. Eine Samenzelle mit Erbinformationen der Familie Kühn, Herkunft Thüringen, und eine Eizelle mit Erbinformationen der Familie Asher, Herkunft Hamburg, sie verschmelzen. Chromosomen, die in Form und Inhalt zusammenpassen, legen sich aneinander. Von spezifischen Enzymen werden diese Chromosomen in größere und kleinere Abschnitte zerlegt, in Gensequenzen, in Gene. Nun werden Abschnitte gleicher Größen und Funktionen ausgetauscht. Diesen höchst komplizierten chemischen Prozess scheint letztlich Zufall zu steuern. Zufall als Sammelbegriff für einen Komplex noch nicht analysierter, definierter Ursachen? Wie auch immer: Zufall sichert die Vielfalt von Kombinationsmöglichkeiten – jedes System würde sich sonst durch festgeschriebene Wiederholungen verbrauchen.

Die vom Zufall neu arrangierten oder kombinierten Informationsträger für Merkmale und Eigenschaften meiner

Person bilden schließlich wieder komplette Chromosomen. Damit liegt mein Bauplan vor, in einer Urzelle. Keine Panne, offensichtlich, bei der Neukombination der Chromosomen – dabei kann viel passieren! Chromosomen können zerfallen, Chromosom-Fragmente können sich an Chromosomen koppeln, zu denen sie nicht gehören, ein Chromosom kann zu viel sein, ein Chromosom kann fehlen. Doch in meinem Fall: keine »Aberrationen«, offensichtlich. Ich, physiologisch weitgehend vordefiniert, in der Urzelle.

Bevor die sich zum ersten Mal teilt, werden die Erbinformationen kopiert. Das Molekülsystem trennt sich in der Mitte der Sprossen auf wie ein Reißverschluss. An die beiden Reißverschlusshälften legt sich jeweils eine spiegelbildliche Entsprechung. So werden aus einem Reißverschlusssystem in einer Zelle zwei Reißverschlusssysteme in zwei Zellen. Und aus den zweien werden vier und aus den vieren werden sechzehn. Ich sehe mich in dieser Phase als mikroskopisch kleine Brombeere identischer Zellen.

Etwa in diesem Stadium beginnen sich meine Zellen zu spezialisieren im wachsenden Organismus. Bei dessen Entwicklung wird nicht mein gesamter genetischer Code auf einmal umgesetzt, das ergäbe Zellenchaos. Es werden jeweils nur Ausschnitte, Sequenzen des Genoms »zur Expression gebracht«. Was heißt: in den Chromosomen müssen die Gene und Gensequenzen herausgesucht und kopiert werden, die als Steuereinheiten, als Codierer für die jeweilige Phase meiner Biosynthese gebraucht werden.

Dieser Vorgang des Heraussuchens und Kopierens fasziniert mich. Denn während ich dies schrieb, während ich dies abtippe und weiter ausführe, wiederholt sich das Kopieren unablässig in meinem Körper: Zellen sterben ab, Zellen bilden sich neu. Für jede neue Zelle muss der gesamte Bauplan kopiert werden; von diesen Kopien werden, zur Steuerung des Stoffwechsels, Detailkopien hergestellt. Sehr komplexe und sehr rasche Vorgänge, überall in meinem Körper, während ich diese Zeilen schreibe.

Hier begegnet mir wieder das Wort »Transkription«. So

wird der Prozess der Übertragung ausgewählter Informationen der Erbsubstanz DNA in den verwandten chemischen Zwischenträger RNA bezeichnet. Die Übertragung jeweils benötigter Detail-Bauzeichnungen für den Aufbau meines Organismus wird durchgeführt von einem speziellen Enzym oder Enzym-Ensemble: die RNA-Polymerase. Diese Wundersubstanz sucht, findet und kopiert die jeweils benötigten Detailpläne. Gesucht, gefunden, kopiert werden, beispielsweise, 10 unter vielleicht 100 000 Genen. Wie kann, wie konnte das überhaupt funktionieren?

Diesen Vorgang kann ich nicht in allen Details schlüssig beschreiben, kann nur vermerken: Das Enzym sucht und findet ein ganz bestimmtes chemisches Kennwort, eine ganz bestimmte molekulare Markierung, den Promoter. An diesen Promoter bindet sich das Enzym, es wird zu so etwas wie eine Lese- und Kopiermaschine. Das chemische Kennwort oder Codewort ist zugleich ein Startzeichen. Hier öffnet das Enzym die verdrillte Doppelhelix, es beginnt, den nicht mehr in sich verdrehten Reißverschluss zu öffnen. Reißverschlusszapfen nach Reißverschlusszapfen wird nun abgelesen und kopiert. Dieser Vorgang läuft mit enormer Geschwindigkeit ab. Etwa eine Sekunde nach dem Start der Transkription hat die Polymerase schon 90 Sprossen oder Zapfen abgelesen und in spiegelbildliche RNA-Substanz übersetzt. Aus Desoxyribonukleinsäure wird Ribonukleinsäure. Der Beginn dieses RNA-Fadens wird chemisch gesichert, es wird eine Art Schutzkappe aufgesetzt. Das Ablesen und Umsetzen wird mit rasender Geschwindigkeit fortgesetzt, damals in mir, heute in mir. Die Lese- und Kopiermaschine arbeitet sich an der DNA-Matrize entlang bis zum Stop-Codon; hier löst sich der RNA-Faden vom DNA-Faden; das aufgetrennte Segment der Doppelhelix schließt sich wieder. Die RNA steuert nun die Synthese von Proteinen, aus denen sich Organe aufbauen.

Meine Biosynthese: überaus komplexer, exakt durchorganisierter Vorgang in hervorragender Logistik, elaborierter Netzplantechnik, in perfektem Timing. Dabei kontrolliert das System ständig sich selbst, mit Sicherheitskopien, auch mit redaktionellen Korrekturen, sobald sich Fehler zeigen. Staunend schaue ich aus mir heraus in mich hinein.

Gemeinsam mit dem Bundestagsabgeordneten (dem ich einen fiktiven Namen geben muss, auch den Mitarbeitern und Forschern im Dienst der Firma Bayer) fahre ich nach Leverkusen und Monheim. Die schematischen, meist im Printmedium vermittelten Bilder sollen durch konkrete Eindrücke ergänzt werden – so die »Tagesparole« von Reinarz.

Es beginnt wieder mit einem Mittagessen. Die »Gäste des Hauses« werden begleitet von einem der sechzig Mitarbeiter der Öffentlichkeitsarbeit des Konzerns. Ein Saal, der Assoziationen weckt an einen alten Ballsaal oder den Saal eines Spielcasinos: viel Holzverkleidung, Lüsterbeleuchtung. Buffets für Vorspeisen, Buffets für Nachspeisen, zwei Köche an einer Wärmetheke, sie legen den gewünschten Hauptgang auf. Mit Reinarz entscheide ich mich für Springbock, angelockt vom Namen. Erst als das Fleisch bereits auf dem Teller liegt, garniert von Pilzen und Spätzle, höre ich einen der Herren im Geschäftsmanns-Graublau einem Gast sagen, er empfehle ihm den Springbock, der komme direkt aus Südafrika. Ich schaue das Stück Fleisch nachdenklich grimmig an, während wir zum Tisch gehen: Fleisch aus dem Land noch immer der Apartheid?! Das Fleisch auf dem Teller liegen lassen? Erscheint mir auch nicht als saubere politische Lösung, also esse ich es auf. Geschmacksassoziationen an Rehkeule. Ich verspeise es restlos, als müsste ich Spuren verwischen auf dem Teller; der wird von einer aufmerksamen Kellnerin sofort weggetragen.

Das Springbockfleisch im Magen decken wir zu mit einer Obstschicht: Waldbeeren, Himbeeren, Brombeeren mit Sahne. Ich nehme eine bescheidene Portion Mousse au chocolat dazu; Reinarz verdoppelt das Deputat. Der Schokoladenmaus, sagt er, könne er nicht widerstehen. Und als hätte das Wort Maus eine Assoziation geweckt, schaut er sich im Saal kurz um: Nur Männer in Anzügen, uni oder sanft kariert oder gestreift; Frauen sind hier selten. Und sind dann eher um die fünfzig, für Reinarz damit nicht weiter interessant; nur eine

»Maus« im Visier, doch die ist unübersehbar die Geliebte eines der Herren. Also, sagt Reinarz, wenn er die Szene hier so betrachte, Frauen seien im mittleren und oberen Management offenbar selten, reine Männerwelt!

Unser Begleiter erklärt, oberes Management sei hier kaum vertreten, Abteilungsleiter essen fast nie zu Mittag; je höher die Position, desto weniger wird mittags gegessen, da wird ein Joghurt geholt oder sonst eine Kleinigkeit. Allerdings gibt es viele offizielle Essen, drum wird hier zum Ausgleich das Mittagessen ausgelassen.

Während des Nachtischs, während des Kaffees spricht Reinarz mit dem Referenten über Food design; er fürchte, es werde in einiger Zukunft nur noch biotechnisch produzierten Fraß geben, außer in solchen Kasinos hier, man müsse eine Art Astronautenpaste zu sich nehmen, künstlich hergestelltes Zeugs, er befürchte einen Verfall der Esskultur; vielleicht werde man in Zukunft einmal sagen, selbst die Fastfood-Restaurants, die McDonald's-Ketten, wären hochkultivierte Einrichtungen gewesen, verglichen mit den Verzehrstätten für biotechnische Pasten und Pampen, oder, wie das drüben in der DDR heiße, für Plaste und Elaste.

Eher Anlass für ein kleines Gelächter als Stichwort für eine lebhafte Diskussion, der Öffentlichkeitsreferent bezeichnet das Szenario als humoristisch überzogen.

Bei dieser Bedeutung lässt es Reinarz ohne Widerspruch, er hat zum Springbock zügig Rotwein getrunken, wirkt jetzt schon müde.

Nach dem Essen führt uns der Referent mit einem der Wissenschaftler des hohen Hauses zusammen. Der kommt uns im Flur entgegen, großer, braungebrannter Mann in den Dreißigern, helles Kraushaar, heller Schnurrbart, weißer Kittel. Er geht vor uns her zu einem kleinen Konferenzraum. Ein Tisch mit etwa zehn gepolsterten Stühlen, wir setzen uns. Dr. Grabowski kontrolliert rasch die Ordnung von Dias im Rahmen – der ist glücklicherweise nur zu zwei Dritteln gefüllt, der Vortrag, so sage ich mir, dürfte also nicht allzu lang dauern.

Als Erstes der Dias die Aufnahme einer Wurzelhalsgalle, eines Tumors an einem Pflanzenstängel: Erdbakterien dringen ein in die Pflanze, es kommt zur Zellenwucherung.

Die nächste Bildprojektion: Aus einem Buch abfotografierte schematische Darstellung eines ti-Plasmids, also eines tumor-indizierten Plasmids – auch hier Bakterien, die in die Pflanze eindrangen und in die ringförmige Struktur der Gene eins bis vier.

Ich raffe mich auf, um eine erste Frage loszuwerden, will schließlich nicht als Greenhorn eingestuft werden, als mehr oder weniger stummer Begleiter dieses Mitglieds des Bundestags. Ich stelle also die Hallo-wach-Frage, ob die Gene durch Restriktionsenzyme herausgeschnitten werden beim Austausch.

Eine so konkrete Frage hat Dr. Grabowski offenbar nicht erwartet. Nein, sagt er, »wir machen das mit Springenden Genen, die zwingen wir ganz brutal da rein«.

Reinarz kann sich nur gelegentlich zu einer pauschalen Anmerkung aufraffen: Das ist ja wirklich interessant … Die Entwicklung geht ja unheimlich schnell vor sich … Fragen überlässt er mir. Und die stelle ich eher, um den Vortrag zu verkürzen. Die geplante, die gewünschte Annäherung an Realitäten führt hier erst mal durch das Zwischenreich schematisierter Phänomene. Dr. Grabowski spricht im Schnitt mehrere Minuten lang zu einem Dia – und lässt sich nicht aus dem Takt bringen.

Die Resistenzen, immer wieder die Resistenzen! Im Bild vorgeführt wird eine transgene Tabakpflanze, die resistent gemacht wurde durch ein Gen, das Stoffwechselprodukte codierte, die Raupen töten, da brauchen die nur mal am Blatt zu knabbern.

Hier rafft sich Reinarz doch mal zu einer Frage auf: Wie man intern überhaupt die Totalherbizide beurteilen würde, zum Beispiel Roundup und Basta, mit diesen Herbiziden würde doch alles auf einem Feld mausetot gemacht, außer der einen, resistent gemachten Kulturpflanze – sei das nicht eigentlich ein brutales Verfahren?

Ob das Weghacken störender Pflanzen weniger brutal gewesen sei? Abgesehen davon, ohne Herbizide sei heutzutage Landwirtschaft gar nicht mehr möglich. Bei den eben genannten Produkten seien vielleicht die Namen aggressiv, dabei hätten gerade die beiden Herbizide geradezu vornehme Eigenschaften. Die möglichen toxischen Metabolismen ließen sich auf einer einzigen Schreibmaschinenseite beschreiben, bei anderen Mitteln seien die Beurteilungen und Gutachten derart umfangreich, dass sie drei oder vier Aktenordner füllen. Und Dr. Grabowski, der mittlerweile den weißen Kittel abgelegt hat, projiziert chemische Formeln für Herbizide, zeigt strukturelle Entsprechungen mit Molekülen in den Pflanzen, chemische Angleichung.

Reinarz erhebt sich, entschuldigt sich »für ein Momentchen«, müsse unbedingt in Bonn anrufen, »machen Sie ruhisch so lang weiter, der Doktor Kühn, der kann mir das ja dann berichten«. Und schreitet hinaus, wohl einen Seufzer der Erleichterung unterdrückend.

Der Referent fragt, ob wir nicht besser auf ihn warten sollten, aber ich bitte ihn fortzufahren. Wieder sehe ich nur Abbildungen, die ich schon in Zeitschriften und Büchern gesehen habe, nur sind sie in der Projektion einen Meter hoch, zwei Meter breit. Die Vorhänge im Raum fast völlig zugezogen. Ich versuche, im Seitenblick herauszukriegen, wie viele Dias noch hinten im Rahmen stecken, aber das Gerät verdeckt die Sicht.

Das Halbdunkel des Raums, die sanft schwäbische Intonation des Wissenschaftlers, und immer wieder Fotos von transgenen Pflanzen, von resistent gemachten Pflanzen, und Nichtresistente kümmern bräunlich dahin und Resistente grünen kräftig.

In immer größerer Entfernung höre ich Dr. Grabowski weiter und weiter sprechen, ein neues Dia kommentierend, das wieder mal eine schematische Darstellung wiedergibt mit Fachwörtern in weißer, in roter, in grüner Schrift, mit Verbindungslinien, Verbindungsfächern. Und es entwickelt sich eine Begriffsthermik, die mich nicht mit hochreißt, die mich eher zurückfallen lässt. Die Modelle, die ich mir in den Kopf gesetzt hatte, die brechen auseinander. Das Gen, das für mich eine stabile, wenn auch zuweilen springende Einheit war, so etwas wie eine mit Erbinformationen gefüllte Monade, es zerfällt mit weiteren der projizierten Schemata, die, nach dem Prinzip der Steigerung, immer komplexer werden; das Gen, wie ich zu hören kriege, wird nicht mehr als strukturelle oder funktionelle Einheit gesehen, dieses etwas zu schlichte Modell wird durch neuere Forschung erschüttert, mehr als erschüttert, schon in ersten Frequenzanalysen zeigen sich repetitive Gene, gestückelte Gene, überlappende Gene, zeigt sich kryptische DNA, hinzu kommen Anti-Sinn-Transkriptionen, jawohl Anti-Sinn-Transkriptionen, kommen multiple Promotoren und –

Ich schließe kurz die Augen, habe das Gefühl, mein Hirnstrom sei verbraucht. Würde mich am liebsten auf den Konferenztisch legen, rücklings, die Hände über dem Bauch mit Springbock gefaltet, mich wegsacken lassen. Doch ich muss ein weiteres Dia durchhalten, erneut verbunden mit etwa zehn Minuten Text. Als Grabowski das Diagerät ausschaltet, kehrt Reinarz zurück – als hätte er draußen auf das Klackgeräusch gewartet, das akustische Zeichen erlösender Veränderung. Oder das Timing eines gewieften Politikers?

Der Referent stellt anheim, Fragen zu stellen zum Vortrag, aber da gebe ich die Erklärung ab, meine Aufnahmefähigkeit für Grundlagen-Informationen sei vorerst erschöpft, wir lechzten nach Anschauung, nach Grünem. Und erinnere daran, dass uns ja eigentlich Labors gezeigt werden sollten.

Aber selbstverständlich! Grabowski zieht den weißen Kittel wieder an, nimmt den Diarahmen an sich, dreht vor der Tür ein Schild auf den Rücken, wir ziehen los. Reinarz winkt in eine offenstehende Tür, eine Sekretärin nickt ihm zu – im Gegenlicht scheint ihr Haar zu irisieren. Reinarz schreitet wie beflügelt dahin. Der Referent deutet das wahrscheinlich falsch, wendet sich in der nächsten Zeit vor allem an ihn.

Im ersten Labor werden wir zu einem Behälter geführt, der mit Eissplitt, Eisbrocken gefüllt ist; im Eisgrus stecken kleine Reagenzgläser mit Plastikverschlüssen. Eins von ihnen wird herausgehoben und vor die Fensterfläche gehalten: wasserklare Flüssigkeit. Mit Filzstift ist auf das Glas geschrieben: DNA. Nimmt man uns auf die Schippe? Wasser statt Desoxyribonukleinsäure? Optisches Placebo für uns Besucher? Was mag Reinarz denken, der mir über die Schulter blickt, mit seinen wasserhellen Augen? Denkt er hoffentlich daran, wie schwer die Kontrolle von Genlabors werden könnte, sofern man sich zu Kontrollen entschließen sollte, auf neuer gesetzlicher Grundlage? Wie viel fingerfertiger Austausch von Gläsern und Flüssigkeiten wäre da möglich?

Bitteschön, das hier wäre also DNA. Das Reagenzglas ist bereits beschlagen, der Wissenschaftler zieht es kurz mal durch zwischen Daumen und Zeigefinger, Glas wieder klar. Der Wissenschaftler in Cordhose und Pulli fordert uns auf, das Reagenzglas mal zu kippen, von oben nach unten, dabei die kleinen Bläschen zu beobachten. Ja, die bewegen sich langsamer als Luftbläschen in Wasser. Und das liegt, so kriegen wir zu hören, an der langfädigen Molekularstruktur der Kernsäure, damit entsteht höhere Viskosität, die ist typisch für isolierte DNA.

Ein junger Mann in weißem Kittel tritt ein, die Hände in Operationshandschuhen leicht vorgestreckt, als hätte er sie eben noch in eine gefährliche Lösung getaucht und sie müssten nun abtropfen. Er stellt eine Frage, hochspezifisch, erhält eine Anweisung, hochspezifisch, geht wieder hinaus, Reinarz gibt das Reagenzglas zurück, es wird ins Eis gesteckt. Was steckt außerdem noch dadrin? Restriktionsenzyme.

»Was war das jetzt noch?« Weil ich zwischen dem Wissenschaftler und dem Politiker stehe, symbolisch und körperlich direkt, erinnere ich daran, dass mit Restriktionsenzymen die langfädigen DNA-Moleküle aufgetrennt oder eher durchverdaut werden zu spezifischen Abschnitten. Und weil der Molekularbiologe mich prüfend anschaut, oder vielleicht eher abwartend, füge ich hinzu: Sequenzspezifisch aufgetrennt. Sage das ohne Versprecher. Ja, ich bin präpariert, meine Vermittlerrolle betonend.

Eine blonde Laborantin in rotem Pullover kommt herein,

stellt ebenfalls eine Frage. Reinarz, so registriere ich mit einem Seitenblick, scheint gleich auf sie fixiert. Hübsche Laborantin, nur ist ihre Gesichtshaut etwas unrein – letzte Reste von Akne? Mit einem Ergänzungsauftrag geht sie hinaus.

Nun werden zwei sehr kleine, höchstens zwei Zentimeter lange Reagenzgläschen aus dem Eisgrus gezogen: die erwähnten Restriktionsenzyme. Viel ist von der Flüssigkeit nicht zu sehen, das Glas ist fast vollständig umschlossen vom Etikett mit Aufdruck. Solche Proteinflüssigkeit wird also in DNA-Lösung geschüttet, bei Körpertemperatur, die ein kleines Gerät erzeugt, dann dauert es zwanzig Minuten oder zwei Stunden oder länger, bis die Enzyme die DNA aufgeteilt haben. Auch das sieht man der Flüssigkeit nicht an, keine Verfärbung, nichts. Die verschieden großen Fadenstücke werden dann sortiert.

Auch das Gerät der Elektrophorese wird uns gezeigt: enttäuschend, ja es erscheint mir beinah primitiv: Ein etwa buchgroßer, flacher Behälter aus Plexiglas oder wasserhellem Plastik, mit Schellen zum Anschluss von Stromkabeln. Gebrauchsanweisung: Flüssigkeit wird eingefüllt, die wird fest, starr, wird zum Gel; mit Pipetten wird sequenzspezifische DNA in Löcher eingeträufelt; in einem Stromfeld werden sie in Bewegung versetzt; die kürzesten Molekularfadenstücke arbeiten sich am leichtesten vor durch das Gel, die größten bleiben in der Nähe der »Kammlöcher«. Diese Reise durch den beinah harten Glibber dauert meist eine Nacht, dann sind die verschiedenen Molekülgruppen nach Banden sortiert; die lassen sich durch ultraviolettes Licht sichtbar machen.

»Da werden die also quasi durch die Sülze gejagt?« Der Wissenschaftler lacht. Ja, und das geschieht entweder horizontal oder vertikal. Eine der Haupttätigkeiten ist das Reinigen und Sortieren der DNA – der ständige Kampf gegen Informationsschmier, das unspezifisch Verwischte, Vermischte.

Aber nun geht es erst mal in ein anderes Labor, kurzer Gang durch den Flur. Cartoons mit Begleittexten in englischer Sprache ... Türen mit Warnzeichen für Radioaktivität ... Türen mit Aufklebern: die durchkreuzte Silhouette einer Putzfrau mit Eimer.

Wir betreten ein Labor, in dem leichter Unterdruck herrscht. Das spüren wir an der Tür, nur mit kurzem Ruck lässt sie sich öffnen: Widerstand des höheren Außendrucks, Luft strömt ein im Moment des Öffnens, hingegen können Bakterien, Viren nicht hinaus.

Grüne Plastikbrillen werden ausgegeben, die sollen wir uns aufsetzen, »sonst trauen Sie morgen Ihren Augen nicht mehr«. Durch die grüne Schutzbrille, eng anliegend wie eine Skibrille oder Schwimmbrille, schaut Dr. Gernot auf unsere grünen Schutzbrillen, schaltet das Deckenlicht aus, hält ein kleines Reagenzglas vor ein UV-Licht. In der glasklaren Flüssigkeit sehe ich, etwa in der Mitte, eine rötlich eingefärbte, dünne Schicht – Assoziation an den Ring des Saturn. Es ist DNA. Auf dem Boden auch wieder eine kleine Einfärbung: RNA.

Mit erneutem Laborwechsel kommen wir in einen anderen Zuständigkeitsbereich. Reinarz bleibt weiterhin stumm. Keine Fragen, die ich übersetzen müsste. Er zeigt erst wieder Reaktion, als er im neuen Labor ein Poster sieht mit einer nackten jungen Frau. Sein Auflachen. Ein Wissenschaftler diesmal wieder in weißem Kittel; im Halsausschnitt deutet sich ein dünnes, goldenes Kettchen an. Er lacht mit. Reinarz setzt nach: »Das is eher was zum Penetrieren als zum Sequenzieren, denk ich mal.« Grinsen als Antwort. »So sehen hier also, bei näherem Hinsehn, die Mitarbeiterinnen aus?«

»Ja, wussten Sie das noch nicht?« Wieder eine kleine Lachkaskade.

Im neuen Labor stehen, in Brusthöhe, mehrere Geräte. Zwei von ihnen werden benannt: ein Sequenziergerät, ein Synthesegerät.

»Wie, das is alles?«

Ja, das ist alles! Geräte, die etwa einen Meter lang, dreißig oder vierzig Zentimeter hoch sind. Sensortasten. Vorn reihen sich kleine Behälter mit Aufdruck, mehr als jeweils ein Dutzend: Reagenzien, Lösungsmittel. Hier also werden von DNA-Sequenzen Basenpaar um Basenpaar abgespalten, werden bestimmt, und zwar automatisch, die Sequenz wird aufgezeichnet, online. Mehr Aufwand ist nicht nötig, um Genome zu entschlüsseln!

Im Gerät daneben gibt man über Tasten eine gewünschte DNA-Sequenz ein, und das Gerät stellt sie aus Lösungsmitteln, Reagenzien automatisch her. Dabei ist allerdings äußerste Sauberkeit notwendig, das Gerät muss ständig gereinigt, sterilisiert werden, sonst sind die synthetisch hergestellten DNA-Sequenzen nicht zu gebrauchen, da macht die Maschine Murks.

Das muss ich schlucken: Künstliche Herstellung von Erbinformationen! Arbeit am achten Schöpfungstag. Man braucht da nur entsprechende Geräte zu bestellen?

Gewiss. In Fachzeitschriften, beispielsweise in *Bio Engineering*, wird regelmäßig und dies meist ganzseitig für solche Geräte geworben, beispielsweise unter dem Markennamen Genesis 2000. »Besonders bedienungsfreundlich.« Kleines Auflachen. Und nun zu den transgenen Pflanzen!

Eine Tür öffnet sich auf Knopfdruck, schließt sich automatisch hinter uns, wieder ein Bürotrakt. Viele Türen stehen offen, es ist kaum noch jemand zu sehen; gleitende Arbeitszeit, die »Kernzeit« ist überschritten. Einer jungen Laborantin wird im Vorbeigehn der Auftrag erteilt, eine Spülmaschine auszuräumen. Ein Gruß wird in ein Zimmer gerufen, in dem drei junge Frauen an einem Tisch stehen, etwas besprechen. Reinarz nickt mir zu: So viele junge Weiber hätte er in einem Pflanzenschutzzentrum nun doch nicht erwartet.

Der Raum, den wir als Erstes betreten, ist nur noch künstlich beleuchtet: senkrechte Leuchtröhren an Metallgitterregalen, auf denen in verschiedenen Ebenen flache Gläser mit Deckeln stehen, halbhohe Einmachgläser. Grabowski, nun ebenfalls unser Begleiter, demnach in seinem Ressort, hebt einen der Glasbehälter hoch: Tabakkeimlinge. Auch hier: absolute Sauberkeit ist notwendig, sonst setzen sich sofort Bakterien an den Pflänzlein fest und ersticken sie. Er holt ein sichtlich beiseitegestelltes Glas, zeigt die gelbliche Umrandung eines Tabakblättleins: »Das kommt also weg.«

Ein paar Schritte im Flur, der nächste Raum. Wieder die

Gitterregale, die senkrechten Leuchtröhren. Diesmal ein Kühlschrank mit Glasscheibe in der Tür. Dieser Kühlschrank ist ein Klimaschrank, aha.

An einem der Regale mustern wir daumenlange Pflanzen, in Agar gesetzt, einer halbfesten, durchsichtigen, etwa chamois getönten Nährlösung, Nährgelatine. Es sei wichtig, dass die Pflänzlein hier Wurzeln schlagen, etliche zeigen noch keinen Ansatz, einige Exemplare aber lassen sich bereits vorweisen. »Alles sehr unspektakulär in der Molekularbiologie«, sagt Grabowski. Wir könnten jetzt noch in weitere Räume schauen, aber da würden wir auch nicht viel zu sehen kriegen. Also auf zum Gewächshaus!

Eine Treppe abwärts, ein breiter Gang, Plastikschwenkflügel, die sich vor einem kleinen Gabelstapler öffnen, hinter ihm gleich wieder zusammenklappen. Metallbehälter mit Abfall, mit Gartenerde, mit Kompost.

Wieder eine Tür, die sich auf Knopfdruck öffnet: vor uns, langgestreckt, der Mittelgang eines Treibhauses. Arbeitstische auf Rädern, Kontrollgeräte an Glaswänden, aufgereihte Schalter, Namensschildchen, Kreidezeichen. In meist viereckigen Glasblumentöpfen gleichförmige Pflanzen: Stängel, schmale Blätter, keine Blüten. Pflanzen, wie ausgeführt nach Zeichnungen von Kindern oder nach schematischen Darstellungen. Aufgereihte Strahler über den Pflanzen, aber keiner von ihnen ist angeschaltet, das sehr helle Außenlicht wird in einigen Raumsegmenten gedämpft durch Blenden.

Vor einer Seitentür bleiben wir erst einmal stehen: Rundes, rot umrandetes Schild, Betreten verboten. »Transgene Pflanzen« werden von Grabowski angekündigt. Und wir dürfen sie sehen: eingetopfte, etwa einen Meter hohe Tabakstauden; in kleinen, halb durchsichtigen Plastiktüten die rötlichen Blüten. Pflanzen nach erfolgtem Gentransfer, Pflanzen, in denen eine Eigenschaft verändert wurde, aber man sieht es ihnen nicht an. Ordentlich aufgereiht stehen sie da, alle gleich groß, ungefähr wenigstens, alle mit Plastiktütchen über Blütenständen. Kein Irisieren an den Blattkanten, kein Phosphoreszieren auf den Blattflächen. Alle hinter Glas. So werde ich keinem der

1044

Freunde berichten können, ich hätte eine transgene Pflanze berührt, hätte transgenen Tabak in der Hand gehalten. Abgerückt, abgesichert stehen sie da, aber wenigstens im Original und nicht bloß auf fotografischen Abbildungen.

Reinarz will wissen, wofür die Plastiktütchen gut sein sollen.

Eine zusätzliche Sicherheitsmaßnahme; aus diesem Spezialtreibhaus, Containment könnte ohnehin kein Same entweichen, mit diesen Tütchen aber ist es leichter, die Samen einzusammeln.

»Die dürfen also nicht auf ein Feld?«

Nein, das Verbot, vorläufig noch, der Freisetzung; die TKBS wache streng darüber, dass die Auflagen eingehalten werden. Man befolge das, aber eigentlich sei es überflüssig.

Aber so ganz ungefährlich sei das mit der Freisetzung doch wohl nicht, meint Reinarz, die Jacke ausziehend, auf einem der Arbeitstische ablegend, zu unerwartet großer Form auflaufend, wenn auch weiterhin rheinisch intonierend: Die veränderten Pflanzen könnten sich doch mit den nicht veränderten Artgenossen draußen wieder kreuzen, auf diese Weise könnte es zu unerwarteten Mutationen kommen, und dann wüsste man eigentlich nicht mehr so genau, worauf das hinauslaufe. Noch problematischer sei es doch wohl, wenn bestimmte, gentechnisch veränderte Bakterien freigesetzt würden oder auch Viren, die Retroviren, davor habe kürzlich Renate Kollek in eindringlicher Weise gewarnt, und die Kollek wisse ja nun, wovon sie spreche, habe selbst mal in einem Labor gearbeitet. »Wie schätzen Sie denn die Risiken ein?«

Dazu kann Grabowski als Molekularbiologe nichts weiter sagen, das ist eine andere Baustelle: die Virologie. Er hat aber mal einen Kollegen aus dieser Zunft gefragt, und der hat die Schultern gehoben und nur gesagt: Tjaaaa …

Das findet Reinarz aufregend: Nicht mal unter Molekularbiologen könne man solche Gefahren einschätzen, und dies einigermaßen zutreffend?

Nein, sagt Grabowski, das ist weit von seinem Arbeitsgebiet entfernt, er sei Pflanzen-Molekularbiologe, Retroviren sind nicht sein Gebiet. Dazu kann er kein kompetentes Urteil abgeben.

»Also, das find ich ja nun –« Und Reinarz schweigt kurz. Er hätte immer gedacht, weil er nicht vom Fach sei, könnte oder dürfte er sich eigentlich gar nicht äußern zu solchen Fragen, da könnte ihm ein Naturwissenschaftler sofort über das Maul fahren, und nun kriegt er zu hören, dass man nicht mal unter Naturwissenschaftlern etwas über so ein Problem sagen kann, nicht einmal unter Molekularbiologen. Also, wenn er das so hört, da würde er umgehend einige seiner Komplexe abwerfen, gleich in die nächste Tonne. Eine in mehrfacher Hinsicht gefährliche Entwicklung, nicht bloß in der Verständigung. Überhaupt, das alles wird doch besonders gefährlich, wenn nur diejenigen die Gefahren abschätzen können, die unmittelbar an so einem Projekt arbeiten. Die unbedingt an einem Projekt weiterarbeiten wollen, das auf öffentliche Gelder angewiesen sei – also die werden ihre Arbeit, die kein anderer beurteilen kann, doch so darstellen, dass man keinerlei Gefahren sieht und entsprechende Geldmittel lockermacht. »Also, wenn ich das politisch sehe, das ist ja hanebüchen, wie soll noch irgendwer dahintersteigen? Sie können das also wirklich nicht beurteilen? Ich meine jetzt speziell mit Blick auf Viren und Konsorten?«

Grabowski kann nur sagen, dass er gewisse Experimente lieber nicht machen würde, grundsätzlich nicht, genau abschätzen kann er aber nicht, was in benachbarten Arbeitsbereichen abläuft, und schon gar nicht kann er einschätzen, was in ganz anderen Sektoren der Molekularbiologie geschieht. Er hat schon mehr als genug damit zu tun, die Informationen zu verarbeiten, die auf seinem Spezialgebiet anfallen. Er steigt also auch nicht so ganz dahinter.

Allein schon für diese Einsicht, für diese Erkenntnis hätte sich der Besuch gelohnt! Reinarz fühlt sich einerseits erleichtert, hinsichtlich seiner Kompetenz oder Nichtkompetenz, andrerseits erscheint es ihm jetzt weitaus schwieriger, an politische Maßnahmen zu denken. Da könnte man den Experten ja völlig aufsitzen! Da tritt einem ja der Schweiß auf die Stirn!

Das liege vielleicht auch daran, sagt Grabowski, dass hier im Gang die Temperatur ziemlich hoch sei – nur in den Nebenräumen werde sie geregelt. Und wir gehen wieder an Seitentüren vorbei, an Behältern mit Gartenerde, mit Abfall. Grabowski zieht an einer kurzen, rotweißen Kette, die von der Decke herabhängt, die Tür öffnet sich, wir stehen im Hauptgang.

Kein Gabelstapler mehr: Dienstschluss, Arbeitsschluss? Es wäre ohnehin an der Zeit, so Reinarz, er müsse fahren, hätte noch einen Termin. Grabowski, uns zum Ausgang geleitend, bedankt sich für unsere Geduld, wir wiederum bedanken uns für seine Einführung, seine Informationen, für die Führung im zweiten Teil. Und weil ich den Eindruck habe, ich müsste den Floskeln etwas Präziseres hinzufügen, sage ich, es sei ein großes Paket an Informationen gewesen, vieles sei für mich neu, ich müsste nun meine intellektuellen Restriktionsenzyme ansetzen, um das sehr lange Informationsmolekül in assimilierbare Sequenzen aufzuteilen.

Grabowski lacht: »Sie können das alles ja über Nacht in die Elektrophorese geben, dann sind die Sequenzen wenigstens schon mal quantitativ vorsortiert.« Und er unterschreibt den Besucherschein, trägt die Uhrzeit ein, das Doppel sollen wir beim Werkschutz an der Pforte abgeben. Abschied, und wir gehen hinaus in den Hochsommertag.

»Jeujeujeu!«, ruft Reinarz, »dat krisste ja auf keine Kuhhaut!« Unbedingt erst mal ein kühles Blondes zur Brust nehmen! Er hat von der Sekretärin einen Tipp bekommen. Zielstrebig geht er auf den Rundbau zu, der zeltleicht wirkt, wir durchqueren eine doppelte Tür, stehen vor dichtem Gewucher: das Palmarium. Das Holzdach wie aus Schiffselementen gefügt. Palmen, Lianen, Wucherbüsche, die für mich keine Namen haben. Hinweisschilder Richtung Konferenzräume. Eine weiträumig angelegte Cafeteria, aber die ist bereits geschlossen. Da starren wir kurz noch in das beinah tropisch dichte Grün, in dem es rieselt und plätschert, gehen aber nicht auf dem schmalen Pfad durch das Grün hindurch, da können uns auch kleine Tafeln mit Fotos und Aufschriften nicht locken, nicht einmal afrikanische und asiatische Exponate, wir wollen weg, raus, nichts wie raus: Feierabend, Ende der Veranstaltung!

Man tat sich schwer in der Gen-Kommission. Das zeigt schon die Tagesordnung einer der Einladungen: Materialsammlung ... Aktualisierung und Weitergabe von Informationen ... Und in Begleitzeilen mit Grüßen die Parole: Die Diskussion in Gang halten, bevor die Entwicklung abgeschlossen ist ...

Gegen Ende des Jahres blieben Einladungen zu Sitzungen aus. Das fiel mir allerdings erst nach einem Vierteljahr auf, ich hatte sie vorher nicht weiter vermisst. Es vergingen noch mal ein paar Wochen, ehe ich mich aufraffte zu einem Telefonat mit einem der Mitglieder der Kommission.

Ja, irgendwas scheint zu haken, er hatte auch bereits rückgefragt, die Auskünfte blieben vage: Eine Einladung war nicht rechtzeitig rausgegangen oder hatte nicht mehr rechtzeitig rausgehen können, war deshalb zurückgezogen worden ... Schwierigkeiten, einen Raum zu kriegen zu einem weiteren Termin ... einer wurde mit seinem Referat nicht fertig ... zu viele andere Aufgaben ... Aber dies waren keine hinreichenden Erklärungen, der Hauptgrund war eher: allgemeine Erschöpfung ... Materialermüdung ...

Alles umsonst also?! Ich hatte Zeitschriften abonniert: *Spektrum der Wissenschaft, bild der wissenschaft* – hier erschienen fast regelmäßig Beiträge zur Molekularbiologie. Der Stapel von Büchern zum Thema war angewachsen. Die Kontakte mit Wissenschaftlern, die Forschungszentren, die Genlabors – alles eigentlich vorausgesetzt, erwünscht, aber wenn ich in den (wenigen) Sitzungen referierte, was ich mir erschlossen, erarbeitet hatte, setzte gelindes Stöhnen ein: Wirklich klasse, dass du all das machst, aber so was geht halt nur bei einem Freiberufler, unsereins kann sich so was längst nicht mehr leisten, schau dir mal unsre Terminkalender an, in dem Stil können wir nicht arbeiten, das ist zu aufwendig.

Und jetzt soll alles einfach so ad acta gelegt werden?!, fragte ich.

Wir wollen das nicht unnötig dramatisieren, aber ein gewisser Einbruch ist nun mal zu verzeichnen. Dies aber in eher schleichender Entwicklung. Das eine oder andere Mitglied war weggeblieben ... Klagen von Referenten über die äußerst schwierige Materie ... Die Vorsitzende hatte den Überblick verloren ...

Und ich selber? Zuerst war da noch das animierende Gefühl gewesen, man könnte sich mit einem zwar sehr speziellen, aber letztlich noch einigermaßen überschaubaren Bereich befassen, aber dann bildeten sich rasch mehrere Komplexe, die jeweils eine eigene Kommission gefordert hätten: Gentechnik in der Pflanzenzucht ... Gentechnik in der Viehwirtschaft ... Gentechnik in der Lebensmittelindustrie ... Gentechnik in der Pharmaindustrie ... In jedem dieser Bereiche: sich beschleunigende Entwicklung. Zuweilen mein Gefühl: fächerförmig fahren Züge davon in verschiedene Richtungen, und ich sehe nur noch Schlusslichter. Ständig Presseberichte über neue Entwicklungen. Alle paar Jahre verdoppelt sich das Gesamtvolumen an wissenschaftlichen Informationen. Das ist alles längst so diagnostiziert, wird nun zur schmerzhaften Erfahrung: Wir packen es nicht, können mit all den Entwicklungen nicht Schritt halten, immer geringer unser Handlungsspielraum. Langsames Ersticken unter einer Endmoräne von Informationen. Je genauer die Informationen, desto unanschaulicher werden die Phänomene. Das hatte ich ja schon beim Atommodell erlebt: erst die schöne Figur vom sonnengleichen Atomkern, den planetengleich Elektronen umkreisen, wenn auch rasend schnell, und schließlich ein Komprimat von mehr als zweihundert Teilchen und Unterteilchen. Und nun das Gen. Alles viel komplizierter, als zuerst selbst von Wissenschaftlern erwartet. Mir schossen quer durchs Hirn die feindlichen Sprachpartikel von gestückelten Genen, von repetitiven Genen, von überlappenden Genen, und zur DNA auch noch die kryptische DNA, und schließlich, wie eine Barriere, die Anti-Sinn-Transkriptionen. Solche Termini habe ich in den (letzten) Sitzungen gar nicht erst benutzt, die hätten den Prozess der Erkenntnis und Verarbeitung noch rascher kollabieren lassen.

Ich rief die Vorsitzende der Kommission an (gar nicht so leicht, sie zu erreichen) und schlug eine Krisensitzung vor. Der Vorschlag wurde aufgegriffen und erstaunlich rasch umgesetzt. Es fand sich allerdings nur noch eine Rumpfkommission ein, ein knappes halbes Dutzend von ehemals 17. Es kam zur Sprache, dass Genossen und Genossinnen des Bezirksvorstandes nicht sonderlich an diesem Themenkomplex interessiert seien. Die mehr als geringe Lust auch anderer Parteifreunde, sich detailliert auf eine derart widrige Materie einzulassen. Zitat aus einer Sitzung, als Antrag zur Geschäftsordnung: Lasst uns nicht groß darüber diskutieren, stimmen wir sofort ab. Eine Zeitlang dominierte im Gespräch das Wort Klärungsbedarf. Sollen wir uns im Crash-Verfahren für die gesamte Problematik fit machen? Da bringen wir doch nur Klopse zustande.

Aber ein klein bisschen sollte bei der bisherigen Arbeit doch herauskommen. Wie wärs mit einem knapp gehaltenen Papier, als Basis-Info?

Willst du das vielleicht schreiben?

Da wüsste ich nicht, wo ansetzen. Aber wie wärs, wenn wir den Bezirksvorstand auffordern, dieses Thema dem nächsten Parteitag aufzudrücken?

Da hört doch keiner zu, da setzt Massenflucht ein oder die kommen gar nicht erst. Nur bei Wahlgängen sind alle an Deck.

Na, dann müsste man den TO-Punkt Gentechnik halt nah eine Wahl heranrücken.

Nützt auch nix. Ob vorher oder hinterher, die Genossen setzen sich ab.

Und wenn man, auf Bezirksebene, ein Fachseminar ansetzt? Gute Referenten, und an einem Wochenende befasst man sich, voll konzentriert, mit diesem Komplex?

Ein ganzes Wochenende?! Wer opfert dafür schon ein ganzes Wochenende, bei der allgemeinen Überlastung? Da würden die betroffenen Familien ganz schön protestieren.

O.k., sage ich, aber wenigstens eine Fachkonferenz, und wir holen uns gute Referenten. Zum Schluss dann ein Podiumsgespräch.

Ahso, was wir nicht schaffen, das soll die Fachkonferenz bringen? Und wie setzen wir das um in Vorschläge, in Initiativen? Sollen wir das auch den Referenten überlassen? Und überhaupt, wer soll die Fachkonferenz organisieren? Wer soll moderieren? Das setzt doch voraus, dass man sich in den verschiedenen Teilbereichen wenigstens so einigermaßen auskennt, jeweils die passenden Stichworte einbringt. Aber das alles ist derzeit nicht entscheidend. Wahrscheinlich müssen wir die Parameter wechseln. Und den Hauptakzent setzen auf Pränataldiagnose. Auf moderne Reproduktionstechnologien. Das Thema ist nun mal angesagt. Wurde auch so vom Bezirksvorstand signalisiert. Das ist im Gespräch, dazu erwartet man Stellungnahmen auch von der Partei. Künstliche Befruchtung im Reagenzglas, Forschung mit Embryonen, darauf reagieren die Leute emotional, da würden wir Zulauf kriegen bei einer Veranstaltung, hier werden Entscheidungen fällig, und genau dazu müsste die Kommission Vorarbeit leisten zu Entscheidungen auf Bezirksebene und höher.

Dann müsste unsere Kommission aber aufgelöst werden. Dieses Thema hat nichts mehr mit Gentechnologie zu tun. Es müsste eine neue Kommission gegründet werden.

Wär ja auch kein Beinbruch – vielleicht nimmt das eine oder andre Mitglied unsrer Kommission daran teil ...

Wie auch immer ... Jedenfalls sollten wir uns nicht einfach davonschleichen, es muss wenigstens ein Schlusspapier her!

Wäre grundsätzlich zu erwägen, ja. Wir bleiben in Verbindung.

Die riss erst mal wieder ab. Dann, April 89, musste alles ganz rasch gehen: »Da die endgültige Fassung dieses Berichts bis zum 30. April der Bezirksgeschäftsstelle vorliegen muss, können wir uns über evtl. inhaltliche Veränderungen nur telefonisch verständigen.«

Die Kapitulationsurkunde (an der ich nicht mitgewirkt habe), sie fiel minimal aus. »In fast zweijähriger Arbeit hat die Kommission Bio- und Gentechnologie des Bezirks sich mit den Fragen auseinandergesetzt, was tut sich auf dem Gebiet, was gibt es schon und welche staatlichen Regelungsmöglichkeiten gibt es? Sie kommt zu dem Schluss, dass die politisch-ethische Auseinandersetzung in der Gesellschaft nicht statt-findet, dass die Technik, die die ganze Menschheit und ihre Umgebung total verändert, nur in Fachkreisen diskutiert wird und dass keine Kontrollmöglichkeiten entwickelt werden. Deshalb hält die Kommission es für unbedingt geboten, dass die SPD als Gesamtpartei zu einer Reihe drängender Fragen deutlich Position bezieht.« Und wenn dazu die Grundlagen fehlen?

Ein weiterer Pauschalsatz, der deutlich signalisiert, dass bei den Sitzungen der Kommission nicht viel herausgekommen war: »Da die Entwicklung auf diesem Gebiet sehr zügig voranschreitet, ist es notwendig, diesmal schon im Vorfeld Grenzen zu ziehen.« Wo und wie diese Grenzen verlaufen sollen, dazu konnte die Vorsitzende keinen Vorschlag einbringen, da war der UB Aachen ein Stückchen weitergekommen.

So ganz mit leeren Händen wollte die Kommission vor dem Bezirksvorstand denn doch nicht auftreten, es wurde zu einem bewährten Mittel scheiternder Politik gegriffen: zum Delegieren. Die Kommission stellte den Antrag, »im Bezirk Mittelrhein eine Fachtagung zu organisieren. [...] Auf der Grundlage dieser Diskussion sollte ein Antrag erarbeitet werden, der die Meinungsbildung der Gesamtpartei in diesem Bereich voranbringt.«

ZWEIUNDFÜNFZIG. Seit mittlerweile ein, zwei Jahrzehn-ten hatte ich die feste Vorstellung: ich werde nicht älter als 52. Wieder wurde ein Geburtstag fällig, und ich war zweiund-fünfzig. Ich habe diesen vielleicht letzten Geburtstag gefeiert wie Geburtstage zuvor: Wir aßen und tranken mit Freunden. Keine Traurigkeit, kein Abschiedsschmerz, aber was bisher im Hinterkopf saß, unbeirrbar, unabweisbar, das war im Be-wusstsein nach vorn und in die Mitte gerückt – zumindest in den ersten Wochen des neuen Lebensjahrs.

Zweiundfünfzig: eine offensichtlich potentielle Zäsur. Dennoch, sie hatte eine Narbe im Bewusstsein, in meinem Lebensgefühl hinterlassen, und die pulste nun heftiger. Ich habe manche Sehnsucht, aber keine Todessehnsucht. Ich war, ich bin vor Überraschungen mit mir selber (noch immer) nicht geschützt, glücklicherweise, aber hier glaubte, hier glaube ich sicher zu sein: keine Todessehnsucht. Todesbewusstsein, das schon, und zwar ziemlich konstant, aber: Es hat mich nicht in Resignation getrieben, in Melancholie verlockt, in Depression versetzt. Vielmehr glaubte und glaube ich an mir selbst erfahren zu haben: Vorwegnehmen von Tod schärft Bewusstsein und Wahrnehmung, es steigert Intensität.

Zweiundfünfzig: eine fixe Zahl, wo kam sie her? Keine Wahrsagerin raunte sie mir zu. Kein Hinweis in einem Horoskop, das mir zufällig vor Augen kam. Die Zahl schien von selbst entstanden zu sein.

Zweiundfünfzig: seit ich diese Zahl im Kopf hatte, war ich nie so richtig krank gewesen. Ich hatte nicht mal Grippe. Und Erkältungen nur alle paar Jahre. So weit ich zurückdenken konnte, habe ich keinen Tag malade im Bett liegen müssen. Noch keine Operation, nur kleine Schnitte: eine Fettgeschwulst hier, eine dort. Dennoch das intensivierte Gefühl, die Zeit könnte knapp werden. Wurde die Zahl 52 so etwas wie ein Doping für meine literarische Produktion?

Die konzentrierte sich, notgedrungen, auf das Funkmedium. Da habe ich kräftig kompensiert. Vor allem mit Hörspielen. Auf der Innenseite einer Wandschranktür schrieb ich jeden neuen Hörspieltitel ins Holz, in Großbuchstaben, die Liste wuchs. Und brach ab mit dem Erscheinen des ersten Buchs. Wobei ich aber gleich betonen muss: Es gibt kein Hörspiel, das ich bewusst ›mit der linken Hand‹ geschrieben hätte. Oder: obwohl einige Jahre das Geld in der jungen Familie knapp war, habe ich kein Hörspiel allein zum ›Broterwerb‹ produziert. Da bin ich mir den Beweis nicht schuldig geblieben: selbst als *Parzival* einiges Geld ins Haus brachte, habe ich gleich wieder ein Hörspiel geschrieben. Sprache nicht nur als Aufreihung von Schriftzeichen, sondern als Entfaltung von Klang. Und hier bot sich ein weites Feld des Experimentierens an. Manche Experimente gelangen halt doch nicht, es sind einige Arbeiten entstanden, die mit Recht vergessen wurden, und das ganz schnell. Zuweilen wurde ich mit gesammelten Hörspieltiteln konfrontiert, etwa in einer Magisterarbeit, und da verband sich mit zwei, drei Titeln nicht mehr die geringste Erinnerung. Das irritierte mich aber nicht weiter, denn im Hörspiel sah ich früh schon eine Möglichkeit, zu publizieren ohne allzu großes Risiko für die Reputation: Was misslingt, »versendet sich«. Das Funkarchiv als Schwarzes Loch.

Zweiundfünfzig: Jahr um Jahr näher heranrückend an die magische Zahl, schränkte ich mein Spektrum ein, setzte Prioritäten. Keine Features mehr für die Abteilung Politik, keine Rezensionen, keine Teilnahme an Jurys, keine Podiumsgespräche, kein Pöstchen im PEN. Solche Grundsatzentscheidungen machten Absagen leicht und plausibel. Ich sparte viel ein von der Zeit, die kostbar zu werden begann.

Also doch so etwas wie eine Zäsur, (letztlich) fiktiv im Ansatz, doch faktisch in den Auswirkungen, mental.

Stichwort »Grützbeutel«: kurzer Bericht über eine symptomatische, eine anekdotenreife Erfahrung: Wie ein Chirurg seinen Schnitt machte.

Die kleine Halbkugel, der »Knubbel«, seit der Kindheit oberhalb des Knies, entwickelte einen Hauch Violett. Und mir (ich muss betonen: im Status eines Privatpatienten) wurde suggeriert, das Zellenwachstum könnte sich selbständig machen, drohende Malignität, chirurgische Entfernung wurde angeraten.

Doch die wurde nicht, wie erhofft, ambulant durchgeführt, es wurde eine regelrechte Operation inszeniert. Ich, durchaus gehfähig, musste mich ausstrecken, wurde elektrisch zur Schleuse in den OP-Saal angehoben, wurde zum OP-Tisch gerollt, wurde, auf meinen Wunsch hin, nur mit Spinalanästhesie vom Nabel an abwärts betäubt, sprach mit dem Anästhesisten neben mir über Motorräder, hinter einer grünen Abschirmung wurde herumgemacht, und eh ich mich versah, war mein Bein – trotz Protest, ich fühlte mich überrumpelt – in eine Gipsschiene gelegt. Und sollte, obwohl hellwach, ins Aufwachzimmer geschoben werden, konnte das verhindern, kam ins Stationszimmer. Sollte, obwohl gut durchblutet, vor der ersten Nacht eine Spritze erhalten gegen Thrombose: So, jetzt kriegen wir ein schön marmoriertes Bäuchlein, lockte die Oberschwester.

Ich will aber kein marmoriertes Bäuchlein …!

Doch, wir kriegen jetzt ein schön marmoriertes Bäuchlein …

Ich weigerte mich standhaft im Liegen. Am nächsten Morgen großer Aufmarsch: Der Chirurg mit Gefolge in Weiß. Keine Frage nach meinem Befinden, gleich anklagend: Sie haben die Thrombose-Spritze abgelehnt?! Wir sollten das jetzt nachholen.

Ich blieb bei der Verweigerung, trotz der Halbkreisgruppierung am Fußende des Betts, dem Professor neben dem Bett, die Oberschwester mit ihrer gezückten Spritze flankierend. Die Gruppe in Weiß zog ab. Und ich hatte Anlass und Zeit, zu reflektieren: Wenn es einem wirklich schlechtgeht, keine Kraft zum Widerspruch, was wird dann, eventuell, alles so mit einem angestellt?

Es folgte die Aufforderung zur Vorauszahlung von acht Tagen Krankenhausaufenthalt. Dabei konnte ich mich mit dem gestreckten Bein in Gipsschale nicht mal ohne Verrenkungen aufs Klo setzen, die Schüssel war nicht auf die Längsachse der Nasszelle ausgerichtet, ich saß dicht vor der Wand. Plauderei mit einer Nachtärztin und die Frage: Was passiert jetzt eigentlich? Letztlich gar nichts, nur ausheilen lassen … Da war die Entscheidung klar. Gisela, eine Haftungserklärung achselzuckend unterschreibend, auf Einsprüche und Warnungen nicht weiter reagierend, beschaffte sich einen hauseigenen Rollstuhl, wir machten uns davon. Im kleinen Klo des Eifelhauses konnte ich das Gipsbein zur halb offenen Tür rausstrecken.

Und mir schwante: Man hatte einen Schnitt gemacht, eine finanzielle und nicht medizinische Indikation. Es blieb eine fast zwölf Zentimeter lange Narbe, die Enden sahen erst mal aus wie kleine Sofakissenzipfel. Erinnerungszeichen an einen Übergriff.

Das sehe ich diesseits der Jahrtausendschwelle noch deutlicher. Damals konnte man sich noch nicht im Internet kundig
machen, heute lese ich: Der Grützbeutel, das Atherom gilt als
gutartige Zyste. Ich bin also über den (OP-)Tisch gezogen
worden. Ärgert mich noch nachträglich.

Morteratsch: Name eines Gletschers bei Pontresina im
Engadin. Wie alle Gletscher in Europa schmilzt auch der
Morteratsch ab – zwischen fünfzehn und fünfzig Meter pro
Jahr. Hier ist (oder war) das kontinuierliche Schrumpfen der
Eismasse durch Schilder markiert. Als etwa Fünfzigjähriger
schritt ich die Markierungen ab im Gletschertal: Lebenszeit,
Lebensweg …

Das Eis, damals noch, in weiter Wölbung, weiß, grauweiß,
grau, mit Steingeröll gleichsam paniert an beiden Seiten.
Mannsbreite, flaschengrüne Gletscherspalten.

Meine ersten fünfzehn Jahre: der Gletscher verkürzt um
etwa dreihundert Meter. Es fielen Bomben auf Köln-Bayenthal, wir zogen nach Bayern, kehrten zurück ins Rheinland,
die Trümmer, die Trampelpfade, die ersten Neubauten in Düren …

Zweihundertfünfzig Meter weiter nächste Zeitmarkierung:
ich war fünfundzwanzig und Vater, setzte das Studium fort,
schrieb Texte für den Rundfunk, promovierte.

Die Gletscherzunge etwa einen Kilometer kürzer: da war
ich fünfunddreißig. Das erste Buch, der zweite Sohn, das
Haus in der Eifel.

Ich gehe noch hundert Meter, stehe vor dem Eis. Eine blaue,
schwarze Tunnelhöhle, aus der Gletscherwasser tost, vermischt mit Brocken Eis, auch Splitt und Grieß. Das kreiselt
rasch und löst sich auf.

Winterabend, Schneetreiben in Nideggen. Ich warf Briefe
ein, an der Post. Und sah vom Stadttor eine alte Frau heranschlurfen, vorgebeugt, eingekrümmt. Hose, Mantel, Kopftuch, und das war tief in die Stirn herabzogen. Teigfarbenes,
eingekerbtes Gesicht. Gisela, in rascher Assoziation, halb-

laut: »Da kommt der Tod von Nideggen.« Diesem »Tod von Nideggen« blickte ich nach, bis die Frau um eine Hausecke geschlurft war.

Erzähl mir was über den Tod von Nideggen; die Sage habt ihr bestimmt in der Schule gelernt.

Aber auch für Gisela war der Tod von Nideggen nur ein Titel. Den übernahm ich für jenen ersten Versuch eines autobiographischen Textes.

MEIN VATER ZU BESUCH in Düren. Einige Tage im Haus der Schwiegereltern. Auch hier sah er Zeit gern vorgerastert, eine seiner Standardfragen lautete: Und was haben wir heute für ein Programm?

Zu den Programmen gehörten selbstverständlich Fahrten in die Eifel: Der Nordhang ist von Düren aus zu sehen, in einer guten Viertelstunde ließen sich von der Wohnung aus mindestens drei Ausgangspunkte zu Spaziergängen oder Wanderungen erreichen. Selbstverständlich waren die Schwiegereltern mit von der Partie.

Während ich aus Düren herausfuhr, machte ich mir bewusst: Ich, mittlerweile 52, fahre mit drei Senioren: Mein Vater war 82, Schwiegervater Edmund ebenfalls, Schwiegermutter Erna 84. Mir wurde bewusst, in scharfen Konturen, in welch neuer Situation, Konstellation meine Generation lebt: Viele von uns bleiben Söhne (oder Töchter) bis ins Alter des beginnenden Ruhestands.

Ja, während meiner Lebenszeit hat sich die Bevölkerungsstruktur völlig verändert: Die graphische Figur der statistischen Verteilung von Altersgruppen wurde vom Kegel zum Pilz oder eher: zum Baum mit breiter Krone. Allein seit den siebziger Jahren hatte das Durchschnittsalter bis zu jener Exkursion um vier Jahre zugenommen. Und es wuchs kontinuierlich weiter. Helmuth berichtete bei unseren Telefonaten gelegentlich, dass er nach wie vor die Todesanzeigen in der *Süddeutschen Zeitung* studiere und dabei feststelle, dass immer mehr Menschen über 90 werden – subjektive Bestätigung einer statistischen Entwicklung. (Meine drei Senioren erreichten denn auch geschlossen das zehnte Jahrzehnt, starben durchweg mit Mitte neunzig.)

Die Route der »Seniorenfahrt« hat sich eingeprägt: Von Düren hinauf nach Gey, vorbei an Großhau (der Postanschrift von Heinrich Böll), durch Kleinhau hindurch, vorbei am »Museum 1944«, das ich nie besucht habe. (Erinnerungsstücke, Fotos von der Schlacht im nahen Hürtgenwald.)

Der Parkplatz, Aufbruch zum Spaziergang des Grüppchens von, summa summarum, 300 Jahren. Diese einschüchternde Zahl setzte sich aber nicht um in ein geschlossenes Gesamtbild. Mein Vater, wie verjüngt in lockerer Gemeinschaft mit der neuen Gefährtin, der südamerikanischen Witwe, er war mit lässiger, bequemer Eleganz gekleidet. (Er empfahl mir schon mal die Hemdenfirma, von der er sich im Direktbezug beliefern ließ.)

Die Schwiegermutter, damals: aß gut, sah gut, hörte so gut, dass sie bei der TV-Übertragung eines Tennisspiels unter dem Kommentar heraushörte, was bei kurzen Pausen in der Nebenkoje gesprochen wurde, für einen anderen Sender. Und den Muezzin des Minaretts in Nord-Düren hörte sie selbst dann, wenn die Klänge wie verweht waren. Eine Frau, die an Witz, Gelassenheit, Souveränität gewann, jedes Jahr eine größere Reise, in die Provence oder nach Florenz, jeden Dienstag Wanderung mit einer Gruppe des Eifelvereins, da ließ sie, gemeinsam mit einer Bekannten, »die Ollen« weit hinter sich zurück, obwohl die »Ollen« allesamt jünger waren als sie selbst.

Schwiegervater Edmund: ehemaliger Betriebsleiter in einer Kesselfabrik, Mitte vierzig die erste von insgesamt acht Schädeloperationen: die Kesselschmiedekrankheit. Damals inspizierte man noch ohne Ohrenschutz die Großraumkessel, wenn in denen genietet wurde. Da hatten die Hörnerven Sekrete gebildet, aus denen wurden Tumore, bei den Operationen wurden Hörnerven durchschnitten, die Gleichgewichtsorgane herausgelöst, er ging wie ein Besoffener. Sogar der Facialis wurde bei einem der Eingriffe durchschnitten: Gesichtslähmung. Die Lider schlossen sich nicht mehr selbständig, winzige Magnete wurden implantiert. Seine Lebenskraft aber war schier unverwüstlich, er überlebte auch einen Sturz kopfüber die steile Kellertreppe hinab, durchschlug mit dem Schädel ein Brett, sein Kopf millimetergenau zwischen zwei aus der Wand ragenden Flacheisen. An seinem 82. Geburtstag trank er auf seine nächsten zehn Jahre; der Trinkspruch wurde eingelöst.

Zweiundfünfzigjährig spazierte ich denn mit rund zweihundertfünfzig Jahren. Ich war und bin kein Jogger, aber ich brauche Bewegung, und zwar zügig – der holländische Philologe Bernd Okken, zu Besuch in Düren, hatte bei einem gemeinsamen Spaziergang im Stadtwald das Gefühl, er müsste waagrecht, am besten auch noch stromliniengünstig, neben mir herschweben. Nun aber, bei diesem Seniorenspaziergang musste ich meine Schritte erheblich verlangsamen, musste wiederholt stehenbleiben, denn immer wieder gab es was zu gucken: Eine seltene Blume … ein Baum mit auffälliger Wuchsform … ein grüngoldener Käfer … Weiter, kommt doch, gehn wir ein bisschen! Und mein Vater plauderte galant mit der Schwiegermutter, Edmund stapfte breitbeinig nebenher und fragte zwischendurch mal: Was habt ihr für ein Thema? Er hatte zwar gelernt, auch von meinen Lippen abzulesen, doch grauer Star trübte den Blick. Also weitergetapst, mit absicherndem Spazierstock, und registriert, was seine schwachen Augen noch vermittelten: verschlierte Konturen, ausgezehrte Farben. Weitertapsen!

Einer, zumindest einer von diesen dreien, sagte ich mir unter dem blauen Himmel mit weißen Sommerwolken in der Drift von West nach Ost, einer von ihnen, zumindest *einer* von ihnen wird es schaffen, über neunzig zu werden. Ernas Vater, Ostpreuße, pensionierter Postbeamter, war im gemeinsamen Haus mit 92 gestorben, ich war also auf diese Altersdimension eingestellt. Und machte mir bewusst: Wenn mein Vater, mit der Konstitution eines Siebzigjährigen, den Schritt über die 90er Grenze schafft, so bin ich bereits über 60. Bin damit immer noch im Status des Sohns. Und wenn der Schwiegervater gleichzieht, so bleibe ich im offiziellen Status des Schwiegersohns, der mit im Hause wohnt, der in der einen oder anderen Frage aber nicht mitdisponieren kann. Konkretes Beispiel: Heizöl kann nicht zu einem Zeitpunkt bestellt werden, an dem ich es für richtig, weil günstig halte, der Schwiegervater besteht, beharrt darauf, den Termin selbst zu bestimmen, »ich bin hier immer noch der Herr im Hause«.

Hier, auch hier stößt die Autobiographie an eine Grenze: Die des Takts, der Diskretion. Um meine Situation konkret darzustellen, müsste ich weitere Details einbringen zur häuslichen Konfrontation mit dem Alter, ich dürfte nicht davor zurückschrecken, Schwächen, Verengungen, Verhärtungen zu beschreiben und damit wachsende Belastungen für mich, für uns in der Hausgemeinschaft von (vorbildlich) drei Generationen. Wiederholte Auseinandersetzungen mit Gisela: Solange die Eltern noch für sich sorgen können, selbständig, sollten wir ausziehen, nach Köln. Und sobald Hilfe notwendig wird, sind wir zur Stelle. Jedes Jahr bis dahin zählt doppelt. Gisela aber wollte, Entwicklungen vorausnehmend, diesen Schritt nicht riskieren. Auch sah sie sich mit ihrem Beruf an das Gymnasium in Düren gebunden.

Hinzu kam der Faktor Dankbarkeit: Die Eltern hatten die junge Familie im Haus aufgenommen, ihr das Obergeschoss eingeräumt, hatten sich mit um die Kinder gekümmert, nun müssen wir uns um sie kümmern, müssen uns zumindest darauf vorbereiten, darauf einstellen.

Ich hielt dagegen: Die Eltern waren froh, als wir einzogen, das äußerten sie auch so, da kam Leben in die Bude, der taube Schwiegervater, sonst weithin sich selbst überlassen und seinen Molesten, er lebte auf mit den Kindern, Thomas mit ihm in der Kellerwerkstatt, Christoph mit dem Rücken auf dem Opabauch liegend, im zurückgekippten Sessel, in das Buch starrend, aus dem ihm vorgelesen wurde. Die Eltern nahmen teil an Entwicklungen, das ist etwas anderes als Teilnahme an fortschreitenden Reduktionen. Das lässt sich nicht eins zu eins aufrechnen: Teilnahme, belebend, an Entwicklungen damals, versus Teilnahme, lähmend, an fortschreitender Einengung, Verhärtung. Diese Gleichung geht für mich nicht auf!

Was hinzukam: ich wollte nicht bis sechzig (und womöglich

noch länger) die Rolle des Schwiegersohns spielen, en suite, ich wollte, als Vater zweier Söhne, ebenso wenig mit »open end« die Rolle des Sohnes spielen. Als ich Anfang der achtziger Jahre drei oder vier Wochen im Haus in Herrsching wohnte, weil ich Termine hatte in München (nicht nur Termine beim Funk, auch Besuche bei einer Frau, die fixierte Lebensverhältnisse aufzubrechen begann), da kam es zu heftigen Krächen mit Helmuth, weil ich versuchte, den Contrat social neu zu definieren, zu realisieren: Eine Form gleichberechtigter Partnerschaft, in der beispielsweise auch wechselseitige Kritik möglich ist, und nicht bloß die eingeübte, eingespielte, eingebahnte einseitige Kritik von Eltern am »Kind« und dessen zuweilen »verantwortungsloser« Lebensweise. Die Kräche, die Kämpfe führten nur zur Erschöpfung, nicht zu einer Revision: Sohn bleibt Sohn, einmal Sohn, immer Sohn, ein Elternteil bleibt Elternteil bleibt Elternteil.

Frauen, etwa meines Alters, denen ich von den zuweilen vehementen Szenen erzählte, sie beneideten mich, weil ich die Kraft zu solchen Auseinandersetzungen aufgebracht hatte. Wo die ausblieben, gab es nur ständigen Rückzug. Eine Bekannte, souveräne Studienrätin, zu Besuch bei ihren Eltern in Remscheid. Abends um zehn wird, in alter Tradition, ins Bett gegangen. Und sie legte sich ins Bett des früheren Kinderzimmers, nun Gästezimmers, las noch ein wenig. Ohne Klopfen trat der Vater ein: hatte noch Licht unter der Tür gesehen, hier wird abends um zehn das Licht gelöscht! Und sie – was soll ich wegen solch einer Kleinigkeit einen Krach riskieren – schaltete die Nachttischlampe aus, lag wach zu ungewohnt früher Stunde. Da hatte sie einen notwendigen Krach versäumt. Und das wurmte sie, anhaltend. Und ließ sich, gleichsam stellvertretend, von meinen Krächen in Herrsching erzählen.

Ja, und ab wann erklärt man den Eltern oder einem Elternteil, dass mit dem Autofahren so langsam Schluss gemacht, der Zündschlüssel abgegeben werden muss? Auch wenn sie weit über 80 sind, sie müssen Auto fahren, auch wenn man sie, schließlich, mit einem riesigen Schuhlöffel auf den Fahrersitz bugsieren müsste. Der eine Vater kehrt wiederholt mit zerschrammten Radkappen zurück oder nur noch mit einer Auswahl. Der andere Vater setzt auf dem eigenen Grundstück zurück, stößt dabei seine Frau um, die im toten Winkel steht. Der dritte Vater hat auf dem Armaturenbrett ein Schild angebracht, das ihm zeigt, in welche Richtung es nach rechts oder links geht. Auch ist das Bremspedal rot markiert, da kann man notfalls mal nachgucken, wo gebremst werden muss.

Wie viel muss das reife Kind den überreifen Eltern durchgehen lassen, weil sie halt Eltern sind? Ab wann wird Kritik, wird notfalls Krach notwendig, absolut notwendig? Wann ist der immer wieder hinausgeschobene Punkt zum Endpunkt geworden, an dem man dem Senior oder der Seniorin deutlich machen muss, dass sie, ein Chaos anrichtend, nicht mehr geschäftsfähig sind, wann wird die letzte Unterschrift fällig? Alles laufen lassen, geschehen lassen, nur weil man Sohn oder Tochter ist?

Kein Respekt vor dem Alter, keine Bewunderung? Ja doch, ich habe grandiose alte Männer erlebt. Beim fünfzigsten Geburtstag von Siegfried Unseld (im vergleichenden Rückblick kam ich mir als Fünfzigjähriger neben diesem »gestandenen«, überaus erfolgreichen Mann beinah knabenhaft unfertig vor), bei dieser Geburtstagsfeier erlebte ich den alten Ernst Bloch: er wurde, fast völlig blind trotz weit vorgewölbter Brillengläser, ans Rednerpult geführt, hielt eine Rede ohne jeden Versprecher, ohne jedes Füllsel, ohne jedes Stocken, ein druckreifer Text.

Aber solche Identifikationsfiguren sind Ausnahmen, rühmliche. Was überwiegt: Einschränkung, Abgrenzung. Und die Gebrechen von Körpern, die für überlange Lebenszeit nicht konzipiert oder konstruiert sind, weder in den Gelenken, noch in den Organen und schon gar nicht im Hirn, das unablässig, scheinbar unaufhaltsam seine Kapazität reduziert. Allzu oft erfüllt sich Einsteins Wunsch, im Alter gemächlich zu verblöden. Damit meinte er aber gewiss nicht Demenz.

Mehr und mehr Wartezimmer-Atmosphäre: Blättern in Zeitungen und Illustrierten, Gespräche über Fangopackungen und Katheder, Nörgeln und Klagen, und die fraglos selbstverständlichen Forderungen an Mitglieder der nachfolgenden Generation.

Sich verdichtender Hauch einer Wartezimmer-Atmosphäre auch im Erdgeschoss des Hauses an der B 56, durch die zuweilen belgische Panzerkolonnen dröhnten von der Kaserne zur Verladerampe am Güterbahnhof, durch die Containerlastwagen unablässig von und zur Ford-Zweigfirma fuhren, und mehrfach täglich Martinshörner von der nahen Feuerwache her.

Eine nicht untypische Situation: ich stehe früher auf als das Seniorenpaar, mache mir das Frühstück, lege im Kopf Materialien bereit für die geplante Arbeit, sage der Katze: Nun gehen wir arbeiten, und lautlos huscht sie vor mir die Treppe hinauf, legt sich auf die Fensterbank, behält mich im Auge. Ich fange an zu arbeiten, doch da tapst der Schwiegervater herein im Schlafanzug, es muss dringend ein Arzttermin für ihn ausgemacht werden, Gisela ist ja in der Schule, die Oma will in Ruhe gelassen werden, also muss ich ran. Oder es muss dringend ein Brief getippt und umgehend zur Post gebracht werden: Noch immer kein Bescheid und schon gar nicht eine Zahlung für ein Patent, das Edmund Jahre zuvor eingereicht hatte. Oder die letzte Rentenzahlung bedarf einer geringen Korrektur. Ich hätte einen guten, schlechten Teil der Zeit als persönlicher Referent des Schwiegervaters verbringen, verplempern können in ebenso zeitraubenden wie oft auch abstrusen juristischen Auseinandersetzungen. Dem wollte, musste ich ausweichen, zog mich immer wieder ins Eifelhaus zurück. Bin ich aber auf Dauer mit mir allein, so nehmen nervöse Magenschmerzen zu, und Cognac hilft da auch nicht viel.

Ich fühlte, bekam zu spüren: Es ist für meine Arbeit nicht stimulierend, mit der Unveränderbarkeit von Menschen konfrontiert zu werden, speziell im Alter, mit der immer deutlicher ausgeprägten Verweigerung des Lernens, mit der Verhärtung von Eigenschaften zu Marotten, mit den unablässigen Mahnungen und Warnungen. Reaktionen, die sich auch artikulierten: Ich kann das nicht brauchen! Ich mag noch nicht resignieren! Ich will mich noch ausbreiten! Ich will noch

Neues erkunden, erleben! Will Kommunikation intensivieren und nicht reduzieren! Will nicht mit Mehltau bestreut werden! Solange meine Hilfe, mein Beistand nicht unausweichlich notwendig sind, will ich meine Lebensformen nicht von wucherndem, überwucherndem Alter mitprägen lassen! Von der viel beschworenen Erfahrung, ja Weisheit des Alters spüre ich ringsum sehr wenig, allzu wenig!

Nach der »Seniorenfahrt« in die Eifel sehe ich mein persönliches Problem als ein weithin allgemeines Problem, und ein fast allgemeines Problem als mein persönliches: Konfrontation mit dem Alter in einem Ausmaß, wie es vor uns keine Generation erlebt hat. Ich reagierte mit zuweilen heftigen Bewegungen, Handlungen. Intensität statt Redundanz und Reduktion, rief ich mir zu, Erweiterung statt Verengung und Verkrustung!

1989, in der ersten Hälfte des Jahres der großen Wende, begann ich mit der Suche nach einer Wohnung in Köln.

NACHSPIEL MIT RAIMUNDUS

Quantensprünge im Denken, Zäsuren in Erfahrungen, und zugleich – wenigstens phasenweise – ein Grundierungsgefühl gleichsam strömender Kontinuität. Gefühlsmäßig bleibt das Ich homogen, Reflexion geht darüber hinaus. Als Hilfsmittel das lullische System: Der stabil gezimmerte Rahmen für die drehbaren Chiffren-Scheiben vor uns auf dem Tisch. Doch der davor sitzt, die Würfelwürfe notierend, steckt in seiner / meiner Haut. Mein Ich in 188 Körperzentimetern, mit fünfundachtzig Kilogramm, davon kann ich nicht absehen.

Ja, dreimal ja: Immer wieder, wie aus einem artesischen Brunnen, dieses, jenes Grundgefühl von Kontinuität: Als hinge alles zusammen, entwickle sich folgerichtig. Doch rückblickend sehe ich Zäsuren. Und mit den Einschnitten: Lebensabschnitte, Neuansätze. Da kann nicht Kontinuität vorgetäuscht werden. Will sich aber zur Geltung bringen. So ziehe ich Hilfswörter heran, als Leser, suche sperrige, dissoziierende Begriffe wie: Patchwork-Ich. Das Ich-Gefühl opponiert sofort: Bin kein patchwork! Wie wärs dann mit: Das Ich als »referentielle Illusion«? Gewöhnungsbedürftig. Aber ich muss doch nun die oft so sehr konträren Bereiche zusammenbringen, im Leben, im Lebensbuch. Zumindest sollte sich erreichen lassen: So etwas wie Osmose zwischen meinem Bewusstsein und meinem Gefühlsbereich.

Lässt sich hier, in Analogiebildung, auf ein Erklärungsmodell der Physik zurückgreifen? Die Welle-Korpuskel-Dualität übertragen auf die Dualität Kontinuität / Diskontinuität? Greift das zu kurz? Geht das zu weit? Wie wärs dann mit: Komplementarität?

Es folgt die Sequenz der Texte, über die Würfelwürfe nicht

direkt entschieden haben. Der aleatorische Restbestand. Auch hier in der vorgegebenen Reihenfolge der markierten Scheiben.

Cr / via / 1

Ein Totenhaus in Italien – war es auf Ischia? An einem Gründonnerstag hatte ich lange in einem Winkel gesessen, so reglos, dass ich nicht weiter wahrgenommen wurde. Hinter mir die Wand mit Totenfächern, vor mir die Wand mit Totenfächern, spiegelbildliche Entsprechung. Auf jeder der etwa fünfzig Zentimeter breiten, dreißig Zentimeter hohen Marmorplatten (oder marmorähnlichen Platten) der Name, die Lebensdaten, das medaillonförmige, emaillierte Foto der oder des Verstorbenen. Ein schwarzer, eiserner Leuchterarm mit Kerzenimitation, die Spirale unter der Glaskuppe mit schwachem, rotgelbem Licht. In jeder der vertikalen Verschlussplatten zugleich die Halterung für eine Steckvase, und in fast jeder ein Blumenstrauß, meist so langstielig, dass er die Platte oberhalb mitschmückte.

Und es kamen Frauen mit kleinen Blumensträußen. Trafen zwei gleichzeitig ein, so war da halblautes Sprechen, Murmeln, auch Wispern. Eine große Leiterstiege wurde bewegt: Geländer, kleine Plattform oben zum Ablegen von Zubehör und Mitbringseln. Manche Frauen redeten, halbhoch auf der Leiterstiege, leise vor sich hin, während sie Blumen in der Steckvase ordneten, Wasser reingossen mit kleiner Blechkanne. Mehrfach wurden Medaillonfotos geküsst. Es waren fast ausschließlich Frauen, die an diesem Gründonnerstag der Toten gedachten. Eine Greisin beugte sich auf der Stiege ruckhaft vor zum Kuss. Bevor sie herunterkletterte, klopfte sie zweimal rasch an die Grabplatte. Dieses Klopfzeichen fand lang nachhallendes Echo in mir.

Cr / pic / 6

Flug nach Madrid, ein Podiumsgespräch. Am nächsten Tag: die Stadt! Und das hieß erst einmal: Museo Nacional del Prado. Und Prado hieß für mich gleich schon: Goya. Auf der Planta Principal: es dominierte, dominiert Goya, Saal um Saal mit etwa hundert Gemälden des Großmeisters. Höfliches Interesse verteilte sich auf Leinwand nach Leinwand, auf Pappfläche um Pappfläche (für die Gobelin-Vorlagen), auf Porträt um Porträt. Doch in Saal LXVII: Mit Asmodeo hob ich ab. Eins der Gemälde, die vom längst ertaubten Goya nach schwerer Krankheit auf die Wände seines neu erworbenen Hauses gemalt wurden, Quinta del Sorde, Haus des Tauben.

Auf einem Begleitblatt der Amigos del Museo del Prado lese ich: Er hatte, völlig unkonventionell, mit Öl auf Gipsbewurf gemalt, später wurden die Wandgemälde abgelöst, das muss extrem heikel gewesen sein, und auf Leinwand übertragen, dann fixiert. Und nun vor mir, im Breitformat: Zwei Figuren, Rücken an Flanke, Beine angezogen, sie schweben in engem Verbund über figurenreicher Landschaft, ein Behelmter, vorn rechts unten, zielt mit dem Gewehr auf die Flugerscheinung, die ihn nicht wahrnimmt, der Mann im Flug voran, Haare gezaust, Mund aufgerissen, zeigt auf einen bebauten Tafelberg, während die Begleiterscheinung, weiblich, mit wallendem roten Umhang, Überwurf, in die Gegenrichtung blickt.

Ich blieb stehn wie angewurzelt: Goya! Der späte Goya! Und dazu auch noch: Vuelo de Brujas, Flug der Hexen – riss mir fast den Kopf ab! Bergkuppe, ein Mann hat sich auf den Boden geworfen, hält sich die Ohren zu, ein zweiter Mann, weißes Tuch über dem Kopf ausgebreitet mit beiden Händen, rennt davon, denn in der weltraumschwarzen Leere über der Kuppe schweben drei halbnackte Frauen, alle drei mit überhohen, mit Ringellinien bemalten, etwa einen Meter langen, oben gespaltenen Kopfbedeckungen, in der Tönung jeweils zum Hüfttuch passend. Sie tragen einen nackten, offenbar strampelnden Mann in die Lüfte, gemeinsam, ihre Münder, saugend oder blasend, an seinem Brustkorb, an seinem Unterleib, an einem Oberschenkel. Und wieder die Thermik, der Sog des Unerwarteten, des Unvergleichlichen.

Natürlich bestaunte ich auch den Hund, hervorlugend hinter geschrägter Farbfläche. Hier bestätigte sich: So etwas konnte Goya nur für sich selbst gemalt haben, erst einmal.

Kein Auftraggeber konnte meckern: So viel Farbfläche und so wenig Hund! Konnte auch keine der obligatorischen Fragen stellen: Und was soll das bedeuten? So was hätte Goya sowieso nicht gehört, das hätte man ihm schriftlich vorlegen oder vorhalten müssen wie dem tauben Beethoven. Die Antwort, falls überhaupt, wäre eher unwirsch ausgefallen. Hier, auch hier hatte einer gemalt, der erst einmal sich selbst überzeugen wollte, sich selbst mit Gelingen überraschen und damit motivieren wollte zur Fortsetzung, Fortführung. Endlich wieder einer, der im Alter nicht konzilianter wurde, den auch schwere Krankheit nicht milde stimmte, einer, der sich in seiner Intensität, Radikalität noch steigerte, der malte, was er malen musste, ohne nach rechts und links und schon gar nicht nach hinten zu blicken: Wenn eine große Fläche monochrom bemalt werden sollte, dann wurde sie eben monochrom bemalt. Und wenn Figuren schweben sollten, dann wurden sie in die Schwebe gebracht, ohne von Erklärungen abgestützt zu werden.

Cr / mus / 2
Zwei- oder dreimal wurde ich eingeladen, so etwas wie ein Selbstporträt zu erstellen in der Präsentation von Musik, die besonders starke Resonanz in mir findet – so formuliere ich das jetzt. Was ich vor ziemlich vielen Jahren im SDR, vor weniger zahlreichen Jahren im DLF vorgestellt habe, weiß ich kaum noch, könnte es jedoch näherungsweise rekonstruieren. Aber darauf kommt es mir nicht an, ich will nur einen Punkt hervorheben: Ich habe jedes Mal, zum Schluss, auch Jazz eingebracht.

Was ich in der Moderation, der Ansage nicht erwähnt habe, verständlicherweise: Dass ich mit Jazz, mit intensivem, auch extremem Jazz ausgleiche, was mir an musikalischen Subtiliäten etwa in den Brühler Schlosskonzerten geboten wird: Barockmusik auf Originalinstrumenten. Solche Konzerte, in solchen Präsentationen, finden starke Resonanz in mir – weniger Resonanz würde ein Hammerclavier-Recital, ein Gamben-Consort bei mir finden oder ein Konzert mit A-cappella-Madrigalen. Gesättigt mit Barockklängen im grandiosen

Treppenhaus des Schlosses: kaum zu Hause, giere ich nach kontrastierenden Klangbildungen eines Ornette Coleman oder John Coltrane.

Gleich noch etwas soll eingestanden werden: Während ich an der Biographie über Clara Schumann arbeitete, habe ich nicht andauernd LPs aufgelegt oder CDs eingeschoben mit Musik des Ehepaars Schumann und der Begleitfigur Brahms, ich musste, zwischendurch und hinterher, das Klaviertrio mit meinem Namensvetter Joachim Kühn hören. Das ist anderes Hören als im Reich der E-Musik. Zwar ist spannend zu verfolgen, wie über ein Thema improvisiert wird, wie das thematische Material durchgeknetet wird, aber genauso gern lass ich mich von intensivem Jazz mit rhythmischem Drive ganz einfach mitreißen.

Cr / soc / 5

»Lassen wir den Plutarch mal beiseite! Es geht auch anders. Jedenfalls sind die Lebensbeschreibungen allseits beliebter Stars, berühmter Sänger, Schauspieler oder Regisseure nicht mehr nur triviale Ableger der altehrwürdigen Gattung ›Biographie‹, sondern längst ein eigenes Genre, das ganz bestimmte Erwartungen des Publikums zu erfüllen hat.

Die Machart kennt man. Geschrieben wie Reportagen, angereichert mit Anekdoten und Gesellschaftsklatsch, lesen sich diese Lebensläufe wie Märchen. Die große Karriere des Biographierten wird den glücklichen Eltern schon an der Wiege des Neugeborenen prophezeit, und tatsächlich – es dauert gar nicht lange, da liegen die ungewöhnlichen Talente auf der Hand. Doch damit der Leser nicht den Glauben an die Chancengleichheit verliert: Jeder hat mal klein angefangen, und selbstverständlich: Ohne Fleiß kein Preis.«

So intonierte Hans J. Fröhlich die Besprechung einer neuen Karajan-Biographie, die hier nicht weiter bibliographiert werden muss, ich bleibe bei der Intrada, nehme sie als Stichwort für eine Erinnerung an einen Freund, der mit 54 viel zu früh gestorben ist – wie schon erwähnt: an Herzversagen. Das Herz, das er immer hatte schonen wollen, um möglichst lang zu leben und möglichst lang zu schreiben. Jürgen wies gern hin auf Schildkröten: bewegen sich kaum und leben lange. Aber er bewegte sich offenbar zu wenig, allzu wenig, so kam der Tod gleichsam durch die Hintertür der Lebenskonzeption. In einem Grüppchen von Autorinnen und Autoren, die eine Tageswanderung am Rhein entlang unternahm, war auch Jürgen mit von der Partie, doch bald begann er uns sein Leid zu klagen: »Meine Fußsohlen, sie sind wie Seide ...« Also Schongang. Doch das Gespräch lief weiter.

Mit Jürgen sprechen, das hieß nicht: Einem Autoren-Dauermonolog zu lauschen, das Gespräch war austariert mit Geben und Nehmen, Zuhören und Sprechen. So konnte sich ein Gespräch mit ihm lang hinziehen, auch über Musik, sei es in der Münchner Wohnung, sei es im Hof des Stadtschreiberhauses von Bergen, während meiner ›Amtszeit‹. Ich stellte ihn mit einer Lesung vor, in der (vergeblichen) Hoffnung, man würde auch ihn zum Stadtschreiber ernennen mit dem mehr als nur symbolischen Salär, auf das auch er dringend angewiesen war.

Cr / op / 4

Abenteuer einer Leseratte. Wiederholt konfrontiert mit dominierender Komplexität gönnte ich mir schon mal Vereinfachungen, wollte »straight on« erzählen. Als meine, als unsere zwei Söhne in einem Alter waren, in dem sie Geschichten für Kinder hören, gar lesen wollten, erweiterte ich mein kleines Publikum für Gutenachtgeschichten in improvisierten Fortsetzungen und schrieb, veröffentlichte Hörspiele und Romane für Kinder.

Für Kinder, die lesen, schrieb ich über ein Kind, einen Jungen, der las und las und las, beinah suchtmäßig. Also eine »Leseratte«. Der Junge hat seine Lieblingslektüre: ein Buch über Termiten. Darin liest er sich immer wieder fest, darin möchte er unter allen Umständen, auch unter den abenteuerlichsten, unbedingt weiterlesen, es kann ringsumher passieren, was da will, er bleibt fixiert auf die Lektüre über Termiten in einem Bau im fernen Australien. Es passiert sehr viel, und eigentlich sehr Aufregendes, was ihn von der Lektüre weglocken könnte, aber was er liest, das ist die eigentliche Realität; was »wirklich« geschieht, mit ihm geschieht, das ist hingegen wie »nur angelesen«. Jede Zeitlücke, die ihm die »Realität« lässt, nutzt er zur weiteren Lektüre. Er hat im Buch auch rasch einen Ansprechpartner gefunden: einen Termitenhauptmann. Dem folgt er in einen Termitenbau. Doch abenteuerliche Geschichten reißen ihn wiederholt heraus.

Die Cr-Scheiben werden nicht mehr gedreht. Vor meinen Augen haben Würfelwürfe mein Ich fraktioniert, parzelliert. Klarer als zuvor sehe ich die Berechtigung der Leitbegriffe *Diskontinuität, Nichtlinearität.* Und nun? Mit der Frage im Nacken: Zurück zur (ungefähren) Chronologie der (weiteren) Lebenstexte!

»MÜLHEIMER FREIHEIT«

KÖLN: Besichtigung von Wohnungen, die ich gleich wieder vergesse – entschlossenen Schritts durch Offerten, die ich nicht auf mich beziehe. Vergebliches Sichten von Zeitungsannoncen, einen Makler mag ich nicht engagieren, also ein Versuch, den Zufall zu stimulieren. Ich schreibe an meinen Hörspieldramaturgen im WDR und an Gertraud Middelhauve, die Verlegerin meines ersten Kinderbuchs: Personen mit vielen Kontakten, da könnte doch zufällig –

Kamps hat keinen Tipp parat, doch die Verlegerin kann sofort ein Angebot vermitteln: Im Hochhaus am Wiener Platz, im sechzehnten Stock mit ihrer Wohnung und den Räumen des Verlags, dort wird die Wohnung frei, in der noch ein kleiner Verlag residiert, die Edition diá, spezialisiert auf lateinamerikanische Literatur in portugiesischer Sprache. Helmut Lotz will nach Berlin ziehen.

Mülheim: ein Stadtviertel, das zu jener Zeit nicht »in« war, »op dä scheel Sick«, also rechtsrheinisch, dort also, wo ich die ersten zwei Lebensjahre verbracht habe, in Deutz. Bedenklich jedoch: der Wiener Platz als Verkehrsknotenpunkt. Erleichterung dann aber beim ersten Inspektionsgang: Das Hochhaus steht mit dem Rücken zum Verkehrskarussell, ist ausgerichtet nach Südosten, Südwesten; vor dem gestaffelten Bau der Stadtgarten mit Weiher.

Im Flur der Verlagswohnung setze ich mich auf einen Stuhl, prüfe den Geräuschpegel im Bau. Der Ausblick hinunter auf den kleinen Park, hinüber zum Hügelkamm des Bergischen Landes, hinaus zum Siebengebirge hat mich sofort bestochen, aber ich will ja nun weiterarbeiten, brauche Ruhe im Ambiente.

Das »Bull-Haus« besteht den Test, ich ziehe ein in die Räume des Verlegers. Im selben Stockwerk bis auf weiteres der Middelhauve-Verlag, so ist Literatur-Kommunikation gesichert, und im Sekretariat kann ich mir schon mal etwas ausleihen, dies dann mit Blick auf die Mülheimer Hängebrücke, auf Güterschiffe, Passagierschiffe. Und ich preise, insgeheim, den Zufall: genau zur rechten Zeit wurde die Wohnung frei.

Ein neues Verhältnis eingehen: das Mietverhältnis. Die Wohnung ist erst einmal leer – kein Schalter löst eine Funktion aus, alle Lampen abmontiert, Kabelenden abgeklemmt, die Lüster. Die Raufasertapeten frisch geweißt. Fenster und Böden geputzt. Was vom vorigen Mieter, von vorherigen Mietern bleibt: ein paar Dübellöcher in Badezimmerkacheln, über dem Waschbecken; im Flur zwei Gleitschienen für Zwischenvorhänge; zwei Stromleitungen sind verlegt worden zu Steckdosen, zusätzlich, diese Leitungen werde ich mit Schellen nachträglich befestigen müssen: schlaff hängen die Kabel herab über Fußleisten.

Lehre, gezogen beim Betrachten von Mieterspuren: Menschen hinterlassen Löcher. Die Raufasertapete freilich schluckt die meisten wieder; im Übernahmeprotokoll wird jedoch vermerkt, dass die Tapete bereits mehrfach gestrichen wurde, bei einem weiteren Anstrich könnte sie sich von der Wand lösen – so, wie sich allzu viele übereinandergeklebte Plakate von der Fläche lösen.

Jeder wohl hat es sich in dieser Wohnung so eingerichtet, dass er glaubte, ja sicher war: Nun erst findet alles seine Form, nun erst wird ausgefüllt, was angelegt ist. Wenn der vorherige Mieter die Wohnung so sehen könnte, wie sie sich jeweils neu darstellt, er würde staunen. Aber auch ein vielleicht in der Tat staunenswertes Arrangement von Möbeln, Bildern, weiteren Gegenständen wird herausgeräumt: erloschene Bedürfnisse, aufgegebene Ansprüche.

Was am ehesten bleibt: Haken, »bombenfest« auf Badezimmerkacheln geklebt, zumeist mit der Beschriftung: Sie, Er, Gäste. Das war den Nachmietern wohl jeweils zu anonym, sie fühlten sich von den »Sie« und »Er« der Vormieter nicht angesprochen, nicht gemeint, also klebten sie ihrerseits Haken an mit: Sie, Er, Gäste, auch wenn sich die Haken fast überhaupt nicht, die Schriftzüge nur geringfügig unterscheiden. Insgesamt achtzehn zusätzliche Haken zähle ich im Badezimmer. Die könnten brachial abgelöst, die Klebespuren müssten mit Reinigungsbenzin entfernt werden, ich verzichte darauf, klebe auch keinen neunzehnten, zwanzigsten, einundzwanzigsten Haken an die Wand, benutze die Haken in freier Auswahl: Haken, die ich nicht benutze, werden damit zwar nicht entmaterialisiert, werden sich jedoch in meinem Bewusstsein verkleinern, werden schließlich von der Kachelwand wie verschluckt sein.

Kleines Erschrecken unter Freunden, Bekannten: Dieter wohnt in einem Hochhaus ...! Ein Schriftsteller, ein Dichter in einem Hochhaus, das kann doch nicht zusammenpassen! Das Holzhaus in der Nordeifel: Ja, selbstverständlich, passt zum Bild, das man sich von einem Erzähler macht, aber ein Hochhaus?!

Doch es ist kein hochragendes, sondern ein breitgestaffeltes Hochhaus. Wiederum zugegeben: vom Wiener Platz aus gesehen sieht es schlimm aus, aber das ist nur die Rückseite mit Fensterchen von Badezimmern, mit Flurfenstern. Sobald die erst einmal stirnrunzelnden Besucherinnen und Besucher in der Wohnung stehen, höre ich Laute der Überraschung: Weit, weit, so weit der Blick, ja, bis zum Siebengebirge dort im Süden, ungefähr vierzig Autobahnkilometer vom Hochhaus entfernt, und nach links, ostwärts, der erste Höhenrücken des Bergischen Landes, und vor dem Hochhaus der Mülheimer Stadtgarten. Und keine Schnellstraße im weiten Blickfeld, nur Häuser, Hausgruppierungen und viel Grün – »wie ein Blick aufs Meer!«, ruft eine befreundete Autorin.

Die Wohnung selbst: sehr helle Räume. Und kaum ein rechter Winkel: Der in den sechziger Jahren gefeierte Architekt hat den Räumen meist rhombischen oder trapezförmigen Grundriss verliehen; mein Arbeitszimmer hat neun Seitenkanten –

fast wie ein Turmzimmer. Ein Zimmer in einem allerdings sehr hohen Turm: das sechzehnte Stockwerk von insgesamt siebzehn.

Vom Arbeitstisch aus (kein Schreibtisch, sondern eine aufgebockte Holzplatte) schaue ich Richtung Siebengebirge, das ist stimulierend in der Zeit, in der ich den Roman über Beethoven und den schwarzen Geiger schreibe: Das Siebengebirge, das Beethoven in Bonn sah, in Sichtnähe. Meine Postanschrift ist ebenso beziehungsreich: Wiener Platz, Beethoven in Wien – alles wie arrangiert. Und in Blickrichtung südwärts, dort liegt, weit entfernt, Afrika: dorthin lasse ich Beethoven mit dem farbigen Bridgetower reisen, back to his roots.

Es sind nur ein paar hundert Meter zum Rhein. Ich unterquere Bahntrasse und Ringstraße, überquere die Straße mit dem verheißungsvollen Namen »Mülheimer Freiheit«, gehe auf dem Uferweg den Fluss entlang nordwärts oder südwärts, kann wiederum wählen zwischen Ostufer und Westufer – dorthin muss ich nur die (Rekonstruktion der zerbombten) Brücke überqueren, mit der sich Bürgermeister Adenauer den Traum von einer Hängebrücke in Köln erfüllt hatte. Vierzig Minuten gehe ich am Rhein entlang zur Innenstadt. Bin dann mit einer der drei Bahnlinien in sieben Minuten zurück am Wiener Platz. Also sind Verabredungen für den Abend leicht zu realisieren, gering auch der Anlauf zu einem Kino, zum Theater, zur Musikhochschule, zur Philharmonie.

Meine Stadt. Die Luft ist nicht so sauber, das Wasser schmeckt nicht so gut wie in der Eifel, aber das Ambiente, das Atmosphärische: sehr belebend. Also auch gut für die Arbeit, die ich fortsetze, nun erst recht.

Blick vom schmalen, windumwirbelten Balkon hinab auf die Stadthalle mit dem flachen, von Blitzableitern geschützten Dach. Dort unten, so erzählt mir VS-Kollege Walter Fabian in seiner Wohnung im achten Stock, dort unten ist im Keller ein Doppelmord verübt worden. Und im Speicher des Hochhauses, im Lattenlabyrinth von nummerierten Verschlägen, dort hat sich einer aufgehängt. Und im Teich, auf den ich hinabblicke, so erzählt mir eine Verlagssekretärin, ist ein Kind ertrunken, das Eis durchbrechend. Und im Park wurde ein Mann niedergestochen, offenbar in der Schwulenklappe, blutend erreichte er den Gehsteig der Straße, brach tot zusammen. Und während ich frühstücke, wird, in meinem Rücken, die Bank am Wiener Platz überfallen, die dreißig Mitarbeiterinnen, Mitarbeiter der Filiale werden mit Pistolen begrüßt und in einem Nebenraum eingesperrt; und die beiden Räuber ziehen ab mit mehr als 600 000 DM. Ambiente mit Markierungen!

Doch sedierend der Blick hinab auf den kleinen Park mit den Wiesenflächen. Und dem Teich – für mich Mittelpunkt des Areals. Wasser, vielfach windgeriffelt, vielfach sonnengleißend, zumindest vormittags, und durch die Windriffelungen, durch das Lichtgleißen schwimmen Blessrallen und Enten in Grüppchen. Nachts, wenn der Geräuschpegel dieser viertgrößten Stadt der Republik gesenkt ist, höre ich, bei offnem Fenster, zuweilen eine Ente quaken, ja vor sich hin schimpfen, als würde sie den Schauspieler Hans Moser imitieren.

Wiederum tagsüber: Modellschiffchen fahren umher, ferngelenkt. Und Styropor findet immer einen Weg ins Wasser; die weißen Bröckchen müssen von Arbeitern des Grünflächenamts von Zeit zu Zeit herausgefischt werden. Der meist entengrützengrüne Teich wird zuweilen von Hunden durchschwommen, wenn die Hitze groß ist; einmal sehe ich auch eine Frau durch das überdüngte Grün schwimmen, langsam, als hätte sie eine weite Strecke vor sich. Sie passiert knapp den winzigen Springbrunnen in der Mitte – der Wasserstrahl schafft gerade mal dreißig Zentimeter. Bei Südwind, Süddrift ist zuweilen das helle Pladdern auch im sechzehnten Stockwerk zu vernehmen. Soll das bisschen Pladderwasser den Teich etwa mit Sauerstoff anreichern? Vergeblich: an warmen Tagen verwandelt er sich in eine blasentreibende Brotsuppe. Vor allem Mütter mit kleinen Kindern und alte Frauen mit Hunden tragen Plastiktüten voller Brotreste heran, werfen sie Enten und Blesshühnern vor, die übersättigt an den Brocken,

Rindenstücken, Brotscheiben, Brötchen vorbeischwimmen. Sanfter Wind schiebt das angesuppte Altbrot an eins der Ufer, doch unablässig wird weiteres Brot hineingeworfen, Plastiktüte um Plastiktüte.

Offensichtlich wird vielfach mehr gekauft, als verbraucht werden kann, also wird weggeworfen. Mit den Erfahrungen von Kriegs- und Nachkriegszeit im Nacken kaufe ich nur so viel Brot, wie ich voraussichtlich verbrauche, da muss nichts, hart geworden, ›entsorgt‹ werden. Das verhindert nicht der Missionsgedanke an die Hungernden in Afrika, das ist in mir fixiert. Keine Entrüstung, aber doch Staunen, wenn Freunde, die mich zum Essen einladen, in der Küche die Reste schwuppdiwupp in den Mülleimer kippen, weil es am nächsten Tag »nicht mehr schmeckt«. Irritation; hier wirken Erfahrungen jener Zeit nach, über Jahrzehnte hinweg, dies sicherlich auch künftig.

Kleines, eher belangloses Detail: In jener Zeit der knappen Ernährung erschien mir als höchster aller Essgenüsse ein frisches Brötchen, mit Butter und Honig dick bestrichen. Schöneres konnte ich mir in der Mangelwirtschaft der letzten Kriegsjahre, der ersten Nachkriegsjahre nicht vorstellen – keine Werbebilder von Eisbechern, so etwas lag weit jenseits aller Vorstellungskraft des Kindes. Vor der Grenze des Wünschbaren aber lag, verlockend, das Honigbrötchen (für Freund Peter aus Schlesien war es eine deftige Scheibe Graubrot, mit Butter bestrichen und mit Zucker bestreut). Zuweilen erfülle ich dem Kind Dieter nachträglich den Wunsch, hole, nach einem Spaziergang am Rhein entlang, in einer kleinen Bäckerei ein paar Brötchen (kein aufgeschäumtes, styroporähnliches Zeug mit Kruste, sondern wirkliche: Brötchen), schneide sie auf, bestreiche sie beinah rituell mit Butter, dann mit Honig und gebe diese Köstlichkeit dem Kind in mir zu essen.

Schauplatz Köln-Mülheim, Stadtgarten. Gelegentlich fährt ein Streifenwagen umher auf den asphaltierten Parkwegen, aber nur am hellen Tag, an dem keiner der Schwulen zu sehen ist, die sich nachts zwischen Gebüschgruppen treffen: drei

Mann in fachmännischer Betrachtung eines vierten, dem ein weiterer Unterarm vom Leib wegragt. Manchmal wartet ein Streifenwagen mit rotierendem Blaulicht auf den orangefarbenen Hubschrauber des Katastrophenschutzes. Der setzt auf der großen Wiese auf, und während der Rotor noch kreist, immer langsamer, rennen geduckt zwei Männer in Weiß über die Wiesenfläche, einer mit einem Aluköfferchen, und sie schwingen sich in den Streifenwagen, das Martinshorn wird angeschaltet, die Männer in Weiß werden zum nahgelegenen Einsatzort gefahren. Und es sammeln sich Zuschauer am Rand der Wiese, um das Spektakel eines aus dem Stadtgarten in die Luft steigenden Helikopters zu sehen, um zu spüren, wie der Rotor-Wirbelwind die Haare strudeln lässt. Und alles verläuft sich wieder nach dem großen Blätterwirbeln. Der Schauplatz ist leer für die nächste Pladder-Landung.

Vormittags oft Sport im Stadtgarten: Wurfmarkierungen werden in den Rasen gesteckt, dies aber weder für Eisenkugeln noch für Speere, es werden nur Bälle geworfen. Und kolibribunte Grüppchen laufen ein paar Runden. Und Gymnastikübungen, einige Mal unter Anleitung eines jungen Schwarzen. Und nachmittags lagern Gruppen, Grüppchen, Paare, Personen auf dem Gras: Türkische Clans stets im Baumschatten, deutsche Familien immer in der Sonne. Hunde und Kinder laufen zwischen den Menscheninseln hindurch. An den beiden fest installierten Steinguss-Tischtennisplatten mit Metallgittern statt Netzen spielen Kinder oft im Laufkarussell rund um die Platte, und zur rechten Zeit muss jeweils der Tischtennisball getroffen werden. Zuweilen sind Jungen mit von der Partie, die eine exotische Kopfbedeckung tragen: Über der Stirn, der dunkelhäutigen, scheint eine handtellergroße Scheibe eingeschlossen im hellen Tuch, das, straff gebunden, die Haare verbirgt – wo kommen die her? Aus Indien? Woher auch immer, nie sehe ich Gerangel oder Gerempel an den beiden Platten. Hier herrscht Gelassenheit. So schaut auch keiner zum kompakten Mann mit Lammfellkappe, der am Nachmittag betet, eine gelbe Windjacke als Gebetsteppich, und jenseits des Buschs, vor dem er hinkniet, sich hinwirft: sein Mekka, in weiter, weiter Ferne. Aufstehn, sich verbeugen, hinknien, Stirn auf den Boden, das wiederholt sich. Durch eine Beobachtungs-Zeitlücke entschlüpft er, mit seiner gelben Windjacke, der grauen, weiten Hose, der Lammfellkappe.

Und Kurden- oder Türkenpaare üben einen Volkstanz ein; dabei schlägt einer, die Schrittfolgen mit dem Rücken zur Gruppe vorführend, eine kleine, silberne Trommel, die er unter den Arm geklemmt hat, ein zweiter spielt, sich wiegend, die scharf näselnde Oboe. Auch mit Rufen steuert der Vortänzer die Gruppenbewegungen, bricht den Tanz immer wieder ab. Erneut das Trommeln, das Näseln des oboenartigen Instruments – zuweilen zwei Stunden lang ein Hauch Anatolien oder Kurdenbergland im Stadtgarten, akustische Verwandlung. Auf der Abendwiese eine junge, sehr schöne Frau, sie übt Jonglieren mit drei Bällen, die sie geduldig immer wieder einsammelt.

Die Arbeit unterbrechend, kaffeeschlürfend, schaue ich von meinem Logenplatz auf dem kleinen, windumzausten Balkon hinab auf das Freiluft-Stadttheater: Das neue Ambiente schärft den Blick, mir gehen die Augen auf, ich muss mich erst mal sattsehn.

Ein Feuerwehrwagen fährt vor an der Stadthalle, die Leiter wird ausgefahren, geschwenkt, drei Mann steigen rauf, ohne Helme, gehen auf dem Dach zu einer höheren Dachetage. Inspektion für eine Übung? Besichtigung für den Fall eines Einsatzes? Doch dann sehe ich, in einer Pflütze an der Flachdachkante, einen Schwan, und der rührt sich nicht. Drei Männer in Dunkelblau auf dem sonnenbeschienenen Dach, ein kranker Schwan. Einer der Feuerwehrmänner geht auf ihn zu mit großen, grauen Handschuhen, packt ihn am Hals, nimmt ihn unter den Arm – der hat bestimmt schon mal Gänse getragen. Einer der Männer steigt die Feuerwehrleiter hinab, holt aus dem Löschfahrzeug einen Kasten. Der wird mit einem Seil aufs Dach gehievt und abgesetzt: der Deckel mit Löchern. Der Schwan kommt in die Kiste, sie wird verschlossen, wird abgeseilt. Wo wird man die hinbringen? Zu einem Tierarzt, der ihn einschläfert? Einer der Männer bedient die Leiterhydraulik, der Wagen fährt ab, ohne Blaulichtblinken.

Eine Römische Woche wird veranstaltet für Kinder im Kiez: streetwork. Es wird für Mosaike gemanscht, es werden weiche Steinstücke gesägt und gefeilt zu Plastiken, einige Kinder behalten ihre Fahrradhelme auf, während sie sägen oder bunte Steinchen in Zementmatsche drücken. Vor bemalten, aufgespannten Betttüchern balanciert ein junger Mann auf einem Einrad, jongliert mit brennenden Fackeln. Eine junge Frau führt einen endlosen Bauchtanz auf, es flattern die Fransen am roten Büstenhalter, es flattern die Fransen an der Hüftschärpe. Einige Türken wahren Distanz, schauen mit unbewegten Gesichtern zu. Vier Männer bereiten sich auf ihren Auftritt vor mit römischen Kinorüstungen, die sie neben einem Auto auf dem Parkplatz anlegen, aber kaum formieren sie sich, setzt ein Gewitterregen ein, jagt alle unter Schirme und ins Zelt, die Wiese saugt sich voll mit Nässe, die weitere Auftritte verhindert.

Schönes Wetter aber für die Heilsarmee. In der Stadthalle findet ein Meeting statt, angekündigt von einem blau gestrichenen, sichtlich alten Wohnwagen mit der Aufschrift: Gehet-hin-Team. Es rollen weitere Wohnwagen auf den kleinen Parkplatz an der Flanke der Stadthalle, es folgen Personenwagen, Mittelklasse, alle sichtlich gepflegt, einer sogar violett lackiert und hörbar getunt – dumpfes Grummeln bis hinauf zu meinem Stockwerk. Power for Jesus? Viele Männer in weißen Hemden mit den kleinen Achselstücken der Gottesarmee. Ein besonders dicker Heilsarmist watschelt durch den Park, Hand in Hand mit einer wohlbeleibten Frau; für den Busenvorbau braucht sie bestimmt einen BH mit verdoppelten Strapsen. Frauen mit Kapotthütchen, die noch immer nicht der Vergangenheit angehören; weinrote Bänder sind über die Hüte geschlungen, weiß beschriftet – sollen wohl vor Windböen des Satans schützen. Knöchellange, hochgeschlossene, grauschwarze Kleider. Ein junger Mann jedoch in modischen Jeans, mit T-Shirt, auf dem ein Heilsarmist mit der großen Trumm abgedruckt ist; modisch auch der Haarschnitt mit »Nackenspoiler«, das Haar den Nacken, den Kragen bedeckend wie bei Fußballspielern aus der DDR.

Ein ebenfalls junger Heilsarmist setzt eine blitzblank polierte Trompete an, mehrfach, spielt lautlos mit den Ventilen; übt er ein hohes, scharfes Jesussignal ein? Auftritt eines dicken, jungen Mannes: kurzes Haar, Kinnbart, Sonnenbrille, ebenfalls ein weißes T-Shirt, nun mit dem Aufdruck JESUS; grün getönte Bermudashorts, Söckchen und Sportschuhe; Fleisch ausgewulstet über dem Hosenbund. Fingerschnippend deutet er Tanzbewegungen an, dreht sich dabei, nun lese ich auf seinem Rücken den Aufdruck IST HERR. Religionsgemeinschaft des öffentlichen Rechts. »Du brauchst Jesus Christus.« Jesum Christum. Es kommt einer hinzu mit einer Videokamera. Ein Grüppchen, Trüppchen bricht auf, ohne Tritt Marsch, Richtung Wiener Platz, dort wird man Transparent und Fahne entrollen.

Und Weite, Erfahrung von Weite, wiederholte Erfahrung von Weite! Bei einem der Weststürme hat sich jenseits des Rheins eine Kette, eine langgestreckte Traube roter Luftballons gelöst, wie sie schon mal an Kaufhausfassaden angebracht werden zu Eröffnungen oder zum Ausverkauf, eine vielleicht vier Meter lange Ballontraube, die sich in der raschen Luftströmung ständig umformt, mal zur Schlangenform, mal zu einem Seepferd, mal zu einer Luftraupe – so wird sie kilometerweit getragen, als Schlange, als Raupe, als Seepferd.

Und es folgen Wolkenstaffeln, Staffelwolken, weiträumige Wolkenarrangements, die Weite ausmessend. Zuweilen ein Gewitter: von Südwesten heranrollend, mit einem Wolkenwulstsaum wie der Gummiwulst eines Hovercraft, dazwischen glattgestrichenes, bauchig hängendes Grau, in dem Blitze zucken, schon ist das Gewitter über gepeitschte, gezauste Bäume herangekommen, Hagelschlag in dichten Schauern, in den Hagelschwaden ein toter Vogel, vielleicht eine Taube, wohl von einem Hagelkorn tödlich getroffen, der Vogelbalg am Fenster vorbeigewirbelt wie ein alter Scheuerlappen, fortgesetzte Wirbelbewegung, Schlenkerbewegung aus dem Panoramabild heraus.

ZWISCHENFALL. Ich fahre wieder mal zu einer Lesung. (Den Koffer habe ich meist halb offen im Flur liegen, es lohnt sich kaum, ihn restlos auszupacken, es lohnt schon gar nicht das Verstauen.)

Eine Strecke mit »hohem Stau-Aufkommen«, ich fahre mit dem Zug. Vollbremsung auf freier Strecke. Ich im letzten Wagen, in dem die Zugleitung ihr Abteil hat, gleich nebenan. So kriege ich, auf den Gang hinaustretend, alles mit. Es wird telefoniert: »Hier ist der Zugführer. Lokführer, hörst du mich? Lokführer, hörst du mich nicht?« Und als Zwischenmitteilung an den jüngeren Mitarbeiter: »Die schreien da in der Lok wild durcheinander. Die reden nur noch Quatsch!« Er hält den Telefonhörer so, dass wir das Erregungsgeschrei im Führerstand der Lok kurz mal hören können. Und es wird wieder versucht, ein Gespräch aufzubauen. »Aus dem Busch gesprungen …? Lachend voll da rein …?« Ich, soufflierend: Das Gesicht war wohl eher verzerrt. »Nein, lachend voll da rein!« Nun erst, durch das Fenster in der Tür des letzten Wagens blickend, werden wir aufmerksam auf ein Bündel, hell, das ein paar hundert Meter weiter liegt, am Gleis. Inzwischen wurde eine andere Nummer angewählt. »Nein, IC, IC.« Die Nummer wird durchgegeben. »Wann das passiert ist? Na ja, vor ein paar Minuten.« Polizei und Staatsanwalt werden informiert. »Wenn der tot ist, kommen wir hier schneller weg. Am schlimmsten, wenn die verwundet sind.« Der Zugführer hat so was schon zweimal miterlebt; bundesweit schmeißen sich jedes Jahr an die tausend Personen vor die Züge.

Der Jungschaffner soll mal zurückgehen und sich den Schadensfall anschauen: zwei Teile? Der junge Mann schluckt. »Eigentlich bräuchten wir zwei Zeugen. Sie stehn grad so praktisch, wollen Sie nicht mitgehen?« Da schlucke auch ich. Den Anblick möchte ich mir denn doch nicht zumuten, eine zermatschte Leiche. Das Bild würde ich nie wieder los. Ich verhalte mich anders, als der coole Junge gleichen Namens das im Bahnhof München-Pasing erwartet hätte: ich winke ab. Wäre ja auch eigentlich Aufgabe des Zugführers, auszusteigen, nach da hinten zu gehen. Der aber muss telefonieren, koordinieren.

Der Jungschaffner stapft allein zurück, neben den Gleisen. Wir schauen ihm nach. »Die Polizei ist unterwegs.« Der Jungschaffner tapst wieder heran, hebt zwei Finger. »Zwei Teile? Schlimm?« »Macht mir nichts.« Doch er bleibt totenblass.

Ein Streifenwagen kommt auf pfützenreichem Feldweg heran, ein Polizist steigt aus, geht aber nicht zur Leiche, steigt in den Waggon ein, will durch den Zug zum Lokführer. Der Zugführer: »Es handelt sich immerhin um einen Personenschaden.« Wieder ein Versuch, mit dem Lokführer zu sprechen. Eigentlich müsste der nun ausgetauscht werden, aber hier in der Pampa? Bis der Staatsanwalt kommt, das kann dauern. Der Polizeibeamte kann ja solang die Totenwache halten.

Der Polizist kommt zurück. War ja klar: Konnte vom ersten Wagen nicht in die Lok überwechseln. Der Lokführer ist nun doch wieder ansprechbar, wird weiterfahren. »Ist die Lok sauber? Nicht, dass wir blutverschmiert in Mannheim einfahren.«

Nein, die Person ist gleich unter die Räder geraten.

Weitere Telefonate, der Polizist geht zum Streifenwagen, schaut sich die Leiche auch jetzt nicht näher an.

Der Zug fährt an. Erst langsam, fast Schrittgeschwindigkeit, aber schon nach wenigen Kilometern zieht er im Tempo merklich an, erreicht bald wieder die Geschwindigkeit vor dem Zwischenfall, dem »Personenschaden«.

Und ich bin mit mir selbst konfrontiert, den oft heranzitierten Kloß im Hals. Hätte, als zweiter Zeuge, den Jungschaffner eigentlich doch begleiten sollen, hätte mir die letzten Schritte ja ersparen können, der ungefähre Eindruck hätte genügt: zwei Teile, stimmt. Aber ich bin mir sicher: ich hätte das Bild nicht mehr, nie mehr aus dem Kopf gekriegt. Schon gar nicht, wenn ich näher hingeschaut hätte. »Schau es dir genau an!«

Die tote Möwe: beinah zwanghaft vor Augen geführt bei einem Strandgang: lag hingeschlenkert auf Kiesel, die Steine zusammengeschoben zur letzten, erstarrten Welle. Das Gefieder: als wäre der Balg aus einer Waschmaschine gezogen, versträhnt, verfilzt. Der Schnabel nun glanzlos, wie mit dünnem Belag überzogen – fast mikroskopisch feines Algengewächs?

Die Augen glichen tief eingesetzten Kohlekompretten, die ich als Kind schluckte, wenn ich Durchfall hatte. Der Hals ein dicker, schwarz isolierter Draht unter gezaustem, verklebtem, wie gerupftem Halsgefieder. Der Balg aufgerissen: wie ein Teerklumpen, sandpaniert.

Der Hund: offenbar im vergeblichen Rettungssprung von unten her aufgerissen, fast auseinandergerissen – die Läufe waagrecht, alle vier, in einer Richtung. Freigelegte Knochenenden – wo sind die Tatzen geblieben? Sind die nicht besonders widerstandsfähig? Jedoch: alle vier Tatzen von den Knochen gestreift, als wäre das hier besonders mühelos. Einige Fellpartien, am Bauch haarlos. Eine Art Todesräude? Die Augen – da musste ich besonders genau hinschauen, konnte den Blick nicht abwenden: aus der oben liegenden Augenhöhle, einer leerschwarzen Augenhöhle, war etwas graubraun herausgewachsen, wie eine kleine Meerpflanze, am oberen Ende eine Verdickung, stumpf – als wäre der Augapfel an einem Stiel herausgeschoben worden aus der Einhöhlung, wäre am Augenstiel ausgetrocknet. Die Zähne freigelegt – nicht nur die Fang- oder Reißzähne, die Lefzen angehoben, heruntergezogen wie bei einer definitiven Zahnprüfung. Im aufgefetzten, in der Rippenpartie aufgebrochenen Rumpf: graubraune Masse, ungefähr wie aufgeweichtes Pappmaché. Verwesungsmatsch.

Assoziation: eine Aufzeichnung von M. S. Merian! »1684 habe ich einen Krammetsvogel bekommen, der hatte inwendig in seinem Leib eine solch starke Bewegung und war doch tot. So gedachte ich nachzuschauen, was doch die Ursache sein möchte, und machte den Bauch des Vogels ein wenig auf: so fand ich denselben voll weißer Würmer. Da tat ich den Vogel samt den Würmern in eine Schachtel und schaute jeden Tag danach. Alsdann fand ich am 24. April, nachdem diese Würmer das ganze Fleisch des Vogels verzehrt hatten, dass sie zu braunen Eiern geworden waren; da zählte ich sie und fand von denselben 156 Stück, welche sich alle glichen.«

MSM hatte also wohl einen Hang zum Makabren, zum Morbiden. Schnitt den Leib eines toten Vogels auf, in dem Parasiten bereits so stark herumwühlten, dass es nach außen hin sichtbar wurde. Sie fragte sich: Was ist da los, was läuft da ab? Schnitt den Vogelkadaver auf, sah ein Gewimmel von weißen Maden, bewahrte den verwesenden, madenwimmelnden Vogel auf, und das nicht nur einen Tag, zwei Tage oder drei, sondern gleich zwei Wochen lang! Täglich öffnete sie die Schachtel (wohl eine Spanschachtel), um nach dem Grad der Verwesung, der inneren Entwicklung zu schauen – ihr muss ein immer wilderer Gestank entgegengeschlagen sein – das Kästchen wird freilich schon zuvor aus allen Ritzen gestunken haben! Schließlich war der Vogel von innen her leergefressen. Und die Verwandlung der Maden setzte ein, sie verpuppten sich – auch hier bezeichnete die Merian die Verpuppungskammern als Eier. Und zählte die gewissenhaft ab, wahrscheinlich auf dem Arbeitstisch aufgereiht: von eins bis einhundertsechsund-fünfzig. Zog sie Schlüsse aus der Zahl? Mit Sicherheit: nein.

Mit einem gewissen Aufwand an Höflichkeit ließe sich eine zumindest partiell motivierende, gleichsam veredelnde Erklärung entwickeln mit dem Hinweis auf barocke Bilder und Figuren, die Verwesung sichtbar machen vor allem durch Würmer, die sich durch faulendes Menschenfleisch hindurch-fressen. Nur: Maria Sibylla Merian liefert nicht den gerings-ten Ansatz zu einer derart zuvorkommenden Auslegung. So bleibt nur der Schluss, bestätigend: Die naturkundige Malerin hatte einen Hang zur Beschäftigung auch mit dem Makabren, dem Morbiden.

Und warum fällt mir das hier wieder ein? Warum inter-essiere ich mich dafür? Ist etwas übergesprungen? Partielle Symbiose? Disposition für eine Magie des Zerfalls?

Bild, das ich nicht aus dem Kopf kriege: Braunschwarze Kuh, die ich erst für einen Auerochsen hielt. Auerochsen habe ich allerdings noch nie auf einer Weide gesehen in meiner Eifel-region, Auerochsen kannte ich nur von Fotos. Hier nun: eine mächtige Auswulstung zwischen Kopf und Rumpf – hing fast durch bis zum Gras, das flach war.

Als ich näher an den Zaun herantrat, wie hingesteuert,

wie herangeschoben, sah ich: riesiger Auswuchs am mageren Rind, wie ein Knecht-Ruprecht-Sack, unregelmäßig vollgestopft. Ein ›Sack‹ aus blumenkohlgroßen, blumenkohlähnlichen, schwarzbraunen, auseinander herauswuchernden Geschwüren. Unter den Augen, hinter den Augen die ersten Geschwüre, wie kleinere, dann größere Schwalbennester, in kurzem Übergang sodann Verdickungen ... Übereinanderhinwegwachsen von Geschwüren ... Geschwürwucherung aus Geschwürwucherung ... großer Geschwürsack. Das Fell der Kuh strähnig, struppig, stumpf. Die Flanken dürr, deutlich ausgeprägt die Knochenformen. Sehr langsam hob die Kuh den linken Vorderlauf, knickte ihn ein, setzte ihn auf, hob ihn erneut an, einknickend, kratzte sich mit dem Spalthuf an der Geschwürmasse, graste weiter.

Und ich schrieb weiterhin ... habe weiterhin geschrieben ... hatte weiterhin geschrieben ... werde weiterhin schreiben ... werde weiterhin geschrieben haben ...

DAS GROSSE FEST DER WIEDERVEREINIGUNG wollte ich in der Ex-DDR miterleben, folgte einer Einladung nach Halle.

Die Autobahn in längerem Abschnitt parallel zur Chemieschiene Merseburg–Schkopau–Halle, und es begleitete mich das helle Bild einer ökonomisch düsteren Situation: Schlote und Riesenschlote ohne Rauch.

Als ich zum ersten Mal nach Halle gefahren war, noch während der Systemzeit, war von den Leuna- und Bunawerken eine fast gewitterschwarze Wolke herangezogen, nein, hatte sich herangewälzt – die war nun aufgelöst; höchstens aus jedem fünften oder sechsten Schornstein qualmte es noch. Schornsteinriesen mit den rot-weißen Warnkarrees für Tiefflieger, aber keine Emissionen. »Plaste und Elaste aus Schkopau« hatte ich mehrfach als Werbetext an Autobahnbrücken gelesen, früher, aber nun waren diese Plaste und Elaste nicht mehr konkurrenzfähig auf dem Weltmarkt. Auswirkungen bis hinein nach Halle: die Luft nicht mehr blaugrau eingetrübt wie in den Jahren, als die Saale noch penetrant gestunken hatte zu jener Zeit, da die DDR sich noch als unerschütterliche Bastion des Antifaschismus und des Sozialismus feierte. Die Saale war damals torfbraun, und wo sie, zwischen Staustufen, besonders langsam floss, blubberten Faulgase hoch, und Schaum bildete sich matratzendick, dies Dutzende von Quadratmetern weit, und es stieg stechender süßlich-chemischer Gestank auf, der mir augenblicklich Kopfschmerzen machte, als ich auf einer der Brücken verharrte. Beim traditionellen Lampionfest, dem Korso leuchtengeschmückter Boote auf der biologisch toten Saale wurde einer der Nachen von einem Patrouillenboot der Volkspolizei gestellt und abgeschleppt, weil es ein Schriftband zeigte mit dem Zweizeiler: »Wir sitzen alle in einem Boot / Umweltschutz tut not.«

Thälmannplatz, noch immer Thälmannplatz. Das »Verkehrsaufkommen« scheint sich seit dem letzten Besuch verdoppelt zu haben. Polizisten in den noch herkömmlichen Uniformen, eine Frau unter ihnen. Schlagstöcke senkrecht angehoben, waagrecht ausgestreckt, dann schlenkernde, wirbelnde Bewegungen, die den dünnen Verkehrsfluss beschleunigen sollen.

Auf einen Kaffee zu Sigrid. Wiedervereinigung, tja. Erst mal die Aufregung! Morgens um fünf klingelte es Sturm, ihr Cousin war vorgefahren: »Die Grenze ist offen, ich brauch deinen Shell-Atlas!« Schon war er auf und davon, Richtung Berlin. Die große Stampeda. In Leipzig wurden Autos aus Görlitz und Umgebung an Tankstellen nicht bedient, stattdessen Vorwürfe: »Wacht ihr jetzt erst auf?!« Einem der Wagen, der an der Peripherie von Leipzig parkte, wurden die Reifen durchstochen. Der »run« setzte sich fort. Der SFB meldete, dass östlich von Berlin alle Straßen dicht waren, Staus ohne Ende, also entschieden sich Freunde für eine Nebenstrecke, über den Harz, dort sollte der Andrang nicht so groß sein, aber da gab es ein ganz anderes Problem: die hatten nur eine hiesige Autokarte, und die war im Grenzbereich völlig ungenau – natürlich vorsätzlich, Fluchtwege sollten erschwert werden. Das MfI ließ selbst Autokarten fälschen!

Ein Anruf, zwischendurch. Ja, das Telefon, endlich, endlich, darauf musste man bis zu einem Jahrzehnt warten, nun geht alles schneller, vor allem für »Gewerbetreibende«. Auf ihrem Arbeitstisch eine Schrift über Mehrwertsteuer, juristische Texte: viele Informationen müssen in kurzer Zeit aufgearbeitet werden; ein neues Koordinatensystem, in dem sich das kleine Architektenkollektiv zurechtfinden muss, man teilt die neuen Aufgaben halt unter sich auf.

Abendessen. Abendbummel. Vorbereitungen auf das Stadtfest am nächsten Tag. Drei Musikbühnenzelte sind bereits aufgebaut mit Scheinwerfern, mit Videowänden, mit Laserlichtgeräten; in der Mitte des Platzes ein Zeltdach, unter dem Licht und Ton gesteuert werden sollen. Biertresen, Pizzastände, Wurstbratereien. An der Südostecke der berühmten, von Feininger gemalten Marktkirche blaken zwei, drei Dutzend Kerzen auf dem Boden – hier hat auch Sigrid gestanden, gleichsam im zweiten Ring um den Kern von Friedenskämpfern, sie hat noch den Aufmarsch der Uniformierten erlebt, dort drüben am Roten Turm, und das große Aufatmen, das erste, noch verhaltene Frohlocken, als die Volkspolizei nicht zuschlug, nicht festnahm, sich zurückhielt, sich zurückzog.

Erwachsene stehen in Grüppchen umher als kleine, leise Demonstration gegen die hohen Aufwendungen für das Fest, allein 160 000 Mark Miete für die Bühnenzelte, und in den Kindergärten fehlt das Geld. Sigrid im Gespräch mit einer Frau, die im Stadtrat ist und im Kirchenvorstand, und wieder einmal wird die Frage erörtert, ob am nächsten Tag, gegen Mitternacht, die Glocken läuten sollen – bei einem Staatsakt? Aber ist es zum Staatsakt der Wiedervereinigung nicht durch das Engagement und den Mut vieler evangelischer Pfarrer und Gemeindemitglieder gekommen, auch hier in Halle, und sollte man das nicht feiern dürfen, auch mit Glockengeläut? Kein Glockenläuten, aller Voraussicht nach.

Enttäuschung und Beunruhigung im Gespräch. Es wird damit gerechnet, dass Gruppen von Neonazis, auch von Autonomen, Rabatz machen, Einsatzpolizei wurde von »drüben« angefordert, die kann mit Randale besser umgehn, die Volkspolizei ist diesbezüglich noch ungeübt, zumindest in Halle. Viele Vopos sind zudem verunsichert, sie fürchten Entlassungen, da will sich keiner hervortun mit dem Schlagstock, also wird voraussichtlich überhaupt keine Volkspolizei aufmarschieren.

Die Kerzen stummen Widerspruchs, die ich mehrfach auf dem Bildschirm gesehen habe, freilich zu Hunderten, sie blaken am warmen Spätherbstabend vor sich hin, zu wenigen Dutzend. Auf dem Marktplatz fast unablässig Kracher, als müsste dies schon eingeübt werden: Kracher anzünden und Passanten zwischen die Füße werfen. Knallfrösche, Knallköppe.

Fahrt zum Neubauviertel Silberhöhe. Straße des roten Oktober – heißt weiterhin so. Da hatten die Bildmedien übertriebene Vorstellungen geweckt: Fotos von Straßenschildern, die abgenommen und ausgetauscht wurden, Fotos von abgeworfenen oder an Barackenwände gelehnten Straßenschildern mit Namen, die zuvor gefeiert wurden, die nun keiner mehr lesen und hören will. Hier aber gibt es noch eine Straße des 30. Jahrestages der DDR, eine Straße der Waffenbrüderschaft, eine Straße des Aufbaues, eine Straße der Aktivisten, eine Straße der Revolution, eine Straße der Solidarität.

Die Treppe hinauf zum fünften Stock. Kurzes Verharren vor einer der Türen, Sigrid berichtet halblaut: Hier wohnte eine Frau von Anfang fünfzig, vor einigen Monaten noch resolute Verkaufsleiterin eines Kaufhauses, unbeliebt bei Mitarbeitern, aktiv in der Partei, sie wurde entlassen, verfiel in Depressionen, liegt nun im Krankenhaus.

Erster Ausblick von der kleinen Terrasse: Langgestreckte Wohnblocks, auch Hochhäuser. Straßen und Stellplätze fast lückenlos vollgeparkt: Trabis und Wartburgs. Statussymbole vor der Abwertung. Dabei scheint die Frequenz der Straßenbahnen sehr dicht zu sein: noch am späten Abend fährt jede Minute rumpelnd eine Bahn am Haus vorbei, von Beesen, nach Beesen, dem kleinen, südlichsten Stadtteil.

Am nächsten Morgen sehe ich mich vom hellen, erstaunlich klaren Himmel herab begrüßt: ein tieffliegendes Sportflug-

zeug mit einer Reklameschleppe der *Bild*-Zeitung: »Guten
Morgen, Halle«. Ich erwidere den Gruß nicht. Der luftige
Morgengruß wird mehrfach wiederholt, obwohl Halle längst
wach ist, viele Stellplätze, Parkplätze hier draußen sind bereits verlassen. Nur ein Minütchen Stille jeweils zwischen dem
Vorbeitosen der Straßenbahnen, die meisten leer. Da wird man
sich umstellen. Und in die Heizkörper im Treppenhaus wird
man wohl doch mal Ventile einbauen, Tag und Nacht wird
auch in dieser warmen Spätherbstphase voll durchgeheizt:
Fernwärme.

Sigrid im Büro, ich mache einen Morgenspaziergang durch
die Satellitenstadt. Plattenbauten – die dominierende Bautechnik des real existierenden Sozialismus: »Arbeiter- und
Bauern-Schließfächer« ...

Ein Flachbau, »Konsum«, aber das Gebäude ist leer, wird
»entkernt« für einen neuen Supermarkt. Fliegende Händler
auf dem Vorplatz. Topfpflanzen aus einem ungarischen Lastwagen ... Pullover für durchschnittlich 20 Mark, angeboten
von einer polnischen oder jugoslawischen Matrone mit Kopftuch ... Lederjacken, hinter denen ein Vietnamese sitzt ... Videos und Schallplatten, angeboten von einem westdeutschen
Paar, das die nähere Umgebung mit einem Gettoblaster beschallt.

Weiterschlendern. In einem Aushang die maschinenschriftliche Notiz einer Hausverwaltung: Die Umwandlung
der (ich habe die Bezeichnung der Eigentumsform vergessen)
in eine »Aktiongesellschaft«. Ein Tippfehler? Oder sprachliche Nachwirkung einer Aktionsgemeinschaft? Neue Wörter
werden eingeführt, alte Wörter entwertet. Wohl bald schon
keine »Broiler« mehr, sondern Brathühnchen. Keine »Dienstleistungswürfel« mehr, keine »Sekundärrohstofferfassungsstellen«, sondern Container für Flaschen, für Altpapier. Und
in den immer zahlreicheren Diskotheken keine »Schallplattenunterhalter« mehr, und aus »Stadtbilderklärern« werden
Stadtführer. Weihnachtsengel nicht mehr säkularisiert zu Jahresend-Flügelfiguren.

Fand ich die Broiler, ja Goldbroiler (aus einem Kombinat

Industrielle Mast, spezialisiert auf Geflügelmast) schon recht merkwürdig, so hatte mich bei früheren Aufenthalten in der DDR das Reden von »Keulen« ziemlich gestört: damit wurden, unter jungen Männern, die Mädchen, die Partnerinnen bezeichnet. Ich rächte mich schon mal mit einem ebenfalls abstoßenden Wort wie »Eiterbrille«: Brezelförmige Doppel-Puddingtaschen; vor die Augen gehalten, wurden sie, mit ihren gelbweißen Glibbereinlagen, zu Eiterbrillen. (Was die Bäcker-Innung der fünfziger Jahre nicht so gern gehört hat.)

Eine Zwischenstunde, Zwischenstärkung auf der ummauerten Terrasse, ich sehe, im Sitzen, nur Pflanzen ringsum, dominierend ein Essigbaum. Und wieder einmal die Frage: Wie hätte meine Biographie sich entwickelt, wenn ich Staatsbürger der DDR geworden, gewesen wäre? Es bleibt bei der Frage, ich spiele keine Szenarien durch, zu viel Gegenwart ringsum.

Fahrt in die Innenstadt. Ich habe mein kleines Schreibbuch, made in Hongkong, nicht mitgenommen, will keine Notizen machen, will lieber am nächsten Tag die Erinnerung aktivieren und dann notieren.

Wilhelm-Pieck-Ring. Marktplatz. Im größten Bühnenzelt ein Sinfonieorchester, es probt Sequenzen aus der Feuerwerksmusik, gleichsam zu Füßen des Denkmals für Händel. Die Musik wird ausgepegelt im Kommandozelt mit riesigen Mischpulten, der Klang des Orchesters aufgebläht (zugleich ausgehöhlt) in Lautsprecherformationen, die rechts und links von der Bühne hochgestapelt sind. Nach dem Aussteuern erhalten die Musiker noch Instruktionen für den Abend, dann tragen sie ihre Instrumente weg.

Auf der Bank neben mir hockt ein Mann mit vorgeschnalltem Akkordeon. Eine Zeitlang pendelt der Kopf langsam hin und her, nun ruht das Kinn auf der Oberkante des Instruments, der Hut ist heruntergerutscht. Ein junger Mann in schwarzem Leder geht vor ihm in die Hocke, fotografiert ihn, geht weiter. In einem Grüppchen sinkt ein Mann zu Boden, langsam wie eine Gliederpuppe, deren Aufhängung gelockert wird. Zwei ebenfalls schwertrunkene Männer schleppen ihn zu einem Beton-Pflanzkübel, er wird hingesetzt, einer nimmt neben ihm Platz, hält ihn fest. Als der Volltrunkene langsam zurücksinkt ins Efeu, hält der Mitsäufer ihn nicht auf, stellt fest, dass er gut liegt, kehrt zur gemeinsamen Korbweinflasche zurück. Da ist der Tag jetzt schon zu Ende, die Wiedervereinigung hat keine Realität.

Stadtbummel. Eine Buchhandlung, noch mit Buchproduktionen der DDR. Ich schaue mich um. Eine Verkäuferin herrscht mich an (und das Wort »anherrschen« wirklich noch gekoppelt mit dem Anspruch auf das Ausüben von Herrschaft): »Sie dürfen sich hier ohne Körbchen nicht aufhalten.«

Ich schau mich nur um.

»Sie dürfen sich auch nicht umschauen ohne Körbchen.«

Ich frage, wo ich den Einkaufskorb erhalten kann, ich sehe keinen, erhalte einen Fingerzeig. Eine Frau hinter einer Fensterklappe, sie antwortet auf meine Frage mürrisch: »Hab kein Körbchen.«

Aber Ihre Kollegin hat gesagt, ich soll hier ein Körbchen holen.

»Hab kein Körbchen!«

Ich möchte mich hier aber umschauen – dazu brauche ich offenbar ein Körbchen.

»Ich hab Ihnen doch gesagt: Ich hab kein Körbchen.«

Ja, und was soll ich jetzt machen?

»Sie gehn nach draußen und warten ab, bis hier ein Körbchen frei wird.«

Von Gewohnheit fixiertes Sprechmuster. Ich schaue mich weiter um, ohne Körbchen, werde auch nicht mehr auf ein Körbchen angesprochen: Zeitenwende.

Weiter. Zwei Ausstellungen im kleinen Museum des Roten Turms. Zufall hat hier eine pointierende Konstellation geschaffen: eine Ausstellung von Fotos aus der DDR, eine Ausstellung von modernem westlichen Warendesign.

Mittagessen mit Sigrid. Technische Schwierigkeiten auf der Baustelle, und die werden zu psychischen Problemen. Der Bauauftrag noch aus der Systemzeit, also Ausführung in Plattenbauweise, die angelieferten Platten sind aber vielfach schlecht gearbeitet, vor allem an den Kanten, lassen sich also

1092

nicht genau genug montieren, die Kanten müssten mit einem Gerät nachgearbeitet werden, das es nur in Westdeutschland gibt und sehr teuer ist, also wird, wie üblich, mit Beton beigeflickt, aber nach einem halben Jahr wird sich der angeflickte Beton wieder lösen. Die Wärmedämmung wird aber bereits von einer westdeutschen Firma ausgeführt, dabei hat sich der Vorarbeiter beschwert über den schludrigen Untergrund. Das wiederum hat den hiesigen Polier erschüttert: Ja, machen wir denn nur Pfusch ...?! Sehen die Wessis denn nicht, dass hier die Bedingungen anders sind, dass wichtigste und simpelste Geräte fehlen, dass wir mit Murks beliefert werden? Die Bauarbeiter fühlten sich nach der Kritik durch die Wärmedämm-Spezialisten degradiert. Ringsum wird ihnen vorgeführt, dass man ihnen nichts zutraut, die westlichen Unternehmen bringen ihre Baukolonnen gleich mit, Ostler sind höchstens noch bei Erdarbeiten gefragt. Und es drohen Entlassungen. Keiner fühlt sich stimuliert. Die Quadratur des Kreises wäre: Arbeiten wie im Osten, verdienen wie im Westen ...

Auf dem Marktplatz spielt die erste Band. Betont skurril gekleidete Männer mit Instrumenten, die aus Schrott hergestellt wurden: ein E-Bass mit dem Corpus einer Zinkbadewanne, ein Auspuffrohr als Blasinstrument, die Musik aber ist nicht kaputt: fetzig mit satirischen Texten. Die Basstöne fahren als kleine Fausthiebe in die Magengrube.

Spaziergang zu einer Kneipe, die derzeit »in« ist. An der Decke hängen plakatgroß auf Pappe gezogene Staatsfotos von Breschnew und Honecker: Staatsikonographie nun als Spielmaterial. Ein Oberstufenschüler am Nebentisch erzählt von einem Happening, das sie inszeniert haben: zogen ihre FDJ-Uniformen wieder an, etwa vierzig Schüler, streiften durch die Innenstadt, sangen provokativ alte Parteilieder, waren vor Prügel nur geschützt durch ihre Zahl. Sie wollten nur mal sichtbar machen, was jahrzehntelang geforderte Realität war und nun auf den Misthaufen geworfen wird, das Tragen von FDJ-Uniformen wird nach der Wiedervereinigung verboten.

Abendessen in kleinem Kreis. Wir ziehen los. Eine Gasse mit überwiegend baufälligen Häusern, die nun, in der schwachen Beleuchtung, beinah schwarz erscheinen. Ein Container voller Abrissmaterial wird rundum bepisst: dutzendfach gleichzeitig pladdert es ans Containermetall, die Gasse ist nass.

Auf dem Marktplatz ist der Boden fast völlig von zertrampelten Plastikbechern bedeckt, von leeren Pizzakartons, zerknüllten Zigarettenpackungen, zerplatzten Knallern – sie scheinen aus braunem Packpapier zu bestehen. Nach dem Pissdunst nun Bierdunst, sehr hoch der Anteil an Besoffenen. Offenbar wird hier die Fusion zweier Großbrauereien gefeiert, sage ich im Gedrängel. Unablässig platzen Kracher, zwischen Füße geworfen. Auf den Bühnen wird umgeräumt, erste Musiker in Schwarz erscheinen mit Instrumenten. Wir gehen zur Marktkirche hinüber, dort ist das Gewühl ein wenig ausgedünnt, umso größer die Wurfweiten und Wirkflächen von Krachern. Feuerwerksraketen werden hochgeschossen. Am Rathaus hat man am schmalen Balkon Holzplatten befestigt mit verdrahteten pyrotechnischen Stiften; schon jetzt ist der Text zu lesen: WIR SIND EIN VOLK. Rechts und links vom Balkon zwei noch zusammengerollte Bundesfahnen. Es heißt, Beethovens Neunte werde gespielt. Nein, bitte nicht! Es heißt, der Bürgermeister wird kurz nach zwölf eine wenn auch nur kurze Rede halten. Bloß nicht noch so was! Es heißt, die Stadt werde ein großes Feuerwerk abbrennen lassen. Dann lasst mal kommen …

Der Umbau auf der Bühne dauert so lange, dass die Neunte bis Mitternacht gar nicht mehr aufgeführt werden kann. Auf der Bühnenfläche nebenan formiert sich ein zweites Sinfonieorchester. Unablässig das Krachen von Knallern, das Knallen von Krachern. Ein paar junge Leute mit Bundesfahnen. Der Platz von dünner Rauchschicht überschwebt: Pulverdampf und Rauch von Grillbuden. Bei fast jedem Schritt das Knurschen zerborstener Plastikbecher. Von der Pissgasse zieht eine Urinschwade herüber, kühlgruftig. Noch weiter nach vorn! Aber auch im dichten Gedrängel: Kracher. Ein Besoffener dreht sich um: Wer war das?! Gelächter als Antwort. Die Musiker der beiden Orchester sitzen nun. Pfiffe, probeweises Fahnenschwenken. Ein Chor stellt sich auf, fünf Sänger treten an fünf Mikrophone, es wird eine Sequenz aus der Oper *Fidelio* aufgeführt. Nein, nicht der Gefangenenchor, der Schlussjubel. Rufe: Aufhören! Ein junger Mann mit klaffenden, braunen Zähnen dreht sich um: Wasndasfürnescheißmusik?! Hastesowasschongehört?! Neh, ruft die Runde. Auch während der Aufführung: das Krachen, das Zischen von Raketen, das Jaulen von Heulern. Das zweite Orchester setzt ein nach dünnem Zwischenbeifall, spielt Sätze aus der Feuerwerksuite im Rücken des Händel aus Bronze auf einem Sockel aus Stein. Immer zahlreicher die Feuerwerksraketen. Zwei Minuten vor zwölf wird die Feuerschrift am Rathausbalkon gezündet, nun riesiges Geschrei, die paar Fahnen werden geschwenkt, die Riesenfahnen in Schwarzrotgold entrollen sich an der Rathausfassade, nun werden sämtliche Raketen gezündet, die meisten mit Flugrichtung auf das Rathaus, als würde es mit Leuchtspurmunition beschossen. Pyrotechnische Entfaltungen zwischen Giebeldächern. Es wird keine Rede gehalten. Aus einem Seitenfenster des Rathauses wird eine Europafahne geschwenkt. Kein Glockenläuten, auch nicht aus der Ferne. Die zwei Dirigenten auf den beiden Bühnen leiten nun taktgleich die Orchester: das Deutschlandlied. Viele auf dem Platz singen nicht den offiziellen Text, der auf Videowänden ablesbar wird, sie singen Deutschland, Deutschland über alles.

Rückfahrt Richtung Westen – nicht auf der Autobahn, ich lasse mir Zeit auf Landstraßen, Nebenstraßen, Nebennebenstraßen Richtung Henneberg, direkt an der früheren Grenze zwischen DDR und BRD. Ich bestaune das Stadtpanorama von Freyberg, gehe spazieren, auf einem Höhenrücken, dann durch eine Apfelbaumallee, fahre langsam durch Stadtilm, dort war ich schon mal, der Generationen von Kürschnern mit meinem Familiennamen gedenkend, und weiter geht's Richtung Suhl, Meiningen.

Schon wenige Kilometer hinter Halle: ein erstes zertrümmertes Auto, von der Böschung gekippt. Wenig später ein zweites Autowrack, im Graben liegend. Auf etwa sechzig Kilometern sieben, acht Trümmertrabis, Wartburgtrümmer.

Auto-Zertrümmerungs-Ouvertüre der Wiedervereinigung. Ja, davon hatte ich gelesen: In der ersten Phase der Befreiung von repressiver Staatsmacht, personifiziert auch in unnachsichtigen Verkehrspolizisten, begann die große Raserei, man fuhr alkoholisiert, fuhr mit überhöhten Geschwindigkeiten, machte Bruch. No more Trabis …! Stock car crash challenge …!

(Weil Trabants mittlerweile höchstens noch als aufgepäppelte Oldtimer zu sehen sind, ein kurzer Hinweis: sehr kleine Autos mit Zweitaktmotor und Plastikkarosserie (»Pappe«); Trabis prägten das Straßenbild der DDR, wie VW-Käfer das Straßenbild der Bundesrepublik in den fünfziger, sechziger Jahren geprägt hatten.)

Langsam auch meine Fahrt durch Ortschaften. Auf der Gegenbahn ein Streifenwagen noch im alten Tarnfarben-Graugrün, noch nicht umgespritzt auf Weiß und Grün. Mit einem Schlagstock wird ein Fahrzeug an den Rand gewinkt, da wird man also in D-Mark blechen müssen.

Wie viele Zeichen der Veränderung? Auch hierzu, vorweg, Bildinformationen in Zeitungen, auf dem Bildschirm: Wie in alten Häusern neue Läden eingerichtet werden, wie Reklameschilder für Tchibo-Kaffee, für Kent- oder West-Zigaretten an Bröckelfronten angebracht werden … Weil ich mehrere solcher Fotos gesehen hatte, war die Vorstellung verdichtet: Die Veränderungen sind rasch und zahlreich. Im zähfließenden Verkehr sehe ich durchaus Läden, die den Pressefotos, Fernsehaufnahmen gleichen, aber die prägen noch längst nicht das Straßenbild: Nur ab und zu ein Laden mit Zigarettenreklame, nur hin und wieder Fensteraufkleber, die für *Bild*-Zeitung oder *Hör zu* werben.

Eußenhausen, zwischen Meiningen und Bad Henneberg. Früheres Sperrgebiet. Ja, sagt mir eine dicke Frau, als ich an der Schule parke, es war furchtbar – man durfte sich nur bis zur Wirtschaft da vorn bewegen, durfte nur von allernächsten Verwandten besucht werden, das auch nur zu besonderen Gelegenheiten; schon vor dem Ort war eine Kontrollstelle, dort mussten sich auch Dorfbewohner jedes Mal, aber auch wirklich jedes Mal ausweisen, man hatte einen besonderen Vermerk im Ausweis. Und jetzt neue Probleme: So viele Autos wie noch nie zuvor fahren durch die Ortschaft, man hat ja Angst, die Hauptstraße zu überqueren, aber es soll eine Umgehungsstraße gebaut werden, ist so zugesagt worden.

Weiter zum früheren Grenzübergang. Die Bundesstraße ist noch flankiert von weiß gestrichenen Baracken, in denen die Papiere Einreisender gesichtet, geprüft, gestempelt wurden. Mehrere der Container sind freilich schon von den Betonsockeln gehoben, bei etlichen sind die Scheiben eingeschlagen.

Meist war ich über Herleshausen in die DDR gefahren: die Grenzstation als verdichtete Realität eines repressiven Staates. Zurüstungen der Einschüchterung. Erst wird die Geschwindigkeit gedrosselt ... Das Durchfahren eines Korridors, hohe Metallgitterzäune rechts wie links ... Türme, aus denen man mit Fernrohren beobachtet wird ... Eine Straßensperre, die auf einer Schiene rasch die Fahrbahn blockieren kann, auf der Ausreisespur nebenan ... Anweisungen, denen Folge zu leisten ist ... Die Papiere werden auf ein blechverdecktes Förderband gelegt, das sie zu einer Baracke weiterbefördert; Einblick ist da nicht möglich; durch eine kleine Wandöffnung kommen die Papiere wieder heraus, werden von einem der Uniformierten erneut geprüft ... Zollkontrolle ... Fahrt durch einen zweiten Korridor, eine Schleuse ... Für Autofahrer, die nun erleichtert Gas geben, steht schon, von einem riesigen Verkehrsschild verdeckt, ein Radarwagen bereit, jeder Kilometer über dem Geschwindigkeitslimit von immer noch 10 Stundenkilometern kostete 10 Mark West. Alles schon erzählt, aber jetzt wieder präsent.

Ich stelle den Wagen ab vor dem Treppenaufgang zu einem jetzt nur noch optisch beherrschenden Beobachtungsturm von drei Stockwerken. Ein Festzelt wird abgebaut. Zerscherbte Sektflaschen, zerknüllte Werbeprospekte. Man hat auch hier die Wiedervereinigung gefeiert, etwa fünfzehntausend Menschen sind zusammengekommen, ein schönes Fest, berichtet einer der Arbeiter, Bierflasche in der Hand. Ja, er kommt ganz aus der Nähe, das alles hier war aber fremdes Land für ihn, jahrzehntelang ist er nicht mal in die Nähe der Grenzanlage gefahren, vom Westen her, das alles war ihm nicht so ganz geheuer.

Ich steige die paar Stufen hoch zum Turmsockel. Die Hangflanke hinunter, über Feldflächen hinweg sehr weit der Blick Richtung Norden; der Horizont betont von Mittelgebirgskonturen des Thüringer Waldes.

Damit die Nachrichten über die Aufhebung der Grenze zwischen den beiden deutschen Staaten zur Erfahrung werden, habe ich mir vorgenommen, mir eine der Grenzanlagen genauer anzuschauen – noch lässt sich inspizieren, was jahrelang, jahrzehntelang verdichtete militärische und politische Realität war.

In den Turm kann ich freilich nicht steigen, ist abgeschlossen. Wettergeschützter Treppenaufgang; Klingelknopf und Sprechanlage – da mussten bestimmt Parolen oder Kennwörter durchgegeben werden, damit sich kein verkleideter Klassenfeind einschlich in diesen Zentralbau der Beobachtung, Überwachung, Bewachung. Eine Bezeichnung, die schon zum Sprachmüll gehört: Antifaschistischer Schutzwall. Selbst millionenfache Wiederholungen haben diesen Begriff nicht resistent gemacht gegen die anstehende Auflösung im Vergessen. Nur noch in historisch gewordenen Texten wird dieser Begriff auftauchen, in Untersuchungen von Historikern, dann aber wohl in Anführungsstriche gesetzt. Der antifaschistische Schutzwall hier bei Henneberg wird akzentuiert von diesem Turm. Weiße Kunststoffplatten als Wandhaut, doch die ist, so hoch die Hände reichen, herabgerissen, es zeigen sich Latten, auf denen die Platten wie Schindeln genagelt waren, es zeigt sich eine schwarze Isolierschicht. Fenster nach allen vier Seiten, Eisenstangen davor, weiße Gardinen dahinter – die Wachstube der Uniformierten, so lang sie nicht in der Glaskanzel da oben standen? Leicht abgeschrägte, getönte Scheiben. Man wird, sagt der Arbeiter, diesen Turm stehen lassen, beschlossne Sache, aber sonst wird hier alles abgerissen – bis auf den zweigeschossigen, unverputzten Bau nebenan, die Kaserne, aus der wird vielleicht ein Hotel. Ein Bagger krallt Betonpfähle, zieht sie aus dem Boden.

Es war einmal: An einem Samstag kamen wir nach Halle, am Sonntag nahm ich, als Pate, an einer Taufe teil, am Montag Anmeldung bei der zuständigen Dienststelle der Volkspolizei. Warten im düsteren Flur – die Glühbirnen mit schätzungsweise nur etwa dreißig Watt.

Die Volkspolizei ist verkörpert von einer Frau um die vierzig, künstliches Blond, die Figur einer Kugelstoßerin, Hammerwerferin, von grauem und grünem Uniformtuch straff umspannt. Schon zwei Tage in der DDR?! Wir seien verpflichtet gewesen, uns umgehend anzumelden – warum wir diese Regelung nicht beachtet, diese Vorschrift nicht befolgt haben?!

Am Samstag, sage ich, war keine Dienstzeit mehr, am Sonntag war die Taufe, nun sind wir hier, wollen uns anmelden, zugleich abmelden.

Wenn eine Anmeldung am Samstag nicht mehr möglich gewesen sein sollte, hätten wir uns sofort am Sonntagmorgen melden müssen, bei der Dienststelle im Hauptbahnhof.

Am Sonntag war aber die Taufe.

»Das spielt in dem Fall keine Rolle!«

Wir sind aber wegen der Taufe gekommen. Da gehen wir zu diesem Zeitpunkt doch nicht zum Bahnhof und stellen uns in die Warteschlange.

»Sie wären dazu verpflichtet gewesen!«

Aber wenn ich wegen einer Taufe nach Halle komme, werde ich doch nicht ausgerechnet bei der Taufe fehlen, nur, um mich polizeilich anzumelden.

»Dazu wären Sie aber verpflichtet gewesen!« Sie sehe sich hiermit genötigt, wegen meines Verhaltens und meiner Einstellung einen Negativ-Vermerk auf meiner Karteikarte einzutragen; sollte eine zweite Eintragung dieser Art hinzukommen, würde mir in Zukunft die Einreise in die DDR untersagt. Und sie zeigte mir den Rücken, trug die Rüge ein, die behördliche. Der Stempel auf unseren Besuchervisa wurde mit Wucht platziert. Die Abmahnung, die offizielle, wurde im Wortlaut wiederholt.

Ich kehre dem Turm den Rücken zu, überquere die fast pausenlos befahrene Straße im Eilschritt. Ein niedergelegter Pylon, aus dem das Staatsemblem herausgelöst ist: weißes Plastikmaterial mit Trittspuren. Oberhalb des Straßeneinschnitts eine Betonsperre: U-förmige Betonfertigteile, mit der Basis auf dem Boden gereiht, mit Erde aufgefüllt: Diese Barriere hätte nicht einmal ein beschleunigter Lastwagen durchbrechen können, wenn er irgendwie die Böschung raufgekommen wäre. Offenbar hat man wildeste, ja blindwütige Entschlossenheit einkalkuliert, eine gewaltsame Grenzüberquerung ausgerechnet in diesem Areal zahlreicher Uniformierter mit Maschinenpistolen.

Jenseits der etwa einen Meter hohen Rammschwelle der Grenzzaun. Aber dieses Wort klingt zu harmlos: übermannshohe Betonpfosten, zwischen ihnen nicht Maschendraht, sondern Metallbahnen mit eingestanzten rhombischen Öffnungen, durch die wäre höchstens eine Maus gekommen.

Einer der Beobachtungstürme, wie ich sie bisher nur auf Fotos oder aus der Ferne sehen konnte – nun kann ich dicht herantreten. Vier Stockwerke als vier Betonguss-Fertigteile. Obendrauf ein Scheinwerfer, der aber wirkt ramponiert. Die Tür ist nur angelehnt, das Schloss aufgesprengt. Eine rote Aufschrift verbietet das Betreten, eine hinzugeschmierte Aufschrift behauptet: Besitz der Grünen. Schrott von Elektroinstallationen auf dem Boden. Senkrecht führt eine Eisenleiter hinauf. Ich beginne zu klettern. Stahlumrahmte Schießscharten im zweiten Stock. Schließlich die Beobachtungskanzel; einige der Fenster stehen offen. Zur Grenze hin sind die Scheiben verdoppelt – die äußere leicht getönt, kupferfarben. Ich steige auf die Dachplattform. Geländer, der in der Tat lädierte Scheinwerfer. Ich sehe die Glaskanzel des großen Beobachtungsturms auf der Kuppe drüben, blicke die breite Sichtschneise hinunter; in regelmäßigem Abstand Laternenmaste ohne Laternen – alles schon abmontiert, das haben Metallsprossen erleichtert. Alle hundert Meter eine funktionslos ge-wordene Markierung: Zahl auf Metallpfahl. Einen von ihnen werde ich mitnehmen: Erinnerungsmarkierung.

Abstieg. Das kalte, graue Metall der Eisenleiter, das helle, kalte Grau des Innenanstrichs. Elektroinstallationen: vielfach sind Plastikabdeckungen aufgebrochen, freiliegende Kabel durchschnitten. Kein Befehl kann fernmündlich entgegen-genommen werden, keine Beobachtung eines verdächtigen Vorgangs kann weitergeleitet werden, kein Warnhorn kann betätigt, kein Scheinwerfer eingeschaltet werden in dieser Zone ehemals kompakter Realität.

Weiter, die Hangflanke hinunter. Ich stoße auf einen Fahr-weg: in den Boden eingelassene Betonplatten; zwischen ihnen schießt es bereits ins Kraut, Büsche beginnen sich auszudeh-nen, sehr rasch wird wohl auch diese Schneise vom Wald zu-rückerobert. Oder wird man diese »Dienstwege« freihalten für Forstwirtschaft?

Herbstnachmittag im Thüringer Wald. Völlige Stille. Nie-mand kommt mir entgegen, keiner holt mich ein. Ich sehe, was ich so direkt nie sehen konnte, sehe, was bald schon abgerissen wird. Noch immer die Metallbahnen mit den gestanzten Öff-nungen – dafür gibt es bestimmt einen Fachausdruck, ich brau-che ihn nicht. Abschnittweise ist die Grenzanlage doppelt. In den Boden eingesenkt ein Bunker für einen Mann: Sehschlitze, Schießscharten. Grenzsoldaten standen hier also bis zur Brust-höhe unterhalb des Bodenniveaus. In dieses gruftkühle, gruft-dunkle Bünkerchen steige ich nicht, stelle mich auf den Fertig-teil-Deckel, sehe am Waldrand »drüben« einen Grenzpfahl aus Beton, schwarz-rot-grau, zernarbt, als hätte jemand mit einer Maschinenpistole drauf geschossen, in Wut oder Resignation.

Ich überquere wieder die stark frequentierte Straße beim dominierenden Beobachtungsturm, gehe die nördliche Hang-flanke hinunter. Die Beton-Rammwand ist hier fortgesetzt bis zu einem Punkt, an dem ein Fluchtwagen abgestürzt wäre. Wie in der Waldschneise reihen sich über die weite Feldflä-chen hinweg Laternenmaste in regelmäßigem Abstand. Und ich sehe, etliche hundert Meter weiter, ostwärts, einen zweiten Grenzzaun. Bald ist auch, zur rechten, das Dorf Henneberg zu sehen, auf halber Hanghöhe, und der Burgberg. Ich gehe weiter zwischen Hauptzaun und Vorzaun. Streckenweise ist das Metallgitterwerk entfernt – muss harte Arbeit gewesen sein. Alle hundert Meter ein Betonpfosten mit einem überdeckten Kabelanschluss: konnte man hier ein Feldtelefon einstöpseln? Konnte man von hier aus Lampen einschalten oder waren die nachts immer an? Vor der unüberwindlichen Grenzanlage streckenweise auch noch ein Graben mit steiler Betonrampe – da sollte man wohl abrutschen.

Sichtflächen, Schussflächen; Schießbefehl; Todesstreifen. Nun keine bedrohliche Realität mehr, es sind nur Erinnerungsmarkierungen geblieben. Ich bin zu einem Zeitpunkt hier, an dem die Grenzsicherungsanlagen gerade noch zu sehen sind. Von dieser Grenzbefestigung wird nur der Turm auf der Kuppe bleiben, eventuell auch der Beobachtungsturm, in dem ich hochgeklettert bin, es werden die Beton-Fahrspuren bleiben

Ende des Spaziergangs im »Todesstreifen«. Nun weiß ich, zwischen Fersen und Schädel, dass diese Grenze nicht mehr existiert. Zur ehemaligen bundesdeutschen Kontrollstelle weiterfahrend, durch ehemaliges Niemandsland, suche ich in der Erinnerung nach einem festlichen Orchestersatz in D-Dur, um ihn vor mich hin zu summen, aber ich überquere die aufgehobene Grenze verstummt.

Noch vor dem erkauften Abzug der Sowjetarmee: Urlaub in Mecklenburg, Region Neu-Strelitz.

Von der Eifel her an große Dichte militärischer Präsenz gewohnt, werden wir doch überrascht, was (noch) an sowjetischen Truppen und Einrichtungen massiert ist. Alle paar Kilometer, so haben wir den Eindruck, eine Kaserneneinfahrt oder die Maueerumfassung einer Garnison. Auf fast allen Landstraßen Lastwagen der Roten Armee, immer wieder Tankwagen mit kyrillischen Aufschriften, wohl für: feuergefährlich. Der tiefe dumpfe Sound der Lastwagenmotoren war schon nach wenigen Tagen im Ohr fixiert, da brauchten wir gar nicht erst aufzuschauen, hinzublicken, konnten blindlings sagen: Da kommt wieder die ruhmreiche Sowjetarmee. Verdichtet der Militärverkehr, wenn wieder mal ein Sowjetsoldat mit seiner Kalaschnikow desertiert war.

Zum ständigen, zum routinemäßigen Betrieb wiederum gehören Kampfhubschrauber mit schmalem Rumpf und Raketenpaaren neben den Kufen. Und sehr viele Düsenjäger, bis hin zu modernsten MiGs mit Schwenkflügeln und doppeltem Leitwerk: Einflüge, dies parallel, zu den Militärflugplätzen bei Lärz und Wittstock. Und, natürlich, als drittem: bei Neu-Strelitz. Je nach Windrichtung das überdimensionierte Tosen von Triebwerken vor dem Start und erst recht beim Start, beim Hochziehn. Ein Start nach dem andren, das Brodeln, das Tosen in der Luft riss kaum mal ab. Eine Stunde lang hörte es sich an, als würde ein Kampfeinsatz geflogen mit sämtlichen startklaren Maschinen. An einem Nachmittag, an dem wir auf der kleinen Terrasse saßen: im Abstand von etwa einer Luftmeile umkreiste uns ein Kampfjet nach dem andren, in weiter Schleife vom Fliegerhorst weg und zum Fliegerhorst zurück, es wurde offenbar Touchdown geübt, Anfliegen der Piste, kurzes Berühren, gleich wieder Durchstarten. Ein tosendes Karussell.

Eine der überraschendsten Einladungen, den historischen Zeitpunkt auch privat markierend: »Der Bundeskanzler der Bundesrepublik Deutschland gibt sich die Ehre, Herrn Dr. Dieter Kühn zu einem Festakt aus Anlass der Verabschiedung der Westgruppe der Truppen in Anwesenheit Seiner Exzellenz des Präsidenten der Russischen Föderation Herrn Boris Nikolajewitsch Jelzin am Mittwoch, dem 31. August 1994, um 9.45 Uhr einzuladen.« Schauspielhaus am Gendarmenmarkt. Dunkler Anzug.

Zum erhebenden Anlass die gehobene Amtssprache des Staatsprotokolls: »Der Bundeskanzler der Bundesrepublik Deutschland und Der Präsident der Russischen Föderation geben sich die Ehre (folgt der Name) aus Anlass der Verabschiedung der Westgruppe der Truppen zu einer Kranz-

1103

niederlegung mit militärischem Zeremoniell am Ehrenmal Treptow am Mittwoch, dem 31. August 1994, um 12.00 einzuladen.«

Und der dritte Teil der (nicht wahrgenommenen) Veranstaltungsreihe: »... gibt sich die Ehre (Name des Adressaten) aus Anlass der Verabschiedung der Alliierten Truppen aus Berlin zum großen Zapfenstreich am Donnerstag, dem 8. September 1994, um 21.30 Uhr einzuladen.«

KÖNIGSEE im Thüringer Wald: Erst nach »Wende« und Jahrtausendwende der Besuch des Städtchens. In einer Stadtgeschichte lese ich: »Der weite Talkessel des oberen Rinnetals, in dessen Zentrum sich später die Stadt Königsee entwickeln sollte, ist durch die geschützte Lage vor dem rauen Klima der Gebirgshöhen, seinem reichlichen Vorkommen an Flussgewässern und Quellen ein idealer Siedlungspunkt bereits in ur- und frühgeschichtlicher Zeit.«

Von Spaziergängen mit Olga durch Königsee muss nur stichwortartig berichtet werden: Hier erinnert nichts mehr an das Ambiente meiner Thüringer Vorfahren im großen Dorf, in der kleinen Stadt an der vormaligen Handelsstraße Nürnberg–Erfurt.

Im Hotel, in dem sonst kaum mal »Wessis« übernachten, ein Gespräch mit dem Hotelier, und es bestätigen sich Eindrücke und Berichte aus anderen Orten der neuen Bundesländer: Resignation macht sich breit. Etliche Häuser, sogar an der Hauptstraße, stehen leer. Vielfach sind moderne Isolierglasfenster in das alte, oft düstere Mauerwerk eingesetzt worden, Signale eines Neustarts, zugleich Schlusszeichen, die Häuser wurden bald darauf verlassen: kaum Arbeit im Ort. Lakonische Anmerkung (in der »Festschrift zur 800-Jahr-Feier«) im Rückblick auf die DDR-Ära: »Das Leben war stark reglementiert, aber ohne Arbeitslosigkeit.«

Nun aber: Betriebe werden geschlossen, Geschäfte machen zu, Bewohner setzen sich ab. Implosion der Infrastruktur. Eins der Zeichen: Nach zehn Uhr abends mussten wir uns fast die Hacken ablaufen, um noch ein Bier zu trinken; der Rot-

1104

wein-Absacker war schon eine außergewöhnliche Bestellung. Eigentlich hatte man auch in jenem Lokal schließen wollen, wir konnten grade noch reinschlüpfen. Absolut freie Tischwahl. Gespräch, eher gerufen, vom Tisch zum Tresen, vom Tresen zum Tisch: Hier gibt es demnächst nur noch Leute mit Krücken oder auf Rollstühlen.

Im Servicebereich des Rathauses, in der lokalen Buchhandlung kaufe ich Schriftgut zur Stadtgeschichte. Immerhin war mit der Wende die Heimatforschung von ideologischen Vorzeichen befreit worden, ich muss das Ambiente der Kühn-Generationen nicht wie in einem Zerrspiegel sehen (die Bauernkriege, immer wieder die Bauernkriege!), nun werden auch krude Fakten benannt. Kriege und Katastrophen, die über Generationen hinweg von den Kühns in Königsee (und Stadtilm) ertragen wurden – »gottergeben«?

Königsee, Anno 1582: Pest im ummauerten Städtchen. Eintrag ins Kirchenbuch – hier in modernisierter Schreibweise: »Eintausendzweihundertfünfundzwanzig Personen sind durch die Pest von Gott aus Königsee abgefordert worden.« Mehr als die Hälfte der Einwohnerschaft! Todesfälle mit Sicherheit auch unter meinen Vorfahren. Anno 1626 erneut die Pest: mehr als siebenhundert Tote.

Wer die Epidemie überlebte, hatte unter Auswirkungen des Dreißigjährigen Krieges zu leiden. Zu jener Zeit eine erste Eroberung, Besetzung: 400 Reiter plünderten die Stadt, bezogen Quartier, zahlreiche Einwohner flohen in die umliegenden Wälder, richteten sich in Verstecken ein. Zu ihnen gehörten sicherlich auch Mitglieder der Familie Kühn – deren Häuser und Werkstätten standen nicht unter dem speziellen Schutz eines Innungsheiligen, sie alle waren evangelisch, wie es in jener Region und Ära Herrscher und Gesetz befahlen.

1635 plünderten marodierende Kroaten, Feuer brach aus, Sturm kam auf, etwa 250 Häuser brannten aus, nur zehn blieben verschont. Abgebrannt, ausgebrannt auch Rathaus, Schule, Kirche. Im folgenden Jahr hielt sich kaum noch ein Bürger in der Aschenwüste auf – man hatte Obdach in umliegenden

Dörfern, hatte erneut Verstecke gesucht in einer der Höhlen, einem der Wälder der Umgebung. Soweit möglich, hatte man auch das Vieh mitgeführt.

Es wird, es muss sich das Gefühl eingestellt haben: Die Welt geht unter. Was außerhalb des Thüringer Waldes, außerhalb Thüringens geschah, das hatte im 17. Jahrhundert noch keine Nachrichtenpräsenz, da war nur, jeweils unausweichlich, die lokale Situation. Bei Austausch in Familie und Nachbarschaft die immer gleichen Stichworte: Prügel und Raub; Einquartierung in den durchweg sehr kleinen Häusern, eher Hütten; Kontributionen, Verwüstungen und immer wieder Feuer, das sich ungehindert ausbreiten konnte.

1639 rückten Schweden ein, Reiter und Fußvolk. Immer noch fand sich etwas, das sich plündern und verwüsten ließ. Bürger von Königsee wieder und weiter in nahen Dörfern, in Höhlen, in Wäldern; sie hatten die Stadt aufgegeben, ein dreiviertel Jahr lang blieben die Stadttore offen.

Doch dann versuchte man wieder aufzubauen, die Stadtbefestigungen zu sichern. 1646 aber wurde die Stadt erneut belagert und erobert, zwei schwedische Regimenter hausten wochenlang in den Ruinen. Ein Jahr später »fielen kaiserliche Truppen in Königsee ein, erschossen am Schultor den Bürgermeister und den Pfarrer, als diese mit ihnen verhandeln wollten, plünderten erneut die Stadt und trieben das Vieh weg«.

Offenbar blieb kaum eine Generation von Feuer und Krieg verschont. 1681 brach in einem Gasthaus ein Feuer aus, bestimmt kam wieder starker Wind auf, kam Sturm hinzu, zweihundertelf Häuser brannten ab, auch alle öffentlichen Gebäude.

Wieder einmal musste Existenz neu begründet werden. Familiengeschichte mit scharfen Zäsuren, von außen gesetzt. Fatalismus auch in der Familie Kühn? Oder ein trotziges: Gott hat es so gewollt, wir müssen da durch? Es kam noch einiges zu auf die Bewohner von Königsee.

Kaum hatte man sich wieder eingerichtet, hatte man aufgebaut: nächster Stadtbrand! »1717 entstand in einer Nagelschmiede ein Brand, der sich infolge des ständig drehenden Windes in kurzer Zeit auf die ganze Stadt ausbreitete. 280 Häuser, das Rathaus und die Schule wurden vernichtet. Nur 25 Häuser, die Kirche und das Pfarrhaus blieben vom Feuer verschont.« Zwei Dutzend Jahre später eine weitere Feuersbrunst, 140 Häuser brannten ab.

Und dann auch noch der Siebenjährige Krieg! 1757 »bezogen 2053 Panduren und Kroaten mit 149 Pferden Quartier in Königsee. Manche Häuser waren mit 10 bis 27 Mann belegt. Weitere Einquartierungen folgten. Die enormen Kontributions- und Fouragegelder hemmten die weitere Entwicklung der Stadt.«

1783 erneut Feuer in der Stadt, dreiundsechzig Häuser brannten ab. Und mit dem neuen Jahrhundert kamen die Franzosen, angeführt von Napoleon. »Besonders in den Jahren 1812/13 war die Stadt mit der Einquartierung von Österreichern, Württembergern, Russen, Italienern, Preußen und Franzosen konfrontiert. Nachdem im ›Schützenhaus‹ und innerhalb der Stadt vier weitere Lazarette eingerichtet waren, breitete sich ein schreckliches Nervenfieber (Lazarettfieber) aus, dem 180 Einwohner und 80 preußische Soldaten zum Opfer fielen.«

Und wieder Stadtbrände, verursacht auch durch einen Schuhmachergesellen, der sieben Brände legte, schließlich erwischt und 1837 vor Tausenden von Zuschauern enthauptet wurde. Man hatte wirklich genug von Feuer in Königsee.

So sehe ich meine Vorfahren, soweit sie in Königsee wohnten und wirkten, in fast chronischen Notzeiten: Wiederholt wurden auch ihre Häuser oder Häuschen geplündert, eingeäschert, mussten wieder aufgebaut werden, um erneut geplündert und eingeäschert zu werden – Litaneien des Leids.

Mit Wilhelm Gottliebs Ortswechsel, Umzug ins Rheinland, war die Geschichte der Kühns in Königsee freilich noch lange nicht beendet: seit der Wende weitet sich auch hier die Blickperspektive. In einem neuen Buch mit »Bildern aus vergangenen Tagen« der Stadt Königsee stoße ich ein paarmal auf den Namen Kühn.

Beispielsweise wird ein Bierbrauer Robert Kühn erwähnt, Besitzer einer der kleinen Brauereien des vielfach gefeierten Thüringer Bieres; allerdings wurden schon Ende des 19. Jahrhunderts diverse Privatbrauereien von einer Großbrauerei geschluckt.

Es entstanden aber auch neue Firmen im Ort. 1895 gründete Kürschnermeister Albert Kühn gemeinsam mit dem Gerbermeister Rudolf Axt die Glacélederfabrik Axt & Kühn.

Ein Jahrzehnt später stand bei der Hochzeitsfeier des »Herrn Walter Kühn mit Fräulein Martha Zucker« Folgendes auf der Menükarte: »Bouillonsuppe mit Einlage, Spargel und Erbsen mit Zunge, Schleie blau mit Butter und Kartoffeln, Renntierbraten mit Kompott, Salat, Eis, Torte, Dessert.« Gesegnete Mahlzeit!

Im selben Monat November wurde ein Namensvetter, der in Königsee geborene Gastwirt Walther Kühn, »nachdem er die getreue Erfüllung der Bürgerpflichten durch Handschlag gelobt, als Bürger der Stadt Königsee aufgenommen«. Das wurde auf einem Ortsbürgerschein vom Stadtgemeindevorstand bestätigt. Demnach konnte man in Königsee geboren sein, ohne automatisch als Bürger der Stadt zu gelten.

Zu Beginn des 20. Jahrhunderts trennten sich die Geschäftspartner Axt und Kühn; ein Foto des Jahres 1910 zeigt die Glacélederfabrik Kühn – oder ist es der Wohnsitz? Jedenfalls ein Bau wie eine Villa in einem Gelände wie in einem Park.

In der Glacélederfabrik Kühn konnte die Produktion bis 1942 fortgesetzt werden, dann wurde der nicht »wehrwichtige« Betrieb geschlossen. 1972 wurde die erneut aktivierte Firma kollektiviert als VEB Lederwarenfabrik.

Reichlich Kühns im Angebot – wer von denen gehört zur Familie, wenigstens zum engeren Kreis meiner Vorfahren? Alternativen bieten sich an, werden aber nicht aufgegriffen, passieren bloß Revue. Ein Angebot, eine Palette an Möglichkeiten …

EINE RECHNUNG des Seehotels Herrsching zeigt mir: Mai 91 fand wieder ein Besuch statt beim Vater.

1108

Auf der Rückseite (»Angaben zum Nachweis der Höhe und der betrieblichen Veranlassung von Bewirtungsaufwendungen«!) hatte ich die leeren Zeilen genutzt für Notizen, die traurig stimmen. Die fatale Konstruktion der Nacherbschaft, die damit vorprogrammierten Auseinandersetzungen.

Mit diesen Querelen will ich die Leserschaft nicht belasten oder langweilen. Nur noch einmal: Der alte Satz, dass man seine Familie bei einer Erbteilung erst richtig kennenlernt, der bewahrheitete sich fatal. Was ich damals notierte, das deprimiert mich auch bei der Lektüre zwei Jahrzehnte später. Klagen des Vaters, dessen Lieblingslektüre im Werk Shakespeares mittlerweile *König Lear* war. In jenem England war bei der Erbteilung ja auch so einiges schiefgelaufen. Nun wiederholte sich die Klage, es bestünde kein Zusammenhalt mehr in der Familie, es würde eigentlich nie von der Verstorbenen gesprochen, etwa in dem Sinne: Es war doch eigentlich schön mit ihr ... Oder: Schade, dass sie nicht mehr lebt ... Wer geht eigentlich noch zum Friedhof und legt Blumen auf das Urnengrab? Wieso pflegt nur Herbert die Grabstätte?

Na, er wohnt hier im Ort, im Haus; bei den Entfernungen von Köln, erst recht von Bremen ist das mit der Grabpflege erheblich schwieriger.

Wieso, Entfernungen spielen doch längst keine Rolle mehr!

Und überhaupt: er fühlt sich wie der alte Lear nicht angemessen behandelt, als Witwer. Zwar setzt ihm die Schwiegertochter pünktlich das Essen auf den Tisch, aber es schmeckt ihm nicht ... Der Nachmittagskuchen wird für ihn bereitgestellt, nicht aber vor ihm hingestellt ... Bei Besuchen von Sohn Peter geraten beide unausweichlich in die Hegel-Falle: heftige Auseinandersetzungen über Hegel, den Helmuth letztlich nur über das Philosophische Wörterbuch kennt, den Peter jedoch in ein digitales philosophisches Vernetzungssystem integriert. Und ich muss mir jedes Mal anhören, dass mein Freund Beier, der sozialengagierte Kirchenmann, vehement abgelehnt wird wegen irgendeiner kritischen Äußerung über unsere Familienkonstellation, eine Anmerkung, die ich längst vergessen habe.

Und überhaupt und generell das Stichwort »Dankbarkeit in

der Familie«! Der Bürgermeister von Herrsching, wiederholt zum Besuch erscheinend, für den er mit Spenden für öffentliche Einrichtungen belohnt wird (in bar auf die Hand?), der ist viel, viel dankbarer als wir Söhne. Oh, da war ich mit ihm aber schwer aneinandergeraten!

Letzte Stichworte auf der Dokumentation der Abrechnung: »Lebenserfahrungen, Altersweisheit, philosoph. Klarsicht«. Damit war eher eine Wunschliste notiert.

ERNEUT IST EIN HAUS im Dorf abgebrannt, diesmal in der Nähe meines Refugiums. In jener Nacht war ich freilich in Köln. Höre aber, dass wieder einmal ein junges Mitglied der Freiwilligen Feuerwehr flugs zum brennenden Haus im Hang gefahren war, mitten in der Nacht, dass der Löschwagen im Tal erst mal hin und her fuhr, weil offenbar zu viel verlangt ist, dass ein Feuerwehrmann auch Straßennamen außerhalb des Ortskerns kennt, und Feuerschein nehmen die nachttrüben Augen offenbar nicht so rasch wahr. Zufahrt auf einem nicht asphaltierten Weg, womöglich Hohlweg, das hat die Feuerwehr gar nicht gern, mein Nachbar oberhalb musste sich sagen lassen, nach einem Ortstermin, diesen Hohlweg würden sie mit dem Löschfahrzeug nicht rauffahren, da würden sie sich ja nur den Lack zerkratzen. Der Hinweis, dass selbst Heizöltankwagen den Hohlweg schaffen ohne Kratzer im Lack: überhört. Blieb der ›gutgemeinte‹ Rat: Nach dem Brand die Asche zusammenkehren ... So was läuft offenbar unter Eifelhumor.

Die Feuerwehr kam beim erneuten Brand schließlich doch. Wasser marsch!, rief laut Zeugen der einsatzfreudige Feuerwehrmann, und es scholl zurück: Du Aaasch, du häss der falsche Schlauch! Einer löschte, fünf Mann (»Löschknechte«) bauten Generator und Scheinwerfer auf, um das lichterloh brennende Haus zu beleuchten. Ich habe also wenig Hoffnung, dass ein Brand womöglich schon im Entstehen gelöscht wird.

Sechs Brände in Dorf und Ambiente, und das in wenigen Jahren. Mit Staunen konnte ich wahrnehmen, wie wenig von

einem Holzhaus übrigbleibt: gemauerter Sockel, angebrann-
tes Holz, Asche, Rohre, geplatzte Glasziegel. Der Pyromane,
von dem im Dorf mit furchteinflößender Selbstverständlichkeit gesprochen wird, wenn auch tuschelnd, er erteilt mir eine
Feuerlektion: Nachdenken über mein Verhältnis zu Besitz.
Das Holzhaus ist mein einziger immobiler Besitz. Hier arbeite ich nicht nur, hier lebe ich, zumindest phasenweise. Erinnerungssubstanz, ätherische, in der Bausubstanz. Könnte
weggefressen werden von Flammen.

Nach den sechs Bränden im Dorf, nach dem siebten nun
am Dorfrand, habe ich mir eine Theorie zurechtgebastelt:
Sämtliche Brandstätten liegen im Blickfeld des lokalen Brand-
stifters, dies in weitem Fächer. So könnte mein Haus eventuell
vor ihm sicher sein, hinter dem Ansatz des langgestreckten
Hanges liegend, der dem mit Feuereifer arbeitenden Jungmann den Blick verwehren könnte. Aber so ganz beruhigt
mich die These nicht. Fahre ich wieder nach Köln, schließe ich
das Haus mit dem Bewusstsein ab: Wenn ich zurückkomme,
kann es ein Haufen Asche sein, auf dem gemauerten Sockel.
Fahre ich wieder das Stück Hohlweg hinauf, sehe die Holzwand ohne Brandspuren, bin ich erleichtert: Wohnfrist um
etwa eine Woche verlängert.

Dieses Haus ist kein Schutz (»Stehe fest, mein Haus, im
Weltgebraus« las ich an einem Jugendstilhaus der Darmstädter
Mathildenhöhe), dieses Haus braucht Schutz. Aber wie könnte ich es schützen? Nicht mal ein Zaun umgibt es. Ich lasse
auch jetzt keinen Zaun anlegen, der wäre sowieso kein Hindernis für den entschlossenen Pyromanen. Infrarotgesteuerte
Außenbeleuchtung auch nicht. Und ein Zeitschalter innen,
der vortäuscht, das Haus sei ständig bewohnt, dieser kleine
Trick bremst keine kriminelle Energie. Also unternehme ich
nach außen hin gar nichts. Nur: Bilder, vor allem Ölgemälde
(meist von Freunden), sie habe ich längst aus dem Haus geholt und durch Graphiken ersetzt. Und Manuskripte, Typoskripte lasse ich nicht zurück, nehme sie mit in der Tasche, die
mich schon in die USA und nach China begleitet hat, unter
dem Flugzeugsitz. In der Kölner Wohnung lagern Skripte in

1111

einem Schränkchen aus Holz. Hochhäuser, natürlich, brennen auch schon mal, aber diese Gefahr erscheint mir gering, auch wenn es in solch einem Bau viele Herdplatten gibt, von denen nur eine einzige durchzuglühen braucht, und es beginnen sich Umstände zu verketten, die vorher nicht bedacht wurden. Doch Leitern moderner Löschfahrzeuge sollen auch die oberen Stockwerke meines Hochhauses erreichen. Also: ständiger Skript-Transfer.

Betrete ich wieder das Haus, so geschieht das nicht mit ›besitzergreifenden‹ Schritten. Aber zuweilen schaue ich doch auf Bilder, Bücher, Schallplatten mit dem Gedanken: Da seid ihr ja noch. Der Verlust welcher Graphik, der Verlust welcher Bücher und Tonträger wäre wirklich schmerzhaft? Da sortiere ich aber nicht vor, der Verlust würde mir wahrscheinlich erst hinterher einfallen, auffallen. Das Bewusstsein aber wird intensiviert, dass Besitz nur transitorisch ist (hochgestochen formuliert). Kommt zu mir, bleibt eine Zeitlang bei mir, verlässt mich wieder. Was nicht zu schwarzem Holz, zu Asche wird, das wird eines Tages rausgetragen oder umgruppiert, umfunktioniert.

Ich schreibe dies im Haus mit Blickrichtung auf das zuletzt »abgefackelte« Haus etwas unterhalb im Hang, notiere weiter: Der Stuhl, auf dem ich sitze, kann ein Feuerstuhl werden, der Tisch, an dem ich dies schreibe, kann ein Feuertisch werden, die Wände des kleinen Zimmers können Feuerwände werden, das Papier wäre rasch verkohlt. Und wenn es nicht verkohlt, so wird es von Löschwasser durchtränkt, vielleicht doch. Falls der Jungmann der Freiwilligen Feuerwehr, der stets als Allererster an der Brandstelle ist, die Kollegen rechtzeitig heranfunkt.

ERSTAUNT, BEGLÜCKT stelle ich fest: Das Hochhaus liegt, wie das Eifelhaus, genau unter einer Flugroute, einem »airway« von Kranichen. Die ziehen, weitgefächert, mit ihren Trompetenschreien über das Hochhaus hinweg, werden bald darauf, trompetenschreiend, über das Eifelhaus hinwegziehen und weiter südwärts. Mit dem russischen Armeefernrohr, das ich bei Freund Peter gegen CDs eingetauscht habe, behalte ich die Formationen im Blick.

In früheren Jahren, noch ohne Begleitlektüre, hatte ich gedacht, es gibt einen Altkranich, Seniorenkranich, flugerfahren, routenkundig, der bildet die Spitze des weitgefächerten Dreiecks, schräg hinter ihm eine Art Kopilot, der vom Kranichflugkapitän lernt, um die Leitposition zu übernehmen, sobald der Altkranich nicht mehr fliegen kann oder nur noch hinterdrein. Doch mit dem Fernglas auf dem Balkon des Hochhauses registriere ich: Die Flugformation verändert sich ständig, die Führungsposition wird in fließenden Übergängen ausgewechselt. Und jede Veränderung setzt sich wellenförmig in den Schenkeln das Flugdreiecks mit der offenen Hypotenuse fort. (Hypotenuse, wahrscheinlich schreibe ich das Wort nun zum ersten Mal in meinem Schriftstellerleben, habe es tatsächlich behalten vom Mathe-Unterricht, den ich eigentlich nicht mochte, hat sich festgesetzt, wird übertragen: Schenkel des Dreiecks in der Flugformation, jedoch ohne Hypotenuse, das Dreieck ist offen.) In den Schenkeln der Flugformation also bilden sich Verdichtungen, strecken sich Linien. Da wird keine Flugordnung beibehalten, die sich bewährt hat, die Formation ist in ständiger Binnenbewegung, der Leitkranich wird abgewechselt in einer Art Rotationsprinzip. Als Erklärung dafür, angelesen: Vorn ist der Luftwiderstand am größten, die Kraniche hinter der Führungsspitze fliegen, einer schräg hinter dem anderen, halb im Windschatten. Bei Tausenden von Flugkilometern zwischen dem nördlichen Skandinavien und dem südlichen Spanien durchaus notwendig, im Energieverbrauch.

Die trompetenartigen Verständigungsschreie höre ich schon über mehrere Luftmeilen hinweg, springe auf, laufe ins Freie. Sobald ich die Erste der keilförmigen Formationen sichte, da hebe ich ab, ja, eine innere Thermik zieht mich in die Lüfte, in die Höhe des Kranichzugs, dem mit Sicherheit ein zweiter Kranichzug folgt und ein dritter. Wenn sie nachts fliegen, werde ich im Eifelhaus schon von ersten Rufsignalen geweckt, ich taumel, tapse auf den Balkon, kann sie natürlich

1113

nicht sehen, aber wenigstens deutlicher hören. Und wenn die Schreie hin und her und her und hin sich nicht kontinuierlich entfernen, so weiß ich: Es bildet sich wieder der Strudel, über dem Rurtal, über dem Gegenhang: Auflösung der Flugordnung, Durcheinanderkreisen, Umeinanderkreisen. Warten auf Nachzügler? Flugpause? Neuformierung?

Mit dem Fernglas beobachte ich an einem der Flugtage, dass einer Formation ein paar Nachzügler folgen, mit deutlichem Abstand. Und was geschieht? Die Zugvögel vorn ziehen nicht davon, wer zurückbleibt, soll zuschaun, wo er bleibt, die Kraniche lösen die ästhetisch schöne Flugformation auf, bilden schreiend, trompetend, einen Wartewirbel, der fängt die Nachzügler auf, und wie auf ein geheimes, zumindest auf ein von mir nicht registriertes oder registrierbares Zeichen entwickelt sich aus dem Strudel wieder eine weitgefächerte Flugformation, Dreieck mit durchweg verschieden langen Schenkeln.

In der Wiesen- und Schilfregion vor Bremen habe ich einen einzelnen Kranich mit dem kleinen, aber sehr scharfen Fernrohr beobachten können: ja, sichtlich ein »Schreitvogel«, lange Beine, langer Hals. Schwarzweiße Zeichnung von Kopf und Hals, das Gefieder hellgrau. Was ich auf die Entfernung nicht abschätzen kann, habe ich als Zahl im Kopf: auch dieser Kranich wird einszwanzig messen; die Flügelspannweite ist beträchtlich weiter, liegt bei mehr als zwei Metern. Damit kann eine »Reisegeschwindigkeit« von 50 bis 60 Stundenkilometern erreicht werden, bei Rückenwind werden sie beträchtlich schneller, da kann sich die Geschwindigkeit verdoppeln. Doch nun, vor Bremen: kein Flug, kein Flugbild, der einzelne, umherstaksende Kranich, mit langem Schnabel in den Boden hackend – was sich im Fernrohrbild freilich nur andeutet, weil ich es weiß. Strammer Wind, immer wieder muss ich mir Tränen aus den Augenwinkeln wischen, muss das Fernrohr neu ansetzen: Ist er noch da, ja, er ist er noch da …

Jedes Jahr wieder, in Vorfrühling und Spätherbst, weist mein inneres Richtmikrophon in den Luftraum, justiert auf die Wahrnehmung selbst horizontweit entfernter Kranich-

schreie. Und kommt eine erste der charakteristischen Flugformationen in mein Blickfeld: beschleunigt der Herzschlag.
»Meine« Kraniche!

JA, SIE KANN AUSSCHWÄRMEN, kann allein, ganz allein
ausschwärmen, das kann sonst ja nur ein Schwarm, ein Vogel-
schwarm, aber sie kann, ganz allein, ebenfalls ausschwärmen,
wenn sie in eine Gegend kommt, die sie noch nicht kennt, so
vielvielviel ist da für sie wahrzunehmen, mit den Nasenflügeln, mit den Augäpfeln, die werden dann erst richtig reif – hat
sie rote Augäpfel bekommen von all dem Schauen?
    Elaine steht vor mir, rasch atmend. In ihrer Hand, die bei-
nah kindlich trotzig erscheint, der malvenfarbene Knirps,
den sie mitgenommen hat auf unsere Exkursion, Knirps, vergessen von einer Besucherin oder zurückgelassen von einer
Stipendiatin, jedenfalls, sie hat den gleich übernommen, »nein,
lass mich den tragen«. Während ich in Köln war, hat sie das
Ambiente in Langenbroich erkundet, muss mir zeigen, jetzt,
jetzt, unbedingt, was sie entdeckt hat im kleinen Wald, der für
mich bisher nur eine Baumgruppierung war auf einer weiten
Felderfläche der höheren Hangstufe. In diesem Waldgebiet
ihr Thron, der Thron mit dem wunderschönen Ausblick, das
wird mir gefallen, das muss mir gefallen.
    Ich ziehe sie an mich heran. Kuss, aber der bleibt flüchtig,
es entsteht kein Sog, ihre sinnliche Wahrnehmung scheint sich
auf weiter Fläche verteilt zu haben, in diesem Waldgebiet, in
dem ich seit Jahren nicht mehr gewesen bin, zuletzt noch bei
einem kurzen Spaziergang mit Böll. Sie eilt vor mir her, auf
dem noch asphaltierten Wirtschaftsweg, in ihren Stiefeletten,
in ihren Jeans, in ihrem T-Shirt mit kyrillischen Buchstaben,
sie eilt vor, sie bleibt stehen, sie kommt zurück, als müsste sie
eine größere Gruppe beisammenhalten. Dass es vor wenigen
Stunden noch geregnet hat, das ist ein Geschenk an Elaine persönlich, eine Dankesgabe. Und sie rupft eine der Roggenähren
ab neben dem Weg zum Wald, beißt ein paar Körner ab, die
schmecken ihr, sie will auch eine Ähre für mich abreißen, aber
ich verhalte mich noch reserviert, zeige nicht die wünschens-

werte Flexibilität, könnte eigentlich ein wenig mehr aus mir herausgehen, wo sie doch schon aus sich herausgeeilt ist, den ganzen Tag schon scheint sie aus sich herausgeeilt zu sein, ist immer noch atemlos.

Wir nähern uns, vom Dorfrand her, dem Wald, in dem sie ihr Geheimnis hat: der Thron für sie und bald auch, zwischendurch mal, für mich. Ja, und auf dem Weg dahin die Erdbeeren, die kleinen, aromareichen Walderdbeeren, und der Stoß, der Stapel mit dem duftenden, essighaltigen Holz, vor allem Eiche – bei ihren Erkundungsgängen ist sie an diesem Holzstoß, Holzstapel stehengeblieben, sie will, sie wird mich als Erstes dahinführen, ich soll ebenfalls eine Riechprobe machen.

Und der Wald nimmt uns auf. Nun muss ich nicht mehr, etwas besorgt, Ausschau halten nach dem Grau, das sich im Eifelwesten verdichtet und ausdehnt; es käme mir kitschig vor, mit Blick auf die heranrückende Wetterfront vorzuschlagen, wir sollten doch besser umkehren, zu ihrem zeitweiligen Wohnraum oder zu meinem Haus ein Viertelstündchen weiter. Immerhin haben wir den kleinen Schirm mitgenommen, den malvenfarbenen Knirps, sie wäre, ohne meinen Hinweis, selbstverständlich ohne Schirm losgelaufen, hat keinen Blick übrig für Wetterentwicklungen, ist wie aufgesogen von ihren Wahrnehmungen, die sich in Eifer und Glücksgefühl umsetzen.

Endlich der Holzstoß! Eigentlich sind es drei Holzstapel, aber für Elaine sind sie zusammengerückt zu einer duftenden Holzmasse. Nun muss ich riechen. Sie hält die Nasenspitze an eine der Schnittstellen, saugt ein, saugt ein. Und ich sauge mit, schulternah neben ihr, und kann nur bestätigen: Essigaroma. Aber keine Essigfliegen. Von denen hat sie noch nie gehört, für sie war keine weitere Wahrnehmung freigeblieben vor den Holzstößen, an denen sie verharrte, nun wieder verharrt, einsaugend, einsaugend. Ah, sie möchte mit der ganzen Haut riechen können! Überall an ihr müssten Nasenlöcher sein, auf den Wangen, in den Wangen, an den Schultern, und so weiter, immer so weiter.

Ich bringe einen Vergleich ein, der sie sofort überzeugt: Ein Jäger, der mir sagte, Raben, die hellwachen, gewitzten Raben, die hätten ja an jeder Feder ein Auge.

Gefällt ihr, gefällt ihr absolut. Und sie lacht, mädchenhafte Frau von Mitte dreißig. Mittlerweile habe ich den Schirm öffnen müssen, der Durchmesser ist klein.

Weiter! Die Erdbeeren! Die kleinen, so hocharomatischen Walderdbeeren! Der Wegrand, an dem sie Walderdbeeren gefunden hat, noch am Vortag. Aber nun? Keine der Walderdbeeren zu sehen, keine einzige! Wo sind die alle geblieben? Sie hat welche gegessen, ja, aber sie hat mir doch welche übriggelassen, will die jetzt für mich pflücken, damit ich sie ganz, ganz frisch essen kann, und nun: wie weggezaubert! Ob die Frau –? Ja, sie hat gestern einer Frau aus dem Dorf den Tipp gegeben, aber das ist doch unfair, hier dann gleich sämtliche Erdbeeren zu pflücken! Hätten sich vielleicht absprechen sollen, welche Seite des Wegs man sich jeweils vorbehält, und das wird dann bitte respektiert, aber jetzt?! Wirklich etwas unfair: Ratzeputz weggeputzt! Aber sie möchte unbedingt ein paar Walderdbeeren, wenigstens ein paar für mich finden und pflücken. Die haben wahrscheinlich nur ein Fünftel oder Zehntel des Umfangs, der Größe von Erdbeeren, wie sie auf Feldern gezogen werden, die auf Schildern schon mal als Erdbeerpflückanlagen bezeichnet werden oder als Selbstpflückanlagen. In diesem Fünftel oder Zehntel aber ist das gesamte Aroma einer der großen Erdbeeren vereinigt und zugleich verfeinert. Ich muss das schmecken, unbedingt, aber hier ist nicht mehr die kleinste Erdbeere! Auch keine Himbeere, Brombeere.

Ich biete ihr Suchhilfe an, aber ich soll auf dem Weg stehenbleiben, sie gibt mir den Schirm, muss beide Hände frei haben zum Suchen, da müssen kleine Äste beiseitegebogen werden. Die kleinen Äste, die sie biegt, die lassen Tropfen fallen, aber sie will die Erdbeeren sehen, unbedingt, die sie mir angekündigt, versprochen hat beim Anruf in Köln, doch nun sind sie allesamt, ja, einkassiert. Sind, drüben in Langenbroich, womöglich in deutschen Industriejoghurt verrührt worden, sind auf einen Pfannkuchen gestreut, sind womöglich püriert worden. Und Elaine, nun in der Rolle eines Kobolds, eine Pucks, sie scheint in ihrer Enttäuschung etwas kleiner geworden zu sein, zumindest schmaler.

Aber sie sucht weiter, eifrig, eifrig. Haarsträhnen liegen feucht an, das Shirt beginnt an den Schultern einzudunkeln. Komm unter den Schirm, Kobold! Schon ist sie neben mir, hakt ein. Mit dem Ellbogen des schirmtragenden Arms spüre ich den Ansatz ihres Busens, wie ein sehr sanftes Aufstützen. Sie spricht, sie spricht, sie schwärmt von ihrem Thron, den ich nun gleich sehen werde. Vorfreude …! Das kleine Erdbeer-Unglück scheint vergessen, das hat sie hinter sich gelassen, wie über die Schulter zurückgeworfen. Der Regen setzt sich fort, aber der scheint nicht real für sie zu sein, da besaßen, besitzen die nicht mehr vorhandenen Erdbeeren weitaus mehr Realität. Sie löst sich vom Arm, läuft durch feuchte, bald nasse Grasbüschel, die Jeans bis zu den Knien eingedunkelt, es zieht sie zum Thron, den ich gleich auch mal besteigen soll, das hat sie sich sofort gewünscht, als sie zum ersten Mal dort oben saß, lange Zeit. Sie kann nicht beschreiben, wie wir zum Hochsitz kommen können, kann nicht einmal die Richtung anzeigen, sie nimmt Wege eigentlich gar nicht wahr, wenn sie in einem Wald ist, sie ist dann auf eine Weise abwesend und auf andere Weise sehr, sehr anwesend, letztlich findet sie doch alles, ohne zu suchen, mag sein, auf Umwegen, aber sie ist sowieso nicht zielstrebig.

Schau mal dort, diese kleinen Tännchen, diese Blaukiefern: ein Grüppchen in kleiner Lichtung. Sie geht durch das tiefe, nasse Gras auf den ersten der hüfthohen Nadelbäume zu, streicht über die obersten Ästchen. Sind schon fest, die Bäumchen werden erwachsen. Aber im Frühjahr, da sind die neuen Triebe so weich wie kleine Tiere, das hat sie in heimischen Wäldern oft genug erspürt. Erst später, um diese Jahreszeit, werden die starren Nadeln ausgefahren. Vorher aber: zum Anknabbern! Da kaut sie Fichtentriebe! Sie muss alles in den Mund nehmen! Alles, alles in den Mund nehmen! »Du wirst sehn!« Kleines Versprechen, mit einem Kuss besiegelt. Ihre Haut kühler. Und das Zungenspiel nur flüchtig – zu weit verteilt ihre Aufmerksamkeit, ihre Wahrnehmung, nun muss ja auch bald ihr Thron zu sehen sein.

Doch bevor ich den Hochstand sehe (sicherlich mit dem Schildchen: Jagdliche Einrichtung, Betreten verboten), laufen wir noch ein wenig im Wald umher, die Richtung wechselnd. Der Regen verdichtet sich, sie scheint das dichte Tropfgeräusch auf dem Schirm nicht wahrzunehmen. Da, dort ist es! Schemenhafte Kontur eines Hochsitzes unter dichten Eichenkronen – jenseits der Baumgruppe beginnt wieder Feldfläche. Ein kleiner Pfad, Jägersteig, muss an den Hochsitz heranführen, aber wir durchqueren Ginstergestrüpp.

Sie bleibt an der Holzleiter stehen, berührt einen der Holme. Ich soll da hinauf, bitte, ich soll hinaufsteigen. »Gib mir solang den Schirm.« Und wie wärs, wenn wir gemeinsam, einer nach dem andren? Nein, nein, auf einen Hochsitz darf man nur allein, ist nur für eine Person gebaut, ich soll bitte raufsteigen.

Die Sprossen sind noch trocken, das Blätterdach ist so dicht wie erhofft, ich steige hoch, sie steht unten, schaut mir zu, fast atemlos. Als ich oben stehe, ihr kleiner Jubelruf: »Ist das nicht schön?!«

Ja, ein Hochsitz am Rand der Waldinsel, einen guten Steinwurf weiter beginnt ein Roggenfeld, das wird zur Linken noch zwei- oder dreihundert Meter weiter hinaus begleitet von einem Waldausläufer, und jenseits des Getreidefelds Buschgruppen, ein Wäldchen.

Bitte, ich soll mich setzen da oben. Sie hat offenbar alle Abläufe vorweggenommen, das muss nun eingelöst werden. Ich setze mich. Im Kopf die Formulierung: Folgsam nimmt er Platz. Die abschirmende Bretterfläche nun fast bis in Kinnhöhe, da sehe ich nicht mehr viel, will sie aber sehen. Höre, wie sie durch Gestrüpp geht, dann Raschelschritte im Getreide. Besser, ich stehe auf, aber bitte, ich muss sitzen bleiben, sie hat so lange auf diesem Thron gesessen und sich ausgedacht, dass ich dort ebenfalls mal sitzen werde, nun sitze ich dort, nun muss ich auch sitzen bleiben.

Zwischen Bretterritzen sehe ich den malvenfarbenen Schirm über dem Roggengrünblau, sie geht weiter hinaus in

das hüfthohe Getreide, die Jeans nun wohl komplett eingedunkelt, auch das scheint sie nicht wahrzunehmen. Damit
sie nicht allzu weit ins nasse Roggenfeld hineingeht, stehe
ich auf, sie will mich schließlich hier oben sehen. Eigentlich
möchte sie nicht, dass ich auf dem Hochsitz stehe, sie hat sich
das anders vorgestellt, aber als ich ihr zurufe, dass jemand auf
einem Thron auch das Recht hat aufzustehen, wann er will, da
erkennt sie das an. Steht im Getreidefeld, unter dem zurückgeschrägten Schirm, die Haarsträhnen liegen nicht nur feucht,
sie liegen nass an, doch sie strahlt, strahlt zu mir herauf: Bin
endlich, endlich auf ihrem Hochsitz! Das möchte sie von verschiedenen Punkten aus sehen! Und sie geht weiter hinein ins
Roggenfeld, bei sanftem, gleichförmigem Regen, ich darf mich
nicht von der Stelle rühren, sie will, sie muss, muss das sehen,
meinen Besuch auf ihrem Thron, sie muss sich das einprägen.
   Noch hält das Blätterdach über mir dicht, nur vereinzelte,
von Blatt zu Blatt springende und fallende Tropfen erreichen
das kleine Holzgeviert, auf dem ich stehe wie ein Kapitän auf
der Kommandobrücke, aber das Schiff macht keine Fahrt,
dennoch verdichtet sich ein wenig das Wasserrauschen. Der
Regen, der für sie kein Regen ist. Weiter streift sie durch
den Roggen, hat eigentlich nur mir zuliebe den Schirm aufgespannt; um das Blickfeld nicht einzuengen, hält sie ihn so
weit zurückgeschrägt, dass Tropfen vom Haar über Stirn
und Schläfen rinnen, über die Wangen, das Kinn. Ich möchte
runtersteigen, ich mache – so fällt mir das als vorgegebene
Formulierung ein – ich mache bereits Anstalten dazu, aber
das würde sie arg enttäuschen, sie möchte von verschiedenen
Punkten aus sehen, wie ich dort oben stehe, daran hat sie sich
noch nicht sattgeschaut, und so sehe ich sie weiterhin durch
das nasse Getreide streifen, immer wieder einhaltend. Und ich
weiß, ich werde dieses Bild nicht vergessen: Kobold, Puck im
blaugrünen, nassen Roggenfeld, den malvenfarbenen Schirm
zurückgeschrägt, die Haare strähnig, Shirt und Jeans eingedunkelt, die Stiefeletten werden längst Wasser saugen. Und
ich weiß, ich werde ihr ein Handtuch vor die nassen Füße
legen, werde ihr das Shirt über Busen und Kopf hochstreifen,

werde die Jeans herunterziehen, werde sie mit zweitem Handtuch trockenrubbeln, vom Kopf bis zu den Füßen und wieder hinauf zur Hüfte.

VOM EIFELHAUS fahre ich nicht direkt zum Hochhaus, mache einen Zwischenstopp in Köln-Ehrenfeld, besuche Werner. Italienisches Abendessen, Fortsetzung des Gesprächs in seiner Wohnung. Die Gefährtin kommt heim nach einem Termin, berichtet: Mit knapper Not ist sie noch durchgekommen, Zoobrücke ist gesperrt, andere Rheinbrücken sollen ebenfalls gesperrt sein, irgendwo eine Bombe.

Über die Zoobrücke fahre ich stets hinüber zu meinem rechtsrheinischen Vorort. Also das Radio anschalten, und bald schon die Durchsage: Zoobrücke gesperrt, in der Tat, Rheinuferstraße gesperrt, Zufahrten weiträumig gesperrt, eine Bombe wird entschärft. Bombe mit weitflächiger Auswirkung, indirekt, auch ohne Explosion. Später auf der Mülheimer Hängebrücke fahrend, sehe ich die leere Rheinuferstraße, auf der Zoobrücke kein einziges Auto. Und ich skandiere, weiterfahrend, in wechselnder Betonung: Eine Bombe in *Köln* ... Eine *Bombe* in Köln ... *Eine* Bombe in Köln ... Wie viele Sprengbomben sind, insgesamt, auf meine Stadt abgeworfen worden, auch schon im Ersten Weltkrieg? Hier nun die erste Sprengbombe, die mich, fünf Jahrzehnte später, zu einer anderen Route zwingt. Keine Fluchtbewegung über zersplittertem Glas, mit hoffentlich festem Schuhwerk, keine Anhäufungen von Schutt, von Trümmern – auf glatter Piste fahre ich zum Wiener Platz, parke.

Gedankengang: Wie viel Aufmerksamkeit fordert schon diese *eine* Bombe? Nach einskommaeins Millionen Bomben insgesamt? Als diese eine Bombe fiel, war ich mit Sicherheit schon in Bayern. Jähe Verkürzung der scheinbar weit gewordenen Zeitdistanz: eine bis zum gegenwärtigen Zeitpunkt nicht entdeckte Bombe kann wieder brisant werden. Ich höre, im Hochhaus, keine Explosion – Entschärfung demnach gelungen. Der Verkehr fließt wieder, das sehe ich auf der Zufahrtsrampe zur Zoobrücke. Kleine Störstelle in der Normalität geregelter Abläufe, doch Kontinuität konnte wieder hergestellt werden.

Zeitungsberichte über die Entschärfung des Blindgängers: lebensgefährliche Groteske, die deutlich macht, wie groß die Distanz zur Realität des Bombenkriegs geworden ist.

Niedrigwasser, wieder einmal, im Rhein; ein Ruderer entdeckt in der Nähe der Mülheimer Brücke einen schweren Metallbehälter im Wasser, benachrichtigt eine Behörde; der Kessel, dicht unter der Wasserfläche, wird von einem Experten inspiziert und als chemischer Druckbehälter identifiziert; der wird gehoben und zum Mülheimer Hafen transportiert, dort zwischengelagert; wird sodann zum anderen Rheinufer geschafft, zu einem Ablegeplatz der Straßenmeisterei; ein Beamter versucht, eins der drei ›Ventile‹ zu öffnen oder zu entfernen, mit Zange und Hammer, alles versintert, er muss aufgeben; einige Zeit später entdeckt jemand aussickernde Flüssigkeit am Behälter, und die erscheint fremdartig; eine Probe wird an ein englisches Labor geschickt, und das meldet: chemische Komponenten der Flüssigkeit in einem Bombenzünder. Der chemische Druckkessel nun als vierzig Zentner schwere Luftmine, die drei ›Ventile‹ als Zünder. Diese Zünder allerdings in einer Reihe und nicht, wie sonst, über die Metallfläche verteilt – Sonderausfertigung, schon greifen die Wahrnehmungsraster nicht mehr. Mit gefährlichen Flüssigkeiten gefüllte Behälter aber sind mittlerweile selbstverständlich geworden: dieses Raster greift.

Die Luftmine (»blockbuster«), die weitflächig zertrümmern kann, sie wird entschärft. Die Prozedur muss allerdings mehrfach unterbrochen werden, die Absperrungen und Kontrollen der Polizei haben Lücken, mehrfach tauchen Nachtgänger auf im Gefahrenbereich. Nach mehreren Stunden erst ist die Luftmine entschärft. Fast ein halbes Jahrhundert lang ist sie von Rheinwasser umspült worden, und Schiffe glitten über sie hinweg. Einmal einer der Zünder geschrammt, und ein Schiff wäre versenkt worden – und die Hängebrücke? Es waren sogar Bundesbahn und einfliegende Flugzeuge mit Kurs auf

Köln / Bonn gewarnt worden. Und wie viele Luftminen, allein Luftminen, waren auf Köln abgeworfen worden? Anhaltende Zertrümmerung einer Großstadt. Zitat, assoziativ, auch hier wieder: Gegenwart als dritte Dimension der Vergangenheit.

Nun bin ich mehrere Zeilen lang der Beschreibung jenes Objekts gefolgt, weiß sogar, dass es drei korrekt aufgereihte Zünder aufwies, aber die Brandbombe, die »Abwurfmuni-tion«, die in Köln ins Haus einschlug, die (mit einer Floskel:) meinem Leben eine andere Wendung gab, nicht nur topo-graphisch, dieses biographisch relevante Objekt ist bisher schemenhaft geblieben.

Der Bombenknick in der Lebenslinie – und wie sah diese, wie sah solch eine Bombe eigentlich aus, genauer betrachtet? Das Wort »Brandbombe« allein reicht wohl nicht aus – so viele Zeilen über eine Luftmine, die mich lediglich dazu zwang, den Rhein auf einer anderen Brücke zu überqueren, eher Phantom als Phänomen, und nur vage Vorstellungen über eine Bombe von spezifischem Gewicht?

Ich hole nach, ich gleiche aus, muss dazu nicht in militär-historischen Darstellungen des Luftkriegs stöbern, klicke Wikipedia an, Suchwort Stabbrandbombe. Nehme erst ein-mal eine Fachbezeichnung zur Kenntnis: INC 4 LB. Das lasse ich so stehn, das schlüssel ich nicht auf. Wichtiger sind mir die näheren Angaben: War im Querschnitt sechseckig, ja, das habe ich so Erinnerung, habe ein derartiges Objekt ja inspi-ziert, in den Gartenboden eingebohrt, darin offenbar erstickt. Durchmesser, erstaunlich gering, vierkommazwo Zentimeter. Die Länge allerdings überraschend: 57 Zentimeter. Mehr als ein halber Meter! Meine bewährte, durch Wiederholungen gefestigte Version hat dagegen gelautet: Couragierte Mutter nahm Brandbombe auf die Kohlenschippe, warf sie zum Man-sardenfenster raus. Und so, wie ich meine Mutter geschildert hatte, erschien das befreundeten Zuhörern durchaus plausi-bel. Aber jetzt kann ich mir das nur schwer vorstellen, dieses sperrige Objekt passte auf keine Kohlenschaufel, da hätte man schon sehr genau und sehr besonnen ausbalancieren müssen, und das bei Panik? Ich muss von dieser Version kritisch Abstand nehmen.

Der Abstand wächst mit weiteren Informationen. Rasch noch, komplettierend: solch eine Bombe hatte ein Leitwerk und einen Stahlkopf – mit dem wurde auch unser Dach durchschlagen. Der Körper der Bombe aus einer Magnesium-Aluminium-Legierung. In den Hohlraum hineingepresst die Thermitfüllung. Woraus die wiederum bestand: mir nicht so wichtig. Entscheidend die Wirkung. Ich lese, dass der Aufschlagzünder eine Stichflamme auslöste, die eine achtminütige Brenndauer auslöste, während der die Bombe sich in eine weißglühende Metallschmelze verwandelte. Als hätte der Teufel hingeschissen. Dagegen kam Löschwasser nicht an, der weißglühende Fladen konnte nur mit Sand abgedeckt werden, nach den acht Minuten, während der man nur hoffen konnte, dass ein Holzboden nicht durchgebrannt war und das Feuer sich jäh ausbreitete.

Nun sehe ich die Bombe anders und sehe meine Mutter wieder etwas anders. Die von einer Stichflamme in Brand gesetzte Thermitfüllung, die weißglühende Metallschmelze – völlig neuer Anblick, da half keine Erfahrung, aber Helene ließ sich nicht abschrecken, deckte den Teufelsfladen mit Sand ab, schützte Wand und Boden durch Löschwasser. Von der Brandbombe, die von ihr auf die Schippe genommen wurde, muss ich mich endgültig verabschieden. So einen weißglühenden Teufelsfladen konnte sie wohl kaum auf die Schaufel nehmen und aus dem Fenster schippen. Sie wird also reichlich Sand geschaufelt haben, vorsorglich und vorbildlich zurechtgelegt im Dachgeschoss. Ich habe diese Brandbombe also gar nicht sehen können, habe so was auch nicht in Erinnerung, da war nur das Sandgrab in der eingeschwärzten Ecke, unter dem Loch im Dach.

Nun traue ich meiner Mutter postum noch mehr zu an Courage, und meiner Erinnerung traue ich wieder einmal etwas weniger. Und bekräftige die Anweisung an mich selbst: Alles befragen, alles kontrollieren! So hatte die Luftmine am Rheinufer doch eine moderat mentale Sprengwirkung.

Ich könnte hier nun leicht kaschieren, lösche auf der Festplatte meinen ersten Bericht über den Einschlag der Brandbombe, schreibe eine präzisierte Fassung nieder. Doch ich gebe die in der Erinnerung zurechtgemodelte erste Version in Druck: Markierung im Prozess der Erinnerung, die sich durch heranzitierte Informationen präzisiert.

WUTREFLEXE. Auf der Inneren Kanalstraße bleibt rechts vor mir ein schwarzer, getunter Wagen stehen, mit dickem, verchromtem Auspuffrohr, mit Heckspoiler, und wo ein Heckspoiler ist, da ist auch ein Frontspoiler, aber den bekomme ich nicht zu sehen, der interessiert mich auch nicht, mein Blick angezogen von einem schmalen Aufkleber in grünen Schriftzügen: »Eure Armut kotzt mich an.« Ich muss so nah hinter diesem Wagen stehenbleiben, dass ich das lesen kann, lesen muss. Jäh steigt Zorn auf. Zwischen zwei Ampeln ergibt es sich im Verkehrsfluss, Verkehrsgeschehen, dass wir auf gleicher Höhe fahren, ich sehe einen Mann von etwa dreißig, Oberkörperansatz einer massigen Figur, rundes Gesicht mit Schnurrbart, ein »Bully«. An der nächsten Ampel keine Verschiebung in den Fahrzeugkolonnen, wieder steht der Wagen rechts vor mir, wieder kann ich, muss ich die Aufschrift lesen, hab schon den Türhebel in der Hand, will rausspringen und ihm zurufen, dass ich einen so verdammt idiotischen Spruch schon lange nicht mehr gelesen habe, nein, einen so beschissenen Spruch. Aber das gäbe wahrscheinlich sofort eine Schlägerei, und ich würde angezeigt.

Nach ein paar hundert Metern erzwungener Nähe kann er endlich den teuer bezahlten Sound des Abarth-Auspuffs entfalten und davonziehen, Richtung Zoobrücke, in meiner Richtung. Und meine Wünsche begleiten ihn. Nach der langgezogenen Kurve der Auffahrt auf die Zoobrücke hoffe ich, dass ich seinen Wagen an der linken Betonkante und Leitplanke zertrümmert sehe, und nur mühsam kann sich Bully aus dem Schrotthaufen herausarbeiten.

Weil sich der Wunsch nicht erfüllt, hoffe ich auf die enggezogene Kurve jenseits der Zoobrücke, Abfahrt Mülheim,

Wiener Platz: mit überhöhter Geschwindigkeit soll er in diese enggezogene Kurve der absinkenden Hochstraße hineingebrettert sein, der Wagen von der linken Leitplanke hinübergeschleudert zur rechten, von der rechten wieder zur linken, der teure Wagen mit dröhnenden Schlägen geschreddert, dann frontal aufprallend, und er fängt an zu brennen. Gerade noch kann der Großkotz aus dem Blechhaufen, dem jetzt auch noch brennenden Blechhaufen, herausgezogen werden, muss mit ansehen, wie sein getuntes Auto samt Aufschrift abgefackelt wird. Und er verlässt die Brückenrampe als armer Mann: Auto noch nicht abgezahlt, ein neues auf Kredit, dazu weitere Kreditverpflichtungen, rascher Kollaps, finanziell, er lernt die Armut schmecken.

Wunschdenken. Nein, das Wort ist falsch: Es sind Bildfolgen, und die sind rascher als das Denken. Das kann nur versuchen, sie rechtzeitig einzuholen, aber das gelingt nicht so recht bei der blitzschnellen Entfaltung solcher Szenarien. Beim Weiterfahren sage ich mir, dass auch destruktive Wunschphantasien zu mir gehören, dass ich im Entwickeln solcher Wunschphantasien wahrscheinlich keine einsame Ausnahme bin, sie also eingestehen kann. Nach außen hin unhörbare Begleitklänge in schrillen Akkorden. Ich versuche mich zu maßregeln, will solche Wünsche domestizieren, doch sie haben sich schon selbständig gemacht in dem Moment, in dem sie aufzucken, aufflammen, Verstand und Vernunft haben das Nachsehen, wenn der Bildgenerator in mir solch ein Videoclip der Destruktion realisiert. Jäher Einbruch unkontrollierter Phantasie, aber ich kann den Bildgenerator nicht abstellen. Und frage mich, wie oft schon solche Wünsche in mir, ja, aufgeflammt sind.

Bevor ich, nach der Wende, zu einer Lesung nach Weimar aufbrach, schickte mir Sohn Christoph eine Agenturmeldung; »Schriftsteller in Weimar von Rechtsradikalen zusammengeschlagen«.

Nach einer Veranstaltung zogen zwei (mit der Popszene liierte oder kooperierende) Autoren mit einem Fan-Grüppchen in ein Wirtshaus am Frauenplan, gegenüber von Goethes Wohnhaus. Als einer der beiden die Kneipe verließ, wurde er von sieben Neonazis erwartet (offenbar fühlen die sich nur in der Gruppe stark). Sie beschimpften ihn als »Judenschwein« und schlugen ihn zusammen.

Zugespitzter könnte die Konfrontation, deprimierender die Konstellation kaum sein: Hier die brutale Aktion, drüben das Haus des Großdichters, der mitwirkte an der Erziehung des Menschengeschlechts. Die wurde dort, mit Herder als Stichwortgeber, zumindest erörtert. Blieb indes wirkungslos, wie sich gleich nebenan in Weimar-Buchenwald zeigte.

Grober Keil auf groben Keil: zeitweilige Devise des Vaters, jäh übernommen. U-Bahn-Station Ebertplatz. Allgemeines Warten auf Bahnen. Auf dem Bahnsteig gegenüber ein Mann, offenbar angetrunken, der laut, immer lauter auf die Juden schimpft. Keiner schreitet ein. Er äußert sich immer aggressiver, schließlich das Verb »vergasen«, und das wiederholt sich. Jähe Wutfontäne, in mir hochschießend: »Halts Maul, da drüben!« Kurze Irritation, dann setzt sich die Suada des Judenhasses fort, ich muss nachlegen: »Hör auf mit dem Scheiß! Sonst komm ich mal rüber!« Das wirkt. Nur noch halblautes Gemaule. »Verpiss dich!« Tatsächlich, er trollt sich.

Ringsum Personen, die dreinschauen, als wäre nichts geschehn. Habe ich übertrieben, überzogen? Aber hätte ich rübergehen sollen, ihn zur Toleranz verpflichten, zur Achtung des Mitmenschen, erst recht nach der NS-Ära? So was hätte in der Situation eher lächerlich gewirkt, wäre garantiert wirkungslos geblieben.

Übertragung, subkutan. Sohn Christoph im Wartezimmer einer Arztpraxis. Alles glotzt vor sich ein, ein alter Knacker mault daher, alte Parolen wiederholend: Juden sind an allem schuld, Juden sind unser Unglück. Christoph steht auf, athletische Erscheinung, beugt sich zum Meckerer herab, stützt sich vor ihm auf beiden Armlehnen auf: »Ich will so was nicht mehr hören!« Halblautes Gemurmel, Gemaule im Leerlauf: Man doch mal sagen dürfen ... Christoph setzt einen drauf:

»Ich komm aus einer jüdischen Familie, ich will so was nicht mehr hören! Verstanden?!« Und kehrt zu seinem Platz zurück. Als der Knacker aufgerufen wird, erklärt einer in der Runde: Richtig, dass das mal gesagt wurde. Christoph grummelt zurück: »Und ihr? Habt die ganze Zeit geschwiegen und genickt.« Von da an bleibt es still im Wartezimmer. Der Arzt berichtet ihm denn, der Patient hätte sich bei ihm beschwert. Als wäre es im Grundrecht verbürgt, dass man auf Juden schimpfen darf. Der Arzt heißt die Intervention gut. Zwangsläufig?

TOD des Schwiegervaters im Heim zu früher Morgenstunde. Das Fenster ist gekippt. Der Stecker zum Wasserbett liegt auf dem Boden: Ein Papier-Blumensträußchen ist in die sichtlich mühsam gefalteten Hände gesteckt: Papier-Nelken, Papier-Anemonen, ein Farnblatt aus Papier. Auf der Fläche des Rolltischs ein kleines Kruzifix und eine dicke Kerze, aber die brennt nicht mehr. Gesicht und Körper wirken auch bei ihm kleiner als zu Lebzeiten. Die Pantoffeln neben dem Rollstuhl. Ich setze mich ans Bett, werde reglos neben dem Toten.

Assoziationen, Erinnerungen. Der kleine Bau in Dießen am Ammersee. An der Rückseite eine Tür mit der Aufschrift M, eine Tür mit der Aufschrift D. Vorn eine Tür mit großer Glasscheibe: Blick auf eine festlich präsentierte Leiche. Neben der Tür ein Vordruck für die Eintragung von Name und Alter. Philomela als Vorname, Alter 83. Eine Rosenkranzandacht ist für sie angesetzt auf den gleichen Tag, die Beerdigung am nächsten Tag.

Schwarzes Leichenkleid, soweit erkennbar. Sichtlich veränderte Körpersubstanz der Toten auch hier. Andererseits sieht sie so lebensecht imitiert aus, dass ein Kopfheben oder Kopfrucken kaum verwundern könnte, zumindest ein noch weiteres Aufklaffen des rechten Auges. Rosa Nelken auf dem weißen Deckbett wie auf dem Kopfkissen, dazu Rosen, rot, und Lilien, weiß. Viel Farnkraut, dünnrispig. Der Raum dekoriert mit Blattgrün, Kränze mit Schleifen. »Unserer lb.

Sen. Chefin, die Betriebsangehörigen.« Vormals eine resolute Frau, respektierte, womöglich gefürchtete Chefin, präsent auch noch als Seniorin? Warum hat man auf der Kranzschleife das Wörtchen »lieb« abgekürzt?

Klein war Philomela und schmal – aber auch hier: schnurren Tote ein? Das zugleich besonders deutlich modellierte Gesicht: breit der Mund, hoch die Wangenknochen. Ihr graues Haar ist zurückgekämmt, wohl auch postum zu einem Knoten zusammengefasst. Philomela liegt da wie eine detailgetreue Kopie ihrer selbst. Das Fleisch nun wie Wachs, das Haar wie implantiert.

Philomela (»Name von der Redaktion nicht geändert«), verstorbene Seniorchefin: emotional kann ich distanziert bleiben. Bin zusätzlich abgesichert durch die Glasfläche, auf der mein Atem kondensiert – Lebenszeichen in regelmäßiger Wiederholung. Philomela hingegen liegt ausgekühlt im Schauraum, der sich nicht als Leichenhalle bezeichnen lässt. Mit Nase und Stirn nah am kalten Glas frage ich mich: Warum erscheint mir auch dieser Kopf, dieses Gesicht der Toten wie verkleinert – obwohl ich die Seniorchefin zu Lebzeiten nie gesehen habe? Und erst recht: Warum erschien mir Helenes Kopf verkleinert nach dem Tod? Eine Erfahrung, die ich mit anderen teile?

Eine Assoziation, keine Erklärung (die wäre allzu gewagt!): Erlöschende Sterne kontrahieren. Da besteht nicht mehr Ausgleich zwischen der Gravitation, die beisammenhält, und der Wärmeentwicklung, der Thermik, die sich nach außen vorschwingt, dann abstrahlt, und so leuchtet ein Gestirn vor sich hin. Fällt die abstrahlende Wärme aus, beginnt das Gestirn zu kontrahieren, Schwerkraft ohne Gegenkraft, ich habe das schon mal skizziert; am Ende der Rückentwicklung könnte ein schwarzes Loch entstehen, in Form einer schwarzen Kugel.

Noch einmal: Kein Erklärungsmodell, nun miniaturisiert, ein Gedankenspiel, nicht mehr. Bei der Toten, die umgeben ist von Treibhaus- oder Importblumen, entschuldige ich mich dafür, dass ich, die Glasscheibe zwischen mir und ihr beschlagend, solche Assoziationen entwickeln konnte. Das lag vielleicht auch daran, dass wir einer toten Person nicht mehr viel Wärme entgegenbringen (können). Kein Wärmeaustausch mehr, es beginnt ein Schrumpfungsprozess, direkt und in übertragenem Sinne.

Einige Frauen kommen herüber vom Augustinum. Stellen sich Frauen aus dem Stift öfter mal an die Schaufenstertür? Alte Frauen vor einer toten Frau, und sie spüren sich deutlicher in ihren Körpern?

Gang an der Friedhofsmauer entlang, hangabwärts. Grau übersprühtes Seebild. Der Ostwind, Seewind setzt mir eine kalte Gesichtsmaske auf.

Die wird zwischen den Häusern ein wenig gelupft. Eine breit hingelagerte, bemalte Gastwirtschaft. Vier alte Frauen auf dem Trottoir vor einem Blumengeschäft. Im Vorbeigehn höre ich eine von ihnen sagen, bayrisch intoniert: Die hätt ja gar nimmer nauskönnen, die hätt man ja tragn müssn, auch aufs Klo. Reden sie von Philomela?

Vom Eifelhaus zuweilen nach Düren, zum Altenheim; ich schob die Schwiegermutter im Rollstuhl auf Spazierwegen an der Rur entlang und machte eine neue Erfahrung: Türkische Familienväter, die ich nie zuvor gesehen hatte, sie grüßten mich.

Der Umgang mit dem Alter: neu akzentuiert. Ich entwickelte die Theorie von der Wohltätigkeit des Weichzeichners. Dies in Anleihe an Weichzeichner, wie sie in Schwarzweißfilmen der dreißiger und vierziger Jahre beliebt waren, beispielsweise bei Greta Garbo, die das eigentlich nicht nötig gehabt hätte. Die Natur, früher als Mutter bezeichnet, sie hat das Sehen auf kurze Entfernungen zunehmend erschwert: stört beim Lesen, strengt an, ist aber wohltätig beim Betrachten anderer, gleichfalls alternder Personen, auch beim Blick in den Spiegel. Wer setzt sich dazu schon eine Lesebrille auf? Der Weichzeichner nimmt aus den Gesichtern von Alten viele der störenden, der störrischen Einzelhaare weg, die besondere Resistenz erweisen, vor allem, wenn sie ihr Farbpigment verloren haben. Der Weichzeichner löscht auch kleine Altersflecken aus, verkürzt Falten, gestaltet Furchen sanfter. Konklusion: Jahrhundertelang, jahrtausendelang sahen sich alte Leute in gemilderten Erscheinungsformen, sanft beschönigt – bis die Brille allgemein verfügbar wurde, und nicht mehr mit Linsen aus Glas, so dick, manchmal, wie Flaschenböden.

So setzte ich mir die Lesebrille nie auf, wenn ich mit ›Oma Erna‹ am Tisch saß, zu leicht wäre der Blick prüfend geworden, wären Falten zu Furchen geworden und die Altersflecken im Gesicht, auf den Handrücken hätten sich schlagartig (»auf einen Blick!«) vermehrt. Und beim Schwiegervater musste ich nicht penibel vermerken, dass sich Haare am liebsten dort ansiedeln, im Alter, wo sie eigentlich nicht hingehören: verlassen den Hinterkopf, weichen zurück von der Stirn, wuchern dafür aus Nasenlöchern, reihen sich auf Ohrmuschelrändern, fassen Wurzeln sogar auf Nasen. Das Aufsetzen einer Brille angesichts einer alten Frau, eines alten Mannes: als würde jäh eine Schonhaut herabgerissen, und es zeigen sich gnadenlos Altersdetails, Schwundzeichen, Vergänglichkeitsmarkierungen.

ALTER IN DER ANTIKE: Eine Ausstellung, 2009, im Landesmuseum Bonn. Diesmal als Stätte der Selbstbegegnung: alternd beschaue ich Darstellungen gealterter Menschen.

Doch erst einmal muss ich ein Gesamtbild revidieren. Als Schüler des Altsprachlichen Gymnasiums, mit griechischer Mutterbrust links, römischer Mutterbrust rechts spirituell genährt (wenn auch nur in jeweils kleinen Portionen), verinnerlichte ich ein falsches Bild der Antike. So fehlten in jeder Hinsicht die Farben – die sah ich (diesseits der Jahrtausendwende) nachträglich aufgetragen in zwei, drei rekonstruierten Exponaten der Münchner Glyptothek. Und nun registriere ich, dass nicht allein junge (oder zumindest alterslos erscheinende) Frauen- und Männergestalten in Marmor gemeißelt waren, sondern auch Körper und Köpfe von alternden, von alten Menschen.

Auch zu dieser Ausstellung kaufe ich den Katalog. Lese unter dem Beitragstitel »Porträts« gleich in den ersten Zeilen: »Darstellungen des Alters spielen in der Porträtkunst eine außerordentlich große Rolle. Seit dem Beginn des antiken

1131

Porträts im zweiten Viertel des 5. Jahrhunderts v. Chr. ist das Alter ständig thematisiert und variiert worden.« Das wird mit zahlreichen Ausstellungsstücken belegt: Originale, antike Kopien, späte Gipsabgüsse ...

Mehrfach Körper alter Männer, nackt bis aufs Schamtuch, auch ohne Schamtuch – ein Fischer oder ein gebeugter, dramatisch alt aussehender ›Diogenes‹.

Noch stärker prägen sich Büsten ein. Vorab der Schädel, der mit dem Namen Homer verbunden wird. »Ein Rekonstruktionsporträt. Homer ist als ein sehr alter Mann dargestellt. Zu den einschlägigen Kennzeichen sind die ›Krähenfüße‹ an den Schläfen, die kugelig hervortretenden Jochbeine und die tiefen Nasolabialfalten zu zählen.«

Weitere Köpfe rücken nach! »Auch andere ›Intellektuelle‹, d. h., Dichter, Philosophen, Redner etc. wurden in klassischer und hellenistischer Zeit fast ausschließlich als alte Männer wiedergegeben, wobei in der damaligen Vorstellung ein enger, wechselseitiger Bezug zwischen einer fortgeschrittenen Lebensstufe und der Zunahme des geistigen Vermögens bestand.« Was ich gern lese ...

Auch bei Frauen wurden Alterserscheinungen herausgearbeitet, zuweilen drastisch. »Eine Amme in Berlin muss sich gleich um zwei Kinder kümmern. Während sie im linken Arm ein fast nacktes Kleinkind trägt, das sich an sie klammert, hat sie mit ihrer Rechten resolut ein sich sträubendes Kind gepackt. Mit ihrem dicken Bauch, den hängenden Brüsten und dem großen nach vorne gebeugten Kopf erscheint sie uns als geplagte, von ihren Diensten ausgelaugte alte Frau.«

Länger verharre ich jedoch vor diesem Exponat der Antikensammlung Berlin: Die Amme aus Myrina, »die an ihrer rechten Seite ein kleines Mädchen mit Scheitelzopffrisur und langem Mantel führt. Die Gesichtszüge der Frau sind edel geformt, doch weisen tiefe Stirnfalten und der gebeugte Rücken sie als ältere Frau aus.«

Ob wirklich eine Amme dargestellt ist, kann offenbar nicht mit völliger Sicherheit geklärt werden, bleibt für mich aber sekundär. Denn mit dieser Figur stellt sich eine Assoziation ein, weniger eine Erinnerung: Kinderschwester Betty. Die Frau, die mich gesäubert, gewaschen, abgetrocknet, vielleicht auch warm gehalten hat. Die etwa zweitausendzweihundert Jahre alte Figur betrachtend, wird mir bewusst, dass ich jener Betty wohl viel zu verdanken habe – wahrscheinlich für Wärme, die sich wie ein Schutz um mich legte im kühlen Binnenklima der Familie.

IMPRESSIONEN, ASSOZIATIONEN. Sätze des Heim-Ambientes, aufgeschnappt: Ab siebzig sollte man keine kurzen Ärmel mehr tragen ... Der Herrgott wird ihm schon noch mal die Schaufel aus der Hand nehmen ... Hat ja auch den Vorteil, dass die Männer sich im Bett besser benehmen ...

Sich fixierendes Bild vor dem Heim: grauhaarige Frau schiebt weißhaarige Frau im Rollstuhl. Die Mutter eingesunken, aber bunt dekoriert: grüne Wollmütze, der gehäkelte Schal lila, rote Decke auf den Knien. Sie wird an der Einfahrt des Heims vorbeigeschoben, demnach leben die beiden Frauen also wohl zusammen. Umso länger schaue ich ihnen nach: Illustration zu meinem Hörspiel mit dem Titel *Mühsames Klettern im Altersbaum*, dem aufgeheizten Dialog zwischen einer Frau um die fünfzig und ihrer Mutter um die achtzig, frei nach Geschichten, die mir von Frauen erzählt wurden.

Im Bannkreis des Heims eine weitere, scheinbar symbolisch entwickelte Szene: Ein alter Mann mit Krücke blickt einem alten Mann nach, der sich mit zwei Krücken voranarbeitet. Da lässt sich schon denken, welche Gedanken dem anderen nachgeschickt werden: Der ist schon weiter bergab. Erst der Stock, dann eine Krücke, danach zwei Krücken, später der Rollator, zuletzt der Rollstuhl. Und der Mann mit der einen Krücke, dem Mann mit zwei Krücken nachblickend, er fühlt sich, weitergehend, fast beschwingt: Kommt noch mit einer einzigen Krücke aus! Es gibt stets Menschen, denen es noch schlechter geht: der permanent weitergereichte Trost. Hält aber nicht lange vor.

Wieder ins Heim. Wieder die Frau, die Hass hinausschreit, durch ihre Verwirrung freigelegt, freigelassen, herausgelassen, nun hinausgeschrien ohne Unterlass. Trotz Information über typische Alterserscheinungen, trotz zivilisierender Selbstsuggestion: Ich spüre, wie Wutgefühle aufsteigen, wie sich Gewaltphantasien einstellen: Mehrere Frauen, sofern nicht dement, stehen wie auf (m)ein Zeichen auf, stopfen ihr eine Serviette ins Schreimaul, und da bleibt sie erst mal stecken, auch wenn die Alte noch so sehr würgt. Und wieder fortgesetzt die Mümmelei, Schlürferei, Schlabberei, die langsamen Bewegungen von Zitterhänden; manche Frauen müssen gefüttert werden, aber nur ein paar Löffel lang, dann muss es bitteschön klappen.

Ich betrete den Essraum nicht an Nachmittagen, um zwischendurch mit der Oma einen Kaffee zu trinken, zu dieser Zeit beherrscht die Schreifrau unangefochten das Ambiente, sitzt allein am Tisch, schreit, schimpft, mault, schimpft, schreit vor sich hin – »lauthals« sagte man früher, Frau Lauthals nenne ich sie. Frau Lauthals belieben mal wieder aus vollem Hals, nein, nicht zu lachen, sondern zu schimpfen, die Halsfüllung scheint nicht geringer zu werden, verbraucht zu werden, da muss nichts nachgefüllt werden, der Hals, der Schreihals füllt sich ständig von selbst auf, randvoll.

ZWISCHENDURCH wieder Lesungen, jeweils gekoppelt an eine Neuerscheinung. Die stelle ich vor, während ich bereits an einem weiteren Projekt arbeite, vom früheren Buch abgerückt durch das übliche halbe Jahr der Herstellung. Manchmal lasse ich mich gern weglocken vom Schreibtisch, manchmal fällt mir die Unterbrechung schwer. Zu berichten ist hier von einer Fehlhandlung, einer Fehlleistung mit Aussagekraft. Kleine Fallstudie.

Eine Lesung außerhalb einer (vom Verlag organisierten) größeren Lesereise, das heißt: im Umkreis von zwei, drei Reisestunden ab Köln, sprich: ohne anschließende Übernachtung im Hotel. Diesmal ist die Entfernung zum Veranstaltungsort noch geringer: Monheim (mit dem Pflanzenschutzzentrum, den transgenen Pflanzen!), nördlich von Leverkusen. Bei günstiger Verkehrslage eine Fahrt von einer halben Stunde. Dennoch, ich haderte mit mir den ganzen Tag, beschimpfte mich, weil ich – immer noch zu konziliant – vor mehreren Monaten den Termin abgenickt hatte. An diesem Abend aber nun wäre ich sehr viel lieber in das Jazzhouse, in den »Stadtgarten« von Ehrenfeld gegangen, um ein Pianotrio zu hören. Ja, ich war nicht gut auf mich zu sprechen, ich grantelte. So anhaltend verstimmt zu sein, passiert mir selten. Aber, keine Frage, ich musste den Termin wahrnehmen. Damals gab es noch keine Navigators. Bevor ich mich auf eine Autobahn begab, schaute ich mir im Autoatlas jeweils die Route an, prägte mir Autobahnnummern, Dreiecke, Vierecke ein, machte mir, falls es kompliziert wurde, einen Notizzettel mit Hinweisen, da musste ich, in Entscheidungsmomenten, nicht die Autokarte heranziehen, beim Fahren schwierig. Dieses Vorplanen hat mir schon viele Umwege, damit Zeitverluste erspart.

Bei der grantelei-grundierten Fahrt nach Monheim aber schaute ich nicht auf die Straßenkarte, mir schien klar, wo Monheim liegt, einmal war ich dort gewesen, ein paarmal war ich am Abfahrtsschild mit diesem Namen vorbeigefahren, nordwärts. So fuhr ich einfach drauflos.

Als ich den Rhein überquerte, Richtung Köln-Nord: Das mulmige Gefühl, du machst einen Fehler. Aber ich redete mir das aus: Wird schon richtig sein, muss richtig sein, im Autobahnnetz zwischen Köln und Dortmund oder Oberhausen kennst du dich mittlerweile so einigermaßen aus. Irgendwo nördlich des Kreuzes musste die Abfahrt Monheim kommen, hinter Worringen. Keine Abfahrt Monheim in der Voranzeige. Ich setzte mir mit Dormagen eine Deadline: Erscheint der Name Monheim dort nicht auf dem Vorwegweiser, musst du runter von der Autobahn, dich neu orientieren.

In der Tat, ich musste bei Dormagen abbiegen. An einer Straßenkreuzung im Ungefähren hielt ich an, stieg aus, rannte hinter einem Mann her, der aus seinem Wagen gestiegen war, erfuhr, was mir schon schwante: Falsch gefahren, Monheim liegt auf der anderen Rheinseite. Zwar gibt es eine Fähre zwischen Dormagen und Monheim, doch zu dieser Zeit fährt sie nur in großen Zeitabständen; wenn ich es eilig habe, soll ich besser über Düsseldorf-Süd fahren, dann, jenseits des Rheins, gleich die erste Abfahrt nehmen, Richtung Köln, da komme ich automatisch an Monheim vorbei.

Also zurück auf die Autobahn, natürlich mit hohem Verkehrsaufkommen, im Verkehrsfunk wurden Staus gemeldet, nicht aber auf meiner Strecke. Das Autobahnkreuz südlich von Düsseldorf: Fahrt, weithin, zwischen Betonböschungen, Betonrampen. Die Brücke über den Rhein, aha, und der Vorwegweiser: rechts ab nach Köln. An diesem Autobahndreieck eine Baustelle, veränderte Verkehrsführung, dicht gereihte Baken, weißrot, zahlreich die Blinklichter, und nun passierte, was mir noch nie passiert war: ich verpasste den Schwenk nach rechts, war schon, doppelbahnig, auf der Fahrt Richtung Hildener Kreuz. Da schimpfte ich laut mit mir. Und ermahnte mich: schon die zweite Fehlleistung, bau jetzt nicht auch noch einen Unfall, das ist diese vermaledeite Lesung nicht wert.

Autobahnkreuz Hilden, von dort aus ging es nun endgültig Richtung Köln, und auf der Höhe von Langenfeld (richtig, dorthin hatte man ja vom Landeskrankenhaus mein Mündel abgeschoben, kurzfristig!) bog ich ab nach Monheim. Fluchend erreichte ich den Veranstaltungsort. Statt ein Stück Autobahn von Mülheim aus nordwärts zu fahren, war ich in weitem Karree gefahren, mit hoher Geschwindigkeit: statt einer guten Viertelstunde eine knappe Stunde. Trotzdem kam ich pünktlich an. Das ärgerte mich auch wieder – ich hatte mich nicht erfolgreich in die Irre geführt.

Meine Vorahnung, von Unlust grundiert, hatte mich, wieder einmal, nicht getäuscht: Ein unschöner öffentlicher Raum; wenige Besucher; die begrüßende und einführende Bibliothekarin stöhnte auf, als sie auf meine so zahlreichen Publikationen hinwies, brach ab. Eine der Veranstaltungen, die mir schon während des Vorlesens überflüssig erschienen: zahlreicher als sonst die Versprecher, einmal geriet ich ins Stottern – wie im Bochumer Museum, nach der siebzigsten oder achtzigsten Wolkenstein-Lesung.

Mein Halbbewusstsein hatte mich demonstrativ in die Irre geführt, um mich auf den rechten Weg zu bringen. Rasch der Entschluss, in den nächsten zwei Jahren überhaupt keine

Lesungen mehr zu machen. Das teilte ich dem Verlag mit, schriftlich.

IN DER NÄHE der Mülheimer Hängebrücke liegt die *Moezelstar* vertäut: Passagierschiff, von der Stadt für die Wintermonate angemietet für Asylanten.

Wiederholt Gespräche mit dem Kapitän, Verwalter, »Heimleiter« des Schiffs. Ich kriege zu hören: Etwa zehn Prozent der Asylanten bei ihm an Bord sind politische Flüchtlinge, und die sind dankbar für alles, sind hilfsbereit, wissen die Zuwendung zu schätzen. Die neunzig Prozent aber, die aus Wirtschaftsgründen ihr Land verlassen hätten, die kämen schon mit dem Wort »Sozialamt« auf den Lippen nach Deutschland, konsultierten Rechtsanwälte, schöpften alle Möglichkeiten aus, an Geld zu kommen – zuweilen hat er ganze Familien an Bord. In der letzten Zeit allerdings auch Obdachlose und ehemalige Strafgefangene, er hatte insgesamt 160 Jahre Knast an Bord. Die meisten zur Bewährung freigelassen. Einer, wegen schwerer Körperverletzung verurteilt, wurde im Suff aggressiv, schlug ein Loch in eine Tür: Ich mach jetzt einen platt, ich glaub, ich nehm dich! Der kleine Heimleiter, eigentlich gelassen, ruhig, er hatte Boxen gelernt, Leichtgewicht; er schlug dem blindwütig Attackierenden rechts, links auf die Augenbrauen, die platzten, Blut lief über die Augen, dann ein Fausthieb auf die Nase, die knickte ein, und ein Hieb Richtung Plexus. Er brach sich den Daumen der linken Hand. Fesselte den Mann mit einer Krawatte, wartete auf die Polizei: Danke, Sie haben uns die Arbeit ja schon abgenommen …

Sechshundert verschiedene Personen an Bord in fünf Monaten, dann braucht die Reederei das Schiff wieder. Für den kommenden Winter sind der Stadt mehrere Schiffe angeboten worden, doch Köln mietet nur ein einziges Schiff, vorausgesetzt, er übernimmt wieder die Leitung. Dann setzen wir unser Gespräch fort?

Zufällige Begegnung, an einem späten Abend: Aus der Polizeiwache am Hauptbahnhof kommt ein junger Afrikaner mit prallem Campingbeutel – sonst kein weiteres Gepäckstück. Er bleibt stehen, schaut sich um – will sich orientieren? Ich frage ihn englisch, er antwortet französisch: Die Polizisten haben ihm den Hinweis gegeben, er solle zum Schiff an der Deutzer Brücke gehen. Da wird eine Frage fällig. Nun, er ist vor etwa einer Stunde hier in Deutschland angekommen, via Rotterdam.

Er bleibt stehen, Campingbeutel auf der Schulter: Viel Licht hier, so viel Licht! Weniger Licht an der Côte Ivoire. Wenig Aussichten. Alle Hoffnungen auf Deutschland gesetzt, er will hier Arbeit finden. Wir gehen Richtung Rhein. Ich weise behutsam darauf hin, dass es nicht leicht sein wird, Arbeit zu finden, Arbeitslose in siebenstelliger Höhe, aber das nimmt der junge Afrikaner nicht weiter zur Kenntnis, er hat da ganz andere Vorstellungen, hätte sonst ja auch nicht den langen und beschwerlichen Weg auf sich genommen. Nein, es kann überhaupt nicht sein, dass man keine Verwendung für ihn hat.

Ich gehe mit ihm bis zum Aufgang Deutzer Brücke, zeige ihm das Schiff am anderen Ufer. War man wenigstens höflich in der Polizeiwache? Eher neutral. Und eine offenbar nur vage Wegbeschreibung für den Neuankömmling. Doch nun ist es da drüben, das Schiff, dort wird er ein Bett finden. Wir trennen uns. Ich fahre zurück zum Wiener Platz.

Schon in der Straßenbahn mache ich mir Vorwürfe: Hätte den jungen Mann von der Elfenbeinküste wenigstens bis zum Schiff für Asylbewerber begleiten und mich vergewissern sollen, dass man anständig mit ihm umgeht, so kurz nach der Ankunft im fremden Land Allemagne. Du musst das nachholen! So fahre ich am nächsten Tag wieder zur Station Dom/Hauptbahnhof, marschiere über die Deutzer Brücke zum Schiff am Kai, gehe über den Landungssteg hinab auf das Vorschiff, luge durch eine Scheibe: ein Restaurant? Ein Grüppchen von Schwarzen verlässt das Schiff – der Mann von der Elfenbeinküste ist nicht unter ihnen.

Ich betrete einen Schiffskorridor. Ein junger Mann: Ob er etwas für mich tun könne? Ich erkläre ihm, was mich herführt. Und erfahre: Bin zu einem ungünstigen Zeitpunkt gekommen; Mittagspause; kein Sozialarbeiter an Bord; erst am Abend wird er die Liste mit Neuzugängen erhalten, erst dann könnte man feststellen, ob besagter Afrikaner mit aufgeführt sei; normalerweise bekomme er die Liste früher, diesmal habe es nicht geklappt; ich könnte mich aber ins Restaurant setzen, eine Cola trinken und abwarten – vielleicht kommt die noch nicht realisierte Person von der Elfenbeinküste gerade mal vorbei.

Ich weise hin auf die gepflegte Kleidung, auf das einzige Gepäckstück, auf die französische Sprache des Neuankömmlings, doch das hilft nicht weiter. Etwa fünfzig Asylbewerber hier im Schiff, an einen jungen Afrikaner, gestern neu eingetroffen, kann er sich bei bestem Willen nicht erinnern. Vielleicht sei der aber schon wieder weg: dieses Schiff als Transit. Man übernachtet hier in der Regel nur einmal, bevor man zur Zentralen Anmeldestelle gebracht wird, in Euskirchen. (Die Abkürzung der Behörde lautet: ZAST. Klingt fast wie: Knast.) Es könnte also sein, so vernehme ich, dass ›mein Mann‹ schon dort sei, am Vormittag überführt. Nur wer an einem Wochenende eintrifft, bleibt mehr als eine Nacht an Bord. Und er wiederholt: Transit. Bietet mir, mit schwingender Armbewegung, freie Auswahl unter den Tischen an: Hier bleiben, in Ruhe was trinken, abwarten, vielleicht erscheint besagte Person ja doch.

Brauner, abgelatschter, fleckiger, gewellter Teppichboden; Metall- und Plastikstühle an kleinen Tischen; ein Getränkeautomat, ein Automat mit Chips, Salzstangen etcetera. Muffige, beinah gruftige Luft. Ich habe keine Lust, hier zu bleiben, schon gar nicht mit einer Cola; die Chance, dass ich ›meinen‹ Afrikaner zufällig wiedersehe, erscheint mir zu gering. Realität stellt sich nicht ein auf Stichwort. Vielleicht hätte ich mich von der Arbeit losreißen und schon am Vormittag kommen sollen; womöglich hätte ich dann aber erfahren, dass gleich nach dem Frühstück eine Gruppe nach Euskirchen verbracht worden sei. Ein wenig Spielraum aber will ich dem Zufall noch geben, verlasse nicht gleich wieder das Schiff. Ich frage den jungen Mann mit dem östlich akzentuierten Deutsch, wo er herkomme.

Aus Rumänien. Ist seit zwei Jahren hier. Wurde gleichfalls zu diesem Schiff geschickt, von der Polizei. Hat hier Arbeit übernommen, ist geblieben.

Und seine Erfahrungen ...?

Es kommen viele mit kleinem Gepäck, etliche auch ohne Gepäck, da seien oft schon Socken ein Luxus. Im Sommer seien schon welche barfuß aufgetaucht. Viele, viele waren schon hier, im Transit. Alle zwei Jahre, spätestens, muss das Schiff überholt werden, alles geht in die Brüche, wird kaputtgemacht, vor allem die Waschbecken. Ja, machen alles kaputt, wiederholt er, als ich ihn fragend anschaue. Ist zwei Jahre hier, tut aber so, als hätte er schon mehrere solcher Zweijahresphasen miterlebt.

Noch ein paar nachhinkende Sätze, dann gehe ich den Landungssteg wieder schräg aufwärts: niedriger Wasserstand im sehr trockenen Winter. Ich habe Hunger, werde essen gehen. Dann kaufe ich Konzertkarten: Kodo-drumming. Anschließend eine Galerie. Der Realitätsbote scheint entschwunden. Ein neuer Ansatzpunkt wird nötig sein.

Migration. Lorenz Peter Johannsen, Freund seit Jahrzehnten: Gespräche nicht nur über Musik und Literatur, zuweilen auch Weltvermittlung aus der Sicht des Kinderarztes. Bei aller Diskretion erfahre ich von besonders charakteristischen Fällen aus der Praxis.

Zwei der Fallgeschichten, die er mir erzählt hat, in jeweils akuten Phasen, sie kann ich wiedergeben, er hat sie dokumentiert in einem Vortrag bei einer Tagung der Vereinigung Rheinisch-Westfälischer Kinderärzte und Kinderchirurgen in Düsseldorf: »Folter, Krankheit, Angst. Migrantenkinder und ihr Kinderarzt«.

Im gedruckten Vortragstext lese ich, was mich beim Anhören der Fallgeschichte langwirkend schockierte. »Der neun Jahre alte Nexhmedin (geänderter Name!) wird im Oktober 1995 wegen Enkopresis ambulant vorgestellt. Er lebte seit 9 Monaten mit seiner Familie als Asylbewerber in Deutschland. Vor der Migration aus dem Kosovo im Januar 1990 versuchte eine serbische Miliz, den Aufenthaltsort des Vaters zu erpressen. Das dreijährige Kind wurde auf eine heiße Herdplatte gesetzt und festgehalten. Seitdem kotet Nexhmedin täglich einmal ein.« Bei der Untersuchung zeigten sich auf »beiden Gesäßhälften handflächengroße Verbrennungsnarben«.

Schon bei der anhaltenden Beschäftigung mit der Geschichte des NS-Regimes musste ich registrieren, dass etliche Uniformierte im Umgang mit Kleinkindern, Kleinstkindern, sogar Babys keine biologischen Tabus kennen, dass sehr junge Menschenwesen gequält, erschlagen, erschossen werden. Dass ein erwachsener Mann ein dreijähriges Kind auf eine heiße Herdplatte setzt und festhält, dieser Akt der Folterung hat sich in die Erinnerungssubstanz eingebrannt. Illusionen zur »Erziehung des Menschengeschlechts« mache ich mir schon lang nicht mehr, solche Fakten aber lassen nur noch Verzweiflung oder Resignation oder Zynismus zu.

Nach anderthalb Jahren Therapie (auch durch eine psychologische Beratungsstelle) konnte Nexhmedin von seinem Symptom geheilt werden, »bis es im März 1998 zu einem Rezidiv kam, nachdem aus der Heimatstadt Pristina Tötungen durch serbische Milizen bekannt wurden und die Familie Angst um ihre dort lebenden Angehörigen bekam«.

Angst, deformierende Angst auch in einer zweiten Fallstudie. »Elbasan ist das vierte Kind einer siebenköpfigen kosovoalbanischen Familie, die seit vier Jahren nach legaler Einreise als Asylbewerber in Deutschland lebt. Elbasan ist elf Jahre alt und hat, wie seine Eltern und seine Geschwister, massive Ängste vor einer erzwungenen Rückkehr in sein Heimatland. Er leidet an Mutismus, Essstörungen und sekundärer Enuresis. Im Vordergrund steht eine Epilepsie. Seit einem Jahr kommt es mehrmals monatlich zu nächtlichen großen Anfällen.« Das Kind ist also weithin verstummt und nässt ein.

Eine der Geschichten, die ich mit mir herumschleppe, Geschichten, die an Präsenz nicht verlieren wollen. Ich zitiere weiter aus dem Vortragsskript in der Druckversion: »In einem kinderärztlichen Gutachten wird bescheinigt, dass Elbasan durch die psychosoziale Situation seiner Familie hochgradig belastet ist. Dazu wird die erwähnte Symptomatik angeführt und auch die Beobachtung mitgeteilt, nach der das elfjährige Kind häufig einen kleinen Koffer mit sich herumträgt. Er enthält einen Pullover, eine Jacke, ein Messer, Papier, Lineal und Bleistift. Dazu erklärt Elbasan, dass er nach einer Abschiebung aus Deutschland in seiner Heimat kämpfen und seine Familie vor der serbischen Miliz verteidigen wolle. Die Schreibutensilien brauche er, um Landkarten und militärische Positionen zu zeichnen.«

Lorenz Peter in seiner Zusammenfassung des Referats (das weitere Fallstudien einbezog): »Migrationsbewegungen und ihre Auswirkungen werden uns Kinderärzte vermutlich noch lange in Anspruch nehmen.«

Und mir wird, gleichsam in Kontrastfärbung, bewusst, wieder einmal, dass ich in einer historischen Ausnahmesituation lebe. Nach dem Zweiten Weltkrieg Jahrzehnte des Friedens in Zentraleuropa, und damit: ich musste nicht hungern, nicht frieren, nicht um mein Leben bangen. Das blutige 20. Jahrhundert, doch im territorial und chronologisch umgrenzten Bereich herrscht Friede – wenn auch von wiederholten Krisen bedroht. Und: keine Diktatur. Ich wurde nicht verhört, wurde nicht eingesperrt, nicht misshandelt, nicht gefoltert.

Ich zwinge mich, von einem Schock zu berichten, der mich »kalt erwischt« hat. Salamanca, meine luxuriöse Unterkunft als Gast der Universität bei einem Kühn-Symposion, ich sortiere Papiere, habe das Fernsehgerät laufen, stumm: eine Nachrichtensendung. Ein Standfoto, in Farbe, das ich mir nicht erklären kann: ein bleicher, etwas weich wirkender Mann mit schwarzem Schnurrbart hat eine Hand auf den Kopf eines Mannes gelegt, der Kopf ist fast völlig von einem karierten Tuch umhüllt, fast wie bei Fellachen, doch was vom Gesicht zu sehen ist, das ist rot verquollen. Dann eine Nahaufnahme dieses verquollenen Gesichts: in den weit aufgerissenen Mund ist waagrecht ein dickes Eisenrohr gepresst, Rohr

1142

einer Wasserleitung. Beim dritten Foto erst verstehe ich, und Blut wird mir aus dem Kopf gesogen: Der Mann mit dem verquollenen Gesicht liegt auf dem Boden, der Schnurrbärtige hat das Eisenrohr wieder waagrecht in den offenen Mund des Opfers gepresst, macht auf diesem Rohr einen Liegestütz, triumphierend hochgereckt über dem Körper des Gefolterten.

Warum diese Bilder in den TV-Nachrichten gezeigt wurden, weiß ich nicht. Der Schock: ein Folterer lässt sich mit seinem Opfer fotografieren wie ein Jäger, der ein geschossenes Wild als Trophäe vorzeigt. Ein Körper, mit dem er machen konnte, was er wollte, ein Mann, über den er triumphierte: Gefühl, sichtbar, der stolzen Überlegenheit. Wie mochte der Kopf, der Schädel seines Opfers zugerichtet sein, rot und schwarz, dass der Folterer ihn vor dem Erinnerungs-Blitzlichtfoto mit dem karierten Tuch verhüllte? Aber das in den verquollenen Mund quer hineingepresste Eisenrohr, der Liegestütz auf dem Körper, auf dem Kopf eines wohl zu Tode gefolterten Mannes – das findet man so toll, dass es fotografisch dokumentiert werden muss?

Jedes dieser Bilder: ein Hieb vor den Kopf, ein Faustschlag in den Magen, der härteste Schlag zuletzt. Vielleicht auch, weil ich überhaupt nicht auf den Anblick vorbereitet war – die Bilder haben sich eingebrannt. Am stärksten das Bild vom Liegestütz auf dem offenbar zu Tode gefolterten Mann – beide Hände auf dem Rohr, mit dem vorher wohl auf den Schädel und nicht nur auf den Schädel eingeschlagen wurde, bis alles rot aufquoll, sich schwarz verfärbte. Ich werde dieses Bild, diese Vorstellung nicht mehr los. Da kann ich den Kopf schütteln so lang es geht: ich werde und werde es nicht los. Es hat sich eingebrannt. Brandfleck in der Erinnerungssubstanz.

IN EINER BIOGRAPHISCHEN SKIZZE über Annemarie Böll habe ich berichtet über die Gründung des Vereins »Heinrich-Böll-Haus Langenbroich«. Also kürze ich hier ab und erweitere zugleich.

Annemarie Böll wurde auf der ersten Mitgliederversammlung des (eingetragenen) Vereins zur Vorsitzenden gewählt, einstimmig. Ich kooperierte mit ihr als Stellvertretender Vorsitzender. Und dies war unsere Hauptaufgabe (für rund zehn Jahre): zu entscheiden, welche Anträge auf Stipendien angenommen wurden. Drei Faktoren waren zu berücksichtigen, und dies möglichst ausgewogen: die politische Situation und die wirtschaftliche Lage im Land eines Bewerbers. Und: die Qualität der Texte (in 80 oder 90 Prozent Gedichte!).

Wir waren uns rasch darin einig, bevorzugt Autorinnen und Autoren einzuladen, die sich noch nicht zu Stipendiats-Profis entwickelt hatten. Salopp gesagt: Es gibt so manchen Autor (inländisch wie ausländisch), der sich wie Tarzan an Urwaldlianen von Baum zu Baum schwingt. Es sind das Autoren, auch Autorinnen, die sich kurz nach Beginn des einen Stipendiums bereits um das nächste, womöglich lückenlos anschließende Stipendium bemühen und dabei schon mal Ausschau halten nach einem weiteren Stipendium. Wenn wir so etwas vom erbetenen Curriculum ablasen, entschieden wir uns schon mal für die Auferlegung einer Stipendiatspause. Am liebsten sprachen wir Einladungen aus an Autoren, die so zum ersten Mal aus ihrem Land herauskamen (Beispiel: Albanien), und noch mehr: an Autoren, die bedroht waren (wie in Algerien, im Iran).

Zur Beurteilung der (nicht immer übersetzten) Texte mussten wir vielfach Gutachter heranziehen. Helfer fanden sich vor allem in der Deutschen Welle. Gelegentlich auch Hilfe aus dem Kreis der Mitglieder des Vereins: Lew Kopelew las mir am Telefon mit großem akustischem Faltenwurf einige Gedichte einer bulgarischen Lyrikerin vor, und ich konnte das Votum von Annemarie Böll mitvollziehen.

Über die jeweils erbetenen »Angaben zur Person«, über die Daten der formalisierten Lebensläufe, vor allem jedoch über die Geschichten, die von Stipendiaten in Langenbroich erzählt wurden, nahmen wir teil an Erfahrungen im Jahrhundert der Unterdrückung. Erfahrungen eines Usbeken, der poststalinistischer Diktatur entfliehen konnte, die Familie jedoch zurücklassen musste ... Erfahrungen eines Iraners im höchst repressiven System ... Erfahrungen eines Chinesen – im Ver-

1144

lauf der sogenannten Kulturrevolution wurden, nach heutiger Kenntnis, mehr als eine Million Menschen ermordet ... Erfahrungen eines Mannes im Dagestan der politischen Liquidierungen ... Vielsprachig die Litanei der Leiden, der Nachrufe auf Freunde, auf Bekannte, die verschwanden, in Georgien wie in der Ukraine, in Nicaragua wie in Nigeria. Bedrückende Nachrichten, immer wieder, aus dem ehemaligen Jugoslawien.

Wenigstens ein Name soll nun genannt werden, stellvertretend für so viele: Abdul Kadir Konuk, der erste Stipendiat. Andeutungen einer Leidensgeschichte, vermittelt von einer Dolmetscherin. Der Kurde war Grundschullehrer, wurde als Mitglied der türkischen kommunistischen Partei in Istanbul verhaftet, gefoltert, wurde 1984 von einem Militärgericht zum Tode verurteilt, das Urteil wurde nicht vollstreckt, er kam in Haft, sieben Jahre in einem türkischen Militärgefängnis, er wurde weiterhin gefoltert, musste schließlich in ein Krankenhaus eingeliefert werden. Von dort aus entführten ihn türkische Kommunisten, schleusten ihn ein in die Bundesrepublik. Hier fand er allererste Zuflucht im Böll-Haus, unter konspirativen Vorsichtsmaßnahmen.

Zufall führte uns wieder zusammen. Ich saß im (Dürener) Lokal eines Jugendtreffs (auch, um mit einem der Organisatoren über die Zukunft der Institution zu sprechen), Konuk kam zum Tresen, das Gesicht teilweise verdeckt von einem Bart. Nun brauchten wir keine Dolmetscherin mehr: er hatte Deutsch gelernt in Intensivkursen, setzte das noch fort.

Schlechte Nachrichten aus der Türkei. Sein Sohn, der gegen den Golfkrieg demonstriert hatte, mit anderen, er saß noch immer im Gefängnis. Seine Schwiegertochter, die, mit anderen Frauen, gegen die Haftbedingungen, gegen die Folter in Gefängnissen demonstriert hatte, sie war auch gleich eingesperrt worden.

Und Einzelheiten zu seiner aktuellen Lage: Briefe erreichen ihn nur über eine verdeckte Adresse, einen Mittelsmann, sein Aufenthalt darf türkischen Behörden nicht bekannt werden, der türkische Geheimdienst könnte ihm auch in Deutschland gefährlich werden, vor allem nach der Publikation seines

Romans, seines Berichts unter dem Titel *Folter* (ins Deutsche übersetzt).

Was Redefloskel ist, wurde bei der Lektüre (eher Pflichtlektüre) fast zur körperlichen Erfahrung: mir drehte sich der Magen um. Ja, als würde er von innen her mit zwei Händen gepackt, mit einem Ruck gedreht in der Organhalterung. Die Romanform nur als Absicherung, Vorsichtsmaßnahme. Nach der Lektüre weiß ich wieder: Folter, Konzentrationslager, Krieg, das sind extreme Belastungen, unter denen psychische Strukturen zerbrechen. Für solche Belastungen ist der Mensch nicht konstruiert.

Verdichtung von Informationen, aber noch keine Erfahrung. Der komme ich nah, als er mir berichtet, er gebe nun auch die Wohnung in Düren auf, suche eine kleine Wohnung in einem Kölner Vorort, jenseits des Rheins. Er will mich anrufen – besser, er besucht mich. Fast konspirative Verabredung? Und ein beinah konspiratives Treffen?

Ausländische Geheimdienste in der Bundesrepublik: kein Phantom. Einer unserer Stipendiaten kam aus China, und bei einem Termin im Böll-Haus Langenbroich sah ich zwei Chinesen in grauen Konfektionsanzügen über den Hof marschieren und in der Wohnung unseres Stipendiaten verschwinden. Langer Gesprächstermin. Die beiden Männer in Grau zogen wieder ab. Unser Gast hockte wie gelähmt, wie gebrochen in seinem Zimmer, wollte sich über die Unterredung nicht weiter äußern, deutete nur an, dass die beiden Herren vom Geheimdienst waren und mit massiven Forderungen aufgetreten waren.

Dann unser Musiker aus Dagestan. Er hatte sich in Holland, vor allem in Utrecht durchgeschlagen als Straßenmusiker mit einer Mandoline, auf der er auch Lautensuiten von Bach spielte, absolut souverän. Gespräche also meist über Musik. Doch in einer späten Besuchsphase erfuhr ich, dass er in Dagestan einen Geheimdienstler mit dem Jagdgewehr erschossen hatte, als der in sein Grundstück eindrang, dass er nun Angst hatte, er würde in Langenbroich aufgespürt.

Horrorvorstellung: eine Entführung aus dem Böll-Haus, womöglich eine Liquidierung! Da sah ich nur eine Möglichkeit: er musste wieder untertauchen. Ich sorgte dafür, dass ihm die noch ausstehenden Monatszahlungen ausgehändigt wurden. Im PKW dann zurück ins Nachbarland, nach Utrecht, wo er noch Kontakte hatte, mit Hilfe rechnen konnte und vorläufigen Unterschlupf.

Gegenwart als dritte Dimension der Vergangenheit: das wird wiederholt zur Erfahrung, fast zum Erlebnis im Böll-Haus.

Hier nun: Yuri Larin, Jahrgang 36, Maler und Bildhauer, von Annemarie Böll vermittelt, als einer unserer Stipendiaten. Vom besonderen Status unseres Gastes wusste ich bis zu seiner Ankunft noch nichts. Vielleicht, um mein Urteil nicht zu beeinflussen, hatte Annemarie Böll verschwiegen, vorerst, was sie über ihre Dissidentenfreunde selbstverständlich wusste: Dass Yuri Larin der Sohn von Anna Larina und Nikolaj Iwanowitsch Bucharin war – einer aus der Lenin-Garde der frühen Sowjetunion, eins der Mitglieder des Zentralkomitees, Chefredakteur der Zeitung *Iswestija*. Nach dem Schauprozess gegen Kamenew und Sinowjew wurde auch er verhaftet und vom Militärkollegium des Obersten Gerichtshofes der UdSSR zum Tode verurteilt. Fünfzig Jahres später, 1988, wurde er vom Plenum des Obersten Gerichtshofes der UdSSR rehabilitiert.

Anna Larina war erheblich jünger als der berühmte und populäre Berufsrevolutionär. Sie hat später Erinnerungen geschrieben. Der Titel der deutschen Fassung, eine ihrer Gedichtzeilen zitierend: *Nun bin ich schon weit über zwanzig.* Anna Larina wurde von der Heinrich-Böll-Stiftung in die Bundesrepublik eingeladen; leider habe ich sie dabei nicht kennengelernt. Aber mit ihrem Sohn und mit ihrer Schwiegertochter, einer sehr sympathischen, ebenso patenten wie resoluten Frau, habe ich mehrfach zusammengesessen. Was der sanfte, leise, scheue, fragil wirkende Mann erzählend andeutete, das fand im Buch seiner Mutter schärfere Konturen.

Nur im ersten Lebensjahr hat der Vater sein Kind gesehen, zeitweise. Noch vor dem Schauprozess gegen ihn wurde Anna

Larina als »Familienangehörige eines Vaterlandsverräters« verhaftet und zu acht Jahren Lagerhaft verurteilt; anschließend
wurde sie nach Sibirien verbannt. Das Kleinkind wurde bald
nach ihrer Verhaftung der Großmutter abgenommen und in ein
Kinderheim gesteckt, mit weiteren Kindern von »Vaterlandsverrätern«. Zwei Jahre später musste es von Verwandten dem
Heim »halbtot entrissen« werden. Nach der späteren Operation eines Hirntumors war Larin davon überzeugt, dass er,
mit anderen Kindern, Experimenten mit schwach radioaktiver
Strahlung ausgesetzt worden war: Es sollte erprobt werden,
wie weit sich auf diese Weise Flöhe und Läuse bekämpfen ließen. Eine Tante und ihr Mann nahmen das Kleinkind bei sich
auf, bis 1946 – dann wurden auch sie verhaftet.

Erst als er zwanzig war, sah ihn die Mutter wieder, noch
immer in der Verbannung – sehr bewegend, das zu lesen. Er
führte damals den Familiennamen Gusman und wusste nichts
von seinem Vater. Er studierte an einem Institut für Hydromelioration, also für Bewässerungstechnik. Es war eher ein Ausweichstudium, denn: »Naturwissenschaften und Mathematik
interessierten ihn nicht. Er zeichnete gern und träumte davon,
Maler zu werden.« Er belegte einen Fernkurs über Kunstgeschichte an der Leningrader Universität, studierte später in
Moskau. Vom Verkauf seiner Aquarelle und Ölbilder kann
(auch) er nicht leben. Zur schlechten wirtschaftlichen Lage
kamen gravierende Gesundheitsprobleme – ein Mann also,
der in mehrfacher Hinsicht (späte) Förderung verdient hatte.

Er ging viel spazieren in der Umgebung von Langenbroich,
fand zahlreiche Motive für seine Aquarelle mit ihren gleichsam schwebenden Konturen und Flächen. Ein Bild als (wie er
sagte) »Gedanke, in Farbe ausgedrückt«: es sind nicht gerade
leuchtende Farben. Hier dämpfte düstere Vergangenheit. Soweit sie vermittelt wurde, stimmte sie traurig.

SO ETWAS WIE EIN NACHRUF. Als ich den Großen Preis
der Bayerischen Akademie der Wissenschaften erhielt, 1989,
da stand, vor dem Festakt, der riesige, sichtlich gealterte
Holthusen vor mir und gratulierte mit einer Umarmung. Das

hat mich, ja, gerührt. Der Abstand, die innere Distanz war gewachsen, kein Kontakt mehr über Jahrzehnte hinweg, und nun diese Begrüßung im allgemeinen Trubel. Und: »Wir sehen uns nachher.«

Wapnewski hielt die Laudatio, ich hielt meine Rede, Schluss der Feier. Horst Bienek, an der Preisentscheidung beteiligt, erklärte mir, es sei üblich, dass man gleich nach dem Festakt in ein Restaurant gehe, fasste mich am Arm, geleitete mich durch eine Nebentür hinaus. Mit meiner geringen Übung im Empfangen von Preisen hielt ich das für eine lokale Tradition, wir gingen oder fuhren los zum Restaurant mit der bekannt guten Küche. Eine reservierte Tafel, aber wir waren erst mal die einzigen Gäste. Bienek erklärte, er wolle mir genau gegenüber sitzen, das ließ sich leicht arrangieren, und er schaute jeder gefüllten Gabel nach, die ich in den Mund steckte. Nach und nach trafen Gäste ein, die am Empfang teilgenommen hatten, und mir schwante: Es ist etwas schiefgelaufen. Ich musste ja den Eindruck erwecken, ich hätte mich arrogant verabsentiert. Vor allem: Ich habe nicht mehr mit Holthusen gesprochen, der, wenn auch als Mitglied der Akademie, zur Preisverleihung gekommen und gleich auf mich zugegangen war, nach Jahrzehnten stummer Distanz.

Holthusen ist längst gestorben, aber wenn ich, zuweilen, auf seinen Namen stoße, doch, da plagt es mich. Das ist gegen alle rationalen Erwägungen, ich habe mich ja nicht klammheimlich abgesetzt, wurde eher weggelotst, und doch, während ich dies schreibe, es plagt, nein, etwas salopper: es wurmt mich.

(Zwei der Brief-Echos: »Ihre Stippvisite neulich [September 64] war ein höchst erfreulicher Zwischenfall. Das Gespräch so lebendig und drängend und unerschöpflich wie in alten Tagen, die Übereinstimmung der Urteile, Stimmungen, Ansichten wahrhaft erquickend, nur waren Sie inzwischen so viel mehr (und ich vielleicht etwas weniger) geworden; als Sie gegangen waren, habe ich es bedauert, dass es nicht ein ganzer Abend sein konnte. Kommen Sie doch bald wieder und lassen Sie uns auf jeden Fall ›in Verbindung‹ bleiben.«

Ich habe ihn nicht nur genervt, indem ich ihn wiederholt um kritische Beurteilung entstehender Arbeiten bat, mit einer Hartnäckigkeit, die mich im Rückblick einigermaßen irritiert, er hat mir zuweilen das Gefühl vermittelt, es bestehe so etwas wie Wechselseitigkeit. Ich nahm offenbar auch mal die Rolle des Mentors ein – beim Älteren. Das Stichwort war: Autobiographie. Er hatte es eingebracht in einem der Briefe. Dabei erwähnte er (generellen) Zuspruch durch den Lyriker Piontek. Was mich besonders interessiert hätte: Eine Autobiographie, in der seine Aktivitäten in der NS-Zeit artikuliert wurden. Schließlich hatte er, wenn auch höchst vage, in einem früheren Brief die Zugehörigkeit zur SS erwähnt. Dann schrieb er, Mitte 62, aus dem Goethe House New York:

»Ich möchte Ihnen vor allem sagen, dass das, was Sie über meine Chancen, im Schreiben weiterzukommen, bemerken, für mich außerordentlich erfrischend und vertrauenerweckend ist. Fast dürfte ich hinzufügen, Sie haben mich in flagranti ertappt, denn was Sie mir vorschlagen und wozu Sie mich ermutigen wollen, beschäftigt mich täglich, meist in Gedanken, unbeschreiblich zähen und quälenden Gedanken, manchmal auch auf dem Papier, wenn auch nur strichelnder- und notierenderweise. Ich weiß, dass noch ein ungeheurer Ruck, ein waghalsiger Entschluss notwendig sein wird, um wirklich ›hineinzukommen‹, aber es muss in den nächsten Wochen oder Monaten geschafft werden. Ich glaube, dass die Zeit um das fünfzigste Jahr herum ganz außerordentlich kritisch ist, ich sehe das nicht nur an mir, sondern auch an anderen, Gleichgestimmten, Gleichaltrigen. Frisch schrieb mir vor zwei Jahren, er sei so gut wie entschlossen, das Schreiben aufzugeben.«)

Und nun: die (so oft und lang unterbrochene) Verbindung riss ab, ohne Schlusswort. Zwar sage ich mir: Nun spielt es keine Rolle mehr, ob wir uns beim Empfang bei einem Glas Wein noch hätten sprechen können oder nicht – mit diesem schnöden Sedativ dringe ich bei mir nicht so recht durch, es bleibt Bedauern: Du hast, wenn auch arglos, etwas falsch gemacht. Hättest Bienek entschiedener fragen sollen, ob vor dem Restaurantbesuch nicht erst ein Empfang stattfinde.

Mir fällt hier ein Titel-Stichwort ein, das Holthusen echohaft wiederholte: *Unwiederbringlich*. Damit zitierte er den Romantitel von Theodor Fontane, aber das Wort macht sich selbständig: Unwiederbringlich. Gern hätte ich mich noch bedankt für die Geduld und Ausdauer, die er dem Schüler und Studenten gewidmet hatte. Nun ist da ein Loch, eine Lücke, schwarz.

(Kleiner Beitrag ›aus dem Nähkästchen‹. Es war das zweite Mal, dass ich Bienek sah. Das erste Mal: eine groß angesetzte Veranstaltung in Graz, Kontext vergessen, anschließend saßen wir in zufälliger Gruppierung zu fünft an einem Tisch: Herbert Achternbusch, Horst Bienek, Elias Canetti, Manès Sperber und ich. Sperber ließ sich von Bienek über das Projekt der vier Schlesienromane berichten und stellte eine Frage, die ich noch im Ohr habe: »Und warum schreiben Sie viermal das Gleiche?« Das brachte unser Gespräch etwas ins Schlingern, auch Canetti hielt sich zurück; wahrscheinlich leiteten Herbert und ich nun über auf das verbindende Thema »Kloster Andechs«: Spielort seines ersten Films, Treffpunkt zu gemeinsamem Biertrinken, riskante Fahrt in seinem VW-Bus nach Gauting: »Du, ich bin so gern schuldig …«)

FLUG NACH SPANIEN. Fensterplatz. Beim Landeanflug sah ich eine breite, schnurgerade Straßenpiste und auf ihrer rechten Hälfte, im Dämmerlicht, einen Lavastrom von Rücklichtern, äußerst dicht: Stop and go? Ich hoffte, ich würde nicht auf dieser Straße ins Stadtzentrum fahren müssen, und war zugleich sicher, dass ich auf dieser Straße ins Stadtzentrum fahren musste. Dem Taxifahrer sagte ich nur: Termin, Termin, reichte ihm ein Blatt mit ausgedruckter Anschrift. Die nahm er kopfwiegend zur Kenntnis, fädelte sich ein auf die Ausfallstraße, und nach wenigen Fahrminuten war das Taxi wie aufgesogen von der nur noch in Schrittgeschwindigkeit weiterrückenden, immer wieder stillstehenden Metallmasse, die der Fahrer mit halblauten Flüchen, mit Murmelsprüchen kommentierte; mehrfach wiederholte sich das Wort »manifestación«, eins der wenigen, die ich verstand, aber wer da demonstrierte, das verstand ich schon nicht mehr.

Mit wütender Entschlossenheit suchte der Fahrer einen Ausweg, manövrierte sich über zwei Fahrstreifen hinweg nach rechts, eine kleine Abfahrt, aber nach zweihundert Metern auch hier wieder ein Stau, aus dem der Fahrer sich, in weiteren Umgehungsbögen, gleichfalls herausarbeiten wollte, und er schob sich vor über blockierte Kreuzungen bei Rot, aber nach wenigen hundert Metern ging es auch hier nicht weiter. Auf einer Kreuzung mehrere Polizisten mit Helmen, Sirenen wurden laut, eine Kolonne von Mannschaftswagen mit Blaulicht wurde von den Kollegen durchgewinkt, Dutzende von Hupen schickten Strafklänge aus, weil die Polizei den Verkehrskollaps nicht verhindert hatte, das Hupen als kollektives Anklagegeschrei, und das Gehäuse, in dem ich gefangen saß, schien noch kleiner zu werden, und die Luft immer dicker, nicht die geringste Windbewegung in den Blättern gelegentlicher Bäume, ich hätte am liebsten die Tür aufgestoßen, wäre losgerannt, aber ich kannte mich in Madrid noch nicht aus. Der Fahrer suchte erneut einen Ausweg, der nur ein weiterer Umweg sein konnte, aber am Ende einer Seitenstraße setzten Wagen zurück, wendeten, da wendete auch der Taxifahrer, fuhr in eine wiederum andere Richtung, erneut gerieten wir in einen Stau, aus dem es keinen Ausweg mehr zu geben schien. »Toda sta«, sagte der Fahrer – das Einzige, was ich von ihm verstand. Und wieder der gleichsam geschichtete Klang von Hupsignalen, fokussiert zu scharfgebündelten Klangstrahlen, gerichtet auf einen weiteren Konvoi von Polizeifahrzeugen mit Blaulicht. Und ich stellte mir vor: Hätten sich diese Signale kollektiver Wut umgesetzt in Laserstrahlen, die Fahrzeuge mit Blaulicht wären pulverisiert, entmaterialisiert worden. Doch als ich zu einem Wagen neben dem Taxi schaute, sah ich, dass der Fahrer achselzuckend und plaudernd hupte, ein Mann lehnte sich aus dem Wagen vor uns heraus, rief dem Huper lachend etwas zu, der gestikulierte lachend, die Hupsignale wiederholten sich, es war (nur hier?) eine eher beiläufige Wut, eine Wut mit Spielelementen, vielleicht hätte

man höchstens die Blaulichter von den Dächern der Mannschaftswagen gelasert.

Aber in mir staute sich auf, was sich nicht in Gesten, in
Gebärden umsetzen konnte, ich glaubte zu spüren, an den
Trommelfellen, wie der Innendruck wuchs; mein Körper war
verhinderte Bewegung, kupierter Bewegungsimpuls, es sie-
dete in mir auf, sank in sich zusammen, da war Resignation
und Wut: Worauf hast du dich mal wieder eingelassen? Und
dieses ganze Theater für ein Kurzreferat, ein paar Statements
in einem Podiumsgespräch?

Anderthalb Stunden nach der Landung kam ich am Theater
Espronceda an. Endlich erfuhr ich, was los war in der Hauptstadt: eine Demonstration von Behinderten. Vielleicht aus
schlechtem Gewissen hatte ihnen die Administration erlaubt,
auf einem der Hauptplätze zu demonstrieren, auf dem Colon,
und auf einer der Haupt-Avenuen, der Castellana, die Demonstration schien sich trotz der weiträumigen Absperrungen noch auszudehnen, schon seit mehreren Stunden war der
Verkehr in der Stadt kollabiert: Behinderte, die mit Bussen aus
fernen Regionen herangekommen waren, sie zeigten der Stadt
ihre Macht, für ein paar Stunden. Wenigstens eine Erklärung,
der Wutstau in Kopf und Bauch ließ ein wenig nach. Rasch
zwei Gläser Weißwein, kühl, kühl, und ich wurde zur Bühne
des kleinen Theaters geführt, die Veranstaltung hatte schon
begonnen. Weitaus mehr leere als besetzte Plätze, aber darauf
hatte der Dramaturg mich schon vorbereitet, eingestimmt; zu
viele, die eigentlich kommen wollten, waren zu Hause geblieben oder steckten im Stau.

Alles schien mir wieder einmal so arrangiert, inszeniert,
dass mir Sinnlosigkeit plakativ deutlich gemacht wurde. Ein
spanischer Kritiker las noch immer einen Text ab. Es war ausgemacht worden, dass jeder der fünf auf dem Podium nur
acht, maximal zehn Minuten sprach, zur Einführung, hier aber
ging es schon auf die zwanzig Minuten zu. Die Simultandol-
metscherin sprach unablässig in meine Ohren, in meinen Kopf
hinein, und ich sah, dass noch mehr Text vorbereitet war. Die
Frau neben dem Dauerreferenten wollte offenbar nicht zu-

rückstehen, hatte ebenfalls ein Bündel Typoskriptseiten bereitgelegt. Und ich sollte als Letzter drankommen, zu einem Zeitpunkt, an dem alles sicherlich schon kleingeschrotet war, auf der Bühne, im Zuschauerraum, Zermürbung durch exzessives Reden, von einem anschließenden Gespräch konnte wohl kaum noch die Rede sein. Ich flüsterte dem Dramaturgen zu, ich müsse mal eben raus – wieder hatte sich Wut in mir verdichtet, ich musste die Wut in Bewegung umsetzen.

Ohne zu suchen, ohne zu fragen, fand ich den Colon-Platz, ging mitten auf der breiten Avenida, die von Flugblättern überstreut war, von Plastikflaschen, Weißblechdosen, Plastiktüten. An der Einmündung der Catellana in den Platz eine kleine Sandburg, mitten auf der Straßenfläche, eine schon halb zertretene Sandburg. Noch dichter hier die Flugblätter und die Pappdeckelchen von Fritten oder Würsten und noch zahlreiche die Dosen und Flaschen und Tüten. Stangen mit Transparenten an Bäume gelehnt und an die Einfassung der riesigen Brunnenanlage – in sich zusammengesunkene Transparente, nur einzelne Buchstaben waren noch sichtbar.

Die manifestación war beendet, Busse fuhren ab, nur noch vereinzelte Rollstuhlfahrer auf der Avenida, auf dem Platz, nur noch gelegentlich ein Mann mit Krücken, doch es schien sich etwas Neues vorzubereiten, eine Kolonne von Polizeifahrzeugen kam mit Blaulicht auf den Platz, es stiegen Polizisten aus mit Helmen, Plastikschilden, Schlagstöcken, zogen, ohne Tritt, zur Ecke des Platzes, an der sich bereits Polizisten mit Helmen und Schilden aufgereiht hatten, Schulter an Schulter. Ein rhythmisch gegliederter Ruf wurde hörbar, ein kollektiver Ruf, es schien sich das Wort »trabajo« zu wiederholen, und plötzlich war Bewegung um mich her: Junge Männer tauchten auf, sie schienen in den Schatten der Bäume oder in Hauseingängen gewartet, gelauert zu haben, und wie auf Stichwort zerrten sie Blumenkübel und Absperrgitter heran, holten, offenbar von einer Baustelle, Betongussteile, Betonplatten heran, rasch entstand ein Hindernis, doch ehe es sich zur Barrikade auswachsen konnte, wurden an mehreren Polizeifahrzeugen die Blaulichter wieder angeschaltet, in der gesamten Straßenbreite fuhren sie auf die entstehende Sperre zu, Polizisten sprangen heraus, räumten ab, Männergruppen setzten sich auf die Fahrbahn, die Polizei rückte, vom dichten Pulk mit Blaulichtern wie vorgeschoben, gegen die Sitzenden vor, Polizisten versuchten, erste Teilnehmer der offenbar nicht genehmigten Demonstration von der Asphaltfläche zu tragen, es kam zu Gerangel, Geschrei, Gerangel, Menschen klumpten sich zusammen, ein Holzprügel flog dicht am Blaulicht eines der Wagen vorbei, die Polizei wurde verstärkt, zugleich näherte sich ein zweiter Demonstrationszug dem Platz. Da setzte ich mich ab, ging zur Avenida, blieb in der Nähe einer Bushaltestelle stehen, aber nun sah ich nicht mehr Einzelheiten an der Rangel- und Gerempelfront. Und wollte meinen Platz am Podiumstisch nun doch nicht allzu lang unbesetzt lassen.

BEREITS IN DER ERSTEN HÄLFTE der achtziger Jahre fragte mich Siegfried Unseld, ob ich nicht die Frankfurter Poetikvorlesungen übernehmen wolle. Da scheute ich erst mal zurück: In dieser Vorlesungsreihe sprachen, sprechen Autoren vielfach über ihr Werk, ihre Schreibmethode, und das wollte ich nicht. Die Angst, wieder zum Theoretisieren über Literatur herausgefordert oder wenigstens animiert zu werden, die Sorge, ich würde an Spontaneität verlieren, wenn ich mich selbst zum Objekt germanistischer Betrachtung mache.

Aber ich habe nun mal Germanistik studiert und ich schreibe literarische Texte. Diese Verbindung ist alles andere als selbstverständlich. In Gesprächen nach Lesungen wurde ich zuweilen nach dem Zusammenhang befragt, und ich pflegte dann pointierend zu antworten, nun auch hier, nun auch diesmal: Ich schreibe, *obwohl* ich Germanistik studiert habe! Germanistikstudium ist nicht die Hohe Schule der Spontaneität, der Kreativität. Diskursives Schreiben über literarische Texte, narratives Schreiben von literarischen Texten, das ist – mit einem riskanten Vergleich – ein Quantensprung. Ich traue mir durchaus zu, Rezensionen literarischer Werke, Essays über Fragen der Literatur schreiben zu können, aber ich verweigere das. Und bin hier konsequent geblieben.

Aber ich habe doch 1985 die Brüder-Grimm-Dozentur in Kassel übernommen! Gewiss, aber ich konnte vorher aushandeln, dass ich nicht über meine Bücher sprechen musste; ich konnte aus meinem damaligen Projekt vortragen, dem Wolfram-Parzival-Buch, konnte zur Diskussion stellen, die Gespräche nach den Lesungen / Vorlesungen waren hilfreich. Ich sah von mir ab und gewann für mich hinzu.

Im Wintersemester 1992/93 habe ich dann aber doch die Frankfurter Vorlesungen gehalten. Dies wiederum projektgebunden: »Mein Lebensroman – Skizzen zum Modell einer Autobiographie«. Ich stellte Textproben vor aus dem autobiographischen Projekt, unter dem Aspekt neuer Formgebung.

Denn: Memoiren kann und werde ich nicht schreiben. Dazu muss man mehr an der Geschichte seiner Zeit als an der Geschichte seiner selbst interessiert sein, muss, in möglichst gehobener Position (wie etwa, seinerzeit, André Malraux) vom Umgang mit wichtigen Zeitgenossen, berühmten Persönlichkeiten berichten können (etwa als Kunsthändler, speziell von Picasso). Hier hätte ich wenig zu bieten. Zwar habe ich mal, während eines Urlaubs in Cadaques, im nahen Figueras bei Salvador Dalí angeklingelt, spontan, und ich wurde, ebenso spontan, im skurrilen Bau mit ausgestopftem Bär im Flur und Riesenei im Hof umhergeführt vom Hausherrn (in Sweatshirt und mit nichtstilisiertem Schnurrbart), aber das bleibt Anekdötchen; zu meinen ›Hausheiligen‹ zählt Dalí ohnehin nicht, der späte Dalí schon gar nicht. Hingegen fast so etwas wie Freundschaft mit Böll – darüber ließe sich manches schreiben, hier würde Takt jedoch einige Grenzlinien ziehen. Gespräche in Frankfurt mit Michael Haneke; er wollte (viele Jahre vor seinem Film *Die Pianistin*) die Regie übernehmen im Clara-Schumann-Film, zu dem ich, gemeinsam mit Birgitta, das Drehbuch geschrieben hatte. Allerdings wurde das ambitionierte Unternehmen vom Hessischen Rundfunk mit überzogenen Kostenkalkulationen torpediert.

Nein, kein Memoirenstoff im Angebot, Memoiren würden mich auch als Form nicht interessieren. Hingegen glaube ich facettenhaft vermitteln zu können, was für mich in meiner Zeit charakteristisch ist. Dies (so schnappe ich das auf) in bewusstem und betontem Verzicht auf »ästhetisierende Harmonie als kohärenzstiftende Größe«.

Vorbereitend und begleitend eine kleine Ausstellung, begleitet von einem schmalen Katalog: Exponate aus rund drei Jahrzehnten eines Autorenlebens. Skripte, Fotos, Bücher unter Vitrinenglas. Erste Begehung mit dem Verleger. Verharren vor einem der überaus seltenen Fotos, das mich an der Seite von Unseld zeigt.

Die fünf Vorlesungen. Ich kam eher ins Erzählen als ins Erörtern. Fachgerechter: eher narrative als diskursive Beiträge. Theoretischer Diskurs hätte Rezeption und Reflexion von Literatur über Autobiographien vorausgesetzt, das habe ich jedoch ausgespart: Keine Lektüre von Schriften und Büchern zum Thema Autobiographien. Dort werden Lösungen erörtert, die andere gefunden haben. Das hilft mir nicht weiter, ich setze kein theoretisches Konstrukt um, das andere entwickelt oder präsentiert haben. In den Zeitphasen, in denen ich an diesem Projekt arbeite, lese ich auch keine autobiographischen Texte.

Es war üblich, dass Unseld die Texte der Vorlesungen in einem Band der *edition suhrkamp* veröffentlichte, das bot er auch mir an, ich musste abwinken: Text noch nicht reif zur Publikation, hat noch nicht seine Form gefunden.

Dabei lag ein erster Ansatz noch weiter zurück. Worauf ich kurz mal angespielt hatte, das wird nun ausgeführt: 1987 hatte ich ein Büchlein geschrieben, das ich im folgenden Jahr vorlegen, verteilen konnte. Der Untertitel rückt in der Erinnerung nach vorn: »Selbstportrait mit Großvätern«. Die etwa 120 Seiten, in Reinschrift getippt, wurden von der Aachener Uni-Druckerei in geringer Auflage reproduziert und kartoniert. Ich verschenkte Exemplare an Freunde, an gute Bekannte, zu denen ich Vertrauen hatte. Mit einem altmodischen Wort: eine Freundesgabe. Der Karton mit nicht verteilten Exemplaren wurde im Dürener Speicher fast völlig vergessen.

Mein Lebensbuch hat also eine lange Vorgeschichte. Notizen, Entwürfe, Kapitel seit 1987 in lockerer Folge. Ich habe die Vorarbeiten aufbewahrt, kann auf reichen Fundus zurückgreifen. Aber Form, Gestalt nimmt das Lebensbuch erst diesseits der Jahrtausendwende an.

HERBST 1993: Stadtschreiber nun auch in Mainz. Eine Wohnstätte, gestellt von der Stadt, ein >Ehrensold<, spendiert vom Zweiten Deutschen Fernsehen.

Die Lebens-Logistik ändert sich. Jeweils einige Tage im Eifelhaus, im Waldgrundstück am Rand eines Dorfausläufers, jeweils einige Tage in der Kölner Stadtwohnung, mit Blick auf Bergisches Land und Siebengebirge, und nun auch, für ein Jahr, die Studiowohnung im Gutenberg-Museum, die ich nutzen darf und auch nutze. Erweiterung der Lebensformen: (zeitweiliger) Aufenthalt in einem Altstadtbereich.

Ich sehe die verdreifachte Lebensform als so etwas wie eine Versuchsanordnung, in der ich mehr über mich erfahre. Lasse ich mich auf die dritte Lebensform ein oder stelle ich ein paar plausible Begründungen dafür auf, dass ich nur nach Mainz fahre, wenn ein Termin mich dazu zwingt? Nein, ich fahre freiwillig, bereitwillig nach Mainz. Wiederum, wenn ich Reisetasche oder Koffer packe, den Kühlschrank ausräume, die Schreibmaschine (die bei mir wirklich eine *Reise*schreibmaschine ist) in den Schalenkoffer lege, wenn ich das Gepäck zum Auto schleppe, wenn ich auf Stadtstraßen, Landstraßen, Autobahnen fahre, da erscheint mir das Wechselspiel der alternativen Lebensformen schon mal ausgereizt, ich habe das Gefühl, mein Verbrauch an Lebensenergie sei zu hoch, ich denke, autofahrend, bahnfahrend, an eine eher stationäre Lebensform – dies ohne abzurutschen in schiere Bequemlichkeit.

Jedoch: Aufatmen, wenn ich aufs Land fahre, zur Nordeifel! Aufatmen, wenn ich in die Großstadt Köln fahre. Aufatmen nun auch, wenn ich in die mittelgroße Stadt Mainz fahre. Überall steht ein Schreibtisch bereit, an dem ich meine Arbeit fortsetze. Der Wechsel von Abenden nach Köln und Mainz bedeutet jeweils: andere soziale Kontakte, Verbindungen, Beziehungen. Begegnung, Symbiose mit anderen Lebensformen. So erfahre ich mich, im Kontrast, jeweils neu, da können sich Verhärtungen kaum bilden. Mein Ich: so etwas wie eine Modelliermasse, die sich selbständig durchknetet. Ich bin jemand, der ... nein, ich bin eher jemand, der ... aber ich bin doch auch jemand, der ...

Die Studiowohnung in einem Gebäude, das täglich von Touristen, vor allem von japanischen, fotografiert wird: die Renaissancefassade des Gutenberg-Museums, früher Hotel »Zum römischen Kaiser«. Ausgebrannt beim massiven Luftangriff wenige Wochen vor Kriegsende, die Ruine wieder ausgebaut, nun ist es Verwaltungsgebäude des Museums. Und hinter einem der beiden Giebelaufsätze die Wohnung, vier Fenster gereiht; noch mal zwei Fenster über meiner Fensterreihe, doch da ist nur noch Speicher. Im Hotel hinter der erhaltenen und rekonstruierten Fassade hatte der siebenjährige Mozart konzertiert, zweimal. Selbstverständlich war auch Goethe mal in diesem Haus – er muss ja flächendeckend gereist sein.

Einverständnis, wenn ich unter den üppigen Gipsstuckaturen des Eingangvestibüls gehe, unter vielen Gipsschenkeln, Gipshintern, Gipsfanfaren. Und wenn ich, vom Schreibtisch, hinüberschaue zum Turm, zur güldenen Wetterfahne der Augustinerkirche, und wenn ich, an einem der Fenster stehend, hinabblicke auf blühende Kirschbäume oder auf Marktstände, Marktschirme, Markttische, ja, dann weiß ich: Scheinbar plausible, einleuchtende, kluge Begründungen für wiederholten Verzicht auf eine Fahrt nach Mainz, sie wären Mogeleien, wären, wortwörtlich, eine Verkürzung.

Das Bewusstsein reichert sich an mit neuen Bildern, das tägliche Verhalten verschmilzt mit neuen Gewohnheiten, auf Widerruf. Wenn ich mich im Fenster vorbeuge, nach rechts schaue, sehe ich den Ostchor des kathedralgroßen romanischen Münsters in warmem, rotbraunem Stein mit allerlei Verzierungen und einigen Vergoldungen. Wenn ich den Liebfrauenplatz überquere, bin ich sofort in der Altstadt, und mit Sohn Christoph, der in Mainz beim Südwestfunk arbeitet, gehe ich in eine der alten Kneipen. Und Spaziergänge am Rhein entlang, selbstverständlich: den Wassermann zieht es zum Wasser. Hier gehe ich in Höhe des Flusskilometers 495 und in Köln-Mülheim in Höhe des Flusskilometers 692. Wie ein Grundierungsfließen: der Rhein.

Und weiterhin die Arbeit. Nicht unerwünschte Unterbrechungen: Der Platz vor dem Museum macht fast ständig auf sich aufmerksam. Ein Lastwagen fährt vor, mit laufendem Motor wird eine Arbeitsbühne angehoben, Baumäste werden gestutzt; ein Unimog erscheint kurz darauf, die abgeworfenen Äste werden von angekoppeltem Schredder zu Mulch zerfetzt, in rasender Geschwindigkeit ... Bierkästen werden abgeladen, Mineralwasserkästen, Limonadekästen, polternd schlagen Leichtmetallfässer auf dem Kopfsteinpflaster auf, ohne dämpfendes Lederkissen ... Aus einem Lieferwagen wird eine transportable Pumpe gehoben, an einem Gully abgesetzt, die Pumpe läuft hochtourig an. Dennoch kommt ein Kesselwagen mit drei Warnlichtern auf den Platz, ein Rüssel wird in kleine Gullys gesenkt, es wird gleichfalls gepumpt ... Müllcontainer aus Plastik oder Eisenblech werden auf Hartgummirädchen aus Hauseingängen, Toreinfahrten gezogen und dröhnend zusammengerückt, in Gruppen. Ein Müllwagen hebt die Container an den Riesenschlund, lässt sie dröhnend anschlagen, mehrfach, setzt sie dröhnend wieder ab. Gleich darauf ein zweiter Müllwagen, der Glasleergut mit Geklirr und Geprassel in sich hineinstürzen lässt ... Und es wird, direkt vor dem Museum, ein Karussell aufgebaut, eher altmodisch, ohne Hydraulik zum Heben, Kippen, Schwenken, ein Merry-go-round. Zwei volle Tage arbeiten vier Mann fast ohne Pause; eingeübte, eingespielte Griff-Folgen. Alle Werkstücke sind in einem Materialwagen in bewährter Reihenfolge gelagert, gestapelt. Es entsteht ein Karussell mit vielen bunten, ovalen, barock umrahmten Bildern auf dem oberen Gesims.

Trotz der Farbenpracht: Assoziationen an ein überaus schlichtes Karussell kurz nach dem Krieg in Herrsching. Es wurde von zwei Männern in Drehung versetzt: die gingen, wie Göpeltiere, auf staubtrocknem Boden unter der Plattform des

Karussells, drehten die Mittelachse mit zwei hineingesteckten, waagrechten Balken in Bauchhöhe. Dieser niedrige Arbeitsbereich war rundum von hellen Planen verhängt. Ich fand eine Stelle, an der ich hineinlugen konnte, und weil ich schon mal den Kopf reinsteckte, sollte ich gleich auch ganz reinkommen, einen der beiden Männer ablösen, er müsse unbedingt was trinken in der Hitze, bei der Trockenheit, und mir wurde, glaube ich, angeboten, ich könnte einmal kostenlos mitfahren, wenn ich eine Partie mitschiebe. Ablösung, meine Hände nun auf dem Balken, Bewegung in der Trittspur, über mir trampelten auf Brettern und Bohlen Kinder und Erwachsene herum, wenn eine Fahrt beendet war, und dann, in der fortgesetzten Drehbewegung, ein Knarren von Holz wie auf einem Piratenschiff unter Segeln (so hörte ich das später im Kino). Der Staub, durch den ich ging, im Eilschritt, dieser Staub schien mir mehlweich, und auch ich kriegte Durst; der durstige Mann ließ auf sich warten, ich fühlte mich verpflichtet, weiterzuschieben im trockenheißen Raum mit dem gefilterten Licht der hellen Planen. In der Erinnerungsperspektive sehe ich dieses Karussell nur von unten, weiß nicht, ob ich Holzpferdchen mitbewegte, Mini-Autos oder Mini-Kutschen.

(Ich weiß: Das habe ich schon mal erzählt, in ähnlichem Wortlaut, aber ich mache die Wiederholung nicht rückgängig, denn, wie schon betont: Erinnerungen tauchen nicht in strikt chronologischer Reihenfolge auf, sie erscheinen in verschiedenstem Kontext. Erinnerungen (wie auch Einfälle) lassen sind nicht synchronisieren mit Chronologie, die, im Rückblick, ja erst *entwickelt* wird. Im Kopf wirbelt erst mal alles durcheinander. Einfälle, Erinnerungen … Springende Punkte kommen wie sie wollen, wann sie wollen, kommen jedenfalls ungerufen, kommen in die Quere, drängen sich schon mal vor in unpassenden Momenten. Ergo: wie es Springende Gene gibt, die sich mal hier, mal dort ankoppeln, zufällig, so lasse ich auch hier zu, dass eine Erinnerung nicht angekoppelt wird an strikt befolgte (konstruierte) Chronologie. Was mir im Kopf querschießt, soll auch schon mal in diesem Buch querschießen. Nur so komme ich mir näher.)

MAINZER LEKTION über die Form meines Auftretens. Ich erscheine im Sekretariat des Naturhistorischen Museums. Der Schreibtisch der Sekretärin; an der Schmalseite, quergestellt, ein kleinerer Tisch, an dem ein Mann Briefe sichtet. Er mokiert sich über einen neuen Sparvorschlag: Eintrittskarten im Museum über einen Automaten zu verkaufen, doch an einem Tag in der Woche sollen Bewohner von Mainz kostenlosen Eintritt erhalten – wie will man, bitteschön, überprüfen, in jedem Fall, ob jemand wirklich aus Mainz kommt? Maschinengelesene Personalpapiere …?

Ich stehe in der Tür, nach meinem Gruß, lehne mich an. Kleidung nicht unwichtig: Windjacke, Cordhose. Der Mann ist weiterhin mit Papieren beschäftigt, ich spreche die Sekretärin an: Wo ist hier im Haus die Bibliothek?

Die Bibliothek ist geschlossen.

Jetzt schon? Wann sind denn die Öffnungszeiten?

Die Bibliothek ist für ein halbes Jahr geschlossen.

Das ist schlecht, ich möchte etwas nachschauen.

Geht nicht, die Bibliothek ist geschlossen. Worum handelt es sich denn?

Ich brauche ein paar Informationen über Mainzer Flora. Bin von der Stadtverwaltung darauf hingewiesen worden, dass ich die hier erhalten könnte. Wie komme ich jetzt da dran? Ich brauche die, als Stadtschreiber, für einen Text.

Tja, sagt die Sekretärin.

Das können Sie so nicht abtun, schaltet sich der Mann ein. Sie dürfen sich vom Stil dieses Auftretens nicht täuschen lassen. Er tritt hier auf, schon in der Kleidung, wie ein ganz kleines Licht, und erst ganz nebenbei gibt er zu erkennen, dass er der Stadtschreiber ist. Er hätte das gleich ganz klar sagen sollen.

Aber ich muss in solch einer Angelegenheit doch nicht mit Pauken und Trompeten auftreten. Ich wollte in eine öffentlich zugängliche Bibliothek, dazu muss ich nicht meine Funktion benennen. Mir hat keiner gesagt, dass die langfristig geschlossen ist. Erst dann habe ich nachgereicht, dass ich Stadtschreiber bin. Soll ich hier vielleicht auftrumpfen, das Gespräch

1162

unterbrechend: Ich bin der neue Stadtschreiber, ich brauche Amtshilfe, sofort ...?!

Na, vielleicht so ähnlich. Aber jetzt wollen wir trotzdem mal sehen, was sich machen lässt. Muss nur eben die paar Briefe unterschreiben, Moment noch.

Wir gehen durch den Flur. In welcher Kleidung müsste ich eigentlich auftreten, um Informationen in einer Bibliothek einzuholen?

Das war doch eher scherzhaft gemeint. Trotzdem: mein Auftreten sei pures Understatement gewesen. Als hätte ich mich kaum in das Gebäude reingetraut. Dabei sei ich als Stadtschreiber sozusagen VIP, zumindest in Mainz.

Ich werde zu einem Botaniker begleitet, der in weißem Kittel verwaltet, auch Bücher, hausintern. Dem erzählt mein Begleiter gleich von unserer Begegnung: »Stellen Sie sich vor, er steht da wie ein ganz kleines Licht in der Tür.« Und geht.

Wer dieser Herr ist, das hat er mir auch nicht gesagt, das setzt er vielleicht als bekannt voraus. Ich frage den Botaniker. Aha, Co-Direktor oder stellvertretender Direktor.

Ich trage vor, was mich herführt: Als Stadtschreiber will ich nicht das übliche »Elektronische Tagebuch« meiner Vorgänger weiterführen, nicht wieder Selbstdarstellung, ich möchte die vorgegebene Sendezeit nutzen, will, möchte fürs ZDF einen Film über Maria Sibylla Merian drehen, sammle dazu Material, und nun habe ich gehört, dass es hier Arbeiten gibt über Fauna und Flora des Mainzer Sandes. (Naturschutzgebiet, abgekürzt NSG, das ich auf vorgeschriebenem Rundweg erkundet habe, ein Gebiet, das artenreicher sein soll als andere Biotope meines Landes.)

Und ich höre von einem Kavallerieoffizier Reichenau, der nach einem Unfall Botaniker wurde und die erste große Untersuchung der Flora des Mainzer Sandes schrieb. Das Buch wird mir gezeigt in zwei seltenen alten Ausgaben. Und es wird mir die 600-seitige Dokumentation der Schriftenreihe des Naturhistorischen Museums überreicht. Für anschließende Fragen stehe man gern zur Verfügung.

Das Gespräch wendet sich rasch einem süffigeren Thema

zu, es werden Weißweine aus dem Rheingau und aus Rheinhessen gegeneinander ausgespielt – welche sind a priori besser? Ich schwöre auf Rheingau, auf Weine aus Kiedrich und Rauental, die trocknen Rieslings überraschen!

Damit finde ich aber keine Resonanz: Wein aus dem Rheingau, der auch noch trocken, das ist wie eine Frau ohne Busen und Arsch. Hingegen Rheinhessen-Weine: in jeder Hinsicht rund!

Weiter das Stichwort »Image«. Köln, Hochhaus am Wiener Platz. Dort wird ein U-Bahnhof gebaut; die Bauleitung im vierten Stock des Hochhauses, also immer mal wieder Herren im Lift mit Krawatte und Bauhelm. Einer von ihnen hatte eine Rezension oder einen Bericht über mich gelesen, identifizierte mich nach einem Foto, grüßte und musterte mich und gestand: Dass ich Bücher schriebe, das hätte er mir nun wirklich nicht zugetraut.

Ich blieb, leicht überrumpelt, eine passende Antwort schuldig. Die hätte, nachgeholt, etwa so klingen müssen: Hauptsache, fürs Erste, ich selber traue es mir zu.

In meiner Dokumentations-Endmoräne finde ich einen Zeitungsausriss, dick markiert am Rand. Überraschender Beitrag zum Thema Image.

»Thomas Mann wusste, wovon er sprach, als er in seinem ›Versuch über Tschechow‹ behauptete: ›Denn die Meinung, die wir von uns selbst hegen, ist nicht ohne Einfluss auf das Bild, das die Menschen sich von uns machen.‹ Thomas Manns Vermutung, dass Tschechows langjährige Unterschätzheit in Westeuropa mit dessen äußerst nüchternem, kritischem und zweifelndem Verhalten zu sich selbst zu tun haben könnte, ließe sich mit kleinen Einschränkungen auch auf Svevo übertragen.«

Hier suggeriere oder souffliere ich keinen (angemaßten) Schulterschluss, aber dieser Ausriss hat mich begleitet. Zwar nicht in der Brieftasche, aber als Aide-mémoire, als Aufforderung von mir an mich selbst: Arbeite daran!

Da blieb es freilich beim Appell, beim Vorsatz. Auch in der Überzeugung, dass sich Aura nicht kreieren lässt. Ich habe darüber mal mit Kempowski gesprochen, in Nartum, und er wusste von einem unserer Kollegen zu berichten: Auch wenn der ein Restaurant erstmalig betritt, als Fremder, da springen die Kellner, da wird sofort ein optimaler Tisch gesucht und angeboten. Wie schafft man das? Lässt sich so was übernehmen, aneignen? Und sodann einbringen nicht nur in der gastronomischen, auch in der literarischen Branche?

Mit optimierten Formen des Auftretens allein ist es anscheinend auch nicht getan. Als ich zwei Jahrzehnte nach diesem Stadtschreiberamt bei einer Zufallsbegegnung ein Jurymitglied fragte, wie es eigentlich zu erklären sei, dass ich in all den Jahren danach nicht mehr das allergeringste Preislein erhalten hätte, da lautete die Antwort kühl: Sie haben keine Lobby. Na ja, sagte ich mir resignierend trotzig, mach ich eben alleene weiter …

SCHON MAL ERZÄHLT, aber das wiederhole ich gern: Meine zweite Schmetterlingsweihe erhielt ich auf der Anhöhe eines Castello, an der Grenze zwischen Umbrien und Toskana. Ein Segelfalter über der Wiese des Innenhofs der ehemaligen Burg, im Halbkreis der Steineichen, über dem schmalen Blumenbeet auf einem Mauersockel: Heidepflanzen. Und ein Segelfalter vor dem Castello: Von der Küche der Wohnung aus schaue ich, von dickem Mauerwerk umrahmt, hinunter in die kleine Lichtung zwischen Burgmauer und Pinien, sehe abwechselnd einen Schwalbenschwanz und einen Segelfalter, in meist raschem Flug. Und wenn ich vor dem Castello unter einer der Pinien sitze, mit Blick auf den Trasimenischen See und weiter bis Montepulciano oder in das Gebiet von Perugia – sobald ich mich von diesem Panorama abwende, sehe ich einen weiteren Segelfalter hin und her fliegen. Drei Segelfalter also müssen es sein im Bereich des Castello … (Später erst lese ich, dass Segelfalter in der Paarungszeit Anhöhen lieben: »hill-topping«.)

Selbstverständlich will ich sie aus der Nähe sehen, aber sobald ich einem Segelfalter näher komme, flattert er hoch von einer Distelblüte oder von einer der Heidepflanzen des Steingartenstreifens, wirbelt dahin. Sind überhaupt nur in raschen Flugbewegungen unterwegs, vor allem, wenn sie in kurzen Sequenzen zu zweit umeinander herumwirbeln, wie um einen gemeinsamen Gravitations-Luftpunkt, und der scheint von Thermik erfasst zu werden, sie fliegen eine Doppelpirouette in das Hitzeblau, wilde Schraubbewegung aufwärts. Wollen keine Ruhe geben: schrauben sich hoch, gleiten herab, zucken hierhin, schnellen dorthin, Flugbewegungen, die sich jeder Erwartung und Berechnung entziehen, und damit verstärkt der Wunsch, einen dieser ruhelosen Flatterer endlich mal in Ruhe betrachten zu können.

Nicht mit List, schon gar nicht mit Tücke komme ich an einen der Segelfalter heran, nur mit geduldiger Beobachtung. Ich stelle fest, dass Segelfalter jeweils in einem ziemlich genau umgrenzten Revier fliegen, im Innenhof wie vor dem Tor. Und: sie fliegen im jeweils schattenlosen Bereich – über der Wiese im Halbkreis der Steineichen, und draußen, zwischen Burgmauer und Pinien, über der mittlerweile strohhellen Grasfläche.

Dort stelle ich mich an eine der Flugrouten. Und der Segelfalter des Reviers schwebt dicht an mir vorbei, wendet, fliegt mich von vorn an, fliegt an mir vorbei, wendet hinter mir, zuckt, schnellt, gleitet wieder an mir vorbei in seinem Wippflug: ein paar rasche, vorantreibende Flügelschläge, dann bleiben die Flügel zum Gleiten ausgebreitet. Kurskorrekturen, zuckschnell. Nach mehreren Flatterflügen, Gleitflügen landet der Segelfalter auf einer der Distelblüten, breitet die Flügel aus, bewegt sie, in geringem Winkel, als wäre das eine Illustration des Atmens. Ich bewege mich langsam zur Distelblüte (als Kind hätte ich gesagt: Ich schleiche mich an …), sehe deutlich das schwarze Linienmuster, die antennenförmige Schwanz-Doppelform, sehe die hellblauen und sanft orangefarbenen Markierungen der Hinterflügel.

Ich stelle mich wieder auf an der Hauptflugroute. Der Segelfalter zuckt, gleitet, schnellt an mir vorbei, landet aber nicht erneut auf der Distelblüte, macht in deren Bereich eine jähe Wende, als wäre ein unsichtbarer Widerstand in der Luft oder als wäre die Distelblüte so etwas wie ein Falter-Funkfeuer, das Kurskorrektur erzwingt. Ich stehe reglos, höre den Zikaden zu, die Hitze hörbar zu machen scheinen, blicke zwischendurch in die Ebene hinunter, diffus im grellen Licht, die fernen Bergzüge scheinen zu vibrieren, auch der Bergkegel von Montepulciano. Wieder Reglosigkeit, ich wende nicht einmal den Kopf, wenn der Segelfalter an mir vorbeiflattert oder vorbeischnellt, ich schaue Richtung Südwesten, und der Falter gleitet, schwebt an mir vorbei – ja, kurze Phasen von Segelflug. Und wieder Zuckflug, Taumelflug, Gaukelflug. Ich bin ganz ruhig geworden, stehe da wie ein mannshoher Baumstumpf, lasse den Segelfalter von hinten auf mich zufliegen und von vorn auf mich losfliegen und dicht an mir vorbeifliegen und wieder und wieder die jähe Wende, vor mir, hinter mir, ich halte den Kopf ruhig und da: der Segelfalter setzt sich auf meinen Oberarm! Flügelatmend bleibt er dort sitzen, und ich sehe ihn, reglos, an der Grenze des Blickfelds, will den Kopf nicht senken. Einige Bewegungen der schwarz gezeichneten Flügel. Ein Segelfalter auf meinem Oberarm. Ich atme ganz flach, der Oberarm soll so ruhig sein wie ein Ast. Sekunden nur, aber lange, zeitgedehnte Sekunden, dann hebt der Segelfalter ab, setzt seinen Flug fort. Und ich kehre zum Stuhl zurück im Pinienschatten, habe nun die ersehnte Weihe erhalten durch den Segelfalter.

Im Sechshundertseitenbuch über den »Mainzer Sand« lese ich, mit Blick voraus auf Maria Sibylla Merian, nicht nur das kleine Kapitel über Tagfalter, ich lese weitere Kapitel zumindest an, durchblättere sie, lese mich immer wieder fest, markiere Textstellen, mache Notizen, versuche Überblick zu gewinnen. Den will diese Monographie vermitteln, aber: jeder der Wissenschaftler, jede der Expertinnen konzentriert sich strikt auf den speziellen Bereich oder Ausschnitt des Gesamtbildes, beispielsweise eine Rüsselkäferdatei anlegend.

Mir wird schon während dieser Vorbereitungen, Vorarbeiten bewusst, im Kontrast: Für MSM wäre es (etwa im Mainzer

Sand oder in der Ingelheimer Heide) selbstverständlich gewesen, nicht nur Falter des »Schmetterlingsparadieses« zu beobachten, zu fangen, zu präparieren, zu bestimmen, zu registrieren, sie hätte auch auf Käfer geachtet, hätte, mit der Lupe, wohl auch Zikaden oder Wanzen beobachtet, hätte sie ebenfalls abgebildet. Möglichst viel wollte sie sehen, beschreiben, zeichnen, stechen, kolorieren. Heute würde man sagen: eine Generalistin. Dagegen sind nun etwa zwanzig Spezialisten notwendig, um Flora und Fauna des Mainzer Sandes aufzulisten und zu beschreiben. Die paar hundert Meter lange, paar hundert Meter breite Sandinsel an einer der wärmsten Stellen im Rhein-Main-Becken wird zur Koordinationsbezeichnung von Sonderwelten.

Stadtschreiber von Mainz führten (führen auch weiterhin?) also das »Elektronische Tagebuch«. Sah in der Regel so aus: Ein Kameramann, ein Tontechniker und ein Mann fürs Licht begleiten die Preisträgerin, den Preisträger einige Zeit durch die Stadt, auch wird ein Gespräch geführt im Studio droben im Gutenberg-Museum. Ich hätte es mir leichtmachen können, wäre mit dem Team am Rhein entlangspaziert, Richtung Weisenau, hätte erwähnt, dass Uwe Johnson siebzehn meiner Bücher in seiner Bibliothek stehen hat, und dass ich vor allem – viel Selbstdarstellung wäre möglich in fast einer Stunde Sendezeit!

Die müsste sich eigentlich auch anders nutzen lassen, sagte ich mir. Und schlug dem Gesprächspartner vom ZDF vor: ein Film über Maria Sibylla Merian, zumindest bis zu ihrem Aufbruch nach Surinam. Und ergänzte kühn: Ich schreibe das Drehbuch und führe Regie.

Ja, wie denn das?! Ein Schriftsteller und Teamarbeit, das kann letztlich kaum so recht funktionieren!

Hören Sie, dass man als Schriftsteller in der Lage sein muss, einen guten Teil des Tages mit dem jeweils entstehenden, heranwachsenden Text in einem Zimmer zu sein, möglichst allein, das ist oft genug konstatiert worden, lässt sich aber, bitteschön, erweitern: Zum Ausgleich (nicht nur privat, auch beruflich) arbeite ich auch gern im Team, führ(t)e gelegentlich Regie, in eigenen Hörspielen, soweit die Funkdisposition das zuließ.

Erst mal hatte ich, früh schon, hospitiert, dies jeweils mit dem Versprechen, nicht dazwischenzufunken. Das Vorurteil mancher Regisseure scheint festgeschrieben: Autoren wollen alles besser wissen, Autoren halten bei einer Produktion nur den Betrieb auf, und das, obwohl alles genau terminiert ist, die Abflüge berühmter Mitwirkender längst vorgebucht. Würde ich die Titel der Hörspiele aufführen, bei denen ich selbst Regie geführt habe, es käme nicht mal eine Handvoll zusammen. Aber ich konnte Erfahrungen sammeln. Habe sogar mal die Partie in einem Riesenmonolog übernommen: ein Mann, der den Weltrekord im Dauersprechen brechen will (schreckliches Wortecho!). Ich startete in einer Dürener Kneipe, Freund Wolfgang steuerte das Revox-Gerät aus, ich legte los, die Stimme in der ersten Aufregung etwas höher getrieben, aber bald die ersten Zwischenrufe, flapsige Anmerkungen, jemand wollte dicht an mir vorbei zum Klo, ich redete, redete, redete weiter, Text auf einem Notenpult, und das Ganze wirkte schließlich so authentisch, dass mir selbst Hörspielleiter ihr Mitleid bezeugten, weil ich mich der Tortur von 135 Stunden Dauerreden unterzogen hätte, bis zum erschöpften Schlusswispern, dem letzten Röcheln – wobei ich mich selbst in den Würgegriff nahm. Die Produktion wurde vom Deutschlandfunk übernommen und gesendet: *Die Spirale.*

Na schön, Hörspiel. Aber nun: statt des Elektronischen Tagebuchs eine Art Spielfilm über die Merian?! Der Intendant, der die Programmvielfalt kontinuierlich einschränkt, gewährt hier eine Nische. Eigentlich, so höre ich auf Umwegen, sieht man in der Verwaltung des Hauses nicht ein, dass ein Laie nicht bloß Autor, sondern sogar noch Regisseur einer spielfilmähnlichen Produktion wird, dass er für diese Spielerei, die sowieso zu keinem haltbaren Ergebnis führen kann, auch noch bezahlt wird, aber, so konstatiert man schulterzuckend, das ist halt Hauspolitik.

Ein Produktionsleiter wurde eingesetzt, aber der hatte eigentlich nur die Aufgabe, die Realisierung des Projekts zu verhindern. Vorherrschend die Meinung im Apparat, das alles würde nur aus dem Ruder laufen, ganz zu schweigen von den letztlich unkalkulierbaren Kosten. Aber ich hatte im Lateinunterricht etwas gelernt: Wie durch ständige Wiederholung eines »Cetero censeo Carthaginem esse delendam« ein Ziel schlussendlich doch erreicht wird, und so erzielte ich bei Krisentelefonaten eine letztlich zermürbende Wirkung mit dem ständig wiederholten Satz: »Der Film wird aber gemacht.« Und das mit Marita Breuer in der Hauptrolle, dem Star der elfteiligen *Heimat*-Folge von Reitz. Die Entscheidung fiel mir leicht: Ich schätzte sie als Schauspielerin, und wir waren befreundet. Wolfgang Caven (vorgesehen für die Rolle des Ehemanns der Merian) hatte ich bei einer gemeinsamen Funkproduktion kennengelernt, und es schlossen sich alkoholbegleitete Gespräche an über Musik und speziell über John Coltrane. So geht das halt: Man arbeitet am liebsten mit Leuten, die man kennt.

Und die Komparsen? Wenn die einen – und sei es nur kurzen – Satz sagen müssen, gelten die damit schon als Kleindarsteller?, frage ich die Agentin. Aber sie will uns nicht mit Definitionen aufhalten, sie schlägt vor, dass wir einfach mal mit dem Suchen beginnen: Statistin für eine der beiden Töchter der Merian.

Wir ziehen Schuber heraus: Fotos und persönliche Angaben in Hängeordnern. Junge Frauen, junge Frauen, junge Frauen – in Jeans, in Röcken, mit Hüten, ohne Hüte, in Jeansjacken, in Seidenblusen, kokett oder mondän oder cool dämonisch oder kumpelhaft locker, vor Autos oder Blumenbeeten oder Strohballen oder auf dem Teppichboden, mit einem Kassettenrekorder in den Händen, oder auf einem Hotelbett liegend, und auf dem zweiten Bett ein geöffneter Koffer – Schnappschuss eines Freundes? Bei vielen der Komparsinnen hat die Frau der Agentur assoziative Informationen parat: Ist sehr kooperativ … Hat einen großen Busen … Ist fast nie telefonisch zu erreichen … Ruft dreimal die Woche an, ob sich noch nichts ergeben hat …

Dominierend der Typ der gesunden, gepflegten, meist blonden jungen Frau, die im Straßenbild, vielfach reproduziert, fast geklont erscheint. Die meisten von ihnen sehen aus, als wäre nicht eine einzige Körperzelle krank; junge, patente Frauen, die mit jeder Situation fertig werden oder fertig zu werden scheinen. Solche Erwartungsnormen erfüllend, möchte sich aber eine jede hervorheben – sie alle, in den Hängeordnern alphabetisch dokumentiert, Schrankschublade um Schrankschublade – sie alle wollen, so vermute ich, wahrgenommen werden als jeweils ganz besondere Frau. Viele haben das Abitur gemacht, sind nun an einer Fachoberschule oder auf der Universität; viele haben Jazzdance gemacht oder Ballettunterricht genommen; viele haben ein Auto, dessen Marke und Farbe auf den großformatigen Karteiblättern jeweils angegeben ist: ein Auswahlkriterium, das bei Männern eine noch größere Rolle spielt. Betont werden besonders Fertigkeiten, Fähigkeiten: Tennis; Querflöte; Reiten; Judo; Klavier. Auch Haustiere, Tiere werden aufgeführt: »1 zahme Gans«.

Sammelbezeichnung für die meisten dieser jungen Frauen: der »aktuelle Typ« der ersten neunziger Jahre. Wie genormt der knabenhafte Hintern, die langen Beine; die Brüste nicht sonderlich betont. Verglichen mit diesen Frauen erscheint mir die Leitfigur der sechziger Jahre historisch: Die Frau mit den betonten Brüsten (»Atombusen«) und dem barocken Hintern, meist in engem Rock – vor allem italienische Schauspielerinnen präsentierten sich so in Filmen, und Männer, im Film, pfiffen ihnen nach (das fand man damals noch lustig, war noch nicht verpönt als öffentliche »sexistische Anmache«). Und wenn ich zurückgehe ins 17. Jahrhundert: wie sah der »aktuelle Typ« damals aus? In welchen Körperformen fühlten sich Frauen und Mädchen zu jener Zeit wohl? Das Gesäß nicht sparsam modelliert? Weichere Formen überhaupt? Wie war damals das Schönheitsideal? Wie auch immer: eine Tochter Merian darstellen zu lassen durch eine dieser vorbildlich oder angepasst ranken jungen Frauen, das wäre fehlbesetzt. Traten denn damals junge Frauen derart körperbewusst, körperbetont auf? Wohl kaum.

Die Hauptrollen sah ich schon besetzt; die Auswahl der

Statistin schien mir ein Leichtes, aber da hatte ich mich verschätzt. Beinah unablässig das Klack, Klack, Klack, mit dem Hängeordner an den Gleitschienen aneinanderschlagen, in den Plastikaufhängungen: Die passt nicht ... die passt erst recht nicht ... und die hier wäre völlig fehlbesetzt. Also: neuer Ansatz.

Fortsetzung der Planungen. Und ein Posten nach dem anderen erhöhte den Etat! Eine Kutsche mit Pferdegespann ...?! Aufstöhnen im ZDF: Was da allein an Kosten auf uns zukommt! So eine Kutsche muss auf einem Tieflader zum Drehort transportiert werden, das geht ins Geld! Aber ich war mit einem Eifelbauern im Gespräch, der sein altes Gefährt zur Verfügung stellen wollte, samt Gespann, und das nicht für einen fünfstelligen, sondern für einen nur knapp vierstelligen Betrag.

Ja, und in der Kutsche soll, zumindest in einer längeren Sequenz, ein Mädchen mitfahren, als Tochter der Merian: keine der alerten und adretten Frauen, wie sie von der Agentur vermittelt werden, ein eher herber Typ, mit dem mich Zufall zusammenführt, über eine Empfehlung: Ein Mädchen aus Omsk, mit der Familie wenige Monate zuvor in Düren eingetroffen und am Stadtrand angesiedelt.

Mutter und Tochter Merian sollen, mit einigen Gepäckstücken einen Umzug simulierend, auf bäurischem Gefährt auf rauen Pisten in längerer Sequenz an Präsenz gewinnen. Tief ausgefahrene Pisten finde ich allerdings nur noch im Truppenübungsgelände der Drover Heide; auch hier habe ich, vorsichtshalber, schon mal eine Vorbesichtigung (VB) durchgeführt, in Absprache mit einem Presseoffizier der Panzerkaserne Düren. In einem Jeep wurde ich, auf dem nominell noch belgischen Sperrgebiet, in knochenbrecherischer, rückgratstauchender Fahrt umhergefahren. In der Tat: solche Trassen dürften damaligen Landstraßen entsprechen.

So liefen, so laufen die Vorbereitungen, aber sie drohen ins Leere zu laufen: Die Dreharbeiten, vor allem mit Außenaufnahmen, müssten auf jeden Fall vor Einbruch des Winters beendet sein. Doch Woche um Woche schwindet der Zeitabstand zur Realisierung des Projekts, ich spüre mehr Gegenwind als Rückenwind, habe das Gefühl, das Projekt steht auf der Kippe, auch das ZDF erscheint mir als Behörde mit Sendeantenne.

Erfahrungen, die hier nicht ausgeklammert werden dürfen: Schlaglichter auf das gesellschaftliche Ambiente, in dem ich lebe, mit Rückwirkungen auf das Lebensgefühl.

Fahrt nach Mainz-Lerchenberg. Der vierzehnstöckige Hauptbau: Verwaltung. An der Flurtür zum Zimmer meines (vorerst potentiellen) Produktionsleiters ein postkartengroßer Aufkleber: »Redaktionen verursachen nur Ärger und Kosten«. Soll ein Scherz sein, charakterisiert aber das Verhältnis zwischen Administration und Redaktionen, in denen man – in der Optik von Verwaltungsbeamten – nur herumhockt und Kaffee trinkt.

Die Sekretärin schickt mich ins Chefzimmer. Der Produktionsleiter telefoniert noch; mit einem Wink bietet er mir einen Stuhl an. »Ja, das ist eine harte und sensible Kiste«, sagt er, also wird das Telefonat noch ein Weilchen dauern, ich schlendre zurück ins Sekretariat. Das ist inzwischen verlassen. Ich setze mich, schaue auf den Rohbau eines weiteren Verwaltungskomplexes. Nun wieder, beim kurzen Zuwinken, war mir der Produktionsleiter als sportiver Typ erschienen, doch dieser Mann von Ende dreißig in Jeans mit Pulli, er verhält sich wie ein dienstergrauter Beamter: retardierend, zumindest bei meinem Projekt. Das ist garantiert anders, sage ich mir, wenn er, wieder einmal, die Produktionsleitung für Show- oder Sportsendungen übernimmt, den einzigen Sendesparten mit hohen Einschaltquoten. Alles andere ist letztlich überflüssig. In der Überflüssigkeit gibt es wiederum Abstufungen, und hier, so habe ich nach einigen Telefonaten den Eindruck, hier steht oder liegt mein Projekt ganz unten. Dass ich überhaupt noch Geld haben will für Drehbuch, Regie, Endfertigung, das, so ließ man mich spüren, ist eine Kühnheit. Verglichen mit anderen Fernsehhonoraren soll mir ein wahrer Dumpingpreis für Drehbuch und Regie gezahlt werden, ja, es wurde sogar versucht, dieses magere Honorar zusammenzuziehen zu einem Pauschbetrag, und den womöglich zu halbieren. Als wäre die Arbeit an diesem Film abgegolten mit der Pauschale, die mir als Stadtschreiber monatlich überwiesen wird. Aber ich habe mich gewehrt, ließ mich dabei von Sparparolen nicht einschüchtern – ich sehe und höre ja, welche Summen und Unsummen sonst bedenkenlos ausgegeben werden. Meine Forderungen, meine Hartnäckigkeit machen mich offenbar zu einer Persona non grata in der ZDF-Bürokratie. In einem hausinternen Schreiben der Ersten Produktionsleitung (EPL), das mir von einer Mitarbeiterin des Hauses zugespielt, zugesteckt wurde, las ich: »Die Position von Autor und Regie ist hier sicherlich unter politischen Aspekten zu betrachten, denn die Honorierung übersteigt die tatsächlich zu erwartende Leistungsfähigkeit.« Aber hallo! Unter »politisch« ist natürlich »hauspolitisch« zu verstehen: Der Intendant will zwischendurch mal ein Minderheitenprojekt protegieren, als Argument gegen den Vorwurf zunehmender Anpassung (auch) dieser Institution an Quoten-TV.

Doch im Verwaltungsbau will man das Unternehmen torpedieren, unauffällig. Da höre ich nur ... es wird gemunkelt ... es sind Widerstände zu spüren ... Vier Wochen, nachdem ich das Vorgespräch mit dem Eifelbauern geführt habe, wurde vom ZDF noch immer nicht bei ihm angerufen. Solch einen Anruf verhindert Logik der besonderen Art: Ob das Projekt überhaupt offiziell genehmigt wird, hängt immer noch davon ab, ob eine Kostengrenze überschritten oder eingehalten wird; weil dieses Projekt demnach, für die Verwaltung, in der Schwebe bleibt, darf es außer der Berechnung von Kosten keine weiteren Kosten verursachen; es würde allerdings schon direkte Kosten verursachen, wenn (zur genaueren Berechnung der Produktionskosten) Ferngespräche geführt werden müssten; weil durch kostenpflichtige Telefonate reale Kosten (etwa eines Gefährts mit Pferden) nicht offiziell eingeholt werden können, werden Zahlen zum Teil fiktiv eingesetzt; diese fiktiven Zahlen (ein Bauernwagen kostet so viel wie eine Mahagoniholz-Kalesche) können reale Auswirkungen haben: An solch hochgerechneten Kosten kann das Projekt scheitern.

Der Produktionsleiter holt mich ab ins Büro, entschuldigt sich, weil das Telefonat sich ein wenig hingezogen hat, es geht um Aufnahmen in der Westfalenhalle. »Das muss man sich mal vorstellen: Die Höhe der Einfahrten in die Halle liegt bei dreifünfzig, da kommt man mit einem Sattelschlepper gar nicht rein, da muss alles erst mal umgeladen werden!« Er will noch etwas länger von den Vorbereitungen, Vorarbeiten zu einem Popkonzert berichten, das vom ZDF aufgezeichnet werden soll, aber ich lenke rasch über zum Thema – bevor das Telefon wieder unser Gespräch unterbricht und Westfalenhallen-Dimensionen mein Unternehmen, mein Unterfangen allzu sehr relativieren. Ich setze an bei der Geländewagenfahrt in der Drover Heide, bei der mir fast eine Bandscheibe rausgesprungen wäre: Offensichtlich hat die EPL noch immer nicht mit den belgischen Militärbehörden telefoniert, denen das Gelände nominell untersteht, dies auch nach dem Abzug der Garnison aus Düren. Vom deutschen Presseoffizier habe ich jedenfalls noch keine Rückmeldung erhalten. Warum ist in der Angelegenheit noch nichts geschehen?

»Da müssen Sie sich mal keine Sorgen machen, das wird schon klappen!«

Ich mache mir aber sehr wohl Sorgen! Nach dem Gespräch mit dem Presseoffizier wartet man in Brüssel auf den Anruf des ZDF. Die Redaktion hat auch längst schon die Durchwahlnummer vermittelt, die Faxnummer. Wenn es zu lange dauert, kann der zuständige und informierte Offizier im Urlaub sein oder es findet eine der üblichen personellen Umbesetzungen statt. Warum also wurde nicht einfach mal angerufen oder gefaxt? Lässt sich doch in einer Viertelstunde erledigen!

So einfach sei das alles nicht, meint der Produktionsleiter, zum Fenster blickend. Es gehe nicht nur um solche Einzelheiten, es handle sich um einen ganzen Komplex.

Um einen psychischen Komplex? Um eine Blockade? Ich überrasche mich selbst mit dieser Frage, angeschoben von aufgestautem Ärger. Der Produktionsleiter schaut mich mit etwas verkleinerten Augen an. Der Komplex wird als finanzieller Komplex definiert. Und: man könne nicht über Einzelheiten verhandeln, solange das Ganze nicht geklärt sei.

Aber ein Telefonat mit Brüssel hätte man doch längst schon mal führen können, vorsorglich; die belgischen Mühlen mahlen langsam.

Das gibt einen Ruck, zumindest körperlich: Was Brüssel betreffe, so müsse hier mal etwas angemerkt werden, grundsätzlich: Ich sei vom ZDF nicht autorisiert, Verhandlungen mit Militärbehörden zu führen. Außerdem Absprachen zu treffen mit dem Eifelbauern und den Schauspielern. »Sie haben Ihre Kompetenzen weit überschritten! Wir lassen uns von Ihnen nicht unter Zugzwang setzen!«

Aha, sage ich mir, hier also ist der wunde Punkt! Deshalb lässt man mich gegen die Gummiwand laufen. Ich betone, dass ich nur mit dem Einverständnis und der Unterstützung der Redaktion gearbeitet habe, dass meine telefonischen Vorgespräche mit diversen Mitwirkenden jeweils durch Anrufe der Redaktion bestätigt wurden. Ich selbst habe keine verbindlichen Zusagen gemacht, betone ich, aber ich musste rechtzeitig klären, ob die Schauspielerinnen und Schauspieler, mit denen ich unbedingt zusammenarbeiten möchte, disponibel sind im Zeitraum, in dem, laut Redaktion, die Dreharbeiten stattfinden sollen. Diese Vorbereitungen können nicht erst drei, vier Wochen vor Drehbeginn einsetzen. Wie ich höre, sollen nur zwölf Drehtage vorgesehen sein, für einen Film von knapp einer Stunde. Damit werden für mich härteste Konditionen festgelegt, mein Tagesschnitt an sendefertigen Minuten liegt so hoch wie bei einem routinierten Serienregisseur! Also muss ich optimal vorbereitet sein.

»Sie beziehen sich da auf die Redaktion ... Sie sind aber doch wohl darüber informiert, dass die mit Jahresende aufgelöst wird. Die Sendezeiten der Matinee sind damit ersatzlos gestrichen.«

Ja, genau deshalb muss ich Initiativen entwickeln! Ich würde auch lieber einen Teil der Arbeit anderen überlassen. Aber ich kann verstehen, dass man sich in der Redaktion vor allem mit der Frage beschäftigt, ob man nach dem Jahreswechsel im Hause noch angemessene Arbeit findet. Da überlässt man mir schon mal gern den Vortritt. Die zuständige Redakteurin, sage ich, ist sehr engagiert, trotz der schwierigen Situation, aber es ergibt sich in solch einer Übergangsphase leider von selbst, dass ich mehr ankurbeln muss, als es einem Autor und Regisseur sonst zugemutet wird. Ich bin nicht vorgeprescht, ich habe nur das absolut Notwendige vorbereitet. Der Film wird auf jeden Fall gemacht. Dazu braucht die Redaktion endlich eine Produktionsnummer, weil sonst im Hause nichts läuft. Und mit Begriffen, die ich erst seit kurzer Zeit beherrsche, füge ich hinzu, dass die Redaktion und ich so langsam auch die Stabliste brauchen und die Generaldisposition. Und dass die längst überfälligen Verträge geschlossen werden. Kurz, es müssen Nägel mit Köppen gemacht werden. Sonst muss ich den Herrn Intendanten um Unterstützung bitten.

Die Vorbereitungen seitens der Verwaltung, so bekomme ich zu hören, sie werden erschwert durch meine völlig überzogenen Forderungen. Mein Film würde voraussichtlich das Dreifache, Vierfache dessen kosten, was sonst für einen entsprechenden Beitrag der Redaktion ausgegeben wird. »In einer Zeit, in der überall gespart werden muss, bestehen Sie auf Ihren Maximalforderungen!«

Maximalforderungen …?! Ich habe, ermahnt von der Redaktion, schon gewaltige Abstriche gemacht. Die Reise nach Surinam ist gestrichen! Der Aufenthalt in Surinam war aber ein Hauptkapitel im Leben der Merian! Das entfällt jetzt. Es kann also nur von Reduktionsforderungen die Rede sein!

Das Gespräch ist festgefahren. Eine Neutralisierungsphase wird eingeleitet, der Produktionsleiter bestellt im Sekretariat Kaffee mit Cognac. Wir reden, schlürfend, über scheinbar Beiläufiges. Sobald Tassen und Gläser leer sind, wird das Gespräch wieder konkret. Mir werden Formulare über den Schreibtisch gereicht – was mir zeigen soll, dass durchaus Vorbereitungen zur Realisierung meines Projekts getroffen werden, entgegen meinen polemischen Unterstellungen! Es sind Formulare für die Komparsin, die ich mir, vorauseilend, ausgesucht habe.

Hier wird eine Zustimmung der Eltern erforderlich, Formular eins, bitteschön, und eine Unbedenklichkeitsbescheinigung des Schulleiters, Formular zwei, bittesehr, und drittens muss ein ärztliches Plazet vorgelegt werden. Ich soll die Unterlagen den Eltern der Komparsin übermitteln – deren Anschrift liegt dem Hause ja nicht vor. Und soll dafür sorgen, dass die Bestätigungen und Bescheinigungen möglichst bald zurückgeschickt werden.

Zustimmung der Eltern: okay, aber wieso eine ärztliche Untersuchung?

Es soll, zum Beispiel, verhindert werden, dass bei der Wärme, die von Scheinwerfern entwickelt wird, das Kind in Ohnmacht fällt.

Das halte ich für einen Branchenwitz.

Ich werde darüber belehrt, dass die Bescheinigungen absolut notwendig sind.

Ich protestiere: Man kann doch nicht verlangen, dass Aussiedler aus Omsk, die sich in unserem Land vorerst nur schwer zurechtfinden, die noch erhebliche Probleme haben mit der Verständigung, dass sie auch noch diesen bürokratischen Kram erledigen sollen.

Das mag nicht ganz angenehm sein, aber es kommt bei der stummen Komparserie ja auch etwas Geld herein. Außerdem machen die bestimmt gern in einer deutschen Fernsehproduktion mit – das sollte die Mühe wert sein. Abgesehen davon gibt es Mitbürger, zum Beispiel in den Kirchen, die sich um Russlanddeutsche kümmern; die können ja den Arzttermin vereinbaren, falls mir das zu viel erscheint.

Ich buchstabiere die Bezeichnung des Formulars: Antragsverfahren beim Gewerbeaufsichtsamt für die Mitwirkung von Kindern und Jugendlichen bei Veranstaltungen im Sinne des Jugendarbeitsschutzgesetzes.

Jugendarbeit, hier auch Kinderarbeit – der Begriff ist doch viel zu heavy! Der traf zu bei der Arbeit, wie sie in früheren Jahrhunderten auch hier in Europa Kindern noch zugemutet wurde. Dagegen kann man nicht ernsthaft von Kinderarbeit reden, wenn das Mädchen ein Stück auf einem Wagen mitfährt und in einer Unterkunft kurz mal an einem Tisch zu sehen ist. Selbst bei Scheinwerferlicht ist das keine Belastung! Ich nehme die Verantwortung auf mich und garantiere, dass dem Mädchen keine Strapaze zugemutet wird. Die Belastungen durch diesen Papierkrieg wären größer, zeitraubender als die Beteiligung des Mädchens bei den Dreharbeiten.

Aber mir wird die Spielregel klargemacht: Die Formulare müssen form- und fristgerecht ausgefüllt vorgelegt werden, sonst darf das Mädchen nicht mitwirken. Wenn ich schon ein Aussiedlerkind ausgesucht habe – was ja grundsätzlich gutzuheißen ist –, so muss ich auch diese Formalitäten akzeptieren.

Noch einmal schaue ich die Formulare an: Die »Personensorgeberechtigten« müssen unterschreiben, es muss bei »vollzeitschulpflichtigen Kindern« erstens eine ärztliche Bescheinigung vorgelegt werden, siehe Rückseite des Vordrucks, nach der das Kind am ... untersucht wurde, mit dem Ergebnis, dass hinsichtlich der Beschäftigung / Mitwirkung des Kindes bei ... in der Zeit von ... keine gesundheitlichen Bedenken bestehen; Unterschrift des Arztes. Und es wird eine »Unbedenklichkeitserklärung« der Schule angefordert, auch für den Fall, dass die Beschäftigung außerhalb des Unterrichts erfolgen soll. Darüber hinaus muss von der Schulleitung festgestellt werden, ob die beabsichtigte Beschäftigung das Fortkommen des Kindes in der Schule beeinträchtigt oder nicht. Unterschrift, Dienstsiegel.

Ich schiebe die Formulare auf den Schreibtisch zurück. Ach, wissen Sie was – ich frag mal die Tochter von Freunden, ob die mitmachen will. Und bevor sich Widerspruch regen kann, füge ich hinzu: Der Vater ist Kinderarzt.

Hinhalteformulierungen, Ausweichmanöver, Vertagungen, Umwege ... Ich schicke ein Brieflein an den Intendanten. Gleicher Vorname, gleicher Jahrgang, da muss ein Appell Resonanz finden.

Ich finde keinen Schreibmaschinendurchschlag, kann mir aber denken, was ich damals und wie ich das geschrieben habe:

Es hakt, es hakt. Die Bürokratiemühle versucht mich klein-
zumahlen, eine Mühle wie bei Wilhelm Busch: rickeracke ...
Das schreibe ich in der Form natürlich nicht, bleibe betont
sachlich, präzisiere meine Bitte: Redaktion »Matinee« und
Autor Kühn brauchen dringend eine Produktionsnummer!
Sonst hängen wir in der Luft.

Einige huldvolle Zeilen, der Intendant als Schirmherr. Eine
kurze Zahlenfolge der Produktionsnummer bringt uns der
Realisierung näher, wie ein Code, ein Passwort, nun eröffnen
sich Perspektiven, die vorher nur angedacht waren.

Erneuter Termin im ZDF-Baukomplex auf dem Lerchenberg.
Ich stellte mich darauf ein, dass – trotz grünem Licht von
oben – nun doch ein Schlusspunkt gesetzt, dass mir definitiv
Einhalt geboten würde. Denn ich rückte an mit der Forderung
nach einem Dreimast-Clipper auf dem Ijsselmeer: Wenigstens
der Aufbruch der Merian nach Surinam muss ins Bild gesetzt
werden. Ich erwartete den Rauswurf aus der EPL. Doch dann
die Überraschung: »Ein Dreimast-Clipper ...?! Oho. Wie soll
der denn aussehn ...?«

Ich hatte vorgesorgt, konnte Fotos und Prospekte der Reederei auf den Schreibtisch legen, und der Produktionschef, der
mir jeden Tausender um die Ohren gehauen hatte, er zeigte
sich begeistert, nach den Kosten wurde nicht weiter gefragt,
er selbst, so stellte sich heraus, war passionierter Segler. So
wurde der Dreimast-Clipper samt fünfköpfigem Team gleichsam durchgewinkt in eine ganz andere Kostendimension.

Maria Sibylla Merian, ihr Mann (zeitweilig), ihre Tochter, die
sie auf Kutschfahrten und auf die große Reise nach Surinam
begleitet: wie waren die gekleidet? Zu Hause, auf dem Karren,
auf Schiffsdeck? In einem Film muss jedes Detail präzis sichtbar gemacht werden. Kostüme nach historischen Vorlagen der
Fachliteratur schneidern zu lassen, das wäre beim knapp gehaltenen Etat nicht möglich, auch wenn Cornelia noch so geschickt arbeitet bei reduzierten Voraussetzungen. Sie schlägt
vor, dass wir im Kostümfundus des ZDF nach Kleidungs-

stücken suchen, die in jene Zeit und zu unseren Darstellern passen.

Wir sind, in der organisierten Hierarchie, auf den Herrn des Fundus angewiesen, können uns nicht, obwohl mit Produktionsnummer gewappnet, auf eigene Faust auf die Suche begeben. Wir finden ihn an der Laderampe, Blick fixiert auf den Lieferwagen einer Firma für Gebäudereinigung: fährt vorbei, langsam, mit plattem Hinterreifen, ja, fährt auf dem Pladdergummi, fährt fast auf der Felge: Na klar, ist ja bloß ein Firmenwagen … Der bauchige Mann in weißem Kittel und mit Badelatschen erwidert unseren Gruß nur knapp, denn nun setzt ein Lastwagen zurück zur Laderampe unter dem vorkragenden Dach. Der schnurrbärtige Fahrer lässt die Heckklappe herab, sie erweitert die Rampe. Im weiten Laderaum nur ein paar Objekte, kistenklein, von der Innenlampe schwach beleuchtet. Etwas ist unklar, etwas kommt zum falschen Zeitpunkt, der Mann im Kittel schreit den Fahrer an: Ich hab die Faxen dicke! Der Fahrer, bleich geworden (und der schwarze Schnurrbart betont das noch), verweist auf einen Auftrag. Das verkürzt das Geschrei. Bleibt noch übrig die Anmerkung, das bisschen Ladung hätte man auch im Kofferraum eines Taxis bringen können. Und der Mann im Kittel schiebt die Ladung auf kleinrädrigem Karren in den Bau, die Heckklappe schwenkt hoch vor dem leeren Laderaum, der Lastwagen fährt weg. Und der Herr des Fundus lässt auf sich warten, kommt endlich heran auf wahrhaft leisen Sohlen: Was war da noch? Worum gehts?

Wir suchen Kostüme für den Merian-Film.

Das heißt hier nicht Merian-Film, das läuft unter Matinee. Das läuft hier nur unter: Matinee.

Okay, verstanden. Also können wir?

Knappes Nicken, und er marschiert vor uns her. Kostüme in durchsichtigen Plastikhüllen, Bügel an Bügel in Riesenschrankreihen. Hier wäre mal wieder eine Zahlenangabe fällig in unserer Zeit, in der man immer gleich wissen will: wie hoch, wie lang, wie breit, wie schwer. Ich nehme nur Farbenvielfalt wahr.

Der Chef wird zum Telefon gerufen, wir sollen an Ort und Stelle auf ihn warten, er ist sofort zurück. Uns umgeben Kleidungsstücke vor allem des 19. Jahrhunderts, konstatiert Cornelia, die Barockabteilung muss tiefer im Bau sein. Ob wir Passendes finden werden?

Der bauchige Mann im Kittel latscht zornbeschleunigt heran: Einunddreißig Kleider, ein-und-drei-ßig Kleider sind eben von der Redaktion NN telefonisch geordert worden, sollen anprobiert werden von einer Darstellerin, einunddreißig, das muss man sich mal vorstellen, die wissen wieder mal nicht, was sie wollen, das kennt man ja nicht anders, aber einunddreißig Kleider für eine Darstellerin, nur weil die nicht wissen, was die wollen, also jetzt hab ich die Faxen aber dicke, jetzt hab ich die Faxen wirklich dicke, heut läuft bei mir nichts mehr!

Schon entschwindet er im Reich der doppelstöckig aufgehängten Kostüme. Und wir arbeiten uns vor, Cornelia voran, ich hinterher, staunend und schnuppernd.

Eine Expedition in eine vergangene Epoche, der Versuch einer Annäherung an eine längst verstorbene Person. Auf der Stabliste sind 35 Personen aufgeführt, die permanent oder phasenweise mitarbeiten. Die Generaldisposition, auf gelbem Papier ausgedruckt, verbindet mit den Arbeitsabläufen auch die Benennung, die Auflistung von Trossmaterialien auf dem Weg zurück zu Maria Sibylla Merian. Laden Büromobil ... Laden Produktionsbus ... Laden Requisiten und Anlieferung nach Burgau ... Und Nutzlast, vor allem des Subunternehmers aus Wiesbaden: Molton zum Abhängen der Betondecke im großen und mittleren Saal ... Praktikabeln von einem Meter Länge, einem Meter Breite, einem Meter Höhe ... Tischlerplatten ... zehn Meter Schiene und zwei Kurven für den Elemak Dolly (dem Fahrgerät für die Kamera) ... Korrekturfolien, Diffusionsfolien ... Styroporplatten, Styrospieße ... »große und kleine Neger« (schwarze Abdeckplatten). Ja, und Scheinwerfer mit zwei Kilowatt, vier Kilowatt, fünf Kilowatt Leistung ... Daylight Stufe komplett, Kunstlicht Stufe komplett ... Mizar ...

Zentraler Drehort: ein Wasserschloss vor Düren. Im Krieg von Artillerie weitgehend zerstört, wieder aufgebaut, aber zu dieser, zu jener Zeit noch als Rohbau: unverputzte Ziegelwände, Betonböden, Betondecken, im Erdgeschoss Sand und mächtige Baumstämme, zwischengelagert (für Spezialverkäufe?). In diesem Ambiente konnten wir, mit Versatzstücken, frei disponieren, und das machte Lust. Cornelia, die Ausstatterin, überraschte, beschenkte mich mit frei entwickelten Zusatzangeboten: Einem fast mannshohen Blumenbild im Stil der Merian auf Leinwand gemalt, als Dekoration in den leeren Saal gehängt, und später ins Eifelhaus. Auch entwickelte sie einen riesigen Kokon, aus dem Marita, beflügelt, ausschlüpfen konnte. Selbst die Filmtechnik wollte mich überraschen; als ich von der Mittagspause zurückkehrte, hatte man fast durch den gesamten Saal Schienen gelegt für den Dolly: Na, baut ihr mir die Bagdadbahn? Ich brauch aber nur die Kurve.

Im Wohnwagen der Aufnahmeleiterin vor dem Schlossbau, sodann in der Mainzer Administration lauerte man nur darauf, dass die Katastrophenmeldung eintraf: Kühn packt es doch nicht. Aber ich hatte Glück mit dem Team. Neue, unerwartete Vorschläge, im nahen Eifelhaus nachts ausgeheckt, wurden spontan improvisierend umgesetzt.

Neue Erfahrungen! Außenaufnahmen im sehr kleinen Gartenareal der Insel mit dem Wasserschloss. Der Toningenieur, abgeordnet vom Studio Bonn des ZDF, setzt die Kopfhörer auf, streckt das Mikrophon vor, testet den Geräuschpegel der Umgebung. Ich, sanft die Füße aufsetzend, dicht hinter ihm her, im sicheren Gefühl, dass er in diesem Revier des Stadtwalds zufrieden sein wird, doch rasch bleibt er stehn: »Jetzt müsste man schon abbrechen – störendes Geräusch!« Diese Feststellung wiederholt sich. Neben dem Ton-Ing. hergehend, störende Geräusche nun erst recht vermeidend, beginne ich, den Luftraum über dem rudimentären Wasserschloss deutlicher wahrzunehmen: Mal brummt ein Sportflugzeug … mal bullert ein Hubschrauber … mal rauscht ein Clipper … mal tost ein Düsenjäger – und sei es jeweils am Horizont, der nun

Klanghorizont ist. Hinzu kommen, in der näheren Umgebung: Ein Trecker, der irgendwo stehenbleibt mit tuckerndem Motor … woanders Stemmarbeiten – an der Grenze der Wahrnehmung, jedoch ausdauernd … ein Motorrad kommt von einem Bauwagen am Waldrand und fährt am Schloss vorbei … ein Auto hält im Hof jenseits der Brücke – Schwatz bei laufendem Motor …

Auch ich registriere – sensibilisiert, ja alarmiert – bald nur noch störende oder potentiell störende Geräusche. Eigentlich, sage ich, könnten wir Außenaufnahmen, bei denen wir Ruhe brauchen, nur in Irland machen. »Da würden Sie bei der EPL bestimmt offne Ohren finden! Auslandsspesen übernehmen die besonders gern!«

Und wir hören uns um, horchen hinaus: Geräuschlücken? Stille-Sequenzen? Zur Zeit der Merian: Stille im Luftraum. Eine selbstverständliche, nicht weiter reflektierte Stille. Nur Wind, Regen, Sturm wurden hörbar im Freien. Und Tiere, vor allem Vögel. Als stärkste der Außengeräusche eine kreischende Gans, ein kläffender oder jaulender Hund. Mir wird bewusst, dass wir fast ständig mit Geräuschen leben. Aber, so stelle ich fest: ich habe bisher aussortiert, habe gefiltert. Und: meine Wahrnehmung koppelt sich rasch von Geräuschen ab. Nun aber staune ich, wie sehr lang man einem Jet nachlauschen kann – Geräuschfurche durch den Luftraum gezogen, und wann, endlich, reißt sie ab, löst sich auf? Wahrnehmung wird hineingezogen, ja hineingesogen in diese Geräuschfurche. Und Militärhubschrauber scheinen nie auf geradem Luftweg von A nach B zu fliegen, sie kurven, ziehen Schleifen. Und brutal wird Aufmerksamkeit eingefordert von Kampfjets. Luftraum mit Geräusch-Schraffur, und zuweilen werden harte Linien gezogen.

Bei diesem akustischen Probegang wird mir bewusst, wie hoch wir die Wahrnehmungsschwelle angesetzt haben. Man muss uns schon recht massiv kommen, damit Geräusche als störend empfunden werden. Nun aber ist die Schwelle herabgesetzt von einem Profi der Hörwahrnehmung; er definiert für Außenaufnahmen im O-Ton die Störschwelle anders, hat entschieden niedrigere Grenzwerte. Wir werden uns darauf einstellen müssen.

Und erneut, als Variante einer wiederholten Erfahrung: Beim Versuch, Vergangenes zu vergegenwärtigen, nehme ich deutlicher wahr, wie wir heute leben. Hic et nunc: in einem Geräuschkontinuum. Damit scheint der Luftraum zu wachsen: wie eine kilometerhohe, horizontweite Lufthalbkugel, die von Geräuschen gedehnt wird. Und ich bin wieder sehr weit von der Welt entfernt, in der eine Merian gelebt hat.

Für einige Wochen schlüpfe ich in die Lebensform eines Mannes, der im Team arbeitet. Ich habe, von Abenden aus, eine Anfahrt zur Arbeitsstelle Burgauer Schloss, zum Drehort, habe einen »Dienstbeginn« (auf den mich, nach erster Unpünktlichkeit, die Aufnahmeleiterin hinweist, mit freundlichem Nachdruck), ich mache mit dem Team, dem Set eine Mittagspause, auch gibt es gelegentlich eine Nachmittags-Kaffeepause, ich habe ziemlich pünktlich Dienstschluss, darauf achtet die Aufnahmeleiterin ebenfalls, weil sonst die teuren Überstunden einsetzen.

Eine gleichsam geliehene Lebensform: Ich höre auf andere, ich wirke auf andere ein, ich rede auf andere ein, bringe andere zum Reden oder auch schon mal zum Schweigen, ich weise ein, ich weise an, freundlich, aber bestimmt, das ist nun meine Rolle, in die wachse ich hinein, ich fühle mich nach einigen Drehtagen schon sicherer in dieser Rolle, agiere immer selbstverständlicher, und das wird umso selbstverständlicher akzeptiert und umgesetzt. Vom Drehort aus gesehen, in ständiger Kommunikation, in ständigem Austausch, erscheint es mir, wenn ich in kurzer Pause mal um den Schlossbau herumschlendre, beinah abnorm, sonst jeden Vormittag allein zu arbeiten, nur auf mich selbst angewiesen, nichts lässt sich delegieren, nichts lässt sich in gemeinsamer Beratung lösen: Die sehr hohe Intensität dieser Heimarbeit, und, vor allem, die sehr große Selbstmotivation. Arbeit wird mir nicht vorgelegt, auferlegt, die nehme ich mir vor.

Ja, drei Dutzend Frauen und Männer an das Projekt bindend, für die vorgegebene Frist, da sehe ich mich, in kurzen Zwischenphasen, deutlicher in meiner sonst solitären Arbeitsform des Heimarbeiters, der vom Bett zum Frühstückstisch und vom Frühstückstisch zum Arbeitstisch geht. Sonst ungeduldig, finde ich mich ein in Geduld: Das Einrichten eines Bildes braucht Zeit, das Warten auf einen Lichtwechsel draußen braucht Zeit, die Gespräche über Bildregie brauchen Zeit, das Warten auf den Abschluss der Arbeiten der Maske oder des Tons braucht Zeit. Und die erst auszuckenden, aufzackenden inneren Reaktionslinien, sie werden weich, schwingen ein in das Zeitmaß der Gruppe, die ich nicht antreiben muss, sie ist motiviert, aber bei so vielen kooperierenden Kräften sind stets Verzögerungen zu erwarten: Ton steht … Kamera läuft … Moment, die Batterie muss gewechselt werden … Noch einmal, das Ganze … Die Ruhe bleibt!, ruft die zweite Aufnahmeleiterin und vertieft sich wieder in ihr Krimi-Taschenbuch.

Ich sitze nicht mehr angespannt herum in Wartephasen, ich warte ganz einfach ab. Auch wenn ich eigenen Text spreche nach der siebten Unterbrechung, weil der künstliche Nebel nicht aufsteigen will, sondern absinkt, sich in eine Ecke verzieht, zu dicht oder zu dünn ist – ich übe mich ein in Geduld. In der Grundhaltung von Geduld komme ich der Merian näher, ihrem Wahrnehmen in Geduld.

Die kuriose Dialektik dieses Unternehmens: Mich hineinfindend in Teamarbeit, nähere ich mich einer historischen Person an, die sich vielfach gesellschaftlich isolierte, um sich auf ihre Arbeit zu konzentrieren. Beim Beobachten von Insekten war sie allein, beim Aufschreiben von Beobachtungen war sie allein, beim Zeichnen und Malen, beim Kupferstechen und Kolorieren war sie vielfach allein.

Dies vor allem soll im Film gegenwärtig werden, in dem ich mich nicht selbst zum Objekt der Beobachtung mache, ein Film, in dem ich weithin von mir absehe, eine andere Person, eine historische, in die Mitte rücke, und ich finde hinein in die Geduld des Beobachtens, die von jener Frau beim Beobachten gezeigt wurde.

1186

In dieser Gruppe, mit diesem Team, diesem Set arbeitend, mache ich weitere Erfahrungen mit mir: Die Lebensform, die ich mir geschaffen hatte, in die ich mich wiederholt hineinredete, unter Freunden, sie lautete: Ich bin morgens nicht sonderlich zum Reden, zum Sprechen aufgelegt, meine Kommunikationskurve steigt erst im Verlauf des Tages an, erreicht den höchsten Punkt am späten Nachmittag, am frühen Abend, also bin ich morgens am besten für mich allein in einem Raum, mit meiner Arbeit. Alle, denen ich diese bewährte Version erzählt hatte, sie schienen, sie waren überzeugt: Redet morgens nur ungern, nur selten, zieht sich zurück und schreibt.

Doch nun mache ich diese Erfahrung: Komme vom Eifelhaus zum nahgelegenen Drehort, bin nicht maulfaul oder knurrig, grüße mit gelassener Freundlichkeit, bin sofort bereit, das Arbeitsgespräch weiterzuführen. Weil das nicht nur in den ersten Tagen so war, sich bei fortgesetzter Teamarbeit bestätigte, sah ich, dass ich über Jahre und Jahrzehnte hinweg eine Lebensfiktion konserviert hatte. Ich kann von jetzt an nur noch solch einen Satz schreiben, generalisierend: Obwohl ich auch morgens schon ein kommunikativer Mensch bin, ziehe ich mich am liebsten vormittags zur Arbeit, in die Arbeit zurück, suche dann aber, von Mittag an, Abwechslung. Wenn ich in Urlaubswochen morgens schon kommunikativ war, so leitete ich das ab vom Ausnahmezustand Urlaub. Doch nun sah, erfuhr ich: Auch in Arbeitsphasen kann ich morgens kommunikativ sein.

Und weiter: Selbstaussagen sind nur möglich, wenn ich mich verschiedenen, auch gegensätzlichen Zuständen, Erfahrungen, ja, ausgesetzt habe. Damit findet jeweils eine Gegenprobe statt. Und erst nach verschiedenen Gegenproben ist eine Annäherung an die Black box, ist Eindringen in die Black box möglich, die sich ICH nennt, verbunden mit dem mir nächsten aller Namen.

Bei schönstem Wetter wurde schließlich, vor einer Schlossmauer, an einer Tavola longa das »Bergfest« gefeiert, der Abschluss der Hälfte der Drehtermine.

Dann der Auslandsdreh, auf dem Dreimast-Clipper. Windstärke sechs. Wellen brachen sich schäumend am Bug, Brecher über das Vorschiff. Friedhelm, Windjacke aufgeplustert, Windtränen in den Augen, ihn musste ich an Gürtel und Hosenboden festhalten, während er die Kamera schwenkte. Und Marita harrte aus am gischtenden Bug, mit flatternder Decke um die Schultern.

Der Film endet denn auch mit diesem Bild, dazu eingeblendet dutzendfaches, möglichst dichtes Schreien exotischer Vögel.

Ob der Film mit seinen vielfach ungewohnten Bildfolgen, Bildsequenzen, mit seinen oft betont langen Einstellungen (Wagenfahrt!) cineastisch relevant ist, weiß ich nicht, auf der alten Videokopie verblassen mittlerweile die Farben. Fast wäre die Produktion von »Internationes« in Vertrieb genommen worden, aber da wurde uns eine bittere Lektion erteilt. In einer Sequenz saßen Marita und Wolfgang, in historischen Kostümen, an einem Tisch und zeichneten, hatten dazu ein kleines Transistorradio auf die Arbeitsplatte gestellt, zufällig lief ein Song des Popstars Eric Clapton, halblaut, kaum erkennbar. Von Internationes wurde, durchaus korrekt, jede Musikeinspielung gemeldet; das war bei Steve Reich und anderen kein Problem, aber es wurde, überkorrekt, leider auch die kurze Background-Sequenz über das Radio gemeldet; daraufhin wurde von Claptons Agentur ein so horrender Preis gefordert, unnachsichtig, dass wir das Projekt begraben mussten. Nun schlummert das Band im ZDF-Archiv. Oder wurde es mittlerweile gelöscht?

Nach dem Film das Buch: *Frau Merian!* (mit angemessenem Ausrufezeichen). Ich wollte, ich musste mich einarbeiten in Botanik, in Zoologie, in Kunst- und in Zeitgeschichte, musste die bald schon wuchernde Masse von Materialien bündeln und organisieren. Und wurde vom Projekt auf mich zurückgeworfen.

Spürbar verstärkte, sich betonende Herzschläge, zwischendurch ... Herzschläge synkopisch, gleichsam quer zum gewohnten Verlauf ... Querschläger ... So etwas wie Fehlzündungen, sage ich mir. Und ironisch gebrochen, in ersten Mitteilungen: Es rumpelt im Brustkasten ...

Ich gerate in ein anderes Wortfeld, muss Informationen völlig neuer Art verarbeiten: Intermittierende Extrasystolen ... arterielle Hypertonie ... Ja, eine Blutdruckmessung als Erstes – nanu, was sind denn das für Werte?! Ich stehe unter Druck, mit der Arbeit, ich arbeite mal wieder unter Hochdruck, sage ich, so wundert mich das nicht weiter ...

Aber der Kardiologe will, muss den Ursachen nachgehen, mit meiner hausgemachten These kann er sich nicht zufriedengeben. Ich will ebenfalls Sicherheit haben, lasse mich mit Geräten in Verbindung bringen, produziere Werte, die sich messen lassen, gebe Informationen ab, die sich zeigen lassen: Ja, da ist sie, die seit der Geburt nicht vorschriftsmäßig arbeitende Herzklappe auf dem Bildschirm. Dass die fast senkrecht nach oben, dann fast senkrecht nach unten schlägt, hatte ich mir auch nicht vorgestellt. Ein bisschen weiß betont ist sie auch noch in der Ultraschall-Wiedergabe, es hat sich also etwas abgelagert. Und das Geräusch im Raum, über den Lautsprecher, ist das verdächtig, ist das verräterisch? Fast schabendes Arbeitsgeräusch, wie gefiltert. Blutströme werden nun per Mausklick eingefärbt, orangerot und blau, Blut, das rausgepumpt, Blut, das reingesogen wird. Und die Herzklappe heißt nun Aortenklappe, und ist die sklerotisch? Aufgelöst sind Wörter wie Blumenstillleben, Raupe, Kupferstich, Emblematik, Blumenbuch: verwirbelt, zerstäubt! Und siriusfern die Küste von Surinam, nah das Rheinufer, Rodenkirchen, ich gehe, informationsbetäubt, auf dem Uferweg, muss mich erst wieder zurechtsortieren, innerlich, es wurde eine Wortlawine losgetreten: Ja, die intermittierenden Extrasystolen ... ja, die arterielle Hypertonie ... ja, die Sklerose der Aortenklappe ... Und Fachwörter, die kurz bevorstehende Untersuchungen markieren: Stress-Echokardiographie, Farbdoppler-Echokardiographie ... Ergometerbelastung im Halbliegen und in Linksseitenlage ... computergestützte Wandbeweglichkeitsanalyse ... Ach, MSM: ganz weit weg ... Und all die Wörter, die sie begleiten wie Pilotfischlein: abgedriftet.

Mir wird wieder einmal, wird verstärkt bewusst: Es ist eine bestimmte Disposition notwendig für solch eine Arbeit. Erst einmal, von außen gesehen: die Konstitution eines Langstreckenläufers, der solch einen Vielhundertseitenparcours durchhält, möglichst kontinuierlich in der Bewegung. Und: Die Grundhaltung darf nicht monologisch sein. Ist in meiner Branche aber weithin symptomatisch: Neigung zum Monologisieren unter Kollegen, Bekannten, Freunden, anhaltende Selbstdarstellung. Ansätze bei mir ebenfalls, das zeigt sich auch hier, aber generell doch eher: ich nehme mich zurück. Ja, zur Disposition eines literarischen Biographen gehört die Fähigkeit zu anhaltendem Hinhören, Hinaushorchen ... Der Wunsch, die Notwendigkeit: zu verstehen ... Nicht zu urteilen, womöglich zu verurteilen, auch wenn sich Stichworte dazu anbieten (können) ... Der anderen Person Raum gewähren zur Selbstentfaltung ... Auch sogenannten Nebenpersonen Spielraum verschaffen in eigenen Kapiteln ... Für sich sprechen lassen ... Nicht als Sprechmasken instrumentalisieren ... Erkunden fremder Lebensformen und nicht Suche nach Lebensformen, die eigene Lebensformen bestätigen, festschreiben wollen ... Aus sich herausgehen, auf die andere Person zugehen ... Sie nicht zureden, sondern zu Wort kommen lassen, so weit wie möglich.

Doch nun: Ergometerbelastung. Elektroden angelegt, und ich werde, wie beim Astronautentraining, in Schieflage gekippt, muss Pedale treten, Pedale treten, Leistung wird in Watt gemessen ... 170 Watt, 180 Watt ... Womöglich lässt sich noch etwas mehr herausholen aus dem bewegungshungrigen Körper. Erste, beruhigende Zwischenmeldung: die Herzwände scheinen noch recht flexibel zu sein.

Aber es muss Gewissheit gefunden werden über den Zustand der Koronargefäße: Computertomographie des Thoraxbereichs. Einatmen, Luft anhalten, ausatmen, einatmen, Luft anhalten, ausatmen – ich bin weiß überwölbt von elegantem Bogen, achtfach simultan werden Informationen gespeichert:

echtzeitanaloge Dokumentation signifikanter Ereignisse ...
Schnittbildverfahren ... Nativ-Untersuchung ... Quantifizie-
rung von Verkalkungen der Herzkranzgefäße ... Und, sieh
mal an: zwei Plaques, im Koronarbereich. Wie: Plaques im
Herzen ...?! Plaque an Zähnen: keine Überraschung. Aber im
Koronarbereich? So ist es, aber die sind noch klein. Noch ...
Ich bekomme weiter zu hören: Bildung der arterioskleroti-
schen Plaque ... Mögliche Verletzung der Gefäßinnenwand,
des Endothels ... Entzündungsreaktion ... LDL-Cholesterin
(auch so ein Wort, plötzlich, mit Erstbedeutung) lagert sich
an ... Ablagerungen aus Cholesterin, weißen Blutkörperchen,
abgestorbenem Gewebe ... dünne Schutzschicht, die Fibrin-
kappe ... kann aufbrechen und dann –
Computertomographie im Krankenhaus Porz. Schluss-
besprechung, vorläufig: Risiko ja, aber nicht allzu hoch. Medikamente werden verschrieben. Aufatmen. Wieder ein Gang
am Wasser entlang, der Rhein nun von der östlichen Seite gesehen – drüben Wald. Gehen, gehen. Andere Wörter wieder
zulassen, sich ausbreiten lassen: Blumenbuch ... Emblematik ... Kupferstich ... Raupe ... Blumenstillleben ... Der Blick
wird wieder frei, die Schreibperspektive stellt sich wieder ein.
Doch weiterarbeitend horche ich öfter in mich hinein.

Postskript. Ich habe die Textsequenz aus der Merian-Biographie übernommen, denn: Ein Jahrzehnt später stellen sich
gleiche Symptome ein in frühen Phasen der Arbeit an diesem
Lebensbuch – Angst, es nicht zu schaffen. Diesmal freilich
keine weiteren Untersuchungen durch einen Kardiologen,
eher Hausmedizin.
   Als erst mal die Hälfte geschafft war: Herz rumpelte nicht
mehr herum im Brustkasten, Blutdruck sank. Mentale Thermik setzte ein, Auftrieb.

Postskript-Postskript. Nein, so glatt war der Übergang doch
nicht! Da ist dieses Aufwachen, dieses Wachbleiben in der
»Stunde des Wolfs«. Warum diese Stunde so heißt, weiß ich
nicht. Auch bei mir liegt sie zwischen vier und fünf Uhr mor-

gens. Schlafstörung. Herumtigern in der Wohnung ... Sedierung durch Rotwein ...? Wäre in dieser Stunde wie ein Fausthieb ins Hirn. Baldrianpräparat ...? Wird kaum ausreichen. Chemisches ...? Lexotanil?

Aber vielleicht will ich mir etwas mitteilen, habe mich deshalb geweckt, halte mich deshalb wach? Wird ja nicht grundlos geschehen, wieder einmal. Also versuche ich, die Störung einzuordnen in den gegenwärtigen Lebenskontext. Schließlich muss die Störung einen Hintergrund haben. Wahrscheinlich, höchstwahrscheinlich: Die Arbeit (auch) an diesem Projekt wird mir zu viel, das Innensystem setzt ein Zeichen: Brems dich ab, zieh womöglich die Reißleine, nimm eine Auszeit, fahr ins Eifelhaus, lass die Alphawellen schwingen, erweitere deine Spaziergänge zu Wanderungen. Etcetera.

Aber dann bin ich Hunderte von Kilometern von den beiden Arbeitstischen entfernt, in einem italienischen Hotel bei Urbino, wache pünktlich auf in der Stunde des Wolfs, stelle mich ans Fenster, blicke hinaus in die Nachtlandschaft, suche nach einem Grund für die Binnenstörung, um mich herum ist es ruhig. Aha, sage ich mir, es ist die Fremde, die dich umgibt, etwas in dir ist mit dem gegenwärtigen Zustand nicht einverstanden, zu Hause wird sich das so schnell nicht wieder einstellen.

Und ich bin wieder in der gewohnten Umgebung, eine Phase ohne Stress und Druck, wieder laufe ich in der Wohnung umher und frage mich, was denn jetzt schon wieder in mir herumgeistert.

Allein schon unter dem Stichwort »Stunde des Wolfs«: sich gegenseitig aufhebende Selbstinterpretationen! Irritierend unterschiedliche Ansätze, mich zu definieren – erst einmal vor mir selbst, für mich selbst: Ich bin jemand, der in der Fremde aufgestört wird ... nein, ich bin jemand, der auch im heimischen Bereich aufgestört wird ... nein, bin jemand, der im heimischen Bereich durch Überlastung aufgestört wird ... nein, bin jemand, der auch ohne Überlastung aufgestört wird, gerade weil jetzt keine Überlastung erfolgt, spielen die Nerven verrückt. Ja, was denn nun?! So viel Freiraum für Selbsteinschätzungen, Selbstdeutungen! Und so viele Fehleinschätzungen in der immer wieder geforderten Selbsterkenntnis. So langsam muss ich doch mal mit mir ins Klare kommen. Ich kann mein Selbstporträt doch nicht immer wieder übermalen, zumindest partiell. Wo bleibt die große, die schlüssige Selbstinterpretation, die womöglich felsenfeste Aussage: Ich bin ein Mensch, der –?

Auch die Arbeit an der Biographie über die Merian: Rückwirkungen, autobiographisch. Mit der Zuwendung, Hinwendung zu einer Frau, die sich Fauna und Flora zuwendete, genau beobachtend, präzis wiedergebend, hat sich meine Wahrnehmung verschärft für Phänomene von Fauna und Flora. Der Fokus nun vor allem auf Schmetterlinge gerichtet – in der Biographie habe ich darüber berichtet. Hier zwei zusätzliche Stichworte.

Das erste für ein Phänomen der Flora, das mich anhaltend fasziniert: der geflügelte Ahornsamen. Nicht als Doppelsame, Doppelflügler, bewährt als »Nasenklemmer« in der Kindheit, aufgesetzt und ausbalanciert wie ein Zwicker, sondern abgekoppelt als Einflügler: perfekt ausbalanciert der Flügel mit der Samenkapsel am inneren Ende, im Sinkflug wie ein Hubschrauberrotor kreiselnd, fliegt das Wunderwerk, windgetragen, vom Baum weg, der auch vor dem Eifelhaus steht. Feinmechanik in höchster Perfektion, auch in der Form des leicht durchäderten Flügels in eleganter Schwungform. Was ich nicht sehen kann, das lese ich: An der oberen, der vorderen Kante des Flügels entsteht bei der Rotation ein kleiner Luftwirbel, der dem Samen so etwas wie Auftrieb verschafft, damit die Flugdauer erhöhend, die Reichweite, windgetragen, vergrößernd.

Jedes Frühjahr senke ich unter Ahornbäumen den Blick, suche unbeschädigte Einflügler, stecke sie vorsichtig in die Brusttasche des Hemds, stelle mich in der Wohnung auf einen Stuhl, gebe die Einflügler frei, lasse sie auf den Boden rotieren in verschiedenen Flugbahnen. Mit Zufriedenheit registriere ich im Internet, dass vergrößerte Plastikmodelle des Flugsamens im Windkanal getestet, dass in Rauch die kleinen Luft-wirbel sichtbar gemacht werden.

Weiteres Faszinosum, in diesem Buch eigentlich schon abgefeiert, hier aber unter neuem Aspekt: Jedes Jahr, etwa im Oktober, die weit gestaffelten Formationen der Kraniche über dem Eifelhaus, und, beglückt wahrgenommen, auch über Brühl. Hier renne ich, von den Trompetenschreien alarmiert, mit dem russischen Armeefernrohr auf die Loggia, auf die Dachterrasse, mustre die ständig wechselnde Führung, das fließende Umgruppieren auch an den (verschieden langen) Schenkeln des offenen Dreiecks. Und wieder die Frage, wie diese Route Jahr um Jahr so präzis eingehalten werden kann.

Ich lese, dass Kraniche Magnetlinien folgen, die wir nicht wahrnehmen, für die Zugvögel jedoch Rezeptoren oder Sen-soren besitzen: Magnetkompass-Navigation, neuronal. Die Moleküle der Magnetrezeptoren arbeiten so präzis, dass die Kraniche an Neigungswinkeln der Magnetfeldlinien sogar die jeweilige geographische Breite ›ablesen‹ können. Das Magnet-feld beeinflusst also biochemische Prozesse: Magnetfeldlinien werden beim Langstreckenflug wie durch Lichtpunkte sicht-bar gemacht. Befinden sich die Zugvögel auf Feldlinienkurs, leuchten Moleküle in der Netzhaut auf, und zwar deutlich, solange sie der Magnetlinie folgen, werden schwächer bei Ab-weichungen. Hinzu kommt Sternenkompass-Orientierung und grobe Markierung auf der gespeicherten Landkarte. Vor allem beim Anflug auf Ruheplätze oder Zielpunkte fliegen die Kraniche auf Sicht.

Und auf all diese elaborierten Ideen kommt die bekannt-lich selbständig, selbsttätig agierende Biochemie ...? All dies generiert von Molekülen ganz ohne Masterplan, nur nach den Zwängen der Überlebensstrategie ...? Zellen, Zellenverbände, die sich wie von selbst auf Evolution programmieren? Und ganz von selbst, wahrlich blindlings, entwickeln sich Zellen-verbände, die auf Feldlinien des erdmagnetischen Feldes re-agieren, es in Lichtzeichen umsetzen, in präziser Abstimmung einer Leitlinie ...? Biochemie pur ...? Oder etwa nicht ...?!

Postskript. Und zwar mit doppeltem Stichwort: Evolution ...
Merian-Biographie ...

Zu berichten ist erst einmal: Ich hatte Gespräch und Rat gesucht bei Experten, die schließlich auch das übersandte oder überreichte Buch lasen – und dann ergänzten, kommentierend. Allen voran Wilhelm Barthlott, damals Chef des Botanischen Instituts und des Botanischen Gartens der Rheinischen Friedrich-Wilhelms-Universität Bonn, Abt. Systematik und Biodiversität. (So der Briefkopf!)

Auch im Folgenden: kein Recycling von bereits Gedrucktem, vielmehr: Nachtrag aus der Werkstatt.

Maria Sibylla Merian entdeckt ein Beispiel für Mimikry. Damit bin ich bei einem meiner Lieblingsthemen: Tarnung, Vortäuschung und Spiel in der Natur. Ich hatte in der Biographie auch die folgende Aufzeichnung wiedergegeben; wie sich nachträglich zeigte, ohne sie recht zu verstehen.

Es ging um eine Schnecke, die sie »bei Frankfurt, außerhalb von Sachsenhausen, bei einem sumpfigen, halb vertrockneten Weiher gefunden, die tat vorn an ihrem Kopf einige lange Hörner herausstrecken, als wären es Würmer, die waren hübsch gestreift und getüpfelt, und immer trieb einer den anderen wieder herein, bisweilen aber kamen 3, auch schon mal 4 hervor und das trieben sie alle Tage bis um 9 Uhr, danach waren sie ruhig. Ich fand sie 1685, am 17. Juni, und erhielt sie mit Kräutern bis zum 20. Juni, da starb sie, und ich machte sie auf und fand 4 Dinger, den Würmern gleich, in ihr.«

Dies hatte ich erst mal unter Kuriosum verbucht, aber hier wurden mir die Augen geöffnet für die erstaunliche Beobachtungsgabe der Merian. Sie beschreibt hier, sicherlich erstmals in der Wissenschaftsgeschichte, eine Form der Mimikry. Barthlott legt mir Ablichtungen vor, euphorisch: »Toll, was MSM gesehen hat!«

Was sie beobachtet hat, ist die Bernsteinschnecke *Succinea putris*. Und was MSM im Bereich der Schneckenfühler entdeckte, ist ein »mimetischer Saugwurm«, dessen langen lateinischen Doppelnamen ich hier nicht abtippen muss.

Ich kürze ab: Die wurmähnlichen, sich bewegenden »Hörner« am Kopf der Schnecke waren Zeichen für das Wirken eines parasitären Saugwurms, der sich in die Fühler hinein-gearbeitet hatte, dies erkennbar machte durch Signalfarben und pulsierende Bewegungen.

Ich führe aus in kleiner Nacherzählung. Die Bernstein-schnecke, gern im Feuchten, Beschatteten lebend, nimmt als Nahrung auch Kot von Singvögeln auf. In diesem Kot stecken Eier des Parasiten. Die gelangen in den Verdauungs-trakt der Schnecke, entwickeln sich dort zu Sporozyclen, die sich aus dem Darm befreien, sich durch den Schneckenleib voranarbeiten zu den Fühlern. Dort dringen sie ein, lassen die Fühler anschwellen, sich verlängern. Zugleich verändern sie das Verhalten der Schnecke: bisher im eher Verborgenen dahinkriechend auf ihrem Schleimbett, bewegt sie sich hinaus ins Freie, ins Lichte. Dort kann sie die verdickten und ver-längerten Fühler nicht mehr einziehen. So ein gleichsam un-terwanderter Fühler sieht nun aus wie ein gedrungener Penis in Miniatur, betont mit (meist) hellgrünen, dunkelgrünen, bräunlichen und weißen Markierungen in parallelen Streifen oder Bändern; die Spitze versehen mit schwarzen, auch ro-ten, durchaus dekorativ wirkenden Farbakzenten. Die nun prallen, nun farbigen Fühler beginnen, sich durch Pulsieren zu betonen, die Farbstreifen kontrahierend, im Strecken be-tonend. Kommt ein Vogel geflogen, und der hält so einen ver-wandelten Fühler für eine fette Made oder einen verlocken-den Wurm, reißt den von der Schnecke weg, schluckt ihn. So wird der Vogel zum Endwirt, nach dem Zwischenwirt Schne-cke. Denn im Vogeldarm vermehren sich nun Saugwurm-Ei-er, werden mit Vogelkot ausgeschieden, den wiederum frisst eine Bernsteinschnecke, infiziert sich mit dem Saugwurm, der sich, nach den üblichen Entwicklungsstadien, in die Fühler voranarbeitet, sie verlängert, verdickt, in Streifen färbt und pulsend in Bewegung setzt. Und es kommt ein Vogel geflo-gen ...

Wie, so frage ich mich wieder einmal, wie können sich der-art trickreiche, ja (pardon!) ausgebuffte Programme der Ver-mehrungslogistik entwickeln? Auch diese Frage findet unter

Wissenschaftlern eine sicherlich chorische Antwort: Evolution, Evolution! Dies über Millionen von Jahren hinweg: Zeit genug, um auch solche Spielarten zu entwickeln!

Ja, gewiss, gewiss! Aber soll ich mir wirklich vorstellen, diese verzwickte Form der Undercover-Vermehrung hätte sich im Verlauf der Zeiten blindlings von selbst entwickelt? Ein derart ausgepichtes Programm?! Die Eier in Vogelkot verpackt darbieten ... Sich im Verdauungstrakt ganz speziell der Bernsteinschnecke einnisten und parasitär entwickeln ... Sich aus dem Verdauungstrakt befreien, durch den Schneckenleib blindlings zielsicher voranarbeiten zu den Fühlern, von innen her, wie in eine Bohrung, die Sporocytenschläuche hineinschieben in die Fühler ... die Schnecke, von der Entwicklung vielleicht geplagt, von ihrer Gewohnheit abbringen, sich im eher feucht Düstren aufzuhalten, sich vielmehr auf ihrem Schleimbett ins Offne, Freie hinauszubegeben, in dem sie allerdings eher entdeckt werden kann ... die Fühler von innen her umformen zu Lockbildern fetter Made oder Larven, Vogelgier weckend ... abgepickt, abgebissen werden, im Singvogeldarm Eier entwickeln, freigeben, die ausgeschieden werden, und der Kreislauf kann von vorn beginnen ...

Das alles blindlings so entwickelt? Nichts als Trial and error? Mal ganz naiv gefragt: Woher ›weiß‹ denn eine Fühlermade, ein blinder Saugwurm, wie eine Wurmattrappe aussieht, wie die sich bewegen muss, um eine ganz bestimmte Singvogelart anzulocken? Es konnte doch nichts abgeguckt und nachgeahmt werden in der Entfaltung von Farbbändern auf den verlängerten und angeschwollenen Fühlern, in der Entwicklung, blindlings, einer Bewegungsweise, die unweigerlich Singvögel anfliegen und abpicken lässt.

Das alles ist derart tricky, zugleich spielerisch logisch, als hätte das ein Spielleiter, ein Oberspielleiter konzipiert und realisiert, interessiert an Verkettungen und Vernetzungen von Fauna und Flora, dies mit überraschenden, manchmal auch komischen Einfällen. Spielt die Natur mit sich selbst, weil die Evolution so langsam vorangeht? Natura ludens? Ich frage das nicht zum ersten Mal, ich werde die Fragen nicht los, beinah verfolgen sie mich. Der ganze Prozess zur Sicherung der Vermehrung erscheint doch eher wie ein souverän entwickeltes Spiel. Die Verwandlung eines Schneckenfühlers in eine Made oder Larve mit absolut stimmiger Farbauswahl aus einer letztlich doch riesigen Palette? Mit perfekter Maden-Imitation, dies auch in den (nie gesehenen, also auch nicht imitierten) Bewegungen, mit denen sie dahinzukriechen scheint, sich verkürzend, sich verlängernd, optisch gleichsam pulsierend? Fragen, Fragen, Fragen.

Und wieder und weiterhin: Ich konzipiere ... ich konzipierte ... ich habe konzipiert ... ich hatte konzipiert ... ich werde konzipieren ... ich werde konzipiert haben ...

ANRUF AUS EINER KÖLNER BUCHHANDLUNG. Eins meiner Bücher soll für einen Kunden bestellt werden, auf dem Bildschirm zeigt die CD-ROM des VLB (Verzeichnis lieferbarer Bücher) jedoch an: All meine Suhrkamp-Titel sind mit einer 19 versehen, und diese Schlüsselziffer besagt: Nicht mehr lieferbar.

Sämtliche Titel?! Auf einen Schlag gesperrt?!

Ja, Ihre sämtlichen Titel im Suhrkamp-Programm. Die Titel bei Insel sind noch lieferbar.

Was war da passiert? Wie konnte es dazu kommen? Das will ich jetzt nicht aus sicherer Distanz artikulieren, ich kann zurückgreifen auf zeitnahe Formulierungen aus einem Gespräch mit Jochen Arlt, das ein Jahr nach dem Crash publiziert wurde, in einer »Illustrierten Literarischen Jahresschrift«, betitelt *Muschelhaufen* (36). Das einzige Publikationsorgan übrigens, das sich für den Vorgang interessierte – da fand der Krach zwischen Verleger Unseld und Autor Kroetz entschieden stärkeres Echo.

Einleitend sollte mir ein spontaner Reflex auf den Namen Siegfried Unseld entlockt werden.

Spontan? Da kann ich nur mit einem einzigen Wort reagieren: Raumverdrängung. Dieses Wort müsste eigentlich in Großbuchstaben geschrieben oder gedruckt werden.

Gefragt wurde dann nach Vorzeichen: sinkende Auflage-zahlen?

Die Verkaufszahlen schwankten stark. Manchmal stiegen sie erfreulich. Von der Originalausgabe des Wolfram-Parzival wurden ein paar tausend Exemplare mehr verkauft als seiner-zeit von der Original-Ausgabe der Wolkenstein-Biographie. Jeweils über 30000. Vom Beethoven-Roman bei Insel wurden etwa 8000 Exemplare verkauft. Von der sehr verdichteten Er-zählung ›Die Minute eines Segelfalters‹ hingegen nur andert-halbtausend. Hier zum Beispiel setzten Vorwürfe ein. Dabei liegen Verkaufszahlen etlicher Kolleginnen und Kollegen in ähnlichen Bereichen. […] Einer der Vorwürfe: Ich würde komplexe Schreibweisen fortsetzen, wie sie in den siebziger Jahren akzeptiert wurden, die aber heute nicht mehr ›in‹ seien. Als Vorbild für notwendiges ›straight-on‹-Schreiben wurde mir Martin Walser vorgehalten und ein jüngerer Kollege, den ich persönlich aber sehr schätze, also lasse ich den Namen weg. Es geht ja auch nur um ein Erfolgsmuster, das sich mit verschiedenen Namen verbinden lässt. Einfaches, chronolo-gisches Erzählen ist also gefragt. Meine Antwort war: Unsere Gesellschaft wird immer komplexer; die Antwort der Litera-tur auf diese wachsende Komplexität kann nicht sein, immer simpler zu werden. Zumindest nicht in der Literatur, die mehr als nur Unterhaltungsbedürfnisse bedienen will. Mein Argu-ment machte aber offensichtlich keinen Eindruck.

Und der Auslöser?

Stichwort zu all dem war mein Vorschlag, zu meinem 60. Geburtstag einen Band mit Erzählungen herauszubrin-gen, der Verstreutes zusammenfasst, in einem repräsentativen Band, der auch optisch ein Gegengewicht schafft zu den um-fangreichen Mittelalter-Büchern. Das wurde von Dr. Unseld rundweg abgelehnt, gewürzt mit einer beleidigenden Äuße-rung. Und weil ich das nicht hinnahm, eskalierte der Streit sehr rasch. Dabei kam nie der Vorschlag, sich mal zusammen-zusetzen und das alles zu besprechen, nach beinah einem Vier-teljahrhundert der Kooperation. Alles lief über Briefdekrete. Es wurde nicht einmal telefoniert. Und es endete damit, dass ich von einer Kölner Buchhandlung – wohlgemerkt nicht vom Verlag! – darüber informiert wurde, dass meine sämtlichen Suhrkamp-Titel nicht mehr lieferbar waren. Es erscheint mir dubios, dass so etwas einem Autor gar nicht erst mitgeteilt wird, dass er so etwas über den Buchhandel erfährt.

So wurde ein Brief an den Verleger fällig. Ich wies Siegfried Unseld darauf hin, dass die Rechte an mich zurückgingen, falls nicht binnen zwei Jahren alles in Neuausgaben vorgelegt würde. Eine rhetorische Frage stand dahinter, denn laut Abrechnungen waren von den meisten Büchern noch reichlich Vorräte auf Lager. Es ging um die Rechte: ich wollte alle Suhrkamp-Rechte zurückhaben, samt Nebenrechten. Auf Kompromisse wollte ich mich nicht einlassen, aufs Bitten mich nicht verlegen. Ich schätze mich selbst als umgänglich, als generell freundlich ein, aber es gibt klar gezogene Grenzen. Jäh gewann wieder Honnefelders Formulierung an Präsenz, ich würde, wenn es kritisch wird, reden wie in einem Hollywood-B-Picture. Das bestimmte denn auch den Ton des Briefwechsels, der im Haus in der Lindenstraße als Chefsache geführt wurde, nicht einmal das Lektorat erfuhr davon. Ich wollte auch keine Unterstützung zusammentrommeln, es war eine Sache zwischen Siegfried und mir, und da blieb ich hartnäckig.

Mit einem Wort, das Wolf Biermann mal in einem Gespräch fallen ließ: es gab hier keine Knautschzone – die Stöße, Zusammenstöße gingen sofort ans »Chassis«! Ich war der Letzte einer kleinen Gruppe, die nach und nach den Verlag verlassen wollte oder verlassen musste. Die Gunst, die Zuwendung des Verlegers war deutlich dosiert, in Abstufungen. Es gab einen inneren Kreis mit Favoriten, die ich nicht aufzählen muss, es gab so etwas wie eine B-Liga im Hause, und es gab eine Gruppe, in der um Aufstieg oder Abstieg gekämpft wurde. Die Abstufungen waren klar signalisiert im Frankfurter Gästehaus des Verlegers: das ganz große Apartment für Frisch und Bernhard, ein Kämmerlein für Laederach.

Ich gehörte zu einem Grüppchen, das im Verlag so etwas wie einen Sonderstatus besaß: es war um den Lektor Thomas Beckermann geschart und nicht auf den Verleger fixiert. Wir traten auch, anfangs, als Gruppe auf – Autoren, die sich schätzten, sich mochten. Das war Herbert Achternbusch (mit dem ich im Kloster Andechs Biere trank), das war Gert Jonke (mit dem ich schon mal herumflachste), das war Gerhard Roth (mit dem ich, sekundiert von Kolleritsch, in Graz Brüderschaft soff), das war der Kühn. Gerhard war einer der Ersten, die den Verlag verließen – er hatte, nebenbei, den Fehler begangen, den bulligen Verleger bei einem Wettschwimmen hinter sich zu lassen. Das Grüppchen bröckelte ab, ich war der Letzte ›der Mohikaner‹.

Und das ohne Knautschzone. Das Du zwischen Unseld und mir war von einer Woge Affentaler-Rotwein herangeschwemmt worden. Es war da aber auch spontanes Engagement. Staunend lese ich ein Telegramm, freigelegt in der Endmoräne: »Lieber Dieter. Die letzte Nacht im Krankenhaus von gestern auf heute verbrachte ich mit Deinem Parzival. Ich bin voller Bewunderung. Dir gebühren alle Preise. Ich bin sehr glücklich, das für die Insel zu haben. Wir werden uns kräftig einsetzen. Herzlich Dein Siegfried.« Doch der Temperatursturz, der Kälteeinbruch bereitete sich vor. Schließlich Blitzeis.

Wenn das Gästehaus (Flügel der Verleger-Residenz) nicht weiter belegt war, durfte ich schon mal im Max-Frisch-und-Thomas-Bernhard-Apartment übernachten. Dann wieder konnte es mir widerfahren, dass ich, obwohl eingeladen, von Siegfried im Trainingsanzug mürrisch empfangen wurde, mir sofort signalisierend, er hätte jetzt keine Zeit, arbeite am Goethe-Buch: »Geh schon mal nach oben, du kennst dich ja aus.« Oder ich wurde auf der Schwelle zwischen Sekretariat und Chefzimmer abgefertigt. Wiederum schlug er mich zweimal vor für die Frankfurter Poetikvorlesungen. So pendelte das hin und her zwischen dem Zeigen einer durchaus kalten Schulter und einer rotweintemperierten Vertraulichkeit (in der mir selbst horrende Verlustziffern seines Klassiker-Verlags genannt oder fortlaufende, gezielte Erniedrigungen durch Thomas Bernhard eingestanden wurden). In der entscheidenden Phase, beim Countdown, konnten keine Gefühlsreserven mobilisiert werden; es krachte, es knallte.

Keiner im Verlagshaus wurde in die Auseinandersetzungen einbezogen, keiner informiert, und doch schien sich etwas zu übertragen, zu verbreiten, gleichsam osmotisch. Briefe an Mitarbeiter, sonst prompt beantwortet, fanden wochenlang keine Antwort, da nützten auch aufmunternde, anfragende Zwischenzeilen nichts. Angerufen wurde ich auch nicht mehr. Bat ich um Rückruf, weil jemand im Lektorat nicht zu erreichen war, so blieb telefonische Antwort aus. Ein »Aushänger«, der auf die Post sollte, weil ich mich um einen Übersetzerpreis bewerben wollte, wurde nicht abgeschickt. Das fehlte ja grade noch, dass der Kühn ausnahmsweise doch mal wieder einen Literaturpreis kriegt ... In einer Werbeschrift des Verlags wurden erste Bücher aller Suhrkamp-Autoren seit den fünfziger Jahren aufgelistet, Kühn war mit dem Titel »N« nicht mehr vermerkt. Wurde ich bereits in den Verlagsannalen gelöscht?

Ein meist gedankenlos reproduzierter Satz wurde zur biographischen Erfahrung: »Es wird still um einen.« Oder: man wird fallengelassen. Hilfe konnte ich nicht erwarten. Kein Kritiker würde dem Verleger sagen: Das kannst du mit dem Kühn doch nicht machen – diese Vorgänge geben keine Stichworte her für Gespräche in der Branche, sagte ich mir, das wird nicht weiter wahrgenommen; falls doch, dann wohl nur mit Achselzucken.

Es kollabierte das eingespielte System einer jahrelangen Kooperation. Als wäre eine Parole ausgegeben worden: Der Verleger hat ein Machtwort gesprochen, nun ist jedes Wort zu viel, das noch an mich gerichtet wird. Ein Angestellter in vergleichbarer Situation hätte etwa dies erleben können: Dass er auf dem Flur kaum noch oder nur verlegen oder gar nicht mehr gegrüßt wird ... Übersehen werden, Luft für andere sein ... Mobbing.

Mein Spielraum wurde eng. Ich hätte argumentieren können: Nach beinah einem Vierteljahrhundert der Kooperation könnt ihr mich nicht einfach laufen lassen, setzt die Kontinuität fort, bringt auch mein nächstes Buch, sonst –

Ja, was sonst?! Ich konnte nicht auftrumpfen, war als Autor eher Randerscheinung in der Branche. Ich wollte mich aber auch nicht verhalten wie ein Kollege, der Unseld signalisierte: Lieber bescheidene Publikationen in der *edition suhrkamp* als gar keine Bücher von mir in deinem Haus. Was hätte ich von der Kompromiss-Publikation eines neuen belletristischen Buchs erwarten können? Keine Leseexemplare für den Buchhandel? Das Buch womöglich als Weglass-Titel? Eins der Wörter, die ich in jener Situation lernte, im Gespräch mit Kollegin Katja: Im Hardcover-Angebot einer Saison kann ein Weg-lass-Titel eingeplant sein; ein Vertreter, der beim Buchhändler nicht den Eindruck erwecken will, er wolle das neue HC-Programm komplett in die Regale pressen, er kann einen Titel zur Disposition stellen: Unter uns, dieses Buch können Sie getrost weglassen ... Individuelle Beratung! Und der Sortimenter verzichtet auf die Bestellung wenigstens eines Exemplars oder die Bestellung »eins plus eins« – eins fest, eins mit Remissionsrecht. Der Weglass-Titel wird entsprechend schlecht anlaufen: geringe Vormerkziffern. Und dem Autor kann vom Verlag signalisiert werden: Da siehst du es ja selbst, deine Bücher laufen schlecht, also ...

Prophezeiungen, die auf ihre Erfüllung angelegt sind. Denn es strahlt nach außen ab, wie innerhalb eines Verlags ein Buch eingeschätzt wird. Publiziert man es mit Achselzucken, so überträgt sich das. Der Verleger nennt solch ein Buch nicht in einem Gespräch mit einem Kritiker von Rang und Namen ... Die Presseabteilung hebt in Gesprächen mit Redaktionen das Buch nicht weiter hervor, nennt es vielleicht gar nicht erst ... Rezensionsexemplare werden nur zögerlich verschickt, müssen angefordert werden ... Bei Telefonaten oder Gesprächen unter Kritikern blitzschnelle Gewichtungen zwischen »O ja!« und »Na ja ...«. Besprechungen, falls überhaupt, werden schlecht platziert oder spät publiziert ... Buchhändler remittieren bei frühestmöglichem Termin ... Remittierte Bücher tauchen einige Zeit später auf bei Sonderverkäufen oder im Modernen Antiquariat ... Eine Spiralbewegung – aber von außen nach innen – der Punkt des definitiven Stillstands immer enger eingekreist.

Ich arbeitete konsequent hin auf vollständige Trennung:

Wenn die Rechte der Suhrkamp-Titel an mich zurückgehen, will ich auch die Rechte der Insel-Titel zurückhaben. Die Titel im hauseigenen Insel Verlag waren ja immer noch lieferbar, offiziell, und solange ein Buch als lieferbar deklariert ist, bleiben die Rechte beim Verlag – hier musste also eine Sonderregelung getroffen werden. Mit Begütigungen wollte ich mich nicht zufrieden geben, mit Goodwill-Erklärungen: Als Autor bin ich unteilbar, ich möchte auch die Rechte der Insel-Titel zurückhaben! Hier wollte Unseld allerdings die »Trilogie des Mittelalters« aussparen – kein Wunder, die Wolkenstein-Biographie hatte in Originalausgabe, Sonderausgabe, Taschenbuchausgabe die Marke von 100000 weit überschritten. Hier musste ich also nachhaken, nacharbeiten, schrieb einen Brief, der wohl kaum je veröffentlicht wird, deutete gewisse Unstimmigkeiten an. Der Verleger gab auch die letzten drei Titel frei.

Zwischen dem Bruch mit Unseld (Chefsekretärin Burgel Zeeh, am Telefon: »Herr Kühn, wir verstehen das alle nicht!«) und dem Erscheinen von *Clara Schumann, Klavier*: Tabula rasa. Nichts mehr war lieferbar. Es dauerte erst mal seine Zeit, ehe der neue Verlag gefunden war. Ein ausgedehntes »Arbeitsessen« mit dem Verleger Neven DuMont in einem noblen italienischen Restaurant; er sah in mir einen geeigneten Kandidaten für eine große Böll-Biographie. Aber auch der gute Wein konnte meine Bedenken nicht wegschwemmen: Kritisch, ja auch kritisch über einen Mann schreiben, der, nach dem Tod eines Sohnes, mit der Stirn an meiner Schulter mit den Tränen gekämpft hat? Trotz der Absage: erstes Probetrinken mit dem Lektor von Kiepenheuer & Witsch. Wenn auch noch ohne konkrete Absprachen.

Ja, Tabula rasa in sehr direktem Sinne: Es musste auch verbindlich ausgemacht werden, was mit den Lagerbeständen meiner Bücher geschehen sollte. Nach und nach verramschen, im Modernen Antiquariat? Da hätten die Vertreter meines neuen Verlags sicherlich einige Schwierigkeiten gehabt: Schaun Sie mal da vorn in die Krabbelkiste! Ich musste mich entscheiden: hängen oder köpfen lassen? Klingt dramatisch zugespitzt, doch es ging um den Fundus von immerhin 24 Jahren. Also: Sollen die Bestände verramscht oder eingestampft werden? Wenn ich schon Zäsuren setzen muss, dann klar und deutlich, also einigte ich mich mit Unseld im Schriftverkehr auf makulieren. Vom ersten bis zum letzten Buch in diesem Verlagshaus: einstampfen, alles!

Das Wort ZÄSUR groß geschrieben im Kopf, im Bewusstsein, auch wenn ich in der langen Phase des Übergangs mit Besessenheit weiterschrieb am Buch über eine Frau unter dem Lebenszeichen künstlerischer Besessenheit: Clara Schumann. Kontinuität, zumindest in der Arbeit. Tag für Tag ein kleiner Sieg: Ihr kriegt mich so leicht nicht klein! Das verkündete ich auch in Gesprächen: Die kriegen mich so schnell nicht klein! Indem ich weiterarbeite, wird die Zäsur überschritten oder übersprungen mit Blick auf (eine wenn auch noch ungewisse, konturlose) Zukunft. Gegenwind statt Aufwind – doch aufrechter Gang ...

So könnte ich mich positiv stilisieren. Es muss aber nachgefragt, nachgehakt werden: Wie bin ich mit der Zäsur zurechtgekommen? Ich übernehme hier eine (halbwegs ironische) Formulierung von Rühmkorf bei einem Gespräch in Bergen: »Wir Alt-Psychosomatiker ...« Bevor ich das Symptom benenne, eine Anmerkung: Ich hatte bis zu dieser Zeitphase alle Bücher in erster Fassung handschriftlich entworfen, handschriftlich erfolgten auch alle Korrekturen in der Typoskriptversion. Und nun: An meinem Schreibarm entwickelte sich wie im Zeitraffer so etwas wie Ausschlag, so breit und auch fast so deutlich abgegrenzt wie eine Armbinde mit Aufschrift oder Logo am Oberarm. »Ja, was ist denn das?!«, fragte ein Arzt, so was hätte er noch nie gesehn. Und ich deutete an: Ich habe mir die sprichwörtliche Krätze zwar nicht an den Hals, aber an den Arm geärgert. Das konnte fürs Erste nur gelindert werden: Die schwärende Markierung mit Urin feuchtgewischt, mit Salbe eingerieben.

Da ich mich nicht immer hundertprozentig auf meine Erinnerung verlassen kann, schaue ich im damals zeitnahen Interview nach, ob und wie ich eventuell auch über diesen wunden Punkt gesprochen habe. Und siehe da, ich muss relativieren.

»In schwarzen Phasen fühlte ich mich an einem Endpunkt. Da wurde Kontinuität aufgekündigt – nach 24 Jahren Kooperation. Ich sah hier den Sieg der schieren Punktualität. Das könnten wir jetzt allgemein erörtern, ich habe das konkret am eigenen Leibe erlebt. Es gibt eine Redefloskel: Auf etwas allergisch reagieren … Ich bekam schlagartig eine Allergie am Schreibarm, dann auch am linken Arm. Das verflüchtigte sich, als drei Verlage das Gespräch mit mir aufnahmen …«

Also (gelinde) Ansätze zur Stilisierung. Dass die »Krätze« auch auf dem linken Arm zum Vorschein kam, das habe ich vergessen. Hier muss ich mich korrigieren. Ich hatte mich an die Version gewöhnt oder: hatte meine Erinnerung an die Version gewöhnt, dass bezeichnenderweise das Symptom am rechten Arm, sprich: am Schreibarm auftauchte. Das Symptom erschien Gesprächspartnern schlüssig. Mir selber auch. Es sprang aber etwas auf den linken Arm über, wenn auch in abgeschwächter Form.

Stark verkürzt dann der letzte Satz des Zitats. So einlinig war die Entwicklung doch nicht. Als Erster meldete sich der Reclam Verlag. Da hatte Herr Max die ominöse 19 auf dem Bildschirm entdeckt, hatte sofort geschaltet: Hier werden die Rechte frei! Und er schrieb oder rief mich an: Ob damit auch mein Erstling frei würde? Meine Reaktion: Ihr seid ja schneller als der Schall! So erschien N in der Universal-Bibliothek. Dies in der Erwartung, die Erzählung könnte ins Schul-Curriculum aufgenommen werden. Ein Begleitheftchen sollte das fördern. Doch es klappte nicht, N kam nicht in die Schulen. So blieben die Verkaufsziffern auch hier bescheiden. Was aber nicht das Erscheinen eines weiteren Bändchens verhinderte.

Die Erinnerungen an erste Kontakte mit Kiepenheuer & Witsch muss ich nicht relativieren oder korrigieren, es bleibt beim Arbeitsessen mit dem Verleger, beim Besuch des avisierten Lektors in der Kölner Wohnung. Aber was ich dringend brauchte, war ein Verlag mit Taschenbuch-Programm. Bücher, die schon mal als Hardcover-Ausgaben vorgelegen hatten, erst recht: Bücher, die auch als Taschenbuch erschienen waren, sie konnten nicht wieder als Hardcover-Titel präsentiert werden, da hätte das Sortiment kaum mitgespielt; so wurde es für mich eng beim Kölner Verlag. Und es eröffneten sich weite Perspektiven in Frankfurt, bei S. Fischer.

Als, zwischenzeitlich in Irland, bei Freunden das (mir meterlang erscheinende!) Fax des Entwurfs zum ersten Verlagsvertrag, ja, entgegenquoll, da war (nach Vorgesprächen) die handflächenbreite Markierung am Oberarm bereits verschwunden. Es blieb nicht mal eine Restmarkierung des Ausschlags. In der Erinnerung aber bleibt die eingedunkelte Hautzone konserviert.

SCHLIESSLICH: FS POLARSTERN

UND DAS MAGISCHE AUGE? Leuchtet mich an, gelegentlich, ich brauche nur am Bildschirm des Laptop vorbeizuschauen: Ein Magisches Auge, nicht mehr als ausgebaute Kathodenstrahlröhre isoliert, sondern (»in situ«) in einem »Dampfradio«, von Olga erworben auf dem Trödelmarkt in der Bonner Rheinaue. Ein Gerät etwa in der Größe, Ausführung, Ausstattung des Radioapparates, vor dem ich in Herrsching, dann in Düren so oft gesessen habe – die Marke habe ich allerdings vergessen. Hier aber kann ich, für Freaks, nähere Angaben einbringen: Qualitätssuper 50 SH 696 GW, Baujahr 1949, der Lautsprecher »permanent-dynamisch«, auf der Skala sind die Stationsnamen »geeicht«, das Gehäuse aus »Edelholz«. Ja, hier ist wieder der Mahagoniton des Holzgehäuses, das helle Textilgewebe vor dem Lautsprecher, die Skala hinter Glas und links: Das Magische Auge. Es leuchtet mir heim, es illuminiert die Zielgerade nach der Marathondistanz des Schreibens: beinah nahtlos das fluoreszierende Grün, nachleuchtend auch bei geschlossenen Augen.

ALLES AUF ANFANG! Hier wird mir, ist mir, bleibt mir eine Jahreszahl wichtig, zweifach: 1996. Ein neues Buch erscheint in meinem neuen Verlag: *Clara Schumann, Klavier*. Im Jahr dieses Neubeginns auch die erste gemeinsame Reise mit Olga: zur Buchmesse in Leipzig.

Und es wurde der Stadtname Berlin neu akzentuiert: Olgas Wohnung am Fraenkelufer in Kreuzberg, Blick hinab auf die gusseisenverschnörkelte Admiralbrücke über dem Landwehrkanal. Später, ein Stück weiter, eine gemeinsame Wohnung am Paul-Lincke-Ufer (der »goldenen Meile«) in einem renovierten Altbau ebenfalls mit Blick auf den Landwehrkanal, freilich durch Bäume hindurch, im Winter, während im Sommer alles grün kaschiert war und wir, abends, vom Balkon aus nur Lichter der Vergnügungsschiffe sahen, durch kleine Lücken in den blick-sedierenden Blättermassen. Schiffe, wenn auch kleine, vom Arbeitszimmer, vom Balkon aus sehen: das förderte innere Thermik!

Ja, und Olga? Wird hier nicht näher beschrieben, ist mir zu nah. Nur ein paar Daten, gern auch als Eckdaten bezeichnet: Kunsthistorikerin; über Jahre hinweg Referentin für Kunst und Kultur in der Heinrich-Böll-Stiftung, erst in Köln, dann in Berlin. Nun, in der Schloss-Stadt Brühl, ist sie wieder eingetaucht in die Kunstgeschichte, beschäftigt sich, nach ihrer Dissertation, weiterhin und in neuen Ansätzen mit dem piemontesischen Architekten und Ingenieur Giovanni Battista Borra (1713–1770). Ein Name, der in unserem Diskurs immer wieder auftaucht, eine Begleitfigur. »Als Baumeister war er nicht herausragend, nach europäischen Maßstäben eher ein ›minor architect‹. Doch mit Blick auf das weite Spektrum von Kenntnissen und erfolgreichen Tätigkeiten (speziell jenseits nationaler Grenzen) kommt Borra besondere Bedeutung zu; dies spricht um 1750 nicht zuletzt für ein neues Selbstverständnis des Architekten. Das gilt auch für die Einbindung des praxisbezogenen Ingenieurswesens. Gerade im damaligen Turin, der Hauptstadt des ersten absolutistischen Staates in Italien, lag folgende Regelung im öffentlichen und militärischen Interesse: Die Förderung der Ausbildung von Architekten (außer in Mathematik und Naturwissenschaften), in Mechanik, Statik, Fortifikationstechnik, Hydraulik, Wasser- und Straßenbau.«

BEIM POTSDAMER PLATZ: auseinandergerückte, einseitig bemalte und beschriftete Fertigteile der Mauer – in welcher Stückzahl produziert? Fünfundvierzig Kilometer Mauer um Westberlin herum, das Fertigteil einszwanzig breit, also rund 40 000 Stück, eisenarmiert. Zusätzliche Maßangaben: Höhe

dreisechzig, Standfläche zwei Meter tief. Nun ist schräg gestaffelt, was zuvor fugendicht gereiht war.

Ein Wachturm, noch nicht abgerissen. Eine der Baracken,
in denen Grenzer saßen: nun sind die Scheiben eingeschlagen.
Der frühere Todesstreifen (Richtung Leipziger Straße) lockt
an, was aus dem öffentlichen Bild der DDR rigoros herausgehalten worden war: In Wagen, in Zelten Personen ohne
festen Wohnsitz. Auch hat hier ein kleiner Zirkus sein Winterquartier aufgeschlagen. Leerflächen genutzt für die Lagerung von Baumaterialien, vor allem des Tiefbaus. Autowracks,
Müll.

Nach der Wende ergaben sich Gelegenheiten, sowjetische
Kampfjets aus der Nähe zu mustern. Im erst einmal unbebauten Spreebogen wurden ein paar MiGs deponiert, bereits
ausgeschlachtet, abgewrackt: sehr klein die Kanzel auf dem
Rumpfrohr mit großer Öffnung vorn und weitem, schwarz
ausgebranntem Loch hinten. Aus drei solcher Wracks wurde
schließlich ein imaginäres Tor errichtet: zwei Rümpfe senkrecht im Boden verankert, ein Rumpf oben drauf quergelegt
und festgeschweißt. Tor in eine verlockende Zukunft der Abrüstung?

Das Fliegen in solchen Maschinen wurde zum überraschenden Thema in einem Taxi. Wieder mal eine Fahrt von der
Kölner zur Berliner Wohnung, ab Ostbahnhof zum Paul-
Lincke-Ufer. Bei den meisten Berliner Taxifahrern hatte ich
den Eindruck, man müsste für jedes Wort einen Euro extra
zahlen, es gab (und gibt) aber auch Ausnahmen, und der Mann
vor mir wurde gesprächig beim Stichwort Urlaub. Ich war
mit Olga auf Usedom gewesen: Ferienwohnung in Ahrensfelde, Fahrten auf der Insel, doch Peenemünde hatten wir ausgespart. Dort aber war der Taxifahrer gewesen. Wie das? Ja,
er war geflogen. Sportflieger? Nein, Militärflieger, NVA, vor
der Wende. Jetzt musste ich kein Stichwort mehr einbringen,
nun war ein Bann gebrochen: Hatte den modernsten Abfangjäger jener Zeit geflogen, die MiG 29, schaffte 2,4 Mach. Sie
stiegen auf bei Peenemünde, flogen Richtung Dänemark, dort

wurden sie sogleich geortet, und es starteten dänische Piloten, die das (damals) modernste westliche Kampfflugzeug flogen, die F 16. Eigentlich war die MiG 29 eine Geheimwaffe, Fotos von ihr wurden nicht veröffentlicht, durften nicht veröffentlicht werden, es gab nur Phantombilder, doch unter Piloten sah man das anders, natürlich strikt inoffiziell, ja eigentlich, letztlich wiederum total geheim, denn nun begann so etwas wie ein Luftzirkus: Wer kann bei hoher Geschwindigkeit engere Kurven fliegen, wer macht »den anderen nass«, da hatte man schnell die Nase bei denen am Heck. Und wenn man, wie eine Rakete, mit der MiG senkrecht hochschoss, da kamen die in den F 16 nicht mit, hatten nur das Nachsehn. Also die MiG war eindeutig besser, hätte eigentlich übernommen werden müssen, da hätte man sich die Entwicklungskosten für den Eurofighter sparen können, aber das war natürlich eine politische Entscheidung, dahinter stand die Lockheed-Lobby, ist ja klar.

Das Taxi blieb mindestens eine Viertelstunde vor dem Haus am Ufer stehen, ich saß weiterhin auf dem Rücksitz, er sprach zur Frontscheibe. Nur gelegentlich musste ich eine stimulierende Zwischenfrage stellen, etwa: Wie verlief der Übergang zur Bundeswehr? Keine Gegenreaktionen? Durchstarten und in Dänemark landen … ? Und die Marine der DDR: kein Impuls, mit einem Kriegsschiff nach Schweden auszulaufen …? Nur ja nicht dem Klassenfeind ausliefern …?

Nein, alles in geregelten, geordneten Abläufen. Ausnahme: die Freund-Feind-Kennung an Bord. Hochspezielle Software. Mit bloßem Auge ist bei hohen Geschwindigkeiten und großen Kampfdistanzen ein feindlicher Jet nicht mehr zu orten, zu identifizieren, das geschieht durch die Freund-Feind-Kennung, je nach Resultat wird die Luft-Luft-Rakete abgeschossen oder nicht. Ja, und hier war es so: Vor der Übergabe der Maschinen an die Bundeswehr wurden diese Programme gelöscht, zerstört. Der Vollzug wurde nach Moskau gemeldet, »war Ehrensache«.

Der Fahrer kam aus dem Erzählen, ich kam aus dem Staunen nicht heraus. Der Offizier (Rottenführer? Staffelführer?)

gründete nach der Wende ein Taxi-Unternehmen. In der ersten Zeit sechs Fahrer bei ihm in Vertrag – einer von ihnen war der vormalige Stellvertretende Wirtschaftsminister der DDR. Und ein ranghoher Stasi-Offizier. Das Unternehmen aber rentierte sich kaum, zu wenig Fahrgäste, zu viel Logistik, zu viel Papierkrieg, er saß mehr am Schreibtisch als am Steuer, er fährt nun für einen anderen Unternehmer.

»Berliner Taxen«: es hätte ein phantastisches O-Ton-Feature werden können! Das Gespräch mit dem ehemaligen MiG-Piloten, ein Gespräch mit dem früheren Repräsentanten der DDR-Planwirtschaft, ein Gespräch mit einem Stasi-Offizier, der auch zu diesem Team gehört hatte. Wunschdenken, denn keiner von denen hätte sich vor einem Mikrophon so offen geäußert wie der Expilot auf dem Fahrersitz. So konnte, so kann ich Erzähltes nur weitererzählen.

Auch bei wachsendem zeitlichen Abstand bin ich sicher: Diese Ausnahmesituation war nicht übertragbar. Bei einer eventuellen Tonaufnahme hätte ich wahrscheinlich ähnliche Erfahrungen gemacht wie beim ausführlichen Funk-Interview mit dem Jagdflieger Erich Hartmann, auch nach dem Krieg gefeiert im Bestseller »Kaleidoskop eines ungewöhnlichen Lebens: Mit 352 Luftsiegen erfolgreichster Jagdflieger aller Zeiten«. (Dies vor allem in Luftkämpfen mit technisch rückständigen sowjetischen Jagdflugzeugen.) Nach dem Krieg Testpilot bei der USAF, dann Kommodore des ersten deutschen Düsenjägergeschwaders, schließlich Instruktor an der Luftfahrerschule Nordrhein-Westfalen in Bonn-Hangelar. Ein Vorgespräch, über das ich schon mal berichtet habe, ein Termin wird vereinbart.

Zum verabredeten Zeitpunkt ist Hartmann noch in der Luft; der Stundenplan hat sich verschoben. Ich sitze am Rand des hitzeflirrenden Flugfelds, trinke Kühles, schaue zu, wie Sportflugzeuge starten und landen. Erich Hartmann landet noch nicht. Einer der Angestellten der Luftfahrerschule meint auf meine Frage, Erich würde wahrscheinlich wieder vom Krieg erzählen, da daure so eine Flugstunde schon mal was länger. Ich wünsche mir sehr, ich könnte bei diesem Fluggespräch dabei sein, mit dem Aufnahmegerät.

Als ich das in seinem Büro endlich anschalten kann, fortlaufend Probleme. Er verliest schriftlich vorgefertigte Antworten, ein Redeschnörkel nach dem anderen, ich muss ihn mit improvisierten Zwischenfragen immer wieder aus dem Konzept bringen, kann ihn nur so zum Sprechen zwingen. Klartext aber wurde nur gesprochen, wenn ich ohne Gerät neben ihm herging: Seine Frau hatte einem Handwerker einen klaren »Befehl erteilt«, der war jedoch nicht befolgt worden. Stauffenberg und die Männer des Widerstands: schlichtweg »Gesocks«. Ende der Verständigung.

Eine Assoziation wiederum mit dieser Assoziation: Gespräch mit einem Offizier der chinesischen Volksarmee, 1985. Begegnung im Stelen-Museum. Er registrierte, dass ich die beschrifteten Steinstelen genau betrachtete, bot Vermittlung und Übersetzung an, erwies sich als jemand, der wusste, wo Goethe und wo Flaubert begraben lagen, und dies als Offizier – in jener Zeit, in der militärische Rangzeichen noch nicht wieder eingeführt waren, Offiziere und Mannschaften in gleichen Uniformen, der Rang eines Offiziers, so glaube ich mich zu erinnern, nur erkennbar an der Zahl der Knöpfe an der Außentasche des olivbraunen Hemdes.

Nach dem Rundgang gingen wir über den Museumshof und ich bekam, weiterhin auf Englisch, zu hören, es sei ihm ein Vergnügen gewesen, mir behilflich zu sein, jemandem aus dem Land, das ausgezeichnet sei durch den großen, ja großartigen Hitler. Hätte er mir das auch so ins Mikrophon gesprochen?

Ich sagte, wir hätten da eine andere Perspektive, andere Kategorien: Millionen, die unter seinem Unrechtregime und mit seinen Vernichtungskriegen ihr Leben lassen mussten.

Doch ich wurde belehrt: In China beurteile oder verurteile man einen Herrscher nicht nach der Zahl seiner Opfer.

Da fiel mir keine passende Antwort ein, wir gingen schweigend zum Ausgang.

(Erst später eine fatale Bestätigung: Der damals und auch weiterhin gefeierte Mao hatte mit seinen Fehlplanungen und falschen Programmen allein den Hungertod von sechsunddreißig Millionen auf dem Gewissen – soweit vorhanden.)

AUCH VOR DEM HAUS am Landwehrkanal: ein »Stolperstein« in Erinnerung an eine jüdische Hausbewohnerin, die von hier aus in den Tod deportiert worden war.

Von Freund Peter animiert, habe auch ich einen »Stolperstein« bezahlt in einer kleinen Gruppierung von Stolpersteinen vor einem Haus in Düren, aus dem Juni 1942 der Kinderarzt Karl Leven mit Frau und drei Kindern deportiert worden war – das dritte Kind, Jona, war elf Wochen jung. Mein Stolperstein für Levens Mutter. »Hier wohnte / SARA LEVEN / geb. Heimann / Jg. 1869 / Deportiert 1942 / Theresienstadt / Ermordet 1942 / Treblinka.«

Dennoch, mich können Konzeption und Realisierung der Stolpersteine nicht recht überzeugen. Egal, ob in Berlin oder in Düren, ich habe nie eine Person gesehen, die vor solch einem Erinnerungszeichen verharrt. Ursprünglich war vorgesehen, Plaketten anzubringen an den Fassaden von Häusern, in denen Juden bis zur Verschleppung gewohnt hatten, doch es gab zu viele Hausbesitzer, die erklärten, mit solch einem Hinweis neben dem Hauseingang würde die Immobilie an Wert verlieren. So wurde die Plakette zum Pflasterstein mit Bronzekuppe und Prägedruck. Die meisten Stolpersteine sehen bald schon, direkt und metaphorisch, abgestumpft aus. Den Stolperstein vor dem Haus in Berlin habe ich zuweilen nachpoliert. Sonst aber glänzen nur Stolpersteine, über die ständig Passanten hinweggehen, etwa am Hackeschen Markt.

Auch über den Stolperstein für Oma Leven geht man, schreitet man, latscht man hinweg. So was tut weh.

IN DER ERSTEN BERLIN-PHASE: Eine Foto-Ausstellung des DDR-Bildhauers Cremer, der im Gebäuderudiment der Ostberliner Akademie der Künste mit seinen Meisterschülern gearbeitet hatte. Hoher Raum, die Wände in stockfleckigem, stumpfem Grau unter den dreckblinden Glasflächen des Atelierdachs; schwarze, breitflächige Sickerspuren.

Ich komme mit dem Aufseher ins Gespräch, ein Mann gesellt sich hinzu, das Gespräch wird intensiver. Und ich werde, mit Olga, in Räume geleitet, in denen alte Möbelstücke zusammengerückt sind, Sessel, Sofas, Spinde, ein Schreibtisch; die Wände gelbbraun, mit Feuchtigkeitsflecken. Wir steigen ein Treppenhaus hoch, das auf Renovierungsarbeiten vorbereitet wird, Wandmarkierungen in Rot. Seit Jahrzehnten ist hier nichts mehr geschehen, immer wieder tauchte der Plan auf, das Gebäude abzureißen.

Wir werden auch in »Lufträume« geführt: Leerräume im Dachgeschoss, wir gehen auf einer Art Brücke zwischen verdreckt undurchsichtigen Glasdecken der Atelier- und Ausstellungsräume unter uns und den verdreckt undurchsichtigen Drahtglasplatten des Dachs; rostende Stahlträger. Noch sind die Punkte erkennbar, an denen Albert Speer die Dachträger höhersetzen ließ, um Raum zu gewinnen für seine weit- und hochreichenden Planungen.

Dieses Rudiment des einst weitläufigen Gebäudes lag im unmittelbaren Grenzbereich, in der streng bewachten Sperrzone, die nur mit Sonderausweisen betreten und verlassen werden konnte; jede Mitarbeiterin, jeder Mitarbeiter der Akademie besaß so ein Dokument. Hier im heißesten Bereich der Sperrzone, in Steinwurfnähe das Brandenburger Tor, hier wurden am ehesten ›Provokationen‹ aus dem Westen erwartet, und so gab es im Souterrain eine »Grenzverletzerzelle«, fensterlos, Grundriss etwa ein Quadratmeter – wir dürfen mal reinlugen. Von dieser Zelle in der Größe einer transportablen Toilettenbude wusste man nichts im Hause: Grenzsoldaten und Mitarbeiter der Akademie in strenger Trennung unter dem einen, wenn auch vielfach schadhaften Dach.

Und Olga schreibt: »Borra nahm Aufträge an, wo er sie kriegen konnte – Hauptsache, das vorgeschlagene Honorar stimmte und die Auszahlung war gesichert. War das nicht der Fall, konnte er auch schon mal eine Anfrage ablehnen, selbst wenn sein oberster Vorgesetzter, der Herzog von Savoyen und König von Sardinien, sich darüber aufgeregt haben muss – er konnte

Borra nicht par ordre du mufti dazu zwingen. Diese ›unternehmerische Freiheit‹ nahm er sich auch, als er einem britischen Gentleman irischer Abstammung begegnete: Lord Charlemont. Er hatte sich Borra als Zeichner gewünscht, der ihn auf einer Reise in die Levante begleiten sollte, um die noch wenig bekannten Überreste antiker Bauten in möglichst genauen Zeichnungen festzuhalten. Nachdem daraus nichts geworden war, meldete sich gleich ein Trio britischer Herren, das Borra als Architekturzeichner für ihre *Grand Tour* in den östlichen Mittelmeerraum gewinnen wollte – mit Erfolg, denn James Dawkins, der Initiator und Financier der so geschätzten wie kultivierten ›Bildungsreise‹, wurde nicht umsonst ›Jamaica-Dawkins‹ genannt: schon sein Vater hatte mit Zuckerplantagen in der britischen Kolonie Jamaika größte Gewinne erzielt. Gemeinsam mit dem ebenfalls wohlhabenden, an der Oxforder Universität ausgebildeten, jungen englischen Reisenden John Bouverie und dem Altphilologen und Homer-Experten Robert Wood, konnte er mit dem ›königlichen‹ Architekten (architetto reale) einen Vertrag abschließen, der für Borra eine Wende in der Laufbahn einleitete, denn das Ergebnis dieser von vornherein auf Publikationen ausgerichteten archäologischen Expedition waren zwei prächtige und auch damals kostspielige Foliobände über die Ruinen von Palmyra und Baalbek.

Der große europäische Erfolg war vor allem auf die Qualität der vielen Illustrationen zurückzuführen, die allesamt nach Borras Zeichnungen in Kupfer gestochen wurden. Dies erklärt auch, warum der Piemontese lange Zeit in England bekannter war als in Italien. Kaum in London angekommen, wurde die Auftragslage für den Spezialisten in Sachen ›Antike‹ entschieden verbessert. Er war es schließlich, der, zusammen mit Wood, einen neuen Zugang zur klassisch antiken Baukunst eröffnete. Borras Bedeutung bei der nachhaltigen Vermittlung einer neuen Sicht auf die Baukunst der ›Alten‹, sein Einfluss auf die Ablösung des englischen Palladianismus durch einen wissenschaftlich betriebenen ›Klassizismus‹ lässt sich auch noch an einem geplanten, aber nie realisierten Projekt festmachen.«

In dem für uns neuen Ambiente: geschärfte Wahrnehmung auch in der B-Ebene der Berliner Verkehrs-Gesellschaft.

Drei Penner auf der Bank einer U-Bahn-Station, vor ihnen eine Plastiktüte mit Bierdosen. Einer der drei hat die Ellbogen auf die Oberschenkel gestützt, lässt den Kopf hängen, schweigt. Der Nebenmann, das Gesicht vom Bart fast überwuchert, er schimpft auf alle, die mal erklärt hatten, sie wären für die Arbeiter da, aber die haben die Arbeiter nur reingelegt. Und er resümiert: »Die Politik ist eine Hure.«

»Da hast du eine Mordsidee!«, sagt der Dritte, ein junger Mann, das lange Haar zu einem Pferdeschwanz gerafft. Und der bärtige Penner wiederholt, weil er Resonanz fand: »Die Politik ist eine Huuure.«

Der junge Mann betont, das mit der Mordsidee hätte er nur ironisch gemeint: »Verzeih.«

Für Ironie aber hat der bärtige Penner kein Ohr, er wiederholt, fast lallend, dass die Politik eine Huuure ist, »das ist schon seit Hannibal so, da könnt ich tausend Beispiele bringen«.

»Du, ich greif noch mal«, sagt der junge Mann mit Pferdeschwanz und hebt eine Bierdose aus der Tüte.

Auch in Berlin, wieso nicht auch in Berlin: Ich beginne, ein neues Buch zu schreiben … ich begann ein neues Buch zu schreiben … ich habe begonnen, ein neues Buch zu schreiben … ich hatte begonnen, ein neues Buch zu schreiben … ich werde beginnen, ein weiteres Buch zu schreiben … ich werde begonnen haben, ein weiteres Buch zu schreiben …

Und wieder in der S-Bahn. Neben mir sitzt eine junge Frau, sie liest Noten: Präludium und Fuge. Zwei Punker steigen ein; schwarzes Leder; einer hat das Haar karottenrot gefärbt, der andere meliert giftgrün, in exotischen Büscheln. Mit einem Radiogerät der fünfziger Jahre (allerdings ohne Magisches Auge!) setzt er sich neben die Frau auf den Klappsitz, das Radiogehäuse auf den Oberschenkeln und an die Brust gepresst. Der Karottenrote schaut, stehend, auf die Noten, beugt sich vor: »Was bedeutet eigentlich dieser Bogen?«

Die junge Frau erklärt ihm das. »Und die schrägen Balken da?« Auch das wird ihm, ohne Ungeduld, erklärt. Das Gesicht unter dem gestylten giftgrünen Haar ist den Noten zugewendet, auch der karottenrote Haarbusch ist herabgesenkt zu den Noten – natürlich stehen sie für ihn auf den Köpfen.

NACHTRÄGLICHES STAUNEN: In jener DDR waren Kompositionen von kompromissloser Modernität entstanden, vermittelt in Aufnahmen von hoher Präzision.

Dies immer lieferbar, in der Ära Honecker? Einen Teil der MDN, im Quoten-Zwangsumtausch, gab ich aus für Bücher und LPs. Hier war die Moderne vor allem durch Paul Dessau vertreten; weiter reichte es nicht, stilistisch. Nach der Wende aber, unter dem Signet »Rediscovered«, erschienen CD-Serien wie »zeitgenossen ost« oder »Neue Musik in der DDR«. Hier kaufte ich alles, was von Friedrich Goldmann aufgezeichnet war, vor allem mit dem hörbar kompetenten Rundfunk-Sinfonie-Orchester Leipzig unter der Stabführung von Herbert Kegel und vom Komponisten selbst. Es gab auch gehorsam ausgeführte Auftragsmusik, aber der Spielraum war erstaunlich groß, bald fanden sich im weiten Spektrum einige Komponisten, Kompositionen, die mir wichtig wurden – aber jetzt erfolgt kein name- and titledropping. Die Vorliebe galt und gilt nun mal Friedrich Goldmann. Was die Begeisterung primär weckte: »Sinfonie 1« von 1972. Hier prägte sich vor allem das Lento ein. Besonders schwierig für zeitgenössische Komponisten sind langsame Sätze, und hier hat Goldmann ein Wunder vollbracht. Weiterer Favorit: »Inclinatio temporum«, Musik für Orchester.

Einen öffentlichen Auftritt Goldmanns habe ich miterlebt, zwar nicht als Dirigenten, so doch als Teilnehmer eines Podiumsgesprächs im Berliner Konzerthaus. Ihm zur Seite, glaube ich, war Siegfried Mathus. Goldmann brillierte mit Witz und Prägnanz. Ich war nah dran, mich nach der Veranstaltung an das Gesprächsgrüppchen heranzupirschen, in dem Goldmann weiter das Wort zu führen schien, war ganz nah dran, ihn anzusprechen, aber ich hatte Hemmungen. Ich wäre mir fast so vorgekommen wie ein etwas verlegener Bittsteller um ein Autogramm. So verpasste ich eine Chance, die sich nicht mehr wiederholte. Als ich vom Tod des Komponisten las, fand ich meine Zögerlichkeit albern; es hätte sich ein womöglich intensives Gespräch ergeben können, irgendwann, irgendwo, irgendwie. Nun fällt mir nur wieder der Romantitel von Theodor Fontane ein: *Unwiederbringlich.*

»Güntzelstraße! Herzlich willkommen!« Sonor und deutlich ausgerufen, sonst sind Ansagen von U- und S-Bahn-Stationen nur als diverse Formen der Sprachverschleifung, Spracherweichung wahrzunehmen. Vor allem die Aufforderung »zurücktreten!« kurz vor Abfahrt, sie wird kontrahiert, wird geschreddert: – u – ück – etn«. Wie Sprecher ohne Gebiss. Und nun dieses »Güntzelstraße! Herzlich willkommen!«. Silbengenau auch die weiteren Durchsagen: »Bitte einsteigen – aber zackzack!« Betont freundlich dann wieder: »Angenehme Weiterreise.« Eine Frau neben mir: »Det ha ick noch nie jehört.«

Die Bahn fährt rasch an. Ein schwerer Mann, graue Lederjacke, graue Cordhose, fällt auf den Boden, dumpfes Dröhnen. Ein älterer Mann hilft ihm hoch. »Ich bin nicht besoffen«, ruft der Gestürzte, sich wieder zurechtrückend »So was ist mir noch nie passiert.«

Zwei Mädchen kichern. Ein junger Türke neben mir dreht sich um: »Nicht lachen! Sollt nicht lachen! Ihr nicht drüber lachen!«

Der Mann nimmt die Parteinahme nicht wahr, setzt sich, ist nun sicher vor der Einwirkung der Beschleunigung, bestätigt den Umsitzenden: »So was ist mir noch nie passiert!«

Und wieder Olga: »Robert Wood hatte ein drittes Buch im Sinn, denn Borra hatte noch zahlreiche Zeichnungen druckreif hinterlassen von den vielen weiteren Monumenten und antiken Stätten, die sie, neben Palmyra und Baalbek, in verschiedenen Ländern vorgefunden haben. Ich hatte das Glück, mit einem einmonatigen Stipendium die mir zwar bekannte,

aber noch nicht im Original studierte Sammlung von acht-
undneunzig lavierten Tuschzeichnungen Borras studieren zu
können – heute im Bestand der Paul-Mellon-Collection des
Yale Center for British Art in New Haven (Connecticut).
Zwar ist die Sammlung seit kurzem online abrufbar, so dass
eine Veröffentlichung in Buchform nicht mehr den großen
Überraschungseffekt hätte, eine Print-Publikation der Zeichnungen aber würde sich nach wie vor lohnen, vor allem in
Verbindung mit Borras Original-Skizzenbüchern, heute in
London. Dazu gibt es noch ein wahres Kompendium von
Notizen, Tagebuchaufzeichnungen, Manuskripten der drei
›gentlemen on tour‹. Sie berichteten nicht nur über Architektonisches, sondern auch höchst detailliert über Bedingungen
des Reisens im Osmanischen Reich, das sie zwischen 1750
und 1751 per Schiff entlang der türkischen Ägäis und weiter
südlich bis Palästina erkundet hatten, bevor sie (und ihr vielköpfiges Personal), nach einem Abstecher nach Ägypten und
einem Zwischenhalt in Griechenland, mit dem gecharterten
Segelschiff *Matilda* wieder die britische Insel erreichten.«

In dem für uns neuen Berliner Ambiente: geschärfte Wahrnehmung auch in der B-Ebene der BVG.
  Mir schräg gegenüber ein dicker, lockenköpfiger Mann;
Freizeitjacke mit hochgeschlagenem Ärmelsaum. Er zeigt
einem hageren Mitreisenden, wo er, zwischen Friedrichstraße
und Lehrter Bahnhof, als Grenzsoldat Wache geschoben hat,
drei Jahre lang:»Gefahrenzone erster Klasse … Gefahrenzulage, kriegten wir alle … in dem Haus da hab ich geschlafen …
zwölf Stunden Tagdienst, zwölf Stunden Nachtdienst … na ja,
eigentlich sind wir bloß da rumgestanden, für den Sozialismus
und für den Erich … alles Scheiße … jeden Tag neue Parolen
und neue Kameraden in der Streife …« Und jetzt sind sie
schon anderthalb Stunden lang unterwegs zum Bahnhof Zoo,
er ist froh, wenn er wieder aufstehen kann.»Alles Scheiße.«

Ich führe ein Buchkonzept aus … ich führte ein Buchkonzept
aus … ich habe ein Buchkonzept ausgeführt … ich hatte ein

Buchkonzept ausgeführt ... ich werde ein Buchkonzept ausführen ... ich werde ein Buchkonzept ausgeführt haben ...

Und wieder in der S-Bahn. Der Vater etwa Mitte dreißig, der Sohn etwa zehn: auf dem Sitz mir gegenüber. »Biste müde?« Kleines Nicken des Jungen. »Dann mach doch die Augen zu.« Geschieht aber nicht.

Der Vater sommersprossig, mit rotblondem, kurzgehaltenem Haar. Er wirkt durchtrainiert, doch Bodybuilder wird er kaum sein, er hat Haare auf der Brust, die sind bei Kraftsportlern verpönt. »Wenn de die Zeitschrift nich brauchst, kannste se mir gebn.«

Der Junge braucht sie nicht, hält sie aber fest, als Rolle. Die kleine Anfrage wird nicht wiederholt. Vater und Sohn in Jeans. Über dem Pullover hat der Vater eine kleine Bauchtasche umgeschnallt. Wie von selbst entrollt sich die Zeitschrift. Der Vater blättert für den müden Jungen, zieht ihn dabei an sich heran. Der sitzt nun in der Armbeuge, Hinterkopf an die breite Schulter gelehnt. »Wasn das?«

»Det isn Baby. So ham wa alle mal ausgesehn. Und det is die Nabelschnur, die ging da rein, wo jetzt dein Bauchnabel is. Da kamen all die Nährstoffe rein.«

Der Junge nimmt gelassen zur Kenntnis. Der Vater blättert weiter. »Da ist die Übersetzung von deim Song da.« Der Junge nimmt auch das zur Kenntnis.

»Willst erst ins Kino und dann zu Mac? Oder haste Hunger? Dann gehn wir erst zu Mac und dann ins Kino.«

Dem Jungen ist das egal. »Also gehen wa erst ins Kino und dann zu Mac.«

Der Sohn nickt in der Armbeuge, im Muskelnest. Weil er nicht mehr mit reinschaut, rollt der Vater *Bravo* zusammen, zieht den Sohnemann ein bisschen fester an sich heran. Das scheint den erst recht schläfrig zu machen.

Umsteigen, neu einsteigen. Auf der Längsbank gegenüber drei Mini-Teenies, vielleicht elf, zwölf. Eine ganz in Weiß: T-Shirt, Leggins, Brautkleidtüll um die Hüfte drapiert. Zahnregulierung mit Kettchen. Die neben ihr, ohne Zahnklammer, trägt Brille. Sie giggelt, flachst, erzählt, giggelt. »Tschuldigung, aber ich bin heute total gut drauf!« Sie zeigt, kurzer Blick zu mir, wie ein Lehrer sich setzt, wie er auf dem Sitz herumhängt – sie lässt sich auf dem Sitz nach vorn rutschen, »und dann wackelt er so mit den Schultern«. Sie streckt den Körper. Erst die Andeutung eines Busens.

Als ich aussteige: »Schade, jetzt geht er schon ... Tina, halt ihn fest!«

Doch Tina, an der Tür stehend, lächelt teigig.

Ausgestiegen, der Bahnsteig, laute Stimme. »Lüg doch nicht! Ich hab dir gesagt, du sollst nicht so verdammt lügen, das kann ich auf den Tod nicht ausstehn, wenn man mich so anlügt. Wenn du beim Roten Kreuz warst, da haste von denen auch ein Papier gekriegt. Zeig es mir. Zeig es mir doch!«

Zwei Frauen in den Plastikschalensitzen; die robustere wortführend, Bierflasche in der Hand. Die kleinere, fast hagere Frau neben ihr hält ebenfalls eine Bierflasche umfasst, spricht sehr leise.

»Waas, einen Liter?! Beim ersten Mal sollen die dir einen Liter abgezapft haben? Beim ersten Mal?!«

Die Hagere stellt die Bierflasche auf dem Boden, auf dem Weißblechdosen herumliegen, bietet eine Zigarette an, reicht ihr auch Feuer, spricht dabei weiter. Die Robuste aber schreit hinein in den Rauch, den sie von sich bläst. »Das gibt es doch überhaupt nicht! Du lügst doch! Wenn du mich noch mal so anlügst, hau ich dir eine runter. Dann hau ich dir eine runter. So lass ich mich nicht anschmieren, verstehst du, von dir schon gar nicht. Du dumme Kuh! Ja, du dumme Kuh! Du Miststück! Lügst mich immer bloß an! Dir haben die nie im Leben einen ganzen Liter Blut abgezapft, das gibt es doch überhaupt nicht. Komm du noch einmal an und lüg mich derart an. Du mieses Dreckstück. Ich bring es –«

Bremsgeräusch, überschwebt von hohem Quietschen. Pressluftzischen, mit dem sich Türen aufschieben, da bleibt von der Schreistimme nur noch Schreiklang, heiser.

DAS ZWEITE BUCH IM NEUEN VERLAG: kein biographischer Text, sondern ein Roman: *Der König von Grönland.* Hier muss ich gleich noch mal festhalten: Die Bücher, die erwähnt oder von einem Text begleitet werden, es müssen nicht unbedingt meine Lieblingsbücher sein, die Auswahl wird eher durch ihre potentielle Offenheit bestimmt: Bücher, zu denen mir begleitend oder weiterführend etwas einfällt, wie schon betont. Ich gehe dabei nicht systematisch, sondern punktuell vor. So wird dieser Roman nicht, insgeheim oder offenkundig, über andere meiner Romane gestellt, wertend, der Titel gibt mir das Stichwort für eine Randnotiz, in diesem Fall.

Erzählt wird im Roman von einem Vorgang, der eigentlich unmöglich ist: Mit Hilfe auch eines Schamanen wird ein Nordlicht nach Köln gelockt, genauer: nach Köln auf Höhe der Südbrücke – der ersten Brücke, zwangsläufig, die ich als Kind wahrgenommen habe. Jahre, nachdem dieser Roman erschienen war, geschah das Unerwartete, Unvorstellbare: Nordlicht über Köln! Wie zur Bestätigung, dass meine Erfindung – gegen alle Erwartung – doch im Spielraum der Wahrscheinlichkeit lag. Kein Nordlicht in wehendem Grün, wie hoch im Norden üblich, sondern (spezifisch für die Atmosphäre unserer Breitengrade) in sattem Rot.

Ich habe zumindest einen Abglanz dieses Nordlichts gesehen, von dem auch in der Zeitung berichtet wurde: War im Eifelhaus, wachte auf, tapste vor das Haus zum Pinkeln, und staunte: Rot der Nachthimmel, rot wie von einer farbsatten Abenddämmerung, rot wie von einem riesigen Feuerschein hinter dem Horizont. Ich fand, schlaftrunken, nicht das Stichwort Nordlicht, die sonderbare Lichterscheinung aber wurde von Erinnerung fixiert, wurde mit dem kurzen Zeitungsbericht gleichsam festgeschrieben: Nordlicht, nun doch mal, tatsächlich mal, über Köln, auch über Köln, für mich nur über Köln, mit einem Abglanz bis in die Nordeifel, wie von mir bestellt, aber nicht allzu aufmerksam wahrgenommen. Tapste zurück ins Haus, legte mich ins Bett, schlief weiter. Es war etwas zu wenig Adrenalin ausgeschüttet worden. Nun zehre ich von jenem Abglanz der Lichterscheinung, ohne Schamanenhilfe visualisiert.

Ich verändere einen Text ... ich veränderte einen Text ... ich habe einen Text verändert ... ich hatte einen Text verändert ... ich werde einen Text verändern ... ich werde einen Text verändert haben ...

ICH STELLE OLGA einen halbstündigen Film vor, auf DVD, 1994 vom Westdeutschen Rundfunk produziert: ich in Herrsching. Ich berichte ihr zuvor von der besonders wichtigen Phase der Vorbereitungen zu Dreharbeiten: die Vorbesichtigung (VB). Dabei werden die Punkte bestimmt, an denen die Kamera postiert wird, es werden die Wege erkundet, auf denen sich der Kameramann bewegen soll.

So bin ich mit der Filmemacherin, mit Edith Gerhards, in Herrsching – viereinhalb Jahrzehnte, nachdem wir Herrsching verlassen hatten, freiwillig. In diesem Zeitraum war ich, ab Mitte der siebziger Jahre, ungefähr im Jahrestakt in Herrsching, erst, um die Eltern, dann, um den Vater zu besuchen, im Haus, das Helene gebaut hatte für die Zeit des Ruhestands, und das nun Haus eines meiner Brüder ist.

Bei den Besuchen wurden im Ort jeweilige Veränderungen registriert: Ein altes Haus abgerissen, ein neues an dessen Stelle gesetzt ... eine Sand- und Schotterpiste am Ortsrand asphaltiert ... eine Straße verbreitert, ein Parkplatz angelegt ... ›störende‹ Bäume gefällt ... Die üblichen Veränderungen, landesweit. Die haben in Herrsching allerdings eine extreme Geschwindigkeit entwickelt. Stimulierend: Herrsching, seit Jahrzehnten Endstation einer Bahnlinie, wurde Endpunkt für die Münchner S-Bahn-Linie 5. Bei Orten mit S-Bahn-Anschluss werden Grundstückspreise in die Höhe katapultiert. Das bedeutet: Baugrund muss maximal genutzt werden.

Nun, bei der VB, zwischen Bahnhof und Martinskirche auf dem Hügel, zwischen See und Wald, sehe ich mein Kindheitsdorf mit den Augen der Filmemacherin. Vom Hotel aus führe ich sie durch das Karree der wichtigsten Straßen: Seestraße,

Luitpoldstraße, Hauptstraße. Abrissbagger, Baugruben. Bauten der sechziger Jahre in ihrer kahlen Funktionalität, Neubauten der achtziger und neunziger Jahre mit Spielelementen postmoderner Versatzstücke. Ich kann, ich konnte immer nur sagen: Hier war mal ... hier stand mal ... Ich spüre bei der Begehung, wie mir Herrsching, im Ortskern, gleichsam entzogen wird. Oder wie es mir entgleitet. Spurensicherung, die zur Einsicht führt, dass Spuren weithin gelöscht sind?

Am Platz des früheren Kriegerdenkmals: Schock der Begradigung. Noch in Köln, beim Vorgespräch, hatten wir geplant: Ich erzähle dort von der Begegnung, der beinah fatalen, zwischen amerikanischen und deutschen Soldaten, zwischen Mannschaftswagen und Motorradgespann. An diesem Platz aber war nichts mehr, das eine optische Verbindung schaffen konnte zu jenem Zeitpunkt im April 45. Das Kriegerdenkmal längst weggeräumt und zum Friedhof transportiert, dem wachsenden Verkehrsvolumen weichend. Dort, wo hinter mir, dem Jungen, ein Garten war mit Bäumen, dort wurde gleich nach der Währungsreform ein Kino gebaut, die Ammersee-Lichtspiele; auch sie wurden erfasst vom Kinosterben der sechziger Jahre und in eine Tengelmann-Filiale umgebaut; der kiesbestreute Vorplatz des Kinos nun als asphaltierter Parkplatz. Auf der Gegenseite nicht mehr das alte Wohnhaus mit dem Schreibwarengeschäft, in dem ich die Kriegsillustrierten abholte: ein Neubau auf einer zwölf Meter tiefen Baugrube – Keller mit Tiefgaragen. Höchstens ein Bildangebot für eine Reportage, konstatiert die Filmemacherin, aber Bildfolgen, die etwas erzählen, die sind hier nicht mehr zu finden. Bezugspunkte, Sichtverbindungen: gefällt, begradigt, abgerissen.

Im Kleinen ein Mischungsverhältnis wie im Frankfurter Westend: alte Bausubstanz rudimentär zwischen Neubauten, die in die Höhe schießen. In Herrsching sind es nicht Hochbauten, sondern gestaffelte Mehrzweckbauten: Wohnen, Verwalten, Verkaufen. Bei dieser VB habe ich selbst den Eindruck, wir gingen durch einen Ort, der im Krieg schwer bombardiert worden ist, aber: keine Bombe fiel in dieses Dorf, keine Granate schlug ein, hier wurde die Abrissbirne geschwungen, der

Abrissbagger eingesetzt. Zerstörung eines Ortskerns durch Kosten-Nutzen-Kalkulationen. Kommen Erinnerungsbildchen dagegen noch an, topographisch fixiert? Dort, wo ich, immer wieder zurückgedrängelt von Erwachsenen, anstehen musste für Milch …? Dort, wo ich beim Abfüllen von Limonadeflaschen zuschaute …? Dort, wo ich vom Schusterjungen verprügelt wurde …? Dort, wo ich Kegel aufgestellt habe in der Kegelbahn mit dem Duft einer Badehütte …? Dort, wo ich den Deutschen Gruß mit falschem Arm leistete …? Dort, wo ich Suppe der Schulspeisung verschüttete …? Dort, wo ich vom Attentat auf Hitler erfuhr …?

Gasthof zur Post, der Biergarten. Bei Weißwurst und Hellem besprechen wir die erste Etappe der VB. Das Bild, das ich beim Vorgespräch in Köln vermittelt hatte, und das gegenwärtige Dorfbild, die sind für Edith Gerhards überhaupt nicht deckungsgleich. War meine Wahrnehmung bei früheren Besuchen des Orts gefiltert? Ließ dieser Filter nur partielle Wahrnehmung zu in schonender Dosierung? Verbunden mit der Erwartung, dass ich an möglichst vielen topographischen Punkten Erinnerungen festmachen kann, dass sie womöglich Erinnerungen stimulieren? In einem Ambiente, das sich zwar verändert hat, dessen Grundmuster, dessen Strukturen jedoch erhalten blieben? Nostalgie? Eigentlich dürfte nichts bis zur Unkenntlichkeit verändert werden? Das gegenwärtige Herrsching als Freilichtmuseum des damaligen Herrsching, das ein selbstverständliches Ambiente für mich war? Erwarte ich etwa, dass Bauzeit angehalten oder erheblich verlangsamt wurde als Entgegenkommen des Orts an den Besucher? Und es werden nicht Verkehrsschneisen auch durch mein Bewusstsein gefräst?

Im Biergarten mit seinen gezausten Kastanienbäumen sprechen wir uns an den entscheidenden Punkt heran: Was hier, für mich, zur schmerzhaften Erfahrung wird, das ist der unübersehbare Verlust von Charakteristischem, ist das Überwuchern einer alten Dorfstruktur durch austauschbare Formen der Architektur. Viele der Häuser, die in den sechziger Jahren gebaut wurden, könnten ihn ähnlicher Form und Ausführung auch in

München-Pasing oder München-Laim stehen. »Da hat Köln-Nippes ja mehr Atmosphäre als dieses ganze Herrsching!«, ruft sie.

Ich versuche Gegenakzente zu setzen. Es steht noch das alte Bauernhaus, es ist sogar noch die Erdrampe hinauf zur Scheune erhalten, in der eine Zeitlang französische Soldaten einquartiert waren, und auf der Rampe habe ich ein paarmal mit einem der Soldaten geradebrecht, habe ein Brett bespielt. Und da ist noch die Wiese neben dem Rathaus, auf der wir uns zum Abtransport nach Köln hätten einfinden sollen. Da ist sogar noch das alte Haus, nur bunt gestrichen, in dem wir auf das Gymnasium vorbereitet wurden. Und vor allem: da ist noch das Haus, in dem wir gewohnt haben, und dessen Garten uns am nächsten Tag offensteht. Und, vor allem, der See! Die alten Weiden am Ufer nur noch etwas älter geworden ... Die Seepromenade inzwischen mit einer Schwarzdecke versehen ... Das eine oder andere Haus abgerissen, einem Neubau gewichen ... Die alten Proportionen aber blieben erhalten. Wer mit dem Schiff auf die Haltestelle Herrsching zufährt, der bleibt mild gestimmt.

Erfahrung, die ich in einem Gedicht artikulierte, Erfahrung, die sich nun wieder artikuliert: ich schwimme im Kindheitssee. Das Wasser ist längst ausgetauscht zwischen einfließender Ammer und ausfließender Amper, auch meine Haut ist mehrfach erneuert worden im stetigen Austausch von Zellen, mein Lebensgefühl hat sich entschieden verändert, und doch: Das Wasser des Ammersees als Kindheitselement, und darin schwimme ich mit regelmäßigen und unregelmäßigen Stößen, tauche bei den regelmäßigen Stößen jeweils unter die Wasseroberfläche, lasse die Luft am Mund vorbeistrudeln, tauche auf, sauge die Lunge voll, lasse die Luft in Blasen am Mund vorbeistrudeln, tauche auf, sauge die Lunge voll, lasse die Luft in Blasen am Mund vorbeistrudeln, gleichmäßig dieses Eintauchen, Auftauchen. Und beim Rückencrawlen wieder das dutzendfache Aufblitzen fallender Wassertropfen: lösen sich von den Händen, den Unterarmen, während ich sie aus dem

Wasser hochziehe, über den Kopf hinwegschwinge, fast geräuschlos ins Wasser eintauchen lasse: diesigblauer Himmel, ein paar Wolken, Kindheitshimmel über Kindheitswasser. Wenn ich schließlich wieder das Ufer erreiche, aufstehe: wieder der Druck der verschieden großen Kiesel in die Fußsohlen, sie verhindern Eleganz der Bewegung. Am Ufer stehend, umhüllt mich Wärme, eine Wärmehaut an meiner Körperhaut, das geht ineinander über. Und ich bin ganz Körper, beinah ganz Körper, fühle mich dem Körper des Jungen wieder nah, brauche mich nicht zurückzuversetzen in Erfahrungen und in Körpergefühle der Kindheit, hier und jetzt ist wieder sinnliche Gegenwart. Die wird nun wohl noch deutlicher, noch intensiver empfunden, denn nichts scheint so selbstverständlich wie damals: Dass ich wieder an diesem See bin, dass mein Körper leicht in die alten Bewegungsabläufe hineinfindet ohne Schmerzen. Nein, ich muss nicht, mit Sehnsucht, zurück-denken, mich zurück-versetzen, zurück-fühlen in eine Kindheit als Zeit, in der sich erfüllte, was ich später nur noch ersehne, für mich ist Kindheit nicht ein entschwundenes Paradies, dessen Konturen ich, im Rückblick, nachzuvollziehen versuche, kolorierend. Dort, wo Erinnerung an Kindheit am intensivsten ist, kann heutige Erfahrung noch sehr intensiv sein, vielleicht noch intensiver. Der See ist noch da, die gewohnten Uferkonturen sind noch da, die weißen Wolken über der glatten Seefläche sind noch da. Und als würde hier Regie geführt, nähert sich auf dem See ein dumpfes Pladdern, ich entdecke den Schaufelraddampfer, auf dem ich als Kind gefahren bin; mit platschenden Schaufelrädern fährt die *Dießen* in wenigen hundert Metern vorbei zum Landungssteg.

Fischergasse; das Haus, in dem ich als Kind gelebt hatte. Von der Aufnahmeleiterin im WDR war die Drehgenehmigung eingeholt worden. Der Hausherr ist in Urlaub, die Haushälterin ist informiert.

Die Frau, die nach dem Klingeln auf uns vier zukommt, sie weiß sofort: »Sie sind der Herr Kühn!« Hat mich noch gekannt, als Jungen. Ja, wie denn das? Sie ist Haushälterin hier seit 1947, und erst 1949 sind wir umgezogen, sie hat mich oft gesehen: »Sie waren der Große, der immer gelesen hat.« Und wir werden in den Garten geleitet, hinter dem langgestreckten Haus.

Sofort setzt Abgleichen ein mit Erinnerungsbildern. Vor der Stirnseite, der östlichen, des Hauses war der Brennholzschuppen. Also: Brennholz stapeln. Dabei Betörung durch Holzgeruch, Harzduft? Nichts da – eine Arbeit, zu der ich mich nicht vordrängte, zu der ich geschickt wurde. Der Schuppen ist abgerissen.

An den Brennholzschuppen anschließend: die Waschküche mit fest installiertem Kessel über gemauertem Ofen. Nebelhafte Abläufe. Ich musste Holz holen zum »Nachlegen«. Der Waschtag! Da musste Helene all ihre Kräfte einbringen, gemeinsam mit dem Dienstmädchen: Wäsche auf dem Waschbrett gerubbelt, Wäsche im Kessel gerührt, Wäsche mit großem Holzlöffel herausgehoben. Wir Kinder mussten Respekt bezeugen vor der Tagesleistung. Kein Ansatz zur Idyllisierung. Die Waschküche gibt es ohnehin nicht mehr.

In gerader Linie fortgesetzt, parallel zum Gartenzaun: der »Brunnen«. Ein Fass, zur Hälfte in den Boden eingesenkt, ein Wasserhahn. Keine Erinnerung an Wasserschöpfen, Wassertragen mit der Gießkanne, der obligatorischen, stattdessen: erste Erfahrung von »Totenstille«. Spiel am Nachmittag, Helene lesend in der Sonne, die Stimmen der drei Söhne verteilt im Gartenbereich, der uns offenstand, eine Stimme fehlte plötzlich, alarmierte Wahrnehmung, ein Rufschrei, gemeinsames Rennen zum Brunnenfass, der jüngste Bruder über den Rand hängend, kopfüber, kopfunter, einer der Erstickungsanfälle, ihm musste auf den Rücken geklopft, geschlagen werden, bis er wieder nach Luft schnappte. Bild, das sich einprägte, sich umsetzte in einem Kinderbuch, viel später: Einer, der über einem Fassrand hängt, kopfüber, kopfunter, und er muss hochgehievt werden … Noch einer, der über einem Fassrand hängt, kopfüber, kopfunter, und er muss hochgehievt werden … Wieder einer, der über einem Fassrand hängt, kopfüber, kopfunter, und er muss hochgehievt werden …

Doch nun: warmer Sommertag, ein paar Wölkchen unter blauem Himmel, Licht, Licht, Licht. Die Wege, früher kiesbestreut, kiesknirschend, sie sind nun von Gras überwachsen, und das ist kurz gehalten. Die metallene Rosenpergola steht noch, die Rosen wuchern wild. Erkennbar noch die Abgrenzung unseres Gemüsegartens: die Einfassung sanft abgerundet, überwachsen. Riesig eine Weide, haushoch, mit mächtigen Ästen. An der Gartenseite des Hauses immer noch ein Lattenrost, an dem wilder Wein hochwächst, nun mit erheblich stärkeren Stämmen. In der Höhe des ersten Stocks, zwischen zwei der modernisierten Fenster, ein alter, braun gestrichener Holzkasten mit einer Madonnen-Statuette. Hatte ich vergessen, ist nun sofort wieder präsent, auch als Erinnerungsbild.

Während Edith Gerhards und Dietrich Margun ihre VB durchführen, »ergehe« ich mich im Garten. Ja, ich bin emotional aufgequirlt. Drei Fenster, unsere drei Fenster öffneten sich zum Garten: Kinderzimmer, Wohnzimmer, Zimmer der Mutter. Zum Vorgarten nur die Fenster von Küche und Badezimmer, das Klofensterchen. Wir waren also zum Garten orientiert, meistens.

Dieser Garten: Terrain, in dem sich noch Kindheitszauber heraufbeschwören lässt. Schonend behandelte Vergangenheit in einem Land, in dem Planierraupen auch auf Gärten angesetzt werden, um das Areal nach neuen Geschmackskriterien zu ordnen, mit Zwerggewächsen, weitflächigem Rasen, Swimmingpool. Die alten Grundmuster von Wegen und Pflanzbeeten sind hier noch erhalten, sanft von Gras überwachsen. Die Weide hatte viereinhalb Jahrzehnte Zeit, sich noch mehr in die Höhe, in die Breite zu entfalten. Und die Apfelbäume: noch aus der Zeit damals? Unter jedem Baum eine Kreisfläche von Fallobst, zahlreich auch Äpfel an Ästen. Die mussten nicht nach EU-Normen aufwachsen: klein, weißgrün die Schale, mild säuerlich im Geschmack. Die Haushälterin überreicht mir eine Plastiktüte, ich kann sie füllen mit einer Auswahl frisch gefallener und frisch gepflückter Äpfel. Ein Deputat für die Filmemacherin, ein Deputat für den Kameramann, ein Teil für den Mann vom Ton. Der größere Anteil für mich.

Nicht erwartete Erfahrung von Kontinuität. Ich werde mit dem Erinnerungsbild in Beziehung gesetzt, das sich im Kopf der Haushälterin gebildet, fixiert hat. Ich kann auf Wegen gehen, auf denen ich mich als Kind bewegt hatte. Bald muss ich mich auf den Auftritt vor der Kamera konzentrieren, mit rasch verabredetem Gang ins Bild, Verharren im Bild, Verlassen des Bilds. Aber noch breitet sich Gefühlswahrnehmung aus im Kindheitsgarten, Sommergarten, der für zwei, drei Stunden mein Garten ist.

Während sich Kameramann und Toningenieur auf die Suche nach Motiven begeben, die für Zwischenschnitte geeignet sein könnten, fahre ich mit Edith hinaus zur Bauernfachschule, zur Beamtenhochschule am Ortsrand, der früheren Reichsfinanzschule. Meine Erinnerungen, die auch bei ihr Erinnerungen auslösen, Kindheitserinnerungen. Hier im betont katholischen Bayern findet sich wie von selbst ein Stichwort: Maria, Patronin voller Güte. Und der Mantel. Als Kriegskind hatte Edith sich vorgestellt, Maria hätte unter ihrem Mantel Patronen, die aber nicht mit Pulver, sondern mit Gnade angefüllt sind, und die verteilt sie gnädig ...

Und mein Stichwort: Verwundete, die vom Güterschuppen neben dem Bahnhof mit Lastwagen hinausgefahren wurden zu diesem langgestreckten Gebäudekomplex mit riesigem roten Kreuz auf dem Dach, damals.

Tor III. Wir stellen den Leihwagen ab, betreten ein menschenleeres Areal: Augustferien. Stehen vor einem Gebäude, das einen wohl ›unauslöschlichen Eindruck‹ hinterlassen sollte. Nazi-Architektur, wie ich sie in dieser Authentizität bisher nur in Bilddokumentationen gesehen habe. Zum Zeppelinfeld, dem früheren Reichsparteitags-Areal von Nürnberg, bin ich nie hinausgefahren, bei Ferienreisen oder im zeitlichen Umfeld von Lesungen, ich habe auch vom »Kolosseum« nur Bildreproduktionen im Kopf. Und nun pralle ich auf einen NS-Repräsentationsbau aus jener Ära, die Zeit meiner Kindheit war.

Stufen führen breit angelegt hinauf zu fünf Eingängen des

Festsaals; über ihnen eine weite, hohe Fläche von Granit in grob behauenen, nicht gleichmäßig umrissenen Blöcken; dicht unter Dach und Regenrinne ein monumentaler Reichsadler, mächtige Schwingen ausgebreitet über drei der fünf Türöffnungen; in den Krallen der übliche Eichenlaubkranz; das Hakenkreuz ist weggemeißelt. Sonst hat sich in der Fassade nichts weiter verändert: ein Relikt.

Unter dem Nazi-Reichsadler oder Reichs-Naziadler mit zwölf oder fünfzehn Metern Flügelspannweite mussten sich Besucher des Saalbaus gleichsam wegducken. Von der Auffahrt her gesehen war ich als Kind nur ein Punkt, ein Pünktchen und Mutter Helene ein etwas größerer Punkt. Unterwerfungsarchitektur.

Noch nie habe ich, mit Bewusstsein, einen derart überproportionierten Nazi-Adler gesehen. Was mich als Erwachsenen erstaunt und entsetzt, habe ich das als Kind überhaupt registriert? War ich an großmannsüchtige Entfaltung gewöhnt? Riesige Fahnen bei irgendeinem Festakt im Freien … Die großformatigen Gemälde, die übergroßen Männerstatuen im Haus der deutschen Kunst … Die Monumentalsäulen vor diesem Museum … Abbildungen von NS-Architektur und von NS-Veranstaltungen wohl auch in den Illustrierten, die ich bezog …

Architektur, angelegt auf Einwirkung. Aber sie hat keine Nachwirkung hinterlassen. Der Riesenadler hielt nicht seine Flügel gespreizt in der Erinnerung, er hat sich verflüchtigt. Beiläufiges aber wurde in der Erinnerungszone gespeichert: Die langgestreckten Tische im Saal, parallel gereiht wie Tische auf Narrenzunftsitzungen, auf Prunksitzungen des Karnevals, im Fernsehen übertragen. Die Stirnseiten der Tische auch damals Richtung Bühne, dort oben ein Männerchor im Karree und der Chorsatz mit Dampfnudelndampfnudeln im Refrain. Nicht der stumme Reichsadler mit Riesenschwingen blieb im Gedächtnis, nur das gesungene Wort: Dampfnudeln.

Dieses Wort hatte für das Kind meines Namens konkrete Bedeutung: Dampfnudeln, vor allem Rohrnudeln waren eine Spezialität meiner Mutter. Wenn wir uns mal etwas wünschen durften, waren es Rohrnudeln mit süßer Soße. Dampfnudel, Dampfnudel, der Dampfnudelbau. Keine Granitblöcke »für die Ewigkeit«, kein übergroßer Reichsadler ist in Erinnerung geblieben, nur dieses Echo eines Liedrefrains an einem Bunten Abend mit viel Weiß im Saal: Verbandsweiß, Schwesternweiß.

Fortsetzung der VB, nun begleitet von einem Mann mit Schlüsselgewalt. Wir steigen im Turmbau hoch. Steinplatten und Parkett, ein riesiges rundes Fenster. Es ist nicht gespart worden, 1937/38, als der Turm abschließend gebaut wurde. Er hat eine kaschierte Funktion: ein Hochdruckbehälter für Trinkwasser hinter den Granitmauern; der Trutzbau ist Fassadendekoration.

Eine schwere, horizontale Schiebetür nach dem letzten Treppenabschnitt, wir steigen aufs Dach. Metallplatten, Steinsäulchen mit Geländerbalken ringsum, ein Messgerät für Pollenflug. Ich sehe Herrsching mit der Martinskirche auf dem Hügel und den mehrstöckigen Neubauten (»Klein-Manhattan«) am Rand des weiten Schilfgebiets zwischen Herrschinger Bucht und Pilsensee; das Feuchtbiotop wird durch Aufschüttungen sukzessiv verkleinert, das Gewerbemischgebiet will sich ausbreiten, auch die Sportanlagen, auch die Schrebergärten – »überall wird dadran geknabbert«. Der Pilsensee blaugrün, von Waldungen begleitet östlich und westlich, und, nach Renovierungsarbeiten weiß betont, das Schloss Seefeld mit dem Türmchen. Meine Kindheitsregion in weitem Panoramabild an diesem warmen, sonnigen, fast wolkenlosen Tag. Das Waldgebiet des Hangs von Seefeld bis zum Kloster Andechs, ich sehe die Spitze des Türmchens der Kirche von Widdersberg, sehe weiter rechts die deutlichere Markierung des Kirchturms von Andechs, sehe die Wasserfläche hinüber bis Dießen mit der Barockkirche und dem breiten Baukörper des Augustinums, sehe, ein wenig weiter nach links, nach Süden, die riesigen, aluminiumfarbenen, oft fotografierten Parabolantennen der »Erdfunkstelle Raisting«, sehe, schemenhaft, die Alpen mit dem Zugspitzmassiv in Seitenansicht. Kindheitsland, gesehen vom »Trutzturm« einer NS-Anlage, in der Schulung und Ausrichtung erfolgten, und später wurden hier Opfer des Systems untergebracht in immer größerer Zahl.

Ich melde dem Kind, das in mir lebendig geblieben ist: Im Rahmen der Dreharbeiten konnte ich nicht nur den Turm besteigen, zu dem ich damals nur hinaufschauen, aufblicken konnte, ich durfte auch die »Kommandobrücke« des Schaufelraddampfers *Dießen* betreten, Vehikel der Annäherung an die Zeit der Kindheit, die zugleich Kriegszeit war. Ich kann eine Schiffstreppe hinaufsteigen wie alle anderen Passagiere, darf aber ein Stück des Geländers hochklappen und wieder zurückklappen und bin dort, wo ich als Kind stehen wollte, backbord oder steuerbord hoch droben, kann sogar das Ruderhaus betreten, melde dem Jungen, der noch in mir steckt: Ziel erreicht, ich stehe, wir stehen auf der Kommandobrücke des Dampfers *Dießen*.

Ich schreibe noch »Dampfer«, obwohl das Schiff seit zwei Jahrzehnten nicht mehr durch eine 2-Kolben-Dampfmaschine angetrieben wird, sondern von zwei Dieselmotoren, die kaum größer sein dürften als Motoren von Lastwagen. Diese Modernisierung bedeutete, leider: Die Dampfmaschine mit Feuerloch und Kessel, die beiden wuchtigen Kolben, die vier mächtigen Pleuel, die aufgesetzten Ölbehälter, die Krönchen glichen – dies alles ist abgebaut, ist, hoffentlich, in ein technisches Museum überführt und dort wieder zusammengesetzt worden, wenn auch nie mehr unter Dampf. Die kleine Galerie, von der ich als Kind auf die vorwärts, rückwärts gleitenden Kolben geschaut hatte, deren Hin und Her von den mächtigen Pleueln in Drehbewegung umgesetzt wurden, dieser Glanz und Schimmer von poliertem Metall, von Kupfer vor allem, dieser Mischgeruch von Dampf und Öldunst, dieses Keuchen, Stampfen, Zischen des Maschinenraums, von dem Hitze aufstieg – das alles ist nun von Planken überdeckt, auf denen eine Bank steht, auf die ich mich nicht setze. Aus dem nach wie vor hohen Schornstein quillt nicht mehr der schwarze Rauch, den man früher eindrucksvoll fand, nun kommt aus dem Schornstein nur die Heißluft, das leicht eingedunkelte Hitzeflirren.

Aber, dreimal aber: Die Schiffsform ist trotz der Umbauten nicht verändert worden, die mächtigen Schaufelräder treiben es noch an. Das ist die Hauptbotschaft, die ich dem Kind in mir vermittle, wie durch eins der kupfernen Rohre, mit denen früher von Kommandobrücken Befehle vermittelt wurden hinunter in den Maschinenraum: Die Schaufelräder drehen sich, Dieter, sie pladdern, platschen noch. Und der schmale, der schlanke Schiffsrumpf ist über den Schaufelrädern weiterhin ausgeweitet durch alte Aufbauten, und so wirkt das Motorschiff größer, als es eigentlich ist: vierzig Meter lang, zehn Meter breit, 360 Personen können mitfahren, maximal, und gebaut wurde das Schiff im Jahre 1906, als es das Wort Weltkrieg noch nicht gab.

Während das Team ›Bilder einfängt‹, kann ich das Ruderhaus betreten. Ein älterer Mann sitzt auf einem Bürodrehstuhl vor einer Holzfläche mit den beiden Hebeln für die Schiffsmaschinen, mit Anzeigegeräten, mit kleinen bunten Glaskuppen über Birnchen, und das Hebelchen, mit dem er das Schiff steuert, es ist so klein wie ein Joystick.

Ich erwähne, wie nebenbei, dass ich als Junge schon auf diesem Schiff mitgefahren war, mehrfach, dass es damals aber noch von einer Dampfmaschine angetrieben wurde. Und er: »Das brauchen Sie mir nicht zu erzählen, ich war damals Heizer und Maschinist auf dem Schiff.« Dies in bayrischer Intonation.

Hoho, demnach hätte er auf dem Schiff gearbeitet, auf dem ich in den vierziger Jahren mitgefahren bin?

»Genau!« Kohlefeuerung … Zwei Stunden vor der Abfahrt musste er mit dem Beheizen des Kessels beginnen. Und während der Fahrt ständig Kohle nachwerfen. Die war in den Kriegsjahren und danach oft sehr schlecht – stank nach Schwefel, lag schwarz auf dem Rost, der Dampfdruck oft sehr schwach. Und: im Sommer stiegen die Temperaturen drunten im Maschinenraum, vor dem Ofen: vierzig Grad »wie nichts«, auch fünfzig; die allerhöchste Temperatur betrug einmal 56 Grad.

Rechts und links vom Ruderhaus ragen nun aber die Rohre

hoch, die ich mit den Armen kaum umschließen könnte, und sie öffnen sich in Fahrtrichtung, die weiten Öffnungen rot ausgemalt – das sollte keine Kühlung gebracht haben?

Nicht, wenn Windrichtung und Fahrtrichtung gleich waren. Oder wenn sich im Hochsommer kein Lüfterl auf dem See regte – dann brachten diese Windhutzen nix.

Und jetzt? Sitzt auf dem abgewetzten Bürostuhl, vor ihm die hellgrau gestrichene Holzplatte mit Hebeln und Anzeigegeräten; der Fahrplan ist auf eine waagrechte Holzrolle geklebt; die Zahl der jeweils zugestiegenen Passagiere wird zu ihm hinaufgemeldet, er schreibt sie auf eine Schul-Schiefertafel, auf die ein Raster gemalt ist; während der Fahrt wird die jeweilige Zahl in ein Fahrtenbuch übertragen, die Schiefertafel wird abgewischt.

Ein elektrisches Heizöfchen steht an der Rückwand, ein altes »Nachtkastl« mit Schubladen. Die Frontscheibe lässt sich hochklappen, nach außen. Der Mann, der auch für mich die Kesselanlage mit Kohlen beschickt hatte, er steuert nun das Schiff. Wir schauen in Fahrtrichtung, wir blicken zurück. Er war ja auch Maschinist, musste kleinere Reparaturen durchführen, und vor allem: musste die Maschine sauber halten. Der Glanz, der Schimmer der Kolben, der Pleuelstangen, der kleinen Ölbehälter: Was ich als Bub bewunderte, ihm also hatte ich das zu verdanken. Und es deutet sich kleine Zufriedenheit an, weil seine Arbeit ein halbes Jahrhundert später noch Anerkennung findet. Plötzlich ist da Gemeinsames, ja Verbindendes. Edith, der ich das zwischendurch rasch melde: Spurensicherung, so muss sie sein!

Vom Ufer, von der Promenade aus wird das Schiff beim Ablegen, dann wieder beim Anlegen, Ablegen gefilmt. Die roten Schaufelräder bringen es erstaunlich rasch auf Fahrt, bremsen es auch erstaunlich rasch ab. Das Schiff ist filmogen, immer wieder erscheint es auf dem Bildschirm, wenn wir abends im Hotelzimmer des Kameramanns auf einem Monitor anschauen, was tagsüber gefilmt worden ist: Der weiße Rumpf ... der blauschwarze, hohe Schornstein auf dem Oberdeck, gleich hinter dem Ruderhaus ... die beiden Windhutzen, von mir, wie gelernt, mit langem U ausgesprochen ... die breiten, mächtig plantschenden, schaumschlagenden Schaufelräder ... Ich kann mich kaum sattsehen an diesem Schiff, das ich schon als Kind bestaunt, bewundert hatte – während ich dies tippe, werfe ich schon mal einen Seitenblick auf ein Zinnschiff gleichen Namens, das ich in Dießen gekauft hatte, bemalt, mit einer erstaunlich langen Qualmfahne aus dem Schornstein, der Bugwimpel und Heckfahne überragt. Was sind dagegen schon die modernen, funktional gebauten Passagierschiffe? Als eins der kleinen Nachwuchsboote, die *Herrsching* oder *Schondorf*, zum ersten Mal am großen Landungssteg vertäut wurde, war die Verachtung des Jungen groß, das war für mich nur noch ein »Spuckdampfer« – dem konnte man tatsächlich vom Steg aufs Oberdeck spucken. Auch heute ist da mein Blick wortwörtlich: herablassend. Das verbindet mich erneut mit dem gleichnamigen Jungen, der verächtlich auf das kleine Personentransportschiff hinabschaute und wohl auch verstohlen hinabspuckte: Die Passagiercontainer der Rheinschifffahrt, die schwimmenden Hochseetabletts mit ihren aufgehuckten, hochgestapelten Containern – das alles ist mir nicht Schiff genug, da sind ja vielfach sogar die Schornsteine wegrationalisiert, ersetzt durch ofenrohrdicke Abgasstutzen am Heck. Als Augenmensch liebe ich Objekte mit reicher Gliederung der Oberfläche, Funktion noch nicht verwandelt in Funktionalität, noch nicht kaschiert durch windschlüpfige Formgebung. Da fühle ich mich eins mit dem Kind meines Namens.

Während der Fahrt auf der Kommandobrücke zu stehen: Dieser Wunsch, der mich mit dem Jungen verbindet, nun aber erfüllte er sich, weil ich für wenige Tage Objekt im Objektiv einer elektronischen Kamera war. Also hier, wenigstens hier: Symbiose mit dem Kind, das ich damals war.

Ich schließe einen Text ab ... ich schloss einen Text ab ... ich habe einen Text abgeschlossen ... ich hatte einen Text abgeschlossen ... ich werde einen Text abschließen ... ich werde einen Text abgeschlossen haben ...

VOR DER JAHRTAUSENDWENDE starb mein Vater, im Altenheim oberhalb des Staffelsees.

Vorher, gelegentlich, eine Bahnfahrt nach Murnau, ein Besuch im Heim, und es wiederholten sich Klagen: Telefon wurde in seiner Abwesenheit benutzt zu (damals noch) teuren Ferngesprächen … Bestände in seinem Kleiderschrank lichteten sich … Geldscheine in der Schreibtischschublade verflüchtigten sich … Eine Mitbewohnerin, meist in folkloristisch stilisiertem Kostüm, hatte jederzeit Zutritt zu seiner kleinen Suite; sie konnte sich die Vermehrung von Kosten und die Verringerung von Beständen nicht recht erklären; mein Vater wollte in der heiklen Angelegenheit nicht weiter eruieren. Lieber noch mal einen gemeinsamen, langsamen Spaziergang machen drunten am See.

Der letzte Besuch gemeinsam mit Olga. Nun musste er schon die meiste Zeit im Bett verbringen, Altersschwäche. Beim Abschied ein Satz, den ich wortgetreu im Gedächtnis bewahre, es war wirklich der letzte Satz, den ich von ihm hörte: »Schön, sich im Hellen zu verabschieden.«

Bald darauf wurde es dunkel in ihm, dunkel um ihn herum. Und ich war mehrere Hundert Kilometer entfernt. Beerdigung in Herrsching. Mutter in der Urne, Vater im Sarg.

JERUSALEM, 1997. Der Chor des Deutschlandfunks will beitragen zu Verständigung und womöglich Versöhnung zwischen Israel und Palästina. Der Kölner Oberbürgermeister soll das bei Empfängen unterstützen. Ich wurde eingeladen mitzukommen, als potentieller Chronist der Friedensreise, zu dokumentieren in einem späteren Funkfeature. Auch ist in der German Book Exhibition in Gaza und Bethlehem eins meiner Bücher ausgestellt. Zudem ist eine Lesung vorgesehen vor Israelis deutscher Herkunft.

Ein Abstecher in das autonome palästinensische Gebiet, nach Bethlehem. Unser Programm: Empfang, Besichtigung, Konzert. Zur Begrüßung meines Buchs kommt es nicht mehr.

Vor der Geburtskirche beobachten wir, über die weite Platzfläche hinweg: Zusammenlaufen, Zusammenrotten, wir hören kollektive Rufe, ja Schreie, ein Wagen kurvt umher, auf dem Dach ein Stativ mit Filmkamera. Was ist da los? Der arabische Guide hebt die Schultern. Dann taucht das Gerücht auf, ein Araber soll in einem israelischen Gefängnis gefoltert worden sein: Aufruhr.

Nachmittags das Chorkonzert, ich sitze in der letzten Reihe, werde von einem der Veranstalter herausgewinkt, dringlich: Zwischenfälle! Ein Bus mit Touristen soll am Checkpoint von Jugendlichen mit Steinen beworfen worden sein, israelische Grenzer haben mit Maschinenpistolen Salven in die Luft geschossen, im Bus haben sich Touristen auf den Boden geworfen oder zwischen Sitze geduckt, der Bus ist in einem wilden Fahrmanöver zum Grenzübergang zurückgekehrt, die Israelis haben die Grenze dichtgemacht, ein Panzer soll aufgefahren sein.

Schlagartig wird mein Mund trocken: eine Falle?! Dem Busfahrer hatten wir zugestanden, dass er sich während des Konzerts in Jerusalem aufhält, einen Besuch macht. Kommt der Bus jetzt nicht mehr über die Grenze? Hängen wir, sitzen wir fest? Das Konzert jedenfalls soll nicht unterbrochen werden – solange der Bus nicht zurück ist, hätte das keinen Sinn.

Ich trabe zum zentralen Platz, der ist wie leergefegt, kein Bus in Sicht. Nun bin ich so was wie ein Verbindungsmann, ein Kettenhund zwischen dem noch ahnungslosen Chor und Arabern, die mir keine klaren Auskünfte geben können oder geben wollen: abwiegeln. Ich lerne nur, dass es für das englische Wort »riot« keine arabische Entsprechung gibt. Aber von riot will einer der Gesprächspartner im Amtsgebäude des Bürgermeisters nichts wissen: Aufregung, ganz normal, so was kommt öfter vor, wir sind nicht weiter in Gefahr.

Und wodurch wurde die Demonstration auf dem Platz der Geburtskirche ausgelöst?

Ein Palästinenser soll sich in einem israelischen Gefängnis erhängt haben, aber für die Araber hier sieht das eher nach Mord aus. Wenn das Konzert zu Ende ist und die kleine Feier danach, bis dahin wird die Grenze wahrscheinlich wieder geöffnet sein, dann käme unser Bus auch wieder raus.

Als ich sage, dass unser Bus erst wieder reinkommen muss, will sich keine rechte Antwort einstellen.

Ich wieder zum Ort der Veranstaltung. Erstatte dem Warner Bericht. Der schlägt vor: gute Miene zum bösen Spiel machen, uns nichts anmerken lassen, der Chor soll weiterhin Zuversicht ausstrahlen, sonst ist hier die Mission verfehlt.

Die halte ich sowieso für verfehlt, entgegne ich. Das muss bei dieser Gelegenheit mal ausgesprochen werden. Die musikalische Friedensbotschaft des Chors lässt entscheidende Zeilen weg. In Tel Aviv wurde das einstudierte palästinensische Lied weggelassen, und hier wird darauf verzichtet, das einstudierte israelische Lied zu singen. Ich halte das für eine schwache Entscheidung. Ein afrikanisches Lied nach einem südamerikanischen Lied zu singen, damit geht man kein Risiko ein, damit ändert man weder in Afrika noch in Südamerika auch nur das Geringste; wenn man aber schon mit der frohen Botschaft der Verständigung anrückt, den Friedenswillen unterstützen, zumindest den Dialog zwischen Israelis und Arabern fördern will, so muss man es auch riskieren, in Israel ein arabisches und hier im sogenannten autonomen Gebiet ein israelisches Lied zu singen.

Damit hätten wir doch nur die Gastgeber verprellt, kriege ich zu hören. Man hätte ja nun ausführlich genug darüber diskutiert. Angesichts der Unruhen stehe er erst recht hinter der Entscheidung. Voll und ganz.

Schön, dann sollte man aber darauf verzichten, in der Ansage die Friedensbotschaft zu betonen. Dann soll man einfach Lieder anstimmen, und basta. Aber für den israelisch-arabischen oder arabisch-israelischen Dialog plädieren, für Frieden zwischen Nachbarn, und dann nicht mal ein Lied des Nachbarlandes singen, das halte ich für schwach, für sehr schwach.

Sie müssen Ihre Nervosität jetzt nicht an mir auslassen!

Ich hatte Ihnen das sowieso mal sagen wollen. Jetzt war ein passendes Stichwort gegeben.

Vielleicht sollten Sie mal ein bisschen zurückstecken. Sie sind ja nun von der anderen Branche. Es bringt nichts, wenn Sie an unserer Programmgestaltung herummäkeln.

1240

Das Wort »mäkeln« gefällt mir in dem Zusammenhang überhaupt nicht!

Na schön, dann nehme ich es mit dem Ausdruck des Bedauerns zurück. Unsere Nerven sind ziemlich angespannt. Jetzt sollten wir erst mal die Lage klären.

Als Mitorganisator muss mein Gesprächspartner Präsenz zeigen, also trabe ich wieder los zu meinen arabischen Gesprächspartnern im Amt. Und da wird man ein wenig deutlicher: I tell you what happened. Ein Palästinenser soll schon vor der Einlieferung ins Gefängnis von israelischen Polizisten misshandelt, schwer misshandelt worden sein, war dann kurz nach der Einlieferung tot. Aus sicherer Quelle stamme das allerdings nicht, es könnte sich um ein Gerücht handeln, aber es bringt die Leute in Aufruhr. Man müsste mal einen informierten Israeli dazu hören, hier dürfte es für mich wohl leichter sein, Kontakt herzustellen.

Ich bin hier nicht der Reiseleiter.

Na ja, so ein Anruf würde wahrscheinlich auch nicht viel bringen. Wie sich das weiterentwickelt, kann keiner hier einschätzen. Die Lage kann sich entspannen, die Lage kann sich weiter verschärfen. Ein paar Steine, ein paar Schüsse … Fest steht, an der Grenze läuft nichts mehr, unser Bus wird möglicherweise nicht wieder durchgelassen, bis auf weiteres, darauf müssen wir uns einstellen.

So berichte ich das auch. Und ergänze: Wenn wir schon derart in die Problemzone geraten, dann hätte man hier auch das israelische Lied singen können, da wäre die Lage auch nicht brisanter. Dass ein norwegisches oder mexikanisches Lied gesungen wird, das kann da draußen die Wogen auch nicht glätten.

Können Sie nicht so langsam mal von diesem Punkt runterkommen? Wir haben jetzt doch wohl andere Probleme. Wenn die Grenze geschlossen bleibt, was mache ich dann mit dem Chor? Sollen wir zu drei Dutzend im Saal übernachten, bis die Lage sich geklärt hat? Ich möchte nicht, dass die Feiglinge recht behalten, die sich im letzten Moment von der Reise abgemeldet haben.

Und wenn die Grenze tatsächlich länger geschlossen bleibt – könnten wir nicht mit Taxen zum Checkpoint fahren, und wir gehen zu Fuß rüber?

Und wenn dort wieder Steine fliegen? In so einem Fall hätte ich lieber Blech und Sicherheitsglas dazwischen. Also, das würde ich wirklich nicht riskieren. Wir haben ja nun zwei, drei Mitglieder im Chor, die sich ziemlich schwerfällig bewegen, sollen wir die vielleicht zurücklassen?

Also Vorsorge treffen? Ich schaue mich im Gebäude um, in dem wir eventuell übernachten müssen: Bänke genug, Klopapier genug? Stehe schließlich auf einer Dachterrasse, alles in hellstem Licht, und doch in jäher Eintrübung.

Bei einsetzender Dämmerung trabe ich wieder los zum Platz. Und dort steht, betont von der Leere ringsum, tatsächlich wieder der Bus. Hastige Verständigung mit dem Fahrer: Ja, es sieht nicht gut aus, er weiß auch nicht, was los ist, weiß man ja nie recht in solchen Fällen, an der Grenze ist tatsächlich ein Panzer aufgefahren oder ein gepanzertes Fahrzeug, der Fahrer will zurück, man hat ihn grade noch durchgelassen, in fünf Minuten muss er losfahren, in spätestens fünf Minuten.

Und ich im Dauerlauf die sanft ansteigende Straße hinauf, alles menschenleer, mein Mund wieder ausgetrocknet, aha, so also findet eine Reaktion in mir statt. Mit trockner Aussprache und in der Aufregung sicherlich etwas heiser, scheuche ich den Chor auf, der sich gerade stärkt, man will nicht recht kapieren, weshalb ich plötzlich Druck mache, hat noch nichts vom Zwischenfall mitgekriegt. Und ich: Nun macht schon, macht schon, wir müssen dem Fahrer dankbar sein, dass er zurückgekehrt ist, in drei Minuten fährt er los. Und ich trabe vorweg. Kleine Erleichterung, dass die Straße sanft abwärts führt, der Chor im Eilschritt hinter mir her, der Bus ist noch da, go on, go on!, ruft der Fahrer.

Und wir schaffen es; einen Panzer sehe ich freilich nicht am Kontrollpunkt, oder steht der irgendwo seitwärts? Aufatmen, durchatmen und nur noch der Wunsch: was trinken, was trinken! Kommentar eines Chorsängers: Lieber zweimal in der Grabkirche als einmal in der Geburtskirche …!

EIN SCHREIBEN VOM BUNDESMINISTERIUM für Bildung und Forschung. Ein größerer Briefumschlag – sieht nicht nach Info-Post aus. Nanu?

»Vom 22. Mai bis 26. Mai 2003 fährt der deutsche Forschungseisbrecher FS POLARSTERN der Stiftung Alfred-Wegener-Institut (Stiftung AWI) von Bremerhaven nach Brest zu einer gemeinsamen Veranstaltung mit dem französischen Forschungsministerium und dortigen Meeresforschungsorganisationen anlässlich des 40-jährigen Bestehens des französischen Freundschaftsvertrages. Im Namen des Kuratoriums der Stiftung AWI möchte ich Sie sehr gerne als Gast zu der Fahrt des FS POLARSTERN einladen. Es wäre mir eine besondere Ehre, wenn Sie dem Kuratorium und den Fahrtteilnehmern ein Referat über das Leben und Wirken von Maria Sibylla Merian bzw. ihnen aus Ihrem Buch über Frau Merian eine Lesung halten könnten und den Zuhörern auch für eine Diskussion zur Verfügung stehen.«

Ein Info-Heft steckt im Umschlag, so muss ich die Suchmaschine nicht anwerfen, habe alles bunt ausgedruckt vor mir: »20 Jahre Forschungsschiff *Polarstern* ... Das zentrale Großgerät der Polar- und Meeresforschung ... Doppelwandiger Eisbrecher, der bei Außentemperaturen bis zu −50 °C arbeiten und gegebenenfalls im Eis der polaren Meere überwintern kann ... *Polarstern* kann 1,5 Meter dickes Eis mit einer Geschwindigkeit von fünf Knoten durchfahren. Dickeres Eis muss durch Rammen gebrochen werden ... Kombiniertes Forschungs- und Versorgungsschiff ... Nur Doppel- und Einzelkammern mit Tageslicht ... Zwei Hubschrauber, die bei schwierigen Eisverhältnissen für die Eisaufklärung eingesetzt werden, aber auch als Messgeräteträger ...«

Ich schicke sofort eine Zusage los. Meine erste Lesung auf hoher See ...! Und das in einem Forschungsschiff ...! Brief hin, Brief zurück, schon folgt der Lageplan für das Schiff, der Ablaufplan für die Reise. Ich fahre nach Bremerhaven, mit dem Taxi vom Bahnhof zum Kaiserhafen, zum Liegeplatz »An der Dolbenpier in der Lloydwerft«. Schaue optisch und metaphorisch auf zum etliche Stockwerke hohen Schiff.

1243

Die Gangway hinauf, hinein ins Schiffsgehäuse. Begrüßung. Einweisung. Meine Nummer, nein, nicht für ein Zimmer, gibts nur in Hotels, und nicht in eine Kajüte, galt nur für alte Segelschiffe, es ist eine Kammer. Verstanden. Kammer mit zwei Fenstern, und die sind größer als die erwarteten Bullaugen. Eine Koje aufgeklappt, eine hochgeklappt. Nasszelle. Kleiner Schreibtisch. Schwimmweste, griffbereit. »Die Kammern erscheinen im ersten Moment luxuriös, doch wer mehrere Wochen zur See fährt und Tag für Tag zwölf bis sechzehn Stunden arbeitet, stellt schnell fest, dass es sich hierbei um ›notwendigen Luxus‹ handelt. Die *Polarstern* ist eben mehr als ein schwimmendes Labor, sie ist auch ein Zuhause.« Für mich nur ein paar Tage lang. Aber ließe sich der Aufenthalt nicht verlängern, als Chronist an Bord bei der Forschungsreise, die sich in Brest anschließen wird?

Ein Imbiss. Ein Umtrunk. Erste Gespräche, Plaudereien in der Bar. Eine Bar an Bord – davon hätte ein Nansen nicht einmal träumen können. Gedrängel am Tresen. In Anbetracht der bald schon späten Stunde und zur Entlastung des Personals bindet sich einer der Wissenschaftler ein Küchenhandtuch vor und übernimmt den Ausschank. Erst mal Bier, gegen den Aufregungsdurst, dann Rotwein für die Bettschwere.

Gespräch mit Ministerialdirektor Junker, der die Einladung unterschrieben hatte. Ein neues deutsches »Eisrandforschungsschiff« befindet sich derzeit im Bau, es soll nach der Merian benannt werden, man fragt sich allerdings, ob mit vollem Namen: Maria Sibylla Merian? Erscheint mir zu lang. Nun wird der Vorschlag rekapituliert: Maria S. Merian. Das finde ich schon besser – sie selbst hat ihren zweiten Vornamen oft so abgekürzt. Aber wie wäre es, in doppelter Bedeutung mit: M. S. Merian? Maria Sibylla und Motor-Schiff in einem? *M.S. Merian*: Das wird abgeschmeckt, wird, mit dem Wein, gleichsam verkostet.

Morgens, punkt sechs, legt das Schiff vom Pier ab: Hochwasser. Der Bord-Meteorologe hätte die Witterungslage so beschreiben können: »Ein flaches Tiefdrucksystem, das von den

Britischen Inseln über Jütland nach Bayern reichte, bestimmte das Wetter. Dieses System verlagerte sich zusammen mit einer eingelagerten Okklusion langsam nach Süden. Zunächst wehte ein schwacher, von Südwest auf Nordwest drehender Wind.«

Von einem Schlepper gezogen, gleitet das Schiff vorbei an der Werft, in der tatsächlich noch ein Schiff gebaut wird; der stählerne Rohbau als riesiger Resonanzkörper für Hämmern und Nieten ... Eine beigeschwenkte Brücke mit Schienen und Fahrspuren ... Ein chinesischer Autotransporter mit hochgezogenen Seitenwänden, die Schiffsaufbauten erscheinen abgesenkt vor der weiten Fläche mit identischen Personenwagen ... Sehr langsames Hineingleiten in die Weserschleuse, der Schlepper nun am Heck.

Die Weser! Der Schlepper legt bei, vielleicht muss noch eine Auftragsbestätigung erfolgen. Der Schlepper macht sich wieder selbständig. Drei hohe Schiffshornsignale unterhalb, drei satte Schiffshornsignale über mir – akustische Zeichen, die sich beim Telefonat mit Olga in Berlin eindrucksvoll übermitteln: kleine Reportage mit Handy.

Viel zu gucken! Steuerbord eine Roll-on-Roll-off-Fähre, die Verladebrücke seitwärts zur asphaltierten Fläche geschwenkt, auf der mit weißen Bodenmarkierungen nicht gespart wurde ... Ein kleines Tankschiff versorgt einen großen Frachter, angenabelt ... Die gereihten Verladekräne des Containerhafens; bizarre Gefährte schnurren umher, containerlang, containerbreit, hohes Traggestänge und vorn ein Fahrerkabäuschen.

Steuerbord ein langgestreckter, grün überwachsener Damm, dahinter Windrotoren und Kirchtürme, die reichlich Abstand zueinander halten. Gleichmäßig grau eingestrichen der Himmel, der vor sich hin nieselt. Eine Frau aus Bremen betont, dies sei fast immer so; das für seinen anhaltenden Regen bekannte, eher berüchtigte Bremen. Ein Jurist, der mal bei der Marine diente, erklärt mir die verschiedenen Formen der Betonnung, der wir folgen. Ein Kutter mit seitwärts weit ausgelegten Fischnetzen backbord. Wenig Fischerei offenbar: es bleibt bei dieser einzelnen, vorerst einzigen Erscheinung auf dem braunen Wasser unter grauem Himmel.

Von diesem Bild nehme ich erst mal Abschied, es geht hinein ins Schiffsgehäuse und hinunter zum Frühstück in der Messe. Erstes Fachgespräch, erster Fachmonolog. Eins von vielen neuen Wörtern: Benthos. Ich frage nach. Gemeint sind Epi(hyper)benthosschlitten. Aha? Ja, es ist zu hoffen, dass dieses Gerät auch so genutzt werden kann, wie es im Antrag an die AWI ausgeführt wurde. Aber ein Tag schlechtes Wetter im Forschungsgebiet, und der Zeitplan gerät unter Druck. Kann der Fahrleiter, am eigenen Projekt interessiert, seiner Arbeit dann Priorität verleihen?

Jetzt weiß ich immer noch nicht, was es mit Benthos auf sich hat. »Na, dann kommen Sie mal mit.« Gestärkt an Deck, es nieselt noch immer. Durch einen Mannschlupf betreten wir einen weiten, hohen Raum, sonst Hangar für Helikopter; jetzt stehen dort diverse Forschungsgeräte herum. Und da ist auch schon ein Benthos-Schlitten: Stahlrohrgestänge, rund ein Meter mal achtzig, zwei Reusenkästen, an die hinten Netze befestigt werden. Plankton und Benthos: Kleinlebewesen auf dem Meeresgrund. Das Gerät wird per Winde abgesenkt, dann in 800 oder 1000 Metern Tiefe über den Boden »gedredgt«. Normal ist beinah, dass Dredgen bei jedem Einsatz einige oder viele ihrer Zähne verlieren. Das Material im Netzbeutel hat ebenfalls eine hohe Verlustquote, vielfach. So sind die Tiere mit Nadeln von Kieselschwämmen oft regelrecht gespickt, sind meist moribund oder tot.

Und ich höre, wie nebenbei, von neu aufgespürten Spielformen der Evolution. Der Fisch, dessen Namen ich vergessen habe: Fisch, der an der Bauchseite leuchtet. Sobald er registriert, dass er von unten her angegriffen wird, gleicht sich die Leuchtstärke seiner Bauchfläche dem Licht an, das die Wasserschicht durchdringt, und so wird er nicht mehr gesehen vom Raubfisch ... Oder der Schwertfisch, fischkaltblütig auch er, doch seine Augen werden ständig erwärmt, damit wird die Sehkraft um das Zehnfache gesteigert ... Die submarinen Wunderkammern wachsen mit den ständig verbesserten Methoden und Mitteln der Beobachtung.

Pünktlich im Ablaufplan die »Sicherheitsbelehrung«, ein Viertelstündchen lang. Anweisungen, Einweisungen. Die Teilnehmer vom Gelb der Schwimmwesten betont: aufgeplustert um Hals und Nacken und vor der Brust. Keiner reißt an der Lasche, die ein Lichtlein anzippt.

Und dies sind die Rettungsboote: geschlossene Systeme, kleine Antriebspropeller, Notrationen. Instruktionen erfolgen im Fall eines Falles »vor Ort«.

Zurück mit der nassgenieselten Rettungsweste in die Kammer. Die Strippen lösen, die Weste ablegen und gleich, wie verabredet, in den »Blauen Salon«. Der weite Raum ist fensterlos wie die Messe für Offiziere und Wissenschaftler. Ein runder Konferenztisch; ein Harmonium; ein Tresen; ein simulierter Kachelofen in einer Sitzecke; das Schiff, auf dem ich fahre, als Modell in einem Plexiglasgehäuse und zusätzlich an die Wand gemalt. Der Bibliothekssektor: Bücher hinter Glas und sichernden Querleisten. Ich werde später an den Reihen entlanggehen.

Jetzt nehmen wir erst mal Platz. Fortsetzung eines Gesprächs, das, Schwimmweste neben Schwimmweste, an Deck begonnen hat. Eine »nur mal neugierige« Frage nach meinem angekündigten »Vortrag«: Gibt es da so etwas wie eine Generalperspektive?

Nun, ich möchte herausfinden, was Literatur und Naturwissenschaft verbindet, verbinden könnte. Also Maria Sibylla Merian. Sie hat geforscht, hat zumindest genau beobachtet *und* sie hat künstlerisch frei, relativ frei gestaltet. Eine Frau, der demnach die Verbindung, die Fusion geglückt ist, richtungsweisend? Oder eher ein Modellfall, perspektivsetzend?

Da ist es auch schon, das Wort, das im weiteren Gespräch dominiert: Modell. Es löst sich rasch ab von Frau Merian, wird zum Faden, in eine gesättigte Lösung getaucht, schon setzen sich Kristalle an. Ich leiste eine Vorgabe: Literarische Texte schreiben, kann auch heißen: Modelle entwickeln. Ich erwähne das dritte meiner Hörspiele: *Reduktionen*. Hier habe ich modellhaft vorgeführt, wie in einem totalitären Staat Sprache reduziert wird: Erst die Eliminierung einzelner, scheinbar unverfänglicher Wörter (»vertikal«), danach Reduzierung auf zwei Silben pro Wort, schließlich das einsilbige »Ja«.

Verglichen mit der Realität von Sprachregelungen etwa im Dritten Reich erschien mir mit wachsendem Zeitabstand dieser Modellablauf allzu simpel. Ich sammelte weitere Informationen zur Technik der Sprachregelung – und der ›schlagend‹ vereinfachte Vorgang differenzierte sich. Zum einen bestätigte sich, dass im totalitären Staat Wörter verfemt, liquidiert, andererseits zeigte sich, dass zugleich Wörter hervorgehoben und gefeiert wurden. Dies als Ansatz zu einem neuen Hörspiel, das konsequent einen anderen Titel erhielt: *Sprachregelung*.

Ja, hier ist der Knackpunkt, so höre ich, hier ist der springende Punkt: Arbeiten mit Modellen schließt ein, dass Modelle zerstört werden, weil sie Fakten nicht mehr integrieren können. Hier ließe sich, in der Tat, eine Verbindung herstellen zwischen Literatur und Naturwissenschaft. Auch er, als Erforscher von Meeresfauna, arbeitet mit Modellen, und die lösen sich auf, lösen sich ab. Heranzitiert werden nun Tiefseekrebse. (Deren lateinische Bezeichnung habe ich damals nicht notiert, die Rekonstruktion der Modellfolge aber ist noch präsent.)

Jene Krebsart, Aasfresser, lauert auf tote Fische, die zum Meeresboden herabsinken, in lichtloser Tiefe. Damit die Leitfrage: Wie findet ein Krebs einen toten Fisch, im Finstern und dies auf womöglich größere Entfernung?

Erstes Erklärungsmodell: Der Krebs registriert den Aufschlag des Nahrungsbrockens auf dem Meeresboden. Besonders wirkungsvoll wäre die Bodenvibration beim Aufschlagen eines toten Wals: kleines tektonisches Ereignis in seismischer Sinneswahrnehmung. Krebse im Umkreis setzen sich in Bewegung, konzentrisch zum Aufschlagspunkt. Einwirkung, Signalwirkung also durch Bodenvibration. Hier kann das Modell ausdifferenziert werden durch Messungen, durch Versuchsreihen: Man lässt Köder auf dem Meeresboden aufschlagen, misst die Vibrationen, und wie weit sie reichen. Zugleich oder später: Beobachtungen mit Unterwasserkameras.

Auch wenn sich hier zahlreiche Daten sammeln, offen bleibt die Frage, wie Krebse im völlig Finstern und nach dem Verschwingen des kleinen tektonischen Ereignisses den Weg zum Aas finden. Die Orientierung nach der Aufschlagsvibration kann ja nur vage sein, ein auslösendes Signal für konzentrische Bewegung Richtung Nahrungsquelle. Es muss, gleichsam zur Feinabstimmung, ein weiterer Parameter hinzukommen, so etwas wie ›Geruch‹. Der ist im Wasserraum nur übersetzt möglich: chemisches Signal, vom Krebs wahrgenommen, die Annäherung steuernd. Auch hier werden Messungen, Versuche, Versuchsreihen notwendig, im Rahmen eines Forschungsvorhabens.

Dann Fakten, die sich weder in Erklärungsmodell eins noch in Erklärungsmodell zwo einbauen, die beide Modelle obsolet werden lassen: Bei ausgeschalteten Scheinwerfern registriert eine ferngelenkte Unterwasserkamera in der lichtlosen Tiefe einige Lichtpunkte, wenn auch nur schwach. Diese Lichtpunkte in der Nähe der Aufschlagsstelle, der sich die Tiefseekrebse nähern. Lichtzeichen?! Weitere Untersuchungen, im Entdeckerfieber, und es stellt sich heraus: Fische sind vor den Krebsen beim Aas, sind ja auch entschieden schneller. Sie locken nun Krebse an durch Biolumineszenz, erleichtern damit den Krebsen das Aufspüren der Nahrungsofferte. Dies setzt wiederum voraus: Die Krebse besitzen noch etwas Sehfähigkeit in einem Lebensraum, in dem die meisten Lebewesen im Verlauf der Evolution die Fähigkeit zur optischen Wahrnehmung verloren haben, weil letztlich überflüssig. Hier aber macht das schwache Leuchten von Lumineszenzorganen den Krebsen das genaue Ansteuern bei der Annäherung möglich.

Sie werden also durch Bodenvibration, Modell eins, in Bewegung gesetzt, werden durch chemische Prozesse, Modell zwei, an das Aas herangelockt, werden in Erklärungsmodell drei durch Lichtzeichen auf der letzten, der wortwörtlich letzten Strecke gelenkt. Denn hier ist kein selbstloser Leuchtservice in schöner Tiefsee-Osmose, vielmehr: Die Fische sind darauf programmiert, Krebse zu fressen, locken sie mit Lichtzeichen an, verwandeln die Aasfresser in Fischnahrung.

Das dritte Modell, dessen Entwicklung ausgelöst wurde durch die überraschende Entdeckung von Lichtzeichen in eigentlich totaler Finsternis, dieses Modell wird ebenfalls ausgearbeitet, ausdifferenziert durch Versuchsreihen. Und es fragt sich, ob auch das Modell der Lichtpunkt-Orientierung eines Tages abgelöst werden könnte, abgelöst werden müsste durch ein viertes Modell. Das wäre freilich nicht vorhersehbar, ließe sich nicht vorausberechnen, auch hier eine Zäsur, ein Neuansatz.

Das Wort Zäsur hier gleich als Stichwort: vorläufiges Ende unseres »interdisziplinären« Gesprächs über das Arbeiten mit Modellen – die Kuratoriumssitzung beginnt pünktlich, aber: »Wir bleiben im Gespräch.«

Endlich auf der Brücke! Der Rudergänger: brauner Overall, Basecap. Und das Ruder: bloß eine Spanne im Durchmesser, das obere Segment ist offen; so sieht es aus wie das Steuer im Cockpit eines Formel-1-Boliden. An einem der Frontfenster der Lotse, ein Herr »in Zwirn«. Er gibt zuweilen eine Zahl durch, setzt das Fernrohr an, nennt wieder eine Zahl. Stille ist geboten, solange der Lotse an Bord ist. Also ist keine Besuchszeit hier oben, das Kuratorium in erster Sitzung, ich habe mich selbständig gemacht, mich vorgepirscht, werde geduldet – die Brücke ist weit zwischen Steuerbord und Backbord.

Ich halte mich, diskret, in der Nähe des Kartentischs auf. Bin fast abgeschirmt durch einen Aufbau für Fachbücher. Eine Seekarte liegt ausgebreitet, die Wasserfläche von Zahlenangaben gleichsam übersät: Tiefenangaben. Betonnungen. Ein Lineal liegt bereit. Auf einem Monitor der aktuelle Kartenausschnitt. Auf einem weiteren Display die jeweilige Windgeschwindigkeit in Metern pro Sekunde: objektiv gemessen und im Verhältnis zur Eigenbewegung des Schiffs. Auf einem anderen Bildschirm unablässig durchlaufende Zahlensequenzen: Positionsangaben, vollautomatisch per GPS-Satelliten. So viel Elektronik hier oben, erfahre ich später, dass ein Brückenelektroniker mit an Bord ist.

Das Lotsenschiff nähert sich; der Lotse legt eine Windjacke an. Ein Boot legt ab vom rot gestrichenen Schiff, kommt auf uns zu. *FS Polarstern* macht nicht mehr Fahrt. Der Lotse verabschiedet sich, steigt die Treppe hinunter, verschwindet. Durch eins der vorkragenden Seitenfenster der Brücke sehe ich, dass im Rumpf unten eine Luke geöffnet ist, der Lotse steigt auf einer Strickleiter weiter hinunter, springt in das Boot mit dem zeltähnlichen Wetterschutz, winkt kurz, geht unter die Abdeckung, es regnet immer noch, das Boot legt ab, nimmt Kurs aufs Lotsenschiff. Und nun möchte ich spüren, über ein Kraftvibrieren, wie auch *Polarstern* Fahrt aufnimmt. Es wird aber nicht lauter im Schiff.

Der Rudergänger geht ab, der Autopilot übernimmt die Navigation. Es wird leer auf der Brücke – nur ein Offizier, der auf und ab geht, sich dabei als auskunftsbereit erweist.

Also, das Steuerrad eines so großen Schiffs hatte ich mir etwas ansehnlicher vorgestellt, ungefähr wie die Steuerruder von Segelschiffen auf Atlantiktörn.

Dem Ersten Offizier ist die kleine Enttäuschung von Besuchern der Brücke längst vertraut – eigentlich könnte das Schiff sogar mit einem Joystick navigiert werden. Es wird ja auch weniger mit dem Ruderblatt als mit Seitenstrahlern gesteuert: Schub von waagrecht hinausgestoßenen Wassersäulen, das Bug- und Heckstrahlruder – letztlich könnte sich das Schiff auf der Stelle drehen. Generell werden auf See Kurskorrekturen nur notwendig, wenn, beispielsweise, roten Bojen eines Fischernetzes ausgewichen werden muss – dann aber tritt gleich wieder der Autopilot in Funktion.

Der Offizier stellt sich kurz an eins der geschrägten Fenster zum Bug; mächtige Scheibenwischer. Der blau Uniformierte greift zu einem der abgelegten Fernrohre, setzt es an, legt es ab. Kontrolle auch über den Radarschirm; bei straffem Wind reflektieren freilich auch größere Wellen, das könnten eventuell Boote sein. Also ständig Wache.

Die offizielle Schiffsführung ist im Ablaufplan angegeben, Treffpunkt Brücke. Ich mustre die Rücken der aufgereihten CDs – nicht meine Musik! Stehe wieder am Kartentisch, höre mit halbem Ohr, was ich vom Offizier bereits erfahren habe, nebenbei.

Das Grüppchen steigt hinab in die Steuerungszentrale des Maschinenkontrollraums. Fensterloses Gehäuse mit zahlreichen Bildschirmen, mit Skalen. Anzeigegeräte für die Schweröltanks. Zwei Mann im Overall, einer in Uniform mit dreieinhalb Streifen am Unterarm, seinen Rang signalisierend. »Ohne Maschinen läuft nichts, da können die Nautiker sagen, was sie wollen.«

Rutschfeste Metallstufen abwärts. Ölhauch. In regelmäßigen Abständen Gebläseöffnungen: keine Frischluft, von draußen angesaugt, generell Air conditioning, temperiert. Kabelbündel unter jeder Decke.

Vor mir, hinter mir, neben mir werden Gespräche fortgesetzt, Fachwörter im Kontext diverser Forschungsprojekte: Die Unterwassernavigationsanlage Posidonia kalibrieren ... Bodenproben mit kamerageführtem Greifer gewinnen ... Das Mikrobathymetrieprogramm wiederaufnehmen ...

Ich laufe da so nebenher. Wie, wenn ich ebenfalls Fachidiom präsentiere in diesem Schiff, in dem vom elf Meter tief liegenden Kiel bis hinauf zum Krähennest Fachwörter flottieren? Ich könnte einen Fächer aufklappen beispielsweise mit Wörtern, Formulierungen, wie ich sie in Verträgen finden muss: Vertragsgegenständliche Werke ... Kleinlizenzen oder Anthologierechte ... radio on demand ... Tonträgerfixierung ... körperliche Bild-/Ton-Datenträger ... zeichenidentischer Papierausdruck ...

Auch könnte ich zu einer anderen Insel übersetzen im Sprachmeer, könnte von unserer Bürgerinitiative berichten, bringe einige der Fachwörter ein, die ich bei der Verhinderung der K 27 lernen musste, oft sehr spröde Wörter, würden aber in dieses Kontinuum spröder Wörter passen: Kaltluftsäcke im Sommer ... Bodengare ... Verrohrung eines Tals ... Eingriffsregelungen ... Ausbreitungsschranken ... Schadstoffband ...

Sehr wahrscheinlich würde den meisten Mitreisenden solch eine Präsentation allzu speziell erscheinen. Während sich keiner die Frage stellt, und sei es nur mal nebenbei, ob ich den Gesprächen folgen kann. Die bewegen sich, vorgebahnt, in eingespielten, aufeinander eingestellten Zirkeln. Fixierungen.

Perspektivlinien: Was noch nicht getan werden kann, aber bald, nach Brest, getan werden muss in jeweils dichter Folge: Strömungsmesser absetzen ... intensives Kastengreiferprogramm fahren ... vergleichsweise kleine Strömungsmesser auffinden ... sedimentprofilierendes Sonar einsetzen ... Doch nun: Immer massiveres Geräusch schluckt selbst hochresistente Stichworte.

Der Maschinenraum: grüne Ölfarbe dominiert. Lärmend der Empfang durch den Hilfsdiesel, der den Stromgenerator antreibt: ein etwa fünf Schritte langes, in sich hineinstampfendes Aggregat. Ich stelle mir vor: Ein U-Boot, wie es im Zweiten Weltkrieg gebaut wurde, der Maschinist ständig in solchem Lärm, in der Stahlröhre noch verstärkt. Gab es damals Hörschutz? Der auf Piktogrammen geforderte Lärmschutz ist hier reduziert auf Wachspfropfen – übergestülpter Schallschutz mit Kopfbügeln würde die Männer zusätzlich ins Schwitzen bringen.

Im Maschinenraum wird Power tosend hörbar. Vier Aggregate, zwei parallel, produzieren dröhnend, rasselnd, stampfend jeweils 5000 PS. Ein Arbeiter geht umher mit einer Ölkanne. Motorzylinder liegen als Ersatzteile bereit, jeder mit dem Durchmesser etwa eines Brustkorbs. Ein Aggregat war während einer der Forschungsreisen ausgefallen, da hatten die Techniker alles auseinandergenommen und den Motorblock wieder zum Laufen gebracht – dafür wurden die Männer auf der Brücke gefeiert.

Wir folgen dem schreienden Führer zum Wellentunnel. Baumstammdick treibt die Welle die beiden Schrauben. Die Schiffsgeschwindigkeit wird nicht mehr über die Maschinen bestimmt (halbe oder volle Kraft voraus!), die Drehzahl bleibt gleich, verstellt wird nur jeweils die Schraube. Vor allem, wenn das Forschungsschiff im Eis arbeitet, besonders dickes Eis rammen muss durch Zurücksetzen und Ranfahren: durch Hydraulik wird jeweils die Schraubstellung verändert. Im Eis sind Schiffsschrauben besonders gefährdet – so liegen zwei Ersatzschrauben bereit, aber die sehen nicht mehr aus wie schwere Propeller, die gleichen eher riesigen, fremdartigen

Muscheln. Ich frage mich, kann mit der Frage im Getöse nicht durchdringen, wie man die im Notfall anmontiert, im Eis und bei derartigem Gewicht? Der wahrhaft ohrenbetäubende Lärm – meist gedankenlos reproduziertes Wort, hier wird es zur Erfahrung. Die Trommelfelle pelzig wie nach einem Rockkonzert.

Nur noch flüchtig nehme ich war: Das mächtige Rohr des Querstrahlruders ... die schiffsinterne Müllverbrennungsanlage ... die Dosenpresse ... der blaue Container für Ships Garbage – es werden sogar aufgegebene Polarstationen entsorgt ... Fäkalienkessel; da ist also auch mein Beitrag gelandet ... Tanks für Ballastwasser: sollte das Schiff im Presseis festsitzen, wird Ballastwasser von einer Schiffsseite auf die andere verlagert und wieder zurück, das Schiff schaukelt sich frei ...

Es geht wieder nach oben. Blick in den Büglerraum, in dem Chinesen arbeiten ... Und wo ist die Backstube, die auch im hohen Norden frische Brötchen liefert?

Schlussrunde auf dem Heli-Deck. Kein Schwingen und Rütteln wie ehedem auf alten Passagierschiffen. Das Forschungsschiff ist besonders geräusch- und schwingungsarm. Allerdings, »die Geräusche des Schiffs, wenn es sich durch das Eis schiebt, sind beängstigend – die metallisch ächzenden Laute des Schiffsrumpfs während des Eisbruchs«. Der Rumpf verkraftet viel – viereinhalb Zentimeter Stahl am Bug, dahinter mächtige Spanten und Verstrebungen. Wird das Schiff zum Überwintern gezwungen, ist genügend Treibstoff und Proviant an Bord. Für gesunde Ernährung wäre selbst für einen Polarwinter gesorgt. Und ein reiches Unterhaltungsangebot, digital. Und bei eventuellen Erkrankungen hilft der Schiffsarzt – ein kleiner Behandlungsraum mit optimalem Sortiment von Medikamenten; ein noch größerer Behandlungsraum mit einem Not-Operationstisch. Da ist sogar mal echt operiert worden – ein Inder von einer Eisstation, hatte was am Zwölffingerdarm, der Schiffsarzt griff zum Skalpell. Ansonsten hat er es eher mit Verletzungen zu tun, kommen aber selten vor: routinierte Mannschaft, Sicherheitsvorschriften werden streng befolgt, auch bei Nachtarbeit.

Laut Ablaufplan: Vortrag Dr. Kühn, »Maria Sibylla Merian«, Kinoraum. Wissenschaftler erwarten (und bestellen) meist einen Vortrag; an Bord war es eher ein Arbeitsbericht. Hier nur eine Stichprobe mit dem Stichwort: *Eichhornia crassipes.*

Maria Sibylla Merian in Surinam: sie war nicht in den »Urwald« eingedrungen, um dort (wie so mancher annimmt) ihre Staffelei aufzustellen, sie hat sich vorwiegend, ja fast ausschließlich in Gärten und landwirtschaftlich genutzten Arealen aufgehalten, umgeschaut, umgetan. Was sie sich wahrscheinlich vorgenommen hatte (und was man in den Niederlanden wohl auch erwartete): Das Repertoire an Bild- und Beschreibungsobjekten zu erweitern durch attraktiv Exotisches, durch zuvor nie gesehene Pflanzen und Insekten der Regenwaldzone, das hat sie nur in bescheidenen Ansätzen realisiert. Es überwiegen Gartenpflanzen und Feldfrüchte jener niederländischen Kolonie.

Was sie an Exotica vermitteln wollte, das wurde ihr gelegentlich zugetragen, von der Indianerfrau im Hause, von ihren Sklaven. Nur so konnte es dazu kommen, dass sie die Blütendolde der Wasserhyacinthe für die blattlose Pflanze selbst hielt, ohne Schwimmkörper und Schwebewurzeln, die *Eichhornia crassipes.*

Im großen und großartigen Surinambuch hat sie dieses Kuriosum abgebildet, in ihrer perfekten Technik: Die Dolde überragt einen Wasserspiegel, und der Stängel führt, im Wasser, pfeilgerade in den bewachsenen Grund, von Wassertieren angeschwommen. Nun hatte ich eine Eichhornia im Krug auf dem Balkontisch stehen, sie immer mal wieder betrachtend. Sie stammte, ganz legal, aus dem Botanischen Garten in Bonn, stand zu meiner Begrüßung auf dem Tisch des Amtsraums von Barthlott, wurde eine Zeitlang in einer Plastiktüte herumkutschiert, kam schließlich im Eifelhaus an, sollte im winzigen Gartenteich eines Nachbarn angesetzt werden.

Auffällig ist erst einmal das opulente Wurzelwerk. Offenbar ist es schwieriger, Nährstoffe aus Wasser herauszufiltern als aus dem Boden anzusaugen: ein mächtiger, schwarzbrauner Rapunzelzopf von tentakelähnlichen Wurzelfasern, dicht besetzt mit nadelfeinen Sprossen. Gelegentlich kniff ich einen der Schwimmkörper der kleinen, grünen Bojen, um das Knirschen innen zu hören – etwa wie gedämpftes Styroporknirschen. Erstaunlich kurz jeweils der Stiel zwischen Schwimmkörper und Blatt. Jeweils Paarbildungen. Wo dieses Stielpaar höher ansetzt, über dem Wasserspiegel, wird statt des Schwimmkörpers ein weiteres Blatt ausgebildet, locker um den Stiel gerollt. Krönend die Blütendolde. Und die ist im Phantomgewächs der Merian exakt wiedergegeben.

Barthlott, emphatisch: »Goethe wäre das nie passiert!« Der hätte den Zuträger zurückgeschickt, um ein komplettes Exemplar heranzuschaffen, mit Schwebewurzeln, Doppelblättern, Dolden. Die Merian aber hat die Frage nach Blättern und Wurzeln gar nicht gestellt, obwohl man damals wusste, dass es Blüten ohne Blätter nicht geben kann. So lässt sich nur schließen, dass sie wohl nie vor einer der Wasserflächen Surinams gestanden hat mit jenen unregelmäßigen Blattinseln, aus denen vereinzelt Dolden ragen. Sie hätte sonst ihr sehr, sehr vereinfachtes, ja kurioses Bild von einem Stängel mit Blüten, aber ohne Blätter revidieren, hätte Schwebewurzeln und Schwimmkörper entdecken müssen.

Mein Fachpublikum amüsierte sich. In anschließenden Gesprächen wurde Anerkennung für Goethe als Morphologen hörbar – das hatte ich in dieser Klarheit denn doch nicht erwartet.

Nach der Veranstaltung Treffen im Blauen Salon. Nun wissen die meisten im Raum, wie sie mich ›einordnen‹ können, Gespräche ergeben sich noch leichter. Wein trinkend, Salziges kauend werde ich lockerer, bringe ein, was ich tagsüber, zwischendurch, angelesen habe in einem der Forschungsberichte des AWI: Versuche zur Registrierung der Kieferaktivität von Robben. Ja, das Thema eines Forschungsvorhabens und eines Forschungsberichts: Wie beißen und kauen Robben in diversen Tauchtiefen? Man hat Robben eingefangen, mit dem Fangsack, hat sie betäubt, hat das Fell in Höhe des Kiefergelenks gestutzt, rasiert, damit Dehnungsmessstreifen besser kleben bleiben, die Robben watschelten nach dem Erwachen los, sprangen über die nächste Eiskante ins Grönlandmeer, tauchten ab, begannen die Fressjagd, es gelang in einem Fall auf Anhieb, die Kieferaktivität während eines mehrstündigen Tauchgangs zu registrieren, und dabei geht es ja ohne weiteres vierhundert Meter in die Tiefe. Eine gute Botschaft, sagte ich, nun ist die Menschheit endlich von der quälenden Frage befreit, wie Robben kauen, in welcher Frequenz sich dabei der Kiefer bewegt.

Ich werde vor die Frage gestellt, warum ich dieses Forschungsprojekt so ironisiere. Ich sage: Es gab eine Zeit, in der sich im öffentlichen Diskurs ein Stichwort zum Recyceln anbot: der Elfenbeinturm. Schriftstellern unterschiedlichster Couleur wurde vorgehalten, sie seien Bewohner des Elfenbeinturms! Aber kein noch so abgehobener literarischer Text kann derart gesellschaftsfern sein wie so manches Forschungsprojekt. Während meiner Mitarbeit im Gentechnikausschuss hatte ich das eine und andere Forschungslabor besucht, und dabei wurde mir ein japanischer Wissenschaftler vorgestellt, der sich intensiv und exklusiv mit den Beinen von Weberknechten beschäftigte. Jahrelang nur die langen, dünnen Beine des Weberknechts …!

So komisch findet der Gesprächspartner das letztlich nicht. Grundlagenforschung! In diesem Fall eventuell nutzbar für Robotertechnologie: die Beine von Weberknechten als hochinteressante Konstruktionen, da könnte man der Natur wieder mal etwas abgucken.

Na schön, gebe ich zu. Beharre aber darauf, dass es keine Form der Literatur geben dürfte, die derart abgehoben ist wie so manches Forschungsprojekt. Bei einem Gespräch in der KFA Jülich erzählte mir ein Kernphysiker von einem Experten der theoretischen Physik, der sich speziell mit Schwebenden Ladungen beschäftigte. Etwas, das es in der Natur überhaupt nicht gibt: ein in die Schwebe gebrachtes mathematisches Modell. Doch wie viel Denkanstrengung, wie viel Arbeitsintensität zieht das an sich, saugt das auf? Und gewinnt doch nicht an spezifischem Gewicht?

Immerhin, unser spezifisches Gewicht nahm zu: Erzeugung von Bettschwere durch Rotwein. Ja, noch ein Absacker, dann ab in die Koje!

Am nächsten Morgen ist, wie vorhergesagt, die Wolkendecke aufgerissen. »Frisch weht der Wind ...«, doch auf dem Heli-Deck finde ich, unmittelbar an der Hebewand zum Hangar, einen Platz, an dem ich den Deckstuhl platzieren kann. Und sehe Frachter, Containerschiffe, Tankschiffe. Sehe einen Kabelleger mit einer riesigen Rolle in der Mitte, und achtern eine Gleit- und Leitvorrichtung für die Verlegung von Untersee-kabeln. Und als Gehäuse auf Stelzen: die Brücke. Zweckfahr-zeug in Reinform.

Ich rekapituliere, notiere, bis ich das Deck räumen muss. Die Reling wird heruntergeklappt, der Heckkran gesenkt, die aufgesockelte Feuerlöschkanone gibt probeweise einen mächtigen Wasserstoß ab hinaus aufs Meer, schon kommt der Hubschrauber angeknattert, fliegt einmal um das Schiff, setzt leichtkufig im Kreis auf mit dem riesigen H, zwei Herren steigen aus, Gepäckstücke werden hinter einer Klappe hervor-geholt, zwei bisher mitgereiste Frauen steigen ein, schwupp-diwupp ist der Hubschrauber hoch, fliegt, spielerisch leicht abschwenkend, beinah in der Luft tänzelnd zurück zum (hier unsichtbaren) Festland. Die Wasserkanone wieder ohne Richtkanonier, die Reling wird hochgeklappt, der bügelförmi-ge Kran achtern wird hydraulisch hochgefahren, das auf Fotos dokumentierte Erscheinungsbild des Schiffs wird wiederher-gestellt.

Und ich kann Kreise gehen, Kreise schreiten, vorgezeichnet von der gelben Markierung auf der grünen Stahlfläche. Zu-weilen wechsle ich über zum zentralen H, dessen Balken so lang sein dürften wie die Kufen des Helikopters. Zuweilen heftigere Windböen, dann gehe ich zur Leeseite, suche mir einen Sonnenplatz, lasse Wellenzug nach Wellenzug heran-kommen, sehe Schiffe auf gleichem Kurs oder auf Gegenkurs, durchweg Frachter.

Ich erhalte Gesellschaft: einer der Wissenschaftler (Fachgebiet Physikalische Ozeanographie) will nach langer Sitzung die Lungen mit Seeluft füllen. Er hatte nach der Lesung eine überraschende Frage gestellt: Sie haben während Ihres Vortrags fast eine Flasche Mineralwasser getrunken – wie war eigentlich die Trinkwasserversorgung auf der monatelangen Fahrt nach Surinam? (Das Wasser in Fässern war zuletzt ziemlich belebt und musste durch Leintücher gefiltert werden.)

Wir lehnen an der Reling, Wind im Rücken. Eine vorbeitreibende Plastiktüte gibt das erste Stichwort: Ferienwochen, vor Jahren, auf Ischia; während der Fahrt von Neapel zur Insel passierte das Katamaran-Schnellboot zahlreiche Plastiktüten, ich hörte die ironische Bezeichnung für den Golf von Neapel: Mare plasticum.

Ja, Plastiktüten auch im Grönlandbecken! Unter anderem die Verbreitungswege von Müll in der Tiefsee untersuchend, fanden sie verlorengegangene Fischernetze, demolierte Plastikeimer und: eine Kartoffelchiptüte mit aufgedruckten chinesischen Schriftzeichen! Eine Kartoffelchiptüte im Grönlandbecken! Made in Hongkong.

Mittagessen. Der Brückenelektroniker sitzt mit am Tisch, ich schnappe auf: Ein halbes Hundert PCs an Bord, bei durchschnittlich 60 Wissenschaftlern pro Fahrtabschnitt sind das ein paar zu wenig, es müssen schon mal Laptops mitgebracht werden. Werden vor allem in den Laborcontainern gebraucht, die in Brest zugeladen werden, mit »Victor 6000«.

Mittagsschlaf; das Schneegestöber von Fachwörtern abflauen lassen. Es gehört zu den Spielregeln an Bord, dass man tagsüber die Tür zur »Kammer« nicht schließt, nur den Zwischenvorhang zuzieht, also begleiten Stimmen im Gang die Einschlafphase, doch die ist kurz, das Hirn lechzt nach ruhigen Alphawellen. Den etwas abgesackten Kreislauf dann anwerfen mit seemännisch starkem Kaffee.

Einfahrt in die Hafenbucht von Brest. Vorinseln mit kleinen Leuchttürmen, weit ausholende Landzungen – die nicht mehr besiedelte Seite mit verlassenen Häusern, reichem Ginsterbewuchs. Hoher, heller Himmel. Ja, und dort, an der Pointe du Diable, auf dem angeschrägten Hangsockel: Die weitläufige, turmbetonte Anlage der Ifremer, dem Forschungsinstitut zur Nutzung (exploitation) der Meere. Dort oben wird es einen Empfang geben. Wer schon mal dort war, schwärmt von der grandiosen Aussicht. Und es wird mit einem echt französischen Buffet zu rechnen sein, Wein wird fließen.

Am Wassersaum der U-Boot-Bunker der Kriegsmarine, der auch mit stärksten Sprengladungen nicht geknackt werden konnte. Einige kleine Kriegsschiffe, Schnellboote haben dort Schutz gesucht. Vor Anker ein weißes Schiff mit riesigen Parabolantennen auf Deck; der ehemalige Marineoffizier kann mir gleich erklären, dass damit Lenkwaffenbahnen bestimmt werden können. Ein Schiff mit ziviler Besatzung, also ist es weiß gestrichen und nicht marinegraublau wie das Dutzend Kreuzer oder Zerstörer im Hafen. Zwei vor sich hin rostende Schiffe, denen die Aufbauten genommen wurden. Das Château. Die beiden hohen Pylone der Hebebrücke. Nur Neubauten – wiederholte Bombardierungen der kriegswichtigen Hafenstadt, dann, 1947, die Explosion eines Cargoschiffs, zwanzig Prozent der erneuerten Bausubstanz wurden hinweggefegt.

Sehr langsame Fahrt zum Pier, ein französischer Lotse ist an Bord; eine Zeitlang grummelte ein Schnellboot neben uns her. Wir legen an – Heck an Heck mit dem französischen Forschungsschiff *Thalassa*, das einem Fischtrawler gleicht, mit großer Schräge achtern, auf der können Schleppnetze hochgezogen werden.

Ich stehe auf der Plattform über der Kommandobrücke, weit der Rundblick: Die Häuser an Hängen, die Hängebrücke fern, die Urlaubslandschaft südwärts, der Blick zum Meer jenseits der Buchtöffnung, ein Leuchttürmchen auf einem Felsriff mittendrin.

Empfang, frühabends bei Ifremer: der in der Tat grandiose Ausblick auf die Bucht von Brest. Das Buffet. Die Fachgespräche nun weithin auf Französisch, ich bin doppelt abgerückt. Spaziere, weinbeschwingt, im Gelände umher. Zurück zum Forschungsschiff. Wiederholte Absacker in der Bar. Noch einmal Übernachtung in der »Kammer«.

Früh am nächsten Morgen wird von einem Schwertransporter am »Quai de reparation« das Unterwasserfahrzeug »Victor 6000« mit einem der Kräne an der Pier auf Deck gehoben. Das mehr als mannshohe, weithin offene, kubische, vier Tonnen schwere ROV (Remotely Operated Vehicle) mit Scheinwerfern, Kameras, Greifarmen, Probenahmegeräten. Ich kann es inspizieren, ohne vertrieben zu werden – scheine bereits zum Personal des Schiffs zu gehören. Am nächsten Tag soll noch eine 30 Tonnen schwere Tiefseewinde an Bord gehievt werden, sollen Schienen angeschweißt werden für den Schlitten, auf dem »Victor« zum Kran gefahren wird, aus dem Hangar heraus, der noch angelegt wird.

Aber das alles werde ich nicht mehr sehen, miterleben, ich fliege, via Lyon, zurück nach Berlin.

KRANICHFLÜGE! Oktober 2008, wie gewohnt, die Kraniche über das Eifelhaus hinweg – der gestaffelte Flug in den wärmeren Süden; zu Beginn des Jahres 2009 aber Frost und Schnee im Süden, die Tagesschau bringt Bilder aus dem eingeschneiten Barcelona, und ein, zwei Tage später, zuvor noch nie realisiert: eine kleine Formation auf der gewohnten Route, nun aber nordwärts. Der Boden im Süden demnach unter Schnee und zu hart, um mit Schnäbeln aufgehackt zu werden. Ende Januar sehe ich wiederum eine Formation südwärts ziehen – vergebliches Ausweichen also in den gewohnten Norden: erschwerte, verhinderte Nahrungsaufnahme dort erst recht. Solch ein Hin und Her, kräftezehrend, wird im Energiehaushalt der Kraniche nicht einprogrammiert sein – wie viele werden, entkräftet, auf der Strecke bleiben, thousand miles and more?

Würde ich Tagebuch führen, so ergäbe sich hier ein passender Eintrag: Heute, Aschermittwoch 2009, habe ich vormittags die Sequenz über meinen (laut Olga) »Pakt mit den Kranichen« geschrieben, fahre nachmittags raus zur Ville, zu einem meiner Lieblingsseen, und ich glaube, von fern her, Kranichrufe zu hören, halte es aber erst mal für unwahrscheinlich, dass sie schon wieder zurückkehren, aber die Rufe, die Schreie verdichten sich, und dann, über dem Untersee: die weite Formation. Zur Begrüßung werfe ich die Arme hoch zum Himmel, lege den Kopf in den Nacken. Das Grundgefühl, wieder einmal, wir seien aufeinander abgestimmt. Nein, das würde Wechselseitigkeit voraussetzen, also eher: ich sei auf die Kraniche eingestimmt. Ich hoffe, sie fliegen nicht direkt nach Skandinavien, dort könnte Frost das nahrhafte Erdreich noch zu hart machen, sie werden wohl einen Zwischenstopp einlegen in Norddeutschland, etwa im Darß. Gute Wünsche begleiten sie. Ich blicke ihnen nach, so lang es geht.

Die Arbeit am Buch wiederholt punktiert von fernen Trompetenschreien, die mich wegreißen vom Laptop, Griff zum Fernglas, raus auf die Loggia, rauf auf die Dachterrasse, die Formationen in den Fokus nehmen, bis da nur noch winzige Punktierungen sind im Grau über Köln. Eine der Formationen (wie ein Jahr später, Anfang März, beobachtet) übergroß, es bilden sich Zwischengruppierungen, knotenartige Verdichtungen von Kranichen, und wiederum reißen Linien ab, Kraniche zu zweit, zu dritt zwischen den Nebenästen. Schließlich bildet sich ein Wirbel, Richtung Köln, mit dem Fernrohr verfolgt, aus dem weiträumigen Strudel versuchen sich Formationen herauszulösen, erste Ansätze zu Linien, dann wieder Verdichtungen, der Strudel fortgesetzt, bis sich endlich eine Formation herauslöst, keilförmig, und es scheint sich, an der Grenze meines herangerückten Sichtfelds, eine zweite Formation aus dem Strudel herauszulösen. Ich schaue den Flugformationen nach bis in den fernen Bereich der Punkte, die zu Augentäuschungen werden können.

MISHKENOT SHA'ANANIM. Frühlingswarmer Februartag wenige Wochen nach der militärischen Strafaktion im Gaza-Streifen, Januar 2009.

Ich blicke hinab ins Tal zwischen dem Guesthouse in Hanglage und dem mediterran bewachsenen Gegenhang mit dem repräsentativen Abschnitt der »Western Wall« der Jerusalemer

Altstadt. Ostwärts, auf einem Hügelkamm, ein längeres Stück der Trennmauer zwischen israelischem und palästinensischem Areal; auf der Hügelkuppe bildet die Mauer eine hufeisenförmige Ausbuchtung, aber: jenseits der Mauer liegt nicht Palästina, dort ist wiederum israelisches Gebiet, Richtung Giva't Hananya. So scheint, von meinem Standort aus, das Gebiet der Palästinenser in Israel hereinzureichen – eine auch topographisch schwer nachvollziehbare Grenzziehung. Assoziationen an dieses Mauerwerk kann ich mir nicht verbieten.

Notizen nach dem Frühstück, vor der Fahrt zum Messebau: 24. Buchmesse von Jerusalem. Der Messestand der Holtzbrinck-Gruppe, kurze Absprache mit Monika – die Verlegerin wird einführen in meine Lesung aus der Biographie über Gertrud Kolmar.

Ich skizziere, bei einem Zwischenkaffee, kurz die Textauswahl: Werde ansetzen beim letztlich doch überraschenden Versuch der jüdischen Dichterin, nach langem, allzu langem Zögern die Emigration vorzubereiten. Werde hinweisen auf den Einschreibebrief nach Tel-Aviv an den (rechtzeitig emigrierten) Architekten Czrellitzer (in Gertruds Familie eingeheiratet). Werde eingehen auf ihren maschinenschriftlichen »Lebenslauf«: die Ausbildung in der »land- und hauswirtschaftlichen Frauenschule Arvedshof bei Leipzig«, die Tätigkeit im Kindergarten, die »Sprachlehrerinnenprüfung«, das »Militärdolmetscherexamen«, die Engagements als Erzieherin in Privathäusern, die Übersetzerprüfung des Auswärtigen Amtes, die Teilnahme an einem Notariatskurs, die Tätigkeiten in Haushalt und Garten Finkenkrug, die »Kleintierzucht«. Last but not least: ihre Kenntnisse der hebräischen Sprache, dokumentiert in Schriftproben und der Übertragung eines hebräischen Gedichts von Bialik. Optimale Voraussetzungen also für Arbeiten in einem Kibbuz. Und doch nicht genutzt. Als mögliche Erklärung werde ich anführen: Vielleicht sah sie sich gewarnt, ja abgeschreckt durch Horrormeldungen über Sprengstoffattentate in der »Palästina-Umschau« der C.-V.-Zeitung, die »Chronik der Opfer«: Parallelen zu aktuellem Geschehen! Werde berichten über den erzwungenen Verkauf des Hauses in Finkenkrug bei Spandau, über die Rückkehr in die Berliner Innenstadt, in das Haus in der Speyerstraße, das später zum »Judenhaus« wird. Werde, chronologisch sukzessiv, Kolmars Monologtext vortragen: *Möblierte Dame (mit Küchenbenutzung) gegen Haushaltshilfe*. Die Suada einer Dame, die in die Wohnung aufgenommen wurde und die, in Umkehrung der Verhältnisse, die Dichterin zur Haushaltshilfe degradiert. Ein dennoch ironisch-komischer Monolog nach der Devise: Ich rede, rede, rede, also bin ich. Überleitung sodann zum Kriegsbeginn. Verschärfung von (räuberischen) Aktionen gegen Juden. Emigration wird immer schwieriger. Die Geschichte von Gertruds Bruder Georg, der nach Kanada auswandern wollte und in Australien interniert wurde. Meine E-Mail-Verbindung mit dessen Sohn. Dies, voraussichtlich, als Endphase der Lesung.

Bei der sich vielleicht wieder eine Rückmeldung ergibt im Gespräch mit Zuhörern, wie bei meiner ersten Lesung in Jerusalem: Die alte Dame, die sich zu mir an den Tisch setzte und berichtete, wie sie von Deutschland aus zu Fuß nach Palästina gewandert war, in einem Grüppchen, über Österreich, Bulgarien, Türkei, Syrien. Von Norden her konnten sie in das damals britische Mandatsgebiet »einsickern« – die englische Truppe war darauf fixiert, Einwanderung auf Schiffen zu verhindern, zu vereiteln. Grandiose Geschichte, ein Epos: überwiegend zu Fuß nach Palästina, sie hatten sich die Hacken abgelaufen, kamen beinah barfuß im Gelobten Lande an.

Ein Streifzug durch die Altstadt: Jewish Quarter, Armenian Quarter, Christian Quarter, Moslem Quarter. Ein kleiner Vorgarten im jüdischen Viertel mit weithin properen Häusern; eine Frau besprüht einen mannshohen Baum, Zierorangen, hält mit der freien Linken das Handy ans Ohr. Ein Pope in einem Behindertenfahrzeug, überdacht, hinten eine Ablage für Einkaufstüten, Päckchen; er stoppt im Armenischen Viertel, telefoniert, das Handy fast verdeckt vom eisgrauen Patriarchenbart. Ein fetter Securitymann, Pistole am Gürtel, auf dem hinten einige Lederbehälter aneinanderherangerückt sind, er sitzt auf einem Steinpoller, telefoniert. Ein Mädchen, kaum größer als eins fünfzig, mit warngrüner Weste, die Pistole hängt an einem Plastikgurt griffbereit in Handhöhe herab; in der linken Hand das Handy – lässiges Plaudern.

Handy-freundliches, handy-fixiertes Land! Jäh die Wunschvorstellung: Gertrud Kolmar, in letzter Phase mit ihrem Vater nach Palästina emigriert, sie *hätte* einen Lebenspartner finden können, *wäre* endlich doch, nach der erzwungenen Abtreibung früher, Mutter geworden, Nachkommen von ihr womöglich in Jerusalem, telefonisch erreichbar …

Altstadt. Sprechgesang nicht sichtbarer Muezzins, über Lautsprecher, von diversen Minaretten: Ruf zum Mittagsgebet. Kurz darauf setzen Kirchenglocken ein, halten kräftig dagegen. Wiederholt akzentuierend das Jaulen der Signalhupen von Rettungswagen oder Streifenwagen. Hoher akustischer Pegel.

Israelische Enklave im arabischen Viertel: Ultras, die sich demonstrativ eingenistet haben. Eisenstäbe vor Fenstern, selbst in zweiten, dritten, vierten Stockwerken – werden Angriffe mit Sturmleitern befürchtet? Attacken über Hebebühnen? Enormer Bedarf an Metallgittern und Stacheldraht! Die weißblaue Fahne hoch über einer verbarrikadierten Dachterrasse: Eisengitter, lückenlos zusammenmontiert, darüber Maschendraht, Stacheldraht. Sogar, höhergesetzt, eine Wachbude, zu der eine Metallstiege hinaufführt. Da hat man sich wahrhaftig eingeigelt, hat sich einen Gefängnishof geschaffen, ausbruchsicher, beinah sicher vor Angriffen.

Sichtbare Herausforderung – wie die massiv geballten Siedlungen auf Hügelkuppen in palästinensischen Grenzgebieten. Diesmal werden mir solche Regionen verschlossen bleiben, kein Empfang beim Bürgermeister von Bethlehem, im (nominell) autonomen arabischen Gebiet.

Vor der feierlichen Eröffnung der Buchmesse, mit Shimon Perez als Hauptredner (einer der Bodyguards zwei Schritte schräg hinter ihm auf dem Podium), ein Gespräch am Stand der Zeitung *Haaretz*. In diesem (kritisch liberalen) Blatt sah ich Informationen präzisiert über die Militäraktion im Gaza-Streifen. Demnach sieht sich die israelische Armee nach massiver Kritik ausländischer Staaten gezwungen, ihre Kampfführung zu untersuchen: 1338 Tote in der Zivilbevölkerung. Einsatz auch von (geächteten) Phosphorgranaten. In einem »kleinen Teil der Gefechtsgebiete wurde riesiger Schaden verursacht, der aus juristischer Sicht nur sehr schwer zu rechtfertigen sein wird«. Kommandeure ließen Häuser, Häuserblocks von Panzern zusammenschießen, um Sichtschneisen zu eröffnen, Tausende von Häusern vernichtet: »eine Art von kumulierter Abschreckung«. Und die Frage, ob »Israel die palästinensischen Zivilisten leiden lassen wollte, um Ziele zu erreichen, die nicht militärisch, sondern eher politisch waren«.

Ich nehme mir vor, nach dem ersten Kontakt noch einmal am Stand von *Haaretz* vorzusprechen. Vielleicht unter Hinweis auf die Kolmar-Lesung, mit Sicherheit aber mit ein paar Anmerkungen zur jüdischen Vorgeschichte der Familie meiner Mutter, geb. Asher.

Als Hauptstichwort die Libanon-Kriege. »Operation Litani«, März 1978. Unternehmen »Frieden für Galiläa«, 1982. Erneuter Einmarsch 2006: der »zweite Libanon-Krieg«.

Für den Libanon-Krieg 1982 wurden diverse Gründe für den (bald höchst umstrittenen) Einmarsch geltend gemacht, auch dieser: »Teile des heutigen Libanon hätten einstmals dem israelitischen Stamm Asher gehört.« Ich würde gern erfahren, womöglich über Unterlagen aus dem Archiv von *Haaretz*, wie weit dieses nationalreligiöse Argument aufgegriffen und umgesetzt wurde – Relevanz und Verbreitung. Und: ob es 2006 erneut eingebracht wurde.

Vorbereitende Notizen. Ich muss (bei allem Trubel einer Buchmesse) am Zeitungsstand kurzgefasst deutlich machen, dass mir Unterlagen zum Stichwort sehr wichtig wären. Auch hier: Vergangenheit als dritte Dimension der Gegenwart. Eigentlich müsste es in Galiläa Nachkommen dieses Familienzweigs geben. Aber ich will nicht Genealogie betreiben, Familienforschung nach dem Kapitel Familiengeschichte. Meine innere Kompassnadel aber weist in die Richtung der (geteilten und umkämpften) Region der Ashers.

Begleiterscheinung des Reflektierens, Notierens: An der tiefergelegenen Grenze des Hotelareals tauchen Soldaten auf; einer voran mit einer Karte in Wasserschutzfolie, drei, vier Mann hinter ihm her mit den üblichen Schnellfeuerkarabinern. Später: ein Militärfahrzeug mit Blaulicht die gegenüberliegende Hangstraße hinauf Richtung Jaffa-Tor, ein zweites Militärfahrzeug folgt, doch ohne Blaulicht. Besagt beides nichts, Blaulicht wird in Jerusalem gern eingeschaltet, dabei werden Ampelschaltungen jedoch meist korrekt beachtet. Nachts besonders dumpfes Motorgeräusch: Panzer? Nein doch nicht, ein Lastwagen. Beruhigt weiterschlafen. Früh gegen fünf, zwischendurch mal aufwachend, höre ich von fern her einen Muezzin singen.

Altstadt. Enge, vielfach überdachte Gassen; Laden an Laden an Laden. Massierungen von Unverkauftem, weithin Unverkäuflichem. Hundertfach Hosen, hundertfach bedruckte T-Shirts, hundertfach Schuhe, Pantoffeln, Pantöffelchen, hundertfach christliche Statuetten, hundertfach bunte Teller, bunte Tassen, hundertfach Repliken altrömischer Öllämpchen, hundertfach Zigarettenpackungen, hundertfach Metallteile verschiedenster Art, hundertfach durchsichtige Plastiktütchen mit bunten Süßwaren. Die kleinen Ladengehäuse von Waren fast völlig ausgefüllt, oft bleibt nur noch Platz für den Stuhl mit der durchgesessenen Polsterfläche, für das Kofferradio. Hosenhöhlen, T-Shirt-Höhlen, Zigarrettenhöhlen, Süßwarenhöhlen. Als wäre der virtuelle Umsatz von Jahren angesammelt, und man bleibt dazwischen und dadrauf sitzen. Da scheinen auch Rufe nicht zu helfen, aus den Warengrotten heraus: How are you? Where do you come from?

Jaffa-Tor, Davidsturm. Ein Soldat, eine Polizistin auf Posten, Schnellfeuerkarabiner umgehängt. Er mit kugelsicherer Weste, sie in einer Jacke, die von oben bis unten mit Taschen besetzt ist, in die jeweils ein kleines Buch passen würde. Beide mit Tornistern, aus denen der Griff eines Schlagstocks ragt und das Verschlussstück einer Plastikflasche. Mittagsläuten; aus der etwa hundert Meter entfernten Polizeistation naht die Ablösung. Wieder eine Frau und ein Mann, mit Schnellfeuerkarabinern, mit Tornistern, aus denen Schlagstockgriffe und Flaschenverschlüsse ragen, als würde man sich auf einen Marsch begeben, weit, weit ins Land hinaus.

Zion-Tor. Ein Regenschauer treibt zwanzig, dreißig Personen zusammen in der Torpassage mit Kopfsteinpflasterung, überwölbt: ein Trupp Soldaten, allesamt mit Knarren an der Seite, auf dem Rücken. Doch sie tragen keine Helme: Kippas, einige weiß, einige dunkel getönt, zwei der Soldaten mit Schläfenlocken. Zwei Orthodoxe: gleichfalls mit Pejes; breitkrempig ihre schwarzen Hüte. Eine Gruppe afrikanischer Touristen; mehrere der Männer mit grünen Wollmützen, weiß beschriftet: Nigeria. An die Steinmauer gelehnt der Besucher aus Deutschland, der auf der Buchmesse einem deutschsprachig jüdischen Publikum einen Text vorgelesen hat über eine große jüdische Dichterin. Autos schieben sich hupend durch die Ansammlung, müssen meist zurücksetzen, um die Neunziggradkurve im Torbau zu schaffen. Der weiße Guide der schwarzen Touristen bittet seine Gruppe betont scherzhaft, mit ihm zur Church of Dormition hinüberzuschwimmen.

Mishkenot. Vormittagsstunde auf der Terrasse. Notizen zu Konfrontationen der Situation Israel mit der eigenen Lebensform. Hier: Leben im Krisengebiet, im Dauerzustand der Bedrohung. Die zahlreichen Uniformierten und Bewaffneten in der Stadt: als herrsche militärischer Ausnahmezustand.

Da sitze ich in der Sonne auf der terrassierten Fläche mit Blick auf die Stadtmauer droben, auf die Trennmauer drüben, und frage mich, ob nach dem Rückflug irgendwann nicht auch meine Lebensformen gewaltsam verändert werden könnten. Zäsuren werden gesetzt, vor allem wirtschaftlich, fiskalisch: Rückwirkungen auf mein Leben, auf das Leben meiner Familie, das Leben meiner Gefährtin, das Leben meiner Freunde? Ängste, diffus. Ich kann nicht mehr sitzen, laufe hin und her. Doch weiter komme ich damit nicht.

DAS EIFELHAUS IN ABENDEN: Spaziergänge in alle Himmelsrichtungen, erkundend. Im Verlauf der Jahre entwickelte mein Heimatgefühl hier erst Wurzelfasern, dann Würzelchen, schließlich Wurzeln.

An denen wurde allerdings gerupft. Denn im Grünen lebte und lebe ich gern, doch nur in überschaubaren Zeiträumen. Dann musste, dann muss ich wieder in die Stadtwohnung.

Hier hat sich ebenfalls so etwas wie Heimatgefühl entwickelt: der weite, weite Blick bis zum Siebengebirge, bis zum Bergischen Land. Und, für den Wassermann essentiell: Der Rhein war nah. Ein paar hundert Meter durch einen schmalen Grünzug, an der Auffahrtrampe der Mülheimer Hängebrücke entlang, und ich stand vor dem Rhein.

Und ging am Rhein entlang oder überquerte den Strom auf der Brücke, ging drüben neben dem Fluss her – zuweilen bis zum Dom. Rechts- wie linksrheinisch das Gefühl: Ja, hier bin ich zu Hause. Das Wasser … die Brücken … die Schiffe … der Dom … Hier konnte sich Heimatgefühl, gleichsam nachholend, wieder ansiedeln – zumindest anteilmäßig. Denn mit einem metaphorischen Bein stand ich weiter in der Nordeifel, mit der mich mittlerweile mehr Heimatgefühl verbindet als mit dem Kindheitsdorf am Ammersee. Dort verdunstet gleichsam das Wasser. Einfach zu wenig Gegenwart! Heimatgefühl muss wachgehalten werden durch wiederholte Präsenz.

Eigentlich ist Heimatgefühl unteilbar, sonst ist es kein rechtes Heimatgefühl. Doch die Diversifikation schreitet fort: Da ist nicht nur das Holzhaus im Waldgrundstück am Südhang, da waren auch die erste und die zweite Wohnung am Landwehrkanal, Berlin-Kreuzberg. Also wieder Wasser! Erst einmal, am Fraenkelufer: vom obersten Stock des Musterbaus der IBA-Architekturausstellung der Blick hinab auf die Admiralbrücke. Dann, vom Balkon des sanierten Altbaus am Paul-Lincke-Ufer: der Blick durch Baumkronen, durch viele Äste hindurch auf Schiffe, Schiffchen, Boote. Meist Schiffe für Touristen, denen von Deck aus Sehenswürdigkeiten Berlins gezeigt werden.

In meinem Bewegungsdrang, der sich auch in Berlin entfaltete, hatte ich und nutzte ich die Möglichkeit, über Kilometer hinweg am Landwehrkanal entlangzugehen, westwärts, oder Richtung Spree, in der Nähe der Oberbaumbrücke. Wasser, Wasser, wenn auch weit entfernt von der Güteklasse A, wie sie noch der Rur (holländisch: Roer) zugeschrieben wird: auf der Höhe von Abenden kristallklar.

Rechtzeitig verließen Olga und ich (2006) das Haus am Paul-Lincke-Ufer; ein halbes Jahr später brannte das Dachgeschoss aus, und die Stockwerke darunter wurden von der tatendurstigen Feuerwehr derart unter Wasser gesetzt, dass sämtliche Türen und Türrahmen aufquollen, dass die durchtränkten Holzböden herausgerissen, das ganze Haus ›entkernt‹ werden musste.

Da wohnten wir aber schon in Brühl, der kleinen Stadt, in deren Schloss früher die Staatsempfänge der Bonner Republik stattgefunden hatten – die zufällige Entdeckung einer Anzeige auf der Immobilienseite führte uns ins Städtchen. Und ich bleibe beim Stichwort Wasser. Der Rhein ist zwar mehrere Kilometer entfernt, aber in zwanzig Minuten kann ich zu Fuß den Heider Bergsee erreichen – dem man nicht ansieht, in seiner Vielgestaltigkeit, dass hier bis in die sechziger Jahre Braunkohle gebaggert worden war. In einer knappen Stunde gehe ich einmal rund um den See, in dem ich natürlich auch geschwommen bin. Motto: Einmal rund um den See, einmal rein in den See.

Alternativ: zwei, drei Minuten mit dem Auto, und ich bin am Bleibtreusee – dem sieht man in der Rundform schon eher an, dass hier Braunkohletagebau betrieben worden war. Aber die Vegetation, in reicher CO_2-Luftdüngung, sie hat das längst wieder kaschiert. Ungefähr ein Dutzend Seen in der Ville, ich zähle sie nicht auf, nicht einmal das halbe Dutzend Seen, in denen ich geschwommen bin, ich nenne nur noch meinen Lieblingssee: den Untersee, in der Kette von Obersee, Mittelsee, Untersee. Wobei der Obersee eher ein großer Weiher ist, während der Untersee bereits Seeformat aufweist. Keine Bebauung hier, kein Fischersteg, keine Bootshütte, nur Grünbewuchs rundum, da lässt sich lustvoll hinausschwimmen ins Sonnengeglitzer. Und schon ist mein Heimatgefühl erneut relativiert, bin ich bestochen: Meine Spazierwege im Park von Schloss Augustusburg, zuweilen auch hinaus zum Schlösschen Falkenlust, dazu das reiche Angebot von Seen in nächster Nähe – schon wieder keimen Heimatgefühle.

Das Wasser auf meine Gefühlsmühle hat also verschiedene Quellen: Rhein-Wasser ... Ammersee-Wasser ... Rursee-Wasser ... Spree-Wasser ... Villesee-Wasser ... Grenzen von Heimat: für mich verfließen sie.

JA, UND DAS MEER! Immer wieder kreuzt in der Erinnerung *FS Polarstern* auf. Die Fahrt war für mich noch längst nicht abgeschlossen, mehrfach habe ich sie, vom AWI wöchentlich mit internen Fahrtberichten versorgt, mental fortgesetzt. Ja, so *hätte* es weitergehn können, *wäre* ich als Chronist an Bord geblieben für die drei Phasen der Forschungsreise nordwärts: ARK XIX / 1–3. Virtuelle Perspektive, damals, im Rückblick vergegenwärtigt.

Erst nimmt das Forschungsschiff Kurs auf die »Porcupine Seabight« südwestlich von Irland. Dort werden Tiefsee-Korallenriffe untersucht in ihrer Symbiose mit Fischen, auch werden in langen Tauchgängen mit »Victor« und einem Echolot-Verfahren Strukturen und Sedimente des Meeresbodens analysiert.

In Fahrtabschnitt 2 geht es weiter in die Barentsee, zum Hakon Mosby Schlammvulkan in 1250 Metern Tiefe: der HMMV als »Modellsystem für den Methanaustritt«. Auch hier wird »Victor« zum Einsatz gelangen, vom Schiff aus ferngelenkt.

Im dritten Fahrtabschnitt wird die Langzeitstation in der Framstraße westlich von Spitzbergen angesteuert, der »AWI-Hausgarten« in 2500 Metern Tiefe: fortgesetzte Untersuchungen zur Biodiversität arktischer Tiefseesedimente. ROV Victor setzt »an ausgewählten Standorten neuentwickelte autonome Messinstrumente am Meeresboden ab«.

Schließlich der 75°-Schnitt in der nördlichen Grönlandsee, die Greenland Fracture Zone: Hauptforschungsgebiet der dritten Phase. Hier, am grönländischen Kontinentalrand, ist die See rund viertausend Meter tief, und so dauert es im Schnitt eine Stunde, bis die CTD-Sonde in Bodennähe herabgesenkt ist, eine weitere Stunde dann für den Aufstieg, die Wasserschöpfer werden sukzessiv geschlossen, Wasserproben damit aus 24 Tiefen; die Proben werden an Bord sogleich analysiert: Bestimmung jeweils der Nährsalze und des Sauerstoffs.

In dieser Zeit hat ein Chronist nicht viel zu verzeichnen, also *wäre* das eine günstige Gelegenheit für den Helikopterflug hinüber zur Insel Kuhn an der Ostküste Grönlands. Eine Insel, auf die ich mich schon mal versetzt habe im Roman über den *König von Grönland*, und, noch einmal, in einer Geschichte. *Polarstern* auf 75° N, Insel Kuhn auf 74° 52' N, da könnte doch eigentlich – da müsste es doch möglich, zumindest denkbar sein, dass ich –

Ja, von Brest aus weiterhin an Bord bleiben, während der Forschungsreise ARK XIX. Mit dem AWI ausgehandelt: Für das Verfassen der Chronik erhalte ich kein Honorar, dafür aber einen Freiflug vom Heli-Deck zur Kuhn-Insel.

Die liegt in einem besonders schwer zugänglichen Gebiet: in der Bucht zwischen der Halbinsel Hochstetter Forland (nördlich) und dem Wollaton Forland (südlich). Küstenregion, die auf einer Länge von mehr als 2000 Kilometern unbesiedelt ist.

Dieses Küstengebiet ist vor allem durch Eis isoliert. Im Westen das Inlandeis; im Osten die Eisbarriere des Packeisgürtels; östlich davon das »Landwasser«, im Sommer schiffbar nur in einer Breite von einigen Seemeilen; östlich davon der Treibeisgürtel des Nordpolarstroms: Eisschollen und Eisfelder, auch Eisberge driften ständig südwärts. Dieser bis zu 40 Kilometer breite Strom von »Großeis« macht auch im Sommer eine Annäherung an die Insel äußerst schwierig, also Flug.

Der Transfer zur Felsinsel zugleich als (erneute) Funktionsprobe für einen der beiden Helikopter: Transport eines komplett montierten Kunststoffiglus mit 150 Kilo Zusatzlast. Punktgenaues Absetzen am Ende der Bastiansbucht, die tief in die Insel einschneidet, verwinkelt. Als Fortsetzung der Bucht ein Tal, das von Schmelzwasser in Äonen zurechtgeschliffen wurde.

Mit dem Kunststoffiglu abgesetzt ein 5-kW-Generator, ein

regulierbarer 2-kW-Heizlüfter, ein Propangas-Zweiflammer zum Kochen oder Aufwärmen, 30-Liter-Kübel für meine Abfälle. Ein Camcorder mit Stativ, ein Satellitentelefon, in dessen Funktion mich der Brückenelektroniker eingewiesen hat, mein Laptop. Und ich, in roter Thermokleidung, für einige Tage und Nächte allein auf der Felsinsel von (aufgerundet) vierzig Kilometern Länge zwischen Cap Mosle im Norden und Cap Hamburg im Süden, und (ebenfalls aufgerundet) dreißig Kilometern Breite zwischen Cap Maurer im Osten und Fligely Fjord im Westen. Unmittelbar an die Bastians Bai herangerückt das Bergmassiv der »Schwarzen Wand«, mehr als 1100 Meter hoch.

Wenn der Generator nicht läuft, herrscht Stille. Keine Durchsagen mehr über die Bordlautsprecher, nicht mehr die Geräusche der Bug- und Heckstrahlruder, der Winden. Ich wäre einer neuen Erfahrung ausgesetzt, nun erst recht als Chronist meiner selbst.

Stille, absolute Stille, beinah Weltraumstille: kein Wellenschlag, höchstens mal ein abrutschender Steinbrocken im Felsmassiv. Und in der Stille, der übermächtigen Stille: Nordlicht, wie ich es nach Köln locken wollte, unterstützt von einer Schamanin auf Grönland, Nordlicht über der Südbrücke, gleichsam als Gastspiel; hier aber, eher erhofft als berechnet: Nordlicht als Begleiterscheinung der Nächte, lautlos flackert es auf, grün, oft grün, meist grün wie das Grün des Magischen Auges. Nordlicht, das die Stille, die völlige Stille, die tödliche Stille illuminiert, grüne, fluoreszierend grüne Lichtschleier, senkrecht herabhängend, sacht bewegt, Licht, das im sanft geblähten Gazeschleier huscht und zuckt, gleitet, flackert; mit meinen grünen Augen schaue ich hinauf, hinaus in die grünen Lichtschleier, bewegt wie von sanften Strömungen, und Felsbrocken, Felsmassive, Felswände grün überhaucht, das Iglu wie in Grün getaucht, Nordlichtgrün kristallisiert aus, kristallflirrender Niederschlag, grün irisierend die Eisoberfläche, das Eis der Bucht grüngesättigt, und drüben, droben die sanft gebauschten Gazeschleier aus Grün, oszillierendes, opakes Grün, gewellt, gestreckt, gewellt, geglättet und weit hinausgeschwungen, in der Stille, der absoluten Stille nimmt die Intensität des schwebeleichten Grüns noch zu, Grün aus Grün, Grün über Grün. Und vielleicht, vielleicht sehe ich dann auch die mysteriöse, doch fotografisch dokumentierte Schwarze Aurora, als wolkengleiche Dunkelzone in all dem wehenden, huschenden, verhuschenden Grün.

Dieter Kühn
Ich Wolkenstein
Die Biographie
Band 19008

Stark erweiterte und überarbeitete Neuausgabe
des Mittelalter-Klassikers

Dieter Kühns berühmtes Buch über Oswald von Wolken-
stein (1377–1445), der neben Wolfram von Eschenbach und
Walther von der Vogelweide als bedeutendster deutscher
Dichter des Mittelalters gilt, ist durch wissenschaftliche For-
schung abgesichert und zugleich voll sprühender Phantasie.
Kühns mitreißende Darstellung der spätmittelalterlichen
Welt und seine Übertragungen der Wolkenstein-Lieder in
unser heutiges Deutsch, die »einem rote Ohren machen«
(Adolf Muschg), sind ein einzigartiges Lesevergnügen, Aben-
teuer- und Kulturgeschichte.

In den drei Jahrzehnten seit Erscheinen der ersten Auflage
dieses Mittelalter-Klassikers sind allerdings wichtige Dokumente zu Oswalds Leben entdeckt worden, ist die Ent-
schlüsselung der Liedtexte fortgeschritten, sind umfassende
Untersuchungen zu jener Ära der Frührenaissance erschienen. So hat sich Dieter Kühn zu dieser erheblich erweiterten
Neufassung des Buchs entschlossen – das bisherige Bildnis
des Wolkensteiners musste übermalt werden.

Fischer Taschenbuch Verlag

Dieter Kühn
Gertrud Kolmar
Leben und Werk, Zeit und Tod
Band 18179

Dieter Kühns große, vielstimmige Biographie der Gertrud
Kolmar erzählt die Geschichte einer der wichtigsten deutschsprachigen Lyrikerinnen und ihrer jüdischen Familie, die in
die ganze Welt emigrieren musste. Präsent wird die literarische und politische Szene – das weite Panorama der Zeit.

»Kühn ist der Moderator der Dichterin, nie der
allwissende Deuter. Er hat eine ›polyphone Biografie‹
geschrieben, in der Gertrud Kolmar nur mit ihrer
authentischen Stimme zu Wort kommt. Damit bezeugt
er seinen Respekt, seine Ehrfurcht.«
Herbert Wiesner,
Die Welt

»Dieter Kühn hat die Kunst des
historischen Erzählens neu erfunden.«
Wolfgang Schneider,
Frankfurter Allgemeine Zeitung

Fischer Taschenbuch Verlag

fi 18179 / 2

Dieter Kühn
Ich war Hitlers Schutzengel
Fiktionen
Band 18547

Der große Biograph, Historiker und Romancier Dieter Kühn
entwirft ein faszinierendes Szenario: Geschichte, wie sie hätte
verlaufen können.

Hatte Hitler einen Schutzengel? Ausgerechnet Hitler? In
Dieter Kühns ebenso provozierenden wie brillanten historischen Szenarios über das Ende Adolf Hitlers wird der Lauf
der Geschichte umgekehrt: die Attentate von Georg Elser
und Henning von Tresckow gelingen, der Krieg kommt zum
Stillstand und Hitlers Schutzengel ins Grübeln. Vier sehr
verschiedene Varianten von Geschichte und ein faszinierendes Gedankenspiel gegen alle historische Überlieferung.

»Eine klug angelegte, überaus komische Lockerungsübung
für unseren Umgang mit der Geschichte.«
Deutschlandradio Kultur

Fischer Taschenbuch Verlag

fi 18547 / 1